Kreisbeschreibungen des Landes Baden-Württemberg

Der Neckar-Odenwald-Kreis
Band II

Kreisbeschreibungen des Landes Baden-Württemberg

DER NECKAR-ODENWALD-KREIS

Band II

B. Gemeindebeschreibungen
Hüffenhardt bis Zwingenberg

Bearbeitet von der Abteilung Landesbeschreibung des Generallandesarchivs Karlsruhe

Herausgegeben von der Landesarchivdirektion Baden-Württemberg
in Verbindung mit dem Neckar-Odenwald-Kreis

Jan Thorbecke Verlag Sigmaringen
1992

Die Deutsche Bibliothek – CIP-Einheitsaufnahme

Der *Neckar-Odenwald-Kreis* / bearb. von der Abteilung Landesbeschreibung des Generallandesarchivs Karlsruhe. Hrsg. von der Landesarchivdirektion Baden-Württemberg in Verbindung mit dem Neckar-Odenwald-Kreis. – Sigmaringen: Thorbecke.
  (Kreisbeschreibungen des Landes Baden-Württemberg)
  ISBN 3-7995-6047-5
NE: Generallandesarchiv ⟨Karlsruhe⟩ / Abteilung Landesbeschreibung
Bd. II (1992)

© 1992 by Jan Thorbecke Verlag GmbH & Co., Sigmaringen

Alle Rechte vorbehalten. Ohne schriftliche Genehmigung des Verlages ist es nicht gestattet, das Werk unter Verwendung mechanischer, elektronischer und anderer Systeme in irgendeiner Weise zu verarbeiten und zu verbreiten. Insbesondere vorbehalten sind die Rechte der Vervielfältigung – auch von Teilen des Werkes – auf photomechanischem oder ähnlichem Wege, der tontechnischen Wiedergabe, des Vortrags, der Funk- und Fernsehsendung, der Speicherung in Datenverarbeitungsanlagen, der Übersetzung und der literarischen oder anderweitigen Bearbeitung.

Dieses Buch ist aus säurefreiem Papier hergestellt und entspricht den Frankfurter Forderungen zur Verwendung alterungsbeständiger Papiere für die Buchherstellung.

Gesamtherstellung: M. Liehners Hofbuchdruckerei GmbH & Co. Verlagsanstalt, Sigmaringen
Printed in Germany · ISBN 3-7995-6047-5

DIE MITARBEITER UND IHRE BEITRÄGE

Andermann, Kurt, Dr. phil., Oberarchivrat, Generallandesarchiv Karlsruhe: Mitredaktion der historischen Abschnitte in den Teilen A, II und B; in Teil A, II: *Herrschaftsentwicklung, Formen der Herrschaft, Bevölkerung und Wirtschaft, Kriegsereignisse und revolutionäre Erhebungen;* in Teil B: *Geschichte der Gemeindeteile:* Adelsheim, Billigheim, Binau, Buchen (Odenwald) alle Stadtteile mit Ausnahme der Kernstadt Buchen, Elztal, Hardheim (Bretzingen, Dornberg, Erfeld, Vollmersdorf), Haßmersheim, Höpfingen, Hüffenhardt, Mudau, Neckarzimmern, Obrigheim, Osterburken (Hemsbach, Schlierstadt), Ravenstein, Rosenberg (Sindolsheim), Schefflenz, Seckach, Walldürn

Appenzeller, Markus, Kreisoberamtsrat, Landratsamt des Neckar-Odenwald-Kreises, Mosbach: in Teil A: *Schulwesen*

Assion, Peter, Dr. phil., Universitätsprofessor, Institut für Volkskunde der Universität Freiburg: in Teil A: *Volkskultur und Brauchtum*

Baur, Gerhard W., Dr. phil., Akademischer Direktor, Deutsches Seminar I der Universität Freiburg, Arbeitsbereich Badisches Wörterbuch: in Teil A: *Mundart*

Behrends, Rolf-Heiner, Dr. phil., Hauptkonservator, Landesdenkmalamt Baden-Württemberg, Außenstelle Karlsruhe (Bodendenkmalpflege): in Teil A: *Ur- und Frühgeschichte*

Bol, Arend, Kreisoberamtsrat, Landratsamt des Neckar-Odenwald-Kreises, Mosbach: in Teil A: *Fremdenverkehr* (mit E. Reinhard)

Braun, Sabine, M. A., Rundfunkjournalistin, Bad Friedrichshall: in Teil A: *Die Struktur der gewerblichen Wirtschaft, Handwerk und Industrie, Handel und Dienstleistungen*

Ehmer, Hermann, Dr. theol., Archivdirektor, Landeskirchliches Archiv Stuttgart: in Teil B: *Geschichte der Gemeindeteile:* Hardheim (Gerichtstetten, Hardheim, Rütschdorf), Osterburken (Bofsheim), Rosenberg (Bronnacker, Hirschlanden, Rosenberg)

Eitel, Bernhard, Dr. rer. nat., Akademischer Rat, Geographisches Institut der Universität Stuttgart: in Teil A: *Oberflächenformen;* in Teil B: *Naturraum und Landschaftsbild:* Aglasterhausen, Haßmersheim, Hüffenhardt, Neunkirchen, Schwarzach

Ernst, Albrecht, Archivassessor, Staatsarchiv Sigmaringen: in Teil B: *Geschichte der Stadtteile:* Mosbach (Kernstadt Mosbach)

Glas, Erich, Kreisoberamtsrat, Landratsamt des Neckar-Odenwald-Kreises, Mosbach: in Teil A: *Sozialwesen* (mit E. Reinhard)

Grimm, Hans, Ltd. Regierungslandwirtschaftsdirektor a. D., Adelsheim: in Teil A: *Landwirtschaft*

Grohe, Manfred, Fotografenmeister, Kirchentellinsfurt: Luftbildaufnahmen

Huth, Hans, Dr. phil., Oberkonservator a. D., Worms: in Teil A: *Kunstgeschichtliche Übersicht;* in Teil B: *Bemerkenswerte Bauwerke* in allen Gemeindebeschreibungen

John, Herwig, Dr. phil., Oberarchivrat, Generallandesarchiv Karlsruhe: in Teil A: *Beschreibung des Kreiswappens;* in Teil B: *Beschreibung der Gemeindewappen*

Die Mitarbeiter und ihre Beiträge

Keppler-Weber, Irene, Dipl.-Geographin, Mühlacker: in Teil B: *Naturraum und Landschaftsbild; Siedlungsbild; Die Gemeinde im 19. und 20. Jahrhundert:* Obrigheim
Kramer, Werner, Forstdirektor, Staatl. Forstamt Mosbach: in Teil A: *Wald und Forstwirtschaft*
Lenz, Rüdiger, Dr. phil., Stadtarchivar, Stadtverwaltung Eberbach: in Teil B: *Geschichte der Gemeindeteile:* Aglasterhausen, Neckargerach (Guttenbach), Neunkirchen, Schwarzach
Meszmer, Franz, Dipl.-Ingenieur, Mosbach: in Teil A: *Vegetation, Natur- und Landschaftsschutzgebiete*
Neser, Karl-Heinz, Realschulkonrektor, Neckargemünd und Obrigheim: in Teil A: *Politisches Leben; Presse*
Neumaier, Helmut, Dr. phil., Gymnasialrat, Osterburken: in Teil B: *Geschichte der Stadtteile:* Osterburken (Kernstadt Osterburken)
Peh, Christiane, Dipl. –Ingenieurin für Kartographie (FH), Eppelheim: Gestaltung der historischen Farbkarten, Mitarbeit bei der Gestaltung der Schwarzweiß-Karten
Pfreundschuh, Gerhard, Dr. jur., Landrat, Landratsamt des Neckar-Odenwald-Kreises, Mosbach: in Teil A: *Verfassung, Aufgaben und Verwaltung des Landkreises*
Reinhard, Eugen, Dr. phil., Honorarprofessor der Universität Karlsruhe, Regierungsdirektor, Generallandesarchiv Karlsruhe: Gesamtredaktion, Bild- und Kartenausstattung; Fotos; in Teil A: *Der Kreis im Landschafts- und Landesgefüge* (mit G. Schultz); *Geologie; Gewässernetz; Klima und Böden; Siedlung und Zentralität; Fremdenverkehr* (mit A. Bol); *Sozialwesen* (mit E. Glas); *Kirchen;* in Teil B: *Naturraum und Landschaftsbild; Siedlungsbild:* Adelsheim, Billigheim, Binau, Buchen (Odenwald), Elztal, Fahrenbach, Hardheim, Höpfingen, Limbach, Mosbach, Mudau, Neckargerach, Neckarzimmern, Osterburken, Ravenstein, Rosenberg, Waldbrunn, Walldürn, Zwingenberg; *Siedlungsbild:* Aglasterhausen, Haßmersheim, Hüffenhardt, Neunkirchen, Schwarzach
Rödel, Volker, Dr. phil., Oberarchivrat, Staatsarchiv Wertheim: in Teil B: *Geschichte der Gemeindeteile:* Hardheim (Schweinberg)
Rooks, Percy, Ltd. Regierungsdirektor, Abteilungsleiter im Sächsischen Staatsministerium des Inneren, Dresden: in Teil A: *Ver- und Entsorgung*
Roth, Annette, Wiss. Mitarbeiterin beim Fachinformationszentrum Karlsruhe: in Teil B: *Naturraum und Landschaftsbild; Siedlungsbild; Die Gemeinde im 19. und 20. Jahrhundert:* Schefflenz; *Die Gemeinde im 19. und 20. Jahrhundert:* Binau, Elztal
Schaab, Hildegard, Dr. phil., Wilhelmsfeld: in Teil B: *Geschichte der Gemeindeteile:* Fahrenbach (Fahrenbach, Robern), Limbach (Balsbach, Wagenschwend), Waldbrunn, Zwingenberg
Schaab, Meinrad, Dr. phil., Honorarprofessor der Universität Heidelberg, Ltd. Regierungsdirektor, Landesarchivdirektion Baden-Württemberg, Stuttgart: Gesamtleitung; in Teil A, II: *Besiedlung; Gemeinden, Zenten, Appellationsgerichte; Kirche und Schule; Juden; Verkehr;* in Teil B: *Geschichte der Gemeindeteile:* Fahrenbach (Trienz), Limbach (Heidersbach, Krumbach, Laudenberg, Limbach, Scheringen), Mosbach (Diedesheim, Lohrbach, Neckarelz, Reichenbuch), Neckargerach (Neckargerach)
Schallmayer, Egon, Dr. phil., Konservator, Landesdenkmalamt Baden-Württemberg, Außenstelle Karlsruhe (Bodendenkmalpflege): in Teil A: *Römerzeit.*
Schefcik, Gerd, Dipl. –Ingenieur für Kartographie (FH), Eppelheim: Gestaltung der Schwarzweiß-Karten

Scheible, Reinhard, Oberstudienrat, Adelsheim und Seckach-Zimmern: in Teil B: *Naturraum und Landschaftsbild; Siedlungsbild:* Seckach

Schultz, Friedhelm, Dr. phil., Karlsruhe: *Orts- und Personenregister*

Schultz, Gudrun, Dr. phil., Oberregierungsrätin, Generallandesarchiv Karlsruhe: Mitredaktion der historischen und gegenwartskundlichen Abschnitte über das 19. und 20. Jahrhundert; in Teil A: *Der Kreis im Landschafts- und Landesgefüge* (mit E. Reinhard); *Die Bezirksgliederung im 19. und 20. Jahrhundert; Bevölkerung im 19. und 20. Jahrhundert; Produzierendes Gewerbe bis zum Zweiten Weltkrieg; Verkehr;* in Teil B: *Die Gemeinde im 19. und 20. Jahrhundert:* Adelsheim, Aglasterhausen, Billigheim, Buchen (Odenwald), Fahrenbach, Hardheim, Haßmersheim, Höpfingen, Hüffenhardt, Limbach, Mosbach, Mudau, Neckargerach, Neckarzimmern, Neunkirchen

Trunk, Gerlinde, Dipl.-Archivarin, Buchen (Odenwald): in Teil A: *Kulturelles Leben*

Trunk, Rainer, Dipl.-Archivar, Stadtarchivar, Stadtverwaltung Buchen (Odenwald): in Teil B: *Geschichte der Stadtteile:* Buchen (Kernstadt Buchen)

Wagner, Christina, Dr. phil., Wiss. Mitarbeiterin am Stadtarchiv Darmstadt: in Teil B: *Die Gemeinde im 19. und 20. Jahrhundert:* Osterburken

Welte, Ulrike, M. A., Karlsruhe: in Teil B: *Die Gemeinde im 19. und 20. Jahrhundert:* Ravenstein, Rosenberg, Schwarzach, Waldbrunn

Zoche, Hartmut, Dr. phil., Waldkirch-Buchholz: in Teil B: *Die Gemeinde im 19. und 20. Jahrhundert:* Seckach, Walldürn

Zolg, Manfred, Dr. med., Ltd. Medizinaldirektor, Staatl. Gesundheitsamt Heilbronn: in Teil A: *Gesundheitswesen*

Mitarbeit bei der Auswertung der Ortsbereisungsakten im Generallandesarchiv Karlsruhe: Dipl.-Geographin Irene Keppler-Weber, Annette Roth, Julia Spothelfer, Dr. Christina Wagner, Ulrike Welte M. A., Marcella Wilhelmi, Dr. Hartmut Zoche.

INHALT DES BANDES II

Hüffenhardt 1
Natur- und Kulturlandschaft S. 1 – Gemeinde im 19. und 20. Jahrhundert S. 6 – Geschichte der Gemeindeteile: Hüffenhardt S. 18 – Kälbertshausen S. 20

Limbach 24
Natur- und Kulturlandschaft S. 24 – Gemeinde im 19. und 20. Jahrhundert S. 39 – Geschichte der Gemeindeteile: Balsbach S. 57 – Heidersbach S. 59 – Krumbach S. 61 – Laudenberg S. 63 – Limbach S. 63 – Scheringen S. 66 – Wagenschwend S. 68

Mosbach 72
Natur- und Kulturlandschaft S. 72 – Gemeinde im 19. und 20. Jahrhundert S. 100 – Geschichte der Stadtteile: Diedesheim S. 160 – Lohrbach S. 162 – Mosbach S. 168 – Neckarelz S. 194 – Nüstenbach S. 200 – Reichenbuch S. 202 – Sattelbach S. 203

Mudau 208
Natur- und Kulturlandschaft S. 208 – Gemeinde im 19. und 20. Jahrhundert S. 224 – Geschichte der Gemeindeteile: Donebach S. 266 – Langenelz S. 268 – Mörschenhardt S. 269 – Mudau S. 270 – Reisenbach S. 273 – Rumpfen S. 274 – Scheidental S. 276 – Schloßau S. 278 – Steinbach S. 279

Neckargerach 285
Natur- und Kulturlandschaft S. 285 – Gemeinde im 19. und 20. Jahrhundert S. 291 – Geschichte der Gemeindeteile: Guttenbach S. 305 – Neckargerach S. 310

Neckarzimmern 315
Natur- und Kulturlandschaft S. 315 – Gemeinde im 19. und 20. Jahrhundert S. 320 – Geschichte der Gemeinde S. 331

Neunkirchen 337
Natur- und Kulturlandschaft S. 337 – Gemeinde im 19. und 20. Jahrhundert S. 344 – Geschichte der Gemeindeteile: Neckarkatzenbach S. 356 – Neunkirchen S. 360

Obrigheim 368
Natur- und Kulturlandschaft S. 368 – Gemeinde im 19. und 20. Jahrhundert S. 374 – Geschichte der Gemeindeteile: Asbach S. 389 – Mörtelstein – S. 392 – Obrigheim S. 393

Osterburken 401
Natur- und Kulturlandschaft S. 401 – Gemeinde im 19. und 20. Jahrhundert S. 414 – Geschichte der Stadtteile: Bofsheim S. 436 – Hemsbach S. 438 – Osterburken S. 440 – Schlierstadt S. 450

Ravenstein 457
Natur- und Kulturlandschaft S. 457 – Gemeinde im 19. und 20. Jahrhundert S. 470 – Geschichte der Stadtteile: Ballenberg S. 491 – Erlenbach S. 494 – Hüngheim S. 495 – Merchingen S. 497 – Oberwittstadt S. 500 – Unterwittstadt S. 503

Inhalt des Bandes II

Rosenberg 507
    Natur- und Kulturlandschaft S. 507 – Gemeinde im 19. und 20. Jahrhundert S. 518 – Geschichte der Gemeindeteile: Bronnacker S. 536 – Hirschlanden S. 537 – Rosenberg S. 539 – Sindolsheim S. 546

Schefflenz 552
    Natur- und Kulturlandschaft S. 552 – Gemeinde im 19. und 20. Jahrhundert S. 561 – Geschichte der Gemeindeteile: Kleineicholzheim S. 576 – Mittelschefflenz S. 579 – Oberschefflenz S. 584 – Unterschefflenz S. 586

Schwarzach 590
    Natur- und Kulturlandschaft S. 590 – Gemeinde im 19. und 20. Jahrhundert S. 597 – Geschichte der Gemeindeteile: Ober- und Unterschwarzach S. 612

Seckach 619
    Natur- und Kulturlandschaft S. 619 – Gemeinde im 19. und 20. Jahrhundert S. 628 – Geschichte der Gemeindeteile: Großeicholzheim S. 651 – Seckach S. 654 – Zimmern S. 657

Waldbrunn 662
    Natur- und Kulturlandschaft S. 662 – Gemeinde im 19. und 20. Jahrhundert S. 676 – Geschichte der Gemeindeteile: Mülben S. 699 – Oberdielbach S. 703 – Schollbrunn S. 705 – Strümpfelbrunn S. 706 – Waldkatzenbach S. 710 – Weisbach S. 711

Walldürn 715
    Natur- und Kulturlandschaft S. 715 – Gemeinde im 19. und 20. Jahrhundert S. 738 – Geschichte der Stadtteile: Altheim S. 773 – Gerolzahn S. 776 – Glashofen S. 778 – Gottersdorf S. 780 – Hornbach S. 781 – Kaltenbrunn S. 783 – Reinhardsachsen S. 784 – Rippberg S. 785 – Walldürn S. 788 – Wettersdorf S. 799

Zwingenberg 805
    Natur- und Kulturlandschaft S. 805 – Gemeinde im 19. und 20. Jahrhundert S. 809 – Geschichte der Gemeinde S. 823

Register 830

INHALT DES BANDES I

A. Allgemeiner Teil

Kreiswappen *(H. John)* 3

Für den Landkreis zuständige Behörden *(G. Schultz)* 4

Der Kreis im Landschafts- und Landesgefüge *(E. Reinhard u. G. Schultz)* .. 4

I. NATÜRLICHE GRUNDLAGEN 9
   1. Geologischer Bau *(E. Reinhard)* 9
      Gesteinsfolge S. 10 – Mittlerer Buntsandstein S. 11 – Oberer Buntsandstein S. 12 – Unterer Muschelkalk S. 14 – Mittlerer Muschelkalk S. 15 – Oberer Muschelkalk S. 15 – Unterer Keuper S. 16 – Alttertiär S. 17 – Oberpliozän S. 18 – Quartär S. 18
   2. Oberflächengestalt *(B. Eitel)* 20
      Hochflächen als Relikte eines unterpliozänen Tieflands S. 20 – Hebung des Tieflands und antezedente Zertalung S. 21 – Zertalung des Tafellands S. 21 – Neckar und Main – Konkurrenz zweier Abflußsysteme S. 22 – Asymmetrische Einzugsgebiete ostwestorientierter Abflüsse S. 23 – Frostschuttbildung im Pleistozän S. 23 – Denudative Überformung im Pleistozän S. 23 – Aufbau von Deckschichten aus Löß S. 23 – Bodenerosion und Talverfüllung S. 24 – Plateauzerschneidung im Norden, Hügelland im im Süden S. 25
   3. Gewässernetz *(E. Reinhard)* 25
   4. Klima und Böden *(E. Reinhard)* 30
   5. Vegetation, Natur- und Landschaftsschutzgebiete *(F. Meszmer)* 34

II. GESCHICHTLICHE GRUNDLAGEN 41
   1. Ur- und Frühgeschichte *(R.-H. Behrends)* 41
   2. Römerzeit *(E. Schallmayer)* 45
      1. Jahrhundert S. 45 – 2. Jahrhundert S. 47 – 3. Jahrhundert S. 48 – Die Limeslinien S. 49 – Odenwaldlimes S. 50 – Vorderer Limes S. 52 – Truppenteile in beiden Limeslinien S. 56 – Verkehrswege S. 56 – Straßensystem S. 57 – Flußschiffahrt und Flößerei S. 57 – Die Besiedlung des Limeshinterlandes: Vorbevölkerung S. 58 –

Siedlungsformen und -schwerpunkte S. 58 – Villae rusticae S. 59 – Provinzialbevölkerung S. 60 – Das religiöse Leben und die Kunst: Religion S. 61 – Kunst S. 62

3. **Besiedlung** *(M. Schaab)* 63
Älteste Siedlungsschicht S. 63 – Frühmittelalterlicher Siedlungsausbau S. 65 – Hochmittelalterliche Rodung im Odenwald S. 66 – Weiterer Ausbau der Rodungsgebiete S. 68 – Höfe und mittelalterlicher Ausbau im Altsiedelland S. 69 – Burgen, Städte, Markttore S. 70 – Wüstungen des Mittelalters S. 72 – Veränderungen des Siedlungsbestandes in der früheren Neuzeit S. 74 – Gemarkungen und Wälder S. 75

4. **Herrschaftsentwicklung** *(K. Andermann)* 77
Gaue, Grafschaften und alte Grundherrschaften S. 77 – Altfreier Adel, Kirchengut und Reichsgut S. 79 – Territorien S. 82 – Ministerialität, Niederadel, Ritterschaft S. 87 – Ende der alten Ordnung S. 90

5. **Formen der Herrschaft** *(K. Andermann)* 92
Grundherrschaft S. 92 – Ortsherrschaft S. 96 – Leibherrschaft und Leibeigenschaft S. 99 – Landesherrschaft und Landeshoheit S. 102

6. **Gemeinden, Zenten, Appellationsgerichte** *(M. Schaab)* 104
Gemeindebildung S. 105 – Gemeindeverfassung S. 106 – Gemeinde- und Gütergerichte S. 107 – Gemeindeorgane S. 109 – Gemeindesiegel S. 111 – Rathäuser S. 111 – Bürgerrecht und Gemeindegut S. 112 – Zentgliederung S. 113 – Zentverfassung S. 115 – Exemtionen, territoriale Anpassung, Auflösung der Zenten S. 117 – Oberhöfe und Appellation S. 118

7. **Kirche und Schule** *(M. Schaab)* 120
Mittelalterliche Diözesen und Dekanate S. 120 – Pfarrsprengel S. 121 – Patrozinien und Wallfahrten S. 124 – Klöster und Inkorporationen S. 125 – Reformation S. 127 – Gegenreformation S. 128 – Katholische Kirche in den Bistümern Mainz und Würzburg S. 129 – Katholiken in der Kurpfalz bis 1685 S. 130 – Rekatholisierung der Kurpfalz S. 131 – Reformierte Kirche S. 132 – Lutheraner S. 133 – Umgliederung der kirchlichen Zugehörigkeit 1803 – 1828 S. 133 – Schule im Mittelalter und in den geistlichen Herrschaften S. 134 – Protestantische Schulen S. 135 – Katholische Schulen in der Kurpfalz S. 135

8. **Bevölkerung und Wirtschaft** *(K. Andermann)* 136
Bevölkerungsentwicklung S. 136 – Sozialgruppen S. 139 – Juden *(M. Schaab)* S. 142 – Landwirtschaft S. 142 – Gewerbe und Handel S. 145 – Märkte S. 147 – Maß und Gewicht S. 148 – Geld S. 154

9. **Verkehr** *(M. Schaab)* 156
Verkehrslage S. 156 – Geleitstraßen S. 157 – Örtliche Verbindungen und Flußübergänge S. 159 – Post und Chausseen S. 160 – Flößerei und Schiffahrt S. 161

10. **Kriegsereignisse und revolutionäre Erhebungen** *(K. Andermann)* 163

11. **Die Bezirksgliederung im 19. und 20. Jahrhundert** *(G. Schultz)* 166
Übergang an Baden S. 166 – Eingliederung in den badischen Staat S. 167 – Weg zu einer einheitlichen Verwaltung S. 168 – Gemeinden S. 172 – Gerichtsverfassung S. 173

12. **Kunstgeschichtliche Übersicht** *(H. Huth)* 174

Inhalt des Bandes I XIII

III. BEVÖLKERUNG UND SIEDLUNG 177

1. Bevölkerung im 19. und 20. Jahrhundert *(G. Schultz)* 177
Bevölkerung 1987 S. 177 – Bevölkerung zu Beginn des 19. Jahrhunderts S. 177 – Bevölkerungsentwicklung S. 181 – Altersaufbau S. 193 – Geschlechterproportion S. 195 – Ausländeranteil S. 195 – Konfessionsgliederung S. 197 – Sozioökonomische Gliederung S. 199

2. Volkskultur und Brauchtum *(P. Assion)* 202
Kulturraumfrage S. 202 – Volkskultur und Geschichte S. 204 – Tradition und Moderne S. 209

3. Mundart *(G. W. Baur)* 213
Ausgangslage, Forschungsstand S. 213 – Zuordnung zu Mundartarealen S. 216 – Mundartgrenzen und Mundarträume S. 217 – Mundartwandel S. 218 – Wortgeographisches S. 218 – Gemeinsame Sprachzüge S. 219 – Ursachen für den Verlauf der Grenzlinien S. 220

4. Siedlung und Zentralität *(E. Reinhard)* 221
Ländliche Siedlungen: Siedlungsentwicklung S. 221 – Siedlungslagen S. 223 – Siedlungsbestand S. 225 – Siedlungsgrößen S. 226 – Gebäude- und Wohnungsbestand S. 231 – Siedlungs- und Hausformen S. 234 – Funktionen der ländlichen Siedlungen S. 242 – Städtische Siedlungen: Entstehung und Aufgaben S. 244 – Grund- und Aufrißgestaltung S. 246 – Städtische Einzugsbereiche S. 248

IV. WIRTSCHAFT UND VERKEHR 252

1. Die Struktur der gewerblichen Wirtschaft *(S. Braun)* 252
Standortfaktoren bis 1945 S. 252 – Veränderte Standortfunktionen seit 1945 S. 253 – Arbeitsstätten S. 255 – Erwerbstätigkeit S. 255 – Arbeitslosigkeit S. 260 – Dauerarbeitslosigkeit S. 262 – Pendler S. 262 – Einzelne Branchen S. 262 – Bruttoinlandsprodukt S. 265 – Umsätze und Steuern S. 265 – Wirtschaftsstrukturpolitik S. 267 – Fördervolumen S. 267 – Regionaler Industriepark Osterburken S. 269 – Industriepark Mosbach S. 269 – Industrieansiedlung in Buchen S. 270 – Förderung von Technologie S. 271

2. Landwirtschaft *(H. Grimm)* 271
Bedeutung der Landwirtschaft S. 271 – Natürliche Grundlagen S. 274 – Flächennutzung S. 274 – Kulturarten S. 276 – Viehhaltung S. 278 – Agrarstruktur und Betriebsverhältnisse S. 283 – Besonderheiten der Landwirtschaft im Kreisgebiet S. 286

3. Wald und Forstwirtschaft *(W. Kramer)* 289
Natürliche Voraussetzungen, Waldanteil und Baumarten S. 289 – Geschichtliche Entwicklung unseres Waldes S. 290 – Heutige Bedeutung des Waldes S. 292 – Weitere Entwicklung der Waldwirtschaft S. 294

4. Produzierendes Gewerbe bis zum Zweiten Weltkrieg *(G. Schultz)* 294
Handwerk S. 294 – Industrie bis um die Mitte des 19. Jahrhunderts S. 296 – Standortfaktoren S. 297 – Strohflechterei S. 298 – Industrie in der zweiten Hälfte des 19. Jahrhunderts: Tabakindustrie S. 299 – Peitschenfabriken S. 299 – Walldürner Wallfahrtsindustrie S. 300 – Bijouterie-Industrie S. 300 – Kalk- und Zementwerke S. 300 – Gipswerke S. 300 – Ziegeleien S. 301 – Kachelofenfabrik S. 301 – Mühlen- und Maschinenbau S. 301

Produzierendes Gewerbe um die Jahrhundertwende: Branchen und Betriebsgrößenstruktur S. 301 – Industriestandorte S. 302
Industrie in der ersten Hälfte des 20. Jahrhunderts: Industrialisierung S. 303 – Branchenstruktur S. 303 – Räumliche Verteilung S. 304

5. **Handwerk und Industrie** *(S. Braun)* 305
   Handwerk: Situation des Handwerks S. 305 – Betriebsstruktur S. 306 – Umsatz S. 307 – Baugewerbe S. 308 – Arbeitgeber und Arbeitnehmerorganisationen S. 310
   Industrie: Übergang der Handwerks- zur Industrieproduktion S. 310 – Wirtschaftlicher Aufschwung nach 1945 S. 311 – Einzelne Industriezweige S. 311 – Beschäftigte S. 317 – Umsatz S. 317 – Investitionen S. 319 – Arbeitgeber- und Arbeitnehmerorganisationen S. 320

6. **Handel und Dienstleistungen** *(S. Braun)* 320

7. **Fremdenverkehr** *(A. Bol u. E. Reinhard)* 326

8. **Ver- und Entsorgung** *(P. Rooks)* 329
   Einleitung S. 329 – Wasserversorgung S. 329 – Stromversorgung S. 331 – Stromerzeugung im Landkreis S. 332 – Gasversorgung S. 336 – Fernwärmeversorgung S. 341 – Abwasserreinigung S. 342 – Abfallentsorgung S. 345 – Luftreinhaltung S. 350

9. **Verkehr** *(G. Schultz)* 352
   Verkehrslage S. 352 – Straßenverkehr S. 352 – Eisenbahn S. 354 – Omnibuslinien S. 358 – Schiffahrt S. 359 – Luftverkehr S. 360 – Post S. 360 – Fernmeldedienst S. 362

V. ÖFFENTLICHES UND KULTURELLES LEBEN 363

1. **Politisches Leben** *(K.-H. Neser)* 363
   Revolution von 1848/49 S. 363 – Entstehung des politischen Katholizismus S. 363 – Erste Parteigründungen S. 364 – Wahlen im Kaiserreich S. 365 – Rätebewegung S. 366 – Weimarer Republik S. 367 – Zeit des Nationalsozialismus S. 367 – Nachkriegsentwicklung S. 368 – Wahlen S. 369

2. **Verfassung, Aufgaben und Verwaltung des Landkreises** *(G. Pfreundschuh)* 372
   Geschichtliche Entwicklung: Genossenschaft und Herrschaft, die Wurzeln der Kreisverfassung S. 372 – Entstehung des Neckar-Odenwald-Kreises S. 373
   Der Kreis als Selbstverwaltungskörperschaft: Rechtscharakter des Landkreises S. 374 – Kreistag S. 374 – Landrat S. 377 – Aufgaben des Landkreises S. 380
   Der Kreis als untere staatliche Verwaltungsbehörde S. 382

3. **Sozialwesen** *(E. Glas u. E. Reinhard)* 384
   Sozialhilfe S. 384 – Einrichtungen der Sozialversorgung S. 386

4. **Gesundheitswesen** *(M. Zolg)* 387
   Ärztliche Versorgung der Bevölkerung S. 387 – Staatliche Gesundheitsämter und Gesundheitsfürsorge S. 389 – Hygienische Verhältnisse im Landkreis S. 393

5. **Schulwesen** *(M. Appenzeller)* 395
   Schulverwaltung S. 395 – Schulpflicht S. 395 – Ausländische Schüler S. 395 – Grund- und Hauptschulen S. 395 – Weiterführende Schulen S. 397 – Sonderschulen

Inhalt des Bandes I   XV

S. 398 – Landwirtschaftsschulen S. 399 – Berufsakademie Mosbach S. 399 – Berufliche Schulen S. 399 – Weitere Bildungseinrichtungen S. 402

6. **Kirchen** *(E. Reinhard)* 402
Römisch-katholische Kirche S. 402 – Ev. Landeskirche in Baden S. 409

7. **Kulturelles Leben** *(G. Trunk)* 413
Kulturelle Arbeit des Neckar-Odenwald- Kreises S. 413 – Volkshochschule und Erwachsenenbildung S. 414 – Wissenschaftliche und öffentliche Bibliotheken S. 414 – Archive S. 416 – Museen und Sammlungen S. 417 – Theater, Kunst- und Musikpflege S. 419 – Vereinsleben S. 421

8. **Presse** *(K.-H. Neser)* 424
Erste Zeitungsgründungen S. 425 – Entstehen von Richtungszeitungen S. 425 – Presse zwischen 1918 und 1945 S. 426 – Presse nach dem Zweiten Weltkrieg S. 428

B. Gemeindebeschreibungen

Adelsheim 433
Natur- und Kulturlandschaft S. 433 – Gemeinde im 19. und 20. Jahrhundert S. 447 – Geschichte der Stadtteile: Adelsheim S. 470 – Leibenstadt S. 480 – Sennfeld S. 482

Aglasterhausen 489
Natur- und Kulturlandschaft S. 489 – Gemeinde im 19. und 20. Jahrhundert S. 498 – Geschichte der Gemeindeteile: Aglasterhausen S. 514 – Breitenbronn S. 519 – Daudenzell S. 523 – Michelbach S. 526

Billigheim 532
Natur- und Kulturlandschaft S. 532 – Gemeinde im 19. und 20. Jahrhundert S. 547 – Geschichte der Gemeindeteile: Allfeld S. 566 – Billigheim S. 570 – Katzental S. 574 – Sulzbach S. 576 – Waldmühlbach S. 578

Binau 582
Natur- und Kulturlandschaft S. 582 – Gemeinde im 19. und 20. Jahrhundert S. 587 – Geschichte von Binau S. 598

Buchen (Odenwald) 602
Natur- und Kulturlandschaft S. 602 – Entwicklung im 19. und 20. Jahrhundert S. 632 – Geschichte der Stadtteile: Bödigheim S. 668 – Buchen S. 675 – Eberstadt S. 685 – Einbach S. 687 – Götzingen S. 689 – Hainstadt S. 691 – Hettigenbeuern S. 695 – Hettingen S. 697 – Hollerbach S. 701 – Oberneudorf S. 703 – Rinschheim S. 703 – Stürzenhardt S. 705 – Unterneudorf S. 706 – Waldhausen S. 707

Elztal 717
Natur- und Kulturlandschaft S. 717 – Gemeinde im 19. und 20. Jahrhundert S. 729 – Geschichte der Gemeindeteile: Auerbach S. 741 – Dallau S. 743 – Muckental S. 748 – Neckarburken S. 750 – Rittersbach S. 752

Fahrenbach 756
Natur- und Kulturlandschaft S. 756 – Gemeinde im 19. und 20. Jahrhundert S. 762 – Geschichte der Gemeindeteile: Fahrenbach S. 774 – Robern S. 777 – Trienz S. 780

Hardheim 783
  Natur- und Kulturlandschaft S. 783 – Gemeinde im 19. und 20. Jahrhundert S. 800 – Geschichte der Gemeindeteile: Bretzingen S. 830 – Dornberg S. 832 – Erfeld S. 833 – Gerichtstetten S. 835 – Hardheim S. 839 – Rütschdorf S. 847 – Schweinberg S. 848 – Vollmersdorf S. 854

Haßmersheim 858
  Natur- und Kulturlandschaft S. 858 – Gemeinde im 19. und 20. Jahrhundert S. 867 – Geschichte der Gemeindeteile: Haßmersheim S. 885 – Hochhausen S. 888 – Neckarmühlbach S. 891

Höpfingen 897
  Natur- und Kulturlandschaft S. 897 – Gemeinde im 19. und 20. Jahrhundert S. 903 – Geschichte der Gemeindeteile: Höpfingen S. 915 – Waldstetten S. 917

BEILAGEN IN DER KARTENTASCHE

1. Karten

1 Kreiskarte 1:50000 des Landesvermessungsamtes Baden-Württemberg
2 Gemeinden und Gemarkungen im Neckar-Odenwald-Kreis
3 Vorgeschichtliche Fundstätten I: Steinzeit
4 Vorgeschichtliche Fundstätten II: Grabhügel
5 Vorgeschichtliche Fundstätten III: Vorrömische Metallzeiten
6 Römische Besiedlung
7 Das römische Osterburken
8 Ortsnamentypen des Mittelalters
9 Die mittelalterliche Besiedlung im Neckar-Odenwald-Kreis nach den frühesten Quellen
10 Siedlung und Waldbesitz vom Hochmittelalter bis zum Ende des Alten Reiches
11 Pfarreien im Mittelalter (Neckar-Odenwald-Kreis)
12 Kirchen in der Frühneuzeit
13 Ortsherrschaft um 1600
14 Zenten in der Mitte des 16. Jahrhunderts
15 Geleitstraßen im 16. Jahrhundert
16 Historische Marktorte im Gebiet des Neckar-Odenwald-Kreises
17 Beschäftigte in nichtlandwirtschaftlichen Arbeitsstätten 1895 und 1987 nach den heutigen Gemeindegrenzen
18 Einpendlerüberschuß und Auspendlerüberschuß 1987
19 Anteil der Auspendler an den Beschäftigten 1987
20 Anteil der Einpendler an den Beschäftigten 1987
21 Siedlungs- und Flurformen vor den modernen Flurbereinigungen
22 Siedlungsgrößen 1939
23 Siedlungsgrößen 1970
24 Siedlungsgrößen 1987
25 Verwaltungsgliederung 30. 7. 1813
26 Die Verwaltungsgliederung 1905
27 Gliederung der katholischen Kirche im Jahr 1989
28 Gliederung der evangelischen Kirche im Jahr 1989
29 Mosbach. Siedlungsentwicklung der Kernstadt, Waldstadt und der Stadtteile Diedesheim und Neckarelz
30 Mosbach. Funktionale Gliederung der Kernstadt, Waldstadt und der Stadtteile Diedesheim und Neckarelz

2. Statistischer Anhang (Tabellen)

A 1,1 Gemeindefläche und Wohnungsbestand
A 1,2 Gemeindefinanzen 1975 und 1988
A 2 Bevölkerungsentwicklung 1808 bis 1987
A 3 Bevölkerung nach dem überwiegenden Lebensunterhalt 1895 und 1987
A 4 Landwirtschaft
A 5 Wahlergebnisse

XVIII Abbildungsverzeichnis

3. Stammtafeln

Stammtafel der Pfalzgrafen bei Rhein und Kurfürsten von der Pfalz
Stammtafel der Pfalzgrafen von Mosbach
Stammtafel der Edelherren von Dürn
Stammtafel der Freiherren von Adelsheim
Stammtafel der Herren von Rosenberg
Stammtafel der Freiherren Rüdt von Collenberg und Bödigheim

4. Siglen und Literatur

ABBILDUNGSVERZEICHNIS

Band I

1 Neckarschleife bei Binau mit deutlich ausgebildetem Prall- und Gleithang
2 Neckartal bei Neckarzimmern im Muschelkalk
3 Morretal bei Hettigenbeuern im Hinteren Odenwald
4 Gabelbachtal unterhalb Ernsttal
5 Der Mittelberg bei Neckarkatzenbach. Ehemaliger Umlaufberg des Neckars
6 Der Katzenbuckel und Waldkatzenbach
7 Ehemaliger Steinbruch am Katzenbuckel
8 Steinbrüche im Unteren Muschelkalk bei Eberstadt
9 Baulandhochfläche bei Adelsheim
10 Mosbach mit dem unteren Elztal von Nordosten
11 Buchener Jagdgrenzkarte von 1593, Ausschnitt mit Kloster Seligental, Schlierstadt und Eberstadt (GLA Karlsruhe H/Buchen 1)
12 Ballenberg-Krautheimer Jagdgrenzkarte von 1594. Ausschnitt Stadtgebiet Ravenstein (GLA Karlsruhe H/e 9)
13 Kellereien Billigheim und Allfeld 1667. (GLA Karlsruhe 66/10513)
14 Burg und Schloß Bödigheim
15, 16 Judenfriedhof zu Bödigheim. Israelitische Grabsteine
17 Osterburken mit umgebenden Baulandhügeln und -hochflächen von Osten
18 Walldürn mit dem in den Hinteren Odenwald eingeschnittenen Marsbachtal von Südosten
19 Dreiseitgehöft in Waldmühlbach
20 Moderner Eindachhof in Leibenstadt
21 Gestelztes Fachwerkhaus in Allfeld, jetzt im Odenwälder Bauernhausmuseum Gottersdorf
22 Adelsheim von Süden. Zwischen den Tälern von Seckach und Kirnau der bebaute Eckenberg
23 Wehrturm an der südlichen Stadtmauer von Adelsheim
24 Das Untere Schloß in Adelsheim
25 Grabkapelle der Jakobskirche zu Adelsheim
26 Grabmal Martins d. J. von Adelsheim († 1537) in der Grabkapelle der Jakobskirche
27 Leibenstadt von Nordosten
28 Ortsmitte von Leibenstadt
29 Sennfeld von Osten
30 Sennfeld, ehemaliges Schul- und Rathaus
31 Aglasterhausen von Süden

32 Aglasterhausen, Ortskern
33 Aglasterhausen, kath. Pfarrkirche
34 Breitenbronn
35 Daudenzell, Rathaus mit benachbartem Fachwerkhaus
36 Daudenzell von Süden. Im Hintergrund Aglasterhausen
37 Michelbach von Süden
38 Michelbach, Ortsmitte
39 Billigheim von Südosten
40 Billigheim, kath. Pfarrkirche. Ehemalige Klosterkirche mit Erweiterungsbau
41 Billigheim, Türrelief am Eingang des Kirchenneubaus
42 Allfeld von Osten
43 Allfeld, kath. Pfarrkirche von der Seckach aus
44 Allfeld, Ortsmitte vom westlichen Seckachtalhang aus
45 Allfeld, ehemalige bäuerliche Anwesen (vertikal gegliederte Wohnstallhäuser) im Ortskern
46 Katzental von Nordosten
47 Katzental, Ortsmitte
48 Sulzbach von Südosten
49 Sulzbach, Ortszentrum mit dem ev. und kath. Gotteshaus
50 Waldmühlbach von Süden
51 Waldmühlbach, Turm der kath. Kirche
52 Neubinau (im Vordergrund) und Binau von Osten
53 Binau, Ortsmitte mit der ev. Kirche
54 Binau, Fachwerkhaus und Turm der ev. Kirche
55 Überreste der Burg Dauchstein
56 Bödigheim von Nordosten
57 Buchen, Altstadt von Osten
58 Altstadt von Buchen, Hauptstraße mit dem Stadttor
59 Buchen, Altes Rathaus
60 Buchener Madonna (Das Bild)
61 Eberstadt von Nordosten
62 Schloß Eberstadt
63 Eberstadter Tropfsteinhöhle
64 Einbach von Südosten
65 Götzingen von Süden
66 Hainstadt von Südosten
67 Schloß Hainstadt
68 Schloß Hainstadt, Allianzwappen Rüdt von Bödigheim und von Rabenstein (1573)
69 Hettigenbeuern von Osten
70 Götzenturm in Hettigenbeuern
71 Tabakscheuer in Hettigenbeuern
72 Hettingen von Südosten. Im Hintergrund Buchen
73 Hettingen, kath. Pfarrkirche
74 Hettingen, neue Schule
75 Hollerbach von Süden. Im Hintergrund Unterneudorf
76 Hollerbach, kath. Pfarrkirche und Pfarrhaus
77 Oberneudorf von Süden
78 Rinschheim von Süden
79 Stürzenhardt von Nordosten
80 Unterneudorf von Südwesten
81 Waldhausen von Südosten
82 Auerbach von Osten
83 Auerbach, Untere Gasse mit ev. Kirche
84 Dallau von Nordosten
85 Dallau, Ortsbild mit ev. Kirche

86 Dallau, kath. Kirche
87 Muckental von Nordosten
88 Neckarburken von Osten
89 Neckarburken, Rathaus
90 Neckarburken, Überreste des römischen Militärbades
91 Rittersbach von Nordosten
92 Rittersbach, kath. Kirche
93 Fahrenbach von Nordosten
94 Fahrenbach, Bahnhofstraße. Im Hintergrund ev. Kirche
95 Robern, kath. Kirche
96 Robern von Osten
97 Trienz von Osten
98 Fahrenbach, klassizistische ev. Kirche
99 Trienz, kath. Kirche
100 Bretzingen von Südosten
101 Dornberg von Südosten
102 Dornberg, Ortszentrum mit Rat- und Schulhaus
103 Erfeld von Süden
104 Erfeld, barocke kath. Kirche
105 Gerichtstetten, alte bäuerliche Wirtschaftsbauten aus Muschelkalk-Bruchsteinmauerwerk, Fachwerk und Holz
106 Gerichtstetten von Süden
107, 108 Gerichtstetten, barocke Bildstöcke
109 Hardheim von Südwesten
110 Hardheim, Renaissancebau des Oberen Schlosses
111 Hardheim, Walldürner Straße mit Bergfried des Unteren Schlosses
112 Hardheim, einstige bischöflich-würzburgische Zehntscheuner
113 Schweinberg, Ortszentrum und westliches Neubaugebiet
114 Rütschdorf von Südwesten
115 Rütschdorf, Brunnenhof
116 Schweinberg von Osten
117 Schweinberg, Ruine des Bergfrieds
118 Vollmersdorf von Osten
119 Vollmersdorf, Kapelle im Ortszentrum
120 Haßmersheim von Südosten. Im Hintergrund rechts des Neckars der Weiler Steinbach, die Burg Hornberg und Neckarzimmern
121 Haßmersheim, Industriegebiet. Im Hintergrund Steinbruch im Muschelkalk
122 Hochhausen, Ortsbild mit Schloß
123 Hochhausen von Südosten. Im Hintergrund rechts des Neckars Neckarelz, links des Flusses Obrigheim
124 Neckarmühlbach und Burg Guttenberg von Norden
125 Höpfingen von Südwesten
126 Höpfingen Heimatmuseum (ehemaliges Rathaus)
127 Waldstetten, kath. Kirche
128 Waldstetten von Osten

Band II

129 Hüffenhardt von Südosten
130 Hüffenhardt, Ortsmitte mit Fachwerkrathaus
131 Kälbertshausen, straßendorfartige Siedlungszeile
132 Kälbertshausen von Osten
133 Balsbach von Süden

134 Heidersbach von Osten
135 Krumbach von Südosten
136 Laudenberg von Südosten
137 Laudenberg, Schule
138 Limbach, ehemaliges Taglöhnerhaus mit kleinem Stall- und Scheunenbau. Scheune zu Wohnzwecken umgebaut
139 Limbach von Nordosten
140, 141 Limbach, kath. Pfarrkirche
142 Scheringen von Südosten. Im Hintergrund Laudenberg
143 Wagenschwend von Nordosten
144 Neckarelz und Diedesheim von Südosten. Links des Neckars Obrigheim. Im Hintergrund die Winterhauchhochfläche mit dem Katzenbuckel
145, 146 Neckarbrücke mit Diedesheim
147 Lohrbach von Südosten
148 Lohrbach, kath. Kirche St. Peter und Paul
149 Lohrbach, ehemaliges Wasserschloß
150 Mosbach, Altstadt von Nordosten
151 Mosbach, Waldstadt von Süden. Im Hintergrund Lohrbach, Sattelbach und Fahrenbach
152 Mosbach, Rathaus
153 Mosbach, Palm'sches Haus am Marktplatz
154 Mosbach, Fachwerkhäuser am Marktplatz
155 Mosbach, Fachwerkhäuser an der Hauptstraße
156 Mosbach, Altstadt mit Julianenkirche und Rathaus vom Henschelberg aus
157 Nüstenbach von Südosten. Im Hintergrund die Winterhauchhochfläche mit dem Katzenbuckel
158 Neckarelz von Südosten. Im Vordergrund Industriegebiet. In der Bildmitte der Stadtteil mit der ev. Pfarrkirche und dem Tempelhaus. Im Hintergrund rechts des Neckars Diedesheim, links des Flusses Obrigheim
159 Neckarelz, Tempelhaus
160 Reichenbuch, Ortsmitte mit ev. Kirche
161 Reichenbuch von Südwesten
162 Sattelbach von Südosten
163 Donebach von Nordosten
164 Oberlangenelz von Nordosten
165 Unterlangenelz
166 Mudau, Hauptstraße mit dem alten Rathaus
167 Mörschenhardt von Nordosten
168 Sanatorium Schloß Waldleiningen
169 Mudau von Südosten
170 Mudau, Ortskern mit kath. Pfarrkirche in Hochflächenlage
171 Mudau, neue Schule
172 Reisenbach von Südosten. Im Hintergrund Funkturm
173 Rumpfen von Südosten
174 Oberscheidental von Nordosten
175 Unterscheidental von Südosten. Im Hintergrund Oberscheidental und Reisenbach
176 Oberscheidental, kath. Kirche
177 Schloßau, bäuerliche Anwesen und Turm der kath. Kirche
178 Steinbach, ev. Kirche
179 Schloßau von Nordosten
180 Steinbach von Südwesten
181 Guttenbach von Nordosten. Im Hintergrund Neckarbrücke und rechts des Flusses Neckargerach
182 Guttenbach, Ortszentrum mit Dorfplatz und kath. Kirche
183 Guttenbach, Mörtelsteiner Straße

184 Neckargerach von Südosten
185 Neckargerach, Blick von der Odenwaldstraße zur Minneburg
186 Neckargerach, ev. Kirche
187 Neckarzimmern mit der Neckarschleuse von Südosten. Im Hintergrund Neckarelz, Diedesheim und Obrigheim
188 Burg Hornberg und der Weiler Steinbach vom Neckar aus
189 Neckarzimmern, Ortsmitte an der Hauptstraße mit der ev. Kirche
190 Neckarzimmern, Unteres Schloß (Rathaus)
191 Neckarkatzenbach von Südosten
192, 193 Minneburg
194 Neunkirchen von Südosten
195 Neunkirchen, kath. Pfarrkirche
196 Neunkirchen, Ortsbild mit den Türmen der ev. und. kath. Pfarrkirchen
197 Asbach von Südosten. Im Hintergrund Daudenzell und Aglasterhausen
198 Asbach, ev. Kirche
199 Obrigheim, Ortsbild mit ev. Kirche
200 Mörtelstein von Nordosten
201 Obrigheim von Südosten. Im Hintergrund das Kernkraftwerk und jenseits des Neckars Binau (links) und Neubinau (rechts)
202 Obrigheim, Rathaus
203 Kernkraftwerk Obrigheim von der Gkg Binau aus
204 Bofsheim von Südosten
205 Bofsheim, ev. Kirche
206 Bofsheim, Fachwerkgehöft
207 Bofsheim, alte bäuerliche Wirtschaftsgebäude an der Kirchgasse
208 Hemsbach von Südosten
209 Hemsbach, St. Mauritiuskirche
210 Osterburken, Altstadt von Nordosten
211 Osterburken, kath. Stadtpfarrkirche
212 Osterburken, Barockkapelle
213, 214 Osterburken, Betonreliefs von Emil Wachter am Neubau der kath. Stadtpfarrkirche St. Kilian
215 Schlierstadt von Südosten
216 Ballenberg von Osten
217 Ballenberg, Spornlage der Altstadt von Westen
218 Ballenberg, Rathaus
219 Erlenbach von Südosten
220 Hüngheim von Südosten
221 Merchingen von Nordosten
222 Merchingen, Schloß und ev. Kirche
223 Merchingen, Allianzwappen von Berlichingen und von Gemmingen am Schloß (Hofseite)
224 Oberwittstadt von Nordosten
225 Oberwittstadt, Ortsbild mit der kath. Kirche
226 Oberwittstadt, Geschäftszentrum mit Ortsverwaltung
227 Unterwittstadt von Nordosten
228 Unterwittstadt, Ortsbild mit dem Rathaus
229 Bronnacker von Nordosten
230 Hirschlanden von Nordosten
231 Rosenberg von Südosten
232 Sindolsheim von Nordosten
233 Sindolsheim, Grünkerndarren
234 Sindolsheim, Ortskern mit der ehemals ritterschaftlichen ev. Kirche
235 Sindolsheim, Schloß
236 Kleineicholzheim von Südosten. Im Hintergrund Großeicholzheim

Abbildungsverzeichnis XXIII

237 Mittelschefflenz von Südosten
238 Oberschefflenz von Süden
239 Unterschefflenz von Osten
240 Oberschwarzach von Südosten
241 Oberschwarzach, Hauptstraße mit dem Rathaus
242 Unterschwarzach, ev. Kirche
243 Unterschwarzach, kath. Kirche
244 Unterschwarzach und der Schwarzacherhof von Südosten
245 Großeicholzheim von Südosten
246 Seckach und das Jugenddorf Klinge von Südosten
247 Seckach, Ortskern, östliche und nördliche Neubaugebiete von Süden
248 Zimmern von Nordosten
249 Mülben von Nordosten. Im Hintergrund Strümpfelbrunn
250 Oberdielbach von Süden. Im Hintergrund Waldkatzenbach und der Katzenbuckel
251 Oberdielbach, Hauptstraße im unteren Ortsteil
252 Schollbrunn, Ortsmitte mit der ev. Kirche
253 Schollbrunn von Osten
254 Strümpfelbrunn von Süden
255 Mühle in Oberhöllgrund
256 Kurhaus Waldbrunn
257 Waldkatzenbach mit dem Katzenbuckel von Südosten. Im Vordergrund das Feriendorf Waldbrunn
258 Weisbach von Osten
259 Altheim von Süden
260 Altheim, Kronenstraße und kath. Pfarrkirche
261 Altheim, Gasthaus zur Krone
262 Gerolzahn von Nordosten. Im Hintergrund Rippberg
263 Glashofen, Ortszentrum mit Kirche
264 Glashofen von Süden
265 Gottersdorf von Südwesten
266 Großhornbach von Südwesten
267 Kaltenbrunn von Süden
268 Reinhardsachsen von Süden
269 Wettersdorf von Nordosten
270 Rippberg von Südosten
271 Walldürn, Stadtkern von Südosten
272 Walldürn, Wallfahrtskirche
273 Walldürn, Hauptstraße in der Altstadt mit dem alten Rathaus
274 Walldürn, Schloßplatz mit der Wallfahrtskirche
275 Walldürn, Schloß (Rathaus)
276 Walldürn, Schul- und Kulturzentrum am Theodor-Heuss-Ring
277 Zwingenberg mit Neckarschleife von Südosten
278 Schloß Zwingenberg von Südosten

BILDNACHWEIS

Generallandesarchiv Karlsruhe: 11, 12, 13
Fotografenmeister Manfred Grohe, Kirchentellinsfurt: 1, 5, 10, 14, 17, 18, 22, 27, 29, 31, 36, 37, 39, 42, 46, 48, 50, 52, 56, 57, 61, 64, 65, 66, 69, 72, 75, 77, 78, 79, 80, 81, 82, 84, 87, 88, 91, 93, 96, 97, 100, 101, 103, 106, 109, 114, 116, 118, 120, 123, 124, 125, 128, 132, 133, 134, 135, 136, 139, 142, 143, 144, 147, 150, 151, 157, 158, 161, 162, 163, 164, 167, 168, 169, 172, 173, 174, 175, 179, 180, 181, 184, 187, 191, 194, 197, 200, 201, 204, 208, 210, 215, 216, 219, 220, 221, 224, 227, 229, 230, 231, 232, 236, 237, 238, 239, 240, 244, 245, 246, 247, 248, 249, 250, 253, 254, 257, 258, 259, 262, 264, 265, 266, 267, 268, 269, 270, 271, 272, 277, 278
Prof. Dr. Eugen Reinhard, Karlsruhe: 2, 3, 4, 6, 7, 8, 9, 15, 16, 19, 20, 21, 23, 24, 28, 30, 32, 33, 34, 35, 38, 40, 41, 43, 44, 45, 47, 49, 51, 53, 54, 55, 58, 59, 60, 62, 67, 68, 70, 71, 73, 74, 76, 83, 85, 86, 89, 90, 92, 94, 95, 98, 99, 102, 104, 105, 107, 108, 110, 111, 112, 113, 115, 117, 119, 121, 122, 126, 127, 130, 131, 137, 138, 140, 141, 145, 146, 148, 149, 152, 153, 154, 155, 156, 159, 160, 165, 166, 170, 171, 176, 177, 178, 182, 183, 185, 186, 188, 189, 190, 192, 193, 195, 196, 198, 199, 202, 203, 205, 206, 207, 209, 211, 212, 213, 214, 217, 218, 222, 223, 225, 226, 228, 233, 234, 235, 241, 242, 243, 251, 252, 255, 256, 260, 261, 263, 273, 274, 275, 276
Stadtverwaltung Adelsheim: 25, 26
Stadtverwaltung Buchen (Odenwald): 63

Hüffenhardt

1762 ha Gemeindegebiet, 1843 Einwohner

Wappen: In gespaltenem Schild vorn in Rot eine gestürzte goldene (gelbe) Pflugschar, hinten in Blau zwei goldene (gelbe) Balken. – Die Pflugschar im vorderen, in den bad. Farben tingierten Feld des Wappens ist das Fleckenzeichen Hüffenhardts, das auch auf Grenzsteinen und in den Gemeindesiegeln seit dem 18. Jh. begegnet. Das linke Feld zeigt das gemmingische Wappen in Anspielung auf die frühere Ortsherrschaft. Wappen und Flagge wurden vom Generallandesarchiv Karlsruhe vorgeschlagen und vom Innenministerium am 4. 5. 1960 verliehen. – Flagge: Gelb-Rot (Gold-Rot).

Gemarkungen: Hüffenhardt (1342 ha, 1403 E.) mit Hüttigsmühle und Wüsthausen; Kälbertshausen (422 ha, 445 E.).

A. Natur- und Kulturlandschaft

Naturraum und Landschaftsbild. – Das Gemeindegebiet von Hüffenhardt umfaßt den größten Teil eines nach N gerichteten Sporns der Nodosuskalkstufe mit einer Restauflage aus Unterem Keuper im südwestdeutschen Schichtstufenland, dessen Höhen im N (ca. 350 m NN) um Kälbertshausen vom Lettenkohlensandstein und aufgrund eines schwachen südlichen Schichtfallens am Hippberg (301 m NN) südlich Hüffenhardt von den jüngsten mesozoischen Gesteinen auf dem Gemeindegebiet, dem Unteren Gipskeuper, aufgebaut werden. Nur an wenigen Stellen reicht das Gemeindegebiet auch auf den Trochitenkalk hinab, in größerem Maß nur westlich Kälbertshausen. Dieser Sporn, auf dem beide Orte liegen, bildet die Wasserscheide zwischen dem Neckar im O und dem Wollenbach im W; sie verläuft im N und O des Gemeindegebiets nur wenig westlich der Gemeindegrenze. Diese selbst liegt bereits in den großen zusammenhängenden Wäldern, die von den Hängen zum Neckar- bzw. Heiligenbachtal bei Obrigheim auf die wellige Hochfläche emporreichen. Nach W und S erscheint die Landschaft offen, ein Eindruck, den auch die kleinen Wäldchen an der westlichen Gemeindegrenze nicht wesentlich stören. Das flache, intensiv genutzte Hügelland, das den Kern des Gemeindegebiets bildet, paßt sich so in das Landschaftsbild des nordöstlichen Kraichgaus ein, das durch den zusammenhängenden Waldgürtel im O vom mittleren Neckartal natürlich abgegrenzt wird.

Trotz der für den Kraichgau schon bedeutenden Höhenlagen von 301 m NN am Hippberg im S bis zur Höhe Seeäcker mit 336 m NN nördlich von Kälbertshausen unterstreichen die hügeligen Formen auf der nur schwach zertalten Hochfläche den weichen Landschaftscharakter. Im Gegensatz zu den tiefen, schluchtartigen Klingen, die vom Neckartal im W auf den Sporn der Schichtstufe heraufreichen, aber nicht wesentlich aus dem zusammenhängenden Wald in das landwirtschaftlich geprägte Landschaftsbild eingreifen, wird der Großteil des Gemeindegebiets durch kleine, fast parallel zueinander nach W orientierte Tälchen zum Wollenbach entwässert, die nur periodisch Wasser führen. Auf den Höhen, die großenteils mit einer dicken Löß- und Lößlehmdecke überzogen sind, besitzen ihre Oberläufe flachen Muldencharakter, denn aufgrund der Wasserarmut im Wasserscheidengebiet – der Wasserturm am Nordrand von Hüffenhardt dokumentiert das eindringlich – wird immer mehr Abtragungsmaterial in die Tiefenlinien erodiert, als in den Abflußbahnen weitertransportiert werden kann. Diese Muldentälchen erhalten erst dort für eine kurze Strecke eine Kerbtalform, wo sie sich der Geländestufe nähern, die auf das Trochitenkalkniveau hinabführt, in dem der Wollenbach den Vorfluter bildet. Im Bereich dieser Stufe setzt in der Regel auch die Lößbedeckung aus und die steiler werdenden Hänge werden mehr und mehr von kleinen Wäldchen eingenommen und forstwirtschaftlich genutzt. Da der Wollenbach bei Bargen aber noch in einer Höhe von ca. 190 m NN fließt, der Neckar im O etwa gleich weit entfernt jedoch auf ca. 135 m NN strömt, erreichen die Kerbtalabschnitte im Bereich der westlichen Gemeindegebietsgrenze aber niemals den tiefen, schluchtartigen Charakter der neckarorientierten Klingen.

Dieser Wechsel in der Talform ist auf dem Gemeindegebiet exemplarisch in der Essenklinge westlich Kälbertshausen zu verfolgen. Von O ziehen flache Dellen von der Wasserscheide herab, die sich im westlichen Ortsteil vereinigen und ihre weiche Gestalt genau an der Stelle mit einer scharfen Kerbtalform vertauschen, wo die steilere Stufe zum Trochitenkalk erreicht wird. Daß hier von dem Bach, der nur selten größere Wassermengen führt, kräftig in die Tiefe erodiert wird, ist deutlich daran zu erkennen, daß hier auf engem Bereich linienhaft in den anstehenden Muschelkalk erodiert wird. Nach Erreichen des Trochitenkalks in ca. 250 m NN stellt sich zur Gemeindegrenze in der Flur »In der Aue« hin erneut die flache Muldenform ein.

Die Straße von Bad Rappenau nach Obrigheim, die auf der Höhe des Sporns durch das Gemeindegebiet führt, zerschneidet zwischen Hüffenhardt und Kälbertshausen einige mehrere Meter mächtige Lößsedimente. Dies verdeutlicht die oberflächengestaltende Rolle dieses Feinmaterials. Es gleicht auf dem plateauartigen Rücken alle Kanten und Stufen weitgehend aus, so daß kaum festzustellen ist, an welcher Stelle welche Gesteine des Unteren Keupers bzw. des Oberen Muschelkalks anstehen. In diesen Lößpaketen, einem pleistozänen Sediment, sind viele der flachen Muldentälchen und Dellen entwickelt, die das Relief auf der Spornoberfläche gliedern. Das so erzeugte sanftwellige Relief mit seinen Anbauflächen, auf denen man kaum einen Stein zu Gesicht bekommt, ist relativ leicht zu bearbeiten. Zugleich verbessert der nährstoffreiche Löß die Bodenqualität nicht unwesentlich, eine Tatsache, der besondere Bedeutung auf den Arealen zukommt, auf denen Keupersandsteine die Oberfläche bilden würden. So prägt die landwirtschaftliche Nutzung doch nachhaltig das Gemeindegebiet.

Die intensive ackerbauliche Nutzung, die den natürlichen Bodenschutz zerstört, hat dazu geführt, daß der auf diesen Flächen zu erwartende Bodentyp, die Parabraunerde, fast überall gekappt wurde. So wurden bevorzugt die feinen Bodenbestandteile verlagert, wodurch sich bereits durch ihre dunklere, manchmal bis ins Schwarze gehende Farbe deutlich die kolluvial geprägten schweren Böden der tiefsten Bereiche in den Dellen und Muldentälchen von den helleren, teils schon lößfarbenen auf den sanften Rücken unterscheiden. Wie beispielsweise bei Hüffenhardt um den Lerchenberg oder im Ameltergrund, wo man Grünland mit Fruchtbaumbestand antrifft, kann dies einen Nutzungswandel erklären.

Im Gegensatz zu dem weitmaschigen Netz von Forstwegen, die die Waldgebiete am Gemeindegebietsrand durchziehen, erschließt ein dichtes Gitter von zumeist befestigten Wirtschaftswegen die landwirtschaftlich genutzte Fläche.

Siedlungsbild. – Das im Bereich der Wasserscheide zwischen Elsenz und Neckar im Quellgebiet des Wollenbachs liegende Dorf Hüffenhardt nimmt eine hochflächige bis sanft geneigte Hanglage an der nur gering in die Kraichgauhügel eingeschnittenen, südwärts abfallenden Talflanke des obersten Wollenbachs ein. Die Hauptsiedlungsachse des durch Neubaugebiete im W und NO seit den 1960er Jahren stark gewachsenen Ortes ist die etwa in westöstlicher Richtung verlaufende Hauptstraße, von der die übrigen Ortsstraßen im alten Dorf rechtwinklig in nördlicher und südlicher Richtung wegziehen. Ausnahmen bilden im W des Dorfes nur die nördlich um den Kirchbezirk herumführende Kirchenstraße und die das westliche Neubaugebiet erschließende Kantstraße, die beide spitzwinklig in westlichen Richtungen von der Hauptstraße abzweigen. Im *Ortsmittelpunkt*, zwischen der Abzweigung der als L 530 nach Siegelsbach führenden Staugasse und der Reißengasse, deren Verlängerung eine Verbindung zum nördlichen Gemeindeteil Kälbertshausen schafft, hat sich das funktionale Siedlungszentrum unter teilweise beachtlichen Veränderungen des Aufrißbildes an der Hauptstraße entwickelt. Bemerkenswert ist die Umgestaltung an der Abzweigung der Staugasse, wo neben einem modernen dreistöckigen Wohn- und Geschäftshaus mit einem Textil- und Gemischtwarenladen ein Parkplatz anstelle der niedergerissenen alten Bauernhäuser angelegt wurde. Der das Straßenbild weitgehend beherrschende Baukomplex ist das *Gasthaus zur Sonne*, ein zweigeschossiges Giebeldachhaus, dessen lange Traufseite an der Staugasse entlangzieht. Zu diesem Gastronomiebetrieb mit Fremdenzimmern, die die Fensterfront im hell verputzten Obergeschoß bestimmen, und einem Café gehört auch eine Gehöftanlage an der Staugasse mit einer großen Durchfahrt zu den rückwärtigen Wirtschaftsbauten. Die alten bäuerlichen Gebäude, die überwiegend zu kleineren und dicht zusammengedrängten Zweiseit- und Winkelgehöften gehören und die durch Aussiedlungen in die westliche Flur nicht mehr alle landwirtschaftlich genutzt werden, prägen mit ihren Fachwerkkonstruktionen aber noch entscheidend das überkommene Bebauungsbild. Teilweise Umwandlungen dieser Gehöfte, so z. B. durch die Einrichtung einer Bäckerei mit Lebensmittelgeschäft oder der Poststelle in einem bäuerlichen Wohnhaus, ferner durch den Neubau des Sparkassengebäudes in der Form eines modernen dreigeschossigen Geschäftshauses mit Flachdach oder durch Garageneinund -anbauten bei alten Höfen, bewirkten tiefgreifende Veränderungen im zentralen Ortsbereich an der inneren Hauptstraße. Noch traditionellen Formen verpflichtet ist das *Rathaus* an der Abzweigung der Reißengasse. Das giebelseitig an die Hauptstraße stoßende Gebäude der Gemeindeverwaltung hat ein Fachwerkobergeschoß mit rotbraun bemaltem Balkenwerk und ein Krüppelwalmdach, auf dem ein Rathaustürmchen in der Gestalt eines sechseckigen Dachreiters mit Welscher Haube und Spitzhelmabschluß aufsitzt. Ein besonderes Schmuckelement ist vor dem gepflegten Bauwerk ein moderner Brunnen mit einem Rechteckbecken aus Bruchsteinmauerwerk und einer Brunnenfigur, eine Bäuerin darstellend, die in der einen Hand ein Büschel Ähren, in der anderen einen Mostkrug trägt.

Eine dichte Bebauung mit alten bäuerlichen Anwesen findet sich an der inneren Reißengasse nördlich des Rathauses, an der den Ortskern nördlich der zentralen Hauptstraße mit rechtwinkligem Knick durchziehenden Keltergasse, an der Schickengasse und an der westlichen Hauptstraße bis in den Kirchbereich, wo an der Kirchengasse ebenfalls alte Bauernhäuser vorherrschen. Die zweigeschossigen Wohngebäude sind an der Hauptstraße giebelständig angeordnet. Der alte bäuerliche Hausbestand ist zuweilen durch neuere Gebäude ersetzt, die auch einen Wandel in der Nutzung der Anwesen brachten. Westlich des Rathauses fällt zwischen den alten landwirtschaftlichen Gebäuden so eine Getränkehandlung auf. Am Ostrand des alten Dorfes entstand an der Ecke Haupt- und Kälbertshauser Straße ein modernes Wohn- und Geschäftshaus mit einer Apotheke. Bei dem noch in frühere Jahrhunderte zurückreichenden Baubestand an der Kelter- und Schickengasse finden sich Sockelbauten, Stall- und Scheunenwände, Füllmaterial von Gefachen an bäuerlichen Wirtschaftsbauten aus Muschelkalkbruchsteinen.

Östlich der Kälbertshauser Straße, an der am nördlichen Außenrand der Bebauung ein hoher *Wasserturm* mit oktogonaler Wasserstube und Kupferdach aufragt – ein ganz typisches Bauwerk für die hochflächige Ortslage im Bereich einer Wasserscheide –, setzte an der östlichen Hauptstraße eine noch ins vorige Jahrhundert zurückreichende Siedlungserweiterung ein. Das herausragende, das Straßenbild beherrschende Gebäude ist dort die *Schule*, ein zweigeschossiger wuchtiger Backsteinbau mit Mittelrisalit aus Keupersandstein und Walmdach mit aufsitzender Sirene. Weiter östlich steht an der August-Hermann-Franke-Straße die moderne *kath. Kirche*, ein grau verputzter Saalbau mit einem im SO angesetzten Glockenturm auf Rechteckgrundriß und mit einem Satteldach über der Glockenstube. In der Nachbarschaft dieses Gotteshauses liegt gegen den Siedlungsrand dann das Areal des vom Landkreis getragenen Altenheims Hüffenhardt, dessen in die Zwischenkriegszeit zurückreichende Kernbauten im Sommer 1987 erweitert wurden.

An diese frühe östliche Ortserweiterung schließt im S beim Bahnhof an der SWEG-Nebenbahnstrecke Neckarbischofsheim–Hüffenhardt ein kleines *Gewerbegebiet* mit dem Lagerhaus und hohen Silobauten einer Handelsunternehmung für Landesprodukte und der den südlichen Ortsrand bildenden Gardinenfabrik in niederen und langgestreckten Gebäuden in Winkelbauweise an. Nur locker stehende Einfamilienhäuschen aus der frühen Nachkriegszeit und auch jüngeren Datums leiten an der Ringstraße zum alten Dorf über, an dessen Südrand an der Staugasse der *Friedhof* mit einer neuen Friedhofskapelle und Leichenhalle liegt.

Geschlossene *Neubaugebiete* der Nachkriegszeit erweiterten den Siedlungsbereich im NO an der Schul- und Semmelweißstraße, die am Ostrand spitzwinklig aufeinanderzulaufen. Weitgehend schon in den 1950er Jahren bebaut, wird es von kleinen eingeschossigen Giebeldachhäuschen, von teilweise auch jüngeren ein- und zweigeschossigen Einfamilien- und von Doppelhäusern an der zwischen Schul- und Semmelweißstraße angelegten Jakob-Bleyer-Straße geprägt. Großzügiger und mit individueller gestalteten, teils villenartigen Einfamilienhäusern ist das westliche Neubaugebiet am südexponierten Wollenbachhang oberhalb der Hauptstraße bebaut. Die zum Teil auf ausgedehnten Grundstücken mit Ziergärten und Rasenflächen stehenden ein- und zweigeschossigen Neubauten reihen sich an einem von der Kantstraße ausgehenden, rechtwinkligen Straßennetz mit hangparallelen und hangaufwärtsziehenden Wohnstraßen auf.

Das herausragende Bauwerk im Grenzbereich von altem Dorf und vorstädtisch wirkendem westlichem Neubaugebiet ist oberhalb der Hauptstraße die barocke einschiffige *ev. Pfarrkirche* mit Ostturm unter einem hohen barocken Spitzhelmdach. Das weiß verputzte und gepflegte Gotteshaus auf dem aufgelassenen einstigen, noch heute ummauerten Friedhof mit einigen wenigen Grabsteinen hat an den Längsseiten hochrechteckige Fenster mit hellen Butzenscheiben und einen chorartigen Westabschluß mit Eingang. Das Kirchendach ist barock gegliedert und hat im unteren steileren Bereich an beiden Langseiten mansardenartige Fenster.

An der Hauptstraße vor dem Kirchhof steht das Kriegerdenkmal für die Gefallenen beider Weltkriege, bekrönt von der Figur eines knienden und betenden Soldaten. Die Bebauung der Hauptstraße westlich außerhalb der Kirche gehört schon einer Ortserweiterung aus der ersten Hälfte unseres Jahrhunderts mit teilweise noch landwirtschaftlichen Wohn- und Wirtschaftsbauten an.

Im O weit außerhalb der Siedlung liegt ein großes *Umspannwerk* mit ausgedehnten Transformatoren- und Schaltanlagen unter freiem Himmel, zu denen mehrere Überlandleitungen hinführen. Das Werksgebäude und ein modernes Wohnhaus stehen am

Rand. Innerhalb des Betriebsgeländes ragt ein hoher Mast mit Parabolspiegelantennen auf.

Als gesonderte Wohnplätze liegen im Wollenbachtal am Westrand der Gemarkung die *Hüttigsmühle* und im N gegen Kälbertshausen der Einzelhof *Wüsthausen*.

Das kleine Dorf Kälbertshausen, das vor allem im W eine beachtliche Neubauerweiterung in vorteilhafter Südhanglage erfahren hat, ist im straßendorfartigen alten Siedlungsteil ein dicht bebautes Bauerndorf mit größeren und gepflegten landwirtschaftlichen Anwesen. Besonders im westlichen unteren Bereich, wo es unterhalb der Dorfkirche bei den Abzweigungen der Bergstraße, der Sackgasse und der Alten Bargener Straße von der Lindenstraße, der die Siedlung ganz durchziehenden eigentlichen Hauptstraße des Ortes, einen unregelmäßig haufendorfartigen Grundriß annimmt, liegt es geschützt in der Quellmulde eines Zuflusses des Gäulbachs, der bei Bargen in den Wollenbach einmündet. Der obere östliche Teil des Dorfes erstreckt sich bis auf die rd. 330 m hoch liegenden, hochflächigen Kraichgauhügel, wo sich nördlich außerhalb der Siedlung auch der *Friedhof* ausdehnt, auf dessen junger Erweiterung eine moderne Kapelle und Leichenhalle erbaut wurde.

An der *Lindenstraße*, der westöstlichen Hauptachse des Dorfes, fallen Zwei- und Dreiseitgehöfte mit Muschelkalk-Bruchsteinmauerwerk und in Fachwerkbauweise auf. Hohe und dicht beieinanderstehende sowie giebelseitig an die Lindenstraße grenzende bäuerliche Wohnhäuser mit steilen Giebeldächern gestalten ganz entschieden ihr Aufrißbild. Rechtwinklig zu diesen Wohnhäusern, unter denen im Anwesen Lindenstr. 21 ein Gebäude mit Krüppelwalmdach zu erkennen ist, stehen die Stall- und Scheunenbauten. Einen besonders gepflegten Eindruck erweckt im Oberdorf das Anwesen Am Gäßle 2 mit einem giebelständig an die Lindenstraße gestellten bäuerlichen Wohnhaus von 1810. Das 1984 gut renovierte Gebäude hat eine Eckquaderung, Tür- und Fenstereinfassungen aus Keupersandstein. Im verputzten Sockelbau führt an der Lindenstraße eine Rundbogentür ins Kellergeschoß. Das Obergeschoß und die Giebelgeschosse zeigen Fachwerkwände, die auch das Wirtschaftsgebäude prägen. Aus der umgebenden Bebauung hebt sich im oberen östlichen Dorf das *Gasthaus zur Rose* in einem traufständigen zweigeschossigen Haus mit einem eingeschossigen Flachdach-Saalanbau (Lindenstr. 14) heraus. Große Gehöfte finden sich im unteren Dorf an der Lindenstraße und der Sackgasse unterhalb der Kirche (Lindenstr. 24).

Das *ev. Gotteshaus* steht am Hang über der Lindenstraße. Zu beiden Seiten seines Treppen- und Wegaufgangs sind an der Lindenstraße Kriegerdenkmäler für die Opfer der Weltkriege und des deutsch-französischen Kriegs von 1870/71 aufgestellt. Über dem hangparallel angeordneten barocken Kirchensaal mit ziegelgedecktem Giebeldach ragt im O der Glockenturm eines Vorgängerbaus auf. Über dem Uhr- und Glockengeschoß geht er in ein steiles barockes Spitzhelmdach mit Schieferbedeckung über. An der straßenabgewandten Seite des alten Chorturms wurde 1825 eine Sakristei angebaut. Umgeben ist die Kirche vom einstigen, heute aufgelassenen Friedhof, einer stimmungsvollen, mit Bäumen bestandenen Rasenanlage.

An der südwärts am nordexponierten Quellmuldenhang hinaufziehenden und nach Hüffenhardt weiterführenden Bergstraße stehen am dreieckförmigen Lindenplatz an der Abzweigung bei der Lindenstraße noch einige alte bäuerliche Häuser aus dem vorigen Jahrhundert (Bergstr. 8 von 1885). Herausragend ist dort das *Rathaus* von 1874, ein traufständiger zweigeschossiger Bau unter einem hohen und ziegelgedeckten Walmdach, der 1966 renoviert wurde. Das gelb verputzte Gebäude der Ortsverwaltung steht auf einem Muschelkalksockel. Im oberen Bereich bildet die Bergstraße eine

Ortserweiterung unseres Jahrhunderts mit bäuerlichen Anwesen und wenigen randlich stehenden Wohnbauten. Herausragend ist ein großes Streckgehöft am oberen Siedlungsrand mit modernen Wirtschaftsbauten.

Vom unteren Dorf unterhalb der Kirche, wo im Anwesen Lindenstr. 36 ein Lebensmittelladen in einem Anbau an ein altes Bauernhaus eingerichtet ist, führt am südexponierten Gegenhang die Alte Bargener Straße hinauf. Nach einer anfänglichen und nur kurzen alten Bebauung leitet sie in ein geschlossenes *Neubaugebiet* über, dessen Ursprung an der äußeren Alten Bargener Straße in den 1950er Jahren liegt. Jüngere, stets traufseitig und hangparallel errichtete zweigeschossige Einfamilienhäuser stehen an den Neubaustraßen Im Rotholz ober- und In den Weingärten unterhalb der Alten Bargener Straße. Am Ostrand dieses Neubaubereichs steht an der Hälde, hoch über dem unteren Dorf, die neue *Schule*. Der talseits zweigeschossige, gelb und braun verputzte Bau mit durchgehenden Fensterreihen und flachgeneigten Schrägdächern beherbergt heute einen Kindergarten.

Eine wesentlich kleinere, neue *Ortserweiterung* entstand am oberen Ostrand des Dorfes an der von der Lindenstraße südwärts abzweigenden Neubaustraße Am Bollwerk. Die individuell gestalteten Einfamilienhäuser nehmen dort im oberen Randbereich der Quellmulde eine fast hochflächige Lage ein.

Bemerkenswerte Bauwerke. – Hüffenhardt: Von der *ev. Kirche*, der mittelalterlichen St. Vituskirche, ist nur der Turm mit einem gotischen Portal des 14. Jh. erhalten. An den Turm wurde 1738/40 ein barockes Langhaus mit polygonalem Chorschluß angebaut. Portal mit Segmentbogen und gebrochenem Dreiecksgiebel. Darin Wappenkartusche des Patronatsherrn Freiherr von Gemmingen-Guttenberg-Bonfeld. Das Langhaus wird im Innern von einer Segmentbogentonne überspannt. Von der Ausstattung sind insbesondere der mit Holzintarsien geschmückte Altar, das 1780 gestiftete Altarkreuz, die hinter dem Altar aufgehängte, reich ornamentierte marmorierte Kanzel, gegenüber der mit Empireornamenten geschmückte Orgelprospekt und die Darstellungen aus dem Leben Jesu an den Brüstungen der unteren Empore zu nennen.

Kälbertshausen: *Ev. Kirche:* Der Chorturm der mittelalterlichen Kirche ist im unteren Teil erhalten und zeigt bei zwei leeren Wappenschildern an einem Fenster die Jahreszahl einer Erneuerung, 1564. An den Turm wurde 1726 ein dreiachsiges barockes Langhaus angebaut, das 1791 renoviert wurde. Der alte Chor mit gotischem Rippengewölbe, dessen Gewölbefelder mit den Evangelistensymbolen geschmückt sind, dient auch heute noch als Altarraum, in dem der klassizistische Altar aufgestellt ist. Das Langhaus überspannt eine segmentbogenförmige Holztonne mit ornamentierten Zugankerbalken.

B. Die Gemeinde im 19. und 20. Jahrhundert

Bevölkerung

Bevölkerungsentwicklung. – Bei der Volkszählung am 27.5.1987 wurden 1403 Einwohner mit der Hauptwohnung in Hüffenhardt und 445 Personen mit der Hauptwohnung in Kälbertshausen (bzw. 1893 Personen in der Gemeinde wohnberechtigte Bevölkerung) erfaßt. Damit hat die heutige Gemeinde doppelt so viele Einwohner wie 1807. Damals zählte Hüffenhardt 765 und Kälbertshausen 213 Einwohner. In beiden Dörfern wuchs die Bevölkerung während des 19. Jh. an: auf 973 und 348 E. im Jahr 1900. Die *Auswanderungen* vor allem armer Einwohner, von den Gemeinden gefördert, unterbrachen nur in Kälbertshausen um 1850 das Bevölkerungswachstum, in Hüffenhardt blieben sie unter dem Geburtenüberschuß. Zwischen 1835 und 1854 wanderten aus Kälbertshausen 70 Personen, um 1850/51 aus Hüffenhardt 42 Personen

Die Gemeinde im 19. und 20. Jahrhundert

aus. Mehrere Typhusepidemien verursachten in Hüffenhardt um 1870/73 Einwohnerverluste. Seit 1890 wanderten dann so viele Einwohner ab, daß trotz Geburtenüberschusses die Bevölkerungszahl bis 1939 auf 891 sank, während sie in Kälbertshausen noch bis in die 1920er Jahre zunahm, obwohl schon 1886 mehrere Familien gleichzeitig weggezogen waren. Zwischen 1852 und 1925 lag in Hüffenhardt insgesamt der Geburtenüberschuß unter dem Wanderungsverlust, in Kälbertshausen darüber. Erst zwischen 1925 und 1939 ging auch hier die Einwohnerzahl zurück (auf 284 E.). Der 1. Weltkrieg hatte aus Hüffenhardt 55, aus Kälbertshausen 15 Opfer gefordert. Größer waren die Verluste im 2. Weltkrieg mit 72 Toten und Vermißten aus Hüffenhardt und 28 aus Kälbertshausen.

Während des Krieges brachten die *Evakuierungen* eine vorübergehende Bevölkerungszunahme (Hüffenhardt ca. 155, Kälbertshausen ca. 20 Personen). Dauerhafter war der Zuwachs durch *Flüchtlinge* und *Vertriebene* nach dem Krieg. Ihre Höchstzahl betrug in Hüffenhardt 555, davon 334 aus Ungarn, 97 aus dem Sudetenland, 68 sonst aus der Tschechoslowakei, 19 aus Oberschlesien. Kälbertshausen nahm 50 Vertriebene aus Ungarn und 12 Sudetendeutsche auf. 1950 zählte man in der heutigen Gemeinde 632 Vertriebene, 1961 noch 446 und zusätzlich 32 SBZ-Flüchtlinge. Zwischen 1960 und 1980 stieg die Einwohnerzahl vor allem durch Zuwanderung an, geht aber in den letzten Jahren wieder leicht zurück (1986: 1838 E.). Seit 1958 in Hüffenhardt das Kreisaltersheim eingerichtet wurde, liegt hier immer die Zahl der Todesfälle über der Geburtenzahl, seit etwa 1970 verstärkt durch die allgemeine Entwicklung.

Ausländische Einwohner hat die Gemeinde nur wenige. 1970 lebten in Hüffenhardt etwa 15 Jugoslawen und Italiener, in Kälbertshausen einige Türken. 1984 waren nur in Hüffenhardt 46 *Ausländer*, darunter 32 Türken, gemeldet. 1987 wohnten 58 Ausländer in der Gemeinde.

Konfessionelle Gliederung. – Beide Dörfer waren bis nach dem 2. Weltkrieg praktisch rein evangelisch, sieht man von den vereinzelten Katholiken und der zwischen 1825 und 1925 fast gleichbleibenden Anzahl von 20–30 Israeliten in Hüffenhardt ab. 1933 lebten hier noch 17 Juden, traditionsgemäß als Kaufleute und Händler. Nach dem 10.11.1938, an dem die jüdischen Geschäfte und die Synagoge verwüstet wurden, wanderten die noch hier lebenden Juden aus, ein Ehepaar wurde in Auschwitz ermordet. Die nach dem Krieg eingewiesenen Flüchtlinge waren überwiegend katholisch. 1950 gehörte etwa ein Drittel, 1987 noch ein gutes Viertel der Bevölkerung der kath. Konfession an.

Soziale Gliederung. – Nachdem die Gemeinden ihre ärmeren Einwohner großenteils zur Auswanderung bewogen hatten, erfreuten sie sich in der 2. H. 19. Jh. eines gewissen Wohlstandes. Hüffenhardt galt 1873 als eine der vermögendsten Gemeinden des Amtsbezirks Mosbach. Die Bevölkerung, noch 1895 zu mehr als zwei Dritteln von der Landwirtschaft lebend, wurde fast durchweg dem besseren Mittelstand zugerechnet, abgesehen von den wenigen Grundbesitzlosen, die aber Arbeit im Wald, auf den Straßen und bei den größeren Landwirten fanden. Nur zeitweise mußten Ortsarme unterstützt werden. Gegen Ende des 19. Jh. vermehrte sich der Wohlstand infolge der rationeller und ertragreicher betriebenen Landwirtschaft. Auch die Gewerbetreibenden und Händler bebauten noch Land und hielten Vieh. Vor dem 1. Weltkrieg ging niemand auswärts zur Arbeit. Auch in Kälbertshausen waren schon 1855 von 50 Familien 15 wohlhabende Landwirte, 14 waren Taglöhner und nur vier besitzlos. Erst um 1886 verschuldeten sich viele Bauern, weil sie zu überhöhten Preisen Land von wegziehenden Familien kauften. Noch 1904 waren die meisten Bauern verschuldet.

Obwohl in den 1920er Jahren allmählich die benachbarte Industrie auch Arbeiter aus Hüffenhardt an sich zog, blieb in beiden Dörfern die Landwirtschaft Hauptnahrungsquelle, 1939 noch mit 64 % Berufszugehörigen. Erst die Flüchtlinge veränderten die Berufsstruktur grundlegend, da sie zu außerlandwirtschaftlicher Arbeit gezwungen waren. 1950 ernährte die Landwirtschaft nur noch 39 % der Bevölkerung, 28 % gehörten dem Wirtschaftszweig Industrie und Handwerk an. 1970 waren die landwirtschaftlichen Berufszugehörigen auf 9 % der Wohnbevölkerung zusammengeschmolzen, das Produzierende Gewerbe ernährte 44 % der Einwohner. 1987 lebten 42 % von ihrer Erwerbstätigkeit, 24 % von Rente, Pension, Arbeitslosengeld o. ä., und 34 % erhielten den Lebensunterhalt von Eltern, Ehegatten usw. Von den Erwerbstätigen arbeiteten 53 % im Produzierenden Gewerbe, 11 % in Handel und Verkehr, 30 % in den übrigen Wirtschaftsbereichen und noch gut 5 % in der Land- und Forstwirtschaft. Gut die Hälfte der Erwerbstätigen hatte 1970 den Arbeitsplatz außerhalb der heutigen Gemeindegrenze. 1986 pendeln 435 Personen täglich aus.

Politisches Leben

Die Unruhen der Jahre 1848 und 1849 scheinen Hüffenhardt und Kälbertshausen kaum berührt zu haben. 1851 bezeichnet der Mosbacher Amtmann die politische Stimmung in Kälbertshausen, »wenn anders eine solche hier gesucht werden kann«, als »gut«. Nach 1871 galt die Hüffenhardter Bevölkerung als national gesinnt. Das bestätigt sich für die beiden evangelisch-bäuerlichen Dörfer bei den *Reichstagswahlen* bis 1887, bei denen Nationalliberale oder Konservative Mehrheiten zwischen 65 und 100 % erreichten. Später wurde weniger einheitlich gewählt: Nationalliberale, Konservative (zusammen mit dem Bund der Landwirte) und Antisemiten (1898) wechselten in der Wählergunst ab. Ende des 19. Jh. traten die Sozialdemokraten in Erscheinung und gewannen besonders in Hüffenhardt rasch an Boden (1903: 19 %). 1912 wurden sie in Hüffenhardt mit 28 % und in Kälbertshausen sogar mit 42 % der gültigen Stimmen gewählt – überraschend in den damals noch rein bäuerlichen Dörfern. In der Weimarer Republik verlor bei allmählich abnehmender Wahlbeteiligung die SPD ihre starke Stellung, zunächst an den Bund der Landwirte einerseits und die Kommunisten andererseits, ab 1928 an die Nationalsozialisten, die 1932 89 und 74 % erzielten. Das Zentrum war hier völlig bedeutungslos. Anders die CDU seit Gründung der Bundesrepublik. Sie erhielt, allerdings bei leicht abnehmender Tendenz seit 1966, bei allen *Bundestagswahlen* zwischen 40 und 55 % der gültigen Zweitstimmen. Die SPD steigerte ihre Stimmanteile nahezu kontinuierlich von 13 % bei der 1. Bundestagswahl 1949 auf 39 % bei der Wahl von 1983. Die FDP/DVP hatte 1957 mit 28 % ihren Höhepunkt erreicht und fiel danach auf 8–11 % ab. Von den kleinen Parteien erhielt die NPD 1969 nur 8 %; die Grünen lagen 1983 bei 4 % der gültigen Zweitstimmen. Bei der Bundestagswahl am 26. 1. 1987 lag die relative Mehrheit mit 41 % bei der CDU, dicht gefolgt von der SPD mit 38 %.

Seit 1969 hat die SPD hier einen Ortsverein mit derzeit 35 Mitgliedern. Der früher bestehende CDU-Ortsverband hat sich aufgelöst.

Die Gemeinde im 19. und 20. Jahrhundert

Wirtschaft und Verkehr

Land- und Forstwirtschaft. – Ackerland nahm während des ganzen 19. Jh. fast neun Zehntel, Wiesenland nur ein knappes Zehntel der Landwirtschaftsfläche ein. Erst in der 1. H. 20. Jh. dehnte man das Grünland leicht aus, während das Ackerland, allerdings in etwas größerem Umfang, zurückging. Auf dem *Ackerland* mußte neben der Hauptfrucht Getreide immer auch Feldfutter angepflanzt werden. Beim Getreide drängten Weizen und Gerste allmählich Spelz und Hafer zurück. Gerste wurde schon um 1900 als Braugerste verkauft. Der Kartoffelanbau wurde in den letzten Jahrzehnten praktisch aufgegeben, Zuckerrüben werden in Hüffenhardt für die Südzucker AG in Bad Friedrichshall noch immer angebaut. Unter den Futterpflanzen nimmt heute Silomais den ersten Platz ein. Raps wird als Öl- und Futterpflanze nach wie vor angebaut. Handelsgewächse wurden auch im 19. Jh. nicht kultiviert.

Die Landwirte hier waren schon früh für moderne Hilfsmittel aufgeschlossen. 1891 besaß in Hüffenhardt eine Gesellschaft wohlhabender Landwirte zusammen eine Dreschmaschine, künstlicher Dünger wird spätestens seit der Jahrhundertwende gestreut.

Große Aufmerksamkeit galt dem *Obstbau*. Beide Dörfer besaßen Mitte des 19. Jh. von ausgebildeten Baumwarten betreute Baumschulen, in Kälbertshausen wuchs eine gesuchte Kirschensorte. Viel Obst wurde zu Most gekeltert. Hüffenhardt hatte ein großes Kelterhaus mit 5 Pressen und einer Obstmühle. Wichtig war auch der Obstverkauf, der Bargeld in die Dörfer brachte. 1929 standen auf den beiden Gemarkungen noch 16 100 Obstbäume, heute jedoch hat der Obstbau seine Bedeutung verloren. Die meisten Bäume fielen der Flurbereinigung zum Opfer. Der verbliebene Rest dient hauptsächlich zum Mosten und Brennen. Allerdings bemüht man sich jetzt im Zeichen des Naturschutzes um Wiederanpflanzung von Obstbäumen. Der *Weinbau* wurde seit Mitte des 19. Jh. aufgegeben. In Kälbertshausen säte man schon um 1855 in den aufgelassenen Weingärten Blauklee ein. 1880 gab es in Hüffenhardt noch 22 ha, in Kälbertshausen nur noch 4 ha Rebland.

Die *Viehhaltung* war in beiden Dörfern ein wichtiger Betriebszweig. Mit Einführung der Stallfütterung in der 1. H. 19. Jh. konnten die Bauern den Viehbestand erheblich erweitern. Nach 1850 legten sie dann mehr Wert auf Qualitätsverbesserung und vergrößerten den Rinderbesitz nicht mehr grundlegend. Die Farrenhaltung war in Hüffenhardt von der ev. Pfarrei an die Gemeinde übergegangen, die sie bis zum Jahr 1900 gegen Nutzung des Faselgutes verpachtete und dann in Eigenregie nahm. In Kälbertshausen waren die früher 4, um 1850 schon 16 Fronhofbesitzer in jährlichem Wechsel mit der Farrenhaltung belastet. Da einige Fronhofgüter bereits weiter unterteilt waren, wechselte in vielen Fällen die Farrenhaltung halb- und vierteljährlich – ein Zustand, dem die Bauern durch Ablösung an die Gemeinde ein Ende machen wollten. Aber erst nach langem Zögern ging die Gemeinde 1863 darauf ein, nachdem eine Zwischenlösung darin gefunden worden war, daß die Gemeinde die Farrenhaltung auf Kosten der Fronhofbauern verpachtete. Danach war das Faselvieh gegen Landnutzung an Bauern ausgegeben.

Mastvieherzeugung für die örtlichen Metzger und die Mosbacher Märkte rangierte immer vor der Milchproduktion. Die Milch wurde seit 1900 über die Hüffenhardter Molkereigenossenschaft verkauft, später (1921) an die Milchzentrale Helmstadt und (1929) nach Heidelberg. Heute ist die Viehhaltung der wichtigste Betriebszweig der Haupterwerbsbetriebe. Zur Fleisch- und Milcherzeugung kommt die Rinderzucht. In Kälbertshausen sind 2 Betriebe auf Zuchtbullen spezialisiert. Sie ziehen nur die weniger geeigneten Bullen als Schlachtvieh auf. In Hüffenhardt kombiniert ein Betrieb Bullenhaltung mit einer der beiden Hühnerfarmen am Ort. Die Schweinehaltung, seit jeher schwankender in der Entwicklung als die Rinderhaltung, zeitweise sogar von größerer Bedeutung, spielt heute nur noch in wenigen Haupterwerbsbetrieben eine Rolle. 1987 besaß nur ein Betrieb mehr als 50 Mastschweine. Insgesamt standen 245 Mastschweine in 23 Betrieben, und 3 Betriebe hielten 42 Zuchtschweine. 23 Betriebe hielten 1125 Rinder, davon 311 Milchkühe.

Die *Schäferei* war in Hüffenhardt als sogenannte Sackschäferei organisiert, d. h. der Schäfer genoß ein großes Anwesen und beweidete die ganze Gemarkung mit einer Herde aus eigenen Schafen und je 2 Tieren der Gemeindebürger. Der Pferch gehörte der Gemeinde. Etwa seit 1880 wehrten sich einige Bauern gegen diese Form der Schäferei, aber erst nach 1906 wurde die Schäferei in eine Gemeindeschäferei umgewandelt, später (1921) war die Schafweide von der Gemeinde verpachtet. Ihr gehörte auch der Pfercherlös. In Kälbertshausen hatten um 1850 24 Gemeindebauern die Schäferei der Grundherrschaft abgekauft, 1855 sie an die Gemeinde verkauft. Auch hier erstreckte sich die Schäferei über die ganze Gemarkung. Der Pferch gehörte dem Schäfer mit der Auflage, ihn in der Gemeinde zu versteigern. In beiden Dörfern gab es 1913 keine eigenen Schafe mehr.

Mitte des 19. Jh. rechnete man in Kälbertshausen mit 30 M als Ackernahrung. 15 Bürger verfügten über einen derartigen Besitz, die restlichen 28 mußten sich mit weniger behelfen. 1895 hatten von 280 landwirtschaftlichen Betrieben der beiden Dörfer nur 21 Betriebe mehr als 10 ha Fläche, 77 Betriebe lagen unter 1 ha. Die *Betriebsgrößenstruktur* hat sich seit dem 19. Jh. grundlegend verändert – zuerst allmählich, in den letzten 20 Jahren sehr rasch. Bis 1925 hatte sich die Situation insoweit verändert, als von 271 Betrieben nur noch 13 zwischen 10 und 20 ha und keiner darüber lag. Seit den 1950er Jahren gingen vor allem die kleinen Betriebe ein. Aber noch 1960 gab es keinen Betrieb mit mehr als 20 ha LF. 1987 dagegen nennt die Gemeindeverwaltung für Kälbertshausen 5, für Hüffenhardt 12 Haupterwerbsbetriebe. Von ihnen liegen 11 in der Größenklasse über 30 ha LF, 3 sogar über 50 ha LF. Nur 4 dieser Betriebe bewirtschaften zwischen 10 und 20 ha. Laut Statistik lagen von den 41 erfaßten landwirtschaftlichen Betrieben 17 in den Größenklassen ab 20 ha LF. Die meisten Nebenerwerbsbetriebe bauen nur Zuckerrüben für den Verkauf an und beschränken sich sonst auf Selbstversorgung.

In Hüffenhardt wurde eine *Flurbereinigung* im Zusammenhang mit der Katastervermessung seit etwa 1870 diskutiert, von den Bauern aber abgelehnt. Lediglich in den Krautgärten wurde 1877 bereinigt. 1925 wurden zwar Vorarbeiten zu einer größeren Bereinigung begonnen, aber nicht weitergeführt. In Kälbertshausen bestand überhaupt kein Interesse. Über die Gesamtgemarkung ausgedehnte Flurbereinigungen wurden in Hüffenhardt erst 1967, in Kälbertshausen 1974 abgeschlossen. An *Aussiedlerhöfen* nennt die Gemeindeverwaltung für Hüffenhardt 8 Höfe, die 1961 gebaut wurden, und einen Hof von 1965 in Kälbertshausen.

Fast der gesamte *Wald* auf dem Gemeindegebiet ist Gemeindebesitz. In beiden Dörfern liefert er das den Bürgern zustehende Gabholz und bringt darüber hinaus Einnahmen für die Gemeindekasse. Außerordentliche Holzhiebe finanzierten außerordentliche Ausgaben, so 1860 in Kälbertshausen die Ablösung der Schäfereischuld und 1927ff. in Hüffenhardt den Bau der Wasserleitung. 1881 war der Hüffenhardter Gemeindewald in 30 Jahresschläge eingeteilt. Um diese Zeit begann die Überführung des bisherigen Mittelwaldes in einen Hochwald. In Kälbertshausen beklagte man 1886 die starke Übernutzung des Waldes, der 1860 durch ein Unwetter großenteils verwüstet

worden war. Erst 1893 nach mehreren Rekultivierungen galten die Schäden als ausgeglichen, und der Wald brachte wieder normalen Ertrag.
1986 gehören von den 503 ha Wald auf dem Gemeindegebiet 485 ha der Gemeinde, 1 ha der ev. Kirche, 1 ha ist Kleinprivatwald. Der Bestand ist Mischwald. Auf 77 % der Fläche wachsen Buchen, auf 19 % Eichen und auf 7 % Hainbuchen. Unter den Nadelbäumen nimmt die Fichte mit 12 % die größten Flächen ein.
Handwerk und Industrie. – Auf beiden Gemarkungen steht abbauwürdiges Gestein an. In Kälbertshausen wurden schon im 19. Jh. *Steinbrüche* auf Sandstein betrieben. Die Gde Hüffenhardt schloß 1913 mit dem Gipsfabrikanten Gebhard in Tiengen einen Vertrag zur Gipsausbeutung des sog. Großen Waldes. In diesen Vertrag trat dann die BASF ein und baute eine Hochleitung für den Materialtransport. 1923 aber waren selbst Stollen auf Haßmersheimer Gemarkung außer Betrieb, eine Weiterführung auf Gkg Hüffenhardt war außer Sicht. 1927 wurden 2 Steinbrüche von privaten Inhabern ohne Hilfskräfte betrieben, der letzte wurde um 1960 aufgelassen. In Kälbertshausen überbaute man 1932 einen Steinbruch, die beiden übrigen wurden 1959 beim Bau der Kanalisation verfüllt. Die Gipsabbaurechte verkaufte die Gemeinde erneut 1985 an die Heidelberger Zement-Werke.

Tabelle 1: **Handwerksbetriebe 1986**

Branchengliederung nach der Handwerksordnung	insgesamt	Hüffenhardt	Kälbertshausen
Bau- und Ausbaugewerbe			
Maler und Gipser	3	3	–
Zimmerer	1	1	–
Steinmetz und Steinbildhauer	1	1	–
Metallgewerbe			
Flaschner	1	1	–
Installation und Heizungsbau	1	1	–
Kfz-Mechaniker und Tankstelle	1	1	–
Elektroinstallation	2	2	–
Elektroniker	1	1	–
Schmied	1	–	1
Holzgewerbe			
Holzverarbeitung	1	1	–
Nahrungsmittelgewerbe			
Metzger	3	3	–
Bäcker	1	1	–
Küfer und Getränkevertrieb	1	1	–
Gewerbe für Gesundheits- und Körperpflege etc.			
Friseur	2	2	–
Chemische Reinigung	1	1	–
Sonstige			
Gärtner	1	1	–

Quelle: Gemeindeverwaltung

Das *Handwerk* hatte in beiden Dörfern nur örtliche Bedeutung. Für den kleinen Ort Kälbertshausen werden 1854 1 Schneider, 2 Schmiede, 2 Schuster, 1 Küfer, 1 Wagner, 2 Steinhauer aufgeführt. Die Handwerker waren in Mosbach, Hochhausen und Aglasterhausen zünftig. Später werden auch Leineweber, 1 Putzmacherin und 1 Küfer und Bierbrauer genannt. In Hüffenhardt dürfte die Zahl der Betriebe und der Branchen größer gewesen sein. 1895 gibt die Betriebsstatistik 67 Betriebe (Kälbertshausen 13) an, von denen wohl 42 (K.: 9) Handwerksbetriebe waren. Die Branche Bekleidung/ Reinigung war mit 18 Betrieben und 24 Personen in Hüffenhardt die stärkste, gefolgt vom Baugewerbe (9 Betriebe, 15 Personen) und dem Holzgewerbe (9 Betriebe, 12 Personen). Wie überall ging auch hier in den folgenden Jahrzehnten das dörfliche Handwerk zurück. 1925 wurden in Hüffenhardt noch 10, in Kälbertshausen 4 selbständige Handwerksmeister gezählt. Die Handwerkszählung von 1967 erfaßte in der heutigen Gemeinde 19 Betriebe mit 73 Beschäftigten, die von 1977 entgegen der allgemeinen Entwicklung mehr Betriebe, 21, und weniger, 65, Beschäftigte. Einen Überblick über das Handwerk im Jahr 1986 gibt die nach Angaben der Gemeindeverwaltung zusammengestellte Tab. 1.

Nur die Bäckerei und ein Friseurgeschäft beschäftigen mehr als 5 Personen.

Erst 1959/60 siedelten sich die beiden einzigen *Industriebetriebe* in Hüffenhardt an: 1959 gründete die Dallauer *Maschinenfabrik Hugo Finkenrath OHG* hier eine Zweigstelle, die derzeit (1986) 16 Personen beschäftigt. 1960 baute die *Gardinenfabrik Obrigheim* ihr Zweigwerk in Hüffenhardt. Hier werden die in Weiden/Opf. produzierten Gardinen konfektioniert und im Auftrag von Großversandhäusern an den Einzelkunden versandt. Auch Kaufhäuser werden von Hüffenhardt aus beliefert. 1986 beschäftigt das Zweigwerk – nach Arbeitsplatzeinschränkung durch Rationalisierung – 60 Personen, fast ausschließlich Frauen. Von ihnen kommen 33 aus dem Ort selbst und 27 aus Nachbarorten. Der Umsatz der Werke in Obrigheim und Hüffenhardt macht zusammen rd. 30 Mio DM im Jahr aus.

Handel und Dienstleistungen. – Wie das Handwerk war auch der Handel nur auf die örtlichen Bedürfnisse ausgerichtet. 1854 wird für Kälbertshausen 1 Krämer genannt. In Hüffenhardt trieben einige Juden Handel mit Vieh und Landesprodukten. Ende der 1880er Jahre waren viele Bauern, besonders in Kälbertshausen, bei ihnen verschuldet. 1886 konstituierte sich in Hüffenhardt ein landwirtschaftlicher Konsumverein mit 49 Mitgliedern, der zunächst den Ankauf von Saatgut und Kunstdünger übernahm, dann auch die landwirtschaftlichen Erzeugnisse verkaufte. Er war zwar 1891 eingegangen, 1893 aber durch einen landwirtschaftlichen Ortsverein ersetzt, der sich später gleichfalls Konsumverein nannte und unter wechselndem Namen weiter bestand, bis er sich nach dem 2. Weltkrieg dem Kornhaus Sinsheim-Bad Rappenau Raiffeisen eG anschloß. 1950 wurde das Lagerhaus in Hüffenhardt gebaut.

Im Jahr 1895 wurden in Hüffenhardt 9, in Kälbertshausen 2 Betriebe im Bereich Handel, Versicherung, Verkehr gezählt, 1925 in Hüffenhardt 9, in Kälbertshausen nur 1 Kaufmann. 1967 nennt die Statistik in der heutigen Gemeinde 13 Einzelhandelsbetriebe mit 27 Beschäftigten und 1 Großhandelsbetrieb. Die *Arbeitsstättenzählung* von 1987 weist 6 Groß- und 9 Einzelhandelsbetriebe mit 19 bzw. 22 Beschäftigten nach. Heute fällt auf, daß der tägliche Bedarf nur teilweise am Ort gedeckt werden kann. Nur Kälbertshausen hat ein Lebensmittelgeschäft, in Hüffenhardt gibt es nur die Metzgerei und die Bäckerei, die ein kleines Sortiment anderer Lebensmittel bereithält. Was darüber hinaus geht, muß auswärts, meist in Bad Rappenau, eingekauft werden. Außerdem fährt ein Bäckerwagen aus dem Lkr. Künzelsau die Gemeinde an. Getränkehandlungen gibt es hier 2, in Kälbertshausen 1. Ein modernes Geschäft in Hüffenhardt führt Textilien, Bekleidung, Geschenkartikel etc., ein anderes Haushaltswaren. Die Firma *Karl Barth, Landwirtschaftliches Lagerhaus* am Bahnhof, hat sich seit 1920 aus kleinen Anfängen zu einem Betrieb entwickelt, dessen Einzugsbereich den ganzen

Odenwald umfaßt und der außer den Familienmitgliedern auch einige fremde Arbeitskräfte beschäftigt. Weitere Betriebe handeln mit Kohlen und Heizöl, mit Schrott, mit forstwirtschaftlichen Geräten und mit Pietätsartikeln. Ein Handelsvertreter wohnt in Hüffenhardt. An privaten Dienstleistungsbetrieben verzeichnet Hüffenhardt 1 Mietwagenvertreter, 1 Immobilien- und Baufinanzierung, 1 Freien Architekten.

Das *Kreditwesen* lag im 19. Jh. in privater Hand und bei den örtlichen Fonds, die Geld auf Zins ausliehen. 1896 wurde der Ländliche Kreditverein gegründet, 1904 hatte er bereits 134 Mitglieder in Hüffenhardt (1921: etwa 130 bei einem Jahresumsatz von ca. 1 Mio Mark). 1929 wurde er, durch die Deflation geschädigt, in eine »Spar- und Darlehenskasse Hüffenhardt« umgewandelt, 1953 integrierte sie unter dem Namen »Raiffeisenkasse« die Dreschmaschinen- und die Milchgenossenschaft, 1962 verschmolz sie mit der Raiffeisenkasse Wollenberg, 1967 mit der in Kälbertshausen, 1969 mit Siegelsbach zur Raiffeisenbank Hüffenhardt-Siegelsbach. 1971 übernahm die Volksbank Bad Rappenau diese Kasse und führt seither die Zweigstelle unter dem Namen »Volksbank Hüffenhardt« weiter. In Kälbertshausen unterhält sie eine Zahlstelle. 1959/60 richtete die Bezirkssparkasse Mosbach eine Nebenzweigstelle, 1972 die Zweigstelle in Hüffenhardt ein. Kälbertshausen wird durch eine fahrbare Zahlstelle bedient. Hier gehen die Anfänge des Kreditwesens auf eine vom Pfarrer 1893 gegründete Pfennigsparkasse und eine Darlehenskasse zurück. Letztere wirkte sich günstig auf die stark verschuldeten Einwohner aus.

In Kälbertshausen gab es 1854 eine, 1861 zwei *Gastwirtschaften*. Die »Krone« schloß 1970, die »Rose« besteht noch heute, außerdem eine Pension. In Hüffenhardt sind von den traditionellen 6 Gastwirtschaften nur noch die »Sonne« und der im alten Schulhaus (bis 1896) eingerichtete »Goldene Adler« in Betrieb, letzterer als italienisches Restaurant. Neuer ist die Sportgaststätte. Der »Badische Hof« schloß schon vor 1939, der »Ochsen« in den 1950er Jahren, der »Deutsche Kaiser« um 1970 und das »Lamm« 1974. Die zum »Lamm« gehörende Metzgerei besteht noch. Übernachtungsmöglichkeiten bieten das Gasthaus »Sonne« in Hüffenhardt und die Pension Zirkelbach in Kälbertshausen. Fremdenverkehr ist jedoch bedeutungslos.

Verkehr. – Am 16. 2. 1902 erhielt Hüffenhardt *Bahnanschluß*: die Badische Lokal- und Eisenbahn AG eröffnete die Normalspurstrecke Neckarbischofsheim–Hüffenhardt. Eine Weiterführung nach Haßmersheim wurde mehrfach erwogen, jedoch nie gebaut. Andererseits überstand die Strecke bisher alle Stillegungspläne, die ersten schon kurz nach 1925. 1963 übernahm die Südwestdeutsche Eisenbahn AG die Bahnlinie. Heute wird sie an Wochentagen fünfmal in beiden Richtungen von Dieselzügen und -triebwagen befahren. Den öffentlichen Nahverkehr nach Mosbach, Obrigheim und Haßmersheim übernimmt die *Bahnbuslinie* Mosbach–Haßmersheim. Wochentags halten in beiden Richtungen 7 Omnibusse in Hüffenhardt und in Kälbertshausen. Hüffenhardt ist auch Haltestelle auf der Bahnbusstrecke Sinsheim–Bad Rappenau mit wochentags 5 bzw. 6 Omnibussen.

Hüffenhardt und Kälbertshausen liegen an der Landesstraße Aglasterhausen–Bad Rappenau. In Hüffenhardt kreuzt sie sich mit der Landesstraße von Helmstadt über Wollenberg nach Haßmersheim. Nördlich Kälbertshausen geht die Kreisstraße nach Obrigheim ab, im Dorf die nach Bargen. Die Straße nach Haßmersheim wurde wie die nach Wollenberg Ende des 19. Jh. korrigiert, galt jedoch 1929 noch als schlecht. Im Winter unpassierbar waren in dieser Zeit auch die Strecken zwischen Hüffenhardt und Kälbertshausen und nach Neckarmühlbach. Günstig für Kälbertshausen war die nach langen Verhandlungen 1901 abgeschlossene Neutrassierung der Straße nach Obrigheim über den Kirstetterhof.

Um 1880 betrieb der Lehrer in Hüffenhardt die Postagentur. Heute hat das Dorf ein Postamt.

Verwaltungszugehörigkeit, Gemeinde und öffentliches Leben

Verwaltungszugehörigkeit. – Beide Dörfer waren beim Übergang an Baden grundherrliche Orte. Hüffenhardt gehörte zu zwei Dritteln den Freiherren von Gemmingen-Bonfeld, zu einem Drittel den Freiherren von Gemmingen-Guttenberg. Kälbertshausen war zu je einem Drittel Besitz dieser beiden gemmingischen Linien und der Grafen von Helmstatt. 1807 waren die Orte dem Oberamt Waibstadt unterstellt, 1810 kamen sie zum Amt Mosbach. 1813 wurde Hüffenhardt dem Amt Neckarbischofsheim, Kälbertshausen dem 2. Landamt Mosbach, 1840–1849 Amt Neudenau, dann Amt Mosbach, zugeteilt. Auch Hüffenhardt kam 1864 wieder zum Amt Mosbach. Seither blieb Mosbach die Amts- bzw. Kreisstadt. Ein Votum Hüffenhardts 1925 für eine Angliederung an den Bezirk Sinsheim lehnte das Ministerium des Innern ab.

Seit 1. 1. 1975 ist Kälbertshausen mit unbefristeter Ortschaftsverfassung zu Hüffenhardt eingemeindet.

Gemeinde. – Umgerechnet umfaßte 1854 die Gkg Hüffenhardt 1358 ha, die von Kälbertshausen 415 ha. Genaue Katastervermessungen setzten erst um 1890 ein. 1925 wurden die Gemarkungsflächen mit 1342 und 422 ha angegeben, die Flächenerhebung von 1981 nennt 1341 und 420 ha. Unter diesen 1761 ha Gesamtfläche waren 496 ha Wald, 1082 ha Landwirtschaftsfläche und 174 ha besiedelte Fläche.

Allmende gab es nur in Kälbertshausen. Nach 1850 tilgte die Gemeinde die Auswanderungsschulden aus den Allmendanteilen der Ausgewanderten. In beiden Gemeinden wurde Holz aus dem Gemeindewald allen Bürgern als *Bürgergabe* gereicht, in Hüffenhardt das gesamte Brennholz, in Kälbertshausen etwa ⅔ des Holzertrags (1854). Auch heute bestehen noch alte Gabholzberechtigungen, aber es rückt kein Bürger mehr nach.

Die Zehntablösung war in Hüffenhardt 1865 bereits abgeschlossen, in Kälbertshausen 1869.

Das *Gemeindevermögen* bestand im 19. Jh. hauptsächlich in den Waldungen, in landwirtschaftlichen Grundstücken, Gebäuden, Schäferei- und Jagdrechten. Hüffenhardt wurde 1867 als im Verhältnis zur Einwohnerzahl reichste Gemeinde des Bezirks Mosbach bezeichnet, Kälbertshausen stand offenbar nur wenig nach. Beide Gemeinden konnten Kapital verleihen und größere Bauausgaben, selbst in den 1920er Jahren den Hüffenhardter Wasserleitungsbau und die Stromversorgungseinrichtungen, ohne langfristige Verschuldung verkraften. Die Umlagen wurden in wechselnder Höhe erhoben. An Gebäuden besaß die Gde Hüffenhardt Kirche, Schulhaus, Rathaus, Kelter und Schäfereigebäude. Ein neues Schulhaus erbaute sie 1896, einen Kindergarten mit neuer Kelter und Turnsaal 1925. Die Gde Kälbertshausen kaufte 1851 ein Bauernhaus mit Zubehör als Schulhaus mit Gemeindestube (bisher in der Bürgermeisterwohnung). Außerdem besaß sie Kirche, Pfarrhaus, Armenhaus. Letzteres war 1851 mangels Ortsarmer verpachtet und wurde später als Hirtenhaus mit Ortsarrest geführt. 1872 baute die Gemeinde die Spritzenremise mit Arrest und Wachstube, 1874 ein Schul- und Rathaus, um 1960 ein neues Schulhaus. 1986 besitzt die Gemeinde in Hüffenhardt Rathaus, Schulhaus und Kindergarten, Feuerwehrgerätehaus mit Apotheke, Sporthalle, Bauhof und 5 Wohnhäuser, in Kälbertshausen das Rathaus, das zum Kindergarten umgebaute Schulhaus und 1 Wohnhaus, an Flächen 485 ha Wald und 18 ha Landwirtschaftsfläche.

Seit Jahren hat Hüffenhardt den niedrigsten Schuldenstand je Einwohner im Landkreis (1984: 145 DM). Die *Steuerkraftsumme* je Einwohner hat sich seit 1970 zwar kontinuierlich erhöht, lag 1984 mit 840 DM aber leicht unter dem Kreisdurchschnitt von 857 DM. Nur ein knappes Drittel der Steuereinnahmen von 1984 (1 111 000 DM) kam aus Gewerbesteuern. 1985 verfügte die Gemeinde im Vermögenshaushalt über 1046000 DM, im Verwaltungshaushalt über 3289720 DM und hatte einen gegenüber dem Vorjahr verminderten Schuldenstand von 246039 DM. Die günstige Haushaltslage erklärt sich durch den Verkauf der Gipsabbaurechte. Die Kaufsumme wird nur für zukunftsweisende Investitionen verwendet (Kindergarten, Feuerwehrgerätehaus mit Apotheke etc.) Vorgesehen ist neben der völligen Kanalerneuerung der Neubau eines Dorfzentrums. Zunächst wird ein Gebäude für die Volksbank, eine Bäckerei und Wohnungen erstellt. Das Dorfbild soll durch mehr Grün verbessert werden.

Die *Gemeindeverwaltung* ist im Hüffenhardter Rathaus untergebracht. Im Rathaus von Kälbertshausen befindet sich die Ortsverwaltung. Die Gemeindeverwaltung gliedert sich in Allgemeine Verwaltung, Grundbuchamt und Standesamt. Das Kassenwesen wird von der Verwaltungsgemeinschaft Haßmersheim-Hüffenhardt erledigt. Das Personal der Gemeinde besteht aus 2 Beamten, 4 Angestellten, 6 Arbeitern, 2 Auszubildenden und 9 Teilzeitbeschäftigten. Damit kommt sie heute mit weniger Kräften aus als im 19. Jh., als außer dem ehrenamtlichen Bürgermeister der Ratsschreiber, Rechner, Polizei- und Ratsdiener, 1 oder 2 Feldhüter, Waldhüter, Straßenwarte auf der Gehaltsliste standen. Leichenschauer, Totengräber, Hebamme bezogen Gebühren wie Waisenrichter, Steinsetzer, Fleischbeschauer u. a.

Der *Gemeinderat* setzte sich aus dem Bürgermeister und erst 3, später 6 Gemeinderäten zusammen. Heute hat er 12 Mitglieder, alle von Wahlvereinigungen aufgestellt, die aber den politischen Parteien nahestehen: 5 Freie Wählervereinigung, 5 Bürgerliche Wählergruppe, 2 Freie Bürgeraktion. Die beiden ersten Gruppen stellen den Gemeinderat seit Bildung der heutigen Gemeinde.

Ver- und Entsorgungseinrichtungen. – Eine *Freiwillige Feuerwehr* fand sich in Hüffenhardt schon 1886 zusammen. Heute bilden 30 Hüffenhardter und 20 Kälbertshausener Feuerwehrleute einen Löschzug.

Die *Wasserversorgung* Hüffenhardts war lange Zeit unbefriedigend, weil die Pumpbrunnen nicht selten verseuchtes Wasser lieferten und Typhuserkrankungen verursachten. Kälbertshausen war mit Pump-, Zieh- und laufenden, d. h. aus Quellen gespeisten, Brunnen besser versorgt, aber auch hier waren die Quellen zu schwach. Als der Wasserverbrauch gegen Ende des 19. Jh. anstieg, genügten die Brunnen nicht mehr. Nach langen Überlegungen schlossen sich 1919 die beiden Gemeinden mit Wollenberg, Bargen und Siegelsbach zum Bau einer gemeinsamen Wasserversorgungsanlage zusammen, allerdings ohne Erfolg. 1923 baute Kälbertshausen, 1926 Hüffenhardt dann eigene Wasserleitungen. 1956 gründeten die Gden Hüffenhardt, Neckarmühlbach und Siegelsbach den Zweckverband »Wasserversorgungsgruppe Mühlbach« zunächst mit Sitz in Hüffenhardt, dann nach einer Erweiterung in Bad Rappenau. Kälbertshausen schloß sich 1976 an. Versorgt werden ca. 25000 E. teils mit eigenem, teils mit Bodenseewasser. An die *Kanalisation* sind alle Ortsteile angeschlossen. Das Abwasser wird in der mechanisch-biologischen Kläranlage des Abwasserzweckverbandes Schwarzbachtal, Sitz Neckarbischofsheim, gereinigt. *Strom* bezieht Hüffenhardt schon seit 1921/23 von der Badenwerk AG, die auch jetzt noch die Haushalte beliefert.

Die *Müllabfuhr* (einmal in der Woche) regelt die Gemeinde. Die Abfälle gehen seit Füllung der Haßmersheimer Deponie zur Kreismülldeponie Buchen, Sondermüll nach Billigheim.

Seit etwa 1920 ist ein *Arzt* in Hüffenhardt ansässig. Einige Zeit arbeitete er tagsüber als Werkschreiber in der Anilinfabrik. Eine Krankenschwester war schon 1904 hier tätig. 1985 eröffnete die Brunnen-Apotheke in Hüffenhardt. Heute praktizieren außer dem Arzt für Allgemeinmedizin noch ein Zahnarzt und ein Tierarzt im Ort. Der

Hüffenhardter Krankenpflegeverein ist Mitglied der Ev. Diakoniestation für gesundheits- und sozialpflegerische Dienste Mosbach-Neckar-Odenwald-Kreis e.V. Außerdem ist die Kath. Sozialstation des Dekanats Mosbach e.V. zuständig.

Der *Kindergarten* (heute 57 Kinder) in Hüffenhardt wurde 1921 mit Hilfe von Amerika-Auswanderern eingerichtet, 1925 erhielt er einen Neubau. In Kälbertshausen baute man 1975 das neue Schulhaus zum Kindergarten (16 Kinder) um. Träger ist die ev. Kirche, für die Gebäude und einen Teil der Finanzen sorgt die politische Gemeinde.

Das *Kreisaltersheim*, ein Alten- und Pflegeheim mit 49 Heim- und 35 Pflegeplätzen (1987), ist in dem während des Krieges als HJ-Heim gebauten, später als Flüchtlingslager verwendeten Gebäude untergebracht, das 1958 für seinen neuen Zweck umgebaut wurde.

Der *Friedhof* in Hüffenhardt wurde 1769, der von Kälbertshausen 1812 an den Ortsrand verlegt. Beide besitzen Leichenhallen.

Kirche. – Beide Dörfer sind ev. *Kirchengemeinden*, aber wie zeitweise schon im 19. Jh. (vor 1891) versorgt seit 1952 der Hüffenhardter Pfarrer Kälbertshausen mit. Beide Gemeinden gehörten zum Kirchenbezirk Neckarbischofsheim und wurden 1975 zum Kirchenbezirk Mosbach umgegliedert. Das Patronat der Freiherren von Gemmingen-Guttenberg-Bonfeld über die Hüffenhardter und der Grafen von Helmstatt über die Kälbertshausener Kirche besteht noch. Zu Hüffenhardt gehörten im 19. Jh. Wollenberg als Filiale und bis 1869 auch Hilsbach. Die Kirchen in Hüffenhardt und in Kälbertshausen stammen aus dem 18. Jh. und wurden mehrfach renoviert. Die Baupflicht der Hüffenhardter Kirche lag im 19. Jh. bei der politischen Gemeinde, in Kälbertshausen beim Heiligenfonds. Für den Turm war 1854 zur Hälfte die fürstlich leiningische Kellerei Neckarbischofsheim, zur anderen Hälfte bisher der Heiligenfonds Neckarbischofsheim, dann gleichfalls der Ortsheilige zuständig.

Innerhalb der kath. *Kirchenorganisation* gehörten beide Orte zum Dekanat Waibstadt. Hüffenhardt war 1863 und später Diasporaort von Siegelsbach, Kälbertshausen von Bargen. Erst durch den Zustrom der Flüchtlinge nahm die Zahl der Katholiken so zu, daß 1956 in Hüffenhardt die Kirche Maria Königin (Nebenpatrone: St. Josef der Arbeiter und der vorreformatorische Ortspatron St. Vitus) gebaut und eine Kirchengemeinde als Filialgemeinde zu Siegelsbach mit eigenem Fonds eingerichtet wurde. 1960 schloß sich Kälbertshausen an.

Schule. – In beiden Gemeinden bestanden zu Beginn des 19. Jh. ev. Schulen, in Kälbertshausen unter dem Patronat der Grafen von Helmstatt. Um 1850 unterrichteten 1 Haupt- und 1 Hilfslehrer (seit 1889 in Hüffenhardt 2 Hauptlehrer), die von den Gemeinden in Geld, Naturalien und Güternutzung bezahlt wurden. Bis mindestens um 1900 betrieben die Lehrer mit Schülerhilfe auch Landwirtschaft. Um 1851 bezog die Schule in Kälbertshausen ein von der Gemeinde gekauftes Bauernhaus, 1876 das neuerbaute Schul- und Rathaus. In Hüffenhardt baute die Gemeinde 1848/49 und wieder 1896 neue Schulhäuser, letzteres mit 4 Lehrsälen und Lehrerwohnung, was vielen zu aufwendig erschien. Bis 1906 bestand hier die aus einer Privatstiftung des 18. Jh. unterhaltene sogenannte »Nachtschule«, die ursprünglich von jedem Bürger besucht werden konnte, sich dann aber zu einer Art Fortbildungsschule für Schulentlassene verändert hatte. Nach ihrem Erlöschen wurde voller Fortbildungsunterricht eingeführt. Eine gewerbliche Fortbildungsschule, schon 1904 angeregt, kam zunächst nach Siegelsbach und erst 1923 nach Hüffenhardt. 1927 waren ihr Wollenberg und Kälbertshausen angeschlossen. Hüffenhardt besaß zu dieser Zeit auch eine Kochschule. In der Volksschule wurden 1927 98 Schüler von 4 Lehrern unterrichtet. Seit 1966 hat Hüffenhardt nur noch eine vierklassige *Grundschule*, in der (1986) 76 Schüler aus

Die Gemeinde im 19. und 20. Jahrhundert

beiden Dörfern von 3 vollen Lehrkräften und 1 Teilzeitkraft unterrichtet werden. Zur Hauptschule fahren die Kinder nach Haßmersheim, die Realschule besuchen die Schüler aus Hüffenhardt in Bad Rappenau, die aus Kälbertshausen in Obrigheim, ins Gymnasium fahren die Hüffenhardter Schüler nach Neckarbischofsheim, die Kälbertshausener nach Mosbach, Diedesheim und Neckarelz.

In Hüffenhardt hat die Volkshochschule Mosbach eine Außenstelle eingerichtet. Die *Jugendbibliothek* im Schulhaus befindet sich mit gut 2000 Bänden und fast 1000 Entleihungen im Jahr (1985) auf dem Wege zur Volksbücherei.

Sportstätten. – Kälbertshausen richtete 1949, Hüffenhardt 1968 einen Sportplatz ein. 1970 baute die Gemeinde in Hüffenhardt eine Sporthalle. 1980 wurden 2 Tennisplätze, 1984 2 weitere angelegt. Das Schützenhaus mit Schießanlagen, für das 1982 Baugenehmigung erteilt wurde, ist jetzt teilweise fertiggestellt. Der alte Hüffenhardter Sportplatz wurde in einen Reitturnierplatz umgewandelt. Dem Reitsport dient auch eine (private) Reithalle.

Vereine. – Ältester Verein ist der Sängerbund Hüffenhardt e.V., der schon 1845 gegründet wurde und heute 157 Mitglieder hat. 1905 fand sich der Gesangverein Edelweiß Kälbertshausen (heute 90 Mitglieder) zusammen. Die heutige Feuerwehrkapelle (24 Mitglieder) wurde 1886, vielleicht auch schon 1870/72 als Militärverein gegründet. Erst nach der Wiedergründung nach dem letzten Krieg (1954) schloß sie sich 1967 der Feuerwehr an. Junge, der Musik gewidmete Vereinigungen sind der 1967 gegründete Frauenchor Kälbertshausen (22 Mitglieder) und der Posaunenchor von 1978 (15 Mitglieder). Einen Sportverein gibt es in Kälbertshausen seit 1946 mit heute 125 Mitgliedern und in Hüffenhardt als größten Verein der Gemeinde mit 516 Mitgliedern seit 1948. Auf eine längere Tradition blickt der KK-Schützenverein von 1924 in Hüffenhardt (106 Mitglieder) zurück. Freude am Reit- und am Tennissport führten zum Zusammenschluß der Reiterfreunde (78 Mitglieder) 1979 und des Tennisclubs Grün-Weiß (109 Mitglieder) 1980 in Hüffenhardt. Dem Wandern haben sich die 25 Mitglieder der 1957 gegründeten Ortsgruppe Hüffenhardt des Odenwald-Klubs und die 72 Mitglieder der Wanderfreunde Hüffenhardt e.V. von 1983 verschrieben. Obgleich beide Orte vorwiegend evangelisch sind, nehmen sie jetzt am Fastnachtsbrauchtum des Odenwaldes teil. 1971 wurde der Hüffenhardter Carnevalsverein gegründet, dem heute 118 Mitglieder angehören. In Kälbertshausen besteht ein loser Zusammenschluß der Fastnachter unter dem Dorfnecknamen »Knieschieber«, den sich die Kälbertshausener wegen ihrer steilen Dorfstraße eingehandelt haben. Von der Treue zur alten Heimat zeugt das alljährlich in Hüffenhardt abgehaltene Heimattreffen Maria Kalnok, an dem 400–500 Ungarnflüchtlinge teilnehmen.

Strukturbild

Hüffenhardt gehört heute wie schon im 19. Jh. wenn nicht zu den reichen, so doch zu den vergleichsweise wohlhabenden Gemeinden der Umgebung. Bis etwa zum 2. Weltkrieg waren beide Teile der heutigen Gemeinde bäuerliche Dörfer mit alles in allem ausgewogener Klein- und Mittelbesitzstruktur, mit den nötigen ländlichen Handwerkern, die zusätzlich Land bewirtschafteten, und mit etlichen Händlern, die auch für den Absatz der Produktion sorgten. Früh fand der genossenschaftliche Gedanke mit Dreschmaschinen- und Milchabsatzgenossenschaft Eingang im Dorf. Mit der allmählichen Abkehr von der Landwirtschaft verschwanden auch viele Handwerkszweige. Heute ist Hüffenhardt mit Kälbertshausen Pendlerwohngemeinde mit noch wenigen, jedoch meist lebensfähigen bäuerlichen Betrieben und einigen Handwerksbetrieben, unter denen das Metallgewerbe den ersten Platz einnimmt. Von den beiden kleinen Industriebetrieben, die sich angesiedelt haben, besitzt das Zweigwerk der Obrigheimer Gardinenfabrik insofern größere Bedeutung, als es die so notwendigen Frauenarbeitsplätze anbietet, auch für Frauen aus umgebenden Gemeinden. Den insgesamt 79 Einpendlern, darunter 55 Frauen, standen 1987 jedoch 575 Auspendler gegenüber (388 Männer, 187 Frauen). Bevorzugte Pendlerrichtungen sind Mosbach (93) und Haßmersheim (71), aber auch Bad Rappenau (65), Neckarsulm (64), Siegelsbach (56) und Heilbronn (40). Während die Hüffenhardter eher im Raum Haßmersheim–Mosbach arbeiten, gehen die meisten Kälbertshausener Auspendler in den Raum Heilbronn–Neckarsulm und nach Siegelsbach. Die Zahl der Auspendler vergrößert sich noch durch 156 Ausbildungspendler (Schüler und Studierende).

Die Lage im Grenzraum zwischen Kraichgau und Odenwald sowie die guten Verkehrsverbindungen bringen es mit sich, daß die Gemeinde im zentralörtlichen Gefüge, wie sich schon bei den Arbeitsplätzen und auch beim Schulbesuch zeigte, nicht eindeutig auf ein bestimmtes Zentrum ausgerichtet ist. Als Oberzentren konkurrieren Heidelberg und Heilbronn, als Mittelzentren werden Mosbach und Sinsheim aufgesucht. Auch Bad Rappenau übernimmt Versorgungsfunktionen, vor allem im Einkaufs- und Gesundheitsbereich. Der tägliche Bedarf kann weitgehend in der Gemeinde selbst gedeckt werden, auch die ärztliche Versorgung ist hier gewährleistet. Krankenhäuser werden in Mosbach, Heilbronn, Bad Rappenau und Sinsheim aufgesucht.

Quellen

Hüffenhardt: GLA 364/4193–94 (1867–1906), 364/1972/81/409 (1906–1931).
Kälbertshausen: GLA 364/3562 (1851–1857), 364/4208–09 (1860–1903).

Literatur

Luckhaupt, Hans: 900 Jahre Hüffenhardt 1083–1983. Hrsg. Hüffenhardt von der Gde Mosbach 1983.

C. Geschichte der Gemeindeteile

Hüffenhardt

Siedlung und Gemarkung. – Die früheste Erwähnung Hüffenhardts geschieht um das Jahr 1150 (*Hufelinhart*) im Schenkungsbuch des Kl. Reichenbach im Schwarzwald; sie berichtet von Gütern, die Erchenbert von Röttingen bereits im 11. Jh. dem Kl. Hirsau geschenkt hatte und die nun in den Besitz der Reichenbacher Mönche übergegangen waren. Entstanden ist der Ort, dessen Name sich in seinem ersten Teil vielleicht von einem Personennamen herleitet, vermutlich nicht vor dem 10. Jh. Gleichwohl gibt es auf hiesiger Gemarkung auch Zeugnisse einer älteren Besiedelung, die allerdings zur Geschichte des späteren Dorfes keinen unmittelbaren Bezug haben: eine Gruppe bereits 1844 untersuchter, möglicherweise bronzezeitlicher Grabhügel unweit der Grenze zu Kälbertshausen sowie 1909 nördlich des Dorfes entdeckte Mauerreste und Tonscherben, die man als römerzeitlich, dann aber auch – mit wenig Wahrscheinlichkeit – als Reste einer mittelalterlichen Burg angesprochen hat. Bei dem Hof Wüsthausen im NW der Gkg Hüffenhardt handelt es sich vielleicht um eine vormals selbständige

Siedlung (FN gleichen Namens; dazu auf der benachbarten Gemarkung die FN Wüstklinge und Dörschhausen), die aber schon im Mittelalter untergegangen sein dürfte. Das Dorf Hüffenhardt selbst hat großen Schaden genommen, als bei einem Großbrand am 26. April 1717 11 Häuser sowie 14 Scheunen und Stallungen zerstört worden sind.

Herrschaft und Staat. – Vom hohen Mittelalter bis zum Ende des Alten Reiches gehörte das im Bezirk der einstigen Wimpfener Immunität bzw. des staufischen Reichslandes von Wimpfen gelegene Hüffenhardt zu den Pertinenzen der weinsbergischen, später gemmingischen Burg Guttenberg und war wie diese ein Lehen des Hochstifts Worms. Die Herrschaft Guttenberg hatte durch die Jahrhunderte im Dorf alle hohe und niedere Obrigkeit samt anhangenden Rechten zu beanspruchen: Vogtei und Gericht, Zwing und Bann, Steuer und Schatzung sowie hohe und niedere Jagd; kraft kaiserlicher Privilegierung von 1497 stand den Herren von Gemmingen in Hüffenhardt obendrein der Blutbann zu, das Recht, über Leben und Tod zu richten. 1806 wurde der Ort durch das Großherzogtum Baden mediatisiert.

Grundherrschaft und Grundbesitz. – Die Größe des vormals Hirsauer, dann Klosterreichenbacher Besitzes in Hüffenhardt wird um die Mitte des 12. Jh. mit zwei Hufen angegeben; wenngleich über seine weiteren Schicksale nichts bekannt ist, so wird man doch annehmen dürfen, daß er später im Besitz der Ortsherrschaft oder des Stifts zu Wimpfen aufgegangen ist. Die herrschaftlichen Erbbestandsgüter, der Kaiser- und der Leiserhof, umfaßten am Ende des 16. Jh. rund 85 M Äcker, Wiesen und Gartenland; hinzu kam eine Vielzahl von Gülten und Zinsen. Der Grundbesitz der gleichfalls herrschaftlichen Hüttigsmühle bestand 1736 aus 44 M Äckern sowie 9 M Wiesen und Gärten. Dem Ritterstift Wimpfen gehörte neben einzelnen Grundstücken vor allem das in Erbbestand verliehene Pfarrwittumgut mit 25 M Äckern und 3 M Wiesen (1384). Seit 1412 war auch die Guttenberger Eucharius-Kaplanei bzw. Mühlbacher Pfarrei hier begütert; ihre ursprünglich auf Gütern in Kleineisesheim und Gartach gestifteten Einkünfte waren durch Konrad von Weinsberg im genannten Jahr auf einen zuvor dem Berthold von Schwarzach gehörigen Hof sowie auf den sog. Storenhof angewiesen worden. Zu erwähnen bleiben schließlich noch der Weinberg eines Wimpfener Bürgers (1365) und Wiesen des Veit von Helmstatt gen. von Wagenbach in der Nähe der Hüttigsmühle (1472).

Gemeinde. – Dank ihrer relativ großen Distanz zum Sitz der Herrschaft auf Guttenberg ist es der Gde Hüffenhardt ungeachtet der sehr geschlossenen Herrschaftsverhältnisse im Dorf gelungen, seit dem späten Mittelalter ein bescheidenes Eigenleben zu entfalten. 1497 einigten sich Schultheiß, Bürgermeister, Richter und ganze Gemeinde mit dem Wimpfener Stift wegen der Verlegung der Kelter ins Dorf, und 1511 haben Herrschaft und Gemeinde sich wegen der Fronpflicht der Hüttigsmühle verglichen; ihren Schützen durfte die Gemeinde mit Wissen und Willen der Herrschaft selbst bestellen. Um 1576 ist in Hüffenhardt ein Dorfbuch angelegt worden, in dem Heiratsverträge, Schuldverschreibungen, Testamente, Erbteilungen und andere Rechtsgeschäfte aufgezeichnet sind.

Kirche und Schule. – Die Pfarrei Hüffenhardt, deren Patronatsrecht wohl schon von alters her dem Stift in Wimpfen zugestanden hat, ist diesem im Jahre 1362 inkorporiert worden. Von Hüffenhardt abhängig war die Kapelle in Wollenberg, zu der wiederum Wagenbach und Siegelsbach in einem Filiationsverhältnis standen (1496). Der Kirchenheilige war St. Vitus, die beiden Nebenaltäre waren der Gottesmutter und dem hl. Sebastian geweiht. Schon zu Beginn der 1520er Jahre hat die gemmingische Ortsherrschaft in Hüffenhardt die Reformation eingeführt, und später ist es ihr schließlich auch gelungen, das Patronatsrecht der Pfarrkirche an sich zu ziehen. Die Reihe der luth. Ortspfarrer ist von 1550 an überliefert. Als in den Jahren 1738/40 eine neue Kirche gebaut wurde, hat man den aus dem Mittelalter überkommenen Chorturm als Eingangsturm wiederverwendet. Ein neues Pfarrhaus ist bereits 1699 errichtet worden.

Der große und der kleine Fruchtzehnt zu Hüffenhardt gehörten ganz dem Ritterstift Wimpfen; am Novalzehnt dagegen war die Ortsherrschaft zur Hälfte beteiligt, und auch vom Weinzehnt hatten die von Gemmingen auf bestimmten Gütern einen Teil zu beanspruchen.

Das älteste Schulhaus von Hüffenhardt ist beim Brand des Dorfes im April 1717 zugrundegegangen, aber noch im selben Jahr ist es wieder aufgebaut worden. Es lag an der Dorfstraße neben dem Wirtshaus *Zum Ochsen* und hatte neben der Schulstube eine Stube, eine Kammer und eine Küche. Einer Notiz von 1595 zufolge wurde dem Schulmeister von einer werktags gehaltenen Hochzeit eine Suppe, ein Stück Fleisch, ein Maß Wein und ein Stück Brot gegeben, von einer sonntäglichen Hochzeit hatte er dagegen nichts zu erwarten.

Bevölkerung und Wirtschaft. – Um das Jahr 1600 zählte man in Hüffenhardt rund 400 Einwohner, aber schon eine Generation später war das Dorf nahezu entvölkert; eine Chronik des 18. Jh. weiß zu berichten, daß der Ort am Ende des 30j. Krieges gerade noch aus 6 Haushaltungen bestanden hat. Im Zuge der Wiederbesiedelung nach dem großen Krieg nahm die Herrschaft auch Schutzjuden auf, jedoch war deren Zahl zunächst eher gering.

Die Dreifelderwirtschaft in den Fluren gegen Bargen, gegen Kälbertshausen (17. Jh. gegen Hochhausen) und gegen Wimpfen ist in Hüffenhardt seit dem späten 14. Jh. nachzuweisen. Der Umfang des örtlichen Grundbesitzes lag um 1600 im Durchschnitt bei etwa 15 M; das größte Gut hatte rund 55 M. Neben den üblichen Getreidearten wurde in älterer Zeit auf hiesiger Gemarkung auch Wein angebaut. An Gewerben begegnen zu Beginn des 17. Jh. je 1 Bäcker, Schneider, Schuster, Wagner und Tüncher. Bereits 1320 findet eine Dietrichsmühle Erwähnung, und seit 1511 ist die von der Herrschaft verpachtete Hüttigsmühle bezeugt.

Kälbertshausen

Siedlung und Gemarkung. – Nach dem wahrscheinlich von einem Personennamen abgeleiteten Ortsnamen zu schließen, handelt es sich bei Kälbertshausen wohl um eine Ausbausiedlung des frühen Mittelalters; jedoch fehlen im Umkreis des Dorfes die archäologischen Befunde, die eine solche Annahme bestätigen könnten. Immerhin sind im späteren 19. Jh. in dem Walddistrikt Steinhaus unweit der Straße nach Obrigheim Reste einer römischen villa rustica ergraben worden; zu ihr gehört vermutlich auch ein Votivstein zu Ehren der Göttin Viradecdis (?), der in den 1830er Jahren in die Kälbertshäuser Kirchhofmauer eingefügt war und 1863 in die großherzogliche Sammlung nach Karlsruhe gebracht worden ist. Die erste Erwähnung des Dorfes geschieht im Hirsauer Codex (*Kelwersshusen*, Kop. 16. Jh.) und berichtet von hiesigen Gütern, die dem Kloster wohl in der 2. H. 11. Jh. geschenkt worden waren. Auf eine längst abgeg. Siedlung könnten die im S der Gemarkung, gegen Hüffenhardt anzutreffenden Flurnamen Dörschhausen und Wüstklingen hindeuten, die mit dem auf der Nachbargemarkung gelegenen Hof Wüsthausen korrespondieren. Am Ende des 30j. Krieges war auch Kälbertshausen, das ohnehin nie sehr groß gewesen sein dürfte, nahezu ausgestorben; um 1648 lebten hier nur noch 4 Familien, 1743 waren es wieder deren 31.

Herrschaft und Staat. – Ausgangspunkt für die Herrschaftsentwicklung am Ort waren vermutlich die im 11. Jh. mit einem Umfang von 15 Hufen recht beachtlichen Güter des Kl. Hirsau, die danach an die Abtei Reichenbach im Murgtal abgetreten wurden und in dem um 1150 angelegten Klosterreichenbacher Schenkungsbuch als *duae partes in Husen* beschrieben sind; wer zur Zeit des hohen Mittelalters den übrigen Teil innehatte, ist nicht bekannt. Im 13. Jh. gehörte Kälbertshausen – aber allem Anschein nach nicht ganz – zum staufischen Reichsland von Wimpfen und gelangte später als Wormser Lehen wiederum zu zwei Teilen zusammen mit Burg Guttenberg über die Herren von Weinsberg 1449 an die von Gemmingen, die hier seither und bis zum Ende des Alten Reiches Kondominatsherren blieben. Vermutlich zu einem Viertel war die Ortsherrschaft zu Beginn des 15. Jh. im Besitz der Vetzer von Obrigheim, von denen sie wenige Jahre darauf als Speyerer Hochstiftslehen an die Horneck von Hornberg gekommen ist; 1748 haben die Horneck ihre hiesigen Rechte zusammen mit Hochhausen an den Bischof von Speyer verkauft, der sie zwei Jahre später seinerseits an die Helmstatt vertauscht hat. Die von Helmstatt (Helmstatter Linie) sind bereits um die Mitte des 16. Jh. ebenfalls mit einem Viertel an dem Dorf beteiligt gewesen, jedoch ist ihr damaliger Anteil, bei dem es sich offenbar um Eigengut gehandelt hat, möglicherweise durch Heirat bereits vor der Mitte des 17. Jh. an die von Gemmingen-Hornberg gelangt, die hier seit 1650 als Teilhaber bezeugt sind. 1806 teilten sich in die Herrschaft zu Kälbertshausen die Freiherren von Gemmingen-Guttenberg zur Hälfte und die Grafen von Helmstatt und die Freiherren von Gemmingen-Hornberg je zu einem Viertel.

Nach längerem, um 1496/1501 sogar vor dem königlichen Kammergericht anhängigem Streit über ihre jeweiligen Kompetenzen haben sich die Kondomini 1543 in einem Vergleich über die Ausübung der Herrschaft zu Kälbertshausen dahingehend geeinigt, daß Gebot und Verbot durch die Vogtsherren gemeinsam ausgeübt und wegen Verstößen gegen die Dorfordnung erhobene Bußgelder entsprechend den Anteilen am Dorf aufgeteilt werden sollten; gehuldigt wurde jedem der drei Herren. Die Bestellung des Schultheißen, die Besetzung des Dorfgerichts und die hohe Gerichtsbarkeit standen allein denen von Gemmingen zu, dagegen strafte in Niedergerichtsfällen jede Herrschaft ihre Untertanen selbst. Für Leibfall, Herdrecht und Kelter waren allein die von Helmstatt und die Horneck zuständig, die Schäferei war denen von Gemmingen zugeteilt. Jeder der Ortsherren hatte Anspruch auf vier Tage Fron pro Jahr. Diese Regelung wurde später noch mehrfach erneuert und ist bis zur Mediatisierung des Dorfes durch das Großherzogtum Baden im Jahre 1806 in Kraft geblieben.

Grundherrschaft und Grundbesitz. – Abgesehen von dem im vorstehenden Abschnitt bereits angesprochenen umfangreichen, aus einer Schenkung Erkenberts von Röttingen stammenden Kälbertshäuser Grundbesitz der Klöster Hirsau bzw. Reichenbach liegen aus dem Mittelalter fast keine Nachrichten über hiesige Grundbesitzer vor. In späterer Zeit waren abgesehen vom Pfarrwittumgut (1771 rd. 15 M Äcker etc.) allein die drei Ortsherren hier begütert, und man darf annehmen, daß die Verhältnisse im 14. und 15. Jh. ganz ähnlich waren. Um 1502 bezog die Herrschaft Guttenberg Zinsen und Gülten von drei bäuerlichen Lehen, und die Horneck von Hornberg hatten im 17. Jh. diverse Einkünfte von einem Hof.

Gemeinde. – Von einer relativen Selbständigkeit, die die Gemeinde zu Kälbertshausen unter ihrer ritterschaftlichen Kondominatsherrschaft hat erlangen können, zeugt ein bereits 1743 von ihr geführtes Gerichtssiegel, das statt eines Wappens die Großbuchstaben *K. H* zeigt. Dem allein durch die von Gemmingen besetzten Gericht gehörten 1543 fünf Personen – Untertanen aller Herrschaften – an, und ein Weistum von 1688 sieht vor, falls die Parteien es wünschten, auf ihre Kosten zwei weitere Gerichtsmänner aus dem gemmingischen Hüffenhardt zuzuziehen; desgleichen sollten Kälbertshäuser Schöffen, die für befangen erklärt wurden, durch solche aus Hüffenhardt ersetzt werden. Das Rüggericht tagte viermal im Jahr, an Georgi (23. April), an Pfingsten, an Bartholomäi (24. August) und an Allerheiligen.

Kirche und Schule. – Eine Kirche zu Kälbertshausen zählte bereits zu dem Besitz, den Erkenbert von Röttingen im 11. Jh. dem Kl. Hirsau geschenkt hat und der später an Kl. Reichenbach übergegangen ist; geweiht war sie den Hll. Nikolaus und Ulrich (1496). Noch im 15. Jh. war Reichenbach Inhaber des Patronatsrechts über die offenbar schon seit langer Zeit selbständige Pfarrei, verkaufte es jedoch 1440 zusammen mit anderen Gütern in der Umgebung für 300 lb h an die Pfalzgrafen von Mosbach, von denen es 1499 an die Kurpfalz fiel; die Grafen von Helmstatt sind erst 1812 im Austausch gegen die erste Pfarrei zu Neckarbischofsheim Patronatsherren von Kälbertshausen geworden.

Die Reformation in ihrer luth. Ausprägung ist in dem ritterschaftlichen Dorf wohl ähnlich früh eingeführt worden wie in Neckarmühlbach und in anderen gemmingischen Dörfern, aber erst im späten 16. Jh., als die ref. Kurpfalz ihre Kirchenherrschaft als Mittel der Territorialpolitik einzusetzen versuchte, hat sich an der Bekenntnisfrage zwischen Orts- und Patronatsherrschaft eine heftige Auseinandersetzung entzündet, die das Alte Reich überdauerte. In Heidelberg hatte man das luth. Dorf, in dem es nur zwei ref. Familien gab (1708), kurzerhand zur Filiale der ref. Pfarrei in Obrigheim (später Haßmersheim) erklärt, die Kirche mit ihrem Vermögen 1707 den Reformierten zugesprochen und sich geweigert, einen luth. Pfarrer zu bestellen; so wurde die Gemeinde zeitweise durch den Geistlichen von Daudenzell versehen, und die Kälbertshäuser Pfarreinkünfte (die Hälfte des großen und kleinen Zehnten, der Ertrag von rd. 16 M Land und ein Holzrecht) haben die von Gemmingen 1715 unter Sequester gestellt. Im Laufe des 18. Jh. spielte in den Auseinandersetzungen um die Kälbertshäuser Kirche der territorialpolitische Aspekt dann eine immer geringere Rolle, und schließlich beschränkte sich der ganze Streit nur noch auf kleinliches und unversöhnliches Gezänk zwischen Lutheranern und Reformierten, das bis weit ins 19. Jh. hinein fortwirkte. Allen Streitigkeiten zum Trotz ist in Kälbertshausen 1726 eine neue Kirche gebaut worden.

Seit einem 1527 gestifteten Vergleich gehörte der Zehnt zu Kälbertshausen je zur Hälfte dem örtlichen Pfarrer und dem Kaplan zu Neckarbischofsheim; letztere Hälfte dürfte mit jenem Teil identisch gewesen sein, den die von Helmstatt 1355 von einem Wimpfener Bürger gekauft hatten.

Eine Schule, in der die Lehre Luthers Verbreitung fand, ist in Kälbertshausen wohl schon bald nach der Reformation eingerichtet und später in den Streit um das örtliche Bekenntnis und die Kirche hineingezogen worden. In einem Visitationsprotokoll von 1774 wird der damalige Schulmeister als *offenbahr gott- und gewissenlooß* charakterisiert.

Quellen und Literatur

Hüffenhardt

Quellen, gedr.: RMB 1. – *Schannat.* – UB Worms 2. – WUB 2. – ZGO 15, 1863; 32, 1880; 42, 1888 S. m23.

Ungedr.: FrhGA Guttenberg U; Lagerb. 1502/19; Lagerb. 1595; Lehnsbeschreibungen; Schatzungsregister Hüffenhardt; Hüffenhardter Rüg- und Gerichtsordnung; Pfarr- und Schulakten Hüffenhardt; Hüffenhardter Feuersbrunst 1717; Hüttigsmühle; Guttenberger Chronik; Pfarrak-

ten Neckarmühlbach. – GLA Karlsruhe J/H Hüffenhardt 1–5a; 69 von Helmstatt U; 43/107; 166/126; 229/46909–964, 50693II, 71858. – HZA Neuenstein, Weinsberg A (Worms) 2, L38, L39, L83, L94, L116, L120, L158, 170a.
Allg. Literatur: *Hahn* S. 387. – *Hundsnurscher/Taddey* S. 137f. – KDB IV,4 S. 43f. – *Krieger* TWB 1 Sp. 1058f. – LBW 5 S. 284. – *Müller*, Dorfkirchen. – *Schuster* S. 350. – *Stocker* I,1. – *Wagner* S. 382f.
Ortsliteratur: *Groß*, Reinhard, Markungsumgang zu Hüffenhardt am 5. Juni 1789. In: Alemannia 39, 1911 S. 152f. – *Mickel*, Ernst Friedrich, Hüffenhardts Ortsgeschichte, soweit sie aus der Pfarregistratur ersichtlich ist. In: Bote für die Diözese Neckarbischofsheim 1913 Nr. 2, 7, 10–11. – *Mickel*, Ernst Friedrich, Aus Hüffenhardts Vergangenheit. In: Mein Heimatland 16, 1929 S. 269f.
Erstnennungen: ON um 1150 (WUB 2 S. 396), Kirche und Kirchensatz 1362 (StA Darmstadt A1 Starkenburg, Wimpfen 1362 Juni 28), Patrozinien Vitus, BMV, Sebastian 1496 (*Weech*, Synodale S. 409), Hüttigsmühle 1320? (ZGO 32, 1880 S. 213), 1511 (FrhGA Guttenberg, Akten Hüttigsmühle).

Kälbertshausen

Quellen, gedr.: CH. – *Schannat*. – UB Obrigheim. – WUB 2. – ZGO 42, 1888 S. m24.
Ungedr.: FLA Amorbach, Bücher zur Kenntnis und zur Hebung des Landes. – FrhGA Guttenberg U; Lagerb. 1502/19; Lagerb. 1595; Lehnsbeschreibungen; Pfarrakten Kälbertshausen; Stellenbesetzungen zu Kälbertshausen. – FrhGA Hornberg IX/11; XVII/8/6; Pfarrakten Kälbertshausen. – GLA Karlsruhe J/H Kälbertshausen 1, 1a; 42/187, 265; 43/102, 110, Sp. 148, 185; 44 von Helmstatt, Horneck von Hornberg; 66/4189; 67/1004; 69 von Helmstatt U, Akten Hochhausen; 166/60; 229/39396, 43974, 43986, 43991, 43997, 44059–066, 44075–077, 50675–715; 364/372. – HZA Neuenstein, Weinsberg A (Worms) 2; L116, L120, L158, L170a.
Allg. Literatur: KDB IV,4 S. 44. – *Krieger* TWB 1 Sp. 1115f. – LBW 5 S. 285. – *Müller*, Dorfkirchen S. 45f. – *Schuster* S. 350. – *Stocker* I,1. – *Wagner* S. 383. – *Wirth*, Hermann, Geschichte des Marktfleckens Haßmersheim am Neckar. Heidelberg 1862.
Erstnennungen: ON 2. H. 11. Jh. (CH S. 30), Kirche um 1150 (WUB 2 S. 396), Patrozinien Nikolaus und Ulrich und Kirchensatz 1496 (*Weech*, Synodale S. 406).

Limbach

4363 ha Gemeindegebiet, 4237 Einwohner

Wappen: In gespaltenem Schild vorn in Rot eine silbern (weiß) ausgeschlagene goldene (gelbe) Mitra, durch die ein aus dem Unterrand emporkommender goldener (gelber) Krummstab gesteckt ist, hinten in Silber (Weiß) zwei rot bewehrte und rot bezungte blaue Adler übereinander. – Das 1909 auf Vorschlag des Generallandesarchivs angenommene Wappen erinnert mit Mitra und Krummstab an die einstigen Amorbacher Rechte im Ort und zeigt im hinteren Feld das auf zwei Adler reduzierte leiningische Wappen. Die erst seit leiningischer Zeit geführten Gemeindesiegel enthielten bereits das herrschaftliche Wappen. 1960 wurde die Tingierung festgelegt, 1966 vom Innenministerium die Flagge verliehen, Wappen und Flagge vom Landratsamt am 16.8.1976 neu verliehen, da die historische Aussage des Wappens auch auf die 1973 neu gebildete Gemeinde bezogen werden kann. – Flagge: Gelb-Rot (Gold-Rot).

Gemarkungen: Balsbach (615 ha, 329 E.); Heidersbach (706 ha, 544 E.) mit Heidersbacher Mühle; Krumbach (330 ha, 701 E.) mit Mühle; Laudenberg (1009 ha, 514 E.) mit Jagdhaus und Schneidemühle; Limbach (557 ha, 1321 E.) mit Limbacher Mühle; Scheringen (413 ha, 334 E.); Wagenschwend (611 ha, 501 E.).

A. Natur- und Kulturlandschaft

Naturraum und Landschaftsbild. – Das sieben Gemarkungen umfassende Gemeindegebiet gehört ganz dem Hinteren Odenwald an. Am Ostrand der Gkg Heidersbach stößt es mit der Buntsandstein-Muschelkalkgrenze, die das altbesiedelte Bauland vom erst hochmittelalterlich erschlossenen Rodungsland der östlichen Odenwaldabdachung trennt, an eine bedeutende natur- und kulturlandschaftliche Grenzlinie. Die Gkgn Laudenbach und Limbach sowie Balsbach und Krumbach überziehen seinen hochflächigen Kernraum zwischen dem oberen Trienzbachtal im W und dem Elztal im O. Die am weitesten nach W vorgeschobene Gkg Wagenschwend erstreckt sich westlich des Trienzbachs und seiner Quelläste über die zum Winterhauchgebiet ansteigende Buntsandsteinhochfläche bis zum südlichen Quellstrang des bereits zur Itter entwässernden Reisenbachergrunds im N. Die Gkgn Scheringen und Heidersbach östlich des Elztals liegen in der Randzone der gegen die Baulandhügel sanft abdachenden Buntsandsteinflächen und bilden mit ihren ausgedehnten Lößlehminseln auf dem Oberen Buntsandstein auch kulturlandschaftlich eine Übergangszone zum Altsiedelland des nördlichen Schefflenztals.

Von Höhenlagen über 550 m am Westrand und über 540 m NN im Bergwald im N der Gkg Wagenschwend senkt sich die Landoberfläche des Hinteren Odenwalds auf 380 bis 370 m NN am Ostrand der Gkg Heidersbach ab. Die hochflächigen Abschnitte des westlichen Gemeindegebiets, auf denen die Feld- und Wiesenfluren von Wagenschwend und Balsbach heute eine zusammenhängende Rodungsinsel in ausgedehnten Laub- und Nadelholz-Mischwäldern bilden, werden aus Plattensandstein aufgebaut. Lediglich in dem bis zu 50 m in die Buntsandsteindecke eingeschnittenen Trienzbachtal ist oberhalb Krumbach westlich des Hirschbergs an den unteren Talflanken quarzitischer Hauptbuntsandstein angeschnitten und an der Oberfläche aufgedeckt. Diese Formation des Mittleren Buntsandsteins steht auch in dem von Wagenschwend herunterführenden Seitental des Trienzbachs an den unteren Talhängen an.

Die Buntsandsteinhochfläche zwischen Trienz- und Elzbachtal besteht aus flächenhaft verbreitetem Plattensandstein, der mit seinen trockenen und unfruchtbaren Sandböden ausgedehnte Waldflächen vom Hirschberg nördlich Krumbach über den Bühlakkerwald bis zum Schlagwald auf Gkg Laudenberg trägt. Das Elztal südlich und südöstlich Laudenberg ist in den grobkörnigen und quarzitischen Hauptbuntsandstein eingeschnitten. Bereits westlich von Oberscheringen bauen sich die bewaldeten Talhänge aber bis zum wiesenbedeckten Talgrund aus Plattensandstein auf. Auf der Hochfläche der Gkg Limbach lagert über dem Plattensandstein mit Röttonen die oberste Gesteinsformation des Oberen Buntsandsteins. Sie ist südlich und östlich des Dorfes mit Lößlehm und Verwitterungslehm bedeckt. Diese Bereiche mit landwirtschaftlich recht gut nutzbaren Böden sind gerodet und tragen die Feld- und Wiesenfluren (Hilbertsfeld, Häscher, Klingenfeld), ähnlich wie im nördlich benachbarten Laudenberg, wo das um eine flache Quellmulde gescharte Dorf ebenfalls auf Plattensandstein steht, der westlich, nördlich und östlich der Ortschaft teils inselhaft, teils flächig mit Röttonen überlagert ist. In den Wäldern westlich und nördlich von Laudenberg liegt eine dünne eiszeitliche Lehmdecke über dem Plattensandstein. Die Namen der dort stockenden Mischwaldungen (Bühlackerwald und Alte Heumatte) weisen deutlich auf aufgeforstetes Rodungsland hin.

Im östlichen Gemeindegebiet ist der Plattensandstein weitgehend mit Röttonschichten bedeckt, auf denen wiederum Lößlehm und Verwitterungslehm lagert. Seine tonigen bis mergeligen und verlehmten Böden sind größtenteils gerodet. Als unteres Stockwerk des geologischen Baus tritt hier der Plattensandstein lediglich an den bewaldeten Talhängen des Elzbachs und des Guckenbachs an die Oberfläche.

Die Haupttäler von Trienz- und Elzbach, die innerhalb des Gemeindegebiets bis zu 50 und 80 m in den Oberen und stellenweise auch Mittleren Buntsandstein eingeschnitten sind, haben über weite Strecken kerbtalartige Querprofile, lassen allerdings schmale wiesenbedeckte Talsohlen mit alluvialen Aufschüttungen erkennen. Das gilt auch für den die Gkg Heidersbach südwärts entwässernden Guckenbach. Die Talhänge im Plattensandstein und in den Röttonschichten sind in diesem östlichen Nebental des Elzbachs durch geringere Auswirkungen der Tiefenerosion bedeutend flacher als in den Tälern von Trienz und Elz. Erst im unteren Talabschnitt ist auch der Guckenbach steiler und mit enger Kerbtalbildung klingenartig in den Plattensandstein eingesägt. Die Taleintiefung erreicht dort mit ca. 50 m ähnliche Werte wie beim Trienzbach westlich des Dorfes Krumbach.

Die kleineren Seitenbäche von Trienz und Elz sind an ihren Ober- und Mittelläufen nur ganz wenig oder kaum merklich in die Buntsandsteinhochfläche des Hinteren Odenwalds eingeschnitten. Ihre mit rezenten Ablagerungen ausgekleideten Talmulden und -wannen sind wiesenbedeckt wie bei Laudenberg und Limbach; sie unterscheiden sich so vor allem durch ihre kulturlandschaftliche Nutzung von den umgebenden hochflächigen Feldlagen. An ihren Unterläufen bilden sie aber z. T. schmale, rasch ins Haupttal absteigende Klingen mit großem Gefälle (Lautzenklinge am Südrand der Gkg Limbach). An ihren Ausmündungen in das Trienz- und Elzbachtal haben sie z. T. Schuttfächer ins Haupttal vorgeschoben, aber nur in wenigen Fällen sind diese Schuttkegel so umfangreich, daß die Hauptwasserläufe an den gegenüberliegenden Rand ihrer Talböden abgedrängt wurden wie z. B. der Trienzbach oberhalb der Krumbacher Mühle. In einigen Teilabschnitten des Trienz- und Elztals haben sich auf den fast immer nur schmalen Talböden Wiesenmäander mit über die Talsohlen pendelnden Bachläufen ausgebildet. Ausgeprägt sind solche die Talwiesen durchziehenden Bachwindungen im Elztal am Südostrand der Gkg Heidersbach und im Trienzbachtal auf Gkg Krumbach.

Siedlungsbild. – Das in der flachen Quellmulde eines kleinen westlichen Zuflusses des Trienzbachs in 460–500 m NN liegende Dorf Balsbach entstand im Hochmittelalter als Waldhufensiedlung. Die von SO nach NW ziehende Klosterstraße, die im S vom Stangenweg fortgesetzt wird, bildet die Hauptsiedlungsachse der Rodungsanlage. Weit auseinanderliegende, an den Muldenhängen beiderseits der vom Balsbach durchflossenen Seewiesen aufgereihte Hofplätze und ein weitgehend rechtwinklig von der Klosterstraße wegführendes und die Rodungsinsel erschließendes Wegenetz erinnern noch an die einstige Waldhufenstruktur.

Der architektonische Mittelpunkt der langgestreckten und insgesamt locker bebauten Siedlung ist die *kath. Kirche* mit dem benachbarten *Kl. St. Klara* im höherliegenden nördlichen Ortsteil. Der moderne Kirchenbau geht auf eine 1934 von dem Ortsbürger Otto Lenz gestiftete Marienkapelle zurück, der 1949 den Schwestern von St. Klara auch den Bau ihrer klösterlichen Niederlassung ermöglichte. Das Gotteshaus besteht aus einem hohen, traufseitig an die Klosterstraße angelehnten Kirchensaal mit einem unsymmetrisch gestalteten Giebeldach, einem vor dem Südostgiebel aufragenden hohen Glockenturm mit Schrägdach, durch den im Erdgeschoß der Eingang führt, und der durch eine Verbindungsgalerie mit Glassteinen in den Seitenwänden baulich an den Kirchensaal angehängt ist. Hoch unter dem Dach angesetzte, längsrechteckige Fenster an der Straßenfront sowie eine modern gestaltete Fensterfront am Nordwestgiebel gliedern den weitgehend weiß verputzten Bau. Das Kloster ist eine an die straßenabgewandte Längsseite der Kirche angebaute Dreikantanlage mit einem niedrigen eingeschossigen Haupttrakt, dessen Walmdach mit Mansarden ausgebaut ist. Über dem Verbindungsbau zwischen Kloster und Kirche ragt ein dachreiterartiges Türmchen mit offen hängender Glocke auf.

Im Zentrum des heute durch Neubauten verdichteten Streudorfs ragt ferner die noch vor dem 1. Weltkrieg gebaute *Schule* heraus. Das von der Klosterstraße etwas abgerückte Gebäude ist im Haupttrakt dreistöckig. Die zwei unteren Geschosse lassen eine Buntsandsteinmauerung erkennen, das oberste Geschoß ist verschindelt und gelb gestrichen. Seine besondere Note erhält das Schulhaus durch den auf dem Walmdach aufragenden hohen oktogonalen Dachreiter mit Turmuhr, Schallfenstern und steilem Kegeldach. Der nördliche Seitentrakt ist niedriger und hat unter einem Krüppelwalmdach zwei Geschosse.

Trotz der nur lockeren Bebauung erfüllt die Klosterstraße zwischen Kirche und Schule gewisse zentralörtliche Funktionen für die gesamte Ortschaft. So befindet sich in dem modernen Wohn-Geschäftshaus Klosterstr. 25 eine Sparkassenfiliale. Schräg gegenüber hebt sich ein Baugeschäft mit einem langen traufständigen Hallenbau zur Unterstellung von Baumaschinen und -geräten und einem rückwärtigen Bauhof aus dem überkommenen bäuerlichen Aufrißbild heraus. Nordwestlich der Kirche gehört ein weiterer Neubau an der Abzweigung der Alten Straße mit einer Volksbank-Niederlassung zum zentralörtlichen Bereich.

Die an den unteren, sanft einfallenden Muldenhängen angeordneten und nur ausnahmsweise unmittelbar an der Klosterstraße stehenden Bauernhöfe haben unterschiedliche Grundrißformen. Streckhöfe (nordwestliche Klosterstraße, Bergfeldweg, Wagenschwender Straße), teils mit weiteren landwirtschaftlichen Zusatzbauten, und verschiedenartige Zweiseit- und Winkelgehöfte, die meist zu kleinen Hofgruppen zusammengeschart sind wie am Steinweg, an der Alten Straße, Wagenschwender Straße, Trienzbachstraße, am Stangenweg und an der Campingstraße herrschen vor. Das einzige größere Dreiseitgehöft steht am Staudenweg im südlichen Ortsteil in typischer Hanglage. Aus Odenwaldsandstein gemauerte Stall- und Scheunenbauten, häufig mit Holzwänden in den oberen Bereichen, und modernisierte oder neu errichtete bäuerliche Wohnhäuser bestimmen ihr Bild. Bei den meisten Höfen künden Madonnennischen in den Außenwänden der Wohnhäuser oder an den Wänden angebrachte Madonnenschreine von der Volksfrömmigkeit. Herausragende Aufrißelemente sind im südlichen Ortsteil zwei Gasthäuser: der »Engel« an der Ecke Trienzbachstraße und Stangenweg sowie der »Löwen« an der oberen Wagenschwender Straße. Dort hebt sich in einem ehemaligen landwirtschaftlichen Anwesen in der Gestalt eines durch Anbauten erweiterten Streckhofs auch eine Bäckerei mit Lebensmittelverkauf aus der Umgebung heraus.

Vereinzelte moderne Wohnhäuser verdichten den aus der Vor- und Zwischenkriegszeit überkommenen Baubestand: vor allem an der nördlichen Klosterstraße, an der Wagenschwender Straße am Westrand des Dorfes und an der Campingstraße im S. Eine geschlossene Neubauzeile entstand dagegen an der Seestraße am unteren ostexponierten Hang am Westrand der Seewiesen. Individuell gestaltete, traufständige Einfamilienhäuser mit gleichartig flachen Dachneigungen bringen dort einen neuen Akzent ins Ortsbild.

Das Haufendorf Heidersbach nimmt am Ostrand des Hinteren Odenwaldes eine Muldenlage am Zusammenfluß kleiner Quellbäche eines östlichen, bei Rittersbach ins Elztal einmündenden und im Gemarkungsbereich in den Plattensandstein eingeschnittenen Nebentals ein. Die Grenzlage am Rand des hochmittelalterlichen Rodungsgebiets und in der Nachbarschaft des Altsiedellandes, die sich auch naturlandschaftlich durch weitgehend lößlehmbedeckte Rötschichten auf den das Dorf umgebenden Höhen erkennen läßt, bedingt den unregelmäßigen, für das Bauland typischen Siedlungsgrundriß.

Charakteristisch für die heutige Siedlung ist eine verkehrsbedingte Zerschneidung durch die B 27 – innerhalb des Ortes Bundesstraße genannt –, die als breite und mit starkem Durchgangsverkehr belastete Hauptstraße das Dorf zweiteilt. Von ihr zweigen weitgehend rechtwinklig Dorfstraßen ab, die den westlichen Talhang, den Talgrund und östlichen Gegenhang erschließen, so daß insgesamt ein unregelmäßig rippenförmiges Wegenetz entstand. Das Aufrißbild der *Bundesstraße* hat sich in den vergangenen Jahrzehnten stark gewandelt. Es gibt kaum noch weit ins vorige Jahrhundert zurückreichende Gebäude, und ein nicht unerheblicher Teil des heutigen Baubestandes hat ältere Anwesen erst in der Nachkriegszeit ersetzt. Auffallend sind mehrere Gasthäuser wie der »Löwen« und die »Linde«, letzteres in einem zweigeschossigen Buntsandsteingebäude mit neubarock gegliedertem Mansarddach. In dem moderneren Gasthaus zum Löwen in einem traufständigen Giebeldachhaus, in dem auch Fremdenzimmer angeboten werden, befindet sich in zentraler Ortslage auch die Poststelle. Kaufläden wie ein Textil-, Kurz- und Spielwarengeschäft (Bundesstr. 18), eine Sparkassenfiliale am Südrand der Bebauung bei der ehemaligen Schule, einem weiteren Buntsandsteinbau des Jugendstils, in dem heute das VFB-Sportheim eingerichtet ist, oder eine Tankstelle mit Autoreparaturwerkstatt prägen das innerörtliche Bild und die Funktion dieser Durchgangsachse viel stärker als landwirtschaftliche Gebäude wie z. B. der langgestreckte Eindachhof mit Buntsandsteinmauerwerk im Anwesen Nr. 20 gegen den nördlichen Ortsrand.

Im südlichen Dorf wird das Ortsbild nachhaltig durch den in der Zwischenkriegszeit in historisierenden Formen errichteten Buntsandsteinbau der *kath. Kirche* geprägt. Am unteren Mühlweg am Hang über der Bundesstraße aufragend, besteht dieses Gotteshaus aus einem schmalen Kirchenschiff mit hohen Rundbogenfenstern und steilem Giebeldach, einem polygonalen Westchor, einem schlanken NW-Turm auf quadratischem Grundriß mit Zwiebeldach und dünnem Spitznadelabschluß darüber sowie einem Sakristeianbau im SW.

Der etwa westwärts den Hang erklimmende Mühlweg ist noch weitgehend bäuerlich geprägt. Zwei- und Dreiseitgehöfte, teils mit langgestreckten streckhofartigen Wirtschaftsgebäuden, prägen die dichte Bebauung am unteren und inneren Straßenabschnitt. Häufig verwendetes Baumaterial ist bei den älteren Häusern, besonders an den Stall- und Scheunenbauten, der für die Landschaft typische Buntsandstein. Am oberen, den höher liegenden Hang erschließenden Mühlweg mischt sich unter die alte bäuerliche Bebauung, die sich jetzt überwiegend aus traufständigen Streckgehöften zusammensetzt wie z. B. im Anwesen Nr. 28, eine jüngere und zum Teil moderne Wohnhausbebauung (Nr. 25 mit einem SB-Getränkemarkt).

Alte Bauernhöfe, die teilweise durch renovierte und neu errichtete Wohn- und Wirtschaftsbauten modernisiert sind, bestimmen auch den Aufriß an den weiter nördlich den ostexponierten Hang erschließenden Parallelwegen. Sowohl an der unteren Sonnenhalde als auch an der inneren Hohlstraße stehen winklige Zweiseitgehöfte und Hofanlagen mit parallel zueinander angeordneten Wohn- und Wirtschaftsgebäuden. An der unteren Hohlstraße fallen auch Streckhöfe mit teils später zugefügten Nebenbauten auf.

Östlich der Bundesstraße gehört der Bereich an der den Talgrund durchquerenden und südostwärts zum Friedhof abbiegenden und nach Oberschefflenz bzw. Kleineicholzheim weiterziehenden Schefflenzer Straße sowie die von der Schefflenzer Straße am westexponierten Hang etwa parallel zur Bundesstraße verlaufende Ziegelhüttenstraße bis zu ihrer Umbiegung nach NO zum alten, bereits im 19. Jh. dicht bebauten Haufendorf. An der inneren Schefflenzer Straße findet sich in ganz zentraler Ortslage im Zusammenhang mit einem bäuerlichen Anwesen eine Bäckerei (Nr. 2). Ihr gegenüber steht im Anwesen Nr. 3 ein Eindachhof. An der südostwärts gerichteten Umbiegung der Schefflenzer Straße sowie an der südlichen und inneren Ziegelhüttenstraße stehen am westwärts blickenden Talhang noch größere Gehöfte mit Drei- und Zweiseitgrundrissen. Weiter nördlich wird das Bild der Ziegelhüttenstraße dann auch durch traufseitig an ihr errichtete Streckhöfe mitgestaltet. In diesen ländlichen Rahmen paßt das Lagerhaus der Landwirtschaftlichen Ein- und Verkaufsgenossenschaft Heidersbach, ein eingeschossiger und flachgiebeliger Bau mit Verladerampe. Bäuerlich bleibt ihr Aufrißbild bis zur Umbiegung, wo ein Zweiseitgehöft und eine Hofanlage mit freistehenden Wohn- und Wirtschaftsgebäuden die ins vorige Jahrhundert zurückreichende Bebauung abschließen.

Moderne Siedlungserweiterungen bewirkten vor allem seit den 1970er Jahren eine beachtliche Ausdehnung der überbauten Fläche. Im W erwuchs so an der äußeren und oberen Sonnenhalde und Hohlstraße ein kleines, durch die Gartenstraße verbundenes Neubaugebiet mit individuell gestalteten, teils bungalowartigen Wohnhäusern. Im SW, wo am Außenrand des Mühlwegs, der zu der im Elztal liegenden Heidersbacher Mühle führt, drei Neubauten stehen, schob sich eine kleine Wachstumsspitze mit ein- und zweigeschossigen Wohnhäusern am Eichgartenweg nach S vor. Eine weitere geschlossene Neubauerweiterung erfolgte im Talgrund von der Schefflenzer Straße aus an der Wohnstraße Am Wiesental bis zum Sportplatz. Giebel- und traufständige Einfamilienhäuser schoben seit der Mitte der 1960er Jahre den Siedlungsrand auch an der äußeren Ziegelhüttenstraße nach NO hinaus. Im N entwickelte sich westlich der Bundesstraße im Anschluß an den ausgedehnten Holzlagerplatz eines Holzhandels- und Holzbauunternehmens ein *Gewerbe- und Industriegebiet* in einer flachen Quellbachmulde entlang der von der B 27 westwärts abzweigenden Straße Im Haag. In der Nachbarschaft des großen Sägewerkes siedelten sich dort ein Betonwerk mit Baustoffhandlung, ein Fensterbaubetrieb mit großflächigen Produktionshallen, eine Isolierstoff-Großhandlung und ein Maler- und Gipsergeschäft an. Unternehmen der Holzverarbeitung und des Baugewerbes bestimmen so den Charakter dieser modernen, vom alten Dorf sich abhebenden Siedlungserweiterung mit teils großen Werks- und Lagerhallen.

Südöstlich außerhalb des Dorfes liegt am westexponierten Hang der *Friedhof* mit einer neuen Friedhofskapelle und Leichenhalle. An dem der Schefflenzer Straße zugewandten Rand des Friedhofs wurde in einer kleinen und gepflegten Anlage das Kriegerdenkmal errichtet. Ein hohes und altes Wegkreuz, hinter dem an einer Buntsandsteinmauer die Namen der Gefallenen festgehalten sind, erinnert an die Opfer der beiden Weltkriege.

Oberhalb des Friedhofs entstand an der Schefflenzer Straße ein großer *Aussiedlerhof* mit einem hallenartigen Stall- und Scheunengebäude sowie zwei modernen Wohnhäusern. Als eigenständiger Wohnplatz liegt 2 km südwestlich des Dorfes zwischen den Waldhängen des Elztals die *Heidersbacher Mühle*, heute ein Restaurant.

Krumbach liegt fast am Ostrand des Hinteren Odenwaldes am südexponierten Hang eines kleinen östlichen Seitenzuflusses des Trienzbachs auf dem Plattensandstein in 360–410 m NN. Der Siedlungskern am unteren Talhang im westlichen Bebauungsgebiet ist aus einer Waldhufenanlage hervorgegangen und bildet zwischen der unteren Ortsstraße im Talbereich, die als L 584 serpentinenartig am Hang emporklimmt, und der Lindenstraße, die von der oberen Ortsstraße nordwestwärts nach Balsbach und Wagenschwend wegführt, ein nach dem 2. Weltkrieg durch Neubauten verdichtetes Streudorf. Im Anschluß an das auf dem Talboden in den Schafäckern entstandene Industriegebiet erfuhr das 1939 noch als kleinbäuerliche Gemeinde eingestufte Dorf in der Nachkriegszeit einen Funktionswandel zur gewerblichen Siedlung mit ausgedehnten Ortserweiterungen im N und Osten.

Die Lindenstraße am höherliegenden Sandsteinhang, die unmittelbar westlich der neuen kath. Kirche von der nach Limbach weiterziehenden oberen Ortsstraße abzweigt, ist recht dicht bebaut. Nur noch wenige landwirtschaftliche Anwesen mit Buntsandsteinmauerwerk treten an ihr hervor. Wohnbauten, darunter ein Wohn-Geschäftshaus mit einer modernen Metzgerei, prägen ihre Aufrißgestaltung heute entscheidend. An der äußeren Lindenstraße entstand auf dem Areal eines einstigen Dreiseitgehöfts das Hotel und die Pension »Engel« mit einem neuen mehrgeschossigen Anbau an der rückwärtigen Seite sowie einem zugehörigen Grill-Restaurant »Zur alten Scheune«.

Die Engel- und die Blumenstraße führen rechtwinklig von der Lindenstraße am Talhang zur unteren Orts- bzw. zur Mittelstraße in halber Hanghöhe hinunter. Alte bäuerliche Wirtschaftsgebäude mit Sandsteinmauern und ein gestelztes bäuerliches Wohnhaus gehören in diesem Bereich des Dorfes zu Zwei- und Dreiseitgehöften, bei denen zuweilen auch ganz moderne ein- und zweifamilienhausartige Wohnbauten einen beträchtlichen Wandel der Hofbilder bewirkten. Eine sehr wechselhafte Aufrißgestaltung mit teils alten Scheunen- und Stallgebäuden, mit modernen Wirtschaftsbauten und erst jungen Wohn- und Geschäftshäusern herrscht an der Mittelstraße vor, wo in zentraler Ortslage eine Filiale der Volks- und Raiffeisenbank sowie eine Sparkassenzweigstelle zusammen mit dem am Hang unterhalb stehenden ehemaligen Rathaus für eine zentrale Funktion des alten Dorfs innerhalb der heute stark ausgeweiteten Siedlung sorgen. Das weiß verputzte Gebäude der heutigen Ortsverwaltung trägt ein Walmdach mit Sirene und hat einen Sockel, einen überdachten Treppenaufgang und Fenstergewände aus Odenwaldsandstein. Auch der untere Rand des alten Dorfes gehört an der

Ortsstraße mit dem Gasthaus »Auerhahn«, einem Lebensmittelladen in einem umgebauten Winkelgehöft sowie einem Uhren- und Schmuckgeschäft in einem modernen dreigeschossigen Haus mit großen Balkonen an den Obergeschossen trotz der peripheren Lage zum funtionalen Ortszentrum.

Die *Neubaugebiete* brachten insgesamt etwa eine Verdreifachung der überbauten Fläche im Talbereich und vor allem am nach S einfallenden Hang im O und N des alten Dorfes. Im flachen unteren Talbereich findet sich westlich des neuen Sportplatzes mit einer modernen Sporthalle am Gegenhang in der Flur Scheid eine alte Gehöftgruppe. Östlich des Sportfeldes ist der Talboden mit einem unmittelbar nördlich der einstigen Nebenbahnanlagen sich ausdehnenden *Industriegelände* mit Anlagen holzverarbeitender Gewerbe und der Baustoffherstellung überzogen. Größere hallenartige Bauten, überdachte Lagerflächen mit flacheren Giebeldächern und ein ausgedehnter Holzlagerplatz prägen diesen für die heutige Wirtschafts- und Sozialstruktur der Siedlung bedeutsamen Neubaubereich.

Am Talhang oberhalb des Industriegebiets erwuchs zwischen der oberen und östlichen Ortstraße (L 584) und dem Alten Kirchweg überwiegend seit der Mitte der 1960er Jahre ein östliches Neubaugebiet mit drei hangparallelen Wohnstraßen. Gegen seinen Westrand in der Nähe der hangaufwärtsziehenden mittleren Ortsstraße setzte seine Bebauung bereits vorher ein. Kleinere Einfamilienhäuser in Traufseitenanordnung herrschen vor. Lediglich am Ostrand des Limbacher Wegs stehen einige größere Mehrfamilienhäuser mit zwei und drei Geschossen. Individuell gestaltete Hausgrundrisse bringen am östlichen Alten Kirchenweg etwas Abwechslung in das recht gleichförmige östliche Wohngebiet.

Im N erstreckt sich oberhalb des alten Dorfs an der Lindenstraße und des außerhalb der Bebauungszone am Hang angelegten Friedhofs mit neuer Kapelle und Leichenhalle auf rechtwinkligem Grundriß entlang der Lärchenstraße eine Neubauerweiterung mit hangparallel erbauten Einfamilienhäusern.

Die Verbindung zwischen diesen nördlichen und östlichen Neubaubereichen schafft unmittelbar oberhalb der nach NO umbiegenden oberen Ortstraße der Kirchen- und Schulbezirk mit der modernen *kath. Kirche*, einem etwa hangparallelen Saalbau auf Buntsandsteinsockel und mit einem Sakristeianbau im SO am Übergang zum schmaleren Rechteckchor, dessen Ostwand mit einem den hl. Christophorus darstellenden Fresko verziert ist. Der Kirchenbau mit modernen Glasfenstern, einer Metalltür an der westlichen Eingangsfront und Schieferdach wird von einem vor der südlichen Längsfront freistehenden eternitverkleideten Glockenturm mit hölzernen Schallöffnungen und flachem Dach überragt, das mit einer goldenen Kugel und einem Kreuz abschließt. Am Hang östlich des Gotteshauses wurde in zentraler Lage für die alten und neuen Siedlungsteile die heute als Kindergarten genutzte Schule mit einem zweigeschossigen Haupttrakt errichtet. Am Hirschberg oberhalb der Kirche und Schule entstand der jüngste und höchstgelegene Neubaubereich des Ortes. Individuell gestaltete Einfamilienhäuser in gepflegten Ziergärten, darunter großflächige und großzügig gebaute, villenhafte Häuser bewirken ein vom übrigen dörflichen Rahmen abweichendes Straßenbild.

Einen gesonderten Wohnplatz bildet im Trienzbachtal nordwestlich des Dorfes die einstige *Mühle*, heute das Gasthaus »Odenwaldklause« mit Campingplatz an der Wald- und Vogelstraße auf dem Talboden des der Elz zustrebenden Wasserlaufes. In unmittelbarer Nachbarschaft der Gaststätte mit Fremdenzimmern und einem Lebensmittelmarkt für die Campinggäste in einem langgestreckten Neubau anstelle der alten Mühle befinden sich Tennisplätze sowie ein Schwimmbad mit Liegewiese und Parkplätzen an der Straße in die benachbarten Gemeindeteile Balsbach und Wagenschwend.

Laudenberg, heute ein anerkannter Erholungsort in 400–440 m NN auf der Südostabdachung des Hinteren Odenwaldes, nimmt eine Muldenlage in einem nur sanft in den Oberen Buntsandstein eingeschnittenen westlichen Seitental des Elzbachs ein, durch das die Maisenklinge von NO her entwässert. Die ursprüngliche Siedlung, wie sie sich heute noch an den alten Hofplätzen an den Flanken der flachen Nebentalmulde erkennen läßt, war ein nur locker bebautes Streudorf, das seit dem ausgehenden 19. Jh. durch Siedlungsverdichtung zwei haufendorfartige Ortsbereiche an den beiden Talhängen erhalten hat.

Die herausragenden, das Ortsbild entscheidend gestaltenden Bauten stehen mit der neuen kath. Kirche, deren freistehender Glockenturm 1962 errichtet wurde, dem alten und dem als Erweiterungsbau angesetzten neuen Schulhaus am west- und südwestexponierten Hang im östlichen Siedlungsteil. Kirche und alte Schule sind Am Kirchberg in Traufseitenstellung hintereinandergereiht und durch einen Mauerbogen miteinander verbunden. Das in der Dachgestaltung neubarocke Formen aufweisende *Schulhaus* steht auf einem Buntsandsteinsockel und hat Tür- und Fenstereinfassungen aus demselben bodenständigen Baustein. Auf seinem Walmdach mit Zwerchgiebel über der vorderen Längsseite sitzen ein kleines Türmchen auf achteckigem Grundriß und mit geschwungenem Haubendach sowie eine Sirene. An der am Hang hinaufziehenden Einbacher Straße steht rechtwinklig zum alten Schulhaus der moderne Erweiterungsbau, ein zweigeschossiges Backstein- und Klinkergebäude mit flachgeneigtem Dach. Die moderne *Kirche* ist ein Saalbau aus Buntsandstein mit hohem Giebeldach, hoch angesetzten hochrechteckigen, oben leicht bogenförmigen Fenstern und einem chorartigen Anbau mit dem Altarraum im S zur alten Schule hin, der mit einem niedrigeren, ebenfalls steilen Giebeldach abschließt. Der campanileartige Glockenturm steht nordwestlich des Gotteshauses als Betonpfeilerkonstruktion, die mit Buntsandsteinquadern ausgefüllt ist, auf quadratischem Grundriß. Über der Schallstube mit schmalen Öffnungen sitzt ein Satteldach.

Die alten Bauernhöfe, die zum Teil modernisiert oder durch neue Wohnhausbauten umgestaltet und erweitert wurden, stehen hofgruppen- oder einzelhofartig an der in Nordrichtung hangaufwärts führenden Langenelzer Straße im nordöstlichen Siedlungsbereich sowie an der Balsbacher und Limbacher Straße, wo sich vom Talboden aus am ostexponierten Hang im südwestlichen Siedlungsteil ein unregelmäßig gestaltetes Dorf entwickelt hat. Östlich des Maisenklingenbachs fallen in der weilerartigen Hofgruppe an der unteren Langenelzer, Einbacher Straße und Am Kirchberg westlich unterhalb des Gotteshauses und der Schule streckhofartige Gehöftgrundrisse auf. Derartige Gehöfte mit in gleicher Traufenrichtung aneinandergesetzten Wohn- und Wirtschaftsbauten bestimmen auch ganz überwiegend das Straßenbild an der oberen Langenelzer Straße, wo die Höfe weit auseinanderstehen. An den Stall- und Scheunengebäuden fällt häufig Buntsandsteinmauerwerk auf (Langenelzer Str. 6, 12, 14). Neben Streckhöfen finden sich dann einige aus dem gebirgstypischen Odenwaldhaus abgeleitete Eindachhäuser (Langenelzer, Balsbacher Straße, Palmenweg) und Winkelgehöfte, die an das nahe gelegene Altsiedelgebiet des Baulands erinnern (Langenelzer Straße, untere Talhänge westlich oberhalb des im Talgrund liegenden Sportplatzes). Das den südwestlichen Ortsteil beherrschende Gebäude an der unteren Balsbacher Straße ist das Gasthaus zum Wilden Mann, ein großes zweigeschossiges Gebäude auf hohem Sockel und mit mächtigem Walmdach, zu dem ein rückwärtig liegendes Gehöft gehört. Herausragend an der oberen Balsbacher Straße ist der ehemalige Bahnhof an der heute abgebauten Nebenbahnlinie Mosbach–Mudau, ein zweigeschossiges Haus mit Eckquaderungen, Tür- und Fenstereinfassungen aus Buntsandstein und einem angebauten hölzernen

Güterschuppen. Aus der bäuerlichen und modernen Wohnhausbebauung, die den Erholungsort heute prägt, hebt sich am oberen Ortsrand an der Balsbacher Straße ein größerer gewerblich-industrieller Baukomplex der Firma WIGÖ mit einem dreigeschossigen Flachdachtrakt und einem langgestreckten Backsteinbau mit Giebeldach heraus.

Im Talgrund steht an der Abzweigung der nach Limbach führenden Straße mit dem Birkenhof ein modernes Gasthaus mit Pensionsbetrieb. In seiner Nachbarschaft findet sich in zentraler Ortslage die Kriegergedenkstätte für die Gefallenen des deutschfranzösischen Krieges von 1870/71 und der beiden Weltkriege in der Gestalt eines Obelisken und einer Kreissegmentmauer aus Buntsandstein.

Außer der Siedlungsverdichtung mit jüngeren Wohnhäusern bei und zwischen den bäuerlichen Anwesen erhielt das auch heute weitgehend noch recht locker bebaute Dorf *geschlossene Siedlungserweiterungen* mit ein- und zweigeschossigen Neubauten im N von der Langenelzer Straße ausgehend am Rehweg und am Hirschgraben sowie im S des östlichen Siedlungsteils an der oberen Einbacher Straße, am Specht- und Falkenweg. Südlich dieses erst seit den ausgehenden 1960er Jahren entstandenen Wohnbereichs liegt der *Friedhof* mit einer modernen Kapelle.

Der Gemeindehauptort Limbach liegt ganz ähnlich wie Laudenberg in 380–420 m NN in der Quellmulde eines durch die Lautzenklinge dem Elzbach zustrebenden westlichen Seitenbachs auf der Hochfläche des Hinteren Odenwalds. Der Sitz der Gemeindeverwaltung, der Standort einer Nachbarschaftsschule auch für die Gde Fahrenbach, das im SO des Dorfes entstandene Gewerbe- und Industriegebiet und zahlreiche Kaufläden und Dienstleistungsbetriebe im alten, durch Um- und Neubauten stark gewandelten Ortskern bewirken für das heutige Dorf eine gewisse zentralörtliche Stellung über die Gemeindegrenzen hinaus.

Der *Siedlungskern* im Bereich der fast nordsüdwärts verlaufenden inneren Laudenberger Straße und Marktstraße, von denen die nördliche und südliche Ringstraße westwärts sowie die Scheringer Straße ostwärts abzweigen, liegt im Mittelpunkt der flachen Mulde und war bereits in der 2. H. 19. Jh. dicht bebaut. Neben alten bäuerlichen Anwesen in der Gestalt von gestelzten Einhäusern und Streckhöfen sowie Gehöften mit unterschiedlichen Zweiseitgrundrissen und parallel stehenden Wohn- und Wirtschaftsbauten stechen durch Ladeneinbauten umgeformte und den alten Baubestand ersetzende Häuser und Neubauten hervor, so das moderne Gasthaus »Adler«, ein hohes dreigeschossiges, weiß verputztes Haus, an das ein älterer Backsteinbau angrenzt. Neben Kaufläden für den täglichen Bedarf wie Lebensmittelgeschäften, Metzger- und Bäckereien finden sich auch Dienstleistungsbetriebe wie ein Friseurgeschäft (Ringstr. 10) oder Banken wie eine Sparkassenfiliale neben dem Gasthaus »Adler« oder die Volksbank Limbach in einem modernen zweigeschossigen Walmdachbau, dessen weißer Verputz sich von den Ecksteinen, Fenstereinfassungen und dem Balkonbau über dem Eingang aus braunrotem Odenwaldsandstein abhebt.

Den architektonischen Mittelpunkt der alten Siedlung bildet im Winkel von Scheringer und Marktstraße, erhöht über der Marktstraße und der sie südwärts fortsetzenden Muckentaler Straße, die *kath. Pfarrkirche*. Vom historischen Bau sind der ins Mittelalter zurückreichende Glockenturm mit einem gotischen Spitzbogen im Erdgeschoß, der polygonale Ostchor und die barocke, nach Beginn des vorigen Jahrhunderts neuaufgebaute Westfassade erhalten. Auch der aus Buntsandsteinbruchsteinen gemauerte Glockenturm erfuhr mit seinem verschieferten Zwiebeldach eine barocke Überformung. Zwischen diesen alten Bauteilen im NO, O und W dehnt sich anstelle des alten kleineren Kirchenschiffs ein moderner geräumiger Kirchensaal auf hexagonalem

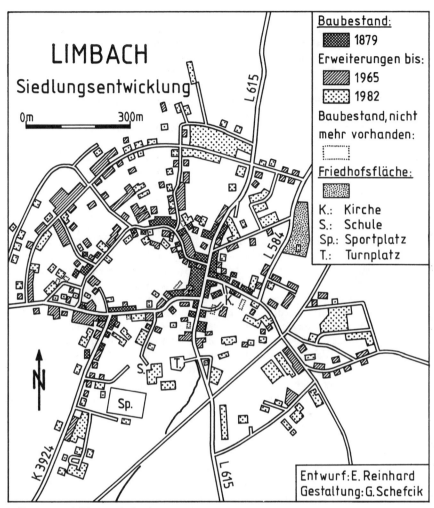

Siedlungsentwicklung Limbach

Grundriß mit flachem Zeltdach aus, insgesamt eine gelungene Symbiose historischer und moderner Architekturelemente.

Zum funktionalen Ortszentrum gehören unmittelbar südlich dieses Gotteshauses das kath. Gemeindehaus »Maria Frieden« von 1954, das moderne, einfamilienhausartige Pfarrhaus mit der kath. Pfarrbibliothek und weiter südlich an der Muckentaler Straße das *alte Schul- und heutige Rathaus*. Dieser in der Jungendstilepoche geformte zweigeschossige Buntsandsteinbau mit barock gegliedertem Dach mit Zwerchgiebel und Dachreiter auf oktogonalem Grundriß und mit geschweifter Haube und Spitznadel als Dachabschluß steht am Südrand der alten Bebauung in der Nachbarschaft eines modernen Hotels und der neuen *Nachbarschaftsschule Fahrenbach-Limbach* von 1977/79. Neben dem Sportplatz im Grenzbereich der Schloßwiesen und Mittleren tiefen Wiesen auf dem flachen und breiten Grund der Quellmulde errichtet, bildet sie einen rechtwinklig angeordneten Komplex aus zwei ein- und zweigeschossigen Schultrakten mit flachen Dächern und großen Fensterflächen in einer gepflegten Anlage.

Eine überwiegend alte Bebauung prägt auch die westlich des Siedlungskerns die obere Quellmulde mit den Oberen tiefen Wiesen umschließende Ringstraße. Alte bäuerliche Anwesen oder auf Bauernhöfe zurückgehende und funktional umgestaltete Gebäude stehen an ihren Abzweigungen im alten Dorf nahe der Laudenberger, Markt- und Muckentaler Straße. An der nördlichen Ringstraße, wo sich weitgehend eine Bebauung aus der Zeit vor dem 1. Weltkrieg erhalten hat, heben sich ein Textil- und Haushaltswarengeschäft und eine große Gärtnerei mit Blumenladen aus der Umgebung heraus. Große Gewächshäuser mit Blumen- und Nutzpflanzenbeeten sowie das moderne Blumengeschäft mit großen Schaufenstern, das im Anschluß an ein Gewächshaus errichtet wurde, fallen neben einem zur Gärtnerei gehörenden villenartigen Wohnhaus mit zwei Geschossen und Walmdach auf. Erbaut wurde es vor dem 2. Weltkrieg. Der im W die Oberen tiefen Wiesen umschließende Teil der Ringstraße ist mit Wohnhäusern aus der Zeit vor und nach dem 2. Weltkrieg bebaut und bildet eine *erste und frühe Ortserweiterung* unseres Jahrhunderts. An der südlichen Ringstraße, von der westwärts die Krumbacher und etwa nach S die Trienzer Straße wegführen, herrscht eine sehr unterschiedliche Mischbebauung in der zeitlichen Entstehung und der Gebäudenutzung vor. Landwirtschaftliche Anwesen, die bereits Mitte des 19. Jh. standen, Gebäude aus der Zwischenkriegszeit sowie eine Siedlungsverdichtung mit Nachkriegsbauten und ganz modernen Häusern bestimmen dort den Aufriß. Auffallend sind einige Wohn-Geschäftshäuser mit Kaufläden und im Anwesen Ringstr. 20 ein altes, unter Denkmalschutz stehendes Taglöhnerhaus an der Odenwälder Museumsstraße, eine teils aus Buntsandsteinbruchsteinen und teils als Fachwerkkonstruktion errichtete winklige Kleinanlage mit Wohnhäuschen, Ziegen- und Schweinestall.

Auch die Trienzer Straße weist mit alten Gebäuden im nördlichen Teil nahe ihrer Abzweigung von der Ringstraße, in denen sich zum Teil handwerklich-gewerbliche Betriebe befinden, und mit einer überwiegend erst nach 1965 angelegten *südlichen Neubauerweiterung* ein recht vielfältiges Bild auf. Ausgedehnte Neubauflächen erweitern heute das alte Dorf im SW, N, NW und W und bewirkten eine Siedlungsausweitung auch an den nörd- und westlichen Hängen der Quellmulde sowie eine Stärkung der heutigen Wohnortfunktion des Dorfes.

Im SW entstand südlich der ehemaligen Nebenbahnlinie nach Mudau, von der heute noch das einstige Bahnhofsgebäude mit Güterschuppen auf dem Gelände eines Sägewerks und einer Holzhandlung an der Bahnhofs- und Industriestraße vorhanden ist, sowie östlich der äußeren Muckentaler Straße ein großflächiges *Industrie- und Gewerbegebiet*. Seine Anfänge liegen bei dem erwähnten Sägewerk beim ehemaligen Bahnhof und an der Heidersbacher Straße beim ältesten Produktionsgebäude der Wohnleuchtenfabrik Zimmermann & Co. Jüngere Erweiterungsbauten dieses größten Industrieunternehmens am Ort und die langgestreckten Firmenbauten der Odenwälder Steppdeckenfabrik ließen seit den 1970er Jahren ein geschlossenes Industrieareal heranwachsen, an das eine *östliche Neubauerweiterung* anschließt. Steilgiebelige Einfamilien- und Doppelhäuschen aus der frühen Nachkriegszeit an der äußeren Heidersbacher Straße sowie moderne Wohnbauten mit individuellen Grundrissen am Drossel- und Finkenweg prägen ihr Bild.

Die nördlichen und westlichen Neubaugebiete umrahmen die ältere Siedlung von der äußeren Scheringer Straße im O bis zur Krumbacher Straße im W. Auf dem an der Scheringer Straße am Ortsrand angelegten *Friedhof* fallen eine moderne Kapelle und Leichenhalle mit asymmetrischen, gegeneinander geneigten Dachschrägen, einer benachbarten Gedenkstätte für die Opfer des 2. Weltkriegs aus einem großen Buntsandsteinkreuz, das beiderseits von nach außen höher werdenden Buntsandsteinmauern mit Namenstafeln flankiert wird, sowie ein besonders eingefriedeter Kriegerfriedhof für die Gefallenen des 1. Weltkriegs auf.

Die im O an der Scheringer Straße einsetzenden und am sanft ansteigenden Hang über der Quellmulde west- und südwestwärts sich ausdehnenden *Neubaugebiete*, die mit Ausnahme des nordwestlichen Bereichs an der Hirschbergstraße erst seit den ausgehenden 1960er bis in die 1980er Jahre entstanden sind, bilden reine Wohnbereiche. Ein weithin rechtwinkliges Straßennetz kennzeichnet diese jungen Ortserweiterungen, in denen der Birkenweg und die Hirschbergstraße die hangparallel verlaufenden Hauptsiedlungsachsen sind. Die jüngste Neubauerweiterung am Waldrand nördlich der zum Birkenweg parallel angeordneten Waldstraße heißt nach dem Kommandeur des deutschen Afrikakorps im 2. Weltkrieg *Erwin-Rommel-Siedlung* und zeichnet sich durch moderne Einfamilienhäuser auf unterschiedlichen Grundrissen in Zier- und Rasengärten aus. Giebel- und traufseitig an die Wohnstraßen angrenzende Einfamilienhäuser mit einem und zwei Wohngeschossen sind typisch für die Hangbebauung über dem alten Dorf. Im älteren, nach der Jahrhundertmitte fertig gewordenen Neubaubereich an der Hirschbergstraße stehen die steilgiebeligen Häuschen dicht beieinander und giebelseits zur Straße. Die jüngste Erweiterung im W erfolgt am oberhalb der Hirschbergstraße neu angelegten Höhenweg mit größeren, individuell geplanten Einfamilienhäusern, die im Herbst 1987 weitgehend erst im Rohbau standen.

Nach der Einmündung der Hirschbergstraße in die westwärts am Hang ansteigende Krumbacher Straße herrschen – so auch Im Winkel – wiederum bäuerliche Anwesen in der Gestalt von Streckhöfen vor, teilweise mit Buntsandsteinmauerung und Holzwänden an den Scheunen. Jüngere Wohnhäuser aus der 2. Hälfte unseres Jahrhunderts verdichten den Baubestand in der Nachbarschaft der hangoberhalb gelegenen Neubaugebiete.

Scheringen, das aus zwei haufendorfartigen Siedlungskernen, dem nördlichen *Oberdorf* oder *Oberscheringen* und dem südlichen *Unterdorf* oder *Unterscheringen* besteht, liegt im östlichen Randbereich des Hinteren Odenwalds an der Einmündung des von O entwässernden Oderbachs in die Elz. Ihr in den Plattensandstein eingeschnittener Lauf umfließt im Siedlungsbereich den nach SO gewandten, ebenfalls im Plattensandstein ausgebildeten Hochwaldsporn.

Der größere Siedlungsteil ist das an den oberen südexponierten Talhang von Elz und Oderbach angelehnte *Oberscheringen*. Seine Hauptsiedlungsachse ist die Dorfstraße, die von der lößlehmbedeckten Hochfläche in den Röttonen im NO in 400 m Höhe in den Plattensandstein am Elztalhang im W zieht. Von ihr führt die Schulstraße hangabwärts in den rund 340 m hoch liegenden, mit jungen Anschwemmungen bedeckten und wiesenerfüllten Talgrund von Oderbach und Elz sowie weiter ins Unterdorf am Gegenhang. Ostwärts zweigt von der Dorfstraße die zum Friedhof führende Waldhauser Straße ab, von der aus der südwärts abfallende Talhang mit jungen Ortserweiterungen erschlossen wird.

An der oberen Dorfstraße fallen gegen den nördlichen Ortsrand größere bäuerliche Anwesen und das Gasthaus »Grüner Baum« auf, ein zweigeschossiger Buntsandsteinbau mit Krüppelwalmdach. Der Odenwaldsandstein ist auch das vorherrschende Baumaterial der Hofgebäude, vor allem der Stall- und Scheunenbauten, während die bäuerlichen Wohnhäuser zum Teil in jüngster Zeit neugebaut wurden, modernen Einfamilienhäusern gleichen und dem Dorf einen beträchtlichen Wandel seines Aufrißbildes brachten. Die vorherrschenden Gehöftgrundrisse zeigen Zweiseit-, Winkel- und

Streckhofanlagen. An verschiedenen Stellen noch vorhandene Miststöcke und Dunggruben auf den Hofflächen weisen auf die Viehhaltung hin. An der westlichen Dorfstraße stehen über dem Elzbachtal neben Streckgehöften auch Einhäuser mit Wohn- und Wirtschaftsteilen unter einem Dach. Ihre einstigen Stall- und Scheunenanlagen sind heute zum Teil in Garagen und Wohnräume umgestaltet worden. Oberhalb der westlichen Dorfstraße erstreckt sich die alte bäuerliche Bebauung, verdichtet durch wenige neue Wohnhäuser, wiederum bis auf die Hochfläche am Rotenbuckel. Auffallend sind an der westlichen Dorfstraße das Anwesen Nr. 24, ursprünglich ein Wohnstallhaus von 1913 mit Jugendstilelementen, das heute nicht mehr landwirtschaftlich genutzt wird, und am Westrand des Oberdorfes ein in einem großen parkartigen Garten stehendes villenhaftes Wohnhaus, das durch eine Buntsandsteinmauer gegen die Dorfstraße hin abgeschlossen ist.

Die in den Talgrund hinunterführende Schulstraße zeigt ein recht abwechslungsreiches Aufrißbild. Ein kleines Winkelgehöft (Nr. 10), ein zum Wohnhaus umgebauter Streckhof von 1931 (Nr. 16) und moderne Wohnbauten (Nr. 12, 19) sowie der Gasthof »Goldener Adler«, ein im Erdgeschoß aus Buntsandstein gemauerter, im Obergeschoß Fachwerk zeigender Bau von 1903 mit einem rechtwinklig zu ihm gerichteten kleineren bäuerlichen Wirtschaftsgebäude, ebenfalls aus Odenwaldsandstein und Fachwerk, stehen an dieser nur locker bebauten Straße.

In zentraler Lage zwischen den beiden Ortskernen steht am Rand der Bachniederung das alte *Schulhaus*, ein hoher, zweigeschossiger Buntsandsteinkomplex noch aus dem vorigen Jahrhundert auf hohem Sockel und mit einem Krüppelwalmdach, über dem eine Sirene und ein viereckiger Dachreiter mit Zeltdächlein aufragen. Auf dem Talboden selbst steht unterhalb der Schule das Wasserwerk von 1927, ein kleines gelb verputztes Walmdachhaus auf niedrigem Buntsandsteinsockel. Heute sind in ihm die Feuerwehrgeräte abgestellt.

Unterscheringen am nord- und nordwestwärts blickenden Talhang ist entlang der Elztalstraße, seiner Hauptsiedlungsachse, und an den von ihr abzweigenden und den Hang erschließenden Seitenstraßen vom Neurotweg im O bis zum Steinigweg im W dicht bebaut. Abgesehen von wenigen randlichen Neubauten ist dieser südliche Ortsteil ganz landwirtschaftlich geprägt. Streckgehöfte, die durch spätere Anbauten teils umgestaltet wurden, und moderne Hofanlagen bestimmen das Ortsbild im Unterdorf. Im Anwesen Elztalstr. 10, einem veränderten Streckhof von 1911, wurde ein Lebensmittel- und Textilladen eingerichtet. Aus seiner Umgebung sticht an der östlichen Elztalstraße eine kleine, dem hl. Josef geweihte *Buntsandsteinkapelle* von 1934 heraus. Über ihrer westlichen Giebelfront mit einer modernen Metalltür ragt ein offener Dachreiter mit Glocke und welschem Haubendach auf. Im O schließt das einschiffige Kirchlein mit einem polygonalen Chor ab. Westlich des Unterdorfs wurden an der Elz sowie zwischen dem Bach und Mühlkanal oberhalb der Mittel-Mühle 8 Fischteiche angelegt, die sich über den ganzen Talboden ausdehnen.

Oberscheringen hat am Südrand des Gemeindewalds Bannholz bereits in der frühen Nachkriegszeit eine zeilenartige *Siedlungserweiterung* erfahren. Dort stehen an der unteren Straße Am Bannwald recht gleichförmige steilgiebelige Einfamilienhäuser in Traufseitenausrichtung. An der oberen Straße Am Bannwald, die zur Waldhausener Straße hinaufführt, wurden am Westrand des Gehölzes junge Einfamilienhäuser auf unterschiedlichen Grundrissen errichtet, die aber alle giebelseitig zur Straße blicken. Dieser östlichen Ortserweiterung von Oberscheringen ist auch die Waldhausener Straße zuzurechnen. Neben Wohnhäusern unterschiedlicher Größe und obstbaumbestandenen Wiesengrundstücken, die noch bebaut werden können, findet sich am

Außenrand mit einer Bauunternehmung mit eingezäuntem Bauhof und flachgiebeliger Halle ein gewerblicher Betrieb. Ein weiteres handwerkliches Unternehmen, eine Schlosserei und Installationsfirma, hat ihren Standort an der inneren Waldhausener Straße am Rand des alten Oberscheringen. Weit außerhalb der Bebauung an der Waldhausener Straße findet sich in Hochflächenlage der Friedhof mit einer modernen Kapelle und Leichenhalle. Ortseinwärts vom Friedhof wird am Straßenrand auf eine Grubendarre hingewiesen, eine unregelmäßig viereckige Vertiefung im Boden mit Buntsandsteineinfassung, über der früher Flachs getrocknet wurde. Als Denkmal einstiger bäuerlicher Wirtschaftsweise gehört diese Flachsdarre zu den in der Landschaft besonders gekennzeichneten historischen Bauten der Museumsstraße »Odenwälder Bauernhäuser«.

Der Ursprung des in westöstlicher Richtung langgestreckten Dorfes Wagenschwend ist eine weitgehend am südexponierten und sanft abfallenden Talhang eines westlichen Nebenlaufs des Trienzbachs auf der Hochfläche des Hinteren Odenwalds in 500–510 m NN angelegte hochmittelalterliche Waldhufensiedlung. Der heute haufendorfartig verdichtete Westteil des Dorfes an der Abzweigung der Scheidentaler, Strümpfelbrunner und Roberner Straße von der westlichen Hauptstraße umschließt die Quellmulde des kleinen Seitenbaches im Westen.

Die herausragenden Gebäude im westlichen Ortszentrum sind das alte Schulhaus von 1892, ein zweigeschossiges Buntsandsteingebäude auf hohem Sockel und mit Walmdach, neben dem ein wuchtiges Kriegerdenkmal für die Gefallenen des deutschfranzösischen Krieges von 1870/71 in neubarocken Formen aufragt. Gegenüber der nordwärts abzweigenden Scheidentaler Straße, an der ein großer Dreiseithof steht, und der westwärts wegführenden Strümpfelbrunner Straße beherrscht an der Hauptstraße das Gasthaus zur Linde, ein großer und weiß verputzter, winkliger Gebäudekomplex auf hohem Buntsandsteinsockel den Aufriß. In der unmittelbaren Nachbarschaft dieser Gaststätte befindet sich gegenüber der ehemaligen Schule, in der heute ein Getränkemarkt eingerichtet ist, in einem kleinen eingeschossigen Häuschen die Poststelle. Schräg gegenüber der »Linde« wurde in einem umgebauten einstigen Streckgehöft an der Hauptstraße eine Volksbank-Zweigstelle eingerichtet, so daß dieser Ortsbereich zwischen Scheidentaler und Roberner Straße baulich und funktional die eigentliche Ortsmitte darstellt.

Dicht bebaut sind im westlichen Dorf die Strümpfelbrunner und die westliche Hauptstraße. Bäuerliche Anwesen mit vielen Buntsandsteinmauern prägen die Straßenbilder. Neben einem großen Winkelgehöft mit zur Straße völlig abgeschlossenem Wirtschaftsbau (Strümpfelbrunner Str. 3) fallen vor allem Streckhöfe in trauf- und giebelseitiger Anordnung auf. Ein großes Gehöft mit freistehendem, neu verputztem Wohnhaus und einem rechtwinkligen Stall- und Scheunenbau steht an der Ecke Hauptstraße und Kandelweg, der die Strümpfelbrunner Straße und westliche Hauptstraße verbindet und an dem ein modernes Wohngebäude mit Garagen in der Gestalt eines zweistöckigen Doppelhauses auffällt. An der insgesamt dicht bebauten westlichen Hauptstraße, einer hangaufwärts in die westliche Rodungsinsel vorstoßenden Wachstumsspitze, bestimmen Bauernhöfe auf winkligen und langgestreckten Grundrissen die weitgehend alte, noch ins vorige Jahrhundert zurückreichende Bebauung. Bei den Streckhöfen finden sich zum Teil modernisierte und umgebaute Wohnhäuser mit Garagen sowie Erweiterungen durch Nebenbauten. Junge Wohnhäuser verdichten den im westlichen Ortsteil schon im ausgehenden 19. Jh. dichter zusammengedrängten Baubestand.

Die östliche Hauptstraße war dagegen noch bis zum 2. Weltkrieg recht locker bebaut. Kennzeichnend für ihre landwirtschaftliche Bebauung sind ebenfalls Streckgehöfte, aus denen einige wenige andere Hofgrundrisse herausstechen wie Zweiseitgehöfte (Hauptstr. 44, 68), ein traufständiges Einhaus (Hauptstr. 49) oder ein Gehöft mit freistehendem zweigeschossigem Wohnhaus und streckhofartig aneinandergereihten Stall- und Scheunenbauten (Hauptstr. 63). Auffallend ist nahe der Abzweigung der in die jüngere untere Siedlungserweiterung führenden Straße Am Wendelinsbrunnen das Gasthaus »Grüner Baum« mit einem steilgiebeligen bäuerlichen Wirtschaftsgebäude aus Odenwaldsandstein. Das Wirtshaus selbst steht auch auf einem Buntsandsteinsockel und läßt über dem weiß verputzten Erdgeschoß ein verschindeltes und braun gestrichenes Obergeschoß erkennen.

An der Hauptstraße im östlichen Ortsbereich liegen die Bauernhöfe weit auseinander und erinnern noch an die alte zeilenartige und nur locker bebaute Waldhufensiedlung, von der auch noch die fast rechtwinklig von der Hauptstraße hangaufwärts wegziehenden Feldwege herrühren. Architektonisch beherrscht wird das östliche Dorf, in dem Neubauten nach dem 2. Weltkrieg eine verstärkte Wohnortfunktion und eine gewisse Siedlungsverdichtung bewirkten, von der *kath. Kirche*, einem neuromanischen Buntsandsteinbau von 1870 mit einem über dem westlichen Staffelgiebel aufragenden dachreiterartigen Glockenturm mit abgeschrägten Ecken und Spitzhelm. Der einschiffige, traufseitig zur Hauptstraße gerichtete, steilgiebelige Kirchenbau schließt im O mit einem niedrigeren polygonalen Choranbau ab. Dem Gotteshaus benachbart steht aus dessen Bauzeit das von der Straße abgesetzte Pfarrhaus, ein wuchtiger Buntsandsteinbau mit schiefergedecktem Walmdach. Gegenüber der Kirche befindet sich an der Hauptstraße das kath. Gemeindehaus St. Josef mit einem Kindergarten.

Am Hang unterhalb der östlichen Hauptstraße zieht als jüngere *Siedlungserweiterung* die etwa parallel angeordnete Talstraße mit giebel- und traufständigen Einfamilienhäusern entlang. An dieser reinen Wohnstraße wurden teils ganz moderne Wohnhäuser wie der bungalowartige Winkelbau mit flachen Walmdächern im Anwesen Nr. 38 erbaut, zum Teil ist diese Neubauerweiterung am siedlungsgünstigen, südwärts gewandten unteren Hang der Quellmulde auch schon um die Jahrhundertmitte entstanden.

Bemerkenswerte Bauwerke. – Heidersbach: Die *kath. Kirche* ist ein fünfachsiger Saalbau mit Rundbogenfenstern und eingezogenem 5/8-Chor. Äußeres in rotem Sandsteinquaderwerk mit breiter Verfugung. 1929 erbaut mit neubarocken Reminiszenzen. Schlanker Glockenturm mit barockisierender Bedachung. Farbige Glasmalereien im Chor und Langhaus.

Limbach: Der älteste Baubestand der dem hl. Valentin geweihten *kath. Pfarrkirche* ist der untere Teil des über annähernd quadratischem Grundriß errichteten Turmes. Die Rundpfeiler könnten noch romanischen Ursprungs sein. Die profilierten Spitzbögen und das Rippengewölbe gehören aber schon in die gotische Zeit (14. Jh.). Eine zweite Reihe von 3 Rundpfeilern war bis ins 18. Jh. erhalten. Damals, nämlich 1733, wurde unter Beibehaltung des unteren Teiles des Turmes ein barocker Neubau mit einem aus 5 Seiten eines Achteckes geschlossenen Chor errichtet. Das Langhaus wurde mit einer durch Pilaster gegliederten Fassade abgeschlossen. Die Umrahmung des Hauptportales ist in einer lateinischen Inschrift für das Jahr 1809, als die Fassade abgetragen und wieder errichtet wurde, datiert.

Nach Renovierungen von 1906 und 1924 wurde 1963–66 eine Erweiterung der Pfarrkirche nach Plänen des Erzbischöflichen Bauamtes Heidelberg unter Baudirektor Hans Rolli durchgeführt. Der Turm mit seiner barocken Glockenstube, gedeckt mit einem Zwiebeldach wurde unverputzt beibehalten. Ebenso der polygonale Chor, dessen seitliche Rundbogenfenster mit Rücksicht auf den reichen Rokokohochaltar unsymmetrisch in den Polygonseiten sitzen. Auch das Kreisfenster mit 4 betonten »Schlußsteinen« wurde entsprechend seiner Aufgabe im Gefüge des Hochaltarretabels angeordnet. Die barocke Fassade, gegliedert durch Pilaster, wurde abgetragen und einige Meter hinausgerückt wieder aufgebaut. Zwischen den schmaleren Pilastern des Giebels sehen wir in einer Nische die Statue des Kirchenpatrones, eine Arbeit von Hofbildhauer Berg von 1809. Im

Die Gemeinde im 19. und 20. Jahrhundert

eigentlichen Giebelfeld vermißt man das liegende Ovalfenster und auf dem First das Giebelkreuz. Zwischen diesen historischen Bauteilen ist der polygonale Erweiterungsbau, eine Stahlbetonskelettkonstruktion mit Oberlichtfenstern eingefügt. Die Untersicht des Zeltdaches ist mit Brettern verkleidet.

In der so erweiterten Kirche fanden die drei Rokokoaltäre Platz. Das Hochaltarretabel an alter Stelle, die Seitenaltäre etwas vom Triumphbogen, der seine Kämpferprofile verloren hat, abgerückt. An der Seitenwand die Kanzel mit reichem Puttenreigen, gekrönt durch eine Statue des Guten Hirten.

Zum Hauptportal führt eine breite Freitreppe hinauf. Auch die Stützmauer, die die erhöht gelegene Kirche mit dem ehemaligen Friedhof umgibt, ist im unregelmäßigen Verlauf erhalten. Am Fuße der Treppe wurde die Figurengruppe der Heiligen Familie aufgestellt, ein Werk des frühen 19. Jh., noch ganz in der barocken Tradition gestaltet.

Eine kleine *Marienkapelle* wurde 1754 am Ortsausgang nach Laudenberg erbaut. Wegen des Straßenbaues mußte sie 1975 versetzt werden. Die Eingangsseite ist reicher gestaltet als üblicherweise bei Feldkapellen sonst. Zwischen rustizierten Eckpilastern ist im Feld das Portal mit profilierter Ohrenumrahmung angeordnet. Der betonte Schlußstein trägt die Jahreszahl des Erbauungsjahres. Der Giebel mit Volutenornamenten macht im Ganzen gesehen einen etwas unfertigen Eindruck. Einzelne Bauteile wurden in der Rohform versetzt. Die Belichtung des sonst schmucklosen Baues erfolgt durch das Oberlicht der einfachen Türe und durch zwei liegende Ovalfenster auf den Längsseiten. Im Innern befindet sich eine Pietà.

Einige Bildstöcke aus der Mitte des 18. Jh. und aus dem frühen 19. Jh. bezeugen die tief verwurzelte Volksfrömmigkeit.

Als einziges Profangebäude ist das im historisierenden Stil mit vorwiegend neubarocken, durch den Jugendstil beeinflußten Elementen gestaltete, 1908 erbaute *alte Schulhaus*, heute Rathaus, Muckentaler Str. 9, zu nennen. Eine Reihe von Bauinschriften mit Jahreszahlen, vorwiegend aus dem 19. Jh. an Bürgerhäusern, gibt Anhaltspunkte für den Ausbau des Ortes.

B. Die Gemeinde im 19. und 20. Jahrhundert

Bevölkerung

Bevölkerungsentwicklung. – Zwischen 1809 und 1845 wuchs die Bevölkerung der die heutige Gemeinde bildenden 7 Dörfer von 1425 auf 2633 Personen an. Nur Limbach wies 1809 mehr als 300, nämlich 339 E. auf, die anderen Dörfer hatten um 200, Krumbach nur 141 E. 1845 war selbst Krumbach auf 270 E. angewachsen, Limbach auf 495 E. In den darauf folgenden Notjahren setzten auch hier zahlreiche *Auswanderungen* ein, zum Teil von den Gemeinden und der Staatskasse finanziert. Allein amtlich registriert wanderten zwischen 1850 und 1870 aus der heutigen Gemeinde (ohne Wagenschwend) 357 Personen aus. In Wagenschwend wurden mehrere durch Diebstahl und Bettel mißliebige Familien abgeschoben. In Scheringen sei bis in die 1880er Jahre die Auswanderung so groß gewesen, daß 1909 »mehr Scheringer in Amerika als in ihrer Heimat wohnen«. Etwa seit 1870 zogen dann viele, besonders junge Menschen in die Städte, so daß trotz der hohen Geburtenüberschüsse nur in Balsbach, Heidersbach und Wagenschwend die Einwohnerzahlen bis 1900 leicht zu-, in den anderen Dörfern jedoch weiter abnahmen. Die wirtschaftliche Kräftigung durch rationellere Landwirtschaft und besseren Absatz ihrer Produkte sowie durch gewerbliche Arbeitsplätze brachte eine Bevölkerungszunahme bis 1925 in Heidersbach, Krumbach, Limbach und Wagenschwend. Sie hielt bis 1939 jedoch nur in Limbach an. Insgesamt betrug zwischen 1852 und 1925 der Geburtenüberschuß 2687, der Wanderungsverlust

2481 Personen. Nur in Balsbach und Scheringen überwogen die Wanderungsverluste (mit 33 bzw. 19 Personen). In Heidersbach betrugen die Geburtenüberschüsse 84, in Wagenschwend 71 Personen.

Der 1. Weltkrieg hatte aus Balsbach 23, Heidersbach 34, Krumbach 4, Laudenberg 4, Limbach 22, Scheringen 8, Wagenschwend 24 Opfer gefordert. Im 2. Weltkrieg fielen aus Balsbach 28, Heidersbach 52, Krumbach 39, Laudenberg 35, Limbach 59, Scheringen 20, Wagenschwend 45 Soldaten. Während des Krieges waren *Evakuierte* aus Mannheim, Berlin, aus der Pfalz, dem Rheinland und dem Ruhrgebiet hier untergebracht. Nach der Einweisung der *Heimatvertriebenen* wohnten 1950 hier insgesamt 898 Neubürger (davon 249 in Limbach), 1961 noch 576, außerdem 77 *SBZ-Flüchtlinge*. Zwischen 1950 und 1961 wuchs die Einwohnerzahl nur in Limbach und Krumbach, bis 1970 außerdem in Heidersbach, Laudenberg und Wagenschwend, und zwar sowohl durch Geburtenüberschüsse als auch durch Wanderungsgewinne. Bis 1980 blieb sie dann ziemlich konstant, da die geringen Wanderungsverluste durch die niedriger gewordenen Geburtenüberschüsse etwa ausgeglichen wurden. Zwischen 1961 und 1970 addierte sich ein Geburtenüberschuß von 363 und ein Wanderungsgewinn von 64 Personen, zwischen 1971 und 1980 ging der Geburtenüberschuß auf 95 Personen zurück, der Wanderungssaldo war mit -65 Personen negativ. Seither zeigen die fortgeschriebenen Zahlen ein leichtes Wachstum an, das sich mehr aus Wanderungsgewinnen (1982 – 1987: 961 Zu- und 903 Fortgezogene) als aus Geburtenüberschüssen (281 Geburten, 273 Sterbefälle) ergibt. Die Volkszählung vom 25. Mai 1987 korrigierte die fortgeschriebene Einwohnerzahl um -62 Personen auf 4244 E. (65 mehr als 1970) mit Hauptwohnung in der Gemeinde und 4487 wohnberechtigte Personen.

An den Wanderungen waren *Ausländer* wenig beteiligt. 1970 wohnten nur in Limbach 39, in Krumbach 42 Ausländer. Zwischen 1982 und 1986 ergab sich ein Wanderungsverlust bei den Ausländern von 44 Personen. Für 1984 nennt die Gemeinde 95 ausländische Einwohner, darunter 33 Türken und 29 Jugoslawen. 1987 wurden 97 Ausländer gezählt, die meisten in Krumbach (47) und in Limbach (33).

Konfessionelle Gliederung. – An der nahezu ausschließlichen Zugehörigkeit zum kath. Bekenntnis hat sich auch in der Gegenwart kaum etwas geändert. 1970 waren 94 % der Einwohner der heutigen Gemeinde katholisch, 1987 immerhin noch 90 %. Der ev. Kirche gehörten 7 %, den islamischen Religionsgemeinschaften knapp 1 % der Einwohner an.

Soziale Gliederung. – Die 7 Dörfer gehörten im 19. Jh. zum Notstandsgebiet im Odenwald. Obgleich Land- und Forstwirtschaft die Hauptnahrungsquelle waren, lebten hier mehr Taglöhner als Bauern. Auch von den Bauern konnten nur die wenigen reicheren ohne Nebenverdienst auskommen. Handwerk wurde, ausgenommen vielleicht in Limbach, nur als Nebenerwerb betrieben. Taglohnarbeit fand sich zwar in den grundherrlichen, Stifts- und Gemeindewäldern mit Holzmachen, Tannenzapfenbrechen, Rindenschälen usw., auch mit Steineklopfen. Da sie aber selten ausreichte, mußten sich zahlreiche Taglöhner in der Rheinebene und im Neckartal Arbeit, z. B. in der Landwirtschaft oder als Maurer, suchen. Meist waren einige Arme auf Gemeindeunterstützung angewiesen. In Krumbach war noch 1885 fast die Hälfte der Einwohner besitzlos, nur 2 Landwirte besaßen etwa 30 M Land, die anderen viel weniger. Das Dorf galt neben Muckental als ärmstes im Amtsbezirk Mosbach, obgleich die Bewohner als fleißig und sparsam geschildert wurden. Zweifellos hatte sich die Lage durch die Auswanderungen etwas entspannt. Immerhin wagte man sich in Krumbach nach der Zwangsauflösung der Kolonie Rineck wieder auf die Äcker, die bisher aus Furcht vor den Rineckern sich selbst überlassen waren. In Wagenschwend, vor Abschiebung der

Problemfamilien eine verrufene Gemeinde, fanden die Einwohner jetzt ausreichend Arbeit inner- und außerhalb des Dorfes.

Nach 1870 wirkte sich die verstärkte Bautätigkeit vor allem in Mannheim insofern günstig aus, als in Heidersbach und Scheringen Steinbrüche eröffnet wurden und Taglöhner aus den umliegenden Dörfern beschäftigten. In den beiden Orten kehrte ein relativer Wohlstand ein. In Scheringen bestand lange Zeit der »alt eingebürgerte Gegensatz« zwischen den »wohlhabenden großen Bauern« in Oberscheringen und den »kleineren Leuten« von Unterscheringen, die sich in Gemeindeangelegenheiten zurückgesetzt fühlten. In Balsbach, Laudenberg und Krumbach besserten sich die Verhältnisse für die Landwirte, als sie Land aus Gütern aufkaufen konnten, die die Gemeinden vom Stift Mosbach erworben hatten. Die Limbacher Handwerker und Gastwirte jedoch, die bisher genügend zu tun hatten, verloren um und nach 1900 durch die Verselbständigung der kirchlichen Filialorte viele Kunden.

Nach dem Hauptberuf des Ernährers gehörte 1895 die Bevölkerung zu 70 % zur Land- und Forstwirtschaft. Nur in Balsbach, Krumbach und Limbach lebte etwa ¼ der Bewohner von »Industrie und Gewerbe«. Handel und Verkehr waren unbedeutend. 1925 wurden nur in Limbach 8 und in Heidersbach 5 Industriearbeiter gezählt. 1939 ernährten Industrie und Handwerk in Krumbach schon 43,7 %, in Laudenberg 54,1 % der Bewohner. In den übrigen Orten war nach wie vor die Landwirtschaft Hauptnahrungsquelle. Aber schon 1950 überwogen in der Gesamtgemeinde die Berufszugehörigen von Industrie und Handwerk knapp mit 37,5 % über die 36,0 % von Land- und Forstwirtschaft. Landwirte prägten nur noch in Balsbach, Heidersbach und Wagenschwend die Sozialstruktur. Angewachsen war auf 17,3 % die Gruppe der selbständigen Berufslosen, d.h. insbesondere der Rentner. 1970 machte die landwirtschaftliche Bevölkerung in der gesamten Gemeinde nur noch 14 % aus. Am stärksten war sie jetzt mit 33 % in Laudenberg, am schwächsten mit 3 % in Krumbach. Das Produzierende Gewerbe ernährte 52 % der Einwohner (Krumbach 69 %, Balsbach 32 %). Von Rente etc. lebten 18 % der Bevölkerung. Mit der Abkehr von der Landwirtschaft ging auch die selbständige Berufsausübung zurück. Von 1961 bis 1970 nahm die Zahl der Selbständigen von 329 auf 227 und die der Mithelfenden von 425 auf 320 ab. Bezogen auf die heutigen Gemeindegrenzen war 1970 mit 466 Personen (24,6 % der Erwerbstätigen) die Zahl der Auspendler nicht sehr hoch, 1987 jedoch war sie auf 1055, darunter 337 Frauen, angewachsen. Die meisten hatten ihre Arbeitsplätze in Mosbach und Buchen. Hinzu kamen 202 Ausbildungspendler. Nach der veränderten statistischen Erfassung der Volkszählung 1987 bezogen 1820 Personen oder 42,9 % der Einwohner mit Hauptwohnsitz in der Gemeinde ihren Lebensunterhalt überwiegend aus Erwerbstätigkeit, 905 (21,3 %) aus Rente/Pension oder Arbeitslosenhilfe, und 1519 Personen (35,8 %) wurden von Eltern, Ehegatten usw. unterhalten. Bei den überwiegend aus Erwerbstätigkeit stammenden Einkommen spielte die Land- und Forstwirtschaft mit 4,2 % nur noch eine kleine Rolle. 53,3 % stammten aus dem Produzierenden Gewerbe, 11,2 % aus Handel, Verkehr und Nachrichtenübermittlung und 31,3 % aus den übrigen Wirtschaftsbereichen. Insgesamt waren in der Gemeinde 1950 Personen erwerbstätig (45,9 % der Einwohner). Unter ihnen waren 991 Arbeiter, 616 Angestellte, 168 Beamte etc., 140 Selbständige und 35 mithelfende Familienangehörige. Die letzteren Gruppen waren mit dem Rückgang der Landwirtschaft stark geschrumpft.

Politisches Leben

Im März 1848 kam es in Heidersbach zu kurzen Unruhen. Hier fand sich 1849 auch ein Demokratischer Verein zusammen. Sonst scheinen sich die Bewohner des heutigen Gemeindegebiets nicht auffällig an der Revolution beteiligt zu haben, Wagenschwend und Krumbach nach Aussage der zuständigen Bezirksämter überhaupt nicht. Später bestimmte der Pfarrer die politische Richtung, d. h. bei den *Reichstagswahlen* ab 1871 wurden fast alle Stimmen dem Zentrum oder der von ihm unterstützten Partei gegeben. Nur in Limbach hielt sich um 1895 für wenige Jahre der Bauernverein. Krumbach war der erste Ort, in dem seit 1898 mit wenigen Stimmen sozialdemokratisch gewählt wurde. Später erhielt diese Partei auch in den übrigen Dörfern einige Stimmen, die wenigsten in Scheringen und Wagenschwend. Zwischen 1918 und 1933 veränderte sich das Wahlverhalten erstaunlich wenig. Nur die SPD-Anteile wuchsen leicht an, am deutlichsten in Krumbach und Limbach. Die übrigen Links- und Rechtsparteien konnten nur wenige Stimmen verbuchen. Die NSDAP mußte sich am 6. 11. 1932 als bestes Ergebnis im heutigen Gemeindegebiet mit 25 % der gültigen Stimmen in Laudenberg begnügen. Sieht man von der 1. *Bundestagswahl* ab, in der viele Flüchtlinge ihre Stimme der Notgemeinschaft gaben und die Stimmen noch sehr aufgesplittert waren, erreichte die CDU bis 1967 immer mehr als ¾ der gültigen Zweitstimmen. Seither sank sie auf 66,0 % bei der Wahl von 1987 ab. Die SPD, die die besten Ergebnisse in Limbach, Krumbach und schwächer in Laudenberg erzielt, steigerte sich langsam von 10 auf 21 % der Wählerstimmen. Die FDP/DVP fand hier kaum mehr Anklang als die kleinen Parteien. Ihr bestes Resultat waren die 6,7 % bei der Wahl von 1987. Die Grünen blieben auch jetzt knapp unter 5 %.

Im Ortsteil Laudenberg besteht seit 1946 ein CDU-Ortsverband. Der CDU-Gemeindeverband wurde 1976 gegründet und hat jetzt 190 Mitglieder. Der 1965 gegründete SPD-Gemeindeverband zählt 35 Mitglieder.

Wirtschaft und Verkehr

Land- und Forstwirtschaft. – Die Landwirtschaft war im 19. Jh. mehr als heute durch das rauhe Klima und die mageren Sand- und Tonböden beeinträchtigt, da bei dem zunächst geringen Viehstand der Dünger nicht ausreichte. Nach schlechten Ernten waren auch die größeren Bauern auf Nebenverdienst angewiesen. Erst um 1860 bemühten sich die Bauern unter dem Einfluß des Landwirtschaftlichen Vereins (in Limbach, Scheringen und Wagenschwend hatten der landwirtschaftliche Bezirksverein und später der Bauernverein viele Mitglieder, in Balsbach dagegen war das Interesse sehr gering) und der Bezirksämter um rationellere Bewirtschaftung: Ödungen wurden urbar gemacht, Düngung mit Äscherich, Knochenmehl und Kalk, später auch mit Thomasmehl (Wiesen) u.a. ermöglichte mehr Futterbau und ausgedehntere Viehhaltung in besser eingerichteten Ställen und ergab damit auch mehr natürlichen Dünger. Gegen Ende des Jahrhunderts betrieb man zwar noch allgemein *Dreifelderwirtschaft* mit Brache, aber nicht mehr im flürigen Anbau. Nur in Limbach war 1896 die Dreifelderwirtschaft aufgegeben, bald auch das Feldwegenetz ausgebaut. In Scheringen dagegen herrschte noch 1922 Dreifelderwirtschaft. Landwirtschaftliche Maschinen setzten sich um die Jahrhundertwende durch, im fortschrittlichen Dorf Wagenschwend schon um 1880. Bareinnahmen brachte vielen Bauern ihr Wald, auch wenn der Bauernwald in kleine Parzellen zerlegt und herabgewirtschaftet war.

Waren zu Beginn und gegen Ende des 19. Jh. etwa ¾ der landwirtschaftlichen Fläche *Ackerland* und ¼ *Grünland*, so veränderte sich dieses Verhältnis später noch zugunsten

Die Gemeinde im 19. und 20. Jahrhundert

des Grünlands. Schon zwischen 1880 und 1913 dehnten die Bauern ihre Wiesen aus, zwischen 1930 und 1949 verkleinerten sie hauptsächlich das Ackerland. 1987 waren nur noch 60 % der 1532 ha LF Ackerland.

Einzige *Verkaufsfrucht* war bis um die Jahrhundertwende der Hafer, später teilweise auch Kartoffeln und Roggen. Der Verkauf ging über Händler, erst nach 1910 vereinzelt auch über die Lagerhäuser in Buchen, Oberschefflenz und Mudau. Nur in Wagenschwend baute man um 1860 Flachs und Hanf außer zum Eigenverbrauch auch für den Verkauf an. Sonstige Handelsgewächse gediehen nicht. Futterpflanzen waren außer Klee, dessen Anbau erst durch die künstliche Düngung möglich wurde, Dickrüben und Pferdezahnmais. Bis ins 20. Jh. hinein wurde vor allem in Laudenberg Heidekorn (Buchweizen) gesät. Grünkern bereitete man nur für den Hausgebrauch. Zwischen 1880 und 1950 schrumpfte die Getreidefläche zugunsten von Hackfrüchten und Futterpflanzen. Seither wird zunehmend wieder mehr *Getreide* angebaut und der Hackfruchtanbau eingeschränkt. 1987 waren von den 682 ha Getreidefläche 243 ha mit Weizen, 223 ha mit Gerste und 160 ha mit Hafer angesät. Der Absatz geht über die Lagerhäuser in Mosbach und Mudau, für Heidersbach über das Lagerhaus Schefflenztal. *Futterpflanzen* nahmen 149 ha, *Hackfrüchte* nur 47 ha Ackerland ein.

Auf *Obstbau* legte man um 1850 nur in Krumbach Wert und bepflanzte die Ödungen mit vom Landwirtschaftlichen Verein geschenkten Obstbäumen. Trotz ungünstiger Klima- und Bodenverhältnisse setzte das Bezirksamt in den 1880er Jahren durch Staatszuschüsse auch in den übrigen Dörfern die Anlage von Musterobstanpflanzungen durch. Tafelobst gedieh zwar selten, Mostobst dagegen wurde in guten Jahren selbst nach Heilbronn verkauft. 1929 standen auf dem heutigen Gemeindegebiet 16782 Obst-, darunter 6645 Apfelbäume, die meisten in Limbach, Wagenschwend und Balsbach. Heute ist der Obstbau ohne Bedeutung.

Innerhalb der *Viehwirtschaft* entwickelte sich die *Rinderzucht* seit etwa 1870/80 vor allem in Wagenschwend und Balsbach, auch in Krumbach zu einem rationell betriebenen und gewinnbringenden Betriebszweig, in Heidersbach und Laudenberg eher die *Mast- und Milchviehhaltung*. In Limbach und Scheringen, wo die Rinderzucht weniger erfolgreich war, wurden die Farren bis 1870 jährlich umgehalten, danach war die Farrenhaltung wie in den übrigen Dörfern verpachtet. Nur in Wagenschwend kam sie 1907 in Gemeinderegie. Schon in der 1. H. 19. Jh. vergrößerten die Bauern ihren Viehbestand, aber erst nach 1880 (bis zum 1. Weltkrieg) legten sie sich nicht nur mehr, sondern zum großen Teil auch besseres Vieh zu, besonders in Balsbach und Wagenschwend. Verkauft wurde an Metzger und Händler, die in die Dörfer kamen, und auf dem Mudauer, zeitweise auch auf dem Fahrenbacher Viehmarkt. Seit dem 1. Weltkrieg schwankte der Viehbestand nur in engen Grenzen. Nach dem 2. Weltkrieg nahm er trotz Rückgangs der landwirtschaftlichen Betriebe insgesamt zu. 1987 besitzen 104 Betriebe zusammen 2069 Stück Rindvieh, davon 71 Betriebe 569 Milchkühe.

Noch größere wirtschaftliche Bedeutung kam seit der Mitte des 19. Jh. in allen Dörfern der *Schweinehaltung*, besonders der Schweinezucht zu. Hier legte man allgemein Wert auf gute Zuchttiere. Die Eberhaltung war verpachtet, ausgenommen in Limbach und Scheringen, wo auch der Eber bis 1870 umgehalten wurde. Noch um die Jahrhundertwende trieb man die Schweine auf die Weide. Verkauft wurden sie am Ort an Händler, Metzger und Landwirte (Ferkel) sowie auf den Schweinemärkten in Mosbach, Buchen, Mudau, Walldürn und Adelsheim. 1930 hielt man in der heutigen Gemeinde 2548 Schweine. Danach ging der Bestand allmählich zurück. 1987 gibt es nur noch 486 Mastschweine in 128 Betrieben und 354 Zuchtsauen in 56 Betrieben.

Ziegenzucht hatte um die Jahrhundertwende in Heidersbach, Krumbach und Limbach einige Bedeutung, *Geflügelzucht* in Wagenschwend, Laudenberg und Heidersbach. Das *Schäfereirecht* stand, z. T. nach Ablösung von der Grundherrschaft, den Gemeinden oder den Güterbesitzern zu und war zugunsten der Gemeindekasse verpachtet (nur in Limbach erhielt der Pächter den Pfercherlös), bis es – ausgenommen in Scheringen – um die Jahrhundertwende aufgehoben wurde. In Laudenberg hatte das Stift Mosbach über den Gutspächter die Schäferei blockiert, so daß die Gemeinde erst nach Ankauf des Gutes die Gemeine Weide einführen konnte. In Scheringen bestand die Gemeindeschäferei noch 1935. Heute werden Schafe nur vereinzelt gehalten.

Trotz geschlossener Vererbung waren Mitte des 19. Jh. die Bauerngüter klein, meist unterhalb der Ackernahrung, die mit etwa 15 M Acker und 3 M Wiesen angegeben wurde. Die größten Güter umfaßten etwa 30 M einschließlich Wald. Bis zur Jahrhundertwende besserte sich die *Betriebsgrößenstruktur* durch Waldrodung, Urbarmachen von Ödland und durch Zukauf. In Balsbach und Krumbach hatte das Stift Mosbach nach 1850, in Laudenberg nach 1880 viel Land aufgekauft und eigene Güter eingerichtet. Um 1876 kaufte die Gde Balsbach, 1893 Laudenberg und 1904 Krumbach die Stiftsgüter zum Teil zurück, 1922 erwarb Scheringen 10 ha Wald vom Stift zur Rodung. Diese Flächen wurden in der Regel parzelliert an die Bauern weitergegeben. 1895 besaßen von 392 Betrieben der heutigen Gemeinde nur 13 Anbauflächen von 20 oder mehr ha Größe (6 in Laudenberg, 4 in Limbach). 33 Betriebe hatten zwischen 10 und 20 ha und 96 Betriebe weniger als 1 ha Anbaufläche. 1925 hatte sich diese Struktur nur geringfügig durch Abnahme der größeren Betriebe verändert. 1949 war (statistisch oder tatsächlich) die Zahl der Kleinstbetriebe unter 2 ha LF auf 69 gesunken. Erst in der Folgezeit verbesserte sich die Besitzstruktur durch die Aufgabe zahlreicher Betriebe. Allein zwischen 1970 und 1987 nahm die Zahl der landwirtschaftlichen Betriebe von 248 um 32 % auf 168 ab, die LF von 1705 ha um nur 10 % auf 1532 ha. Daher waren 1987 5 Güter größer als 30 ha LF, 11 Güter lagen zwischen 20 und 30 ha LF. Die Kleinbetriebe unter 2 ha LF waren von 50 auf 20 zurückgegangen. Als 1983 noch 186 Betriebe (im Besitz natürlicher Personen) bestanden, gliederten sich diese in 141 Nebenerwerbs-, 13 Zuerwerbs- und 32 Haupterwerbsbetriebe. Naturgemäß waren die meisten Nebenerwerbsbetriebe kleiner als 10 ha LF, die meisten Haupterwerbsbetriebe größer als 20 ha LF. Nach der Betriebssystematik gliederten sich die Betriebe in 43 Marktfrucht-, 80 Futterbau-, 12 Veredlungsbetriebe, 1 Dauerkultur- und 33 landwirtschaftliche Gemischtbetriebe. Hinzu kamen 49 Forstbetriebe. Für 1988 nennt die Gemeindeverwaltung an Vollerwerbsbetrieben: 4 in Balsbach (davon 1 Betrieb mit Geflügelfarm), 3 in Heidersbach, 1 in Krumbach, 4 in Laudenberg (davon 2 mit Fremdenverkehr), 1 in Limbach, 5 in Scheringen, 2 in Wagenschwend (davon 1 Betrieb mit Ferkelzucht). Fast alle Betriebe betreiben Getreidebau und Milch- und Mastviehhaltung. Ihre Größen liegen etwa zwischen 20 und 40 ha LF, ausgenommen 2 kleinere Betriebe in Laudenberg und 1 Betrieb von mehr als 100 ha LF in Heidersbach. Alle diese Betriebe besitzen zwischen 2 und 30 ha Wald. Pachtland spielt keine große Rolle. Zwar besaßen 1979 von den damals 202 landwirtschaftlichen Betrieben 129 Betriebe Pachtland, aber die 366 ha Pachtfläche machten nur 28 % der LF dieser Betriebe aus. Einen reinen Pachtbetrieb gab es nicht.

Flurbereinigungen sind bis heute nicht durchgeführt. Nur in Heidersbach gab es um 1980 Versuche privater Zusammenlegungen. Hier wurde auch 1964 am Ortsrand der einzige *Aussiedlerhof* der heutigen Gemeinde angelegt.

Der *Wald* nimmt mit rund 2200 ha gut die Hälfte des Gemeindegebietes ein. Aber nur 154 ha sind Gemeindewald, großenteils stark parzelliert. Heidersbach, Laudenberg

Die Gemeinde im 19. und 20. Jahrhundert 45

und Wagenschwend besaßen Ende des 19. Jh. überhaupt keinen Gemeindewald. Auf den Gkgen Krumbach und Limbach hatte der Fürst von Leiningen Waldbesitz. Größter Waldbesitzer aber war das Ev. Stift Mosbach. Auch heute gehören 1110 ha Wald dem Unterländer Ev. Kirchenfonds, d. h. der Stiftschaffnei Mosbach. Sie kauft auch heute noch, wenn möglich, Wald auf. 936 ha sind Privatwald, meist Bauernwald. 1987 besaßen 137 landwirtschaftliche Betriebe zusammen 627 ha Wald, davon 38 Betriebe mehr als 5 ha. Auf den meist nährstoffarmen Sandböden stehen heute als Folge der Waldverwüstung durch Übernutzung bis nach der Mitte des 19. Jh. zu etwa 90 % Nadelbäume, insbesondere Fichten und Kiefern, und nur zu 7 % Buchen. Mitte des 19. Jh. waren große Teile des Waldes abgeholzt. Nur zögernd setzte sich Hochwaldwirtschaft durch. Noch um 1880 wurden in Wagenschwend jährlich die Rinden geschält. Zum Waldnutzen gehörte vor der und um die Jahrhundertwende auch das Heidelbeersammeln. Händler in Balsbach und Oberscheidental lieferten die Beeren nach Hamburg, und von dort gingen sie z. T. nach England. Nur der Scheringer Wald lieferte (1909) Grubenholz für das Ruhr- und Saargebiet sowie Nutzholz für Sägewerke in Aschaffenburg und Amorbach.

Handwerk und Industrie. – In den kleineren Dörfern waren im 19. Jh. nur die wichtigsten *Handwerkszweige* als Nebenberuf neben der Landwirtschaft vertreten. In Balsbach gab es z. B. 1851: 2 Schneider, 3 Schuhmacher, 1 Weber, 2 Maurer, 1 Küfer, 1 Wagner; in Krumbach 1854: 3 Schneider, 1 Schuhmacher, 1 Maurer, 1 Schreiner, 1 Zimmermann, 1 Leinenweber; in Scheringen 1862: 1 Schneider, 2 Schumacher, 2 Leinenweber, 1 Schmied, 1 Maurer, 2 Bäcker. In Limbach dagegen fanden die zum Teil hauptberuflich arbeitenden Handwerker besseres Auskommen, da sie auch Kunden aus den übrigen Kirchspieldörfern bedienten. 1895 wurden in der heutigen Gemeinde 99 Hauptbetriebe mit 166 Personen im Produzierenden Gewerbe gezählt, darunter 31 Betriebe mit 49 Personen in Limbach. Stärkste Branche war mit Schneidern und Schustern das Bekleidungs- und Reinigungsgewerbe (insgesamt 34 Betriebe mit 49 Personen). Mit dem Abbröckeln der kirchlichen Filialorte gingen dem Limbacher Handwerk auch Kunden verloren. Die Erwerbsverhältnisse wurden schwieriger, zumal die Zahl der Handwerker groß war (1911: 16 Tüncher, 3 Bäcker, 1 Metzger, 2 Blechner, 4 Schuhmacher, 1 Schneider, 2 Schreiner, 2 Wagner, 1 Schmied, 3 Zimmerleute, 4 Maurer, 1 Müller und 2 Korbmacher). Die Interessen hauptsächlich des Handwerks vertrat der Gewerbeverein, der 1904 kurz nach seiner Gründung 38 Mitglieder hatte. Die Berufszählung von 1925 erfaßte in der heutigen Gemeinde nur 23 selbständige Handwerksmeister, darunter 9 in Limbach und je 4 in Heidersbach und Scheringen. Über die Handwerksbetriebe in Limbach im Jahr 1955 unterrichtet Tab. 1.

Die Handwerkszählung 1967 nennt für die heutige Gemeinde 62 Handwerksbetriebe mit 256 Beschäftigten. Die meisten Arbeitskräfte (145) waren in den 13 Baubetrieben beschäftigt, die meisten, jedoch kleinen Betriebe (19) hatte das Bekleidungs-, Textil- und Ledergewerbe (25 Beschäftigte). Bis 1977 hatte sich die Zahl der Betriebe auf 53 verringert, die Zahl der tätigen Personen auf 314 erhöht. Mit 16 Betrieben und 174 Personen war das Bau- und Ausbaugewerbe noch immer die stärkste Branche, mit großem Abstand gefolgt vom Metallgewerbe mit 11 Betrieben und 49 Personen. Der Umsatz des Handwerks hatte sich von 5 599 000 DM im Jahr 1968 auf 21 173 000 DM im Jahr 1977 gesteigert. Mehr als die Hälfte ging jeweils auf das Konto des Bau- und Ausbauhandwerks. Zur Zahl der Handwerksbetriebe im Jahr 1988 vgl. Tab. 2.

Dazu kommen in Limbach 1 Gärtnerei und in Laudenberg 1 Kranzbinder. Die Handwerksbetriebe mit 20 und mehr Beschäftigten gehören ausschließlich dem Bausektor an. Die älteste dieser Firmen, die *Bauunternehmung Konrad Zimmermann GmbH & Co.* in Wagenschwend, wurde 1920 durch Ludwig Zimmermann mit

Tabelle 1: **Das Handwerk in Limbach 1955**

Branche	Betriebe
Baugeschäft, Maurer	3
Zimmerer	1
Steinmetz	1
Maler	5
Kfz- und Landmaschinenmechaniker	2
Spengler	1
Elektroinstallateur	1
Schreiner	2
Schneider	3
Kürschner/Hut- und Mützenmacher	1
Schuhmacher	2
Tapezierer/Sattler	1
Bäcker	2
Metzger	1
Friseur	1
Fotograf	1

Quelle: Festschrift Schulhaus-Einweihung und Heimattage Limbach. 1955.

4 Arbeitern gegründet. 1987 erwirtschaftete sie mit 23 Arbeitskräften einen Umsatz von 1,8 Mio DM. Das Hoch- und Tiefbauunternehmen *Bangert GmbH & Co.* geht auf das Jahr 1930 zurück. Damals begann Karl Bangert mit 5 Arbeitern, jetzt sind 40 Personen beschäftigt, der Umsatz lag 1987 um 3 Mio DM. Die Firma *Sauer-Fensterbau GmbH* in Heidersbach wurde 1933 durch Hermann Sauer als Schreinerei mit 3 Arbeitern gegründet. Erst 1960 stellte sie sich auf Fensterbau um. Seit 1980 sind 22 Personen beschäftigt. Der Umsatz lag 1987 bei 3,8 Mio DM. Seit 1984 besteht in Balsbach die *HF-Bauunternehmung Horst Flicker GmbH & Co.*, ein Tiefbaubetrieb mit (1988) 45 Arbeitskräften und einem Umsatz (1987) von 4 Mio DM.

Seit etwa den 1860er Jahren suchte man durch neue Verdienstmöglichkeiten der Armut der landarmen und landlosen Bevölkerung zu steuern. Wie andere Odenwalddörfer richtete 1865 auch Wagenschwend eine *Strohflechtschule* ein. Sie wurde jedoch nur von Kindern, kurze Zeit auch von Balsbacher Kindern, und fast nur im Winter besucht. Der Verdienst war gering. Im Sommer brachte das Heidelbeersammeln mehr ein. Die Flechtschule hielt sich nur wenige Jahre. Limbach führte trotz anfänglichen Interesses die Strohflechterei nicht ein, da der Gemeinderat die Kosten scheute und die »geringen Leute« ihre Kinder lieber zum Tannenzapfenbrechen schickten (1886).

Einige Jahre lang blühte vorwiegend als *Hausindustrie* das Kettenmachen für die Pforzheimer Bijouterieindustrie. 1899 errichtete der Pforzheimer Fabrikant Emil Haag in seinem Heimatdorf Limbach ein Kettengeschäft mit 6–8 Arbeiterinnen. Obwohl er bald vor seinen Schulden nach Amerika floh, blieb der Erwerbszweig erhalten, da drei andere Fabriken hier Ketten zusammensetzen ließen. Bald machten Heimarbeiterinnen auch in Balsbach, Laudenberg, Scheringen, Robern, Trienz und Fahrenbach für billigen Lohn Ketten. In Laudenberg z. B. verdienten 1909 die Angehörigen von 15–20 Familien damit pro Tag 1,50 Mark. 1911/12 hörte diese Hausindustrie auf.

Auch die *Steinbrüche* brachten zeitweise Verdienst. In Heidersbach gab es 1895 schon 3 Steinbruchbetriebe mit 16 Personen. 1886 sollen dort 25 Personen gearbeitet

Die Gemeinde im 19. und 20. Jahrhundert

Tabelle 2: **Das Handwerk 1988**

Branchengliederung nach der Handwerksordnung	insgesamt	Limbach	Balsbach	Heidersbach	Krumbach	Laudenberg	Scheringen	Wagenschwend
Bau- und Ausbaugewerbe								
Bauunternehmer	6	3	1	–	–	–	1	1
Zimmerer/Holzhausbau	2	2	–	–	–	–	–	–
Steinmetz	1	1	–	–	–	–	–	–
Gipser/Maler	2	–	–	–	1	–	–	1
Metallgewerbe								
Kachelofenbauer	1	–	–	–	1	–	–	–
Kunstschmied	1	1	–	–	–	–	–	–
Schlosser/Schmied	2	1	–	–	–	–	1	–
Kraftfahrzeugmechaniker	2	1	–	1	–	–	–	–
Installateure/Heizungsbauer	3	2	–	–	1	–	–	–
Elektroinstallateure	2	2	–	–	–	–	–	–
Metallveredlung	1	–	–	1	–	–	–	–
Holzgewerbe								
Schreiner	4	2	–	–	–	1	–	1
Bekleidungs-, Textil- und Ledergewerbe								
Damenschneiderin	1	1	–	–	–	–	–	–
Schuhmacher	1	1	–	–	–	–	–	–
Raumausstatter	1	1	–	–	–	–	–	–
Nahrungsmittelgewerbe								
Bäcker	4	2	1	1	–	–	–	–
Metzger	3	–	–	1	1	1	–	–
Gewerbe für Gesundheits- und Körperpflege, chemische und Reinigungsgewerbe								
Friseure	3	2	–	–	–	1	–	–
Teppichreiniger	1	1	–	–	–	–	–	–
Glas-, Papier-, keramische und sonstige Gewerbe								
Glaser/Fensterbau	1	–	–	1	–	–	–	–
Fotograf	1	1	–	–	–	–	–	–
Drucker	1	–	–	–	–	–	–	–

Quelle: Gemeindeverwaltung

haben. Um die Jahrhundertwende beschäftigten die 3 Heidersbacher, 1 Limbacher und die seit 1890 eröffneten 7 Scheringener Steinbrüche zahlreiche Arbeitskräfte auch aus den umliegenden Dörfern. Aber schon vor 1914 begann die Niedergang, weil weniger Natursteine verbaut wurden. Der letzte Steinbruchbetrieb schloß nach 1970.

Als ersten *Industriebetrieb* gründete der Limbacher Kaufmann Richard Bopp 1912 die *»Badenia-Patentreklametaschenfabrik GmbH«*. Nach 1918 stellte sich die Fabrik auf die Fertigung von Lampenschirmen und die Veredlung von Pergamentpapieren um. Noch vor 1939 erwarb sie ein Zweigwerk in Frankfurt/Main. 1955 stand dieses Werk vor dem Wiederaufbau nach der Kriegszerstörung, ein Zweigbetrieb in Mudau vor der Erweiterung. Dieser einst größte Limbacher Betrieb hat 1983 die Produktion von Lampenschirmen aufgegeben und stellt nur noch Lampenschirmmaterial und andere Papierwaren her. Im Betrieb arbeiten 5, als Heimarbeiter 15–20 Personen.

1921 richtete der ehemalige Teilhaber der Badenia, Otto Zimmermann, die *»Kunstgewerblichen Werkstätten AG«* ein und stellte Devotionalien und Baukästen her. 1928 beschäftigte die Firma, seit 1925 »Zimmermann & Co.« (1978 GmbH), 30 Arbeiter. 1933/34 ging sie zur Anfertigung von Lampenschirmen und Lampen über. 1955 beschäftigte sie ca 100 Betriebs- und 200 Heimarbeiter. 1970 bezog sie eine neue Fertigungshalle auf dem 1 ha großen Firmengelände. 1987 erarbeiteten 115 Betriebs- und 40 Heimarbeiter mit der Herstellung von Beleuchtungskörpern einen Umsatz von ca 12 Mio DM, davon ca 12 % aus dem Export ins benachbarte Ausland. Eine weitere Leuchtenfabrik, die Firma *WIGÖ W. Götzinger GmbH & Co.* in Laudenberg, wurde 1948 von Willi Götzinger sen. gegründet. Sie beschäftigt 1988 ca. 60 Mitarbeiter. 1958 machte sich Linus Bopp mit 5 Mitarbeitern gleichfalls mit der Herstellung von Beleuchtungskörpern selbständig, 1959 wuchsen seiner Firma durch Realteilung der Badenia-Werke 70 neue Arbeitskräfte zu. 1985 wurde die Einzelfirma in die *Linus Bopp Leuchten GmbH* umgewandelt. 1987 erzielte sie mit 85 Beschäftigten einen Umsatz von 6 Mio DM, davon etwa 10 % aus Exporten ins europäische Ausland. Die 1926 mit 10 Mitarbeitern gegründete Firma *Anton Grimm GmbH* in Krumbach hat inzwischen Filialen in Bad Rappenau-Grombach und in Rheda-Wiedenbrück. Sie stellte ursprünglich Holzwolle, jetzt Dämmstoffe und Verpackungen her und beschäftigt insgesamt 200 Personen, davon 110 in Krumbach. Ihr Umsatz lag 1987 bei insgesamt 43,6 Mio DM, in Krumbach allein bei 19,5 Mio DM, davon 12 % aus Exportaufträgen.

Mit 3 Mitarbeiterinnen gründeten A. und H. Volk 1934 die *»Odenwälder Steppdeckenfabrik«*, die mit heute 116, meist weiblichen Arbeitskräften Babyartikel (Schlafsäcke etc.) und Steppdecken herstellt. Das Limbacher Firmengelände umfaßt 2,5 ha. In Wagenschwend besteht eine Filiale. Die 1955 noch genannte *Kartonagenfabrik Zimmermann* besteht nicht mehr. Anfang der 1960er Jahre begann *Hans Sommer* in Heidersbach die Herstellung von Fleischereimaschinen. 1973 eröffnete der Designer Georg Schneider die Firma *»Formex«*, die Glas- und Plastikgefäße für die Kosmetikindustrie herstellt.

Die Industriedichte lag 1976 bei 153 (Landkreis: 125) Industriebeschäftigten je 1000 Einw. 1987 beschäftigten die 33 Arbeitsstätten im Verarbeitenden Gewerbe 680 Personen, darunter 337 Frauen. Im Baugewerbe waren in 22 Arbeitsstätten 217 Personen beschäftigt.

Handel und Dienstleistungen. – Die drei *Krämermärkte*, zu denen Limbach im 19. Jh. berechtigt war, bestehen wenngleich ohne Bedeutung als Märzenmarkt (3. Sonntag im März), Heidelbeermarkt (15. Juli) und Kerwe (3. Montag im Oktober) noch heute. *Handel* spielte als Erwerbszweig kaum eine Rolle. Im gesamten Bereich Handel/Versicherung/Verkehr gab es 1895 nur 11 Hauptbetriebe, davon je 3 in Limbach und Krumbach, mit zusammen 14 Beschäftigten. 1925 hatte Limbach 2, Balsbach, Laudenberg, Wagenschwend je 1 selbständigen Kaufmann. Für 1955 jedoch lassen sich allein für Limbach 3 Lebensmittel- und Gemischtwarenläden, 2 Geschäfte mit Textil-, Manufaktur- und Kolonialwaren, 2 Bekleidungs- und Textilgeschäfte, 1 Samen- und 1 Kohlenhandlung erschließen. Mit dem Handwerk verbunden waren 1 Tankstelle und eine Autovertretung. Die Arbeitsstättenzählung von 1970 nennt für die heutige Gemeinde 8 Arbeitsstätten mit 25 Beschäftigten im Großhandel, 8 Arbeitsstätten mit 11 Beschäftigten in der Handelsvermittlung und 29 Arbeitsstätten mit 56 Beschäftigten im Einzelhandel. 1987 waren einige Betriebe und Beschäftigte hinzugekommen: im Großhandel beschäftigten 12 Betriebe 32 Personen, in 8 Arbeitsstätten der Handelsvermittlung arbeiteten 15 Beschäftigte und in 31 Arbeitsstätten des Einzelhandels 77 Beschäftigte. Über den Einzelhandel 1988 gibt die Tab. 3 Auskunft.

129 *Hüffenhardt von Südosten*

◁ 130 Hüffenhardt,
Ortsmitte mit Fachwerkrathaus

131 Kälbertshausen,
straßendorfartige Siedlungzeile

132 Kälbertshausen von Osten

133 Balsbach von Süden

134 *Heidersbach von Osten*

135 *Krumbach von Südosten*

136 *Laudenberg von Südosten*

137 Laudenberg, Schule
138 Limbach, ehem. Taglöhnerhaus mit kleinem Stall- und Scheunenbau. Scheune zu Wohnzwecken umgebaut

139 Limbach von Nordosten ▷

142 Scheringen von Südosten. Im Hintergrund Laudenberg

140, 141 Limbach, kath. Pfarrkirche

143 Wagenschwend von Nordosten

Die Gemeinde im 19. und 20. Jahrhundert

Tabelle 3: **Der Einzelhandel 1988**

Branche	insgesamt	Limbach	Balsbach	Heidersbach	Krumbach	Laudenberg	Scheringen	Wagenschwend
Gemischtwaren = Lebensmittel, Kleidung Haushaltwaren etc.	1	1	–	–	–	–	–	–
Lebensmittel	5	1	–	–	1	1	2	–
Getränke (einschl. Wein)	11	4	2	1	1	1	–	2
Haushaltwaren/Sportartikel	1	1	–	–	–	–	–	–
Wolle	2	2	–	–	–	–	–	–
Schmuck/Uhren	1	–	–	–	1	–	–	–
Elektrogeräte/Beleuchtung	1	1	–	–	–	–	–	–
Gardinen/Lederwaren	1	1	–	–	–	–	–	–
Baustoffe, Baumärkte	4	1	–	1	1	–	–	1
Baustoffe/Brennstoffe	1	1	–	–	–	–	–	–
Kohle/Heizöl	2	1	–	–	1	–	–	–
Holz	1	–	–	1	–	–	–	–
Gipser- und Malerartikel	2	–	–	1	1	–	–	–
Motorsägen	1	1	–	–	–	–	–	–

Quelle: Gemeindeverwaltung

Außerdem handeln in Krumbach verschiedene Personen mit Christbäumen. In Limbach sind 3 Handelsvertreter, in Heidersbach 2 und in Balsbach ist 1 Handelsvertreter ansässig.

Im gesamten *Dienstleistungsgewerbe,* soweit von Unternehmen und Freien Berufen erbracht, bestanden 1987 in der Gemeinde 48 Arbeitsstätten mit 144 Beschäftigten. Zum privaten Dienstleistungsgewerbe zählen 1988 in Limbach und in Scheringen je 1 Architekt, 12 Versicherungsvertreter in Limbach, 4 in Laudenberg, 3 in Krumbach, 2 in Heidersbach und 1 in Scheringen, je 1 Immobilienmakler in Laudenberg und in Limbach, 1 Wach- und Schließunternehmen in Limbach, je 1 Fuhrunternehmer in Limbach und Wagenschwend sowie 1 Wirtschaftsinformator in Wagenschwend.

Gasthäuser gab es Ende des 19.Jh. in jedem Dorf, zum Teil mehrere. 1895 wurden im Wirtschaftsbereich Beherbergung und Erquickung in Limbach 3, in Heidersbach und Laudenberg je 2 Hauptbetriebe, in den übrigen Orten je 1 Betrieb gezählt. In Limbach waren kurz zuvor 4 von 7 Gastwirtschaften, darunter der »Hirsch«, eingegangen. Der Verlust der kirchlichen Fialialorte hatte sich hier noch stärker als beim Handwerk ausgewirkt. Von den 3 alten Gasthäusern werden in Limbach heute »Adler« und »Krone« weitergeführt. Das »Roß« bestand noch 1955. Die 1955 gleichfalls genannte Gaststätte »Hirschberg« schloß 1988. Hinzugekommen sind 1975 die Limbacher Mühle (Gasthaus und Pension) 1977 und das Hotel Volk sowie eine Pension/Ferienwohnung. In Balsbach (1853: »Auerhahn«) bietet heute der »Engel« auch Fremdenzimmer an. Der »Löwen« ist reine Gaststätte. In Heidersbach (1907: »Löwen« und »Traube«, seit 1912 ein weiterer Gasthof) hat der »Löwen« Fremdenzimmer, »Heidersbacher Mühle« und »Linde« sind Gaststätten. In Krumbach (1852: 1 Gasthaus) nimmt der »Engel« seit 1954 Feriengäste auf. 1982 eröffnete er das Restaurant »Zur Alten Scheune«. Übernachtungen, z.T. auch Ferienwohnungen, bieten hier auch die »Odenwaldklause« und 2 Pensionen. »Auerhahn« und »Waldfrieden« sind Restaurants. In Laudenberg ist der »Wilde Mann« ein Gasthaus mit Tradition. Ihm sind heute

2 Gästehäuser angegliedert. Der 1900 genannte »Grüne Baum« existiert nicht mehr. Neuere Pensionen sind der »Birkenhof« (1970), Haus Haun (1973) und Haus Böhler (1983). 2 landwirtschaftliche Betriebe bieten »Ferien auf dem Bauernhof« an. »An der Wanderbahn« hat ein Café eröffnet. Scheringen besaß bis 1906 nur eine Wirtschaft in Oberscheringen. Dann wurde auf Antrag der mit Oberscheringen verfeindeten Unterscheringer im alten Schulhaus eine zweite Wirtschaft genehmigt. Heute gibt es dort den »Adler« und den »Grünen Baum« (zur Zeit geschlossen). In Wagenschwend (1862: 2 Gasthäuser) haben der »Grüne Baum« seit 1953 und die 1975 neuerbaute »Linde« auch Fremdenzimmer.

Fremdenverkehr hat hauptsächlich in Krumbach und Laudenberg Bedeutung, aber auch die übrigen Ortsteile bemühen sich um Gäste. Die Gemeinde gehört u.a. der Fremdenverkehrsgemeinschaft Odenwald-Neckartal, Sitz Mosbach, und dem Naturpark Neckartal-Odenwald, Sitz Eberbach, an. In Limbach sorgt ein rühriger Heimat- und Verkehrsverein für Wanderwege u.ä. Nach Einstellung der Kleinbahn Mosbach–Mudau erwarb die Gde Limbach die Trasse, baute sie ab und gestaltete sie zur »Wanderbahn« um. Das 1970 in Krumbach eröffnete »Odenwald-Camping« baute 1971 ein Hallen-, 1973 ein Freibad, bietet Sauna und Sportmöglichkeiten an. Seit 1979 tragen Krumbach, Laudenberg und Limbach das Prädikat »Erholungsort«. 1980 wurden (einschließlich Odenwald-Camping) 9992 Gäste und 74451 Übernachtungen gezählt. Die mittlere Aufenthaltsdauer lag danach mit 7,5 Tagen sehr hoch. Für das Kalenderjahr 1987 weist die Fremdenverkehrsstatistik (ohne Camping) 5360 Ankünfte und 22260 Übernachtungen, somit eine mittlere Aufenthaltsdauer von 4,2 Tagen aus.

In 11 *Kreditinstituten* waren 1987 insgesamt 29 Personen beschäftigt. Unter ihnen wurde die *Volksbank Limbach eG* 1899 als Waren- und Kreditgenossenschaft gegründet. Seit 1975 ist das Warengeschäft aufgegeben. 1970 fusionierte sie mit der Raiffeisenkasse Trienz. Sie unterhält Zweigstellen in Krumbach (seit 1969), Laudenberg (1970) und Balsbach (1985). In Heidersbach hat seit 1967 die *Sparkasse Buchen* eine Zweigstelle. Die *Sparkasse Mosbach*, zu der alte Beziehungen bestehen, unterhält Zweigstellen in Limbach (1969), Laudenberg (1976), Krumbach (1977), Wagenschwend (1977) und Balsbach (1978). Die *Volksbank Mosbach* hat seit 1970 eine Zweigstelle in Balsbach, seit 1971 eine weitere in Wagenschwend. Die *Raiffeisen-Zentralgenossenschaft* ist in Limbach, Heidersbach, Balsbach und Wagenschwend mit Verkaufsstellen vertreten.

Verkehr. – Bis ins 20. Jh. hinein wurde über fehlende oder schlechte *Straßen* geklagt. Eine gute Verkehrslage an der Landstraße Mosbach–Buchen hatte nur Heidersbach. Die anderen Dörfer kämpften im Interesse des Absatzes ihrer Produkte vor allem um Zufahrtswege zu den Bahnstationen Großeicholzheim und Dallau. Balsbach und Laudenberg erhielten 1883 durch den Bau der Straße nach Oberscheringen eine Zufahrt zur Landstraße Waldhausen–Großeicholzheim. Für Limbach war die Korrektion der Straße zur Station Dallau wichtig. Erst 1904 war das Teilstück Muckental–Limbach fertig. 1901 war die Straße über Laudenberg–Langenelz nach Mudau ausgebaut worden.

Am Bau der eingleisigen *Schmalspurbahn Mosbach–Mudau* beteiligten sich Balsbach, Krumbach, Laudenberg und Limbach mit Geländeabgabe und Geld. Die Linie wurde 1905 eröffnet und bestand bis 1973. Den *öffentlichen Nahverkehr* übernehmen seither Omnibusse der Bundesbahn. Dazu mußte jedoch das Straßennetz verbessert werden. Seit 1973 ließ das Land die Ortsdurchfahrten Limbach und Laudenberg ausbauen, die Gemeinde die Gemeindeverbindungsstraßen Wagenschwend/Balsbach–Krumbach, Laudenberg–Scheringen und Limbach–Heidersbach. Mit Abschluß des Ausbaus der

Die Gemeinde im 19. und 20. Jahrhundert   51

Gemeindeverbindungsstraßen ist auch die Bundesautobahn A 81, Anschluß Osterburken, über die Landesstraßen Waldhausen–Großeicholzheim–Seckach leichter zu erreichen.

Alle Ortsteile außer Heidersbach liegen an der gut befahrenen Omnibusstrecke Mosbach–Mudau, Wagenschwend außerdem an der Strecke Buchen–Mudau–Eberbach, Heidersbach an der gleichfalls häufig befahrenen Strecke Mosbach–Buchen–Walldürn–Hardheim. Außerdem schafft der geöffnete Schülerverkehr zusätzliche, aber wenig genutzte Fahrtmöglichkeiten. In Heidersbach hält täglich der Omnibus der Deutschen Touring GmbH »Vom Rhein zum Main« (Karlsruhe–Würzburg).

Erst nach 1892 wurde in Limbach eine *Posthilfsstelle* eingerichtet. Sie erhielt 1897 Telegraf und Telefon. Kurz nach 1900 hatten auch Laudenberg, Heidersbach und Wagenschwend Telefon, Heidersbach und Wagenschwend eine Posthilfsstelle. Laudenberg und Scheringen waren (1903, 1909) an Limbach angeschlossen. Heute hat Limbach ein *Postamt*.

Verwaltungszugehörigkeit, Gemeinde und öffentliches Leben

Verwaltungszugehörigkeit. – Im Juli 1807 zählten Limbach und Scheringen zum fürstlich leiningischen Amt Buchen, Balsbach, Krumbach und Wagenschwend zum fürstlich leiningischen Amt Eberbach (Balsbach und Wagenschwend zu je ⅓ auch zum gräflich hochbergischen Amt Zwingenberg). Als grundherrliche Orte gehörten Laudenberg zum Oberamt Odenwald, Heidersbach zum fürstlich leiningischen Amt Mosbach. Bei der Neugliederung der leiningischen Ämter im Dezember 1807 kamen Krumbach und die leiningischen Teile von Balsbach und Wagenschwend zum Amt Lohrbach, Limbach und Scheringen zum Amt Mudau. Heidersbach gehörte 1808 zum gräflich degenfeldischen Amt Großeicholzheim, Laudenberg zum freiherrlich adelsheimischen Amt Adelsheim, beide in der Landvogtei Mosbach. Heidersbach kam 1810 zum Amt Adelsheim, 1813 wie auch Krumbach zum Stadt- und 1. Landamt Mosbach. Balsbach und Wagenschwend kamen 1813 zum wiedererstandenen Amt Eberbach, Laudenberg, Limbach und Scheringen zum Amt Buchen. 1840 wechselten Heidersbach vom Amt Mosbach und Laudenberg vom Amt Buchen zum Amt Adelsheim, wurden 1849/50 aber beide dem Amt Buchen zugeordnet. In Laudenberg und Limbach wünschte 1912 die jüngere Einwohnerschaft eine Umgliederung zu der besser erreichbaren Amtsstadt Mosbach. Limbach wurde 1921 auch Mosbach zugeteilt. 1924, als das Amt Eberbach aufgeteilt wurde, folgten auch Balsbach und Wagenschwend. Die Gebietsreform vereinigte 1971 alle 7 Orte im Neckar-Odenwald-Kreis.

Von 1935 bis 1945 war Scheringen mit Einbach und Waldhausen (jetzt Stadt Buchen) zur Einheitsgemeinde Waldhausen zusammengefaßt. 1973 vereinigten sich Balsbach, Laudenberg, Limbach und Wagenschwend zur neuen Gde Limbach. Am 1.8.1973 wurde Heidersbach, am 1.1.1974 Scheringen und am 19.7.1975 Krumbach eingemeindet. Alle Ortsteile besitzen Ortschaftsverfassungen. Seit 1.1.1975 bildet Limbach mit Fahrenbach die Verwaltungsgemeinschaft Limbach.

Gemeinde. – Das aus 7 Gemarkungen zusammengesetzte *Gemeindegebiet* umfaßt 4363 ha. Davon nahm 1985 der Wald 2323 ha ein, 1714 ha waren Landwirtschaftsfläche, 304 ha Siedlungsfläche, 6 ha Wasserfläche und 16 ha Flächen anderer Nutzung. Durch die Umgliederung der Exklave Braunklinge von der Stadt Eberbach zu Limbach (Gkg Wagenschwend) hatte sich kurz vor 1980 die Gemeindefläche um 122 ha vergrößert. Genaue Katastervermessungen wurden erstmals zwischen 1872 (Scheringen) und 1903 (Wagenschwend) vorgenommen. Für 1854 errechnet sich eine Gesamtfläche von ca. 4202 ha. Schon damals hatte das Ev. Stift Mosbach großen Landbesitz auf allen Gemarkungen außer Heidersbach und Scheringen (dort besaß das Stift aber im Jahr 1935 Wald) und kaufte in den folgenden Jahrzehnten weiteres Land, besonders Wald, auf. 1865 gehörten ihm in Balsbach etwa ¼ der Gemarkung, 1907 in Limbach etwa ⅐ und 1909 in Laudenberg fast 60 %, in Wagenschwend war 1867 auch der Hauptschulfonds Heidelberg mit 4 M Äckern und 30 M Wald begütert. Dem Stift gehörten 100 M Wald. Die Gden Balsbach, Laudenberg und Krumbach kauften zwar Teile des Stiftsbesitzes zurück, dennoch besitzt die Stiftschaffnei Mosbach heute auf dem Gemeindegebiet 1110 ha Wald.

Allmenden besaß keines der Dörfer, *Bürgergaben* aus dem Gemeindewald konnte nur Scheringen reichen (1909, 1922: 42 Gaben, an Hausbesitz gebunden).

Die *Gemeindekassen* waren 1808 außer in Laudenberg mit Kriegs- und anderen Schulden belastet. Durch das ganze 19. Jh. hindurch war die Vermögenslage der Gemeinden schlecht, vor allem weil Waldbesitz fehlte oder zu gering war. Die *Vermögen* bestanden nur aus den kaum Ertrag bringenden Gebäuden und wenigen Äckern und Wiesen. Ein Armenhaus und ein Schulhaus besaßen um die Mitte des 19. Jh. alle Dörfer. Im Schulhaus war in Heidersbach, Limbach, Scheringen und seit der Erweiterung 1871 in Laudenberg auch das Ratszimmer untergebracht. Neue Rat- und Schulhäuser bauten Krumbach 1868, Wagenschwend 1892, Scheringen 1903, Limbach 1908. Laudenberg richtete 1895 im Wohnhaus des ehemaligen Stiftsguts ein Rathaus ein. Fast alle Gemeinden besaßen Ende des 19. Jh. auch Spritzenremisen und einen Ortsarrest. Heute gehören der Gemeinde Rathäuser und Feuerwehrgerätehäuser in allen Ortsteilen sowie die ehemaligen Schulhäuser, die nur in Laudenberg und Limbach noch als Schule dienen, sonst zu Vereinshäusern umgewandelt wurden, und die Mehrzweckhallen in Limbach und Krumbach. Das liegenschaftliche Vermögen besteht aus 158 ha Wald, 12 ha verpachtetem Acker- und 14 ha Wiesenland sowie aus 2,8 ha Bauplätzen.

Die wenigen regelmäßigen *Einnahmen* kamen im 19. Jh. aus der Jagd- und Fischereipacht sowie – solange sie bestand – aus der Schäferei. Im wesentlichen mußten die Ausgaben durch hohe Umlagen auf das Steuerkapital der Einwohner gedeckt werden. Nur die Gde Scheringen stand sich dank ihres Waldbesitzes besser. 1922 hatte sie außer dem liegenschaftlichen auch Kapitalvermögen. Das Rechnungswesen der Gemeinden war im allgemeinen geordnet, nur in Wagenschwend war es bis um 1860 zerrüttet. Unter den laufenden *Ausgaben* machte der Armenaufwand fast ständig größere Summen aus. Für Sonderausgaben durch Schul- und Rathausbauten, Wege- und Straßenbau und -unterhaltung, Zuschuß zum Eisenbahnbau, Katastervermessung, Wasserleitungsbau, in Balsbach, Heidersbach, Scheringen auch Beiträge zum Waldhausener Kirchenbau (1903), mußte in der Regel Kapital aufgenommen werden. Die Schulden wurden jedoch planmäßig getilgt.

Gegenwärtig ist die Finanzlage der Gemeinde zwar nicht glänzend, im Kreisvergleich aber auch nicht schlecht. Das Steueraufkommen, 1970 bei 625 000 DM, lag 1980 bei 2 414 000 DM, der Gewerbesteueranteil machte 1970 33,2 %, 1980 41,8 % aus. Mit einer Steuerkraftsumme von 2 793 000 DM = 664 DM je Einwohner lag Limbach 1980 an 16. Stelle im Landkreis, mit 1224 DM Schulden je Einwohner allerdings an 8. Stelle. 1986 war die Steuerkraftsumme auf 3 092 000 DM = 729 DM/E. angewachsen, die Schulden auf 6 673 000 DM = 1573 DM/E. 1988 umfaßt der Vermögenshaushalt der Gemeinde nach einer Steigerung von 29 % gegenüber dem Vorjahr 5 018 830 DM, der seit 1987 fast unveränderte Verwaltungshaushalt 8 696 550 DM. An wesentlichen Investitionen laufen oder stehen bevor: in Wagenschwend der Bau der Kläranlage, die

Verbesserung der Ortsdurchfahrt, der Bau der Kanalisation und die Erneuerung der Wasserversorgung, in Heidersbach die Dorfentwicklung sowie allgemeine Maßnahmen für die Abwasserbeseitung in der Gemeinde.

Um die Jahrhundertwende hatten hier die Gemeinderatskollegien außer den Bürgermeistern 6 Mitglieder. In Limbach setzte sich im Gemeinderat (1904) die »Handwerkerpartei« mit dem Kaufmann und Postagenten Valentin Zimmermann als Bürgermeister gegen die »Agrarier« des Pfarrers durch. Zimmermann betrieb nicht nur den Anschluß Limbachs an die Eisenbahn Mosbach–Mudau, sondern förderte mit seinen Söhnen auch die Gründung der ersten Industriebetriebe im Dorf.

Beim Zusammenschluß der alten Gemeinden hatten Limbach 10, Heidersbach, Krumbach Wagenschwend je 8, Balsbach, Laudenberg und Scheringen je 6 *Gemeinderäte*. Dem Gemeinderat der heutigen Gemeinde gehören außer dem Bürgermeister 24 Mitglieder an.

Seit Bildung der neuen Gde Limbach hat die CDU im Gemeinderat die absolute Mehrheit, im derzeitigen 1989 gewählten Gemeinderat stellt sie den Bürgermeister und 11 Gemeinderäte. 7 Gemeinderäte kamen über die Freie Wählergemeinschaft, die 1983 gegründet wurde und jetzt 35 Mitglieder zählt, 3 Gemeinderäte kamen über die SPD in das Gremium.

An *Gemeindebediensteten* werden vor der und um die Jahrhundertwende aufgezählt: Ratsschreiber, Rechner, Polizeidiener, Waldhüter, Feldhüter, Straßenwart. Nachtwächter, Brunnenmeister oder Pumpmeister, Baumwart, Totengräber, Abdecker, Fleischbeschauer, Steinsetzer und Waisenrichter waren nicht fest besoldet. Heute arbeiten in der *Gemeindeverwaltung* mit Sitz im seit 1973 zum modernen Rathaus umgebauten Schul- und Rathaus von 1908 2 Beamte (außer dem Bürgermeister), 15 Angestellte, davon 5 Teilzeitkräfte, und 24 Arbeiter, davon 15 Teilzeitkräfte. Die Verwaltung gliedert sich in das Finanzwesen mit 5 Abteilungen, darunter Rechnungsamt, Gemeindekasse, Personalwesen, die Bauverwaltung mit 9 Abteilungen, darunter Liegenschaften, Bauhof, Bauleitplan, Ortspolizeibehörde, Bauordnungsamt, und die Hauptverwaltung mit den Abteilungen: Standesamt, Grundbuchamt, Einwohnermeldeamt, Paßamt, Sozialamt, Ortschaftsverwaltung. In den Ortsteilen finden wöchentlich Sprechstunden statt.

Ver- und Entsorgungseinrichtungen. – Die *Freiwillige Feuerwehr* besteht aus der Stützpunktwehr mit 2 Einsatzgruppen in Limbach und den 6 Abteilungswehren der übrigen Ortsteile. Das 1955 erbaute Feuerwehrgerätehaus in Limbach wurde 1983 erweitert. Um 1870 hatten nur Limbach und Laudenberg eigene Feuerspritzen, Scheringen und Heidersbach bildeten mit Waldhausen (heute Stadt Buchen), Balsbach mit Wagenschwend einen Spritzenverband. Letzterem gehörte bis 1866 auch Robern (Gde Fahrenbach) an. Heidersbach kaufte 1874, Krumbach 1876 eine Handspritze. Nach einem Brand, der 1898 sieben Häuser zerstört hatte, schaffte Heidersbach 1901 eine Fahrspritze an. Die Aufstellung der Löschmannschaften ließ in den Dörfern meist zu wünschen übrig.

Seit 1920/22 beziehen die Dörfer *Strom* vom Badenwerk. Abnehmer sind die einzelnen Haushalte.

Während die *Wasserversorgung* noch um 1850 mit laufenden und Pumpbrunnen im allgemeinen ausreichte, genügte sie um 1880 nicht mehr den Ansprüchen. Meist standen zu wenige Brunnen im Dorf, zudem lieferten sie zum Teil wenig oder schlechtes Wasser, zumal wenn die Fassungen oder Zuleitungen defekt waren. Zunächst half man sich mit dem Bau neuer und der Reparatur der alten Brunnen, aber um die Jahrhundertwende diskutierten die Gemeinderäte über den Bau von Wasserleitungen. Balsbach baute 1890, Wagenschwend 1896 eine Wasserleitung zu den öffentlichen Brunnen. In Wagenschwend genügte sie nicht, so daß 1906 eine neue Wasserversorgung mit Hochbehälter, Pumpwerk und Hausanschlüssen gebaut wurde. Hausanschlüsse erhielt auch die Krumbacher Wasserleitung von 1896. In Laudenberg wurden 1908, in Limbach 1913 Wasserleitungen verlegt. In Scheringen stritten sich Ober-und Unterdorf 1911, weil im Unterdorf die Brunnen ausreichten, im Oberdorf Wasser fehlte. Der Vorschlag einer gemeinsamen Versorgung mit Heidersbach und Waldhausen fand dort keine Gegenliebe. Erst 1926/27 baute Scheringen ein Pumpwerk. 1935 war es schon veraltet. Balsbach und Heidersbach erhielten erst nach dem 2. Weltkrieg Wasserleitungen, in Krumbach und Limbach wurde das Netz ausgebaut und erneuert. Da immer wieder Wassermangel auftrat, gründeten Limbach, Krumbach, Robern, Fahrenbach 1971 den Zweckverband »Wasserversorgung Oberes Trienztal« und nahmen 1976 ein neues Wasserwerk in Krumbach in Betrieb. Balsbach, Heidersbach, Scheringen, Wagenschwend bezogen seit 1973/75, Laudenberg seit 1976 das Wasser von der Fernwasserversorgung Rheintal, die 1981 aufgelöst und in die Bodenseewasserversorgung überführt worden ist. Heidersbach, Scheringen und Waldhausen hatten nun doch den alten Vorschlag verwirklicht und sich zum Wasserversorgungszweckverband »Elzbachgruppe« vereinigt. Dessen Anlagen werden gleichfalls jetzt mit Bodenseewasser gespeist.

Die Gemeinde nahm 1979 eine zentrale mechanisch-biologisch arbeitende *Kläranlage*, ausgelegt auf 2300 E. und Einwohnergleichwerte, in Betrieb. Sie entläßt zu 95 % gereinigtes Wasser in den Vorfluter Lautzenbach. Angeschlossen sind Limbach völlig, Laudenberg und Heidersbach je zur Hälfte, die übrigen Orte nur zu kleinen Teilen. Krumbach schickt sein Abwasser zur Kläranlage in Fahrenbach.

Die *Müllabfuhr* ist von der Gemeinde einem Unternehmer übertragen, der einmal in der Woche die Müllsäcke abholen und zur Deponie Buchen bringen läßt.

In der *medizinischen Grundversorgung* ist die Gemeinde heute mit einem Arzt für Allgemeinmedizin, einer Zahnarztdoppelpraxis, einer Apotheke und einer Massagepraxis unabhängig. Krankenhäuser werden in Buchen, Mosbach und Eberbach aufgesucht. Noch um die Jahrhundertwende mußten die Ärzte aus Mudau, Eberbach, Buchen, Mosbach und Strümpfelbrunn geholt werden. Hebammen dagegen waren in der Regel in jedem Dorf tätig. Zeitweise versorgte eine Hebamme auch zwei Orte. In Limbach wurde 1895 für das ganze Kirchspiel eine kath. Krankenstation mit 3 Gengenbacher Schwestern eingerichtet. 1914 kamen Krankenschwestern auch nach Waldhausen und betreuten auch Heidersbach und Scheringen. Heute ist die Sozialstation Buchen für Scheringen und Heidersbach, die Sozialstation Mosbach für die übrige Gemeinde zuständig.

Friedhöfe mit Leichenhallen hat heute jeder Ortsteil, nur Balsbach und Wagenschwend gemeinsam. Ursprünglich nahm der Limbacher Friedhof die Toten des gesamten Kirchspiels außer Waldhausen auf. Vor 1880 wurde ein neuer Friedhof angelegt. Balsbach und Wagenschwend trennten sich 1870, Robern und Trienz 1898, Scheringen und Heidersbach 1902 vom Friedhofsverband. 1904 wurde der Limbacher Friedhof noch von Krumbach und Laudenberg mitbenutzt. Für Scheringen war bis nach dem 2. Weltkrieg der Friedhof in Waldhausen zuständig.

Ein *Kindergarten* wurde im ehemaligen Wirtshaus »Hirsch« in Limbach eingerichtet, das die Kirchengemeinde 1898 als Schwesternhaus geschenkt bekam. Als 1953 ein neues Gemeinde- und Schwesternhaus gebaut wurde, nahm es gleichfalls den Kindergarten mit auf. Auch Krumbach und Wagenschwend haben einen kath. Kindergarten.

Kirche. – In der *kath. Kirchenorganisation* nahm Limbach, Dekanat Buchen (seit 1929 Dekanat Mosbach), bis zum Ende des 19. Jh. eine zentrale Stellung als Kirchdorf für alle Orte der heutigen Gemeinde sowie für Waldhausen und Einbach (Stadt Buchen), Robern und Trienz (Gde Fahrenbach) ein. Nur Waldhausen hatte eine Filialkirche, die (1883) auch von Oberscheringen aus besucht wurde. Robern und Trienz lösten sich als erste und wurden 1897 zur Pfarrei Fahrenbach geschlagen, Wagenschwend und Balsbach trennten sich 1905 und bildeten die Pfarrkuratie, seit 1960 Pfarrei Wagenschwend. 1901 wurde mit Einbach und Heidersbach die Kuratie, seit 1909 Pfarrei Waldhausen gebildet. Seither sind nur noch Krumbach und Laudenberg Filialen von Limbach. Das Patronat übte von 1803 bis 1863 der Fürst von Leiningen aus.

Die Limbacher Pfarrkirche St. Marien (ad Assumptionem) und St. Valentin (1828, 1863: nur St. Valentin) wurde 1773 erbaut und 1963–67 erweitert. Die Pfarrkirche Hl. Kreuz in Wagenschwend wurde 1869/70 erbaut, 1875 geweiht und 1964 renoviert. Die Heidersbacher Filialkirche St. Wendelin ist 1929 gebaut und erst 1954 geweiht worden. Sie wurde 1981 letztmals renoviert. Die Filialkirchen Maria Königin in Laudenberg, erbaut 1953, und Christ König in Krumbach, erbaut 1955, wurden 1955 konsekriert, die Balsbacher Filial- und Klosterkirche Christ König ist 1966/67 erbaut und 1969 geweiht worden. Hier hatten 1950 Klarissen-Kapuzinerinnen das Kl. St. Clara gegründet.

In der *Ev. Landeskirche* gehörten Limbach, Balsbach, Laudenberg, Scheringen zur Diasporagemeinde (seit 1949) bzw. Kirchengemeinde (seit 1978) Mudau, Heidersbach zum Kirchspiel Großeicholzheim und Krumbach mit Wagenschwend seit 1983 (vorher als Diasporagemeinden) zur Kirchengemeinde Fahrenbach.

Schule. – Alle 7 Dörfer besaßen im 19. Jh. eine kath. Schule, die aus Gemeindemitteln, Staatszuschüssen und Schulgeld unterhalten wurde. Industrie- (= Handarbeits-) unterricht wurde meist nur im Winter erteilt. Limbach baute 1842 ein neues Schulhaus und als es zu klein geworden war, 1908 das Schul- und Rathaus, das, damals als »zu großartig« gerügt, heute noch als Rathaus dient. 1905 richtete Limbach eine gewerbliche *Fortbildungsschule* ein, die auch von Schülern aus Nachbarorten besucht wurde. Fortbildungsschule als Sonntagsschule wurde zeitweise auch in anderen Dörfern gehalten. 1955 wurde ein neuer Bau für die Volks- und die Fortbildungsschule (heute als Grundschule genutzt) eingeweiht, 1979 dann die jetzige Nachbarschaftshauptschule mit Sport- und Mehrzweckhalle vollendet. Auch in den übrigen Dörfern wurden seit 1860 die Schulhäuser erweitert oder, meist als Schul- und Rathäuser, neu gebaut. Heute wird nur das Schulhaus in Laudenberg als Grundschule genutzt. Insgesamt werden in den beiden Grundschulen in Limbach und Laudenberg (1988) 181 Schüler in 7 Klassen von 8 Lehrern, in der Hauptschule 191 Schüler in 10 Klassen von 14 Lehrern unterrichtet. Alle Lehrkräfte sind vollbeschäftigt. Die Grundschüler aus Wagenschwend besuchen die Schule in Fahrenbach, die Hauptschüler kommen nach Limbach.

Sportstätten. – Außer in Scheringen gibt es in allen Gemeindeteilen Fußballplätze. Krumbach hat seit 1970 ein Hallen-, seit 1973 ein Freibad. Die Mehrzweckhallen in Limbach, erbaut 1979, und Krumbach, erbaut 1974, dienen auch sportlichen Zwecken. In Krumbach steht eine private Tennishalle, früher Reithalle, zur Verfügung. Die Limbacher Schützen besitzen eine Schießanlage für Luftgewehr, Kleinkaliber und Pistolen.

Vereine. – Der älteste der heute das gesellschaftliche Leben in der Gemeinde mitprägenden Vereine ist der *Musikverein* in Limbach von 1863. Er hat jetzt einschließlich der Jugend 71 Mitglieder. Der Heidersbacher Musikverein (42 Mitglieder) wurde 1920, der in Wagenschwend (58 Mitglieder) 1928 gegründet. Unter den *Gesangvereinen* ist der Männergesangverein Limbach von 1871 der älteste. Er zählt heute einschließlich des Kinder- und Jugendchors 74 aktive Mitglieder. Der Balsbacher Liederkranz mit jetzt 45 Mitgliedern wurde 1921 gegründet, der Männergesangverein in Krumbach mit derzeit 29 Mitgliedern 1929. Der Gesangverein in Wagenschwend (69 Mitglieder) wurde 1949 gegründet. *Sportvereine* haben Wagenschwend (58 Mitglieder, 1929 gegründet) und Krumbach (75 Mitglieder, 1957 gegründet), Fußballvereine sind der FC Freya in Limbach von 1921 mit 210 Mitgliedern, der VfB Heidersbach von 1949 mit 154 Mitgliedern und der FV Laudenberg von 1961 mit 75 Mitgliedern. An weiteren Sportvereinen sind zu nennen: der Schützenverein Diana Limbach mit 72 Mitgliedern, gegründet 1933, der Tischtennisclub Limbach mit 45 Mitgliedern, 1959 gegründet, die Motorradfreunde Limbach mit 36 Mitgliedern, 1976 und der Automobilclub Scheringen mit 60 Mitgliedern, 1979 gegründet sowie der Fischereiverein Krumbach von 1973 mit 13 Mitgliedern. 1929 schloß sich der Brieftaubenverein Krumbach/Laudenberg zusammen. Um die *Fastnacht* kümmern sich die KG Wulle-Wack in Limbach seit 1951 mit 14 und die Fastnachtsgesellschaft Heidersbach seit 1979 mit 85 Mitgliedern. Seit 1968 besteht der *Verkehrsverein* Limbach (30 Mitglieder), seit 1983 der Fremdenverkehrsverein Laudenberg (30 Mitglieder). 1973 schloß sich in Krumbach eine Jugendgruppe (20 Mitglieder) zum Verein zusammen. Örtliche Gruppen haben u.a. die Kath. Landjugend, das Deutsche Rote Kreuz und die Deutsche Lebensrettungsgesellschaft.

Strukturbild

In den letzten 100 Jahren haben sich die sieben die heutige Gemeinde bildenden Dörfer aus armen Orten, in denen die Land- und Forstwirtschaft zwar die Haupt-, aber keinesfalls eine ausreichende Erwerbsgrundlage bildete, zur ländlichen Gewerbe- und Auspendlergemeinde entwickelt, in der die Landwirtschaft nur noch eine untergeordnete Rolle spielt. Bis ins 20. Jh. hinein war den Dörfern bei allen Unterschieden – Krumbach z. B. und Unterscheringen zählten zu den ärmsten Orten ihrer Amtsbezirke, während in Laudenberg und Oberscheringen wenigstens die größeren Bauern ihr Auskommen hatten – gemeinsam, daß Arbeitsplätze fehlten. Aus- und Abwanderung und Saisonarbeit in der weiteren Umgebung waren die einzige Abhilfe. Auch die Steinbrüche brachten nur wenige Jahrzehnte lang Erleichterung. Nur im kirchlichen Zentralort Limbach konnten sich Handwerk und Handel besser entfalten, bis die Neugründung von Pfarreien hier Einbußen zur Folge hatte. Erst die Gründung der kleinen industriellen Betriebe brachten zunächst in Limbach, später auch in den anderen Orten einen dauerhaften Wandel. Die Herstellung von Lampenschirmen, dann von Beleuchtungskörpern entwickelte sich innerhalb des holz- und papierverarbeitenden Gewerbes zu einem speziellen Industriezweig in der heutigen Gemeinde. Auch das Bau- und Ausbaugewerbe gewann größere Bedeutung und ist seit langem der stärkste Zweig innerhalb des Handwerks. In der letzten Zeit kamen auch kunststoffverarbeitende Betriebe hinzu. Vor allem in Laudenberg hat sich als weiterer Gewerbezweig der Fremdenverkehr durchgesetzt. Trotzdem reichen die Arbeitsplätze bei weitem nicht aus. Gegenüber 1970 hat sich die Zahl der Auspendler sogar mehr als verdoppelt, während die der Einpendler um weniger als 50 % stieg. 1987 standen 355 Berufseinpendlern aus den Nachbargemeinden 1055 Auspendler, hauptsächlich nach Mosbach (425) und Buchen (128), aber auch nach Elztal, Eberbach, Heidelberg, selbst nach Walldürn und Neckarsulm, gegenüber.

Im Regionalplan Unterer Neckar ist Limbach insgesamt als Wohngemeinde bezeichnet, der Ortsteil Limbach außerdem als Betriebsgemeinde. Heidersbach und Krumbach sind als Wohngemeinden mit gewerblichem Besatz und Landwirtschaft, Balsbach, Laudenberg und Scheringen als Wohngemeinden mit landwirtschaftlicher Prägung genannt. Innerhalb der zentralörtlichen Hierarchie ist der Gemeindeteil Limbach als Kleinzentrum einzustufen, das für die übrigen Orte der Gemeinde und wenige Nachbarorte die Grundversorgung übernimmt. In der Ausrichtung auf die Unter- und Mittelzentren Eberbach, Mosbach und Buchen spiegelt sich die ehemalige Amts-und Kreiszugehörigkeit wider. Mosbach scheint jedoch auch hier Eberbach allmählich auszuschalten.

Quellen und Literatur

Ortsbereisungsakten

Balsbach 1851–1867	GLA 349/3543; 1867–1904 GLA 364/6765
Heidersbach 1869–1889	GLA 345/S 1686; 1892–1914 GLA 345/S 1687
Krumbach 1851–1857	GLA 364/3564; 1860–1890 GLA 364/4217; 1893–1904 GLA 364/4218
Laudenberg 1869–1890	GLA 338/3624; 1893–1912 GLA 338/3625
Limbach 1868–1890	GLA 364/4230; 1892–1911 GLA 364/6771
Scheringen 1868–1889	GLA 345/S 2967; 1892–1900 GLA 345/S 2968; 1903–1911 GLA 345/S 2969; 1922; 1935 GLA 345/S 2970
Wagenschwend 1851–1866	GLA 349/ 584; 1867–1908 GLA 349/5082

Literatur

Festschrift Schulhaus-Einweihung und Heimattage in Limbach vom 30. Juli bis 1. August 1955. Limbach 1955.
Humpert, Theodor: Geschichte der Pfarrei Limbach 1426–1926. Freiburg 1926.
Limbach im Neckar-Odenwald-Kreis. 10 Jahre Gemeindepolitik seit der Reform. Dokumentation. Neckarzimmern 1983.
60 Jahre Zimmermann & Co. GmbH (Zicoli). Limbach 1980.

C. Geschichte der Gemeindeteile

Balsbach

Siedlung und Gemarkung. – In der Form *Ballispach* wird der Ort erstmals 1306 in einer Stiftung für St. Juliana in Mosbach erwähnt. Es liegen nur Versuche zur Namensdeutung von der Pflanze Balse (Wasserminze) oder von einem Personennamen vor. Gewiß ist auch Balsbach ein Rodungsort des ausgehenden Mittelalters, der seine Besiedlung sowohl von Burg Zwingenberg als auch von Burg Lohrbach ausgehenden Impulsen verdankt. Die Grundlage war jedoch das zu Amorbach gehörige Waldgebiet. Deshalb blieben Zentzuständigkeit und kirchliche Gliederung im Mudauer bzw. Limbach-Hollerbacher Zusammenhang. Die beiden Herrschaften im Ort verfügten jeweils über 5 Hufen, die nach dem Waldhufenschema bei recht locker gestreuten Häusern angelegt waren. Erst verhältnismäßig spät kamen Häuser außerhalb des Hufenverbandes hinzu. So wurden auch 1803 nur 18 Wohnhäuser gezählt, fast alle waren strohgedeckt. Die Gemarkung bestand damals aus rund 220 M Ackerland, 75 M Wiesen, 100 M Weiden und 80 M Wald an den Rändern der Gemarkung. Der Wald war im Besitz der Hüfner.

Herrschaft. – Um 1330 war der Weiler Balsbach (vermutlich nur z.T.) Würzburger Lehen für Herold Nest von Obrigheim. Dem Siedlungsausbau entsprechend teilten sich die Inhaber der Burgen Lohrbach und Zwingenberg, also ab 1413 Pfalz-Mosbach, ab 1499 Kurpfalz, und die Herren von Hirschhorn sowie ihre Nachfolger die Ortsherrschaft. Die Zentherrschaft dagegen war mit Mudau verbunden und blieb bis 1715 mainzisch. Dann wurde sie an Kurpfalz und die Mosbacher Zent abgetreten. Der Zwingenberger Anteil am Ort, schon zuvor der Pfalz lehnbar, wurde 1746 endgültig an die Pfalz verkauft und von dieser an den Grafen von Bretzenheim weitergegeben. 1802/03 trat Leiningen in sämtliche pfälzischen Rechte ein, jedoch übernahm Baden 1806 die Souveränität. Die bretzenheimische Ortsherrschaft gelangte 1808 an die Markgrafen von Baden. Der zuständige Verwaltungssitz für die pfälzische Hälfte und ab 1806 für den ganzen Ort war Mosbach.

Grundherrschaft. – Die Hufengüter schuldeten ihrer jeweiligen Herrschaft Herdrecht und Frondienst. Eine Liste der pfälzischen Hufen läßt Größen zwischen 60 und 80 M erkennen. Die größeren Hufen frondeten mit 3, die kleineren mit 2 Ochsen. 2 von diesen 5 Hufen hatten ihren Besitz noch völlig ungestört in einem geschlossenen Streifen, 1 Hufe war in 2 Wirtschaftseinheiten geteilt, die beiden anderen Hufen verfügten jeweils über mehrere zugehörige Parzellen. Außer den 10 Hufen werden 1774 noch 2 wüste Güter erwähnt. Von 1549 an lassen sich zusätzlich auch besondere Güter des Stifts Mosbach verfolgen, die, soweit es sich um spezielle Güterangelegenheiten handelte, einer eigenen Gerichtsbarkeit des Stifts unterstanden.

Gemeinde. – Balsbach bildete eine einheitliche Gemeinde, die aber mit Wagenschwend zusammen nur ein Gericht hatte. 1549 setzten sich dessen Gerichtspersonen aus je 3 pfälzischen und hirschhornischen Untertanen aus Balsbach und je 2 aus Wagenschwend zusammen. Gerichtsvorsitzender war der Schultheiß von Robern. Er wechselte in der Stabführung mit dem zwingenbergischen (vgl. Wagenschwend) ab. Ende des 18. Jh. wurde das Gericht von einem Anwalt gehalten. Den Balsbachern stand der Weidgang auf den Gkgn Wagenschwend, Ober- und Unterscheidental, Laudenberg, Krumbach und Robern, zum Teil auch Rineck zu. Die Gemeinde hatte eine eigene Schäferei und besaß ein Hirtenhaus, sonst jedoch kein Vermögen.

Kirche und Schule. – Kirchlich gehörte Balsbach zur Pfarrei Limbach. Den großen Zehnt bezog das Kl. Amorbach, in den kleinen Zehnt teilten sich das Kloster und die Pfarrei. Gottesdienstbesuch war im 18. Jh. wenigstens teilweise auch in Wagenschwend möglich. 1781 existierte eine Schule.

Bevölkerung und Wirtschaft. – Bei recht schwankenden Huldigungszahlen zwischen 1556 und 1615 kann man für beide Herrschaften mit insgesamt 16 Haushalten und 70 bis 80 Einwohnern rechnen. 1652 gab es im Dorf noch 8 Männer. Auf pfälzischer Seite sind 1663 bereits wieder 33 Einwohner erwähnt, 1668 waren es insgesamt 63 Einwohner. Am Ende des 18. Jh. betrug die Gesamtbevölkerung etwa 110 Seelen, 1806 waren die 145 Einwohner auf 20 bürgerliche Haushalte, 6 Beisassen und 1 Tolerierten aufgeteilt. Sämtliche Einwohner waren katholisch, die pfälzische Herrschaft hatte es im 16. und 17. Jh. nicht vermocht, ihre Konfession durchzusetzen. Den Lebensunterhalt fand die Einwohnerschaft ganz überwiegend in der Landwirtschaft. Die Statistik von 1806 teilt jedoch von 66 Erwachsenen 32 den Bauern, 24 den Taglöhnern und 8 dem Gewerbe zu. Die Landwirtschaft wurde auf den Hufengütern in willkürlicher Form betrieben. Der Viehbestand kannte keine Pferde, 1806 werden

10 Ochsen, 20 Stück Rindvieh, 15 Schafe und 22 Schweine gezählt. 1775 arbeiteten 3 Leineweber mit insgesamt 11 Beschäftigten im Ort, 1806 werden nur noch ein Schneider und ein Schuhmacher zusätzlich genannt. Schon 1724 gab es je einen Schildwirt, Straußwirt und Bierbrauer im Dorf. Balsbach hatte vor 1806 keine Mühle, jedoch war während des 16. Jh. eine Mühle im südlichen Teil der Gemarkung abgegangen.

Heidersbach

Siedlung und Gemarkung. – 1303/13 wird *Heydinsbůch* erstmals erwähnt; bis zum Ausgang des Mittelalters herrschen Namensformen vor, die in der Genitivendung immer noch die Herleitung des Ortsnamen vom Personennamen Hedin oder Heidin zu erkennen geben, während das Grundwort von Buch (Buchwald) bereits im 15. Jh. zu Bach verändert wird. Seit etwa 1500 überwiegen dann dem heutigen Gebrauch entsprechende Schreibungen. Heidersbach liegt mit seiner Flur zum größten Teil schon im Muschelkalk, es besteht aber kein Zweifel, daß es erst ein Rodungsort des hohen Mittelalters ist. Darauf weisen die Grundbesitzverhältnisse ebenso hin wie die Zugehörigkeit zum alten Kirchspiel Hollerbach und zur Mudauer Zent. Der Ort ist also in dem großen Waldgebiet entstanden, welches das Kl. Amorbach im 11. Jh. erworben und dann aufgesiedelt hat. Da Heidersbach am Ostrand dieses Gebiets liegt, ist mit einer relativ frühen Anlage dieser Siedlung zu rechnen. Die Gemarkung war durchgehend in wohl streifenartig gestaltete Hufen eingeteilt, die 1562 noch alle bekannt, aber längst geteilt waren. Die 35 Häuser verteilten sich damals recht ungleichmäßig auf die Hufen, bis zur Höchstzahl von 5 Häusern auf der 3. Hufe und 3 Häuser auf der halben Hufe, während 3 Hufengüter ohne Haus blieben. Nach einem nicht sicher bestimmbaren Rückgang im 30j. Krieg kam der Ort nur langsam wieder annähernd auf die alte Häuserzahl. 1803 waren es 30 Wohnhäuser. Vermutlich haben noch weitere Umschichtungen dazu geführt, daß sich jetzt die Häuser in einem verhältnismäßig eng begrenzten Bereich in der Form eines kleinen Dorfes zusammenscharten. Als Hufengut unterlag die Gemarkung wechselhafter Nutzung als Wiese, Feld und Wald, ohne daß dies exakt festgehalten wurde. Durch Zehntstreitigkeiten ist Waldrodung 1531 belegt. Die vom Krieg her wüst liegenden Güter waren 1681 alle wieder unter Kultur. 1803 lagen auf der Gemarkung etwa 650 M Wiesen, Ackerland und Brache und ca. 130 M Wald, meist im Besitz der Bauern.

Herrschaft. – Johannes von Heidersbach leistete 1316 Bürgschaft für Wolflin von Limbach, als dieser seinen Anteil am dortigen Zehnt verkaufte. Unter Umständen könnte es sich hier um die alleruntserste Schicht von Ministerialität gehandelt haben. Eine Burg ist in Heidersbach nicht zu vermuten. Der Ort gehörte, wie sich ab 1495 nachweisen läßt, zur Mudauer Zent. Aller Wahrscheinlichkeit nach bestand die Zentzugehörigkeit von Anfang an. Von jeder Haushaltung am Ort erhielt der Zentgraf zu Mudau, wie 1665 belegt ist, 1 Simri Zenthafer. Die Zenthoheit blieb bis 1715 bei Mainz und Mudau und gelangte dann im Austauschvertrag mit der Pfalz an Mosbach.

Über die Ortsherrschaft in Heidersbach errang 1466 Pfalz-Mosbach, dann Kurpfalz die Lehnshoheit. Spätestens nach dem Lehnsheimfall von 1618 beanspruchte die Kurpfalz in Heidersbach die landesherrlichen Rechte, die Erhebung von Schatzung und Türkensteuer, das Ungeld, das Wildfangrecht und den Heimfall der wüsten Güter sowie die Appellation an ihr Hofgericht. Das Musterungsrecht war noch am Ende des

18. Jh. mit der Ortsherrschaft strittig, obwohl es die Pfalz auch schon zuvor ausgeübt hatte.

Die Ortsherrschaft, das heißt die Niedergerichtsbarkeit und die allgemeine Befugnis, im Dorf Ordnungen zu erlassen und Schultheißen einzusetzen, stand den Inhabern von Burg und Herrschaft Großeicholzheim zu. Als solche sind um 1437 Peter von Talheim, in der Mitte des 15. Jh. die Rüdt von Bödigheim zu fassen. Conz Rüdt trug seine Rechte und Besitz 1466 dem Pfalzgrafen Otto von Mosbach zu Lehen auf. Es scheint jedoch so gewesen zu sein, daß ein Teil der Herrschaft immer noch im Besitz der Herren von Eicholzheim war. 1548 waren die von Adelsheim Inhaber ortsherrschaftlicher Rechte. Die Erbschaft der Eicholzheim traten 1563 durch Neubelehnung die Landschad von Steinach an, deren Eicholzheimer Linie 1618 ausstarb. Damals zog die Kurpfalz das Lehen ein und bildete eine eigene Kellerei Eicholzheim. Diese aber wurde 1684 an Johann Heinrich Rüdt von Collenberg verlehnt, gelangte 1691 an Maximilian von Degenfeld-Schomburg und blieb über das Ende des Alten Reiches hinaus im Besitz der Familie, während die pfälzische Ober- und Zentherrschaft 1803 an Leiningen und 1806 an das Großherzogtum Baden fiel.

1576 erließ Hans Pleickart Landschad ein Dorfrecht für die gesamte Herrschaft. Das vogteiliche Gericht belegte die eigenen Herrschaftsangehörigen mit dem normalen Bußsatz von 2½ Turnosen, die der Herrschaft zufielen, während die Bußen von Fremden zur Hälfte an das Gericht selbst gingen. Das Gericht tagte viermal im Jahr ungeboten jeweils montags nach Matthias, Urban, Mariä Geburt und Andreas. 1562 war es mit 4 Richtern aus Heidersbach und 3 aus Waldhausen besetzt. Letztere Tatsache spricht noch einmal dafür, daß Heidersbach siedlungsgeschichtlich nicht mit Großeicholzheim, sondern mit der Mudauer Zent zusammenhängt. Später allerdings sind keine Gerichtsschöffen von Waldhausen mehr genannt.

Grundherrschaft. – 1303/13 wird ein Würzburger Lehen unbekannter Größe in Heidersbach genannt. Weitere Nachrichten darüber fehlen, und es bestand am Ort eine völlig einheitliche Grundherrschaft von 12 Hufen, die wohl anfangs Amorbach, in dem Augenblick aber, in dem wir sie fassen können, längst der Ortsherrschaft gehörten. Sie existierten alle noch bei der einzigen überlieferten Renovation von 1562. Allerdings war damals eine halbe Hufe im Umfang von 30 M Wald sowie 52 M Wiesen, Brachland und einem Weiher ins unmittelbare Eigentum des Adels übergegangen. Die restlichen 11½ Hufen waren erblich verliehen und schuldeten der Herrschaft vier Tage Fron im Jahr bei der Bestellung der Eicholzheimer Schloßgüter, und jede Hufe mußte dorthin 12 Wagen Brennholz führen. Die Hufen waren fast alle in mehrere Teile zerstückelt, nur die vierte Hufe noch geschlossen in einer Hand, doch stand auf ihr kein Haus, sondern der Besitzer wohnte in seinem Haus auf einer anderen Teilhufe. Jedes Haus, insgesamt 35, entrichtete ein Fastnachtshuhn. Die Hufen waren in Drittel und Viertel, in einem Fall sogar in sieben verschiedene Teile zerlegt. Drei Hufen waren jeweils nur halbiert. Außer den Hufen stand der Herrschaft noch ein Schafhaus zu, verbunden mit dem Schäfereirecht auch auf den Gkgn Scheringen, Waldhausen und Untereicholzheim.

Gemeinde. – Erst im 16. Jh. ist die Gemeinde mit dem Gericht zu fassen. An ihrer Spitze standen 1671 der Schultheiß und 2 Gerichtspersonen. Bis Ende des 18. Jh. war wieder die alte Stärke von 4 Gerichtspersonen erreicht. Die Gemeinde besaß nicht mehr als ein kleines Hirtenhäuschen am oberen Ende des Dorfes und die sog. Farrenwiese.

Kirche und Schule. – Kirchlich gehörte der Ort zunächst zur Pfarrei Hollerbach, ab 1426 zu Limbach. Der Übergang der Ortsherrschaft zum luth. Bekenntnis und ebenso die Verdrängung des luth. Pfarrers in Großeicholzheim zugunsten eines reformierten hatten auf die Heidersbacher keine Wirkung. Sie blieben bei ihrer angestammten Pfarrei und beim kath. Bekenntnis. Auch Schule und Begräbnis waren in Limbach. Nur zeitweilig und vereinzelt gab es Reformierte am Ort, die den Gottesdienst in Großeicholzheim besuchten. Entsprechend der Pfarrzugehörigkeit gehörte ⅓ des Zehnten – fälschlicherweise oft auch als die Hälfte bezeichnet – dem Kl. Amorbach, während ⅔ durch den Würzburger Bischof zu Lehen vergeben wurden, 1303/13 an Ulrich von Eicholzheim und 1322/23 an Wiprecht Tumming. Später war dieser Zehntanteil bei der Ortsherrschaft.

Bevölkerung und Wirtschaft. – Nach den 12 Hufen muß mit einer anfänglichen Bevölkerung zwischen 50 und 60 Einwohnern gerechnet werden. Dies scheint sich auch aus den wenigen Angaben, die sonst vor dem 30j. Krieg vorliegen, zu bestätigen. 1649 waren nur noch 5 Haushaltungen gezählt, doch wurde der Vorkriegsstand bereits 1685 wieder erreicht. Damals sind, wie in der ganzen Kellerei Eicholzheim, verschiedene Ausländer und Landeskinder zugezogen. Mit 19 Untertanen dürfte 1716 bereits eine Wachstumsphase eingesetzt haben, 1803 wurden 213 Seelen in 42 Familien festgestellt. Von den 114 Erwachsenen lebten 1806 22 vom Gewerbe, 75 als Bauern, 17 als Taglöhner. 1803 waren an Gewerben 5 Leineweber, 3 Schuhmacher und 2 Schneider vertreten. Die Einwohner ernährten sich hauptsächlich von der Viehzucht (145 Stück Rindvieh, 30 Ochsen und 2 Pferde). Spezialität der Heidersbacher war die Eingewöhnung junger Stiere und Rinder ans Jochtragen. Sie wurden dann in die reicheren Gemeinden des Baulandes verkauft. Zur herrschaftlichen Schäferei gehörten 200 Schafe. Die Mühle im Elztal westlich von Heidersbach ist 1427 erstmals als Amorbacher Lehen bezeugt und blieb durch die Jahrhunderte in Betrieb.

Persönlichkeiten. – Der Botaniker Hieronymus Bock, genannt Tragus, (1485–1554) ist in Heidersbach oder Heidesbach (bei Zweibrücken) geboren. Er studierte in Heidelberg, kam dann an den Hof in Zweibrücken und wirkte als Arzt und Prediger im Klosterort Hornbach, was doch eher, aber nicht sicher, für einen linksrheinischen Geburtsort spricht. Er ist der Verfasser eines neuen Kräuterbuchs 1551.

Krumbach

Siedlung und Gemarkung. – Erstmals wird der Ort 1316 als *Crŭmpach*, 1317/22 als *Kru(m)pach*, 1347 als *Grŭmbach* erwähnt. Nachher überwiegen die Formen mit K eindeutig, jedoch wird man daraus kaum eine Ortsnamenserklärung im Sinne von Ort an der Bachkrümme ableiten können, eher ist der grüne Bach gemeint. Der Name bezeichnet eine typische Rodungssiedlung des Hochmittelalters, wie dies auch durch die Herrschafts- und Besitzverhältnisse gestützt wird. Die Entwicklung ist analog zu Robern zu sehen, nur daß es in Krumbach keine Aufteilung der Ortsherrschaft gegeben hat.

Krumbach bestand 1561 aus 6 Hufen, 1 wüsten Gut und 4 Einzelhäusern, dazu noch einer Mühle. 1649 lagen alle Hufengüter, bis auf dasjenige des Müllers, wüst. 1700 wurden 13 Rauchhühner abgeliefert, d. h. die alte Häuserzahl war annähernd wieder erreicht. 1774 zählte man 17 Häuser, 1803 sogar 24. Damals waren noch allgemein Strohdächer üblich.

Die Gemarkung umfaßte am Ende des 18. Jh. etwa 150 M Ackerland, 64 M Wiesen, 24 M Gemeindewald sowie einen erheblich umfangreicheren Herrschaftswald, der den ganzen Distrikt Hirschberg in ihrem N einnahm, ohne daß Größenangaben überliefert sind.

Herrschaft. – 1317/22 erhielt Friedrich von Limpurg vom Würzburger Fürstbischof Gottfried III. unter anderem auch Krumbach zu Lehen. 1322/23 war dieses Lehen bereits in Händen des Herold Nest von Obrigheim, die Würzburger Lehnshoheit, die sich nachher völlig verloren hat, dürfte mit dem Würzburger Schutz des Kl. Amorbach zusammenhängen. Im Spätmittelalter war die Ortsherrschaft ganz im Besitz der Pfalz und gelangte 1499 von der Mosbacher Seitenlinie an das Kurhaus; wahrscheinlich war sie mit Lohrbach zusammen 1413 erworben worden. Im Amorbacher Zusammenhang blieb dagegen die Zentherrschaft, bis diese in Krumbach, wie auch in den benachbarten drei Weilern, 1715 von Mainz an Kurpfalz abgetreten wurde. 1802/03 kam Krumbach mit dem pfälzischen Oberamt Mosbach ans Fürstentum Leiningen, über das Baden 1806 seine Souveränität errichtete. Zuständiger Amtssitz blieb stets Mosbach.

Grundherrschaft. – Die Herrschaft besaß in Krumbach 25 M Äcker, dazu die Mehrheit der Wälder, und hatte das Obereigentum über die 7 Hufengüter. Diese Hufen waren von recht unterschiedlicher Größe. Das Mühlgut, etwa 0,5 km nordwestlich des Ortes, lag geschlossen beieinander und umfaßte nur 15 M. Dagegen werden 2 Hufen in der Größenordnung von 90 bzw. 100 M genannt. Sie dürften allerdings jeweils aus 2 Gütern zusammengefaßt worden sein. Die mittleren Größen lagen bei 50 M, eine weitere Hufe hatte 10 M. Das wüste Gut lag in Richtung Rineck. Ansonsten waren die Hufengüter auf einzelne Parzellen verteilt und leisteten Fuhrfronden zur Bestellung der herrschaftlichen Güter auch in Robern jeweils mit 3–4 Ochsen. Das wüste Gut unterstand dem Roberner Wüstgericht.

Gemeinde. – Robern und Krumbach bildeten zusammen ein eigenes Gericht, in dem Krumbach mit 3 Schöffen nur ⅓ der Gerichtspersonen stellte. Der pfälzische Schultheiß zu Robern führte, wenn es sich um Krumbacher Angelegenheiten handelte, den Stab alleine. Der Gemeindebesitz bestand aus einem Hirtenhaus, einem Stück Wiese und einem kleineren Wald beim Oberdorf; letzterer diente der Viehweide. Die Gemeinde hatte den Viehtrieb im Bereich der drei Nachbarweiler auf Gkg Muckental und zum Teil auch auf Gkg Trienz.

Kirche und Schule. – Krumbach gehörte zur Pfarrei Limbach, vor 1426 zu Hollerbach. Dementsprechend war der große Zehnt im Besitz des Kl. Amorbach; den kleinen Zehnt bezog der Pfarrer in Limbach, nur vom Wüstengut der Heilige zu Rittersbach. 1806 hatte die Gemeinde einen eigenen Schulmeister. Über den Beginn der Schule ist nichts bekannt.

Bevölkerung und Wirtschaft. – Von 1556 bis 1615 werden jeweils 10 bis 14 Untertanen erwähnt, das dürfte einer Gesamtbevölkerung von 40 bis 50 Personen entsprochen haben. 1640 bis 1649 war Krumbach gänzlich entvölkert. 1681 waren es wieder 4 Haushalte, 1690 bereits 10, der alte Stand dürfte also um die Jahrhundertwende wieder gewonnen worden sein. In der 2. H. 18. Jh. ist eine deutliche Zunahme zu verspüren (1744: 17 Bürger, 1 Beisasse, 1777: 78 Einwohner, 1806: 141 Einwohner). Unter den Einwohnern wurden damals 27 als Bauern, 15 als Taglöhner und 22 als Gewerbetreibende bezeichnet. Den 24 Bürgern und 3 Beisassen als Haushaltsvorständen entsprachen 8 Hüfner und 16 Handfröner (= Seldner).

Die Landwirtschaft wurde auf den Hufengütern ohne Flurzwang ausgeübt und brachte hauptsächlich Erträge an Roggen und Hafer. Abweichend von den Nachbarweilern hatten die Krumbacher Bauern auch einige wenige Pferde. Der Viehbestand von 1806 umfaßte: 2 Pferde, 8 Ochsen, 18 Kühe, 15 Rinder, 20 Schafe, 30 Schweine. Bereits 1775 beschäftigten 2 Leineweber insgesamt 10 Personen, darunter wohl auch Minderjährige. 1806 werden folgende Handwerker genannt: Bäcker, Leinenweber, Müller, Maurer, Wagner, Schmied, Schuhmacher und Schneider. Eine Schild- und eine Straußwirtschaft sind 1724 belegt, die Mühle seit dem 16. Jh.

Laudenberg

Siedlung und Gemarkung. – Als *Ludenberg* wird der Ort erstmals 1395, 1400 als *Lůdenberg* genannt. Eine Erklärung des Namens ist bisher nicht gelungen. Auch Laudenberg ist ein Rodungsort im Bereich des Amorbacher Odenwaldes und der Pfarrei Hollerbach, weist aber nicht die regelmäßige Flureinteilung der nördlich anschließenden Waldhufenorte auf. Das Amorbacher Urbar nennt für 1395 nur 2½ Hufen mit ähnlichen Zinsen wie Einbach. 1529 sind noch 3 weitere Hufen hinzugekommen, die sich vorher in Adelshand befanden und deswegen nicht früher erfaßbar sind. Die Ackerflur des Ortes stellt eine typische Rodungsinsel dar. Die Flurkarte des 19. Jh. erwähnt vielfach Gewanne, so daß offenbleiben muß, ob hier jemals eine regelmäßige Einteilung in zusammenhängende Hufengüter bestanden hat. Die Gemarkung selbst war von den tiefeingeschnittenen Tälern der Elz und des Trienzbachs im O und W begrenzt und stieß im N an die Langenelzer Hufen. Die ausgedehnten Wälder gehörten im 19. Jh. überwiegend der Gemeinde, am Rand des Ackerlandes zeugen Privatwälder davon, daß bäuerlicher Besitz wieder zu Wald aufgelassen wurde. Mit 12 Herdstätten 1668 und mit 29 Häusern 1803 hatte Laudenberg eine mittlere Größe unter den Amorbacher Rodungsorten. Dem entsprach 1496 eine Einwohnerschaft von etwa 45, 1668 von 75.

Herrschaft. – Laudenberg gehörte zur Mudauer Zent und wie diese schon lange vor seiner Erstnennung unter mainzische hohe Obrigkeit. Die Ortsherrschaft war 1395 zu zwei Dritteln im Besitz des Kl. Amorbach, zu einem Drittel des Adels, wohl schon damals der Herren von Adelsheim. 1488 ließ Martin von Adelsheim sein bisher freieigenes Dorf dem Erzbischof von Mainz zu Lehen auf. Vielleicht ist schon damals, sicher von 1648 an mit ausschließlich adeliger Ortsherrschaft zu rechnen. Anscheinend hat Amorbach auf seine Rechte verzichtet, im Tausch dafür aber zwischen 1395 und 1529 die Zahl seiner Hufen von 2½ auf 5½ vermehrt; möglicherweise gab es noch weiteren Adelsbesitz. An der Grundherrschaft war mit 2 wüsten Gütern, die von den Amorbacher Hufen aus bewirtschaftet wurden und etwa 35 M umfaßten, außerdem die pfälzische Kellerei Lohrbach beteiligt. Ihren fünf Untertanen hatte Pfalz-Mosbach 1496 die Beteiligung an dem von Mainz erhobenen gemeinen Pfennig untersagt. Als Adelsheimer Besitz war Laudenberg wohl schon seit dem 16. Jh. dem Reichsritterkanton Odenwald inkorporiert und kam 1805 an Leiningen, das bereits 1802/03 die Zentherrschaft übernommen hatte. Von 1806 an unterstand der Ort der badischen Landeshoheit, ab 1813 war Mosbach der zuständige Amtssitz.

Kirche. – Mit Gründung der Pfarrei Limbach wurde auch Laudenberg 1426 von Hollerbach getrennt. Der Zehnt am Ort stand dem Kl. Amorbach nur zu einem Drittel zu; zwei Drittel des großen und des kleinen Zehnten bezog das Amorbacher Tochterkloster auf dem Gotthardsberg.

Limbach

Siedlung und Gemarkung. – In der Form *Limpach* wird der Ort erstmals zwischen 1050 und 1150 (Kop. 13. Jh.) erwähnt. Die Schreibungen mit p herrschen noch im ganzen 14. Jh. vor. Die Erklärung ist nicht eindeutig, vermutlich ist aber im Bestimmungswort ein Baumname enthalten, entweder Lin = Ahorn oder Linta = Linde. Nach seiner Lage und nach dem Zusammenhang der Ersterwähnung ist Limbach ein hochmittelalterlicher Rodungsort im Bereich des von Amorbach erworbenen Waldgebiets. Freilich entspricht seine Orts- und Flurform nicht dem Amorbacher Hufenschema.

Das erklärt sich vielleicht aus der Randlage, aber auch daher, daß Limbach doch eventuell eine andere Vorgeschichte hat und in gewissem Sinne Zentralort für den südlichen Bereich der Mudauer Zent war. So setzte es sich aus einem größeren Herrengut mit Burg und bäuerlichen Gütern, von denen nicht alle, sondern nur die Amorbacher bekannt sind, zusammen. Am Südrand der Gemarkung befanden sich sog. wüste Güter, die mit dem angrenzenden Muckental in einen anderen herrschaftlichen Zusammenhang gehörten. Die den Ort umgebenden Wälder wurden erst allmählich auf die Randlage zurückgedrängt. Nördlich des Ortes selbst finden sich die eindeutigsten Hinweise auf junge Rodung. Ende des 18. Jh. zählte Limbach rund 50 Häuser. Eine gewisse Verdichtung hatte sich bereits im Ortskern ergeben, während im W und N die Hofgruppen noch recht locker standen.

Herrschaft. – Obwohl Limbach im Waldbereich des Kl. Amorbach entstanden ist, besaß es eine Burg, für die kein mit der Amorbacher Ministerialität zusammenhängender Adel nachweisbar ist. 1283 wird ein Vogt Konrad von Limbach genannt, der vielleicht ins Umfeld der Reichsministerialen von Weinsberg gehört und Pfandbesitz in Gundelsheim hatte. 1316 erscheint ein Wolflin von Limbach. Darauf, daß die Burg Limbach zum staufischen Reichsland um Wimpfen gehörte, dürfte auch die Tatsache hindeuten, daß Limbach vom 16. Jh. an als Zentralort von Königsleuten erscheint, die dort alle Jahre zusammenkommen mußten, eine eigene Königsbede zahlten und grundsätzliche Freizügigkeit genossen. Daß die Limbacher Königsleute, ähnlich wie die von Lohrbach, Neckarelz und Schwarzach, Verteidigungspflichten gegenüber der Burg Limbach gehabt hätten, ist nicht belegt, aber möglich. Unter Umständen handelt es sich jedoch bei ihnen um die von Kurmainz nach dem Lohrbacher Vorbild organisierten Königsleute im eigenen Territorialanteil.

Geringe bauliche Reste und Pläne aus dem frühen 19. Jh. zeigen, daß es sich bei der Burg um eine Tiefburg etwa quadratischen Umfangs innerhalb der Schloßwiesen südlich des Ortes und westlich der Straße nach Muckental gehandelt hat. Über einen Damm oder eine Brücke war die Burg mit dieser Straße verbunden.

1318 verkaufte Schenk Eberhard von Erbach das Dorf Limbach mit der Mudauer Zent an den Mainzer Erzbischof. Burg und Ortsherrschaft wurden vom Erzstift zu Lehen ausgegeben. Nach wohl längerer Herrschaft der Herren von Adelsheim erlaubte 1488 Erzbischof Berthold dem Wilhelm Rüdt von Bödigheim die Auslösung. Bald aber scheint das Lehen ganz an den Erzbischof gefallen zu sein. Die Burg wurde 1525 durch die Bauern zerstört. Die mainzische Herrschaft war in der ganzen Frühneuzeit unbestritten und wurde 1802/03 durch das Fürstentum Leiningen abgelöst. 1806 erhielt Baden die Souveränität. Zuständiges Amt war in Mainzer Zeit die Kellerei Mudau im Oberamt Amorbach. Mit dem Übergang an Baden wurde ab 1813 Mosbach zuständig.

Grundherrschaft. – Der Erstnennung zufolge hat Abt Richard die Güter des Kl. Amorbach an der Wende vom 11. zum 12. Jh. unter anderem auch in Limbach vermehrt. Die Amorbacher Grundherrschaft, in den Klosterlagerbüchern nur sehr spärlich erwähnt, umfaßte 1529 vier verschiedene Güter, die lediglich Geldzinsen entrichteten und nur 1668 als Hubgüter bezeichnet wurden. Es muß noch zusätzliche Bauerngüter in der Hand des Ortsherrn gegeben haben. Die Parzellenstruktur wird nicht deutlich. Allerdings ist der Flurkarte des 19. Jh. zu entnehmen, daß ein erheblicher Teil der blockartigen Grundstücke mit Eigentümernamen bedacht ist, es dürfte also eine unregelmäßige, nicht zu stark parzellierte Blockflur weitgehend ohne Hofanschluß vorgeherrscht haben. Die Größe der Gemarkung erklärt sich zu einem Teil auch durch die nicht Amorbach oder dem Ortsherren, sondern der Pfalz zuständigen Güter, meist wüste Güter im S der Gemarkung. 1496 untersagte Pfalz-Mosbach 10 von

41 Haushalten, die Steuer an Kurmainz zu zahlen. Für 1561 werden ⅓ Mannlehen, 1 Wüstgut, 1 »Heimert« sowie ein mainzisches Hofgut in einer Größenordnung von zusammen über 130 M als Pfalz zustehend genannt. Das eigentliche Herrschaftsgut im Umfang von rd. 200 M gehörte dem Erzbischof von Mainz. Es handelte sich um das Schloßgut und den damit zusammenhängenden Schafhof. Im 18. Jh. war dieses Gut in Erbbestand vergeben. 1806 teilten sich darin acht Erbbeständer. Ein kleiner Teil des Schloßgutes galt auch als Temporalbestand. Die herrschaftlichen Wälder befanden sich im S und W der Gemarkung. Ein Teil der Wälder, der aber nicht mehr genau abgrenzbar ist, gehörte nicht Mainz, sondern Kurpfalz. Die Wälder am Ostrand der Gemarkung, also am Hang zur Elz hin, waren im 19. Jh. in Gemeindebesitz. Der Name Herrenwald für ihren Südteil spricht jedoch dafür, daß auch hier ursprüngliche Herrschaftsrechte nachträglich abgelöst wurden.

Gemeinde. – In der Frühneuzeit bildete Limbach zusammen mit Ober- und Unterscheringen ein einheitliches Ortsgericht. Gerichtsherr war Kurmainz. Unter den Limbacher Gerichtsstab gehörten aber nicht nur diese 3 Orte, sondern auch noch 2 Erbbestandshöfe in Einbach und sämtliche herrschaftlichen Mühlen in der Mudauer Zent, so 1 in Scheringen, 2 in Einbach, 1 in Schloßau, 1 im Reisenbacher Grund und die ganze Mühlensiedlung Ünglert bei Donebach mit 5 Mühlen und weiteren Häusern. Das deutet darauf hin, daß Limbach eine gewisse zentrale Stellung innehatte und daß Kurmainz hier einen Teil seiner Rechte konzentrierte. So hatte die Gemeinde auch bereits 1668 ein eigenes Siegel. Das Gemeindevermögen war mit 4 M Äckern und Weiden recht dürftig, die Limbacher besaßen ein Hirtenhaus und hatten den Viehtrieb auf den Gkgn Laudenberg und Muckental sowie Scheringen und Heidersbach. Vielleicht deutet sich hierin auch noch ein siedlungs- und herrschaftsgeschichtlicher Zusammenhang an.

Kirche und Schule. – Im 14. Jh. bestand in Limbach eine Kapelle angeblich mit Marienpatrozinium. Sie gehörte zur großen Pfarrei Hollerbach. 1413 wurde im Ort alle 14 Tage einmal die Messe gehalten, Osterbeichte und Taufe wurden nur in Hollerbach gespendet. 1525 hatten die Heiligenmeister der Limbacher Filialkirche den Amorbacher Abt gebeten, Limbach von der Hollerbacher Pfarrkirche zu trennen. Dies wurde gewährt, allerdings blieb Limbach verpflichtet, auch weiterhin zu den Abgaben an die alte Pfarrei beizutragen. Am 24. Januar 1426 errichtete Bischof Johann von Würzburg die Pfarrei Limbach unter dem Patronat des Amorbacher Abtes und teilte ihr als Filialorte Scheringen, Laudenberg, Heidersbach, Trienz, Krumbach, Robern, Balsbach und Wagenschwend zu. 1571 sollte der Limbacher Pfarrer auch die Pastoration der Waldhausener Filialen Einbach und Scheringen übernehmen, offensichtlich deshalb, weil das adlige Waldhausen damals von der Reformation erfaßt war. Auch die Limbacher Pfarrer waren im späten 16. Jh. teilweise verheiratet und mußten zur Befolgung kath. Lehre und Disziplin angehalten werden. Eine würzburgische Visitation von 1595 bedeutete den Anfang konsequenter gegenreformatorischer Maßnahmen. Nach dem 30j. Krieg versah der Limbacher Pfarrer, der seit 1656, wie die ganze Mudauer und Amorbacher Zent, von der Diözese Würzburg zur Mainzer Diözese gekommen war, zeitweilig auch Waldhausen. Die Pfarrei war damals mit einem Amorbacher Klosterprofessen besetzt. Als Kirchenpatrozinium werden jetzt St. Valentin und St. Sebastian genannt; es läßt sich nicht mehr entscheiden, ob dies auf einen nachträglichen Patrozinienwechsel zurückgeht oder ob die Angabe über das frühe Marienpatrozinium als ungenau anzusehen ist. Bis 1685 haben die Limbacher Pfarrer unter den Eingriffen der ref. Pfälzer Behörden in ihren jenseits der Landesgrenze gelegenen Filialen zu leiden. Im wesentlichen blieben aber auch diese katholisch; die versuchte Umpfarrung nach Fahrenbach scheiterte.

An die Stelle des gotischen Vorgängerbaus der Pfarrkirche trat 1773 ein Neubau. Nur der alte Turm wurde beibehalten, er war ursprünglich ein Westturm und blieb an der Nordseite des neuen Chors stehen. – Der große Zehnt gehörte dem Kl. Amorbach, vom kleinen Zehnt hatte das Kloster ⅓ dem Pfarrer überlassen. Auf den wüsten Gütern beanspruchte die Kurpfalz den Zehnt.

1657 ist davon die Rede, daß der ziemlich ungebildete Glöckner durch einen Schulmeister ersetzt werden solle. Die Schule befand sich noch 1750 im Glöcknerhaus.

Bevölkerung und Wirtschaft. – 1496 lebten in Limbach 41 Personen über 15 Jahre, insgesamt also um 55 Menschen. Mit 51 Zentmännern 1573 ist ein viel zu unsicherer Anhaltspunkt zur Bevölkerungsschätzung gegeben, die Gesamtzahl dürfte sich kaum auf 200 belaufen haben. Der Rückgang während des 30j. Krieges deutet sich mit 1648 nur 16 Zentmännern und 1668 20 Herdstätten an, zu letzteren werden insgesamt 80 Einwohner erwähnt. Obwohl um 1690 von einer Epidemie und einem Pestfriedhof außerhalb des Ortes die Rede ist, hatte sich die Bevölkerung bis 1701 auf 148 vermehrt, 1751 waren es 222 Einwohner, beim Übergang an Leiningen 293. Wenn 1806 in 88 Haushalten 355 Einwohner genannt werden, so bezieht sich das wahrscheinlich nicht auf Limbach allein, sondern es ist auch Scheringen mitgezählt. Die Haushaltsvorstände waren fast alle im Bürgerrecht. Es werden 1806 nur 2 Beisassen und 4 Tolerierte genannt. 40 Tätigen in der Landwirtschaft standen 12 Taglöhner gegenüber.

Auch in Limbach dürfte die Landwirtschaft, über die Einzelnachrichten fehlen, ohne den strengen Zwang eines zelgengebundenen Betriebssystems ausgeübt worden sein. Als Besonderheit wird 1806 ein Ertrag von 300 Zentnern Flachs und 200 Pfund Hanf vermerkt. 1803 belief sich der Viehbestand auf 6 Pferde, 2 Ochsen, 77 Kühe, 94 Rinder, 350 Schafe, 140 Schweine und 12 Ziegen. Die herrschaftliche Schäferei war 1668 in Erbbestand vergeben, für je 26 Malter Korn und Hafer sowie 40 ß Weidezoll. 1806 gelangten 500 Pfund Wolle zum Verkauf.

Die erst in der Frühneuzeit belegte Mühle gab 1668 einen Kornzins von 2 Maltern an Kurmainz. Sie diente Ende des 18. Jh. nicht nur als Mahl-, sondern auch als Öl- und als Schneidmühle. Feuerrechte für einen Hafner waren 1750 konzessioniert. Die Gesamtgewerbestruktur von 1803 beleuchtet auch wiederum die zentrale Bedeutung des Ortes. Es werden aufgezählt: 1 Müller, 3 Bäcker, 1 Metzger, 1 Schmied, 1 Wagner, 3 Maurer, 4 Zimmerleute, 1 Schreiner, 6 Weber, 4 Schneider, 4 Schuster, 1 Häfner, 3 Krämer, 5 Schild- und 1 Straußwirt. Es dürfte sich aber nicht nur um die Selbständigen handeln. Ein Gasthaus war bereits 1668 im Ort, 1750 bestanden die Schildgerechtigkeiten *Zum Ochsen* und *Zum Weißen Roß*. Vermutlich geht das 1803 genannte Recht auf 2 Krämermärkte erheblich weiter zurück.

Scheringen

Siedlung und Gemarkung. – Scheringen liegt am östlichsten Rande des einstigen Amorbacher Waldgebiets und zeigt in seiner spätmittelalterlichen und frühneuzeitlichen Verfassung die Gliederung in Hufen, wie sie auch sonst für den Amorbacher Rodungsbereich charakteristisch ist. Dazu will die Namensform eines -ingen Ortes nicht passen. Sie ist erstmals sicher als *Sherringen* zu 1251 belegt, könnte aber u.U. auch schon mit *Ansiringa* 790 (Kop. 12. Jh.) gemeint sein. Ganz auszuschließen ist eine solch frühe Besiedlung nicht, wie die Beispiele Lohrbach und Hartheim zeigen. Wenn das aber auch in Scheringen der Fall gewesen sein sollte, so liegt eine nachträgliche Überformung im Zuge der hochmittelalterlichen Rodung, wenn nicht sogar eine zeitweilige Auflassung und Neubesiedlung vor. Nach der Pfarreizugehörigkeit ist diese hochmittelalterliche Siedlung zum Teil von Waldhausen, also letztlich Bödigheim aus erfolgt, zum Teil aber auch im Rahmen der einheitlichen Erschließung des Amorbacher Waldgebiets zu sehen. Der Ort bestand im Spätmittelalter und in der Frühneuzeit aus dem mehr nach Bödigheim orientierten Oberscheringen oder Oberdorf und dem mehr nach Limbach ausgerichteten Unterscheringen oder Unterdorf, sowie aus mehreren Mühlen längs des Elzbachs. 1803 wurden 26 Häuser und 3 Mühlen gezählt.

Die Gemarkung blieb im Westteil stark bewaldet, während sich im O die Wälder auf wenige kleinere Parzellen beschränkten. Die jüngsten Rodenamen zeigen aber auch dort einen im 18. und 19. Jh. fortschreitenden Entwaldungsvorgang, z. B. Neurod östlich des Unterdorfs, Bannholz und Rotenbuche beim Oberdorf. Die Statistik von 1803 verzeichnet 270 M Ackerland, 50 M Wiesen, 40 M Weiden und 200 M Wald, letzterer zum Teil der Gemeinde, zum Teil den Bauern gehörig.

Herrschaft. – Im Vertrag über die Erbteilung des Konrad von Dürn um 1251 ist unter den Zeugen aus dem Ministerialenstand ein Marquart von Scheringen genannt. Eine Burg läßt sich für ihn nicht nachweisen. Jedenfalls gehörte Scheringen in den Herrschaftsbereich des Kl. Amorbach und der dieses Kloster schirmenden Herren von Dürn. Über die Amorbacher Klosterherrschaft kam es auch in den Besitz des Bischofs von Würzburg. Von diesem erwarb es Schenk Eberhard von Erbach etwa 1310, um es 1318 mit Limbach und der Mudauer Zent an den Erzbischof von Mainz zu veräußern. 1359 wurde Scheringen samt der Burg Limbach durch das Erzstift an die Brüder Hermann und Heinrich Pilgrim (von Buchen) verpfändet. 1488 durfte Wilhelm Rüdt von Bödigheim dieses Pfand, dessen Zwischenbesitzer wir nicht kennen, von Martin von Adelsheim auslösen. In der Neuzeit stand Scheringen unmittelbar unter mainzischer Vogtei. Es gehörte stets zur Mudauer Zent. Die Herrschaft im Ort war nur insofern eingeschränkt, als die Pfalz versuchte, ihre Untertanen (wohl Königsleute) von allen Mainzer Herrschaftsansprüchen freizuhalten. Mit dem Ende der geistlichen Staaten wurde auch Scheringen 1802/03 zu den Entschädigungslanden des Fürsten von Leiningen geschlagen. Über sie errichtete Baden 1806 seine Souveränität. Die zuständigen Verwaltungsbehörden blieben zunächst in Mudau bzw. Buchen.

Grundherrschaft. – In *Ansiringa*, dessen Identität mit Scheringen zweifelhaft ist, schenkte 790 ein Rudolf all seinen Besitz an Höfen, Wiesen, Wäldern und Kulturland dem Kl. Lorsch. Erst das Amorbacher Urbar von 1395 gibt einen Einblick in die spätmittelalterliche Grundherrschaft. Damals bestanden 9 Lehen oder Hufen, die alle recht einheitliche Zinsen entrichteten. Nur die Geldzinsbelastung schwankte zwischen 3 ß und 16 h. Außerdem gab es noch 1 Hof, 1 mit einer Mühle verbundenes Gut und 1 weitere Mühle. Bis ins 18. Jh. hat sich an dieser Struktur wenig geändert.

Gemeinde. – Scheringen hatte 1668 kein eigenes Untergericht, sondern gehörte zu Limbach. 1803 wird ein Gericht von drei Personen erwähnt, ebenso ein Schultheiß. Unter dem Scheringer Gerichtsstab standen auch die zwei mainzischen Erbbestandshöfe zu Einbach, um sie aus der dortigen Ortsherrschaft herauszuhalten. Dagegen gehörten die Scheringer Mühlen in den Gerichtsstab von Limbach. Die Scheringer durften ihr Vieh auf den benachbarten Gemarkungen weiden lassen, besaßen eine Allmendweide und Gemeindewald.

Kirche und Schule. – Unterscheringen pfarrte nach Limbach, seit diese Pfarrei 1426 von Hollerbach abgetrennt worden war. Oberscheringen scheint dagegen auch schon im Mittelalter zur Pfarrei Waldhausen gezählt zu haben. In der Reformationszeit jedenfalls brachte diese Pfarrzugehörigkeit längere Verwicklungen, weil die Herrschaft in Bödigheim auch die Oberscheringer Einwohner seit 1560 zum Protestantismus führen wollte. Gegen diese Eingriffe zog Abt Theobald von Amorbach von 1571 an den ganzen Ort samt Einbach zur Pfarrei Limbach. Zeitweilig wurde auch versucht, von hier aus Waldhausen mit militärischer Gewalt zur rekatholisieren. Von 1595 an war der Katholizismus in Scheringen und die Zugehörigkeit zur Pfarrei Limbach gesichert.

In der Zehntherrschaft blieben die Unterschiede zwischen Ober- und Unterdorf erhalten. Zwei Drittel des großen und kleinen Zehnten im Unterdorf bezog die Pfarrei Limbach, das restliche Drittel im Unterdorf und den ganzen Zehnt im Oberdorf dagegen das Kl. Amorbach.

Bevölkerung und Wirtschaft. – Nach einer Huldigungsliste von 1552 ist für Scheringen eine Einwohnerzahl von mindestens 60 zu errechnen. Nach weiteren Belegen dürfte sie sich bis vor dem 30j. Krieg gesteigert haben, wenn auch die knapp 100 zu hoch erscheinen. 1648 waren nur noch 5 statt früher 14 Haushalte übrig. 1668 wurden 78 Einwohner, 1701 105, 1751 142 und 1802 197 gezählt. 1806 unterschied man 27 bürgerliche Familien, 1 Beisassen und 2 Tolerierte. Von den Erwachsenen gehörten 65 zum Bauernstand, 41 bezogen ihren Lebensunterhalt auch teilweise vom Gewerbe. Taglöhner werden dagegen nicht genannt.

In der landwirtschaftlichen Produktion werden neben üblichem Roggen und Hafer 1733 erstmals die Kartoffeln und 1803 Flachs und Hanf erwähnt. Der Viehbestand belief sich 1806 auf 6 Pferde, 6 Ochsen, 130 Stück Rindvieh, 30 Schafe und 60 Schweine. Es bestand keine Schäferei im Ort, doch war die Gemeinde berechtigt, eine solche mit 100 Tieren einzurichten. Man hat aber lieber darauf verzichtet. 1668 wird nur 1 Mühle im Eigenbesitz genannt. 1803 erscheinen 3 Mahlmühlen, 1 Ölmühle und 2 Schneidmühlen, letztere waren wohl nur Ergänzungen der Mahlmühlen am selben Ort. Die Zahl der Mühlen beschränkte sich jedenfalls im 19. Jh. auf Obere Mühle, Mittlere Mühle und Schneidmühle. An sonstigen Handwerkern erscheinen 1803 3 Schneider, 1 Schuster, 5 Weber und 2 Schreiner. Ein Wirtshaus wird bereits 1668 erwähnt. 1750 besaß es die Schildgerechtigkeit *Zum grünen Baum*.

Persönlichkeiten. – Aus Scheringen stammt Abt Theobald Gramlich von Amorbach, der 1556 bis 1584 das Kloster leitete und sich verständlicherweise für die Erhaltung des Katholizismus in seinem Heimatort einsetzte, aber auch sonst seine Bedeutung für die einsetzende Gegenreform in Amorbach hat. Zweiter bedeutender Geistlicher aus dem Ort ist Otto Schöllig (1884–1950), lange Zeit Regens des Priesterseminars zu St. Peter im Schwarzwald.

Wagenschwend

Siedlung und Gemarkung. – Als *Wachengeswende* wird Wagenschwend 1322/33 in einem Würzburger Lehnbuch erstmals erwähnt. Schon der Name deutet auf Rodung hin (swenden = die Bäume durch Ablösen der Rinde zum Absterben bringen). Das Bestimmungswort wird sich am ehesten als Personennamen Wacho oder Waching deuten lassen. Wie die Nachbarorte, so geht auch Wagenschwend auf eine hochmittelalterliche Rodung zurück (11.–12. Jh.). Die Erschließung des ursprünglich Amorbach zuständigen Waldgebiets erfolgte sowohl von W als auch von S her, woraus sich die geteilte Ortsherrschaft erklärt. Als Siedlungsform ist ein Waldhufenschema anzusehen mit ursprünglich 9 Hufen. Der 30j. Krieg hat den ganzen Ort in Abgang gebracht. Der langsame Wiederaufbau dürfte einiges von der alten Hufeneinteilung zerstört haben. Das 18. Jh. kennt viel kleinteiligere Güter. 1803 wurden 23 Wohnhäuser gezählt, sämtlich waren sie strohgedeckt. Die Gemarkung bestand Ende des 18. Jh. aus etwa 190 M Äckern, 50 M Wiesen, 110 M Weide und Bauernwald, dessen Größe sehr unterschiedlich angegeben wird (1754 150 M, 1803 57 M).

Herrschaft. – Zur Zeit der Erstnennung um 1330 hatte Herold Nest von Obrigheim unter anderem auch den Weiler Wagenschwend (*villula*) vom Würzburger Bischof zu Lehen, als Vorbesitzer wird der *Guldin Bache* genannt. Wahrscheinlich hängt dieses Lehen mit Lohrbach zusammen und sind die Obrigheimer zunächst als Vasallen der Schenken von Limpurg oder der Herren von Dürn zu diesem Lehen gekommen. Im 15. Jh. (1411/13) ist ein Teil der Herrschaftsrechte in Wagenschwend mit dem Schloß Lohrbach an den Pfalzgrafen Otto von Mosbach gefallen. Der andere Teil gehörte zur Herrschaft Zwingenberg. Außer den Inhabern von Zwingenberg sind im 16. Jh. die Herren von Habern beteiligt gewesen. Ihr Anteil fiel dann ebenfalls Kurpfalz zu. Schon 1435 jedoch ist deutlich, daß die Lohrbacher, d. h. pfälzischen, ab 1499 dann kurpfälzischen Obrigkeitsrechte von größerem Gewicht waren. Der pfälzische Schultheiß hatte zu gebieten; der Schultheiß der anderen Herrschaft durfte dagegen nur in speziellen Fällen, wenn ihm der pfälzische den Stab in die Hand gab, Nachforschungen anstellen. Die vom pfälzischen Schultheißen verhängten Bußen fielen zu einem Drittel an die anderen Inhaber der Ortsherrschaft. Der Inhaber von Lohrbach war berechtigt, wenn er im Dorf vorübergehend Quartier nahm, den anderen Herrn zur Räumung zu veranlassen. Die Pfalz hatte auch die Appellation inne. Die vier Zentfälle allerdings waren Kurmainz und Mudau vorbehalten, bis sie 1715 an die Pfalz und Mosbach abgetreten wurden. Das Jagdrecht dagegen war mindestens im 18. Jh. der Herrschaft Zwingenberg überlassen. Die pfälzischen Rechte wurden 1802/03 dem Fürstentum Leiningen zugeschlagen, das anläßlich der Rheinbundakte 1806 unter die bad. Landeshoheit kam. Die zwingenbergische Ortsherrschaft ging nach langem Rechtsstreit 1746 an den Kurfürsten Karl Theodor über, der damit seinen Sohn, den Fürsten August von Bretzenheim, ausstattete. Dessen Familie verkaufte ihre Rechte 1808 an die Grafen von Hochberg bzw. Markgrafen von Baden.

Grundherrschaft. – Die Herrschaft Zwingenberg besaß 1474 5 Güter, wohl Hufen in Wagenschwend. Diese zwingenbergischen Hufen waren 1561 zwischen denen von Hirschhorn und von Habern geteilt. Es waren damals 7 Hufen. Unmittelbar unter der Pfalz standen 2 Hufengüter und 2 wiederbesetzte wüste Güter. Die 7 Hufen wiesen Größen von durchschnittlich 60 und 70 M auf, eine jedoch von 120 und eine nur von 43 M. Die pfälzischen Höfe zählten 48 bzw. 112 M, die beiden wüsten Güter jeweils um 100 M. Die Hufengüter lagen fast alle nicht in einem Stück, verfügten aber über recht große Einzelparzellen. Das Herdrecht stand ausschließlich der Pfalz zu. Nach der völligen Verödung des Ortes war es zunächst sehr schwierig, die heimgefallenen Güter wieder auszugeben. 1663 wurden von der Pfalz 4 *Caduc*-Güter an Einwohner von Balsbach und Robern veräußert. Doch wurde die Bedingung, die Häuser wieder aufzurichten, offensichtlich nicht rasch erfüllt, denn 1668 ist nur von einem Hofgut die Rede. Anläßlich des Verkaufes an Kurpfalz werden 1746 4 zwingenbergische Hufen erwähnt. Eine Steuerliste von 1808 führt 13 größere Grundbesitzer auf. Keiner von ihnen wurde jedoch für mehr als 12 M veranlagt. Die meisten für weit weniger.

Gemeinde. – Hinsichtlich des geringen Vermögens, hauptsächlich nur Übertriebsrechte in die Nachbargemarkung, Schäfereirecht und ein Hirtenhaus bildete Wagenschwend eine einheitliche Gemeinde. Dagegen war es für das Ortsgericht mit Balsbach zusammengeschlossen und diesem Ortsgericht wiederum stand der Schultheiß von Robern vor. Bis zum Ende des 18. Jh. gab es auch nur einen gemeinsamen Gerichtsschreiber für die vier Weiler Balsbach, Robern, Wagenschwend und Krumbach. Das von Balsbach und Wagenschwend gemeinsam gestellte Gericht war, was die Herrschaft und was die Orte betraf, einigermaßen paritätisch besetzt. In der Stabführung wechselten im 18. Jh. ein pfälzischer und ein zwingenbergischer Schultheiß ab. Zuletzt stand das Gericht unter einem eigenen Anwalt.

Kirche und Schule. – Ursprünglich Glied der Pfarrei Hollerbach, wurde auch Wagenschwend seit 1426 durch die Pfarrei Limbach pastoriert. Es hatte aber bereits um 1600 eine eigene Kapelle, wohl eine Stiftung der Einwohner selbst, die dafür auch die Baupflicht auf sich nahmen. Von 1770 an baten sie um einen eigenen Seelsorger und wehrten sich gegen den Vorschlag, stattdessen einen Kaplan nach Limbach zu setzen. Jeden 3. Sonntag fand bereits Gottesdienst statt. 1804 erreichte die Gemeinde nur für kurze Zeit ihr Ziel, als dort ein Konventuale des aufgehobenen Kl. Schöntal Wohnung nahm. Der Großzehnt blieb im Besitz des Kl. Amorbach, der Kleinzehnt gehörte zur Hälfte zur Kompetenz des Pfarrers von Limbach, zur Hälfte dem Kloster.

1749 baten die Einwohner um einen Schulmeister; kaum einer im Ort konnte lesen und schreiben, weil der Besuch der Winterschule in Limbach wegen der Entfernung praktisch unterblieb. Das Problem konnte schließlich gelöst werden, indem ein Franziskanereremit als Schulmeister in Wagenschwend aufzog. Zeitweilig gingen die Kinder auch in die spätestens 1780 in Balsbach bestehende Schule.

Bevölkerung und Wirtschaft. – Die Mehrherrigkeit des Ortes ist der Grund für sehr schwer auszuwertende Huldigungszahlen aus dem 16. Jh. Man wird aber mit etwa 15–17 Haushalten und um die 70–80 Einwohner rechnen können. Seit den katastrophalen Folgen der Nördlinger Schlacht (1634/35) war der Ort ausgestorben und nur sehr mühsam wieder zu bevölkern. 1658 wird vorübergehend 1 Mann in Wagenschwend erwähnt, jedoch war der Ort noch 1668 verlassen und unbewohnt. 1681 huldigten 3 Untertanen, 1690 6 und 1716 15. Für den zwingenbergischen Anteil des Orts werden 1778 36 Einwohner genannt, 1803 zählte Wagenschwend 154 Seelen, von 75 Erwachsenen waren 1806 35 als Bauern, 22 als Taglöhner und 18 im Gewerbe tätig. Die gesamte Bevölkerung war katholisch.

Über die Betriebsformen der Landwirtschaft schweigen die Quellen. Sein Hufengut konnte jeder umtreiben, wie er wollte. Zugtiere waren ausschließlich Ochsen. 1806 zählte man 12 Ochsen, 36 Stück Rindvieh, 12 Schafe und 18 Schweine. Der Ertrag der Landwirtschaft reichte zur Ernährung der Bevölkerung aus. Gewerbe war immer nur Zusatzverdienst zur Landwirtschaft. Die spärlichen Nachrichten nennen 1724 1 Schild- und 1 Straußwirt, 1775 1 Leineweber mit 4 Beschäftigten, 1806 außerdem noch 1 Maurer und 1 Schreiner.

Quellen und Literatur

Balsbach

Quellen, gedr.: *Kollnig* S. 214–217. – Lehnb. Würzburg 1. – UB MOS.
Ungedr.: FLA Amorbach, Lohrbacher Kellerei-Weistumb. 1561; Lohrbacher Zins- und Gültb. 1561; Bücher zur Kenntnis und zur Hebung des Landes. – GLA Karlsruhe 66/6136; 77/2542; 194/85–111; 121; 229/5111–15.
Allg. Literatur: *Krieger* TWB 1 Sp. 123. – LBW 5 S. 286.
Erstnennung: ON 1306 (UB MOS Nr. 42).

Heidersbach

Quellen, gedr.: Lehnb. Würzburg 1.
Ungedr.: FLA Amorbach, U Amorbach; Amorbacher Urbar 1395; Amorbacher Jurisdiktionalb. 1668; Bücher zur Kenntnis und zur Hebung des Landes. – GLA Karlsruhe 43/27; 66/11791; 67/1906; 69 Rüdt von Collenberg 3704; 229/35082–115.
Allg. Literatur: *Krieger* TWB 1 Sp. 902f. – LBW 5 S. 286.
Erstnennung: ON 1303/13 (Lehnb. Würzburg 1 Nr. 736).

Krumbach

Quellen, gedr.: *Kollnig* S. 278–281. – Lehnb. Würzburg 1. – ZGO 32, 1880.
Ungedr.: FLA Amorbach, U Amorbach; Lohrbacher Kellerei-Weistumb.1561; Lohrbacher Zins- und Gültb. 1561; Amorbacher Jurisdiktionalb. 1668; Mudauer Gemeinde-Alimente 1778; Bücher zur Kenntnis und zur Hebung des Landes. – GLA Karlsruhe 66/5136–38.
Allg. Literatur: *Humpert*, Theodor, Geschichte der Pfarrei Limbach. In: FDA 54, 1926 S. 294–325. – *Krieger* TWB 1 Sp. 1273f. – LBW 5 S. 286f. – *Mezler*, Leonhard, 1200 Jahre Heimatgeschichte ⟨Lohrbach⟩. Lohrbach 1965.
Erstnennung: ON 1316 (FLA Amorbach, U Amorbach 1316 April 26).

Laudenberg

Quellen, gedr.: R Adelsheim.
Ungedr.: FLA Amorbach, Amorbacher Urbar 1395; Lohrbacher Zins- und Gültb. 1561; Amorbacher Jurisdiktionalb. 1668; Bücher zur Kenntnis und zur Hebung des Landes. – GLA 229/58869–871.
Allg. Literatur: LBW 5 S. 287.
Erstnennung: ON 1395 (FLA Amorbach, Amorbacher Urbar 1395 fol. 287v).

Limbach

Quellen, gedr.: *Becher*. – FDA 50, 1922. – WUB 8. – ZGO 69, 1915.
Ungedr.: FLA Amorbach, U Amorbach; Lohrbacher Zins- und Gültb. 1561; Amorbacher Spiritualia, Pfarreiwesen etc. 1600/21; Amorbacher Jurisdiktionalbb. 1648 bis 1750; Amorbacher Erbbestände 1682ff.; Bücher zur Kenntnis und zur Hebung des Landes; Pläne IX,21. – GLA 229/61209, 61212.
Allg. Literatur: *Krieger* TWB 2 Sp. 76f. – LBW 5 S. 287. – *Neumaier*, Reformation. – *Schaab*, Königsleute.
Ortsliteratur: *Humpert*, Theodor, Geschichte der Pfarrei Limbach. In: FDA 54, 1926 S. 294–325.
Erstnennung: ON um 1050/1150 (ZGO 69, 1915 S. 288).

Scheringen

Quellen, gedr.: CL. – WUB 4. – REM 1,1.
Ungedr.: FLA Amorbach, Amorbacher Urbar 1395; Amorbacher Jurisdiktionalb. 1668; Bücher zur Kenntnis und zur Hebung des Landes. – StA Würzburg Mainzer Ingrb. 41.
Allg. Literatur: *Humpert*, Theodor, Geschichte der Pfarrei Waldhausen, In: FDA 59, 1931 S. 239–257. – *Krieger* TWB 2 Sp. 832f. – LBW 5 S. 287f. – *Matzat*, Studien. – *Neumaier*, Reformation.
Erstnennungen: ON *Ansiringa* 790 (CL Nr. 2901) *Sherringen* 1251 (WUB 4 Nr. 1181).

Wagenschwend

Quellen, gedr.: *Kollnig*. – Lehnb. Würzburg 1.
Ungedr.: FLA Amorbach, Lohrbacher Kellerei-Weistumb. 1561; Lohrbacher Zins- und Gültb. 1561; Bücher zur Kenntnis und zur Hebung des Landes. – GLA Karlsruhe 66/6136; 77/2542; 194/85, 111, 121; 229/108190–199.
Allg. Literatur: *Krieger* TWB 2 Sp. 1301. – LBW 5 S. 288.
Erstnennung: ON 1322/33 (Lehnb. Würzburg 1 Nr. 2478).

Mosbach

6224 ha Stadtgebiet, 23620 Einwohner

Wappen: In Gold (Gelb) ein rot bewehrter und rot bezungter schwarzer Adler, belegt mit einem silbernen (weißen) Brustschild, worin übereinander die schwarzen Großbuchstaben OM. – Mosbach führte als Reichsstadt und als pfälzische Stadt in Siegeln (nachweisbar seit 1330) und Wappen stets den Reichsadler, der später zur Unterscheidung einen Brustschild mit einem Schrägbalken (so Merian 1645) oder mit den Buchstaben OM erhielt. Während die Buchstaben als »oppidum Mosbacense« (Stadt Mosbach) aufzulösen sein könnten, gibt es für den Schrägbalken keine Erklärung. Nach der Vereinigung der Stadt mit Neckarelz wurden das Wappen in der seit 1898 gebräuchlichen Fassung und die Flagge vom Regierungspräsidium Karlsruhe am 18.3.1977 neu verliehen. – Flagge: Schwarz-Gelb (Schwarz-Gold).

Gemarkungen: Diedesheim (434 ha, 2413 E.) mit Schreckhof; Lohrbach (1235 ha, 1279 E.) mit Haus Ilse, Mühle und Tannenhof; Mosbach (3170 ha, 13016 E.) mit Bergfeld, Hammerweg, Hardhof, Johannesanstalten der Inneren Mission, Knopfhof und Nüstenbach; Neckarelz (784 ha, 5768 E.); Reichenbuch (288 ha, 452 E.); Sattelbach (312 ha, 640 E.).

A. Natur- und Kulturlandschaft

Naturraum und Landschaftsbild. – Das seit 1973 sechs Gemarkungen umfassende Stadtgebiet nimmt wie die nordöstlich gelegenen Stadtgebiete von Buchen und Walldürn eine im Neckar-Odenwald-Kreis bezeichnende Grenzlage zwischen dem Hinteren Odenwald und dem Bauland ein und hat dadurch Anteil an verschiedenen Naturräumen. Seine Ausdehnung vom Ostrand der Winterhauchhochfläche in der zur Stadtgemarkung Mosbach gehörenden Waldexklave Michelherd über die randlichen Buntsandsteinhochflächen des Hinteren Odenwalds bei Lohrbach und Sattelbach bis ins Elzmündungsgebiet im Neckartal südwestlich der Kernstadt bedingt einen für das Kreisgebiet beachtlichen Höhenunterschied, der auf einer kurzen N-S-Erstreckung von nur 10 km in der Luftlinie fast 360 m ausmacht. Der Nordrand der Waldexklave Michelherd erreicht als höchster Punkt des Stadtgebiets im Waldstück »Hackschlag« 494 m NN, und die Neckaraue liegt nördlich von Diedesheim in 135 m NN. Dieser große Höhenunterschied wird im Landschaftsbild von deutlich hervortretenden Stufen überwunden, die durch eine tektonische Treppe bedingt sind. Ihre oberste Stufe bildet der Nordostrand der Winterhauchhochfläche. Östlich des steil in das Buntsandsteinbergland eingesägten Seebachs folgt in 380 bis 320 m Höhe die Hochfläche im Oberen Buntsandstein nördlich von Lohrbach und Sattelbach als tieferliegende Stufe. Ihre Sandsteinschichten fallen zur Odenwaldflexur hin steiler nach SO ein und tauchen im Elztal oberhalb Neckarburken unter dem Wellengebirge unter. Südlich von Lohrbach und Reichenbuch tritt als nächst tiefere Stufe der tektonischen Treppe die Lohrbacher Muschelkalkplatte an die Oberfläche, die in einer Höhenlage von rd. 330 bis 300 m im N und etwa 270 m im S an der Oberfläche weitgehend aus Wellenkalk aufgebaut wird. Lediglich die flachen Kuppen von Hamberg und Henschelberg tragen eine Deckschicht aus hartem Trochitenkalk und erreichen über dem Neckar- und unteren Elztal Höhenlagen von 254 und 292 m. Ihre Flanken fallen nach SW, S und SO steil zu den beiden Flußtälern ab, deren Talböden in 135 bis 145 m NN die Basis der erdgeschichtlich jungen tektonischen Treppe bilden, die in drei markanten Stufen zum Winterhauch hinaufführt.

Südlich und östlich des trichterartig in das Neckartal ausmündenden Elztals steigen die im unteren Flankenbereich teils lößverhüllten Muschelkalkhänge auf 343 m NN im »Alten Gemeindewald«, 335 m NN beim Hardhof, 332 m NN beim Knopfhof und auf 344 m NN in der Flur »Lange Äcker« nahe der Gemarkungsgrenze gegen Neckarburken an. Diese bereits dem Bauland zuzurechnenden Höhen überragen mit einer steilen, oberhalb der städtischen Bebauung waldbedeckten Talflanke das breite untere Elztal. Über dem Wellenkalk, dem Schaumkalkhorizont und den Myophorienschichten des Unteren Muschelkalks und den geringmächtig zutage tretenden weicheren Formationen des Mittleren Muschelkalks stehen an diesem westexponierten Hang die Trochiten- und Nodosuskalke des Oberen Muschelkalks an. In den harten und widerständigen Trochitenkalken ist eine deutliche obere Talkante ausgebildet, die Hauptmuschelkalk-schichtstufe, die sich weiter nordöstlich immer mehr vom geologischen Gebirgsrand an der Buntsandstein-Muschelkalkgrenze ins Bauland hinein entfernt.

Hinterer Odenwald, Lohrbacher Platte, Bauland und das *Neckartal* sind die im Stadtgebiet aneinandergrenzenden unterschiedlichen Naturräume, die ihm einen rasch wechselnden geologischen Bau und vielfältige Oberflächenformen mit einem schnellen Wandel des Landschaftsbildes auf engem Raum ermöglichen.

Im *Hinteren Odenwald* wird der Ostrand der Winterhauchhochfläche im rd. 360 bis fast 500 m NN im westlichen Bereich der Waldexklave Michelherd gerade noch berührt. Widerständige Schichten des Plattensandsteins bilden dort den Übergang von dem bewaldeten, zur Wallenklinge und zum Seebachtal abfallenden, in den Mittleren Buntsandstein eingetieften Hang und der weiter westlich gerodeten und besiedelten Hochfläche. Ein östlich des Dorfes Weisbach am Rand der Winterhauchhochfläche in ca. 480 m NN entspringender Bach fließt in seinem Oberlauf mit dem Schichtenfallen zuerst ostwärts, biegt dann südwärts um und entwickelte bei starker kerbtalartiger Einschneidung die Wallenklinge, unterhalb der er in 320 m NN in den Seebach einmündet. Dieser durch starke, vom Neckar ausgehende Tiefenerosion geprägte und in den Mittleren Buntsandstein eingeschnittene Wasserlauf begrenzt mit seinem unterhalb der Wallenklinge ca. 80 m, bei der Einmündung des die Winterhauchhochfläche entwässernden Weisbachs etwa 200 m in die Buntsandstein-Deckgebirgsschichten eingetieften Talboden mit einer schmalen, teils wald-, teils wiesenbedeckten Talsohle den Winterhauch im O und SO und verleiht der südlichen Mosbacher Waldexklave den Charakter eines tiefen Kerbtals. Weiter im N fließt der Seebach am Ostrand des Michelherd-Waldes entlang und entwässert mit seinem nur wenig eingetieften Oberlauf die gerodeten Hochflächen von Robern und Wagenschwend. Ganz im S der Wagenschwender Rodungsinsel entspringt er in rd. 500 m Höhe in den Gerachswiesen in einer Schichtquelle im Röt.

Die Buntsandsteinhochfläche nördlich Lohrbach und um Sattelbach setzt sich nach N gegen Fahrenbach fort. Im Untergrund besteht sie aus Plattensandstein, an der Oberfläche weitgehend aus Röttonen und -mergeln, die zum Teil mit Lößlehm und Hochflächenverwitterungslehmen bedeckt sind. Die Röt- und Lößlehmschichten auf der nur leicht welligen, fastebenen, sanft nach S einfallenden Hochfläche bewirkten eine weitgehende Rodung und landwirtschaftliche Nutzung mit einem hohen Grünlandanteil auf zuweilen staunassen und wasserundurchlässigen Böden. Zwischen der waldoffenen, eine ausgedehnte Rodungsinsel darstellenden, hochflächigen Abdachung des Hinteren Odenwalds und den sie zergliedernden Bachläufen bestehen große Gegensätze. Das gilt vor allem für das die Gkg Sattelbach im O begrenzende Tal des Trienzbachs, an dessen ostexponierter Talflanke im oberen Hangbereich Rötschichten anstehen. An dem etwa 50 m in die umgebenden Hochflächen im W und O eingetieften Tal treten unter einer geschlossenen Bewaldung unterhalb 270–280 m NN bis zum schmalen Talboden hinunter Gesteine des Plattensandsteins an die Oberfläche. Seitenbäche, die von der Sattelbacher Hochfläche herunterführen, zerschneiden diesen Trienzbachhang und sind kerbtalartig in den Plattensandstein eingesägt. Die schmale Talsohle des Trienzbachs, auf der der Wasserlauf mit langgezogenen Krümmungen dahinpendelt, ist mit jungen alluvialen Talaufschüttungen ausgekleidet. Auf den überwiegend wiesenbedeckten Talboden haben die westlichen Seitenbäche kleine Schwemmkegel vorgeschoben, die den Trienzbach an den Hangfuß der gegenüberliegenden Talflanke verdrängen. Einige Quellaustritte am Hang und Hangfuß der Sattelbacher Talseite sind als Schichtquellen in dem unterschiedlich durchlässigen Gesteinspaket des Plattensandsteins zu deuten.

In den Dorfbereichen von Lohrbach und Reichenbuch stehen am Südrand der Buntsandsteinhochfläche schiefrige Tone des Röts an der Oberfläche an, die zwischen den beiden Siedlungen und südlich von Lohrbach sonst von einer geschlossenen Decke aus verlehmten Flugsandablagerungen verhüllt werden. Die von hier zum unteren Elz- und zum Neckartal abfallende *Lohrbacher Platte* besteht an der Oberfläche weitgehend aus Muschelkalken, die nur partiell, so beim Schreckhof über dem steilen Prallhang des Neckars in 280 bis 295 m NN und in der Flur »Kirchenpfad« in ebenfalls knapp 300 m NN auf der Hochfläche südwestlich des Wohnplatzes Nüstenbach, mit Lößlehm bedeckt ist. Der vom oberen Nordrand der Lohrbacher Platte südwärts strebende Nüstenbach, der etwa an der Gemarkungsgrenze der Kernstadt und von Neckarelz in die Elz einmündet, legt an seinen Talflanken auch den Buntsandsteinsockel dieser tektonisch weniger gehobenen Platte frei. Ober- und unterhalb von Nüstenbach steht an den unteren Hangpartien mit den Röttonen noch die oberste Buntsandsteinformation an, über der dann sehr rasch – an den mittleren Hängen oberhalb von Nüstenbach und an den unteren im südlichen Talabschnitt – der Wellendolomit als unterstes Schichtpaket des Unteren Muschelkalks zutage tritt. Über ihm folgt der Wellenkalk, der im Bereich der nördlichen Lohrbacher Platte auch die leicht gewellte, hochflächige Landschaft aufbaut, die abgesehen von der nächsten Umgebung Nüstenbachs und im Bereich der wüstgefallenen Siedlung Hartheim in ungefähr 300–325 m NN bewaldet ist. Im unter 300 m NN aufragenden Südteil der Lohrbacher Platte bildet der widerständige Schaumkalkhorizont des Wellenkalks die obere Talkante des Nüstenbach-, Elz- und Neckartals. Auf den darüber sich ausdehnenden, flächigen Erhebungen stehen die nur geringmächtigen Wellenmergel, Mittlerer Muschelkalk und auf den hochflächigen Kuppen des Henschelbergs in ca. 260–292 m NN und des Hambergs in 260–275 m NN Trochitenkalke des Oberen Muschelkalks an. Am Hamberg gerodet und teilweise als Segelfluggelände genutzt, sind diese harten, trockenen und klüftigen Schichten des Hauptmuschelkalks am Henschelberg bewaldet. An den steileren Halden unterhalb der Waldkuppe des Henschelbergs entwickelte sich im Wellenkalk eine steppenheideartige Vegetation mit Schlehengebüsch und Trockenrasen, die unter Naturschutz steht.

An dem zum Elztal hinunterführenden ostexponierten Hang der Lohrbacher Platte, der oberhalb des Stadtkerns von Mosbach in seinen flacheren unteren Partien lößlehmverhüllt ist, sind unter dem Wellengebirge die Rötschichten aufgeschlossen. In dem die Lohrbacher Hochfläche zur Elz entwässernden Hasbachtal stehen unter den sanfter geneigten Röttonhängen über dem schmalen, mit jungen Alluvionen ausgekleideten Talgrund an den unteren und steileren Talflanken noch Plattensandsteine an. Die wiederum flache, auf 280 m Höhe aufragende Waldkuppe des Heppensteins an der

Gemarkungsgrenze zu Neckarburken besteht ab ca. 240 m NN aus Wellendolomit und verrät dadurch ihre Zugehörigkeit zur Lohrbacher Muschelkalkplatte, von der sie durch das in den unteren Triassockel eingetiefte Hasbachtal abgeschnitten ist. Der *Baulandanteil* des Stadtgebiets östlich des Elztals läßt an der westexponierten, von mehreren Klingen zersägten Talflanke das gesamte Profil des Muschelkalks vom Wellendolomit bis zum Nodosuskalk erkennen. Die unterste Formation des Wellengebirges steht allerdings nur im nördlichen Bebauungsgebiet Mosbachs, nördlich der Mittelklinge am Hungerberg und im Bereich der Johannesanstalten, bis zur nördlichen Gemarkungsgrenze an der Oberfläche an. Weiter südlich ist der Wellendolomit am unteren Hang mit teils geschichtetem Gehängelöß oder mit Lößlehm und südlich des mittelalterlichen Stadtkerns unterhalb des Hardwalds mit Hangschutt aus Oberem Muschelkalk bedeckt. In den harten Gesteinen des Trochitenkalks ist die obere Talkante ausgeformt. Das Talhangprofil besonders beeinflussend, verhält sich am Hang östlich und nordöstlich der Altstadt im oberen Wellenkalk der auch am Gegenhang ausstreichende Schaumkalkhorizont. Die weitgehende Bewaldung, die unmittelbar oberhalb der Bebauungszone einsetzt, verleiht dem im Wellenkalk und Trochitenkalk besonders steil ausgebildeten Talhang ein recht gleichförmiges Bild.

Erst im hochflächigen bis sanftkuppigen Hügelbereich mit aufgelagerten Lößlehminseln unterbrechen oberhalb einer Höhenlage von ca. 330 m NN Rodungsinseln wie beim Hardhof, der Bergfeldsiedlung und beim Knopfhof die geschlossene Laubmischwalddecke. In diesem dellendurchsetzten Hügelland, unter dessen teils lückenhafter Flugsanddecke Nodosusschichten an die Oberfläche treten, verläuft östlich der Bergfeldsiedlung und des Knopfhofs die Wasserscheide zwischen der Elz, zu der nur kurze Bäche am westwärtsblickenden Talhang hinunterführen, und der Schefflenz, von der aus das Sulzbachtal mit seinen westlichen Quellbächen bis auf die Gkg Mosbach übergreift.

Das *untere Elztal*, das an der Gemarkungsgrenze zu Neckarburken einen nur schmalen, noch in den Plattensandstein eingeschnittenen Talboden in ca. 170 m NN hat, öffnet sich zum Neckartal hin trichterförmig. In 136 m NN mündet der den südlichen Hinteren Odenwald entwässernde Elzbach bei Diedesheim in den Neckar und bildet am letzten Stück seines Unterlaufs die Grenze zwischen den heute baulich längst zusammengewachsenen, aus alten Dörfern hervorgegangenen Stadtteilen Diedesheim und Neckarelz. Sein mit quartären und rezenten Alluvionen bedeckter Talboden, der ober- und unterhalb des mittelalterlichen Stadtkerns von Mosbach heute ganz überbaut ist, verbreitert sich dabei von 135 m oberhalb der Einmündung des Hasbachs auf über 700 m bei Neckarelz und Diedesheim.

Der mittlere Abfluß der Elz lag beim Pegel Mosbach-Tiefer Weg, 2,33 km oberhalb der Elzmündung, im Abflußjahr 1985 bei 1,98 cbm/s im Tagesmittel. Große jahreszeitliche Abflußschwankungen bewirkten im genannten Meßzeitraum einen über das 62fache höheren Hochwasserabfluß gegenüber dem Niedrigwasserabfluß. Am 31.10.1985 wurde so ein Abflußwert von nur 0,38 cbm/s im Tagesmittel gemessen; am 1.2.1985 brachten dagegen die Schneeschmelze und ergiebige Niederschläge einen Höchstwert von 23,83 cbm/s im Tagesmittel.

Im *Neckartal* bildet die Mitte des in weitem Bogen nach W ausgreifenden Neckarlaufs die Westgrenze des Mosbacher Stadtgebiets. Geomorphologisch ist dieser Flußabschnitt durch einen stark übersteilten Prallhang zwischen Haßmersheim-Hochhausen und Schloß Neuburg südlich von Obrigheim gekennzeichnet, dem auf der Gkg Neckarelz ein weiter und sanfter Gleithang in verlehmten Lößaufwehungen über dem Wellenkalk gegenübersteht. Nördlich von Diedesheim brandet der Neckar in einer nach O ausgreifenden Flußschleife gegen einen am Westrand der Lohrbacher Platte unterhalb des Schreckhofs ausgebildeten Prallhang, der sich erst unterhalb der Einmündung der Ludolfsklinge verflacht. Der eigentliche Talboden des Neckars ist an der Gemarkungsgrenze gegen Neckarzimmern rechts des Flusses gut 450 m breit. Gehängeschutt aus am oberen Muschelkalkhang anstehendem Gesteinsmaterial überdeckt dort bis etwa zur B 27 die alluvialen Ablagerungen. Südlich von Neckarelz verbreitert sich das Alluvialland auf der dort fast nur rechts des Flusses ausgebildeten Talsohle auf max. 500 m und keilt dann nördlich der Elzmündung und des Stadtteils Diedesheim ganz aus. Das Gefälle ist in diesem Abschnitt des Neckartals vor dem Eintritt in den Odenwald nur gering; das äußert sich in der Flußschleifen bildenden Seitenerosion. Bei 139 m NN liegt der Talboden an der Gemarkungsgrenze zu Neckarzimmern, und bei 135 m NN quert der Neckar die Gemarkungsgrenze von Binau südlich des Binauer Industriegebiets.

Siedlungsbild. – Der Stadtteil Diedesheim, der baulich völlig mit dem südlich benachbarten Neckarelz verwachsen ist, geht auf ein altes Dorf aus fränkischer Zeit zurück. Die Nachbarschaftslage zur Stadt Mosbach hat schon früh zu einem funktionalen Wandel des historisch gewachsenen Dorfes geführt. Wohn- und gewerbliche Funktionen prägen daher heute auch das Bild der alten Siedlung, des einstigen *Dorfkerns*, der sich entlang der parallel zum Neckar verlaufenden Heidelberger Straße sowie zwischen ihr und dem Fluß ausdehnt, wo sich mit einem großen Kies- und Schotterwerk ein kleines Industriegebiet herausgebildet hat und die Ortsumgehung der B 37 teilweise als Hochstraße auf Stelzen in Ufernähe verläuft.

Das Grundrißnetz zwischen der Heidelberger Straße, der alten Hauptstraße des Dorfes, und dem Neckar ist durch den mehrfach gekrümmten Verlauf der Alten Brückenstraße recht unregelmäßig. Sie zweigt im S von der Neckargasse, einer Querverbindung zwischen Heidelberger Straße und Fluß, ab und zieht S-förmig zum Neckar hin, wo sie nahe dem Flußufer leicht geschwungen, etwa parallel zu ihm verläuft, um weiter im N dann als westöstliche Querachse in die Heidelberger Straße einzumünden. Mit der Neckargasse im S, der Brunnenstraße, einer ebenfalls leicht gekrümmt verlaufenden Quergasse inmitten des alten Ortsteils, und der Jahnstraße, einer ganz geraden Querachse im N des alten Dorfes, entstand so westlich der Heidelberger Straße ein unregelmäßig rippenförmiges Wegenetz.

Die Bebauung ist in diesem Ortsbereich im allgemeinen alt und besteht überwiegend aus straßenseits giebelständigen Häusern mit steilgiebeligen Dächern. Sie erfüllen heute reine Wohnfunktionen, verraten aber vielerorts, wie an der Alten Brückenstraße, noch ihre ursprünglich bäuerlichen Aufgaben. Das gilt auch für viele Gebäude an der Heidelberger Straße, die heute mit Kaufläden, handwerklichen Werkstätten, einem Industrieunternehmen der Nahrungsmittelbranche sowie zahlreichen Wohnungen multifunktionale Aufgaben erfüllen und ein entsprechend vielseitiges Aufrißbild erkennen lassen. Bei den älteren Wohnhäusern fallen im allgemeinen zweigeschossige Bauten auf; einige kleinere eingeschossige sind aber auch zwischen sie gemengt. Häufig sind in den alten Häusern, die hier überwiegend mit ihren Traufseiten an die Straße grenzen, die Erdgeschosse durch Kaufläden umgestaltet. Gebäude landwirtschaftlichen Ursprungs sind zu erkennen wie z. B. das Anwesen Heidelberger Straße 57, das auf einen recht kompakten Eindachhof zurückgeht. Auch die Anwesen Heidelberger Straße 53 und 55 sind einstige bäuerliche Einhäuser, die heute nur noch zu Wohnzwecken genutzt werden.

Herausragende und das Straßenbild der Heidelberger Straße entscheidend mitprägende Gebäude oder Baukomplexe sind einige Gasthäuser wie das aus dem Jahr 1899 stammende »Schiff« oder die Gaststätte »Neckartal«, die baulich zu dem hinter ihr aufragenden Fabrikkomplex des Essig und Feinkost herstellenden Unternehmens Hengstenberg gehört, das durch ein besonders hohes Gebäude, einen Fabrikschlot und einen großen Lagerplatz aus seiner Umgebung heraussticht. An der Abzweigung der nördlichen Alten Brückenstraße steht ein durch Fachwerk im Obergeschoß auffallender Wohn-Geschäftsbau mit hohem Halbwalmdach. Er gehört zu einer Baustoffhandlung mit ebenfalls ausgedehntem Lagerplatz. Nahe dem nördlichen Ortsrand findet sich gegenüber der Einmündung der Jahnstraße eine Tankstelle. Nur unweit südlich ragt dort dann die 1901 im Stil der damaligen Zeit erbaute heutige Grundschule auf. Ihre Straßenfront wird durch einen mit einem Jugendstil-Staffelgiebel gekrönten Mittelrisalit gegliedert. Auffallend an dem gepflegten, hell verputzten, zweigeschossigen und hohen Gebäude sind der mächtige Buntsandsteinsockel, die Tür- und Fenstergewände sowie die Ecksteine an dem aus der Bauflucht vortretenden Mittelrisalit aus demselben roten Sandstein. Vor der Schule erinnern Kriegerdenkmäler an die örtlichen Opfer im deutsch-französischen Krieg von 1870/71 und im 1. Weltkrieg.

Bis an die südliche Gemarkungsgrenze dehnt sich zwischen der Heidelberger Straße und den Bahnanlagen ein teils schon in der frühen Nachkriegszeit angelegtes *Neubaugebiet* im Bereich des nur sanft zum steilen Talhang ansteigenden Neckartalbodens aus. Auf weitgehend rechtwinkligem Grundrißnetz finden sich in dieser Siedlungserweiterung freistehende Einfamilienhäuser und Reihenhäuser (Enzianstraße). An der Oststraße entstand nahe dem auch dem Stadtteil Diedesheim dienenden Bahnhof Neckarelz eine geschlossene Mehrfamilienhausanlage mit giebelständigen dreigeschossigen Wohnblöcken.

Am unteren Neckartalhang östlich der Bahnanlagen entwickelte sich bereits vor dem 1. Weltkrieg ein *Industriegebiet* mit einer größeren Fabrik der Nahrungsmittelbranche (Konservenfabrik Voss) und mit der Maschinenfabrik Diedesheim des Thyssen-Konzerns. Unterschiedlich alte Zweckbauten von Jugendstil-Buntsandsteingebäuden bis zu modernen großräumigen kubischen Produktionshallen mit verglasten Scheddächern bestimmen diesen gewerblichen Bereich, an den im S und am Talhang oberhalb wiederum ein großflächiges *Neubaugebiet* mit reinen Wohnfunktionen angrenzt. Mit seinen Wohnblöcken, Mehr- und Einfamilienhäusern, die im oberen Hangbereich an der Neckartalflanke des Hambergs in großzügig gestaltete Individualbauten und Villen übergehen, erweckt es einen durchaus städtischen Eindruck und ist als junge Stadterweiterung Mosbachs in landschaftlich bevorzugter Lage zu werten.

Der *Schreckhof* bildet nördlich dieses den Talhang überziehenden Neubaugebiets unmittelbar über der oberen Talkante einen eigenständigen Wohnplatz in der Gestalt eines dicht bebauten Bauernweilers, der im N mit vier Einfamilienhäusern eine kleine und junge Ortserweiterung erfahren hat. Die bäuerliche Funktion dieser haufendorfartigen Kleinsiedlung äußert sich in dicht zusammengekauerten, größeren Gehöftanlagen, die sich um das Gasthaus »Schreckhof« als Ortsmittelpunkt scharen. Dieser wuchtige Giebeldachbau mit Tür- und Fenstergewänden aus Buntsandstein, einem Welleternitdach und einer Gästeterrasse an der Rückfront überragt die umgebenden Bauernhäuser, winklige Hofanlagen und lange Streckgehöfte. Zur ersten Gruppe zählen das Anwesen Nr. 14 mit einem zweigeschossigen Wohnhaus und langgezogenen Stall- und Scheunenanlagen, die einen brunnenverzierten Hofplatz unmittelbar östlich des Gasthauses umgrenzen, oder auch das Anwesen Nr. 13, ebenfalls in der Nachbarschaft der Gaststätte. Streckgehöfte und Eindachhöfe (Anwesen Nr. 15) bestimmen gegen den Südrand das Aufrißbild; teilweise haben sie die Gestalt moderner Aussiedlerhöfe. Gegen den mit neuen Einfamilienhäusern erweiterten Nordrand zu läßt sich in dem zum reinen Wohngebäude umgestalteten Anwesen Nr. 7 bereits ein sich auch hier anbahnender funktionaler Wandel des Bauernweilers zur Wohnsiedlung ablesen.

Der Ursprung des in 240 bis 300 m NN auf der Lohrbacher Muschelkalkplatte liegenden Stadtteils Lohrbach ist ein ins Frühmittelalter zurückreichendes Dorf, dessen langgestreckter, straßendorfartiger Kern sich in nach O leicht abfallender Hochflächenlage zwischen dellenartigen Einmuldungen in den Gewannen »Seewiesen« im S und »Wanne« im N ausdehnt. Die westöstliche Hauptsiedlungsachse des alten Dorfes ist die Kurfürstenstraße, die zwischen der Abzweigung der Wannenbergstraße im W und der Sattelbacher Straße im O äußerst dicht bebaut ist und ganz unterschiedliche Funktionen erfüllt. Bauernhöfe in der Gestalt von Dreiseitanlagen mit teilweise malerischen Fachwerkteilen in den Obergeschossen der Wohn- und Wirtschaftsbauten künden noch von der ursprünglichen Funktion der dörflichen Siedlung. An sie erinnern auch noch kleinere Taglöhnerhäuschen und gestelzte Eindachanlagen an der Wannenbergstraße oder auch kleinere, auf bäuerliche Anfänge zurückreichende Anwesen an der im N weitgehend parallel zur Kurfürstenstraße ziehenden Gellengasse. Auf den Grundrissen einstiger Gehöfte entstanden Wohn-, Wohn-Geschäftshäuser mit Ladeneinbauten oder auch handwerklich-gewerbliche Betriebe wie eine Schreinerei und weisen entlang der Kurfürstenstraße auf den Funktionswandel des Dorfes hin. Seine Wohnortfunktion in Stadtnähe dokumentiert sich nicht zuletzt in geschlossenen Neubaugebieten im O und S sowie einer Neubauerweiterung im NW, die zusammen etwa eine Verdoppelung der überbauten Siedlungsfläche gebracht haben. Eine Siedlungsverdichtung mit modernen Einfamilienhäusern zwischen Gebäuden des vorigen Jahrhunderts und der Zwischenkriegszeit läßt sich an der Gellengasse beobachten. Herausragende Gebäude im Bereich des alten Straßendorfes finden sich mit dem ehemaligen *Wasserschloß* in den Seewiesen unterhalb der westlichen Kurfürstenstraße. Ihre Anfänge waren eine ins Hochmittelalter zurückreichende Wasserburg, von der noch Teile des Wassergrabens, dann der mit Bossenquaderung an den Ecksteinen und mit einem romanischen Bogenfries versehene Bergfried vorhanden sind. Der hohe dreigeschossige Südflügel des Schloßbaus mit steilem und mit Mansarden ausgebautem Giebeldach zeigt hauptsächlich Stilelemente der Renaissance und des Barocks, vor allem am südlichen Eckerker oder am nordöstlichen, mit einer Welschen Haube abschließenden Runderker am 1. und 2. Obergeschoß. Nicht zuletzt seine farbkräftige Buntsandsteinmauerung hebt ihn wie die Fenstergewände deutlich von dem sonst hell verputzten wuchtigen Bau ab. In der Nachbarschaft des Schlosses steht an der Kurfürstenanlage die *ehemalige kath. Kirche*, ein ruinöser Barockbau mit hohen Fenstern, schadhaftem Verputz und Ziegeldach sowie den Resten eines runden Glockenturms. Dieses in Privatbesitz übergegangene einstige Kirchenbauwerk wird durch den Einzug einer Zwischendecke einer neuen Nutzung zugeführt.

Auffallend an der Kurfürstenstraße ist das *Rathaus* mit der heutigen Stadtteilverwaltung: Ein hoher zweigeschossiger Bau mit Sockel, doppelseitiger Außentreppe, Tür- und Fenstereinfassungen aus Odenwaldsandstein, der sich häufig auch im Mauerwerk der alten Gehöfte finden läßt. Oberhalb der östlichen Kurfürstenstraße ragen dann die beiden Gotteshäuser des Stadtteils auf. Die *ev. Kirche*, an deren Aufgang an der Kurfürstenstraße das Kriegerdenkmal an die Opfer der Weltkriege mahnt, ist ein bescheidener, hell verputzter Saalbau mit hohen Rundbogenfenstern. Sein ziegelgedecktes Giebeldach wird nur wenig von dem im NO angesetzten Glockenturm mit niederem Zeltdach überragt. Die moderne *kath. St. Pauluskirche* beim Friedhof hat durch abgeschrägte Ecken im NW und am Eingang im SO einen sechseckigen Grundriß

Natur- und Kulturlandschaft 79

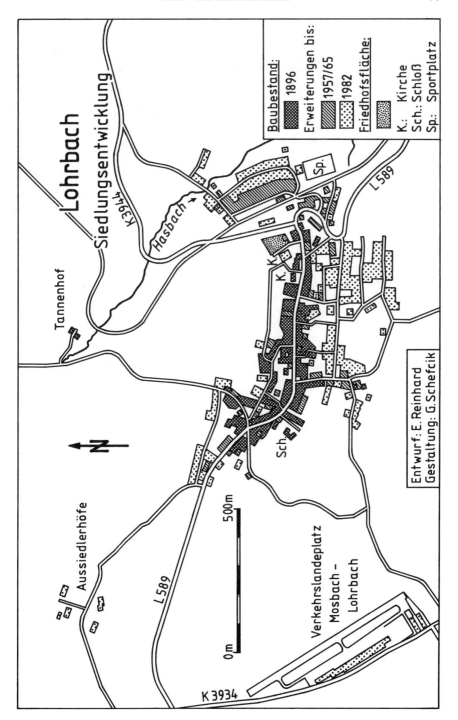

mit unterschiedlichen Seitenlängen. Diagonal zu den Längsseiten spannt sich der hohe Dachfirst, von dem sich die Dachschrägen in unsymmetrischen Dreiecksflächen spitzwinklig absenken und durch Beton- Stützpfeiler abgefangen werden. Südlich des innen durch hoch angesetzte Fenster lichten Kirchenbaus aus Buntsandstein strebt ein sich satteldachartig verschmälernder, hoher campanileartiger Betonturm, der teilweise eternitverkleidet ist und von einem hohen Metallkreuz überragt wird, in den Himmel.

Östlich des Friedhofs entstand an dem zum Hasbach abfallenden Talhang ein frühes *Neubaugebiet* an der Ringstraße unterhalb des heute als Wohnanwesen genutzten einstigen Bahnhofs mit angebauter hölzerner Güterhalle. An der Ringstraße stehen bescheidene Doppelhäuschen mit winzigen Vorgärten und rückwärtigen Nutzgärten, die an eine Flüchtlingssiedlung der Nachkriegszeit erinnern. Am Südrand dieser östlichen und tiefgelegenen Ortserweiterung, die an der Sattelbacher Straße von der langgezogenen eingeschossigen Grundschule unter einem flachen Walmdach überragt wird, liegt der Sportplatz mit der Odenwaldhalle, einer kubischen Mehrzweckhalle mit niedrigerem Vorbau.

Jünger ist das ausgedehnte *Neubaugebiet im S des alten Dorfes*, das sich von den Dorfwiesen entlang der Neubaustraße Zum Wasserschloß über den nordwärts geneigten Hang in den einstigen Gewannen »Wolfsgalgen« und »Schied« ausdehnt. Am Hang hinaufziehende Straßen wie die Birken-, Kreuz- und Lindenstraße sowie hangparallele Wohnstraßen wie die Ahorn- und Eibenstraße erschließen dieses noch im Ausbau begriffene Wohngebiet mit individuell gestalteten Ein- und Mehrfamilienhäusern.

Eigenständige Wohnplätze sind nördlich des Dorfes der *Tannenhof* und im Hasbachtal bei der Einmündung des Steinbachs die *Mühle*. Nordwestlich des Dorfes liegt auf der Hochfläche die *Stockacker-Siedlung*, ein Aussiedlungsweiler aus vier Höfen. Auf der Hochfläche im O gegen Reichenbuch entstand der *Verkehrslandeplatz Mosbach-Lohrbach* mit einer 540 m langen Start- und Landebahn, Kontrollturm, Flugzeughallen und einem Tanzcafé. Am Südrand des Flugplatzes entwickelte sich ein *Gewerbegebiet* mit eingeschossigen Produktions- und Lagerhallen mit niederen Giebeldächern.

Für die aus einer frühmittelalterlichen Klostersiedlung und einer klösterlichen Marktanlage hervorgegangene hochmittelalterliche Stadt, deren Umriß und Straßennetz aus dem heutigen Siedlungsgefüge noch deutlich heraussticht, setzte die moderne, zur gegenwärtigen Siedlungsstruktur der Kernstadt Mosbach führende Entwicklung in der 2. H. 19. Jh. ein. Der Bahnanschluß Mosbachs im Jahr 1862 und die Gründung der Lokomotiv- und Maschinenfabrik Anton Gmeinder (heute Kaelble-Gmeinder) noch vor dem 1. Weltkrieg waren entscheidende frühe Marksteine eines Siedlungswachstums, das zu einer wesentlichen Ausweitung des städtischen Siedlungsraumes im Elztal und an seinen Hängen weit über den mittelalterlichen Mauerbering hinaus geführt hatte (vgl. Kartenbeilagen).

Die *Altstadt*, die in spätstaufischer Zeit eine Fläche von 6,5 ha überdeckte und von einem doppelten Mauerzug mit einer Länge von über 1 km eingeschlossen war, liegt auf dem östlichen Talboden der Elz, an der in früheren Zeiten auf der Stadtgemarkung mehrere Mühlen betrieben wurden, die zum Teil als die Vorgänger der heutigen Industrie gelten können. Höhenlagen von 150 m NN im W und 165 m NN im O charakterisieren das leicht zum Fuß des Hardbergs und der Marienhöhe ansteigende Altstadtareal südlich der Einmündung der sanft in die östliche Elztalflanke vom Nodosuskalk bis zum Wellenkalk eingeschnittenen Knopfklinge, die von der Hochfläche der Bergfeldsiedlung (s. u.) zum Elzbach hinabsteigt.

Über lange Jahrhunderte war der Marktplatz das wirtschaftliche und ist heute vor allem das architektonische Zentrum der Altstadt, im SW begrenzt vom Rathaus, im

NO überragt von der Stadtkirche St. Juliana, die aus dem einstigen Kloster und Klerikerstift hervorgegangen und übriggeblieben ist. Dieser Marktplatz, um den sich malerische Fachwerkhäuser scharen, strahlt in Verbindung mit dem beherrschenden wuchtigen gotischen Gotteshaus, in dem bis heute die beiden großen Konfessionen getrennt im Schiff und Chorbau ihre Gottesdienste feiern, und dem historischen Bau der Stadtverwaltung, der aus der mittelalterlichen kath. Cäcilienkirche hervorgegangen ist, einen besonderen Reiz aus. Nicht nur durch die in Jahrhunderten gewachsene architektonische Gestaltung mit öffentlichen und bürgerlichen Bauten, sondern auch die an ihn gebundenen zentralen Funktionen machen diesen inmitten der Altstadt sich öffnenden Platz zum eigentlichen Mittelpunkt des gesamten städtischen Gemeinwesens.

Die Hauptachse der Altstadt ist die bis ins vorige Jahrhundert von Stadttoren abgeschlossene Hauptstraße, die im Zuge der 1974 vom Gemeinderat beschlossenen Altstadtsanierung zu einer vom Durchgangsverkehr befreiten Fußgängerzone und bevorzugten Einkaufsstraße umgestaltet wurde. Im SW nördlich des Bahnhofs von der B 27 abzweigend, auf welcher der Durchgangsverkehr heute über die Neckarelzer- und Odenwaldstraße westlich an der Altstadt vorbeigeführt wird, durchzieht die Hauptstraße den unteren Altstadtbezirk nordostwärts geradlinig bis zum Marktplatz. Dort biegt sie im rechten Winkel nach NW um und zieht in geschwungenem Verlauf ein Kreissegment von ca. 90° bildend in etwa nördlicher Richtung durch den oberen Altstadtbezirk weiter, den sie beim Ludwigsplatz, wo bis 1825 der Obertorturm stand, verläßt. Wiederum geradlinig verläuft sie dann durch das nördlich der Alstadt seit dem vorigen Jahrhundert entstandene Behördenviertel, um beim Friedhof spitzwinklig in die Odenwaldstraße und Neckarburkener Straße, die nördliche B 27 im Stadtgebiet, einzumünden.

Rechtwinklig von der Hauptstraße wegziehende und den dichten Baubestand der Altstadt erschließende Gassen bestimmen vor allem in der Oberstadt, aber auch in der westlichen Unterstadt das durch die Krümmungen der Hauptstraße verursachte, unregelmäßig rippenförmige Altstadtstraßennetz. Viel unregelmäßiger ist die Grundrißgestaltung dann in dem südlich der Hauptstraße, des Markt- und Kirchenplatzes am Hangfuß des Hardbergs ansteigenden Altstadtbereich, der im S mit dem ehemaligen pfalzgräflichen Schloßbezirk in erhöhter Hanglage abschließt. Vor allem südlich der Stadtkirche und unterhalb des Schlosses herrschen verwinkelte und enge Gassen vor, und der Grund- und Aufriß erinnert in manchem an ein dicht und verschachtelt bebautes Haufendorf. Diese Bebauung zeugt bis heute anschaulich von der Enge innerhalb des mittelalterlichen Mauergürtels und bewirkt mit ihren teilweise noch in frühere Jahrhunderte zurückreichenden, dicht zusammengedrängten Anwesen in Fachwerk- und Steinbauweise viel vom Reiz der Mosbacher Altstadt.

Einen entscheidenden Einfluß auf das Altstadtbild nehmen zahlreiche Gebäude um den Marktplatz und an der Hauptstraße. An erster Stelle sind unter ihnen die beiden großen, die Altstadt überragenden Bauten zu nennen: die Stadtkirche St. Juliana und das Rathaus. Die ehemalige Stiftskirche auf dem erhöhten, über Treppenaufgänge vom Marktplatz aus zu erreichenden Kirchenplatz besticht durch ihren langgezogenen und dreischiffigen Westbau mit hohem, steilgiebeligem Mittelschiff und niederen Seitenschiffen mit Spitzbogenfenstern sowie dem ebenfalls hohen, fünfseitig abschließenden Ostchor mit schmalen, maßwerkverzierten Spitzbogenfenstern und massiven Stützstreben. An der SO-Seite des Chors ragt ein sechsgeschossiger Glockenturm auf quadratischem Grundriß mit barock gestaltetem, verschiefertem Spitzhelmdach über den hohen Dachfirst hinaus. Die Außenwände und der Turm des im Innern geteilten

Gotteshauses sind gelb verputzt. Die Fenster- und Türeinfassungen sowie die Eckquader am Westgiebel und am Chor zeigen die rotbraune Farbe des in der Landschaft bodenständigen Odenwaldsandsteins. Das basilikale Schiff und der hohe Chor tragen Ziegeldächer. Gegenüber der durch einen Spitzbogeneingang, monumentale hohe Spitzbogenfenster und ein Rundfenster im hohen Giebelfeld des Mittelschiffs gegliederten Westfront der Stiftskirche ragt das Rathaus mit seinem barock ausgeformten Turmabschluß auf. Der hell verputzte Renaissancebau mit Staffelgiebeln und Buntsandstein-Eckquaderung, einer zweiseitigen steilen Sandsteintreppe an der südlichen Längsfront steht zum Teil auf dem Platz der einstigen hochmittelalterlichen Cäcilienkirche, dem ersten Gotteshaus der Bürgerschaft. Im Unterbau des Rathausturms finden sich noch Überreste ihres Chorturms. Sein Abschluß oberhalb des mit einem schmiedeeisernen Geländer geschützten Umgangs und über dem viereckigen Ausguckgeschoß mit einer Welschen Haube, gekrönt von einer Laterne mit kleinem Haubendächlein, entstammt erst dem 18. Jh.

Dann sind es vor allem alte Bürgerhäuser, Fachwerkbauten besonders des 17. und des 18. Jh., die den Aufriß um den Marktplatz und an der Hauptstraße in großem Ausmaß, aber auch in der übrigen Altstadt entscheidend mitbestimmen und ihm sein reizvolles und romantisches Bild aufprägen. Fachwerkhäuser des alemannischen Typs mit weit überkragenden oberen Stockwerken, wie das aus dem Beginn des 17. Jh. stammende Haus Kapferer mit verzierten Rundbogenportalen oder das um die Mitte des 17. Jh. errichtete Haus Brauss, neben dem heute der alte Marktbrunnen mit hohem gotischem fialenartigem Brunnenstock aus Buntsandstein steht, und das Haus Schell gegenüber dem Rathaus, stechen um den Marktplatz besonders hervor. Die Hauptstraße erhält durch solche oben gleichsam in den Freiraum der Straße hineinwachsenden Fachwerkgebäude wie z. B. dem Haus Hechtl (Nr. 35) ihr ganz eigenes, Geschlossenheit und Geborgenheit vermittelndes Flair. Fränkische Fachwerkhäuser mit weniger weit herausragenden Obergeschossen und Walmdächern sowie reich verziertem und geschnitztem Balkenwerk sind ebenfalls vertreten. Ihr schönstes Beispiel am Marktplatz ist das von 1610 stammende Palmsche Haus mit prächtig gemustertem und bemaltem Fachwerk an Wänden und Erker. Steinerne Erdgeschosse, die durch Ladeneinbauten verändert wurden, und hohe, steile Giebeldächer, die häufig Krüppelwalmansätze erkennen lassen, tragen viel zur Geschlossenheit des Altstadtbildes an der Hauptstraße bei. Denkmalpflegerische Bausünden wie ein kubisches Kauf- und Geschäftshaus mit Flachdach, errichtet an der Stelle früherer steilgiebeliger Fachwerkhäuser, zerreißen die idyllische Geschlossenheit des Altstadtbildes, vermögen aber den Reiz der innerstädtischen Hauptstraße mit ihrer altüberkommenen, häufig in das 17. Jh. zurückreichenden Bautradition nicht zu zerstören.

Diese teils behäbigen Fachwerkbauten am Marktplatz und an der Hauptstraße künden von stolzem Bürgersinn und bürgerlichem Wohlstand vor dem 30j. Krieg. Reizvolle Architekturensembles in Fachwerk- und Mauertechnik prägen aber auch die kleineren Altstadtgassen vor allem in der Oberstadt, so z. B. an der östlich der Julianenkirche von der Hauptstraße wegführenden Schwanengasse, wo weitgehend dem 18. und frühen 19. Jh. entstammende traufständige Bauten mit Kaufläden und handwerklichen Betrieben in den steinernen Erdgeschossen und Wohnungen in den Fachwerkobergeschossen nach Funktion und baulicher Ausgestaltung für ein insgesamt geschlossenes Aufrißbild sorgen. Häufig finden sich auch noch Fachwerkbauten mit überkragenden Obergeschossen unter Putz wie an der Collekturgasse. Ein herausragender Fachwerkkomplex ist in der nordwestlichen Oberstadt zwischen Hospital- und Ölgasse das Kulturzentrum der Stadt, hervorgegangen aus dem im Rahmen der

Altstadtsanierung 1978/79 renovierten Alten Spital aus spätgotischer Zeit. Städtisches Museum, Stadtbücherei und Volkshochschule sind in diesem ins 15. Jh. zurückreichenden, im frühen 16. Jh. umgebauten alemannischen Fachwerkhaus mit dunklem Gebälk und weiß verputzten Gefachen jetzt untergebracht. Seinen musealen Zwecken dienender Hof überspannt über dem hohen gemauerten Erdgeschoß ein reizvoller brückenartiger Fachwerkübergang. An der benachbarten Harnischgasse kündet das in den endenden 1780er Jahren errichtete Haus Kickelhain, das heute auch Teil des Stadtmuseums ist, mit seiner geringen Grundfläche von nur 30 qm, einem gemauerten und verputzten Erdgeschoß und zwei leicht überkragenden Fachwerkstockwerken, über denen sich ein spitzes Giebelgeschoß erhebt, von der drängenden Enge innerhalb des Mauergürtels in früheren Jahrhunderten.

In der am Hangfuß des Hardbergs bereits leicht ansteigenden südlichen Altstadt mit dem ehemaligen Schloßbezirk hebt sich an der Schloß- und Heugasse der wuchtige Komplex des Pfalzgrafenstifts heraus, heute ein Altenwohn- und Pflegeheim. Im historischen Kern eine Fachwerkkonstruktion von 1585, im Erweiterungstrakt ein Bau mit den Mitteln der modernen Architektur, bildet es eine gelungene und keineswegs die umgebende Altstadtbebauung störende Verbindung ganz unterschiedlicher Baustile. An der höchsten Stelle und am südlichen Außenrand der Altstadt erhebt sich im Bereich der einstigen mittelalterlichen Burg am oberen Ende der Schloßgasse ein schloßartiges Gebäude mit teils efeuumrankten Mauern, Staffelgiebeln und Fenstergewänden aus Buntsandstein. Am Ende des 19. Jh. von seinem damaligen Besitzer dem Geschmack der Gründerzeit entsprechend umgestaltet, geht dieses »neue Schloß« mit gotischen bis neubarocken Stilelementen auf die hochmittelalterliche, in der Stauferzeit erbaute Burg zurück.

Die stärksten Veränderungen hat das Altstadtbild im W erfahren, wo im Bereich des Gartenwegs die alte Bausubstanz mit nicht mehr zeitgemäßem Wohnraum im Zuge einer baulichen Neugestaltung ersetzt wurde. Dreigeschossige Wohn-Geschäftshäuser, überwiegend mit Läden oder auch Cafés und Restaurants in den Erdgeschossen, sowie mit steilen Giebeldächern grenzen mit ihren schmalen Traufseiten, die zuweilen durch vorspringende Bauelemente wie Erker und Treppenhäuser gegliedert wurden, an den Gartenweg. Ihre dichte Aneinanderreihung und ihre an das Altstadtbild angeglichenen Spitzgiebeldächer mit Mansardausbauten stellen sicher einen bemerkenswerten Versuch der Verbindung modernen Bauens mit der altüberkommenen Altstadtarchitektur dar. Deren teils noch sanierungsbedürftige, kleinere Gebäude werden in der unmittelbaren Nachbarschaft der teilweise trotz gestalterischer Angleichungsversuche recht klotzig wirkenden Neubauten geradezu erdrückt. Als ausgesprochener Fremdkörper wirkt der kubische Flachdachkomplex eines Geschäftshauses. Ein Blick vom Henschelberg über die von der Stiftskirche, dem Rathaus und dem ehemaligen Schloß beherrschte Altstadt mit ihren zahlreichen Fachwerkgiebeln verdeutlicht, wie sehr dieser moderne Baublock mit seinem flachen Dach und Fahrstuhlturm innerhalb des gewachsenen Stadtbildes die architektonische Harmonie stört. Das ebenfalls moderne und große Geschäftshaus der Baden-Württembergischen Bank am SW-Rand der Altstadt zwischen Odenwald- und Hauptstraße bewirkt mit seiner eigenartigen baulichen Konzeption durch sich nach oben in der Grundfläche verkleinernde und durch Schrägdachansätze getrennte Stockwerke schon eher eine architektonische Symbiose mit der historischen Stadt. Das mit seiner eigenwilligen Architektur reich gegliederte Gebäude mit Dachgarten und walmdachartigem Abschluß hebt sich aber durch seine riesige Baumasse auf großflächigem quadratischem Grundriß deutlich heraus. Zur dichten Altstadtbebauung bilden dann die offenen Parkplätze zwischen Gartenweg und Odenwaldstraße einen kontrastreichen Gegensatz, der zum Teil durch den Abbruch älterer Gebäude geschaffen wurde und heute einen raschen Zugang der autofahrenden Kunden zu den Geschäften der Innenstadt ermöglicht.

Bis zum 1. Weltkrieg wuchs die Stadt dann nördlich und südlich des Altstadtkerns in Talrichtung. Nördlich des Ludwigsplatzes entstand an der verlängerten Hauptstraße mit größeren drei- und viergeschossigen Bauten ein *Behördenviertel*, in dem die Industrie- und Handelskammer, das Notariat, das Land- und Amtsgericht, Polizeidienststellen und die Justizvollzugsanstalt sowie nördlich des in die Hauptstraße einmündenden Lohrtalwegs das Staatliche Vermessungsamt, die Staatsanwaltschaft und die Allgemeine Ortskrankenkasse vertreten sind. Am unteren Lohrtalweg entstand mit dem Neubau des Staatlichen Gesundheitsamtes und der Lohrtal-Grund- und Hauptschule eine jüngere Erweiterung dieses Behördenbereiches.

Behördenbauten prägen auch zu einem großen Teil die im vorigen Jahrhundert begonnene *Stadterweiterung südwestlich der Altstadt* an der Neckarelzer Straße und an der am westexponierten Hang darüber parallelverlaufenden Renzstraße. Das die Neckarelzer Straße beherrschende Gebäude ist der Bahnhof, ein langgestreckter neuromanischer Bau mit flachem Walmdach. Gegenüber ragt ein modernes Geschäftshaus mit verschiedenen Läden im Erdgeschoß auf und bildet den Anfang eines an der Hauptstraße in die Altstadt hineinführenden Geschäfts- und Bankenviertels mit dem modernen Flachdachbau der Sparkasse, der sich vor allem durch seine dunkle Hausfassade aus der Umgebung heraushebt, und der Volksbank in einem klassizistischen Gebäude mit neuer Eingangsgestaltung. Bis zu der die Neckarelzer Straße und die Renzstraße verbindenden Scheffelstraße stehen weitere Verwaltungsbauten des Landratsamtes, darunter das ehemalige Realgymnasium, ein wuchtiges dreigeschossiges Gebäude mit Mittelrisalit und neubarocken Zierelementen. Weiter südlich stehen an der Neckarelzer Straße dann die Dienstgebäude der Post, abseits von ihr und am unteren Talhang weitere Bürogebäude des Landkreises, darunter beiderseits der Renzstraße die beiden gelb verputzten Haupttrakte auf talseitig hohen Buntsandsteinsockeln.

Bis zur Abzweigung der Hilde-Kirsch-Straße ist die Neckarelzer Straße dann Geschäftsgebiet. Weiter außerhalb stehen an ihr bis zur Abzweigung der in einem kleinen Taleinschnitt am Hardberghang hinaufziehenden Schillerstraße überwiegend größere zweigeschossige Wohnhäuser aus den 1950er und frühen 1960er Jahren. An der unteren Schillerstraße hebt sich bis zu der am unteren Hardberghang parallel zur Neckarelzer Straße verlaufenden Pfalzgraf-Otto-Straße der Neubaubereich der Kreisgewerbe- und Augusta-Bender-Schule heraus. Die im Herbst 1987 erst im Rohbau vollendete Kreisgewerbeschule ist eine Betonkonstruktion mit mehreren nebeneinander angeordneten Giebeldächern. Der am Hang darüber in mehreren Bauetappen errichtete moderne Schulkomplex hat dreigeschossige Hauptgebäude mit Unterrichtsräumen um einen Innenhof, der von einem galerieartigen Verbindungstrakt überspannt wird. Diese Gebäude beherbergen das Technische Gymnasium und Wirtschaftsgymnasium, Berufs- und Berufsfachschulen, das Berufskolleg und eine Telekollegschule. Zwischen der Neckarelzer und Pfalzgraf-Otto-Straße dehnt sich am Hardbergfuß in dem zum Neckartal sich öffnenden Elztal südwestlich außerhalb dieses seit über drei Jahrzehnten ausgebauten Schulbereichs ein *Industrie- und Gewerbegebiet* aus, das nach der Jahrhundertmitte begonnen und im wesentlichen erst in den 1960/70er Jahren abgeschlossen wurde. Die hohen kubischen Fabrikgebäude der Kapfwerke, die von einem runden und viereckigen Fabrikschlot überragt und einem modernen zweigeschossigen Flachdach-Verwaltungstrakt ergänzt werden, hallenartige Flachdachbauten, die von einer Supermarktkette genutzt werden, Einzel- und Großhandelsunternehmen, teilweise in

Gebäuden, die für gewerbliche Betriebe errichtet wurden, der Bauhof der Straßenmeisterei Mosbach, die Schuhfabrik BAMA mit einem fensterlosen kubischen Flachdachtrakt und ein Einkaufszentrum mit Supermarkt und verschiedenen Läden prägen dieses junge und vielgestaltige Gewerbe- und Industrieviertel am Fuß des völlig überbauten Hardberghangs.

Die *Bebauung am Hardberghang* entlang hangparalleler Straßen von der Renz- bis zur Waldstraße brachte ein ganz überwiegend seit der Mitte der 1960er Jahre entstandenes Wohngebiet in bevorzugter Westhanglage. Frühe Anfänge, die noch in die Zeit vor dem 1. Weltkrieg zurückreichen, finden sich an der nördlichen Renz- und Pfalzgraf-Otto-Straße. Individuell gestaltete Ein-, Zwei- und Mehrfamilienhäuser unterschiedlicher Größe bestimmen sein bis zur Schillerstraße recht abwechslungsreiches Aufrißbild einer Hangbebauung in Gärten, aus dem zwischen der Pfalzgraf-Otto-Straße und dem oberen Parallelweg Am Hardberg lediglich die von Rasenhängen umgebenen dreigeschossigen Schulbauten der Hardbergschule – der Wilhelm-Stern-Grundschule – hervorstechen. Gegen Neckarelz zu wird das Wohngebiet jünger und moderner. Überwiegend traufständige, an der Bergseite ein-, an der Talseite zweistöckige Einfamilienhäuser mit flacheren Giebel- und Walmdächern oder auch eingeschossige Bungalows kennzeichnen diese erst junge Stadterweiterung, die sich am Tannen- und Buchenweg bereits auf Gkg Neckarelz ausdehnt.

Am Südende des Tannenwegs und am Buchenweg hebt sich dann das einheitlich gestaltete *Neubaugebiet Flürlein* mit sechs- bis zehnstöckigen Punkthäusern auf höheren Sockelgeschossen und mit dunklen Außenfassaden aus Eternitplatten vom Wald am steileren Hardberghang ab. Im zentralen Bereich dieser durch die gleichartige Außenwandgestaltung uniform wirkenden Wohnanlage mit Rasenflächen zwischen den Wohntürmen wurde eine Tiefgarage gebaut, über der sich oberflächig angelegte Parkplätze befinden.

Südwestlich außerhalb des durch hohe Geschoßhäuser geprägten Neubaugebiets Flürlein dehnt sich an kleinen Wohnstraßen, die von der bogenförmig den Hang erklimmenden Waldsteige wegziehen, ein junges und dicht bebautes Erweiterungsgebiet aus, das noch nicht völlig erschlossen ist. Einfamilien-, Doppel- und Reihenhäuser bestimmen zwischen der Pfalzburg- und Hohenbergstraße im S und der Zwingenberg- und Neuburgstraße im N das teilweise eng bebaute Neckarelzer Wohngebiet, das unmittelbar an die Mosbacher Hardbergbebauung anschließt und mit ihr eine zusammenhängende Siedlungseinheit bildet.

Am oberen Rand der Hardbergbebauung überragen an der Arnold-Janssen-Straße noch einige größere, langgestreckte Gebäude mit flachen Dächern die den Hang überziehenden Wohnhäuser: die Berufsakademie Mosbach und die kath. St. Bernhard-Kirche, die wie der Großteil der in der Umgebung nur locker gestreuten Einfamilienhäuser noch den 1950er und frühen 1960er Jahren entstammen. Älter ist die Bebauung im Anschluß an die Altstadt, die zur *Marienhöhe* und ins *Lohrtal* hinaufzieht. An der unteren Forststraße stehen nahe ihrer Einmündung in die Pfalzgraf-Otto-Straße noch einige Wohnhäuschen aus dem frühen 20. Jh. Ihre Bebauung mit Einfamilienhäusern in Gärten ist aber überwiegend in der Zeit zwischen den Weltkriegen entstanden.

Im Bereich des ehemaligen Schloßgartens bildet die in den 1930er Jahren erbaute neue St. Cäcilienkirche den weithin sichtbaren Übergang der Altstadt in die jüngeren östlichen Stadterweiterungen. Dieses wuchtige kath. Gotteshaus aus Buntsandstein hat hinter dem zum Franz-Roser-Platz blickenden breiteren und quergestellten Westbau ein Langhaus mit sehr schmalen und hohen Rundbogenfenstern und einen massiven Ostturm auf rechteckigem Grundriß, der mit einem flachen Satteldach über der

Glockenstube abschließt. An der NO-Seite ragt ein Sakristeianbau gegen die Pfalzgraf-Otto-Straße vor. Gegenüber dieser Kirche steht der winklige Verwaltungsbau des Finanzamtes, so daß sich der Behördenbereich mit dem Landratsamt, dem Staatlichen Hochbauamt, dem Bildungszentrum der Erzdiözese Freiburg und dem Finanzamt an der nördlichen Pfalzgraf-Otto-Straße sowie dem Landwirtschaftsamt am Oberen Mühlenweg südlich und östlich um die Altstadt herum ausdehnt.

Die Bebauung in dem durch die Knopfklinge kerbtalartig in den Elztalhang eingeschnittenen Lohrtal hat als Hauptsiedlungsachsen beiderseits des Wasserlaufs die Alte Bergsteige im S und den Lohrtalweg im N. In der Zwischen- und Nachkriegszeit erbaute, ganz überwiegend individuell gestaltete Einfamilien- oder Doppelhäuser unter steilen Giebeldächern prägen das Bild dieser ausgedehnten, heute bis auf die Hochfläche bei der Bergfeldsiedlung ausgreifenden Stadterweiterung. Ihre Wohnfunktion zeigt sich nicht zuletzt an größeren wohnblockartigen Geschoßhäusern mit drei und vier Stockwerken, im unteren Lohrtal, wo eine dichtere Bebauung unmittelbar östlich des in der Zeit vor dem 1. Weltkrieg zurückreichenden Behördenviertels vorherrscht. Das Siedlungsbild beherrschend wirkt am südexponierten Hang des Rosenbergs zwischen dem Lohrtalweg und der Sulzbacher Straße das *Kreiskrankenhaus*, ein im Haupttrakt dem Hangverlauf folgender, leicht abgewinkelter vier- und fünfgeschossiger Flachdachbau mit einem zentralen, quer zum Hang stehenden Eingangsflügel, einem angewinkelten zweigeschossigen Erweiterungsbau im SO sowie einem niederen, von einem hohen viereckigen Kamin überragten Küchen- und Techniktrakt im W. Krankenzimmer mit großflächigen Fensterfronten bestimmen die Talseite des langgestreckten Gebäudes. Am Hang oberhalb des Krankenhauses stehen an der Alten Schefflenzer Steige und am Rosenberg moderne zweigeschossige Ein- und Mehrfamilienhäuser individueller Prägung.

Einer kleinen Trabantenstadt gleichen dann nördlich des Friedhofs die *Johannesanstalten*, die sich beiderseits der in den westwärts blickenden Elztalhang eingeschnittenen Bonschelklinge ausdehnen. Altbauten, viergeschossige braune Sandsteinhäuser mit Krüppelwalmdächern noch aus der Zeit vor dem 1. Weltkrieg, bilden den Kern der Erziehungs- und Pflegeanstalten. Moderne, großflächig konzipierte Flachdachbauten mit drei und vier Stockwerken am sanften unteren Talhang, wohnblockartige höhere sowie kleinere mehrfamilienhausartige Bauten ergänzen zusammen mit einer modernen Kirche auf konzentrischem Grundriß und einem schlanken Glockenturm sowie mit dem von einem hohen Schlot überragten, am Hang abseits stehenden Heizwerk den gegen den Nordrand der Stadtgemarkung sich ausdehnenden Gebäudekomplex.

Mit der Bergfeldsiedlung, dem Knopfhof und dem Hardhof reicht die Bebauung auf die Muschelkalkhochfläche östlich des Elztals hinauf. Das *Bergfeld* entstand in den Jahren 1933/34 als erste bad. landwirtschaftliche Aussiedlung mit dem Grundriß eines planmäßigen Reihendorfes entlang des Allfelder Wegs, der von der Alten Bergsteige, die als Wohnstraße aus dem Elztal auf die Hochfläche hinaufzieht, etwa südostwärts abzweigt und in eine sanfte Geländemulde hineinführt. Die 24 landwirtschaftlichen Betriebe, von denen 19 aus Mosbachs Altstadt im Bereich der Schloß- und Kronenstraße ausgesiedelt wurden, erhielten jeweils 10 bis 13 ha Land und neue Höfe in der Form moderner Einhäuser mit Wohnung, Stall und Scheune unter einem Dach. Im westlichen Teil des Reihendorfes sind die von Blumen- und Nutzgärten umgebenen Eindachhöfe giebelseitig zur Straße gerichtet, ebenso am Bergfeldweg, der etwa in der Mitte des Ortes rechtwinklig vom Allfelder Weg in nördlicher Richtung wegzieht. Im östlichen unteren Ortsteil stehen sie dann teilweise auch mit den langen Traufen am Allfelder Weg. Die ursprünglich gleichartigen Einhäuser wurden seit der Mitte der

1960er Jahre durch Um- und Anbauten erweitert oder durch neue Wirtschaftsgebäude, Ställe und Grünfuttersilos zu bäuerlichen Gehöftanlagen ausgebaut. Sie alle lassen aber noch ihren Ursprung aus den Eindachhäusern der 1930er Jahren erkennen.

Westlich außerhalb der landwirtschaftlichen Siedlung, in der sich durch die Umwandlung einiger Höfe in Wohnhäuser auch schon ein funktionaler Wandel anbahnt, wurde die ev. Kirche, ein kleiner eingeschossiger Giebeldachbau mit Dachreiter, einem kleinen Pfarrhaus und einem Kindergarten erbaut. Auf der Höhe und an dem westwärts zur Knopfklinge abfallenden Hang entstand westlich der bäuerlichen Aussiedlung ein Wohnbezirk, dessen Anfänge mit kleinen Doppelhäusern in Vorgärten am Höhenweg in der frühen Nachkriegszeit liegen. An der oberen Alten Bergsteige, an der Adolf-Kolping-Straße und am Hardhofweg entstand eine jüngere Wohnbebauung mit zweigeschossigen Doppel- und Reihenhäusern. Herausragende Gebäude sind ein größerer fünfgeschossiger Wohnblock mit Flachdach an der Abzweigung des Höhenwegs von der Alten Bergsteige, das Gasthaus »Berghof« mit Fachwerk im Obergeschoß und die kath. Kirche Maria Königin von 1962, ein hell verputzter Saalbau mit asymmetrischem Giebeldach und einem abseits stehenden Glockenturm, der eternitverkleidet ist und ein Flachdach mit Metallkreuz trägt. Auffallend ist auch das große, zugehörige Gemeindehaus, das wie die Kirche ein Giebeldach mit ungleich großen Dachschrägen hat.

Westlich oberhalb dieser jungen Wohnsiedlung des Bergfelds steht in der Nachbarschaft des modernen Wasserturms, einer hohen, das Siedlungsbild wesentlich beeinflussenden Betonkonstruktion mit runder Wasserstube, deren Durchmesser sich nach oben vergrößert, die Gewerkschaftsschule der ÖTV, ein langgezogener zweigeschossiger Baukomplex auf unregelmäßig T-förmigem Grundriß, umgeben von Garten und Parkplätzen.

Auf der Hochfläche westlich der Gewerkschaftsschule schließt mit dem Firmengelände von Honeywell-Braukmann ein ebenfalls junges *Industriegelände* an, das von dreigeschossigen Bürogebäuden mit Flachdächern und großen Fensterfronten sowie von hohen Produktionshallen mit flachabfallenden Schrägdächern bestimmt wird.

Der nordwestlich der Bergfeldsiedlung am Rand des Knopfwalds in rd. 330 m Höhe liegende *Knopfhof*, der als kurfürstlicher Erbbestandshof bereits im 16. Jh. bekannt war, ist eine riesige vierseitige Einzelhofanlage mit langgestreckten Wirtschaftsgebäuden, Fachwerkkonstruktionen mit Gefachefüllungen aus Backstein, einem Wohnhaus und einem Feuerschutzweiher in dem allseits umbauten Innenhof. Auf der Hochfläche südwestlich der Bergfeldsiedlung liegt in 335 bis 345 m NN der *Hardhof*, ein dicht bebauter Bauernweiler mit winkligen Gehöften, Eindach- und Streckhofanlagen.

Auf dem *Talboden der Elz* setzte die Bebauung im Anschluß an alte Mühlen, von denen noch Bauten der Zuckermühle und der Sägmühle im N sowie von Deefkens Mühle im SW der Stadtgemarkung erhalten sind, noch im vorigen Jahrhundert im Zuge der Industrialisierung ein. Noch in die Zeit vor dem 1. Weltkrieg reicht dann auch die lineare Ortserweiterung am Hangfuß des Henschelbergs zurück, wo an der Straße Am Henschelberg heute ein gemischtes Wohn-Geschäftsgebiet mit teilweise modernen Läden entlangzieht. Es setzt sich nach SW am Hammerweg mit einer aus der Zwischen- und Nachkriegszeit stammenden Wohnbebauung fort.

Der ausgedehnte Elztalgrund zwischen den Bahnanlagen und dem Fluß bildet ein zusammenhängendes *Gewerbe- und Industriegebiet*, das in der unmittelbaren Nachbarschaft des Stadtkerns im Bereich der Bleich- und der nördlichen Eisenbahnstraße einer recht unterschiedlichen gemischten Nutzung unterliegt. Gebäude mit Wohn-, Büro- und Geschäftsräumen finden sich an der Bleichstraße, wo mit dem Flurbereinigungs- und dem Arbeitsamt auch Behörden vertreten sind. Geschäfte bestimmen neben dem Produzierenden Gewerbe dann auch die dem Bahnhof nahe Eisenbahnstraße, wo die modernen Gebäude des Fernmelde-Bauhofs der Bundespost neben älteren industriellen Bauten wie der Keramikfabrik Mosbach besonders auffallen. An der Straße Am Güterbahnhof, die an der Westseite der Bahnanlagen entlangzieht, ragt das teils hölzerne Gebäude der Raiffeisengenossenschaft beherrschend heraus, ein lang gestreckter Bau mit Krüppelwalmdach und einem höheren mittleren Speichertrakt, auf dessen Turmaufsatz ein Satteldach aufsitzt. Es sind dann vor allem größere Fabrikanlagen wie die modernen Produktionshallen von Bechem & Post, einem in der Wärmetechnik tätigen größeren Unternehmen an der Leutwein- und Anton-Gmeinder-Straße, oder die anschließenden Fabrikbauten des Maschinenbauunternehmens Kaelble-Gmeinder mit Gebäuden noch aus der Zeit vor dem 1. Weltkrieg. Zwischen solchen industriellen Zweckbauten stehen an der Brühl-, Leutwein- und an der Westseite der Anton-Gmeinder-Straße kleine und ältere Wohnhäuschen teils mit Jugendstilattributen wie an der Ecke Brühl-/Eisenbahnstraße oder mit Walm- und Krüppelwalmdächern über zu Wohnräumen ausgebauten Dachgeschossen.

Südwestlich dieses ausgedehnten Fabrikareals an der Anton-Gmeinder-Straße folgt ein gemischtes Gewerbe-, Industrie- und Geschäftsgebiet entlang der Alten Neckarelzer Straße mit handwerklichen Betrieben der Kfz-Branche, einer Schreinerei und Schlosserei mit Metall- und Stahlbau, mit Handelsunternehmen u.a. der Kfz-Zubehör- und der Elektrobranchen oder der Brennstoffversorgung sowie mit Industriebetrieben. Vielfältig wie seine Funktionen ist seine unterschiedliche Bebauung. Ein Schwerpunkt moderner industrieller Baugestaltung mit unmittelbar aneinandergereihten Produktionshallen, die sanft geneigte Giebel-, zum Teil auch Flachdächer tragen, schält sich in dem noch im Ausbau begriffenen *Industriepark Mosbach* heraus, der bereits auf die Gkg Neckarelz übergreift. Das nach rein funktionalen Gesichtspunkten gestaltete Aufrißbild wird in diesem gewerblichen Neubaubereich von zwei höheren kubischen Flachdachblöcken entscheidend beeinflußt, die in der Nachbarschaft zwischen der Industriestraße und der Elz aufragen. Der höhere Block der Firma Multi Möbel mit fünf Geschossen über den Verkaufs- und Ausstellungsräumen im Erdgeschoß sticht schon durch sein rot verputztes Erdgeschoß und weitere rote seitliche Mauerteile heraus.

Auf dem Talboden westlich der Elz liegt in einem ausgedehnten und gepflegten Rasenpark das neue *Schulzentrum*, das von dem den Fluß überbrückenden und die Alte Neckarelzer Straße mit dem Hammerweg verbindenden Sträßchen Im Katzenhorn durchquert wird. Niedrige eingeschossige bis vierstöckige kubische Betonbaublöcke mit großen Fensterfronten und mit Schulsportplätzen in der Nachbarschaft prägen diesen städtebaulich gelungenen und in der heutigen erweiterten Gesamtstadt zentral gelegenen Komplex aus Handels-, Realschulen und Gymnasium, der durch Sporthallen, ein Hallenbad, Tennisplätze und ein Freibad im N ergänzt wird.

Die Bebauung am Fuß des Hambergs entlang des Hammerwegs dient wiederum Wohnzwecken. Das die weitere Umgebung dort mitprägende Bauwerk ist die moderne kath. St. Josef-Kirche, ein von der Straße etwas abgesetzter, breiter Hallenbau mit flachem Giebeldach und einem im NW angesetzten Glockenturm mit einem niederen Satteldach, das von einem Metallkreuz überragt wird. Der Muschelkalkbau zeigt am Kirchensaal unter der sanften Dachschräge moderne Farbglasfenster. Unter ihnen sind die Längsseiten des Kirchenbaus verputzt. Vor der südwestlichen Giebelseite mit dem überdachten Eingang aus Holztüren öffnet sich ein Platz, an dem das Gemeindehaus mit großen Erdgeschoßfenstern steht. Es leitet zu den eng zusammengerückten, zweigeschossigen und traufständigen, weiß und hell verputzten Wohnhäusern am Hammerweg über, die an der ihn fortsetzenden Herrenwiesstraße ohne Unterbrechung in den Stadtteil Neckarelz übergehen.

Zwischen dem Henschelberg und Hamberg zieht die Bebauung in das Nüstenbachtal und dessen rechtes Nebentälchen in der »Unteren Masseldorn« hinein. Im unteren Bereich des Nüstenbachtals noch in der Zeit vor dem 2. Weltkrieg begonnen, stehen an der Nüstenbacher Straße und Im Bauernbrunnen überwiegend Mehrfamilienhäuser und recht uniform wirkende Doppelhäuser, die am höheren Hang an beiden Talflanken dann in jüngere Einfamilienhäuser individueller Gestaltung übergehen (Donauschwabenstraße, Einsiedelweg am Hamberg; Am Sonnenrain am Henschelberg).

Ein geschlossenes Neubaugebiet der Nachkriegszeit ist die tal- und hanggebundene Siedlungserweiterung *Masseldorn* zwischen der Reichenbucher und der Diedesheimer Straße sowie der Schlesienstraße. Schon die Straßennamen verraten die Anfänge dieses Neubaubereiches als Flüchtlingssiedlung in der frühen Nachkriegszeit. Dicht zusammengedrängte, reihenhausartige Mehrfamilienhäuser und Geschoßhäuser sowie Doppelhäuser an der Reichenbucher Straße und Donauschwabenstraße gehören zu diesen um die Jahrhundertmitte entstandenen Zweckbauten. Erst in den vergangenen Jahren wurden dann am oberen Hamberghang teils großzügige und villenhafte Einfamilienhäuser (Diedesheimer Straße, Schlesienstraße, Böhmerwaldstraße) als Erweiterung der dichten talgebundenen Bebauung errichtet. Im nordwestlichen oberen Neubaubereich, wo am Ortsrand das Haus der Donauschwaben steht, entwickelte sich zwischen den Wohnhäusern an der Reichenbucher, Diedesheimer und Danziger Straße ein kleines Gewerbegebiet mit kaum aus der Wohnbebauung herausragenden Firmengebäuden von WEGO und der Glausbausteine, Isolierglas und Glasschliff produzierenden Firma Glas Pichel. Ihr hoher und weitgehend verglaster Fabrikbau sticht noch am meisten aus der Umgebung heraus. Auf dem Wellenkalksporn der »Oberen Masseldorn« zwischen dem Nüstenbach und seinem Seitenzufluß überragt die Müller-Guttenbrunn-Grund- und Hauptschule mit einem blockartigen, gelb verputzten Flachdachbau die Masseldorn-Siedlung. An der Nüstenbacher Straße entstand mit der ev. Christuskirche ein kirchliches Gemeindezentrum mit Kindergarten. Das herausragende architektonische Merkmal ist an diesem neuen Gotteshaus der freistehende und oben abgeschrägte Betonturm mit hohen und schmalen Schallöffnungen. Der von ihm abgerückte, zur Straße hin sich verschmälernde Kirchensaal hat moderne Fenster zwischen Betonrippen und trägt ein grünlich oxidiertes Kupferdach mit nach hinten sich erhöhendem First.

Im Gegensatz zur Masseldorn-Siedlung nimmt die seit 1961 angelegte *Waldstadt*, eine als reine Wohnsiedlung konzipierte Trabantenstadt für 3000 Einwohner, auf der flachen Waldkuppe des Solbergs eine Hochflächen- und hochflächige Hanglage zwischen dem Elz- und Nüstenbachtal ein. Die bis 1983 weitgehend bebaute und eine Fläche von 39 ha überdeckende Neusiedlung, die im W eine Höhenlage von knapp 300 m NN erreicht und im O dem Elztal zu auf 240 m NN absinkt, hat als Hauptstraßen, von denen die Wohnstraßen und kurzen Wohngassen wegziehen, die Solbergallee und Konrad-Adenauer-Straße sowie die den östlichen unteren Siedlungsbereich erschließende Tarunstraße. Die genannten Straßen umkreisen den zentral gelegenen Kern der Trabantenstadt mit Einkaufsmöglichkeiten, einer Bankfiliale, dem Postamt und der benachbarten Waldstadt-Grundschule im W (Solbergallee), N und O (Konrad-Adenauer-Straße) sowie im S (Tarunstraße). Die äußeren Siedlungsbereiche der im S, W und N von Wald begrenzten Stadterweiterung in klimagünstiger Höhenlage sind reine Wohnbezirke unterschiedlichen Charakters.

Der Mittelpunkt der neuen Wohnstadt an der leicht geschwungen, meridional verlaufenden Solbergallee erfüllt zentrale Funktionen für die Gesamtsiedlung und hebt sich auch architektonisch aus der Umgebung heraus. Unmittelbar östlich der mittleren Solbergallee öffnet sich ein rechteckiger Platz mit Blumenschmuck, kleinen Bäumen und Ruhebänken in unmittelbarer Nachbarschaft eines großen dreigeschossigen Wohn-Geschäftshauses mit verschiedenen Läden, einer Apotheke, Fahrschule und der Post. Am hinteren östlichen Ende des Platzes, am Durchgang zu der im Mittelpunkt der Gesamtsiedlung liegenden Grundschule, bietet eine Sparkassenfiliale ihre Dienste an. Am Westrand des durch seine bauliche Konzeption eine geschlossene Einheit bildenden Zentrums der Trabantenstadt ragt als architektonischer Blickfang die kath. Waldstadtkirche heraus, St. Josef und dem hl. Bruder Klaus geweiht. Ein großflächiger, unregelmäßig mehreckiger Zentralbau in Backsteinmauerwerk mit Metalldach und -türen wird durch einen freistehenden, unsymmetrisch spitz zulaufenden Betonrippenturm ergänzt, der von einem beherrschenden Metallkreuz überragt wird. Zu dieser Kirche gehört ein größeres Gemeindehaus, ein hoher zweigeschossiger Bau, dessen Außenwand mit einem Metallrelief, das den hl. Bruder Klaus darstellt, verziert ist. Einen wesentlich geringeren Einfluß auf das umgebende Ortsbild nimmt die ev. Kirche am Südrand des innerörtlichen Zentrums. Der turmlose Schrägdachbau aus Klinkersteinen, der im Dachbereich mit Eternitplatten verkleidet ist, ragt mit seinem angebauten Gemeindehaus in Flachdachbauweise nicht über die umgebende Wohnhausbebauung an der Tarunstraße hinaus. Das gilt auch für die in einer gepflegten Rasenanlage stehende Waldstadt-Grundschule, ein Flachdach-Klinkerbauwerk in kubischen Formen, von dem ein überdachter Verbindungsweg zu einer etwas höheren Sport- und Turnhalle hinüberführt.

Die reinen Wohnbereiche der Waldstadt zeigen recht verschiedenartige Aufrißgestaltungen. Westlich der Solbergallee dehnen sich im waldumschlossenen Süd- und im hochgelegenen Westteil im allgemeinen individuell gestaltete, ein- und zweigeschossige Einfamilienhäuser aus. Niedere Giebel- und Flachdächer herrschen vor und bewirken zusammen mit den Vorgartenanlagen und uniformen Reihen gleichartiger Garagen, die an verschiedenen Stellen die Wohnstraßen säumen, trotz unterschiedlicher Hausgrundrisse eine gewisse Einheitlichkeit. An der Dachsbaustraße, die das höhere westliche Wohnviertel bogenförmig einfaßt, fallen auch größere Geschoßhäuser und Wohnblöcke auf, während an den rippenförmigen Wohnstraßen zwischen Dachsbaustraße und Solbergallee wiederum Einfamilienhäuser, darunter auch Bungalows und Reihenhäuser, überwiegen.

In der am Hang tiefer gelegenen östlichen Waldstadt verdichtet sich die Bebauung. Die Tarunstraße wird von zweistöckigen und flachgiebeligen Reihenhäusern begrenzt. Dreigeschossige Wohnblöcke mit flachen Dächern deuten auf eine größere Wohndichte hin, die dann erst wieder am Außenrand der unteren östlichen Tarunstraße in eine lockere und individuellere Einfamilienhausgestaltung am ostwärts blickenden Hang übergeht. An der östlichen und nördlichen Konrad-Adenauer-Straße bestimmen dann hohe, wohnblockartige Geschoßhäuser in Trauf- und Giebelstellung das Bild des jungen Neubauviertels, das allerdings durch kleinere, am Osthang terrassenartig angelegte niedrigere Gebäude mit Eigentumswohnungen aufgelockert und in sich gegliedert wird. Das geplante Neben- und Miteinander von unterschiedlich hohen Wohnblöcken, Reihenhäusern und freistehenden Einfamilienhäusern führte zu einer insgesamt vielgestaltigen und abwechslungsreichen Wohnstadt, die mit ihren ausgedehnten Rasen- und Gartenanlagen zeitgemäßen Wohn- und Freizeitansprüchen genügt. Ein baulicher Fremdkörper am Nordrand der Wohnsiedlung ist allerdings das in der unmittelbaren Nachbarschaft größerer und kleinerer Wohnhäuser errichtete Fernheizwerk mit seinem hohen fabrikmäßigen Schlot.

Der an der Elzmündung liegende Stadtteil Neckarelz ist heute im N mit Diedesheim und im O mit Mosbach baulich völlig verwachsen. Sowohl im Neckartal und am westexponierten Hang des Hambergs als auch auf dem Talboden der Elz und am Hang des Hardbergs überschreitet die zusammenhängende Bebauung die Gemarkungsgrenzen von Diedesheim und Mosbach. Der Siedlungskern von Neckarelz ist ein ins Frühmittelalter zurückreichendes Dorf auf einem weit in die Neckaraue hineinreichenden Lößlehmsporn, an dem die Elz vor der Mündungsverlegung nach N in die Flur »Äulein« entlangfloß. Der Geländeabfall von der ev. Kirche und vom einstigen Schloß zum Tempelhaus hin läßt den ehemaligen Verlauf des Elzbachs, der unmittelbar westlich des alten Dorfkerns in den Neckar einmündete, noch deutlich erkennen und veranschaulicht, wie die alte Siedlung im N und NW vom Wasserlauf begrenzt war.

Welches Ausmaß die Siedlungsverschmelzung von Neckarelz und Diedesheim genommen hat, verdeutlicht sich gerade in der heutigen Nutzung des einstigen Auengeländes zwischen den beiden Dörfern mit zentralen Einrichtungen für beide Stadtteile: einem Schulzentrum mit Gymnasium und Hauptschule sowie einer Mehrzweckhalle mit Restaurant, einem parkartigen Erholungsgelände nahe dem Neckarufer und der neuen Elzmündung und dem großflächigen Meßplatz südlich der Schulen. Das Pattberg-Gymnasium und die Hauptschule bilden dabei den modernen architektonischen Mittelpunkt der beiden westlichen Stadtteile Mosbachs mit aus ihrer parkartigen Umgebung herausragenden kubischen Flachdachgebäuden in Betonbauweise, an die die neckarwärts errichtete Pattberghalle baulich stark angeglichen ist. Mitentscheidend für die Herausbildung eines modernen Siedlungsmittelpunktes zwischen den beiden alten dörflichen Kernen war ferner der Bau der ebenfalls neuen kath. Marienkirche, eines mächtigen Saalbaus mit einem etwas schmaleren Rechteckchor im O. Ein seitlich an der Marienstraße stehender Glockenturm mit großen Schallöffnungen und einem Satteldach überragt den breiten Hallenbau im NW und ist durch einen niederen Verbindungstrakt baulich mit ihm verknüpft. Westlich vor der Eingangsfront öffnet sich zur Heidelberger Straße der Kirchplatz, der im S vom Pfarr- und Gemeindehaus, einem größeren zweigeschossigen Giebeldachhaus, begrenzt ist und nahe der Heidelberger Straße von einem Brunnen mit einer modernen Marienstatue verziert wird.

Die Heidelberger Straße (vgl. Diedesheim) führt südlich der Elzbrücke aus Buntsandsteinmauerwerk über einen deutlichen Geländeanstieg auf den Lößlehmsporn. Sie und die südwärts ins Neckartal weiterziehende Heilbronner Straße sowie die von ihnen ostwärts ins Elztal führende Mosbacher Straße sind die heutigen innerörtlichen Hauptverkehrsachsen. Das alte Dorf mit einem unregelmäßigen Straßen- und Wegenetz und einer haufendorfartigen, dichten Bebauung erstreckte sich in Westostrichtung entlang der heutigen Martin-Luther-Straße, der früheren Neckarstraße, und der inneren Mosbacher Straße von dem Bereich um die ev. Kirche im W bis zu den markanten Gebäuden der Clemens-Brentano- und Comenius-Schulen im O. Gerade an der inneren Mosbacher Straße und an den von ihr abzweigenden Quergassen wie der Lindengasse und der Hohen Gasse läßt sich noch ein dörflicher Aufriß mit einstigen Streckhofanlagen entdecken, die bis ins 18. Jh. zurückreichen und heute keine landwirtschaftlichen Funktionen mehr erfüllen. Einige historische Gebäude wie die Alte Posthalterei oder das Gasthaus zum Hirsch an der Heidelberger Straße, die ev. Kirche, das ehemalige Schloß oder das Tempelhaus erinnern an das Dorf vergangener Tage und sind auch heute noch herausragende Aufrißelemente der Siedlung.

Die Alte Posthalterei, das frühere Gasthaus zum Löwen, in dem 1815 Johann Wolfgang von Goethe auf der Rückreise von Heidelberg nach Weimar übernachtete, ist ein stattlicher Fachwerkbau der Renaissance mit der Jahreszahl 1551 über dem Eingang, überkragenden Obergeschossen und einem mächtigen Walmdach. Fachwerk prägt auch das Obergeschoß des Gasthauses zum Hirsch, das auf einem hohen, verputzten Erdgeschoß mit zweiseitigem Treppenaufgang steht. Im übrigen ist gerade das Ortsinnere westlich des Hirschen an der weitgehend umgestalteten Martin-Luther-Straße mit einem Geschäftshausneubau, in dem sich die Ortsverwaltung, eine Sparkassen- und Bausparkassenfiliale befinden, mit dem modernen Hotel »Lindenhof«, einem Möbelgeschäft und einem weiteren, unmittelbar gegenüberstehenden neuen Wohn-Geschäftshaus mit einer Volksbankfiliale im Umbruch. Mit zahlreichen beiderseits der Straße angelegten Parkplätzen entstand dort im einstigen Dorfkern ein moderner und städtisch überprägter Aufriß, der Neckarelz als einen durch Wohn-, Geschäfts- und Gewerbefunktionen geprägten Stadtteil Mosbach ausweist.

Im W des alten Siedlungsbereichs bilden die ev. Kirche, das Tempelhaus und die Bruder-Klaus-Bauernschule einen geschlossenen Bezirk im Unteren Dorf, der das Bild vergangener Tage noch weitgehend bewahrt hat. Alles beherrschend wirkt dort die von einem baumbestandenen Kirchplatz umgebene *ev. Kirche*, ein spätbarocker breiter Saalbau mit halbrundem Ostabschluß. Der an das geostete Kirchengebäude angebaute Glockenturm auf quadratischem Grundriß aus dem vorigen Jahrhundert trägt ein hohes, schiefergedecktes Spitzhelmdach. Sockel, Tür- und Fenstereinfassungen bestehen aus Keupersandstein und heben sich von dem unter Putz liegenden Mauerwerk ab. Der historisch bedeutsamste Bau im alten Dorf ist das am Rand der Elz- und Neckaraue errichtete, aus einer mittelalterlichen Johanniterburg hervorgegangene *Tempelhaus*, ein hoher dreigeschossiger gotischer Bau mit einem polygonalen Chorabschluß im O, einem Treppenturm auf hexagonalem Grundriß mit einem von einem Spitzhelmdächlein überragten barocken Zwiebeldach. Der schlanke, weiß verputzte Bau mit Buntsandsteintür- und -fenstergewänden ist noch heute zum Teil von Mauer und überbrücktem Graben umgeben. Auffallend an der Martin-Luther-Straße ist ein langgezogener, zweigeschossiger Baukomplex mit hohen gekuppelten Rechteckfenstern: das ehemalige *Schloß*, das im 16. Jh. als kurpfälzische Kellerei entstanden war und heute als Bruder-Klaus-Bauernschule dient. Der insgesamt winklige, das Grundstück an der Martin-Luther-Straße und Johannitergasse einnehmende Gebäudekomplex trägt hohe Giebeldächer. Südlich der ev. Kirche erinnert dann noch ein größeres Dreiseitgehöft mit einem zweigeschossigen und giebelseitig zur Straße gerichteten Wohnhaus von 1711 mit Buntsandsteinsockel und -fenstergewänden an das einstige Bauerndorf, von dem anderenorts wie z. B. an der Heidelberger Straße durch eine große Tankstelle mit Autogeschäft und -werkstatt, durch Kaufläden der Lebensmittel- und Elektrobranchen, durch die Filiale einer Drogeriekette und eine Autovermietung außer der dichten Bebauung nicht viel überkommen ist.

Im N, O und S brachten *Ortserweiterungen* seit dem vorigen Jahrhundert ein gewaltiges Siedlungswachstum, so daß heute der gesamte Bereich südlich der Diedesheimer Gemarkungsgrenze und westlich der S-förmig verlaufenden Bahnstrecke nach Heilbronn bis fast zum Neckar geschlossen bebaut ist. *Gewerbliche und industrielle Anlagen* überdecken heute auch den Elztalboden östlich der ins obere Neckartal führenden Bahngleise und finden im Industriepark Mosbach (s.o.) Anschluß an die städtischen Siedlungsbereiche im Elztal und am Hardberghang. Das gilt auch für die Wohnbebauung am südwest- und südexponierten Hang des Vorderen Hambergs, wo oberhalb des Bahnhofsgeländes ein junges Wohngebiet mit Ein- und Mehrfamilienhäusern sowie mit größeren und höheren Wohnblöcken entstand.

Von dem für die Stadtteile Diedesheim und Neckarelz zentral gelegenen Bahnhof am Nordrand der Gemarkung dehnte sich die Bebauung mit einem gemischtfunktionalen

Siedlungsbereich schon im 19. Jh. gegen die Elz aus. Auf den in der Nachkriegszeit neugestalteten Bahnhof mit einem langgestreckten und flachen Empfangs- und Bahndienstgebäude in Betonbauweise, das nur von einem Stellwerksbau turmartig überragt wird, folgt entlang der südwestwärts zur Heidelberger Straße ziehenden Bahnhofstraße ein Wohn- und Geschäftsbereich mit einer recht unterschiedlichen Bebauung aus der Vor- und Zwischenkriegszeit, die unmittelbar an den Friedhof angrenzt. Westlich des heute durch eine moderne Wohnbebauung im Gebiet der Herrenwiesenstraße fast völlig von Häusern eingeschlossenen Friedhofs grenzt ein bereits altes, in jüngster Zeit erweitertes *Industrieareal* an, das zur Elz hin zieht. Die hintereinandergereihten Werkshallen einer Eisengießerei, die Anlagen eines Sägewerkes mit einem Holzbau- und Eternitverarbeitungsbetrieb prägen diesen den Talboden einnehmenden gewerblich bestimmten Bereich, an den nach O mit dem Elzstadion, weiteren Sport- und Tennisplätzen sowie einer Tennishalle Freizeiteinrichtungen anschließen.

Ausgedehnte *Neubaugebiete* brachten südlich des alten Dorfes großflächige Siedlungserweiterungen zwischen dem Neckar und der alten Mosbacher Stadtgemarkungsgrenze. Überwiegend handelt es sich um Wohngebiete mit individuellen Ein-, Zwei- und Mehrfamilienhäusern, an der östlichen Mosbacher Straße auch um wohnblockartige Geschoßhäuser in gepflegten Rasenanlagen. Von diesen Wohnbereichen hebt sich im W lediglich das *Hafengebiet* mit einem Beton- und Kunststeinwerk, mit zylindrischen, stelzbeinigen Silobehältern einer Kies- und Schotterverladeanlage und einer Kranbrücke ab. Östlich der Heilbronner Straße, wo in einem gemischten Wohnviertel ebenfalls einige größere Wohneinheiten stehen, liegt dann zwischen der Torhausstraße und den Bahnanlagen ein weiterer *Gewerbe- und Industriebereich*, der von den weitgehend modernen Fabrikgebäuden einer anderen Eisengießerei geprägt wird und der nach O in das westliche Industriegebiet Mosbachs übergeht. Im Grenzbereich der alten dörflichen zur neuen Bebauung sticht an der Mosbacher Straße der 1908/09 errichtete zweigeschossige Schulbau mit neubarocken Formen besonders an dem geschwungenen Giebel über dem Mittelrisalit heraus.

Das bereits seit der Mitte der 1930er Jahre nach Mosbach eingemeindete Nüstenbach geht auf einen hochmittelalterlichen Bauernweiler in dem südwärts zur Elz entwässernden Tal des Nüstenbachs zurück. Bäuerliche Siedlungselemente bestimmen bis heute ganz entscheidend das Bild der in ausgesprochener Nestlage zwischen den steilen Talhängen entstandenen kleinen Ortschaft, wenn auch jüngere Wohnbauten inmitten der Talsiedlung und die randlichen Neubauerweiterungen in Hanglage deutlich den funktionalen Wandel der letzten Jahrzehnte signalisieren.

Die westwärts den Hang erklimmende Dorfstraße und die südwärts durch Nüstenbach führende Mosbacher Straße, die beide äußerst dicht bebaut sind, bilden die auf der westlichen Talseite die Siedlung durchquerende Hauptstraße. An der Dorfstraße öffnet sich ein kleiner Platz, der mit dem Kriegerdenkmal abschließt. Ein Obelisk erinnert dort an die Opfer des 1., eine Muschelkalkmauer mit Namenstafeln an die Gefallenen des 2. Weltkriegs. Landwirtschaftliche Anwesen mit einer alten Bebauung bis an den westlichen und südlichen Ortsrand, wo das Gasthaus »Stadt Mosbach« steht, fallen auf. Sie lassen teilweise Fachwerkkonstruktionen in den oberen Gebäudeteilen erkennen. An die Stelle älterer Gehöfte sind zum Teil auch neuere Gebäude getreten wie im Anwesen Mosbacher Straße 4. Ein modernes aussiedlerhofartiges Wirtschaftsgebäude mit Grünfuttersilos, das einen beträchtlichen Einfluß auf das innerörtliche Aufrißbild ausübt, wurde dort im Anschluß an ein älteres bäuerliches Wohnhaus errichtet. Sein großflächiges und sanftgeneigtes Giebeldach sowie seine braune Welleternitverkleidung im oberen Bereich unter dem Dach heben es deutlich aus seiner Umgebung heraus. An der Hohen Steige, die den steilen ostexponierten Nüstenbachtalhang erschließt, wurde die alte Bebauung zum Teil ebenfalls durch neuere Häuser ersetzt. Zwischen die alten giebel- und traufständigen Streckgehöfte wurden in den letzten Jahrzehnten auch Wohnhäuser gesetzt, die eine Siedlungsverdichtung bewirkten.

Alt und teilweise bäuerlich ist auch die Bebauung im östlichen Siedlungsteil jenseits des Nüstenbachs, wo sich Im Weiler unterschiedliche Gehöftgrundrisse abzeichnen. Zweiseit-, Streckgehöfte und ein Eindachhaus prägen dort zusammen mit dem Landgasthaus »Ochsen«, einem eingeschossigen und traufständigen Gebäude, das überkommene Straßenbild. Am westexponierten Talhang ergänzen dann neuere Wohnbauten, die zum Teil erst im Rohbau stehen, den Aufriß mit neuen Elementen bis zum Friedhof hin, der mit seiner konzentrischen hölzernen und offenen Friedhofshalle am steilen Hang östlich oberhalb des Dorfes liegt. Neubauten auch in der Gestalt größerer dreigeschossiger Wohnhäuser bewirkten In der Hohl eine nördliche Wachstumsspitze am ostwärtsgewandten Nüstenbachtalhang.

Das herausragende Bauwerk im kleinen Dorf auf dem Talgrund unmittelbar östlich des Nüstenbachs ist die kleine barocke *ev. Kirche* von 1759. Der einschiffige kapellenartige, weiß verputzte Bau mit ziegelgedecktem Giebeldach hat an den Seiten hohe buntsandsteingefaßte Rundbogenfenster, einen polygonalen Ostchor und einen Dachreiter auf hexagonalem Grundriß mit Zwiebeldach. Im SO ist eine kleine Sakristei angebaut.

Der Stadtteil Reichenbuch nimmt – ähnlich wie Lohrbach – eine Hochflächenlage in 285–325 m NN am Nordrand der Lohrbacher Muschelkalkplatten ein. Das alte Dorf ist in flacher Muldenlage in den oberen Talabschnitt des Flursbachs eingebettet, der unmittelbar südöstlich der Siedlung entspringt und dessen sanfte Quelltalhänge noch in den Wellendolomit und Wellenkalk eingeschnitten sind. Die nördliche und höher gelegene Ortserweiterung entstand auf einer Hochfläche, die unter den Lößlehmdecken die Rötschichten des Oberen Buntsandsteins hervortreten läßt.

Das alte Dorf, dessen Hauptachse die die flache Mulde des Flursbachtälchens querende Neckargeracher Straße ist, läßt an ihr und an der südlichen unteren Lindenbrunnenstraße das typische Bild eines dicht bebauten Haufendorfes mit teilweise durch jüngere Anbauten erweiterten und verschachtelten Anwesen erkennen. Im alten Dorf bestimmen noch heute Bauernhäuser den Aufriß. Winkel- und Zweiseitgehöfte sowie streckhofartige Anlagen und gestelzte Eindachhäuser an der Lindenbrunnen- und Kirchenstraße, dann aber auch große Dreiseitgehöfte und bäuerliche Eindachhäuser an der Neckarelzer Straße prägen entscheidend den alten Ortsteil. Herausragende Gebäude im alten Dorf sind das Rathaus und die ev. Kirche. Das *Rathaus* ist ein zweigeschossiger Walmdachbau von 1841 mit Buntsandsteinsockel und einer zweiseitigen Außentreppe, Tür- und Fenstergewänden aus demselben Baumaterial sowie einem Spitzhelmtürmchen und einer Sirene auf dem Dach. Im Winkel zwischen den beiden Einmündungen der Lindenbrunnenstraße in die Neckargeracher Straße steht ein kleines und schmales, steilgiebeliges Häuschen mit einer Sparkassenfiliale ganz in der Nachbarschaft des heute der Stadtteilverwaltung dienenden Rathauses. Das Bild des alten Siedlungsteils geradezu beherrschend wirkt der mit neuromanischen und neugotischen Formenelementen aufwartende Bau der *ev. Kirche* an der südlichen Kirchenstraße. Trotz seines gedrungenen Glockenturms mit verkupfertem Spitzhelmabschluß und verschindeltem, über den Unterbau des Turms überkragenden Glockengeschoß ist sie in ihrer Lage am oberen Hang des Flursbachtälchens gut sichtbar. Über dem hell verputzten Kirchenschiff mit Buntsandsteinsockel, -tür- und -fenstereinfassungen ragt ein ziegelgedecktes Walmdach bis zum Glockengeschoß des Turmes auf. Den südlichen

Abschluß des alten Dorfteils bildet am Flursbach ein kleines Freibad. Am nordwärts blickenden Gegenhang liegt der ummauerte Friedhof. Auf die Hochfläche nach N ist die Siedlung mit einer großflächigen Ortserweiterung im Zuge eines Funktionswandels zum Wohnort seit der Jahrhundertmitte hinaufgewachsen. Erste Ansätze dazu entstanden an der äußeren Kirchenstraße, an der Schulstraße, Am Herdweg und an der südlichen Birkenwaldstraße. Die beiden herausragenden Gebäude sind in diesem Siedlungsbereich die 1959 errichtete kath. Kirche und die neue Schule. Das *kath. Gotteshaus* ist ein traufseitig zur Kirchenstraße gerichteter Saalbau mit quadratischen Fenstern und einem hohen, steilen Giebeldach. Die spitzen Giebelfronten werden durch Betonstützrippen gegliedert. Neben diesem wuchtigen, an eine hohe Scheune erinnernden Kirchenbau mit dem Eingang am SW-Giebel und einem Sakristeianbau an der straßenabgewandten Längsseite ragt zur Kirchenstraße hin ein hoher, mit Eternitplatten verkleideter freistehender Turm mit einem Flachdach auf, das von einem Kreuz überragt wird. Dieser schlanke, auf quadratischem Grundriß stehende Turm erhält durch seitlich angeordnete schmale Fensterreihen mit senkrecht übereinandersitzenden Rechteckfenstern eine Außenwandgliederung. Beide Bauteile, Kirchensaal und Turm, sind weiß verputzt bzw. bemalt. Zur eingeschossigen neuen *Grundschule* am Außenrand der Bebauung der Schulstraße gehört eine Turnhalle.

Zwischen der Schul- und Birkenwaldstraße entstand weiter nördlich dann die jüngste Siedlungserweiterung bis zum Sportplatz und den Tennisplätzen. Zum Teil recht dicht aneinandergerückte Einfamilienhäuser mit Giebeldächern prägen das Bild dieser nördlichen Wachstumsspitze an der Eichwaldstraße und Im Wiesengrund.

Von den im Zuge der Gemeindereform neu zu Mosbach gekommenen Stadtteilen ist Sattelbach, das in 280–325 m NN westlich des Trienzbachtals auf der Südostabdachung des Hinteren Odenwalds liegt, der bei weitem ländlichste. Die bis heute überwiegend nur locker bebaute und weit auseinanderliegende Siedlung dehnt sich über eine wellige Hochfläche mit kleinen Quellmulden aus, in denen dem Trienzbach zustrebende kleine Bäche entspringen und die Teilen der Siedlung eine geschützte Nestlage gewähren. Das alte Dorf besteht aus einer Streusiedlung mit weit auseinanderliegenden Hofgruppen. An ihren Verbindungswegen hat sich in jüngerer Zeit eine reine Wohnbebauung oder zuweilen auch eine gemischte Gewerbe- und Wohnbebauung angesiedelt. Der heutige Siedlungsgrundriß setzt sich daher aus teils dichter, teils nur locker bebauten straßendorfartigen Siedlungszeilen zusammen, die über die gerodete und agrarisch genutzte Hochfläche ziehen. Der von NO nach SW verlaufende Straßenzug der Muckentaler und Lohrbacher Straße oder der ihn in der Mitte kreuzförmig schneidende Straßenzug von Fahrenbacher und Dallauer Straße, der die Hochfläche von NW nach SO überspannt, sind solche langgestreckte und beiderseits überwiegend nur locker bebaute Siedlungszeilen. An der Albert-Schneider-Straße, die im W des Ortes die Lohrbacher und Fahrenbacher Straße verbindet und über die der überörtliche Verkehr der L 525 von Mosbach nach Fahrenbach, Limbach und Mudau rollt, sowie an der Straße Salle im NO, die die nördliche Fahrenbacher und östliche Muckentaler Straße verknüpft, findet sich keine geschlossene Bebauung. Hof- und Hausgruppen bilden dort nur kleine und nicht zusammenhängende Siedlungsteile. Zwischen diesen die Hochfläche überziehenden oder in ihre Quellmulden eingetieften Bebauungsachsen dehnen sich weite Feld- und Wiesenwannen aus.

Den architektonischen und funktionalen *Ortsmittelpunkt* bildet der Bereich um die Kreuzung von Muckentaler und Lohrbacher sowie von Fahrenbacher und Dallauer Straße. Hervorstechend ist an dieser Straßenkreuzung eine verhältnismäßig dichte Bebauung. Auffallend wirkt im Winkel von Fahrenbacher und Muckentaler Straße das

Gasthaus zum Löwen, ein größeres und zweigeschossiges, hell verputztes Gebäude mit steilem Giebeldach. Gegenüber, nur unweit südlich, stehen an der Dallauer Straße dann das ehemalige Rathaus, die heutige Ortsverwaltung, ein ebenfalls größeres Haus auf dunkelbraun verputztem, hohem Kellergeschoß mit Buntsandstein-Außentreppe und einer Sirene auf dem Dach, und die Schule mit einem markanten Halbwalmdach, einem flachen Anbau im O und einer modernen Turnhalle. An der inneren Muckentaler Straße steht neben der Ortsverwaltung das Feuerwehrgerätehaus. Das den Ortsmittelpunkt aber beherrschende Bauwerk ist weiter östlich an ihr die 1953 errichtete *kath. Kirche*, ein schlichter Buntsandstein- Saalbau mit vier seitlichen farbverglasten Rundbogenfenstern. Aus der nördlichen, der Muckentaler Straße zugewandten Giebelseite ragt ein gedrungener Glockenturm mittelrisalitartig heraus. Der ebenfalls aus Buntsandsteinquadern gebaute Turm schließt über der Glockenstube mit ebenfalls rundbogigen Schallfenstern mit einem flachen Satteldach ab. Im S wird der Kirchensaal durch einen schmaleren Choranbau verlängert, an den im O die Sakristei angrenzt. Kirchensaal und Chor werden von ziegelgedeckten Giebeldächern geschützt.

Die *alte bäuerliche Bebauung* ist heute fast überall mit einer jüngeren Wohnbebauung vermengt oder durch moderne Wohnhäuser verdichtet. Bei den alten Bauernhöfen, die in unterschiedlicher Gestalt als Zwei-, Dreiseit-, Streckgehöfte und auch als Einhäuser vertreten sind, sticht häufig Mauerwerk aus dem bodenständigen Odenwaldsandstein hervor. Geschlossene bäuerliche Hofgruppen finden sich an der südlichen Dallauer Straße, wo Streck- und Dreiseitgehöfte dicht zusammengedrängt stehen, die ins vorige Jahrhundert zurückreichen, an der Lohrbacher Straße im Bereich der Gewanne »Brechloch« und »Mosbacher Pfad« oder an ihrem Westende, wo der Weg Im Münchhof abzweigt. Um ihn drängt sich ein bäuerlicher Weiler mit größeren Streckgehöften und winkligen Hofanlagen, der mit Buntsandsteinmauern an den Wirtschaftsgebäuden und Buntsandsteinerdgeschossen an den Wohnhäusern sowie mit Miststöcken am Straßenrand noch weitgehend sein ursprüngliches Bild bewahrt hat. Zu ihm gehört auf der westlichen Seite der Albert-Schneider-Straße, gegenüber der Einmündung der Lohrbacher Straße, auch das Gasthaus zum Hirsch, ein hohes Gebäude mit steilem Krüppelwalmdach, zu dem ein bäuerliches Anwesen mit ebenfalls alten Wirtschaftsbauten gehört. Weiter im N liegt eine geschlossene Hofgruppe an dem Weg Im Friedelshof ebenfalls westlich der Albert-Schneider-Straße. An den älteren Gebäuden der Zwei- und Dreiseitgehöfte stechen verputzte Mauerteile und Buntsandstein-Bruchsteinmauerwerk hervor. Die benachbarte Gebäudegruppe unmittelbar östlich der Albert-Schneider-Straße hat durch einen Getränkemarkt ihr ursprünglich bäuerliches Bild stark verändert. Ein dörflicher Aufriß herrscht dagegen noch an der nördlichen Albert-Schneider-Straße um die Einmündung der Fahrenbacher Straße vor. Dicht zusammengedrängte Streckhöfe und Dreiseitgehöfte, zwischen die sich allerdings auch schon moderne Wohnhäuser geschoben haben, bestimmen noch entscheidend das Straßenbild. Am nördlichen Siedlungsrand wird es weitgehend von den modernen Gebäuden eines auf Imkerei und biologische gärtnerische Erzeugnisse spezialisierten Anwesens geprägt. An der mittleren Salle entwickelte sich in einer Geländemulde ein weiterer, dicht bebauter bäuerlicher Weiler mit größeren, durch moderne Wirtschaftsbauten und Grünfuttersilos umgestalteten Gehöften. Landwirtschaftliche Anwesen auf den Grundrissen von Streckgehöften und Eindachanlagen bestimmen dann noch weitgehend die östliche Hofgruppe an der Einmündung der Salle in die Muckentaler Straße.

Die *modernen Wohnhäuser* der Nachkriegszeit und vergangenen Jahre haben unterschiedliche Grundrisse. An den Straßen zwischen den alten Hofgruppen verdichten trauf- und giebelständige, ein- und zweigeschossige Einfamilienhäuser den heutigen

Baubestand. Zuweilen fallen auch Bungalows mit Walmdächern (Lohrbacher Straße 35) oder moderne Mehrfamilienhäuser (Lohrbacher Straße 36) auf; letztere prägen neben Einfamilienhäusern vor allem das Bild der Fahrenbacher Straße, die zwischen dem alten Kern im N und dem Ortszentrum weitgehend eine Neubaustraße ist. Ein geschlossenes *Neubaugebiet* gestaltet sich östlich des Ortskerns Am Rotebuckel und den von dieser Neubaustraße ausgehenden Stichstraßen wie dem Weißdornweg heraus. Dort setzte in letzter Zeit eine noch nicht sehr dichte, in Ausweitung begriffene Einfamilienhausbebauung ein, die sich im NO bis zu den Sportplätzen und zum Friedhof erstrecken kann.

Bemerkenswerte Bauwerke. – L o h r b a c h : Die *ev. Kirche* wurde 1818 an den vermutlich romanischen Chorturm der mittelalterlichen Kirche angebaut. Im ehemaligen Chorraum wurde der obere Teil der Ausmalung durch das 1514 (Jahreszahl im Schlußstein) eingebaute Sterngewölbe verdeckt. Außerdem diente dieser Raum bis 1950 als Kohlenkeller. Damals wurden die Freskomalereien freigelegt. Über einer für die Zeit um 1400 typischen Vorhangmalerei wird die Heilsgeschichte von der Erschaffung der Welt bis zum Jüngsten Gericht erzählt. Das Langhaus ist ein einfacher Saalbau mit barocken Rundbogenfenstern.

Die ehemalige *Wasserburg* befand sich 1299 im Besitz der Johanniter. 1413 erwarb sie Pfalzgraf Otto von Mosbach. Nach dem Aussterben der Linie Pfalz-Mosbach verblieb die Burg bis 1802 bei Kurpfalz, kam dann an Leiningen-Billigheim und 1806 an Baden, heute Privatbesitz.

Als Kern der mittelalterlichen Burg des 13. Jh. ist der über quadratischem Grundriß errichtete Bergfried erhalten. Den Abschluß in etwa 20 m Höhe bildet ein Rundbogenfries. In der Hauptburg, die von zwei Gräben umschlossen ist, dominiert der am besten erhaltene, jetzt restaurierte Fürstenbau. Nach der Jahreszahl am Eingang zur steinernen Wendeltreppe im polygonalen Treppenturm wurde er 1572 errichtet. Dieser Renaissanceflügel diente 1576–1602 der Kurfürstin Amalie als Witwensitz. Die beiden anderen Flügel wurden wohl anfangs des 16. Jh. mit malerischen Fachwerkgalerien auf Steinständern erbaut.

Wohl nach Plänen von Franz Wilhelm Rabaliatti wurde 1763/64 die kurpfälzische Zehntscheune und Kelter zur Kirche umgebaut. Von diesem Bau der *alten kath. Kirche* blieb der Rundturm mit Spindeltreppe und das Eingangsportal aus der Zeit Ende 16. Jh. erhalten. 1908 wurde ein Chor angebaut. Nach der Erbauung der neuen modernen kath. Kirche nach Plänen von Ullmann ging die alte Kirche in Privatbesitz über.

M o s b a c h : Die *Stadtkirche* steht auf dem Gelände des ehemaligen Benediktinerklosters, das 1016 in ein Kollegiatstift umgewandelt wurde und seit 1556 aufgehoben ist. Danach diente die Stiftskirche als Pfarrkirche. Bei der pfälzischen Kirchenteilung 1708 wurde die simultane Benutzung angeordnet und der Chor den Katholiken, das Langhaus den Reformierten zugesprochen und durch eine Scheidemauer abgeteilt.

Der hochragende Chor wurde um 1370 über einem Grundriß aus vier querrechteckigen kreuzrippengewölbten Jochen und einem Chorhaupt aus fünf Seiten eines Achteckes erbaut. An die beiden westlichen Joche wurden seitenschiffartige Kapellen angebaut, an die nach O ein Turmpaar anschließen sollte. Es wurde aber nur der Südturm ausgebaut, dessen Portal im Innern zur Wendeltreppe die Jahreszahl 1410 trägt. Die Unregelmäßigkeiten im Grundriß des Chores und der Seitenmauern des Langhauses lassen die Vermutung aufkommen, daß Bauteile der älteren Kirche mitbenutzt wurden. Die Bautätigkeit im 15. Jh. wurde dadurch erheblich gefördert, daß Mosbach Residenz der Linie Pfalz-Mosbach geworden war.

Nach der Kirchenteilung wurde der Chor der Julianenkirche durch barocke Seitenportale 1732 zugänglich gemacht. Die heute noch erhaltene, etwas jüngere und wertvolle Ausstattung, Hochaltar, Seitenaltäre und die Kanzel, sind reich mit geschnitzten Figuren und Ornamenten geschmückt. Aus der gotischen Zeit stammt der Taufstein und die kunsthistorisch bemerkenswerte Grabplatte der 1444 gestorbenen Pfalzgräfin Johanna. Das Relief der Verstorbenen und die Umrahmung mit den Wappen der Eltern der Fürstin, Bayern und Österreich, in Vierpässen sind in Bronze gegossen in den Stein eingelassen. Auf der Empore an der Scheidemauer steht die 1894 wohl von Anton Kiene, Waldkirch, gebaute Orgel mit neugotischem Gehäuse. Die zwei- und dreibahnigen Maßwerkfenster muß man sich im Mittelalter mit figurenreicher Glasmalerei vorstellen. Außen ist der Chor durch Strebepfeiler gegliedert, zwischen denen die Spitzbogenfenster angeordnet sind.

Der über quadratischem Grundriß aufragende Turm trägt ein spitzes Zeltdach. Die kleinen Fenster auf den Westseiten des Turmes und des nicht ausgebauten Nordturmstumpfes lassen vermuten, daß ein dreischiffiges basilikales Langhaus mit durch Pultdächer gedeckten Seitenschiffen geplant war.

Das seit 1821 dem ev. Gottesdienst gewidmete Langhaus der ehemaligen Stiftskirche entstand gegen 1390, wohl unter Mitbenutzung älterer Bauteile. Es ist dreischiffig basilikal angelegt, was auch an der Giebelseite mit dem Hauptportal der Stiftskirche zwischen abgestuften Strebepfeilern und den verschieden proportionierten Spitzbogenfenstern abzulesen ist. Der Obergaden besitzt wegen seiner geringen Höhe nur kleine Spitzbogenfenster. Die Obergadenmauer wird im Innern von spitzbogigen Arkaden auf Rundpfeilern getragen. Das Mittelschiff ist mit fünf querrechteckigen gotischen Kreuzrippengewölben geschlossen. Die vier Evangelistensymbole und der segnende Heiland schmücken die Schlußsteine. Ursprünglich war das Mittelschiff, wie die Seitenschiffe heute noch, flachgedeckt.

Der Lettner aus der Zeit um 1500 grenzte in der Stiftskirche den Chor, der den Stiftsherren vorbehalten war, vom Langhaus ab, das dem Gottesdienst der Laienbrüder diente. Nach dem Einbau der Scheidemauer wurde der Lettner im Mittelabschnitt im 19. Jh. dreiseitig zur Orgelempore erweitert. Verschiedene Wappensteine zeigen die Wappen der Stiftsherren Petrus Weygenant, Johannes von Eicholzheim, Geyer, Breit und Krebs.

Die steinerne Kanzel am rechten östlichen Rundpfeiler ist 1468 datiert und mit dem von einem Engel gehaltenen Schweißtuch der Veronika und dem kurpfälzischen Wappen geschmückt. Es ist zu vermuten, daß Pfalzgraf Otto (1432–1499) sie stiftete.

Älteste Ausschmückungen sind die 1958 freigelegten Wandmalereien an den Seitenschiffwänden. An der Nordseite der thronende Christus inmitten seiner Apostel. Der Text des Glaubensbekenntnisses ist in deutscher Sprache wiedergegeben. Diese Aussendung der Apostel ist im Stil spätgotisch und in das letzte Jahrzehnt des 14. Jh. zu datieren. Die Stifterfamilie ist rechts unten dargestellt. Weitere Bilder zeigen Maria im Strahlenkranz mit einem Abt, vielleicht dem hl. Bernhard, und eine Passionsfolge. Im S ist von einem anderen Meister auch eine Kreuztragung und eine Kreuzigungsgruppe aus der Zeit gegen 1400 zu sehen.

Die Reihe mittelalterlicher Grabplatten beginnt mit der Platte des Rektors und Kanonikus Conradus, der 1312 starb. Neben den Grabplatten der Stiftsherren stehen die der meist adligen Wohltäter.

Die *kath. Cäcilienkirche* wurde 1934/35 nach Plänen des schwäbischen Architekten Hans Herkommer, eines Schülers von Bonatz und Elsaesser, errichtet. Die Kirche, die ihr Patrozinium von der alten Cäcilienpfarrkirche, die nach der Reformation zum Rathaus umgestaltet wurde, herleitet, verkörpert die letzte Epoche der »Neuen Sachlichkeit«, jenes Stiles, der die zweite Hälfte der 1920er Jahre beherrschte. Sie ist aber kein kalter Betonbau.

Die Saalkirche öffnet sich zu einem Chorturm, dessen Altarraum von oben belichtet ist. Gliederungselement der Wände ist der Rundbogen. Die Längsbinder, ehemals eine Zimmermannskonstruktion, die in Stahl ersetzt werden mußte, bewirken durch die im Mittelteil erhöhte Decke eine Art Dreischiffigkeit. Der Hochaltar mit einer großen Kreuzigungsgruppe ist ein Werk von Emil Sutor. Das Äußere ist mit weißgelben Sandsteinbossenquadern verkleidet. Alle drei Bauteile, Chorturm, Langhaus und der querschiffähnliche Eingangsbau sind mit Satteldächern gedeckt und durch verschieden gruppierte Rundbogenfenster gegliedert. An der Eingangsseite sehen wir den hl. Pirmin mit einem Kirchenmodell, den hl. Bonifatius und den Papst Gregor II. dargestellt.

Die alte *Friedhofskapelle*, ehemals Gutleuthauskapelle, vor der Stadt im O, ist durch die Schlußsteinwappen des Pfalzgrafen Otto I. und seiner Gemahlin Johanna in das 4. Jahrzehnt des 15. Jh. datiert. Der gewölbte gotische Chor ist mit 5 Seiten eines Achteckes geschlossen. Auch das anschließende querrechteckige Joch ist kreuzrippengewölbt. Der eigentlichen Kapelle ist ein mit gebrochener Holztonne gedecktes Langhaus vorgebaut, das um 1490 zu datieren ist. Balken und Leisten sind mit Jagd- und Kampfszenen oder ornamental bemalt. Die Passionsdarstellungen sind an der Nordwand in 3 Reihen gut erhalten. Ihr Entstehungsjahr 1496 ist durch Inschrift belegt. An der Triumphbogenwand sehen wir, etwa aus derselben Zeit, eine Kreuzigung, eine Verkündigungsdarstellung und die Muttergottes mit den Stiftern der Wandmalereien und ihren Schutzpatronen. Zu erkennen ist das Wappen Rosenberg, zu dem das nicht mehr erkennbare Wappen Eicholzheim gehört. Auf der Südwand folgen die »Marter der Zehntausend«, der hl. Michael als Seelenwäger und der hl. Andreas. Der ungefähr 3 m hohe Christophorus bedeckt die westliche Nordwand in der Nähe der Eingangstür. Die Architektur der Chorgewölbe ist durch ornamentale Malereien begleitet. In den Feldern des westlichen Joches sind die 4 Evangelistensymbole dargestellt.

Das *Gutleuthaus* und das Elendhaus sind zweigeschossige fränkische Fachwerkbauten mit Krüppelwalmdächern. Ihre ältesten Bauteile sind um 1560 zu datieren.

Das *Franziskanerkloster*, Hauptstr. 110, bestand von 1689 bis 1809. Das zweigeschossige verputzte Barockgebäude dient jetzt als Amtsgericht.

Das *alte Hospital*, an der Ecke Hauptstraße/Hospitalgasse, ist eine Stiftung von 1421. Der Chor der Kapelle wurde lange Zeit als Treppenhaus genutzt und beherbergt heute eine Kunsthandlung. Ein Umbau des Hospitalgebäudes erfolgte 1521. Die Kapelle ist polygonal geschlossen. Die seit 1913 bekannten Wandmalereien aus der Mitte des 15. Jh. wurden 1959 freigelegt und restauriert. Dargestellt sind in sechs ganz oder teilweise erhaltenen Feldern an der Nord- und Nordostwand Passionsszenen. Das Kapellenportal trägt die Jahreszahl 1603. Das eigentliche Hospitalgebäude ist ein alemannischer Fachwerkbau.

Anstelle des *Rathauses* stand bis zu ihrer Schließung die alte kath. Stadtpfarrkirche St. Cäcilia. Der untere Teil des Turmes ist ein Rest des Chorturmes dieser Kirche aus der Zeit um 1300. Auch gotische Türbeschläge sind erhalten. Das Rathaus wurde als zweigeschossiger Putzbau mit Staffelgiebeln über einem hohen gewölbten Erdgeschoß 1554–1558 errichtet. Eine Freitreppe führt in das Obergeschoß. Die Balkendecken der Diele und des Ratssaales ruhen auf Holzstützen. Die Obergeschosse des Turmes wurden 1566 ausgebaut. Im Erdgeschoß befindet sich das Heimatmuseum mit einer Sammlung Mosbacher Fayencen, die von 1770–1838 produziert wurden.

Der Stadtkern wird durch eine Reihe wertvoller *Fachwerkbauten* geprägt. Neben einigen alemannischen Fachwerkhäusern, meist auf massivem Erdgeschoß, bestimmen die fränkischen Fachwerkbauten in ihrer reichen Ausgestaltung das Stadtbild. Das herausragendste Beispiel ist das 1610 datierte Palm'sche Haus am Marktplatz. Aus der Mitte des 15. Jh. aber stammen noch das ehemalige Salzhaus, Am Markt 42 gegenüber dem Rathaus, die ehemalige Brauerei, heute Stadtbücherei, und die Bäckerei Weber, Ecke Hauptstraße/Schwanengasse.

Das sog. *Alte Schloß*, Schloßgasse 24, ist ein zweigeschossiger Massivbau mit Staffel- bzw. Glockengiebel. Es ist aus dem mittelalterlichen Palas der Burg entstanden und wurde seit dem 16. Jh. mehrmals umgebaut. Auf dem Turmstumpf steht an der Südseite ein Staffelgiebelhaus. Sein heutiges Aussehen ist durch die Baumaßnahme des 19. Jh. geprägt.

Das sog. *Neue Schloß*, Schloßgasse 26/28, ein zweigeschossiger Massivbau mit Krüppelwalmdach hat mittelalterliche Bausubstanz bewahrt. Im wesentlichen handelt es sich um einen spätbarocken Bau des ausgehenden 18. Jh., der 1834 weiter aus- und umgebaut wurde.

Der *Bahnhof*, Hauptstr. 1, wurde 1862 als zweigeschossiges Putzgebäude mit strenger spätklassizistischer Gliederung, beeinflußt durch die Eisenlohrschule, erbaut. Er war einer der wichtigsten Bahnhöfe an der Hauptbahn Heidelberg–Würzburg. Er erhielt auch einen Anschluß an die erst später erbaute Neckartalbahn und wurde 1904 Ausgangspunkt der Schmalspurbahn nach Mudau.

Neckarelz: Die heutige kath. *Kirche Mariä Himmelfahrt* ist das sog. Tempelhaus, eine 1297 errichtete Johanniterburg. Im Kellergeschoß waren die Ökonomieräume, darüber im Hauptgeschoß die Kirche und im obersten Geschoß Kapitelsaal und Dormitorium der Johanniter eingerichtet. An das rechteckige Langhaus schließt ein aus fünf Seiten eines Achteckes gebildeter kreuzgewölbter Chor an. Der Keller darunter ist mit einer Längstonne gewölbt. Die Form der tief ansetzenden Kreuzrippengewölbe im Chor und der Maßwerkfenster sprechen für eine Erbauung um 1300. Ein Treppenturm an der Südwestecke stellte die Verbindung mit dem ehemaligen Wohngeschoß her, das 1929 bis 1963 räumlich mit dem Langhaus vereinigt war. Von der Wandmalereiausstattung ist aus dem frühen 14. Jh. im Chor ein Christophorus erhalten. Die gemalten Wappen in den Leibungen des 2. Langhausnordfensters (von O) dürften um die Mitte des 14. Jh. entstanden sein. 1350 kauften die Herren von Hirschhorn die Burg. 1705 wurde sie *kath. Pfarrkirche*. Im Innern wurde die Kirche 1731/34 und 1928/29 umgebaut und 1963 renoviert. Von der Ausstattung ist das barocke Langhausgestühl, die Rokokomadonna und der in flachem Relief gehaltene Grabstein des Gründers der Burg Konrad von Köln († 1302) zu erwähnen. Der ehemalige Kapitelsaal über dem Chor ist ein niedriger kreuzrippengewölbter Raum mit Sitzbänken in den Fensternischen. Von der Burgmauer sind Reste erhalten. Das *ehemalige Schloß* wurde um die Mitte 16. Jh. als kurpfälzische Kellerei erbaut und dient heute als Exerzitienhaus.

Von der St. *Martinskirche* blieb nur der mittelalterliche Turm und die spätgotische Sakristei erhalten. Die heutige ev. *Pfarrkirche* wurde als Saalbau 1722 nach Plänen von Pohlens angebaut. Der Turm wurde 1811 angesetzt.

Nüstenbach: Die ev. *Kirche* wurde 1759 als schlichter Saalbau mit Chorpolygon und mit Rundbogenfenstern in den Längsseiten sowie einem Dachreiter auf dem Satteldach errichtet. Ihr heutiges Erscheinungsbild verdankt sie der Renovierung von 1960.

B. Die Gemeinde im 19. und 20. Jahrhundert

Bevölkerung

Bevölkerungsentwicklung. – Bei der letzten Volkszählung am 27. Mai 1987 hatte das Stadtgebiet Mosbach 23 568 Einwohner bzw. 25 107 Personen wohnberechtigte Bevölkerung. Mehr als die Hälfte der Einwohner am Hauptwohnsitz, 54 %, wohnte in der Stadt Mosbach selbst. Insgesamt hat sich seit dem Beginn des 19. Jh. die Einwohnerzahl des Stadtgebiets versechsfacht. Das Wachstum beschränkte sich allerdings im wesentlichen auf Mosbach, Diedesheim und Neckarelz. Dort hat sich die Einwohnerzahl versiebenfacht, in den anderen Orten insgesamt nicht ganz verdreifacht. Im Jahr 1809 lebten im Stadtgebiet 3989 Menschen, davon 1931 in Mosbach, 736 in Neckarelz, 389 in Diedesheim, 442 in Lohrbach. Die übrigen Orte hatten zwischen 100 und 200 E. Wie im gesamten Kreisgebiet vermehrte sich trotz der Kriege und etlicher Hungerjahre die Bevölkerung bis zur Jahrhundertmitte (1845: 6256 E.). Im Unterschied zum übrigen Kreisgebiet war hier jedoch der durch die wirtschaftlichen und politischen Krisen der Endvierziger Jahre ausgelöste Bevölkerungsrückgang nur gering und rasch wieder ausgeglichen. Aus den Gemeinden des Stadtgebiets registrierte das Bezirksamt zwischen 1851 und 1875 insgesamt nur 339 Auswanderer, davon 93 aus Mosbach, 97 aus Lohrbach und 67 aus Diedesheim. Die tatsächliche Auswanderung dürfte allerdings auch hier erheblicher gewesen sein.

Durch relativ starkes Wachstum in Diedesheim und Neckarelz war schon 1861 die Gesamteinwohnerzahl des Jahres 1845 wieder überschritten. Im nächsten Jahrzehnt stieg ausschließlich die Mosbacher Einwohnerzahl (von 1861: 2666 auf 1871: 3056) an, danach wirkten sich Industrialisierung und Eisenbahnbau im Elzmündungsgebiet in einem weiteren Ansteigen der Einwohnerzahlen in Mosbach und Neckarelz, wo auch Eisenbahner zuzogen, weniger in Diedesheim, aus. In Neckarelz hinterließ der Eisenbahnbau nach Ansicht der Gemeindeverwaltung einen dauernden Schaden in Gestalt von Bauarbeiterfamilien, die bei Beendigung der Bauarbeiten (1880) hier den Unterstützungswohnsitz erworben hatten und der Gemeinde zur Last fielen. 1925 lebten 8728 Menschen im heutigen Stadtgebiet, davon 4658 in Mosbach und 1555 in Neckarelz. Selbst in den krisenhaften Jahren zwischen 1925 und 1939 nahm die Einwohnerzahl in diesen beiden Gemeinden so zu, daß der Verlust in den übrigen Orten mehr als ausgeglichen wurde (1939: 9359 E. im heutigen Stadtgebiet, 5480 in Mosbach mit Nüstenbach, 1693 in Neckarelz).

Gefallen im 1. Weltkrieg waren aus Mosbach 80 Soldaten, aus Neckarelz 44 (und 5 Vermißte), aus Diedesheim 40 (und 2 Vermißte), aus Sattelbach 18 (und 9 Vermißte), aus Lohrbach 43, aus Reichenbuch 14 und Nüstenbach 4 Soldaten. Noch höhere Verluste forderte der 2. Weltkrieg: *Gefallene* aus Mosbach 164, Neckarelz 68, Diedesheim 44, Lohrbach 55, Reichenbuch 11, Sattelbach 28, *Vermißte* aus Neckarelz 31, Diedesheim 12, Reichenbuch 8, aus Mosbach und Lohrbach unbekannt. Während des 2. Weltkriegs waren in der Stadt Mosbach wie in den Dörfern zahlreiche *Evakuierte* aus Nordrhein-Westfalen und aus dem Mannheimer Raum untergebracht. Noch im Juni 1946 wohnten allein in Mosbach 2033 Evakuierte. Um die gleiche Zeit kamen die ersten Transporte mit *Heimatvertriebenen* im Durchgangslager Neckarzimmern an und wurden auf die Gemeinden des Lkr. Mosbach verteilt. Am 1.1.1948 wohnten in Mosbach 2002 *Flüchtlinge* (23 % der Bevölkerung), in Diedesheim 386 (28 %), in Lohrbach 330 (29 %), in Neckarelz 858 (29 %), in Reichenbuch 80 (23 %), in Sattelbach 150 (26 %). Bei der Volkszählung 1950 machten die damals 3903 Vertriebenen und Flüchtlinge ¼ der Einwohnerschaft des heutigen Stadtgebietes aus. Am höchsten war ihr Anteil mit 28 % in Lohrbach, am niedrigsten mit 22 % in Sattelbach. Viele Neubürger zogen bald aus den Dörfern des Landkreises in die Stadt oder die stadtnahen Orte, so daß ihre Zahl bei der Volkszählung 1961 im Stadtgebiet 5209 betrug. Außerdem waren 1067 SBZ-Flüchtlinge hinzugekommen. Die Neubürger stellten jetzt ⅓ der Einwohnerschaft des heutigen Stadtgebiets und der Stadt Mosbach. Den größten Anteil wies Neckarelz mit 36 % auf, den niedrigsten Reichenbuch mit 12 %.

Hauptsächlich durch diesen Zustrom von Neubürgern war zwischen 1950 und 1961 die Einwohnerzahl des heutigen Stadtgebiets jährlich im Durchschnitt um 2,2 % auf 19156 angewachsen. Im nächsten Jahrzehnt nahm die Bevölkerung um 2,4 % im jährlichen Mittel auf 23246 E. weiter zu, und zwar sowohl durch Zuzug als auch durch Geburtenüberschüsse. Zwischen 1962 und 1970 weist die Bevölkerungsfortschreibung einen Wanderungsgewinn von 2586 Personen und einen Geborenenüberschuß von 1319 Personen im Stadtgebiet aus. Bis zur letzten Volkszählung am 27.5.1987 dagegen blieb die Einwohnerzahl fast konstant. Die Bevölkerungsfortschreibung hatte aufgrund von Wanderungsverlusten und nur noch geringen Geburtenüberschüssen, die in manchem Jahr auch in Defizite umschlugen, einen Bevölkerungsverlust ergeben, der jedoch durch die Volkszählung korrigiert wurde. Negativ war die Bevölkerungsentwicklung jedenfalls in Mosbach selbst und in Lohrbach, positiv vor allem in Neckarelz und Diedesheim.

Ausländer fanden vor allem in Mosbach, Neckarelz und Diedesheim Arbeit. 1970 wohnten im heutigen Stadtgebiet 1464 Ausländer (6 % der E.), davon 772 in Mosbach, 502 in Neckarelz und 151 in Diedesheim. 1987 wurden 2272 Ausländer (10 % der Einw.) gezählt, davon 1166 in Mosbach (9 %), 784 in Neckarelz (14 %) und 278 in Diedesheim (11 %). 1976 war ⅓ der im Stadtgebiet lebenden Ausländer Jugoslawen, 1980 und 1988 stellten die Türken mit 35 % bzw. 34 % die größte Gruppe vor den Jugoslawen. An dritter Stelle standen jeweils mit 15–16 % die Italiener. 1989 waren der Stadt Mosbach 111 Asylbewerber zugewiesen.

Konfessionelle Gliederung. – Wie viele ehemals pfälzische Gemeinden waren auch die heute zu Mosbach gehörenden Orte zu Beginn des 19. Jh. konfessionell gemischt. Insgesamt bekannten sich 45 % der Einwohner zum ref., 38 % zum kath. und 16 % zum luth. Glauben. Die Reformierten waren in Diedesheim, Lohrbach, Nüstenbach, knapp auch in Reichenbuch in der Überzahl, die Katholiken mit 88 % in Sattelbach. In Mosbach und Neckarelz hielten sich diese beiden Konfessionen in etwa die Waage. Hier hatten auch die Lutheraner als kleinste christliche Glaubensgemeinschaft im Stadtgebiet mit 22 % und 19 % die meisten Angehörigen. Israeliten gab es nur in

Mosbach. Dort machten sie mit 59 Personen immerhin 3 % der Einwohner aus. Bis zur Jahrhundertmitte wuchs die katholische und in der Stadt Mosbach besonders auch die jüd. Bevölkerung stärker an als die evangelische, so daß 1852 der ev. Teil 57 %, der kath. 41 % und in Mosbach der jüd. Teil 4,5 % der Einwohner ausmachten. Deutlich zugenommen hatte die kath. Bevölkerung vor allem in Diedesheim, Mosbach und Reichenbuch, geringer geworden war ihr Anteil in Lohrbach und Sattelbach. In den folgenden Jahrzehnten veränderte sich die konfessionelle Zusammensetzung kaum. Erst der Flüchtlingsstrom nach dem 2. Weltkrieg ließ den Anteil der Katholiken auf knapp über 50 % ansteigen. 1987 lag er bei 49,6 %, während 38,8 % der Stadtbevölkerung evangelisch waren.

1925 hatte Mosbach 159 jüd. Einwohner, 1933 noch 134. Die meist im Handel tätigen *Juden* begannen 1936, ihre Geschäfte zu verkaufen und auszuwandern. 1938 befanden sich noch zwei Handelsbetriebe in jüd. Besitz, im September 1939 lebten in Mosbach nur noch 18 Juden. Im Oktober 1940 wurden 13 Mosbacher Juden nach Gurs verschleppt. Von ihnen überlebten nur zwei Personen. Auch von den ausgewanderten Juden kamen 13 in Konzentrationslagern um.

Durch die Einwanderung ausländischer, hauptsächlich türkischer Arbeitskräfte mit ihren Familien gewinnen die islamischen Glaubensgemeinschaften größere Bedeutung. 1987 bekannten sich 871 Personen (fast 4 % der Einwohner) zu ihnen.

Soziale Gliederung. – Mosbach hat sich durch das 19. Jh. hindurch zwar größere gewerbliche Bedeutung bewahrt als z. B. Buchen. Trotzdem galt um die Mitte des 19. Jh. (1853) die Landwirtschaft als *Hauptnahrungsquelle* der Bürger vor dem Handel mit Landesprodukten und dem Gewerbe. Da der landwirtschaftliche Besitz nicht sehr groß war, waren viele Bauern auf Taglohnarbeiten und anderen Nebenverdienst angewiesen. Ähnlich nennt auch Wirth in seiner Stadtbeschreibung noch für 1862 den Landbau als Hauptnahrungszweig der Mosbacher. Die Gewerbetätigkeit erstrecke sich größtenteils nur auf das einheimische Bedürfnis, von eigentlichem Handel sei kaum die Rede, abgesehen von den wohl ausgestatteten Kaufläden und den Märkten. Die Bevölkerung gliederte sich nach dem Stand und der Beschäftigung in 170 Handwerker mit 80 Lehrjungen, 14 Kaufleute mit Läden, 20 Wirte, 73 Bauern und Weingärtner, 130 Taglöhner, 1 Kunstgärtner, 2 Fabrikanten und 50 höhere und niedere Staats- und Kirchendiener mit ihren Gehilfen und Dienern. Dieses Bild ist nicht sehr verschieden von dem, das sich nach der Volks- und Berufszählung von 1895 für das Ende des 19. Jh. zeichnen läßt. Industrie und Gewerbe, im wesentlichen wohl das Handwerk, ernährten damals 43 % der Bevölkerung. Neben den Handwerkern prägten die Beamten und Angestellten der Behörden der Amtsstadt die Sozialstruktur. 28 % der Berufsbevölkerung zählte zu der in sich uneinheitlichen Gruppe »Übrige Erwerbstätigkeit und Berufslose«, die sich zum großen Teil aus den Angehörigen des öffentlichen Dienstes zusammensetzte. Trotzdem gab es auch in der Stadt Mosbach um 1895 noch zahlreiche selbständige Landwirte, ganz abgesehen von den Angehörigen der unteren Einkommensschichten, für die zusätzliche Kleinlandwirtschaft lebensnotwendig war. In der Stadt wurden 1895 immerhin 422 landwirtschaftliche Betriebe gezählt, davon jedoch 313 unter 1 ha Anbaufläche. Die hauptberufliche Landwirtschaft ernährte 1895 noch eine größere Anzahl von Einwohnern als der in der Stadt konzentrierte Handel. 15 % der Stadtbevölkerung gehörten dem Wirtschaftsbereich Handel und Verkehr an, 15 % auch der Land- und Forstwirtschaft.

Während in der Stadt die Bürger und Einwohner mehr oder weniger ihr Auskommen fanden, war die Lage der Dorfbevölkerung im 19. Jh. zum Teil schlecht. Abgesehen von Neckarelz und Diedesheim, war Land- und Forstwirtschaft praktisch der einzige

Die Gemeinde im 19. und 20. Jahrhundert 103

Erwerbszweig, der jedoch oft nicht zum Leben ausreichte. Taglohnarbeit, Beerensammeln und auch als Hausierhandel getarnter Bettel brachten nur spärlichen Nebenverdienst. Noch in den Jahren um 1870 zogen vornehmlich, aber nicht ausschließlich, aus Sattelbach bettelnde Hausierer in die umliegenden Dörfer. Hier konnte (1861 und 1887) nur ⅕ der Einwohner von der Landwirtschaft leben. Erst nach 1890 fanden dann auch Sattelbacher Taglöhner Verdienst in den Steinbrüchen bei Eberbach und Muckental oder als Maurer in Mosbach, um 1900 dann auch als Arbeiter im Zementwerk Neckarelz-Diedesheim.

In Lohrbach, ähnlich auch in Nüstenbach, fehlte um 1855 ein Mittelstand. Es gab entweder sehr arme Leute oder recht bemittelte Bauern, die auch die einträglicheren Gemeindeämter bekleideten. Die Armen versuchten, durch Heimarbeit (Sackweberei, Wergspinnerei, Strohflechten), als Straßen- und Waldarbeiter oder als Taglöhner bei den Bauern etwas zu verdienen. Ihre Lage verschlechterte sich später noch, weil die Bauern landwirtschaftliche Maschinen anschafften. Erst um 1900 besserte sich auch in diesem rein landwirtschaftlichen Dorf (1895 lebten 80 % der Einwohner von Land- und Forstwirtschaft) die Lage. Jetzt klagten die Bauern über Mangel an billigen Arbeitskräften, weil die Taglöhner auswärts Arbeit hatten.

Im Gegensatz dazu mußten selbst 1854 im gleichfalls rein landwirtschaftlichen Reichenbuch (1895: 85 %) nur wenige und 1890 überhaupt keine armen Einwohner unterstützt werden. Noch um 1890 brachte Spinnen und Weben einen Nebenverdienst im Winter. Auch nach 1900 wurde im Ort ausschließlich Landwirtschaft betrieben, Nebenverdienst fanden die Reichenbuchener in Mosbach, Neckarelz, Binau und beim Bahnbau in Lohrbach.

In Neckarelz waren 1854 Landwirtschaft und Taglohnarbeit die Hauptnahrungszweige. Sowohl damals als auch noch 1886, als neben der Landwirtschaft auch Gewerbe vorhanden war, lebte ein großer Teil der Einwohner in Armut. In den 1890er Jahren jedoch fanden viele Arbeiter Beschäftigung in den aufblühenden Fabriken und bei der Eisenbahn. 1895 betrug der Anteil der zur Land- und Forstwirtschaft zählenden Berufsbevölkerung noch 40 %, zu Industrie und Gewerbe gehörten 35 %, zu Handel und Verkehr (Eisenbahn) der relativ hohe Anteil von 18 %.

In Diedesheim, wo selbst 1852 nur 6 Ortsarme unterstützt werden mußten, war 1895 Industrie und Gewerbe schon Hauptnahrungszweig (44 %) der Einwohner, von der Landwirtschaft lebten nur noch 36 %, von Handel und Verkehr 13 %. Bei der für die Einwohnerzahl zu kleinen Gemarkung konnten nicht alle Einwohner ihren Verdienst in der Landwirtschaft finden. Der Bau der Odenwaldbahn brachte Arbeit an der Bahnstrecke und in den zum Teil neuerschlossenen Steinbrüchen, nach Eröffnung der Linie auch als Bahnarbeiter und -beamte. Als die Bahn dann verkehrte, klagten aber die Gastwirte über Verdienstausfall, da jetzt die Frachtführer, die bisher Geld ins Dorf gebracht hatten, ausblieben. Dauerhaften Wandel schuf die Errichtung des Zementwerks (1900), in dem sofort 300 Arbeiter beschäftigt wurden. 1904 wurden ⅘ der Diedesheimer als selbständige Gewerbetreibende oder Arbeiter in Gewerbebetrieben bezeichnet, der Rest betrieb Landwirtschaft.

In den folgenden Jahrzehnten setzte sich der Übergang zum Arbeiterbauerntum trotz wechselvoller Schicksale der Industriebetriebe fort und griff auch auf die bisher noch bäuerlichen Dörfer über. In Mosbach veränderte sich die Berufsstruktur der Bevölkerung auch durch den Ausbau des Tertiären Sektors, insbesondere des Öffentlichen Dienstes und des Dienstleistungsgewerbes sowie der Freien Berufe. Trotzdem lag vor Ausbruch des 2. Weltkriegs, bei der Volkszählung von 1939, der Anteil der hauptberuflich land- und forstwirtschaftlichen Bevölkerung im heutigen Stadtgebiet noch bei 18 %, in Mosbach selbst bei 9 %. Besonders hoch war er mit 73 % im kleinen Reichenbuch; in Lohrbach und Sattelbach bewegte er sich immerhin um 50 %. Neckarelz hatte 25 %, Diedesheim 17 % landwirtschaftliche Bevölkerung. Von Industrie und Gewerbe lebten nahezu einheitlich knapp 35 % der Einwohner des Stadtgebiets. Nur in Neckarelz war der Anteil mit 45 % höher, in Reichenbuch mit 14 % erheblich niedriger. Der Unterschied zwischen den Orten lag eher bei der Bedeutung von Handel und Verkehr und des Dienstleistungssektors für die Berufsstruktur. Von Arbeit im Sektor Öffentlicher Dienst und Private Dienstleistungen lebten in Mosbach ¼ der Einwohner, in den Dörfern weniger als ¹/₁₀ (17 % im Stadtgebiet). Handel und Verkehr ernährten in Mosbach 17 %, in Diedesheim 19 % und in Neckarelz 22 % der Bevölkerung, in den übrigen Orten weniger als 4 %. Relativ groß war mit 17 % in Mosbach und mit 11 % in Diedesheim der Anteil der Bevölkerungsgruppe, deren Ernährer als selbständiger Berufsloser galt.

Krieg und Nachkriegszeit mit dem Flüchtlingsstrom veränderten auch die Sozialstruktur im Stadtgebiet. Die hauptberufliche Landwirtschaft verlor absolut und relativ an Bedeutung als Einkommensquelle. 1950 lag ihr Anteil an den Berufszugehörigen im Stadtgebiet bei 10 % (6 % in Mosbach und 44 % in Reichenbuch waren die Extremwerte). Auch Handel und Verkehr hatten zwar nicht absolut, aber anteilmäßig an Bedeutung verloren und ernährten nur noch 14 % der Bevölkerung. Dementsprechend war der Anteil der von Arbeit in den Sektoren Industrie und Gewerbe und Öffentlicher Dienst/ Private Dienstleistungen Lebenden auf 39 % und 19 % angestiegen. Am stärksten jedoch hatte die Gruppe der selbständig Berufslosen, darunter Rentner und Pensionäre, und ihrer Angehörigen zugenommen (18 %). Damit war die Richtung der weiteren Entwicklung festgelegt. Bis zur Volkszählung 1970 ging die land- und forstwirtschaftliche Bevölkerung auf 2 % herunter (Reichenbuch 15 %), von Handel und Verkehr lebten 13 %, von den Sonstigen Wirtschaftsbereichen 20 %, vom Produzierenden Gewerbe 44 % und von Rente, Pensionen etc. 21 % der Bevölkerung des Stadtgebiets.

Laut Volkszählung vom 25. 5. 1987, die allerdings eine neue Einteilung zugrundelegt, gliedert sich die Wohnbevölkerung Mosbachs nach ihrem überwiegenden Lebensunterhalt wie folgt: 39 % lebten vorwiegend von eigener Erwerbstätigkeit, 25 % von Rente, Pension, Arbeitslosengeld etc., 36 % erhielten den Unterhalt von Eltern, Ehegatten usw. Die Gesamtzahl aller Erwerbstätigen betrug 10236 Personen oder 43,4 % der Einwohner. Damit wies Mosbach die zweitniedrigste Erwerbsquote im Landkreis auf (Mittelwert: 45,6 %). Auch die Erwerbsquote der männlichen Bevölkerung lag mit 55,4 % am unteren Ende der Skala im Neckar-Odenwald-Kreis, während die der weiblichen Bevölkerung mit 32,2 % den Kreisdurchschnitt nur wenig unterschritt. Unter den Stadtteilen hatte Reichenbuch bei nur 452 E. die höchste (48,0 %), die Waldstadt bei 2259 E. die niedrigste (41,2 %) Erwerbsquote. Die Zugehörigkeit der Erwerbstätigen zu den Wirtschaftssektoren spiegelt die Funktionen der Kreisstadt wider, auch wenn Wohn- und Arbeitsort keineswegs immer identisch sind. 42 % der Erwerbstätigen arbeiteten 1987 in den sog. Übrigen Wirtschaftsbereichen, etwas mehr als im Produzierenden Gewerbe (41,3 %), knapp 16 % in Handel und Verkehr und noch 1 % in Land- und Forstwirtschaft. Selbstverständlich unterscheiden sich die einzelnen Stadtteile in ihrer Sozialstruktur voneinander. So ist in Diedesheim der Anteil der im Produzierenden Gewerbe Beschäftigten besonders hoch, derjenige der im Dienstleistungssektor Arbeitenden aber niedrig. In der Waldstadt dagegen wohnen viele im Dienstleistungssektor Beschäftigte mit ihren Angehörigen, während die im Produzierenden Gewerbe Arbeitenden unterrepräsentiert sind. Der Anteil der in Handel und Verkehr Beschäftigten an der erwerbstätigen Wohnbevölkerung ist in

Sattelbach mit 22 % (66 Personen) besonders hoch, in Lohrbach mit 12 % (75 Personen) am niedrigsten. Neckarelz tritt nach dem Personalabbau der Bundesbahn mit knapp 15 % in Handel und Verkehr arbeitenden Erwerbstätigen nicht mehr als Wohnort für Bahnpersonal hervor.

Ein weiteres statistisch leicht greifbares Strukturmerkmal, das jedoch in der modernen Arbeitswelt an Aussagekraft verliert, ist die *berufliche Stellung der Erwerbstätigen*. Sowohl die ehemalige Kluft zwischen Beamten und Angstellten wie die zwischen Angestellten und Arbeitern hat sich inzwischen weitgehend geschlossen. Trotzdem zeigen sich zwischen den Mosbacher Stadtteilen noch unverkennbare Unterschiede in der Zusammensetzung der ansässigen Erwerbstätigen nach ihrer beruflichen Stellung. Daß heute die Selbständigen und mithelfenden Familienangehörigen im gesamten Stadtgebiet nur noch 8 % ausmachen, ist auf den Rückgang der landwirtschaftlichen Betriebe und den Eintritt der ehemals selbständigen Bauern in abhängige Arbeitsverhältnisse, teilweise auch auf den Rückgang der kleinen Handwerksbetriebe zurückzuführen. Dementsprechend ist in Reichenbuch, wo die Land- und Forstwirtschaft noch fast 4 % der Erwerbstätigen beschäftigt, auch der Anteil der Selbständigen und Mitheifenden der höchste im Stadtgebiet. Beamte und Angestellte sind in der Waldstadt überproportional vertreten, Beamte auch in Neckarelz, Angestellte in Nüstenbach. Sattelbach und Lohrbach haben dagegen einen relativ großen Anteil an Arbeitern.

Wenngleich Mosbach einen Überschuß an Arbeitsplätzen besitzt, arbeiten doch nicht alle im Stadtgebiet wohnenden Erwerbstätigen innerhalb der Stadtgrenzen. Die Volkszählung 1987 erfaßte 1916 männliche und 780 weibliche *Berufsauspendler*. Zum Teil nehmen sie beträchtliche Wege auf sich. Bevorzugte Arbeitsorte der Männer sind Neckarsulm (381), Heilbronn (150), Heidelberg (100), Eberbach (66) und Mannheim (57) sowie die Nachbargemeinden Obrigheim (145), Elztal (127), Neckarzimmern (109) und Haßmersheim (107). Für die weiblichen Auspendler steht an erster Stelle Obrigheim (140), mit Abstand gefolgt von Haßmersheim (65), Elztal (53), Heilbronn (51), Neckarsulm (47), Eberbach (46) und Heidelberg (45). Selbst nach Stuttgart und Karlsruhe fahren 58 bzw. 46 Mosbacher täglich zur Arbeit.

Politisches Leben

Bei der *Revolution von 1848*, die im Odenwald hauptsächlich ein Aufstand gegen die Grund- und Standesherren war und durchaus verwandte Züge mit dem Bauernkrieg des frühen 16. Jh. erkennen ließ, spielte Mosbach im Gegensatz etwa zu Mudau, Buchen und Adelsheim keine herausragende Rolle, obgleich die Stadt fürstlich leiningischer und großherzoglich-bad. Verwaltungssitz war. Schon als im April 1847 ein revolutionärer Aufruf des Seifensieders Stoll aus Mudau die Regierung in Karlsruhe in Aufregung versetzte und sie beinahe zum Einsatz von Militär veranlaßte, wußte man in den Ämtern Mosbach und Neudenau nichts von dem Plan einer Zusammenrottung. Auch als es ein Jahr später rundum tatsächlich zu Tumulten, auch zu Gewalttätigkeiten gegen die grund- und standesherrlichen Verwaltungen kam, scheint es in Mosbach verhältnismäßig ruhig geblieben zu sein. Sonst wäre wohl kaum der Mosbacher Amtsassessor zu den gerichtlichen Untersuchungen nach Adelsheim beordert worden. Dennoch nahm im März 1848 das Leib-Infanterie-Regiment mit seinem Obersten, dem Kommandanten des im Odenwald eingesetzten Militärs, Station in Mosbach. In den heute zu Mosbach gehörenden Dörfern blieb es weniger ruhig. In Neckarelz z. B. versammelten sich die Bürger vor dem leiningischen Rentamt und forderten die Aufhebung von Lasten. In Diedesheim hielt der Bürgermeister seine Bürger von einem Zug vor das

Neckarelzer Rentamt dadurch ab, daß er ihre Forderungen selbst dem Rentbeamten vortrug. Am 23. 3. 1848 verzichtete die leiningische Standesherrschaft für beide Gemeinden auf bestimmte Rechte.

Der auch im Odenwald eher politisch motivierte Maiaufstand 1849 fand auch unter den Mosbacher Bürgern Anhänger. Außerdem war die Stadt als Amtsstadt Sitz des Civil-Commissärs, des Mosbacher Anwalts Latterner, sowie der natürliche Versammlungsort des Banners der allerdings beklagenswert schlecht organisierten und ungenügend bewaffneten Volkswehr im Amtsbezirk. Diedesheim mit dem Neckarübergang war als strategisch wichtiger Punkt Ende Mai durch bewaffnete Volkswehr besetzt. Die demokratischen Volksvereine hatten Mitglieder in fast allen Orten. Aus Lohrbach nahm der Bürgermeister am 1. 6. 1849 an der Gründungsversammlung des Mosbacher Volksvereins teil. Nach dem Scheitern der Revolution schied er wie viele seiner Amtsgenossen aus dem Amt aus. In Nüstenbach vermochte der Lehrer die Gemeindemitglieder zu schriftlichen Sympathieerklärungen hinzureißen, die ihnen später Prozesse wegen Majestätsbeleidigung und Gefängnisstrafen einbrachten. In Mosbach nahm um den 24. 6. 1849 der großherzogliche Untersuchungs-Commissär seine Tätigkeit auf, bis sie auf die in Mannheim konstituierte Untersuchungskommission des Standgerichts überging. Im Oktober wurden alle Angeschuldigten aus dem Amtsbezirk Mosbach befragt, ob sie nach Amerika auswandern wollten. Von allen Betroffenen, darunter 10 Mosbachern, war nur einer unter bestimmten Bedingungen zur Auswanderung bereit. Im Vergleich zu den südlichen Landesteilen war die 1849er Revolution in und um Mosbach harmlos verlaufen. Trotzdem wurden auch hier in allen Gemeinden preußische Truppen einquartiert, und die Gemeinden trugen schwer an den ihnen auferlegten Kosten.

Gemessen am Wahlverhalten war die politische Einstellung der Bewohner des heutigen Stadtgebiets in der Folgezeit uneinheitlich und wechselhaft. Bei der letzten Wahl zum Zollvereinsparlament 1868 traten die Amtsstadt und die Dörfer Lohrbach und Sattelbach (hier allerdings bei einer Wahlbeteilung von nur 60 %) als ausgesprochen nationalliberal gesinnt hervor, während in Nüstenbach und Reichenbuch das Zentrum (die Kath. Volkspartei) fast alle Stimmen gewann. In Diedesheim und Neckarelz teilten sich die Kandidaten dieser beiden Richtungen die Wähler fast zur Hälfte. Aber schon 3 Jahre später bei der ersten *Reichstagswahl* im neugegründeten Kaiserreich erhielt die badische »Regierungspartei« außer in Reichenbuch und Sattelbach, wo das Zentrum stärker war, in allen heutigen Mosbacher Orten mehr als 70 % der gültigen Stimmen, die meisten (95 %) in Mosbach selbst. Sattelbach blieb zentrumstreu mit Ausnahme der Wahl von 1898, bei der dem SPD-Kandidaten hier 49 % der Wählerstimmen gegeben wurden. Die SPD war erst 1887 zaghaft in Erscheinung getreten und hatte nur in Mosbach und Neckarelz wenige Stimmen erhalten. 1890 wurde sie in diesen Gemeinden schon von 12 und 16 % der gültig Abstimmenden gewählt. Stärkste Partei im heutigen Stadtgebiet, schon durch die Dominanz der Amtsstadt bedingt, blieben dennoch bis zum Ende des Kaiserreichs die Nationalliberalen oder die mit ihr (1887, 1890) im Kartell stehenden Konservativen. Das Zentrum folgte mit von Wahl zu Wahl schwindendem Abstand. 1898 erhielt es in Mosbach 41 %, im Stadtgebiet 33 %, obwohl bei dieser Wahl die SPD insgesamt mit 14 % (in Neckarelz 36 %, in Sattelbach 49 %) und die Antisemitische Partei mit 12 % (in Nüstenbach 39 %, in Lohrbach 32 %) mehr Stimmen als üblich den Traditionsparteien weggenommen hatten. Der Industrieort Neckarelz blieb Hochburg der SPD (vor 1914 meist um 35 %) innerhalb des Stadtgebiets, während in Diedesheim die SPD-Stimmen höchstens (1907) 19 % ausmachten.

Die Gemeinde im 19. und 20. Jahrhundert 107

Auch in Mosbach faserten sich in den Jahren der Weimarer Republik die Stimmen auf zahlreiche Parteien auf, obgleich die Wahlbeteiligung im Gegensatz zu anderen Gemeinden des Landkreises hier ähnlich lebhaft wie im Kaiserreich geblieben war. Am geschlossensten vermochte noch das Zentrum seine Wähler beisammenzuhalten; die SPD blieb in Neckarelz führende Partei, verlor aber sowohl hier als auch an anderen Orten (vor allem Sattelbach) Stimmen an die KPD. In Lohrbach und Nüstenbach, wo früher die Antisemitenpartei Erfolge gehabt hatte, war 1928 die NSDAP bereits stärkste (Nüstenbach: 65 %) bzw. zweitstärkste (Lohrbach: 32 %) Partei. Am 6. 11. 1932, bei der letzten freien Reichstagswahl, hatte Hitlers Partei wiederum in Nüstenbach (77 %) und Lohrbach (56 %), aber auch in Diedesheim (54 %) die absolute Mehrheit in der Tasche. In Mosbach und Reichenbuch erhielten NSDAP und Zentrum fast die gleiche Stimmenzahl, in Sattelbach teilten sich die Stimmen zu annähernd gleichen Teilen unter die Nationalsozialisten, das Zentrum und die Kommunistische Partei; ähnlich in Neckarelz, nur konnten dort die Sozialdemokraten einen Rest ihrer Wähler (13 %) retten.

Der Wiederbeginn eines demokratischen Systems mit der Wahl zum 1. Bundestag am 14. 8. 1949 brachte der CDU als Nachfolgerin des Zentrums die relative (42 %) Mehrheit im Stadtgebiet, in Reichenbuch und Sattelbach auch die absolute. Mehr Stimmen als der SPD (19 %) und der FDP (12 %) wurden der Notgemeinschaft (22 %) gegeben. In den folgenden *Bundestagswahlen* bewegten sich die Stimmenanteile der CDU zwischen 46 und 52 % im Stadtgebiet. Die besten Ergebnisse verzeichnete sie stets in Sattelbach und Reichenbuch. Stärker wechselten die Anteile der für die SPD abgegebenen Stimmen. Hier folgte einer Aufwärtsentwicklung bei den Wahlen zwischen 1957 (23 %) und 1972 (40 %) wieder ein kontinuierlicher Abschwung bis 1987 (34 %). Die FDP/DVP sank zwischen 1957 und 1987 von 17 % auf knappe 10 %. Die Grünen vergrößerten ihre Wählerschaft von 1,5 % (1980) auf 7 % (1987). Unter den kleinen Parteien konnte nur 1969 in Lohrbach die NPD mehr als 10 % (14 %) verbuchen.

Mosbach ist Sitz der Kreisverbände der CDU, der SPD und der FDP. Diese Parteien sind in Stadtverbänden auch auf kommunaler Ebene organisiert. Schon im August 1945 schloß sich in Mosbach der CDU-Ortsverband unter Vorsitz des Bürgermeisters und des Landrats zusammen. 1990 gehören dem Verband 230 Mitglieder an. 1961 wurde der CDU-Ortsverband Neckarelz und 1962 der Ortsverband Diedesheim gegründet, 1972 schlossen sich beide Verbände zusammen. Der CDU-Ortsverband Neckarelz-Diedesheim hat jetzt 63 Mitglieder. Ein CDU-Ortsverband besteht auch für Lohrbach-Sattelbach-Reichenbuch. Der CDU-Stadtverband wurde als Dachorganisation für die 3 Ortsverbände 1976 gegründet. Er hat (1990) 337 Mitglieder. Auch die Junge Union ist in Mosbach organisiert. Im Jahr 1965 gründeten 6 Sozialdemokraten den SPD-Ortsverein Diedesheim. 1990 ist er auf 69 Mitglieder angewachsen. Aus dem gleichen Jahr stammt auch der SPD-Ortsverein Lohrbach-Sattelbach, der jetzt 30 Mitglieder zählt. Der SPD-Ortsverein von Neckarelz wurde erst 1984 wiedergegründet. Er hat jetzt 29 Mitglieder. Auch in Mosbach besteht ein Ortsverein der SPD. Die Jungsozialisten haben sich im gesamten Elzmündungsraum organisiert. Der Kreis- und der Stadtverband Mosbach der FDP wurden 1946 gegründet. Der Stadtverband hat etwa 60 Mitglieder. Seit 1979 besteht das Grüne Büro der Grünen mit jetzt 40 Mitgliedern. Aus Anlaß der Kommunalwahlen hat sich 1984/85 die Alternative Liste (AL) als lose Organisation gebildet. Ihr gehören jetzt 20 Mitglieder an. Ortsverbände der Freien Wählervereinigung, die seit langem bei den Kommunalwahlen eine wichtige Rolle spielen, bestehen in Neckarelz-Diedesheim und seit 1949 in Mosbach (jetzt 22 Mitglieder). Ein Stadtverband soll demnächst konstituiert werden.

Wirtschaft und Verkehr

Land- und Forstwirtschaft. – Landwirtschaft war weit ins 19. Jh. hinein auch für die Einwohner der Amtsstadt Mosbach eine wichtige Erwerbsquelle. 1833 schreibt Heunisch von den »2376 E., welche sich von Wein-, Obst- und Feldbau, Viehzucht und Handwerken nähren«, auch um 1860 stand die Landwirtschaft noch an erster Stelle unter den Erwerbszweigen. Heute tritt sie gegenüber dem Produzierenden und dem Dienstleistungsgewerbe an wirtschaftlicher Bedeutung weit zurück, ist jedoch nach wie vor für das Landschaftsbild mitprägend, zumal einige Landwirte beginnen, ihre Aufgabe auch in der Landschaftspflege zu sehen.

Zu Beginn des 19. Jh. verteilten sich, wie aus den statistischen Angaben des fürstl. leiningischen Amtes Mosbach hervorgeht, die rd. 5220 M *Landwirtschaftsfläche* des heutigen Stadtgebiets etwa zur Hälfte auf Ackerland, zu ⅐ auf Wiesen, zu gut ⅕ auf Allmende (Weideland) und zu knapp ¹⁄₁₀ auf Rebland. Etwa 7 % waren unbebautes Ödland. Die ausgedehnteste Landwirtschaftsfläche besaß die Stadt Mosbach. Davon waren jedoch nur 22 % Ackerland, der größte Teil war Allmende (45 %) und Wiesenland (11 %). 1873 dagegen machte das Ackerland mehr als ¾ des von den landwirtschaftlichen Haushaltungen im heutigen Stadtgebiet bewirtschafteten Geländes aus. Den höchsten Wiesenanteil mit gut 25 % hatte Sattelbach mit seinen ungünstigen Böden. Den Wiesen ließ man zum Teil Sorgfalt angedeihen. Gemeinsame Wiesenwässerungseinrichtungen bestanden (1854) in Nüstenbach, (um 1860) in Mosbach und (1879) in Lohrbach. Reichenbuch beschäftigte (1861) einen Wiesenbaumeister. In den folgenden Jahrzehnten änderte sich das Acker-Grünland-Verhältnis nur wenig zugunsten des Grünlandes. 1930 waren noch 74 % der LF Ackerland und 25 % Wiesen und Weiden. Aber 1949 lag der Ackerlandanteil der kleiner gewordenen LF nur noch bei 69 %, der Grünlandanteil bei 29 %. Dieser Prozeß ging weiter, bis 1987 66 % der LF der von der Bodennutzungserhebung erfaßten landwirtschaftlichen Betriebe als Ackerland und 30 % als Dauergrünland genutzt wurden. Den höchsten Grünlandanteil hatten die Lohrbacher (39 %), den höchsten Ackerlandanteil die Neckarelzer Betriebe (76 %).

Um die Mitte des 19. Jh. war hier allgemein die *verbesserte Dreifelderwirtschaft* üblich. In Mosbach z. B. wurde in der ersten Flur Spelz (Dinkel), Korn (Roggen) und Einkorn (eine alte Weizenart mit meist einkörnigen Ährchen) angesät, in der zweiten Flur Hafer und Gerste, und auf der ursprünglichen Brachflur waren Kartoffeln, Klee, Dickrüben und Wicken angepflanzt. An *Handelsgewächsen* wurden Hopfen, etwas Tabak und Raps angebaut. In Lohrbach und in Diedesheim war der Zuckerrübenanbau von Bedeutung und wurde gegen Ende des Jahrhunderts noch ausgedehnt. In Nüstenbach dagegen hielt er sich nur wenige Jahre und wurde 1897 aufgegeben. In Neckarelz und in Diedesheim war Tabak ein »Hauptanbauartikel«. 1886 pflanzte man in Neckarelz auf 53 M Tabak. In Diedesheim, wo 1888 auf 15 und 1894 auf 20 M Tabak angebaut wurde, stiegen infolge des Tabakanbaus die Pachtzinsen für das Ackerland. Der Zentner Tabak wurde je nach Qualität mit 17 bis 30 Mark bezahlt. Auch in Lohrbach versuchte man sich 1895 mit dem Tabakanbau, gab ihn aber nach anfänglichen Erfolgen schon 1898 als unergiebig wieder auf.

Beim Getreide standen in allen Orten Hafer und Gerste an erster Stelle für den Verkauf, Spelz diente eher dem Eigenbedarf. In Lohrbach, Reichenbuch und Diedesheim konnten schon um 1850 die größeren Güterbesitzer Frucht an auswärtige Händler verkaufen. Um die Jahrhundertwende war dann in Diedesheim die Arbeiterbevölkerung ein guter Abnehmer. Die Mosbacher Bauern verkauften (1853) nicht an Auswärtige, aus Sattelbach kam (1900) höchstens Frühhafer zum Verkauf an die Militärverwal-

Die Gemeinde im 19. und 20. Jahrhundert 109

tung. Nach der Anbauflächenstatistik für 1880 stand damals auf 1184 ha des 2320 ha umfassenden Ackerlandes im heutigen Stadtgebiet Getreide, und zwar auf 550 ha Spelz und auf 317 ha Hafer. Kartoffeln waren auf 317 ha angepflanzt, Futterpflanzen auf 429 ha und Futterhackfrüchte auf 163 ha. In den nächsten 50 Jahren änderte sich das Anbaubild insofern, als der Getreideanbau leicht zugunsten des Futterbaus zurückging und der Spelz auch hier vom Weizen verdrängt wurde. 1930 nahmen auf dem um rd. 50 ha kleiner gewordenen Ackerland das Getreide 920 ha (hauptsächlich Hafer und Winterweizen, nur noch 12 ha Spelz) ein, Futterpflanzen standen auf 533 ha, Futterhackfrüchte auf 258 ha. Wenige Jahre nach dem 2. Weltkrieg, 1949, bewirtschafteten die landwirtschaftlichen Betriebe der heutigen Stadt Mosbach noch 1747 ha Ackerland. Davon waren 720 ha dem Getreideanbau gewidmet, Hackfrucht nahm 355 ha ein und Feldfutter 599 ha. Bei der letzten landwirtschaftlichen Betriebszählung 1987 bewirtschafteten die erfaßten 130 landwirtschaftlichen Betriebe zusammen 1698 ha LF, darunter 1200 ha Ackerland. Jetzt war jedoch das Ackerland zu ⅔ mit Getreide bestanden, und zwar hauptsächlich mit Weizen und Gerste (326 und 308 ha). Hafer mit 102 ha und Roggen bzw. Wintermenggetreide mit 43 ha traten zurück. Hackfrüchte, darunter 9 ha Kartoffeln, nahmen nur 48 ha ein. In Reichenbuch und in Neckarelz haben sich je 1 Betrieb auf Zuckerrübenanbau spezialisiert. Ein Ausmärker aus Daudenzell baut auf Mosbacher Gebiet Raps, Mais und Zuckerrüben an. Unter den Futterpflanzen (181 ha) nahm auch hier der Grün- bzw. Silomais mit 126 ha die größte Fläche ein. Gemüsebau (Rotkohl) wird in nennenswertem Umfang nur von einem größeren Nebenerwerbsbetrieb in Reichenbuch betrieben.

Maschinen hatten in den landwirtschaftlich begünstigten Dörfern bereits gegen Ende des 19. Jh. Einzug gehalten, schon weil die Arbeitskräfte hier knapp und für die Bauern zu teuer wurden. In Diedesheim und Neckarelz waren um 1890 Dreschmaschinen in Betrieb. Die Neckarelzer Maschine wurde auch nach Lohrbach ausgeliehen. 1925/30 hatte jeder 4. oder 5. Betrieb einen Grasmäher. Seltener, aber in allen Orten vertreten, waren Sämaschinen, während Düngerstreuer nur in Mosbach, Lohrbach und Sattelbach und Hackmaschinen nur von wenigen Bauern in Mosbach und Lohrbach verwendet wurden. Nach dem 2. Weltkrieg schafften sich die Bauern Schlepper an. 1960 hatte im Stadtgebiet jeder 3. landwirtschaftliche Betrieb einen Schlepper. Auf die LF umgerechnet, stand für je 13 ha ein Schlepper zur Verfügung. Am besten ausgestattet waren die Landwirte in Diedesheim und Neckarelz, wo auf jeden 2. Betrieb und auf je 7 ha LF ein Schlepper kam.

Trotz des nicht unbedingt günstigen Klimas wurde in der 2. H. 19. Jh. dem *Obstbau* viel Interesse gewidmet. In Diedesheim, Lohrbach, Nüstenbach und Reichenbuch, auch in Mosbach selbst bestanden wenigstens zeitweise private und Gemeindebaumschulen. Die Mosbacher Baumschule war um 1860 1 M groß und verfügte über rd. 10000 Bäume und 15000 Sämlinge. Auf Gkg Mosbach standen etwa 5000 Obstbäume. In Nüstenbach gab es (1865) eine Kirschbaumanlage, in Lohrbach pflanzte man (1861) die Ödungen mit Kirschbäumen an. Ende des Jahrhunderts hielt Diedesheim einen Obstwart und schaffte Obstkelter und Obstpresse an, in Nüstenbach brachte der Obstverkauf guten Erlös. 1929 wurden auf der Gkg Lohrbach 11110 Obstbäume (darunter 4000 Apfelbäume) gezählt, in Nüstenbach 2800 (1200), in Reichenbuch 680 (140), in Sattelbach 2430 (800) Obstbäume. 1933 standen auf der Gkg Diedesheim 7272 Obstbäume (darunter 3689 Apfelbäume), auf Gkg Mosbach 26213 (12334) und auf Gkg Neckarelz 6504 (3401) Obstbäume. 1987 sind auf dem Stadtgebiet 13 ha Sonderkulturflächen der landwirtschaftlichen Betriebe ausgewiesen. Intensivobstbau betreiben noch 2 größere Betriebe in Neckarelz, 2 in Diedesheim und 1 Betrieb in Reichenbuch.

Alle sind Nebenerwerbsbetriebe und haben sich auf Äpfel, 1 Betrieb in Neckarelz auch auf Williams-Christ-Birnen zur Brennerei, spezialisiert. In Nüstenbach wird der Obstbau nicht mehr gepflegt, obwohl auch hier in den Seitentälern noch Streuobstbestände vorhanden sind. Durch neuere Pflanzaktionen soll der Obstbau wieder reaktiviert werden.

Weinbau wurde in Diedesheim, Neckarelz, Mosbach und Nüstenbach betrieben. 1808 waren hier zusammen rd. 450 M mit Reben bestanden. Im Laufe des 19. Jh. ging der Weinbau hier nur wenig zurück. Um 1860 wurden in Mosbach die Rebsorten Riesling, Sylvaner, Gutedel, Traminer, Burgunder, Clevner, Elbling und Trollinger angebaut. 1880 hatte Mosbach noch 53, Diedesheim 30, Neckarelz 18 und Nüstenbach 13 ha Weinberge. Dann aber verschwanden die Reben rasch von den Hängen. Wegen des schlechten Ertrags und wegen der Rebkrankheiten wurden (um 1888) in Neckarelz viele Reben ausgehauen, in Diedesheim und Nüstenbach verloren die Weinbauern nach langjährigen Mißernten das Interesse. 1913 gab es auf dem Stadtgebiet nur noch auf 17 ha und 1930 noch auf 6 ha Weinbau. Heute hat nur Diedesheim noch eine Weinlage in Kultur.

Bei den landwirtschaftlichen Vollerwerbsbetrieben liegt heute der Schwerpunkt auf der *Viehhaltung*. Der Ackerbau dient großenteils nur als Ergänzung, d. h. zur Futtererzeugung und zur Aufnahme von Mist und Gülle. Um der von der Landbewirtschaftung losgelösten industriellen Mast und der durch sie ausgelösten Gefahr überhöhter Stickstoffkonzentration im Boden entgegenzuwirken, werden heute Rinder- und insbesondere Schweinemastbetriebe nur noch genehmigt, wenn sie eine entsprechende Fläche nachweisen und bebauen. Reiner Ackerbau, auch auf größeren Flächen, ist auf Nebenerwerbsbetriebe beschränkt.

Zu Beginn des 19. Jh. war der Viehbestand jedoch recht spärlich. 1808 werden für das gesamte Stadtgebiet nur 211 Ochsen und 749 Kühe angegeben. Die geringe Zahl von 72 Pferden erklärt sich zum Teil durch die Requirierungen bei Truppendurchzügen. An Schafen wurden immerhin 2124 Stück genannt, außerdem 749 Schweine und 68 Ziegen. Das meiste Vieh hatten die Stadt Mosbach und das Dorf Lohrbach, ganz viearm war Sattelbach. In den nächsten Jahrzehnten erholte sich der Viehstand etwas. 1855 wurden 1847 Stück Rindvieh und 128 Pferde gezählt. Der Schweinebestand war mit 720 Stück allerdings kleiner als 1808.

In Mosbach diente die *Rinderhaltung* nur dem eigenen Bedarf, in Nüstenbach, Reichenbuch und Lohrbach, wo der Viehstand schon um 1850 gut bewertet wurde, bald auch zum Verkauf. In Reichenbuch und Nüstenbach hatte die Viehhaltung trotz oder wegen der ungünstigen Bodenverhältnisse Vorrang vor dem Ackerbau. Das Lohrbacher und aufgrund alter Gemeindezusammengehörigkeit auch das Sattelbacher Faselvieh stand (1861) auf dem fürstl. leiningischen Hofgut in Lohrbach. Seit etwa 1860 drängte Sattelbach auf Ablösung der Fasellast, aber die Standesherrschaft war nur zur gemeinsamen Ablösung mit Lohrbach bereit. Nach langem Streiten – Sattelbach hatte sich inzwischen einen eigenen Farren angeschafft – löste 1883 die Standesherrschaft die Fasellast für Sattelbach gegen 1000 Mark ab. Später wurde die Farrenhaltung auch in Lohrbach verpachtet. Der Nüstenbacher Farre stand zunächst auf dem Schreckhof bei Diedesheim, war 1863 aber gleichfalls verpachtet. Die Zucht erwies sich in Lohrbach, Nüstenbach, Reichenbuch und Sattelbach als gute Einnahmequelle. In Nüstenbach bestand 1890 eine Viehzuchtgenossenschaft. Futternot infolge geringer Wiesenerträge wurde schon um 1890 durch Zufütterung von Kraftfutter ausgeglichen. Bei den Diedesheimer und Neckarelzer Bauern trat die Viehhaltung allmählich hinter den Handelsgewächsanbau zurück. Dementsprechend wurde auch, abgesehen vom

Schreckhof, kein Wert auf Zucht gelegt. Die Stadt Mosbach richtete vor dem 1. Weltkrieg auf dem Bergfeld eine Jungviehweide für etwa 50 Tiere ein. Heute ist sie vom Fleckviehzuchtverband an Ausmärker verpachtet. Das Vieh wurde entweder vom Stall aus an Händler und Metzger oder auf dem Mosbacher Viehmarkt verkauft. Zwischen 1913 und 1930 veränderte sich im Ergebnis der Rinderbestand kaum. Von den 2075 im Jahr 1930 gezählten Tieren waren 914 Milchkühe. Die 27 Reichenbuchener Bauern besaßen mit 224 Rindern, davon 89 Milchkühen, durchschnittlich die meisten Tiere je Stall. Auch über Krieg und Nachkriegszeit hinweg war 1950 der Rinderbestand mit 1989 Tieren unwesentlich kleiner als 1930, bis 1971 vergrößerte er sich trotz des Rückgangs der landwirtschaftlichen Betriebe noch auf 2202 Tiere, und 1987 standen in 65 landwirtschaftlichen Betrieben 1816 Stück Rindvieh. Viel weniger stabil war der Bestand an Milchkühen, abhängig hauptsächlich von der Milchquotenregelung. 1987 hielten 57 Betriebe 552 Milchkühe, davon nur 11 Betriebe 20 und mehr Kühe. Eine Besonderheit ist ein Mosbacher Nebenerwerbsbetrieb, der sich seit wenigen Jahren auf die Zucht von irischen Hochlandrindern verlegt hat und den Bestand von derzeit 6–8 Tieren ausbauen will.

Der Umfang der *Schweinehaltung*, sowohl der Mast als auch der Zucht, schwankt im allgemeinen stärker je nach Futter- und Absatzlage als der der Rinderhaltung. Aus den Zählungen scheint sich aber zu ergeben, daß im heutigen Stadtgebiet insgesamt die Schweinehaltung seit der Mitte des 19. Jh. ausgedehnt wurde. Zwischen 1808 und 1855 wuchs der Schweinebestand nur in Mosbach und Lohrbach, bis zum Ende des Jahrhunderts aber in allen Orten erheblich an (1887: 1134 Tiere, 1913: 1728 Tiere). Schweinezucht brachte nennenswerte Einnahmen in Lohrbach (1898) und Reichenbuch (1895, 1904), sonst lag der Nachdruck eher auf der Schweinemast wie z.B. auf dem Schreckhof (Diedesheim). Bis 1930 wurde die Schweinehaltung noch etwas erweitert (1803 Tiere), 1950 war trotz Krieg und Nachkriegsjahren der Bestand noch oder wieder genau gleich groß. Dann jedoch folgte ein deutlicher Einbruch, vermutlich aufgrund der Aufgabe kleiner Betriebe, die Schweine hauptsächlich für die Selbstversorgung und den Einzelverkauf hielten. 1971 hatte sich in allen Orten der Bestand gegenüber 1950 vermindert, insgesamt um 538 auf 1265 Schweine. Der weitergehende Strukturwandel innerhalb der Landwirtschaft mit fortschreitender betrieblicher Konzentration und Spezialisierung führte aber zu einer neuerlichen Ausdehnung der Schweinehaltung. 1987 widmeten sich im Stadtgebiet zwar nur noch 66 Betriebe der Schweinemast und 18 der Schweinezucht. Sie hielten zusammen jedoch 1651 Mastschweine und 409 Zuchtsauen.

Mit der anwachsenden Rentabilität der Landwirtschaft in den heute zu Mosbach gehörigen Orten gegen Ende des 19. Jh. konnten sich die Bauern auch eher *Pferde* zur Arbeit leisten. Zwischen 1855 und 1887 vergrößerte sich der Pferdebestand in Lohrbach, Mosbach und Neckarelz, so daß 1887 im Stadtgebiet 185 Pferde gezählt wurden. Später zogen auch die anderen Orte nach (1913: 276 Pferde, 1930: 278 Pferde). Erst nach dem 2. Weltkrieg (1950 noch 264 Pferde) verdrängten dann die Traktoren die Pferde. Allerdings werden heute wieder mehr Pferde gehalten, und zwar einerseits zu Sport-, andererseits wegen der Stutenmilch zu Kurzwecken. In Nüstenbach züchtet ein landwirtschaftlicher Nebenerwerbsbetrieb Pferde. 1988 wurden im Stadtgebiet 102 Pferde gezählt, darunter 66 in Mosbach (mit Nüstenbach) selbst.

Ziegen als »Bahnwärterskühe« gab es außer in Mosbach vor allem in Neckarelz. Insgesamt wurde die Ziegenhaltung im 19. Jh. von 88 Tieren im Jahr 1808 auf 479 Tiere im Jahr 1887 und 729 Tiere im Jahr 1913 ausgedehnt. 1930 zählte man noch 531 Ziegen in den Betrieben des Stadtgebiets. Heute ist die Ziegenhaltung bedeutungslos.

Um 1850 bestanden in allen Gemeinden *Gemeindeschäfereien*. In Lohrbach, wo die leiningische Grundherrschaft das Schafweiderecht besaß, kaufte es ihr die Gemeinde 1851 ab. Hier und in Reichenbuch hatten die Bürger das Recht, je nach Besitz ein oder mehrere Schafe zur Weide zu geben. Der Schäfer durfte selbst eine bestimmte Anzahl Schafe halten und wurde (Lohrbach) außerdem mit Wiesen und Naturalien entlohnt. In den 1860er Jahren waren alle Gemeindeschäfereien verpachtet. Um die Jahrhundertwende allerdings verlor sich wegen der Intensivierung des Ackerbaus das Interesse an der Beweidung. 1904 waren in Diedesheim nur die Schäferei auf dem Hamberg und die des Schreckhofs verpachtet. 1930 gab es nur in Neckarelz noch eine größere Anzahl (302) Schafe. Heute wird auf dem Stadtgebiet eine Sommerweide für einen Schäfer unterhalten. Er hat außerdem einen Pachtvertrag für nicht genutzte LF, z. B. im Nüstenbachtal, bei den Johannesanstalten, im Hessental und im Mittel. Die Beweidung der zum Teil stadteigenen Flächen dient auch der Landschaftspflege. 1988 wurden in den Stadtteilen Lohrbach, Mosbach, Neckarelz und Sattelbach je zwischen 40 und 80, zusammen im Stadtgebiet 289 Schafe gezählt.

Geflügel wurde früher kaum über den eigenen Bedarf hinaus gehalten. Erst in den letzten Jahren entstanden ausgesprochene Hühnerfarmen, allerdings besaßen 1987 nur 2 Betriebe 100 und mehr Legehennen. Ein Nebenerwerbsbetrieb in Reichenbuch hält allein mehr als 3000 Legehennen. Insgesamt wurden 7318 Hühner gezählt.

In Mosbach galt um die Mitte des 19. Jh. eine *Besitzgröße* von 12 M als erforderlich zum Unterhalt einer Familie. Nur die wenigsten Landwirte hatten ein solches Besitztum. Außerdem war schon um 1850 die Güterzerstückelung sehr nachteilig. Nur die Hälfte der Stadtgemarkung gehörte um 1860 Privatleuten, je ¼ der Stadtgemeinde und dem Stift. Am Privatland waren schon damals zahlreiche Ausmärker aus den Nachbargemeinden beteiligt. In Lohrbach umfaßte 1854 der fürstl. leiningische Grundbesitz 938 M, weitere 32 M befanden sich in Toter Hand. Nur etwa 70 von 200 Landwirten hatten einen Besitz von etwa 6 M und konnten davon leben. Das Verhältnis von ⅓ mit ausreichendem zu ⅔ mit ungenügendem Landbesitz galt um 1850/55 auch in Diedesheim, Nüstenbach und Reichenbuch. 1887 war das Schloßgut in Lohrbach parzelliert, 1891 das landwirtschaftliche Gelände verpachtet. Es gab hier jetzt wenige große und viele kleine Bauern. Auch in Neckarelz war (1892) der Besitz der Standesherrschaft von 300 M und der des Stifts von 80 M in Parzellen verpachtet. Die größten Bauern in Diedesheim hatten (1855) zwischen 25 und 50 M Acker- und Wiesenland. Der Einschränkung, die ihnen die kleine Gemarkung auferlegte, wichen die Diedesheimer Bauern schon damals zwar durch Zukauf oder -pacht von Land auf den Gkgn Neckarelz und Obrigheim aus. Auf dem gesamten heutigen Stadtgebiet lag 1895 die Mehrzahl der Betriebe (577 von 1048) unter der Grenze von 1 ha Anbaufläche und nur 30 Betriebe bei 10–20 ha. Mehr hatten nur 2 Betriebe in Mosbach und 1 in Lohrbach. 30 Jahre später, nach Weltkrieg und Inflation, hatte sich an der Betriebsgrößenstruktur auffallend wenig verändert. Nur die Zahl der »größeren« Betriebe von 10–20 ha war auf 21 und die der Betriebe ab 20 ha auf 2 zurückgegangen, während über 200 Betriebe mehr auf dem Stadtgebiet bestanden als 1895 und die landwirtschaftliche Fläche von 2420 auf 3064 ha ausgedehnt worden war.

Einen ungleich stärkeren Wandel zeigt die allerdings nach veränderten Kriterien durchgeführte Landwirtschaftszählung von 1949, also nach dem nächsten Krieg und den unmittelbaren Nachkriegsjahren, an. Die Zahl der erfaßten Betriebe war gegenüber 1925 unter die Hälfte, nämlich auf 568, gesunken, die LF weniger drastisch auf 2534 ha geschrumpft. Dennoch besaß auch jetzt noch gut die Hälfte der Betriebe weniger als 2 ha LF und nur 2 Lohrbacher und 3 Mosbacher Betriebe lagen über 20 ha. Am ungünstigsten

Die Gemeinde im 19. und 20. Jahrhundert 113

war die Größenstruktur nach wie vor in Diedesheim und Neckarelz, vergleichsweise besser in Lohrbach und in Sattelbach, wo allerdings schlechtere Böden vorherrschen. Seither gaben immer mehr Betriebe auf. Das landwirtschaftliche Gelände wurde jedoch nur zum Teil anderen Zwecken zugeführt, zum Teil diente es auch zur Aufstockung der verbleibenden Betriebe. 1970 bewirtschafteten immerhin 18 der 198 statistisch erfaßten landwirtschaftlichen Betriebe mehr als 20 ha, 3 sogar mehr als 30 ha LF.

Seit einiger Zeit werden Flächenstillegungen, wenn sie von den zuständigen Landwirtschaftsämtern genehmigt werden, durch staatliche Prämien gefördert. Im Stadtgebiet sind davon zur Zeit (1990) etwa 30 ha LF betroffen. Allerdings legen vor allem Nebenerwerbsbetriebe nicht bestimmte Ackerflächen still, sondern wechseln sie in 4–5jährigem Turnus aus, betreiben also wieder eine Art Brache, die auch »Rotationsbrache« genannt wird. Laut Agrarberichterstattung bestanden 1987 noch 139 land- und forstwirtschaftliche Betriebe mit einer Betriebsfläche von 4543 ha, unter ihnen 130 rein landwirtschaftliche Betriebe mit zusammen 1698 ha LF. Die Betriebsgrößen sind wieder gewachsen. 15 Betriebe hatten 20–30 ha LF und 14 Betriebe noch größere Flächen. Diese 29 Betriebe bewirtschafteten zusammen fast ⅔ der gesamten LF. Von den 14 Betrieben ab 30 ha LF befanden sich 2 in Sattelbach, 6 in Lohrbach und 4 in Mosbach, wo auch 7 Betriebe zwischen 20 und 30 ha ansässig sind. Nach der Betriebsform gliederten sich die 139 land- und forstwirtschaftlichen Betriebe in 52 Marktfrucht-, 55 Futterbau-, 3 Veredlungs-, 5 Dauerkultur-, 4 landwirtschaftliche Gemischt-, 8 Gartenbau-, 11 Forstwirtschaftsbetriebe und 1 kombinierten Betrieb. Von den 130 Landwirtschaftsbetrieben waren 32 Haupt- und 95 Nebenerwerbsbetriebe, 3 standen nicht in Privatbesitz. Für 1989 nennt die Stadtverwaltung noch 25 landwirtschaftliche Betriebe ab 20 ha. In Mosbach (Bergfeld und Knopfhof) betreiben die 6 Vollerwerbsbetriebe und 1 Nebenerwerbsbetrieb Milchviehhaltung (5 Betriebe), Bullenmast (2), Schweinemast (1), dazu Gemüsebau (1) Saatgutanbau (1) und Landschaftspflege (1). Die 5 Vollerwerbsbetriebe auf dem Diedesheimer Schreckhof und die 2 Vollerwerbsbetriebe in Neckarelz sind auf Milchvieh spezialisiert, 1 Landwirt auf dem Schreckhof mästet außerdem Bullen. Milchviehhaltung ist auch der wichtigste Betriebszweig der 7 Vollerwerbsbetriebe in Lohrbach und des einzigen Vollerwerbsbetriebs in Reichenbuch. In Lohrbach mästet 1 Betrieb außerdem Bullen, 1 Betrieb züchtet Rinder, 1 Betrieb ist auf Ackerbau spezialisiert, Nebenbetriebszweig ist Holzschleiferei. In Reichenbuch unterhält 1 Nebenerwerbsbetrieb eine Hühnerfarm, ein anderer betreibt in größerem Ausmaß Gemüseanbau. Die beiden Vollerwerbsbetriebe in Sattelbach züchten und mästen Schweine, einer hat außerdem eine Hühnerfarm.

Zum Teil wurde schon um 1850 die Güterzerstückelung auf den Gemarkungen als nachteilig empfunden. In Diedesheim fand bereits 1870 eine kleine *Feldbereinigung* (33 ha) statt, an der auch ein Stück der Gkg Neckarelz beteiligt war. Auf dem Knopfhof (Gkg Mosbach) lief von 1871 bis 1874 ein Feldbereinigungsverfahren über 48 ha. Nach 1880 folgten Bereinigungsverfahren in Neckarelz (1884–86 über 48 ha und 1890–96 über 297 ha) zum Teil in Zusammenhang mit dem Eisenbahnbau, in Mosbach (Gewann Mittel 1884–86, 3 ha; Gewanne Mittelberg und Rauert 1887–94, 29 ha; Bergfeld 1888–94, 379 ha; Schafäcker 1895–1902, 7 ha; Hardberg 1896–99, 17 ha; auf dem Rest der Gemarkung 1898–1904, 111 ha; 1907–09 jedoch nochmals im Bereich des Hardhofs über 101 ha). In Reichenbuch fand 1888–91, nachdem die Bedenken wegen der hohen Kosten ausgeräumt und eine Geldaufnahme beschlossen war, eine Bereinigung über 63 ha statt. Die Lohrbacher diskutierten zwar spätestens seit dem Ende der 1880er Jahre eine Feldbereinigung, aber erst 1976 wurde ein Zweckverfahren begonnen und bis 1984 beendet. Unter den inzwischen veränderten Zielvorstellungen bei Flurbereinigungen wurde dabei ein Feuchtbiotop angelegt, auf dem sich bald eine vielfältige Pflanzen- und Vogelwelt ansiedelte. Ein Normalverfahren über 176 ha lief von 1960–1967 in Reichenbuch, ein Zweckverfahren 1985–1867 auf dem Schreckhof, Gkg Diedesheim, ein weiteres seit 1970 über 359 ha auf den Gkgn Diedesheim und Neckarelz.

Die erste *Aussiedlung* landwirtschaftlicher Betriebe aus der Stadt Mosbach war mit der Errichtung der »ersten bad. Bauernsiedlung« auf dem Bergfeld, ehemaligem Allmendland oberhalb der Stadt, verbunden. 1921/22 war zwar eine auf die Besiedlung des Bergfelds zielende Initiative des bad. Arbeitsministeriums, des Bezirksamts und des Gemeinderats am heftigen Widerstand der 408 hier mit je 75 Ar genußberechtigten Bürger gescheitert, aber 1932 wurde der Gedanke wieder aufgegriffen und 1933 auch bei den Allmendberechtigten, die meist ihre Lose verpachtet hatten, durchgesetzt. Schon 1934 war die neue Siedlung bezugsfertig. Sie bestand aus 24 Bauernstellen mit je 10–13 ha Land, das in 3 Parzellen von 3–4 ha unweit der Siedlung ausgelegt war. Von den 2 vorgesehenen Handwerkerstellen wurde nur die Schmiede besetzt. 20 Siedler stammten aus Mosbach einschließlich dem Hardhof, 2 aus Sulzbach und 1 vom Stockbronner Hof bei Neckarzimmern. Nur ein Bauer und der Schmied kamen aus größerer Entfernung. Nach 50 Jahren bestanden 1984 noch 6 landwirtschaftliche Vollerwerbsbetriebe. Die anderen einstigen »Erbhöfe« wurden im Nebenerwerb bewirtschaftet oder nur noch als Wohnungen genutzt. Die Größe der Betriebe war allerdings über die ursprünglichen 10–13 ha weit hinausgewachsen. 1989 gibt es auf dem Bergfeld noch 4 Vollerwerbsbetriebe mit Flächen von 11–70 ha und einen Nebenerwerbsbetrieb. Von den kleinen Betrieben werden 2 bald auslaufen.

Nach dem Krieg wurden in Neckarelz 1958 und 1960 je 1 Aussiedlerhof in Einzellage angelegt, 1961 folgten eine Gruppe von 4 Höfen in Lohrbach und 1964 am Ortsrand von Reichenbuch 1 Hof.

Auf dem Stadtgebiet Mosbach stehen (1986) 2841 ha *Wald*, das sind 46% der Gesamtfläche. Der größte Teil davon, 1955 ha, ist Gemeindewald. 429 ha sind in kirchlichem Besitz, 317 ha sind Staatswald, und nur 140 ha sind Privatwald.

Der *Gemeindewald* der Stadt Mosbach umfaßt 1945 ha Betriebsfläche. Davon sind 1877 ha eigentliche Holzbodenfläche. Auf der Gkg Mosbach hat auch die Gde Elztal Waldbesitz. Bis auf Sattelbach hatten alle Mosbacher Stadtteile vor der Gemeindereform eigenen Gemeindewald. Besonders große Waldungen brachte Mosbach mit dem Inneren Stadtwald und der Michelherd in das neue Stadtgebiet ein. In Sattelbach hatte eine Waldgenossenschaft von 22 Genossen mit zusammen 70 M Wald bestanden. Sie verkaufte den Wald jedoch 1884 an das Ev. Kirchenärar, d. h. das Mosbacher Stift. Lohrbach hatte seinen Wald 1830/31 als Realablösung für die Nutzungsrechte im leiningischen Wald erhalten. Hier waren (1891) die kleinen Bauern auf Zusatzverdienst aus den Waldungen angewiesen. Neckarelz und Diedesheim hatten Mitte des 19. Jh. ihre Holzberechtigungsansprüche an der Michelherd zugunsten von Rathausneubauten an das Mosbacher Stift verkauft.

Noch heute wird aus den Gemeindewäldern *Bürgergabholz* zu verbilligten Preisen an die Berechtigten abgegeben. Um die Mitte des 19. Jh. reichte der Holzertrag der Gemeindewälder zwar in Mosbach, Reichenbuch und Lohrbach, aber nicht in Diedesheim und Nüstenbach für den Bedarf der Einwohner aus. Gegen Ende des Jahrhunderts klagte man nicht nur in Neckarelz über den schwindenden Ertrag des Waldes; in Diedesheim konnte 1890 wegen der bisher zu starken Ausbeutung selbst der Bürgernutzen nicht mehr voll verteilt werden. Zur Abhilfe hatte die Gemeinde 1901 eine eigene Saatschule eingerichtet. Reichenbuch zog eine andere Konsequenz aus dem geringen Waldertrag und rodete 1901 einen Teil zu Wiesen und Ackerland. Die Jagdrechte befanden sich nach 1848 im Besitz der Gemeinden und wurden verpachtet.

In Lohrbach allerdings floß 1854 der Jagdzins nicht in die Kasse der Gemeinde, die auch hier das Jagdrecht hatte, sondern an die Standesherrschaft.

Der *Kirchenwald* auf Mosbacher Stadtgebiet ist ausschließlich im Besitz des »Unterländer Ev. Kirchenfonds« und wird besitzrechtlich von der Ev. Pflege Schönau bzw. von deren Außenstelle, der Stiftschaffnei Mosbach, forstlich jedoch wie der Gemeindewald vom Staatlichen Forstamt Mosbach verwaltet. *Staatswald* im Eigentum der Bundesrepublik liegt nur auf insgesamt 1 ha im Bereich der Truppenunterkunft Mosbach–Neckarelz––Neckarzimmern. Der Staatswald im Forstbezirk Mosbach, soweit er dem Land Baden-Württemberg gehört, stammt ausschließlich aus Ankäufen aus dem Waldbesitz des Fürsten von Leiningen. Noch um 1870 war die Standesherrschaft Leiningen in Diedesheim nicht gewillt, der Gemeinde ein Stück Wald zu verkaufen, sondern ließ es abholzen. Der *Privatwald* splittert sich infolge der traditionellen Realteilung und durch Aufforstung kleiner landwirtschaftlicher Grenzertragsböden in zahlreiche kleine Parzellen auf. So besitzen 61 landwirtschaftliche Betriebe zusammen 55 ha Waldfläche, 60 davon weniger als 5 ha. Für den Forstbezirk Mosbach wurde, um die Nachteile dieser Zerstückelung abzumildern, die »Forstbetriebsgemeinschaft Südlicher Odenwald« gegründet. Sie wird vom Staatlichen Forstamt beraten und betreut.

Nach *Baumarten* gliedert sich der öffentliche Wald im Forstbezirk Mosbach, der außer der Stadt Mosbach die Gemeindegebiete Binau, Elztal, Fahrenbach und Neckarzimmern umfaßt, nach der Forsteinrichtung von 1976 in 55 % Laub- und 45 % Nadelwald. Unter den Laubbäumen herrscht auf 38 % der Waldfläche die Buche vor, auf 10 % stehen Eichen. Unter den Nadelbäumen hat die Fichte (Tanne) auf 24 % der Waldfläche Vorrang vor der Forle auf 13 %. Der Privatwald hat einen etwas höheren Anteil an Nadelholz. Allerdings ist das Baumartenverhältnis auch unter den einzelnen öffentlichen Forstbetrieben unterschiedlich. Der Mosbacher Gemeindewald bestand um 1864 aus wertvollen Eichen, Buchen, Tannen, Lärchen, Forlen, Eschen, Ahornen u. a. Das Holz wurde zu Bau- und Brennholz geschlagen, Buchenholz diente u. a. auch zur Herstellung von Mühleneinrichtungen. Der gesamte Wald ist heute aus Naturverjüngung, Saat oder Pflanzung hervorgegangener Hochwald. Nur bei alten Beständen ist noch zu erkennen, daß sie auf Ausschlagswald, Mittel- oder Niederwald zurückgehen.

Produzierendes Gewerbe. – Die gewerbliche Bedeutung der Stadt Mosbach war, als sie 1806 mit dem Fürstentum Leiningen unter bad. Souveränität kam, gegenüber früheren Jahrhunderten sehr zurückgegangen. Aus kurpfälzischer Zeit bestanden noch die Fayencefabrik, der Eisenhammer und unter anderen Mühlen die 1751 aus einer Walkmühle hervorgegangene Papiermühle. Zusammen mit dem Eisenhammer des Freiherrn Rüdt von Collenberg in Sennfeld waren das die einzigen Gewerbebetriebe im heutigen Neckar-Odenwald-Kreis, die 1809 in einer Gewerbestatistik der Niederrheinischen Provinz aufgeführt werden.

Die Mosbacher *Saline* nämlich hatte schon seit 1802 den Betrieb eingestellt. Wiederbelebungsversuche des neuen Pächters, des Freiherrn von Traitteur, der sie 1807 übernommen hatte, schlugen fehl, und 1824 wurde die Saline unwiderruflich geschlossen (s. u.). Die *Fayencefabrik*, damals im Besitz von Roemer & Co., beschäftigte 1809 noch 22 Arbeiter und setzte im bad. Inland Waren für 2700 fl, im Ausland für 5300 fl um. Aber auch sie konnte nicht lange dem Konkurrenzdruck standhalten, dem sie mit dem Wegfall der kurpfälzischen Privilegien ausgesetzt und wegen der minderen Qualität ihrer Erzeugnisse nicht gewachsen war. Vom bad. Staat waren Förderungen nicht zu erwarten. 1836 stellte Heinrich Stadler, der nach häufigem Besitzerwechsel letzte Besitzer der Manufaktur, den Betrieb ein. Die *Papiermühle* von Georg Roeder, die 1786 unter Johann Michael Bach die größte der 3 kurpfälzischen Papiermühlen gewesen war und 14 Arbeiter beschäftigte, hatte 1809 nur noch 6 Arbeiter, setzte aber im Inland 1500 fl um. Roeder hatte die Mühle im Jahr 1800 gekauft. Sein Nachfolger Christian Uebelhör sah sich zunehmender Konkurrenz und den Anforderungen durch neue Herstellungsmethoden ausgesetzt. Er gab um 1850 den Betrieb auf. Der *Eisenhammer* von Heinrich Korell hatte 1809 53 Arbeiter und einen Umsatz von 1200 fl ins Ausland. Später war er mit dem Billigheimer Eisenwerk zu einer Gesellschaft zusammengeschlossen. 1846 aber wurden beide Werke geschlossen und die Gebäude versteigert. In Mosbach gehörte zur Versteigerungsmasse das Hammerwerk, eine Arbeiter- und eine Herrenwohnung, das Magazin und die Kohlenscheuer.

In Mosbach kann in den ersten zwei Dritteln des 19. Jh. von einem industriellen Aufschwung noch nicht die Rede sein. Außer zahlreichen Mühlen und mehreren kleinen Bierbrauereien gab es nur das städtische Handwerk. Eine 1836 gegründete *Zuckerfabrik* ging wie alle bad. Zuckerfabriken außer der in Waghäusel bald wieder ein. Die Waghäuseler Fabrik richtete aber 1852 im Gebäude der ehemaligen Zuckerrübenfabrik eine *Zuckerrüben-Trocknungsanstalt* zur Verarbeitung der Zuckerrüben aus dem Neckar- und Elztal ein. Die Trockenanstalt bestand bis in die 1870er Jahre, als die Trocknung der Rüben u.a. deshalb unnötig wurde, weil die Eisenbahn den Transport zu günstigen Tarifen übernahm.

Noch 1864 nennt Wirth in Mosbach nur 2 Fabrikanten, nämlich die Besitzer der Zuckerrüben-Trockenanstalt und der Garnfabrik. Diese beiden Fabriken sind auch die einzigen in Mosbach, die 1869 mehr als 20 Arbeiter beschäftigten. In beiden Fabriken arbeiteten schon Einpendler aus den umliegenden Dörfern. Die *Garnfabrik* war 1859 von dem Haßmersheimer Fr. Heuß gegründet worden und beschäftigte 1858 schon 80–100 Personen, meist Frauen. Eine Erweiterung war geplant. Sie stellte hauptsächlich Baumwollglanzgarne her. Auf der Industrieausstellung zu Villingen 1858 erhielt Heuß eine Silberne Medaille, 1861 in Karlsruhe eine weitere Medaille, 1862 stellte sie in London aus. Der Betrieb mußte trotzdem während der Wirtschaftskrise 1873 schließen.

Die Eröffnung der Bahnlinie führte zwar um 1870 zur Gründung von mehreren Fabrikbetrieben, die allerdings die Krise von 1873 nicht überstehen sollten. An größeren, überörtlich absetzenden Produktionsbetrieben war Mosbach also in den Jahren nach der Reichsgründung ärmer als beim Übergang der Stadt an Baden.

Abgesehen vom Bezirksamt und den anderen Behörden war es im 19. Jh. vor allem das *Handwerk*, das die Stadt über ihre ländliche Umgebung hinaushob. Hier waren Handwerkszweige vertreten, die auf den Dörfern fehlten, und die auch für gehobenere Bedürfnisse arbeiteten. Beispielsweise muß es 1808 hier mehrere Färber gegeben haben, war in Mosbach 1830 der einzige Schirmmacher zwischen Heidelberg und Wertheim ansässig. Jedenfalls waren 1864 auch höhere Ansprüche befriedigende Gewerbe vertreten, zu deren Kundenkreis die Beamten der Mosbacher Behörden mit ihren Familien zählten. Ämter und Märkte zogen auch Landbewohner an, die ihren über das Alltägliche hinausgehenden Bedarf bei den städtischen Gewerbetreibenden deckten. Ein Vergleich der Mosbacher Handwerksbetriebe in den Jahren 1864, 1896 und 1912 (Tab. 2) zeigt, daß sich in diesen 50 Jahren die Zahl der Betriebe wenig, die Branchenzusammensetzung jedoch spürbar verändert hat. 1896 waren gegenüber 1864, abgesehen von Zufälligkeiten, neue Branchen wie z. B. Bauunternehmer, Mechaniker, Wagenbauer, Konditor, Friseur oder Fotograf hinzugekommen, andere wie Messinggießer, Nagelschmied, Weber, Seifensieder, Hafner oder Kammacher verschwanden. 1912 gab es in Mosbach keinen Gerber mehr, die Maurer waren zu Bauunternehmern geworden, Kleidermacherinnen, Modistinnen und Näherinnen, die früher im Nebenberuf gearbeitet hatten, verstanden sich als selbständige Gewerbetreibende.

Die Gemeinde im 19. und 20. Jahrhundert

Tabelle 1: **Das Handwerk in den Dörfern um 1850**

Handwerk	Diedesheim 1852	Neckarelz 1854	Lohrbach 1855	Nüstenbach 1854	Reichenbuch 1854
Maurer	3	6	3	1	1
Zimmerer			3		
Steinhauer		8	1		
Zimmermaler					
Schmiede	2	4	2		1
Nagelschmied			1		
Schlosser		1			
Wagner	1		2	1	1
Schreiner	1	2	4		1
Dreher	1				
Küfer			2		
Schneider	2	2	4	2	2
Schuhmacher	3	6	7	1	3
Sattler	1				
Seiler					
Weber		8	5	2	
Metzger		3	2		
Bäcker		5	2		
Müller			1		
Bierbrauer			1		
Barbier			1		
Glaser	1				
Hafner			2		
Ziegler			2		
Zusammen	15	45	31	7	9

Quellen: Ortsbereisungsakten. Für Lohrbach: Mezler S. 161. Über Sattelbach keine Angaben.

Die Handwerker in den Dörfern arbeiteten, wie sich schon aus der Branchenzusammensetzung ergibt, ausschließlich für den örtlichen Bedarf, die Schmiede und Wagner in Diedesheim auch für den Durchgangsverkehr.

Mosbach war Zunftort auch für die dörflichen Handwerker der Umgebung. 1853 bestanden hier 14 *Zünfte*, die zum Teil eine breite Palette von Branchen umfaßten: Schlosser, Schreiner, Uhrmacher, Nagelschmiede, Kupferschmiede, Glaser, Buchbinder, Dreher waren zu einer Zunft vereinigt, Silberarbeiter, Metall- und Glockengießer, Zirkelschmied, Flaschner, Kübler, Säckler, Kaminfeger, Knopfmacher, Gürtler zu einer weiteren. Je eine Zunft bildeten die Schmiede und Wagner, die Küfer und Bierbrauer, die Bäcker und Müller, die Gerber, Färber, Seifensieder, Sattler und Hutmacher, die Maurer, Streicher, Tüncher, Weißputzer und Bildhauer, die Ziegler und Hafner, die Zimmerleute und Schiffbauer. Ihre eigene Zunft hatten nur die Schneider, Schuhmacher, Leineweber, Metzger und die Kaufleute. Allerdings steht fest, daß nicht alle genannten Handwerke auch tatsächlich vorhanden waren.

An der Elz blühte das Mühlengewerbe. 1869 wurden als Unternehmen, die mit Wasserkraft arbeiten, genannt: in Mosbach 11 Getreide-, Öl- und Gipsmühlen, zum Teil kombiniert, und 1 mechanische Werkstätte mit Loh- und Sägemühle, in Lohrbach 1 Getreidemühle, in Neckarelz 1 Getreide-, Öl- und Gipsmühle und der Schmiede- und Gußeisenhammer (J. M. Reuter), der schon Anfang des 19. Jh. bestand. Alle beschäftig-

Tabelle 2: **Das Handwerk in der Stadt Mosbach 1864, 1896, und 1912**

Branche	1864	1896	1912	Branche	1864	1896	1912
Bau- und Ausbaugewerbe				Kürschner	2		1
Bauunternehmer		1	5	Modistin			4
Brunnenmacher		2		Näherin			4
Kaminfeger			1	Posamentierer		1	1
Lackierer		1		Sattler	3	5	5
Maurer	7	8		Schneider	10	12	6
Ofensetzer		2		Schuhmacher	18	21	10
Pflasterer		1	1	Seiler	3	2	1
Schieferdecker			2	Weber	3		
Steinhauer/Bildhauer	3	0	1	**Nahrungsmittelgewerbe**			
Tüncher	4	9	7	Bäcker	12	10	10
Ziegler	2	1		Bierbrauer	8	5	3
Zimmerer	4	3	3	Branntweinbrenner			3
Metallgewerbe				Konditoren		3	3
Blechner	4	5	5	Metzger	10	8	11
Gold- und Silberarbeiter	2	1		Müller	10	6	5
Installateur (Wasser, Elektrizität)			4	**Gewerbe für Gesundheits- und Körperpflege sowie chemische und Reinigungsgewerbe**			
Kupferschmiede	1	2	1				
Mechaniker		1	2	Barbiere und Friseure		4	4
Messerschmiede		1	1	Dentist und Zahntechniker			3
Messinggießer	1			Färber	3	1	1
Nagelschmiede	2			Seifensieder	2		
Schlosser	7	7	7	**Glas-, Papier-, keramische und sonstige Gewerbe**			
Schmiede	4	3	3	Buchbinder	4	2	3
Uhrmacher	3	4	4	Buchdrucker	1	2	3
Wagenbauer			1	Fotografen		2	2
Holzgewerbe				Glaser	2	3	
Dreher (Holz)	4	2	3	Hafner	3		
Korbmacher		2	2	Kammacher	2		
Kübler		2		Orgelbauer			1
Küfer	9	6	7	Steindrucker	1		
Schirmmacher			2				
Schreiner	7	10	9	Zusammen	171	165	164
Wagner	4	4	3				
Bekleidungs-, Textil- und Ledergewerbe							
Gerber	5	1					
Hutmacher	1		1				
Kleidermacherin			4				

Quellen: Wirth, H.: Die Stadt Mosbach. 1864;
Hartmann, K. O.: Die Lage des Sattler- und Tapezierhandwerks in Mosbach. 1897;
Führer durch die badische Amts- und Kreisstadt Mosbach.

ten aber weniger als 20 Arbeiter. Unter den zahlreichen Mühlenbetrieben nahm die 1825 in Neckarelz in Betrieb genommene Feilenschleifmühle eine Übergangsstellung zur Fabrik ein, da sie 1879 von der Stuttgarter Farbenhandlung Herkommer & Bangerter gekauft und in eine Farbholzmühle umgebaut wurde. Tropische Farbhölzer wurden hier gemahlen, bis Anfang des 20. Jh. die Anilinfarben die Pflanzenfarben verdrängten.

Mit der Einführung der Gewerbefreiheit 1862 wurden die Zünfte aufgelöst. Bis zur Errichtung der Handwerkskammer Mannheim hätte ohne den Zusammenschluß von Handwerkern und anderen Gewerbetreibenden im schon 1862 gegründeten *Gewerbe-*

verein auch dem Mosbacher Handwerk eine Vertretung seiner Interessen gefehlt. Der Gewerbeverein bemühte sich besonders um die gewerbliche Weiterbildung. Er hielt belehrende Versammlungen und Vorträge ab, legte eine Bibliothek an und hielt Fachzeitschriften, die auch besprochen wurden. Unter dem Dach des Landesverbandes der Gewerbevereine hatte er auch Fühlung mit dem Großherzoglichen Ministerium für Handel und Gewerbe. Der Förderung des Handwerks diente auch die *Gewerbeschule*, die in Mosbach schon 1851 gegründet worden war.

Die (gewerbliche) Betriebszählung von 1895 wies auf dem heutigen Stadtgebiet insgesamt 543 Hauptbetriebe mit 1270 Personen aus, darunter 343 Betriebe (63 %) mit 761 Personen (60 %) im Produzierenden Gewerbe (Handwerk und Industrie) und 50 Betriebe (9 %) mit 136 Personen (11 %) im Baugewerbe. Außer Mosbach zeigte sich Neckarelz als gewerblich geprägte Gemeinde, ansatzweise auch Diedesheim und Lohrbach. In Sattelbach, Reichenbuch und Nüstenbach dagegen waren nur wenige hauptberufliche Handwerker ansässig. Die Handwerksbetriebe waren durchweg klein, d. h. sie beschäftigten selten mehr als den Meister und höchstens einen Gesellen. Selbst in Mosbach, Diedesheim und Neckarelz, wo Fabriken bestanden, lag der durchschnittliche Arbeitskräftebesatz nur bei 2–3 Personen je Betrieb.

Tabelle 3: **Das Handwerk in Mosbach 1989**

Berufsgruppen*	Mosbach	Übrige Stadtteile
Bauunternehmen, Straßenbau-, Pflasterer-, Gerüstbaubetriebe	11	2
Steinmetz-, Fliesen/Platten/Estrichleger-, Kaminbau-, Dachdecker-, Asphaltbetriebe	7	5
Maler-, Lackierer-, Gipserbetriebe	6	6
Schlosser, Installateure, Dreher, Büchsenmacher, Schmiede, Messerschmiede	9	9
Kraftfahrzeugbetriebe, Kraftfahrzeugmechaniker und -elektriker, Landmaschinentechniker, Werkzeugmacher	10	12
Elektroinstallateure, Radio- und Fernsehtechniker	11	8
Schreiner, Glaser, Zimmerer, Wagner, Klavierbauer, Bestattungsunternehmer	10	13
Schneider, Schuhmacher, Orthopädiemechaniker	9	5
Sattler, Bodenleger, Raumausstatter	4	1
Seiler		1
Bäcker	10	4
Metzger	6	4
Friseure	13	11
Uhrmacher, Juweliere, Kunstgewerbe, Glasschleiferei	8	2
Optiker	3	
Übriges Handwerk, z. B. Fotografen, Schornsteinfeger, Kosmetiker, chemische Reinigung, Zahntechniker, Buchbinder	14	3

* Gliederung nach Angaben des Referats für Wirtschaftsförderung der Stadt Mosbach

30 Jahre später wies die Volks- und Berufszählung von 1925 im Stadtgebiet nur 144 Handwerksmeister, darunter 99 in Mosbach und je 18 in Diedesheim und in Neckarelz aus. Allerdings nennt die Arbeitsstättenzählung von 1950 im Stadtgebiet wieder 327 Arbeitsstätten mit Schwerpunkt im Handwerk. Sie beschäftigten 1448 Personen. Nach Mosbach mit 181 Handwerksbetrieben und 968 dort Beschäftigten wies Neckarelz die

meisten Handwerksbetriebe, 65 mit 281 Beschäftigten, auf. Gegenüber 1895 waren die Betriebe im Durchschnitt größer geworden. In Mosbach arbeiteten im Mittel 5, in Neckarelz 4 Personen in einem Betrieb. In den übrigen Dörfern lag die mittlere Betriebsgröße noch bei 2 Personen. Die Handwerkszählungen von 1968 und 1977, auf das heutige Stadtgebiet bezogen, zeigen im Vergleich mit 1950 einen kontinuierlichen Rückgang von Betrieben (auf 214 im Jahr 1977), aber zunächst eine Zunahme der Beschäftigten auf 2560 und erst bis 1977 einen Rückgang um 13 % auf 2233. Expandiert hatten das Glas-, Papier-, keramische und sonstige Gewerbe und das Gewerbe für Gesundheit, Reinigung, Chemie. Geschrumpft waren das Nahrungsmittelgewerbe, das Bau- und Ausbaugewerbe und besonders das Bekleidungs-, Textil- und Ledergewerbe. Betriebliche Konzentration zeichnete das Holzgewerbe aus, während im Gegenteil das Metallgewerbe 1977 zwar mehr Betriebe, aber weniger Arbeitskräfte meldete, dabei aber eine Umsatzsteigerung erzielte. Sonst verlief die Umsatzentwicklung – absolut und gemessen am Anteil am Gesamthandwerk – annähernd parallel zur Entwicklung der Betriebs- und Arbeitskräftezahlen: Steigerung im Holzgewerbe, im Gewerbe für Gesundheit, Reinigung, Chemie und im Glas-, Papier-, Keramik und sonstigen Gewerbe, Minderung im Bau- und Ausbaugewerbe, im Bekleidungs-, Textil- und Ledergewerbe sowie im Nahrungsmittelgewerbe. Einen Überblick über die Handwerksbetriebe gibt die nach Angaben des Amtes für Wirtschaftsförderung der Stadt Mosbach zusammengestellte Tab. 3.

Unter den Kfz-Betrieben, die meist mit Autohandlungen verbunden sind, gibt es einige Betriebe mit 30–40 Arbeitskräften. Relativ große Betriebe hat auch das Baugewerbe. Die Firma *Lintz & Hinninger KG,* die wohl älteste Bauunternehmung der Stadt, 1919 gegründet, heute auf dem Gebiet des Straßen-, Wohn- und Industriebaus tätig und Hersteller von bituminösem Mischgut, beschäftigt in Mosbach selbst ca. 75, auf verschiedenen anderen Baustellen etwa 150 Mitarbeiter. Ihr Umsatz lag 1987 bei 17,3 Mio DM. Die 1930 mit 1 Arbeiter gegründete Firma *Rapp Hoch-und Tiefbau GmbH,* beschäftigt heute 80 Personen und erzielte 1987 einen Umsatz von 6,5 Mio DM. Die 1961 mit 12 Beschäftigten gegründete Firma *Kretz Hoch- und Tiefbau GmbH,* setzte 1987 mit 82 Betriebsangehörigen 6 Mio DM um.

Erst die *Industriegründungen* zwischen 1873 und 1880 sollten längeren Bestand bis in unsere Tage haben: 1873 gründete der Mosbacher Friedrich Nerbel eine Kachelofenfabrik. Bald stellte sie auch Kamine, Wandverkleidungen etc. aus Keramik her. 1890 zog der größer werdende Betrieb mit 50 Arbeitern aus der Schloßgasse in ein neues Gebäude an der Diedesheimer Straße um, 1909 vereinigte er sich mit der Nürnberger Kunsttöpferei und Ofenfabrik Hausleiter zu den *Vereinigten Ofenfabriken Nerbel und Hausleiter GmbH* und übernahm damit auch den Geschäftszweig der Kunsttöpferei, in dem sie an die Tradition der alten Mosbacher Fayencefabrik anknüpfen wollte. 1936 nur »Nerbel & Hausleiter GmbH«, firmierte sie 1949 unter dem Namen »Mosbacher Majolika- & Ofenfabrik Nerbel & Co.KG«. Die »Majolika«, die in den besten Jahren ca. 120 Personen beschäftigte, ging 1985 mit 77 Mitarbeitern in Konkurs. Ein Jahr später wurde als Nachfolgerin die Firma *Mosbach-Keramik GmbH & Co.KG* mit 10 Mitarbeitern gegründet. Inzwischen beschäftigt sie mit der Herstellung von Ofenkacheln schon 25 Personen und erzielte 1987 einen Umsatz von 2 Mio DM, davon etwa 5 % aus Exportaufträgen nach Österreich und Italien.

Von den beiden Großbrauereien aus dieser Zeit, Hübner und Häffner, bestand die *Brauerei Hübner* bis vor wenigen Jahren. Sie wurde 1878 gegründet und hatte bald die kleineren Mosbacher Brauereien überflügelt, zum großen Teil sogar aufgekauft. 1908 baute sie eine Mälzerei und stellte später dort außer Malz auch Malzkaffee her. 1928 beschäftigte sie 40–50 Personen. Den wirtschaftlichen Rückschlag durch den 2. Weltkrieg konnte sie, nachdem sie seit 1952 wieder Normalbier braute, aufholen. 1950 gliederte sie einen Getränkeabfüllbetrieb an. 1958 beschäftigte die Brauerei ca. 70, der Abfüllbetrieb 40 Personen. Die Brauerei mußte 1980 schließen und bestand nur noch kurze Zeit als Auslieferungsbetrieb der Schwaben-Bräu AG. Die inzwischen unter den gleichen Inhabern rechtlich getrennte Getränkevertriebs-GmbH & Co. KG arbeitete noch weiter. 1988 kaufte die Stadt das Abfüll-und Mälzereiareal zum Bau eines Kultur- und Bürgerzentrums an, das bis zur Landesgartenschau 1994 fertiggestellt sein soll. Die Fläche von Brauerei, Bürogebäude und Getränke-Vertriebsgesellschaft wurde von der Stadt gemietet. Hier entsteht zur Zeit ein dreistöckiges Parkdeck, möglicherweise später auch ein Hotel.

Auch in Diedesheim baute um 1900 der Bierbrauer Lang seine *Hirschbrauerei* zum Großbetrieb mit 18 Arbeitskräften aus. Dadurch stieg der Tagelohn, was die Landwirte beklagten. Die Hirschbrauerei überstand jedoch das Ende des 1. Weltkriegs nicht lange. Die Mosbacher Familie *Spitzer* hat seit 1888 verschiedene Unternehmen aufgebaut. Sie begann mit dem Vertrieb und Bau von Landmaschinen.

Wirtschaftlichen Aufschwung brachte dem Elzmündungsraum die *Baustoffindustrie*, die auf den Kalk- und Lehmvorkommen basierte und Material für das immer raschere Städtewachstum seit den Gründerjahren lieferte. Nach Mannheim konnte überdies günstig auf dem Neckar transportiert werden. Trotzdem war es mehr die Lage an dem Straßen- und jetzt auch Eisenbahnknotenpunkt, die sich günstig auf die industrielle Entwicklung auswirkte.

Die *Zementfabrik* in Diedesheim wurde von vornherein mit Gleisanschluß gebaut. Sie galt schon 1900, ein Jahr nach ihrer Gründung, als Großindustriebetrieb, da sie gleich 300 Arbeiter beschäftigte. An ihrer Gründung war ein Freiburger Bankhaus beteiligt. In den ersten Jahren ihres Bestehens hatte sie allerdings mit verschiedenen Schwierigkeiten zu kämpfen. Die zunächst gewählte Fabrikationsart, das »Trockenverfahren«, stellte sich als verfehlt heraus, die maschinellen Anlagen mußten geändert werden, auch funktionierten sie am Anfang nicht alle, so daß der Betrieb monatelang eingeschränkt wurde. Danach jedoch entwickelte sich der Geschäftsgang gut. Der Absatz war durch den Anschluß der Gesellschaft an das norddeutsche Zementsyndikat befriedigend. Das Zementwerk war hier das erste Unternehmen, das Einpendler nicht nur aus den unmittelbaren Nachbarorten, sondern aus einem größeren Umkreis an sich zog. Der Pendlereinzugsbereich reichte kurz nach 1900 bis Rittersbach, Dallau, Auerbach (alle heute Gde Elztal) und Unterschefflenz (Gde Schefflenz). Schon 1901 aber wurden Klagen laut, daß durch die Staubablagerungen des Fabrikrauches die landwirtschaftlichen Produkte geschädigt und im Wert gemindert würden. Die Fabrik versicherte jedoch, alle Vorkehrungen unter dem Einsatz des derzeitigen Standes der Wissenschaft getroffen zu haben. 1924 wurde das inzwischen zum Portland-Zementwerk AG Heidelberg gehörende Zementwerk Diedesheim-Neckarelz stillgelegt, obwohl es eines der 3 größten Zementwerke Badens war und 1923 noch 250 Arbeiter beschäftigt hatte. Die Anlagen seien veraltet gewesen, das Abbaumaterial nicht mehr den Ansprüchen genügend, und außerdem stockte der Absatz wegen der französischen Besetzung des Mannheimer Hafens. 1950 wurde der größere Teil des Geländes an die Maschinenfabrik Diedesheim verkauft.

Flexibler erwies sich die kleinere *Kalk- und Zementfabrik*, die aus der 1786 konzessionierten Ziegelhütte in Neckarelz hervorgegangen war. Seit 1855 als Dampfziegelei betrieben, in den 1890er Jahren durch Jakob Liebig auf die Herstellung von Schlackensteinen, Kalk und Zement umgestellt, unter dem neuen Inhaber Karl Lang nach 1905 in einen Neubau beim alten Hammerwerk verlegt, bestand sie auch nach Aufgabe der Produktion bis in die 1980er Jahre als Baustoffgroßhandlung weiter. Die kleine *Zementfabrik Epp* in Neckarelz, die 1884 mit der Arbeit begonnen hatte und seit 1887 einen Steinbruch ausbeutete, beschäftigte um 1890 11 Personen, alle aber aus Diedesheim. Der Betrieb stellte 1926 noch Schlackensteine her.

In der Branche Baustoffindustrie wurden auch in den 1920er Jahren noch Betriebe gegründet. Unter ihnen hat sich die Firma W. u. H. Silbermann von der Betonherstellung auf Maschinenbau umgestellt. Das *Betonwerk Otto Lang* dagegen zählt heute zu den größeren Mosbacher Betrieben. 1924 durch den Baumeister Otto Lang auf dem jetzigen Betriebsgelände der Firma Kaelble-Gmeinder gegründet, wurde der Betrieb 1949 erweitert und an seinen heutigen Standort an der Alten Neckarelzer Straße verlegt. Seit 1960 stellt er auch Betonfertigteile her. 1964 baute die Firma ihr Werk II am Hafen von Neckarelz, 1988 erwarb sie ein vorher schon gemietetes Anwesen im Gewerbegebiet von Neckarelz, um dort vorwiegend Großteile herzustellen. Insgesamt verfügt das Werk jetzt über 28 548 qm Firmengelände. Die Belegschaft hat sich von 10 bei der Gründung auf heute 77 Personen vergrößert. Der Umsatz belief sich 1987 nach einer Steigerung auf 7,5 Mio DM.

Neckarelz entwickelte sich seit dem ausgehenden 19. Jh. auch zu einem Standort bedeutender Eisengießereien und Maschinenfabriken. Eine Hammerschmiede gab es hier schon seit dem 18. Jh. Auch sie gehörte seit 1832 der Eisenhammer-Werksgesellschaft Billigheim, kam aber von 1855 ab an verschiedene andere Besitzer, bis sie 1898 vom Zementwerk Diedesheim-Neckarelz erworben und zu einem kleinen Elektrizitätswerk umgebaut wurde. Nach dem 1. Weltkrieg gingen die Gebäude an die Gde Neckarelz, nach dem 2. Weltkrieg wurde auf dem Gelände eine Wohnsiedlung errichtet. Im Jahre 1890 gründete der Hammerschmiedemeister *Georg Röth* eine Eisengießerei. 1913 wurde zusätzlich der Maschinenbau aufgenommen und Kaltsäge- und Schleifmaschinen hergestellt. Die Firma blieb in Familienbesitz, war allerdings von 1946–1953 an die Siemens-Schuckert AG in Erlangen verpachtet. 1990 beschäftigt sie 200 Arbeitskräfte und stellt Graugußteile her, zu etwa 10 % für den Export nach England, Frankreich, Ägypten und Spanien.

Von 1895 bis 1960 arbeitete die *Eisengießerei Ditté & Söhne* in Neckarelz, dann gingen ihre Gebäude an die Stahlbaufirma Erwin Mehne GmbH & Co. Gleichfalls zur Eisen- und Maschinenindustrie zählt die bedeutendste Industriegründung in Mosbach zu Beginn unseres Jahrhunderts, die Firma *Steinmetz & Gmeinder 1913*. Zwar stellte die Fabrik während des 1. Weltkriegs vorwiegend Granaten her, nach dem Krieg stellte sie sich aber auf den Bau von Motorlokomotiven und Maschinen um. 1921 nahm sie unter dem Namen »Badische Motorlokomotiven AG« die Rechtsform einer Aktiengesellschaft an, 1925 änderte sie den Namen in »Gmeinder & Co GmbH«. Sie baute Dieselmotor-Lokomotiven für Schmal- und Normalspur in unterschiedlichen Größen. Die Firma besteht noch heute unter dem Namen *Kaelble & Gmeinder GmbH*.

Die Tabakindustrie war nach mißglückten Anfängen in den 1870er Jahren in Mosbach und Lohrbach mehr als ein halbes Jahrhundert lang in Mosbach vertreten. Die ursprünglich in Hochhausen (heute Gde Haßmersheim) 1885 gegründete *Zigarrenfabrik Leopold Blum* errichtete 1907 eine Filiale in Lohrbach und verlegte 1910 das Hauptgeschäft nach Mosbach. Die Hochhausener Fabrik blieb erhalten. Um 1928 waren in den 3 Betrieben 120 Arbeiter beschäftigt. Die Firma überstand zwar unbeschadet die Weltwirtschaftskrise, aber nach 1933 verkaufte sie Blums Nachfolger, gleichfalls Jude, an den Pfälzer Tabakfabrikanten Bumiller und wanderte aus. 1956 wurde sie an eine Firma aus Heidenheim/Brenz verpachtet, 1963 mußte sie wie viele andere kleine

Tabakfabriken der Konkurrenz der großen Firmen weichen und den Betrieb einstellen. Kurzlebiger war eine kleine Tabakfabrik in Neckarelz. Sie bestand von 1899 bis zum Ende des 1. Weltkriegs.

Um 1895 wird in Mosbach auch eine Bronzefabrik genannt. Vor dem 1. Weltkrieg arbeitete hier die *Diamantschleiferei Phil. Jacoby*, in den 1920er Jahren betrieb die *Diamantschleiferei J. & S. Ginsberg GmbH* aus Hanau eine Filiale in Mosbach. 1935 firmierte sie als Diamantschleiferei-Genossenschaft eGmbH. In den 1930er Jahren bestanden in Mosbach 2 *Stempelfabriken*. Von ihnen arbeitet die Firma *Haas* heute noch.

1925 erfaßte die Volks- und Berufszählung in Mosbach und Neckarelz je 3 Fabriken ab 20 Arbeitskräften und je eine in Diedesheim und Lohrbach. An Industriearbeitern wurden 482 gezählt, darunter aber auch 234 Auspendler, die jedoch zum größten Teil innerhalb des heutigen Stadtgebietes gearbeitet haben dürften.

Rund 60 Jahre besaß die Eßlinger Firma *Hengstenberg* in Diedesheim einen Zweigbetrieb. 1927 wurde er als Nachfolger eines ähnlichen Betriebs gegründet, der nur kurze Zeit bestanden hatte. Er verarbeitete besonders Gurken aus dem Anbau des Umlandes. Die Hengstenberg-Filiale wurde nach 1980 wieder aufgegeben. 1943 übersiedelte die Binauer Konservenfabrik Voss nach Diedesheim. Auch sie hat in den letzten Jahren den Betrieb eingestellt.

Eine neue Welle von Industrieansiedlungen brachten die Jahre des Wiederaufbaus nach dem 2. Weltkrieg. Allerdings existieren längst nicht mehr alle Betriebe, die damals hier begannen. So wurde z. B. die 1946 von der AEG hier eingerichtete Entwicklungs- und Fabrikationsstelle für Elektronenmikroskope 1953 zu Zeiss nach Oberkochen verlegt. Der heute größte Mosbacher Industriebetrieb gehört dieser Generation an: Die *BAMA-Werke Curt Baumann* kamen 1950/51 aus Dresden, wo sie 1914 gegründet worden waren. Um 1960 arbeiteten hier schon mehr als 400 Personen, 1988 hatte das Mosbacher Werk 577 Arbeitskräfte. Das Firmengelände umfaßt hier mehr als 60 700 qm. Hergestellt wurden zunächst Einlegesohlen u. ä., später auch Schuhe. Heute umfaßt die Produktionspalette Einlegesohlen, Gummistiefel-Sokkets, Fußmittel, Schuhe, Stiefel, Hausschuhe, Schuhspanner, Schnürsenkel, kurz außer Strümpfen alles, was sich mit dem Fuß befaßt. Filialen hat die Firma in Portugal und Frankreich aufgebaut, Vertriebsgesellschaften in Österreich, Belgien, Frankreich und der Schweiz. In seinem Rechnungsjahr 1987/88 setzte das Mosbacher Werk rd. 116 Mio DM um, davon gut 40 % aus Exporten innerhalb Europa, nach Nordamerika, Nordafrika und Asien.

In Diedesheim gründete schon 1947 Dr. G. W. Reinhard mit ursprünglich 30 Beschäftigten die *Maschinenfabrik Diedesheim GmbH*. Sie stellt Sondermaschinen für die spanabhebende Fertigung her. Das Firmengelände in Diedesheim umfaßt 79 000 qm. 1983 wurde die Firma von der Thyssen-Industrie AG übernommen und neu organisiert. Die Beschäftigtenzahl hat sich bis 1990 auf 664 Mitarbeiter vergrößert. 1987 setzte die Firma ca. 93 Mio DM um, 1990 hatte sich der Umsatz auf 95 Mio DM erhöht. Der Exportanteil am Umsatz liegt bei 22 %. Exportiert wird weltweit. Die Gießereitradition in Neckarelz setzt die *Eisengießerei Glückauf GmbH* fort. Sie wurde 1955 von Wilhelm Hofmann, Emil Mellert, Karl Utz, Karl Westrich und der Firma Bernhard Pfeifer & Söhne mit 40 Mitarbeitern gegründet und beschäftigt 1989 mit der Herstellung von Graugußteilen für Werkzeugmaschinen und bei einem Umsatz von ca. 5 Mio DM (1987) 50 Personen.

Ein Gewinn für das Wirtschaftsleben der Stadt war es, als 1964 die 1934 in Düsseldorf gegründete Armaturenfabrik Braukmann, die sich am alten Standort nicht vergrößern konnte, den Betrieb nach Mosbach verlagerte, zumal die Firma 1980 vom Honeywell-Konzern, einem führenden Unternehmen der Meß- und Regeltechnik, übernommen und unter dem Namen *Honeywell Braukmann GmbH* als rechtlich selbständiges Unternehmen weitergeführt wurde. Hauptprodukte sind Armaturen für die Trinkwasserversorgung und für Heizungsanlagen. Die Mosbacher Fertigungsanlagen, in denen 1989 fast 600 Mitarbeiter beschäftigt sind, umfassen 15 500 qm Fläche mit eigener Schwermetall-Gießerei, Kunststoffspritzerei und modernen rechnergestützten Bearbeitungszentren und Montagestraßen. Weltweit werden etwa 40 % der Produktion exportiert. Der Umsatz steigerte sich 1987 auf 78,4 Mio DM.

Die *INAST-Abfallbeseitigungs-GmbH* wurde 1973 hier durch K. Weisshaar, W. Zahradnik, Stefan und Johann Kerle gegründet und besitzt inzwischen Zweigstellen in Eberbach und Walldürn. In Mosbach arbeiten 32, im gesamten Betrieb 46 Personen an der Verwertung und Beseitigung von Müll, Sondermüll, Papier und Schrott. Nach einer Steigerung gegenüber dem Vorjahr machte die Firma 1987 einen Umsatz von 5 Mio DM.

Mit 3 Mitarbeitern übernahm Karl Weisshaar 1979 einen Kleinbetrieb und baute ihn mit durchschnittlichen jährlichen Zuwachsraten von 25 % zur heutigen *KWM Weisshaar GmbH* aus, einem Blechbearbeitungsunternehmen, das sich als Zulieferbetrieb versteht und neben Einzelelementen, kompletten Baugruppen und Gehäusen für die Computerindustrie auch Apparate für die Reinraumtechnik in Krankenhäusern etc. herstellt. 1984 wurde der Fabrikneubau auf dem 15 500 qm großen Firmengelände erstellt. 1990 beschäftigt das Unternehmen 136 Mitarbeiter, der Umsatz lag 1987 bei 14,5 Mio DM. Exportiert wird nur zu einem geringen Teil (3 %) in die Schweiz.

Tabelle 4: **Die mittleren Betriebsgrößen im Verarbeitenden Gewerbe und im Baugewerbe 1961, 1970 und 1987**

Wirtschaftsabteilung	Arbeitsstätten			Mittlere Betriebsgröße		
	1961	1970	1987	1961	1970	1987
Verarbeitendes Gewerbe	219	181	152	22,9	38,0	25,5
darunter						
Chemische Industrie	2	1	1	1,5	4,0	1,0
Kunststoff- und Gummiverarbeitung	2	1	3	2,5	4,0	14,3
Steine/Erden/Feinkeramik	12	10	6	29,2	29,7	17,7
Eisen- und Metallerzeugung	14	14	13	39,4	43,4	43,2
Stahl- und Maschinenbau	27	28	31	67,9	88,3	60,2
Elektrotechnik/Feinmechanik	12	10	22	4,2	70,5	7,7
Holz-, Papier- und Druckereigewerbe	43	36	24	5,6	5,3	7,9
Leder- und Textilgewerbe	63	34	22	19,8	54,1	28,9
Nahrungs- und Genußmittelgewerbe	44	47	30	16,6	16,0	10,1
Baugewerbe	61	62	66	20,4	21,8	14,4
darunter						
Bauhauptgewerbe			28			20,4
Ausbau- und Bauhilfsgewerbe			38			9,9

Die Zählungen der nichtlandwirtschaftlichen Arbeitsstätten, die nicht zwischen handwerklichen und industriellen Betrieben unterscheiden, zeigen für die Jahre zwischen 1961 und 1970 im Bereich des Verarbeitenden Gewerbes einen leichten Rückgang an Betrieben bei einer deutlichen Zunahme von Arbeitsplätzen, d. h. eine Konzentra-

Die Gemeinde im 19. und 20. Jahrhundert   125

tion auf größere Betriebe. Besonders ausgeprägt war dies in der Branche Elektrotechnik/Feinmechanik und im Leder- und Textilgewerbe, während in den Branchen Steine/Erden/Feinkeramik und Holz/Papier/Druck auch die Arbeitsplätze zurückgingen. Anders verlief die spätere Entwicklung: zwischen 1970 und 1987 war sowohl die Zahl der Betriebe (von 181 auf 152) als besonders auch die der Beschäftigten (um 44 % von 6871 auf 3875) rückläufig. Die mittlere Beschäftigtenzahl je Betrieb im Verarbeitenden Gewerbe, die zwischen 1961–1970 von 23 auf 38 angewachsen war, sank danach wieder auf 25,5 ab.

Vom Verlust an Arbeitsplätzen überdurchschnittlich betroffen waren gerade die Branchen, die vorher Arbeitsplätze angegliedert hatten, wie die Elektrotechnik/Feinmechanik und das Leder- und Textilgewerbe, außerdem die Branche Steine/Erden/Feinkeramik, das Nahrungs- und Genußmittelgewerbe und das Bauhauptgewerbe. Nur im Ausbau- und Bauhilfsgewerbe und im Gewerbe für Reinigung und Körperpflege war die Zahl der Beschäftigten angestiegen. Die unvermittelte Zu- und Wiederabnahme der Arbeitsplätze war in der Branche Elektrotechnik/Feinmechanik verursacht durch die 1985 erfolgte Abwanderung der schwedischen Firma *Elektrolux*, die 1977 die Mosbacher Firma Kälte-Sigmund übernommen und hier Kühltruhen hergestellt hatte, sowie durch den Konkurs der Firma *Mikrofonbau*, die von 1963 bis um 1980 in Neckarelz ansässig war, im Textilgewerbe durch die Ansiedlung und Abwanderung der Firma *Hudson*. Im Stahl- und Maschinenbau gingen Arbeitsplätze durch die Schließung des Mosbacher Zweigwerks der Firma Happel verloren.

Eine neuorientierte *Gewerbeförderungspolitik* der Stadt Mosbach, insbesondere der Aufbau des Industrieparks, führt seit 1985 zur An- und Übersiedlung weiterer Betriebe. 1985 wurde im Amt für Stadtentwicklung die Planstelle eines Referenten für Wirtschaftsförderung als des ständigen Ansprechpartners für die Gewerbetreibenden in der Stadt geschaffen, gleichzeitig eine Arbeitsgruppe Wirtschaftsförderung unter Vorsitz des Oberbürgermeisters gebildet. Im Frühjahr 1990 wurde die Arbeitsgruppe aufgelöst. Das Referat Wirtschaftsförderung ist seither mit dem Persönlichen Referenten des Oberbürgermeisters als Stabsstelle unmittelbar dem Oberbürgermeister unterstellt. Auslösendes Moment für die gesteigerte Aktivität der Stadt war die Schließung der Firma *Happel (heute GEA-Gruppe), Herne/Westfalen*, die in den 1970er Jahren das in Schwierigkeiten geratene Zweigwerk des Schweizer Konzerns LUWA (Klimaanlagenbau) in Mosbach aufgekauft hatte und Hauswärmepumpen in Großserien produzieren wollte, jedoch scheiterte und von 1983–1985 vergeblich einen industriellen Käufer für ihr 3,5 ha großes Areal und die Hallen an der Industriestraße suchte. Einem Verkauf der Anlagen an einen Verbrauchermarkt stimmte der Gemeinderat der Stadt Mosbach nicht zu. Stattdessen erwog die Stadt, diese Industriebrache selbst zu erwerben und mit Hilfe von Landesmitteln aus dem Programm »Einfache Stadterneuerung« zu modernisieren, um sie an Betriebe weiterzuverkaufen. Allerdings zeigte sich bald, daß auf diese Weise das vorrangige Ziel der Stadt, neue und qualifizierte Arbeitsplätze anzusiedeln, nicht erreicht worden wäre. Daher entwickelte die Stadt ein neues Konzept, das zwar auch den Erwerb und einen Umbau der Happel-Anlagen vorsah, jedoch mit dem Zweck, sie an kleinere und mittlere Firmen zu vermieten, um diesen einen hohen Kapitalaufwand zu ersparen. Damit mußte auch die finanzielle Mithilfe des Landes auf Mittel aus dem Landessanierungsprogramm umgestellt werden, das die Nutzung des Geländes und der Anlagen als Industriepark zuläßt. Die Gesamtmaßnahme umfaßte außer dem Kauf der Industriebrache Happel (und dem unmittelbaren Weiterverkauf von 1 ha Fläche) ihren Umbau zum sog. *Industriepark Mosbach* und die Sanierung des Industriegebietes »Industriestraße« nach dem Städtebauförderungsgesetz, weiterhin die Beratung ansiedlungswilliger und die Betreuung bereits ansässiger Firmen. Die der Stadt erwachsenen Kosten für Ankauf und Modernisierung des Industrieparks belaufen sich nach der Fertigstellung auf 13 403 415 DM, darunter allein 8 998 672 DM für Erschließung und Modernisierung. Nach dem Stand vom 1.7.1990 sind Hallenflächen an 12 Firmen mit zusammen 124 Beschäftigten vermietet. Die Beschäftigtenzahl wird sich aller Voraussicht nach noch erhöhen. Nur 2 Firmen benutzen die Hallenflächen als Lager. Die übrigen Betriebe gehören zu den Branchen EDV-Anlagen, Werkzeugbau, Heizungsbau, Elektrochemische Metallveredlung. Ein Flächenteil wird von der ehemaligen Eigentümerin, der GEA/Happel noch zur CKW-Schadensbeseitigung benutzt, in Halle E hat das Transferzentrum Neckar-Odenwald noch seinen Standort.

Die erste Existenzgründung im neuen Industriepark war im Juni 1986 die der Firma *ETM Elastomer-Technik Mosbach GmbH + Co.* durch Hans Hlatky und Erich Neumann, die den Standort Mosbach für ihr Unternehmen aufgrund der guten Zusammenarbeit mit der Stadt und der günstigen Bedingungen im Industriepark wählten. Sie nahmen die Produktion von Gummiprofildichtungen für den Fenster- und Fassadenbau mit zunächst nur 2 Arbeitskräften auf. Inzwischen ist (1990) die Firma, die in der Flexibilität des kleineren Betriebes ihre Chance sieht, die größte im Industriepark. Sie erreichte schon 1987 einen Umsatz von 4,1 Mio DM, etwa 20 % aus Exportaufträgen in das benachbarte Ausland. Unter den Mietern im Industriepark ist sie mit 30–35 Arbeitskräften die personalstärkste Firma.

Vorerst einziger Betrieb, der sich im Industriepark angekauft hat, ist die Firma *SKS Sebastian Karle GmbH & Co. KG* aus Sulzbach (Gde Billigheim). Der 1960 mit 2 Mitarbeitern gegründete Betrieb der Lackierindustrie (Vorbehandlung und Lackierung von Groß- und Kleinteilen, Kfz-Instandsetzung und -lackierung) zog 1987 hierher um. Das Personal wurde inzwischen auf 66 Mitarbeiter und der Umsatz auf 3,3 Mio DM erhöht.

Handel und Dienstleistungen. – Mosbach war *Marktort* für den Amtsbezirk und hatte neben Mudau die bedeutendsten Viehmärkte im bad. Odenwald. Der leiningischen Standesherrschaft brachten sie Einnahmen durch Zoll, Pflaster-, Chaussee- und Wegegeld, von jüd. Händlern auch Leibzoll. Ein Gesuch von Mosbacher Bürgern, wenigstens diejenigen Verkäufer, die ihr Vieh nicht absetzen konnten, von den Abgaben zu befreien, lehnte die Standesherrschaft 1803 ab. 1810/12 wurden der Stadt jährlich 6 Viehmärkte zugestanden, 1811 ein Tuch- und Gespinselmarkt eingerichtet, 1825 ein Wollmarkt genehmigt. 1833 fanden in Mosbach 6 Viehmärkte, 2 Garnmärkte und 1 Leinwandmarkt statt. Die Garn- und Leinwandmärkte waren für die Bauern der Umgebung wichtig, die sich im Winter mit Leineweberei beschäftigten. Mit der Weberei verschwanden dann auch die Garnmärkte. An ihre Stelle traten jährlich 5 Krämermärkte, auf denen Waren aller Art umgesetzt wurden. Seit 1853 verkaufte man auf dem seit langem jede Woche in der Fruchthalle stattfindenden Fruchtmarkt das Getreide nach Gewicht, nicht mehr nach Hohlmaß. Die Märkte wurden stark besucht und genügten für den Bedarf der Gegend. Um 1860 waren zu den bisherigen Märkten noch 2 Wochenmärkte hinzugekommen. 1868 erhob die Stadt Marktgelder auf 5 Krämermärkten, 6 Viehmärkten, 52 Fruchtmärkten und den Wochenmärkten. Das Recht auf die Hälfte des Marktstandsgelds bei den Krämermärkten hatte die fürstl. leiningische Standesherrschaft 1841 für 350 fl an die Stadt verkauft. 1906 wurden auf Antrag der Stadt die Krämermärkte auf 2 beschränkt, da der Besuch sehr nachgelassen hatte. Seit den 1880er Jahren und noch um 1910 wurde monatlich zweimal Schweinemarkt gehalten, im Herbst fand der Zucht- und Milchviehmarkt statt. Zu Anfang des 19.Jh.

Die Gemeinde im 19. und 20. Jahrhundert 127

hatte auch Neckarelz 2 Jahrmärkte. Das Marktstandsgeld wurde von der fürstl. leiningischen Domänenkanzlei beansprucht. Der Kirchweihmarkt wird heute noch abgehalten. Seit 1986 gehört er zum Programm des »Mosbacher Sommers«. In Neckarelz werden außerdem jährlich der Pfingstmarkt und der Weihnachtsmarkt aufgebaut. In Mosbach findet am 2. Wochenende im Mai das Frühlingsfest mit Markt, am 3. Wochenende im September der Turnermarkt und im Advent der Weihnachtsmarkt statt. Jeden Mittwoch und Samstag können die Mosbacher Hausfrauen auf Wochenmärkten einkaufen.

Selbstverständlich war Mosbach auch im 19. Jh. Einkaufsort für die Dorfbewohner der Umgebung. Daher und aufgrund des gehobeneren Bedarfs eines Teils der Stadtbevölkerung zählte man in der Stadt 1853 schon 30 *Ladengeschäfte*, wohl einschließlich der Läden der Handwerker. Für 1862 nennt Wirth »14 Kaufleute mit offenen Läden«, während in den Dörfern um die gleiche Zeit nur 1 bis 2 (in Lohrbach 3) Krämerläden zur Verfügung standen. Die Betriebszählung von 1895 weist für Mosbach im Bereich Handel, Versicherung, Verkehr 78 Betriebe mit 161 Personen nach, gut ⅔ der Betriebe im gesamten heutigen Stadtgebiet, aber durchweg klein. Neckarelz hatte damals 14 Betriebe mit 26 Personen in diesem Wirtschaftsbereich, die anderen Dörfer noch weniger.

Um die Jahrhundertwende stiegen mit zunehmender Wirtschaftskraft auch die Ansprüche, und der Handel stellte sich darauf ein, blieb aber nach wie vor auch auf die Bedürfnisse des landwirtschaftlichen Umlandes ausgerichtet. 1912 nennt ein Führer durch Mosbach außer einem »Warenhaus« 53 Kaufleute und Händler, und zwar mit folgenden Produkten: Gemischte Waren (1), Kolonialwaren (11), Gemüse (2), Milch (3), Käse (1), Drogen (1), Weine (3), Zigarren (1), Kohlen (4), Eisenwaren (2), Manufakturwaren (5), Schreibwaren (3), Woll- und Kurzwaren (2), Leder (1), Landwirtschaftliche Geräte (1), Getreide (4), Pferde (1), Rindvieh (6), Schweine (1). 1925 wurden bei der Volks- und Berufszählung schon 92 selbständige Kaufleute in Mosbach erfaßt, 8 in Diedesheim, 4 in Neckarelz und 3 in Lohrbach. Bei der ersten Handelszählung nach dem 2. Weltkrieg, 1967, bestanden im heutigen Stadtgebiet 53 Großhandelsbetriebe mit 677 Beschäftigten, 201 Einzelhandelsbetriebe mit 1110 Beschäftigten und 45 Betriebe der Handelsvermittlung mit 72 Beschäftigten. Demgegenüber zeigt die Arbeitsstättenzählung von 1987 einen leichten Konzentrationsprozeß an, da die Zahl der Handelsbetriebe etwas zurückgegangen ist, die der Beschäftigten jedoch zugenommen hat. Im einzelnen wurden 1987 erfaßt: 51 Großhandelsbetriebe mit 690 Beschäftigten, 230 Einzelhandelsbetriebe mit 1467 Beschäftigten und 42 Betriebe der Handelsvermittlung mit 82 Beschäftigten. Mehr als die Hälfte der im Handel Arbeitenden (56 %) sind Frauen.

Für den *Einzelhandel* der Kernstadt hat die Einrichtung der Fußgängerzone und die bauliche Renovierung der Altstadt zweifellos eine Steigerung der Attraktivität Mosbachs als Einkaufsort, auch gegenüber Eberbach, bewirkt. Auch wenn, wie bei der Größenordnung der Stadt nicht anders zu erwarten, ein vollgültiges Kaufhaus fehlt, sind sowohl kaufhausähnliche Läden mit vielfältigem Warenangebot als auch hochspezialisierte Geschäfte vorhanden, die in ihrem Sortiment großstädtische Maßstäbe einhalten. Auch für eine Reihe von Ladenketten im Bereich Lebensmittel und Textilien wurde Mosbach bereits interessanter Standort.

Für 1989 hat die Stadtverwaltung die Einzelhandelsbetriebe im Stadtgebiet aufgelistet (Tab. 5). Eine Verknüpfung von Handel und Handwerk besteht selbstverständlich auch hier.

Unter den *Großhandlungen* nimmt die Firma *W. Kapferer GmbH & Co. KG*, zumindest nach der Beschäftigtenzahl, wohl den ersten Platz ein. Sie begann 1884 als Drogerie und wurde später zur Arzneimittelgroßhandlung ausgebaut und 1953 durch

Tabelle 5: **Der Einzelhandel im Stadtgebiet Mosbach 1989**

Branche	Läden
Lebensmittel	29
Getränke	13
Tabakwaren	1
Drogerie, Parfümerie	5
Uhren, Schmuck	3
Optik	2
Bekleidung	38
Schuh- und Lederwaren	10
Sportartikel	5
Haushaltwaren	5
Möbel, Teppiche, Tapeten, Fußböden	13
Elektrogeräte, Radio, TV, Schallplatten, EDV	30
Bürotechnik	5
Buchhandel, Reisebüro	6
Kunstgewerbe, Geschenkartikel	13
Werkzeug, Kfz-Zubehör	15
Fahrräder, Mofa	2
Brennstoffe	5
Heizung, Sanitärbedarf	1
Blumen	10
Zooartikel, Tiere	3

Quelle: Amt für Wirtschaftsförderung der Stadt Mosbach

Kein Reformhaus erweitert. 1990 beschäftigt die Firma 280 Personen, hat eine Filiale in Friedrichsthal (Saarland) und setzt mit dem Verkauf von Arzneimitteln und sonstigen Apothekenwaren bei steigender Tendenz (1987) in Mosbach 240 Mio DM, insgesamt 320 Mio DM um.

Im *Transportgewerbe* (Spedition, Lagerei, Verkehrsvermittlung) wurden 1987 7 Arbeitsstätten mit 94 Beschäftigten gezählt. Größtes Unternehmen der Branche ist die *Spedition Spitzer GmbH & Co.*, die sich aus der 1903 gegründeten Eisenhandlung der Gebrüder Spitzer, die nur als Nebengeschäftszweig auch Transporte übernahm, entwickelt hat. Sie übernimmt Güterladungs- und Sammelverkehr, Lagerung, Möbelspedition und die Auslieferung neuer Handelsmöbel, fährt regelmäßig die Schweiz an und dehnt ihren Zielbereich derzeit nach Frankreich und in die Niederlande aus. Filialen bestehen in Eberbach, Sinsheim/Elsenz und in Hamburg-Reinbek. Das Unternehmen beschäftigt jetzt 70 Personen und verbuchte 1987 einen Umsatz von 7,5 Mio DM.

Im *Kreditgewerbe* waren nach derselben Zählung 29 Arbeitsstätten mit 323 Beschäftigten in Mosbach ansässig. Dazu kamen 45 Arbeitsstätten (77 Besch.) in Tätigkeiten, die mit dem Kredit- und Versicherungsgewerbe verbunden sind. Ausschließlich im Versicherungsgewerbe tätige Arbeitsstätten gab es 1987 im Stadtgebiet nicht. Ursprüngliche Mosbacher Kreditinstitute sind die *Sparkasse Mosbach* und die *Volksbank Mosbach e.G.* Die Sparkasse wurde 1866 gegründet und stand bald auch den umliegenden Gemeinden zur Verfügung. Seit etwa 1960 hat sie an 34 Orten im Altkreis Mosbach Zweigstellen eingerichtet. Im heutigen Stadtgebiet bestehen die Stellen in der Hauptstraße (seit 1960), Masseldorn (1969), Pfalzgraf-Otto-Straße (1972), Waldstadt (1965), in Neckarelz (seit 1935), Lohrbach (1965), Reichenbuch (1976) und Sattelbach

Die Gemeinde im 19. und 20. Jahrhundert 129

(1979). Die Volksbank Mosbach e.G. wurde 1869 als Vereinsbank gegründet und hatte 1924 schon 3500 Mitglieder. Neben ihrer Hauptstelle in der Mosbacher Hauptstraße besitzt sie Zweigstellen im Bergfeld, am Buchenweg, am Hammerweg, in Diedesheim, Lohrbach, Neckarelz, Reichenbuch, Sattelbach und in der Waldstadt, außerdem in 20 Orten des ehemaligen Kreises Mosbach. Von überregionalen Kreditinstituten haben in Mosbach Zweigstellen die *Deutsche Bank*, die *Landeszentralbank*, die *Badische Beamtenbank*, die *Baden-Württembergische Bank* und die *Dresdner Bank*.

Die örtlichen Viehzuchtgenossenschaften und die landwirtschaftlichen Konsumvereine, die Ende des 19.Jh. entstanden, waren meist kurzlebige Zusammenschlüsse. Viele lösten sich nach Erlaß der Genossenschaftsgesetze um 1890 auf. Nach der Volksbank älteste der heute bestehenden größeren *Genossenschaften* ist die 1911 im Interesse der Landwirte gegründete Raiffeisen-Zentralgenossenschaft eG mit dem Lagerhaus in Mosbach. Die Mosbacher Bauern organisierten sich 1925 in der Bezugs- und Absatzgenossenschaft des Bauernvereins Mosbach e.G.m.b.H., 1936 schlossen sich die Bergfeldbauern an. Im Juni 1936 gründeten sie zusammen die Landwirtschaftliche Ein- und Verkaufsgenossenschaft e.G.m.b.H., die auch die gemeinsame Milchverwertung und die gemeinsame Benutzung genossenschaftlicher Einrichtungen, Maschinen und Geräte betreuen sollte. Die Ein- und Verkaufsgenossenschaft Mosbach verschmolz 1972 mit der Raiffeisenbank eG Elztal.

Große Bedeutung sollten die Baugenossenschaften erlangen. Schon 1911 wurde die Gemeinnützige Baugenossenschaft EG gegründet, vor allem, um Wohnungen für Eisenbahnbedienstete zu schaffen. Vor 1914 und in den 1920er Jahren baute sie einige Häuser, dann nach einer Zwangspause wieder nach 1936 und ab 1949. Im Jahr 1953 besaß sie 17 Häuser mit 67 Wohnungen. Angesichts der großen Wohnungsnot nach dem 2. Weltkrieg gründete 1947 auf Anregung des kath. Männerwerks der Erzdiözese Freiburg der Mosbacher Dekan Josef Krämer die Gemeinnützige Baugenossenschaft eGmbH für den Landkreis Mosbach »Neue Heimat«, heute »Familienheim Mosbach«. Im Herbst 1949 konnte sie bereits 88 Siedlungshäuser auf der Marienhöhe in Mosbach einweihen. Ende 1989 hatte sie insgesamt 3872 Wohnungen im Gebiet des ehemaligen Lkr. Mosbach gebaut. Zu diesem Zeitpunkt gehörten ihr 2601 Mitglieder mit 4873 Geschäftsanteilen an.

Im gesamten *Dienstleistungsbereich,* soweit von Unternehmen und Freien Berufen erbracht, sind für 1987 375 Arbeitsstätten mit 1746 Beschäftigten nachgewiesen. Die meisten Unternehmen gehörten zur Rechts- und Steuerberatung (105 mit 554 Besch.), zum Gastgewerbe (91 mit 363 Besch.) und zum Gesundheits- und Veterinärwesen (73 mit 364 Besch.). Die Stadtverwaltung nennt für 1989 105 Versicherungsagenturen, Handelsvertreter, Makler u.ä., 14 Steuerberater, 9 Architekten, 9 Statiker und Ingenieure und 31 Rechtsanwälte.

Das *Gastgewerbe* spielte in Mosbach im 19.Jh. eine vergleichsweise, d.h. auf die Einwohnerzahl bezogen, größere Rolle als heute und sprach auch für die zentralörtliche Bedeutung der Stadt. 1832 zählte man in der Stadt 27 Wirtschaften, darunter 10 mit Schildgerechtigkeit. Auf 16 Bürger (nicht Einwohner!) kam damals 1 Wirtschaft. Die meisten Schildwirtshäuser waren alt. Auf »unvordenkliche Zeiten« gingen (1834) zurück: »Lamm«, »Krone«, »Hirsch«, »Löwen«, »Schwanen«, »Engel«, »Schwert«. Der »Ochsen« wurde 1797 konzessioniert, stand jedoch wie auch der »Löwe« 1834 schon viele Jahre still. Die Konzession für das »Lamm« datiert von 1798. Bad. Konzessionen von 1808 trugen der »Badische Hof« und der »Prinz Carl«, 1820 wurde der »Leiningische Hof, 1828 das »Leopoldsbad« (Reinigungsbad und Gastwirtschaft im ehemaligen Salinengebäude) und 1829 der »Zähringer Hof« konzessioniert. Der »Leiningische Hof« und der »Zähringer Hof« waren, obgleich Schildwirtschaften, nur mit persönlichem Recht ausgestattet, bei dem »Leopoldsbad« war die Art der Berechtigung fraglich und wurde erst 1835 als nur persönlich beschieden, die übrigen besaßen auf dem Haus ruhendes Realrecht. 2 Straußwirtschaften mit der Befugnis, Speisen zu reichen, und 9 auf den stillen Weinschank beschränkte Straußwirtschaften bestanden 1834 zu persönlichem Recht auf Lebenszeit des Besitzers, außerdem 13 Bier- und Branntweinwirtschaften, gleichfalls nur zu persönlichem Recht und fast alle im Besitz von Bierbrauern. Seit 1820 müssen großzügig Konzessionen erteilt worden sein, denn damals wurden insgesamt nur 15 Bier- und Straußwirtschaften aufgezählt. Allein 1824 erteilte das Direktorium des Neckarkreises die Konzessionen für 7 bereits bestehende »stille Weinwirtschaften«, 3 Wein- und Bierwirtschaften, 1 Wein- und Speisewirtschaft und 1 Wein-, Bier- und Speisewirtschaft, allerdings nur für die jeweilige Person des Besitzers. Nach Ansicht des Gemeinderats war 1835 die Ausstattung mit Gastwirtschaften für die Stadt, die an der Landstraße von Heidelberg nach Würzburg liegt, 5 Jahr- und 6 Viehmärkte besitzt, Sitz des Amtes sowie anderer Behörden und »Mittelpunkt einer bedeutenden Umgebung« ist, notwendig, aber auch ausreichend. Zumal die Wirte selbst waren der Meinung, daß es bei der Einwohnerzahl von etwa 2700 Seelen und bereits etlichen 30 Wirtschaften der Errichtung neuerer Wirtschaften durchaus nicht bedürfe. Trotzdem wurden auch in den folgenden Jahren neue persönliche Konzessionen erteilt oder übertragen.

1845 wurden von den 13 berechtigten Gastwirtschaften mit Schild 11, von den 11 Schank- und Speisewirtschaften 7 und alle 11 Bier- und Branntweinwirtschaften betrieben. Der Gemeinderat beantragte jetzt aber – gegen das Votum der meisten Wirte – nach und nach die Neubewilligung der ruhenden Restaurationsrechte, und zwar mit Erfolg. Die Zahl der tatsächlich betriebenen Gaststätten schwankte allerdings je nach persönlicher und wirtschaftlicher Lage. 1855 fehlten unter den Gastwirtschaften der »Löwen« und der »Ochsen«, die ja schon lange nicht mehr bewirtschaftet waren, aber auch das »Leopoldsbad«. Der »Leiningische Hof« nannte sich jetzt »Deutscher Hof«. Von den aufgeführten 10 Gastwirtschaften wurden nur 9 bewirtschaftet. Außerdem bestanden 10 Restaurationen und nur noch 5 Bier- und Branntweinwirtschaften. 1879 durften 6 von 8 Restaurationen und 2 von 6 Bierwirtschaften zu persönlichem Recht auch Branntwein ausschenken. Das inzwischen erlangte Realrecht des »Leopoldsbads« war von seinem Inhaber auf das Gasthaus »Adler« übertragen worden. Auch das Realrecht des »Schwanen« war 1856 auf ein anderes Haus, jetzt in der Schloßgasse, übergewechselt. Der »Alte Schwanen« in der Schwanengasse ist 1961 abgebrannt.

Seit etwa 1880, als Handel und Wandel in der Stadt sich deutlich belebten, mehrten sich auch die Neuzulassungen von Gaststätten. Allmählich erhielten auch die bisher namenlosen Bier- und Branntweinwirtschaften Namen. 1896 wurde der »Kühle Grund« eingerichtet, 1898 tauchte die »Germania« auf, 1901 die »Altdeutsche Bierstube«, 1901 in Zusammenhang mit der Brauerei Schumacher der »Felsenkeller« (der aber 1908 verlegt wurde), 1904 nannte Richard Ebert die 1903 gekaufte Schankwirtschaft Bürk »Ebertsburg«. Noch vor dem 1. Weltkrieg finden sich der »Ratskeller«, das »Rebstöckle« und das »Cäcilienbad«. Ungefähr um diese Zeit veränderte sich die Gaststättenstruktur in Mosbach aber auch, weil die Brauerei Hübner, jetzt Aktienbrauerei, die meisten kleinen Brauereien in der Stadt aufkaufte und damit auch deren Schankstätten in Besitz nahm und sie an »Zäpfler« weiterverpachtete. Die meisten der genannten Gastwirtschaften bestanden auch noch in den 1930er Jahren. 1936 führt das Mosbacher Adreßbuch 5 Hotels und 16 Gasthöfe und Gastwirtschaften in der Stadt auf, 2 in Nüstenbach (»Stadt Mosbach« und »Ochsen«) und 1 Gaststätte im Bergfeld.

Neue Namen sind das »Bahnhofhotel« (seit 1921), das Hotel »Traube« und die Gaststätten »Odenwald«, »Radschuh« und »Amtsstüble«. Verschwunden waren die »Ebertsburg«, der »Kühle Grund« und von den älteren Schildwirtschaften der »Deutsche Hof« und der »Zähringer Hof«. Den 2. Weltkrieg überstanden die Hotels »Badischer Hof«, »Krone«, »Prinz Carl« und das Bahnhofhotel. Unter den 18 Gastwirtschaften, Kaffeehäusern und Konditoreien, die das Adressbuch von 1949 aufzählt, ist die »Pfalzgrafenstube« neu und der »Deutsche Hof« wieder genannt. Der »Prinz Carl« wurde jedoch 1962 abgerissen, und die »Krone« gab 1975 die Bewirtschaftung auf.

Während in Nüstenbach («Ochsen), Reichenbuch (»Krone« und »Hirsch«) und Sattelbach (»Hirsch« und »Löwen«) nur 1 oder 2 Gastwirtschaften notwendig waren und auch in Lohrbach die zahlreicheren Gasthäuser (u. a. »Lamm«, »Schwarzer Adler«, »Löwen«) nur von der eigenen Dorfbevölkerung aufgesucht wurden, blühte in Neckarelz und Diedesheim das Gastgewerbe infolge des regen Durchgangsverkehrs. 1854 hatte allein Neckarelz 9 Wirtschaften, darunter »Anker«, »Schiff«, »Schwanen«, »Löwen« und »Hirsch«, die auch im 18. Jh. belegt waren, die Bier- und Branntweinschankwirtschaft Endlich, aus der später die »Linde« hervorging, und einige Straußwirtschaften. Um 1900 bis 1940 bestand die »Alpenrose«. 1949 werden noch »Schwan«, »Löwen«, »Hirsch« und »Linde« genannt. Hinzugekommen waren noch im 19. Jh. der »Engel« und der »Badische Hof«, der zeitweilig auch »Deutscher Kaiser« hieß, im Jahr 1900 die »Klingenburg« (1950–1972 Blindenwohn- und -erholungsheim), später die Häuser »Bahnhofwirtschaft«, »Neue Welt«, 1948 das Café Münch, 1952 die »Rose«, 1956 das »Park-Café-Restaurant«, nach 1960 das Hotel-Restaurant »Tannenhof«.

Für Diedesheim werden 1856 »Hirsch«, »Krone«, »Schiff« als ältere Schildwirtschaften sowie die Bierwirtschaft Eckert, aus der wohl die Gaststätte »Neckartal« hervorgegangen ist, genannt. 1898 kamen hinzu die »Eisenbahn« und die Gaststätte »Zementwerk« (seit 1956 Pension Oeß). Bis auf den »Hirsch«, der aber 1936 noch in Betrieb war, bestanden sie 1949 noch alle. In Lohrbach waren 1949 der »Goldene Stern«, die »Schöne Aussicht«, die »Jägerlust«, der »Adler« und das »Waldhorn« bewirtschaftet.

Inzwischen hat sich wieder vieles verändert. Von den altbekannten Gastwirtschaften sind einige nicht mehr vorhanden, dafür ist das Angebot durch neuartige Typen von Gaststätten vielfältiger. In erster Linie sind die ausländischen, insbesondere italienischen Gaststätten zu nennen, dann die Diskotheken, Sportgaststätten, Imbißhallen und Schnellrestaurants. Von den bisher genannten älteren Häusern sind noch bewirtschaftet: in Mosbach »Adler«, »Amtsstüble«, »Braustüble Deutscher Hof«, »Felsenkeller«, »Goldener Hirsch«, »Lamm«, »Odenwald-Bierbrunnen«, »Ratskeller« als italienisches Restaurant, »Rebstöckle« und »Schwanen«; in Nüstenbach »Ochsen« und »Stadt Mosbach«; in Diedesheim »Eisenbahn«, »Krone« und »Neckartal«; in Neckarelz »Hirsch«, »Engel« und die ehemalige »Linde«, jetzt »Hotel Lindenhof«; in Lohrbach »Goldener Stern«, »Jägerlust« und »Schöne Aussicht«; in Reichenbuch nach wie vor »Hirsch«, jetzt als ungarisches Restaurant, und »Krone«; auch in Sattelbach wie vor mehr als 100 Jahren »Hirsch« und »Löwen«.

1987 zählte das Gastgewerbe in der Stadt insgesamt 91 Arbeitsstätten mit 363 Beschäftigten. Für 1989 nennt die Stadtverwaltung Mosbach die Zahl von 63 Gaststätten, Cafés und Imbißstätten und 13 Hotels und Gasthäuser mit Übernachtungsmöglichkeit.

Mosbach ist dank seines Stadtbildes und seiner landschaftlichen Lage durchaus Anziehungspunkt für *Fremdenverkehr*, wenn auch keine ausgesprochene Fremdenverkehrsstadt. Einige Beherbergungsbetriebe in der Kernstadt und den Stadtteilen sind der Zimmerzentrale Odenwald angeschlossen. Im Kalenderjahr 1987 wurden 18958

Ankünfte von Gästen, darunter 1543 Ausländer, und 43364 Übernachtungen, darunter 5290 von Ausländern, gezählt. Das ergibt eine durchschnittliche Aufenthaltsdauer von 2,3 Tagen und eine durchschnittliche Bettenauslastung von 26,6 %. Beträchtlichen Anteil an den Übernachtungen hat mit 6840 die Jugendherberge. Statistisch nicht zu erfassen ist der Tagesausflugsverkehr sowohl mit Privatfahrzeugen als auch mit Omnibussen, der keine geringe Rolle spielt, wirtschaftlich für die Stadt jedoch nur wenig Nutzen bringt. Als Kurort vermochte sich Mosbach trotz der Salzquellen, deren Wasser Koch-, Bitter- und Glaubersalz, Natrium- und Kaliumsulfat enthält, nicht durchzusetzen. Ein Versuch der Nutzbarmachung war u.a. im 19.Jh. die Eröffnung des »Leopoldsbades« mit Bewirtschaftung. Noch 1912 warb ein Führer durch Mosbach für die privaten und öffentlichen Badeanstalten und mit der kostenlosen Abgabe des Quellwassers an Einheimische und Fremde.

Verkehr. – Mosbach mit Diedesheim und Neckarelz nimmt im Kreisgebiet die beste Verkehrslage sowohl im Straßenverkehr als auch im Eisenbahnnetz ein. Im *Straßenverkehr* fehlt der Stadt zwar ein unmittelbarer Autobahnanschluß, aber über die heute gut ausgebaute Bundesstraße 292 ist sowohl die BAB 6 über die Anschlußstelle Sinsheim als auch die BAB 81 über die Anschlußstellen Möckmühl und Osterburken zu erreichen. Die B 292 verbindet Mosbach nach S mit dem Kraichgau und der Rheinebene und nach NO über Lauda-Königshofen mit Würzburg. Nach Würzburg führt über Tauberbischofsheim auch die Elztalstraße B 27. Eine der wichtigsten Straßenbaumaßnahmen im 19.Jh. war 1845/49 die Umgehung der Mosbacher Steige und die Verlegung dieser Poststraße von Mosbach aus in das Elztal. Die B 27 biegt in Neckarelz neckaraufwärts nach Heilbronn ab. Sie geht auf die 1827 von Jagstfeld nach Neckarelz gebaute Poststraße zurück. Ihre Fortsetzung neckarabwärts über Eberbach nach Heidelberg ist die landschaftlich reizvolle B 37, deren Vorläufer, die Straße von Eberbach nach Neckarelz, ursprünglich über Reichenbuch ging und erst 1861/62 zwischen Neckargerach und Binau an den Neckar verlegt wurde und seit 1864 auch dem Postverkehr diente. In den letzten Jahren wurden die Bundesstraßen im Neckartal ausgebaut, teilweise auf neue Trassen verlegt und das Mosbacher Kreuz, die Verkehrsdrehscheibe zwischen Neckarelz und Diedesheim, die sie miteinander und über die neuerbaute Neckarbrücke nach Obrigheim – die alte Brücke wurde vor dem Einmarsch der Alliierten im Frühjahr 1945 gesprengt – auch mit der B 292 verknüpft, völlig neugestaltet. Damit ist eine erhebliche Verbesserung der Verkehrssituation im Elzmündungsraum erreicht.

Bis in das beginnende 19.Jh. hinein war der Verkehr über den Neckar zwischen Neckarelz-Diedesheim und Obrigheim durch Fähren und im Krieg durch temporäre Schiffbrücken bewältigt worden. Den Bau einer ständigen Schiffbrücke beantragte die Gemeinde 1803 bei Leiningen und 1809 bei Baden. Genehmigt wurde sie schon 1810, gebaut aber erst 1830, gleichzeitig mit der Verlegung des Elzbetts und dem Bau eines Winterhafens. 1870 trieb die Brücke bei Eisgang ab und wurde einfacher wiederhergestellt. Erst 1933/34 ersetzte man sie durch eine eiserne Brücke etwas unterhalb des alten Standorts. Diese wurde mit der Eisenbahnbrücke im März 1945 gesprengt, im Gegensatz zu ihr jedoch bald wiederhergestellt. Ungefähr die Stelle der Eisenbahnbrücke nimmt jetzt die 1988 fertiggewordene moderne Straßenbrücke ein.

Die im Jahr 1985 bundeseinheitlich durchgeführte Straßenverkehrszählung stellte für die Ortsdurchfahrt Mosbach der B 27 zwischen den Einmündungen der Landesstraße 527 von Neckargerach und von Billigheim her ein durchschnittliches tägliches Verkehrsaufkommen von insgesamt 14088 Fahrzeugen fest, darunter 1188 Fahrzeuge im Güterverkehr und 1128 Fahrzeuge im Schwerverkehr. An der Einmündung der B 37

Die Gemeinde im 19. und 20. Jahrhundert 133

in die B 27 in Neckarelz ergab die Zählung insgesamt 8881, im Güterverkehr 923 und im Schwerverkehr 651 Fahrzeuge.

Während Neckarelz und Diedesheim durch die Bundesstraßen 27 und 37 mit der Kernstadt verbunden sind, liegen Nüstenbach und Reichenbuch an der von Mosbach nach Neckargerach führenden Landesstraße 527, Lohrbach an der L 589 und Sattelbach an der von ihr abzweigenden L 525, die in Elztal–Neckarburken von der B 27 in den Odenwald zur L 524 Eberbach–Mudau abgeht. Auch die L 589 ist zwischen Lohrbach und Waldbrunn-Weisbach neu ausgebaut worden. Untereinander sind Reichenbuch, Lohrbach und Sattelbach durch Kreisstraßen verknüpft.

Die Verbindungswege zwischen den Dörfern und mit der Amtsstadt wurden um 1850 vom Amtsvorstand als ausreichend beurteilt. 1875 kamen die meisten Ortsverbindungswege in Kreiswartung. In der 2. H. 19. Jh. wurden die Wege zu befahrbaren Straßen ausgebaut und Steilstellen durch Trassenverlegungen korrigiert. Nach Eröffnung der Bahnlinien entstand großer Bedarf an besseren Zufahrtsstraßen auch für den Transport von landwirtschaftlichen Erzeugnissen zur und von Kunstdünger u. ä. von der Bahn. Die Verbindung von Sattelbach ins obere Elztal zur Bahnstation Dallau scheiterte über Jahrzehnte an der fehlenden Brücke über den Trienzbach, da die Gemeinde ihren Kostenanteil nicht übernehmen wollte. Erst 1889 wurde die Brücke gebaut, aber noch 1897 fehlte die Straße nach Dallau. Eine Verbesserung der Verkehrslage Sattelbachs brachte erst die Eröffnung der Eisenbahnstrecke Mosbach–Mudau, an der auch Lohrbach lag.

Als erste Orte im heutigen Neckar-Odenwald-Kreis fanden Mosbach, Diedesheim und Neckarelz Anschluß an das bad. *Eisenbahnnetz*. Von den 45 Planungsvarianten der 1856 beschlossenen Odenwaldbahn Heidelberg–Würzburg gingen die meisten über Mosbach. Die schließlich gebaute Strecke, die aus politischen Gründen den Umweg über Meckesheim–Aglasterhausen nach Mosbach nahm, wurde am 23. Oktober 1862 eröffnet. Ihre Weiterführung nach Osterburken in Richtung auf Würzburg war am 25. August 1866 abgeschlossen. Die Revision der Streckenführung der Odenwaldbahn, jetzt über Neckargemünd–Eberbach nach Neckarelz und neckaraufwärts weiter nach Jagstfeld, folgte erst 1879 (Eröffnung am 24. Mai) und machte eine Verlegung des Neckarelzer Bahnhofs auf das rechte Elzbachufer, zur Hälfte auf Gkg Diedesheim, notwendig. Der Mosbacher Bahnhof konnte nicht mehr, was eigentlich wünschenswert gewesen wäre, zum Anschlußbahnhof gemacht werden. Die sonst sehnlich erwartete Neckartalbahn stieß in Diedesheim auf Ablehnung, auch weil sie die ohnehin kleine Gemarkung der Länge nach durchzieht und kein Ersatz für das verlorene Land zur Verfügung stand. Auch in Neckarelz bedauerte man den Verlust von 66 M besten Geländes. Die Strecke Meckesheim–Aglasterhausen–Obrigheim–Diedesheim der ursprünglichen Odenwaldbahn sank zur Nebenbahnstrecke herab und wurde durch die Zerstörung der Eisenbahnbrücke zwischen Obrigheim und Diedesheim im März 1945 geköpft. Seither ist Mosbach ohne Bahnverbindung in den Kraichgau. Auf elektrischen Betrieb umgestellt wurde die Odenwaldbahn 1975.

Die Odenwalddörfer sollte eine Schmalspurbahn nach Mudau erschließen, deren Ausgangsort – Mosbach oder Eberbach – jedoch lange strittig war. Schließlich fiel die Entscheidung für Mosbach, und die Linie, an der im heutigen Stadtgebiet auch Lohrbach und Sattelbach lagen, wurde im Juni 1905 eröffnet. Als einzige Bahn in Baden war sie zwar in Staatsbesitz, wurde aber durch einen Unternehmer (Vering & Wächter, Berlin) betrieben, bis sie 1931 von der Reichsbahn übernommen wurde. Die einzige Meterspurbahn Badens fiel jedoch 1973 der Sparpolitik der Bundesbahn zum Opfer und wurde stillgelegt. Ihre Trasse blieb als »Wanderbahn« erhalten und soll den Fremdenverkehr des Gebiets beleben.

Heute sind Mosbach und Neckarelz Eilzug-Stationen auf der Strecke Heidelberg–Osterburken(–Würzburg) mit 7 Eilzugpaaren an Werktagen. Neckarelz ist auch D-Zug-Station auf der Strecke Heidelberg–Heilbronn mit 3 D-Zug-Paaren. Mit Heilbronn ist Neckarelz außerdem durch zahlreiche Eil- und Nahverkehrszüge über Bad Friedrichshall-Jagstfeld verbunden. Auch zwischen Osterburken und Neckarelz sowie Mosbach ist die Verbindung mit Eil- und Nahverkehrszügen ausreichend. Neckarelz als Eisenbahnknotenpunkt ist Sitz von Bundesbahndienststellen: Baubezirk Neckarelz der Bahnmeisterei Heidelberg, Außenstelle Neckarelz der Hochbaubahnmeisterei Heidelberg, Signalinstandhaltungsbezirk und Fernmeldeinstandhaltungsbezirk Neckarelz der Nachrichtenmeisterei Heidelberg und Stützpunkt des Bahnbetriebswerkes Mannheim 2.

Abgesehen von den genannten Zügen wird der *Nahverkehr* durch Omnibusse abgewickelt. Nach dem 1. Weltkrieg nahm die Post die Personenbeförderung, die sie der Eisenbahn hatte überlassen müssen, mit Omnibussen wieder auf. 1929 bestanden die Linien Mosbach–Billigheim–Neudenau–Stein und Mosbach–Rittersbach–Waldhausen–Buchen. Mit der Verbesserung der Straßen und der Schließung der Nebenbahnstrecken ging eine Verdichtung des Omnibusliniennetzes Hand in Hand, längere Zeit im Verbund von Post und Bahn, dann durch die Bundesbahn, Geschäftsbereich Bahnbus Rhein-Neckar, betrieben. Die Omnibuslinien von Neckarelz über Mosbach–Billigheim–Schefflenz nach Osterburken und über Mosbach–Lohrbach–Sattelbach–Fahrenbach nach Mudau und Waldbrunn ersetzen stillgelegte Eisenbahnstrecken. Weitere Busse fahren von Mosbach über Neckarelz–Aglasterhausen–Neunkirchen sowie über Neckarelz–Diedesheim–Neckargerach nach Eberbach, über Waldstadt–Neckarelz–Neckarzimmern bzw. über Obrigheim nach Haßmersheim, über Neckarelz–Gundelsheim–Neckarsulm nach Heilbronn. Selbstverständlich sind die Linien hauptsächlich werktags dicht befahren, da sie vor allem den Berufs- und auch den Schülerverkehr bedienen. Diedesheim, Neckarelz und Mosbach sind außerdem Stationen auf der täglich einmal in beiden Richtungen befahrenen Strecke »Vom Rhein zum Main« (Karlsruhe–Würzburg) der Deutschen Touring GmbH Frankfurt.

Die wirtschaftliche Bedeutung der *Wasserstraße des Neckars* für Diedesheim und Neckarelz ließ im Laufe des 19. Jh. nach. In Diedesheim und in Neckarelz brachte zunächst noch die Holzflößerei Geld ins Dorf. Bis um 1830 wurde Brennholz aus dem Odenwald auf dem Neckar schwimmend transportiert, Stammholz fuhr in langen mehrgliedrigen Flößen solange neckarabwärts, bis der Bau der Staustufen dies unmöglich machte. In der Schiffahrt war Neckarelz bis 1827 Zollstation. Solange die Schiffe neckaraufwärts mit Pferden getreidelt wurden, lebten die Gasthäuser in beiden Orten auch von der Bewirtung der Halfreiter (Treidler). Nach Einführung der Kettenschleppschiffahrt 1878 ging der Schiffsverkehr jedoch an Diedesheim und Neckarelz vorbei. Nur die für die nächste Umgebung bestimmten Güter wurden noch ver- und entladen. Das gilt erst recht für die Zeit seit Einstellung der Kettenschleppschiffahrt (1927) und der Einführung moderner großer Schub- und Schleppeinheiten. Baustoffe, die für das Hinterland bestimmt sind, werden seit 1950 in Diedesheim, seit 1955 auch in Neckarelz auf eigenen Schiffsländen umgeschlagen. Die Neckarelzer Firma *Baustoff- und Umschlags-GmbH* baute zu diesem Zweck 1965 für ihre eigenen Schiffe eine neue Hafenanlage bei der gesprengten Eisenbahnbrücke auf dem rechten Ufer. Hier werden heute noch Kies, Sand, Bims, Kohle und Baustoffe umgeschlagen, obwohl die Firma keine eigenen Schiffe mehr besitzt. Die Diedesheimer Firma *Jos. Majer GmbH* hat ihren Umschlagplatz für Kies auf dem linken Ufer nahe der ehemaligen Schiffbrücke. Sie fährt noch mit einem eigenen Schiff ausschließlich Kies. Für die Personenschiffahrt gibt es keine Anlegestelle im Stadtgebiet.

Dem privaten *Luftverkehr* dient der 1964 fertiggestellte Flugplatz der Luftfahrtgesellschaft mbH Mosbach-Lohrbach im Gewann Adamsbürge in Lohrbach. Er besitzt eine asphaltierte Landebahn von 540 m und ist für ein- und mehrmotorige Flugzeuge, Hubschrauber, Ultra-Leicht-Flugzeuge sowie für Freiballone und für Motorsegler und Segelflugzeuge zugelassen. Das Abfluggewicht von 4000 kg darf nicht überschritten werden. 1988 wurden hier 45 000 Flugbewegungen registriert. Ein reiner Segelflugplatz liegt auf Gkg Diedesheim beim Schreckhof.

Die *Post* unterhielt seit dem 17. Jh. eine Route von Heidelberg nach Würzburg durch Neckarelz und Mosbach. Bis 1862 waren in Mosbach Postexpedition und Poststall verbunden. Mit Eröffnung der Bahnlinie Heidelberg–Mosbach wurden sie getrennt und eine Poststallmeisterei eingerichtet, die das Handelsministerium jedoch 1867 schon wieder aufhob. Als 1872 das bad. Post- und Telegrafenwesen dem Deutschen Reich unterstellt wurde, blieb Mosbach Sitz eines Postamtes. Im späteren Kreis Mosbach (1929) hatte nur die Kreisstadt ein »Postamt größeren Umfangs«. Auch heute erfüllt das »Postamt mit Verwaltungsdienst« Mosbach (neben dem in Osterburken) zentrale Aufgaben über den Neckar-Odenwald-Kreis hinaus. Ihm sind 101 Amtsstellen in 4 Landkreisen (Neckar-Odenwald-Kreis, Lkr. Heilbronn, Rhein-Neckar-Kreis und Lkr. Bergstraße) unterstellt. Sein Amtsbereich umfaßt 1235 qkm. Die Waldstadt, Lohrbach und Neckarelz-Diedesheim verfügen über Postanstalten, in Lohrbach und Neckarelz als Nachfolger der alten dörflichen Postämter. Von Neckarelz aus wurde (1895) die Post auch für Kälbertshausen (heute Gde Hüffenhardt) besorgt, was dort aber zu Beschwerden führte. Im Fernmeldewesen hat Mosbach eine der 3 Knotenvermittlungsstellen mit Fernmeldetürmen im Neckar-Odenwald-Kreis. Diedesheim und Neckarelz haben mit Obrigheim seit 1970 eine eigene Fernsprechvermittlungsstelle.

Verwaltungszugehörigkeit, Gemeinde und öffentliches Leben

Verwaltungszugehörigkeit. – Alle Orte des heutigen Stadtgebietes bis auf Reichenbuch kamen aus kurpfälzischem in fürstl.-leiningischen Besitz und sind seit 1807 bzw. 1813 der Amtsstadt Mosbach zugeordnet. Das Amt Lohrbach mit Lohrbach und Nüstenbach bestand nur vom Dezember 1807 bis Juli 1813. Reichenbuch, die einzige Gemeinde im Stadtgebiet, die von Kurpfalz unmittelbar an Baden kam, gehörte bis 1813 zum Amt Neckarschwarzach, dann bis 1840 zum Stadt- und 1. Landamt Mosbach, von 1840–1849 zum Amt Neudenau in Mosbach und seither wie die übrigen Orte zum Amt, seit 1939 Lkr. Mosbach und seit der Kreisreform 1973 zum Neckar-Odenwald-Kreis.

Gemeinde. – Die Stadt Mosbach ist erfüllende Gemeinde des Verwaltungsraums Mosbach, zu dem noch die Gden Elztal, Neckarzimmern und Obrigheim gehören. Seit dem 1. 7. 1976 ist Mosbach Große Kreisstadt. Die heutige Stadt entstand am 15. 4. 1975 durch Vereinigung der bisherigen Stadt Mosbach, der seit dem 1. 12. 1972 Lohrbach, Reichenbuch und Sattelbach und seit dem 1. 5. 1973 auch Diedesheim eingemeindet waren, mit der Gde Neckarelz. Für die Stadtteile bestehen dauerhafte Ortschaftsverfassungen. Schon früher hatte es Bestrebungen zum Zusammenschluß von Gemeinden im Elzmündungsraum gegeben. 1872 und 1914 regte das Bezirksamt den Zusammenschluß von Neckarelz und Diedesheim an, 1919 auch den beider Gemeinden mit Mosbach und Obrigheim. Auch in den 1930er Jahren wurden mehrere fruchtlose Vorstöße in dieser Richtung unternommen.

Genaue Katastervermessungen wurden hier erst nach 1880 vorgenommen. 1925 umfaßte das heutige *Stadtgebiet* 6261 ha Fläche. Nach der Flächenerhebung 1989 sind es jetzt 6223 ha, darunter 2836 ha Wald, 2273 ha landwirtschaftliche Fläche und 1009 ha Siedlungs- und Verkehrsfläche (darunter 642 ha Gebäudefläche). Die größte Gemarkung ist die von Mosbach mit 3168 ha. Zu ihr gehört auch die größte Waldfläche mit 1703 ha. Die kleinste Gemarkung hat Reichenbuch mit 288 ha und einer Waldfläche von 90 ha.

Änderungen der *Gemarkungsgrenzen* brachte mit Wirkung vom 1.7.1924 die Vereinigung der abgesonderten Gkg Schreckhof mit der Gde Diedesheim, der bisher schon die polizeiliche Aufsicht zustand, mit Wirkung vom 1.10.1925 die Zuweisung der abgesonderten Gkg Knopfhof, bisher bei Neckarburken, zur Stadt Mosbach und am 1.4.1935 die Eingemeindung der Gde Nüstenbach in die Stadt Mosbach, am 16.9.1935 die Zuweisung von rd. 73 ha Fläche von Neckarelz an Mosbach. Der Hardhof war schon im 19. Jh. (1847) Zugehörde der Stadtgemarkung Mosbach. Sattelbach hatte sich 1809 vom Gemeindeverband mit Lohrbach getrennt.

Auf den Gkgn Mosbach, Lohrbach, Sattelbach, Neckarelz, Nüstenbach – nicht in Reichenbuch – war das Stift Mosbach, die heutige Stiftschaffnei, mit größeren Anteilen begütert. Auch die Standesherrschaft hatte nennenswerten Grundbesitz auf den Gemarkungen. 1891 gehörte z.B. in Lohrbach ⅓ der Gemarkung der Standesherrschaft und dem Stift. 1864 war ¼ der Stadtgemarkung Mosbach in Stiftsbesitz. Meist war die landwirtschaftliche Fläche an Bauern der Orte verpachtet. Viele Einwohner von Neckarelz, Diedesheim und Nüstenbach waren auf den jeweiligen Nachbargemarkungen begütert.

Allmendflächen hatten 1854 nur die Gden Diedesheim (18 M, 1 V, 50 R), Neckarelz (31 M, 2 V, 90 R) und die Stadt Mosbach (824 M, meist Wald). Die Allmendberechtigung an den Äckern des Bergfeldes wurde 1933 durch die berechtigten Bürger aufgehoben, um den Bau der Bergfeldsiedlung zu ermöglichen. Holz als *Bürgergaben* wurde außer in Sattelbach in allen Gemeinden gereicht. In Mosbach waren 1853 463, in Lohrbach 144 Bürger genußberechtigt. In Neckarelz nahm die Zahl Genußberechtigten zwischen 1868 und 1892 von 92 auf 142 zu, so daß die Gabe halbiert werden mußte. In Diedesheim aber ging zwischen 1852 und 1904 die Zahl der Allmendlose von 81 auf 77 leicht zurück. Der Bürgernutzen wird noch heute ausgegeben, läuft aber auch hier aus. Die Haushaltungen auf dem Schreckhof bekommen noch zusammen 48 Ster Kompetenzholz aus den alten Holzrechten an der Michelherd, d.h. sie dürfen diese Menge Holz in einem ihnen jeweils angewiesenen Bezirk selbst fällen und unter sich verteilen.

Das *Vermögen* der Stadt Mosbach und der Gden Diedesheim, Neckarelz und Nüstenbach war zu Beginn des 19. Jh. (1808) mit erheblichen Kriegsschulden belastet. In Mosbach beliefen sie sich auf 47783 fl und konnten nur durch Kapitalaufnahme getilgt werden. Außerdem hatten alle Gemeinden bis auf Reichenbuch noch allgemeine Schulden abzutragen. Neue Kosten verursachte die Zehntablösung, durch die sich Mosbach 1838 mit 39666 fl verschuldete und die hier 1861 durch Abzahlung abgeschlossen war, in Nüstenbach bis 1863 und in den übrigen Gemeinden bis 1872 jährliche Zahlungen erforderte. Fast gleichzeitig mußten die hohen Kosten bezahlt werden, die den Gemeinden nach der Revolution von 1848 und 1849 und durch den Krieg von 1870/71 auferlegt wurden. Gegen Ende des 19. Jh. belasteten auch die Katastervermessung und die damit in einigen Fällen verbundenen Feldbereinigungen und der Feldwegebau die Gemeindekassen, außerdem der Straßen- und Wasserleitungsbau und anteilig der Bau der Eisenbahn Mosbach–Mudau. Einnahmen brachten nur der Wald, die Schäfereipacht mit dem Pferderlös und die Jagd- und Fischereipacht.

Selbst in Mosbach warfen um 1850 die Liegenschaften keinen Ertrag ab, der Waldertrag reichte kaum weiter als für die Bürgergaben und das Kompetenzholz. Wie

Die Gemeinde im 19. und 20. Jahrhundert

in den Dorfgemeinden waren in diesen Jahren die Soziallasten sehr hoch. Trotzdem war um 1860 der Haushalt wieder ausgeglichen, die Einnahmen überstiegen die Ausgaben zwar nur wenig, aber die Schulden lagen deutlich unter dem Wert des städtischen Vermögens. Die Stadt verfügte über Grundsteuer-, Gewerbesteuer- und Häusersteuerkapital. Die Gemeindeumlage auf das Steuerkapital der Einwohner lag 1864 bei 24 kr je 100 fl Steuerkapital.

In der 2. Jahrhunderthälfte erholte sich mit den wirtschaftlichen Verhältnissen der Bürger langsam auch die Gemeindewirtschaft in Neckarelz, Diedesheim, Lohrbach und Reichenbuch. Die notwendigen Baumaßnahmen konnten durchgeführt, die dazu erforderlichen Kapitalaufnahmen in angemessener Zeit getilgt werden. Nur Sattelbach gehörte noch 1897 zu den ärmsten Gemeinden des Landes, mußte alle Gemeindebedürfnisse aus den hoch angesetzten, aber oft nicht beizubringenden Umlagen decken, war noch 1905 überschuldet und konnte nur in Glücksfällen die Schuldentilgung planmäßig durchführen. Eine Last für alle Gemeinden war die Armenunterstützung. In Neckarelz lag hier noch 1886 und 1888 der größte Ausgabeposten. Trotzdem konnte die Gemeinde den Umlagesatz erniedrigen und verfügte 1898 über ein Vermögen von 207 000 Mark, darunter 7800 Mark Aktivkapital. Diedesheim profitierte um 1870 so gut vom Geländeverkauf an die Eisenbahn, daß die Gemeinde sogar Aktienkapital erwerben konnte. Der Schulhausneubau jedoch machte 1901 eine erneute Schuldenaufnahme notwendig.

Kaum Geldertrag brachten die gemeindeeigenen *Gebäude*. Die Stadt Mosbach besaß 1853 z. B. das Rathaus, 1 Schulhaus, 1 Wachthaus, 1 Schlachthaus, 1 Schießhaus, 1 Totenkirchlein, 1 Schafhaus mit Stall, das Gutleuthaus, das Spitalgebäude. Der Gde Nüstenbach gehörte 1854 das Rathaus, das Schulhaus, ein Waschhaus mit Bürgerarrest und das Armen-, Spital- und Waisenhaus. In Neckarelz waren die beiden Kirchen und die Pfarrhäuser, 2 Schulhäuser, das Rat- und das Hirtenhaus Gemeindebesitz, in Diedesheim das Rathaus mit dem Bürgerarrest und das Armenhaus (1855 Hirtenhaus). In Lohrbach ist 1851 das Rathaus genannt, 1854 das Schulhaus und ein Gebäude, das zugleich als Waschhaus, Spritzenremise, Armenhaus, Spital und Waisenhaus diente. 1861 war – wie auch in anderen Dörfern häufig – das Hirtenhaus zugleich Armenhaus, außerdem besaß die Gemeinde das kath. Schulhaus mit Ökonomiegebäuden und ein Schafhaus mit Scheuer und Stall. Heute, d. h. nach dem Stand vom Februar 1989, setzt sich der *liegenschaftliche Besitz* der Stadt zusammen aus ca. 1,8 ha Bauland für Wohnzwecke, 10 ha Bauland für Gewerbe, 35 ha Gebäudefläche, 100 ha landwirtschaftliche Fläche, 1950 ha Wald und 70 ha Erholungsflächen, Sportplätze usw.

Das *Steueraufkommen*, mit dem die Stadt rechnen konnte, bewegte sich in den Jahren von 1980 bis 1984 um 22 Mio DM, abhängig von den jeweiligen Gewerbesteuereinnahmen, die 1980 und 1983 48% der Steuereinnahmen, 1982 und 1984 nur 42% ausmachten, aber immer in Mosbach einen höheren Prozentsatz als im Neckar-Odenwald-Kreis und einen niedrigeren als im Land Baden-Württemberg erreichten. In Mosbach wurde in den Jahren 1981 bis 1984 zwischen 24 und 30% der Gewerbesteuer des Neckar-Odenwald-Kreis eingenommen. Die Steuerkraftsumme je Einwohner lag 1980 bei 841 DM, steigerte sich bis 1983 auf 996 DM und fiel 1984 leicht auf 939 DM ab. Auch sie nahm eine Mittelstellung zwischen den Landkreis- und Landeswerten ein. Innerhalb des Landkreises nahm Mosbach 1984 den 2. Platz nach Haßmersheim ein. Der Schuldenstand je Kopf der Bevölkerung verminderte sich in den genannten Jahren von 1116 DM auf 1009 DM. Hier nahm Mosbach im Landkreis die 16. Stelle ein.

Das *Haushaltvolumen* des Jahres 1989 umfaßte im Vermögenshaushalt 16,8 Mio DM und lag damit um 1 272 000 DM unter dem des Vorjahrs, während der Verwaltungshaushalt des Jahres 1989 mit 52 195 000 DM die Vorjahressumme um 4 317 200 DM überstieg. Der Schuldenstand hat sich unwesentlich um 721 000 DM auf 24,11 Mio DM erniedrigt, konnte aber 1990 auf 22 Mio DM abgesenkt werden. Das bedeutet eine Prokopf-Verschuldung von 930 DM. An größeren Investitionen plant die Stadt den Ausbau der Ortsdurchfahrt der Bundesstraße 27, den Bau einer Stadthalle und eines Freizeitbades. Auch die Sanierung verschiedener Stadtgebiete wird erhebliche Mittel binden. Mosbach hat mit Stand vom 1. 2. 1989 folgende Sanierungsgebiete förmlich festgelegt: Altstadt Mosbach I in einem Förderrahmen von 13 Mio DM, Altstadt Mosbach II (12,615 Mio DM), Ergänzungsgebiet Bergsteige (6,3 Mio DM), Ortskern Neckarelz (6,45 Mio DM), Industriestraße (9,6 Mio DM), Ortskern Diedesheim (6,0 Mio DM). Die dörflichen Stadtteile Reichenbuch, Lohrbach, die Weiler Hardhof und Schreckhof nehmen seit 1981, Nüstenbach seit 1985 und Sattelbach seit 1986 am Dorfentwicklungsprogramm des Landes teil. Während in Sattelbach, Hard- und Schreckhof Einzelmaßnahmen durchgeführt werden, liegen für Reichenbuch und Lohrbach Dorfentwicklungskonzepte und -pläne und für Nüstenbach ein Dorfentwicklungsplan vor. In Reichenbuch sind die Maßnahmen fast ganz, in Lohrbach zu ⅔, in Nüstenbach zu ⅓ abgeschlossen.

Als Mosbach badisch wurde, stand der *Stadtverwaltung* erst seit einigen Jahrzehnten ein Stadtschultheiß vor, der die niedere Zivilgerichtsbarkeit und zusammen mit den Mitgliedern des Stadtrats die städtische Ökonomie besorgte. Früher hatte das Oberamt die Stadtgeschäfte mitverwaltet. Dieser alte Zustand sollte 1808 wiederhergestellt werden, d. h. das Amt des Stadtschultheißen entfallen und die Verwaltung der Stadt unmittelbar dem Oberamt zugewiesen werden. Die Einteilung der Stadt in 4 Viertel unter ihren Viertelsmeistern blieb erhalten. Nach ihnen waren die Häuser numeriert und wurden die Quartier-und Visiturlisten geführt und Quartierkostenausgleich und Vergütungen berechnet. Die Viertelsmeister hatten Auskunft über Gewerbe, Vermögen und Verhalten der Bürger ihres Viertels zu geben.

Nach Erlaß der bad. Gemeindeordnung von 1832 unterschied sich die Verwaltung der Stadt Mosbach nur graduell, nicht grundsätzlich von den dörflichen Gemeindeverwaltungen. Während die meisten Dörfer um 1850 neben dem Bürgermeister 3 Gemeinderäte hatten, setzte sich der Mosbacher Gemeinderat aus 6 Mitgliedern zusammen. Die Zahl der Gemeinderäte vergrößerte sich aber auch in Dörfern wie Nüstenbach, Lohrbach und Diedesheim auf 6. Unmittelbar vor der Gemeindereform hatte der Gemeinderat in Neckarelz 12, in Diedesheim und Lohrbach je 10, in Sattelbach 8 und in Reichenbuch 6 Mitglieder.

Die Bürger sowohl der Stadt als auch der Dorfgemeinden waren im Kleinen und Großen Ausschuß vertreten. Das Personal setzte sich hier wie dort aus den festbesoldeten Beamten wie Ratsschreiber, Rechner, Ratsdiener, Polizeidiener, Feld- und Waldhüter, Straßenwart, Baumwart, Nachtwächter und den aus Gebühren Bezahlten wie Brunnenmeister, Fleischbeschauer, Abdecker, Hebamme, Leichenschauer, Totengräber usw. zusammen. Nur waren manche Posten in der Stadt doppelt besetzt, während umgekehrt in den Dörfern mehrere Aufgaben von einer Person versehen wurden oder nicht vorkamen. Von den Gemeinden besoldet wurden später auch die Industrie- d. h. Handarbeitslehrerinnen. Rein städtische Funktionen nahmen die beiden Marktmeister für den Frucht- und den Krämermarkt sowie der Tor- und der Turmwächter und der Almosengeldverwalter wahr. Die meisten Gemeindebeamten, vor allem in den Dörfern, versahen ihr Amt nebenberuflich. Die Gemeindeverwaltungen arbeiteten unter den Augen des nahen Bezirksamtes im allgemeinen zu dessen Zufriedenheit. Nur in Lohrbach war anfangs der 1870er Jahre die Bürgerschaft in Parteien gespalten. Der

Die Gemeinde im 19. und 20. Jahrhundert

Bürgermeister, bei dessen Wahl sich die Parteien schon bekämpft hatten, konnte sich nur mühsam durchsetzen und versuchte zunächst vergebens, den Parteihader niederzuhalten.

Abgesehen davon, daß sich einige Ämter mit der Zeit erledigten, blieb die Struktur der Gemeindeverwaltung bis auf das Jahrzehnt zwischen 1935 und 1945 erhalten, als die Bürgermeister nicht mehr gewählt, sondern eingesetzt wurden. 1936 bestand die Spitze der Stadt aus dem Bürgermeister, 3 Beigeordneten und 8 Ratsherren. Die Verwaltung gliederte sich in die Stadtkanzleien I und II, die Stadtkasse, das Stadtbauamt, Forstwarte, Elektrizitätswerk, Verkehrsamt und Polizei. Vor der Gemeindereform hatte der Mosbacher Gemeinderat 20 Mitglieder.

Die Stellen der bisher ehrenamtlichen Bürgermeister wurden um 1950/60 in den größeren Dörfern in hauptamtliche Stellen umgewandelt. Die Gemeindereform allerdings verwandelte die Bürgermeister der jetzigen Stadtteile in Ortsvorsteher. Seit der Erhebung Mosbachs zur Großen Kreisstadt ist das Stadtoberhaupt Oberbürgermeister.

Bei den Gemeinderatswahlen seit der Gemeindereform erhielt die CDU zwar immer die relative Mehrheit, aber mit ständig schwindenden Anteilen von 47,1 % 1975 auf 36,8 % 1989. Die besten Ergebnisse hat sie in den kleinen Orten Reichenbuch und Sattelbach, die schlechtesten in Mosbach selbst. Ihre Verluste kamen jedoch weniger der SPD zugute, die sich seit 1980 bei Anteilen um 30 % bewegt, sondern den Freien Wählervereinigungen, die nach einem guten Ergebnis mit 23,2 % 1975 zunächst absanken, dann aber aufholten und 1989 25 % der gültigen Stimmen erhielten. Seit 1989 setzt sich der Gemeinderat der Stadt aus 39 durch Verhältniswahl bestimmten Mitgliedern zusammen, von denen 15 über die CDU, 12 über die SPD, 9 über die Freie Wählervereinigung und 3 über die FDP/DVP vorgeschlagen wurden. Die Freie Wählervereinigung stellte auch die 9 Ortschaftsräte von Sattelbach, 5 der 7 Ortschaftsräte von Reichenbuch – die restlichen 2 entstammen einem gemeinsamen Wahlvorschlag – und 3 der 11 Ortschaftsräte von Lohrbach, wo außerdem die CDU 5 und die SPD 3 Ortschaftsräte entsandte.

Der Verwaltungsgliederungsplan der Stadt (Stand 1989) teilt die Stadtverwaltung unter dem Oberbürgermeister und dem Beigeordneten in 5 Dezernate ein. Zum Dezernat I »Allgemeine Verwaltung/Hauptamt« zählen die Hauptverwaltung mit den Verwaltungsstellen der Stadtteile, die Personalverwaltung, das Standesamt und die Schul-, Kultur- und Sportangelegenheiten. Das Dezernat II »Finanzverwaltung/Stadtkämmerei« umfaßt die Kämmerei, die Steuerverwaltung und die Stadtkasse. Das Dezernat III »Rechts-, Sicherheits- und Ordnungsverwaltung/Rechts- und Ordnungsamt« das Amt für öffentliche Ordnung, das Grundbuchamt und die Sozial- und Wohngeldabteilung. Im Dezernat IV »Bauverwaltung/Bauverwaltungsamt« sind die Ämter Bauverwaltung, Hochbau, Tiefbau, Bauhof, Stadtgärtnerei, Amt für Stadtentwicklung, Stadtplanung, Stadtsanierung, Liegenschaften und Wirtschaftsförderung zusammengefaßt. Das Referat Wirtschaftsförderung ist allerdings seit 1990 unmittelbar dem Oberbürgermeister unterstellt. Das Dezernat V »Eigenbetriebe/Stadtwerke« hat die Ämter für Stromversorgung, Wasserversorgung, Gasversorgung und die kaufmännische Abteilung.

Die Ämter der Dezernate I mit insgesamt 31, II mit insgesamt 16 und III mit insgesamt 25 Mitarbeitern werden von Beamten des höheren oder gehobenen Dienstes geleitet. Den Dezernaten IV mit 104 Mitarbeitern und V mit 28 Mitarbeitern steht je ein Beamter des höheren Dienstes vor. Insgesamt beschäftigt die Stadt 37 Beamte (davon 5 Teilzeitkräfte), 124 Angestellte (27), 163 Arbeiter (66) ohne die Anwärter und Auszubildenden.

Die Stadtverwaltung ist heute nur noch mit dem Dezernat I im historischen Rathaus der Stadt untergebracht. Die Dezernate II und III befinden sich im neuen dem Rathaus angegliederten Verwaltungsbau, das Dezernat IV im Technischen Rathaus. Die Verwaltungsstellen der Stadtteile nutzen die alten dörflichen Rathäuser. In Neckarelz erstellte die Gemeinde 1844/45, nachdem das alte Rathaus von Neckarelz 1839 zum Abbruch zugunsten einer Straßenerweiterung an die Großherzogliche Wasser- und Straßenbauverwaltung verkauft worden war, einen Neubau. Dieses Rathaus wurde genutzt, bis es für die auf die vierfache Einwohnerzahl angewachsene Gemeinde viel zu klein war. 1961 wurde es abgerissen und auf dem durch das Nachbargrundstück erweiterten alten Platz bis 1965 neu aufgebaut. Das Diedesheimer Rathaus, 1753 erbaut, mußte 1843 gründlich erneuert werden und diente bis 1958. Dann kaufte die Gemeindeverwaltung ein Privathaus und baute es zum Rathaus um. Auch Lohrbach und Nüstenbach verfügten in der Mitte des 19. Jh. über eigene Rathäuser. Sattelbach und Reichenbuch hatten bis in die 1870er Jahre kein Rathaus, dann wurden die Schulhäuser zugleich als Rathäuser genutzt.

Ver- und Entsorgungseinrichtungen. – Die Mosbacher *Freiwillige Feuerwehr* ist eine der ältesten in Deutschland und die 14. in Baden gegründete. Als sich nach einem größeren Brand in der Entengasse im Januar 1852 in einer öffentlichen Versammlung im Juni des Jahres 80 Bürger zu einer freiwilligen Feuerwehr zusammenschlossen und die Stadtverwaltung ihnen die nötigen Mittel zusagte, mußten sie zunächst noch gegen das Mißtrauen der übergeordneten Behörden ankämpfen und ihre völlig unpolitischen Ziele erklären. Zu den übernommenen Geräten, einer aus dem 17. Jh. stammenden und 1821 modernisierten sowie einer 1829 gekauften weiteren Spritze, den üblichen Feuereimern, Haken, Leitern usw., wurde bald eine neue Spritze, ein Wagen und weiteres Gerät angeschafft. Die erste Ausbildung leitete Karl Metz aus Heidelberg, der die Geräte geliefert hatte, selbst. In den folgenden Jahrzehnten gelang es der Mosbacher Feuerwehr, ihre Geräteausstattung auf der Höhe der technischen Entwicklung zu halten und sich sowohl bei den Bränden in der Stadt als auch bei auswärtigen Bränden zu bewähren. Am 4.4.1925 mußte sie ihre neue Motor-Lafettenspritze schon bei einem Brand in der Nerbel'schen Ofenfabrik einsetzen. 1927 kaufte sie die erste Automobilspritze. Zum 75. Jubiläum 1927 änderte sie ihre Statuten und die innere Organisation. Zu jeder der beiden Spritzen gehörte jetzt eine Kompagnie mit Kommandant, Adjutant und dem Hornisten. Die Kompagnie gliederte sich in 5 Abteilungen, geführt von Leutnants. Die 5. Abteilung der 2. Kompagnie bildete die Feuerwehrkapelle. Insgesamt zählte die Feuerwehr damals 195 Aktive.

Reichenbuch benutzte bis 1865 die Neckargeracher Feuerspritze mit. Auch in Neckarelz und Diedesheim war die Spritze gemeinschaftlich (1865), die Löschmannschaft konnte (1872) aber nicht mit ihr umgehen. 1886 bestand in Neckarelz eine Freiwillige Feuerwehr, der auch die Hilfsmannschaft aus Diedesheim angegliedert war. Die jungen Bürger wurden mit einer Reduzierung des Bürgereinkaufsgeldes zum Beitritt angereizt. Zwar traten alle bei (1888: 56 Mitglieder), hatten aber keine Vorstellung von ihren Aufgaben. Bei 3 Bränden (1892) machte sich die Unfähigkeit so deutlich bemerkbar, daß man an Auflösung der Feuerwehr dachte. Seit 1890 besaßen Diedesheim und Neckarelz jeweils eigene Spritzen. Nüstenbach schaffte 1878 eine Feuerspritze an, 1884 gab es einen Spritzenmeister. In Lohrbach war 1851 eine Spritze vorhanden, 1879 eine Löschmannschaft eingeteilt. Sattelbach ist seit 1903 im Besitz einer Feuerspritze. Vorher hielt man eine Spritze wegen der lockeren Stellung der Häuser für unnötig.

Heute besteht die Freiwillige Feuerwehr in Mosbach aus den aktiven Abteilungen (212 Wehrmänner), den Altersabteilungen in Mosbach und allen Stadtteilen (69 Mitglie-

Die Gemeinde im 19. und 20. Jahrhundert

der), den Jugendabteilungen in Mosbach, Diedesheim und Neckarelz (36 Mitglieder) sowie den 45 aktiven Mitgliedern des Spielmannszuges in der Kernstadt. Die Abteilungen in Sattelbach und Reichenbuch verfügen über je 1 Tragkraftspritzenfahrzeug, die Abteilung Lohrbach über 1 Löschgruppenfahrzeug, die Abteilungen Neckarelz-Diedesheim und Mosbach sind mit je 1 Drehleiter, je 2 Löschgruppenfahrzeugen, Mosbach mit 1 Rüst- und 1 Vorausrüstwagen, 2 Tanklöschfahrzeugen, 2 Mannschaftstransportwagen, Neckarelz-Diedesheim mit 1 Gerätewagen Gefahrgut, 1 Einsatzleitwagen, 1 Tragkraftspritzenfahrzeug und 1 Mehrzweckboot voll ausgerüstet.

Für die *Gasversorgung* sind die Stadtwerke Mosbach zuständig. Im November 1981 wurde die Versorgung mit Erdgas aufgenommen. Das Erdgas wird von den Stadtwerken Heilbronn geliefert, die ihrerseits von der GVS (Gasversorgung Süddeutschland) beliefert werden. Am 31.12.1987 waren im Versorgungsgebiet der Stadtwerke Mosbach 768 Hausanschlüsse hergestellt. Die Gasabgabe betrug 1983 22,4 Mio kWh und 1984 schon 42,4 Mio kWh.

Den Stadtwerken obliegt auch die *Stromversorgung* der Kernstadt und der Stadtteile Lohrbach, Reichenbuch und Sattelbach. Neckarelz und Diedesheim erhalten den Strom noch von der Badenwerk AG Karlsruhe. Ihre Stromversorgungsanlagen sollen aber am 31.12.1994 von den Stadtwerken übernommen werden, so daß ab 1995 die gesamte Stromversorgung der Stadt einheitlich in deren Hand liegen wird. Die Energie wird von der Badenwerk AG über eine 110/20-kV-Umspannanlage bezogen. Die Haushalte und die Sondervertragskunden werden über das Niederspannungs- bzw. Mittelspannungsnetz versorgt. Die Energie wird über den 110-kV-Trennschalter in der Übergabestation Wolfsgraben am östlichen Stadteingang geleitet.

Mit der *Wasserversorgung* war man um 1850 in den Dörfern zufrieden. Aber 30 Jahre später reichten in Diedesheim die 2 Gemeinde- und die Privatbrunnen nicht mehr aus. Vor allem auf dem Schreckhof fehlte Wasser oft gänzlich und mußte mit Fässern geholt werden. 1884 wurde dann dort eine Wasserleitung gebaut. Auch in Neckarelz verbesserte man die Wasserversorgung, indem man die alte hauptsächlich aus Tonröhren bestehende Wasserleitung, die nur 2 Brunnen speiste, durch eine eiserne Leitung ersetzte, die weniger Wasser verlor und daher die Anlage von 4 weiteren Brunnen und 2 Hydranten sowie den Anschluß einiger Hausleitungen ermöglichte. Lohrbach klagte schon 1854 über Wassermangel trotz 4 öffentlicher und vieler Privatbrunnen. Der Wassermangel verschärfte sich, bis 1882 eine Wasserleitung gebaut wurde, von der dann auch einige Privatleitungen abgingen. Dennoch fehlte es im oberen Ortsteil auch 1898 noch an ausreichendem Wasser. In Nüstenbach war schon 1869 eine Wasserleitung gebaut worden, 1883 folgte eine neue. In Reichenbuch verzögerte sich der 1886 projektierte Bau, obgleich das Wasser oft von auswärts geholt werden mußte, bis 1901. Dann wurden 6 öffentliche Brunnen und 22 Hausleitungen angeschlossen. In Sattelbach blieb trotz des 1865 neu hergestellten Brunnens (1885) die Verbesserung der Trinkwasserversorgung besonders dringlich, da auch hier in trockenen Jahren das Trinkwasser von weit her geholt werden mußte. 1892 wurde eine Wasserleitung von einer Quelle auf Gkg Robern her gebaut. Sie versorgte den Ort über 8 Brunnen und einige Hausleitungen. 1905 waren ihr 9 Brunnen und 14 Hausleitungen angeschlossen. Beim Bau der Bergfeldsiedlung wurde eine gemeinsame Wasserversorgungsanlage mit dem Hardhof durch Hebung der Michelsrotquelle dem ursprünglichen Plan, die Siedlung aus dem alten und dem neuen Bergbrunnen zu versorgen, vorgezogen.

Die Stadt Mosbach war in der Mitte des 19. Jh. zwar reichlich mit Trinkwasser versorgt, aber das Wasser war nur zum Teil von guter Qualität. Abhilfe schuf die Erschließung einer neuen Quelle, so daß 1864 die Wasserversorgung gut beurteilt wurde. Die Stadt erhielt ihr Wasser von verschiedenen Seiten, hauptsächlich aus der Michelsrotquelle, über 14 laufende Brunnen sowie durch mehrere Pumpbrunnen. Trotzdem baute sie 1872 eine Wasserleitung, in die vermutlich die Quellen am Hardberg und im Michelsrot direkt, d. h. ohne Speicher eingespeist wurden. 1891 wurde die Kupferlochquelle ausgebaut und die Leitung zum Pumpwerk Odenwaldstraße verlegt und an das vorhandene Netz angeschlossen. In den 1930er Jahren wechselte man die ursprünglich verlegten Tonrohre zum Teil gegen Gußleitungen aus. Ende der 1950er Jahre entdeckte ein Wünschelrutengänger im Gewann Erlen das bedeutendste Wasservorkommen auf Gkg Mosbach. Dadurch konnte die im Sommer manchmal unzureichende Wasserversorgung entscheidend verbessert werden. 1970 trat die Stadt dem Zweckverband Fernwasserversorgung Rheintal bei, der 1981 in den Zweckverband Bodensee-Wasserversorgung überführt wurde. Eigenerzeugung bzw. Eigenförderung machen jetzt (1986) 64 %, Fernwasserbezug 36 % des Wassers aus. Eigenwasser wird in der Kernstadt in der Niederdruckzone, Fernwasser in der Hochdruckzone verwendet. In Neckarelz beträgt der Eigenwasseranteil 70 %, der Fernwasseranteil 30 %, Diedesheim und Reichenbuch erhalten nur Fernwasser, Lohrbach und Sattelbach kommen mit Eigenwasser aus. Die gesamte Stadt Mosbach wird über 14 Hochbehälter versorgt, deren Speicher 7795 cbm faßt. Das Wasserdargebot beträgt aus eigenen Brunnen und Quellen 58 l/sec, aus Bodenseewasser 29 l/sec. Die Auslastung liegt im Durchschnitt bei rd. 50 l/sec. Ende 1987 waren 5892 Hausanschlüsse montiert und 5574 Wasserzähler eingebaut.

Um 1850 waren in der Stadt und in den Dörfern die Straßen mit Abzugsrinnen, der Vorstufe der *Kanalisation*, versehen, aber die Rinnen waren nur in Ausnahmefällen, so in der Stadt selbst, gepflastert. Die Rinnenpflasterung wurde, von der Amtsbehörde überwacht, in den nächsten Jahrzehnten durchgeführt. In Mosbach lagen Ende des 19. Jh. in den wichtigeren Gassen schon Kanalisationsröhren. Probleme verursachte (1901) nach dem Bau der Zementfabrik in Diedesheim deren Abwasser, das ungereinigt durch den »Kesselfurchgraben« in den Neckar lief. 1904 wurde eine unterirdische Abwasserleitung gelegt, das Fabrikwasser sollte geklärt werden. 1967 wurde in der Hauptstraße von Mosbach eine neue Sammelleitung verlegt. Heute sind die Kernstadt und alle Stadtteile an eine öffentliche Kanalisation angeschlossen. Nur einzelne Hoflagen, die Stockackersiedlung und die Holzwiesensiedlung – insgesamt 40 Grundstücke – besitzen noch keine geordneten Abwasserbeseitigungsanlagen, sollen bis 1991 aber auch ordentlich entsorgt werden. Die Stadt unterhält je eine mechanisch-biologische *Kläranlage* in Sattelbach und in Reichenbuch. Der größte Teil der Abwässer wird jedoch in der mechanisch-biologischen Kläranlage des Abwasserverbandes Elz-Neckar behandelt. Bis 1992 soll diese Anlage durch eine dritte Reinigungsstufe ergänzt werden.

Das Landesabfallgesetz untersagt den Gemeinden, eigene *Mülldeponien* zu betreiben, weil dafür die Landkreise zuständig sind. Der Neckar-Odenwald-Kreis hat aber den Gemeinden durch Vertrag das Einsammeln und Transportieren des Abfalls zurücküberwiesen. Die Stadt Mosbach hat damit einen Privatunternehmer beauftragt, der den in genormten Gefäßen bis zu 50 l Fassung gesammelten Haushaltsmüll einmal in der Woche abholt und zur Kreisdeponie »Sansenhecke« in Buchen transportiert.

Gesundheitswesen. – Schon im 19. Jh. hatte Mosbach die Aufgabe der gesundheitlichen Betreuung auch der Einwohner der umliegenden Dörfer. 1853 und 1864 werden 3 Ärzte und 1 Apotheker in der Stadt genannt, die auch von den Gemeinden für die Armenpraxis bezahlt wurden. Das aus dem 15. Jh. stammende und 1780 erweiterte Spital unterstand dem Stadtrat und arbeitete seit 1816, da keine Pfründner mehr

Die Gemeinde im 19. und 20. Jahrhundert 143

aufgenommen wurden, als reines Krankenhaus. 1838 wurde es durch ein Gesindespital für kranke Dienstboten und Handwerksgesellen ergänzt. Hebammen waren nicht nur in Mosbach, sondern auch in den Dörfern angestellt, in den Jahren nach 1900 kamen in den größeren Dörfern wie Neckarelz und Diedesheim auch kath. und ev. Krankenschwestern hinzu, die die Einwohner der kleineren Orte (z. B. Reichenbuch) mitbetreuten. 1910 bestand in Mosbach ein Schwesternhaus (Kath. Krankenverein) der St.-Josefs-Schwestern, in Neckarelz eines der Kreuzschwestern für Hauskrankenpflege. Lohrbach hatte 1939 eine Schwesternstation mit 2 Schwestern für Krankenpflege. Als Nachfolger der Krankenschwestern in den Dörfern können die heutigen *Krankenpflege- und Sozialstationen* betrachtet werden: die Ev. Diakoniestation e.V. in der Zwingerstraße, die Ev. Krankenpflege Neckarelz-Diedesheim, die Ev. Krankenstation Lohrbach und die Kath. Sozialstation Dekanat Mosbach e.V. mit den Arbeitsbereichen Krankenpflege, Altenhilfe, Familienpflege und Dorfhilfe.

Das *Kreiskrankenhaus* Mosbach ist laut Krankenhausbedarfsplan als Krankenhaus der Regelversorgung eingestuft und hat die Abteilungen I Chirurgie mit Unfallchirurgie, II Innere Abteilung, III Anästhesie und IV Geburtshilfe/Gynäkologie. Seit Oktober 1961 ist dem Krankenhaus eine Krankenpflegeschule angegliedert, seit Februar 1978, als die Ordensschwestern in ihr Mutterhaus St. Trudpert zurückkehrten, ist die Pflege in der Hand weltlicher Schwestern und Pfleger. 1990 arbeiten hier 38 Ärzte (einschließlich der Ärzte im Praktikum), 148 Mitarbeiter im Pflegedienst, 3 Personen weniger, als Stellen vorhanden sind, sowie 18 Personen in der Verwaltung.

Es geht auf das Mosbacher Spital zurück, das 1881 von einem aus 43 Gemeinden bestehenden Zweckverband übernommen wurde. 1949 ging dann die Trägerschaft an den Lkr. Mosbach über. Damit war es das erste kreiseigene Krankenhaus in Baden. Es zog aus seinem alten Gebäude in das frühere Kreisaltersheim (das jetzige Landratsamt) um, konnte aber im April 1960 einen eigenen Neubau mit 222 Betten beziehen, der für mehr als 7 Mio DM erbaut worden war. Ende 1970 schon wurde der Pflegebereich durch einen Anbau auf 300 Betten vergrößert, im Januar 1971 eine Intensivabteilung eingerichtet. 1983 begann der Bau eines neuen Funktionstraktes. Er wurde im Oktober 1987 in Betrieb genommen. Gleichzeitig lief die Sanierung des Hauptgebäudes. Im September 1990 wurde ein neues Bewegungsbad in Betrieb genommen.

An *niedergelassenen Ärzten* nennt die Stadtverwaltung für 1989: 12 Allgemeinmediziner, 33 Fachärzte, 8 Zahnärzte. Die Fachärzte gehören den Fachrichtungen Augenheilkunde, Chirurgie, Frauenheilkunde/Geburtshilfe, Hals-Nasen-Ohrenheilkunde, Haut- und Geschlechtskrankheiten, Innere Medizin, Kinderheilkunde, Laboratoriumsmedizin, Neurologie/Psychiatrie, Orthopädie, Psychologie, Radiologie, Urologie, Kieferorthopädie an. Das bedeutet, daß in Mosbach die ärztliche Versorgung auf allen Gebieten gewährleistet ist. In der Stadt praktizieren auch 2 Tierärzte. An medizinischen Hilfsberufen sind vertreten: 5 Augenoptiker, 1 Hörgeräte-Akustiker, 3 Bandagisten/Chirurgietechniker, 3 Orthopädieschuhmacher, 6 Krankengymnasten, Heilpraktiker und Heilgymnasten, 7 Masseure, 1 Sauna, 1 Logopädin. 10 Apotheken versorgen jetzt mit Medikamenten. Das Deutsche Rote Kreuz unterhält eine Rettungsleitstelle und einen ärztlichen Notfalldienst.

Der Mosbacher *Friedhof* aus der Zeit um 1510 mit der Gutleutkapelle wird noch heute belegt. Die Leichenhalle wurde 1974 erbaut. Auch Neckarelz (mit Diedesheim) hat noch den alten Friedhof aus dem Ende des 16. Jh. 1964 wurde eine neue Leichenhalle erbaut, die alte Halle zur Kriegergedenkstätte umgebaut. Der Nüstenbacher Friedhof ist gleichfalls 400 Jahre alt (1596) und besitzt eine neue Halle. In Lohrbach besteht der Friedhof seit 1835, die Halle wurde 1963 erbaut. In Reichenbuch hatten im

19. Jh. nur die ev. Einwohner einen Friedhof, die Katholiken wurden in Neckargerach beerdigt. Heute gibt es den alten, von 1749 stammenden Friedhof noch und zusätzlich einen neuen, der seit 1973 belegt wird und eine Leichenhalle besitzt. Auch Sattelbach hat einen neueren Friedhof (von 1947) mit Halle. Früher benutzten die Einwohner aus Sattelbach den Lohrbacher Friedhof.

Soziale Einrichtungen. – Als Vorläufer unserer *Kindergärten* gab es in Mosbach schon 1853 eine aus freiwilligen Beiträgen finanzierte und von einer »erfahrenen Frauensperson« und einem Komitee von »Frauen aus den gebildeten Ständen« geleitete »Kleinkinderbewahranstalt«. In Neckarelz hatte 1849 der Dekan Allgaier der kath. Pfarrei 1000 fl für die Gründung einer Kleinkinderbewahranstalt vermacht, 1886 bestanden hier schon 2 Anstalten und eine 3. sollte eingerichtet werden. Mitte der 1860er Jahre hatten auch Diedesheim und Nüstenbach Kleinkinderschulen, in Lohrbach bestand 1889 eine private Einrichtung mit 40–50 Kindern. 1903 erhielt sie einen Neubau. 1910 ist in Neckarelz und in Mosbach je eine (kath.) Kinderbewahranstalt genannt. Auch 1939 hatten Mosbach und Neckarelz kath. Kindergärten. Nach dem Krieg wurde auf dem Bergfeld der erste Kindergarten von der ev. Kirchengemeinde eingerichtet. Er zog 1958 in einen Neubau am Ortsausgang um. Einen kath. Kindergarten erhielt das Bergfeld 1963 mit dem neuen kath. Gemeindezentrum. Der ev. Kindergarten schloß 1977 aus Kindermangel. 1989 gab es ev. Kindergärten in Mosbach in der Pfalzgraf-Otto-Straße, in der Nüstenbacher Straße und in der Waldstadt, in Diedesheim, Neckarelz und Lohrbach, kath. Kindergärten in Mosbach am Franz-Roser-Platz und am Hammerweg, im Bergfeld, in der Waldstadt, in Diedesheim, Neckarelz, Reichenbuch und Sattelbach, außerdem 1 privaten Kindergarten in Neckarelz.

Mit *Alten- und Pflegeheimen* ist die Stadt gut ausgestattet. Die Stiftung Hospitalfonds Mosbach als Bauträger und der Verein Diakonische Altenhilfe Mosbach e.V. als Betriebsträger führen das Pfalzgrafenstift Mosbach – Altenzentrum mit 69 Pflegeplätzen, 20 Plätzen im Altenheim und 6 Plätzen im Altenwohnheim. 1989 wurden die Bewohner von 62 Mitarbeitern betreut. Die Gemeinnützige Dechowstiftung Mosbach hat das Seniorenzentrum »Tannenhof« gebaut. Es besitzt 71 Betten, davon 41 im Bereich Schwerstpflege. Von den 45 Mitarbeitern wirken 24 in der Pflege. Ein privates Heim ist das Seniorenstift »Klingenburg« mit 30 Altenheim- und 3 Pflegeheimplätzen. In Mosbach unterhält der Hospitalfonds, in Neckarelz die Dechowstiftung Altenwohnungen. Um die alten Mitbürger kümmert sich auch die Diakonische Altenhilfe Mosbach, die seit 1981 besteht.

Die größte Einrichtung im sozialen Bereich mit einem weit über Mosbach hinausreichenden Wirkungsfeld sind die *Johannes-Anstalten Mosbach.* Sie sind Mitglied des Diakonischen Werks der Ev. Landeskirche Baden und unterhalten Ausbildungs-, Rehabilitations- und Pflegezentren für geistig- und mehrfachbehinderte Kinder, Jugendliche und Erwachsene. Gegründet wurden sie 1880/81 von Bürgern aus Mosbach und Umgebung als Anstalt für schwachsinnige Kinder auf dem Anwesen der alten Mosbacher Papierfabrik, später der Heuß'schen Garnfabrik. Die Anstalt wechselte häufig den Namen (Idiotenanstalt, Erziehungs- und Pflegeanstalt für Geistesschwache), bis sie 1949 den jetzigen Namen erhielt. Begonnen hat sie mit 16 Pfleglingen, 1928 besaß sie für damals 212 Pfleglinge 3 Pflegehäuser, 1 Krankenhaus und mehrere Ökonomiegebäude. Auch sie entging der Euthanasie-Ideologie des Dritten Reiches nicht. Von hier wurden zwischen 1940 und 1944 in geheimen Aktionen 262 Behinderte deportiert und ermordet. Seit dem Krieg haben sich die Johannes-Anstalten sowohl räumlich, baulich als auch personell erheblich vergrößert. 1965 fiel der Beschluß, die Verwahranstalt in eine moderne Rehabilitationseinrichtung umzuformen, in der Gei-

144 *Neckarelz und Diedesheim von Südosten. Links des Neckars Obrigheim. Im Hintergrund die Winterhauchhochfläche mit dem Katzenbuckel*

147 *Lohrbach
von Südosten* ▷

145, 146
*Neckarbrücke mit
Diedesheim*

148 Lohrbach, kath. Kirche St. Peter und Paul

149 Lohrbach, ehemaliges Wasserschloß

150 Mosbach, ▷ Altstadt von Nordosten

◁ 151 *Mosbach, Waldstadt von Süden.*
Im Hintergrund Lohrbach, Sattelbach und Fahrenbach

152 *Mosbach, Rathaus*

153 Mosbach, Palm'sches Haus am Marktplatz

154 Mosbach, Fachwerkhäuser am Marktplatz

155 Mosbach, Fachwerkhäuser an der Hauptstraße

156 Mosbach, Altstadt mit Julianenkirche und Rathaus vom Henschelberg aus

157 Nüstenbach von Südosten. Im Hintergrund die Winterhauchhochfläche mit dem Katzenbuckel

158 Neckarelz von Südosten. Im Vordergrund Industriegebiet. In der Bildmitte der Stadtteil mit der ev. Pfarrkirche und dem Tempelhaus. Im Hintergrund rechts des Neckars Diedesheim, links des Flusses Obrigheim

161 *Reichenbuch von Südwesten*

159 *Neckarelz, Tempelhaus*

160 *Reichenbuch, Ortsmitte mit ev. Kirche*

162 Sattelbach von Südosten

Die Gemeinde im 19. und 20. Jahrhundert   145

stig- und Schwerbehinderte intensiv gefördert werden. 1967 wurde ein hauptamtlicher Facharzt für Psychiatrie und Neurologie eingestellt, 1971 die Kinder- und Jugendpsychiatrische Abteilung und das Spastikerzentrum gegründet und erstmals 2 Psychologen eingestellt. In der Urzelle an der Neckarburkener Straße in Mosbach wurden neue Heime, Krankenhäuser, Spiel- und Sportanlagen errichtet. Sonderschulen, die »Mosbacher Werkstätten« für Behinderte, eine Kirche kamen hinzu. Die Zieglers-Mühle wurde als Gästehaus für Eltern und Angehörige der Pfleglinge eingerichtet. Das Berufsbildungswerk Mosbach hat sich anfangs der 1970er Jahre mit dem Zweck, lernbehinderten Jugendlichen aus der Region und aus dem ganzen Bundesgebiet eine gute Ausbildung zu geben, auf dem Anstaltsgelände und in der Brenners-Mühle eingerichtet und nahm 1977 die Arbeit auf. Nahezu alle Jugendlichen, die hier ausgebildet werden, wohnen im Internat des Berufsbildungswerks. Nach der Berufsvorbereitung in Förderungslehrgängen stehen ihnen die Fachgebiete Metall, Gartenbau, Holz und Farbe, Hauswirtschaft, Textil, Warenprüfer/Versandfertigmacher offen. Die Ausbildung erfolgt nach dem dualen System, d. h. unter gleichzeitigem Besuch der Sonderberufsschule, ist von den Handwerkskammern bzw. den Industrie- und Handelskammern anerkannt und wird von intensiver sozial-pädagogischer Betreuung begleitet. Fast alle hier Ausgebildeten werden von den Arbeitsämtern auf Arbeitsplätze in Industrie und Handwerk vermittelt.

In Unterschwarzach mietete die Mosbacher Anstalt 1936 einige Häuser an und kaufte später den ganzen Schwarzacher Hof. Seit Mitte der 1960er Jahre hat sich aus diesen Anfängen eine Großeinrichtung der Johannes-Anstalten entwickelt. Außerdem haben sich die Anstalten eine Reihe von Außenstellen geschaffen: ein Kurzzeitheim in Aglasterhausen-Michelbach für die Unterbringung Schwerbehinderter in Notfällen und für gemeinsame Ferien von Familien mit behinderten Kindern, das Kinderheim »Tannenburg« für Schwerstbehinderte in Simmersfeld (Lkr. Calw), das Altenheim »Haus Bergesruh« in Buchen-Hettigenbeuern, der »Lindenhof«, ein altes Bauernhaus in Schluchsee-Dresselbach, der zum Ferienheim für Behinderte umgebaut wurde. Anfang der 1970er Jahre bauten die Johannes-Anstalten auch in Lahr eine Werkstätte für Behinderte mit einem Wohnheim auf. Weniger stark Behinderte können in Mosbach, Schwarzach und in Haßmersheim in Wohngruppen unter Betreuung selbständig leben.

Nach dem Stand vom 31. 5. 1990 besitzen die Johannes-Anstalten Mosbach insgesamt 2664 Plätze, darunter 2093 Heimbetten, 88 Klinikbetten, 28 Betten im Gästehaus und 455 Plätze für Externe. In Mosbach selbst stehen 567 Bettplätze in 46 Wohngruppen im Heimbereich und 320 Bettplätze in 27 Wohngruppen im Berufsbildungswerk mit Internat, außerdem 1 Außenwohngruppe mit 14 Bettplätzen im »Haus Iris« zur Verfügung. Die »Mosbacher Werkstätten« für Behinderte bieten insgesamt 800, in Mosbach 350 Arbeitsplätze in den Bereichen, Metall, Montage, Verpackung und Eigenfertigung für geistig und mehrfach Behinderte, auch für Externe, an. Sie arbeiten als Zulieferer für die örtliche Industrie.

Insgesamt kümmern sich in den Johannes-Anstalten 2342 Mitarbeiter um die Behinderten, davon 1033 im Heim- und Erziehungsbereich, 327 in der Hauswirtschaft, 225 im Schulbereich, 189 im ärztlichen, psychologischen und medizinisch-technischen Dienst, 131 Lehrmeister in den Werkstätten für Behinderte, 71 Ausbilder im Berufsbildungswerk, 55 Handwerker und 160 Mitarbeiter in Fahrdienst, Gärtnerei, Landwirtschaft und mit anderen Aufgaben. Die Mosbacher Einrichtungen allein haben rd. 800 Mitarbeiter im Anstalts- und Werkstattbereich und 250 Mitarbeiter im Berufsbildungswerk.

Kirchen und Religionsgemeinschaften. – In der *Ev. Landeskirche Baden* bildet Mosbach seit ihrem Bestehen (1821) den Mittelpunkt eines Kirchenbezirks (Diözese).

1845 umfaßte er die Kirchengemeinden Dallau, Eberbach, Großeicholzheim, Haßmersheim, Lohrbach, Mittelschefflenz, Mosbach, Binau, Neckarelz, Neckarburken, Neckargerach mit der Filiale Reichenbuch, Obrigheim, Strümpfelbrunn. Heute gehören ihm die politischen Gden Mosbach, Billigheim, Binau, Elztal, Fahrenbach, Haßmersheim, Hüffenhardt, Limbach, Mudau, Neckargerach, Neckarzimmern, Obrigheim, Schefflenz, Waldbrunn und Zwingenberg sowie seit 1975 der Gemeindeteil Daudenzell der sonst zum Kirchenbezirk Neckargemünd zählenden Gde Aglasterhausen, der Gemeindeteil Großeicholzheim der Gde Seckach sowie die Stadtteile Einbach und Waldhausen der Stadt Buchen an, die sonst beide zum Kirchenbezirk Adelsheim gehören.

Auch innerhalb des heutigen Stadtgebietes hat sich die kirchliche Einteilung verändert. Die schon vor 1803 errichteten Pfarreien I und II in Mosbach heißen heute Stiftspfarrei und Lutherpfarrei und stehen noch unter dem Patronat des Fürsten von Leiningen. 1974 wurde die Christuspfarrei errichtet und mit ihr die Filiale Nüstenbach vereinigt. Nüstenbach hatte früher zu Neckarelz gehört, der Gottesdienst war aber schon Ende des 19. Jh. abwechselnd von Mosbach und Neckarelz aus gehalten worden. Später war Nüstenbach Filiale der Mosbacher Lutherpfarrei.

Die Kirchengemeinde Lohrbach hatte 1845 die Filialen Sattelbach, Trienz und Fahrenbach, später war Sattelbach Nebenort, heute gehört es unmittelbar in die Pfarrei Lohrbach. Trienz und Fahrenbach sind seit 1863 abgetrennt. Als Filiale wurde 1973 Reichenbuch (früher Filiale von Neckargerach) der Kirchengemeinde Lohrbach zur Pastoration zugewiesen. Von der Kirchengemeinde Neckarelz, die bisher die Filialen Diedesheim mit Schreckhof und Nüstenbach besaß, ist Nüstenbach zu Mosbach umgegliedert. Auch über die Kirchen von Lohrbach und Neckarelz übt der Fürst von Leiningen in Amorbach das Patronat aus.

Jede Kirchengemeinde verfügte 1845 über eine Kirche, von den Filialen jedoch nur Nüstenbach. In Mosbach war das Langhaus der Stiftskirche seit 1708 dem ev., der durch eine Wand abgetrennte Chor dem kath. Gottesdienst vorbehalten. Mitte der 1950er Jahre erbaute die Luthergemeinde das Martin-Luther-Haus in der Martin-Butzer-Straße und 1964/65 die Christuskirchengemeinde ihre Kirche in der Nüstenbacher Straße. Die Stiftskirchengemeinde besitzt nach wie vor das Langhaus der Stiftskirche. In Neckarelz, Lohrbach, Nüstenbach und seit 1908 in Reichenbuch stehen ev. Kirchen.

Die *Ev. Stiftschaffnei Mosbach*, heute Außenstelle der Ev. Pflege Schönau in Heidelberg, ist insofern aus dem 1564 aufgehobenen Kollegiatstift St. Juliana hervorgegangen, als die Besitzungen des Stifts der Geistlichen Güterverwaltung übertragen und von einem Stiftschaffner und einem Kollektor verwaltet wurden. Bei der Vereinigung der beiden protestantischen Bekenntnisse brachten die Reformierten das Stiftsvermögen in die Bad. Landeskirche ein als Teil des Unterländer Ev. Kirchenfonds, jedoch weiterhin unter eigener Verwaltung durch die Stiftschaffnei. Während des 19. Jh. war diese bemüht, ihr Vermögen zu mehren und insbesondere weiteren Wald- und Landbesitz zu erwerben. In manchen Dörfern der Umgebung, vor allem in den Odenwaldgemeinden, gehörten ihr in den 1860er Jahren große Teile der Feldgemarkung und des Waldes. Die Kaufpolitik des Stifts trieb zu Lasten der kleinen Bauern die Güterpreise in die Höhe. Mit den Gemeindeverwaltungen kam es oft zu Spannungen über die finanzielle Beteiligung des Stifts an den Gemeindewegen und an anderen Ausgaben, zu denen es nach Ansicht der Gemeinden verpflichtet war. Auch waren Empfindlichkeiten der Gemeindebeamten im Spiel, denen gegenüber das Stift die Haltung einer vorgesetzten Behörde annahm. Auf der anderen Seite hatte die Stiftschaffnei die Baupflicht für eine ganze Reihe von Kirchen, Pfarrhäusern und Schulen und trug allein oder zusammen mit anderen Kostenträgern zur Besoldung von Pfarrern und Lehrern bei. 1988 betrug der Flächenbesitz der Stiftschaffnei im Bereich des Neckar-Odenwald-Kreises 582,58 ha verpachtete LF des Unterländer Ev. Kirchenfonds, 364,05 ha verpachtete LF der Zentralpfarrkasse und 2679,54 ha selbstbewirtschaftete forstwirtschaftliche Fläche.

Auch in der *kath. Kirche* hatte Mosbach Mittelpunktfunktion als Dekanatssitz. Zum Landkapitel Mosbach, bis zur Gründung des Erzbistums Freiburg zur Diözese Würzburg gehörig, zählten 1828 die Pfarreien Allfeld (heute Gde Billigheim), Billigheim, Dallau (Gde Elztal), Eberbach (Rhein-Neckar-Kreis), Herbolzheim (Lkr. Heilbronn), Lohrbach, Mosbach, Neckarelz, Neckargerach, Neudenau (Lkr. Heilbronn), Oberschefflenz (Gde Schefflenz), Rittersbach (Gde Elztal), Strümpfelbrunn (Gde Waldbrunn), Stein (am Kocher, Lkr. Heilbronn) und Waldmühlbach (Gde Billigheim), mit den zugehörigen Filialen, im heutigen Neckar-Odenwald-Kreis also die Gemeinden Mosbach, Billigheim, Elztal, Neckargerach ohne Guttenbach, Obrigheim ohne Asbach, Schefflenz, Waldbrunn, Zwingenberg, sowie von Fahrenbach der Gemeindeteil Fahrenbach und von Seckach der Gemeindeteil Großeicholzheim. 1845 war die Dekanatseinteilung verändert. Neugegründet war das Dekanat Eberbach, u.a. aus dem westlichen Teil des Dekanats Mosbach. Mit Neckargerach gehörte dorthin auch die Filiale Reichenbuch. Zum Dekanat Mosbach war jedoch Haßmersheim, früher Dekanat Waibstadt, gekommen. Das Dekanat Eberbach war 1910 aufgelöst und u.a. Neckargerach wieder dem Dekanat Mosbach unterstellt.

Die Pfarrei Mosbach besaß zunächst nur die Pfarrkirche St. Juliana, d.h. den Chor der Stiftskirche. Die Kirche des Franziskanerklosters war nach dessen Aufhebung 1808 wegen Baufälligkeit 1809 abgebrochen worden. Zur Mosbacher Pfarrei gehörten schon 1828 die Filialen Hardhof und Knopfhof. Die Pfarrei Neckarelz mit der Pfarrkirche zu Mariä Himmelfahrt versorgte die Filialen Diedesheim mit dem Schreckhof, Nüstenbach und außerdem Obrigheim, Mörtelstein und Neuburg (heute Gde Obrigheim). Zu Lohrbach mit der Pfarrkirche zur Himmelfahrt Mariä zählten die Filialen Sattelbach und Fahrenbach mit der Filialkirche zum hl. Jakob. Fahrenbach war der ältere Pfarrort, aber schon vor 1828 war der Pfarrsitz an den Sitz der leiningischen Amtskellerei Lohrbach verlegt worden. Reichenbuch unterstand als Filiale der Pfarrei Neckargerach.

Die kirchliche Einteilung des Stadtgebiets blieb unverändert, bis 1903 Fahrenbach als eigene Pfarrei sich von Lohrbach trennte. 1939 war Sattelbach unmittelbar, nicht mehr als Filiale, in den Pfarrbezirk Lohrbach einbezogen, während Diedesheim und Nüstenbach weiterhin Filialen von Neckarelz und Reichenbuch Filiale von Neckargerach blieben. In Mosbach wuchs mit zunehmender Einwohnerzahl das Bedürfnis nach einer eigenen kath. Kirche. 1935 konnte die neue Pfarrkirche »St. Cäcilia in monte« geweiht werden, die das Patrozinium der vorreformatorischen Pfarrkirche wieder aufgriff. Nach dem Krieg wurden im heutigen Stadtgebiet mehrere neue Kirchen erbaut. In Mosbach hing der Bau der St. Josephskirche 1957 mit der Errichtung einer weiteren Pfarrei zusammen. Sattelbach baute 1954 eine eigene Kirche St. Joseph, Neckarelz erbaute 1955 eine neue Pfarrkirche St. Marien (Immaculata Conceptio), die alte Pfarrkirche St. Marien (ad Assumptionem), das Tempelhaus, wurde 1963/65 renoviert. In Reichenbuch wurde 1960 die Filialkirche Herz Jesu erbaut und schon 1976/77 renoviert. Auf dem Bergfeld entand, auch für den Hardhof, 1962/63 die Kirche »Maria Königin«, zusammen mit einem Gemeindezentrum (mit Kindergarten, Jugendheim und Schwesternwohnung). In Lohrbach wurde 1967/69 eine neue Kirche erbaut. Sie erhielt den Namen St. Paul und übernahm von der alten Kirche St. Maria ad Assumptionem als Nebenpatrozinium. Seit 1977/79 hat auch die Waldstadt eine Kirche St. Bruder Klaus.

Nach der neuesten Einteilung bestehen auf dem Stadtgebiet Mosbach 4 Pfarreien: Die Pfarrei Mosbach St. Cäcilia mit der 1965 renovierten Pfarrkirche St. Cäcilia und der 1980/82 renovierten Kirche St. Juliana (Chor der Stiftskirche) ist für den südlichen Teil der Stadt zuständig und hat Bergfeld, Hardhof und Knopfhof mit der Filialkirche Maria Königin als Filiale. Zur Pfarrei Mosbach St. Joseph gehört der nördliche Teil der Stadt und als Filialen die Waldstadt mit der Filialkirche St. Bruder Klaus und Nüstenbach ohne Kirche. Zum Pfarrbezirk der Pfarrei Mosbach-Lohrbach mit der Pfarrkirche St. Paul gehört die Filiale Sattelbach mit der Filialkirche St. Joseph. Der Pfarrbezirk der Pfarrei Mosbach-Neckarelz umfaßt die Stadtteile Neckarelz und Diedesheim. Die Kirche liegt an der Nahtstelle der beiden Stadtteile. Reichenbuch ist nach wie vor Filiale der Pfarrei Neckargerach.

In Neckarelz besteht eine *Neuapostolische Gemeinde* mit ca 70 Mitgliedern. Ihre Kirche wurde 1958 eingeweiht. Gleichfalls in Neckarelz besteht die Ev. Freikirche »Gemeinde Gottes« e.V. (Pfingstgemeinde) und haben die Zeugen Jehovas ihren Königreichssaal. In Mosbach sind außerdem vertreten: die Intern. Missionsgesellschaft der Siebenten-Tags-Adventisten und die Ev. Freikirchliche Gemeinde (Baptisten).

Für die *Israeliten* der Gden Billigheim, Binau, Eberbach, Groß- und Kleineicholzheim, Heinsheim, Hochhausen, Mosbach, Neckarzimmern, Neudenau, Stein am Kocher, Strümpfelbrunn und Zwingenberg war Mosbach seit 1827 Sitz des Bezirksrabbinats. Seit 1886 hatte der Mosbacher Rabbiner auch die Israeliten der Rabbinatsbezirke Merchingen und Wertheim zu versorgen. Der Gottesdienst wurde in einem Betsaal gehalten, bis 1860 eine Synagoge erbaut wurde. Von 1830 bis zur Einführung der Simultanschule gab es eine jüd. Volksschule in Mosbach. Die Synagoge wurde 1938 niedergebrannt, die Mauern dann völlig abgetragen.

Schulen und Bildungseinrichtungen. – Zu Beginn des 19. Jh. hatten alle drei christlichen Konfessionen eigene Schulen in Mosbach, die Reformierten eine Knaben- und eine Mädchenschule. Nach der Kirchenunion wurde aus den luth. und den ref. Schulen die ev. Knaben- und die ev. Mädchenschule gebildet. 1853 bestanden in Mosbach eine ev. und eine kath. Volksschule, jeweils für Mädchen und Knaben getrennt, mit zusammen 393 Schülern und 4 Hauptlehrern. Aus diesen Schulen ging die Volksschule hervor, die bis nach dem 2. Weltkrieg ausreichte. Dann jedoch wurden weitere Schulen notwendig, um die wachsende Schülerzahl aufzunehmen. 2 Schulen wurden 1951/52 gebaut, eine weitere folgte 1958.

Neckarelz, Lohrbach, Nüstenbach, Reichenbuch hatten zu Beginn des 19. Jh. konfessionell getrennte Schulen. In Neckarelz wurde 1808 die ref. mit der luth. Schule vereinigt und 1817 das luth. Schulhaus verkauft. Diedesheim und der Schreckhof gehörten zum Schulverband Neckarelz. 1854 gingen dort 258 Kinder zur Schule und wurden von 2 Hauptlehrern und 1 Nebenlehrer unterrichtet. Die ev. Schule kaufte 1860 aus Mitteln ihrer Pfründe ein neues Schulhaus. Das kath. Schulhaus wurde 1876 durch das baupflichtige Stift Lobenfeld vergrößert. 1870–72 wurde ev. Fortbildungsunterricht erteilt, nach Überwindung von Schwierigkeiten hielten ab 1874 der ev. und der kath. Hauptlehrer Fortbildungsunterricht. 1901/03 löste Diedesheim den Schulverbund auf und baute für die Kinder aus Diedesheim und dem Schreckhof eine eigene Schule. In Lohrbach hatte 1857 allein die ev. Schule 162 Kinder, die von 1 Haupt- und 1 Hilfslehrer unterrichtet wurden. Baupflicht hatte das Stift Mosbach, für die kath. Schule die Gemeinde. 1876 schlossen sich beide Schulen zusammen, 1881/85 wurde ein neues Schulhaus gebaut und das kath. Schulhaus verkauft. Sattelbach besaß nur eine kath.

Die Gemeinde im 19. und 20. Jahrhundert 149

Schule, die ev. Kinder gingen nach Lohrbach zur Schule. 1871 beschloß der Gemeinderat, für die ca. 50 kath. und 20 ev. Schulkinder eine gemeinsame Schule im Ort einzurichten. 1872 wurde der Schulsaal vergrößert und der Schulverband mit Lohrbach gelöst. Allerdings versäumte Sattelbach, die Rechte an der ehemals gemeinsamen Schulpfründe zu wahren und konnte, als 1881 das Ev. Stift Mosbach die Baulast an der Lohrbacher Schule ablöste, den Anspruch auf Beteiligung nicht durchsetzen. In Nüstenbach bestand ein zahlenmäßiges Mißverhältnis von (1851) 50 Kindern in der ev. und 5 in der kath. Schule. Beide Schulen hatten einen Hauptlehrer. Später (1865) aber versorgte der Lehrer aus Reichenbuch die 3 Schüler der kath. Schule mit, bis 1870 die kath. Schule geschlossen wurde. 1888 wurde neben dem bisherigen Schul- und Rathaus ein neuer Schulsaal gebaut. Auch in Reichenbuch, wo 1855 der ev. und der kath. Lehrer zusammen 20–30 Schüler unterrichteten, legte man 1876 die Schulen zusammen, obwohl zunächst die kath. Eltern dagegen gewesen waren. Für den Industrie- d.h. Handarbeitsunterricht sorgte in den 1890er Jahren in allen Schulen eine von der Gemeinde angestellte Industrielehrerin. Die konfessionell gemischten Volksschulen bestanden bis zur Schulreform.

Heute hat nicht einmal jeder dörfliche Stadtteil mehr eine Grundschule, noch stärker konzentriert sind die Hauptschulen. Reine Grundschulen sind in Mosbach die Wilhelm-Stern-Grundschule und die Waldstadt-Grundschule, in Neckarelz die Clemens-Brentano-Grundschule, außerdem die Schulen in Diedesheim und Lohrbach, letztere mit einer Außenstelle in Reichenbuch. Kombinierte Grund- und Hauptschulen sind die Lohrtal-Grund- und Hauptschule und die Müller-Guttenbrunn-Grund- und Hauptschule in Mosbach. Nur Neckarelz hat mit der Auguste-Pattberg-Hauptschule eine reine Hauptschule.

Neben der Wilhelm-Stern-Grundschule befindet sich die Hardbergschule für Lernbehinderte, im gleichen Gebäude mit der Neckarelzer Grundschule die Comenius-Schule für Lernbehinderte. Mit den Johannes-Anstalten verbunden sind eine Schule für Geistig-Behinderte, eine Schule für Geistig-Behinderte (Werkstufe) und eine Schule für Erziehungshilfe für Lernbehinderte.

Die *Pestalozzi-Realschule* im Mosbacher Schulzentrum zwischen Elz und Hammerweg ist für das gesamte Stadtgebiet zuständig. Allerdings unterhält die Volkshochschule Mosbach noch eine Abendrealschule.

Das *Nicolaus-Kistner-Gymnasium* geht letztlich auf die alten Mosbacher Lateinschulen zurück. Die ref. und die ursprünglich von den Franziskanern geführte kath. Lateinschule sollten 1809, da sie nur wenige Schüler hatten, vereinigt werden. Da dies nicht gelang, wurde die kath. Lateinschule mit der kath. Stadtschule zusammengelegt. 1811 war auch die Einrichtung einer allen drei Konfessionen gemeinsamen Realschule im Gespräch. Die reformierte, dann ev. Lateinschule wurde 1841/42 entsprechend dem Schulgesetz von 1834 in eine höhere Bürgerschule umgewandelt, nachdem die Umwandlung in eine Realschule 1820 am Widerstand der Stadt gescheitert war. 1853 gab es außer der Höheren Bürgerschule auch eine private Höhere Töchterschule. Sie bestand noch 1912. Der Stadtrat versuchte schon 1860, die Höhere Bürgerschule in ein Gymnasium umwandeln zu lassen, aber der Oberschulrat lehnte ab. Erst 1894 gelang die Aufstockung zu einem 6klassigen Realprogymnasium. 2 Jahre vorher hatte die Schule, die bisher in Miete untergebracht gewesen war, einen eigenen Bau erhalten. Vollausgestattet zum Realgymnasium mit gymnasialer Abteilung wurde die Schule 1926/27. Zwischen 1938 und 1945 hieß sie Ritter-Götz-von-Berlichingen-Schule, seit 1958 trägt sie den Namen Nicolaus-Kistner-Gymnasium. Die Schule ist ein Gymnasium der Normalform mit 3 Fremdsprachenfolgen. Ein Gymnasium des gleichen Typs

Tabelle 6: **Die allgemeinbildenden Schulen in Mosbach 1989/90**

Schule	Klassen	Klassen-stufen	Schüler	Lehrer-Stunden
Grundschulen:				
Wilh.-Stern-Grundschule Mosbach	6	1–4	124	166
Grundschule Waldstadt	4	1–4	102	119
Grundschule Lohrbach	3	1–2		
Grundschule Lohrbach,			109	119
Außenstelle Reichenbuch	2	3–4		
Grundschule Diedesheim	7	1–4	131	182
Clemens-Brentano-Schule Neckarelz	9	1–4	228	257
Grund- und Hauptschulen:				
Lohrtal-Schule Mosbach	14	1–9	274	430
Müller-Guttenbrunn-Schule Mosbach	11	1–9	254	380
Hauptschule:				
Auguste-Pattberg-Schule Neckarelz	12	5–9	301	467
Realschulen:				
Pestalozzi-Realschule Mosbach	18	5–10	472	645
Abendrealschule der VHS	1		17	
Gymnasien:				
Nicolaus-Kistner-Gymnasium Mosbach	22	5–13	717	
Auguste-Pattberg-Gymnasium Neckarelz	21	5–13	676	
Schulen für Lernbehinderte:				
Hardbergschule Mosbach	9	1–9	99	
Comenius-Schule Neckarelz	8	1–9	98	

Quellen: Angaben der Stadtverwaltung Mosbach; Schulen in den Gemeinden Baden-Württemberg im Schuljahr 1988/89. Regierungsbezirk Karlsruhe. Herausgegeben vom Statistischen Landesamt Baden-Württemberg.

ist in Neckarelz das *Auguste-Pattberg-Gymnasium*, das mit der Hauptschule zum Auguste-Pattberg-Bildungszentrum zusammengefaßt ist. Über Klassen, Schüler- und Lehrerzahlen gibt Tab. 6 Auskunft.

Der Musikunterricht in den Schulen findet mehr als eine Ergänzung in der *Musikschule Mosbach*, die in ihrer heutigen Form seit 1986 besteht, aber auf einen Vorläufer von 1980 zurückgeht. Sie ist eine öffentliche Schule der Großen Kreisstadt Mosbach und 11 weiterer Gemeinden. Etwa 60 Lehrkräfte unterrichten hier in derzeit 700 Wochenstunden rd. 1400 Schüler aller Altersklassen. Für Kinder im Alter von 4 Jahren an wird musikalische Früherziehung und musikalische Grundausbildung angeboten. Im Vordergrund steht dann der Instrumentalunterricht, auch Gesang, Ballett und Körpererziehung nehmen breiten Raum ein. Wert gelegt wird auch auf gemeinsames Musizieren, das seine Höhepunkte in musikalischen Veranstaltungen wie dem »Musik-Fest« oder dem »Musik-Theater« findet.

Als wohl erste weiterbildende Schule in Mosbach kann das ab 1807 rd. 20 Jahre lang bestehende Präparanden-Institut für Lehramtszöglinge gelten. Es war auf Initiative ref. Geistlicher gegründet worden, die auch den nur im Sommer stattfindenden Unterricht unentgeltlich bestritten.

Gewerblichen Unterricht in Rechnen, Freihandzeichnen und Buchführung, ohne Berücksichtigung der einzelnen Handwerkszweige, erteilte seit 1836 ein Lehrer der höheren Bürgerschule. 1851 wurde dann die *Gewerbeschule*, zunächst in Verbindung mit der höheren Bürgerschule, gegründet. Sie hatte einen guten Einfluß auf die Leistungsfähigkeit des Handwerks. Seit 1872 ist sie eine selbständige Anstalt. Die Gewerbeschule wurde um die Jahrhundertwende auch von den in den Diedesheimer Betrieben beschäftigten Arbeitern zur Fortbildung besucht. 1928 hatte sie 434, vor dem 2. Weltkrieg durchschnittlich 650 Schüler. Nach dem Krieg reichten die Räume nicht mehr aus, so daß 1951/52 auch für die Gewerbeschule ein Neubau errichtet wurde, der außerdem die landwirtschaftliche und die hauswirtschaftliche Berufsschule aufnahm. Die Kreisgewerbeschule Mosbach setzt sich heute zusammen aus dem Technischen Gymnasium, der Gewerblichen Berufsschule (Metalltechnik, Elektrotechnik, Bautechnik, Farbtechnik/Raumgestaltung), dem Berufsvorbereitenden Jahr (Gewerbe), der 1jährigen Berufsfachschule Metall/Kfz, der 1jährigen Berufsfachschule Elektrotechnik, der 2jährigen gewerblich-technischen Berufsfachschule Metalltechnik, der Fachschule (Meisterschule) für das Malerhandwerk, der Fachschule Maschinentechnik – Konstruktion, der DVS-Schweiß-Kursstätte und dem Telekolleg II. In allen Abteilungen zusammen wurden 1989 in 47 Klassen 1058 Schüler unterrichtet.

Aus kaufmännischen Kursen, seit 1894 abgehaltenen privaten Kursen der Mosbacher Handelsgenossenschaft und aus dem kaufmännischen Begleitunterricht in der Gewerbeschule entstand 1907 eine Handelsabteilung an der Gewerbeschule. 1921 wurde sie selbständig als *Handelsschule*, 1937 erhielt sie die Höhere Handelsschule angegliedert. Auch hier wurde die Raumnot drückend, bis 1955 ein Neubau bezogen werden konnte. Heute umfaßt die vom Landkreis getragene Ludwig-Erhard-Schule ein 3jähriges Wirtschaftsgymnasium, die kaufmännische Berufsschule, die 2jährige Wirtschaftsschule, die 2jährige Berufsfachschule für Bürotechnik, das 1jährige kaufmännische Berufskolleg I, eine Arzthelferinnenklasse und das Berufsgrundbildungsjahr (Hauswirtschaft). Sie hatte 1989 zusammen 1068 Schüler in 54 Klassen.

Anfang des 20. Jh. (1912) bestanden eine Haushaltungsschule und eine Frauenarbeitsschule. Ihre Nachfolge übernimmt heute die *Auguste-Bender-Schule*. Sie gliedert sich in die Hauswirtschaftliche Berufsschule, die Landwirtschaftliche Berufsschule, die Landwirtschaftliche Berufsschule für Jungarbeiter, das Berufsvorbereitungsjahr Hauswirtschaft, die 1jährige hauswirtschaftliche Berufsfachschule, die 2jährige hauswirtschaftspflegerisch-sozialpädagogische Berufsfachschule, das 1jährige hauswirtschaftlich-pflegerisch-sozialpädagogische Berufskolleg I und das 1jährige zur Fachhochschulreife führende Berufskolleg. Auch sie ist eine Einrichtung des Landkreises. 1989 hatte sie insgesamt 23 Klassen und 382 Schüler.

Die Landwirtschaftliche Kreiswinterschule war Vorläufer der *Kreislandwirtschaftsschule*, einer Fachschule für Landwirtschaft mit der Abteilung Landbau, an der 1989 in 2 Klassen 29 Schüler unterrichtet werden. Am Kreiskrankenhaus ist seit 1961 eine *Krankenpflegeschule* eingerichtet. Sie hatte 1989 in 3 Klassen 57 Schülerinnen. Die Dechow-Stiftung betreibt eine private Schule für Altenpflege mit (1989) 45 Schülern in 2 Klassen. Zu den Berufsschulen zählt auch das schon genannte Berufsbildungswerk – Sonderberufsschule – der Johannes-Anstalten, in dem 1989 in 34 Klassen 333 Schüler ausgebildet werden.

Im Jahre 1980 wurde die *Berufsakademie Mosbach* mit 18 Studenten als Außenstelle der Berufsakademie Mannheim gegründet, 1984 wurde sie mit 400 Studenten zur selbständigen Einrichtung. Sie gliedert sich in die Fachbereiche Wirtschaft und Technik. Zum Fachbereich Wirtschaft gehören die Sparten Industrie, Bank, Handel, Holzhandel und Wirtschaftsinformatik. Zum Fachbereich Technik gehören die Sparten Maschinenbau, Elektrotechnik, Holztechnik, technische Informatik. Derzeit hat die

Berufskademie 14 hauptamtliche Lehrkräfte und 810 Studierende, die ihre betriebliche Ausbildung in ca 350 meist mittelständischen Betrieben erfahren. Am Ausbildungsprogramm nehmen auch Betriebe außerhalb des Neckar-Odenwald-Kreises teil, wie auch die Studierenden, insbesondere die der Fächer Holztechnik und Holzhandel, aus ganz Baden-Württemberg und auch aus dem angrenzenden Bayern kommen.

Seit Oktober 1983 befindet sich das früher in Haßmersheim ansässige *Berufsfortbildungswerk*, Gemeinnützige Bildungseinrichtung des DGB GmbH, in Mosbach. Seit dem Umzug hat es sich erheblich erweitert und bietet außer Umschulungen im Metallbereich auch Lehrgänge in EDV und im kaufmännischen Bereich an.

Als Vermittler wissenschaftlicher Erkenntnisse vor allem auf technologischem Gebiet an die Unternehmen im Neckar-Odenwald-Kreis arbeiten das Transferzentrum Neckar-Odenwald und das Transferzentrum Mosbach. Ende 1990 soll jedoch die Tätigkeit des Transferzentrum Neckar-Odenwald eingestellt und an das neubenannte *Transferzentrum Mosbach für Fertigungstechnik und Automatisierung* übergeben werden. Mit der Berufsakademie hat sich naturgemäß eine enge Zusammenarbeit entwickelt.

In Mosbach wurde 1952 als Einrichtung der *Erwachsenenbildung* die *Volkshochschule Mosbach e.V.* gegründet. Heute besitzt sie 16 Außenstellen im gesamten westlichen Kreisgebiet. Das Angebot an Kursen, Vorträgen und anderen Veranstaltungen ist breit gefächert und begreift berufliche Fortbildung, Sprachkurse, Kurse zu Gesundheit und Bewegung, kreative Freizeitgestaltung und künstlerische Tätigkeiten ein. In den letzten Jahren hat sich als besonderer Schwerpunkt die Seniorenarbeit gebildet. Am Seniorenprogramm, das außer körper- und geistbildenden Kursen auch Besichtigungen, Exkursionen u.ä. umfaßt, planen und arbeiten die älteren Menschen selbst mit. An der VHS unterrichten 200 Lehrkräfte. Im Verwaltungs- und pädagogischen Bereich teilen sich mehrere Teilzeitkräfte 5 Planstellen.

Gleichfalls eine Erwachsenenbildungsstätte, zuerst für die ländliche Bevölkerung, inzwischen auch für Interessierte aus anderen Bevölkerungskreisen ist die *Bauernschule Nordbaden, Ländliche Heimvolkshochschule e.V.* Sie hält Kurse, Wochen- und Wochenendseminare und Tagungen zu Themen, die im weiten Umfeld berufsbezogen sind, aber auch Themen zur Persönlichkeitsbildung und zur politischen Bildung sowie kreative Kurse gehören zu ihrem Angebot. Träger der Bauernschule sind die kath. und ev. Kirche, die Kreisbauernverbände aus Nordbaden, die nordbadischen Landkreise und der Bad. Genossenschaftsverband. Ein ähnliches Angebot an Kursen und Vorträgen zu Wissen, Glaube und Praxis macht das *Bildungszentrum Mosbach des Bildungswerks der Erzdiözese Freiburg, Region Odenwald-Tauber*. Seit 1975 werden Kurse etc. veranstaltet, ursprünglich weniger als 100, im Programm für 1990/91 jedoch mehr als 1200 Unterrichtseinheiten im Jahr. 1950 baute die Gewerkschaft ÖTV in Mosbach die *Michael-Rott-Schule* für Schulungen der Mitglieder und Funktionäre in gewerkschaftlicher Arbeit. Seit 1972 hat die *Verwaltungs- und Wirtschaftsakademie Baden* (Hauptsitz Karlsruhe) außer in Pforzheim auch in Mosbach eine Nebenstelle mit einem ehrenamtlichen Mitarbeiter, der die örtliche Organisation durchführt. Die Verwaltungs- und Wirtschaftsakademie ist eine Einrichtung zur hochschulmäßigen Fortbildung für Beamte und Angestellte aus Verwaltung und Wirtschaft in Rechts- und Wirtschaftswissenschaften. Der Studiengang zum »Betriebswirt VWA« umfaßt 7 Semester mit Abendkursen und Blockseminaren. Die Teilnehmer der Studiengänge stammen aus allen, vorwiegend jedoch aus kaufmännischen und Bankberufen. Die Teilnehmerzahl liegt meist zwischen 30 und 40 Personen.

Kulturelle Einrichtungen. – Seit Juni 1980 besitzt Mosbach ein *Kulturzentrum* im alten Hospitalgebäude. 1977 erwarb die Stadt den Hospitalkomplex, eine Fachwerkan-

Die Gemeinde im 19. und 20. Jahrhundert 153

lage aus dem 15. Jh., bisher im Besitz des Hospitalfonds und als Wohnstatt von Hilfsbedürftigen genutzt. Im Rahmen der Altstadtsanierung begannen umfangreiche Umbauarbeiten in Übereinstimmung mit dem Landesdenkmalamt. Heute befinden sich hier die Stadtbücherei, die Volkshochschule und ein Teil der *Städtischen Sammlungen* mit deren Kernstücken, den überkommenen Erzeugnissen der Mosbacher Fayencemanufaktur. Auch die Scheuer, die seit dem 19. Jh. dem Hospital gehörte, nimmt jetzt einen Teil der Sammlungen auf, darunter eine vollständige Schmiede, Gegenstände zur Handwerks- und Zunftgeschichte und die Mosbacher Zunftfahnen. Das Haus »Kickelhain«, ein malerisches Fachwerkhäuschen, wurde als Wohnhaus des 18./19. Jh. wiederhergerichtet, das Haus »Paschke« zur Heimatstube der in Mosbach lebenden Heimatvertriebenen. Der Hospitalhof mit Gartenanlagen und einer kleinen Bühne ist der geeignete Platz für kulturelle Veranstaltungen.

Die *Stadtbücherei* besitzt (Stand 1989) 19312 Bände in Mosbach und 6611 Bände in der Zweigstelle Neckarelz. 1988 wurden in Mosbach 81894 Bände und in Neckarelz 4082 Bände ausgeliehen. Während in Mosbach die Literaturgattungen Romane, Sachbücher und Kinder- und Jugendbücher annähernd gleichmäßig gefragt waren, machte in Neckarelz die Kinder- und Jugendliteratur mehr als ¾ der Entleihungen aus. Eine Art Vorgänger war die Volksbibliothek mit Lesezimmer im Gebäude der Gewerbeschule, die Anfang des 20. Jh. bestand.

Die Stadt Mosbach ist Mitglied der *Bad. Landesbühne Bruchsal*. Mehrmals im Jahr finden Theateraufführungen, meist in der Stadthalle, statt.

Regelmäßige *kulturelle Veranstaltungen* sind Orgelkonzertreihen im Frühjahr und Herbst jeden Jahres und seit 1986 von Juni/Juli bis August/September der »Mosbacher Sommer« mit vielfältigen Veranstaltungen auf den Plätzen und in den Sälen der Innenstadt und der Stadtteile. 1947 wurde die Tradition der Ratsherrenweckfeier wieder aufgenommen, die einige Jahrzehnte durch Kriege und Rezession bedingt eingeschlafen war. Sie geht auf eine 1447 von Pfalzgraf Otto gestiftete Seelenmesse, verbunden mit der Gabe von Wecken an die Schultheißen und Ratsherren sowie Korn für die Armen, zurück und findet jedes Jahr in der 1. Januarhälfte statt. Nach der ökumenischen Seelenmesse, abwechselnd im ev. und kath. Teil der Stiftskirche gelesen, findet eine Feier statt, bei der jedem Ratsmitglied ein, dem Oberbürgermeister zwei Wecken überreicht werden. Verbunden damit sind Festvorträge zu aktuellen und historischen Themen sowie gegebenenfalls die Verleihung der Ehrenbürgerschaft der Stadt und der Pfalzgraf-Otto-Plakette.

Sportstätten. – Der älteste Sportplatz in Mosbach wurde 1919 an der Neckarburkener Straße angelegt. Er wurde 1984 durch einen weiteren Sportplatz, den Jahnplatz, ergänzt. Weitere Sportplätze besitzt die Stadt am Habichtsweg (Baujahr 1958), auf dem Bergfeld (Baujahr 1968), auf dem Lohrbacher (1955 und 1980) und dem Sattelbacher (1955 und 1981) Sportgelände. Sportplätze mit Leichtathletikanlagen befinden sich auf dem Sportgelände an der Nüstenbacher Straße in Mosbach (Baujahre 1965 und 1985), im Elzstadion Neckarelz (1964), auf dem Diedesheimer (1965) und auf dem Reichenbucher (1962) Sportgelände. Das Elzstadion besitzt auch einen Jugendplatz (1975). Zu den städtischen Anlagen gehören außerdem die Freiluft-Schulsportanlagen des Kistner-Gymnasiums (1980) in Mosbach, des Auguste-Pattberg-Bildungszentrums in Neckarelz sowie der Grundschulen in der Waldstadt und in Neckarelz. Der Landkreis unterhält die Sportanlage der Ludwig-Erhard-Schule mit 1 Sportplatz und 1 Großturnhalle, der Bund den Sportplatz der Bundeswehr-Standortverwaltung in Neckarelz. Die Johannes-Anstalten besitzen 1 Mehrzweck- und 1 Kleinspielfeld.

An städtischen Sporthallen sind zu nennen die Jahnhalle mit der 1960 erbauten Halle 1 und der 1981 erbauten Halle 2 sowie einer Gaststätte, die 1965 errichtete Große Halle des Sportzentrums Im Katzenhorn, die in 3 kleine Hallen teilbare, 1969, 1978 und 1985 errichtete Pattberghalle in Neckarelz, die in eine größere und eine kleine Halle teilbare Odenwaldhalle von 1975 in Lohrbach, die 1989 gebaute Gymnastikhalle im Elzstadion. Auch die meisten Schulen verfügen über Turn- und Gymnastikhallen. Zu den Johannes-Anstalten gehört die Halle am Berufsbildungswerk. Auch die Bundeswehr-Standortverwaltung in Neckarelz besitzt eine Mehrzweckhalle. Weitere Sporthallen besitzen der VFK Diedesheim e.V. und der Tischtennisverein 1950 e.V. in Nüstenbach. Städtische Freibäder wurden 1936 angelegt in Mosbach am Hammerweg und 1965 in Reichenbuch, ein Hallenbad steht seit 1965 im Schul- und Sportgelände Im Katzenhorn. Auch die Johannes-Anstalten haben ein Hallenbad mit Bewegungsbad. Vereinseigene Tennisplätze besitzen der Tennisclub Waldstadt e.V. (1979) und der Tennisclub Blau- Weiß 1979 Reichenbuch (1979). Der Tennisclub Grün-Weiß-Rot hat 1989 seine Tennisanlage in das Gewann Im Bruch verlegt und dabei sowohl die bisherigen 5 auf 6 Plätze vermehrt als auch eine Tennishalle mit 3 Plätzen gebaut. Auch der Tennisclub Neckarelz e.V. besitzt seit 1977 bzw. 1979 eine Freiluftanlage mit 6 Plätzen und eine Halle mit 4 Plätzen. Am Hammerweg wurde 1986 auch eine Kegelsportanlage errichtet. Schießanlagen besitzen die Mosbacher Schützengilde 1680 e.V. (Schützenhaus mit Bahnen für Faustfeuerwaffen, 1 Duellanlage, 11 KK-Stände, Zuganlagen für Luftgewehr und -pistole, Baujahr 1958), der Schützenverein Neckarelz-Diedesheim e.V. (Schützenhaus mit KK-Anlage und Luftgewehrhalle, Baujahr 1956) und der Schützenverein Lohrbach e.V. (Schützenhaus mit 2 KK-Ständen und 10 Luftgewehrständen, Baujahr 1953). Auf dem Bergfeld liegt die 1958 angelegte Reitanlage des Reitclub Mosbach e.V. mit 1 Reitplatz, 1 Vorbereitungsplatz, 1 Dressurplatz und Stallungen. Der Skiclub Mosbach e.V. hat auf städtischem Gelände in Nüstenbach einen Skihang mit Schlepplift und Flutlichtanlage ausgestattet, der Ruderclub Neptun e.V. besitzt an der Neckarallee ein Boothaus. Dem Flugsport dient in erster Linie der Flugplatz Lohrbach mit dem Motorfluggelände, den Flughallen und der Flugschule, außerdem ein Segelfluggelände mit Asphalt-Beton-Landebahn und Flughalle am Hamberg. Abflugrampen für Drachenflieger hat der Delta Club Mosbach e.V. unterhalb des Schreckhofes und unterhalb des Finkenhofes (Gkg Obrigheim) ausgebaut.

Vereine. – Vereine spielen im Leben der Stadt und der Stadtteile eine wichtige Rolle. Die meisten Vereine wurden zwar erst nach dem 2. Weltkrieg gegründet, aber es gibt doch eine Anzahl traditionsreicher Vereine in Mosbach, die noch heute das gesellige Leben in der Stadt mittragen. An erster Stelle zu nennen ist hier der älteste Verein der Stadt, die Mosbacher Schützengilde 1680 e.V., die um 1860 wieder zu neuem Leben erwachte. Während sie in ihrer ersten Blütezeit nie mehr als 30 Mitglieder hatte, die sich aus den kurfürstlichen Beamten und den angeseheneren Bürgern der Stadt rekrutierten, liegt ihre Mitgliederzahl heute knapp unter 300. Aus dem 19. Jh. stammen die Männergesangvereine »Frohsinn« 1845 Mosbach, »Liedertafel« Lohrbach, »Eintracht« Nüstenbach, »Neckarperle« Neckarelz und als größter der alten Vereine der Turnverein Mosbach 1846 e.V. Auch heute sind Sport- und Musikvereine die größte Gruppe unter den Vereinen in der Stadt und ihren Stadtteilen. Einen Überblick vermittelt Tab. 7.

Die Gemeinde im 19. und 20. Jahrhundert 155

Tabelle 7: **Die Sport- und Musikvereine in Mosbach 1989**

Vereinsziel	Gründungs-jahr	Mitglieder
Allgemeine Sportvereine		
Verein für Körperpflege Diedesheim e. V. (VfK)	1902	649
Sportverein Alemannia Sattelbach e. V.	1931	202
Versehrtensportgruppe Mosbach	1955	50
Sportverein Bergfeld e. V. (SVB)	1966	275
Verein für Bewegungsspiele 1967 e. V. Mosbach-Waldstadt (VfB)	1967	385
Verein für Leibesübungen Mosbach-Elztal e. V. (VfL)	1979	255
Mosbacher Türkischer Jugend-Sport-Verein e. V.	1982	40
Turnen		
Turnverein Mosbach 1846 e. V.	1846	1172
LC Neckar-Odenwald e. V.	1976	406
Fußball		
Mosbacher Fußballverein 1919 e. V. (MFV)	1919	?
Spielvereinigung Neckarelz e. V.	1921	808
Fußballclub Fortuna Lohrbach 1929 e. V.	1929	322
Fußballverein Reichenbuch e. V.	1948	?
Fußballclub Mosbach 1951 e. V.	1951	530
Tennis und Tischtennis		
Tennisclub »Grün-Weiß-Rot« 1948 e. V.	1948	?
Tennisclub Neckarelz e. V.	1974	371
Tennisclub Waldstadt e. V.	1978	226
Tennisverein Blau-Weiß 1979 Reichenbuch e. V.	1979	93
Tischtennisverein 1950 e. V. Nüstenbach	1950	110
Schießsport		
Mosbacher Schützengilde 1680 e. V.	1680	?
Schützenverein Neckarelz-Diedesheim e. V.	1930	115
Schützenverein Lohrbach e. V.	1960	121
Sportschützenkreis 3 Mosbach	?	?
Reiten und Fechten		
Reitclub Mosbach e. V.	1962	157
Reiterfreunde Neckarelz e. V.	1975	27
Fecht-Club Mosbach e. V.	1977	55
Wasser- und Skisport		
Ruderclub »Neptun« e. V.	1949	175
Yacht-Club Sund	1980	?
Ski-Club Mosbach e. V.	1959	654
Motor- und Flugsport		
Auto- und Motorsportclub	1964	872
Motorradfreunde Neckar-Odenwald e. V.	1977	?
Fliegergruppe Mosbach e. V.	1950	93
Delta-Club Drachenflieger e. V.	1980	37
Ballonsportgruppe Mosbach	1982	23
Angel- und Fischereisport		
Sportfischereiverein Mosbach und Umgebung e. V.	1975	?
Anglerfreunde Mosbach	1981	29
Angelfreunde Diedesheim	?	?

Vereinsziel	Gründungsjahr	Mitglieder
Karate		
Mosbacher Karateverein Goju Rye e.V.	1969	149
Musik		
Musikverein Mosbach e.V.	1930	258
Spielmannszug der Freiwilligen Feuerwehr Mosbach	1949	?
Tanz- und Blasorchester Lohrbach, ging	1955	20
Neckartalmusikanten Neckarelz-Diedesheim	1966	80
Gesang		
Männergesangverein »Frohsinn« 1845 Mosbach	1845	?
Männergesangverein »Liedertafel« Lohrbach	1857	111
Männergesangverein »Eintracht« Nüstenbach	1884	?
Männergesangverein »Neckarperle« Neckarelz	1891	260
Männergesangverein »Sängerlust« Diedesheim e.V.	1913	160
Gesangverein »Harmonie« Reichenbuch	1920	85
Männergesangverein »Flügelrad« Neckarelz	1948	49
Männergesangverein »Frohsinn« Sattelbach	1950	100
Frauenchor Mosbach	1953	100
Postchor Mosbach e.V.	1971	805
Posaune		
Ev. Posaunenchor Neckarelz-Diedesheim	1901	?
Ev. Posaunenchor Mosbach	1953	?
Ev. Posaunenchor Lohrbach	?	?

Quelle: Stadtverwaltung Mosbach

Selbstverständlich haben die großen bundesweiten Wohlfahrtsverbände wie Rotes Kreuz, Arbeiter-Wohlfahrt usw. in Mosbach ihren Kreis- oder Stadtverein, desgleichen der VdK (Verband der Kriegsopfer) seine Ortsgruppen. Wandervereine wie der Odenwaldverein oder die Naturfreunde sind in Mosbach vertreten. Die Kirchen und Pfarreien pflegen Frauen- und Jugendgruppen, auch die ev. und kath. Pfadfinder sprechen die Jugendlichen an. Schulen und andere Institutionen werden von Fördervereinen unterstützt, die Heimatvertriebenen sind in ihren Landsmannschaften zusammengeschlossen, Türken und Jugoslawen haben eigene Clubs. Hausbesitzer, Mieter, Siedlergemeinschaften, Reservisten der Bundeswehr, einige Berufsgruppen, Kleingärtner, Kleintierzüchter, Vogel- und Hundefreunde vertreten ihre Interessen und pflegen zum Teil auch Geselligkeit. Ältester Verein dieser Art ist der Brieftaubenverein »Über Berg und Tal« von 1904. Rotary, Lions, Round Table, Schlaraffia sind vertreten. Liebhabereien wie Briefmarkensammeln, Schach- und Skatspiel, Filmen, Fotografieren, Amateurfunk, Modellbau und Modellflug werden gern gemeinsam in Vereinen betrieben.

Kulturelle Ziele verfolgen der Heimatverein Neckarelz e.V., der schon seit 1930 besteht, die 1956 gegründete Konzertgemeinde Mosbach e.V. mit 192 Mitgliedern, der 1977 gegründete Geschichts- und Museumsverein Mosbach e.V. mit 155 Mitgliedern und der gleichfalls 1977 gegründete Kunstverein Neckar-Odenwald mit 152 Mitgliedern. 3 Vereine haben die Ausrichtung der Fastnacht zum Zweck: die Karnevalsgesellschaft »Feurio« in Mosbach wurde schon 1927 gegründet, die Neckarelzer Karnevalsgesellschaft »Neckario« 1951, und die FG Tanzknöpf Mosbach mit jetzt 111 Mitgliedern stammt von 1977. Den Fremdenverkehr will der 1979 gegründete Verkehrsverein Mosbach fördern. Die Verkehrswacht Neckar-Odenwald-Kreis arbeitet mit der Polizei zusammen auf dem Gebiet der Verkehrserziehung.

Strukturbild

Die Große Kreisstadt Mosbach ist als Sitz des Landratsamtes des Neckar-Odenwald-Kreises und zahlreicher anderer Behörden des Landkreises und des Landes Verwaltungsmittelpunkt des Neckar-Odenwald-Kreises. Zentraler Verwaltungsort war Mosbach schon in kurpfälzischer Zeit und blieb es ungefährdet unter den Fürsten von Leiningen und den bad. Großherzögen. Von 1863 bis zu ihrer Auflösung 1939 war Mosbach auch Mittelpunkt eines der 11 bad. Großkreise, die kommunale Selbstverwaltungsaufgaben zu erfüllen hatten. Dieser Kreis Mosbach umfaßte die Amtsbezirke Adelsheim, Boxberg, Buchen, Eberbach, Mosbach, Tauberbischofsheim und Wertheim. Die Verwaltungsreformen im Land Baden in den 1920er und 1930er Jahren sowie die letzte Verwaltungsreform Anfang der 1970er Jahre in Baden-Württemberg stärkten die Verwaltungszentralität Mosbachs durch Vergrößerung des Amtsbezirks bzw. Landkreises.

Hinsichtlich der Versorgung des Umlandes mit Gütern und Dienstleistungen steht Mosbach auf der Stufe eines Mittelzentrums. Diese Funktion sollte nach dem Landesentwicklungsplan 1971 in Mosbach ausgebaut, d. h. die bereits vorhandene Bedeutung gestärkt werden. Dabei war mitbedacht, daß sich die weitere zentralörtliche Entwicklung auch in den damals noch selbständigen Nachbarorten an der Elzmündung vollziehen könne. Inzwischen sind Diedesheim und Neckarelz in Mosbach eingegliedert und tragen spürbar zur zentralörtlichen Stellung der Stadt bei, insbesondere auf dem Gebiet der Arbeitsplatzzentralität. Laut Regionalplan Unterer Neckar von 1980 kreuzt sich in Mosbach die Regionale Siedlungsachse Heidelberg–Neckargemünd–Eberbach–Mosbach–Haßmersheim–Heilbronn, an der Diedesheim und Neckarelz liegen, mit der Regionalen Siedlungsachse Meckesheim–Waibstadt–Aglasterhausen–Mosbach–Buchen–Walldürn/Hardheim(–Tauberbischofsheim), die die Kernstadt Mosbach und die beiden Orte an der Elzmündung einbegreift. Auch der Regionalplan weist Mosbach als weiter zu stärkendes Mittelzentrum der Verwaltungsräume Kleiner Odenwald, Limbach, Haßmersheim-Hüffenhardt, Mosbach und Schefflenztal aus. Allerdings ordnet er den Verwaltungsraum Neckargerach-Waldbrunn dem Mittelzentrum Eberbach zu, während sich hier tatsächlich Mosbach als der stärkere Magnet zeigt, insbesondere seit die Altstadtsanierung das Einkaufen hier attraktiver machte. Der geöffnete Schülerverkehr bringt gerade aus diesem Raum Käufer nach Mosbach. Die Rolle, die im 19. Jh. die Mosbacher Märkte in der Versorgung der Umlandbewohner spielten, haben heute die Einzelhandelsgeschäfte übernommen. Obgleich kein vollgültiges Kaufhaus vorhanden ist, bieten die Läden der Stadt alle Güter des mittelfristigen und die meisten Güter des langfristigen Bedarfs in guter Auswahl an. Eine Marktuntersuchung von 1985 ergab, daß jede zweite in Mosbach ausgegebene Mark aus dem Umland stammt. Das Einkaufszentrum im Altstadtbereich wird durch einige großflächige Einzelhandelsgeschäfte am Rand der Stadt ergänzt. Zur Bedarfsdeckung, die über das Angebot in der Stadt hinausgeht, werden die Oberzentren Mannheim und Heilbronn aufgesucht. Heilbronn war schon zu Beginn des Jahrhunderts aufgrund der besseren Verkehrsanbindung das bevorzugte Zentrum und ist es heute wieder. Etwa 75 % der Mosbacher Kunden, die in einem Oberzentrum einkaufen wollen, wählen Heilbronn.

In medizinischer Hinsicht übernimmt Mosbach die Versorgung eines Umlandes, das sich ungefähr mit dem Gebiet des alten Lkr. Mosbach deckt. Das Kreiskrankenhaus und die zahlreichen niedergelassenen Ärzte sind dieser Aufgabe voll gewachsen. Unter den Bildungseinrichtungen ziehen die Gymnasien in Mosbach und Neckarelz sowie die berufsbildenden Schulen auch Schüler aus dem Umland an. 1987 wurden 1940 Ausbildungseinpendler gezählt, 795 mehr als noch 1961. Ganz wesentlich zentralen Charakter besitzen auch die Volkshochschule und die übrigen Institutionen der Erwachsenenbildung. Die Volkshochschule unterhält Außenstellen im gesamten ehemaligen Lkr. Mosbach.

Gewichtige zentralörtliche Faktoren sind auch die Arbeitsstätten, die zahlreiche Einpendler aus dem Umland beschäftigen. Mosbach mit Diedesheim und Neckarelz hat sich aus kleinen Anfängen heraus zum industriellen Schwerpunkt des Neckar-Odenwald-Kreises entwickelt und behauptet diese Stellung auch heute, obgleich der Tertiäre Sektor zunehmend gegenüber dem Produzierenden Gewerbe an Bedeutung gewinnt.

Zwischen 1970 und 1987 hat die Zahl der nichtlandwirtschaftlichen Arbeitsstätten um fast 20 % auf 1170 zugenommen, die Zahl der Beschäftigten lag allerdings im Mai 1987 mit 145 Personen um knapp 2 % unter der vom Mai 1970. Dennoch hat der Sog der Mosbacher Arbeitsstätten auf die Umlandbevölkerung stetig zugenommen. 1961 pendelten, die heutigen Gemeindegrenzen zugrundegelegt, 5031 Personen, 1970 schon 7119 und 1987 dann 7599 Personen in die Stadt ein. 1961 waren 45 % der Arbeitsplätze von Einpendlern belegt, 1970 49 % und 1987 schließlich 53 %. Andererseits arbeiten auch zahlreiche Bewohner des Stadtgebiets außerhalb der Stadtgrenzen. Ihre Zahl hat von 1961-1970 von 2432 auf 2837 zu-, bis 1987 aber auf 2696 Personen wieder abgenommen. Ihr Anteil an den im Stadtgebiet wohnenden Erwerbstätigen lag 1961 und 1970 bei 28 % und 1987 bei 26 %. Für 1987 ergibt sich ein Einpendlerüberschuß von 4903 Personen. Er resultiert hauptsächlich aus dem Arbeitsplatzangebot im Tertiären Sektor, weniger aus dem im Produzierenden Gewerbe, da viele Industriearbeiter in den Raum Neckarsulm-Heilbronn auspendeln. In den Behörden, Gebietskörperschaften und sonstigen Organisationen im Stadtgebiet arbeiteten 1987 insgesamt 4239 Personen, schon fast ⅓ aller (nichtlandwirtschaftlich) Beschäftigten. Gut ⅓ der Arbeitsplätze stellt aber noch das Produzierende Gewerbe einschließlich des Baugewerbes, das restliche knappe Drittel verteilt sich auf Handel/Verkehr/Nachrichtenübermittlung, Kreditinstitute/Versicherungsgewerbe und das private Dienstleistungsgewerbe, also weitere Bereiche des Tertiären Sektors.

Daß sich Mosbach zum wirtschaftlichen Schwerpunkt des heutigen Neckar-Odenwald-Kreises entwickeln konnte, liegt nicht nur an der bevorzugten Stellung der Stadt als Verwaltungsmittelpunkt, sondern auch an der günstigen Verkehrslage. Letzteres gilt auch für die ehemaligen Dörfer Diedesheim und Neckarelz am Neckar. Bei ihnen kommt aber noch hinzu, daß sich, abgesehen von Rippberg, nur hier das Gießereigewerbe halten konnte und daß sie Ende des 19. Jh. Baustoffe herstellen und auf dem Neckar verschiffen und somit die Baukonjunktur der Jahrzehnte um die Jahrhundertwende für sich nutzen konnten. Die Gründung des Zementwerks war eine logische Folge dieser Gunst. Haben auch etliche Firmennamen gewechselt, so ist Mosbach mit Neckarelz und Diedesheim auch heute noch Standort bedeutender Maschinen- und Metallindustriebetriebe und der Baustoffindustrie. Auch die Verkehrsgunst hat sich erhalten, ja wurde durch den Autobahnanschluß und die Straßenausbauten im Elzmündungsgebiet noch deutlich verbessert.

Die verglichen mit dem gesamten Neckar-Odenwald-Kreis günstige wirtschaftliche Entwicklung des Stadtgebietes seit dem ausgehenden 19. Jh. bedingte auch eine Bevöl-

Die Gemeinde im 19. und 20. Jahrhundert 159

kerungsentwicklung, die sich positiv von der des übrigen Kreisgebietes abhebt und zu einer relativ hohen Bevölkerungsdichte führte. Lag zu Beginn des 19. Jh. die Bevölkerungsdichte im heutigen Stadtgebiet schon im oberen Drittel der Kreiswerte, so hatte die Stadt 1987 mit 378,7 E/qkm die höchste Einwohnerdichte aller Gemeinden des Neckar-Odenwald-Kreises erreicht. Allerdings bestehen nach wie vor deutliche Unterschiede zwischen den einzelnen Siedlungseinheiten im Stadtgebiet. Die höchste Bevölkerungsdichte wies 1987 Neckarelz mit 735,7 E/qkm auf, gefolgt von Diedesheim mit 554,7 E/qkm. Mosbach selbst (einschließlich Nüstenbach und der Waldstadt) erreichte nur eine Einwohnerdichte von 410,7 E/qkm. Sattelbach (205,1 E/qkm), Reichenbuch (156,9 E/qkm) sowie Lohrbach (103,6 E/qkm) mit seiner großen Gemarkung entsprechen in ihrer Bevölkerungsdichte durchaus den dörflichen Gemeinden des Neckar-Odenwald-Kreises.

In enger Wechselwirkung mit der Bevölkerungsentwicklung und der Bevölkerungsdichte steht die bauliche Entwicklung. Neubauten weist heute jeder Stadtteil auf, die größten zusammenhängenden Neubaugebiete, zu denen auch die Mosbacher Waldstadt gezählt werden kann, sind jedoch auf den Gkgn Mosbach, Diedesheim und Neckarelz gebaut worden. In diesem Zusammenhang ist auch auf die Anstrengungen hinzuweisen, die der Erhaltung und Verbesserung der alten Bausubstanz dienen, d. h. auf die Altstadtsanierung in Mosbach selbst und die Dorfentwicklungsprogramme in allen dörflichen Stadtteilen.

Quellen

Ortsbereisungsakten

Diedesheim: GLA 364/3549, 4038, 6767
Lohrbach: GLA 364/3568, 4262, 4263
Mosbach: GLA 364/3569
Neckarelz: GLA 364/3580, 456, 4564
Nüstenbach: GLA 364/4751, 4752, 3589
Reichenbuch: GLA 364/4845, 4846, 4847
Sattelbach: GLA 364/4894, 4895

Sonstige Akten

GLA 214/167, GLA 237/472, GLA 364/582, 1355, 1356, 5400, 5925, 5931, 5934, 5937, 5940, 5941, 5944, 5948, 5949, 5955, 5956, 5957, 5958, 5960, 5961, 5963, 5966, 5969, 5970, 5971, 5972, 5973, 5974, 5981, 6240, 6241, 6242, 6243, 6244, 6245, 6246, 6900, 6901, 6902, 6903, 6906, 6907, 6908, 7117, 7118.

Literatur

Amts- und Verkündigungsblatt für Mosbach. No. 38 vom 15. Mai 1846.
Historisch-topographisch-statistische Beschreibung des Amtsbezirks Mosbach. Hrsg. von der Freien Lehrer-Konferenz Mosbach. Bühl 1885.
Bilanz Mosbacher Wirtschaftsförderung. Stand 1990. Mosbach 1990.
Brüche, Ernst und Dorothee *Brüche*: Das Mosbach Buch. Elztal-Dallau 1978.
Brüche, Ernst: Mosbachs große Zeit. Aus der Vergangenheit der alten Reichsstadt am Odenwald. Mosbach 1959.
Dietz, Rudolph: Die Gewerbe im Großherzogthum Baden. Karlsruhe 1863.
Familienheim Mosbach e. G. (1983).
Familienheim Mosbach e. G. Geschäftsbericht. 1984–1989. Mosbach.
Festschrift zum 50jährigen Bestehen der Bergfeld-Siedlung 1934–1984. Mosbach 1984.

Festschrift zur Einweihung des Neubaues des Nicolaus-Kistner-Gymnasiums Mosbach am 21. Sept. 1968.
Führer durch die badische Amts- und Kreisstadt Mosbach im Odenwald. Hrsg. vom Verkehrsverein. Mosbach 1912.
Hartmann, Karl Otto: Die Lage des Sattler- und Tapezierhandwerks in Mosbach. In: Untersuchungen über die Lage des Handwerks in Deutschland. Bd 8. Süddeutschland. Leipzig 1897.
Neue Heimat. Gemeinnützige Baugenossenschaft für den Landkreis Mosbach. Des Jahres Arbeit.
Gedenkschrift zur Einweihung der Siedlungen in Mosbach, Neckarelz, Obrigheim, Diedesheim und Auerbach 9. Okt. 1949. Mosbach 1949.
Industriepark Mosbach. Mosbach o. J. (1985/86).
Informationen aus den Johannes-Anstalten Mosbach. H. 3 u. 4, 1988; H. 4, 1989; H. 4, 1990.
48. Jahresbericht der Erziehungs- und Pflegeanstalt für Geistesschwache in Mosbach. Mosbach 1928.
Die Johannes-Anstalten. Mosbach 1986.
Kühne, Ingo: Der südöstliche Odenwald und das angrenzende Bauland. Heidelberg 1964. (Heidelberger Geogr. Arbeiten. H. 13.)
Mosbacher Kulturzentrum. Mosbach 1980.
Landesentwicklungsplan Baden-Württemberg vom 22. Juni 1971 mit Begründung und Anlagen. Fassung 1973.
28. Badischer Landes-Feuerwehrtag Mosbach. 75jähriges Bestehen der Freiw. Feuerwehr Mosbach und Weihe der 2. Fahne am 3., 4. und 5. September 1927. Mosbach 1927.
Lang, Th.: Die Hauptstadt der Kleinen Pfalz. Hrsg. von der Stadt Mosbach im Jubiläumsjahr 1936. Mosbach 1936.
Liebig, Fritz: Neckarelz und Diedesheim. Zwei Dörfer an dem Schicksalsweg unseres Volkes. Neckarelz und Diedesheim 1972.
Mezler, Leonhard: Lohrbach. 1200 Jahre Heimatgeschichte. Lohrbach 1965.
Großh. Badisches Regierungsblatt. 1862, 1867.
Regionalplan Unterer Neckar. Mannheim 1980.
Renz, J.: Chronik der Stadt Mosbach. Bd. 1. H. 2. Kreis Mosbach. Kreisgebiet und wirtschaftliche Verhältnisse. Mosbach o. J. (um 1929).
Schuemacher, Karl: Das Schirmmachergewerbe in Karlsruhe. In: Untersuchungen über die Lage des Handwerks in Deutschland. Bd. 8. Süddeutschland. Leipzig 1897.
Mosbacher Sommer (Programme). Mosbach 1986–1990.
Straßenbauverwaltung Baden-Württemberg: Straßenverkehrszählung 1985. Verkehrsstärken in Ortsdurchfahrten. 1986.
Verzeichniss der im Großherzogthum Baden vorhandenen Fabriken mit mehr als 20 Arbeitern und der sonstigen gewerblichen Unternehmungen, welche mit Dampfkraft oder mit Wasserkraft arbeiten. Aufnahme im Jahr 1869. Als Ms gedr.
Wirth, H.: Die Stadt Mosbach, histor., topogr. u. statistisch geschildert. Heidelberg 1864.

C. Geschichte der Stadtteile

Diedesheim

Siedlung und Gemarkung. – Erstmals 1306 wird der Ort unter den beiden Namensformen *Duthensheim* und *Tuthensheim* erwähnt. Die Schreibungen bleiben im Spätmittelalter meist ähnlich. Die Nachricht *Titensheim* (1265) ist wohl eher auf Deidesheim an der Weinstraße zu beziehen. Die Form *Tutisheim* (um 1333) kündigt erstmals die Tendenz an, das n wegzulassen, im 16. Jh. ist dann die heutige Form als *Diedeßheim* anzutreffen. Der Name ist wohl von einem Personennamen Tutin abzuleiten. Trotz seiner späten Nennung gehört der Ort zur ältesten fränkischen Siedlungsschicht. Er stand freilich immer im Schatten des bedeutenderen Neckarelz. Vielleicht hat man sich

Geschichte der Stadtteile

das so vorzustellen, daß früh ein Doppelort bestanden und dessen Schwerpunkt sich bald nach Neckarelz verlagert hat, wo ursprünglich nur das herrschaftliche und kirchliche Zentrum war. Bisher fehlen archäologische Hinweise zur Frühgeschichte von Diedesheim. Der Ort selbst liegt ganz exzentrisch in seiner Gemarkung unmittelbar an der Grenze zu Neckarelz.

Die Siedlung, noch im 18. Jh. eine einfache Häuserzeile, umfaßte in der frühen Neuzeit 30–40 Häuser; ihre Zahl stieg im letzten Drittel des 18. Jh. von 50 bis auf 65 (1803).

Auch die Gemarkung ist aus dem ursprünglichen Zusammenhang mit Neckarelz gelöst. Sie umfaßte das Neckarufer und die anstoßenden Hänge bis auf die Wasserscheide hinauf. Das Areal des Schreckhofs ist deutlich aus der Diedesheimer Gemarkung herausgeschnitten. Wald blieb fast nur im Norden anschließend an die Grenze zu Binau erhalten. Späte Rodung stellt dort die Talweitung am Knoden dar. Am Herzogsberg dagegen wurden Weinberge zu Wald aufgelassen.

Herrschaft und Staat. – Diedesheim hat mit Neckarelz gemeinsames Schicksal, kam also aus dem Wimpfener Reichsland über die Herren von Weinsberg in der Hauptsache vor 1380 an die Kurpfalz, welche die Zenthoheit schon seit 1330 besaß. Nach der Zugehörigkeit zu Pfalz-Mosbach 1410 bis 1499 war der Ort als Bestandteil der Kellerei Neckarelz dem Amt, später Oberamt, Mosbach zugeteilt und fiel mit diesem 1802/03 an das Fürstentum Leiningen. Die bad. Souveränität wurde im Zuge der Rheinbundakte 1806 auch über Diedesheim errichtet. Zuständiger Amtssitz blieb auch in der Folgezeit stets Mosbach. Auf alte Grundherrschaft könnten die Bodenzinse für das Stift Mosbach u. a. von fast allen Hausplätzen zurückgehen. Die Amtskellerei Neckarelz hatte vielerlei Gefälle, so auch von Weingärten, aber keinen Hof.

Gemeinde. – Mit Neckarelz zusammen stand Diedesheim unter einem gemeinsamen Schultheißen und Gericht. In dieses Gericht entsandte es im 16. Jh. 3 Schöffen. Vom späten 17. Jh. an ist ein eigener Anwalt für Diedesheim bezeugt. Diedesheim besaß jedoch ein separates Gemeindevermögen und daher auch 2 eigene Bürgermeister und die entsprechenden Gemeindeämter einschließlich der Feldrichter. Im 18. Jh. verfügte es selbst über ein Rathaus mit Gemeindekelter sowie ein Hirtenhaus. Die Wälder waren zum großen Teil im Gemeindebesitz. Hinzu kam Holzberechtigung in der Michelherd. Das Schafweiderecht der Gemeinde war an den Schäfer auf dem Schreckhof mitverpachtet.

Kirche. – Der Ort war stets nach Neckarelz eingepfarrt, besaß keine eigenen kirchlichen Institutionen und unterstand den nämlichen Zehntherren wie der Mutterort (s. d.). Auf einen Eremiten weist der Waldname Einsiedel im Tal innerhalb des Gemeindewaldes hin.

Bevölkerung und Wirtschaft. – Die Musterungslisten des 16. Jh. weisen für Diedesheim 45–50 Personen aus; man darf daher mit einer Gesamtbevölkerung um 200 Personen rechnen. Der Rückgang im 30j. Krieg war 1671 bereits weitgehend ausgeglichen. Das 18. Jh. brachte einen kontinuierlichen Anstieg: 1671: 137, 1777: 259, 1809: 273 Einwohner.

Während 1671 10 Katholiken gezählt wurden, waren es 1803 82, also 31 % der Gesamtbevölkerung. Nach ihren Rechtsverhältnissen gab es damals unter den Familienvorständen 63 Bürger, 3 Beisassen und 3 Tolerierte. Unter den Bürgern waren 30 Bauern und 23 Seldner, d. h. Handfröner. 1806 werden 24 im Gewerbe beschäftigte Erwachsene genannt, eine Zahl, die aber nicht einfach in die Bürgerzahl von 1803 eingerechnet werden kann.

In der landwirtschaftlichen Fläche überwog das Ackerland um 1715 mit ca. 300 M; hinzu kamen 80 M Weingärten und 70 M Wiesen sowie 160 M Gemeinde- und 100 M

Herrschaftswald. Eine Zelgeneinteilung der Ackerflur ist nicht erkennbar. Der Viehbestand betrug 1803 einschließlich des Schreckhofs 115 Rinder und 8 Pferde. Außer der Gemeindekelter bestand bis 1803 auch eine gemeinschaftliche Kelter von Herrschaft und Stiftsverwaltung Mosbach. Am Gewerbe sind 1775 höchstens die 4 Leineweber auffällig, im Ort gab es eine Schild- und eine Straußwirtschaft. Eine Liste der Berufe ist erst für 1826 erhalten: 1 Bäcker, 1 Dreher, 1 Fährmann, 1 Glaser, 2 Krämer, 1 Häfner, 1 Küfer, 25 Landwirte, 12 Leineweber, 7 Maurer, 1 Schäfer, 1 Schiffer, 1 Schlosser, 2 Schmiede, 3 Schneider, 3 Schuhmacher, 2 Steinhauer, 26 Taglöhner, 1 Wagner, 4 Wirte, 2 Zimmermänner. Von erheblicher Bedeutung war der Neckarübergang bei Diedesheim. Er lag innerhalb der Straßenverbindung von Worms und Speyer über Heidelberg nach Mosbach und Würzburg. Die Fähre wurde von der Herrschaft an die Diedesheimer Fergen verpachtet, die für den Flußübergang zwei Fähren und einen Nachen einsatzbereit zu halten hatten. Die Pacht ging ans Stift Mosbach. Es war festgelegt, daß zwischen Gerach und Haßmersheim keine andere Fähre betrieben werden durfte. Die Fähre hatte die besondere Pflicht, den Kurfürsten, seine Boten und den Bedarf seiner Hofhaltung unentgeltlich überzusetzen. Während der Kriege wurden 1795 bis 1815 insgesamt sieben Mal Schiffbrücken für österreichisches, französisches und russisches Militär über den Fluß geschlagen. 1830 löste eine Schiffbrücke die Fähre endgültig ab.

Schreckhof. – *Schreck* wird bereits ein Jahr vor Diedesheim 1305 erwähnt. Vielleicht ist der Name ähnlich zu deuten wie der von Schröck, heute Leopoldshafen also als Steilabfall. Die Anlage des Hofes geht auf eine verhältnismäßig späte Rodung herrschaftlicher Wälder (12.–13.Jh.?) zurück. Der herrschaftliche Bestandshof war an einen Hofmann ausgetan, 1640 bis 1747 an die Inhaber der Obrigheimer Neuburg verpachtet, danach an vier Erbbeständer. Hinzu kam der Pächter der herrschaftlichen Schäferei mit Weiderecht auf den Gkgn Neckargerach, Reichenbuch, Binau, Mosbach, Nüstenbach, Diedesheim und Neckarelz. Die landwirtschaftliche Fläche umfaßte ca. 250 M Äcker, dazu 10 M Wiesen. Die Pacht der 4 Erbbestandshöfe betrug 180 Malter Dinkel, 80 Malter Hafer, 10 Malter Korn und 40 Malter gemischte Frucht. Nach der Renovation von 1773 bestand das Hofareal in zwei Parzellen; der eigentlichen Hofgemarkung und einem Stück auf dem Hamberg. Jeder dieser beiden Teile war in 3 Fluren eingeteilt. Auch der Schreckhof nahm an der Waldnutzung in der Michelherd teil, er hatte dort eigene Viehställe errichtet. Die Schafherde zählte 500 Tiere.

Lohrbach

Siedlung und Gemarkung. – Erstmals 765 wird *Larbach* im Lorscher Codex (Kop. 12.Jh.) erwähnt. Der Name ist von lar = Weideland abzuleiten. Schon der Name charakterisiert Lohrbach als Ausbauort von einem anderen Mittelpunkt her. Dieser ist ganz in der Nähe im abgegangenen Hartheim zu suchen. Auch dessen Erstüberlieferung verdanken wir dem Lorscher Codex, der die Siedlung von 769 bis 860 sehr häufig erwähnt. Die einzige Variante der Namensform ist mit *Artheim* zu 770 und 772 vielleicht durch einen romanischen Schreiber veranlaßt. Im Namen Hartheim ist das Bestimmungswort hart = Weidewald enthalten. Man darf also vermuten, daß hier die Siedlung in einem bereits der Nutzung zugeführten Waldgebiet an der Wende vom 7. zum 8.Jh. einsetzte. Der Siedlungsvorstoß auf die Randplatten des Odenwaldes ging vom Neckartal, wohl von Neckarelz aus. Hartheim und Lohrbach sowie das ebenfalls abgegangene Rorbach (vgl. Sattelbach) werden dem Waldsassengau zugezählt. Darunter ist nichts anderes zu verstehen, als dieses in der frühen Karolingerzeit besiedelte Waldgebiet.

Die Lage von Hartheim ist durch Flurnamen recht eindeutig festgelegt. Im südwestlichen Teil der Lohrbacher Gemarkung finden sich die Bezeichnungen Hartheimer Grund, Wüst und Kirchle. Letzteres, auch in den Grundmauern festgestellt, lag in der Quellmulde des nach Süden entwässernden Nüstenbachs. Nach der Karolingerzeit wird Hartheim nicht mehr genannt, offensichtlich verlagerte sich der herrschaftliche und schließlich auch kirchliche Mittelpunkt nach dem auf der Hochfläche günstiger gelegenen Lohrbach. Der größte Teil der Hartheimer Gemarkung blieb in landwirtschaftlicher Nutzung.

Für Lohrbach nennt schon ein Lorscher Urbar des 9. Jh. einen Herrenhof und 11 abhängige Bauerngüter. Bis zum 15. Jh. hatte sich der Ort auf 32 Hufengüter erweitert. Den Fronhof hatte die Burg, später das Schloß wohl an anderer Stelle ersetzt. Die Ortsgröße wird 1699 mit 84 Haushaltungen beschrieben. Eine Zählung von 1774 nennt insgesamt 89 Häuser, 1806 waren von diesem Bestand noch 60 Häuser strohgedeckt.

Die Lohrbacher Gemarkung zeigt in der Frühneuzeit das Bild einer in relativ große Einzelparzellen zerteilten Blockflur. Es gab also nur kleinere hofanschließende Grundstücke für die Hufen, deren Besitz über die Feldgemarkung zerstreut lag. Der herrschaftliche Wald umschloß diese im W und N in einem großen Bogen. An seinen Rändern, aber auch im SO der Ackergemarkung, finden sich die typischen Rodungsnamen. Relativ jung scheint die Erschließung des Gemarkungsanteils östlich des Rohrbachs zu sein, allerdings liegt hier weiter im N schon außerhalb des Lohrbacher Banns die Wüstung Rorbach. Hinter der Hartheimer Kirche zeugt der einzig dort vorhandene Bauernwald von der Wiederauflassung schon einmal gerodeter Flächen.

Herrschaft und Staat. – Wie es schon die Siedlungsgeschichte andeutet, war Lohrbach herrschaftlicher Mittelpunkt eines um 700 in Angriff genommenen Ausbaugebiets. Es scheint damit auch die Herrschaft über eine große Waldzone verbunden gewesen zu sein. Zeugenverhöre von 1427 belegen, daß zu Lohrbach ein ausgedehnter Wildbann gehörte, der bis Amorbach und Walldürn reichte. Ein solcher Wildbann kann nur auf königlicher Zuteilung beruhen und ist wohl am ehesten in die Zeit des 10. und 11. Jh. zu datieren. Um 1100 erwarb nämlich der Abt von Amorbach das Waldgebiet, das etwa der späteren Mudauer Zent entsprach, also einen großen Teil des Lohrbacher Wildbannes einnahm. Damit dürfte bereits der Wirkungskreis des Lohrbacher Herrschaftszentrums eingeschränkt worden sein. Die Überschneidungen von Zentherrschaft und Ortsherrschaft im Gebiet der vier Weiler nördlich von Lohrbach (vgl. vor allem Robern) und das Recht der Wüsten Güter zeigen aber im Südteil der Mudauer Zent durchaus noch die Nachwirkungen der Lohrbacher Waldherrschaft und des von dort ausgehenden Siedlungsvorstoßes.

Die Lorscher Grundherrschaft ist zweifellos im späteren herrschaftlichen Gut von Lohrbach aufgegangen. Für das Hochmittelalter ist zu erschließen, daß Lohrbach im 12./13. Jh. Teil des staufischen Reichslandes von Wimpfen war, denn Lohrbach war bis zum Ende der Kurpfalz sog. Königshaus, d. h. Zentrum einer Genossenschaft von Königsleuten, die besondere Freiheitsrechte genossen, dafür sich aber zur Verteidigung dieser Burg zu stellen hatten. Die Einrichtung dürfte wie die entsprechenden Parallelfälle Neckarelz, Schwarzach, Wiesloch und Wersau bei Reilingen (Rhein-Neckar-Kr.) auf die Stauferzeit zurückgehen. 1270 und 1278 wird vereinzelt ein Ritter Ilrich von Lohrbach erwähnt, 1270 bei einer Schenkung an die Johanniter zu Mergentheim, 1278, als er auf Anweisung des Königs Einkünfte in Steinsfurt erhielt. Er könnte also königlicher Dienstmann gewesen sein. Die Urkunde von 1270 deutet vielleicht schon den Übergang Lohrbachs an den Johanniterorden an. Im Besitz der Johanniter war Lohrbach 1299 in eine Fehde mit dem Grafen Eberhard II. von Württemberg verwikkelt. Vor 1320 ging es an die Schenken von Limpurg über. Schenk Friedrich verkaufte die Feste Lohrbach mit allem Zubehör 1409 an Johann von Hirschhorn unter Vorbehalt der Wiederlösung und 1411/13 dann endgültig an den Pfalzgrafen Otto von Mosbach. Zur Limpurger Zeit war der zugehörige Wildbann an Eberhard Gabel von Obrigheim und an den Deutschordensmeister vergeben. Es könnte sein, daß die Gabel durch die Schenken von Limpurg auch mit der Ortsherrschaft in Lohrbach belehnt waren. Pfalz-Mosbach versuchte 1427 noch einmal den Wildbann für sich zu reklamieren. Im 16. Jh. verlautet davon nichts mehr.

Mit dem Erbfall von Pfalz-Mosbach gelangte Lohrbach 1499 an Kurpfalz, an eine frühere zeitweilige Verpfändung an den Deutschen Orden erinnerte man sich um 1560. Lohrbach blieb im Verband des pfälzischen Amtes bzw. Oberamtes Mosbach, bis dieses 1802/03 dem Fürstentum Leiningen zugewiesen wurde. Von 1806 an datiert die bad. Oberherrschaft.

Lohrbach gehörte stets zur Zent Mosbach, bildete aber innerhalb der Zent ein eigenes Obergericht, d. h. Appellationsinstanz und Instanz für die schwereren Vergehen unterhalb der vier Zentfälle. Deswegen war Lohrbach auch nicht mit einem Zentschöffen in Mosbach vertreten. Das Obergericht wurde mit Richtern aus drei Zenten besetzt, 6 aus der Zent Mosbach, 4 aus der Zent Eberbach und 2 aus der Zent Mudau. Zugehörige Orte waren der Bereich der Kellerei Lohrbach mit Nüstenbach und Sattelbach. Die Kellerei, erst im 16. Jh. auf ihren Gesamtumfang gebracht, umfaßte außerdem noch den Knopfhof, Neckarburken, Dallau, Auerbach, Rittersbach, Muckental, die drei Schefflenz und Sulzbach, die mit Zwingenberg gemeinsamen 3 Weiler (Robern, Balsbach und Wagenschwend), Fahrenbach sowie Krumbach und Trienz. Auch das Wüste-Güter-Gericht zu Robern hatte den Rechtszug nach Lohrbach.

Das Lohrbacher Schloß, eine Tiefburg, zeigt baulich keine Spuren aus der Stauferzeit. Ältester Teil ist wohl der Bergfried, der vielleicht ins 14. Jh. datiert werden kann, aber (erst nachträglich) mit dem pfälzischen Wappen geschmückt ist. Die Burg erfuhr vermutlich einen größeren Ausbau durch Kurfürst Ludwig V., der nach dem Bauernkrieg den »Alten Bau« aufführen ließ; 1572/73 kam der Fürstenbau hinzu. Damals war Lohrbach Witwengut der Kurfürstin Amalia, der zweiten Gemahlin Friedrichs III., nach dessen Tod von 1576 bis 1598 regelrechter Witwensitz, bis Amalia wieder in ihre von den Spaniern geräumte niederrheinische Heimat umzog. Sie hielt in Lohrbach einen kleinen Hof, an dem sich auch die Familie des Pfalzgrafen Johann Casimir traf und wo 1595 Fürst Christian von Anhalt, der führende Kopf in der pfälzischen Politik, Amalias Nichte, Anna von Bentheim, heiratete. Die Untertanen der Kellerei Lohrbach hatten einen eigenen Wittumseid zu schwören, blieben aber mit Schatzung, Reiß und Appellation der Kurpfalz unterworfen. Auch für Kurfürstin Louisa Juliana wurde Lohrbach zum Wittum verschrieben, allerdings ohne daß die neue Herrin dort jemals residiert hätte. Nach dem 30j. Krieg war Lohrbach nur noch Sitz der grundherrlichen Verwaltung der Kellerei und der Sitz eines Försters. Der Fürstenbau wurde 1753 nochmals repariert, 1797 nach Brand des Glockenstuhls hat man den Brückentorturm abgebrochen, nach einem Brand von 1808 wurden nur noch Teile des alten Baus und des Mittelbaus wiederhergestellt. Die Burganlage ist seither ein offenes Hufeisen, in dessen Südflügel der Fürstenbau erhalten blieb.

Grundherrschaft und Grundbesitz. – Der Lorscher Codex verzeichnet außergewöhnlich viele Schenkungen in Hartheim und in Lohrbach, die großenteils von sonst in der Wingarteiba genannten Wohltätern des Klosters im letzten Drittel des 8. und zu Anfang des 9. Jh. gemacht wurden. Mit den wenigen sonstigen Erwerbsakten durch Kauf und Tausch werden in Lohrbach 4 Hofstellen (Mansen), 2 Hufen, 48 M sonstigen

Landes und 1 Wald erwähnt, in Hartheim 5 Mansen, 4 Hufen 183 M, davon allein 70 in der Schenkung des Winnebald und der Biltrud von 772. Es kennzeichnet die Situation des Landesausbaus ganz deutlich, daß in diesen Schenkungen bebautes und unbebautes Land, einmal ein Bifang (Haftung) und zweimal ein Campus übergeben werden. Insgesamt werden in Lohrbach auch 9 Hörige und in Hartheim 16 dem hl. Nazarius vermacht. Vermutlich überschritt der Lorscher Besitz diese meßbaren Größen ganz erheblich, weil in vielen Urkunden nur davon die Rede ist, daß die Tradenten alle ihre Habe am Ort dem Kloster aufgaben. Ein Güterverzeichnis aus der Karolingerzeit beschreibt einen Fronhof und 11 davon abhängige dienstpflichtige Familien, von denen jede 15 Eimer Bier, 9 Hühner und 13 Eier im Jahr abzuliefern hatte. Jede Magd mußte 16 Ellen Tuch für das Kloster weben.

Wie lang sich der Lorscher Grundbesitz gehalten hat, ist nicht zu erkennen. 976 hatte das Kl. Mosbach Güter im Ort. Denkbar wäre, daß schließlich alles an das Stift Mosbach geraten ist und mit diesem unter die Königsherrschaft kam. Von 1423 an sind dann die Hufgüter im Besitz der Ortsherren zu verfolgen. Sie tragen die Namen nach ihren Besitzern, von denen erstmals 1468 ein namentliches Verzeichnis aller 32 auch mit den Namen der Vorgänger vorliegt. 1561 werden dann 37 Hufengüter aufgezählt. Diese Hufengüter durften nicht ohne Genehmigung der Herrschaft verändert, d. h. geteilt oder belastet werden. Waren mehrere Erben vorhanden, so mußten diese mit Geld entschädigt werden. Die Inhaber der anderen Hufen, also die Genossenschaft der Hüfner, hatten das Vorkaufsrecht im Veräußerungsfall. Jede Hufe gab ein Fastnachthuhn und war im Todesfall des Inhabers ein Herdrecht schuldig. Außerhalb der Hufen gab es noch 24 sog. einzählige Häuser und 3 Einzelhofstätten sowie zinspflichtige Weinberge, hauptsächlich im Südwesten der Gemarkung im alten Bereich von Hartheim. 1649 waren die Hufengüter auf 24 Inhaber verteilt, später waren es wieder 37 bzw. 36 Hufen. Die Lohrbacher Hüfner waren dem Schloßgut fronpflichtig, hatten den Pferch für die Schäferei zu bauen, die Schloßäcker zu bestellen, mit Nüstenbach zusammen das Getreide zu mähen und mit Fahrenbach, Trienz und Nüstenbach den Mist auf die Äcker zu bringen. Die ganzen Kellereidörfer waren zum Heumachen, zu Brennholzfuhren und zur Jagdfron verpflichtet. Sie mußten das Spälterholz auf den Bächen und dann auf der Elz bis zur Brücke vor Mosbach flößen. Die Größenverhältnisse der Hufengüter waren 1561 höchst ungleich und schwanken zwischen 2 M und 71 M, ja sogar 93 M. Dazwischen lagen 34 Hufengüter in folgenden Größenklassen: 4–10 M: 4; 11–20 M: 4; 21–30 M: 9; 31–40 M: 7; 41–45 M: 5; 51–60 M: 5. Ein erheblicher Teil der herrschaftlichen Äcker und Hufen lag nach dem 30j. Krieg wüst. Bis 1721 hatten sich große Verschiebungen ergeben. Das damalige Steuerbuch spricht von 35 Bauern, nicht von Hüfnern. Der kleinste besaß nur 2 M landwirtschaftliches Gelände, die beiden größten 32 bzw. 44 M. Mittlere Besitzgrößen waren sehr einheitlich gestreut 6–10 M: 5; 11–20 M: 23; 21–25 M: 4. Hinzu kamen noch der herrschaftliche Keller mit 20 M, der Müller mit 14 M, der Schmied mit 20 M, ein arbeitsunfähiger Maurer mit 7 M, eine Vormundschaft mit 6 sowie 5 Kleinstbesitzer, darunter Taglöhner und Schulmeister; 3 Haushaltsvorstände waren völlig besitzlos. Ende des 18. Jh. waren die Hufen zwar noch bekannt, aber wie schon 1721 in verschiedene Besitzeinheiten, die über die alten Hufengrenzen hinaus griffen, aufgelöst. Das Schloßgut selbst umfaßte 1561 101 M Äcker und 30 M Wiesen, das Schäfereigut 65 M Äcker und 35 M Wiesen. Das Schäfereigut im Umfang von 207 M war um 1800 in 10 Erbbestandsanteile vergeben. Der Schafhof selbst lag in der Wegegabel zwischen Wannenbuckel und Gellengasse. Das Schloßgut, das als Besoldungsgut des Kellers diente, war dagegen nicht unterteilt.

Der Wald im Umfang von über 1100 M gehörte fast ganz der Herrschaft, lediglich in den Distrikten Wittgau und Vogelherd gab es etwas Privatwald.

Gemeinde. – Die Institutionen der Gemeinde reichen sicher ins Mittelalter zurück, werden aber erst im 16. Jh. deutlich. Das Dorfgericht, damals zuständig auch für Nüstenbach und die Hufengüter auf Gkg Sattelbach, tagte viermal im Jahr (2. 2.; 1. 5.; 24. 8.; 28. 10.). Vor dem Lohrbacher Gericht geschahen auch die Übergaben der wüsten Güter, während für die Strafen dort das Roberner Wüstgericht zuständig war. 1803 war das Ortsgericht mit dem Schultheißen und drei Richtern aus Lohrbach, dem Schultheißen und einem Richter aus Nüstenbach sowie dem Anwalt und einem Richter aus Sattelbach besetzt. Die Gemeinde hatte damals ein Rathaus und ein Hirtenhaus, dagegen keinen landwirtschaftlichen Grundbesitz und keinen Wald. Die Lohrbacher hatten lediglich Weiderechte im herrschaftlichen Wald, ebenso in den Wäldern der Stadt Mosbach. Erst 1830 wurden die Lohrbacher Nutzungsrechte durch Abteilung des östlichen Stückes des Herrschaftswaldes abgelöst.

Eine gewisse Mittelpunktsbedeutung von Lohrbach zeigt sich auch darin, daß 1806 hier ein »Chirurgus« und zwei Hebammen ansässig waren.

Kirche und Schule. – 770 schenkte der Priester Clemens alle seine Habe in Hartheim und Hasbach an das Kl. Lorsch, dazu eine *basilica*, die in Hartheim erbaut war. Vermutlich diente sie in der Folgezeit der Pastoration des ganzen Lohrbacher Rodungsbezirks. Als älteste Pfarrei ist jedoch St. Martin in Neckarelz zu vermuten. Anfang des 14. Jh. (1317/22) wird erstmals das Patronatsrecht in Lohrbach als würzburgisches Lehen für Friedrich von Limpurg genannt. Man kann annehmen, daß die Hartheimer Kirche damals schon aufgegeben und Lohrbach Sitz einer Pfarrei war, obwohl letzteres sicher erst um 1450 bezeugt ist. Als Patrozinium wird erst in der Neuzeit St. Gallus bekannt, dessen Kult vielleicht am Ende des 9. Jh. nach Worms gelangte und von dort aus über das Mosbacher Stift Ende des 10. Jh. nach Lohrbach geraten sein könnte. Das Patronatsrecht der Kirche war stets in den selben Händen wie die Ortsherrschaft. Das Wittumgut umfaßte um 20 M. Als Filiale gehörte Fahrenbach zur Pfarrei Lohrbach. Die Lohrbacher Pfarrei machte die ganze Reformationsgeschichte der Kurpfalz mit ihren häufigen Konfessionswechseln durch. Bemerkenswert ist, daß Kurfürst Friedrich III., der den Calvinismus einführte, 1569 das erste Kirchenbuch stiftete. Lohrbach erhielt damals ein Presbyterium für die Kirchen- und Sittenzucht, als Älteste wurden 2 Männer aus dem Ortsgericht, dazu 2 Almosenpfleger und 1 Aufseher berufen.

Während des 30j. Krieges wurden kath. Pfarrer eingesetzt. Nach der Unterbrechung durch die Schwedenzeit versahen die Mosbacher Franziskaner Lohrbach mit kath. Gottesdienst. Sie haben die Pfarrei im Oktober 1648 geräumt. In der Folgezeit wurde Lohrbach durch den ref. Pfarrer von Mosbach versehen, bis die Pfarrei 1679 wiederbesetzt werden konnte. Ein Pfarrhaus wurde notdürftig hergerichtet, 1750 ein neues Pfarrhaus fertiggestellt. Die Kirche blieb ebenfalls lange Zeit in schlechtestem baulichem Zustand, bis 1749 nach Plänen des Baumeisters Kunzelmann eine größere Erneuerung durchgeführt werden konnte. Der gotische Chorturm hat sich auch erhalten, als man 1818 ein neues Schiff errichtete.

Lohrbach wurde 1688 im Vertrag zwischen der Kurpfalz und dem Bischof von Würzburg zum Sitz einer neuen Pfarrei bestimmt. Diese war auch für Fahrenbach und die vier Weiler zuständig; sie sollte auch Auerbach pastorieren, was jedoch unterblieb. 1699 übernahmen die Franziskaner aus Mosbach den Gottesdienst, für den Räume im Schloß zur Verfügung gestellt worden waren. Diese Lösung erwies sich 1742 als nicht mehr ausreichend, von da an bemühte man sich intensiv um einen Neubau. 1763 konnte die herrschaftliche Zehntscheune zur Kirche umgebaut, alsbald auch ein Bauernhaus als

Pfarrhaus erworben werden. Die wenigen Lutheraner aus Lohrbach waren nach Mosbach eingepfarrt.

Der ganze Zehnt in Lohrbach stand der Herrschaft zu; 1561 war die Hälfte an die Pfarrei abgetreten.

Ein Diaconus und Schulmeister, der im Schulhaus wohnte, ist seit den 1580er Jahren nachweisbar, ab 1657 wiederum ein ref. Schullehrer. Er war aus der Schweiz gekommen und wurde von den Lohrbacher Bauern nach seiner Meinung schlechter als ein Kuh- oder Schweinehirt behandelt. 1684 wurde das Schulhaus als Pfarrhaus beansprucht, und die Schule mußte anderweitig unterkommen. Der Lehrer hatte im 18. Jh. den Organisten- und Glöcknerdienst zu versehen. Zu ihm kamen vorübergehend auch die Kinder aus Fahrenbach zum Unterricht. Mit dem Pfarrer wurde 1688 auch ein kath. Schulmeister nach Lohrbach geschickt. Die kath. Schule befand sich 1778 im Rathaus.

Bevölkerung und Wirtschaft. – Zum Lohrbacher Schloß gehörten zwei Gruppen von Eigenleuten, die schon genannten und mit weitgehenden Freiheiten versehenen Königsleute und die normalen Leibeigenen. Als man um 1560 wieder daran ging, die seit dem Bauernkrieg vernachlässigte Zusammenkunft und Vereidigung zu erneuern, kamen insgesamt 74 Königsmänner aus dem Umkreis zusammen. Damals wurden ca. 280 normale Leibeigene mit den üblichen Abgaben verzeichnet. Die Pfalz hatte außerdem in Lohrbach die Bastardfälle, d. h. alle Unehelichen im Amt Mosbach mußten pfälzische Leibeigene werden.

Aus Lohrbach selbst fanden sich zu den Huldigungen in der 2. H. 16. Jh. zwischen 50 und 67 Männer ein. Das dürfte einer Gesamteinwohnerzahl von etwa 250 entsprechen. 1649 gab es immerhin noch 31 Haushaltsvorstände. Die Bevölkerung war auf etwa die Hälfte reduziert worden. Das ist für die Pfalz noch ein relativ geringer Verlust. Als Mittelpunktsort konnte sich Lohrbach offensichtlich besser halten als die kleineren Dörfer in der Nachbarschaft. Bis 1685 war der Ort auf 51 Haushaltsvorstände, d. h. eine Einwohnerzahl von etwa 220–230, angewachsen. 1777 wurden 553 Seelen gezählt, dabei ist freilich zu beachten, daß die Sattelbacher Einwohner in der Lohrbacher Gesamtzahl enthalten sind. Das auch in der Folge rasche Wachstum erklärt sich mindestens teilweise durch die Neuaufsiedelung von Sattelbach. Für Lohrbach allein wurden 1806 505 Einwohner in 126 Haushalten gezählt. Unter den 86 Bürgern waren 25 Bauern, 11 Beisassen und 12 Erbbeständer. Von allen Erwachsenen lebten 154 von der Landwirtschaft, 36 vom Taglohn und 37 vom Gewerbe. Konfessionell war die Bevölkerung 1807 mehrheitlich reformiert, mit einem starken Anteil von Katholiken (295 Ref., 189 Kath., 10 Luth.).

Der Ackerbau wurde in Lohrbach in den drei Fluren gegen Mosbach, gegen Gerach und in der Wanne, d. h. im S, W, und im N des Dorfes betrieben. Die Haupterzeugnisse waren Korn, Spelz und Hafer. Im 18. Jh. kamen Kartoffeln hinzu, das Heidekorn, also Hackwaldwirtschaft, ergänzte die Ernte in geringem Maße. Insgesamt reichten ihre Erträge um 1806 nur für die Hälfte der Bewohner aus. Die übrige Hälfte war auf Nebenverdienst angewiesen und lebte in Armut. Der Viehbestand von 1806 umfaßte 10 Pferde, 40 Ochsen, 173 Stück Rindvieh, 140 Schweine und 600 Schafe der herrschaftlichen Schäferei. Diese Schäferei war im 16. Jh. mit bis zu 1200 Schafen beschlagen worden und hatte das Weiderecht auf den Nachbargemarkungen von Neckargerach und Weisbach bis nach Sattelbach und in die Ränder von Neckarburken, Mosbach und Nüstenbach. – Als Bumühle wird die Lohrbacher Mühle mit unmittelbar anschließenden etwa 30 M Besitz seit 1460 genannt. Die Lohrbacher waren in diese Mühle gebannt. Der Müller hatte das Recht, seine Erzeugnisse in Mosbach zu verkaufen. Im herrschaftlichen Schloß befand sich eine Kelter. Alle Weinberge der Gemarkung mußten ihre

Ernte dort keltern lassen. 1720 gab es nur noch knapp 5 M Wingert. Seit dem 18. Jh. sind zwei Ziegelhütten, die eine Vorläufer des heutigen Tannenhofs, nachweisbar. Das Steuerbuch von 1721 kennt außer dem Müller nur noch drei Handwerker, je 1 Maurer, Schmied und Schneider. 1803 werden für Lohrbach samt Nüstenbach und Sattelbach 6 Wagner, 2 Schreiner, 2 Schmiede, 3 Küfer, 4 Schuster, 10 Leineweber, 6 Schneider, 1 Metzger und 4 Bäcker, also die üblichen Dorfhandwerker mit einem gewissen Schwerpunkt beim Armeleuteberuf der Leineweber, erwähnt. Die meisten Handwerker mußten ihre Existenzbasis durch zusätzliche Landwirtschaft oder Taglohnarbeit ergänzen.

Mosbach

Siedlung und Gemarkung. – Der Name Mosbach wird als Hinweis auf den Entstehungsort der Siedlung an einem sumpfigen, moosigen Gewässer zu deuten sein. Die Benennung dürfte aber weniger von der Elzniederung als vielmehr von den am Fuße des Hardbergs entspringenden Quellen, die sich im Kandel- und Fladenbach vereinigten, abgeleitet sein. Als Namensformen begegnen *Mosabach* (um 825), *Mosebach* (976, bis 15. Jh.), *Musbach* (um 1240), *Mospach* (seit 13. Jh.), *Moßbach* und *Mosbach* (seit 14. Jh.).

Die Anfänge der Siedlung, aus der sich die spätere Stadt Mosbach entwickelt hat, gehen auf die gleichnamige, in karolingischer Zeit gegründete Abtei zurück. Seine früheste schriftliche Erwähnung verdankt das Kl. Mosbach einem Eintrag in dem um 825 angelegten Gebetsverbrüderungsbuch des Kl. Reichenau. Unter der Überschrift *Nomina fratrum de monasterio quod Mosabach nuncupatur* werden 45 männliche und weibliche Namen genannt, bei denen es sich um Konventualen und Wohltäter des Klosters handeln dürfte. Auch wenn sonstige Quellenzeugnisse fehlen, ist doch mit einiger Wahrscheinlichkeit davon auszugehen, daß seine Entstehung in die 1. H. 8. Jh. zurückreicht. Für diese Datierung spricht die Politik der karolingischen Hausmeier, die damals darauf zielte, den ostfränkischen, alemannischen und bayerischen Raum systematisch an das Frankenreich anzugliedern. Im Hinblick auf diese Zielsetzung kam der verkehrsgünstig, etwa auf halber Strecke zwischen den frühen kirchlichen und politischen Zentren Worms und Würzburg gelegenen monastischen Niederlassung einige Bedeutung zu. Die Gründung des Kl. Mosbach dürfte von Angehörigen des fränkischen Hochadels vorgenommen worden sein, die mit dem Wormser Raum in Verbindung standen und in Absprache mit den Karolingern handelten. Allem Anschein nach wurde es schon bald nach seiner Errichtung dem König als Reichsabtei übertragen. Eine allzu große Ausstrahlung dürfte sie jedoch – wie die zahlreichen Güterschenkungen an das Kl. Lorsch in Mosbachs unmittelbarer Umgebung vermuten lassen – nicht erlangt haben.

Über die Stadtwerdung Mosbachs sind nur spärliche Daten aus dem 13. Jh. überliefert. Doch ist zu vermuten, daß sich in Anlehnung an den auf einem flachen Hügel gelegenen, von kleinen Quellbächen umflossenen Kloster- und späteren Stiftsbezirk schon vor der Jahrtausendwende eine regionale Marktsiedlung gebildet hatte, die in staufischer Zeit zur Stadt erhoben wurde. Im Reichssteuerverzeichnis von 1241 erscheint Mosbach erstmals als Stadt. Diesen Status dürfte es aber schon einige Jahrzehnte zuvor besessen haben, da die Ummauerung bereits zu einem gewissen Abschluß gekommen war. In einer 1291 von dem Mosbacher Propst Albert von Löwenstein ausgestellten Urkunde wird das Gemeinwesen als »oppidum« bezeichnet.

Der mittelalterliche Stadtgrundriß hatte die Form eines leicht verschobenen Vierecks. Die Befestigung bestand aus einer doppelten, etwa 1 km langen Ringmauer mit Tor-,

Eck- und Zwischentürmen sowie aus drei Gräben, dem langen, kleinen und oberen Stadtgraben, die vom Fladenbächlein, von der Hardberg- und der Michelsrotquelle gespeist wurden. Die Zugänge zur Stadt bildeten das besonders stark ausgebaute Obertor im NO und das Untertor im SW. Kleinere Durchlässe befanden sich beim sog. Käfertörle und vermutlich auch beim Schloß. Die Eckpunkte der inneren Mauer waren durch vier hohe Türme gesichert, die spätestens seit dem 16. Jh. die Bezeichnungen Diebsturm, Rabisturm, Eselstall und Schloßturm trugen. Die in den 1650er Jahren nochmals erneuerten Befestigungsanlagen fielen im 19. Jh. der Spitzhacke zum Opfer. Das mächtige Obertor wurde 1823, der Diebsturm 1830 abgebrochen; 1897 folgte schließlich die Niederlegung der letzten Reste des Eselstallturms. Erhalten ist lediglich ein Schalentürmchen der äußeren Stadtmauer oberhalb des ehemaligen Untertors. Die Straßennamen Am Unteren Graben, Gartenweg, Am Oberen Graben, Zwingerweg und Zwingerstraße erinnern noch heute an den Verlauf der einstigen Stadtmauer.

Über die frühe Bebauung des Stadtareals lassen sich nur wenig konkrete Aussagen machen. Der eigentliche Siedlungskern war das von Bad-, Collektur- und Schwanengasse sowie von der Hauptstraße umschlossene Oval des Stiftsbezirks mit der St. Juliana-Kirche und den sie umgebenden Stiftsgebäuden. Um diese Anlage herum legte sich in kreisförmigen Umrissen der Wachstumsring der staufischen Stadt. Dies ist der Grund, weshalb die von SW auf das Stiftsgelände zustrebende Hauptstraße am Marktplatz einen abrupten Knick in Richtung NW erfährt, um dann in gebogenem Verlauf ihre Richtung wieder nach NO einzuschlagen.

Neben Stiftskirche, Rathaus und Schloß wird das Stadtbild von zahlreichen, gut erhaltenen Fachwerkbauten geprägt. In ihrer Mehrzahl sind sie zwischen dem ausgehenden 15. und dem beginnenden 17. Jh. entstanden; sie zeugen von einer Epoche der wirtschaftlichen und kulturellen Blüte in der städtischen Geschichte. Vor den Toren der Stadt lagen nur wenige Gebäude: einige Mühlen, das Feldsiechen- oder Gutleuthaus, das Elendhaus, die spätgotische Friedhofskapelle (15. Jh.), das zwischen 1686 und 1698 errichtete Franziskanerkloster und der seit dem späten Mittelalter in städtischem Eigentum nachweisbare Hardhof.

Eine Zählung vom Jahr 1777 nennt einschließlich der Mühlen, Pfarr- und Schulhäuser 283 Wohngebäude. Für das Jahr 1784 werden 4 Kirchen, 5 Schulen und 260 andere Häuser nebst 10 Mühlen erwähnt. Im Jahr 1794 zählte man 5 Kirchen und Kapellen, 4 Pfarr- und 5 Schulhäuser, 263 Bürgerhäuser, 11 herrschaftliche und städtische Gebäude, 7 Mühlen und 87 Scheunen. Bis 1802 war die Zahl der bürgerlichen Wohnhäuser auf 286 angestiegen. Von den 294 Wohngebäuden und 94 Scheunen des Jahres 1806 befanden sich 261 Häuser und 91 Scheunen im Besitz eingesessener Familien.

Im frühen Hochmittelalter dürfte die Mosbacher Gemarkung die unmittelbare Elzniederung mit den sie westlich und östlich flankierenden Bergen und Hochflächen eingenommen haben. Im SW reichte die Flur bis zur Neckarelzer Grenze, deren alter Verlauf zwischen der Mordklinge und dem Nüstenbach 1430 durch eine Neuvermessung geregelt wurde. Auf ihrer nordöstlichen Seite wird sie sich bis etwa zu dem Gewann »Bruch« erstreckt haben, wo sie auf die Gemarkungen der Weiler Butersheim und Hasbach stieß.

Als *villa Hasbach, Asbach* bzw. *Ascbach* (Kop. 12. Jh.) wird letzteres bereits in karolingischer Zeit bei Schenkungen an das Kl. Lorsch von 770 bis 791 urkundlich erwähnt. Hasbach war – wie nicht zuletzt die personelle Identität der Schenker belegt – als Ausbauort auf der Markung des abgegangenen Dorfes Hartheim (vgl. Lohrbach) entstanden, das zusammen mit Lohrbach eine Mittelpunktsfunktion des Lorscher Besitzes im Wingarteiba- bzw. Waldsassengau einnahm. Die Existenz der Siedlung Butersheim ist erst für das Jahr 1286 in der Namensform *Butersbach* schriftlich belegt (1302 *Butershein*, 1306 *Butershen*, 1339 *Butsbach*, *Buterspach*, 1363 *Buthersheim*). Schon zu Beginn des 14. Jh. waren beide Weiler eng mit der Stadt Mosbach verbunden. 1339 verpfändete Pfalzgraf Rudolf zusammen mit Mosbach auch die zwei Dörfer Hasbach und Butersheim an Ritter Burkhard Sturmfeder für 100 Mark Silber und 100 lb h. Eine großflächige Erweiterung ihrer Gemarkung erfuhr die Stadt 1363, als Pfalzgraf Ruprecht I. bei Kaiser Karl IV. das Privileg erwirkte, die Weiler Hasbach und Butersheim aufzuheben und dem Reichspfand Mosbach einzuverleiben. Die dörflichen Untertanen wurden gezwungen, ihre Häuser abzubrechen und sich als Bürger in der Stadt niederzulassen. Aufgrund dieser Eingemeindung, die Mosbachs Gemarkung bis nach Neckarburken ausdehnte und ihr ungefähr die Fläche einbrachte, die sie bis ins 20. Jh. hinein einnahm, erhöhten sich die jährlichen Abgaben der Stadt von 150 auf 180 lb h. Ob zunächst die gesamte Bevölkerung der Weiler von der Umsiedlung betroffen war, ist ungewiß. Für das Jahr 1370 sind in Hasbach noch mindestens zwei Hofstätten nachweisbar; noch 1454 wird eine frühere Hofstatt zu Butersheim genannt. Die Lokalisierung der Wüstung Hasbach ist durch die Gewann- und Waldnamen Große Hasbach, Kleine Hasbach und Hasbacher Berg einigermaßen eingegrenzt. Vermutlich lag das Dorf im Mündungsbereich des gleichnamigen Baches in die Elz. Denkbar ist, daß die in der Nähe befindliche Zieglersmühle und das dazugehörige Bauerngehöft eine gewisse Siedlungskontinuität aufweisen. Demgegenüber ist die Lage von Butersheim nicht identifizierbar. Manches spricht dafür, daß der Weiler, zumal er allem Anschein nach über eine Mühle verfügte, oberhalb von Mosbach an der Elz zu suchen ist.

Der früh bezeugte Weinbau setzte Rodungen an den Hanglagen des Henschelberges, des Geiersberges, im Wicktal und im Knopf voraus. Durch die Hinzunahme der umfangreichen Gkgn Butersheim und Hasbach dürften jedoch Waldrodungen zur Gewinnung neuen Ackerlandes kaum erforderlich gewesen sein. Gegen Mitte des 16. Jh. begann man, die Weideflächen auf den Hängen in der näheren Umgebung der Stadt einer intensiveren Bewirtschaftung zuzuführen. 1622 wurden 53 M Äcker auf der Bergallmende umgebrochen. Bedingt durch die Zäsur des 30j. Krieges nahmen die Rodungsarbeiten erst im 18. Jh. wieder größere Ausmaße an. Bis 1715 waren von den Weiden auf dem Bergfeld 158 M zu Äckern umgewandelt. 1764/65 waren die Rodungen auf der Bergallmende in drei Fluren eingeteilt, die sich aus 849 einzelnen Parzellen oder Losen zusammensetzten. Die Katzenackerflur umfaßte 281 M, die Thomasbrünnleinflur 288 M und die Ochsenweidflur 280 M (1790). Pro Flur hatte jeder Bürger Anspruch auf 1 M Bergäcker bzw. Hackstücke.

In der 1. H. 19. Jh. waren auf Gkg Mosbach ca. 4140 M mit Wald bedeckt, wovon 1772 M auf den sog. inneren Stadtwald und ca. 2370 M auf die Michelherd (s. u.) entfielen. Hierunter befanden sich auch die Dreibrunnen-, Hasbach- und Seeebachwiesen mit ungefähr 100 M.

Herrschaft und Staat. – Im Jahr 976 übereignete Kaiser Otto II. die im Gau Wingarteiba, in der Grafschaft Kunos gelegene Reichsabtei Mosbach mit ihrem Besitz in 23 Orten, von denen etwa ein Drittel in deren näherer Umgebung lag, an Bischof Anno von Worms. Durch diese Schenkung wurde Mosbach zu einem bischöflichen Eigenkloster. Zugleich gelang es dem Hochstift Worms, im Bereich des südöstlichen Odenwaldes verstärkt Fuß zu fassen und seine Position an der Ostgrenze der Diözese mit dem Erwerb des Wimpfener Waldbanns (988) und der Übertragung der Grafschaft in der Wingarteiba (1011) weiter zu festigen. Als geistlicher Instituion war dem Bistum

Geschichte der Stadtteile

die Ausübung der erworbenen Grafschaftsrechte, die vorwiegend gerichtliche und militärische Befugnisse umfaßten, verwehrt, weshalb es die Popponen, die Vorfahren der späteren Grafen von Lauffen, damit belehnte. Im ausgehenden 12. Jh., spätestens aber mit dem Aussterben der Lauffener Grafen etwa zwischen 1212 und 1220 werden Stift und Siedlung Mosbach als wormsisches Lehen in die Hand der Staufer gelangt sein. Bereits für das Jahr 1193 ist ein Aufenthalt Kaiser Heinrich VI. in Mosbach bezeugt. Im Zusammenhang mit dem Ausbau zur Stadt dürfte auch die Burg, deren frühester schriftlicher Beleg aber erst von 1406 datiert, als staufischer Ministerialensitz angelegt worden sein. Von der Wormser Lehenshoheit war in der Folgezeit nicht mehr die Rede; Mosbach war Reichsstadt geworden.

Nach dem Untergang der Staufer teilte Mosbach mit zahlreichen anderen Reichsstädten das Los mehrmaliger Verpfändungen. Wegen ihres für das Reich erlittenen Schadens in Thüringen in Höhe von 4400 Mark Silber übertrug König Adolf von Nassau 1297 den Herren Gerlach, Eberhard und Arrosius von Breuberg die gesamte Stadt mit der Gerichtsbarkeit über die dazugehörigen Zentorte sowie die Münze zu Schwäbisch Hall als Pfandschaft. Bereits im folgenden Jahr wies der König jährlich 1500 lb h aus den Reichssteuern der Landvogtei Wimpfen, zu der neben Heilbronn, Wimpfen und Sinsheim auch Mosbach gehörte, zugunsten Konrads von Weinsberg an, bis eine Schuld des Reiches von 150 lb h getilgt war. Als Dank für seine Hilfe bei der Wahl zum römischen König erneuerte Ludwig der Bayer 1314 die Rechte Eberhards von Breuberg an der Stadt Mosbach. Wie lange die breubergische Pfandschaft bestanden hat, ist nicht mit Sicherheit zu ermitteln. Jedenfalls versetzte Kaiser Ludwig der Bayer durch eine im August 1329 in Pavia ausgestellte Urkunde die Reichsstädte Mosbach und Sinsheim um 6000 Mark Silber auf Wiederlösung durch das Reich an seinen Neffen Pfalzgraf Rudolf II. als Entschädigung für dessen Auslagen auf dem Krönungszug nach Rom. Nach einer zweiten, im Januar 1330 in Trient ausgefertigten Urkunde setzte der Kaiser neben Pfalzgraf Rudolf II. auch dessen Bruder Ruprecht I. als Inhaber der um mehrere rechts- und linksrheinische Städte, Burgen und Dörfer erweiterten Pfandschaft ein. Anläßlich der Huldigung versicherten die beiden Pfalzgrafen noch im selben Jahr dem Rat und der Bürgerschaft zu Mosbach, sie bei ihren Rechten und Gewohnheiten belassen und nicht weiterverpfänden zu wollen. Trotz dieser sowohl von kaiserlicher als auch von pfalzgräflicher Seite mehrmals wiederholten Zusicherung war die Stadt seit 1339 vorübergehend an den Ritter Burkhard Sturmfeder und von 1345 bis 1362 durch Pfalzgraf Rudolf und König Karl IV. an den Ritter Engelhard von Hirschhorn und dessen gleichnamigen Sohn versetzt. Die Pfalzgrafen hatten sich aber jeweils das Rückkaufsrecht vorbehalten, weshalb es Ruprecht d. Ä. 1362 ohne Schwierigkeiten gelang, die hirschhornische Pfandschaft in Mosbach und Sinsheim mit Einwilligung Karls IV. wieder auszulösen.

So sehr Rat und Bürgerschaft auf die Wahrung ihrer reichsstädtischen Freiheiten und Privilegien bedacht waren, die sie sich sowohl vom Reichsoberhaupt als auch von ihren jeweiligen Pfandherren wiederholt bestätigen ließen, verstanden es die Pfalzgrafen, die als Pfand erworbene Stadt während der 2. H. 14. Jh. schrittweise ihrem eigenen Territorium einzugliedern. Immerhin standen dem pfälzischen Landesherrn 1369 beachtliche Gefälle in Mosbach zu: die Höhe der Bede betrug 180 lb h, Vogtei und Schultheißenamt brachten zusammen 40 lb h ein. Außerdem flossen ihm die Einkünfte aus der hohen Buße in der Stadt und auf der Zent sowie die Hälfte des Ungeldes zu. 1378 erteilte Kaiser Karl IV. dem Pfalzgrafen Ruprecht d. Ä. die Erlaubnis, alle vom Reich verpfändeten Dörfer, Güter und Leute, die zur Zent Mosbach und zur Stüber Zent gehörten, für sich auszulösen. Damit eröffnete er den Pfalzgrafen einen weiteren

Ansatzpunkt zur Ausdehnung ihrer Herrschaftsrechte im Mosbacher Raum. Dennoch kam es 1401 noch einmal zu einer letzten Verpfändung. Gegen eine Anleihe von 14000 fl versetzte Pfalzgraf Ruprecht III., dessen Königswahl (1400) mit den daraus resultierenden Verpflichtungen für das Reich ihm einen erhöhten Finanzbedarf abverlangten, die Stadt Mosbach und die Burg Obrigheim an die verwitwete Markgräfin Mechthild von Baden. Zugleich versprach er Markgraf Bernhard, Mechthilds Sohn, die Pfandschaften spätestens zwei Jahre nach dem Tod der Markgräfin wieder auszulösen. Beim Tod König Ruprechts und der Aufteilung des pfälzischen Territoriums unter dessen vier Söhnen Ludwig, Johann, Stephan und Otto im Jahr 1410 befand sich Mosbach noch in markgräflichem Besitz.

Das Erbteil des jüngsten Sohnes, des um 1387 geborenen Pfalzgrafen Otto I., der die Linie Pfalz-Mosbach begründete, setzte sich zum überwiegenden Teil aus verstreuten Besitzungen am östlichen Rand des rheinpfälzischen Territoriums zusammen. Da die Masse der ihm zugewiesenen Erbstücke von seinem Vater versetzt oder als Wittumgüter ausgegeben war, war es – ganz abgesehen von deren räumlicher Zerrissenheit und hohen Verschuldung – um Ottos territorialpolitische Ausgangsbasis nicht eben günstig bestellt.

Mit dem Tod der Markgräfin Mechthild im Jahr 1411 fiel Mosbach endlich dem Pfalzgrafen zu. An seinen noch im selben Jahr einsetzenden Erwerbungen wird ersichtlich, daß Ottos Streben auf die Schaffung eines territorialen Zentrums im Gebiet um Mosbach gerichtet war: Erwerb des Wormser Hofes zu Obrigheim (1411), der Hälfte an Burg und Dorf Neckarelz sowie den Orten Diedesheim und Neckarburken (1412), Ankauf der Burg Lohrbach mit dazugehörigen Orten (1413), Erwerb des Schollenrainhofs bei Obrigheim und der halben Ortsherrschaft zu Dallau und Auerbach (vor 1416). Auch wenn Ottos Politik in den folgenden Jahren – insbesondere durch den pfandweisen Erwerb entlegener Herrschaften – eine gewisse Konzeptionslosigkeit anhaftete, so sind seine Bemühungen um den weiteren Ausbau und die Arrondierung des Mosbacher Territoriums doch unverkennbar.

In Ermangelung einer geeigneten Residenz war Pfalzgraf Otto nach Antritt seiner Erbschaft zunächst in Heidelberg geblieben, ehe er um 1415 mit seiner Hofhaltung nach Mosbach übersiedelte. Bald nach 1411 wird man begonnen haben, die alte staufische Burg zum fürstlichen Residenzschloß auszubauen. Nur durch den Zukauf von wenigstens fünf Häusern, vier Hofstätten, einer Mühle und etlichen Gärten konnte der Platz zur Erweiterung der Schloßanlage geschaffen werden. Eines dieser Häuser wurde zum Torhaus, ein anderes zur Kanzlei und ein drittes zur Küche umgebaut. Auch von einem hinter der Kanzlei gelegenen Metzel- und Backhaus ist in einer 1457 ausgefertigten Urkunde über einen zwischen dem Pfalzgrafen und dem Mosbacher Stift getätigten Gültenaustausch die Rede. Obwohl Pfalzgraf Otto 1438 eine Meßpfründe auf seiner Burg zu Mosbach und zwar *in der cappellen in dem nuwen huse daselbst* stiftete, war der Bau der Burgkapelle bis 1444 noch nicht vollendet. Doch wird man davon ausgehen können, daß die Bauarbeiten am Palas sowie an den sonstigen Wohn- und Wirtschaftsgebäuden – wie sie auf dem Merian-Stich von 1645 dargestellt sind – um 1450 abgeschlossen waren.

Mit der Errichtung der Mosbacher Residenz ging der Aufbau einer eigenständigen Verwaltungsorganisation einher, die der Stadt für Jahrhunderte eine deutliche Mittelpunktsfunktion verschaffte. Im Jahr 1444 bestand das Mosbacher Ländchen aus den Ämtern Mosbach, Steinsberg und Lauda, unter denen ersteres die größte räumliche Ausdehnung aufwies. An der Spitze der Landesverwaltung standen die vom Pfalzgrafen ernannten Amtleute, die dem Niederadel entstammten und richterliche Funktionen wahrnahmen. Schon durch seine Nähe zum fürstlichen Hof hatte der Mosbacher Vogt, der auch als Hofmeister betitelt wurde und als erster Vertreter des Landesherrn fungierte, den höchsten Rang inne. Allerdings bildete sich in der Residenzstadt schon früh ein aus bewährten Amtleuten besetzter, kollegialer Hofrat heraus. Ein dem Mosbacher Vogt unterstellter Landschreiber war ausschließlich als Finanzbeamter tätig. Ihm oblag die Verrechnung der Einkünfte und Ausgaben aus den einzelnen Kellereien des Landes. Zu den Aufgaben des Kanzlers am Mosbacher Hof gehörte die Erledigung des Schriftverkehrs und die Aufsicht über die Registratur.

Es steht außer Zweifel, daß von der fürstlichen Hofhaltung wichtige Impulse auf das wirtschaftliche Leben Mosbachs ausgingen. Auch auf die städtische Verfassung nahm Otto entscheidenen Einfluß. Nicht zuletzt fiel der Neubau der Stiftskirche, die als Grablege der Mosbacher Pfalzgrafen vorgesehen war, in Ottos Regierungszeit. An die 1444 verstorbene und hier beigesetzte Pfalzgräfin Johanna erinnert deren Grabplatte mit kunstvollem Bronzerelief und -schriftband im Chor des Gotteshauses. Auch ihr Gemahl Pfalzgraf Otto bekundete mit der am 25. November 1447 gestifteten, reich dotierten Seelenmesse in der Julianenkirche den Wunsch, hier beigesetzt zu werden; auf diese Stiftung geht die nach 1945 erneuerte »Ratsherrnweckfeier« zurück. Bereits 1448 ging die Mosbacher Residenzzeit durch den Erbfall von Pfalz-Neumarkt zu Ende, weshalb der Plan einer Familiengrablege in der Stiftskirche nicht verwirklicht wurde.

Als Ottos Neffe Christoph von Neumarkt 1448 überraschend starb, gelang es Otto, das Territorium um Neumarkt, das er schon früher als Vormund verwaltet hatte, an sich zu bringen. Dieser bedeutsame Gebietszuwachs mußte allerdings mit einer hohen Verschuldung der Mosbacher Lande erkauft werden, da es die territorialen und finanziellen Ansprüche des Miterben Pfalzgraf Stephan von Simmern-Zweibrücken in Höhe von 96 000 fl abzufinden galt. Innerhalb des zweigeteilten Territoriums verlagerte sich der Schwerpunkt der Regierungstätigkeit nunmehr in die Oberpfalz; das Gebiet am Neckar sank zu einem Nebenland herab. Nachdem sie 1448 ihre Residenz nach Neumarkt verlegt hatten, hielten sich Otto I. und sein 1450 als Mitregent eingesetzter Sohn Otto II. nur noch selten in Mosbach auf. 1461 starb Pfalzgraf Otto I. und wurde in Kl. Reichenbach am Regen bestattet.

Otto II., der zu den gelehrten Fürsten seiner Zeit gerechnet wurde, trat das ungeteilte Erbe an. Politisch konnte er indes nur geringe Erfolge verbuchen. Unter Hinweis auf die räumliche Entfernung von der Oberpfalz stellte er bereits 1462 die rheinischen Gebiete unter kurpfälzischen Schirm. Da Otto II. unvermählt blieb, leitete er schon frühzeitig den schrittweisen Übergang seines Landes an Kurpfalz ein. 1479 schlossen Otto und sein Vetter Kurfürst Philipp einen gegenseitigen Erbvertrag, demzufolge der Mosbacher Landesteil an Kurpfalz fallen sollte. 1490 übertrug Otto unter Vorbehalt lebenslanger Regierung und Nutzung sein gesamtes Territorium Pfalz-Mosbach-Neumarkt dem Kurfürsten Philipp, der sich im Gegenzug zur Übernahme der immensen Schuldenlast bereit erklärte. Zur Sicherung seiner Erbfolge holte der künftige Landesherr bereits am 28. Oktober 1490 die Eventualhuldigung von Bürgermeister, Rat und Gemeinde zu Mosbach ein. Mit dem Tod Pfalzgraf Ottos II. im Jahre 1499 war das Ende des Mosbacher Fürstentums gekommen; das Territorium ging an die Kurpfalz über. Noch im selben Jahr ließen sich Kurfürst Philipp und sein Sohn Ludwig von der Mosbacher Bürgerschaft huldigen.

Mosbach, das bis 1802/03 dem kurpfälzischen Territorialverband zugehörte, wurde Sitz eines Oberamts, dem die vier Kellereien Lohrbach, Neckarelz, Eberbach und Hilsbach unterstellt waren. Als Vertreter des Landesherrn stand ein aus adeligem Geschlecht stammender Faut (= Vogt) oder Oberamtmann dem Verwaltungsbezirk in administrativer und richterlicher Funktion vor. Seinen Amtssitz hatte dieser hohe Beamte im vormaligen Residenzschloß. Da die Faute zumeist auch in den Ratsgremien am kurfürstlichen Hof tätig waren, nahm ein bürgerlicher Oberamtsschultheiß, dem ein Amtsschreiber zur Seite stand, stellvertretend die Amtsgeschäfte wahr. Dem Oberamtsschultheißen, der zugleich Zentgraf der Mosbacher Zent war, oblagen vor allem fiskalische und administrative Aufgaben; er hatte die Tätigkeiten der Unterbeamten zu überwachen, deren Buchführung und Rechnungslegung zu kontrollieren sowie insbesondere die Vereinnahmung und Weiterleitung der Steuern, Kameralgefälle und Landzolleinkünfte zu gewährleisten. Zur Aufsicht über das Zollwesen und für die Einziehung der Steuer- und Schatzungsgefälle waren in Mosbach ein Zollbereiter und ein Obereinnehmer angestellt.

Da die Faute schon im 17., spätestens aber seit dem 18. Jh. nicht mehr ihrer Residenzpflicht nachkamen und sich vorwiegend bei Hofe aufhielten, wurde das Mosbacher Schloß nur noch vom Amtsschreiber bewohnt. Im Jahr 1669 wird das herrschaftliche Haus oder Schloß als altes, baufälliges Gebäude bezeichnet. Das von einer Ringmauer umgebene Areal gliederte sich in einen Vor- und Innenhof. An Gebäuden waren ein Pferdestall, eine alte Wagenhütte sowie ein altes Scheuerlein vorhanden. Hinter dem Schloß lag ein Baum- und Grasgarten von etwa 7½ M. Nach einer Grundrißskizze des kurpfälzischen Baumeisters Raballiati von 1748 lagen links neben dem Eingangstor des Schlosses die Stallungen und der Garten. Die eigentlichen Schloßgebäude befanden sich in sehr schlechtem baulichem Zustand. Das sog. »Neue Schloß« diente als Oberamtschultheißerei- bzw. Amtshaus und nach 1803 vorübergehend als Wohnung des Kirchenratsdirektors; im »Alten Schloß« waren die alte Amtsstube mit der Registratur und ein Ochsenstall untergebracht. Der angrenzende Gebäudetrakt lag in Trümmern. Die Sanierungs- und Vergrößerungspläne Raballiatis kamen jedoch nicht zur Ausführung. 1771 muß der Schloßturm noch gestanden haben. Auf spätere Renovierungs- und Umbaumaßnahmen weist die Jahreszahl 1790 über dem Eingang des Alten Schlosses hin, der Ende des 19. Jh. erneut instandgesetzt wurde und sein heutiges Aussehen erhielt.

Bedingt durch die in Heidelberg grassierende Pest, zog sich der Heidelberger Oberrat mit der Kanzlei 1563/64 nach Mosbach zurück. Bei dem erneuten Ausbruch einer Epidemie wurde die kurpfälzische Kanzlei von Ende 1596 bis in den Spätsommer 1597 abermals nach Mosbach verlegt. – Am 6. Oktober 1649 fand vor dem Obertor der feierliche Empfang des aus dem Exil zurückkehrenden Kurfürsten Karl Ludwig statt, der hier die erste pfälzische Stadt betrat.

Mosbach war Hauptort einer seit 1297 bezeugten Zent. Das Zentgericht wurde auf dem Mosbacher Rathaus bzw. dem Marktplatz abgehalten. Dabei wurde zwischen dem Rüg- und dem Malefizgericht unterschieden. Ersteres, das viermal im Jahr an festen Terminen stattfand, war zuständig für leichtere Frevel, die die Kompetenz der Dorfgerichte überschritten und vom Mosbacher Stadtgericht für zentbar erklärt worden waren. Das Malefizgericht wurde nur bei Bedarf einberufen, um die sog. vier Hauptfälle Mord, Brandstiftung, Diebstahl und schwere Körperverletzung zu ahnden. Das Zent- oder Landgericht war mit 38 Richtern besetzt und zwar mit 12 Ratspersonen und 26 Dorfgerichtsschöffen. In seiner Funktion als Zentgraf und Stabhalter führte der Amtsschultheiß, dem der Stadtschreiber als Protokollant beigeordnet war, den Vorsitz. Die Richtstätte der Mosbacher Zent befand sich auf dem nordöstlich vor der Stadt gelegenen Galgenberg (Galgenforlen). Für die Instandhaltung des Galgens waren die Inhaber und Pächter des vom Stift verliehenen Galgenguts verantwortlich. Zu den Pflichten des Erbbeständers auf dem Hardhof gehörte es, die Verurteilten zur Richtstätte und anschließend zum Begräbnisplatz zu fahren. Nachdem ihre Gerichtsbarkeit schon im 18. Jh. durch die Landesobrigkeit eingeschränkt worden war, wurde die Zent 1815 endgültig aufgelöst.

Nach mehr als 470jähriger Zugehörigkeit zur rheinischen Pfalz fiel Mosbach 1802/03 an das neugeschaffene Fürstentum Leiningen. Am 4. Dezember 1802 erfolgte die zivile Besitzergreifung im Amtshaus des Mosbacher Schlosses. Fürst Karl Friedrich Wilhelm zu Leiningen nahm das Prädikat »Pfalzgraf zu Mosbach« in seine Titulatur auf. Anstelle des aufgehobenen Oberamtes wurde 1804 in der Stadt eines der insgesamt acht leiningischen Justizämter eingerichtet. Schon 1803 kam es zur Konstituierung eines eigenen ref. Kirchenrats in Amorbach, dessen Sitz noch im selben Jahr nach Mosbach verlegt wurde. Außerdem waren in Mosbach ein Physikat, eine Obereinnehmerei und ein bad. Amt für die ehemals ritterschaftlichen Orte der Gegend angesiedelt. Mit der Mediatisierung des Fürstentums Leiningen im Jahre 1806 gelangte die Stadt unter die Oberhoheit des Großherzogtums Baden.

Mosbacher Oberamtmänner und Faute

1423 Peter von Stettenberg d. J.
1427 Konrad Rüdt von Bödigheim
1435 Stephan von Emershofen
1438 Zeisolf von Adelsheim
1444 Anthoni von Emershofen
1455 Diether Rüdt von Bödigheim
1463 Friedrich Rüdt von Bödigheim
1466 Hans von Eicholzheim
1486 Anselm von Eicholzheim
1501 Eberhard Schenk von Erbach
1509 Joachim von Seckendorf
1514 Wilhelm von Habern
1517 Hans Fuchs von Dornheim
1521 Hieronymus von Helmstatt
1528 Sebastian Rüdt von Collenberg
1537 Hans Landschad von Steinach
1549 Philipp von Bettendorf
1559 Hans Pleikard Landschad von Steinach
1573 Eberhard Flach von Schwarzenburg
1575 Konrad von Obentraut
1580 Franz von Sickingen
1586 Theobald Julius von Thüngen
1588 Johann Philipp von Hohensax
1594 Hans Landschad von Steinach
1602 Georg Ludwig von Hutten
1632 Pleikard Landschad von Steinach
 –   Adam von Adelsheim
1650 Friedrich von der Lippe gen. Hoen
1655 Thomas von Klug
1657 Friedrich Moser von Vilseck
1660 Johann Christoph von Adelsheim
1680 Johann Philipp von Adelsheim
1694 C. A. von Effern
1697 Franz Melchior von Wieser
1702 Franz von Manderscheid-Blankenheim
1720 Johann Franz von Marioth
1726 Joseph Anton von Marioth
1737 Johann Ludwig von Schade
1758 Franz Georg Sturmfeder

Grundherrschaft und Grundbesitz. – Der Grund und Boden, auf dem sich Mosbach entwickelte, dürfte weitgehend dem Kloster bzw. Stift, das diesen wohl schon als Gründungsausstattung erhalten hatte, gehört haben. Daneben sind für das 12. Jh. auch andere Grundherren bezeugt, über deren Besitzverhältnisse aber nichts Näheres bekannt ist. Anläßlich der Stadterhebung werden die Wälder auf dem Hard-, Knopf- und Henschelberg – ebenso wie die Michelherd – in den Besitz der Gemeinde gelangt sein. Die Äcker und Weingärten im Tal blieben allerdings zu einem großen Teil dem Stift überlassen. Vom ausgehenden 14. Jh. an ist die Vergabe zahlreicher geistlicher Güter als Erblehen bezeugt. Bis ins 19. Jh. waren weit über 100 Bürger für ihre in der Elzniederung gelegenen Felder und Weinberge der Stiftschaffnei als Rechtsnachfolgerin des Kollegiatstifts zinspflichtig. Auch für mehr als 80 Häuser und Hofreiten waren Zinse an das Stift zu entrichten. Um 1800 hatte die Geistliche Güteradministration die Herrenmühle, die 1332 durch Schenkung an das Stift gekommen war, das Galgengut (1778: 16 M Äcker und Wiesen) und das obere Badhaus als Erblehen vergeben; der Schaffner bewirtschaftete das Wittumgut, das 26 M Äcker und Wiesen sowie mehrere Gärten umfaßte. An Gebäuden besaß die Geistliche Administration in der Stadt: die Stiftskirche, die dreiflügelige Stiftschaffnerei (ehem. Propstei) mit Wirtschaftsgebäuden, einen Fruchtspeicher, ein Kelterhaus mit zwei Kelterbäumen, eine große Zehntscheuer, die Stiftsscheuer in der Harnischgasse, die beiden ref. Pfarrhäuser (darunter die einstige Dechanei), das ref. Kantorats- und das Glöcknerhaus.

Größter Grundeigentümer war die Gemeinde. Neben der Bergallmende (1810: 944 M), dem städtischen Hardhof, der als Erbbestandsgut verliehen war, und kleineren Flächen im Bereich des Zwingers bildeten die umfangreichen Waldungen ihren bedeutendsten Besitz. Der innere Stadtwald setzte sich zusammen aus den Distrikten Hardwald (114 M), Knopfwald (103 M), Galgenforlen (86 M), Dennich (34 M), Henschelwald (356 M), Witthau (99 M), Große Hasbach (720 M) und Kleine Hasbach (256 M). Bereits im Zusammenhang mit der Stadterhebung dürfte die Michelherd, eine unbesiedelte, von den Dörfern Neckargerach, Reichenbuch, Lohrbach, Fahrenbach, Robern, Wagenschwend, Mülben, Weisbach und Schollbrunn umschlossene Waldgemarkung als Reichsgut in den Besitz der Stadt gelangt sein. Die erste urkundliche Erwähnung der Michelherd geschieht 1326 anläßlich eines Streites zwischen den Herren von Zwingenberg und der Stadt Mosbach um die Nutzungsrechte der Einwohner von Weisbach an dem Wald. Zehn Jahre später verlieh Kaiser Ludwig der Bayer der Stadt das Recht, Waldfrevel im Reichswald Michelherd nach Gutdünken zu bestrafen. Gleichwohl blieb diese große Mosbacher Exklave ein jahrhundertelanges Streitobjekt. 1431 unterlag die Stadt in einem Rechtsverfahren gegen Bischof Raban von Speyer und mußte sich mit der Einräumung von Holzrechten zugunsten der speyerischen Untertanen zu Hornberg, Neckarzimmern und Steinbach abfinden. Wohl aufgrund alter Rechtsverhältnisse ist seit 1432 der Anspruch des Kirchspiels St. Martin in Neckarelz auf ein Drittel der Einkünfte aus der Michelherd nachweisbar. Die Neckarelzer beriefen sich dabei auf die legendenhafte Schenkung des Waldes durch einen kinderlosen Edelmann auf Burg Landsehr zugunsten der Martinskirche. Da die Angehörigen des Kirchspiels aber nicht imstande gewesen seien, ihren Besitz gegen die Übergriffe der Herren von Zwingenberg zu behaupten, hätten sie den Wald unter den Schutz der Stadt Mosbach gestellt, indem sie ihr zwei Drittel der Holzgerechtsame einräumten. In der Tat bestätigten Pfalzgraf Otto I. (1432) und Otto II. (1493) die Neckarelzer Pfarrei in ihrem hergebrachten Recht. Mosbach wurde verpflichtet, von den Einnahmen aus der Michelherd ein Drittel an die Miteigentümerin abzuführen. In der 2. H. 16. Jh. trat die Geistliche Güteradministration in die Vermögensrechte der Martinskirche ein. Erst 1749 wurde die Realteilung des Waldes im Verhältnis 2:1 vorgenommen. Die Geistliche Güteradministration erhielt die nördlichen Distrikte mit ca. 800 M.

Seit Beginn der Neuzeit ist das stark parzellierte Ackerland überwiegend in bürgerlichem Besitz, der zum größten Teil aus geistlichem Gut hervorgegangen sein dürfte, nachweisbar. Die um 1800 auf Gkg Mosbach begüterten Ausmärker waren in Neckarburken (56), Lorbach (29), Nüstenbach (23), Knopfhof (6) und Neckarelz (3) beheimatet.

Der herrschaftliche Eigenbesitz in Mosbach war – abgesehen vom Knopfhof (s. u.) – gering. Er beschränkte sich im wesentlichen auf die Burg und deren Zubehör. In den Jahren 1437 und 1443 erwarb Pfalzgraf Otto zwei oberhalb der Stadt, bei der Burg gelegene Mühlen; darüber hinaus konnte er eine oder mehrere Häuser und Hofreiten durch Kauf oder Tausch hinzugewinnen. Zum herrschaftlichen Erbbestand in Mosbach gehörten 1721 die Ober- und die Unterbachmühle sowie die Obere und die Untere Kandelmühle. Außerdem war der zwischen Mosbach und Diedesheim befindliche Eisenhammer in Zeitpacht vergeben.

Nur wenige auswärtige Klöster und Adelsgeschlechter waren in der Stadt und auf der Gemarkung begütert. Über den späteren Verbleib des geringen Lorscher Grundbesitzes in Hasbach sind keine Nachrichten erhalten; doch ist nicht auszuschließen, daß er vom Mosbacher Kollegiatstift übernommen wurde. – Nach ihrem ältesten Urbar von 1395 bezog die Abtei Amorbach verschiedene Gefälle von einem Weingarten in der Mühlklinge und von drei Hofstätten. – Ein Hof des Kl. Billigheim, der wohl in der Nähe des Rabisturmes lag und als Erblehen vergeben wurde, wird erstmals 1415 erwähnt.

Unter den adeligen Grundbesitzern ist Kunz Münch von Rosenberg seit 1371 in Mosbach nachweisbar. Gemeinsam mit seiner Frau Anna von Riedern verkaufte er 1391 die Mühle an der oberen Elzbrücke für 175 Gulden an die Stadt Mosbach. Ein Angehöriger seiner Familie, Hans Münch, erhielt 1441 einen durch Pfalzgraf Otto beschlagnahmten Hof am Untertor mit einem Zubehör von etwa 6 M Weingärten und 22½ M Äckern zu Mannlehen aufgetragen. – In den 1370er und 1380er Jahren begegnet Dieter von Bödigheim als Bürger und im Rat zu Mosbach. Seine Söhne Dieter und Gerung erwirkten 1408 von König Ruprecht die Befreiung ihrer Güter in Stadt und Mark Mosbach von Steuer, Bede und Diensten. Gerung von Bödigheim, der noch 1441 als Grundeigentümer erwähnt wird, verkaufte 1437 seine Mühle an den Pfalzgrafen. Mit Einwilligung des Kurfürsten Philipp veräußerte schließlich Philipp von Bödigheim 1483 seinen Lehenhof zu Mosbach. – Zu Beginn des 15. Jh. besaßen die Vetzer von Obrigheim einen Hof in der Stadt. 1429 schenkte Pfalzgraf Otto dem späteren Mosbacher Amtmann Anton von Emershofen für dessen Dienste ein Haus und eine Hofreite hinter dem Chor des Stifts, das früher den Horneck von Hornberg gehört hatte. Ein anderes an den Stiftsbezirk angrenzendes Haus gehörte dem Schultheißen Wilhelm von Neudeck (1466); testamentarisch vermachte es dessen Witwe 1473 dem jeweiligen Stiftsprediger als Wohnung. Seit dem 16. Jh. waren keine Adelsgüter mehr in Mosbach vorhanden.

Gemeinde. – Die ersten Ansätze zur Ausbildung einer städtischen Verfassung werden wohl ins beginnende 13. Jh. zurückreichen. Schon vor 1289 läßt sich das Amt des Schultheißen nachweisen. Für das Jahr 1290 ist ein Schöffen- oder Richtergremium (*scabini*) bezeugt; von 1309 an begegnen Bürgermeister und Rat. 1321 wurde der Stadt durch König Friedrich den Schönen auf drei Jahre das Recht von Heilbronn verliehen. 1337 bestätigte Ludwig der Bayer die Rechte und Freiheiten der Mosbacher Bürger. Im folgenden Jahr sicherte Pfalzgraf Rudolf den Einwohnern das Recht zu, Schuldner vor dem städtischen Gericht zu verklagen; und 1344 erhielten Rat und Bürgerschaft vom Kaiser die Erlaubnis, alle Angreifer ihrer Stadt zu bestrafen.

An der Spitze des Gemeinwesens standen der herrschaftliche Schultheiß, der im Mittelalter einer angesehenen Bürgerfamilie oder dem Niederadel entstammte, und der Rat. Das Ratskollegium setzte sich bis in die 1. H. 15. Jh. aus 12 Richtern und 12 Vertretern der Gemeinde zusammen. Abgesehen von der Ausübung der Gerichtsbarkeit, die den Richtern vorbehalten war, hatten beide Gruppen – gemäß einer 1337 getroffenen Vereinbarung – innerhalb der städtischen Verwaltung dieselben Befugnisse. Beratungen über gemeindliche Belange hatten in gemeinsamer Sitzung zu erfolgen. Alle Beschlüsse mußten von der Mehrheit der 24 Ratsmitglieder gefaßt werden. Aus ihrer Mitte wählten Richter und Gemeindevertreter jährlich je einen Bürgermeister. Neben der sicheren Verwahrung der städtischen Siegel und Urkunden waren die beiden Bürgermeister insbesondere für die Einberufung der Ratsversammlungen, für die Finanzen und das Bauwesen zuständig. Außerdem übten sie die Aufsicht über den Wachdienst und die Einhaltung der öffentlichen Ordnung in Stadt und Flur aus. Nach dem Tod eines der auf Lebenszeit gewählten Richter mußten die verbliebenen 11 Kollegen binnen zweier Monate einen Nachfolger aus der Reihe der 12 Gemeindevertreter kooptieren. Um die Gesamtzahl von 24 Ratsangehörigen einzuhalten, ergänzten sich die 12 Geschworenen aus der Gemeinde durch Hinzuwahl eines weiteren Bürgers.

Nach einem Weistum aus der Zeit um 1400 wurde der Schultheiß durch die 12 Richter gewählt und vom Landesherrn bestätigt. Sowohl im Gericht, das er zweimal in der Woche einberufen konnte, als auch im Rat hatte er den Vorsitz. Für die Ausübung seines Amtes erhielt er bestimmte Anteile an den verhängten Strafgeldern; außerdem flossen ihm der Hafnerzoll und die Königszinse zu. Ein Drittel der Bede wurde ihm von Amts wegen erlassen. Bei Abwesenheit des Schultheißen übernahm einer der Bürgermeister dessen Aufgaben.

Obwohl die Gemeinde paritätisch im Stadtregiment vertreten war, kam es zwischen ihr und dem Rat 1383 zu Streitigkeiten über die Verteilung der Baulasten sowie der Fron- und Wachdienste auf Arme und Reiche, über die Rechnungslegung der beiden Bürgermeister, das Verhalten bei Kriegs- und Feuersgefahr sowie über die Verfügungsgewalt über städtisches Vermögen. Als sich erneut Mißhelligkeiten innerhalb des Rates zwischen den Richtern und den Gemeindevertretern ergeben hatten, verfügte Pfalzgraf Otto 1435 eine Verfassungsänderung, indem er letztere aus dem Rat entließ und das Stadtregiment auf die 12 Richter beschränkte, die zugleich das Stadtgericht und den Oberhof für eine weitgestreute Zahl von Gemeinden bildeten. Die Mitglieder des auf diese Weise verkleinerten Ratskollegiums wurden als Ratsfreunde oder einfach als »des Rats«, aber auch als Richter oder Schöffen bezeichnet. Das jährlich wechselnde Amt der beiden Bürgermeister blieb bestehen; während der Ratsbürgermeister nach wie vor aus dem Kreis der Ratsangehörigen kam, wurde der Gemeindebürgermeister von den Vertrauenspersonen der Zünfte gewählt.

Auch in der Folgezeit verstanden es die Landesherren, Einfluß auf die städtische Verfassung zu nehmen. Die Oberaufsicht über den Rat oblag dem Faut, dessen Votum bei der Wahl eines neuen Ratsangehörigen ausschlaggebend war. Spätestens seit dem ersten Viertel des 16. Jh. wurde der Schultheiß ohne die einst übliche Mitwirkung des Rates von der Herrschaft eingesetzt. Als Indiz für die zunehmende Bevormundung der städtischen Organe durch die kurfürstliche Regierung ist die Reduzierung des Rates auf 6 Mitglieder im 18. Jh. zu werten. Entgegen den tatsächlichen Konfessionsverhältnissen war der Rat nach 1700 mit je zwei Angehörigen des kath., luth. und ref. Bekenntnisses besetzt. Das Amt des Stadtschultheißen, des Stadtschreibers und des Ratsdieners war den Katholiken vorbehalten. – Um 1800 gehörten der Gemeindeverwaltung neben einem rechtsgelehrten Stadtschultheißen und einem Stadtschreiber (erstmals 1422 erwähnt) 6 Ratsherren, unter denen das Amt des Ratsbürgermeisters alternierte, und 4 Gemeindedeputierte an. Der Bernbrunnerhof und der Hardhof wurden durch zwei Hofanwälte oder Stabhalter verwaltet. Die Mitglieder des Stadtrates hatten sich jeden Montag zum Ökonomietag (Grundbuch-, Vormundschafts- und Erbsachen) und jeden Donnerstag zum Gerichtstag (Rechtsprechung in polizeilichen Vergehen und bürgerlichen Streitigkeiten) einzufinden. Als gemeinsame Besoldung erhielten die 6 Ratsherren 60 fl, ein Drittel aus Ratssporteln und Währschaften sowie 26½ fl vom Fruchtmarkt. Hinzu kamen eine Reihe von Vergünstigungen, wie z. B. die doppelte Bürgergabe und die Befreiung von Wach- und Frondiensten.

Entlang der Hauptstraße war die Stadt in einen oberen und einen unteren Teil geschieden, die ihrerseits in je zwei Viertel aufgeteilt waren. Für jedes dieser vier Quartiere war ein eigener Feuerbeseher und Schar- oder Gassenwächter bestellt. – Bereits 1433 treten 5 Untergänger, die auch als Landscheider, Steinsetzer oder kurzweg als Fünfer bezeichnet wurden, in Erscheinung. Ihnen oblag die Schlichtung kleinerer Grenzstreitigkeiten und die Versteinung von Grundstücken; auch der Zeitpunkt der Weinlese wurde von ihnen festgelegt. – Die Mehrzahl der sonstigen städtischen Amtsträger, die in der Regel alljährlich am 28. Dezember ernannt wurden, waren für die städtische Sicherheit (Stadtknecht, Stadtschützen, Türmer, Wächter), für ein geordnetes Marktgeschehen (Eicher, Eichmeister, Fleischbeseher, Mehlaufseher und -wieger, Rechner, Salzmesser, Waagmeister, Weinschätzer), für soziale (Gutleut- und Spitalmeister, Hebammen), land- und forstwirtschaftliche Belange (Feldhüter, Michelherdschützen, Hirten) verantwortlich.

Das älteste erhaltene Siegel der Stadt stammt aus dem Jahr 1290. Auf schildförmigem Feld ist der Reichsadler dargestellt. Die auf späteren Siegeln überlieferte Umschrift lautete: S⟨igillum⟩ CIVITATIS MOSEBACENSIS. Der Reichsadler ist auch in das durch Merians Kupferstich von 1645 belegte Stadtwappen übernommen worden. Es zeigt in goldenem Feld einen schwarzen Adler mit roten Fängen und roter Zunge, der einen kleinen silbernen Brustschild mit Schrägbalken trägt. Das Monogramm OM scheint erst später hinzugekommen zu sein, ist aber bereits auf Grenzsteinen des 16. Jh. bezeugt.

Das Vorhandensein eines Rathauses wird erstmals in einer Urkunde von 1456 beiläufig bemerkt. Mit Zustimmung des Kurfürsten Ottheinrich wurde das heutige Rathaus 1558/59 an der Westseite des Marktes, wo vorher die Pfarrkirche St. Cäcilia und wohl auch das alte Rathaus sowie ein Bürgerhaus gestanden hatten, errichtet. Fundamente und Mauerwerk der Vorgängerbauten wurden teilweise in den Neubau einbezogen. Der Turm der Pfarrkirche wurde bis auf das untere Drittel abgetragen und 1566 neu aufgeführt. Zwei der drei Rathausglocken, darunter die sog. Wein- oder Lumpenglocke von 1458, stammen noch aus der ehemaligen Cäcilienkirche. Im gewölbten Untergeschoß des Rathauses befanden sich die Verkaufsstände der Bäcker und Metzger, das erste Obergeschoß beherbergte unter anderem die große und kleine Ratsstube, im zweiten Obergeschoß waren eine große Stube, eine Rüstkammer und ein Tanzsaal untergebracht, der Speicher diente hauptsächlich der Getreideaufbewahrung.

Außer dem Rathaus gehörten 1669 folgende Gebäude der Gemeinde: ein Salzhaus, ein Zeug- oder Werkhaus zwischen der äußeren Obertorpforte und der Zugbrücke, eine kleine, hinter dem Rathaus gelegene Behausung für den Stadtknecht und den Kuhhirten, ein Häuslein am Diebsturm für den Schweinehirten, ein Nachrichterhaus, das sog. Farbhaus an der unteren Stadtmauer, die Mägdleinschule auf dem Kirchplatz, ein Keller unterm Heißenstein, eine außerhalb der Stadt gelegene Walkmühle, eine Ziegelhütte und der Hardhof. Im Eigentum der Gemeinde befanden sich ferner fünf Türme und zwei Torhäuser, das Spital, das Feldsiechen- und das Elendhaus sowie eine Badstube. 1802 werden außerdem eine Ölmühle und ein Schützenhaus genannt.

Die Einnahmen der städtischen Kasse setzten sich aus einer Reihe von Steuern, Abgaben, Gebühren, Verkaufserlösen, Straf- und Pachtgeldern zusammen. Nach einem Weistum von 1369 war das Ungeld zwischen Stadt und Herrschaft hälftig geteilt. 1376 erwarb die Stadt vom Kl. Billigheim und 1397 vom Kl. Lobenfeld deren Anteile am Mosbacher Marktzoll. Schon 1324/35 war es zu Streitigkeiten zwischen der Stadt und dem Julianenstift um die Steuerfreiheit der geistlichen Güter gekommen, die sich bis in die ersten Jahrzehnte des 16. Jh. fortsetzten. Zum Mißfallen der Bürgerschaft genossen die Stiftsherren für ihre Höfe, Liegenschaften und Einkünfte Freiheit von Bede, Steuer, Ungeld und Zoll. Auch waren die Kanoniker von der Verpflichtung zu Wacht- und Frondiensten entbunden und die Stiftsgüter von der städtischen Gerichtsbarkeit ausgenommen. Auf Betreiben des Rates wurde den Mosbacher Bürgern 1443 die Verschreibung von Grundstücken an das Stift untersagt, um dadurch einer weiteren Entfremdung steuerpflichtiger Grundstücke vorzubeugen; künftig sollten nur noch Bargeld-Stiftungen erlaubt sein. Im Jahr des Bauernkriegs 1525 verkauften Dekan und Kapitel des Stifts – um *uffrührischen zank, zwietracht und unwillen* zu vermeiden – ihren kleinen Zehnt auf Gkg Mosbach für 320 fl an die Bürgerschaft. Zwei Jahre später veräußerte auch der Propst des Stifts, Hieronymus Lamparter von Greifenstein, seinen Anteil für 60 fl an die Stadt. – Im 16. Jh. erhielt der Landesherr jährlich 320 fl von der Bede; der verbleibende Überschuß gehörte der Stadt und war für den Unterhalt der Mauern, Tore, Brücken, des Pflasters und der gemeindlichen Gebäude zu verwenden. Die Nachsteuer in Höhe von 5 % des Vermögens, die bei Wegzug und Erbschaft fällig wurde, floß ebenso wie das Einzugsgeld allein der Stadt zu. Vom Ungeld auf Wein erhielt die Stadt ein Drittel, vom sog. alten Zoll die Hälfte. Wichtige Einnahmequellen waren das Weggeld für durchgeführte Waren, die Standgelder der vier Jahrmärkte, der Zins für die Brot- und Fleischbänke im Rathaus, Maß-, Waag- und Eichgebühren, ⅓ der Frevelgelder, ⅑ des Ohmgeldes, die Einkünfte aus der Verpachtung des Hardhofes und der dortigen Schäferei sowie Grund-, Boden- und Erbzinsen. Hinzu kam der Erlös aus dem Verkauf von Holz, Getreide, Obst und Fischen aus den Stadtgräben. Im 18. Jh. werden außerdem genannt: das Pflastergeld, das Wacht- und Frongeld der Juden, Beisassengelder und der Fruchtzins von den Allmendäckern.

An sozialen Einrichtungen verfügte die Stadt über das in der gleichnamigen Gasse gelegene Hospital (Gebäude um 1450/70) und die Gutleuthaus-Anlage beim Friedhof. Schon vor 1417 wurden Arme und Kranke im Spital und im Aussätzigen- oder Leprosenhaus versorgt. 1421 kaufte die Stadt ein Haus für arme Leute und Pilger. Beide Anstalten standen unter der Oberaufsicht des Stadtrates; sie wurden von dazu bestellten Pflegern verwaltet. Die Leitung des Hospitals war dem Spitalmeister anvertraut. Schon früh entwickelte es sich zu einer Versorgungseinrichtung, in die man sich als Pfründner einkaufen konnte. Reiche Dotationen wurden dem Spital im Laufe des 15. Jh. zuteil. In den Jahren 1430 und 1432 stiftete der Speyerer Propst Konrad von Heuchlingen seine Güter in Ödheim und seinen Hof zu Bernbrunn zugunsten dieser Anstalt. 1431 konnte das Spital die Mühle zu Ödheim, zwischen 1442 und 1448 verschiedene Liegenschaften und den Zehnten zu Obergriesheim erwerben. 1474 kam es in den Besitz eines zweiten Hofes zu Bernbrunn; auch hatte es ein kleines Gut in Auerbach zu eigen. Auf Gkg Mosbach besaß es eine Reihe schatzungsfreier Grundstücke (ca. 30 M Wiesen, Äcker und Gärten), an die aber die Haltung des Faselviehs gebunden war. 1567 ließ Kurfürst Friedrich III. 5 Fuder Wein und 26 Malter Hafer von den Stiftsgefällen dem Spital übertragen. Die Stadt, die zur jährlichen Lieferung von 37 Klaftern Holz aus dem Gemeindewald verpflichtet war, trat ihm außerdem 50 M des Allmendgeländes ab. – Die beiden Gutleuthäuser, Feldsiechen- und Elendhaus (16. Jh.) gehen in ihrem Ursprung zumindest in das erste Viertel des 15. Jh. zurück. Sie besaßen nur geringe Liegenschaften, verfügten aber über einige Kapitalerträge. Die dazugehörige Gutleutkapelle, in welcher der Rat vor der Reformation wöchentlich zwei Messen lesen ließ, dürfte nach Ausweis der Schlußsteine im Chorgewölbe eine Stiftung der Pfalzgräfin Johanna sein.

Kirche und Schule. – Neben der Stiftskirche St. Juliana bestand in der Stadt die Pfarrkirche St. Cäcilia, deren Anfänge ungeklärt sind. Das Patrozinium, das ebenso wie die Pfarrkirche selbst erstmals 1291 erwähnt wird, könnte auf Wormser Einflüsse zurückweisen. Denkbar ist, daß die Errichtung einer eigenständigen, vom Stift unterschiedenen Pfarrei zur Zeit der Stadtwerdung erfolgte. Eine vorübergehende Umwidmung ihres Patroziniums auf St. Nikolaus, wie sie in der Literatur verschiedentlich für das ausgehende 13. Jh. behauptet wird, läßt sich aus den Quellen nicht belegen. Einer Urkunde von 1488 zufolge, in der die Pfarrkirche lediglich als Cäcilien-Kapelle bezeichnet wird, dürfte das Gotteshaus bescheidene räumliche Ausmaße aufgewiesen haben. Der Mosbacher Pfarrsprengel, der dem Würzburger Archidiakonat Buchen-Weinsberg zugehörte, beschränkte sich auf die Stadt, dürfte aber vor 1363 vielleicht auch die beiden Weiler Butersheim und Hasbach umfaßt haben. Den Pfarrsatz hatte von alters her das Stift inne, das in der Regel einen der Kanoniker oder Vikare mit dem Amt des Plebans betraute. – Im 15. und beginnenden 16. Jh. existierten in Mosbach einige Bruderschaften, die u. a. zu Ehren der Jungfrau Maria und der hl. Anna gestiftet waren.

Schon mehr als drei Jahrzehnte vor der offiziellen Einführung der Reformation in der Kurpfalz (1556) fand ev. Gedankengut insbesondere über die Person des Stiftspredigers Wendelin Kretz, der von 1523 bis 1532 am Stift wirkte, allmählich Eingang in die Stadt. Zusammen mit zwei weiteren Mosbacher Priestern mußte er sich 1526 wegen seiner Kritik am kath. Sakramentenverständnis und der Heiligenverehrung vor dem bischöflichen Fiskal in Würzburg verantworten. Obwohl er im Jahr darauf zum öffentlichen Widerruf gezwungen wurde, hielt er, wie seine weitere Biographie vermuten läßt, an der luth. Lehre fest. Anläßlich des Interims (1548) mußten zwei evangelisch gesinnte Geistliche ihre Ämter in der Stadt aufgeben. Bei der von dem luth. Kurfürsten Ottheinrich 1556 in Auftrag gegebenen landesweiten Kirchenvisitation wurde indessen die Vorbildlichkeit Mosbachs, wo drei gelehrte Prediger tätig waren und die Bevölkerung sich durch einen regen Gottesdienstbesuch auszeichnete, für die gesamte Kurpfalz hervorgehoben. Im Dezember 1557 mahnte der Kurfürst seinen Mosbacher Faut zur Entfernung von Nebenaltären und Heiligenbildern aus den Kirchen. Nach der Abtretung der Cäcilienkirche an die Gemeinde zum Zwecke des Rathausbaus wurde St. Juliana um 1556 Pfarrkirche; das Kollegiatstift wurde 1564 aufgehoben.

Am 15. November 1563 unterzeichnete Kurfürst Friedrich III. in Mosbach das Einführungsdekret für die neue kurpfälzische Kirchenordnung, deren Mitte der Heidelberger Katechismus einnimmt. Bis zum Erlöschen der calvinistischen Kurlinie Pfalz-Simmern (1685) war das ref. Bekenntnis – abgesehen von dem kurzen luth. Zwischenspiel (1576–1583) und der Besatzungszeit während des 30j. Krieges – nicht nur numerisch, sondern auch rechtlich allein vorherrschend. Zu Beginn des 17. Jh. bekannten sich der gesamte Rat und die Mehrzahl der Bürger zur ref. Lehre; doch gab es noch

Pröpste des Juliana-Stifts*

1206–1211	Konrad
⟨um 1240	R.⟩
um 1240	H. von Beilstein
1253	Beringer
1258–1261	Konrad von Dürn, † vor 1267
nach 1277	Albert von Thalheim, † 1287
1291–1297	Albert von Löwenstein, † 1297
1297–1301	Erkenbert von Starkenberg, † 1311
1331	Heinrich von Stolberg, † 1357
1368	Eberhard von Rosenberg
1382	Friedrich von Stolberg, † 1383
1401–1412	Graf Friedrich von Wertheim
1467	Ulrich Voit von Rieneck
1467	Wilhelm Schenk von Limpurg, † 1517
1478–1481	Melchior Truchseß von Pommersfelden, † 1493
1489–1490	Dr. Hans von Plieningen, † 1506
1507	Marquard von Stein
1519	Gregorius Lamparter
1519–1552	Hieronymus Lamparter von Greifenstein
1552	Christoph von Stein, † 1569

Dekane des Juliana-Stifts*

um 1240	C⟨onrad⟩
1277	Heinrich
1291	Konrad von Grünsfeld
1297	Konrad Rips
1305–1341	Helfrich (von Talheim)
1366–1397	Dieter von Hettingen
1398–1410	Friedrich von Adelsheim
1418–1420	Friedrich von Domeneck
1423–1426	Eberhard Currificis von Eßlingen
1434–1438	Wilhelm von Brunn, † 1438
1442–1456	Peter Färber (Tinctoris) von Sinsheim
1459–1474	Dr. Johannes von Hemsbach
1478–1479	Mag. Heinrich Glanz
1497–1501	Dr. Jakob Doleator
1506	Johannes Geyer
1507–1512	Volmar von Wildberg
1517–1522	Philipp Gryff
1522–1523	Mag. Valentin Thil
1523–1549	Mag. Peter Weytgenant
1549–1558	Ludwig Ziegler

* Die Jahreszahlen geben den jeweils frühesten und letzten Beleg wieder.

eine Reihe von Bewohnern, die sich des Abendmahls enthielten. Mosbach war Sitz einer ref. Inspektion, der die pfälzischen Pfarreien von Eberbach bis Großeicholzheim unterstanden. In Predigt und Seelsorge wurde der Inspektor von zwei Diakonen, nach 1649 nur noch von einem Diakon oder Mittagsprediger unterstützt. Dem Presbyterium gehörten zwei Vertreter aus dem Rat und fünf aus der Bürgerschaft an. – Im April 1624 wurde die ref. Pfarrerschaft von der bayerischen Regierung ihres Amtes enthoben und durch kath. Geistliche, die auch Neckarburken zu versehen hatten, ersetzt. Die Vorherrschaft Schwedens ermöglichte seit Dezember 1631 die Wiederaufnahme des ref. Gottesdienstes. Im November 1634 begegnet wiederum ein kath. Weltkleriker; ab 1645 übernahmen Franziskaner- bzw. Kapuzinerpatres die Pfarrseelsorge. Während der zweiten Kriegshälfte nahmen etliche Bürger den Weg nach Adelsheim auf sich, um die ref. Gottesdienste im dortigen Schloß zu besuchen. Nach dem Westfälischen Frieden wurde die ref. Kirche im Oktober 1649 wieder in ihre früheren Rechte eingesetzt. Bis 1679 mußte jedoch der Mosbacher Diakon zusätzlich die verwaiste Pfarrstelle Lohrbach mit der Filiale Fahrenbach betreuen.

Mit der Regierungsübernahme durch die kath. Kurfürsten aus dem Hause Pfalz-Neuburg (1685), die zwar die Gleichstellung aller drei christlichen Konfessionen propagierten, in Wirklichkeit aber eine späte Gegenreformation anstrebten, mußte die ref. Gemeinde mancherlei Beschneidungen ihrer Rechte und behördliche Bedrückungen hinnehmen, zumal Katholiken bei der Ämtervergabe begünstigt wurden. Durch die Einführung des Simultaneums erlangten die Katholiken von 1698 bis 1705 das Recht, zu bestimmten Zeiten in der Stiftskirche, die seit 1697 über eine von der ref. Gemeinde angeschaffte Orgel verfügte, ihre Gottesdienste zu feiern. Bei der Kirchenteilung 1706 verblieb den Reformierten das Langhaus; den Chor bekamen die Katholiken. Durch die 1708 errichtete Scheidemauer sind beide Kirchenteile bis heute voneinander getrennt.

Die Mosbacher Lutheraner, die über den Berg nach Neckarzimmern zur Kirche zu gehen pflegten, konnten sich erst nach 1685, nachdem sie schon 1650 und 1669 vergeblich um die Zulassung ihres Religionsexerzitiums nachgesucht hatten, als eigene Gemeinde konstituieren. 1688 wurde der Neckarzimmerner Pfarrer offiziell mit der Betreuung der pfälzischen Lutheraner beauftragt. Einen eigenen Seelsorger konnte die luth. Gemeinde erst 1696 anstellen. Durch Kollekten kamen die Mittel zur Errichtung einer kleinen Kirche in der Badgasse zusammen, die 1697 eingeweiht werden konnte. Eine Erweiterung der Kirche wurde 1733 durch den Ankauf eines Nachbarhauses möglich. Der Sprengel des luth. Pfarrers umfaßte zahlreiche Filialen: Dallau, Diedesheim, Fahrenbach, Knopfhof, Lohrbach, Neckarburken, Neckarelz, Nüstenbach, Reichenbuch, Sattelbach, Schreckhof und Trienz. Durch die ev. Union von 1821 erlosch die luth. Pfarrei; ihr Gotteshaus wurde abgetragen und an seiner Stelle die ev. Knabenschule (Alter Schulplatz 5) errichtet.

Mit der Gründung einer von drei Franziskanerpatres getragenen Missionsniederlassung wurde im Mai 1686 erstmals wieder kath. Gottesdienst in Mosbach gehalten. In Ermangelung einer Kirche fanden die Meßfeiern, solange das Oratorium im Franziskanerkloster noch nicht fertiggestellt war (1689), zunächst in der Unterbachmühle und später in einem Raum des Rathauses statt. In dem 1688 zwischen Kurpfalz und dem Bischof von Würzburg geschlossenen Rezeß wurde Mosbach zur Pfarrei und zugleich zum Sitz eines Landkapitels erhoben und mit einem Weltgeistlichen besetzt. Ein Pfarrhaus wurde 1699 auf Kosten des Hochstifts Würzburg erworben. Seit 1696 bediente sich die kath. Pfarrgemeinde der Rathausglocken; 1698 verlegte sie ihre Gottesdienste vom Kloster in die Stiftskirche, wo sie zwei der hl. Juliana und der hl. Katharina sowie der Himmelskönigin Maria geweihte Altäre errichten ließ.

Bereits im Juni 1686 wurde der Grundstein zur Kirche des Franziskanerklosters außerhalb des Obertores gelegt. Das dreiflügelige Konventgebäude, das heute das Amts- und Landgericht beherbergt, wurde in den Jahren 1686 bis 1696 erbaut. 1689, nach Abschluß der Bauarbeiten am ersten, mit einer Kapelle ausgestatteten Gebäudetrakt, wurde die Ordensniederlassung, die der Thüringer Provinz zugehörte, zur

Residenz, 1693 zum Konvent erhoben. Die Klosterkirche wurde erst 1698 vollendet und 1700 geweiht. Neben dem Hochaltar (Dreifaltigkeit, Jesus, Maria, Joseph und Franziskus) waren zwei Seitenaltäre (Schmerzhafte Mutter und Antonius von Padua) vorhanden. Eine Orgel wurde 1708 erstellt. In den Jahren 1768 bis 1770 wurden dem Kloster zwei größere Flügelbauten angefügt, deren Grundsteinlegung im Beisein Kurfürst Karl Theodors erfolgte. Von 1721 an unterhielten die Mönche ein Gymnasium, das seinen Lehrbetrieb 1738 einstellte und erst 1770 mit der Ausbildung von Novizen und Ordenspriestern wiederaufnahm. 1801 zählte der Konvent 18 Patres, 6 Laienbrüder und 9 Novizen. Noch in pfälzischer Zeit, 1802, wurde das Kloster aufgelöst, aber bereits mit dem Herrschaftswechsel 1803 konnten die Ordensleute, die sich auf zwei Missionen in Neckarburken und Gundelsheim verteilt hatten, nach Mosbach zurückkehren. Durch Beschluß der großherzoglich bad. Regierung erfolgte 1808 die endgültige Aufhebung des Klosters. Die Konventualen gingen teils in den Pfarrdienst, teils wurden sie in anderen Klöstern untergebracht. Schon im folgenden Jahr (1809) wurde die Klosterkirche, deren Inventar unter mehrere Pfarreien verteilt wurde, abgebrochen.

Der alte Friedhof bei der einstigen Cäcilienkirche wurde in der 1. H. 16. Jh. aufgegeben. An seiner Statt legte man den heutigen Begräbnisplatz bei der Gutleutkapelle an, dessen Weihe 1530 durch einen Würzburger Weihbischof vorgenommen wurde. Von 1686 bis 1698 unterhielten die Katholiken einen eigenen Friedhof beim Franziskanerkloster. Bis ins 18. Jh. wurde die Stiftskirche noch vereinzelt als Grablege genutzt.

Den großen Frucht- und Weinzehnt auf Gkg Mosbach bezog die Geistliche Güterverwaltung als Rechtsnachfolgerin des Stifts. Die Zehntscheuer befand sich in der Keßlergasse. Der Novalzehnt stand im 18. Jh. der kurfürstlichen Hofkammer zu; der Zehnt einer bestimmten Feldfläche gehörte dem ref. Schulmeister zu Neckarburken. Den kleinen Zehnt hatte die Stadt 1525 vom Stift erworben.

Sehr wahrscheinlich hatte bereits das frühmittelalterliche Benediktinerkloster eine Schule, über die jedoch keine Nachrichten erhalten sind. Das Vorhandensein einer Lateinschule am Kollegiatstift ist durch die mehrfache Nennung von Scholastern (1341) und Chorschülern (1393) belegt. Eine deutsche Schule dürfte es seit der 2. H. 15. Jh. gegeben haben. 1486 hört man von einem Schulgebäude und im folgenden Jahr von einem Schulmeister. In den 1560er Jahren wurde die Stiftsschule in eine von einem Rektor geleitete ref. Lateinschule umgewandelt. Neben der deutschen Knabenschule bestand seit Ende des 16. Jh. eine Mägdleinschule, zu deren Gunsten 1596 der Ratsherr Peter Seyfriedt eine Stiftung von 304 fl machte. Die Stadt kaufte 1613 eines der Stiftsgebäude zur Unterbringung der Mägdleinschule. Um 1600 unterrichteten folgende Lehrkräfte in der Stadt: ein Rektor, ein Kantor, ein deutscher Schulmeister und eine Mägdlein-Schulfrau. Gegen Ende des 17. Jh. wurden außerdem eine kath. und eine luth. Schule eröffnet. 1696 besuchten 26 Jugendliche aus Mosbach und Umgebung die ref. Lateinschule, deren Schülerzahlen im Laufe des 18. Jh. infolge der konfessionellen Zersplitterung des Schulwesens stark abnahm (1762: 6 Schüler). Doch auch das auf Betreiben des Oberamtmanns Johann Franz von Marioth gegründete und mit einem Stiftungsvermögen von 2000 fl ausgestattete Franziskaner-Gymnasium konnte die in es gesetzten Erwartungen nicht erfüllen. 1802 wurden die drei ref. Schulen von 103, die kath. Knaben- und Mädchenschule von 91 und die luth. Schule von 61 Schulkindern frequentiert. – Im 16. Jh. war Mosbach zweimal, 1501–1503 und 1539/40, Ausweichdomizil der wegen Pestepidemien evakuierten Heidelberger Universität.

Bevölkerung und Wirtschaft. – Die Bürger der Stadt waren leibeigenschaftsfrei und gegen Entrichtung eines jährlichen Bedegelds von herrschaftlichen Frondiensten entbunden; für die Stadt mußten sie freilich Wach- und Frondienste erbringen. Jeder Bürger besaß das Recht des freien Zugs, war aber zur Zahlung einer 5%igen Nachsteuer verpflichtet. Falls sich ein Bürger im Bereich der Kellereien Neckarelz oder Lohrbach niederließ, wurde er der Herrschaft leibeigen; umgekehrt erlangten Untertanen aus diesen beiden Kellereien, die nach Mosbach übersiedelten, Leibsfreiheit. Um in das Bürgerrecht aufgenommen zu werden, mußten auswärtige Bewerber ein Mindestvermögen nachweisen, das im 16. Jh. bei 50 bis 60, zu Beginn des 19. Jh. bei 400 bis 500 fl lag. Außerdem wurde ein Einzugsgeld fällig, das 1560 in Anbetracht der gestiegenen Zahl der Aufnahmegesuche von 1 auf 4 fl erhöht wurde.

Abgesehen von den bereits im 15. Jh. verschwindenden stadtsässigen Adelsgeschlechtern gab es eine Oberschicht ratsfähiger Familien, die von den Zünften aber nicht scharf getrennt war, zumal sie sich beim Ausscheiden eines Ratsverwandten gemäß der städtischen Verfassung von unten her ergänzte. Das Vorhandensein einer vermögenden Führungsgruppe läßt sich aus der Steuerliste von 1475 deutlich ablesen. Während 191 Bürger mit einem Schatzungskapital von weniger als 100 fl, 52 Bürger mit 100 bis 200 fl, 21 Bürger mit 201 bis 300 fl und 14 Bürger mit 301 bis 400 fl veranlagt waren, belief sich die Zahl der sehr wohlhabenden Mosbacher auf etwa anderthalb Dutzend. Vier Bürger waren mit einem Vermögen von 401 bis 500 fl, 5 Bürger mit 501 bis 600 fl und jeweils 4 Bürger mit 701 bis 800 fl bzw. 801–900 fl vertreten.

Für die ersten Jahrhunderte der Stadt lassen sich die Einwohnerzahlen auch nicht annähernd abschätzen. Ungefähre Zahlenangaben sind erst den seit dem 15. Jh. überlieferten Steuerverzeichnissen zu entnehmen. In der ältesten Liste von 1439 werden 223 steuerpflichtige Männer sowie 34 Witwen und Vormundschaften genannt, was zusammengenommen etwa 250 Haushalten entsprechen dürfte. Bereits das Steuerregister von 1463 weist mehr als 300 Namensnennungen auf. Dies läßt auf ein beachtliches Bevölkerungswachstum während des 15. Jh. schließen. Eine starke Zunahme war insbesondere seit dem zweiten Viertel des 16. Jh. zu verzeichnen, die um 1570 mit vermutlich mehr als 1800 Einwohnern einen Höhepunkt erreichte. Schon vor dem 30j. Krieg zeichnete sich eine leicht rückläufige Tendenz in der Bevölkerungsentwicklung ab, die dann aber infolge der Kriegskatastrophe an einem Tiefpunkt anlangte. In den Huldigungsakten von 1615 werden 352 männliche Bewohner erwähnt, unter denen sich möglicherweise auch Beisassen und andere Nichtbürger befanden. 1645 zählte die Stadt nur noch 124 Bürger, darunter 12 Ratsverwandte. 1650 werden 145 Bürger genannt. Auch wenn eine Vergleichbarkeit mit den Vorkriegszahlen nicht ohne weiteres gegeben ist, so dürfte Mosbach doch ungefähr die Hälfte seiner Bevölkerung eingebüßt haben. Um die enormen Verluste durch die Aufnahme neuer Bürger auszugleichen, wurde das Einzugsgeld nach 1649 wesentlich gesenkt; dennoch wurde der Vorkriegsstand erst im 18. Jh. wieder erreicht. Zur Huldigung 1681 fanden sich 207 Bürger und 9 Beisassen ein; bei der Huldigung 1685 waren 229 Bürger und 3 Beisassen zugegen. 1713 kamen 13 weltliche Beamte und Bedienstete, 7 Pfarrer und Lehrer, 255 Bürger, 8 Beisassen und 7 Juden ihrer Huldigungspflicht nach. Seit der 2. H. 18. Jh. erlebte die Stadt eine starke Bevölkerungszunahme, die nicht allein mit dem Geburtenüberschuß, sondern auch mit einem gewissen Zuzug von auswärts zu erklären sein wird. Die Zahl der Hintersassen war 1802 auf 50 angestiegen.

In konfessioneller Hinsicht war Mosbachs Bevölkerung seit der Reformation mehrheitlich reformiert. Der Anteil der Lutheraner betrug in den 1670er Jahren etwa ein Viertel. Die Katholiken machten im ausgehenden 17. Jh. ungefähr ein Fünftel der Bevölkerung aus; ihr Anteil wuchs im folgenden Jahrhundert aber rasch an. Im Jahr 1671 waren von 615 religionsmündigen christlichen Einwohnern 337 reformiert, 148

Entwicklung der Einwohnerzahlen

1570		ca. 1800 E.
1671	258 Fam.	ca. 1240 E.
1774	344 Fam.	ca. 1450 E.
1777	376 Fam.	ca. 1580 E.
1780		ca. 1610 E.
1784	403 Fam.	1654 E.
1802	432 Fam.	2061 E.

lutherisch und 130 katholisch. 1825 lebten in der Stadt 1244 Protestanten, 959 Katholiken und 97 Israeliten.

Schon im 13. Jh. bestand in Mosbach eine ansehnliche jüd. Gemeinde, die jedoch 1298 durch die Verfolgung des Ritters Rindfleisch weitgehend ausgelöscht worden sein dürfte; 55 Juden fielen seinerzeit dem Massaker zum Opfer. Binnen eines halben Jahrhunderts mußte die Gemeinde zwei weitere Pogrome (1343 und 1348/49) erleiden. 1381 ist wieder ein Jude namens Drostelin, den Pfalzgraf Ruprecht 1387 in seinen Schutz nahm, in Mosbach nachweisbar. 1471 werden zwei jüd. Einwohner genannt. Seit den 1650er Jahren waren drei Familien in der Stadt ansässig. Während des 18. Jh. erlebte die jüd. Gemeinde ein rasches Wachstum: 1713 zählte sie 7, 1722 8, 1743 16, 1773 19, 1802 18 Haushaltungen. Ein Judenfriedhof wird 1559, eine Synagoge 1802 erwähnt. Die Mosbacher Juden ernährten sich hauptsächlich vom Handel mit Vieh, Wein, Getreide und Textilien. 1599 untersagte der Rat den Bürgern, mit Juden geschäftlich zu verkehren. Nach einem Bericht von 1681 waren die Mosbacher Tuchmacher und Strumpfstricker beim Ankauf der Wolle und dem Vertrieb ihrer Produkte weitgehend von jüd. Verlegern abhängig. 1725 und noch in späteren Jahren beschwerten sich die Zünfte beim Kurfürsten über die starke jüd. Konkurrenz beim Weinhandel, konnten aber nur ein vorübergehendes Verbot erwirken, da die benachbarten Weinbaugemeinden Neckarelz, Diedesheim und Obrigheim auf den Vertrieb durch die Mosbacher Schutzjuden angewiesen waren.

Bis ins 19. Jh. waren Landwirtschaft und Handwerk sowie in geringerem Maße auch der Handel die wichtigsten Erwerbszweige in Mosbach. Der landwirtschaftlichen Nutzung standen im Jahr 1798 1729 M Äcker, 291 M Weinberge, 278 M Wiesen, 190 M Weide und 29 M Gärten zur Verfügung. Schon im Hochmittelalter war der Wein das einträglichste Erzeugnis der Mosbacher Landwirtschaft. Rebflächen lagen an den Abhängen des Henschelberg, am Zwerenberg, Haubenstein, Geiersberg, Ochsenberg, Liebertsberg, Galgenberg, Rosenberg, Hardberg, im Hessental, Wittal, Knopf, Bruch, Bonschel, Masseldorn, Michelsrot, Muckensturm und in der Mordklinge. Die Weingärtner, deren Zunft 1568 100 Meister zählte, besaßen ein eigenes, schatzungsfreies Zunfthaus. Seit der 2. H. 17. Jh. war der Weinanbau rückläufig: 1750 340 M, 1797 309 M, 1806 266 M, 1850 150 M und 1883 125 M Weingärten. Neben der Stifts- und der städtischen Hospitalkelter bedienten sich die Weingärtner auch einiger privater Keltern.

Der Ackerbau wurde in drei Fluren betrieben. Im Tal gab es um 1800 keine Brache, wohl aber auf den Bergäckern, deren Böden wegen des Höhenunterschieds nur unzureichend gedüngt werden konnten. Sie wurden im ersten Jahr mit Wintergetreide, im zweiten mit Gerste, Hafer oder türkischem Klee eingesät, im dritten blieben sie mit Ausnahme der Kleeäcker brach liegen. Als wichtigste Kulturpflanzen wurden Korn, Spelz, Gerste, Hafer, Flachs und Hanf sowie seit dem 18. Jh. Kartoffeln angebaut. Zu Beginn des 19. Jh. reichten die eigenen landwirtschaftlichen Erträge zur Ernährung der

Bevölkerung nicht aus, so daß man auf Zufuhr von außerhalb angewiesen war. Ein Großteil der Wiesen wurde bewässert. Die schon im 15. Jh. bezeugten Rodungswiesen (1724 ca. 80 M) in der Michelherd waren an Bewohner der umliegenden Dörfer verpachtet. Infolge der Anpflanzung von Futterkraut und Klee hatte sich um 1800 die Stallfütterung weitgehend durchgesetzt. Folgender Viehbestand war in der Stadt vorhanden:

	1780	1794	1798	1802
Pferde	49	46	82	50
Ochsen	34	43	36	66
Kühe	172	229	138	235
Rinder	66	78	47	106
Schafe	285	539	476	–
Schweine	224	177	265	–

Auf Gkg Mosbach gab es schon im 15. Jh. eine städtische Schäferei auf dem Hardhof, dazu eine herrschaftliche auf dem Knopfhof. Als städtische Schafweide dienten Allmende und Bergäcker. Sämtliche Wiesen waren der Herbsthut unterworfen, die nach Michaelis (29. Sept.) begann; die Frühlingshut endete an Mariä Verkündigung (25. März).

Die Forstwirtschaft kam in erster Linie der Versorgung der Bürgerschaft mit Bau- und Brennholz zugute. Daneben wurden die städtischen Waldungen, insbesondere die Michelherd, auch von den Bewohnern der umliegenden Dörfer zum Viehtrieb genutzt. Obwohl die Gemeinde in manchen Jahren größere Holzmengen zum Verkauf brachte, konnte sich ein bedeutender Holzhandel nicht entwickeln. Die Flößerei auf dem Seebach wird sich hauptsächlich auf Brenn- und Spälterholz beschränkt haben und dürfte vor allem von den Neckargerachern betrieben worden sein. Schon im 15. Jh. erhielten sie von der Stadt bestimmte Flächen gegen Zahlung eines Pauschalpreises zur Abholzung angewiesen. 1681 hielt der Stadtrat den Abtransport des Holzes aus der Michelherd auf dem Wasserwege zwar für wünschenswert, wegen der Entlegenheit des Waldes aber für nicht praktikabel. Zur Verhinderung eines ungeregelten Holzeinschlags, der Abweidung des Jungwuchses durch das Rindvieh und der durch die Köhlerei entstandenen Schäden wurde die Michelherd, für die schon 1540 eine Waldordnung erlassen worden war, 1731 in 30 Schläge eingeteilt. Die Bezeichnung »Hackschläge« dürfte ein Hinweis auf die in einem Teil der Michelherd betriebene Nieder- oder Hackwaldwirtschaft sein. Nach einer Aufstellung von 1806 wurden jährlich 687 Klafter Brennholz und 83900 Wellen als Bürgergabe, Deputatholz und Besoldungsanteil der städtischen Bediensteten aus den Stadtwaldungen abgegeben. Darüber hinaus bestand ein jährlicher Bedarf von etwa 400 bis 500 Eichenstämmen für Bauzwecke.

Im 15., 16. und beginnenden 17. Jh. zeichnete sich das Handwerk durch die Herstellung solide gearbeiteter und kunstvoll eingefaßter Messer- und Degenklingen, die in weitem Umkreis vertrieben wurden, sowie bis ins 18. Jh. durch die Fabrikation feiner wollener Tuche aus. Nahezu die gesamte Bürgerschaft war in den vom 15. Jh. an bezeugten Zünften zusammengeschlossen. Jede Zunft stand unter der Leitung eines von ihren Mitgliedern gewählten Zunftschultheißen, den ein Zunftschreiber und mehrere Kerzenmeister bei der Aufgabenerfüllung unterstützten. Unter den sechs traditionellen Zünften wiesen Wollweber (Färber, Stoffdrucker, Schneider, Stricker, Seiler) und Funkenhauer (Grobschmiede, Kannengießer, Keßler, Waffenschmiede, Messer- und Nagelschmiede, Hafner, Schreiner und Zimmerleute) die größte Zahl von Meistern auf.

Zünfte	1568	1670	1681	1713
Wollweber bzw. Knappen und Krämer	131	40	50	50
Funkenhauer	68	61	66	91
Weingärtner	100	27	29	25
Müller und Bäcker	35	18	13	20
Gerber und Schuhmacher	28	24	28	33
Metzger	13	14	13	21

Im 18. Jh. begannen sich die Zünfte zu kleineren Vereinigungen auszudifferenzieren, die stärker als bisher auf die Einzelberufe der Handwerker zugeschnitten waren. 1802 gab es 15 Zünfte: die Krämerzunft, die Schneiderzunft, die Metzgerzunft, die Maurer- und Steinhauerzunft, die Schmiede- und Wagnerzunft, die Schlosser-, Schreiner-, Glaser- und Nagelschmiedzunft, die Küfer- und Bierbrauerzunft, die Häfner- und Zieglerzunft, die Müller- und Bäckerzunft, die Gerber- und Sattlerzunft, die Schuhmacherzunft, die Zimmerleute- und Schiffbauerzunft, die Leinenweberzunft, die Seiler- und Metallgießereizunft und die Strumpfweber- und Schnallenmacherzunft. Die Wohnbezirke einzelner Berufsgruppen haben sich in den Straßennamen Farbgasse, Keßlergasse und Harnischgasse erhalten.

An Handwerksberufen, darunter auch eine Reihe typisch städtischer Erwerbszweige, waren 1806 in Mosbach vertreten: 16 Küfer, je 13 Bäcker und Schuhmacher, 12 Schneider, 10 Metzger, 9 Handelsleute, je 8 Maurer und Zimmerleute, je 7 Leineweber, Müller, Rotgerber und Schildwirte, je 5 Schlosser, Schreiner und Seiler, je 4 Barbiere, Bierbrauer, Dreher, Glaser und Schmiede, je 3 Färber, Sattler, Seifensieder und Wagner, je 2 Buchbinder, Hafner, Hutmacher, Knopfmacher, Nagelschmiede, Säckler, Strumpfweber, Tüncher, Uhrmacher und Weißgerber sowie je ein Apotheker, Bader, Bohrenschmied, Bürstenbinder, Flaschner, Gold- und Silberarbeiter, Kübler, Kupferschmied, Messerschmied, Perückenmacher, Schornsteinfeger, Steinhauer, Ziegler, Zinngießer und Zuckerbäcker. Daneben gab es in der Stadt 74 Gesellen, 26 Lehrjungen, 215 Knechte, 118 Mägde und 96 Tagelöhner. Die Bestellung eines für die Stadt zuständigen Arztes ist für die Jahre 1684/86 belegt. 1802 waren ein Oberamts-Physikus und ein Zent-Chirurg für die medizinische Betreuung der Bevölkerung zuständig. Gegen Ende des 18. Jh. waren zwei Advokaten in Mosbach ansässig.

Zahlreiche Mühlen, deren früheste Erwähnungen in das beginnende 14. Jh. zurückreichen, hatten an der Elz und dem vom Hardberg her quer durch die Stadt geleiteten Kandel ihren Standort. Oberhalb der Stadt wurden die Schmelzen-, Käs- und Schimmelsmühle vom Kandel angetrieben. Erstere könnte mit der vor 1720 auf dem Platz der ehemaligen Eisenschmelze errichteten Schleifmühle identisch sein. Die beiden letzteren, die auch die Bezeichnungen Obere und Untere Kandelmühle trugen, gelangten 1437 bzw. 1443 in herrschaftliches Eigentum. 1721 verfügten diese beiden Kameralmühlen über je einen Mahlgang. Innerhalb der Stadtmauern folgte beim Eselstall die sog. Zierlemühle, die 1433 anläßlich eines wegen der Nutzung und Instandhaltung des Kandels zwischen den Mühlenbetreibern und Gerbern geschlossenen Vergleichs erstmals genannt wird. Die Herrenmühle, die seit 1332 dem Stift gehörte, lag beim Oberen Tor an der Hauptstraße/Ecke Schwanengasse. Schließlich bezog auch die von 1433 an bezeugte Bürgermühle, die später in eine Ölmühle umgewandelt wurde, ihre Wasserkraft vom Kandel. Um 1780 hatten sich 8 Mühlen an der Elz angesiedelt: eine Säge- und Ölmühle, eine Papiermühle, die Kunsträder der Saline, eine Lohmühle, die Ober- und

Unterbachmühle, die Schlackenmühle sowie eine Schneid- und Ölmühle. Die Oberbachmühle, die 1391 in städtisches Eigentum gekommen sein dürfte, war im 18. Jh. ebenso wie die Unterbachmühle in herrschaftlichem Erbbestand vergeben und mit drei Mahlgängen ausgestattet. Schon früh bedienten sich die örtlichen Handwerker verschiedener Mühlen für ihre beruflichen Zwecke. Eine Walkmühle wird erstmals 1305 genannt. 1560 machten sich die Wollweber an die Errichtung einer neuen Walkmühle *inwendig der Eselsbrücken*, nachdem der Vorgängerbau durch ein Hochwasser beschädigt worden war. 1493 und 1496 erhielten zwei Schmiedemeister von Pfalzgraf Otto II. die Erlaubnis, in ihren an der Elz gelegenen Schleifmühlen ein Polierrad anzubringen. Eine Lohmühle war schon vor 1549 vorhanden. Im 18. Jh. kamen zwei Granatschleifmühlen und zwei Holzschneidemühlen hinzu. Außerdem wurde in den 1750er Jahren die Bach'sche Papiermühle errichtet, die 1785 14 Arbeiter beschäftigte. 1802 bestanden in Mosbach 7 Mahl-, 2 Öl- und 2 Schneidmühlen sowie eine Papier- und eine Glasurmühle zur Fayencenherstellung. – Eine städtische Ziegelhütte, die oberhalb der Stadt lag, ist für das Jahr 1441 bezeugt; sie war in Erbbestand verliehen.

Von alters her wurden drei Jahrmärkte auf Osterdienstag, St. Veit (15. Juni) und Burkhardi (14. Oktober) abgehalten. Auf Ansuchen des Rates konzedierte Kurfürst Friedrich III. 1560 einen weiteren Jahrmarkt auf Mariä Lichtmeß (2. Februar). Neben diesen Krämermärkten, die vor allem den Wirten, Bäckern und Metzgern einträglich waren, fanden zu Beginn des 19. Jh. vier Viehmärkte sowie ein wöchentlicher Fruchtmarkt statt. Auf den beiden Wochenmärkten am Dienstag und Samstag wurden hauptsächlich Butter, Eier, Käse, Bohnen, frisches und gedörrtes Obst aus den umliegenden Ortschaften verkauft.

In Mosbach, das an der alten Handelsstraße von Nürnberg nach Worms und Speyer lag, gab es eine kurpfälzische Landzollstätte. Während der Transitzoll allein der Herrschaft zustand, wurden die Abgaben für die am Ort umgeschlagenen Waren zur Hälfte an die Stadtkasse abgeführt. Beim Transport von Wein und Getreide auf dem Neckar genossen die Mosbacher Bürger in Heidelberg, Neckargemünd und Neckarelz Zollfreiheit, sofern diese Güter für den Eigenbedarf der Stadt und der dazugehörigen Zent bestimmt waren. Gegenseitige Zollbefreiung bestand mit den Städten Nürnberg (1332) und Wimpfen. Hinsichtlich des bischöflichen Zolls zu Speyer war sie seit dem ausgehenden 15. Jh. umstritten; seit den 1520er Jahren war der Bischof nicht mehr bereit, die Zollfreiheit der Mosbacher anzuerkennen. Gegen Ende des Alten Reichs war der in Mosbach betriebene Handel nur noch von geringer Bedeutung.

Auf städtische Initiative wurde seit 1652 am Hardberg ein Eisenbergwerk angelegt. Neben der Bürgerschaft beteiligten sich auch auswärtige Kapitalgeber an dem Projekt. Die ersten Bergknappen scheinen im Alpenraum beheimatet gewesen zu sein. Mit dem Vertrieb des in dem dazugehörigen Hütten- und Hammerwerk verarbeiteten Eisens konnte spätestens von 1654 an begonnen werden. 1655 ließ sich der Handelsmann David Steiger aus Basel, der bereits ein Hammerwerk in Hirschhorn innehatte, von Kurpfalz mit den Bergwerken in Mosbach, Sulzbach und Neckargerach belehnen. Dabei übernahm er die Mosbacher Eisenschmelze mit allen Gebäuden, wofür er sich gegenüber der Stadt zur Zahlung von 6000 fl verpflichtete. 1655 waren ein Schmelzmeister, 3 Köhler, 4 Köhlerknechte, 10 Bergknappen und 6 Holzhauer beschäftigt. Bald muß sich das Werk aber als unrentabel erwiesen haben. Denn in den 1660er Jahren lag die Schmelze für längere Zeit still. Nach Steigers Tod (1674) gerieten die Baulichkeiten des Hüttenwerks in Verfall; das vorhandene Inventar reichte nicht aus, um die Schuldforderungen der Gläubiger zu begleichen. An die Lage der einstigen Eisen-

schmelze erinnern die Straßennamen Schmelzweg und In den Schmelzgärten. In der
1. H. 18. Jh. wurde ein herrschaftlicher Eisenhammer in Zeitpacht betrieben, der etwa
eine Viertelstunde von der Stadt entfernt in Richtung Diedesheim lag und zwei
Schmiedehäuser sowie eine Kohlenscheuer umfaßte. Spätere Schürfversuche auf
Quecksilber und Steinkohlen blieben erfolglos.

Nach der zufälligen Entdeckung einer Salzquelle in der Talaue der Elz nahe den
Gutleuthäusern (1755/56) schlossen sich einige Bürger zu einem Konsortium zusammen, das in den Gewannen Knappensprung und Bruch Probebohrungen durchführen
ließ, die eine Sole von bis zu 1,5 % Salzgehalt erbrachten. Die hohen finanziellen
Aufwendungen für die wirtschaftliche Erschließung der Quelle machten es erforderlich, daß sie in landesherrliche Regie überging. 1762 wurden die ersten Salinenbauten
erstellt. Kurfürst Karl Theodor legte im selben Jahr den Grundstein zu einem Siedehaus, das mit 4 Pfannen ausgestattet war. Das Gradierhaus wies eine Länge von etwa
300 m auf. Der erste Sud wurde 1764 durchgeführt, woraufhin die als Elisabeth-Augusta-Halle bezeichnete Saline mit dem Salzmonopol für das Oberamt Mosbach
privilegiert wurde. 1765 erfolgte der Kauf eines Anwesens beim Unteren Tor (späteres
Hotel *Prinz Karl*), das als Salzmagazin dienen sollte. Ein zweites, in seiner baulichen
Ausführung aber äußerst unzulängliches Gradierhaus wurde 1768 errichtet. Von
Anfang an litt der Betrieb, der 1775 92 Arbeiter, darunter 71 Kinder, beschäftigte, unter
ökonomischen und personellen Mißständen. Aufgrund der geringen Solequalität des
Karls-, Gutleuthaus- und Wiesenbrunnens kam die Jahresproduktion an Speise- und
Viehsalz nie über 4000 Zentner hinaus. Seit 1782 war die Saline an die Mannheimer
Salzhandelsfirma Schmalz, Aaron, Seligmann & Co. zur alleinigen Ausbeutung verpachtet; doch reichte die Salzerzeugung nicht einmal für das Monopolgebiet aus. 1791
stürzte einer der beiden Gradierbauten ein. 1802 wurde die Anlage, in der zuletzt nur
noch 7 Arbeiter beschäftigt waren, stillgelegt.

Die 1770 gegründete Fayence-Manufaktur verdankte ihre Ansiedlung dem Vorhandensein der Saline, da man Salz für die Herstellung der weißen Zinnglasur benötigte.
Die Werkstätten waren in den Räumlichkeiten der neuen Kaserne in der Carl-Theodor-Straße (bis 1951 Fabrikgasse) untergebracht. 1782 wurde auch das alte Kasernengebäude in die Fayencenproduktion mit einbezogen. Sie verfügte über sechs, später
sieben Drehscheiben und zählte 1786 37 Arbeiter. In der Hauptsache wurde
Gebrauchsgeschirr hergestellt, aber auch künstlerisch gestaltete Vasen und Figurengruppen wurden geschaffen. Von der merkantilistisch geprägten Wirtschaftspolitik
Karl Theodors hoch bezuschußt, durch Steuer- und Zollerleichterungen subventioniert
und durch ein Handelsmonopol in der rechtsrheinischen Kurpfalz begünstigt, erlebte
die Manufaktur eine Scheinblüte. Denn von Anfang an hatte sie mit Absatzschwierigkeiten zu kämpfen, die sich nach 1799 verschärften. Dazu trug insbesondere die
mindere Qualität des Tons und die Untauglichkeit des Mosbacher Salzes bei, die
mehrere Brände mißlingen ließen und große finanzielle Einbußen verursachten. Betreiber der Manufaktur waren: Pierre Berthevin (1770–72), Johann Samuel Friedrich
Tännich (1774–81), Friedrich List & Co. (1782–87) und die Gesellschaft Römer & Co.
(1787–1828); 1836 wurde der Betrieb eingestellt.

Hardhof. – Seit der 1. H. 15. Jh. ist der Hardhof im Eigentum der Stadt nachweisbar.
1443 wird erstmals eine städtische Schäferei auf dem Hof erwähnt. Der jeweilige
Erbbeständer mußte eine jährliche Pacht von 8 Malter Korn, 12 Malter Dinkel und
12 Malter Hafer entrichten und war verpflichtet, den See für alle Viehtriebsberechtigten
als Tränke offenzuhalten. Die gelegentliche Benennung des Hardhofes als Schifferleshof wird auf einen der Erbbeständer namens Schifferer, der das Gut um 1494 innehatte,

zurückzuführen sein. Während im 16. und 17. Jh. nur zwei Hofmänner mit ihren Familien auf dem Hardhof lebten, entwickelte er sich im Laufe des 18. Jh. zu einem kleinen Weiler, der 1779 8 und 1802 10 Hofbauern zählte. 1806 werden 14 Bürger auf dem Hardhof genannt. An städtischen Gebäuden war um 1800 ein Schafhaus und eine Scheune vorhanden. Eine kath. Schule, deren Unterhaltspflicht zwischen der Stadt und den Erbbeständern umstritten war, wurde in der 2. H. 18. Jh. eingerichtet.

Knopfhof. – Als herrschaftliches Erbbestandsgut wird der Knopfhof spätestens im 15. Jh. aus der Gkg Mosbach hervorgegangen sein. Das gesamte Areal war zwar besonders umsteint, wurde aber zur Mosbacher Gemarkung gerechnet. Auch der Weidgang der Erbbeständer erstreckte sich großenteils auf die städtischen Fluren und Wälder. Administrativ gehörte der Hof zur Kellerei Lohrbach, wohin die jährlichen Pachten und Gefälle zu entrichten waren. Seine Bewohner unterstanden dem Neckarburkener Gerichtsstab. Die 1443 erstmals bezeugte Schäferei befand sich im Besitz der Erbbeständer. Für die Jahre 1604/05 ist die Errichtung neuer Hofgebäude belegt. Nach dem 30j. Krieg wurde das kurfürstliche Kameralgut von Pächtern aus der Schweiz bewirtschaftet. 1691 wird das Wohnhaus des Hofbeständers als baufällig bezeichnet. Gegen Ende des 17. Jh. war ¼ der Feldfläche an Neckarburkener Bauern verpachtet.

Kloster und Stift Mosbach. – Die ältesten schriftlichen Quellen zur Geschichte Mosbachs beziehen sich ausschließlich auf das Kloster bzw. auf das Stift. Allerdings läßt sich das historische Dunkel, das nicht nur die Anfäge, sondern auch die geistliche und ökonomische Organisation der Mönchsgemeinschaft umhüllt, kaum aufhellen. Über Größe und Ausstrahlung des Konventes, dem vor 825 ein Abt namens Crimoldus vorstand, auf den später ein gewisser Hiltibretus gefolgt sein soll, sind verläßliche Angaben nicht vorhanden. Auf eine Beziehung zum Kl. Reichenau weist allenfalls der Eintrag im dortigen Verbrüderungsbuch hin. Das Mosbacher Juliana-Patrozinium dürfte wenigstens ins 10. Jh. zurückreichen, zumal die Verehrung der hl. Juliana auch in dem zur Abtei Mosbach gehörenden Dorf Malsch überliefert ist. 976 fiel Mosbach, das zu den weniger bedeutenden Reichsabteien zählte, durch Schenkung Kaiser Ottos II. an das Bistum Worms. Zum Zeitpunkt der Übereignung hatte das Kloster, dessen Gründungsausstattung nicht bekannt ist, Güter und Rechte in den Ortschaften: Babstadt, Binau, Breitenbronn, Dallau, Daudenzell, Haßmersheim, Horkheim, Ittlingen, Jagstfeld, Kessach, Lohrbach, Malsch, Möckmühl, Mühlhausen, Neckarelz, Neckargerach, Neckarzimmern, Obrigheim, Schefflenz, Schwaigern und Sulzbach; außerdem in den nicht eindeutig zu identifizierenden Orten: *Dutilunueld* (Dahenfeld oder Diedesheim) und *Rohrheim* (Rohrhof bei Brühl oder Roigheim).

Bald darauf, um das Jahr 1000, wurde das bischöfliche Eigenkloster in ein Kollegiatstift umgewandelt. Noch bis in die Mitte des 13. Jh. stand es unter wormsischem Einfluß, dem es sich aber um 1240 durch die eigenständige Wahl eines aus dem staufischen Umfeld von Wimpfen kommenden Propstes zu entziehen versuchte. Mit dem Verzicht von Dekan und Kapitel des Stifts auf die Wahl des Propstes zugunsten des Bischofs von Würzburg fand die kirchenpolitische Loslösung Mosbachs von Worms 1258 ihren Abschluß. Fortan wurde das Amt des Propstes stets mit adligen Mitgliedern des Würzburger Domkapitels besetzt. Als Stellvertreter des Propstes fungierte der vom Stiftskapitel gewählte Dekan. Er war der eigentliche Leiter der Klerikergemeinschaft, zumal der Propst aufgrund von Pfründenkumulationen nur gelegentlich am Ort weilte. Als weitere Stiftsämter, die aber nicht zu den Dignitäten gerechnet wurden, sind der Scholaster, der Kantor und der Mesner zu nennen. Auf die Stelle des Stiftspredigers, die Pfalzgraf Otto 1456 mit einer eigenen Predigerpfründe ausstattete, sollte nur ein graduierter Kanoniker berufen werden. Zugleich sicherte sich der Pfalzgraf das Patronats- und Präsentationsrecht an der Predigerstelle. In dem Zeitraum zwischen 1406 und 1523 schwankte die Zahl der Mosbacher Kanonikate zwischen 5 und 8 Stellen. Auf päpstliche Weisung war eine der Kanonikerpfründen bereits 1398 der Universität Heidelberg inkorporiert worden. Die Durchführung des Chorherrendienstes lag vielfach in Händen von Vikaren. 1371 bestanden 9 Altarbenefizien, die von 12 Vikaren versehen wurden; 1406 zählte das Juliana-Stift 16 Vikarien. Für einige Stiftskleriker bildete das Vikariat eine Vorstufe zur Erlangung eines Kanonikats; nach den Statuten des Stifts mußten sie hierfür aber ein zweijähriges Universitätsstudium nachweisen. Die Amtspflichten der Kanoniker und Vikare, die Wahrnehmung der liturgischen Aufgaben und die Nutzung der Pfründen waren in einer zwischen Pfalzgraf Otto II. und Dekan Johannes von Hemsbach vereinbarten Ordnung des Stifts von 1466 geregelt.

Über das Aussehen der ältesten Stiftskirche lassen sich keine genauen Angaben machen. Die von Papst Bonifaz VIII. 1295 zugunsten der Juliana-Kirche und einer Nikolaus-Kapelle erteilten Ablässe scheinen auf einen Um- oder Neubau hinzudeuten. Anläßlich einer Reliquienüberführung im Jahr 1296 wird der feierliche Raumeindruck des Gotteshauses hervorgehoben. Chor und Langhaus der heutigen Stiftskirche werden zwischen dem ausgehenden 14. und der 2. H. 15. Jh. (Kanzel von 1468) errichtet worden sein. Der früheste Beleg für das Juliana-Patrozinium findet sich auf dem ältesten erhaltenen Siegel des Stifts von 1258: SIGILL⟨UM⟩ BEATE IVLIANE VIR⟨GINIS ET MARTYRIS IN MO⟩SEBACH. Neben dem zu Ehren der heiligen Juliana geweihten Hochaltar bestanden an der Stiftskirche 1291 folgende Altäre: Maria, Johannes Bapt., Nikolaus, Michael und Katharina. Später kamen hinzu: Petrus (1305), Johannes Evang. (nur 1306), Paulus (1331), Anna (1332), Andreas (1366), Maria Magdalena (1370), Elisabeth (1371), Laurentius, Margarete und Barbara (1409), Kreuzaltar (1512). – Ringsum, selbst an der Seite zum Marktplatz hin, war die Juliana-Kirche von den Stiftsherrenhöfen – 1368 werden Propstei, Dekanei, Warsteiner Hof, Rosenberger Hof, ein Steinhaus und ein sog. Altes Haus genannt –, dem Haus des Stiftspredigers, der Stiftskelter und dem Fruchtspeicher umschlossen.

Neben seinen Liegenschaften, Gülten und Nutzungen auf Gkg Mosbach verfügte das Stift über zahlreiche Außenbesitzungen, die zu dessen wirtschaftlicher Fundierung beitrugen. Von den im Jahr 976 erwähnten auswärtigen Gütern und Rechten des einstigen Klosters scheinen jedoch nur geringe Besitzsplitter auf das Stift übergegangen zu sein. Seit der Mitte des 13. Jh. entfaltete es eine durch vielfältige Schenkungen begünstigte Erwerbspolitik. 1277 kaufte es von Boppo und Ludwig von Dürn deren würzburgische Lehngüter in Neckarelz, 1305/07 vom Kl. Comburg das Dorf Waldmühlbach mit dem dortigen Fronhof, 1330/32 Hofgüter in Obrigheim und Reichenbuch sowie die Neckarfähre zu Neckargerach. Zwischen 1338 und 1379 brachte es Vogteirechte über das Dorf Sulzbach an sich. Daneben hatte das Stift Erbbestandsgüter und Grundbesitz in Neckarburken, Dallau, Auerbach, Schefflenz, Katzental, Nüstenbach, Diedesheim, Neckarelz, Neckarzimmern, Fahrenbach, Trienz, Krumbach, Balsbach und Limbach. Des weiteren verfügte es über eine Reihe von Patronatspfarreien, die ihm teilweise inkorporiert waren und in denen ihm auch die Zehnteinkünfte zuflossen: Assumstadt bei Züttlingen (vor 1326 erworben), Korb (vor 1511), Möckmühl (1258 inkorp.), Mosbach, Neckarburken (1446 im Tausch gegen Züttlingen), Neckarelz (1277), Neckargerach (1332), Neckarzimmern (vor 1464), Olnhausen (1328), Ruchsen (1331), Untergruppenbach (1325 inkorp., bis 1536), Unterschefflenz (vor 1399), Waldmühlbach (1305/07, 1313 inkorp.), Widdern (1258 inkorp.), Züttlingen

(1325 inkorp.). Darüber hinaus besaß es Zehntrechte in Dallau, Diedesheim, Katzental, Nüstenbach, Schollbrunn, Siglingen, Sulzbach und Unterkessach. Spätestens seit den 1540er Jahren zeichnete sich sowohl in personeller als auch in wirtschaftlicher Hinsicht ein Schrumpfungsprozeß des Stiftes ab; einzelne Benefizien wurden eingezogen und zum Unterhalt der Juliana- und der Pfarrkirche verwendet. 1564 wurde das Kollegiatstift förmlich aufgehoben. Während seine Patronatsrechte an den Landesherrn übergingen, fielen die Besitzungen an die Geistliche Güterverwaltung, die in Mosbach durch einen Stiftschaffner und einen Kollektor vertreten war. Die ehemaligen Wohngebäude der Stiftsherren wurden u.a. als Pfarr- und Schulhäuser genutzt.

Persönlichkeiten. – *Elisabeth Ballas*, gen. *Silbereisen*, († 1541) entstammte einer Mosbacher Ratsfamilie. Auf Zureden ihrer Verwandtschaft war sie schon als junges Mädchen ins Kl. Lobenfeld eingetreten, das sie nach 12 Jahren wieder verließ. 1522 heiratete sie den bekannten Reformator Martin Bucer und wurde so zu einer der ersten ev. Pfarrfrauen. Sie starb in Straßburg an der Pest. – Der Mosbacher Bürgersohn *Nicolaus Kistner* (1529–1583) gilt als einer der herausragenden pfälzischen Juristen der 2. H. 16. Jh. Studiert hatte er in Heidelberg, Straßburg und Wittenberg, wo er die Freundschaft Melanchthons gewann. Auf einer seiner ausgedehnten Studienreisen, die ihn nach Frankreich, Italien und in die Schweiz führten, fand er Aufnahme im Hause Calvins. In seiner beruflichen Laufbahn bekleidete er eine Professur für Ethik (1552) und römisches Recht (1559) an der Universität Heidelberg, deren Rektor er 1562/63 war. Seit 1567 wirkte er als Assessor am Reichskammergericht in Speyer und machte sich um die Revision der Kammergerichtsordnung verdient. 1580 kehrte er als Vizehofrichter und kurfürstlicher Rat nach Heidelberg zurück, wo er an der Ausarbeitung der Landesordnung von 1582 maßgeblichen Anteil hatte. – Nicolaus' Bruder *Paul Kistner* hatte ebenfalls einen juristischen Lehrstuhl in Heidelberg inne; unter den Kurfürsten Ottheinrich und Friedrich III. war er mit dem Amt eines Hofgerichtsrates betraut. – Dem Kistnerschen Familienverband gehörte auch der Theologe *Quirin Reuter* (1558–1613) an. Nach Abschluß seines Studiums in Heidelberg und Neustadt war er von 1580 bis 1582 in Breslau Erzieher im Hause des Bischofs Dudith, seit 1584 Pfarrer in Bensheim, Neuhausen und Speyer. 1598 wurde er Leiter des Heidelberger Sapienzkollegs, an dem er schon früher eine Präzeptorenstelle bekleidet hatte. Seit 1600 war er Professor für Altes Testament an der dortigen Universität, der er 1607 als Rektor vorstand. – *Wilhelm Stern* (1792–1873), Sohn eines Mosbacher Bäckermeisters, erwarb sich große Verdienste um das bad. Volksschulwesen. 1823 wurde der junge Theologe, der Pestalozzis Erziehungsmethoden von 1814 bis 1817 in Yverdon kennengelernt hatte, zum ersten Professor des neuerrichteten Lehrerseminars in Karlsruhe ernannt, dessen Direktorat er von 1837 bis 1866 führte. Seine pädagogische Zielsetzung brachte er u.a. in zahlreichen Schulbüchern und in der Forderung nach einer gründlichen Lehrerausbildung zum Ausdruck. Als Freund Hennhöfers gehörte Stern zu den Mitbegründern des Vereins für Innere Mission Augsburgischen Bekenntnisses. – Der studierte Kameralwissenschaftler und Nationalökonom *Adolf Buchenberger* (1848–1904) wurde 1899, nachdem er seit 1878 im Karlsruher Handels- und seit 1881 im Innenministerium tätig gewesen war, badischer Finanzminister. Er initiierte eine Reihe gesetzgeberischer Verwaltungsmaßnahmen zur Förderung der Landwirtschaft und widmete sich in besonderem Maße der Neuordnung der Domänenpolitik sowie steuerlicher Fragen. – Als Sohn eines Kaufmannes wurde *Julius S. Held* 1905 in Mosbach geboren. Da ihm aufgrund seiner jüdischen Abstammung eine wissenschaftliche Laufbahn als Kunsthistoriker in Deutschland verwehrt war, emigrierte er 1934 in die

Vereinigten Staaten, wo er seither an der Columbia University in New York lehrte. Für seine wissenschaftliche Arbeit, deren Schwerpunkt die niederländische Malerei des 16. und 17. Jh. bildete, wurden ihm hohe Auszeichnungen zuteil.

Ereignisse. – Im bayerisch-pfälzischen Erbfolgekrieg (1504/05), von dem Mosbach nicht direkt in Mitleidenschaft gezogen wurde, bot die Stadt 218 wehrfähige Bürger auf, unter denen sich 26 Büchsen- und 28 Armbrustschützen, 40 Hellebardenträger, 50 Mann mit Spießen, 6 Maurer und ein Zimmermann befanden. – 1525 wurde Mosbach wohl deshalb von den Bauern des Neckartal-Odenwälder Haufens gemieden, weil sich hier eine pfälzische Besatzung unter Marschall Wilhelm von Habern aufhielt. – Während des 30j. Krieges mußte die Stadt mehrfach Truppendurchzüge und Einquartierungen hinnehmen: Im November 1621 wurde sie von ligistischen Truppen unter dem bayerischen Obristen Graf von Anholt, der bald darauf von Oberst Mortaigne abgelöst wurde, nach zweitägiger Beschießung eingenommen. Im Frühjahr 1622 schlug Tilly sein Hauptquartier in Mosbach auf. Ende Juli 1631 logierte Obrist-Leutnant Anton Dorré vom Fuggerschen Regiment in Johann Schragmüllers Haus am Marktplatz. Um Martini 1631 kam die Stadt nach Vertreibung der bayerischen Besatzung in schwedische Hand (Regiment Kochitzky), mußte sich aber Ende 1634 den Kaiserlichen ergeben. Wiederholt fielen französische Kriegsvölker in die Gegend um Mosbach ein, um zwischendurch von dem kaiserlichen General von Böningshausen, der im Sommer 1647 die Stadt eroberte, vertrieben zu werden. Durch ein bayerisch-spanisches Kontingent aus den Garnisonen Frankenthal, Mannheim und Heidelberg wurde den Franzosen im Oktober 1648 nicht nur die Stadt, sondern auch das Schloß, in dem sie sich verschanzt hatten, entrissen. Dennoch bezogen französische Truppen im Dezember 1648 hier ihr Winterquartier. – Um das Jahr 1665 war beabsichtigt, die Stadt, in der pfälzisches Fußvolk untergebracht war, mit Palisaden zu befestigen. – Anfang Dezember 1688 bezogen französische Truppen in Mosbach ihr Winterquartier und bedrohten die zahlungsunfähige Stadt mit einer Brandschatzung von 11000 fl. Es ist der Fürsprache zweier Mönche des 1686 gegründeten Franziskanerklosters und nicht zuletzt dem überraschenden Vormarsch der Reichstruppen zu verdanken, daß Mosbach beim Abzug der Franzosen am 31. Dezember 1688 nicht in Schutt und Asche gelegt wurde. – Am 10. Juni 1723 sollen 160 Häuser durch eine Feuersbrunst zerstört worden sein. – In der 1. H. 18. Jh. beherbergte die Stadt eine Garnison, deren Kaserne sich oberhalb des Obertors an die innere Stadtmauer anlehnte. Bis 1763 wurde sie von Invaliden bewohnt. – Im Laufe der Koalitionskriege waren hohe Kriegslasten zu erbringen. Die Gesamtaufwendungen der Stadt beliefen sich in dem Zeitraum von September 1795 bis Ende 1797 auf 51716 fl. Ende 1793 ließ die Mannheimer Regierung ihre Archive nach Mosbach in Sicherheit bringen und von Leibdragonern bewachen. 1799 mußten kurpfälzische Truppen unter Oberst von Wrede in Bürgerhäusern untergebracht werden, ehe 1800/01 französische Einquartierungen folgten.

Neckarelz

Siedlung und Gemarkung. – Zum Jahre 773 wird, kopiert im Lorscher Codex (Ende 12. Jh.), der Ort erstmals in der Form *Alantia* erwähnt; bereits lautverschobene Formen schließen sich zu 788 ff. (*Alancer marca*) an. Zu 976 überliefert eine Kaiserurkunde (Kop. um 1150) die Form *Aliza*, zu 1143 das Reichenbucher Schenkungsbuch erstmals eine umgelautete Schreibweise *Elinza*. Das 13. Jh. hat bereits *Ellenze*, *Neckar Elntz* erscheint zu 1551, vom 17. Jh. an verschwindet dann das n und erscheint die Form *Neckar-Eltz*. Die Erstnennung gibt deutlich einen vordeutschen Ursprung des Namens zu erkennen. Dieser ist mit dem des gleichnamigen Flusses identisch und hängt mit der indogermanischen Wurzel and = Laufen zusammen. Wenn auch zwischen Neckarelz und Neckarzimmern eine römerzeitliche Siedlung lag, so ist doch nicht zu belegen, daß diese bereits den Namen führte. Von Siedlungskontinuität in die alemannische-fränkische Zeit kann ohnehin keine Rede sein. Die frühesten sicheren Zeugnisse für den Ort Neckarelz bietet ein Reihengräberfeld nur wenig südlich des Dorfes beiderseits der Landstraße nach Neckarzimmern mit Bestattungen von der 1. H. 6. Jh. an bis in die Zeit um 700.

Über die Entwicklung des Dorfes sind Aussagen ab dem Spätmittelalter möglich. Die Grundform der Siedlung war eine einzige Häuserzeile ergänzt durch erste Ansätze des Mitteldorfes östlich der Hauptstraße. Das spätere Unterdorf zwischen dem Neckar und der Straße war fast nur auf der südlichen Seite mit bäuerlichen Anwesen besetzt, während im N zwischen der Elzgasse, der Elsenz in ihrem alten Lauf und dem Neckar ein ausschließlich herrschaftlicher Bezirk lag. Die Herrschaft verfügte neben ihrem Fronhof über 13 Hufen, die im 16. Jh. schon stark aufgesiedelt und zerteilt waren. 8 dieser Hufen waren damals ohne Häuser, während sich auf Gelände der übrigen 5 Hufen zusätzlich 16 Häuser angesiedelt hatten. Im herrschaftlichen Bereich lag die eigentliche Burg, von der Elsenz und einem tief eingeschnittenen Graben umflossen, auf dem Hochufer die zugehörige Vorburg, die bisweilen auch als alte Burg bezeichnet wurde. Im O schloß sich die alte Pfarrkirche St. Martin mit dem Wittumhof an. Die Burg wird 1350 als Haus, 1382 als Steinhaus, am Ende des Jahrhunderts als Feste und Burg und 1514 als Schloß bezeichnet. Anstelle der Vorburg wurde um 1600 die Kellerei erbaut. 1774 bestanden im Ort 88 Wohnhäuser, 1803 etwa 100. Der Ort hatte sich inzwischen stark verdichtet und weiter nach O ausgedehnt. Außerhalb der geschlossenen Bebauung, die auch durch Tore abgesichert war, befand sich die Mühle und eine Ziegelhütte.

In den Lorscher Urkunden ist bereits von der zugehörigen *marca* die Rede. Dabei wird deutlich, daß Neckarzimmern ursprünglich in dieser Mark lag, also erst im Laufe des Hochmittelalters abgetrennt wurde. Bei der alten Zusammengehörigkeit von Neckarelz und Diedesheim dürfte auch letzteres zum Bereich der ursprünglichen Mark gehört haben, ebenso der Schreckhof, wahrscheinlich auch Nüstenbach. Alle diese Orte waren mit Mosbach zusammen in einer Weidegenossenschaft zusammengeschlossen, die noch am Ende des 18. Jh. in Restbeständen faßbar ist. Außerdem stand ihnen die Nutzung im weiter abgelegenen Wald Michelherd zu. Das Waldeigentum in Neckarelz und den Nachbargemarkungen läßt dagegen keinen Zusammenhang mehr erkennen. Es handelte sich fast durchweg um Wälder der Einzelgemeinden. Die Neckarelzer Gemarkung im engeren Sinn umfaßte weitgehend offenes Land, nur im S ein größeres Waldgebiet. Zwischen diesen, dem Alten Gemeindewald und der Elz dürfte das Tal noch lange Zeit bewaldet gewesen sein. Das »Flürlein« gibt sich deutlich als Zurodung zu erkennen. Außer etwa 90 M Weingärten an den Steilhängen des Hambergs bestand die Gemarkung Ende des 18. Jh. überwiegend aus Ackerland über 700 M dazu rd 130 M Wiesen und 300 M Wald.

Herrschaft und Staat. – Nach Ausweis der früheren Urkunden gehörte Neckarelz zur Wingarteiba, die im 10. und 11. Jh. eine Grafschaft bildete. Es scheint schon im 12. Jh. Bedeutung als herrschaftlicher Mittelpunkt gehabt zu haben, denn hier wurde zuerst eine Schenkung der Brüder von Obrigheim an das Kl. Reichenbach im Beisein einer ganzen Reihe von Edelfreien und wohl auch des Grafen Adelbert von Calw vollzogen. Der über das 9. Jh. hinaus nicht verfolgbare Lorscher, der Kl. Mosbacher und Wormser, ebenso der Kl. Reichenbacher Besitz sind wohl alle in der Bildung des staufischen Reichslandes um Wimpfen aufgegangen. Schon die Brüder von Obrigheim standen in Lehensbeziehungen zu den Saliern und dann den Staufern. Zwar ist der Beleg für eine Burg *Elisporch* im staufischen Heiratsvertrag von 1188 sicher nicht auf Neckarelz zu beziehen, doch die Herren von Weinsberg sind vor 1353 als die Pfandinhaber von Neckarelz nachzuweisen, und dieser Besitz hängt aufs Engste mit den übrigen Weinsberger Orten im Neckartal und im Schefflenztal zusammen, so daß an der Herkunft aus dem staufischen Herrschaftsbereich kein Zweifel besteht. Diese Tatsache wird noch dadurch unterstrichen, daß zur Verteidigung der Burg die Königsleute, die hauptsächlich in Obrigheim und in Asbach saßen, verpflichtet waren. Auch dies kann nur aus der Stauferzeit stammen und paßt mit der Tatsache zusammen, daß Neckarelz keinen eigenen Adel hatte. Höchstens Nachfahre unbedeutender staufischer Ministerialen könnte Wilhelm von *Ellenze* gewesen sein, der 1289 mit dem Kl. Maulbronn im Streit um einen Hof in der Stadt Heilbronn lag.

Die Zenthoheit wurde mit Mosbach 1330 vom Reich der Pfalz überlassen. Die ursprünglich weinsbergische Ortsherrschaft kam als Reichspfand 1353 von Konrad von Weinsberg an Engelhard von Hirschhorn. Die Hirschhorner konnten aber nur ⅓ der Ortsherrschaft halten, während die übrigen ⅔ von den Herren von Weinsberg vermutlich wieder eingelöst und vor 1380 an die Pfalz veräußert wurden. Das letzte Drittel war seit 1395 ebenfalls pfälzisches Lehen. In der Landesteilung fielen die Zent- und der überwiegende Teil der Ortsherrschaft 1410 an Pfalz-Mosbach. Diese konnte 1422 auch das bisher hirschhornische Drittel erwerben.

Die Neckarelzer Burg ist etwas andere Wege gegangen. Sie kam in der 2. H. 13. Jh. an den Johanniter-Orden, zunächst an dessen Niederlassung in Wölchingen (Boxberg) und wurde dann eigene Ordenskommende, als deren Gründer Bruder Konrad von Köln inschriftlich bezeugt ist. Der Ausbau der Kommende hat die alte Burg völlig umgeformt, es entstand ein kompaktes Gebäude, dessen Keller den Vorratsraum, dessen Hauptgeschoß die Wohn- und Verwaltungsräume sowie die Kapelle als Apsis beherbergte, während das Dach als Dormitorium diente. Über der Kirche war der Kapitelsaal untergebracht. Aus nicht mehr einsichtigen Gründen, vermutlich aus einer puren Verwechselung heraus, hat man dieses Gebäude in der frühen Neuzeit als Tempelhaus bezeichnet. Es hat nichts mit dem Templer-Orden zu tun, da vor dessen Auflösung bereits die Johanniter in Neckarelz gut bezeugt sind. Auch die anderen Tempelhäuser des Odenwaldes, etwa in Erbach und in Weinheim, lassen sich nicht mit dem Templer-Orden in Verbindung bringen. Die Johanniterkommende wurde 1350 an Engelhard von Hirschhorn verkauft. Sie unterstand noch 1408 weinsbergischer Vogtei und fiel mit dem hirschhornischen Drittel der Ortsherrschaft 1422 an Pfalz-Mosbach.

Pfalz-Mosbach, ab 1499 Kurpfalz, nutzten die Neckarelzer Burg als Sitz einer Kellerei, zu der Besitz und Rechte in Diedesheim, Obrigheim, Mörtelstein und Haßmersheim gehörten. Die Kellerei war gleichzeitig Zollstation für einen bedeutenden Wasser- und einen Landzoll. Neckarelz und Diedesheim waren der Kellerei Fuhrfronen verpflichtet, vor allem, wenn die Transportkapazität der 6 Fronhofbauern von Obrigheim nicht ausreichte, um Wein oder Getreide nach Boxberg oder nach Hilsbach zu führen. Fuhrfronen zur Kellerei hatten auch die Haßmersheimer zu leisten. Mit dem Oberamt Mosbach fiel die Kellerei in Neckarelz 1803 an den Fürsten von Leiningen, der sie bereits 1802 vorläufig in Besitz genommen hatte. 1806 unterwarf Baden auch diesen leiningischen Ort seiner Souveränität. Über alle Veränderungen hinweg blieb Mosbach der für Neckarelz zuständige Amtssitz.

Grundherrschaft und Grundbesitz. – Die Schenkungen an Kl. Lorsch zwischen 773 und 853 lassen sich nicht in ihrem Umfang abschätzen. Außer Kleinparzellen oder summarischen Nennungen bietet nur die Urkunde von 798/99 konkretere Angaben. Damals vergab Berni in der Elzer Mark und in Zimmern 1 Herrengut und 4 Knechtshufen, 1 Wald und 1 Mühle. Wie überall ist das Zubehör der Abtei Mosbach, die 976 an das Bistum Worms kam, auch in Neckarelz nicht näher beschrieben. Im 18. Jh. standen der Stiftsschaffnei Mosbach vielfältige Bodenzinse zu, zusammenhängender Grundbesitz ist nicht vermerkt. Einzelbesitz hatte das Kl. Schönau, über den es 1320 einen Streit mit den Johannitern führte. Die Zisterzienserinnen von Billigheim verkauften 1496 ihren Hof an den Mosbacher Vogt Anselm von Eicholzheim. Auch das Wimpfener Ritterstift war im 13. Jh. am Ort begütert. Ein Fronhof, der 1317 bis 1333 als Würzburger Lehen für die Schenken von Limpurg bezeugt ist, gelangte in den Besitz des Johanniter-Ordens. Auf ihn, aber vielleicht auch andere wormsische und staufische sowie Kloster Mosbacher Güter, geht die ganz überwiegende kurpfälzische Grundherrschaft der frühen Neuzeit zurück. Zu ihr gehörte die Kellerei selbst und das nun als Speicherraum dienende Tempelhaus sowie eine Heuscheuer, dazu die Frongüter im Umfang von etwa 60 M, die 13 Hufengüter sowie Einzelgrundstücke und zinspflichtige Häuser. Das herrschaftliche Gut (Fronhof) umfaßte (1582) 338 M Ackerland und 20 M Wiesen, darunter die große unmittelbar ans Mitteldorf anschließende Herrenwiese. Die Hufen waren sehr stark geteilt. Anfangs des 18. Jh. wurden sie gänzlich umgestaltet und von etwa der Mitte des Jahrhunderts an hat man ohne Rücksicht auf alte Zusammenhänge die herrschaftlichen Güter außer dem Frongut (40 M) auf 6 gleich große Tempelhöfe aufgeteilt und jeden dieser Höfe an 4 Bauern auf drei Generationen in Erbpacht übergeben. Einzelverpachtet war lediglich noch die Mühle.

Gemeinde. – Neckarelz und Diedesheim standen unter einem gemeinsamen, erst 1371 nachweisbaren Schultheißen. Das Gericht führte ein bis 1518 zurückverfolgbares Siegel. Im geteilten Schild waren oben die pfälzischen Wecken, unten ein nach rechts schwimmender Fisch abgebildet. Die Umschrift nannte Gericht und Gemeinde zu Neckarelz. Im Gericht, das im 16. Jh. 12 Schöffen umfaßte, saßen 3 Diedesheimer, die übrigen Gerichtspersonen wurden aus Neckarelz genommen. Im 18. Jh. stellte Neckarelz den Oberschultheißen, Diedesheim den Anwalt, außerdem gab es nur noch 5 Gerichtspersonen. Das Neckarelzer Gericht war noch im 16. Jh. Oberhof für Binau und Neckarzimmern, es wandte sich im Fall strittiger Urteile an das Stadtgericht in Mosbach. Unterhalb des gemeinsamen Gerichtes existierten jedoch zwei verschiedene Gemeinden, je eine für Neckarelz und Diedesheim mit jeweils einem Bürgermeister des Gerichts und einem der Gemeinde. Getrenntes Gemeindevermögen bedeutet auch jeweils eigene Gemeindeämter, vor allem eigene Land- oder Feldschreiber für den »Grenzuntergang«. Die Gemeinde oder ihr Ausschuß, »die Zwanziger«, durften nicht ohne Wissen des Kellers zusammengerufen werden.

Vornehmster Gemeindebesitz in Neckarelz war der »Alte Gemeindewald« im SO der Gemarkung. Die Neckarelzer Bürger hatten außerdem Holznutzungen in der Michelherd und den Genuß der Vorweide auf der eigenen Gemarkung und der Nachweide im gesamten Bereich der Weidegenossenschaft. Die Rechte in der Michelherd wurden 1840 abgelöst. Früh dürfte Neckarelz zu einem Rathaus gekommen sein. Es war 1582 aus dem Besitz der zweiten Hufe herausgenommen worden und hieß zunächst die *alte Danzstatt*, die gesellschaftlichen Funktionen scheinen hier also vor jenen der Selbstverwaltung gelegen zu haben. Ebenfalls zum Bestand des 16. Jh. gehörte das Hirtenhaus; die Gemeinde hatte für 300 Schafe ein eigenes Schäfereirecht auf ihrer Gemarkung. Sie besaß außerdem eine Badstube, in der im Sommerhalbjahr wöchentlich zweimal Bad gehalten wurde. Das Wasser kam aus dem Rohrbrunnen, er wurde durch eine Quellfassung gespeist. Neben der Badstube war die Gesundheitsvorsorge im

16. Jh. bereits durch eine Hebamme vertreten. Von 1694 an, bis ins 19. Jh. hinein, sind ein Chirurgus und Feldscherer nachzuweisen.

Im späten 16. Jh. sind erstmals zwei Jahrmärkte erwähnt. Auf Montag nach Laetare und auf den 15. August, später Rochusmarkt (16. August) genannt. Bei der Ersterwähnung wurde festgehalten, daß dieses Marktrecht eine eigene Kirchweih überflüssig mache. Nur der Rochusmarkt hat sich als Krämermarkt bis ins 19. Jh. hinein gehalten.

Kirche und Schule. – Eine Pfarrkirche ist erstmals zu 1275 bezeugt; das Patrozinium St. Martin noch später. Trotzdem besteht kein Zweifel, daß Neckarelz zum ältesten Pfarreibestand zählt und schon seit der fränkischen Zeit, vermutlich sogar vor der Diözese Würzburg eine Kirche besaß. Zum frühen Pfarrsprengel gehörten nach Ausweis der Zentverhältnisse Neckarzimmern, Diedesheim und Nüstenbach. Das Patronatsrecht wurde 1277 durch die Brüder Boppo und Ludwig von Dürn an das Mosbacher Stift verkauft. Reliquien, die im Altar der Pfarrkirche gefunden wurden, durften 1297 mit Erlaubnis König Adolfs nach Mosbach überführt werden. Dies zeigt eine ursprünglich königliche Verfügung über die Pfarrei, was sich auch darin andeutet, daß der Kirche ⅓ des Waldes Michelherd, der sonst der Reichsstadt Mosbach gehörte, zustand. Im Spätmittelalter war in Neckarelz noch ein Frühmesser bepfründet.

Die Reformation verlief in den üblichen Bahnen wie sonst in der Kurpfalz. Der ev. (luth.) Pfarrer verweigerte 1548 das Iterim. Das Julianenstift in Mosbach trat 1549 das Patronatsrecht an den Kurfürsten ab. Nach 1562 war die Pfarrei mit einem ref. Pfarrer besetzt. Auch eine Kaplanei wurde um 1600 vom Kurfürsten vergeben. Unterbrechungen brachte in diese Verhältnisse das luth. Zwischenspiel 1577/82, der 30j. Krieg von 1623 an und die pfalz-neuburgischen Eingriffe 1699 bis 1706. In der Kirchenteilung wurden die Rechte der Reformierten bestätigt. Vom Neubau der Kirche ist 1652, 1712, 1747 und noch einmal 1777 die Rede. Zum letzteren Datum wurde das alte Langhaus gänzlich durch ein breiteres und längeres Schiff ersetzt. Von der mittelalterlichen Kirche blieben nur Chorturm und Sakristei (spätes 13. und 15. Jh.) stehen. Ein Pfarrhausneubau war 1745 fällig.

1313 bewilligte der Würzburger Bischof die Übertragung von ⅑ des Zehnten an den Mosbacher St. Peters Altar. 1391 sollten nach Entscheid Pfalzgraf Ruprechts ⅔ des Zehnten Schenk Friedrich von Limpurg, ⅓ dem Stift Mosbach gehören. Zehntanteile wurden 1420 von Konrad von Weinsberg an Volmar Lemlin von Wimpfen verkauft. 1447 hatte Pfalzgraf Otto von Mosbach ⅔ des Zehnten in Besitz, die er dem Mosbacher Stift verschrieb. Dieses konnte weitere Teile von den Brüdern von Sachsenheim 1554 erwerben. 1550 war das Stift im Besitz des ganzen Fruchtzehnten. ⅑ davon wurde über den Kurfürsten zur Pfarrkompetenz in Neckarelz gegeben. Der kleine Zehnt stand zu ⅔ der Pfalz, zu ⅓ dem Pfarrer zu. Der Neubruchzehn war zwischen der Pfalz (⅓) und dem Stift Mosbach (⅔) geteilt. Naturgemäß war der Weinzehnt am stärksten zersplittert. Anteile hatte daran bis 1312 Gerhard von Talheim als Lehen vom Grafen Albrecht von Dürn und dieser von der Mainzer Kirche. ⅙ des Weinzehnten war um 1340 Würzburger Lehen für Eberhard Rüdt, den Inhaber von Bödigheim. In der Neuzeit gehörte die Hälfte des Weinzehnten dem Stift Mosbach, ¼ der Kurpfalz und ¼ den Herren von Rosenberg als pfälzisches Lehen. Die Zehntscheuer wurde 1768 neu errichtet.

Bis zum Beginn des 30j. Krieges gab es, wie aus dem Einschreiten der Kirchenältesten deutlich wird, Lutheraner, die noch den Gottesdienst in den adligen Dörfern Neckarzimmern oder Hochhausen besuchten. Auch Katholiken hielten sich im Verborgenen. Von 1623 bis 1637 ist ein kath. Pfarrer erwähnt. Man darf annehmen, daß an seiner Seite 1632 bis 1634 ein Lutheraner amtierte. Die Lutheraner wurden nach dem 30j. Krieg aus

der Pfarrei Neckarzimmern pastoriert, bis im 18. Jh. eine Pfarrei in Mosbach errichtet werden konnte.
Nach dem 30j. Krieg besuchten die Katholiken den Gottesdienst in Billigheim. Eine eigene Seelsorge für sie wurde unmittelbar nach dem Regierungsantritt der Neuburger 1688 durch die Mosbacher Franziskaner eingerichtet. Der Sonntagsgottesdienst fand im Kirchenraum der einstigen Johanniterkommende, damals Oratorium genannt, statt. Schon 1698 wurde eine Pfarrpfründe gegründet. Von 1699 bis 1706 nutzte der Pfarrer infolge des Simultaneums die alte Martinskirche, zumal am Ort kein ref. Pfarrer amtierte. Nach der Kirchenteilung mußten die Katholiken wieder mit dem Oratorium in der Kellerei vorlieb nehmen. Der Pfarrsprengel umfaßte außer Diedesheim samt Schreckhof auch Nüstenbach, Obrigheim, Mörtelstein und Kälbertshausen. Obrigheim und die Filialen wurden später wieder abgetrennt. Links des Neckars verblieb der Kirstetterhof der Pfarrei jedoch noch 1803. Der Pfarrer wohnte längere Zeit im Rathaus, bis ihm die Gemeinde in den 1730er Jahren ein eigenes Haus errichtete. Das ganze Tempelhaus wurde 1732 den Katholiken für ihren Gottesdienst überlassen und entsprechend umgebaut, so daß der Kirchenraum das ganze Hauptgeschoß einnahm. Dieser wurde 1737 zu Ehren der Immaculata konsekriert.
Eine Schule ist in Neckarelz seit der Reformationszeit bezeugt. 1706 gab es längst auch schon eine kath. Schule. Bis 1803 wurden die Lehrer vom Würzburger Bischof ernannt, das deutet darauf hin, daß die Schule bereits durch den Vertrag von 1687, worin sich der Würzburger Bischof mit dem Kurfürsten über die Neuerrichtung kath. Pfarreien und Schulen verständigt hatte, bestand.
Bevölkerung und Wirtschaft. – Die Kellerei in Neckarelz hatte eine stattliche Anzahl von Leibeigenen, 1630 innerhalb der Kellereiorte 115, außerhalb 261. Zu den gewöhnlichen Leibeigenen kamen die recht gut bezeugten Königsleute hinzu. Sie wohnten zum großen Teil in Obrigheim und in Asbach und waren freizügig sowie von allen Lasten samt Steuern befreit. Nur hatten sie die Pflicht, im Falle der Gefahr im Neckarelzer Schloß zu erscheinen und dieses zu verteidigen. Als einziges Entgelt dafür erhielten sie neue Kleidung, wenn die alte im Laufe des militärischen Einsatzes verschlissen wurde.
Für das 16. Jh. läßt sich aufgrund von Herdstätten und Mannschaftsakten eine Gesamtbevölkerung von sicher über 600 schätzen. Das übertrifft die Einwohnerzahlen des 17. und 18. Jh. erheblich, so daß hier wahrscheinlich auch die auswärtigen Königsleute mitgezählt wurden. Die Bevölkerungsentwicklung nach dem 30j. Krieg ist durch folgende Zahlen belegt: 1671: 422, 1706: 469, 1777: 519 und 1803: 534.
Unter der überwiegend ref. Einwohnerschaft waren 1671 25 Lutheraner und 51 Katholiken, 1706 75 Lutheraner und 136 Katholiken. 1807 waren die Katholiken mit 287 Einwohnern leicht (5 Personen) stärker als die Reformierten und mehr als doppelt so zahlreich als die Lutheraner. Von 122 Bürgern wurden 1806 36 als Bauern, 62 als Söldner, 9 als Beisassen und 6 als Tolerierte angesehen. 130 Erwachsene waren im Gewerbe, 76 in der Landwirtschaft und 35 als Taglöhner in Arbeit.
Es entspricht der zentralen Bedeutung von Neckarelz, daß es 1298 bereits Juden unter seinen Einwohnern hatte. Nach der Verfolgung durch den Ritter Rindfleisch fehlen alle Nachrichten über eine jüdische Gemeinde.
Die Landwirtschaft wurde 1582 in den drei Fluren Ob der Mühl, Auf dem Althauer oder in der Obern Au und Im Hagenbuch betrieben. 1721 sind die drei Hauptfluren erkennbar: 1. die Waldhauer-Flur in Richtung Neckarzimmern, 2. die Falltorflur unmittelbar südlich und östlich des Orts und 3. die Flur Gaulrain in Richtung Diedesheim. Abgehoben davon sind das kleine Flürlein in Richtung Mosbach und das

südlich davon liegende Weiße Feld, offensichtlich Neuzugänge zum alten Zelgverband. Die Weinberge lagen überwiegend am Hamberg, ihr Ertrag mußte in der Neckarelzer Kelter gepreßt werden, zu der die Haßmersheimer das Bauholz zu liefern hatten. Das Kelterhaus war im 16. Jh. mit zwei Baumkeltern bestückt. Es lag unmittelbar an die ref. Kirche anschließend im Kellereigrundstück. Neckarelz und Diedesheim zusammen hatten 1769 155 M Wingerte. Es wurde nur Weißwein gekeltert, da als Traubensorten Riesling und Trollinger angebaut wurden, muß also z. T. auch Weißherbst oder Schillerwein gekeltert worden sein.

Die Fischerei im Neckar zwischen Binau und Haßmersheim wurde durch die Kellerei in Einzelstücken verpachtet. Die Flußufer mußten in Fron unterhalten werden. Ebenso gab es eine Fronpflicht, wenn für die Bedürfnisse des Hofes gefischt werden mußte. Viehzahlen sind nur für 1803 überliefert: 28 Pferde und 152 Stück Rindvieh. Die Gemeindeschäferei hatte 250–300 Schafe auf die Weide zu schicken.

Die Mühle in Neckarelz wird schon zu 798 im Lorscher Codex erwähnt. Als die Nachrichten ab 1475 wieder einsetzten, war sie herrschaftliche Erbbestandsmühle. Baufronen dazu hatten die ganzen Orte der Kellerei zu leisten. 1773 war die Erbbestandsmühle zusätzlich auch noch Ölmühle. Das Mühlgut lag unmittelbar an das Haus anschließend. Eine Schleifmühle wird schon im 30j. Krieg erwähnt. 1797 war sie abgerissen. 1786 wurde eine Ziegelhütte genehmigt. Von 1702 an ist am Elzbach ein Eisenhammer zu verfolgen, seit 1600 die Biersiederei; das erste Braurecht lag auf der Wirtschaft neben dem Hirschen (der heutigen Linde). Schon 1724 waren 3 Schildwirte konzessioniert. An größeren Gewerbebetrieben existierten 1775 ein Tuchmacher mit 4, 5 Leineweber mit 18, die Mühle mit 11 und 3 Brennereien mit 17 Beschäftigten. Die Leineweberei sollte in den Notzeiten des 19. Jh. sich noch weiter verstärken und 1836 ihren Höhepunkt mit 17 Leinewebern erreichen. Eine Übersicht über die Gewerbe von 1826 dürfte mit etwas geringeren Zahlen auch fürs 18. Jh. repräsentativ sein. Es gab damals 3 Bäcker, 2 Bierbrauer, 1 Feilenhauer, 1 Glaser, 1 Gürtler (Messingschlosser), 1 Krämer, 1 Krughändler, 5 Küfer, 25 Landwirte, 14 Leineweber, 4 Maurer, 2 Metzger, 1 Müller, 1 Schlosser, 2 Schmiede, 5 Schneider, 2 Schreiner, 4 Schuhflicker, 5 Schuhmacher, 2 Steinbrecher, 1 Strumpfweber, 9 Taglöhner, 1 Wagner, 7 Wirte, 1 Wollweber, 1 Ziegler, 2 Zimmermänner.

Neckarelz war wegen des Flußübergangs bei Diedesheim und der damit verbundenen Zollstation ein bedeutender Verkehrsknoten. Kein Fuhrmann durfte auf dem Weg von Mosbach nach Neckarzimmern die Obere Straße durch die Zimmerner Weinberge nehmen, sondern mußte auf der Unteren Straße durch Neckarelz passieren. Die Neckarelzer und Diedesheimer waren schuldig, herrschaftlichen Wagen Vorspann zu leisten, wenn diese von Diedesheim her über den Galgenberg nach Mosbach und weiter nach Boxberg fuhren.

Persönlichkeiten. – *Markus Krauth* (1822–1900), geistlicher Rat und Ehrendomherr in Freiburg, war 40 Jahre in der erzbischöflichen Kanzlei tätig, und hatte unter dem Bistumsverweser von Kübel maßgeblichen Einfluß.

Nüstenbach

Siedlung und Gemarkung. – Erstmals ist der Ort 1305 in der Form *Nustenbach* erwähnt. Fast alle späteren Formen des 14. Jh. bis ins 16. Jh. haben die Schreibung mit Umlaut; abweichend von der Normalform finden sich 1489 *Nůnstenbach*, 1504 *Neistenbach*. Eine überzeugende Deutung des Namens liegt bisher nicht vor.

Nach Lage des Dorfs und seiner Grundbesitzverhältnisse handelt es sich um eine Rodungssiedlung, deren Fläche zwischen dem Nüstenbach und der Wasserscheide zum

Neckar hin aus dem zu Neckarelz gehörigen Waldgebiet gerodet wurde. Eine kleine Erweiterung griff nach O über den Bach hinüber, der ursprünglich die Grenze zwischen Neckarelz und dem Klostergebiet von Mosbach darstellte. Diese Erweiterung geschah wohl erst im Spätmittelalter; die dort gelegenen Häuser werden als Weiler bezeichnet, während der Ortsteil westlich des Baches das Dorf heißt. 1561, als zu den 10 Hufengütern nur 9 Häuser gehörten, wurden noch weitere 16 Häuser außerhalb des Hufenverbandes gezählt. 1721 gab es 20 Hausplätze. Die Häuserzahl lag mit 26 am Ende des 18. Jh. wieder auf der alten Höhe.

Die urbare Gemarkung bestand Ende des 18. Jh. aus etwa 150 M Ackerland, 50 M Wiesen und 35 M Weinbergen ganz im S im Gewann Masseldorn. 300 M Wald gehörten der Gemeinde. Sie nahmen den N der Gemarkung ein und zeigten an ihrem Südrand Neurottstücke. Knapp 30 M waren im Besitz der Inhaber der Hufen.

Herrschaft und Staat. – Obwohl der Ort nach Lage und Pfarrzugehörigkeit ursprünglich zu Neckarelz gehörte, ist er spätestens im 16. Jh. unter der Kellerei Lohrbach verzeichnet. Da für die Zeit vor 1500 keine eindeutigen Zeugnisse über die Herrschaft vorliegen, ist nicht zu entscheiden, seit wann Nüstenbach mit Lohrbach gleiches Schicksal hatte. Es gehörte zur Zent Mosbach und verblieb bis zum Ende der Kurpfalz im Verband der Kellerei Lohrbach. Mit ihr geriet es ab 1802/03 an das Fürstentum Leiningen und ging, wie die ganze Umgebung, 1806 im Großherzogtum Baden auf.

Grundherrschaft und Grundbesitz. – Die Grundherrschaft bestand überwiegend aus den 10 zur Kellerei zinsenden Hufengütern, für die 1561 Gesamtgrößen jeweils zwischen 15 und 35 M genannt werden, 2 davon werden als halbe Hufengüter bezeichnet und hatten nur einen Besitz von 12 bzw. 5 M, so daß eigentlich von 9 Hufen die Rede sein müßte. Die Hufen gaben jeweils ein Herdrecht, auch wenn sie kein Haus trugen; die nicht zu den Hufen gehörigen Häuser schuldeten ebenfalls Herdrecht. Die Frondienste waren ähnlich wie in Lohrbach organisiert. Außer den Hufengütern, die sich nicht nur auf die drei Felder beschränkten, also wohl nachträglich erst erweitert worden waren, gab es eine ganze Reihe von sog. *einzeligen* Äckern, hauptsächlich in den Außenbezirken der Gemarkung. Man muß sie als nachträgliche Zurodungen ansehen. Nach dem Schatzungsbuch von 1721 hatte 1 Bauer etwas über 25 M Besitz, 3 weitere zwischen 15 und 20 M, die Mehrzahl der Bauern (7) zwischen 10 und 15 M, 4 Besitzer, darunter 2 Bauern zwischen 5 und 10 M, 7 Besitzer jeweils unter 5 M. 1 Einwohner war gänzlich besitzlos.

Gemeinde. – Nüstenbach hatte kein eigenes Gericht, sondern mußte zu den regulären Gerichtstagen in Lohrbach erscheinen. Wohl aber bestand ein eigenes Gemeindevermögen, außer den über 300 M Wald gehörten dazu ein Hirtenhaus und Nutzungsrechte in der Michelherd sowie der Viehtrieb auf der Gemarkung des Schreckhofs wie auf den Gkgn Mosbach, Reichenbuch und Lohrbach. Auch für die Schäferei war die Gemeinde zuständig.

Kirche und Schule. – Der Nüstenbach war Pfarreigrenze zwischen Mosbach und Neckarelz. Seit der Reformation stand es aber jedem Einwohner frei, wo er den Gottesdienst besuchen wollte. Spätestens 1596 hatte der Ort einen eigenen Friedhof. Die Reformierten erlangten 1761 ein Kollektenpatent für den Bau einer eigenen Kirche, den sie 1764 auch tatsächlich ausführen konnten. Alle drei Wochen erhielten sie eine Sonntagspredigt, doch lehnte die Gde Neckarelz eine Verpflichtung und regelmäßige Belastung ihres Pfarrers ab.

Der große Weinzehnt gehörte zu ⅔ der Herrschaft und ⅓ dem Stift Mosbach. Den Anteil am kleinen Zehnten hatte schon vor 1561 das Stift an die Kellerei Neckarelz verkauft, die daraus aber den ref. Pfarrer besoldete. Der Distrikt auf dem östlichen Bachufer war zehntfrei, es wurde also kein Novalzehnt dort erhoben.

Ein ref. Schulhaus bestand schon seit 10 Jahren, als 1735 die Katholiken um einen eigenen Schulmeister baten. Sie haben schließlich die Hälfte des ref. Schulhauses besetzt. 1762 mußten sie es räumen und sollten für ein eigenes Schullokal sorgen, was ihnen aber nicht befriedigend gelang.

Bevölkerung und Wirtschaft. – Nach den Huldigungslisten von 1556 bis zum 30j. Krieg gab es in Nüstenbach zwischen 20 und 30 Haushaltsvorstände, was auch ungefähr der Häuserzahl entspricht; es ist daher mit einer Bevölkerung von 100–130 Menschen zu rechnen. 1649 war diese Zahl auf etwa 40 % reduziert (11 Haushaltsvorstände). Die Wiederauffüllung der Lücken dauerte bis 1716, wo wieder mit etwa 110 Einwohnern gerechnet werden darf. Die Zählung von 1777 nennt 131 Seelen. 1803 sollen es 154 gewesen sein. Unter den Ortseinwohnern waren (1721) 13 Bauern, 3 Taglöhner, 2 Handwerker und 3 Erwerbsunfähige. 1806 gingen fast alle Erwachsenen, nämlich 86, einer Beschäftigung in der Landwirtschaft nach, nur 2 waren im Gewerbe und 4 als Taglöhner tätig. Von 31 Bürgern wurden 24 als Bauern und 7 als Seldner bezeichnet, hinzu kamen 3 Beisassen.

Die Landwirtschaft wurde im Dreifeldersystem betrieben, die drei Fluren trugen keinen Namen und waren nur numeriert. Allem Anschein nach verteilten sie sich auch auf mehr als drei zusammenhängende Gemarkungsteile. Als Zugtiere wurden meist Ochsen verwendet. Der Viehbestand von 1806 nennt 2 Pferde, 12 Ochsen, 40 Kühe, 16 Rinder, 9 Schafe und 40 Schweine. Neben Viehhaltung und Getreidebau waren auch Wein- und Obstbau Lebensgrundlage. Die Herrschaft hatte ein Kelterhaus mit Bannrecht, das seit 1561 zu verfolgen ist. Im Gegensatz zu den nur 2 Personen, die ausschließlich vom Gewerbe lebten, werden 1806 unter den Berufen 8 Leineweber, 3 Schneider, 3 Schuster, 3 Bäcker, 1 Küfer und 2 Müller erwähnt. Sie waren offensichtlich zum allergrößten Teil auch mit Bauerngut ausgestattet und wurden deshalb bei den Bauern und nicht bei den Gewerbsleuten gezählt.

Reichenbuch

Siedlung und Gemarkung. – Die Ersterwähnung 1330 unter der Form *Richartebuch* setzt sich bis ins 16. Jh. in den analogen Formen *Richersbuch* und *Reichartzbuch* fort. Die Deutung ist also »Buchwald des Reichart« und meint einen Rodungsweiler des hohen Mittelalters zwischen den wesentlich älteren Gemarkungen von Lohrbach, Neckargerach und Binau. Der Ort zählte 1369 10 Hofstätten, 1566 8 Häuser, 1699 10 Haushaltungen und 1777 13 Häuser. Das deutet auf eine relative Kontinuität der Ortsgröße, wobei die Verluste des 30j. Kriegs nicht bekannt sind. 1538 müßten es nach den Hühnerabgaben 14 Güter gewesen sein. Es gab also einige Güter ohne Haus, die wohl mit anderen zusammengelegt waren.

Die Gemarkung zeigt in den Flurnamen das allmähliche Fortschreiten der Rodung vom Ortskern aus nach N, wo zuletzt, wohl erst im 18. Jh., Forlenäcker und Neugereut umbrochen wurden und nach SO, wo noch lange Zeit der Wald im späteren Neurott bis fast zum Weg nach Mosbach vorstieß. Nordrand und Südrand der Gemarkung blieben bewaldet. Der Buchwald im N wie das Maulich und Heimlich im S waren in Gemeindebesitz.

Herrschaft und Staat. – Reichenbuch gehörte 1504 zur Mosbacher Zent und hatte, was die Entwicklung der landesherrlichen Rechte anging, kein anderes Schicksal als die östlichen Nachbarn. In Bezug auf Ortsherrschaft und Grundherrschaft war es dagegen nach der anderen Neckarseite orientiert, woraus bisweilen, aber irrtümlich eine Zugehörigkeit zur Stüber Zent abgeleitet wurde. 1369 erstmals greifbar gehörten ⅔ der Ortsobrigkeit zur Minneburg, ⅓ gehörte den Herren von Daisbach. Allerdings waren ihre Gerichtsrechte zugunsten der Pfalz eingeschränkt (s.u.), dagegen standen ihnen allein die Frevel in ihrem Hof zu. Das letzte Drittel erwarb Kurpfalz 1400 von Peter Rücklin von Bensheim. Mit der Minneburg war Reichenbuch 1518 bis 1565 an die Herren von Habern verlehnt. Die Fronpflicht gegenüber der Pfalz mußte auf den Minneburger Gütern in Guttenbach geleistet werden. Am Ort gab es nur ein kleines Minneburger Zinsgut, das im 14.Jh. schon seit alters der Fähre in Neckargerach zugeteilt war. Über Besitzstruktur und Flurformen der Daisbacher Bauerngüter ist nichts bekannt. Orts- wie Grundherrschaft wurden von der Kellerei Minneburg verwaltet, die seit 1663 mit der in Schwarzach zusammengelegt worden war. 1802/03 ging die Zenthoheit an Leiningen über, die Ortshoheit an Baden. Letzteres schaltete infolge der Rheinbundakte 1806 die leiningischen Zuständigkeiten aus und gliederte 1813 den Ort vom Amt Neckarschwarzach zum Amt Mosbach um.

Gemeinde. – Mit Neckarkatzenbach und Guttenbach zusammen gehörte Reichenbuch in einen Gerichtsstab, zu dem es 2 Gerichtspersonen entsandte. Das Gericht tagte im Haus des Schultheißen zu Guttenbach. Zuletzt hatte Reichenbuch einen eigenen Anwalt als Ortsvorsteher. Außer 110 M Wald besaß die Gemeinde nur die Hälfte eines Hauses als Hirtenhaus.

Kirche und Schule. – Abweichend von der Zent zählte der Ort kirchlich zu Neckargerach, auch dies weist auf einen relativ späten Ausbau hin. Im 18.Jh. pfarrten Katholiken wie Reformierte nach Neckargerach, die Lutheraner nach Mosbach; die Protestanten wurden im Ort, die Katholiken in Neckargerach bestattet. Den Großzehnt bezog das Stift Mosbach, den Kleinzehnt die kath. Pfarrei Neckargerach. Am Ort bestanden eine ref. und eine kath. Schule.

Bevölkerung und Wirtschaft. – Nach den Häuserzahlen zu schließen, hatte Reichenbuch etwas über 40 Einwohner. 1727 exakt 43, darunter bereits 20 Katholiken. Die Zählung von 1777 nennt 80 Seelen in insgesamt 15 Familien. 1807 waren es 138 Einwohner, 77 Reformierte, 58 Katholiken und 3 Lutheraner. Von der Landwirtschaft sind keine Besonderheiten zu vermelden. Vermutlich wurde im Dreifeldersystem gewirtschaftet. 1777 wurden 66 Ochsen, 58 Stück Rindvieh und 28 Schweine gezählt. Einzige wirtschaftliche Besonderheit des Ortes war die, daß der Weg von Neckargerach nach Diedesheim bei Hochwasser, bisweilen auch aus anderen Gründen, die Neckarschleife bei Binau abschnitt, um über die Höhe von Reichenbuch weiter zu gelangen. Deswegen befand sich am Ort auch ein Zoll, obwohl die Straße nicht als Landstraße galt. Über Reichenbuch verlief die normale Verbindung von Heidelberg über die Neckargeracher Fähre nach Lohrbach.

Sattelbach

Siedlung und Gemarkung. – Der Name *Sattelbuch*, erst 1416 erwähnt, weist den Ort der hochmittelalterlichen Rodung zu und meint wohl ein Waldstück, das auf einem Sattel gelegen ist. Trotz dieses Befundes handelt es sich bei der Gemarkung keineswegs nur um erst in der spätesten Siedlungsperiode erschlossenes Land. Nur haben hier Siedlung und Wiederbewaldung zweimal gewechselt. Im W der Gemarkung zwischen der Straße von Mosbach nach Fahrenbach und dem zu Lohrbach gehörigen Wald deutet der Flurname Wüsthausen auf einen abgegangenen Ort hin. Da hier die Rohrbach die Gemarkungsgrenze bildet, besteht kein Zweifel, daß es sich um das allein 788 im Lorscher Codex genannte *Rorbach* handelt. Damals schenkte Giselbert im Waldsassengau in Rorbach und in Dallau einen Hof (*mansus*), 40 M und eine Wiese an das Nazariuskloster. Rorbach dürfte ein kleiner Ausbauweiler, vielleicht auch nur ein Einzelhof gewesen sein, der in lockerem Zusammenhang mit dem nahen Lohrbach stand, aber im Hinblick auf Grundbesitz und vielleicht schon auch Gemarkungsverhältnisse zum Elztal mit dem Hauptort Dallau gehörte. Er ist vermutlich früh wieder abgegangen. Es könnte aber sein, daß das Wiesenland in dauernder Nutzung verblieben ist.

Das spätmittelalterliche Sattelbach lag weiter östlich auf dem Rücken zwischen Trienzbach und dem Rohrbach. Seine Gemarkung stellt sich im wesentlichen als eine Verlängerung der Gkg Neckarburken dar, und dorthin weist auch die alte Pfarreizugehörigkeit. Bereits im 16. Jh. war dieses Sattelbach wieder aufgegeben, seine 6 Hufengüter besaßen weder Haus noch Hofstatt und gehörten je einem Bauern aus Dallau und aus Lohrbach sowie je zweien aus Trienz und aus Fahrenbach. 1715 waren diese 6 Hufengüter immer noch bekannt, das größte unter ihnen bestand aus Wald, die anderen waren teilweise bewirtschaftet und auch mit Häusern bebaut. Außerdem waren große Teile wüsten Feldes in Erbbestand gegeben und darauf ebenfalls 2 Häuslein errichtet. Eine Renovation von 1750 zählt bereits 3 Höfe als Erbbestandsgut auf, einer davon lag etwa in der Südwestecke, ein weiterer mehr nördlich davon und ein dritter dort, wo die Straße nach Fahrenbach die Gemarkung verließ. Der ganze W und ein Stück des Nordteils der Gemarkung gehörten zum herrschaftlichen Erbbestand. Wahrscheinlich gab es neben den Erbbestandshäusern auch noch Häuser auf den Hufen, auch wenn Widder zu 1774 nur die drei Erbbestandshöfe kennt. Vermutlich war nur ein Teil der Gemarkung im 17. Jh. völlig wüst gefallen und als herrschaftlicher Erbbestand ausgegeben worden, während ein Teil der Hufengüter in Bewirtschaftung blieb. Zu Anfang des 19. Jh. war der Wald auf dem Ostteil der Gemarkung zurückgedrängt und in einem wohl lockeren Ring standen insgesamt 26 Häuser.

Herrschaft und Staat. – Sattelbach gehörte, seit dieser Name bekannt ist, zur Kellerei Lohrbach und kam mit dieser 1499 von Pfalz-Mosbach an die Kurpfalz. Über die Mosbacher Zent bestand schon länger eine pfälzische Oberherrschaft. Orts- und Zentherrschaft fielen 1802/03 ans Fürstentum Leiningen, das sich 1806 bad. Souveränität unterwerfen mußte. Mosbach blieb stets der Sitz des zuständigen Amtes.

Grundherrschaft und Grundbesitz. – 1561 maß das kleinste Hufengut in Sattelbach 12, das größte 50 M. Die Hufengüter bestanden jeweils aus nur wenigen großen Parzellen. Es dürften sich einige Verschiebungen ergeben haben, bis 1715 die 6 Hufengüter näher beschrieben werden. Damals lag Hohenlohs Hufengut an einem Stück von 77 M benachbart zum herrschaftlichen Erbbestand und grenzte auf eine lange Strecke an die Neckarburkener Gemarkung. Nach N schloß sich das Morelinhufengut in 3 Parzellen mit insgesamt 70 M an. Es folgte Rüdingers Hufengut mit 79 M, dann Lingners Hufengut mit 145 M, das ganz bewaldet war. Das kleine Schalkgut von 29 M war zum Laudenberger Gut, das selbst 89 M zählte, gezogen. Das wüste Feld mit insgesamt 220 M, wovon über die Hälfte westlich der Mosbacher Straße lag, war damals in 3 verschiedenen Stücken zu 112, zu 69 und 36 M in Erbbestand vergeben. Bis 1803 waren es durch Teilung bereits 12 Erbbeständer. Außerdem gab es nur noch einzelne Zinsstücke. Die Wälder verblieben im Besitz der Herrschaft.

Gemeinde. – Von einer Gemeinde gab es in Sattelbach lange Zeit keine Spur. Im 18. Jh. gehörte der Ort zum Gericht in Lohrbach und entsandte dorthin einen Schöffen.

Kirche und Schule. – Bis zur Reformation lag Sattelbach in der Pfarrei und im Zehntdistrikt von Neckarburken, im 18. Jh. war es nach Lohrbach eingepfarrt. Daß seine Wiederbesiedlung hauptsächlich unter dem Vorzeichen der späten Pfälzer Gegen-

Geschichte der Stadtteile 205

reformation stattfand, zeigt sich an den Konfessionszahlen 1807: 25 Reformierten und 2 Lutheranern standen insgesamt 209 Katholiken entgegen. Sattelbach hatte damals lediglich eine kath. Schule.
Bevölkerung und Wirtschaft. – Nach der Zahl der Hufen muß vor dem Wüstfallen von Sattelbach, also im 14./15. Jh., mit knapp 30 Einwohnern gerechnet werden. Den nächsten Anhaltspunkt liefert erst eine Huldigungsliste von 1744, wo 18 Männer, darunter 10 Bürger, 3 Beisassen und 3 Hofbeständer, huldigten, 16 Haushaltsvorstände machen eine Einwohnerzahl von über 70 wahrscheinlich. In den Zählungen des späten 18. Jh. sind die Sattelbacher unter den Lohrbacher Einwohnern subsummiert, so daß sich erst für 1807 mit 236 Einwohnern eine sichere Zahl ergibt. Auch ohne andere Informationen ist eine erhebliche Aufsiedelung während des 18. Jh. offenkundig. Unter den Familienvorständen von 1806 waren 19 Gemeindebürger, darunter nur 9 Bauern und 10 Beisassen sowie 3 Tolerierte und die 12 von allen Gemeindeverpflichtungen freien Erbbeständer. Es gab am Ort 12 Ochsen, 40 Kühe, 10 Rinder und 30 Schweine. Die Sattelbacher hatten kein Weiderecht auf fremden Gemarkungen, mußten aber den Übertrieb von Lohrbach und Trienz her dulden.

Quellen und Literatur

Diedesheim

Quellen, gedr.: *Kollnig* S. 259–267. – Lehnb. Würzburg 1. – REM 1. – UB MOS. – WUB 6. – ZGO 11, 1860.
Ungedr.: FLA Amorbach, Neckarelzer Zins- und Gültb. 1582; Beschreibung der Ortschaften des Oberamts Mosbach 1721; Bücher zur Kenntnis und zur Hebung des Landes. – GLA Karlsruhe 43 sp/213, 219; 66/5755–5758; 67/2542, 6707; 229/18336–359.
Allg. Literatur: KDB IV,4 S. 14. – *Krieger* TWB 1 Sp. 398f. – LBW 5 S. 291. – *Wagner* S. 381. – *Widder* 2 S. 90f.
Ortsliteratur: *Vischer*, Hermann, Zur Geschichte von Neckarelz-Diedesheim, Heidelberg 1935. – *Liebig*, Fritz, Neckarelz-Diedesheim. Zwei Dörfer an dem Schicksalsweg unseres Volkes, Neckarelz-Diedesheim 1972.
Erstnennungen: ON 1306 (UB MOS Nr. 42), Schreckhof 1305 (UB MOS Nr. 41).

Lohrbach

Quellen, gedr.: CL. – DI 8. – *Kollnig* S. 281–298. – Lehnb. Würzburg 1. – UB MOS. – WUB 7, 8 und 11.
Ungedr.: FLA Amorbach, Lohrbacher Renovationen und Zinsb.; Bücher zur Kenntnis und zur Hebung des Landes. – GLA Karlsruhe 43 sp. 134; 66/5136–5137; 229/62233–62296.
Allg. Literatur: KDB IV,4 S. 45–49. – *Krieger* TWB 2 Sp. 104f. – LBW 5 S. 291f. – *Müller*, Dorfkirchen S. 52. – *Schaab*, Königsleute. – *Schuster* S. 375. – *Widder* 2 S. 102–106.
Ortsliteratur: *Leitz*, Alfred, Geschichte der evangelischen Gemeinde in Lohrbach bis zum Jahre 1821, 2. Aufl. Heidelberg 1879. – *Niester*, Heinrich, Die Wandmalereien im Chorturm der evangelischen Kirche zu Lohrbach. In: Bad. Heimat 31, 1951 S. 57f. – *Mezler*, Leonhard, Lohrbach. 1200 Jahre Heimatgeschichte, Lohrbach 1965. – *Ernst*, Albrecht, Aspekte kurpfälzischer Konfessionspolitik von den Anfängen der Reformation bis zum Erlöschen des Hauses Pfalz-Simmern. Dargestellt am Beispiel des einstigen Kellereiortes Lohrbach, masch. 〈Lohrbach〉 1982.
Erstnennungen: ON 765 (CL Nr. 3575), Hartheim 769 (CL Nr. 3567), Kirche 770 (CL Nr. 3573).

Mosbach

Quellen, gedr.: CL. – DI 8. – *Kollnig.* – Lehnb. Würzburg 1 und 2. – ORh Stadtrechte S. 541–603. – RPR 1 und 2. – UB MOS.
Ungedr.: FLA Amorbach, Mosbacher Jurisdiktionalb. 1549; ref. Kirchenwesen des Fürstentums Leiningen 1803/09; Bücher zur Kenntnis und zur Hebung des Landes; Karten X,13. – GLA Karlsruhe 63/12; 166/121, 123; 214/1, 24, 40a, 44, 107a, 118–129, 130, 199, 278, 301, 365. – StadtA Mosbach A 131, 166–168, 196, 200–202, 215–217, 227, 231, 233, 252, 284, 457, 473, 488, 490–491, 878, 883, 1043, 1047, 1245, 1248, 1614–1624, 2068, 2260–2261, 2266–2267, 2317, 2785; B 236–237, 251, 260–261, 268, 270, 284–285. – Ev. Stiftschaffnei Mosbach, Stiftsrechnungen 1790/91 und 1805. – Staatl. Forstamt Mosbach, Aufnahm-, Beschreib- und Eintheilung der Michelherder geistlichen Administrations-Waldungen 1798; Forsteinrichtungswerk 1837; Stadtwald Mosbach.
Allg. Literatur: *Hahn* S. 387–389. – *Hundsnurscher/Taddey* S. 202–205. – KDB IV,4 S. 51–83. – *Keyser* S. 124–127. – *Krieger* TWB 2 Sp. 213–218. – LBW 5 S. 290–294. – *Löwenstein*, Leopold, Geschichte der Juden in der Kurpfalz, Frankfurt 1895. – *Schuster* S. 372f. – *Widder* 2 S. 61–86. – *Wüst.*
Ortsliteratur: Mosbacher Museumshefte. Hg. vom Geschichts- und Museumsverein Mosbach. 1, 1984–5, 1988. – *Andreae*, Johann Heinrich, Mosbacum in silva Ottonica Palatinatus inferioris illustratum. 1771. – *Wirth*, Hermann, Die Stadt Mosbach, historisch, topographisch und statistisch geschildert. Heidelberg 1864. – *Hauser*, Karl, Mosbach. In: Historisch-topographisch-statistische Beschreibung des Amtsbezirks Mosbach, Bühl 1885. – *Albert*, Peter Paul, Die ältesten Nachrichten über Stift und Stadt Mosbach. In: ZGO 62, 1908 S. 593–639. – *Renz*, Jakob, Vorträge über die Geschichte der Stadt Mosbach. 4 Hefte. Mosbach 1912–1930. – *Renz*, Jakob, Mosbacher Geschichtsblätter. 1–24. 1934. – *Renz*, Jakob, Chronik der Stadt Mosbach. Mosbach 1936. – *Renz*, Jakob, Geschichte der Mosbacher Bergallmende. In: Mein Heimatland 83, 1936 S. 146–159. – *König*, Otto, Wilhelm Stern. Das Lebensbild eines großen Pädagogen. Mosbach 1958. – *Brüche*, Ernst, Mosbachs große Zeit. Aus der Vergangenheit der alten Reichsstadt am Odenwald, Mosbach 1959. – *Carlé*, Walter, Die Saline zu Mosbach und die Herkunft ihrer Solen. Geschichte der Salinen in Baden-Württemberg 2. 1961. – *Benrath*, Gustav Adolf, Die Union zwischen Reformierten und Lutheranern im Kirchenbezirk Mosbach. Karlsruhe ⟨1971⟩. – *Friedlein*, Oskar, Beiträge zur Geschichte des Julianastiftes in Mosbach. In: FDA 91, 1971 S. 106–175. – *König*, Bruno, Wilhelm Stern und seine Vorfahren. Elztal-Daullau 1976. – *Friedlein*, Oskar, Die pfälzischen Katholiken des Bistums Würzburg in den Oberämtern Mosbach und Boxberg vom Beginn der pfälzischen Reformation bis zum Jahre 1716. In: WüDGbll 39, 1977 S. 19–121. – *Brüche*, Ernst und Dorothee, Das Mosbach Buch. Studie über die Entwicklung der alten Reichsstadt und Pfalzgrafenresidenz am Rande des Odenwalds zur Großen Kreisstadt unter Bevorzugung der Renaissance- und Barockzeit. Elztal-Dallau 1978. – *König*, Bruno, Mosbacher Zünfte und Zunfttafnen. Mosbach 1979. – *Friedlein*, Oskar, Das einstige Franziskanerkloster in Mosbach. In: WüDGbll 42, 1980 S. 341–392. – *Brüche-Schwab*, Erika, Mosbacher Fayencen. Mit einer Einführung in die Fayencekunst. Mosbach 1981. – *Ernst*, Albrecht, Das kurpfälzische Beamtengeschlecht Schragmüller als Erbauer des Palmschen Hauses in Mosbach. Mosbacher Museumshefte, Sonderheft 1. Mosbach 1986. – *Gregori*, Anton, und *Messner*, Werner, Der Kandel. Sein Weg durch Mosbach und seine Mühlen. Mosbacher Museumshefte, Sonderheft 2. Mosbach 1989.
Erstnennungen: ON und Kl. um 825 (UB MOS Nr. 1), Butersheim 1286 (UB MOS Nr. 19), Hasbach 770 (CL Nr. 3573), Stadt 1241 (UB MOS Nr. 10), Burg 1406 (UB MOS Nr. 257).

Neckarelz

Quellen, gedr.: DI 8. – CL. – *Kollnig.* – Lehnb. Würzburg 1. – REM 1. – RPR 1 und 2. – UB MOS. – WUB 2. – ZGO 9, 1858.
Ungedr.: FLA Amorbach, Neckarelzer Zins- und Gültb. 1582; Erbbestände der 6 Tempelhöfe und Fronb. Neckarelz 1773 und 1776; Bücher zur Kenntnis und zur Hebung des Landes;

Pläne VII/36, VIII/24, X/17a und 17b. - GLA Karlsruhe 43 sp/ 170-171, 215; 66/5755-5758; 229/31150-283.
Allg. Literatur: *Krieger* TWB 2 Sp. 267-269. - KDB IV,4 S. 89-97. - LBW 5 S. 294. - *Müller*, Dorfkirchen S. 55f. - *Schaab*, Königsleute. - *Schuster* S. 371. - *Wagner* S. 391f.
Ortsliteratur: *Albert*, Peter Paul, Das »Templerhaus« zu Neckarelz. In: FDA 60, 1932 S. 1-28. - *Vischer*, Hermann, Zur Geschichte von Neckarelz-Diedesheim, Heidelberg 1935. - *Vischer*, Hermann, Die Flurnamen von Neckarelz. Bad. Flurnamen 2,3. Heidelberg 1938. - *Liebig*, Fritz, Neckarelz-Diedesheim. Zwei Dörfer an dem Schicksalsweg unseres Volkes, Neckarelz-Diedesheim 1972. - BbG 5 Nr. 30045-30050.
Erstnennungen: ON 773 (CL Nr. 2614).

Nüstenbach

Quellen, gedr.: *Kollnig* S. 346-352. - UB MOS.
Ungedr.: FLA Amorbach, Nüstenbacher Zins- und Gültb. 1818; Bücher zur Kenntnis und zur Hebung des Landes. - GLA Karlsruhe 66/5136-5138; 229/76767-852.
Allg. Literatur: *Krieger* TWB 2 Sp. 366. - KDB IV,4 S. 148. - LBW 5 S. 293f. - *Widder* 2 S. 106f.
Erstnennungen: ON 1305 (UB MOS Nr. 41).

Reichenbuch

Quellen, gedr.: *Kollnig*, Meckesheimer und Stüber Zent. - REM 1. - UB MOS.
Ungedr.: GLA Karlsruhe 43 sp/38; 229/5209-5239.
Allg. Literatur: *Krieger* TWB 2 Sp. 567. - LBW 5 S. 294f. - *Widder* 1 S. 425f.
Erstnennungen: ON 1330 (GLA Karlsruhe 43 sp/38).

Sattelbach

Quellen, gedr.: CL. - UB MOS. - ZGO 26, 1874.
Ungedr.: FLA Amorbach, Sattelbacher Renovationen 1750-1789; Bücher zur Kenntnis und zur Hebung des Landes; Pläne XII/6. - GLA Karlsruhe 66/5137; 229/91947-961.
Allg. Literatur: *Krieger* TWB 2 Sp. 798. - LBW 5 S. 295. - *Wagner* S. 397. - *Widder* 2 S. 105.
Erstnennungen: ON 1416 (ZGO 26, 1874 S. 58), Rohrbach (CL Nr. 3576).

Mudau

10756 ha Gemeindegebiet, 4752 Einwohner

Wappen: In Rot ein silberner (weißer) Wellenschrägbalken, begleitet von je einem sechsspeichigen silbernen (weißen) Rad. – Der Wellenbalken symbolisiert die Lage der Gemeinde im Quellbereich des Mudbaches, während die Räder und die Tingierung auf das Wappen des Erzstifts Mainz hinweisen. Das Wappen wurde auf Vorschlag des Generallandesarchivs 1907 von der Gemeinde angenommen und als aussagekräftig auch für die 1975 neu gebildete Gemeinde zusammen mit der Flagge vom Landratsamt am 6.12.1977 verliehen. – Flagge: Weiß-Rot (Silber-Rot).

Gemarkungen: Donebach (654 ha, 363 E.) mit Ünglert (z.T. auch auf Gkg Steinbach); Langenelz (1021 ha, 256 E.) = Mittel-, Ober- und Unterlangenelz; Mörschenhardt (1228 ha, 160 E.) mit Ernsttal und Waldleiningen; Mudau (1067 ha, 2029 E.) mit Siedlung »Neue Heimat« und Untermudau; Reisenbach (1105 ha, 342 E.) mit Reisenbacher Grund; Rumpfen (609 ha, 51 E.); Scheidental (1291 ha, 428 E.) = Oberscheidental und Unterscheidental; Schloßau (2240 ha, 854 E.) mit Auerbach (Waldauerbach); Steinbach (1538 ha, 291 E.) mit Ünglert (z.T. auch auf Gkg Donebach).

A. Natur- und Kulturlandschaft

Naturraum und Landschaftsbild. – Das im NO des Landkreises sich ausdehnende Gemeindegebiet von Mudau, das sich aus neun Gemarkungen hochmittelalterlicher Rodungssiedlungen zusammensetzt, ist historisch und landschaftlich ein geschlossener Raum. Es ist das überwiegend hochflächige Gebiet der ehemals klösterlich amorbachischen Waldmark Mudau, die sich auf der gegen das Bauland sanft einfallenden *Abdachung des Hinteren Odenwalds* ausdehnt. Auf den ihr Landschaftsbild beherrschenden, wenig reliefierten Hochflächen stocken ausgedehnte Wälder, die von großen Rodungsinseln unterbrochen und aufgelockert werden. Ihre Feld- und Wiesenlagen mit ehemaligen Waldhufen und Breitstreifenfluren, die im vorigen Jahrhundert die mittelalterliche Flurstruktur noch deutlich zutage treten ließen, erinnern zuweilen auch heute noch an das Rodungswerk der Benediktinerabtei im Marsbachtal.

Die nur flachhügelige Hochfläche, auf der sich in Quellmulden wie z.B. bei Schloßau und Reisenbach oder in nur sanft in den Oberen Buntsandstein eingeschnittenen, weiten und flachen oberen Talabschnitten wie bei Donebach, Langenelz, Mudau, Unterscheidental und Rumpfen Siedlungsansätze gebildet hatten, nimmt Höhenlagen von ca. 570 bis 500 m im W und 480 bis 450 m ü. d. M. im O ein. Ihr höchster Punkt erreicht in der westlichen Gkg Reisenbach am waldbedeckten Salzlackenkopf 576 m NN in einem Bereich, in dem die junge und agressive Erosion vom tief in den Gebirgskörper eingeschnittenen Neckar aus über den Itterbach und seine östlichen Zuflüsse mit tiefen Kerbtälern in den Gebirgskörper einschneidet und ihn zergliedert. Der am Südwestrand des Gemeindegebiets entlangziehende Reisenbachergrund ist mit seinen steilen Waldhängen über 200 m in die Hochfläche bis in das geologische Sockelgeschoß der Landschaft im Mittleren Buntsandstein eingesägt. Das gilt auch für die übrigen, klingenartig eingekerbten Zuflüsse der Itter wie den Wassergrund auf Gkg Schloßau oder die nordwärts abfließenden und über den Marsbach dem Main tributären Kerbtäler der Teufelsklinge auf den Gkgn Schloßau und Mörschenhardt sowie den

Mudbach im Ünglerttal nördlich von Mudau. Ihre deutlich ausgeprägten V-förmigen Querprofile mit steilen Waldflanken im Oberen und Mittleren Buntsandstein und mit fehlenden Talsohlen sind Anzeichen einer jungen und noch nicht abgeschlossenen Hebung des Odenwälder Berglandes. Die starke erosive Einschneidung macht sich daher zum Teil auch an oberen Quellbächen bemerkbar, wie an dem beim Weiler Ünglert in den Mudbach einmündenden und vom nahen Donebach herabsteigenden Seitenbach. Auch er hat sich bereits in den Hauptbuntsandsteinsockel eingeschnitten. Eine derartige fluviatile Zerschneidung der Hochfläche ist im O des Gemeindegebietes nirgends anzutreffen. Eine Ausnahme bildet dort lediglich das Steinbächlein unterhalb von Steinbach. Während der obere Bachlauf auf der südlichen Gkg Rumpfen im Aspenwald in rd. 430 m Höhe enspringt und auf seinem nordwärts gewandten Weg auf der Hochfläche keine wesentliche Einschneidung bewirkt, zeigt der untere, bei Steinbach mit auffälligem Knick ostwärts umbiegende Bachlauf ein ganz anderes Verhalten. Er entwickelt im Sauertal eine beachtliche Tiefenerosion und hat sich bis zur Einmündung des von Unterneudorf (Stadt Buchen) entwässernden Krebsbächleins gut 100 m in den Gebirgskörper eingesägt. Die Ursache für diesen plötzlichen Wandel des Flußverhaltens und die stärkere Reliefierung der Landoberfläche ist eine von der Morre ausgehende rückschreitende Erosion, die am Unterlauf des Steinbächleins bis auf die Buntsandsteinhochfläche bei Steinbach ausgegriffen hat. Durch die nahe und in nur 270 m NN tiefliegende Erosionsbasis im Tal der Morre hat sie zur Kerbtalbildung mit steilen Talflanken angeregt.

Die übrigen Wasserläufe im Gemeindegebiet zeigen ein für die Hochflächenlandschaft des Hinteren Odenwalds viel typischeres Verhalten. Sie entspringen meist mit mehreren kleinen Quellarmen in flachwannigen Quellmulden und entwickeln zumindest in ihren Oberläufen bei nur sanftem Gefälle keine entscheidende, das Landschaftsbild der Hochebene stark beeinflussende Erosionskraft. Das gilt für die Quellbäche des Reisenbachs in den Rodungsinseln von Reisenbach und Scheidental, für den Mudbach oberhalb von Untermudau und ganz besonders für den Elzbach, der fast das gesamte südliche Gemeindegebiet in westöstlicher Richtung durchfließt. Er entwässert den größten Teil des dem Neckar tributären Gemeindegebiets und hat mit mehreren Quellsträngen Quellen nordwestlich von Oberscheidental, bei Waldauerbach und südlich von Mudau. Diese Quellen liegen nahe der im hochflächigen Gemeindegebiet im Oberflächenbild nicht besonders hervortretenden Wasserscheide zwischen Main und Neckar, die vom Lenzberg (553 m) im W über den flachen Sattel zwischen Schloßau und Waldauerbach (530 m) durch den Wald »Hohenbusch« zum südlichen Ortsrand von Mudau (460 m) und nördlich bzw. nordöstlich von Mittel- und Unterlangenelz in den Waldstücken »Galgen« und »Seeschlag« zur östlichen Gemarkungsgrenze von Langenelz in rd. 450 m Höhe weiterzieht. Die Quellen der Elzzuflüsse nehmen Höhenlagen von etwa 545, 525, 520, 470 und 450 m NN ein. Bei Mittellangenelz fließt der Elzbach in 438 und bei Unterlangenelz in 426 m Höhe und seine nur flacheinfallenden Talhänge sind nur sanft in den Oberen Buntsandstein eingetieft. Eine wiesenbedeckte, mit jungen Alluvionen aufgeschüttete Talsohle, auf der der Wasserlauf aufgrund seines geringen Gefälles Wiesenmäander ausgebildet hat wie zwischen Unterscheidental und Oberlangenelz oder auch bei Unterlangenelz sind kennzeichnend für den oberen Lauf der Elz, der sich erst unterhalb des Mudauer Gemeindegebietes steiler in die im Bauland untertauchenden Buntsandsteinplatten des Hinteren Odenwaldes unter Ausbildung von Kerbtalabschnitten eingesägt hat. Im Bereich der Rodungsinseln und hochflächigen Wälder stehen im Gemeindegebiet Gesteine des Oberen Buntsandsteins an. Plattensandsteine und Rötschichten, die im östlichen Gemeindegebiet zum Teil mit Lößlehm und sandigen Lehmschichten bedeckt sind, stehen in den Rodungsinseln und den sie umschließenden Waldflächen an. Deutlich fällt auf, daß die dem Marsbach und der Itter zustrebenden Wasserläufe mit ihren tieferliegenden Erosionsbasen am Main und Neckar bei Eberbach eine wesentlich heftigere Zerschneidung der Buntsandsteindecken bewirkten als der bei Neckarelz innerhalb des Kreisgebietes in den Neckar einmündende Elzbach.

Zur Zeit der Römerherrschaft in Süddeutschland lagen die Hochflächen des Gemeindegebiets im Grenzbereich des römisch beherrschten Obergermanien. Überreste des Odenwald-Limes mit Ruinen von Wachtürmen, Kleinkastellen und Kastellen erinnern im Mudauer Gemeindegebiet noch heute daran. Das Kulturlandschaftsbild der Gegenwart mit ausgedehnten Rodungsinseln in den Hochflächenbereichen und Quellmulden mit Waldhufen- und Breitstreifenfluren, zu denen ursprünglich locker bebaute, streudorf- oder streuweilerartige Siedlungen gehörten, die unter einem funktionalen Wandel zu geschlossenen Siedlungen mit modernen Ortserweiterungen herangewachsen sind, war aber ganz sicher das hochmittelalterliche Werk amorbachischer Rodungsbauern. Rodungen bereits zur Römerzeit sollen innerhalb des Gemeindegebiets damit aber nicht in Abrede gestellt sein.

Siedlungsbild. – Das heute noch weitgehend bäuerlich geprägte Dorf Donebach liegt im nur sanft und schüsselartig in die Odenwaldhochfläche eingetieften oberen Talabschnitt eines westlichen Seitenzuflusses des Mudbachs, der erst östlich unterhalb der Siedlung eine stärkere Tiefenerosion entwickelt und kerbtalartig einschneidet, bevor er beim Wpl. Ünglert in den Mudbach einmündet. Die Ortsmitte liegt in der flachen Talwanne in rd. 460 m Höhe, die Ortsränder erreichen im N 490 m und im W 480 m ü. d. M.

Die *Hauptachse des Dorfes* ist die an der südlichen Talflanke oberhalb der nordwärts abzweigenden Reiterstraße in westöstlicher Richtung, unterhalb in SSO-Richtung verlaufende Odenwaldstraße. In östlicher Richtung zweigt etwa in der Ortsmitte die zum Wpl. Ünglert im Mudbachtal hinabführende Ünglertstraße ab. An ihr wurde das ganz wesentlich das Ortsbild bestimmende kath. Gotteshaus erbaut und weiter außerhalb am Hang oberhalb der Straße der Friedhof mit einer modernen Kapelle angelegt. Von der oberen westlichen Odenwaldstraße zieht die Stichstraße Am Sportplatz rechtwinklig weg und führt zu dem im Talgrund liegenden Sportfeld und der Sporthalle. Von der unteren, nach Mudau weiterführenden Odenwaldstraße aus erschließen ebenfalls rechtwinklig wegstrebende und bebaute Seitenstraßen wie der Fasanenweg, Am Pfad und der Amselweg den oberen nach NO und O einfallenden Hang, so daß zusammen mit den von der oberen Reiterstraße am Gegenhang wegführenden Seitenstraßen ein insgesamt unregelmäßiger Siedlungsgrundriß mit einer äußerst dichten Bebauung an der Odenwaldstraße und unteren Reiterstraße entstand.

Die vorherrschenden, den Aufriß der Odenwaldstraße bestimmenden bäuerlichen Haustypen sind Eindachhäuser und Streckgehöfte. Hofanlagen mit Wohn- und Wirtschaftsbauten beiderseits der Straße und mit Winkel- und unregelmäßigen Grundrissen wie am Südrand des Dorfes kommen auch vor. Auffallend sind an verschiedenen Stellen des Dorfes moderne Wohnhäuser, die zwischen der alten Bebauung stehen.

Hervorstechende Einzelbauten sind im Ortsinneren die ehemalige Schule und das Feuerwehrgerätehaus. Das heute von einer Volksbank- und einer Bausparkassenfiliale genutzte einstige *Schulhaus* ist ein an der Odenwaldstraße westlich der abzweigenden Reiterstraße stehender zweigschossiger Backsteinbau auf Buntsandsteinsockel mit einem hohen Krüppelwalmdach. Das an der inneren Reiterstraße errichtete *Gerätehaus der Freiwilligen Feuerwehr*, neben dem eine größere Halle auffällt, ist eingeschossig, flachgiebelig und trägt ein Eternitdach.

Neben den alten landwirtschaftlichen Anwesen mit Mauerwerk aus Odenwaldsandstein und neuen oder neu verputzten Wohnhäusern sind nur wenige infrastrukturelle Einrichtungen auszumachen. Ein Milchhäusle mit Verladerampe weist im Ortsinneren auf traditionelle Funktionen des Dorfes hin. In dem bäuerlichen Anwesen Odenwaldstr. 39 ist im westlichen Ortsbereich die Poststelle eingerichtet. Nahe der Abzweigung der Ünglertstraße befindet sich eine Bäckerei mit Lebensmittelverkauf, Am Pfad ein weiteres Lebensmittel- und Gemischtwarengeschäft, an der Reiterstraße ein Getränkevertrieb und eine Sparkassenfiliale. Gegen den südlichen Ortsrand tritt an der Odenwaldstraße eine Reparaturwerkstatt für Traktoren und landwirtschaftliche Maschinen hervor, am Fasanenweg ein moderner handwerklicher Betrieb der Metallverarbeitung.

Etwas abgesetzt von einem großen Streckhof mit zylindrischen Grünfuttersilos steht an der Ünglertstraße die in neubarocken Formen errichtete *kath. Kirche* von 1927/28, ein Buntsandsteinbau mit einem mittelrisalitartig aus dem Westgiebel hervortretenden Glockenturm, der mit einem schiefergedeckten Zeltdach abschließt. Ihr langgestreckter Kirchensaal wird an den Längsfronten durch Lisenen und hohe Rundbogenfenster gegliedert und geht im O in einen polygonalen Chorabschluß mit ebenfalls hohen Rundbogenfenstern über. Wie über dem viergeschossigen Kirchturm ist das steile Giebeldach über dem Kirchensaal und Chor ebenfalls verschiefert. An der südlichen, noch erhaltenen einstigen Kirchhofmauer steht an der Ünglertstraße ein reich verzierter barocker Bildstock von 1735, der zusammen mit Madonnennischen an einigen bäuerlichen Wohnhäusern auf den von der Reformation nicht erschütterten kath. Glauben der Einwohnerschaft hinweist.

Der an der Gemarkungsgrenze zu Steinbach liegende Wpl. *Ünglert* bildet eine lockere Reihe von Gehöften in dem tief in den Oberen Buntsandstein eingesägten Mudbachtal in 365 bis 400 m Höhe, rd. 1,5 km südöstlich von Donebach. An der Einmündung der von Donebach kommenden Ünglertstraße in den dem Mudbachtal folgenden Ünglertweg entstand um Fischteiche und alte Gehöfte durch Wohnhausneubauten ein gemischter weilerartiger Siedlungskern.

Das auf eine hochmittelalterliche Waldhufensiedlung des Kl. Amorbach im Mudauer Wald zurückgehende Langenelz ist heute eine lockere Streusiedlung mit weilerartigen Hofgruppen, die aus den einstigen klösterlichen Hufengütern hervorgegangen sind. Die weit auseinandergezogene Ortschaft, deren Gemarkung noch zahlreiche Hinweise auf die mittelalterliche Waldhufenanordnung erkennen läßt, verteilt sich im oberen Talbereich des Elzbachs über beide, noch kaum in den Oberen Buntsandstein eingetieften Talflanken und nimmt in etwa 430 bis 470 m NN eine ausgesprochene Hochflächenlage ein.

Das architektonische und funktionale Zentrum der Streusiedlung bildet *Mittellangenelz* mit zwei Weilern an den nur flachen, süd- und nordexponierten Elztalflanken. Der nördliche Siedlungskomplex an der Buchener Straße, von der dort die Laudenberger Straße in leicht geschwungenem Verlauf südwärts den Elzbach quert, läßt die dichteste bauliche Konzentration erkennen. Gehöfte mit wuchtigen Wirtschaftsgebäuden, bei denen das braunrote, farbkräftige Buntsandsteinmauerwerk sowie die hohen und steilen Giebeldächer hervorstechen, beherrschen den alten, mindestens ins 19. Jh. zurückreichenden Baubestand. Jüngere Wohnhäuser, die zum Teil erst seit den 1960er Jahren errichtet wurden, ergänzen die alten Bauernhäuser. Sie ersetzen oft ältere bäuerliche Wohnbauten oder verdichten als neue Wohnhäuser die Gehöftgruppe, aus der sich an der Buchener Straße eine Reparaturwerkstatt für landwirtschaftliche Geräte und Fahrzeuge, ein Lebensmittelladen sowie das Rat- und Schulhaus als zentrale Einrichtungen für die gesamte Siedlung herausheben. Letzteres ist ein reiner Buntsandsteinbau mit zwei Stockwerken, einem hohen Giebeldach, auf dem ein Dachreiter mit Spitzhelmabschluß und eine Sirene aufsitzen. Am Kellersockel führt eine zweiseitige Treppe zum Eingang an der Straßenfront hinauf. Die Gebäudegruppe südlich der Elzbachbrücke entstand beim einstigen Bahnhof an der nach Mudau weiterführenden Schmalspurbahn. In ihrem unteren Bereich fallen an der Laudenberger Straße reihenhausartig aneinandergesetzte, zweigeschossige ältere Wohnhäuser auf. An der oberen Laudenberger Straße steht nahe dem Friedhof mit dem Kriegerdenkmal, einer modernen Kapelle und Leichenhalle ein größeres Gehöft mit einem modernisierten zweistöckigen Wohnhaus sowie einem Stall- und Scheunengebäude, das im Erdgeschoß teilweise Buntsandsteinmauern hat. Hinter ihm erstreckt sich in Talrichtung ein langer und moderner Stall, flach und weiß verputzt, mit einem niederen Schrägdach. An der Stelle des früheren Bahnhofs steht heute ein ebenfalls größeres Gebäude, das zu einem gewerblichen Unternehmen mit Kranservice und Abschleppdienst gehört. Dieser südliche Teil von Mittellangenelz erfüllt heute überwiegend Wohnortfunktionen. So stehen auch an der von der Laudenberger Straße abzweigenden und nach Oberlangenelz führenden Elztalstraße, die teilweise der alten Bahntrasse folgt, moderne Einfamilienhäuser, eingeschossig, mit flachen Dächern oder im Bungalowstil.

Der höchstgelegene westliche Ortsteil *Oberlangenelz* setzt sich ebenfalls aus zwei Weilern zusammen, in denen das bäuerliche Siedlungselement mit Zweiseit-, Winkel- und Streckgehöften stärker hervortritt als in Mittellangenelz. Zum Teil sind die heute größeren Gehöfte aus ursprünglichen Streckhöfen hervorgegangen. Buntsandsteinmauerung und Holzwände prägen vor allem die Stall- und Scheunengebäude. Einige ehemalige Hofplätze beherbergen heute moderne Wohnhäuser. Mit ihrem Angebot an Fremdenzimmern weisen sie auf die junge Funktion der Siedlung als Ferien- und Fremdenverkehrsort hin, die wohl auch in der Zukunft neue Aufrißelemente in die noch vor wenigen Jahrzehnten reine Bauernsiedlung hineintragen wird. Erst seit der Nachkriegszeit entstandene Wohnbauten bewirken eine wesentliche Verdichtung und randliche Erweiterung der weilerartigen Gebäudegruppen.

Einen noch weitgehend bäuerlichen und auch ursprünglichen Baubestand lassen die am südexponierten Talhang aufgereihten vier Gehöftgruppen von *Unterlangenelz* im SO der Siedlung erkennen. Odenwaldsandstein, Holz und Fachwerk prägen weitgehend ihr Äußeres. Die steilere Hanglage der zwei bis vier Hofanlagen in unregelmäßiger Anordnung umfassenden Gebäudegruppen ließ nur selten Raum für freistehende Neubauten und Anbauten auf großflächigen Grundrissen.

Den alten und jüngeren Gebäuden gemeinsam sind häufig Madonnennischen mit Marienstatuen, die sich an Wohnhäusern, Ställen und Scheunen finden. Auch Bildstöcke auf Buntsandsteinsäulen zeugen von der Frömmigkeit der Bevölkerung im einstigen amorbachischen Klostergebiet.

Mörschenhardt ist eine kleine, nur locker bebaute Dorfsiedlung mit unregelmäßigem Wege- und Straßennetz in einer flachen Quellmulde auf der Wasserscheide zwischen dem Mud- und Gabelbachtal in ca. 480 bis 500 m Höhe. Der dörfliche Hauptteil der Siedlung liegt an dem sanft nach N abfallenden Hang um den Brunnenbuckel und die Brunnenwiesen, weite Grünflächen, die von der überwiegend bäuerlichen Bebauung an der Ernsttaler Straße, an der südlichen Preunschener Straße und am Kapellenweg umschlossen werden. Die vorherrschenden bäuerlichen Hausformen sind

Streckgehöfte; es finden sich aber auch Zwei- und Dreiseitgehöfte wie im südlichen oberen Siedlungsbereich an der Einmündung des Kapellenwegs in die Ernsttaler Straße oder an der südlichen, in Richtung Donebach den Hang erklimmenden Preunschener Straße beim Gasthaus zur Wildenburg. An diesen giebelseitig zur Straße gestellten, zweigeschossigen Gasthof, der teilweise aus Buntsandsteinmauerwerk besteht, teilweise verputzt ist, sind an der straßenabgewandten Giebelseite rechtwinklig bäuerliche Wirtschaftsbauten angefügt. An den Wohnhäusern finden sich häufig Buntsandsteinsockel oder -erdgeschosse. Die Stall- und Scheunenbauten bestehen ebenfalls aus dem bodenständigen Odenwaldsandstein oder aus Holz. Moderne Wohn- und Wirtschaftsbauten verdichten und ergänzen heute die bäuerlichen Anwesen. Das gilt auch für die beiden im N etwas abgesetzten Hofgruppen am Breiten Trieb und an der nördlichen Preunschener Straße. Große Streckgehöfte bestimmen den Kernbestand ihrer alten Bebauung. Moderne Wohnhäuser und Erweiterungen der Wirtschaftsbauten bilden die neuen, verdichtenden Siedlungselemente. Am hochgelegenen Kapellenweg entstanden im S auch einige reine Wohnbauten in der Gestalt junger Einfamilienhäuschen. Aus der bäuerlichen Umgebung sticht an der südlichen Ernsttaler Straße gegenüber der Einmündung des Kapellenwegs eine kleine *Kapelle* hervor, ein winziges Buntsandsteingebäude mit je einem rechteckigen Fenster an den Längsseiten und einem eternitgedeckten Giebeldächlein. Auffallend ist ferner an der Einmündung der Ernsttaler in die Preunschener Straße am Nordrand der Brunnenwiesen die *Schule*, ein zweigeschossiger Buntsandsteinbau auf hohem Buntsandsteinsockel mit einer zweiseitigen, an ihm hinaufführenden Außentreppe. Auf dem Dachfirst ragt ein kleiner Dachreiter mit Spitzhelmabschluß und Schulglöckchen auf. Daneben sitzt eine Sirene. In der Nachbarschaft des Schulhauses steht das weiß verputzte *Feuerwehrgerätehaus*.

Gesonderte Wohnplätze sind auf der Gemarkung im oberen Gabelbachtal unterhalb der Teufelsklinge in rd. 285 m NN der aus der mittelalterlichen Siedlung Neubrunn hervorgegangene Weiler *Ernsttal* mit einem großen Gasthaus sowie am Rande eines von Wald umschlossenen Parks noch weiter westlich das in die 1. H. 19. Jh. zurückreichende *Schloß Waldleiningen*, das heute als Sanatorium dient.

Mudau, das in 340 bis 470 m Höhe im Quellbereich des Mudbachs eine hochflächige und flachwannige Muldenlage einnimmt, ist schon seit mittelalterlichen Zeiten der zentrale Hauptort des um die Mitte des 12. Jh. von der Abtei Amorbach gekauften Mudauer Waldbezirks, dessen Rodung und Besiedlung vom Kloster betrieben wurde. Hatte in früheren Jahrhunderten der klösterliche Fronhof die Zentralität der Siedlung begründet, so bewirkt dies heute die Stellung der Ortschaft als kommunaler Verwaltungs-, Schul- und Wirtschaftsmittelpunkt gerade jener Dörfer auf der Hochfläche des Hinteren Odenwalds, die im Zuge des klösterlichen Landesausbaus entstanden waren. Innerhalb des Mudauer Siedlungskerns, der nach einem Brand von 1849 neuaufgebaut wurde, bewirkte diese zentralörtliche Funktion die Herausbildung eines Geschäftszentrums an der Hauptstraße mit Kaufläden des täglichen und höheren Bedarfs, mit Bankfilialen, mehreren Gaststätten, einem Hotel sowie dem historischen und dem »neuen« Rathaus in der früheren Schule.

Der *Siedlungskern* hat durch die Hauptstraße und die im N etwa parallelverlaufende Fettigstraße, die durch schmale Quergassen mit ihr verbunden ist, einen unregelmäßig leiterförmigen Straßengrundriß. Dieser innerörtliche alte Siedlungsbereich ist außerordentlich dicht, im Bereich der Quergassen wie der Wall- und Kronenstraße auch verschachtelt bebaut. Seine Hauptachse (Hauptstraße), die im O durch ihr Umbiegen aus der Westost- in die Nordsüd-Richtung die etwas erhöht stehende kath. Pfarrkirche bogenförmig umschließt, läßt aufgrund des seit der Mitte des vorigen Jahrhunderts

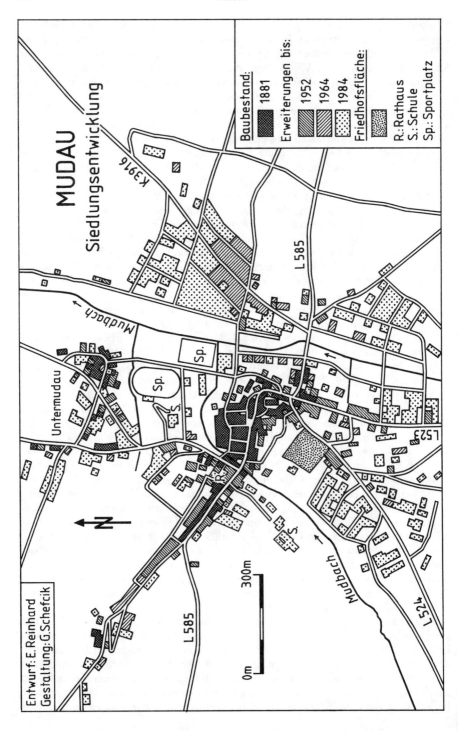

erfolgten Wiederaufbaus viele gleichartige Züge im Straßenbild erkennen. Die Häuser sind an der gesamten Hauptstraße traufseitig ausgerichtet. Die Wohn-Geschäftsbauten sind zwei- und dreigeschossig; der im Odenwald bodenständige Buntsandstein wurde häufig als Baumaterial verwendet. Einige wenige Wohn-Geschäftshäuser sind modern umgestaltet, haben neue Schaufensterfronten und flach geneigte Dächer. Im Kirchbereich fallen die Gaststätten zum Löwen und zum Lamm auf. Letztere ist ein in der Krümmung der östlichen Hauptstraße etwas abgesetzt vom Straßenrand stehendes zweigeschossiges Gebäude auf einem Buntsandsteinsockel und mit einem hohen Halbwalmdach. Die dicht zusammengerückten Anwesen Hauptstraße 8, 12, 14 unmittelbar südlich des »Lamms«, zu dem noch landwirtschaftliche Gebäude gehören, lassen an ihren noch aus dem 19. Jh. stammenden zweigeschossigen Wohnhäusern und den zugehörigen ehemaligen Scheunen und Ställen die einstige bäuerliche Nutzung erkennen. Trotz dieser alten Buntsandsteinbauten gehört aber auch dieser östliche Bereich der Hauptstraße mit einer Bäckerei, einem Schuhgeschäft, einer Wäscherei, einer Versicherungsagentur und noch anderen Kaufläden zum innerörtlichen Geschäftsbereich.

Herausragende Bauten stehen an der östlichen Hauptstraße um den sich an ihrer Nordseite öffnenden Rathausplatz mit dem noch aus der Zeit vor dem 1. Weltkrieg stammenden Hotel »Engel« und dem Alten Rathaus mit seiner noch erhaltenen spätmittelalterlichen Bausubstanz. Das *Alte Rathaus* ist ein wuchtiger Bau mit Sandsteinsockel, -tür- und -fenstergewänden. Es trägt ein hohes Krüppelwalmdach mit einem verschindelten Dachreiter und einer Sirene. Sein Hauptschmuck sind reliefierte und bemalte Wappen von Mainzer Erzbischöfen, die noch heute an die einstige Zugehörigkeit des Ortes zum Hochstift Mainz erinnern.

Das den Siedlungskern im O beherrschende Bauwerk ist die *kath. Pfarrkirche*, ein reines Buntsandsteingebäude, an dessen barocken Kirchensaal im NW der gotische Glockenturm eines mittelalterlichen Vorgängerbaus anschließt. Sein hohes, schiefergedecktes Spitzhelmdach beherrscht nicht nur den alten Ortskern in der unmittelbaren Umgebung, er ist vielmehr das Wahrzeichen des im Aufrißbild manche städtischen Züge tragenden gesamten Dorfes.

Am Westrand des ursprünglichen Dorfkerns zweigt in nördlicher Richtung nach Untermudau hin die Amorbacher Straße von der Hauptstraße ab. Nordwestwärts wird sie durch die Schloßauer Straße mit einer dicht bebauten, schon im 19. Jh. bestehenden straßendorfartigen Wachstumsspitze weitergeführt. Wie im Ortskern bestimmt auch in dieser alten Siedlungserweiterung sehr häufig der Odenwaldsandstein das Bild der Häuser, unter denen auch größere landwirtschaftliche Anwesen mit Scheunen auffallen, die zum großen Teil Holzkonstruktionen sind. Festes Buntsandsteinmauerwerk tritt vor allem an ihren Erdgeschoßteilen und an den Stallbauten hervor. Die fast ausnahmslos traufständigen und überwiegend unmittelbar aneinandergesetzten Wohnhäuser verleihen der Schloßauer Straße ein recht einheitliches Bild. Die bäuerlichen oder gewerblichen Wirtschaftsbauten stehen häufig als jüngere Erweiterungen oder Neubauten an der Stelle einstiger Vorgängergebäude hinter den Wohnhäusern, abgewandt von der Straße. An der Ecke Schloßauer/Amorbacher Straße erhebt sich ebenfalls auf einem Buntsandsteinsockel ein wuchtiger und zweigeschossiger Winkelbau unter einem mächtigen Walmdach: die frühere Schule, in der seit dem Schulhausneubau im Hoffeld die Gemeindeverwaltung und die Polizeidienststelle sowie im Seitenflügel an der Amorbacher Straße auch einige Läden eingerichtet sind.

Alt und mit bäuerlichen Anwesen durchsetzt ist der nördliche Ortsteil *Untermudau*, der über die Amorbacher Straße an den Ortskern angeschlossen ist. Die Bebauung der

Amorbacher Straße stammt nur im innerörtlichen Bereich nahe ihrer Abzweigung von der Haupt- und Schloßauer Straße noch aus dem vorigen Jahrhundert. Auffallend ist darunter ein größerer holzverarbeitender Betrieb, ein Säge- und Hobelwerk, das in der frühen Nachkriegszeit Im Strüt erweitert wurde. Wohnhäuser aus der Zwischen- und Nachkriegszeit überwiegen bei weitem. Einen ausgesprochen bäuerlichen Charakter hat noch die von der äußeren Amorbacher Straße ostwärts abzweigende und dicht bebaute Straße Im Wiesental, wo vor allem Gehöfte mit renovierten oder ganz neugebauten Wohnhäusern auffallen. Landwirtschaftliche Ursprünge lassen sich mit ehemaligen Streckgehöften auch an der von der Amorbacher Straße nordwärts führenden Donebacher Straße sowie an der ortsinneren Seite der Untermudauer Straße erkennen, die die Donebacher und Amorbacher Straße verbindet. Zum Teil erst in jüngerer Zeit mit neuen Wirtschaftsbauten erweiterte winklige Gehöftanlagen, darunter ein Geflügelhof, prägen dort neben modernen gewerblichen und industriellen Produktionshallen an der Ortsaußenseite mit einer Kleiderfabrik den nach Funktion und Bebauungsbild recht verschiedenartigen Aufriß.

Seit der Mitte der 1960er Jahre entstanden großflächige *Neubaugebiete*, die im N und S, vor allem aber auch im O jenseits des im Siedlungsbereich kaum in den Untergrund eingetieften Mudbachtals weite Flächen überziehen. Sie verstärkten die Wohnortfunktion, brachten im S beiderseits der Scheidentaler Straße und an der äußeren Langenelzer Straße aber auch neue Gewerbe- und Industrieareale mit teils großflächigen, aber niedrigen und flachen Produktionshallen.

Teilweise noch vor dem 1. Weltkrieg, in der Zwischen- und der frühen Nachkriegszeit fanden erste Ortserweiterungen im SO an der inneren Langenelzer und Scheidentaler Straße bis in den ehemaligen Bahnhofsbereich der schmalspurigen Nebenbahnlinie Mosbach–Mudau statt. Auch nach den abgebauten Gleisanlagen erinnert das einstige, heute als Wohnhaus dienende Empfangsgebäude mit einem hölzernen Lokschuppen und einer Denkmallokomotive noch an das Eisenbahnzeitalter im Hinteren Odenwald. Früh setzte auch ein zeilenartiges Wachstum entlang der Neuhofstraße als nordwestlicher Verlängerung der Schloßauer Straße ein. Dicht zusammengedrängte, steilgiebelige und recht gleichartig wirkende Einfamilienhäuschen schufen dort schon in den 1950er Jahren und bis 1964 eine bauliche Verknüpfung mit einer heute am Ortsrand stehenden alten Gehöftanlage.

Im N brachte diese schon vor dem 2. Weltkrieg, überwiegend aber erst in der Nachkriegszeit einsetzende Neubebauung ein Zusammenwachsen der alten Ortsteile von Untermudau mit dem Ortskern. Neben einer älteren Bebauung mit dem Gasthaus »Wiesental«, einem markanten zweigeschossigen Backsteinbau auf Buntsandsteinsockel und mit einem Krüppelwalmdach, finden sich an der Amorbacher Straße jüngere trauf- und giebelseitig angeordnete Wohnhäuser, die dort seit den ausgehenden 1950er Jahren errichtet wurden. Auffallend sind an der Jahnstraße, die von der Amorbacher Straße ostwärts in den flachen Talboden des Mudbachs hineinführt, die *Odenwaldhalle*, eine Mehrzweckhalle, die im Sommer 1988 erweitert und neu verputzt wurde, und zwei große *Sportplätze*. Südlich der Odenwaldhalle und der Sportanlagen entstanden bis zum alten Siedlungskern eingeschossige, individuell gestaltete und in Ziergärten stehende Einfamilienhäuschen, teilweise im Stil von Winkelbungalows.

Ein größeres neues Wohngebiet entwickelte sich als südliche Ortserweiterung zwischen der Scheidentaler Straße und dem Mudbach. An einem unregelmäßig leiterförmigen Wohnstraßennetz stehen dort zwischen dem Friedhof und dem Industriegebiet an der äußeren Scheidentaler Straße Ein- und Mehrfamilienhäuser in lockerer Folge (Wellerpfad, Pankratiusweg, Albert-Schweitzer-Straße). Dieser junge Neubaubereich, dessen Bebauung 1988 noch nicht ganz abgeschlossen war, wird westlich einer Freizeit- und Parkanlage am Mudbach von der neuen *Grund- und Hauptschule* abgeschlossen, deren Bauteile, der dreigeschossige Haupttrakt aus Waschbeton und gelben Klinkersteinen, der zweigeschossige Nebentrakt im S sowie die Turn- und Sporthalle neben Tennisplätzen im N, alle Flachdächer tragen. Nach O setzt sich das Neubaugebiet mit individuell gestalteten Ein- und Zweifamilienhäusern südlich des einstigen Bahngeländes bis zur Langenelzer Straße fort, wo eine gemischte Gewerbe- und Wohnbebauung aus den 1970er und 1980er Jahren vorherrscht, die dem Ortsinneren zu in eine ältere Wohn- und Wohn-Geschäftsbebauung aus der Zwischen- und Vorkriegszeit übergeht.

Die weitläufigsten Neubaubereiche entwickelten sich östlich einer flachen, als Wiesen- und Weideland genutzten Talwanne, in der der Mudbach und ein südlicher Quellbach nordwärts entwässern. Diese östlichen Neubaugebiete dehnen sich süd- und nördlich der Rumpfener Straße, über die sie mit dem Ortskern verbunden sind, aus und überziehen den sanft nach W einfallenden Hang. Ihre ersten Anfänge liegen um die Jahrhundertmitte. Bis 1964 wurde die innere, von der Rumpfener Straße nordostwärts abzweigende Steinbacher Straße mit den ihr parallelen Wohnstraßen (Znaimer Weg im W und Pfarrer-Ackermann-Straße im O) mit freistehenden Einfamilienhäusern in Gärten bebaut. Die Mehrzahl der Wohnhäuser, unter denen gegen den Nordrand des Neubaubereichs auch größere zwei- und dreigeschossige Mehrfamilienhäuser hervortreten, sind jünger.

Das unregelmäßig gestaltete Dorf Reisenbach ist eine hochmittelalterliche Rodungssiedlung mit einer ursprünglich teils radialen Waldhufenflur, an die noch das Wegenetz in der westlichen Rodungsinsel erinnert. Durch seine Lage auf der westlichen Buntsandsteinhochfläche des Hinteren Odenwalds in rd. 530–550 m Höhe ist Reisenbach das höchstgelegene Dorf des Landkreises. Bezeichnend für seine exponierte Lage ist der nordwestlich der Siedlung im Gewann »Hard« errichtete, schlanke und hohe Sendeturm, eine Betonkonstruktion mit Antennenanlagen für Richtfunk, UKW- und Fernsehfunk, die trotz ihrer von der Ortsbebauung abseitigen Lage auf das Siedlungsbild einen entscheidenden Einfluß nimmt und der über Jahrhunderte gewachsenen Ortschaft, die erst in jüngster Zeit flächenhafte Ortserweiterungen im N erhalten hat, neue, von der modernen Technik bedingte Kulturlandschaftsmerkmale aufprägt.

Das dörfliche Straßennetz auf der nach S und SW sanft abfallenden Hochfläche ist unregelmäßig und bewirkt einen haufendorfartigen Siedlungsgrundriß. Die heutige Hauptsiedlungsachse ist die leicht S-förmig etwa in westöstlicher Richtung verlaufende Gaimühler Straße, über die eine Kreisstraßenverbindung von Oberscheidental nach Eberbach führt. Von ihr ziehen innerörtlich die Eduardstaler Straße und die Kirchstraße nordwärts auf die Hochfläche weg. Aus dem eigentlichen Ortszentrum führt von der unteren Kirchstraße beim kath. Gotteshaus die Kohlhofstraße in nordwestlicher Richtung weg. An ihrem Bebauungsende in NW mündet dann die am Nordrand des Dorfes nach W umbiegende und von dort eine Neubaustraße bildende Kirchstraße wieder in sie ein.

Die *bäuerlichen Anwesen* an diesen Dorfstraßen haben unterschiedliche Grund- und Aufrisse. An der Gaimühler Straße, an der die landwirtschaftliche Bebauung bis fast an den Siedlungsrand im W und O reicht, stehen Gehöfte mit getrennten giebelseitig zur Straße blickenden Wohn- und Wirtschaftsbauten (Nr. 35), Winkelgehöfte (Nr. 33), Streckgehöfte (Nr. 32, 38) sowie Eindachhäuser (Nr. 30) oder aus solchen hervorgegangene größere Hofanlagen mit Erweiterungsbauten. Gehöfte mit langgestreckten Stall- und Scheunenbauten sowie zugehörigen modernen Wohnhäusern an der gegenüberliegenden Straßenseite fallen an der Kohlhofstraße auf. Neben traufständigen Eindachhäusern und Gehöften stehen an der Eduardstaler Straße auch gestelzte Einhäuser (Nr. 5).

Herausragende und das Ortsbild entscheidend mitprägende Gebäude sind im Ortszentrum an der Gaimühler Straße das ehemalige *Rathaus* mit dem angebauten Feuerwehrgerätehaus, ein Jugendstilbau von 1914 mit einem Erdgeschoß aus Buntsandsteinmauerwerk sowie Fenstergewänden aus diesem in der Landschaft anstehenden Baustein im Obergeschoß. Östlich davon bildet die auf einen Bau von 1875 zurückreichende, bis in die frühen 1960er Jahre erneuerte *Schule* einen mächtigen und hohen Giebeldachbau, der auf einem Buntsandsteinsockel ruht. Im ersten Stockwerk befinden sich ein Turn- und Sportraum mit hochrechteckigen Fenstern, im Obergeschoß dann Klassenzimmer. Die erhöht über der inneren Kirch- und Kohlhofstraße aufragende *kath. Filialkirche* von 1926 ist ein Buntsandsteinbau mit ziegelgedecktem Giebeldach. Am Südgiebel befindet sich der aus der Wand leicht hervortretende Eingang. Über ihm ragt der Glockenturm in der Gestalt eines verschieferten Dachreiters auf quadratischem Grundriß und mit spitzem Helmdach auf. Der durch neubarocke Stilelemente geprägte Kirchensaal zeigt an den Längswänden hohe Rundbogenfenster, im O einen Seiteneingang, an der Nordseite einen schmaleren polygonalen Chorabschluß und einen Sakristeianbau. Vor der Kirche steht ein Bildstock. An der Mauer vor dem Treppenaufgang zum Gotteshaus erinnert ein Kriegerdenkmal mit einer Darstellung des einen Drachen tötenden hl. Georg an die Opfer der Weltkriege.

Im W und SW außerhalb des Ortes liegen zwei *Sportplätze*, im O an der Gaimühler Straße der *Friedhof* mit einer modernen Kapelle.

Das kleine Dorf Rumpfen liegt innerhalb einer zu Steinbach hin offenen Rodungsinsel in dem flachwannigen oberen und nordwärts entwässernden Tal des Steinbächleins in 410 – 430 m Höhe. Den Siedlungskern bilden zwei große Dreiseitgehöfte an der am westexponierten Talhang hinaufziehenden Unterneudorfer Straße. Wuchtige Wirtschaftsbauten in Buntsandsteinmauerung und mit Holzwänden an den Scheunen sowie mit hohen Wohnhäusern aus Buntsandstein – das eine mit einem Halbwalmdach, Mittelrisalit und darüber einem Giebel der Jugendstilzeit, das andere mit einem Krüppelwalmdach. Diese Gebäude stehen zum großen Teil an der Stelle älterer Hofbauten und bilden weitgehend Erneuerungen und Ausbauten, die bis in die Mitte unseres Jahrhunderts durchgeführt wurden und die durch die Verwendung bodenständiger Baumaterialien an die früheren Hofanlagen angeglichen sind. Unmittelbar östlich dieses Ortskerns fällt an der Unterneudorfer Straße ein Streckgehöft auf.

Die übrigen Gehöfte im flachen Talgrund des Steinbächleins oder an seinem östlichen Hang stehen weit auseinander, so daß die Siedlung insgesamt Streudorfcharakter besitzt. Auch sie sind Dreiseitgehöfte, teilweise mit modernen Zusatzbauten, die erst bis in die 1980er Jahre hinein entstanden sind. Es handelt sich dabei um neue Wohnhäuser, zuweilen auch um Erweiterungen von Wirtschaftsgebäuden. Bei fast allen Gehöften fallen große Ställe und zylinderförmige Grünfuttersilos auf, die auf eine vorherrschende Viehhaltung hindeuten. Reine Wohnanwesen sind selten wie z. B. an der Straße Im Hoffeld oder auch zwischen den beiden einzelhofartig auseinanderliegenden südlichen Gehöften, wo im Sommer 1988 ein Wohnhausneubau hochgezogen wurde und erst teilweise im Rohbau stand.

Östlich oberhalb des nur locker bebauten Streudorfs wurde noch in der Vorkriegszeit ein Wasserreservoir errichtet, ein zinnengekrönter Buntsandsteinbau, der aus der umgebenden Landschaft deutlich heraussticht.

Der eine sanftmuldige Hochflächenlage einnehmende Gemeindeteil Scheidental besteht aus zwei voneinander getrennten Siedlungsteilen, die aus einer hochmittelalterlichen Waldhufenanlage des Kl. Amorbach hervorgegangen sind. Das am einstigen Odenwaldlimes liegende *Oberscheidental*, an dessen Ostrand noch Überreste eines Abschnittskastells zu finden sind, dehnt sich in der westlichen Rodungsinsel nur unweit der am Dickbuckel entspringenden Elz in 500–520 m Höhe aus. Vom Grundriß her ist die kleine Siedlung heute ein durch jüngere Bauten verdichtetes Haufendorf, dessen Hauptsiedlungsachsen im O die in nordsüdlicher Richtung kurvig verlaufende Eberbacher Straße und die ebenfalls in gewundenem Verlauf westwärts von ihr abzweigende Reisenbacher Straße sind. Baulich und funktional findet sich das Ortszentrum heute am Ostrand Oberscheidentals, wo 1964 anstelle einer Kirche aus dem 19. Jh. ein modernes kath. Gotteshaus mit freistehendem Betonturm auf quadratischem Grundriß errichtet wurde, der über dem Uhr- und Glockengeschoß von einem Metallkreuz überragt wird. Der davon abgesetzte Kirchenbau ist ebenfalls eine Betonkonstruktion mit einem steilen und weit heruntergezogenen Giebeldach und mit modern gestalteten Fenstern an der südöstlichen, der Eberbacher Straße zugewandten Giebel- und Eingangsfront sowie an den Längsseiten. Im NO springt ein Sakristei- und Technikanbau aus der östlichen Längsseite heraus. An der Ecke Reisenbacher/Eberbacher Straße fällt eine kleine Anlage unter dichten Bäumen auf, in der ein Denkmal aus einem Buntsandsteinfelsblock mit den Namenstafeln der Opfer aus den beiden Weltkriegen steht. In der Nachbarschaft bestimmt an der Reisenbacher Straße dann das Schul- und Rathaus das Straßenbild. Das zweistöckige Buntsandsteingebäude ruht auf einem hohen Kellergeschoß und hat einen zweiseitigen Treppenaufgang an der Straßenfront. Das insgesamt gepflegte Siedlungsbild wird von Gehöften und Eindachhöfen beherrscht. An der Eberbacher Straße treten noch das Landgasthaus »Römerkastell« und ein wuchtiges Dreiseitgehöft mit einer Rundbogeneinfahrt hervor, an der die Jahreszahl 1927 zu erkennen ist und zu dem an der gegenüberliegenden Straßenseite ein langgestreckter moderner Stall mit einem turmartigen Futtersilo gehört, der mit seiner dunkelblauen Lackierung entscheidend auf das Ortsbild einwirkt. Im S und SW stehen außerhalb des dörflichen Siedlungsverbandes zwei Einzelhöfe und eine weilerartige, durch Neubauten verdichtete Hofgruppe.

Hofgruppen beiderseits des flachwannigen oberen Elztals prägen auch die Streusiedlung *Unterscheidental* in der östlichen Rodungsinsel in rd. 500 m NN. Sie ist über die Kastellstraße, an der der Sportplatz liegt, mit Oberscheidental verbunden. Aus den bäuerlichen Hofgruppen hebt sich an der nach Langenelz führenden Talstraße ein zweigeschossiges Gebäude mit Dachreiter heraus. Es ist die ehemalige Schule. Ganz am Ostrand befindet sich in einem einzeln stehenden Streckgehöft das Gasthaus zur Linde.

Das heute durch Wohn- und Fremdenverkehrsfunktionen mitgeprägte Dorf Schloßau bildet mit seinen alten bäuerlichen Siedlungsteilen ursprünglich ein lockeres Streudorf. Durch Siedlungsverdichtung mit der Anlage jüngerer Höfe und reiner Wohnhäuser entwickelte es sich zu einem geschlossenen Straßendorf, das sich entlang der Kailbacher Straße im W, der Neustraße im mittleren und östlichen Bereich und der Mörschenhardter Straße im NO um die flache Quellmulde der zum Gabelbachtal entwässernden Teufelsklinge in 500 bis 530 m Höhe ausdehnt.

Das architektonische und funktionale *Zentrum des Ortes* liegt an der Neustraße und an der inneren Mörschenhardter Straße im O der heute auf der flachwannigen Odenwaldhochfläche weit gestreckten Siedlung. Die neue Schule, die kath. Pfarrkirche, das Rathaus, eine moderne Privatpension, weitere Gasthäuser, eine Bäckerei mit Lebensmittelgeschäft sowie Bankfilialen bilden im östlichen Ortsteil die verschiedenartigen Grundlagen seiner zentralen Stellung im gesamten Siedlungsgefüge.

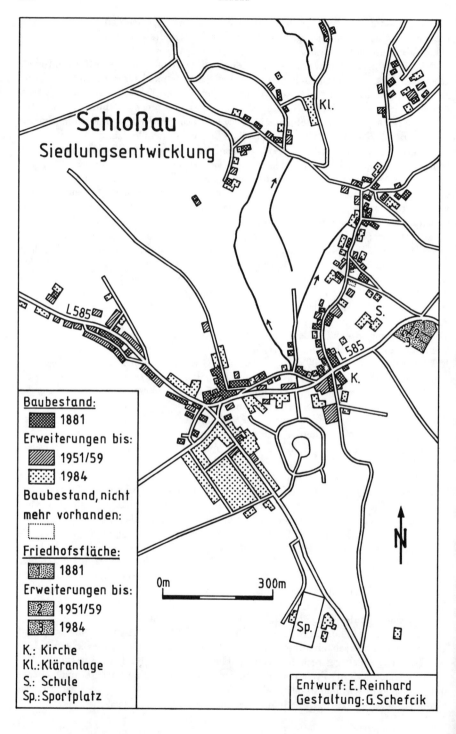

Das die ganze Siedlung am stärksten beeinflussende Bauwerk ist zweifellos die *kath. Kirche*, ein wuchtiger, neugotischer Buntsandsteinbau mit einem breiten Kirchenschiff, in dessen Längswände zwischen die fünf Spitzbogenfenster Stützstreben eingezogen sind. An den der Neustraße zugewandten Giebel ist der zu Beginn unseres Jahrhunderts überhöhte dreigeschossige Glockenturm mit einem schiefergedeckten Spitzhelmdach angesetzt. Eine steile Treppe führt von der Straße zu dem in seinem Untergeschoß befindlichen spitzbogigen, mit Jugendstilelementen verzierten Eingang hinauf. Im S schließt an das etwa genordete Kirchenschiff ein schmalerer polygonaler Chorabschluß an, dessen drei Seiten ebenfalls mit Spitzbogenfenstern durchbrochen sind. Kirchenschiff und Chor tragen wie der Turmhelm eine Schieferbedachung. Niedrige sakristeiartige Anbauten verbreitern das lange Kirchenschiff im SO und SW. Auffallend ist ferner eine an die äußere westliche Längsfront angesetzte Madonnengrotte, wohl auch aus der Jugendstilzeit.

Gegenüber der Kirche erhebt sich an der Neustraße ein größerer zweigeschossiger Walmdachbau, ebenfalls aus Buntsandsteinmauerwerk. Es ist die ehemalige Schule, in der heute der *Kindergarten* untergebracht ist. Der neue *Schulkomplex* steht am höheren Hang ganz am Ostrand der Siedlung. Zwei parallel gestellte Hauptgebäude, die hohe Turnhalle mit flachem Giebeldach und der zweigeschossige Klassenzimmertrakt mit Schrägdach, die mit einem niederen, quer zu ihnen angeordneten Verbindungs- und Eingangsbau verknüpft sind, prägen die moderne, von einem gepflegten Schulhof und von Parkplätzen gesäumte Gesamtanlage.

In der unmittelbaren Nachbarschaft der alten Schule steht an der nordwärts von der östlichen Neustraße abzweigenden Mörschenhardter Straße das *Rathaus*, der Sitz der heutigen Ortsverwaltung. Das gelb verputzte, gepflegte Gebäude sitzt auf einem Buntsandsteinsockel und hat Tür- und Fenstergewände aus Odenwaldsandstein. Es fällt vor allem durch das Gemeindewappen über dem Eingang und einen in die Außenmauer eingesetzten barocken Bildstock auf.

Weiter westlich bestimmen an der Neustraße und der unterhalb von ihr unregelmäßig parallel verlaufenden Brunnengasse, an der ein alter Dorfbrunnen mit großem Buntsandsteintrog an die einstige Wasserversorgung und frühere dörfliche Gepflogenheiten erinnert, Gasthäuser wie der »Hirsch«, der »Grüne Baum« und die moderne, architektonisch reizvoll in die ältere Umgebung eingepaßte Pension am Brunnen das innerörtliche Straßenbild. Eine Volksbankfiliale an der Brunnengasse und eine Sparkassenniederlassung an der südwärts von der Neustraße abzweigenden Ringstraße am Rande eines im Ausbau begriffenen Neubaugebiets sowie eine Bäckerei mit Lebensmittelladen in einem ganz neuen Wohn-Geschäftshaus an der Neustraße verstärken die Ortsmittelpunktfunktion dieses östlichen Siedlungsteils.

Die *landwirtschaftlichen Anwesen*, die sich im Straßendorfbereich vor allem an der Kailbacher und Mörschenhardter Straße sowie am Kirchenweg und auf eine streuweilerartige Hofgruppe am ostexponierten Quellmuldenhang im N abseits der geschlossenen Bebauung konzentrieren, bestehen aus langgestreckten Streckgehöften und Eindachhäusern, zu denen an der Mörschenhardter Straße auch einige Zweiseit- und Winkelgehöfte treten. Moderne bäuerliche Erweiterungsbauten und vor allem neue Wohnhäuser bewirkten neben einer Siedlungsverdichtung ein teilweise recht unterschiedliches, seit dem 2. Weltkrieg stark gewandeltes Aufrißbild. Ein geschlossenes *Neubaugebiet* wuchs im S von der Waldauerbacher Straße an der Mittel- und Strietstraße westwärts. Giebelständige, kleine Einfamilienhäuschen mit steilgiebeligen Dachgeschossen und schopfartigen Nebenbauten in Nutz- und Ziergärten prägen diesen insgesamt recht einheitlich wirkenden Wohnbereich seit den frühen 1950er Jahren. Im

Bereich der Oberwiesen erfährt diese südliche Ortserweiterung an der Ringstraße, an der bereits in einem einfamilienhausartigen Wohn-Geschäftshaus eine Sparkassenfiliale in zentraler Lage für den ganzen Ort entstand, und bis in den Sommer 1988 einige wenige moderne Einfamilienhäuser, darunter ein großzügig gestalteter Winkelbungalow, errichtet wurden, einen jungen Ausbau. Im S weit außerhalb der geschlossenen Bebauung setzte beim Sportplatz und den Tennisplätzen an der äußeren Waldauerbacher Straße mit einem Elektrogeschäft in einem Flachdachbau mit großen Schaufenstern eine bisher noch vereinzelte Bebauung ein. Im O liegt an der Straße nach Mudau ebenfalls außerhalb des Dorfes der Friedhof mit einer modernen Kapelle und Leichenhalle. Südwestlich davon ragt auf dieser Höhe am Waldrand ein moderner Wasserturm auf. Mit der zylindrischen Wasserstube nimmt diese markante Betonkonstruktion durch ihre erhöhte Lage einen entscheidenden Einfluß auf das Siedlungsbild.

Im S der Gemarkung weist das seit 1935 nach Schloßau eingemeindete kleine Streudorf *Auerbach (Waldauerbach)* als eigenständiger Wohnplatz eine ausgesprochene Hochflächenlage in 510 bis ca. 530 m NN auf. Die nur lockere, durch moderne Wohnhäuser und landwirtschaftliche Erweiterungsbauten verdichtete Siedlung, die an der Schloßau und Scheidental verbindenden Straße und an dem westwärts die Hochfläche erschließenden Galmbacher Weg aus Einzelhöfen oder kleinen Gehöftgruppen besteht, erhielt südlich der Abzweigung des Galmbacher Wegs mit einem Schulhaus, einem Buntsandsteingebäude mit Krüppelwalmdach und Dachreiter, einen baulichen Mittelpunkt. Südöstlich und abgesetzt davon entstand eine durch jüngere Zusatzbauten zum Weiler verdichtete Hofgruppe (Hüben im Dorf). Am Verbindungsweg zur Schule wurden einige moderne Wohnhäuser erbaut.

Der Gemeindeteil Steinbach liegt am linken, süd- und westexponierten Hang des Steinbächleins in 400–460 m Höhe auf der teils flugsandbedeckten Buntsandsteinhochfläche. Der dicht bebaute, haufendorfartige Kern erstreckt sich im Oberdorf entlang der Langen Gasse und der Mudauer Straße in ausgesprochener Hanglage hoch über dem aus der Nord- in die Ostrichtung umbiegenden Wasserlauf. Im S entstand nahe am Steinbächlein ein zweiter dorfartiger Siedlungskern, an dessen Nordrand die barock überformte, spätgotische Kapelle in der Nachbarschaft des Friedhofs steht. Die Hauptsiedlungsachse dieses Unterdorfes ist die Prof.-Albert-Straße, die zwischen den dörflichen Siedlungskernen nur locker bebaut ist und an der zentral zwischen ihnen die kath. Pfarrkirche aufragt.

Dicht zusammengedrängte Gehöfte mit jüngeren Anbauten und modernen Wohnhäusern bestimmen den Aufriß des *Oberdorfes*, in dem an Wohn- und Wirtschaftsbauten Madonnennischen oder Madonnenschreine auf die Volksfrömmigkeit hindeuten. Die heutigen Gebäude stammen überwiegend aus der Zwischen- und Nachkriegszeit und sind weitgehend in traditionellen Formen und mit bodenständigen Baumaterialien errichtet. Buntsandsteingemäuer, Holzwände und auch Fachwerkkonstruktionen bringen Abwechslung ins Straßenbild, wobei mit Backsteinen ausgemauerte und verputzte Gefache die Vielfalt noch erhöhen. Am Ostrand des Oberdorfes entstand an der Sonnenhalde unterhalb der nach Stürzenhardt weiterziehenden Kreisstraße eine junge Neubauerweiterung in bevorzugter Südhanglage. Die dort entstandenen Einfamilienhäuser schaffen einen großen Kontrast zu der sonst dichten und bäuerlich geprägten älteren Ortschaft.

Das *Unterdorf* an der südlichen Prof.-Albert-Straße setzt sich überwiegend aus großen Zweiseitgehöften zusammen, an denen ebenfalls die seit alter Zeit verwendeten Baustoffe Odenwaldsandstein und Holz dominieren. Unmittelbar im Tal des Steinbächleins stehen wenige Gehöfte einzelhofartig östlich abseits der geschlossenen Bebauung. Die herausragenden, das gesamte Siedlungsbild mitprägenden Gebäude sind zwei Kirchen, eine spätgotische Kapelle am Nordrand des Unterdorfes und die nördlich oberhalb gelegene kath. Pfarrkirche. Die *Kapelle* an der Abzweigung der Straße Im Mühltal, die zusammen mit einer alten Linde ein reizvolles Ensemble auf einem kleinen ummauerten Kirchhof bildet, ist ein gedrungener einschiffiger Bau aus Buntsandsteinbruchsteinen und -quadern. Er trägt ein hohes, ziegelgedecktes Giebeldach. Über dem Westgiebel ragt ein dachreiterartiger Glockenturm mit geschiefertem, aus dem 18.Jh. stammenden Spitzhelm auf. Ein schmalerer dreiseitiger Ostchor mit figürlichem Schmuck an den spätgotischen Maßwerkfenstern, der zum Teil erst der Barockzeit entstammt, schließt den kleinen Kirchenbau ab. Hochrechteckige Fenster und zugemauerte Spitzbogeneingänge gliedern die nur kurzen Längsseiten des alten Bauwerks. Dem ausgehenden 19.Jh. gehört die *kath. Pfarrkirche* an, die 1897 als neugotischer, in seinen Abmessungen monumentaler Buntsandsteinbau errichtet wurde. Zu dem am Hang hoch über der Prof.-Albert-Straße stehenden Gotteshaus führt ein zweiseitiger Treppen- und Wegaufgang hinauf. Seine Längsfronten, die durch in das Mauerwerk eingezogene Stützstreben und durch Spitzbogenfenster gegliedert werden, gehen im O in einen fünfseitigen Chorabschluß über. An der NO-Ecke der ein steiles Ziegeldach tragenden Hallenkirche ragt auf quadratischem Grundriß ein dreigeschossiger Glockenturm mit nadelartigem Spitzhelmdach auf. Schräg gegenüber der Kirche steht an der Prof.-Albert-Straße das zugehörige Pfarrhaus, ebenfalls ein Buntsandsteinbau mit einem Wandbild am oberen südlichen Giebel, das Christus als guten Hirten zeigt.

Oberhalb der kath. Pfarrkirche hat die längs der Prof.-Albert-Straße erbaute *Schule* eine ebenfalls zentrale Lage innerhalb der Gesamtsiedlung. Das lange zweigeschossige Gebäude mit großflächigen, in sich geteilten Rechteckfenstern und einem überdachten Eingang an der Nordseite ist ein Neubau in der Nachbarschaft eines alten eingeschossigen Baus mit einem zweigeschossigen mittelrisalitartigen Zentralteil.

Bemerkenswerte Bauwerke. – Mudau: *Kath. Pfarrkirche*: Von der mittelalterlichen Kirche ist der Turm von 1510 an der Südwestecke mit späterem Aufbau erhalten. Das Langhaus und der ebenfalls mit einem Spiegelgewölbe flachgedeckte außen polygonale, innen aber halbkreisförmige Chor wurden 1791 in barocken Formen errichtet. Drei Altäre, die Kanzel und Orgel sind Werke der ausgehenden Barockzeit. Der Taufsteinsockel ist 1586, die Schale 1715 datiert. Zum Haupteingang in der durch Pilaster gegliederten Fassade führt eine Freitreppe. In der Nische des geschwungenen Giebels die Statue des Titelheiligen St.Pankratius. Der Außenbau war bis auf die Gliederung verputzt vorgesehen. Auch die Sandsteingliederung muß man sich farbig behandelt vorstellen.

Rathaus: Das zweigeschossige massive, verputzte Rathaus dürfte im Kern um die Mitte des 15.Jh. erbaut worden sein. Auf dem Krüppelwalmdach ein Dachreiter. Über dem Spitzbogenportal der einen Giebelseite das Wappen des Mainzer Erzbischofs Berthold von Henneberg aus dem Jahr 1503. Über dem jüngeren Portal an der Längsseite das Wappen des Erzbischofs Dietrich Schenk von Erbach, der 1434–1459 in Mainz regierte. – Die barocke *Mariensäule* von 1736 verdient neben einer Reihe von Bildstöcken Beachtung.

Schloßau: Die im neugotischen Stil in Werksteintechnik 1864 erbaute *kath. Pfarrkirche* ist noch nicht mit Architekturdetails überladen, wie es in den folgenden Jahrzehnten üblich wurde. Bei der Renovierung 1903 wurde der Turm aufgestockt.

Steinbach: Die spätgotische *kath. Kapelle St. Veit und St. Martin* wurde 1494 von Hans Eseler aus Amorbach, Sohn des Meisters der Georgskirche in Dinkelsbühl, erbaut. Der dreiseitig geschlossene Chor ist zwar netzgewölbt, hat aber keine Strebepfeiler. Im Fischblasenmaßwerk sind die Titelheiligen im Relief dargestellt. Das etwas breitere nach N erweiterte Langhaus besitzt spätgotische Rechteckfenster. Eine Bautätigkeit im 17. und frühen 18.Jh. bezeugen die Jahreszahlen am Spitzbogenportal der Südseite. Die Flachdecke wurde zu Beginn des 18. Jh. erneuert. Der mittelalterliche Turm wurde nachträglich in das Langhaus miteinbezogen und seine Ostwand auf Rundpfeiler abgestützt. Der Hochaltar gehört zur ursprünglichen spätgotischen Ausstattung aus der Zeit um 1510 und ist das Werk eines Meisters der Riemenschneiderschule.

Die neue *kath. Kirche* wurde 1897/99 als dreiachsiger neugotischer Saalbau mit polygonalem Chor und seitlich stehendem Glockenturm erbaut. Der Chor ist gewölbt und das Schiff mit einer gebrochenen Holzdecke gedeckt und durch Maßwerkfenster erhellt. Die Kanzel von 1564 ist am Korb mit Maßwerkrelief geschmückt und stammt wohl aus der alten Kirche. Von der neugotischen Ausstattung sind die Empore, die Orgel und auch ein Beichtstuhl erhalten. Das Tympanon über dem Haupteingang schmückt ein Gemälde des hl. Martin, des Patrons der alten und neuen Kirche.

Waldleiningen: Das *Schloß Waldleiningen* wurde unter Fürst Carl Emich zu Leiningen im Jahre 1828 begonnen, nachdem die Holzgebäude des 1813 errichteten Jagdhauses baufällig und abgebrochen worden waren. Baumeister war der klassizistisch geschulte Karl Brenner. Die architektonische Gestaltung dürfte im wesentlichen das Werk des Amorbacher Hofmalers Sebastian Eckardt sein. Beim Tode des Fürsten 1856 war das Schloß bis auf die Kapelle und den Marstall vollendet. Unter Fürst Ernst wurde die Kapelle nach Plänen von Georg Hutzelmeier errichtet. Den Abschluß bildet der Marstall, der 1872/73 nach Plänen von Franz Brenner, der leiningischer Hofbaumeister war, errichtet wurde.

Das Schloß Waldleiningen ist das wichtigste Werk der Romantik im Neckar-Odenwald-Kreis. Auch originale mittelalterliche Bauzier fand Verwendung, so wurden die Wappensteine von dem 1836 abgebrochenen Schloß Rippberg am Fahnenturm eingebaut. Der neugotische Stil der Schloßgebäude und ihrer Ausstattung ist vor allem auch durch englische Vorbilder beeinflußt. Für die Ausstattung der Kapelle, des bedeutendsten Innenraumes der Schloßanlage, wurden auch der Maler Winter und der Bildhauer Fleischmann aus Nürnberg, der Heimat des Architekten Hutzelmeier, herangezogen. Im Rittergang des oberen Geschosses sind die lebensgroßen Standbilder berühmter Männer zu erwähnen.

Zuerst war das Schloß wie sein kurzlebiger aus Holz errichteter Vorgängerbau nur zum Jagdaufenthalt gedacht. Durch die Baulust entwickelte es sich zu einem Wohn- und Residenzschloß. Zum Schloß gehörte bis 1945 ein großer Wildpark. Seit dem Ende des 2. Weltkrieges dient das Schloß als Sanatorium.

B. Die Gemeinde im 19. und 20. Jahrhundert

Bevölkerung

Bevölkerungsentwicklung. – Zu Beginn des 19. Jh. hatte das heutige Gemeindegebiet insgesamt 3182 E. Mudau ließ als zentrale Gemeinde mit 990 E. die anderen Orte weit hinter sich und lag im Kreisgebiet nach der Einwohnerzahl an 10. Stelle. Die Einwohnerzahl der nächstgrößeren Gemeinde Schloßau war mit 435 um die Hälfte kleiner. Mit Rumpfen liegt die damals (zusammen mit Vollmersdorf) bei 69 E. kleinste Gemeinde des Landkreises auf dem Gemeindegebiet. In der 1. H. 19. Jh. nahm die Einwohnerzahl zu, und zwar um 47 % bis 1845. Das prozentual stärkste Wachstum fand dabei nicht in Mudau (44 %) statt, sondern in Reisenbach, wo sich die Einwohnerzahl fast verdoppelte (von 216 auf 428 Personen). Den geringsten prozentualen Zuwachs wies Waldauerbach (jetzt bei Schloßau) mit 27 % auf. Die Bevölkerung war »in dem nämlichen Verhältniße im Wachsen als der Bodenertrag im Sinken begriffen« (1847). In den Not- und Krisenjahren verlor auch Mudau viele Einwohner, 4 % allein zwischen 1845 und 1852. Die stärksten Verluste verzeichneten die größte und die kleinste Gemeinde mit mehr als 10 %. Auch in den folgenden Jahren war die Bevölkerungsentwicklung insgesamt rückläufig, so daß das Gemeindegebiet 1871 mit 4483 E.

Die Gemeinde im 19. und 20. Jahrhundert

fast 9% weniger Bewohner hatte als 1845. Ursache war vor allem die Auswanderung nach Amerika. Zwischen 1851 und 1870 gaben 765 Auswanderer aus dem Gemeindegebiet ihre bad. Staatsangehörigkeit auf, allein im Jahr 1851 aus Mudau 27 Familien mit 154 Personen. Einem nicht geringen Teil der Auswanderer mußte die Reise aus Gemeindemitteln finanziert werden. Zu den offiziell Ausgewanderten kommt die unbekannte Zahl derjenigen, die ohne Entlassung aus dem Staatsverband nach Amerika gingen. Die starke Abwanderung war der hohe Preis für die einigermaßen lebensfähigen landwirtschaftlichen Betriebe. »Im allgemeinen ist mit dem Sinken der Bevölkerungszahl eine Zunahme des Wohlstandes bemerklich« (1892). Etwa seit 1870 wanderten viele junge Leute nicht mehr nach Amerika, sondern in die Städte des eigenen Landes, insbesondere nach Mannheim, ab, unter ihnen besonders viele Mädchen, die in der Stadt bessere Verdienstmöglichkeiten und Heiratschancen sahen. Der hohe Geburtenüberschuß – zwischen 1852 und 1925 insgesamt 4013 Personen – wurde vom Wanderungsverlust – im gleichen Zeitraum 4214 Personen – mehr als aufgezehrt. Nur der Einwohnerschaft von Mudau selbst wurde (1877) mangelnde Mobilität und Scheu, den Heimatort zu verlassen, vorgeworfen. Trotzdem verlief auch hier die Bevölkerungsentwicklung fast kontinuierlich negativ. Auf die gesamte Zeitspanne 1852 – 1939 berechnet, waren die Einbußen am größten in Steinbach mit 23%, in Rumpfen mit 18%, in Donebach mit 14% und in Scheidental mit 13% der Einwohnerzahl von 1852.

An *Gefallenen* waren im 1. Weltkrieg zu beklagen aus Mudau 47, aus Donebach 26, aus Langenelz 27, aus Mörschenhardt 10, aus Reisenbach 7, aus Scheidental 29, aus Schloßau 32, aus Steinbach 21 Soldaten. Im 2. Weltkrieg fielen oder wurden als vermißt gemeldet aus Mudau 125, aus Donebach 59, aus Langenelz 29, aus Mörschenhardt 17, aus Reisenbach 22, aus Scheidental 31, aus Schloßau 45, aus Steinbach 26 Soldaten. Am 27.3.1945 kamen bei einem Fliegerangriff in Mudau mehrere Personen ums Leben. Fliegerschäden an Gebäuden erlitten Mudau (die Schule, Wohnhäuser, Scheunen), Reisenbach (4 Wohnhäuser, 7 Scheunen und Stallungen), Scheidental und Donebach (Neuhof).

Während des 2. Weltkriegs und noch einige Zeit darüber hinaus waren ca. 239 *Evakuierte* aus Mannheim, Karlsruhe, dem Raum Frankfurt und dem Ruhrgebiet hier untergebracht. Mudau hatte ca. 100 Personen aufgenommen, Langenelz 51, Steinbach 35, Scheidental ca. 30, Reisenbach 15 und Mörschenhardt 8 Personen. Nach 1945 brachte der Zustrom von *Flüchtlingen* und Vertriebenen eine vorübergehend starke Bevölkerungszunahme. Am 1.1.1948 waren auf dem Gemeindegebiet 1754 Flüchtlinge untergebracht, 28% der sog. Nährmittelbevölkerung. Zwar hatte Mudau die meisten Neubürger aufgenommen (491 = 26%), aber in Rumpfen machten die 68 Neubürger die Hälfte der Einwohnerschaft aus. Hoch war der Anteil auch in Scheidental mit 36%. Schon bei der Volkszählung von 1950 aber war die Zahl der Neubürger auf 1468 gesunken. Besonders aus den kleinen Orten waren viele so rasch wie möglich abgewandert, da sie in den landwirtschaftlichen Orten keine Arbeitsmöglichkeit fanden. 1961 lebten noch 844 Neubürger hier, weniger als die Hälfte der ursprünglich eingewiesenen. Allerdings waren inzwischen 65 SBZ-Flüchtlinge zugezogen. Zwischen den Volkszählungen von 1961 und 1970 war der Geburtenüberschuß so groß, daß trotz anhaltenden Wanderungsverlustes die Einwohnerzahl von 4902 auf 5089 anstieg, bis etwa 1975 ging er zurück, und bis zur Volkszählung 1970 schlug er in ein Geburtendefizit um, so daß bei gleichzeitig vermehrter Abwanderung die Bevölkerungszahl auf 5089 absank. Laut Bevölkerungsfortschreibung addierten sich zwischen 1962 und 1970 ein Geborenendefizit von 278 und ein Wanderungsverlust von 133 Personen. Nur Mudau selbst konnte einen Einwohnerzuwachs von 1755 (1961) auf 2107 (1970) verzeichnen. Die negative

Entwicklung hielt an. In den Jahren 1970–1987 wurden insgesamt 958 Lebendgeborene und 978 Gestorbene, 2814 Zugezogene und 3203 Fortgezogene registriert. Die Bevölkerungsentwicklung wird also immer mehr zum Resultat der Wanderungsvorgänge. Die Volkszählung am 25. 5. 1987 ermittelte eine Wohnbevölkerung von 4774 E. bzw. 5037 Personen wohnberechtigte Bevölkerung und korrigierte damit die durch die Bevölkerungsfortschreibung entstandene Zahl von 4725 E. leicht nach oben. Die anhaltende Abwanderung besonders der berufstätigen Altersgruppen hat zudem zu einer Überalterung der Einwohnerschaft geführt. Allerdings zeichnet sich in den letzten Jahren wieder ein leichter Anstieg der Einwohnerzahl ab, bedingt durch den Zuzug aus der ehemaligen DDR und von Aussiedlern und Übersiedlern, die Zuweisung von Asylanten und durch leicht steigende Geburtenzahlen. Seit 1986 liegen die Geburten- über den Sterbezahlen, so daß sich von 1986 bis 1990 ein Plus von 51 Personen ergibt und die Gemeinde zum 30. 6. 1990 die Zahl von 5000 E., davon 2102 E. in Mudau, und 921 E. in Schloßau, melden kann. Die Einwohnerdichte liegt mit 46,5 E/qkm weit unter der des Neckar-Odenwald-Kreises (116 E/qkm) oder gar der des Landes (261 E/qkm).

Für *Ausländer* ist die Gemeinde wegen des geringen Arbeitsplatzangebots nicht attraktiv. 1987 machten die hier lebenden Ausländer mit 69 Personen nur gut 1 % der Bevölkerung aus. 1989 war der Ausländeranteil mit 111 Personen auf gut 2 % gestiegen. Es handelt sich hauptsächlich um Jugoslawen, Marokkaner und Italiener.

Konfessionelle Gliederung. – In den zu Mudau gehörenden Dörfern, ehemals kurmainzisches Gebiet, hat sich bis zur Gegenwart die kath. Konfession nahezu ausschließlich erhalten. Die nach dem Krieg hier eingewiesenen Neubürger änderten daran nichts, da sie selbst in der Mehrzahl katholisch waren. Auf die geringfügige sonstige Zuwanderung geht ein Absinken des kath. Bevölkerungsanteils von 99 % (1925) über 94 % (1970) auf 92 % (1987) zurück. Evangelisch waren 1987 nur 6 % der Einwohner, islamisch knapp 1 %. Den höchsten Anteil an Nichtkatholiken hat mit 7 % Evangelischen und gut 1 % Mohammedanern Mudau selbst.

Soziale Gliederung. – Während des 19. und nahezu der 1. H. 20. Jh. lebten die heute zu Mudau gehörenden Dörfer ausschließlich von Land- und Forstwirtschaft und besaßen nur das allernötigste, meist nebenberuflich ausgeübte Handwerke. Da die Landwirtschaft wegen der ungünstigen Boden- und Klimaverhältnisse wenig Ertrag abwarf und Gewerbe fehlte, zählte der Mudauer Odenwald in der Mitte des 19. Jh. zu den Notstandsgebieten Badens. Von den 10 Gemeinden des bad. Odenwaldes, die 1847 den größten Teil der Unterstützungen durch die Bezirks-Armen-Unterstützungs-Kommission erhielten, gehören 7 zum heutigen Gemeindegebiet Mudau. Dennoch unterschieden sich die Dörfer nach Sozialstruktur und Wohlstand voneinander. Langenelz, Rumpfen, Unterscheidental und Waldauerbach waren schon 1847 etwas besser gestellt als die übrigen Dörfer.

Ausgesprochene Armut herrschte in Mudau und in Schloßau, abgeschwächt auch in Donebach und Oberscheidental. Mudau war als ehemaliger Amtsort die einzige Gemeinde, die stärker von Gewerbe und Markt geprägt war als von der Land- und Forstwirtschaft. Aber schon unter leiningischer Herrschaft verlor Mudau die zentrale Stelle als Verwaltungssitz, und bereits 1806 wurde die wirtschaftliche Lage der Gemeinde als sehr schlecht dargestellt. In der Jahrhundertmitte (1854) war Mudau ein Dorf mit 117 Gewerbetreibenden und 106 Taglöhnern bei weniger als 1300 E. Die viel zu zahlreichen Gewerbetreibenden erstickten an der Konkurrenz, und kaum einer konnte von seinem Handwerk leben. Von den nur 35 Landwirten hatten gerade 20 ausreichend Landbesitz. Die übrigen verstärkten wie die unterbeschäftigten Handwerker das Heer der Taglöhner. Die Gemeinde mußte 120 Ortsarme unterstützen, fast

Die Gemeinde im 19. und 20. Jahrhundert

¹/₁₀ der Einwohner. Viele Taglöhner suchten auswärts Verdienst, aber das Arbeitsangebot war spärlich, zumal die Odenwälder Taglöhner damals als »unreinlich, faul und ausgehungert« galten. Es gab nur Arbeit im Wald und beim Wegebau. Kinder und alte Leute fanden zusätzlichen Verdienst durch Heidelbeerensammeln, trotzdem war Kinderbettel an der Tagesordnung. Eine gewisse Besserung brachten dann zwar die Einführung der Strohflechterei, zu der bettelnde Kinder zwangsweise angehalten wurden, die Forstsamenanstalt der Firma Link, die Tannenzapfen sammeln ließ, und insbesondere die Steigerung des Viehhandels auf den Mudauer Viehmärkten, so daß 1860/63 nur noch 60 Arme zu unterstützen waren und der Rest sich selbst erhalten konnte, aber noch 1877 war Mudau eine der ärmsten Gemeinden des Odenwaldes und noch 1882 waren viele Bürger verschuldet. Allerdings trug der durch die Viehmärkte angeregte häufige Wirtshausbesuch den Mudauern auch den Ruf der Leichtlebigkeit, einer »seltsame(n) Mischung von Bigotterie und Genußsüchtigkeit« (1893) ein. Der Viehmarkt erwies sich als einziger wirtschaftlicher Motor, da weder Landwirtschaft noch Gewerbe, die sich (1893) als Erwerbsgrundlage die Waage hielten, Fortschritte machten. 1895 lebten 38% der Mudauer von der Landwirtschaft, 36% von Gewerbe und 8% von Handel und Verkehr. 1950 war der Anteil der von der Land- und Forstwirtschaft Lebenden auf 18% gesunken, Industrie und Handwerk ernährten 34%, Handel und Verkehr 15%, Öffentlicher Dienst und Dienstleistungsgewerbe 11%, der Rest von 23% lebte von außerberuflichen Einkommen. Mehr und mehr war es nötig geworden, Arbeit außerhalb der Gemeinde anzunehmen. 1970 zählte man 255 Auspendler aus Mudau, fast ⅓ der Erwerbstätigen.

Auch Schloßau war noch 1880 eine der ärmsten Gemeinden des Buchener Bezirks. Ackerbau hätte nach Ansicht des Amtmanns (1882) die Bewohner ernähren können, hätte nicht ein großer Teil der Gemarkung der leiningischen Standesherrschaft gehört, die Bauerngüter aufgekauft und zu Wald angelegt hatte. So gab es in Schloßau kaum noch 10 eigentliche Bauern. Die meisten besaßen nur noch einige Morgen Land, 1–2 Kühe und waren auf Taglohnarbeit in den leiningischen Waldungen angewiesen. Da hier im Winter immer Arbeit vorhanden war, gaben sich die Leute – der Amtmann bescheinigt ihnen »gänzliche Apathie«, nennt sie aber auch »arbeitsam und ruhig« – damit zufrieden, obwohl weder die Landwirtschaft noch die Waldarbeit viel abwarfen, und die ärmlichen Verhältnisse besserten sich nicht. Die Kleinbauern konnten ihre Schulden nicht abtragen, viele Arme, darunter mehrere Familien von Schwachsinnigen, fielen der Gemeinde zur Last. Erst nach 1900 nahm die Verschuldung allmählich ab, u. a. weil die Standesherrschaft dank der höheren Holzpreise auch höhere Löhne zahlen konnte, und die wirtschaftliche Lage besserte sich etwas. Im Vergleich mit den anderen Gemeinden des Bezirks rangierte Schloßau kurz vor dem 1. Weltkrieg immer noch am Ende der Wohlstandsskala, obgleich gegenüber früher ein großer Fortschritt festgestellt wurde. Neben der Landwirtschaft waren 1913 alle Männer als Holzarbeiter beschäftigt. Nach dem Krieg (1921) waren die Landwirte fast schuldenfrei und die Taglöhner fanden genug Arbeit in den leiningischen Wäldern. Offenbar waren auch Arbeiter in der Brauerei Ernsttal beschäftigt, bis diese durch die Inflation schließen mußte. 1949 arbeiteten von den 76 außerhalb der Landwirtschaft Erwerbstätigen allein 25 in Mannheim, Ludwigshafen und Frankfurt, meist als Bauhilfsarbeiter.

In Donebach ging es, obgleich auch hier der landwirtschaftliche Grundbesitz geschlossen vererbt wurde, bei vielen Familien sehr ärmlich her, und der Armenaufwand war fast immer sehr hoch. Arbeit für die Taglöhner und Nebenverdienst für die kleinen Bauern gab es nur in den Wäldern der Standesherrschaft und des Ev. Stifts Mosbach für die Männer beim Holzfällen, für die Frauen bei Kulturarbeiten und für

Alte und Kinder beim Heidelbeer- und Tannenzapfensammeln. Die Löhne waren aber so niedrig, daß kaum das Essen verdient wurde. Seit etwa 1890 bis zum 1. Weltkrieg zogen aus Donebach auch Männer als Erntearbeiter in die Rheinebene. Um die Jahrhundertwende besserten sich die wirtschaftlichen Verhältnisse etwas, da die Landwirtschaft und die Bauernwälder höhere Erträge brachten, die Standesherrschaft besser zahlte und ganzjährig Nebenverdienstmöglichkeiten bestanden. 1913 zogen die meisten Einwohner ihren Unterhalt aus eigener Landwirtschaft, eine Minderheit aus Taglohn bei der leiningischen Standesherrschaft, nur noch wenige gingen als Erntearbeiter nach Wieblingen und Seckenheim. 1913 stellte der Amtmann über Donebach fest, »daß die Zähigkeit des Bauern, sein Festhalten an überlieferter Anschauung, sein Mißtrauen gegen die ihm von der Behörde nahegelegten wirtschaftlichen Maßnahmen, seine oft nur vom greifbaren pekuniären Vorteil diktierte Gemeindepolitik doch mit Verständnis für zeitgemäßen Fortschritt in kleinem Rahmen vereinbar ist, beweist schon die relative, gegen früher immerhin nicht zu unterschätzende Wohlhabenheit, deren sich der Ort zu erfreuen hat.«

In Oberscheidental, wo 1895 83 % der Einwohner von Land- und Forstwirtschaft lebten, verschlechterten sich um 1890 die wirtschaftlichen Verhältnisse trotz guter Ernten, so daß die Bauern sich verschuldeten. Das Bezirksamt führte dies einmal auf den Einfluß der Strümpfelbrunner Juden, aber auch auf den Leichtsinn und die häufigen Wirtshausbesuche der Einwohner zurück. Um 1910 hatte sich der Ort wieder erholt, von Wohlhabenheit war aber keine Rede.

Ganz anders stellten sich im 19. Jh. die Gemeinden Langenelz, Mörschenhardt, Rumpfen, Steinbach und Unterscheidental dar. Hier gaben vermögende Landwirte den Ton an, aber ihnen gegenüber stand eine Gruppe wenig bemittelter Einwohner, die sich durch Taglohnarbeiten bei den Bauern, in den leiningischen Wäldern und als Gemeindebedienstete durchbrachten. Gegen Ende des 19. Jh., als den Wäldern größere Sorgfalt gewidmet wurde, gab es immer Arbeit in den Forsten mit Holzaufbereitung, Waldkultur, Samensammeln und Wegbauten. Auch Heidelbeersammeln war eine willkommene Erwerbsquelle für die ärmere Bevölkerung.

Die Bauernhöfe wurden geschlossen vererbt, für die nichterbenden Geschwister war es fast unmöglich, eine Existenz und eine Familie zu gründen. Wer nicht abwanderte, blieb meist unverheiratet als Knecht oder Magd auf dem elterlichen Hof. Daher bildete sich hier eine charakteristische Bevölkerungsstruktur mit vielen Ledigen in unselbständiger Stellung heraus.

Rumpfen zählte 1886 zu den wohlhabendsten Gemeinden im Amtsbezirk Buchen. Die 12 Bürgerhaushalte waren arrondierte Bauernhöfe und auch auf den benachbarten Gemarkungen begütert und hatten Privatwaldbesitz. Schuldenfreier Besitz war 1897 das Charakteristikum der Gemeinde. Da die sehr gering abgefundenen Geschwister meist als Knechte und Mägde auf dem Hof blieben, herrschte kein Arbeitermangel. Um 1900 hatten die größeren Bauern 2 Knechte und 1 Magd. Unter den Dienstboten war jedoch häufiger Wechsel üblich, weil ihnen vor Ablauf von 2 Jahren gekündigt wurde, um die Frist zum Erwerb des Unterstützungswohnsitzes zu unterbrechen. 1911 waren von den 96 E. 14 Dienstboten und 16 Schulkinder. Auch die ärmste Familie konnte von der Landwirtschaft leben, Haupterlös brachte allerdings der Privatwald. Selbst 1935 mußte keine Arbeitsgelegenheit außerhalb gesucht werden, und 1957 gab es zwar 2 Arbeitslose am Ort, aber erst 2 Pendler nach Mosbach bzw. Stuttgart.

Auch Steinbach galt schon 1882 dank des Waldbesitzes und später auch wegen guter Einnahmen aus der Viehhaltung als sehr wohlhabender Ort. Sämtliche Taglöhner besaßen eigene Grundstücke. An Arbeit war kein Mangel, so daß viele auswärtige

Die Gemeinde im 19. und 20. Jahrhundert 229

Dienstboten beschäftigt wurden. Im Gegenteil klagten aufgrund der Abwanderung von jungen Leuten die Bauern bald (1888, 1891) über Mangel an Dienstboten und hohe Tagelöhne. Dennoch waren 1911 hier 37 landwirtschaftliche Dienstboten beschäftigt. Außer Bäcker und Metzger waren (1905) alle nötigen Handwerker vertreten. Vorübergehend fanden in Steinbach auch akademische Berufe Zulauf.

Langenelz bestand (1899) aus zwar nicht reichen, aber auch nicht vermögenslosen mittleren Bauern. Der soziale Zusammenhalt der Einwohner war durch die Siedlungsform beeinträchtigt, d. h. die Bürger verkehrten wenig miteinander, sahen sich eher als Vorort von Mudau, denn »dort spielt sich das gesellschaftliche Treiben der Langenelzer hauptsächlich ab«. 1907 hatten von den 56 Haushaltungen 18 größere geschlossene Güter, 1911 von 56 Haushaltungen nur 13 weniger als 1 ha Grund. Fast alle Betriebe wurden vom Besitzer selbst ohne Personal bewirtschaftet. Nur 5 Mägde und 4 Knechte arbeiteten 1907 am Ort. Ein großer Teil der Bewohner war wohlhabend, bei allen herrschten dank einfacher Lebenshaltung, Sparsamkeit und Fleiß geordnete Verhältnisse.

In Mörschenhardt war 1882 kein Gemeindebürger verschuldet und der Armenaufwand gering. Die bäuerlichen Betriebe galten mit durchschnittlich 50 M schon als Großbetriebe. Die geringer bemittelten Einwohner arbeiteten auf Taglohn bei der Standesherrschaft. Auch 10 Jahre später waren die Vermögensverhältnisse geordnet, wenn auch nur bei einigen vermögenden Landwirten günstig. Die übrigen brachten sich mit Nebenverdiensten gerade so durch. Gewerbe wurde (1906) von Kleinlandwirten nebenher betrieben. Trotz Eindringens der fürstl. leiningischen Standesherrschaft in die Gemarkung blieben im Gegensatz zu Schloßau die Bauern hier selbständig, während die Kolonie Ernsttal vom Schloß und der Brauerei geprägt war. 1912 arbeiteten hier 20 Personen in der Brauerei, und 38 wurden von der Verwaltung beschäftigt.

Auch in Waldauerbach waren, u. a. dank des bäuerlichen Waldbesitzes, um die Jahrhundertwende die Verhältnisse gut. 1893 wurden hier für Waldarbeit sogar 2 Lohnarbeiter aus anderen Orten beschäftigt. 1910 lebten bis auf den Lehrer und 3 Handwerkerfamilien alle Einwohner von der Landwirtschaft. Dienstboten waren hier wie in den meisten Orten um diese Zeit schwer zu bekommen, weil die Standesherrschaft besser zahlte und geringere Arbeitsanforderungen stellte als der landwirtschaftliche Betrieb.

Unterscheidental verdankte gleichfalls die günstigen Vermögensverhältnisse den geschlossenen Hofgütern und dem Wald. 1906 lebten bis auf 3 Handwerker alle Einwohner von der Land- und Forstwirtschaft. Die Gemeindedienste wurden noch 1935 von Kleinbesitzern versehen. Auswärtige Arbeitsplätze wurden bis nach dem 2. Weltkrieg kaum benötigt. 1952 standen nur 3 Alt-, aber 20 Neubürger außerhalb in Arbeit.

Gegen Ende des 19. Jh. und in den Jahren vor 1914, als die Landwirtschaft auch infolge der Getreidezölle und der gestiegenen Viehpreise besseren Ertrag brachte, rückte auch Reisenbach in diese Gruppe der vermögenderen Gemeinden auf. Waldarbeit wurde hier immer nur als Nebenverdienst betrachtet, das Hauptinteresse galt der Landwirtschaft. Noch 1883 war die Gemeinde aufgrund der hohen Verschuldung der Einwohner mit Schloßau verglichen worden, 10 Jahre später wurden die Einwohner von Reisenbach im Gegensatz zu denen von Schloßau als rührige Leute charakterisiert, die die Waldarbeit als Nebenverdienst ansehen und daneben sehr intensiv Ackerbau betreiben, während die Bewohner von Schloßau sich aus dem Abhängigkeitsverhältnis der Standesherrschaft nicht mehr losmachen konnten. Noch 1921 spielte neben der Landwirtschaft die Waldarbeit eine bedeutende Rolle, während es kaum Handwerker am Ort gab. Neubauten waren Zeichen des inzwischen eingetretenen und vermehrten

Wohlstandes. Auf Arbeit in den leiningischen Waldungen waren aber auch 1949 noch die 38 Kleinbetriebe unter 5 ha angewiesen. In allen heute zu Mudau zählenden Orten, ausgenommen Mudau selbst und Ernsttal, lebten 1895 mehr als 70 % der Bevölkerung von Land- und Forstwirtschaft, in Rumpfen, Ober- und Unterscheidental, Waldauerbach und Steinbach mehr als 80 %. Für die gesamte heutige Gemeinde lag dieser Anteil bei 67 % und veränderte sich bis 1939 nicht (1939 gehörte auch Stürzenhardt, heute Stadt Buchen, zur Einheitsgemeinde Steinbach). Erst 1950 war er auf 44 % gesunken, lag aber in allen Orten außer Mudau (18 %) und Steinbach (47 %) zwischen 50 und 60 %. 1970 ernährten Land- und Forstwirtschaft noch insgesamt 24 % der Einwohner, im kleinen Rumpfen jedoch noch immer 79 %, sonst zwischen 30 und 50 %, aber im einwohnerstärksten Zentralort Mudau nur 5 %. Immerhin bedeutet das, daß in zunehmendem Maß auch gewerbliche Arbeitsplätze aufgesucht wurden, allerdings oft außerhalb der eigenen Wohngemeinde. Die Veränderung der Berufsstruktur wäre ohne das Angebot an auswärtigen Arbeitsplätzen nicht möglich gewesen. Schon 1950 zählte man aus den 9 Gemeinden insgesamt 189 Auspendler. Nur Mudau hatte mehr Einpendler (60) als Auspendler (52). Hier arbeitete ein Teil der Auspendler aus den anderen Orten der heutigen Gemeinde. 1961 betrug die Zahl der Berufsauspendler 418, davon arbeiteten 349 im Produzierenden Gewerbe. 51 % aller im Produzierenden Gewerbe Arbeitenden hatten ihren Arbeitsplatz außerhalb ihres Wohnortes. 1970 war dieser Personenkreis noch größer. Jetzt pendelten mit 547 Personen 60 % aller im Produzierenden Gewerbe Arbeitenden aus. Die Gesamtzahl der Berufsauspendler lag bei 772, ohne die Pendler zwischen den heutigen Gemeindeteilen bei 614 Personen. Die Volks- und Berufszählung von 1987 ergab bei einer gegenüber früher abgeänderten Gliederung, daß 41 % der Bevölkerung ihren Hauptunterhalt aus eigener Erwerbstätigkeit (darunter noch 8 % in Land- und Forstwirtschaft, 50 % im Produzierenden Gewerbe, 14 % in Handel, Verkehr und Nachrichtenübermittlung und 28% in den Übrigen Wirtschaftsbereichen) bestritten, 21 % überwiegend von Rente, Pension, Arbeitslosengeld lebten und 38 % vorwiegend von Eltern, Ehegatten usw. unterhalten wurden. Von allen 2138 Erwerbstätigen arbeiteten 1987 nur 37 % in der Gemeinde Mudau, alle anderen mußten auspendeln. Die Pendlerströme in die bevorzugten Arbeitsorte Buchen (549 Pendler), Eberbach (185) und Mosbach (126) haben sich wie die Gesamtpendlerzahl (1341) gegenüber 1970 auf mehr als das Doppelte verbreitet. Fast die Hälfte der Erwerbstätigen (49 %) waren 1987 Arbeiter, 23 % waren im Angestelltenverhältnis und 8 % beamtet. Die Selbständigen und mithelfenden Familienangehörigen waren mit dem Rückgang der Landwirtschaft auf zusammen 12 % geschrumpft. Von den 1050 Erwerbstätigen im Produzierenden Gewerbe arbeiteten nur 49 als Selbständige und 9 als Mithelfende; 412 Personen waren als Facharbeiter und 338 als sonstige Arbeiter beschäftigt, 72 junge Leute standen in beruflicher Ausbildung.

Politisches Leben

Mudau war eines der Zentren der Agrarrevolution von 1848 im Odenwald. Zu den alten Belastungen durch die Kriegskosten waren neue durch die Ablösung der Feudallasten gekommen, und die straffe leiningische Verwaltung trieb ihre Rechte, oft auf dem Prozeßweg, unnachsichtig ein, so daß sich das Verhältnis der Gemeinden zur Standesherrschaft äußerst schlecht gestaltete. Daß diese das Recht der Gemeinden zum Laubrechen im Wald dadurch umging, daß sie vermehrt Nadelwälder anlegte, war nur eine Facette im Gesamtbild. Als die wirtschaftlich und sozial ohnehin angespannte Lage

Die Gemeinde im 19. und 20. Jahrhundert

durch die schlechten Ernten in den 1840er Jahren noch weiter verschärft wurde, war so viel Zunder aufgehäuft, daß der Funke der revolutionären Gedanken leicht zündete. Schon 1847 war von Mudau aus die Karlsruher Regierung in Aufregung versetzt worden. Der Seifensieder Adam Stoll hatte bei seinen Hausiergängen einen revolutionären Aufruf verteilt. Auf das Gerücht, am 12. 4. 1847 wolle sich auf der Spießheumatte zwischen Langenelz, Unterscheidental und Laudenberg eine mehr als tausendköpfige Menge versammeln, um über Maßnahmen gegen die Hungersnot zu beraten und bei den Begüterten plündern, wurden nicht nur die Bezirksämter angewiesen, die Gendarmerie aufzubieten und die Bevölkerung vor einer Teilnahme zu warnen, sondern die Regierung setzte auch das Militär in Bereitschaft und holte von der hessischen Regierung die Erlaubnis zum Truppendurchzug ein. 1847 war die Aufregung noch umsonst, ein Jahr später am 10. März war Mudau der Sammelplatz für den Zug von bewaffneten Bauern aus allen Dörfern der Umgebung nach Amorbach, und der Mudauer Gemeinderat setzte sich an dessen Spitze. Am Tag zuvor hatten Mudauer und einige Schloßauer Einwohner das fürstl. leiningische Rentamt in Ernsttal verwüstet. Das neue Schloß Waldleiningen war tagelang äußerst gefährdet. In Amorbach kam es nicht zu Tätlichkeiten, da die von den Bürgermeistern der beteiligten Gemeinden überbrachten Forderungen – in Anlehnung an den Bauernkrieg in 12 Artikel gefaßt – vom Direktor der Domänenkanzlei wenigstens teilweise erfüllt und eine Verzichtsurkunde auf bestimmte Abgaben ausgestellt wurde. Nach Niederschlagung des Aufstands wurde in Mudau für einige Wochen eine Kompanie Infanterie einquartiert, der Gemeinderat verhaftet. Von den beiden Anführern des Aufstands entzog sich der Lehrer Söhner der Verhaftung durch Flucht nach Amerika, dem Färber Franz Kaiser wurde die Strafe gegen die Verpflichtung, gleichfalls auszuwandern, erlassen.

In der Folgezeit geriet das politische Leben in den Mudauer Dörfern mehr und mehr unter den Einfluß des politischen Katholizismus, der während des bad. Kulturkampfes in Opposition zur Regierung stand. Zunächst war das politische Interesse nicht sehr ausgeprägt. Noch an der letzten Wahl zum Zollvereinsparlament 1868 beteiligten sich, abgesehen von Reisenbach und den gemeinsam wählenden Gden Steinbach, Rumpfen und Stürzenhardt (jetzt Stadt Buchen), nur die Hälfte und weniger der Wahlberechtigten. In Reisenbach, Oberscheidental, Donebach (29 % Wahlbeteiligung!) und Schloßau mit Waldauerbach erhielt die Nationalliberale Regierungspartei 87–100 % der gültigen Stimmen, in Langenelz mit Unterscheidental, Mudau und Steinbach mit Rumpfen und Stürzenhardt siegte schon die Kath. Volkspartei (Zentrum) mit 70–90 %. Drei Jahre später bei der ersten *Reichstagswahl* erhielt das Zentrum bei Wahlbeteiligungen zwischen 67 % (Langenelz) und 96 % (Unterscheidental) praktisch alle gültigen Stimmen. Ausnahmen machten nur Mudau mit Rumpfen mit 26 % und Reisenbach mit 81 % der gültigen Stimmen für die Nationalliberalen. Reisenbach nahm längere Zeit durch geringere Anteile der Kath. Volkspartei eine Sonderstellung ein – der Buchener Bezirksamtmann führte dies auf den Einfluß von Eberbach zurück –, scherte gegen Ende des Jahrhunderts aber in die Generallinie ein. Auch in Mörschenhardt und in Mudau mit Rumpfen konnten bei einzelnen Wahlen die Nationalliberalen höhere Gewinne verbuchen, aber in den 1890er Jahren hatten sich die Ortspfarrer als stärkste politische Kraft durchgesetzt. Vom Bezirksamt wurden bis über die Jahrhundertwende hinaus die Bürgermeister wegen ihrer Unselbständigkeit gegenüber den Geistlichen getadelt. Nur zeitweise kam es zu innerörtlichen Oppositionen wie 1898 in Steinbach, wo der hier gar nicht aufgestellte demokratische Kandidat 15 Stimmen erhielt. Auch bei der Wahl zur Verfassunggebenden Bad. Nationalversammlung 1919 war das Zentrum eindeutig Sieger mit Stimmenanteilen zwischen 68 % (Mudau) und 97 % (Donebach).

Als zweite, weit nachgeordnete Kraft erwies sich in Mudau, Reisenbach und Schloßau mit Ernsttal die SPD, die erstmals 1907 Stimmen und nur in Schloßau mehr als 10 % erhalten hatte, und in Rumpfen, Ober- und Unterscheidental und in Steinbach die Deutsche Demokratische Partei. Die sonst bei den Wahlen in der Weimarer Republik übliche Zerfaserung der Stimmen bei geringer Wahlbeteiligung auf eine Vielzahl von Parteien blieb im Mudauer Raum aus. Im Gegenteil festigte sich bei anhaltend guter Wahlbeteiligung die Stellung des Zentrums wieder. Nur im kleinen Rumpfen mit seiner fast großbäuerlichen Struktur wählte 1924 nur die Hälfte der Berechtigten, und zwar überwiegend den Bad. Landbund. 1932 war Rumpfen auch die einzige Gemeinde, in der die NSDAP mit absoluter Mehrheit (59 %) gewählt wurde, die sonst nicht über 13 % (Mudau) hinauskam. Selbst jetzt stand man in allen anderen Gemeinden mit Mehrheiten von 77 % (Mudau) bis 94 % (Unterscheidental) zum Zentrum. Auch hier übernahm nach der Wahl zum 1. *Bundestag* 1949, die stark von den Heimatvertriebenen bestimmt war und bei der die Notgemeinschaft meist zwischen 20 und 35 %, in Rumpfen 52 %, der gültigen Zweitstimmen erhalten hatte, die CDU das Erbe des Zentrums mit absoluten Mehrheiten von meist mehr als 70 % der gültigen Zweitstimmen. In keiner Gemeinde erreichte die SPD jemals 20 %, und die FDP blieb meist weit unter 10 % der Zweitstimmen. Von den kleinen Parteien hatte nur die NPD einmal in Rumpfen (1969) einen 18 %-Erfolg, auch die Grünen blieben selbst 1987 insgesamt unter der 5 %-Schwelle.

Seit 1946 besteht der CDU-Ortsverband in Mudau. Er hat jetzt 130 Mitglieder. 1981 gründete auch die Junge Union eine örtliche Gruppe (18 Mitglieder). Der SPD-Ortsverein Mudau, der jetzt 45 Mitglieder umfaßt, schloß sich 1982 zusammen. Innerhalb des Gemeinderats besteht die Gruppierung der FuB (Freie unabhängige Bürger).

Wirtschaft und Verkehr

Land- und Forstwirtschaft. – Noch heute machen die zu Mudau gehörenden Orte einen dörflichen Eindruck, da die Landwirtschaft auch jetzt noch, abgesehen von Mudau, nahezu der einzige am Ort ausgeübte Wirtschaftszweig ist. Die Berufsstruktur der Bevölkerung bestimmt sie jetzt allerdings nicht mehr. Während des ganzen 19. und in der 1. H. 20. Jh. war sie Hauptnahrungsquelle der Bevölkerung, wenn auch wegen der ungünstigen Boden- und Klimaverhältnisse die Ernten oft nicht einmal den eigenen Bedarf deckten und an Verkauf nicht zu denken war. Die Arbeitsmethoden waren primitiv. Die Viehhaltung beschränkte sich auf Weide- und Waldweidewirtschaft. Daher fehlte es an Dünger für die Äcker, die infolgedessen oft nicht bebaut wurden. 1808 waren 15 % der durch die Ortsvorsteher geschätzten landwirtschaftlichen Fläche von ca. 4300 M nicht angebaut. Besonders hoch war der Anteil ungenutzten Landes in Mudau, Oberscheidental, Reisenbach und Mörschenhardt. In den 1840er Jahren litten die Orte des Mudauer Odenwaldes besonders schwer unter den schlechten Ernten.

Während schon lange dem Boden Kalk zugeführt wurde – Mudau errichtete mit Unterstützung der Kreiskasse 1852 einen eigenen Kalkofen, der jedoch bald unbrauchbar wurde – setzte sich die künstliche Düngung mit Thomasmehl und Chilesalpeter nach anfänglichen auf Unkenntnis beruhenden Mißerfolgen in den letzten Jahrzehnten des 19. Jh. durch. Die Düngemittel wurden durch den Landwirtschaftlichen Verein oder den Bauernverein beschafft. Die Erträge konnten jetzt erheblich gesteigert werden. Die Brache entfiel, und man ging zur verbesserten Dreifelderwirtschaft über. Selbst in Langenelz und in Steinbach, wo die Güter geschlossen lagen und Zufahrten

Die Gemeinde im 19. und 20. Jahrhundert 233

kein Problem waren, blieb man beim flürigen Anbau. In Unterscheidental und in Schloßau war um 1910 der Flurzwang jedoch aufgegeben. Die Verwendung von Kunstdünger trug wegen der Qualitätsminderung des Strohs übrigens mehr noch als die feuerpolizeilichen Vorschriften zum Verschwinden der Strohdächer bei. Als durch den Futteranbau das Vieh im Stall gehalten werden konnte, fiel auch mehr natürlicher Dünger für den Ackerbau an.

Die Intensivierung der Landwirtschaft lohnte sich, als zu Beginn des 20. Jh. die Erhöhung der Getreidezölle und die stark gestiegene Nachfrage in den Städten nach Getreideprodukten, Milch und Fleisch bessere Absatzbedingungen schufen. Jetzt waren auch Investitionen in landwirtschaftliche Geräte möglich. In Steinbach, »in der Landwirtschaft ... wohl die erste Gemeinde im Odenwald«, wurden (1882) für die verschiedenen Böden Hohenheimer oder amerikanische Wendepflüge, für den Rapsbau Falzpflüge und für den Kartoffelbau Häufelpflüge verwendet. Eine Dreschmaschine mit Göpelantrieb war vorhanden. Nach 1900 setzten sich allmählich auch in den anderen Orten landwirtschaftliche *Maschinen* durch. Die Bauern in Langenelz waren 1907 bereits mit allen Maschinen ausgerüstet, die in kleinen Betrieben angewendet werden konnten, in Donebach gab es 1910 außer den allgemein eingeführten Futterschneid- und Dreschmaschinen auch einen Getreidemäher und eine Düngerstreumaschine, eine Sämaschine sollte angeschafft werden. In Schloßau wurden aber noch 1921 nur wenige Maschinen verwendet. Auch die Ökonomiegebäude wurden verbessert, wie das Urteil des Buchener Amtmanns über Waldauerbach (1903) zeigt: »Die kleinen unansehnlichen und im Platz beschränkten Wohngebäude stehen im Gegensatz zu den geräumigen Scheunen und Ställen und man sieht gleich, wie hier alle Fragen des Lebens und der Häuslichkeit zurücktreten müssen vor den Interessen der Landwirtschaft.«

Für 1880 errechnet sich eine landwirtschaftliche Fläche von etwa 3240 ha, fast das Doppelte der 1808 geschätzten Fläche. Davon waren insgesamt mehr als ⅔ Ackerland, der Rest Wiesen und verschwindend wenig Weideland. Nur in Mörschenhardt und Mudau machte die Weide 4 und 3 % der Fläche aus; in Unterscheidental, Langenelz und Schloßau lag der Wiesenanteil etwas über ⅓ der Landwirtschaftsfläche. Bis 1930 hatte sich bei einer LF von 3476 ha der Wiesenanteil auf 37 % erhöht. 1949 waren von 3527 ha LF 1514 ha (43 %) Grünland. Daß es sich dabei nicht um eine Extensivierungserscheinung, sondern um die Verlagerung des betrieblichen Schwerpunkts zur Viehhaltung hin handelt, ergibt sich aus dem gleichzeitig gesteigerten Anbau von Feldfutter und Futterhackfrüchten.

Die *Wiesen* in Langenelz, Unterscheidental und Mudau waren nicht sehr ertragreich, da zu kalt und naß. In Mudau wurde in den 1850er Jahren eine Wiesenbe- und -entwässerungsanlage errichtet, die Bauern in Unterscheidental und in Schloßau konnten sich nicht dazu entschließen. Wässerungseinrichtungen bestanden im Mudbachtal, im Reisenbacher und im Ünglertsgrund. Mörschenhardt dagegen fehlte es infolge des ständigen Wassermangels an Wässerwiesen. Günstiger lagen die Wiesen in Oberscheidental.

Angebaut wurden auf dem *Ackerland* um die Jahrhundertwende Korn, Gerste, Spelz für den Eigenbedarf, Hafer zum Verkauf, Rotklee (alle 4–6 Jahre) und Heidekorn (Buchweizen) als Schweinefutter und zum Verkauf, außerdem Kartoffeln zum Eigenverzehr und als Schweinefutter sowie Dickrüben oder Kohlrabi als Viehfutter. Nach 1900 wurde in Reisenbach der Spelz großenteils verfüttert, nur einen Teil ließ man mit dem anderen Korn vermahlen. In Steinbach wurde bis um 1900 Raps angebaut. Der bei den nassen und kalten Lehm- und Sandböden nur mit künstlicher Düngung mögliche Kleeanbau ließ eine Verbesserung der Viehwirtschaft zu. Den Klee ersetzte man hie und da auch durch Mais. Verkauft wurde an Händler, meist Juden, die als Aufkäufer in die Orte kamen. Hafer ging teilweise unmittelbar an die Militärbehörden, Hafer und Futterkartoffeln für die leiningische Wildschweinzucht sowie Gerste und Hafer für die Brauerei auch an die fürstliche Verwaltung in Ernsttal. Holz und Hafer wurden vor dem Bau der Bahn Mosbach–Mudau zur hessischen Bahnstation Kailbach transportiert. Als 1909 das Lagerhaus Mudau gegründet wurde, übernahm es weitgehend den Getreide- und Obstabsatz. Die Landwirte in Rumpfen waren trotz der Nähe zu Buchen dem dortigen älteren Lagerhaus nicht angeschlossen, traten aber dem Mudauer Lagerhaus bei.

Im Jahr 1880 waren die 2197 ha Ackerland der landwirtschaftlichen Betriebe in der heutigen Gemeinde zu gut ⅔ mit Getreide, zu 15 % mit Kartoffeln und zu 9 % mit Futterpflanzen bestanden. 50 Jahre später, 1930, war auf der etwas kleiner gewordenen Ackerfläche von 2132 ha der Getreidebau auf 57 % beschränkt und sowohl der Kartoffelanbau (18 %) wie der Futterpflanzenbau (13 %) ausgedehnt worden. Unter den Getreidearten war zwar der Winterroggen- und der Winterweizenanbau ausgedehnt worden, der Hafer stand aber trotz Verkleinerung seiner Anbaufläche noch an erster Stelle. Spelz, 1880 auf 188 ha, nahm nur noch 47 ha ein. Die Aussaat von Heidekorn war praktisch aufgegeben. 1949 stand nur auf knapp der halben Ackerfläche noch Getreide, Hackfrucht auf 23 % und Feldfutter auf 25 % des Ackerlandes. Rumpfen war die einzige Gemeinde mit größerer Betonung des Getreideanbaus zu Lasten der Hackfrucht. Hier war auch der Wiesenanteil an der LF mit 38 % relativ klein. Sonst waren die Unterschiede zwischen den einzelnen Orten nicht groß. Obgleich in den folgenden Jahrzehnten zahlreiche Landwirte den Betrieb aufgaben, ging bis 1971 die LF nur geringfügig zurück. Auch das Acker-Grünland-Verhältnis blieb konstant. Aber auf dem Ackerland trat eine wesentliche Veränderung zugunsten des Getreideanbaus ein. Er beanspruchte 1971 mit 1168 ha nahezu ⅔ des Ackerlandes, in Mörschenhardt, Mudau, Rumpfen und Steinbach mehr als ⅔. Weizen war auf 437 ha die wichtigste Getreideart, Roggen/Wintermenggetreide und Hafer auf 164 und 165 ha folgten mit Abstand, der Gerstenanbau war unbedeutend. Überdurchschnittlich große Getreideanteile am Ackerland hatten Rumpfen, Mörschenhardt, Steinbach und Mudau. Der Weizenanbau war, gemessen an seinem Anteil am Ackerland, besonders ausgeprägt in Rumpfen, Mudau, Steinbach und Langenelz, der Haferanbau in diesen Orten und in Scheidental, der Anbau von Winterroggen (und Menggetreide) in Mörschenhardt, Donebach, Schloßau und Scheidental.

Auch zwischen 1971 und 1987 wurde nur wenig LF aufgegeben. Die statistisch erfaßten landwirtschaftlichen Betriebe bewirtschafteten zusammen 3145 ha LF, der Gesamtflächennachweis der Bodennutzungserhebung ergab jedoch 3241 ha LF, von der 56 % als Ackerland und 44 % als Dauergrünland genutzt werden. Auf dem bei den Betrieben erfaßten Ackerland hat sich der Getreideanbau weiter ausgedehnt. Mit 1210 ha nahm er 68 % des Ackerlandes ein. Futterpflanzen wuchsen auf 314 ha (18 %) und Hackfrucht nur noch auf 122 ha (7 %). Auf mehr als 70 % des Ackerlandes stand Getreide in Reisenbach, Schloßau und Scheidental, den Orten, die zusammen mit Donebach auch den höchsten Grünlandanteil an der LF aufwiesen und deren Viehhaltung daher weniger auf den Ackerfutterbau angewiesen war. Allerdings wurde der Weizenanbau leicht und der Roggenanbau stärker eingeschränkt, während Hafer auf fast der doppelten und Gerste auf nahezu der vierfachen Fläche von 1971 angesät war. Unter den Hackfrüchten wurde der Anbau von Kartoffeln auf ¼ der vorigen Fläche reduziert, aber auch die Rübenfläche wurde vermindert. Bei den Futterpflanzen setzte sich – relativ spät – vor allem bei den größeren rinderhaltenden Betrieben jetzt der

Die Gemeinde im 19. und 20. Jahrhundert 235

vermehrte Anbau von Grünmais zur Silage durch. Er wuchs 1987 auf einer dreimal so großen Fläche wie 1971. Für den Anbau von Silomais wurde auch ehemaliges Grünland umgebrochen.
Der *Obstbau* wurde in der 2. H. 19. Jh. vom Bezirksamt und vom Landwirtschaftlichen Verein sehr gefördert und sollte mit aller Gewalt auch gegen die natürlichen Bedingungen durchgesetzt werden. Es gedieh meist nur Mostobst, das aber guten Absatz über das Lagerhaus in Mudau und an württ. Händler fand, die in die Dörfer kamen. In guten Jahren brachte der Obsterlös Bargeld in die Kassen der Bauern und, wo gemeindeeigene Anlagen bestanden, auch in die Gemeindekassen. In den Dörfern stießen die Anregungen der Obrigkeit erst gegen Ende des 19. Jh. und in den für die Bauern wirtschaftlich günstigen Jahren vor dem 1. Weltkrieg auf offene Ohren. Früher waren die Versuche mit Obstbaumanlagen meist rasch eingestellt worden oder gescheitert. Durchzusetzen war allenfalls die Bepflanzung der Wege mit Apfel- und Birnbäumen. In Mudau war schon 1854 eine Baumschule für alle Filialorte gegründet worden, die Bäume wurden aber, anstatt auf der Gemarkung angepflanzt zu werden, in die Umgebung versteigert. Sehr zufrieden mit dieser Baumschule war das Bezirksamt nie. Der Donebacher Obstbaumwart legte in Mörschenhardt (1899) Neupflanzungen an, Donebach selbst ließ erst 1910 nach einer guten Ernte viele neue Obstbäume setzen. 1886 und 1911 legte sich auch Rumpfen kleine Obstbaumanlagen (Birnen) zu, obwohl Obst hier nur in Hanglagen gedieh. Die Gemeinden und die Bewohner von Ober- und Unterscheidental zögerten bis nach 1900 mit dem Setzen von Obstbäumen. Auch im kalten und windigen Elztal bei Langenelz hatte der Obstbau nur geringen Erfolg. Gemeindeeigene Pflanzungen gab es nicht, abgesehen von den Bäumen an den Gemeindewegen. Nach 1900 pflanzten aber die Bauern private Obstbaumanlagen, die zeitweise relativ gute Ernten brachten. In Reisenbach, Steinbach, Schloßau und Waldauerbach waren die natürlichen Bedingungen dem Obstbau günstiger. Schloßau schaffte sich 1895 mit Hilfe des Landwirtschaftlichen Vereins eine Obstmühle und eine Obstpresse an, um die reichlichen Ernten verwerten zu können. Etwa gleichzeitig wurde eine neue Obstbaumanlage gepflanzt. Nach Mannheim, Bruchsal und Heilbronn wurde (1913) viel Obst verkauft. 1921 hatte der Baumwart 60–70 Bäume in Pflege. Auch Reisenbach und Waldauerbach richteten in den 1880er Jahren und nochmals um 1910 mehrere Obstbaumanlagen ein, die zum Teil als Musteranlagen gedacht waren. Daß die Bäume immer frostgefährdet waren, zeigt das Beispiel von Steinbach, wo von dem zahlreichen Baumbestand 1882 etwa ¹/₁₀ der Apfel-, Kirsch- und Pflaumenbäume und ⅓ der Nuß- und der Zwetschgenbäume zugrundegingen, während die Birnbäume den Frost besser überstanden. Trotzdem verkauften die Steinbacher viel Obst, meist über Mudauer Händler nach Heilbronn. Reisenbach, Mudau und Steinbach besaßen 1929 die meisten Obstbäume (Reisenbach 9283, Mudau 6785, Steinbach 3243). Insgesamt wurden auf dem heutigen Gemeindegebiet 27391 Obstbäume, darunter 13467 Apfelbäume, gezählt. Nach dem 2. Weltkrieg ging dann auch hier der Obstanbau sehr zurück. Die Bäume an den Wegen und Straßen fielen zum Teil dem Verkehr zum Opfer, die Bäume auf den Äckern den landwirtschaftlichen Maschinen. 1987 ist nur in Mudau 1 ha Sonderkulturfläche ausgewiesen. Intensivobstbau wird nicht betrieben, da er aufgrund der Standortbedingungen und der Verkehrsferne nicht lohnend erscheint. Streuobstwiesen finden sich nur an den Ortsrändern in günstigen Lagen. Sie sollen aus Gründen des Landschaftsschutzes erhalten werden. Für den privaten Bedarf wird Obst noch bei der Zentralgenossenschaft zu Saft und Most gekeltert. Außerdem gibt es in Mudau eine Branntweinbrennerei, die vornehmlich Obstbrände herstellt.

In den ersten Jahrzehnten des 19. Jh. war die *Viehhaltung* unbedeutend und auf Weide und Waldweide angewiesen. Die Einführung der Stallfütterung, schon von der leiningischen Verwaltung gefordert, scheiterte an der geringen Feldfutterbasis und am Unwillen der Bauern, sich vom Althergebrachten zu lösen. Grundlegender Wandel trat erst ein, als sich die Bauern zur künstlichen Düngung entschlossen und genügend Feldfutter, insbesondere Klee, für die Stallfütterung anbauten. Ende der 1880er Jahre hatte die Weidewirtschaft fast ganz aufgehört. Auch gekauftes Kraftfutter setzte sich um die Jahrhundertwende durch. Dagegen wurde noch nach 1900 Laub in den Ställen gestreut, wenn es zu wenig Stroh gab.

Rinderhaltung nahm in den letzten Jahrzehnten des 19. Jh. großen Aufschwung und entwickelte sich zur Haupteinnahmequelle der landwirtschaftlichen Betriebe. Schon zwischen 1808 und 1855 hatte sich im heutigen Gemeindegebiet der Bestand an Rindvieh von 1675 auf 2193 Tiere vergrößert, aber danach (1887: 2655 Tiere, 1913: 2987 Tiere) wurde nicht nur die Quantität, sondern auch die Qualität des Viehs gesteigert. Ein Anreiz war der immer besser werdende Absatz zu guten Preisen in die Städte. Die Verbesserung der Viehhaltung wirkte sich unmittelbar günstig auf den Wohlstand der Bauern aus. Die Gemeinden schafften nach und nach Farren von guter Rasse an und stellten sie gegen Geld und Landnutzung bei Bauern zur Pflege ein. Auch in der Viehzucht schritt Rumpfen den anderen Orten voraus. 1886 war der Weidebetrieb eingestellt und Kraftfutter selbstverständlich geworden. Das Vieh wurde nicht als Arbeits-, sondern als Schlachtvieh gezogen. Oberbadisches Zuchtvieh wurde erst kurz vor 1914 eingeführt, Simmentaler Vieh von den Bauern abgelehnt. Reisenbach nahm 1905 die Farrenhaltung in Gemeinderegie. Die Gemeinde galt 1906 als eine der besten viehzüchtenden Gemeinden des Bezirks Buchen. Auch Mörschenhardt und Donebach, die zeitweise die Farren gemeinsam hielten, rangierten um 1910 »an der Spitze der Odenwälder Viehzucht«. Donebach wurde nach 1900 mehrfach für den Farren prämiiert, auch Langenelz erhielt 1896 einen Preis, obgleich sonst der Gemeinde wie auch den Gden Mudau, Ober- und Unterscheidental kein gutes Zeugnis in der Viehzucht ausgestellt wurde. In Schloßau, Steinbach und Waldauerbach erreichte die Rinderhaltung ein recht gutes Niveau.

Der Nachdruck lag nirgends auf der Zucht, sondern auf der Milchviehhaltung und der Rindermast. Das Mastvieh wurde zum Teil auf die Viehmärkte in Mudau, Buchen und Amorbach getrieben, zum Teil auch vom Stall weg an meist jüd. Händler aus Großeicholzheim, Hainstadt und Hardheim sowie an Metzger aus der Umgebung, aus Eberbach und aus Heidelberg verkauft. Ein guter Absatzmarkt für Ochsen war Hanau. Schloßauer Bauern verkauften auch Milchkühe an Molkereien im Raum Mannheim. Zuchttiere wurden seltener abgegeben und gingen meist in die bayerische Nachbarschaft. Nur aus Schloßau wurde zeitweise (1909) mehr Zucht- als Mastvieh verkauft. Milch und Butter wurden über Händler nach Eberbach und Heidelberg abgesetzt.

Die Einnahmen aus der Viehwirtschaft ermöglichten den Bau besserer Ställe und damit wieder eine Qualitätssteigerung. Nach dem 1. Weltkrieg bis 1930 vermehrten die Landwirte in Donebach und Waldauerbach ihren Bestand an Rindvieh erheblich, während er in den übrigen Orten annähernd gleich blieb. Insgesamt zählte man 1930 in der heutigen Gemeinde 3336 Tiere, davon 1424 Milchkühe. In Mudau, Reisenbach und Schloßau machte das Milchvieh den halben Rinderbestand aus. Obgleich nach dem 2. Weltkrieg nach und nach auch hier landwirtschaftliche Betriebe eingestellt wurden, war der Bestand an Rindvieh 1949 mit 3259 Tieren, darunter 1230 Milchkühen, nicht wesentlich niedriger als 1930. Trotz EG-Politik und Abschlachtprämien und vor allem trotz der Aufgabe zahlreicher weiterer landwirtschaftlicher Betriebe wurde langfristig

Die Gemeinde im 19. und 20. Jahrhundert

die Rinderhaltung weiter ausgebaut. Die verbleibenden Landwirte rationalisierten ihre Betriebe und spezialisierten sich stärker auf diesen schon seit langem vorherrschenden Betriebszweig. Dabei fällt auf, daß 1971 in Donebach, Langenelz, Mörschenhardt, Reisenbach, Rumpfen, Scheidental und Steinbach fast jeder landwirtschaftliche Betrieb mit mehr als 1 ha LF Rindvieh hielt, während in Mudau und Schloßau je etwa 20 Betriebe ohne Rinderhaltung wirtschafteten. Insgesamt standen 1971 in 323 Betrieben 4300 Stück Rindvieh, darunter in 312 Betrieben 1644 Milchkühe. Der Rinderbestand sollte auch bis 1987 weiter wachsen, aber unter deutlicher betrieblicher Konzentration. 1987 hielten von 279 landwirtschaftlichen Betrieben noch 180 zusammen 4927 Stück Rindvieh, das entspricht einem durchschnittlichen Bestand von 27 Tieren pro Stall. Der Anteil des Milchviehs war gegenüber 1971 von 38 % auf 31 % der Tiere zurückgegangen. 147 Betriebe besaßen zusammen 1509 Milchkühe. Auffallend ist, daß noch immer 61 Betriebe weniger als 6 Kühe hatten, während nur in 23 Betrieben 20 und mehr Kühe gehalten wurden.

Auch die *Schweinehaltung* gewann wirtschaftliches Gewicht erst in der 2. H. 19. Jh. Der Bestand an Schweinen, 1808 mit insgesamt 838 Tieren, davon 200 in Donebach, 150 in Mudau und 100 in Langenelz, recht niedrig, vergrößerte sich bis 1855 nur geringfügig auf 1002 Tiere. Danach erlangte die Schweinehaltung, insbesondere auch die Schweinezucht mindestens so großes wirtschaftliches Gewicht wie die Rinderhaltung, in Langenelz, Oberscheidental und Schloßau zeitweise erheblich größeres. In Waldauerbach belebte sich nach langem Desinteresse der Bauern die Schweinezucht erst nach 1910 dank des neugegründeten Zuchtvereins und blieb auch rege, als dieser 1935 aufgelöst wurde. Offenbar legten die Bauern bei der Schweinezucht stärker Wert auf Rasse und Qualität als bei der Rinderzucht. Bis ins 20. Jh. hinein wurden die Schweine nicht im Stall gehalten, sondern in Herden zur Weide getrieben. Bis um die Jahrhundertwende war es in den meisten Gemeinden noch üblich, den bzw. die Eber bei allen oder einigen Bauern »in der Kehr zu halten«, d.h. die Tiere reihum in Pflege und Futter zu geben. In Donebach war die Eberhaltung jedoch schon um 1870 verpachtet, die Müller im zu Donebach und Steinbach gehörigen Wlr Ünglert aber hielten ihre eigenen Eber bis 1905 in der Kehr. Die Bauern in Steinbach besaßen den Eber genossenschaftlich. Abgesetzt wurden die Schweine auf den Schweinemärkten in Mudau und Buchen und an Händler. Schwere Tiere wurden von den Steinbacher Bauern auch nach Miltenberg verkauft. Bei allen Schwankungen, die je nach Futter- und Absatzlage in der Schweinehaltung häufiger als in der Rinderhaltung sind, erhöhte sich doch die Zahl der Schweine bis in die 1930er Jahre (1930: 4254 Tiere). Den größten Schweinebestand hatten die Bauern in Mudau, Schloßau, Donebach und Steinbach. 1950 war in allen Orten der Bestand kleiner geworden (insgesamt 3676 Tiere), bis 1971 sank er aufgrund der häufigen Betriebsaufgaben weiter (3003 Tiere). 1987 hielten 240 landwirtschaftliche Betriebe in der Gemeinde zusammen 2074 Mastschweine und 69 Betriebe 537 Zuchtsauen. 2 Betriebe hatten 50 und mehr Mastschweine, 10 Betriebe waren mit 10 und mehr Zuchtsauen stärker auf Zucht spezialisiert. Zum »Vorort« der Schweinehaltung innerhalb der heutigen Gemeinde hat sich Schloßau mit fast ⅓ aller Tiere entwickelt.

Weder die *Ziegenhaltung*, noch die *Pferdezucht* war im Gemeindegebiet von nennenswerter Bedeutung, obgleich die Ziegen bei den kleinen Bauern und Taglöhnern die Kuh ersetzen mußten, und mit steigendem Wohlstand die Zahl der Arbeitspferde vermehrt wurde (zwischen 1887 und 1913 allein von insgesamt 96 auf 200 Tiere). In Oberscheidental und Steinbach blieb die Pferdezucht zu Beginn des 20. Jh. nur ein Versuch. 1950, vor der allgemeinen Mechanisierung, gab es im heutigen Gemeindegebiet 272 Pferde, davon in Scheidental 55 und in Steinbach 50 Tiere. 1987 wurden 76 Pferde gezählt.

Bei der *Geflügelhaltung* hob sich nur Unterscheidental zu Beginn des 20. Jh. durch die Einführung des Italienerhuhns heraus, sonst wurden zwar Hühner gehalten und Eier verkauft, ohne daß diesem Betriebszweig jedoch größere Aufmerksamkeit geschenkt worden wäre. Bei der Zählung von 1987 hielten 129 Betriebe 21 924 Hühner, davon 125 Betriebe 9592 Legehennen. Nur 3 Betriebe hielten jedoch 100 und mehr Legehennen und wären als Hühnerfarmen anzusprechen.

Auch die *Gemeindeschäferei* war nicht von großer wirtschaftlicher Bedeutung, insbesonderes seit durch den vermehrten Futteranbau kaum noch Weideflächen frei waren. In Reisenbach wurde erst 1871 eine gemeine Schafweide eingeführt, aber 1904 wieder aufgehoben. In Rumpfen meldete sich zeitweise kein Pächter, weil der Ertrag zu gering war. 1908 war die Weide von 110 ha an einen Schäfer aus Hettigenbeuern verpachtet. In Donebach, Langenelz und Mörschenhardt lehnten die Bauern die gemeinsame Weide ab, obgleich einige von ihnen Schafe hielten. In Oberscheidental sollte die Schäferei, die dauernd zu Streitigkeiten führte, abgeschafft werden. Als 1900 der Schäfer jedoch Bürgermeister wurde, blieb sie erhalten, bis er 1913 die Pacht als nicht mehr rentabel kündigte. Der Ertrag der Schäferei wurde, wo sie bestand, unter die Güterbesitzer aufgeteilt. In Steinbach floß er seit 1901 dem Kirchenbaufonds zu. Mitte der 1930er Jahre scheint von Amts wegen Wert auf Wiedereinführung der Schafweide gelegt worden zu sein, jedoch ohne Erfolg.

Nach der *Größenstruktur der landwirtschaftlichen Betriebe* und der Lage der Grundstücke zueinander – arrondiert oder stark parzelliert – unterschieden sich die einzelnen Orte trotz der einheitlich üblichen geschlossenen Vererbung des Besitzes deutlich. Nur in Steinbach galt (1882) Realteilung, die Höfe wurden aber dennoch »im Klumpen«, d. h. ungeteilt abgegeben, oft noch zu Lebzeiten des Vaters zu Leibgeding.

In Donebach, Reisenbach, Oberscheidental, Schloßau wie auch in Mudau waren die meisten Güter klein, da sich viel Land in Hand der Standesherrschaft befand und nur zum Teil (Donebach) an Bauern verpachtet war. In Mudau lag die Ackernahrung um 1860 bei 12 M, d. h. knapp 4 ha, ein mittlerer Betrieb in Donebach noch um 1900 bei nur 4–6 ha Land. Nur 10 Bauern besaßen mehr. Von den früheren 16 Hofgütern in Schloßau war bis 1904 die Hälfte an die Fürsten von Leiningen übergegangen. 1913 gab es noch 3 Güter von 20–30 ha, die meisten anderen besaßen 3–4 ha und weniger. 1921 lagen von den insgesamt 114 Betrieben 2 bei 10–20 ha, 65 bei 2–10 ha, 47 unter 2 ha. Zudem war der Grundbesitz stark parzelliert. Ganz ähnlich war die Situation auch noch 1935 und 1949. Nur wenig günstiger waren die Besitzverhältnisse in Oberscheidental, wo 1910 von 42 Gütern das größte 8 ha Acker, 4 ha Wiesen, 11 ha Wald und das nächste 10 ha Acker, 4 ha Wiesen, 9 ha Wald umfaßte. Trotz Anerbenrecht waren die Güter nicht arrondiert. Einige Oberscheidentaler Landwirte besaßen Wald in Unterscheidental, Reisenbach und Waldauerbach. Auch 1929 lag der durchschnittliche Betrieb bei 10 M. 1935 waren unter den 41 Betrieben mit einer Durchschnittsgröße von 2–10 ha nur 4 Erbhöfe.

Anders gestaltete sich die Betriebsgrößenstruktur in Unterscheidental, Langenelz, Mörschenhardt, Steinbach und Waldauerbach. Außer den Kleinbetrieben, die eine Familie kaum ernähren konnten, gab es hier größere Höfe mit annähernd geschlossen liegenden Äckern und Wiesen sowie zum Teil bedeutendem Privatwaldbesitz. In Unterscheidental lag 1903 der durchschnittliche Besitz bei ca. 10 ha Wiesen und 15 ha Feld. Die meisten Bauern besaßen Privatwald bis zu 100 M. Die großen Güter hatten (1910) ca. 57 ha Besitz, die mittleren um 18 ha einschließlich Wald. Auch 1935 war der

Waldbesitz im Verhältnis zum Acker- und Wiesenbesitz groß, so daß von den 28 landwirtschaftlichen Familien nur 7 als Erbhofbauern anerkannt waren. In der zusammengefaßten Gemeinde Scheidental lagen 1952 14 landwirtschaftliche Betriebe in der Größe über 20 ha, 16 zwischen 10 und 20 ha, 11 zwischen 5 und 10 ha und 24 bis zu 5 ha. In Langenelz hatten 1907 von den 56 Haushaltungen 18 größere geschlossene Güter. Die größten Besitzungen waren 18 und 19 ha Acker und Wiese, 49 und 37 ha Wald, der Durchschnitt lag bei 11 ha Acker und Wiese und 8–10 ha Wald. Ähnlich war die Besitzstruktur in Mörschenhardt. 1909 lagen hier 23 mehr oder minder stattliche Bauernhöfe. Der größte Besitz umfaßte 19 ha Äcker und Wiesen und 24 ha Wald, der kleinste, dem Polizeidiener gehörige aber nur 10 M (0,36 ha). Hier wie dort lagen die Äcker der größeren Bauern weitgehend arrondiert und zu jedem Hof gehörte Waldbesitz. Auch in Steinbach und in Waldauerbach gehörte Wald zum bäuerlichen Grundbesitz. 1905 besaß der reichste Steinbacher Bürger ca. 80 ha Land, davon 50 ha Wald. Ein mittlerer Besitz umfaßte 10 ha Feld und einige ha Wald. Von 59 Betrieben lagen im Jahr 1914 18 unter 2 ha, 21 zwischen 2 und 10 ha, 13 zwischen 10 und 20 ha und 6 über 20 ha, der größte bei 81 ha. Zum größten Gut in Waldauerbach gehörten (1910) 11 ha Acker, 3 ha Wiesen, 22 ha Wald. Ein mittelgroßer Besitz umfaßte 7–8 ha Acker und Wiesen, dazu Wald. Das kleinste Gut, das auch hier dem Polizeidiener gehörte, bestand aus 1,31 ha Acker, 0,57 ha Wiesen und 0,66 ha Wald.

Rumpfen hob sich durch seine Besitzgrößenstruktur von den übrigen Dörfern ab. Hier bestanden (1893) ausschließlich geschlossene Hofgüter mit größerem Waldbesitz. 1908 besaßen der Bürgermeister und sein Schwager zusammen die Hälfte der Gemarkung. Von den 10 Betrieben des Jahres 1914 lagen nur 2 unter 10 ha, 4 zwischen 10 und 20 ha und 4 über 20 ha. Diese Besitzstruktur war nach den beiden Weltkriegen und den Veränderungen in Wirtschaft und Bevölkerung im Jahr 1957 praktisch noch dieselbe.

Zwischen 1895 und 1925 weist die Statistik über Anbauflächen und Betriebsgrößen nur geringe, zum Teil wohl auch auf den Erhebungsmethoden beruhende Unterschiede auf. Die LF des Jahres 1925 ist für die heutige Gemeinde mit 3476 ha größer als die Anbaufläche des Jahres 1895, die Zahl der landwirtschaftlichen Betriebe war mit 706 kaum kleiner als 1895 (713), die durchschnittliche Betriebsgröße errechnete sich für 1925 auf 4,9 ha gegenüber 4,3 ha. Weniger geworden waren die Kleinstbetriebe unter 2 ha, aber auch die Betriebe in den Größenklassen ab 10 ha LF, vermehrt hatten sich die Betriebe zwischen 2 und 10 ha LF. Nur in Donebach und in Rumpfen lag die durchschnittliche Betriebsgröße 1925 etwas unter der von 1895. Bis 1949 vergrößerte sich die LF der statistisch erfaßten Betriebe noch einmal (3527 ha), während nur noch 586 Betriebe ab 0,5 ha gezählt wurden. Drastisch zurückgegangen war die Zahl der Kleinstbetriebe unter 2 ha LF zugunsten der Betriebe ab 5 ha. 19 Betriebe lagen in der Größenklasse ab 20 ha, davon 8 in Steinbach und 4 in Rumpfen. Die durchschnittliche Betriebsgröße war in allen Orten gewachsen, auch in Mudau und Steinbach, den einzigen Dörfern, in denen die LF eingeschränkt worden war.

Der *Strukturwandel* von mehr landwirtschaftlich geprägten zu Arbeiter-Bauern-Gemeinden griff auch auf den Mudauer Odenwald über, wenn auch vergleichsweise langsam und bei weitgehender Beibehaltung der LF. Die 1970 noch statistisch gezählten 385 landwirtschaftlichen Betriebe (ab 1 ha LF) bewirtschafteten 3301 ha LF, ihre durchschnittliche Größe war auf 8,6 ha angewachsen. 20 Betriebe lagen jetzt in der Klasse 20 bis unter 30 ha, 5 in der Klasse ab 30 ha LF. Die Masse der Betriebe, 68 %, war jedoch noch immer klein und besaß weniger als 10 ha LF. Bis 1987 veränderte sich trotz weiterer Betriebseinstellungen die Größenstruktur der verbleibenden Betriebe nur wenig. Auch 1987 lagen noch 65 % aller erfaßten 279 landwirtschaftlichen Betriebe (mit zusammen 3145 ha bewirtschafteter LF) in der Größenklasse unter 10 ha LF. Immerhin war die Gruppe der großen Betriebe mit 20 und mehr ha LF auf 47, darunter die der Betriebe mit 30 und mehr ha LF, auf 27 Mitglieder angewachsen. Betriebe dieser Größenordnung finden sich jetzt in allen Gemeindeteilen. Diese 47 Betriebe bewirtschafteten 1987 zusammen genau die Hälfte der LF auf dem Gemeindegebiet. Eine große Rolle spielt für die Betriebe das Pachtland. 1989 war in den von der Bestandserhebung zum Entwicklungsgutachten Mudau befragten Betrieben aller Größenordnungen insgesamt mehr als die Hälfte der Fläche gepachtet, in Rumpfen sogar 83 %.

Von den 279 Betrieben der Agrarberichterstattung 1987 wurden 199 nebenberuflich geführt, in 80 Haupterwerbsbetrieben, darunter 12 mit weniger als 10 ha LF, stammt das Einkommen überwiegend aus dem landwirtschaftlichen Betrieb. Nach der Betriebsform gliederten sich die insgesamt 337 landwirtschaftlichen und Forstbetriebe in der Gemeinde 1987 in 225 Betriebe des Betriebsbereichs Landwirtschaft, 65 Betriebe des Bereichs Forstwirtschaft, 46 kombinierte Betriebe und 1 Gartenbaubetrieb. Innerhalb der Betriebe des Bereichs Landwirtschaft machten die 141 Futterbaubetriebe (Rinderhaltung) mehr als die Hälfte der Betriebe aus. Der Rest teilt sich in 54 Marktfruchtbetriebe (Getreideanbau), 8 Veredelungsbetriebe (Schweinemast) und 22 landwirtschaftliche Gemischtbetriebe. Für das Jahr 1990 nennt die Gemeindeverwaltung insgesamt 70 Vollerwerbsbetriebe, davon in Steinbach 14, in Scheidental 12, in Donebach 10, in Schloßau 9, in Mörschenhardt 6, in Langenelz, Reisenbach und Rumpfen je 5 und in Mudau 4 Betriebe, außerdem 1 Gärtnerei, 1 Baumschule, 1 Geflügelhof, 1 Pelztierzucht.

Die lockere Siedlungsweise und die großenteils arrondierten Fluren machten bäuerliche Aussiedlungen weitgehend überflüssig. Nur in Steinbach wurde 1958/59 ein Hof am Ortsrand und in Mudau 1959 1 Einzelhof und 1961 ein Hof am Ortsrand gebaut. Die einzige echte Flurbereinigung fand von 1934 bis 1938 über 247 ha in Reisenbach statt. Kleine Verfahren liefen (60 ha) in Mudau 1938–1944 und in Schloßau (73 ha) 1951–1955.

Noch größere Bedeutung als heute kam dem *Wald* im 19. Jh. zu. Der ausgedehnte Wald auf dem Gemeindegebiet ist wie im 19. Jh. auch heute noch überwiegend in Privatbesitz. Zu nahezu jedem bäuerlichen Anwesen gehört mehr oder weniger Wald. Größte Waldbesitzer waren und sind die Fürsten von Leiningen. Auf Gkg Neubrunn, später Ernsttal, legten sie um 1810 einen großen Wildpark an. Wald besaßen auch die Freiherren Rüdt und die Stiftschaffnei Mosbach, die einen großen Teil der ihr zufließenden Zehntablösungsgelder für den Ankauf von Land, darunter auch viel Wald, einsetzte.

Die Gemeinden selbst besaßen nur wenig Wald. In Langenelz z. B. entfielen 1913 von 678 ha Wald auf der Gemarkung 335 ha auf Kleinprivatwald, 290 ha auf das Stift Mosbach, 50 ha auf Leiningen und Rüdt, und nur 3 ha hatte die Gemeinde vor wenigen Jahren einem Landwirt abgekauft. Donebach hatte 1847 keinen und 1886 41 ha Gemeindewald. Von den 332 ha Wald auf Gkg Mörschenhardt gehörten 1912 201 ha der Standesherrschaft und 131 ha den Bürgern. Mudau verfügte zwar über Gemeindewald, der aber 1852 nur 272 M (ca. 10 ha) groß und noch sehr jung war. Vergrößert wurde er durch die Aufforstung des Neuhofareals. Der Neuhof, an dem die Gden Mudau, Schloßau, Donebach und Mörschenhardt Anteil hatten, geht auf das mainzische Hofgut zurück, das bei dem Übergang an Leiningen wüstgefallen und mit schlechtem Wald bedeckt war. Die 1810 ausgesprochene Auflage, den Neuhof zu rekultivieren, ließ sich erst durch Gerichtsbeschluß von 1825 durchsetzen. Zins und Abgabe wurden nach Streitigkeiten erst 1852 abgelöst. Die Gde Mudau verzichtete, um

163 *Donebach von Nordosten*

164 Oberlangenelz von Nordosten

165 Unterlangenelz

166 Mudau, Hauptstraße mit dem alten Rathaus

167 *Mörschenhardt von Nordosten*

168 *Sanatorium Schloß Waldleiningen*

169 *Mudau von Südosten* ▷

170 Mudau, Ortskern mit kath. Pfarrkirche in Hochflächenlage

171 Mudau, neue Schule

172 Reisenbach von Südosten. Im Hintergrund Funkturm

173 Rumpfen von Südosten

174 Oberscheidental von Nordosten

175 Unterscheidental von Südosten. Im Hintergrund Oberscheidental und Reisenbach

176 Oberscheidental, kath. Kirche

177 Schloßau, bäuerliche Anwesen und Turm der kath. Kirche

178 Steinbach, ev. Kirche

179 Schloßau von Nordosten ▷

180 *Steinbach von Südwesten*

die Ablösung bestreiten zu können, damals auf das Streurecht im Reisenbacher Wald und auf der Hardt, Gkg Steinbach. Das Neuhof-Areal besteht seither aus Ackerland und Nutzwald. Der Mörschenhardter Teil wurde als Allmende an die Bürger gegeben. 1893 sprach man vom rentablen Mudauer Gemeindewald, in dem schon 2 außerordentliche Holzhiebe durchgeführt wurden. Der Steinbacher Wald teilte sich (1882 und 1914) ausschließlich auf leiningischen (443 ha) und bäuerlichen (565 ha) Besitz auf. Oberscheidental besaß 1884 und 1910 nur 62 M (22 ha) Gemeindewald, 11 ha gehörten der Stiftschaffnei, der Rest war Privatwald. In Unterscheidental entfielen 1910 von den 440 ha Wald 314 auf Privatwald, 130 ha auf die Stiftschaffnei. 1952 gehörten von den 736 ha Wald auf der Gesamtgemarkung Scheidental 427 ha den Bauern, 163 ha der Stiftschaffnei Mosbach, 122 ha der Standesherrschaft Leiningen und 24 ha der Gemeinde. Auf Gkg Reisenbach 1949 gehörten 43 ha Wald der Gemeinde, 114 ha waren Privatwald, und 650 ha den Fürsten von Leiningen. Zwischen Donebach und Mörschenhardt war schon vor dem 2. Weltkrieg ein größeres Waldstück für einen Militärflugplatz gerodet worden, der jedoch nur bis 1941/43 bestand. 1986 waren von den 6981,1 ha Waldfläche auf dem Gemeindegebiet 3292 ha Großprivatwald, 2637,7 ha Kleinprivatwald, 575,6 ha Kirchenwald, abgesehen von 21 ha kath. Pfarrwald Mudau im Besitz des Unterländer Ev. Kirchenfonds (Stiftschaffnei Mosbach), 376,1 ha Gemeinde- und 99,7 ha Staatswald. Der Großprivatwald wird durch die fürstl. leiningische Forstverwaltung, der Staatswald durch das Bundesforstamt Neckargrund in Heilbronn bewirtschaftet. Kleinprivat-, Gemeinde- und Kirchenwald unterstehen dem Staatlichen Forstamt Walldürn.

Da fast jeder landwirtschaftliche Betrieb auch Wald besaß, entschieden neben den Viehpreisen auch die Holzpreise über den Wohlstand der Landwirte. In Rumpfen, wo die 12 Bürger 1890 zusammen 1100 M = ca. 400 ha Wald besaßen, lebten sie zeitweilig mehr von ihm als von der Landwirtschaft. Ihr Holz setzten sie (1914) an eine Fürther Firma mit Filiale in Amorbach ab. Das Steinbacher Holz ging (1905) hauptsächlich nach Kailbach und Eberbach. Zu größeren Versteigerungen kamen auch Händler aus Amorbach, Miltenberg und Aschaffenburg.

Die Gemeinden bezogen eher geringe Einnahmen über den Holzverkauf und die Jagdpacht. Außergewöhnliche Ausgaben wie für Schul- und Rathausbauten oder für die Wasserversorgung suchten sie möglichst über außerordentliche Holzhiebe zu bestreiten, aber nicht immer stimmte die Forstbehörde zu. Mißhelligkeiten mit der Forstverwaltung gab es auch bis zum 1. Weltkrieg wegen der noch immer geübten Streunutzung des Waldes.

Für die Bewohner der Dörfer waren auch die herrschaftlichen und die Stiftswaldungen wirtschaftlich wichtig. In den Forsten gab es immer Arbeit bei der Holzaufbereitung, der Waldkultur, bei Wegebauten und der Jagdausübung. Sie war oft die einzige Möglichkeit zum Neben- oder auch Hauptverdienst. Allerdings war der Lohn bis ins 20. Jh. hinein sehr gering. Erst als einerseits die Standesherrschaft selbst bessere Erlöse für ihr Holz erzielte, andererseits aber auf dem Arbeitskräftemarkt Konkurrenz spürbar wurde, stiegen auch die Löhne an. Das vor Ablösung der Fronden (1811) den Mudauer Landbedorten zugestandene Recht auf Streu- und Holznutzung in den fürstlichen Waldungen wurde ihnen danach streitig gemacht. In Mörschenhardt behaupteten die Bürger (1870), dieses Recht zu haben. Es wurde von der fürstlichen Verwaltung zwar nicht bestritten, sein Gebrauch aber versagt. Im fürstlichen Wildpark durfte keine Streu gesammelt werden. In Donebach wurde das Holzleserecht in den leiningischen Wäldern noch um die Jahrhundertwende von ärmeren Leuten genutzt. Lange Zeit bot auch das Sammeln von Tannenzapfen und insbesondere von Heidelbeeren Zusatzverdienst. Abgesetzt wurden die Beeren nach Frankfurt, Heidelberg, Mudau und Mosbach. In manchem Jahr wurden z. B. in Reisenbach damit um 3000 Mark verdient.

Während des ganzen 19. Jh. war im Wald Raubbau durch Holz- und Laubstreusammeln und immer neue Holzeinschläge betrieben worden. Dem Privatwaldbesitzer ließ die bad. Forstgesetzgebung hier bis zum Gesetz über die Bewirtschaftung der Privatwaldungen von 1854 mehr freie Hand als den Gemeinden. Erst gegen Ende des 19. Jh., als dank der Stallfütterung kein Vieh mehr in den Wald getrieben wurde, konnten sich die Bestände erholen. Die Standesherrschaft Leiningen umging schon vor der Jahrhundertmitte das Laub- und Eckerichrecht der Gemeinden, indem sie die Laub- in Nadelwälder umkultivieren ließ. Als Anfang des 20. Jh. die Preise für Eichenholz sanken, gingen auch die Kleinprivatwaldbesitzer und die Gemeinden mit Genehmigung des Forstamtes Buchen dazu über, Fichten und Tannen anzupflanzen. Nach dem Stand von 1986 stehen auf der Waldfläche des Gemeindegebiets Mudau zu 85 % Nadelbäume (45 % Fichten und 34 % Forlen) und nur zu 15 % Laubbäume (9 % Buchen). Im Gemeindewald und im Staatswald ist der Anteil an Nadelwald mit 93 bzw. 96 % noch höher. Gegenwärtig bemüht sich das Forstamt Walldürn um einen Umbau von Fichtenbeständen zu Mischbeständen mit 15–35 % Laubholzanteil zur Verbesserung der Bodenqualität. An windwurfgefährdeten Stellen werden Eichen angepflanzt. Der Großprivatwald und die öffentlichen Waldungen beschäftigen heute noch ca. 35 Arbeitskräfte. Die Arbeiten im Kleinprivatwald werden von den Waldbesitzern selbst durchgeführt. Gegenwärtig leidet der Wald noch unter den Folgen der verheerenden Stürme im Februar und März 1990, die allein im Gemeindewald 20 000 Festmeter Holz, hauptsächlich Fichten, zu Boden geworfen haben.

Handwerk und Industrie. – Zu Beginn des 19. Jh. war Mudau als Pfarrort auch der Ort, an dem die für die Filialorte arbeitenden Handwerker ansässig waren, und zwar in durchaus genügender Anzahl. In den übrigen Dörfern gab es allenfalls Schuster und Schneider. Mit der fortschreitenden Zerstückelung der landwirtschaftlichen Güter und der Liberalisierung der Bürgerannahme setzten sich aber auch in den kleinen Orten weitere Handwerker an (Schmiede, Wagner, Bauhandwerker), so daß bis zur Jahrhundertmitte das Handwerk völlig übersetzt war und die Handwerker bis ins 20. Jh. hinein ohne zusätzliche Kleinlandwirtschaft nicht leben konnten. Mehrfach hielten sich die Handwerker auch durch die Übernahme von Gemeindeposten über Wasser. Die Armut gerade der Handwerker ist in den Notjahren um 1847 immer wieder Thema obrigkeitlicher Überlegungen. In Mudau waren (1852) »alle Gewerbe dreifach überbesetzt«, hatten aber keinen Absatz. 1854 zählte man hier: 7 Schneider, 42 Schuster, 4 Schmiede, 9 Wagner, 3 Nagelschmiede, 1 Wachszieher, 6 Bäcker, 9 Maurer, 3 Zimmerleute, 2 Schlosser, 1 Messerschmied, 1 Uhrmacher, alle ohne Gesellen. In Zünften organisiert waren die Bäcker und Müller; Leineweber, Schuster, Schneider, Schmiede, Wagner. In der Großen Bauzunft waren die Maurer, Zimmerleute, Küfer und Bierbrauer, in der Kleinen die Schlosser, Schreiner, Glaser, Dreher und Nagelschmiede vereinigt. 1860 bestanden 8 Zunftverbände. Zunftort war Mudau selbst. Über die starke Besetzung des Handwerks auch noch 1860 gibt Tabelle 1 Auskunft. 1877 überschritt nach Meinung des Buchener Amtmanns der Mudauer »Gewerbebetrieb ... zwar den der gewöhnlichen Odenwaldorte, ohne irgendwie bedeutend genannt werden zu können.« In den 1890er Jahren bestand in Mudau ein rühriger Gewerbeverein.

Die Betriebszählung von 1895 erfaßte auf dem heutigen Gemeindegebiet insgesamt 236 gewerbliche Hauptbetriebe mit zusammen 362 beschäftigten Personen. Davon entfielen 148 Betriebe mit 226 Personen auf das Produzierende Gewerbe und 30 Haupt-

Die Gemeinde im 19. und 20. Jahrhundert

Tabelle 1: **Das Handwerk in Mudau 1860 und 1926**

Branchen	1860				1926
	Meister	Gesellen	Lehrlinge	Arbeiter	Betriebe
Bau- und Ausbaugewerbe					
Brunnenmacher	1	–	–	–	–
Maurer (1926: und Bauunternehmer)	8	3	–	–	5
Maler und Tüncher	–	–	–	–	5
Ziegler	2	2	–	–	–
Zimmerer	2	2	1	–	–
Metallgewerbe					
Blechner	–	–	–	–	1
Messerschmiede	1	3	–	1	2
Nagelschmiede	3	–	–	–	–
Schlosser (1926: auch Installateure und Mechaniker)	1	1	1	–	5
Schmiede	4	2	1	–	3
Uhrmacher	1	–	–	–	2
Holzgewerbe					
Schreiner	–	–	–	–	7
Dreher (Holz)	1	–	–	–	–
Küfer	2	–	–	–	1
Wagner	3	1	2	–	3
Bekleidungs-, Textil- und Ledergewerbe					
Sattler	1	–	–	–	2
Schneider (1926: und Schneiderinnen)	5	1	–	–	5
Schuhmacher	20	12	2	–	8
Putzmacherinnen	–	–	–	–	3
Weber	8	–	–	–	–
Nahrungsmittelgewerbe					
Bäcker	6	2	–	–	7
Metzger	5	1	–	–	5
Gewerbe für Gesundheits- und Körperpflege sowie chemische und Reinigungsgewerbe					
Friseure	–	–	–	–	2
Färber	1	–	–	–	–
Glas-, Papier-, keramische und sonstige Gewerbe					
Glaser	2	–	–	1	2
Hafner	–	–	–	–	1
Zusammen	77	30	7	2	69

Quellen: Ortsbereisung Mudau 1860 (GLA 345/S. 2432); Humpert: Mudau. 1926.

betriebe mit 50 Personen auf das Baugewerbe, zusammen also gut ¾ aller gewerblichen Hauptbetriebe und Beschäftigten. Die Betriebe waren äußerst klein, die wenigsten beschäftigten mehr als eine Person. Eine Ausnahme machte die fürstliche Brauerei in Ernsttal mit 18 Beschäftigten. Am häufigsten vertreten waren das Bekleidungs-, das Holz- und das Nahrungsmittelgewerbe. Selbstverständlich hatte Mudau die größte Zahl handwerklicher Betriebe (im Produzierenden Gewerbe und Baugewerbe zusammen 102 Betriebe mit 161 Personen), mit großem Abstand folgten Schloßau

(20 Betriebe mit 26 Personen), Donebach (13 Betriebe, 20 Personen) und Steinbach (12 Betriebe, 13 Personen). In Donebach bildeten die 5 Mühlen im Ünglert einen eigenen Ortsteil. Um die Jahrhundertwende machten sie gute Geschäfte, verbrauchten ihren Verdienst aber durch Prozesse gegeneinander. Auch im Reisenbacher Grund lagen 2 gutgehende Mühlen, von denen eine 1903 mit Dampfmotor ausgestattet war. In Mudau arbeitete bis zum Beginn des 20. Jh. noch die aus dem 18. Jh. stammende Ziegelhütte. Jetzt war sie jedoch nicht mehr konkurrenzfähig, außerdem versiegte die Lehmgrube.

Nach dem Muster des Schwarzwaldes wollte die bad. Regierung auch im Odenwald um die Mitte des 19. Jh. die *Strohflechterei* einführen, um eine neue Verdienstmöglichkeit zu schaffen. Von allen Odenwälder Strohflechtschulen hatte nur die in Mudau zeitweiligen Erfolg. Hierher wurden auch die Erzeugnisse aus den anderen Strohflechtschulen der Umgebung geliefert. 1852 wurde die Mudauer Schule mit Hilfe von 2 Furtwangener Lehrerinnen für 60 Kinder eingerichtet, 1854 erlernten hier 300 Kinder und junge Mädchen das Strohflechten. In Mudau übernahm der Kaufmann Johann Michael Link, Mitinitiator der Strohflechterei, die Geflechte, dann gingen sie an einen Mannheimer Unternehmer, der sie weiterverkaufte. Als 1854 eine große Bestellung aus New Orleans nicht abgenommen wurde, weil nur unfertige Flechtereien geliefert waren, stellte man sich auf die Herstellung von Fertigwaren (Hüte, Etuis etc.) für einen Triberger Abnehmer um und erzielte trotz immer wieder auftretender Schwierigkeiten – 1856 z. B. verweigerten die Kinder die Arbeit, weil sie keinen Lohn erhalten hatten – recht gute Umsätze. 1885 beschäftigte die Strohflechterei in Mudau noch 130 Arbeitskräfte, danach ging sie aufgrund der qualitativ besseren Konkurrenz und der schlechten Transportbedingungen allmählich ein. 1893 lagerten für 4000 Mark nicht verkaufte Geflechte im Ort. Strohflechtschulen bestanden einige Zeit auch in Donebach, Langenelz, Reisenbach und Schloßau. Überall gab es Schwierigkeiten mit der Raumbeschaffung und mit der geringen Bezahlung. Der Gewinn scheint großenteils beim Zwischenhandel versickert zu sein. Seit 1916 bis in die 1970er Jahre beschäftigte die Limbacher Firma Badenia auch in Mudau Heimarbeiterinnen mit der Anfertigung von Fotoalben, Girlanden, Lampenschirmen, Reklameartikeln u. dergleichen.

Die fürstliche Brauerei in Ernsttal war bald nach dem Erwerb von Neubrunn und der Umbenennung in Ernsttal durch die fürstl. leiningische Verwaltung eingerichtet worden. Um 1895 produzierte sie jedoch so schlechtes Bier, daß sie es kaum absetzen konnte, nach 1900 erholte sie sich wieder. Die Odenwaldgemeinden hatten großes Interesse an der Brauerei, weil sie große Mengen Gerste und Hafer zu guten Preisen kaufte. 1909 waren in Ernsttal in der Brauerei und der Verwaltung 25 Personen beschäftigt. 1928 jedoch mußte die Brauerei stillgelegt und die fürstl. Ökonomie- und Parkverwaltung verkleinert werden.

Zwischen 1900 und dem Ausbruch des 1. Weltkriegs fanden auch die Handwerker dank der besseren Wirtschaftslage der Bauern eher ihr Auskommen. In Donebach arbeiteten 1907 außer den 5 Müllern im Ünglert 2 Schreiner, 2 Schmiede, 2 Schneider, 1 Schuhmacher, 3 Maurer, 5 Zimmerleute. Alle betrieben zusätzlich Landwirtschaft, die Müller auch Holzhandel. In Langenelz gab es im gleichen Jahr 2 Wagner, 2 Schuhmacher, 1 Schmied, 1 Schreiner, 1 Zimmermann. Nur der Schmied, der sich auf Wasserleitungsbau spezialisierte, hatte einen etwas über den örtlichen Bedarf hinausgehenden Betrieb. Auch in Steinbach, wo für 1914 Schreiner, Schmied, Weber, Dreher, Müller, Maurer, je 2 Wagner, Näherinnen, 3 Schuhmacher, 4 Schneider genannt werden, arbeitete ein Schneiderbetrieb mit 4 Beschäftigten für den überörtlichen Bedarf und lieferte bis nach Frankfurt und Mannheim. Aber das waren Ausnahmen. In den

Die Gemeinde im 19. und 20. Jahrhundert 245

übrigen Orten gab es wenige oder gar keine Handwerker. Für 1925 nennt die Gemeindestatistik für das heutige Gemeindegebiet nur 36 selbständige Handwerksmeister, darunter 16 in Mudau, 6 in Schloßau und 4 in Langenelz. Dem entgegen nennt Humpert für 1926 allein in Mudau 71 Handwerksbetriebe (einschl. 2 Gärtnereien). Sie sind in Tab. 1 aufgeführt.

In den 1930er Jahren und durch die Kriegs- und Nachkriegszeit hindurch scheint sich in der Struktur des Handwerks hier wenig verändert zu haben. Noch gab es die gleichen Berufe wie vor dem 1. Weltkrieg. In Reisenbach z. B. bestanden 1949 neben einer gutgehenden Schreinerei mit 3 Lehrjungen 2 Schuhmacher, 1 Sattler, 2 Schmiede, 2 Wagner, 1 Zimmermann und 1 Bäcker, in Scheidental 1952 der Schuhmacher und der Bäcker. Die Zählung der nichtlandwirtschaftlichen Arbeitsstätten vom 13. 9. 1950 weist für das Gemeindegebiet 129 Arbeitsstätten mit Schwerpunkt im Handwerk und 296 darin beschäftigte Personen aus, allein für Mudau 64 Handwerksbetriebe mit 167 Personen. Seit den 1950er Jahren werden die Handwerksbetriebe weniger, der einzelne Betrieb aber etwas größer. 1968 bestanden im Gemeindegebiet noch 79 handwerkliche Hauptbetriebe mit 252 Beschäftigten, 1977 bei der letzten Handwerkszählung waren die Betriebe auf 58 geschmolzen, die Beschäftigtenzahl hatte sich kaum verändert (245). Die Schneider und Schuhmacher konnten der Konkurrenz der Konfektion nicht standhalten, daher war der Betriebsrückgang im Beklidungs-, Textil- und Ledergewerbe besonders stark.

Aus Angaben der Gemeindeverwaltung wurden die 63 Handwerksbetriebe für 1991 zusammengestellt (Tab. 2). Darüber hinaus nannte die Gemeinde noch folgende dem Handwerk nahestehende Betriebe: 2 Sägewerke, 1 Holzrückbetrieb; 2 Firmen, die Carports herstellen oder montieren; 2 kunststoffverarbeitende Betriebe; 1 Betrieb für Pkw-Innenausstattung; 1 Brennerei, 1 Kranzbinderei. Zum Kunstgewerbe zählt eine Herstellerin von Salzteigfiguren. Die Firma *Siegfried und Günter Schröpfer*, das größte Sägewerk mit derzeit 22 Beschäftigten, will demnächst an der Gemarkungsgrenze Schloßau-Scheidental ein Holzimprägnier- und -sortierwerk errichten.

Schon 1847 sah der Buchener Amtmann Felleisen das einzige Heilmittel gegen die Not im Mudauer Raum in der Anlage einer Fabrik. Sie wäre hier im Vergleich zu anderen Landesgegenden durch die »Wohlfeilheit des Holzes« und die »Wohlfeilheit der Arbeitskräfte« begünstigt. Aber die Versuche blieben so erfolglos wie die Ansiedlungsverhandlungen der Gde Mudau 1910 mit Pforzheimer Bijouteriebetrieben, der Gde Langenelz 1913 mit der Pforzheimer Firma Daub oder deren Versuche mit Zigarrenfabrikation.

Der einzige industriemäßig arbeitende Betrieb in Mudau blieb über lange Zeit die 1840 von Johann Michael Link gegründete und unter seinen Söhnen ausgebaute einzige bad. Klenganstalt, verbunden mit einer Samenhandlung und einem Sägewerk. Mit Zapfenbrechen verschaffte sie den Bewohnern von Mudau und den umliegenden Orten im Winter Verdienst. Mit den in der Darre getrockneten Nadelholzsämereien belieferte die Firma die staatlichen Forstämter und die Gemeinden. Trotz großen Schadens durch einen Bombenangriff 1944 bestand das Werk noch 1959. Allerdings ging der Absatz stark zurück. Heute ist nur noch das Sägewerk in Betrieb.

Die in der 1. H. 20. Jh. gegründeten kleineren Fabrikunternehmen wie Kleider- und Hutfabriken bestehen heute nicht mehr, auch nicht das Plastikwerk Pechtold, das 1955 von Thüringen nach Mudau verlagert wurde und 1958/59 noch 100 Personen beschäftigte. Die Firma bestand hier bis 1979. Ihr Gebäude ging dann an das Zweigwerk der Limbacher Beleuchtungskörper- und Lampenschirmfabrik Linus Bopp, die aber auch vor kurzer Zeit die Produktion einstellte. Jetzt arbeitet in den Räumen die Firma

Tabelle 2: **Das Handwerk in Mudau 1991**

Branchen nach der Handwerksordnung	Betriebe insgesamt	Mudau	Donebach	Langenelz	Reisenbach	Scheidental	Schloßau	Steinbach
Bau- und Ausbaugewerbe								
Maurer und Bauunternehmer	3	1	1	–	–	1	–	–
Zimmerer	3	1	–	–	1	–	1	–
Dachdecker	1	–	–	–	–	–	1	–
Wärme-, Kälteisolierer (Baufugenabdichtung)	1	–	–	–	–	–	1	–
Steinmetz	1	1	–	–	–	–	–	–
Maler	2	1	1	–	–	–	–	–
Schornsteinfeger	2	2	–	–	–	–	–	–
Metallgewerbe								
Schmiede	3	–	2	–	1	–	–	–
Schlosser	2	1	–	1	–	–	–	–
Fahrzeugbau	1	–	–	1	–	–	–	–
Werkzeugmacher, Gerätebau	2	2	–	–	–	–	–	–
Dreher	2	1	–	–	–	–	–	1
Kraftfahrzeugmechaniker	1	1	–	–	–	–	–	–
Landmaschinenmechaniker	1	–	–	1	–	–	–	–
Blechner und Installateure	1	1	–	–	–	–	–	–
Elektroinstallateure	3	3	–	–	–	–	–	–
Holzgewerbe								
Schreiner	9	6	1	–	–	–	2	–
Modellbauer	1	–	–	–	–	–	–	1
Holzbildhauer	1	1	–	–	–	–	–	–
Bekleidungs-, Textil- und Ledergewerbe								
Schneider	2	2	–	–	–	–	–	–
Nahrungsmittelgewerbe								
Bäcker	6	4	–	–	–	1	1	–
Metzger	2	2	–	–	–	–	–	–
Hausmetzger	6	1	1	–	1	3	–	–
Gewerbe für Gesundheits- und Körperpflege sowie chemische und Reinigungsgewerbe								
Friseure	2	2	–	–	–	–	–	–
Textilreinigung (und Wäscherei)	3	3	–	–	–	–	–	–
Glas-, Papier-, keramische und sonstige Gewerbe								
Glaser und Fensterbauer	2	2	–	–	–	–	–	–
Zusammen	63	38	6	3	3	5	6	2

Quelle: Gemeindeverwaltung Mudau

Formatherm Kunststoff GmbH. Sie wurde 1984 mit einer Arbeitskraft gegründet und beschäftigt 1991 ca. 20 Personen. Die Firma arbeitet auftragsbezogen im Bereich der Vakuumverformung verschiedener Materialien bis zu einer Größe von 2,5 x 2,5 m, hauptsächlich für Sanitärteile und Dampfbäder. Ihr Umsatz lag nach einem leichten Rückgang zum Vorjahr 1990 bei 3,4 Mio DM.

Einziger Industriebetrieb mit mehr als 20 Arbeitskräften ist die Firma *Aurora Konrad G. Schulz GmbH & Co.*, die 1930 in Leipzig gegründet wurde. Sie stellte nach einer Erfindung des Gründers Autoheizungen her, später auch Unterflurheizungen auf Warmwasserbasis für die Reichsbahn. 1952 verließen die enteigneten Besitzer das Werk in Leipzig und begannen den Neuaufbau in Uerdingen, auch mit dem Bau von Omnibusheizungen. Die Vergrößerung des Werkes machte einen Umzug nötig, gewählt wurde u. a. wegen der Nähe zu Frankfurt der Standort Mudau. Heute stellt die Firma mit ca. 90 Beschäftigten Heizungen für Nutzfahrzeuge aller Art her und exportiert etwa 30 % ihrer Produktion.

An der schwachen gewerblichen Entwicklung hat auch die Erschließung eines 10 ha großen Gewerbegebietes unter Einsatz von Fördermitteln der Gemeinschaftsaufgabe »Verbesserung der regionalen Wirtschaftsstruktur«, zu der die Arbeitsmarktregion Buchen bis 1986 gehörte, nicht viel geändert. Für 1987 weist die Arbeitsstättenzählung für das gesamte Verarbeitende Gewerbe (Handwerk und Industrie, ohne Handwerksbetriebe im Dienstleistungsbereich) nur 45 Betriebe mit 431 Beschäftigten aus. Das ergibt eine durchschnittliche Betriebsgröße von knapp 10 Beschäftigten. Das Baugewerbe mit 20 Arbeitsstätten und 75 Beschäftigten ist noch stärker durch den Kleinbetrieb geprägt.

Handel und Dienstleistungen. – Die Hauptbedeutung von Mudau im 19. Jh. lag in seinen *Märkten*. 1817 hatte Mudau 16 Viehmärkte, 3 Krämermärkte und (seit 1813) 1 Leinwandmarkt.

Besonders lebhaft besucht wurden die Viehmärkte von Bauern und Händlern aus der weiteren Umgebung. Sie waren jedoch keineswegs konkurrenzlos. 1838, nachdem in Beerfelden die Zahl der Viehmärkte auf 20 erhöht worden war, hatte auch Mudau jährlich 20 Viehmärkte. Im Umkreis von wenigen Stunden wurden aber (1847) zusammen jährlich über 100 Viehmärkte abgehalten, »wo die Odenwälder Familien Woche für Woche ab- und zuwandeln«. Das Bedürfnis von Handel und Verkehr erforderte diese Anzahl nicht. Daß die Marktbesucher regelmäßig auch die Wirtschaften am Ort besuchten, freute zwar die Wirte, gab aber angesichts der bedrängten finanziellen Lage der Bauern dem Bezirksamt zu Bedenken Anlaß. 1853 beschränkte das Amt die Viehmärkte wieder auf 16. Als aber 1857 die Regierung des Unterrheinkreises weitere 6 Viehmärkte schließen ließ, wehrten sich die Mudauer mit Erfolg in einer Bittschrift an den Großherzog. Anstelle des Leinwandmarktes wurde seit 1845 ein 4. Krämermarkt abgehalten, obgleich alle Krämermärkte weniger Anklang fanden. 1891 wurden auf dem Viehmarkt durchschnittlich 200 Stück Vieh umgesetzt. Noch 1896 fand der Markt auf der Ortsstraße und der Handel in den Wirtshäusern statt. Ein Marktplatz sollte eingerichtet werden, um die tierärztliche Überwachung zu erleichtern. 1935 fand der Viehmarkt noch zweimal monatlich statt. Die veränderten Handels- und Transportbedingungen ließen ihn dann allmählich einschlafen. Die Schweinemärkte, mit dem ersten Rindviehmarkt im Monat verbunden und zeitweise gleichfalls gut besucht, konnten die Bedeutung der Viehmärkte nie erreichen. Nach dem Krieg wurden die Krämermärkte wieder abgehalten, 1950 auch Vieh- und Schweinemärkte aufgenommen, aber ohne Erfolg. Schon 1951 fielen die Krämermärkte weg, seit 1957 gab es in Mudau keinen Markt mehr, bis 1987 der Bund der Selbständigen zusammen mit der Gemeinde die Markttradition wieder aufgriff und den Laurentiusmarkt wiederbelebte, der nun am 3. Samstag im September abgehalten wird.

Bis nach der Mitte des 19. Jh. ist über die Märkte hinaus in der armen Gegend um Mudau kein blühender *Einzelhandel* zu erwarten. 1854 gab es in Mudau selbst 5 Krämerläden. Bedeutung hatte die Gemischtwarenhandlung von Johann Michael Link, über die die Vermarktung sowohl der Strohgeflechte als auch der gesammelten

Heidelbeeren aus der ganzen Umgebung liefen. 1895 waren in Mudau 19 Hauptbetriebe mit 22 beschäftigten Personen im Bereich Handel, Versicherung, Verkehr nachgewiesen. In Schloßau bestanden 5, in Langenelz und Steinbach je 4 solche Betriebe, in den übrigen Gemeinden nur 1 oder gar kein Händler. Gegen Ende des Jahrhunderts kam der Verkauf der land- und forstwirtschaftlichen Produkte mehr in örtliche Hände. In Schloßau betrieben die Gebr. Geier einen ausgedehnten Getreidehandel, in Donebach widmeten sich die Müller nebenher einem ziemlich bedeutenden Holzhandel. Die Berufszählung von 1925 gibt für Mudau nur 10, für das heutige Gemeindegebiet nur 15 selbständige Kaufleute an. Dagegen nennt Humpert 1926 in Mudau 7 Läden für Gemischtwaren, 4 für Schuhwaren, je 2 für Fahrräder und Beleuchtung und 1 Eisenwarenhandlung und 1 Glas-, Porzellan- und Haushaltwarengeschäft. Differenzierter war das Angebot dann nach dem 2. Weltkrieg. 1954 zählt Humpert auf: 5 Gemischtwarenhandlungen, 4 Beleuchtungsgeschäfte, je 3 Läden für Lebensmittel, Schuhwaren, Kraftfahrzeuge/Fahrräder, Optik/Uhren/Schmuck, Baustoffe, 2 Kohlenhandlungen, je 1 Laden für Glas-,Porzellan- und Haushaltwaren, Eisenwaren, Buch- und Schreibwaren, 1 Getränkehandlung und 1 Viehhandlung. In Reisenbach gab es um diese Zeit (1949) 3 Gemischtwarenhandlungen, in Scheidental (1952) 3 Einzelhändler und 1 Süßwarenhändler.

Tabelle 3: **Der Einzelhandel in Mudau 1991**

Branche	Betriebe insgesamt	Mudau	davon in Donebach	Scheidental	Schloßau	Steinbach
Gemischtwarenhandlung	3	2	1	–	–	–
Lebensmittel*	1	1	–	–	–	–
Getränke und Wein	9	4	1	1	2	1
Schuhwaren	2	2	–	–	–	–
Raumausstattung	1	1	–	–	–	–
Schreibwaren	1	1	–	–	–	–
Elektro/Radio/TV	4	3	–	–	1	–
Uhren/Schmuck	1	1	–	–	–	–
Sanitär- und Heizungsbedarf	1	1	–	–	–	–
Antiquitäten (An- und Verkauf)	1	–	–	1	–	–
Musikinstrumente	1	1	–	–	–	–
Kraftfahrzeuge und Zubehör (auch gebraucht)	5	3	1	–	1	–
Tankstellen	4	4	–	–	–	–
Motorräder und Zubehör (Kleidung)	1	1	–	–	–	–
Baustoffe	1	–	1	–	–	–
Zusammen	36	25	4	2	4	1

* Bäckereien und Metzgereien s. unter Handwerk
Quelle: Gemeindeverwaltung Mudau

Die Zählung der nichtlandwirtschaftlichen Arbeitsstätten von 1970 gibt für Mudau 32 Handelsbetriebe mit 115 Beschäftigten und für das heutige Gemeindegebiet 52 Betriebe mit 146 Beschäftigten an. Bis zur Zählung von 1987 haben sich diese wenigen Betriebe noch vermindert. Auch die Zahl der Beschäftigten war rückläufig. Insgesamt waren 1987 in 46 Handelsbetrieben 125 Personen, darunter 54 Frauen, beschäftigt. Davon stellte der Einzelhandel 35 Betriebe mit 71 Personen, der Großhandel 9 Betriebe mit 42 Personen und die Handelsvermittlung 2 Betriebe mit 12 Personen. Es handelt sich also ganz überwiegend um kleine Betriebe mit 1–5 Beschäftigten. Nach dem 1989 erstellten Entwicklungsgutachten liegt die Kaufkraftkennziffer in Mudau um 8,4 % unter dem Bundesdurchschnitt. Infolge des geringen Warenangebots des Mudauer Einzelhandels fließen nur 35 % der vorhandenen Kaufkraft in den örtlichen Einzelhandel. Vor allem höherwertige Waren des periodischen Bedarfs werden außerhalb gekauft. Wichtigster Einkaufsort ist Buchen.

Die Einzelhandelsbetriebe nach Angaben der Gemeindeverwaltung sind in Tab. 3 aufgelistet. Am Dorfrand entsteht zur Zeit ein Supermarkt einer Einzelhandelskette. An weiteren Handelsbetrieben werden genannt: je 1 Holzgroßhandlung in Mudau und Steinbach, in Mudau 1 Versandhausagentur, 1 Werksvertretung (Handel und Montage von Landmaschinen), 1 Handlung mit Maschinenbauteilen, die örtliche Stelle eines Werbefahrtenunternehmens, 1 Handelsvertreter, in Steinbach 1 Importeur skandinavischer Häuser, 1 Import-Exportbetrieb, 1 Aufsteller von Spielgeräten, in Langenelz 1 Groß- und Einzelhandel mit Speiseöl u.ä., in Donebach 1 Vertrieb von Reinigungsgeräten und 1 Christbaumhandel, in Scheidental 1 Futtermittelhandlung. In Schloßau sind 1 Anzeigenakquisiteur und 1 Plakatanschläger, in Mudau 1 Unternehmer im Bereich Werbung tätig.

Kreditinstitute und *Versicherungen* stellten 1970 nur 5 Betriebe (3 in Mudau, 2 in Schloßau) mit 18 Beschäftigten. 1987 waren in diesem Bereich 32 Personen in 9 Arbeitsstätten beschäftigt. Im Kreditgewerbe unterhalten die Sparkasse Buchen-Walldürn eine Hauptzweigstelle in Mudau, seit 1990 im alten Rathaus, und Zweigstellen in Donebach, Scheidental und Schloßau und die Volksbank eG Franken Zweigstellen in Mudau, Donebach, Reisenbach und Schloßau. Die Volksbank Franken hat in Mudau ihren örtlichen Ursprung in dem 1897 gegründeten Ländlichen Kreditverein, der Geldmittel für Landwirtschaft und Gewerbe beschaffen sollte. Er hatte 1925 386 Mitglieder aus Mudau und Umgebung. Als Spar- und Kreditbank eGmbH Mudau trat er zum 1.1.1971 der Volksbank Franken bei. Laut Gemeindeverwaltung werden 1991 Versicherungen von 11 Versicherungsbüros und -agenturen (7 in Mudau, 2 in Schloßau, 1 in Donebach, 1 in Reisenbach) vermittelt.

An *Genossenschaften* ist für das Ende des 19. Jh. zu nennen die 1889 gegründete Elzbach-Fischereigenossenschaft, mit deren Arbeit man jedoch in Langenelz 1896 unzufrieden war. Die um die Jahrhundertwende bestehenden Vieh- und Schweinezuchtgenossenschaften waren eher kurzlebig. Große Bedeutung dagegen erlangte bis heute das 1909 in Mudau gegründete und dem Consumverband angeschlossene Lagerhaus. Zunächst von der Presse angegriffen, hatte es 1910 schon 300 Mitglieder, weitere Neuanmeldungen folgten. In Donebach z.B. waren fast alle Landwirte Mitglied. Obst und Getreide, insbesondere Hafer, wurden über das Lagerhaus gut abgesetzt. 1925 besaß die Getreidelagerhaus GmbH ein großes Lagerhaus beim Bahnhof und blickte auf 15 Jahre erfolgreicher Tätigkeit zurück. Heute gehört sie der Raiffeisen-Zentralgenossenschaft an. 1954 bestanden außerdem eine Landwirtschaftliche Ein- und Verkaufsgenossenschaft und eine Milchgenossenschaft.

Auch das *Dienstleistungsgewerbe* ist nicht sehr ausgeprägt. 1970 gab die Arbeitsstättenzählung hier insgesamt 43 Arbeitsstätten mit 161 Beschäftigten an, davon 24 Betriebe mit 67 Beschäftigten in Mudau und 3 Betriebe mit 58 Beschäftigten in Mörschenhardt (Klinik Schloß Waldleiningen). 1987 beschäftigte das Dienstleistungsgewerbe 161 Personen in 49 Arbeitsstätten. Die meisten Beschäftigten hatten das Gesundheits- und Veterinärwesen (42), die Rechts- und Steuerberatung, Wirtschaftsprüfung etc. (39) und das Gastgewerbe (34).

Die Gemeindeverwaltung nennt für 1991 im Bereich Dienstleistungen 1 Architekt in Mudau, 1 Ingenieurbüro für Beratung, Planung und Projektierung in Schloßau, 1 weiteres Ingenieurbüro in Mudau, 1 Bauleitungsunternehmen in Mudau, 1 Planungsbetrieb für Elektronik in Mudau, 1 Unterhaltungsmusiker in Mudau, in Langenelz die Firma Dimestra GmbH (Beratung und Planung sowie weitere Dienstleistungen auf dem Gebiet des Strahlenschutzes)

Das *Transportgewerbe* ist mit 12 Unternehmen vertreten. Der größte der 3 Omnibusunternehmer (2 in Schloßau, 1 in Mudau), die Firma Grimm in Schloßau, fährt mit ca. 35 Omnibussen und unternimmt vor allem große Wallfahrten. Gütertransporte übernehmen 5 Betriebe in Mudau, davon ist 1 Betrieb Teil einer Baustoffhandlung, 1 übernimmt hauptsächlich Holztransporte, 2 führen Kleintransporte mit Pkw durch. 2 Gütertransportunternhmen sind in Schloßau, 1 in Scheidental ansässig.

In Mudau, dem Marktort und Pfarrort für ein großes Kirchspiel, waren die *Wirtshäuser* immer gut besucht. Taufen und Hochzeiten der Pfarrkinder aus den Filialorten wurden in den Mudauer Wirtshäusern gefeiert. »An Sonn- und Feiertagen herrscht in den äußerst zahlreichen Wirtshäusern in Mudau ausgelassenes Treiben, das oft in Raufhändel ausartet« (1893). Die Marktgeschäfte wurden zu einem guten Teil im Wirtshaus abgeschlossen. 1803 gab es in Mudau 9 Schild- und 2 Straußwirte, 1834 schon 11 Wein- und 5 Bier- und Branntweinwirtschaften. 1854 bestanden 10 Gastwirtschaften, 1 Restauration und 1 Bier- und Branntweinschenke, davon 11 zu realem, 1 zu persönlichem Recht, 1 Recht ruhte. Das Bezirksamt vertrat die Auffassung, es gäbe zu viele Gasthäuser in Mudau, zumal »die Mudauer ein sehr leichtlebiges Völkchen« seien. 3 Gasthäuser würden vollauf genügen.

Von den alten, auf das 17. und 18. Jh. zurückgehenden Mudauer Wirtshäusern haben bis heute überdauert die Schildwirtschaften »Rose«, »Löwen« und »Lamm«. Das 1798 konzessionierte »Lamm« wurde nach 1890 abgebrochen und neugebaut. Bis vor kurzem war es als italienisches Restaurant bewirtschaftet. Die »Rose« ist mit einer Branntweinbrennerei verbunden. Die Schildgerechtigkeit zum »Grünen Baum« wurde 1874 nach Abbruch des Hauses auf die heute noch bestehende »Pfalz« übertragen. Der »Leiningische Hof« heißt seit 1870 »Deutsches Haus«. Er soll demnächst im Zuge der Ortskernsanierung abgebrochen werden. Die Schildwirtschaft, später Hotel, zum »Engel« ging nach 1933 ein. Von 1945 bis 1947 war in dem Gebäude die Schule untergebracht, vor 1968 wurde das »Hotel Engel« nach einem Umbau wiedereröffnet. »Löwen«, »Pfalz«, »Lamm« und »Deutsches Haus« bieten gleichfalls Fremdenzimmer mit Frühstück, Halb- oder Vollpension an.

Das »Roß« wurde schon 1888 von der Gemeinde gekauft und wegen einer Straßenerweiterung abgebrochen. Der »Hirsch« ging nach dem 1. Weltkrieg ein, sein Gebäude wurde zu Wohnungen umgenutzt. Die alte »Krone« und der »Ochsen«, beide 1849 abgebrannt und wiederaufgebaut, bestanden noch 1954, sind jetzt aber schon lange geschlossen. Hinzugekommen sind die Gasthäuser »Mudbachtal«, »Eichbaumstübchen« und »Wiesental« sowie das Café »Waldfrieden«. Das Café »Odenwald« wurde vor kurzem aufgegeben.

Die übrigen Dörfer hatten in der 2. H. 19. Jh. höchstens 2 Gasthäuser. In Mörschenhardt eröffnete, von dem Gasthaus in Ernsttal abgesehen, die erste Wirtschaft 1897, in Waldauerbach um 1900. Der »Prinz Ernst« in Ernsttal und der »Wildenfels« in Mörschenhardt bestehen bis heute. In Ernsttal stehen auch Fremdenzimmer zur Verfügung. Die Galm'sche Wirtschaft in Oberscheidental verdankte ihr Entstehen nur den Zwistigkeiten in der Bevölkerung, welche es nötig machten, die erhitzten Gemüter in zwei verschiedenen Wirtschaften zu trennen (1897). Der »Löwen« ist das ältere

Die Gemeinde im 19. und 20. Jahrhundert

Gasthaus. In Unterscheidental gab es 1913 1 Gastwirtschaft. 1952 hatte die Gde Scheidental 3 Gastwirtschaften mit zusammen 4 Fremdenbetten. Heute ist hier noch die »Linde« bewirtschaftet. Im »Römerkastell« sind Aussiedler untergebracht. Reisenbach hatte 1903 noch 2, 1912 schon 3 Gastwirtschaften, die aber nur an Sommersonntagen gut besucht waren. Auch 1930 waren 3 Wirtschaften am Ort. Heute werden Gäste in Reisenbach im »Grünen Baum« und im »Grund« bewirtet, »Rieds Mühle« nimmt Pensionsgäste auf. In Schloßau kann man in den Gasthäusern »Grüner Baum« und »Zum Hirsch«, in Waldauerbach in der »Rose« einkehren. Steinbach hatte 1914 ein Gasthaus. Auch heute ist der »Ratsschreiber« die einzige Gastwirtschaft dort, lebt aber teilweise von der Aufnahme von Aussiedlern. Rumpfen, wo 1914 und noch 1957 eine Gastwirtschaft bestand, hat heute kein Gasthaus mehr.

Der *Fremdenverkehr*, vorwiegend als Tagestourismus, fand schon um die Jahrhundertwende Eingang. Anziehungspunkte für Touristen waren Schloß Waldleiningen in Ernsttal und die benachbarte Ruine Wildenburg (Gkg Preunschen, Lkr. Miltenberg). Der Gastwirt in Ernsttal hatte um 1895 schon ständige Kurgäste, die auch den fürstlichen Wildpark besuchen wollten. In den 1920er Jahren und vor 1935 schickten die Krankenkassen Erholungsbedürftige nach Mudau. Hier bestand auch eine vom Kreis finanzierte Wanderherberge. In Reisenbach wurde 1926 eine Jugendherberge gebaut, die in der Folge jedoch wenig Anklang fand. Sie wurde 1987 in Privathand verkauft.

Wochenend- und Tagestourismus spielen auch heute eine größere Rolle als Ferienaufenthalte. Über die Zimmerzentrale Odenwald versucht die Gemeinde, mehr Urlauber anzusprechen. Fremdenzimmer vermieten außer den schon genannten Hotels und Gasthäusern auch Pensionen und Privatleute in Mudau, Donebach, Langenelz, Reisenbach, Scheidental, Schloßau und im Ünglert. 1990 wurden 217 Zimmer über die Zimmerzentrale angeboten, davon 119 in Hotels/Gasthäusern, 22 in Pensionen, 34 Privatzimmer und 42 in Ferienwohnungen und -häusern. Das Angebot umfaßt hauptsächlich einfach ausgestattete Zimmer zu moderaten Preisen in kleinen Betrieben (mit weniger als 9 Betten). Gasthöfe und Hotels, die gehobenen Ansprüchen genügen, sind selten. Gut wird dagegen die Qualität der zahlreichen Gaststätten beurteilt. Der Limeslehrpfad und der ökologische Lehrpfad an der Wanderbahn, der ehemaligen Trasse der Bahn Mosbach–Mudau, die Freizeitanlage »Weller« und Langlaufloipen sind Einrichtungen auch für Urlauber und Touristen.

Die stattlichen Übernachtungszahlen der Fremdenverkehrsstatistik geben insofern ein falsches Bild, als in ihnen auch die Patienten der Psychosomatischen Klinik Schloß Waldleiningen erfaßt sind, nicht jedoch die hier überwiegenden kleinen Beherbergungsbetriebe mit weniger als 9 Betten. Im Kalenderjahr 1987 wurden gezählt: 3902 Ankünfte, darunter 10 Auslandsgäste, 52146 Übernachtungen, darunter 16 von Auslandsgästen. Bei einer Zahl von 196 Fremdenbetten waren nur dank der Klinik sowohl die Bettenauslastung mit 58,9 % als auch die mittlere Aufenthaltsdauer von 13,4 Tage hoch. Gegenüber 1986 zeigte sich aber ein leichter Rückgang (4377 Ankünfte, 51232 Übernachtungen, 274 Betten, Auslastung 52,0 %, Aufenthaltsdauer im Mittel 11,7 Tage).

Verkehr. – Mudau zählt im Fernverkehrsnetz zu den abgelegensten Gemeinden im Neckar-Odenwald-Kreis. Bis zur staatlichen Neugliederung seit 1803 wurden die über Mudau führenden Fernstraßen von Würzburg nach Worms und von Miltenberg über Mosbach nach Heilbronn häufig benutzt, im bad. Großherzogtum rückte Mudau in den Verkehrsschatten. Erst 1857 wurde das Teilstück Eberbach–Mudau der wichtigsten Straßenverbindung nach Würzburg durch Verminderung des Gefälles bei Oberdielbach und Strümpfelbrunn korrigiert und die Straße als Landesstraße anerkannt.

Die Staatsstraße, die die alte Würzburger Straße durch das Elztal mit der Poststraße Eberbach–Amorbach verbinden sollte, wurde 1845/50 über Langenelz bis Mudau gebaut, die erst 1878 fertiggestellte Anschlußstrecke bis Schloßau wurde im Interesse der Mudauer Viehmärkte 1886/88 korrigiert. 1856 war der Weg Mudau–Unterscheidental fertiggestellt. Die geplante Straße Waldhausen–Einbach–Mudau wurde wegen der 1848er Revolution nicht gebaut, 1860 schien sie dem Bezirksamt nicht nötig zu sein. Später wurde sie doch gebaut. Die Verbindungswege zwischen den Dörfern Donebach, Steinbach und Mudau, zwischen Langenelz und Laudenberg waren noch um 1870 steil, in der Talsohle oft überschwemmt und in schlechtem Zustand. In den 1880er und 1890er Jahren wurden allmählich die Straßen, namentlich die Verbindungsstraßen nach Buchen, korrigiert und ausgebaut. Soweit sie größeren Verkehr hatten, wurden sie mit Sandstein, die »schwarze Straße« Waldauerbach–Mudau mit Basalt, geschottert. Für Mörschenhardt war der um 1880 durchgeführte Ausbau der Straße nach Preunschen wichtig, die nach Amorbach und Miltenberg weitergeführt werden sollte. Gefordert worden war diese Straße sowohl von badischer wie von bayerischer Seite schon seit den 1840er Jahren. In Reisenbach wurde Ende der 1880er Jahre die Straße durch den Reisenbacher Grund nach Eberbach diskutiert, aber aus Furcht, dann dem Amtsbezirk Eberbach zugeteilt zu werden, zunächst nicht befürwortet. 1895 wurde die Straße dann doch gebaut und zog den Verkehr von Reisenbach und Scheidental mehr nach Eberbach. Tatsächlich wurde Reisenbach 1899 in den Amtsbezirk Eberbach umgegliedert. Seit dem 2. Weltkrieg wurden alle Straßen auf dem Gemeindegebiet den Verkehrsverhältnissen entsprechend ausgebaut.

Mudau bildet jetzt den Mittelpunkt einer Straßenspinne, die den Hauptort mit den eingemeindeten Dörfern verbindet und im O auf die B 27 Mosbach–Buchen führt. Nach Amorbach gehen Straßen von Mudau und von Mörschenhardt (über Preunschen), nach Eberbach von Schloßau über Friedrichsdorf und von Mudau und Scheidental über Waldbrunn. Da sich im Zentrum von Mudau der innerörtliche und der Durchgangsverkehr treffen, bestehen dort erhebliche Verkehrsprobleme, die jedoch durch den Bau einer Umgehungsstraße demnächst gelöst werden sollen.

Knapp 70 Jahre lang hatte Mudau auch eine Eisenbahn. Die Strecke Mosbach–Mudau, lange gefordert, aber in Konkurrenz zu einem Projekt Eberbach–Mudau auch lange nicht entschieden, wurde endlich durch einen Unternehmer gebaut und 1905 eröffnet. Betrieben wurden sie nicht als Privatbahn, sondern als Staatsbahn. Die Linie, übrigens die einzige Meterspurbahn in Baden, wirkte sich eher auf den Absatz von Holz und landwirtschaftlichen Erzeugnissen günstig aus als auf den Personenverkehr. Für das Projekt einer Linie Eberbach–Mudau–Buchen erwärmte man sich um 1929 wieder, gebaut wurde die Bahn nicht.

Vor 1905 waren die hessische Bahnstation Kailbach an der 1882 eröffneten Strecke Eberbach–Hanau und die bayerische Bahnstation Amorbach von den Mudauer Dörfern aus benutzt worden. Namentlich die Eröffnung der hessischen Bahn hatte die Verkehrslage im Raum Mudau erheblich verbessert. Die Mudauer selbst gingen, bevor die Straße nach Schloßau korrigiert und damit die Zufahrt nach Kailbach erleichtert wurde, lieber zur Station Großeicholzheim an der Strecke Mosbach–Buchen, zumal dorthin auch Postverbindung bestand. Von Mörschenhardt und Schloßau (mit Waldauerbach) aus blieb auch nach Eröffnung der Bahn Mosbach–Mudau Kailbach bevorzugte Station. Die Nebenbahn Mosbach–Mudau wurde 1973 von der Bundesbahn stillgelegt, die Schienen abgebaut, aber die Trasse erhalten, um als »Wanderbahn« dem Fremdenverkehr zu dienen.

Die abseits der Bahnlinie liegenden Orte sollte die 1925 eingerichtete Kraftwagenlinie Eberbach–Mudau–Buchen–Oberwittstadt bedienen. 1935 wurde die Strecke über

Die Gemeinde im 19. und 20. Jahrhundert 253

Waldauerbach–Schloßau geführt. Heute sind alle Gemeindeteile mit Buchen durch mehrmals täglich verkehrende Omnibusse des Geschäftsbereichs Bahnbus Rhein-Neckar verbunden, mit Mosbach nur Mudau, Langenelz, Scheidental, Schloßau und Waldauerbach.

Eine Postanstalt wurde 1841 zwischen Eberbach und Amorbach im leiningischen Ernsttal errichtet. 1895 ließ der Fürst auf seine Kosten ein Postgebäude an der Landstraße errichten. Seit 1859 verkehrte der Postwagen auch auf der neuen Straße Eberbach–Strümpfelbrunn–Mudau. Die Postsendungen von und nach Mudau gingen über Buchen und Großeicholzheim. Der um 1890 öfters geäußerte Wunsch des Mudauer Gemeinderats, die Eicholzheimer Verbindung gegen eine Postverbindung über die Landesgrenze hinweg nach Kailbach auszutauschen, wurde abschlägig beschieden. 1872 erhielt Mudau eine Postagentur, 1889 wurde sie in ein Postamt umgewandelt, 1932 in ein Zweigpostamt zurückgestuft. Nach dem Krieg, besonders 1953/54, bemühte sich die Gemeinde vergeblich um ein selbständiges Postamt. Erst die im Anschluß an die Gemeindereform durchgeführte Neugliederung der Postzustellbezirke brachte Mudau wieder ein eigenes Zustellpostamt (Poststelle I). Die Ortsteile haben Poststellen II und Hilfspoststellen, zum Teil in posteigenen Gebäuden, zum Teil auch in Privathäusern.

Die Bundespost unterhält auf der Gkg Reisenbach einen Fernsehturm für das 3. Programm und auf dem ehemaligen Militärflugplatz auf Gkg Donebach eine 500 KW-Langwellenanlage mit zwei 360 m hohen Masten, den höchsten Langwellensender Westeuropas. Bei beiden Einrichtungen besteht eine kleine Postbetriebsstelle, am Fernsehturm in Reisenbach sind auch Bundeswehrsoldaten und amerikanisches Militär stationiert.

Verwaltungszugehörigkeit, Gemeinde und Öffentliches Leben

Verwaltungszugehörigkeit. – Das gesamte heutige Gemeindegebiet kam 1802/03 aus mainzischem und amorbachischem Besitz an das Fürstentum Leiningen und durch dessen Mediatisierung 1806 an das Kurfürstentum bzw. Großherzogtum Baden. Mudau war in den ersten Jahren der leiningischen Herrschaft noch Amtssitz, aber 1805 wurde es mit seiner Zent dem fürstl. leiningischen Amt Buchen unterstellt. Das fürstl. Rentamt blieb in Mudau, bis es 1842 nach Ernsttal verlegt wurde. Das Justizamt Mudau wurde 1807 wiederhergestellt, 1813 aber endgültig zum Bezirksamt Buchen geschlagen. Seither war Buchen bis zur Bildung des Neckar-Odenwald-Kreises 1972 zuständige Amts- bzw. Kreisstadt. Nur Reisenbach gehörte von 1899/1900 bis 1924 zum Amtsbezirk Eberbach.

Gemeinde. – Bewegter war die innere Gliederung des Gemeindegebietes: Das Dorf Neubrunn wurde 1834 vom Fürsten von Leiningen aus den Einkünften durch die Ablösungsverträge aufgekauft, 1837 in Ernsttal umbenannt und als Gemeinde aufgelöst. Die Gemarkung wurde 1838 nach Umsiedlung der Bewohner der Gemeindeverwaltung Mörschenhardt unterstellt und am 1.1.1925 mit Mörschenhardt vereinigt. Die Gde Unterferdinandsdorf wurde, nachdem in den 1850er Jahren der größte Teil ihrer Einwohner nach Amerika verschickt worden war, aufgelöst. Bestehen blieb die Siedlung im Reisenbacher Grund auf der anderen Seite des Reisenbachs. Sie gehörte zu den Gkgn Reisenbach, Mülben und Eberbach, bis sie 1977 einer gut 30 Jahre alten Forderung entsprechend bei einer Grenzbereinigung ganz der Gde Mudau zugeteilt wurde. 1858 wurde Schöllenbach (jetzt Badisch-Schöllenbach, Wpl. von Friedrichsdorf, Stadt Eberbach) von Schloßau getrennt. Mörschenhardt, Schloßau und Waldauerbach wurden zum 1.4.1935 zur Einheitsgemeinde Schloßau, Ober- und Unterscheidental zur Einheitsgemeinde Scheidental verbunden. Donebach, das bis zur amtlichen Namensänderung zum 1.1.1926 Dumbach hieß, und Langenelz wurden am 1.4.1936 mit Mudau vereinigt, Rumpfen und Stürzenhardt (jetzt Stadt Buchen im Odenwald) kamen zum gleichen Zeitpunkt zu Steinbach. Alle diese Orte bis auf Waldauerbach, Ober- und Unterscheidental erhielten 1945 auf ihr Betreiben hin wieder ihre Selbständigkeit.

Mörschenhardt wurde als erster der heutigen Gemeindeteile am 1.9.1971 zu Mudau eingemeindet. Es folgten Rumpfen zum 1.1.1973, Langenelz und Scheidental zum 1.1.1974, Donebach zum 1.3.1974 und Steinbach zum 1.1.1975. Zum gleichen Datum entstand die heutige Gde Mudau durch Vereinigung des erweiterten Mudau mit Reisenbach und Schloßau. Es wurden dauerhafte Ortschaftsverfassungen vereinbart. Die Einheitsgemeinde Mudau bildet einen eigenen Verwaltungsraum.

Die *Gemarkungen,* aus denen sich das heutige Gemeindegebiet zusammensetzt (Schloßau noch einschließlich Schöllenbach), lassen sich für das Jahr 1854 auf ca. 11018 ha Fläche errechnen. Die Katastervermessungen fanden in Mudau um 1860, sonst erst um und nach 1870 statt. Für 1925 errechnet sich eine Gesamtgröße von 10753 ha. Am 1.1.1989 umfaßte das Gemeindegebiet 10757 ha Bodenfläche. Die größte Gemarkung hat nach wie vor Schloßau mit 2239 ha, die kleinste Rumpfen mit 608 ha. Nach der Nutzung gliedert sich die Gesamtfläche in 426 ha (4%) Siedlungs- und Verkehrsfläche, 3339 ha (31%) Landwirtschaftsfläche, 6960 ha (65%) Wald und 32 ha Wasser- und andere Flächen.

Auf allen Gemarkungen war die Standesherrschaft Leiningen begütert, z.T. wie in Schloßau zu hohen Anteilen. Nach 1918 wurden hier heftige Ansprüche auf den leiningischen Besitz laut, und die Standesherrschaft erklärte sich (1921) bereit, in den nächsten Jahren u.a. 65 ha Wald für Siedlungszwecke zur Verfügung zu stellen. 1927 waren davon 45 ha abgeholzt, der Rest war Schälwald und wurde erst später hiebbar. Ein ähnliches Projekt war in Reisenbach diskutiert, aber nicht ausgeführt worden. Auch die Ev. Stiftschaffnei Mosbach besaß größere Gemarkungsteile. Vor allem in Langenelz, wo dem Stift ⅓ der Gemarkung gehörte, gab es immer wieder Spannungen zwischen der Gemeindeverwaltung und dem Stift, u.a. weil das Stift unter Ausnutzung seiner finanziellen Machtstellung als Umlagezahler die Gemeindebeamten unentgeltlich zu Dienstleistungen heranzog. Nach 1900 hatte das Stift einen Teil seiner Äcker zur Zufriedenheit der Langenelzer verpachtet.

Allmenden und *Bürgernutzen* gab es in den Gemeinden 1854 nicht. In Mudau wurde nur der Ertrag aus den Waldungen gemeinschaftlich genutzt. 1859 wurde in Mörschenhardt der Neuhof als Allmende ausgegeben. 1906 bestanden 30 Lose zu 64 Ar. 1928 wurden alle, auch die jungen Bürger, ob sie Grundbesitz hatten oder nicht, zum Allmendgenuß zugelassen. Der Mangel an Allmende und Bürgernutzen führte zu einer Abnahme der Bürgerzahlen, da kein Interesse am Bürgerrecht bestand.

In der *Gemeindeverwaltung* der kleinen Dörfer hat sich seit dem Erlaß der Gemeindeordnung von 1831 bis zur Gemeindereform trotz – insbesondere zwischen 1933 und 1945 – veränderten rechtlichen Grundlagen und abgesehen von dem zwangsweisen Zusammenschluß mehrerer Gemeinden faktisch wenig verändert. Aufgaben und selbst Dienstbezeichnungen der Gemeindebeamten und -bediensteten blieben bis zum 2. Weltkrieg die gleichen wie im 19. Jh. Die Bürgermeister versahen ihr Amt nebenberuflich. Ihnen standen 6, in Mudau in den 1880/90er Jahren 8, Gemeinderäte zur Seite. Bürgerausschüsse waren dagegen nicht immer gebildet.

Für die kleinen Gemeinden war es schwierig, die vom Gemeindegesetz geforderten Gemeindebediensteten zu besolden. 1847 wurde deren Verminderung von fast allen

Die Gemeinde im 19. und 20. Jahrhundert

Gemeinden als ein Mittel zur Linderung ihrer Armut bezeichnet. Auch das Bezirksamt schlug aus dem gleichen Grund die Zusammenlegung oder die gemeinsame Verwaltung von mehreren kleinen Gemeinden vor. In allen Gemeinden mußte der Dienst des Ratschreibers, des Rechners, des Polizeidieners (selbst Ernsttal hatte einen eigenen Polizeidiener) versehen, Feld- und Waldhut ausgeübt werden. Auch die Industrielehrerin, je 4 Steinsetzer, Straßenwart und Baumwart wurden von den Gemeinden bezahlt. Hinzu kamen Fleischbeschauer, Abdecker, Hebamme, Leichenschauer, Totengräber, Brunnenmeister, in Mudau auch Armenarzt und Fruchtmesser, die keine festen Gehälter bezogen. Man half sich z.T. damit, daß entweder mehrere Aufgaben einer Person übertragen wurden (Wald- und Feldhut), oder daß ein Beamter oder Bediensteter, meist Ratschreiber und Waldhüter, auch die Hebamme, mehrere Gemeinden betreute. Auch wurden Stellen wie die des Straßenwarts an den Wenigstnehmenden versteigert. Selbstverständlich wurden viele Gemeindedienste im Nebenberuf, meist durch Kleinbesitzer, versehen.

Vor dem Gemeindezusammenschluß amtierten in Mudau 10, in den anderen Gemeinden je 6 Gemeinderäte. Der Gemeinderat der heutigen Gde Mudau hat außer dem hauptamtlichen Bürgermeister (CDU) 23 Mitglieder. Davon wurden 14 über die CDU mit 61 % der gültigen Stimmen, 4 über die SPD mit 18 % und 5 über die Freien Unabhängigen Bürger mit 22 % gewählt. Bei der Gemeinderatswahl 1975 hatten die Kandidaten der Wählervereinigung alle Stimmen erhalten, 1980 und 1984 etwa ⅓ und die der CDU um ⅔ der gültigen Stimmen. Ortschaftsräte sind in Mudau 10, in Schloßau 8, in Rumpfen 4, in den übrigen Gemeindeteilen 6 aufgestellt. Die Gemeindeverwaltung gliedert sich seit der mit der Gemeindereform verbundenen Neuorganisation in das Rechnungsamt mit Gemeindekasse und Bauamt und das Hauptamt mit Grundbuchamt, Standesamt, Einwohnermeldeamt, Sozialamt und Sekretariat. Beiden Ämtern steht ein Beamter des gehobenen Dienstes vor, das Rechnungsamt hat außerdem 4, das Hauptamt 8 Mitarbeiter. Ingesamt arbeiten in der Gemeindeverwaltung 6 Beamte, 14 Angestellte, davon 2 Teilzeitbeschäftigte, und 13 Arbeiter, davon 12 Teilzeitbeschäftigte. Poststelle und Polizeiposten sind die einzigen nichtkommunalen Dienststellen in der Gemeinde.

Die Gemeinden besaßen in der Mitte des 19. Jh. kaum Ertrag abwerfendes liegenschaftliches *Vermögen*, sie waren im Gegenteil durch alte Kriegskosten und Zehnt- und andere Ablösungen stark belastet. Von den Schulden aus dem Fronabkauf der Landbedorte von der Standesherrschaft Leiningen aus dem Jahr 1811, insgesamt 20000 fl, hatte die Gde Mudau den höchsten Anteil zu tragen. 1849 kamen die »Maiaufstandskosten« hinzu. Die Zehntablösung war in Reisenbach und Oberscheidental 1862, in Schloßau 1865, in Mudau, Donebach und Waldauerbach 1867, in Langenelz und Unterscheidental 1868, in Rumpfen 1871, in Mörschenhardt 1872, in Steinbach nach 1860 abgeschlossen.

Einnahmen konnten aus den Bürgerrechtsantrittsgeldern, aus Strafen, aus Jagd- und Fischereipacht, aus dem Holzerlös und aus der Schäferei bzw. Weidepacht erzielt werden, soweit die Voraussetzungen vorlagen. Mudau zog die wesentlichen Einkünfte aus den Märkten. Da sie jedoch nur im günstigsten Fall ausreichten, mußten die Gemeindeausgaben weitgehend aus den je nach Bedarf in wechselnder Höhe festgelegten Umlagen auf das Steuerkapital der Bürger bestritten werden. Oft konnten diese nicht oder sehr verspätet bezahlen und gerieten weiter in Verschuldung. Wo wie in Langenelz oder Schloßau das Ev. Stift Mosbach oder die Standesherrschaft Leiningen ⅓ der Umlagen zu tragen hatte, gingen wenigstens diese Beträge rechtzeitig oder als Vorschuß ein. Auch die Kosten für die Schule wurden zum Teil auf die Einwohner umgelegt, meist erhielten die Gemeinden dafür auch Staatsbeiträge.

Hohe Kosten verursachte in allen Gemeinden der oft drückende Armenaufwand, die Besoldung der Gemeindebediensteten und der Lehrer, der Bau und die Unterhaltung von Straßen und Wegen. Von Fall zu Fall kamen Auslagen für die Ausbildung der Hebamme, für Feuerlöscheinrichtungen, für kirchliche Zwecke o.ä. hinzu. Zum Kirchen- und Pfarrhausbau in Steinbach, Oberscheidental und in Schloßau trugen auch die Nachbargemeinden bei. In den 1870er und seit den 1880er Jahren mußte auch die Katastervermessung und in einigen Orten der Bau von Wasserleitungen bezahlt werden.

Mudau war noch 1877 »eine der wenigst wohlhabenden Ortschaften des Odenwaldes« ohne »erhebliches Gemeindevermögen« und mußte alle Bedürfnisse durch Umlagen decken. 1893 betrug das großenteils unrentierliche Gemeindevermögen 87000 Mark. In Donebach brachten um die Jahrhundertwende nur der Wald, einige verpachtete Äcker und die Fischereipacht Geldeinkünfte. Der Jagdertrag stand den Güterbesitzern zu, die aber zugunsten des Kirchenbaufonds auf ihn verzichtet hatten. Auch in Rumpfen flossen (1890) Jagd- und Fischereipacht nicht in die Gemeindekasse, sondern wurden verteilt, obwohl die Gemeinde kaum Vermögen besaß. In Oberscheidental wurden Schäfereierträgnis und Jagdpacht verteilt, nur die geringe Fischereipacht und der Walderlös blieben der Gemeinde. Oberscheidental besaß 1910 zwar 22 ha Wald und 42 ha Feld, 1929 war der Vermögensstand der Gemeinde dennoch »nicht besonders gut zu bezeichnen«. In Schloßau kam wenigstens der Ertrag aus 113 ha Wald (1904) der Gemeindekasse zugute. 1927 betrug das Gemeindevermögen insgesamt 199891 Mark und die Gemeinde war schuldenfrei. Der größte Aktivposten mit 120457 Mark waren die 149 ha Wald. Der Kassenvorrat machte nur 4367 Mark aus. Auch in Steinbach, Waldauerbach und in Reisenbach verteilten die Waldbesitzer die Jagdpacht unter sich. Der Gde Reisenbach blieben nur die Jagdpacht im Gemeindewald, der Schäfereiertrag und die Einnahmen aus dem Wald, die jedoch oft unter den Aufwendungen lagen. Erst 1930 wurde der Jagdpachtertrag der Gemeindekasse übertragen. Trotzdem galt Reisenbach noch 1949 als eine der ärmsten Gemeinden im Lkr. Buchen. Langenelz, Waldauerbach, Steinbach, Unterscheidental und Mörschenhardt hatten außer wenigen Grundstücken überhaupt kein Vermögen. Selbst den Ankauf einer Lehmgrube mußte die Gde Langenelz 1877 über eine Grundstücksumlage finanzieren. Um 1910 kaufte die Gemeinde die ersten eigenen 3 ha Wald. Das gesamte Vermögen der Gemeinde Mörschenhardt belief sich noch 1926 auf 45077 Mark, davon fielen allein auf Gebäude und den Wasserwert zusammen 29300 Mark. Heute umfaßt der Gemeindebesitz an Flächen 370 ha Wald und 6 ha Bauland. Außerdem besitzt die Gemeinde mit den Rat- und Schulhäusern ca. 20 Gebäude.

Auch in der Gegenwart ist die finanzielle Lage der Gde Mudau nicht besonders gut. Auf die heutige Gemeinde berechnet lag 1970 die Steuerkraftsumme je Einwohner mit 243 DM um 28 % unter dem Landesdurchschnitt und im Neckar-Odenwald-Kreis an 19. Stelle. Der Mangel an steuerkräftigen Gewerbebetrieben machte sich in dem geringen Gewerbesteueranteil von 24 % an dem Steueraufkommen von 677000 DM bemerkbar. 1980 hatte sich die Situation insofern etwas verbessert, als die Steuerkraftsumme mit 686 DM/E nur noch 19 % unter Landesdurchschnitt und innerhalb des Neckar-Odenwald-Kreises an 10. Stelle lag und der Gewerbesteueranteil an dem auf 2639000 DM angestiegenen Steueraufkommen immerhin 43 % ausmachte. Allerdings hatte sich auch der Schuldenstand von (1970) 444 DM/E auf 1133 DM/E erhöht. 1984 waren die Schulden auf 1089 DM/E leicht zurückgegangen, das Steueraufkommen hatte sich auf 2888000 DM erhöht, und der Gewerbesteueranteil war mit 42 % fast gleich geblieben. Die Abweichung der Steuerkraftsumme (785 DM/E) vom Landesdurch-

Die Gemeinde im 19. und 20. Jahrhundert

schnitt war jedoch auf 26 % gestiegen; auch der Rangplatz im Landkreis war wieder auf 19 zurückgefallen. Das Haushaltsvolumen umfaßte 1987 im Verwaltungshaushalt 7350000 DM, im Vermögenshaushalt 6923000 DM. 1988 war der Verwaltungshaushalt auf 8085000 DM angewachsen, während der Vermögenshaushalt nur 6195000 DM umfaßte. Die Schulden waren von (1987) 4944142 DM auf 5268782 DM, d. h. von 1036 DM auf 1104 DM je Kopf der Bevölkerung angestiegen.

Zu den Aufgaben, aus denen der Gemeinde derzeit größere Ausgaben erwachsen, gehört die Sanierung des Ortskerns von Mudau im Rahmen des Landessanierungsprogramms (Aufnahme in das Programm 1990), die Renovierung der dortigen Grund- und Hauptschule, der Ausbau von Ortsdurchfahrten und die Abwasserbeseitigung. Der Ausbau der Ortsdurchfahrt Schloßau wurde 1987 abgeschlossen. Außerdem werden hier und in Donebach Dorfentwicklungsprogramme durchgeführt, für die übrigen Gemeindeteile sind sie beantragt.

Die gemeindeeigenen *Gebäude*, die im 19. Jh. einen wesentlichen Teil des Gemeindevermögens ausmachten, brachten keine Einnahmen, sondern verursachten Kosten. Schulhäuser, in einigen Fällen mit dem Ortsarrest verbunden, und Armenhäuser besaßen um 1860 alle Gemeinden, Rathäuser nicht alle. In Mörschenhardt benutzte man das Schulzimmer in dem baufälligen Haus, in dem der Lehrer wohnte, auch als Ratszimmer, in Steinbach war die Gemeinderegistratur im Wohnzimmer des Bürgermeisters untergebracht, in Schloßau befanden sich Ratszimmer und Strohflechterei in der Zehntscheuer.

Die Gebäude waren um 1860 alle in sehr schlechtem Zustand (in Donebach hatten Schul- und Rathaus bis 1888 noch Strohdächer), so daß etwa zwischen 1870 und 1910 in allen heutigen Gemeindeteilen Neubauten errichtet werden mußten. Sie vermehrten die Schuldenlast der Gemeinden und damit die Umlagen auf das Steuerkapital der Einwohner. Nur in Einzelfällen konnte ein außerordentlicher Holzhieb wie in Mudau und Oberscheidental oder ein Staatszuschuß zur Finanzierung beitragen.

Seit 1984 ist die Gemeindeverwaltung im ehemaligen Mudauer Schulhaus untergebracht, das für die neuen Zwecke umgestaltet wurde. Das alte, aus dem 15. Jh. stammende Rathaus hat nach einer gründlichen Renovierung die Sparkasse bezogen. In den alten Rathäusern in Donebach, Schloßau und Reisenbach, den Rat- und Schulhäusern in Rumpfen, Mörschenhardt, Scheidental und Langenelz und im Rat-, Schul- und Feuerwehrhaus in Steinbach finden Sitzungen der Ortschaftsräte und Sprechstunden der Ortsvorsteher statt. Außerdem stehen die Gebäude den Vereinen, der Dorfjugend (Rumpfen), der Volksbank (Reisenbach), der Feuerwehr (Langenelz) zur Verfügung. In Steinbach sind noch Klassenräume für die ausgelagerten Klassen der Grund- und Hauptschule Mudau erhalten, außerdem ein Gymnastikraum. In Langenelz, Mörschenhardt und Scheidental sind im Schul- und Rathaus auch Mietwohnungen eingerichtet.

Mit der Odenwaldhalle erbaute sich die Gemeinde Mudau 1959 eine Mehrzweckhalle für sportliche und kulturelle Veranstaltungen. Nach der umfassenden Renovierung und Neugestaltung, die 1989 nach einem Kostenaufwand von 2,4 Mio DM abgeschlossen wurde, soll sie in erster Linie dem kulturellen Leben der gesamten heutigen Gemeinde dienen.

Ver- und Entsorgungseinrichtungen. – Die Notwendigkeit einer *Feuerwehr* war in Mudau durch mehrere große Brände, insbesondere den Brand von 1849, der ⅔ des Ortes vernichtete, sehr deutlich geworden. Mudau war bis in die 1880er Jahre Sitz des Spritzenverbandes aller Orte des Umkreises. In den 1880er Jahren waren außer in Mudau auch Spritzen in Oberscheidental und in Schloßau für alle Gemeinden untergebracht. Darüber hinaus schafften sich die einzelnen Dörfer Handspritzen an. Der Spritzenverband löste sich 1892/93 auf, nur Langenelz blieb bis 1986 mit Mudau verbunden. Ober- und Unterscheidental bildeten dann mit Reisenbach zusammen einen eigenen Spritzenverband, bis 1897 Reisenbach austrat. Waldauerbach hatte mit Schloßau eine gemeinsame, 1935 jedoch eine eigene Spritze.

Die Freiwillige Feuerwehr in Mudau wurde 1866 gegründet. 1867 hatte sie 57 Mitglieder, 1885 bewährte sie sich bei einem Großbrand am Strohmarkt. 1947 erhielt sie nach der »Gleichschaltung« wieder ihren Vereinscharakter zurück. Die ungenügende Ausrüstung wurde 1949 durch die Anschaffung einer Automobilspritze verbessert. Weitere Geräte folgten. Derzeit hat die Wehr im Gemeindeteil Mudau 41 aktive Mitglieder. Auch in den übrigen Dörfern wurden Freiwillige Feuerwehren gegründet. Auf die 1930er Jahre gehen die Wehren in Schloßau (1934, jetzt 35 Aktive), Donebach (1935, 29 Aktive), Steinbach (1938, 25 Aktive) und Scheidental (1939, 31 Aktive) zurück. Nach dem Krieg fanden sich Wehren zusammen in Reisenbach (1947, jetzt 29 Aktive), Langenelz (1948, 26 Aktive) und Mörschenhardt (1955, 29 Aktive). Die Mudauer Wehr besitzt 2 Löschzüge.

Die *Stromversorgung* wird durch die Badenwerk AG gewährleistet. Jeder Haushalt ist Abnehmer. In Schloßau und Langenelz war man schon 1913 sehr an der Einführung der Elektrizität interessiert. Anfang der 1920er Jahre wurden die Orte an den elektrischen Strom angeschlossen. Der Reisenbacher Grund allerdings war 1949 noch auf Petroleumlampen angewiesen.

Die *Wasserversorgung* war in Mudau infolge der Lage auf der Wasserscheide zwischen Main und Neckar immer schwierig. In den 1860er Jahren litt der Gemeindebrunnen an der Rumpfener Straße unter Wassermangel, die Leitung von der Brunnenstube bei der Ziegelhütte war schadhaft, ein alter Zisternenbrunnen hinter dem Schulhaus wurde von einem Gemeinderat auf eigene Kosten zu einem Pumpbrunnen umgebaut. Aber schon 1875 mehrten sich die Klagen über Defekte an allen Brunnen und Zu- wie Ableitungen. Die Brunnen gaben meist nur spärlich Wasser. 1888 wurde eine neue Wasserleitung mit Hausanschlüssen für Obermudau gebaut und 1891 für 30 000 Mark auf Untermudau ausgedehnt. Das Wasser für Obermudau kam aus der Seebrunnenquelle, das für Untermudau aus der Rindtalsbrunnenquelle. Der Peters- und der Gänsbrunnen blieben erhalten. Die Wasserleitung wurde 1926 erneuert. Dann kaufte die Gde Mudau die seit 1928/29 gefaßte Eichwiesenquelle von Langenelz, nach 1933 leitete der Reichsarbeitsdienst die Quelle in die Mudauer Wasserleitung ein. 1953 wurde in Mudau die erste Tiefbohrung ausgebracht, um auch in Trockenzeiten genug Wasser zu haben.

Langenelz wurde bis zum Ende des 19. Jh. über primitive und meist verschmutzte Gemeindebrunnen (1892: 4 Brunnen) und zahlreiche Privatbrunnen, von denen jedoch einige im Sommer versiegten, versorgt. 1899 hielt man eine Wasserleitung noch für überflüssig und wegen der verstreuten Lage des Dorfes zu kostspielig, dann zerstritt sich die Gemeinde über diese Frage, 1904 hielt ein Teil der Bürger eine Wasserleitung für ein »dringendes und unabweisbares Bedürfnis«. 1905 wurde die Leitung fertiggestellt. Alle Häuser bekamen Anschluß, auch die der erbittertsten Feinde des Projekts. Die Wasserleitung versorgte auch die Bahn.

Auch in den anderen Dörfern war trotz der teilweise äußerst unzureichenden und oft verschmutzten Brunnen der Bau einer zentralen Wasserversorgung aus Kostengründen nur schwer durchzusetzen. In Donebach und Mörschenhardt versiegten die Brunnen oft, die 1890 in Donebach hergestellte Wasserleitung für die Brunnen im mittleren und nördlichen Dorf wurden von einer in trockenen Jahren ungenügenden Quelle gespeist.

Die Gemeinde im 19. und 20. Jahrhundert

Noch im Sommer 1904 mußten die Einwohner das Wasser in Fässern vom Reesbrunnen beim Ünglert holen. 1907 fiel dann die Entscheidung für eine gemeinsame Wasserversorgung von Donebach, Mörschenhardt, Schloßau über den Hirtenbrunnen im Ünglert und ein Pumpwerk. Auch Waldauerbach, Oberscheidental und Reisenbach schlossen sich 1910 dem Projekt an. 1913 war das Wasserversorgungswerk Mudbachgruppe fertig. Da die Quelle 363 m hoch liegt und mit einem Gefälle von 37 m zum Pumpwerk geleitet wurde, war eine künstliche Hebung des Wassers zum Hochbehälter auf einer Höhe von 565 m schwierig. Der Reisenbacher Grund war noch 1949 nicht an die Wasserversorgung angeschlossen, Ernsttal versorgte sich selbst. Unterscheidental baute um 1893 eine Wasserleitung, an die sich zunächst jedoch nur 8 Häuser anschlossen. Einige Jahre später herrschte wieder Wassermangel, aber erst nach dem 2. Weltkrieg ging eine bessere Wasserversorgung in Planung. Steinbach ließ 1905 nach einigen Unstimmigkeiten eine Wasserleitung bauen. In Rumpfen besaß 1904 jeder Hof einen eigenen Pumpbrunnen, 1913 wurde trotzdem eine Wasserleitung mit Hochbehälter und Pumpenhaus gebaut, die jedoch nicht richtig funktionierte. Auch 1957 gab sie kein einwandfreies Wasser.

Heute erhalten alle Gemeindeteile bis auf den Wlr Ernsttal, der über eine dem Fürsten von Leiningen gehörende Eigenwasserversorgung verfügt, ihr Wasser aus dem öffentlichen Wasserversorgungsnetz, das aus oberflächenwasserunabhängigen Tiefbrunnen auf dem Gemeindegebiet gespeist wird. Auf den ersten Tiefbrunnen in Mudau waren seit 1973 weitere Bohrungen gefolgt. Von 1977 bis 1982 wurde die Wasserversorgungsanlage durch den Bau neuer Leitungen und Hochbehälter mit einem Kostenaufwand von 5,7 Mio DM, großenteils aus Bundes- und Landesmitteln, saniert. Nur Steinbach ist zur Zeit noch über eine Quelle versorgt, die jedoch bald stillgelegt werden soll. Der Tiefbrunnen II (Förderung derzeit 4 l/sec) versorgt Langenelz, Tiefbrunnen III (10 l/sec) versorgt Mudau, Tiefbrunnen IV (10 l/sec) Donebach mit Ünglert, Mörschenhardt, Schloßau mit Waldauerbach, Ober- und Unterscheidental, Reisenbach mit Reisenbacher Grund, Tiefbrunnen VI (5 l/sec) versorgt Rumpfen und den Buchener Stadtteil Unterneudorf. 1991 wird ihm auch Steinbach angeschlossen. Tiefbrunnen I und V wurden nicht ausgebaut. Die Leitungen wurden Anfang der 1980er Jahre weitgehend erneuert, die Ortsnetze werden in Zusammenhang mit anderen Baumaßnahmen nach und nach ausgetauscht.

Den größten Nachholbedarf hat Mudau, schon aufgrund der Größe des Gemeindegebiets, bei der *Abwasserentsorgung*. Schon die Pflasterung der Abflußrinnen ließ sich Ende des 19. Jh. nur unter Schwierigkeiten und nicht überall durchsetzen. Die Ortsstraßen standen häufig unter Wasser. In Mudau selbst wurde nach dem 2. Weltkrieg die Hauptstraße kanalisiert. Inzwischen sind die Gemeindeteile Mudau, Schloßau, Steinbach und Oberscheidental (zu 80 % ohne Abwasserbehandlung) an eine zentrale Kanalisation angeschlossen. In Donebach – 1984 hatte der Ortschaftsrat eine Kanalisation abgelehnt, der Gemeinderat sie trotzdem beschlossen – soll 1991 mit der Flächenkanalisation begonnen werden. Der Zuleitungskanal wurde 1990 fertiggestellt. Für Mörschenhardt sind die Entwürfe, die auch eine Hebeanlage zum Kanalnetz Donebach einschließen, fertig. Im Planungsstadium befinden sich Kanalisationen für Reisenbach, Langenelz, wo gleichfalls Hebewerke erforderlich werden, und für Waldauerbach, Ober- und Unterscheidental. Sie alle sollen bis 1996 an die Kläranlage in Mudau angeschlossen werden.

Die mechanische *Kläranlage* in Mudau aus den 1950er Jahren genügte 20 Jahre später nicht mehr. Außerdem war ihr Standort nach Ausbringung der nahegelegenen Tiefbohrungen nicht mehr tragbar. Deshalb baute die Gemeinde 1986 bis 1989 eine neue mechanisch-biologische Kläranlage (Tropfkörpersystem), ein Regenüberlaufbecken und den Zuleitungskanal von Mudau her. Die mit einem Kostenaufwand von rd. 5 Mio DM erstellte Sammelkläranlage ist für die Aufnahme des Abwassers aller noch an die Kanalisation anzuschließenden Ortsteile ausgelegt. Eigene mechanisch-biologische Kläranlagen mit sehr guten Abwasserreinigungswerten arbeiten in Steinbach, Schloßau und Mudau. Für Rumpfen und die Wlr Ünglert, Reisenbacher Grund und Ernsttal ist eine zentrale Abwasserbeseitigung noch nicht vorgesehen.

Die *Müllabfuhr* ist an einen Privatunternehmer vergeben. Der Hausmüll wird in Plastikmüllsäcken alle 2 Wochen in allen Ortsteilen abgeholt. Sperrmüll wird einmal im Vierteljahr abgefahren. Zuständige Deponie ist die Kreismülldeponie Sansenhecken in Buchen. Eine kleinere Deponie für Erdaushub besteht derzeit noch auf dem Gemeindegebiet, ihr Volumen ist jedoch beinahe ausgefüllt. Sie soll 1991 rekultiviert werden.

In der *Gesundheitsversorgung* waren und sind die Ortsteile auf den Kernort Mudau, auf Amorbach und Buchen angewiesen. Reisenbach hatte 1910 einen Vertrag mit dem Arzt in Strümpfelbrunn (heute Gde Waldbrunn), der auch Unterscheidental und Waldauerbach versorgte. Hebammen hatte jedoch bis nach dem 2. Weltkrieg fast jeder Ort. Erstmals praktizierte in Mudau 1853 ein Arzt, aber obgleich er einen Staatsbeitrag erhielt, nur wenige Jahre. Bis 1886 wechselten sich 8 Ärzte ab. Erst der nächste Arzt blieb 40 Jahre. Nach dem 1. Weltkrieg kam ein weiterer Arzt hinzu. Auch 1954 praktizierten hier 2 Ärzte, außerdem 3 Zahnärzte (Dentisten) und 2 Tierärzte. Heute hat Mudau 2 Ärzte, Schloßau 1 Arzt für Allgemeinmedizin. In Schloßau war schon 1949 ein Arzt ansässig. In Mudau wirken außerdem 2 Zahnärzte und 1 Heilpraktikerin. Die Apotheke in Mudau, vorher eine Filiale der Buchener Apotheke, wurde 1886 selbständig. Sie führt heute den Namen Bärenapotheke. In medizinischen Hilfsberufen sind in Mudau 3 Masseure und 1 Fußpflegerin, in Donebach 1 Akupunkteur tätig. Krankenhäuser werden in Mosbach, Buchen und Eberbach aufgesucht.

Die Bedeutung der *Psychosomatischen Klinik Schloß Waldleiningen* in Ernsttal für die Gde Mudau liegt weniger auf dem Gebiet der Medizin als auf dem des Tertiären Wirtschaftssektors. Sie besteht seit 1961 als Belegklinik der Sozialversicherungsträger (Krankenkassen und Rentenversicherung). Schon gegen Ende des 2. Weltkriegs war im Schloß ein Lazarett untergebracht, nach dem Krieg wurde es zunächst als Privatsanatorium geführt. Dem neuen Zweck entsprechend wurde die Anlage verändert. 1970 wurde ein Bewegungsbad, 1971 eine Wassertretanlage und ein Minigolfplatz gebaut. 1974/75 entstand am Hang hinter dem Schloß ein moderner Neubau für Patientenzimmer und Therapieräume. Die Klinik besitzt 124 Planbetten und beschäftigt 80 Mitarbeiter, darunter 7 Ärzte, 4 Dipl.-Psychologen, 10 Krankenschwestern und 15 weitere Therapeuten.

Krankenpflege war nur durch die Ordensschwestern im Schwesternhaus in Mudau gewährleistet. Sie wurden auch von Donebach und anderen Orten aus geholt. 1921 beabsichtigte der Schloßauer Pfarrer, Krankenschwestern nach Schloßau zu bringen und im Schwesternhaus eine Kinderschule einzurichten. 2 Freiburger Schwestern für Krankenpflege waren 1939 in Schloßau tätig. 1949 waren Krankenschwestern auch in Scheidental ansässig. Sie versorgten auch die Reisenbacher Kranken. Heute betreut die Sozialstation Buchen e.V. auch die Gde Mudau.

Eine *Kleinkinderschule,* Vorläufer der Kindergärten, bestand in Mudau 1893. Dann war sie dem 1899 erbauten Schwesternhaus der St. Vinzenzschwestern angegliedert. 1939 arbeiteten in Mudau 7 Neusatzer Schwestern in der Krankenpflege, im Kindergarten und der Nähschule. Der Kindergarten erhielt 1959 einen Neubau. 1990 wurde der Kindergarten nach längerer Bauzeit im jetzigen Neubau wiedereröffnet. In Scheidental

Die Gemeinde im 19. und 20. Jahrhundert 261

wurde 1952 im Schwesternhaus ein Kindergarten eingerichtet. Heute hat der Kindergarten in Mudau 5 Gruppen, die Kindergärten in Schloßau und in Scheidental haben je 1 Gruppe. Träger sind die kath. Kirchengemeinden, die politische Gemeinde beteiligt sich an der Finanzierung.

An *Altenheimen* sind in der Gemeinde das »Haus Waldblick« des Vereins Christliche Hilfe e. V. mit 12 Heimplätzen und 3 Betreuern in Scheidental und das »Haus Lebensquell« des Christlichen Hilfsdienstes e. V. in Langenelz mit 35 Beherbergungsplätzen und 2–3 Betreuern. Es ist gleichzeitig christliches Bibel- und Freizeitheim mit Seelsorge.

Friedhöfe mit Leichenhallen besitzen heute die Orte Mudau, Schloßau, Scheidental, Reisenbach, Langenelz und Donebach. Steinbach hat einen Friedhof ohne Leichenhalle. Ursprünglich waren die Filialgemeinden am Mudauer Friedhof mitbeteiligt, für Steinbach und Rumpfen war der Friedhof in Stürzenhardt (heute Stadt Buchen) zuständig. 1910 hatte Steinbach schon einen eigenen Friedhof. Reisenbach, Ober- und Unterscheidental beschlossen 1869, einen gemeinsamen Friedhof anzulegen. 1927 verließ Reisenbach die Gemeinschaft und baute einen eigenen Friedhof. Donebach erhielt 1929 einen Friedhof, Langenelz erst 1967 (Aussegnungshalle 1969).

Kirche. – Innerhalb der *kath. Kirchenorganisation* gehörte 1828 die Pfarrei Mudau – Pfarrkirche zum hl. Pankraz – mit den Filialen (Wald-)Auerbach, Dumbach (=Donebach), Langenelz, Mörschenhardt, Neubrunn, Oberscheidental, Reisenbach, Schloßau, Ünglert, Unterscheidental und Untermudau zum Landkapitel Walldürn. Rumpfen und Steinbach waren Filialen der alten Pfarrei Hollerbach (heute Stadt Buchen im Odenwald). Nur Schloßau und Steinbach besaßen Kapellen (Maria Hilf in Schloßau und St. Vitus in Steinbach). Im 19. Jh. wechselte die Zugehörigkeit zum Landkapitel (Dekanat) Walldürn und Buchen ab. Spätestens seit 1910 gehört die Gemeinde ständig zum Dekanat Buchen.

Unter den Übeln, die mit zur Notsituation um die Jahrhundertmitte führten, wurde immer wieder der weite Kirchgang genannt, dessen Folge dann ein ausgiebiger Wirtshausbesuch sei. Daher regten Gemeindevorstände und Bezirksamt den Bau weiterer Kirchen an, in denen die jeweils nächsten Geistlichen Gottesdienst halten sollten. Namentlich Steinbach hatte sich seit Anfang des 18. Jh. um die Einrichtung einer Pfarrei bemüht. 1871 wurde sie dann unter Einbeziehung der Filialen Rumpfen und Stürzenhardt errichtet. Eine neue Kirche St. Martin baute die Pfarrei 1897/99. Die alte Kirche St. Vitus und St. Martin wurde 1979/80 renoviert.

Auch in Schloßau kämpfte man während des 19. Jh. um eine eigene Pfarrei. Die Gemeinde vergrößerte 1863/64 die Kapelle zur Kirche. 1870 wurde sie zur Pfarrkirche zum hl. Wolfgang erhoben und erhielt Waldauerbach und Schöllenbach (heute Badisch-Schöllenbach, Wpl. von Friedrichsdorf, Stadt Eberbach) als Filialen zugewiesen. Oberscheidental bemühte sich erst seit den 1840er Jahren um eine Pfarrei. 1868/69 bauten die Gden Reisenbach, Ober- und Unterscheidental als Voraussetzung dafür eine kleine Kirche SS. Peter und Paul in Oberscheidental, aber erst 1905 wurde hier eine Pfarrkuratie für die 3 Orte eingerichtet. 1964/65 ersetzte die Gemeinde ihre Kirche durch einen Neubau.

Mit den Kirchenbauten als Voraussetzung für die Gründung eigener Pfarreien hatten sich die Gemeinden trotz Unterstützung durch die benachbarten Standesherren finanziell viel zugemutet. Aber auch ein Dorf wie Donebach wollte ohne die Absicht, sich kirchlich von Mudau zu lösen, eine eigene Kirche. Als 1896 ein neues Schulhaus gebaut wurde, wandelte die Gemeinde den verwendbaren Teil der alten Schule nicht zu einem Rathaus, sondern in eine Kapelle um. 1927/28 baute sie dann mit Hilfe des damals gegründeten Kirchenbaufonds und unter hoher Verschuldung die Filialkirche St. Joseph. Auch in Reisenbach wurde 1926 eine Filialkirche St. Joseph gebaut.

Heute gehören zur Pfarrei Mudau St. Pankratius die Gemeindeteile Mudau, Langenelz und Donebach, zur Pfarrei Mudau-Schloßau St. Wolfgang die Gemeindeteile Schloßau, Waldauerbach, Ernsttal und das Forsthaus Schloßauertor, zur Pfarrei Mudau-Steinbach die Gemeindeteile Steinbach und Rumpfen und der Wlr Ünglert sowie von der Stadt Buchen der Stadtteil Stürzenhardt, zur Pfarrkuratie Mudau-Scheidental St. Peter und Paul die Gemeindeteile Scheidental und Reisenbach. Außerdem versieht der Pfarrkurat von Scheidental gegenwärtig die Pfarrei Schloßau mit. Über die Mudauer Pfarrei übt der Fürst von Leiningen in Amorbach das Patronat aus.

In der *Ev. Landeskirche* war Mudau lange Zeit Diasporagebiet. Erst 1949 wurde ein Diasporapfarramt eingerichtet. Zum 1. 10. 1978 wurde die Kirchengemeinde mit Pfarrstelle errichtet. Zu ihr gehören außer allen Mudauer Gemeindeteilen auch die Gemeindeteile Balsbach, Laudenberg, Limbach und Scheringen der Gde Limbach.

Schule und kulturelle Einrichtungen. – Alle Dörfer um Mudau besaßen bis zur Schulreform eigene Schulen. Ihr Unterhalt einschließlich der Lehrerbesoldung oblag im 19. Jh. den Gemeinden, die wiederum Schulgeld erhoben. Insbesondere in der Notzeit um die Jahrhundertmitte war das Anlaß ständiger Klagen, die in die Forderung nach Übernahme dieser Kosten durch den Staat mündeten. Tatsächlich gab der Staat dann wenigstens Zuschüsse, so daß später zum Teil auf das Schulgeld verzichtet werden konnte. Wie die Rathäuser waren auch die Schulhäuser, soweit es überhaupt getrennte Gebäude gab, in den 1860er Jahren in einem untragbaren baulichen Zustand. Das Mudauer Schulhaus, in dem 1854 der Haupt- und 1 Unterlehrer 241 Kinder unterrichteten, war 1855 verwahrlost. 1869 erhielt es ein 2. Stockwerk. 1888 war ein 3. Schulzimmer im Rathaus eingerichtet. Trotzdem war schon 1890 ein Neubau als nötig empfunden (Mudau hatte jetzt 2 Hauptlehrer), gebaut wurde er dann 1911/12. In Donebach erhielt die alte Schule 1876 einen Anbau, der 1889 als einziger benutzbarer Schulsaal für 109 Schüler diente. 1896 wurde ein neues Schulhaus gebaut. Es enthält heute die Zweigstelle der Volksbank, einen Chorprobenraum und eine Mietwohnung. Langenelz hatte 1882 eine neue Schule gebaut. 1907 wurden dort 65 Kinder von 1 Hauptlehrer unterrichtet. Die Mörschenhardter Kinder hatten (1873) in der Wohnstube des Lehrers Unterricht, bis 1879 ein Schul- und Rathaus gebaut wurde. Die Kinder von Ernsttal gingen entweder nach Mörschenhardt oder nach Schloßau, wo 1 Haupt- und 1 Unterlehrer unterrichteten, zur Schule, zeitweise wurde auch in Ernsttal selbst unterrichtet. Das Schul- und Rathaus in Waldauerbach wurde um 1880 erweitert. Reisenbach baute 1876 ein neues Schul- und Rathaus, mußte jedoch wegen Erhöhung der Schülerzahl bald das alte verkaufte Schul- und Rathaus wieder anmieten. Dem Hauptlehrer stand bis auf wenige Jahre ein Unterlehrer zur Seite. Im Schulhaus sind heute eine Mietwohnung, der Feuerwehrraum, ein Chorprobenraum und ein Gymnastiksaal untergebracht. Oberscheidental baute 1878 ein neues Schulhaus mit Ratszimmer und Ortsarrest. Der in Unterscheidental 1877 geplante Neubau eines Schul- und Rathauses kam 1910 zustande. In Rumpfen lag bis zum Neubau des Schul- und Rathauses 1893 der Schulsaal, der auch für die Ratssitzungen benutzt wurde, neben dem Ortsarrest. Den Unterricht erteilte zeitweise der Stürzenhardter Lehrer. Bei nur 14 Schülern wurde 1883 eine Zusammenlegung mit der Steinbacher Schule angeregt, vom Gemeinderat jedoch abgelehnt. Die Schule bestand noch 1957 mit 9 Schülern.

Durch die Schulreform der 1960er Jahre verloren alle Dörfer bis auf Mudau, Schloßau und zum Teil Steinbach ihre Volksschulen. In Mudau wurde das Schulhaus von 1911/12, das im Krieg zerstört und danach wiederaufgebaut worden war, 1966/67 durch eine moderne Mittelpunktschule – Grund- und Hauptschule – ersetzt. 1978 erhielt die Schule eine Turnhalle, 1979 einen Anbau. In Mudau werden die Hauptschüler der gesamten Gemeinde unterrichtet. Nur bei Bedarf werden einzelne Klassen nach Steinbach ausgelagert. Die Grundschule Mudau ist für Mudau, Steinbach, Donebach, Mörschenhardt, Ünglert, Langenelz, Rumpfen zuständig, die Grundschule Schloßau für Schloßau, Waldauerbach, Scheidental, Reisenbach. Auch die Schloßauer Grundschule hat einen Neubau mit Turnhalle und mit einem auch der Einwohnerschaft zugänglichen Schwimmbad. Das alte Schulhaus dient als Kindergarten und Mietwohnung.

1991 werden in der Grund- und Hauptschule Mudau 289 Schüler in 14 Klassen von 14 voll- und 2 teilzeitbeschäftigten Lehrern unterrichtet. Die Grundschule Schloßau hat 89 Schüler in 5 Klassen und 4 vollzeitbeschäftigte Lehrkräfte. Realschule und andere weiterführende Schulen werden in Buchen besucht.

Bis in die 1950er Jahre hatte Mudau *Berufsschulen* für die landwirtschaftliche und die hauswirtschaftliche Fortbildung. Sie gehen auf die 1911 eingerichteten Fortbildungs- und Haushaltungsschulen zurück. Auch eine gewerbliche Fortbildungsschule bestand einige Zeit in Mudau. Der Gewerbeverein Mudau hatte 1888 einen Fortbildungskurs ins Leben gerufen. 1896 wurde der Rathauskeller zum Gewerbeschulsaal umgebaut. Auch die gewerblichen Arbeiter aus Donebach und Langenelz besuchten die gewerbliche Fortbildungsschule. Im Rahmen des Modellraumprojekts sind in Mudau Überlegungen im Gang, wieder eine Berufsschule, und zwar des forstwirtschaftlichen Bereichs, anzusiedeln.

An Einrichtungen zur Erwachsenenbildung ist nur die Außenstelle der *Volkshochschule* Buchen in Mudau zu nennen. Einzige Bücherei ist die *Schulbibliothek* mit 1280 Bänden und jährlich ca. 1100 Entleihungen. *Theateraufführungen* finden viermal im Jahr durch die Bad. Landesbühne Bruchsal statt. Außerdem spielen die »Knopfecke Donebach« und die Theatergruppe Schloßau in der Gemeinde Theater. Auch alle anderen kulturellen, insbesondere musikalischen, Veranstaltungen sind den örtlichen Vereinen zu verdanken.

Sportstätten. – Fußballplätze besitzen die Gemeindeteile Mudau (2 sowie 1 kleinen Trainingsplatz), Schloßau (2), Scheidental (1 und 1 kleinen Trainingsplatz), Donebach und Reisenbach. Tennisplätze und Schießanlagen gibt es in Mudau und Schloßau, 1 Minigolfanlage in Mudau. In der Grundschule Schloßau steht ein Hallenbad zur Verfügung, die Mittelpunktschule Mudau besitzt ein Lehrschwimmbecken. Beide Schulturnhallen werden auch von den Sportvereinen benutzt, die Turnhalle in Schloßau dient auch kulturellen Veranstaltungen. In Mudau wurde 1960 die Odenwaldhalle als Turn- und Veranstaltungshalle erbaut. Seit ihrer Renovierung stehen kulturelle Veranstaltungen hier zwar im Vordergrund, sie wird aber auch für sportliche Zwecke genutzt.

Vereine. – Seit der Mitte des 19. Jh. blühen die Vereine auch in Mudau, aber nicht alle Vereine hatten auch ein langes Leben. So sind der 1864 in Mudau und der 1899 in Langenelz gegründete Kriegerverein, später Militärverein genannt, und das 1864 gegründete Kasino nach dem 2. Weltkrieg nicht wiedererstanden. Von dem 1911 in Steinbach gegründeten »Verein der Akademisch Gebildeten« ist später keine Rede mehr. Unter den *Musikvereinen* ist aber der erste in Mudau gegründete Verein heute mit 181 Mitgliedern noch sehr lebendig: der Gesangverein »Frohsinn 1842«, nach der 1848/49er Revolution aufgelöst und 1862 wiedergegründet. Dem Männergesangverein wurde 1949 ein Frauenchor angegliedert und beide Chöre zu einem gemischten Chor vereinigt. Seit 1967 besteht außerdem ein Jugendchor. Schon fast 120 Jahre alt ist der

Musikverein »Harmonie 1872«, der als Blechmusik gegründet wurde und 1875 auch die Ausbildung von Musikschülern übernahm. Er hat heute 469 Mitglieder. Fast gleich alt ist der 1877 gegründete Musikverein Schloßau, der jetzt 88 Mitglieder hat. Der Schloßauer Gesangverein mit jetzt 87 Mitgliedern stammt von 1921. In Reisenbach besteht seit 1987 der Gemischte Chor (62 Mitglieder). Dem Laientheater haben sich die Theatergruppe Schloßau und die »Knopfecke Donebach« verschrieben.

Unter den *Sportvereinen* ist der Turn- und Sportverein 1863/1946 e.V. Mudau der älteste, allerdings mit mehrfach gebrochener Tradition. 1863 gegründet, ging er 1866 in der Freiwilligen Feuerwehr auf, wurde 1897 neugegründet, 1904 aufgelöst und erst 1924 als »Turnverein Jahn 1924« wiederbelebt und mit dem Fußballklub Badenia von 1921 verschmolzen. Die letzte Neugründung geschah nach dem 2. Weltkrieg unter dem heutigen Namen. Der TSV hat jetzt 650 Mitglieder. Immerhin gut 60 Jahre alt ist der Schützenverein Mudau 1930 e.V. (109 Mitglieder). Jünger sind der Tennisclub »Rot-Weiß« Mudau von 1976 (209 Mitglieder) und der Motorradclub Mudau. Selbstverständlich ist auch der Odenwaldklub in Mudau vertreten. In Schloßau sammeln sich sportliche Aktivitäten im 1946 gegründeten Fußball-Club Schloßau mit Tennisabteilung (zusammen 372 Mitglieder) und im Schützenverein von 1924 (122 Mitglieder), in Donebach im FC (Fußball-Club) Donebach von 1949 mit jetzt 270 Mitgliedern, in Scheidental im 1946 zusammengeschlossenen Verein für Rasenspiele Scheidental e.V. mit 210 Mitgliedern. In Reisenbach wetteifern der Turnverein Reisenbach, der 1967 gegründet wurde und jetzt 186 Mitglieder zählt, und die Turn- und Sportgemeinschaft TSG von 1987 mit 369 Mitgliedern.

Nachfolger des 1879 gegründeten, sehr rührigen Gewerbevereins in Mudau ist heute der Bund der Selbständigen. Er ist Initiator des Laurentiusmarktes, der seit einigen Jahren im September abgehalten wird. Ähnliche Ziele der wirtschaftlichen Erschließung Mudaus, wenn auch unter anderen Aspekten, verfolgt der Heimat- und Verkehrsverein Mudau von 1975 mit seinen 150 Mitgliedern. Siedler- und Gartenfreunde (seit 1957, 185 Mitglieder) Kleintierzuchtverein (seit 1976, 86 Mitglieder) und Brieftaubenverein »Heimattreue Mudau« vertreten ihre namengebenden Interessen. Einziger Karnevalsverein ist die schon 1953 gegründete Karnevalsgesellschaft »Mudemer Wassersucher« mit 220 Mitgliedern.

Kolpingsfamilien bestehen seit 1894 (Gründung des kath. Gesellenvereins) in Mudau mit jetzt 129 Mitgliedern und seit 1953 in Steinbach (80 Mitglieder). Mit Jugendarbeit befassen sich auch die Mudauer Jugend e.V., der Pfadfinderbund »Stamm Tiger« Mudau und das »Milchhäusle Donebach«. Der erst 1990 gegründete Landfrauenverein zählt schon 87 Mitglieder. Rotes Kreuz, Volksbund Deutscher Kriegsgräberfürsorge und Verband der Kriegsbeschädigten sind in der Gemeinde mit Ortsgruppen vertreten.

Strukturbild

Die Dörfer der heutigen Gemeinde Mudau haben in den letzten Jahrzehnten die Entwicklung von klein- bis mittelbäuerlichen Orten zu Pendlerwohnorten durchlaufen, in denen die Land- und Forstwirtschaft jedoch, verglichen mit dem sonstigen Kreisgebiet, noch von Bedeutung ist. Infolge der ungünstigen Verkehrslage gelang es bis heute nicht, in nennenswertem Umfang Industrie anzusiedeln. Mudau selbst versucht, seine alte zentrale Stellung, die durch die Gründung selbständiger Pfarreien in den ehemaligen Filialgemeinden und das Einschlafen der Viehmärkte geschwächt wurde, durch den Gemeindezusammenschluß und durch Versorgungsleistungen wieder zu stärken. Im Regionalplan Unterer Neckar ist Mudau als Kleinzentrum ausgewiesen, das die Grundversorgung für seinen das Gemeindegebiet umfassenden Bereich wahrnehmen soll. Nach dem 1989 erstellten Entwicklungsgutachten Mudau wird diese Aufgabe bei Gütern des kurzfristigen Bedarfs, bei den öffentlichen und privaten Dienstleistungen einschließlich der medizinischen Versorgung gut bis ausreichend gelöst. Waren des lang- und großenteils auch des mittelfristigen Bedarfs müssen in den übergeordneten Zentren Buchen, Mosbach, Heidelberg, Mannheim eingekauft werden. Zu den Bemühungen, die schon traditionell gewordene Strukturschwäche zu überwinden, gehört auch, daß die Gemeinde 1990 vom Ministerium für Ländlichen Raum, Landwirtschaft und Forsten Baden-Württemberg zum Modellraum im RB Karlsruhe ausgewiesen wurde. Die dafür gebildete Arbeitsgruppe hat die Aufgabe, »Ideen und Anregungen zur Entwicklung des ländlichen Raumes zu sammeln, neue Lösungsansätze zu entwickeln, ein kleinräumiges Entwicklungskonzept mit Modellcharakter zu entwerfen« und »einen Vorschlag für einen Strukturhilfefond zu erarbeiten«. In Übereinstimmung mit dem Entwicklungsgutachten bemüht sich die Gemeinde, in Mudau ein Wald- und Holzzentrum einzurichten, das ein Wald- und Holzmuseum mit Arbeits-, Forschungs-, Untersuchungs- und Lehreinrichtungen verbinden soll.

Die Bevölkerungsstruktur ist durch die seit langem andauernde Abwanderung vor allem von Angehörigen der ins Erwerbsleben eintretenden und im Erwerbsleben stehenden Jahrgänge, durch Rückgang der Geburtenzahlen und die daraus folgende Überalterung der Wohnbevölkerung gekennzeichnet. Erst in den allerletzten Jahren nimmt die Einwohnerzahl infolge wieder steigender Geburtenzahlen, Zuzug von Aus- und Übersiedlern und Bewohnern der ehemaligen DDR sowie Einweisung von Asylanten leicht zu.

Hauptproblem der Gemeinde ist das Defizit an gewerblich-industriellen Arbeitsplätzen. Der (nichtlandwirtschaftliche) Beschäftigtenbesatz lag 1987 auch nach einer deutlichen Steigerung gegenüber 1970 mit 241 Beschäftigten auf 1000 E. weit unter dem des Neckar-Odenwald-Kreises (386) und erst recht unter dem des Landes Baden-Württemberg (484). Daraus ergibt sich der hohe Auspendlerüberschuß von 925 Personen. Von 2138 in der Gemeinde wohnenden Erwerbstätigen arbeiten 1131, das sind 53%, außerhalb der Gemeindegrenzen, während von den 1149 in den (nichtlandwirtschaftlichen) Arbeitsstätten in der Gemeinde Beschäftigten 206 Personen von außerhalb kommen. Die Auspendler aus Mudau arbeiten (1987) überwiegend in Buchen (396), Eberbach (184), Mosbach (117), aber auch in den benachbarten Gemeinden, im Rhein-Neckar-Raum und selbst in Neckarsulm.

Selbst nach dem in den letzten Jahrzehnten raschen Rückgang landwirtschaftlicher Betriebe haben Land- und Forstwirtschaft in der Gemeinde, insbesondere in Rumpfen, Reisenbach und Scheidental, noch Bedeutung. Von den in der Gemeinde wohnenden Erwerbstätigen arbeiteten 1987 noch 9% in der Land- und Forstwirtschaft (Landkreis: 4%). Die eindrucksvollen großen Höfe konnten ihre Flächen aufstocken und arbeiten weitgehend spezialisiert. Dennoch beurteilen die Bauern ihre Zukunft im Rahmen der EG skeptisch.

Quellen und Literatur

Quellen

Ortsbereisungsakten

Donebach	GLA 345/S 866, 867
Langenelz	GLA 345/S 2308, 2309
Mörschenhardt	GLA 345/S 2380, 2381
Mudau	GLA 345/S 2432, 2433, 2434

Mudau

Reisenbach	GLA 345/S 2733
Rumpfen	GLA 345/S 2927, 2928, 2929
Oberscheidental	GLA 345/S 2586, 2587
Unterscheidental	GLA 345/S 3422, 3423
Scheidental	GLA 345/S 2952
Schloßau	GLA 345/S 3107, 3108, 3109
Waldauerbach	GLA 345/S 222, 222a
Steinbach	GLA 345/S 3299, 3300, 3301

Sonstige Archivalien

GLA 234/10201, 234/10194, 236/6116, 236/8492

Literatur

Entwicklungsgutachten Mudau. Bestandserhebung. Bearb. R. Reschl u. a. Kommunalentwicklung Baden-Württemberg GmbH. 1989.
Regionale Entwicklungsmodelle in Baden-Württemberg. Modellraum Mudau. Regierungsbezirk Karlsruhe. Zwischenbericht der Arbeitsgruppe. Stand Februar 1991. Ms.
100 Jahre Freiwillige Feuerwehr Mudau 1866–1966. Buchen 1966.
125 Jahre Gesangverein »Frohsinn 1842« Mudau/Odw. Mudau 1968.
Humpert, Theodor: Mudau im badischen Odenwald. Mudau 1926. 2. verb. u. verm. Aufl.
 (u. d. Tit:) Mudau, Wesen und Werden einer Odenwaldgemeinde. 1954.
Heimatfest Mörschenhardt und Weihe des Ehrenmals. Mörschenhardt 1968.
Lenz, Otto: Errichtung neuer Pfarreien und Kuratien im Odenwald seit Bestehen der Erzdiözese Freiburg. 2. Das Werden der Pfarreien Schloßau und Oberscheidental. o.J. 4. Steinbach. 1935.
100 Jahre Musikverein »Harmonie 1872« Mudau. 1972.
Offen für die Welt. 70 Jahre Kolpingsfamilie Mudau/Odw. Mudau 1968.
Slama, Hans: Langenelz und der Mudauer Odenwald. Buchen-Walldürn 1989.

C. Geschichte der Gemeindeteile

Donebach

Siedlung und Gemarkung. – Alles spricht dafür, daß Donebach seine Entstehung der hochmittelalterlichen Rodungstätigkeit des Kl. Amorbach verdankt. Insofern ist es durchaus zweifelhaft, ob, wie schon vermutet wurde, das in den Fuldaer Traditionen zum 8./9. Jh. bezeugte *Tunnaha* (*in pago Wingarteiba in villa Tunnaha*) den hiesigen Ort meint. 1271 erstmals zweifelsfrei erwähnt (*Donebach*, Kop. um 1400), hat die Siedlung am Ende des 14. Jh. aus nicht einmal 10 Anwesen bestanden; 1803 zählte man im Dorf 33 Häuser, zuzüglich 5 bzw. 6 Mühlen in dem hierher gehörigen, am Mudbach gelegenen Weiler Ünglert. Die Flurnamen Neuhof und Mudauerhof im W bzw. im S der Gemarkung beziehen sich auf vormalige Pertinenzen Mudauer Anwesen auf Donebacher Gebiet. Der Ortsname (1395 *Donbach*, 1468 *Donnebach*), den man wahrscheinlich mit mhd. *donen* = rauschen bzw. tosen erklären muß, hat sich seit dem 16. Jh. zu *Dumbach* (1585; 1550 *Dhunnbach*) gewandelt und ist 1926 durch amtliche Verfügung wieder auf seine älteste überlieferte Form zurückgeführt worden.

Herrschaft und Staat. – Als Rodungssiedlung des Kl. Amorbach hat Donebach im hohen Mittelalter der Vogtei der Edelherren von Dürn unterstanden und war deren nahegelegener Burg Wildenberg zugeordnet. Von den Dürnern sind die örtlichen Herrschaftsrechte zusammen mit Wildenberg 1271 durch Kauf an das Erzstift Mainz gelangt. Im folgenden und bis zum Ende des Alten Reiches hatte Mainz hier nicht allein die Ortsherrschaft, sondern als Inhaber der zentlichen Obrigkeit (Obere oder Mudauer Zent) auch die volle Landeshoheit mit Blutgerichtsbarkeit, militärischem Aufgebot, Forstrecht (1803 400 M Herrschafts- und 153 M Privatwald), Jagd und anderen Hoheitsrechten, die von der mainzischen Kellerei in Amorbach verwaltet wurden. Kl. Amorbach war der alleinige Grundherr des Dorfes (1395–1529 9, 1668 7½ Hufen); an der Ortsherrschaft war es schon im späten Mittelalter nur noch insofern beteiligt, als ihm die Hälfte der anfallenden Gerichtsbußen zustand. Dessenungeachtet hat die Gemeinde dem Abt aber noch 1468 mit handgebenden Treuen gehuldigt. Im Zuge der Säkularisation ist Donebach 1803 an das Fürstentum Leiningen gekommen; seit 1806 gehörte es zum Großherzogtum Baden.

Gemeinde. – Eine Gemeinde ist in Donebach, das zusammen mit Mörschenhardt ein gemeinsames Gericht hatte, erst im 17. Jh. zu fassen. Die Zahl der Gerichtspersonen belief sich 1668 auf insgesamt 7, 1803 (nur für Donebach selbst) auf 3. Der Gemeindebesitz umfaßte die Hälfte von Ungeld und Einzugsgeld (1668) sowie ein Schafhaus und 1 M Heumatten (1778).

Kirche und Schule. – Kirchlich war Donebach seit dem späten Mittelalter eine Filiale der Amorbacher Patronatspfarrei Mudau. Den großen Zehnt von hiesiger Gemarkung hatte das Kloster allzeit allein zu beanspruchen, in den kleinen Zehnt teilte es (⅔) sich dagegen mit dem Pfarrer von Mudau (1529), 1668 mit dem jeweiligen Zentgrafen (⅓).

Bevölkerung und Wirtschaft. – Die näherungsweise Ermittlung von Einwohnerzahlen für Donebach wird abgesehen von den einem solchen Vorhaben auch anderwärts entgegenstehenden Problemen noch zusätzlich dadurch erschwert, daß die überlieferten Daten gewöhnlich nicht zwischen dem Dorf und dem benachbarten Weiler Ünglert unterscheiden, sondern beide Siedlungen in einer Zahl zusammenfassen. Nach den Listen für die Erhebung des Gemeinen Pfennigs lebten demnach am Ende des 15. Jh. in Donebach (und Ünglert) etwa 80 bis 90 Menschen; zu Beginn des 17. Jh. dürfte die Zahl bei rund 100 gelegen haben. Der 30j. Krieg hat hier einen Bevölkerungsrückgang um ca. 50 % zur Folge gehabt. 1668 zählte man aber in Donebach allein schon wieder rund 52 Einwohner und in Ünglert weitere 28. Erst im 18. Jh. hat die hiesige Bevölkerungszahl noch einmal stärker zugenommen; 1750 lag sie (Donebach mit Ünglert) bei 145 Seelen, 1803 schließlich sogar bei 251.

Der Landwirtschaft standen in Donebach am Ende des Alten Reiches rund 640 M Äcker, 110 M Wiesen und 340 M Weiden zur Verfügung. Die Viehstatistik weist zum Jahr 1803 – was auf einen gewissen Wohlstand schließen läßt – immerhin 20 Pferde und 297 sonstige Nutztiere aus. An Professionisten werden um dieselbe Zeit 4 Schneider, 3 Weber, je 2 Schuhmacher und Wagner sowie 1 Bäcker und 1 Schildwirt genannt; bereits 1750 gab es hier eine Schildgerechtigkeit *Zum Roß*. 1668 war das Steueraufkommen von Donebach (mit Ünglert) deutlich geringer als jenes von Mudau oder Steinbach, aber doch merklich höher als das von Mörschenhardt, Reisenbach und Rumpfen.

Ünglert. – Der um die Mitte des 15. Jh. in einem Amorbacher Zinsbuch erstmals erwähnte Weiler Ünglert (*ym Vngler, in dem Ungeler*) liegt zu beiden Seiten des Mudbaches und gehört mithin sowohl zur Donebacher als auch zur Steinbacher Gemarkung; da aber die Siedlung zum größeren Teil auf Donebacher Seite liegt, wurde sie stets diesem Dorf mit seinem Herrschafts- und Gerichtsbezirk zugerechnet. Bereits das große Urbar des Kl. Amorbach von 1395 nennt 5 zu Donebach gehörige Mühlen, die ganz zweifellos mit den allerdings erst später bezeugten Mühlen von Ünglert (1529 *Hoemanns-* oder Obere Mühle, Hans Müllers Mühle, *Woyselers* Mühle, Straubenmühle und Untere Mühle) identisch sind. Am Ende des 30j. Krieges waren diese großenteils zerfallen, jedoch lebten hier bereits 1668 wieder 4 Familien mit insgesamt 28 Personen. Um 1800 wurden wieder alle 5 Mühlen betrieben, die Untere zusätzlich als Schneid- und Ölmühle.

Langenelz

Siedlung und Gemarkung. – Als *Ellentz* findet Langenelz erst 1350 in einer Mainzer Urkunde seine früheste Erwähnung; die heutige Namensform hat sich seit dem späteren 16. Jh. durchgesetzt. Das Grundwort des Ortsnamens ist auf den gleichnamigen Bach bezogen, dem entlang die einzelnen Weiler der Siedlung über eine größere Distanz verteilt sind. Entstanden ist Langenelz im hohen Mittelalter als Rodungssiedlung des Kl. Amorbach. Am Ende des 14. Jh. gab es hier 11, 1529 9 Hufen; zu Beginn des 17. Jh. waren es 10 Hufen mit 16 Haushaltungen und 1803 zählte der Ort 24 Häuser.

Herrschaft und Staat. – Vogtei und Zenthoheit (Zent Mudau) zu Langenelz lagen seit dem späten Mittelalter beim Erzstift Mainz und rührten wie in den anderen Dörfern der Umgebung aus dem Besitz der Edelherren von Dürn. Mainz hatte hier bis zum Ende des Alten Reiches alle hohe und niedere Obrigkeit mit Blutgerichtsbarkeit, militärischem Aufgebot, Steuern und Schatzung, Jagd- und Forstrecht sowie sonstigen orts- und landesherrlichen Rechten zu beanspruchen; verwaltet wurden diese Gerechtsame von der kurmainzischen Amtskellerei Amorbach. Daran, daß es sich bei Langenelz dem Ursprung und der Grundherrlichkeit nach um ein Dorf des Kl. Amorbach gehandelt hat, dessen Bewohner dem Abt noch 1468 gehuldigt haben, erinnerte bis in die frühe Neuzeit Amorbachs Teilhabe an den Gerichtsbußen (½). Bis zur Säkularisation war das Kloster der alleinige Grundherr am Ort. 1803 ist das Dorf an das Fürstentum Leiningen gekommen und 1806 an das Großherzogtum Baden.

Gemeinde. – Die Gemeinde zu Langenelz tritt in den Quellen erst spät und auch dann nur selten in Erscheinung. Um die Mitte des 17. Jh. waren ihr von der Herrschaft die Hälfte am Ungeld und am Einzugsgeld zugestanden; im übrigen besaß sie eine nicht genutzte Schäferei sowie 8½ M Äcker und 4 M Wiesen (1803). Die Zahl der Gerichtspersonen belief sich 1668 auf 7, zu Beginn des 19. Jh. dagegen nur noch auf 3.

Kirche. – Hinsichtlich der Seelsorge war für Langenelz die Amorbacher Patronatspfarrei Mudau zuständig. Den großen Zehnt bezog zu allen Zeiten allein das Kl. Amorbach; in den kleinen Zehnt teilten sich das Kloster zu zwei Dritteln und der Pfarrer zu einem Drittel.

Bevölkerung und Wirtschaft. – Die Zahl der Einwohner von Langenelz lag am Ende des 15. Jh. bei etwa 80 bis 90 und erhöhte sich bis 1573 auf ca. 120. Am Ende des 30j. Krieges lebten hier nur noch 20 bis 25 Menschen; 1668 waren es 42 und 1701 immerhin 99; 1751 war mit 125 die alte Zahl wieder erreicht. 1803, beim Übergang an das Fürstentum Leiningen, hatte das Dorf 165 Einwohner.

Bezüglich seiner Steuerkraft lag Langenelz im Jahre 1668 etwa gleichauf mit Unterscheidental und Donebach (samt Ünglert); der Ernteertrag entsprach im 16. Jh. etwa jenem von Schloßau. Die örtliche Viehstatistik weist 1806 1 Pferd, 170 Rinder, 100 Schafe und 45 Schweine aus. An Professionisten sind 1803/06 je 1 Schildwirt, Bäcker, Weber, Schreiner und Schmied bezeugt.

Mörschenhardt

Siedlung und Gemarkung. – Die Anfänge des im Zusammenhang mit dem Amorbacher Landesausbau im Odenwald entstandenen Dorfes Möschenhardt liegen vermutlich im 11. oder 12. Jh. Der Ortsname bezieht sich zum einen auf den die Siedlung umgebenden Wald (-hardt), zum anderen vielleicht auf einen Personennamen; seine erste Erwähnung (*Mersenhart*, Kop. um 1400) geschieht in einer Dürner Urkunde von 1271. Durch die Jahrhunderte gab es in Mörschenhardt 8 Hufen, und noch zu Beginn des 19. Jh. hatte der Ort nicht mehr als 13 Häuser. Der im S der Dorfgemarkung vorkommende Flurname Neuhof erinnert nicht an einen an dieser Stelle abgegangenen Siedlungsplatz, sondern rührt vom Besitz des einstigen Mudauer Neuhofes her. Die vormals separate Gkg Ernsttal bzw. Neubrunn ist erst 1838 nach Mörschenhardt eingemeindet worden.

Herrschaft und Staat. – Als Rodungssiedlung des Kl. Amorbach war Mörschenhardt wie die Dörfer der Umgebung im hohen Mittelalter den Vogteirechten der Edelherren von Dürn unterworfen. Zusammen mit Burg Wildenberg ist es 1271 in den Besitz der Erzbischöfe von Mainz übergegangen, zu deren Territorium es bis zum Ende des Alten Reiches mit aller hohen und niederen Obrigkeit gehörte. Zwar stand dem Kl. Amorbach, das stets alleiniger Grundherr des Dorfes war (1395 8 gleichgroße Hufen und 1 Hofstatt, dazu die sog. *Heinride*, vermutlich ein Walddistrikt), noch im 18. Jh. die Hälfte der Gerichtsbußen zu, und 1468 hat die Gemeinde dem Abt sogar noch gehuldigt; gleichwohl oblagen alle weiteren orts- und landesherrlichen Rechte dem Erzstift Mainz (Kellerei Amorbach): die Zenthoheit (Mudau) mit Blutgerichtsbarkeit und Wehrhoheit, Steuer und Schatzung sowie alle anderen einschlägigen Gerechtsame. 1803 ist Mörschenhardt mit dem umliegenden Mainzer und Amorbacher Besitz an das Fürstentum Leiningen gefallen, 1806 an das Großherzogtum Baden.

Gemeinde. – Von alters her hatte die Gemeinde zu Mörschenhardt kein eigenes Gericht; vielmehr bildete sie mit dem benachbarten Donebach ein gemeinsames, mit sieben Personen besetztes Rüg- oder Untergericht, dessen Beurkundungen durch die herrschaftlichen Amtsträger zu Mudau besiegelt werden mußten. Zur Deckung ihrer Bedürfnisse, insbesondere des Baus und der Erhaltung von Wegen und Stegen etc., waren der Gemeinde seitens der Herrschaft die Hälfte des Ungeldes und des Einzugsgeldes zugestanden (1668); ansonsten verfügte sie nur über 1¼ M Wald und ein kleines Stück Land (1778).

Kirche. – Kirchlich war Mörschenhardt stets eine Filiale der Pfarrei Mudau. Der große und kleine Zehnt von hiesiger Gemarkung stand ganz dem Kl. Amorbach zu; jedoch war im 17. Jh. die Nutzung des kleinen Zehnten zu einem Drittel an den Zentgrafen zu Mudau abgetreten.

Bevölkerung und Wirtschaft. – Am Ende des Mittelalters zählte Mörschenhardt etwa 50 Einwohner; zu Beginn des 17. Jh. sollen es sogar zwischen 120 und 130 gewesen sein, von denen am Ende des 30j. Krieges freilich nur noch knapp 20 übrig waren. 1668 belief sich die Einwohnerzahl auf 36 und 1701 auf 70 Personen; bis 1750 ist sie auf 42 gesunken, um bis 1803 wieder auf 103 anzusteigen. Betrachtet man den Mörschenhardter Viehbestand zu Beginn des 19. Jh. – 1806 74 Rinder, 60 Schafe, 25 Schweine und 2 Ziegen, jedoch keine Pferde –, so gewinnt man den Eindruck einer armen Gemeinde. Schon 1668 gehörte das Dorf bei einem Steueraufkommen von 28 fl im Jahr mit Reisenbach und Rumpfen zu den finanzschwächsten Siedlungen im Bereich der heutigen Gde Mudau.

Ernsttal. – Das westlich von Mörschenhardt gelegene Ernsttal war ursprünglich eine selbstständige Gemeinde mit eigener Gemarkung; erst 1838 ist es, weil seine Bevölkerung stark zurückgegangen war, dem Nachbarort eingemeindet worden und hat bei dieser Gelegenheit einer Mode jener Zeit folgend seinen heutigen Namen erhalten, der an einen Fürsten des Hauses Leiningen erinnert. Zuvor hat die 1314 erstmals erwähnte Siedlung den Namen Neubrunn (*Nuwenbrunnen*) geführt. Grund- und Vogteiherrschaft lagen im späten Mittelalter und in der frühen Neuzeit allein beim Kl. Amorbach, während die zentliche (Mudau) und die Landeshoheit mit allen zugehörigen Rechten dem Erzstift Mainz zustanden. Das örtliche Gericht war 1803 mit nur zwei Personen besetzt. Die Seelsorge in Neubrunn oblag dem Pfarrer von Mudau. Groß- und Kleinzehnt waren stets in alleinigem Amorbacher Besitz. Im späten 15. Jh. hatte der Ort fast ebensoviele Einwohner wie Mörschenhardt, und in der 2. H. 17. Jh. war er sogar größer als das Nachbardorf (1668 43 Seelen) und hatte auch ein höheres Steueraufkommen als jenes; 1750 noch gleichgroß (42), ist Neubrunn (1803 67) schließlich doch wieder von Mörschenhardt überrundet worden.

Mudau

Siedlung und Gemarkung. – Mudau, inmitten eines erst nach 1050 durch das Kl. Amorbach besiedelten Waldgebietes gelegen, findet seine früheste Erwähnung im Jahre 1271 anläßlich des Verkaufs der Burg Wildenberg (*Mudahe*, Kop. um 1400). Offensichtlich war das Dorf, das als Pfarr-, Zent- und Marktort während des späten Mittelalters und der frühen Neuzeit eine gewisse zentralörtliche Bedeutung hatte, ein Mittelpunkt der klösterlichen Rodung im umliegenden Forstbezirk. Der Name der Siedlung (1306 *Mŭtach*, 1395 *Mudawe*) kommt von dem auf hiesiger Gemarkung entspringenden Mudbach und bezeichnet ein trübes Gewässer (ahd. *aha* = Bach). Die seit dem späteren 17. Jh. bezeugte, im Zuge des Wiederaufbaus nach dem verheerenden Dorfbrand vom 12./13. Juli 1849 bis auf spärliche Reste abgetragene Umwehrung des Fleckens mit einer Mauer und zwei Toren ist bereits im 15., vielleicht sogar schon im ausgehenden 14. Jh. angelegt worden. Die Entstehung des im N außerhalb dieser Befestigung gelegenen Siedlungsteils Untermudau geht möglicherweise auf den vogtsherrschaftlichen Neuhof zurück, dessen Güter nach Ausweis der noch heute bestehenden Flurnamen nördlich und nordwestlich davon lagen. Um 1656 hatte das ganze Mudau etwa 80 bis 90 Häuser; 1718 sind bei einem großen Dorfbrand 30 Anwesen vernichtet worden. 1803 gab es hier neben der Kirche, dem Pfarrhaus und dem Schulhaus noch 135 Häuser.

Herrschaft und Staat. – Als Vögte des Kl. Amorbach und seiner Besitzungen waren die Edelherren von Dürn im hohen Mittelalter auch Vogtsherren zu Mudau; aber bereits 1271 haben sie ihre Herrschaftsrechte im Dorf zusammen mit der nahen Burg Wildenberg an das Erzstift Mainz verkauft. Die Zenthoheit (Hochgerichtsbarkeit und Waffenrecht) im Mudauer Bezirk lag seinerzeit merkwürdigerweise nicht in Händen der Dürner, sondern war als Würzburger Lehen im Besitz der ansonsten eher dem westlichen Odenwald zuzuordnenden Schenken von Erbach, die sie 1318 ihrerseits an Mainz verkauften; freilich ist dessenungeachtet 1347 noch einmal einer der Erbacher Schenken durch den Bischof von Würzburg mit der Zent zu Mudau belehnt worden. Erst seit der 2. H. 14. Jh. und bis zum Ende des Alten Reiches war Mudau mit aller hohen und niederen Obrigkeit ganz und unbestritten dem Herrschaftsbereich der Erzbischöfe von Mainz zugehörig, mit Vogtei und Gericht, Hochgerichtsbarkeit und militärischem Aufgebot, Steuer und Schatzung, Jagd- und Forstrecht sowie allen sonstigen Hoheitsrechten. Das Gebiet der Mudauer Zent, die im Unterschied zur Unteren oder Amorbacher Zent auch als Obere Zent bezeichnet wurde, umfaßte neben dem Zentort die zum heutigen Neckar-Odenwald-Kreis gehörigen Dörfer, Weiler und Höfe Donebach, Mörschenhardt, Neubrunn (Ernsttal), Reisenbach, Schloßau, Waldauerbach, Ober- und Unterscheidental, Langenelz, Steinbach, Stürzenhardt, Rumpfen, Oberneudorf, Einbach, Laudenberg, Scheringen, Limbach, Waldhausen, Heidersbach, Balsbach, Wagenschwend, Robern und Krumbach sowie Hesselbach, Schöllenbach (links der Itter), Kailbach und Galmbach (Eduardstal) im benachbarten hessischen Odenwaldkreis.

In Mudau selbst hat das Kl. Amorbach von seinen einstigen, aus dem hochmittelalterlichen Landesausbau herrührenden Rechten neben einer sehr umfangreichen Grundherrschaft mit vielerlei Gerechtsamen auf Dauer nur einen Anteil (½) an den Gerichtsbußen behaupten können. Das Amt des örtlichen Klosterschultheißen wurde spätestens seit der 1. H. 15. Jh. in Personalunion mit dem des Zentgrafen versehen und war so einer schleichenden Annexion durch die mainzische Orts- und Landesherrschaft ausgesetzt – auch wenn der Abt bei der Bestallung eines neuen Schultheißen bzw. Zentgrafen stets betont hat, die Verleihung dieses Amtes stehe unbeschadet der momentanen personellen Verknüpfung in seinem freien Belieben.

Infolge der im Reichsdeputationshauptschluß getroffenen Bestimmungen ist Mudau 1803 an das Fürstentum Leiningen gefallen, und seit 1806 gehörte es schließlich zum Staatsverband des Großherzogtums Baden.

Grundherrschaft und Grundbesitz. – Am Ende des 14. Jh. waren dem Kl. Amorbach in Mudau ein bereits zu jener Zeit unter mehrere Bauern aufgeteilter Fronhof und 16 bäuerliche Hufen zinspflichtig; vermutlich gab es damals auf hiesiger Gemarkung auch schon den sog. Neuhof, der allerdings erst rund zwei Jahrhunderte später in den Quellen Erwähnung findet und dem Erzstift Mainz zu eigen gehörte. Im Fronhof, der im 18. Jh. knapp 140 M Äcker, Wiesen und Wald umfaßte und der wegen des auf ihm ruhenden klösterlichen Atzungsrechts bis ins 19. Jh. auch als Atzhof bezeichnet wurde, sowie in den bäuerlichen Hufen, deren Zahl sich später aufgrund unterschiedlicher Entwicklungen vermindert hat (1529 14, 1650 13½, 1668 10¼, 1787 11¾, 1806 10¼), darf man die Keimzelle und den Kern der hiesigen Siedlung erkennen. Der 1601 in Erbbestand verliehene Neuhof, zu dem Anfang des 19. Jh. nicht weniger als 497 M Land gehörten, ist, wie schon sein Name sagt, jünger als die Amorbacher Grundherrschaft und dürfte mit seinen auf die Nachbargemarkungen von Donebach und Mörschenhardt ausgreifenden Ländereien durch die Dürner bzw. Mainzer Vogtsherrschaft angelegt worden sein. Abgesehen von der Pfarrei, zu deren Eigentum das Pfarrgut am Steinbacher Weg (ca. 20 M), das zwischen Ober- und Untermudau gelegene Brückengut (ca. 40 M) und ein kleineres Gütlein gehörte, hat es in Mudau keine weiteren Grundherren gegeben.

Gemeinde. – Gelegentlich ihrer Huldigung für den Abt des Kl. Amorbach finden *inwohner und gantze gemeinde zu Mudawe* im Jahre 1468 ihre erste urkundliche Erwähnung; freilich läßt das bereits vor der Mitte des 15. Jh. erbaute Rathaus darauf schließen, daß die offenbar von der Herrschaft begünstigte kommunale Organisation hier eine wesentlich ältere Tradition hat. Für das 16. Jh. ist ein Bürgermeister bezeugt, dem die Sorge für die Gemeindefinanzen oblag; an Gemeindeämtern werden Büttel, Nachtwächter, Hirte und Flurschütz genannt. Das Dorfgericht, zu dessen Sprengel auch ein Haus im Ünglertsgrund gehörte, bestand 1803 aus nur vier Personen, war aber in älterer Zeit zweifellos mit einer größeren Zahl von Schöffen besetzt; die vor ihm getätigten Rechtsgeschäfte wurden vom Amtsschreiber aufgezeichnet und mußten vom

Mudauer Zentgrafen oder von der mainzischen Kellerei zu Amorbach besiegelt werden. Zum Gemeindebesitz gehörte seit einer Privilegierung durch den Erzbischof (1499) das Ungeld, das zur Instandhaltung der Dorfumwehrung aufgewendet werden sollte, und spätestens seit der Mitte des 17. Jh. zählte dazu auch das Standgeld der Mudauer Märkte sowie das ganze Einzugsgeld; offenkundig lag dem Orts- und Landesherrn daran, das hiesige Gemeinwesen zu stärken, freilich ohne ihm dabei eine größere Autonomie zuzugestehen. Zu Beginn des 19. Jh. nannte die Gemeinde rund 50 M Wald und 120 M Weiden ihr eigen; überdies gehörten ihr neben dem Rathaus ein Haus für den Gemeindediener sowie ein Haus für den Hirten.

Kirche und Schule. – Ursprünglich zählte Mudau unter die Filialen der großen Mutterpfarrei Hollerbach. Erst um 1426 ist die offenbar schon im 14. Jh. hier bestehende Kapelle, in der nachweislich bereits 1413 Gottesdienst stattgefunden hat, zur Pfarrkirche erhoben worden. Zu der unter Amorbacher Patronat stehenden neuen Pfarrei gehörten fortan die Dörfer und Weiler Langenelz, Ober- und Unterscheidental, Reisenbach, Galmbach (Eduardstal), Kailbach, Hesselbach, Schöllenbach, Waldauerbach, Schloßau, Neubrunn (Ernsttal), Mörschenhardt und Donebach. Der Hochaltar der um 1510 und um 1684 sowie in den Jahren 1790/1806 erweiterten bzw. erneuerten Pfarrkirche war wohl von alters her dem hl. Pankratius geweiht, die Seitenaltäre den hll. Laurentius und Sebastian. Für das 18. Jh. ist hier eine Sakramentsbruderschaft bezeugt. Ein Pfarrhaus wurde in Mudau 1556 erbaut und 1591 nach einem Brand erneuert. Schon im 15. Jh. war die hiesige Kirche offenbar ungewöhnlich vermögend, konnte sie doch 1474 zusätzlich zu ihrem Grund- und Rentenbesitz am Pfarrort und in dessen Umgebung sogar die Vogteiherrschaft über das ganze Dorf Waldauerbach erwerben. Am kleinen Zehnt zu Mudau war die Pfarrei zu einem Drittel beteiligt; die übrigen zwei Drittel des Kleinzehnten und der ganze Großzehnt gehörten dem Kl. Amorbach.

Geregelter Schulunterricht ist in Mudau offenbar zu Beginn des 17. Jh. eingeführt worden; im Jahre 1603 geschieht die erste Erwähnung eines Schulmeisters. Dessen jährliche Besoldung bestand 1679 aus Getreideabgaben von allen Landwirtschaft treibenden Einwohnern des Dorfes, aus 5 fl Geld von der Kirche sowie aus 7 fl von der Gemeinde für das Richten der Uhr und für das Läuten; darüber hinaus wurden ihm Geld- und Naturalabgaben von allen Kindtaufen, Hochzeiten, Begräbnissen und Jahrzeiten zuteil, und schließlich erhielt er von jedem Schulkind einen geringen Obolus. Am alten Mudauer Schulhaus, das, weil es inzwischen zu klein war, um die Wende vom 17. zum 18. Jh. von der Gemeinde verkauft und durch einen Neubau beim Pfarrhof ersetzt worden ist, soll gestanden haben: *Dieses Schulhaus ist zu größerer Ehre Gottes von den Mudauer Pfarrkindern aufgebaut worden*. 1803 gab es im Kirchspiel nicht weniger als 381 Schulkinder, in Mudau allein 130.

Bevölkerung und Wirtschaft. – Am Ende des Mittelalters lag die Einwohnerzahl Mudaus bei etwa 120 bis 130 und war damit, gemessen an der Bedeutung, die dem Ort schon zu jener Zeit zukam, noch vergleichsweise gering. Im 16. Jh. läßt sich dann aber ein sehr beachtliches Bevölkerungswachstum beobachten; bereits 1552 zählte man hier etwa 200 Seelen, und am Vorabend des 30j. Krieges waren es fast doppelt soviele (1610 ca. 370–380). Vielleicht infolge von Fluchtbewegungen hat die Zahl bis 1630 sogar noch weiter zugenommen (ca. 430), ist aber dann bis zum Ende des Krieges wieder um nahezu 75 % gesunken (1649 ca. 110–120). Seit der 2. H. 17. Jh. ist dann wieder ein kontinuierliches, teilweise geradezu stürmisches Wachstum zu verzeichnen: 1659 152 Seelen, 1668 216, 1701 355, 1750 ca. 550–560, 1803 930 und 1806 955 Seelen. Juden hat es in Mudau offenbar nur vorübergehend in der Zeit des Wiederaufbaus nach 1648 gegeben (1668 1 Familie).

Geschichte der Gemeindeteile 273

Der Grund für das rasche Wachstum der Mudauer Bevölkerung nach dem 30j. Krieg liegt wohl nicht zuletzt in den ungewöhnlich erfolgreichen Jahr- und Viehmärkten am Ort, deren Wurzeln man aber sicher schon im ausgehenden Mittelalter zu suchen hat. 1668 bestanden hier 2 privilegierte Jahrmärkte zu Laurentius (10. August) und zu Dreikönig (6. Januar); ein Jahrhundert später gab es 3 Krämermärkte und obendrein 6 Viehmärkte, deren Zahl bis zum Ende des 18. Jh. sogar auf 16 angestiegen ist. Um 1800 stand der Mudauer Viehhandel in voller Blüte. Die vielbesuchten Märkte gaben den Bewohnern des Marktfleckens, die 1803 zu 75 % einem Handwerk nachgingen, Verdienst und Brot. Bezeichnend hierfür ist die Zunahme der Wirtshäuser, deren Zahl 1668 bei 3, 1729 bei 7 und 1803 bei 9 (zuzüglich 2 Straußwirtschaften) lag. Bereits 1440 ist in Mudau ein Ziegler bezeugt; etwa zur gleichen Zeit hat auch ein Hafner hier gearbeitet und seine Ware auf die Wildenburg und nach Amorbach geliefert. Beide Gewerbe waren noch zu Beginn des 19. Jh. in Mudau vertreten. Darüber hinaus gab es 1803 im Dorf 22 Schuster, 20 Weber, 11 Bäcker, 10 Schneider, je 9 Krämer und Maurer, 7 Schreiner, 6 Metzger, 5 Zimmerleute, je 3 Wagner, Schlosser und Schmiede, je 2 Nagelschmiede und Drescher sowie je 1 Hutmacher, Tuchmacher, Schönfärber, Sattler, Gürtler, Säckler, Uhrmacher, Strumpfweber und Strumpfstricker. Organisiert waren diese Professionisten mit denen der umliegenden Orte in den 9 Zünften der Schneider, der Weber, der Müller und Bäcker, der Schuhmacher, der Schmiede und Wagner, der Schlosser, Schreiner und Drechsler, der Zimmerleute und Maurer, der Hafner und Küfer sowie der Metzger.

Auch wenn diese Handwerker großenteils noch eine Landwirtschaft betrieben haben, spielte der Feldbau hier doch eine geringere Rolle als anderwärts. Angebaut wurden das übliche Getreide, das, da es eine Mühle am Ort nicht gab, im benachbarten Ünglert gemahlen wurde; seit 1726 ist auch der Anbau von Kartoffeln nachgewiesen. 1806 gab es in Mudau 8 Pferde, 330 Rinder, 150 Schweine, 60 Ziegen und 300 Schafe.

Reisenbach

Siedlung und Gemarkung. – Wie die Dörfer der Umgebung verdankt Reisenbach seine Entstehung der seit dem 11. Jh. hier betriebenen Kolonisation des Kl. Amorbach. Seine erste Erwähnung findet der Ort im Jahre 1292 mit *Heinricus dictus Rysenbuch*, der in einer Urkunde Heinrich Knebels von Bretzingen als Zeuge auftritt. Der Name des Dorfes beruht in seinem ersten Teil vermutlich auf einem Personennamen und bezieht sich in seinem zweiten Teil auf einen Buchenwald; die Wandlung des Grundwortes von *-buch* zu *-bach* hat sich offenbar erst um die Wende zum 16. Jh. vollzogen (1468 *Rysembuch*, 1550 *Reysennbach*). Am Ende des 30j. Krieges war Reisenbach völlig verlassen und ist erst später wieder allmählich besiedelt worden; gleichwohl haben die auf die hochmittelalterliche Gründungsphase zurückgehenden Hufen in der hiesigen Feldflur überdauert. Zu Beginn des 19. Jh. gab es am Ort 25 Häuser; dazu gehörten auch die Mühle und Häuser im südwestlich des Dorfes gelegenen Reisenbacher Grund, wo im späten 18. Jh. neue Rodungen vorgenommen worden sind.

Herrschaft und Staat. – Die Ortsherrschaft zu Reisenbach war im 14. Jh. geteilt. Neben dem Erzstift Mainz (1350) begegnen hier auch die niederadeligen Echter von Erbach, die um dieselbe Zeit je ein Drittel an Kailbach und Galmbach sowie ein Viertel des Dörfleins (*villule*) Reisenbach vom Hochstift Würzburg zu Lehen getragen haben. Möglicherweise handelte es sich dabei um Gerichts- und Bannrechte, die vormals unmittelbar dem Kl. Amorbach, nicht aber dessen Vögten zugestanden haben und daher erst nachträglich in mainzischen Besitz gelangt sind. Spätestens zu Beginn des 17. Jh. war Kurmainz schließlich alleiniger Vogts-, Gerichts- und Zentherr des Dorfes (Kellerei Amorbach; Obere oder Mudauer Zent), dem alle hohe und niedere Obrigkeit, das Steuer- und das Waffenrecht sowie die Jagd zugestanden hat. Freilich hat Amorbach als alleinige Grundherrschaft am Ort und als Teilhaber (½) an den Gerichtsbußen noch im 15. Jh. von den Reisenbachern die Huldigung gefordert, und im Reisenbacher Grund hat Kurpfalz bis zum Ende des Alten Reiches seine Ansprüche auf den Bach geltend gemacht. 1803 ist Reisenbach an das Fürstentum Leiningen gefallen, und seit 1806 gehörte es zum Großherzogtum Baden.

Gemeinde. – An der Spitze der Gemeinde stand 1668 ein von sieben Schöffen gebildetes Gericht, das 1803 allerdings nur noch mit drei Personen besetzt war. Zum Gemeindebesitz zählten in der 2. H. 17. Jh. die Hälfte des Ungeldes und des Einzugsgeldes, 1778 darüber hinaus ein Hirtenhaus und 10 Ruten Gärten sowie Weide- und Laubrechte in verschiedenen herrschaftlichen Wäldern der Umgebung.

Kirche. – Kirchlich war Reisenbach eine Filiale der Pfarrei Mudau. Der Großzehnt gehörte ganz dem Kl. Amorbach; vom Kleinzehnt gehörten ihm dagegen nur zwei Drittel, während das restliche Drittel dem Gemeindepfarrer zustand.

Bevölkerung und Wirtschaft. – Um die Wende zum 16. Jh. hatte Reisenbach wohl knapp 50 Einwohner, und bis zum 30j. Krieg ist deren Zahl noch auf etwa 60 bis 70 gestiegen. Infolge Kriegseinwirkungen war das Dorf um 1640 ganz verlassen und ist seit der Mitte 17. Jh. erst wieder langsam besiedelt worden. 1654 hatte es rund 20 Bewohner, 1659 schon ca. 30 und 1668 knapp 40; 1701 lag die Seelenzahl bei über 60, 1750 bei über 100, und bis 1803 hat sie sich noch einmal mehr als verdoppelt (240).

Das Steueraufkommen von Reisenbach entsprach 1668 etwa dem von Rumpfen oder Mörschenhardt, lag aber unter jenem von Neubrunn (Ernsttal). Der örtliche Viehbestand umfaßte 1806 1 Pferd, 124 Rinder, 26 Schweine, 25 Schafe und 8 Ziegen. An Gewerben waren hier zur gleichen Zeit vertreten: 5 Weber, 2 Küfer und 2 Schneider sowie je 1 Maurer, Schmied, Müller, Bäcker und Schildwirt, von denen aber zweifellos keiner allein von der Ausübung seines Handwerks leben konnte.

Rumpfen

Siedlung und Gemarkung. – Wenngleich die älteste, 1285 erstmals bezeugte Namensform *Rumphenheim* (1413 *Růmpffenheym*) auf eine Entstehung Rumpfens in merowingischer Zeit hindeuten könnte, handelt es sich hier doch zweifellos nicht um einen echten -heim-Ort, sondern vielmehr um eine Rodungssiedlung des Kl. Amorbach aus dem hohen Mittelalter. 1554 ist in den Quellen einmal – wahrscheinlich aufgrund einer Fehldeutung der Dialektform – von *Rumpffenaw* die Rede, allerdings taucht bereits 1550 die bis heute gebräuchliche, sprachlich abgeschliffene Form auf, die sich im folgenden durchgesetzt hat. Ungeachtet des erst hochmittelalterlichen Ursprungs der Siedlung wird man den Namen vermutlich von einem Personennamen herleiten dürfen. Durch die Jahrhunderte war Rumpfen stets ein kleiner Weiler, der noch 1803 nicht mehr als 9 Häuser zählte.

Herrschaft und Staat. – Im 12. und 13. Jh. sind die hiesigen Herrschaftsrechte des Kl. Amorbach von dessen Ministerialen wahrgenommen worden. Zu diesen gehörte offenbar auch Richard von Rumpfen gen. Sluderich, der 1288 seine Güter am Ort dem Kl. Seligental vermacht hat; zweifellos geht auf dieses Vermächtnis der noch später bezeugte, grundherrlich begründete Anteil der Seligentaler Nonnen am Rumpfener Gericht (⅓) zurück sowie ihr Anspruch, für die ihnen zustehenden Gerechtsame einen eigenen Schultheißen zu setzen (1418). Die beiden übrigen Drittel am Gericht und seinen Einkünften waren im Besitz des Kl. Amorbach, das hier um 1400 über 4 Hufen verfügte (1413 Heimengut, Schneideringut, Merklinsgut, Sutergut) sowie – als Lehen des Abtes von Amorbach und möglicherweise in der Nachfolge Volknands von Wildenberg und seiner Gemahlin Irmgard (1285) – der Niederadeligen von Dürn; insgesamt hat sich die Zahl Rumpfener Hufen 1668 auf 9 belaufen. Der Seligentaler Anteil ist mit der Aufhebung des Klosters an Mainz gefallen, und den Dürner Anteil hat nach dem Aussterben des Geschlechts der Lehnsherr eingezogen; am Ende des Alten Reiches haben die Gerichtseinkünfte je zur Hälfte dem Kl. Amorbach und der kurmainzischen Kellerei Amorbach zugestanden. Die Vogteirechte zu Rumpfen sind wohl schon um die Wende zum 14. Jh. unmittelbar von den Edelherren von Dürn an das Erzstift Mainz übergegangen, das hier – abgesehen vom Niedergericht – bis zur Säkularisation über alle orts- und landesherrlichen Rechte verfügte, über die Zent (Obere oder Mudauer Zent), über Gebot und Verbot, über Steuer und Schatzung sowie über die Jagd. 1803 wurde Rumpfen Teil des Fürstentums Leiningen, 1806 des Großherzogtums Baden.

Gemeinde. – Die Gemeinde zu Rumpfen tritt in den Quellen nur wenig in Erscheinung. In der 2. H. 17. Jh. war ihr seitens der Herrschaft das ganze Ungeld sowie die Hälfte des Einzugsgeldes zugestanden; ansonsten verfügte sie im 18. Jh. über eine Schäferei und ein Stück sauere Wiesen. Das Ortsgericht war 1668 mit 7, 1803 dagegen nur noch mit 2 Schöffen besetzt. Für die Besiegelung von Rechtsgeschäften waren die jeweiligen mainzischen Beamten in Mudau zuständig.

Kirche und Schule. – Mit der Seelsorge gehörte Rumpfen stets zur Pfarrei Hollerbach. – In den Zehnt teilten sich das Kl. Amorbach und – von diesem belehnt – die von Dürn gen. von Rippberg. Der Umfang der beiderseitigen Anteile (von Wildenberg 1285 2/3, Amorbach 1395 1/3) war im 16. Jh. Gegenstand heftiger Auseinandersetzungen, bis die Kontrahenten sich 1582 endlich auf eine Teilung von 5/9 (Amorbach) zu 4/9 (von Dürn) geeinigt haben; im 18. Jh. – der Dürner Teil war inzwischen über die von Bettendorff und von Gaisberg 1677 an das Hochstift Würzburg (Kellerei Hainstadt) gelangt – war wohl durch ein Versehen die Teilung nach dem Schlüssel 5/8 zu 3/8 üblich geworden.

Eine eigene Schule hat es in Rumpfen bis ins 19. Jh. nicht gegeben; die hiesige Schuljugend hat den Unterricht in Hollerbach besucht.

Bevölkerung und Wirtschaft. – Am Ende des Mittelalters hatte Rumpfen zufolge der Listen für den Gemeinen Pfennig ungefähr 40 bis 45 Einwohner. Im 30j. Krieg hat der kleine Ort wohl mehr als 80 % seiner Bevölkerung eingebüßt, sind doch zum Jahr 1648 hier nur 2 Männer (mit ihren Familien), d. h. etwa 8 bis 10 Seelen bezeugt. In den folgenden Jahren hat die Einwohnerzahl wieder langsam zugenommen: 1659 lag sie bei 16 und 1668 bei 24; bis 1701 hat sie sich sogar verdoppelt (50) und ist, bedingt durch eine während des ganzen 18. Jh. zu beobachtende überdurchschnittlich hohe Kinderzahl, bis 1803 schließlich auf 77 angestiegen.

Ernährt hat sich die Rumpfener Bevölkerung allein von der Landwirtschaft. Die beiden Schneider, die hier 1803 Erwähnung finden, haben sicher nur hie und da Gelegenheit gefunden, sich ihrer Fertigkeit zu bedienen, und auch die beiden Weber werden am Webstuhl nur nebenbei gearbeitet haben. Feldbau wurde um die Wende zum 19. Jh. auf 290 M Äckern betrieben; daneben gab es 9 M Wiesen und nicht weniger als 76 M Weiden. Ein entsprechend hoher Stellenwert kam der Viehhaltung zu, die – gemessen an der bescheidenen Einwohnerzahl – 1806 mit 70 Rindern, 160 Schafen, 40 Schweinen und 6 Ziegen einen beachtlichen Umfang hatte.

Scheidental

Siedlung und Gemarkung. – Zwar gibt es auf der Gemarkung von (Ober-)Scheidental die Reste eines 1880/85 entdeckten, zum Odenwaldlimes gehörigen römischen Kohortenkastells (FN Burgmauer), jedoch besteht zwischen dieser spätantiken Befestigung und dem heutigen Dorf selbstverständlich keine Besiedelungskontinuität. Wie die anderen Orte der Umgebung verdankt Scheidental seine Entstehung dem hochmittelalterlichen Landesausbau durch das Kl. Amorbach, wobei der obere Ortsteil möglicherweise als der ältere angesprochen werden darf. Seine erste urkundliche Erwähnung geschieht um 1306 (*Scheidner*, Kop. 17. Jh.; 1318 *Schedennere*), und bald darauf ist auch die Differenzierung nach Ober- und Unterscheidental in den Quellen zu fassen (*Obern Scheidener* 2. H. 14. Jh., Kop.; *Underscheidener* 1395). Im 15. und 16. Jh. begegnen wiederholt die Namensformen *Scheydenauwe* oder *Underschenaw*. Wie man den Ortsnamen zu deuten hat, bleibt unklar; denkbar ist der Bezug auf eine Scheide bzw. Grenze. Über das Größenverhältnis der beiden Siedlungsteile in älterer Zeit ist wenig bekannt; freilich war am Ende des Alten Reiches Oberscheidental (25 Häuser) geringfügig größer als Unterscheidental (20 Häuser). Der Zusammenschluß der seit dem Mittelalter getrennten Gemeinden erfolgte erst 1935.

Der FN Neckarweg im S bzw. SW der Siedlung bezieht sich offenbar auf die einstige pfälzisch-mainzische Geleitstraße von Buchen über Mudau, Wagenschwend und Strümpfelbrunn zum Neckar bei Eberbach, die auf einem Oberscheidentaler Flurplan des 18. Jh. als *Hohe Landstraße* bezeichnet wird. Die im NW von Oberscheidental passierende Alte Straße (FN) ist vermutlich eine andere, durch den Reisenbacher Grund und durch das Tal der Itter führende Trasse derselben Route.

Herrschaft und Staat. – Aus der Tatsache, daß Scheidental als Rodungssiedlung des Kl. Amorbach entstanden ist, darf man schließen, daß es im hohen Mittelalter zum Herrschaftsbereich der Edelherren von Dürn gehört hat. In den Besitz der Schenken von Erbach, die den Ort 1318 zusammen mit der Zent Mudau an das Erzstift Mainz verkauft haben, ist Scheidental vermutlich auf demselben Weg gelangt, wie das benachbarte Scheringen. Die schon zuvor (um 1306) bezeugten, um 1350 einmalig als Mainzer Lehen bezeichneten Rechte der klösterlichen Untervögte aus dem Geschlecht der Bödigheimer Rüden sind von solchen Wechseln offenbar unberührt geblieben; im weiteren Verlauf haben sie sich zur eigenständigen, freilich allein auf Oberscheidental beschränkten Ortsherrschaft (1620 *mixtum imperium*, mit Steuerrecht) entwickelt, die 1677/78 durch Kauf an das Hochstift Würzburg und 1684 durch Tausch an Kurmainz gelangt ist. In Unterscheidental war die vogteiliche Obrigkeit schon vor der Mitte des 14. Jh. in mainzischer Hand (Kellerei Amorbach). Die Hälfte der Gerichtsbußen stand hier wie dort bis zum Ende des Alten Reiches dem Kl. Amorbach zu. Aufgrund dessen wie auch infolge seiner Stellung als alleiniger Grundherr – 1395 in Oberscheidental 18 Hufen, in Unterscheidental 12 Hufen – hat der Abt noch 1468 in beiden Ortsteilen Anspruch auf die Huldigung erhoben. Die hohe, zentliche Obrigkeit (Obere oder Mudauer Zent) sowie die Jagd- und Forsthoheit haben bereits vor 1684 nicht allein in Unter-, sondern auch in Oberscheidental dem Erzstift Mainz gehört. Seit dem späten 17. Jh. hatte der Kurfürst-Erzbischof abgesehen von den Amorbacher Gerichtsrechten sowohl in Ober- wie in Unterscheidental die volle Orts- und Landesherrschaft inne. Durch die Säkularisation gelangten beide Dörfer 1803 an das Fürstentum Leiningen, und mit dessen Mediatisierung 1806 an das Großherzogtum Baden.

Gemeinde. – Durch die Jahrhunderte hatten Ober- und Unterscheidental jeweils eigene Ortsgerichte, die zu Beginn des 19. Jh. nur noch mit je 2 Schöffen besetzt waren;

in Unterscheidental gab es 1668 7 Gerichtspersonen. Zum Gemeindebesitz von Oberscheidental gehörten 1778 ein Stück Heumatte sowie 10 M schlechter Wald, der unter die Ortsbewohner aufgeteilt war. Die Gemeinde zu Unterscheidental profitierte 1668 zur Hälfte vom Ungeld und vom Einzugsgeld; dabei handelte es sich um eine Vergünstigung seitens der Mainzer Ortsherrschaft, die im Rüdt'schen Oberscheidental keine Geltung hatte.

Kirche. – Kirchlich gehörten die Dörfer Ober- und Unterscheidental, in denen es bis ins 19. Jh. kein eigenes Gotteshaus gegeben hat, stets zur Pfarrei Mudau. – Der große Zehnt hat auf beiden Gemarkungen allein dem Kl. Amorbach zugestanden, am kleinen Zehnt war jeweils zu einem Drittel der Mudauer Pfarrer beteiligt.

Tabelle 1: **Einwohner 1668–1806**

Jahr	1668	1701	1803	1806
Oberscheidental	ca. 34	ca. 87	131	ca. 135
Unterscheidental	ca. 38	ca. 67	144	ca. 115

Bevölkerung und Wirtschaft. – Hinsichtlich ihrer Einwohnerzahl haben Ober- und Unterscheidental sich in älterer Zeit nur wenig unterschieden. Am Ende des Mittelalters hatte Unterscheidental etwa 70 bis 80 Einwohner; nach dem 30j. Krieg (1659) lag es mit ca. 40 Seelen deutlich über Oberscheidental mit ca. 20 bis 25. Jedoch hat sich, wie die Tab. 1 zeigt, das Verhältnis bald wieder ausgeglichen.

Bezüglich seiner Steuerkraft entsprach Unterscheidental 1668 mit 44 fl jährlicher Schatzung etwa jener von Langenelz (44 fl 4 albus) und lag nur unwesentlich unter der von Donebach (48 fl 29 albus); für das zur selben Zeit noch einer anderen Herrschaft zugehörige Oberscheidental steht ein Vergleichswert nicht zur Verfügung.

Tabelle 2: **Tierhaltung und Handwerker**

1806	Pferde	Rinder	Schafe	Schweine
Oberscheidental	1	104	70	55
Unterscheidental	–	151	150	30

1803	Oberscheidental	Unterscheidental
Schneider	1	2
Schuhmacher	1	–
Wagner	1	–
Schmiede	1	–
Maurer	1	–
Zimmerleute	1	–
Weber	3	1
Straußwirte	1	–

Während um die Wende zum 19. Jh. in Unterscheidental offenbar die Viehhaltung dominierte, hatte Oberscheidental zur gleichen Zeit mehr Professionisten vorzuweisen, die aber zweifellos weniger von der Ausübung ihres Handwerks als vom Feldbau lebten (vgl. Tab. 2).

Schloßau

Siedlung und Gemarkung. – Schloßau ist eine vom Kl. Amorbach gegründete Rodungssiedlung des hohen Mittelalters und wird 1271 erstmals urkundlich erwähnt (*Slozzahe*, Kop. um 1400). Der Ortsname bezieht sich mit seinem Grundwort auf die Bäche, die im Bereich des Dorfes ihren Ursprung nehmen (*aha* = Wasser). Nicht ganz so eindeutig ist der Bezug des Bestimmungswortes. Da jedoch eine mittelalterliche Burg auf hiesiger Gemarkung nicht bezeugt ist, darf man annehmen, daß der Name an dem nordwestlich der Siedlung gelegenen römischen Kastell anknüpft (FN Burggewann). Diese Erklärung hat um so mehr für sich, als die im 11./12. Jh. vermutlich noch ansehnlichen Reste dieser Wehranlage wohl erst im Zuge der Gewinnung von Baumaterial für das neugegründete Dorf abgetragen worden sind. Ein weiteres Kastell (Seitzenbuche) lag im Bereich der Straßenkreuzung von Eberbach nach Amorbach und von Schloßau nach Hesselbach; hinzu kommen schließlich noch 3 bzw. 4 Limeswachtürme (Klosterwald, Fischerspfad und Schneidershecke). Der FN Neuhof im O der Gkg Schloßau bezeichnet keine Wüstung, sondern erinnert – wie auch auf den Nachbargemarkungen – an einstigen Besitz des gleichnamigen Mudauer Gutes. Um die Wende zum 19. Jh. hat Schloßau – damals noch ohne das erst viel später eingemeindete Waldauerbach – aus 50 Häusern bestanden.

Herrschaft und Staat. – Die Herrschaft in Dorf und Gkg Schloßau lag zunächst in Händen der Edelherren von Dürn als Vögten des Kl. Amorbach. Jedoch gelangten die Rechte der Dürner bereits 1271 zusammen mit Burg Wildenberg, Mudau und anderen Orten der Umgebung an die Erzbischöfe von Mainz, die fortan für mehr als ein halbes Jahrtausend Orts- und Landesherren (Kellerei Amorbach) von Schloßau waren. 1668 umfaßten die hiesigen Mainzer Gerechtsame im einzelnen alle hohe und niedere Obrigkeit, Gebot und Verbot, Hagen, Jagen und Wildbann, Steuer und Schatzung, Weinakzise und Ungeld sowie – mit der Zenthoheit verknüpft (Obere oder Mudauer Zent) – die hohe Gerichtsbarkeit und das militärische Aufgebot. Infolge seiner dominierenden Stellung als größter Grundherr am Ort (1395 14, 1668 16 Hufen; 1750 ist daneben ein mainzischer Hof bezeugt) hat der Abt von Amorbach 1468 und sogar noch 1585 in Schloßau die Huldigung beansprucht; der mainzischen Herrschaft ist dadurch ebensowenig ein Abbruch geschehen, wie durch die Amorbacher Teilhabe an den Gerichtsbußen (½). Durch den Reichsdeputationshauptschluß ist der Ort 1803 an das Fürstentum Leiningen und durch die mit dem Rheinbund vollzogene Mediatisierung 1806 an das Großherzogtum Baden gelangt.

Gemeinde. – Das Gericht zu Schloßau umfaßte 1668 7 Schöffen, 1803 nur noch 4. Zum Gemeindebesitz gehörten im 17. Jh. die Hälfte des Ungeldes und des Einzugsgeldes sowie Beholzungs- und Weiderechte auf der ganzen Gemarkung, dazu Schaftriebsrechte bis auf Neubrunner (Ernsttaler) Gebiet. Um 1800 sind rund 150 M Neuhofäcker, Wiesen und Wald im Besitz der Gemeinde bezeugt.

Kirche. – Die Seelsorge zu Schloßau oblag zunächst dem Pfarrer von Hollerbach, seit dem 15. Jh. jenem zu Mudau. Um 1730 hat die Gemeinde sich auf eigene Kosten eine Kapelle gebaut, die 1732 durch den Abt von Amorbach dem hl. Wolfgang geweiht wurde. Allerdings war mainzischerseits schon 1730 die Erlaubnis erteilt worden, in diesem Gotteshaus an einem tragbaren Altar die Messe zu feiern.

Der große Zehnt von Gkg Schloßau war stets im alleinigen Besitz des Kl. Amorbach. Vom Kleinzehnt gehörten dem Kloster ⅔, dem jeweiligen Pfarrer zu Mudau ⅓.

Bevölkerung und Wirtschaft. – Zufolge der Reichssteuerlisten von 1495/96 hatte Schloßau am Ende des Mittelalters etwa 110 Einwohner, und bis zum Ausbruch des

30j. Krieges hat deren Zahl sich noch wesentlich erhöht (1552 ca. 150–160, 1610 ca. 250). Am Ende des großen Krieges waren von der einstigen Bevölkerung allerdings nicht einmal mehr 10 % übrig. Die Wiederbesiedelung des beinahe ausgestorbenen Dorfes ist zunächst eher zögernd verlaufen (1659 ca. 30, 1668 ca. 65), hat aber im letzten Drittel des 17. Jh. an Dynamik gewonnen (1701 ca. 155, 1750 ca. 225). Um die Wende zum 19. Jh. war schließlich mit 381 Seelen (1803) ein absoluter Höhepunkt erreicht.

Der Feldbau zu Schloßau konzentrierte sich im 16. Jh. vor allem auf Roggen und Hafer. Eine große Rolle spielte hier offenbar zu allen Zeiten die Viehhaltung. 1806 belief sich der Viehbestand auf 276 Rinder, 100 Schafe und 50 Schweine sowie 4 Pferde; drei Jahre zuvor hat es im Dorf sogar noch 8 Pferde gegeben. An Gewerben sind 1803 bezeugt: 9 Weber, je 2 Schneider und Schmiede (bereits 1750) sowie je 1 Wagner, Schreiner und Schildwirt (bereits 1668). Die örtliche Mühle war infolge des 30j. Krieges abgegangen, ist aber um 1800 wieder betrieben worden.

Waldauerbach. – Das 1935 nach Schloßau eingemeindete Waldauerbach wird in den schriftlichen Quellen nicht vor 1395 erwähnt (*Waldurbach*), ist aber wie die umliegenden Orte eine Amorbacher Rodungssiedlung des hohen Mittelalters. Vogtsherren des Dorfes waren im 15. Jh. die Rüdt von Collenberg, die ihre hiesigen Rechte 1474 an die wohlhabende Kirche zu Mudau verkauften. Nominell hatte diese die Ortsherrschaft zwar noch im 18. Jh. inne – am Gericht (1668 7 Schöffen) war das Kl. Amorbach zu einem Drittel beteiligt –, aber tatsächlich wurde die Ausübung der hiesigen Herrschaftsrechte in zunehmendem Maße vom Erzstift Mainz (Kellerei Amorbach; Zent Mudau) wahrgenommen. Grundherrlichkeit (8 Hufen) und Zehnt oblagen ganz dem Kl. Amorbach, nur am kleinen Zehnt hatte die Pfarrei Mudau einen Anteil (⅓). Die Zahl der Einwohner von Waldauerbach lag um 1500 zwischen 30 und 40, 100 Jahre später bei etwa 50; die durch den 30j. Krieg eingetretenen Verluste (um 1648 ca. 10–15 Einwohner) sind bald wieder mehr als ausgeglichen worden (1668 ca. 40, um 1700 ca. 80); 1803 gab es hier 113 Seelen. 1806 übten in Waldauerbach 1 Weber und 1 Schmied ihr Handwerk aus. Der Viehbestand im Dorf belief sich zur gleichen Zeit auf 93 Rinder, 40 Schafe und 25 Schweine.

Steinbach

Siedlung und Gemarkung. – Unter den zur Gde Mudau gehörigen Siedlungen dürfte Steinbach eine der ältesten sein. Sein Name (*Steinbach*, Kop. 13. Jh.) – damals vermutlich noch auf das gleichnamige, zur Morre fließende Gewässer bezogen – begegnet erstmals in den Amorbacher Traditionsnotizen des hohen Mittelalters und bezeichnet die östliche Grenze der im 11. Jh. unter Abt Ezzelin für das Kl. Amorbach erworbenen *silva Otinwalt*. Die freilich erst aus dem Ende des 14. Jh. überlieferte Zahl von nicht weniger als 22 Hufen deutet darauf hin, daß es sich bei diesem Ort um ein Zentrum des klösterlichen Landesausbaus im Hinteren Odenwald gehandelt hat, und für eine solche Annahme spricht wohl auch die beachtliche Größe der hiesigen Gemarkung, aus der jene von Stürzenhardt offenbar erst nachträglich herausgeschnitten worden ist. Daher könnten auch die Ansprüche rühren, die Stürzenhardt noch um 1800 bezüglich des herrschaftlichen Waldes Dörlesberg auf Steinbacher Gebiet erhoben hat. Zwar zieht oberhalb des Ünglerttales von N nach S eine sog. Römerstraße über die Gemarkung; gleichwohl dürfte der vormals in der Steinbacher Kirche eingemauerte und 1854 nach Karlsruhe gebrachte Votivaltar für die Göttin Minerva nicht von hier, sondern eher aus dem Kohortenkastell in Oberscheidental stammen. 1803 gab es in Steinbach 38 Häuser.

Herrschaft und Staat. – Die Herrschaft zu Steinbach war vom hohen Mittelalter bis ins späte 15. Jh. geteilt, jedoch lassen sich die Einzelheiten der Zusammenhänge, die allem Anschein nach schon den damaligen Berechtigten nicht mehr so recht vertraut waren, heute kaum noch rekonstruieren. Die Hälfte des Dorfes war vermutlich schon im späteren 13. Jh. mit Burg Wildenberg und der Oberen oder Mudauer Zent von den Edelherren von Dürn an das Erzstift Mainz gelangt. Ein Viertel der Ortsherrschaft ist seit 1363 als Mainzer Lehen im Besitz der aus der Dürner bzw. Amorbacher Ministerialität hervorgegangenen Bödigheimer Rüden bezeugt (ältere Linie) und erscheint neben vielen anderen Pertinenzen bis zum Ende des Alten Reiches in deren Lehnbriefen. Das letzte Viertel – ebenfalls Mainzer Lehen – gehörte der jüngeren Rüdt'schen Linie zu Bödigheim, die zwischen 1420 und 1435 zu diesem noch das erwähnte Viertel der älteren Linie hinzuerworben hat. Aus uns nicht bekannten Gründen wird schließlich die Rüdt'sche Hälfte in einer Urkunde Erzbischof Bertholds aus dem Jahre 1488 als dem Erzstift Mainz verfallen bezeichnet und dem Wilhelm Rüdt, dem Letzten dieses Zweiges, nur noch auf Lebenszeit verliehen. Demnach dürfte die vogteiliche Obrigkeit zu Steinbach ungeachtet der zweifellos nur versehentlichen Weiterführung in den für die Rüden später ausgestellten Lehnbriefen seit um 1500 ganz in mainzischer Hand gewesen sein. Die örtliche Gerichtsherrschaft war noch im 18. Jh. zwischen Mainz und Amorbach je hälftig geteilt; 1468 ist dem Abt in Steinbach auch noch gehuldigt worden. Dessenungeachtet hatte das Erzstift im 17. Jh. hier die volle Orts- und Landesherrschaft (Kellerei Amorbach): die Zenthoheit mit Hochgerichtsbarkeit und militärischem Aufgebot, Gebot und Verbot, Steuer und Schatzung, Jagen und Hagen sowie alle weiteren einschlägigen Gerechtsame. Mit dem Ende des Erzstifts Mainz und des Kl. Amorbach ist Steinbach 1802/03 an das Fürstentum Leiningen gefallen und mit der Mediatisierung 1806 an das Großherzogtum Baden.

Grundherrschaft und Grundbesitz. – In den Grundbesitz auf Steinbacher Gemarkung teilten sich im Mittelalter das Kl. Amorbach und die Rüden. Dem Kloster waren hier 1395 22 bäuerliche Hufen zinspflichtig, deren Bestand sich, wenngleich in fortschreitender Parzellierung, bis in unser Jahrhundert verfolgen läßt. Die Rüden hatten im Dorf einen zu ihrem Mainzer Lehen gehörigen Hof, der um 1500 zusammen mit ihren ortsherrlichen Rechten dem Lehnsherrn heimgefallen und vermutlich mit dem späteren herrschaftlichen Hofgut identisch ist; 1788 umfaßte dieses bestandsweise verliehene Gut rund 63 M Äcker, 15 M Wiesen und 3 M Gärten, dazu verschiedene Waldungen und eine (1648) auf 500 Tiere berechnete, in Erbbestand vergebene Schäferei. Darüber hinaus verfügte das Erzstift in Steinbach über einen kleineren Hof, das sog. Zimmermannsgut, sowie über ca. 700 M Herrschaftswald.

Gemeinde. – Im Zusammenhang mit dem Plan zum Bau einer Kapelle tritt die Gemeinde zu Steinbach bereits 1407 in Erscheinung. Das Dorfgericht bestand seinerzeit aus neun Personen; 1668 war es mit 7 Schöffen besetzt, 1803 nur noch mit 3. Wie in den anderen mainzischen Orten der Umgebung waren der Gemeinde zur Erfüllung ihrer Aufgaben nach dem 30j. Krieg seitens der Herrschaft die Hälfte des Ungeldes und des Einzugsgeldes zugestanden. Ansonsten bestand der Gemeindebesitz im 18. Jh. aus einem Schulhaus und einem Hirtenhaus; Wald gehörte nicht dazu.

Kirche und Schule. – 1407 ist der zur Pfarrei Hollerbach gehörigen Gde Steinbach durch den Abt von Amorbach die Erlaubnis zum Bau einer Kapelle erteilt worden, deren Instandhaltung sie aus eigenen Mitteln bestreiten mußte. Aber erst um 1494 ist – vermutlich durch den Baumeister Hans Eseler von Amorbach (bzw. von Alzey) – dieses Vorhaben ausgeführt worden, und bereits 1514 hat das Gotteshaus offenbar eine kleine Erweiterung erfahren. Geweiht war diese Filialkirche den hll. Martin und Veit.

Zu Beginn des 18. Jh. ist eine Empore eingebaut worden (Ende 19. Jh. wieder entfernt), und 1710 wurde im Chor ein neuer Hochaltar aufgestellt. Jedoch ist die seit 1717 von der Gemeinde immer wieder vorgebrachte Bitte um einen regelmäßigen Sonntagsgottesdienst noch lange Zeit unerfüllt geblieben; erst seit 1803 wurde dieser Wunsch durch Geistliche im Ruhestand erfüllt.

Der Zehnt zu Steinbach gehörte im Mittelalter wohl ganz dem Kl. Amorbach; im 18. Jh. teilte sich dieses darein mit der Pfarrei Hollerbach.

Ob die Anfänge des Steinbacher Schulwesens, wie schon behauptet wurde, tatsächlich ins 16. Jh. zurückreichen, sei dahingestellt. Jedoch ist die Unterweisung der hiesigen Jugend seit dem frühen 18. Jh. sicher bezeugt, und in jener Zeit ist wohl auch ein eigenes Schulhaus erbaut oder eingerichtet worden.

Bevölkerung und Wirtschaft. – Sieht man ab von den sehr unsicheren Berechnungen, die für die frühere Zeit angestellt worden sind, so gewinnt man zum Ende des 15. Jh. erstmals konkrete Vorstellungen von der Einwohnerzahl Steinbachs (um 1496 ca. 110 Seelen). In den folgenden Jahrzehnten hat die hiesige Bevölkerung kontinuierlich zugenommen (1552 ca. 150–160, 1610 ca. 220–230). Wie anderwärts hatte der 30j. Krieg auch hier einen Bevölkerungsrückgang zur Folge, der allerdings – im Unterschied zu vielen Nachbardörfern – nur bei etwa 50% lag. Freilich hat danach auch das Bevölkerungswachstum seit der Mitte des 17. Jh. in Steinbach vergleichsweise zögernde Fortschritte gemacht (1668 ca. 135, 1701 ca. 210) und war im 18. Jh. sogar rückläufig (1725 ca. 160–170, 1745 ca. 160–170, 1765 ca. 160); erst zum Ende des Jahrhunderts ist die Zahl wieder angestiegen und hat 1803 bei rund 300 gelegen.

Hinsichtlich der wirtschaftlichen Bedeutung Steinbachs ist sicher aufschlußreich, daß es mit seiner Steuerkraft (106 fl) im Jahre 1668 kaum hinter Mudau (108 fl) zurückstand. Auch hat es hier bis ins 17. Jh. zu Martini einen Jahrmarkt gegeben, der allerdings nach dem 30j. Krieg nicht wiederbelebt werden konnte. Die Holz- und Feldwirtschaft auf hiesiger Gemarkung wird 1803 als ergiebig bezeichnet, der Anbau von Kartoffeln ist seit 1739 belegt. Der örtliche Viehbestand hat sich 1806 auf 176 Rinder, 2 Pferde, 400 Schafe, 70 Schweine und 6 Ziegen belaufen. Insgesamt gab es zu Beginn des 19. Jh. im Dorf 22 Bauern; an Handwerkern sind zur gleichen Zeit bezeugt: je 3 Schneider und Weber sowie je 1 Wagner, Schmied (bereits 1750), Schreiner, Maurer, Schuster und Müller; 1806 wird überdies 1 Bäcker erwähnt. Eine Getreidemühle gab es unmittelbar beim Ort; in älterer Zeit hat es im Steinbacher Tal auch eine Schleifmühle gegeben, die aber den 30j. Krieg offenbar nicht überdauert hat.

Quellen und Literatur

Donebach

Quellen, gedr.: *Dronke.* – *Grimm* 6. – *Gudenus* CD 1. – *Krebs,* Amorbach. – *Krebs,* Weistümer. – REM 1. – UB Fulda. – ZGO 12, 1861.

Ungedr.: FLA Amorbach, U Amorbach; Repertorium Rand; Amorbacher Urbar 1395; Amorbacher Zinsb. 1528; Amorbacher Jurisdiktionalb. 1648, 1668; Amorbacher Erbbestände 1682; Amorbacher Kellereirechnungen 1659, 1701, 1750; Bücher zur Kenntnis und zur Hebung des Landes. – GLA Karlsruhe H Donebach 1; 69 Rüdt von Collenberg 3704. – StA Würzburg, Mainzer Ingrb. 41; MRA Militär K217/14, K240/469.

Allg. Literatur: *Eichhorn,* Kirchenorganisation. – *Gropp.* – *Krieger* TWB 1 Sp. 431 f., 2 Sp. 1246. – LBW 5 S. 302. – *Matzat,* Zenten. – *Neumaier,* Reformation. – *Rommel,* Wohnstätten. – *Schäfer.*

Ortsliteratur: *Humpert*, Theodor, Aus Donebachs Geschichte. In: Wartturm 1, 1925/26 Nr. 9.
Erstnennungen: ON 1271 (*Gudenus* CD 1 S. 732), Ünglert Mitte 15. Jh. (FLA Amorbach, Amorbacher Gült- und Zinsb. H fol. 295).

Langenelz

Quellen, gedr.: *Krebs*, Amorbach. – *Krebs*, Weistümer. – REM 1.
Ungedr.: FLA Amorbach, U Amorbach; Repertorium Rand; Amorbacher Urbar 1395; Amorbacher Zinsb. 1528; Amorbacher Jurisdiktionalb. 1648, 1668; Amorbacher Kellereirechnungen 1659, 1701, 1750; Bücher zur Kenntnis und zur Hebung des Landes. – GLA Karlsruhe H 1–1a. – StA Würzburg, MRA Militär K217/14, K240/469.
Allg. Literatur: *Krieger* TWB 2 Sp. 21. – LBW 5 S. 302. – *Matzat*, Studien. – *Matzat*, Zenten. – *Neumaier*, Reformation. – *Schäfer*.
Ortsliteratur: *Slama*, Hans, Langenelz und der Mudauer Odenwald. Eine Dorfgeschichte unter Berücksichtigung der Vergangenheit und Entwicklung des Gebiets der ehemaligen Zent Mudau und heutigen Gemeinde Mudau, Langenelz 1989.
Erstnennung: ON 1350 (REM 1 Nr. 5820).

Mörschenhardt

Quellen, gedr.: *Albert*, Weistümer. – *Grimm* 6. – *Gropp*. – *Gudenus* CD 1. – *Krebs*, Amorbach. – *Krebs*, Weistümer. – REM 1. – ZGO 12, 1861.
Ungedr.: FLA Amorbach, U Amorbach; Repertorium Rand; Amorbacher Urbar 1395; Amorbacher Kopb. 1526ff; Amorbacher Zinsb. 1528; Amorbacher Jurisdiktionalb. 1648, 1668; Amorbacher Kellereirechnungen 1659, 1701, 1750; Bücher zur Kenntnis und zur Hebung des Landes; Karten XVI,9. – GLA Karlsruhe H Ernsttal 1 und Mörschenhardt 1. – StA Würzburg, MRA Militär K217/14, K240/469.
Allg. Literatur: *Eichhorn*, Kirchenorganisation. – FbBW 8 S. 309–311. – *Krieger* TWB 1 Sp. 530, 2 Sp. 212. – LBW 5 S. 302. – *Matzat*, Zenten. – *Neumaier*, Reformation. – *Rommel*, Wohnstätten. – *Schäfer*. – *Wagner* S. 405.
Ortsliteratur: *Behrends*, Rolf-Heiner, Mörschenhardt und Schloßau, Gemeinde Mudau, Neckar-Odenwald-Kreis. Wachtürme des römischen Limes. In: Lebend. Archäologie, Stuttgart 1976, S. 81–87. – *Niester*, Heinrich, Die bauliche Erweiterung der Schloßanlage von Waldleiningen. In: Bad. Heimat 57, 1977 S. 241–245. – *Behrends*, Rolf-Heiner, Der Limeswanderpfad von Mudau (OT Schloßau und Mörschenhardt), Neckar-Odenwald-Kreis. Kulturdenkmale in BW. Kleine Führer 44, Stuttgart 1978.
Erstnennungen: ON 1271 (*Gudenus* CD 1 Nr. 732), Neubrunn 1314 (FLA Amorbach, U Amorbach 1314 Feb. 25).

Mudau

Quellen, gedr.: *Albert*, Weistümer. – *Becker*. – *Grimm* 6. – *Gropp*. – *Gudenus* CD 1. – *Krebs*, Amorbach. – *Krebs*, Weistümer. – Lehnb. Würzburg 2. – REM 1. – ZGO 39, 1885.
Ungedr.: FLA Amorbach, U Amorbach; Repertorium Rand; Amorbacher Urbar 1395; Amorbacher Kopb. 1526ff; Amorbacher Jurisdiktionalb. 1648, 1668; Amorbacher Spiritualien und Pfarreiwesen; Amorbacher Kellereirechnungen 1659, 1701, 1750; Bücher zur Kenntnis und zur Hebung des Landes. – GLA Karlsruhe H Mudau 1–2; 69 Rüdt von Collenberg 3704; 70 Mudau; 166/61; 229/68626–644. – StA Würzburg, Mainzer Ingrb. 41; MRA Militär K217/14, K240/469; MRA ältere Kriegsakten 1/90; Würzburger Lehnsachen 5686.
Allg. Literatur: *Eichhorn*, Kirchenorganisation. – *Hahn* S. 390. – KDB IV,3 S. 68f. – *Krieger* TWB 2 Sp. 222f. – LBW 5 S. 303. – *Matzat*, Studien. – *Matzat*, Zenten. – *Müller*, Dorfkirchen S. 54f. – *Neumaier*, Dürn. – *Neumaier*, Reformation. – *Oechsler/Sauer*. – *Oswald/Störmer*. – *Schäfer*. – *Wagner* S. 410.
Ortsliteratur: *Humpert*, Theodor, Das Rathaus in Mudau. In: Wartturm 1, 1926 Nr. 8. – *Albert*, Peter Paul, Von Mudau als »Hauptstadt des Odenwaldes«. In: Wartturm 2, 1926/27 Nr. 9. – *Humpert*, Theodor, Das Kirchspiel Mudau. In: Wartturm 2, 1927 Nr. 9. – *Nörber*, Alfons, Die Pfarrkirche in Mudau. In: Wartturm 2, 1927/28 Nr. 9. – *Humpert*, Theodor, Mudau nach der

leiningischen Dorfordnung vom Jahre 1805. In: Wartturm 4, 1928 Nr. 3. – *Grimm*, Arthur, Mudau im badischen Odenwald. In: Bad. Heimat 20, 1933 S. 160–162. – *Berberich*, Gottfried, Der Mudauer Großbrand vom Jahre 1849. In: Wartturm 9, 1933/34 Nr. 4. – *Humpert*, Theodor, Mudau. Wesen und Werden einer Odenwaldgemeinde, Mudau ²1954. – *Schäfer*, Fritz, Der Mudauer Meister. In: BEO 3, 1980 S. 383–422.
Erstnennungen: ON 1271 (*Gudenus* CD 1 S. 732), Pfarrei um 1426 (*Humpert* a. a. O. S. 125).

Reisenbach

Quellen, gedr.: *Gropp.* – *Krebs*, Amorbach. – *Krebs*, Weistümer. – Lehnb. Würzburg 2. – REM 1.
Ungedr.: FLA Amorbach, U Amorbach; Repertorium Rand; Amorbacher Urbar 1395; Billigheimer Lagerb. 1654; Amorbacher Jurisdiktionalb. 1648, 1668; Mudauer Fronwesen 1777; Amorbacher Kellereirechnungen 1659, 1701, 1750; Bücher zur Kenntnis und zur Hebung des Landes. – GLA Karlsruhe H Reisenbach 1–1a; 229/85558, 93604. – StA Würzburg, MRA Militär K217/14, K240/469; Würzburger Lehnsachen 5686.
Allg. Literatur: *Krieger* TWB 2 Sp. 575. – LBW 5 S. 303. – *Matzat*, Studien. – *Matzat*, Zenten. – *Neumaier*, Dürn. – *Neumaier*, Reformation. – *Schäfer*.
Ortsliteratur: *Brauch*, Theodor, Reisenbach im Odenwald, 2. Aufl. Karlsruhe 1976.
Erstnennung: ON 1292 (FLA Amorbach, U Amorbach 1292 Nov. 2).

Rumpfen

Quellen, gedr.: *Albert*, Weistümer. – *Gropp.* – *Krebs*, Amorbach. – *Krebs*, Weistümer. – REM 1.
Ungedr.: FLA Amorbach, U Amorbach; Repertorium Rand; Amorbacher Urbar 1395; Billigheimer Lagerb. 1654; Amorbacher Jurisdiktionalb. 1648, 1668; Salb. des Amtes Rippberg 1687; Gottersdorfer Zins- und Gültb. 1687; Seligentaler Zins-, Gült- und Lagerb. 1699; Amorbacher Kellereirechnungen 1659, 1701, 1750; Bücher zur Kenntnis und zur Hebung des Landes. – GLA Karlsruhe H Rumpfen 1–1a; 229/45570, 45577. – StA Würzburg, Mainzer Bü. versch. Inh. 10; MRA Militär K217/14, K240/469; Würzburger Lehnsachen 5686.
Allg. Literatur: *Krieger* TWB 2 Sp. 694. – LBW 5 S. 303. – *Matzat*, Zenten. – *Neumaier*, Dürn. – *Neumaier*, Reformation. – *Rommel*, Seligental. – *Schäfer*.
Ortsliteratur: *Albert*, Peter Paul, Zur Ortsgeschichte von Rumpfen in alter Zeit. In: Wartturm 10, 1934/35 Nr. 5. – *Albert*, Peter Paul, Zur Ortsgeschichte von Rumpfen im 17. und 18. Jahrhundert. In: Wartturm 10, 1934/35 Nr. 9.
Erstnennungen: ON 1285 (FLA Amorbach, U Amorbach 1285 Juni 29), Adel 1288 (StA Würzburg, Mainzer Bü. versch. Inh. 10 fol. 277).

Scheidental

Quellen, gedr.: *Gropp.* – *Krebs*, Amorbach. – *Krebs*, Weistümer. – REM 1. – *Schröcker.* – ZGO 39, 1885; 50, 1896.
Ungedr.: FLA Amorbach, U Amorbach; Repertorium Rand; Amorbacher Urbar 1395; Amorbacher Zinsb. 1528; Lagerb. der Hofmeisterei Billigheim 1654; Amorbacher Jurisdiktionalb. 1648, 1656, 1668; Salb. des Amtes Rippberg 1687; Mudauer Fronwesen 1777; Amorbacher Kellereirechnungen 1659, 1701, 1750; Bücher zur Kenntnis und zur Hebung des Landes; Pläne III,25, XIV,1. – FrhRA Hainstadt U. – FrhBA Jagsthausen VI/18. – GLA Karlsruhe H Scheidental 1–2a; 69 Rüdt von Collenberg U105, U320, 252, 903, 1129, 3723; 229/78482. – StA Würzburg, MRA Militär K217/14, K240/469; Würzburger Lehnsachen 5686.
Allg. Literatur: FbBW 5. – *Filtzinger/Planck/Cämmerer* S. 444–446. – KDB IV,3 S. 69–73. – *Krieger* TWB 2 Sp. 826 f. – Land BW 5 S. 303 f. – *Matzat*, Studien. – *Matzat*, Zenten. – *Neumaier*, Dürn. – *Neumaier*, Reformation. – *Oechsler/Sauer*. – *Schäfer*. – *Wagner* S. 412–415.
Ortsliteratur: *Lenz*, Otto, Das Werden der Pfarreien Schloßau und Oberscheidental, Buchen (um 1935).
Erstnennungen: ON um 1306 (GLA Karlsruhe, 69 Rüdt von Collenberg 3723 fol. 4r).

Schloßau

Quellen, gedr.: *Gropp.* – *Kollnig.* – *Krebs*, Amorbach. – *Krebs*, Weistümer. – REM 1. – ZGO 39, 1885.

Ungedr.: FLA Amorbach, U Amorbach; Repertorium Rand; Amorbacher Urbar 1395; Lagerb. der Hofmeisterei Billigheim 1654; Amorbacher Jurisdiktionalb. 1648, 1668; Mudauer Fronwesen 1777; Amorbacher Kellereirechnungen 1659, 1701, 1750; Bücher zur Kenntnis und zur Hebung des Landes; Pläne III,22. – GLA Karlsruhe H Schloßau 1–2; 229/93184–189. – StA Würzburg, Mainzer Ingrb. 41; MRA Militär K217/14, K240/469; Würzburger Lehnsachen 5686.

Allg. Literatur: *Eichhorn*, Dürn. – *Eichhorn*, Kirchenorganisation. – FbBW 5. – *Filtzinger/ Planck/Cämmerer.* – *Humpert*, Theodor, Mudau. Wesen und Werden einer Odenwaldgemeinde, Mudau 2/1954. – KDB IV,3 S. 12, 78–82. – *Krieger* TWB 2 Sp. 863f., 1309f. – LBW 5 S. 304. – *Matzat*, Studien. – *Matzat*, Zenten. – *Neumaier*, Reformation. – *Oechsler/Sauer.* – *Rommel*, Wohnstätten. – *Schäfer.* – *Wagner* S. 415–423.

Ortsliteratur: *Lenz*, Otto, Das Werden der Pfarreien Schloßau und Oberscheidental, Buchen (um 1935). – *Behrends*, Rolf-Heiner, Der Limeswanderpfad von Mudau (OT Schloßau und Mörschenhardt), Neckar-Odenwald-Kreis. Kulturdenkmale in BW. Kleine Führer 44, Stuttgart 1978.

Erstnennung: ON 1271 (*Gudenus* CD 1 S. 732).

Steinbach

Quellen, gedr.: *Becher.* – *Gropp.* – *Krebs*, Amorbach. – *Krebs*, Weistümer. – REM 1 und 2.

Ungedr.: FLA Amorbach, U Amorbach; Repertorium Rand; Amorbacher Urbar 1395; Steinbacher Zins- und Gültb. 1621; Lagerb. der Hofmeisterei Billigheim 1654; Amorbacher Jurisdiktionalb. 1648, 1668; Amorbacher Erbbestände 1682; Mudauer Fronwesen 1777; Amorbacher Kellereirechnungen 1659, 1701, 1750; Bücher zur Kenntnis und zur Hebung des Landes; Pläne III,22. – FrhRA Hainstadt U. – GLA Karlsruhe H Steinbach 1–1a; 44 Rüdt; 69 Rüdt von Collenberg U32, U46, U82, U110, U116, U163, U175, U185, U257, 3704; 229/45570, 100538–543. – StA Würzburg, Mainzer Ingrb. 40, 41; Mainzer Lehnb. 1–6, 8–9; MRA Militär K217/14, K240/469; Würzburger Lehnsachen 5686.

Allg. Literatur: *Eichhorn*, Kirchenorganisation. – *Filtzinger/Planck/Cämmerer.* – KDB IV,3 S. 86–92. – *Krieger* TWB 2 Sp. 1072. – LBW 5 S. 304. – *Matzat*, Studien. – *Matzat*, Zenten. – *Müller*, Dorfkirchen S. 69. – *Neumaier*, Reformation. – *Oechsler/ Sauer.* – *Rommel*, Wohnstätten. – *Schäfer.* – *Wagner* S. 423.

Ortsliteratur: *Albert*, Peter Paul, Steinbach bei Mudau. Geschichte eines fränkischen Dorfes. In: Zeitschr. der Gesellsch. für Beförd. der Geschichts- und Altertums- und Volkskunde von Freiburg, dem Breisgau und den angrenzenden Landschaften 15, 1899 S. V–XII und 1–181. – *Albert*, Peter Paul, Das St. Martins- und Veitskirchlein zu Steinbach und seine Meister. In: FDA 48, 1920 S. 106–154. – *Köhler*, Wilhelm, Die »Alte Straße«, auch Römerstraße genannt, bei Steinbach, Amt Buchen. In: Wartturm 6, 1930/31 Nr. 2. – *Lenz*, Otto, Steinbach, Buchen 1935.

Erstnennung: ON um 1100 (*Becher* S. 53).

Neckargerach

1532 ha Gemeindegebiet, 2246 Einwohner

Wappen: In Blau eine schrägrechte, mit roten Punkten bestreute silberne (weiße) Forelle. – Das Wappenbild Neckargerachs ist seit dem 1766 gestochenen Gerichtssiegel der schräg nach oben schwimmende Fisch, der die Lage der Gemeinde am Fluß und die Neckarfischerei symbolisiert. Im Jahre 1907 wurden auf Vorschlag des Generallandesarchivs die Wappenfarben festgelegt, die auf die silbern (weiß)-blauen Rauten im Wappen der Kurpfalz anspielen. – Flagge: Weiß-Blau (Silber-Blau).

Gemarkungen: Guttenbach (572 ha, 394 E.); Neckargerach (990 ha, 1839 E.) mit Läufertsmühle, Lauerskreuz, Siedlung, und Staustufe.

A. Natur- und Kulturlandschaft

Naturraum und Landschaftsbild. – Das zwei Gemarkungen umfassende Gemeindegebiet liegt am SO-Rand des Hinteren Odenwalds und erstreckt sich von der südlichen Winterhauch-Hochfläche im N der Gkg Neckargerach in den Kleinen Odenwald südwestlich und südlich des Neckars. Die Flußmitte bildet die Gemarkungsgrenze zwischen Guttenbach und Neckargerach und von der Minneburger Ziegelei abwärts die Grenze zum Gemeindegebiet von Neunkirchen mit der Gkg Neckarkatzenbach.

Durch den in 134 bis 129 m NN bereits tief in den Mittleren Buntsandstein eingesägten Neckar weist das Gemeindegebiet große Höhenunterschiede auf engem Raum auf. Auf der im Oberen Buntsandstein liegenden südlichen Winterhauch-Hochfläche, die beim Wlr Lauerskreuz und zwischen der Tiefensteigklinge und dem Seebachtal Flugsanddecken aus Lößlehm trägt, werden an der nördlichen Gemarkungsgrenze von Neckargerach Höhenlagen von 370 und 380 m erreicht. Die gerodete und landwirtschaftlich genutzte Hochflächenzone fällt südwärts gegen das Neckartal leicht ein und liegt beim Wlr Lauerskreuz noch 330 bis 340 m hoch. Unmittelbar nördlich des Seebachtals steigen die Feldlagen bis auf 210 m ü.d.M. oberhalb der steilwandigen und bewaldeten rechtsseitigen Talflanke des Seebachs herab. Auf dem über dem linken Neckarufer sich ausdehnenden Gemeindegebiet mit der Gkg Guttenbach werden im südöstlichen Randbereich des Kleinen Odenwalds keine so großen Höhenlagen mehr erreicht. 266 m NN auf dem sanften und im östlichen Teil bewaldeten Rücken des Mittelbergs sind dort das Maximum. Das Neckartal, der Hintere Odenwald und die Lohrbacher Platten rechts sowie der Kleine Odenwald links des Flusses sind die auf dem Gemeindegebiet am Südostrand des Odenwaldes zusammentreffenden naturräumlichen Einheiten.

Weite Flußschleifen mit übersteilten und bewaldeten Prallhängen beherrschen das *Neckartal* auf dem Gemeindegebiet. Im S erhebt sich so gegenüber dem gerodeten und sanft zum Fluß abfallenden Siedlungssporn von Binau der von den Röttonen über den Plattensandstein bis in den Hauptbuntsandstein eingeschnittene Steilhang der Neckarhalden, an deren oberer Talkante noch Wellendolomit des Unteren Muschelkalks ansteht. Im rd. 270 bis 300 m hochliegenden und hochflächigen Rodungsland des Bergfelds ist der Untere Muschelkalk im S der Gkg Guttenbach dann mit verlehmten

Lößlagen bedeckt. Weiter flußabwärts folgt auf der rechten Talseite am Giekelberg ein weiterer Prallhang. Die Schichten des Oberen Buntsandsteins mit Schiefertonen des Röt und dem Chirotheriensandstein an der oberen Hangkante sowie dem Plattensandstein am oberen Talhang und den Felsformationen des Hauptbuntsandsteins am übersteilten unteren Talhang wurden durch die Tiefenerosion des Neckars dort freigelegt. Von der gerodeten Hochfläche gegen die Gkg Reichenbuch, wo Wellendolomit und Wellenkalk anstehen, führt die heute ein Naturschutzgebiet bildende Margaretenschlucht teils klammartig, teils steilwandig und tief eingekerbt zum Neckar hinunter und zerschneidet den waldbedeckten Prallhang. Über dem rechten Neckarufer nordwestlich des Dorfes Neckargerach findet sich am Teufelsstein und im Bannholz eine ganz ähnliche Ausgestaltung des Prallhangs mit Höhenunterschieden von 180 bis 170 m auf engstem Raum.

Entscheidend vom Neckar geprägt ist auch die Gkg Guttenbach im Grenzbereich von *Kleinem Odenwald* und Kraichgauer Hügelland. Bis auf ihren Südteil im Bergfeld (s. o.) liegt sie ganz im Oberen Buntsandstein des Berglandes. Ihr landschaftliches Zentrum bildet der elliptisch bis tropfenartig geformte Mittelberg, der von einer weit nach W ausgreifenden Flußschleife des Neckars umflossen wurde. Plattensandsteine, an der Ostspitze auch Chirotheriensichten, bauen diesen ganz typisch ausgeprägten Umlaufberg auf, der an der Oberfläche mit Lößlehmschichten bedeckt ist. Im ehemaligen Talbereich des Neckars, dessen untere Hänge mit Gehängeschutt aus Oberem Buntsandstein bedeckt sind, lagern alte Neckargerölle und Flußschotter. Vom Prallhang, der Guttenbach gegenüberliegt, wandte sich der Fluß westwärts und bildete am Südosthang des Mittelbergs einen nicht allzu steilen Prallhang im Plattensandstein aus. Um den westlichen Mittelberg, wo sanfte Gleithangbildungen zu erkennen sind, wandte sich der alte Neckarlauf wieder ostwärts, wo er bei der Minneburger Ziegelei und im heutigen Siedlungsgebiet von Neckargerach wieder in das rezente Neckartal eintrat. Bereits außerhalb der Gkg Guttenbach hatte er auf der Gkg Neckarkatzenbach (Gde Neunkirchen) Prallhänge im W und N der Flußschleife deutlich übersteilt. Sie liegen im Siedlungsbereich von Neckarkatzenbach und am Schloßberg mit der Minneburg und sind dort als die südwärts abfallenden Waldhänge von Hirschhaag und Ilsberg zu erkennen. Der westliche und südliche Teil dieser einstigen Neckarschleife ist heute mit jüngsten fluviatilen Anschwemmungen bedeckt, die vom rezenten Krebsbachsystem stammen. Seine Quellbäche zerschneiden heute den einstigen Prallhang im Dorfbereich von Neckarkatzenbach sowie den nordwestlichen Talbereich der Neckarschlinge in der Flur »Im Grund«. Östlich des kleinen Dorfes am Prallhang münden sie zusammen und fließen unter Umkehrung der einstigen Fließrichtung als Krebsbach ostwärts. Bei Guttenbach tritt er in den Neckar ein. Der Ostteil der nördlichen Neckarschlinge zwischen Mittelberg und Schloßberg (Gde Neunkirchen) entwässert im Gebiet der Minneburger Ziegelei auch heute noch in der Fließrichtung der ehemaligen Neckarschlinge. Die Umkehr der Fließrichtung im südlichen Schlingenbereich und der Neckardurchbruch zwischen Guttenbach und Neckargerach im Zuge des heutigen Flußverlaufes sind Auswirkungen einer jungen Gebirgshebung, die auch noch die südöstlichen Randbereiche des Kleinen Odenwaldes miteinbezogen hatte.

Der Anteil des Gemeindegebiets am *Hinteren Odenwald* in der nördlichen Gkg Neckargerach zeigt die typischen, leicht bewegten Hochflächenformen im Oberen Buntsandstein des Winterhauchs. An der Grenze zum Stadtgebiet von Mosbach werden sie von dem steil eingekerbten Waldtal des Seebachs begrenzt und zerschnitten. Weiter westlich greift die Tiefensteigklinge am Ostrand des Weilers Lauerskreuz auf die südliche Winterhauch-Hochfläche hinauf. Zusammen mit dem Koppenbach und einem östlichen Nebenbach zerschneiden sie den rechtsseitigen Talhang des Neckars. Der große Teile des Hinteren Odenwalds entwässernde Seebach, dessen nördlichste Quellstränge auf den Gkgn Robern (Gde Fahrenbach) und Weisbach (Gde Waldbrunn) entspringen, hat bei seinem Austritt aus dem Mittleren Buntsandstein einen heute teils mit Schwemmlöß bedeckten Schuttfächer gegen den Flußlauf vorgetrieben, auf dem sich der alte Siedlungskern von Neckargerach ausbreitet. Der Fluß wurde dadurch an den Gegenhang unterhalb der Minneburg (Gde Neunkirchen) abgedrängt.

Das Neckartal mit seiner schmalen Talaue bietet kaum die Möglichkeit einer agrarischen Nutzung. Im Bereich des Seebachschuttfächers finden sich bei Neckargerach in Siedlungsrandlage Gärten und Gemüsebeete. Auf der Gkg Neckargerach dehnen sich die Felder hoch über dem Neckartalhang auf den Flugsandinseln der südlichen Winterhauch-Hochfläche aus. Der ganz planmäßig angelegte Bauernweiler Lauerskreuz nimmt dort eine günstige Lage zu den umgebenden Äckern ein. Eine ähnlich vorteilhafte Lage haben auch die Aussiedlerhöfe im Eisenbusch auf der Muschelkalkhochfäche oberhalb der Margaretenschlucht in rd. 280 m Höhe. Ausgedehntere Feldflächen überziehen die Gkg Guttenbach westlich des Neckars an den sanften Hängen sowie am mittleren und westlichen Rücken des Mittelbergs und auf der lößbedeckten Muschelkalkhochfläche des Bergfelds. Auf dem jungen Alluvialland des Krebsbachs sind in der einstigen Neckarschleife südlich des Mittelbergs auch ausgedehntere Grünlandflächen verbreitet. Regelhafte Blockfluren, die durch moderne Flurbereinigungen aus dem intensiv genutzten Kulturland am Rand von Kraichgauhöhen und Kleinem Odenwald hervorgegangen sind, prägen heute das Bild des Mittelbergs und der einstigen, ihn umschließenden Flußschleife.

Siedlungsbild. – Das am linken Neckarufer nahe der Krebsbachmündung liegende Guttenbach ist ein typisches Haufendorf mit einer im Ortskern alten und dichten, teilweise verschachtelten und überwiegend bäuerlichen Bebauung an einem unregelmäßigen Straßen- und Wegenetz. Hochwassermarken aus dem vorigen Jahrhundert verdeutlichen, daß es weitgehend im Überschwemmungsbereich des Neckars entstand.

Der *Ortskern* erstreckt sich unmittelbar nördlich des Bachlaufs von dem neugestalteten Dorfplatz im W, wo die Neckargeracher, Neckarkatzenbacher und Mörtelsteiner Straße sowie der Fischerpfad und die Kirchgasse zusammenmünden, bis zu den Krebsbachbrücken und der Bachstraße im O. Der Dorfplatz erhält sein besonderes Gesicht durch einen alten Dorfbrunnen mit einem rechteckigen Brunnentrog und einem Brunnenstock aus rotem Sandstein, durch einen großen Kruzifix und ein dahinter aufragendes Kriegerdenkmal in der Gestalt eines wuchtigen Buntsandsteinblocks mit einer in den Fels eingelassenen Namenstafel. Behäbige, teils renovierte Zweiseitgehöfte prägen die randliche Bebauung des Platzes, aus der an der inneren Neckargeracher Straße die dort giebelständige barocke *ev. Kirche* mit ihrem seitlich freistehenden modernen Glockenturm, hohen Rundbogen- und ovalen Okulusfenstern, alle mit Buntsandsteineinfassungen, heraussticht. An der ostwärts wegziehenden Mörtelsteiner Straße beherrscht dann das auf einem Buntsandsteinsockel stehende, hohe und steilgiebelige Gasthaus zur Krone den Dorfplatz. An ihm vorbei führt die vom Ortsplatz ausgehende Kirchgasse zu dem nordöstlich leicht erhöht aufragenden Kirchbühl. Auf ihm überragt das *kath. Gotteshaus* mit einem gedrungenen und massiven, mit einem schiefergedeckten Zeltdach abschließenden Chorturm und einem ebenfalls steilen Giebeldach über dem einschiffigen Kirchenraum die umgebende, noch ausnahmslos alte Bebauung. Umschlossen ist sein Kirchhof von einer hohen Mauer, neben deren Durchgang an der Westseite ein monumentales Ritterstandbild des Edlen Ludwig vom Habern als Keupersandsteinrelief aus der Mitte des 16. Jh. prangt.

Bauernhäuser, darunter auch schmucke Fachwerkbauten auf massiven Steinsockeln mit seitlichen Außentreppen, die eine gestelzte Bauart erkennen lassen, sowie größere landwirtschaftliche Anwesen mit viel Buntsandsteinmauerwerk an den Stall- und Scheunenbauten bestimmen den Aufriß an der Mörtelsteiner Straße. An dem im östlichen Dorf süd- und hangaufwärts strebenden Bergweg fallen noch größere Dreiseit- und Winkelgehöfte, teilweise ebenfalls in Fachwerkbauweise, auf. Moderne Wohnbauten anstelle ehemaliger Bauernhäuser bewirkten hier aber bereits einen Wandel des alten Straßenbildes, das an der dem Mittelberg zustrebenden Neckarkatzenbacher Straße noch sein ursprüngliches Aussehen mit Drei- und Zweiseit- sowie Winkelgehöften erhalten hat. Auch kleinere Anwesen in der Gestalt gestelzter Einhäuser fallen auf. Sie sind zum Teil aufgegeben und künden von einem funktionalen Wandel auch in diesem kleinen Dorf.

Darauf deutet nicht zuletzt die im Entstehen begriffene *westliche Ortserweiterung* am sanften Hang südlich der Neckargeracher Straße hin, wo an einem im Spätjahr 1988 erst im Ausbau begriffenen, fast rechtwinkligen Straßennetz eine moderne Wohnbebauung mit Blick zum Neckar und zum Hauptort Neckargerach hinüber ansetzte. An ihrem Westrand liegt der Friedhof, auf dessen junger Erweiterung eine neue Aussegnungs- und Leichenhalle mit asymmetrischem Giebeldach steht. Eine moderne zweigeschossige Grundschule mit einer Turnhalle sticht am Hang im »Aufeld« aus der sich erst langsam verdichtenden Wohnbebauung heraus, deren Anfänge teilweise noch mit Bauten aus der Zwischenkriegs- und unmittelbaren Nachkriegszeit an der westlichen Neckargeracher Straße zu suchen sind. Am Westrand des alten Dorfes steht dort auch das ehemalige Rathaus mit zwei Stockwerken auf hohem Sockelgeschoß. Neben der Ortsverwaltung sind in ihm heute eine Raiffeisenkasse und eine Volksbankfiliale untergebracht.

Der haufendorfartige Ortskern von Neckargerach liegt auf dem in die rechtsseitige Neckaraue vorgetriebenen Schwemmfächer des Seebachs. Zwei moderne Verkehrswege engen das alte Dorf heute ein: Im W und S die neckarnah verlaufende Ortsumfahrung der B 37, im N und O die an den Neckartalhang geschmiegte, in flachem Bogen auf hohem Damm in das untere Seebachtal hineinschwingende Bahnlinie Eberbach – Mosbach/Heilbronn, an der wiederum am Neckartalhang im SO weit außerhalb des Siedlungskerns der heute nur noch als Haltepunkt genutzte ehemalige Bahnhof steht.

Die Hauptachse des *alten Dorfes* ist die geschwungen verlaufende, im NW unterhalb der modernen Neckarhangbebauung an die B 37 angeschlossene Hauptstraße. Nach ihrem etwa westöstlichen Verlauf knickt sie im Ortskern nördlich des Seebachs, wo die durch eine Bahnunterführung ins Seebachtal hineinstrebende Odenwaldstraße von ihr abzweigt, südwärts ab und führt auf einer hohen Brückenkonstruktion über die südliche B 37, die Flußaue mit einem Sportplatz und den Neckar auf die Guttenbacher Seite hinüber. Kaufläden, Bankfilialen und eine Tankstelle bestimmen heute den Aufriß dieser Hauptstraße in einer durch die günstige Verkehrslage als Pendlerwohnort ausgewiesenen Siedlung. Bäuerliche Häuser wurden von reinen Wohnbauten zurückgedrängt. Das moderne Feuerwehrgerätehaus mit großen Hallentoren, eine Kunstgalerie in einem älteren Haus, eine Tankstelle, ein Tapeten- und Lackfarbengeschäft, die moderne Minneburg-Apotheke und gegenüber der zweigeschossige Flachdachbau einer Volksbankfiliale, eine Metzgerei und ein größeres Lebensmittelgeschäft, das aus einem Gehöft hervorgegangene Gasthaus zum Engel und gegenüber ein Haushaltswarengeschäft, ferner ein Behördenbau mit dem Postamt und der Polizeidienststelle sowie das Rathaus weisen nördlich der Seebachbrücke die Hauptstraße als funktionales Siedlungszentrum aus. Südlich des Seebachs und der in Ostrichtung hangaufwärts abzwei-

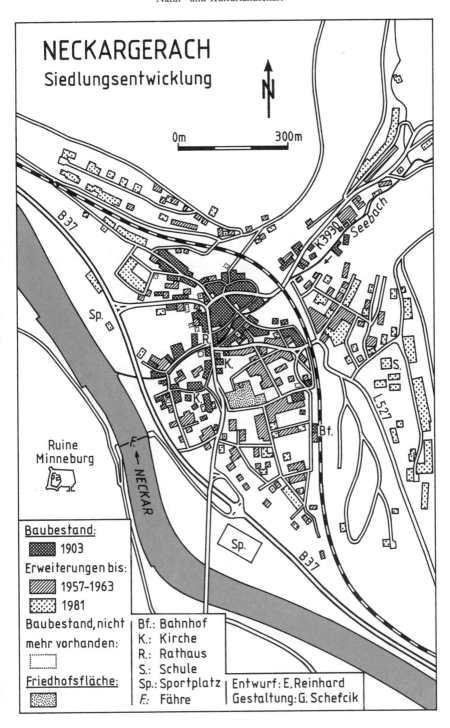

genden Bahnhofstraße unterstützen dann die ev. Kirche und ein beherrschender Walmdachbau auf hohem Sockel, wohl die frühere Schule, diese Ortsmittelpunktfunktion.

Einen großen Einfluß auf das Bild der Hauptstraße üben vor allem das ev. Gotteshaus und das 1925 in neubarockem Stil errichtete Gebäude der Gemeindeverwaltung aus. Sein Buntsandsteinsockel mit zweiseitigem Treppenaufgang, die ebenfalls aus Odenwaldsandstein gestalteten Tür- und Fenstergewände sowie das Walmdach mit Mansardaufsätzen und mit einem polygonalen Rathaustürmchen, auf dem ein geschweiftes Haubendach aufsitzt, prägen sein Äußeres. Die giebelseitig an die Hauptstraße gerückte ev. Kirche ist ein barocker Saalbau mit einem steilen Ziegeldach. Über dem Westgiebel sitzt ein sechseckiger Dachreiter mit Welscher Haube, aus der eine ebenfalls sechseckige Laterne mit Spitzhelmdächlein herauswächst.

Südlich dieses ev. Gotteshauses führt der Kirchenweg zu der kath. Pfarrkirche hinauf, die dominierend auf einem Kirchbühl steht, der im O durch den Einschnitt der Hauptstraße vom sanft zum Neckar ausstreichenden Talhang mit dem Friedhof isoliert ist. Ihr hoher, mittelrisalitartig aus dem Nordgiebel des neuromanischen Langhauses heraustretender Glockenturm mit einem schiefergedeckten Spitzhelmdach beherrscht im S das alte Dorf. Anfang der 1970er Jahre erhielt die aus dem vorigen Jahrhundert stammende Kirche einen modernen quergestellten Anbau aus Beton mit seinem Baustil entsprechenden Farbglasfenstern und einem apsisartigen halbrunden Südabschluß.

An der Odenwaldstraße, an der von ihr in der Ortsmitte abzweigenden Alten Zwingenberger Straße und in dem dicht und verschachtelt bebauten Kernbereich zwischen Odenwaldstraße und Seebach prägen auch noch alte Bauernhäuser das Aufrißbild. Darunter befinden sich Eindach-, Winkel- und Streckhofanlagen, die nicht mehr alle einer landwirtschaftlichen Nutzung unterliegen. Dieser alte dörfliche Siedlungsbereich dehnt sich jenseits der hoch verlaufenden Bahntrasse noch in das Seebachtal bis zur Ortsmühle mit großem Wirtschaftgebäude auf rechtwinkligem Grundriß aus. Talaufwärts folgt dann in unmittelbarer Nachbarschaft des alten Mühlenanwesens ein kleines Gewerbe- und Industriegebiet. Die modernen, mit flachen Satteldächern abschließenden Produktionshallen einer Metallwarenfabrik, eine Firma für Kamin- und Kachelofenbau und weitere gewerbliche Betriebe wie eine Schlosserei und eine Bauunternehmung auf dem Talboden am nördlichen Bebauungsrand gestalten sein unterschiedliches Bild.

Ausgedehnte Wohnbereiche erwuchsen am Neckartalhang südlich des Ortskerns zwischen den Bahnanlagen und der B 37 bereits vor dem 1. Weltkrieg und in der Zwischenkriegszeit. Moderne Neubaugebiete in steilerer Hanglage überdecken heute den nach W blickenden Neckartalhang oberhalb der Bahnanlagen beiderseits der Reichenbucher Straße. Freistehende Einfamilienhäuser mit teils villenartigen Grundrissen und gepflegten Ziergärten erstrecken sich in einstigen Reblagen bis zur Gertbergstraße. Aus dieser bevorzugten Wohnbebauung südlich des Seebachtals stechen die vier Flachdachbauten der Minneburg-Schule heraus. Mit ihren am Hang ein- bis dreigeschossigen Klassenzimmertrakten aus Beton und weißen Klinkersteinen bildet sie einen großflächigen Grund- und Hauptschulbezirk in dem erst seit den 1960er Jahren bebauten Erweiterungsgebiet. Am Neckartalhang westlich des Seebachtals gestalten Ein- und Zweifamilienhäuser beiderseits der Bahnlinie einen weiteren jungen Neubaubereich, der sich zum Teil ebenfalls in einstigen Rebparzellen über dem Neckar ausdehnt.

Auf der Hochfläche über dem Neckartal bildet der Wohnplatz *Lauerskreuz* einen planmäßig angelegten landwirtschaftlichen Weiler in 330 bis 345 m Höhe. Zwölf durch

Die Gemeinde im 19. und 20. Jahrhundert

An- und Neubauten erweiterte ursprüngliche Eindachhöfe prägen die straßendorfartige Anlage aus den 1930er Jahren. Über dem Neckartalhang südlich und oberhalb der Margaretenschlucht entstanden die drei Aussiedlerhöfe *Eisenbusch* mit fast städtisch wirkenden Wohnhäusern. Ein als Geflügelzuchtbetrieb geführtes Unternehmen hat langgestreckte Ställe und zylinderförmige Futtersilos. Am Neckar oberhalb des Ortes wurde im Zuge der Flußkanalisierung eine *Staustufe* mit Schleusenanlage errichtet.

Bemerkenswerte Bauwerke. – Guttenbach: Die mittelalterliche, dem hl. Urban geweihte, *kath. Kirche* ist im gotischen Stil im 13. Jh. erbaut. Nach Plänen von Johann Bernauer wurde sie im barocken Geiste 1776 verändert. Den Hochaltar schuf J. M. Düchert. Die *ev. Kirche* wurde um 1760 als barocker Saalbau mit Dachreiter auf dem Satteldach erbaut.

Neckargerach: Die *ev. Kirche* wurde 1734 als kleiner barocker Saalbau zu 3 Achsen mit Dachreiter auf dem Satteldach erbaut. Die *kath. Pfarrkirche* wurde 1839 im neuromanischen Stil errichtet und mit dem barocken Hochaltar aus der 1838 abgebrochenen Kapuzinerkirche in Mannheim ausgestattet. Der Hochaltar entstand um 1760 nach Zeichnung von Lorenzo Quaglio. Bernardini malte das Altarblatt, das dem hl. Franz von Assisi gewidmet ist. Die Statuen der hll. Rochus und Sebastian, schnitzte Johann Matthäus van den Branden. Bei der Neuaufstellung in der auf der Chorseite 1970/72 erweiterten Kirche wurde der Altar verändert.

B. Die Gemeinde im 19. und 20. Jahrhundert

Bevölkerung

Bevölkerungsentwicklung. – Zu Beginn des 19. Jh., 1808, zählte Neckargerach 632 E., Guttenbach 263 E. Seither ist die Einwohnerzahl etwa auf das 2,5fache angewachsen. Die Volkszählung vom 25. Mai 1987 erfaßte 2233 E. bzw. 2338 Personen wohnberechtigte Bevölkerung. In Neckargerach war bei stärkerem Zuwachs die Bevölkerungsbewegung ungleichmäßiger als in Guttenbach verlaufen, wo seit der Zunahme in der 1. H. 19. Jh. auf die Dauer die Geburtenüberschüsse etwas höher als die Wanderungsverluste lagen. Zwar muß in Neckargerach mit einer gewissen Unzuverlässigkeit der Daten gerechnet werden, da bei manchen Volkszählungen die abwesenden Schiffer nicht erfaßt wurden, doch ist sicher, daß schon vor 1850 ein Bevölkerungsverlust durch Aus- und Abwanderungen einsetzte, der auch durch die Zuwanderung von Ausländern während des Bahnbaus (1873–78) nicht ausgeglichen wurde. Erst seit der Jahrhundertwende stieg die Einwohnerzahl dauerhaft an. Im 1. Weltkrieg fielen aus Neckargerach 33, aus Guttenbach 13 Soldaten.

In Neckargerach wurde 1934 ein Reichsarbeitsdienstlager eingerichtet. 1939 wohnten in Neckargerach 1499, in Guttenbach 368 Personen. Während des Krieges waren hier *Evakuierte* aus Mannheim und dem Rheinland untergebracht. Seit April 1944 diente das bisherige Arbeitsdienstlager als Unterlager des KZ Neckarelz mit etwa 900 politischen und kriminellen Gefangenen, die im Obrigheimer Stollen und in der Rüstungsindustrie arbeiteten. 163 Todesfälle im Lager sind registriert. An der Front fielen im 2. Weltkrieg aus Neckargerach 73 und aus Guttenbach 24 Soldaten. 27 Neckargeracher und 11 Guttenbacher wurden vermißt gemeldet. Am 22.3.1945 fanden in Neckargerach bei Fliegerangriffen 135 Personen den Tod. Das Dorf wurde zu ⅔ zerstört.

In das zerstörte Dorf wurden 1946 keine *Heimatvertriebenen* eingewiesen. Erst später kamen Vertriebene, meist aus der Gegend von Znaim, aus dem Lager Neckarzimmern. 1950 wurden in Guttenbach 122 und in Neckargerach 144 Neubürger gezählt, 1954 waren in Neckargerach bereits 257 Vertriebene, aber noch 78 Evakuierte gemeldet. Nach den Umschichtungen der Folgejahre zählte Guttenbach 1961 noch 32,

Neckargerach 184 Neubürger, außerdem waren 13 und 23 SBZ-Flüchtlinge hinzugekommen. Geburtenüberschüsse und Zuwanderung von ausländischen Arbeitskräften ließen die Einwohnerzahl der heutigen Gemeinde zwischen 1961 und 1970 von 2090 auf 2286 steigen. Nach 1972 glichen sich Geburten- und Sterbezahlen aus, Fortzüge waren häufiger als Zuzüge, so daß bei der Volkszählung von 1987 die Wohnbevölkerung der Gemeinde nur noch 2233 Personen zählte. 1988 sind in der Gemeinde 161 *Ausländer* gemeldet, davon 111 Türken und 119 Italiener.

Konfessionelle Gliederung. – In Guttenbach blieb während des 19. Jh. und bis nach dem 2. Weltkrieg das Konfessionsverhältnis von ⅔ Reformierten bzw. Evangelischen und ⅓ Katholiken nahezu konstant. Erst durch die Aufnahme der Flüchtlinge wuchs der kath. Bevölkerungsteil auf knapp die Hälfte der Einwohner (1970 und 1987: 46 %) an. In Neckargerach hatten die beiden Konfessionen wechselnde Mehrheiten um die Hälfte der Einwohnerschaft, bis auch hier die Zuwanderung nach 1945 ein leichtes Übergewicht der Katholiken bei 52 % bis 1970 stabilisierte. Inzwischen hat sich ihr Anteil gleichfalls auf 46 % (1987) verringert. Aber während in Guttenbach sich 51 % der Einwohner zur ev. Kirche bekennen, sind es in Neckargerach nur 43 %. Hier gehören jedoch 5,5 % der Einwohner islamischen Religionsgemeinschaften an.

Soziale Gliederung. – Bauern und Schiffer bestimmten bis zur Gegenwart die Sozialstruktur Neckargerachs, Bauern die von Guttenbach. In Guttenbach konnten 1851 von 60 Familien 26 von der Landwirtschaft leben, 15 betrieben außerdem ein Gewerbe, 9 ernährten sich von Taglohn. Nur 2 Ortsarme fielen der Gemeinde zur Last. In Neckargerach lebten 1851 37 Landwirte, 57 Gewerbetreibende einschließlich der Schiffer und 73 Taglöhner. Nur 9 Bauern besaßen ausreichend Land. 22 Ortsarme hatten keine Arbeit. Später wurden sie mit Wegebauten beschäftigt. Von der Schiffahrt ernährten sich noch 15 Familien, 10 Jahre zuvor waren es 30–36 Familien gewesen. Neue Arbeitsplätze brachten um 1879 der Eisenbahnbau und später die Eisenbahnverwaltung.

Bei der Berufszählung 1895 gehörten nach dem Hauptberuf des Ernährers in Neckargerach 45,2 % der Berufsbevölkerung zur Land- und Forstwirtschaft (Guttenbach 83,9 %), 29,1 % zu Industrie und Gewerbe (10,7 %) und 18,1 % zu Handel und Verkehr (0,8 %). Um 1900 waren die Schiffer den Bauern zwar nach der Anzahl unterlegen, aber sie gehörten zu den vermögendsten Einwohnern, da sie sich den veränderten Bedingungen der Schiffahrt angepaßt hatten. Die meisten Schiffer betrieben auch eine kleine Landwirtschaft. Nach 1900 kamen industrielle Arbeitsplätze in den Nachbarorten, wenige auch in Neckargerach selbst, hinzu. Für die Auspendler wirkte sich die Lage an der Bahn günstig aus. Wie Guttenbach schon um 1870 wurde seit der Jahrhundertwende, selbst in den 1920er Jahren, auch Neckargerach als wohlhabender Ort bezeichnet. Obwohl um 1930 die Landwirtschaft als Haupterwerbszweig galt, war 1939 in Neckargerach der Anteil der von Land- und Forstwirtschaft auf 20,2 % und der von Industrie/Handwerk Lebenden auf 24,1 % gesunken, der zu Handel/Verkehr Zugehörigen auf 25,6 % gestiegen. Nach dem Krieg gewann dann das Produzierende Gewerbe zunehmend größere Bedeutung als Handel/Verkehr mit der zurückgehenden Schiffahrt. Die Land- und Forstwirtschaft wurde, mit Verzögerung auch in Guttenbach, immer mehr aufgegeben. 1970 lebten in der heutigen Gemeinde von ihr nur noch 5 % der Einwohner, nur noch 12 % von Handel/Verkehr, dagegen 46 % vom Produzierenden Gewerbe, 15 % von den Sonstigen Wirtschaftsbereichen und 22 % von Renten usw. 1987 bezogen 41,2 % der Bevölkerung, die ihren Hauptwohnsitz in der Gemeinde hat, den überwiegenden Lebensunterhalt aus eigener

Die Gemeinde im 19. und 20. Jahrhundert 293

Erwerbstätigkeit, 19,9 % lebten überwiegend von Rente, Pension oder Arbeitslosengeld und 38,9 % vom Unterhalt durch Eltern, Ehegatten usw. Land- und Forstwirtschaft spielt im Erwerbsleben kaum noch eine Rolle (2,3 % der Erwerbstätigen), das Produzierende Gewerbe dominiert (48,7 %) gegenüber Handel/Verkehr/Nachrichtentechnik (13,8 %) und den Übrigen Wirtschaftsbereichen (35,2 %). Dementsprechend stellen die Arbeiter 49,5 % der Erwerbstätigen und die Angestellten 35,5 %, während die Anteile der Selbständigen (5,8 %) sowie der mithelfenden Familienangehörigen (1,1 %) sehr niedrig liegen, noch unter denen der Beamten einschließlich der Soldaten (8,1 %).

Auswärtige Arbeitsplätze waren, u.a. durch den Rückgang der Schiffahrt, immer wichtiger geworden. Schon 1954 arbeiteten 286 Neckargeracher außerhalb, 1970 pendelten unter den 977 Erwerbstätigen der heutigen Gemeinde 384 Personen aus, 1987 von den 1011 Erwerbstätigen sogar 690, also mehr als die Hälfte. Bevorzugte Arbeitsorte sind Mosbach, Eberbach und Heidelberg.

Politisches Leben

Der Unmut über die hohen Feudallasten, die die Standesherrschaft Leiningen der Gemeinde und den Bürgern von Neckargerach auferlegten, äußerte sich 1848 nur in einer Denkschrift an die bad. Ständeversammlung und einer Bittschrift an den Fürsten von Leiningen, in der ausdrücklich der Verzicht auf tätliche Handlungen betont wurde. 1849 dagegen schloß sich auch hier ein Volksverein zusammen. Unter anderen beteiligten sich die ev. Pfarrer und der Hilfslehrer aktiv am Aufstand.

Die *Reichstagswahlen* spiegeln bis nach 1880 eindeutig die Konfessionsstruktur wider: In Guttenbach erhielt das Zentrum etwa ⅓, die Nationalliberalen bzw. die Konservativen ⅔ der Stimmen, in Neckargerach teilten sie sich die Stimmen fast hälftig. Danach ging auch in Neckargerach der Anteil des Zentrums auf etwa ⅓ zurück, bis 1899 die Sozialdemokraten 17 % der Stimmen zu Lasten der Nationalliberalen gewannen. In der gleichen Wahl stimmten in Guttenbach 35 % der Wähler für die Antisemiten. Fortan erhielt die SPD in Neckargerach immer mehr als 10 % (1912: 22 %) der Wählerstimmen, während in Guttenbach die Konservativen und der Bund der Landwirte den Nationalliberalen Stimmen streitig machten. Zwischen 1918 und 1933 wechselten die politischen Neigungen stark. Nur die Zentrumsstimmen hielten sich stabil über 33 %. Die Rechtsparteien erzielten zunächst in Neckargerach bessere Ergebnisse, aber am 6.11.1932 wurde die NSDAP in Guttenbach mit 52 %, in Neckargerach, wo die KPD 12 % erreicht hatte, mit nur 41 % der gültigen Stimmen gewählt.

Aus den *Bundestagswahlen* ging bis 1969 die CDU wenn nicht mit absoluten, so doch mit relativen Mehrheiten hervor. Ihre Anteile lagen in Guttenbach höher als in Neckargerach, zumal dort die SPD immer mehr an Boden gewann. Seit 1972 erzielt sie knapp vor der CDU die besten Ergebnisse. Von den übrigen Parteien kam nur die FDP vor 1965 wenig über 10 % der gültigen Zweitstimmen hinaus. Seit 1955 hat die CDU, seit 1968 auch die SPD eine Ortsgruppe in Neckargerach.

Wirtschaft und Verkehr

Land- und Forstwirtschaft. – Die Landwirtschaft, trotz des Schiffergewerbes bis weit ins 20. Jh. Hauptnahrungsquelle in Neckargerach und Guttenbach, litt unter den schlechten Böden der zerstückelten und zudem schwer zugänglichen Flurteile auf den Höhen. Eine leichte Besserung trat ein, als die Bauern ihren Stalldung (ab 1855) nicht mehr wie bisher verkaufen durften, sondern ihn selbst verwendeten. Auch die 1868 eingeführte Schäferei in Neckargerach hatte die Verbesserung des mageren Sandbodens zum Zweck. Der fortschrittliche Brabanter Pflug und eisernes Ackergerät waren schon um 1855 in Gebrauch. Hackwaldwirtschaft und Dreifelderwirtschaft, wegen Flächenmangels schon früh mit bebauter Brache, hielten sich bis ins 20. Jh.

Während des 19. und im 1. Drittel des 20. Jh. erweiterten die Bauern ihre Anbauflächen. Dabei stieg auch der Grünlandanteil (1808 in Neckargerach 30 %, in Guttenbach 20 %) leicht an. In Guttenbach konnten im Zuge von Korrekturen am Neckarufer um 1860/70 auch Wiesen vergrößert und verbessert werden. Heute nimmt Grünland, meist Wiesen, ein Viertel der LF ein. Angebaut wurden früher neben Spelz, Korn, Gerste und Hafer vor allem Kartoffeln. Um die Mitte des 19. Jh. verschwanden der Hanfanbau und auf den Hackwaldflächen auch der Buchweizenanbau. Der Nachfolger Tabak wurde wegen fehlender Düngung bald wieder aufgegeben. 1880 nahm er noch 6 ha, 1930 dann 2 ha Ackerland ein. 1880 waren von den 444 ha Ackerland 205 ha mit Getreide, hauptsächlich Spelz und Hafer, bestanden, auf 98 ha wuchsen Kartoffeln, auf 45 ha Futterpflanzen und auf 53 ha Futterhackfrüchte. Der Übergang vom Spelz- zum Weizenanbau ließ zunächst die Bedeutung des Hafers, der einzigen Marktfrucht, unberührt. Heute jedoch wird Hafer kaum noch gesät. Hauptgetreide sind Weizen und Gerste. Obgleich das *Ackerland* und die gesamte LF eingeschränkt wurden, hat man die Getreidefläche seit 1949 vergrößert. Sie nimmt 1987 mit 227 ha ⅔ des Ackerlandes ein.

Zum Ausgleich für den wenig ertragreichen Ackerbau wandte man dem *Obstbau* große Sorgfalt zu, da sich Obst leicht nach Mosbach und Heidelberg verkaufen ließ. 1929/1933 standen auf beiden Gemarkungen rund 11000 Obstbäume, darunter 15000 Apfelbäume.

Auch die *Viehhaltung* war zeitweise auf den Verkauf ausgerichtet. Obgleich in beiden Dörfern meist 2 Farren standen (in Neckargerach von 1898 bis 1930 in Gemeinderegie, in Guttenbach nur in Gemeindeeigentum), war die Viehzucht nicht sehr erfolgreich, da die Kühe zur Arbeit verwendet wurden, weil für Zugochsen wie für Jungtiere das Futter oft nicht ausreichte. Tiere und Milch verkaufte man um 1900 nach Eberbach, Heidelberg und Mannheim, 1926 dagegen mußten die Neckargeracher Milch in Guttenbach und Reichenbuch zukaufen. Der Viehstand, im 19. Jh. ziemlich gleichbleibend, wurde in Neckargerach zwischen 1950 und 1970 von 229 auf 402 Tiere vergrößert, in Guttenbach von 266 auf 218 Tiere verringert. 1987 hielten in der Gemeinde 16 Betriebe noch 502 Stück Rindvieh, darunter hatten 10 Betriebe 149 Milchkühe. Gleichfalls in 16 Betrieben wurden 318 Mastschweine und in 5 Betrieben 45 Zuchtsauen gehalten. Schweinezucht war erst um 1890 aufgenommen worden. Vorher zog man die Schweine nur auf. Der Bestand wurde erst mit dem Übergang zur Nebenerwerbslandwirtschaft vergrößert und erreichte um 1950 mit je fast 300 Tieren in beiden Dörfern einen Höhepunkt. Um 1900 hielten besonders die Neckargeracher Kleinbetriebe zahlreiche Ziegen.

Schon um 1850 waren in Neckargerach die meisten Betriebe äußerst klein, besonders die der Schiffer und Taglöhner. Nur 9 Bauern besaßen die zur Ackernahrung nötigen 12 M Land. In Guttenbach waren die Betriebe mit durchschnittlich 15 M zwar größer, durch die Realteilung aber auch hier sehr zerstückelt. 1895 waren in Neckargerach von 200 Betrieben 120 kleiner als 1 ha, nur 2 größer als 10 ha, während in Guttenbach immerhin 53 der 69 Betriebe zwischen 2 und 10 ha Fläche lagen. Bis 1925 hatte sich das Bild kaum verändert. Erst durch die Schließung kleiner Betriebe besserte sich bis 1949 die Struktur in Neckargerach leicht, bis 1970 in beiden Orten deutlich, da die LF nur wenig zurückgegangen war. Zur *Strukturverbesserung* trug in Neckargerach auch die Anlage der Bauernsiedlung Lauerskreuz durch die Bad. Landessiedlungsgesellschaft bei. Um 1937 entstanden auf 140 ha ehemaligem Hackwaldboden, der seit 1934 ausgestockt wurde, 11 Bauernstellen von je 11,3 ha und 1 Schmiede mit 6 ha Landwirtschaftsfläche. Fast alle Siedler kamen von auswärts. Nach dem Krieg erwarben Heimatvertriebene 6 freigewordene Stellen. 1987 sind in der Gemeinde 30 landwirtschaftliche Betriebe statistisch erfaßt. Davon sind zwar 15 kleiner als 5 ha, aber 8 größer als 20 ha LF. Von den 32 Betrieben der Erhebung von 1984 waren 6 Voll-, 4 Zu- und 16 Nebenerwerbsbetriebe. Nach der Betriebsform gliederten sie sich in 16 Marktfrucht-, 11 Futterbau-, 2 Veredlungs-, 2 Dauerkultur- und 3 landwirtschaftliche Gemischtbetriebe, außerdem 2 forstwirtschaftliche Betriebe. Für 1988 nennt die Gemeindeverwaltung 8 Haupterwerbsbetriebe mit Flächen zwischen 20 und 120 ha. Ihre Produktionsschwerpunkte liegen auf Getreideanbau, Schweinezucht und -mast, Rinderzucht, Milchwirtschaft, ein Betrieb hat eine Putenzucht, ein anderer ist Lohnunternehmer mit landwirtschaftlichen Maschinen.

Der extremen Flurzerstückelung suchte man um 1855 in Neckargerach durch Zusammenlegung einiger Grundstücke zu steuern. 1888 führte man eine *Feldbereinigung* in mehreren Gewannen durch, 1930 eine weitere. 1963–74 fand eine freiwillige Zusammenlegung über 182 ha statt. In Guttenbach wurde 1874/83 die gesamte Flur bereinigt. 1933 folgte eine kleine Zusammenlegung und 1960/69 ein modernes Verfahren über 237 ha. 1966 wurden im Gewann Eisenbusch 3 *Aussiedlerhöfe* angelegt. Sie sind heute die größten Höfe in der Gemeinde.

In Neckargerach stellte der *Wald* einen wesentlichen Aktivposten im Gemeindehaushalt dar. Außerordentliche Ausgaben wurden oft durch außerordentliche Holzhiebe gedeckt. Trotzdem reichte der normale Waldertrag nicht immer für den Holzbedarf der Bürger aus, obgleich hier wie in Guttenbach der größere Teil des Holzes als Bürgergabe verwandt wurde. Etliche Waldparzellen wurden als Hackwald umgetrieben und von den Gabholzberechtigten genutzt. Nur das Oberholz gehörte der Gemeinde (1913). Die von der Forstverwaltung schon um 1860 verfügte Einstellung der Hackwaldwirtschaft ließ sich bei der Bevölkerung lange nicht durchsetzen. 1933 war jedoch gut die halbe Waldfläche mit Nadelholz (43 % Kiefern, 9 % Fichten) bestanden. Dazu kamen 20 % Buchen, 22 % Eichen und 6 % sonstige Holzarten. Seit 1949 wurde der Wald aufgeforstet und neue Waldwege angelegt. 1986 gehörten von den 660 ha Wald auf dem Gemeindegebiet 613 ha der Gemeinde und 47 ha in kleinen Parzellen den Bauern. 52,5 % der Waldfläche ist mit Nadelholz bestanden, darunter zu je 18 % mit Fichten und Kiefern und 12 % Lärchen. Unter den Laubbäumen dominieren auf 26 % der Fläche die Buchen und auf 10 % die Eichen.

Handwerk und Industrie. – Handwerk wurde im 19. Jh. in beiden Orten fast nur zusammen mit Landwirtschaft betrieben. In Neckargerach waren 1851 zahlreiche Branchen, teilweise mit mehreren Betrieben, vertreten. Allein das hier seit alters bedeutende Mühlengewerbe fächerte sich in 5 Branchen mit 11 Betrieben auf. In Guttenbach dagegen werden 1851 nur wenige Betriebe genannt (vgl. Tab. 1).

1861 jedoch sind in Guttenbach 2 Müller, 1 Bäcker, 6 Fischer, je 1 Schneider, Schmied, Schreiner, Zimmermann, Steinhauer, Ziegler, Wagner, Weber aufgeführt. In

Tabelle 1: **Das Handwerk 1851**

Branche	Betriebe Neckargerach	Guttenbach
Bäcker	3	–
Metzger	3	–
Fischer	4	–
Leineweber	6	–
Schneider	4	1
Schuhmacher	6	2
Maurer	6	–
Tüncher	1	–
Zimmermann	2	–
Schreiner	4	–
Wagner	1	–
Dreher	1	–
Schlosser	1	–
(Nagel-)Schmiede	3	1
Mahlmühlen	3	–
Sägmühlen	3	–
Hanfreiben	3	–
Ölmühlen	2	–
Gipsmühle	1	–

Neckargerach wird 1865 von 86 Gewerbetreibenden (einschließlich der Schiffer, Wirte und Händler) gesprochen. In Guttenbach bot seit 1860 ein anläßlich des Eisenbahnbaus eröffneter Steinbruch Nebenverdienst. Um 1900 wurden 2 Steinbrüche ausgebeutet. Die Berufszählung von 1895 nennt in Guttenbach 9 Hauptbetriebe mit 12 Beschäftigten im Produzierenden Gewerbe, in Neckargerach 57 Betriebe mit 146 Beschäftigten, darunter 19 Betriebe mit 24 Beschäftigten im Bekleidungsgewerbe. 1925 sind in Neckargerach nur 12 Handwerksmeister statistisch erfaßt, in Guttenbach keiner. Für 1936 nennt Liebig die Handwerksbetriebe in Tab. 2.

Die Zählung der nichtlandwirtschaftlichen Arbeitsstätten von 1950 gibt für Neckargerach 39 Arbeitsstätten mit Schwerpunkt im *Handwerk* und 148 darin Beschäftigte (in Guttenbach 7 Betriebe mit 10 Beschäftigten) an. 1954 gab es in Neckargerach 2 Bäcker- und 2 Metzgerläden, 1 Likörhersteller, 2 Friseure, 1 Zimmergeschäft, 2 Schreinereien, 3 Malergeschäfte, 2 Schmieden, 1 Bildhauerei/Kunststeinfabrikation, 1 Schneiderei, 1 Sattler/Polsterer, 2 Getreidemühlen, 1 Ölmühle und 1 Sägewerk. Die Handwerkszählung von 1967 nennt für die heutige Gemeinde 18 Betriebe mit 49 Beschäftigten, die meisten in den Branchen Bau- und Nahrungsmittelgewerbe. 1977 bestanden nur noch 15 Handwerksbetriebe, jedoch mit 55 Beschäftigten. Der im Handwerk erzielte Umsatz hatte sich von 1 188 000 DM auf 3 140 000 DM gesteigert. Über das Handwerk 1988 gibt die nach Angaben der Gemeindeverwaltung erstellte Tab. 3 Auskunft.

Zu den Gewerbebetrieben zählen weiter 1 Betrieb, der Schrauben bearbeitet, 1 Brennholzsägerei, 1 Lohndrescherei und 1 Handels- und Servicebetrieb für elektro- und schweißtechnische Geräte, der auch Lohnschweißarbeiten übernimmt.

Die bescheidene *Industrie* begann in Neckargerach um 1850 mit dem Versuch einer Zigarrenfabrik, der allerdings schon 1855 gescheitert war. Im Rathaus lagerten 20 000 Zigarren, die niemand kaufen wollte. Etwas erfolgreicher war die Roßhaarspinnerei

Die Gemeinde im 19. und 20. Jahrhundert

Tabelle 2: **Das Handwerk in Neckargerach 1936**

Branche	Betriebe
Bäcker	3
Metzger	2
Schneider	3
Schuhmacher	3
Sattler	3
Friseure	2
Baugeschäfte	2
Stein- und Bildhauer	1
Tüncher	3
Zimmerei	1
Schreinereien	4
Wagner	2
Spengler	1
Installateur	1
Schmiede	2
Getreidemühlen	2
Sägewerk	1

Tabelle 3: **Das Handwerk 1988**

Branchengliederung nach der Handwerksordnung	Betriebe		
	insgesamt	Neckargerach	Guttenbach
Bau- und Ausbaugewerbe			
Zimmerer	1	1	–
Steinbildhauer	1	1	–
Maler	1	1	–
Schornsteinfeger	1	1	–
Metallgewerbe			
Bau- und Kunstschlosser	1	1	–
Kraftfahrzeugmechaniker	1	1	–
Blechner	1	1	–
Zentralheizungsbauer	1	1	–
Elektroinstallateur	1	1	–
Radio- und Fernsehtechniker	1	1	–
Holzgewerbe			
Schreiner und Glaser	1	1	–
Nahrungsmittelgewerbe			
Bäcker/Konditor	1	1	–
Metzger/Gewerbliche Schlachter	1	1	–
Gewerbe für Gesundheits- und Körperpflege sowie chemisches und Reinigungsgewerbe			
Friseur	1	1	–
Lohnwäscherei	1	1	–
Gebäudereiniger	1	1	–

Quelle: Gemeindeverwaltung

Mangold, die 1913 schon bestand, 1921 ihren Betrieb ausdehnen wollte, 1926 jedoch mit nur 6 Mädchen und einem Mann in Handarbeit aus Roß-, Rinder- und Ziegenhaaren Preßdeckel für die Ölfabrikation herstellte. Ende der 1950er Jahre wurde sie stillgelegt. 1890 war die Firma Friedrich Eckert, später Balthasar Eckert, gegründet worden, die chemische Erzeugnisse herstellte und 1976 noch in Neckargerach bestand. Alteingesessen war auch die Baufirma Tomasetti Söhne OHG, die seit 1951 mehrere Außenstellen unterhielt, 1983 aber in Konkurs ging. Die 1983 von Hans Lauber, Walter Herrmann, Christel und Paula Tomasetti gegründete Firma *HLT-Baugesellschaft mbH für Hoch-, Tief- und Eisenbahnbau* nahm jedoch die meisten entlassenen Arbeitskräfte auf. Sie begann mit 52 Arbeitskräften und beschäftigt jetzt 105 Personen bei einem Jahresumsatz von (1987) 14,1 Mio DM. Der zweite kleine Industriebetrieb am Ort, die Firma *Otto Scharfenstein GmbH & Co. KG,* eine Spezialfabrik für hochgehärtete Verschleißplatten, die in der Industrie und in Baumaschinen verwendet werden, siedelte 1957 von Remscheid nach Neckargerach um. Sie beschäftigt 18 Personen und erzielte 1987 einen Umsatz von gut 2 Mio DM. Die 1959 gegründete Bettwäschefabrik Horst Schneevoigt gab 1980 die Produktion auf und betrieb nur noch einen Textilhandel, bis sie 1984 ganz schloß.

Das gesamte Verarbeitende Gewerbe beschäftigte 1987 laut Arbeitsstättenzählung in 13 Arbeitsstätten 62 Beschäftigte, in 7 baugewerblichen Betrieben arbeiteten 127 Personen.

Handel und Dienstleistungen. – Die beiden jährlichen *Märkte* galten schon 1851 als entbehrlich, weil wenig besucht, wurden aber noch 1905 im Mai und Oktober abgehalten. Der Maimarkt ist längst, der Oktobermarkt nach dem 2. Weltkrieg eingeschlafen.

Krämer werden 1851 und später in beiden Orten je 2 genannt. Große Bedeutung besaß der Handel nie, obgleich Neckargerach um 1890 bemüht war, sich in den nächstgelegenen Orten einen kleinen Markt zu bilden. 1925 sind in Neckargerach 7 selbständige Kaufleute erfaßt (in Guttenbach 1). 1954 sind in Neckargerach aufgezählt: 2 Textilgeschäfte, 2 Kohlenhandlungen, 2 Schuhgeschäfte, 5 Kolonialwarengeschäfte. 1967 gibt die Arbeitsstättenzählung 11 *Einzelhandelsbetriebe* mit 25 Beschäftigten und 2 Handelsvermittlungen an. 1987 arbeiteten 32 Personen in 13 Einzelhandelsbetrieben und 7 Personen in 5 Betrieben der Handelsvermittlung. *Großhandel* war laut Arbeitsstättenzählung nicht vertreten. 1988 sind in der Gemeinde ansässig: 3 Lebensmittel- und Gemischtwarenläden, 4 Getränkehandlungen, 5 Läden mit Textilien, Geschenkartikeln, Kurzwaren etc., je 1 Handlung mit Baustoffen, Heizungszubehör, Elektronik/Computer-Software und 1 Versandhausagentur, außerdem in Neckargerach 3 Handelsvertreter und 1 Bücherwerber.

An *Kreditinstituten* besitzen die Volksbank eG Eberbach seit 1926 und die Sparkasse Eberbach seit 1932 in Neckargerach Zweigstellen, die Volksbank eG Mosbach löste in Guttenbach 1972 die seit 1955 bestehende Raiffeisenkasse ab.

Ein Landwirtschaftlicher Konsumverein wurde in Neckargerach 1889 gegründet. Um 1900 organisierte auch der Bauernverein den gemeinsamen Düngerbezug. Der Landwirtschaftliche Bezirksverein hatte 1928 25 Mitglieder. Heute unterhält die Raiffeisen-Zentralgenossenschaft von Mosbach aus eine Verkaufsstelle in Neckargerach. Von 1936 bis 1955 handelte auch in Guttenbach eine Zweigstelle der Raiffeisengenossenschaft mit Dünger, Futtermitteln und Obst. Von 1955 bis 1972 betrieb sie Bankgeschäfte.

Im *privaten Dienstleistungsgewerbe* arbeiten in Neckargerach: 2 Unternehmensberater, 1 Vermögensberater, 1 Steuerberater, 1 Architekt, 2 Versicherungsvermittler,

Die Gemeinde im 19. und 20. Jahrhundert 299

1 Automatenaufsteller, 1 Bestattungsunternehmer, 1 Lohndrescher, 1 Kurierdienst, in Guttenbach 1 Steuerberater. Die Arbeitsstättenzählung von 1987 weist im Bereich der von Unternehmen und Freien Berufen erbrachten Dienstleistungen 22 Arbeitsstätten mit 67 Beschäftigten nach, darunter 7 Betriebe des Gastgewerbes mit 16 Beschäftigten.

Unter den 1851 genannten 6 Neckargeracher *Gastwirtschaften* mit Realgerechtigkeit waren die noch heute bestehenden Häuser »Goldener Engel« und »Grüner Baum«, die beide schon im 18. Jh. Gastwirtschaftsrechte hatten, außerdem die »Goldene Krone«, die 1971 schloß und deren Gebäude nach 1977 abgerissen wurde, die Schildwirtschaft »Zur Pfalz« (später »Minneburg«), die 1969 schloß, und das »Goldene Schiff«, das nach 1854 schon einging. 1868 gab es noch 4 Realwirtschaften im Dorf. Gleichzeitig mit der Bahnlinie eröffnete 1879 das Gasthaus, heute Pension, »Zur Eisenbahn«. In den 1920er Jahren hatte das Dorf 5 Gastwirtschaften, die jedoch nicht ausgelastet waren. Dem zunehmenden Fremdenverkehr sollten dann auch Cafés (1927: Café Lorenz) und Fremdenheime dienen. Auch 1954 erwartete man von den damals 6 Gaststätten (»Grüner Baum«, »Krone«, »Minneburg«, »Eisenbahn«, »Engel«, »Ratsstübel«) und 2 Pensionen sowie dem Kinderheim Kolshorn eine Steigerung des Fremdenverkehrs. In Guttenbach werden die »Krone« im ehemaligen Schulhaus und der »Karpfen« 1852 erwähnt. Der »Karpfen« schloß 1962, die »Krone« besteht weiter.

Anziehend für den *Fremdenverkehr* ist neben der reizvollen Neckartallandschaft die Ruine Minneburg über dem Fluß auf Gkg Neckarkatzenbach. Schon 1926 weilten etwa 60 »Kurfremde« aus Norddeutschland und Berlin in Neckargerach, obgleich das Dorf wenig zur Förderung dieses Wirtschaftszweiges unternahm. Erst um 1950 schloß sich der Verkehrsverein zusammen. Als 1954 ca. 5200 Fremdenübernachtungen gezählt wurden, galt der Fremdenverkehr als Trumpf im Wirtschaftsleben des Dorfes. Damals kamen viele Niederländer und Skandinavier hierher. Seit 8. 1. 1968 trägt Neckargerach das Prädikat Erholungsort. An Fremdenverkehrseinrichtungen verweist die Gemeinde auf die Kneippkuranlage, den 1961 geschaffenen Waldlehrpfad und den Campingplatz bei der ehemaligen Fähre. Heute wird nur der Campingplatz noch aufgesucht, zumal viele Wohnwagen dauernd hier aufgestellt sind. Sonst scheiterte der Fremdenverkehr am Zug nach Süden und am mangelnden Interesse der örtlichen Gastwirte. 1987 ist Neckargerach nicht unter den ausgewählten Gemeinden der offiziellen Fremdenverkehrsstatistik.

Verkehr. – Neckargerach liegt an der rechts des Flusses durch das Neckartal führenden *Bundesstraße 37*, die erst im 19. Jh. ausgebaut und 1884 zur Landesstraße erhoben wurde. Das Dorf wird seit 1963 durch eine kurze Umgehungsstraße entlastet. Eine vom Winterhauch nach Neckargerach führende Straße, die den Verkehr von Eberbach nach Neckargerach ziehen sollte, war seit um 1870 im Gespräch, aber erst um 1900 war die Straße nach Weisbach fertig. Die Verbindung über den Neckar stellte 600 Jahre lang die Fähre (seit 1900 als Gierfähre betrieben) her. Sie war von 1803–1845 vom Fürsten von Leiningen an einen Erbbeständer verpachtet, dann kaufte sie die Gemeinde. 1882 errichtete Guttenbach eine eigene Fähre. Sie bestand jedoch nicht lange. 1976 begannen die Bauarbeiten zu der seit den 1920er Jahren geforderten Neckarbrücke zwischen Neckargerach und Guttenbach, und 1980 wurde sie eingeweiht.

Der *Bahnbau* war hier wegen des großen Viadukts über das Seebachtal und der notwendigen Verlegung von Straßen schwierig. Vom Anschluß an die Eisenbahn erhoffte man sich auch in Neckargerach den wirtschaftlichen Aufschwung. Immerhin brachten Eisenbahnbau und Eisenbahnverwaltung Arbeitsplätze, aber auch Arbeiter (meist Italiener) ins Dorf, und nach der Eröffnung der Strecke Neckargemünd–Jagstfeld waren auswärtige Arbeitsplätze leichter erreichbar, aber Industrie kam nicht in den Ort. Guttenbach hatte über den Bahnhof Mörtelstein schon seit 1862 Eisenbahnanschluß. Seit der Zerstörung der Obrigheimer Eisenbahnbrücke 1945 ist dieser Streckenabschnitt jedoch stillgelegt. Da heute weniger Züge am Haltepunkt, dem ehemaligen Bahnhof Neckargerach halten, hat sich der öffentliche Personennahverkehr auch auf *Omnibusse* verlagert, zumal die Schulbusse auch andere Fahrgäste mitnehmen. Viele Pendler benutzen aber noch die Bahn nach Mosbach und Eberbach. Immerhin halten werktags in Richtung Mosbach noch 14, in Richtung Eberbach 17 Züge, während fahrplanmäßig nach Mosbach täglich 3, nach Eberbach 4 Omnibusse fahren.

Die *Schiffahrt* auf dem Neckar und auf dem Rhein ist ein alter Erwerbszweig der Neckargeracher. 1818 waren unter den 189 Nachenführern des Neckartals 11 aus Neckargerach. 1833 fuhren 6 Schiffe aus Neckargerach auf dem Neckar, 1845 kamen von 708 Schiffsmeistern im bad. Neckartal 30 aus Neckargerach. 1849 trennten sie sich von der Eberbacher Zunft. Bis 1878 wurden die Schiffe vom Ufer aus getreidelt, dann sollte die Kettenschleppschiffahrt der Konkurrenz durch die Eisenbahn begegnen. Personendampfschiffe verkehrten von 1842–1869 zwischen Heilbronn, Neckargerach und Heidelberg. Die Neckargeracher Schiffer reagierten auf den Rückgang der Neckarschiffahrt, indem sie auf den Rhein auswichen. Im Jahr 1900 hatte das Dorf die größten Schiffe im Neckartal, meist schon eiserne Rheinschiffe. Auf Rhein und Neckar fuhren 45 Neckargeracher Schiffe. 1921 wurde den zahlreichen Rheinschiffern »ganz nennenswerte Wohlhabenheit« bescheinigt, 1924 waren etwa 70 Einwohner als Eigenschiffer, Setzschiffer und Matrosen den größten Teil des Jahres vom Dorf abwesend. Nach dem Bau des Neckarkanals 1926 verschwanden die Kettenschlepper. Heute fahren nur große Frachtschiffe, entweder von Schleppern gezogen, meist aber als Einzelfahrer vom Neckar über den Rhein zur Nordsee. Allerdings ging nach dem Krieg auch in Neckargerach die Zahl der Schiffer infolge Konzentration im Schiffahrtsgewerbe zurück. 1948 wohnten noch 15 Schiffseigentümer, 1954 und 1975 nur noch 11 in Neckargerach. Inzwischen haben weitere Schiffer andere Arbeitsplätze gesucht. Viele ehemalige Schiffer sind in der Gelatinefabrik in Eberbach beschäftigt. 1988 gibt es in Neckargerach noch 6 selbständige Binnenschiffer.

Das Flößen von Brennholz auf dem Neckar wurde zwar schon 1830 eingestellt, aber Langholz fuhr noch bis zur Errichtung der Staustufe in Flöße gebunden auf dem Fluß. Noch 1920 zählte man 100 Langholzflöße mit 25000 Tonnen. In Neckargerach lagerten die vom Seebach kommenden Stämme bei der Fähre bis zum Weitertransport auf dem Neckar.

Regelmäßige Postverbindung hat Neckargerach erst seit 1864 mit Eberbach. Später wurde ein Postamt eingerichtet.

Verwaltungszugehörigkeit, Gemeinde und öffentliches Leben

Verwaltungszugehörigkeit. – Guttenbach kam 1803 unmittelbar von der Kurpfalz an Baden und gehörte zum Amt Neckarschwarzach, ab 1813 immer zu Mosbach (bis 1840 2. Landamt, 1840–1849 Amt Neudenau, dann Bezirksamt bzw. Landkreis Mosbach). Neckargerach wurde 1803 dem Fürstentum Leiningen zugeteilt und kam 1806 mit diesem an Baden. Es gehörte zum fürstl. leiningischen Justizamt, ab 1813 Bezirksamt Eberbach, seit 1924 zum Bezirksamt (1938 Landkreis) Mosbach. Zum 31.12.1972 wurde Guttenbach ohne Ortschaftsverfassung eingemeindet. Neckargerach ist Sitz des Gemeindeverwaltungsverbandes, dem auch Binau, Waldbrunn und Zwingenberg angehören.

Die Gemeinde im 19. und 20. Jahrhundert

Gemeinde. – Um 1850 wird die Gemarkung in Neckargerach umgerechnet mit 1003 ha, in Guttenbach mit 553 ha angegeben. In der Folge sind die Größenangaben widersprüchlich. In Guttenbach fand nach größten Schwierigkeiten um 1884 in Zusammenhang mit den Katastervermessungen ein Grenzausgleich mit Neckarkatzenbach statt. 1925 waren die Gemarkungen in Neckargerach 991 ha und in Guttenbach 572 ha groß. 1981 teilte sich das Gemeindegebiet von 1532 ha in 656 ha Landwirtschaftsfläche, 667 ha Wald, 52 ha Wasserfläche und 150 ha besiedelte Fläche.

Der *Bürgernutzen* bestand in beiden Dörfern in Holzgaben und Allmendlosen. In Neckargerach teilten sich die 216 Berechtigten in 4 Klassen. Ihre Zahl war geschlossen. Auf dem Bürgergenuß ruhte eine Auflage. Um 1900 wurden 216 Holzgaben zu 2 Ster und 20 Wellen gereicht; dazu kam die Unterholznutzung des Hackwaldes. 5,5 ha Acker verteilten sich auf 112 Lose, 1 ha Garten auf 100 Lose. In Guttenbach bestanden 1904 3 Klassen der Berechtigten. Nur die 1. Klasse zahlte eine Auflage. Die Zahl der hier sehr großen Holzlose war nicht geschlossen, der Bürgernutzen jedoch an den Besitz eines Hauses gebunden. Die Ackerteile waren auf 62 festgesetzt. In Neckargerach sind noch Gärten, in Guttenbach landwirtschaftliche Flächen in Allmendnutzung. Sie gehen nach dem Tod der derzeitigen Nutzungsberechtigten in Gemeindebesitz über.

Im Gegensatz zur Bevölkerung war im 19. Jh. die Gde Neckargerach eher wohlhabend. Zwar hatte sie 1808 Kriegs- und gemeine Schulden von 2100 fl und 1851 insgesamt 3000 fl Schulden. Dem stand aber 1851 ein Vermögen an Wald und Wiesen im Anschlag von 40000 fl gegenüber. Vor allem der Holzertrag und die Nutzung des Hackwaldes, aber auch Jagd-, Fischerei- und Schäfereipacht und die Verpachtung der Fähre brachten Einnahmen in die Gemeindekasse, so daß häufig keine Umlagen erhoben wurden. Guttenbach war 1808 schuldenfrei, mußte aber später Geld für die Armenunterstützung und Auswanderung aufnehmen. 1854 standen einem hauptsächlich liegenschaftlichen Reinvermögen von 59961 fl doch 2250 fl Schulden gegenüber. 1856 verkaufte die Gemeinde Laubwald an die Forstdomänendirektion, tilgte damit ihre Schulden und legte noch Kapital an. Auch hier kamen trotzdem die Haupteinnahmen noch aus dem Gemeindewald. Auf Umlagen konnte gleichfalls oft verzichtet werden. Die Zehntschulden waren in Neckargerach 1861 abbezahlt, in Guttenbach stand 1859 noch ein kleiner Betrag offen. Die für Bauvorhaben aufgenommenen Schulden konnten beide Gemeinden immer zügig abtragen. Neckargerach gelang es während der Inflationszeit, alle restlichen Schulden zu tilgen. Große Ausgaben entstanden der Gemeinde durch den Fliegerangriff 1945 für Trümmerbeseitigung und Wiederaufbau von Wohnraum und Infrastruktur. Die heutige Gde Neckargerach hat einen vergleichsweise engen finanziellen Spielraum. Vor allem sind im letzten Jahrzehnt die Gewerbesteuern und damit die Gesamtsteuereinnahmen rückläufig. Noch 1980 machten die 370000 DM Gewerbesteuern 30,6 % des Steueraufkommens von 1209000 DM aus. 1984 waren die Gewerbesteuern auf 167000 DM gefallen und betrugen nur noch 16,0 % des auf 1046000 DM geschrumpften Steueraufkommens der Gemeinde. Die *Steuerkraftsumme* je Einwohner stieg zwischen 1980 und 1984 nur von 658 auf 711 DM, die Gemeinde fiel dabei vom 22. auf den 26. Platz der 27 Kreisgemeinden ab. Der Schuldenstand je Einwohner war von 1970 auf 1980 von 555 DM auf 538 DM und damit vom 11. auf den 22. Platz zurückgegangen. 1984 nahm die Gemeinde mit 690 DM Schulden je Einwohner den 20. Platz ein. Das *Haushaltsvolumen* hat sich von 1987 auf 1988 im Verwaltungshaushalt leicht von 3870000 DM auf 3710000 DM verringert, im Vermögenshaushalt jedoch durch die Erschließung eines Neubaugebiets in Guttenbach von 2762000 DM auf 4059000 DM erhöht. Die *Verschuldung* betrug zu Ende 1987 2170000 DM (1008 DM/E.). Für 1988 waren Neuaufnahmen von 195000 DM und eine

Tilgung von 80 000 DM vorgesehen. An größeren Investitionen ist die Anlage von Plätzen im Zusammenhang mit dem Straßenausbau vorgesehen. Neckargerach soll »dorfgerecht umgestaltet« werden. Für beide Ortsteile liegen Dorfentwicklungspläne vor. Die Gemeinde muß sich jedoch auf die Gewährung von Zuschüssen für private Maßnahmen beschränken.

An *Gebäuden* gehörten der Gde Neckargerach 1851 Rathaus, Schulhaus (1859: 2 Schulhäuser), Armenhaus. Guttenbach hatte 2 Schulhäuser, Spritzenremise, Wachthaus und Bürgerarrest, 1861 1 neues Schulhaus, Hirtenhaus und 1 Wohnhaus. In Neckargerach wurde 1926 das Rathaus abgerissen und an gleicher Stelle neu aufgebaut. 1928 gehörten der Gemeinde das Rathaus, Schulhaus, 2 Lehrerwohnhäuser, 1 Armenhaus und der Farrenstall. In Guttenbach wurde 1933 ein 1818 gebautes Haus im Erdgeschoß zum Rathaus umgebaut. Nach dem Neubau der Schule wurde 1968 das Rathaus in die alte Schule verlegt, die auch eine Bank und Wohnungen aufnahm. Heute besitzt die Gemeinde die 2 Rathäuser, 2 Schulhäuser, 2 Feuerwehrgerätehäuser, 3 Wohnhäuser, davon 1 in Guttenbach, und das Gemeindezentrum in der alten Schule in Guttenbach.

Die *Gemeindeverwaltung* ist im Neckargeracher 1965 und 1982 umgebauten Rathaus untergebracht. Im Guttenbacher Rathaus finden zweimal wöchentlich Sprechstunden statt. Dem Bürgermeister standen Ende des 19. Jh. 6 Gemeinderäte zur Seite. Vor der Gemeindereform hatte Neckargerach 12, Guttenbach 6 Gemeinderäte, seither gehören dem *Gemeinderat* außer dem hauptamtlichen Bürgermeister 12 Mitglieder, davon 3 aus Guttenbach, an. In den Kommunalwahlen sank die CDU von 60,6 % auf 48,3 % (1984) der gültigen Stimmen ab. Die SPD, die 1980 weniger Stimmen als 1975 erhalten hatte, bekam 1984 zusammen mit der Unabhängigen Wählergemeinschaft 45,8 % der Stimmen. 1984 besetzten die CDU und die SPD/UWG je 6 Sitze im Gemeinderat. Bei der letzten Wahl 1989 kamen 7 Gemeinderäte über einen Wahlvorschlag mit der CDU, 4 über die SPD und 2 über die UWG in den Gemeinderat.

An festbesoldeten *Gemeindebediensteten* sind in Neckargerach für 1900 genannt: Ratsschreiber, Rechner, Polizeidiener, Feldwegewart, 3 Feldhüter, 2 Waldhüter, 1 Hilfswaldhüter, Laternenanzünder, 2 Fährmänner, außerdem zahlreiche durch Gebühren entlohnte Bedienstete wie z. B. die 10 Steinsetzer, der Leichenschauer und Totengräber. Heute arbeiten in der Gemeindeverwaltung, die sich in Hauptverwaltung und Kasse/Standesamt gliedert, 3 voll- und 2 teilzeitbeschäftigte Angestellte, 2 Auszubildende, 5 Arbeiter und 1 Beamtenanwärter. Der Gemeindeverwaltungsverband beschäftigt 4 Beamte, darunter 1 Teilzeitkraft, 1 Angestellten und 5 Teilzeitarbeiter. Das Rechnungsamt wird vom Verband für alle beteiligten Gemeinden, das Grundbuch für alle außer Waldbrunn und die Kasse für Neckargerach und Zwingenberg geführt. Außerdem ist der Verband für den Flächennutzungsplan und die Gemeindeverbindungsstraßen zuständig. – Seit 1921 ist in Neckargerach ein Gendarmerie-, später *Polizeiposten* eingerichtet.

Ver- und Entsorgungseinrichtungen. – Neckargerach besaß 1851 eine Feuerspritze, Guttenbach war an der Neunkirchener Spritze beteiligt. 1925 schloß sich in Neckargerach die *Freiwillige Feuerwehr* zusammen. Zum Löschbezirk gehörten 1927 auch Reichenbuch, Guttenbach, Zwingenberg, Lindach, Binau, Neckarkatzenbach, Schollbrunn und Weisbach. Unter dem Eindruck des Luftangriffs wurde schon im August 1945 eine neue Freiwillige Feuerwehr gegründet. Ihr gehören heute in Neckargerach 35 Aktive mit 2 Löschzügen und in Guttenbach 25 Aktive mit 1 Löschzug an. Die Jugendwehr hat 12 Mitglieder.

Strom erhalten die Haushalte beider Dörfer seit 1921 vom Badenwerk. Mit *Wasser* wurde Neckargerach im 19. Jh. durch 2, später 3 Brunnen versorgt. Der Rathausbrun-

Die Gemeinde im 19. und 20. Jahrhundert 303

nen erhielt 1879 eine neue Leitung. Guttenbach besaß 2 bzw. 3 Brunnen mit hölzernen Leitungen. Für die Eisenbahn wurde 1887 in Neckargerach ein Pumpbrunnen gebaut. 1891 erhielt das Dorf als erstes im Amtsbezirk Eberbach eine Hochdruckwasserleitung, die jedoch kein befriedigendes Wasser lieferte. Um 1900 bestanden 64 Hausanschlüsse. Als nach dem Krieg das bei dem Fliegerangriff zerstörte Leitungsnetz wiedererrichtet wurde, bezog man eine zusätzliche Quelle ein und baute einen neuen Hochbehälter. Heute hat Neckargerach 2 Hochbehälter und 1 Druckerhöhungsanlage und versorgt sich mit Wasser aus eigenen Quellen. Guttenbach, früher gleichfalls mit eigenem Wasser versorgt, ist seit 1971 Mitglied der Wasserversorgung Krebsbachgruppe, Sitz Schwarzach. Die Siedlung Lauerskreuz erhält ihr Wasser von Schollbrunn, Gde Waldbrunn.

Kanalisation war schon 1905 in Neckargerach geplant, durchgeführt wurde sie erst ab 1920/21. Nach dem Krieg mußte auch das Kanalnetz erneuert werden. Dabei baute die Gemeinde 1953 eine mechanische Kläranlage. Sie wurde stillgelegt, als 1981 für beide Ortsteile eine mechanisch-biologisch arbeitende neue Anlage den Betrieb aufnahm. Da in den 1960er Jahren auch Guttenbach kanalisiert wurde, ist jetzt außer Lauerskreuz die gesamte Gemeinde an die Kanalisation angeschlossen. Die wöchentliche *Müllabfuhr* besorgt in Neckargerach ein Unternehmer. Sperrmüll wird alle 3 Monate abgeholt. Guttenbach nimmt an der Müllabfuhr des Kleinen Odenwaldes teil. Dort wird der Müll, auch Sperrmüll, wöchentlich in Säcken abgeholt.

Gesundheitswesen und Sozialeinrichtungen. – Bevor sich nach 1920 der erste *Arzt*, heute ein Arzt für Allgemeinmedizin, in Neckargerach niederließ, suchte man die Ärzte in Eberbach und Mosbach auf, von Guttenbach aus auch in Aglasterhausen. Seit etwa 1930 praktiziert auch immer ein *Zahnarzt* in Neckargerach, eine *Apotheke* hat das Dorf erst seit 1972. Fachärzte und Krankenhaus werden in Eberbach und Mosbach besucht. Für *häusliche Krankenpflege* ist seit Beginn des Jahrhunderts durch kath. Schwestern im Schwesternhaus und Diakonissen gesorgt. Jetzt ist der Krankenverein in der Sozialstation Mosbach aufgegangen. Das Schwesternhaus betreut auch den kath. Kindergarten. Die von den Kirchengemeinden getragenen *Kindergärten* beider Konfessionen bestanden in Neckargerach schon um 1900.

Der *Friedhof* in Neckargerach wurde 1973, der in Guttenbach 1980 erweitert. Leichenhallen baute Neckargerach 1956 (erweitert 1973), Guttenbach 1973. Die Opfer des Fliegerangriffs liegen in Neckargerach auf einem Ehrenfriedhof.

Kirche. – In der *kath. Kirchenorganisation* gehörte 1828 die Pfarrei Neckargerach mit den Filialen Lindach (Stadt Eberbach), Schollbrunn (Gde Waldbrunn) und Zwingenberg, 1845 auch mit Reichenbuch (Stadt Mosbach), zum Landkapital Mosbach. Guttenbach war Filiale von Neunkirchen im Landkapitel Waibstadt, wurde aber noch vor 1900 zu Neckargerach umgegliedert. Seither umfaßt der Pfarrbezirk Neckargerach die Filialen Guttenbach, Lindach, Zwingenberg, Reichenbuch, die Minneburger Ziegelei des Neunkirchener Ortsteils Neckarkatzenbach und den Diasporaort Binau. Die Pfarrkirche St. Afra in Neckargerach wurde, nachdem ein Vorgängerbau nur wenige Jahre alt geworden war, 1846/48 erbaut und 1968/72 durch einen Anbau erweitert. Die Guttenbacher Kirche St. Urban stammt von 1776/77 und wurde zuletzt 1962 renoviert.

Auch in der *Ev. Landeskirche* gehört Neckargerach zur Diözese Mosbach. Bis 1851 zählten Schollbrunn, Weisbach und Dielbach (Gde Waldbrunn) zu Neckargerach, dann wurde Schollbrunn mit Weisbach eigene Pfarrei, aber Guttenbach, bisher Filiale von Breitenbronn (Gde Aglasterhausen), Diözese Neckargemünd, kam zu Neckargerach. 1957 waren Guttenbach und Reichenbuch (Stadt Mosbach) Filialen, Zwingenberg und Lindach (Stadt Eberbach) Nebenorte von Neckargerach. 1976 wurde Lindach mit der

Kirchengemeinde Eberbach im Kirchenbezirk Neckargemünd vereinigt. Guttenbach ist jetzt eigene Kirchengemeinde, wird aber von Neckargerach mitversorgt. Über die Kirche in Neckargerach übt der Fürst von Leiningen das Patronat aus. Die Kirche wurde 1729/34 erbaut, die Guttenbacher Kirche 1740/50.

Schule und kulturelle Einrichtungen. – Die Pfälzer Kath. Kirchenschaffnei Lobenfeld erbaute 1830 in Neckargerach ein neues kath. Schulhaus. 1857 hatte die kath. Schule hier 91 Schüler, 1 Haupt- und neuerlich 1 Hilfslehrer; in der ev. Schule unterrichtete 1 Hauptlehrer 72 Kinder. In Guttenbach waren 1852 die 34 ev. und 22 kath. Schüler mit je 1 Lehrer in einem gemeinschaftlichen Schulhaus untergebracht. 1861 wurde ein neues Schulhaus gebaut. Die Vereinigung beider Schulen – die kath. Schule hatte 1874 nur noch 18 Schüler – scheiterte am Einspruch der ev. Bürger bis zur gesetzlichen Einführung der Simultanschule. In Neckargerach benutzte man nach der Vereinigung der Konfessionsschulen beide Schulhäuser weiter, bis 1912 eine neue Schule gebaut wurde. Im alten ev. Schulhaus fand in den 1920er Jahren gewerblicher Fortbildungsunterricht statt. Sonst dienten beide Gebäude als Lehrerwohnungen. 1969 baute die Gemeinde die Minneburgschule als *Mittelpunktschule*. Seit der Schulreform sind darin die Haupt- und die 2 oberen Klassen der Grundschule untergebracht. Die ersten beiden Klassen werden entsprechend dem Eingemeindungsvertrag in der Guttenbacher Schule unterrichtet. Die *Grundschule* ist auch für Zwingenberg, die *Hauptschule* für Binau zuständig. In der Grundschule werden (1988) 113 Schüler in 6 Klassen von 2 voll- und 6 teilzeitbeschäftigten Lehrern unterrichtet, in der Hauptschule 110 Schüler in 6 Klassen von 7 vollen Lehrkräften und 1 teilzeitbeschäftigten Lehrer.

Die *Volkshochschule Mosbach* und die *Musikschule Eberbach* unterhalten Außenstellen in Neckargerach. Die Gemeinde besitzt eine *Volksbücherei* mit 1550 Bänden. 1987 wurden 3100 Bände entliehen. Als nach dem Brückenbau die Grundschüler in die Guttenbacher Schule gehen konnten, wurde in der freigewordenen Schule von 1912 in Neckargerach ein *Heimatmuseum* eingerichtet.

Sportstätten. – In Neckargerach stehen 2 Sportplätze und 1 Trainingsplatz zur Verfügung, außerdem wird die 1969 erbaute Schulturnhalle (Mehrzweckhalle) auch von den Sportvereinen benutzt. Vereinseigen sind 1 Tennisplatz, 1 Bogenschießplatz und im Guttenbacher Gemeindesaal 1 Luftgewehrschießanlage.

Vereine. – Zu Anfang des 20. Jh. bestanden in Neckargerach der Gesangverein und ein Verschönerungsverein. Der Frauenverein war auseinandergefallen. 1928 gab es den Schützenverein, Kriegerverein, Turnverein und den Gesangverein. Letzterer, 1877 gegründet, hat heute unter dem Namen Männergesangverein »Sängerlust« 230 Mitglieder. Noch älter ist der 1869 gegründete Gemischte Chor Guttenbach mit 120 Mitgliedern. Der Sportverein Neckargerach mit derzeit 200 Mitgliedern wurde 1931, der Kanuclub »Forelle« Neckargerach mit jetzt 105 Mitgliedern 1953 gegründet. 1947 schloß sich der Tischtennisclub Guttenbach (90 Mitglieder) zusammen. Anfang der 1950er Jahre legte sich die Feuerwehr Neckargerach eine Feuerwehrkapelle (25 Mitglieder) zu. Einen Carnevalsverein hat Neckargerach seit 1964 (196 Mitglieder). Der Bogenschützenclub Neckargerach (52 Mitglieder) wurde 1969, die Sportgemeinschaft Neckargerach (28 Mitglieder) 1982 gegründet.

Strukturbild

Seit dem 2. Weltkrieg haben sich beide Ortsteile zu nahezu reinen Wohnorten verändert. In Neckargerach verloren die drei bisher prägenden Funktionen Landwirtschaft, Schiffergewerbe, Fremdenverkehr ihre Bedeutung. Landwirtschaft wird nennenswert nur noch in den Aussiedlerhöfen und in Lauerskreuz betrieben, die meisten Schiffer wechselten in Fabrikberufe über und arbeiten auswärts, Fremde suchen in dem ausgewiesenen Erholungsort keine Erholung mehr. Auch von den wenigen kleinen Industrieunternehmen, die sich hier niedergelassen hatten, bestehen nur noch zwei. Infolgedessen hat sich die Zahl der in Neckargerach beschäftigten Erwerbstätigen, die 1970 noch 666 betragen hatte, inzwischen deutlich vermindert. In Guttenbach bewirkte allein die Auflassung der kleinbäuerlichen Betriebe die Strukturveränderung. Dank der günstigen Verkehrslage beider Dörfer führte jedoch der Verlust an Arbeitsplätzen nicht zu vermehrter Abwanderung der Wohnbevölkerung. Bahn und Straße ermöglichen den Auspendlern leichten Zugang zu den auswärtigen Arbeitsplätzen. Die meisten Auspendler arbeiten in Eberbach, Mosbach, Heidelberg und Heilbronn.

Der Ortsteil Neckargerach versorgt die Einwohner beider Dörfer mit den Gütern des täglichen Bedarfs und bietet auch die medizinische und schulische Grundversorgung. Mit allem, was darüber hinaus geht, ist die Gemeinde heute stärker als früher nach Mosbach orientiert. Eberbach, bis 1924 zuständige Amtsstadt für Neckargerach, hat erst in letzter Zeit an Anziehungskraft verloren, insbesondere seit die dortigen Schulen keine auswärtigen Schüler mehr aufnehmen und der geöffnete Schülerverkehr auch Kunden zu den Geschäften nach Mosbach und Neckarelz bringt. Positiv bewertet werden auch das neugestaltete Ortsbild und das Angebot in den Läden Mosbachs.

Quellen und Literatur

Ortsbereisungsakten

Guttenbach 1852–1857   GLA 364/3552; 1858–1890 GLA 364/4075; 1892–1904 GLA 364/4076
Neckargerach 1851–1867 GLA 349/1957/546; 1868–1900 GLA 364/4600; 1900–1926 GLA 364/1972/81/416

Literatur

Claus, Otto: 250 Jahre 1734–1984 Evangelische Kirche Neckargerach. 1984.
Festschrift zum 50jährigen Bestehen der Bauernsiedlung Lauerskreuz 1938–1958. Buchen-Walldürn 1988.
Heiman, Hanns: Die Neckarschiffer. T.1.2. Heidelberg 1907.
Herbold, Berthel: Neckargerach im Kriege. Eberbach 1950.
Liebig, Fritz: 1000 Jahre Neckargerach, 1200 Jahre Guttenbach. Hrsg. von der Gemeinde Neckargerach. Mosbach 1976.

C. Geschichte der Gemeindeteile

Guttenbach

Siedlung und Gemarkung. – Guttenbach wird erstmals 792 als *Botenbach* erwähnt (Kop. 12.Jh.). Der Ortsname weist auf die Lage an einem Bach hin; zur besseren Unterscheidung von anderen -bach-Siedlungen wurde der hiesige Ort mit dem Personennamen *Bodo* näher bestimmt war. Die Schreibweise wandelte sich später aufgrund einer falschen Erklärung des Namens über *Buodenbach* bzw. *Budenbach* (11./12. Jh.) zu *Gudenbach* (Anf. 15. Jh.). Die Siedlung am Rande des Wimpfener Wildbanns war recht klein, befand sich zur Zeit ihrer Erstnennung noch im Ausbau und bestand 1068 anscheinend noch immer nur aus einem einzigen Hof. Im Spätmittelalter war Guttenbach längst zum Weiler aufgesiedelt. Im 16. Jh. stieg die Zahl der Häuser im Dorf um etwa ein Viertel an. In der Spätphase des 30j. Krieges ging sie wieder um über ein Drittel zurück. Erst nach 1700 wurde die Größe des 16. Jh. überschritten und stieg seitdem langsam an (vgl. Tab. 1).

Tabelle 1: **Gebäudezahlen**

Jahr	1538	1566	1592	1628	1671	1770	1771	1802
Häuser	24	30	29	26	18	34	38	79*

* mit Scheunen

1369 werden auf der Gemarkung Rodungen erwähnt. Die Grenzen zur Nachbargemeinde Neckarkatzenbach waren wohl bis in die Neuzeit nicht eindeutig festgelegt, da beide Dörfer gegenseitige Weidgangsrechte geltend machten. Eine Rolle spielte dabei auch der Grund- und Waldbesitz der Minneburg, der seit dem 18. Jh. zum größten Teil zur Gemarkung von Neckarkatzenbach gezählt wurde. Die Gemarkungsfläche Guttenbachs wurde im späten 18. Jh. mit 436 M Äckern, 169 M Wiesen, 4 M Gärten, 15 M Weiden und 319 M Wald angegeben. 1802 waren es 300 M Äcker und 100 M Wiesen.

Herrschaft und Staat. – Bei der Erstnennung Guttenbachs schenkte *Hermenher* sein gesamtes Eigentum in der Siedlung der Lorscher Kirche. Diese Besitzungen sind wohl im Hochmittelalter an das Bistum Worms gefallen, das im Kleinen Odenwald kolonisatorisch tätig wurde. 1068 übertrug der Wormser Bischof Adalbert die Gefälle in Guttenbach dem Andreasstift in Worms; dem Propst des Stifts stand dort von alters her ein Hof zu. 1141 bestätigte Bischof Burchard II. diese Verfügung. Die Rechte des Propstes waren nicht nur grundherrschaftlicher Natur, denn nach dem pfälzischen Urbar von 1369 fielen ihm zwei Drittel der hohen und kleinen Bußen in Guttenbach zu. In der Stauferzeit scheint das Dorf unter die Oberhoheit der Reichslandvogtei Wimpfen geraten zu sein. Ob man den 1349 bezeugten Edelknecht Johann *von Gudembach* mit dem hiesigen Dorf in Verbindung bringen darf, erscheint zweifelhaft. 1369 gehörte Guttenbach zur Minneburg, die 1349 durch Kauf an die Pfalz gekommen war. Doch standen dem Pfalzgrafen seinerzeit nur ein Drittel der hohen und niederen Bußen zu. Das Dorf teilte in der Folgezeit die Geschicke der Burg; die wormsischen Rechte gingen auf den Burgherrn über.

Die Gde Guttenbach war Bestandteil der Reichartshauser Zent, die um 1380 an die Kurpfalz gefallen ist. Die niedere Vogtei gehörte zur Minneburg. Der Inhaber der Burg ernannte Schultheiß und Dorfgericht, erließ Ge- und Verbote und erhob die niederen Frevel und Bußen. Er zog die Bede sowie die anderen Geld- und Naturalabgaben ein, und ihm standen auch das Haupt- und das Herdrecht zu. Im 16. Jh. durften die Herren von Habern als Lehnsträger der Minneburg das Jagdrecht auf der Gemarkung von Guttenbach ausüben. Das Fischrecht im Katzen- oder Krebsbach gehörte ebenfalls zur Minneburg. Die Untertanen mußten dem Burgherrn Frondienste leisten, die offenbar »gemessen« waren. Darunter fiel auch die Bearbeitung der grundherrlichen Güter der Minneburg. Seit dem 16. Jh. konnten die Frondienste durch eine Geldzahlung ersetzt werden. Die Untertanen bekamen für ihre Frondienste das Fronbrot, mitunter sogar Lohn.

Guttenbach unterstand dem kurpfälzischen Amt Dilsberg, der Kellerei Minneburg und dem Zentgrafen der Reichartshauser Zent. Nach der Aufgabe der Minneburg hatte der Keller seit etwa 1653 seinen Sitz im Dorf, bevor er 1663 nach Schwarzach umsiedeln mußte. Bis 1803 verwaltete er die vereinigte Kellerei Schwarzach-Minneburg. Um die Wende des 17./18. Jh. saß auch der Kollektor der Kollektur Minneburg in Guttenbach. Guttenbach, Neckarkatzenbach und Reichenbach bildeten seit 1566 einen Gerichtsbezirk, an dessen Spitze der Guttenbacher Schultheiß stand.

Grundherrschaft und Grundbesitz. – Der Umfang des Besitzes, der 792 dem Kl. Lorsch übertragen wurde, ist nicht näher bekannt. Das Andreasstift zu Worms bezog im 11./12. Jh. in Guttenbach einige geringe Gefälle aus einem Hof; zu diesem gehörten Ackerland, Wiesen und Wälder, deren Größe nicht überliefert ist. Seit dem späten Mittelalter hatte wohl die Kellerei Minneburg den herrschaftlichen Grundbesitz im Dorf allein inne. Sie besaß 1369 einen Bauhof mit 100 M Äckern und 15 M Wiesen in der Gemarkung sowie das Gut *Drutzelins*. Dieses hatte man zum Bauhof gekauft; es bestand aus 22 M Äckern, 7 M Wiesen und einem weiteren Gut. An den Bauhof zinsten außerdem 2 Hofreiten und 1 Gut. Weitere 50 M in der Gemarkung wurden zusammen mit dem Bauhof bewirtschaftet. Die gerodeten Flächen unter dem sog. *Ylmersperg* waren ebenfalls an die Burg zinspflichtig. Seit der frühen Neuzeit ist nicht mehr eindeutig feststellbar, ob der Grundbesitz der Minneburg, der hauptsächlich unterhalb des Burgberges lag, zu den Gemarkungen von Guttenbach oder Neckarkatzenbach gehörte. Es ist aber anzunehmen, daß der überaus größte Teil sich auf der Guttenbacher Gemarkung befand. Allerdings lassen sich im 16. Jh. nur 14 M ganz sicher zur hiesigen Gemarkung zählen. Weitere Stücke lagen zertreut in beiden Gemarkungen. 1710 wurden von der Kellerei Minneburg 50 M Ackerland und 8 M Wiesen – anscheinend auf Guttenbacher Gemarkung – in Erbbestand vergeben. Zum Erbbestand der Schwarzacher Kellerfamilie Graeff gehörte hier im späten 18. Jh. Ackerland das ober- und unterhalb des Dorfes sowie am Neckar lag. Die kurpfälzische Hofkammer besaß 1802 in Guttenbach Kameralgüter, die Teil des Minneburger Hofguts waren; ihr Umfang ist unbekannt.

Die Minneburg hatte 1369 auf der Gemarkung von Guttenbach den *Ylmersperg* (= Ilsberg) und den Gerherberg, Waldungen, in denen die Untertanen offenbar Nutzungsrechte hatten. Im 16. Jh. gehörten zur Burg der sog. Schlettich (auch: Mittelberg) und das sog. Rodlin, das die Guttenbacher als Erbbestand erworben und zu einem Weinberg ausgerodet hatten. 1538 wird zum ersten Mal der Gemeindewald erwähnt, der oberhalb des Dorfes zwischen Neckar und Schlettich lag. Der Schlettich umfaßte Mitte des 18. Jh. etwa 60 M. Alle Wälder zusammen umfaßten im ausgehenden 18. Jh. etwa 320 M und wurden – bis auf den Schlettich – als Eigentum der Gemeinde angesehen. 1805 erwarb diese auch den herrschaftlichen Wald Schlettich. 1808 bezifferte die Gemeinde den Umfang ihrer Wälder mit knapp 520 M.

Gemeinde. – Ein Schultheiß wird in Guttenbach erstmals 1508 erwähnt, Gerichtsschöffen sind ebenfalls seit dem 16. Jh. nachweisbar. Ihre Zahl schwankte seit dem 17. Jh. zwischen 5 und 6 Personen; hinzu kamen noch die Gerichtsschöffen aus Neckarkatzenbach und Reichenbuch, mit denen Guttenbach seit 1566 einen Gerichtsstab bildete. Einen Anwalt scheint es im Dorf nur um die Wende vom 17. zum 18. Jh. gegeben zu haben. Ein Akziser wurde von der Gemeinde seit dem ausgehenden 17. Jh. bestellt. Darüber hinaus lassen sich als Organe der Gemeinde seit der Mitte des 17. Jh. Bürgermeister, Feldrichter und Holzzähler belegen, und schließlich gab es noch den Gemeindehirten. Das Dorfgericht führte in seinem, seit der 2. H. 18. Jh. nachweisbaren Siegel einen Schild, der einen fließenden Bach mit steinigem Ufer zeigt. Die Umschrift lautet: *DER . GUTTENBACHER . GERICHTS . INSIEGEL*.

Im Besitz der Gemeinde standen 1777 ein Gemeindehaus, 1802 ein Hirten- und ein Rathaus. Neben dem Gemeindewald gehörte ihr die Allmende, die 1808 10 M umfaßte. Guttenbach hatte das Recht, eine eigene Schäferei zu betreiben und besaß Weiderechte im Zentwald der Reichartshauser Zent sowie in mehreren Wäldern der Minneburg, im Schlettich auf der Gemarkung von Guttenbach und in den Nunien, im Ilsberg (von Neckarkatzenbach bestritten), im Eichwald und bei der Burg selbst auf Neckarkatzenbacher Gemarkung. Umstritten waren die Weiderechte bis zum Schwarzacher Wald Überhau auf der Gemarkung von Neunkirchen. Die Viehtriebsrechte wurden im Laufe des 18. Jh. von den pfälzischen Forstbehörden eingeschränkt oder verboten, zeitweise jedoch gegen eine Zinszahlung auch wieder zugelassen. Im ausgehenden 18. Jh. wurden die Schäferei und die Viehtriebsrechte aufgegeben. Neben diesen Nutzungsrechten stand der Gemeinde noch das Recht zu, sich aus dem Zentwald mit Holz zu versorgen. In Guttenbach wurde nur der zum Bürger angenommen, der am Ort ein Haus besaß.

Kirche und Schule. – Die Kirche in Guttenbach wird zusammen mit der in Neunkirchen 1298 erstmals erwähnt. Der Pfarrsatz gehörte dem Propst des Andreasstifts zu Worms. Der ehemalige Propst Heinrich hatte die Kirche der Stiftsschule inkorporiert, und der Scholaster erhielt sie 1298 als Pfründe; letzterer durfte in Guttenbach einen ständigen Vikar einsetzen. 1299 wurde die Inkorporation bestätigt. Die einstige Verbindung mit Neunkirchen zeigt sich noch im Wormser Synodale von 1496. Die Guttenbacher Pfarrkirche, dem hl. Urban geweiht, war eine Synodaltochter von Neunkirchen, und die dortige Kirche wird als die ehemalige »wahre Mutter« der Guttenbacher Kirche bezeichnet. In ihr befand sich 1496 ein Altar der Jungfrau Maria. In der Reformationszeit hatte Guttenbach teil an den Konfessionswechseln aller kurpfälzischen Eigendörfer; der Pfarrsatz fiel in der Folge an den Pfalzgrafen. Seit etwa 1560 gab es im Dorf keinen Pfarrer mehr. Die Gemeinde wurde seither vom ref. Pfarrer in Neckargerach versehen. Das Pfarrhaus wurde 1588 verkauft. Die Kirche war 1604 von einer Ringmauer umgeben und hatte zwei Glocken sowie eine Schlaguhr.

In der pfälzischen Kirchenteilung (1705) mußte die ref. Kirche den Katholiken überlassen werden. Sie wurde zur Mutterkirche für fast alle kath. Gemeinden der Reichartshauser Zent erhoben. Diese Funktion ging allerdings bereits nach 1718 an die kath. Kirche in Neunkirchen über. Die Kirche in Guttenbach war im 18. Jh. baufällig. 1776 wurde ein neues Langhaus angebaut. Die Reformierten feierten zunächst in ihrem Schulhaus Gottesdienst und bauten sich in der Mitte des 18. Jh. aus eigenen Mitteln eine neue Kirche. Die Baupflicht der alten Kirche in Guttenbach haben im Spätmittelalter der Pastor, der für den Turm zuständig war, und die Kirchenfabrik getragen. Nach der Reformation ist sie an die Kollektur Minneburg übergegangen, die dafür die Erträge des großen Zehnten aufwandte. Nach der Abtretung an die Katholiken oblag die Baulast der kath. Geistlichen Administration Die Unterhaltung der neuen ref. Kirche wurde von der ref. Kirchengemeinde bestritten.

Die Bevölkerung von Guttenbach war seit der Mitte des 16. Jh. größtenteils reformiert. Nur zu Beginn des letzten Viertels des 17. Jh. stellten die Katholiken vorübergehend die Mehrheit; ihr Anteil an der Bevölkerung ist aber bis 1688 wieder auf die Hälfte der Zahl der Reformierten zurückgegangen. Bis zum frühen 19. Jh. änderte sich an diesem Verhältnis nichts. Die Lutheraner, die zunächst nur eine unbedeutende Minderheit waren, überflügelten im frühen 18. Jh. den Anteil der Katholiken. Danach nahm ihre Zahl wieder deutlich ab. Zu Beginn des 19. Jh. gab es keine Lutheraner mehr im Dorf.

Der Groß- und der Kleinzehnt fielen seit der Reformation an die Kollektur Minneburg bzw. an die ref. Geistliche Administration. Der Kleinzehnt wurde dem Kollektor

als Besoldung überlassen. Den Zehnt vom Weinberg erhielten ursprünglich der Pfand- oder Lehnsinhaber der Minneburg, dann die Kellerei Minneburg. Der Novalzehnt des 18. Jh. stand der pfälzischen Hofkammer zu.
Ref. Schulunterricht wurde bereits 1604 vom Mesner erteilt. Seit 1732 hatten die Reformierten ein baufälliges Schulhaus, das sie 1743 durch einen Neubau ersetzten. Der kath. Schulmeister wird 1688 erstmals erwähnt. Die Katholiken hatten noch im späten 18. Jh. kein eigenes Schulhaus. 1802 gab es eine ref. und eine kath. Schule im Dorf.

Tabelle 2: **Einwohner 1566–1807**

Jahr	1566	1592	1628	1671	1688	1727	1777	1784	1802/05	1807
Einw.	135	131	117	47	122	144	179	178	195	247

Bevölkerung und Wirtschaft. – Die Einwohnerzahl war seit der Mitte des 16. Jh. leicht rückläufig. Im letzten Viertel des 17. Jh. hatte sie ihren absoluten Tiefpunkt, indem sie nur noch ein Drittel des Standes zur Zeit der Reformation erreichte. Danach nahm die Bevölkerung wieder kräftig zu und überschritt im frühen 18. Jh. den Stand des 16. Jh. Bis zum frühen 19. Jh. vermehrte sie sich um über zwei Drittel. Das Bürgerrecht hatte fast jeder Haushaltsvorstand, Beisassen gab es nur wenige (vgl. Tab. 2).

Die Untertanen waren zinspflichtige Hintersassen der Minneburg und wohl ursprünglich alle leibeigen. Fremde Leibeigene gab es im Dorf nur wenige. 1802 galt Guttenbach als kurpfälzisches Dorf, das von der Leibeigenschaft befreit war.

Tabelle 3: **Viehbestand**

Jahr	1727	1770	1777	1797	1802
Pferde	16	1	1	2	–
Ochsen	16	–	42	–	–
Kühe	–	–	66	–	–
Rindvieh	–	99	–	190	180
Rinder	–	–	61	–	–
Schafe	–	170–200 (erlaubt)	190	–	(eingestellt)
Schweine	–	–	102	–	–

Die Einwohner waren hauptsächlich Bauern, die von den Erträgen ihrer Landwirtschaft (vermutlich Dreifelderwirtschaft) lebten. Angebaut wurden Weizen, Korn, Dinkel, Gerste, Hafer und – seit dem 16. Jh. – Weinreben, aber auch Rüben, Kraut, Linsen, Erbsen, Hirse und Flachs; dazu kamen noch Obst und Nüsse. An Vieh wurden vor allem Kühe, Rinder, Schafe und Schweine gezüchtet, daneben aber auch Pferde, Ochsen, Gänse, Hühner und Bienenvölker gehalten. Als Zugtiere setzten sich Ochsen durch, die Anzahl der Pferde ist im Laufe des 18. Jh. stark zurückgegangen. Über den Viehbestand im 18. Jh. gibt Tab. 3 Auskunft. Die Stallfütterung ließ sich im späten 18. Jh. durch den verstärkten Anbau von Klee leicht durchsetzen. Die Viehtriebe wurden nicht mehr genutzt und die Schäferei eingestellt.

Neben den Bauern werden in Guttenbach seit 1369 bedepflichtige Fischer erwähnt. 1538 gab es im Dorf drei zinspflichtige Mühlen. Im frühen 18. Jh. hat nur noch eine Mühle bestanden, seit der Jahrhundertmitte saßen wieder zwei Müller am Ort. Die herrschaftliche Weinkelter ist seit 1538, ein Wirtshaus seit 1563 bezeugt. Der Kelterplatz wurde 1777 an die Gemeinde verkauft. Neben den bereits erwähnten Gewerbetreibenden kommen seit der 2. H. 18. Jh. in Guttenbach ein Leinenweber, ein Schneider und ein Schuhmacher vor. Guttenbach lag an keiner bedeutenderen Straße, doch war der Neckar eine wichtige Verkehrsader, von der das Dorf profitierte. Die Fähre (nach Neckargerach) wird bereits 1330 genannt. Mitte des 18. Jh. hat die Hofkammer in Guttenbach einen Wehrzoll errichten lassen, der allerdings nach heftigen Protesten seitens der Untertanen der Reichartshausener Zent bald wieder aufgehoben wurde. **Persönlichkeiten.** – Guttenbach ist der Heimatort des ehemaligen baden-württembergischen Landwirtschaftsministers Eugen Leibfried (1897–1978).

Neckargerach

Siedlung und Gemarkung. – Der Ort wird erstmals 976 in einer um 1150 kopierten Urkunde erwähnt. Sein Name *Geraha* ist vom hier in den Neckar mündenden Bachnamen abgeleitet und enthält das Grundwort aha = Wasser sowie ein bisher nicht befriedigend gedeutetes Bestimmungswort. Die Erweiterung zu Neckargerach stammt erst aus bad. Zeit (19. Jh.). Die Anfänge der Besiedlung liegen wohl im 9. Jh. oder zu Beginn des 10. Jh. Neckargerach gehörte also zu den Orten des frühen Landesausbaus im Neckartal, der hier von O, von Binau und Neckarelz her, vorangetragen wurde. Neckargerach war angesichts seiner geringfügigen Mittelpunktsfunktion für die Dörfer des Winterhauchs ein etwas größerer Ort mit 1774 knapp 100, 1803 119 Wohnhäusern. Im Gegensatz zu jenen in den Gebirgsgegenden waren diese Häuser alle mit Ziegeln gedeckt.

Der ursprünglich gerodete Teil der Gemarkung war recht klein und umfaßte nur die nähere Umgebung des Ortes, hauptsächlich östlich zwischen Neckar und Gerach. Alles übrige Ackerland gibt sich als recht späte Rodung zu erkennen, so im S Schneckenbühl und Lazarettfeld im Anschluß an die Gkg Reichenbuch und im N Ließ als Erweiterung von Zwingenberg her. Auch das Oberfeld in Richtung Binau dürfte erst nachträglich aus dem Wald gerodet worden sein. Erst ins 19. Jh. gehört der Umbruch der Bannweide, die aus dem Waldgebiet zwischen Seebach und Tiefensteigklinge herausgeschnitten wurde. Noch jünger und großenteils vor 1945 stammt die anschließende Rodung für die Siedlung Lauerskreuz. 1774 gab es etwa 330 M Äcker und 85 M Wiesen, und (1803) über 1400 M Wald.

Herrschaft und Staat. – Die Entwicklung der Herrschaftsverhältnisse bleibt angesichts der schwierigen Überlieferung im Dunkeln. Vielleicht über den Mosbacher Besitz, vielleicht auch auf anderm Wege kam Gerach zum Reichsgutkomplex zwischen Wimpfen und Eberbach. Wahrscheinlich bildete es zunächst mit der Herrschaft Zwingenberg eine Einheit, worauf die Grundherrschaft und der Zusammenhang mit Schollbrunn und Lindach (vgl. Gemeinde und Kirche) hinweisen dürfte. Im 14. Jh. war es jedenfalls bereits davon getrennt und kam vor 1369 an die Kurpfalz. Vermutlich erst nachträglich wurde ein grundherrschaftlicher Zusammenhang mit der Minneburg hergestellt. Von 1410 bis 1499 gehörte Neckargerach zum Pfalz-Mosbacher Landesteil und bis zum Ende des Alten Reiches zu Zent und Kellerei Eberbach innerhalb des Oberamtes Mosbach. Alle herrschaftlichen Gerechtsame hatte die Pfalz inne. 1802/03 wurde auch Neckargerach mit dem ganzen Oberamt dem Fürstentum Leiningen überlassen. Die bad. Oberhoheit setzte 1806 mit der Rheinbundakte ein. Stets blieb Mosbach der Sitz der zuständigen Lokalverwaltung.

Grundherrschaft und Grundbesitz. – Wie in vielen Fällen ist auch hier der Umfang des Stift Mosbacher Besitzes nicht zu ermitteln. Nur zwischen 1050 und 1150 ist Amorbacher Besitz durch die Stiftung einer Frau Hildegard für das Seelenheil ihres

Gatten Ulrich erwähnt. Ein Schönauer Mönch Johannes von Gerach 1278 ist keiner Adelsfamilie zuweisbar. 1369 war der Pfalzgraf der überragende Grundherr, der auch von der Mühle und von den Zwingenberger Höfen Getreideabgaben einzog. Überdies beanspruchte er von diesen Höfen, daß sie ihn oder seine Amtleute beherbergten und verköstigten. Die vier Hufen im Dorf wurden dann in Pflicht genommen, wenn das Gefolge, vor allem für die Jagd, mehr als zwölf Leute umfaßte. Jedes Haus im Ort schuldete ein Fastnacht- und ein Erntehuhn sowie ein Herdrecht. Die Herrschaft hatte ungemessene Fronden zu beanspruchen, ein Sonderfall war die Verpflichtung der Inhaber von Schiffen und Nachen, das Heu von Neckargerach nach Heidelberg zu bringen. Der herrschaftliche Bauhof von etwa 100 M gehörte zur Kellerei Minneburg. Außerdem gab es noch ein zweites Minneburger Gut, das sog. Drutzelinsgut von 30 M. Ein drittes Gut wird 1653 genannt. Die Zwingenberger Güter bestanden im Gengpenbacher und im Stolgeringut. Außerdem war im 15. Jh. die Neysersmühle in Zwingenberger Besitz; 1369 hatte sie noch dem Pfalzgrafen gehört. Ab 1602 werden Zwingenberger Güter ob der Keppenbach, d. h. im nördlichen Rodungsbezirk erwähnt. 1806 umfaßten die Zwingenberger Güter über 40 M. Es gab damals keine geschlossenen Höfe und abweichend vom Gebiet des Winterhauchs auch kein herrschaftliches Lehen, d. h. Hufgut, sondern nur vereinzelte Zinse von Hausplätzen und Gärten. Die vier Hufen von 1369 werden schon Ende des Mittelalters nicht mehr genannt.

Gemeinde. – Der Schultheiß in Gerach ist seit 1432 belegt. Sein Amt bestand sicher schon länger. Zum Flecken Gerach wurde bereits 1369 der Weiler Lindach gezählt. Er blieb bis ins 19. Jh. hinein unter dem Geracher Gerichtsstab. Das Gericht war um 1800 außer dem Schultheißen mit fünf bis sechs Personen besetzt.

Das älteste Gerichtssiegel stammt von 1766 und zeigt eine hochschnellende Forelle, darüber eine fünfzackige Krone. Eigenständigkeit der Gemeinde bekundet aber ein bereits 1513 erbautes Rathaus mit einer Glocke und einem Brunnen. Der Bau wurde im 16. Jh. mehrmals erweitert und 1925 abgerissen. Wichtigster Besitz der Gemeinde war der Wald, der ihr auf der ganzen Gemarkung fast ausschließlich zustand und 1806 1327 M umfaßte. Dazu kamen noch über 130 M Güter und Plätze. Sie waren als Allmend ausgestellt und lagen wohl hauptsächlich im Rodungsbezirk Bannweide. Jeder Bürger erhielt jährlich ein Klafter Holz. Neckargerach hatte das Recht der Fischerei im Seebach zwischen der Mündung und dem Mühlwehr. Im benachbarten Weißbacher Wald und im zu Zwingenberg gehörigen Brennerberg hatten die Geracher außerdem das Privileg, Reifstangen gegen einen mäßigen Preis zu schlagen.

Kirche und Schule. – Das Patronatsrecht wurde 1330 durch Werner von Allfeld auf Wunsch des Johann von Obrigheim im Tausch an das Stift Mosbach gegeben. Höchstwahrscheinlich war das Bistum Würzburg der Oberlehnsherr darüber. Auch das ursprüngliche Kilianspatrozinium spricht für die Begründung der Pfarrei durch Würzburg. Von 1330/32 an wurde der Neckargeracher Pfarrer vom Mosbacher Stift, seit der Reformation durch die Kurpfalz eingesetzt. Nach dem 30j. Krieg zog bereits 1649 wieder ein Pfarrer auf. Außer dem immer zum Pfarrsprengel gehörigen Lindach und Reichenbuch hatte er jetzt auch Schollbrunn mitzuversehen. Die Baupflicht für den Kirchturm war schon 1443 zwischen der Gemeinde und dem Stift Mosbach strittig; 1684 ist dieser Streit noch einmal aufgeflammt.

Die Neckargeracher Pfarrkirche fiel nach der Simultanbenutzung seit 1699 durch die Teilung von 1705/06 ganz an die Katholiken. Diese hatten erstmals 1686 in der Mühle (wohl Läufertsmühle), dann im Haus des Schultheißen Gottesdienst gefeiert, nachdem der Würzburger Bischof im Vertrag mit Kurpfalz Neckargerach zum Sitz einer Pfarrei bestimmt hatte. Wenig später konnten die Katholiken ein Privathaus kaufen und zum, ab 1761 bezeugten, Oratorium umgestalten. Vielleicht haben sie von dort aus das Patrozinium St. Afra auf die alte Pfarrkirche übertragen. Dieses sonst in der Pfalz ungewöhnliche Patrozinium könnte unter Umständen auf die Herkunft maßgeblicher Katholiken oder des ersten Seelsorgers aus dem Bistum Augsburg hindeuten. Die kath. Pfarrei zählte schon 1699 250 Seelen einschließlich der Filialen Reichenbuch, Zwingenberg, Schollbrunn, Weisbach und Guttenbach. In Neckargerach waren 17 von 40 Haushaltungen katholisch. 1807 waren die Katholiken mit 352 Personen gleich stark wie die 302 Reformierten und 51 Lutheraner zusammen.

Auch über die Teilung hinaus blieb Neckargerach Sitz einer ref. Pfarrei, weil der ref. Pfarrer es vorzog, nicht nach Schollbrunn umzuziehen. Zu seiner Fundation erhielt er 1707 die Kirchengefälle von Auerbach, die nicht der zugehörigen kath. Pfarrei in Rittersbach überlassen wurden. Der Gottesdienst wurde zunächst im Rathaus abgehalten, dann in einem Mietshaus. 1734 konnte eine Kirche errichtet werden. Die Lutheraner hatten zunächst in Eberbach ihre Pfarrei. 1733 bis 1754 wohnte der Pfarrer in Zwingenberg, von da an in Neckarkatzenbach.

Dem Pfarrer gehörte der Zehnt fast auf der ganzen Gemarkung. Teile davon waren für die Besoldung von Schulmeister und Mesner reserviert. Der Schneckenbühl war dem Stift Mosbach zehntpflichtig. Die Neurotzehnten standen der Hofkammer zu.

Eine Schule wird erstmals 1655 erwähnt. Sie war 1684 baufällig und wurde 1706 von den Katholiken übernommen. Im Kompromiß anläßlich des Pfründentauschs von Auerbach wurde 1709 ausgehandelt, daß auch der ref. Schulmeister im Schulgebäude wohnen bleiben konnte. 1725 verkauften die Reformierten diesen Anteil und übernahmen das Haus eines Auswanderers. Seit der Mitte des 18. Jh. diente ihnen das alte ref. Pfarrhaus als Schule.

Bevölkerung und Wirtschaft. – Neckargerach hatte nach altem Herkommen die Freiheit, daß alle, die sich dort niederließen, ihren auswärtigen Leibsherren zu nichts verpflichtet blieben, solange sie dort wohnten. Es herrschte praktisch pfälzische, nicht weiter wahrgenommene Lokalleibeigenschaft. Doch tauchen im 17./18. Jh. immer wieder Nachrichten über zwingenbergische und mainzische Leibeigene auf. Das Privileg wurde also nicht streng beachtet. Die Einwohnerschaft vor dem 30j. Krieg ist schwer zu schätzen, weil mit Neckargerach auch die Männer aus Lindach und Krösselbach sich zur Huldigung einzufinden hatten. Man wird also von den genannten 61 bis 63 Zentmännern etwa 10 abziehen dürfen und eine Neckargeracher Bevölkerung von 200 bis 250 schätzen können. Nach dem 30j. Krieg huldigten ungefähr 30 Mann. Der Bevölkerungsverlust dürfte demnach schon 1659 wieder bis auf die Hälfte der alten Einwohnerzahl ausgeglichen gewesen sein. 1690 war mit 225 Einwohnern bereits wieder der Vorkriegsstand erreicht. 1728 wurden 258 prot. Seelen gezählt. Die Bevölkerung mußte einschließlich der Katholiken ganz erheblich gewachsen sein. Das Wachstum setzte sich fort: 1774 602, 1777 625, 1803 692 Seelen (einschließlich Lindach). 1806 umfaßte die Gemeinde 176 Bürger, 5 Beisassen und 2 Tolerierte. Beisassen und Tolerierte besaßen fast nichts, aber auch die Bürger waren großenteils arm, obwohl der Neuerwerb des Bürgerrechts an den Nachweis von 200 fl Vermögen gebunden war. Die Armut galt als besonderes Problem des »übersetzten« Ortes. Da es keine Bettler, sondern nur Hausarme gab, schrieb man ihr Schicksal nicht der Liederlichkeit, sondern dem Zuwachs der Bevölkerung und der Kriegsverschuldung zu. Trotzdem meinte die leiningische Verwaltung, die Einwohner seien rauh und unzivilisiert. Um ihnen Lebensart und Subordination beizubringen, müsse man zu Turmstrafen und Schanzarbeit greifen.

Lebensgrundlage der Neckargeracher waren Landwirtschaft und Waldarbeit, auch dort, wo sie zusätzlich ein Gewerbe betrieben. Die Zählung von 1806 wies 134 der erwachsenen Einwohner dem Gewerbe, 118 der Landwirtschaft und 75 dem Taglohn zu. In der Landwirtschaft stand der Anbau von Dinkel vor dem von Roggen oder Hafer. Der große Zehnt brachte 1605 durchschnittlich über 20 Malter und um 4 Malter Roggen und Hafer. Die Altgemarkung war in drei Felder eingeteilt, wobei man das Oberfeld schon als Zurodung ansehen kann. Die Bannweide wurde vielleicht erst im 19. Jh. nochmals in eigene drei Fluren unterteilt, zelgengebundene Wirtschaft war am Ende des 18. Jh. nicht mehr üblich. Die Brache wurde wenig mit Klee, aber sehr vielen Kartoffeln, der Hauptnahrung der Einwohner, angebaut. Das Heidekorn spielte in den Hackwaldschlägen eine größere Rolle. Vor dem 30j. Krieg nahm der Pfarrer etwa 2 Fuder Zehntwein ein. Außerdem gab es noch Zehntwein von Neugereuten, der dem Keller von Eberbach zustand. Nach dem 30j. Krieg lagen die Weinberge alle wüst und wurden auch in der Folgezeit nicht mehr richtig in Anbau gebracht. Die Bemühungen, am Ende des 18. Jh. in der Gemeinde den Obstbau heimisch zu machen, trafen zunächst auf großen Widerstand, hatten aber doch bis 1806 einigen Erfolg aufzuweisen. In der Viehhaltung spielten die Pferde fast keine Rolle (1772–1806 jeweils 3–4). Hinzu kamen als Zugtiere wenige Ochsen. Kühe und Rinder wurden 1772 221, 1806 313 gezählt, im letzteren Jahr 250 Schweine. Viele arme Leute waren auf die Ziegenhaltung angewiesen. Der Schreckhof hatte das Recht, seine Schafe auf die Neckargeracher Gemarkung zu treiben. Im 18. Jh. bestand in der Gemeinde eine eigene Schäferei von 200 Tieren.

Die Neifers- bzw. Läufertsmühle im Gerachtal 1,5 km oberhalb des Ortes ist seit 1369 erwähnt und gehörte vom 15. Jh. bis zum 30j. Krieg den Herren von Zwingenberg, 1681 der Universität Heidelberg. Außerdem gab es wohl auch schon seit dem Spätmittelalter eine zweite Mühle unmittelbar oberhalb des Dorfes. Ob die 1440 konzessionierte Lohmühle der Anfang der zweiten Mühle ist, bleibt fraglich. Die Läufertsmühle war Bannmühle für die Nachbarorte Reichenbuch und Schollbrunn, während die Geracher selbst keinem Mühlenbann unterlagen. Für Neckargerach war die Flößerei auf der Gerach bedeutend. 1589 haben sich dort 24 Flößer zusammengetan und den Holzankauf von den Bauern kontingentiert. Die Gerach wurde durch einen auf Roberner Gemarkung aufgestauten See zeitweilig flößbar gemacht und hat deswegen den Namen Seebach angenommen.

Das Flößergewerbe mußte zur Schonung der Wiesen im Winterhalbjahr wahrgenommen werden. Neckargerach war in der Regel Wohnsitz für einige Inhaber eines Nachens, die sog. Hümpler (1605 4, 1818 11). Die Fähre zu Neckargerach ist bereits 1330 erwähnt. Die Ortsansässigen gaben dem Fergen Brot und Frucht und wurden dafür kostenlos übergesetzt.

1775 arbeiteten in der Gemeinde zwei Tuchweber mit 11 und 10 Leineweber mit 37 Beschäftigten. Am Ende des 18. Jh. waren die üblichen Lebensmittel- und Baugewerbe im Ort vertreten, im Bekleidungsgewerbe außer den Webern noch Strumpfwirker und Schuhmacher. An Gasthäusern werden der Schild *Zum Engel* 1692, der *Zum Hirsch* 1749, der *Zur Krone* 1793 und der *Zur Pfalz* 1806 erstmals erwähnt. Neckargerach hatte zwei jährliche Krämermärkte und verwendete Wimpfener bzw. Mosbacher Maß und Gewicht.

Ereignisse. – Am Ende des 2. Weltkriegs erlebte der Ort am 29. Januar und am 22. März 1945 schwere Bombenangriffe, hauptsächlich auf den Bahnhof, im Januar auf einen dort stehenden Munitionszug. Sie forderten 207 Tote. Von 567 Gebäuden im Ort blieben nur 136 ohne Schaden. 213 waren zu 80 bis 100 % zerstört.

Persönlichkeiten. – In Neckargerach ist der regional-badische Historiker Karl Wild (1866–1926) geboren.

Quellen und Literatur

Guttenbach

Quellen, gedr.: *Brinkmann.* – CL. – *Schannat.* – UB Hessen 2. – UB Stadt Speyer. – ZGO 27, 1875.

Ungedr.: GLA Karlsruhe 43; 61/5454; 63/12; 66/3480; 5460–5462; 67/52, 831, 866; 77/1865, 4089, 4146, 6142; 135/99–100, 110, 141; 145/364; 183/23, 25, 49, 54; 229/2716, 12447, 59435, 37218–274; 313/2809.

Allg. Literatur: *Hahn* S. 390. – *Krieger* TWB 1 Sp. 800f. – LBW 5 S. 305. – *Lenz.* – *Widder* 1 S. 423–425.

Ortsliteratur: *Liebig,* Fritz, 1000 Jahre Neckargerach, 1200 Jahre Guttenbach, Neckargerach 1976. – Neckargerach. Guttenbach. Bilder aus der Vergangenheit, ⟨Neckargerach⟩ 1984.

Erstnennung: ON 792 (CL Nr. 2447).

Neckargerach

Quellen, gedr.: *Kollnig.* – UB MOS. – WUB 7. – ZGO 69, 191.

Ungedr.: FLA Amorbach A8/7/10; Bücher zur Kenntnis und zur Hebung des Landes. – GLA Karlsruhe 43; 194/80, 93, 146; 229/71661–729.

Allg. Literatur: KDB IV,4. – *Krieg.* – *Krieger* TWB 2 Sp. 271f. – LBW 5 S. 305f. – *Lenz.* – *Wagner* S. 379. – *Widder* 2 S. 133–135.

Ortsliteratur: *Liebig,* Fritz, 1000 Jahre Neckargerach, 1200 Jahre Guttenbach, Neckargerach 1976. – Neckargerach. Guttenbach. Bilder aus der Vergangenheit, ⟨Neckargerach⟩ 1984.

Erstnennung: ON 976 (UB MOS Nr. 2).

Neckarzimmern

818 ha Gemeindegebiet, 1606 Einwohner

Wappen: In Schwarz ein linksgewendeter, widersehender goldener (gelber) Greif, mit den Vorderpranken ein fünfspeichiges silbernes (weißes) Rad haltend. – Das Wappenbild ist in den Siegeln der Gemeinde seit dem 19.Jh. belegt und dürfte mit dem Greif auf die Schildhalter des bad. Wappens und mit dem fünfspeichigen Rad auf das berlichingische Wappen anspielen. Im Jahre 1957 wurde aus dem Siegelbild durch Festlegung der Tingierung, der die berlichingischen Farben zugrundeliegen, ein vollständiges Wappen geschaffen. – Flagge: Gelb-Schwarz (Gold-Schwarz). Sie wurde am 30. 8. 1967 durch das Innenministerium verliehen.

Gemarkung: Neckarzimmern (818 ha, 1622 E.) mit Ev. Jugendheim, Haus Hubert, Hornberg, Lüfterhaus, Luttenbachtal, Steige, Steinbach, Stockbronn und Vorm. Neubauamt.

A. Natur- und Kulturlandschaft

Naturraum und Landschaftsbild. – Die im S und SO an den Lkr. Heilbronn angrenzende Gemarkung hat Anteil am südwestlichen Bauland und am Neckartal und liegt somit im Grenzbereich zum nordöstlichen Kraichgau. Die starke Einschneidung des Neckars in die beiderseits des Flusses zumindest teilweise mit Lettenkeuperschichten bedeckten Hügel und Hochflächen von Bauland und Kraichgauer Hügelland bewirkt große Höhenunterschiede auf engem Raum. Nimmt der Neckar, dessen Flußmitte die südliche Gemarkungsgrenze bildet, eine Höhenlage von 141 m bis 137,5 m NN ein, so erreichen die Baulandhöhen westlich des Weilers Stockbronn 347 m NN – in der Luftlinie nur knapp 3 km vom Flußlauf entfernt.

Die *Baulandhöhen* überragen das Neckartal, in dem sich erst unterhalb des Dorfes Neckarzimmern ein breiterer, mit alluvialen Anschwemmungen bedeckter Talboden entwickelt hat, an der nordwestlichen Gemarkungsgrenze im Walddistrikt »Salzackerschlag« um 151 m, am Galgenberg im Hornberger Wald nordöstlich des Dorfes um 186 m. Entsprechend steil sind die teils rebbestandenen Neckartalhänge ausgeformt. Sandsteine des Unteren Keupers bilden im Hornberger Wald ab 290 bis 300 m NN die obere Talkante und den Untergrund der hochflächigen Höhen am Galgenberg, im Hornberger und im Stockbronner Feld, der weitgehend von Lößlehmauflagerungen verhüllt ist, auf denen sich gerodete Feldlagen ausbreiten. Diese Hochflächen werden von zwei steil in den rechtsseitigen Neckartalhang eingekerbten, klingenartigen Seitentälern zersägt. Der bei Neckarzimmern mit einem mächtigen Schuttkegel ins Neckartal eintretende Luttenbach hat sich mit der im Oberlauf den Grenzbereich zwischen Hardhof, Bergfeld (Stadt Mosbach) und dem Stockbronner Feld entwässernden Luttenbacher Klinge gegenüber den angrenzenden hochflächigen Baulandhügeln um 100 m in den lößlehmbedeckten Lettenkohlesandstein und den Trochitenkalk eingeschnitten. Talabwärts ist das Kerbtal des Luttenbachs bis in den auch am unteren Neckartalhang anstehenden Wellenkalk eingetieft. Oberhalb des auf dem Luttenbachschwemmkegel hochwassersicher angelegten Dorfkerns von Neckarzimmern sind die steilen Waldhänge des unteren Luttenbachtals mit Gehängeschutt aus den felsigen und harten Schichten des Hauptmuschelkalks übersät, so daß Gesteine des Mittleren und Unteren

Muschelkalks erst am Talausgang zutage treten. Die unterhalb der Burg Hornberg, die auf einem steilen Trochitenkalksporn über dem Neckartal thront, ins Haupttal ausmündende Klinge des Steinbachs hat sich im südlichen Gemarkungsbereich mit ebenfalls steilen Waldhängen in den Hauptmuschelkalk und den Mittleren Muschelkalk eingesägt.

Die insgesamt steil ausgebildete rechtsseitige Flanke des *Neckartals*, die am Südrand der Gemarkung noch eine prallhangartige Übersteilung mit einstigen Rebbergen im felsigen Trochitenkalk erkennen läßt, wird durch die genannten, von N die Baulandhöhen entwässernden Klingen stark zergliedert. In den unteren Hangbereichen zwischen dem am Ausgang des Steinbachtälchens um eine ehemalige Mühle entstandenen Weiler Steinbach und dem Dorf Neckarzimmern befinden sich in den Anhydritschichten des Mittleren Muschelkalks Gipsstollen.

Der sich unterhalb des Wohnplatzes Steinbach nach dem ostwärts ausgreifenden Neckarlauf erst schmal, westlich des Luttenbachschwemmfächers breit ausbildende rechtsseitige Talboden des Neckars ist am Fuß der im Unteren und Mittleren Muschelkalk angelegten Weinberge, die heute teilweise von einem landschaftlich reizvoll gelegenen Neubaugebiet in Südexposition eingeengt werden, mit Gehängeschutt vom höheren Muschelkalkhang bedeckt. Bis zur heutigen B 27 findet sich so auf der Neckartalsohle, die an der Gemarkungsgrenze zu Mosbach hin eine Breite von über 450 m in 139 bis 140 m NN erreicht, Hangschutt aus Oberem Muschelkalk.

Siedlungsbild. – Das Dorf im Neckartal liegt mit seinem alten Siedlungskern unterhalb der Bahnlinie Mosbach–Neckarelz–Heilbronn auf dem Schwemmfächer des Luttenbachs und läßt im Grundrißnetz im Bereich von Neckarstraße und Unterer Aue südlich sowie von Hornberger Weg und Herrengasse nördlich der Hauptstraße noch die Unregelmäßigkeit und die dichte Bebauung eines Haufendorfes erkennen. Die Nachbarschaftslage zur Großen Kreisstadt Mosbach, seine Aufgaben als Bundeswehr-, Gewerbe- und Industriestandort haben aber ganz beachtliche Veränderungen des Aufrißbildes im Zuge eines schon vor dem 2. Weltkrieg einsetzenden Funktionswandels bewirkt. Die Landwirtschaft tritt so im heutigen Ortsbild ganz in den Hintergrund. Lediglich an der Einmündung der Neckar- in die Hauptstraße fällt im Anwesen Neckarstr. 3 noch ein größeres Zweiseitgehöft mit modernisiertem Wohnhaus und mächtigem Wirtschaftsgebäude am hinteren Hofende auf, das zwischenzeitlich aber auch als bäuerlicher Nebenerwerbsbetrieb geführt wird. Geprägt wird der Ort heute auch in seinen älteren Siedlungsteilen von der vorherrschenden Wohnortfunktion der Gemeinde. Eine Wohnhausbebauung, deren Entstehung aus bäuerlichen Hofanlagen heraus zuweilen deutlich zu erkennen ist wie am Finkenweg und der Entengasse, an der Herrengasse oder am Gäßle, bestimmt das alte Dorf, in dem noch wenige Fachwerkbauten auffallen. Durch gewerbliche und handwerkliche Betriebe zwischen den Wohnhäusern entstand eine für den inneren Ortsbereich heute geradezu bezeichnende Mischbebauung.

Der funktionale Kernbereich der Siedlung erstreckt sich entlang der auf dem Luttenbach-Schwemmfächer leicht gekrümmt verlaufenden Hauptstraße, auf der der Durchgangsverkehr der B 27 zweifellos eine beträchtliche Belastung der Anwohner bedeutet, vom Rathaus im O bis zur Abzweigung der Unteren Aue im W. Der Straßenabschnitt zwischen der Neckarstraße und der Herrengasse bildet mit den Gasthäusern »Altes Rathaus«, »Rose« und »Schwanen«, mit einem Lebensmittelgeschäft, einer Apotheke und der Poststelle sowie Sparkassen- und Bankfilialen an Hauptstraße und Herrengasse, nicht zuletzt aber durch die entscheidend das Ortsbild beeinflussende ev. Pfarrkirche auch baulich den Siedlungsmittelpunkt. Das hell verputzte und traufstän-

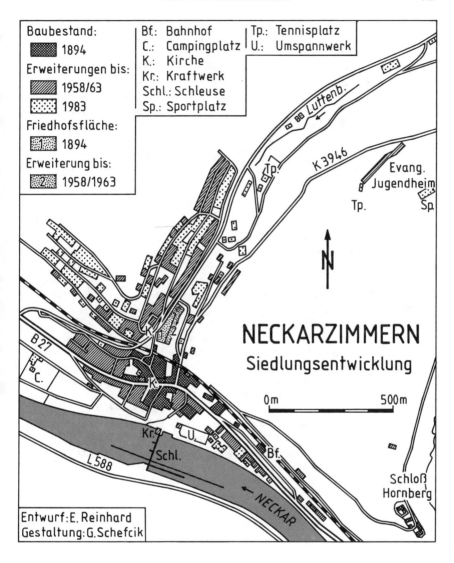

dige, einschiffige Gotteshaus mit hohen Rundbogenfenstern an den Längsfronten und ziegelgedecktem steilem Giebeldach hat im O einen wuchtigen, nicht allzu hohen Chorturm auf quadratischem Grundriß. Über seinem Glocken- und Uhrgeschoß ragt ein barock gegliedertes, schiefergedecktes Spitzhelmdach auf. Das Gasthaus zum Schwanen, schon im ausgehenden 16. Jh. als herrschaftliche Wirtschaft genannt, ein größerer zweigeschossiger Bau mit giebelständigem Mitteltrakt unmittelbar östlich der Kirche, und die gegenüber giebelseitig an die Hauptstraße stoßende Apotheke mit ihrem Fachwerkobergeschoß bilden ferner herausragende, das Ortszentrum prägende Bauten.

An der Hauptstraße östlich außerhalb des Ortszentrums bestimmt das Rathaus im ehemaligen Schloß mit den zugehörigen Wirtschaftsbauten ganz entscheidend das Straßenbild. Der wuchtige Bau aus dem 18. Jh. mit geschwungenem Volutengiebel an der Hauptstraße steht auf einem hohen grauen Sockel. Seine ebenfalls hohen, gelbbraun verputzten Geschosse mit hellgrauen Ecksteinen lassen unter einem steilen Giebeldach barocke und klassizistische Stilelemente hervortreten. Vom Barock geprägt ist auch der östlich angrenzende, ursprünglich zum Schloß gehörende Wirtschaftsbau mit hohen Kellerräumen, das Weingut der Burg Hornberg, das durch eine Verbindungsmauer mit Rundbogendurchfahrt mit dem Rathaus ein baulich geschlossenes Ensemble bildet. Westlich grenzt an den Rathausvorplatz mit dem Kriegerdenkmal der Bauhof der Gemeinde in der einstigen Alten Kelter an. In einem an dieses historische Gebäude äußerlich angepaßten benachbarten Neubau sind die Fahrzeuge und Gerätschaften der örtlichen Feuerwehr untergebracht. An der Südseite der Hauptstraße öffnet sich gegenüber dem schloßartigen Gebäude der Gemeindeverwaltung im Bereich des einstigen Schloßgartens eine parkartige Grünanlage, die von der Fest- und Sporthalle, einem niedrigen Gebäude mit flacherem Giebeldach abgeschlossen wird.

An der westlichen Hauptstraße stammt der heutige Gebäudebestand aus der Zwischenkriegs-, teilweise auch aus der Nachkriegszeit. Gewerbliche Betriebe wie eine Kachelofen-, Herd- und Kaminfabrik in einem flachen eingeschossigen Gebäude, eine Auto- und Fahrradhandlung mit Tankstelle sowie ein Lebensmittelgeschäft mit Bäckerei mengen sich dort unter die meist zweigeschossigen, als freistehende Einfamilien- und als Doppelhäuser errichteten Wohnbauten.

Östlich des Schloßbezirks dehnt sich ein kleines *Gewerbe- und Industriegebiet* aus, das am Neckarufer beim Kraftwerk an der Schleuse und der zugehörigen Freiluftumspannanlage einsetzt, an der östlichen Hauptstraße hauptsächlich durch eine kleine Bootswerft mit einem Geschäft für Sportbootzubehör und durch ein Kristallglaswerk geprägt wird. Dieser auf eine aus Schlesien stammende Glasbläserei zurückgehende Industriebetrieb hat ein modernes Produktionsgebäude mit Lager- und Verkaufsräumen mit einer großflächigen Schaufensterfront zur Hauptstraße hin. Neben den gewerblichen Bauten stehen blockartige zwei- und dreigeschossige Wohnhäuser aus der frühen Nachkriegszeit sowie ein langgezogener einstöckiger Bau des Staatl. Hochbauamtes Heidelberg. Nach O wird dieses Gewerbe- und Industriegebiet vom Gipswerk der Heidelberger Portland-Zement AG mit einem hohen siloartigen Mitteltrakt und mit Verladeeinrichtungen an der Bahnlinie abgeschlossen.

Am Berghang oberhalb des Industriegebiets steht östlich außerhalb des alten Dorfes der Bahnhof. Sein Hauptbau mit einem Buntsandstein-Untergeschoß und einem verputzten Obergeschoß überragt die im O angebaute Güterhalle; beide Bauteile schließen mit Giebeldächern ab.

Siedlungserweiterungen schieben sich ins Luttenbachtal vor und dehnen sich als *geschlossene Neubaugebiete* über den ostexponierten Luttenbachtalhang und über den anschließenden südwärtsgewandten Neckartalhang aus. Im Luttenbachtal nördlich der Bahnlinie liegt der Friedhof mit einer 1962/3 errichteten Kapelle und Leichenhalle am oberen Ende. Grauer Muschelkalk, ein in der Landschaft anstehender Naturstein, und ein asymmetrisches Dach aus Welleternit prägen diesen modernen Zweckbau, der sich deutlich von der älteren Bebauung am nach W blickenden Talhang abhebt. Oberhalb des Friedhofs wird das steil eingeschnittene Seitental des Neckars durch Anlagen der Bundeswehr-Parkplätze für Bedienstete, Abstellplätze für militärische Fahrzeuge, Fahrzeughallen, Materialdepots in einstigen Gipsstollen und Kasernen – geprägt und hat durch militärische Neubauten seit den 1960er Jahren ein ganz neues Aufrißbild erhalten.

Das Neubaugebiet am Luttenbachtalhang in den Gewannen »Wiegele« und »Bäumlesäcker« zeichnet sich an den Wohnstraßen Zum Wiegele, Schul- und Waldstraße durch kleinere, bis gegen Mitte der 1960er Jahre erbaute Doppelhäuser sowie größere zweistöckige Zwei- und Mehrfamilienhäuser aus, zu denen sich auch einige individuell gestaltete Einfamilienhäuser gesellen. Gegen den nordöstlichen oberen Rand dieses Neubaubereiches bestimmen dann an der Mittel- und Forststraße größere Wohnblöcke den Aufriß. Am steilen Neckartalhang stehen im ehemaligen Rebgelände unterschiedlich gestaltete, teils großzügig angelegte, villenartige Einfamilienhäuser, meist auf mächtigen Substruktionen, in denen sich zuweilen Garagen befinden (Weinbergweg, Oberer Weinbergweg). In den zu den jungen, in zwei Fällen im Juni 1988 erst im Rohbau stehenden Häusern gehörenden Vorgärten lassen sich zum Teil noch die alten Weinbergsmauern erkennen.

Herausragende Gebäude sind in diesen höher liegenden Neubauvierteln die 1956 errichtete kath. Filialkirche der Pfarrei Haßmersheim an der unteren Waldstraße, ein hell verputzter Saalbau mit schlankem Glockenturm, über dem ein Metallkreuz aufragt, und die zwischen Schul- und Waldstraße am Hang 1959/61 erbaute Grundschule mit sechs Unterrichtsräumen, Turnhalle, Bastel- und Werkstattraum.

Herausragende eigenständige Wohnplätze sind das *Ev. Jugendheim* am westexponierten Luttenbachtalhang mit reihenhausartig hintereinander gestellten, eingeschossigen Häusern, die auf steilem Bergsporn über den Rebhängen des Neckartals aufragende mittelalterliche *Burg Hornberg* mit der von einem hohen Bergfried überragten Burgruine, Wohn- und Nebenbauten mit Restaurant- und Hotelbetrieb auf der vorderen Spornnase gegen das Steinbachtal zu, insgesamt eingefaßt von mächtigen Umfassungsmauern. Am Ausgang des Steinbachtals liegt der aus alten Mühlen hervorgegangene Weiler *Steinbach* mit älteren Wohnhäuschen und gewerblich genutzten Gebäuden, heute ganz ohne Landwirtschaft. Eine Hochflächenlage über den Tälern nordöstlich vom Dorf nimmt dann *Stockbronn*, ein kleiner Bauernweiler ein, der aus einem zur Burg Hornberg gehörenden Hof hervorgegangen ist.

Bemerkenswerte Bauwerke. – An den mittelalterlichen Chorturm der *ev. Pfarrkirche* wurde im 3. Viertel des 18. Jh. ein neues Langhaus, mit Muldengewölbe gedeckt, angebaut. Auch die gewölbte Sakristei gehört zum romanischen Bestand um 1200. Der geschnitzte Kruzifixus hinter dem Altar ist in der Art des Hans Seyffer gearbeitet und dürfte um 1500 entstanden sein. Die Emporenbrüstung ist mit Bildern der Apostel geschmückt. Die Malerei im Deckenspiegel wurde 1984 freigelegt und ergänzt.

Das *Schloß* der Freiherren von Gemmingen, jetzt Rathaus, stammt im wesentlichen aus dem 18. Jh., wurde aber 1873 im Geiste des Historismus umgestaltet.

Der tonnengewölbte Keller des *Rentamtes* wurde zwischen 1612 und 1635 erbaut. Das Portal ist mit flachen Ornamenten umrahmt.

Die *Burg Hornberg* gehörte im 12. Jh. den Herren von Hornberg unter der Lehenshoheit der Grafen von Lauffen. Die Lehenshoheit kam 1259 an das Hochstift Speyer. Unter den Lehensträgern aus verschiedenen Geschlechtern ist besonders Götz von Berlichingen, der Ritter mit der eisernen Hand, zu erwähnen. Er kaufte die Burg 1517. Hier verbrachte er die 16jährige Gefangenschaft wegen seiner Teilnahme als Hauptmann im Bauernkrieg. 1562 starb er hier. Die zerfallende Burg kam 1612 an die von Gemmingen, die sie auch heute noch besitzen. 1634 wurde sie von den kaiserlichen Truppen geplündert und im Orléanschen Krieg teilweise zerstört. Auf steiler Bergnase erstreckt sich über dem Neckar die weitläufige Burganlage, deren älteste Bauteile aus der romanischen Zeit stammen. Besonders bemerkenswert ist das Biforium mit Bündelsäule und reich profilierter Umrahmung mit Diamantstab in der Südmauer des »Mantelbaues« in der Vorburg. Das heute noch bewohnte Gebäude stammt im wesentlichen aus der 1. H. 14. Jh. Ende 17. Jh. wurde es umgebaut.

Auch in der Hauptburg ist romanische Bausubstanz erhalten. So an der höchsten Stelle der Bergfried und wohl auch das Tor zur Hauptburg. 1471 entstanden der Wohnbau in der Südostecke des Hofes und 1467–78 die gewölbte Kapelle mit einem Flügelaltar von 1632 nach einem Werk aus der Zeit um 1425 und mit anderer historischer Ausstattung. Unter den Berlichingen wurde der Bergfried ausgebaut. Der Palas ist 1502 und sein Treppenturm mit kunstvollem Portal 1573 datiert. Auch der Wohnbau neben dem Zugang zur Hauptburg gehört in dieses Jahrhundert und wurde vielleicht 1510 erbaut. Den Ausbau der Burg vervollständigen 1563–68 die Stallgebäude und das Weingärtnerhaus von 1596, dessen Portal mit Roll- und Beschlagwerkornamenten verziert ist. Zwei Karyatiden und einige Grabmäler wurden von Michelfeld hierhergebracht.

B. Die Gemeinde im 19. und 20. Jahrhundert

Bevölkerung

Bevölkerungsbewegung. – Am Tag der letzten Volkszählung, dem 25. Mai 1987, hatte Neckarzimmern 1622 E. bzw. 1697 Personen wohnberechtigte Bevölkerung. Das bedeutet eine Bevölkerungszunahme auf fast das Dreifache seit dem Beginn des 19. Jh. Im Jahr 1808 hatte Neckarzimmern mit Steinbach, Hornberg und dem Stockbronnerhof 556 E. gezählt. Bis 1852 nahm die Einwohnerzahl auf 656 zu, bis 1910 auf 549 ab. Es fanden zwar keine Massenauswanderungen wie aus anderen Dörfern statt (zwischen 1853 und 1894 wurden beim Bezirksamt 80 Auswanderer aus Neckarzimmern registriert), trotzdem lag der Wanderungsverlust über dem Geburtenüberschuß. Erst die bessere Arbeitsplatzsituation nach der Übernahme des Gipswerkes durch die BASF führte in den 1920er Jahren zu einer leichten Bevölkerungszunahme auf 624 E. (1939). Der 1. Weltkrieg hatte aus der Gemeinde 18 *Gefallene* und 1 *Vermißten* gefordert. Die Verluste im 2. Weltkrieg waren mit 37 Gefallenen, 27 Vermißten und einem Bombenopfer höher. Während des Krieges war Neckarzimmern überfüllt mit Ausgebombten und Evakuierten aus den Großstädten, mit Angehörigen der ausgelagerten Vereinigten Kugellagerfabriken Schweinfurt, mit zivilen Wehrmachtsangehörigen und den Insassen der Lager (fremdländische Zwangsarbeiter und später Kriegsgefangene). Die Lager dienten ab 1946 als Auffanglager für rund 25000 Heimatvertriebene vor der Verteilung auf die Gemeinden. In Neckarzimmern selbst waren 1950 noch 345 Flüchtlinge gemeldet, fast ⅓ der Einwohnerschaft. Im Gegensatz zu vielen Dörfern des Landkreises behielt die Gemeinde ihre Neubürger, weil sie Arbeitsplätze und Wohnraum stellen konnte. 1961 wohnten hier 350 *Heimatvertriebene* und 42 *SBZ-Flüchtlinge*. Die Einwohnerzahl war auf 1325 angestiegen. Bis 1980 nahm sie weiter auf 1763 E. zu; der mittlere Zuwachs lag jährlich also bei 1,74%. Am stärksten war das Wachstum durch Geburtenüberschüsse und erhebliche Wanderungsgewinne vor 1970. Danach verringerten sich die Geburtenüberschüsse, ohne jedoch, wie sonst häufig, in Defizite umzuschlagen, und Zu- und Abwanderung glichen sich etwa aus. Seit 1980 geht die Einwohnerzahl leicht zurück. Der Ausländeranteil bewegt sich seit 1970 zwischen 7 und 10%. 1987 lebten 142 *Ausländer* (9% der E.) in der Gemeinde.

Konfessionelle Gliederung. – Bis nach dem 2. Weltkrieg war Neckarzimmern fast rein evangelisch. 1808 gab es einen, 1925 erst 58 Katholiken. Aber die meisten Flüchtlinge, die nach 1945 kamen, und ein Teil der übrigen Zuwanderer waren katholisch, so daß 1987 38% der Einwohner diesem Glauben angehörten. Umgekehrt war der zu Beginn und in der Mitte des 19. Jh. starke jüd. Bevölkerungsanteil des grundherrlichen Ortes (1845: 65 Israeliten) durch Abwandern bis 1925 auf 29 Personen

Die Gemeinde im 19. und 20. Jahrhundert 321

geschrumpft. Nach 1933 wanderten noch einige Juden aus. 12 Personen wurden 1940 nach Gurs deportiert. Nur 3 von ihnen konnten befreit werden.

Soziale Gliederung. – Im 19. Jh. war Neckarzimmern ein Dorf von kleinen Landwirten, Weinbauern, Handwerkern, Kleingewerbetreibenden und meist jüd. Händlern, noch immer stark beeinflußt von der Grundherrschaft, die ⅔ der Gemarkung besaß und bis zu den Ablösungen die Dorfbewohner mit Abgaben, Handlohn und Frondiensten belastete. Nur wenige Bauern besaßen genügend Land, um ihre Familie zu ernähren. Die meisten waren auf zusätzlichen Taglohn in den herrschaftlichen Gütern oder auf anderen Nebenverdienst angewiesen. Nur der Weinbau brachte Bareinkünfte. In der 2. Jahrhunderthälfte besserte sich die Lage, nachdem die Feudallasten abgelöst und bezahlt waren. Der Armenaufwand der Gemeinde ging zurück. Um 1850 kündigte sich mit der Errichtung des Gipswerkes zaghaft die Industrialisierung an, ohne jedoch vorerst die Sozialstruktur zu verändern. Der Strukturwandel setzte erst in den 1920er Jahren ein. 1895 lebte noch die Hälfte der Bevölkerung von Land- und Forstwirtschaft, 28 % vom Handwerk und immerhin 13 % von Handel und Verkehr (Eisenbahn). Arbeiter aus Neckarzimmern waren in Hochhausen und Gundelsheim beschäftigt (1890), im örtlichen Gipswerk arbeiteten (1898) etwa 20, bei der Eisenbahn weitere 10 Personen. 1939 ernährten Handwerk und Industrie schon mehr Menschen im Dorf als die Landwirtschaft (35 % gegenüber 28 %).

Nach dem 2. Weltkrieg ging die Entwicklung zum Industrieort beschleunigt weiter. Schon 1950 gehörten nur noch 16 % der Einwohner zur Land- und Forstwirtschaft, dagegen 41 % zum Produzierenden Gewerbe. Bis 1970 nahm der Anteil der landwirtschaftlichen Berufszugehörigen auf 1 % ab. Das Produzierende Gewerbe, das 1961 52 % der Einwohner ernährt hatte, war 1970 auf 49 % zurückgegangen. Dafür gehörten jetzt 23 % der Einwohner dem Dienstleistungssektor an, der an Bedeutung gewonnen hatte. Zu Handel und Verkehr zählten noch 9 % der Berufsbevölkerung. Nach der veränderten statistischen Erfassung der überwiegenden Unterhaltsquellen bei der Volkszählung 1987 lebten 42,5 % der Bevölkerung überwiegend von eigener Erwerbstätigkeit, 20,2 % von Rente, Pension, Arbeitslosengeld und 37,4 % vom Unterhalt durch Eltern, Ehegatten usw. Von den Erwerbstätigen arbeiteten nur 1,4 % in Land- und Forstwirtschaft, 41,2 % im Produzierenden Gewerbe, 12,7 % in Handel, Verkehr und Nachrichtenübermittlung und die meisten, nämlich 44,7 %, in den Übrigen Wirtschaftsbereichen.

Der Strukturwandel wirkte sich auch in der Stellung der in Neckarzimmern wohnenden Erwerbstätigen im Beruf aus. 1970 waren nur noch 9 % der Erwerbstätigen selbständig oder halfen im eigenen Betrieb mit. Auch der Anteil der Beamten war mit 4,5 % niedrig, der Angestellten mit 21,5 % noch nicht hoch. Fast ⅔ der Erwerbstätigen (64,9 %) waren Arbeiter. Bis 1987 hatte sich das Bild verändert: Sowohl die Anteile der Arbeiter (48,5 %) wie der Selbständigen (5,2 %) und Mithelfenden (0,7 %) waren zurückgegangen, der Anteil der Angestellten (33,9 %) dagegen deutlich angestiegen.

Neckarzimmern gibt Arbeitskräfte an andere Gemeinden ab, zieht aber auch Arbeitskräfte an. 1970 bestand ein Auspendlerüberschuß von 48 Personen bei insgesamt 298 Berufsauspendlern. Besonders Arbeiter im Produzierenden Gewerbe pendelten vorwiegend nach Mosbach, Heilbronn, Neckarsulm, Haßmersheim aus. 1987 war der Arbeitsplatzaustausch viel reger, aber Neckarzimmern verbuchte einen leichten Einpendlerüberschuß von 36 Personen bei 468 Berufsauspendlern. Die bevorzugten Arbeitsorte sind die gleichen, aber Mosbach steht mit 214 Arbeitskräften mit Abstand an erster Stelle vor Neckarsulm (64).

Politisches Leben

Wie Wirtschaft und Sozialstruktur war auch das politische Leben der Gemeinde bis über die Mitte des 19. Jh. hinaus vom Verhältnis zur Grundherrschaft bestimmt. Erst 1848 fielen die letzten Reste der grundherrlichen Belastungen weg. Ein Rechtsstreit, den die Grundherrschaft zur Wiedereinsetzung in ihre ehemaligen Rechte 1858 anstrengte, wurde 1863 mit dem Verzicht der Familie von Gemmingen-Hornberg auf ihre Ansprüche gegenüber den Gden Neckarzimmern, Michelfeld (Gde Angelbachtal) und Leibenstadt (Stadt Adelsheim) beendet. die Entschädigung wurde mit dem Kaufpreis für die Lehen, die jetzt allodifiziert wurden, verrechnet.

An der 1848er Revolution beteiligten sich auch Einwohner aus Neckarzimmern unter der Führung des Haßmersheimers Friedrich Heuß. 1849 nahmen Reichstruppen im Dorf Quartier.

Bei den *Reichstagswahlen* im Kaiserreich wurden in der kleinbäuerlichen ev. Gemeinde bis zum Ende des 19. Jh. praktisch alle gültigen Stimmen für die Nationalliberalen und die Konservativen abgegeben. 1898 jedoch erhielten die Sozialdemokraten die Stimmen der entstehenden Arbeiterschicht (20 %), und 21,5 % der Wähler entschieden sich für die Antisemiten. Die Sozialdemokraten bauten bis 1912 ihre Wählerschaft, vor allem zu Lasten der Konservativen, auf 37 % aus. Auch in der Zeit der Weimarer Republik waren sie bei nachlassendem Wahlinteresse zusammen mit der Deutschen Demokratischen Partei – die Mehrheiten wechselten – die stärkste Partei bis 1928 (SPD 49 %, DDP 35 %). Bei der letzten freien Reichstagswahl am 6.11.1932 stimmten 42 % der Wähler für die NSDAP.

Zum *Deutschen Bundestag* wählte Neckarzimmern nach der 1. Wahl von 1949, die 38 % der gültigen Zweitstimmen für die Notgemeinschaft erbracht hatte, mehrheitlich (immer mehr als 40 %) die SPD. Während die FDP/DVP im Laufe der Jahre an Stimmen verlor, konnte die CDU ihre Anteile von 29 % (1953) auf 46 % (1983) bzw. 45 % (1987) steigern. Die kleinen Parteien erzielten nie namhafte Ergebnisse.

Ein SPD-Ortsverein bestand seit 1918. Er wurde nach 1945 wiedergegründet und hat derzeit 22 Mitglieder. Die CDU richtete 1970 einen Ortsverband ein. Ihm gehören heute 60 Mitglieder an.

Wirtschaft und Verkehr

Land- und Forstwirtschaft. – Bis etwa zum 1. Weltkrieg konnte Neckarzimmern als kleinbäuerliche Gemeinde gelten. Heute ist die Landwirtschaft ohne Bedeutung. Der einzige Vollerwerbsbetrieb ist mit 120 ha LF der Stockbronnerhof der Freiherren von Gemmingen-Hornberg. Er hat sich hauptsächlich auf Saatguterzeugung spezialisiert. 1987 gab es außerdem 6 Nebenerwerbsbetriebe, alle mit weniger als 10 ha LF. Nicht statistisch erfaßt ist ein Gärtnereibetrieb mit Samen- und Pflanzenhandel.

Im 19. Jh. litten die Bauern des Dorfes unter der geringen Ausstattung mit Äckern und Wiesen, da ⅔ der Gemarkung der Grundherrschaft gehörten. Obwohl diese einen Teil ihres Besitzes parzellenweise an Bauern verpachtet hatten, reichten die Feldfrüchte oft nicht für den Bedarf der bäuerlichen Familien aus. Kein Wunder, daß um 1860 der Bürgermeister Ausstockungen im Gemeindewald und Umwandlung in Ackerland durchsetzte. Trotzdem bewirtschafteten 1873 die 131 landwirtschaftlichen Haushaltungen zusammen nur 279 M Eigen- und 538 M Pachtland, außerdem 67 M Allmendlose und 14 M Dienstland. 92 Betriebe lagen unter 5 M, nur der grundherrliche Betrieb umfaßte mehr als 100 M. 1880 teilte der Rentbeamte das verpachtete Augut in noch kleinere Parzellen und erhöhte die Pacht.

Die Gemeinde im 19. und 20. Jahrhundert

Feldfrüchte wurden nur für den Eigenbedarf angebaut und reichten auch dafür nicht aus. Als Handelsfrüchte wurden nur Hopfen und gegen Ende des Jahrhunderts Tabak gepflanzt. Auch *Obst*, besonders Kirschen, wurden für den Markt angebaut. Sowohl die Gemeinde als auch die Grundherrschaft unterhielten eine Baumschule. 1933 wurden auf der Gemarkung 5299 Obstbäume, darunter nur 1261 Apfelbäume gezählt. Heute ist der Obstbau praktisch verschwunden.

Viel einträglicher war aber dank guter Qualität der *Weinbau*. 1808 wurden für die Gemarkung 148 M, 3 V 15, 5 R Rebland angegeben. 1851 bezeichnete der Amtmann Neckarzimmern als »an und für sich arme(n) in der Hauptsache auf den Rebbau angewiesene(n) Ort«. 1854 wurde für 3600 fl Wein verkauft. Durchschnittlich besaßen 1898 die Bauern 0,5 M Rebland. Auch die Freiherren von Gemmingen-Hornberg hatten großes Interesse am Weinbau. Anfang des 19. Jh. ließen sie Edelreben (Riesling) anpflanzen. Ihre Kelter stand gegen Gebühren den Dorfbewohnern zur Verfügung. 1873 scheiterte der Plan der Gemeinde, eine eigene Kelter zu bauen, an den Kosten.

Mit der Abkehr von der Landwirtschaft ging auch der Weinbau zurück. 1925 wird die Gesamtrebfläche zwar noch mit 31 ha angegeben, aber in Ertrag standen 1930 nur noch 10 ha (1880: 27 ha). Heute wird im Dorf nur noch wenig Wein für den Haustrunk angebaut. Das Weingut Burg Hornberg dagegen baut Qualitätsweine an. Der Kellereibetrieb befindet sich neben dem ehemaligen Schloß (heute Rathaus) im Dorf.

Die *Viehhaltung* hatte nie Bedeutung und diente mehr der Selbstversorgung als dem Verkauf an Händler. Bis um 1870 war die Farrenhaltung gegen Geld und Landnutzung ausgegeben, dann in Gemeinderegie genommen. Der Rinderbestand veränderte sich in der 1. H. 19. Jh. nur wenig von 133 Tieren (1808) auf 119 Tiere (1854) und nahm dann auf 204 Tiere (1887), einschließlich des grundherrschaftlichen Betriebes, zu. Danach setzte der allmähliche Rückgang ein. 1987 hält nur noch ein Nebenerwerbsbetrieb Rinder. Schweinezucht hatte nie eine Rolle gespielt. Die meisten Schweine (224 Stück) wurden 1950 gehalten. Gleich darauf setzte der völlige Rückgang ein. 1987 weist die Statistik keine Schweine mehr in Neckarzimmern nach. Vor allem um die Jahrhundertwende wurden relativ viele Ziegen gehalten (1913: 124 Tiere). Die Schäferei bestand Ende des 19. Jh. zwar noch als Recht der Gemeinde, wurde aber nicht ausgeübt. Zeitweise (1898) war die Winterweide verpachtet. Einige Landwirte betrieben in größerem Umfang Bienenzucht.

Eine Flurbereinigung wurde nie durchgeführt. Erst seit ca. 10 Jahren läuft ein Verfahren in Zusammenhang mit dem Ausbau der Bundesstraße 27.

Auch der *Wald* auf der Gemarkung gehört zum größten Teil der Grundherrschaft. 1851 besaß sie 1311 M, die Gemeinde nur 456 M. Trotzdem war der Holzbedarf des Dorfes so ausreichend gedeckt, daß 1855 der Gedanke auftauchte, Wald auszustocken und als Allmendgut zu verteilen. 1862 wurden zunächst 15 M im Distrikt Birkenfeld gerodet und nach langen Verhandlungen 1888 weitere 49 M ausgestockt. Aus dem Gemeindewald wurden bis in die Gegenwart Sonderausgaben finanziert. 1956 ergab die Waldtaxation, daß trotz beachtlicher Überhiebe im Krieg und kurz danach noch ca. 1000 Festmeter Vorrat zur Verfügung standen. Gleichzeitig setzte man aber 14000 neue Pflanzen ein. Neckarzimmern hat heute (Stand 1986) im zuständigen Forstbezirk Mosbach mit 476 ha Waldfläche von 820 ha Gemarkungsfläche den höchsten Waldanteil (58 %). 170 ha sind Gemeindewald, 305 ha Privatwald, nur 1 ha ist Staatswald. 300 ha Privatwald sowie weitere Waldflächen außerhalb des Forstbezirks Mosbach gehören zum Forstbetrieb Burg Hornberg, der einen eigenen Revierleiter beschäftigt. Der Wald auf Gkg Neckarzimmern zählt zum atlantisch-submontanen Buchen-Traubeneichen-Wald des Wuchsgebietes Kleiner Odenwald. Heute allerdings ist er fast zur Hälfte, im

Forstbezirk des Rentamts Burg Hornberg zu 70 %, mit Nadelholz, besonders Fichten, bestanden.

Handwerk und Industrie. – Das Handwerk des kleinen Dorfes, im Zunftverband Mosbach organisiert, war Mitte des 19.Jh., wie Tab. 1 für 1854 ausweist, gut, wenn nicht überbesetzt.

Tabelle 1: **Das Handwerk 1854**

Berufe	Meister	Gesellen	Lehrlinge	Arbeiter
Schneider	3	1	1	–
Metzger	1	–	–	–
Maurer	4	3	2	4
Bäcker	3	1	1	1
Schmied	2	–	–	2
Müller	1	1	1	1
Schreiner	2	–	2	–
Wagner	2	–	–	–
Glaser	1	–	1	–
Zimmermann	2	–	3	–
Weber	3	1	2	2
Küfer	2	–	–	–
Schuster	4	2	2	2
zusammen:	30	9	15	12

Quelle: Ortsbereisung 1854

1895 wurden noch immer 21 Betriebe im *Produzierenden Gewerbe* mit 43 Beschäftigten gezählt. Stärkste Branchen waren das Nahrungsmittel- und das Bekleidungsgewerbe. Im Gipswerk arbeiteten 11 Personen.

Schürfrechte auf Gips waren gleich nach dessen Entdeckung im Weiler Steinbach 1841 ausgegeben worden. 1849 ließen sich 4 Unternehmer mit dem Gipsgrubenfeld belehnen. Die Rechte gingen dann über die Steinbacher Mühle 1889 an den Mannheimer Unternehmer Espenschied und 1890/91 an die Grundherrschaft. Im Wassertriebwerk war eine Gipsmühle mit Gipsbrennerei, eine Getreide- und eine Sägemühle (20–30 Arbeiter), bis 1895 auch eine Gipsdielenfabrikation eingerichtet. Bedeutung erhielt das Werk aber erst nach dem Verkauf an die Badische Anilin- und Sodafabrik Ludwigshafen 1914. Die BASF schickte den geförderten Gips zur Ammoniakgewinnung in ihr Werk Oppau. 1922 waren in Neckarzimmern etwa 500 Arbeiter beschäftigt. In Zusammenhang mit diesem Werk unternahm die BASF im 1. Weltkrieg den Versuch, in Haßmersheim eine Schwefelsäuregroßfabrikation aufzubauen. Er scheiterte mit dem Kriegsende. Auch das Werk in Neckarzimmern, das 1926 und 1927 nach der Förderung in Baden an der Spitze stand, wurde infolge von Fabrikationsumstellungen der BASF 1929 stillgelegt. Etwa 500 Personen waren arbeitslos.

Auch das *Handwerk* war zurückgegangen. 1925 wurden nur noch 4 selbständige Handwerksmeister gezählt. Aber 1946 führt eine Aufnahme der Betriebe 3 Schuhmacher, 2 Bäcker, je 1 Schmied, Maler/Tüncher, Schlosser/Installateur auf. Die Handwerkszählung von 1967 nennt 16 Betriebe mit 68 Beschäftigten, darunter 3 Betriebe im Baugewerbe (31 Besch.), 3 im Nahrungsmittelgewerbe (10 Besch.) und 4 im Textilgewerbe (4 Besch.). 1977 bestanden nur noch 13 Betriebe mit 43 Beschäftigten. Für 1988 verzeichnet die Gewerbekartei der Gemeinde folgende Handwerker: 1 Maler, 1 Kachelofen- und Kaminbauer, 1 Maschinenbauer, 2 Kraftfahrzeugmechaniker (beide mit

Die Gemeinde im 19. und 20. Jahrhundert 325

Autohandel, 1 mit Tankstelle), 1 Bäcker, 1 nebenberuflichen Metzger, 2 Friseure, 2 Glasschleifer und 1 nebenberufliche Blumenbinderin.

Noch im Krieg und unmittelbar nach Kriegsende setzte die 2. Phase der *Industrialisierung* ein. Während des Kriegs waren die Vereinigten Kugellagerfabriken Schweinfurt nach Neckarzimmern ausgelagert. Nach dem Krieg vermietete die Gemeinde die ehemaligen Wehrmachts-, dann Flüchtlingsbaracken zum Teil an kleine Betriebe. 1946 wurden schon 6 Industriebetriebe genannt. Von ihnen bestehen heute noch die Hohlglasschleiferei Kaspar und das Gipswerk.

Die *Hohlglasschleiferei Franz Kaspar KG* ist ein ursprünglich schlesischer Betrieb, der 1947 in einer der ehemaligen Baracken in Neckarzimmern wiederbegründet wurde. 1964 gliederte er der Glasveredlung eine Glashütte an. Seit 1971 hat sich der Betrieb in 2 selbständige Betriebe gegliedert: Die *Firma Peter Kaspar* stellt Rohglas her, die *Firma Franz Kaspar* übernimmt die Veredlung und den Verkauf. Zwei ehemalige Werkmeister der Firma haben sich unterdessen als Glasschleifer in Neckarzimmern selbständig gemacht.

Das *Gipswerk Neckarzimmern der Heidelberger Zement AG* wurde 1946 durch die Portland-Zementwerke Heidelberg AG eingerichtet. Der Abbau unter dem Hornberg ist inzwischen eingestellt worden, aber man wich auf die Grube Obrigheim aus. Von der Herstellung von Putzgips ist das Werk auf die Herstellung von Spezialbaugipsen umgestiegen.

Die Arbeitsstättenzählung von 1987 nennt im gesamten Verarbeitenden Gewerbe 9 Betriebe mit 99 Beschäftigten und im Baugewerbe 2 Betriebe mit 11 Beschäftigten. Innerhalb des Verarbeitenden Gewerbes beschäftigen die 4 Betriebe der »Gewinnung und Verarbeitung von Steinen und Erden, Feinkeramik und Glasgewerbe« die meisten (83) Arbeitskräfte.

Handel und Dienstleistungen. – Außer einigen jüd. Viehhändlern gab es 1854 und 1862 im Dorf 3 Krämer, die für den örtlichen Bedarf sorgten. 1895 nennt die Betriebszählung im Gesamtbereich Handel/Versicherung/Verkehr 10 Betriebe mit 15 Personen. 1925 wurden dann 11 selbständige Kaufleute gezählt. Auch heute ist der *Einzelhandel* im Ort auf den, allerdings inzwischen gestiegenen, lokalen Bedarf ausgerichtet. 1970 gab es 16 Einzelhandelsbetriebe mit 31 Beschäftigten und 1 Betrieb der Handelsvermittlung, die Arbeitsstättenzählung von 1987 weist 2 Großhandelsbetriebe (3 Besch.), 1 Betrieb der Handelsvermittlung (5 Besch.) und nur noch 9 Einzelhandelsbetriebe (25 Besch.) nach. 1988 nennt die Gemeindeverwaltung folgende Handelsbetriebe: 2 Lebensmittelgeschäfte (1 mit Bäckerei), 1 Metzgereifiliale (Hauptbetrieb in Aglasterhausen), 1 Getränkevertrieb, 2 Kraftfahrzeughandlungen (vgl. Handwerk), 1 Möbelhandlung, 1 aus einer ehemaligen Faltbootwerft hervorgegangene Handlung mit Booten und Bootszubehör sowie Campingzubehör, 2 ambulante Textilhändler, 1 ambulanter Handel mit Konserven, 1 Versandhausagentur, 1 Metallhandlung, 1 Automatenaufsteller, 1 Handelsvertretung für Türen etc. Zwischen Handel und Industrie steht die Firma Rickertsen, ein großer Getränkeabfüllbetrieb, der für eine amerikanische Getränkefirma arbeitet.

Um den Sparwillen zu fördern, rief der Pfarrer 1895 eine Pfennigsparkasse ins Leben. Das Kreditwesen wurde jedoch nicht am Ort abgewickelt. Erst 1960 richtete die *Sparkasse Mosbach* hier eine Zweigstelle ein, 1979 folgte die *Volksbank Mosbach*. Die beiden Institute beschäftigen zusammen (1987) 4 Mitarbeiter.

Im *Dienstleistungsbereich*, soweit er von Unternehmen und Freien Berufen getragen wird, arbeiteten 1987 20 Betriebe mit 111 Arbeitskräften. An privaten Dienstleistungsbetrieben sind in Neckarzimmern ansässig: 1 Immobilienmakler, 2 Werbebüros,

1 Inkassounternehmen, 1 Fahrschule, 1 Planungsbüro, 3 zusammengehörende technische Büros auf dem Gebiet der Abwassertechnik, 1 Wäscherei/Heißmangel, 1 Reinigungsannahmestelle.

An *Gastwirtschaften* wurden 1834 aufgeführt: »Rose« und »Goldene Sonne« zu persönlichem Recht und der 1823 der Grundherrschaft abgekaufte »Schwanen« zu Realrecht. Außerdem gab es eine ausschließlich für Juden bestimmte Schenk- und Speisewirtschaft und eine Bier- und Branntweinwirtschaft, die gleichfalls einem Juden gehörte. 1855 öffnete auf dem Hornberg eine Sommergaststätte. 1870 kam die »Krone« hinzu, 1880 bestand auch eine Schenkwirtschaft in Steinbach. Von den alten Gaststätten werden heute noch »Schwanen« und »Rose« betrieben. An die Stelle der Gaststätte auf der Burg ist das Burghotel Hornberg getreten. Neuere Gaststätten sind das Gasthaus »Neckarstrand«, die Pension »Ursula«, das Bier-Pub »Altes Rathaus« und die Gaststätte beim Campingplatz »Cimbria«, außerdem ein Schnellimbiß und ein Vereinslokal (Kleintierzüchterverein). Fremdenbetten bieten das Burghotel (50 Betten), das Gasthaus »Schwanen« und die Pension »Ursula« an.

Schon Mitte des 19. Jh. zog die Burg Hornberg so viele interessierte Fremde an, daß sich eine Gaststätte im Sommer lohnte. Heute ist die Burg mit dem Burghotel erst recht ein Anziehungspunkt für den *Fremdenverkehr* geworden. Schon 1955 wurden in Neckarzimmern 12 000 Fremdenübernachtungen registriert, 1986 zählte man 12 622 Übernachtungen. Sie verteilen sich hauptsächlich auf das Burghotel, das Jugendheim und den Campingplatz mit ca. 200 Stellplätzen, die sowohl von Dauercampern als auch von Durchreisenden genutzt werden. Sehr bedeutend ist der statistisch nicht erfaßte Ausflugsverkehr. So wird Neckarzimmern regelmäßig zur Burgbesichtigung und zum Essen bei den Verkaufsfahrten eines Detmolder Omnibusunternehmers angefahren.

Der größte Arbeitgeber am Ort ist die *Bundeswehr*, die hier seit 1957 die alten Stollen unter dem Hornberg zu Depots für Heer und Luftwaffe ausgebaut hat. Seit 1972 ist in Neckarzimmern ein Teil des Luftwaffenversorgungsregiments 4 stationiert. Viele Soldaten wohnen mit ihren Familien hier in Bundeswehrwohnungen.

Verkehr. – Neckarzimmern liegt an der durch das Neckartal führenden Bundesstraße 27. Als diese *Straße*, auf der der württ. Postkurs verkehrte, von Neckarelz bis zur württ. Grenze bei Böttingen 1858 ausgebaut wurde, war das mit einschneidenden innerörtlichen Veränderungen verbunden. So mußte eine neue Brücke über den Luttenbach errichtet sowie das Rathaus abgerissen und an anderer Stelle neugebaut werden.

Eisenbahnanschluß hat das Dorf seit der Eröffnung der Neckartalbahn 1879. Hier halten an Werktagen 8 Nahverkehrszüge in den Richtungen Jagstfeld und Neckarelz (1986/87). Der *öffentliche Personennahverkehr* wird außerdem durch Omnibusse der Bundesbahn bedient, die auf den Strecken Mosbach–Haßmersheim (Haltestelle Staustufe) und Heilbronn–Bad Friedrichshall–Neckarelz (Haltestelle Rathaus bzw. Kirche) verkehren. Täglich halten hier auch die Busse der Deutschen Touring GmbH auf der Strecke »Die Burgenstraße« (Mannheim–Nürnberg).

Schiffahrt auf dem Neckar wurde von Neckarzimmern aus nie betrieben, aber die Anlegestelle wird von Ausflugsschiffen benutzt. Im Zuge der Neckarkanalisierung 1932/35 wurde 1936 die Schleuse errichtet, zunächst einzügig, inzwischen zweizügig ausgebaut.

Die *Bundespost* unterhält in Neckarzimmern eine Poststelle.

Die Gemeinde im 19. und 20. Jahrhundert 327

Verwaltungszugehörigkeit, Gemeinde und öffentliches Leben

Verwaltungszugehörigkeit. – Neckarzimmern war nach dem Anfall an Baden als grundherrschaftlicher Ort der Freiherren von Gemmingen-Hornberg dem Oberamt Odenwald zugeteilt. Seither ist immer Mosbach der zuständige Verwaltungssitz (1810: Amt Mosbach, 1813: 2. Landamt Mosbach, 1840–1849 Amt Neudenau in Mosbach, dann Amt, 1938 Landkreis Mosbach).

Gemeinde. – Zur Gde Neckarzimmern zählte auch im 19. Jh. der Weiler Steinbach. Der Stockbronnerhof und Burg Hornberg besaßen eigene Gemarkungen, gehörten aber polizeilich, schulisch und verwaltungsmäßig zu Neckarzimmern. Das genaue Verhältnis war zeitweise umstritten. 1925 wurden die abgesonderten Gkgn Hornberg und Stockbronn (außer 152,8 ha, die zu Sulzbach, Gde Billigheim, kamen) mit Neckarzimmern vereinigt. Seither umfaßt die Gemarkung 818 ha. 1981 waren davon 470 ha Wald, 223 ha Landwirtschaftsfläche, 86 ha besiedelte Fläche, 26 ha Wasserfläche und 13 ha Unland.

In den Jahren 1854 und 1862 hatte die Gemarkung einschließlich Hornberg und Stockbronnerhof 2803 M (1009 ha) umfaßt. Davon gehörten mehr als 1800 M der Grundherrschaft, darunter 1311 M Wald. Bis zur völligen Ablösung 1848 war die Gemeinde durch Fronden und Abgaben an die Grundherrschaft belastet. Besonders drückend war die Teilweinabgabe von einem Viertel des Ertrags. Sie wurde erst 1848 durch einen Rechtsstreit abgeschafft. Allerdings versuchte die Grundherrschaft 1858, vertreten durch den Freiherrn Hans von Türkheim zu Altdorf, wieder in alle ihre alten Rechte nach dem Stand von 1824 eingesetzt zu werden. Der Rechtsstreit darüber beschäftigte beide Kammern der Ständeversammlung und endete mit dem Verzicht der Grundherrschaft gegen eine Vergütung aus der Staatskasse, die jedoch mit der Entschädigungssumme verrechnet wurde, die die Familie für die Allodifizierung ihrer Lehen zu zahlen hatte.

Jetzt beteiligte sich die Grundherrschaft auch stärker an den Gemeindekosten. So wurde sie 1872 zur Mitfinanzierung der von der Gemeinde zu leistenden Kriegskosten herangezogen und war (1876) als Eigentümer der Gkgn Hornberg und Stockbronn auch beitragspflichtig zum Unterhalt von Kirche, Pfarrhaus und Schule. Im allgemeinen entwickelte sich das Verhältnis zwischen Gemeinde und Grundherrschaft gut, wenn auch 1880 und später die Gemeinde mit Besorgnis beobachtete, daß die Freiherren nach und nach Land und Häuser am Ort aufkauften.

Die Ablösungen der an verschiedene Berechtigte, u. a. die Standesherrschaften Löwenstein-Wertheim, Leiningen-Billigheim, Stift Mosbach zu leistenden Lasten einschließlich des Zehnten war mit der Abtragung des Ablösungskapitals schon 1865 abgeschlossen.

An *Allmendland* besaß die Gemeinde im Jahr 1854 43 M. Die *Bürgergabe* aus dem Gemeindewald wurde auflagenfrei gereicht, war aber, wie auch heute noch, an den Besitz eines berechtigten Wohnhauses gebunden. Allmende gibt es heute nicht mehr. Das Gabholz wird an die Berechtigten zu ermäßigtem Preis gereicht. Es sind jedoch Bestrebungen im Gang, dieses Recht abzuschaffen.

Die *wirtschaftlichen Verhältnisse der Gemeinde* waren selbst in der Mitte des 19. Jh. relativ günstig. Zwischen 1852 und 1862 stieg ihr Vermögen, z. T. durch Waldausstockung, an, und die Schulden verringerten sich trotz der noch laufenden Zehntablösung. Später (1879) konnte die Gemeinde 1500 fl zinsbringend anlegen. Einnahmen erbrachte hauptsächlich der Wald, aber auch der Obstertrag und die Schäferei-, Jagd- und Grundstückspacht. Von den Umlagen, die fast immer erhoben werden mußten, trug die

Grundherrschaft (1855) ein Drittel. Weder der Rathausneubau 1858 noch der Schulhausbau 1872 stürzte die Gemeinde in langfristige Schulden. Erst um die Jahrhundertwende führten Einquartierungen, Straßen- und Brückenbauten bei sinkenden Wald- und Obsterträgen zu jährlichen Umlageerhöhungen.

Auch in den letzten Jahrzehnten steht Neckarzimmern innerhalb des Landkreises finanziell günstig da. 1970 hatte die Gemeinde mit 327 DM die höchste Steuerkraftsumme je Einwohner, 1984 lag sie mit 713 DM an 3. Stelle. Seither allerdings ging die Steuerkraftsumme zurück, weil die Gewerbesteuereinnahmen sich verminderten. Der Gewerbesteueranteil lag 1970 bei 42,7 %, 1984 bei 46,3 %. In der Prokopfverschuldung nahm die Gemeinde 1970 mit 477 DM eine mittlere Position im Landkreis ein, 1984 mit 356 DM die zweitniedrigste Stelle. Bis Ende 1986 sind die Schulden durch die Kanalisierungsarbeiten und den Bau der Mehrzweckhalle auf 1 645 211 DM (974 DM/E.) angestiegen. 1987 und 1988 wurden jedoch keine Kredite mehr aufgenommen. Das Haushaltsvolumen beträgt 1988 im Vermögenshaushalt 673 000 DM und im Verwaltungshaushalt 3 193 000 DM.

Die Gemeinde besitzt heute 166 ha Bauland und bebaute Fläche, 149 ha Landwirtschaftsfläche und 502 ha Wald. 1854 besaß sie an Gebäuden das Schulhaus, das ehemalige Hirten- dann Armenhaus und das Rathaus. Ein zweites Armenhaus baute sie 1866. 1893 verkaufte sie eines an die Grundherrschaft. Das alte Rathaus fiel 1858 dem Straßenausbau zum Opfer und wurde durch ein zweistöckiges Gebäude ersetzt. 1932 tauschte die Gemeinde das Rat- und das Schulhaus gegen das ehemalige Schloß im Dorf, das die Reichswasserstraßenverwaltung erworben hatte, und baute es zum Schul- und Rathaus um. Seit 1961 ein eigenes Schulhaus gebaut wurde, dient das Gebäude ausschließlich als Rathaus.

Dem *Gemeinderat* gehörten 1854 außer dem Bürgermeister 3, 1866 dann 6 Mitglieder an. Heute hat er 10 Mitglieder, je 5 von der SPD und einem gemeinsamen Wahlvorschlag von CDU und Bürgerliste aufgestellt. Bei den Gemeinderatswahlen seit 1975 konnte die SPD ihre Stimmenanteile von 38 auf 52 % steigern. Die CDU bzw. 1984 CDU/BL erzielte zwischen 45 und 48 % der gültigen Stimmen. 1989 erreichte der Gemeinsame Wahlvorschlag 100 %ige Zustimmung.

An *Gemeindebediensteten* wurden 1854 Ratschreiber, Rechner, Polizeidiener, Waldhüter, Waisenrichter genannt, später auch Baumwart, Wegewart, Feldhüter, Leichenschauer, Hebamme und Industrielehrerin. Die meisten Dienste wurden nebenamtlich ausgeübt. Heute wird die Gemeinde vom beamteten Bürgermeister, der das Hauptamt versieht, und 2 Angestellten verwaltet. Außerdem sind 7 Arbeiter beschäftigt. Die Verwaltungsaufgaben sind durch die Bildung der Verwaltungsgemeinschaft mit der Stadt Mosbach zum Teil auf diese übergegangen.

Ver- und Entsorgungseinrichtungen. – Die *Freiwillige Feuerwehr*, 1946 gegründet, bildet mit ihren jetzt 28 Mitgliedern einen Löschzug.

Mit *Wasser* war die Gemeinde immer gut versorgt. 1868 kam zu den 2 Brunnen im unteren Dorf ein weiterer im oberen Ortsteil. 1880 genügte das nicht mehr, aber erst 1886 begannen die Arbeiten zu einer neuen Wasserleitung. 1888 versorgte sie 6 öffentliche Brunnen und 1 Hausleitung (Pfarrhaus). 1951/52 stellte der Bau eines Tiefbrunnens auch die gestiegenen Ansprüche zufrieden, 1985 wurde ein weiterer Brunnen mit 16 l/sec Förderung gebaut. Trotzdem ist die Gemeinde auch der Bodenseewasserversorgung angeschlossen.

Mit der Kanalisierung begann man 1956. Heute ist, nachdem in den letzten Jahren die Leitungen bis Steinbach und zum Hornberg verlegt wurden, der gesamte Ort mit Ausnahme des Stockbronnerhofes kanalisiert. Das *Abwasser* fließt zur Kläranlage des

Abwasserzweckverbandes Elz-Neckar auf Gkg Mosbach. Den *Hausmüll* führt ein privates Unternehmen einmal wöchentlich zur Kreismülldeponie in Buchen. *Sperrmüll* wird vierteljährlich abgeholt.

Strom hat die Gemeinde seit 1919, zunächst von dem BASF-Werk, später von der Badenwerk AG. Abnehmer sind die einzelnen Haushalte. 1936 wurde mit der Neckarschleuse ein Kraftwerk gebaut, das die Neckar AG betreibt. Der hier gewonnene Strom wird in einem Umspannwerk auf Gkg Neckarzimmern in das Netz eingespeist.

Den *Arzt* suchte man früher in Mosbach und Haßmersheim auf, nur die Hebamme wohnte am Ort. Jetzt praktiziert ein Arzt für Allgemeinmedizin im Dorf. Auch eine *Apotheke* ist eingerichtet. Neckarzimmern wird von den Sozialstationen des Caritasverbandes und des Diakonischen Werks in Mosbach mitversorgt. Der *Friedhof*, 1860 vergrößert, ist seit 1963 mit einer Kapelle ausgestattet.

Ev. Kirchengemeinde und politische Gemeinde unterhalten den *ev. Kindergarten*, der auf die 1873 eingerichtete Kleinkinderschule zurückgeht. Der Ev. Kirche gehört ein ursprünglich in den ehemaligen Baracken gegründetes, später mehrfach ausgebautes *Jugendheim*, das regelmäßig für Gruppenerholungen und Tagungen belegt ist.

Kirche. – Die bis 1821 luth., seither *ev. Pfarrei* Neckarzimmern zählt heute wie im 19. Jh. zum Landkapitel (Dekanat) Mosbach und umfaßt auch Steinbach, Stockbronn und die Burg Hornberg. Die Freiherren von Gemmingen-Hornberg üben das Patronat noch aus.

Die wenigen *Katholiken* wurden 1854 von Haßmersheim aus betreut. 1863 war Neckarzimmern als Filiale von St. Juliana in Mosbach genannt, seit 1882 ist das Dorf Diasporaort, seit 1984 Filiale von St. Dionys in Haßmersheim. 1956 wurde die Filialkirche St. Marien (Rosenkranzkönigin) erbaut.

Die *israelitische Gemeinde* in Neckarzimmern wurde 1827 dem Rabbinatsbezirk Mosbach zugeteilt und besaß eine Synagoge im Dorf. Diese ließ sie 1863 renovieren, 1873 aber durch einen Neubau ersetzen. 1938 verkaufte der Gemeindevorsteher den Bau, dessen Inneneinrichtung demoliert worden war, an einen Bürger des Dorfes. Seither dient er als Wohnhaus.

Schule. – An der ev. Schule unterrichtete 1854 ein Hauptlehrer 96 Kinder. Besoldet wurde er von der Gemeinde und der Grundherrschaft. Die Schulstelle war mit Land, darunter auch Rebland, ausgestattet (1864). Industrie(=Handarbeits-)unterricht wurde seit 1848 erteilt. 1872 verkaufte die Gemeinde das zu klein gewordene Schulhaus und baute eine neue Schule mit einem Raum. Sie erwies sich gleichfalls bald als zu klein. Aber erst 1932 erhielt die Schule zusammen mit dem Rathaus mehr Raum im ehemaligen Schloß. Ein modernes Schulhaus baute die Gemeinde 1961 für damals 117 Schüler. Seit der Schulreform hat Neckarzimmern nur noch eine vierklassige *Grundschule*. 1987 unterrichten hier 5 Lehrer 80 Schüler. Die Hauptschüler fahren seit 1972/73 nach Mosbach-Diedesheim. In Zusammenhang mit dem ev. Jugendheim bestand von 1946 bis 1980/81 eine Heimschule (Haushaltungsschule) für Mädchen.

Die Volkshochschule Mosbach führt in Neckarzimmern verschiedene Kurse durch. Auch die Musikschule Mosbach erteilt hier Unterricht. Die Gemeinde unterhält eine Volksbücherei mit ca. 2000 Bänden. 1986 wurden 1763 Entleihungen gezählt.

Sportstätten. – Im Jahr 1954/55 baute die Gemeinde eine Sport- und Festhalle, 1958 einen Sportplatz. Seit 1978 besitzt sie auch 3 Tennisplätze. Während des Baues der neuen Mehrzweckhalle brannte die benachbarte Festhalle 1985 ab. Beide Gebäude konnten dann erst nach einer Verzögerung 1986 zusammen fertiggestellt werden.

Vereine. – Schon 1866 bestand in Neckarzimmern ein Gesangverein. Der heutige Gesangverein mit 125 Mitgliedern geht aber auf das Jahr 1910 zurück und ist damit etwas jünger als der Turnverein 1901 mit heute ca. 200 Mitgliedern. 1924 schloß sich der Fußballclub (FC) »Phönix« Neckarzimmern zusammen (ca. 190 Mitglieder), 1978 wurde der Tennisclub »Schwarz-Gelb« gegründet (ca. 170 M.), seit 1984 trifft sich der Angler-Stammtisch »Petri-Heil« (22 M.). Große Bedeutung hat der Kleintierzüchterverein von 1938 mit 150 Mitgliedern. Das Fastnachtsbrauchtum wird in der ev. Gemeinde seit 1965 durch die »Neckarzimmerner Faschingsgemeinschaft« (120 M.) gepflegt. Odenwaldclub, Verband der Kriegsbeschädigten und Arbeiterwohlfahrt haben Ortsgruppen im Dorf.

Strukturbild

Neckarzimmern ist eine der 3 Gemeinden des Neckar-Odenwald-Kreises, die von der Gemeindegebietsreform um 1970 unberührt blieben, sieht man vom Anschluß an den Gemeindeverwaltungsverband Mosbach ab.

Die Burg Hornberg, heute Ansatzpunkt für Fremden- und Ausflugsverkehr, und das Verhältnis zur ehemaligen Grundherrschaft prägten im 19. Jh. das Leben des Dorfes. Das galt vor allem bis zur Ablösung der Feudallasten, aber auch noch danach, da der Grundherrschaft der größere Teil der Gemarkung gehörte. Dank Weinbau und guter Arbeitsmöglichkeiten fanden die Kleinbauern und Taglöhner jedoch auch auf dem kleinen ihnen verbliebenen Rest der Gemarkung ihr Auskommen besser als die Bewohner vieler anderer Dörfer des heutigen Landkreises. Daher wanderten nur vergleichsweise wenige Einwohner aus dem Dorf aus. Arbeitsplätze gab es auf den herrschaftlichen Gütern, im Wald und gegen Ende des Jahrhunderts auch im Gipswerk. Seit den 1920er Jahren veränderte sich Neckarzimmern zur Industrie- und nach Stillegung des Gipswerkes 1929 zur Arbeiterwohngemeinde. Nach dem 2. Weltkrieg siedelten sich kleine Industriebetriebe an, und das Gipswerk lebte wieder auf. Trotzdem reichen die Arbeitsplätze im Produzierenden Gewerbe nicht aus. 1987 pendelten insgesamt 468 Personen, vorwiegend nach Mosbach, Heilbronn, Neckarsulm und Haßmersheim, aus. Im Dienstleistungsbereich dagegen ist Neckarzimmern, seit die Bundeswehr hier 2 Depots unterhält, Einpendlerziel. Insgesamt arbeiteten 1987 hier 504 Einpendler. Die Einwohnerzahl ist seit Kriegsende stetig gewachsen. Erst in den letzten Jahren nimmt sie leicht ab.

Wirtschaftlich nahm die Gemeinde im Kreisvergleich in den letzten Jahrzehnten einen guten Platz ein. Aber auch hier verlief die jüngste Entwicklung durch Sinken der Steuerkraftsumme und gestiegener Verschuldung als Folge größerer Investitionen etwas ungünstiger. Allerdings vermied die Gemeinde seit 1987 weitere Kreditaufnahmen.

Im zentralörtlichen Netz ist Neckarzimmern in engem Rahmen Selbstversorgerort, sonst auf das Mittelzentrum Mosbach ausgerichtet. Als Einkaufsort wird auch Heilbronn aufgesucht. Zu beiden Städten sind die Verkehrsverbindungen gut.

Quellen

Ortsbereisungen

Neckarzimmern: 1851–1854 GLA 364/6774; 1858–1892 364/4662; 1893–1903 364/4663.
Sonstige Archivalien: GLA 364/6919–20.

Literatur

Obert, Hanns: 1200 Jahre Neckarzimmern 773–1973. Neckarzimmern 1973.

C. Geschichte der Gemeinde

Siedlung und Gemarkung. – Zimmern unter der Burg Hornberg – die Namensform Neckarzimmern wurde erst im 19. Jh. zur besseren Unterscheidung von gleichnamigen Dörfern der weiteren Umgebung gebräuchlich – ist eine Ausbausiedlung des frühen Mittelalters, die anläßlich einer Schenkung zum Jahre 773 im Lorscher Codex ihre erste Erwähnung findet (*Zimbren*, Kop. 12. Jh.); der Name des Dorfes ist vermutlich abgeleitet von den Holzbauten, in denen seine Bewohner ursprünglich gelebt haben. Freilich gibt es auf hiesiger Gemarkung auch Spuren einer älteren Besiedelung: In den Weinbergen unterhalb der Burg hat man schon vor längerer Zeit ein Grab aus dem 4. Jh. v. Chr. mit Fuß- und Armringen, Kettchen, Fibeln und einem Halsring gefunden. Überdies wurden 1893/94 in der unteren Au (Steinbuckeläcker, Mäuerleshecke) nicht weit von der Gemarkungsgrenze gegen Neckarelz, die Reste einer römischen villa rustica mit einem wohlerhaltenen Keller, einem Bad und einer Hypokaustheizung entdeckt; jedoch ist zwischen diesem Hof und der seit fränkischer Zeit etwa 1 km neckaraufwärts sich entwickelnden Siedlung keine Kontinuität anzunehmen. Um 1800 bestand das Dorf Neckarzimmern aus 62 Häusern, 37 Scheunen und 66 Stallungen. Burg Hornberg und der Hof Stockbronn hatten in älterer Zeit ihre eigenen Gemarkungen, die erst 1925 (Stockbronn nur zu etwa ⅗) nach Neckarzimmern eingemeindet worden sind; dagegen gehörte der Weiler Steinbach von jeher zur Dorfgemarkung von Neckarzimmern.

Herrschaft und Staat. – Seit dem hohen Mittelalter war Neckarzimmern aufs engste mit Burg Hornberg verbunden, deren Inhaber, seit 1612 die von Gemmingen, als Lehnsleute der Bischöfe von Speyer stets zugleich Herren des Dorfes waren. Ihnen oblagen Vogtei und Gericht, Steuer und Schatzung (zur Odenwälder Reichsritterschaft), hohe und niedere Jagd sowie alle anderen Pertinenzen der Ortsherrschaft. Dagegen fielen die Zenthoheit mit der Kriminaljurisdiktion und dem militärischen Aufgebot sowie Zoll- und Geleitsrechte in die Zuständigkeit der Pfalzgrafen von Mosbach bzw. der Kurfürsten von der Pfalz (Zent Mosbach); nur Burg Hornberg, ihre Bewohner und ihr Gesinde, waren von der Zent befreit. Die von Mosbach und Heidelberg aus immer von neuem unternommenen Versuche, über Zent, Zoll und Geleit in Neckarzimmern die pfälzische Landesherrschaft durchzusetzen, hatten zwar nicht den gewünschten Erfolg, zogen aber nahezu ununterbrochene Differenzen zwischen den adeligen Vogtsherren und der Kurpfalz nach sich. 1693 hat schließlich Kurfürst Johann Wilhelm die Zenthoheit über Zimmern, Steinbach und Stockbronn für 1500 fl an die Freiherren von Gemmingen verpfändet, jedoch ist die Pfandschaft schon 1745 wieder ausgelöst worden, und der zwischenzeitlich durch die Herrschaft errichtete Galgen mußte ebenso wie das am Rathaus angebrachte Halseisen wieder entfernt werden. Ein neuer, um 1778/80 von der Hornberger Herrschaft unternommener Anlauf, die zentliche Obrigkeit über die zu ihrer Burg gehörigen Siedlungen durch Kauf oder Belehnung doch noch auf Dauer an sich zu bringen, ist ohne Erfolg geblieben. Mit dem Ende des Alten Reiches sind Neckarzimmern und Steinbach samt Hornberg und Stockbronn 1806 an das Großherzogtum Baden gefallen.

Das im Dorf gelegene zweistöckige Schloß, das heutige Rathaus, ist ein Bau des 18. Jh., der 1873 modernisiert und dem zeitgemäßen Wohnbedarf angepaßt wurde. Südlich schließt sich das in der 1. H. 17. Jh. erbaute, gleichfalls zweistöckige Rentamt an, unter dem sich ein großer, gewölbter Weinkeller mit z. T. kunstvoll verzierten Fässern befindet.

Grundherrschaft und Grundbesitz. – Im späten Mittelalter und in der frühen Neuzeit verfügte die Ortsherrschaft auf Zimmerner Gemarkung über den bei weitem größten Grundbesitz. 1761 bestand dieser – Lehen und Eigengut zusammengenommen – aus rund 54 M Äckern, 51 M Wiesen, 6 M Gärten und 54 M Weinbergen; hinzu kommen die noch weit umfangreicheren Felder, Wiesen und Waldungen der Burg Hornberg und des Stockbronner Hofes. Gegenüber diesen großen Flächen nimmt sich der übrige Grundbesitz eher bescheiden aus: Gegen Ende des 8. Jh. war hier das Kl. Lorsch begütert, und seit dem 10. Jh. ist in Zimmern auch Mosbacher Stiftsbesitz bezeugt, der freilich im späten Mittelalter neben Zehntrechten allein aus Geld- und Naturalgülten bestand. Die Zisterzienserinnen von Billigheim bezogen aus verschiedenen Zimmerner Weinbergen ⅓ bzw. ¼ des Ertrags (1387, 1667), und das Johanniterhaus Boxberg beanspruchte 1379 einen Weinberg in der Aue nördlich des Dorfes. Zu erwähnen bleiben schließlich noch diverse Geld- und Naturalzinse, die im 16. Jh. die kurpfälzische Kellerei zu (Neckar-)Elz in Zimmern erhoben hat.

Gemeinde. – Wie in vielen anderen ritterschaftlichen Dörfern mit geringer räumlicher Distanz zwischen Herrschaft und Gemeinde, ist es auch in Neckarzimmern mitunter zu handfesten Auseinandersetzungen über die Bemessung der Fron und anderer ortsherrlicher Gerechtsame gekommen (so etwa 1592). Bereits 1431 hatte der Deutschmeister aus Gundelsheim Differenzen zwischen dem Bischof von Speyer und dem Pfalzgrafen von Mosbach wegen Nutzungsrechten der Zimmerner Untertanen im Wald Michelherd bei Mosbach entscheiden müssen. Ein Rathaus der Gemeinde findet bereits 1596 Erwähnung. 1745 wurde das Dorf von einem Anwalt und fünf Gerichtsschöffen repräsentiert. Im späten 16. Jh. beanspruchte die Kurpfalz für ihr Gericht zu Neckarelz in Zimmern eine Oberhoffunktion. Das zu Beginn des 19. Jh. geführte Gerichtssiegel zeigt ein fünfspeichiges Rad und trägt die Umschrift . N . ZIMERNER . G . INSIGIL; Wappen und Machart könnten darauf hindeuten, daß der entsprechende Siegelstempel bereits zur Zeit der berlichingischen Ortsherrschaft, d. h. vor 1602 in Gebrauch war.

Kirche und Schule. – Kirchlich war Neckarzimmern zunächst eine Filiale von Neckarelz; noch im späteren 16. Jh. hat man sich pfälzischerseits auf die Verpflichtung der hiesigen Gemeinde zur anteiligen Übernahme der Baulast an der Mutterkirche berufen. Die örtliche Seelsorge hat um die Mitte des 15. Jh. ein Frühmesser versehen, dessen Pfründe vom Mosbacher Stiftspropst verliehen wurde; eine eigene Pfarrei hat das Dorf wohl erst im Gefolge der Reformation erhalten. Die Lehre Luthers ist in Zimmern um 1522 durch den Ortsherrn Götz von Berlichingen eingeführt worden, und Götz bzw. seine Erben und Nachfolger waren seit der Mitte des 16. Jh. auch Inhaber des Patronatsrechts über die Zimmerner Pfarrei, für die die Herrschaft um 1552 die brandenburg-nürnbergische Kirchenordnung übernommen hat.

Die ältesten Teile der Dorfkirche, der untere Teil des Chorturms sowie die gewölbte Sakristei, stammen noch aus romanischer Zeit und werden in die Jahre um 1200 datiert. Im übrigen ist die Kirche, die mehrere Grabmäler der Familie von Gemmingen birgt, ein Neubau von 1768. 1744 ist das Pfarrhaus errichtet worden, das bis in die 30er Jahre unseres Jahrhunderts bestanden hat.

In den großen und kleinen Zehnt zu Neckarzimmern, der ursprünglich ganz vom Hochstift Würzburg zu Lehen rührte, teilten sich um die Mitte des 16. Jh. das Stift Mosbach (später die kurpfälzische Geistliche Güteradministration) zu zwei Dritteln und die Herrschaft Rosenberg zu einem Drittel. Mosbacher Rechte am hiesigen Zehnt sind bereits 1312 zu fassen, als das Stift mit Konsens der Afterlehnsherrn Friedrich Schenk von Limpurg und Albrecht von Dürn von Gerhard von Talheim gen. von Zabelstein ⅑ des Weinzehnten kaufte; weitere Zehntrechte hat das Julianenstift 1447

Geschichte der Gemeinde 333

durch Schenkung seitens des Pfalzgrafen von Mosbach sowie 1454 durch Ankauf von der Familie von Sachsenheim erworben. Dieser durch Generationen gewachsene, bis 1564 dem Stift gehörige Zehntanteil war seit 1692 im pfandweisen Besitz der Freiherren von Gemmingen, ist aber schon 1726 durch die Güteradministration wieder zurückgelöst worden. Das übrige Drittel ist Würzburger Lehen geblieben. Teile davon waren bis 1363/65 nacheinander in Händen der Eberhard Rüdt von Bödigheim, Herold von Obrigheim, Siegfried von Venningen, Konrad von Sachsenheim, Konrad Rüdt von Collenberg und Johann von Hirschhorn, bis sie um die genannte Zeit kaufweise an die von Rosenberg gelangten; um 1420 komplettierten die Rosenberger ihr Drittel durch den Ankauf vormals Weinsberger Anteile.

Eine Schule hat es in Neckarzimmern wohl schon im 16. Jh. gegeben, und von 1646 datiert die älteste Schulordnung des Dorfes; ein Schulhaus wird jedoch erst 1781/82 erwähnt, als es darum ging, einen Neubau zu errichten.

Bevölkerung und Wirtschaft. – Um die Mitte des 16. Jh. war Zimmern mit rund 250 Einwohnern ein für seine Verhältnisse wohl recht stark bevölkertes Dorf. Die Einwohnerzahl ist mit gewissen Schwankungen bis zum Ausbruch des 30j. Krieges etwa konstant geblieben, dann aber bis 1649 um rd. ⅔ gesunken. Die anschließende Wiederbesiedelung ging nur langsam und nicht ohne Rückschläge vonstatten (1685 ca. 180, 1690 ca. 150, 1745 ca. 170). Erst 1777 war der alte Stand wieder knapp erreicht (ca. 230).

Schutzjuden der Ritterschaft sind für Neckarzimmern erstmals zum Jahr 1550 bezeugt (zwei Familien). Später hat ihre Zahl zugenommen, und zu Beginn des 19. Jh. hatte die örtliche Gemeinde bereits eine eigene Synagoge.

Auf der kleinen, bergigen und von viel Wald bestandenen Zimmerner Gemarkung hatte der bäuerliche Feldbau (Große Flur, Kleine Flur, Obere Flur, 1761) nur bescheidene Möglichkeiten. Dagegen hat der Weinbau im Dorf seit alters eine große Rolle gespielt; er war einer der hauptsächlichen Erwerbszweige der hiesigen Bevölkerung und hat überdies den besonderen Wert des offenbar sehr begehrten Zehnten ausgemacht. Eine Kelterordnung hat die Herrschaft im Jahre 1728 erlassen. Eine *schenckstatt* – vielleicht der *Schwanen* von 1761 – wird bereits 1602 erwähnt; eine Mühle bestand in Steinbach.

Burg Hornberg. – Burg Hornberg über dem Neckar ist vermutlich eine Gründung des 11. oder 12. Jh.; ihre Erbauer dürften die im Gebiet des mittleren und unteren Neckars sowie im Kraichgau reichbegüterten Grafen von Lauffen gewesen sein, von denen ein zwischen 1192 und 1243 bezeugtes edelfreies Geschlecht (bevorzugte Taufnamen: Arnold, Walter, Gerhard und Dietrich) Hornberg offenbar zu Lehen getragen und danach seinen Namen geführt hat. Vor der Mitte des 13. Jh. gelangte Konrad von Dürn über seine Heirat mit der Erbtochter Mechthild von Lauffen in den Besitz der Burg, die aber nach Konrads Tod schon 1259 durch seine Erben, die Brüder von Dürn und den Grafen Ludwig von Ziegenhain, wieder verkauft wurde. Käufer war Bischof Heinrich von Speyer, dessen Interesse an dem aus Speyerer Sicht sehr weit entlegenen Besitz, sich wohl nur im Zusammenhang mit seinen Ambitionen auf den Würzburger Bischofsstuhl (1254 ff.) erklären läßt. Wie einst die Lauffener Grafen, haben auch die Speyerer Bischöfe in den folgenden Jahrzehnten die Burg durch ihre Vasallen behüten lassen, jedoch handelte es sich bei diesen nicht mehr um Burgmannen hochfreien Standes, sondern um Ministerialen, zu denen wohl auch die Pfau bzw. die Horneck von Hornberg (vgl. Hochhausen) zählten. Größere Aufmerksamkeit fand die Burg in Speyer erst wieder zur Zeit des aus ihrer unmittelbaren Nachbarschaft gebürtigen Bischofs Gerhard von Ehrenberg, der offenbar bestrebt war, ausgehend von Hornberg und dem darunter gelegenen Weiler Steinbach (1341 Stadtrechte) am Neckar speyerische Herrschaft zu entfalten. Freilich ist dieser Versuch bereits im Ansatz steckengeblieben. Bis in die Mitte des 15. Jh. verpfändeten die Bischöfe ihr hiesiges Besitztum dann immer von neuem an verschiedene Familien des Kraichgauer Adels, an die Hohenhart, Ützlinger (vor 1393), Ehrenberg (1393), Helmstatt (1430, 1449), Talheim (1434), Sickingen (1452) und Venningen (vor 1467), bis Bischof Matthias Ramung die Burg 1467 mit ihren Zugehörungen als Erblehen an Lutz Schott verpfändete. Aber bereits um 1474 ist dem in württembergischen Diensten stehenden Schott sein Lehen im Zuge einer Fehde durch den Pfälzer Kurfürsten wieder entrissen worden. Während der folgenden dreißig Jahre hat Hornberg häufig den Besitzer gewechselt, immer in Kreisen des am Heidelberger Hof verkehrenden Adels; die speyerische Lehnshoheit ist dabei stets gewahrt geblieben: 1477 von Balzhofen, 1479 von Helmstatt, 1480 von Balzhofen, 1481 Horneck von Hornberg und von Flehingen, 1484 von Sickingen. Schließlich mußte Kurfürst Philipp infolge seiner Niederlage im Landshuter Erbfolgekrieg 1505 Hornberg den Erben des Lutz Schott restituieren. 1512 ist das Erblehen in ein Mannlehen umgewandelt worden, und 1517 hat Konrad Schott die Burg samt der zugehörigen Herrschaft für 6500 fl an Götz von Berlichingen mit der eisernen Hand verkauft. Götz hat auf Hornberg seinen Wohnsitz genommen und hier auch die langjährige Haft verbracht, mit der er für seine Verstrickung in den Bauernkrieg hat büßen müssen; auf Hornberg hat er dem Zimmerner Pfarrer Georg Gottfried seine Autobiographie diktiert, und auf Hornberg ist er am 23. Juli 1562 gestorben. Bis 1602 ist die Burg im Besitz der Familie Berlichingen geblieben, dann hat Heinrich von Heussenstamm sie gekauft, sie aber nur 10 Jahre lang behalten. 1612 versuchte der Speyerer Bischof, die Herrschaft Hornberg an das Deutschordenshaus Horneck in Gundelsheim zu verkaufen, um sie nicht wieder in prot. Hände geraten zu lassen, indessen stieß er beim Deutschen Orden nur auf wenig Interesse und verkaufte daher noch im selben Jahr an den luth. Reichsritter Reinhard von Gemmingen mit dem Beinamen »der Gelehrte«. Reinhards Nachkommen, den Freiherren von Gemmingen-Hornberg, gehört die Burg bis auf den heutigen Tag. Freilich hat die herrschaftliche Familie ihren Wohnsitz bereits um 1630 vom Berg ins Tal verlegt, und 1634 ist Hornberg von den Kaiserlichen geplündert, 1688/96 von den Franzosen vollends zerstört worden. Erst in unserem Jahrhundert hat man einen Teil der Gebäude in der Vorburg wieder zu Wohnzwecken hergerichtet.

Ungeachtet der seit alters bestehenden Lehnsbindung an das Hochstift Speyer waren Burg Hornberg und ihre Gemarkung bis zur Mediatisierung durch das Großherzogtum Baden im Jahre 1806 reichsunmittelbares, keiner Zenthoheit unterworfenes Territorium und beim Kanton Odenwald der freien Reichsritterschaft immatrikuliert. Zu Beginn des 19. Jh. gehörten dazu neben dem Burgareal mit Zwingern und Gräben rund 200 M Äcker in drei Fluren (Birken-, Mittlere- und Zwölfmorgenflur), 10 M Wiesen und 625 M Wald.

Die auf einem schmalen Bergsporn gelegene Burg Hornberg erstreckt sich über eine Länge von rund 170 m und hat ursprünglich wohl aus zwei getrennten Anlagen bestanden (1366 *duo castra Hornberg*), die offenbar erst im späten Mittelalter mit einer gemeinsamen Mauer umfangen worden sind. Als ältesten Bauteil wird man vermutlich den sog. Mantelbau am unteren Ende der Vorburg ansprechen dürfen, der zum heutigen Burghof hin ein besonders starkes Mauerwerk und im Obergeschoß nach O ein für die Datierung dieses Baus bedeutsames romanisches Fenster (2. H. 12. Jh.?) aufweist. Im übrigen stammen die vielfach modernisierten und umgestalteten Gebäude der Vorburg aus dem 16. bis 18. Jh. – Bei der mit mehreren Zwingern, Türmen und

Bastionen umgebenen, von einem 33 m hohen, halbrunden Bergfried überragten Hauptburg, die ebenfalls in das hohe Mittelalter zurückreicht, lassen sich aufgrund vieler Wappen und Inschriften sowie aufgrund einer reichen Ornamentik verschiedene Bauperioden des 14. bis 16. Jh. erkennen: Die Kapelle zu Füßen des Bergfrieds, die eine gemmingische Familiengruft birgt, ist um 1467/74 erbaut worden, und aus der gleichen Zeit datieren auch der äußere Zwinger mit einem nach W vorgeschobenen Geschützturm, die Bewehrung der Burg nach der Bergseite im N sowie das 1570 umgebaute Wohnhaus des Lutz Schott. Weitere Wohngebäude sind 1510 durch Konrad Schott und in den 1560er/70er Jahren durch die Nachkommen des Götz von Berlichingen errichtet worden. Einer Beschreibung des frühen 17. Jh. zufolge mußte *man erst durch vier thor ..., ehe man ins recht schloß kam*. – Noch heute wohnen auf Burg Hornberg, im Mantelbau der Vorburg, die Freiherren von Gemmingen; darüber hinaus sind in der Vorburg ein Hotel und die gemmingische Gutsverwaltung untergebracht.

Steinbach. – Der am gleichnamigen, die Hornberger Klinge heruntkommenden Bach gelegene, 1341 erstmals bezeugte Weiler *Steinbach* gehört seit alters zur Gemarkung des Dorfes Neckarzimmern, mit dem er sowohl herrschaftlich als auch kirchlich stets eine Einheit gebildet hat; 1777 von nur fünf Familien bewohnt (1685 3, 1745 4), hat er ursprünglich vielleicht nur aus einer allerdings erst 1602 erwähnten herrschaftlichen Mühle bestanden. Die von einer einzelnen Urkunde abgeleitete Vermutung, Steinbach könnte gegenüber Zimmern zeitweise der bedeutendere Ort gewesen sein, ist zweifellos nicht zutreffend. Wenn nämlich der Bischof von Speyer 1341 von Kaiser Ludwig dem Bayern für diese Siedlung und nicht für das benachbarte Zimmern ein Stadt- und Marktrechtprivileg (Wimpfener Recht) erbeten und erhalten hat, so besagt dies nur, daß er offenbar die Absicht hatte, zwar im Schutz seiner Burg Hornberg, aber unabhängig von bestehenden, seinen Plänen möglicherweise abträglichen innerdörflichen Besitz- und Rechtsverhältnissen eine neue Stadt anzulegen. Über die Zwecke, die der Bischof mit dieser nie in die Tat umgesetzten Stadtgründung verfolgt hat, läßt sich allenfalls spekulieren, jedoch scheint es naheliegend, darin den Wunsch nach Herrschaftsintensivierung und nach territorialer Expansion zu erkennen. Aus all dem ist freilich nichts geworden. Als Grundbesitzer und Gültberechtigte zu Steinbach begegnen im Jahr der Stadtrechtserteilung der Edelknecht Berthold von Angelloch, dessen Hornberger Burglehen mit einer hier gelegenen Hofstatt dotiert war, sowie später, im 16. und 17. Jh. das Stift Mosbach, das Frauenkloster Billigheim und die pfälzische Kellerei zu Neckarelz. Eine eigene Feldflur hatte Steinbach so wenig wie eine eigene Gemarkung oder eine eigene Gemeinde.

Stockbronn. – Der im NO von Burg Hornberg gelegene Stockbronner Hof hatte jahrhundertelang seine eigene Gemarkung, die erst 1925 im Verhältnis 3:2 den Gemeinden Neckarzimmern und Sulzbach (Wald) zugeschlagen worden ist. Zwischen 1517 und 1525 durch Götz von Berlichingen dem Mosbacher Julianenstift abgekauft, erlebte das Gehöft fortan dieselbe Herrschaftsentwicklung wie Hornberg, dem es als Meierhof zugehörte. 1761 bestanden die herrschaftlichen Güter zu Stockbronn aus rund 273 M Äckern in drei Fluren (Flur am Hof, Äußere Flur, Hässeltflur), 30 M Wiesen, 15 M Gärten und 778 M Wald; an Gebäuden gab es zu jener Zeit das 1756 ganz neu errichtete Meiereihaus, ein Jägerhaus mit Nebengebäuden, zwei Taglöhnerhäuser mit je zwei Wohnungen sowie ein Schafhaus. 1685 haben auf dem Hof drei Familien gelebt. Im N der Siedlung, im Gewann Hässelt, etwa 800 m hinter dem Odenwaldlimes hat man 1893 die Grundmauern einer römischen *villa rustica* ausgegraben.

Quellen und Literatur

Quellen, gedr.: *Bendel.* – CL. – *Eichhorn*, Dürn. – *Kollnig.* – *Malottki*, Hans von, Heinrich von Leiningen, Bischof von Speyer und Reichskanzler ⟨mit R⟩. Kallmünz 1977. – Lehnb. Würzburg 1 und 2. – ORh Stadtrechte. – REM 1. – UB MOS. – UB Bischöfe Speyer. – WUB 1–3, 5, 8–11. – ZGO 4, 1853; 11, 1860; 14, 1862; 22, 1869; 26, 1874; 32, 1880; 42, 1888 S. m26; 50, 1896; 60, 1906. **Ungedr.:** FLA Amorbach, Lagerb. der Hofmeisterei Billigheim 1654. – FrhBA Jagsthausen VI,8. – FrhGA Hornberg I/7/10 1/2, I/8/27, I/8/29; IX/11; XVII/12/9. – GLA Karlsruhe J/H Neckarzimmern 1; 43/174, Sp. 107; 44 von Berlichingen, von Gemmingen, von Heussenstamm; 66/5755, 10194, 10513; 67/284, 285, 296, 1004; 69 von Gemmingen-Treschklingen A2627, A2632, Rüdt von Collenberg 251; 166/70ff., 119–123, 126, 210, 247; 229/71878–934; 364/1771. – StA Wertheim U. – StA Würzburg, Würzburger Lehnb. 36, 43.
Allg. Literatur: *Hahn* S.390. – HHS S.363f. – *Hundsnurscher/Taddey* S.210f. – KDB IV,4 S.117–136. – *Krieger* TWB 1 Sp. 1048–50, 2 Sp. 274, 1075, 1096. – LBW 5 S. 298f. – *Müller*, Dorfkirchen S.57. – *Neumaier*, Reformation. – *Rommel*, Billigheim. – *Schaab*, Wingarteiba. – *Schannat*. – *Schuster* S.371f. – *Stocker* 2,3. – *Ulmschneider*. – *Wagner* S.393f., 397f.
Ortsliteratur: *Jäger*, Carl, Hornberg. In: *Gottschalck*, Friedrich, Die Ritterburgen und Bergschlösser Deutschlands. 6. Halle 1825 S.71–133. – *Abel*, Otto, Gemmingische Bibliothek zu Hornberg am Neckar. In: Archiv der Gesellschaft für ältere deutsche Geschichtskunde 11, 1858, 780f. – *Krieger*, Friedrich, Die Burg Hornberg am Neckar. Heilbronn 1869. – Bibliothek derer von Gemmingen-Hornberg auf Burg Hornberg a.N. ⟨Privatdruck⟩ Esslingen o.J. (GLA Karlsruhe Cx 4714). – *Zeller*, Adolf, Burg Hornberg am Neckar. Leipzig 1903. -*Heybach*, Karl F.G., Burg Hornberg im Neckartal. In: FBll 2, 1919 Nr. 3. – *Schuchmann*, Heinz, Schweizer Einwanderer in Neckarzimmern. In: Badische Familienkunde 4, 1961 S.97f. – *Obert*, Hanns, 1200 Jahre Neckarzimmern 773–1973. Neckarzimmern 1973. – *Bidermann*, Gottlob, Burg Hornberg. Wohnsitz des Ritters Götz von Berlichingen. Schwäbisch Hall 1980.
Erstnennungen: ON 773 (CL Nr. 2614), Frühmesse um 1464/65 (UB MOS Nr. 439), Burg Hornberg 1192 (WUB 2 Nr. 478), Steinbach 1341 (ORh Stadtrechte S.988), Stockbronn um 1517/25 (GLA Karlsruhe 229/71925).

181 *Guttenbach von Nordosten. Im Hintergrund Neckarbrücke und rechts des Flusses Neckargerach*

182 Guttenbach, Ortszentrum mit Dorfplatz und kath. Kirche
183 Guttenbach, Mörtelsteiner Straße
184 Neckargerach von Südosten

187 Neckarzimmern
mit der Neckarschleuse
von Südosten.
Im Hintergrund Neckarelz,
Diedesheim und Obrigheim

185 Neckargerach,
Blick von der Odenwaldstraße
zur Minneburg

186 Neckargerach,
ev. Kirche

188 Burg Hornberg und der Weiler Steinbach vom Neckar aus

189 Neckarzimmern, Ortsmitte an der Hauptstraße mit der ev. Kirche

190 Neckarzimmern, Unteres Schloß (Rathaus)

191 *Neckarkatzenbach von Südosten* 192, 193 *Minneburg* ▷

194 Neunkirchen von Südosten

195 Neunkirchen, kath. Pfarrkirche

196 Neunkirchen, Ortsbild mit den Türmen der ev. und kath. Pfarrkirchen

197 Asbach von Südosten. Im Hintergrund Daudenzell und Aglasterhausen

198 Asbach, ev. Kirche

199 Obrigheim, Ortsbild mit ev. Kirche

200 Mörtelstein von Nordosten

201 Obrigheim von Südosten. Im Hintergrund das Kernkraftwerk und jenseits des Neckars Binau (links) und Neubinau (rechts)

202 Obrigheim, Rathaus

203 Kernkraftwerk Obrigheim von der Gkg Binau aus

Neunkirchen

1595 ha Gemeindegebiet, 1560 Einwohner

Wappen: In Silber (Weiß) auf grünem Schildfuß eine rote Kirche mit rechtsstehendem Turm, auf dem Dach des Turmes und dem First des Schiffes je ein rotes Kreuz. – Das für den Ortsnamen »redende« Wappenbild begegnet schon im Gerichtssiegel des 18. Jh. und wurde in das 1908 von der Gemeinde auf Vorschlag des Generallandesarchivs angenommene Wappen übernommen. – Flagge: Grün-Weiß (Grün-Silber). Sie ist vom Landratsamt am 8.8.1989 verliehen worden.

Gemarkungen: Neckarkatzenbach (486 ha, 117 E.) mit Minneburger Ziegelei; Neunkirchen (1059 ha, 1441 E.) mit Leidenharterhof.

A. Natur- und Kulturlandschaft

Naturraum und Landschaftsbild. – Das Gemeindegebiet von Neunkirchen, das auch die Gemarkungsfläche von Neckarkatzenbach einschließt, umfaßt einen Teil des südwestdeutschen Schichtstufenlandes, dessen mesozoische Schichten als Folge der Odenwaldflexur gehoben und im Raum Neunkirchen nach N vom Nodosuskalk bis zum Plattensandstein nacheinander ausstreichen. Im NO grenzt das Gemeindegebiet in zwei Abschnitten, von der Burgruine Stolzeneck bis zur Finkenklinge und im O von der Wolfschlucht bis zur Minneburg, an den Neckar, dessen tief in das Schichtstufenland eingeschnittenes Tal hier eine natürliche Grenze bildet. Dazwischen ragt die Gkg Zwingenberg auf das linke Neckarufer herüber und auf die wellige Hochfläche hinauf, wo es am Förstel an das Gebiet Neunkirchens grenzt.

Der Neckar fließt östlich des Gemeindegebiets antezedent gegen das Schichtfallen in den jung gehobenen Odenwald hinein, was dazu führt, daß im N des Gemeindegebiets die größte Reliefenergie anzutreffen ist. So bildet die Höhe Am steinernen Kreuz (430 m NN) den höchsten Punkt des Gemeindegebiets auf der welligen Buntsandsteinplatte, in die der Neckar im O und N sein Tal tief eingegraben hat. Nur wenig östlich der Höhe fällt das Gelände bereits steil mit teilweise über 25° Neigung um mehr als 250 m zum Neckar (um 130 m NN) hin ab. Die Folgen dieses enormen Reliefs sind schluchtartige, steile Einschnitte in den Talhang, geschaffen durch kleine Bäche wie den Krösselbach, auch zu sehen am Beispiel der Finkenklinge oder der Wolfschlucht, die auf direktem Weg hinunter zum Neckar führen. Durch die erosive Kraft dieses Flusses und seiner Nebenbäche wurde hier ein mächtiges Schichtpaket mesozoischer Gesteine aufgeschlossen, das im N die Folgen vom Plattensandstein, der die wellige Hochfläche westlich des Neckars bildet, bis zum Unteren Buntsandstein umfaßt.

Augenfälliges Zeugnis ehemaliger antezedenter Talbildung des Neckars ist die alte Neckarschlinge von Neckarkatzenbach, in deren nördlichem Arm die östliche Gemeindegebietsgrenze verläuft. Durch die Hebung des Odenwalds und der damit verbundenen Gefällreduzierung war der nach N fließende Neckar zum Mäandrieren gezwungen worden und hatte sich tief in die alte, wenig reliefierte Landoberfläche eingeschnitten, bis gegen Ende des Altpleistozäns der Mittelberg (266 m NN) im O durchschnitten wurde und trockenfiel. Der nördliche Schlingenarm ist seither ca. 30 m mächtig verfüllt worden.

Mit Sicherheit war bei der Entstehung und auch beim Trockenfallen der Schlinge die mächtige, von Aglasterhausen über Neckargerach nach NO streichende Verwerfung von nicht geringer Bedeutung. Ohne daß ihre Sprunghöhe morphologisch nennenswert in Erscheinung träte, verwirft die Bruchlinie, die das Gemeindegebiet zwischen Neufeld (269,5 m NN) und Äußerem Merkel (ca. 270 m NN) schneidet, die nördliche Schichtenfolge um ca. 50 m gegen die südliche. Dies hat zur Folge, daß einzelne Reste der Muschelkalkstufe nördlich der tektonischen Linie in Reliefumkehr isoliert erhalten blieben, zu denen auf dem Gemeindegebiet auch das Neufeld (296,5 m NN) zählt. Nach N an diese Höhen anschließend bilden wie südlich von Neunkirchen die Röttone des Oberen Buntsandsteins das Anstehende.

Die rund 20 m mächtige Tonsteinfolge des Röts ist hier im südlichen Gemeindegebiet im allgemeinen mit Lößlehmen bedeckt, die sich auf der flachwelligen Hochfläche aufgrund der vergleichsweise geringen Erosionsraten erhalten konnten. Sie bieten der Bodenbildung noch vergleichsweise gute physikalische und chemische Ausgangsbedingungen und sind zudem relativ leicht zu bearbeiten. Stellenweise verhüllt das pleistozän angewehte, mehr oder weniger verwitterte Feinmaterial, welches rezent in die Tiefenlinien umgelagert wird, das durch die geringe Standfestigkeit der Röttone ohnehin nicht stark gegliederte subkutane Relief weitgehend, so daß weiche Oberflächenformen mit flachen Muldentälchen und konkaven Hängen, die zu den Rücken überleiten, dominieren. Dies alles kommt einer intensiven landwirtschaftlichen Nutzung entgegen, die den offenen Charakter des südlichen Gemeindegebiets ausmacht. Keine natürliche Grenze schränkt den Blick über Breitenbronn nach S oder nach O gegen Oberschwarzach ein. Statt dessen spiegelt das feinmaschige, die Gemeindegrenze überschreitende Wirtschaftswegenetz, dem von dem lößgeprägten Relief der Hochfläche kein wesentliches Hindernis entgegen gestellt wird und das die blockartig aufgeteilten Ackerflächen gut erreichbar macht, die enge landschaftliche Verbundenheit mit den Nachbargemeinden im S und im W wieder.

Nördlich von Neunkirchen und des Leidenharter Hofs schließen sich vom Neurott bis zum Förstel (380 m NN) weitere waldfreie, aber wie die Flurnamen belegen gegenüber dem Altsiedelland im S erst später gerodete Flächen an. Unter der hier mit zunehmender Höhe fast völlig abgetragenen Lößlehmdecke steht bereits der Plattensandstein des Oberen Buntsandsteins an, ohne daß die wenig widerständigen Schichten des Röts eine deutliche Stufe gebildet hätten. Dies führt in diesem Bereich zu vergleichsweise weniger fruchtbaren, teils tonig-schweren, teils sandigen Böden und begründet sicher auch die hier öfter anzutreffende Grünlandnutzung.

Der naturräumliche Wandel wird auch durch das allmählich weitmaschiger werdende Feldwegenetz, das im Förstel in das Forstwegenetz überleitet, wiedergegeben. Es durchzieht die großen, geschlossenen Wälder, die am nördlichen Ortsrand von Neunkirchen beginnen und das gesamte nordwestliche Gemeindegebiet bis zur Burgruine Stolzeneck sowie im W von Neckarkatzenbach den ganzen Schloßberg bis zur Minneburg bedecken. Mit Ausnahme des Forsts bei Mordstock (372 m NN) sind die Wirtschaftswege weitgeschwungen und lehnen sich eng an das Relief an, indem sie an den Steilhängen im W weitgehend mit den Isohypsen verlaufen und nicht selten in den Klingen enden. Die Forstwirtschaft ist Folge des anstehenden Plattensandsteins, auf dem die entstandenen Böden mit zunehmender Höhe immer weniger durch eine Lößauflage melioriert werden und deshalb für eine landwirtschaftliche Nutzung kaum mehr in Frage kommen. Die steilen Hänge, die ins ehemalige bzw. rezente Neckartal hinabführen, sind ohnehin bestenfalls forstwirtschaftlich in Wert zu setzen.

Dem offenen und abwechslungsreichen Landschaftsbild im S und SW des Gemeindegebiets, das die Verbundenheit mit dem östlichen Kraichgau unterstreicht, steht im N die geschlossene Waldlandschaft des Buntsandsteinodenwalds entgegen. Die naturräumliche Grenze zwischen zwei großen Landschaftseinheiten Südwestdeutschlands wird damit im Gemeindegebiet von Neunkirchen augenfällig.

Siedlungsbild. – Das kleine Dorf Neckarkatzenbach, das 1854 insgesamt 37 Wohnhäuser hatte, hat den überkommenen, bäuerlich geprägten Siedlungscharakter weitgehend gewahrt. Mit noch bäuerlichen Wohn- und Wirtschaftsgebäuden, die heute zwar nicht mehr in allen Fällen landwirtschaftlich genutzt werden, und mit seinen beiden, fast benachbarten kleinen Gotteshäusern, die bezeichnend sind für kurpfälzische Dörfer, in denen die Reformation und Gegenreformation durchgeführt wurden, liegt Neckarkatzenbach heute an der Odenwälder Museumsstraße und ist in mancher Hinsicht ein typisch ländliches Freilichtmuseum mit Haus- und Gehöftformen der Vergangenheit.

Außergewöhnlich ist die Siedlungslage am Prallhang und Hangfuß einer einstigen den Mittelberg umspülenden Neckarschleife. Ihr Steilhang wird im Siedlungsbereich von zwei Quellarmen des Krebsbachs und vom oberen Krebsbachlauf zerschnitten, der durch die ehemalige Neckarschleife südlich des Mittelbergs dem Neckar zustrebt, in den er bei Guttenbach einmündet.

Der haufendorfartige Ortskern liegt im unteren Talbereich an der unteren, am Prallhang in Richtung Neunkirchen hinaufziehenden Neckarstraße und an der von ihr abzweigenden Brunnenstraße bis zur Krebsbachbrücke. Unterschiedliche Hofgrundrisse bringen Abwechslung in seinen Aufriß. Im Bereich des Finkenhofs fallen größere Gehöfte mit Wirtschafts- und Wohnbauten in Fachwerkmanier auf wie im Anwesen Brunnenstr. 8. Gegenüber im Anwesen Nr. 7 sticht ein an der Brunnenstraße traufseitig stehendes gestelztes Eindachhaus hervor. Das Anwesen Nr. 11 ist ein aus einem gestelzten Wohnstallhaus und einer unmittelbar daran angebauten Scheune zusammengesetztes Streckgehöft, das sich ebenfalls in Traufseitenposition befindet. Wohnstallhäuser mit einem Stall im Erd- und Wohnräumen im Obergeschoß prägen das Bild mehrerer bäuerlicher Anwesen, so auch südlich der Krebsbachbrücke (z. B. Anwesen Brunnenstr. 15), wo die landwirtschaftliche Bebauung bis zum Ortsrand reicht. Mitentscheidend für das Bild des Ortsmittelpunkts unterhalb des steilen Prallhangs ist ein weiterer gestelzter Bau, das Gasthaus zur Krone, mit einer steilen zweiseitigen Außentreppe zum Obergeschoß. Weitere Gehöftgrundrisse wie eine gepflegte und modernisierte Dreiseitanlage an der Brunnenstr. 5, Dreiseit- und Dreikantgehöfte wie beim Gasthaus zum Goldenen Adler an der Neckarstraße, im Winkel von östlicher, nach Guttenbach weiterführender Neckar- und Brunnenstraße sowie an der inneren Brunnenstraße, ferner ein winkliges Zweiseitgehöft, wiederum mit gestelztem Wohnstallhaus, im Anwesen Brunnenstr. 4 bringen Abwechslung ins Dorfbild. Die häufige Verwendung von Buntsandstein an Sockel- und Erdgeschossen, die oft zu beobachtende Fachwerkbauweise an Wohnobergeschossen sowie an Scheunen und Ställen bewirken dann aber auch wieder gleichartige Aufrißelemente aus bodenständigen Baumaterialien, die dem Dorf sein althergebrachtes, aus früheren Zeiten überliefertes Aussehen bewahrt haben.

An der Abzweigung des Minneburgwegs in nördlicher und der Brunnenstraße in südlicher Richtung entstand an der unteren Neckarstraße um ein Kriegerdenkmal in der Gestalt eines polygonalen Buntsandsteinblocks, dessen kuppelartigen Abschluß eine Adlerskulptur ebenfalls aus Buntsandstein schmückt, ein kleiner Dorfplatz. Das benachbarte Gasthaus zum Goldenen Adler mit hohem Sockelgeschoß und zweiseitiger Buntsandstein-Außentreppe und dem zugehörigen großen Gehöft verleiht diesem

Ortsbereich ein gewisses architektonisches Gewicht, das noch durch die nördlich am Hang hoch darüberstehende *ev. Kirche* unterstützt wird. Dieses malerische, ursprünglich als Wallfahrtskirche geplante, kleine Gotteshaus ist der spätgotische Chor einer nie vollendeten Kirche mit einem viereckigen Dachreiter mit Spitzhelmdach. Es steht in der Nachbarschaft des am Hang angelegten Friedhofs mit einer modernen, flachen Aussegnungs- und Leichenhalle mit Mauern aus Odenwaldsandstein. Die um die Mitte des 18. Jh. erbaute, barocke *kath. Kirche* steht am Hang westlich oberhalb des Dorfes und ist ein kleiner, weiß verputzter Saalbau mit jeweils zwei buntsandsteingefaßten seitlichen Rundbogenfenstern, einem mehreckigen Ostchor mit nördlichem Sakristeianbau. Am Westgiebel fallen über dem überdachten Eingang eine leere Rundbogennische und zwei Rundfenster auf. Sein verschieferter und ebenfalls spitzhelmbesetzter Dachreiter verleiht ihm viel Ähnlichkeit mit dem älteren Kirchenbau. Durch ihre erhöhte Lage über dem Dorf gestalten sie beide das Ortsbild entscheidend mit.

Ein herausragendes Gebäude an der westlichen und oberen Neckarstraße ist das ehemalige *Rat- und Schulhaus* von 1843, hinter dem das moderne Feuerwehrgerätehaus steht. Zwei Eingänge zum Schul- und Verwaltungstrakt, dazwischen der Grundstein mit der Jahreszahl 1843, und zwei Geschosse mit hohen Fenstern unter einem mächtigen Walmdach mit aufgesetzter Sirene bestimmen sein Äußeres.

Unmittelbar südlich der Minneburg liegt in der einstigen Neckarschlinge nordöstlich des Mittelbergs die ehemalige *Ziegelhütte*, heute eine weilerartige Gruppe von Wohnhäusern und ins 19. Jh. zurückreichenden Gehöften.

Neunkirchen, der Hauptort der Gemeinde, ist heute eine durch Neubaubereiche ausgedehnte Siedlung, die auf der weitgehend lößlehmbedeckten Hochfläche des Oberen Buntsandsteins im Quellbachbereich des Schwarzbachs liegt. Hochflächige bis flachmuldige Siedlungsteile wechseln sich ab. Das durch die einstige Marktfunktion im Aufrißbild vielgestaltige, teils fast städtisch wirkende alte Dorf mit seinen kirchlichen Zentren dehnt sich südlich der Schwarzbachmulde aus, in die sich die nördlich anschließende alte Bebauung entlang der Schwanheimer Straße, Sofien-, Tal- und inneren Bergstraße mit Gebäuden aus dem vorigen Jahrhundert und bis in die Zwischenkriegszeit noch hineinschiebt. Eine ausgedehnte, wiederum auf hochflächige Lagen übergreifende Bebauung entstand im N mit weiträumigen Neubaugebieten beiderseits der oberen Schwanheimer Straße bis an den Waldrand und weiter im O am Eichwaldring und an der Südmährerstraße.

Der *alte Ortskern* auf der Hochfläche südlich des Schwarzbaches ist dicht bebaut und macht vom Grundriß her einen unregelmäßigen, haufendorfartigen Eindruck. Seine Hauptachse ist die mehrfach abgewinkelt den Ort durchziehende Hauptstraße. Östlich der kath. Kirche tritt sie von Neckarkatzenbach kommend und am Friedhof vorbeiziehend in das alte Dorf ein. Im S zieht sie an dem wuchtigen und dort entscheidend das Ortsbild prägenden Gotteshaus vorbei, schwenkt dann nach NW um und berührt das eigentliche Siedlungszentrum mit der ev. Kirche und dem Rathaus. Nördlich davon biegt sie dann in südwestlicher Richtung, an der neuen Schule vorbei, nach Oberschwarzach um. An ihren Umbiegungen führen im S des alten Dorfes die Breitenbronner, im NW die Schwanheimer Straße weiter. Zusammen mit der inneren Hauptstraße bilden sie so eine die obere Schwarzbachmulde in SO-NW-Richtung querende Achse, die im NW auch zum Ansatzpunkt einer flächenhaften Neubebauung wurde. Im N und O legt sich die Luisenstraße um den Rathausbereich, die innere Kronenstraße und die beiden Kirchbezirke bogenförmig herum und bestimmt so die östliche Begrenzung des alten Siedlungskerns.

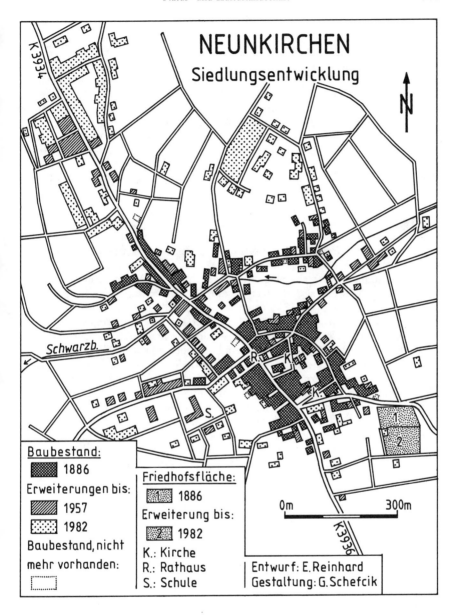

Den eigentlichen *Ortsmittelpunkt* bilden baulich und funktional die innere Hauptstraße und die von ihr abzweigende, etwa ostwärts führende Kronenstraße. Die architektonisch hervorstechenden Baulichkeiten sind das Gebäude der Gemeindeverwaltung und das ev. Gotteshaus. Das *Rathaus* ist ein dem Jugendstil verpflichtetes, zweigeschossiges Buntsandsteinbauwerk mit steilen Staffelgiebeln und einem nur wenig aus der der Hauptstraße zugewandten Längsfront heraustretenden Mittelrisalit, an dem eine zweiseitige Außentreppe zum Haupteingang hinaufführt. Auffallend ist die saubere Verarbeitung der glatten Sandsteinquader, die sich deutlich von den nur grob behauenen Sandsteinen am hohen Sockel des Gebäudes unterscheiden. Die in unmittelbarer Nachbarschaft auf hohen Stützmauern über der Hauptstraße aufragende *ev. Pfarrkirche*, die am Schlußstein über dem Westeingang die Jahreszahl 1843 erkennen läßt, steht an der Stelle eines mittelalterlichen Gotteshauses. Das hell verputzte Gebäude mit hohen seitlichen Rundbogenfenstern hat braunrote Fenstergewände und Sockelsteine, einen Buntsandstein-Ostchor, -Sakristeianbau im NO und einen viergeschossigen, schlanken Glockenturm im SO. Sein auf quadratischem Grundriß stehendes Erdgeschoß zeigt eine Muschelkalkmauerung. Über dem Glockengeschoß mit abgeschrägten Ecken ragt ein verschiefertes Helmdach auf, das in eine offene Laterne übergeht.

Die innere Hauptstraße und die beim Rathaus von ihr ostwärts abzweigende Kronenstraße bilden das *funktionale Zentrum* der ausgedehnten Siedlung. Neben der Gemeindeverwaltung sind es vor allem Kaufläden, die Post und Gaststätten, die ihm zentrale Aufgaben für den gesamten Ort und ein vielfältiges Aufrißbild verleihen. Der heutige Baubestand ist fast ausnahmslos alt und reicht zumindest ins 19. Jh. zurück. An der Kronenstraße wurden alte Häuser zum Teil durch Neubauten ersetzt. Auffallend sind neben den Geschäften Fachwerkbauten, teils mit überkragenden Obergeschossen wie im Anwesen Hauptstr. 38 oder an der Hauptstr. 32 an einem Wohnhaus von 1837/8. An der Hauptstr. 40 führt ein wuchtiger Buntsandstein-Treppenaufgang ins erste Geschoß über einem hohen Sockel mit Rundbogenfenstern. Bezeichnend für das Straßenbild an der inneren Hauptstraße sind die hinter den Wohnhäusern, abseits der Straße angeordneten bäuerlichen Wirtschaftsgebäude, so daß zwei- und dreiseitige Gehöfte, oft in einem zusammenhängenden baulichen Verbund, entstanden sind. Einige dieser auch heute noch landwirtschaftlich genutzten Anwesen haben moderne Anbauten an den Rückseiten. Auch zum Gasthaus »Goldenes Herz« schräg gegenüber dem Rathaus gehört ein landwirtschaftlicher Betrieb. Ein malerisches Bild bewirken zwei weitere Fachwerkhäuser an der Abzweigung der Kronenstraße. In dem Wohn-Geschäftshaus Kronenstr. 1 mit einem Fachwerkobergeschoß befindet sich eine Metzgerei. Das benachbarte Fachwerkhaus Kronenstr. 3 läßt im Erdgeschoß eine große Durchfahrt zu dem dahinterstehenden Wirtschaftsgebäude erkennen. Mit dem Gasthaus zum Engel und einem weiteren Wohn-Geschäftshaus mit einem modernen Lebensmittelladen kommen dann auch ganz neue Elemente ins innerörtliche Aufrißbild.

Gegen den SO-Rand des alten Dorfes steht abseits vom funktionalen Zentrum die *kath. Pfarrkirche* im Winkel von Haupt- und Luisenstraße. Der hohe und steilgiebelige, in neuromanischen Formen gehaltene Kirchenbau erhält vor allem durch seinen schlanken, aus dem Westgiebel herauswachsenden Glockenturm, dem ein polygonaler Spitzhelm aufsitzt, und durch seinen schmaleren und niedrigeren Ostchor sein spezifisches Gepräge. An der an der Südseite des Chors heraustretenden zweigeschossigen Sakristei unter einem flachen Walmdach wurde 1929 eine Gedenktafel aus Buntsandstein für die 1769 in Neunkirchen geborene, als Liedersammlerin bekannt gewordene Auguste Pattberg eingemauert. Unweit dieses Gotteshauses, vor dessen Westfront sich entlang der südlichen Hauptstraße ein großer Platz öffnet, fällt dann an der Luisenstraße das einstige kath. Schulhaus auf, ein hoher dreigeschossiger Bau von 1842 mit Sockelsteinen, Tür- und Fenstergewänden aus Buntsandstein. Heute dient er dem örtlichen *Heimatmuseum.*

Natur- und Kulturlandschaft 343

An der westlichen Hauptstraße sticht im Nahtbereich von älterer, teils noch landwirtschaftlicher Bebauung und von junger Ortserweiterung in einem großflächigen Winkelbau die *neue Schule* mit einer eingegliederten Turnhalle heraus. Die westlich angrenzende junge Ortserweiterung an der Neubaustraße Auf der Wacht wird durch zweigeschossige Einfamilienhäuser unter Giebeldächern bestimmt. Auffallend ist am Westrand ein villenartiger Bau mit einer Zahnarztpraxis.

Einfamilienhäuser bestimmen weitgehend auch die *ausgedehnten Neubaubereiche im N der Siedlung*. An der äußeren und oberen Schwanheimer Straße fallen unter ihnen auch Doppelhäuser auf. Östlich von ihr lassen sich zwischen den überbauten Grundstücken noch unbebaute, bisher als Wiesenland genutzte Flächen erkennen wie z. B. am Zeilweg. Die Zier- und Rasengärten der nördlichsten Reihe von freistehenden und sehr individuell gestalteten Einfamilienhäusern erstrecken sich bis zum Waldrand. Unter der ein- und zweigeschossigen Wohnbebauung hebt sich ein großzügig gestaltetes Park- und Sporthotel heraus, das mit den zugehörigen Tennisplätzen und Liegewiesen von der Waldrandlage profitiert. Sein Gebäudekomplex in der Gestalt einer Winkelanlage mit einem dreistöckigen Haupttrakt paßt sich gut in die umgebende Wohnbebauung ein. In der Nachbarschaft des Hotels steht ebenfalls am Waldrand in einem zweigeschossigen Winkelbau ein kleines Altenheim. Dieser sonst als reines Wohngebiet genutzte junge Erweiterungsbereich überdeckt nördlich der Schwarzbachmulde die gesamte Flur »Zeil«. In den einstigen Fluren »Eichwald« und »Heuacker«, die sich östlich einer als Wiesenland genutzten Quellmulde (»Wurzenwiesen«) ausdehnen, erwuchs im Anschluß an das alte Dorf ein weiteres Neubaugebiet. Eine verhältnismäßig dichte Bebauung mit ein- und zweigeschossigen Einfamilienhäusern unter Giebel- und Walmdächern herrscht an der Südmährerstraße, am Eichwaldring und an der Waldstraße vor. Rohbauten und noch freie Baugrundstücke künden auch dort von einer noch nicht abgeschlossenen Ortserweiterung.

Auf der hochflächigen Rodungsflur nordöstlich des Dorfes steht ein Aussiedlerhof in der Gestalt eines modernen Gehöftes mit mehreren Gebäuden. Am Westrand des den Minneburgsporn zwischen Neckar und einstiger Neckarschlinge um den Mittelberg überdeckenden Waldes »Herschhaag« und »Schloßberg« liegt der *Leidenharterhof*, eine ins Mittelalter zurückreichende, weilerartige Gehöftgruppe.

Bemerkenswerte Bauwerke. – Neckarkatzenbach: Die heutige *ev. Kirche* ist der Chor einer 1511 begonnenen Wallfahrtskirche, deren Bau durch die Ereignisse der Reformation ins Stocken geriet. An den Langchor, dessen Triumphbogen vermauert ist und der später den heutigen Hauptzugang erhielt, schließen drei Seiten mit Spitzbogenfenstern den flachgedeckten Kirchenraum. Der First trägt einen Dachreiter.

Die der Muttergottes geweihte *kath. Kirche* wurde 1749 als kleiner Barockbau ohne großen Aufwand errichtet.

Neunkirchen: *Ev. Pfarrkirche:* Die mittelalterliche Bartholomäuskirche wurde weitgehend abgerissen, als gegen Ende des 18. Jh. ein Umbau stattfand, der 1791 vollendet war. 1890/91 wurde die Kirche erneut nach Plänen von Behaghel umgebaut und im wesentlichen das heutige Bild hergestellt. Sie trägt die charakteristischen Merkmale der historisierenden Baukunst zur Schau. Der schlanke Turm mit Laternendach könnte noch Reste des gotischen Vorgängerbaues bewahrt haben.

Kath. Pfarrkirche: Die wie die mittelalterliche Kirche dem hl. Apostel Bartholomäus geweihte Pfarrkirche wurde 1851 im historisierenden Stil als Saalbau mit flacher Decke, Chorpolygon und Frontturm errichtet.

Die *Minneburg* ist eine der eindrucksvollsten Ruinen des Neckartales. Durch die Topographie war im S und im W ein Halsgraben erforderlich. Nach O und N fällt das Gelände steil ab. Die Vorburg liegt wesentlich tiefer als die Hauptburg. Die äußere Ringmauer mit vier teilweise erhaltenen Rondellen wurde 1522 von dem bekannten Baumeister Hans (Stainmüller) von Wertheim begonnen. Der Kern der Hauptburg mit Schildmauer und dem teilweise erhaltenen Bergfried datiert aber ins 13. Jh. als die Hofwart von Kirchheim die Burg besaßen. Das Mauerwerk ist in Bruchsteintechnik mit einzelnen Rustikaquadern, besonders an den Ecken, errichtet. Die größeren Steine wurden mit der Zange versetzt.

Der Palas wurde wie die Ummauerung 1521 errichtet, als Wilhelm von Habern die Burg innehatte. Er ist dreigeschossig mit einem polygonalen Treppenturm in der Mitte. Über eine steinerne Wendeltreppe waren die Geschosse zugänglich. Auf der einen Giebelseite ist ein dreigeschossiger Erkeranbau, der über dem Zwinger auskragt, ein besonderes Schmuckstück. Auf der anderen Giebelseite sind Kragsteine eines Aborterkers noch erhalten. 1560 wurde die Burg Sitz einer kurpfälzischen Kellerei. Im 30j. Krieg dürfte sie zerstört worden sein.

Burg Stolzeneck: Die Ruine der mittelalterlichen, bis ins 13. Jh. zurückreichenden Burg liegt etwa 60 m über dem linken Neckarufer und gehört seit 1.1.1979 zur Gkg Neunkirchen, vorher Gkg Schwanheim (Rhein-Neckar-Kreis). Die Hauptburg wurde über polygonalem Grundriß mit einer bis zu 2,70 m dicken Mantelmauer gegen die Hauptangriffsseite errichtet. Eine Zwingermauer umgibt die Hauptburg. Zur Neckarseite erstreckt sich die Vorburg, ebenfalls von einem polygonalen Mauerzug umgeben. Von ihren Gebäuden ist nur der Grundriß eines kleineren rechteckigen Gebäudes an der Mauer erhalten, dessen Bestimmung ungewiß ist. Die übrige Bebauung, Stallungen und Wirtschaftsgebäude dürften in Fachwerkkonstruktion errichtet gewesen sein.

In den Schloßhof gelangt man durch ein gotisches Spitzbogenportal nahe bei der Schildmauer. Diese ist über 20 m hoch erhalten. Da die Burg keinen eigentlichen Bergfried hat, fällt der Schildmauer auch diese Aufgabe zu. In die Mauer führt vom Eingang in halber Höhe, der heute über eine eiserne Treppe erreicht werden kann, eine Treppe auf den Wehrgang. Der untere Teil der Mauer ist mit Buckelquadern, die mittels Zange versetzt wurden, gemauert. Darüber Bruchsteinmauerwerk mit einzelnen Bossenquadern. Vom Wehrgang der Schildmauer konnte man den Palas erreichen, ein viergeschossiges, heute ausgebranntes Gebäude, das 1509 von Philipp von Seldeneck nach der Zerstörung von 1504 im pfälzisch-bayerischen Erbfolgekrieg wieder aufgebaut worden war. Zerstört wurde die Burg nachdem sie 1612 pfälzisch geworden war.

B. Die Gemeinde im 19. und 20. Jahrhundert

Bevölkerung

Bevölkerungsentwicklung. – Zwischen 1807 und 1845 stieg die Einwohnerzahl in Neunkirchen von 730 auf 1124, in Neckarkatzenbach von 136 auf 234 E. an. In den Notjahren um die Jahrhundertmitte mußte diese Übervölkerung zu Auswanderungen führen. Aus Neunkirchen sind zwischen 1845 und 1855 allein 300, aus Neckarkatzenbach 54 Auswanderer amtlich belegt. Die meisten wurden aus der Gemeindekasse unterstützt. Während in Neckarkatzenbach bis zum 1. Weltkrieg die Einwohnerzahl bei leichten Schwankungen insgesamt weiter abnahm, stieg sie in Neunkirchen trotz einer Abwanderungswelle zwischen 1870 und 1890 aus der »von einem Verdienst entfernten und stark bevölkerten Gemeinde« wieder auf den Stand von 1845 an. In den Jahren zwischen den Kriegen bewirkten Abwanderung und Geburtenrückgang Bevölkerungsverluste. Der 1. Weltkrieg hatte in Neunkirchen 46, in Neckarkatzenbach 11 Opfer gefordert. Größer waren die Verluste im 2. Weltkrieg mit 65 und 15 *Gefallenen*. Während des Krieges waren *Evakuierte* aus Mannheim, Düsseldorf und Dortmund eingewiesen. Nach dem Krieg kamen Vertriebene aus Ungarn, Schlesien, Jugoslawien und der CSSR. Sie waren in Neunkirchen zunächst im Gasthaus »Rose« und einer Baracke untergebracht, bis die Siedlung an der Schwanheimer Straße gebaut war.

Die Gemeinde im 19. und 20. Jahrhundert   345

1950 machten die 481 *Heimatvertriebenen* fast ein Drittel der Einwohnerschaft aus. 1961 war fast die Hälfte der Neubürger wieder weggezogen. Noch 267 von ihnen wohnten hier, außerdem 22 *SBZ-Flüchtlinge*. Der Einwohnerverlust wurde im nächsten Jahrzehnt durch Geburtenüberschüsse und Wanderungsgewinne teilweise ausgeglichen. Etwa seit 1970 aber hörten die Geburtenüberschüsse auf. Daß die Einwohnerzahl zwar schwankt, aber keine ausgesprochen sinkende Tendenz zeigt, geht auf Zuwanderung zurück. Am Tag der letzten Volkszählung, dem 25. Mai 1987, hatten in der Gde Neunkirchen 1558 Personen ihre Hauptwohnung, 1631 Personen waren dort wohnberechtigt. Von den 1558 E. wohnten 1441 in Neunkirchen und nur 117 in Neckarkatzenbach. Damit hatte sich gegenüber dem Beginn des 19. Jh. die Einwohnerzahl in Neunkirchen verdoppelt, in Neckarkatzenbach jedoch verringert. Nur wenige *Ausländer* leben in der Gemeinde. 1970 waren es 24 Personen, 1984 dann 38 Personen, darunter 35 Türken. 1987 wohnten 43 Ausländer in der Gemeinde.

Konfessionelle Gliederung. – Zu Beginn des 19. Jh. waren die Bewohner Neunkirchens zu ⅔ reformiert, knapp ⅓ katholisch. In Neckarkatzenbach waren 77 von 136 E. reformiert, der Rest katholisch. Nach 1845 scheinen hier besonders viele Katholiken ausgewandert zu sein, denn ihr Anteil fiel von 43 % (1845) auf 32 % (1900). In Neunkirchen dagegen nahm der kath. Teil langsam zu (1900: 35 %). Das Zusammenleben der beiden Konfessionen war hier Ende des 19. Jh. gestört. Zuerst fühlten sich die Katholiken zurückgesetzt, weil der gesamte Gemeinderat protestantisch war, später entwickelten sie unter der Führung des kath. Ortspfarrers einen stärkeren Einfluß im Dorf, dem der zaghafte ev. Pfarrer nichts entgegenzuhalten hatte. 1912 wird wieder von Zufriedenheit und Eintracht berichtet. Die kath. Einwohnerschaft wurde nach dem 2. Weltkrieg durch die Heimatvertriebenen und andere Zuwanderer verstärkt und machte 1987 40,7 % aus. Mit 54,3 % blieben die Angehörigen der ev. Kirche stärkste Konfessionsgruppe. 1,6 % der Einwohner gehörten islamischen Religionsgemeinschaften an.

Soziale Gliederung. – Nach Auswanderung der Ortsarmen und Überwindung der Revolutions- und Hungerjahre konnte sich in Neckarkatzenbach ein bescheidener Wohlstand entfalten. 1854 lebten hier 20 bäuerliche, 8 gewerbetreibende und 7 Taglöhnerfamilien, die alle ihr Auskommen hatten. Nur selten war ein Armer zu unterstützen, obwohl zu Nebenverdienst auch in der Folge kaum Gelegenheit war. Die Bevölkerung wird als ruhig, fleißig und sparsam geschildert. Noch 1961 lebte gut das halbe Dorf, 1970 noch fast 1/3 von Land- und Forstwirtschaft. In Neunkirchen dagegen herrschte trotz Auswanderung immer wieder Armut. Allerdings wurde den Bewohnern häufig Vergnügungssucht, Krakeelerei und ein Hang zum Wirtshausleben vorgeworfen. Andererseits fehlte es an Verdienstmöglichkeiten für die zahlreichen landlosen Einwohner. 1850 ernährte sich die Bevölkerung von unbedeutenden Gewerben und Feldbau, »nicht weniger auch von Gewohnheits- und Erwerbsfrevel«. 1851 standen den 57 Landwirten 50 Gewerbetreibende, 53 Taglöhner und 13 Gewerbegehilfen gegenüber. Dieses Verhältnis galt auch noch 1865. Damals waren 20 Familien völlig ohne Vermögen, 8 lebten im Armenhaus. So wenig wie die Taglohnarbeit, meist außerhalb aufgesucht, reichte das Kleingewerbe zum Leben aus, besonders seit die Neunkirchener Märkte nicht mehr besucht wurden. Nur kurze Zeit halfen Besenbinderei und Holzwarenherstellung, bis der Absatz nachließ. Nach 1880 fand ein Teil der Taglöhner Arbeit in den Fabriken in Aglasterhausen und Unterschwarzach. Der Haupterwerb der Unbemittelten bestand im Beerensammeln und Hausierhandel. Nach dem 1. Weltkrieg scheint die Lage etwas besser gewesen zu sein. 1920 war niemand arbeitslos. Allerdings hingen die Arbeiter von den Fabriken der Umgebung ab. 1925 arbeiteten 72 von

77 Arbeitern auswärts. 1970 war der Auspendleranteil mit 49 % der Erwerbstätigen in Neunkirchen (und 44 % in Neckarkatzenbach) nicht mehr außergewöhnlich hoch, da sich nach dem Krieg 2 Industriebetriebe angesiedelt hatten. Von hauptberuflicher Landwirtschaft hatten schon 1895 nur 55 % der Neunkirchener gelebt, 1939 noch 34 % und 1970 10 %. Das Produzierende Gewerbe steigerte dennoch seinen Anteil nur unwesentlich von 33 % (1895) über 34 % (1939) auf 47 % (1970). Dagegen verdoppelten sich die Anteile der von den Sonstigen Wirtschaftsbereichen und der von Renten etc. Lebenden schon zwischen 1895 und 1939 und nochmals bis 1970 (auf 13 und 25 % der Bevölkerung). 1987 lebten 43,2 % der Bevölkerung überwiegend von eigener Erwerbstätigkeit, 21,2 % von Rente, Pension, Arbeitslosengeld und 35,6 % vom Unterhalt durch Eltern, Ehegatten usw. Von den Erwerbstätigen arbeiteten fast gleich viele im Produzierenden Gewerbe (41,9 %) und in den übrigen Wirtschaftsbereichen (41,2 %), 12,4 % in Handel, Verkehr und Nachrichtenübermittlung und immerhin noch 4,5 % in der Land- und Forstwirtschaft.

Politisches Leben

Die Revolution von 1848/49 fand in Neunkirchen, offenbar unter dem Einfluß von Aglasterhausen, viele Anhänger. Nachhaltig war die revolutionäre Gesinnung wohl nicht, denn 1858 weiß der Eberbacher Amtmann »nichts Nachteiliges« zu berichten. Tatsächlich ging 1868 nur die nationalliberal gesinnte Hälfte der Wahlberechtigten zur letzten Zollparlamentswahl, während in Neckarkatzenbach 80 % wählten: zu ⅔ nationalliberal, zu ⅓ die kath. Volkspartei. In Neunkirchen blieben bei den *Reichstagswahlen* die Zentrumsstimmen vor 1900, als ein politisch abstinenter kath. Pfarrer amtierte, unter dem Anteil, der den Katholiken im Ort entsprochen hätte. Nationalliberale und/oder Konservative, letztere von der starken Gruppe pietistischer Protestanten unterstützt, erreichten absolute Mehrheiten, 1898 erhielten Sozialdemokraten und Antisemiten mehr Stimmen als das Zentrum. Während in Neckarkatzenbach weiterhin Konservative und Nationalliberale als Wahlsieger wechselten, gab es nach 1900 bis 1912 in Neunkirchen keine klaren Mehrheiten. Es dürfte auf den Einfluß des streitbaren Pfarrers Zimmermann zurückzuführen sein, daß 1903 und 1912 (1907 wurde kein Zentrumskandidat aufgestellt) das Zentrum etwa ⅓ der Stimmen bekam. Daneben baute die SPD ihre Stellung aus (1912: 31 %), setzte sich aber in den Wahlen der Weimarer Republik nicht mehr durch. In beiden Dörfern zeigten sich in den ersten Wahlen nach 1918 Zentrum und Deutschnationale Volkspartei etwa gleich stark (etwa je ⅓ der Stimmen). Neckarkatzenbach wählte bei geringer Beteiligung schon 1928 zu 40 % NSDAP, im November 1932 zu 54 %, Neunkirchen 1928 erst 11 %, 1932 dann 44 %.

Seit 1949 ist in der heutigen Gemeinde die CDU stärkste Partei mit *Bundestagswahlergebnissen* über 40 % der gültigen Zweitstimmen, häufig auch mit knappen absoluten Mehrheiten, besonders in Neckarkatzenbach. Die SPD konnte ihre zunächst schwache Wählerschaft (1949: 10,3 %) ausbauen und erreichte bei den letzten Wahlen mehr als 30 % (1980: 42,6 %), weniger zu Lasten der FDP/DVP, die nur von 11,3 % (1949) fast stetig auf 7,8 % (1987) absank, als zu Lasten der kleineren Parteien wie Notgemeinschaft, BHE und NPD. Die Grünen erreichten erst 1987 mehr als 5 % (7,8 %). Das Gesamtergebnis der Bundestagswahl 1990 ist im Anhang dargestellt. CDU (34 Mitglieder) und SPD (ca. 30 Mitglieder) haben seit 1970 örtliche Organisationen in Neunkirchen.

Die Gemeinde im 19. und 20. Jahrhundert 347

Wirtschaft und Verkehr

Land- und Forstwirtschaft. – Obwohl man sich in Neunkirchen um eine intensive Landwirtschaft bemühte, herrschte um 1865 noch Flurzwang auf den besseren Böden der Gemarkung, weil es an Feldwegen fehlte. Die verbesserte Dreifelderwirtschaft hielt sich in beiden Dörfern bis in die ersten Jahrzehnte des 19. Jh. Kunstdünger wurde trotz zeitweise hoher Preise schon früh eingesetzt, da der Stalldung nicht ausreichte. Schon um 1858 führten die meisten Bauern den fortschrittlichen Brabanter Pflug. Um 1870 gab es in Neunkirchen mehrere Rübenschneidmaschinen. Bis zum 2. Weltkrieg war etwa ¼ der Flur *Wiesenland*. Seine Bewässerung war eine Gemeinschaftsaufgabe, an der beide Gemeinden über Jahrzehnte immer wieder scheiterten. Nach 1949 veränderte sich die Wiesenfläche nur wenig, aber das Ackerland wurde eingeschränkt. 1987 waren ⅔ der LF der landwirtschaftlichen Betriebe Ackerland, ⅓ Grünland. Auf dem *Ackerland* standen um 1850 hauptsächlich Hafer, Gerste, Spelz und Raps. Seit 1870 steigerte man den Futterbau, zumal als nach der Flurbereinigung der Flurzwang wegfiel. Um 1930 waren von den 501 ha Ackerland beider Gemarkungen 230 ha mit Getreide, 94 ha mit Futterpflanzen, 64 mit Futterhackfrüchten und 91 ha mit Kartoffeln bestanden. Heute nimmt Getreide (Weizen, Gerste, Hafer) ¾ des Ackerlandes ein. Handelsfrüchte spielten nie eine Rolle, abgesehen von Tabak, der um die Jahrhundertwende in Neunkirchen angebaut wurde, und von Zuckerrüben, die auch heute für die Südzucker AG gepflanzt werden.

Neunkirchen nennt sich heute Kirschendorf, obgleich die Kirschen fast nur noch für den Eigenverbrauch und die Brennerei geerntet werden. Wirtschaftliche Bedeutung hatte der *Obstbau* dagegen im 19. Jh. in beiden Dörfern. Entsprechende Sorgfalt wurde auf die Baumschulen und die Bepflanzung der Gemeindewege und der Ödungen mit Bäumen guter Qualität verwendet. Neben Kirschen setzte man Apfel- und Birnbäume. 1933 standen auf den beiden Gemarkungen 1738 Obstbäume, darunter 925 Apfelbäume.

Der Bestand an Rindvieh und Schweinen nahm in Neunkirchen in der 1. H. 19. Jh. ab, in Neckarkatzenbach leicht zu, der Schaf- und Ziegenbestand nahm in beiden Dörfern zu. Nach 1850 konnten die Bauern immer mehr *Vieh* heranziehen und an Metzger und Händler, vorwiegend nach Eberbach und Heidelberg, verkaufen. Kleine Landwirte zogen die Rinder nur bis zum Kalben auf und vertauschten sie dann gegen Jungvieh und Aufgeld. Das Faselvieh war in beiden Dörfern an Bauern ausgegeben, in Neunkirchen noch 1926. Trotz leichter Schwankungen in den Rinder- und größerer Schwankungen in den Schweinezahlen wurde der Viehbestand auch im 20. Jh. noch vergrößert, konzentriert sich aber heute auf wenige Betriebe. 1987 standen in 21 Betrieben 670 Stück Rindvieh, darunter in 19 Betrieben 226 Milchkühe. 27 Betriebe hielten 695 Mastschweine, 13 Betriebe 177 Zuchtsauen.

Die *Schäferei* auf den Feldern der Gemarkung stand in Neunkirchen der Gemeinde zu, die sie an den Meistbietenden verpachtete. Schon 1865 verlangten einige ärmere Güterbesitzer Aufhebung der Schäferei, aber erst 1888/89 wurde sie schrittweise aufgegeben. In Neckarkatzenbach, wo der Ertrag der Schafweide unter die Güterbesitzer verteilt wurde, ließ man sie 1903 eingehen.

Für den Unterhalt einer Familie erachtete man in beiden Dörfern mindestens 10–12 M Land als notwendig. In Neunkirchen besaßen 1851 nur 45 von 190 Familien soviel Land, in Neckarkatzenbach 10 von 25. Bei der herrschenden Realerbteilung war die Güterzerstückelung groß. Trotzdem konnten erst um 1875 auch die ärmeren Einwohner Neunkirchens Land aus Verkäufen erwerben, so daß dann fast jeder ein

Stück Land besaß. Demgemäß lag 1895 aber die Hälfte der Betriebe unter 2 ha Anbaufläche. Zu den größeren Bauern gehörten die 5 Hofbauern auf dem Leidenharterhof. In Neckarkatzenbach besaßen die meisten Betriebe 2–10 ha Fläche. Jede Familie hatte genug Land, ihre Arbeitskraft sinnvoll zu verwerten. Diese *Besitzgrößenstruktur* hielt sich bis mindestens 1925. In Neunkirchen dürften schon in den 1930er Jahren etliche Betriebe aufgegeben worden sein, denn 1949 waren sie – bei unveränderter LF – von 210 (1925) auf 130 zusammengeschmolzen. In Neckarkatzenbach gaben die meisten Betriebe erst nach 1960 auf. Der größere Teil der Fläche diente zur Aufstockung der übrigen Betriebe. 1987 besaßen 9 der verbliebenen 37 Betriebe in der Gemeinde 20 und mehr ha LF. Die Gemeindeverwaltung nennt 18 Haupterwerbsbetriebe. Von ihnen bewirtschaften 2 weniger als 5 ha, 2 zwischen 5 und 10 ha, 6 zwischen 10 und 20 ha, 3 zwischen 20 und 30 ha, und 5 Betriebe liegen über 30 ha LF. 8 dieser Betriebe sind Mischbetriebe, je 3 betreiben vorwiegend Vieh- und Schweinezucht, 2 Ackerbau und 2 Ackerbau und Viehzucht.

Mit der Katastervermessung wurde in Neunkirchen 1884 eine *Flurbereinigung* im Gewann Neufeld verbunden. Die dringend notwendige Bereinigung der übrigen Flur (mit geringen Ausnahmen) folgte zwischen 1895 und 1900. In Neckarkatzenbach wurde in 3 Abschnitten zwischen 1878 und 1886 bereinigt. Eine moderne Flurbereinigung über beide Gemarkungen wurde 1969 abgeschlossen. 1964 wurde im Gewann Auf der Höhe ein Aussiedlerhof angelegt.

Außer den Gemeindewaldungen besaßen beide Gemeinden seit 1826 Anteile am Stüber Zentwald. In Neckarkatzenbach wurde um 1855 erwogen, diese 52 M große weit entfernte Parzelle zu verkaufen. Sie war aber noch 1886 in Gemeindebesitz. In Neunkirchen wurde der Erlös aus dem Zentwald unzulässigerweise zunächst unter die Bürger verteilt, um 1850 zur Schuldentilgung verwendet und später der Gemeindekasse zugeführt. Der Holzbedarf wurde aus dem Gemeindewald gedeckt. Waldfrevel, vor allem in Notzeiten häufig, nahmen erst Mitte der 1860er Jahre ab. 1905 lagen auf Gkg Neunkirchen 137 ha Staats-, 352 ha Gemeinde- und 84 ha Zentwald, meist gemischter Hochwald mit 100jähriger Umtriebszeit. Neckarkatzenbach besaß 1886 und 1903 etwa 110 ha Gemeindewald, zum großen Teil Eichenschälwald. Heute umfaßt der *Wald* auf dem Gemeindegebiet 856,6 ha, davon 358,8 ha Staatswald, 474,6 ha Gemeindewald und 32,2 ha Privatwald. Im Gemeindewald nehmen Buchen 32 %, Fichten 26 % und Forlen 16 % der Holzbodenfläche ein. Im Staatswald des Forstamtsbezirks Schwarzach ist das Verhältnis von Buchen zu Fichten fast umgekehrt, Forlen spielen keine Rolle, dagegen sind 11 % der Fläche mit Eichen bestanden. Der Privatwald auf Gkg Neunkirchen ist fast reiner Fichtenwald.

Handwerk und Industrie. – Die wenigen Handwerker in Neckarkatzenbach arbeiteten nur für den örtlichen Bedarf. Schmiede, Schuster und Leineweber waren 1851 in Aglasterhausen zünftig. Das Neunkirchener Handwerk versorgte noch Mitte des 19. Jh. einige Nachbardörfer im Kleinen Odenwald, war aber überbesetzt und auf zusätzliche Landwirtschaft angewiesen. 1851 werden 50 Gewerbetreibende mit 13 Gehilfen genannt, darunter: 4 Bäcker, 1 Metzger, 2 Ölmüller, 2 Küfer, 4 Schneider, 3 Schuster, 8 Leineweber, 1 Häfner, 5 Maurer, 2 Dreher, 2 Schlosser, 3 Schmiede, 4 Schreiner, 2 Wagner. Die letzten 5 Berufe waren in einer Zunft verbunden, die anderen bildeten je eine eigene Zunft. 1858 bestand auch eine Ziegelhütte, vermutlich bei der Lehmgrube am Friedhof. Die ärmeren Einwohner konnten sich seit Mitte der 1860er Jahre etwa 20 Jahre lang Verdienst durch Hausierhandel mit selbstgefertigten Besen und Holzwaren wie Webergeschirren, Holzschuhen, Krauthobeln etc. verschaffen. Der fast gleichzeitig unternommene Versuch, die Strohflechterei einzuführen, mißlang. 1895 führt die Gewerbestatistik für Neckarkatzenbach 1, für Neunkirchen 54 Hauptbetriebe mit 87 Personen im Handwerk auf, darunter 14 im Bekleidungs-, 11 im Bau- und 8 im Holzgewerbe. Die Bauhandwerker arbeiteten auch auswärts. Steinbrüche wurden zeitweise auf beiden Gemarkungen betrieben, jedoch nur mit wenigen Arbeitskräften. In der Folge ging das *Handwerk*, das nie ohne zusätzliche Landwirtschaft auskam, auf die für den Ort nötigen Betriebe zurück. Die Berufszählung 1925 gibt für Neunkirchen 14 Handwerksmeister, für Neckarkatzenbach gar keinen an. 1926 führte die Gemeindeverwaltung Neunkirchen 2 Schmiede, 2 Wagner, 3 Schreiner, 5 Schneider, 2 Metzger, 4 Bäcker und 2 Steinbrüche auf. Bei der Zählung von 1967 wurden 28 Betriebe mit 90 Beschäftigten erfaßt, darunter 8 Betriebe des Baugewerbes mit 46 Beschäftigten. 1977 waren die Handwerksbetriebe auf 23, die Beschäftigten auf 85 zurückgegangen. 7 Baubetriebe beschäftigten 45 Personen. Der Umsatz im Handwerk hatte sich jedoch von 2734000 DM im Jahr 1966 auf 4349000 DM im Jahr 1977 gesteigert. Mehr als die Hälfte entfiel auf das Baugewerbe. Die Arbeitsstättenzählung von 1987 nennt im gesamten Verarbeitenden Gewerbe (Handwerk und Industrie) 17 Betriebe mit 145 Beschäftigten. Die meisten Beschäftigten haben die 2 Betriebe des Leder-, Textil- und Bekleidungsgewerbes (58) und die 3 Betriebe der Metallerzeugung und -bearbeitung (53). Im Baugewerbe werden 7 Betriebe mit 32 Beschäftigten genannt. Keiner der in Tab. 1 aufgeführten Betriebe beschäftigt mehr als 10 Arbeitskräfte.

Tabelle 1: **Handwerksbetriebe 1987**

Branchengliederung nach der Handwerksordnung	insgesamt	Neunkirchen	Neckarkatzenbach
Bau- und Ausbaugewerbe			
Zimmerer	1	1	–
Estrichleger	1	1	–
Steinmetz	1	1	–
Maler und Lackierer	1	1	–
Maler und Gipser	3	2	1
Metallgewerbe			
Schmiede	2	2	–
Kraftfahrzeugmechaniker	2	2	–
Landmaschinenmechaniker	1	1	–
Elektroinstallateure	2	2	–
Holzgewerbe			
Sägewerk	1	1	–
Schreiner	2	2	–
Bekleidungs-, Textil- und Ledergewerbe			
Polsterer und Tapezierer	2	2	–
Nahrungsmittelgewerbe			
Bäcker	3	3	–
Metzger	1	1	–
Gewerbe für Gesundheits- und Körperpflege sowie chemisches und Reinigungsgewerbe			
Friseure	2	1	1

Quelle: Gemeindeverwaltung

Nicht ganz 4 Jahre lang gab es in Neunkirchen eine Zigarrenfabrik: die Firma Kahn & Eschellmann aus Eberbach richtete 1875 hier eine Filiale ein, in der 38 Arbeiter, meist arme und alte Leute, beschäftigt wurden, hob sie aber schon 1879 wieder auf. Danach bemühte sich die Gemeinde jahrzehntelang vergeblich um neue *Industrie*. Noch vor 1900 mißlangen Versuche mit einer Peitschenfabrik und 2 Schuhleistenfabriken, die während ihrer kurzen Lebensdauer nur wenige Arbeiter eingestellt hatten. Erst nach dem 2. Weltkrieg siedelte sich etwas Industrie an. 1953 baute die Heidelberger Firma *Ernst Schmitthelm Federn- und Metallwarenfabrik GmbH & Co. KG* hier ein Zweigwerk auf einem 7667 qm großen Gelände. Von den 407 Beschäftigten der Firma arbeiten (Stand 1987) 57 in Neunkirchen. Die Produktion umfaßt technische Federn und Schienenbefestigungen. Etwa 18% davon gehen ins Ausland. Insgesamt erwirtschaftete die Firma 1986 nach einem Umsatzrückgang gegenüber dem Vorjahr 38 Mio DM. 1969 ließ sich die Firma *Rolf Knaus* zunächst als Großbuchbinderei nieder, stellte dann aber den Betrieb auf die Herstellung von Musterkarten und -koffern um. Sie beschäftigt 1987 nach steter Aufwärtsentwicklung 61 Mitarbeiter und erzielte 1986, gleichfalls nach leichtem Rückgang gegenüber 1985, einen Umsatz von 3,8 Mio DM, davon etwa ⅓ aus Exportaufträgen in das benachbarte Ausland.

Handel und Dienstleistungen. – Die 3 *Krämermärkte*, die in Neunkirchen an den Dienstagen nach Lätare, nach Fronleichnam und nach Allerheiligen abgehalten wurden, galten noch 1851 als für die Gegend unentbehrlich, wurden aber nach der Verkehrsumlenkung durch die Eisenbahn nur noch wenig besucht und waren 1905 aufgehoben. An Läden gab es 1851 in Neunkirchen 2, in Neckarkatzenbach 1 Krämer. Der Viehhandel lag in Hand der Juden aus der Umgebung. 1868 hatte Neunkirchen 1 Ellenwaren-, 1 Kolonial- und Eisenwarenladen und mehrere Hafnergeschäfte, die aber nur in kleinem Umkreis ihren Absatz fanden. 10 Hausierhändler zogen in die weitere Umgebung und verkauften Besen und Holzwaren. 1879 stellte das Dorf unter den Gemeinden des Eberbacher Bezirks das größte Kontingent an Hausierhändlern. Auch 1892 noch, als mit Besen und hölzernen Artikeln kein Geschäft mehr zu machen war, trieben viele Einwohner Handel mit Butter, Eiern und anderen landwirtschaftlichen Produkten.

Die Gewerbestatistik von 1895 weist für Neunkirchen 10 Hauptbetriebe im Bereich Handel, Verkehr, Versicherung mit 13 Personen etc. auf, für Neckarkatzenbach keinen Betrieb. 1967 wurden 13 *Einzelhandelsbetriebe* mit 47 Beschäftigten und 2 Handelsvermittlungsbetriebe in Neunkirchen erfaßt. 1987 nennt die Gemeindeverwaltung außer den mit Handwerksbetrieben verbundenen Läden (Bäckerei, Metzgerei, Elektro- und Radiogeschäft) 1 Gemischtwarenladen, 1 Lebensmittelgeschäft, 1 Getränkevertrieb, 1 Schuh- und Lederwarengeschäft, 1 Laden für Haus- und Küchengeräte und 1 Versandhausagentur mit kleinem Laden. Einen überörtlichen Kundenkreis bedient die Firma *Frank & Schuster*, die Gewürze, Kräuter und Tees abpackt und auf Märkten sowie im Versand anbietet. 1987 wurden statistisch erfaßt: 2 *Großhandelsbetriebe* mit 3 Beschäftigten, 2 Betriebe der Handelsvermittlung mit 2 Beschäftigten und 9 *Einzelhandelsbetriebe* mit 29 Beschäftigten. Im *privaten Dienstleistungsbereich* sind 15 Betriebe mit 59 Beschäftigten nachgewiesen, darunter 7 Betriebe mit 28 Beschäftigten im Gastgewerbe. Die Gemeindeverwaltung nannte im Dienstleistungsbereich: 1 Fahrschule, 1 Zeichen- und Schreibbüro, 1 Rundfunkfahnder und 3 Versicherungs- bzw. Bausparkassenvertreter.

Von den heutigen Neunkirchener *Gastwirtschaften* »Engel«, »Rose« und »Goldenes Herz« bestanden die beiden ersteren schon zu Beginn des 19. Jh. 1852 gab es 3 Gastwirtschaften und 1 Straußwirtschaft, 1912 und 1926 jeweils 6 Gastwirtschaften. In Neckarkatzenbach, wo im 19. Jh. nur 1 Gastwirtschaft genannt wird, bestehen heute

Die Gemeinde im 19. und 20. Jahrhundert 351

der »Goldene Adler« und die »Krone«. Ausschließlich auf Fremdenverkehr eingestellt sind in Neunkirchen 2 Betriebe: das *Park- und Sporthotel Stumpf* und der Ponyhof. Das Hotel Stumpf wurde 1974/85 erbaut und 1985/86 auf 54 Betten erweitert. Es beschäftigt 12 volle Kräfte und je nach Bedarf weitere Teilzeitkräfte. Die Gäste kommen aus dem gesamten Bundesgebiet.

Das Kredit- und Sparwesen regelte man in Neunkirchen 1866 mit der Aufstellung eines örtlichen Kaufmannes, der als »Geschäftsfreund« für die Heidelberger Sparkasse Spareinlagen entgegennahm. Für Kredite wurde lieber der Vorschußverein Mosbach aufgesucht, soweit nicht Geld bei Juden aufgenommen wurde. Unter dem Einfluß des kath. Pfarrers konstituierte sich 1898 außer der Raiffeisengenossenschaft auch der Kreditverein, die spätere Volksbank, die 1972 in eine Zweigstelle der *Volksbank Eberbach* umgewandelt wurde. 1930 richtete die *Sparkasse Eberbach* eine Zweigstelle in Neunkirchen, 1967 eine in Neckarkatzenbach ein.

Verkehr. – Neunkirchen und Neckarkatzenbach blieben ohne Eisenbahnanschluß. Die nächsten Bahnstationen sind Aglasterhausen und jenseits des Neckars Neckargerach. Nach Aglasterhausen bestand schon 1905 (Pferde-)Omnibusverbindung, seit 1926 eine Kraftpostlinie. Neckargerach war bis zum Bau der Neckarbrücke mit der Fähre von Neckarkatzenbach aus zu erreichen. Heute hat Neunkirchen Omnibusverbindung nach Eberbach und nach Aglasterhausen-Mosbach. In jede Richtung fahren werktäglich etwa 10 Busse. Je 2 Busse fahren an Schultagen auch Neckarkatzenbach an. Neunkirchen hatte 1905 eine Postagentur und Telefonanschluß. Heute befindet sich eine Poststelle im Dorf.

Verwaltungszugehörigkeit, Gemeinde und öffentliches Leben

Verwaltungszugehörigkeit. – Beide Dörfer gehörten 1807 zum Amt Neckarschwarzach. Neckarkatzenbach kam 1813 zum 2. Landamt Mosbach (von 1840–1849 Amt Neudenau) und blieb fortan bei Mosbach. Neunkirchen wurde 1813 dem Amt Neckargemünd zugewiesen und kam 1857 zum Amt Eberbach, wo es bis zur Auflösung des Amtes 1924 blieb. Seither ist auch für Neunkirchen Mosbach zuständiger Amts- bzw. Kreissitz. Zum 1.4.1972 wurde Neckarkatzenbach zu Neunkirchen eingemeindet. Es ist keine Ortschaftsverfassung vereinbart. Neunkirchen ist Mitglied des Gemeindeverwaltungsverbandes »Kleiner Odenwald« (Sitz Aglasterhausen).

Gemeinde. – Umgerechnet maß 1854 die Gkg Neckarkatzenbach 437 ha, die von Neunkirchen mit dem Leidenharterhof 987 ha. Den immer wieder beklagten Mißstand der engen Verzahnung zwischen den Gkgn Neckarkatzenbach und Guttenbach, der auf beiden Seiten zu zahlreichem Ausmärkerbesitz geführt hatte, beseitigte nach jahrzehntelangen Verhandlungen endlich 1880 eine Grenzbereinigung. Gleichfalls unter großen Schwierigkeiten kam 1886 eine Grenzverlegung zwischen Neunkirchen und Breitenbronn zustande. Beide Bereinigungen standen in Zusammenhang mit den Katastervermessungen. 1905 umfaßte die Gkg Neunkirchen 1059 ha, davon 84 ha Zentwald. Die Gkg Neckarkatzenbach war 1903 einschließlich des Zentwaldanteils 486 ha groß. Nach der Flächenerhebung von 1981 sind von dem insgesamt 1594 ha großen Gemeindegebiet 854 ha Wald, 623 ha Landwirtschaftsfläche und 97 ha besiedelte Fläche.

An den 18 M *Allmende* in Neckarkatzenbach waren 1854 von 35 Bürgern 20 (später 24) berechtigt. Jeder Bürger erhielt außerdem 2,5 Masseklafter Holz aus dem Gemeindewald. Voraussetzung für Allmend- und Gabholzgenuß war jedoch auch später noch der Besitz eines Hauses. In Neunkirchen teilten sich die 84 M Allmende unter 110 von 190 Bürgern (1851). Jeder Bürger erhielt ¾ Masseklafter Gabholz. 1894 umfaßte die

Allmende 31,8 ha. Heute sind die 30 ha Allmende in Neunkirchen und die 7,75 ha in Neckarkatzenbach in Losen von 25 Ar an die Berechtigten verpachtet. In Neunkirchen werden 2 Ster, in Neckarkatzenbach 5 Ster Holz an die Nachkommen der ehemaligen Gemeindebürger vergeben.

Beide Gemeinden waren zwar nicht wohlhabend, aber ihre finanzielle Situation war im 19. Jh. besser, als namentlich in Neunkirchen bei der Armut der meisten Bewohner zu erwarten war. Einnahmen brachte vor allem der Wald, die verpachtete Allmende, Jagd und Fischerei sowie die Schäferei (in Neckarkatzenbach nur bis 1888, dann wurde ihr Ertrag unter die Güterbesitzer aufgeteilt, weil sich das Domänenärar für seinen Waldbesitz an den Gemeindeumlagen beteiligte). Umlagen mußten immer erhoben werden und waren in Neunkirchen oft schwer beizutreiben, weshalb häufig das Gabholz verkauft und gegen die Umlagen aufgerechnet wurde. Große Ausgaben verursachte hier die Armenpflege. Trotzdem waren die Zehntschulden 1860 endgültig getilgt, in Neckarkatzenbach schon vor 1854. Dagegen hatten beide Gemeinden Schulden aus Schulhausbauten, Armenhausbau (Neunkirchen), aus dem 1848/49er Aufstand und aus Auswanderungsausgaben. Letztere Schulden wurden in Neckarkatzenbach erst 1888 getilgt. Gegen Ende des 19. Jh. brachten Flurbereinigung, Katastervermessung und Wasserversorgung neue Belastungen. Trotzdem verfügten beide Gemeinden über Aktivkapitalien, die z. T. gegen Zins ausgeliehen waren. Noch 1923 wurde die Finanzlage Neunkirchens günstig beurteilt.

An *Gebäuden* besaß Neunkirchen um 1850: Rathaus mit Spritzenremise, Schulhaus (1894: 2 Schulhäuser) und Armenhaus. Neckarkatzenbach hatte das Schulhaus, je 1 ev. und kath. Kapelle, Obstweinkelter und Spritzenremise. Um 1900 wurde das Schulhaus auch zum Rathaus eingerichtet. Neunkirchen brach 1907 das Rathaus ab und baute ein neues. Das Armenhaus war 1926 noch bewohnt, wurde aber in den letzten Jahren verkauft. Jetzt besitzt die Gemeinde das Neunkirchener Rathaus, das ehemalige Schul- und Rathaus in Neckarkatzenbach, das je zur Hälfte die Ortsverwaltung und ein Vereinsheim aufnimmt, in Neunkirchen weiter die alte ev. Schule, die zum Feuerwehr- und Vereinsheim umgebaut ist, die alte kath. Schule, nunmehr Heimatmuseum, die 1954 erbaute Grundschule und 7 Miethäuser. An *Liegenschaften* hat die Gemeinde den Gemeindewald mit 464,25 ha und 37,75 ha Allmende zu eigen.

Neunkirchen zählt seit Jahren zu den niedrig verschuldeten Gemeinden des Landkreises. 1984 beliefen sich die Schulden auf 558 DM je Einwohner (Landkreis: 1155 DM/E.) Allerdings liegt die Gemeinde auch bezüglich der Steuerkraftsumme und des *Steueraufkommens* am unteren Ende im Neckar-Odenwald-Kreis. 1984 lag die Steuerkraftsumme bei 743 DM/E., und die Steuereinnahmen betrugen nur 736 000 DM, darunter 131 000 DM Gewerbesteuern. 1987 hat der Vermögenshaushalt einen Umfang von 1 523 000 DM, der Verwaltungshaushalt von 2 723 764 DM. Die Schulden betragen 1 100 000 DM und sind damit auf 728 DM/E. angewachsen. An größeren Investitionen stehen der Ausbau der Ortsdurchfahrt Neunkirchen und der Bau der Kläranlage Neckarkatzenbach an. Außerdem laufen Dorfsanierungsmaßnahmen.

Beiden Gemeindeverwaltungen wurden im 19. Jh. gute Zeugnisse ausgestellt. In Neunkirchen brachten nur konfessionelle Streitigkeiten um die Besetzung von Lehrer- und Bürgermeisterstellen eine Trübung. Dem Bürgermeister standen um 1850 in Neunkirchen 4, in Neckarkatzenbach 3, später in beiden Gemeinden 6 Gemeinderäte zur Seite. Heute hat der *Gemeinderat* außer dem hauptamtlichen Bürgermeister, der mit 98 % der gültigen Stimmen gewählt wurde, 13 Mitglieder, von denen je 4 über CDU und SPD und 5 über die Freie Wählervereinigung gewählt wurden. In den 4 Gemeinderatswahlen seit 1975 sanken die für die CDU-Kandidaten abgegebenen

Die Gemeinde im 19. und 20. Jahrhundert 353

Stimmenanteile von 40 % auf 29 % zugunsten der SPD-Kandidaten (22 % – 29 %). Zur stärksten Gruppe haben sich aber mit (1989) 42 % die Freien Wählervereinigungen entwickelt.

Im 19. Jh. und frühen 20. Jh. waren Ratsschreiber, Rechner, Gemeinde- und Polizeidiener, Straßenwart, Feld- und Waldhüter, Hebamme die ständigen Gemeindebediensteten. Hinzu kamen Leichenschauer, Totengräber und andere, die von Fall zu Fall eingesetzt wurden. Heute kommt die Gemeinde mit 2 Beamten, 5 Angestellten und 9 Arbeitern (und 1 Auszubildenden) aus. Es gibt keine scharfe Ämtergliederung, allenfalls eine Aufgabenteilung zwischen den Bediensteten. Die *Gemeindeverwaltung* ist im Neunkirchener Rathaus untergebracht. Im alten Rathaus von Neckarkatzenbach werden zweimal in der Woche Sprechstunden angeboten.

Ver- und Entsorgungseinrichtungen. – Bis in die 1860er Jahre gehörte die in Neunkirchen stationierte Feuerspritze mehreren Dörfern der Umgebung gemeinschaftlich, danach war bis 1874, als sich das Dorf eine eigene Spritze anschaffte, nur noch Neckarkatzenbach beteiligt. Probleme machte immer die Ausbildung der aufgerufenen Löschmannschaften, bis 1910 in Neckarkatzenbach und 1914 in Neunkirchen *Freiwillige Feuerwehren* gegründet wurden. Heute besitzen beide Ortsteile je einen Löschzug. Neckarkatzenbach hat 17, Neunkirchen 39 aktive Feuerwehrleute.

Die Anfänge einer modernen *Wasserversorgung* gehen in Neckarkatzenbach auf das Jahr 1903 zurück, als eine Wasserleitung vom oberen zum mittleren Dorf angelegt wurde, von der aber nur wenige Hausanschlüsse abgingen. Das Untere Dorf versorgte sich weiterhin aus dem von einer Quelle gespeisten Brunnen. Die Wasserleitung war notwendig geworden, weil Ende des 19. Jh. die Quelle zum oberen Brunnen versiegte. Früher hatten 2, dann 3 Brunnen für das Dorf ausgereicht. In Neunkirchen wurde knapp vor Kriegsausbruch 1914 eine Wasserleitung fertig. Vorausgegangen waren, um dem zeitweisen Wassermangel abzuhelfen, einige Brunnenbauten, von denen sich der 1865 bei der kath. Kirche gegrabene Pumpbrunnen als unbrauchbar erwies und der 1869 erstellte Pumpbrunnen im Oberweiler bald zerfiel. 1890 war eine erste Wasserleitung gebaut worden, die aber nur 3 Dorfbrunnen versorgte. Der Leidenharterhof erhielt 1892 einen eigenen Brunnen. Vorher mußte das Wasser in Fässern weit hergeholt werden. Der um 1905 aufgetauchte Gedanke einer Gruppenwasserversorgung des Kleinen Odenwaldes setzte sich nicht durch. Neunkirchen hat noch heute seine eigene Wasserversorgung, Neckarkatzenbach ist seit den 1960er Jahren mit dem Brunnen auf der Gemarkung an den Wasserversorgungsverband Krebsbachgruppe angeschlossen.

Beide Ortsteile sind kanalisiert. Die *Abwässer* fließen zur Sammelkläranlage in Neckarbischofsheim. Die *Müllabfuhr* ist einem Unternehmen (Firma INAST) übertragen. Der Hausmüll wird in Säcken abgeholt und zur Kreismülldeponie nach Buchen gebracht. Seit 1920 wird Neunkirchen durch die Badenwerk AG mit *Strom* versorgt. Die Einrichtungen wurden damals durch einen außerordentlichen Holzhieb finanziert. Heute ist jeder Haushalt Direktabnehmer.

Bis nach dem 2. Weltkrieg wurden *Ärzte* in Aglasterhausen und Mosbach aufgesucht. Jetzt praktizieren in Neunkirchen ein Arzt für Allgemeinmedizin und ein Zahnarzt. Für Krankenpflege war dagegen schon um 1900 gesorgt: in Neunkirchen bestand eine Krankenpflegestation des Frauenvereins mit einer Diakonissin und ein kath. Schwesternhaus mit 2 Krankenschwestern. Die *Friedhöfe* beider Dörfer sind mit Leichenhallen ausgestattet. Der Neunkirchener Friedhof wurde 1831 eingerichtet und 1851 erweitert.

Eine »Kleinkinderschule«, schon 1865 in Neunkirchen als wünschenswert bezeichnet und 1879 auf Anregung des ev. Pfarrers eingerichtet, ging wegen fehlender Mittel nach kurzer Zeit ein. Die Neugründung von 1888 durch den Frauenverein dagegen konnte

sich aus privaten Spenden erhalten. 1905 gab es wie noch heute 1 ev. und 1 kath. *Kindergarten.* Träger sind heute die Kirchengemeinden. Neckarkatzenbach hat keinen eigenen Kindergarten. Das private *Altenheim* Drobinoha bietet 25 Plätze an.
Kirche. – Die *ev. Kirchengemeinde Neunkirchen* mit der Filiale Neckarkatzenbach und dem Nebenort Oberschwarzach gehörte auch im 19. Jh. zum Dekanat Neckargemünd. Die um 1830 erbaute Kirche wurde seit 1866 auf Kosten des Kirchenärars, aber mit Fronleistungen der Gemeinde renoviert, dabei der Turm abgetragen und 1869 wieder aufgebaut. 1890 folgte eine nochmalige Erweiterung.

Die *kath. Kirchengemeinde Neunkirchen* mit der Pfarrkirche St. Bartholomäus, früher zum Dekanat Waibstadt gehörig, jetzt dem Dekanat Mosbach unterstellt, ist nach wie vor die zentrale Kirchengemeinde des Kleinen Odenwaldes. Schon 1828 gehörten ihr Oberschwarzach unmittelbar, Breitenbronn, Daudenzell, Guttenbach, Neckarkatzenbach und Unterschwarzach als Filiale an, 1863 außerdem Schwanheim, Haag, Schönbrunn, Moosbrunn, Aglasterhausen, Reichartshausen. Oberschwarzach war gleichfalls Filiale geworden. Heute zählen Neckarkatzenbach mit der Filialkirche St. Marien, Breitenbronn (Gde Aglasterhausen), Oberschwarzach (Gde Schwarzach) und die Ortsteile Schönbrunn, Allemühl, Moosbrunn und Schwanheim der Gde Schönbrunn als Filialen zu Neunkirchen. Bis 1918 lag der Patronat beim Großherzog von Baden. Die Kirche St. Bartholomäus wurde 1851 erbaut und 1958 renoviert, die Filialkirche St. Marien in Neckarkatzenbach stammt von 1745 und wurde 1962 renoviert.

Schule. – Neunkirchen hatte bis um 1875 eine ev. und eine kath. Schule. 1851 unterrichtete in der ev. Schule 1 Lehrer 134 Kinder, in der kath. Schule 1 Haupt- und 1 Hilfslehrer 115 Kinder. Auch die Kinder aus Oberschwarzach gingen hier zur Schule. Die Lehrer wurden teils von der Gemeinde, auch durch Liegenschaftsnutzung, teils von den Kirchen besoldet. In der ev. Schule wurde auch landwirtschaftlicher Unterricht erteilt. Bei der Zusammenlegung beider Schulen behielt man zunächst nur das ev. Schulhaus bei, griff aber um 1880 auch auf das renovierte kath. Schulhaus zurück. 1912 wirkten an der Schule bei 305 Kindern nur 4 Lehrer, abgesehen von den beiden Industrielehrerinnen. In dieser Zeit wurde ein Schulhausneubau lebhaft diskutiert, aber nicht ausgeführt. In den 1920er Jahren gingen die Schülerzahlen so weit zurück, daß diese Frage in den Hintergrund trat. Erst 1954 baute die Gemeinde eine neue Schule. Auch in Neckarkatzenbach bestand schon Anfang des 19. Jh. eine ev. und eine kath. Schule. 1843 wurde ein gemeinsames Schulhaus für die trotzdem weiterhin getrennten Schulen erbaut. Selbst als 1869 die kath. Schule offiziell eingestellt wurde, erhielten sie Kirche und Konfessionsangehörige aus eigenen Mitteln bis 1877 für 3 Kinder weiter.

Fortbildungsunterricht wurde zeitweise in beiden Dörfern erteilt. Um 1900 tauchte in Neunkirchen auch der Gedanke an eine gewerbliche Fortbildungsschule auf und wurde nach einigem Zögern in einem Saal des neuen Rathauses realisiert, der auch die allgemeine Fortbildungsschule aufnahm. Selbst die Kochschule sollte dort unterkommen, wurde aber zunächst nach Unterschwarzach, 1925 in das ehemalige ev. Schulhaus Neunkirchen verlegt.

Seit der Schulreform, die auch die Schulgemeinschaft mit Oberschwarzach löste, hat die Gemeinde nur noch eine *Grundschule* mit 3 Klassen in dem 1954 erbauten Schulhaus. 1987 unterrichten hier 2 voll- und 4 teilzeitbeschäftigte Lehrkräfte 55 Schüler. Zur Hauptschule fahren die Kinder nach Aglasterhausen, zum Realgymnasium nach Eberbach oder Obrigheim und zum Gymnasium nach Mosbach.

Neunkirchen ist der Volkshochschule Mosbach angeschlossen. Daneben gibt es das örtliche Bildungswerk. Das Heimatmuseum in der alten kath. Schule in Neunkirchen hat im Sommer zweimal im Monat geöffnet.

Sportstätten. – Die Gemeinde verfügt über die Schulturnhalle, 1 Schießhalle (Mehrzweckhalle), 1 Rasen- und 1 Hartplatz.
Vereine. – Ältester Verein ist der seit 1855 bestehende Sängerbund mit 237 aktiven und passiven Mitgliedern. Der Musikverein mit heute 38 Mitgliedern wurde 1973 gegründet. Unter den Sportvereinen hat der Sportverein Neunkirchen von 1920 mit derzeit 290 Mitgliedern die älteste Tradition, gefolgt vom Schützenverein (48 Mitglieder), der 1924 gegründet und 1960 wiedergegründet wurde. 1985 schloß sich der Tennisverein zusammen (75 Mitglieder). Außerdem widmen sich dem Sport der 1926 gegründete Ortsverein des Odenwaldklubs (80 Mitglieder), der Tischtennisverein und der Angelclub. Das Deutsche Rote Kreuz hält Turnstunden für Frauen ab. Berufliche Interessen vertritt der Gewerbeverein, an die Landwirtschaft knüpfen Obst- und Gartenbauverein sowie der 1961 gegründete Kleintierzuchtverein (150 Mitglieder) an.

Strukturbild

Während in Neckarkatzenbach der Strukturwandel von der kleinbäuerlichen zur arbeiterbäuerlichen Gemeinde erst nach 1950 richtig einsetzte und in den üblichen Bahnen verlief, war Neunkirchen schon im 19. Jh. eine Gemeinde mit großen sozialen Problemen. Schon als das Dorf noch zentrale Bedeutung im Kleinen Odenwald besaß, war Mitte des 19. Jh. das Handwerk übersetzt. Als der Eisenbahnbau dann den Verkehr nach Aglasterhausen zog, entwickelte sich eine Art ländliches Proletariat aus unterbeschäftigten Handwerkern, Taglöhnern, Hausierhändlern, Besenbindern u. ä. Nur vergleichsweise wenige Einwohner hatten als Bauern ihr Auskommen, da der Landbesitz durch Realteilung stark zersplittert war. Die Auswanderung hatte der Übervölkerung nur kurzfristig gesteuert. Die Gemeinde konnte die wachsende Armenlast nur dank ihrem Waldbesitz tragen. Es gelang nicht, dauerhaft Industrie anzusiedeln, daher suchten schon früh viele Neunkirchener ihren Verdienst auswärts als Bauarbeiter und in den Fabriken der Nachbardörfer. Schon seit den 1920er Jahren wurden landwirtschaftliche Betriebe aufgegeben, die verbliebenen wurden dadurch lebensfähiger. Seit der Ansiedlung von 2 Industriebetrieben nach dem letzten Krieg weist Neunkirchen eine ausgewogenere Struktur auf. In der Gemeinde stehen Arbeitsplätze in Industrie, Handwerk, Landwirtschaft und im Dienstleistungsgewerbe zur Verfügung. Trotzdem muß mehr als die Hälfte der Erwerbstätigen auspendeln. 1987 standen 484 Berufsauspendler 110 Einpendlern gegenüber. Hauptziele waren Schwarzach (114), Mosbach (91), Eberbach (52) und Aglasterhausen (46).

Zentraler Ort unterster Stufe für die Gemeinde ist Aglasterhausen. Dorthin gehen die Kinder zur Hauptschule, dort wird die Apotheke, lange Zeit auch der Arzt, aufgesucht. Zum Einkaufen fährt man nach Eberbach, Mosbach, Heilbronn und Heidelberg, Krankenhäuser werden in Eberbach und Mosbach in Anspruch genommen.

Quellen

Neunkirchen: GLA 349/1907 (1850–1860), 364/4730 (1868–1909), 364/1975/3 (1912–1926).
Neckarkatzenbach: GLA 364/3581 (1853), 364/4622 (1861–1892), 364/4623 (1893–1905).

C. Geschichte der Gemeindeteile

Neckarkatzenbach

Siedlung und Gemarkung. – Das Dorf Neckarkatzenbach wird erstmals um 1080 als *Katzenbach* erwähnt; aus der Zeit um 1150 ist die Namensform *Cazenbach* überliefert. Die Herkunft des Ortsnamens bleibt unklar, möglicherweise ist er von ahd. *kazza* (Katze) abgeleitet. Zur besseren Unterscheidung von Waldkatzenbach (Gde Waldbrunn) war schon im frühen 17. Jh. die Namensform *Neckarkatzenbach* gebräuchlich. Das Dorf liegt im Bereich des einstigen Wimpfener Bannforstes von 988, woraus man schließen darf, daß hier schon vor der Jahrtausendwende durch das Bistum Worms kolonisiert worden ist. Für diese Vermutung spricht insbesondere die für den Ort bereits im späten 11. Jh. bezeugte Hufenverfassung. Neckarkatzenbach war ursprünglich sehr klein und hatte eher die Größe eines Weilers. Bis zum frühen 17. Jh. ist die Zahl der Häuser ungefähr gleich geblieben, hat sich dann aber, bedingt durch die kriegerischen Ereignisse, fast um die Hälfte vermindert. Erst im 18. Jh. hat sie wieder zugenommen und schließlich den Stand vor dem 30j. Krieg deutlich überschritten (vgl. Tab. 1).

Tabelle 1: **Haushaltungen in Neckarkatzenbach**

Jahr	1369	1538	1604	1671	1777	1802
Hausgesesse	13	13	15	9	23	23

Schon 1369 hat es in Neckarkatzenbach als Rodungen bezeichnete Flächen gegeben. Die Gemarkungsgrenzen mit den umliegenden Gemeinden sind wohl lange Zeit fließend geblieben und haben sich schließlich aufgrund des Gewohnheitsrechts (Viehtrieb u.ä.) herausgebildet. Seit dem 18. Jh. haben die nordöstlich des Dorfes gelegene Ruine Minneburg, ihr Erbbestandshof und die herrschaftlichen Wälder Nunien, Ilsberg und Schloßberg (= Langwald) zur hiesigen Gemarkung gezählt, die gegen Ende des 18. Jh. 151 M Acker, 91 M Wiesen und 200 M Gemeindewald umfaßt hat. 1802 waren es 270 M Acker und 50 M Wiesen; 1808 hat es auf der Dorfgemarkung knapp 530 M Wald gegeben. Zu Neckarkatzenbach hat außerdem eine kleine Sondergemarkung zwischen Mörtelstein, Breitenbronn und Guttenbach gehört.
Herrschaft und Staat. – Um 1080 hat Diemar von Trifels dem Kl. Hirsau grundherrliche Rechte in Neckarkatzenbach übertragen, und in der Stauferzeit ist der Ort offenbar zum Reichsland um Wimpfen gezogen worden. Seit dem 14. Jh. hat das Dorf mit der niederen Gerichtsbarkeit zur Minneburg gehört und im folgenden deren Geschicke geteilt. Die hohe Gerichtsbarkeit und die Landesherrschaft haben den Pfalzgrafen bei Rhein als Inhabern der Reichartshäuser Zent oblegen; Sitz des zuständigen (Unter-) Amtes war Dilsberg. Die zu Minneburg gesessenen Inhaber der Ortsherrschaft haben ihre Rechte im Dorf durch einen eigenen Keller verwalten lassen. Seit 1566 hat Neckarkatzenbach zusammen mit Guttenbach und Reichenbuch demselben, vom Schultheißen zu Guttenbach geführten Gerichtsstab unterstanden.
Grundherrschaft und Grundbesitz. – Außer drei Hufen aus der Schenkung Diemars von Trifels (um 1080) hat Kl. Hirsau um 1150 in Neckarkatzenbach weitere zwei Hufen von Kuno von Dauchstein erhalten. Bald darauf hat der Hirsauer Konvent seinen ganzen hiesigen Besitz seinem Tochterkloster Reichenbach überlassen. Seit dem 14. Jh. hat – abgesehen von geringfügigen Gülten der Herrschaft Zwingenberg (1474) –

auf hiesiger Gemarkung nur noch die Herrschaft Minneburg Grundrenten bezogen. Der Wald auf Neckarkatzenbacher Gemarkung war am Ende des Alten Reiches zu etwa zwei Dritteln herrschaftlich (421 M; Nunien, Ilsberg und Schloßberg) und zu einem Drittel Eigentum der Gemeinde (200 M); weitere 7 M hatte der Erbbeständer auf dem Leidenharterhof (bei Neunkirchen) als Privateigentum inne.

Gemeinde. – Neckarkatzenbach hat seit dem Heimfall des Lehens Minneburg (1565/66) mit Guttenbach und Reichenbuch einen Gerichtsstab gebildet. Der Schultheiß von Guttenbach war für alle drei Orte zuständig. Ein eigener Schultheiß für Neckarkatzenbach wird nur 1672 und 1768 erwähnt. Im übrigen hat der Gemeinde ein Anwalt vorgestanden, der seit dem späten 17. Jh. nachweisbar ist. In das gemeinsame Gericht hat Neckarkatzenbach neben dem Anwalt zwei Schöffen entsandt. Ohne eigenes Gericht hatte das Dorf natürlich auch kein Gerichtssiegel, wohl aber hatte Neckarkatzenbach ein seit der Mitte des 18. Jh. bezeugtes Gemeindesiegel; es zeigt den pfälzischen Löwen und trägt die Umschrift: *NECKARKATZENBACHER GEMEIN INSIGEL*. Im 18. Jh. verfügte die Gemeinde über ein Hirtenhaus; auch hatte sie eine Bannweide und durfte Schafe halten. Darüber hinaus hatte Neckarkatzenbach schon im 16. Jh. Viehtriebsrechte auf Teilen der Guttenbacher Gemarkung. Weitere Viehtriebsrechte haben den Bewohnern des Dorfes in den herrschaftlichen Wäldern Überhau und auf den in Neunkircher und Neckarkatzenbacher Gemarkung gelegenen Gütern des Leidenharterhofes zugestanden.

Kirche und Schule. – Am Ende des 15. Jh. war Neckarkatzenbach eine Filiale der Pfarrei Neunkirchen. 1511 ist in dem Dorf eine Kapelle erbaut worden. Später hat Kurpfalz hier die Reformation calvinistischen Bekenntnisses eingeführt; zuständige Pfarrei ist dabei weiterhin Neunkirchen geblieben. Seit dem frühen 18. Jh. hat der ref. Pfarrer in der von der Geistlichen Güteradministration unterhaltenen Neckarkatzenbacher Kapelle Gottesdienst gehalten. Die Katholiken, die vom Pfarrer zu Neunkirchen betreut wurden, haben sich 1749 aus Spenden eine eigene Kapelle errichtet, und die Lutheraner waren nach Breitenbronn gepfarrt. Der größte Teil der hiesigen Bevölkerung hat sich zum ref. Glauben bekannt; die Zahl der Lutheraner war im 18. Jh. rückläufig, zu Beginn des 19. Jh. war das luth. Bekenntnis im Dorf gar nicht mehr vertreten. Der Anteil der Katholiken ist im 17. Jh. stark zurückgegangen, hat aber in der 2. H. 18. Jh. wieder kräftig zugenommen.

Am großen und kleinen Zehnt zu Neckarkatzenbach war im 14. Jh. die Herrschaft Zwingenberg zu einem Viertel beteiligt. 1474 gehörte die Hälfte des Großzehnten, der sog. *Brohalfen*-Zehnt, nach Zwingenberg, und im 17. Jh. haben die Inhaber von Zwingenberg sowohl die Hälfte des großen als auch des kleinen Zehnten bezogen. Ein Drittel des Großzehnten hat der Kirche in Guttenbach, ein Drittel des Kleinzehnten der Pfarrei Neunkirchen zugestanden. Das restliche Sechstel (groß und klein) hat zum Schloß Schwarzach gehört, dem im 18. Jh. auch die vormals zwingenbergische Hälfte zugefallen ist.

Seit dem zweiten Drittel des 18. Jh. hat es in Neckarkatzenbach eine ref. Schule gegeben, die von der Gemeinde eingerichtet und aus Kollekten unterhalten worden ist. Eine kath. Schule ist erst seit dem frühen 19. Jh. eindeutig bezeugt.

Bevölkerung und Wirtschaft. – Die Zahl der zinspflichtigen Untertanen ist in Neckarkatzenbach zwischen dem 14. und dem frühen 17. Jh. offenbar annähernd gleich geblieben; die Zahl der Einwohner dürfte zu jener Zeit bei etwa 65 bis 75 gelegen haben, ist aber dann um ein Drittel zurückgegangen. 1688 hatte die Bevölkerungszahl im Dorf einen ungewöhnlichen Höchststand erreicht. Danach ist sie deutlich abgefallen und hat sich erst im frühen 19. Jh. wieder der alten Höhe angenähert (vgl. Tab. 2).

Tabelle 2: **Einwohner von Neckarkatzenbach**

Jahr	1688	1727	1728	1777	1786	1802	1807
Einwohner	142	72	156	104	100	112	136

Die Untertanen zu Neckarkatzenbach waren zinspflichtige Hintersassen der Minneburg. 1603 wohnte im Dorf ein Königsleibeigener des Schlosses Schwarzach. Die Einwohner lebten von der Landwirtschaft. Die Namen der einzelnen Fluren sind zwar nicht bekannt, doch gibt es keinen Zweifel, daß wie in den Nachbarorten auch hier die Dreifelderwirtschaft eingeführt war. Angebaut wurden hauptsächlich Roggen, Hafer, Buchweizen (Heidekorn) und Sommergerste; daneben kommen noch weitere Fruchtarten wie Flachs, Hanf, Hirse, Rüben, Kraut, Erbsen, Linsen und Obst vor. Die Herrschaft hatte im 16. Jh. einen Weingarten am Schloßberg. Seit dem späten 18. Jh. hat die Stallfütterung des Viehs den Weidetrieb abgelöst. Den Viehbestand des 18. Jh. zeigt Tab. 3.

Tabelle 3: **Viehbestand in Neckarkatzenbach**

Jahr	1727	1777	1802
Pferde	12	.	.
Ochsen	12	26	.
Kühe ⎫	.	28	
Rindvieh			110
Rinder ⎭	.	40	.
Schafe	.	.	.
Schweine	.	24	.

An der Gemarkungsgrenze gegen Guttenbach ist 1738 eine Ziegelei errichtet worden, die zum Minneburger Hofgut gehört hat.

Minneburg. – Die im O der Gkg Neckarkatzenbach auf einer Bergkuppe hoch über dem Neckar gelegene Minneburg wird zum ersten Mal 1349 als *Mynnenberg* erwähnt. Herkunft und Bedeutung des Namens lassen sich nicht mehr erkennen. Vielleicht ist er von mhd. *minnen* (lieben, beschenken) abgeleitet, eine Erklärung, die im Hinblick auf die Minneburg-Sage naheliegend erscheint; vielleicht besteht aber auch ein Zusammenhang mit dem Namen des Berges Nunien (Nongen), auf dem die Burg gelegen ist. Dieser Berg ist möglicherweise schon in römischer Zeit befestigt gewesen, denn im Jahre 1700 haben Untertanen im Wald Nunien etwa 100 in einem Umkreis von 20 Schritten verstreute römische Silbermünzen gefunden. Das Areal der mittelalterlichen Burg umfaßt ungefähr ¾ M. Seit dem 18. Jh. gehört die Minneburg zusammen mit ihrem Hofgut, dem Minneburger Hof, und den herrschaftlichen Wäldern Nunien, Ilsberg und Schloßberg zur Gkg Neckarkatzenbach.

Das niederadelige Geschlecht von Minneburg (*Minnenberg*) wird im 14. Jh. mehrmals erwähnt, allerdings ohne daß ein näherer, gar besitzgeschichtlicher Bezug zur Burg zu erkennen wäre. Allem Anschein nach waren die Minneburger mit denen von Obrigheim verwandt. Kynt von Minneburg hatte im 14. Jh. ein Drittel der Vogtei zu Bachenau und Jagstfeld von den Schenken von Erbach zu Lehen. Bis 1375 hatte Agnes von Minneburg noch Ackerland in Bachenauer Gemarkung als Weinsberger Lehen inne.

Ursprünglich war die Minneburg wohl sehr klein. Ihre ältesten Bauteile, Bergfried und Schildmauer, stammen vermutlich aus dem späten 13. oder aus dem 14. Jh. Die

Urkunden von 1349 und 1352 sprechen lediglich von dem *hus zu Mynnenberg*. Seit 1371 wird auch der Begriff *veste* oder *slosse* verwendet. Zu Beginn des 16. Jh. war die Burg baufällig, und 1521/22 hat der damalige Besitzer Wilhelm von Habern sie in den heutigen Dimensionen ausbauen lassen. Sie besteht aus einer Hauptburg mit Bergfried und Palas sowie aus einer darunter gelegenen Vorburg. Die ganze Anlage war von vier Eckrondellen und teilweise auch von einem Halsgraben umgeben.

Die zur Minneburg gehörige Herrschaft ist erstmals 1369 zu fassen. Zu ihr gehörten die Dörfer Guttenbach, Neckarkatzenbach, Illemühl und Schönbrunn ganz sowie Anteile an den Dörfern Neunkirchen (mit dem Leidenharterhof), Schwanheim und Reichenbuch. In und am Pleutersbach hatten die Inhaber der Burg grundherrliche Gefälle. 1349 war Minneburg im allodialen Besitz des Eberhard Rüdt von Collenberg und seiner Ehefrau Agnes, die sie im genannten Jahr für 2700 lb h an Pfalzgraf Ruprecht I. verkauft haben. Danach war die Burg, die von 1410 bis 1499 zu Pfalz-Mosbach gehört hat, unter Vorbehalt des Öffnungsrechts für mehr als anderthalb Jahrhunderte an wechselnde Familien des ritterschaftlichen Adels verpfändet (Hofwart von Sickingen, 1352 Landschad von Steinach, 1371 von Rosenberg, Münch von Rosenberg, vor 1390 bis 1415 von Rosenberg, 1415 Landschad von Steinach, 1457 von Venningen, 1458 von Gemmingen, 1507 von Auerbach). 1518 hat der Heidelberger Vogt Wilhelm von Habern die Pfandschaft ausgelöst und Minneburg von Kurpfalz zu Erblehen empfangen. Nachdem Hans von Habern 1565 als Letzter seines Stammes gestorben war, ist das Lehen von Kurpfalz eingezogen worden. Die Schwestern des letzten Lehnsinhabers haben zwar versucht, sich im Besitz Minneburgs zu behaupten, jedoch sind sie 1590 in dem vor dem Reichskammergericht gegen die Pfalz angestrengten Prozeß unterlegen.

Kurpfalz hat auf der Minneburg 1566 eine dem Amt Dilsberg unterstellte Kellerei eingerichtet. In deren Zuständigkeit ist neben der Wahrnehmung von Vogtei- und Gerichtsrechten in den zur hiesigen Herrschaft gehörigen Orten auch das Dorf Asbach gefallen, das zuvor ebenfalls die von Habern innehatten. In der Anfangsphase des 30j. Krieges ist die Burg 1622 nach kurzer Belagerung durch Truppen des Obristen Levin de Mortaigne eingenommen worden und in bayerische Hände gekommen. 1632/33 hatte sie vorübergehend eine schwedische Besatzung und war seit 1635 wieder in bayerischem Besitz. 1636/37 ist sie als bayerisches Erblehen an den Grafen von Schönburg gelangt, und nach der Restitution der Kurpfalz (1649) ist sie wieder mit einem pfälzischen Keller besetzt worden. Dieser hatte seinen Sitz zunächst noch auf der vom Krieg offenbar stark in Mitleidenschaft gezogenen Burg, ist aber schon zu Beginn der 1650er Jahre nach Guttenbach übergesiedelt. 1663 ist schließlich die Minneburger Kellerei mit jener zu Schwarzach vereinigt worden, und der Keller, dem auch die Funktion des Zentgrafen zugekommen ist, hat seinen Sitz im dortigen Schloß genommen. Seit 1655/56 ist die Minneburg nach und nach abgebrochen worden. Teile ihres Mobiliars sind in das Schloß Schwarzach gelangt, wiederverwendbares Baumaterial hat der Ausbesserung der ref. Kirche in Asbach gedient. Zu Beginn des 19. Jh. hat in den Ruinen ein Einsiedler gelebt.

Die Minneburger Hofgüter haben am Schloßberg, aber auch in Guttenbacher und Neckarkatzenbacher Gemarkung gelegen. 1369 haben sie aus einem Bauhof (100 M Äcker und 15 M Wiesen) und dem sog. *Drutzelins* Gut (22 M Äcker und ca. 7 M Wiesen) bestanden; hinzu kamen weitere 50 M Äcker sowie die Rodungen unter dem sog. *Ylmersperg*. Zur Burg haben 1369 auch die Wälder *Ylmersperg* (= Ilsberg?) und Gerherberg gehört. 1518 zählten der Langwald (beim Schloß), der *Dilsberg* (vermutlich Ilsberg), Mittelberg (Schlettich), die Nunien, die Langhecke, der Rüdenwald und andere Waldungen zu den Pertinenzen der Burg (zusammen 701 M); davon liegen heute nur der Langwald, die Nunien und der Ilsberg (1538 zusammen 276 M) auf Neckarkatzenbacher Gemarkung, die übrigen Wälder gehören nach Guttenbach (Schlettich, Rodlin), Neunkirchen (Langhecke) und Schwanheim (Rüdenwald). Nach 1566 sind noch Wälder in Asbach (Haberwäldlein, Rüdelbuschel, Sauhag) hinzugekommen. Viehtriebsrechte hatte Minneburg in den Schwarzacher Wäldern Überhau und Heckenbuschel sowie in den Neunkircher, Neckarkatzenbacher und Guttenbacher Wäldern. Kirchlich hat die Minneburg nach Neunkirchen gehört. Den Zwingenberger Zehnt auf den Minneburger Hofgütern hat Wilhelm vom Habern 1537 mit einer jährlichen Geldzahlung abgelöst.

Neunkirchen

Siedlung und Gemarkung. – Die Kirche zu *Nunkirchen* wird erstmals 1298, das Dorf dagegen nicht vor dem 14. Jh. (*Nuenkirchen* bzw. 1368/69 als *Nunkirchen, Nunkirchen*) erwähnt. Der Ortsname bezieht sich auf die »neue Kirche«, die wohl als Mittelpunkt eines großen Pfarrsprengels im Kleinen Odenwald durch das Bistum Worms gegründet worden war. Trotz seiner vergleichsweise späten Erwähnung dürfte das Dorf mit seinen Anfängen in die Zeit um die Jahrtausendwende zurückreichen. Es liegt im Bereich des Wimpfener Wildbanns, der 988 an das Bistum Worms gekommen ist. Der Ort war ursprünglich klein, ist aber dann sehr stark angewachsen. Im Laufe des 17. Jh. ist die Gebäudezahl kriegsbedingt um etwa ein Drittel zurückgegangen, hat aber im 18. Jh. wieder beachtlich zugenommen.

Tabelle 4: **Haushaltungen, Häuser und Untertanen in Neunkirchen**

	Ortsherrschaft	1369	1439	1474	1534/38	1566	1609	1671	1777	1784	1802
Hausgesesse	Minneburg	8	·	·	17	29	34				
Häuser	Zwingenberg	5	·	5	·	14	13	33	104	98	119
Untertanen	Schwarzach	·	12	·	7	12	16				

Über die Gemarkung sind kaum verläßliche Daten zu ermitteln; die ausgedehnten herrschaftlichen Wälder haben ihr ursprünglich wohl nicht zugehört. Die Gemeinde hat im 18. Jh. über 1000 M eigene Waldungen verfügt; daneben hat es zur gleichen Zeit noch 800 M Kameralwald gegeben. Der Leidenharterhof hat schon 1369 zu Neunkirchen gehört, desgleichen ein Teil seines Bezirks. Gegenüber Zwingenberg hat Neunkirchen bereits im 16. Jh. die Neckargrenze beansprucht. Im 18. Jh. haben sich daraus Grenzstreitigkeiten ergeben, weil die Herrschaft Zwingenberg links des Neckars einen Gebietsstreifen zwischen den Nunien (bei der Minneburg und dem Krösselbacher Berg) für sich reklamiert hat. In diesem Bezirk hat der sog. Zwingenbergerhof gelegen.

Herrschaft und Staat. – Das zunächst vermutlich wormsische Dorf Neunkirchen hat in der Stauferzeit zum Reichsland um Wimpfen gehört. Im 14. Jh. war die Herrschaft im Ort dreigeteilt. Der größte Anteil war jener der seit 1349 pfälzischen Minneburg; zu ihr hat auch der Leidenharterhof gehört. Desgleichen war die ursprünglich weinsbergische, seit 1419 ebenfalls pfälzische Burg Schwarzach an Neunkirchen beteiligt, und als dritte Ortsherrschaft sind seit 1368 die Inhaber der Burg Zwingenberg zu fassen. Die Minneburger und Zwingenberger Anteile an Neunkirchen haben als Eigengut gegolten, während der Schwarzacher Anteil ein Wormser Lehen war.

Eine etwas bewegtere Geschichte hatte allein der zwingenbergische Anteil. Die von Zwingenberg haben ihn 1368/69 an die von Hirschhorn bzw. an die Landschaden von Steinach versetzt. Von diesen ist er über die Münch von Rosenberg 1409 wieder an die Hirschhorner gelangt, die seit 1403 auch Burg Zwingenberg innehatten. 1419 hat Arnold von Zwingenberg seine Eigengüter in Neunkirchen dem Pfalzgrafen von Mosbach zu Lehen aufgetragen, und 1474 haben die von Hirschhorn ihre Rechte zu Neunkirchen an Pfalz-Mosbach verkauft, sie aber noch vor dem Ende des 15. Jh. wieder zurückgelöst. Nach dem Aussterben der Hirschhorner (1632) ist dieser Anteil durch Erbschaft an die Schertel von Stammen und 1698 durch Kauf an den Freiherrn von Wiser gelangt. 1712 hat Wiser seine Rechte in Neunkirchen im Tausch gegen Rechte zu Friedelsheim (Kr. Bad Dürkheim) an die Pfalz abgetreten. Seither war ganz Neunkirchen in Pfälzer Hand.

Neunkirchen hat von jeher zu der seit 1380 pfälzischen Reichartshäuser Zent gehört. Dem Pfalzgrafen haben hier die Blutgerichtsbarkeit sowie das militärische Aufgebot zugestanden; obendrein hatte er das Recht, in den Teilen Neunkirchens, die zur Minneburg und nach Schwarzach gehörten, die Schatzung zu erheben. Die vogteiliche Obrigkeit über das ganze Dorf war im Besitz der Herrschaft Minneburg; sie allein hatte das Dorfgericht und den Dorfschultheißen einzusetzen. Die Zwingenberger und Schwarzacher Rechte waren dagegen rein grundherrlicher Natur. Diese Herrschaften durften nur eigene (Büttel-)Schultheißen ernennen, die allein für ihre Untertanen sowie für Frevel in ihrem Bereich zuständig waren. Die Herrschaft Zwingenberg hatte noch im 16. Jh. das kleine Jagdrecht auf der Dorfgemarkung, das ihr jedoch seit dem 17. Jh. von Kurpfalz als Inhaber der Minneburg bestritten worden ist. Das Fischrecht im Dorfbach hat der Minneburg zugestanden. Das Ohmgeld in den Zwingenberger und Schwarzacher Teilen des Dorfes ist zwischen der Minneburg und der jeweils betroffenen Herrschaft geteilt worden. Bannwein, Zoll und Standgeld von den Märkten hatten gleichfalls die Dorfherren zu beanspruchen. Die Untertanen waren zu ungemessenen Frondiensten verpflichtet. Die Herrschaft Zwingenberg hat von ihren Untertanen überdies die Reißpflicht sowie Hut- und Wachdienste für das Schloß Zwingenberg beansprucht.

Pfälzischerseits war Neunkirchen dem Amt Dilsberg unterstellt; die adeligen Ortsherren haben ihre Rechte im Dorf durch eigene Keller verwalten lassen. Nach dem Heimfall des Lehens Minneburg (1565) hat Kurpfalz auf der Burg einen Keller eingesetzt, der nicht allein seit dem Ende des 16. Jh. das Zentgrafenamt in der Reichartshäuser Zent versehen hat, sondern seit 1663 in Personalunion auch die Kellerei Schwarzach.

Grundherrschaft und Grundbesitz. – Das zum Bistum Worms gehörige Stift Wimpfen hatte im 14. Jh. in Oberschwarzach und in Neunkirchen 3½ Hufen Land, die Bestandteile seines Hofes in Aglasterhausen waren; außerdem hat es Zinsen von einem Hof in Neunkirchen erhoben. Dem Andreasstift zu Worms haben noch 1352 etliche Güter im Dorf zugestanden. 1369 war der ursprünglich wormsische Besitz offenbar im Besitz der Herrschaft Minneburg, die von den hiesigen Hufen und Gütern Fruchtgülten bezogen hat. Ferner hatte sie in Neunkircher Gemarkung 11 M Heide- und Buschland. 1538 hatte die Burg im Dorf selbst nur geringen Grundbesitz, jedoch haben ihr 242 M minderwertiges Ackerland von den Pertinenzen des Leidenharterhofes gehört. Der versetzte zwingenbergische Anteil am Dorf hat im 14./15. Jh. fünf Güter umfaßt. Arnold von Zwingenberg hatte noch 1419 Eigengüter in Neunkirchen, allerdings ist über deren Umfang nichts bekannt. In dem umstrittenen Distrikt am Neckar hat die Herrschaft Zwingenberg gegen Ende des 15. Jh. über ein Viehhaus verfügt. Um die Mitte des 18. Jh. hat es dort ein Erbbestandsgut, den sog. Zwingenbergerhof, gegeben, den die Gemeinde Neunkirchen noch 1892 zu ihrem Gerichtsstab gerechnet hat. Der nicht verlehnte Grundbesitz der Burg Schwarzach war klein; im frühen 17. Jh. hat er nur aus einer Fronwiese bestanden. Die von Erligheim hatten in Neunkirchen noch im frühen 16. Jh. vier Hofstätten oder Häuser inne. Dem Kloster Neuburg bei Heidelberg haben im 17. und 18. Jh. kleinere Gülten in Neunkirchen gehört, die es aber erst 1613 erworben hatte.

Die Wälder auf der Gemarkung des Dorfes waren im Besitz der Ortsherren und der Gemeinde. Zur Minneburg haben 1538 108 M Hecken- und Birkenwald gehört, worunter wahrscheinlich der im Lehnbrief von 1518 genannte Wald Langhecke zu verstehen ist. Die Burg Schwarzach hatte den Überhau und das Heckenbuschel (beim Leidenharterhof), die 1603 zusammen 195 M umfaßt haben. Die Herrschaft Zwingenberg verfügte über verschiedene Wälder in dem umstrittenen Bereich zwischen den Nunien und dem Krösselbacher Berg. Sie wurden von der Leidenharter- oder Kellersbronnen- und der Finkenklinge begrenzt. Ihr Umfang ist nicht bekannt. Im späten 18. Jh. haben die Kameralwaldungen aus 800 M bestanden. Der Gemeinde Neunkirchen haben das sog. Hofholz (erstmals 1490 erwähnt) und der sog. Neunkirchener Wald (heute: Kriegwald) gehört; 1770 haben diese Waldungen etwa 1030 M umfaßt. 1802 hatten auch etliche Bürger einzelne Waldstücke inne.

Gemeinde. – Der minneburgische Dorfschultheiß zu Neunkirchen ist seit 1369 nachzuweisen, dagegen sind die (Büttel-) Schultheißen der Herrschaften Schwarzach und Zwingenberg erst seit 1439 bzw. 1507 bezeugt. Ein Dorfgericht wird erstmals in der Mitte des 16. Jh. erwähnt; ihm haben schon 1497 auch Untertanen aus Schwarzach als Schöffen angehört. Die Gesamtzahl der Gerichtspersonen, die wegen der drei verschiedenen Ortsherren recht hoch war, hat seit dem 17. Jh. zwischen sieben und zehn geschwankt. Seit dem letzten Viertel des 18. Jh. berichten die Quellen auch von einem Gerichtsschreiber. Ein Anwalt erscheint erstmals 1629, dann wieder seit 1768. Ein Bürgermeister ist seit 1490 zu belegen; seit dem 17. Jh. hatte die Gemeinde zwei Bürgermeister. Darüber hinaus hat es an Gemeindeämtern Weinschätzer, Brotwieger, Feuer- und Dachbeseher sowie seit 1774 auch einen Rentmeister gegeben. Im 18. Jh. hatte die Gemeinde einen Hirten und einen Schäfer angestellt. Das seit dem letzten Viertel des 18. Jh. nachweisbare Neunkircher Gerichtssiegel zeigt eine Kirche und trägt die Umschrift: *DER NEUNKIRCHER GERICHTS INSIGEL*.

Die Gemeinde hatte schon 1538 ein Rathaus, das der Bürgermeister allerdings nur mit Wissen des minneburgischen Schultheißen öffnen durfte. Von dem bedeutenden Waldbesitz der Gemeinde ist oben bereits die Rede gewesen. Im 18. Jh. haben ihr vier Gebäude gehört, worunter es neben dem Rathaus ein Hirtenhäuslein (mit Stall und Garten) und ein Schafhaus (mit Scheune und Garten) gegeben hat. Außerdem haben ihr ungefähr 1 M Garten im oberen Dorf zugestanden, wo der jährliche Viehmarkt abgehalten wurde, sowie etliche Wiesen für den Unterhalt des Faselviehs, eine Holzlege am Neckar, zwei Brunnen im Dorf und ein paar Alimentenstücke, die jedes Jahr versteigert wurden. In den Gemeindewäldern hatte sie alle Nutzungsrechte (ausgenommen die Jagd), und in den herrschaftlichen Wäldern Überhau, Heckenbuschel und Stolzeneck sowie auf dem Leidenharterhofgut und im Zentwald hatte sie Viehtriebs- und Weiderechte; diese haben bis an den Neckar und bis nach Krösselbach gereicht. Neben dem Leidenharterhof hatte die Gemeinde das Recht, Schafe zu halten. Diese Schäferei konnte sie auch gegen ein Weidegeld verleihen. Schließlich hatte sie Anspruch auf den Erlös aus sog. Afterschlägen und aus Windfällen sowie auf den Zoll, der an den Märkten unter dem Rathaus erhoben wurde. Seit dem 17. Jh. war die Gemeinde obendrein am Einzugsgeld von jedem Mann mit 1 fl und an dem von jeder Frau mit ½ fl beteiligt.

Kirche und Schule. – Die gemeinsame Kirche für Neunkirchen und Guttenbach ist 1298 erstmals urkundlich bezeugt. Der Umfang der Pfarrei wird im Wormser Synodale von 1496 beschrieben; sie hat den gesamten Raum südlich des großen Neckarbogens bei Eberbach umfaßt, und als Filialen haben somit zu ihr gehört: Michelbach, Schönbrunn, Ober- und Unterschwarzach, Schwanheim, Krösselbach, Neckarkatzenbach, Guttenbach, der Leidenharterhof und die Minneburg. Kirchenheiliger war St. Bartholomäus, der Pfarrsatz hat dem Andreasstift (Scholasterie) in Worms zugestanden, dem die Pfarrei auch inkorporiert war. Die Kirche hatte einen Altar zu Ehren der Jungfrau Maria und einen zu Ehren des Hl. Michael; auf letzterem war der Frühmesser bepfründet. Die Frühmesse hatten offenbar die Pfalzgrafen von Mosbach gestiftet, denen auch das Besetzungsrecht zugestanden hat. Bereits 1496 wird ein Pfarrhaus erwähnt, und auch zur Frühmesse hat ein eigenes Haus gehört. 1518 hat der Pfälzer Kurfürst dem Inhaber der Minneburg das Kollaturrecht auf die Michaelspfründe eingeräumt, woraus dessen Sohn später einen Anspruch auf den Pfarrsatz zu Neunkirchen ableiten wollte. Ob es Hans von Habern aber auch gelungen ist, Neunkirchen zur Zeit der Reformation dem luth. Bekenntnis zuzuführen, läßt sich nicht mehr klären. Nach dem Heimfall des Lehens Minneburg (1565) hat die Kurpfalz in der Pfarrei das ref. Bekenntnis durchgesetzt; die Pfarreien Neunkirchen und Asbach sind damals in Personalunion verbunden, die Frühmeßgefälle sind 1579 säkularisiert und eingezogen worden. Das Pfarrhaus hat im Minneburger Teil von Neunkirchen gelegen. Die Kirche hatte im frühen 17. Jh. drei Glocken und eine Schlaguhr und war von einer Ringmauer umgeben. Während der Zeit der bayerischen Besetzung im 30j. Krieg ist die Pfarrei zeitweise von kath. Geistlichen versehen worden. Die 1705 als reparaturbedürftig beschriebene Kirche ist in der pfälzischen Kirchenteilung den Reformierten zugesprochen worden; während des ganzen 18. Jh. war sie in schlechtem Zustand und ist schließlich gegen Ende des Jahrhunderts umgebaut und erneuert worden. Bauherren waren die Kollektur Minneburg bzw. die ref. Geistliche Administration in Heidelberg.

Die Katholiken haben sich 1718 aus eigenen Mitteln eine Kirche errichtet, die direkt vor der ref. Kirche gestanden hat. Sie war wiederum die Mutterkirche einer großen Pfarrei, zu der fast alle Orte der Reichartshäuser Zent gehört haben. Um die Wende vom 18. zum 19. Jh. war sie baufällig und für die große Gemeinde zu klein. Ein kath. Pfarrhaus ist erst 1783 von der Kirchengemeinde erbaut worden. Die Lutheraner waren zunächst nach Daudenzell gepfarrt, seit 1798 schließlich nach Breitenbronn. Seit dem 17. Jh. waren die Bewohner von Neunkirchen zum überwiegenden Teil reformiert. Die Katholiken hatten im 18. Jh. eine starke Zunahme zu verzeichnen und haben zu Beginn des 19. Jh. fast ein Drittel der Bevölkerung gestellt. Die Lutheraner sind dagegen stets eine unbedeutende Minderheit geblieben. 1807 hat in Neunkirchen ein Mennonit gewohnt. Das Wittum des ref. Pfarrers hat im frühen 17. Jh. aus 2½ M Wiesen und Gärten sowie aus mehr als 6 M Ackerland bestanden; 1770 ist nur noch von 1½ M Wiesen und 4 M Äckern die Rede.

Am großen und kleinen Zehnt zu Neunkirchen waren im 14. Jh. die von Zwingenberg zu einem Viertel beteiligt, und seit dem 15./16. Jh. hat der Herrschaft Zwingenberg sogar die Hälfte des Zehnten gehört. Ein Drittel hat der örtlichen Pfarrkirche zugestanden, ein Sechstel dem Schloß Schwarzach. Nach dem Ankauf des zwingenbergischen Teils von Neunkirchen durch die Pfalz (1712) hat die Kellerei Minneburg zwei Drittel vom Großzehnt bezogen, das restliche Drittel die ref. Geistliche Administration. Vom Kleinzehnt haben der Kellerei Minneburg die Hälfte, der Kollektur Minneburg ein

Drittel und dem Schultheißen zu Neunkirchen ein Sechstel zugestanden; seit dem 17. Jh. ist ein Drittel vom Kleinzehnt dem ref. Pfarrer überlassen worden.

Ein ref. Schulmeister wird erstmals zum Jahr 1604 genannt. Er war zugleich Mesner, und hat ein nicht ständiges, stets neu ausgehandeltes Schulgeld bezogen. Ein Schulhaus hat es in Neunkirchen schon vor 1685 gegeben; es ist von der ref. Geistlichen Administration unterhalten worden und hat um 1718 wegen Baufälligkeit abgerissen werden müssen. Danach hat es im 18. Jh. in Neunkirchen kein ref. Schulhaus mehr gegeben, vielmehr waren die Schulmeister gezwungen, in ihrer jeweiligen Privatwohnung zu unterrichten. Ein kath. Schulmeister läßt sich seit dem ersten Viertel des 18. Jh. nachweisen, jedoch hat die kath. Gemeinde vor dem 19. Jh. nicht über ein eigenes Schulhaus verfügt.

Bevölkerung und Wirtschaft. – Die überlieferten Daten über die Zahl der Untertanen lassen auf ein bis ins frühe 17. Jh. kontinuierliches Wachstum der Gesamtbevölkerung schließen. Sie ist von etwa 60 bis 80 Seelen im 14. Jh. auf etwa 320 im frühen 17. Jh. angestiegen; im minneburgischen Teil von Neunkirchen haben die meisten Untertanen gewohnt. Die kriegerischen Ereignisse im 17. Jh. haben die positive Bevölkerungsentwicklung jäh unterbrochen; die Zahl der Einwohner ist um die Hälfte zurückgegangen. Seit dem früheren 18. Jh. hat sie dann wieder kräftig zugenommen und ist bis zum Beginn des 19. Jh. auf das Dreifache gestiegen (vgl. Tab. 5).

Tabelle 5: **Einwohner von Neunkirchen**

Jahr	1727	1749	1777	1784	1802	1807
Einwohner	256	368	502	577	611	730

Die Herrschaft Zwingenberg hatte im Dorf Leibeigene, die noch 1712 in den Quellen zu fassen sind. Auch Königsleute des Schlosses Schwarzach hat es in Neunkirchen gegeben. Die übrigen Minneburger und Schwarzacher Untertanen waren ursprünglich gewiß ebenfalls leibeigen, jedoch hat ihre Beziehung zu den beiden Burgen schon im 16. Jh. nur noch als dingliche Last gegolten. 1802 haben in Neunkirchen kurpfälzische Leibeigene gesessen, die allerdings leibzinsfrei waren.

Die Einwohner des Dorfes haben ihr Auskommen hauptsächlich in der Landwirtschaft gefunden. Von den drei Fluren sind die gegen Neckarkatzenbach und gegen Aglasterhausen namentlich überliefert; außerdem hat es vermutlich noch eine Flur gegen Schwarzach gegeben. Die Felder sind mit Roggen, Hafer, Dinkel, Gerste, Weizen, aber auch mit Wein, Flachs, Hanf, Erbsen, Linsen, Bohnen, Rüben, Kraut und mit Obst bebaut worden. Die Stallfütterung des Viehs ist im späten 18. Jh. auf den Widerstand der Gemeinde gestoßen, da die Felder offenbar nicht die dafür erforderlichen Erträge abgeworfen haben. Die Viehzucht im Dorf war bedeutend; vorherrschend waren Rinder, Schafe und Schweine. An Zugtieren haben Ochsen dominiert; der Pferdebestand war im 18. Jh. rückläufig (vgl. Tab. 6).

Ein Handwerker (*mechanicus*) zu Neunkirchen findet bereits im Wormser Synodale von 1496 Erwähnung. Das Dorf hatte im frühen 16. Jh. eine Badstube, die an die Minneburg und nach Schwarzach zinspflichtig war; sie wird im frühen 17. Jh. zum letzten Mal genannt. Wirte lassen sich seit der Mitte des 16. Jh. belegen; im 18. Jh. hat es in Neunkirchen die Wirtshäuser *Zum Hirsch, Zum Löwen, Zur Goldenen Krone, Zum Engel, Zur Pfalz, Zum Ochsen* und *Zur Rose* gegeben, und im frühen 19. Jh. ist das Wirtshaus *Zum roten Hirsch* hinzugekommen. Schon 1538 hatte das Dorf einen Bäcker;

Tabelle 6: **Viehbestand in Neunkirchen**

Jahr	1566	1727	1777	1802
Ochsen	die meisten	30	68	.
Pferde	7	32	1	10
Kühe } Rindvieh	.	.	106	305
Rinder	.	.	91	
Schafe	.	.	200	.
Schweine	.	.	84	.

1749 waren in Neunkirchen vier Bäcker ansässig. 1749 wird eine Reihe von Handwerksberufen genannt: Leinenweber, Schneider, Hafner, Schmiede, Schuhmacher, Metzger, Maurer, Zimmermann, Schreiner, Küfer, Wagner, Krämer; sie waren in örtlichen Bau-, Leineweber-, Wagner- und Schmiede-, Müller-, Bäcker- und Schneiderzünften organisiert. Die meisten der Gastwirte und Handwerker waren zugleich Bauern. 1802 wohnte in Neunkirchen auch ein Chirurg. 1727 ist eine Ziegelhütte bezeugt.

Als Mittelpunkt einer großen Pfarrei hatte Neunkirchen für die umliegenden Dörfer schon früh auch eine große wirtschaftliche Bedeutung; bereits 1368 ist ein Markt bezeugt. Im 16. Jh. sind an St. Ulrich (= 4. Juli) und an St. Bartholomäus (= 24. August) zwei Märkte abgehalten worden, deren Abgaben den beiden Ortsherrschaften Zwingenberg und Schwarzach abwechselnd zugestanden haben. Zur Zeit der Märkte hatte das Schloß Schwarzach das Geleit im Dorf und auf seiner Gemarkung. Vom Marktzoll waren all jene Marktbesucher befreit, die innerhalb der Pfarrei ansässig waren. Im frühen 17. Jh. ist noch ein freier Jahrmarkt zu Mitfasten (Lätare) hinzugekommen, der im Minneburger Ortsteil stattgefunden hat. Im 18. Jh. sind ein freier Vieh- und Krämermarkt am ersten Dienstag nach Lätare, ein Krämermarkt am 2. Juli und ein dritter Markt an Bartholomäus abgehalten worden. 1802 hat es sogar vier Märkte gegeben: die bereits genannten Märkte und einen Viehmarkt, der am dritten Dienstag im Februar stattgefunden hat.

Leidenharterhof. – Nordöstlich von Neunkirchen liegt der sogenannte Leidenharterhof. Der Name des Hofes begegnet urkundlich erstmals 1360 in der Form *uff der Lidenhart*; 1369 ist von der *Lydenhart*, seit dem 16. Jh. von der *Leydenhart* die Rede. Der Name bezieht sich auf schlechten Sand- oder Waldboden und damit auf die offenbar ungünstige Lage des Anwesens. Ob das Gehöft zur gleichen Zeit wie das Dorf Neunkirchen, dem es schon im 14. Jh. zugehört hat, entstanden ist, läßt sich nicht entscheiden. Es ist 1474 erstmals als Schafhof bezeugt und war im 16./17. Jh. an einen Hofmann verliehen. 1580 hat es auf dem Hof noch ein Schafhaus gegeben. Nach der Zerstörung im 30j. Krieg hat sich dort lediglich eine Scheune mit einer Wohnung befunden; das Areal ist nach und nach mit Wald überwachsen. Im frühen 18. Jh. war der Hofplatz ganz verödet, aber bereits 1722 ist wieder eine Schafscheune dorthin gebaut worden. Um die Mitte des 18. Jh. ist der Hof am derzeitigen, näher beim Dorf Neunkirchen gelegenen Platz neu entstanden. Seither gehört er zur Dorfgemarkung von Neunkirchen, während die alte Hofstelle heute zum Neckarkatzenbacher Bann zählt. 1566 hat der Bezirk des Hofes 152½ M umfaßt; davon waren 130 M Acker, 17 M Wiesen, 3 M Wald und 2½ M Hoffläche, jedoch hat der Hofmann nur etwa 40 M bebauen können. Ende des 17. Jh. werden die Ländereien des Hofes auf 130 M beziffert; im frühen 18. Jh. waren davon nur 30 M Äcker und 20 M Wiesen in Bestand vergeben, ein Teil hat zum Minneburger Hofgut gehört. Wie das Dorf Neunkirchen hat der Leidenharterhof zur Reichartshäuser Zent, zur Kellerei Schwarzach-Minneburg und zum Amt Dilsberg gehört. Vogtei und niedere Gerichtsbarkeit haben dem jeweiligen Inhaber der Minneburg zugestanden. Kirchlich hat der Leidenharterhof seit alters nach Neunkirchen gehört. Den Klein- und Lämmerzehnt hat die Herrschaft Zwingenberg 1474 ganz, 1557 zur Hälfte bezogen; die andere Hälfte hatte die Pfarrei Neunkirchen, und im 17. Jh. war überdies das Schloß Schwarzach mit einem Sechstel daran beteiligt.

Der jeweilige Hofmann war allzeit berechtigt, Schafe zu halten. 1566 hat sich der Bestand auf 400 Schafe belaufen, wovon 200 dem Hofmann gehört haben, der Rest der Kurpfalz (Kellerei Minneburg). Der Bezirk für die Winterweide, der erst seit dem frühen 18. Jh. erkennbar wird, hat von der Schwabsklinge bei Guttenbach bis zum Finsterbach beim Neckarhäuserhof gereicht. Die Sommerweide hat die Gemarkungen von Guttenbach, Neckarkatzenbach, Neunkirchen, Rockenau, Neckarwimmersbach und Pleutersbach umfaßt. Der Hofmann hatte aber auch Weiderechte in den Schwarzacher Wäldern Überhau und Heckenbuschel. Freilich waren dafür die benachbarten Dörfer Guttenbach, Neckarkatzenbach und Neunkirchen ebenfalls berechtigt, ihre Schafe im Hofbezirk zu weiden. Wegen dieser gegenseitigen Weiderechte hat es im 18. Jh. ständig Streitereien zwischen dem Erbbeständer und den Gemeinden der Dörfer Guttenbach, Neckarkatzenbach und Neunkirchen sowie dem Förster zu Neunkirchen gegeben.

Persönlichkeiten. – Auguste Pattberg, geb. von Kettner, Dichterin (1769–1850); Alois Beckert, Revolutionär von 1848/49 (1814 – nach 1862).

Quellen und Literatur

Neckarkatzenbach

Quellen, gedr.: *Brinkmann.* – CH. – *Schwarz*, Benedikt, Korrespondenz des Freiherrn Johann Christoph von Gemmingen, schwedischen Oberamtmanns zu Amorbach aus den Jahren 1632, 1633 und 1634. In: Neues Archiv für die Geschichte der Stadt Heidelberg und der rheinischen Pfalz 10, 1913 S. 203–206. – UB MOS. – WUB 2. – ZGO 11, 1860; 27, 1875.

Ungedr.: GLA Karlsruhe 43, 110, 147; 61/5454, 5457–58; 63/12; 66/5460–62, 7918; 67/800, 806, 808, 821, 870, 986, 1012; 72 von Habern; 77/2428, 4147, 6142, 6691, 9113; 135/110, 141; 145/45, 209, 364; 183/25, 38; 185/123–124; 229/2737, 2739, 37218–274, 59435, 68261, 95951, 95973, 95980–96023, 71818–850; 313/2809. – HStA München, Mainzer U 698; Dreißigjähriger Krieg Akten 143/I; Kurbayern Äußeres Archiv 2314. – HZA Neuenstein, Weinsberg I 18; K 4; L 73.

Allg. Literatur: *Friedmann*, Helmut, Die Gemeinde Neunkirchen von ihren Anfängen bis zur Gegenwart, Neunkirchen 1974. – KDB IV, 4 S. 15–24, 97. – *Krieg.* – *Krieger* TWB 2 Sp. 272f. – *Langendörfer.* – LBW 5 S. 260f. – *Lenz.* – *Liebig*, Fritz, 1000 Jahre Neckargerach, 1200 Jahre Guttenbach, Neunkirchen 1976. – *Schuster* S. 356f. – *Simon.* – *Steig*, Reinhold, Frau Auguste Pattberg geb. von Kettner. Ein Beitrag zur Geschichte der Heidelberger Romantik. In: Neue Heidelberger Jahrbücher 6, 1896 S. 62–122. – *Widder* 1 S. 420–423.

Ortsliteratur: *Stocker*, C. W. F. L., Die Burg Minneberg, 2. Aufl. Karlsruhe 1885. – *Döbler*, Karl / *Baumgärtner*, Fritz, Die Minneburg, ⟨Neunkirchen⟩ 1919. – *Arens*, Fritz, Die Burgen Stolzeneck, Minneburg und Zwingenberg bei Eberbach. In: Jahrbuch für schwäbisch-fränkische Geschichte 26, 1969 S. 5-24.

Neunkirchen

Quellen, gedr.: *Brinkmann.* – FDA 38, 1910. – *Gehrig*, Franz, Der Wildbannverkauf der Herren von Weinsberg im Jahr 1419. In: ZGO 125, 1977 S. 389–392. – *Schannat.* – UB Hessen 2. – ZGO 27, 1875.

Ungedr.: GLA Karlsruhe 43; 61/5454; 63/12; 66/3482, 5460- 5462, 5870, 7918–7919; 67/821, 878, 1005; 69 von Helmstatt U; 77/2441, 4147, 5288, 6142, 6209, 8769, 9086; 135/90, 110, 139, 141; 145/209, 364; 183/5, 25, 38, 545; 185/105, 123- 124; 229/2716, 8281, 12447, 12451, 16612, 26950, 37221 I, 41732, 59435–442, 71846, 73760–73908; 313/2809; 349. – Landesbibliothek Darmstadt Hs. 2297. – Landeskirchliches A Karlsruhe, ref. Kirchenbuch Neunkirchen 1. – GdeA Neunkirchen, Gerichtsbuch.
Allg. Literatur: KDB IV, 4 S. 178. – *Krieger* TWB 2 Sp. 327. – LBW 5 S. 261. – *Lenz*. – *Steig*, Reinhold, Frau Auguste Pattberg geb. von Kettner. Ein Beitrag zur Geschichte der Heidelberger Romantik. In: Neue Heidelberger Jahrbücher 6, 1896 S. 62–122. – *Widder* 1 S. 418–420.
Ortsliteratur: *Friedmann*, Helmut, Die Gemeinde Neunkirchen von ihren Anfängen bis zur Gegenwart, Neunkirchen 1974.

Obrigheim

2427 ha Gemeindegebiet, 5137 Einwohner

Wappen: Durch eine aufsteigende, eingebogene rote Spitze, worin ein schmaler, in drei beieinanderliegende Kugeln (1:2) auslaufender silberner (weißer) Göpel, gespalten; vorn von Blau und Silber (Weiß) schräglinks gerautet, hinten in Schwarz ein rot bewehrter und rot bezungter goldener (gelber) Löwe. – Seit dem 18. Jh. wurden die pfälzischen heraldischen Embleme Rauten und Löwe neben dem nicht zu deutenden Fleckenzeichen Obrigheims in den Siegeln geführt, wobei das Fleckenzeichen entweder wie im Gemeindewappen oder umgekehrt, als aus einem Dreiberg wachsende schmale Deichsel, dargestellt ist. Das Wappen wurde 1913 festgelegt und greift die Siegeltradition auf. Die nicht regelrecht aus den Wappenfarben abgeleitete Flagge führt die Gemeinde seit 1930. – Flagge: Gelb-Blau (Gold-Blau).

Gemarkungen: Asbach (674 ha, 769 E.) mit Asbach, Bahnstation; Mörtelstein (409 ha, 405 E.) mit Neckarhelde; Obrigheim (1409 ha, 3928 E.) mit Kirstetterhof und Neuburg.

A. Natur- und Kulturlandschaft

Naturraum und Landschaftsbild. – Zwei Elemente bestimmen das Landschaftsbild: zum einen die Muschelkalkflächen und -hügel mit darin eingeschnittenen, asymmetrischen, zum Teil mäandrierenden Tälern, zum anderen das Neckartal. Das Flußbett des Neckars zieht sich mit einer breiten Talaue auf den Muschelkalkgäuflächen hin, die Hänge werden vom Buntsandstein geformt.

Das heutige Gemeindegebiet, südlich der geologischen Grenze des Odenwalds gelegen, hat Anteil an zwei naturräumlichen Einheiten, dem Neckartal und dem nordöstlichen Kraichgau. Die Siedlung Obrigheim erstreckt sich in einer weiten Neckarschlinge am Gleithang des Flusses und im Tal des Heiligenbachs. Vom Neckar her in 139 m NN steigt das Relief sanft an bis zum höchsten Punkt, im Brückleswald, mit 323 m NN. Der Untergrund des Ortes wird von Löß gebildet. Neckarwärts, zwischen Siedlung und Fluß schließen sich ältere Tallehme sowie Sande und Kiese der Neckaraue an, die als Wiesenland genutzt werden. Etwa 300 m vom Neckarufer weg ragt ein Umlaufberg hervor. Auch die den Ort umgebenden Äcker liegen auf Löß. Unter dem im W bis S anschließenden, stärker reliefierten Waldgebiet findet sich die gesamte Schichtfolge des Unteren Muschelkalks: Wellendolomit, Wellenkalk, der z. B. am Tunnelportal des Karlsbergtunnels sichtbar wird. Auf einen schmalen Streifen Mittleren Muschelkalk, in dessen Dolomiten zum Teil abbauwürdige Gipsvorkommen eingeschaltet sind, folgt Trochitenkalk des Oberen Muschelkalks. Er ist etwa 500 m südlich des Wetterstollens des ehemaligen Gipsbergwerks aufgeschlossen.

Etwa 800 m südsüdwestlich des Kernkraftwerks in Richtung Mörtelstein stehen pleistozäne Sande und Schotter des Neckars ca. 30 m über dem heutigen Neckarniveau an. Die lehmigen bis stark lehmigen Sande sind von einer ca. 1,5 m mächtigen Kieslage bedeckt, deren Bestandteile Muschelkalk und Buntsandstein sind. Diese altdiluvialen Ablagerungen sind ein Beweis dafür, daß der Neckar einst hier floß. Vom ehemaligen Verlauf des Flusses zeugt auch ein Prallhang oberhalb von Schloß Neuburg.

Mörtelstein liegt um 180 m hoch im Tal des Klingenbächleins. Von dem auf Lößboden stehenden Dorf steigt das Gelände im N und S des Ortes steil bis zu den

300 m hoch gelegenen Ackerflächen auf Unterem Muschelkalk an. Er ist etwa 600 m östlich des Ortes an den Portalen des ehemaligen Erlesrain-Tunnels aufgeschlossen. Das Dorf Asbach gehört dem Kraichgau und hier der naturräumlichen Untereinheit »Schwarzbachgäu« an. Seine typische, sanft gewellte Hügellandschaft findet sich auch auf der Gkg Asbach. Abgesehen von der auf Sanden und Kiesen, den jüngsten Anschwemmungen der Haupt- und Nebentäler im flachmuldigen Tal des Asbachs gelegenen Siedlung ist die Landoberfläche fast ausschließlich lößbedeckt. Hier befinden sich die Äcker der Gemarkung. Ein schmaler Grenzstreifen zwischen Oberem und Mittlerem Muschelkalk im O trägt ebenfalls Äcker. Nur in der Talaue des Asbachs findet sich Grünlandnutzung. Die Schichtfolge des Trochitenkalks ist rund 800 m südlich des Ortes in einem Steinbruch aufgeschlossen.

Die Lage der drei Gemeindeteile an den Grenzen verschiedener Naturräume führt dazu, daß die für diese Landschaft typischen Eigenheiten nur in gemäßigter Form auftreten. So ist das Klima in Mörtelstein und Obrigheim nicht so rauh wie im Odenwald und daher für den Obstbau geeignet. Die durchschnittliche Jahrestemperatur liegt für die Gesamtgemeinde bei 8–9° C. Die durchschnittlichen wirklichen Lufttemperaturen betragen im Januar −1 bis 0° C, im April 8° C und im Juli 18–19° C. Die Jahresniederschläge sind mit 800–900 mm recht hoch. Die Böden sind auf Löß meist tiefgründig und oft verlehmt. Auf Muschelkalk bilden sich steinige, geringmächtige Böden, deren Fruchtbarkeit geringer ist als die Lößböden. Das Landschaftsbild wird beherrscht von der landwirtschaftlichen Nutzung. Dabei überwiegt in Asbach und Mörtelstein der Acker-, in Obrigheim der Grünlandanteil. Die natürliche Waldvegetation – Buchen-Eichen-Hainbuchenwälder sowie Auewälder – ist in Obrigheim und Mörtelstein durch die Waldwirtschaft mit einem besonders hohen Buchenanteil durchsetzt. Auewälder kamen auf nassen meist mehr oder weniger überfluteten Standorten mit den Charakterarten Stieleiche, Esche und Flatterulme vor. In der Krautschicht fanden sich u.a. Straußfarn, Winterschachtelhalm, Wald-Ziest, Zittergras und Segge. Der Kanalisierung des Neckars und auch der Hochwassersicherheit der Siedlungen fielen diese Auewälder zum Opfer. In den Buchen-Eichen-Hainbuchen-Mischwäldern dominierten die Eichen und Hainbuchen, jedoch waren Buchen mehr oder weniger beigemischt. Frühere Nutzungsformen wie die Niederwaldwirtschaft begünstigten diese Waldform. In einer oberen Baumschicht herrschten die Eichen vor, in einer unteren die Hainbuchen. Weitere Baumarten waren Winterlinde, Ahorn und Esche. Die Baumarten ließen genügend Licht zum Gedeihen einer artenreichen Strauch- und Krautschicht durch, in der z. B. Süßkirsche, Fingerkraut, Maiglöckchen und Hahnenfußarten wuchsen. Da die Standorte der Buchen-Eichen-Hainbuchen-Mischwälder gut für den Ackerbau geeignet sind, wurden sie zu einem großen Teil gerodet und durch landwirtschaftliche Nutzflächen ersetzt. Die Gkg Asbach ist durch das Fehlen von Wald gekennzeichnet. Für die altbesiedelte Landschaft ist eine solche Waldarmut durchaus typisch. Löß und günstiges Klima führten dazu, daß Asbach in einem landwirtschaftlichen Gunstraum liegt.

Asbach wird im S des Dorfes vom Asbach durchzogen, der an der Gemarkungsgrenze zu Mörtelstein entspringt; auch der Busenbach fließt auf Asbacher Gemarkung. Heiligenbach und Luttenbach entspringen auf Gkg Obrigheim. Alle Bäche fließen in den Neckar. Am eindrucksvollsten gestaltete der Klingenbach, der verdolt durch Mörtelstein fließt und am östlichen Dorfausgang durch die tief eingeschnittene Fleischmanns Klinge in den Neckar strömt, das Landschaftsbild. Auf nur 1000 m Länge überwindet das Bachbett einen Höhenunterschied von 132 m.

Ein Wasserschutzgebiet befindet sich im Grundwasserbereich des Neckars in der Neckaraue um das Kernkraftwerk. Die Landschaft, mit einem hohen Anteil naturnaher

Fläche durch Wald und landwirtschaftlich genutzte Gebiete, mit dem Neckar und damit der Möglichkeit des Wassersports bietet sich durch ihre Nähe zum Verdichtungsraum Heidelberg und Mannheim-Ludwigshafen als Erholungsgebiet sowie als ökologischer Ausgleichsbereich an.

Siedlungsbild. – Der Gemeindeteil Asbach, im Tal des gleichnamigen Baches gelegen, ist als unregelmäßiges Haufendorf angelegt. Im alten *Ortskern*, um die Hauptstraße, die Ortsstraße, sind die ev. Kirche, das Pfarrhaus und das ehemalige Schulhaus die größten Gebäude. Den einstigen Wohlstand der landwirtschaftlichen Bevölkerung dokumentieren die großen alten Bauernhäuser, die heute zum Teil zweigeteilt sind und oft nur noch Wohnfunktion haben. Vereinzelt gibt es Winkelhöfe wie in Obrigheim, kleine Seldnerhäuser fehlen ganz. In einem alten Gasthof in der Ortsmitte ist heute eine Pizzeria untergebracht.

Die schmucklose kath. Kirche an der Bargener Straße in Richtung Flinsbach, die 1891 am Ortsrand erbaut wurde, ist heute in die geschlossene Bebauung einbezogen. Am nördlichsten Ende des Dorfes befindet sich der Friedhof, der bereits im 19. Jh. diesen Standort hatte.

Zwar von der Bausubstanz, nicht aber von der Funktion her hat sich in Asbach der Charakter des Bauerndorfes erhalten, weder Versorgungs- noch gewerbliche Einrichtungen verändern das Ortsbild. Die heutige Wohnfunktion wird besonders deutlich durch die *Neubaugebiete*. Erst ab den 1960er Jahren sind nennenswerte Siedlungserweiterungen zu verzeichnen. Ein Neubaugebiet mit Einfamilienhäusern aus den 70er Jahren wurde am Ortsausgang in Richtung Daudenzell erstellt. Am Ortsrand in Richtung Flinsbach finden sich Neubauten neuesten Datums, zum Teil noch im Rohbau. Außerhalb des Ortes, »Im Lettenbuckel 1«, wurde 1969 bei einer Teilflurbereinigung ein Aussiedler-Einzelhof angelegt.

Mörtelstein, um 180 m hoch im Tal des Klingenbächleins gelegen, ist von der L 292 aus über eine kurvenreiche, nicht ausgebaute Straße zu erreichen. Sie geht in die Hauptstraße, die Talstraße über, die ins Neckartal hinabführt. Mörtelstein stellt sich als langgestreckte Talsiedlung mit Tal- und Hangbebauung dar. Auffallend ist hierbei die Zweiteilung in alte Bausubstanz im Tal und Neubauten an den Hängen. Der alte *Ortskern* entlang der Talstraße ist geprägt von alten, zum Teil renovierten Bauernhäusern. Das ehemalige Rathaus ist ein zweistöckiges Fachwerkgebäude, das 1856 als Schulhaus erbaut wurde. An einem Türmchen trägt es die Dorfuhr.

Die ev. Kirche, ein schlichter Bau mit weißem Glockenturm aus dem 19. Jh. liegt nicht im Dorf, sondern außerhalb der Siedlung an erhöhter Stelle nahe dem Waldrand. Zwar ist der dörfliche Charakter des Ortes erhalten geblieben, die neuen Einfamilienhäuser aus den letzten zwanzig Jahren fallen aber durch ihren erhöhten Standort parallel zur Talstraße stärker ins Auge als z. B. die Neubaugebiete in Asbach. Weitere, locker bebaute Neubauflächen gibt es außerdem an den Hängen nördlich und südwestlich des Dorfes. Auch in Mörtelstein stammen die größeren flächenhaften *Siedlungserweiterungen* aus dem letzten Jahrzehnt. Sie belegen den Übergang von der landwirtschaftlichen zur Wohnfunktion des Ortes.

Eine enge Straße führt durch Mischwald am Neckar entlang in Richtung Obrigheim. Linker Hand liegt am Ufer der Campingplatz Mörtelstein. Von dieser Stelle aus wird bald die Kuppel des Kernkraftwerks Obrigheim sichtbar. Das runde Reaktorgebäude, die Flachdachbauten, die die Reaktorhilfsanlagen enthalten, sowie das Maschinenhaus, alle im nüchternen Stil von Industriebauten der 60er Jahre gehalten, sind durch doppelten Stacheldrahtzaun gesichert. Außerhalb des Zaunes sind Parkplätze angelegt, ein modernes Gebäude, fast nur aus Glas bestehend, beherbergt das Informationszentrum.

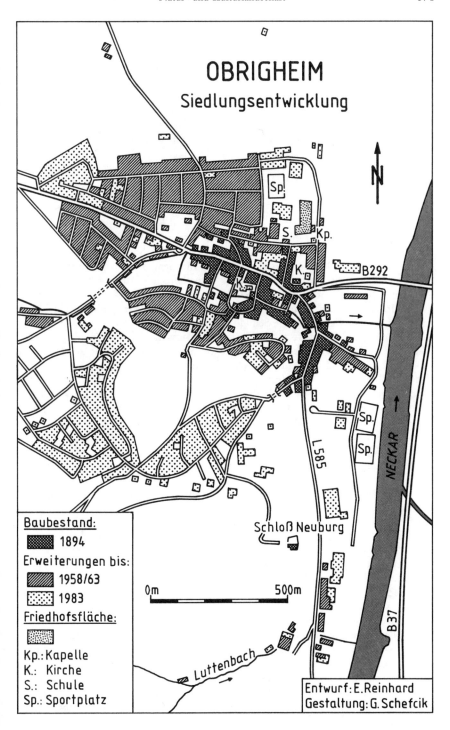

Vom Kernkraftwerk aus gelangt man auf die zum Neckar hin leicht abfallende Hauptstraße des Gemeindeteils Obrigheim. Der alte *Kern* des ehemaligen Straßendorfes besteht aus der Hauptstraße und rechtwinklig von ihr abzweigenden Gassen, wie Mühlgasse, Keltenbrunnengasse oder Heitergasse. Während des Bearbeitungszeitraumes 1986 ist das Ortsbild jedoch, vor allem in der Hauptstraße, im Umbruch begriffen. Zwar findet sich hier noch alte Bausubstanz in Form von Gasthöfen oder einem landwirtschaftlich genutzten Winkelhof. Auch die kath. Pfarrkirche St. Laurentii, deren Langhaus 1832 und deren Turm und Chor 1885 errichtet wurde, ist an der Hauptstraße erhalten geblieben. Das auffallend ockerfarbene Gebäude ist renoviert und hat 1985 einen modernen Anbau erhalten.

Die wenigen weiteren alten Gebäude sind jedoch oft renovierungsbedürftig und dürften früher oder später der Ortskernsanierung zum Opfer fallen. So verrottet z. B. schräg gegenüber dem Rathaus eine alte Fachwerkscheune.

Anstelle der ehemaligen Wohnfunktion wurde die Hauptstraße zum Geschäfts- und Verwaltungszentrum des Ortes ausgebaut. Dies wird besonders durch das neue Rathaus und die sogenannte Fußgängerzone dokumentiert.

Das Rathaus von 1972 ist ein kubisches, dreistöckiges Gebäude mit großen Glasfronten, das als Sitz der Gemeindeverwaltung dient. In einem gleichartigen Anbau sind der Sitzungssaal und die Gemeindebibliothek untergebracht. Der Rathausbrunnen, der bereits vor dem alten, jetzt abgerissenen, Verwaltungsgebäude stand, hat seinen Standort im Hof des neuen Rathauses gefunden. Die Brunnensäule trägt die Jahreszahl 1585, das kurpfälzische Wappen sowie Schilde und Initialen der Stifter. Die Fußgängerzone soll als modernes Geschäftszentrum offenbar einen neuen Mittelpunkt des Ortes bilden. Auf zwei Stockwerken, Treppen führen von der Hauptstraße zur Hochzone, haben Volksbank, Bäckerei, Metzgerei, eine Apotheke und weitere Geschäfte und Gastwirtschaften ihren Standort. Etwa hundert Meter talab steht ein weiteres Geschäftsgebäude, etwas älter als das bereits genannte. In mehreren gegeneinander versetzten, würfelförmigen Einzelgebäuden mit Flachdach sind weitere Geschäfte und eine Diskothek untergebracht. Von diesem Gebäude wird die ev. Kirche so verdeckt, daß nur noch ein Teil des Turmes von der Hauptstraße aus sichtbar ist. Mit anderen modernen Gebäuden, an der Stelle des alten Rathauses, hat die Gemeinde zwölf Altenwohnungen errichtet. Es handelt sich um ein dreistöckiges, grün verputztes Wohnhaus mit herabgezogenem Dach und holzverkleideten Balkonen. Allenthalben finden sich an der Hauptstraße Baustellen, vor allem für immer mehr Parkplätze. Der alte Dorfcharakter ist hier völlig verlorengegangen.

Zum noch intakten Teil des alten Ortskerns führen Gassen, die rechtwinklig von der Hauptstraße abzweigen. So findet man z. B. in der Heitergasse, abgesehen von einem Gebäude der Caritas von 1965, niedrige, oft traufständige, einstöckige Häuschen, die von kleinen Landwirten oder Taglöhnern, später auch von Fabrikarbeitern bewohnt wurden. Größere Wohnhäuser treten nur ganz vereinzelt auf.

In der Hochhäuserstraße, die von der Hauptstraße in Richtung Haßmersheim abbiegt, war das Viertel der wohlhabenderen Landwirte. Zwar finden sich auch hier die kleinen Wohnhäuser mit Wohnfunktion auch im Dachgeschoß, giebelständig, direkt an der Straße gelegen und mit kleinen Schuppen im Hinterhof. Es überwiegen jedoch die großen Bauernhäuser mit Scheunen vom Typ des Winkelgehöfts, z. B. in der Hochhäuserstr. 6, 10 und 36. Nr. 15, ein schmuckes Fachwerkhaus, enthält heute einen Gipserbetrieb. Oft dienen die Bauernhäuser nur noch dem Wohnen, bereits 1960 wurde eine Gruppe von Aussiedlerhöfen etwa 700 m nordwestlich der Siedlung in der Langenrainstraße angelegt. Ein weiterer Aussiedlerhof kam 1969/70 in der Schloßstraße dazu.

Erste nennenswerte *Siedlungserweiterungen* stammen aus den 30er Jahren dieses Jahrhunderts. In der Friedhofstraße, die ortsauswärts in Richtung Diedesheim von der Hauptstraße abzweigt, und in der Richard-Wagner-Straße bestehen solche Wohnsiedlungen mit Einfamilienhäusern, deren Obergeschosse im Dachraum ausgebaut sind. Die Vorgärten sind klein und gepflegt, in den Höfen weisen Schuppen, heute meist zu Garagen umfunktioniert, auf frühere landwirtschaftlichen Nebenerwerb hin. Aus der unmittelbaren Nachkriegszeit stammen nur wenige Gebäude. Besonders fallen hier zwei unschöne, graue Wohnblöcke auf, die im SO den Abschluß der Bebauung bilden.

Die eigentliche Ausdehnung der Siedlung erfolgte erst in den letzten beiden Jahrzehnten. So säumen einige hundert Meter vom westlichen Ortseingang aus Ein- und Zweifamilienhäuser aus den 1960er Jahren mit gepflegten Vorgärten die Hauptstraße. Südlich der Hauptstraße steigt das Gelände an, auch hier stehen, parallel zur Straße, die Wohnhäuser eines Baugebiets aus den 1960er Jahren. Die Straße »Am Park« bildet den bisherigen Abschluß der Bebauung im NO. Hier vermischen sich die Baustile. An einer Straßenseite stehen zweigeschossige Zweifamilienhäuser aus den 1960er Jahren, die andere Straßenseite nehmen neuere, einstöckige Bungalows mit Walmdächern ein. Auch im Winterrainweg, in schöner Wohnlage auf einem alten Umlaufberg des Neckars, stehen weitere einstöckige Einfamilienhäuser aus den 1970er Jahren. Die Schloßstraße wird gesäumt von Einfamilienhäusern mit Gärten, die ebenfalls aus den letzten zehn Jahren stammen.

Der Reiterspfad führt bergan zu den Schulen der Gemeinde. Die Grund- und Hauptschule von 1963 ist in zwei parallel zueinander verlaufenden, langgestreckten Gebäuden mit Giebeldächern untergebracht. Ein angrenzender Flachdachbau enthält ein Lehrschwimmbecken und Umkleideräume. Im Schulhof steht ein älteres, spitzgiebeliges Gebäude mit Ziegeldach, das ebenfalls Schulräume enthält. Es wirkt innerhalb des modernen Schulkomplexes sehr ansprechend, hat aber als ehemaliges HJ-Heim der Gemeinde eine etwas unrühmliche Vergangenheit. Hinter der Grund- und Hauptschule liegt die Realschule, ein kubischer Bau von 1967 mit großen Glasfronten. Das gesamte Schulzentrum ist eingebettet in eine gepflegte, parkähnliche Grünanlage. An die Schulen anschließend, am nordöstlichen Ortsende finden sich das Sportgelände und die Sporthalle. Die Neckarhalle ist eine Großraumsporthalle, über die, abgesehen von einem überhängenden Flachdach, nichts Bemerkenswertes zu sagen ist. Sie ist von einer gepflegten Grünanlage umgeben. Kurz vor der Brücke nach Diedesheim wurde mit dem Josef-Kraus-Platz eine weitere kleine Grünfläche mit Bänken, einem Brunnen, und einem imposanten Kastanienbaum geschaffen. Neckarwärts schließen sich Krautgärten an.

Das *Industriegebiet* am Neckar wird bestimmt von gewerblichen Bauten, die im nüchternen Stil der 1960er bis 1970er Jahre flächenhaft in Flachdachbauweise konstruiert sind. Hier stehen die Fertigungshallen der HAWO, von Metzger Druck, MB-Electronic und anderen. Ein älteres Gebäude ist das der Gardinenfabrik Obrigheim.

Die Schloßstraße zieht sich an Kastanienbäumen und Laubwald vorbei, bis über einem alten Prallhang des Neckars *Schloß Neuburg*, von Bäumen umstanden, erreicht ist. Es dient heute als Restaurant und Hotel, das 1959 eröffnet wurde. 1978 wurde es vom Kernkraftwerk Obrigheim gekauft und renoviert.

Bemerkenswerte Bauwerke. – Asbach: An den mittelalterlichen Chorturm der *ev. Kirche*, der wohl in der 2. H. 13. Jh. erbaut wurde, fügte man 1752 ein dreiachsiges, einfaches Langhaus in barocken Formen an. Der Chorturm wurde um die Glockenstube erhöht. Wandmalereien aus dem 14. und 15. Jh. schmücken den ehemals gewölbten Chorraum. Sie wurden 1974–79 freigelegt. Auch jüngere architektonische Malereien, die die in der Renaissancezeit umgebauten Fenster begleiten, konnten freigelegt und gesichert werden. Die Steinkanzel aus weißem Sandstein entstand 1563 in der Übergangszeit der Gotik zum Renaissancestil und ist mit dem Allianzwappen von Habern und Rabenstein geziert. Der spätbarocke Orgelprospekt stammt aus Meckesheim. Die *kath. Kirche* wurde 1891 im neuromanischen Stil mit seitlichem Glockenturm errichtet.

Mörtelstein: An den Chorturm der mittelalterlichen Kirche, der heutigen *ev. Kirche*, die 1496 erstmals als Kapelle erwähnt wurde, baute man 1819 ein fünfachsiges neues Langhaus an. Der ehemalige Chor wird heute als Sakristei benutzt. Die Wandmalereien aus dem späten 15. Jh. erinnern im Stil an die Bilder der Gutleuthofkapelle in Mosbach. Dargestellt ist die Passion Christi.

Obrigheim: Auf steilem Felsvorsprung hoch über dem Neckar steht *Schloß Neuburg* der Herren von Obrigheim, einst Hohinrot genannt. 1500 kam es an Kurpfalz und wurde 1803 den Leiningern zugesprochen. Seit 1855 war es im Besitz der Linie Leiningen-Billigheim. Der Hauptbau birgt den ältesten Baubestand aus der gotischen Zeit. Er bestimmt das Aussehen der markanten Burg über dem Neckartal. Der polygonale Treppenturm wurde 1527 im spätgotischen Stil erbaut. 1855 fügten die Leininger einen über eine zweiläufige Treppe zugänglichen zweigeschossigen Seitenflügel im Stile der Burgenromantik hinzu. In diese Zeit gehört auch das Portal, das eine Kriegstrophäe aus dem Jahre 1615 als Bekrönung erhielt. Den Halsgraben überspannt eine gewölbte Bogenbrücke, kombiniert mit einer ehemals aufklappbaren Zugbrücke.

An den mittelalterlichen gotischen Chorturm der *ev. Kirche*, dessen Erdgeschoß noch aus dem 13. Jh., das 1. Obergeschoß und der Treppenturm aus der letzten Hälfte des 15. Jh. stammen, wurde 1763 ein neues dreigeschossiges barockes Langhaus angebaut sowie der Turm um zwei Geschosse erhöht und mit einem gebrochenen spitzen Zeltdach gedeckt.

Die *kath. Kirche* wurde 1832 als spätklassizistischer Saalbau mit Dachreiter errichtet. 1885 wurde ein Chorturm im historisierenden Stil hinzugefügt, der auf dem niedrigen flachen Zeltdach einen dachreiterähnlichen Laternenaufbau erhielt. Durch die 1910 angefügte Eingangshalle wurde die spätklassizistische Eingangsfassade mit ihrer großen Blendnische verunklart.

B. Die Gemeinde im 19. und 20. Jahrhundert

Bevölkerung

Bevölkerungsbewegung. – In den ersten Jahrzehnten des 19. Jh. war die Bevölkerungsentwicklung in Obrigheim, Asbach und Mörtelstein durch einen Rückgang der Einwohnerzahlen gekennzeichnet. Durch Mißernten verursachte Armut bedingte eine verstärkte Auswanderung vor allem nach Amerika. Allein aus Mörtelstein waren von den 1830er bis 1850er Jahren 70 Personen, zum Teil mit Mitteln aus der Gemeindekasse, ausgewandert. 1852 hatte Obrigheim 1225, Asbach 682 und Mörtelstein 264 Einwohner. Eine vorübergehende Zunahme der männlichen Bevölkerung erfolgte um 1860 durch die Zuwanderung von Eisenbahnarbeitern; damals hatte Obrigheim 1473, Asbach 898 Einwohner. Die Bevölkerungszahl von Mörtelstein verdoppelte sich fast auf 524 Einwohner. Nach Beendigung des Eisenbahnbaus pendelten sich die Zahlen in etwa auf den alten Stand ein. 1890 hatte Obrigheim 1130, Asbach 638 und Mörtelstein 1130 Einwohner. Aus dem 1. Weltkrieg kehrten 89 Obrigheimer, 14 Asbacher und 8 Mörtelsteiner nicht zurück. Im 2. Weltkrieg fielen 74 Obrigheimer Soldaten, 14 Zivilisten kamen bei Bombenangriffen ums Leben. 26 aus Mörtelstein stammende Soldaten fanden den Tod und auch aus Asbach fiel eine große Anzahl. Während des 2. Weltkriegs hatte die Gemeinde Evakuierte aufgenommen.

Eine stärkere Bevölkerungszunahme erfolgte erst nach dem 2. Weltkrieg durch die Zuwanderung von *Flüchtlingen* und *Vertriebenen*, die 1950 in jedem der drei Orte über ¼ der Einwohner ausmachten. Die Flüchtlinge und Vertriebenen kamen mit Sammeltransporten meist aus Lagern der alliierten Besatzungszone (Tab. 1).

Die Gemeinde im 19. und 20. Jahrhundert

Tabelle 1: **Anteil der Flüchtlinge und Vertriebenen 1950**

Gemeindeteil	Einwohner	Vertriebene	%
Asbach	859	221	25,7
Mörtelstein	398	100	25,1
Obrigheim	2079	618	29,7

Die Bevölkerung der Gde Obrigheim zeigte von 1961 (3397 E.) bis 1980 (5161 E.) fast ausnahmslos eine positive natürliche Entwicklung, d. h. die Geburtenrate lag über der Sterberate. Von 1961–1970 betrug die natürliche Bevölkerungszunahme 491 Einwohner. Von 1961–1970 war außerdem ein Wanderungsgewinn von 868 Einwohnern zu verzeichnen, allein zwischen 1961 und 1970 ergibt sich eine Bevölkerungszunahme von 1268 Einwohnern. 1971–1980 erfolgte ein Wanderungsverlust von 106 Personen, während die natürliche Zunahme nur 91 betrug. Seit 1981 nimmt die Bevölkerung ab. Das in allen Industriestaaten vorhandene Geburtendefizit macht sich auch in Obrigheim bemerkbar, zudem überwiegt die Zahl der Wegziehenden über die der Zuziehenden. 1981 lebten in der Gemeinde 5111 Einwohner, ca. 2 % weniger als 1970. 52 Kinder wurden geboren, während 59 Einwohner verstarben. 274 Personen zogen zu, dagegen wanderten 317 ab.

Zum Erhebungszeitpunkt 1985 hatte die Gemeinde 5088 E. Es gab 1985 46 Geburten, denen 56 Sterbefälle gegenüberstanden. Während 346 Personen zuzogen, wanderten 351 ab. Dabei überwogen in den kleineren Teilorten die Wegzüge, in Obrigheim dagegen war die Bilanz zwischen Zu- und Wegzug ausgeglichen. Die Volkszählung vom 25. 5. 1987 weist 5102 Personen mit Hauptwohnung in der Gemeinde bzw. 5254 Personen wohnberechtigte Bevölkerung nach. Die größte Einwohnerzahl hat der Gemeindeteil Obrigheim mit 3928 bzw. 4042 Personen.

Vor 1982 wurden die Ausländer von der Gemeinde nicht gesondert erhoben. Bei der Volkszählung 1970 wurden in Asbach 13, in Mörtelstein 2 und in Obrigheim 221 Ausländer gezählt. 1984 lebten 316 Ausländer in der Gemeinde, 308 davon aus Europa, einschließlich der Türkei, der Rest aus Afrika, Amerika und Asien. Der Hauptteil, nämlich 136 Personen, stammte aus Jugoslawien, 103 aus der Türkei. Der Ausländeranteil betrug somit 6,23 %.

Tabelle 2: **Konfessionsgliederung 1853**

Gemeindeteil	katholisch	evangelisch
Asbach	195	487
Mörtelstein	53	211
Obrigheim	611	655

Konfessionsgliederung. – Während die Katholiken in Asbach und Mörtelstein eine Minderheit waren, war ihre Zahl in Obrigheim fast gleichgroß wie die der Evangelischen. Hier machten sich daher auch immer wieder schroffe Gegensätze zwischen den beiden Religionsgemeinschaften bemerkbar (vgl. Tab. 2).

Mitglieder weiterer Religionsgemeinschaften gab es damals keine. Die konfessionellen Verhältnisse blieben im gesamten 19. Jh. einheitlich. Bis 1900 hatte die Zahl der Katholiken in Asbach stark zugenommen, so daß bereits 1890 eine kath. Kirche gebaut wurde. Die weitere Entwicklung spiegelt sich in der Tab. 3.

Tabelle 3: **Entwicklung der Konfessionsgliederung**

	1900			1925			1970			1987		
	ev.	kath.	sonst.	ev.	kath.	sonst.	ev.	kath.	sonst.	ev.	kath.	islam.
Asbach	355	275	–	371	285	–	335	461	14	343	403	2
Mörtelstein	216	23	–	254	16	–	245	99	10	299	87	–
Obrigheim	679	477	8	765	414	2	1833	1963	118	1799	1886	112

Soziale Gliederung. – Bis zum Ende des 19. Jh. bildeten die Landwirte in jedem der drei Orte die stärkste Bevölkerungsgruppe, in Obrigheim gefolgt von den in Industrie und Gewerbe Beschäftigten. Bereits 1892 war hier von einer großen Arbeiterschicht die Rede. Vor der Industrialisierung konnte in Obrigheim etwa ⅓ der bäuerlichen Familie von ihrem Besitz leben, der Rest war auf Nebenerwerb, meist Taglohn angewiesen. In Asbach wurde die notwendige Ackernahrung von der Hälfte der Landwirte erreicht. Während Asbach und Mörtelstein auch Anfang des 20. Jh. noch reine Bauerngemeinden waren, lebten 1907 in Obrigheim ⁴⁄₁₀ der Einwohner ausschließlich von der Landwirtschaft, ³⁄₁₀ waren Gewerbetreibende mit landwirtschaftlichem Nebenerwerb, weitere ³⁄₁₀ waren Fabrik- oder Bahnarbeiter sowie Taglöhner. 1950 überstieg die Zahl der in Industrie und Handwerk Beschäftigten in allen drei Orten die der in der Land- und Forstwirtschaft Tätigen. In Mörtelstein gab es mit 32 % der Erwerbstätigen die meisten im primären Sektor Beschäftigten, ihr Anteil lag in Asbach bei 29 %, in Obrigheim bei 16 %. Die Entwicklung der Gemeinde ab 1971 zeigt die Bedeutung des Produzierenden Gewerbes. Gab es 1970 399 Industriebeschäftigte, so war die Zahl bis 1978 auf 615 gestiegen. Der Anteil der im warenproduzierenden Gewerbe Beschäftigten an der Gesamtheit der in der Gemeinde versicherungspflichtig Beschäftigten betrug 1975 ca. 79 %, 1980 82 %. Laut Volkszählung 1987 bezogen 42,6 % der Bevölkerung ihren überwiegenden Lebensunterhalt aus eigener Erwerbstätigkeit, 20,7 % lebten hauptsächlich von Rente, Pension oder Arbeitslosengeld, und 36,7 % wurden von Eltern, Ehegatten usw. unterhalten. Von den in der Gemeinde wohnenden Erwerbstätigen arbeiteten 51,3 % im Produzierenden Gewerbe, 33,2 % in den übrigen Wirtschaftsbereichen, 13,3 % in Handel, Verkehr und Nachrichtenübermittlung und noch 2,2 % in der Land- und Forstwirtschaft. Von den 2.404 in der Gemeinde wohnenden Erwerbstätigen haben 1619 (67 %) ihren Arbeitsplatz außerhalb der Gemeindegrenzen, die meisten in Mosbach (859), in Neckarsulm (120) und in Haßmersheim (86).

Politisches Leben

Während die Einwohner Asbachs unter dem damaligen Pfarrer in den Jahren 1848/49 sehr der Revolution zugetan waren, war bereits wenige Zeit später nichts mehr davon zu merken. In allen drei Orten war das politische Leben in der 2. H. 19. Jh. auf kommunalpolitische Ereignisse, wie Bürgermeisterwahlen, beschränkt. Bei der *Wahl zum Reichstag* 1890 waren in Asbach die Konservativen, in Mörtelstein und Obrigheim der Freisinn stärkste Partei. Lediglich in Obrigheim hatte die SPD mit 20 % der Stimmen eine gewisse Bedeutung. Aus der Reichstagswahl 1907 gingen in allen drei Orten die Nationalliberalen als stärkste Partei hervor.

Im Jahre 1919 bei der Wahl zur Verfassunggebenden Nationalversammlung wurden in Obrigheim erstmals, mit 34,1 %, die meisten Stimmen für die SPD abgegeben. Die Ergebnisse der Reichstagswahl 1924 zeigen in Asbach und Obrigheim eine Mehrheit der Zentrumspartei, – in Obrigheim dicht gefolgt von der SPD –, während in Mörtelstein mehrheitlich der Badische Landbund gewählt wurde. Die NSDAP, 1928 noch bedeutungslos, war 1932 in allen drei Orten stärkste Partei. Dabei wurden in Mörtelstein 73,2 %, in Asbach 55,2 % und in Obrigheim 31,5 % der Stimmen für die Nationalsozialisten abgegeben. Schroffe politische Gegensätze zeigten sich darin, daß die Kommunistische Partei, die 1928 ebenfalls ohne Bedeutung war, in allen drei Orten mehr Stimmen als die SPD erhielt.

Die Wahlergebnisse des 1. *Bundestags* 1949 zeigten ein recht einheitliches Bild. Jeweils über 40 % der Stimmen wurden für die CDU abgegeben, die damit stärkste Partei war. Zweitstärkste Partei wurde in Asbach und Mörtelstein die Notgemeinschaft und in Obrigheim die SPD. 1953 erhielt die CDU in Asbach (über 60 %) und Obrigheim die meisten Stimmen, während sie in Mörtelstein um 2 % durch die SPD geschlagen wurde. In Asbach blieb die CDU bis 1972 meistgewählte Partei mit über 60 % der Stimmen, während das Bild in Obrigheim und Mörtelstein von Wechselwählern bestimmt wird. Hier führten entweder die CDU oder die SPD, wobei die schwächere Partei nur um wenige Prozente hinter der stärkeren lag.

Dies setzte sich ab 1976 auch für die Gde Obrigheim fort. 1976 lag die CDU mit 49,4 % vor der SPD (44,3 %), 1980 führte die SPD mit 45,8 % (CDU 44,4 %). 1987 erhielt die CDU 47,3 %, die SPD 37,5 %. Die FDP lag bei diesen Wahlen stets über, die Grünen ab 1980 stets unter 5 %, 1987 bei 6,1 %.

Heute bestehen in Obrigheim je ein Ortsverband der CDU und der SPD, in Asbach ein Ortsverband der CDU.

Wirtschaft und Verkehr

Land- und Forstwirtschaft. – Die Landwirtschaft war im 19. Jh. die wichtigste Einnahmequelle der Bevölkerung. Dabei lag das Schwergewicht auf dem *Ackerbau*, in Obrigheim gab es 3 mal, in Mörtelstein 10 mal so viel Ackerland wie Wiesen. In Asbach überstieg der Ackeranteil die Wiesen um das 15fache, hier gab es sogar weniger Wald als Acker. Hauptanbaufrüchte waren Getreide, insbesondere Dinkel, dann Kartoffeln, Futterpflanzen und Futterhackfrüchte. Erst um 1930 wurde der Dinkel durch Weizen ersetzt.

Mitte des 19. Jh. wurde noch *Weinbau* betrieben, der bis zur Jahrhundertwende aufgegeben oder bedeutungslos wurde. Meist wurden die Reben durch Obstbäume ersetzt, in Mörtelstein zeitweilig durch Hopfen.

Der *Obstbau* machte, von der Obrigkeit gefördert, gute Fortschritte. In Obrigheim kamen 1927 auf 100 ha landwirtschaftlich genutzte Fläche 4600 Kern- und Steinobstbäume, in der Mehrzahl Apfelbäume. Bereits 1892 wurde in Obrigheim der *Tabakanbau* betrieben 1933 wird noch eine Anbaufläche von 5 ha erwähnt. Alle drei Orte erzeugten landwirtschaftliche Produkte über den Eigenbedarf hinaus, die über Händler oder Märkte vertrieben wurden.

Auch im heutigen Gemeindegebiet nimmt das Ackerland den Hauptteil der landwirtschaftlichen Nutzfläche ein, es übersteigt sogar den Waldanteil der Gemarkung. Mehr als ¼ der landwirtschaftlich genutzten Fläche besteht aus Dauergrünland. Obstanlagen gab es 1965 auf 26 ha, 1981 noch auf 16 ha.

Die *Viehhaltung* war im 19. Jh. durch einen hohen Anteil an Rindern gekennzeichnet. Noch 1927 gab es in Obrigheim Farrenhaltung. Viehmärkte wurden in Mosbach und, von Asbach aus, in Heilbronn besucht. In Obrigheim wurde die Schäferei ganzjährig und auf der gesamten Gemarkung betrieben, in Asbach wurde sie bereits

1862 aufgegeben, wobei der Verkauf von Gebäuden und Land weitaus mehr Geld einbrachte als die gesamte Schafzucht. Schweine wurden vor allem in Obrigheim gehalten. Von 1852–1927 verdreifachte sich der Schweinebestand, wohl bedingt durch den hohen Anteil an Nebenerwerbslandwirten, für die die Rinderhaltung neben der Industriearbeit zu aufwendig war. Im heutigen Gemeindegebiet nahm die Zahl der rinderhaltenden Betriebe von 1965–1982 um mehr als die Hälfte ab, der durchschnittliche Bestand je Betrieb nahm von 10 auf 26 Kühe zu, ca. ¼ des Gesamtbestandes dient der Milcherzeugung. 1987 hielten noch 27 Betriebe zusammen 873 Stück Rindvieh, darunter 13 Betriebe 158 Milchkühe. Die Zahl der Betriebe mit Schweinehaltung verringerte sich im selben Zeitraum (1965–1982) von 171 auf 38, der Gesamtbestand an Schweinen nahm dabei etwa um ⅓ ab. 1987 besaßen 26 Landwirte zusammen 327 Mastschweine, darunter waren jedoch nur 3 Halter mit 20 oder mehr Schweinen. 9 Schweinezüchter hatten zusammen 111 Zuchtsauen. Die Zahl der hühnerhaltenden Betriebe nahm im gleichen Zeitraum von 361 auf 26 ab, der Hühnerbestand verringerte sich von 7864 auf 2749 Tiere. Durchschnittlich 106 Hühner werden pro Betrieb, meist als Legehennen, gehalten. Außerdem gab es 1982 vier Betriebe mit zusammen 64 Schafen. Die Angaben über den Viehbestand spiegeln die Tendenz einer Abkehr von einer differenzierten Landwirtschaft zur Spezialisierung einzelner Betriebe wider.

1986 gab es in Obrigheim 5 Vollerwerbsbetriebe. Der größte von ihnen, mit einer landwirtschaftlichen Nutzfläche von 87,3 ha, hat sich mit 94 Rindern auf Mast und Milchviehhaltung spezialisiert und betreibt auf 49 ha Ackerbau. Zwei Betriebe mit 15 ha und 40 ha LF werden als Mischbetriebe mit Ackerbau, Großvieh und Mastschweinen betrieben. Ein weiterer Betrieb hat sich mit 2500 Legehennen und 22 Rindern ebenfalls auf die Viehwirtschaft spezialisiert. Der kleinste Betrieb, mit 4,35 ha LF hat seinen Schwerpunkt im Anbau von Sonderkulturen. Neben Gemüse werden Obst und Beeren angebaut. In Asbach gab es 3 Vollerwerbsbetriebe, alle mit einer Nutzfläche zwischen 31 und 39 ha. Zwar wird auch hier auf dem Hauptteil der Fläche Ackerbau betrieben, der Schwerpunkt liegt aber bei der Viehhaltung. So hält ein Betrieb 200 Schweine, vor allem Mutterschweine, ein anderer 68 Rinder zur Milchproduktion, der dritte 55 Rinder zur Mast. Die 6 Mörtelsteiner Vollerwerbsbetriebe haben eine Fläche zwischen 11 und über 40 ha. Es handelt sich dabei um Mischbetriebe mit Viehhaltung und Ackerbau.

In Obrigheim überwogen die Kleinst-, in Asbach und Mörtelstein die Klein- bis Mittelbetriebe. Die ungünstige *Struktur der Landwirtschaft* wurde in Obrigheim durch ein Angebot an außerlandwirtschaftlichen Arbeitsplätzen kompensiert. Schon 1897 wurde ein Mangel an landwirtschaftlichen Arbeitskräften beklagt, da Fabrikarbeit bevorzugt wurde. Die Kleinstbetriebe dienten oft dem Nebenerwerb (vgl. Tab. 4).

Sowohl die Zahl der landwirtschaftlichen Betriebe als auch die Zahl der Klein- und Kleinstbetriebe nahm nach dem 2. Weltkrieg ab. 1965 überwogen die mittleren Betriebe mit einer Größe zwischen 10 und 20 ha, sie nahm fast die Hälfte der landwirtschaftlichen Nutzfläche ein. Ein rapider Rückgang der Zahl der Betriebe war von 1966–1981 zu verzeichnen, die Abnahme zog sich durch alle Größenklassen von unter 1 bis über 20 ha. Eine Zunahme erfolgte dagegen bei den Betrieben von 20 bis unter 50 ha. 1981 lag fast die Hälfte der Betriebe in dieser Größenklasse. 1987 lagen von insgesamt 49 landwirtschaftlichen Betrieben der Gemeinde 13 in der Größenklasse ab 20 ha LF. Sie bewirtschafteten mehr als die Hälfte der gesamten LF.

Handwerk und Industrie. – Mitte des 19. Jh. gab es in Asbach und Obrigheim die in Landgemeinden üblichen Handwerks- und Gewerbebetriebe. Einige beruhten auf der Ausbeutung natürlicher Rohstoffe oder auf der Weiterverarbeitung landwirtschaftli-

Die Gemeinde im 19. und 20. Jahrhundert 379

Tabelle 4: **Entwicklung der Landwirtschaft**
Zahl und Größenklassen landwirtschaftlicher Betriebe 1895

	Betriebe	bis 1 ha	1–2 ha	2–10 ha	10–20 ha	über 20 ha
Asbach	139	43	24	67	4	1
Mörtelstein	51	12	5	32	2	–
Obrigheim	226	122	18	76	7	3

Zahl und Größenklassen landwirtschaftlicher Betriebe 1925

	Betriebe	unter 2 ha	2–5 ha	5–10 ha	10–20 ha	über 20 ha
Asbach	132	66	46	17	3	–
Mörtelstein	53	18	19	15	1	–
Obrigheim	226	149	63	11	2	1

Zahl und Größenklassen landwirtschaftlicher Betriebe 1949

	Betriebe	unter 2 ha	2–5 ha	5–20 ha	über 20 ha
Asbach	101	41	23	37	–
Mörtelstein	40	10	10	20	–
Obrigheim	151	77	39	34	1

Tabelle 5: **Handwerks- und Gewerbebetriebe 1861**

Betriebe	Obrigheim	Asbach	Mörtelstein
Gastwirtschaften	7	3	4
Bäcker	5	3	1
Metzger	3	1	–
Schuster	5	9	1
Müller	1	–	–
Glaser	1	1	–
Schneider	4	5	1
Schlosser	1	2	–
Schmiede	4	5	2
Nagelschmiede	1	1	–
Schreiner	2	–	–
Wagner	2	2	–
Weber	6	2	–
Ziegler	1	1	1
Seiler	–	1	–
Bierbrauer	3	2	–
Maurer	2	4	1
Zimmerleute	2	2	1
Dreher	2	–	1
Schiffer	–	–	1
Putzmacherin	–	–	1
Steinhauer	1	–	–
Küfer	4	–	–
Sattler	1	–	–
Hafner	1	–	–

cher Produkte. So wurde in Obrigheim eine Gipsgrube ausgebeutet, auf deren Grundlage ein Gipswerk der Zementfabrik Heidelberg entstand. In Asbach gab es Leineweber, Bierbrauer und Ölmüller. Mörtelstein dagegen hatte 1852 nur einen Krämer, zwei Gastwirtschaften und einen Schneider. Bis 1861 erfolgte ein wirtschaftlicher Aufschwung: im Zuge des Eisenbahnbaus gab es für die Bevölkerung vermehrt außerlandwirtschaftliche Arbeitsplätze. Auch durch zugewanderte Eisenbahnarbeiter kam es zu erhöhter Kaufkraft, so daß in Mörtelstein 1861 bezüglich der Versorgung mit Handwerksbetrieben in etwa der Stand erreicht war, den die beiden anderen Gemeinden bereits 1852 erlangt hatten. Auch Asbach und Obrigheim war diese Entwicklung zugute gekommen. Über die Handwerks- und Gewerbebetriebe des Jahres 1861 informiert Tab. 5. Besonders in Asbach fällt, gemessen an der Bevölkerungszahl, ein Überbesatz im Handwerk auf, landwirtschaftlicher Nebenerwerb war daher üblich und notwendig.

Ansätze industrieller Entwicklung waren in Obrigheim mit dem erwähnten Gipswerk vorhanden. So wurden die ökonomischen Verhältnisse der Bewohner bereits 1888 besser, während die beiden kleineren Dörfer von der Industrialisierung unberührt blieben. 1888 arbeiten 60–70 Personen als Arbeiter in Fabriken, es gab die Achsen- und Federnfabrik der Dörflinger AG in Mannheim, die 1888 11, 1907 bereits über 100 Arbeiter beschäftigte, und die heute noch besteht. Das Gipswerk bot 1892 20 Arbeitern Beschäftigung. Gewerbliche Arbeitsplätze gab es außerdem in Mosbach und Neckarelz. 1925 pendelten 40–50 Obrigheimer aus.

Die Betriebszählung von 1895 weist für Asbach 40 Hauptbetriebe mit 53 Beschäftigten, für Mörtelstein 19 Betriebe mit 35 Beschäftigten aus, neben den Betriebsinhabern gab es also nur wenig eingestellte Arbeiter. In Obrigheim gab es 84 Betriebe mit 154 Beschäftigten.

Im Gemeindegebiet gab es 1986 insgesamt 33 Hauptbetriebe des Handwerks (vgl. Tab. 6). In Mörtelstein gibt es keine Handwerksbetriebe mehr.

Mit etwa 70 Beschäftigten steht in der Gemeinde das Bau- und Ausbaugewerbe an erster Stelle. Die größten Betriebe sind dabei die *Bauunternehmung Franz Brandhuber* in Obrigheim, mit etwa 30 Beschäftigten, die *Bauunternehmung Rudolf Neumann* in Obrigheim mit ca. 15 Beschäftigten sowie der *Maler- und Gipserbetrieb Frauhammer* in Asbach mit rd. 20 Beschäftigten. Es folgt das Metallgewerbe mit etwa 36 Beschäftigten.

Je 1000 der Bevölkerung waren 1968 55,4 und 1977 49,5 Personen im Handwerk tätig. Die Industriedichte betrug 1968 77,2, 1972 70,6 Personen je 1000 Einwohner. Sowohl Handwerks- als auch Industriedichte lagen damit unter den Werten des Neckar-Odenwald-Kreises.

Die Zahl der produzierenden Betriebe hat von 1968–1977 von 45 auf 36, die Zahl der dort Beschäftigten im selben Zeitraum von 243 auf 209 abgenommen. Das Produzierende Gewerbe hat am Gesamthandwerk immer noch einen Anteil von über 80 %.

In Obrigheim gibt es acht Industriebetriebe. Die *Gardinenfabrik Obrigheim* hat durch ihren hohen Exportanteil weltweit einen guten Ruf erlangt. Neben der *Dörflingerschen Federnfabrik* sind die *Portland Zementwerke Heidelberg AG*, aus dem ehemaligen Gipswerk entstanden, der traditionsreichste Betrieb. *Metzger-Druck Obrigheim MEDRO* ist mit einer Fünffarben-Bogenoffsetmaschine auf dem heutigen Höchststand der Technik. Die Firma *MB-Electronic* produziert Unterhaltungselektronik, während die Firma *HAWO* Folienschweißgeräte, speziell für den Krankenhausbereich herstellt. Die *Armaturenfabrik ARCO* ist ein Zulieferbetrieb der Autoindustrie für Verschraubung und Armaturen. So ist die Industriestruktur in Obrigheim diversifi-

Tabelle 6: **Handwerksbetriebe 1986**

Branchen der Handwerksordnung	Zahl der Betriebe in insgesamt	Obrigheim	Asbach
Bau- und Ausbaugewerbe			
Bauunternehmungen	2	2	–
Gipser und Maler	3	2	1
Steinmetz	1	1	–
Natursteine, Gartengestaltung	1	1	–
Metallgewerbe			
Blechner	1	–	1
Kfz-Reparatur, Tankstelle	1	1	–
Kfz-Reparatur	1	–	1
Heizung, Lüftung, Sanitär	1	1	–
Ölfeuerungstechnik	1	1	–
Elektriker	3	3	–
Holzgewerbe			
Schreiner	2	2	–
Sägewerk, Sägerei	3	1	2
Bekleidungs-, Textil- und Ledergewerbe			
Schuhmacher	1	–	1
Nahrungsmittelgewerbe			
Bäcker	2	2	–
Metzger	2	1	1
Gewerbe für Gesundheits- und Körperpflege sowie chemische und Reinigungsgewerbe			
Friseure	2	2	–
Reinigung	2	2	–
Fensterreinigung	1	1	–
Schaufensterreinigung	1	1	–
Ofen- und Rohrleitungsreinigung	1	1	–
Glas-, Papier-, keramische und sonstige Gewerbe			
Glasschleiferei	1	1	–

ziert und nicht einseitig auf eine Branche ausgerichtet. Die Arbeitsstättenzählung von 1987 weist im Verarbeitenden Gewerbe 32 Arbeitsstätten mit 622 Beschäftigten und im Baugewerbe 14 Arbeitsstätten mit 114 Beschäftigten aus. Schwerpunkte im Verarbeitenden Gewerbe sind nach der Zahl der Arbeitskräfte die Elektrotechnik, Feinmechanik etc. (226) und das Leder-, Textil- und Bekleidungsgewerbe (145).

Die *Kernkraftwerk Obrigheim GmbH* ist verantwortlich für Verwaltung und Betrieb des Kernkraftwerks. Im März 1965 erteilte die Kernkraftwerk Obrigheim GmbH (KWO) der Firma Siemens den Auftrag, in Obrigheim ein Druckwasser-Kernkraftwerk zu errichten. Der 54 ha große Standort befindet sich ca. 1 km vom Ortsrand entfernt, an der Innenseite eines Neckarbogens auf in 15 m Tiefe anstehendem Buntsandstein. Wichtig für die Wahl des Standorts war neben dem Neckar und der Hochwassersicherheit die Erdbebenfreiheit des Gebiets. Die Arbeiten begannen am 15.3.1965 und dauerten, inklusive aller Prüfungen, 48 Monate. Am 31.3.1969 konnte das Kernkraftwerk als erstes großes KKW des westdeutschen Raumes, und als das damals größte leichtwassergekühlte KKW in Europa, offiziell in Betrieb genommen werden. Der Gesamtinvestitionsaufwand betrug rd. 318 Mio DM. Das KKW Obrigheim ist eines der drei Demonstrationskraftwerke der Bundesrepublik Deutschland. In dem Druckwasser-Reaktor wird durch Kernspaltung Wärmeenergie erzeugt, die durch das Kühlmittel Wasser über Dampferzeuger an den Speisewasser-Dampf-Kreislauf übertragen wird. Der Dampf treibt einen Turbosatz an, in dem Wärmeenergie in mechanische Energie umgewandelt wird, die Turbine wiederum treibt einen Generator an, der elektrische Energie erzeugt. Diese Energie wird von dreizehn Gesellschaftern im Verhältnis ihrer Beteiligung am Stammkapital entnommen. Hauptabnehmer sind die Energieversorgung Schwaben AG mit 35 % und die Badenwerke AG mit 28 %.

Über Pumpen wird dem Neckar das Kühlwasser entnommen, das nach Gebrauch durch eine Energierückgewinnungsanlage wieder in den Fluß fließt. Diese Frischwasserkühlung erspart den Bau von Kühltürmen. Sämtliche druckführenden Teile der Reaktoranlage sind innerhalb einer doppelschaligen Sicherheitshülle mit Zwischenraumabsaugung untergebracht. So soll sichergestellt werden, daß auch bei einem »größten anzunehmenden Unfall« die Bevölkerung der Umgebung nicht evakuiert werden muß. Die anfallenden radioaktiven Abfälle werden innerhalb des Kraftwerksgeländes unterirdisch zwischengelagert, bis sie zu einer Wiederaufbereitungsanlage gebracht werden.

Bis 1986 hat das Kernkraftwerk Obrigheim, mit einer Leistung von 345 MW, 42 Mrd kWh Strom erzeugt. 1985 wurden 2,7 Mrd kWh Strom produziert und 2,59 Mrd kWh Strom abgegeben. Rund 260 Mitarbeiter bilden die Belegschaft des KKW. Daneben gibt es 30 Auszubildende in den kraftwerkseigenen Lehrwerkstätten. Neben Industriekaufleuten werden Betriebsschlosser, Elektroinstallateure und Chemilaboranten ausgebildet. Im Sommer 1990 verfügte das Wirtschaftsministerium Baden-Württemberg die vorläufige Abschaltung des Kraftwerks, da zwar zahlreiche Einzelbetriebsgenehmigungen vorliegen, aber eine Dauerbetriebsgenehmigung noch fehlt.

Tabelle 7: **Einzelhandelsbetriebe 1986**

Branche	insgesamt	Obrigheim	Asbach	Mörtelstein
Lebensmittel	6	3	2	1
Getränkemarkt	1	1	–	–
Obsthandel	1	–	–	1
Foto–Drogerie	1	1	–	–
Kosmetik, Parfümerie	1	1	–	–
Papier und Tabak	1	1	–	–
Geschenkartikel	1	1	–	–
Farben, Lacke, Tapeten	1	1	–	–
Boutique	1	1	–	–
Bestellagentur	2	2	–	–
Elektrogeschäft	1	1	–	–
Reifenhandel	1	1	–	–
Motorrad und -zubehör	1	1	–	–
Baustoffe	1	–	1	–

Handel und Dienstleistungen. – Keiner der drei Orte hatte im 19. Jh. besondere Handelsbedeutung. Da es keine jüd. Einwohner gab, war nur ein geringer Teil der Bevölkerung im Handel tätig. 1861 gab es in Asbach zwei, in Obrigheim zwei und in

Mörtelstein einen Krämer. Auch 1895 waren in Asbach nur 4,8 %, in Obrigheim 3,9 % und in Mörtelstein 2,6 % der Bevölkerung in Handel und Verkehr tätig. Die erhöhte Kaufkraft durch außerlandwirtschaftliche Arbeitsplätze kam in Obrigheim dem lokalen Handel nicht zugute. 1907 klagten der örtliche Handel und auch das Handwerk, daß Einkäufe nicht am Ort, sondern in Mosbach getätigt würden. 1950 war der Anteil der in Handel, Versicherung und Verkehr Beschäftigten in Asbach auf 11,1 %, in Obrigheim auf 12,7 % und in Mörtelstein auf 9 % gestiegen, er wurde jedoch jeweils von den in Industrie und Handwerk Tätigen erheblich übertroffen. Zum Erhebungszeitpunkt, Mitte 1986, gab es in Obrigheim 20 Betriebe des *Einzelhandels* (vgl. Tab. 7).

Dabei sind die Lebensmittelgeschäfte in Asbach und Mörtelstein eher Gemischtwarenläden, in denen auch kleine Dinge des nichtalltäglichen Bedarfs gekauft werden können. Dem *Großhandel* zuzurechnen sind ein Schmuckhandelsbetrieb, ein Automatenhändler sowie eine Viehhandlung in Obrigheim. An *Dienstleistungsbetrieben* existieren in Obrigheim zwei Fahrschulen, eine Massagepraxis, eine Apotheke, zwei Architekten und ein Planungsbüro.

1987 beschäftigte der Großhandel in 8 Betrieben 29 Personen, die Handelsvermittlung in 6 Betrieben 7 und der Einzelhandel in 27 Betrieben 75 Personen. Im Dienstleistungsgewerbe einschließlich des Gastgewerbes waren 57 Arbeitsstätten mit 179 Beschäftigten erfaßt. In 13 Kreditinstituten arbeiteten 27 Beschäftigte.

1861 gab es in Obrigheim sieben, in Asbach drei und in Mörtelstein vier *Gasthäuser*. Heute existieren in Obrigheim zehn Gaststätten, darunter, abgesehen von Schloß Neuburg, so traditionsreiche Häuser wie das »Lamm« und der »Wilde Mann«, die schon 1813 bzw. 1882 Erwähnung fanden. Neueren Datums sind ein Eiscafé in der Fußgängerhochzone und eine Diskothek in der Hauptstraße. Vier der Gaststätten bieten auch Fremdenzimmer an. In Asbach gibt es noch zwei der drei erwähnten Wirtshäuser, eines davon als Pizzeria, das andere mit Übernachtungsmöglichkeit. Von den vier Gaststätten des 19. Jh. in Mörtelstein ist eine übriggeblieben, eine andere ist hinzugekommen. Beide Häuser bieten Fremdenzimmer an.

1923 gab es in Obrigheim noch keine *Sparkasse*. 1934 ist eine Darlehenskasse der Kreditgenossenschaft erwähnt. In Obrigheim und Asbach gibt es heute je eine Zweigstelle der Sparkasse Mosbach. Daneben existiert in Obrigheim eine Zweigstelle der Volksbank Mosbach, in Asbach der Volksbank Helmstadt-Reichartshausen.

Bezüglich des Einkaufsangebots und der Versorgung mit Dienstleistungen ist Obrigheim im Regionalplan als *Kleinzentrum* für Asbach und Mörtelstein ausgewiesen, das Innenministerium hat die Ausweisung bei der Verbindlichkeitserklärung ausgeklammert. Als Mittelzentrum gilt Mosbach, jedoch wird auch Heilbronn als Einkaufsort gern aufgesucht. Asbach, Mörtelstein und Obrigheim sind im Regionalplan als Bereiche für die Ferien- und Naherholung ausgewiesen. In der Gemeinde stehen 90 Betten für die Ferienerholung zur Verfügung, davon 75 im Hotel und 15 in Gasthöfen. Darüber hinaus gibt es in Mörtelstein einen Campingplatz. Es besteht die Möglichkeit, alle Arten von Wassersport auszuüben, wie Segeln, Angeln oder Wasserski. 1985 wurden, einschließlich Campingplatz, 15 000 Übernachtungen gezählt.

Verkehr. – Obrigheim liegt an einer alten *Landstraße* nach Heidelberg. Kraftfahrzeug- und Motorradverkehr wurden allerdings erst ab den 1920er Jahren bedeutend. Die Lage Mörtelsteins in einem tiefen Seitental südwestlich des Neckars erschwerte die Verkehrsverhältnisse, der Ort war nur über einen steilen Weg zu erreichen. Die Felder auf der Anhöhe im S waren im 19. Jh. über einen steilen, kaum übersteigbaren Feldweg zugänglich. Erst im Zuge des Eisenbahnbaus wurde ein Weg angelegt, der dieses Problem milderte.

Wichtiger als die Straßen war für das 19. und frühe 20. Jh. die *Eisenbahn*, 1862 wurde die Strecke Mosbach–Heidelberg eröffnet. In den 60er Jahren wurden die Bahnhöfe Asbach und Obrigheim eröffnet. 1932 kam in Obrigheim zur Personenstation eine Güterstation. Die heutige Bahnstrecke Meckesheim–Aglasterhausen führte früher über Obrigheim nach Neckarelz. Die Eisenbahnbrücke bei Obrigheim wurde jedoch im 2. Weltkrieg zerstört und nicht wieder aufgebaut. Bis zum 26. 9. 1976 fuhr die Bahn nur noch bis Obrigheim, dann wurde auch diese eingleisige Strecke stillgelegt, sie endet heute bereits in Aglasterhausen. Der öffentliche Personennahverkehr wird seither durch Bahnbusse, heute von der bahneigenen Regionalbus Rhein-Neckar GmbH bestritten. Zum Teil wird der Linienverkehr von Privatunternehmen durchgeführt, die im Auftrag der Deutschen Bundesbahn fahren. Die Linie 5621 führt von Mosbach über Obrigheim, Asbach und Mörtelstein nach Aglasterhausen und von dort über Neunkirchen nach Eberbach. Der erste Bus fährt morgens um 5 Uhr in Obrigheim ab, die letzte Fahrt des Tages endet um 18.37 Uhr in Obrigheim und um 18.46 Uhr in Asbach. Mörtelsteiner, die auf öffentliche Verkehrsmittel angewiesen sind, müssen bereits um 17.46 Uhr zu Hause sein, da danach kein Bus mehr fährt. Des weiteren besteht mit der Bahnbuslinie 5623 eine Verbindung Mosbach–Haßmersheim–Obrigheim, so daß Fahrtmöglichkeiten von der Kerngemeinde zur Kreisstadt im 30-Minuten Takt bestehen. Die Privatlinie »Vom Rhein zum Main« fährt einmal täglich von Karlsruhe über Obrigheim, Mosbach und Tauberbischofsheim nach Würzburg und zurück. Der Bus fährt 9.35 Uhr in Obrigheim ab, Zeitkarten der Bundesbahn werden anerkannt. Durch Obrigheim führt heute die stark befahrene Bundesstraße 292, die sich von Mosbach über Aglasterhausen nach Sinsheim zieht. Von Asbach gelangt man über eine gut ausgebaute Ortsstraße und über die B 292 in das etwa 6 km entfernte Obrigheim. Ebenfalls über die Bundesstraße und eine enge, nicht ausgebaute, serpentinenartige Ortsstraße ist Mörtelstein an Obrigheim angebunden, die Entfernung beträgt auch hier ca. 6 km. Der nächste Autobahnanschluß besteht mit der A 6 Richtung Heilbronn und Mannheim bei Sinsheim, von Obrigheim über die B 292 etwa 23 km entfernt.

Der Neckar erwies sich früher als ein großes Verkehrshindernis. 1833 wurde eine Schiffbrücke von Obrigheim nach Diedesheim eingerichtet, auch 1927 gab es nur eine Schiffbrücke, so daß die beiden Ufer in strengen Wintern völlig voneinander abgeschnitten waren. 1934 wurde die erste feste Brücke als von Wasserstand und Witterung unabhängige Verkehrsverbindung über den Neckar errichtet. 1945 wurde sie von deutschen Soldaten gesprengt. Erst 1948 wurde eine Behelfsbrücke erstellt, in der Zwischenzeit war der Verkehr mit einer Fähre aufrecht erhalten worden. Erst 1977/78 wurde die Behelfsbrücke durch die jetzt bestehende Brücke ersetzt. Neben betriebseigenen Anlegestellen der Heidelberger Zementwerke und des Kernkraftwerks besteht eine öffentliche Lösch- und Ladestelle sowie eine Anlegestelle für Sportboote.

Verwaltungszugehörigkeit, Gemeinde und öffentliches Leben

Verwaltungszugehörigkeit. – Asbach gehörte 1813 zum Amt Neckarschwarzach, danach zum Amt Mosbach. Mörtelstein und Obrigheim waren stets dem Amt Mosbach zugeteilt. Grundherren waren die Fürsten Leiningen zu Amorbach. Ab 1961 gehörten alle drei Orte dem Lkr. Mosbach, nach der Kreisreform dem Neckar-Odenwald-Kreis an. 1925 wurde das ehemalige Gut des Fürsten Leiningen, der Kirstetterhof, nach Obrigheim eingemeindet. Bis dahin hatte er eine eigene Gemarkung besessen, die polizeiliche Aufsicht hatte der Bürgermeister von Obrigheim. Die Eingemeindung Mörtelsteins erfolgte zum 1. 1. 1971, die Asbachs zum 1. 1. 1973 im Wege freiwilliger

Vereinbarungen. Seit der Eingemeindung beträgt die Gemeindefläche 2491 ha, davon waren 1978 86,9 % Natur- und 13,1 % Siedlungsfläche. Die Siedlungsfläche hat dabei seit 1965 um 3,6 % zugenommen.

Gemeinde. – Ein 1871 ausgebrochener Grenzstreit der Gde Mörtelstein mit der Standesherrschaft darüber, daß die Gemeinde einen Teil der fürstlichen Gemarkung als Schafweide benutzte, war bereits 1873 auf gütlichem Weg beigelegt. Die Felder der Gewanne Grabäcker und Sandäcker in Obrigheim waren fast ausschließlich im Besitz von Mörtelsteiner Bauern, auch hier kam es zu Streitigkeiten, da die Ausmärker von der Gde Obrigheim die Instandhaltung der Feldwege forderten.

Nach der Zehntablösung, die in Mörtelstein 1858, in Asbach 1865 beendet war, waren die finanziellen Verhältnisse beider Gemeinden, abgesehen von außerordentlichen Ausgaben, wie Schulhaus-, Kirchen- oder Straßenbau, gut. In Obrigheim hatte man sich dafür entschieden, den Zehnten 35 Jahre lang weiterzubezahlen, dafür übernahm der Fürst von Leiningen die gesamte Obrigheimer Zehntschuld. »Mangelnde Zahlungsmoral der Zehntpflichtigen und sorgloser Umgang der Gemeinde mit dem Geld«, wurden 1855 vom Amtmann anläßlich einer Ortsbereisung beklagt. Erst 1874, nachdem die Zehntschuld abgetragen war, besserte sich die finanzielle Lage der Gemeinde. Bei den heutigen *Gemeindefinanzen* wird der Einfluß der Industrialisierung deutlich. 1970 hatte Obrigheim ein Steueraufkommen von ca. 1 Mio DM. Davon stammen 43 % aus Gewerbesteuern. 1975 hatte die Gemeinde ca. 3 Mio DM zur Verfügung, von denen 56 % aus Gewerbesteuern kamen. 1983 hatte das Gewerbesteueraufkommen an den Gesamtsteuern von 5,14 Mio DM einen Anteil von 25 %. Damit lag Obrigheim weit über den Durchschnittswerten des Neckar-Odenwald-Kreises, bei dem 1983 die Gewerbesteuer weniger als ⅓ zum Gesamtsteueraufkommen beitrug. Von 1981 bis 1983 nahm die *Steuerkraftsumme je Einwohner* von 1195,4 DM auf 681,9 DM ab. Gleichzeitig verringerte sich jedoch auch die Pro-Kopf-Verschuldung von 583 DM auf 452 DM. Das Haushaltsvolumen 1984 betrug etwa 13 Mio DM, davon ca. 9,7 Mio DM für den Verwaltungshaushalt und ca. 3,2 Mio DM für den Vermögenshaushalt. An Investitionsvorhaben stehen die weitere Sanierung des alten Ortskerns Obrigheim und das Dorfentwicklungsprogramm Asbach an, das für 1986/87 vorgesehen ist.

An öffentlichen Gebäuden gehörten der Gde Obrigheim 1854: ein Rathaus, zwei Schulhäuser, ein Wachhaus mit Bürgerarrest, eine Feuerspritzenremise sowie ein Armen-, Spital- und Waisenhaus. Der heutige Gemeindebesitz in Obrigheim umfaßt ca. 14 ha Bau- und Bauerwartungsland, etwa 5 ha an Hof- und Gebäudeflächen, 3 ha landwirtschaftliche Fläche und 252 ha Wald. In Asbach sind es 38 ar Bau- und Bauerwartungsland, 1 ha Hof- und Gebäudefläche, 6 ha landwirtschaftliche Fläche und 118 ha Wald. Auf Gkg Mörtelstein gehören der Gemeinde 21 ar Bau- und Bauerwartungsland, 1,5 ha Hof- und Gebäudefläche, 14 ha landwirtschaftliche Fläche und 132 ha Wald.

Mitte des 19. Jh. kam man in den Orten mit wenig Gemeindebediensteten aus. So gab es 1854 in Asbach einen Ratsschreiber, einen Gemeindediener, einen Polizeidiener und einen Wegwart. Das Rathaus Obrigheim hat seit der Gemeindereform je eine Verwaltungsaußenstelle in Asbach und Mörtelstein. Heute sind bei der *Gemeindeverwaltung* 7 Beamte beschäftigt, dazu 13 Angestellte (7 davon Teilzeitbeschäftigte) und 34 Arbeiter, davon 14 Teilzeitbeschäftigte. Die Verwaltung gliedert sich in Bauamt, Hauptamt (mit Einwohnermeldeamt, Sozialamt, Ordnungsamt und Personalamt), Rechnungsamt und Grundbuchamt. Ihnen stehen Beamte des gehobenen Dienstes vor.

Der *Gemeinderat* setzt sich aus dem 1980 gewählten Bürgermeister (CDU) und 18 Gemeinderäten, 8 von der CDU und 10 von der SPD, zusammen. Das Stimmenverhältnis zwischen SPD und CDU hat sich seit der 1. Kommunalwahl der neuen Gemeinde verschoben: 1975 erhielt die CDU 53,5 % und die SPD 46,5 % der Stimmen, 1987 die CDU nur 47,3 % und die SPD 52,7 %. Obrigheim stellt 12, Asbach 4 und Mörtelstein 2 Gemeinderäte. Ortschaftsverfassungen bestehen und bestanden nicht.

Ver- und Entsorgung. – Jeder der drei Orte hatte Mitte des 19. Jh. eine *Feuerwehr*, die Asbacher Feuerspritze wurde von den Mörtelsteinern mitbenutzt. Heute hat die Feuerwehr Obrigheim rd. 60 Angehörige und drei Löschzüge. In Asbach und Mörtelstein stehen den rd. 50 und 25 Mitgliedern je zwei Löschzüge zur Verfügung.

Einzelne Hauswasserleitungen wurden in Asbach und Mörtelstein in den 90er Jahren des 19. Jh. eingerichtet, die moderne *Wasserversorgung* setzte 1927/28 ein. In Obrigheim waren, wegen des Wasserbedarfs der Industrie, schon 1880/82 Wasserleitungen verlegt worden. Bereits 1905 wurde ein weiterer Ausbau nötig. Heute bezieht Obrigheim das Wasser von der Bodenseewasserversorgung, Asbach und Mörtelstein werden über eigene Fördereinrichtungen versorgt. In Mörtelstein liegt die Entnahmestelle in der Neckaraue, in Asbach als Quelle innerhalb des bebauten Bereichs. Das Kernkraftwerk, die Dörflingersche Federnfabrik und die Gärtnerei Ripp fördern eigenes Brauchwasser.

1927 bekam Obrigheim Elektrizität. Die *Stromversorgung* wird von der Badenwerk AG geleistet, jeder Haushalt ist Abnehmer. Die Versorgung mit Erdgas ist von den Stadtwerken Mosbach für Ende 1986 geplant. Zunächst sollen Grund-, Haupt- und Realschule, die Neckarhalle, der Bürgersaal und das Rathaus angeschlossen werden. Allerdings wird den Anwohnern die Möglichkeit geboten, den *Gasanschluß* ebenfalls zu nutzen.

Seit 1976 ist Obrigheim, seit 1980 Mörtelstein an die *Kläranlage* des Abwasserverbandes Elz-Neckar angeschlossen. Für Asbach ist die Kläranlage Neckarbischofsheim des Abwasserverbandes Schwarzbachtal zuständig. Die *Müllabfuhr* wird von einer Privatfirma besorgt. Seit Frühjahr 1986 wird der Müll zur Kreismülldeponie Buchen gebracht, vorher wurde er auf der Hausmülldeponie Haßmersheim endgelagert.

Zur *gesundheitlichen Versorgung* stehen zwei praktische Ärzte, drei Zahnärzte und eine Apotheke, alle in Obrigheim, zur Verfügung. Beide Kirchengemeinden unterhalten Sozial- bzw. Diakoniestationen. Ein Altenheim gibt es in Obrigheim nicht, dafür ein Haus mit 12 Altenwohnungen im Ortskern, dessen Bewohner völlig selbständig leben.

Kirche. – In der Organisation der *Ev. Landeskirche Baden* gehören die beiden Kirchengemeinden Asbach und Obrigheim zum Dekanat (Kirchenbezirk) Mosbach. Asbach hatte bis zum 1. 1. 1979 zum Kirchenbezirk Neckargemünd gezählt. Mörtelstein war 1845 Filiale von Asbach, später von Binau und ist seit 1973 Filiale von Obrigheim. Die ev. Kirche von Obrigheim, 1763 erbaut, steht noch unter dem Patronat der Fürsten von Leiningen in Amorbach. Die Asbacher Kirche stammt aus der Mitte des 18. Jh. In Obrigheim werden 1923 ein ev. Kindergarten und ev. Krankenschwestern erwähnt.

In der *kath. Kirche* gehören Obrigheim und Mörtelstein heute wie zu Beginn des 19. Jh. zum Landkapitel (Dekanat) Mosbach. Asbach war als Filiale von Bargen bis 1962 dem Landkapitel Waibstadt unterstellt. Seit der Umgliederung zur Pfarrei Aglasterhausen zählt die Filiale jetzt gleichfalls zum Landkapitel Mosbach. Obrigheim und Mörtelstein waren bis 1863 Filialen von Neckarelz, dann stiftete der Geistliche Rat Pfarrer Metzger aus Roth in Obrigheim eine Pfarrei, und Mörtelstein wurde ihr als Filiale zugeteilt. Auch Hochhausen (Gde Haßmersheim) ist Filiale von Obrigheim. Die Kirche in Obrigheim stammt mit dem Landhaus von 1832, Chor und Turm wurden

1885 angebaut. In Mörtelstein wird der Gottesdienst im Schulsaal gefeiert. Die Asbacher Filialkirche St. Marien (Ad Immaculatam Conceptionem) ist 1891 gebaut worden. Den kath. Kindergarten und kath. Krankenschwestern gab es in Obrigheim schon 1923.

Schule. – Asbach und Mörtelstein besaßen Mitte des 19. Jh. nur je ein Schulhaus, hatten aber einen kath. und einen ev. Lehrer, weil konfessionell getrennter Unterricht abgehalten wurde. In Obrigheim gab es je ein Gebäude für die ev. und die kath. Schule. 1872 wurde die Fortbildungsschule in Obrigheim aus Mangel an Schülern eingestellt, 1886 lebte sie durch gesetzliche Einführung wieder auf. 1906 besuchten fortbildungsschulpflichtige Mädchen die Haushaltsschule in Mosbach. 1927 waren Fortbildungsschule und Kochschule in Neckarelz, die Gewerbeschule in Mosbach. Seit 1972/73 ist die Mörtelsteiner, seit 1974 die Asbacher Schule geschlossen, die Schüler werden mit Bussen zur *Grund- und Hauptschule Obrigheim* gebracht. 353 Schüler werden in 14 Klassen von 15 Lehrern unterrichtet. 1969 wurde die *Realschule* errichtet, deren Einzugsbereich auch die Nachbargemeinden umfaßt. 29 Lehrer unterrichten hier 559 Schüler, die in 22 Klassen zusammengefaßt sind. Obrigheim hat je einen ev. und kath., Asbach einen ev. Kindergarten.

Eine *Außenstelle der Volkshochschule Mosbach* bietet Kurse für Erwachsenenbildung an.

Kulturelle Einrichtungen. – Die Gemeindebibliothek, im Rathaus untergebracht, hat einen Bestand von 7373 Bänden. Jährlich werden 7299 Bücher ausgeliehen.

In unregelmäßigen Abständen finden Veranstaltungen verschiedenster Art statt, die von Schulchören, Gesangvereinen, Musikvereinen und Kirchenchören durchgeführt werden. Alljährlich im September wird der »Kiliansmarkt« in Obrigheim, ein Straßenfest, von den örtlichen Vereinen, Organisationen, Handel, Gewerbe und Kirchen, veranstaltet.

Sporteinrichtungen. – Ein Frei- oder Hallenbad gibt es in Obrigheim nicht, in der Grund- und Hauptschule steht den Schülern ein Lehrschwimmbecken zur Verfügung. Alle drei Ortsteile haben normgerechte Sportplätze. Seit 1967 steht in Obrigheim die Ernst-Ertel-Halle, seit 1975 die Neckarhalle, eine Großraumsporthalle zur Verfügung. In Asbach gibt es eine Kleinturnhalle, in Mörtelstein die Sporthalle. Vereinseigene Sporteinrichtungen sind die Tennisanlagen in Obrigheim mit zwei Plätzen und einem Clubhaus und die Schießsportanlage.

Vereine. – 1846 war in Obrigheim vom kath. Lehrer ein Männergesangverein gegründet worden, der sich allerdings bereits 1850, nach der Versetzung des Lehrers, wieder auflöste. Heute ist das Vereinsleben, wie überall im ländlichen Raum, sehr rege. Allein in Obrigheim gibt es 21 Vereine, deren größter der Sportverein Germania mit 966 Mitgliedern ist. Sportlich betätigen kann man sich außerdem im Volleyball-Club, dem Ski-Club, dem Tennis-Club Schwarz-Gold, dem Sportschützenverein und dem Minigolf-Club. Der Gesangverein Frohsinn ist mit 221 Mitgliedern der größte Musikverein, daneben gibt es einen ev. Frauenchor.

In Asbach sind zehn Vereine registriert. Der größte Sportverein ist der Fußball-Club mit 321 Mitgliedern, außerdem gibt es den Sport-Club mit 127 und den Tennis-Club mit 90 Mitgliedern. Der Musik verschrieben haben sich der Männergesangverein Liederkranz, der Musikverein, der ev. Posaunenchor und der Cäcilienchor.

Mörtelstein hat vier Vereine aufzuweisen, der größte ist der Sportverein mit 170 Mitgliedern. Der Männergesangverein, 1879 gegründet, und der ev. Kirchenchor tragen ebenfalls zum Vereinsleben bei. Des weiteren gibt es, wie auch in den anderen beiden Teilorten, einen Bauernverband.

Strukturbild

Mitte des 19. Jh. waren alle drei Orte Bauerndörfer, mit einem übersetzten und nur mit landwirtschaftlichen Nebenerwerb existenzfähigen Handwerk. Ein gewisser Wandel bahnte sich in den 1860er Jahren, bedingt durch den Bau der Eisenbahn an. Außerlandwirtschaftliche Arbeitsplätze wurden angeboten, das örtliche Gewerbe und der örtliche Handel blühten auf. Bereits Ende des 19. Jh. änderte sich die Situation in Obrigheim grundlegend. Gewerbliche Arbeitsplätze wurden im Ort und in Nachbarorten wie Neckarelz und Mosbach geschaffen. Typisch wurde der Arbeiterbauer, der neben seinem Arbeitsplatz in der Fabrik noch 1–2 ha Land zur Selbstversorgung bewirtschaftete. In Mörtelstein und Asbach blieb die Landwirtschaft bis nach dem 2. Weltkrieg die Haupteinnahmequelle.

Schon 1939 wurde Obrigheim als Industriegemeinde klassifiziert. 1961 betrug der Anteil der nichtlandwirtschaftlichen Bevölkerung an der Wohnbevölkerung in Asbach und Mörtelstein über 70 %, in Obrigheim über 90 %. Asbach und Mörtelstein wurden als Agrargemeinden bezeichnet, wobei in Asbach die Nebenerwerbslandwirtschaft dominierte. Obrigheim galt als agrare Industriegemeinde. In Asbach und Mörtelstein hatte die Wohnfunktion, vor allem für Auspendler an Bedeutung gewonnen. Die Zahl der in der Land- und Forstwirtschaft Erwerbstätigen verringerte sich zwischen 1961 und 1970 nochmals von 19,7 % auf 5,4 %.

Die Zahl der am Ort Beschäftigten (952) lag 1977 unter der Zahl der Auspendler (1228), nach Obrigheim pendelten 416 Beschäftigte ein. Hauptherkunftsort der Einpendler war Mosbach, woher etwa 1/4 der Einpendler stammte, ebenso war Mosbach Hauptarbeitsort für den größten Teil der Obrigheimer Auspendler. 1987 hatte sich der Austausch von Arbeitskräften noch gesteigert. 1619 Berufsauspendlern, vorwiegend nach Mosbach, Neckarsulm und Haßmersheim, standen 844 Berufseinpendler, wiederum vorwiegend aus Mosbach und Haßmersheim, aber auch aus allen anderen benachbarten Gemeinden gegenüber.

Noch liegt das Gemeindegebiet im ländlichen Raum. Alle drei Orte werden zu den landwirtschaftlichen Vorranggebieten sowie zu den Bereichen für die Ferien- und Naherholung gerechnet. Heute, über 100 Jahre nach Beginn der Industrialisierung, ist Obrigheim eine echte Industriegemeinde, eine Entwicklung, die allerdings auf Kosten des Tertiären Sektors vor sich ging. 1977 stellte der Tertiäre Sektor nur 17,4 % der Beschäftigten. Zentralörtliche Bedeutung hat Obrigheim nur für Asbach und Mörtelstein, denen es als Kleinzentrum dient. Besonders der Bau des Kernkraftwerks führte zu sozialen Veränderungen, der Anteil der Angestellten liegt bei über einem Drittel der Beschäftigten. Die Zahl der in Industrie- und Handwerk Beschäftigten liegt, gemessen an der Bevölkerungszahl, zwar unter den Vergleichswerten des Neckar-Odenwald-Kreises, der Region Unterer Neckar und des Landes Baden-Württemberg. Die Lage im strukturschwachen Raum führt jedoch zu einer herausragenden Bedeutung Obrigheims als regional bedeutsamer Industriestandort, dessen Entwicklung noch nicht abgeschlossen ist.

Quellen

Ortsbereisungsakten

Asbach: GLA 364/3541; GLA 364/3929; GLA 364/6764.
Mörtelstein: GLA 364/3573; GLA 364/4294–95.
Obrigheim: GLA 364/3593; GLA 364/4821–22; GLA 364/1975/3/10–13.

C. Geschichte der Gemeindeteile

Asbach

Siedlung und Gemarkung. – Das zum Jahre 1100 erstmals urkundlich erwähnte Asbach (*Asbach*, Kop. 13. Jh.) ist vermutlich eine Ausbausiedlung der Karolinger- oder der Ottonenzeit. Der Ortsname leitet sich sehr wahrscheinlich von einem Bach her, dessen Ufer von Espen (ahd. *asp*) bestanden waren. Über frühgeschichtliche Funde ist von hiesiger Gemarkung nichts bekannt; ein kleiner, im Bad. Landesmuseum verwahrter römischer Aschensarg, von dem es einmal geheißen hat, er stammme aus Asbach, ist tatsächlich in Asbachhütte (Kr. Birkenfeld im Hunsrück) gefunden worden. In den 1560er Jahren bestand das Dorf aus etwa 30 Häusern, hundert Jahre danach waren es nur noch 22. Von den Franzosenkriegen des späteren 17. Jh. schwer in Mitleidenschaft gezogen, hat sich der Ort erst in der 2. H. 18. Jh. wieder stärker entwickeln können (1777 rund 40, 1802 rund 60 Wohnhäuser).

Herrschaft und Staat. – Im hohen Mittelalter gehörte Asbach zum staufischen Reichsland um Wimpfen. Bereits um 1380 ist das Dorf mit der Stüber (Reichartshäuser) Zent unter pfälzische Oberhoheit gelangt, jedoch waren Burg und Ortsherrschaft bis ins 15. Jh. – wohl aufgrund älterer Sinsheimer Zusammenhänge – als Speyerer Hochstiftslehen im Besitz der niederadeligen Familie von Helmstatt, die sich mit einem ihrer vielen Zweige hier niedergelassen hatte; Gerung von Helmstatt war um 1343/47 mit einem *die Gasse* genannten Ortsteil belehnt. 1356 hat der Pfalzgraf in der Burg Öffnungsrecht erhalten. Nach der Schlacht bei Seckenheim, an der die Besitzer von Asbach auf seiten der Unterlegenen teilgenommen hatten, hat der Sieger, Kurfürst Friedrich I. von der Pfalz, Burg und Dorf 1462 beschlagnahmt und seinen Parteigänger Lienhard Kemnater damit belehnt. Wenige Jahre später wurden dann zwar nicht die von Helmstatt als Inhaber des Lehens, wohl aber der Bischof von Speyer in seiner Eigenschaft als Lehnsherr restituiert; 1468 belehnte er Friedrich und Ludwig von Bayern, die noch minderjährigen natürlichen Söhne des Kurfürsten. 1474 schließlich hat der als Kanzler in pfälzischen Diensten stehende Speyerer Bischof Matthias Asbach an Ludwig von Bayern, den Stammvater der Fürsten von Löwenstein-Wertheim, übereignet. Aber schon 1525 hat Kurpfalz wegen eines Totschlagsdelikts sich neuerdings des Dorfes bemächtigt und den kurfürstlichen Marschall Wilhelm von Habern damit belehnt. Nach dem Aussterben der von Habern (1565) ist das Lehen einbehalten und Asbach der Kellerei Minneburg angegliedert worden. Mit dem Ende der Kurpfalz gelangte der Ort dann 1802/03 an das Kurfürstentum, seit 1806 Großherzogtum Baden.

An die Burg zu Asbach, bei der es sich freilich nur um eine kleine Anlage gehandelt hat, erinnert heute allein der Flurname Burggärten südlich der ev. Kirche. Sie wird 1347 erstmals erwähnt und 1401 bis 1474 mehrfach als Burg oder Schloß mit Graben und Vorhof bezeichnet; 1554 ist vom Burgstadel zu Asbach die Rede, und 1566 heißt es, das Anwesen sei vor einiger Zeit durch einen reisigen Knecht niedergebrannt worden. Ein Wiederaufbau hat danach offenbar nicht mehr stattgefunden. Reste der Burg sollen noch im 19. Jh. vorhanden gewesen sein.

Grundherrschaft und Grundbesitz. – Der älteste in Asbach nachgewiesene Grundbesitz, vielleicht die Keimzelle der späteren Ortsherrschaft, zählte im Jahre 1100 zum Stiftungsgut der durch Bischof Johann von Speyer (aus dem Geschlecht der Kraichgaugrafen) gegründeten Abtei Sinsheim. 1365 war auch das Dominikanerkloster zu Wimpfen in Asbach begütert. Ansonsten gab es hier im späten Mittelalter wohl nur die Grundherrschaft der adeligen Ortsherren und ihrer Freundschaft, wobei freilich ungeklärt bleibt, ob die Gerechtsame der von Obrigheim (vor 1343/47) oder der von Hirschhorn (1393) sich allein auf Grund und Boden oder auch auf vogteiliche Rechte erstreckt haben. Die Löwensteiner hatten ihren Hof in Asbach 1492 als Lehen an die Nothaft von Hohenberg vergeben. Zu Beginn des 18. Jh. gehörten zu dem in Erbbestand verliehenen herrschaftlichen Hofgut 30 M Äcker, 8 M Wiesen und die Burggärten; bis 1746 hatte das Gut infolge weiterer Rodung einen Umfang von 50 M Äckern, 17 M Wiesen und 2½ M Gärten erlangt. Das Wittumgut der örtlichen Pfarrei bestand um 1604/06 aus 47 M Äckern und 1 M Wiesen, wovon im genannten Jahr allerdings nur 19 M in Bau waren.

Gemeinde. – Die Gemeinde zu Asbach hat wohl erst seit der 2. H. 16. Jh., nachdem das Dorf dem großen pfälzischen Territorium angegliedert worden war, eine gewisse Eigenständigkeit entwickeln können. Dem Dorfgericht gehörten 1604 neben dem Schultheißen nicht weniger als acht Schöffen an. 1706/09 belief sich die Zahl der Gerichtspersonen dagegen nur auf drei, um die Mitte des 18. Jh. lag sie bei fünf bis sechs, und um 1800 waren es wieder nur drei. Ein Gerichtssiegel ist erstmals für das Jahr 1770 belegt; in einem von zwei Palmzweigen umrahmten Schild zeigt es ein großes A zwischen drei (2, 1) Rosen und trägt die Umschrift DES . ASPACHER . GERICHTS . INSIEGEL. Bereits 1791 gab es ein neues, dem alten nachempfundenes Siegel mit der Umschrift DER ASPACHER GERICHTSINSIEGEL, bei dem jedoch an die Stelle der Rosen Kugeln getreten sind. Ein Gemeindehaus ist seit 1777 bezeugt. Zu Beginn des 19. Jh. verfügte die Gemeinde über 470 M Wald; überdies war sie zu ⅖ an der Schäferei beteiligt, die anderen ⅗ waren in Schwarzacher Privatbesitz. Die Schulden der Gemeinde beliefen sich zur gleichen Zeit auf 800 fl.

Kirche und Schule. – Wie archäologische Untersuchungen der jüngeren Zeit ergeben haben, ist die älteste Kirche von Asbach vielleicht noch im 12. Jh. errichtet und bereits um 1250 durch einen Neubau mit Chorturm ersetzt worden; wann sie Pfarrrechte erhalten hat, ist freilich nicht bekannt. Die Kollatur der Pfarrpfründe St. Sylvester und Cornelius lag 1496 beim Abt von Sinsheim, wohingegen die Frühmesse am Altar BMV zur gleichen Zeit durch den Grafen von Löwenstein (1473 Kurpfalz) verliehen wurde. Unter denen von Habern hat in Asbach die Reformation Eingang gefunden (vor 1565), vermutlich in ihrer luth. Ausprägung; jedoch ist unter kurpfälzischer Herrschaft schon bald darauf das ref. Bekenntnis zur Geltung gebracht worden, und etwa zur gleichen Zeit ist infolge Säkularisation des Stifts Sinsheim auch der Pfarrsatz an Kurpfalz gelangt. Im 17. und 18. Jh. waren alle drei Bekenntnisse im Dorf vertreten. Die Reformierten waren stets in der Mehrheit; die Katholiken, die sich ursprünglich in der Rolle der Minderheit sahen, haben die Lutheraner nach 1700 von deren zweitem Platz verdrängt. Die alte Pfarrkirche ist in der pfälzischen Kirchenteilung 1707 den Reformierten zugefallen, deren Pfarrer bereits 1663 die Gemeinden in Mörtelstein und vorübergehend auch Obrigheim mitversehen hat. 1802 gehörten zum ref. Asbacher Kirchspiel die Dörfer Aglasterhausen, Bargen, Daudenzell, Flinsbach, Helmstadt und Mörtelstein sowie Engelhof und Weilerhof. Die Lutheraner von Asbach waren 1752 nach Breitenbronn und 1802 nach Daudenzell gepfarrt. In den 1770er Jahren haben sie sich in ihrem Dorf aus Kollektengeldern eine eigene Kirche erbaut; um ihre hohen Bauschulden bezahlen zu können, wollten sie diese Kirche 1783 zur Hälfte den Katholiken verkaufen, jedoch haben Konsistorium und Oberamt diesen Verkauf untersagt. Auch dem wenig später von den nach Neunkirchen gepfarrten kath. Gemeindebürgern gestellten Antrag, in Asbach für ihren Gottesdienst eine Kapelle bauen zu dürfen, ist – vielleicht aufgrund der mit den Lutheranern gemachten Erfahrungen – nicht stattgegeben worden. Die Reformierten hatten nach jahrzehntelangen

Klagen über den schlechten Zustand ihrer zuletzt um 1563 erneuerten Kirche 1752 endlich ein neues Langhaus erhalten. Der mittelalterliche Turm ist allerdings stehen geblieben und hat schon 1774/82 wieder Anlaß zu neuen Beschwerden gegeben. Ein Pfarrhaus ist erstmals 1553 bezeugt.

Zehntberechtigt waren in Asbach vom 16. Jh. bis zum Ende des Alten Reiches der Pfarrer zu ⅓ und die Kurpfalz zu ⅔. Der pfälzische Zehntanteil, der sog. *Kameralzehnt*, war von der Kellerei Schwarzach in Erbbestand verliehen.

Ein ref. Schulmeister ist in Asbach seit 1663 bezeugt. Das ihm zur Verfügung gestellte Haus mußte 1682 wegen Baufälligkeit verkauft werden. 1709 wird über die schlimmen Raumverhältnisse der Schule geklagt, und auch 1730 hat es noch keine eigene Schulwohnung gegeben, der Lehrer mußte sich in verschiedenen Häusern behelfen; erst zwischen 1731 und 1734 hat die reformierte Gemeinde ein Haus gekauft, das fortan für die Schule genutzt wurde. Die Katholiken hatten in Asbach seit 1742 einen Schulmeister, der über dem Ziegelofen wohnte. Dagegen bemühten sich die Lutheraner 1754/55 vergeblich um die Anstellung eines Lehrers für ihre Kinder, die weiterhin in Daudenzell den Unterricht besuchen mußten; 1802 hatten sie dann aber zumindest eine Winterschule, deren Lehrer von der Gemeinde angestellt und bezahlt wurde.

Bevölkerung und Wirtschaft. – Zu Beginn des 17. Jh. hatte Asbach rund 140 Einwohner, darunter auch Königsleute der kurpfälzischen Kellerei Schwarzach. Nach erheblichen Bevölkerungsverlusten infolge des 30j. Krieges belief sich die Zahl der Seelen 1671 immerhin wieder auf 113, und 1727 war der alte Stand wieder erreicht. Im folgenden halben Jahrhundert hat sich die Einwohnerzahl verdoppelt, und 1802 lag sie schließlich bei 442.

Tabelle 1: **Viehzucht**

	Pferde	Ochsen	Rinder	Kühe	Schweine	Schafe
1727	13	24				
1777	16	42	57	93	120	250
1802	14	(	263	)		

Ihren Lebensunterhalt verdiente die Asbacher Bevölkerung seit alters durch Feldbau in den Fluren gegen Kälbertshausen (S), gegen Helmstadt (W) und gegen Hegenich (NO). Der im 18. Jh. verzeichnete Viehbestand läßt auf einen relativen Wohlstand der hiesigen Bauern schließen; 1802 wird die örtliche Viehzucht ausdrücklich als gut bezeichnet (vgl. Tab. 1)

Die landwirtschaftliche Nutzung der Gemarkungsfläche bestand zu Beginn des 19. Jh. mit 903½ M aus Äckern, mit 58 M aus Wiesen und mit 12 M aus Weinbergen. Bereits am Ende des 17. Jh. wird eine herrschaftliche Kelter erwähnt. Bis in die Mitte des 18. Jh. hat es in Asbach nur Straußwirtschaften, aber kein einziges Schildwirtshaus gegeben; die Schildgerechtigkeiten *Zum Hirschen* und *Zur goldenen Kanne* datieren von 1760 bzw. 1763. Dem 1797 unternommenen Versuch, im Dorf jährlich zwei Krämermärkte abzuhalten, war offenbar kein Erfolg beschieden.

Mörtelstein

Siedlung und Gemarkung. – Bei dem um 1100 gelegentlich einer Schenkung an das Kl. Hirsau zum ersten Mal erwähnten Mörtelstein (*Mortenstal*, Kop. 16. Jh.) handelt es sich vermutlich um eine im hohen Mittelalter angelegte Ausbausiedlung, deren Name wohl von einem Personennamen abgeleitet ist. Im Laufe der Jahrhunderte hat der Ortsname mancherlei Wandlungen erlebt und sich von *Mortistal* (1285) über *Mortelstatt* (1441) und *Merdelstat* (1504) bis zur heutigen Form entwickelt, die seit dem 17. Jh. bezeugt ist (*Merttelstein*, Kop. einer Quelle von 1496). 1741 wird der Ort als *ein gar geringes dorf* charakterisiert. Die Zahl der Häuser belief sich 1671 auf 16, 1803 auf 38.

Im S des Dorfes, jenseits der Bundesstraße nach Mosbach, lag vormals der längst verschwundene Hof Schollenrain, dessen abgesonderte Gemarkung bereits 1596 samt Wasser- und Weiderechten kaufsweise an die Gde Mörtelstein gekommen ist und gleichwohl im späten 18. Jh., als man die einstige Feldflur längst ganz aufgeforstet hatte (480 M), noch bekannt war. In den Zehnt von der wahrscheinlich auf alten Hirsauer bzw. Reichenbacher Besitz zurückgehenden Hofgemarkung teilten sich um 1369 die Pfalz (⅔) und die Kirche zu Obrigheim (⅓). Eigentümer des Hofes waren 1388/1410 die Vetzer von Obrigheim und seit 1413/15 die Pfalzgrafen von Mosbach.

Herrschaft und Staat. – Am Anfang der Herrschaftsentwicklung zu Mörtelstein steht die um 1100 durch Kuno von Dauchstein gemachte Schenkung an das Kl. Hirsau bzw. an das Hirsauer Priorat Reichenbach, die neben sonstigen Gütern das ganze Dorf (*Mortenstal totum*) umfaßte. Die Vogteirechte über diesen Besitz des Kl. Reichenbach wurden später stets von den Inhabern der Burg zu Obrigheim wahrgenommen. 1285 lagen sie in Händen des Ritters Dieter Kind von Obrigheim, und um die Wende vom 13. zum 14. Jh. sind sie an die Pfalzgrafen übergegangen, die – 1410–1499 die Pfalzgrafen von Mosbach – in Mörtelstein fortan alle hohe und niedere Obrigkeit samt Schatzung, Zoll und Jagd ausübten. Schließlich hat Pfalzgraf Otto 1440 auch den Grundbesitz und die Zinsen gekauft, die dem Kloster noch verblieben waren, und sich damit obendrein als alleiniger Grundherr des Dorfes durchgesetzt; nur im 17. und 18. Jh. begegnen als Besitzer allerdings eher unbedeutender Rechte die von Auerbach (als Erben der von und zu Helmstatt), die von Hunolstein und die von Minnigerode sowie die Beständer des Kirstetter Hofes. Abgesehen von vorübergehenden Verpfändungen an die von Habern (um 1556) und an die Landschaden von Steinach (um 1558) gehörte das Dorf seit dem 16. Jh. zur Kellerei Neckarelz des pfälzischen Oberamtes Mosbach. Nach dem Ende der Kurpfalz ist Mörtelstein 1802/03 dem Fürstentum Leiningen zugeschlagen worden, und 1806 kam es zum Großherzogtum Baden.

Gemeinde. – Wie viele andere kurpfälzische Gemeinden verfügte auch Mörtelstein schon im 18. Jh. über ein eigenes Gerichtssiegel; es ist aus dem Jahr 1772 erstmals überliefert, zeigt in der Mitte einen Baum und trägt die Umschrift GERICHTS ⟨INSIEG⟩*EL . MORTELSTEIN*. Ein eigenes Gericht hatte der Ort freilich erst seit dem 16./17. Jh.; zuvor unterstand die hiesige Gemeinde dem Gerichtsstab von Obrigheim. Um 1800 setzte sich das Dorfgericht aus dem Schultheißen, drei Schöffen und dem Gerichtsschreiber zusammen. Eine Gerichtsstube hat es bereits 1683 auf der herrschaftlichen Kelter gegeben. Am Ende des Alten Reiches bestand das Eigentum der Gemeinde aus 106 M Wald (gegenüber 8 M Herrschaftswald) sowie aus einer Schäferei mit Hirtenhaus, Schafhaus und Scheune.

Kirche und Schule. – Wie auf dem herrschaftlichen Sektor, so war Mörtelstein auch in kirchlicher Hinsicht von Obrigheim abhängig. Der Chorturm der über dem Dorf gelegenen, 1496 erstmals erwähnten Filialkirche St. Georg ist mit Wandmalereien des

Tabelle 1: **Konfessionsgliederung**

Jahr	Reformierte	Lutheraner	Katholiken
1671 (nur Erw.)	33	6	10
1807 (Seelen)	154	26	66

15. Jh. geschmückt; das Langhaus wurde im 19. Jh. erneuert. In der pfälzischen Kirchenteilung ist das Gotteshaus 1707 den Reformierten überlassen worden; die Katholiken haben sich damals in der Gerichtsstube auf der herrschaftlichen Kelter ein Oratorium eingerichtet, das von den Lutheranern mitbenutzt wurde. Zuständige Pfarreien waren für die Reformierten Asbach, für die Katholiken Neckarelz und für die Lutheraner Obrigheim bzw. Haßmersheim. Zum zahlenmäßigen Verhältnis der Konfessionen vgl. Tab. 1.

Der große und der kleine Zehnt auf Mörtelsteiner Gemarkung gehörten 1369 zu ⅔ den Pfalzgrafen und zu ⅓ dem Stift Neustadt an der Haardt als Inhaber des Kirchensatzes in Obrigheim. Das Neustadter Drittel gelangte 1441 durch Kauf ebenfalls in den Besitz der Pfalzgrafen. Im 18. Jh. war ⅓ des Kleinzehnten dem ref. Pfarrer zu Asbach als Teil seiner Besoldung zugebilligt.

Ein ref. Schulmeister ist für Mörtelstein seit 1722 bezeugt, ein katholischer seit Mitte der 1730er Jahre. 1803 stand den Lehrern beider Konfessionen je ein Haus zur Verfügung, in dem sie zugleich wohnten und ihre Schulkinder unterrichteten.

Bevölkerung und Wirtschaft. – Abgesehen von der Katastrophe des 30j. Krieges ist die Einwohnerzahl von Mörtelstein von der Mitte des 16. bis ins 18. Jh. im wesentlichen konstant geblieben. 1556 lag sie bei etwa 100, 1615 bei etwa 120; 1690 zählte das Dorf wieder rd. 110 Seelen, 1744 waren es bereits ca. 150 und 1803 (215) hatte sich die Mörtelsteiner Bevölkerung gegenüber dem Stand von 1556 mehr als verdoppelt.

Feldbau geschah in Mörtelstein in den Fluren Wingertsheldenflur, Haselrutschenflur und Bergflur (1729). Die Größe der einzelnen Höfe lag 1722 bei durchschnittlich 5–6 M (Äcker, Wiesen und Weingärten). Die größte Fläche bewirtschaftete mit rd. 26 M der Schultheiß; daneben bestanden noch fünf Höfe zwischen 12 und 16 M. Insgesamt gab es auf Mörtelsteiner Gemarkung 1803 261 M Äcker, 77 M Weingärten, 33 M Wiesen und Triften sowie 136 M Wald. Der Bestand an Vieh belief sich im gleichen Jahr auf 120 Rinder. Die örtlichen Weinbauern waren seit alters verpflichtet, ihre Trauben auf die herrschaftliche Bannkelter zu bringen. An Gewerben gab es 1722 im Dorf 3 Wirte und 3 Küfer sowie je 2 Schneider bzw. Leinenweber und Wagner. 1803 werden als Professionisten genannt: 5 Leineweber, je 3 Küfer und Maurer, 2 Wagner sowie je 1 Bäcker, Ölschläger und Ziegler. Zum Mahlen ihres Getreides waren die Mörtelsteiner nach Obrigheim gebannt.

Obrigheim

Siedlung und Gemarkung. – Bereits zur Zeit der Römer hatte der bis in unsere Tage wichtige Neckarübergang bei Obrigheim für den West-Ost-Verkehr von Mogontiacum (Mainz) und Noviomagus (Speyer) zum Odenwaldlimes bei Osterburken eine nicht zu unterschätzende Bedeutung, und archäologische Funde lassen erkennen, daß hier auch eine römische Siedlung bestanden hat. In dem Gewann Hinterfeld und nordwestlich des Friedhofs sind Mauerreste zutage gekommen, die auf römische Villen zurückgehen sollen, und schon in der 1. H. 16. Jh. kannte man einen dem Merkur geweihten

Votivstein, der 1764 in das kurfürstliche Antiquarium nach Mannheim gebracht worden ist (heute Städt. Reißmuseum). Später haben auch die Franken die Verkehrsgunst dieses Platzes erkannt und – davon zeugen neben dem Ortsnamen (773 *Vbracheim*, Kop. 12. Jh.) mehrere 1934 südöstlich der ev. Kirche gefundene Reihengräber – hier vermutlich im 6. Jh. eine Siedlung gegründet. Im späten Mittelalter passierte den Ort eine kurpfälzische Geleitstraße und in der frühen Neuzeit der Reichspostcours von Heidelberg nach Würzburg. 1772 wird Obrigheim als ein *hiesigen Landts ... recht nahrhaftes und respective starkes Dorf* bezeichnet; die Zahl der Häuser belief sich 1671 auf 51, 1774 auf 118 und 1803 auf 139 (mit Kirstetterhof und Schloß Neuburg).

Zur Gemarkung von Obrigheim gehörte seit alters allein das Schloß Neuburg, das freilich über einen großen, besonders ausgesteinten und bis an die Grenze gegen Asbach und Kälbertshausen reichenden Herrschaftswald verfügte. Der ursprünglich selbständige Kirstetterhof ist erst 1925 nach Obrigheim eingemeindet worden. Die Zugehörigkeit des im 19. Jh. separaten und heute nach Hochhausen gehörigen Finkenhofes zur Obrigheimer Gemarkung war während der ganzen frühen Neuzeit zwischen der Kurpfalz und der Kraichgauer Ritterschaft umstritten; jedoch legt ein Blick auf den historischen Gemarkungsplan den Verdacht nahe, daß der Hof tatsächlich schon im hohen Mittelalter aus der Urgemarkung von Obrigheim herausgeschnitten worden ist.

Herrschaft und Staat. – Die Anfänge der Herrschaftsentwicklung zu Obrigheim sind nur schwer zu erhellen. Neben nur erschlossenen und nicht näher definierbaren Reichsrechten spielt hier vermutlich eine um 1080 durch Diemar von Röttingen-Trifels vorgenommene Schenkung eine größere Rolle, mit der nicht weniger als 12 Hufen sowie weitere Güter und Gerechtsame an das Kl. Hirsau bzw. an dessen Priorat Reichenbach gelangt sind. Man geht wohl nicht fehl in der Annahme, daß mit diesen Gütern zumindest ein Teil der später zur Ortsherrschaft entwickelten Rechte an das Kloster gelangt ist. In den folgenden dreieinhalb Jahrhunderten bildete der Hof zu Obrigheim, dessen Vogtei Ministerialen aus dem Umfeld der Wimpfener Königspfalz anvertraut war, den Mittelpunkt der Reichenbacher Grundherrschaft in hiesiger Region; zu ihr gehörte Besitz in Binau, Hochhausen, Kälbertshausen, Mörtelstein und Neckarkatzenbach. Infolge der großen Entfernung zwischen Reichenbach und Obrigheim ist es den auf Expansion ihrer Herrschaft bedachten örtlichen Vogtsherren offensichtlich nicht schwergefallen, ihre Kompetenzen in den grundherrlichen Bereich auszudehnen und in zunehmendem Maße auch Rechte des Klosters für sich zu beanspruchen. So kam es 1285 zu einem durch ein Schiedsgericht herbeigeführten Vergleich, wonach der Ritter Dieter gen. Kind von Obrigheim und seine rechtmäßigen Nachkommen für die von ihnen wahrgenommene und ihnen auch neuerdings bestätigte Vogtei über den klösterlichen Hof zu Obrigheim künftig eine genau festgelegte jährliche Abgabe erhalten und dagegen auf alle weiteren Ansprüche verzichten sollten.

Freilich zeichnet sich schon in dieser Zeit das Ende der niederadeligen Herrschaft im Dorf ab. Bereits 1290 waren die Pfalzgrafen hier Inhaber einer offenbar noch im Ausbau befindlichen Burg, vermutlich der 1338 erwähnten, wohl auf dem Karlsberg gelegenen Landsehr (dort ein entsprechender FN; 1406 Oberburg?), die sie durch Amtleute und Burgmannen haben verwalten lassen; aber schon im 15. Jh. war diese Anlage wieder verfallen. Die den angestammten Obrigheimer Vögten im Dorf verbliebenen Rechte sind von den Pfalzgrafen im 14. Jh. Zug um Zug aufgekauft worden: 1369 die Anteile des Cuntz von Obrigheim und 1400 schließlich auch der Vetzer'sche Anteil an der vom Hochstift Worms lehnbaren Neuburg.

Welch große Bedeutung dem Ort und seiner Burg als Vorposten und Brückenkopf für ein Ausgreifen der Pfalz nach Osten vor allem im früheren 14. Jh. zuerkannt worden ist, mag man unter anderem daran ermessen, daß Obrigheim 1313 neben so wichtigen Plätzen wie Heidelberg, Weinheim und Wiesloch in der Wittumsverschreibung der Pfalzgräfin Mechthild erscheint und daß es 1316 von König Ludwig (Pfalzgraf bei Rhein) erneut in ähnlicher Gesellschaft als Unterpfand bereitgestellt worden ist. In der pfälzischen Landesteilung von 1353 ist Obrigheim in das Heidelberger Los gefallen; 1410 wurde es der Mosbacher Linie zugeteilt und nach deren Aussterben 1499 wieder mit den kurfürstlichen Landen vereinigt. Mit dem Erfolg der Pfälzer Ambitionen rechts des Neckars ist Obrigheim von der Peripherie ins Innere des pfälzischen Territoriums gerückt, und die Bedeutung des Fleckens hat sich damit schon im Laufe des 14. Jh. wieder relativiert. 1802/03 ist der Ort zum Fürstentum Leiningen und 1806 an das Großherzogtum Baden gekommen.

An orts- und landesherrlichen Gerechtsamen haben der Pfalz seit dem 15. Jh. in Obrigheim im einzelnen zugestanden: die Vogtei und die Blutgerichtsbarkeit (der Ort war keiner Zent unterworfen), das Steuerrecht sowie der Land- und der Guldenzoll, dazu die hohe und die niedere Jagd, die Pfalzgraf Johann Casimir 1588 gnadenhalber seinem Rat Johann Philipp von Helmstatt verliehen hat. Beim Feldbau, aber auch bei Baumaßnahmen am Schloß zu Mosbach schuldeten die Dorfbewohner ihrer Herrschaft ungemessene Hand- und Fuhrfron.

Der vermutlich schon im 13. Jh. gegründete, 1345 als *Mettelnburg* (1369 *Mittenburg*, 1406 *Niederburg*) bezeichnete Sitz des ortsherrlichen Adels lag unmittelbar bei der Kirche auf einer kleinen Anhöhe inmitten des Dorfes. Daß ihr Bering das Gotteshaus sogar umschlossen hat, darf man einer Urkunde von 1452 entnehmen, worin der Besitzer der damals schon weitgehend zerfallenen Anlage von seinem Lehnsherrn, dem Pfalzgrafen von Mosbach, angewiesen wird, die Tore offenzuhalten, um der Bevölkerung den Kirchenbesuch zu ermöglichen. Nachdem der Obrigheimer Adel von der Pfalz schließlich vollends ausgekauft war, wurde die inzwischen völlig bedeutungslose Burg mit dem zugehörigen Grundbesitz zu Lehen vergeben (1452/74 von Wildberg). 1772 war von ihr nur mehr ein Steinhaufen vorhanden.

Bereits um die Mitte des 12. Jh. finden drei Brüder Meginlach, Wolprand und Hermann von Obrigheim Erwähnung, die edelfreien Standes (*domini*) und mit dem Stifter Diemar von Röttingen-Trifels verwandt waren. Wenngleich die Quellen zur Geschichte dieser Edelherren überaus spärlich fließen, darf man angesichts des erwähnten verwandtschaftlichen Umfeldes doch davon ausgehen, daß sie einer nicht unbedeutenden Familie mit weitgespannten Beziehungen angehört haben. Freilich wird man zwischen ihnen und dem seit 1222 bezeugten Obrigheimer Ministerialenadel des späten Mittelalters, der sehr wahrscheinlich aus der Dienstmannschaft der Wimpfener Pfalz und ihres Reichslandes hervorgegangen ist, keine genealogische Kontinuität vermuten dürfen. Wohl schon im 13. Jh. hat sich das niederadelige Geschlecht in mehrere Zweige geteilt, die zwar verschiedene Beinamen führten (Gabel, Kind bzw. Puer, Nest, Vetzer), sich aber alle des gemeinsamen Stammwappens (Schrägbalken) bedienten und verschiedentlich noch im 14./15. Jh. über gemeinsamen Besitz verfügten. Aus ihrem namengebenden Dorf von den Pfalzgrafen nach und nach verdrängt, haben die einzelnen Linien der Familie sich seit dem frühen 14. Jh. anderwärts niedergelassen: die Gabel in und um Buchen im Odenwald, aber auch in Schatthausen, Neibsheim und Eppingen im Kraichgau, die Kind und die Nest um Allfeld, Sulzbach und Assulzerhof, später auch um Lauffen am Neckar; die Vetzer haben sich am längsten in der unmittelbaren Umgebung ihres Stammsitzes gehalten, auf der Neuburg, auf dem Kirstetter- und auf dem Schollenrainhof sowie in Kälbertshausen. Der Obrigheimer Besitz im Bereich der heutigen Gemeinde Billigheim, darunter auch Lehen der Herren von Allfeld, dürfte zum ältesten des Geschlechts überhaupt gehört haben. Als Lehnsherren der einzelnen Zweige sind im übrigen zu nennen: die Bischöfe von Würzburg (Anf. 14. Jh.), Worms und Speyer (Mitte 14. Jh.), die Erzbischöfe von Mainz und die Grafen von Eberstein als Erben der Edelherren von Dürn (1. H. 14. Jh.), die Pfalzgrafen bei Rhein und die Grafen von Württemberg (2. H. 14. Jh.), die Klöster Billigheim (1. H. 14. Jh.) und Amorbach (15. Jh.) sowie der deutsche König (15. Jh). Den Pfalzgrafen waren vor allem die Gabel und die Vetzer im 14. Jh. auch als Amtleute und Diener verpflichtet. Der Kreis der Obrigheimer Verschwägerungen umfaßt sowohl Familien des schwäbischen wie auch solche des fränkischen Adels, darunter die Sickingen, Dürrmenz, Nordheim, Angelloch, Talheim und Wunnenstein sowie die Seinsheim, Dürn, Rüdt, Hardheim und Fechenbach. Als Stiftsherren und Mönche sind Obrigheimer in Mosbach und in Amorbach sowie bei St. Guido in Speyer anzutreffen; zwei Wormser Kanoniker (St. Andreas) gleichen Namens kommen wohl aus Obrigheim bei Frankenthal in der Pfalz. Nachdem die Kind von Obrigheim vermutlich schon bald nach der Mitte des 14. Jh. ausgestorben waren, sind in der 1. H. 15. Jh. auch die anderen Zweige der Familie nacheinander im Mannesstamm erloschen, die Vetzer um 1409/10, die Gabel in den 1420er Jahren und als letzte die Nest um 1442/45.

Grundherrschaft und Grundbesitz. – Der älteste in Obrigheim nachgewiesene Grundbesitz gehörte dem Kl. Lorsch; er ist dem hl. Nazarius im letzten Viertel des 8. Jh. in mehreren Schenkungen überlassen worden und hat um 800 wohl nicht viel mehr als eine Herren- und eine Knechtshufe umfaßt. Daß im 10. Jh. auch schon die Abtei Mosbach hier begütert war, erfährt man 976 gelegentlich ihrer durch Kaiser Otto II. verfügten Übertragung an die Domkirche zu Worms; im späten Mittelalter verfügte Mosbach hier allerdings nur noch über geringe Güter. Der im hohen Mittelalter vielleicht größte Grundeigentümer am Ort war seit der bereits erwähnten Schenkung des Diemar von Röttingen-Trifels das Hirsauer Tochterkloster Reichenbach; 1424 bestand dessen Grundherrschaft aus einem in sechs Lose geteilten und zu bäuerlicher Leihe vergebenen Hof mit insgesamt rund 150 M Äckern und 7 M Wiesen sowie 5 Hofplätzen mit Häusern und Gärten. An geistlichem Besitz gab es in Obrigheim darüber hinaus das Pfarrwittumgut, das im späten 14. und frühen 15. Jh. vom Stift Neustadt an der Haardt verliehen wurde und 1578 46 M Land umfaßte, sowie das Heiligengut, zu dem 1593 knapp 19 M Äcker und 1 M Wiesen gehörten.

Über großen Grundbesitz in hiesiger Gemarkung verfügte seit dem späten Mittelalter auch die Ortsherrschaft; wie Vogtei und Gericht sind diese Liegenschaften vom Ende des 13. bis zum Anfang des 15. Jh. aus den Händen des örtlichen Niederadels nach und nach vollständig an die Pfalz gekommen, und 1440 hat der Pfalzgraf von Mosbach für 300 lb h auch noch die dem Kl. Reichenbach in Obrigheim und Umgebung verbliebenen Gerechtsame aufgekauft, 1441 die Berechtigungen des Stifts Neustadt. Bereits um 1369 bestanden die pfalzgräflichen Güter am Ort aus einem Bauhof mit 213 M Äckern, 23½ M Wiesen und 4 M Weinbergen, dazu aus 98½ M in Drittelspacht vergebenen Äckern und 103½ M gleichfalls verpachteten Reutäckern. 1741 gehörten der Pfalz in Obrigheim (ohne die Güter des Schlosses Neuburg und des Kirstetterhofes) das in Erbbestand vergebene sog. Frongut mit 30 M, 6 große Fronhöfe mit zusammen 192 M, die 6 sog. Knappenhöflein mit zusammen 38 M sowie Waldungen in einem Umfang von 600 M (1772); 1776 werden überdies 8 sog. Sauerhöfe mit insgesamt 108 M erwähnt.

Gemeinde. – Eine Gemeinde zu Obrigheim ist erst seit dem 16. Jh. zu fassen; man darf aber auch annehmen, daß sie nennenswerte Kompetenzen ohnehin erst zur Zeit der pfälzischen Herrschaft erlangt hat. Am Ende des 17. Jh. umfaßte ihr Besitz rund 500 M Wald, 46 M Allmendwiesen, einiges Brachland und ein Rathaus. Freilich war die

Gemeinde offenbar schon früher recht wohlhabend, tritt sie doch 1609 mit 1000 fl als Gläubiger Georg von Rossaus, des Schloßherrn zu Neuburg, in Erscheinung. In der 2. H. 18. Jh. verfügte sie über ein eigenes, durch eine aufsteigende, eingebogene Spitze in drei Felder geteiltes Gerichtssiegel; das erste Feld ist schräglinks gerautet, das zweite zeigt einen aufsteigenden Löwen und im dritten wächst, flankiert von zwei Blumen, aus einem Sparren ein Kleeblatt. Die Umschrift lautet: *DER OBRIGHEIMER GERICHTS . INSIGEL* . Das Dorfgericht setzte sich zu Beginn des 19. Jh. aus einem Schultheißen (zugleich herrschaftlicher Vogt, Gerichts- und Kelterschreiber), einem Anwalt (Bürgermeister) und sechs Schöffen zusammen. Bis zum Ende des Alten Reiches hatte das Mosbacher Stadtgericht für Obrigheim die Funktion eines Oberhofes.

Kirche und Schule. – Das seit alters zur Burg und Ortsherrschaft gehörige Patronatsrecht über die Kirche zu Obrigheim ist 1369 durch Kauf an die Pfalzgrafen gekommen, die es bereits im Jahr darauf dem Ägidienstift zu Neustadt an der Haardt geschenkt haben; das Testament des Pfalzgrafen Ruprecht I. von 1371 verfügte schließlich noch die Inkorporation der Pfarrei in das Stift (päpstliche Bestätigung von 1407). Jedoch wurde der Obrigheimer Kirchensatz schon 1441 wieder von Pfalz-Mosbach käuflich erworben und ist die folgenden dreieinhalb Jahrhunderte im Besitz der Pfalz geblieben. Geweiht war das Gotteshaus von jeher dem hl. Lambert; an den Seitenaltären wurden 1496 die hll. Sebastian und Barbara sowie die Gottesmutter verehrt. Zum Kirchspiel gehörten am Ende des 15. Jh. die Kapelle St. Georg in der Burg zu Obrigheim (Neuburg?), das Dorf Mörtelstein und der Kirstetterhof. Eine offenbar erst um 1500 eingerichtete Frühmesse ist im Gefolge der Reformation schon bald wieder aufgehoben und ihr Vermögen zum Nutzen der Kellerei Neckarelz eingezogen worden.

In der Zeit der Reformation und Gegenreformation erlebte Obrigheim alle Wechselfälle der pfälzischen Religionspolitik. Die alte Dorfkirche ist in der Kirchenteilung 1707 den Reformierten überlassen worden; die nach Neckarelz gepfarrten Katholiken durften sich auf dem Rathaus ihr eigenes Oratorium einrichten, und auch die zur Pfarrei Haßmersheim gehörigen Lutheraner hatten eine besondere Betstube. Zu Beginn des 19. Jh. waren die ref. und die kath. Gemeinde etwa gleich groß (beide etwa 400 Seelen), während die Zahl der Lutheraner sich nur auf 120 belief.

Mit der Kirche haben die Reformierten auch den Platz erhalten, an dem das einstige Pfarrhaus gestanden hatte; es war 1556 und noch einmal 1605 ganz neu gebaut worden, ist aber schon 1635 wieder abgebrannt. 1730 hat die Obrigkeit diesen Platz den Katholiken übergeben, die hier eine Kirche bauen wollten, jedoch kam dieser Bau nicht zustande, und so wurde später hier das kath. Schulhaus errichtet. Erst um 1742 hat die ref. Gemeinde ein neues Pfarrhaus erworben, und seit 1755 hatte Obrigheim nach 120jähriger Vakanz auch wieder einen ref. Ortspfarrer. Die festen jährlichen Einkünfte der Pfarrei bestanden 1663 aus insgesamt 21 Mltr. Frucht und 10 Eimer Wein von der Kellerei in Neckarelz, einem Viertel der Erträge vom Obrigheimer Wittumgut, je einem Drittel an den kleinen Zehnten zu Obrigheim und Mörtelstein sowie ½ M Wiesen in Mörtelstein.

Der große und der kleine Zehnt waren allzeit im Besitz der Ortsherrschaft und sind 1369 mit anderen Gütern käuflich an die Pfalz gelangt. ⅔ behielten die Pfalzgrafen zu ihrer eigenen Verfügung, das restliche Drittel schenkten sie zusammen mit der Kirche dem Stift Neustadt; 1441 bzw. 1499 kam auch dieses Drittel wieder an die Pfalz zurück. Später war nur noch ⅓ des Kleinzehnten im Genuß des Ortspfarrers.

Von einem (ref.) Schulmeister zu Obrigheim erfährt man erstmals in der 2. H. 16. Jh. Er war von der Herrschaft bestellt und hatte neben der Unterweisung der Jugend das

Mesneramt zu versehen, die Schlaguhr auf dem Kirchturm zu warten und in Kriegszeiten als Türmer zu fungieren; seine Einkünfte bezog er aus dem Pfarrdorf, aus Mörtelstein und vom Kirstetterhof. Ein kath. Lehrer wurde in Obrigheim erstmals im Jahre 1704 angenommen; das gegen Ende des 18. Jh. erbaute kath. Schulhaus war noch 1803 das einzige im ganzen Dorf. Die Lutheraner mußten ihre Kinder vom ref. Schulmeister unterrichten lassen, über den der luth. Pfarrer zu Haßmersheim 1787 schimpfte, er sei *ein alter, tauber und unwissender Schullehrer, von dem die Kinder meae confessionis ab- und zur reformirten Schule angehalten werden, gegen all mein Protestiren, und kaum mehr als eins zur Schule gehet.*

Bevölkerung und Wirtschaft. – Um die Mitte des 16. Jh. und bis zum Ausbruch des 30j. Krieges hatte Obrigheim etwa 500 Einwohner; bis 1648 büßte der Ort infolge der Kriegsdrangsale mehr als die Hälfte seiner Bevölkerung ein und erholte sich bis zum Ende des unruhigen 17. Jh. nur langsam von dem eingetretenen Rückschlag (1681 ca. 270, 1690 ca. 300). Zwischen 1716 (ca. 350) und 1744 (ca. 600) stieg die Einwohnerzahl dann aber beträchtlich an und nahm im Laufe des folgenden halben Jahrhunderts noch einmal um die Hälfte zu (1774 659, 1803 889).

Die Nutzung der Dorfgemarkung (mit Kirstetterhof und Schloß Neuburg) verteilte sich um 1800 wie folgt: 450 M Äcker, 39 M Weinberge, 123 M Wiesen und 1590 M Wald. Die Namen der drei Obrigheimer Fluren sind seit dem späteren 14. Jh. bezeugt: Auf dem hinteren Feld (später Au- oder Untere Flur?), Im Seutterich (Mittlere Flur) und Gegen den Hohberg (später obere Flur bzw. Auf dem langen Rain?). Weinbau gab es am Ort während des ganzen Mittelalters und der frühen Neuzeit; ein herrschaftliches Kelterhaus findet 1683 Erwähnung. Eine Mühle zählte schon im 11. Jh. zu den Gütern, die Diemar von Trifels dem Kl. Reichenbach geschenkt hat; sie ist später in den Besitz der Ortsherrschaft übergegangen und gehörte bereits um 1369 den Pfalzgrafen, die sie in Erbbestand verliehen haben. 1739 wird sie als oberschlächtige Mühle mit einem Gang beschrieben, die oft unter Wassermangel zu leiden hatte. Seit 1785 bestand hier überdies eine Öl- und Hanfmühle, die 1792 zur Gipsmühle umgebaut worden ist. Eine Ziegelhütte wurde 1581 eingerichtet. 1724 gab es im Dorf 2 Schildwirte, zu Beginn des 19. Jh. waren es deren 4. Darüber hinaus werden 1803 an Gewerben aufgezählt: 24 Leineweber, je 8 Maurer und Schuster, je 6 Bäcker und Zimmerleute, 5 Schneider, 4 Hanfhechler, 3 Krämer, je 2 Metzger, Wagner, Grob- und Nagelschmiede und Ziegler sowie je 1 Mahl- und Ölmüller, Baumeister und Tüncher. Um die selbe Zeit wurden in Obrigheim jährlich zwei Krämermärkte veranstaltet.

Kirstetterhof. – Der Kirstetterhof (1365 *Kirchsteten*) soll Widders Beschreibung der Kurpfalz zufolge in älterer Zeit je zur Hälfte den Inhabern der Burg Obrigheim und den Herren von Weinsberg gehört haben. Die Obrigheimer Hälfte, die der Burg Bede, Dienste und sonstige Abgaben schuldete, war bereits um 1369 in pfälzischem Besitz und ist 1545 von Kurfürst Friedrich II. mit allen Rechten, aber unter Vorbehalt von Jagd, Geleit und hoher Obrigkeit, an die von Helmstatt (Grombacher Ast) verkauft worden. Die ursprünglich Weinsberger Hälfte soll nach 1328 durch Heirat an die von Eppstein und von diesen im Erbgang an die von Gemmingen gelangt sein; 1365 hat Swicker von Gemmingen sie für 40 fl an Wiprecht von Helmstatt zu Bischofsheim abgetreten. So waren die von Helmstatt seit der Mitte des 16. Jh. alleinige Besitzer des Kirstetterhofes, aber schon wenige Jahre später wurden sie – wiederum durch Erbschaft – von den Landschad von Steinach abgelöst. Von diesen ging der Hof 1595 an die von Freiberg zu Justingen und zu Beginn des 17. Jh. noch einmal an die von und zu Helmstatt. Nach dem Aussterben des Helmstatter Zweiges im Jahre 1684 folgten je hälftig die von Berlichingen und von Auerbach. Der auerbachische Anteil gelangte über die von Minnigerode 1745 an die Kurpfalz, die schließlich 1768 auch noch die Berlichinger Hälfte kaufte. 1793 gehörten zu dem in Erbbestand verliehenen kurpfälzischen Kameralhof 185 M Äcker, 16 M Wiesen sowie 7 M Gärten und Hofreiten; der Kirstetter Wald in einem Umfang von 273 M und die Jagd auf der Hofgemarkung waren der Pfalz vorbehalten. 1496 hat der stets dem Obrigheimer Gerichtsstab zugeordnete Hof aus zwei Anwesen bestanden, 1683 haben ihn zwei Wiedertäufer bewirtschaftet.

Schloß Neuburg. – Das von den Bischöfen von Worms zu Lehen rührende Schloß Neuburg über dem Neckar begegnet 1384 erstmals in den Quellen, ist aber sehr wahrscheinlich identisch mit einer bereits 1349 erwähnten Burg. Im späten 14. Jh. im Besitz der Vetzer von Obrigheim und des mit ihnen verschwägerten Cuntz von Rosenbach, gelangte die Neuburg ungeachtet des Einspruchs verschiedener Ganerben 1400/01 käuflich an die Pfalzgrafen (seit 1410 Pfalz-Mosbach, seit 1499 wieder Kurpfalz), die sie mit dem zugehörigen Grundbesitz und unter Vorbehalt von Öffnung und Hoheitsrechten an Adelige ihres Gefolges zu Afterlehen gaben (1408 von Hornheim, 1424/68 von Wittstadt gen. von Hagenbuch, 1468/69 von Massenbach, 1482/99 Sindolt, 1505/1619 von Rossau, um 1621/48 von Isselbach, 1660 Cloß von Neuenburg, 1739/46 von Metzger, 1759 Bentz). Mit dem Ende der Kurpfalz ist die Neuburg 1802/03 an die Fürsten von Leiningen gefallen, die das Schloß 1855 an die Grafen von Leiningen-Billigheim verkauft haben. Heute gehört die Anlage, die zwischenzeitlich noch mehrfach den Besitzer gewechselt und 1935 bis 1945 ein Schulungsheim der Nationalsozialisten beherbergt hat, der Kernkraftwerk GmbH in Obrigheim (seit 1978). Die zur Burg gehörigen Liegenschaften umfaßten 1683 27 M Äcker, 6 M Weingärten, 10 M Wiesen und 100 M Wald.

Quellen und Literatur

Asbach

Quellen, gedr.: *Brinkmann.* – *Gudenus* CD 3. – Lehnb. Speyer. – RPR 1. – UB MOS. – UB Obrigheim. – UB Bischöfe Speyer. – *Weech,* Reißbuch. – *Weech,* Synodale. – WUB 1. – ZGO 42, 1888 S. m20.
Ungedr.: GLA Karlsruhe J/H Asbach 1–3; 43/2, 36; 63/12; 66/1822, 5462, 5463; 67/300, 364, 1004; 69 von Helmstatt U; 77/6142; 135/110; 145/364; 166/60; 185/123, 124; 229/2711–2805, 12447, 68470; 313/2809; 364/697, 704, 2694, 2695. – StA Wertheim U.
Allg. Literatur: *Hahn* S. 390f. – KDB IV,4 S. 5. – *Krieger* TWB 1 Sp. 75f. – LBW 5 S. 300. – *Möller* 3. – *Müller,* Dorfkirchen S. 21. – *Rommel,* Seligental. – *Schannat.* – *Schuster* S. 350. – *Wagner* S. 380. – *Widder* 2.
Ortsliteratur: *Wild,* Heinrich, Ortsgeschichte der Gemeinde Asbach. Manuskript. o. J. (GLA Cw 397). – *Lutz,* Dietrich, Beobachtungen in der evangelischen Kirche in Asbach, Gde. Obrigheim, Neckar-Odenwald-Kreis. In: FbBW 3, 1977 S. 600–607. – *Kropf,* Walter, Obrigheim am Neckar. Ein Beitrag zur Chronik von Obrigheim, Mörtelstein und Asbach. Obrigheim 1985. – *Wittmann,* Günter, Skizzen zur Kirchengeschichte von Asbach. In: Kraichgau 9, 1985 S. 24–33.
Erstnennungen: ON 1100 (WUB 1 Nr. 255), Burg 1343/47 (GLA 69 von Helmstatt U 1347 März 8), Pfarrei und Patrozinium Sylvester 1473 (*Lossen* S. 189), Patrozinien Sylvester, Cornelius, BMV 1496 (*Weech,* Synodale S. 405).

Mörtelstein

Quellen, gedr.: CH. – UB Obrigheim. – *Weech,* Reißbuch. – *Weech,* Synodale. – WUB 2, 11. – ZGO 11, 1860; 42, 1888 S. m24.

Ungedr.: FLA Amorbach, Bücher zur Kenntnis und zur Hebung des Landes. – GLA Karlsruhe J/H Mörtelstein 1, 1a; 43/Sp. 148, Sp. 185, Sp. 187; 63/12; 66/3480, 5500, 5527, 5755; 77/2542; 166/60, 119–123, 126, 208–210; 229/2772, 39353, 39396, 68459–480, 71231, 79046, 79054, 79091, 79118, 85228; 313/2809.
Allg. Literatur: KDB IV,4 S. 50 f. – *Krieger* TWB 2 Sp. 212 f., 883. – LBW 5 S. 300. – *Langendörfer.* – *Müller*, Dorfkirchen S. 54. – *Schannat.* – *Widder* 2 S. 100 f. – *Wirth*, Hermann, Geschichte des Marktfleckens Haßmersheim am Neckar. Heidelberg 1862. – *Wüst.*
Ortsliteratur: *Kropf*, Walter, Obrigheim am Neckar. Ein Beitrag zur Chronik von Obrigheim, Mörtelstein und Asbach. Obrigheim 1985.
Erstnennungen: ON um 1100 (CH S. 26), Kirche und Patrozinium Georg 1496 (*Weech*, Synodale S. 406), Schollenrain um 1369 (GLA Karlsruhe 66/3480 S. 149 ff.).

Obrigheim

Quellen, gedr.: *Aschbach* 2. – CH. – CL. – DI 8 und 12. – *Gudenus* CD 3. – *Gudenus* Syll. – *Kollnig.* – *Krebs*, Amorbach. – Lehnb. Speyer. – Lehnb. Würzburg 1 und 2. – REM 1 und 2. – RI I. – RMB 1. – RPR 1 und 2. – R Wertheim. – UB Hohenlohe 1–3. – UB MOS. – UB Obrigheim. – *Weech*, Reißbuch. – *Weech*, Synodale. – WR. – WUB 1–3, 4,6–9. – ZGO 2, 1851; 4, 1853; 8, 1857; 10, 1859; 11, 1860; 13, 1862; 22, 1869; 24, 1872–27, 1875; 31, 1879; 32, 1880; 42, 1888 S. m26.
Ungedr.: FLA Amorbach, Repertorium Rand; U Amorbach; Obrigheimer Zins- und Gültb. 1582; Obrigheimer Hubgüterrenovation 1669/80 und 1777; Neuburger Güterbeschreibung 1695; Renovation und Beschreibung des Schlosses Neuburg 1775; Obrigheimer Gülthöfe 1776; Renovation des Fronguts zu Obrigheim 1777; Renovation des Landachtgutes zu Obrigheim 1793; Bücher zur Kenntnis und zur Hebung des Landes; Pläne IX,6, XII,18, XIV,19. – FrhGA Schatthausen U1, U33. – GLA Karlsruhe J/H Kirstetterhof und Obrigheim 1, 2, Neckarelz 4, 5; 39/8; 43/113, 160, Sp. 175, 185–187; 44 von Hornheim, von Wildberg; 63/12; 66/3480, 5136, 5527, 5755, 6284; 67/287, 364, 1004, 1906; 69 von Helmstatt U, Akten Finkenhof, Rüdt von Collenberg U4, U60, U68; 77/2542, 6707; 166/119–123, 126, 160, 207–210; 229/39396, 50693I-II, 68478, 79037–121; 313/2809. – StA Darmstadt O61 Möller. – StA Wertheim U. – StA Würzburg, Mainzer Ingrb. 10; Mainzer Lehnb. 1; Mainzer Bü. versch. Inh. 10.
Allg. Literatur: *Alberti* 2 S. 564 f. – *Brandenstein*, Christoph Frh. von, Urkundenwesen und Kanzlei, Rat und Regierungssystem des Pfälzer Kurfürsten Ludwig III. (1410- 1437). Veröffentlichungen des Max Planck-Instituts für Geschichte 71. Göttingen 1983. – *Gropp.* – *Hausrath.* – *Hahn* S. 391. – HHS S. 602. – KDB IV,4 S. 149 f. – *Krieger* TWB 1 Sp. 1189, 2 Sp. 295, 398–402. – LBW 5 S. 300 f. – *Langendörfer.* – *Müller*, Dorfkirchen S. 61. – OAB Neckarsulm. – *Oechsler/ Sauer.* – *Pfisterer*, Adolf, Orts-Chronik von Schatthausen. Schatthausen 1955. – *Rommel*, Billigheim. – *Schaab*, Wingarteiba. – *Schäfer.* – *Schuster* S. 357. – *Wagner* S. 395 f. – *Widder* 2 S. 93–100. – *Wirt*, Hermann, Geschichte des Marktfleckens Haßmersheim am Neckar. Heidelberg 1862. – *Wüst.*
Ortsliteratur: *Liebig*, Fritz, Schloß Neuburg im Neckartal. In: Bad. Heimat 37, 1957 S. 241–251. – *Kropf*, Walter, Obrigheim am Neckar. Ein Beitrag zur Chronik von Obrigheim, Mörtelstein und Asbach. Obrigheim 1985.
Erstnennungen: ON 773 (CL Nr. 2614), Adel 1143 (WUB 2 S. 409), Niederadel 1222 (RI V Nr. 3884), Kirche und Kirchensatz 1345 (ZGO 11, 1860 S. 141), Patrozinien Lambert, Sebastian, Barbara, BMV 1496 (*Weech*, Synodale S. 405), Burgkapelle St. Georg 1496 (*Weech*, Synodale S. 405), Kirstetterhof 1365 (GLA Karlsruhe 43/113, 1365 Mai 7), Landsehr 1432 (UB MOS Nr. 317), Neuburg 1349? (ZGO 11, 1860 S. 143 f.), 1384 (GLA Karlsruhe 43/Sp. 186, 1384 April 11).

Osterburken

4732 ha Stadtgebiet, 4742 Einwohner

Wappen: In Silber (Weiß) ein sechsspeichiges rotes Rad. – Die Stadt führte seit jeher das landesherrliche Wappen, das Mainzer Rad, in ihren Siegeln. Der älteste Abdruck eines wohl noch aus dem 16. Jh. stammenden Typars ist vom Jahr 1616 überliefert. Diese Tradition wurde lediglich im 19. Jh. unterbrochen, als zeitweilig unter anderem das leiningische Wappen im Siegel verwendet wurde. Mit der Festlegung der Tingierung in den umgekehrten Mainzer Farben anläßlich der Wiederverleihung des Stadtrechts im Oktober 1950 sind die bis dahin bestehenden Unklarheiten der Farbgebung behoben worden. –
Flagge: Rot-Weiß (Rot-Silber).

Gemarkungen: Bofsheim (1136 ha, 353 E.); Hemsbach (254 ha, 113 E.); Osterburken (1971 ha, 3499 E.) mit Marienhöhe (vorm. Haide) und Siedlung »Neue Heimat«; Schlierstadt (1381 ha, 762 E.) mit Seligental (Selgental).

A. Natur- und Kulturlandschaft

Naturraum und Landschaftsbild. – Das Stadtgebiet mit den vier Gkgn Bofsheim, Hemsbach, Osterburken und Schlierstadt liegt im östlichen Kreisgebiet und erstreckt sich von den Hügeln östlich des Seckachtals oberhalb von Adelsheim über die vom Schlierbach, Rinschbach und der Kirnau zerschnittenen Muschelkalkhügel bis auf die Keuperhöhen östlich der Stadt Osterburken. Es gehört damit in seiner Gesamtheit dem *Bauland* an und umfaßt einen Ausschnitt aus dem Hügelland westlich der tektonischen Baulandmulde sowie gegen den Ost- und Südostrand der Gkg Osterburken auch der Baulandmulde selbst. Die verhältnismäßig tief in den aus Mittlerem Muschelkalk bestehenden Baulandsockel eingeschnittenen Täler mit rd. 260 m NN im Seckachtal am Südwestrand der Gkg Schlierstadt, 240 m NN nahe der Rinschbachmündung beim Bhf. Adelsheim-Nord, und 250 m NN im Kirnautal am Südwestrand der Stadtgemarkung von Osterburken sowie die benachbarten Muschelkalkhügel, die im W zwischen dem Seckach- und Schlierbachtal 332–358 m NN, im zentralen Stadtgebiet zwischen Schlierbach und Rinschbach 330–362 m NN erreichen und dann vor allem die teilweise bewaldeten Keuperrücken in 370–392 m NN nahe der südöstlichen Gemarkungsgrenze von Osterburken bewirken eine für das Bauland große Reliefenergie. Eine Höhendifferenz von über 150 m, die zwischen den weit auseinanderliegenden höchsten und tiefsten Punkten im Stadtgebiet gemessen werden kann, ist zwar nirgends in unmittelbarer Nachbarschaft erkennbar. Eine Einschneidung von 80 m Tiefe läßt sich aber an der Seckach, von 80–100 m am Rinschbach und von ebenfalls bis zu 100 m an der Kirnau gegenüber den angrenzenden Hügel- und Höhenrücken feststellen. Das Gewässernetz, das das Stadtgebiet in südlicher und südwestlicher Richtung durchzieht, besteht aus unterschiedlich breiten Sohlentälern mit wiesenbedeckten Talböden. In ihren breiteren Abschnitten schlängeln sich die Wasserläufe teilweise mit windungsreichen Wiesenmäandern über die aus jungen Alluvionen aufgebauten Talsohlen, so im Rinschbachtal oberhalb von Hemsbach. Die bis gegen 140 m breite Talsohle der Kirnau wird oberhalb der Stadt Osterburken von zum Teil weit ausgreifenden Flußschleifen durchzogen, die zwischen beiden Talhangfüßen hin- und herpendeln. An verschiedenen Talstücken stehen steiler ausgebildete W-, SW- und NW-Hänge wesentlich flacher einfallenden Gegenhängen gegenüber, so daß asymmetrische Talquerprofile vorherrschen. Deutlich treten sie im Seckachtal an den sich gegenüberstehenden Talflanken von Haagwald und Schallberg (Gkg Zimmern, Gde Seckach), im Schlierbachtal unterhalb von Seligental, im Rinschbachtal oberhalb von Hemsbach sowie im Kirnautal ober- und unterhalb der Stadt Osterburken hervor.

Der nördlichste Gemarkungsabschnitt von Bofsheim ist beiderseits des Rinschbachtals noch der Hauptmuschelkalkstufe vorgelagert. Gesteine des *Mittleren Muschelkalks* treten dort auch oberhalb der nur sanft zur Talsohle abflachenden Talflanken an die Oberfläche und bilden – so in den Fluren »Rosenäcker« und »Haintal« – fast ebene und kaum reliefierte Oberflächenstrukturen, die als Denudationsflächen zu verstehen sind. Über ihnen steigt dann der *Hauptmuschelkalk* am Allenberg west- und am Neuenberg östlich von Bofsheim mit steileren Hangpartien in den härteren Kalksteinschichten des Oberen Muschelkalks, einen schichtstufenartigen Anstieg zu einer höheren Landterrasse andeutend, an. Der aus Mittlerem Muschelkalk aufgebaute Landschaftssockel ist innerhalb des Stadtgebietes sonst nur an den mittleren und vor allem unteren Talflanken der Seckach, des Schlierbachs, des unteren Rinschbachs und der Kirnau angeschnitten. Auf den im allgemeinen nur sanftwelligen Baulandhügeln, die auf den Gkgn Bofsheim und Osterburken nur geringmächtige, inselhafte, weitgehend entkalkte Flugsandauflagerungen tragen, treten die härteren Kalksteinschichten des Oberen Muschelkalks zutage. Sie bilden die zuweilen klar ausgeprägten oberen Talkanten. Im Verbreitungsgebiet des Lößlehms sind die Hügel gerodet wie unmittelbar südwestlich von Bofsheim oder west- und nordwestlich sowie öst- und südöstlich von Osterburken. Das weitgehende Fehlen einer Flugsanddecke auf den Nodosus- und Trochitenkalken führte zu ackerbaulich nur schwer und bedingt nutzbaren, trockenen und steinigen Bodenbildungen. So sind bis heute weite Teile beiderseits des Rinschbachtals und auf den flachen, verebneten Hügeln zwischen Rinschbach und Kirnau waldbedeckt und werden forstwirtschaftlich genutzt. Vor allem auf der östlichen Stadtgemarkung von Osterburken weisen mehrere Erdfälle auf eine weitgehende Verkarstung hin. Der Egelsee auf der Flur »Heidewiese« westlich der Marienhöhe bildet in einer verstürzten Doline das landschaftlich reizvollste Karstphänomen im Stadtgebiet.

In einer zur Odenwaldflexur etwa parallel verlaufenden Muldenzone, der nordöstlich streichenden Baulandmulde, sitzen in tektonisch tiefer Lage dem Hauptmuschelkalk noch Gesteine des *Unteren Keupers* auf, die im Verbreitungsbereich der härteren Lettenkeupersandsteine östlich des Kirnautals im Zuge einer durch Erosion bedingten Reliefumkehr weitgehend bewaldete Hügelrücken in Höhenlagen bis fast 400 m NN bilden. Die westlichste, inselhafte Keuperauflagerung auf dem Hauptmuschelkalk ist im Grenzbereich der Gkgn Hemsbach, Schlierstadt und Zimmern (Gde Seckach) im Klosterwald des einstigen Kl. Seligental auf der über 350 m ansteigenden Höhe zwischen dem unteren Schlierbach und Rinschbach zu finden.

Siedlungsbild. – Die Gestalt des Dorfes Bofsheim ist durch die Topographie des flachwannig in die Baulandhügel eingetieften oberen Rinschbachtals bestimmt. Das sich hauptsächlich in Talrichtung erstreckende Dorf wird von dem im nördlichen Siedlungsteil verdolten, sonst in einem im Ortsbereich künstlich eingetieften Bett mit schrägen Uferwänden zweigeteilt. Beiderseits des Wasserlaufs führen Uferstraßen entlang, die Rinschbachstraße im W und die Brückenstraße im O. An den Abzweigungen rechtwinklig wegziehender und die Talflanken erschließender Seitenstraßen verbinden Brücken die beiden Talseiten.

Die im alten Ort am Ostufer des Rinschbachs entlangziehende Brückenstraße erfüllt die Funktionen einer Hauptstraße und trägt auch den Durchgangsverkehr in die östlichen Stadtteile Buchens bzw. nach Osterburken. Bestimmt wird das Bild beider Uferstraßen durch eine ganz überwiegend alte, in die Zeit der 1870er Jahre und davor zurückreichenden Bebauung, die teilweise durch jüngere Wohn- und Wirtschaftsbauten in den 1960/70er Jahren ergänzt und verdichtet wurde. Giebel- und traufständige Häuser mit steilen Giebel-, Krüppelwalm- und Halbwalmdächern bewirken eine abwechslungsreiche Aufrißgestaltung, deren Vielfalt durch Stein- und Fachwerkbauweise noch verstärkt wird. Auffallend sind größere Gebäudekomplexe wie das Gasthaus zum Roß im N oder die »Krone« mehr in der Mitte des Dorfes. Das erstgenannte Wirtshaus auf der westlichen Talseite, zu dem eine Metzgerei gehört, ist ein gelbbrauner Walmdachbau mit zwei Stockwerken über einem hohen und verklinkerten Sockelgeschoß, an dem eine zweiseitige Außentreppe in die Gaststube hinaufführt. Zu diesem Gasthaus mit einem jüngeren Laden- und Saalanbau gehört in der unmittelbaren nördlichen Nachbarschaft, wo ein großes Zweiseitgehöft auffällt, das Gästehaus Katja, das durch Umbau eines bäuerlichen Wirtschaftsgebäudes entstanden ist. Das an der Brückenstraße stehende Gasthaus zur Krone hat ebenfalls ein hohes Sockelgeschoß, an dem eine zweiseitige Buntsandsteintreppe hinaufführt. Sein markantes Aussehen erhält es aber vor allem durch ein steiles, in barocker Manier in den Dachschrägen geknicktes Halbwalmdach.

Besonders dicht mit auch heute noch weitgehend bäuerlichen Anwesen bebaut sind vor allem im westlichen Ortsteil die Kirch-, Schwanen- und Waldstraße, die als Quergassen den unteren Talhang erschließen. Fachwerkbauten, darunter ein besonders gepflegtes Haus mit überkragendem Obergeschoß, rotbraun bemaltem Balkenwerk, hellbraun verputzten Gefachen, einer Buntsandstein-Außentreppe und einem steilen Giebeldach mit Mansardaufsätzen an der Kirchstraße nordöstlich unterhalb des Gotteshauses, bewirken ein teils malerisches Straßenbild. Zweiseit- und Streckgehöfte prägen im übrigen den Aufriß der mehrfach abgeknickt zur Kirche am Hang hinaufführenden und von dort südwärts weiterziehenden Kirchstraße. Gehöfte mit giebelseitig zur Straße gerichteten Wohnhäusern stehen an der Schwanenstraße, neuere Höfe mit winkligen und gestreckten Grundrissen sowie modernen Wohnhäusern an der Waldstraße.

Am rechtsseitigen Talhang oberhalb der dichten bäuerlichen Bebauung steht die ev. Kirche quer zum Hang. Ihr in der Barockzeit erneuerter Kirchensaal mit hochrechteckigen Fenstern und hohem Walmdach, der an einen im W stehenden, runden Glockenturm angebaut wurde, bestimmt durch die erhöhte Lage ganz entscheidend das Ortsbild und verleiht dem westlichen Ortsteil eine architektonisch bedingte Mittelpunktsfunktion. Auffallend an dem noch mittelalterlichen Rundturm ist das polygonale obere Stockwerk mit der Schallstube, auf der ein verschiefertes barockes Helmdach in einen Spitzhelm übergeht.

Im östlichen Ortsteil fällt eine haufendorfartige Siedlungsverdichtung mit zum Teil ineinander verschachtelten Gehöften gegen den Nordrand und im N an der Blumenstraße auf, wo insgesamt aber ein jüngerer, nach 1960 errichteter Gebäudebestand zu verzeichnen ist. An der unteren, den linksseitigen Talhang erschließenden Sindolsheimer Straße stehen alte, ins vorige Jahrhundert zurückreichende Gebäude, durchsetzt von in den 1960/70er Jahren erbauten Wohnhäusern. Herausragend ist das 1878 errichtete Rat- und Schulhaus, ein wuchtiger Muschelkalkbau mit Tür- und Fenstergewänden aus Buntsandstein und einem Walmdach. Hinter ihm steht ein langgezogener Neubau der 1980er Jahre mit zwei Geschossen, an den oberhalb dann das Friedhofsgelände mit einer ebenfalls neuen Kapelle und Leichenhalle anschließt. Ein mit Schieferplatten gedecktes Walmdach mit einem kleinen Dachreiter und ein freistehender Glockenturm prägen ihr Äußeres.

Im S und O hat das Dorf erst in den 1980er Jahren eine Erweiterung ganz unterschiedlicher Prägung erfahren. Auf der westlichen Talseite stehen an der Raiffeisenstraße eine Zweigstelle der Volksbank Franken in einem flachgiebeligen Geschäftshausneubau, an der südlichen Rinschbachstraße auch neue landwirtschaftliche Anwesen in Gehöftform. Östlich des Rinschbachs entstand entlang der von der Brückenstraße abzweigenden Neubaustraße In der Au und am Gartenweg, dessen oberer Teil beim Friedhof in die Sindolsheimer Straße einmündet, eine südöstliche Neubauerweiterung mit Einfamilienhäusern in gepflegten Gärten. Östlich des alten Dorfes sind an den Neubaustraßen Im Bild und Am Limes, die von der Sindolsheimer Straße aus hangparallel verlaufen, Ansätze zu einer Ausdehnung dieses Neubaugebietes zu erkennen.

Das kleine Dorf Hemsbach duckt sich zwischen die steilen Flanken des unteren Rinschbachtals, wo es eine geschützte Nestlage einnimmt. Sein noch weitgehend von Hofanlagen bestimmter Siedlungskern überdeckt den Talboden beiderseits des Baches. Alte Gehöfte in der Gestalt von Streckhöfen schmiegen sich an den unteren westlichen Talhang, während am östlichen Hang moderne Wohnhäuser von einem funktionalen Wandel vom Bauerndorf zum Wohnort künden.

Der funktionale Siedlungsmittelpunkt entwickelte sich mit einer kleinen Kirche und dem ehemaligen Rathaus auf der westlichen Talseite oberhalb der Rinschbachbrücke. Das im Mittelalter als Pfarrkirche fungierende Gotteshaus liegt malerisch auf dem ummauerten Kirchhof, hat im NO einen Chorturm mit leicht überkragendem Fachwerk-Glockengeschoß mit schmalen, schlitzartigen Schallöffnungen, das mit einem hohen Zeltdach abschließt. Der einschiffige Kirchenraum mit steilem Giebeldach und einem hölzernen Treppenaufgang an der Außenwand des südwestlichen Eingangsgiebels läßt an Fenstern und Tür noch gotische Stilelemente hervortreten. Fenster- und Türgewände sowie die Ecksteine an den gemauerten Turmgeschossen sind aus Buntsandstein. An der Westseite des Glockenturms ist die Sakristei angebaut. Die Dächer von Turm, Schiff und Außenaufgang zur Orgelempore sind ziegelgedeckt. Gegenüber der Kirche steht an der nach dem Kirchenheiligen benannten Mauritiusstraße das moderne Bürogebäude der Ortsverwaltung, das ehemalige Rathaus mit dem Ortswappen über dem eingezogenen Eingang, an das ein Wohnhaus angebaut ist. Am Südrand des Rathausvorplatzes stehen bäuerliche Anwesen in der Gestalt von Winkelgehöften. Das Ortsbild mitprägend wirken am Rathausvorplatz barocke Bildstöcke aus Buntsandstein. Einer zeigt den hl. Wendelin als Schäfer, darüber ein Kruzifix, der andere eine gekrönte Marienstatue mit dem Jesuskind auf dem Arm. An der Abzweigung der Mauritiusstraße von der den Ort an beiden Talhängen und auf dem Talboden durchziehenden Osterburkener Straße wurde ein modernes Feuerwehrgerätehaus mit großen Garagentoren und unsymmetrischem Giebeldach als weiterer gemeindeeigener Bau errichtet. Die obere nördliche Mauritiusstraße wird von der an den Talhang angelehnten Gaststätte zum Rinschbachtal, einem größeren dreigeschossigen Bau der Nachkriegszeit, bestimmt. Auf dem benachbarten Talboden stehen nördlich der Kirche die Wohn- und Wirtschaftsbauten eines großen Gehöftes. Weitere Gehöfte, unter denen das Gasthaus zum Adler hervorsticht, prägen den Talboden zwischen Bach und westlicher Talflanke südlich der Osterburkener Straße.

Am Westhang des Rinschbachtals stehen dann wiederum hangparallel angeordnete Streckhöfe bis an den südlichen Außenrand der Bebauung, von wo die Fortsetzung der Osterburkener Straße zum ehemaligen Bhf. Adelsheim-Nord führt. Östlich des Rinschbachs zeigt das Dorf heute eher das Bild einer Wohnsiedlung. An der Eckenbergstraße, die vom Ostrand des Talbodens in südlicher Richtung am Hang hinaufzieht, stehen moderne größere, teils villenhafte Wohnhäuser mit unterschiedlichen

Grundrissen, die eine kleine Neubauerweiterung bilden. Am Anfang der Eckenbergstraße entstand anstelle alter Gebäude ein größeres Wohnhaus mit einer etwas abgewinkelten, dem Hangverlauf angepaßten Längsfront. Auf dem östlichen Talboden herrscht ebenfalls eine Wohnbebauung vor. Ein zwei- und dreigeschossiger Wohnkomplex in Reihenhausbauart fällt neben einem alten Haus auf, ursprünglich einem Wohnstallhaus mit einer Madonnennische und einem steilen Krüppelwalmdach. Vor ihm weist ein weiterer Bildstock mit einer Madonnendarstellung auf die Religiosität der Einwohnerschaft hin. Ganz typisch für die sich stärker herausbildende Wohnortfunktion sind auch neue Wohnhäuser bei alten Gehöften, deren Wirtschaftsgebäude teilweise noch Fachwerkkonstruktionen sind.

Der im untersten Rinschbachtal an der Stadtgebietsgrenze zu Adelsheim liegende ehemalige *Bahnhof Adelsheim-Nord* ist ein neoklassizistischer Walmdachbau mit drei Stockwerken und einer hölzernen Güterhalle. Östlich von ihm wurde beim Bahnübergang ein moderner Haltepunkt mit Schutzdach angelegt.

Das ausgedehnte bebaute Areal der Stadt Osterburken erstreckt sich heute durch Neubaugebiete im N und W, O und SO über beide Talhänge der Kirnau bis auf die hügeligen Baulandhöhen in rd. 320 m NN westlich und 330 m NN östlich des breiten Sohlentals der Kirnau. Die ältesten Siedlungsteile sind die Überreste eines 2,14 ha umfassenden römischen *Kohortenkastells* mit rechteckigem Grundriß aus der Mitte des 2. Jh. sowie eines oberhalb angrenzenden, unregelmäßig trapezförmigen *Annexkastells*, das auf einer Fläche von 1,35 ha gegen Ende des 2. Jh. erbaut wurde. Diese römischen Militärlager liegen am nordwestwärts exponierten Talhang in rd. 280 – 260 m Höhe und heben sich durch die Überreste ihrer Umfassungsmauern, Fundamente von Toren und Türmen deutlich aus der angrenzenden und umgebenden jüngeren Bebauung heraus. Das Kastellgelände bildet heute eine teils baumbestandene gepflegte Parkanlage mit Kriegerdenkmälern für die Gefallenen des Deutsch-französischen Krieges und der beiden Weltkriege sowie mit einem Kinderspielplatz.

Auf dem östlichen Talboden nördlich der Römerkastelle liegt in 245 – 255 m NN die auf eine frühmittelalterliche Siedlung zurückreichende *Altstadt*, der im 15. Jh. ummauerte, etwa rechteckige und äußerst dicht bebaute Kern der heutigen Stadt, von dessen spätmittelalterlicher Umwehrung nur noch der runde Turm mit einer Bogenfriesverzierung und einem Kegeldach an der NO-Ecke erhalten ist. Den Mittelpunkt der Stadt prägen moderne Bauten um den Marktplatz, vor allem die kath. Pfarrkirche auf einem etwa sechseckigen Grundriß, die durch ihre Betonreliefs von Emil Wachter ein bemerkenswertes Beispiel zeitgenössischer Kirchenbaukunst darstellt. Ihr gegenüber stehen kubische und massige dreigeschossige Geschäftshäuser mit einem Café und mit Kaufläden. Den östlichen Abschluß des Platzes gegen den Talhang bildet das neue Rathaus, ein ebenfalls dreigeschossiges Verwaltungsgebäude in Betonbauweise mit einem vierten, penthouseartigen Flachdach-Obergeschoß. Von dieser modernen, die Innenstadt bestimmenden Betonarchitektur heben sich an der SW-Seite des Marktplatzes der heute freistehende Glockenturm der alten Pfarrkirche und eine hohe barocke Mariensäule ab. Der auf quadratischem Grundriß aufragende Kirchturm aus Muschelkalk hat drei Geschosse, gekuppelte Rundbogenfenster mit Buntsandsteineinfassungen im obersten Glockengeschoß, Eckquader aus Buntsandstein und einen verschieferten Dachaufbau in neubarocker Manier. Über einem gestuften Haubendach erhebt sich eine oktogonale Laterne, auf der wiederum ein haubenartiger Abschluß mit Spitzhelmdach aufsitzt. Auf dem Kapitell der mehreckigen Mariensäule steht eine gekrönte und das Jesuskind in den Armen tragende Muttergottesstatue vor einem goldenen Strahlenkranz.

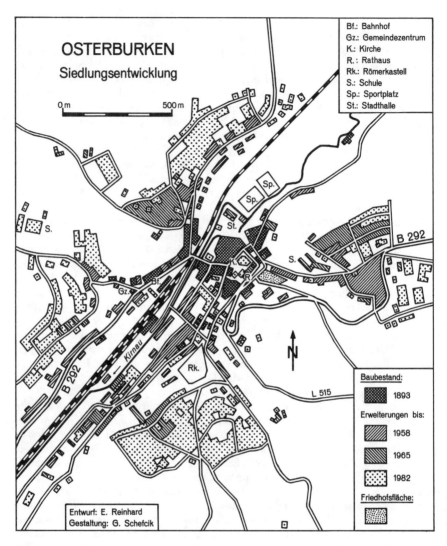

Hauptverkehrsachse in der Altstadt ist die über eine moderne Hochbrücke die Bahnhofsanlagen und den Kirnaufluß überquerende B 292, die im Zuge der Friedrichstraße, Turmstraße und Rosenberger Straße serpentinenartig den östlichen Talhang erklimmt. Die Friedrichstraße, die im zentralen Innenstadtbereich auch noch heute den Durchgangsverkehr trägt, ist bis zur Abbiegung der Turmstraße eine Geschäftsstraße mit dicht aneinandergerückten dreistöckigen Wohn-Geschäftshäusern mit Kaufläden und Geschäftsräumen in den Erdgeschossen. Mit einer Volksbank- und Bausparkassenfiliale sowie dem Gasthaus zum Schwanen erfüllt sie zusammen mit den Kaufläden und dem Rathaus am Marktplatz multifunktionale Aufgaben. Auch ihr westlicher Arm, der unmittelbar südlich des zentralgelegenen Marktplatzes westwärts zur alten Kirnaubrücke abbiegt, ist zwischen dieser zweibogigen Muschelkalkbrücke über Fluß und

Natur- und Kulturlandschaft 407

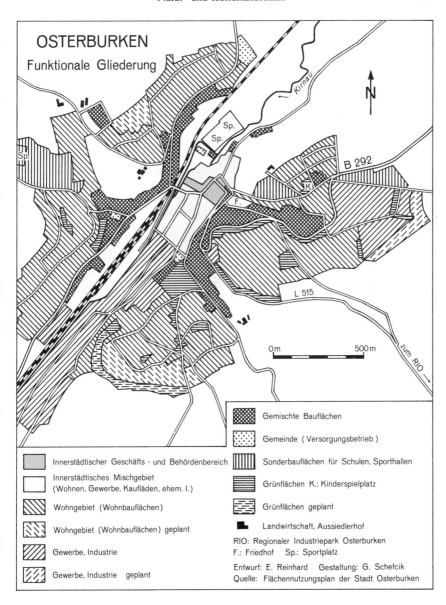

Mühlkanal und dem Marktplatz eine Geschäftsstraße mit Kaufstätten des täglichen und höheren Bedarfs mit Läden für Textilwaren, Elektrogeräte und Bücher. Auffallend ist das Hotel »Sonne« mit seinem schönen Wirtshausschild sowie die nahe der mit einer barocken Bischofsstatue geschmückten alten Kirnaubrücke neu erbaute Sparkasse. Ihr Flachdach-Geschäftshaus mit der Schalterhalle an der Ecke Friedrich-/Kapellenstraße, vor der als moderne Plastik eine Sonnenuhr steht, wird durch ein ebenfalls ganz modernes Verwaltungsgebäude mit mansardenartigen Dachausbauten ergänzt. Es steht an der Kapellenstraße, die am Mühlkanal entlang zum einzigen erhaltenen Barockbauwerk der Stadt führt, der als Zentralkirche errichteten ursprünglichen Kilians- und heutigen Wendelinskapelle in der Talaue am NW-Rand der Altstadt. Die junge Bankhausarchitektur am Westrand der Altstadt hebt sich mit den Neubauten um den Marktplatz von der ineinander verschachtelten Altstadtbebauung vergangener Jahrhunderte kraß ab. Zusammen mit der auf hohen Betonstelzen stehenden Brücke der B 292, die in kühnem Schwung über das nördliche Bahnhofsareal und die südwestliche Altstadt zur zentralen Friedrichstraße führt, bringen diese modernen Bauwerke ganz unvermittelt Elemente einer Großstadtarchitektur und einer großstädtischen Verkehrsführung in die innerhalb des einstigen Mauergürtels historisch gewachsene Kleinstadt, deren erste größere Wachstumsphase mit dem Eisenbahnzeitalter im vorigen Jahrhundert einsetzte. Am Nordrand der Altstadt heben sich aus der umgebenden Bebauung noch das kleine städtische Krankenhaus mit Halbwalmdach und einem dreigeschossigen Flachdach-Erweiterungstrakt der Nachkriegszeit sowie die ehemalige Schule heraus. Dieses zweigeschossige, 1873 errichtete Muschelkalkgebäude auf einem niedrigen Buntsandsteinsockel sticht durch einen Mittelrisalit mit spitzhelmartigem Dachreiter sowie durch Fenster-, Türgewände und Ecksteine aus Keupersandstein besonders hervor. Südlich des modernen Innenstadtzentrums um den Marktplatz stehen an der Kellereistraße noch zwei malerische Fachwerkhäuser des 18. Jh., die auf eine alte bäuerliche Nutzung hindeuten.

Erste *Stadterweiterungen* über den Mauerzug des 15. Jh. hinaus lassen sich bereits im vorigen Jahrhundert am Rand der Talsohle südlich der Altstadt bis zur Prof.-Schuhmacher-Straße erkennen, wo noch heute an der Römerstraße und an der am unteren Hang hinaufstrebenden nördlichen Kastellstraße einige alte Gebäude aus der Zeit vor 1880 stehen. Die Mehrzahl der Häuser im Bereich der Römer-, Seedamm- und Prof.-Schuhmacher-Straße stammt aus der Zeit vor dem 1. Weltkrieg. Jüngere Bauten der Nachkriegszeit ersetzen eine ältere Bebauung etwa mit dem neuen Römermuseum oder mit reinen Wohnbauten an der Römerstraße. Von ihren Funktionen her ist diese südlich an die Altstadt angrenzende Talbebauung ein Mischgebiet mit gewerblichen Unternehmungen. An der Römerstraße fallen so neben ehemaligen landwirtschaftlichen Anwesen eine Reifenhandlung und in der Nachbarschaft des Museums eine Möbel- und Bauschreinerei, an der Prof.-Schuhmacher-Straße neben älteren und neuen Wohnhäusern sowie einem Gehöft an der Abzweigung der in Talrichtung südwestwärts führenden Industriestraße eine große Glaserei auf.

Westlich der Kirnau entstand mit dem Bau der Bahnanlagen am Fuß des rechten Talhangs entlang der unteren Hemsbacher Straße, an der Bahnhofstraße, südlichen Bofsheimer Straße und an der steil von ihr hangaufwärtsziehenden Eisstraße seit den 1860er Jahren eine *westliche Vorstadt*, die entlang der südlichen Bahnhofstraße sowie der Bofsheimer Straße und Limesstraße bis zum 1. Weltkrieg eine beachtliche Ausweitung in Talrichtung erfuhr. Das dort beherrschende Bauwerk ist der neoklassizistische Bahnhof, ein langgestreckter Muschelkalkbau mit einem an der Bahnsteig- und Straßenseite über die Baufluchten heraustretenden höheren Zentralteil mit flachem Giebeldach und ebenfalls höheren dreigeschossigen Seitentrakten im N und S, die Walmdächer tragen. Südlich an das Empfangsgebäude schließt der Postbahnhof mit einem großen Posthof an. Beherrscht wird er von einem modernen dreigeschossigen Walmdachbau. Die gegenüber dem Bahnhofsvorplatz nur hangseits bebaute Bahnhofstraße ist eine Geschäftsstraße mit Kaufläden, einem Supermarkt, einer Apotheke und mit dem Postamt. Dieser Geschäftsbereich setzt sich auch südlich des Posthofes fort, wo ein großes Blumengeschäft sowie südlich der Hemsbacher Straße ein weiterer Supermarkt und ein Matratzen- und Bettengeschäft auffallen. Nördlich des Bahnhofs stehen reihenhausartig aneinandergereiht unterschiedlich alte Gebäude. Auch in diesem Bereich finden sich noch Kaufläden bis in die untere Bofsheimer Straße. So fallen in Bahnhofsnähe ein weiteres Matratzen- und Bettengeschäft, die beide zu einer Firma gehören, weiter nördlich ein zweites Blumengeschäft, eine Fahrschule sowie eine Wäscherei und Reinigung auf. An der dort abzweigenden Eisstraße stehen dann alte, heute nicht mehr genutzte landwirtschaftliche Gebäude in ungünstiger Hanglage.

Südlich des Personenbahnhofs mit seinen drei Bahnsteiggleisen dehnt sich ein Güter- und Rangierbahnhof an den hier zusammentreffenden Bahnlinien Heidelberg–Mosbach–Osterburken und Heibronn–Bad Friedrichshall–Adelsheim–Osterburken aus. Unmittelbar östlich der Bahnanlagen und der Kirnau schließt auf dem linksseitigen Talboden zwischen Fluß und Industriestraße das *Industriegebiet Süd* an. Die Werksanlagen einer Baustoff- und Kunststeinfabrik im Bereich der ehemaligen Lohmühle, ein moderner größerer Betrieb zur Herstellung von Förderanlagen im Flurstück »Zimmerfurt« sowie einige kleine Gewerbe- und Industriebetriebe prägen gegen den südlichen Ortsrand mit Flachdach- und Giebeldach-Produktionshallen und Verwaltungsbauten sowie mit ausgedehnten Werkshöfen und Parkplätzen dieses langgestreckte, auf die östliche Talaue beschränkte Industriegelände, das im Anschluß an Mühlen schon vor dem 2. Weltkrieg erschlossen wurde.

Neubaugebiete der Nachkriegszeit setzten an den Talhängen der Kirnau im NW und SW, im O und S der Altstadt an und brachten seit den beginnenden 1950er Jahren, in großflächiger Ausdehnung seit 1965 Stadterweiterungen, die überwiegend mit Einfamilienhäusern bebaut sind, im O aber auch neue Industrieanlagen aufweisen. Erste Neubauansätze gingen von der Vorkriegsbebauung an der Bofsheimer- und Limesstraße aus und brachten an dem süd- und ostexponierten Hang der Baumgärten zwischen der Schlierstädter Straße und dem Buchener Weg eine geschlossene, nach 1965 durch jüngere Neubauten verdichtete Wohnsiedlung mit freistehenden Einfamilienhäusern in Gärten. Dieses nördliche Neubaugebiet wurde oberhalb der Bofsheimer Straße, wo die hangparallelen Straßen Musikernamen tragen, weit nach N ausgedehnt und ist insgesamt recht dicht mit bergseits ein- und talseits zweigeschossigen, teilweise auch mit größeren Giebeldachhäusern bebaut.

In die Zeit nach der Jahrhundertmitte reichen auch die größten Teile des östlichen Neubaubereichs zurück, der über die Galgensteige erreichbar ist. Sie zieht am alten, durch die umgebende Bebauung nicht mehr erweiterungsfähigen Friedhof vorbei zur neuen Grund- und Hauptschule mit zwei Klassenzimmerkomplexen in Hanglage, die durch einen Quertrakt verbunden sind, und zu der unmittelbar oberhalb an der Abzweigung der Salzbergstraße neu errichteten Sporthalle. Südlich der Galgensteige dehnt sich dort an der Marien-, Kilian- und Martinstraße bis zu der in Windungen am Talhang hinaufziehenden Rosenberger Straße (B 292) ein Wohngebiet aus kleineren Einfamilien- und Doppelhäuschen aus, das oberhalb der B 292 in das *Industriegebiet Ost* übergeht. Moderne Produktionshallen, die teils Shetdachaufsätze, teils eine kubische Gestalt mit Flachdächern aufweisen und zu einem Zweigwerk der Schuhindustrie gehören, beeinflussen ganz entscheidend das Bild dieses hochgelegenen Gewerbebereichs, an dessen oberem Rand noch der langgestreckte Restaurant- und Hotelbetrieb »Märchenwald« in der Form eines Motels hervorsticht. Nördlich der Galgensteige bestimmen oberhalb der Salzbergstraße dann wieder kleine freistehende Einfamilienhäuschen aus der frühen Nachkriegszeit mit steilen Giebeldächern und ausgebauten Dachgeschossen (Adolf-Kolping-Straße) sowie großzügiger geplante, jüngere Einfamilienhäuser, die in Zier- und Nutzgärten stehen (Hedwigstraße), ein geschlossenes Wohngebiet an rechtwinklig sich schneidenden Straßen.

Neuere, individueller und großzügiger gestaltete Neubaugebiete dehnen sich westlich der Bahnhofstraße am ostwärts blickenden Talhang und oberhalb der römischen Kastellmauern am west- und nordwestexponierten Hang aus. Auf der westlichen Talseite setzt der ausgedehnte Neubaubereich an der Abzweigung der Hemsbacher Straße von der Bahnhofstraße mit dem ev. Gemeindezentrum mit Kindergarten in einem eingeschossigen Neubau unter hohem Walmdach ein. Etwas weiter oberhalb, an der Abzweigung der Wannenstraße, an der größere zwei- und dreigeschossige Mehrfamilienhäuser der 1970/80er Jahre stehen, entwickelte sich mit dem Hotel Römerhof und mit einer kleinen Wachswarenfabrik ein gewerblicher Bereich, der am höheren Hang von der neuen Realschule und dem in den 1970er Jahren errichteten Gymnasium überragt wird. Beide Schulen sind ausgedehnte, terrassenartig am Hang übereinander angeordnete Flachdachkomplexe, über denen als höchstgelegener Neubaukomplex das Hallenbad als mächtiger kubischer Baukörper aufragt. Unmittelbar südlich davon schließt dann der junge westliche Wohnbereich mit drei von der Hemsbacher Straße abzweigenden Neubaustraßen an, deren kurviger Verlauf durch das Talflankenrelief vorgeprägt ist. Im Gegensatz zu den nördlichen Neubaugebieten beiderseits des Kirnautals findet sich in dieser jüngeren Stadterweiterung eine vornehme Bebauung mit Ein- und Zweifamilienhäusern, Bungalows und geräumigen Villen in großen und gepflegten Gärten mit teils weiten Rasenflächen wie an der Wilhelm-Pfoh-Straße. Unterschiedliche Dachformen mit Giebel-, Walm- und Flachdächern tragen zu einem abwechslungsreichen und vielgestaltigen Aufriß bei. An der hangunterhalb entlangziehenden Dr.-Rudolf-Link-Straße fällt die kleine ev. Kirche von 1914 auf, ein Muschelkalksaalbau mit steilem Giebeldach und einem rechteckigen Dachreiter mit Walmdächlein über dem nördlichen Eingangsgiebel. Die Längsseiten des traufständigen Gotteshauses werden durch jeweils drei hochrechteckige Fenster gegliedert.

An der östlichen Talflanke erschließen fünf übereinander angeordnete Wohnstraßen die ausgedehnte Hangbebauung im S und SO der einstigen Kastelle. Die Anfänge dieses Neubaubereiches liegen an der unteren Legions- und an der darüber angelegten Alemannenstraße, wo die ersten Einfamilienhäuser in den späten 1950er und frühen 1960er Jahre errichtet wurden. Talseitig zweigeschossige Einfamilienhäuser in freistehender Bauart, dazwischen auch einige Zwei- und Mehrfamilienhäuser sowie zwei fünf- und sechsgeschossige Wohnblöcke mit Flachdächern prägen das insgesamt individuell gestaltete und den westexponierten Talhang bis zum hochgelegenen Gewann »Hundsrück« überziehende Wohngebiet. Weiter oberhalb am Waldrand wurde der neue Friedhof mit einer Kapelle und Leichenhalle angelegt. Einen markanten Blickfang bildet im oberen Bereich dieses südlichen Neubaugebietes, das seine flächenhafte Ausweitung seit den 1970er Jahren erfahren hat, ein Fernsehumsetzer an der Wilhelmistraße. Dort, an der benachbarten Mommsenstraße und an der höchstgelegenen Bauzeile Am Hundsrück liegen noch freie Baugrundstücke.

An der B 292 entsteht auf der hügeligen Hochfläche östlich und weit außerhalb der Stadt der erst im Ausbau begriffene *Regionale Industriepark Osterburken (RIO)*. Die Flachdachgebäude einer Fruchtsaftfabrik und eines Unternehmens für Recycling-Produkte bilden unterhalb eines als Betonkonstruktion erbauten Wasserturms die Anfänge dieses jüngsten Industriegebiets nahe der Autobahn A 81.

Schlierstadt, in dem nur sanft in den Muschelkalkuntergrund eingetieften Tal des Krummebachs, ist eine unregelmäßig gestaltete Siedlung mit haufendorfartigen Kernen an beiden Talflanken. In der Mitte der Ortschaft verläuft am Westrand des flachen

Talbodens die breite und sehr unterschiedlich bebaute Hauptstraße in Talrichtung. Etwa in der Ortsmitte bei der Abzweigung der den Krummebach überquerenden und den östlichen Talhang erschließenden Heckenstraße hat sich ein funktionales Ortszentrum herausgestaltet. Der »Badische Hof«, ein Gasthaus, Filialen von Sparkasse und Volksbank in modernen Gebäuden, die sich deutlich von benachbarten Gehöften abheben, sowie ein modernes Lebensmittelgeschäft in einem zweigeschossigen Wohn-Geschäftshaus und weiter nördlich die Schule in einem klassizistisch anmutenden Gebäude mit Mittelrisalit, Muschelkalksockel aus behauenen Steinquadern und zwei verputzten Klassenzimmergeschossen mit hochrechteckigen Fenstern bewirken eine zentrale Stellung dieses Hauptstraßenbereichs in der Gesamtsiedlung. Bäuerliche Anwesen wie ein Eindachhof gegenüber dem Sparkassengebäude, überwiegend Zweiseitgehöfte mit teilweise neu verputzten oder in der Nachkriegszeit neugebauten Wohnhäusern bilden das andere Siedlungselement dieser die Hangbebauung an beiden Talseiten verbindenden Hauptstraße, an deren Südende eine weitere, aus einem Gehöft entstandene Gaststätte, die »Krone«, zur baulichen und funktionalen Vielgestaltigkeit beiträgt.

An der linken Talflanke entstand mit einem dichten Siedlungskern an der unteren Seckacher Straße, die in gebogenem Verlauf den ostwärts einfallenden Hang erklimmt, an der Rathaus- und Kirchstraße ein haufendorfartiger Siedlungsschwerpunkt mit einer überwiegend bäuerlichen Funktion. Gehöfte mit individuellen, durch die Hangtopographie bestimmten Grundrissen an der unteren kurvigen Seckacher Straße, alte Gehöfte mit Zwei- und Dreiseitgrundrissen an der Kirchstraße, Eindachanlagen und Wohnhäuser, die aus Gehöften hervorgegangen sind wie an der Rathausstraße, prägen den Aufriß dieses westlichen Ortsteils. Zwei architektonische Schwerpunkte liegen mit dem alten Rathaus und der kath. Pfarrkirche in ihm. Das ehemalige Rathaus ist ein hoher zweigeschossiger Halbwalmdachbau, der auf einem Sockelgeschoß mit zweiseitigem Treppenaufgang ruht. Über dem Eingang prangt das Wappen der bis 1975 selbständigen Gemeinde. Die Tür- und Fenstergewände aus Buntsandstein heben sich deutlich von den weiß verputzten Wänden ab. Ein Kriegerdenkmal in der Gestalt eines Obelisken mit Emblemen des monarchisch geführten Staates, von dessen Spitze ein gußeiserner Adler mit ausgebreiteten Schwingen herabblickt, erinnert an der Rathausstraße an die Kriegstoten von 1870/71. Madonnennischen an mehreren Bauernhäusern der Rathaus- und Kirchstraße weisen auf die vom kath. Glauben geprägte Volksfrömmigkeit der Einwohnerschaft hin. Bezeichnend für sie ist auch das wuchtige, auf einen barocken Neubau zurückreichende Gotteshaus am Südrand des alten Dorfes. Inmitten des einstigen, in einen Park umgestalteten Friedhofs steht am ostexponierten Talhang der massige Saalbau, zu dessen Nordgiebel mit reich verziertem Eingang ein großer Treppenaufgang von der Kirchstraße hinaufführt. Jeweils fünf Rundbogenfenster mit Buntsandsteineinfassungen gliedern die hangparallelen Längswände. An der Westseite des schmaleren Südchors erhebt sich auf quadratischem Grundriß der Kirchturm mit schmalerem Glockengeschoß und einem schiefergedeckten Spitzhelmdach. Gegenüber an der Ostseite des Chors ist die eingeschossige Sakristei angebaut. An der südlichen Chorwand und an der Sakristei fallen Epitaphien des 17. und 18. Jh. sowie Gedenksteine von Pfarrergräbern aus dem 19. Jh. auf. Auch neben dem Turmeingang sind Buntsandstein-Epitaphien angebracht. Über der Turmtür mit Buntsandsteingewände ist ein Rüdtsches Wappen mit dem Hundekopf zu erkennen.

Alt ist die Bebauung im N des Dorfes bis zu der vom westlichen Talhang in den breiten Talboden ziehenden Oberlandstraße, wo zum Teil wiederum eine äußerst dichte und verschachtelte Bebauung aus älteren bäuerlichen Anwesen und jüngeren

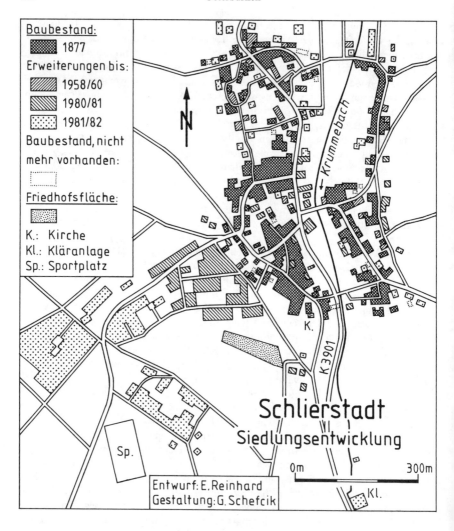

Wohnbauten vorherrscht. Ein Buntsandstein-Bildstock von 1771 mit einer Darstellung der hl. Familie, eingerahmt von Engeln und bewacht von einer Taube als Symbol des Hl. Geistes, ist wiederum ein eindrucksvolles Zeugnis der barocken Volksfrömmigkeit.

Am östlichen Talhang konzentriert sich die Bebauung ebenfalls in haufendorfartiger Ausprägung auf die hangaufwärts strebende und nach Osterburken weiterziehende Heckenstraße sowie die hangoberhalb verlaufende Geisbergstraße. Ganz am Nordrand dieser überwiegend bäuerlich geprägten Osthälfte des Dorfes hebt sich ein moderner Industriebetrieb der Kunststoffbranche mit einer langen und flachgiebeligen Halle mit einem Flachdachanbau von den zum Teil leerstehenden bäuerlichen Anwesen der Umgebung ab. Die Häuser an der Geisbergstraße sind durch das Hangrelief teils trauf- und giebelständig angeordnet. Fachwerkbauten mit neu verputzten Gefachen fallen unter dem älteren Gebäudebestand auf. Neue Wohnhäuser und ein bungalowartiges

Gebäude der staatlichen Forstverwaltung bewirken heute ein recht uneinheitliches Straßenbild, das auch an der Heckenstraße vorherrscht, wo neben Zweiseit- und Winkelgehöften mit teilweise ganz modernen Wohnhäusern auch reine Wohnbauten und ein Wohn-Geschäftshaus mit der Post zu finden sind.

Eine verstärkte Wohnfunktion erhielt die Siedlung durch Neubaubereiche im Anschluß an das westliche Dorf, wo an und südlich der Seckacher Straße ein modernes Wohngebiet mit Ein- und wenigen Zweifamilienhäusern entstand. Im N wird es im Gewann »Kreuzig« mit zum Teil erst im Rohbau stehenden Einfamilienhäusern erweitert. Im S reicht es an der Sonnhalde bis fast zum Friedhof. Südlich von ihm bilden einige wenige Häuser noch eine kleine Neubauerweiterung. Im oberen Bereich des nach O abfallenden Talhangs entstanden in 320–340 m NN oberhalb der Seckacher Straße sowie bei den Sportplätzen mit einer neuen kubischen Sport- und Mehrzweckhalle in Betonbauweise Ferienhaussiedlungen mit eingeschossigen Holzhäusern in kleinen, mit Holzzäunen eingehegten Gärten. Die Sportanlagen liegen wie der Flugplatz für Sportflieger bereits auf der Hochfläche westlich des Krummebachtals.

Im unteren Talabschnitt des Krummebachs liegt der fürstlich-leiningische Gutshof *Seligental*, im Kern eine auf ein hochmittelalterliches Zisterzienserinnenkloster zurückreichende Vierseitanlage mit umgebenden Wirtschaftsbauten, die zusammen einen kleinen Weiler bilden. Ein Ausssiedlungsweiler mit modernen Gehöften, die von hohen zylindrischen Silos überragt werden, nimmt östlich des Dorfes eine ausgesprochene Hochflächensituation in den Flurstücken »Ober den Weingärten« und »Taubenbaum« ein.

Bemerkenswerte Bauwerke. – Bofsheim: Die ev. *Pfarrkirche* wurde im 16. Jh. unter Mitbenutzung mittelalterlichen Mauerwerkes erbaut. In der Hauptachse steht der über kreisförmigem Grundriß errichtete Glockenturm, dessen oberstes Geschoß mit achteckigem Grundriß ausgeführt wurde. Die eigenwillige Bedachung setzt sich aus einem Kuppeldach und einem Zeltdach zusammen. Das Langhaus erhielt seine heutigen Proportionen durch die Erweiterung zur abgewalmten Chorseite 1777 um zwei Achsen. Vorher war die Kirche nur etwa halb so groß und der Turm um das Glockengeschoß niedriger.
In der Brückenstraße 22 wurde 1817 ein zweigeschossiges *Fachwerkgebäude* mit Mansardwalmdach auf massivem Kellergeschoß erbaut. Kellerfenster mit den landschaftstypischen Steinschiebern. Die Holzfensterumrahmungen zeichnen sich durch Profilierungen und geschnitzte Ornamente unter den Fenstergewänden aus.
Hemsbach: Die kleine *kath. Kirche* mit kreuzrippengewölbtem Chorturm über quadratischem Grundriß gibt uns noch anschaulich das Bild einer mittelalterlichen Dorfkirche auf ummauertem Kirchhof wieder. Der Chorturm ist in das 12. Jh. zu datieren. Das Fachwerkobergeschoß wurde im 17. Jh. anstelle einer romanischen Glockenstube mit Biforien aufgesetzt. Das Westportal trägt die Jahreszahl 1611. Im Chor sind in den Feldern des Kreuzrippengewölbes die Evangelistensymbole aufgemalt, und die Architekturgliederung ist farblich hervorgehoben. Diese Malereien stammen aus der Zeit um 1510/20. Jünger sind die Wandmalereireste auf den Langhauswänden. An der Ostwand sehen wir den Beginn der Schöpfungsgeschichte, die auf der Südwand fortgesetzt wird. Auf der Westwand beginnen Darstellungen aus dem Neuen Testament mit der Heimsuchung, die auf der Nordseite fortgesetzt sind. Datierung dieser Malereien in die 2. H. 14. Jh. Das Langhaus ist flachgedeckt. Die Seitenaltäre mit gedrehten Säulen wurden nach der Mitte des 17. Jh. geschaffen. Der Hochaltar ist heute wieder eine einfache Mensa, die gut in den spätromanischen Chor paßt. Die Muttergottes des linken Seitenaltares ist ein Schnitzwerk aus der Mitte des 15. Jh. Die Orgelempore ist über eine überdachte hölzerne Freitreppe von außen zugänglich.
Osterburken: Vom alten Baubestand blieb beim Neubau der *kath. Pfarrkirche* in den 1970er Jahren nur der über quadratischem Grundriß errichtete Turm erhalten, dessen Portal vor der Renovierung 1588 bezeichnet war und dessen obere Teile mit der Form der erneuerten Bedachung aus dem Jahre 1731 stammen. In der neuen Kirche moderne Reliefs von Emil Wachter.

Die *ev. Kirche* wurde 1914/15 als dreiachsiger Saal mit Satteldach und Dachreiter in einem sachlichen zweckmäßigen Stil errichtet.

Die *Wendelinskapelle* wurde 1747 über achtseitigem Grundriß errichtet und mit einem Zeltdach gedeckt. Die flache Decke ruht auf einer Mittelsäule. Der reich gestaltete Rokokoaltar stammt aus der Erbauungszeit.

Von der *Stadtbefestigung* sind Reste an der Hofstraße und an der Kastellstraße erhalten. Der bedeutendste Rest ist der sogenannte Pfarrturm mit kreisförmigem Grundriß in Bruchsteintechnik aus dem 14. Jh.; der obere Teil nach 1900 erneuert.

Der *Bahnhof* wurde mit historisierenden Stilelementen gestaltet. Neurenaissanceformen dominieren bei dem 1872 zu Beginn der Gründerjahre mit Mittel- und Eckrisaliten gestalteten Bauwerk.

Schlierstadt: Die 1766 anstelle eines älteren Gotteshauses im barocken Stil erbaute *kath. Pfarrkirche* wurde 1884 erweitert. Die neuen Bauteile: Chor mit anschließendem Teil wurden im Stil des Historismus angepaßt. Der barocke Hochaltar aus der Zeit um 1710 soll aus dem Kl. Schöntal stammen. Im mittleren Teil wurde verändert. Die Seitenaltäre entstanden, abgesehen von den Altarblättern, um 1770.

Das ehemalige *Nonnenkloster Seligental* wurde 1236 gegründet. Um 1550 erlosch es und wurde als Wirtschaftshof geführt. Dann leiningische Domäne, heute 3 Höfe.

Die Klosterkirche war einschiffig mit halbkreisförmiger Apsis und lag an der Nordseite des Klosters. Erhalten ist die ehemalige Sakristei, mit Bandrippen gewölbt, im Ostflügel des Klosters an die Kirche anschließend. Die Bandrippen waren mit geometrischen Mustern bemalt, wovon Reste erhalten sind. Auch der Rundbogeneingang ist erhalten. Es sind Teile aus der ersten Bauzeit um 1239.

An die zweijochige Sakristei schloß der Kapitelsaal an. Erhalten sind ein zugemauertes Spitzbogenfenster und ein Spitzbogenportal. Nach S folgte der Schlafsaal. Ein Rundbogenportal ist noch vorhanden. Die Gebäude werden heute als Wirtschaftsgebäude genutzt.

An der Südseite stehen die Reste eines Turmes mit kreisförmigem Grundriß, der ein reich gestaltetes Spitzbogenportal aus dem 2. Viertel des 13. Jh. flankiert. Daneben ein Fachwerkbau mit pilasterähnlich gestalteten Ständern, wohl aus dem 17. Jh. An der Westseite sind die Reste des Äbtissinnenhauses mit einem Renaissanceportal von 1581 zu sehen.

B. Die Gemeinde im 19. und 20. Jahrhundert

Bevölkerung

Bevölkerungsbewegung. – Zu Beginn des 19. Jh. hatte Osterburken 861 E. (1806). Von den zum heutigen Stadtgebiet gehörenden Orten folgte Schlierstadt mit 790 E., dann Bofsheim mit 338 E. und schließlich der kleine Ort Hemsbach mit 99 E. Die Bevölkerungsentwicklung aller vier Gemeinden entspricht dem durch Geburtenüberschuß hervorgerufenen säkularen Bevölkerungsanstieg, der bis in die 70er Jahre des 20. Jh. andauerte. Osterburken vervierfachte in diesem Zeitraum seine Einwohnerzahl (1970: 3373 E.), bei den kleineren Gemeinden war der Zuwachs geringer. Zeitweise wurde das natürliche Bevölkerungswachstum gebremst durch Abwanderung oder aber verstärkt durch Zuwanderung. Vier Phasen lassen sich dabei feststellen. Die erste Phase beschreibt einen raschen Bevölkerungsanstieg bis 1870. In diesem Zeitraum nahm die Bevölkerung im gesamten Stadtgebiet um 45 % zu. Unterbrochen wurde dieser Prozeß nur in den 1850er Jahren. Die wiederholten Mißernten der Jahrhundertmitte ließen manche bäuerliche Existenz scheitern, die politische Konsequenz der 1848er Revolution nicht wenige Menschen auf eine neue Zukunft in Amerika hoffen. Die meisten Auswanderer der Jahre zwischen 1850 und 1860 stammten aus Schlierbach. 27 Familien schifften sich, größtenteils mit Unterstützung aus der Gemeindekasse, nach Übersee ein (Bevölkerungsrückgang zwischen 1847/1861 um 8,6 %). Bei den anderen Orten wurde die *Auswanderung* durch hohe Geburtenüberschüsse ausgeglichen. Verstärkt wurde das Wachstum in den Jahren 1864–66. Der Bahnbau zog viele Arbeiter, aus Bayern und Italien, nach Osterburken, die Einwohnerschaft der Stadt wuchs zwischen 1861 und 1871 um 28 %. Mit dem Abzug dieser Bauarbeiter setzte dann die zweite, nun defizitäre Phase der Bevölkerungsbewegung ein. Bis zum Ende des 2. Weltkriegs konnte der Geburtenüberschuß die Abwanderungen nicht mehr ausgleichen. Zunächst handelte es sich abermals um Auswanderungen nach Amerika. 1884 verließen 17 Familien Osterburken. Diesmal waren es überwiegend Handwerker, die damit auf die Krise im Handwerk, die sich vor allem nach der Einführung der Gewerbefreiheit 1863 erstmals zuspitzte, reagierten. Die Auswanderungswelle wurde von einer langfristigen Abwanderungswelle in die Städte (Mannheim) begleitet. Hiervon war primär die schwachstrukturierte Gde Hemsbach betroffen. Zwischen 1871 und 1925 verlor sie 43 % ihrer Einwohnerschaft. Hinzu kamen noch die *Kriegsverluste* der beiden Weltkriege. Osterburken verlor im 1. Weltkrieg 53 E., Schlierstadt 38 E., Bofsheim 21 E. und Hemsbach 4 E.; im 2. Weltkrieg lag die Zahl der Gefallenen und Vermißten für Osterburken bei 113, für Schlierstadt bei 59, für Bofsheim bei 25 und für Hemsbach bei 7 Personen. Die dritte Phase umfaßt die Zeit nach dem 2. Weltkrieg. *Flüchtlingsströme* ließen die Einwohnerzahlen nochmals emporschnellen. Osterburken erhielt in den Jahren 1945/46 allein 747 Ostvertriebene, die damit fast ¼ der Einwohnerschaft (24 %) stellten. Diese Zuzügler stammten überwiegend aus Böhmen und Mähren, teilweise aus Ungarn (Weindorf bei Budapest) und einige wenige auch aus dem jugoslawischen Staatsgebiet. Noch 1961 wohnten im Stadtgebiet insg. 1164 Vertriebene und SBZ-Flüchtlinge (29 % der E.). Über die 60er Jahre hinweg konnte sich dieser Bevölkerungsanstieg dann nur für Osterburken und Bofsheim durchsetzen. In Hemsbach, aber auch Schlierstadt, schöpften alsbald Abwanderungen den Bevölkerungsgewinn wieder ab. Die vierte Phase setzte mit den 1970er Jahren ein. Seither sind die Einwohnerzahlen für den gesamten Stadtbereich rückläufig. Ursache des Bevölkerungsdefizits ist nach wie vor die starke Abwanderung; seit 1975 übersteigt sie die Zahl der Zugezogenen anhaltend. Zusätzlich werden die Wanderungsdefizite nun auch noch von zurückgehenden Geburtenzahlen begleitet. Absolut gesehen sank die Einwohnerzahl des Stadtgebietes zwischen 1975 und 1987 von 4824 auf 4727 Einwohner (−2 %). Für die einzelnen Stadtteile lieferte die Volkszählung 1987 folgende Daten zur Wohnbevölkerung: Osterburken 3499 Ew., Schlierstadt 762 Ew., Bofsheim 353 Ew., Hemsbach 113 Ew..

Die Zuwanderung von *ausländischen Arbeitskräften* wurde in erster Linie in den gewerblich orientierten Orte Osterburken und Schlierstadt spürbar. Zwischen 1961 und 1987 erhöhte sich in Osterburken die Zahl der ortsansässigen Ausländer von 17 auf 94 Personen, was einem Bevölkerungsanteil von 0,4 % bzw. 2,0 % entspricht. In Schlierstadt lag der Anteil 1987 bei 1,3 %. Auch in Bofsheim leben inzwischen einige ausländische Familien, nicht so in Hemsbach. Der höchste Ausländeranteil im gesamten Stadtgebiet wurde mit 2,2 % im Jahre 1981 erreicht.

Konfessionsgliederung. – Recht homogen in der Verteilung und recht konstant in der zeitlichen Entwicklung stellen sich die konfessionellen Verhältnisse dar. Die ehemaligen mainzischen Orte Osterburken, Schlierstadt, Hemsbach waren rein katholisch, das zur Grundherrschaft Löwenstein-Rosenberg gehörige Bofsheim evangelisch-lutherisch. Eine quantitativ bedeutsame konfessionelle Minderheit bestand im 19. Jh. nur in Bofsheim (1845: 9,5 % Katholiken). Einige jüd. Familien lebten in Osterburken

(1808: 2; 1900: 8; 1933: 6), auf dem zu Schlierstadt gehörigen Seligentaler Hof auch einige Mennoniten. Der Bevölkerungsaustausch nach dem 2. Weltkrieg veränderte die konfessionelle Gliederung kaum. 1987 verteilte sich die Konfessionszugehörigkeit im gesamten Stadtgebiet wie folgt: 71,7 % Katholiken, 24,6 % Evangelische, 0,8 % islamische Gemeinschaften, 2,9 % sonstige Gemeinschaften und Konfessionslose. Betrachtet man nur die einzelnen Stadtteile, so zeigt sich die Kontinuität hinsichtlich der konfessionellen Geschlossenheit in den alten Gemeinden noch deutlicher: immer noch steht das ev. Bofsheim mit 81,0 % Protestanten den kath. Gden Osterburken (74,7 %), Schlierstadt (82,0 %) und Hemsbach (92,0 %) gegenüber.

Soziale Gliederung. – Im 19. Jh. (Stichjahr: 1895) war in allen Orten der Haupterwerbszweig die Landwirtschaft (über 51 % der Erwerbstätigen). In Osterburken waren außerdem die wichtigen Handwerksbetriebe der Umgebung (27 % der Erwerbstätigen) und auch einige Händler (11,2 % der Erwerbstätigen) ansässig. Die meisten Gewerbe- und Handeltreibenden führten auch hier einen kleinen landwirtschaftlichen Betrieb (als Nebenerwerbswirtschaft). Bei Absatzkrisen war so die Existenzgrundlage gesichert. Im Verlauf des 20. Jh. (Stichjahre 1939; 1950) sanken die Anteile der Vollerwerbslandwirtschaft in Osterburken sukzessive (36 %; 20 % der Erwerbstätigen). Mit der Industrieansiedlung seit Jahrhundertbeginn wuchs die Stadt zur Gewerbestadt. Der Anschluß an den Bahnverkehr 1866 ließ zeitweilig den Sektor Handel expandieren, mit der Einführung des Kraftwagenverkehrs büßte dieser seine Bedeutung dann wieder ein. Auch Schlierstadt hatte im 19. Jh. schon einige Handwerksbetriebe, doch erst die Veränderungen nach dem 2. Weltkrieg vermochten dem Ort das ackerbürgerliche Gepräge zu nehmen. Die Gden Bofsheim und Hemsbach lebten ausschließlich von der Landwirtschaft. Hier waren es die 1960er Jahre, welche eine deutliche Verschiebung zu Gunsten anderer Berufszweige brachten. In Hemsbach blieb hingegen die Landwirtschaft weiterhin der wichtigste Erwerbszweig.

Die Gliederung der Wohnbevölkerung nach ihrem überwiegenden Lebensunterhalt ergibt aufgrund der Volkszählungsdaten vom 25.5.1987 folgendes Bild: 41,3 % der Einwohner lebten von ihrer Erwerbstätigkeit, 21,4 % von Renten, Pension, Vermögen etc., 37,3 % wurden von Eltern, Ehegatten usw. unterhalten. Unter den Erwerbstätigen arbeiteten nun 48,9 % im Gewerbe, 15,9 % im Bereich Handel und Verkehr und 3,8 % in der Landwirtschaft. 2 % der Wohnbevölkerung waren Ausländer.

Die Vermögensstruktur der landwirtschaftlichen Orte wurde durch die Bodenqualität und die Landverteilung unter den Einwohnern bestimmt. Schlierstadt verfügte über sehr guten schweren Ackerboden. Die Ernteerträge waren entsprechend ertragreich, die Gemeindemitglieder sehr wohlhabend. Die alle Orte betreffende Parzellierung durch Realteilung traf die Schlierstädter Bauern nicht so stark wie die anderen Gemeinden. Aus einem kleinen Betrieb (1907: 12–15 ha) konnte immer noch genügend geerntet werden. Die landwirtschaftliche Nutzfläche verteilte sich recht gleichmäßig unter den Bauern, so daß jeder sein gutes Auskommen hatte. Gleichfalls günstig war die wirtschaftliche Lage der Bauern in Bofsheim. Hier bot der reiche Waldbesitz zusätzlich eine Ertragsquelle. Die Landwirtschaft florierte so gut, daß die Landwirte den Sommer über Tagelöhner von auswärts beschäftigen mußten. Völlig anders sah die Situation in Hemsbach aus. Das Ackerland liegt hier an den Hängen, die Böden sind steinig. Hier waren die Bauern auf eine zusätzliche Einkommensquelle angewiesen. Meist verdingten sie sich als Landarbeiter in den Nachbarorten.

Ausgeprägte soziale oder ökonomische Gegensätze bestanden nur in Osterburken. Nach dem Zuzug von Bahnbeamten und Bahnarbeitern wurde der Unterschied zwischen den Voll- und Nebenerwerbsbauern immer deutlicher. Er fand Eingang in den

Die Gemeinde im 19. und 20. Jahrhundert 417

Sprachgebrauch der Bevölkerung. Die angestammten Bauern setzten sich als »Gaulbauern« von den »Gäßbauern« ab, die nur eine Geiß halten konnten. Die ökonomischen Gegensätze verstärkten sich weiter, als die s.g. »Tollishöfer« in den Ort kamen. Der Tolnayshof war ursprünglich eine Vagantensiedlung in der Nähe Osterburkens (Gkg Leibenstadt, heute Stadt Adelsheim) gewesen. 1883 wurde er vom Staat aufgekauft und abgerissen. Die ehemaligen Bewohner zogen zum Teil nach Osterburken, weil sie dort eher Arbeitsmöglichkeiten hatten als in den Landorten.

Politisches Leben

Im Zuge der 1848er Revolution kam es auch in Osterburken zu bäuerlichen Aktionen. Am Abend des 8. März zündete eine Gruppe das leiningische Hofgut Marienhöhe an. Vorbild waren hier zweifellos die Revolten in Boxberg, Adelsheim und Bödigheim tags zuvor. Für die Osterburkener war dies die Gelegenheit, ihrem Ärger über den Verlust der »Heed« Luft zumachen. Es handelte sich dabei nach Ansicht der Ortsbürger um ein altes Allmendgut, das sie nach 100jährigem Streit zwischen Grundherrschaft und Gemeinde 1840 an die Leininger abgetreten hatten. Auf die revolutionären Umtriebe im Land reagierte die bad. Regierung mit sofortiger Aufhebung der verbliebenen Feudalrechte, zugleich aber auch mit Einquartierung von Truppen und Verfolgung der Rädelsführer. 28 Osterburkener wurden angeklagt, 16 davon verurteilt. Der Brandschaden von 14744 fl wurde der Gemeinde angelastet. Damit hatte sich die Situation der Bauern weiter verschlechtert. Tiefere Ursache der Unzufriedenheit in der Bevölkerung war in erster Linie die wirtschaftliche Krise, die durch schlechte Erntejahre (1842-47) und Ablösungsschulden ausgelöst worden waren. In einer Osterburkener Armenliste von 1848 werden 8% der Gesamteinwohnerschaft genannt. Während der politisch heißen Phase im Sommer 1849 formierte sich auch in Osterburken ein Demokratischer Volksverein, was der Stadt nach der militärischen Niederlage der Revolutionäre im Juli dann preußische Besetzung einbrachte. Ein Jahr blieben die Truppen in der Stadt, erst 1852 erfolgte die Aufhebung des Kriegsrechtes. Das Ergebnis der revolutionären Unruhen war für die Stadt äußerst negativ: um die Besatzungskosten bestreiten zu können, mußte sie 2500 fl aufnehmen, vierzehn ihrer Bürger wurden zu Zuchthausstrafen verurteilt. Außer in Osterburken kam es nur noch in Bofsheim zu revolutionären Unruhen.

In den Folgejahren konnte sich nur in diesen beiden Orten liberales Gedankengut gegenüber dem entstehenden politischen Katholizismus behaupten. Engangiert griff der Osterburkener Pfarrverweser Haas in den Kulturkampf ein. 1864 rief er zum Boykott der Wahlen zum Ortsschulrat auf, die die Verstaatlichung des Schulwesens sanktionierten; drei Jahre später auf dem Höhepunkt des Kulturkampfes organisierte er eine Volksmission, die unter der Leitung eines Koblenzer Jesuitenpaters stand. Parallel dazu formierte sich eine Gruppe Liberaler, die sich im Gasthaus »Kanne« trafen.

In dem Ergebnis der *Wahl zum Zollvereinsparlament* 1868 zeigt sich die unterschiedliche politische Standortbestimmung der einzelnen Orte, die für die spätere Zeit bestimmend wurde: in Bofsheim wählten alle Wahlberechtigten nationalliberal, in Schlierstadt und Hemsbach (94%) sowie in Osterburken (72%) entschied man sich überwiegend zugunsten der Zentrumspartei. Während die beiden kleineren kath. Orte Schlierstadt und Hemsbach ihr Wahlverhalten auch bei den *Reichstagswahlen* beibehielten, fanden bei Bofsheim kurzfristige Abwanderungen zu den Konservativen (1877: 13,3%), seit Gründung der SPD zu den Sozialisten (1898: 16,7%) statt. Die Osterburkener waren ebenfalls flexibler hinsichtlich ihrer Parteibindung. Bis zur Jahrhundertwende nahm der Anteil der nationalliberal Wählenden kontinuierlich zu (1898: 40%). Bis zum 1. Weltkrieg kehrte das Wählerverhalten wieder in die konfessionell vorbestimmten Bahnen zurück: nur das ev. Bofsheim wählte noch (nun wieder ausschließlich) nationalliberal, die anderen kath. Orte das Zentrum.

Mit der Aufspaltung der Parteienlandschaft in der Weimarer Zeit verteilten sich vor allem die Voten der Bofsheimer, zunehmend auch der Osterburkener auf die Splitterparteien, während Schlierstadt und Hemsbach weiterhin die Zentrumspartei wählten. Bei der Wahl zur Nationalversammlung 1919 schlossen sich die meisten der Liberalen in Bofsheim der DNVP an (55%), 25% erhielt die DDP. Der Rest der Stimmen fiel der SPD zu (20%). Unter den Osterburkener wählten immerhin 31% nicht mehr traditionell Zentrum; diese Wählerschaft verteilte sich nun auf die SPD (17%) und die DDP (13%).

Die politischen Unruhen in den Anfangsjahren der Weimarer Republik wirkten sich auch in Osterburken aus. Die in Bayern gegründete Organisation Escherich, eine rechtsextreme Folgeorganisation der verbotenen Einwohnerwehren, besaß ein großes Waffenlager in Seligental, welches im Sommer 1921 entdeckt wurde; zur gleichen Zeit löste die Reichsregierung die Organisation auf.

Die nationalsozialistische Bewegung fand ihren größten Zulauf in Bofsheim. Bei der Reichstagswahl 1932 stimmten hier 90% für die NSDAP. In Osterburken teilten sich die Stimmen zwischen NSDAP (45%) und Zentrum (47%). Hemsbach blieb auch weiterhin dem Zentrum treu (93%), während sich in Schlierstadt mit leichten Abwanderungen zum rechten wie linken äußeren Flügel das reichsweite Wählerverhalten widerspiegelte. Die NSDAP erhielt hier 15%, die KP 10% der Stimmen.

Seit 1949 konnte die CDU die Stellung der Konservativen in allen Orten zunehmend festigen (1969: 70% im Stadtgebiet). Dabei mußte die FDP in Bofsheim eindeutig Verluste hinnehmen. Bei der *Bundestagswahl* 1953 erreichte sie noch 40%, bis 1969 sank ihr Prozentanteil auf 13%. Der bundesweite SPD-Trend der frühen 70er Jahre wirkte auf das Wählerverhalten der Osterburkener und Bofsheimer ein; in beiden Orten entschied man sich bei der Bundestagswahl 1972 zu 30% für die SPD.

Die Bundestagswahl 1987 brachte für das Stadtgebiet folgendes Ergebnis: CDU: 56,1%, SPD: 27,7%, FDP: 9,0%, Grüne: 5,5%, NDP: 0,7%, Sonstige: 1,0% (der gültigen Zweitstimmen ohne Briefwahl).

Wirtschaft und Verkehr

Land- und Forstwirtschaft. – Die landwirtschaftlich genutzte Fläche (LN) der heutigen Gesamtgemeinde erstreckte sich 1808 auf 5279 M. Die größten Anteile entfielen auf Schlierstadt mit 2215 M (41,9%) und Bofsheim mit 1578 M (29,9%). Osterburken bewirtschaftete nur 1180 M (22,4%), das kleine Hemsbach 306 M (5,8%). Die LN ging im 20. Jh. schrittweise zurück. Während 1895 noch 2748 ha von den landwirtschaftlichen Betrieben der Gemeinden bebaut wurden, waren es 1981 noch 2423 ha. Fast die gesamte Agrarfläche war dem *Ackerbau* vorbehalten. Knapp die Hälfte (43,9%) wurden 1930 im Getreideanbau kultiviert, ein Viertel mit Futterpflanzen (24,8%), der Rest mit Kartoffeln (10%) und Futterhackfrüchten (6,2%) bebaut. Die Flächenanteilsveränderung der Getreidesorten spiegelt die zeittypischen Entwicklungen der Landwirtschaft wider. In den 50 Jahren zwischen 1880 und 1930 wurde der Anbau von Dinkel (−77%), Hafer (−32%) aber auch Gerste (−54%) drastisch eingeschränkt. Insbesondere in Bofsheim und Schlierstadt ging der Dinkelanbau auf ein Fünftel zurück. Zum einen ist das auf die gesunkene Grünkernnachfrage zurückzuführen, zum anderen wurde der Dinkel als Brotgetreide nun durch den Weizen und Roggen ersetzt. Hier stiegen nämlich die Anbauflächen in gleicher Weise. Im Stadtgebiet dehnte sich der Weizenanbau von 7 ha (1880) auf 335 ha (1930) aus; vor allem Bofsheim hatte hier mit einer Steigerung von 1 ha auf 110 ha den Wandel zur neuen Anbaufrucht vollzogen. Auch im Roggenanbau, der sich im Stadtgebiet von 43 ha auf 122 ha ausdehnte, hatte Bofsheim den größten Sprung nach vorne gewagt. Neben diesen Getreidesorten wurde der Anbau von Futterfrüchten deutlich intensiviert (53 % Zuwachs im Stadtgebiet). Bei Schlierstadt, das zur gleichen Zeit seine Milchviehwirtschaft ausbaute, ist das am deutlichsten zu beobachten. Es verdoppelte nicht nur seinen Futteranbau, sondern auch den von Hackfrüchten und Kartoffeln, deren Anbau in den anderen Orten abnahm.

Die *Grünkernbereitung* stellte seit 1870 in Osterburken einen wichtigen Erwerbszweig dar. Die Firma Strauß-Emich organisierte den Absatz. 1902 stammte ein Zehntel der Bezirksproduktion aus Osterburkener Dinkel (600 Ztr.) 1933 standen noch 40 Darren im Betrieb. Für Hemsbach war diese Getreideaufbereitung eine wichtige Einkommensquelle, die es auszubauen galt (1911: 6 Darren, 1933: 7 Darren). Schlierstadt hingegen zügelte seine Produktion nach dem 1. Weltkrieg (1933: 5 Darren), in Bofsheim wurde kein Grünkern hergestellt. Heutzutage spielt der Grünkern, wie in fast allen anderen Baulandgemeinden, keine große Rolle mehr.

Mit Erfolg wurde der *Obstbau* in Osterburken betrieben. Schon 1862 bestand eine Obstbaumschule, die außerhalb der Stadtmauer lag. 1869 wurde eine Ödung am Galgenberg mit 1800 Kirschbäumen bepflanzt, die allerdings erst langsam gediehen. Seit den 80er Jahren sorgten 2 Obstbaumwarte für die gemeindeeigenen Obstbaumschulen. Nahezu 1100 Obstbäume zählte man vor dem 1. Weltkrieg auf der Gemarkung, 1933 waren es bereits 6798, davon die Hälfte Apfelbäume. Auch Schlierstadt besaß vor 1862 eine Obstbaumschule, sie wurde jedoch nur schlecht gepflegt. Erst die Gründung eines Obstbauvereins 1910 und der Anschluß an die Bauländer Obstabsatzgenossenschaft in Adelsheim 1913 (zugleich mit Osterburken) gab hier wichtige Anstöße. 1933 standen auf der Schlierstädter Gemarkung die meisten Obstbäume (7857 = 44 % des Stadtgebietes). In Hemsbach konnten auf Grund des rauhen Klimas nur Zwetschgen gedeihen, in Bofsheim wurde der Obstbau nur nachlässig betrieben.

Die Veränderung in der Flächennutzung seit 1965 verweist auf eine starke Einschränkung des Obstbaues. Dafür nahm das als Garten genutzte Land zu. 1981 wurden von der gesamten Nutzfläche des Stadtgebietes 82,1 % als Ackerland, 16,5 % als Dauergrünland und 0,9 % als Gartenland bebaut. Nur noch 9 ha (0,5 %) wurden auf Obstanlagen verwandt.

Bis auf Hemsbach, dessen schlechte Erträge gerade zur Selbstversorgung ausreichten, produzierten alle Teilgemeinden für den Markt. Dem naheliegenden Lagerhaus Rosenberg schloß sich dennoch keine Gemeinde an; die schlechte Verbindungsstraße ließ eine Mitgliedschaft unrentabel erscheinen. Stattdessen wurde an die Händler in den Orten verkauft, die zu gleichen Preisen handelten. In Schlierstadt besaß ein Getreidehändler ein großes Lagerhaus (1904), ein anderer ein Kühlhaus für die Lagerung von Milch (1907). Ab den 20er Jahre wurde der Absatz von Genossenschaften organisiert.

Größtes Problem der Landwirte war die starke *Parzellierung* des Landbesitzes. Sie machte die Bewirtschaftung schwierig, verhinderte die Einführung der produktiveren Fruchtwechselwirtschaft oder den Einsatz von landwirtschaftlichen Maschinen. Die Auswirkungen waren in den einzelnen Orten jedoch unterschiedlich. Osterburken verfügte über eine ausreichende Feldweganlage, die Bauern konnten deshalb auch ohne Flurbereinigung zur Fruchtwechselwirtschaft übergehen (1911). In Schlierstadt war die

Bodenqualität so gut, daß auch die kleinen Parzellen einen ausreichenden Ertrag lieferten. In Bofsheim dagegen litt man stärker darunter und entschloß sich deshalb 1874 zur Flurbereinigung. Wie in vielen anderen Gemeinden kam sie jedoch bald ins Stocken und war 1913 immer noch nicht ausgeführt. Landwirtschaftliches Dienstpersonal sei noch leicht zu erhalten, die Verhältnisse müßten viel schlechter werden, bis man sich in Bofsheim endgültig zur Bereinigung entschließe, so urteilte der Bezirksamtmann 1910. Eine Güterzusammenlegung bedeutete für eine Gemeinde ein konfliktträchtiges Unternehmen. Die Grundstücke waren von unterschiedlicher Qualität, die man nur schwer genau einzuschätzen vermochte, die Familientradition, die an einem bestimmten Ackerstück hing, wog schwerer als Rentabilitätsgründe. Außerdem entstanden mit der Bereinigung der Gemeinde hohe Kosten, die auf die Bauern umgelegt werden mußten, deren Grundbesitz dann auch noch durch die Anlage von Feldwegen geschmälert wurde. Für die Landwirte sprachen also die meisten Gründe gegen eine Bereinigung. Erst nach dem 2. Weltkrieg kam es zur endgültigen Durchführung der *Flurbereinigungen*; dabei wurde in allen Gemeinden das klassische Verfahren verwandt. Von 1950 bis 1959 fand sie in Bofsheim und von 1966 bis 1976 in Schlierstadt statt. In Osterburken und Hemsbach begann man erst 1977; diese beiden Verfahren sind noch nicht abgeschlossen.

Die *Viehhaltung* wurde seit dem ausgehenden 19. Jh. quantitativ wie qualitativ entscheidend verbessert. Der intensive Futteranbau erlaubte die Stallhaltung, der zusätzliche Einsatz von Kraftfutter wie die Einführung von neuen Zuchtrassen führte zu besseren Ergebnissen. Der Rinderbestand stieg zwischen 1855 und 1887 um 22%, der Schweinebestand um 84%.

Rindviehzucht wurde dabei vor allem in den Orten Osterburken und Schlierstadt betrieben. Osterburken hatte als erste Gemeinde im Amtsbezirk Adelsheim die gemeindeeigene Farrenhaltung eingeführt, unter der 1867 vier sprungfähige Tiere gehalten wurden. Schlierstadt ließ seine Rinder auf dem Seligentaler Hofgut bespringen. Nach der Jahrhundertwende nahm die absolute Zahl der Rinder in diesen beiden Orten zwar kaum mehr zu, Bedeutung erlangte die Viehhaltung jedoch durch den Übergang zur Milchviehwirtschaft. 1908 wurden aus Osterburken täglich 200 l Milch nach Mannheim gebracht. In beiden Orten machten 1930 die Milchkühe ungefähr die Hälfte des Rindviehbestandes aus. Bis 1971 sank ihr Anteil auf ein Drittel.

Während die *Schweinezucht* in Osterburken nur eine untergeordnete Rolle spielte, in Schlierstadt 1910 sogar eingestellt wurde, war sie in Bofsheim von größerer Bedeutung. Die *Pferdezucht* war im wesentlichen auf Osterburken beschränkt. 1913 züchteten dort fünf Bauern. Daneben gab es auf dem leiningischen Pachtgut Marienhöhe einen Zuchtbetrieb, und auch die Hemsbacher, die ob ihrem steilen Gelände auf Pferde angewiesen waren, bemühten sich um eigene Zuchterfolge. Mit *Ziegenzucht* wurde in Osterburken 1895 begonnen. Anders als die anderen Nutztiere wurden diese Tiere hauptsächlich einzeln gehalten, um der ärmeren städtischen Bevölkerung als Milchlieferanten zu dienen. In Osterburken stieg die Zahl der Ziegen bis 1913 auf 138, das waren über 60% des Bestandes im gesamten Stadtbereich.

Geflügelzucht war das Terrain der Hemsbacher. Auf Grund der Dürftigkeit der landwirtschaftlichen Verhältnisse waren die 398 Hühner, die der Ort 1904 aufwies, für die Einwohner lebensnotwendig. 1909 wurden dann zwei Entenstationen und eine Zuchtgenossenschaft mit 40 Enten gegründet.

In den 60er und 70er Jahren des 20. Jh. zeichnete sich der Rationalisierungsprozeß innerhalb der Landwirtschaft auch in der Viehhaltung deutlich ab. Die Anzahl der viehhaltenden Betriebe verringerte sich in der Schweine- und Rindviehhaltung auf

Die Gemeinde im 19. und 20. Jahrhundert

ca. ein Drittel (Schweine: 290/85; Rindvieh 175/66). Parallel dazu stieg bei Schweine- und Rindviehhaltung die Zahl der Tiere an. Dadurch wuchs der durchschnittliche Tierbestand pro Betrieb von 8 auf 31 Schweine und von 11 auf 31 Stück Rindvieh. Diese Zunahme betraf allerdings weder die Zuchtsauen noch die Milchkühe. Hier wurden die Bestände stark verkleinert. Es sind heute dann auch durchweg die mittleren und kleineren Betriebe, die Milchviehwirtschaft treiben; von den 28 Betrieben des Stadtgebietes immerhin 18. Schweinemast wird noch von 4 Schlierstädter Landwirten betrieben.

In allen Orten wurde die *Schafweide* zugunsten der Gemeindekasse verpachtet. Osterburken, wo 1803 zwei herrschaftliche Schafweiden (je 350 Schafe, in Erbpacht vergeben) und eine gemeindliche bestanden, erwarb 1895 das herrschaftliche Weiderecht. Da die Ödungen allmählich in landwirtschaftliche Nutzfläche umgewandelt wurden, sank die Rentabilität der gemeinen Schafweide. 1908 wurde sie in Osterburken, 1913 in Schlierstadt aufgehoben. In Bofsheim hingegen kamen 1912 noch 500 Schafe Sommer wie Winter auf die Weide, und in Hemsbach nahm die Zahl der Schafe in diesem Zeitraum sogar leicht zu. Langfristig bestimmte jedoch der Rückgang der Schafhaltung in Schlierstadt und Osterburken die Entwicklung: bis 1913 hatte sich der Schafbestand auf dem Osterburkener Stadtgebiet um 58 % vermindert.

In der *landwirtschaftlichen Betriebsstruktur* läßt sich für alle Stadtteile eine gleichartige Entwicklung feststellen. Im 19. Jh. prägte das Realteilungsrecht die Kleinräumigkeit der Besitzverhältnisse. Kleinstbesitz von unter 10 ha bewirtschafteten 1895 in Osterburken 91 %, in Schlierstadt 94 %, in Hemsbach 88 % und in Bofsheim 64 % der Landwirtschafttreibenden. Während es sich in Osterburken und Schlierstadt in vielen Fällen um Neben- oder Zuerwerbslandwirte handelte, waren es in Bofsheim und Hemsach Vollerwerbsbauern. 13 Bofsheimer und 7 Hemsbacher hatten dabei weniger als 2 ha zur Nahrungsmittelproduktion. Ein Hemsbacher Bauer mit mittlerem Einkommen, von denen es laut Bezirksbeamten nicht viele gab, besaß 5 ha, davon $^{1}/_{10}$ Wiesenland und 5 Stück Vieh, nur 12 % kamen hier über 10 ha. In Bofsheim gab es jedoch auch einige größere Güter (36 % = 10 ha).

Wie bereits angedeutet verhielt sich die Anzahl der Betriebe im 20 Jh. dann rückläufig, dafür wurden die Höfe großflächiger, ein Indiz der Strukturverbesserung im ländlichen Raum. 1927 waren 569 landwirtschaftliche Betriebe gemeldet, 1949 noch 442, 1970 schließlich 205 (− 64 %). Zugleich stieg die durchschnittliche Betriebsfläche von 5,2 ha über 6,2 ha auf 11 ha (+ 111,5 %). Diese beiden Entwicklungslinien zeichneten sich am deutlichsten in der Kernstadt Osterburken ab. 1925 hatte sie mit 303 Betrieben noch die höchste Betriebszahl im heutigen Stadtgebiet, 1970 waren es noch 60 Betriebe (− 80,2 %), 1989 schließlich nur noch 11. Die Durchschnittsgröße der Betriebe stieg dabei von 3,8 ha auf 15 ha (+ 294,7 %), schließlich auf 59,5 ha. Während in Osterburken vor dem 2. Weltkrieg die landwirtschaftlichen Betriebe fast ausschließlich im Neben- oder Zuerwerb geführt wurden und weniger als 10 ha Nutzfläche bewirtschafteten (91 %), waren es in den 70er Jahren zur Hälfte größere Betriebe über 20 ha (46,6 %). Vier Betriebe umfaßten eine Agrarfläche von über 30 ha. Bis auf einen Betrieb mit 20 ha liegen heute alle über der 30 ha-Grenze. Sieht man vom leiningischen Hofgut Marienhöhe (195 ha) ab, liegen die größten Betriebe des Stadtgebietes heute im Stadtteil Schlierstadt; von den insgesamt fünf Landwirten betreiben drei auf jeweils 110–165 ha Land Ackerbau und Schweinemast. In Bofsheim zählt man noch 10 Betriebe (15–49 ha), in Hemsbach noch zwei (21 u. 58 ha).

In den 50er Jahren begann man auch in Osterburken verstärkt, die Höfe aus dem Ortskern auszusiedeln. Der erste wurde bereits 1934 aus Schlierstadt verlegt; die meisten *Aussiedlerhöfe* entstanden dann im Jahre 1959, die letzten wurden 1975 gebaut. Elf der ehemals 27 Aussiedlerhöfen sind inzwischen wieder geschlossen.

Über 1906 M *Wald* lagen 1808 auf dem Gebiet der Gesamtgemeinde Osterburken. Die größten Anteile entfielen auf Osterburken mit 707 M (36,9%) und Bofsheim mit 730 M (38,2%). Schlierstadt besaß 414 M (21,7%) und Hemsbach 62 M (3,2%). Heute liegen auf dem Stadtgebiet insgesamt 1042 ha Wald, einschließlich des von der Stadt Osterburken neu erworbenen fürstlich leiningischen Forstes (110,14 ha). Davon entfallen auf Osterburken 571 ha, auf Schlierstadt 288 ha, auf Bofsheim 130 ha und auf Hemsbach 53 ha. Große Bedeutung hatte die Waldwirtschaft von jeher für Bofsheim gehabt. Schon 1808 waren hier 130 M (17,8%) in privater Hand, 1986 lag der Privatwaldanteil bei 345,42 ha (72%). 1866 verteilte sich der Privatwald auf 70 Eigentümer, die sich um 1870 zu einer Waldgenossenschaft zusammen schlossen. 1893 erstreckte sich der Genossenschaftswald über 250 M, die sich auf verschiedene Gemarkungsteile verteilten. 3/5 des Gesamtwaldes (416 ha) gehörten der Genossenschaft im Jahre 1906; 7–8000 Mark Reinertrag konnten daraus erlöst werden. Die Waldgenossenschaft besteht noch heute. In Schlierstadt war der Wald fast ausschließlich Gemeindeeigentum. Die Zusammensetzung des Baumbestandes zeigte hier 1909 fast nur Nadelbäume, bis 1954 nahmen sie nur noch 40% des Waldbestandes ein, zu 60% war inzwischen mit Buchen und Eichen aufgeforstet worden. 1986 umfaßte die Waldfläche auf dem Stadtgebiet Osterburken 1666,28 ha. Der größte Anteil befindet sich im Besitz der Gemeinden (932,02 ha); bei 676,79 ha handelt es sich um Privatwald; die übrige Fläche verteilt sich auf Staatsbesitz (45,45 ha) und Kirchengut (12,02 ha).

Handwerk und Industrie. – Die *Handwerksbetriebe* konzentrierten sich auf die Stadt Osterburken und das gewerblich orientierte Dorf Schlierstadt. 1803 zählte man in Osterburken 84 Handwerker (49,4% der Haushalte), in Schlierstadt 38 (22,1%). In Osterburken verteilten sich die Handwerksbetriebe folgendermaßen: 5 Hufschmiede, 3 Wagner, 2 Nagelschmiede, 1 Schlosser, 2 Schreiner, 1 Schönfärber, 5 Rotgerber, 12 Schuhmacher, 5 Schneider, 20 Leinenweber, 3 Maurer, 7 Zimmerleute, 2 Müller, 6 Bäcker, 1 Ziegler, 1 Buchbinder, 1 Küfer, 1 Glaser, 5 Metzger, 1 Branntweinbrenner. In Schlierstadt arbeiteten: 3 Bäcker, 2 Schmiede, 4 Schneider, 2 Schreiner, 3 Wagner, 1 Zimmermann, 7 Maurer, 4 Müller, 12 Leinenweber. Sie waren dem *Zunftverband Osterburken* angeschlossen, dessen Sitz in Osterburken lag. 1803 bestanden 9 Zünfte, nach der Teilung der Bauzunft 1842 waren es 10. Alle Handwerker arbeiteten ausschließlich für den lokalen Absatz und waren auf landwirtschaftlichen Nebenerwerb oder sogar Taglohnarbeit (Weber) angewiesen. Bis in die 1880er Jahre hatte sich die Krise im Handwerk reichsweit zugespitzt. Wie in den anderen Orten mußten auch in Osterburken viele Betriebe aufgegeben werden. Die wachsende Konkurrenz der Industrie, aber auch die seit dem 18. Jh. bestehende Überbesetzung im Handwerk fanden hierin ihre Konsequenzen. Besonders stark ging die Zahl der Leinenweber zurück. Das Baugewerbe hatte durch den Bahnbau 1863–66 kurzfristig einen Aufschwung erlebt. Viele Arbeiter, die es in jenen Jahren in den Bezirk zog, blieben dann als Gehilfen dort oder machten sich selbständig. Zwei Jahre nach Aufhebung der Zünfte wurde in Adelsheim ein Bezirksgewerbeverein gegründet (1864). Aus Osterburken gehörten ihm schon bald 32 Mitglieder an. Aufgrund der zahlreichen Beitritte in den Folgejahren trennten sich die Osterburkener 1877 zur Bildung eines lokalen Gewerbevereines, der sich 1883 mit dem Landwirtschaftsverein zur Landwirtschafts- und Gewerbehalle zusammenschloß. Recht rege zeigte sich seine Tätigkeit: 1885 leitete er die Gewerbeausstellung des Kreises Mosbach, 1889 richtete er eine Lehrlingswerkstätte ein. Der Erfolg der Ausstellung ließ die Mitgliederzahl von 26 auf 94 steigen (1886). Bis 1904 verkleinerte sich der Verein auf 52 Handwerker, um dann im 1. Weltkrieg völlig einzuschlafen.

Die *Betriebszählung 1895* erfaßte in Osterburken 100 handwerkliche Hauptbetriebe mit 197 Beschäftigten, was einer durchschnittlichen Betriebsgröße (BG) von 2 Personen pro Arbeitsstätte entspricht. Schlierstadt hatte 51 Betriebe (BG 1,4), Bofsheim 15 (BG 1,4) und Hemsbach 3 (BG 1). In allen Orten war die Bekleidungsbranche am stärksten besetzt. In Osterburken waren es 25 Betriebe (BG 2), in Schlierstadt 16 (1,4), in Bofsheim 5 (BG 1,2). An zweiter Stelle stand das Baugewerbe; in Osterburken mit 13 Betrieben (BG 1,8), in Schlierstadt mit 9 (BG 1,6) Betrieben. Das Nahrungsmittelhandwerk war mit 14 Betrieben (BG 2,1) auf Osterburken konzentriert, wie auch die Holz- und Metallverarbeitung (10 bzw. 9 Betriebe).

Tabelle 1: **Handwerksbetriebe 1989**

Branchen der Handwerksordnung	Betriebe insgesamt
Bau- und Ausbaugewerbe	
Bauunternehmen	5
Möbel	3
Zimmerer/Schreiner/Glaser	2
Gipser	1
Maler/Lackierer/Tapezierer	2
Maurer	1
Fliesenleger	1
Metallgewerbe	
Kfz-Mechaniker	5
Gas-/Wasser-/Elektroinstallateur	7
Schlosser/Werkzeugmacher u. ä.	3
Holzgewerbe	
Holz-/Bautenschutz	1
Bekleidungs-, Textil- und Ledergewerbe	
Schneider	1
Schuhmacher	1
Nahrungsmittelgewerbe	
Bäckerei	4
Metzgerei	3
Gewerbe für Gesundheits- und Körperpflege sowie chemische und Reinigungsgewerbe	
Friseur	4
Sonstige Gewerbe	4

Quelle: Stadtverwaltung

Bis nach dem 2. Weltkrieg (1950) war die Anzahl der Betriebe deutlich zurückgegangen, zugleich hatte die Betriebsgröße zugenommen. Wie die landwirtschaftliche Betriebsstruktur trafen die Entwicklungsfaktoren »Konzentration und Expansion« auch die handwerkliche. In Osterburken gab es nun nur noch 71 handwerkliche Betriebe mit 221 beschäftigten Personen (BG 3,1). In Schlierstadt waren es 26 mit 46 Personen (BG 1,8), in Bofsheim 9 mit 18 Personen (BG 2). Das Bauhandwerk blieb in Osterburken eine wichtige Branche. 21 Arbeitsstätten (29,6 %) mit 83 Arbeitern

(BG 4,0) bestanden im Jahre 1950. Nach den einzelnen *Handwerksbranchen* aufgeschlüsselt stellte sich die Situation im Handwerk 1968 folgendermaßen dar: Bau- und Ausbaugewerbe 40,8 %, Metallgewerbe 40,2 %, Holzgewerbe 2,8 %, Bekleidungs-, Textil-, Ledergewerbe 2,0 %, Nahrungsmittelgewerbe 10,7 %, Gesundheit, Reinigung, Chemie, 2,6 %. Insgesamt handelte es sich dabei um 60 Betriebe. Die Konzentration im Bauhandwerk nahm weiter zu; 1977 vereinigte es 59,1 % des Gesamthandwerks auf sich, das waren 11 der 47 noch im Stadtgebiet etablierten Handwerker. Zu den Handwerksbetrieben 1989 vgl. Tab. 1. Die durchschnittliche Betriebsgröße liegt, unter Vernachlässigung eines großen Bauunternehmens mit 150 Arbeitnehmern, bei 3,4 Beschäftigten.

An *Bodenschätzen* wurde schon im 19.Jh. Gips und Kalk gefördert. 1842 wurde ein Gips-, 1898 ein Kalkwerk errichtet. Das Kalkwerk ging auf eine Ziegelei (1845) zurück, die aus Rohstoffmangel eingestellt werden mußte. Nach 1946 produzierte das Kalkwerk Köpfle einige Jahre Zementröhren. In Bofsheim wurde um 1895 ein Steinbruch betrieben, der der Gemeinde gehörte.

Die Vergrößerung des Gewerbebetriebs wurde erstmals in der Schuhfabrikation versucht. 1892 arbeitete eine Schuhmacherwerkstatt mit 8 Lehrlingen. Die ersten Fabriken entstanden dann um die Jahrhundertwende. 1902 war in Osterburken neben einem Sägewerk und einer Brauerei (gegr. 1876), eine Schramersteinfabrik und eine kleine Zigarettenfabrik in Betrieb. Letztere wurde 1908 nach Adelsheim verlegt. Weitere *Industriebetriebe* wurden in den 20er Jahren gegründet. Umfangreiche Betriebsgebäude entstanden links der Kirnau. 1920 wurde ein Kabelwerk als Aktiengesellschaft gegründet. Nachdem es, wie ein Holzverarbeitungsbetrieb und ein Stahlwerk, bald der Inflation erlag, wurde das Gebäude 1935 von der landwirtschaftlichen Zentralgenossenschaft Karlsruhe aufgekauft, die darin ein Flachswerk einrichtete. Nach dem 2. Weltkrieg wurden die Räume von der LZG als Lagerhaus genutzt. Auf Vorkriegsgründungen gehen außerdem die Mechanischen Leinenwebereien Müller und Reinhard und die *Wachsindustrie Osterburken* (1923) zurück, die ihre Kerzen- und Opferlichtproduktion bis heute betreibt (10–12 Beschäftigte incl. Aushilfen).

Mit dem Ende des 2. Weltkrieges setzte auch in Osterburken eine Welle von Firmengründungen ein. Die im Krieg ausquartierte Mannheimer Maschinenfabrik Rheta legte den Grundstein zu den *Maschinenwerken Osterburken (MWO)*; bereits 1956 produzierte sie mit 200 Angestellten und Arbeitern für das In- und Ausland. Als typische Nachkriegsgründung entstand der Gummiverwertungsbetrieb Bordt; wie auch die Knopfdrechslerei Bauer arbeitet er heute nicht mehr. In Schlierstadt war 1954 eine Pyrotechnische Fabrik mit 33 Arbeitern angesiedelt.

1989 bestanden von den Nachkriegsgründungen noch fünf Unternehmen. Die beiden größten Werke nahmen ihre Anfänge in jener Zeit.

Die *AZO-Maschinenfabrik Adolf Zimmermann GmbH* begann als Existenzgründungsversuch zweier Flüchtlinge. 1949 fingen sie im Mühlen- und Bäckereimaschinenbau an. 1988 wies die Firma einen Personalstand von 550 Beschäftigten auf. Die Produktion umfaßt nun, laut eigenen Angaben, automatische Materialzuführungsanlagen für Schüttgüter, Kleinkomponenten und Flüssigkeiten; außerdem Anlagen zum Lagern, Fördern, Sieben, Mischen und Wiegen von Schüttgütern der Nahrungsmittel-, Kunststoff- und der chemischen Industrie. Über die Hälfte der Produkte gehen in den weltweiten Export, der Umsatz lag 1988 bei 105 Mio DM. Eine Tochtergesellschaft besteht in den USA in Memphis (Tennessee).

In der gleichen Branche produziert die 1952 gegründete *Bleichert GmbH*, das zweitgrößte Unternehmen am Ort. 230 Beschäftige sind in Osterburken tätig, daneben

Die Gemeinde im 19. und 20. Jahrhundert 425

gibt es kleine Filialen in Esslingen, Nürnberg und Straubing. Die Produktion hatte man hier seit den 70er Jahre auf Montageanlagen umgestellt. 1987 betrug der Firmenumsatz 54 Mio DM, 3 % der Produktion flossen in den europäischen Export.

In Schlierstadt wurde 1948 eine Filiale der *Odenwälder Kunststoffwerke* (Sitz in Buchen) gegründet. Nach und nach konnte die Beschäftigtenzahl von 12 auf 42 erhöht werden. In der Herstellung (Spritzgießverfahren) ging man von der Duroplast- zur Thermoplastverarbeitung über und weitete den Produktionsbetrieb auf Verarbeitung der Kunststoffteile wie Lakieren, Prägen, Galvanisierung und Montage aus. 1987 erreichte der Umsatz eine Höhe von 28 Mio DM. 5 % der Produktion gehen ins Ausland.

Die *Fruchtsaftfirma Dietz* besteht seit 1959 und beschäftigt derzeit 20 Personen und siedelte in den RIO (s. u.) um.

Eine erfolgreiche Unternehmensgründung war der *Hoch-, Tiefbau und Baggerbetrieb E. R. Ellwanger*, der aus der regen Bautätigkeit der 50er Jahre profitierte und inzwischen als Bauunternehmen GmbH & Co. KG eingetragen ist. 1989 beschäftigte er ca. 150 Arbeiter.

Im Jahre 1984 hatten insgesamt 37 Firmen ihren Sitz in Osterburken; es handelt sich dabei überwiegend um klein- oder mittelständische Betriebe. Neben der AZO-Maschinenfabrik und den Bleichert Förderanlagen war bis zur Stillegung (Juni 1989) noch ein Zweigwerk der *Schuhfabrik Salamander* von größerer Bedeutung; über 200 Arbeitnehmer, meist Frauen, waren von der Schließung betroffen.

In den 1980er Jahren folgte eine Reihe von kleineren Firmengründungen, seit Mitte des Jahzehnts im Rahmen des Industrieansiedlungsprojektes *Regionaler Industriepark Osterburken RIO* (vgl. Allgem. Teil). Im Industriepark hatten sich bis 1989 fünf weitere Unternehmen niedergelassen.

Ende 1983 etablierte sich die *A. B. S. Silo- und Förderanlagen GmbH* noch außerhalb des späteren Industriegeländes. 1988 beschäftigte sie 18 Personen. Ihr Angebot enthält Futtermittelsilos und Industriecontainer. 15 % der Produktion gehen ins Ausland, überwiegend nach Frankreich und Österreich, in die Schweiz und nach Belgien.

Die 1985 gegründete *Recyclen Kunstoffprodukte GmbH* kann inzwischen 25 Beschäftigte aufweisen. Ein Zehntel der dort hergestellten Lebensmittelfolien werden in die Schweiz, nach Belgien und in die Niederlande geliefert. Ebenfalls mit der Produktion von Frischhaltefolien befaßt sich ein Zweigunternehmen der Düsseldorfer *NF-Folien GmbH*. Im Juli 1988 zog der Betrieb von Pfedelbach (Stadt Öhringen, Hohenlohekreis) in den Industriepark. 1989 waren 14 Personen beschäftigt. 20 % der Produktion gehen ins Ausland. Beide Firmen arbeiten (nach eigenen Angaben) mit entsorgungsfreundlichen Polyethylengranulaten und versuchen so Alternativen zu den traditionellen PVC-Folien zu bieten.

Seit Januar 1989 befindet sich das *Verpackungsunternehmen Altrieth und Lademann* mit 30 Beschäftigen auf dem Gelände des RIO. Zwei kleinere Firmen, mit 5–6 Beschäftigten, werden von Eberhard Schwinn und Rolf Müller betrieben (Vertikale Zeichnungsaufhängungen und Installationstechnik).

Handel und Dienstleistungen. – In Osterburken fanden um 1803 jährlich zwei Krämermärkte statt, 1866 wurden vier Viehmärkte im Jahr abgehalten. 1871 wurden zusätzlich drei Schafmärkte eingerichtet, die im ersten Jahr mit 12 733 Stück Vieh befahren wurden. Danach war die Zahl rückläufig. Der mangelhafte Besuch der Osterburkener *Märkte* resultierte aus den schlechten Straßenverhältnissen. Das meiste Vieh wurde deshalb im Stall verkauft. 1885 wurden dann nur noch drei eintägige Viehmärkte, Wochenmärkte überhaupt nicht mehr ausgerichtet. Als 1902 der Viehmarkt allmonatlich abgehalten wurde, kamen zwar die Händler nach Osterburken, die Bauern blieben jedoch fort. Der 1907 gegründete Zuchtviehmarkt versprach zunächst besseren Anklang, doch ging auch er 1911 wieder ein, obgleich nun der Stallverkauf unter Strafe gestellt wurde. Heute werden noch zwei Jahrmärkte abgehalten. Der Kiliansmarkt findet regelmäßig am zweiten Wochenende im Juli statt, der Weihnachtsmarkt am Wochenende nach Maria Empfängnis (8. 12.).

1895 waren für den Bereich Handel, Versicherungen, Verkehr in der Gesamtgemeinde Osterburken 29 Betriebe mit 44 Beschäftigten statistisch erfaßt, 1925 dann 11 Kaufleute in Osterburken und einer in Schlierstadt. Um die Jahrhundertwende hatte die Firma Emich und Strauß eine starke Stellung im Handelsgeschäft; sie organisierte den Grünkernhandel.

Im Jahre 1989 wurden 57 *Einzelhandelsbetriebe* (davon je zwei in Bofsheim und Schlierstadt) gezählt und zwar in folgenden Branchen: Textil (9 Betriebe), Lebensmittel (8), Kfz-Werkstätten (5), Gartenartikel (3), Antiquitäten (3), Apotheke und Drogerie (2). Eine Schreibwarenhandlung, eine Reinigung und ein Reisebüro befinden sich ebenfalls am Ort.

Aus dem Vorschuß- und Kreditverein Osterburken (gegr. 1875) entstand 1904 die Spar- und Waisenkasse Osterburken. Ihr traten Hemsbach, 1906 Sindolsheim und 1911 Bofsheim bei. 1927 wurde die Sparkasse Osterburken zur Öffentlichen Verbandssparkasse, 1936 zur Bezirkssparkasse Osterburken erweitert. 1944 erhielt sie Zweigstellen in Merchingen und Oberwittstadt. 1956 war sie von 22 Gemeinden verbürgt und versorgte den ganzen südöstlichen Teil des Landkreises Buchen. Sie beschäftigte 14 Angestellte. Heute wird Osterburken neben der *Sparkasse Bauland Osterburken* von der *Volksbank Kirnau e.G.* versorgt, die ihren Sitz in Rosenberg hat.

In Schlierstadt bestand 1887 eine ländliche Kreditkasse, die den örtlichen Bedürfnissen Rechnung trug (1910: 200 Mitgl.). Ihre Nachfolgerin, die Spar- und Darlehnskasse Schlierstadt, besaß 1954 ein Gemeinschaftshaus mit Milchsammelstelle, Lagerhaus und moderner Wäscherei. Heute bestehen sowohl in Schlierstadt als auch in Bofsheim Zahlstellen der Sparkasse Bauland Osterburken und eine Zweigstelle der *Volksbank Franken e.G.* (Sitz in Buchen).

Im Rahmen der Genossenschaftsbewegung im ausgehenden 19. Jh. bildeten sich auch in Osterburken und den umliegenden Orten *landwirtschaftliche Genossenschaften* zur gemeinsamen Wiesenwässerung (Bofsheim 1887, Osterburken 1843/1895), zur Viehzucht (Osterburken 1889) oder Geflügelzucht (Hemsbach 1909), zum Obstbau (Osterburken 1921) oder zum Milchabsatz (Schlierstadt 1921). Teilweise schlossen sich die Orte überregionalen Verbindungen an, Osterburken der Kirnaufischereigenossenschaft und der Viehzuchtgenossenschaft in Adelsheim. In Schlierstadt gliederte sich die 1895 gegründete lokale Grünkernabsatzgenossenschaft der Buchener Vereinigung an. 1907 waren 20 Schlierstädter Bauern Mitglieder des Buchener Lagerhauses. Auf Grund der schlechten Wegverbindungen trat man bald wieder aus und hoffte auf die Einrichtung eines Lagerhauses in Osterburken. Der Plan scheiterte 1912 endgültig.

Auf eine längere Vergangenheit blickt die Gießener Waldgenossenschaft zurück. Ursprünglich als selbständige Gemarkung bestehend wurde der Weiler Gieß 1830 aufgehoben und das Gelände einige Jahre später zwischen Osterburken, Rosenberg und Bofsheim aufgeteilt, der Wald jedoch genossenschaftlich bewirtschaftet. Der Anteil Osterburkens belief sich auf 269 M. Heute bestehen für Osterburken (Waldgenossenschaft »Gies«) und Bofsheim eigene Waldgenossenschaften. Nach dem 2. Weltkrieg errichtete die von der Erzdiözese Freiburg getragene Baugenossenschaft »Neue Heimat« auch in Osterburken Wohnhäuser. Bis 1954 war die Clemens Maria Hofbauer-

Die Gemeinde im 19. und 20. Jahrhundert 427

Siedlung fertiggestellt. Sie bot in 50 Gebäuden 99 Familien Wohnraum. Dann stellte sie ihre Bautätigkeit ein. Heute besitzt die Raiffeisen-Zentralgenossenschaft (Karlsruhe) ein Lagerhaus für Baustoffe in Osterburken.
  Drei alte *Gastwirtschaften* gab es im 19. Jh. in Osterburken: »Zum Engel« 1740–1870, »Zur Sonne« fiel an den »Bad. Hof«, »Zur Kanne«. Im Laufe des Jahrhunderts wurden der »Bad. Hof«, der auch eine Brauerei betrieb, das Gasthaus »Zum Löwen«, der »Württemberger Hof« und die Bahnhofsgaststätte eingerichtet. 1895 waren es acht Gastbetriebe mit 21 Angestellten; bis 1902 stieg die Anzahl der Betriebe auf elf und ging bis 1952 wieder auf acht zurück. Von diesen älteren Gasthäusern haben sich bis heute noch zwei erhalten: der Gasthof »Zur Sonne« und der Gasthof »Schwanen« mit eigener Metzgerei. Ebenfalls auf eine längere Vergangenheit zurückzublicken vermag das Café Köpfle. Seit 1927 besteht es, inzwischen als Pachtbetrieb. Dem Besucher bieten sich heute in Osterburken insgesamt elf Bewirtungsbetriebe an: 2 Hotels (60 bzw. 18 Betten), 2 Gasthöfe (19 bzw. 16 Betten), 3 Gaststätten, 2 Cafés, 1 Eisladen und 1 Pizzeria. In Bofsheim trifft er auf die ältesten Gasthäuser im Stadtgebiet. Das »Roß« ist schon 210 Jahre in Familienbesitz, die »Krone« seit 200 Jahren. In Schlierstadt gab es 1895 vier Gasthäuser, zwei davon als Schankbetriebe. Heute sind es drei Gaststätten und eine Diskothek. Im kleinen Hemsbach genügte im 19 Jh. eine Wirtschaft, inzwischen sind es zwei Gaststätten.
  Fremdenverkehr ist in Osterburken von keinerlei Bedeutung, obgleich die alte Römerstadt einige bedeutende Sehenswürdigkeiten zu bieten hat. Das Römerkastell aus der Zeit um 185/192 n. Chr. und der mittelalterliche Stadtmauerturm (Mitte 15. Jh.), um nur die bedeutendsten zu nennen. Zur adäquaten Präsentation der römerzeitlichen Funde wurde im Herbst 1983 ein Römermuseum eingerichtet; es ist Zweigstelle des Bad. Landesmuseums.
  Verkehr. – Im 3. Drittel des 19. Jh. wurde die Verkehrssituation Osterburkens durch die *Eisenbahn* bestimmt; mit dem Bau der Odenwaldbahn wurde die Stadt zum Eisenbahnknotenpunkt. Am 25. August 1866 eröffnete man die Strecke Osterburken – Mosbach, am 27. September 1869 folgte die nach Württemberg führende Strecke Osterburken–Jagstfeld. Damit hatte Osterburken neben dem bad. auch einen württ. Bahnhof. Die bauliche Gestaltung des 1872 vollendeten Bahnhofsgebäudes weckte in der ganzen Umgebung Aufmerksamkeit. 1870 begann man die Gleise zweispurig zu führen. Bis zum 1. Weltkrieg war die Verbindung nach Mosbach als doppelsträngige Strecke fertiggestellt. Der 1922 erwogene Plan einer Strecke nach Merchingen scheiterte an der Steigung des Geländes. 1934 wurde dann auch die Strecke nach Jagstfeld zweigleisig. Nach dem 2. Weltkrieg passierten ca. 80 Züge täglich den Bahnhof (1956). 1973/1975 erfolgte die Elektrifizierung. Schlierstadt nutzt den näher liegenden Bahnanschluß in Seckach (5 km).
  Im sich verdichtenden *Straßennetz* des 19. Jh. fiel Osterburken die Rolle zu, das Odenwälder und Bauländer »Hinterland« anzubinden. Schwierigkeiten verursachten dabei die ungünstigen Geländeverhältnisse. Schon 1866 wurde die Straße nach Merchingen–Krautheim ausgebaut, die spätere Landstraße 194. Auf Veranlassung derer von Berlichingen wurde 1884–87 eine neue Verbindung nach Oberkessach–Jagsttal gebaut, die den Anschluß nach Württemberg herstellte. Zwischen 1888 und 1892 wurde diese Aufgabe dann planmäßig verfolgt. Osterburken sollte zum Wirtschaftszentrum des Umlandes werden. Es wurden Verbindungen nach Ruchsen geschaffen, um damit Korb, Leibenstadt und Hergenstadt für Osterburken zu erschließen. Eine neue Talstraße nach Rosenberg war geplant, die die Zufahrt bis nach Hohenstadt, Hirschlanden und Sindolsheim erleichtern sollte. In diesem Falle kam nur die Korrektur der alten

Staatsstraße zur Ausführung. 1893 wurde die Straße nach Bofsheim, die ursprünglich 10% Steigung aufwies, neuangelegt.

Mit Buchen war Osterburken durch eine Landstraße, mit Schlierstadt durch einen schlechten Gemeindeweg verbunden (1902). Für Schlierstadt war die Verbindung nach Seckach und Bödigheim, beides ebenfalls Bahnstationen, näher. Nach Seckach ging ein Weg über Zimmern (1½ km), der von Fußgängern bevorzugt wurde, da er die Steigung über den Hohberg vermied. Für die Straße nach Bödigheim war lange eine Korrektion im Gespräch, sie unterblieb jedoch aus Kostengründen. Die Hemsbacher benutzen vornehmlich die Straße Adelsheim-Osterburken. Heute erreicht man Osterburken mit dem Auto über die Autobahn Heilbronn-Würzburg (A 81) oder über die Bundesstraße Sinsheim-Tauberbischofsheim (B 292). Osterburken ist D-Zug-Station der Bundesbahn und liegt im Schnittpunkt der Strecken Stuttgart-Heilbronn-Würzburg und Mannheim-Heidelberg-Würzburg.

Im 19. Jh. führte über Osterburken die Reisepostroute von Oberschefflenz nach Boxberg. 1820 wurde in der Stadt eine Relaispoststation und Extraposthalterei eingerichtet, die ab 1822 auch die Briefpost beförderte. 1878 erhielt Osterburken Anschluß an das Reichstelegraphennetz, worauf ein *Postamt* eingerichtet wurde. 1930/31 baute man ein eigenes Postgebäude. Den Postverkehr besorgte nun größtenteils die Bahn; für den Nahtransport bestand die Kraftpostlinie Osterburken-Adelsheim-Seckach-Buchen-Walldürn-Hardheim. 1956 zählten zum Postbereich Osterburken 16 Poststellen. Heute hat die Deutsche Bundespost neben dem Postamt in Osterburken Poststellen in Schlierstadt und Bofsheim.

Verwaltungszugehörigkeit, Gemeinde, und öffentliches Leben

Verwaltungszugehörigkeit. – Bis 1803 standen Osterburken, Schlierstadt und Hemsbach unter der Landeshoheit des Erzbischofs von Mainz. Bevor die Orte 1806 badisch wurden, gehörten sie für drei Jahre dem neuerrichteten Fürstentum Leiningen an. Innerhalb der leiningischen Verwaltungsgliederung wurde Osterburken zum Justizamtssitz. Bofsheim hingegen stand bis 1806 unter der Herrschaft der Fürsten von Löwenstein-Wertheim-Rochefort und wurde dann ebenfalls durch das Großherzogtum Baden mediatisiert. Die Kreiseinteilung von 1810 wies alle Orte dem Main- und Tauberkreis zu, dessen Direktoriumssitz in Wertheim lag. 1813 wurde Osterburken dann zur Bezirksstadt erhoben. Adelsheim, das in infrastruktureller Hinsicht besser ausgestattet war, erhob Einspruch und konnte nach 15jährigem Streit den Amtssitz 1828 an sich ziehen. Osterburken hat den Verlust dieser Verwaltungsfunkion nie verschmerzt. Noch 1902 wurde vom Bezirksamtmann daraufhingewiesen, daß auch die Einrichtung der Bahnstation keine Entschädigung für die Osterburkener bedeutet hätte. Zwischen 1840 und 1849 waren Osterburken, Schlierstadt und Hemsbach dem Bezirksamt Buchen zugeteilt, Bofsheim verblieb bei Adelsheim; die Gemeinden wurden dann jedoch wiederum Adelsheim unterstellt. 1936 fielen sie, im Zuge der Auflösung des Bezirksamtes Adelsheim, abermals an das Bezirksamt Buchen.

Die Eingemeindungen der Stadtteile erfolgten im Zuge der Gebietsreform Anfang der 70er Jahre: 1971 Hemsbach, 1974 Bofsheim, 1975 Schlierstadt. Zu einem Gemeindeverwaltungsverband haben sich die Orte Ravenstein, Rosenberg und Osterburken zusammengeschlossen. Gemeinsam werden die Gemeindeverbindungsstraßen unterhalten, die Flächennutzungspläne aufgestellt und Fischereischeine ausgegeben. Der Sitz des Verbandes ist in Osterburken. Ein wichtiger Zweckverband unterhält die Gruppenkläranlage Seckachtal (Sitz in Osterburken). Als Mitglieder sind Osterburken mit

Hemsbach, Adelsheim mit Leibenstadt und Sennfeld sowie das Seckachtal und Roigheim beteiligt.

Gemeinde. – Die *Gemarkungsflächen* der Gesamtgemeinde Osterburken beliefen sich 1981 auf 4733 ha und verteilten sich wie folgt: Osterburken 1917 ha (41,6 %), Schlierstadt 1372 ha (29,0 %), Bofsheim 1136 ha (24,0 %) und Hemsbach 254 ha (5,4 %). Von geringen Gebietsveränderungen abgesehen war der Umfang seit Beginn des 20. Jh. unverändert geblieben (1930: 4752 ha). Die Veränderungen betrafen die Gkg Schlierstadt, der im Ausgleich mit der Gde Zimmern ein Teil der fürstlich leiningischen Domäne Seligental eingegliedert wurde (1925). In fürstlich leiningischem Besitz stand außerdem das Hofgut Marienhöhe, das nach langem Rechtsstreit 1883 der Gkg Osterburken zugesprochen wurde. Osterburken gewann damit ein Steuerkapital von 1200 Mark.

Die *Katastervermessung* wurde in Osterburken zwischen 1881 und 1883 durchgeführt, in Bofsheim wurde 1876 damit begonnen.

Allmendflächen besaßen 1808 Osterburken (7 M), Schlierstadt (6 M) und Bofsheim (5 M 1 V). 1859 verfügte nur noch Bofsheim über eine Allmendfläche (8 M 76 R). *Bürgernutzen* bestand in allen Orten: Osterburken 2⅜ Klft. Holz und 41 Wellen, Schlierstadt ³⁄₁₀ Klft. Holz, Bofsheim 1¼ Klft. Holz und 110 Wellen, Hemsbach ⅜ Klft. Holz und 74 Wellen. In Osterburken war die Zahl der Bürgergaben auf 220 begrenzt. Die gemeindeeigene Fläche beläuft sich heute auf ca. 5 ha (ca. 1,4 ha Bauplätze, ca. 3,5 ha Gemeindegebäude) zuzüglich der 571 ha großen Waldfläche.

Wie die anderen Gemeinden im Kreisgebiet begannen auch Osterburken und seine heutigen Teilorte die bad. Zeit mit Kriegsschulden. Osterburken war mit 21785 fl belastet, Schlierstadt mit 5413 fl, Bofsheim mit 3771 fl und Hemsbach mit 700 fl. Die Revolutionszeit von 1848/49 brachte dann insbesondere für Osterburken weitere Verschuldung, die Zehntablösung betraf dann wiederum die finanzielle Situation aller Gemeinden. In Osterburken waren die Fürsten von Leiningen sowie die Pfarrei und Schule Osterburken berechtigt. Die Ablösung wurde hier durch die Gemeinde vermittelt und war bis 1865 beendet. In Schlierstadt besaßen außer den Leiningern, der Pfarrei und Schule auch die Grundherrschaft Rüdt von Collenberg-Eberstadt Zehnrechte, in Hemsbach die Freiherren von Adelsheim. Bis 1866 war in Schlierstadt das Schuldenkapital von 6848 fl getilgt. Auch in Hemsbach dauerte die Ablösung bis 1864. In Bofsheim hingegen war bereits 1850 die Schlußrechnung gestellt worden. Der preußisch-österreichische Krieg 1866 verursachte wiederum finanzielle Belastungen für die Gemeinden. Osterburken mußte einen Kapitalbetrag über 2205 fl aufnehmen, in Bofsheim führten die Kriegsschulden erstmals zu einer Umlageerhebung. Die Gemeindehaushalte von Osterburken, Schlierstadt und Bofsheim waren meist ausgeglichen. Bofsheim war sogar recht wohlhabend. Die Gemeinde besaß ein hohes Reinvermögen (1903: 94627 Mark), bezog Einnahmen aus Schäferei (1903: 1025 Mark), Jagd (816 Mark) und Fischerei (15 Mark). Ihr Armenhaus, das vom Amtmann zu den »besseren« des Bezirks gezählt wurde, konnte zugunsten der Gemeindekasse vermietet werden. In Schlierstadt war neben der Jagd- und Schäfereipacht der Gemeindewald die »finanzielle Hilfsquelle« der Gemeinde (Erlös 1913: 9800 Mark). In Osterburken war zunächst die Schäfereipacht die Haupteinnahmequelle (Erlös 1902: 1610 Mark), dann folgten die Waldeinnahmen (1000 Mark), Jagdpacht (700 Mark) und Fischereipacht (300 Mark). Mit Aufhebung der Schäferei wurde der Waldertrag wichtiger.

Diese drei Gemeinden unternahmen, vornehmlich im ausgehenden 19. Jh., umfassende Investitionen. In allen drei Gemeinden wurde das Schulhaus neugebaut, in Osterburken und Schlierstadt begann man den Wasserleitungsbau, daneben belasteten die Osterburkener Gemeindekasse Ausgaben für den Straßenbau, die Kosten für Kanalisation und ein recht hoher Armenaufwand. Auch die Kirchenrenovation wurde in Schlierstadt und Osterburken von der politischen Gemeinde finanziert. In Hemsbach stellte sich die finanzielle Situation der Gemeinde völlig anders dar. Die Einnahmen aus Schäferei, Jagd und Fischerei waren gering, ebenso das Steuerkapital der Einwohner. Dabei hatte die Gemeinde hohe Aufwendungen für ihre Armen zu tätigen. Als 1884 der Armenaufwand über 450 Mark gestiegen war, gewährte der Staat einen Zuschuß. Projekte wie dringende Straßenkorrektur usw. mußten meist aufgeschoben werden oder blieben unausgeführt.

1989 belief sich der Verwaltungshaushalt auf 9330830 DM, der Vermögenshaushalt auf 10618900 DM und die Schuldenhöhe auf 8800914 DM. Größere Investitionen sind innerhalb der laufenden Stadtkernsanierungsmaßnahmen (8,5 Mio DM) und für die Kläranlage (Beteiligung mit 7 Mio DM.) geplant; die Kosten für den Straßenbau werden mit 9 Mio DM veranschlagt.

An gemeindeeigenen *Gebäuden* besaß um die Jahrhundertwende jeder Ort ein Schulhaus, ein Rathaus, ein Armenhaus und eine Spritzenremise. Als Schulhäuser wurden neue Gebäude erstellt, während man das Rathaus in das alte Schulhaus verlegte (Osterburken 1875, Bofsheim 1878, Schlierstadt 1923). In Osterburken war außerdem ein Schlachthaus gebaut worden (1886, Umbau der Hirtenremise). Zwei Jahre zuvor hatte man das alte Bezirksamtsgebäude, das bisher an den städtischen Chirurgen verpachtet war, als Gemeindespital eingerichtet. Heute besitzt die Gemeinde außer dem 1973 erbauten neuen Rathaus die Baulandhalle (erbaut 1959) als wichtiges öffentliches Gebäude.

Die *Gemeindeverwaltung* wurde vom Bürgermeister und sechs Gemeinderäten geleitet. In Hemsbach wurde die Anzahl der Gemeinderäte um 1885 auf drei herabgesetzt. Heute besteht der *Gemeinderat* aus 21 Personen. Seit der letzten Gemeinderatswahl (22.10.1989) verteilen sich die Gemeinderatssitze in folgender Weise: 9 CDU, 6 FWU (Freie Wählervereinigung), 4 SPD, 2 BIO (Bürgerinitiative Osterburken).

Ortschaftsverfassungen sind in allen drei eingegliederten Orten vorhanden; in Schlierstadt werden acht Ortschaftsräte, in Bofsheim und Hemsbach jeweils sechs gewählt. Eine ständige Ortsvertretung ist nicht eingerichtet, von den Ortsvorstehern werden Sprechstunden abgehalten.

Die meisten *Gemeindebediensteten* benötigte Osterburken. 1891 waren 28 Personen beschäftigt (incl. Gemeindeleitung), darunter wurden einige Ämter auch von zwei Personen versehen (Waldhüter, Feldhüter, Hebamme, Totengräber). Umgekehrt stellte sich die Situation in Schlierstadt dar. Hier wurden verwandte Ämter, z.B. Feldhut und Baumwartstelle, in Personalunion ausgeübt, oder etwa die Wegewart Tagelöhnern übertragen; insgesamt standen 20 Personen im Gemeindedienst (1890). In Bofsheim gab es 17 Angestellte. In Hemsbach waren schließlich nur die allernötigsten Ämter besetzt, der Hauptlehrer als Ratsschreiber eingesetzt und dem Polizeidiener das Leichen- und Fleischbeschaueramt übertragen. Die Gemeindeleitung einberechnet, hatten in Hemsbach 1893 neun Personen ein Gemeindeamt inne.

Zur Zeit sind 60 Personen im Kommunaldienst beschäftigt: 4 Beamte, 21 Angestellte, 31 Arbeiter und 4 Teilzeitbeschäftigte (incl. Städtisches Krankenhaus). Über einen Organisationsplan verfügt die Gemeindeverwaltung noch nicht.

Ver- und Entsorgungseinrichtungen. – 1860 wüteten zwei schlimme Brände in Osterburken. Man nahm sie zum Anlaß, das Feuerlöschwesen zu organisieren. 1865 wurde die Feuerwehr mit 57 Mitgliedern gegründet. Nachdem ihre Mitgliederzahl zurückgegangen war, wurde sie zur freiwilligen Feuerwehr umgewandelt (1891). Zu jener Zeit zählte die Kernmannschaft 50 Mann, die Löschmannschaft ca. 100 Mann. Damit war Osterburken die einzige Gemeinde im Amtsbezirk Adelsheim, die 1902 über eine Feuerwehrorganisation auf freiwilliger Basis verfügte. 1955 zählte die Mannschaft 55 Feuerwehrleute. Schlierstadt (seit 1939), Bofsheim (1940) und Hemsbach (1942) hatten jeweils eigene Feuerspritzen und eingeteilte Löschmannschaften. Gegenwärtig zählt die *Freiwillige Feuerwehr Osterburken* 62 aktive Feuerwehrmänner, die in 3 Löschzüge eingeteilt sind. In den anderen Teilgemeinden kommt jeweils ein Löschzug zum Einsatz; in Schlierstadt ist er mit 31 Aktiven, in Bofsheim mit 22 und in Hemsbach mit 16 Aktiven besetzt.

Die *Stromversorgung* erfolgte anfangs durch das Elektrizitätswerk Jagsthausen. Nacheinander wurden die drei größeren Gemeinden angeschlossen: Bofsheim 1910, Osterburken 1911, Schlierstadt 1917. Heute beziehen Osterburken und Bofsheim von der Energieversorgung Schwaben (EVS) Strom, Schlierstadt und Hemsbach vom Badenwerk. Mit dem Bau von *Gasleitungen* wurde gerade erst begonnen. Geplant ist der Anschluß des Gymnasiums, des städtischen Bauhofes sowie des Regionalen Industrieparks.

Etwa zur gleichen Zeit wie die Stromversorgung und mit kaum geringerer Bedeutung für die Ortsbürger erfolgte die Anlage von *Wasserleitungen*. Zuvor standen die Gemeinden unaufhörlich vor dem Problem, den Ort ausreichend, gleichmäßig und mit sauberem Wasser zu versorgen. An öffentlichen Brunnen gab es in Osterburken den laufenden Stadtbrunnen und zwei Pumpbrunnen. Der übrige Wasserbedarf wurde über die 30 Privatbrunnen gestillt, für das Vieh war eine Tränke am Stadtgraben eingerichtet. Bis zum Ende des 19. Jh. reichte das aus. Schlierstadt hingegen benötigte ob seiner ausgedehnten Ortsanlage vier öffentliche Brunnen, wobei immer noch die 14 Häuser am nordöstlichen Ortsende ohne Wasser waren. Auch die Einwohner von Bofsheim und Hemsbach klagten beständig über Wassermangel, es gäbe zu wenig Quellen auf der Gemarkung. Deshalb wurden die durch den Ort ziehenden Wasserläufe des Rinschbaches zur Wasserversorgung herangezogen. Rinschbach und Kirnau bedeuteten für die Orte jedoch zugleich Hochwassergefahr. 1868/71 führte man für Osterburken endlich eine Kirnaukorrektion durch, Bofsheim blieb jährlich mit den Wassermassen des Rinschbaches konfrontiert. Im Jahre 1909 kam das Wasserleitungsprojekt für Osterburken zur Ausführung. Eine Quelle auf der Gkg Rosenberg wurde angekauft und zur gemeinsamen Nutzung der Gden Rosenberg (mit Bronnacker) und Osterburken eingerichtet. Günstig war für Osterburken, daß hier aufgrund des Geländegefälles zunächst kein Pumpwerk benötigt wurde. Nach dem 2. Weltkrieg mußte dann jedoch für die höhergelegene Wohnsiedlung der »Neuen Heimat« ein Pumpwerk gebaut werden. In Schlierstadt wurde beim Wasserleitungsbau eine Quelle auf Eberstädter Gemarkung herangezogen, deren Wasser über eine elektrische Pumpe in den Ort befördert wurde (1910); in Bofsheim gelang es, einen höhergelegenen Brunnen anzukaufen, der die Wasserleitung ohne Pumpwerk versorgen konnte. Auch heute haben Osterburken und Hemsbach eigene Wasserversorgungen, während Schlierstadt und Bofsheim 1970 an der Bodenseewasserversorgung beteiligt wurden. In Osterburken sind 1740 Haushalte angeschlossen, in Schlierstadt 400, in Bofsheim 172 und in Hemsbach gibt es 20 Anschlüsse. Die Wasserförderung beträgt in Osterburken 15 l/s.

Mit der Anlage der Wasserleitung begann man in Osterburken auch ein Projekt für die städtische *Kanalisation* auszuarbeiten. Doch erst nach dem 2. Weltkrieg kam es zur Kanalisation der Altstadt; bei der Vorstadt und den Siedlungen zog sich die Herstellung noch länger hinaus. Seit 1960 sind alle Ortsteile kanalisiert. Zur Entsorgung dient die mechanisch-biologische *Kläranlage* in Roigheim. Die *Müllabfuhr* wird von einem privaten Unternehmen wöchentlich besorgt, der Abfall auf die Kreismülldeponie Buchen gebracht. Halbjährlich erfolgt die Sperrmüllbeseitigung.

Mit Verlegung des Bezirksamtes nach Adelsheim 1828 verließ auch der Bezirksarzt Osterburken. Das ehemalige Bezirksamtsgebäude verpachtete man an einen Chirugen. 1880 wurde erstmals ein Gemeindearzt angestellt, 1884 dann das Haus als Spital eingerichtet, welches 1902 in Gemeindeverantwortung übernommen und 1948/50 erweitert wurde. Die Krankenpflege wurde von Ordensschwestern ausgeübt, die im alten Pfarrhaus wohnten (ab 1903 Franziskanerinnen aus Gengenbach, ab 1925 Josephsschwestern von St. Trudpert). Noch heute sind im *Städtischen Krankenhaus* drei Josephschwestern tätig. Gemeinsam mit einem weiteren Angestellten und sieben Arbeitskräften besorgen sie die 26 Kranken- und Pflegebetten. Die Pflegeabteilung ist dabei von großer Bedeutung; ihr Einzugsbereich erstreckt sich bis nach Buchen. Die ärztliche Versorgung des Krankenhauses ist von drei Belegärzten übernommen. Zur *Gesundheitsfürsorge* stehen den Osterburkenern gegenwärtig zur Verfügung: 3 Praktische Ärzte, 3 Zahnärzte, 1 Tierarzt, 1 Heilpraktiker, 1 Fußpflegerin, ein Massageinstitut. Medikamente und Heilmittel sind in einer Apotheke und einer Drogerie erhältlich. Die ärztliche Versorgung der kleineren Gemeinden erfolgte schon immer von auswärts. Im 19. Jh. wurden hierfür mit den Ärzten der nächstgelegenen größeren Orte Verträge abgeschlossen, nicht nur mit Osterburken, auch mit Seckach, Adelsheim oder Sindolsheim. Auch die relativ große Gde Schlierstadt mußte für jeden Krankheitsfall medizinische Versorgung aus Osterburken (1904) oder Seckach (1954) holen. Unverzichtbar war deshalb die Krankenpflege der Niederbronner Schwestern; 1954 bestand eine eigene Krankenstation, deren Träger der St. Josephsverein war. In Hemsbach machten die Schwestern von Zimmern Krankenbesuche.

Alle Teilorte besitzen ihren eigenen *Friedhof*. In Osterburken wurde 1979 eine neue Anlage nötig. Auf dem alten Friedhof wurde noch bis zum Jahre 1983 beerdigt. In Hemsbach, wo der Friedhof noch direkt bei der Kirche liegt, ist er Eigentum der Pfarrgemeinde. Nur Hemsbach hat keine eigene Leichenhalle.

Kindergärten bestanden seit der Jahrhundertwende in Osterburken und Schlierstadt, jeweils unter der Leitung von Ordensschwestern. In Osterburken sind inzwischen 5 Kindergruppen gebildet, in Schlierstadt eine. In beiden Orten ist die kath. Kirchengemeinde der Träger. Auch Bofsheim besitzt nun eine eigene Kindertagesstätte. Der Träger ist die ev. Kirchengemeinde.

An *sozialen Einrichtungen* stehen in Osterburken neben der bereits genannten Pflegestation des Städtischen Krankenhauses ein privates Altersheim sowie eine Behindertenbegegnungsstätte des Deutschen Roten Kreuzes zur Verfügung.

Schule. – Eine Volksschule war 1806 in allen vier Orten vorhanden; in Hemsbach fehlte allerdings ein eigenes Schulgebäude. Das Osterburkener Schulhaus war 1770 am Marktplatz erbaut worden. Es bot ca. 120 Kindern Platz. Schon 1806 waren die Räumlichkeiten viel zu beengt gewesen (130 Kinder), doch erst im Jahre 1824 kam es zu einem Neubau. 1875 wurde dann der zweite Neubau notwendig. Im Schulgebäude an der Merchinger Straße war nun für 210 Kinder Raum geschaffen worden. In zwei kleineren Sälen (je 60 Plätze) und einem großen Saal (90 Plätze) unterrichteten zwei Haupt- und ein Unterlehrer. Im oberen Stock hatten die beiden Hauptlehrer ihre Wohnungen. 1928 wurden weitere Lehrsäle und eine Kochschule eingerichtet, wo nun der seit 1918 gesetzlich vorgeschriebene Haushaltungsunterricht von der ausgebildeten Industrielehrerin fachgerecht abgehalten werden konnte. Im Anschluß an die Fortbildungsschulgesetze von 1874/1918, die eine zweijährige nebenberufliche Weiterbildung der Schulentlassenen vorsah, wurde auch in Osterburken 1923 ein Schulverband

204 *Bofsheim von Südosten*

205 Bofsheim, ev. Kirche
206 Bofsheim, Fachwerkgehöft
207 Bofsheim, alte bäuerliche Wirtschaftsgebäude an der Kirchgasse
208 Hemsbach von Südosten

209 *Hemsbach, St. Mauritiuskirche*

210 Osterburken, Altstadt von Nordosten

211 Osterburken, kath. Stadtpfarrkirche

212 Osterburken, Barockkapelle

213, 214 Osterburken, Betonreliefs von Emil Wachter am Neubau der kath. Stadtpfarrkirche St. Kilian

215 Schlierstadt von Südosten

Die Gemeinde im 19. und 20. Jahrhundert

gegründet. Das Schulgesetz von 1874 hatte die Ausbildung der Lehrlinge miteinbezogen. Nach diesen Vorlagen wurde 1891 eine Gewerbeschule gegründet und einem der Hauptlehrer unterstellt. Aus Schulraumnot mußte sie allerdings zunächst im Bürgerausschußsaal abgehalten werden. 1892 wurde die Schule von 33 Schülern besucht. 1934 wurde sie aufgelöst und die Schüler der Gewerbeschule in Adelsheim zugeteilt. 1954 bestand eine Mittelschule (Aufbauzug Englisch), die zum Besuch von Oberschulen oder Höheren Handelsschulen berechtigte.

Die gegenwärtige Schulsituation ist für die Osterburkener Kinder und Jugendlichen ausgezeichnet. Es besteht eine städtische *Grund- und Hauptschule*, an der 14 vollzeit- und 8 teilzeitbeschäftigte Lehrer unterrichten. Das Gebäude stammt aus dem Jahre 1960. Die 325 Schüler sind hier in 15 Klassen eingeteilt. An weiterführenden Schulen werden zwei Ganztagsschulen angeboten, deren Einzugsbereich sich auf das gesamte Jagsttal ausdehnt. Die *Realschule* besteht seit 1982. Sie wird derzeit von 431 Schülern besucht; in 17 Klassen unterrichten 28 voll- und 8 teilzeitbeschäftigte Lehrer. Träger ist die Stadt Osterburken. Am *Gymnasium*, das 1971 eingerichtet wurde, sind 601 Schüler eingeschrieben. Die 28 Klassen werden von 47 vollzeit- und 12 teilzeitbeschäftigten Lehrern betreut. In Bofsheim richtete die Stadt 1969 eine *Schule für Lernbehinderte* ein. 1974 wurde sie erweitert, vier Jahre später nochmals umgebaut. Hier unterrichten heute 6 Lehrer (4 voll- und 2 teilzeitbeschäftigte) 36 Schüler in 4 Klassen.

Kulturelle Einrichtungen. – Die städtischen *Bibliotheken* sind in Osterburken in den Schulen bzw. im Rathaus untergebracht. Das Gymnasium besitzt 29–30 000 Bände, die Jugendbücherei der Grund- und Hauptschule ca. 1400 Bände, und im Rathaus befinden sich etwa 350 Bände. Anderweitige kulturelle Angebote stellen sich dem Einheimischen dank der regelmäßigen Auftritte der Bad. Landesbühne; 5–6mal jährlich gastiert sie in der Baulandhalle.

Kirche. – Kath. Pfarreiorte waren Osterburken und Schlierstadt, beide leiningische Patronate. Die Pfarrkirche St. Kilian in Osterburken erfuhr 1846 und 1970–1974 eine fast vollständige Erneuerung. Belassen wurde in beiden Fällen nur der Turm. Der Kirchenbau St. Gangolf in Schlierstadt wurde im Jahre 1766 erstellt, 1884 vergrößert und im 20. Jh. mehrmals renoviert (1923/1963/1968). Bis 1870 war Schlierstadt die Kirchengemeinde Hemsbach als Filiale zugeteilt gewesen; außerdem pastorierte der Schlierstadter Pfarrer das Hofgut Seligental. Hemsbach wurde dann der Pfarrei Osterburken zugeteilt. Für den Gottesdienst stand in Hemsbach die kleine Mauritiuskirche zur Verfügung; sie gehörte der politischen Gemeinde. Die Pfarrei Osterburken versorgte auch die Katholiken in Adelsheim, Hergenstadt, Wemmershof (bis 1862) und Sennfeld. Noch heute bestehen die beiden kath. Pfarreien St. Kilian und St. Gangolf, nur haben sich nunmehr die Zuständigkeitsbereiche verändert. Der Pfarreibezirk St. Kilian beschränkt sich auf den Stadtbereich Osterburken, während St. Gangolf, neben dem Stadtteil Schlierstadt, den Buchener Stadtteil Eberstadt mitversieht. Die Filiale Hemsbach gehört nun zu Adelsheim, die wenigen Katholiken in Bofsheim zählen zur Pfarrei Götzingen. Beide Pfarreien kooperieren als Mitglieder der Vereinigung kath. Bruderdienste im Bereich der ev. Diakoniestation Adelsheim e.V. mit der Diakoniestation Adelsheim.

Der ev. Ort Bofsheim bildete zunächst eine Filialgemeinde von Rosenberg, wurde dann von Götzingen, auch von Eberstadt aus versorgt. Der Kirchenbau in Bofsheim stammt aus dem 18. Jh. Heute ist Bofsheim eigene Pfarrei, das Pfarramt allerdings in Osterburken. 1979 wurde auch in Osterburken eine ev. Pfarrstelle eingerichtet. Ihr wurde 1983 Hemsbach als Kirchspiel eingegliedert. Im gleichen Jahr sprach man die ev. Diasporagemeinde Schlierstadt der Pfarrei Eberstadt zu.

Sportstätten. – Sportplätze liegen in allen Stadtteilen, mit Ausnahme von Hemsbach; zwei Tennisplätze werden vom Tennisclub Osterburken unterhalten. Als Sporthalle dient die 1987 erbaute Turnhalle der Grund- und Hauptschule. Ebenfalls öffentlich genutzt (abends) werden die Hallenbäder des Gymnasiums und der Schule in Bofsheim. Schon über 20 Jahre besteht die Schießanlage des Schützenvereins.

In Schlierstadt wurde Anfang der 70er Jahre aus privaten Mitteln ein Flugplatz angelegt, der die Möglichkeit zur Sportfliegerei bietet.

Vereine. – Das Vereinswesen war bis nach dem 2. Weltkrieg im wesentlichen auf Osterburken konzentriert. Diese reichsweite bürgerliche Bewegung begann in Osterburken mit der Gründung des Männergesangvereins »Frohsinn« (1861). Als loser Zusammenschluß formierte sich einige Jahre später ein Bläserverein, ein Frauenverein, dann ein Turnverein (1896–1937). Alsbald machten sich die Vereine untereinander Konkurrenz. Der Frauenverein wurde zugunsten des Vincentiusvereins aufgelöst, zum Turnverein bestand mit der Gründung eines Sportvereins (1919) eine Alternative. 1922 gründete die Kolpingfamilie einen Jungmännerverein. Eine Osterburkener Besonderheit stellte die »Vereinigung Hügelsdorf im Nebel«, im Volksmund »Herrengesellschaft« genannt, dar. Sie entsprang einer Stammtischgesellschaft, die sich aus den meist zugezogenen Beamten und gebildeten Kreisen der Stadt zusammensetzte. 1892 wurde sie offiziell als Verein eingetragen, der sich die Osterburkener Kulturpflege zur Aufgabe machte. An den überregionalen landwirtschaftlichen Vereinen zeigte Osterburken am Bauernverein das stärkste Interesse. 1904 waren dort 124 Bauern eingeschrieben, während der landwirtschaftliche Verein nur 26 Mitglieder aufwies.

Zahlenmäßig ist heute der Sportverein von größter Bedeutung (ca. 1000 Mitglieder). Er hat auch Abteilungen in Schlierstadt und Bofsheim. Der Musikverein zählt um die 300 Mitglieder. Nach dem Krieg bildete sich eine Stadtkapelle, deren Fanfarenzug von großer Bedeutung für die Stadt ist. Mit der Einrichtung des Römermuseums formierte sich als Heimatverein der Historische Verein Bauland; er zählt inzwischen ca. 100 Mitglieder. Nicht minder wichtig für die kulturelle Identität der Stadt ist der Elferrat der Stadt Osterburken, der sich um die Gestaltung der Faschingsveranstaltungen bemüht.

Strukturbild

Zwei Zäsuren bestimmten die regionale Bedeutung Osterburkens im 19. Jh. Die Verlegung des Bezirksamtes im Jahre 1828 bremste zunächst eine Entwicklung, die für Osterburken als Sitz eines leiningischen Justizamtes durchaus möglich schien. Das schlechte Straßennetz wurde nicht modernisiert, der Aufbau einer Infrastruktur unterblieb. Trotz der beachtlichen Einwohnerzahl und der großen Gemarkungsfläche, durch welche Osterburken sich deutlich vom Umland abhob, fehlten zunächst Institutionen mit zentralörtlicher Bedeutung. Weder gab es einen bedeutenden Markt noch wurde ein Lagerhaus eingerichtet. Als Pfarreiort erhielt Osterburken erst 1870 eine Filiale. Über das normale Stadt-Land-Gefälle hinaus erhielt Osterburken keine Mittelpunktsfunktion. Der Nachbarort Schlierstadt stellte mit seinen zahlreichen Gewerbebetrieben eine stete Konkurrenz dar.

Die zweite Zäsur, der 1864/66 begonnene Bahnbau, eröffnete für Osterburken neue Möglichkeiten. Für eine kurze Zeit zog er Bauarbeiter in den Ort, langfristig auch Bahnbeschäftigte. Vor allen Dingen war es jedoch die neue zentrale Verkehrslage als Eisenbahnknotenpunkt, die Osterburken überregionale Bedeutung verlieh. Sie wurde zur Grundlage für die Industrieansiedlung, die maßgeblich nach dem 2. Weltkrieg einsetzte und das Strukturbild des 20. Jh. bestimmte.

Die Erwerbstätigen verteilten sich 1987 (Angaben der Volkszählung) auf die einzelnen Wirtschaftsbereiche folgendermaßen: 47,5 % waren im Produzierenden Gewerbe, 15,9 % im Bereich Handel, Verkehr und Nachrichtenübermittlung, 3,7 % in Land- und Forstwirtschaft/Fischerei und 32,9 % in anderen Wirtschaftsbereichen tätig. 7,7 % der Erwerbstätigen waren selbständig, 15,2 % Beamte, Richter oder Soldaten, 30,7 % Angestellte oder Auszubildende, 44,7 % Arbeiter.

Der Anteil der Ausländer an den Erwerbstätigen belief sich 1987 auf 1,8 %; im Vergleich zu den Vorjahren eine recht niedrige Quote. 1975 lag der Wert bei 5,3 %; seither ist er fast stetig zurückgegangen.

Das mit der Industrieansiedlung steigende Arbeitsplatzangebot zog Pendler in die Stadt. 1970 kamen 721 Personen aus der nahen Umgebung nach Osterburken, die meisten unter ihnen aus Rosenberg und Walldürn. Nur 408 Personen pendelten aus, in das entferntere Buchen, bzw. nach Adelsheim. Bis heute hat sich, Angaben der Stadtverwaltung zufolge, das Verhältnis weiter zugunsten der Einpendler verschoben. Die Zahl der Einpendler wird 1989 auf ca. 1000 Personen geschätzt. Die Zahl der Auspendler beläuft sich gegenwärtig auf 250–300 Personen. Sie arbeiten überwiegend in Buchen (Behörden, Kunststoffindustrie, Metallverarbeitung) in Mosbach (Behörden, Metallverarbeitung) oder in Neckarsulm (Audi NSU).

Für die Einpendler ist Osterburken auch das Einkaufszentrum des täglichen Bedarfs. Spezielle Artikel müssen die Osterburkener hingegen in Würzburg oder Heilbronn kaufen. In medizinischer Hinsicht ist Osterburken auf Buchen angewiesen. Die meisten Patienten werden an das dortige Kreiskrankenhaus überwiesen.

Zweifellos von überlokaler Bedeutung ist Osterburken durch zwei Ganztagsschulen (Realschule und Gymnasium). Das gesamte Jagsttal bildet den Einzugsbereich.

Im landesweiten Vergleich handelt es sich heute bei Osterburken um eine strukturschwache Stadt. Die durchschnittliche Steuerkraft jedes Einwohners lag zwischen 1970 und 1980 deutlich unter dem Landesdurchschnitt (18,4 %), wobei das Gewerbe noch am günstigsten abschnitt. Im regionalen Vergleich steht Osterburken dann jedoch immerhin an fünfter Stelle im Landkreis.

Zukunftsweisende Initiativen unternimmt die Stadt gegenwärtig in zweierlei Hinsicht: 1984 wurde in Osterburken mit der Stadtkernsanierung begonnen; sie soll 1991 abgeschlosssen sein. Für Bofsheim und Schlierstadt sind Dorfentwicklungspläne aufgestellt. Trotz einiger größerer Unternehmen (Maschinenbau) steht Osterburken, insbesondere nach dem Bau der Bundesstraße 27 (Mosbach–Buchen–Würzburg) im wirtschaftlichen Windschatten Buchens. Das in den 1980er Jahren begonnene Industrieansiedlungsprojekt (RIO) soll hier Abhilfe schaffen.

Quellen und Literatur

Quellen

Osterburken	338/2653–2654, 2656–2657 (1862–1913)
Bofsheim	338/1729 (1862–1913)
Hemsbach	338/1984–1985 (1872–1913)
Schlierstadt	338/2990, 2992–2994 (1862–1955)

Literatur

Erhebungen über die Lage des Kleingewerbes. Karlsruhe 1885.
Gebert, Johannes: Osterburken im badischen Frankenland. Osterburken 1956.
Neumaier, H./*Weiß*, E.: Geschichte der Stadt Osterburken. Osterburken 1986.

C. Geschichte der Stadtteile

Bofsheim

Siedlung und Gemarkung. – Über die Bofsheimer Gemarkung führt, ungefähr in nordsüdlicher Richtung, der Limes, fast parallel zum Rinschbach. Festgestellt sind dort Reste dreier Wachthäuser und des Kolonnenwegs, ferner standen römische Gebäude im Gewann Heunehaus, eine Flurbezeichnung, die sich entlang des Limes auch andernorts findet und stets auf solche Überreste hinweist.

Das Haufendorf im Rinschbachtal wird erstmals in einer Urkunde von 996, einer Fälschung des ausgehenden 13. Jh., als *Bofisheim* erwähnt (1270 *Boffsheim*). Die Siedlung, deren Name von einem nicht weiter bekannten Personennamen abgeleitet ist, kann damit wohl der ältesten, merowingerzeitlichen Siedlungsschicht zugewiesen werden; entsprechende archäologische Befunde liegen freilich nicht vor. 1751 gab es in Bofsheim 68 Häuser, 1799 wurden dort 100 Haushaltungen gezählt.

Herrschaft und Staat. – Bofsheim gehörte zur ausgedehnten, durch die Edelfreien von Dürn bevogteten Grundherrschaft des Kl. Amorbach. Die Vogtei- und Gerichtsrechte wurden hier wie anderwärts von Ministerialen bzw. Niederadligen wahrgenommen, wobei allerdings zwei Teile – d. h. wohl zwei Drittel – am Gericht dem Kl. Amorbach zustanden (1482). Als Vogtsherr erscheint 1303/13 Eberhard von Rosenberg, der das halbe Dorf vom Bischof von Würzburg zu Lehen trug. Arnold von Rosenberg hatte 1317/22 ebenfalls eine Hälfte von Bofsheim von Würzburg zu Lehen und besaß damit wohl den anderen Teil des Dorfes. Eine dieser Hälften, nämlich das – vermutlich von der Kirche aus gesehen – jenseitige, d. h. linke Ufer (*ultra ripam*) des Rinschbachs empfing 1333/35 Johann von Helmstatt von Würzburg zu Lehen. Eine Hälfte des Helmstattschen Anteils erhielt, nachdem Götz von Aschhausen darauf verzichtet hatte, Konrad von Rossriet zu Lehen (1333/35 und 1335/45).

Die würzburgischen Belehnungen über Bofsheim für die Herren von Rosenberg reden in der Folgezeit immer nur von einzelnen Gütern daselbst. So ist 1479 die Schenke zu Bofsheim neben anderem Gegenstand eines Streits zwischen den Vettern Hans und Konrad von Rosenberg. 1505 trat die Witwe Amalia von Sickingen, geb. von Rosenberg, ihre Ansprüche an das Dorf Bofsheim ihren Schwestern Felicitas Rüdt und Anna Susanna von Wollmershausen ab. Die schließlich ganz und gar unübersichtlich gewordenen Herrschaftsverhältnisse gaben Anlaß zu einem 1648 schon über hundert Jahre währenden Reichskammergerichtsprozeß, aber dessen unbeschadet wurde das Lehen Bofsheim auch weiterhin durch die Bischöfe von Würzburg den Angehörigen der Familie von Rosenberg verliehen.

Nach dem Aussterben der Herren von Rosenberg (1632) gelangte Bofsheim mit deren Herrschaft als würzburgisches Lehen an die Grafen von Hatzfeld, wobei allerdings das Schatzungsrecht dem Kanton Odenwald der fränkischen Ritterschaft erhalten blieb. Nachdem die Herren von Rosenberg in den 1540er Jahren vergeblich versucht hatten, ihre Herrschaft aus der mainzischen Zent Osterburken herauszulösen, ist dies ihren Besitznachfolgern, den Grafen von Hatzfeld, 1657 durch eine Geldzahlung tatsächlich gelungen. Fortan bildete das Amt Rosenberg eine eigene Zent, die sich in Rosenberg versammelte und zu der Bofsheim zwei Schöffen zu entsenden hatte. Von Rügen, Bußen und Freveln erhielt die Herrschaft ⅓, während ⅔ dem Kl. Amorbach zustanden (1642).

Mit der übrigen Herrschaft Rosenberg gelangte Bofsheim, nach vorübergehender Verpfändung an den Deutschen Orden (1682), 1730 durch Kauf an die Fürsten zu Löwenstein-Wertheim. Mit den fürstlich löwensteinschen Besitzungen links des Mains kam Bofsheim dann 1806 an das Großherzogtum Baden.

Grundherrschaft und Grundbesitz. – Das Amorbacher Urbar von 1395 nennt neben der Mühle in Bofsheim 1 Fronhof und 12 Hufen als Besitz des Klosters, das für diese Güter einen eigenen Schultheißen im Dorf hatte. Die ursprüngliche Hufenverfassung war im 17. Jh. längst aufgelöst, doch scheinen unter den verschiedenen Lehen und Gütern noch 1642 die alten Verhältnisse durch.

Die Untertanen waren der Herrschaft zu ungemessenen Frondiensten verpflichtet sowie zur Nacheile nach Rosenberg, jedoch nur für einen Tag. Die Herrschaft hatte außerdem die Atzung zu beanspruchen (1642). Der große Zehnt stand als würzburgisches Lehen der Herrschaft zu, vom kleinen Zehnten hatte sie ein Drittel, das übrige bezog die Kaplanei in Bödigheim. Von 5 Gütern im Ort hatte die Herrschaft 6 Hauptrechte zu beanspruchen, doch war diese Abgabe 1642 bereits durch ein Geldäquivalent (5 % des Vermögens) ersetzt.

Kirche und Schule. – Die Pfarrei zu Bofsheim, über deren Alter und Patrozinium nichts bekannt ist (1333 *ecclesia Boffsheim*), wird in der Würzburger Diözesanmatrikel aus der Mitte des 15. Jh. erwähnt. Das Patronatsrecht war würzburgisches Lehen und ist 1322/33 zusammen mit jenem zu Rosenberg dem Arnold von Rosenberg verliehen worden. Eberhard von Rosenberg konnte hernach das Patronat und ⅔ des Zehnten zu Bofsheim in seiner Hand vereinigen (1335/40). Der Pfarrei gehörten ¼ des großen und kleinen Zehnten zu Neidelsbach sowie 50 M Güter am Ort.

Die Reformation wurde in Bofsheim ähnlich wie in den anderen rosenbergischen Orten durch Albrecht, Philipp Jakob und Hans Eucharius von Rosenberg nach 1555 eingeführt. Bekenntnismäßige und kirchenordnende Grundlage für die luth. Reformation in Bofsheim war sicher auch die Rosenberger Dorfordnung von 1557, die dem Pfarrer die Richtschnur für die Ausübung seines Amtes bot und den Untertanen neben den bürgerlichen auch ihre kirchlichen Pflichten einschärfte.

Nach dem Aussterben der Herren von Rosenberg war Bofsheim zusammen mit den übrigen Orten der Herrschaft den gegenreformatorischen Bemühungen der Grafen von Hatzfeld unterworfen, die zur Einführung des Simultaneums führten. Zeitweise hatte der ev. Pfarrer die Orte der ganzen Herrschaft allein zu versehen, da die Rosenberger Pfarrei mit einem kath. Priester besetzt war. Die Katholiken in Bofsheim feierten ihren Gottesdienst in einem Privathaus (1756).

Kirche und Pfarrhaus waren vom Heiligen zu erhalten (1642). Die ev. Kirche ist jedoch, wovon noch heute eine Bauinschrift kündet, 1777 auf Kosten der Gemeinde repariert und erweitert worden, wobei auch der Chor erneuert wurde. Die Kirche stellt nunmehr einen langgestreckten Saalbau dar. Merkwürdig ist der Glockenturm, der an einen Wehrturm des 13./14. Jh. erinnert.

Der Zehnt zu Bofsheim erscheint bereits in der wohl im ausgehenden 13. Jh. entstandenen, auf 996 datierten Urkunde, mit der die Abtei Amorbach an den Bischof von Würzburg übertragen wird. Von Würzburg erhielt Wiprecht Rüdt (von Bödigheim) 1303/15 den Zehnt in Bofsheim zu Lehen. Wenig später wurden Wiprecht und seinem Bruder Eberhard zwei Teile (⅔) dieses Zehnten zu Lehen gegeben; das dritte Drittel hat 1322/33 der Ritter Gabel von Buchen erhalten. Diese Teilung, die den großen wie den kleinen Zehnt zu Bofsheim betraf, ist auch bei den folgenden Belehnungen zu beobachten, wobei Diether und Konrad Rüdt dem Wiprecht Rüdt als Lehnsinhaber nachfolgten, während mit dem Drittel des Gabel von Buchen später der Niederadlige Wiprecht von Dürn belehnt wurde. Die beiden Rüdtschen Drittel gelangten dann an Eberhard von Rosenberg (1335/45).

Ein ev. Schulmeister, der von der Gemeinde mit Zustimmung der Herrschaft angenommen wurde, findet in Bofsheim erstmals 1676 im Zusammenhang mit der

Einführung des Simultaneums Erwähnung. Er war der einzige ev. Schulmeister in der Herrschaft Rosenberg. 1682 setzte der Deutsche Orden als Pfandbesitzer der Herrschaft einen kath. Schulmeister ein, obgleich es nur eine einzige kath. Familie am Ort gab. Dieser kath. Schuldienst wird noch 1737 und 1751 erwähnt. 1715 wurde den Bofsheimern gestattet, auf eigene Kosten eine Schule zu erbauen und einen Lehrer anzustellen. Ein Schulhausneubau fand dann wieder 1783 statt.

Bevölkerung und Wirtschaft. – 1751 hatte Bofsheim etwa 250 bis 270 Einwohner (67 Untertanen und 1 Schutzjuden). Bis 1799 dürfte die Einwohnerzahl wohl noch um gut 100 Seelen zugenommen haben (100 Haushaltungen).

Die Bevölkerung zu Bofsheim ernährte sich im wesentlichen vom Feldbau. Die sich zu beiden Seiten des Rinschbaches erstreckende Gemarkung war in drei Fluren eingeteilt, die sich gegen Sindolsheim, gegen Schlierstadt und gegen Eberstadt erstreckten. Besonders hervorgehoben wird schon in älterer Zeit ein bedeutender Viehbestand. Im Winter wurden Spinnerei und Leinenweberei getrieben. Die bereits 1395 erwähnte Mühle lag am Rinschbach in Richtung Götzingen (1751). Eine Konzession für eine Pulvermühle wurde 1748, für eine Ziegelhütte 1774 erteilt. Eine Schenke in Bofsheim wird bereits 1479 erwähnt, 1642 bestand jedoch keine mehr. 1751 gab es 4 Wirtschaften: den *Schwarzen Adler*, den *Engel*, den *Grünen Baum* und das *Roß*.

Hemsbach

Siedlung und Gemarkung. – Das abseits größerer Verkehrswege im Tal des Rinschbachs gelegene Hemsbach wird zum Jahr 837 erstmals in schriftlichen Aufzeichnungen erwähnt (*Heinwinesbah*); der Name des Ortes ist aller Wahrscheinlichkeit nach von einem Personennamen hergeleitet. Jedoch steht zu vermuten, daß diese Erwähnung im 9. Jh. sich nicht auf das heutige Dorf, sondern auf eine ältere, bereits im hohen Mittelalter wieder untergegangene, wohl in der näheren Umgebung zu suchende Siedlung *Vustenheimesbach* (1239) bezieht, deren genaue Lokalisierung bislang nicht möglich gewesen ist. Sowohl die bescheidene Größe der Hemsbacher Gemarkung als auch ihre nahezu schnurgerade Grenze gegen Zimmern lassen vermuten, daß der hiesige Bann erst vergleichsweise spät von jenem des Nachbardorfes abgesondert worden ist. Der im 30j. Krieg nahezu ganz entvölkerte Ort wird um 1650 als Weiler bezeichnet und zählte zu jener Zeit kaum mehr als vier bewohnbare Häuser.

Herrschaft und Staat. – Zur Zeit der ersten Erwähnung war in Hemsbach das Bistum Würzburg begütert. Im hohen Mittelalter zählte das Dorf zum Herrschaftsbereich der Edelherren von Dürn, die im Laufe des 13. Jh. nach und nach offenbar alle ihre hiesigen Gerechtsame dem Frauenkloster Seligental übertragen haben. Als alleinige Grundbesitzer am Ort beanspruchten die Nonnen während des späten Mittelalters in Hemsbach die Ortsherrschaft und konnten diese nach dem Scheitern des Bauernkrieges 1526 auch noch weiter ausbauen und festigen. Die zentliche Obrigkeit mit Blutgericht und militärischem Aufgebot lag ursprünglich bei den Herren von Dürn, später beim Erzstift Mainz (Zent Osterburken). Nach der Aufhebung des Klosters konnte Kurmainz seit der 2. H. 16. Jh. in Hemsbach schließlich seine volle Orts- und Landesherrschaft entfalten (Amt Buchen); die vormals klösterlichen Gerechtsame, darunter auch die Jagd, wurden nunmehr von der sog. Hofmeisterei Seligental wahrgenommen. Im Zuge von Säkularisation und Mediatisierung gelangte der Ort 1803 zunächst an das Fürstentum Leiningen (Oberamt Amorbach, Amtsvogtei Osterburken) und 1806 an das Großherzogtum Baden.

Gemeinde. – Von alters her bildete Hemsbach zusammen mit Zimmern eine Gemeinde, die ein gemeinsames Ortsgericht hatte. Nach dem 1519 aufgezeichneten, ebenfalls für beide Orte geltenden Dorfrecht war der vom Kl. Seligental bestellte Schultheiß gehalten, zweimal im Quartal Gerichtstermine anzuberaumen, bei denen abgesehen von den vier Zentfällen alle Angelegenheiten am Ort selbst entschieden werden sollten, gegebenenfalls nach Rücksprache mit der Herrschaft. 1526 wurden die Rechte der Gemeinde zur Strafe für ihre Beteiligung am Bauernkrieg stark eingeschränkt: Appellationen gegen herrschaftliche Entscheidungen sollten künftig nicht mehr zulässig sein; auch durften die Schöffen des Dorfgerichts fortan nicht mehr von der Gemeinde gewählt, sondern nur noch von der Äbtissin benannt werden; Heimbürgen (Bürgermeister), Schützen, Mesner, Hirten und andere Gemeindediener mußten im Einvernehmen mit der Äbtissin oder ihrem Schultheißen gewählt werden, und die Besetzung dieser Ämter in Abwesenheit des Schultheißen war ausdrücklich verboten; schließlich mußte die Gemeinde alle in ihrem Besitz befindlichen Urkunden und sonstigen Dokumente an die Herrschaft nach Seligental abgeben. Im 17. Jh. war die Gemeinde zu ⅔ am Ohmgeld beteiligt, das restliche Drittel stand der Herrschaft zu. Zu Beginn des 19. Jh. bestand das Hemsbacher Gemeindeeigentum aus etwa 70 M Wald und einem Hirtenhaus.

Kirche und Schule. – Die ältesten Pfarrverhältnisse von Hemsbach sind ungeklärt. Einer Aufzeichnung von 1594 zufolge hat die hiesige, 1281 erstmals erwähnte und mit ihrer Bausubstanz sogar ins 12. Jh. zurückreichende Mauritius-Kirche bereits um die Mitte des 14. Jh. Pfarrechte erhalten; zu ihrem Sprengel gehörte bis ins 17. Jh. das benachbarte Zimmern. An den Seitenaltären des Gotteshauses wurden am Ende des 16. Jh. und später die drei hll. Jungfrauen sowie die Muttergottes Assumpta verehrt. Das vom Hochstift Würzburg zu Lehen rührende Patronatsrecht der hiesigen Pfarrei ist seit den 1460er Jahren im Besitz der von Rosenberg bezeugt, die um die Mitte des 16. Jh., freilich ohne bleibenden Erfolg, versucht haben, Hemsbach dem luth. Bekenntnis zuzuführen. Nach dem Aussterben der Rosenberger gelangte die Kollatur im 17. Jh. zunächst an die Grafen von Hatzfeld und von diesen an das Erzstift Mainz (vor 1667). Bereits 1656 war Hemsbach in einem größeren Pfarreientausch vom Bistum Würzburg (Landkapitel Buchen) an das Erzbistum Mainz (Landkapitel Taubergau) übergegangen. Nach dem 30j. Krieg blieb die Pfarrei für mehr als ein Jahrhundert unbesetzt. Die Gläubigen wurden in dieser Zeit von Schlierstadt aus pastoriert; erst 1782/83 ist nach vielem vergeblichem Bemühen wieder ein eigener Kaplan für das Dorf bestellt worden.

Der Groß- und Kleinzehnt zu Hemsbach war ursprünglich als Würzburger Lehen ganz in Händen von Ministerialen der Edelherren von Dürn. Die eine Hälfte ist bereits um 1281 durch das Kl. Seligental angekauft worden, wohingegen die andere Hälfte noch rund 150 Jahre lang in niederadeligem Besitz geblieben (Helmote, von Sindringen, von Adelsheim) und erst zwischen 1413 und 1431 gleichfalls käuflich an das Kloster gelangt ist. So waren schließlich die Seligentaler Nonnen seit dem 15. Jh. alleinige Inhaber des Hemsbacher Zehnten. Dessen ungeachtet hat hier aber noch im Jahre 1803 ein Sonderzehntdistrikt der Freiherren von Adelsheim bestanden.

Von einem Schullehrer zu Hemsbach berichten die Quellen erstmals zu Beginn des 19. Jh.; ein besonderes Schulhaus hat es zu jener Zeit im Dorf aber noch nicht gegeben.

Bevölkerung und Wirtschaft. – Informationen über die Einwohnerzahl Hemsbachs in älterer Zeit lassen sich nicht leicht gewinnen, weil Steuerlisten und ähnliche Verzeichnisse gewöhnlich die Daten für Hemsbach und das Nachbardorf Zimmern in einem Wert zusammenfassen. Dennoch wissen wir, daß der Ort um die Mitte des 16. Jh. etwa 50 und im frühen 17. Jh. rund 90 Einwohner gezählt hat. Am Ende des

30j. Krieges lebten in Hemsbach nur noch 4 Untertanen, d. h. zwischen 15 und 20 Personen. Bis zum Ende des 17. Jh. hatte sich die Bevölkerungszahl allerdings wieder verdoppelt, und bis 1803 ist sie auf 74 Seelen angestiegen.

Am Anfang des 19. Jh. wurden in Hemsbach 240 M Äcker, 31 M Wiesen und 5 M Triften bewirtschaftet. Angebaut hat man vor allem Spelz, Hafer, Kartoffeln, Flachs und Hanf. Die Viehhaltung beschränkte sich auf Rinder (87). Noch im Jahre 1700 hat es in Hemsbach kein Schildwirtshaus gegeben; erst 1750 findet ein Schildrecht Erwähnung. Eine Mühle ist hier trotz der Lage am Bach nie betrieben worden.

Osterburken

Siedlung und Gemarkung. – Die Ersterwähnung Osterburkens steht mit der Gründung des Bistums Würzburg in Zusammenhang. Bischof Wolfgar (810–832) legte zwei Diplome Karls des Großen vor, mit denen dieser seinerzeit den Besitz Würzburgs bestätigt hatte. Nach dem Wortlaut der von Ludwig dem Frommen im Dezember 822 ausgefertigten Urkunde befand sich unter den 741/42 bzw. 747 übertragenen Kirchen auch die *in papo Uuingartuueiba in villa Burgheim* gelegene *basilica sancti Martini* mit Zugehörungen.

Das Präfix der Namengarnitur verweist auf den Standort bei den römischen Kastellanlagen, deren bauliche Substanz erst der Ausbeutung als Steinbruch für die spätmittelalterliche Stadtbefestigung zum Opfer gefallen ist. Die heutige Namensform als *Osterburcheim* erscheint zuerst 1309. Der Zusatz *Oster-*, unterscheidet den Ort von dem gleichnamigen, weiter westlich gelegenen römischen Kastellplatz (Neckar-) Burken. Mit dem Namen des Ministerialen *Godeboldus de Borckeim* begegnet erstmals die mundartliche Kurzform.

Trotz großer Bedeutung des Platzes in der Römerzeit besteht eine wirkliche Dauerbesiedlung erst seit der fränkischen Landnahme, was sowohl durch die Ortsnamengarnitur, das Martinspatrozinium, Schriftquellen als auch archäologische Befunde bewiesen wird. Das (Teil-?)Inventar eines Reihengrabes ist nach Saxknopf und -klinge allgemein der 2. H. 7. Jh. zuzuweisen, doch kann es aufgrund des Fehlens einer Fundplatzangabe siedlungsgeschichtlich nicht herangezogen werden. Dafür sind aus dem Vorgelände der jüngeren römischen Militärtherme Keramikfunde bekannt, die von solchen des 6./7. Jh. über die »imitierte Pingsdorfware« bis ins späte 13. Jh. reichen. Zweifellos sind sie vom Talhang herabgeschwemmt worden. Daraus und aus der Lage der Kirche, ca. 150 m östlich des Thermengeländes, ergibt sich ein Siedlungsareal, das sich von dem des Spätmittelalters beträchtlich unterschied. Das fränkische Burgheim sparte die hochwassergefährdete Talaue der Kirnau aus, erstreckte sich vielmehr in langgezogenem Grundriß dem südlichen Talhang entlang. Als äußerste Punkte dürfen im O die Kirche, im W die vor der Ostseite des Kastellareals herabziehende Hahnklinge angenommen werden. Die ins Badvorgelände herabgeschwemmte Keramik bricht mit dem späten 13. Jh. ab. Ein Fundamentierungspfosten im Bereich des römischen Benefiziarierbezirks ist nach Holzdatierung um 1280 anzusetzen. Beides deutet darauf hin, daß im Zuge einer ersten Ortsumwehrung damals eine Konzentration der Siedlungsfläche vorgenommen wurde. Die hangseitige Bebauung zusammenziehend, bezog man die hochwassergefährdete Talaue in den bewohnten Bezirk ein. Der dadurch entstandene, dem Quadrat angenäherte Grundriß änderte sich erst mit der Schleifung der Stadtmauern im frühen 19. Jh. (vgl. Kartenbeilage).

Schon die Lage an der Straße von Speyer und Worms nach Würzburg verdeutlicht die Bedeutung des frühmittelalterlichen *Burgheim*. So überrascht keineswegs die Existenz von Königsbesitz. Das Martinspatrozinium der Kirche legt seinen merowingerzeitlichen Ursprung nahe. Ludwig der Fromme bestätigte 837, daß Karl d. Gr. zwischen 786 und 800 Bischof Berowelf von Würzburg diejenigen Güter übertrug, die der *servus regius* (königliche Getreue) Richbertus *in locus vocabulo Burgheim et Heinuuinesbah* (= Hemsbach) besessen hatte. *Locus* kann noch im 9./10. Jh. einen königlichen Grundherrschaftsbezirk bezeichnen. Das Zentrum des daraus zu erschließenden Hofes ist nicht bekannt. Denkbar wäre das Hofviertel um die Kirche. Hier bestand 1609 ein *bauehove*, dessen Inhaber gewisse Privilegien besaßen.

Eine das Ortsbild grundlegend verändernde Maßnahme bildete die Ummauerung. Anlaß dafür war wohl die Zerstörung des bestenfalls palisadenumwehrten Orts durch Pfalzgraf Ruprecht II. im Jahre 1380. Die erste Nachricht besteht in einem Privileg Erzbischof Johanns II. 1401, worin er der Bürgerschaft zugestand, die Bede für den Mauerbau aufzuwenden (ähnlich 1409). Der Wortlaut zeigt, daß die Arbeiten bereits im Gange waren. Sie zogen sich über Jahrzehnte hin, denn 1445 erlaubte ein weiteres Privileg die Zucht von Fischen in einem vor der nördlichen Flanke der Stadtmauer anzulegenden Graben. Der Erlös sollte auch in diesem Falle der Befestigung zugeführt werden. Wenige Jahre später muß ein Stadtbrand die finanziellen Möglichkeiten so eingeengt haben, daß Erzbischof Dieter von Erbach 1452 die Anlage von Zwingermauern nur dadurch durchzusetzen vermochte, daß er für Jahre auf die Bede verzichtete.

Die Mauer umschloß ein nicht ganz regelmäßiges Rechteck von etwas mehr als 3 ha. Die Seitenlängen der gänzlich verschwundenen Anlage sind mit 139 m im W und 185 m im S einigermaßen sicher, während für Ost- und Nordseite nur ungefähr 200 m zu errechnen sind. Die besonders überhöhte Südostecke verstärkte der Pfarrturm (eigentlich Diebsturm), der letzte Überrest der Stadtbefestigung. Kellerei und Lohplatzturm nahmen die SW- bzw. NW-Ecke ein. Nur für die von der Mühle eingenommene NO-Ecke ist kein Turm nachzuweisen, aufgrund der Geländeverhältnisse vielleicht auch nicht notwendig gewesen. Das Stadtinnere gliederte die vom oberen (östlichen) zum unteren Tor ziehende Hauptstraße in zwei Hälften. Durch eine blind an der Stadtmauer endende Querstraße ergab sich eine Viertelung. Ihre Bewährungsprobe bestand die Befestigung nicht lange nach Anlage des Zwingers. Aber schon der Ausbruch des 30j. Krieges sah die Wehranlagen Osterburkens längst nicht mehr auf der Höhe des fortifikatorischen Standes der Zeit. Bestenfalls noch Schutz vor marodierenden Banden, aber nicht mehr vor Truppeneinheiten bietend, sind sie auch nur noch einmal verteidigt worden.

Erst als im beginnenden 19. Jh. auf der nördlichen Talseite der Kirnau die neue Straße nach Adelsheim gebaut wurde, führte man den Verkehr über die Kirnaubrücke und durch den einen Arm der Seitenstraße (Friedrichstraße) ins Stadtinnere. Zuvor zog die Trasse der Poststraße auf der Nordseite des Städtchens vorbei.

Als Erzbischof Berthold von Mainz 1478 die Schöffenzahl der Zent Osterburken herabsetzte, begründete er es mit der Tatsache, daß Gies wie Hügelsdorf in der Mainzer Stiftsfehde (1463) *durch brand und verheerunge vernicht und vertielgt worden* und die Bewohner sich in Osterburken niedergelassen hätten. Für das östlich von Osterburken am Südhang des Kirnautales gelegene Gies darf die Übersiedlung der Bevölkerung auch deshalb als gesichert gelten, weil die ehemalige Gemarkung noch heute von der »Gieser Waldgenossenschaft« genutzt wird. Daß es sich bei Gies wie dem westlich von Osterburken liegenden Hügelsdorf tatsächlich um eigenständige Gemeinden gehandelt hat, geht aus der Begründung Erzbischof Bertholds hervor, denn sie stellten Schöffen zum Zentgericht.

In viel späterer Zeit gab es insofern eine Veränderung der Gemarkungsfläche, als das Erzstift Mainz die noch 1596 als Allmende bezeichnete »Heed« südlich von Osterburken 1747 als eigene Gemarkung versteinen ließ. Aufgrund welcher Rechtsansprüche dies geschah, ist nicht bekannt. Der Fürst von Leiningen als Nachfolger des Erzstifts richtete hier ein Domänengut mit dem 1830 erbauten Hof Marienhöhe als Mittelpunkt ein. Erst 1882 erreichte die Stadtgemeinde nach langem Prozeß, daß die »Heed« ihr wieder zugesprochen wurde.

Herrschaft und Staat. – Wie die Schenkungsurkunden bzw. ihre Bestätigungen im 8./9. Jh. erkennen lassen, befanden sich in Osterburken eine königliche Eigenkirche und weiterer Königsbesitz, die dem Hochstift Würzburg übergeben wurden. Anscheinend war Würzburg aber nicht imstande, seine Rechte zu behaupten. Am 15. Juli 1213 nämlich fertigte Bischof Otto auf Bitten Heinrichs von Boxberg eine Urkunde aus, die dem Hochstift u. a. Besitz in Osterburken (*et aliarum proprietatum in ... Burcheim, Beringen et Senephelt*) lehnbar machte. Aus der dreistufigen Urkunde geht hervor, daß das ursprüngliche Rechtsgeschäft um einiges früher anzusetzen ist, und zwar in die Regierungszeit von Bischof Heinrich III. von Berg (1191–1197). Bestätigt haben es dann die Bischöfe Heinrich IV. Caseus (1202/03–120) und Otto.

In der Folgezeit ist von Rechten Würzburgs aber nicht mehr die Rede. In den Jahren 1222, 1228 und 1231 tritt ein Ministeriale der Edelfreien von Krautheim, *Godeboldus de Borckeim* oder *Burcheim*, als Urkundszeuge auf. Bei der Versippung der Boxberger und Krautheimer Edelfreien bereitet dieser Herrschaftswechsel wenig Erklärungsschwierigkeiten. Auf welchem Wege Osterburken dann aber an die Dürn gelangte, dafür gibt es keinerlei Hinweis. 1251 nahm Konrad von Dürn eine Erbordnung vor, derzufolge er sich und seiner Gattin u. a. den Zehnten in Osterburken vorbehielt, die hoheitlichen Rechte aber seinem Sohn Rupert II. zu Forchtenberg zufielen. Der allgemein bekannte Niedergang der Dürner machte auch vor der Forchtenberger Linie nicht halt, so daß 1317/22 Rupert III. Dorf und Zent von Würzburg als Lehen empfing. Ob diese Lehnbarmachung damals erst erfolgt ist oder schon etwas früher, ist unbekannt, wie auch nicht entschieden werden kann, ob Osterburken nicht überhaupt durchgängig seit der boxbergischen Zeit von Würzburg zu Lehen ging, das Hochstift nur zeitweise seine Rechte nicht durchzusetzen vermochte.

Auch wer den Ort nach dem Tode Ruperts III. besaß, weiß man nicht zu sagen. Wenn die Hohenlohe angenommen werden, so kann sich diese Vermutung nur auf eine Familienverbindung mit Ulrich II. von Hanau stützen. In seinem Testament vom 9. Juni 1343 sah er seinen ältesten Sohn als Erben Osterburkens vor. Dieser Ulrich III., Reichslandvogt in der Wetterau, erlangte am 9. Januar 1356 von Karl IV. ein Privileg, das einen wichtigen Markstein auf dem Wege der Entwicklung des Ortes zur Stadt bedeutet. Schuldenhalber war Ulrich IV. am 5. Februar 1376 Osterburken an Erzbischof Adolf I. von Nassau um 2400 fl zu verkaufen gezwungen. Damit begann die mainzische Epoche, die erst 1802/03 durch den Reichsdeputationshauptschluß beendet wurde.

Erzbischof Adolf I. stand im Kampf um die päpstliche Approbation und die kaiserliche Anerkennung. In seinen Finanzschwierigkeiten verpfändete er Osterburken daher bereits 1376 an Wiprecht Rüdt von Bödigheim. Wie die später erfolgenden Verpfändungen geschah sie nach dem Grundsatz der Todsatzung, des Rückfalls, sobald die Nutzungseinnahmen die Pfandsumme erreicht hatten. 1394 mußten die Steuereinnahmen an Ritter Konrad von Hardheim verpfändet werden.

Am 23. Februar 1463 versetzte Erzbischof Dieter von Isenburg den Ort dem Ritter Blicker Landschad von Steinach um 1200 fl. Als Parteigänger des Isenburgers in der

Mainzer Stiftsfehde hatte Blicker das Städtchen schon etwas früher innegehabt und der Belagerung durch Graf Johann von Wertheim im Februar 1463 widerstanden. 1465 löste der siegreiche zweite Prätendent um den Mainzer Stuhl, Adolf II. von Nassau, Osterburken wieder ein, um es sofort wieder Götz von Adelsheim zu verpfänden. Mit Ende dieser Pfandschaft (vor 1478) blieb das Städtchen ohne Unterbrechung bis zum Ende des Alten Reiches im Besitz des Erzstifts.

Das rechtliche Verhältnis zwischen dem Erzstift Mainz und der Bürgerschaft läßt sich mit der Zent und (in der Terminologie des 16. Jh.) der Vogtei umschreiben. Der Zentgraf, dessen Amt seit 1660 mit Johann Heinrich Geiger in dieser Familie geradezu erblich wurde (bis 1746), war gleichzeitig den städtischen Selbstverwaltungsgremien übergeordnete Kontrollinstanz. Das Amtsgebäude befand sich an der Hauptstraße zwischen den beiden Toren nahe bei der Kirche. Im Zuge der Erbauung der neuen kath. Stadtpfarrkirche ist es abgebrochen worden (1970/71). Ein Zentgefängnis wird erstmals 1596 unter der Bezeichnung *Eselstall* erwähnt, womit der auch *Malefitzthurn* genannte südöstliche Eckturm der Stadtbefestigung gemeint ist. Im 18. Jh. wurde es durch den Turm über dem oberen Tor ersetzt, *weil in selbem die Gefängnisse unter der Erde, und für das Leben und Gesundheit der Malefikanten schädlich.*

Die Vogteirechte, d. h. Gebot und Verbot lagen durchweg in mainzischer Hand. So heißt es in der Zusammenstellung der erzstiftischen Rechte von 1668: *Gehört ganz und gar ihro churfürstlichen gnaden und dem ertzstift Mainz mit aller hocher und niederer obrigkeit.* Unmittelbar präsent war das Erzstift neben dem Zentgrafen durch den Keller (im 15. Jh. von Buchen aus versehen), während das Amt des Schultheißen erlosch.

Als wichtigste Abgabe zog der Keller die Bede (zu unterscheiden von der Gemeindebede) ein, die sich im Jahr auf nahezu 34 lb belief, und die Akzise. Für das Fuder Wein betrug sie 3–6 albus, das Fuder Bier 1½–3 albus und für einen Ochsen 1–6 albus. Das Ungeld aber stand der Gemeinde zu, die auch Fronfreiheit besaß. 1773 verlegte das Erzstift den Sitz des Amtskellers nach dem ehemaligen Kl. Seligental. Der Zentgraf, der nun die Bezeichnung Amtsvogt führte, blieb am Ort. Der Reichsdeputationshauptschluß 1802/1803 sprach das Oberstift und damit auch die Amtsvogtei Osterburken dem Fürsten von Leiningen zu. An ihrer Stelle wurde ein fürstliches Justizamt eingerichtet, das 1806 unter badische Souveränität kam.

Grundherrschaft und Grundbesitz. – Die Grundherrschaft über die Güter auf Osterburkener Gemarkung kam mit wenigen Ausnahmen Mainz zu, wenn man darunter versteht, daß Grund und Boden in Erbzinsleihe ausgegeben waren. Leibeigenschaft ist hier selten gewesen. Eigenwirtschaft betrieb das Erzstift Mainz wie auch schon die Herren von Hanau in Osterburken nicht mehr. Soweit sich Reste einer unmittelbaren Grundherrschaft erhalten haben, ist, wie erwähnt, unsicher, ob hier die Verbindung zu einer karolingischen Villikation hergestellt werden kann.

In der Spätphase Dürn'scher Herrschaft gab es hier zwei Fronhöfe, mit denen Niederadlige, die gewiß einst zum Lehnhof der Dürn gehörten, vom Hochstift Würzburg belehnt waren. 1322/33 empfingen Gabel von Buchen, Wiprecht von Dürn und Friedrich von Hettingen eine *curia*. Der zweite Hof erscheint 1333/35, als besagte Gabel von Buchen und Wiprecht mit beiden Höfen belehnt wurden. Später wird nur noch von einem Hof gesprochen. Die Annahme, beide Höfe seien zusammengelegt worden, findet allerdings keinen Quellenbeleg; da 1350 nur noch Wiprecht von Dürn das Lehen innehatte, ist dies jedoch unwahrscheinlich. Damals verzichtete Wiprecht zugunsten des Edelknechts Götz von Fechenbach auf die Belehnung. Die folgende Besitzgeschichte bleibt dunkel. Irgendwann ist der Hof an Mainz gelangt, das ihn nicht mehr zu Lehen ausgegeben und in Erbbestand umgewandelt hat. Dieser *bauehove* wird erstmals 1609 greifbar. Mit Ausnahme der auf der Mühle ruhenden Gült, die 1479 Kl. Seligental bezogen hat, gab es am Ende des 15. Jh. keine nennenswerten nichtmainzischen Grundbesitzrechte mehr. Was Seligental besessen hat, ist spätestens dann an Mainz gefallen, als 1568 das Kloster aufgehoben und in eine Hofmeisterei umgewandelt wurde. Auch die Grundrechte zu Gies und Hügelsdorf hatte das Erzstift an sich bringen können. Bekannt ist weiter, daß Fritz Zobel von Rinderfeld 1384 Seligental seine Güter zu Gies *in dem wyler gelegen by Burcken* veräußerte. Begütert war hier auch Bronnbach, das seine Rechte auf vier Höfen am 13. März 1393 ebenfalls an Seligental verkaufte. In der Folgezeit lagen alle Grundrechte bei Mainz, ein Prozeß, der mit dem Erwerb der Rechte Friedrichs von Rosenberg 1501 als abgeschlossen gelten konnte. Von Hügelsdorf weiß man nur, daß 1335/45 Walther von Hardheim und Ludwig Münch hier würzburgische Lehen innehatten, die Siedlung aber schon vor der Mainzer Stiftsfehde Eigengut des Erzstifts war. Lediglich ein Acker befand sich noch im Besitz der Brüder Götz und Martin von Adelsheim, die ihn am 15. Juni 1501 dem Osterburkener Melchior Schneider verkauften.

Gemeinde. – Die ersten, freilich noch blassen Hinweise auf eine bessere Rechtsstellung Osterburkens stammen von 1285 und 1305. In der Zeugenliste Dürn'scher Urkunden erscheinen Eberhard Kantz bzw. Eberhard Kantz *et filius suus scultetus de Burcheim*. Dabei muß als auffällig angemerkt werden, daß *sculteti* der Edelfreien nur in solchen ihrer Orte nachzuweisen sind, die damals schon städtisches Recht genossen haben. Man möchte daraus auf eine höhere Rechtsqualität der Bewohner Osterburkens, jedenfalls gegenüber den umliegenden dörflichen Siedlungen, schließen. Nimmt man ein wenigstens in Ansätzen entwickeltes städtisches Recht als gegeben an, korreliert dies auffällig mit der Konzentrierung des Siedlungsareals im späten 13. Jh.

Das 1356 von Ulrich III. von Hanau erwirkte kaiserliche Privileg enthält im zweiten Teil die Zuweisung Osterburkens an den Oberhof Wimpfen. Das setzt das Bestehen eines örtlichen Gerichts voraus, was wiederum für eine gemeindliche Selbstverwaltung spricht, die geeignet ist, den Ansatz zur Stadtentwicklung zu stützen. Es ist gut möglich, daß dieses Gericht schon im ausgehenden 13. Jh. bestanden hat. Sein Nachfolger war wohl jenes Rüggericht, das Mitte des 16. Jh. in Zusammensetzung und Kompetenz näher faßbar wird. Es setzte sich aus zwölf Schöffen zusammen, davon sechs Ratsmitgliedern, die unter dem Vorsitz des Zentgrafen tagten. Ihm oblag die Entscheidung in all den Rechtsfällen, die außerhalb der Zentjurisdiktion lagen. Darüber hinaus kamen ihm die Beurkundungen von Kauf-, Erb- und Heiratsverträgen zu. In jedem Falle läßt sich sagen, daß es keine eigentliche Stadtrechtsverleihung gibt; vielmehr hat sich das städtische Recht Osterburkens via facta und schrittweise entwickelte.

Erst um die Wende vom 14. zum 15. Jh. vollzog sich terminologisch der Übergang zur Stadt, was ursächlich mit der Ummauerung zusammenhängt. Am 4. Mai 1401 gewährte Erzbischof Johann II. der Stadt Ballenberg Freiheit von neuen Beden und Steuern. Eine Notiz vermerkt, daß unter demselben Datum Osterburken dasselbe Privileg erteilt worden ist. Im Jahre 1409 gestand der Erzbischof auf weitere fünf Jahre Befreiung von Bede und Steuern zu. Hierbei wird auf eine frühere (die von 1401?) Steuerbefreiung Bezug genommen, die *schultheißen, burgermeister und den burgern gemeinlich* für den Bau von Mauern, Toren und Graben gewährt worden war. 1452 werden *burgermeistere, scheffen und gemeinde* genannt. Der Schultheiß kommt zuletzt 1465 vor, und 1474 wird nur noch von *burgermeister, rath und gemein* gesprochen. In eben dieser Urkunde erfährt man von einem Stadtsiegel; das älteste erhaltene Siegel stammt aber erst von 1613 und zeigt das Mainzer Rad in Rot auf silbernem Grund mit der Umschrift *SIGILLVM CIVITATIS OSTERBURKAENSIS*.

Sehr wahrscheinlich als Antwort auf die Verpfändungen während und nach der Mainzer Stiftsfehde gestand Erzbischof Berthold von Henneberg zwischen 1488 und 1496 der Bürgerschaft die Kodifizierung ihrer Rechte zu (vgl. das sog. Stadtbuch im Gemeindearchiv). Bislang hatten einzelne Privilegien, zuletzt dasjenige von 1491 hinsichtlich des Erbrechts, die Grundlage der städtischen Autonomie gebildet. Ergänzt wurden sie von Oberhofentscheidungen. An erster Stelle steht der Eintritt in den Bürgerverband, der durch einen Eid auf den Erzbischof bekräftigt wurde; gleichzeitig mußte der Zenteid abgelegt werden. Im Falle Zuziehender kam noch der Schwur hinzu, keinen anderen Herrn zu haben. Seit 1679 blieb die Bürgeraufnahme an den Nachweis eines Mindestvermögens gebunden.

Wichtigstes Selbstverwaltungsorgan der Stadtgemeinde bildete der aus zwölf Personen bestehende Rat, dessen Mitglieder im 17. Jh. als *senatores* bezeichnet werden und dessen Ursprung im Gericht gesucht werden darf. Die Ergänzung erfolgte durch Zuwahl, der eine Vorauswahl vorgeschaltet gewesen zu sein scheint. Ob hierbei die Höhe des Vermögens eine Rolle gespielt hat oder welche Gesichtspunkte überhaupt die Ratsfähigkeit beeinflußt haben, weiß man nicht. Der Wahlgang, wie er erstmals 1652 zu erkennen ist, spielte sich so ab, daß für die einzelnen Kandidaten Steinchen abgegeben wurden.

Das Zuständigkeitsfeld des Rates erstreckte sich zum einen auf die Bestellung und Kontrolle der *gemeinen* Diener (Büttel, Feuerschauer, Grabenmeister u.a.), zum andern kam ihm ein gewisses Gebotsrecht zu. So setzte er Backgewichte fest, überwachte das Betreten der Bannzäune und setzte den Bedarf an Bauholz fest, wie er insbesondere auch Bußgelder erheben konnte. Die beiden Bürgermeister, im 16. Jh. Rent- oder Rentbaumeister, im 17. Jh. *consules* genannt, fungierten als Ausschuß des Rates. Ihre Bestellung geschah offenbar durch eine gesonderte Wahl, aber wieder durch Abgabe von Steinen. Sie unterlagen dem Grundsatz von Annuität und Kollegialität. Das Amtsjahr der Bürgermeister wie der »gemeinen« Diener nahm jeweils an St. Thomastag (21. Dezember) seinen Anfang. Eine lückenlose Dienerserie liegt seit 1652 vor.

Dem Rat als Selbstverwaltungsgremium standen die Viertelmeister gegenüber. Ihnen kam die Zuweisung der Holznutzung und die Einteilung des Wachtdienstes zu. Blieb diese letztere Aufgabe, im Verteidigungsfall die Bürger von Hof-, Mühl-, Brunnen- und Kellereiviertel (Geißviertel) aufzubieten und einzuteilen, grundsätzlich wenigstens erhalten, verlor die andere an Gewicht. In der lateinisch-barocken Bezeichnung *tribuni plebis* schimmert etwas von der Funktion durch, Sprecher der Stadtviertel dem Rat gegenüber zu sein. Sind sie zuvor gewählt worden, nahm seit dem 17. Jh. der Rat ihre Ernennung vor. Im ganzen gesehen, dürfen die Selbstverwaltungsrechte Osterburkens als einigermaßen großzügig bezeichnet werden. Nach außen gerichteten politischen Aktivitäten verstand Mainz einen Riegel vorzuschieben oder auch rechtzeitig zu unterbinden. So ist auch nicht bekannt, ob Osterburken sich jemals bemüht hat, Anschluß an den berühmten Bund der Neun Städte des Mainzer Oberstifts zu suchen.

Am Bauernkrieg hat das Städtchen sich beteiligt und am 26. Juli 1525 mit einigen umliegenden Gemeinden eine Unterwerfungsurkunde anerkennen müssen. Darin bedauern die Osterburkener, den alten Zentgrafen gezwungen zu haben, dem Bündnis mit den Bauern beizutreten, wie sie sich überhaupt verpflichten, keinem Bündnis gegen Erzbischof und Domkapitel beizutreten. Neben der Ablieferung aller Waffen versprechen sie, die festzusetzende Entschädigungszahlung zu leisten, die Schlüssel für Tore und Türme den mainzischen Beamten auszuliefern und alle Gerichts-, Zunft- und Bruderschaftsversammlungen nur mit Wissen und Willen des Erzbischofs abzuhalten. Von besonderer Wichtigkeit ist die Aufhebung aller Privilegien und Freiheiten. Daraus könnte eventuell geschlossen werden, daß Osterburkens Stadtrecht gemindert worden ist wie das der anderen mainzischen Städte. Dazu gibt es nicht den geringsten Quellenbeleg, so daß doch anzunehmen ist, Osterburken sei – von einer Übergangszeit vielleicht abgesehen – im Genuß seiner alten Privilegien geblieben. Die Bürgerschaft lebte bis zum Ende des Erzstifts Mainz wohl im wesentlichen nach dem Recht, wie es sich im späten 15. Jh. herausgebildet hatte.

Kirche und Schule. – Am Anfang der kirchlichen Geschichte Osterburkens steht die königliche Eigenkirche, die zum Dotationsgut Würzburgs gehörte und deren Martinspatrozinium ihre Errichtung in merowingischer Zeit wahrscheinlich macht. Über den Zeitpunkt des Patrozinienwechsels von Martin zu Kilian lassen sich nur Vermutungen anstellen. So könnte Kilian seinen Weg von Würzburg nach Osterburken als sog. Pertinenzheiliger genommen haben, d. h. der Heilige der Domkirche kennzeichnete und bewies gleichsam seine Besitzrechte über die Niederkirchen. Gemeinsam ist diesen Fällen (Bad Windsheim, Mellrichstadt u. a.) eine periphere Lage und die Tatsache, daß der Wechsel nirgends vor 1200 bezeugt ist (für Osterburken erstmals 1498). Der zweite Patron, Burkhard, erster Bischof von Würzburg, dürfte mit dem Kirchenneubau 1681/82 hinzugekommen sein.

Mit Sicherheit befand sich schon die an Würzburg tradierte *basilica sancti Martini* an der Stelle aller Nachfolgebauten. Die nach Abbruch der alten kath. Stadtpfarrkirche 1970/71 durchgeführten Grabungen ergaben einen einfachen Rechtecksaal von 15,8 × 7,5 m (Außen-)Maßen, vielleicht noch durch eine Quermauer in einen 10 m langen Kirchenraum und eine Vorhalle unterteilt. Spuren eines Holzbaues fehlten, so daß keine völlige Gewißheit besteht, ob die Steinkirche (Bauphase I) wirklich die Würzburg übergebene ist. In jedem Falle aber ist sie vor 1000 entstanden. Sie wurde abgelöst durch Bauphase II; um eine Mauerstärke verbreitert und durch einen Rechteckchor (5,50 × 6,15 m) nach Osten verlängert, ergab sich eine Gesamtausdehnung von 17,4 × 9,40 m. In einer Bauphase II a/b ist der Chor vergrößert und mit einer Priesterbank versehen sowie im Zwickel an der Nordseite zwischen Chor und Schiff eine Sakristei angefügt worden. Noch später (1588?) errichtete man vor der Westseite den noch erhaltenen Turm. Da Baunachrichten nicht vorliegen, läßt sich die Zeit von Bauphase II höchstens erschließen. Die in den Kirchenfundamenten vermauerten Benefiziariersteine des 3. Jh. könnten dann entdeckt worden sein, als im Bereich des einstigen Weihebezirks um 1280 die ersten Baumaßnahmen stattfanden. Es ist nicht auszuschließen, daß mit der Veränderung des Siedlungsgrundrisses die Errichtung des Kirchenbaus der Phase II parallel ging.

Die erste Kirche, die durch eine Abbildung dokumentiert ist (Bauphase III), wurde 1681/82 errichtet (konsekriert 1683). Sie mußte 1846 einem Neubau weichen, der seinerseits dem heutigen Kirchenbau gewichen ist. Das Gelände um die Kirche nahm bis 1815 der Friedhof ein, der dann auf den Hang unmittelbar südlich des Städtchens verlegt wurde. Ein weiterer Sakralbau verdankt sein Entstehen 1747 (geweiht 1754) einem Gelübde. Dieses Oktogon vor der Nordostecke des Städtchens ist das einzige Denkmal des Barock in Osterburken. Ursprünglich Kilianskapelle genannt, begann sich seit einer Viehseuche 1796 die Benennung nach dem hl. Wendelin durchzusetzen. Hier lag ein kleiner Friedhof, auf dem Ortsfremde und gelegentlich auch Nichtkatholiken bestattet wurden.

Den erstmals 1251 erwähnten Zehnten hatten zu je einem Drittel die Herren von Rosenberg, der Ortspfarrer und das Kl. Schöntal inne. Wann die beiden letzteren ihren Anteil an sich gebracht haben, ist unbekannt. 1322/33 hat Würzburg Ludwig Münch von Rosenberg mit zwei Teilen am großen und kleinen Zehnt belehnt, und 1359 war

Eberhard von Rosenberg im Besitz des Zehnten, womit wohl nur ⅓ desselben gemeint ist. Anhand der Belehnungen durch das Hochstift läßt sich geradezu eine Genealogie des zu Rosenberg selbst gesessenen Zweiges aufstellen.

Bis zum Jahre 1656 gehörte Osterburken in die Diözesangewalt des Würzburger Bischofs. Die durch Johann Philipp von Schönborn damals vorgenommene Bereinigung der Verhältnisse brachte Osterburken auch kirchlich unter mainzische Obödienz. Das Recht der Pfarrpräsentation hat der Bischof früh abgetreten. Erste Inhaber des Patronats waren die Edelfreien von Dürn. Rupert II. zu Forchtenberg veräußerte ihn 1291 an das Kl. Schöntal. Aus unbekannten Gründen verkaufte dieses ihn an die Rüdt von Bödigheim. Bischof Wolfgang von Grumbach (1322–1333) belehnte den Ritter Arnold von Rosenberg damit. In der Folgezeit kam das Patronatsrecht immer dem Senior dieser Adelsfamilie zu. Als sie 1632 erlosch, fiel es an die Grafen von Hatzfeld, 1794 an Würzburg und 1802/03 an den Fürsten von Leiningen.

Die Reihe der bekannten Pfarrer beginnt 1285 mit *Eberwinus*; da er als *pastor* bezeichnet wird, war er offenbar ein nicht residierender Geistlicher. Während er in Forchtenberg das Urkundswesen der Dürn leitete, nahm *Heinricus de Amerbach* als Vikar die Seelsorge wahr. Danach sind die Namen von Pfarrern nur sporadisch überliefert, doch ein lückenloses Verzeichnis liegt erst seit der Mitte des 16. Jh. vor.

Was die Geschichte der Pfarrer betrifft, würde man aufgrund des Bestehens einer königlichen Eigenkirche auch später eine gewisse Zentralfunktion erwarten. Als Würzburg aber seine administrative Gliederung des Bistums vornahm, fiel der Sitz des Landkapitels an Buchen. Vielleicht kann aus der Tatsache, daß im frühen 14. Jh. in Osterburken unter Vorsitz des Archidiakons noch Sendgericht abgehalten wurde, auf ein Nachleben früherer Bedeutung geschlossen werden.

Die Seelgerät-Frömmigkeit des Spätmittelalters findet in Osterburken ein getreues Spiegelbild. Den Anfang machte 1363 die Stiftung einer Frühmesse durch Konrad von Rosenberg. Eine Katharinenpfründe ist 1453 belegt, vor 1498 folgte die Stiftung eines Marienaltars. Auf diese Altäre wurden im ausgehenden 15. Jh. nicht wenige Jahrtage und Seelgeräte gestiftet, die unter Heranziehung von Priestern benachbarter Orte begangen wurden. Eine der Stiftungen nennt 1500 einen Schulmeister. Wie vielerorts war das Amt des Lehrers auch hier mit dem Stadtschreiberdienst verbunden.

Der Einfluß der ev. Glaubensneuerung ist in Osterburken vor allem dadurch erleichtert worden, daß die Patronatsherren von Pfarrei und Frühmesse, die von Rosenberg, sich der Augsburgischen Konfession anschlossen. 1551 ließ Pfarrer Georg Stelwag sich in Möckmühl mit der Tochter des dortigen ev. Geistlichen trauen. Zwei Jahre lang vermochte ihn Philipp Jakob von Rosenberg gegenüber den Forderungen Würzburgs zu halten. Sein Nachfolger Stefan Gramlich beging 1571 in aller Öffentlichkeit die Hochzeit mit der Tochter des Rosenbergischen Patronatspfarrers von Bofsheim. Ein Sohn Gramlichs hatte sogar eine Zeitlang die Frühmesse inne. Verheiratet waren auch die Pfarrer Valentin Müntz (bis 1594) und Johannes Most (bis 1607). Die Frage, ob sie noch als katholisch oder schon als evangelisch bezeichnet werden können, wäre ihnen selbst wohl nicht leichtgefallen, zu beantworten. Auf der einen Seite ist ev. Einfluß deutlich zu greifen; andererseits blieb aber die formale Anerkennung würzburgischer Diözesanrechte bestehen. Man wird dieser konfessionellen Haltung wohl am ehesten mit der Aussage gerecht werden, daß hier der im späten 16. Jh. im Bauland sehr häufige Schwebezustand zwischen beiden Konfessionen zu beobachten ist.

In der Bevölkerung bestand damals eine Gruppe evangelisch Gesinnter, die zahlenmäßig nicht zu bestimmen ist. Als die gegenreformatorischen Maßnahmen Würzburgs einsetzten, widersetzte sich noch 1599 der Stadtschreiber der Einführung des Gregorianischen Kalenders, und sog. Auslaufen zum Gottesdienst nach Bofsheim kommt noch 1607 vor. Während der schwedischen Phase des 30j. Krieges kam es zwar zu keiner förmlichen ev. Reformation, doch wurde 1632 mit Martin Weigental aus Adelsheim ein der Augsburgischen Konfession angehörender Zentgraf eingesetzt. Daß er sich noch auf ein größeres ev. Substrat in der Bürgerschaft stützen konnte, ist nicht wahrscheinlich. 1635 bereits kam es wieder zur Stiftung eines Sebastianus-Altars. Nach dem Kriege erlosch zwar die Frühmesse, doch mehren sich die Zeugnisse typisch barocker Volksfrömmigkeit, die neben einem ausgeprägten Wallfahrtswesen sich in kirchlicher Volkskunst äußern. Die damals begründete enge Bindung an die kath. Kirche hatte bis an die Schwelle der Gegenwart Bestand.

Bevölkerung und Wirtschaft. – Aus der Aufzeichnung der Rechte des Erzstifts Mainz 1668 geht hervor, daß innerhalb der Bevölkerung eine Abstufung der Rechtsstellung bestand. Wahrscheinlich widerspiegelt sich darin ein Zustand, der ins späte 15. Jh. zurückreicht. Innerhalb der volles Bürgerrecht genießenden Einwohnerschaft scheint sich in der Entscheidung des mainzischen Amtsmanns zu Amorbach, Hans Heinrich von Heussenstamm, zwischen Rat und Gemeinde einerseits und den *hoveleuten* auf der anderen, eine Schichtung abzuzeichnen. Auf dem von letzteren bewirtschafteten *bauehove* ruhte das Vorrecht, 15 Stück Vieh *pfründtsfrey*, d. h. ohne die Pflicht zu Abgaben zu halten. Dieser Bauhof geht offenbar auf einen in der Spätzeit der Edelfreien von Dürn eingerichteten Erbbestand zurück. Noch um die Mitte des 19. Jh. sind die Hofäcker gesondert ausgesteint worden.

Bürger, wenn auch minderen Rechts, waren auch die Leibeigenen. 1668 lebten in Osterburken vier Familien, von denen eine in die Kellerei Külsheim, die anderen in die ebenfalls mainzische Kellerei Buchen gehörten. Anders als die Vollbürger hatten sie neben dem Besthaupt dreimal jährlich Sommer-, Rauch- und Leibhühner zu entrichten. Es darf angenommen werden, daß es sich um Zugezogene aus erzstiftischen Orten handelt. Auch nicht zur Bürgerschaft im strengen Sinne gehörten die Königsleute, die für Osterburken erstmals nachzuweisen sind, als 1327 Kaiser Ludwig *des Richs lute* in Bödigheim, Roigheim, Eicholzheim und *Burchain* dem Ritter Eberhard von Rosenberg verpfändete. Noch 1668 saß mit Veit Nonnenmacher ein Nachfahre der stauferzeitlichen Königsleute am Ort, damals aber der kurpfälzischen Kellerei Lohrbach unterstehend. Damals wohnten auch zwei Judenfamilien hier, deren Schutzgeld dem Zentgrafen zufloß.

Die Einwohnerzahl für die Mitte des 16. Jh. kann anhand des anläßlich der Übergriffe von Markgraf Albrecht Alkibiades 1554 erstellten Musterungsverzeichnisses mit ca. 660 Seelen errechnet werden. Für das erste Jahrzehnt des 17. Jh. ist von ca. 880 Personen auszugehen. Dem ältesten Kirchenbuch sind erhebliche Verluste während des 30j. Krieges zu entnehmen. Durch gezielte Bevölkerungspolitik hat sie das Erzstift auszugleichen versucht. Schon 1647 wird ein *civis novus* verzeichnet. Ab 1650 nennen die Standesbücher ständig neue Namen mit Herkunftsvermerken; die Osterburkener Neubürger kamen aus der Augsburger Diözese, aus Bayern, aus Tirol und aus der Schweiz. Mit 798 Einwohnern im Jahre 1668 war zwar der Vorkriegsstand noch nicht wieder erreicht, doch nahm von da an ein stetiger Anstieg seinen Anfang.

Hinsichtlich der Vermögenslage ist man für die Zeit vor dem 17. Jh. auf indirekte Angaben angewiesen. Das erwähnte Musterungsverzeichnis von 1554 führt 28 Büchsenschützen, 12 Langspieß-, 19 Hellebarden- und 18 Schweinspießträger sowie 4 mit Äxten Bewaffnete auf. Da die Ausrüstung vermögensabhängig war, widerspiegelt sich darin eine Schichtung der wirtschaftlichen Kraft innerhalb der Bürgerschaft. Auffällig sind der hohe Anteil der Büchsenschützen, der Wohlhabenden also, und der geringe

Anteil der Wenigbegüterten. Wie aus den Stadtrechnungen des 17. Jh. hervorgeht, hat nach dem 30j. Krieg keine wirtschaftliche Erholung mehr stattgefunden.

Für ein nicht näher abzugrenzendes Umland hatten zuvor Märkte eine gewisse Bedeutung gewonnen. Ulrich III. von Hanau erlangte in dem schon angesprochenen Privileg 1356 u. a. das Recht zur Abhaltung eines Wochenmarktes. Welche Blüte er entfaltete, ist schwer abzuschätzen. Immerhin gab es ein Osterburkener Maß, erstmals 1394 erwähnt, als Wiprecht Rüdt von Bödigheim eine auf der Mühle ruhende Gült an Kl. Seligental verkaufte. Ein Jahrmarkt, abgehalten montags nach Kiliani, ist seit Mitte des 16. Jh. bezeugt. Jeder Kaufmann hatte von einer Wagenfuhre 2 albus in die städtische Kasse zu entrichten, Krämer, Gerber, Hutmacher, Sichel-, Sensen- und Wetzsteinhändler hatten je 2 Pfennig zu zahlen. Als Erzbischof Anselm Franz am 16. Juli 1682 einen weiteren Jahrmarkt gewährte, vermochte dieser nur noch geringe Bedeutung zu gewinnen, wie die anderen Märkte die ihrige längst eingebüßt hatten.

Neben der Landwirtschaft hatte das Handwerk einen hohen Stellenwert. Eine *Tax-Ordnung* 1651 nennt Löhne für Hufschmiede, Wagner, Sattler, Gerber, Schuhmacher, Küfer, Metzger, Glaser, Tüncher und Maurer. 1625 ist ein Messerschmied, 1696 ein Ziegler bezeugt. Besonders seit dem 18. Jh. muß die Weberei zum Nebenerwerb derjenigen Bauern geworden sein, denen die Landwirtschaft allein kein Auskommen mehr bot. Um die Mitte des 18. Jh. in 9 Zünften zusammengefaßt, darf diese landesherrliche Maßnahme wahrscheinlich als Versuch der Qualitätsregulierung und der Begrenzung des längst übersetzten Handwerks gesehen werden.

Die 1803 vom Fürsten von Leiningen angeordnete Enquète »Zur Kenntnis des Landes« bietet ein präzises Bild der sozialen Verhältnisse. Danach gab es 95 Häuser, doch gehörte nur bei den wenigsten eine Scheune dazu; meist hatten sich 4–6 Bauern eine zu teilen. Die Bevölkerung gliederte sich in 167 Männer, 168 Frauen, 208 Söhne, 235 Töchter sowie 37 Knechte und 47 Mägde. Pferde gab es 36, Rinder 462. Die Zahl der Handwerker verdeutlicht die soziale Problematik: 5 Huf-, 3 Nagelschmiede, 3 Wagner, 1 Schön- und 5 Rotgerber, 12 Schuhmacher, 5 Schneider, 20 Leineweber, 3 Maurer, 7 Zimmerleute, 2 Müller, 6 Bäcker, 5 Metzger, 4 Gastwirte, 2 Krämer, je einen Buchbinder, Küfer, Glaser und Brantweinbrenner.

Zu erklären sind diese Zahlen mit der Realteilung, die bei rasch ansteigender Bevölkerungszahl eine rein landwirtschaftliche Existenz vieler nicht mehr gewährleistete. Die Überbesetzung des Handwerks meist im Nebenerwerb, zeitigte dafür andere soziale Probleme. Die mentalen Folgen belasteten noch sehr lange eine gedeihliche Entwicklung. Die Befragung von 1803 läßt diese Schwierigkeiten, mit denen der Ort allerdings nicht allein steht, unmißverständlich erkennen: *Der Ackerbau ist noch lange nicht zu dem Grad der Vollkommenheit gediehen, wohin er gebracht werden könnte. Der Grund hiervon liegt aber zum Theil in dem Einwohner selbst, der zu wenig auf Verbesserung denkt und zu wenig Muth dazu hat. Er glaubt, anders als seine Groß- und Vater es gemacht hätten, dürfte und könnte er seine Einrichtung auch nicht machen und diese litten keine Verbesserung mehr; theils liegt der Grund auch in der üblen Einrichtung der zur Oekonomie nöthigen Gebäulichkeiten; kaum hat der Einwohner, man kann bey den meisten nicht sagen Haus, sondern eine Hütte für sich; in diesem wohnt er mit seinem Vieh zugleich, er kan also seinen Viehstand aus Mangel des Raumes nicht vermehren und seine Äcker dadurch verbessern; den Dung hat er vor seinem Fenster auf der Straße, der bey jeder Gelegenheit auslauget und am Ende kaum halb in Fäulnis übergangen mit Stroh, auch Laub auf den Acker gebracht wird.* In unsere Sprache übersetzt, würde der Bericht wohl nüchterner lauten: Die Hütte mit dem Vieh ist das übliche gestelzte Wohn-Stallhaus; die Armut der bäuerlichen Bevölkerung ist nicht zu verkennen und erlaubt keinen wirtschaftlichen Fortschritt.

Kriegsereignisse. – Bei ihrem Zug von der Ober- in die Rheinpfalz plünderte die Armee des Grafen Mansfeld am 20. Oktober 1621 das Städtchen, und im Oktober 1622 zogen die Regimenter des Obristen Mortaigne von Tillys Heer durch. Die Aufzeichnungen des Stadtschreibers Caspar Diemer bilden eine instruktive Quelle für die Not jener Jahre. Je nach Kriegslage wechselten die Einquartierungen, doch ohne je eine längere Unterbrechung zu erfahren. Im September 1645 müssen hier heftige Kämpfe stattgefunden haben, wobei Osterburken (wahrscheinlich durch Einheiten des französischen Marschalls Turenne) erstürmt wurde.

Schlierstadt

Siedlung und Gemarkung. – Die vermeintlich erste Erwähnung Schlierstadts zum Jahr 996 (*Slirstat*) beruht auf einer Fälschung des 13. Jh.; die nächstälteren Zeugnisse datieren erst aus den Jahren um 1089/1105 (*Slirstat*, Kop. 13. Jh.) und 1103 (*Slierstat*, Kop. 16. Jh.). Gleichwohl wird es sich bei dem Ort, in dessen Gemarkung man römische Baureste und Sigillatascherben gefunden hat, vermutlich doch um eine Siedlung des 7. oder 8. Jh. handeln. Der Ortsname kommt von mhd. *slier* und bezieht sich auf den schmierigen, lehmigen Boden der Umgebung. Das vergleichsweise stattliche Dorf zählte zu Beginn des 19. Jh. nicht weniger als 112 Häuser.

Der nördliche Teil der einstigen Seligentaler Sondergemarkung, die seit dem 13. Jh. von Schlierstadt abgetrennt war, ist 1925 der Gemeinde wieder angegliedert worden.

Herrschaft und Staat. – Nach Schlierstadt benannte sich zwischen 1103 und 1263 eine Familie des altfreien Adels (Adelbero, Albert, Ulrich) die mit den im Nordschwarzwald beheimateten Roßwag verwandt, vielleicht sogar eines Stammes war. Ihre Angehörigen begegnen zu Beginn des 12. Jh. in der Umgebung der von Röttingen-Trifels und im 13. Jh. in Urkunden der Grafen von Vaihingen; in der Odenwald-Bauland-Region treten sie merkwürdigerweise nicht in Erscheinung. So bleiben auch ihr Verhältnis zu dem namengebenden Dorf und insbesondere ihr Anteil an der hiesigen Herrschaft völlig unklar. Im früheren 13. Jh. war die örtliche Vogtei als Lehen der Edelherren von Dürn im Besitz von deren Ministerialen *Struzelin* bzw. von Wagenhofen, die sie 1248 für 120 lb h mit allen Rechten und Zugehörungen an das wenige Jahre zuvor auf Schlierstadter Gemarkung gegründete Zisterzienserinnenkloster Seligental verkauft haben. Dessen Konvent hat die Ortsherrschaft während mehr als drei Jahrhunderten bis zu seiner Auflösung im Jahre 1561 ausgeübt; danach sind diese Kompetenzen, zu denen auch die hohe und die niedere Jagd gehörten, bis zum Ende des Alten Reiches von der kurmainzischen Hofmeisterei Seligental wahrgenommen worden. Die zentliche Hoheit (Zent Osterburken) mit Blutgericht und militärischem Aufgebot hat ursprünglich den Edelherren von Dürn zugestanden und ist nach deren Aussterben über die Herren von Hohenlohe und von Hanau 1376 käuflich an das Erzstift Mainz gelangt. Mithin hatte Mainz seit den 1560er Jahren in Schlierstadt die volle Orts- und Landesherrschaft samt dem Steuerrecht und allen anderen Rechten inne. 1803 kam das Dorf zum Fürstentum Leiningen (Oberamt Amorbach, Amtsvogtei Osterburken) und 1806 schließlich zum Großherzogtum Baden.

Grundherrschaft und Grundbesitz. – Aus der Tatsache, daß Schlierstadt in dem auf Kaiser Otto III. gefälschten Amorbacher Privileg von 996 erscheint, darf man schließen, daß dieses Kloster im 13. Jh. hier begütert war bzw. daß man sich dort auf ältere, nun offenbar umstrittene Rechte in Schlierstadt besonnen hat. Einkünfte des Stifts Mosbach sind aus Schlierstadt erst für das spätere 16. Jh. bezeugt. Gülten und kleineren Grundbesitz hatten hier schon im 14. und noch zu Beginn des 19. Jh. die Rüdt von Bödigheim und Collenberg bzw. Eberstadt. Über die bei weitem größte Grundherrschaft am Ort verfügte im späten Mittelalter das Kl. Seligental. Bereits zu seinem von Konrad von Dürn gestifteten Ausstattungsgut gehörte 1236 ein Hof mit umfangreichen Ländereien in Schlierstadt, und in den folgenden Jahren und Jahrzehnten konnten die Nonnen diesen Besitz durch Kauf und Tausch sowie durch Mitgiften und fromme Schenkungen aus allen Ständen, vornehmlich aber aus dem Kreis der Dürner Ministerialität beträchtlich vermehren. 1249 kauften sie von den bisherigen Ortsvögten 70 J Ackerland, 1259 tauschten sie vom Kl. Amorbach dessen in Schlierstadter Gemarkung gelegene Güter und Rechte ein, und seit 1258 kauften sie Zug um Zug den hiesigen Besitz, zuletzt 1401 den Hof der Niederadeligen von Ernstein auf. Zum Teil wurden diese Liegenschaften, zu denen unter anderem eine Mühle gehörte, wohl vom Kloster in Eigenbau bewirtschaftet, zum anderen Teil waren sie bestandsweise an die bäuerliche Bevölkerung verliehen. Nach der Aufhebung des Klosters ist diese Grundherrschaft von der Hofmeisterei Seligental weitergeführt worden.

Gemeinde. – Dem Schlierstadter Gerichtsstab unterstanden um 1800 der Hof Seligental sowie – aber nur in Polizeisachen, deren Wert 5 fl nicht überstieg – zwei Anwesen bei Zimmern. 1803 gehörten dem Dorfgericht neben dem Schultheißen nur 2 Schöffen an. Wie in Hemsbach, so waren auch hier die Rechte der Gemeinde nach dem Bauernkrieg beschnitten worden; von ihr ausgestellte Urkunden mußten stets vom Kloster, später von der Hofmeisterei besiegelt werden. Das Gemeindeeigentum bestand in der frühen Neuzeit ebenso wie am Ende des Alten Reiches aus rund 600 M Wald, einem Rathaus und einem Schafhaus sowie aus diversen Gerichtseinkünften und der Hälfte des herrschaftlichen Ungeldes.

Kirche und Schule. – Von einer Kirche zu Schlierstadt berichten bereits die hochmittelalterlichen Amorbacher Traditionsnotizen; ihnen zufolge ist das Gotteshaus den Mönchen um die Wende zum 12. Jh. von dem Würzburger Bischof Emehard (1089–1105) geschenkt worden. 1254 gelangte die Kirche, die bei dieser Gelegenheit erstmals als Pfarrkirche bezeichnet wird, durch Tausch an das Kl. Seligental; nach der Aufhebung des Konvents im 16. Jh. wurde das Patronatsrecht wie die anderen Rechte des Klosters von der Hofmeisterei wahrgenommen. Zum Schlierstadter Kirchspiel gehörten bis in die Mitte des 15. Jh. das Nachbardorf Seckach und seit dem 17. Jh. die Dörfer Seckach, Hemsbach und Zimmern sowie der Hof Seligental. Als Patron wird in Schlierstadt seit alters der hl. Gangolf verehrt. Seit dem hohen Mittelalter zur Diözese Würzburg (Landkapitel Buchen) gehörig, wurde Schlierstadt 1656 im Zuge eines Pfarreientauschs mit dem Erzstift Mainz dessen Landkapitel Taubergau angegliedert. Nachdem der Chorturm der alten Kirche, die schon 1589 vom Blitz getroffen worden war und in Quellen des 17. Jh. wiederholt als verwahrlost und baufällig bezeichnet wird, 1751 einem Sturm zum Opfer gefallen war und beim Einsturz auch das Langhaus schwer in Mitleidenschaft gezogen hatte, wurde 1765/66 unter Beteiligung der Dezimatoren die heutige, 1767 geweihte Kirche errichtet. Die Einkünfte des Pfarrers bestanden um die Mitte des 17. Jh. jährlich aus rund 110 fl Zinsen verschiedener Herkunft und rund 70 fl für ihm zustehendes Getreide; für seine wöchentlich in Seligental zu feiernden Messen erhielt er jeweils ¼ fl.

Der Zehnt in Schlierstadt war im 13. Jh. als Würzburger Lehen offenbar ganz im Besitz der von Ernstein. Diese haben ihn 1279 zur Hälfte dem Kl. Seligental überlassen; die andere Hälfte hat ihnen noch 1361 gehört und ist über die von Neideck 1386 käuflich an die Rüdt von Bödigheim, dann Collenberg und schließlich Eberstadt gelangt, die sie, von einer mehrjährigen Unterbrechung im 17. Jh. (von Vorburg) abgesehen, bis ins 19. Jh. innehatten.

Schulunterricht wurde um 1800 in Schlierstadt im oberen Geschoß des Rathauses gehalten. Wann der Schulbetrieb am Ort aufgenommen worden ist, läßt sich allerdings nicht mehr feststellen.

Bevölkerung und Wirtschaft. – Zu Beginn des 17. Jh. hatte Schlierstadt wohl etwas mehr als 500 Einwohner; nach dem 30j. Krieg war davon nur noch ein knappes Drittel geblieben. 1701 zählte man im Dorf immerhin wieder 359 Seelen, 1750 sogar 620, und zu Beginn des 19. Jh. lag die Einwohnerzahl schon über 800.

Dem entsprach der Umfang der örtlichen Landwirtschaft, die bei einem Bestand von 450 Rindern und 34 Pferden 1803 sichtlich florierte. Auf 1955 M Äckern wurden vorwiegend Korn, Dinkel, Hafer, Gerste, Hanf, Flachs und Kartoffeln angebaut; darüber hinaus gab es auf Schlierstadter Gemarkung 113 M Wiesen. Die 1352 erstmals erwähnte, denen von Ernstein gehörige Neschenmühle unterhalb des Dorfes wurde 1380 an das Kl. Seligental verkauft. Um 1800 gab es nicht weniger als vier Mahlmühlen am Ort. An Gewerben waren zu dieser Zeit in Schlierstadt des weiteren vertreten: 12 Leinenweber, 7 Maurer, 4 Schneider, je 3 Bäcker, Straußwirte und Wagner, je 2 Schmiede und Schreiner sowie 1 Zimmermann. Ein Schildrecht ist im Dorf erstmals zum Jahre 1700 bezeugt, 1750 gab es deren zwei.

Kloster Seligental. – Das Nonnenkloster Seligental am Schlierbach zwischen Schlierstadt und Zimmern ist 1236 durch den Edelherrn Konrad von Dürn und seine Gemahlin Mechthild von Lauffen in Konkurrenz zu einem offenbar erst kurz zuvor angelegten und von den Amorbacher Mönchen geförderten Frauenkloster auf dem Gotthardsberg über Amorbach gegründet worden. Bereits 1239 hat Bischof Hermann von Würzburg den Altar der Klosterkirche der Muttergottes geweiht, und noch im selben Jahr wurde der Gründung die päpstliche Bestätigung (*Vallis felicis*, *Vallis beatorum*) erteilt. Nach dem Willen des Stifters lebte der Konvent nach der Regel des Zisterzienserordens; die Paternität lag beim Abt des Kl. Bronnbach an der Tauber. Als »Hauskloster« der seinerzeit reich begüterten Edelherren von Dürn – Konrad von Dürn und seine Gemahlin haben sich hier begraben lassen – hat Seligental von Anfang an eine positive Entwicklung genommen und sein Stiftungsgut durch fromme Schenkungen sowie durch Kauf und Tausch rasch beträchtlich vermehren können. Zu den Wohltätern Seligentals zählten neben der Stifterfamilie vor allem deren Ministerialen, aber auch die Herren von Hohenlohe und die von Allfeld. Zentrum des Seligentaler Besitzes waren die Dörfer unmittelbar um das Kloster, in denen dieses überwiegend schon im 13. Jh. die Ortsherrschaft hat erwerben können: Zimmern (1240), Schlierstadt (1248), Hemsbach (13. Jh.) und Seckach (13./14. Jh.); vogteiliche und gerichtsherrliche Rechte hatten die Nonnen darüber hinaus auch in Ruchsen (1464) und in Hainstadt (⅛; 1467) sowie in den Weilern und Höfen Schallberg (abgeg.), Korb, Hergenstadt, Siegelbach und Schwärz (Schwärzerhof). Aufs ganze gesehen streute der Klosterbesitz von Mosbach im W bis an die Tauber im O sowie vom Kocher im S bis zum Main im N; neben den bereits erwähnten Ortsherrschaften umfaßte er mehrere Kirchenpatronate, Zehntrechte, Mühlen, Grundbesitz und – vor allem an entfernteren Orten – Geld- und Naturaleinkünfte. Allein zu dem beim Kloster gelegenen und in Eigenbau betriebenen Wirtschaftshof gehörten um die Mitte des 17. Jh. rund 213 M Äcker, 17 M Wiesen und 300 M Wald, dazu eine Schäferei für 500 Schafe und ein großes Fischwasser. Der vergleichsweise dichte und hochwertige Güterkomplex um Kocher und Jagst rührte vorwiegend aus Schenkungen der Herren von Hohenlohe und ihres Umfeldes. Im Gegensatz zu dem benach-

barten, dem gleichen Orden zugehörigen Frauenkloster Billigheim, hat das um 1471 von Bronnbach reformierte Seligental im späten Mittelalter keinen Niedergang erleben müssen und seinen Besitz bis ins 16. Jh. vermehren und arrondieren können. Als freilich die adeligen Familien der Umgebung, die bislang ihre Töchter hier versorgt hatten, sich der Lehre Luthers anschlossen, fehlte es dem Kloster bald am nötigen Nachwuchs, und damit blieben auch die frommen Stiftungen aus. Beim Tod der Äbtissin Amalia Schelm von Bergen im August 1561 zählte der Konvent nur noch zwei Schwestern; eine Nachfolgerin wurde nicht mehr bestellt. Schließlich erklärte der Erzbischof von Mainz das Kloster 1568 für aufgehoben; sein Besitz wurde zunächst den Mainzer Jesuiten, dann der kurfürstlichen Hofkammer zugewiesen, die in Seligental eine Hofmeisterei errichtete. Spätere Versuche, das Kloster zu restituieren (1613) oder an seiner Stelle ein ev. Damenstift einzurichten, blieben ohne Erfolg. Mit der Säkularisation gelangte die Hofmeisterei an die Fürsten von Leiningen; seit 1934 ist der Hof in Privatbesitz. Nach dem Ende des Konvents wurden die Klostergebäude landwirtschaftlich genutzt und dabei dem allmählichen Verfall preisgegeben; die zuletzt als Schafstall und Scheune verwendete Kirche, deren Sakristei noch bis 1848 als Kapelle gedient hatte, ist 1928 abgebrannt.

Äbtissinnnen: Hildburg 1240, Irmgard von Bödigheim 1254, Richeidis 1258–1273, Guta von Hainstadt 1274–1288, Irmgard 1306–1327, Elisabeth 1330, Gisela 1335–1338, Jutta Schenk von Erbach 1340, Irmgard 1344–1349, Margarethe von Stralenberg 1357–1379, Jutta Rüdt 1384, Anna Reich 1390–1391, Margarethe von Hardheim 1394–1399, Anna Reich 1401 (–1416), Susanna von Lützenbrunn 1410–1417, Kunhus 1426–1431, Klara Kreiß 1447–1457, Magdalena Schelm von Bergen 1463–1471, Gfn. Margarethe von Wertheim 1472–1496, Walpurga von Hardheim 1503–1533, Cäcilie Rüdt 1534, Amalie Schelm von Bergen 1537–1561.

Quellen und Literatur

Bofsheim

Quellen, gedr.: Lehnb. Würzburg 1 und 2.
Ungedr.: FLA Amorbach, Amorbacher Urbar 1395; Amorbacher Jurisdiktionalb. 1668. – GLA Karlsruhe 43 sp./12, 15, 16; 44/394; 229/10510–527. – StA Wertheim R, B 86, 100. – StA Würzburg, Mainzer Bü. versch. Inh. 10.
Allg. Literatur: *Ehmer*, Hermann, Geschichte der Grafschaft Wertheim. Wertheim 1989. – *Krieger* TWB 1 Sp. 237f. – LBW 5 S. 311. – *Müller*, Dorfkirchen S. 24. – *Neumaier*, Reformation. – *Schweizer*, Heinrich, Aus der Geschichte meines Heimatdorfes Rosenberg im badischen Bauland, o. O. 1921. – *Wagner* S. 428.
Ortsliteratur: *Nicolay*, Emil, 400 Jahre Bofsheim. Buchen 1966.
Erstnennung: ON 996 Fälschung (MGH DOIII Nr. 434) 1270 (StA Würzburg, Mainzer Bü. versch. Inh. 10).

Hemsbach

Quellen, gedr.: *Bendel.* – *Gudenus* CD 3. – Lehnb. Würzburg 1 und 2. – R Adelsheim. – R Hohenlohe. – *Sickel*, Theodor, Acta regum et imperatorum karolinorum digesta et enarrata. 2. Wien 1867. – WUB 5.
Ungedr.: FLA Amorbach, U Amorbach; Repertorium Rand; Amorbacher Jurisdiktionalb. 1656; Seligentaler Zins-, Gült- und Lagerb. 1699; Seligentaler Hofmeistereirechnung 1701; Seligentaler Kellereirechnungen 1700 und 1750; Bücher zur Kenntnis und zur Hebung des Landes. – GLA Karlsruhe J/H Hemsbach 1–1a; 66/1225, 8011, 11670a; 229/41881–882. – StA Würzburg,

Mainzer Bü. versch. Inh. 10; MRA ältere Kriegsakten 1/23; MRA Militär K217/14, K239/402; Lehnsachen 5686.
Allg. Literatur: KDB IV,3 S.174f. – *Krieger* TWB 1 Sp. 931. – LBW 5 S.311. – *Matzat*, Studien. – *Matzat*, Zenten. – *Müller*, Dorfkirchen S.40. – *Neumaier*, Reformation. – *Rommel*, Seligental. – *Rommel*, Wohnstätten.
Ortsliteratur: Zwei Weistümer für die Dörfer Hemsbach und Zimmern (Amt Adelsheim) aus dem Jahr 1519 und 1526. In: FBll 3, 1920 Nr. 12. – *Rommel*, Gustav, Ortsgeschichtliches von Hemsbach und Zimmern (Amt Adelsheim). In: FBll 4, 1921 Nr. 7. – *Brednich*, Rolf Wilhelm, Ein unbeachtetes Jesusattribut in der St. Mauritiuskirche in Hemsbach. In: Der Odenwald 17, 1970 S. 3–13. – *Weiß*, Elmar / *Neumaier*, Helmut, Geschichte der Stadt Osterburken, mit Beiträgen über ihre Teilorte Bofsheim, Hemsbach und Schlierstadt. Osterburken 1986.
Erstnennungen: ON 837 (*Sickel* a.a.O. Nr. 356), Pfarrei Mitte 14.Jh.? (*Weiß/Neumaier* a.a.O. S. 537) Mitte 15.Jh. (*Bendel* Nr. 590).

Osterburken

Quellen, gedr.: *Bendel*. – DI 8. – *Gropp*. – *Gudenus* CD. – Lehnb. Würzburg 1 und 2. – ORh Stadtrechte S. 1028–1063. – R Adelsheim. – REM 1 und 2. – R Hohenlohe. – RPR 1 und 2. – *Schröcker*. – UB Hohenlohe. – UB MOS. – WUB 1 und 3. – ZGO 2, 1851; 14, 1862; 46, 1892.
Ungedr.: FLA Amorbach, U Amorbach; Amorbacher Urbar 1395; Repertorium Rand; Osterburkener Kellereirechnung 1700, 1750; Bücher zur Kenntnis und zur Hebung des Landes. – GLA Karlsruhe 66/11670a; 69 Rüdt von Collenberg; 229/81136–164. – StA Würzburg, Mainzer Ingrb. 13, 14, 18, 25, 26, 30, 37, 41, 44; Mainzer Bü. versch. Inh. 10; MRA Cent K206/69, K207/95, K209/142; MRA ältere Kriegsakten 1/23; MRA Militär K217/14, K218/80, K239/402; Würzburger Lehnsachen 5686; Adel 1237. – StadtA Osterburken.
Allg. Literatur: – *Eichhorn*, Dürn. – *Eichhorn*, Kirchenorganisation. – *Filtzinger/Planck/Cämmerer* S. 468–476. – *Hahn* S. 391. – HHS S.619f. – *Hundsnurscher/Taddey*. – KDB IV,3 S. 179–193. – *Keyser* S.133f. – *Krebs*, Amorbach. – *Krieger* TWB 2 Sp. 443–445. – *Langendörfer*. – LBW 5 S. 312f. – *Lindner*. – *Matzat*, Studien. – *Matzat*, Zenten. – *Müller*, Dorfkirchen S. 61. – *Neumaier*, Edelherren. – *Neumaier*, Reformation. – *Oechsler/Sauer*. – *Rommel*, Seligental. – *Rommel*, Wohnstätten. – *Wagner* S. 430–443. – *Zimmermann*.
Ortsliteratur: *Gerbert*, Johannes, Osterburken im badischen Frankenland. Osterburken 1956. – *Neumaier*, Helmut, Osterburken. Stationen seiner Geschichte. 〈Osterburken〉 1973. – *Neumaier*, Helmut, Die Stadtrechtsverleihung von Osterburken im Spannungsfeld kurmainzischer Territorialpolitik. In: WF 57, 1973 S. 30–48. – *Neumaier*, Helmut, Eine Beobachtung zum Anbau des Kastells Osterburken. In: FbBW 1, 1974 S. 497–500. – *Schillinger-Häfele*, Ute, Neue Inschriften aus Osterburken. In: FbBW 1, 1974 S. 533–544. – *Baatz*, Dietwulf / *Behrends*, Rolf-Heiner, Untersuchungen am römischen Kastellbad in Osterburken. In: FbBW 3, 1977 S. 265–277. – *Lutz*, Dietrich, Die Grabungen in der Kilianskirche zu Osterburken. In: Forschungen und Berichte der Archäologie des Mittelalters in BW 6, 1979 S. 129–156. – *Schallmayer*, Egon, Ausgrabung eines Benefiziarier-Weihebezirkes römischer Holzbauten in Osterburken. In: AA 1982 S. 138–146. – *Weiß*, Elmar / *Neumaier*, Helmut, Geschichte der Stadt Osterburken, mit Beiträgen über ihre Teilorte Bofsheim, Hemsbach und Schlierstadt. Osterburken 1986. – *Schallmayer*, Egon, Neue Untersuchungen beim Benefiziarier-Weihebezirk von Osterburken. In: AA 1986 S. 105–109.
Erstnennung: ON *Burchaim* und Kirche St. Martin 822 (WUB 1 Nr. 87 und 2 S. 461, mit falschem Jahr) 1309 *Osterburcheim* (StA Würzburg, Mainzer Bü. versch. Inh. 10 S. 305).

Schlierstadt

Quellen, gedr.: *Becher*. – *Bendel*. – CH. – DI 8. – *Gudenus* CD 3 S. 660–742. – *Krebs*, Amorbach. – Lehnb. Würzburg 2. – MGH DOIII. – R Adelsheim. – REM 1 und 2. – R Hohenlohe. – *Scherg*. – *Schröcker*. – UB Hohenlohe 1–3. – UB MOS. – WR. – WUB 3, 4, 6, 7. – ZGO 9, 1858; 15, 1863; 24, 1872; 46, 1892.
Ungedr.: FLA Amorbach, U Amorbach; Amorbacher Urbar 1395; Amorbacher Jurisdiktionalb. 1656; Salb. des Amtes Rippberg 1687; Seligentaler Zins-, Gült- und Lagerb. 1699; Seligenta-

ler Kellereirechnung 1700 und 1750; Seligentaler Hofmeistereirechnung 1701; Bücher zur Kenntnis und zur Hebung des Landes; Pläne XII,17f. – FrhRA Hainstadt U; Auszüge aus dem Roten Buch. – GLA Karlsruhe J/H Buchen 1, Schlierstadt 1–1a; 44 von Hardheim, Rüdt; 66/8011, 10507, 10536, 11670a, 11790; 69 Rüdt von Collenberg U14, U24, U26, U76, U168, U179, U205, U279, U350, U352, U358 u.a., 58, 92–94, 474, 927, 3711; 166/61; 229/81154, 93177–183. – StA Wertheim U. – StA Würzburg, Mainzer Ingrb. 43, 54; Mainzer Bü. versch. Inh. 10; MRA ältere Kriegsakten 1/23; MRA Militär K217/14, K223/221, K239/402; Würzburger Lehnb. 43; Lehnsachen 5686, 6832/F242.

Allg. Literatur: *Gropp.* – HHS S. 736f. – KDB IV,3 S. 196- 201. – *Krieger* TWB 2 S. 861f. und 977–980. – LBW 5 S. 313. – *Matzat,* Studien. – *Matzat,* Zenten. – *Müller,* Dorfkirchen S. 65f. – *Neumaier,* Reformation. – *Oechsler/Sauer.* – *Rommel,* Wohnstätten. – *Schäfer.* – *Ussermann,* Aemilian, Episcopatus Wirceburgensis, St. Blasien 1794. – *Wagner* S. 443.

Ortsliteratur: *Zapf,* Georg Wilhelm, Diplomatischer Beytrag zur Geschichte des Klosters Seligental. In: Beyträge zur Erweiterung der Geschichtskunde. Hrsg. von Johann Georg *Meusel.* 1. Augsburg 1780 S. 189–230. – *Wieland,* M., Kloster Seligental. In: Cistercienser-Chronik 17, 1905 S. 161–176. – *Rommel,* Seligental. – *Götzelmann,* Ambrosius, Zur Geschichte des Dorfes Schlierstadt. In: Wartturm 3, 1927/28 Nr. 8a. – *Rommel,* Gustav, Kloster Seligental. In: Wartturm 3, 1927/28 Nr. 8a. – *Spahr,* Kolumban. Seligentals erstes Vorkommen in den Statuten der Generalkapitel. In: Cistercienser-Chronik 76, 1969 S. 25f. – *Weiß,* Elmar / *Neumaier,* Helmut, Geschichte der Stadt Osterburken, mit Beiträgen über ihre Teilorte Bofsheim, Hemsbach und Schlierstadt. Osterburken 1986. – *Weiß,* Elmar, Zur Geschichte des Klosters Seligental. In: WF 72, 1988 S. 73f. – *Kopuil,* Walter, Seligental, Schlierstadt – Bauland. Chronik eines vergessenen Klosters. ⟨Hardheim⟩ 1990.

Erstnennungen: ON 996 Fälschung (MGH DOIII Nr. 434) um 1100 (*Becher* S. 53), Pfarrei 1254 (*Gudenus* CD 3 S. 677ff.), Patrozinium Gangolf 1736 (*Gropp* S. 147), Kloster Seligental 1236 (*Gudenus* CD 3 S. 668f.).

Ravenstein

5599 ha Stadtgebiet, 2626 Einwohner

Wappen: In Silber (Weiß) unter gezinntem roten Schildhaupt (drei silberne ⟨weiße⟩ Zinnen) ein sechsspeichiges schwarzes Rad. – Das am 13.3.1975 zusammen mit der Flagge vom Innenministerium verliehene Wappen stellt eine Kombination von Mainzer Rad (sechsspeichig, silbern in Rot) und Berlichinger Rad (fünfspeichig, silbern in Schwarz) dar und erinnert damit an die historischen Herrschaftsverhältnisse der Gesamtgemeinde. Das Schildhaupt im Zinnenschnitt weist auf das alte Stadtrecht von Ballenberg hin, das in der Bezeichnung der heutigen Gemeinde als Stadt weiterlebt. – Flagge: Schwarz-Weiß (Schwarz-Silber).

Gemarkungen: Ballenberg (794 ha, 416 E.); Erlenbach (448 ha, 289 E.); Hüngheim (745 ha, 372 E.); Merchingen (1827 ha, 804 E.) mit Dörnishof und Untere Mühle; Oberwittstadt (1429 ha, 618 E.) mit Heckmühle und Schollhof; Unterwittstadt (355 ha, 146 E.).

A. Natur- und Kulturlandschaft

Naturraum und Landschaftsbild. – Das sechs Gemarkungen umfassende Stadtgebiet am Südostrand des Landkreises liegt ganz im Bauland östlich der durch stark bewaldete Keuperformationen im Landschaftsbild hervortretenden Baulandmulde. Der Verlauf der Autobahn A 81 bildet etwa seine Westgrenze, die nur auf der Gkg Merchingen im Bereich des Dörnishofes überschritten wird. Die nordwestlich von Oberwittstadt im »Gebrannten Wald« 392 m und im Wald »Bürdlich« im NO dieses nördlichsten Stadtteils noch 374 m NN aufragenden sanft gewellten und hochflächigen Hügel sinken gegen den Südrand des Stadtgebiets auf rd. 350 bis 325 m NN ab. Sie werden von der oberen Kessach und dem Hasselbach, die beide etwa südwärts entwässern, und im SO des Stadtgebiets von dem in NO-SW-Richtung fließenden Erlenbach zerschnitten. Die Kessach und der Hasselbach entspringen nördlich der Stadtgebiets- und Kreisgrenze in der nördlichen Gkg Schillingstadt (Gde Ahorn, Main-Tauber- Kreis), der Erlenbach, der im Nachbarkreis mehrere nördliche Quellbäche hat, entspringt bei Assamstadt. Der Hasselbach mündet unterhalb von Ballenberg in den Erlenbach. Kessach und Erlenbach sind nördliche, der Jagst tributäre Nebenflüsse.

Der Landschaftssockel besteht aus dem *Wellengebirge* und dem *Mittleren Muschelkalk*, der allerdings nur in den Taleinschnitten der drei genannten, größeren Wasserläufe freigelegt ist. Die Kessach schneidet sich etwa 1 km oberhalb von Hüngheim in den Mittleren Muschelkalk ein, und ihre unteren Talflanken liegen in dieser Muschelkalkformation bis an den Südrand der Gkg Merchingen. Der Hasselbach hat sich am Nordrand der Gkg Oberwittstadt sowie im Talverlauf von Unterwittstadt bis Ballenberg in den Unteren Muschelkalk eingesägt. Ein harter Hauptmuschelkalksporn versperrt ihm bei Ballenberg den Weg. Er umfließt ihn im W und mündet 1,2 km südöstlich und unterhalb der kleinen Stadt auf dem Sporn in den Erlenbach. Oberhalb dieses Zusammenflusses zerschneidet der obere Erlenbach innerhalb des Ravensteiner Stadtgebietes die Hügel im *Oberen Muschelkalk*. Erst unterhalb der Hasselbacheinmündung ist er auf den Gkgn Ballenberg und Erlenbach in den Landschaftssockel aus Mittlerem Muschelkalk eingetieft, in dessen verhältnismäßig weichem Gestein auch das Hasselbachtal zum größten Teil ausgebildet ist.

Die Talabschnitte innerhalb des Stadtgebietes sind als *Sohlentäler* mit wiesenbedeckten Talböden ausgebildet. In unmittelbarer Siedlungsnähe und innerhalb der Ortschaften werden die Talböden auch als Gemüseanbauland genutzt. Bei den meridional verlaufenden Talstücken wie an der Kessach und am Hasselbach ist eine zuweilen deutlich ausgeprägte Talhangasymmetrie zu erkennen. Sanft nach O einfallende und im allgemeinen gerodete und der landwirtschaftlichen Nutzung zur Verfügung stehende Hänge stehen wesentlich steiler abfallenden westexponierten Talflanken gegenüber. An den unteren Hängen dehnt sich im allgemeinen Grasland aus wie auf den Talböden, die oberen Hangpartien dienen an den weniger steilen ostwärts einfallenden Talseiten dem Ackerbau. Innerhalb der Siedlungen sind die steileren Gegenhänge zuweilen überbaut wie z. B. in Oberwittstadt. Besonders kraß ist der Gegensatz zwischen flacher einfallender rechter Talflanke und dem übersteilten Gegenhang im Siedlungsbereich von Ballenberg, einer auf einem Hauptmuschelkalksporn liegenden Ortschaft minderstädtischen Charakters, deren fast senkrecht zum Hasselbach abbrechender Siedlungssporn die kath. Pfarrkirche und den einstigen Schloßbereich trägt, die so hoch über dem Talgrund thronen. Die in den Oberen Muschelkalk eingeschnittenen Hänge des Erlenbachs oberhalb der Hasselbacheinmündung sind symmetrischer ausgeformt und lassen etwa gleichartige Neigungswinkel hervortreten. Talabwärts sind im Siedlungsbereich von Erlenbach sowie zwischen Erlenbach und dem benachbarten Aschhausen Talschleifen mit einer deutlichen Prall- und Gleithangausbildung im Mittleren Muschelkalk entwickelt. Die Talsohlen haben unterschiedliche Breiten von nur 50–60 m wie am Nordrand der Gkgn Hüngheim und Oberwittstadt bis zu 125 m an der Kessach oberhalb von Hüngheim. Die alten Siedlungen suchen in den breiteren Talabschnitten ausgesprochene Schutz- und Nestlagen, wobei die Hangfüße häufig die Begrenzung der alten Bebauung bilden. Erst eine jüngere Bebauung schob sich dann auf die eigentlichen Talflanken vor, und moderne Siedlungserweiterungen erstrecken sich über die oberen Talkanten bis auf die hügeligen Höhen über den Tälern. Die Einschneidung der Wasserläufe in die Baulandhügel schwankt von 40 und 50 m im nördlichen Stadtgebiet an der Kessach und am Hasselbach, bis zu 80 m an der Kessach nahe der südlichen Gemarkungsgrenze von Merchingen. Der Erlenbach ist innerhalb des Stadtgebietes 40–60 m zwischen die Hügel eingetieft.

Die Landoberfläche läßt außer- und oberhalb der Täler eine nur geringe Reliefenergie hervortreten. Die im Oberen Muschelkalk sich ausbreitenden Hügel, die inselhafte Lößlehmdecken tragen, sind weitgehend gerodet und werden ackerbaulich genutzt. Ihre nur flachwelligen Verebnungen werden heute durch flurbereinigte Gewannfluren bestimmt, deren großflächige Besitzblöcke mit breiten Streifen gleichartiger Feldfrüchte eine Blockflur in Streulage bedingen. Diese ausgedehnten Feldblöcke eines gleichartigen Anbaus bewirken eine gewisse Monotonie im Kulturlandschaftsbild, die sich deutlich von der Vielfalt der früheren kleinparzellierten Gewannfluren mit kreuzlaufenden Pflugrichtungen abhebt.

Größere Flächen von Laubmisch- oder Laub-Nadelholzwäldern liegen abseits der Siedlungen auf teils lößlehmbedecktem Hauptmuschelkalk am Nord- und Nordwestrand der Gkg Oberwittstadt (Bürdlich, Gebrannter Wald, Riehm, Heide). Sie befinden sich in typischer Gemarkungsgrenzlage und dehnen sich jenseits der Banngrenzen auf den Nachbargemarkungen weiter aus. Größere Waldflächen überziehen dann lediglich noch den O der Gkg Hüngheim (Großer Wald, Pfalzwald). Einen ausgesprochenen Grenzwald gegen Osterburken bildet dann wiederum der ausgedehnte, auf Oberem Muschelkalk und Unterem Keuper stockende »Große Wald« im NW der Gkg Merchingen. Die dort teilweise an der Oberfläche anstehenden Gesteine des Lettenkeupers stehen im Zusammenhang mit der Baulandmulde, einer tektonischen Senke, wo diese junge Triasformation im Zuge einer Reliefumkehr bis auf 387 m NN aufragende Waldrücken bildet.

Siedlungsbild. – Die ins Hochmittelalter zurückreichende und auf einen Burgplatz zurückgehende Stadtfunktion von Ballenberg bedingte die Stadtqualität der heutigen Gde Ravenstein. Zentralörtliche Aufgaben erfüllt der einstige Burgflecken heute keine mehr. Dennoch erinnert der Siedlungskern auf einem harten, etwa westwärts in das Hasselbachtal vorstoßenden Muschelkalksporn entlang der Stadtstraße und um die spätbarocke und klassizistische kath. Pfarrkirche auf dem früheren, im W und N steil zum Tal abbrechenden Burgsporn mit seiner Architektur deutlich an die städtische Vergangenheit. Die überwiegend traufständigen Häuser an der Einstraßenanlage auf dem Stadt- und Burgsporn sind dicht zusammengebaut. Entlang der Stadtstraße sind Wohnbauten aufgereiht. In einem Neubau, der an die Stelle älterer Bausubstanz getreten ist, fällt ein Lebensmittelgeschäft auf. Hinter den meist zweigeschossigen Wohnhäusern an der Stadtstraße stehen parallel oder winklig zu ihnen noch heute oder früher landwirtschaftlich genutzte Gebäude wie Ställe und Scheunen oder Schöpfe, die deutlich auf die einstige Funktion des Ackerbürgerstädtchens hinweisen.

Herausragende Gebäude sind im Aufrißbild des einst städtischen Kerns das Rathaus und die Kirche sowie zwei größere Fachwerkhäuser auf dem Burgsporn nördlich des Gotteshauses und an der Ecke Stadtstraße/Georg-Metzler-Straße, wo die aus der Oberstadt kommende städtische Hauptsiedlungsachse am SW-Fuß des Burgsporns und heutigen Kirchbühls in die Talstraße (L 515) einmündet. Das *Rathaus* von 1914 ist ein hohes zweigeschossiges Gebäude in Traufseitenstellung mit einem steilen Halbwalmdach, auf dessen First eine Sirene sitzt. An der der Stadtstraße zugewandten Längsfront fallen im Erdgeschoß zwei rundbogige Tore und im Obergeschoß Fachwerk auf. Unter dem hellen Verputz ist Muschelkalk-Bruchsteinmauerwerk zu erkennen. Tor- und Fenstergewände sowie das Fachwerk sind rot bemalt. Zur östlichen Turm- und Eingangsfassade des im ausgehenden 18. Jh. errichteten *kath. Gotteshauses* führt von der Stadtstraße ein breiter Treppenaufgang hinauf. Der am Äußeren in barocken Formen gehaltene, mächtige Saalbau hat einen polygonalen Westchor. Aus der östlichen Giebelfront tritt der Eingangs- und Glockenturm mit seinem geschwungenen Haubendach mittelrisalitartig hervor. Auffallend sind die Eckquader, Tür- und Fenstereinfassungen aus Keupersandstein, die sich vom hellen Mauerverputz deutlich abheben. Am Südfuß des Kirchbühls steht an der unteren Stadtstraße ein Brunnen mit säulenartigem zentralem Brunnenstock, aus dem das Wasser durch drei gußeiserne Speier in den polygonalen Brunnentrog fließt.

Südlich der Stadtstraße, wo der einstige Burgsporn verhältnismäßig sanft in den westexponierten Talhang übergeht, bildet die im O von ihr abzweigende und weiter unten im W wieder in sie einmündende Bundschuhstraße einen unregelmäßigen Parallelweg mit einer ebenfalls alten, ursprünglich bäuerlichen Bebauung. Die teilweise grabenartig eingeschnittene und im westlichen unteren Teil altbebaute Frankenstraße bildet als südlicher Außenring die südliche Außengrenze der mittelalterlichen Stadtsiedlung.

Eine alte und teilweise dichte Bebauung dehnt sich dann auch auf dem Talboden des Hasselbachs entlang der Georg-Metzler-Straße beiderseits der 1986 neugebauten Hasselbachbrücke, am Westfuß des einstigen Burgsporns und auf beiden Bachseiten im S der mittelalterlichen Stadtanlage aus. Diese bereits im vorigen Jahrhundert bebaute Siedlungserweiterung macht bis heute einen dörflichen Eindruck. Bei einem Teil der Gebäude läßt sich teilweise unter Putz liegendes Fachwerk erkennen. Die Hofgrund-

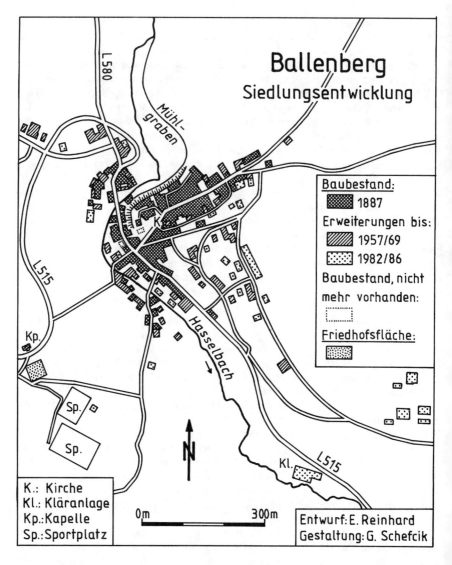

risse sind unterschiedlich; Winkel-, Dreiseit- und Streckgehöfte prägen die dicht stehende und zum Teil verschachtelte Bebauung, aus der sich auf der linken Talseite im N bei den Ziegeläckern die Gebäude einer ehemaligen Ziegelei mit einem kleinen Fabrikschlot herausheben.

Randliche Wachstumsspitzen mit modernen bäuerlichen Anwesen in Ortsrandlage finden sich im N und S der Talsiedlung. Im Hasselbachtal weit unterhalb der Siedlung entstand östlich des Baches eine moderne Kläranlage. Eine moderne flächenhafte Siedlungserweiterung erwuchs in der Form eines am westexponierten Talhang angelegten Neubaugebietes mit hangparallel angeordneten Einfamilienhäusern, unter denen als größerer zweigeschossiger Baukomplex ein gelb verputztes Schulhaus heraussticht. An der oberen Talflanke finden sich auch einige giebelständig errichtete Neubauten aus jüngster Zeit in meist ganz flacher Hanglage. Zu ihnen zählt am Südrand des Neubaubereichs ein größeres Haus mit einem gewerblichen Betrieb der Sanitär- und Heizungsbranche. Südwestlich und außerhalb der geschlossenen Bebauung entstanden in der Dünger Flur moderne Aussiedlerhöfe.

Ein das Kulturlandschaftsbild entscheidend mitprägendes Gebäude ist die auf der Höhe südwestlich des Ortes beim Friedhof gelegene *Bergkapelle St. Laurentius* aus dem vorigen Jahrhundert. Das kleine, heute als Friedhofskapelle genutzte Gotteshaus mit fünfseitigem Ostchor, einem rechtwinkligen Anbau an der südlichen, dem Friedhof zugewandten Längsfront hat steile Giebeldächer. Über dem Westgiebel mit einem Eingangsvorbau unter einem Schrägdach erhebt sich ein viereckiger Dachreiter mit Zeltdach. Vom Friedhof ist dieses Kirchlein durch die L 515 getrennt. Vor der Friedhofsmauer ragt dort ein Kriegerdenkmal für die Gefallenen des Deutsch-Französischen Krieges auf, ein obeliskartiger, sich nach oben verjüngender Buntsandsteinblock, geschmückt mit einer ebenfalls aus Buntsandstein gehauenen Kaiserkrone mit einem Kreuz darüber.

Die in die fränkische Zeit zurückreichende Ausbausiedlung Erlenbach nimmt mit ihrem straßendorfartigen Ortskern den rechtsseitigen Talboden und Hangfuß des gleichnamigen Baches ein. Siedlungserweiterungen ziehen dann am siedlungsgünstigen südostexponierten Hang hinauf und erstrecken sich im NO und S auf den Gegenhang. Insgesamt nimmt das kleine Dorf eine ausgesprochene Schutzlage in dem über 60 m in die Baulandhügel eingeschnittenen Erlenbachtal ein, in dem nördlich und südlich der alten Bebauung eine breite Talsohle entwickelt ist, über welche der Wasserlauf, der im Siedlungsbereich zwischen künstliche Uferböschungen gezwängt ist, teilweise in Wiesenmäandern dahinschlängelt.

Der westlich des Erlenbachs entlangziehende Siedlungskern zeigt an der Blumenstraße, der eigentlichen Hauptstraße des Dorfes, eine dichte Bebauung mit giebel- und traufständigen Wohnhäusern. Steinsockel, Backsteinmauern und zum Teil auch Fachwerkbauten, deren Gefache ebenfalls mit Backsteinen ausgemauert sind, bringen Abwechslung ins Aufrißbild. Hinter den die Blumenstraße beidseitig säumenden Wohnhäusern stehen bäuerliche oder ehemals landwirtschaftliche Wirtschaftsbauten, die mit ihnen zusammen Zwei- und enge Dreiseitgehöfte abgeben. Häufig sind die nahe dem Bach stehenden Scheunen, Ställe und Schöpfe bis in die 1950/60er Jahre erneuert und modernisiert worden. Ganz moderne Gebäude unterbrechen zuweilen den historisch gewachsenen Baubestand wie das Gasthaus zur Linde, ein an der Blumenstraße traufständiger, zweigeschossiger Baukomplex mit flachem Giebeldach und zweiseitigem Treppenaufgang an der Straßenfront, oder das Gasthaus zum Ochsen, das in seiner Betonbauweise einen beachtlichen Gegensatz zum gegenüberstehenden *ehemaligen Rathaus* bildet. Dieser giebelseitig an die Straße gerückte, malerische Fachwerkbau mit steilem Giebeldach und einem auf rechteckigem Grundriß darüber aufragenden Dachreiter mit Turmuhr und Zeltdach prägt ganz entscheidend die Ortsmitte des alten Dorfes. Nur wenige Kaufläden verleihen der Blumenstraße zusammen mit den Gaststätten eine gewisse zentrale Bedeutung für die Gesamtsiedlung.

Alt ist die Bebauung auch am unteren Rosenweg sowie an der unteren Tulpen- und Geranienstraße, die alle von der Blumenstraße aus die rechte Talflanke erschließen. Sie setzte bereits im frühen 19. Jh. ein und leitet an ihnen in einen lockeren, am oberen Hang gelegenen *Neubaubereich* hinauf, wo sich an der oberen Geranienstraße mit einer großen Bauschreinerei und den flachen Produktionshallen einer modernen Fabrik für Programmgehäuse die Anfänge eines *Gewerbe- und Industriegebietes* abzeichnen. Am

Hang weiter unten stehen an der Tulpenstraße am oberen Rand der alten Bebauung mehrere architektonisch herausragende Gebäude: Das moderne *Bürgermeisteramt*, heute die Ortsverwaltung, mit dem *Feuerwehrgerätehaus*, die im ausgehenden 18. Jh. errichtete *kath. Kirche*, ein Saalbau mit steilem Giebeldach und rundem Ostchor sowie einem verschieferten Dachreiter auf quadratischem Grundriß und einem Zwiebeldach über einem Krüppelwalm am Westgiebel, und unterhalb des Gotteshauses das *alte Schulhaus* von 1877, ein zweigeschossiger Walmdachbau aus Muschelkalkmauerwerk mit Fenstereinfassungen aus Buntsandstein.

An der Einmündung der Geranien- in die Blumenstraße biegt letztere über eine südliche Brücke auf die linke Talseite ab. Dort und an der am linken Talhang hinaufziehenden Veilchenstraße stehen noch ins vorige Jahrhundert zurückreichende Hofanlagen, die auch am Nelkenweg, der südwestlichen Fortsetzung der Blumenstraße, am rechten Hangfuß den Aufriß prägen. An der linken Talseite, wo die Fortsetzung der Blumenstraße nach Aschhausen weiterzieht, sticht das langgestreckte Lagerhaus der Raiffeisen- und Volksbank mit einer Verladerampe hervor. Schon südlich außerhalb des Dorfes überdeckt eine Sportplatzanlage mit einem benachbarten neuen Gebäude den rechtsseitigen Talboden, auf dem weiter außerhalb nach einer Talschleife die moderne Kläranlage erbaut wurde.

Nördliche Siedlungserweiterungen schieben die Bebauung am rechten Hangfuß oberhalb der ehemaligen Mühle in Richtung Friedhof hinaus, wo in Ortsrandlage ein großer Aussiedlerhof mit langgestrecktem Stallbau und zylindrischem Silo den Talboden bedeckt. Am nach W blickenden Gegenhang entstand an einer schleifenartigen Neubaustraße ein bisher nur locker und noch unvollständig mit Einfamilienhäusern besetztes Wohngebiet. Es wird vom Gladiolenweg her erschlossen, wo noch ein kleines Streckgehöft mit zweigeschossigem Wohnhaus auffällt, und bewirkt insgesamt eine beachtliche Siedlungsausweitung nach N.

Der Stadtteil Hüngheim wird aus einem ins Frühmittelalter zurückreichenden, in den Kernbereichen dicht besiedelten Haufendorf beiderseits der Kessach gebildet. Der eigentliche Ortskern besteht aus dem unregelmäßig gestalteten Siedlungsbereich der inneren Richard-Wagner-Straße, Mozart- und Beethovenstraße am rechten unteren Talhang sowie aus der Schubertstraße bis zur kath. Kirche, einer flußparallelen Straße, die den unteren linksseitigen Hang des Kessachtals erschließt. Dicht zusammengedrängte bäuerliche Anwesen in der Gestalt von Gehöftanlagen mit Streckhof-, Zweiseit- und Winkelgrundrissen, teilweise auch mit unregelmäßigen Grundrissen, fallen im Ortsinneren auf. Muschelkalksockel oder -erdgeschosse, Bruchsteinmauern aus Muschelkalk an alten bäuerlichen Wirtschaftsgebäuden und zuweilen auch Fachwerkbauten bestimmen den Aufriß der Gehöfte, an deren Wohnhäusern ab und zu Madonnennischen auf die Volksfrömmigkeit hindeuten. An der Beethovenstraße, die die Mozartstraße am südostexponierten Talhang mit der Schubertstraße am Gegenhang über die südliche Kessachbrücke verbindet, stehen größere Gehöfte um einen von einer mächtigen Roßkastanie und einem Kruzifix von 1896 bestimmten Platz. An der inneren, steil hangaufwärtsziehenden Mozartstraße entstand mit einem Lebensmittel- und Kurzwarengeschäft in einem modernen dreigeschossigen Wohn-Geschäftshaus anstelle einer älteren Bebauung der funktionale Siedlungskern. Zu ihm gehört noch an der nördlichen Kessachbrücke der Bereich um den kath. Kindergarten und das Kriegerdenkmal. Der Kindergarten befindet sich zusammen mit einer Caritasstelle in dem in Jugendstilformen gehaltenen Gebäude der Stockert-Stiftung von 1903. Das Mahnmal für die Gefallenen der Weltkriege geht auf ein nach dem 1. Weltkrieg errichtetes Kriegerdenkmal im Winkel von der S-kurvig die westexponierte Kessachtalflanke erklimmenden Richard-Wagner-Straße und der Schubertstraße zurück. Auf einem Treppensockel erhebt sich ein obeliskartiger Gedenkstein mit einem an den hl. Georg erinnernden Reiterbild, das einen drachentötenden Soldaten zu Pferde zeigt. Die am linken unteren Talhang entlangführende und außerhalb der Kirche an ihm hinaufziehende Schubertstraße läßt eine recht unterschiedliche Aufrißgestaltung hervortreten. Alte Gehöfte in Streckhof- und Winkelform mit teils neuen Wohn- und Wirtschaftsbauten sowie runden Silos wie beim Anwesen Schuberstr. 7, ein moderner Handwerksbetrieb mit der Werkstatthalle eines Schmiedes, eine Volksbankzweigstelle in einem ebenfalls jungen Wohn-Geschäftshaus an der Abzweigung der Beethovenstraße und das Gasthaus zum Kreuz sorgen für Abwechslung im Straßenbild. Beherrscht wird sie von dem am Hang über ihr stehenden *kath. Gotteshaus*, einem barocken Saalbau aus der Mitte des 18. Jh. mit seitlich drei hohen Fenstern, einem Buntsandsteinportal über einem steilen Treppenaufgang von der Schubertstraße sowie einem halbrunden und schmaleren Chorabschluß an der dem Friedhof zugewandten Südseite. Zwischen Chor und Kirchensaal ragt ein im unteren Bereich viereckiger, im Glockengeschoß oktogonaler Turm dachreiterartig über den hohen Dachgiebel auf und schließt mit einer Welschen Haube ab.

Die von diesem innerörtlichen Siedlungsbereich wegführenden Straßen lassen nur noch zum Teil eine alte, teilweise auch aufgelassene Bebauung erkennen wie z. B. die obere und äußere Schubertstraße und die von ihr westwärts abzweigende Brucknerstraße. An der ins obere Kessachtal und nach Oberwittstadt weiterziehenden Silcherstraße fallen ältere Fachwerkhäuser mit verputzten oder backsteinausgemauerten Gefachen, dann aber auch moderne, bis in die endenden 1950er und 1970er Jahre errichtete bäuerliche Wohn- und Wirtschaftsbauten auf. Das gilt auch für die auf die Hügel nördlich des Dorfes hinaufziehende Händel- und Haydnstraße. Eine geschlossene *Neubauerweiterung* erwuchs am südwärts blickenden Kessachtalhang oberhalb der äußeren Mozartstraße mit dem in neoklassizistischen Formen erbauten Schulhaus von 1913. An der von der Haydnstraße abzweigenden Leharstraße und an der Richard-Strauß-Straße brachten dort erst bis in die frühen 1980er Jahre erbaute Einfamilienhäuser eine Siedlungsausweitung nach W in oberer Hanglage über dem alten Dorf. Das obere Bebauungsende am Gegenhang wird an der äußeren Richard-Wagner-Straße von einem langgestreckten Gebäudekomplex einer Autowerkstatt und Auto- und Zweiradhandlung geprägt, die sich mit traufständigen Wohn- und Büro-, Reparatur- und Verkaufstrakten bergseitig an die Straße schmiegt.

Das alte, einst ritterschaftliche Dorf Merchingen weist schon aufgrund seiner topographischen Lage im breiten Sohlental der Kessach und an seinen vor allem in den unteren Hangbereichen steil zum Talboden abfallenden Talflanken ein unregelmäßig gestaltetes Straßennetz und einen haufendorfartigen Grundriß mit deutlich hervortretenden Siedlungsverdichtungen einerseits am ostexponierten Hang im Bereich der inneren Lindenstraße sowie des inneren Birnbaum- und Buchenwegs, andererseits auf dem westlichen Talgrund zwischen Akazienstraße und Flußlauf auf. Die kurvig die Talhänge erschließende L 515 trägt im Verlauf der Linden- und Eichenstraße den Durchgangsverkehr von Osterburken und dessen Autobahnanschluß nach Krautheim. Wesentlich weniger belastet sind die mit den Nachbarorten verbindenden Kreisstraßen, die im Zuge der Akazienstraße den Ort in Talrichtung durchqueren oder über die Ulmenstraße am östlichen Talhang hinaufziehen.

Das architektonische Zentrum der Siedlung liegt über dem westlichen Talhang, wo der hohe dreigeschossige *Schloßbau* mit seinen steilen, reich verzierten Volutengiebeln, dem Torhaus und den angrenzenden Wirtschaftsbauten mit Staffelgiebeln, Treppen-

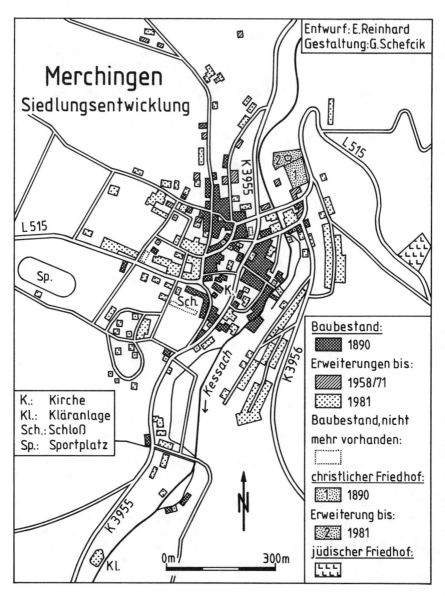

turm und rundem, noch auf die einstige Burg zurückreichenden Eckturm im SO einen wuchtigen, fast rechtwinkligen massiven Baukomplex der Renaissance- und Barockepoche bildet. In unmittelbarer Nachbarschaft ragt nordöstlich des Schlosses die neugotische *ev. Kirche* auf, deren Grundstein 1853 gelegt wurde. Dieser wuchtige Muschelkalkbau wird vor allem durch ein steiles Giebeldach, aus dem im W der viereckige Turm mit oktogonaler Glockenstube und verschiefertem Spitzhelmdach heraustritt, und den polygonalen Ostchor geprägt. Glockenstube, Tür- und Fenstergewände, Stützmauern und Sockelsteine bestehen aus Keupersandstein. Am westlich vorgelagerten Kirchplatz, auf dem ein Kriegerdenkmal an die Gefallenen des Deutsch-Französischen Krieges erinnert, sticht dann das *Schulhaus* von 1880/81 mit seinem dem Platz zugewandten wuchtigen und weit hervortretenden Mittelrisalit heraus. Seine Tür- und Fenstereinfassungen aus Buntsandstein bewirken einen markanten farblichen Gegensatz zum sonstigen Muschelkalkmauerwerk. Dieser Bereich um den Kirchplatz und das Schloß, vor dessen Hauptbau an der Lindenstraße eine kleine Anlage die Mahnmale für die Opfer der beiden Weltkriege birgt, bildet aber nicht nur baulich den Siedlungsmittelpunkt. An der dicht bebauten inneren Lindenstraße dehnt sich auch funktional der Ortsmittelpunkt aus. Das Schulhaus, heute die Grundschule I der Stadt Ravenstein, beherbergt auch das Forstrevier Merchingen des Staatlichen Forstamtes Adelsheim. In dem modernen Wohn-Geschäftshaus an der Lindenstraße gegenüber mit einem eingeschossigen Flachdachanbau sind die Schalter- und Geschäftsräume einer Sparkassenfiliale eingerichtet. Kaufläden für Lebensmittel und Getränke, ein Frisiersalon, eine Bäckerei und das Gasthaus zum Lamm verleihen diesem Bereich bis zur Abzweigung des Buchenwegs eine gewisse Ortsmittelpunktfunktion, die durch die Post am inneren Buchenweg und das Bürgermeisteramt von Ravenstein mit der Hauptverwaltung, dem Standesamt und Grundbuchamt in einem modernen zweigeschossigen Verwaltungsbau an der nach W umgebogenen Lindenstraße noch verstärkt wird. Mit weiteren Kaufläden, einer modernen Metzgerei, einer Volksbankfiliale und dem neugebauten Gasthaus zum Adler erstreckt sich das funktionale Ortszentrum vom westlichen Talhang auch in den eigentlichen Talbereich an der Eichen- und Akazienstraße hinein.

Auffallend im alten Dorf, an der ostwärts abfallenden Talflanke und auf dem Talboden der Kessach, ist heute das Überwiegen der Wohnortfunktion. Alte landwirtschaftliche Bauten, die z.T. nicht mehr genutzt werden, sind zwar noch vorhanden. Die bäuerlichen Betriebe sind heute auf die flurbereinigte Feldmark ausgesiedelt oder befinden sich auf der Höhe an der äußeren Lindenstraße, am Birnbaumweg und äußeren Buchenweg in ausgesprochener Ortsrandlage, wo teilweise ausgedehnte Gehöfte mit modernen Wohnhäusern in der Gestalt von Aussiedlerhöfen dem Siedlungsbild bäuerliche Züge aufprägen. Im Ortsinneren sind dagegen an die Stelle alter Bauernhäuser moderne Wohnbauten getreten wie z.B. am Akazienweg 2 mit einem dreistöckigen wohnblockartigen Mehrfamilienhaus. Die innerörtlichen bäuerlichen Bauten bestehen im Kessachtal aus teils verschachtelten Winkel-, Zwei- und Dreiseitanlagen. Am Hang fallen Streckhöfe auf wie am Buchenweg oder an der unteren und ortsinneren Ulmenstraße.

Besonderheiten in dem Dorf mit einem einst beachtlichen jüdischen Bevölkerungsanteil und Rabbinatsbezirk sind der *israelitische Friedhof* im O oberhalb des Dorfes an der Landesstraße nach Ballenberg und die *ehemalige Synagoge* am Buchenweg, die heutige *kath. Kirche* mit einem barock gegliederten Krüppelwalmdach und einem erst nach dem 2. Weltkrieg im SO angesetzten, gedrungenen Glockenturm mit Satteldach.

Ausgedehnte Siedlungserweiterungen erwuchsen bis in die frühen 1980er Jahre an den beiden Talhängen südwest-, öst- und südöstlich des alten Dorfes. Der die Lindenstraße kreuzende Zedernweg erschließt so westlich des Schloßbezirks das *südwestliche Neubaugebiet*, das sich am ostwärts abfallenden Hang bis fast zum Sportplatz hinauf erstreckt. Einfamilienhäuser mit Zier- und Nutzgärten bestimmen diese junge Ortserweiterung am bogenförmig den Hang erschließenden Lärchenweg bis hinauf zum Weißdornweg. Der steiler zum Talboden abfallende Gegenhang ist unterhalb der Ulmenstraße mit hangparallel ausgerichteten, auf der Talseite zweigeschossigen Einfamilienhäusern überbaut. Spitzwinklig von der Ulmenstraße wegziehende Wohnstraßen (Kiefern- und Fichtenweg) erschließen dieses nach W blickende, hangseitige Neubaugebiet, das sich heute bis zum Wachholderweg im S ausdehnt und eine beachtliche *östliche Ortserweiterung* bewirkte. Abgesehen von dem modernen Gasthaus zur Kegelklause an der Abzweigung des Fichtenwegs bildet sie ein reines Wohngebiet, das am Birkenweg auch auf den Talhang oberhalb der ortsinneren und unteren Ulmenstraße übergreift. Nördlich der Eichenstraße ist der untere westwärts gewandte Talhang Friedhofsgelände mit einer modernen Kapelle und Leichenhalle im Erweiterungsteil. Am höheren Hang lassen sich die Anfänge eines kleinen *Industriegebietes* mit einer modernen Fabrik in der Gestalt einer flachgiebeligen Produktionshalle ausmachen.

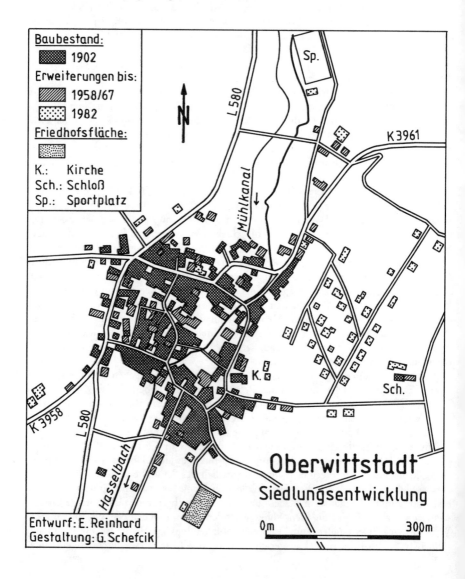

Oberwittstadt nimmt mit seinem alten Siedlungsteil in der Gestalt eines dicht bebauten Haufendorfs die Talmulde des oberen Hasselbachs ein. In dieser ausgesprochenen Schutzlage erstreckt sich das im Grundriß unregelmäßig gestaltete, schon im Frühmittelalter entstandene Dorf vom Hangfuß der ostwärts blickenden Talflanke, an der im Zuge der Löns- und Eichendorffstraße die das Hasselbachtal durchziehende L 580 entlangführt, bis zum Gegenhang im O. Die Hauptmannstraße im S und die Uhlandstraße im N queren in teils geschwungenem Verlauf den Talboden und leiten die Bebauung zur westexponierten Talflanke hinüber, in deren Fuß- und unterem Hangbereich bei der kath. Pfarrkirche sich der östliche Siedlungsschwerpunkt herausbildete. Zwischen diesen beiden den Talboden innerörtlich querenden Straßen und entlang der sie rechts des Hasselbachs kurvig verbindenden Mörikestraße ist die alte Bebauung äußerst dicht und zuweilen verschachtelt. Zwei- und dreiseitige Gehöftanlagen, von denen nicht mehr alle landwirtschaftlich genutzt werden, dominieren. Fachwerkkonstruktionen wie an der Abzweigung der Benno-Rütenauer-Straße von der Uhlandstraße oder an der Hebelstraße beleben das dörfliche Aufrißbild, das zuweilen durch restaurierte und erneuerte Gebäude recht unterschiedliche Gestaltungselemente aufweist. Neben Gehöftanlagen fallen dann auch gestelzte Wohnstallhäuser auf wie an der westlichen Hauptmann- oder an der Uhlandstraße. Solche Wohnstallhäuser mit den für sie typischen, ins Obergeschoß führenden Außentreppen prägen auch das Bild der an den linken Talhang angelehnten Hebelstraße. Zum Teil sind bäuerliche Wirtschaftsbauten unmittelbar an sie angesetzt. Diese noch in die Zeit vor dem 1. Weltkrieg zurückreichende, ursprünglich rein landwirtschaftliche Bebauung wurde in der Zwischenzeit teils zu Wohnzwecken umgestaltet, wobei der Charakter des gestelzten Hauses beibehalten wurde. Auch neue Wohnhäuser, von denen eines im Sommer 1989 erst im Rohbau steht, sowie ein Lagerhaus mit hölzerner Laderampe der einstigen Bad. Landwirtschaftlichen Zentralgenossenschaft beleben das Straßenbild im NO des alten Dorfes.

In der Mitte der Uhlandstraße sticht mit einem modernen *Rathaus- und Sparkassenkomplex* ein Verwaltungszentrum aus der Umgebung mit teils modernisierten Gehöften mit neuen Wohnhäusern heraus. Die steilgiebelige Bauweise dieser Verwaltungs- und Geschäftshausbauten, in denen sich auch das örtliche Postamt befindet, fügt sich in diese Umgebung zwar gut ein, die teilweise nicht verputzten Betonkonstruktionen bilden aber doch architektonische Fremdkörper zwischen der sonst althergebrachten benachbarten Gestaltung der bäuerlichen Anwesen und Wohnhäuser. Ein vielfältiges Straßenbild läßt auch die südwärts am unteren linksseitigen Talhang hinaufziehende Herderstraße hervortreten. Auch ihre Bebauung entstammt der Zeit vor der oder um die Jahrhundertwende und ist weitgehend landwirtschaftlich. Ein großes zweigeschossiges Wohnhaus mit Walmdach, an dessen Obergeschoß ein Eckerker aus Buntsandstein unter einem Spitzhelmdach hervorsticht, das Gasthaus zur Krone und am Hang gegenüber die durch hohe Stützmauern abgesicherte *kath. Pfarrkirche* der Barockzeit sorgen für Abwechslung und gestalten den architektonischen Kernbereich ganz am Ostrand des alten Dorfes. Zu dem Gotteshaus aus der Zeit nach der Mitte des 18. Jh. führt eine ebenfalls barocke zweiseitige Buntsandsteintreppe hinauf. Über seinem rundbogigen Buntsandsteinportal an der westlichen Giebelseite steht eine gekrönte Marienstatue als Himmelskönigin mit Szepter und Jesuskind in einer ebenfalls barock verzierten und buntsandsteingefaßten Nische. Sie bildet eine herausragende Ergänzung zu mehrfach im alten Dorf auffallenden Madonnennischen und Bildstöcken, die in ihrer Gesamtheit vom Glauben der Menschen im Grenzbereich des Madonnenländchens Zeugnis ablegen. Der hochstehende Kirchenbau besteht aus drei seine Eigenart bestimmenden Architekturteilen. An den hohen Kirchensaal mit seitlichen hohen Rechteck- und runden Okulusfenstern unter einem steilen Giebeldach schließt im O ein halbrunder Chor an, aus dem im S unter einem Schrägdach die Sakristei hervortritt. Das dritte Bauglied bildet der im O an den Chorabschluß angesetzte Glockenturm mit zwei wuchtigen unteren Geschossen auf quadratischem Grundriß. Sein drittes Obergeschoß mit der Glockenstube hat abgeschrägte Ecken und trägt eine Welsche Haube, die wie die Chor- und Sakristeibedachung verschiefert ist, während das Dach des Kirchensaals ziegelgedeckt ist.

Junge Siedlungserweiterungen brachten im Talbereich ein Wachstum nach N bis zum neuangelegten *Sportplatz* mit dem Sportheim des TSV Oberwittstadt, einem modernen zweigeschossigen Gasthaus unter einem flachen Giebeldach. Der wohl wichtigste Neubau der Nachkriegszeit ist an dem im N zum Sportplatz führenden Chamissoweg die neue *Schule*, ein längeres, gelbbraun verputztes Gebäude mit zwei Stockwerken, an dem der überdachte Eingang und die großen Klassenzimmerfenster unter einem flachen Giebeldach sowie an der Ostseite ein gemauerter Kamin auffallen.

Hoch über dem alten Dorf entstand am linken Talhang ein geschlossenes *Neubaugebiet*. Zwei hangparallele Wohnstraßen, die Schiller- und Goethestraße, die durch schräg am Hang hinaufziehende Verbindungswege (Kleist- und Hölderlinstraße) verkettet sind, bilden das Grundraster dieses Wohngebietes, das über die bei der kath. Pfarrkirche abzweigende Lessingstraße mit dem alten Dorf verbunden ist. Einfamilienhäuser in eingeschossiger bungalowartiger Bauweise, weitgehend hangparallele Ein- und wenige größere Zweifamilienhäuser unter flachen Walm- und Giebeldächern bestimmen den Charakter dieser noch nicht abgeschlossenen Ortserweiterung. Auffallend ist an der Goethestraße ein 1973 errichteter eingeschossiger Flachdachbau, dem die Teleskopkuppel eines astronomischen Observatoriums aufsitzt. Als einziger alter Bau steht am Ostrand dieser beachtlichen jungen Siedlungserweiterung in einem gepflegten Garten das *Schloß*, ein hohes, klassizistisch anmutendes Walmdachgebäude noch aus dem vorigen Jahrhundert mit jüngeren und niedrigeren Anbauten.

Eigenständige Wohnplätze sind auf der Gkg Oberwittstadt die *Heckmühle* im Hasselbachtal südlich des Dorfes und der Weiler *Schollhof* im O der Gemarkung in der nur wenig eingetieften Talmulde eines nördlichen Quellarms des Erlenbachs. Größere Gehöfte prägen das Bild dieser noch bäuerlichen Kleinsiedlung. An ihrem Südrand steht eine 1899 erbaute Kapelle, ein kleiner Saalbau mit seitlich zwei rundbogigen Fenstern und halbrundem Chorabschluß. Über dem ziegelgedeckten Giebeldach erhebt sich ein blechverkleideter viereckiger Dachreiter mit spitzem Helmdach.

Unterwittstadt, eine langgestreckte, straßendorfartige Siedlung, liegt als kleinster Stadtteil von Ravenstein weitgehend auf dem rechtsseitigen Talboden des Hasselbachs sowie an seinem unteren ostexponierten Talhang. Der in seiner Haupterstreckung sich beiderseits der Talstraße ausdehnende Ort erweckt noch einen geschlossen bäuerlichen Eindruck. Der Siedlungsaufriß wird von größeren gepflegten Gehöften beherrscht, an deren Wohnbauten mehrfach in den Hauswänden Madonnennischen oder auch Nischen mit Christusfiguren auffallen. Zusammen mit den Kruzifixen wie an der Abzweigung des im S den Talboden querenden Weinbergweges oder von Bildstöcken wie gegenüber der Abzweigung des Hofackerwegs sind sie durchaus das Ortsbild mitgestaltende und im kath. Glauben der Einwohner verwurzelte, auffällige Aufrißelemente. Von den Hofgrundrissen her überwiegen Drei- und Zweiseitanlagen, die aus Muschelkalkmauerwerk, zuweilen auch als Fachwerkkonstruktionen wie ein großer Komplex am Mühlenweg hochgezogen sind. Besonders an bäuerlichen Wohnhäusern stechen auch Backsteinmauern hervor. Am Mühlenweg und Weinbergweg erstreckt sich die alte landwirtschaftliche Bebauung bis an den Hasselbach und über den Wasserlauf auf die linke Talseite hinüber. Von der baulichen Gestaltung her hebt sich gegen den nördlichen Siedlungsrand ein gestelztes Wohnstallhaus von 1929 mit einer wuchtigen, ins Obergeschoß führenden Freitreppe heraus. Das innerörtliche Straßenbild entscheidend mitgestaltende Bauten sind das ehemalige Rathaus und das Gasthaus zum Roß. Der Sitz der einstigen Gemeindeverwaltung ist ein kleiner, hell verputzter Bau unter einem auffallenden Halbwalmdach, der giebelseitig an die das Dorf durchziehende Hauptachse gerückt ist. Hinter ihm ragt der schlanke Schlauchturm des Feuerwehrgerätehauses auf, der mit einem kleinen Satteldach abschließt. Das zur Ortsmitte zu benachbarte »Roß« ist ein Jugendstilbau von 1906, zu dem ein landwirtschaftlicher Betrieb in Winkelgehöftform mit Fachwerk im Obergeschoß gehört. Über einem hohen Sockelgeschoß prägen im übrigen zwei Obergeschosse in Backsteinmauerung unter einem Walmdach diese Gaststätte. Eine große Madonnennische schmückt ihre der Straße zugewandte Fassade im ersten Obergeschoß. Ein ganz ähnliches Backsteingebäude mit Muschelkalksockel und flachem Walmdach sowie Eckquadern und Fenstereinfassungen aus Buntsandstein steht unmittelbar unterhalb der erhöht am Hang errichteten kath. Kirche St. Michael, einem in gotischen Formen gehaltenen schlichten Saalbau mit einem schmaleren Rechteckchor im O und einem verschieferten Spitzhelmdachreiter über dem hohen Dachfirst im W. Zu ihr führt ein Treppenweg hinauf, an dessen Anfang ein Kriegerdenkmal mit einem Reliefbild steht, das Maria als Sinnbild der Mutter zeigt, die einen Gefallenen in den Armen hält. Auf dem Kirchhof endet dieser Aufgang zum Gotteshaus an einer Mariengrotte.

Bemerkenswerte Bauwerke. – Ballenberg: Die *kath. Pfarrkirche* wurde 1796 von Adam Beckert aus Miltenberg als dreiachsiger Saalbau mit eingezogenem halbkreisförmig außen polygonal geschlossenem Chor und fast ganz eingezogenem Glockenturm an der Eingangsseite erbaut. Die klassizistische Innenausstattung und die barockisierende Ausmalung der Decke ist erhalten. Den Hochaltar schuf 1800 Georg Schäfer aus Karlstadt. Die Seitenaltäre von Joseph Ganz entstanden zwar erst 1824, fügen sich aber sehr gut in das barocke Gesamtbild. Eine qualitätvolle Muttergottesfigur ist noch in die spätgotische Zeit zu datieren. Die *Friedhofskapelle* wurde 1846 in frühen historisierenden Stilformen errichtet. Das ehemalige *Gasthaus zur Sonne*, ein Renaissance-Fachwerkbau auf Massivgeschoß zeichnet sich durch ein Portal von 1598 besonders aus.

Erlenbach: Die *kath. Filialkirche* wurde 1796/97 von Joh. Georg Beyer, Werkmeister aus Mergentheim, als flachgedeckter dreiachsiger Saalbau mit eingezogenem halbkreisförmig geschlossenem Chor erbaut. Die zur Bauzeit gehörende Empire-Ausstattung, Hochaltar, Seitenaltäre und Kanzel blieben auch bei der Renovierung 1970 erhalten. Die neuklassizistische Ausmalung wurde damals beseitigt. Auch das Gestühl mit geschweiften Wangen ist noch vorhanden.

Hüngheim: Die *kath. Pfarrkirche* wurde 1753 im barocken Stil mit dreiachsigem Saal und halbkreisförmigem, eingezogenem Chor errichtet. Zwischen Chor und Langhaus ist in Türmchen auf dem Dachstuhl aufgesetzt. Von der Ausstattung sind insbesondere die drei Altäre mit gedrehten Säulen, gemalten Altarblättern und Darstellungen im Auszug, der Hochaltar auch mit geschmückten Figuren an den Seiten zu erwähnen.

Merchingen: Das *Schloß* der Herren von Berlichingen besteht aus mehreren Gebäuden. Der Torbau wurde nach der von Renaissanceornamenten umrahmten Inschrift 1593 von Johann Erasmus von Aschhausen und seiner Gemahlin Anna Catharina von Rheinberg erbaut und mit dem Allianzwappen verziert. Der dreigeschossige Hauptbau könnte mit seinen beiden geschwungenen Renaissancegiebeln etwas älter sein. Der Saal im Hauptgeschoß ist mit einer Rokokostuckdecke ausgestattet. Das Wirtschaftsgebäude wurde nach der Inschrift 1715 von Friedrich von Berlichingen und seiner Gemahlin Juliane geb. von Gemmingen mit ohrenumrahmten Fenstern errichtet und mit dem Allianzwappen geschmückt. Der polygonale Treppenturm mit Glockendach an dem heute als Scheune genutzten Gebäude zeichnet sich durch ein reich ornamentiertes

Renaissance-Portal aus dem Ende des 16. Jh. aus. Die als Parallelogramme gestalteten Fensterumrahmungen folgen dem Lauf der steinernen Treppenspindel. Von der Befestigung der ehemaligen Burg blieb nur ein über kreisförmigem Grundriß errichteter Turm aus dem Mittelalter, heute mit Glockendach, erhalten.

Die ehemalige, Anfang des 19. Jh. erbaute *Synagoge* erhielt nach 1900 ein Mansarddach. Ihre Innenausstattung wurde 1938 zerstört. Heute dient sie als *kath. Filialkirche*.

Der *israelitische Friedhof* wurde 1812 angelegt und zeigt im historisierenden Stil gestaltete Grabmäler.

Die *ev. Kirche* wurde 1855 als dreischiffige neugotische gewölbte Hallenkirche erbaut. Der im Grundriß quadratische schlanke Glockenturm in der Mitte der Eingangsseite ist leicht eingezogen und geht über dem First des Langhausdaches in einen achtseitigen Grundriß der Glockenstube über. Auch der aus 5 Seiten eines Achteckes gebildete und wie das Langhaus mit Strebepfeilern besetzte Chor ist eingezogen. Der Chor ist mit einem Rippengewölbe, das Langhaus mit Kreuzgewölben überspannt. Neugotische Schmuckformen finden sich an den zweibahnigen Maßwerkfenstern und an den drei Eingangsportalen.

Oberwittstadt: Die *kath. Pfarrkirche* St. Peter und Paul, wurde als langgestreckter Saalbau mit halbkreisförmig geschlossenem Chor 1755/56 von Johann Baum aus Wimpfen erbaut. Eine barocke zweiläufige Freitreppe führt zu dem Westportal. In den verputzten Längsmauern je drei Segmentbogenfenster. Die Ausstattung mit Hochaltar und zwei Seitenaltären stammt aus der Zeit um 1756, der Hochaltar von Johann Andreas Sommer in Künzelsau. Deckenmalerei mit Darstellungen aus dem Marienleben. An den Chor der Kirche wurde 1780/81 nach Plänen von Johann Michael Fischer aus Würzburg unter Mitbenutzung von Teilen des mittelalterlichen Chorturms ein Glockenturm mit achtseitigem Obergeschoß und Glockendach erbaut.

Die dem hl. Bonifatius geweihte *Vierzehnnothelferkapelle* geht bis ins hohe Mittelalter zurück. Ebenfalls einen Dachreiter hat die erst 1937 in neubarocken Formen erbaute *Schollhofkapelle*, die der hl. Familie geweiht ist.

Unterwittstadt: Die *kath. St. Michaelskirche* wurde im 16. Jh. in posthumgotischem Stil mit einachsigem Langhaus und daran anstoßendem eingezogenem quadratischem Chor mit Maßwerkfenstern erbaut. Die westliche Langhausachse mit einem neugotischen Maßwerkfensterpaar und die Fassade mit zwei Spitzbogenfenstern und einem zugesetzten Triforium stammen aus dem Jahre 1906. Auf dem Satteldach ein Dachreiter. Die nördlich an den Chor angefügte Sakristei ist 1599 datiert. Der Chor ist mit einem Sterngewölbe überdeckt, das ebenso wie der profilierte Triumphbogen wohl ins 14. Jh. zu datieren ist. In den Deckenmedaillons sind in Reliefs die Evangelisten in Stuckumrahmungen des frühen 18. Jh. dargestellt. Auch der barocke Hochaltar entstand damals. Der Seitenaltar, die Kanzel und verschiedene geschnitzte Heiligenfiguren vervollständigen die Ausstattung.

B. Die Gemeinde im 19. und 20. Jahrhundert

Bevölkerung

Bevölkerungsentwicklung. – Im 1. Drittel des 19. Jh. stieg die Einwohnerzahl in 5 von 6 Gemeinden, die heute die Stadt Ravenstein bilden, an, besonders stark in Ballenberg und Oberwittstadt. Nur Merchingen hatte in diesem Zeitraum Bevölkerungsverluste zu beklagen, konnte aber bereits 1845 mehr Einwohner als 1809 vorweisen. Dagegen vollzog sich die Entwicklung in den anderen Orten, abgesehen von Erlenbach, jetzt langsamer; in Hüngheim und Unterwittstadt waren die Bevölkerungszahlen 1845 hinter den Stand von 1830 zurückgefallen. Im Jahr 1852 verfügten alle 6 Dörfer zusammen über 3785 Einwohner – eine Zahl, die zu keinem späteren Zeitpunkt mehr erreicht wurde. Mitte des 19. Jh. setzte ein Rückgang ein, der die Bevölkerungsentwicklung bis in die Gegenwart prägt; Ravenstein hat die mit Abstand negativste Bevölkerungsbilanz im Neckar-Odenwald-Kreis. Zunächst veranlaßten Mißernten, Hungersnöte und Armut viele Personen zur *Auswanderung* nach Amerika. Seit 1870 war die Abwanderung in die Städte, verursacht durch fehlende außerlandwirtschaftliche Erwerbsmöglichkeiten, der ausschlaggebende Faktor für den Verlust an Einwohnern. Während in Ballenberg, Erlenbach, Hüngheim, Ober- und Unterwittstadt durch Geburtenüberschüsse zwischen 1890 und 1910 eine vorübergehende Stabilisierung eintrat, war Merchingen in besonderer Weise betroffen. Zur allgemeinen *Landflucht* kam hier eine überdurchschnittliche Abwanderung der israelitischen Bevölkerung. 1850 wurden 325, 1900 nur noch 101 Juden registriert. Von 1852–1910 ging die Einwohnerzahl Merchingens um 27 % zurück. Die Abwärtstendenz hielt bis zum 2. Weltkrieg an. Bevölkerungsverluste durch starke Abwanderung kennzeichneten im 1. Drittel des 20. Jh. auch die Situation in den anderen Orten.

Im 2. Weltkrieg hatte Ballenberg 24 gefallene und 8 vermißte Soldaten, Erlenbach 27 *Gefallene* zu beklagen. In Hüngheim wurden 26 gefallene und 17 vermißte Soldaten gezählt, in Merchingen 60 gefallene und 15 vermißte Soldaten. Kriegsopfer gab es auch in Oberwittstadt mit 40 Gefallenen und 19 Vermißten sowie in Unterwittstadt mit 4 Gefallenen und 8 Vermißten. Insgesamt 607 *Evakuierte* aus dem ganzen Reich, die meisten stammten aus Nordbaden, wurden auf die Gemeinden verteilt. Nach Kriegsende erhielten sie 1176 *Heimatvertriebene* und *Flüchtlinge* (26 % der Gesamtbevölkerung) zugewiesen, fast ⅔ davon (531) aus dem Gebiet der heutigen Tschechoslowakei. Mit Abstand folgten Flüchtlinge aus Jugoslawien und Ungarn. Dadurch stieg die Bevölkerungszahl um 1950 kurzfristig an, fiel aber trotz der Aufnahme von 54 SBZ-Flüchtlingen bis 1961 fast auf den Stand von 1939 zurück, weil der größte Teil der Neubürger mangels Arbeitsgelegenheit wieder weggezogen war. Bis 1970 hielt sich die Einwohnerzahl auf annähernd konstantem Niveau. In den letzten beiden Jahrzehnten hat sich der Rückgang trotz nachlassender Wanderungsverluste fortgesetzt, weil seit den 70er Jahren erstmals ein Geburtendefizit besteht. Die Volkszählung von 1987 ergab 2645 Einwohner, wobei der Ausländeranteil nur 1,3 % betrug. Alle Stadtteile mit Ausnahme von Oberwittstadt erlitten im Vergleich zu 1970 weitere Einbußen. Erhalten hatte sich die für das 19. und 20. Jh. fast immer charakteristische Rangfolge bezüglich der Höhe der Einwohnerzahl: an der Spitze stand Merchingen (804 Einwohner), gefolgt von Oberwittstadt (618 Einwohner) und Ballenberg (416 Einwohner), die 4. und 5. Stelle nahmen Hüngheim (372 Einwohner) und Erlenbach (289 Einwohner) ein, das Schlußlicht bildete Unterwittstadt mit 146 Einwohnern.

Konfessionelle Gliederung. – Ballenberg, Erlenbach, Hüngheim, Ober- und Unterwittstadt hatten im 19. Jh. von Einzelfällen abgesehen nur kath. Einwohner. Noch 1925 lag der Anteil der Protestanten unter 0,5 % und auch 1987 bekannten sich in 4 Stadtteilen 94 % der Bevölkerung zum kath. Glauben, in Oberwittstadt immerhin noch 85 %. Daß das Verhältnis Katholiken/Protestanten insgesamt in den in der Stadt Ravenstein zusammengeschlossenen Gemeinden schon seit Mitte des 19. Jh. etwa 3:1 beträgt, ist auf die konfessionelle Struktur Merchingens zurückzuführen, wo sich die ev. Ortseinwohner stets in der Mehrheit befanden, wenngleich ihr Vorsprung in den letzten Jahrzehnten geschrumpft ist. Standen 1925 83 % Protestanten 10 % Katholiken gegenüber, gehörten 1987 nur noch 56 % der ev., dagegen 39 % der kath. Konfession an.

Nach dem 30j. Krieg siedelten sich in Ballenberg, Hüngheim und insbesondere Merchingen *Juden* an. In Ballenberg wurden im Jahr 1825 20, in Hüngheim 42 jüd. Einwohner gezählt, die im Laufe des 19. Jh. abwanderten. 1888 verließ die letzte jüd. Familie Ballenberg, um 1900 gab es auch in Hüngheim keine Juden mehr. Merchingen war Sitz einer bedeutenden jüd. Gemeinde. 1825 lebten hier 250 Juden, 1845 wurde mit

326 jüd. Einwohnern (27 % der Bevölkerung) der Höchststand erreicht, ehe ihre Zahl durch Abwanderung und Geburtenrückgang kontinuierlich sank. Die letzten Juden Merchingens – 1933 wurden noch 38 registriert – wanderten im Dritten Reich aus oder starben in Konzentrationslagern.

Soziale Gliederung. – Die Landwirtschaft war bis vor wenigen Jahren die Haupteinkommensquelle der Bevölkerung, mit der sich meist auch die Gewerbetreibenden befaßten. Gelegenheit zu anderweitigem Verdienst bestand kaum. Dennoch lassen sich, zumindest für die Zeit vor dem 1. Weltkrieg, Differenzierungen innerhalb der Sozialstrukturen der Dörfer und hinsichtlich der ökonomischen Verhältnisse ihrer Einwohner feststellen. In Ballenberg und Hünghheim bot die Landwirtschaft nur eine unzureichende Existenzgrundlage. Das Ackerbürgerstädtchen Ballenberg entwickelte sich im Lauf des 19. Jh. zu einer überwiegend agrarisch geprägten Gemeinde. Mit dem Niedergang des Handwerks nahm auch der Wohlstand der Bevölkerung ab. Es gab nur mittlere und kleine Landwirte; letztere konnten bei mäßigen Ernten ihren Besitzstand nur mit Mühe wahren. Auch Hünghheim wurde unter die ärmeren Gemeinden des Bezirks mit allgemeiner und weitgehender Verschuldung eingestuft. 1880 wurde berichtet, daß Eltern von ihren erwachsenen Kindern zum Betteln in Nachbardörfern angehalten und deshalb sogar mißhandelt worden seien. Weil sie über ausreichend Grundbesitz verfügten, lebten fast alle Landwirte in Unterwittstadt und Erlenbach in finanziell geordneten Verhältnissen. Ortsarme gab es nur selten. In der 1. H. 19. Jh. war in Erlenbach die Weberei verbreitet; rund ⅔ der Bürger übten dieses Handwerk vor allem im Winter aus. 1876 wurden noch 14 Weber registriert, die sich angesichts der Konkurrenz der Fabriken wieder zunehmend auf die Landwirtschaft konzentrierten. In Oberwittstadt spielte neben der Landwirtschaft das Handwerk bis zu Beginn des 20. Jh. eine wesentliche Rolle. 1868 und 1903 wurden jeweils 60 Gewerbetreibende in vielfältigen Branchen gezählt – so viele, wie in kaum einer anderen Gemeinde von vergleichbarer Größe, weshalb Oberwittstadt in der Umgebung als »Ort der Industrie« galt. Manche betrieben ihr Geschäft in größerem Umfang. Die Einwohner gehörten zu den besser situierten des Bezirks. In Merchingen hatten die Landwirte ein befriedigendes Auskommen; kleinere Bauern und Taglöhner fanden Nebenverdienst im Gemeindewald und im Fruchthandel, so daß die wirtschaftliche Lage konstant als gut bezeichnet wurde. Hier war das Gewerbe von besonderer Bedeutung, nicht zuletzt durch die zahlreichen jüd. Einwohner, die als rege und strebsam geschildert wurden und oft angesehene Stellungen errangen. Sie beschäftigten sich mit Vieh- oder Fruchthandel, betätigten sich als Handwerker oder führten Ladengeschäfte. In Merchingen wohnten 2 der wohlhabendsten Kaufleute der Region: die Familie Rhonheimer, die im Schloß eine Haferpräparate- und Grünkernfabrik unterhielt, und der Getreidehändler Ostheimer, der nahezu den gesamten Grünkernhandel des Baulandes kontrollierte. Als er 1932, auch wegen der nationalsozialistischen Hetze, die laut Ortsbereisungsprotokoll in Merchingen einen ihrer Hauptmittelpunkte hatte, nach Bad Mergentheim zog, ging nicht nur der Gewerbesteuersatz sofort um ⅔ zurück. Der Amtsvorstand stellte die Prognose, daß Merchingen, wo bisher ein lebhafter Handelsverkehr stattgefunden habe, dadurch auf den Stand einer rein landwirtschaftlichen Gemeinde komme. Die statistischen Erhebungen von 1939 bestätigten diese Befürchtungen. Während sich 1895 69 % der Einwohner des heutigen Stadtgebiets von der Landwirtschaft ernährten, waren es in Merchingen nur 56 %, 14 % lebten vom Handel, 20 % vom Handwerk. 1939 hingegen stieg – im Gegensatz zum allgemeinen Trend – die Zahl der landwirtschaftlichen Erwerbstätigen in Merchingen auf 60 %, in allen 6 Dörfern zusammen auf fast 75 % an. Nur noch jeder 10. war im Bereich Industrie und Gewerbe beschäftigt, wozu auch der Bedeutungsverlust des Handwerks in Ballenberg und Oberwittstadt beigetragen hatte. Generell kennzeichnet die Entwicklung im 20. Jh. eine Angleichung der Erwerbsstrukturen der Gemeinden und eine starke Abweichung vom Landesdurchschnitt. 1961 ernährten sich noch ⅔ der Bevölkerung von Land- und Forstwirtschaft und nur ¼ vom Produzierenden Gewerbe. Trotz deutlichen Rückgangs wurde Ravenstein auch 1970 sehr stark von der Landwirtschaft geprägt, wo 41,9 % der Erwerbstätigen arbeiteten. Allerdings waren jetzt fast ebensoviele Einwohner (39,4 %) im Produzierenden Gewerbe tätig. Die Volkszählung 1987 ergab, daß sich der Anteil der landwirtschaftlichen Erwerbstätigen (12,9 %) inzwischen drastisch verringert und mehr als die Hälfte (53,3 %) einen Arbeitsplatz im Produzierenden Gewerbe gefunden hat. In der Sparte Handel und Verkehr waren 9,3 % der Erwerbstätigen in den sonstigen Wirtschaftsbereichen 24,4 % (mehr als doppelt so viel 1970) beschäftigt. Weil es in Ravenstein nach wie vor nur wenige Arbeitsplätze gibt, ist davon auszugehen, daß auch heute der überwiegende Teil der Arbeitnehmer auspendelt. 1970 waren 90 %, 1987 noch 67 % der nichtlandwirtschaftlichen Erwerbstätigen Auspendler.

Politisches Leben

Während der Revolution 1848/49 waren Ruhe und Ordnung nicht gefährdet, Militär kam nicht zum Einsatz. Bei den *Reichstagswahlen* im Kaiserreich erhielt die Zentrumspartei in den kath. Gemeinden Ballenberg, Erlenbach, Hüngheim, Ober- und Unterwittstadt stets über 90 %, nicht selten sogar 100 % der abgegebenen Stimmen. Ganz anders dagegen die Wahlergebnisse im überwiegend prot. Merchingen, wo bis 1898 zwischen 96 und 100 % der Stimmen auf die Nationalliberale Partei entfielen. Auch nach der Jahrhundertwende konnten die Nationalliberalen ihre absolute Mehrheit behaupten, doch ging ihre Bedeutung insgesamt zurück; Nutznießer war die SPD, 1912 außerdem die Koalition von Konservativen und dem Bund der Landwirte.

In der Zeit der Weimarer Republik blieb das Zentrum in allen Dörfern außer Merchingen die dominierende Partei mit einem konstanten Wähleranteil von mehr als 80 %. Die anderen Parteien verzeichneten wechselnde Ergebnisse, wobei es keiner gelang, über 10 % der Stimmen auf sich zu vereinigen. Zwar erreichten die liberalen Parteien und die SPD in Merchingen bei den Wahlen zur verfassunggebenden Nationalversammlung im Jahr 1919 jeweils etwa 50 %, doch war ihr Stimmenanteil bereits 1924 auf 15 % bzw. 24 % zugunsten der konservativen Parteien (DNVP, Bad. Landbund) geschrumpft, die zusammen fast 50 % erhielten. Die NSDAP fand in Merchingen schon früh Eingang. Bei der Landtagswahl 1925 errangen die Nationalsozialisten im Amtsbezirk Adelsheim 80 Stimmen, davon 42 in Merchingen. 1927 bestand bereits eine NSDAP-Ortsgruppe. Bei der Reichstagswahl 1928 und den folgenden Wahlen wurde die NSDAP stärkste Partei vor der SPD; 1932 votierten 56,6 % für die Nationalsozialisten. Die *Bundestagswahlen* brachten der CDU in Ballenberg, Erlenbach, Hüngheim, Ober- und Unterwittstadt von 1949 bis heute immer die absolute Mehrheit, meist mit mehr als 80 %, z. T. sogar über 90 % der Stimmen. SPD und FDP kamen über die 10 %- bzw. 5 %-Marke nicht hinaus. In Merchingen waren die parteipolitischen Verhältnisse auch in diesen Jahren weniger eindeutig. 1949 errang die CDU nur 14,7 %, stärkste Partei wurde die SPD mit 34,4 %, gefolgt von der Notgemeinschaft (29,2 %). Später gelang es den Christdemokraten, ihren Stimmanteil zu Lasten der SPD auszubauen. Auch die FDP konnte beträchtliche Gewinne verbuchen und erreichte 1953 und 1957 jeweils fast 30 %, verlor dann aber wieder an Bedeutung. Seit 1965 verfügt die CDU auch in Merchingen über die absolute Mehrheit. Von 1972–1983 dominierten die

Christdemokraten in Ravenstein mit rd. 80 %, bei der Bundestagswahl 1987 mit 72,5 % der Stimmen. SPD (14,9 %) und FDP (4,1 %) konnten 1987 die Ergebnisse der vorhergehenden Wahlen in etwa halten. Die Grünen, seit 1980 repräsentiert, erhielten 5,7 %.

Die 1946 gegründeten CDU-Ortsverbände sind heute Teilverbände des 1971 gebildeten CDU-Stadtverbandes Ravenstein, dem inzwischen 89 Mitglieder angehören. Der SPD-Stadtverein, 1972 gegründet, verfügt derzeit über 20 Mitglieder.

Wirtschaft und Verkehr

Land- und Forstwirtschaft. – Der Betrieb der Landwirtschaft litt im 19. Jh. in allen Dörfern unter der ausgeprägten Güterzersplitterung und dem Mangel an Feldwegen. Von Nachteil war auch, daß Teile der Ballenberger, Erlenbacher, Merchinger und Oberwittstadter Gemarkung bei Hochwasser überschwemmt wurden. Landwirtschaftliche Maschinen und künstlicher Dünger fanden erst nach 1900 allgemeine Verwendung. Bis weit ins 20. Jh. wurde an der verbesserten Dreifelderwirtschaft festgehalten: die Landwirte bauten in der Winterflur Spelz, Weizen und Roggen, in der Sommerflur Hafer, Gerste und Hülsenfrüchte an, die Brache lieferte Kartoffeln, Klee, Dickrüben und Mais. *Hauptanbau- und -handelsfrüchte* waren Hafer und Spelz; letzterer diente zur Grünkernproduktion, die in allen Gemeinden außer Oberwittstadt ein beachtliches Ausmaß angenommen hatte: jährlich wurden mehrere tausend Ztr. *Grünkern* hergestellt, ein großer Teil davon durch die Bad. Haferpräparate- und Grünkernfabrik Rhonheimer in Merchingen. In den Ortsbereisungsprotokollen wurde 1910 berichtet, daß der jüd. Händler Ostheimer aus Merchingen fast allen Grünkern der Umgebung für die Firma Knorr in Heilbronn aufgekauft habe; derselbe war noch 1932 Hauptabnehmer des Bauländer Grünkerns. Bis zur Eröffnung des Lagerhauses Rosenberg im Jahr 1904 wurde auch der Getreideabsatz über Händler vollzogen.

Die Qualität der *Wiesen* differierte: während die Ballenberger und Erlenbacher Wiesen befriedigten, herrschte in Merchingen und Oberwittstadt der Mißstand, daß die Wiesen stark zerstückelt und versumpft waren. Eine Besserung trat erst durch die Bereinigung des Wiesengeländes mit gleichzeitiger Bachkorrektion ein, die in Merchingen 1889, in Oberwittstadt 1912 durchgeführt wurde. Mit Ausnahme von Hüngheim und Unterwittstadt bestanden überall Wässerungseinrichtungen, die mangels geregelter Wässerungsordnung aber nicht optimal genutzt werden konnten. In Merchingen wurde 1889 eine Wässerungsgenossenschaft gegründet, der sogleich 90 Wiesenbesitzer beitraten. Im 19. Jh. betrug der Anteil der Wiesen an der Landwirtschaftsfläche nur $^1/_{10}$, $^9/_{10}$ waren als Ackerland ausgewiesen. In den letzten Jahrzehnten hat sich das Grünland zu Lasten des Ackerlandes ausgedehnt, wobei die Landwirtschaftsfläche zwischen 1930 und 1987 um 12 % zurückgegangen ist. Die Agrarberichterstattung 1987 ergab, daß bei 3292 ha landwirtschaftlicher Fläche 2564 ha auf Ackerland und 711 ha auf Grünland entfallen. Wurden 1949 42 % des *Ackergeländes* mit Getreide, 40 % mit Feldfutter und 15 % mit Hackfrucht bestellt, bebauten die Landwirte 1987 $^1/_5$ mit Futterpflanzen, überwiegend Mais, und $^2/_3$ mit Getreide, vorrangig Weizen und Gerste, während der Haferanbau stark abgenommen hat. Hackfrüchte werden kaum noch gepflanzt. Der *Obstbau* wurde im 19. Jh. durch ungünstige klimatische Bedingungen beeinträchtigt; eine größere Anzahl Obstbäume erfror. In Unterwittstadt starben fast alle jungen Bäume wegen des wasserhaltigen Bodens nach 2–3 Jahren ab. Dadurch entmutigt, vernachlässigten die Landwirte und Gemeindeverwaltungen die Obstbaumzucht. Gemeindebaumschulen bestanden nur vorrübergehend zwischen 1850 und 1870. Später stieß der Obstbau in Merchingen und Oberwittstadt auf mehr Interesse; 1912 wurde in Merchingen, 1930 in Oberwittstadt ein Obstbauverein gegründet. Im Jahr 1933 standen auf dem heutigen Stadtgebiet 31408 Obstbäume, darunter 15524 Apfelbäume. Über die meisten Obstbäume verfügte Oberwittstadt (12432), gefolgt von Merchingen (7598) und Ballenberg (4485). *Weinbau* wurde nur in Oberwittstadt – und auch dort in geringem Umfang – betrieben. 1808 umfaßte die Gemarkung 31 M Reben, die 1912 vollständig ausgerottet waren.

Der *Viehhaltung* schenkten die Bauern schon im 19.Jh. große Aufmerksamkeit; die Viehzucht wurde rationell und erfolgreich betrieben, nur in Hüngheim wurde über mangelhafte Aufzucht und Pflege des Jungviehs geklagt. Während in Erlenbach und Unterwittstadt die Nachzucht im Vordergrund stand, legte man in Ballenberg auf die Einführung von tauglichem Zuchtmaterial besonderen Wert. Merchingen wurde 1930 als eine der besten Züchtergemeinden des Bezirks bezeichnet: die Fleckviehzuchtgenossenschaft Adelsheim hatte hier einen ihrer stärksten Stützpunkte, zahlreiche Ortseinwohner waren Mitglieder der Jungviehweide Sennfeld. Die »blühende Rindviehzucht« von Oberwittstadt erforderte die Haltung von 4 Farren, die sich seit 1900 in Selbstverwaltung der Gemeinde befanden. Farrenhaltung in Gemeinderegie war seit 1892 auch in Merchingen und seit 1904 in Hüngheim eingeführt. In den anderen Dörfern übernahm ein Bürger die Farrenhaltung für eine jährliche Vergütung und die Nutzung landwirtschaftlicher Grundstücke. Der *Viehhandel*, über Händler im Ort vermittelt, war umfangreich, wobei besonders viel Rindvieh nach Mitteldeutschland abgesetzt wurde. Im Zeitraum von 1855–1950 nahm der Rindviehstand um 16%, von 1950–1987 um 35% zu; in den letzten 10 Jahren ist jedoch ein leichter Rückgang zu verzeichnen. Angesichts der starken Abnahme der landwirtschaftlichen Betriebe hat sich der Durchschnittsbestand je Betrieb im Vergleich zu 1965 fast verdreifacht. 1987 hielten 114 Betriebe insgesamt 3937 Stück Rindvieh.

Mit *Pferdezucht* befaßten sich nur wenige Ballenberger, Hüngheimer und Merchinger Landwirte. In Merchingen richteten die Züchter 1912 Fohlentummelplätze ein. Überwiegend fanden Pferde aber als Arbeitstiere Verwendung. Besonders stark vermehrte sich ihre Zahl mit der Intensivierung der Landwirtschaft zwischen 1887 und 1913. In den letzten Jahrzehnten wurden Pferde zunehmend durch Maschinen ersetzt.

Schweinehaltung, insbesondere Schweinezucht, war Ende des 19. und zu Beginn des 20.Jh. nur in Ballenberg und Oberwittstadt von Bedeutung. In den übrigen Dörfern hielt sich die Zahl der Mutterschweine in Grenzen, weshalb in Merchingen und Hüngheim nur zeitweise Eber aufgestellt waren und Mutterschweine aus Erlenbach und Unterwittstadt auswärtigen Ebern zugeführt wurden. 1912 wurde auch der Ballenberger Gemeindeeber abgeschafft, weil die Schweinezucht wegen der hohen Futterpreise zurückgegangen war. In Oberwittstadt galt sie zu dieser Zeit immer noch als »ziemlich rentabel«; seit 1903 fanden monatliche Schweinemärkte mit reger Beteiligung statt, 1910 kam es zur Gründung einer Schweinezuchtgenossenschaft. *Schweinemärkte* wurden auch in Merchingen abgehalten, doch stand hier die Mast im Vordergrund, ebenso wie in Erlenbach, wo die Schweine als Milchschweine angekauft, gemästet und wieder verkauft wurden. Der Schweinebestand nahm in 19. und 20.Jh. kontinuierlich zu, hat sich aber in den letzten Jahren mit dem Rückgang der landwirtschaftlichen Betriebe etwas vermindert, wobei die Betriebe im Durchschnitt wesentlich mehr Tiere halten als früher. 1987 wurden 130 Betriebe mit 2000 Mastschweinen und 51 Betriebe mit 483 Zuchtsauen registriert.

Ziegenzucht erfreute sich nur in Merchingen einer besonderen Blüte, dank der Ziegenzuchtgenossenschaft, die gutes weibliches Zuchtmaterial einführte und eine

Reihe von Gemeinden mit Zuchtböcken belieferte. Die *Schäferei* war nicht einheitlich geregelt. In Ballenberg, Unterwittstadt und Erlenbach wurde sie zugunsten der Gemeindekasse verpachtet. Bis 1826 hatten auf Erlenbacher Gemarkung die Angrenzer Ballenberg, Merchingen, Aschhausen und Heßlingshof das Übertriebsrecht, dann wurde der Gemeinde die Hälfte der Schäfereiberechtigung zugesprochen, die andere Hälfte erwarb sie 1842. Seit 1900 ist die Schäferei aufgehoben. Güterschäferei bestand in Hüngheim und Merchingen. Die Gde Hüngheim verkaufte das 1832 von der Grundherrschaft Berlichingen abgelöste Schafweiderecht 1854/55 an die Güterbesitzer. 1900 wurde die Schäferei abgeschafft, 1909 die Wiedereinführung einer zeitlich befristeten gemeinen Schafweide beschlossen. In Merchingen war die Schäferei ursprünglich je zur Hälfte eine Berechtigung der Güterbesitzer und der Grundherrschaft Berlichingen. Das Recht der Grundherrschaft wurde 1839 von der Gemeinde abgelöst und 1854 an die Güterbesitzer verkauft, die eine Schäfereigenossenschaft bildeten und den Pachtertrag zur Bestreitung von Kulturkosten verwendeten. 1967 wurden Schafweide und Schäfereigenossenschaft aufgehoben. In Oberwittstadt übte der Nebenort Schollhof seine eigene Schäferei aus, die Einwohner verteilten den Erlös unter sich, während er im Hauptort in die Gemeindekasse floß. 1894 wurde die Schäferei eingestellt, 1913 als Winterweide neu eröffnet, 1923 als Ganzjahrsweide beschlossen und 1929 wieder abgeschafft. 1975 war die Oberwittstadter Schafweide an einen Schäfer aus Windischbuch verpachtet.

Im 19. Jh. waren kleine und mittlere landwirtschaftliche Betriebe vorherrschend. Nicht zuletzt durch die Erbsitten – in Unterwittstadt wurde das Anerbenrecht praktiziert, d.h. der älteste Sohn übernahm den Hof und zahlte die Geschwister aus, in Merchingen und Ballenberg herrschte Realteilung – wiesen die Dörfer Unterschiede in der *Besitzgrößenstruktur* auf. 1895 bewirtschafteten 18 % 10–20 ha, 48 % 2–10 ha und 34 % weniger als 2 ha. Während in Unterwittstadt fast jeder 2. Landwirt über 10–20 ha Grundbesitz verfügte, galt dies in Merchingen und Hüngheim nur für jeden 5., in den übrigen Gemeinden für noch weniger Landwirte. In Erlenbach reichte die Landwirtschaft zur Existenzsicherung aus, weil dort immerhin 80 % der Betriebe 2–10 ha umfaßten. Relativ viele Kleinbetriebe unter 2 ha gab es in Ballenberg, Hüngheim, Merchingen und Oberwittstadt, deren Eigentümer auf zusätzliche Erwerbsquellen angewiesen waren. An diesen Strukturen hatte sich 1925 wenig geändert, wenngleich die durchschnittliche Betriebsgröße bei fast konstanter Zahl der Betriebe und gesteigerter Landwirtschaftsfläche etwas zugenommen hatte. 1949 war die Zahl der landwirtschaftlichen Betriebe in allen Gemeinden zurückgegangen, besonders stark in Merchingen, wo im Vergleich zu 1925 mehr als die Hälfte der Betriebe mit Grundbesitz unter 2 ha nicht mehr bestand. Die wenigsten Kleinbetriebe gab es in Unterwittstadt und Erlenbach, die meisten in Ballenberg. 1970 hatte sich zwar die Landwirtschaftsfläche etwas vermindert, doch war zugleich die Zahl der Betriebe seit 1949 so deutlich gesunken, daß sich die durchschnittliche Betriebsgröße in diesem Zeitraum fast verdoppelte. 15 % der Betriebe umfaßten über 20 ha, 31 % 10–20 ha; allerdings bewegten sich immer noch mehr als 50 % der Betriebe in der Kategorie unter 10 ha. Merchingen lag bei den Betriebsgrößen erstmals vor Unterwittstadt, ein Resultat der Beispielsdorferneuerung, bei der unrentable Betriebe stillgelegt und größere Betriebe aufgestockt wurden. 1987 verfügten 212 Betriebe über 3292 ha landwirtschaftliche Fläche. Die Besitzkonzentration hat sich verstärkt; kleine und mittlere Betriebe sind weiter im Rückgang begriffen, während der Anteil der Betriebe ab 20 ha auf 30 % gestiegen ist. Sie bewirtschaften inzwischen rd. 70 % der Landwirtschaftsfläche. Die meisten Betriebe mit Grundbesitz unter 10 ha werden als Nebenerwerbsbetriebe geführt, so daß die Gemeindeverwaltung für 1989 nur noch 58 Vollerwerbsbetriebe nennt: 22 in Merchingen, je 10 in Ballenberg und Oberwittstadt, 8 in Unterwittstadt, 5 in Hüngheim und 3 in Erlenbach. Produktionsschwerpunkte sind Getreidebau und Viehwirtschaft (Milchviehhaltung, Rinder- und Schweinemast).

Starke Parzellierung des Grundbesitzes, Mangel an Feldwegen und als Konsequenz die Duldung von gegenseitigem Überfahren der Grundstücke hätten in der 2. H. 19. Jh. in allen Dörfern eine durchgreifende Feldbereinigung erfordert. Dennoch konnte man sich nur in Merchingen und Unterwittstadt zu einem gesetzlichen Verfahren entschließen, das in Merchingen zwischen 1874 und 1889, in Unterwittstadt in den 1880er Jahren durchgeführt wurde. In Ballenberg, Erlenbach, Hüngheim und Oberwittstadt versuchte man zur gleichen Zeit, die Mißstände in gütlichen Verfahren zu beheben, was jedoch nicht gelang. Überall herrschte Unzufriedenheit über die unzureichenden – in Hüngheim sogar als Pfusch bezeichneten – Feldweganlagen. Aber nur in Oberwittstadt konnten sich die Einwohner 1912 wenigstens zu einer Teilbereinigung des Geländes am Hasselbach durchringen. Moderne *Flurbereinigungen* in Form einer beschleunigten Zusammenlegung wurden 1965 in Oberwittstadt und 1967 in Ballenberg und Unterwittstadt beendet. In Erlenbach fand die Flurbereinigung 1978 ihren Abschluß, in Hüngheim ist das Verfahren derzeit noch im Gang. In Merchingen, wo die Flurbereinigung seit 1972 rechtskräftig ist, wurde im Zusammenhang damit eine umfassende Dorfsanierung ausgeführt, nachdem der Ort 1961 vom Landwirtschaftsministerium als Beispielsgemeinde für die Dorferneuerung ausgewählt worden war. Während der Flurbereinigungsverfahren wurden in Merchingen 18, in Oberwittstadt 4, in Ballenberg 3, in Erlenbach und Unterwittstadt jeweils 2 *Aussiedlerhöfe* angelegt. 1989 bestehen nach Angaben der Gemeindeverwaltung noch 6 Aussiedlerhöfe in Merchingen sowie jeweils 2 Aussiedlerhöfe in Ballenberg und Unterwittstadt.

1808 umfaßten die Gemarkungen der heutigen Stadtteile 3445 M (= 1240 ha) *Wald*, davon standen 77% in Gemeinde- und 23% in Privateigentum. In Ober- und Unterwittstadt gehörte das Waldareal ausschließlich der Gemeinde. Von großer wirtschaftlicher Bedeutung war der Wald in Ballenberg, Hüngheim, Merchingen und Oberwittstadt, wo er mehr als 1/4 der Gemarkung einnahm; in Erlenbach und Unterwittstadt hingegen machte der Waldanteil nur ca. 10% der Gesamtfläche aus, so daß die Einnahmen entsprechend gering waren. Vorhandene Ödungen wurden fast überall zu Wald umgewandelt: so ließ Merchingen 1770 einen Fichtenwald, Hüngheim in den 1880er Jahren einen Föhrenwald an der Grenze zu Unterwittstadt anlegen, in Ballenberg wurde 1912–1914 der Galgenberg aufgeforstet, in Erlenbach in der 1. H. 20. Jh. Äcker in Waldnähe. Dagegen waren noch Mitte des 19. Jh. Teile des Gemeindewaldes von Erlenbach ausgestockt und zu Ackerland angelegt worden. 1882 plante die Gemeinde eine Ausrodung ihres Waldbestandes, weil die Kosten den Ertrag überstiegen und die Anbauflächen ausgedehnt werden sollten, stieß damit beim Bezirksamt aber auf Ablehnung. Auch Oberwittstadt reichte 1853/54 ein Waldausstockungsgesuch ein. Vorherrschende Baumarten waren Eichen und Buchen. Von Erlenbach ist bekannt, daß dort Rinde vom Eichenholz geschält und als Lohe zum Gerben von Leder verwendet wurde. 1856–1863 ernteten die Einwohner jährlich 10–30 Klafter Schälrinde. Um 1900 gingen die meisten Gemeinden vom Mittelwald- zum Hochwaldbetrieb über. Laubwälder wurden zunehmend mit Nadelhölzern durchsetzt. In Hüngheim gab es schon im 19. Jh. mehrere kleine Genossenschaftswälder, u. a. den sog. Pfalzwald, 25 ha umfassend, an dem 27 Besitzer beteiligt waren. Auch heute sind Waldeigentümer in Ballenberg und Hüngheim zu Genossenschaften zusammengeschlossen. 1986 beinhaltete das Stadtgebiet von Ravenstein 1638 ha Wald, der sich wie folgt verteilte: 1128 ha

Gemeindewald, 307 ha Kleinprivatwald, 123 ha Großprivatwald in Merchingen (in Eigenbewirtschaftung der Familie von Berlichingen), 79 ha Staatswald in Ballenberg und 0,94 ha Kirchenwald in Oberwittstadt.

Tabelle 1: **Das Handwerk in Ravenstein 1989**

Branchengliederung nach der Handwerksordnung	insgesamt	Ballenberg	Erlenbach	Hüngheim	Merchingen	Oberwittstadt	Unterwittstadt
Bau- und Ausbaugewerbe							
Bauunternehmen	4	1	2	–	1	–	–
Zimmerer	1	–	–	–	1	–	–
Maler und Gipser	1	–	–	–	–	–	1
Gipser	1	–	–	–	–	1	–
Metallgewerbe							
Schmiede u. Landmaschinenreparatur	2	1	–	1	–	–	–
Schlosser	1	–	–	–	–	1	–
Kraftfahrzeugwerkstätten	4	1	–	1	2	–	–
Sanitär- und Heizungsbau	2	2	–	–	–	–	–
Elektroinstallateure	1	–	–	–	1	–	–
Uhrmacher	1	–	1	–	–	–	–
Holzgewerbe							
Sägewerk	1	–	–	–	1	–	–
Schreiner	6	2	2	–	1	1	–
Bekleidungs-, Textil- und Ledergewerbe							
Flickschneider	1	–	–	1	–	–	–
Sattler	1	1	–	–	–	–	–
Nahrungsmittelgewerbe							
Bäcker	2	–	1	–	–	1	–
Metzger	1	–	–	–	1	–	–
Bierbrauer	1	1	–	–	–	–	–
Gewerbe für Gesundheits- und Körperpflege sowie chemische und Reinigungsgewerbe							
Friseure	1	–	–	–	1	–	–

Quelle: Gemeindeverwaltung

Handwerk und Industrie. – Das Handwerk war im 19. Jh. in Ballenberg, Merchingen und Oberwittstadt weitaus stärker vertreten als in Erlenbach, Hüngheim und Unterwittstadt. In Hüngheim gab es kleine Handwerker in den »Hauptgewerbsarten«, die zeitweilig im Taglohn arbeiteten; in Unterwittstadt und Erlenbach gingen nur wenige einem Handwerk nach, so daß die Einwohner auch auf Handwerker aus Ballenberg und Oberwittstadt angewiesen waren. Ballenberg bildete in gewerblicher Hinsicht immer noch einen gewissen Mittelpunkt, der Niedergang des Handwerks setzte aber schon im 19. Jh. ein. Die Branchenvielfalt blieb zwar erhalten, doch waren die Berufe, gemessen am Arbeitsaufkommen, übersetzt, so daß der Handwerksbetrieb zur Bestreitung des Lebensunterhalts nicht mehr ausreichte. Einen herausragenden Geschäftsgang verzeichneten um 1900 1 Brauerei, 1 Ziegelei und 2 Schnapsbrennereien, die an die Firma Brinkmann in Nürnberg lieferten. Gewerbe- bzw. Handwerkervereine bestanden zu dieser Zeit außer in Ballenberg noch in Merchingen und Oberwittstadt.

Zahlenmäßig verfügte Merchingen über die meisten Handwerksbetriebe aller heute zu Ravenstein gehörenden Gemeinden (1895 hatten 84 von 243 Betrieben ihren Sitz in Merchingen), doch handelte es sich hierbei ausnahmslos um kleine Handwerker, die fast nur für den Bedarf des Ortes arbeiteten und sich zusätzlich in der Landwirtschaft betätigten. Dagegen betrieben in Oberwittstadt einzelne Handwerker ihr Geschäft hauptberuflich und in größerem Umfang, z. T. auch über die nähere Umgebung hinaus. 1 Federhalterhersteller verschickte 1880/90 große Mengen seiner Produkte nach Norddeutschland und ins Rheinland, 1 Messerschmied fertigte Instrumente für Ärzte, um 1900 gab es 1 ausgedehnten Ziegeleibetrieb, Drechsler und Schlosser waren auch außerhalb von Oberwittstadt gefragt. Vertreten waren fast alle Gewerbe einer Stadt (u. a. Putzmacherin und Zuckerbäcker), die meisten Branchen in mehrfacher Besetzung. 1868 und 1903 wurden jeweils 60 Handwerksbetriebe registriert, erst nach 1918 diente das Handwerk, durch die Industrialisierung zurückgedrängt, nur noch den örtlichen Bedürfnissen. Die Abnahme des Handwerks war für alle Dörfer charakteristisch. Die Betriebszählung von 1895 ergab insgesamt 243 Handwerksbetriebe mit 352 Beschäftigten, wobei das Bekleidungs- und Reinigungsgewerbe mit 59 Betrieben und 74 Personen am stärksten repräsentiert war, gefolgt vom Nahrungs- und Genußmittelgewerbe sowie vom Baugewerbe mit jeweils 27 Betrieben und 48 bzw. 39 Personen. 1950 bestanden noch 115 nichtlandwirtschaftliche Arbeitsstätten mit Schwerpunkt im Handwerk, die 197 Personen beschäftigten. Die meisten dieser Betriebe befanden sich in Merchingen (33), Oberwittstadt (30) und Ballenberg (23), relativ wenige Betriebe gab es nach wie vor in Hüngheim (16), Erlenbach (10) und Unterwittstadt (3). 1968 hatte sich die Zahl der Handwerksbetriebe auf 56 vermindert, dort arbeiteten jetzt 233 Personen, d. h. die Betriebe waren im Durchschnitt größer geworden. 14 Betriebe gehörten dem Metallgewerbe, 11 Betriebe dem Nahrungsmittelgewerbe und 10 Betriebe dem Bekleidungsgewerbe an; die meisten Beschäftigten (insgesamt 112 Personen) wiesen die 8 Betriebe des Bau- und Ausbaugewerbes auf, doch war ihre Zahl bereits 1977 auf die Hälfte gesunken. Zu dieser Zeit existierten 42 Handwerksbetriebe mit 166 Personen. Der Rückgang des Handwerks hat sich auch in den letzten Jahren fortgesetzt. Für 1989 nennt die Gemeindeverwaltung noch 32 Betriebe mit 82 Beschäftigten. 1 Baugeschäft in Ballenberg mit 13 Handwerkern ist z. Zt. der größte Ravensteiner Betrieb; sonst arbeiten nirgends mehr als 6 Personen.

Die hohe Abwanderungsrate der Bevölkerung in den letzten 100 Jahren ist in erster Linie darauf zurückzuführen, daß sich kaum *Industrieunternehmen* etablieren konnten. Vor dem 2. Weltkrieg gab es nur 1 Industriebetrieb: die im Merchinger Schloß untergebrachte Bad. Haferpräparate- und Grünkernfabrik Rhonheimer, die 1922 in Konkurs ging. Auch nach 1945 entwickelte sich Ravenstein nicht zu einem von der Industrie bevorzugten Standort. Nur wenige kleinere Industriebetriebe siedelten sich an, so z. B. in den 1960er Jahren 1 Betrieb für Herrenoberbekleidung in Ballenberg, die Kartonagenfabrik Walter & Co., von 1951–1988 in Oberwittstadt, und die Firma Meravia, die in Merchingen Frühstücksbeutel für Melitta herstellen ließ. Das einzige expandierende Unternehmen ist die Firma *Otto Schimscha Metallbau GmbH*, 1946 von einem aus der heutigen CSFR gekommenen Neubürger als 2-Mann-Betrieb in Erlenbach gegründet und bis vor kurzem durch kontinuierliche Aufstockung der Beschäftigtenzahl der größte Industriebetrieb von Ravenstein. 1988 verdienten dort 45 Personen mit der Fertigung von Programmgehäusen und Komponenten für die Elektrotechnik ihren Lebensunterhalt. 1986 hat sich in Merchingen 1 weiterer Industriebetrieb von vergleichbarem Umfang niedergelassen: die seit 1972 bestehende Oberkessacher Metallwarenwerkstätte GmbH verlegte ihren Sitz nach Ravenstein, bei gleichzeitiger

Änderung des Firmennamens in *Maschinenfabrik Ravenstein GmbH*. Produziert werden hier graphische und papierverarbeitende Maschinen sowie Maschinen und Baugruppen für Automationsanlagen, seit 1988 zu 50% für den Export in europäische Länder, wodurch sich die Anzahl der Arbeitsplätze auf 65 erhöht hat. In Merchingen befindet sich außerdem 1 Betrieb zur Herstellung von Furnierfixmassen, der 10 Personen beschäftigt.

Handel und Dienstleistungen. – Von den im 19. Jh. in Ballenberg, Merchingen und Oberwittstadt abgehaltenen Krämer- und Viehmärkten findet heute nur noch der seit 1595 traditionelle *Merchinger Pfingstmarkt* statt. Handel wurde – sieht man von der Ausnahmestellung Merchingens ab – nicht über den für Landgemeinden üblichen Umfang hinaus betrieben. Vor 1900 gab es in Merchingen 4, in Oberwittstadt 3, in Ballenberg 2 und in Hüngheim und Erlenbach jeweils 1 Krämer mit den nötigsten Waren, nur die Unterwittstadter Bevölkerung mußte ihre Einkäufe in Ballenberg oder Oberwittstadt tätigen. 1895 gehörten 44 Betriebe der Sparte Handel, Versicherungen, Verkehr an, davon befanden sich 26 Unternehmen in Merchingen. Die jüd. Einwohner Merchingens kontrollierten Vieh-, Getreide- und Wollhandel auch außerhalb der Gemeinde, die 1861 »in merkantilischer Hinsicht als bedeutendster Ort des Amtsbezirks und der umliegenden Ämter« galt. Trotz überdurchschnittlicher Abwanderung der jüd. Bevölkerung seit der 2. H. 19. Jh. blieb Merchingen bis in die 1920er Jahre eine Domäne des Handels. 1925 hatten 20 Kaufleute ihren Wohnsitz in Merchingen, während die anderen 5 Dörfer zusammen nur 8 Kaufleute verzeichneten. Einige Händler brachten es zu Wohlstand, Ansehen und Einfluß, der namhafteste unter ihnen war der Getreidehändler David Ostheimer (s. o.), auf den 2/3 des Merchinger Gewerbesteueraufkommens entfielen. Als er Merchingen 1932 den Rücken kehrte, kam der Handelsverkehr allmählich zum Erliegen. Seitdem spielt der Handel keine herausragende Rolle mehr und hat ausschließlich lokale – wenngleich für Ravenstein noch heute zentrale – Funktion. 1970 wurden in den Ravensteiner Stadtteilen 36 Handelsbetriebe mit 56 Beschäftigten registriert. Über die *Einzelhandelsgeschäfte* im Jahr 1989 unterrichtet Tab. 2.

Tabelle 2: **Einzelhandelsunternehmen**

Branche	insgesamt	Ballenberg	Erlenbach	Hüngheim	Merchingen	Oberwittstadt	Unterwittstadt
Lebensmittel	7	1	2	1	2	1	–
Getränkevertrieb	5	1	1	1	1	1	–
Elektrohandel	2	–	–	1	1	–	–
Geschenkartikel	1	–	–	–	1	–	–
Uhren und Schmuck	1	–	1	–	–	–	–
Kfz-Handel (mit Reparatur)	2	–	–	1	1	–	–
Sand und Kies	1	–	–	–	1	–	–

Für den kurzfristigen Bedarf ist gesorgt, zumal die Lebensmittelgeschäfte, die es außer in Unterwittstadt überall gibt, auch einfache Artikel aus anderen Branchen (Haushaltwaren, Spielzeug, Textilien) führen. Der Lebensmittelhändler aus Ballenberg verkauft stundenweise in Unterwittstadt, wie überhaupt die »ambulante Versorgung« durch Bäcker, Metzger und Lebensmittelhändler aus Ravenstein und Umgebung, die ihre Waren regelmäßig in Verkaufsstellen oder vom Auto aus in den Stadtteilen anbieten, von Bedeutung ist. Der mittel- und langfristige Bedarf wird weitgehend in Osterburken, Adelsheim und Heilbronn oder über Versandhäuser gedeckt.

Die Gemeinde im 19. und 20. Jahrhundert   481

In Oberwittstadt befindet sich 1 *Großhandel*, der Röntgen- und elektromedizinische Geräte vertreibt; außerdem ist dort 1 *Viehhändler* ansässig, der Vieh in Ravenstein und benachbarten Orten zum Weiterverkauf erwirbt. Der *private Dienstleistungsbereich* und die *freien Berufe* sind durch 2 Transportunternehmen, 2 in der Branche Rechts- und Steuerberatung bzw. Wirtschaftsprüfung tätige Personen, 5 Ärzte, 1 Apotheker und 1 Kunstmaler nur schwach besetzt.

Insgesamt 7 *Kreditinstitute* bestehen heute mit Ausnahme von Unterwittstadt in allen Stadtteilen von Ravenstein. Sie gehen zum größten Teil auf die Ende des 19. Jh. entstandenen Spar- und Darlehenskassen zurück, sind inzwischen aber nicht mehr selbständig. Mit der Bezirkssparkasse Osterburken (seit 1971: Bauland) fusionierten 1944 die 1884 bzw. 1885 gegründeten Darlehens- und Waisenkassen von Oberwittstadt und Merchingen, die seitdem als Zweigstellen geführt werden. 1969 bzw. 1971 schlossen sich die 1895 gegründeten Spar- und Darlehenskassen von Ballenberg und Erlenbach der Volksbank Krautheim an. Die Volksbank Hüngheim, 1903 als ländlicher Kreditverein gegründet, wurde 1975, die Volksbank Oberwittstadt 1 Jahr später der Volksbank Kirnau unterstellt, die 1977 eine weitere Filiale in Merchingen eröffnete.

Einzige noch vorhandene *Ein- und Verkaufsgenossenschaft* ist die Raiffeisen-Warengenossenschaft Unterwittstadt, nachdem sich die Oberwittstadter Ein- und Verkaufsgenossenschaft 1975 dem Raiffeisenlagerhaus Rosenberg anschloß und die Raiffeisen-Warengenossenschaft Merchingen 1980 mit der Zentralgenossenschaft in Karlsruhe fusionierte.

Im 19. Jh. war die *Gastronomie* wesentlich stärker vertreten als heute; die Zahl der Gastwirtschaften hat sich zwischen 1895 und 1989 von 20 auf 8 (je 2 in Erlenbach und Merchingen, jeweils 1 in Ballenberg, Hüngheim, Ober- und Unterwittstadt) reduziert. Besonders deutlich zeigt sich der Rückgang in Ballenberg (1784: 7 Schildwirtschaften, 1868: 5, 1895: 3 Gastwirtschaften), Merchingen (1895: 6 Gastwirtschaften) und Oberwittstadt (1868: 5, 1895: 4 Gastwirtschaften). In den letzten 25 Jahren wurden einige traditionsreiche Häuser geschlossen: in Merchingen fielen die Gaststätten »Zum Hirsch«, »Zum Hasen« und »Adler«, die schon vor 1900 betrieben wurden, der Beispielsdorfsanierung zum Opfer, in Oberwittstadt wurden die Gasthäuser »Zum Hirsch« (1736 eröffnet) und »Roß« beseitigt. An älteren, ins 19. Jh. zurückreichenden Gastwirtschaften gibt es nur noch das »Lamm« in Merchingen, »Linde« und »Ochsen« in Erlenbach sowie »Zum Ochsen« in Ballenberg, zugleich Geburtshaus des Bauernführers Jörg Metzler mit historischer Metzler-Stube. Ein wesentlicher Grund für den Niedergang des Gaststättengewerbes ist, daß der *Fremdenverkehr* für Ravenstein keine Bedeutung hat; daher bestehen auch nur wenige Übernachtungsmöglichkeiten in den Gasthäusern »Zum Ochsen« in Ballenberg, »Kreuz« in Hüngheim und »Lamm« in Merchingen.

Verkehr. – Anschluß an die *Eisenbahn* erhielten die Dörfer durch die Fortführung der Strecke Heidelberg–Mosbach nach Würzburg im Jahr 1866, 1869 wurde über Jagstfeld auch eine Verbindung mit Heilbronn und Stuttgart hergestellt. Für Ballenberg, Hüngheim, Ober- und Unterwittstadt war Rosenberg die nächsterreichbare Bahnstation, für Merchingen und Erlenbach erfüllte Osterburken diese Funktion. In Merchingen hatte sich Ende des 19. Jh. ein Eisenbahnkomitee konstituiert, das sich für eine Bahnlinie Osterburken–Merchingen–Bad Mergentheim engagierte – auf dieses Projekt und damit auf einen direkten Bahnanschluß hofften auch Erlenbach, Ballenberg, Unter- und Oberwittstadt. Obwohl die Strecke 1928 in das Reichsbahnbauprogramm aufgenommen wurde, gelangte sie nicht zur Ausführung. Heute befindet sich die für Ravenstein nächste Bahnstation in Osterburken; dort verlaufen die Linien Heidelberg–Neckarelz–Osterburken und Würzburg–Osterburken–Stuttgart.

Schon im 19. Jh. waren die jetzigen Ravensteiner Stadtteile durch *Straßen* miteinander verbunden. Überörtliche Bedeutung hatten die Straßen über Ballenberg nach Bad Mergentheim, die 1872 fertiggestellte Straße Krautheim–Osterburken über Ballenberg und Merchingen sowie die Verlängerung der Straße Ballenberg–Erlenbach nach Aschhausen und Bieringen (Jagsttal). 1974 brachte die Eröffnung der Autobahn 81 Heilbronn–Würzburg mit der Anschlußstelle Osterburken die Anbindung an das überregionale Verkehrsnetz. Für den Autobahnbau wurden auf Gkg Merchingen 35 ha Wald und Wiesen geopfert; die Landesstraße 515 Krautheim–Osterburken erhielt dadurch den Charakter eines Autobahnzubringers. Über Osterburken ist auch die Bundesstraße 292, die über Adelsheim nach Boxberg führt, zu erreichen.

Am 1. 10. 1849 wurde in Merchingen eine Brief- und Fahrpostexpedition errichtet. Seit Eröffnung der Odenwaldbahn fuhren zweimal täglich Postkutschen auf der Straße Krautheim–Osterburken, später verkehrten auch Postkutschen zwischen Oberwittstadt und Boxberg. 1920 wurden sie durch die Kraftwagenlinie Boxberg–Krautheim–Osterburken abgelöst; ab 1926 bestand auch eine – wenig Zuspruch findende – Busverbindung von Oberwittstadt nach Rosenberg und von dort weiter nach Buchen. An die Strecke Krautheim–Osterburken wurde Oberwittstadt erst 1952 angeschlossen. Noch in den 1960er Jahren hielten die Busse tagsüber nur in Merchingen und Ballenberg, wohingegen die Einwohner der anderen Dörfer nur morgens und abends zusteigen konnten. Heute sind alle Ravensteiner Stadtteile über die *Regional-Bahnbuslinie* Krautheim–Osterburken–Buchen an den öffentlichen Nahverkehr angeschlossen. Werktags fahren von Krautheim nach Buchen (z. T. nur bis Osterburken) 9 Busse, in umgekehrter Richtung 6 Busse, 3 davon enden in Ballenberg, wodurch die Haltestelle Erlenbach entfällt. Schüler werden von privaten Busunternehmen transportiert.

Verwaltungszugehörigkeit, Gemeinde und öffentliches Leben

Verwaltungszugehörigkeit. – Ballenberg, Erlenbach, Ober- und Unterwittstadt gehörten zum kurmainzischen Oberamt Krautheim, das 1803 an den Grafen von Salm-Reifferscheid-Bedburg und 1806 an Baden fiel. Ballenberg war Zentgerichtssitz, u.a. auch für alle heutigen Ravensteiner Stadtteile. Nach der Auflösung des Oberamtes Krautheim wurden Ballenberg, Erlenbach, Ober- und Unterwittstadt 1813 dem Amt Boxberg unterstellt, dem sie außer in den Jahren 1856–1864 und 1872–1898, als sie vorübergehend den Ämtern Krautheim bzw. Tauberbischofsheim zugeschlagen wurden, bis 1924 angehörten. 1924 erfolgte die Zuteilung zum Amt Adelsheim, 1936 zum Amt, später Lkr. Buchen, dem sie bis 1973 zugeordnet waren. Merchingen und Hüngheim, als Besitz der Freiherren von Berlichingen dem Odenwälder Ritterkanton inkorporiert, wurden, nachdem sie unter bad. Oberhoheit gerieten, 1813 dem Amt Osterburken und 1828 dem Amt Adelsheim zugewiesen. Seit 1936 unterstehen sie dem Lkr. Buchen, seit 1973 dem Neckar-Odenwald-Kreis.

Ravenstein wurde durch den Zusammenschluß der Gden Ballenberg, Erlenbach, Hüngheim, Merchingen, Ober- und Unterwittstadt am 1. 12. 1971 gebildet. Der 1974 verliehene Titel »Stadt« geht auf das ins 13. Jh. datierende Stadtrecht von Ballenberg zurück. Alle 6 Stadtteile verfügen über dauerhafte Ortschaftsverfassungen. Ravenstein ist neben Rosenberg Mitglied des Gemeindeverwaltungsverbandes Osterburken.

Gemeinde. – Nach den in den 1880er Jahren durchgeführten Katastervermessungen errechnete sich die Gesamtgemarkungsfläche um 1900 auf 5597 ha. Zu dieser Zeit waren verschiedene Grenzberichtigungen abgeschlossen; außerdem war 1869 die Aufteilung der selbständigen Wüstungsgemarkung Mutzenbrunn zwischen Ballenberg und Obern-

Die Gemeinde im 19. und 20. Jahrhundert 483

dorf erfolgt, wodurch sich die Gkg Ballenberg von 604 auf 794 ha vergrößerte, und 1876 hatte das Verwaltungsgericht geurteilt, daß der Wlr Schollhof keine von Oberwittstadt abgesonderte Gemarkung bilde. Mit 1827 ha verfügte Merchingen nach Osterburken über die ausgedehnteste Gemarkung des Bezirks. Eine relativ große Gemarkung (1429 ha) verzeichnete auch Oberwittstadt, während Unterwittstadt mit 355 ha das kleinste Areal aufwies. An den Gemarkungsverhältnissen hat sich in den letzten Jahrzehnten nichts geändert. Die *Flächenerhebung 1981* ergab eine Gesamtfläche von 5598 ha, davon waren 373 ha besiedelte Fläche und 5225 ha Naturfläche; von letzterer entfielen 3584 ha auf landwirtschaftliche Fläche und 1584 ha auf Wald.

Staatlichen Waldbesitz gab es 1900 in Oberwittstadt (28 ha) und Ballenberg (108 ha). 1986 waren noch 79 ha auf Gkg Ballenberg als Staatswald ausgewiesen. Von den ehemaligen Grund- und Standesherren – die Zehntablösungen wurden in den 1860er Jahren abgetragen – waren die Freiherren von Berlichingen zu Jagsthausen in Merchingen umfangreich begütert. 1900 besaßen sie 283 ha der Gemarkung; 180 ha umfaßte der Dörnishof, den sie zunächst selbst bewirtschafteten und später verpachteten. Vom 1. Weltkrieg bis 1925 diente der Dörnishof der Stadt Mannheim zur Milchgewinnung. Wegen der Landreform der Besatzungsmächte mußten ihn die Freiherren von Berlichingen 1947 an die Bad. Landsiedlung abtreten. Ein Teil des Geländes wurde Ende der 1950er Jahre zur Aufstockung von Aussiedlerhöfen verwendet, das Restgut (92 ha) an einen Einwohner verkauft. Seitdem befindet sich der Dörnishof in Privatbesitz. Teile des Merchinger Schloßgebäudes sowie 123 ha Wald gehören noch heute der Familie von Berlichingen.

Allmende gab es in der 2. H. 19. Jh. nicht, dagegen wurden *Bürgergaben* verteilt, die in Merchingen und Oberwittstadt angesichts der ausgedehnten Gemeindewaldbestände umfangreicher ausfielen als in Ballenberg, Erlenbach, Hüngheim und Unterwittstadt. Obwohl Oberwittstadt und Schollhof einen Gemeindeverband bildeten und die Schollhofer das Gemeindebürgerrecht besaßen, wurde ihnen kein Anspruch auf den Bürgernutzen eingeräumt, was zu jahrzehntelangen Streitigkeiten und mehreren verwaltungsgerichtlichen Prozessen zwischen Haupt- und Nebenort führte. Erst 1950 erhielten die Schollhofer Einwohner Anteil am Oberwittstadter Bürgerholz.

Das *Vermögen der Gemeinden* bestand im 19. Jh. aus landwirtschaftlichen Grundstücken, Wald, Kapitalien, Jagd-, Fischerei- und z. T. auch Schäfereirechten. Über Schul- und Rathaus verfügte jedes Dorf. Als weitere gemeindeeigene Gebäude wurden Armenhaus (in Ballenberg und Merchingen), Schafhaus mit Scheuer (Ballenberg und Oberwittstadt), Feuerspritzenremise (Merchingen, Unter- und Oberwittstadt), nach 1900 Farrenstall (Ballenberg, Hüngheim, Merchingen), in Merchingen 1930 außerdem Maschinenhaus zur Wasserleitung, Schlachthaus und Kindergarten genannt. Heute befinden sich 14 – meist vermietete – Wohnhäuser, das Merchinger Rathaus sowie die 5 ehemaligen Rathäuser in den anderen Stadtteilen, die Grundschulen in Merchingen und Oberwittstadt, die Hauptschule Ballenberg und die früheren Schulgebäude von Hüngheim, Erlenbach und Unterwittstadt in Gemeindebesitz. Darüber hinaus setzt sich das Gemeindevermögen aus 1129 ha Wald, 47 ha Äcker, 26,5 ha Grünland und 4,5 ha Bauland zusammen.

Einnahmen hatten die Gemeinden früher aus der Verpachtung ihrer landwirtschaftlichen Grundstücke, in wechselnder Höhe aus dem Waldertrag (Merchingen zählte mit seinem großen Waldbestand zu den bestsituierten Gemeinden, auch in Oberwittstadt bildete der Wald die Haupteinkommensquelle, wohingegen in Erlenbach und Unterwittstadt kaum Wald in Gemeindeeigentum stand und die Walderträge in Ballenberg und Hüngheim durch hohe Bewirtschaftungskosten weitgehend aufgezehrt wurden), aus der

Verpachtung von Jagd, Fischerei und Schäferei (außer in Hüngheim und Merchingen, wo sie zugunsten der Güterbesitzer ausgeübt wurde) sowie durch Kapitalzinsen. Den Gemeindekassen von Merchingen und Oberwittstadt kamen außerdem seit 1900 nicht unbeträchtliche Sparkassenüberschüsse zugute. Umlagen mußten fast immer erhoben werden, ihre Höhe orientierte sich an der Rentabilität des jeweiligen Gemeindevermögens. Größere Ausgaben, die z. T. Kapitalaufnahmen erforderten, wurden verursacht durch Neu- und Umbau von Gebäuden, Straßen- und Brückenbau, Bachkorrektionen, Zehntablösungen, Katastervermessungen, Flurbereinigungen (in Merchingen und Unterwittstadt), Anschluß an das Fernsprechnetz, Strom- und Wasserversorgung. Ballenberg und Merchingen hatten zeitweise nennenswerten Armenaufwand; in Erlenbach und Oberwittstadt wurden die wenigen Ortsarmen fast ausschließlich aus dem Almosenfonds unterstützt. Erhebliche Ausgaben entstanden den kath. Gden Ballenberg, Erlenbach, Hüngheim, Ober- und Unterwittstadt durch die freiwillige Übernahme kirchlicher Kosten auf die Gemeindekassen. Die Gemeindehaushalte waren fast immer geordnet, die ökonomischen Verhältnisse zufriedenstellend. 1885 wurde das Pro-Kopf-Einkommen der Merchinger Bevölkerung wegen des Reichtums einiger Ortseinwohner in der Region nur noch von Adelsheim übertroffen. Seit Kriegsende hat sich die wirtschaftliche Lage verschlechtert. 1970 betrug der Schuldenstand je Einwohner 752 DM, 1980 war er auf 1985 DM angestiegen, womit Ravenstein an 1. Stelle der Kreisgemeinden stand; 1984 ging die Pro-Kopf-Verschuldung geringfügig auf 1848 DM zurück. Der überdurchschnittlichen Verschuldung steht die unterdurchschnittliche Steuer- und Finanzkraft gegenüber. Zwischen 1970 und 1984 hat sich das *Steueraufkommen* von 374 000 DM auf 1 238 000 DM gehoben; der Gewerbesteueranteil (einer der niedrigsten im Kreis) lag 1970 bei 19 %, erreichte in den folgenden Jahren über 30 %, sank 1980 aber wieder auf 20 %, 1984 betrug er 24 %. Die Steuerkraftsumme je Einwohner bewegte sich 1970 28 %, 1980 20 % unter dem Landesdurchschnitt. 1987 und 1988 wurde der Gesamtschuldenstand mit jeweils rd. 4,6 Mio DM angegeben, er überstieg damit das Volumen des Vermögenshaushaltes, 1987 auf 1,9 Mio DM, 1988 auf 1,54 Mio DM beziffert, um ein Vielfaches. Der Verwaltungshaushalt umfaßte in beiden Jahren jeweils etwas über 5 Mio DM. In nächster Zeit sind folgende Investitionen geplant: Schloßrenovierung in Merchingen, Baugeländeerschließung in allen Stadtteilen, Altlastensanierung der ehemaligen Müllplätze sowie Verbesserung der Kanalisationen. Ein Dorfentwicklungsprogramm ist vorhanden. Bisher wurden nur die Ortsdurchfahrten erneuert; gegenwärtig laufen keine Sanierungsmaßnahmen, nachdem die Beispielsdorferneuerung in Merchingen ihren vorläufigen Abschluß fand. Von 1965–1980 wurden Projekte realisiert, die auf eine Verbesserung der landwirtschaftlichen Betriebsgrößenstruktur und der Bausubstanz, auf die Schaffung von Grünflächen innerhalb der bebauten Gebiete und die Erschließung von Bauland zielten.

Die *Gemeindeverwaltungen* waren im 19. Jh. in Rathäusern, die z. T. noch aus dem 17. Jh. stammten, untergebracht, nur in Hüngheim befand sich die Ratsstube im Schulhaus, bis 1868 ein gekauftes Gebäude als Rathaus eingerichtet wurde. 1903 verlegten die Oberwittstadter ihre Gemeindeverwaltung in das Sparkassengebäude. Neue Rathäuser wurden in Ballenberg 1914, in Merchingen 1954, in Erlenbach 1958 und in Oberwittstadt 1973 bezogen. Sitz der Stadtverwaltung von Ravenstein ist das 1975/76 renovierte und umgestaltete Rathaus von Merchingen. In Ballenberg, Erlenbach, Hüngheim, Ober- und Unterwittstadt sind Verwaltungsstellen eingerichtet; dort werden jeweils einmal wöchentlich Sprechstunden abgehalten.

Den Gemeindeverwaltungen von Ballenberg, Merchingen, Ober- und Unterwittstadt wurde früher fortwährend eine gute Geschäftsführung bescheinigt. Ein neuer Bürgermeister brachte nach 1875 in Hüngheim Ordnung in die »ungeregelten Verhältnisse«,

Die Gemeinde im 19. und 20. Jahrhundert 485

während in Erlenbach zu dieser Zeit noch über Mängel geklagt wurde. Weil laut Ortsbereisungsprotokoll von 1878 in kaum einer Gemeinde die Verwaltung, der innere Dienst und das Rechnungswesen so schlecht und vorschriftswidrig besorgt wurden wie hier, leitete das Bezirksamt eine dienstpolizeiliche Untersuchung ein und enthob die Verantwortlichen ihrer Ämter. Nach 1880 war die Gemeindeverwaltung auch in Erlenbach »in bester Ordnung«. Die Gemeinderatskollegien waren ab 1832 mit 3, seit den 1870er Jahren mit 6 Gemeinderäten besetzt. Außer Bürgermeister, Ratsschreiber und Gemeinderechner hatten alle Dörfer 1885/90 Polizeidiener, Feldhüter, Waldhüter, Wegwart, Fleischbeschauer, Leichenschauer, Totengräber, Ortsbauschätzer, mehrere Steinsetzer, Hebamme und Industrielehrerin. Ein Teil der Ballenberger *Gemeindebediensteten* war auch für Unterwittstadt zuständig. Später wurden noch Abdecker (abgesehen von Erlenbach), Spritzen- und Brunnenmeister (Ober-, Unterwittstadt, Erlenbach, Merchingen), Wasenmeister (Ballenberg, Erlenbach), Farrenwärter (außer in Unterwittstadt), Maschinenwärter (Merchingen), 1932 in Merchingen zusätzlich Schuldienerin, Friedhofsgärtner und Förster genannt. 1989 beschäftigt die Stadt Ravenstein 4 Beamte, 13 Angestellte (darunter 3 Teilzeitkräfte) sowie 28 Arbeiter (18 in Teilzeit). Bei den Gemeinderatswahlen 1975, 1980 und 1984 erreichte die CDU immer über 80% der Stimmen. Der derzeitige *Gemeinderat* setzt sich aus 13 CDU- und 2 SPD-Mitgliedern zusammen. Ihre Vorrangstellung konnte die CDU auch bei den Gemeinderatswahlen vom Oktober 1989 behaupten; im neuen Gemeinderat wird sie voraussichtlich durch 13 Vertreter repräsentiert sein, die Freie Wählervereinigung erhält 4 Sitze. Die *Stadtverwaltung* ist untergliedert in Stadtkasse, Rechnungsamt, Versicherungsamt, Meldeamt, Standesamt und Grundbuchamt. An *nichtkommunalen Behörden* gibt es in Ballenberg und Merchingen jeweils 1 Dienststelle des staatlichen Forstamts Adelsheim sowie 1 Postamt mit Zentralvermittlungsstelle in Merchingen. In Ballenberg und Oberwittstadt sind Postzweigstellen eingerichtet.

Ver- und Entsorgungseinrichtungen. – Ballenberg, Erlenbach, Ober- und Unterwittstadt vereinigten sich in der 1. H. 19. Jh. zu einem Spritzenverband, der seit 1821 über eine in Ballenberg aufbewahrte Feuerspritze verfügte. Oberwittstadt löste sich bereits 1835 und schaffte eine eigene Feuerspritze an, später folgten Erlenbach (um 1860) und Unterwittstadt (1872). Merchingen besaß 1825 1, 1860 2 Feuerspritzen; 1895 standen in jeder Gemeinde 2 Feuerspritzen: 1 große Fahr- und 1 tragbare Handspritze. Löschmannschaften waren eingeteilt, in Oberwittstadt bestand von 1867–1875 eine Freiwillige Feuerwehr mit 57 Aktiven; danach gelang trotz zahlreicher Versuche eine Neugründung ebensowenig wie in Merchingen, wo diese Frage angesichts der Größe des Ortes wiederholt erörtert wurde. Erst 1927 kam es zur Gründung einer Freiwilligen Feuerwehr in Merchingen, der 1930 80 Einwohner angehörten. Freiwillige Feuerwehren konstituierten sich 1929 in Hüngheim, 1938 in Oberwittstadt, 1939 in Ballenberg und Erlenbach und 1946 in Unterwittstadt; sie sind seit 1971 Abteilungswehren der *Freiwilligen Feuerwehr Ravenstein*. Jede Abteilungswehr verfügt über 1 Löschzug, 2–3 Löschgruppen und 20–30 Aktive. Seit 1987 besteht in Hüngheim eine Jugendabteilung mit derzeit 11 Mitgliedern.

1910 erfolgte der Anschluß der Dörfer an das Elektrizitätswerk Schmitt in Jagsthausen. Heute ist die EVS (Energie-Versorgung-Schwaben) für die *Stromversorgung* zuständig. Abnehmer ist jeder Haushalt.

Die *Wasserversorgung* gab gegen Ende des 19. Jh. häufig Anlaß zu Klagen. In Ballenberg war das Wasser trübe und ungenießbar, bis man sich 1885 zum Bau einer Brunnenleitung entschloß; durch die 1899 fertiggestellte Hochdruckwasserleitung wurde eine qualitativ und quantitativ befriedigende Trinkwasserversorgung sichergestellt. Während in Erlenbach 1823 7 Pumpbrunnen gutes Wasser lieferten, beschwerte sich die Merchinger Bevölkerung 1825 über Unreinlichkeit des Wassers, weil die Schöpfung schlecht gefaßt war. Nach 1880 litten beide Gemeinden, ebenso wie Hüngheim, unter dem Mißstand, daß das Wasser nur noch für die unteren Ortsteile ausreichte, in den höher gelegenen Ortsteilen hingegen Wassermangel herrschte. Abhilfe brachte die Inbetriebnahme von Wasserleitungen, die 1898 in Merchingen, 1910 in Hüngheim und 1912 in Erlenbach erfolgte. In Unterwittstadt wurde trotz guter Wasserversorgung durch 2 laufende Feldbrunnen 1907 eine Wasserleitung erstellt. Eine solche wurde zwar auch in Oberwittstadt gefordert – verunreinigtes Wasser durch mangelhaft gedeckte Brunnen und zeitweiligen Wassermangel beanstandeten die Einwohner schon seit den 1880er Jahren, 1926 galt die Wasserfrage als »wunder Punkt der Gemeinde« –, doch wurde der Bau aus Kostengründen bis 1936 vertagt. Nachdem das Projekt eines Zweckverbandes Hasselbachgruppe mit Beteiligung der Gden Ballenberg, Ober- und Unterwittstadt sowie Schillingstadt 1963 endgültig scheiterte, verfügt Ravenstein heute über 4 Wasserversorgungen durch Tiefbrunnen, die sich in Ballenberg (auch für Unterwittstadt), Erlenbach, Merchingen (zugleich für Hüngheim) und Oberwittstadt (mit Schollhof) befinden. Die Förderungsleistung beträgt insgesamt 12,3 l/s. Die Wasserleitungen wurden in allen Stadtteilen beim Neubau der Ortsdurchfahrten verbessert, sind jedoch teilweise noch veraltet.

Zu Beginn des 19. Jh. flossen die Abwässer, so in Merchingen 1825, in Gräben neben den Straßen; erst durch die Pflasterung der Straßenrinnen, im wesentlichen zwischen 1860 und 1880 durchgeführt, erhielten sie einen geregelten Abfluß. In Unterwittstadt waren noch 1951 Mißstände an der Tagesordnung: in den Rinnen stauten sich die Abwässer, Küchenabwässer wurden in oberirdischen Blechrohren zu den Straßenrinnen geleitet. An das *Kanalisationsnetz* wurden die Dörfer zwischen 1958 und 1972 angeschlossen, ausgenommen blieben die Aussiedlerhöfe, der Dörnishof und der Schollhof. *Kläranlagen* auf mechanisch-biologischer Basis wurden in Ballenberg (auch für Ober- und Unterwittstadt), Erlenbach und Merchingen (zugleich für Hüngheim) 1974/76 eingerichtet. Die *Müllabfuhr* ist an ein Privatunternehmen vergeben, das den Müll 14tägig abholt und zur Kreismülldeponie Buchen transportiert.

Die Merchinger *Ärzte* waren im 19. Jh., ebenso wie die 1744 eröffnete Apotheke, auch für die umliegenden Gemeinden zuständig; um 1900 erstreckte sich ihr Einzugsgebiet bis ins Jagsttal. Im Notfall wurden die Krankenhäuser in Tauberbischofsheim oder Osterburken aufgesucht. Außer Unterwittstadt, das die Ballenberger Hebamme beanspruchte, verfügten alle Dörfer über eigene Hebammen, Merchingen zeitweise sogar über zwei. In Merchingen konstituierten die Einwohner 1875 einen Krankenverein, der nach dem Prinzip der gegenseitigen Hilfe organisiert war und bereits 1884 71 Mitglieder verzeichnete. Nach 1900 wurde die Krankenpflege in Ballenberg (von dort aus auch in Unterwittstadt), Hüngheim und Oberwittstadt von Ordensschwestern wahrgenommen. Der Krankenverein Oberwittstadt verpflichtete 1912 eine Krankenschwester; in Merchingen hatte die Ortsgruppe des Bad. Frauenvereins 1902 eine Landkrankenpflegerin angestellt, 1926 war eine Krankenpflegestation eingerichtet, die von einer Diakonissin besorgt wurde. Die Schwesternstationen Oberwittstadt und Ballenberg wurden 1954 bzw. 1984 aufgehoben, so daß inzwischen die der Sozialstation Adelsheim angeschlossene Dorfhelferinnenstation in Merchingen und eine von der Diakoniestation Adelsheim gestellte Krankenschwester die Krankenpflege in alleiniger Verantwortung übernommen haben. Abgesehen von einem Arzt für Allgemeinmedizin in Oberwittstadt ist die *medizinische Versorgung* nach wie vor auf Merchingen konzentriert. Dort praktizieren 1989 3 Ärzte für Allgemeinmedizin und Kinderheilkunde sowie

Die Gemeinde im 19. und 20. Jahrhundert 487

1 Zahnarzt, auch eine Hebamme ist am Ort. Die Merchinger Apotheke liefert Medikamente in alle Stadtteile. Fachärzte werden vorrangig in Buchen und Bad Mergentheim konsultiert, wo sich auch die nächstgelegenen Krankenhäuser befinden.

Die *Friedhöfe*, über die jeder Stadtteil verfügt, wurden mit Ausnahme von Erlenbach, das 1972 einen neuen Friedhof erhielt, im 19. Jh. angelegt. Leichenhallen gibt es bis auf Unterwittstadt überall; in Ballenberg wurde die Laurentiuskapelle zur Friedhofskapelle und Leichenhalle umgestaltet. Der 1812 an der Ballenberger Straße angelegte und später mehrfach vergrößerte jüd. Friedhof in Merchingen steht unter Denkmalschutz.

Private Stiftungen ermöglichten die ersten *Kindergärten*, die 1890 in Oberwittstadt, 1903 in Hüngheim (beide wurden 1909 von jeweils 60 Kindern besucht) und 1923 in Merchingen eröffnet wurden. Heute bestehen 2 kath. Kindergärten in Erlenbach und Hüngheim sowie 2 Gemeindekindergärten in Merchingen und Oberwittstadt.

Kirche. – Innerhalb der *kath. Kirchenorganisation* gehörten die Pfarreien Ballenberg (St. Johann der Täufer), Oberwittstadt (St. Peter und Paul) und Hüngheim (St. Gertrud) 1828 zum Landkapitel Buchen, dem Hüngheim noch 1863 unterstellt war, wohingegen Oberwittstadt und Ballenberg zwischenzeitlich dem Landkapitel Krautheim zugewiesen worden waren. 1910 unterstanden alle 3 Pfarrbezirke dem Landkapitel (Dekanat) Krautheim, nach dessen Auflösung wurden sie 1965 dem Dekanat Lauda zugeschlagen, dem sie auch heute – als einzige der Kreisgemeinden – zugeteilt sind. Das Präsentationsrecht oblag 1828 in Ballenberg und Oberwittstadt dem Fürsten von Salm-Reifferscheid, in Hüngheim den Freiherren von Berlichingen zu Jagsthausen. Außer in Merchingen, wo die wenigen Katholiken nach Hüngheim eingepfarrt waren, gab es in jedem Dorf eine kath. Kirche, die in Hüngheim 1753, in Oberwittstadt 1755 und in Ballenberg 1796 erbaut waren; Erlenbach und Unterwittstadt, schon im 19. Jh. Filialen der Pfarrei Ballenberg, verfügten über die Filialkirchen St. Margaretha und St. Michael, 1797 bzw. 1566 erstellt. Die Bewohner des Schollhofes (Filiale von Oberwittstadt) errichteten 1899 eine Kapelle. Zwischen 1890 und 1906 und in den 1960/70er Jahren wurden alle Kirchen umfassend restauriert. Die Merchinger Katholiken erhielten 1951 durch den Umbau der früheren Synagoge die Filialkirche »Zum Hl. Herzen Jesu«. Seit 1972 ist die Pfarrei Hüngheim nicht mehr besetzt; sie wird von der Pfarrei Ballenberg mitverwaltet.

Der *ev. Kirchengemeinde Merchingen*, in der Ev. Landeskirche dem Kirchenbezirk Adelsheim zugeordnet, unterstand früher nur der Diasporaort Hüngheim, während Ballenberg, Erlenbach, Ober- und Unterwittstadt, wo es vereinzelt protestantische Einwohner gab, Diasporaorte von Schillingstadt und Neunstetten waren. 1977 wurden sie vom Kirchenbezirk Boxberg dem Kirchenbezirk Adelsheim zugewiesen und der ev. Kirchengemeinde Merchingen angeschlossen; das Kirchspiel erweiterte sich 1983 durch die Eingliederung des bisherigen Diasporaortes Hüngheim. In Ravenstein befindet sich auch heute nur eine ev. Kirche, die 1853 in Merchingen erbaut und seitdem mehrfach renoviert wurde.

Eine bedeutende *jüd. Gemeinde* war in Merchingen ansässig, die schon im 18. Jh. über Rabbiner und Synagoge (1737 errichtet) verfügte. Bei der Einteilung des Landes in Rabbinatsbezirke wurde Merchingen 1827 Sitz einer Bezirkssynagoge, der 19 jüd. Gemeinden unterstellt waren, neben Ballenberg und Hüngheim u.a. Adelsheim, Boxberg, Buchen, Krautheim, Walldürn. Ab 1886 wurde das Bezirksrabbinat von Mosbach aus mitverwaltet. Der starke Rückgang der israelitischen Bevölkerung nach 1850 führte um die Jahrhundertwende zur Auflösung der jüd. Gemeinden Ballenberg und Hüngheim und zum Anschluß von Osterburken als Filialgemeinde an die jüd. Gemeinde Merchingen. Die Merchinger Synagoge wurde in der Reichskristallnacht ebenso wie jüd. Häuser und Wohnungen verwüstet. An der ehemaligen Synagoge, seit 1951 als kath. Kirche genutzt, wurde 1983 eine Gedenktafel angebracht.

Schule. – Kath. Schulen mit jeweils einem Lehrer gab es im 19. Jh. in Ballenberg, Erlenbach, Hüngheim, Ober- und Unterwittstadt. 1863 wurden dort insgesamt 343 Kinder unterrichtet, in Oberwittstadt seit 1850 in 2 Klassen, was die Anstellung eines Unterlehrers erforderte. Die Schulstellen waren mit Liegenschaften ausgestattet, finanzielle Leistungen der Gemeinden an die Lehrer ersetzten zunehmend die Naturalbesoldung. In Merchingen bestand außer der ev. Schule, in der Haupt- und Unterlehrer über 100 Schüler unterrichteten, seit 1830 eine jüd. Schule, die auch von Hüngheimer Kindern besucht wurde. Zuvor hatten Hauslehrer den Unterricht erteilt. Als die Konfessionsschulen in Merchingen 1869 aufgehoben wurden, wurde das israelitische Schulhaus an die jüd. Gemeinde verkauft und die Gemeinschaftsschule im bisherigen ev. Schulhaus eingerichtet. Weil die Räumlichkeiten nicht mehr genügten, war 1881 der Bau einer neuen Schule unumgänglich. Der Entkonfessionalisierung des Schulwesens entzogen sich bis 1912 die kath. Kinder aus Merchingen, indem sie die Schule im überwiegend kath. Hüngheim besuchten.

Industrieunterricht wurde schon vor 1850 erteilt, nach 1920 gab es in Merchingen und Oberwittstadt hauswirtschaftliche Berufsschulen für Mädchen (Kochschulen). Hüngheim trat 1909 der schon länger bestehenden gewerblichen Fortbildungsschule in Merchingen bei; der 1904 in Oberwittstadt eröffneten gewerblichen Fortbildungsschule schlossen sich Ballenberg, Schillingstadt (Gde Ahorn) und Unterwittstadt an. Mangels Beteiligung wurden beide Schulen um 1930 aufgehoben. Die landwirtschaftliche Berufsschule in Ballenberg wurde in den 1960er Jahren aufgelöst.

Die Schulreform regelte die Verhältnisse dahingehend, daß die alten Schulen in Erlenbach, Unterwittstadt und Hüngheim, 1877, 1911 und 1913 erbaut, schließen mußten und die *Grundschule I*, zuständig für Merchingen und Hüngheim, im 1881 erstellten und Mitte der 1970er Jahre renovierten Schulgebäude in Merchingen, die *Grundschule II* für Ober- und Unterwittstadt, Ballenberg und Erlenbach im 1953 erbauten Schulhaus von Oberwittstadt und die *Hauptschule* für alle Stadtteile im 1954 fertiggestellten Schulgebäude in Ballenberg eingerichtet wurde. 1989 werden dort 63 Hauptschüler in 5 Klassen von 5 Vollzeitlehrkräften und einer Teilzeitlehrkraft unterrichtet. Die Grundschulen in Merchingen und Oberwittstadt besuchen 57 bzw. 72 Schüler in jeweils 4 Klassen, für die 5 Lehrer in Vollzeit und 3 Lehrer in Teilzeit angestellt sind. Als weiterführende Schule wird die Ganztagsschule für Gymnasiasten und Realschüler in Osterburken bevorzugt; aufgesucht werden außerdem die Realschule Krautheim und Berufsschulen in Buchen, Mosbach, Walldürn und Heilbronn.

Sportstätten. – In den letzten Jahren wurden neue Sporteinrichtungen, meist auf Initiative der Vereine, geschaffen. Ballenberg erhielt 1988 einen zweiten Fußballplatz, Hüngheim 1989 einen Bolzplatz. Merchingen und Oberwittstadt verfügen jeweils über Sportheim und Sportplatz (in Merchingen mit Flutlichtanlage). 1988 wurde mit dem Bau einer schon länger geplanten Sporthalle in Merchingen begonnen: zwei Tennisplätze sind schon seit 1981 in Gebrauch. In Ballenberg wurde 1988 eine Schießanlage eröffnet.

Vereine. – Die meisten Vereine widmen sich der Musik oder dem Gesang. Dazu gehören die Musikvereine Ballenberg (89 Mitglieder), Merchingen (57 Mitglieder) und Oberwittstadt (98 Mitglieder), die 1934/35 bzw. 1964 (Oberwittstadt) gegründet wurden. In Erlenbach gibt es seit 1948 eine Musikkapelle mit derzeit 20 Mitgliedern. 1980 wurde das Akkordeon-Orchester Ravenstein (24 Mitglieder) gegründet. Älteste

Die Gemeinde im 19. und 20. Jahrhundert 489

noch bestehende Vereine sind die Gesangvereine Eintracht Merchingen, 1862 gegründet, mit heute 110 Mitgliedern und Harmonie Hüngheim, 1895 gegründet und inzwischen auf 93 Mitglieder angewachsen, sowie die Chorgemeinschaft Eintracht Oberwittstadt, die 1876 gegründet wurde und 108 Mitglieder zählt. Am mitgliederstärksten sind die Sportvereine, bei denen der Fußball im Vordergrund steht: der TSV Merchingen besteht seit 1889 und verfügt derzeit über 315 Mitglieder, der 1932 gegründete TSV Oberwittstadt hat 252 Mitglieder; seit 1921 besteht der SV Ballenberg, dem sich die Sportler des aufgelösten SV Erlenbach angeschlossen haben, wodurch die Mitgliederzahl auf 270 gestiegen ist. Den Fischereiverein Ravenstein (16 Mitglieder) gibt es seit 1976.

Die Gewerbe- bzw. Handwerkervereine von Ballenberg, Oberwittstadt und Merchingen haben sich schon vor längerer Zeit aufgelöst, ebenso die Obstbauvereine Merchingen und Oberwittstadt. Von Bedeutung war vor 1930 die Ortsgruppe Merchingen des Bad. Frauenvereins, die 1912 180 Mitglieder zählte. In den letzten Jahren entstanden einige Vereine, die sich überwiegend auf dem kulturellen Sektor betätigen: 1976 wurde die Trachtenkapelle Hüngheim (23 Mitglieder) wiederbelebt, 1978 konstituierte sich der Faschingsverein Merchingen, dessen 118 Mitglieder Prunksitzungen und Fastnachtsumzüge organisieren. 1979 wurde ein Unistischer Verein mit Sitz in Oberwittstadt gegründet (12 Mitglieder), 1986 schlossen sich ca. 40 Einwohner aus Hüngheim zu einem Freizeitklub zusammen. Eine wichtige öffentliche Funktion kommt dem Förderverein Schloßausbau Merchingen e. V. zu, der seit 1982 besteht und inzwischen auf 83 Mitglieder angewachsen ist. Der Förderverein betreibt den Ausbau des gemeindeeigenen Schloßteils. Im unteren Schloßsaal wurde ein Veranstaltungsraum eingerichtet, in den nächsten Jahren sind die Erneuerung des oberen Saales und die Restaurierung der Schloßfassade geplant.

Strukturbild

Ravenstein gilt heute als strukturschwache Gemeinde mit negativer Bevölkerungsbilanz, hoher Pro-Kopf-Verschuldung, niedrigem Steueraufkommen und geringem Gewerbesteueranteil mangels Industriebetrieben. Dabei spielten in früheren Zeiten zwei der heutigen Stadtteile – Ballenberg und Merchingen – eine bedeutendere Rolle und erfüllten z. T. zentralörtliche Aufgaben. Der Niedergang des einstigen Ackerbürgerstädtchens Ballenberg zum »mäßig guten Bauerndorf«, wie die Gemeinde 1868 charakterisiert wurde, vollzog sich allerdings bereits im 19. Jh. im Gegensatz zu Merchingen, das bis in die 1920er Jahre, nicht zuletzt wegen der jüd. Einwohner, die einen florierenden Handel betrieben, den ökonomischen Mittelpunkt der Umgebung bildete. 1903 wurde Merchingen als eine der rührigsten Gemeinden des Bezirks und als »Zentrale« der in der Nähe liegenden Ortschaften bezeichnet. Einige Läden zogen Käufer von außerhalb an, und auch im Hinblick auf die medizinische Versorgung – Merchingen verfügte über Ärzte und Apotheken – reichte das Einzugsgebiet über das heutige Stadtgebiet hinaus. Als sich der Handelsverkehr durch die Abwanderung und schließlich Verschleppung des jüd. Bevölkerungsteils drastisch verringerte und zugleich das Handwerk in Oberwittstadt und Ballenberg, das auch in anderen Orten Kundschaft gefunden hatte, zurückging, erfolgte eine Angleichung an die Strukturen der fast rein landwirtschaftlichen Dörfer Erlenbach, Hüngheim und Unterwittstadt. Die Zahl der Erwerbstätigen in Land- und Forstwirtschaft stieg von 68,9 % 1895 auf 74,7 % im Jahr 1939 an, während die Zahl der Beschäftigten in Industrie und Handwerk im gleichen Zeitraum von 17,8 % auf 10,7 % sank – eine dem allgemeinen Trend und der sich auch im ländlichen Raum zunehmend durchsetzenden Industrialisierung zuwiderlaufende

Entwicklung. 1925 verfügte keine der Gemeinden über einen Industriebetrieb, und auch nach dem 2. Weltkrieg siedelten sich nur wenige kleine, meist nicht dauerhafte Industriebetriebe an. Weil die Landwirtschaft für die Mehrzahl der Einwohner die Haupteinkommensquelle bildete, verstärkten sich die schon in der 2. H. 19. Jh. zutage tretenden Probleme hinsichtlich der Rentabilität der landwirtschaftlichen Betriebe. Mit Ausnahme von Unterwittstadt, wo es viele Erbhofbauern mit ausreichendem Grundbesitz gab, waren kleine und mittlere Betriebe vorherrschend, die häufig nur eine unzureichende Existensgrundlage boten. 1970 waren immer noch mehr Einwohner (41,9 %) in der Land- und Forstwirtschaft als im Produzierenden Gewerbe (39,4 %) tätig. Erst 1987 ging der Anteil der landwirtschaftlichen Erwerbstätigen (12,9 %) deutlich zurück, während jetzt mehr als die Hälfte (53,3 %) im Produzierenden Gewerbe arbeitete. Durch die Stillegung zahlreicher landwirtschaftlicher Betriebe hat sich in den letzten Jahren die durchschnittliche Betriebsgröße stark gesteigert. Die nichtlandwirtschaftlichen Erwerbstätigen müssen ihren Arbeitsplatz nach wie vor zu gut ⅔ außerhalb von Ravenstein suchen, das 1987 mit 84 Berufsein- und 712 -auspendlern einen beachtlichen Auspendlerüberschuß aufwies, wobei bevorzugt nach Osterburken, Adelsheim und Schöntal, Lkr. Künzelsau, ausgependelt wurde. Die verbesserte Verkehrslage seit Eröffnung der Autobahn Heilbronn–Würzburg blieb noch ohne durchschlagenden Erfolg, wenngleich der Ausbau eines schon länger bestehenden und die Ansiedlung eines weiteren Industriebetriebs – beide stockten in jüngster Zeit ihre Beschäftigtenzahl auf – zukunftsträchtige Perspektiven bieten könnten. Merchingen hat zwar seine überörtliche Bedeutung verloren, bildet aber als Verwaltungssitz mit den meisten Handels- und Handwerksbetrieben aller Stadtteile und durch Ärzte und Apotheken den Mittelpunkt von Ravenstein.

Quellen

Ortsbereisungsakten

Ballenberg 1868–1912　GLA 341/10
Erlenbach 1823–1845　Gemeindearchiv Erlenbach A 51; 1867–1914 GLA 341/88
Hüngheim 1875–1909　GLA 338/2188
Merchingen 1825–1932　Gemeindearchiv Merchingen A 76; 1861–1871 GLA 338/2509; 1873–1896 GLA 338/2510; 1898–1912 GLA 338/2511; 1926–1932 GLA 338/2512
Oberwittstadt 1868–1912　GLA 341/313; 1921–1930 GLA 338/2632
Unterwittstadt 1867–1914　GLA 341/396; 1929; 1951 GLA 345/S 3446

Sonstige Archivalien

Ballenberg GLA 229/4940; 345/S 241
Hüngheim GLA 338/2187; 338/2201; 338/2214; 338/2238
Merchingen GLA 338/2517; 338/2570; 338/2598; 345/S 2357; 345/S 2364
Unterwittstadt GLA 345/S 3447

Literatur

Beispielsdorferneuerung Merchingen. Bearbeitet von der Dreierkommission im Dezember 1964 (Eugen Müller/Günter Scheunemann/Manfred Baumann). Hrsg. vom Ministerium für Ernährung, Landwirtschaft, Weinbau und Forsten Baden-Württemberg. Stuttgart 1966.
Brecht, Walter: Geschichte Merchingens. Hrsg.: Bürgermeisteramt der Stadt Ravenstein. Ravenstein 1988.

Brecht, Walter: Geschichten aus der Geschichte von Oberwittstadt. 1200 Jahre Oberwittstadt im Hasselbachtal. Hrsg.: Bürgermeisteramt der Stadt Ravenstein. Ravenstein 1975.
Hennegriff, Alfred: Erlenbach. Mit Beiträgen zur Geschichte der Stadt und Pfarrei Ballenberg. Hrsg.: Ortschaftsrat Erlenbach. Ravenstein 1985.
Hofmann, Claudia: Die Unterversorgung der Bevölkerung als Problem in ländlichen Räumen, dargestellt am Beispiel der Gemeinde Ravenstein und Mulfingen. Zulassungsarbeit für die 1. Staatsprüfung für das Lehramt an Gymnasien. Bonn 1979.
Renz, Karl: Geschichte Merchingens. Adelsheim 1902.

C. Geschichte der Stadtteile

Ballenberg

Siedlung und Gemarkung. – Alles deutet darauf hin, daß das 1212 zum ersten Mal erwähnte Ballenberg (*Ballinburc*) nicht vor der Stauferzeit entstanden ist. Als Vorgängersiedlung darf mit großer Wahrscheinlichkeit das nur zwischen 1245 und 1265 bezeugte, längst abgegangene *Wellendorf* gelten, das man etwa 800 m weiter südlich, an der Mündung des Hasselbachs in den Erlenbach zu suchen hat, und dessen Bewohner offenbar im 13. Jh. nach Ballenberg umgesiedelt worden sind. Ballenberg selbst ist vermutlich im 12. Jh. zum Schutz der hier in einem tiefen Einschnitt den Hasselbach überquerenden Geleitstraße von Wimpfen nach Mergentheim als Burg gegründet und wohl schon im späteren 13. Jh. zur Stadt ausgebaut worden (1295 *oppidum*); 1306 hat König Albrecht den Ort mit dem Recht der Stadt Rothenburg o. T. privilegiert. Rund hundert Jahre später wurde die Bürgergemeinde durch ihre Herrschaft vorübergehend von erhöhten Steuern und Abgaben befreit, damit *sie sich destebaz befrieden unde die ⟨...⟩ stad Ballenburg gebuwen* möge. Eine Karte aus dem Jahre 1594, die im topographischen Detail freilich weniger zuverlässig ist, zeigt Ballenberg als hochgelegene, mit Mauern und Türmen bewehrte Stadt; im Tal darunter erkennt man eine Gruppe bäuerlicher Anwesen. Die Burg, die seit dem Ausgang des Mittelalters auch in den schriftlichen Quellen keine Erwähnung mehr findet, ist auf dieser Abbildung nicht zu erkennen.

Südöstlich von Ballenberg lag bis ins 14. Jh. der einst zur Grundherrschaft des Kl. Gerlachsheim gehörige, vermutlich bald nach 1400 ausgegangene Weiler Mutzenbrunn (1245 *Murrenbrunnen*, 1365 *Motzinbronne*), dessen Gemarkung allerdings erst 1869 zwischen Ballenberg und Oberndorf aufgeteilt worden ist. Noch im 18. Jh. hat es eine Mutzenbrunner Markgenossenschaft mit besonderem Rüggericht und Schultheißen gegeben. Kirchlich hat der Ort vermutlich zu Krautheim gehört. Der örtliche Zehnt ist 1505 von Kurpfalz an die von Hutten verkauft worden und bald darauf in den Besitz des Hochstifts Würzburg gelangt; dagegen waren für den Novalzehnt in Mutzenbrunner Mark im 16. Jh. die von Aschhausen zuständig.

Auf Gkg Ballenberg, westlich der Laurentius-Kapelle (s. u.) unweit der Straße nach Merchingen, liegt das Gewann Rabenstein, von dem die 1971 gebildete Gde Ravenstein ihren Namen herleitet.

Herrschaft und Staat. – Ob tatsächlich – wie man bisweilen angenommen hat – die Bischöfe von Würzburg als Gründer und älteste Herren von Ballenberg gelten dürfen, ist zum wenigsten zweifelhaft. Zwar hat ihnen im 14. Jh. die Lehnshoheit über die hiesige Burg, Stadt und Zent zugestanden, und ihrem Domkapitel gehörte seit alters das Patronatsrecht über die Ballenberger Pfarrei; jedoch war die Burg wohl schon um die

Wende zum 13. Jh. im Besitz der Edelherren von Krautheim, die sie von ihren Ministerialen (erwähnt 1212 ff.) haben behüten lassen, und man darf wohl annehmen, daß die Krautheimer Dynasten auch die ursprünglichen Herren dieses Orts waren. Im Konflikt zwischen Kaiser Friedrich II. und seinem Sohn, in dem die von Krautheim auf seiten es Kaisers gestanden haben, soll Ballenberg 1234 von König Heinrich (VII.) belagert worden sein, und tatsächlich hat der König im genannten Jahr *in campo apud Ballemburg* geurkundet. Durch Erbschaft gelangte der Ort dann um 1250 von den Krautheimern an die Grafen von Eberstein, die ihn samt seinen Zugehörungen – darunter die 1329 erstmals erwähnte Zent – zwischen 1330 und 1364 Zug um Zug an das Erzstift Mainz veräußert haben. Einem 1359 durch das Hochstift Würzburg unternommenen Versuch, Ballenberg (wieder) an sich zu bringen, war kein Erfolg beschieden. Während der folgenden anderthalb Jahrhunderte waren Stadt und Burg zusammen mit Krautheim an häufig wechselnde Angehörige des niederen Adels amtsweise verpfändet (Adelsheim, Berlichingen, Allfeld, Rosenberg, Aschhausen, Herbolzheim, Dürn, Heinriet, Rechberg, Stetten, Heideck, Adelsheim). Erst seit 1503 unterstand Ballenberg schließlich der unmittelbaren Botmäßigkeit der Erzbischöfe von Mainz, die ihre Herrschaft in der Stadt nach Niederwerfung des Bauernaufstandes weiter festigen konnten (Stadtordnung von 1528). Im 17. Jh. beanspruchte das Erzstift in dem zum Amt Krautheim gehörigen Ballenberg alle hohe und niedere Obrigkeit (Zent und Vogtei), die Stadtbede und die Schatzung sowie Jagd und Zoll; Geleitsrechte hatte Mainz nur auf einem kleinen Teil der Ortsgemarkung. Zusammen mit dem Oberamt Krautheim ist Ballenberg 1803 an das Fürstentum Salm-Reifferscheid-Krautheim und 1806 an das Großherzogtum Baden gelangt.

Grundherrschaft und Grundbesitz. – Nachrichten über die älteren Grundbesitzverhältnisse zu Ballenberg sind rar. 1228 erfahren wir von Gütern, die zwischen einem Adeligen Rüdiger (von Wittstadt?) und dem Kl. Bronnbach strittig waren, und zwischen 1245 und 1265 findet wiederholt Boxberger, Krautheimer und Ebersteiner Besitz in Ballenberg und Wellendorf Erwähnung, darunter ein krautheimischer Fronhof. 1560 kaufte der Deutschmeister hier ein Haus (gegenüber dem Rathaus), das ihm künftig auf seinen Reisen zwischen Mergentheim und Gundelsheim als Absteige dienen sollte. Darüber hinaus waren im 16. Jh. in Ballenberg gültberechtigt: der örtliche Heilige, die Pfarrei und die Frühmesse, das Hochstift Würzburg, die Pfarrei Schweigern und das Stift Mosbach. Der vermutlich seit dem 15. Jh. zerschlagene, nunmehr ebenfalls dem Erzstift Mainz zustehende Fronhof umfaßte 1545 mit 515 M. Äckern, Wiesen und Egerten (in 29 Anteilen) rund ein Drittel der alten Ortsgemarkung; daneben bestanden zur gleichen Zeit noch 7 (1746 8) weitere geschlossene Güter.

Gemeinde. – Bereits 1488 haben Schultheiß, Bürgermeister, Gericht und Gemeinde zu Ballenberg ein eigenes Siegel geführt; es zeigt wie jenes der Stadt Krautheim einen Schild mit dem Mainzer Rad und trägt die Umschrift: S . *ballenburg* + *stat* +. Das Amt des Bürgermeisters war 1575 doppelt besetzt; dem Stadtgericht gehörten zwölf Schöffen an. Auch ein Rathaus wird im 16. Jh. erwähnt. Gemeindeeigentum waren der Stadtgraben und etwas Wald. Nach der Beteiligung ihrer Einwohner am Bauernkrieg – einer der Bauernführer, der Ochsenwirt Jörg Metzler, hatte aus Ballenberg gestammt – sind der Stadt ihre Privilegien und Freiheiten aberkannt und die Rechte und Pflichten der Gemeinde in einer 1528 von der Herrschaft erlassenen, auch für Krautheim gültigen Stadtordnung neu festgelegt worden.

Kirche und Schule. – Als älteste Kirche von Ballenberg ist vermutlich eine Kapelle in der Burg anzusprechen. Den ursprünglichen Sitz der zuständigen Pfarrei hat man wohl in Wellendorf zu suchen, aber bereits 1289 findet ein *viceplebanus de Ballenburc*

Erwähnung; 1305 stand der Pfarrer von Ballenberg dem Landkapitel Buchen vor und war Kanoniker des Stifts zu Mosbach. Ein Frühmesser begegnet erstmals 1464/65 (Frühmeßhaus von 1616); seine Pfründe war im 16. Jh. mit Einkünften in Althausen, Ballenberg, Berolzheim, Crispenhofen, Gommersdorf, Hohenstadt, Krautheim, Marlach, Oberndorf und Schillingstadt sowie in Ober- und Unterwittstadt dotiert. Zum Ballenberger Kirchspiel gehörten in älterer Zeit neben Erlenbach und Unterwittstadt auch noch Oberwittstadt, das im 15. Jh. eigene Pfarrei wurde, sowie die abgegangenen Siedlungen Dinstbach (Schollhof), Horingen, Bensenweiler und Hartenburg. Das Patronatsrecht lag zunächst beim Domstift, seit 1674 beim Hochstift Würzburg. Als Kirchenheilige sind schon 1664/65 Johannes der Täufer am Hochaltar, die Muttergottes und die 14 Nothelfer an den Nebenaltären bezeugt; im späten Mittelalter soll die Kirche der Gottesmutter und dem Märtyrer Sebastian geweiht gewesen sein. Im späteren 18. Jh. führte die Pfarrei ein ovales Siegel mit der Umschrift SIG⟨ILLUM⟩ PAROCH⟨IAE⟩ BALLENBERG, dessen Bild Salome mit dem Haupt des Johannes zeigt. Das alte, 1608 erweiterte Gotteshaus ist 1796 vollständig abgebrochen worden, und an seiner Stelle wurde die noch heute vorhandene Kirche errichtet.

Südwestlich der Stadt, auf dem Berg ihr gegenüber, beim Friedhof, liegt eine vermutlich schon im späten Mittelalter errichtete, ursprünglich dem hl. Michael (1664/65), später dem hl. Laurentius (1746) geweihte Kapelle; in ihr hatte der Pfarrer von Ballenberg im 17. Jh. am Sonntag Jubilate, an den Tagen der hll. Georg, Markus und Laurentius sowie am Tag nach Hieronymus Gottesdienste zu feiern.

Der Zehnt auf Ballenberger Gemarkung stand im 17. und 18. Jh. dem Hochstift Würzburg bzw. dem Würzburger Juliusspital, den Freiherren von Berlichingen-Rossach und dem örtlichen Pfarrer zu.

Ein Schulmeister wird in Ballenberg bereits zum Jahre 1575 erwähnt; das Schulhaus stand neben der Kirche auf dem Friedhof. In der Regel hat der Lehrer zugleich das Amt des Stadt- und Zentschreibers mitversehen.

Bevölkerung und Wirtschaft. – Die ältesten Nachrichten über die Zahl der Einwohner zu Ballenberg datieren aus der Mitte des 16. Jh.; demnach haben in der Stadt, die kleiner war, als manches Dorf ihrer Umgebung, um 1540 zwischen 250 und 280 Menschen gelebt. Obgleich die hiesige Bevölkerung im 30j. Krieg, vor allem in den Jahren 1635/36 durch die Pest stark dezimiert worden ist, belief sich die Einwohnerzahl schon Mitte der 1660er Jahre wieder auf rund 360; während des 18. Jh. hat sie sich bei etwa 400 eingependelt (1701 408, 1803 403). 1770 bestand in Ballenberg auch eine jüdische Gemeinde mit einer eigenen Synagoge.

Ungeachtet der Zent, seiner Stadtrechte und seiner 1504 durch König Maximilian neuerdings privilegierten Jahrmärkte (Montag nach Judica und St. Veit) hat Ballenberg für sein Umland nur eine bescheidene zentralörtliche Bedeutung erlangt; daran vermochten auch die Einrichtung eines dritten Krämermarktes im 18. Jh. und eines 1801 durch die Herrschaft genehmigten Viehmarktes nichts zu ändern. Die Stadt ist stets eine bäuerliche Siedlung geblieben. In der frühen Neuzeit werden einige wenige Handwerker, darunter vor allem Rotgerber und Schwarzfärber, erwähnt. Im 17. Jh. hat es in Ballenberg auch eine Ziegelhütte gegeben, und in älterer Zeit ist hier wohl auch etwas Weinbau getrieben worden. Auf das Vorhandensein eines Wirtshauses bereits im Jahre 1295 darf man aus einer Urkunde schließen, in der Ballenberg als Ort zum Einlager bestimmt wird. Die Gasthäuser *Zum Ochsen* (1525 Ochsenwirt) und *Zur Sonne* gehen in ihrem Baubestand ins 16. und ins 17. Jh. zurück.

Erlenbach

Siedlung und Gemarkung. – Die Anfänge des Dorfes Erlenbach lassen sich kaum mit letzter Sicherheit klären. Bei allen älteren Erwähnungen bleibt der Bezug auf den hiesigen Ort ungewiß; die Gefahr einer Verwechslung besteht nicht allein mit Erlenbach bei Neckarsulm, sondern überdies mit den gleichnamigen Dörfern bei Obernburg am Main und bei Marktheidenfeld. So ist es durchaus fraglich, ob mit dem um 780/802 in der Überlieferung des Kl. Fulda bezeugten *Erlebach* (Kop. 13. Jh.), tatsächlich dieselbe Siedlung gemeint ist, die später gelegentlich als Erlenbach bei Aschhausen bezeichnet wird. Die früheste zuverlässige Erwähnung des Dorfes zwischen Aschhausen und Ballenberg geschieht erst in einer Comburger Urkunde von 1253 (*Erlibach*, Kop. 1320). Mögliche Beziehungen zu der in etwa 5 bis 6 km Entfernung auf Neunstettener Gemarkung gelegenen Wüstung Obererlenbach harren noch der Klärung. Auf einer Landtafel vom Ende des 16. Jh. ist Erlenbach als ein in der Talmulde geborgenes Haufendorf zu erkennen, dessen eingefriedete Kirche etwas nördlich abseits liegt. Am Hang westlich der Siedlung sind Weingärten zu erkennen, der Hügel im O ist dagegen bewaldet (Erlenbacher Holz).

Herrschaft und Staat. – Herrschaftlich gehörte Erlenbach wohl seit alters zu Ballenberg bzw. zu Krautheim und ist in den 1360er Jahren zusammen mit diesen Städten an das Erzstift Mainz gelangt; zuständiger Zentort war Ballenberg. Jedoch hatte im späten Mittelalter auch die auf hiesiger Gemarkung über größeren Grundbesitz verfügende Familie von Aschhausen Anteil an der Ortsherrschaft. 1479 sind die Aschhausener mit Wilhelm von Rechberg, der das Amt Krautheim samt Ballenberg und allen zugehörigen Rechten amts- und pfandweise von Mainz erworben hatte, wegen strittiger Gerechtsame im Dorf durch den Abt von Amorbach dahingehend verglichen worden, daß dem Rechberger bzw. dem jeweiligen Inhaber der Krautheimer Burg alle Obrigkeit zustehen und die von Aschhausen allein Anspruch auf gemessene Frondienste und den Weinschank haben sollten; die Gemeinde hatte ihr Recht beim Gericht in Ballenberg zu suchen. Bereits fünf Jahre später mußten die von Aschhausen ihren Teil an Erlenbach dem Erzstift versetzen, und da sie das Pfand auch nach mehrmaliger Aufforderung und Mahnung nicht wieder einlösen konnten, ist der Ort 1505 schließlich in alleinigen Mainzer Besitz übergegangen. Seither und bis zum Ende des Alten Reiches hatten die Erzbischöfe hier alle hohe und niedere Obrigkeit sowie das Jagdrecht. 1803 kam Erlenbach an die Fürsten von Salm-Reifferscheid-Krautheim und 1806 an das Großherzogtum Baden.

Grundherrschaft und Grundbesitz. – Sieht man einmal ab von der bezüglich ihrer Zuweisung unsicheren Erwähnung fuldischen (780/802) und hirsauischen Besitzungen (um 1176) in Erlenbach, so darf das Kl. Comburg bei Schwäbisch Hall, das Aufzeichnungen des 14. Jh. zufolge schon um 1090 hier begütert war, als der älteste Grundherr des Dorfes gelten. 1319 gelangten die Comburger Rechte durch Kauf offenbar vollständig an die von Aschhausen, die im späten Mittelalter auf hiesiger Gemarkung wohl über die größte, infolge Aussteuerung von Töchtern jedoch mehr und mehr schrumpfende Grundherrschaft verfügt haben. Um die Mitte des 16. Jh. waren die von Aschhausen noch Leiheherren von sechs bäuerlichen Lehen mit insgesamt rund 160 M Wirtschaftsfläche; nach ihrem Aussterben im 17. Jh. hat das Erzstift Mainz diese Güter an sich gebracht. Seit dem 15. Jh. sind auch die von Rosenberg als Inhaber von Grundbesitz in Erlenbach bezeugt; später wurden sie von denen von Dienheim beerbt (16./17. Jh.). Im 18. Jh. scheint dann das Zisterzienserkloster Schöntal der bedeutendste Grundherr am Ort gewesen zu sein. Bereits 1294 hatte es die hiesigen Güter der Rüdt von Bödigheim gekauft, und im Laufe der folgenden Jahrhunderte ist der Konvent sichtlich bestrebt gewesen, seinen Erlenbacher Besitz durch eine ganze Reihe weiterer Ankäufe zu arrondieren (1295 von Bartenstein, 1336 von Uissigheim, 1368 von Kirchberg, 1408 von Rosenberg, um 1700 von Muggenthal). 1719 hat das Kloster hier über 16 Güter und Lehen geboten, von denen die vier größten zusammen allein 200 M umfaßten.

Kirche und Schule. – Die Seelsorge in Erlenbach oblag von jeher der Pfarrei Ballenberg; einen eigenen Kaplan hat das Dorf erst 1775/77 erhalten, nachdem der zuständige Pfarrer sich beharrlich geweigert hatte, in der Filialkirche Gottesdienste zu feiern. Die beim Dorf gelegene, 1545 erstmals erwähnte, allerdings schon im Mittelalter bestehende Margarethen-Kapelle vermochte im 18. Jh. kaum noch die Hälfte der Gläubigen zu fassen; daher wurde sie 1796/97 abgebrochen und durch einen schlichten frühklassizistischen Neubau mit dem alten Patrozinium ersetzt. Daneben gab es auf Erlenbacher Gemarkung, beim Höhenweg unmittelbar an der Grenze nach Ballenberg, eine vom 16. bis ins 18. Jh. bezeugte Johannes-Kapelle, an die heute freilich nur noch der Flurname Johanneskirchlein erinnert.

In den großen Zehnt auf Erlenbacher Gemarkung teilten sich in der frühen Neuzeit je zur Hälfte die von Berlichingen, die ihren Anteil bereits 1364 von den Grafen von Eberstein käuflich erworben hatten (1510 württembergisches Lehen), und die Pfarrei Ballenberg. Der kleine Zehnt stand den Berlichingen allein zu.

Eine Schule wurde in Erlenbach erst um 1715 aus Mitteln der Dorfbewohner errichtet, und 1720 kam es auch zur Anstellung eines Lehrers. Zuvor hat die hiesige Schuljugend den Unterricht im benachbarten Ballenberg besuchen müssen.

Bevölkerung und Wirtschaft. – Die Zahl der Einwohner von Erlenbach lag um die Mitte des 16. Jh. bei etwa 100 und ist trotz der Katastrophe des 30j. Krieges bis 1665 auf 186 angestiegen. Auch in den folgenden Jahrzehnten hat die Bevölkerung im Dorf allem Anschein nach kontinuierlich zugenommen; 1701 belief sich ihre Zahl auf 244, 1796 auf 350. Erst die napoleonischen Kriege haben zu Beginn des 19. Jh. wieder einen leichten Rückgang bewirkt.

Der Erlenbacher Feldbau geschah seit alters in den Zelgen Auer Flur, Buschflur und Kirchenflur (1797). Vermutlich an dem südwestlich des Dorfes gelegenen Eulenberg wurde, wenn man der bereits erwähnten Landtafel Glauben schenken darf, Ende des 16. Jh. auch Weinbau betrieben; jedoch gab es hier derartige Sonderkulturen schon im 18. Jh. nicht mehr. 1797 wurden 876 M der Gemarkungsfläche als Ackerland und 54 M als Wiesen genutzt; 146 M waren von Wald bestanden, und weitere 18 M entfielen auf Haus- und Hofplätze, Gärten und Wüstungen. Eine Mühle findet in Erlenbach erstmals im Jahre 1540 Erwähnung.

Hüngheim

Siedlung und Gemarkung. – Wenngleich der Ortsname auf einen frühmittelalterlichen Ursprung des Dorfes hindeuten könnte, findet Hüngheim in der schriftlichen Überlieferung doch erst im späten 14. Jh. Erwähnung (1378 *Huenger wek*; 1428, 1454, 1532 *Hungen*), und auch dann fließen die Quellen zunächst eher dürftig). 1706 gab es in dem zu beiden Seiten der Kessach gelegenen Ort 53 Hofstätten mit Gemeinderecht; davon lagen 30 auf der sog. Großen Seite des Dorfes, 23 auf der Kleinen. – An der nördlichen Grenze der Hüngheimer Gemarkung, im Gewann Hohschwärz, lag einst der angeblich im Bauernkrieg zerstörte und anschließend aufgegebene Hof Hohenschwärz (1532 *hoff zu Schwertz genannt*), der sowohl herrschaftlich wie kirchlich stets nach Hüngheim gehört hat.

Herrschaft und Staat. – Im hohen Mittelalter zählte Hüngheim vermutlich zur Herrschaft der Edelherren von Krautheim und ist nach deren Aussterben offenbar ähnlich wie Neunstetten über die von Boxberg an die Grafen von Wertheim gelangt. Diese haben den für sie entlegenen Hüngheimer Besitz wohl schon bald an Niederadelige zu Lehen vergeben, im früheren 15. Jh. an die von Gemmingen (jüngerer Hauptstamm), später an die von Berlichingen (1454?, 1498 ff). Letztere – bis 1627/42 die sog. Bayerische Linie, dann die Schrozberg-Jagsthäuser Linie – waren bis zum Ende des Alten Reiches als Wertheimer bzw. Löwenstein-Wertheimer Vasallen die alleinigen Ortsherren von Hüngheim. Zu Beginn des 18. Jh. standen ihnen im Dorf und seiner Gemarkung im einzelnen folgende Gerechtsame zu: Vogtei und Gericht, Schatzung (zum Reichsritterkanton Odenwald), Frondienste, die hohe und die niedere Jagd, Bannwein, Standgeld, Hauptrecht und Handlohn sowie Einzugsgeld und Nachsteuer. Die hohe, zentliche Obrigkeit mit Blutgericht und militärischem Aufgebot lag bei der mainzischen Zent Ballenberg. Nachdem Salm-Krautheim und Württemberg bereits in den Jahren 1803/04 versucht hatten, den Ort zu mediatisieren, ist Hüngheim 1806 schließlich an das Großherzogtum Baden gefallen.

Grundherrschaft und Grundbesitz. – Während des späten Mittelalters und der frühen Neuzeit waren die adeligen Ortsherren praktisch auch die alleinigen Grundherren von Hüngheim, und in dieser sicher noch in ältere Zeiten zurückreichenden, ungewöhnlich homogenen Besitzstruktur, in der es keinen nennenswerten geistlichen Besitz gegeben hat, muß man wohl auch den Grund dafür suchen, daß das vergleichsweise stattliche Dorf in den schriftlichen Quellen erst so außerordentlich spät zu fassen ist. 1706 verfügten die von Berlichingen nach Auskunft des großen, im Jagsthäuser Archiv verwahrten Hüngheimer Lagerbuchs hier über einen Hof auf der größeren Seite des Dorfes (rechts der Kessach), über zwei Waldungen, über 11 Gülthöfe und große Lehngüter mit zusammen rund 1300 M Land (darunter das Gut Hohenschwärz mit 140 M) sowie über weitere einzelne Grundstücke. Darüber hinaus waren als Erben der Rosenberger die von Dienheim (1582) und die Grafen von Hatzfeld (1717) in Hüngheim begütert, die Kirche zu Erlenbach hatte 1464 Rechte am hiesigen Pfahlgut, und dem pfälzischen Amt Boxberg gehörte ein Stück Wald (1706); jedoch handelte es sich bei all dem um eher kleine Besitzungen, die vermutlich allesamt auf ehemals ortsherrlichen Besitz zurückgehen.

Gemeinde. – An der Spitze der Gemeinde in Hüngheim standen zu Beginn des 18. Jh. neben dem herrschaftlichen Schultheißen zwei auf jeweils zwei Jahre gewählte Bürgermeister, von denen je einer jährlich neu gewählt wurde. Dem Dorfgericht gehörten acht Schöffen an. In Zweifelsfällen erfragte es sein Recht beim Stadtgericht zu Ballenberg, das für Hüngheim die Funktion eines Oberhofs hatte; die Oberwittstadter hinwiederum holten sich ihren rechtlichen Rat in Hüngheim. Die Feldschieder des Dorfes, fünf an der Zahl, wurden von der Herrschaft bestellt und rekrutierten sich ganz oder zum Teil aus dem Gericht. Gemeindeeigentum waren 135 M Wald, zu denen 1795 weitere 130 M durch Kauf hinzu kamen, ein Seelein (noch heute FN an der südlichen Gemarkungsgrenze) sowie die Schlaguhr auf der Kirche.

Kirche und Schule. – Vermutlich auf Betreiben seiner adeligen Ortsherren, die durch den Erwerb des Kirchenpatronats ihre Herrschaft im Dorf zu komplettieren trachteten, ist Hüngheim bereits vor der Mitte des 15. Jh. zur eigenen Pfarrei erhoben worden. Patronin des hiesigen Gotteshauses war wohl schon vor dem Neubau von 1753 die hl. Gertrud. Daß trotz der ritterschaftlichen Obrigkeit die Reformation in dem Ort keinen Eingang gefunden hat, erklärt sich daher, daß Hüngheim bis ins 17. Jh. im Besitz der stets katholisch gebliebenen bayerischen Linie der Berlichingen war und danach kirchliche Neuerungen wegen des im Westfälischen Frieden bestimmten Normaljahres (1624) unterbleiben mußten. Der um 1600/01 von seiten eines der berlichingischen Kondominatsherren unternommene Versuch, Hüngheim dem calvinistischen Bekenntnis zuzuführen, ist Episode geblieben; jedoch ist das Patronatsrecht bei dieser Gelegenheit der Grafschaft Wertheim zu Lehen aufgetragen worden und fortan Lehen geblieben. Zur Pfarrpfründe gehörten 1745 rund 20 M Ackerland und 5 M Wiesen, ein Teil des Zehnten, ein Holzrecht im Gemeindewald und die bei den verschiedenen kirchlichen Handlungen anfallenden Einkünfte.

In den großen und kleinen Zehnt teilten sich seit alters die Herrschaft zu zwei Dritteln und die Pfarrei zu einem Drittel; der herrschaftliche Anteil war bereits 1454 Wertheimer Lehen.

Zum Jahr 1632 heißt es, Hüngheim habe keinen Schulmeister; freilich darf man annehmen, daß der vermutlich schon im 16. Jh. aufgenommene Schulbetrieb damals nur infolge des 30j. Krieges zum Erliegen gekommen war. Das Patronat über die Schule stand wie jenes über die Kirche der Ortsherrschaft zu; gleichwohl wurde der Lehrer mit Wissen und Rat des Pfarrers von der Gemeinde angestellt und besoldet.

Bevölkerung und Wirtschaft. – Die Zahl der Einwohner von Hüngheim läßt sich erst seit der Mitte des 18. Jh. mit einiger Zuverlässigkeit errechnen; 1765 lag sie bei etwa 320, 1786 bei etwa 350 und 1795 bei etwa 360. Juden können im Dorf ebenfalls erst seit dem 18. Jh. nachgewiesen werden. – Von den 53 bereits erwähnten Hofstätten des Jahres 1706 waren seinerzeit nur 34 besetzt, die übrigen 19 lagen öde. Als Fluren sind zur selben Zeit bezeugt: Gegen Ballenberg, Am Adelsheimer Weg und Gegen Rosenberg. Schon in der 1. H. 17. Jh. – auch das ist charakteristisch für den rein ritterschaftlichen Ort – hatte Hüngheim Markrecht. Im 18. Jh. fand der Jahrmarkt zusammen mit der Kirchweih jeweils am dritten Sonntag nach Ostern (Jubilate) statt; das Standgeld fiel je zur Hälfte der Herrschaft und der Gemeinde zu.

Merchingen

Siedlung und Gemarkung. – Die früheste Erwähnung Merchingens geschieht zum Jahre 1212 in einer Urkunde Engelhard von Weinsbergs für das Zisterzienserkloster Schöntal, in der ein *Conradus advocatus de Merchingen* als Zeuge auftritt (1235 *Merechingen*). Daß das 1188 in der Eheberedung zwischen dem Staufer Konrad von Rothenburg und Berengaria von Kastilien genannte *Mechingen* mit dem hiesigen Ort zu identifizieren ist, wird man kaum annehmen dürfen. Aufgrund der Endung seines vielleicht von einem Personennamen hergeleiteten Namens kann man vermuten, die Anfänge des Dorfes seien bereits in merowingischer Zeit zu suchen, jedoch fehlt es auf Gkg Merchingen gänzlich an archäologischen Befunden, die geeignet wären, eine derartige Annahme zu bestätigen. Ein in dem Gewann Steinig, nahe der Gemarkungsgrenze gegen Aschhausen gelegener vorgeschichtlicher Grabhügel ist für die Datierung der späteren Siedlung selbstverständlich ohne Belang.

1730, am Abend des 6. Oktober, hat im unteren Teil des Dorfes ein großer, in einer Flachsscheune ausgebrochener Brand gewütet, dem im ganzen nicht weniger als 25 Häuser und Scheunen zum Opfer gefallen sind.

Im W der Gemarkung, gegen Osterburken zu, liegt die Dorfwüstung Bensenweiler (1322/33 *Bentzenwyler*). Der vermutlich schon im späten Mittelalter abgegangene Ort hat in herrschaftlicher Hinsicht offenbar eine ähnliche Entwicklung genommen wie das benachbarte Merchingen. Im frühen 14. Jh. gab es hier Rechte, die von der Herrschaft Dürn lehnbar waren und bald darauf in den Besitz des Kl. Schöntal übergegangen sind;

1520 haben auch die von Adelsheim ihre Güter zu Bensenweiler an dasselbe Kloster vertauscht. 1569 schließlich hat Schöntal alle seine hiesigen Gerechtsame, darunter einen Teil des Zehnten denen von Aschhausen verkauft.
Auch der südwestlich von Bensenweiler gelegene, seit dem 16. Jh. bezeugte Dörnishof, ein Erbbestandsgut, hat seit alters den Ortsherren von Merchingen gehört.
Herrschaft und Staat. – Im hohen Mittelalter zählte Merchingen allem Anschein nach zur Herrschaft der Edelherren von Krautheim bzw. von Dürn, und die Vögte Konrad (1212, 1222, 1231) und Hermann von Merchingen (1245) wird man als deren Ministerialen – vielleicht schon aus der Familie von Aschhausen – ansehen dürfen. Zwei Jahrhunderte später, 1431, waren am Gericht neben denen von Aschhausen auch die von Rosenberg beteiligt, freilich finden danach Rosenberger Rechte keine Erwähnung mehr. Um die Wende vom 15. zum 16. Jh. war Merchingen wie Erlenbach an das Erzstift Mainz verpfändet; anders als im Nachbarort ist es den niederadeligen Ortsherren hier aber gelungen, die Pfandschaft schließlich wieder auszulösen. So blieb das Dorf im Besitz der angestammten Herrschaft bis es sich nach dem Tode des Hans Erasmus von Aschhausen (1595) auf dessen drei Töchter bzw. auf die Familien, in die diese eingeheiratet hatten (von Liebenstein, von Venningen, Hofwart von Kirchheim), vererbte. Bereits in der folgenden Generation wurde der Liebensteiner Anteil neuerlich gedrittelt und gelangte an die von Stetten zu Kocherstetten, an die von Berlichingen und an die von Waldhofen. Durch Erbfolge und Einheirat waren im 17. und 18. Jh. – wenn auch nur vorübergehend – noch die von Kahlden, von Landsegg und von Bertie an der bei der Odenwälder Reichsritterschaft immatrikulierten Ganerbschaft Merchingen beteiligt, aber schließlich ist es den Berlichingen gelungen, das Dorf nach und nach in ihren alleinigen Besitz zu bringen. Bereits 1757 war der Ort zu ⅞ in ihrer Hand, und 1775 haben sie von dem hohenlohischen Hofmarschall Franz Karl Rudolf von Bertie auch noch die restlichen ⅔ gekauft. Danach war Merchingen bis 1806, bis zur Mediatisierung durch das Großherzogtum Baden, im alleinigen Besitz der Freiherren von Berlichingen zu Jagsthausen.

Den adeligen Ortsherren oblagen die Vogtei und das Gericht im Dorf und in dessen Gemarkung, dazu hatten sie neben vielerlei anderen Gerechtsamen das Schatzungsrecht, die Frondienste der Einwohner, die hohe und die niedere Jagd, zwei Drittel des Standgeldes vom Markt sowie zur Kirchweih das Bannweinrecht zu beanspruchen. Dagegen wurden – ein Anlaß ständiger Querelen – die Blutgerichtsbarkeit und das militärische Aufgebot durch das Erzstift Mainz (Zent Ballenberg) wahrgenommen.

Über den Ursprung des Merchinger Schlosses ist nichts bekannt; die schriftlichen Quellen schweigen, und die ältesten Gebäudeteile und Inschriften (1566, 1593) stammen sämtlich erst aus der Neuzeit. So darf man bezweifeln, ob die Entstehung der Anlage, die wie das Dorf seit dem 17. Jh. in ganerbschaftlichem Besitz war, sich überhaupt in das späte Mittelalter zurückdatieren läßt. Möglicherweise ist sie erst errichtet worden, nachdem der Stammsitz der Herren von Aschhausen 1523 in der Absberger Fehde durch den Schwäbischen Bund zerstört worden war und die Familie sich um die Mitte des 16. Jh. in zwei Linien (zu Merchingen und zu Aschhausen) geteilt hatte.

Grundherrschaft und Grundbesitz. – Als Grundbesitzer zu Merchingen begegnen im 13. und 14. Jh. vornehmlich die Edelherren von Dürn und ihre Ministerialen, die von Aschhausen, von Heimberg und von Uissigheim, die beiden letzteren schließlich auch als Vasallen des Hochstifts Würzburg. Die von Rosenberg waren im 15. Jh. als Lehnsleute der Pfalzgrafen und der Grafen von Wertheim hier begütert. Seit dem späteren 13. Jh. haben verschiedentlich die Zisterzienser von Schöntal in Merchingen

Grund- und Rentenbesitz erworben; im 18. Jh. waren von dem Kloster an der Jagst mehr als 300 M abhängig. Die größten Grundbesitzer am Ort waren allerdings die von Aschhausen (später die Ganerben), die um 1544/89 auf hiesiger Gemarkung über rund 900 M zinspflichtige Güter sowie über Mühlzinsen und sonstige Abgaben verfügten.

Gemeinde. – Infolge ihrer bisweilen recht heftigen Differenzen mit der Herrschaft ist die Gemeinde zu Merchingen vom frühen 16. bis ins späte 18. Jh. vergleichsweise häufig in den Quellen zu fassen. 1505 ging der Streit um die Fischerei und um das von der Herrschaft beanspruchte Bannweinrecht, 1506 und 1563 um den Frondienst, 1545 um Holzrechte, 1550 um den Ungehorsam der Untertanen, 1579 um Forst- und Jagdrechte der Herrschaft im Gemeindewald und 1778/79 um die Eichelmast – wie man sieht, ist die ganze Palette möglicher Kontroversen zwischen Dorfbewohnern und ihrer Obrigkeit vertreten.

Nach einer 1708 durch die Ganerben erlassenen Dorfordnung bestand das Gericht, in dem ein gemeinschaftlicher Schultheiß den Stab führte, zu Beginn des 18. Jh. aus zwölf Schöffen; zweimal im Jahr, an Lichtmeß (2. Februar) und an Martini (11. November), ist es in seiner Funktion als Rüggericht zusammengetreten. Das Amt des Gerichtsschreibers hat der jeweilige Schulmeister wahrgenommen. Jährlich zu Petri (29. Juni) wurden die beiden Bürgermeister gewählt. Ein Rathaus gibt es in Merchingen angeblich erst seit 1615, jedoch weist das fragliche Gebäude eine Bauinschrift des Jahres 1570 auf. Im Eigentum der Gemeinde waren neben dem Rathaus das Schulhaus, das Hirtenhaus, etwa 12 bis 15 M Äcker und Wiesen sowie zwei große Waldungen; an dem gelegentlich des Jahrmarkts erhobenen Standgeld war die Gemeinde zu einem Drittel beteiligt.

Kirche und Schule. – Es spricht für die relative Bedeutung Merchingens im Mittelalter, daß es hier bereits 1222 einen eigenen Pfarrer gegeben hat. Das Patronatsrecht über die Merchinger Pfarrei war um 1335/45 als Würzburger Lehen im Besitz der Pfol von Krautheim; später gehörte es denen von Berlichingen und ist 1561 kaufsweise an die Ortsherrschaft (von Aschhausen) gelangt. Seit dem späteren 18. Jh., nachdem sie die übrigen Ganerben ausgekauft hatten, waren schließlich wieder die Berlichingen alleinige Patronatsherren des Dorfes. Um die Mitte des 16. Jh. hat die Ortsherrschaft in Merchingen nach dem Vorbild anderer Reichsritter das luth. Bekenntnis eingeführt.

Bereits in den 1430er Jahren ist der Merchinger Kirchhof im Auftrag des Bischofs von Würzburg durch Beringer von Berlichingen befestigt worden; von den dabei errichteten Gaden gehörte einer den Vogtsherren (1544 von Aschhausen, 18. Jh. von Venningen), die dem Kirchenheiligen davon jährlich 4 d Zins schuldig waren. 1743 ist die hohe Kirchhofmauer zur Talseite hin eingestürzt und hat die Pfarrscheune ganz und eine weitere Scheune teilweise ruiniert. Die erst 1626 erneuerte und vergrößerte Kirche ist 1647 zusammen mit dem Pfarrhaus niedergebrannt; aber schon 1649/50 hat sie wieder ein Dach, 1654 eine Kanzel und 1729 ihre erste Orgel erhalten. Der Neubau eines Pfarrhauses hat dagegen bis 1708 auf sich warten lassen. Das Pfarrgut umfaßte im 18. Jh. ein Viertel des sog. Weinhansengutes, das Heiligengut mit rund 16 M Land sowie weitere Wiesen und Gärten.

Die Hälfte des großen und des kleinen Zehnten zu Merchingen war schon im 15. Jh. und bis zum Aussterben des Geschlechts als Wertheimer Lehen im Besitz der von Aschhausen; danach ist sie dem Lehnsherrn heimgefallen und war im 18. Jh. bestandsweise an Merchinger Bauern vergeben. Die andere Hälfte war offenbar Eigentum der Aschhausener, wurde später unter deren Erben geteilt und hat 1757 zu 7/9 denen von Berlichingen und zu 2/9 denen von Bertie zugestanden.

Ein Schulhaus ist 1685 von der Gemeinde auf ihre eigenen Kosten errichtet und 1755 erweitert worden, jedoch darf man annehmen, daß die Anfänge des Schulbetriebs in

Merchingen bis ins 16. Jh. zurückreichen. Die Anstellung und periodische Examinierung des Schulmeisters war Sache der Herrschaft. Im früheren 18. Jh. haben die hiesigen Lehrer häufig gewechselt, da sie alle sich entweder etwas haben zuschulden kommen lassen oder wegen Unfähigkeit bald wieder entlassen worden sind. Die älteste erhaltene Schulordnung für Merchingen datiert von 1799.

Bevölkerung und Wirtschaft. – Die Zahl der Einwohner von Merchingen hat sich um 1740 auf rund 620 Seelen belaufen. Daß sie 1765 nur noch bei knapp 500 lag, mag nicht zuletzt damit zusammenhängen, daß im Frühjahr 1749 nicht weniger als 50 Merchinger in die Neue Welt ausgewandert sind.

Einen rasch wachsenden Anteil an der Bevölkerung des Dorfes hatten seit der Mitte des 17. Jh. die Juden, die sich hier wie an anderen ritterschaftlichen Orten bevorzugt niedergelassen haben. 1737 haben sie eine Synagoge eingerichtet, und 1740 zählte ihre Gemeinde immerhin 210 Seelen, d. h. sie hat rund ein Drittel der ganzen Bevölkerung ausgemacht. Schon 1768 haben die Merchinger Juden von der Ortsherrschaft auf dem sog. Doktorsrain einen Begräbnisplatz erworben, der sich allerdings bald als zu klein erweisen hat und zu Beginn des 19. Jh. in das Gewann Wurmberg an der Straße nach Ballenberg verlegt worden ist.

Feldbau wurde in Merchingen in den Fluren am Hagenweg (SW), Hinter der Kirche (NW) und Am Ballenberger Weg (O) getrieben (1544); im 18. Jh. tragen die Fluren die Namen Kirchgrund und Hamberg, Am Hagen und Rosenberger Weg sowie Gegen Ballenberg. Die Obere und die Untere Mühle, beide Eigentum der Herrschaft, finden erst im 18. Jh. Erwähnung. Vom Bau einer herrschaftlichen Ziegelhütte berichten die Quellen zum Jahr 1774. Bereits am Ende des 16. Jh. hat es in Merchingen einen Jahrmarkt gegeben, der ursprünglich am Sonntag Exaudi (6. Sonntag nach Ostern) abgehalten, dann aber auf Dienstag nach Pfingsten verlegt worden ist. Am Markttag hatten der Schultheiß und die Gemeinde *mit ihrem gewehr* Wachen aufzustellen. Ein aus Hessen zugewanderter Jude hat 1744 im Dorf eine Apotheke eröffnet. Schildwirtshäuser gab es in Merchingen 1764 vier: den *Engel*, das *Lamm*, den *Hirschen* und die *Krone*.

Oberwittstadt

Siedlung und Gemarkung. – Als *Witegenstat* zum Jahr 774 im Lorscher Codex erstmals erwähnt (Kop. 12. Jh.), zählt Wittstadt wohl unter die Ausbausiedlungen der Merowingerzeit. Der Ortsname ist wahrscheinlich von dem Personennamen Witigo/Witego abgeleitet. Eine Unterscheidung gegenüber dem benachbarten Unterwittstadt läßt sich nicht vor 1265 nachweisen (*Witegestat superior*). Archäologische Erkenntnisse zur Siedlungsgeschichte liegen weder für Ober- noch für Unterwittstadt vor. Immerhin erlauben die Flurnamen Nebenhausen und Horingen, die allerdings schon im 18. Jh. nicht mehr gebräuchlich waren, den Schluß, daß es im Bereich der vergleichsweise großen Oberwittstadter Gemarkung im Mittelalter noch weitere, inzwischen längst abgegangene Siedlungen gegeben hat; an der Stelle des 1545 bezeugten Weilers *Dinstbach* liegt heute der Schollhof. 1743/46 finden die Fluren Schillingstadter Flur gen. *im Wolferle* (N), Neunstetter Flur gen. *im großen Schraubental* (O) und Hüngheimer Flur gen. *in den Bildäckern* (W) Erwähnung. Am Ende des 18. Jh. wurde die Dorfgemarkung wie folgt genutzt: 14 M Hofreiten und Gärten, 23 M Krautgärten, 1925 M Äcker, 167 M Wiesen, 34 M Weinberge und 1103 M Wald; insgesamt faßte die Gemarkung 1797 rund 3269 M.

Noch am Ende des 30j. Krieges, im Juli 1645, ist Oberwittstadt von den Truppen des Herzogs von Sachsen-Weimar nahezu ganz eingeäschert worden. Die Bevölkerung hatte freilich schon 1626/27 durch die Pest stark abgenommen; um die Mitte des 18. Jh. lag ihre Zahl wieder bei etwa 560 Seelen.

Herrschaft und Staat. – Entgegen einer in der älteren Literatur geäußerten Vermutung bezieht sich die in der 2. H. 11. Jh. seitens des Bischofs Adelbero von Würzburg dem Kl. Amorbach in Wittstadt gemachte Schenkung wohl nicht auf das ganze Dorf, sondern nur auf einzelne dort gelegene Güter. Für die zu jener Zeit am Ort den Ton angebende Herrschaft wird man vielmehr eine im 11. und 12. Jh. bezeugte, hier ansässige Familie des hochfreien Adels (Burchard, Walkun) halten dürfen, die offenbar im 12. oder 13. Jh. ausgestorben und von den Edelherren von Boxberg-Krautheim beerbt worden ist. Unter der neuen Herrschaft waren mit der Wahrnehmung der vogteilichen Rechte im Dorf Ministerialen betraut, die ebenfalls dem Ort ihren Namen entlehnt haben. Der Wechsel zu den Ebersteinern und von diesen zum Erzstift Mainz hat sich hier im späteren 13. bzw. im 14. Jh. gewiß ähnlich vollzogen wie im benachbarten Ballenberg. Im 17. Jh. hatte Kurmainz in Oberwittstadt alle hohe und niedere Obrigkeit (Zent Ballenberg), ungemessene Fron (zum Schloß Krautheim) und die Jagd. Im Zuge der Säkularisation gelangte das Dorf 1803 an das neugeschaffene Fürstentum Salm-Krautheim, und 1806 ist es durch das Großherzogtum Baden mediatisiert worden.

Die Niederadeligen von Wittstadt (Wappen: im silbernen Schild ein grüner Balken), die mit Konrad und Rüdiger 1220 bzw. 1226 erstmals in Erscheinung treten, sind aus der Ministerialität der Edelherren von Krautheim-Boxberg hervorgegangen und waren vermutlich mit denen von Dörzbach eines Stammes. Ihren Sitz im namengebenden Dorf haben sie freilich schon um die Mitte des 14. Jh. wieder aufgegeben, um sich im Taubergrund und auf der Krummen Ebene, im 16. Jh. überdies am mittleren Neckar und vorübergehend auch im nördl. Schwarzwald niederzulassen. Bereits im 14. Jh. hat die Familie sich in zwei Linien geteilt, deren eine spätestens seit 1378 den Beinamen gen. *von Hagenbuch* bzw. Hagenbach (Stadt Bad Friedrichshall; nicht Korb, Stadt Möckmühl) führte. Dementsprechend haben sich mit der Zeit im wesentlichen zwei Wittstadter Besitzschwerpunkte herausgebildet; der eine um Hagenbach und Neckarsulm, mit Gütern und Rechten in Bachenau, Duttenberg, Großgartach, Jagstfeld, Obrigheim, Scheuerberg etc., der andere in der Region um Tauber und Main, mit Gerechtsamen in Balbach, Homburg a. M., Hundheim, Königheim, Külsheim (1436 bis um 1480 Schloß und Stadt als Mainzer Pfandschaft), Schüpf, Tauberbischofsheim, Wertheim und anderwärts. Durch Dienstnahme bei den Markgrafen von Baden bzw. durch Verschwägerung mit den Nothaft von Hohenberg kamen dazu im 16. Jh. auch noch Besitz in Waldsteg (Stadt Bühl/Baden) sowie in Helfenberg (Ilsfeld) und Mundelsheim a. N. Die wirtschaftliche Lage des Geschlechts scheint zeitweise recht gut gewesen zu sein, konnten doch seine Angehörigen im 15. Jh. zu wiederholten Malen als Gläubiger der Herren von Weinsberg und der Erzbischöfe von Mainz auftreten und ihren Besitz verschiedentlich durch Zukäufe vermehren. Lehen haben die Wittstadter getragen von den Bischöfen und Erzbischöfen von Würzburg (Anf. 14. Jh.), Mainz (Mitte 14. Jh.) und Worms (2. H. 15. Jh.), vom Reich (Hagenbach, 1467), von Kurpfalz (15. Jh.) und von den Markgrafen von Baden (1. H. 16. Jh.), von den Grafen und Herren von Hohenlohe (Mitte 14. Jh.), Weinsberg (1. H. 15. Jh.), Erbach (1. H. 15. Jh.) und Wertheim (Mitte 15. Jh.) sowie vom Kl. Amorbach (um 1500). Ihre sonstigen Dienstverhältnisse weisen keine Höhepunkte auf. Dagegen gibt es unter den aus der Familie hervorgegangenen Klerikern mehrere Stiftsdechanten (St. German vor Speyer, Wimpfen i. T., Domstift zu Worms und St. Cyriakus zu Neuhausen bei Worms) und einen Komtur des Deutschen Ordens; Wittstadter geistliche Damen begegnen als Äbtissinnen zu Frauenalb und zu Billigheim. Die Heiratsverbindungen der Wittstadter – u. a. mit denen von Hardheim, von Seckendorff, von Helmstatt und Nothaft von Hohenberg – lassen die Verwurzelung des Geschlechts in der fränkischen und in der schwäbischen Ritterschaft erkennen. Ausgestorben ist die Familie im späten 16. Jh. – Zwar gibt es östl. des Dorfes Oberwittstadt, im Bereich von Kürle und Kirchäckern, ein als Schloß bezeichnetes Anwesen, jedoch ist dieses neueren Datums und hat mit dem gewiß schon vor Jahrhunderten abgegangenen, nach seiner Lage unbekannten Stammsitz des einstigen Ortsadels nichts zu tun.

Grundherrschaft und Grundbesitz. – Die ältesten in Wittstadt nachweisbaren Grundbesitzer waren die Kll. Lorsch, Amorbach und Comburg. Dem Kloster des hl. Nazarius sind hier im Jahre 774 ein mansus samt Haus und 10 M Ackerland und 776 noch einmal weitere 30 M Land geschenkt worden. Amorbach hat seinen nicht näher bezeichneten, später auch gar nicht mehr erwähnten Besitz auf hiesiger Gemarkung in der 2. H. 11. Jh. erworben, und der aus zehn Mansen bestehende Comburger Besitz zu Wittstadt rührte aus einer um 1100 durch einen Mainzer Ministerialen vorgenommenen Schenkung. Die Zisterzienser von Schöntal an der Jagst haben hier 1294 Güter der Bödigheimer Rüden erworben, diese aber erst 1711 durch den Ankauf von Muggenthalschen Besitzes weiter vermehrt. Im übrigen begegnen in Oberwittstadt als Gültberechtigte das Stift Mosbach, das Kl. Seligental und die Frühmesse zu Ballenberg (alle 16. Jh.); von besonderer Bedeutung war offenbar der hiesige Besitz des Deutschen Ordens (Trappenei Mergentheim), dem 1405 durch König Ruprecht erlaubt worden war, auf seinen Wittstadter Gütern (1697 in Ober- und Unterwittstadt zusammen mehr als 250 M Land) eigene Schultheißen und Schöffen einzusetzen und Gericht zu halten.

Als weltliche Grundherren zu Wittstadt begegnen im 13. Jh. selbstverständlich die Edelherren von Boxberg, Krautheim und Eberstein, die Inhaber der örtlichen Herrschaftsrechte. Später haben die von Rosenberg neben einem Anteil am Zehnt in Oberwittstadt auch einen halben Hof von der Grafschaft Wertheim zu Lehen getragen (1454); nach dem Aussterben der Rosenberger ist dieser Besitz im 16. Jh. an die von Dienheim gelangt. Im 17. Jh. hat hier auch die pfälzische Kellerei Boxberg diverse Grundzinsen und Fastnachthühner bezogen.

Gemeinde. – Im Jahre 1601 hat Oberwittstadt ein Rathaus erhalten, dessen Bauinschrift neben dem Schultheißen auch die Gemeindeämter des Bürgermeisters und des Baumeisters nennt. Oberhof des hiesigen Gerichts war – einem Berlichinger Lagerbuch des 16. Jh. zufolge – nicht etwa das Stadtgericht im mainzischen Ballenberg oder Krautheim, sondern das Dorfgericht im berlichingischen Hünghem. Im 18. Jh. – 1746 erstmals nachweisbar – führte das Oberwittstadter Gericht ein eigenes Siegel; es zeigt in einem von Palmzweigen und sonstigem Zierrat umrahmten ovalen Schild das Mainzer Rad und trägt die Umschrift: * *SIGILLVM . IVDICII . IN . OBERWITTSTADT.*

Kirche und Schule. – Ursprünglich hat Oberwittstadt zum Kirchspiel von Ballenberg bzw. Wellendorf gehört. Wann das Dorf zum Sitz einer eigenen Pfarrei erhoben worden ist, läßt sich nicht mehr feststellen, jedoch ist dies mit Sicherheit vor der Mitte des 15. Jh. geschehen. Allerdings hat es nach dem 30j. Krieg hier wiederum nur eine von Ballenberg abhängige Frühmesse gegeben; zwischen 1659 und 1665 ist die Seelsorge in Oberwittstadt durch Zisterzienser aus Schöntal versehen worden. Ihre Selbständigkeit hat die hiesige Pfarrei wohl erst im 18. Jh. wiedererlangt; dabei unterstand sie wie eh und je dem Patronat des Pfarrers von Ballenberg. Als Kirchenheilige sind seit dem 18. Jh. die Apostel Peter und Paul bezeugt, jedoch darf man annehmen, daß dieses Patrozinium schon im Mittelalter bestanden hat. Die heutige, 1755/56 errichtete Kirche steht an der Stelle eines gotischen, 1592 erweiterten Vorgängerbaus, der die Jahrhunderte überdauert hatte und erst 1755 wegen völliger Unzulänglichkeit abgerissen werden mußte.

Die südl. des Dorfes, unweit der Heckmühle gelegene ehemalige Wallfahrtskapelle datiert ebenfalls aus dem Mittelalter. Ihr Altar ist 1456 geweiht worden zu Ehren des hl. Bonifatius und der Muttergottes sowie der hll. Georg, Leonhard, Gangolf, Wendelin, Dorothea, Ottilia, Agatha und der 11 000 Jungfrauen.

Den großen und den kleinen Zehnt zu Oberwittstadt haben im 15. Jh. die von Rosenberg zu zwei Dritteln (1454, 1466) und die von Riedern zu einem Drittel von der Grafschaft Wertheim zu Lehen getragen (1454). 1756 teilten sich in die hiesigen Zehntrechte das Hochstift Würzburg (⁴/₁₀), das Kl. Schöntal (⁵/₁₀) und der Schulmeister des Dorfes (¹/₁₀).

Bereits 1586 wird in Oberwittstadt ein Schulmeister erwähnt, von einem Schulhaus berichten die Quellen jedoch erst 1766.

Unterwittstadt

Siedlung und Gemarkung. – Unterwittstadt ist vermutlich im hohen Mittelalter als Ausbausiedlung von Oberwittstadt her angelegt worden. Seine erste urkundliche Erwähnung geschieht zum Jahre 1360 (*Nydern Witigstat*), jedoch darf man aus der für 1265 überlieferten Bezeichnung des Nachbardorfes als *Witegestat superior* schließen, daß es zu diesem Zeitpunkt auch Unterwittstadt schon gegeben hat.

Die Namen der drei Unterwittstadter Fluren sind aus dem Jahr 1746 überliefert; sie lauten Bronnengassen (O), Haschbach (S) und Schwarzebach (NW). Zur gleichen Zeit wurde die Dorfgemarkung wie folgt genutzt: 3 M Hofreiten und Gärten, 2 M Krautgärten, 668 M Ackerfeld, 57 M Wiesen, 12 M Weinberge, 102 M Waldungen und 25 M Ödland.

Die Einwohnerzahl des Dorfes, für die es um die Mitte der 1660er Jahre erstmals einen Anhaltspunkt gibt (21 Familien), ist bis ins 18. Jh. weitgehend konstant geblieben; 1746 gab es in Oberwittstadt 16 Häuser und 22 Bauern, d. h. die Zahl der Einwohner dürfte zwischen 90 und 100 gelegen haben.

Herrschaft und Staat. – Der Gang der Herrschaftsentwicklung war in Unterwittstadt vermutlich derselbe wie in Oberwittstadt. Auch dieser Ort gehörte zur Zent Ballenberg und ist wohl über die Ebersteiner und die Ministerialen von Wittstadt im 14. Jh. an das Erzstift Mainz gelangt. Im 17. Jh. hatten die Erzbischöfe hier alle hohe und niedere Obrigkeit, ungemessene Fron und das alleinige Jagdrecht. Wie die anderen mainzischen Dörfer der Umgebung ist Unterwittstadt 1803 an das Fürstentum Salm-Krautheim und 1806 an das Großherzogtum Baden gekommen.

Grundherrschaft und Grundbesitz. – Nach dem Stand von 1746 war das Kl. Schöntal an der Jagst der bei weitem größte Grundherr zu Unterwittstadt und hat allein über 13 von 16 bäuerlichen Lehen geboten, Kurmainz, die andere große Grundherrschaft, dagegen nur über drei. Schöntal hat seinen hiesigen Besitz seit dem 15. Jh. nach und nach durch mehrere Ankäufe erworben: 1413 von denen von Hohenhart, 1488 von denen von Riedern und 1711 von denen von Muggenthal. Neben den bereits erwähnten Grundherren begegnen 1545 als Gültberechtigte noch der Deutsche Orden (bis ins späte 17. Jh.) sowie Albrecht von Rosenberg (1582 von Dienheim), und im 16. bzw. im 17. Jh. haben auch die Frühmesse zu Ballenberg und die Pfarrei Korb aus Unterwittstadt Einkünfte bezogen.

Kirche und Schule. – Zwar wird Unterwittstadt in der Würzburger Diözesanmatrikel aus der Mitte des 15. Jh. als eigene Pfarrei aufgeführt; jedoch begegnet der Ort ansonsten stets als Filialgemeinde von Ballenberg, und man ist daher geneigt, die höhere Qualifikation für ein Versehen zu halten. Ursprünglich soll die Unterwittstadter Kapellenkirche, die zumindest teilweise noch aus spätgotischer Zeit stammt und am Ende des 16. Jh. offenbar erweitert worden ist, den hll. Nikolaus und Ulrich geweiht gewesen sein, woraus man vielleicht alte Comburger Bezüge erschließen könnte; später ist ein Patrozinienwechsel zum Erzengel Michael eingetreten.

Der große und der kleine Zehnt auf Unterwittstadter Gemarkung sind wohl schon im 13. Jh. unter den Krautheim-Boxberger Erben geteilt worden. Die eine Hälfte gelangte 1361 von den Grafen von Eberstein an das Erzstift Mainz und später an das Hochstift Würzburg. Die andere Hälfte war Eigentum der Grafen von Wertheim und an Familien des niederen Adels zu Lehen vergeben, bis 1402 an die von Ehrenberg, danach bis ins 19. Jh. an die von Berlichingen, die 1605 ein Viertel an das Würzburger Juliusspital verkauft haben. Am Ende des 17. Jh. waren am großen Zehnt das Hochstift Würzburg zu drei Vierteln und die von Berlichingen-Rossach zu einem Viertel beteiligt; in den kleinen Zehnt haben sich zur gleichen Zeit das Hochstift Würzburg (½), die von Berlichingen (¼) und der Pfarrer zu Ballenberg (¼) geteilt.

Quellen und Literatur

Ballenberg

Quellen, gedr.: *Bendel.* – DI 8. – Lehnb. Würzburg 2. – ORh Stadtrechte S. 183–211. – REM 1 und 2. – R Hohenlohe. – RI V. – RPR 2. – UB Hohenlohe 1–3. – UB MOS. – WUB 2–4, 6, 9, 10. – ZGO 2, 1851; 9, 1858; 24, 1872; 60, 1906.

Ungedr.: FrhBA Jagsthausen XXI,8a; Kopb. Merchingen 1595; Lagerb. 1532. – GLA Karlsruhe J/H Ballenberg 1–4; 43/Sp. 9; 66/2834, 4777, 5715, 5716, 6276, 12435; 155/51; 229/4909–51, 26174, 45934. – StA Würzburg, Mainzer Ingrb. 13, 19, 22–24, 27, 30, 32, 37, 39b, 41–44, 58; MRA Cent K209/145.

Allg. Literatur: *Hahn* S. 391. – HHS S. 63. – *Hundsnurscher/Taddey* S. 43. – KDB IV,2 S. 5f. – *Keyser* S. 44–46. – *Krieger* TWB 1 Sp. 120f. – LBW 5 S. 314f. – *Matzat,* Studien. – *Matzat,* Zenten. – *Müller,* Dorfkirchen S. 22. – *Neumaier,* Reformation. – *Oechsler/Sauer.* – *Schuster* S. 405.

Ortsliteratur: *Leistikow,* Oskar, Die Ballinburg. Beiträge zur Geschichte der Stadt Ballenberg, Krs. Buchen. In: Mein Boxberg 11, 1956 S. 17–22. – *Matzat,* Wilhelm, Zur Frühgeschichte Ballenbergs. In: WF 47, 1963 S. 28–36. – *Hennegriff,* Alfred, Erlenbach. Mit Beiträgen zur Geschichte der Stadt und Pfarrei Ballenberg. Ravenstein 1985.

Erstnennungen: ON und Ministerialen 1212 (WUB 2 Nr. 554), Stadt 1295 (WUB 10 Nr. 4637), Pfarrei 1305 (UB MOS Nr. 41), Patrozinien ULF, Sebastian (*Müller,* Dorfkirchen S. 22) Johannes Bapt., BMV, 14 Nothelfer und Michaels-Kapelle 1664/65 (GLA Karlsruhe 229/4939), Mutzenbrunn und Wellendorf 1245 (WUB 4 Nr. 1042).

Erlenbach

Quellen, gedr.: *Aschbach* 2. – CH. – *Dronke.* – *Gropp.* – Lehnb. Würzburg 1. – REM 2. – RPR 2. – R Stadt Würzburg. – R Wertheim. – UB Fulda. – WR 14573. – WUB 1, 5, 6, 10. – ZGO 9, 1858; 18, 1867; 24, 1872.

Ungedr.: FLA Amorbach, Seligentaler Zins-, Gült- und Lagerb. 1699. – FrhBA Jagsthausen II,5; XXI,8a. – GLA Karlsruhe J/H Erlenbach 1–2a; 43/Sp. 9; 44 von Berlichingen; 66/2385–2390, 4777, 5444, 6276, 9042, 10789; 67/1906; 69 Rüdt von Collenberg 3704; 155/52;

229/4918a, 4934, 4939, 26171–178, 104526. – StA Wertheim U. – StA Würzburg, Mainzer Ingrb. 40, 42–44, 48, 52.
Allg. Literatur: KDB IV,2 S. 22. – *Krieger* TWB 1 Sp. 528. – LBW 5 S. 315. – *Matzat*, Zenten. – *Neumaier*, Reformation. – *Rommel*, Wohnstätten. – *Wagner* S. 446.
Ortsliteratur: *Hennegriff*, Alfred, Erlenbach. Mit Beiträgen zur Geschichte der Stadt und Pfarrei Ballenberg. Ravenstein 1985.
Erstnennung: ON 1253 (WUB 5 Nr. 1255).

Hüngheim

Quellen, gedr.: *Bendel.* – DI 8. – Lehnb. Wertheim. – ZGO 46, 1892 S. m69.
Ungedr.: FrhBA Jagsthausen I,10; II,5; VI,18, 20; VII,8; XV,10; XVII,3; Lagerb. 1532; Hüngheimer Lagerb. 1706. – GLA Karlsruhe J/H Hüngheim 1, 1a; 66/1225, 9042; 229/47524–42. – StA Wertheim U; G Aktivlehen Gemmingen-Hüngheim, Berlichingen-Hüngheim. – StA Würzburg, Würzburger Lehensachen 303 (IX); MRA Löwenstein K420/279.
Allg. Literatur: *Friedlein.* – *Hahn* S. 392 f. – *Hundsnurscher/Taddey* S. 138. – *Krieger* TWB 1 Sp. 1070–71. – LBW 5 S. 315. – *Matzat*, Studien. – *Matzat*, Zenten. – *Müller*, Dorfkirchen S. 45. – *Neumaier*, Reformation. – *Oechsler/Sauer.* – *Rommel*, Wohnstätten.
Erstnennungen: ON 1378 (*Matzat*, Studien S. 21), Pfarrei M. 15. Jh. (*Bendel* Nr. 552), Jahrmarkt 1. H. 18. Jh. (FrhBA Jagsthausen, Hüngheimer Lagerb. 1706).

Merchingen

Quellen, gedr.: *Bendel.* – DI 8. – Lehnb. Wertheim. – Lehnb. Würzburg 1. – R Adelsheim. – RPR 2. – UB Hohenlohe 1. – WUB 2–4, 11. – ZGO 46, 1892 S. m69.
Ungedr.: FrhBA Jagsthausen I,7, 8, 24; VI,18; VII,8; XI,13; XV,13; XVII,3; XXI,9; Kopb. Merchingen; Merchinger Lagerb. – GLA Karlsruhe J/H 1–2a; 66/5444, 6276; 229/333, 66896–911. – StA Wertheim U. – StA Würzburg, Mainzer Ingrb. 40, 42, 44, 48, 52.
Allg. Literatur: *Alberti* 1 S. 501. – *Hahn* S. 392–394. – *Heimberger*, Schlösser. – *Hundsnurscher/Taddey* S. 198–200. – KDB IV,3 S. 178 f. – *Krieger* TWB 2 Sp. 175. – LBW 5 S. 316. – *Matzat*, Studien. – *Matzat*, Zenten. – *Müller*, Dorfkirchen S. 52 f. – *Neumaier*, Reformation. – *Rommel*, Wohnstätten. – *Schuster* S. 378.
Ortsliteratur: *Renz*, Karl, Geschichte Merchingens. Adelsheim 1902. – *Ohnsmann*, Karl, Die älteste Pfarrbestallung für Merchingen. In: FBll 2, 1919 Nr. 4. – *Seeberg-Elverfeldt*, Roland, Merchingen und Umgebung im 18. Jahrhundert. Ein Familientagebuch. In: WF 41, 1957 S. 152–180. – Geschichte Merchingens. ⟨Hg. von der Gemeinde Ravenstein. Ravenstein-Merchingen⟩ 1988.
Erstnennungen: ON und Ministerialen 1212 (WUB 2 Nr. 554), Pfarrei 1222 (WUB 3 Nr. 661), Jahrmarkt 1595 (*Renz* S. 55 f.).

Ober- und Unterwittstadt

Quellen, gedr.: *Aschbach* 2. – *Becher.* – *Bendel.* – *Chmel.* – CL. – DI 8 und 25. – *Gudenus* CD 3. – *Krebs*, Amorbach. – *Kühles.* – Lehnb. Wertheim. – Lehnb. Würzburg 1 und 2. – REM 2. – RPR 2. – R Wertheim. – *Simon.* – UB Hohenlohe 1–3. – UB MOS. – UB Obrigheim. – WR. – WUB 1–6, 8–11. – ZGO 9, 1858; 11, 1860; 15, 1863; 22, 1869; 24, 1872; 26, 1874; 31, 1879; 60, 1906.
Ungedr.: FLA Amorbach, Repertorium Rand; U Amorbach; Seligentaler Zins-, Gült- und Lagerb. 1699. – Pläne VIII,8. – FrhBA Jagsthausen, Lagerb. 1532. – GLA J/H Oberwittstadt 1–3a, Unterwittstadt 1; 43/Sp. 266; 44 von Wittstatt; 66/1225, 2386, 2387, 4777, 6276–83, 9042, 9048, 9049, 11791; 67/1057, 1663, 1906; 69 von Helmstatt U, Rüdt von Collenberg U36; 155/52; 229/4918a, 4932, 4933, 12622, 103276, 115384–422. – HZA Neuenstein, Weinsberg L73, L75, L120, L124, M29, O163. – StA Darmstadt C1/35. – StA Wertheim U. – StA Würzburg, Mainzer Ingrb. 9, 19, 20, 22, 40; Mainzer Lehnb. 1–5; Mainzer Bü. versch. Inh. 10.
Allg. Literatur: *Alberti* 2 S. 1076. – *Biedermann.* – *Diefenbacher*, Michael, Territorienbildung des Deutschen Ordens am unteren Neckar. Quellen und Studien zur Geschichte des Deutschen

Ordens 23. Marburg 1985. – *Fabry*. – *Friedlein*. – *Hattstein*. – *Kaufmann*, Alexander, Kleine Beiträge zur fränkischen Sagenforschung. In: AHUF 14, 1856 S. 175–197 ⟨betr. u.a. die Külsheimer Fehde und die von Wittstatt⟩. – *Jooß*. – KDB IV,2 S. 143f. und 221f. – *Krieger* TWB 2 Sp. 1491f. – LBW 5 S. 316. – *Matzat*, Studien. – *Matzat*, Zenten. – *Müller*, Dorfkirchen S. 60 und 74. – *Neumaier*, Reformation. – *Oechsler/Sauer*. – *Rommel*, Billigheim. – *Rommel*, Seligental. – *Rommel*, Wohnstätten. – *Schaab*, Wingarteiba. – *Wolfert*.

Ortsliteratur: *Heimberger*, Heiner, Die Bonifatiuskapelle zu Oberwittstadt. In: Bad. Heimat 51, 1971 S. 258–264. – *Hantsch*, Lothar, Die Herren von Wittstatt in Hagenbuch. In: Bad Friedrichshall 1933–1983. Hg. von der Stadt Bad Friedrichshall. ⟨Bad Friedrichshall⟩ 1983, S. 257–260.

Erstnennungen: ON 774 (CL Nr. 2892) Oberwittstadt 1265 (WUB 6 Nr. 1839) Unterwittstadt 1360 (HStA Stuttgart B503/1035, 1360 März 27), Niederadel 1220 (WUB 3 Nr. 642), Pfarrei M. 15. Jh. (*Bendel* Nr. 548).

Rosenberg

4097 ha Gemeindegebiet, 1945 Einwohner

Wappen: In von Gold (Gelb) und Rot schräglinks geteiltem Schild oben eine gold (gelb) besamte rote Rose, unten ein achtspeichiges goldenes (gelbes) Rad. – Das Wappen und die Flagge wurden am 16. 8. 1976 vom Landratsamt verliehen. Das in den bad. Farben tingierte Wappen enthält mit der Rose ein »redendes« Bild für den Ortsnamen und ein Zeichen für die historischen Herrschaftsverhältnisse, begegnet sie doch in der Helmzier des Wappens der Herren von Rosenberg und im Wappen von Grafschaft und Fürstentum Wertheim. Das Rad soll auf Kurmainz hinweisen, die einstige Lehensherrschaft des Gemeindeteils Sindolsheim. – Flagge: Gelb-Rot (Gold-Rot).

Gemarkungen: Bronnacker (417 ha, 130 E.); Hirschlanden (743 ha, 407 E.); Rosenberg (1334 ha, 929 E.) mit Gaimühle, Neumühle, Siedlung Dörrhof und Talmühle; Sindolsheim (1604 ha, 475 E.).

A. Natur- und Kulturlandschaft

Naturraum und Landschaftsbild. – Das vier Gemarkungen am Ostrand des Landkreises umfassende Gemeindegebiet von Rosenberg liegt im Hügelland beiderseits der oberen und mittleren Kirnau sowie des unteren Eubigheimer Baches, der oberhalb des Hauptortes Rosenberg in die Kirnau einmündet. Es entwässert damit in seiner Gesamtheit über die Seckach und Jagst zum Neckar und gehört geschlossen dem *Muschelkalkhügelland des Baulands* an. Nach dem Oberflächenbild und Landschaftsbau zeigen die vier Gemarkungen recht einheitliche Züge, wie sie innerhalb eines Naturraumes nicht anders zu erwarten sind.

Die weitgehend gerodeten Baulandhügel treten durch sanfte Oberflächenformen hervor. Überwiegend nur flach einfallende Hänge, sanftwellige und zum Teil auch hochebenenartige Hügel mit ausgedehnten Ackerflächen bestimmen die Landoberfläche. Geschlossene Wälder dehnen sich lediglich in der südlichen Gkg Bronnacker und im Südostzipfel der Gkg Rosenberg aus, der von der Autobahn A 81 durchschnitten wird. Kleinere und nicht zusammenhängende Waldstücke überziehen die etwas bewegteren Hügel in der nördlichen Gkg Sindolsheim, die von mehreren, in der regenarmen Jahreszeit teilweise trocken liegenden Nebentälchen der Kirnau zerschnitten werden. Am Nordrand des Gemeindegebiets nehmen die Baulandhügel auf der Gkg Sindolsheim auch ihre größte Höhenlage ein. 371 und 375 m NN am Eichberg westlich des Kirnautals, 383 m NN am Erbsenberg und 393 m NN an der Sindolsheimer Höhe östlich der Kirnau sind die höchsten Erhebungen. Gegen das südliche Gemeindegebiet dacht die Landoberfläche sanft ab, und die Hügel beiderseits des Kirnautals erreichen im südlichen Gemeindegebiet beim Dörrhof noch maximal 352 und östlich des kleinen Dorfes Bronnacker noch 376 m NN.

Das Gemeindegebiet dehnt sich am Westrand der tektonisch bedingten Baulandmulde aus, in der an der Oberfläche noch anstehende Lettenkeuperschichten ausgedehnte Wälder tragen wie in den benachbarten Stadtgebieten von Adelsheim und Osterburken oder im Ahornwald östlich der Kreisgrenze. An der Oberfläche besteht es weitgehend aus Gesteinen des Hauptmuschelkalks. Inselartig auflagernder Lettenkeuper im Reissig-Wald am Ostrand der Gkg Hirschlanden gehört zu den jüngsten

Triasgesteinen der Baulandmulde. Die zum Teil klüftigen und bankigen Nodosus- und Trochitenkalke des Oberen Muschelkalks sind vor allem nordwestlich des Eubigheimer Baches auf Gkg Hirschlanden, auf den mit Ackerflächen überzogenen Hügeln der Gkg Bronnacker und um den Dörrhof (Gkg Rosenberg) mit fruchtbaren Löß- und Lößlehmdecken überlagert.

    Die größeren Täler von Kirnau und Eubigheimer Bach sind als Sohlentäler ausgebildet, deren flache und breite Talböden aus jungen Anschwemmungen und Hangabspülungen Wiesenflächen tragen. Das Tal der Kirnau, das am nördlichen Gemarkungsrand von Sindolsheim bis auf 308 m NN, an der Einmündung des Eubigheimer Baches 287 m NN und am Südwestrand der Gkg Rosenberg unterhalb der Talmühle auf 259 m NN in die Muschelkalkhügel eingetieft ist, hat eine bis zu 100 m breite Talsohle. Unterhalb der Einmündung des Eubigheimer Baches wird das Tal windungsreich. In der Umgebung und im Siedlungsbereich von Rosenberg durchziehen Talmäander die Muschelkalkhügel. Auf dem Talboden haben sich kleine und größere Wiesenmäander ausgebildet, mit denen der Wasserlauf zuweilen über die ganze Breite der Talsohle schlängelt. Wiesenmäander kennzeichnen unterhalb von Hirschlanden auch den Lauf des Eubigheimer Baches. 40 bis 60 m beträgt die Einschneidung der Kirnau in die hügeligen Baulandhöhen. Unterhalb von Rosenberg hat sie an ihren Talflanken daher auch den Landschaftssockel aus Gesteinen des Mittleren Muschelkalks freigelegt, die im übrigen Gemeindegebiet nirgends an der Oberfläche anstehen. Der außerhalb des Kreisgebiets in den Keuperhöhen des Ahornwalds entspringende Eubigheimer Bach hat sich unterhalb von Hirschlanden etwa 30 m in die Hügel des Oberen Muschelkalks eingegraben, die er nirgends durchschnitten hat. Die kleinen Nebentälchen, die oberhalb der Einmündung des Eubigheimer Baches der Kirnau zustreben, entwickelten keine nennenswerte Tiefenerosion. Ihre Einschneidung in die Muschelkalkhügel ist nicht zuletzt aufgrund ihrer geringen und zuweilen auch nur periodischen Wasserführung kaum merklich. Ihre Hänge sind äußerst flach, und eine Talbildung ist höchstens an ihren Unterläufen zu bemerken wie im Tiefental, das die östlichen Bereiche der Gkg Sindolsheim entwässert und sich oberhalb der Gaimühle in die Kirnau ergießt.

Das Bild der Kulturlandschaft innerhalb des Gemeindegebiets wird eindeutig durch die dem Muschelkalk aufgelagerten Flugsanddecken bestimmt. Wo sie verbreitet sind wie in den südlichen und südwestlichen Bereichen der Gkgn Rosenberg, Bronnacker und Hirschlanden sind die weit geschwungenen Hügelzüge waldoffen und von ausgedehnten Feldern bedeckt. Ihre heutigen blockartigen Flurstücke, die dem Landschaftsbild eine gewisse Gleichartigkeit und Monotonie auferlegen, sind aus bereinigten Gewannfluren entstanden. Wo die Löß- und Lößlehmflächen fehlen und im Oberen Muschelkalk steinige und nur schwer zu bearbeitende Böden entstanden, dehnen sich Laubmischwälder oder Mischwälder aus Nadel- und Laubgehölzen aus. Zuweilen nur noch auf kleinen Flächen vertreten und von Feldlagen umgeben, künden sie von jüngeren Rodungen, die erst im Zuge des Siedlungswachstums ausgestockt wurden. Die größeren geschlossenen Dorfsiedlungen lehnen sich an die Talflanken größerer Täler an. Sindolsheim und das manche städtischen Züge aufweisende Rosenberg im Kirnautal sowie Hirschlanden im Tal des Eubigheimer Baches sind Beispiele dafür. Sie nehmen in den Tälern typische Schutzlagen ein. Auf die durch ihre weiten gerodeten Flächen windigen und wasserarmen Baulandhügel sind lediglich das Kleindorf Bronnacker und der Bauernweiler Dörrhof hinaufgewachsen. Neue Siedlungselemente, die in ihre Wirtschaftsflächen im Hügelland hineinversetzt wurden, sind Aussiedlerhöfe. Sie entstanden als Einzelhöfe wie in der Umgebung von Bronnacker oder östlich von Rosenberg, als eine weit auseinanderliegende Hofgruppe wie in der Flur »Flürlein«

südlich des Dörrhofs oder als Aussiedlungsweiler wie in der östlichen Gkg Sindolsheim.

Siedlungsbild. – Das kleine, aus einer Hofsiedlung hervorgegangene Dorf Bronnacker nimmt in 350–370 m NN an einem sanft nach W geneigten Hang eine ausgesprochene Hochflächenlage ein und ist von großflächigen, dem Feldbau dienenden Flurblöcken umgeben, die bei der Flurbereinigung aus einer Gewannflur hervorgegangen sind. Die Hauptsiedlungsachse des kompakten Kleindorfes ist die Ortsstraße, die vom Nordrand der Siedlung bis zur Kapelle in etwa südlicher Richtung am Hang nur sanft emporsteigt, und dort dann rechtwinklig nach O und weiter hangaufwärts umbiegt. Nach S wird sie durch den Merchinger Weg fortgesetzt, der zu einem außerhalb des Dorfes gelegenen Aussiedlerhof führt. In der Ortsmitte zweigt ebenfalls rechtwinklig die Osterburkener Straße von der Ortsstraße ab. Vorbei am Bronnacker Hof, einem modernen Gasthaus mit Fremdenzimmern am unteren westlichen Ortsrand, führt sie zu Aussiedlerhöfen in der westlichen Feldflur und zur B 292 nach Osterburken.

Kennzeichnend für das innere Ortsbild sind größere landwirtschaftliche Anwesen, zu denen teilweise neuere Wohngebäude gehören wie etwa an der Abzweigung der Osterburkener Straße von der Ortsstraße. Winklige Gehöfte in ganz unregelmäßiger Anordnung zur Ortsstraße, ein altes Streckgehöft mit einem gestelzten Wohnhaus (Ortstr. 25) und ein landwirtschaftlich nicht mehr genutzter Eindachhof an der oberen Ortsstraße bestimmen den noch weitgehend bäuerlichen Aufriß. Bodenständiger Muschelkalk tritt häufig als Baumaterial, vor allem an Sockel- und Erdgeschossen, hervor. Die Ortsmitte wird von zwei herausragenden Gebäuden bestimmt: dem Rathaus im N und der kath. Filialkapelle im S. Das einstige *Rathaus* von 1908, der heutige Sitz der Ortsverwaltung, ist ein zweigeschossiger Bau auf hohem Muschelkalksockel. Über seinem gelb verputzten Mauerwerk mit dunkleren Fenstereinfassungen sitzt ein Walmdach mit Sirene. Die *kath. Filialkapelle* von 1890 ist ein schlichter kleiner Saalbau mit seitlich zwei hohen Rundbogenfenstern und einem schmaleren fünfeckigen Westchor. Ihr Ostgiebel blickt zum Merchinger Weg und zu der in der Nachbarschaft umbiegenden Ortsstraße. Zwei ebenfalls hohe Rundbogenfenster und im oberen Bereich eine Nische mit einer Marienstatue gliedern die Straßenfront dieses der Schmerzreichen Muttergottes geweihten kleinen Gotteshauses. Über seinem schiefergedeckten Giebeldach ragt ein viereckiger, ebenfalls verschieferter Dachreiterturm mit Spitzhelmabschluß auf. Einen auffallenden Kontrast zum weiß verputzten Mauerwerk bilden die Buntsandsteintür- und Fenstergewände am Kirchensaal und Chor.

Gegen den Nordrand der kleinen Siedlung fallen die gewerblichen Bauten einer Kornbrennerei mit einem großen zweistöckigen Hauptgebäude auf. Ortsrandscheunen in der Gestalt größerer Holzbauten fallen am nördlichen Rand des Dorfes auf. Schon etwas außerhalb des geschlossenen Siedlungsverbandes steht eine moderne Scheune und Abstellhalle für landwirtschaftliche Fahrzeuge und Geräte am oberen Südrand des Ortes. Wenige Neubauten brachten an der oberen Ortsstraße und östlich des kleinen Dorfes in der Gestalt von freistehenden oder reihenhausartigen Einfamilienhäusern einen geringen Siedlungsausbau, dem am Westrand auch das genannte Gasthaus zuzurechnen ist.

Hirschlanden ist nach seiner Muldenlage und Grundrißgestaltung ein typisches, weit ins Mittelalter zurückreichendes Haufendorf, das sich beiderseits des Eubigheimer Baches, eines östlichen Quellstranges der Kirnau, ausdehnt. Der Siedlungskern besteht aus dem nördlich des Wasserlaufs gelegenen und von der Ringstraße umschlossenen, völlig unregelmäßig gestalteten zentralen Ortsteil mit einem teils verschachtelten, teils bis zum Beginn der 1980er Jahre erneuerten Baubestand. Er geht insgesamt auf bäuerliche Gehöftanlagen zurück, die zum Teil heute noch als landwirtschaftliche Nebenerwerbsbetriebe genutzt werden. Die herausragende, das Dorfbild entscheidend prägende Architektur an der östlichen Ringstraße ist nördlich eines modern gestalteten Brunnenplatzes mit dem Kriegerdenkmal die barocke *ev. Kirche*. Der Saalbau aus dem frühen 18. Jh. hat über der Westfront einen dachreiterartigen Glokkenturm mit einem Spitzhelmabschluß. Das westliche Giebelfeld und der gesamte Turm sind verschiefert. Die Tür- und Fenstereinfassungen bestehen wie der Sockel aus rot bemaltem Sandstein. Nördlich des Gotteshauses fallen immer wieder modern gestaltete Wohnhäuser auf. Ein kleiner Metzgerladen, eine Volksbank- und Raiffeisengenossenschaftszweigstelle verleihen diesem östlichen Teil der Ortsmitte darüber hinaus eine gewisse Mittelpunktsfunktion, die durch ein Lebensmittelgeschäft an der nördlichen und das Rathaus an der westlichen Ringstraße noch verstärkt wird. Weitaus stärker als das heute die Ortsverwaltung beherbergende Rathaus mit seinem hohen Walmdach beherrscht das wuchtige Schulhaus am Nordwestrand des inneren Dorfes den Siedlungsaufriß. In diesem dreigeschossigen Walmdachgebäude aus Muschelkalk mit einem südlich vogelagerten Schulhof ist heute die örtliche Poststelle untergebracht.

Talaufwärts führt in Fortsetzung der nördlichen Ringstraße die Eubigheimer Straße mit einer alten bäuerlichen Bebauung bis an den östlichen Ortsrand, wo der Friedhof mit einer modernen Aussegnungs- und Leichenhalle unter einem Schrägdach angrenzt. Vor allem die landwirtschaftlichen Nutzbauten zeigen Muschelkalk-Bruchsteinmauerwerk, aus dem recht häufig auch die Sockel der Wohnbauten errichtet sind. Die bei der Schule und beim Rathaus nach N und W wegziehenden Straßen (Helmstheimer, Sindolsheimer und Rosenberger Straße) lassen eine jüngere Ortserweiterung erkennen, die in der Nachbarschaft des Ortskerns noch ins ausgehende 19. oder frühe 20. Jh. zurückreicht. Nach W hin schließt dann nördlich der beim Rathaus von der Ringstraße westwärts wegführenden Rosenberger Straße am Hohengarten und Gartenweg ein kleines *Neubaugebiet* mit freistehenden ein- und zweigeschossigen Einfamilienhäusern auf individuellen Grundrissen an. Seine Bebauung ist noch recht locker und steht teilweise erst im Rohbau.

Der ehemalige Bahnhof südlich des Eubigheimer Baches ist als Bahnhaltepunkt geschlossen. Das einstige Empfangsgebäude, ein ehemals repräsentativer Muschelkalkbau, hat einen zweigeschossigen Haupttrakt mit einem nach barockem Vorbild gegliederten hohen Giebeldach und einem einstöckigen östlichen Anbau. Im W ist ein ebenfalls eingeschossiger Güterschuppen in Holzbauweise angesetzt.

Der Ortsteil südlich der Bahnlinie zieht entlang der Steige am nordwestexponierten Talhang hinauf und ist noch ganz von größeren bäuerlichen Anwesen geprägt. Unmittelbar südlich der Bahnunterführung öffnet sich noch im Talbodenbereich ein Platz, an dem das zweigeschossige Gasthaus »Der Pfeiferhannes« mit einem zugehörigen bäuerlichen Wirtschaftsgebäude steht. Die Gehöfte an der Steige haben im unteren Bereich unterschiedliche Grundrisse. Winklige und gestreckte Anlagen, teilweise mit neugebauten Wohnhäusern, fallen in unregelmäßiger Stellung zur Straße auf. An der oberen Steige verdichtet sich die zeilenartig am Hang hinaufziehende Bebauung. Traufständige Streckgehöfte herrschen vor. Zum Teil wurden sie durch jüngere Wohnhäuser ersetzt oder zu Wohnzwecken umgestaltet. Am oberen Siedlungsrand finden sich sodann neue Wohnbauten, die an der Steige und am Eichgarten eine kleine südliche Wachstumsspitze in erhöhter Hanglage bilden. Neben den reinen Wohnbauten fällt an der äußeren Steige noch ein gewerblicher Betrieb, eine Busunternehmung, auf, zu der neben einem größeren, zweigeschossigen Wohn- und Bürohaus auch eine Halle zum Abstellen der Fahrzeuge gehört. Der Gemeindehauptort Rosenberg läßt in seinem von der Kirnau im O, S und W umflossenen, äußerst dicht bebauten Ortskern in mancher Hinsicht städtisch wirkende Züge im Aufrißbild hervortreten. Das gilt vor allem für den Bereich um das Rathaus und die neue Schule sowie die beiden entscheidend das Ortsbild prägenden Gotteshäuser, in dem sich auch ein größeres landwirtschaftliches Anwesen befindet, das bis heute als »Schloß« bezeichnet wird. Diese im Aufriß noch deutlich hervortretenden Hinweise auf die frühere Funktion der Siedlung als Minderstadt werden entlang der Hauptstraße durch neue Aufrißelemente abgelöst, die die zentralörtliche Funktion des Ortes im heute vier Dörfer umfassenden Gemeindeverband verdeutlichen: Kaufläden, Bankfilialen, mehrere Gaststätten und Verwaltungsbauten.

Der im O und N von der Hauptstraße begrenzte *Siedlungskern*, der am nach S zur Kirnau abfallenden Talhang liegt, ist äußerst dicht und teilweise verschachtelt bebaut. Sein Grundrißbild ist unregelmäßig und dörflich; sein Umriß läßt bis heute eine einstige Ummauerung erahnen. Der Ortsmittelpunkt wird durch den Rathaus- und Schulplatz im Anschluß an die nördliche Hauptstraße und die ihn südlich abschließende kath. Kirche gebildet. Das in der unmittelbaren Nachkriegszeit errichtete *Rathaus* ist ein wuchtiger, zweigeschossiger Verwaltungsbau mit einem hohen, ziegelgedeckten Giebeldach. Über dem Eingang, zu dem ein zweiseitiger, breiter Treppenaufgang hinaufführt, prangt das Gemeindewappen mit der Jahreszahl 1948. Ein Grundstein läßt die Jahreszahl 1947 erkennen. An der Hauptstraße sind in einem hohen dreistöckigen Haus mit Krüppelwalmdach, das noch vor dem 1. Weltkrieg erbaut wurde, weitere Büroräume der Gemeindeverwaltung eingerichtet. Die moderne *Schule*, die den Rathaus- und Schulhof nach O abschließt, ist ein hellblau verputzter zweigeschossiger Giebeldachbau mit einem niederen eingeschossigen Eingangstrakt. Die *kath. Pfarrkirche* zeigt am Westgiebel unter einer hohen und geschwungenen Blendfassade reiche Barockverzierungen mit Lisenen, Rechteck- und Ovalfenstern, ebenso an der Einfassung des Hauptportals. An den Langseiten des Kirchensaals lassen jeweils vier hohe Rundbogenfenster mit hellen Butzenscheiben das Licht ins Kircheninnere eintreten. Im O schließt dann ein schmalerer, fünfseitiger Chor an, auf dem der verschieferte und dachreiterartige Glockenturm mit einer oktogonalen Schallstube und einer Welschen Haube mit einer Laterne als Dachkonstruktion aufsitzt.

Südlich des *Schlosses*, eines winkligen Gehöftes mit Wappensteinen am Wohn- und Wirtschaftsgebäude, steht am sanft nach S abfallenden Hang die neugotische *ev. Kirche* von 1852. Der wuchtige Bau hat ein fünfjochiges Langhaus mit einem spitzbogigen Westportal, Maßwerkfenstern, einer Fensterrosette und einem Rundbogenfenster am Ostgiebel sowie Stützmauern an den Längsfronten. Fenster- und Türgewände sowie die Stützmauern bestehen aus Keupersandsteinen, die sich deutlich vom Wandverputz abheben. Der an der Nordwestseite angesetzte dreigeschossige Glockenturm trägt ein schiefergedecktes, markantes, geknicktes Spitzhelmdach mit einer in den Dachbereich einbezogenen Turmuhr, die vor allem durch am Hauptdach angesetzte Schutzdächlein über den Zifferblättern auffällt; auch sie laufen in kleinen Spitzhelmen aus.

Die bäuerlichen Anwesen im alten Ortskern zeigen ganz unterschiedliche Grundrisse. Neben Winkelgehöften (s. o.) finden sich Dreiseitanlagen und Streckgehöfte wie an der Schloßstraße (Anwesen Nr. 17), an der Dorfstraße oder am unteren Wittstadter Weg in der »Vorstadt« südöstlich der Kirnau, wo die alte Bebauung am nordwestexponierten Talhang bis weit ins vorige Jahrhundert zurückreicht. Vielerorts sind moderne Wohnbauten an die Stelle alter bäuerlicher Anwesen getreten. Den sicher größten

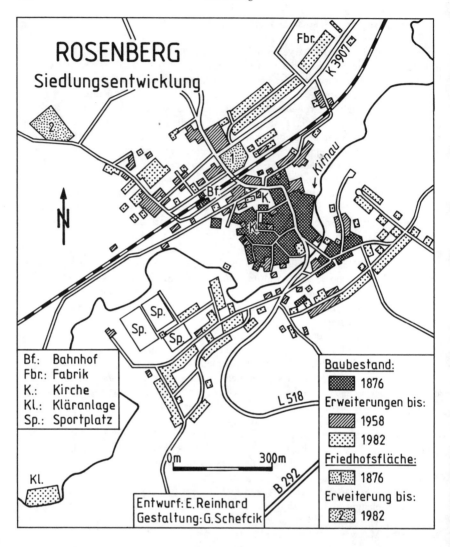

Wandel des Aufrisses erfuhr die Siedlung an der Hauptstraße, die am nach NW abfallenden Hang zur Kirnau kurvig hinuntersteigt und den südexponierten Gegenhang im O und N der alten Siedlung durchzieht, bevor sie östlich des einstigen Bahnhofs die Gleise der Bahnlinie Osterburken-Lauda überquert und nach Sindolsheim weiterzieht. Sie trägt den Durchgangsverkehr der L 518, läßt in Wohngeschäftshäusern umgestaltete ältere Bauten, im S nahe der Kirnaubrücke auch ein modernes Geschäftszentrum mit einem Lebensmittelmarkt mit benachbartem, großem Parkplatz, einer Sparkassenfiliale und weiteren Läden (Schuhe und Sportartikel) erkennen. Weitere Kaufläden wie ein Elektrogeschäft, eine Metzgerei, eine Getränke- und Weinhandlung, eine weitere Bankfiliale, mehrere Gasthäuser (Löwen, Lamm, zur Eisenbahn) sowie kommunale und kirchliche Verwaltungsbauten bestimmen ihr rasch wechselndes Bild, dessen ursprüngliche Züge nur noch stellenweise hervortreten. So steht an der Abzweigung der Dorfstraße ein malerisches Fachwerkhaus. Diese den Kirch- und Schloßbezirk im S und W umrundende Dorfstraße erfüllt mit der Poststelle in einem modernen Wohngeschäftshaus und mit dem Feuerwehrgerätehaus, das an der Stelle eines ehemaligen bäuerlichen Anwesens entstanden ist, ebenfalls Aufgaben für die gesamte Siedlung.

Eine erste frühe Siedlungserweiterung erwuchs mit der sog. *Vorstadt* am unteren nordwestwärts blickenden Kirnautalhang. Dieses bis heute malerische Viertel am Wittstadter Weg und an der Brückenstraße ist mit einer zweibogigen, die Kirnau überspannenden Brücke aus Muschelkalkquadern mit dem am Gegenhang gelegenen Siedlungskern verbunden. Das Zentrum der Vorstadt ist der Lindenbrunnenplatz, der ganz von einer alten Linde beherrscht wird, deren Stamm von einer mehreckigen Ruhebank umschlossen ist. Streckgehöfte in teils reihenhausartiger Aneinanderkettung prägen entscheidend den unteren Wittstadter Weg (Anwesen 1–6).

Junge Siedlungserweiterungen mit recht unterschiedlichen Funktionen, deren Anfänge im N noch in der Zeit vor dem 1. Weltkrieg liegen, umschließen den Siedlungskern heute allseitig. Nördlich der Bahnanlagen, wo an die Hauptstraße auch der alte, bis in die 1980er Jahre belegte Friedhof angrenzt, haben sich gewerbliche und industrielle Betriebe sowie – oft unmittelbar benachbart – reine Wohnbereiche angesiedelt. So fällt am Dörrhofer Weg in der Nachbarschaft des Bahnhofs, eines in klassizistischen Formen gehaltenen Keupersandsteinbaus, der heute zumindest teilweise als Wohnhaus dient, ein Reparaturbetrieb für Traktoren und Landmaschinen in einem größeren dreigeschossigen Backsteingebäude auf. Am oberen äußeren Dörrhofer Weg, wo am nördlichen Siedlungsrand der neue Friedhof angelegt wurde, und dessen Bebauung weitgehend erst seit den 1960er Jahren erfolgte, bestimmen Unternehmen der Metallbranche, darunter ein größeres mit niederen und flachgiebeligen Produktionshallen in drei Reihen, den Aufriß. Östlich des alten Friedhofs treten die hohen turmartigen Silobauten und langgestreckten Giebeldachlagerhäuser der Getreidelagerhaus Rosenberg GmbH hervor. Sie bestimmen die Bebauung entlang der Bahnlinie und bis zu der nach Hirschlanden weiterziehenden Hermann-Hagenmeyer-Straße, deren Außenrand durch einen weiteren größeren industriellen Komplex (Fa. GETRAG) und eine moderne Autohandlung mit Reparaturwerkstatt geprägt wird. Reinen Wohncharakter hat das Neubaugebiet nördlich der Bahnlinie lediglich Im Teich, einer Parallelachse zur Hermann-Hagenmeyer-Straße, wo Einfamilienhäuser in der Gestalt freistehender, traufständiger und eingeschossiger Giebeldachbauten in kleinen Vorgärten nach 1958 entstanden sind. Ausgesprochene Wohngebiete erweitern dann die Ortschaft an den nordwestexponierten Hängen südlich der Kirnau. Am Brunnenberg östlich der Hauptstraße gehen ihre Anfänge in die frühe Nachkriegszeit zurück. Individuelle Einfamilienhäuser moderner Prägung bestimmen vor allem den Ostrand der jungen Siedlungserweiterung am oberen Wittstadter Weg und An der Lücke, wo sich inmitten der Wohnbebauung auch das Forstrevier Rosenberg des Staatl. Forstamtes Hardheim befindet. Jung, individuell und zum Teil auch großzügig ist die Wohnbebauung westlich der Hauptstraße, wo am Mühlweg, an der Tannenstraße und Am Rank teilweise auch größere zweigeschossige Mehrfamilienhäuser sowie bungalowartige Einfamilienhäuser entstanden. Besonders großzügig und teils villenhaft sind die Grundrisse dieser Neubauten am äußeren westlichen Mühlweg. Im Talgrund der Kirnau entstand unterhalb dieses südwestlichen Neubaugebiets in der von Flußschlingen umschlossenen einstigen Flur »Unterer Steinbübel« ein ausgedehntes *Sportzentrum* mit einer modernen Sporthalle sowie mehreren Sport- und Tennisplätzen.

Mehrere Wohnplätze sind über die Gemarkung verteilt. Westlich der Siedlung wurden mehrere Aussiedlerhöfe errichtet. Im Kirnautal liegen nördlich des Ortes die *Gaimühle*, westlich von ihm die noch heute betriebene *Talmühle* in der Gestalt einer Dreiseitanlage. Auf den kuppigen Hügeln nordwestlich des Dorfes liegt der ins Mittelalter zurückreichende bäuerliche Weiler *Dörrhof*. Er besteht aus wenigen, eng zusammengerückten, winkligen Gehöftanlagen mit steilen Giebeldächern.

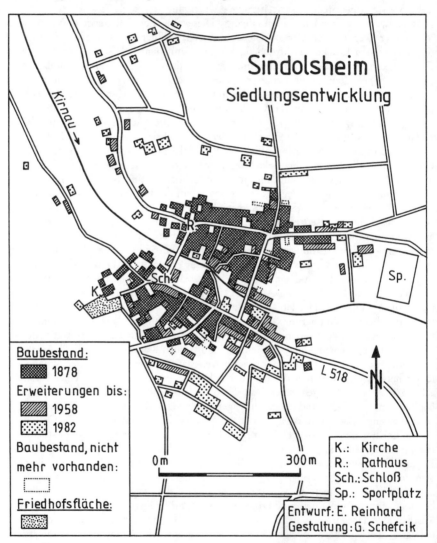

Sindolsheim im oberen Kirnautal ist nach der topographischen Lage und nach seinem Grundrißbild eine alte, ins Frühmittelalter zurückreichende Siedlung. Der unregelmäßig gestaltete Grundriß des Dorfes erstreckt sich über beide Talseiten und zieht aus dem breiten Talboden auf die unteren Talflanken hinauf. Im südlichen, rechts der Kirnau gelegenen Ortsteil bildet die beim Schloß rechtwinklig abbiegende und die Talsohle querende Kirnautalstraße die eigentliche Hauptachse der Siedlung. Zusammen mit der am linken Talhang talaufwärts weiterziehenden Altheimer Straße war sie in der bis 1972 politisch selbständigen Gemeinde die Hauptstraße. Dem linksseitigen Hangfuß folgen talab in etwa ostwestlicher Richtung die Altheimer Straße, die Marktstraße und die Vorstadt. Die Kirnautalstraße zwischen Schloß und Rathaus im W sowie die Lammstraße zwischen östlicher Kirnautalstraße und dem Gasthaus zur Krone an der östlichen Marktstraße überbrücken den Fluß. Zusammen bilden die Markt-, Lamm- und Kirnautalstraße ein unregelmäßiges Viereck zwischen den unteren Talhängen, in dem unregelmäßig verlaufende schmale Gassen wie die Kellerei- oder die Marxengasse den dicht besiedelten Talboden innerhalb dieses Vierecks erschließen. Zentrale Funktionen erhält die Kirnautalstraße zwischen den Abzweigungen der Lamm- und Altheimer Straße durch Kaufläden, Bankfilialen und die Ortsverwaltung. Im S führt die von der Kirnautalstraße etwa rechtwinklig abzweigende Bofsheimer Straße auf die hügeligen Höhen westlich des Dorfes. Am Treffpunkt von Markt-, Lammstraße und Vorstadt führt beim Gasthaus zur Krone die Kronenstraße unter Fortsetzung der Lammstraße am südexponierten Hang hinauf ins nördliche Neubaugebiet, das wie das südliche eine noch nicht abgeschlossene Siedlungserweiterung in mittlerer Hanglage darstellt.

Große Drei- und Zweiseitgehöfte bestimmen an der Markt-, Lamm- und Bofsheimer Straße den noch weitgehend bäuerlich geprägten Aufriß, während in der Vorstadt und an der östlichen Kirnautalstraße an zwei späteren, talabwärtsgerichteten Wachstumsspitzen im O Streckgehöfte überwiegen. Viele der Gehöfte zeichnen sich durch modernisierte oder neu gebaute, teils städtisch anmutende Wohnhäuser aus wie z. B. beim Anwesen Bofsheimer Str. 6. Die sehr dicht bebaute Marktstraße zeichnet sich durch besonders große und wohlhabend wirkende Gehöfte mit giebel- und traufständigen Wohnhäusern sowie Scheunen und Stallbauten unter wuchtigen Giebel-, Halb- und Krüppelwalmdächern aus. Barocke oder neubarocke Stilmerkmale stechen an den Wohnhäusern hervor wie im Anwesen Marktstr. 8 an der Türeinfassung über einer zweiseitigen Außentreppe. Einige der bäuerlichen Wohngebäude lassen Baudaten aus dem 19. Jh. erkennen, so z. B. bei den Anwesen Marktstr. 13 (1846) und 15 (1877).

Einige wenige Gebäude prägen nicht nur ihre unmittelbare Umgebung; ihre Architektur bestimmt vielmehr das ganze Ortsbild entscheidend mit. Das gilt besonders für das *ev. Gotteshaus* am unteren ostexponierten Talhang beim Friedhof. Der gelb verputzte gotische Kirchenbau unter einem steilen, ziegelgedeckten Giebeldach wird vor allem durch seinen polygonalen dreigeschossigen Treppenturm mit Schieferdach geprägt, der an der südlichen Langseite in den hohen Dachraum führt. Bemerkenswert ist auch der am Ostgiebel unsymmetrisch angesetzte Glockenturm auf quadratischem Grundriß mit einem Fachwerk-Glocken- und Uhrgeschoß, auf dem ein geschwungener und steil aufragender Spitzhelm aufsitzt. An seiner dem Dorf zugewandten Westseite ist ein mit einer Welschen Haube abschließendes Nebentürmchen angesetzt. Bemalte Sandsteinfenster- und -türgewände, Maßwerkverzierungen an den seitlichen Spitzbogenfenstern und am Westgiebel sowie das dunkle Schieferdach des Glockenturms geben dieser auch im Innern bemerkenswerten ritterschaftlichen Kirche ihr besonderes Gepräge.

Unter den weltlichen Gebäuden ist vor allem das besitzrechtlich heute dreigeteilte und dreigeschossige *Schloß* an der westlichen Umbiegung der Kirnautalstraße zu nennen, das mit seinem wuchtigen Halbwalmdach weit über die umgebenden Gebäude aufragt. Die teilweise in Fachwerkmanier gestalteten beiden oberen Wohngeschosse und sein zur Kirnautalstraße hin neuer weißer Verputz prägen in Verbindung mit den dunklen Fenstereinfassungen und dem barock gegliederten Dach mit Mansarden im unteren Dachbereich das besondere Gesicht dieses großen Bauwerks. Zugehörige, teils verfallene hölzerne Wirtschaftsbauten bilden mit dem Hauptbau zusammen eine große, gegen die Götzinger Straße offene Dreiseitanlage. Diese alten Wirtschaftsbauten blikken auf die noch nicht renovierte Rückfront des hohen Schloßgebäudes mit einem Teil recht schadhaften Verputz. An der Ecke Altheimer und Kirnautalstraße steht das zweigeschossige *Rathaus* von 1846. Ein hohes Walmdach mit aufsitzender Sirene, Buntsandsteineinfassungen der Tür, eines Rundbogentors und der Fenster verleihen diesem mit klassizistischen Architekturelementen geschmückten Verwaltungsbau seine individuelle Note. Wie die Tür- und Fenstergewände bestehen auch die Ecksteine, der Gebäudesockel und die Treppe zum Eingang aus Buntsandstein. Über dem Eingang an der Kirnautalstraße prangen die Aufschrift »Rathaus« und das Gemeindewappen. Ortsbildprägend wirken dann auch einige Gaststätten wie das *Gasthaus zu den drei Hasen* am West- und das *Gasthaus zur Krone* am Ostende der Marktstraße. Die Gastwirtschaft in der Nachbarschaft des Rathauses und der Post, die sich in einem modernen Gebäude an der Ecke Markt- und Kirnautalstraße befindet, fällt vor allem durch ihre Backsteinmauerung auf. Der wuchtige Bau der »Krone« mit einem gestuften Krüppelwalmdach zeigt neubarocke Züge. An seiner an die Marktstraße angrenzenden Giebelseite führt eine zweiseitige Außentreppe mit schönem schmiedeeisernen Geländer in die Gaststube über dem hohen Natursteinsockel. Besondere Aufrißelemente sind die *Grünkerndarren* an der Altheimer und Götzinger Straße. Hintereinandergereihte Dörröfen, die mit Holz befeuert werden und auf deren Rostflächen das noch unreife, grüne Korn getrocknet wird, sind die Kernstücke dieser auf Steinsockeln errichteten schopfartigen Anlagen mit luftdurchlässigen hölzernen Lattenwänden und ziegelgedeckten Giebeldächern. Sie ermöglichen eine Verwertung des in feuchten und kühlen Sommern nicht ausgereiften Getreides und haben im Zuge einer biologischen Nahrungsmittelproduktion eine neuerliche Bedeutung gewonnen.

Auf der linken Talseite im O des Dorfes grenzen *Sportanlagen* mit einem älteren Sportheim, das teilweise eine Buntsandsteinmauerung zeigt, einer modernen, rechtwinklig daran angebauten Turn- und Sporthalle sowie einem Sportplatz mit Flutlichtstrahlern an die alte Bebauung der Vorstadt an. Flächenhafte *Neubauerweiterungen* vergrößerten die Siedlung an den höheren Hängen im S und N. Das südliche Neubaugebiet, das von der von der Bofsheimer Straße abzweigenden Bergstraße aufgeschlossen wird, besteht Am Tannengarten noch aus in die Jahrhundertmitte zurückreichenden eingeschossigen Giebeldachhäuschen. Modernere Einfamilienhäuser, umgeben von Zier- und Nutzgärten und noch einigen freien Baugrundstücken, stehen an der oberen Bergstraße. Noch nicht abgeschlossen ist die Neubautätigkeit auch im nördlichen Neubaubereich an der hangparallelen Eichenstraße und an der von ihr hangaufwärts abzweigenden Lindenstraße (Sommer 1989). Weit auseinanderstehende Einfamilienhäuser mit unterschiedlichen Grundrissen und Dachformen, darunter auch größere Gebäude im Landhaus-Villenstil, bestimmen diese erst entstehende Ortserweiterung, die über die Kronenstraße und die äußere Altheimer Straße erreicht werden kann.

Bemerkenswerte Bauwerke. – Hirschlanden: Die *ev. Kirche* wurde 1717 als dreiachsiger, barocker Saalbau, durch Lisenen gegliedert, mit geradem Chorabschluß erbaut. In der Giebelmauer Ovalfenster, sonst Rechteckfenster und Portale mit profilierten Werksteinumrahmungen. Über dem verschieferten Giebel sitzt auf dem Satteldach, das zum Chor hin abgewalmt ist, ein großer, schon turmähnlicher Dachreiter.

Auf dem Friedhof ist eine *Feldkanzel* mit Kruzifix aus dem Jahre 1610 bemerkenswert.

Rosenberg: Die *kath. Pfarrkirche* wurde 1759 erbaut und 1785 geweiht. An den vierachsigen Saalbau, dessen Fassade im barocken Stil besonders reich gestaltet wurde, schließt ein polygonaler Chor. Am Anschluß des Chores an das Langhaus ist ein Glockenturm in der Hauptachse auf das Chordach in der Art eines sehr großen Dachreiters aufgesetzt. Im Chor das Oratorium der Fürsten von Löwenstein-Wertheim-Rosenberg. Von der Ausstattung aus der Erbauungszeit blieb der allerdings umgestaltete Hochaltar erhalten. Die Seitenaltäre und die Kanzel kamen im Rokokostil um 1765 hinzu.

Bei dem Neubau der *ev. Kirche* 1852/53 in neugotischem Stil als fünfachsigem Saalbau mit Maßwerkfenstern, abgetreppten Strebepfeilern, auf der Giebelseite mit einem Spitzbogenfries geschmückt, wurde an der Nordseite des Chores der sehr kleine romanische Chorturm aus der Zeit um 1200 mitbenutzt. Er hatte schon um 1610 ein neues Gewölbe im Chorraum erhalten und wurde damals auch erhöht und mit einem posthumgotischen Maßwerkfenster ausgestattet. Bemerkenswert ist auch das Doppelepitaph des Lorentz von Rosenberg († 1552) und seiner Gemahlin, wohl aus der Werkstatt Peter Dells d. J.

Sindolsheim: *Ev. Kirche:* Von der mittelalterlichen St. Laurentiuskirche blieben die unteren Teile des gewölbten Chorturmes aus der Zeit um 1200 erhalten. Seitlich gotisches Portal mit Maske im Dreipaß. Glockenstube mit Holz verkleidet. Zeltdach mit Erker für kleine Glocke. Im ehemaligen Chorraum an den Wänden in Resten erhaltenen Passionsszenen. In den Gewölbefenstern sind die vier Evangelistensymbole mit Spruchbändern dargestellt. Auch die Rippen des Gewölbes sind bemalt. Die qualitätvollen Malereien sind Anfang 14. Jh. zu datieren. Die Spitzbogenfenster wurden später eingebrochen. Die Sakramentsnische ist in die spätgotische Zeit zu datieren. Zu dem Chorturm gehörte eine kleinere wohl einschiffige Kirche.

Nach der Jahreszahl am Portal neben dem Chorturm wurde das Langhaus 1602 neu erbaut. Wahrscheinlich wurden Teile der Nordmauer mit einem Rundbogenportal von der mittelalterlichen Kirche mitbenutzt. Der Altarraum wurde in die W des über rechteckigem Grundriß erbauten Saales zwischen zwei steinernen zweijochigen Emporen verlegt. Rundpfeiler tragen die Rundbogenarkaden und darauf die posthumgotischen Maßwerkbrüstungen. Auf Bogenhöhe sind die Stützen durch einen quadratischen Pfeilerschaft unterbrochen. Darüber bilden schlanke Rundpfeiler die Ecken der Emporenbrüstung und tragen die flache Decke. Auf die Emporen und in den Dachraum führten seitlich angebaute polygonale Treppentürme, von denen heute nur noch der südliche erhalten ist. Die nördliche Empore ist heute über die Orgelbühne zugänglich.

Auf der flachen Decke wurde im großen Mittelfeld in nachreformatorischer Zeit die Taufe Christi mit Johannes d. T. in einer weiten Landschaft dargestellt. Östlich und westlich davon sind die vier Evangelisten, auf barockem Gestühl thronend, zu sehen. Über dem Altar ist ein Wappen mit der auf die Renovierung der Kirche von 1766 unter dem Patronatsherrn Ludwig Gottfried Rüdt von Collenberg und Bödigheim bezogenen Inschrift gemalt. Die Maßwerkfenster in der Abschlußwand hinter Altar und Orgel und seitlich vor den Emporen sind dreibahnig, die übrigen vier Langhausfenster zweibahnig unterteilt.

Der Altaraufbau wurde zusammen mit der Orgelbühne und wohl auch dem Orgelprospekt 1766 in guten Rokokoformen mit posaunenblasenden Engeln errichtet. Das Alabasterrelief des letzten Abendmahls über der Mensa und die Kreuzigungsgruppe mit Maria, Johannes und den beiden Schächern stammen aus der Werkstatt von Hans Juncker 1608. Die Renaissancekanzel ist 1609 datiert. Die jüngst restaurierte Barockorgel schuf wahrscheinlich 1739 Bartholomäus Brunner in Würzburg.

Schloß: Das Schloß der Rüdt von Collenberg wurde 1763 an vier Bauern aus einer Familie verkauft. Wie der größte Teil des Ortes wurde es 1801 durch einen Großbrand zerstört, und dann wieder aufgebaut. Das 1980 renovierte Hauptgebäude besteht aus zwei Fachwerkgeschossen auf massivem Untergeschoß und ist mit einem Mansarddach gedeckt. Am Nebengebäude mit nur einem Fachwerkgeschoß und Krüppelwalmdach erinnert eine Wappentafel von 1584 an die Erbauung durch Stefan Rüdt von Bödigheim und Collenberg zu Sindolsheim und seine Gemahlin Dorothea.

Die zweiläufige spätbarocke Freitreppe und der Portalaufsatz von 1784 des nach 1801 wiederaufgebauten ackerbürgerlichen Wohngebäudes *Marktstraße 1*, zeigt die im Ortskern typische Erschließung der anspruchsvollen Wohnbauten.

B. Die Gemeinde im 19. und 20. Jahrhundert

Bevölkerung

Bevölkerungsentwicklung. – Im 1. Drittel des 19. Jh. nahm die Einwohnerzahl in Rosenberg, Sindolsheim, Hirschlanden und Bronnacker deutlich zu. Während sich der Aufschwung in Sindolsheim und Hirschlanden bis 1852 fortsetzte, stagnierte die Bevölkerungszahl in Bronnacker; in Rosenberg wurde nach einem kurzfristigen Rückgang 1852 wieder das Ergebnis von 1830 erreicht. Die *Auswanderungsaktionen* der 1850er Jahre führten nur in Rosenberg und Sindolsheim zu spürbaren Verlusten, von denen sich beide Gemeinden jedoch schon 1871 erholt hatten. Weil auch Hirschlanden und Bronnacker weitere Zunahmen verzeichneten, wurde 1871 mit insgesamt 2306 Personen der (abgesehen von den Nachkriegsjahren) höchste Bevölkerungsstand registriert. Mit der im letzten Drittel des 19. Jh. einsetzenden Abwanderung in Industriegebiete war eine kontinuierliche Abnahme der Einwohnerzahl verbunden, am ausgeprägtesten in der Zeit von 1890–1910 und von 1925–1939, obwohl der Rückgang durch Geburtenüberschüsse noch etwas gemildert wurde. Dennoch hatten die 4 Dörfer 1939 25 % weniger Einwohner als 1871. Nur in Bronnacker gab es keine erheblichen Verluste. Die höchsten Einbußen erlitt Sindolsheim (–35 %). Betrachtet man die Gesamtentwicklung von 1871–1975, so ist Rosenberg neben Ravenstein die einzige Gemeinde des Neckar-Odenwald-Kreises mit negativer Bevölkerungsbilanz (–12,4 %). Der 2. Weltkrieg forderte in Sindolsheim 49, in Hirschlanden 39, in Rosenberg 36 und in Bronnacker 9 gefallene Soldaten. Einem Fliegerangriff auf den Bahnhof Hirschlanden fielen am 25.3.1945 9 Zivilisten zum Opfer. Während des Krieges waren hier *Evakuierte* aus dem Rheinland und dem Ruhrgebiet sowie aus Mannheim untergebracht. Durch die Zuweisung von 732 *Heimatvertriebenen* und Flüchtlingen (28 % der Gesamtbevölkerung; in Rosenberg 165 Sudetendeutsche, 75 Tschechoslowaken, 67 Ungarn und 12 Polen, die zum größten Teil aus dem Flüchtlingslager Teufelsklinge bei Seckach kamen) stieg die Einwohnerzahl 1950 vorübergehend stark an, doch wanderten viele Neubürger mangels Arbeitsgelegenheit nach kurzer Zeit ab, so daß sich die Bevölkerung 1961 trotz Aufnahme von 79 *SBZ-Flüchtlingen* wieder vermindert hatte. Seitdem hat sich der Bevölkerungsrückgang fortgesetzt: in den 1960er Jahren durch eine negative Wanderungsbilanz, seit den 1970er Jahren trägt das Geburtendefizit in höherem Maße als die Abwanderung zu den Verlusten bei. Verfügten die heutigen Rosenberger Ortsteile 1970 über 2112 Einwohner, wurden bei der Volkszählung 1987 nur noch 1941 Personen erfaßt. Der Ausländeranteil betrug 1,6 %, es handelte sich dabei vorwiegend um Türken und Jugoslawen. Die meisten Einwohner hatte Rosenberg (929), gefolgt von Sindolsheim (475) und Hirschlanden (407), an letzter Stelle stand Bronnacker mit 130 Einwohnern.

Konfessionelle Gliederung. – Die Konfessionsstruktur der Dörfer war im 19. und in der 1. H. 20. Jh. nicht einheitlich geprägt. In Hirschlanden und Sindolsheim gab es 1808 keine, später nur vereinzelt Katholiken, so daß der Anteil der ev. Einwohner über 90 %, in Hirschlanden sogar 98 % ausmachte. Dagegen war Bronnacker eine zu 90 % kath. Gemeinde. Etwas ausgewogener gestalteten sich die konfessionellen Verhältnisse in Rosenberg, wobei die Protestanten mit einem zwischen 55 und 65 % schwankenden Anteil die Mehrheit stellten. In den Nachkriegsjahren hat sich an dieser Konstellation wenig geändert, wenngleich die Dominanz der Protestanten etwas geringer geworden ist. 1970 wurden insgesamt 69,7 % ev. und 29,5 % kath. Einwohner registriert. 1987 war die Zahl der Protestanten leicht zurückgegangen (66,8 %), während sich der Anteil der Katholiken auf 30,2 % erhöht hatte.

Seit dem 18. Jh. waren in Rosenberg und Sindolsheim *Israeliten* ansässig. 1825 wurde in Rosenberg mit 67, 1845 in Sindolsheim mit 73 jüd. Einwohnern der Höchststand erreicht, danach nahm ihre Zahl kontinuierlich ab. 1875 lebten in Rosenberg 25 und in Sindolsheim 45 Juden. Um die Jahrhundertwende verließen die letzten Israeliten Rosenberg. Sindolsheim hatte 1933 noch 9 jüd. Einwohner. 1938 wurde 1 Jude in das Konzentrationslager Dachau gebracht und wenig später bei einem angeblichen Fluchtversuch erschossen, 2 Juden konnten auswandern, die letzten 6 jüd. Einwohner wurden am 22. 10. 1940 nach Gurs deportiert; alle kamen in Vernichtungslagern um.

Soziale Gliederung. – Im 19. Jh. lebte die Bevölkerung von der Landwirtschaft, wobei viele Einwohner auf zusätzliche Verdienstquellen angewiesen waren. Eine im allgemeinen ausreichende Existenzgrundlage bot die Landwirtschaft nur in Sindolsheim, wo die günstige Verteilung des Grundbesitzes, die umfangreichen Privatwaldbestände und die Viehzucht den Wohlstand sicherten. Die Einwohner wurden als fleißig, intelligent und sparsam geschildert. Beeinträchtigt wurde die gute Gesamtlage nur durch den ungenügenden Absatz der landwirtschaftlichen Produkte, der aus der abseitigen Verkehrslage resultierte. Weit weniger erfreulich waren die Verhältnisse in der »kleinen Taglöhnergemeinde« Bronnacker, wo sich »Beschränkungen räumlicher, finanzieller und geistiger Art« (Ortsbereisungsprotokoll 1898) zeigten. Weil die Standesherrschaft Löwenstein-Wertheim-Rosenberg den größten Teil der Gemarkung besaß, verfügten die Einwohner nur über wenig Grundbesitz, so daß die meisten gezwungen waren, ihren Lebensunterhalt teilweise oder vollständig mit Taglohnarbeiten zu bestreiten. Gelegenheit dazu bestand immer auf dem Hofgut oder in den Wäldern der Standesherrschaft. Noch 1921 ernährte sich die Bevölkerung in Bronnakker von Landwirtschaft und Taglohn. Die Bewohner von Hirschlanden waren überwiegend mittlere Landwirte, die sich eines mäßigen Wohlstandes erfreuten und in einfachen, aber geordneten Verhältnissen lebten. Grünkernproduktion und Viehzucht lieferten die höchsten Einnahmen. Nebenverdienst boten einige »kleinste Handwerksbetriebe« und die Eisenbahn. 1907 befanden sich 33 Bahnarbeiter im Ort, die außerdem eine kleine Landwirtschaft hatten. Ihre ökonomische Situation war oft besser als die von Vollerwerbsbauern. 1926 war die Zahl der Eisenbahnarbeiter infolge des Abbaus seitens der Bahnverwaltung »auf ein kleines Häuflein« zusammengeschmolzen. In Rosenberg, wo eine Reihe von Landwirten Gewerbebetriebe unterhielt, wirkte sich der Bau der Eisenbahn nicht uneingeschränkt positiv aus. 1884 wurde berichtet, daß vor Eröffnung der Bahnlinie im Jahr 1866 reger Verkehr im Ort geherrscht habe und der Besuch der Krämer- und Viehmärkte stark gewesen sei, jetzt jedoch fast jede Gelegenheit zu Verdienst geschwunden und die Bevölkerung vornehmlich auf die Landwirtschaft beschränkt sei. Auch 1928 war Landwirtschaft der Haupterwerbszweig, wenngleich sich ein Industriebetrieb und einige größere Handwerksbetriebe etablieren konnten. Rosenberg war deshalb 1939 die einzige der 4 Gemeinden, in der der Anteil der Erwerbstätigen in Industrie und Handwerk mit 23,5 % deutlich über dem Durchschnitt (15,9 %) lag. Insgesamt hatte sich der Anteil der landwirtschaftlichen Erwerbstätigen (65,3 %) seit 1895 (69,6 %) kaum verringert. 1950 war die Beschäftigungsrate in Land- und Forstwirtschaft auf 40,2 % gesunken, sie war damit immer noch fast doppelt so hoch wie der Anteil der Erwerbstätigen in Industrie und Handwerk (22,7 %). Nur in Rosenberg arbeiteten in beiden Wirtschaftssektoren etwa gleichviel Personen. 1970 waren Bronnacker (53,3 %), Sindolsheim (46 %) und Hirschlanden (45,2 %) noch stark landwirtschaftlich geprägte Dörfer. Insgesamt waren aber erstmals mehr Personen im

Produzierenden Gewerbe (40 %) als in Land- und Forstwirtschaft (36,1 %) tätig, wobei fast ⅓ aller Arbeitnehmer auspendeln mußte. Die Volkszählung 1987 ergab, daß sich der Anteil der Erwerbstätigen in Land- und Forstwirtschaft auf 10,4 % reduziert hatte und nur noch in Bronnacker und Sindolsheim über dem Durchschnitt lag. 49,8 %, darunter viele Auspendler, arbeiteten im Produzierenden Gewerbe. Während die Zahl der Erwerbstätigen in Handel und Verkehr (13 %) seit 1970 nur geringfügig angestiegen war, hatte sich die in den übrigen Wirtschaftsbereichen (26,8 %) mehr als verdoppelt.

Politisches Leben

Während der Revolution 1848/49 soll in Rosenberg nach Berichten des Bezirksamts ein Zweigverein des Sindolsheimer Volksvereins gegründet worden sein. Rosenberg wurde für sein besonnenes Verhalten gelobt: statt eines Aufruhrs gab es eine Deputation mit Wünschen und Beschwerden an die Standesherrschaft. In Sindolsheim kam es am 11. 3. 1848 zu Unruhen; das Schloß wurde ausgeräumt, der Arzt flüchtete vor Drohungen nach Buchen. Aus Hirschlanden und Bronnacker wurden keine besonderen Vorkommnisse gemeldet.

Bei den *Reichstagswahlen* von 1871–1912 gab es relativ konstante Wahlergebnisse. Die Nationalliberalen erreichten in Hirschlanden und Sindolsheim über 90 %, nicht selten sogar 100 % der abgegebenen Stimmen, in Rosenberg wurden sie mit einem zwischen 62,4 % (1912) und 86,8 % (1881) variierenden Wähleranteil zur mit Abstand stärksten Partei, wohingegen das Zentrum in der Regel unter 30 % blieb. Dagegen konnte sich die Zentrumspartei im kath. Bronnacker als bedeutendste politische Kraft mit über 80 %, in manchen Jahren sogar mit mehr als 90 % der Stimmen unangefochten behaupten. Nur 1881 gelang es den Nationalliberalen, hier die absolute Mehrheit zu erringen. Andere Parteien konnten sich in keiner Gemeinde etablieren, sieht man davon ab, daß die SPD 1907 und 1912, das Bündnis von Konservativen und Bund der Landwirte 1912 einige Stimmen erhielt.

Bei den Wahlen zur Verfassunggebenden Nationalversammlung im Jahr 1919 entfielen in Bronnacker auf das Zentrum ⅔ und auf die SPD ⅓ der Stimmen. Die DDP konnte sich in Sindolsheim mit 88,1 % in Hirschlanden mit 73,9 % als dominierende Partei behaupten und wurde auch in Rosenberg mit 34,7 % zur stärksten politischen Kraft, wenngleich hier das Zentrum (29,7 %) und die SPD (23,3 %) mit relativ geringem Abstand folgten. Später komplizierten sich die parteipolitischen Verhältnisse. 1924 erreichten das Zentrum in Bronnacker und der Bad. Landbund in Sindolsheim die absolute Mehrheit, während in Hirschlanden und Rosenberg alle Parteien unter 40 % blieben. Stark vertreten waren in Rosenberg der Bad. Landbund und das Zentrum, in Hirschlanden neben dem Bad. Landbund noch die DNVP, wie überhaupt die rechtskonservativen bzw. -extremen Gruppierungen (außer der DNVP die Vorläufer der NSDAP: Nationalsozialistische Freiheitsbewegung und Deutschvölkische Reichspartei) in Hirschlanden, Rosenberg und Sindolsheim zusammen jeweils bereits über 20 % der Stimmen erhielten. Dagegen hatte sich die Bedeutung von DDP und SPD in allen Dörfern auf ein Minimum reduziert. 1928 war die DNVP in Hirschlanden und Rosenberg auf über 30 % angewachsen, die NSDAP blieb, außer in Sindolsheim, wo sie mit 48,4 % die absolute Mehrheit nur knapp verfehlte, noch Splitterpartei. In Bronnacker votierten 1928 81,3 % für das Zentrum, das auch bei der Novemberwahl 1932 mit 70,7 % an 1. Stelle stand. Die NSDAP wurde 1932 in Sindolsheim (93,7 %), Hirschlanden (91,9 %) und mit Abstand auch in Rosenberg (56,5 %) zur dominierenden Partei.

Die Wahlen zum 1. Deutschen Bundestag im Jahr 1949 machten die Notgemeinschaft mit 37,8 % zur stärksten Partei vor DVP/FDP (32,1 %), CDU (20 %) und SPD (8,2 %), wobei sich die Stimmenverteilung bei dieser und den folgenden Wahlen in den 4 Gemeinden beträchtlich unterschied. Die CDU verfügte in Bronnacker über die absolute Mehrheit und erzielte in Rosenberg ihr zweitbestes Resultat, die FDP war in Hirschlanden und Sindolsheim überdurchschnittlich repräsentiert, die SPD hatte besonders viele Wähler in Rosenberg und Hirschlanden. Die CDU wurde 1953, 1957 und 1961 mit Wahlergebnissen zwischen 35,9 % und 39,8 % zur stärksten Partei vor der FDP, die sich zwischen 31,4 % und 36,7 % bewegte. 1965 erreichte die CDU mit 51,3 % die absolute Mehrheit, die FDP war deutlich zurückgefallen (21,6 %), während die SPD mit 20 % ihr bis dahin bestes Resultat vorweisen konnte. Seit 1972 ist die Parteienkonstellation unverändert. Die CDU führt mit einem Wähleranteil zwischen 45 % und 54,5 %, an 2. Stelle rangiert die SPD mit Ergebnissen von 28,1 % bis 34,8 % vor der FDP, die 11,9 % bis 13,5 % der Stimmen für sich verbuchen konnte. Aus der Bundestagswahl 1987 ging die CDU mit 47,4 % als stärkste Partei hervor, gefolgt von SPD (31,8 %) und FDP (10,4 %). Auf die Grünen, die seit 1980 in Rosenberg repräsentiert sind, entfielen 6,9 % der Stimmen. Die NPD, die 1969 mit 16,5 % ihren größten Erfolg erzielte, erhielt 1987 2,6 %. Der CDU-Ortsverband wurde 1970 gegründet und verfügt 1990 über 18 Mitglieder. Dem seit 1970 bestehenden SPD-Ortsverband gehören heute 10 Mitglieder an.

Wirtschaft und Verkehr

Land- und Forstwirtschaft. – Bis weit ins 20. Jh. wurde an der verbesserten Dreifelderwirtschaft bei zunehmender Bebauung der Brache mit Futterpflanzen und Hackfrüchten festgehalten. Nur in Sindolsheim herrschte 1883 noch eine relativ große Ausdehnung der Brache, weil über 40 % des Ackerlandes zur minderwertigsten Bodenklasse gehörten. In Bronnacker wurde der landwirtschaftliche Betrieb durch mittelmäßige Bodenqualität, eine zu hohe und ungeschützte Lage der Felder und die Zerstückelung des Grundbesitzes beeinträchtigt. Als ziemlich fruchtbar galten die Gkgn Rosenberg und Hirschlanden, so daß nur wenig Dünger verwendet wurde. Nach 1900 erfolgte überall eine Intensivierung des landwirtschaftlichen Betriebs durch den Einsatz von Maschinen und Kunstdünger.

Im Vordergrund stand der Anbau von *Spelz (Dinkel)* für die Grünkernproduktion. Jährlich wurden mehrere tausend Zentner *Grünkern* hergestellt, wobei die Pächter der standesherrlichen Güter Dörrhof und Bronnackerhof von den Landwirten als Konkurrenz gefürchtet wurden, weil sie große Mengen Grünkern auf den Markt warfen, selbst als der Absatz nach 1900 zurückging und in manchen Jahren viel Grünkern unverkauft liegenblieb. Rosenberg wurde als »Börse des Grünkernhandels« bezeichnet, weil sich dort 3 Lagerhäuser von Grünkernhändlern befanden. In den 1920er Jahren häuften sich Klagen über die Absatzkrise des Grünkerns, 1931 wurde die Regelung des Absatzes zur »brennenden Zeitfrage« erklärt. Als Reaktion darauf schränkten die Landwirte den Anbau von Spelz ein. Nach dem 2. Weltkrieg wurde Grünkern in nennenswertem Umfang nur noch in Sindolsheim und Rosenberg produziert. Eine weitere bedeutende Anbau- und Handelsfrucht war *Hafer*, während Gerste, Roggen und Weizen weniger angebaut wurden und auch nicht in den Verkauf gelangten. Eigentliche Handelsgewächse wie Hanf, Raps und Zuckerrüben wurden kaum gepflanzt. Dagegen war der Anbau von *Futterpflanzen* (Klee, Mais) sehr ausgedehnt. Kartoffeln wurden nach 1900 zum Handelsartikel. Der Absatz der landwirtschaftlichen Produkte vollzog sich über

Zwischenhändler, seit 1904 in zunehmendem Maße über die Getreidelagerhausgenossenschaft Rosenberg, der sich die meisten Landwirte der Umgebung anschlossen. Auch in den 1950er Jahren erfolgte der Absatz weitgehend durch das Lagerhaus Rosenberg. 1949 bestellten die Bauern 44 % des *Ackerlandes* mit Feldfutter, 36 % mit Getreide und 17 % mit Hackfrucht. Nach der Agrarberichterstattung 1987 wurden 66 % des Feldlandes mit Getreide (überwiegend Gerste und Weizen) bebaut, 22 % mit Futterpflanzen (knapp die Hälfte davon Mais) und 3 % mit Hackfrucht. Die landwirtschaftlich genutzte Fläche betrug 1987 insgesamt 2238 ha (1949: 2485 ha), davon entfielen 1839 ha auf Ackerland und 385 ha auf *Dauergrünland*. Damit war das schon im 19. Jh. beanstandete Mißverhältnis in der Verteilung von Acker- und Wiesenland noch vorhanden, wenngleich weniger ausgeprägt, weil die Ackerfläche zurückgegangen war und sich das Grünland ausgedehnt hatte. 1880 waren 2566 ha als Ackerland und nur 168 ha als Wiesengelände ausgewiesen, von letzterem befanden sich 91 ha in Rosenberg, 36 ha in Sindolsheim, 30 ha in Hirschlanden und 11 ha in Bronnacker. Aus Hirschlanden wurde 1833 vom Zerfall der Wässerwehre berichtet, wodurch in trockenen Jahren beträchtliche Schäden entstanden. Auch in der 2. H. 19. Jh. war die Wiesenwässerung in Rosenberg, Sindolsheim und Hirschlanden wegen schlecht unterhaltener oder unzureichend angelegter Wässerungseinrichtungen und Auseinandersetzungen zwischen Müllern und Wiesenbesitzern über die Verteilung des Wassers mit Schwierigkeiten verbunden. Eine geordnete Wiesenwässerung ließ sich nicht durchsetzen. In Rosenberg mißlang 1910 die Gründung einer Wässerungsgenossenschaft, weil Sindolsheim und Altheim einer Beteiligung nicht zustimmten. In Sindolsheim litt der Wiesenbau an einer mangelhaften Einteilung der Grundstücke, so daß die Wiesen immer gleichzeitig abgeerntet werden mußten. 1908 wurde das Projekt einer Wiesentalbereinigung endgültig fallengelassen, weil damit eine Verlegung der Kirnau verbunden gewesen wäre. In Hirschlanden, wo man schon 1852 über die Zerstückelung der Wiesen klagte, wurde die seit den 1890er Jahren geforderte Bereinigung des Wiesenareals wegen der Kosten wiederholt zurückgestellt, bis 1936 anläßlich der Bachverlegung eine Teilbereinigung der Wiesen entlang der Kirnau zur Ausführung gelangte.

Hirschlanden hatte 1833 eine gut unterhaltene Obstbaumschule, ein Baumwart war angestellt, die Obstbaumzucht stand »auf keiner niederen Stufe«. Dagegen wurde in der 2. H. 19. Jh. berichtet, daß schlechte Bodenqualität und ungünstige Klimaverhältnisse das Obst in Hirschlanden, aber auch in Sindolsheim und Bronnacker nur mangelhaft gedeihen ließen. Eine 1886 von der Hirschlander Gemeindeverwaltung angelegte Musterpflanzung brachte nicht den gewünschten Erfolg, weil viele Bäume verdorrten. In Sindolsheim gab es eine Baumschule mit mehreren hundert Obstbäumen, die sich aber in keinem guten Zustand befand. 1879/80 fielen fast alle Zwetschgenbäume dem kalten Winter zum Opfer. Auch nach der Jahrhundertwende waren keine Fortschritte zu verzeichnen; Baumwarte waren nicht verpflichtet, die 1912/13 gegründeten Obstbauvereine schliefen schon nach kurzer Zeit wieder ein. In Rosenberg, wo man sich auf die für das rauhe Klima geeigneten Sorten spezialisierte, wurde der *Obstbau* mit mehr Erfolg betrieben, jedoch ausschließlich für den Eigenbedarf. Jedes Jahr wurden noch größere Mengen Mostobst eingeführt. Ein Baumwart sorgte für die Instandhaltung der Gemeindebaumschule, der Obstbauverein hatte jahrzehntelang Bestand (1961: 32 Mitglieder). 1933 wurden auf dem heutigen Gemeindegebiet 11232 Obstbäume, darunter 4707 Apfelbäume, gezählt.

Eine der wichtigsten Einnahmequellen bildete die *Rinderhaltung*. In Hirschlanden machte die Rindviehzucht in den 1830er Jahren Fortschritte, Sindolsheim, das in der 2. H. 19. Jh. über einen bedeutenden Viehbestand verfügte, hatte brauchbares Zuchtmaterial, in Rosenberg wurden um 1900 gute Zuchterfolge erzielt. Die Bevorzugung von

Mast und Milchwirtschaft (aus Hirschlanden wurden 1907 täglich 250 l, aus Rosenberg 1910 300 l Milch abgeführt) stand aber einer rationellen Zucht im Wege. Milchwirtschaft in großem Umfang betrieben die Pächter des Dörrhofes und des Bronnackerhofes. 1912 stellte der Dörrhof auf Mastviehhaltung um. Die Stadt Mannheim nahm den Bronnackerhof 1918 zur Verbesserung ihrer Milchversorgung in Pacht. Das Faselvieh war in Rosenberg, Sindolsheim und Hirschlanden (seit 1850, zuvor wurden die Rosenberger Farren benutzt) bei Einwohnern in Pacht gegeben, bis in den 1890er Jahren die Übernahme der Farren in Selbstverwaltung der Gemeinden erfolgte. In Bronnacker leistete die Gemeinde Beiträge zum Unterhalt der Farren des Bronnackerhofes, die auch den Einwohnern zur Verfügung standen. Der Rindviehbestand nahm von 1855–1913 zu, ging dann bis 1950 etwas zurück und stieg danach stark an, wobei seit den 1980er Jahren wieder eine Abnahme zu verzeichnen ist. Dennoch hat sich der Durchschnittsbestand je Betrieb angesichts der Verminderung der landwirtschaftlichen Betriebe seit 1965 verdoppelt. 1987 wurden 65 Betriebe mit 2218 Stück Rindvieh gezählt, darunter befanden sich 647 Milchkühe.

Der *Pferdezucht* widmeten sich nur wenige Landwirte. In der Regel kamen Pferde als Arbeitstiere in der Landwirtschaft zum Einsatz. Eine ausgedehnte Pferdehaltung gab es in Sindolsheim und Rosenberg, wo es 1910 allgemein üblich war, den Boden mit Pferden statt mit Kühen zu bearbeiten. Der Bestand stieg bis 1950 (269 Pferde) kontinuierlich an, ehe er mit der zunehmenden Verwendung von Maschinen deutlich zurückging (1988: 33 Pferde).

Obwohl die *Schweinehaltung* nicht unbedeutend war, wurde Schweinezucht nur in geringem Umfang betrieben, so daß nur zeitweise – in Bronnacker überhaupt keine – Eber eingestellt waren. Auch nach 1900 ging die Zahl der Mutterschweine selten über 10 Tiere pro Gemeinde hinaus, die Mast stand weiter im Vordergrund. Der Schweinebestand erhöhte sich bis in die 1970er Jahre, ist aber seitdem, vor allem wegen der Abnahme der landwirtschaftlichen Betriebe, gesunken. 1987 hielten 64 Betriebe 939 Mastschweine und 22 Betriebe 252 Zuchtsauen.

Güterschäfereien bestanden in der 2. H. 19. Jh. in Sindolsheim und Rosenberg. Sindolsheimer Grundeigentümer schlossen sich 1860 zu einer Schäfereigenossenschaft zusammen, die die Weiden verpachtete; der Erlös floß in die Schäfereikasse und wurde meist zur Feldwegbereinigung verwendet. 1903 hob die Schäfereigenossenschaft die Schafweide auf, gab aber 1911/12 die Talwiesen wieder für die Beweidung frei. In Rosenberg wurde die Schäferei schon 1888 offiziell abgeschafft, doch unter der Hand weiter verpachtet. 1911 beschlossen die Grundbesitzer zugunsten der Gemeindekasse die Einführung einer Winterweide, die von 150–200 Schafen, zunächst auf 6 Jahre befristet, beweidet werden durfte. In Hirschlanden war eine Gemeindeschäferei eingerichtet; Pacht und Pferchgeld brachte namhafte Erträge für die Gemeindekasse. Ökonomische Motive gaben den Ausschlag, daß die Aufhebung der *Schäferei* – obwohl seit den 1890er Jahren immer wieder diskutiert, weil sie den Bauern auf einer bereinigten Gemarkung mit nur noch wenig Brache nicht mehr sinnvoll erschien – schließlich doch nicht vollzogen wurde. 1926 wurde die Schäferei das ganze Jahr hindurch ausgeübt, und auch 1952 hatte Hirschlanden Einnahmen aus der Schäferei.

In der 2. H. 19. Jh. gab es in jeder Gemeinde Landwirte mit größeren und mittleren Gütern, aber auch Kleinbetriebe, deren Eigentümer entweder noch ein Handwerk ausübten oder im Taglohn dazuverdienten. Eine feste Erbfolge bestand nicht; praktiziert wurden sowohl das Anerbenrecht, bei dem der älteste Sohn den Hof übernahm und Gleichstellungsgeld zahlte, als auch die Realteilung, wobei in Sindolsheim durch entsprechende Eheschließungen eine Vermehrung der unteren Besitzgruppen vermieden wurde. Hier nutzten 1882 19 Betriebe mit 20 und mehr ha Grundbesitz 48 % der Landwirtschaftsfläche. 1895 lag nur ⅓ der Sindolsheimer Betriebe unter 2 ha, in Bronnacker und Rosenberg gehörten dagegen 50 % der Betriebe in die untersten Besitzkategorien, während in Hirschlanden mittlere Betriebe in der Größenordnung von 2–10 ha dominierten. Insgesamt umfaßten 40 % der landwirtschaftlichen Betriebe weniger als 2 ha, 44 % 2–10 ha und 16 % über 10 ha. 1925 war die Besitzverteilung nahezu unverändert, nur die Flächenausstattung der zahlenmäßig fast konstanten Betriebe hatte sich etwas verbessert, weil die Landwirtschaftsfläche größer geworden war. Über die meisten größeren Betriebe verfügte Sindolsheim, relativ viele Kleinbetriebe gab es in Rosenberg. Wurden 1949 noch 377 landwirtschaftliche Betriebe registriert, waren es 1970 nur noch 174, deren Durchschnittsgröße sich im Vergleich zu 1949 verdoppelt hatte. 1987 bestanden noch 108 Haupt- und Nebenerwerbsbetriebe, davon lagen 45 Betriebe unter 10 ha, 21 Betriebe zwischen 10 und 20 ha, 13 Betrieben standen 20–30 ha, 29 Betrieben mehr als 30 ha Grundbesitz zur Verfügung, wobei die Betriebe mit einer Flächenausstattung über 20 ha zusammen fast 80 % des landwirtschaftlichen Geländes bewirtschafteten. Für 1990 nennt die Gemeindeverwaltung noch 34 *Haupterwerbsbetriebe*: 15 in Sindolsheim, 9 in Rosenberg, 5 in Hirschlanden und 5 in Bronnacker. Produktionsschwerpunkte sind Getreide- und Futterbau, Rinder- und Milchviehhaltung sowie Schweinemast.

Eine umfassende *Feldbereinigung* wurde in den 1870er Jahren nur in Hirschlanden durchgeführt. In Bronnacker erübrigte sich ein entsprechendes Verfahren, weil die Standesherrschaft den größten Teil der Gemarkung besaß. Obwohl die Einwohner von Rosenberg und Sindolsheim über Güterzersplitterung und Mangel an Feldwegen klagten, ließ sich eine Feldbereinigung auf gesetzlichem Weg nicht mehr durchsetzen, nachdem bei der Katastervermessung um 1870 Feldwege, z.T. auch Güterzusammenlegungen, durch freiwillige Vereinbarungen zustande gekommen waren, so daß auf Überfahrtrechte verzichtet werden konnte. In den folgenden Jahrzehnten bemühten sich die Landwirte, die Zahl der Parzellen durch Tausch zu vermindern. Moderne *Flurbereinigungen* wurden in den 1960er Jahren in Hirschlanden und Bronnacker durchgeführt. Ein Verfahren der beschleunigten Zusammenlegung ordnete 1960 die Gkg Rosenberg. In Sindolsheim wurde 1979 eine ausgedehnte Flurbereinigung zum Abschluß gebracht. Im Zusammenhang mit den Flurbereinigungsverfahren wurden in Rosenberg 7 und in Bronnacker 3 *Aussiedlerhöfe* angelegt, in Sindolsheim entstand ein *Aussiedlungsweiler* mit 7 Höfen.

Im 19. Jh. setzte sich der Waldbestand aus Gemeindewald, bäuerlichem Privatwald und standesherrschaftlichem Wald zusammen. In Bronnacker befand sich das gesamte Waldareal (1866: 671 M, 1903: 215 ha) im Eigentum der Standesherrschaft Löwenstein-Wertheim-Rosenberg, die auch in Rosenberg begütert war (1908: 200 M). Dort gab es allerdings auch Gemeindewald (400 M), während der Privatwaldbesitz (1 ha) unbedeutend war. 1953 waren in Rosenberg 202 ha als Gemeindewald und 21 ha als Privatwald ausgewiesen. In Hirschlanden gehörte der größte Teil des Waldes (1907: 202 ha, 1952: 204 ha) der Gemeinde, die Einwohner hatten nur wenig *Wald* (1907: 2 ha, 1952: 10 ha). Umfangreichen bäuerlichen Privatwald gab es in Sindolsheim (1883: 269 ha Privatwald, 179 ha Gemeindewald). Um 1800 waren die Wälder noch ausgesprochene Laubwälder, in denen Eichen und Buchen vorherrschten. Ende des 19. Jh. wurde durch die Anpflanzung von Nadelbäumen, vor allem Fichten, die Umwandlung zu Mischwäldern eingeleitet. In Hirschlanden wurde der Waldbestand 1952 mit 75 % Laubwald und 25 % Nadelwald angegeben, in Rosenberg 1953 mit 60 % Fichten, 20 % Buchen, 20 % Eichen. Die Flächenerhebung 1985 ergab für die Gde Rosenberg eine Gesamtwaldflä-

Die Gemeinde im 19. und 20. Jahrhundert   525

che von 1365 ha, davon befanden sich 531 ha in Sindolsheim, 380 ha in Rosenberg, 242 ha in Bronnacker und 212 ha in Hirschlanden. Außer Staats- und Kleinprivatwald handelte es sich dabei um Gemeindewald, dessen Ausdehnung 599 ha betrug und der sich wie folgt zusammensetzte: 37 % Fichten und Tannen, 21 % Buchen, 20 % Eichen, 14 % Kiefern, 6 % sonstige Laubbäume, 2 % Lärchen, d. h. 53 % Nadelwald und 47 % Laubwald.

Handwerk und Industrie. – Das *Handwerk* spielte in der 2. H. 19. Jh. eine untergeordnete Rolle und diente nur als Nebenerwerb, wie in Sindolsheim, wo 1882 57 von 78 Haushaltungen mit Grundbesitz von weniger als 5 ha einen Gewerbebetrieb als zusätzliche Verdienstquelle unterhielten. In Hirschlanden gab es 1902 »kleinste Handwerksbetriebe«. Bronnacker hatte keine Handwerker und war auf Rosenberg angewiesen, das zwar über keine größeren, aber zahlenmäßig über die meisten Handwerksbetriebe verfügte, darunter 4 Mühlen, einige Weber, 1 Ziegelhütte, Schreiner, Schmied, Schuhmacher und Bierbrauer. Gewerbe- bzw. Handwerkervereine bestanden in Rosenberg (1884: 31, 1908: 48 Mitglieder), Sindolsheim (1908: 20 Mitglieder) und Hirschlanden (1912: 15 Mitglieder). 1895 wurden insgesamt 95 Betriebe des Produzierenden Gewerbes mit 164 Personen registriert, davon gehörten 31 Betriebe mit 45 Personen dem Bekleidungs- und Reinigungsgewerbe, 18 Betriebe mit 49 Personen dem Baugewerbe und 17 Betriebe mit 26 Personen dem Nahrungs- und Genußmittelgewerbe an. Bei der Berufszählung 1925 wurden 36 selbständige Handwerksmeister (16 in Sindolsheim, 14 in Rosenberg, 6 in Hirschlanden, keine in Bronnacker) erfaßt. Einige Rosenberger Handwerksbetriebe beschäftigten in den 1920er Jahren mehrere Arbeitskräfte. 1950 gab es 72 nichtlandwirtschaftliche Arbeitsstätten mit Schwerpunkt im Handwerk (34 in Rosenberg, 21 in Hirschlanden, 16 in Sindolsheim, 1 in Bronnacker), dort arbeiteten insgesamt 179 Personen. 1968 war die Zahl der Handwerksbetriebe auf 40 und die Zahl der Beschäftigten auf 151 zurückgegangen. Die meisten Betriebe (11) und Arbeitskräfte (66) hatte das Bau- und Ausbaugewerbe, an 2. Stelle rangierte das Metallgewerbe (10 Betriebe, 42 Beschäftigte), gefolgt vom Nahrungsmittelgewerbe (6 Betriebe, 19 Beschäftigte), alle anderen Branchen waren schwächer besetzt. 1977 arbeiteten 138 Handwerker in nur noch 33 Betrieben. Heute ist das Handwerk fast ausschließlich auf den Ortsteil Rosenberg konzentriert. Der größte Betrieb ist ein Sindolsheimer Bauunternehmen mit ca. 45 Beschäftigten. Die nach Angaben der Gemeindeverwaltung zusammengestellte Tab. 1 gibt einen Überblick über die Handwerksbetriebe im Jahr 1990.

1924 eröffnete als erster Rosenberger Industriebetrieb das Kalk- und Schotterwerk, in dem vor der Wirtschaftskrise 30–40, später 10 Arbeiter tätig waren. 1970 wurde der Betrieb eingestellt. Auch nach Kriegsende siedelten sich nur in Rosenberg, nicht jedoch in Sindolsheim, Hirschlanden und Bronnacker, *Industriebetriebe* an.

Die Firma *Bleichert Förderanlagen GmbH Osterburken* unterhält seit ihrer Gründung 1952 einen Zweigbetrieb in Rosenberg, 1988 waren hier 25 Personen mit der Produktion von Förderanlagen für Schüttgüter beschäftigt, die nur zu einem geringen Teil (5 %) in den Export gingen. Der Umsatz des Rosenberger Zweigbetriebs lag 1987 bei 5,6 Mio DM. Zu den größeren Betrieben zählt auch die *Werkzeugfabrik E. Albert Jäger* in Rosenberg.

Der mit Abstand größte Industriebetrieb ist jedoch die 1970 gegründete *GETRAG-Getriebe und Zahnradfabrik Hermann Hagenmeyer GmbH & Cie. Werk Rosenberg*. 1988 waren 210 von insgesamt 1975 Arbeitsplätzen der GETRAG, deren Hauptbetrieb sich in Ludwigsburg befindet, in Rosenberg. Das Firmengelände umfaßt 26800 qm. Produziert werden PKW-Getriebe und Getriebekomponenten.

Tabelle 1: **Handwerksbetriebe 1990**

Branchengliederung nach der Handwerksordnung	ins- gesamt	Bronn- acker	Hirsch- landen	Rosen- berg	Sindols- heim
Bau- und Ausbaugewerbe					
Bauunternehmen	2	–	–	1	1
Stein- und Bildhauer	1	–	–	1	–
Maler	1	–	1	–	–
Maler und Gipser	1	–	–	1	–
Metallgewerbe					
Schlosserei und Landmaschinen	1	–	–	–	1
Schlosser	1	–	–	1	–
Heizungsbauer	1	–	–	1	–
Kälteanlagenbauer	1	–	–	1	–
Kraftfahrzeugwerkstätten	3	–	–	2	1
Zweiradreparaturwerkstatt	1	–	–	1	–
Elektroinstallateur	1	–	–	1	–
Rundfunk- und Fernsehtechniker	1	–	–	1	–
Holzgewerbe					
Schreiner	2	–	–	2	–
Bekleidungs-, Textil- und Ledergewerbe					
Schneider	1	–	1	–	–
Nahrungsmittelgewerbe					
Metzger	2	–	1	1	–
Müller (Mühle)	1	–	–	1	–

Quelle: Gemeindeverwaltung

Handel und Dienstleistungen. – Rosenberg wurde 1731 das Recht zur Abhaltung von jährlich 2 Krämermärkten verliehen, mit denen seit 1775 Viehmärkte verbunden waren. Auch in Sindolsheim fanden im 19. Jh. pro Jahr 2 Krämer- und Viehmärkte statt. Der Besuch der *Märkte* ließ immer mehr nach, so daß Rosenberg in den 1880er Jahren ihre Einstellung forderte und schließlich auf den Titel »Marktflecken« verzichtete. Heute werden zweimal jährlich Krämermärkte in Sindolsheim abgehalten. Abgesehen vom Getreidehandel – Rosenberg galt als »Börse des Grünkernhandels«, weil hier Ende des 19. Jh. 3 Händler Lagerhäuser unterhielten – diente der Handel nur zur Deckung des örtlichen Bedarfs. Seit Rosenberg Bahnstation war, fanden Kolonialwaren Eingang in die dörflichen Kramläden, wovon es 1897 3 und 1905 7, davon 2 mit Manufaktur- und Eisenwaren, gab. Sindolsheim hatte in den 1890er Jahren 5, Hirschlanden 2 Kramläden. Insgesamt wurden 1895 29 *Handelsbetriebe* mit 35 Personen erfaßt, davon befanden sich 18 Betriebe in Rosenberg, 7 in Sindolsheim und 4 in Hirschlanden. In Bronnacker gab es kein Handelsgeschäft. 1925 hatten von 17 Kaufleuten 8 ihren Sitz in Rosenberg, 5 in Hirschlanden und 4 in Sindolsheim, wo bis 1938 2 Gemischtwarenläden von jüd. Einwohnern geführt wurden. 1952 verfügte Hirschlanden über 4 Kolonialwarengeschäfte, in Rosenberg wurden 1953 7 Handelsbetriebe gezählt, in Bronnacker gab es 1957 1 Kolonialwarengeschäft. 1970 wurden in der heutigen Gde Rosenberg insgesamt 32 Handelsbetriebe, darunter 27 Einzelhandelsgeschäfte, registriert. Seitdem hat sich die Zahl der Handelsbetriebe verringert. Bei der Arbeitsstättenzählung 1987 wurden nur noch 16 Handelsbetriebe (4 Großhandel, 2 Handelsvermittlung, 10 Einzelhandel) erfaßt. Tab. 2 gibt Auskunft über die nach Angaben der Gemeindeverwaltung 1990 bestehenden Einzelhandelsbetriebe.

Die Gemeinde im 19. und 20. Jahrhundert 527

Tabelle 2: **Einzelhandel 1990**

Branche	insgesamt	Bronnacker	Hirschlanden	Rosenberg	Sindolsheim
Lebensmittel	2	–	–	1	1
Getränkevertrieb	1	–	–	1	–
Mehl	1	–	–	1	–
Schuhe, Sportartikel	1	–	–	1	–
Elektro-, Radio, Fernsehgeräte	1	–	–	1	–
Radio-, Fernsehgeräte, Antennen	1	–	–	1	–
Möbel	2	–	–	2	–
Kraftfahrzeuge (mit Reparatur)	3	–	–	2	1

Quelle: Gemeindeverwaltung

Fast alle Handelsbetriebe befinden sich im Ortsteil Rosenberg. In Hirschlanden und Bronnacker gibt es keine Einzelhandelsgeschäfte mehr. Die Lebensmittelversorgung erfolgt durch Läden in Rosenberg und Sindolsheim, hinzu kommt die ambulante Versorgung durch Bäcker und Metzger der Umgebung, die ihre Waren vom Auto aus oder in Verkaufsstellen anbieten. Da in der Gde Rosenberg nur noch wenige Einzelhandelsbetriebe geführt werden, kaufen die Einwohner meist in Osterburken und Adelsheim ein.

Der *private Dienstleistungsbereich* und die *freien Berufe* sind durch 3 Omnibus- und 1 Transportunternehmen, 3 hauptberufliche Versicherungsvertreter, 2 Architekten, 1 Arzt und 1 Apothekerin vertreten.

Spar- und Darlehenskassen wurden 1880 in Sindolsheim, 1889 in Hirschlanden und 1902 in Rosenberg gegründet. Sie gingen in der 1973/74 eröffneten *Volksbank Kirnau eG* auf. Die Hauptstelle wurde in Rosenberg, Filialen in Hirschlanden und Sindolsheim eingerichtet. Die Volksbank Kirnau eG unterhält außerdem Zweigstellen in Osterburken und Ravenstein. Seit 1980 besteht in Rosenberg eine Filiale der *Sparkasse Bauland Osterburken*.

Dem 1904 gegründeten *Getreidelagerhaus Rosenberg* schlossen sich innerhalb weniger Jahre die meisten Landwirte der umliegenden Dörfer (auch Hirschlanden, Sindolsheim und Bronnacker) an. Die Genossenschaft vermittelte den Absatz des Getreides und verkaufte den Bauern landwirtschaftliche Maschinen und Kunstdünger. Auch in den 1950er Jahren erfolgte der Absatz der landwirtschaftlichen Produkte weitgehend über das Lagerhaus Rosenberg. 1961 erstellte die Genossenschaft, der zu dieser Zeit über 600 Landwirte angehörten, ein großes Getreidesilo. Seitdem ist die Mitgliederentwicklung wegen der Verminderung der Zahl landwirtschaftlicher Betriebe rückläufig. 1990 verfügte die *Raiffeisen-Lagerhaus eG Rosenberg* noch über 430 Mitglieder aus den Gden Rosenberg und Ravenstein sowie aus Altheim und Bofsheim. Filialen sind in Altheim, Hirschlanden, Hüngheim, Oberwittstadt und Sindolsheim eingerichtet. Es bestehen Lagerkapazitäten für 6400 t Getreide und 1800 t Dünger. Die Getreideerfassung liegt bei 8000–10000 t. Die Genossenschaft besitzt 2 Getreidetrocknungsanlagen, Getreidekühlanlagen, 1 Grünkerngenbanlage, 3 Saatgutreinigungsanlagen und 1 Großflächen-Düngerstreuer. 1989 wurde ein Umsatz von 8,2 Mio DM erzielt. Der Absatz erfolgt im gesamten Bundesgebiet und in EG-Staaten.

Bei der Betriebszählung 1895 wurden im Bereich »Beherbergung und Erquickung« 13 Betriebe registriert, davon befanden sich 6 in Rosenberg, 4 in Sindolsheim, 2 in Hirschlanden und 1 in Bronnacker. In Rosenberg gab es schon im 18. Jh. mindestens

5 Gastwirtschaften (»Rose«, »Hirsch«, »Löwen«, »Ochsen«, »Engel«), weil die Gemeinde von der Handelsstraße Schwäbisch Hall–Miltenberg durchzogen wurde. 1842 war von 7 Rosenberger Wirtschaften die Rede. In den 1950er Jahren hatte Rosenberg 6 Gastwirtschaften mit 8 Fremdenbetten, in Bronnacker gab es 1 Gasthaus, in Hirschlanden und Sindolsheim jeweils 3 Gaststätten. Seitdem hat sich die Zahl der Gastwirtschaften verringert. 1990 nennt die Gemeindeverwaltung noch 10 *Gastronomiebetriebe*: 4 in Rosenberg (neben dem TSV Clubheim die traditionsreichen Häuser »Zum Lamm«, »Zum Löwen« und »Zur Eisenbahn«), 3 in Sindolsheim (»Zu den 3 Hasen«, »Krone« und »Zum Hirschen«), 2 in Bronnacker (»Bronnacker Hof« und »Gaststätte Seitz«) sowie 1 in Hirschlanden (»Pfeiferhannes«). Übernachtungsmöglichkeiten bestehen nur im »Löwen« und »Lamm« in Rosenberg sowie im »Bronnacker Hof«.

Verkehr. – Seit Eröffnung der Strecke Heidelberg–Würzburg im Jahr 1866 waren Rosenberg und Hirschlanden als Bahnstation direkt an den *Eisenbahnverkehr* angeschlossen und erhielten so Zugang zum Rhein-Neckar-Raum, seit 1869 über Osterburken auch nach Heilbronn und Stuttgart. Die Einwohner von Bronnacker hofften vergeblich auf eine Streckenführung Rosenberg–Bronnacker–Merchingen. Der Eisenbahn verdankte das Lagerhaus Rosenberg seinen Standort, 1904 wurde die Gemeinde als »Zentrale des Güterverkehrs« bezeichnet. Hirschlanden stellte der Bahnverwaltung 1907 das Gelände für ein neues Stationsgebäude nebst Güterhalle zur Verfügung. 1970 hielten noch einige Nahverkehrszüge in Rosenberg und Hirschlanden, wenig später wurde der Bahnhof Hirschlanden stillgelegt. Seit 1985 ist auch Rosenberg keine Bahnstation mehr, die nächstgelegene Haltestelle befindet sich jetzt in Osterburken.

Schon im 19. Jh. waren Rosenberg, Sindolsheim, Hirschlanden und Bronnacker durch *Straßen* miteinander verbunden. Auch zu den meisten benachbarten Dörfern bestanden Straßen. 1876 wurde das Teilstück Rosenberg–Sindolsheim–Altheim fertiggestellt, das den Verkehr mit Walldürn vermittelte. Was fehlte, war eine direkte Verbindung zwischen Rosenberg und Osterburken. Zur 1797 erbauten Landstraße Osterburken–Boxberg besaß Rosenberg zwar einen Verbindungsweg, der aber einen Umweg erforderte, so daß die Strecke nur selten befahren wurde. Stattdessen wurde der Feldweg nach Osterburken benutzt. Obwohl auch Sindolsheim, Hirschlanden und Hohenstadt Interesse an einer Talstraße Osterburken–Rosenberg zeigten, kam das Projekt nicht zur Ausführung. Die heutige B 292 Adelsheim–Osterburken–Boxberg bildete lange Zeit den wichtigsten Zugang zum überregionalen Verkehrsnetz. Wesentlich verbessert hat sich die Verkehrslage seit Eröffnung der Autobahn A 81 Heilbronn–Würzburg im Jahr 1974, die über die Anschlußstelle Osterburken zu erreichen ist. Postkutschen befuhren die Landstraße Osterburken–Berolzheim bis zur Inbetriebnahme der Eisenbahn. 1925 wurde die Kraftpostlinie Buchen–Altheim–Sindolsheim–Rosenberg–Oberwittstadt eingerichtet. Heute sind Rosenberg und Bronnacker an 2, Sindolsheim und Hirschlanden an eine öffentliche *Buslinie* angeschlossen. Die Linie 5630 – Buchen–Osterburken–Krautheim – und zurück hält an Werktagen mehrmals in Sindolsheim, 2–3mal täglich auch in Rosenberg und Bronnacker. Zur Linie 7804 Osterburken–Lauda–Würzburg besteht tagsüber in Bronnacker, Rosenberg und Hirschlanden eine fast stündliche Busverbindung.

216 *Ballenberg von Osten*

217 Ballenberg, Spornlage der Altstadt von Westen

218 Ballenberg, Rathaus

219 Erlenbach von Südosten

220 Hüngheim von Südosten

221 Merchingen von Nordosten

222 Merchingen, Schloß und ev. Kirche

223 Merchingen, Allianzwappen von Berlichingen und von Gemmingen am Schloß (Hofseite)

224 Oberwittstadt von Nordosten

225 Oberwittstadt, Ortsbild mit der kath. Kirche

226 Oberwittstadt, Geschäftszentrum mit Ortsverwaltung

227 Unterwittstadt von Nordosten

228 Unterwittstadt, Ortsbild mit dem Rathaus

229 *Bronnacker von Nordosten*

230 *Hirschlanden von Nordosten*

231 *Rosenberg von Südosten*

232 *Sindolsheim von Nordosten*

233 *Sindolsheim, Grünkerndarren*

234 *Sindolsheim, Ortskern mit der ehemals ritterschaftlichen ev. Kirche*
235 *Sindolsheim, Schloß*

Die Gemeinde im 19. und 20. Jahrhundert 529

Verwaltungszugehörigkeit, Gemeinde und öffentliches Leben

Verwaltungszugehörigkeit. – 1806 gerieten die standesherrlichen Orte Rosenberg und Bronnacker (Fürsten von Löwenstein-Wertheim-Rosenberg) sowie Hirschlanden (je zur Hälfte eine Besitzung der Fürsten von Löwenstein-Wertheim-Rosenberg und der Fürsten von Löwenstein-Wertheim-Freudenberg) unter bad. Souveränität. Sindolsheim, das den Freiherren Rüdt von Collenberg-Eberstadt gehörte, ging 1806 ebenfalls an Baden über. Während Rosenberg, Bronnacker und Sindolsheim zunächst dem Bezirksamt Osterburken unterstellt waren, wurde Hirschlanden dem Bezirksamt Boxberg angeschlossen. 1828 kamen Rosenberg, Bronnacker und Sindolsheim zum Bezirksamt Adelsheim, Hirschlanden folgte 1840. Bis 1936 blieben alle vier Dörfer bei Adelsheim, dann wurden sie dem Bezirksamt Buchen zugeteilt. Bronnacker war ursprünglich Bestandteil der Gkg Rosenberg, ehe es 1817 den Status einer eigenständigen politischen Gemeinde erhielt. Am 1.7.1971 erfolgte die Wiedereingemeindung Bronnackers nach Rosenberg. Durch den Zusammenschluß von Rosenberg, Sindolsheim und Hirschlanden wurde am 1.1.1972 die Gde Rosenberg gebildet. Jeder Teilort verfügt über eine dauerhafte Ortschaftsverfassung. Rosenberg ist Mitglied des Gemeindeverwaltungsverbandes Osterburken, dem außerdem noch Ravenstein angehört.

Gemeinde. – Nach den in den 1870er Jahren durchgeführten Katastervermessungen kann für 1900 eine Gesamtfläche des heutigen Gemeindegebiets von 4096 ha errechnet werden. Darin verfügten Sindolsheim und Rosenberg über ausgedehnte Gemarkungen, Hirschlanden nahm eine mittlere Position ein, und Bronnacker hatte die drittkleinste Gemarkung des Bezirks. Einwohner von Bronnacker, die Grundstücke in Rosenberg besaßen, versuchten vergeblich, eine Gemarkungsverschiebung zu Lasten Rosenbergs durchzusetzen. Bis heute blieben die Gemarkungsflächen konstant. Die Flächenerhebung 1985 ergab für Sindolsheim 1603 ha, für Rosenberg 1333 ha, für Hirschlanden 743 ha und für Bronnacker 417 ha. Von insgesamt 4097 ha entfielen 279 ha auf besiedelte Fläche, 2418 ha auf Landwirtschaftsfläche und 1365 ha auf Wald.

In der 2.H. 19.Jh. hatten die Fürsten von Löwenstein-Wertheim-Rosenberg noch umfangreichen Besitz in Rosenberg und Bronnacker. In Rosenberg gehörten ihnen bis 1860 das 1582/85 erbaute Schloß, das dann an eine Privatperson überging und 1926 bei einem Brand weitgehend zerstört wurde, ferner 200 M Wald und das Hofgut Dörrhof, das in den 1930er Jahren, ebenso wie der Bronnackerhof, von der Bad. Landsiedlung zur Durchführung eines Siedlungsverfahrens erworben wurde. Der größte Teil der Gkg Bronnacker befand sich im Eigentum der Fürsten von Löwenstein-Wertheim-Rosenberg. 1866 besaßen sie 671 M Wald (das gesamte Bronnacker Waldareal) und 386 M Äcker und Wiesen des Bronnackerhofes. Den bürgerlichen Einwohnern blieben nur 163 M landwirtschaftliches Gelände. 1903 waren von 417 ha Gemarkungsfläche 215 ha herrschaftlicher Wald. 1968 verkaufte der Erbprinz zu Löwenstein-Wertheim-Rosenberg die Grundstücke in Bronnacker (244 ha) und Rosenberg (151 ha) an das Land Baden-Württemberg (Staatsforstverwaltung).

Weil in Bronnacker weder Äcker, Wiesen noch Wald in Gemeindebesitz waren, gab es keine Allmende und keinen Bürgernutzen. In den anderen Dörfern bestand der *Bürgernutzen* aus Holzgaben. In Hirschlanden kamen nur Hausbesitzer in den Genuß von Bürgergabholz. Die *Gemeindevermögen* setzten sich im 19.Jh. aus Wald, wenigen landwirtschaftlichen Grundstücken, Kapitalien, Jagd- und Fischereirechten zusammen, wobei der Wald den wichtigsten Bestandteil ausmachte. Ohne jedes Vermögen war Bronnacker, das, abgesehen von einem Armenhaus, auch keine öffentlichen Gebäude hatte. Der amtierende Bürgermeister stellte das Ratszimmer gegen Mietzins zur Verfügung. Erst 1892 wurde ein Rathaus eingerichtet. In Sindolsheim und Hirschlanden waren Schule, Armenhaus und Rathaus seit 1846 bzw. 1870 vorhanden. In Rosenberg gab es seit 1850 2 Schulgebäude, nachdem die Gemeinde die ehemalige, 1780 erbaute Amtskellerei erworben und zum kath. Schulhaus umgestaltet hatte, außerdem das Rathaus, die Spritzenremise und ein Armenhaus.

Heute gibt die Gde Rosenberg als Gemeindebesitz an: 603,97 ha Waldfläche, 17,15 ha Landwirtschaftsfläche, 17,7 ha Unland, Garten- und Grünland, 11,09 ha Wasserfläche, 6,08 ha Erholungsfläche, 133,36 ha Verkehrsfläche, 9,2 ha Gebäude- und Freifläche und 3,3 ha Bauland.

Für Rosenberg, Hirschlanden und Sindolsheim bildete der Wald im 19.Jh. die Haupteinkommensquelle. Außerdem hatten die Gemeinden Einnahmen aus der Verpachtung ihrer landwirtschaftlichen Grundstücke, von Jagd und Fischerei sowie durch Kapitalzinsen. In Hirschlanden flossen auch Pacht und Pfercherlös aus der Schäferei in die Gemeindekasse. Während es die günstige Finanzlage in Sindolsheim gestattete, keine oder nur geringe Umlagen zu erheben, waren in Rosenberg und Hirschlanden immer Umlagen erforderlich. Bronnacker war vollständig auf Umlagen angewiesen, die vor 1900 zu ⅔, danach zu ⅚ von der Standesherrschaft als Eigentümerin des überwiegenden Teils der Gemarkung bestritten wurden. Außerordentliche Ausgaben, die meist zu Kapitalaufnahmen führten, wurden verursacht durch Bau und Instandhaltung von öffentlichen Gebäuden, Kirchenbaukosten, Straßen- und Brückenbau, Zehntablösungen, Katastervermessungen, Bachkorrektionen, Feldbereinigung in Hirschlanden, Wasser- und Stromversorgung. Die Armenunterstützung nahm nur in Rosenberg einen größeren Umfang an. Im allgemeinen waren die Gemeindehaushalte geordnet, Schulden oder Rückstände kamen selten vor, auch nicht in Bronnacker, obwohl die Verhältnisse dort als »äußerst einfach« beschrieben wurden und die Gemeindefinanzen höchste Sparsamkeit verlangten. Sindolsheim gehörte Mitte 19.Jh. zu den wohlhabenden Gemeinden. Hirschlanden und Rosenberg wurden 1952/53 als »wirtschaftlich gut fundierte Gemeinde ohne Schulden« bezeichnet. Dieses Urteil läßt sich heute nicht mehr uneingeschränkt aufrechterhalten. Die Gde Rosenberg nimmt zwar beim Steueraufkommen eine mittlere Position unter den Gemeinden des Neckar-Odenwald-Kreises ein, doch ist die Verschuldung erheblich. Das *Steueraufkommen* hat sich zwischen 1970 und 1980 von 397000 DM auf 1371000 DM mehr als verdreifacht und stieg 1984 weiter auf 1969000 DM an. Dabei nahm der Gewerbesteueranteil von 29,3 % (1970) auf 47,4 % (1980) und 59,2 % (1984) überproportional zu. Die *Steuerkraftsumme* je Einwohner, die 1970 252 DM betrug, hatte sich 1980 auf 799 DM erhöht und war damit die dritthöchste im Kreis. 1984 stieg die Steuerkraftsumme nur noch geringfügig auf 827 DM an. Die Abweichung vom Landesdurchschnitt wurde 1970 mit −26 %, 1980 nur noch mit −5 % angegeben. Der Schuldenstand je Einwohner, der sich 1970 mit 445 DM noch in Grenzen hielt, wuchs 1980 auf 1860 DM an, womit Rosenberg an 3.Stelle unter den 27 Kreisgemeinden rangierte, 1984 hatte sich die Pro-Kopf-Verschuldung mit 1442 DM wieder etwas verringert. Die Gesamtverschuldung konnte von 3276557 DM im Jahr 1987 auf 3149963 DM 1988 gesenkt werden, sie übertraf aber in beiden Jahren das Volumen des Vermögenshaushaltes (1987: 2929523 DM, 1988: 802045 DM). Der Verwaltungshaushalt wurde 1987 auf 3154390 DM, 1988 auf 4013948 DM beziffert. Ausgabenschwerpunkt der nächsten Jahre ist der Bau eines Wasserhochbehälters mit Versorgungsleitungen in Bronnacker, der voraussichtlich einen Kostenaufwand von 3200000 DM erfordern wird. Außerdem werden Sanierungsmaßnahmen durchgeführt: die Sanierung alter Bausubstanz zur Schaffung von neuem Wohnraum und die Einrichtung eines Kulturraumes sind mit

Die Gemeinde im 19. und 20. Jahrhundert   531

jeweils 500000 DM veranschlagt. Rosenberg nimmt am Programm Ländlicher Raum teil.
Rathäuser gab es in Sindolsheim seit 1846, in Hirschlanden seit 1870 und in Bronnacker seit 1892. Das älteste Rosenberger Rathaus datiert aus dem Jahr 1782. 1839 wurde ein neues Rathaus bezogen, das seit 1887 als Schulhaus diente, während die Gemeindeverwaltung ins ehemalige kath. Schulhaus verlegt wurde. 1949 erhielt Rosenberg ein neues Rathaus. Den Gemeindeverwaltungen wurde in der 2. H. 19. Jh. eine geordnete Dienstführung bescheinigt, Sindolsheim galt dank tüchtiger Bürgermeister und verständiger Gemeinderäte sogar als eine der bestverwalteten Gemeinden des Bezirks. Jede Gemeindeverwaltung bestand aus Bürgermeister, 6 Gemeinderäten, Ratsschreiber und Gemeinderechner. An Bediensteten hatte Hirschlanden 1836 Gemeindediener, Wald- und Feldschütz, Hebamme, Industrielehrerin, Leichenschauer und Totengräber. Um 1890 verfügten alle Gemeinden über Polizeidiener, Feldhüter, Waldhüter, Fleischbeschauer, Abdecker, Leichenschauer, Totengräber, mehrere Steinsetzer und, mit Ausnahme von Bronnacker, über Hebamme und Industrielehrerin. Angesichts der begrenzten Zahl von Gemeindebürgern war die Besetzung der Stellen in Bronnacker mit Schwierigkeiten verbunden. Jahrzehntelang wurden deshalb statt 6 nur 3 Gemeinderäte gewählt, es gab einige gemeinschaftliche Bedienstete mit Rosenberg, außerdem hatte ein Einwohner von Bronnacker oft gleichzeitig mehrere Posten inne. Heute sind in der Gemeindeverwaltung Rosenberg außer dem Bürgermeister 3 Beamte, 4 Angestellte, 1 Anwärter und 4 Arbeiter beschäftigt. Die Allgemeine Verwaltung ist im Rathaus I, die Finanzverwaltung im Rathaus II, dem früheren Postgebäude, das seit 1984 als Rathaus genutzt wird, untergebracht. Dort befindet sich auch das Grundbuchamt, das zuvor nach Sindolsheim ausgelagert war. In den ehemaligen Rathäusern der Ortsteile werden Sprechstunden abgehalten. Dem Gemeinderat gehören 12 Gemeinderäte an, die nicht an Parteien gebunden sind. Rosenberg ist eine der wenigen Gemeinden, in der kommunale Vertreter nach personalem Prinzip gewählt werden. An nichtkommunalen Behörden hatte Rosenberg schon Ende des 19. Jh. ein Postamt, das zunächst im Bahnhofsgebäude, später in einem eigenen Haus untergebracht war. 1990 sind in Rosenberg, Sindolsheim und Hirschlanden Postämter eingerichtet.
Ver- und Entsorgungseinrichtungen. – Rosenberg und Sindolsheim schafften sich um 1830 Feuerspritzen an. Hirschlanden war zu dieser Zeit noch an der Eubigheimer Feuerspritze beteiligt und verfügte erst in der 2. H. 19. Jh. über eine Feuerspritze im Ort. In Bronnacker wurde die Rosenberger Feuerspritze benutzt, bis die Gemeinde 1875 vom Staat und von der Standesherrschaft eine Feuerspritze geschenkt bekam. Löschmannschaften waren eingeteilt; in Rosenberg gab es 1847 10 Rotten zu je 12–15 Mann. *Freiwillige Feuerwehren* wurden in den 1890er Jahren in Sindolsheim, 1902 in Rosenberg und 1920 in Hirschlanden gegründet. Der Freiwilligen Feuerwehr Bronnacker gehörten 1957 16 Aktive an, in Rosenberg wurden 1953 30 Feuerwehrleute gezählt. 1973 vereinigten sich die Freiwilligen Feuerwehren von Rosenberg, Sindolsheim, Hirschlanden und Bronnacker zu einer Gesamtwehr, wobei den Abteilungswehren die selbständige Führung belassen wurde. Die Gesamtstärke der Freiwilligen Feuerwehr Rosenberg liegt derzeit bei 93 Aktiven (29 in Hirschlanden, 26 in Sindolsheim, 23 in Rosenberg und 15 in Bronnacker). 1909/10 wurden die 4 Dörfer über das Elektrizitätswerk Jagsthausen an die *Stromversorgung* angeschlossen. Heute ist die Energie-Versorgung-Schwaben (EVS) Stromlieferant, wobei jeder Haushalt Abnehmer ist. Seit den 1890er Jahren war man mit der *Wasserversorgung*, die zuvor nur selten Anlaß zu Klagen bot, nicht mehr zufrieden. In Hirschlanden reichten die 3 Gemeindepumpbrunnen nicht mehr aus, so daß 1893 eine Wasserleitung gebaut wurde, die

7 Brunnen speiste. 1894 bestanden bereits 40 Hausleitungen. Verbesserungen wurden erst wieder in den 1920er Jahren erforderlich, als das Reservoir zu klein und das Leitungsnetz erneuerungsbedürftig war. Auf dem Bronnackerhof ließ die Standesherrschaft 1892 eine Wasserleitung erstellen, während die Gemeinde selbst nur 2 Pumpbrunnen im Ort und 1 Feldbrunnen außerhalb besaß. Wegen der ungenügenden Wasserversorgung in Bronnacker mußte nach 1900 zeitweise Wasser aus Rosenberg geholt werden. Rosenberg verfügte damals durch 6 öffentliche und einige private Brunnen über ausreichend Wasser, nachdem 1893 durch die Anlage von 2 neuen Brunnen der Wassermangel beseitigt worden war. In Sindolsheim lieferten die 5 Pumpbrunnen zu wenig Wasser, so daß sich die Gemeinde für ein Gemeinschaftsprojekt mit den umliegenden Dörfern zu interessieren begann. Nachdem Wasserleitungen gebaut waren, traten Rosenberg (1912), Berolzheim, Bronnacker (1914/15), Sindolsheim (1922) und Osterburken dem Wasserversorgungsverband Kirnaugruppe bei. Größere Wasserhochbehälter wurden in Rosenberg, Sindolsheim und Hirschlanden in den 1970er Jahren in Betrieb genommen, in Bronnacker ist der Bau eines neuen Wasserhochbehälters mit Versorgungsleitungen geplant. Das Rosenberger Leitungsnetz ist veraltet und wird in Etappen verbessert. In Rosenberg und Sindolsheim erfolgt die Wasserversorgung über eigene Quellen, Hirschlanden ist an die Bodensee-Wasserversorgung angeschlossen, Bronnacker bezieht sein Wasser zu ⅔ über den Wasserversorgungsverband Kirnaugruppe und zu ⅓ vom Bodensee. Die Wasserförderung beträgt insgesamt ca. 100 000 cbm pro Jahr. Damit die Abwässer ungehindert abfließen konnten, wurden in der 2. H. 19. Jh. Straßenrinnen angelegt. In Sindolsheim hielt man 1929 eine zentrale *Kanalisation* für notwendig, weil das Wasser durch die ebene Lage des Ortes keinen Ablauf hatte. Auch in Hirschlanden und Rosenberg wurde in den 1950er Jahren die Errichtung einer Kanalisation gefordert. Zu dieser Zeit erfolgte die Ableitung des Regenwassers in Hirschlanden durch Straßenrinnen bzw. durch einen Abflußgraben, der zum großen Teil verschlammt war. Mehrere Abflußrohre wiesen größere Defekte auf. Als erste Gemeinde wurde Rosenberg 1959/60 kanalisiert. In Hirschlanden wurde die Kanalisation 1971, in Sindolsheim und Bronnacker 1974/75 fertiggestellt. Rosenberg und Bronnacker verfügen über vollbiologische *Kläranlagen*, Sindolsheim und Hirschlanden sind an die Kläranlage Rosenberg angeschlossen. *Müll* wird 14 tägig, Sperrmüll viermal jährlich, durch eine von der Gemeinde beauftragte Privatfirma zur Deponie Buchen transportiert. In Rosenberg gibt es eine Bauschuttdeponie.

Die *medizinische Betreuung* erfolgte über einen in Sindolsheim ansässigen Arzt, der auch die benachbarten Dörfer versorgte. Das Einzugsgebiet der seit dem 18. Jh. bestehenden Sindolsheimer Apotheke erstreckte sich auf 7 Orte der Umgebung. Bewohner von Rosenberg und Bronnacker suchten auch Ärzte in Osterburken und die Apotheke in Merchingen auf. Die nächstgelegenen Krankenhäuser befanden sich in Osterburken und Buchen. Über eine Hebamme verfügte in der 2. H. 19. Jh. jede Gemeinde, wobei Bronnacker eine gemeinschaftliche Hebamme mit Rosenberg hatte. Eine organisierte Krankenpflege wurde 1910 mit der Anstellung einer Krankenpflegerin in Rosenberg eingerichtet, die auch von anderen Dörfern in Anspruch genommen wurde. Die Auflösung der Krankenpflegestation erfolgte, als sich Rosenberg mit seinen Ortsteilen 1980 der Diakoniestation Adelsheim anschloß, die bei Bedarf eine Krankenschwester mit dem Auto in die Gemeinde schickt. Rosenberg ist darüber hinaus an die Caritas Osterburken und die Dorfhelferinnenstation in Ravenstein angegliedert. Zentrum der medizinischen Versorgung ist auch heute Sindolsheim, wo sich ein praktischer Arzt und eine Apotheke befinden. Der Arzt hält, ebenso wie ein Allgemeinmediziner

Die Gemeinde im 19. und 20. Jahrhundert   533

aus Ahorn-Eubigheim, Sprechstunden in Rosenberg ab. Aufgesucht werden außerdem Ärzte in Osterburken. Die nächsterreichbaren Krankenhäuser sind in Buchen und Bad Mergentheim.

Friedhöfe waren schon vor dem 19. Jh. in Rosenberg, Sindolsheim und Hirschlanden angelegt. Verstorbene aus Bronnacker wurden nach Rosenberg überführt. Die jüd. Einwohner von Sindolsheim ließen sich auf dem Verbandsfriedhof Bödigheim bestatten. Die alten Friedhöfe von Sindolsheim und Hirschlanden, die inzwischen Leichenhallen erhielten, werden noch heute genutzt. Dies gilt nicht mehr für den Friedhof im Zentrum von Rosenberg, seit 1978 ein neuer Friedhof mit Leichenhalle außerhalb des Ortes angelegt wurde.

Die erste »Kleinkinderschule« wurde 1875 in Sindolsheim eröffnet, in Rosenberg scheiterte 1880 eine Gründung an konfessionellen Gegensätzen. 1949 kaufte die ev. Kirchengemeinde das alte Rosenberger Rathaus und richtete dort einen *Kindergarten* ein, der aber bald zu klein war, so daß 1963 ein Neubau erforderlich wurde. 1990 bestehen ev. Kindergärten in Rosenberg, Sindolsheim und Hirschlanden.

Kirche und Religionsgemeinschaften. – In den letzten 150 Jahren blieb die Dekanatszugehörigkeit innerhalb der *ev. Kirchenorganisation* unverändert. Die Kirchengemeinde Rosenberg (mit Filiale Bronnacker) und Sindolsheim unterstehen dem Kirchenbezirk Adelsheim, die ev. Kirchengemeinde Hirschlanden ist dem Kirchenbezirk Boxberg zugeteilt. Das Patronatsrecht hat die jeweilige ehemalige Ortsherrschaft. Seit 1863 versieht Hirschlanden die Pfarrei Hohenstadt; eine Vereinigung beider Kirchengemeinden scheiterte in den 1880er Jahren am Widerstand von Hohenstadt. Am 1.1.1983 wurde die ev. Kirchengemeinde Sindolsheim durch Eingliederung um den Diasporaort Walldürn-Altheim erweitert. Sindolsheim wird seit mehreren Jahren von Rosenberg aus betreut. Jede Pfarrei hat eine eigene Kirche. In Rosenberg wurde 1852 eine neue Kirche um den alten Chorturm erstellt. Auch beim Bau der Sindolsheimer Kirche 1502 blieb der Chorturm erhalten. Die Kirche von Hirschlanden stammt aus dem Jahr 1717. Alle Kirchen wurden mehrfach renoviert, zuletzt 1950 in Hirschlanden, 1952 in Sindolsheim und 1947 bzw. 1970 in Rosenberg. Ev. Gemeindehäuser gibt es in Rosenberg und Sindolsheim.

Die *kath. Pfarrei* Rosenberg gehörte im 19. und 20. Jh. zum Landkapitel Buchen. Das Präsentationsrecht oblag den Fürsten von Löwenstein-Wertheim-Rosenberg. 1828 waren Rosenberg die Filialen Bronnacker, Bofsheim und Hohenstadt zugeteilt. 1863 wurden auch die wenigen Hirschlander Katholiken von Rosenberg pastoriert, während die kath. Einwohner von Sindolsheim in den Zuständigkeitsbereich der Pfarrei Altheim fielen. 1939 waren Rosenberg die Filialen Bronnacker und der Diasporaort Hirschlanden angeschlossen, Sindolsheim war Diasporaort von Altheim. Auch heute gehört Sindolsheim zur Pfarrei Walldürn-Altheim, Hirschlanden und Bronnacker sind Rosenberg unterstellt. Seit 1979 wird die kath. Pfarrei Rosenberg von Osterburken aus versehen. Die Rosenberger Kirche St. Karl Borromäus und St. Sebastian wurde 1756/59 erbaut und 1968/70 renoviert. Bronnacker verfügt seit 1890 über eine Filialkapelle.

Jüd. Gemeinden entstanden im 18. Jh. in Rosenberg und Sindolsheim. Sindolsheim hatte seit der 1. H. 19. Jh. eine Synagoge, in Rosenberg erfüllte das zum »Lamm« gehörige »Magazin« diesen Zweck. 1827 wurden beide Gemeinden dem Rabbinatsbezirk Merchingen zugeteilt. Die jüd. Gemeinde Rosenberg wurde am 12. 7. 1888 aufgelöst und die wenigen noch verbliebenen Israeliten Sindolsheim angegliedert. Mit ihrer Abwanderung erlosch auch das Filialverhältnis. Durch Beschluß des Bad. Staatsministeriums vom 4. 5. 1921 wurde die jüd. Gemeinde Sindolsheim aufgehoben, weil sie nur noch aus einem stimmberechtigten Mitglied bestand. Die jüd. Einwohner wurden

Adelsheim zugewiesen, wegen Unstimmigkeiten aber bereits 1 Jahr später Eberstadt angeschlossen. Die Synagoge verfiel und wurde abgerissen.
Schule. – Im 19. Jh. gab es in Rosenberg, Sindolsheim und Hirschlanden ev. Schulen. Rosenberg hatte auch eine kath. Schule, die seit 1850 in der ehemaligen Amtskellerei untergebracht war. Kinder aus Bronnacker besuchten die Rosenberger Schulen. An jeder Schule war ein Hauptlehrer angestellt, in Sindolsheim unterrichtete zeitweise noch ein Unterlehrer. In Hirschlanden, wo in den 1830er Jahren das räumlich beschränkte Schulhaus aufgestockt wurde, reichte 1898 der Platz erneut nicht aus, so daß der Lehrer die 100 Schüler in drei Abteilungen unterrichten mußte, was zur Folge hatte, daß das Lehrziel der Volksschule von einem großen Prozentsatz der Schüler nur unvollkommen erreicht wurde. Gefordert wurde ein Schulhausneubau, der 1902 zur Ausführung gelangte, sowie die Schaffung einer Unterlehrerstelle, gegen die sich die Gemeinde aus finanziellen Gründen lange zur Wehr setzte. 1876 wurden die ev. und die kath. Schule von Rosenberg zu einer Gemeinschaftsschule vereinigt, die 1887 in das geräumigere Rathaus verlegt wurde. Wegen der Umbaukosten entstand ein jahrelanger Streit zwischen Rosenberg und dem beitragspflichtigen Bronnacker. Nachdem sich das Gebäude wenig später wiederum als zu klein erwies, stand man vor der Alternative, ein drittes Schulzimmer anzubauen oder den Schulverband mit Bronnacker zu lösen. Bronnacker entschloß sich zum Bau einer eigenen Schule, die 1908 eingeweiht und mit einem Hauptlehrer besetzt wurde. Rosenberg bezahlte bei der Aufhebung des Schulverbandes eine Abfindung an Bronnacker. Industrieunterricht war in der 2. H. 19. Jh. eingeführt. Die vor dem 1. Weltkrieg vorgesehene Gründung einer Haushaltungsschule in Rosenberg unter Beteiligung von Hirschlanden, Sindolsheim und Hohenstadt kam wegen der ablehnenden Haltung der drei letztgenannten Gemeinden nicht zustande. Erst 1931 fand eine im Rosenberger Rathaus eingerichtete Haushaltungsschule Erwähnung. Gewerbliche Fortbildungsschulen gab es in Osterburken und Eubigheim. 1954 wurde in Sindolsheim, 1956 in Rosenberg ein neues Schulhaus gebaut, in Rosenberg 1958 auch ein Lehrerwohnhaus. Mit der Schulreform mußten die Dorfschulen schließen, die Rosenberger Schule wurde zur zentralen *Grundschule* erklärt. Auch heute befindet sich die Grundschule für alle Ortsteile in Rosenberg. Dort unterrichten derzeit 4 Lehrer 86 Schüler in 4 Klassen. An weiterführenden Schulen werden Haupt-, Realschule und Ganztagsgymnasium in Osterburken, das Gymnasium in Tauberbischofsheim und die Berufsschulen in Buchen und Mosbach aufgesucht. Die *Volkshochschule Buchen* unterhält eine Außenstelle in Rosenberg.
Sportstätten. – Die meisten Sporteinrichtungen befinden sich im Ortsteil Rosenberg. Dort wurde 1923 der erste Fußballplatz angelegt. Ein in der Zeit des 3. Reiches eröffnetes Freischwimmbad wurde um 1950 wieder geschlossen. Heute gibt es einen 1978 eingerichteten Rasenplatz und einen Hartplatz, eine Sporthalle (Baujahr 1988), drei Tennisplätze, die seit 1978 in Betrieb sind, einen Allwetterplatz und einen Trimm-Dich-Pfad. Hirschlanden verfügt seit 1949 über einen Sportplatz. Sindolsheim hat eine 1972/73 fertiggestellte Turnhalle, einen Allwetterplatz und einen Rasenplatz, der 1965 angelegt wurde.
Vereine. – Am ältesten sind die Gesangvereine: der Gesangverein 1858 Rosenberg hat derzeit 145 Mitglieder, die Chorgemeinschaft Frohsinn Sindolsheim wurde 1860 gegründet und verfügt heute über 145 Mitglieder. Dem Gesangverein Sängerbund Hirschlanden, den es seit 1868 gibt, gehören 107 Mitglieder an. Fußball steht beim TSV Rosenberg 1921 e. V., mit 350 Personen mitgliederstärkster Verein, der SpVgg Sindolsheim, die seit 1964 besteht und inzwischen 250 Mitglieder hat, und beim FC Teutonia Hirschlanden 1923 e. V., dessen Mitgliederzahl 237 beträgt, im Mittelpunkt. An Sport-

vereinen gibt es außerdem den Schützenverein Sindolsheim, 1924 gegründet und heute 149 Mitglieder stark, und den Motor-Sport-Club Rosenberg, der sich 1972 zusammenfand und 1990 auf 80 Mitglieder angewachsen ist, sowie die Wanderfreunde Rosenberg, 1977 gegründet, mit jetzt 120 Mitgliedern, und die DLRG Rosenberg, die seit 1968 besteht und 90 Mitglieder hat. Der Bauernverband Rosenberg verfügt über 20 Mitglieder. Der Kleintierzuchtverein Sindolsheim wurde 1968 gegründet, ihm gehören heute 30 Mitglieder an. Das DRK unterhält seit 1959 eine Ortsgruppe Rosenberg mit derzeit 267 Mitgliedern. Den Kulturverein »Schluckspechte« e.V. Hirschlanden gibt es seit 1974, seine Mitgliederzahl beträgt 117.

Strukturbild

Vor dem 2. Weltkrieg waren Rosenberg, Sindolsheim, Hirschlanden und Bronnacker landwirtschaftliche Dörfer, in denen Getreidebau, insbesondere Grünkernproduktion, sowie Rinder- und Milchviehhaltung die wichtigsten Einnahmequellen bildeten. Während in Sindolsheim der landwirtschaftliche Betrieb infolge der günstigen Besitzgrößenstruktur zur Existenzsicherung ausreichte, waren in Rosenberg und Hirschlanden zahlreiche Einwohner gezwungen, den ungenügenden Verdienst der Landwirtschaft durch Nebenbeschäftigungen zu ergänzen, wobei Handel und Handwerk keine über die Dörfer hinausreichende Bedeutung erlangten. Bronnacker galt als Taglöhnergemeinde, weil sich die Gemarkung weitgehend im Besitz der Fürsten von Löwenstein-Wertheim-Rosenberg befand, so daß die Einwohner kaum eigenen Grundbesitz hatten und ihren Lebensunterhalt fast ausschließlich mit Taglohnarbeiten bestreiten mußten. Die insgesamt unbefriedigenden Erwerbsverhältnisse führten dazu, daß im letzten Drittel des 19. Jh. durch Abwanderung ein Bevölkerungsrückgang einsetzte, der, nur kurzfristig in der Nachkriegszeit unterbrochen, bis heute anhält. Ein Industriebetrieb und einige größere Handwerksbetriebe wurden in den 1920er Jahren in Rosenberg eröffnet, das demzufolge 1939 den höchsten Anteil der Beschäftigten im Produzierenden Gewerbe aufwies, wenngleich die Landwirtschaft, wie in Sindolsheim, Hirschlanden und Bronnacker, Haupterwerbszweig war. Auch nach Kriegsende blieb die Industrieansiedlung auf Rosenberg beschränkt. 1950 arbeiteten hier im Produzierenden Gewerbe etwa gleichviel Personen wie in der Land- und Forstwirtschaft, die noch 1970 in Bronnacker (53,3 %), Sindolsheim (46 %) und Hirschlanden (45,2 %) dominierender Wirtschaftssektor war. 1987 war im Gemeindedurchschnitt jeder 10. Erwerbstätige (in Bronnacker noch jeder 4., in Sindolsheim jeder 5.) in Land- und Forstwirtschaft beschäftigt, etwa die Hälfte arbeitete jetzt im Produzierenden Gewerbe. Drei Rosenberger Betriebe stellen industrielle Arbeitsplätze zur Verfügung, so daß sich die Zahl der Einpendler, die mehrheitlich aus Ahorn, Osterburken und Ravenstein kamen, 1987 auf 201 Personen erhöht hatte. Bedingt durch den starken Auspendlerüberschuß von Sindolsheim, Hirschlanden und Bronnacker, nahm die Zahl der Auspendler seit 1970 um mehr als das Doppelte zu. Von 676 Auspendlern gingen 1987 292 nach Osterburken, mit weitem Abstand folgte Buchen als Zielort für 66 Auspendler.

Bronnacker, das erst seit 1817 selbständige Gemeinde war, blieb auch nach der Loslösung eng mit Rosenberg verbunden, wo sich Schulen, Kirchen, Friedhof, Feuerspritze, Hebamme, Handels- und Handwerksbetriebe befanden. Dagegen verfügten Sindolsheim und Hirschlanden über eigene Schulen, Kirchen und die nötigsten Gewerbebetriebe im Ort. Hirschlanden war seit 1866 Bahnstation. Sindolsheim galt als Marktflecken und Sitz von Arzt und Apotheke »als eine Art Vorort« der umliegenden Dörfer, eine Stellung, die der Ort längst eingebüßt hat, obwohl auch heute noch Arzt und Apotheke für die Gesamtgemeinde hier ansässig sind. Rosenberg war in der 2. H. 19. Jh. eine der größten und wichtigsten Gemeinden des Bezirks. Es gab Schulen und Kirchen für beide Konfessionen und zahlreiche Handwerks- und Handelsbetriebe, die jedoch überwiegend nur lokale Bedeutung hatten. Die Funktion als Marktort verlor an Gewicht, als der Besuch der Märkte seit Inbetriebnahme der Eisenbahn nachließ, so daß sie Ende des 19. Jh. ganz eingestellt wurden. Als Sitz der 1904 gegründeten Lagerhausgenossenschaft, der bis heute die meisten Landwirte der Umgebung angehören, sowie durch Industriebetriebe, die schon in den 1950er Jahren auswärtige Arbeitskräfte beschäftigten, erfüllte Rosenberg auch im 20. Jh. zentralörtliche Aufgaben. Heute ist der Gemeindeteil Rosenberg, dessen Verkehrslage sich trotz Aufhebung der Bahnstation seit Eröffnung der Autobahn A 81 verbessert hat, Mittelpunkt der gleichnamigen, 1972 gebildeten Gemeinde. Hier befinden sich Gemeindeverwaltung, Grundschule, Industriebetriebe und ein Einkaufsmarkt, der die Lebensmittelversorgung der Gemeinde gewährleistet. Weil es ansonsten nur wenige – in Bronnacker und Hirschlanden überhaupt keine – Einzelhandelsgeschäfte gibt, werden die meisten Einkäufe in Osterburken und Adelsheim getätigt.

Quellen

Ortsbereisungsakten

Bronnacker 1862–1872 GLA 338/1794; 1872–1911, GLA 338/1796; 1921–1930, 1957, GLA 345/S. 496

Hirschlanden 1833–1852 Gemeindearchiv A 29; 1880–1913, GLA 338/2063; 1926–1930, GLA 345/S. 1876

Rosenberg 1861–1890 GLA 338/2788; 1890–1897, GLA 338/2789; 1899–1913, GLA 338/2790; 1928–1931, 1953, GLA 338/2791

Sindolsheim 1857–1871 GLA 338/3259; 1871–1913, GLA 338/3260; 1929–1931, GLA 338/3261

Literatur

Erhebungen über die Lage der Landwirtschaft im Großherzogtum Baden 1883. Band 1: Sindolsheim. Karlsruhe 1883.

Festschrift zu den Heimattagen 1961 vom 3. bis 5. Juni. Bearb. von Arno *Hagenbuch*. Hrsg.: Gemeinde Rosenberg. Rosenberg 1961.

Löffler, Max: Rosenberg. Im Herzen des Baulandes. Rosenberg 1974.

Schweizer, Heinrich: Aus der Geschichte meines Heimatdorfes Rosenberg. Bruchsal 1921.

C. Geschichte der Gemeindeteile

Bronnacker

Siedlung und Gemarkung. – Das kleine Haufendorf Bronnacker wird 1335/45 erstmals als *Brunnaker* erwähnt und ist vermutlich eine hochmittelalterliche Ausbausiedlung, die von Rosenberg bzw. von dessen Vorgängersiedlung aus angelegt worden ist. Gelegentlich (1421, 1618) begegnet auch die Bezeichnung *Baunacker* oder *Bruneakker* (1349). Ob der Ortsname sich auf die Farbe des Bodens oder auf den dort betriebenen Feldbau bezieht, muß dahingestellt bleiben. 1642 wird Bronnacker als Weiler mit 7 Häusern bezeichnet, von denen aber zu jener Zeit alle verödet waren. 1751 wurden wieder 20 Feuerstätten gezählt. 1642 war die ganze Gemarkung, zu der seinerzeit 306 M Felder und Wiesen sowie 801 M Wald gehörten, an die Herrschaft gefallen.

Herrschaft und Staat. – Bronnacker gehörte ursprünglich wohl zum Besitz der edelfreien Herren von Dürn; deren Ministerialen, die Münch von Rosenberg, erscheinen 1335/45 im Besitz des ihnen nun bereits durch den Bischof von Würzburg verliehenen Zehnten auf hiesiger Gemarkung und bald darauf auch im Besitz des Hofes (im 17. Jh. 314 M Äcker in drei Fluren und 12 M Wiesen), der das herrschaftliche Zentrum der Siedlung gebildet hat. Ähnlich wie in Rosenberg wurden die Münch auch in Bronnacker durch die Niederadeligen von Rosenberg abgelöst, zu deren Herrschaft der Ort in der Folgezeit gehörte. Mit dieser Herrschaft kam Bronnacker nach 1632 als würzburgisches Lehen in die Hand der Grafen von Hatzfeld, wurde 1682 an den Deutschen Orden verpfändet und 1730 durch Fürst Dominik Marquard zu Löwenstein-Wertheim erworben. Mit den übrigen Orten der Herrschaft Rosenberg kam Bronnacker 1806 an das Großherzogtum Baden.

Kirche und Schule. – Kirchlich gehörte Bronnacker von alters her zu Rosenberg. Eine Kapelle zur Schmerzhaften Muttergottes wurde hier erst 1890 gebaut. Der große Fruchtzehnt, desgleichen der kleine Zehnt von den Hackfrüchten, standen als würzburgische Lehen stets der Herrschaft zu.

Bevölkerung und Wirtschaft. – Die wenig bemittelte Einwohnerschaft von Bronnacker – 1751 belief sich ihre Zahl auf nicht mehr als 22 – ernährte sich gegen Ende des 18. Jahrhunderts von Feld- und Wiesenbau sowie etwas Viehzucht. Die Dreifelderwirtschaft ist hier seit dem 17. Jh. bezeugt. Ein zwischen den Vettern Hans und Konrad von Rosenberg strittiger Schaftrieb in Bronnacker, der offensichtlich zu den Rechten des herrschaftlichen Hofes gehörte, wird 1479 erwähnt.

Hirschlanden

Siedlung und Gemarkung. – Das Dorf Hirschlanden wird im Hirsauer Codex anläßlich der Schenkung von 9 Hufen zu *Hirsslanden* durch Wolfram von Glattbach um 1100 (Kop. 16. Jh.) erstmals erwähnt. Mit dem Zusatz *in Osterfrancken* ist Hirschlanden im Unterschied zu anderen Siedlungen gleichen Namens (u. a. bei Leonberg) näher bezeichnet. Der Name ist wohl als »Hirseland« zu erklären; die Entstehung des Ortes dürfte demnach wohl in die hochmittelalterliche Ausbauzeit zu datieren sein. Das Haufendorf erstreckt sich zu beiden Seiten der Rinach, eines Zuflusses der Kirnau, mit dem durch die Kirche markierten Ortskern auf der rechten Talseite an der Mündung eines Zuflusses der Rinach. 1711 wurden in Hirschlanden 50 Einwohner und Untertanen, 1799 etwa 80 Haushaltungen gezählt.

Herrschaft und Staat. – Nach dem Ort nannte sich 1103 Rugger von Hirschlanden, der als Zeuge bei der Schenkung Diemars von Röttingen für Hirsau anläßlich dessen Eintritt in dieses Kloster erscheint. Lediglich bei dieser Gelegenheit wird ein Adliger erwähnt, der sich nach Hirschlanden nannte. Bei der Schenkung des Diemar von Röttingen erscheint als Zeuge auch jener Wolfram von Glattbach, der um dieselbe Zeit dem Kl. Hirsau Besitz zu Hirschlanden geschenkt hat.

Typisch für die Adelslandschaft des Odenwalds und des Baulandes ist der rasche Wechsel der Familien, die hier im späten Mittelalter die Ortsvogtei und wohl auch selbst Besitz hatten, wie jener Ritter Hermann Lesche, der seine Güter in Hirschlanden an das Kl. Schöntal veräußerte (1297). Als würzburgisches Lehen des Ritters Arnold von Rosenberg erscheint Hirschlanden 1317/22; vorheriger Lehensinhaber war Lutz

Münch. Da die Münch von Rosenberg ursprünglich Ministerialen der edelfreien Herren von Dürn waren, ist anzunehmen, daß die Lehnshoheit zuvor den Dürnern zustand und von diesen, möglicherweise nur vorübergehend, an Würzburg gelangt ist. Dafür spricht auch, daß Hirschlanden später von den Grafen von Wertheim zu Lehen ging (1454), die zu den Erben der Dürner gehören.

Die Herrschaftsrechte in Hirschlanden waren unter den verschiedenen Linien der Herren von Rosenberg schon früh geteilt (1393). Kunz von Rosenberg zu Bartenstein verkaufte 1425 an Kunz von Rosenberg d. Ä. zu Reigelberg neben seinem Teil an Rosenberg auch das halbe Dorf Hirschlanden. Nach dem Wertheimer Lehnbuch von 1454 wurde mit einem Teil des Dorfes Asmus von Rosenberg belehnt, mit dem anderen Hans von Rosenberg, der dazu noch ein Burggut zu Wertheim erhielt. Diese Teilung Hirschlandens in zwei Wertheimer Lehen ist bis zum Aussterben der Rosenberger erhalten geblieben; auf sie geht auch ein Streit zwischen den Vettern Hans und Konrad zurück, der 1479 geschlichtet wurde. Während die Vogteiherrschaft am Ort den Herren von Rosenberg zustand, gehörte das Dorf hinsichtlich der hohen Gerichtsbarkeit zur mainzischen Zent Osterburken.

Nach dem Aussterben der Herren von Rosenberg im Jahre 1632 wurde das Lehen Hirschlanden von den Grafen zu Löwenstein-Wertheim als Inhaber der Grafschaft Wertheim eingezogen und der gemeinschaftlichen Kellerei, dem späteren Amt Gerichtstetten, unterstellt. Mit den übrigen Besitzungen der Fürsten und Grafen zu Löwenstein-Wertheim links des Mains kam Hirschlanden 1806 zum Großherzogtum Baden.

Grundherrschaft und Grundbesitz. – Hirschlanden gehörte ursprünglich offenbar zu der von den Edelfreien von Dürn bevogteten Grundherrschaft des Kl. Amorbach. Die Amorbacher Rechte scheinen aber schon früh verlorengegangen zu sein, da sie im Urbar von 1395 nicht mehr erwähnt werden; erworben waren sie zwischen 1050 und 1150 aus dem Besitz des Heinrich von Pülfringen. Demnach sind die ursprünglichen Amorbacher Rechte zu Hirschlanden von Adligen übernommen worden, ebenso wie die Schenkung der 9 Hufen, die Wolfram von Glattbach (Lkr. Aschaffenburg) für sich, seinen Bruder Wicnand und seinen Vater Anselm dem Kl. Hirsau geschenkt hat. Eine weitere Schenkung in Hirschlanden, ein *predium* (Gut) hat Hirsau von Dietrich von Weinsberg erhalten (ca. 1150). Aus dem Hirsauer Codex geht hervor, daß das Kloster diesen Besitz in Hirschlanden teils an das Spessartkloster Schönrain weitergab, teils zur Ausstattung seines Tochterklosters Reichenbach verwendete (1086/1120).

Zu den niederadligen Grundherren im spätmittelalterlichen Hirschlanden zählt auch der Ritter Hermann Lesche, der zusammen mit seiner Frau Mechthild, seinem Sohn Gottfried und dessen Frau Alheid 1297 dem Kl. Schöntal zwei Höfe (*curiae*) und zwei Güter (*bona*) in Hirschlanden verkauft hat. 1325 wird zwischen Heinrich von Pappenheim, Komtur des Deutschen Ordens zu Mergentheim, und Christoph von Rosenberg ein Vertrag wegen strittiger Güter zu Hirschlanden geschlossen. Es kann angenommen werden, daß es sich dabei um Besitzungen handelte, die ein Rosenberger beim Eintritt in den Orden diesem vermacht hat.

Das Lagerbuch von 1711 nennt den Schultheißen Thomas Friedrich mit 111 M als den größten Grundbesitzer am Ort. Der Gemeinde gehörte ein Wald von 668 M.

Kirche und Schule. – Die Pfarrei Hirschlanden, über deren Alter und Patrozinium nichts bekannt ist, wird um 1450 in der Würzburger Diözesanmatrikel erwähnt. Ihr Patronatsrecht scheint in den Händen der Ortsherrschaft gewesen zu sein, doch ist hierüber nichts weiter bekannt. Möglicherweise sind bei der Reformation anderweitige Rechte hinsichtlich der Pfarrbesetzung übergangen worden. Die Pfarrei besaß Güter im Umfang von 29 M.

Die Reformation wurde nach 1555 durch die Ortsherrschaft, die Herren von Rosenberg, in Hirschlanden eingeführt. Es kann davon ausgegangen werden, daß dies auf derselben rechtlichen und theologischen Grundlage geschah wie in Rosenberg. Wenn das Patronat nicht in Händen der Herren von Rosenberg gewesen ist, genügte, wie anderwärts auch, der Besitz der Vogteiherrschaft als Rechtsgrundlage für die kirchlichen Veränderungen. Wahrscheinlich hat man sich auch in Hirschlanden, ähnlich wie in der Rosenberger Dorfordnung von 1557 mit ihrer charakteristischen Verbindung von Kirchenreform und Sittenzucht, auf das kaiserliche Interim berufen und die Hohenlohische Kirchenordnung von 1553 übernommen. Als erster ev. Pfarrer in Hirschlanden erscheint 1565 Burkhard Rüdinger. Von 1596 bis 1623 war Paulus Wolf Pfarrer in Hirschlanden. Auf ihn weisen auch Inschriften an der Friedhofsmauer (1607) und auf der Friedhofskanzel hin (1610). Da nach dem Aussterben der Herren von Rosenberg 1632 das Lehen Hirschlanden von Wertheim eingezogen wurde, ergab sich dadurch in konfessioneller Hinsicht keine Veränderung. Eine neue Kirche wurde 1717 erbaut. Ein Schulhaus wird 1792 erwähnt.

Der Zehnt zu Hirschlanden, der vom Bischof von Würzburg zu Lehen ging, erscheint seit dem 13. Jh. in Laienhand. Bischof Iring erlaubte 1260, daß Konrad von Krautheim ihn um seines Seelenheils willen dem Kl. Schöntal übergab. Das Kloster hatte dafür dem Würzburger Domkapitel einen jährlichen Zins von zwei Scheffel Weizen zu reichen. Wahrscheinlich war der edelfreie Konrad von Krautheim als Verwandter der Herren von Boxberg in den Besitz des Hirschlandener Zehnten gelangt, den er nunmehr dem von seinen Verwandten, den Herren von Bebenburg, gegründeten Kl. Schöntal zuwandte.

Bevölkerung und Wirtschaft. – Die für Kl. Schöntal ausgestellte Verkaufsurkunde des Ritters Hermann Lesche (1297) macht vier Einwohner von Hirschlanden namhaft: *Helt, Conradus dictus Marschalch, Ermenrich* und *Hezel*. Am 1. Januar 1803 belief sich die ortsansässige Bevölkerung auf 303 Personen. Die Bevölkerung ernährte sich am Ende des Alten Reiches (1799) von Ackerbau und Viehzucht, die hier besonders erfolgreich betrieben wurden, da die Bewohner durchweg als wohlbemittelt bezeichnet werden. Im übrigen wurde in Hirschlanden noch etwas Getreidehandel betrieben. Die Gemarkung, die sich zu beiden Seiten des Eubigheimer Bachs und eines hier mündenden Zuflusses ausdehnt, war in drei Fluren eingeteilt, die sich gegen den Neuhof, gegen Rosenberg und gegen Hohenstadt erstreckten.

Rosenberg

Siedlung und Gemarkung. – Der Ort erscheint urkundlich erstmals 1251 als *Rosenberc* und hat seinen Namen von einer hier gelegenen Burg. Die 1864 beim Straßenbau nordwestlich des Dorfes aufgefundenen merowingerzeitlichen Steinplattengräber lassen darauf schließen, daß es hier eine frühmittelalterliche Siedlung gegeben hat, die offenbar im späteren Rosenberg aufgegangen ist, ebenso wie das 848 und 856 erwähnte Mensingenheim. Der Ortskern liegt als geschlossenes Haufendorf, mit dem ehemaligen Schloß an der höchsten Stelle, in einer Schlinge der Kirnau. Diese Lage wurde bei der Gründung der Burg wohl im Interesse der leichteren Befestigung gewählt, da die Bachschlinge durch die sogenannte Klinge, die möglicherweise ebenfalls Wasser geführt hat, abgegraben worden war. Eine Stadtmauer wird 1642 erwähnt, aber schon 1751 war davon nichts mehr vorhanden. 1666 wurden in Rosenberg 49 Haushaltungen gezählt, 1751 bestand der Ort aus 104 Häusern. Aus der unregelmäßigen Form der hiesigen Gemarkung ist unschwer zu erkennen, daß sie um Teile anderer Gemarkungen, nämlich um die der Wüstungen Mensingenheim und Gieß, erweitert worden ist.

Herrschaft und Staat. – Man darf annehmen, daß die edelfreien Herren von Dürn die Gründer der Burg Rosenberg waren und daß Burg und Ort ursprünglich zu ihrer Herrschaft gehörten. Nach Rosenberg nannten sich später zwei Niederadelsgeschlechter, zunächst die Münch (Mönch) von Rosenberg und dann die Herren von Rosenberg. Bei ersteren handelt es sich offensichtlich um Ministerialen der Herren von Dürn, die als Burgmannen auf der Burg Rosenberg gesessen haben. Aus der Hand der Münch ist Rosenberg in der Niedergangszeit der Dürner dann an einen Zweig der Familie von Uissigheim gelangt, der sich nunmehr nach diesem Ort benannte.

Die Münch von Rosenberg führten im Wappen einen rechtssehenden Mönchskopf, begleitet von drei Rosen. Eine andere Version zeigt einen Mönch mit drei Rosen in der linken und einem Buch in der rechten Hand. Das erste, urkundlich erwähnte Mitglied dieser Familie ist ein *Monachus de Rosenberc*, der 1251 im Testament Konrads von Dürn als erster nach den edelfreien und gräflichen Zeugen genannt wird; er muß demnach unter den Dürner Gefolgsleuten eine angesehene Stellung eingenommen haben. Vermutlich ist er identisch mit jenem *Cunradus dictus Monachus de Roseberg*, der 1253 als Zeuge in einem Tauschvertrag zwischen Graf Boppo von Dilsberg und dem Kl. Gnadental an erster Stelle genannt wird. Konrad Münchs Witwe Elisabeth stiftete 1270 dem von den Dürnern gegründeten Kl. Seligental einen Hof zu Seckach.

Nachdem die Herren von Rosenberg Uissigheimer Stammes wohl kurz vor 1285 in den Besitz des Ortes gelangt waren, wandten sich die Münch alsbald nach auswärts und sind in der Folgezeit an mehreren Orten und in Diensten verschiedener Herren anzutreffen. So gab es die Münch von Hainstadt, von Dittwar und von Pülfringen; ein Zweig ist seit der Mitte des 15. Jh. unter den markgräflich badischen Lehnsleuten zu finden. Irmel und Margarete Münch von Rosenberg waren im 15. und zu Beginn des 16. Jh. Äbtissinnen des Frauenklosters Oberstenfeld. Mit ihnen näher verwandt war wohl Jos Münch von Rosenberg, 1535/51 württembergischer Obervogt am Schwarzwald. Die Familie ist 1622 mit Hans Jakob Münch von Rosenberg im Mannesstamm erloschen.

Die Herren von Rosenberg führten als Wappen einen geteilten, oben und unten fünfmal gespaltenen Schild. Sie gehörten zu den am weitesten verzweigten fränkischen Adelsfamilien und erhoben sich sowohl hinsichtlich ihrer wirtschaftlichen als auch ihrer politischen Bedeutung über den Durchschnitt des Niederadels im Odenwald und im Bauland. Ihre Abkunft von den Uissigheimern ist nicht nur aus der Übereinstimmung der Wappen zu schließen; sie läßt sich auch urkundlich belegen durch Benennungen wie etwa *Eberhardus miles de Rosinberg dictus de Ussinkeim* (1288).

Die Herren von Rosenberg standen stets in Diensten der auf Odenwald und Bauland einwirkenden Territorialmächte. Eberhard von Rosenberg war 1305 mainzischer Amtmann in Walldürn und gelangte auch in der erzstiftischen Politik zu großem Einfluß. Ein zweiter Eberhard von Rosenberg war mainzischer Vogt auf der Wildenburg (1354). Noch bedeutsamer war das Verhältnis zur Kurpfalz, mit der die Rosenberger über die zu Beginn des 14. Jh. an sie gelangte Erbschaft von Mauer im Kraichgau in nähere Beziehung getreten sind. Als vier Angehörige der Familie von Rosenberg 1381 vom Johanniterorden die Kommende Boxberg kauften, trugen sie der Kurpfalz diese Neuerwerbung zu Lehen auf. Aber auch über die Lehnsbindung hinaus gelangten die Rosenberger zu ansehnlichen Stellungen im Dienste der Kurfürsten. Während mehrerer Jahrzehnte (1362–1436) stellten sie den Vitztum zu Amberg in der Oberpfalz und zeitweilig auch den Vogt zu Heidelberg (Ende 15. Jh.). Konrad von Rosenberg war kurpfälzischer Hofmeister und Mitglied des Hofgerichts (1448), Ulrich von Rosenberg kurpfälzischer Marschall (1450). Weitere Mitglieder der Familie bekleideten in Diensten der Kurpfalz Amtmannsstellen zu Landeck, Möckmühl und Heidelberg. Diesen hochrangigen weltlichen Postitionen entsprachen ebensolche geistliche Stellungen: Philipp von Rosenberg-Gnötzheim war 1504/13 Bischof von Speyer, ein Rang, den er wesentlich seiner mütterlichen Abstammung aus der Familie von Helmstatt zu verdanken hatte. Gleichzeitig mit Bischof Philipp war sein Vetter Thomas von Rosenberg-Essingen Speyerer Domherr. Durch ihren Besitz im pfälzischen Essingen (Lkr. Südliche Weinstraße) haben Angehörige der Familie im 16. Jh. auch weiterhin in engen Beziehungen zum Hochstift Speyer gestanden und Ämter im Bereich der südlichen Pfalz bekleidet.

Ferner waren die Herren von Rosenberg Lehnsleute des Bischofs von Würzburg; Lehnsgüter werden genannt in Rosenberg, Bofsheim, Brehmen, Buch am Ahorn und Osterburken (1333). Die Lehnsbindung zu den Grafen von Wertheim ist schon daraus ersichtlich, daß in der gegenüber der Kurpfalz 1381 in Boxberg zugesicherten Öffnung neben dem Bischof von Würzburg auch der Graf von Wertheim ausgenommen wurde. 1444 ging die Hälfte des Schlosses Eubigheim von Wertheim zu Lehen, 1454 Hirschlanden sowie ein Burggut zu Wertheim und verschiedene kleinere Lehnsstücke im Schüpfergrund und im Umpfertal. Johann von Rosenberg, zugleich Würzburger Domherr, war Pfarrer der mit der Wertheimer Schloßkaplanei verbundenen Pfarrei Eichel (1346/55). In die Sage eingegangen ist ein angeblicher Zweikampf des Grafen Asmus von Wertheim († 1509) mit Jörg von Rosenberg, der von dem Grafen um Vermittlung in seinen Ehestreitigkeiten gebeten worden war.

Die Beziehungen der Herren von Rosenberg zu den Territorialmächten gestaltete sich freilich nicht immer positiv. Schon in der 1. H. 15. Jh. werden verschiedene Rosenberger als führende Teilnehmer an Fehden genannt. Wegen der Fehdetätigkeit dreier Rosenberger nahm 1470 ein vereinigtes Heer des Kurfürsten von der Pfalz, des Erzbischofs von Mainz und des Bischofs von Würzburg Boxberg ein, wobei die Burg zerstört, aber alsbald wieder aufgebaut wurde. 1486/87 folgte eine weitere Fehde der Rosenberger mit dem Bischof von Würzburg. In dem Feldzug des Schwäbischen Bundes gegen den Fehdritter Hans Thomas von Absberg, dem sich auch einige Rosenberger angeschlossen hatten, wurde 1523, gewissermaßen als Nachklang zur Sickingen-Fehde, zusammen mit einer Anzahl anderer fränkischer Adelsburgen auch Boxberg ein zweites Mal zerstört und vom Bund an die Kurpfalz verkauft.

Die Mitglieder der Familie von Rosenberg, die an Boxberg Anteil und mit der Absberg-Fehde nichts zu tun hatten, versuchten vergeblich, von der Kurpfalz eine Entschädigung zu erhalten. Besonders war es der in kaiserlichen Kriegsdiensten stehende Albrecht von Rosenberg, der 1538 alle Ansprüche auf sich vereinigte und die Entschädigungsfrage deshalb mit besonderer Energie betrieb. Er nahm 1544 den Nürnberger Ratsherrn Dr. Hieronymus Baumgartner gefangen, dann Christoph Gräter, den Sohn eines Ulmer Bürgermeisters, um auf seinen Fall aufmerksam zu machen. Dies gelang ihm auch, denn die Boxberger Frage wurde nun zu einer Angelegenheit der großen Politik. Inzwischen brach aber der Schmalkaldische Krieg aus, den Albrecht von Rosenberg im kaiserlichen Heer mitmachte. Im Verlauf dieses Krieges wurde Boxberg von den Kaiserlichen besetzt, so daß Albrecht zeitweilig in den Besitz der Herrschaft kam. Eine endgültige Einigung Albrechts mit den Mitgliedern des einstigen Schwäbischen Bundes erfolgte 1555 auf dem Augsburger Reichstag. 1561 verkaufte Albrecht von Rosenberg die Herrschaft Boxberg an die Kurpfalz und zog sich auf seine Herrschaft Schüpf zurück. Dieses bedeutendste Mitglied der Familie von Rosenberg starb jedoch, im Alter noch einmal in die Grumbachischen Händel verwickelt, 1572 in kaiserlicher Haft in Wien. Die einst in so vielen Zweigen blühende Familie von Rosenberg ist zwei Generationen später mit Albrecht Christoph ausgestorben (1632).

Von der Burg (1321 *veste Rosemberg*), nach der sich die Herren von Rosenberg nannten, sind so gut wie keine Überreste mehr vorhanden, so daß sich über ihre ursprüngliche Baugestalt keine sicheren Anhaltspunkte mehr gewinnen lassen. Bei einer würzburgischen Belehnung 1421 ist von einem Steinhaus zu Rosenberg die Rede. Zu Beginn der löwensteinschen Herrschaft (1730) war noch ein zweiflügeliger, zweistöckiger Bau vorhanden, der schon längst als Fruchtspeicher eingerichtet worden war, sowie die Reste eines viereckigen Turmes, des schon früher erwähnten Steinhauses. Außerdem sollen noch zwei weitere Türme, wohl Ecktürme, vorhanden gewesen sein. Von einem Kellereingang ist die Jahreszahl 1582 überliefert. Man darf also annehmen, daß es sich beim Rosenberger Schloß, das 1860 in Privathand übergegangen ist und dessen Reste 1926 abgebrannt sind, um einen Bau der Renaissancezeit gehandelt hat, ähnlich dem Oberen Schloß in Hardheim oder jenem in Unterschüpf, wobei die mittelalterliche Anlage sicher wesentlich umgestaltet worden war. Das Schloß war mit Mauer und Graben umgeben (1642); in seinen inneren Bezirk ist man durch drei Tore gelangt.

Seit 1421 erscheint die Burg Rosenberg als würzburgisches Lehen. Möglicherweise hat der Ort selbst damals noch als Eigengut gegolten, doch sind die Verhältnisse einigermaßen undurchsichtig. Schon durch die Ausbreitung der Familie von Rosenberg in verschiedene Zweige ist mit zahlreichen besitzrechtlichen Transaktionen zu rechnen, die heute im einzelnen nicht mehr nachvollzogen werden können. So verkaufte Kunz von Rosenberg zu Bartenstein 1425 seinen Teil an Schloß und Stadt Rosenberg mit anderen Besitzungen und Einkünften an Kunz von Rosenberg d.Ä. zu Reigelsberg. 1478 wurde zwischen Hans und Konrad von Rosenberg ein Vergleich vermittelt hinsichtlich ihrer Ansprüche an das Schloß Rosenberg und dessen Zubehör.

Von einem Drittel an Rosenberg, das Eigengut war, trug Eberhard von Rosenberg 1381 ¼ der Kurpfalz zu Lehen auf. Ein Teil des ehemaligen Vorhofes der Burg, ein Freihof, führte von daher den Namen Pfalz. Zu diesem pfälzischen Lehen gehörten 1632 156½ M Äcker, die von einem Erbbeständer bebaut wurden. 1803 kam dieser Hof in den Besitz des Fürsten von Leiningen. Ein Viertel an aller Obrigkeit und Herrlichkeit zu Rosenberg war durch Verpfändung in die Hand des Julianen-Stifts zu Mosbach gelangt (1512), das diese Rechte, zusammen mit der Hälfte des Fruchtzehnten 1529 an die Kurpfalz verkauft hat.

Angesichts der verwirrenden Situation läßt sich lediglich aus den Verhandlungen nach dem Aussterben der Rosenberger einigermaßen Klarheit über die Herrschaftsverhältnisse in Rosenberg gewinnen. Würzburgisches Lehen waren ⅔ an Burg und Stadt Rosenberg. Eigenbesitz war das dritte Drittel mit Ausnahme eines von der Kurpfalz zu Lehen gehenden Viertels davon. Um dieses Viertel eines Drittels an Rosenberg muß es sich daher bei dem 1529 getätigten Verkauf durch das Mosbacher Stift handeln.

In Rosenberg stand den Herren von Rosenberg Gebot und Verbot zu, ferner das Recht, den Schultheißen einzusetzen, Frevel, Bußen und Bürgergeld zu ⅔ einzuziehen sowie das Ungeld von zwei Wirten, ferner ⅔ des Fischwassers in der Kirnau bis zur Osterburkener Gemarkungsgrenze und ⅓ des großen und ⅑ des kleinen Zehnten. Hinzu kam in Rosenberg noch beträchtlicher Grundbesitz. Der Wert dieses Eigenbesitzes, dessen Schwerpunkt in Rosenberg lag, wurde 1640 auf 91 186 fl veranschlagt.

Die Vogteirechte in Rosenberg waren demnach teilweise würzburgisches Lehen und teilweise Eigenbesitz der Herren von Rosenberg. Der Ort gehörte zur mainzischen Zent Osterburken. Um 1540 versuchten die Ortsherrschaften der zu dieser Zent gehörigen Dörfer, darunter die Herren von Rosenberg, ihre Untertanen davon abzuhalten, auf die Zentverfassung zu schwören und die Gerichtstage zu besuchen. Diesem Versuch war freilich kein nachhaltiger Erfolg beschieden.

Als 1632 mit Albrecht Christoph von Rosenberg die Familie im Mannesstamm ausgestorben war, nutzte Bischof Franz von Würzburg die günstige politische Konstellation nach der Nördlinger Schlacht und zog nicht nur die Lehen der Rosenberger, sondern auch deren Eigengut an sich. Mit der Herrschaft Rosenberg belehnte er seinen Bruder, den kaiserlichen Generalquartiermeister Melchior von Hatzfeld. Die Streitigkeiten mit den Allodialerben, die sich dadurch übergangen sahen, endeten damit, daß diese 1640 ihre Ansprüche gegen eine Entschädigung an Würzburg abtraten. Demnach war ⅓ an der Stadt würzburgisches Lehen, während ⅔ Eigentum waren. Von der Burg waren ⁵⁄₁₂ im Eigentum der Herrschaft.

Gegen Verzicht auf ⅓ des großen und des kleinen Zehnten in Osterburken gelang den Grafen von Hatzfeld 1713 die Ausgliederung des Amtes Rosenberg aus der Zent Osterburken zu erreichen. Das Amt bildete nunmehr einen eigenen Zentbezirk, dessen Gericht zufolge der Rosenberger Gerichtsordnung von 1717 mit 8 Schöffen besetzt wurde, wovon je 2 aus Rosenberg, Bofsheim und Hohenstadt sowie je 1 aus Neidelsbach und Brehmen kamen. Tagungsort des Rosenberger Zentgerichts war vermutlich die ehemals im Unterdorf stehende Linde.

1682 wurde die Herrschaft Rosenberg von Hatzfeld an den Deutschen Orden verpfändet. Mit Kaufvertrag vom 11. September 1730 hat dann Fürst Dominik Marquard zu Löwenstein-Wertheim um 215 000 fl von Graf Franz von Hatzfeld, Gleichen und Trachenburg die Herrschaft Rosenberg, bestehend aus Rosenberg mit der Wüstung Gieß, mit Bofsheim, Brehmen, Bronnacker, Hohenstadt und Neidelsbach erworben. Das Schatzungsrecht in der Herrschaft Rosenberg stand allerdings weiterhin dem Kanton Odenwald der fränkischen Reichsritterschaft zu. Der Fürst nahm die Herrschaft vom Fürstbischof von Würzburg zu Lehen. Die letzte Belehnung erfolgte 1804 durch den Kurfürsten von Bayern als damaligen Inhaber des Hochstifts Würzburg. 1806 fiel die Herrschaft Rosenberg durch den Abschluß des Rheinbundvertrags an das Großherzogtum Baden, blieb aber als Patrimonialamt vorerst unter fürstlicher Verwaltung. Als nach der Erhebung der seitherigen Grafen zu Löwenstein-Wertheim (ev. Linie) in den Fürstenstand (1812) die Frage nach unterscheidenden Bezeichnungen für die beiden Linien des Hauses aufkam, nannte sich die bereits 1711 gefürstete kath. Linie fortan Löwenstein-Wertheim-Rosenberg.

Grundherrschaft und Grundbesitz. – Neben dem Freihof Pfalz sind für Rosenberg drei weitere Höfe belegt: der Kellers-, der Gebharts- und der Baumannshof (1797). Die Herren von Rosenberg hatten in Rosenberg als Eigenbesitz das Vogtshaus mit Zubehör, 68 M Ackerland, 1076 M Wald, 36½ M Wiesen und etwa 5 M Garten. Es handelt sich hierbei offensichtlich, mit Ausnahme des Waldes, um das Zubehör eines Hofes der Rosenberger, der 1500 erwähnt wird. Zum Pfarrgut zählten 33 M Äcker und Wiesen (1642).

In Rosenberg hatte die Herrschaft 26½ Hauptrechte zu beziehen; demnach gab es ebensoviele Güter und Häuser, aus denen Fastnachthühner zu reichen waren. Die Todfallabgaben waren 1642 bereits in Geld umgewandelt (4 % des Vermögens). Als Handlohn von verkauften Gütern waren 5 % der Kaufsumme zu entrichten.

Gemeinde. – Bereits 1425 wird Rosenberg als Stadt genannt; eine Entwicklung zur Stadt im rechtlichen Sinn hat aber offenbar nicht stattgefunden. Die Gemeinde zu Rosenberg wird 1550 erstmals urkundlich genannt, als ein Schiedsgericht die Streitigkeiten zwischen ihr und Lorenz und Hans Eucharius von Rosenberg, u.a. wegen der

Baupflicht am Schloß, entschied. 1557 wurde von den Herren von Rosenberg eine Dorfordnung erlassen, die ihnen als Grundlage für die Kirchenreform und für die Erneuerung der Sittenzucht diente. Diese Dorfordnung wurde 1682 von Graf Heinrich von Hatzfeld erneuert. Den Schultheißen, Bürgermeister und das aus neun Personen bestehende Gericht hatte die Herrschaft einzusetzen, desgleichen das fünfköpfige Feldgericht.

Kirche und Schule. – Die *ecclesia* Rosenberg wird 1333 erwähnt, die Würzburger Diözesanmatrikel (um 1450) nennt die Pfarrei, eine Frühmesse und eine weitere Altarpfründe in Rosenberg. Als Patronin der Kirche ist einer nachreformatorischen Inschrift auf dem Friedhof (1576) zufolge die hl. Anna zu vermuten, womit die Kirche als spätmittelalterliche Stiftung anzusehen wäre. 1500 stiftete Elchana von Rosenberg geb. von Riedern nach dem letzten Willen ihres Ehemannes Konrad eine wöchentliche Messe in die Pfarrkirche zu Rosenberg. Das Patronat der Kirche gehörte den Herren von Rosenberg, ursprünglich wohl zu Eigentum, dann als würzburgisches Lehen.

Da die Rosenberger außer dem Patronat der Kirche auch die Vogtei innehatten, stand nach dem Augsburger Religionsfrieden von 1555 einer Durchführung der Reformation am Ort rechtlich nichts mehr im Wege. Zu jener Zeit war Albrecht von Rosenberg gemeinsam mit seinen Vettern Hans Eucharius und Philipp Jakob, den Besitzern der Kirchenpatronate, Mitinhaber der Vogtei.

Erstes Zeugnis der Reformation ist die Dorfordnung von 1557, deren Vorbild die 1554 durch Zeisolf von Rosenberg zu Haltenbergstetten erlassene Polizeiordnung ist. Diese verbindet kirchenordnende Bestimmungen mit Maßnahmen der allgemeinen Sittenzucht. Als Bekenntnisgrundlage diente formal das Interim, die 1548 von Kaiser Karl V. auf dem Reichstag zu Augsburg erlassene Kirchenordnung für die Protestanten, und zwar in der abgemilderten Form des Ansbacher Auctuariums. Die unter der Ritterschaft beliebte Berufung auf das Interim bot den Vorteil, daß reformatorische Maßnahmen auch gegen den Widerstand der Bischöfe und kath. Landesherren unter dem Schutze einer kaiserlichen Ordnung durchgeführt werden konnten. Inhaltlich schließt sich die Rosenberger Ordnung jedoch an die Hohenloher Kirchenordnung von 1553 an.

Trotz der verhältnismäßig günstigen Ausgangslage erfolgte die Einführung der Reformation in Rosenberg nur schrittweise. Seit 1555 war an der Frühmeßpfründe mit Martin Cantzler ein ev. Prediger angestellt. 1559 wurde der kath. Inhaber der Pfarrstelle, Johann Knoll, Bronnbacher Konventual und später Abt, entlassen. Cantzler hatte noch bis 1562 die Frühmeßpfründe in Rosenberg und die Pfarrei Bofsheim inne. Möglicherweise wurde Rosenberg in der Folgezeit von Bofsheim aus versehen, denn ein ev. Pfarrer ist am Ort erst wieder 1579 belegt.

Da die Herren von Rosenberg eine größere Anzahl von Pfarreien zu besetzen hatten (außer Rosenberg waren dies in der Umgebung noch Bofsheim, Hirschlanden, Hemsbach, Kupprichhausen, Schüpf, Buch am Ahorn, Edelfingen und Oberbalbach), wurde zur einheitlichen Handhabung des Kirchenregiments eine besondere Organisation notwendig, die im Bereich der Ritterschaft einmalig ist. An der Spitze der rosenbergischen Pfarrer stand ein Superintendent, der anfänglich in Uiffingen seinen Sitz hatte. Für die Wahrnehmung der Ehegerichtsbarkeit trat wohl von Fall zu Fall eine als Konsistorium bezeichnete Kommission zusammen, besetzt aus Geistlichen und weltlichen Beamten.

Mit dem Übergang der Herrschaft Rosenberg an den kath. Melchior von Hatzfeld schien der ev. Konfessionsstand bedroht, da das Besetzungsrecht von Pfarrei und Schule schon 1584 als würzburgisches Lehen anerkannt worden war. Dennoch brach anläßlich einer Vakatur zwischen Hatzfeld und den Allodialerben, die den dortigen Pfarrsatz beanspruchten, ein Streit um die Pfarreibesetzung aus. Beim Verkauf ihrer Ansprüche an Würzburg ließen sie sich deshalb den Fortbestand des ev. Bekenntnisses garantieren, was von der hatzfeldischen Herrschaft zumindest anfänglich eingehalten wurde.

Später wurde durch die Herrschaft der Zuzug von Katholiken gefördert, so daß 1666 von 49 Haushaltungen in Rosenberg bereits 8 katholisch waren. 1671 wurde eine Vakatur der Pfarrstelle dazu benutzt, das Simultaneum einzuführen, indem neben einem ev. Pfarrer in Rosenberg auch ein kath. Priester für die gesamte Herrschaft bestellt wurde. Auf einen Protest der Gemeinde bei der Ritterschaft, der von der Herrschaft als Ungehorsam ausgelegt wurde, und dem man mit entsprechenden Zwangsmaßnahmen entgegentrat, mußte der ev. Pfarrer von Rosenberg 1672 nach Bofsheim ziehen, während der kath. Priester die seither ev. Pfarrstelle in Rosenberg übernahm. Von 1678 an gab es für die gesamte Herrschaft nur noch einen ev. Pfarrer in Bofsheim.

Auch nach der Übernahme der Herrschaft Rosenberg durch den kath. Fürsten zu Löwenstein-Wertheim 1730 hielten die konfessionellen Streitigkeiten unvermindert an. Nach verschiedenen Übergriffen der herrschaftlichen Beamten und tumultuarischen Vorgängen in Brehmen kam schließlich das Corpus Evangelicorum des Reichstags den Evangelischen in der Herrschaft Rosenberg zu Hilfe, so daß Fürst Karl Thomas einlenkte und eine Kommission mit der Ausarbeitung einer Kompromißformel beauftragte. Dieser am 22. Dezember 1755 verlesene Hauptrezeß legte die Gleichheit der beiden Konfessionen fest; die Katholiken hatten die einst von den Evangelischen innegehabten Gebäude zu räumen. Infolgedessen wurde 1756 der Bau einer kath. Kirche in Rosenberg begonnen, die von der evangelischen durch das Schloß getrennt war. Rosenberg erhielt 1756 wieder einen ev. Pfarrer. Zum Andenken an die vertragliche Beilegung der Religionsstreitigkeiten, die in Einzelheiten freilich weitergingen, wurde früher in der ganzen Herrschaft Rosenberg, in Rosenberg selbst noch heute, alljährlich der 16. Juni festlich begangen.

Die ev. Kirche, die eine Reihe von Grabmälern der Herren von Rosenberg birgt, hat 1610 eine Erweiterung erfahren; 1852/53 wurde eine neue Kirche erbaut. An den Vorgängerbau erinnert an der Nordseite des Chors ein romanischer Chorturm aus der Zeit um 1200. Die kath. Kirche zu St. Sebastian und Karl Borromäus, erbaut 1756 bis 1785, ist ein Saalbau mit breitem, dreiseitig geschlossenem Chor.

Den großen und den kleinen Zehnt in der Gemarkung, mit Ausnahme der Güter des pfälzischen Hofes, hatte die Herrschaft zu beziehen. Die Zehnten galten seit 1599 zu $2/3$ als würzburgisches Lehen, zu $1/3$ als eigen.

Ein (ev.) Schulmeister wird in Rosenberg bereits 1642 erwähnt. Ein kath. Schulmeister wurde in den 1680er Jahren im Rahmen der gegenreformatorischen Bemühungen in Rosenberg angestellt. Später gab es für längere Zeit nur noch in Bofsheim einen ev. Schulmeister in der Herrschaft Rosenberg. 1760 fand eine Kollekte für eine kath. Schule statt, die 1767 errichtet wurde; ein ev. Schulhaus wurde 1787 neu erbaut.

Bevölkerung und Wirtschaft. – 1751 wurden in Rosenberg 117 Untertanen gezählt, dazu 7 Schutzjuden (d. h. insgesamt etwa 650 Einwohner). Die Juden hielten ihren Gottesdienst in einem Privathaus und hatten ihr Begräbnis in Bödigheim. Die Bevölkerung lebte stets vom Ackerbau in den drei Fluren gegen den Dörrhof, gegen Bronnakker und gegen Sindolsheim sowie von der Viehzucht. Handwerk und Handel, abgesehen von einem bescheidenen Getreide- und Viehhandel, dienten ausschließlich dem örtlichen Bedarf. Ein Privileg für zwei jährliche Märkte wurde 1731 verliehen. Bis ins

20. Jh. hinein bestanden 4 Mühlen am Ort, die See- oder Dorfmühle, die Neumühle (errichtet 1714), die Gaimühle (ursprünglich Pulver-, dann Öl- und schließlich Getreidemühle) und die Tal- oder Rappenmühle (errichtet um 1850). 1797 wird eine herrschaftliche Ziegelhütte genannt, zu der die Untertanen Fuhrfronen zu leisten hatten. Bedingt durch Rosenbergs Lage an der Straße Schwäbisch Hall-Künzelsau-Tauberbischofsheim gab es zahlreiche Wirtschaften am Ort. 1751 werden *Hirsch* und *Rose* als die ältesten erwähnt. Schildgerechtigkeiten wurden 1728 für den *Ochsen*, 1740 für den *Löwen* und den *Engel* erteilt.

Dörrhof. – Eine *curia dicta Dörrhof* wird seit 1359 im Eigenbesitz und unter der Vogtei der Rosenberger sowie der nachfolgenden Herrschaften erwähnt. 1640 umfaßte das Anwesen neben Haus, Scheuern und Stallungen auch eine Schäferei mit 400–600 Schafen, 469 M Ackerland im Winter-, Sommer- und Brachfeld sowie 136 M Wald.

Mensingenheim. – An das einstige, längst abgeg. Dorf Mensingenheim zwischen Rosenberg und Osterburken erinnert bis heute der Flurname Ensinger Wald. 848 in einem Tausch zwischen Graf Sigehard und dem Kl. Fulda erstmals erwähnt, bestand der Ort um die Wende des Mittelalters aus zwölf Gütern. Ausgegangen ist er wohl erst im 30j. Krieg. Die hiesigen Güter wurden bis auf eines, das in den Besitz der Herrschaft übergegangen ist, von Rosenberger Bürgern erworben (1642).

Gieß. – Gieß ist eine Wüstung südwestlich von Rosenberg; ein Hinweis auf die einstige Siedlung ist die Gießer Klinge im Wald zwischen Rosenberg und Osterburken. Der Weiler *Gieße* wird 1384 und noch 1583 erwähnt und ist wohl im 30j. Krieg untergegangen. 1751 war noch bekannt, daß der Ort einst aus 21 Höfen bestanden hatte. Die Gießer Gemarkung wurde 1834 auf Rosenberg, Bofsheim und Osterburken aufgeteilt.

Neuhof. – Die Siedlung Neuhof zwischen Rosenberg und Bronnacker wird in den Jahren 1479 und 1640 erwähnt. Sie war halb würzburgisches Lehen, halb Eigentum der Herrschaft (1642). Später bestand hier noch eine herrschaftliche Schäferei (1751); schließlich ist der Ort wüst gefallen.

Sindolsheim

Siedlung und Gemarkung. – Obgleich *Sindolfish(ein)* erst für das 11. Jh. in den Amorbacher Traditionen (Kop. 13. Jh.) bezeugt ist – die Erwähnung in einer Urkunde Kaiser Ottos III. von 996 beruht auf einer Fälschung (13. Jh.) –, dürfte das unmittelbar vor der Limeslinie gelegene Dorf doch schon im frühen Mittelalter, im 6. bis 7. Jh., entstanden sein; seine Besiedelung ist möglicherweise von Altheim her erfolgt. Der genetivisch gebildete Ortsname deutet auf die Ableitung von einem Personennamen. Abgesehen von einem noch nicht untersuchten vorgeschichtlichen Grabhügel liegen von hiesiger Gemarkung keine archäologischen Befunde vor. Im Frühjahr 1801 ist *der größte Teil des Orts* durch einen Brand vernichtet worden; dennoch zählte man 1803 im Dorf 96 Häuser.

Die noch im 18. Jh. als besonderer Zehnt-, Vogtei- und Jagddistrikt bezeugte Gkg Mettelheim gehörte einst zu der ebenfalls in den Traditionsnotizen des Kl. Amorbach zum ersten Mal erwähnten Siedlung gleichen Namens, die offenbar bereits im Mittelalter wieder abgegangen ist (um 1012/39 *Mettinheim*, Kop. 13. Jh.; 1337/43 *Metelnhen*, 1370 *Mettelnheim*). Diese Gemarkung, an die heute kein Flurname mehr erinnert, lag nordöstlich von Sindolsheim; ihr Umfang wird 1696 wie folgt beschrieben: von der Kudacher Höhe über das Birkigt zum Kehrreisig, von dort über den Wüstenbrunnen, den Okerrain, die Frog und den Hohenstadter Weg zur Berolsheimer Höhe und schließlich zur Grenze nach Hirschlanden; im übrigen gelten die Sindolsheimer Gemarkungsgrenzen gegen Altheim, Kudach, Helmstheim und Hohenstadt. Das untergegangene Dorf hat man vielleicht im Bereich des Gewanns Betteldorn (Verballhornung des Namens Mettelheim?) zu suchen. Begütert waren in Mettelheim die von Hettingen (vor 1370), die Rüdt von Bödigheim (14.–18. Jh.), die von Seckendorff-Aberdar (1454), die Frühmesse zu Eberstadt (seit 1456) und im 17. und 18. Jh. als Nachfolger der Rüden die von Erffa, von Riaucour und von Waldkirch.

Herrschaft und Staat. – Die Anfänge der Herrschaftsentwicklung zu Sindolsheim verlieren sich im Dunkel des hohen Mittelalters. 1241 und 1245 begegnen Heinrich bzw. Ludwig von Sindolsheim in Würzburger und in Krautheimer Urkunden; zweifellos handelt es sich bei ihnen um Ministerialen, jedoch bleibt unklar, ob sie zur Dienstmannschaft der Edelherren von Krautheim oder zu jener der Herren von Dürn gehört haben. Desgleichen läßt sich der Umfang der im 13. Jh. offenbar angefochtenen Amorbacher Gerechtsame in Sindolsheim nicht genauer bestimmen. 1295 war das Dorf wenigstens zur Hälfte im Besitz des Grafen Ludwig von Dürn und ist von diesem an Konrad von Weinsberg verpfändet worden; spätestens im 14. Jh. sind die ortsherrlichen Rechte in die Hände einstiger Dürner Ministerialen gelangt, zunächst wohl an die von Rosenberg (1321) und von Hettingen (1335), dann an die Rüdt von Bödigheim und Collenberg, die bis zur Mediatisierung durch das Großherzogtum Baden im Jahre 1806 Herren von Sindolsheim geblieben sind und zeitweise auch hier residiert haben (seit 1715 Eberstadter Linie). Um 1335/45 sind die Rüden erstmals mit Gericht und Vogtei zu Sindolsheim belehnt worden, und die Tatsache, daß diese Belehnung durch den Bischof von Würzburg erfolgt ist, legt – in Analogie etwa zu Bödigheim – die Vermutung nahe, daß die adelige Herrschaftsbildung ihren Ausgang auch hier von der Amorbacher Grundherrschaft genommen hat. Allerdings scheint die Herkunft der verschiedenen herrschaftlichen Rechte bereits im 14. Jh. nicht mehr eindeutig bestimmbar und umstritten gewesen zu sein, denn schon um 1350 war – was auf alten Dürner Besitz hindeuten könnte – die Lehnshoheit über Sindolsheim an das Erzstift Mainz übergegangen, und bei Kurmainz ist sie auch geblieben bis zum Ende des Alten Reiches.

Im späten Mittelalter verteilten sich die Herrschaftsrechte im Dorf wie folgt: Die hohe, zentliche Obrigkeit mit Blutgericht und militärischem Aufgebot lag bei Kurmainz (Zent Buchen); dagegen standen die niedere Gerichtsbarkeit, Gebot und Verbot in Dorf, Feld und Wald (1620 *mixtum imperium*) sowie das Schatzungsrecht (zur Odenwälder Reichsritterschaft) und die Jagd den Rüden zu.

Eine eigene Entwicklung hat seit dem Ende des 17. Jh. das nicht zum Mainzer Lehen gehörige, allodiale Schloß mit seinem Bezirk genommen. Durch weibliche Erbfolge ist es nach 1695 an die Freiherren von Erffa gelangt, die für diesen adeligen Besitz altem Herkommen entsprechend Exemtion nicht allein von der Ortsvogtei, sondern auch von der Zent beansprucht haben. 1751 konnten sie diesen Anspruch vor dem Reichshofrat tatsächlich behaupten, obgleich sie das Schloß gar nicht selbst bewohnten, sondern es seit etwa 1730 an mehrere Bauern, die sog. *Schloßbürger*, in Bestand gegeben hatten. Zwar ist dieser eximierte Status des Schlosses und seiner Bewohner auch weiterhin umstritten geblieben, aber er hat die folgenden Besitzerwechsel – 1763 an die Grafen von Riaucour, 1794/96 an die Grafen von Waldkirch – überdauert und bis zum Ende der adeligen Ortsherrschaft gegolten.

Seine erste Erwähnung findet das Schloß zum Jahre 1321 in einem Würzburger Lehnbuch, wo vom *castrum Rosemberg in villa Syndoltsheim* die Rede ist. 1584 hat, davon zeugt eine wappengeschmückte Inschrifttafel noch heute, Stefan Rüdt *diese adliche frey behausung* neu gebaut, und in der unter seinen Enkeln vorgenommenen Erbteilung wird der Komplex 1620 mit 2000 fl veranschlagt (zum Vergleich: Bödigheim 5000 fl, Eberstadt 1500 fl). 1718/22 war das Schloß von einer Mauer umgeben, in die zum Dorf hin ein teilweise ruinierter Rondellturm einbezogen war; außerhalb des Berings lagen die zugehörigen Scheunen und Stallungen sowie ein Waschhaus und ein Bierhaus. Unter dem großen Brand von 1801 hatte auch das Schloß zu leiden. Die erbbestandsweise Vergabung von Anteilen an zunächst drei, später sechs Untertanen (*Schloßbürger*), die schließlich auch Eigentümer geworden sind und je nach Bedarf an ihrem Teil gebaut haben, hat dem stattlichen Gebäude sein eigenes Gepräge gegeben.

Grundherrschaft und Grundbesitz. – Kl. Amorbach ist die älteste, seit dem hohen Mittelalter auf Sindolsheimer Gemarkung bezeugte Grundherrschaft. Aber erst zum Jahre 1723 erfährt man näheres über den Umfang der hiesigen Klostergüter; sie bestanden aus einer Hofstatt, 146 M Ackerland, 5 M Wiesen, ½ M Gärten und 9 M Wald, alles in 24 Teile geteilt und im Besitz von zwölf Bauern. Auch die Zisterzienserinnen von Seligental und von Billigheim waren hier begütert. Erstere haben zwischen 1283 und 1507 verschiedentlich Zehnten, Gülten und Liegenschaften in Sindolsheim durch Kauf und Tausch erworben, u.a. vom Kl. Bronnbach (1475; vermutlich die beiden Höfe, die Bronnbach 1327/28 von denen von Rosenberg gekauft hatte); letztere haben ihren 1335 von Heinrich Gabel übernommenen halben Hof 1389 wieder an die Rüden veräußert, hatten aber auch später noch Einkünfte im Dorf. Gültberechtigt waren hier überdies die Hl. Kreuz-Pfründe *zu Buchen vor dem thore* (1489) sowie das Julianenstift zu Mosbach (1512).

Neben diesen geistlichen Grundherren begegnen in Sindolsheim im Laufe der Jahrhunderte auch verschiedene weltliche: 1296 war – vermutlich infolge Verwandtschaft mit denen von Dürn – Kraft von Hohenlohe hier begütert, 1331/35 Heinrich Gabel von Buchen, 1375 Kraft von Burkheim und 1423 Hans Münch von Rosenberg. Handelte es sich dabei offenbar meist nur um kleineren und wenig dauerhaften Besitz, so hatten die Sindolsheimer Güter der Rosenberger und vor allem der Rüden nicht nur einen bedeutenderen Umfang, sondern hatten auch am längsten Bestand; die von Rosenberg verfügten auf hiesiger Gemarkung sowohl über Allodialbesitz (noch im 16. Jh.) als auch über Würzburger Lehen (1321 ff.), darunter der *Linkenhof iuxta cimiterium* (1359). 1704, als das Geschlecht längst ausgestorben war, wird die Größe des Rosenberger Gutes auf 441 M beziffert.

Besonders umfangreich waren selbstverständlich der Grundbesitz und die Berechtigungen der Ortsherrschaft. Bereits zu Beginn des 14. Jh. gehörte den Rüden hier ein halber Hof, und in den folgenden Jahrhunderten vermehrten und arrondierten die Ortsherren ihre hiesige, teils lehnbare, teils allodiale Grundherrschaft noch weiter durch Kauf und Tausch. 1586 waren ihnen 11 Güter, verteilt auf 31 Besitzer (1735 72 Anteile), gültpflichtig: *Sansengut* (102 M), *Leimengut* (90 M), *Schwabengut* (66 M), *Cuntz Deubers Gut* (36 M), *des alten Hans Ulrichs Gut* (116 M), *Nagels Gut* (13 M), *Seitzengut* (59 M), *des alten Schultheißen Gut* (77 M), *Götzengut* (38 M), *Thombachs Gut* (71 M) und *Hedwigs Gut* (123 M). Die zum Schloß gehörigen, und ursprünglich wohl in Eigenbau bewirtschafteten Güter umfaßten 1722, als sie bereits in Erffa'schen Besitz übergegangen waren, rund 313 M Äcker, 24 M Wiesen, 6 M Gärten und 152 M Wald, dazu eine Schäferei, vielerlei Gülten und Zinsen sowie die Vogtei, die Jagd und sonstige Gerechtsame auf Gkg Mettelheim.

Gemeinde. – Bereits 1390 treten die Untertanen und die *gemein* zu Sindolsheim wegen strittiger Abgaben an die von Rosenberg in Erscheinung, und 1470 waren die von Sindolsheim Fehdegegner Engelhard von Berlichingens und Leupold von Seldenecks. Zu dieser schon früh relativ großen Selbständigkeit der Gemeinde steht unsere dürftige Kenntnis ihrer sonstigen Verhältnisse in einem merkwürdigen Kontrast. Einer Notiz im Buchener Kellereilagerbuch von 1654 zufolge war der im Bereich der Dorfgemarkung gelegene Wald ganz in Gemeindebesitz, jedoch kann dies mit Blick auf die Zugehörungen des Schlosses allenfalls für die auf der alten Sindolsheimer Gemarkung (ohne Mettelheim) gelegenen Waldungen zutreffen. Das Schloß hat in der Gemeinde im 18. Jh. insofern eine Sonderstellung eingenommen, als die sog. Schloßbürger 1783 einen eigenen Anwalt (Bürgermeister) hatten und 1801 ihre Beteiligung an der Umlage der Steuer verweigerten.

Kirche und Schule. – Kirchlich war Sindolsheim zunächst eine Filiale von Altheim, jedoch hat der Ort bereits vor der Mitte des 15. Jh. selbst Pfarrechte erlangt. Die Kollatur hatte bis 1453 Eberhard Pfal von Grünsfeld; danach ist sie in den Besitz der Rüden übergegangen, denen in Sindolsheim noch heute das Patronatsrecht zusteht. Allerdings gehörte der Kirchenstuhl im 18. Jh. nicht der Ortsherrschaft, sondern den Eigentümern des Schlosses. 1555 findet eine Frühmesse Erwähnung. Patron des Gotteshauses war 1406 und wahrscheinlich auch noch später der hl. Laurentius. Ende der 1550er Jahre hat die Ortsherrschaft im Dorf die Reformation nach dem luth. Bekenntnis eingeführt.

Die Kirche zu Sindolsheim, die ehemals von einem Gadenhof umgeben war, ist ein besonders schönes und stattliches Beispiel einer adeligen Patronatskirche. Im einstigen Chorturm, der noch romanische Bauteile aufweist, sind Malereien aus der 1. H. 14. Jh. zu erkennen. Zu Beginn des 16. Jh. ist die Kirche in spätgotischem Stil vergrößert und 100 Jahre später nocheinmal historisierend und mit beträchtlichem Aufwand erweitert worden. Zu ihrer Ausstattung gehörten früher neben einigen interessanten Grabmälern der Orts- und Patronatsherrschaft auch vier beinahe lebensgroße, geschnitzte Heiligenfiguren aus dem Umkreis Tilman Riemenschneiders, die heute im Bad. Landesmuseum in Karlsruhe verwahrt werden (um 1510–1520; Laurentius, Sixtus, Brictius und Erasmus).

Den großen und den kleinen Zehnt zu Sindolsheim bezogen am Ende des Alten Reiches je zur Hälfte die Fürsten von Leiningen sowie die Fürsten von Löwenstein-Wertheim-Rosenberg. Der Leininger Anteil war zuvor im Besitz des Kl. Seligental, das ihn 1283 von Konrad Zörnlin von Hainstadt erworben hatte. Die andere Hälfte war als Würzburger Lehen bereits 1322/33 im Besitz der Rosenberger und ist nach deren Aussterben über die Grafen von Hatzfeld an die Fürsten von Löwenstein gelangt. Dagegen war der Zehnt auf Mettelheimer Gemarkung als Eigengut wohl schon zur Zeit des späten Mittelalters im Besitz der Rüden und ist Ende des 17. Jh. zusammen mit dem Schloß an die von Erffa, später an die Grafen von Riaucour und von Waldkirch übergegangen.

Eine Schule ist in Sindolsheim zwar erst zu Beginn des 19. Jh. bezeugt, jedoch wird man ohne Zweifel davon ausgehen dürfen, daß in dem ritterschaftlichen Dorf schon unmittelbar nach der Einführung der Reformation für die Unterweisung der Jugend gesorgt worden ist.

Bevölkerung und Wirtschaft. – Im Jahre 1640, gegen Ende des 30j. Krieges, hat es in Sindolsheim 1 ganzen und 7 halbe Bauern sowie 22 Seldner und 10 Witwen gegeben; die Zahl der Einwohner wird sich demnach zu jener Zeit auf etwa 170 – 180 belaufen haben und war kriegsbedingt sicher geringer als in Friedenszeiten. 1647 wurden ein ganzer Bauer, 14 Halbbauern und 18 Seldner gezählt, und wenig später gab es am Ort schon wieder 54 Untertanen, d. h. ca. 240 Seelen. Gegen Ende des 17. Jh. hatte die Einwohnerzahl 300 bereits deutlich überschritten, und um 1708 lag sie wohl zwischen 450 und 500.

Entgegen bisheriger Auffassung waren zu Beginn des 17. Jh. Juden in Sindolsheim ansässig, vielleicht sogar schon im späten Mittelalter.

Die seit dem späteren 16. Jh. bezeugten Fluren zu Sindolsheim lagen gegen Kudach (NO), gegen Hohenstadt (O) und gegen Dörrhof (S). Angebaut wurden hier die landesüblichen Früchte; noch heute kann man abseits vom Dorf, an der Straße nach Bofsheim Grünkerndarren sehen. Eine Untere Mühle, vermutlich die spätere Talmühle gegen Rosenberg zu, wird erstmals 1405 erwähnt und gehörte der Herrschaft; dagegen scheint die wenigstens ebenso alte, im Ort gelegene Dorfmühle (1673) ursprünglich in bäuerlichem oder in Gemeindeeigentum gewesen zu sein.

Bezeichnend für die Ambitionen der ritterschaftlichen Ortsherren sind die beiden Jahrmärkte, die Stefan Rüdt 1585 von Kaiser Rudolf II. für seinen *flecken* Sindolsheim hat privilegieren lassen; der eine sollte am Tage Johannes des Täufers (24. Juni) gehalten werden – und wird dies auch noch heute –, der andere am Tag des hl. Gallus (16. Oktober). Bemerkenswert scheint an diesen Märkten, über deren Erfolg nichts bekannt ist, vor allem die Tatsache, daß ihre Privilegierung zur gleichen Zeit erwirkt worden ist, zu der die Herrschaft ihr Sindolsheimer Schloß erneuert, und wenige Jahre bevor sie auch die Patronatskirche großzügig erweitert und ausgeschmückt hat. Das alles deutet auf eine Blüte Sindolsheims um die Wende zum 17. Jh.

Quellen und Literatur

Bronnacker

Quellen, gedr.: Lehnb. Würzburg 1 und 2.
Ungedr.: GLA Karlsruhe 43 sp./12; 44/394 f. – StA Wertheim R, B 86, 100, 839, 1360.
Allg. Literatur: *Ehmer*, Hermann, Geschichte der Grafschaft Wertheim. Wertheim 1989. – *Krieger* TWB 1 Sp. 299. – LBW 5 S. 317. – *Schweizer*, Heinrich, Aus der Geschichte meines Heimatdorfes Rosenberg im badischen Bauland. ⟨Bruchsal⟩ 1921.
Erstnennung: ON 1335/45 (Lehnb. Würzburg 1 Nr. 3969).

Hirschlanden

Quellen, gedr.: *Aschbach.* – Lehnb. Wertheim. – Lehnb. Würzburg 1.
Ungedr.: FLA Amorbach. – GLA Karlsruhe 43 sp./12, 102, 207; 229/43781–790. – StA Wertheim G, 57 Gerichtstetten; R, B 2530 f.
Allg. Literatur: *Ehmer*, Hermann, Geschichte der Grafschaft Wertheim. Wertheim 1989. – *Krieger* TWB 1 Sp. 988. – LBW 5 S. 317. – *Müller*, Dorfkirchen S. 42. – *Neumaier*, Reformation. – *Schweizer*, Heinrich, Aus der Geschichte meines Heimatdorfes Rosenberg im badischen Bauland. ⟨Bruchsal⟩ 1921.
Erstnennung: ON um 1100 (CH Nr. 30b S. 29), Adel 1103 (WUB 6 S. 336–338).

Rosenberg

Quellen, gedr.: *Aschbach.* – Lehnb. Wertheim. – Lehnb. Würzburg 1 und 2. – RMB. – REM. – R Wertheim. – WUB 1 und 4.
Ungedr.: FLA Amorbach, U Amorbach; Amorbacher Jurisdiktionalb. 1668. – GLA Karlsruhe 43 sp./12, 15 f., 207; 44/284, 394 f.; 229/89239–360.
Allg. Literatur: *Ehmer*, Hermann, Geschichte der Grafschaft Wertheim. Wertheim 1989. – KDB IV,3 S. 193–196. – *Krieger* TWB 2 Sp. 661–666. – LBW 5 S. 317 f. – *Möller* 2 S. 188–191. – *Müller*, Dorfkirchen S. 64. – *Neumaier*, Reformation. – *Schuster* S. 379. – *Wagner* S. 443.
Ortsliteratur: *Schweizer*, Heinrich, Aus der Geschichte meines Heimatdorfes Rosenberg im badischen Bauland. ⟨Bruchsal⟩ 1921. – *Neumaier*, Helmut, Die Herren von Rosenberg. Bemerkungen zur frühen Geschichte einer fränkischen Niederadelsfamilie. In: WF 70, 1986 S. 37–52.

Erstnennungen: ON und Adel (Münch v.R.) 1252 (WUB 4 Nr.1181), v.R. 1285 (StA Wertheim R, US), Dörrhof 1359 (WF 9, 1855 S.180), Mensingenheim 848 (WUB 1 Nr.115), Neuhof 1479 (GLA Karlsruhe 43 sp./12).

Sindolsheim

Quellen, gedr.: *Becher.* – *Bendel.* – DI 8. – *Gudenus* CD 3. – *Krebs*, Amorbach. – *Krebs*, Weistümer S.222f. – Lehnb. Würzburg 1 und 2. – REM 1 und 2. – UB Hohenlohe 1–3. – UB Obrigheim. – WUB 4. – ZGO 4, 1853; 15, 1863; 32, 1880; 46, 1892 S. m71.
Ungedr.: FLA Amorbach, Repertorium Rand; U Amorbach; Amorbacher Urbar 1395; Lagerb. der Hofmeisterei Billigheim 1654; Sindolsheimer Zins- und Lagerb. 1723; Bücher zur Kenntnis und zur Hebung des Landes. – FrhBA Jagsthausen VI/8. – FrhRA Hainstadt U; Auszüge aus dem Roten Buch; Eheverträge; Kirchenakten Sindolsheim; Rüdt'sche Teilung 1620; Teilungsbriefe; Vogt- und Schultheißenernennung; Sindolsheimer Schatzungsbücher; Sindolsheimer Zinsbücher 1586, 1735. – GLA Karlsruhe J/H Buchen 1, Sindolsheim 1, 1a; 43/15, Sp. 234; 44 Rüdt; 66/10513, 10535, 11670a; 69 von Helmstatt U, Rüdt von Collenberg 252, 928, 1972, 3216, 3302, 3704, U32, U46, U82, U83, U110, U115–117, U147, U151, U163, U169, U171, U175, U185, U190, U199, U213, U229, U241, U249, U251, U257, U312, U383, von Waldkirch 142, 441, 490, 619, 1066, 1272, 1443, 1804, 1876; 229/333, 8792, 21831, 97736–48. – HZA Neuenstein, Weinsberg L3. – StA Wertheim U. – StA Würzburg, Mainzer Ingrb. 9, 25, 40; Mainzer Lehnb. 1–6, 8, 9; Mainzer Bü. versch. Inh. 10; MRA Militär K 217/14; Würzburger Lehnb. 36, 43; Würzburger Lehensachen 4797, 5686.
Allg. Literatur: *Hahn* S.394. – *Hundsnurscher/Taddey.* – KDB IV,3 S.206–215. – *Krieger* TWB 2 Sp. 1000–01. – LBW 5 S. 318. – *Matzat*, Studien. – *Matzat*, Zenten. – *Müller*, Dorfkirchen S.68f. – *Neumaier*, Dürn. – *Neumaier*, Reformation. – *Rommel*, Billigheim. – *Rommel*, Seligental. – *Rommel*, Wohnstätten. – *Schäfer.* – *Scherg.* – *Schuster* S. 379f.
Erstnennungen: ON und Mettelheim 11.Jh. (*Becher* S.53), Niederadel 1241 (ZGO 4, 1853 S. 420f.), Pfarrei 1453 (FrhRA Hainstadt, U 1453 Juni 5), Patrozinium Laurentius 1406 (ZGO 46, 1892 S. m71), Marktrecht 1585 (FrhRA Hainstadt, U 1585 Apr. 3).

Schefflenz

3697 ha Gemeindegebiet, 4052 Einwohner

Wappen: Durch eine eingebogene silberne (weiße) Spitze, worin ein linkshin liegendes grünes Eichenblatt unter einer pfahlweis gestellten grünen Erbsenschote mit silbernen (weißen) Erbsen, geteilt; vorn von Blau und Silber (Weiß) schräglinks gerautet, hinten in Schwarz ein rot bewehrter und rot bezungter goldener (gelber) Löwe. – Das am 27.4.1972 vom Innenministerium zusammen mit der Flagge verliehene Wappen ist das Wappen der drei Schefflenzorte, vermehrt um das den Gemeindeteil Kleineicholzheim symbolisierende Eichenblatt. Die drei Schefflenzorte hatten in ihren Siegeln seit 1653, dem Jahr ihres vollständigen Übergangs an die Kurpfalz, einen Wappenschild geführt mit dem Löwen und den Rauten des pfälzischen Wappens und einer Erbsenschote (mundartlich Scheve) als »redendem« Bild für den Ortsnamen. Die Symbole fanden auch Eingang in ihre 1914 bzw. 1960 angenommenen, nur durch verschiedene Anordnung der Bilder und die Tingierung voneinander unterschiedenen Wappen. – Flagge: Gelb-Schwarz (Gold-Schwarz).

Gemarkungen: Kleineicholzheim (250 ha, 250 E.) mit Eicholzheim, Bahnstation; Mittelschefflenz (1051 ha, 1050 E.); Oberschefflenz (1132 ha, 1491 E.); Unterschefflenz (1264 ha, 1251 E.) mit Am Kelchenwald und Kelchenmühle.

A. Natur- und Kulturlandschaft

Naturraum und Landschaftsbild. – Das vier Gemarkungen umfassende Gemeindegebiet von Schefflenz erstreckt sich zu beiden Seiten des oberen Schefflenztals. Naturräumlich gehört es zu den Muschelkalkhochflächen des südwestlichen Baulands, das einen Teil des südwestdeutschen Schichtstufenlands darstellt. Hart am nordwestlichen Rand der Gkg Kleineicholzheim verläuft eine wichtige geologische Grenze, an der die Röttone des Buntsandstein-Odenwalds von den Schichten des Wellengebirges überlagert werden. Im Oberflächenbild der Landschaft ist diese Grenze des altbesiedelten Baulands zum mittelalterlichen Rodungsland fließend und ohne erkennbaren Stufenrand. Lediglich die Waldgrenze kennzeichnet in etwa die im Oberflächenbild nicht hervortretende Grenze von den Röttonen im Oberen Buntsandstein und dem Wellendolomit des Unteren Muschelkalks.

Die erste, das Oberflächenbild markant prägende Geländestufe sticht in diesem Übergangsbereich von Hinterem Odenwald und Bauland erst mit der Verbreitung des Oberen Muchelkalks heraus. Die Hauptmuschelkalkschichtstufe ist südlich der Bahnlinie Mosbach-Oberschefflenz durch die Trochitenkalkhöhen des Hungerbergs (332,2 m NN) und des Vogelbergs (337,3 m NN) sowie auf der Ostseite des Schefflenztals durch den Hamberg (341,8 m NN) und Auf der Wart (333,1 m NN) ausgebildet.

Eine Voraussetzung für die Ausbildung der Schichtstufen ist neben der Schrägstellung der Schichten eine Wechsellagerung wasserdurchlässiger harter Kalkgesteine und wasserstauender mergeliger Schichten des Mittleren Muschelkalks und der Orbicularisschichten in ausreichender Mächtigkeit. Insgesamt fallen die durchschnittlich 300–350 m hohen Muschelkalkhochflächen entsprechend der Abdachung des Schichtgebäudes, durch die pliozäne Hebung des Odenwaldschilds, nur sehr schwach um 1–2 % nach SO ein.

Die Schefflenz, die von NNO nach SSW zur Jagst entwässert und mit ihren Nebenbächen in den Mittleren Muschelkalk eingeschnitten ist, folgt dem Fallen der

Schichten. Der mehr oder weniger gestreckte Wasserlauf, dessen Talsohle im Mittleren Muschelkalk ausgeweitet ist und dessen flache Hänge mit Hangschutt bedeckt sind, ist durch den Verlauf einer flachen tektonischen Mulde vorgezeichnet. Im NW haben sich die westlichen Zuflüsse der Schefflenz, Eberbach und Auerbächle, in die untersten Abteilungen des Unteren Muschelkalks, den Wellendolomit und den Wellenkalk, eingesägt. Der rund 20 m mächtige Wellendolomit besteht aus dolomitischen Gesteinen und Mergeln, die leicht zerfallen und einen tiefgründigen Boden liefern. Der Wellenkalk, der im allgemeinen steil gebõscht ist, baut den Höhenzug des Reber (352,8 m NN) und die bewaldete Kuppe des Alten Feldes (354,3 m NN) im NW auf. Markant ist der Übergang zu den Orbicularisschichten durch die Ausbildung der harten Schaumkalkbänke, die als Gesimse am Westhang des Auerbachs und am nördlichen Anstieg zum Hasselberg zutage treten. Der Boden des Wellenkalks ist sehr steinig und genügt nur einer anspruchslosen Vegetation.

Mit dem Einsetzen des Wellenmergels verflachen sich die Geländeformen und leiten zum Mittleren Muschelkalk über. Das Landschaftsbild im nördlichen Gemeindegebiet ist gekennzeichnet durch eine Talhangasymmetrie, aus der die geologische Struktur der Landschaft herausgelesen werden kann. Der östliche Talhang im harten Trochitenkalk ist wesentlich steiler als der von W zum Talgrund abfallende Hang im Mittleren Muschelkalk. Die Hauptmuschelkalkschichtstufe prägt sich auf diese Weise deutlich im Landschaftsbild aus.

Der Stufenfirst ist – untypisch für eine Schichtstufenlandschaft – ohne scharfe Kante ausgebildet. Im ganzen Gemeindegebiet stellt er durchweg eine ausgesprochene Walmstufe dar. Verantwortlich dafür sind zum einen Mergelzwischenlagen, die in den oberen Lagen des Trochitenkalkes vermehrt auftreten, und zum anderen Lösungserscheinungen im Mittleren Muschelkalk, der den Stufensockel aufbaut. Dessen ursprünglich bis 100 m mächtige Schichtfolge aus Tonen, Mergeln, Zellenkalken und Dolomiten ist infolge starker Auslaugung und Verstürzung der leicht lösbaren Gesteinsfolgen des Anhydrits, Gipses und Steinsalzes auf 30–40 m erniedrigt. Die Gesteine der Anhydritgruppe verwittern zu einem lehmigen, gelben ertragreichen Boden, in dem oft Hornsteinknollen auftreten. Im Verbreitungsbereich des leicht löslichen Gesteins sind zahlreiche Karsterscheinungen mit Dolinen vertreten. Westlich des in tiefer und geschützter Muldenlage im oberen Schefflenztal angesiedelten Dorfes Kleineicholzheim lassen sich im Bereich des lößbedeckten Mittleren Muschelkalks an den sanft abfallenden Hängen des Hohen Aspen und des Kledig flach eingetiefte Dellen erkennen. Der Hohe Aspen (339,7 m NN) ist ein gerodeter Buckel, der nur wenig über die Umgebung aufragt. Die Landschaftsbereiche im Mittleren Muschelkalk sind völlig waldfrei und zeichnen sich durch ein von jüngeren Flurbereinigungen überprägtes Flurbild aus, die aus den einstigen kreuzlaufenden Gewannen blockartige Fluren entstehen ließen. Außerhalb des eigentlichen Talbereichs ist eine wellige Hochflächenlandschaft vorherrschend, die durch dellenartige Wanneneintiefungen bestimmt wird. Als neues Kulturlandschaftselement wird dieses Hügelland von Aussiedlerhöfen oder Aussiedlerhofgruppen durchsiedelt, die erst in der Nachkriegszeit angelegt wurden.

Der steile Osthang führt oberhalb der Talkante in eine typische hochflächenartige Hügellandschaft, deren Untergrund größtenteils aus Trochitenkalkschichten besteht und Lößdecken trägt. Die östlichen Hauptmuschelkalkhänge sind stärker bewaldet und in unmittelbarer Siedlungsnachbarschaft viel stärker mit Obstbäumen besetzt als der flach einfallende Gegenhang von W. Die talentferneren östlichen Gemarkungsteile sind durch das geschlossene Waldgebiet des Waidachforstes auf Trochiten- und Nodosuskalk gekennzeichnet.

Der bis zu 40 m mächtige Obere Hauptmuschelkalk trägt einen verhältnismäßig hellen Braunerdeboden mit vielen, teils großen und kantigen Kalksteinen, die zu hauf auf den Feldern liegend steinige und nur schwer zu bearbeitende Böden bedingen. In der tektonischen Schutzlage des Großeicholzheimer Grabens – dessen südliche Verwerfung nördlich von Kleineicholzheim beginnt und der nach NO zieht – ragt der Hamberg spornartig nach N vor. Zwei Seitenbäche trennen ihn ausläuferartig vom Stufenverlauf ab. Die ausgeprägte westliche Stufenkante des Hambergs und des Hauptmuschelkalkhangs östlich von Oberschefflenz ist durch die fluviatile Erosionsarbeit der oberen Schefflenz, die subsequent am Stufenfuß entlang fließt, besonders deutlich herauspräpariert. Sehr flache, wannenartige Seitentälchen gliedern die Geländekante, die das westliche Vorland deutlich übersteigt.

Am Westhang des Hambergs befindet sich im oberen Kantenbereich ein Gesteinsaufschluß in einem inzwischen aufgelassenen Steinbruch, wo ziemlich dünn gebankte Schichten des Trochitenkalkes zutage treten. Hier haben sich im Bereich des Mittleren und Oberen Muschelkalks Reste von bohnerzführenden Tonen pliozänen Alters unter einer Lößlehmdecke erhalten. Die Tone und Eisen-Mangan-Konkretionen wurden außer am Hamberg noch auf Mittelschefflenzer Gemarkung (Im alten Sträßlein und nördlich Neuwiesenteich) in Erzgruben abgebaut.

Bei Mittelschefflenz tritt ein gewisser Wandel des Landschaftsbildes ein, da nun beiderseits des Flusses Oberer Muschelkalk ansteht und die Talhangasymmetrie durch die gesteinsmäßig gleichartig gebauten Talflanken nicht mehr so deutlich hervortritt. Oberhalb des östlichen Talhanges dehnt sich eine flachgewellte, fast hochebenenartige Landschaftsoberfläche aus, die größtenteils mit Lößlehmablagerungen bedeckt ist.

Nördlich des Hauptmuschelkalkrückens, der den Friedhof von Mittelschefflenz trägt, und westlich der Kuppe des Vogelbergs dehnt sich eine große flache Delle im Mittleren Muschelkalk aus, die mit Lößlehm ausgekleidet ist. Die landschaftliche Ausgestaltung des Vogelbergs (337,3 m NN) und des westlich anschließenden Hungerbergs (332,2 m NN) zeigt deutlich einen Hauptmuschelkalksporn, der gegen das Schefflenztal und vor allem gegen das nördliche Vorland im flachwelligen und dellendurchsetzten Mittleren Muschelkalk eine verhältnismäßig steile Geländestufe bildet. Durch die Einmündung eines westlichen Seitentälchens wird der Talboden im Siedlungsbereich von Unterschefflenz etwas breiter. Am Nordwestrand von Unterschefflenz wird der Heiligenberg, ein rückenartiger Hauptmuschelkalksporn, im S und W von zwei Seitentälchen, die im Mittleren Muschelkalk erodieren, begrenzt. Das Landschaftsbild ändert sich, da die beiden steilen, teilweise auch bewaldeten Hauptmuschelkalkhänge näher an den Talboden der Schefflenz herantreten, so daß eine Talverengung eintritt. Die Trochitenkalkhänge sind im W und O etwa gleich steil, und die den oberhalb gelegenen Talabschnitt prägende Talhangasymmetrie klingt hier aus. Die Stufenflächen nehmen auf beiden Seiten den Charakter einer Hochebenenlandschaft an, die von Dellensystemen wie dem Metzgergrund im W gegliedert werden. Die ausgedehnten Stufenflächen werden fast ausschließlich von den Schichten des Trochitenkalkes aufgebaut. Nur im unteren Gemeindegebiet konnten sich Reste der jüngeren Schichten, des Nodosuskalkes, der Semipartitusschichten und des Unteren Lettenkeupers erhalten. Schiefertone und Mergel beteiligen sich wesentlich am Aufbau des Nodosuskalkes, die ohne Stufenausbildung zu den Semipartitusschichten und zur Lettenkohle überleiten.

Siedlungsbild. – Das Dorf Kleineicholzheim, ein kleines unregelmäßig gestaltetes Haufendorf, nimmt mit seinen randlichen Siedlungserweiterungen eine ganz typische Muldenlage innerhalb des oberen Schefflenztals ein. Der alte *Siedlungskern* liegt auf der westlichen Seite der Schefflenz, die am Ostrand ihres Talbodens am unteren Hangfuß des Hambergs entlangfließt. Bei der Einmündung des Eberbachs entstand der Ortsmittelpunkt an der Abzweigung der Seckacher Straße von der Odenwaldstraße. Hier fällt unter der dichten und älteren Bebauung das 1910/11 im Jugendstil erbaute ehemalige Schulhaus an der westlichen Odenwaldstraße auf. Das Gebäude gliedert sich in einen traufständigen Schulsaaltrakt und ein giebelständiges angefügtes Lehrerwohnhaus. Überragt wird der Gesamtkomplex von einem polygonalen Dachreiter. Daneben steht ein älteres Traufseitenhaus mit eingebautem Lebensmittelladen. Unterhalb des alten Rathauses, einem zweigeschossigen Bau, dessen Stockwerke durch Buntsandsteinverzierungen abgehoben sind und dem eine Sirene aufsitzt, steht in gestelzter Bauweise ein reizvolles Fachwerkhaus mit steilem Giebeldach, dessen wuchtiges Erdgeschoß aus Buntsandstein Keller oder Ställe enthalten hat.

Auf der Ostseite der Odenwaldstraße erstreckt sich das Gasthaus »Zur Rose«, ein mächtiges Eindachgehöft mit großem Hofplatz und einem Miststock vor den Stallungen. Das ehemalige Schloß zu Kleineicholzheim, gegenüber von Rathaus und Schulgebäude, ist mehrfach umgebaut und renoviert worden, so daß es nicht mehr als Schloß zu erkennen ist. An der nach O abzweigenden Seckacher Straße stammen die Häuser zum größten Teil ebenfalls aus der Zeit vor dem Ersten Weltkrieg. Aus einem ehemaligen landwirtschaftlichen Betrieb ist das Gasthaus »Goldene Krone« hervorgegangen. Die weitgehend zu Wohnzwecken umgebauten oder als handwerkliche Gewerbebetriebe genutzten ehemaligen bäuerlichen Anwesen sind überwiegend traufständig und zweistöckig, und zuweilen im Obergeschoß in Fachwerkbauweise errichtet. Von den Baulichkeiten erweckt dieser Ort den Eindruck, als handle es sich um eine ehemalige typische Arbeiterbauerngemeinde an der Bahnlinie Mosbach–Osterburken. Große Hofanlagen sind selten und jüngere Gebäude stehen siedlungsverdichtend zwischen der alten Bebauung. Westlich der Bahn liegt weiter nördlich ein moderner, individuell gestalteter Aussiedlerhof. Auf der NO-Seite des Schefflenztals entwickelte sich im unteren Hangbereich des Hambergs ein *Neubaugebiet* im Flurstück Baumgarten und Schafgasse, dessen erste Stufe an der untersten hangparallelen Brunnenstraße in den 1960er Jahren begonnen wurde. Unter der dichten, aber individuellen Bebauung dominieren eingeschossige Häuser mit Giebeldächern. Am oberen Bebauungsrand steht der jüngste Teil der Neubauten, die großzügig und teils bungalowartig gestaltet sind.

Nördlich außerhalb der Siedlung steht neben einigen modernen Einfamilienhäusern der ehemalige *Bahnhof Eicholzheim*, der heute als Bahnhaltepunkt dient. Das zweigeschossige Haus aus Muschelkalkbruchstein mit vorspringendem Mittelrisalit ist ein typischer Bau der Eisenbahnarchitektur des vorigen Jahrhunderts aus bodenständigem Material. Gegenüber dem Empfangsgebäude befinden sich ein Güterschuppen sowie ein gewerblicher Betrieb mit Lagerhallen.

Geschützt liegt der haufendorfartige Siedlungskern von Mittelschefflenz im Sohlental der Schefflenz. Der langgestreckte *Dorfkern* hat sich am westlichen und insbesondere am östlichen Hangfuß des Flusses – wo bei der linksseitigen Einmündung des Kertelgrabens der Ortsmittelpunkt entstand – entlang der Mittelstraße als Hauptsiedlungsachse entwickelt. Der unregelmäßige Straßengrundriß des Dorfkerns mit vielen kleinen Sackgassen ist typisch für ein altes Haufendorf. Die Mittelstraße wechselt mit starker Straßenkrümmung von der westlichen Talseite auf die östliche, wo sich an der Abzweigung der Waldstraße der Ortsmittelpunkt mit der ev. Kirche, dem Rathaus und dem Gasthaus »Zur Linde« entwickelte. Vom ev. Kirchenbau des 15. Jh. sind ein einfaches spitzbogiges Front- und Seitenportal und der spätgotische Chorturm mit zwei Chorfenstern erhalten. In dem 1961 erbauten zweigeschossigen Rathaus ist das Bürgermeisteramt der heutigen Gesamtgemeinde untergebracht. Das Aufrißbild im Dorfkern im Bereich von Mittel-, Wald- und Wiesenstraße wird durch bäuerliche Anwesen geprägt. Landwirtschaft wird oft noch betrieben, wie das viele Miststöcke vor den Ställen anzeigen. Die typischen bäuerlichen Anwesen sind als Winkel- oder Zweiseitgehöfte ausgebildet, die meist ein Wohnhaus mit Fachwerkkonstruktion und im rechten Winkel dazu ein großes Wirtschaftsgebäude aus Muschelkalkbruchsteinen aufweisen. Aber auch große Eindachhöfe gehören zum Ortsbild.

Als *Geschäftszentrum* hat sich an der nördlichen Mittelstraße ein weiterer Ortsschwerpunkt herauskristallisiert, an dem sich Kaufläden und Dienstleistungseinrichtungen (1 Getränkeabholmarkt, 1 Motorradgeschäft mit Werkstatt, 1 Tankstelle, die Zweigstellen von Sparkasse und Raiffeisenbank, 1 Lebensmittelgeschäft und 1 Metzgerei) zu beiden Seiten der Schefflenz häufen. Hier liegt an der Abbiegung der Mittelstraße nach W das Gasthaus »Goldener Pflug« in einem stattlichen Wohnhaus aus dem Jahr 1787, das aus einem bäuerlichen Gehöft hervorgegangen ist. Im engen Siedelraum im mittleren Bereich der Mittelstraße befinden sich gegenüber der Neuapostolischen Kirche die Bushaltestelle sowie zwei reizvolle traufständige Wohnhäuser aus Muschelkalkbruchsteinen.

Eine typische Mischbebauung hat sich am *Dorfrand* entwickelt, wo neue Wohnhäuser siedlungsverdichtend zwischen den alten Gebäuden stehen und diese zunehmend ablösen. So folgt am Zeilweg auf ein landwirtschaftliches Nutzgebäude der moderne buntbemalte Kindergarten. Direkt an die Schefflenz grenzen hier Nutzgärten, das Feuerwehrgerätehaus und zwei Sportplätze. Anschließend haben sich am südwestlichen Dorfende ein moderner Keramikbetrieb und eine Großschlachterei angesiedelt. Eine Kleiderfabrik hat sich im NW von Mittelschefflenz an der Friedhofstraße niedergelassen. Der dreiteilige Gebäudekomplex wurde Anfang der 1960er Jahre errichtet. An der Abzweigung der Friedhofstraße fällt die 1950 erbaute Turn- und Festhalle ins Auge. An der südlichen Mittelstraße steht das ehemalige Schulhaus von 1851, ein stattliches massives Gebäude mit einem Doppeleingang.

Ein *Neubaugebiet* hat sich im S des Dorfes im Gewann Herlich entwickelt, dessen ältester Teil in der frühen Nachkriegszeit am Unteren Herlichweg mit recht einheitlicher Bauweise begonnen wurde. Die giebelständigen einstöckigen Wohnhäuser verfügen über große Nutzgärten und über ein kleines Wirtschaftsgebäude. Die südlichsten Wachstumsspitzen schließt die Mittelpunktschule der Gemeinde am südöstlichen Hauptmuschelkalkhang ab. Das neue Schulzentrum besteht aus einem modernen Flachdachbau mit großen Fensterfronten und einem weitläufigen Gebäudekomplex im Bungalowstil.

Ein weiteres Neubaugebiet entstand im Anschluß an die Kleiderfabrik am westlichen Talhang im Gewann Viehweg. Auch im NO erstreckt sich eine ganz junge Siedlungserweiterung im Gewann Schlendelberg am steilen Hauptmuschelkalkhang, dessen obere Hangbereiche sich derzeit noch in Bebauung befinden. In einem gelbverkleideten Neubau mit Flachdach befindet sich das Postamt. An der oberen Waldstraße wurden in Ortsrandlage mehrere ältere Aussiedlerhöfe in der Gestalt von Eindachanlagen errichtet.

Der straßendorfartige Siedlungskern von O b e r s c h e f f l e n z nimmt im oberen Schefflenztal eine ausgesprochene Schutzlage zwischen den beidseitig aufragenden Hauptmuschelkalkhängen ein. Die Siedlungsleitlinie ist die Hauptstraße (B 292), die dem gewundenen Lauf der Schefflenz auf dem rechtsseitigen Talboden folgt. Der *Ortsmittelpunkt* entwickelte sich im mittleren Bereich der dicht bebauten Hauptstraße

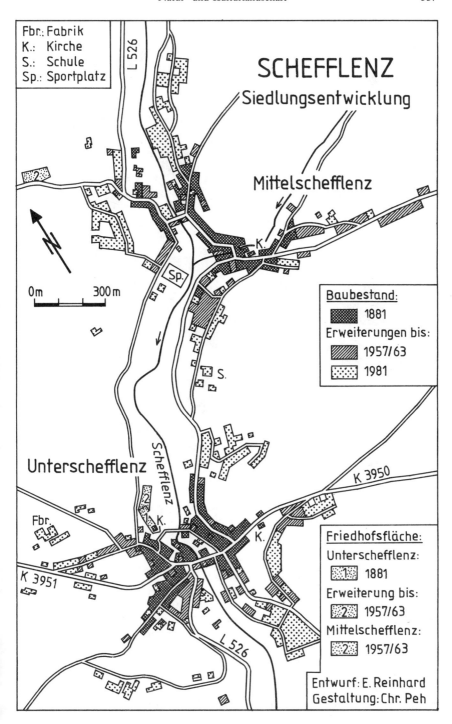

nördlich der Abzweigung von Bahnhofstraße und Ringelgasse im Bereich des Kirchwegs. Dort erweitert sich die Hauptstraße platzartig vor dem Kirchbühl mit der kath. Kirche, dem Rathaus, dem Schulhaus und dem Gasthaus »Zum Engel«. Am nördlichen Abschluß des Kirchwegs steht die ev. Kirche, ein neugotischer Bau aus Muschelkalkbruchstein.

Die Ostfassade an der 1795 erbauten kath. Kirche ist durch einen Mittelrisalit, Pilaster, Fenster- und Türfassungen aus Buntsandstein gegliedert. In einer Nische über dem Portal befindet sich eine bereits 1753 gefertigte Barockstatue des Hl. Joseph mit dem Jesuskind. Unmittelbar südlich des kath. Gotteshauses ist die Ortsverwaltung im 1847 erbauten ehemaligen Schulhaus untergebracht. Gegenüber dem Kirchplatz mit Parkplätzen, öffentlicher Telefonzelle und Bushaltestelle sticht das Gasthaus »Zur Krone« hervor, das aus einem wuchtigen bäuerlichen Anwesen mit großer rundbogiger Toreinfahrt hervorgegangen ist.

Der alte, dicht bebaute Dorfkern beidseits der Hauptstraße wird hauptsächlich von zweigeschossigen, meist giebelständigen Fachwerkhäusern geprägt, deren hohe spitzgiebelige Wirtschaftsbauten rechtwinklig zu ihnen angeordnet sind oder hinter den Wohnhäusern stehen. Hübsche Fachwerkhausgruppen prägen das Siedlungsbild an der Hauptstraße. Viele von ihnen sind gestelzte Einhäuser, bei denen die Erdgeschosse der Aufnahme von Ställen und Abstellräumen dienen. Typisch für viele ältere Wohnhäuser ist ein hoher Mauersockel und eine Freitreppe. Bis auf wenige Neubauten entstammt die alte Bebauung in der Hauptstraße und deren kurzen Quergassen fast durchweg aus der Zeit vor dem 1. Weltkrieg, wie der Gasthof »Zum Hirschen« aus dem Jahr 1786, dessen Gebäude einen Dreiseithof bilden. Geschäfte und Dienstleistungseinrichtungen konzentrieren sich entlang der Hauptstraße mit Lebensmittelläden, Drogerie, Apotheke, Elektrogeschäft, Sparkasse und Kfz-Werkstatt mit Tankstelle. Dagegen überwiegen die bäuerlichen Gehöfte vor allem in den Seitengassen. Erste Ansätze einer *Siedlungserweiterung* fanden im Bereich der Bahnhofstraße statt, wo traufständige ein- bis zweigeschossige Wohnhäuser aus Muschelkalkbruchstein oder Ziegelstein mit Giebelaufsätzen errichtet wurden. Das Gasthaus »Zur Eisenbahn« ist ganz typisch für diese Bauweise. In der Bahnhofstraße steht auch das 1909 aus Buntsandstein erbaute Schulhaus. An der Bahnlinie Mosbach–Buchen breiten sich gegenüber dem dreigeschossigen Bahnhofsgebäude Lagerschuppen sowie Raiffeisenlagerhäuser und Getreidesilos aus.

Mit zunehmender Entfernung vom Dorfkern wird die alte bäuerliche Bebauung mit jüngeren Häusern aus der Nachkriegszeit durchsetzt, so daß am südwestlichen Ende der Hauptstraße und an den oberen Enden der Seitenstraße eine Mischbebauung mit dominierender Wohnfunktion entstand.

Nordwestlich der Bahnlinie hat sich im Gewann Lerchenberg ein kleines *Neubaugebiet* entwickelt. Der erst locker, vorwiegend mit eingeschossigen Einfamilienhäusern (darunter die Praxis zweier Zahnärzte) bebaute Neubaubereich wird von der Straße Lerchenberg halbkreisförmig erschlossen. Im Bereich der Getreidelagerhäuser haben sich eine Mieder- und Tricotagenfabrik sowie ein weiterer Industriebetrieb angesiedelt.

Andere jüngere *Siedlungserweiterungen* entstanden am südwestlichen Dorfeingang zu beiden Seiten der Hauptstraße. Rohbauten und unbebaute Grundstücke kennzeichnen die junge Anlage am südlichen Hang des Auerbächle, die hauptsächlich aus einstöckigen Einfamilienhäusern besteht. Nördlich des Auerbächle wurden im Anschluß an die Roedder-Halle zwei Sport- und neue Tennisplätze angelegt.

Ein flächenmäßig *ausgedehntes Neubaugebiet* erstreckt sich auf dem östlichen Talhang der Schefflenz, dessen Wohnbebauung in der frühen Nachkriegszeit begonnen wurde. Die jüngsten Wachstumsspitzen dehnen sich in den obersten Hanglagen im Flurstück Schöndelrain und Weingarten im SO von Oberschefflenz mit ein- bis zweigeschossigen Einfamilienhäusern aus. Hier liegt mitten im Grünen das Roedder-Altenheim, ein gelbverputzter, dreiteiliger Baukomplex. Außerdem entstanden zwischen dem mit Nutzgärten und Wiesen erfüllten Talboden der Schefflenz einzelne moderne Wohnhäuser im Bungalowstil (darunter ein Haus mit Arztpraxis) und ein moderner Kindergarten.

Eine ganz ähnliche topographische Lage wie die anderen Schefflenzorte zeichnet auch das ausgedehnte Haufendorf Unterschefflenz im S des Gemeindegebiets aus. Der beidseits des Flüßchens gelegene, dicht bebaute Siedlungskern nimmt eine tiefe Muldenlage an der Einmündung eines rechtsseitigen Nebentals der Schefflenz ein. Ein unregelmäßiger Straßengrundriß kennzeichnet den alten Dorfkern.

Der *Ortsmittelpunkt* hat sich mit Geschäfts- und Dienstleistungseinrichtungen (Haushaltswarengeschäft, Lebensmittelläden, Apotheke, Drogerie, Fahrschule, Postamt und Bushaltestelle) an der Brauerreistraße, die in WO- Richtung das Schefflenztal quert, und ihrer westlichen Fortsetzung, der kreisförmig verlaufenden Ringstraße, herausgebildet. In diesem Bereich nimmt das Rathaus mit Sparkasse und Gemeindekasse, ein zweigeschossiger Bau von 1957/58 mit einem kleinen hölzernen Dachreiter, eine zentrale Lage ein. Alte Gebäude, darunter das stattliche Gasthaus »Zur Sonne« sowie mehrere Fachwerkhäuser aus dem 18. und 19. Jh. prägen das Aufrißbild des Dorfkerns, die neben neuen Häusern mit Geschäfts- und Wohnfunktion stehen. Sehenswert ist an der Abbiegung des Mühlwegs von der Brauereistraße ein schönes Fachwerkhaus aus dem 18. Jh., dessen Giebelseite einen kleinen Walmansatz und eine Freitreppe aufweist. Gegenüber sticht eine barocke Kreuzigungsgruppe aus dem Jahr 1744 hervor. Im Mühlweg befindet sich ein modernes Elektrogeschäft und eine große Sägemühle neben noch landwirtschaftlich genutzten Anwesen.

In der östlichen Brauereistraße fällt gegenüber dem Gasthaus »Zum Hirschen« das 1863 erbaute Gasthaus »Zur Rose« neben den Brauereigebäuden auf, die teilweise ins 19. Jh. zurückreichen. Über eine alte, überwiegend landwirtschaftlich geprägte Bebauung im O des Dorfes erhebt sich die 1863 erbaute kath. Kirche, ein einfacher Saalbau mit einem kleinen Ostchor und einem schieferverkleideten Dachreiter.

Der Ortsmittelpunkt leitet auf der westlichen Schefflenzseite zu einem weiteren Siedlungsschwerpunkt mit der ev. Kirche über. An der Mosbacher Straße öffnet sich der Kirchenplatz mit einer alten Linde vor dem Gotteshaus, einem hellverputzten Barockbau aus dem Jahr 1764 mit einem frühgotischen Chorturm im O. Eine alte Muschelkalkmauer umschließt den Kirchhof und grenzt an den Friedhof mit einer modernen Einsegnungskapelle. Neben der Kirche befindet sich der Kindergarten in einem 1886 erbauten Gebäude, an das ein moderner flacher Erweiterungskomplex angebaut ist. Am westlichen Talhang ragt gegenüber der ev. Kirche das 1911 aus Muschelkalkbruchsteinen erbaute, ehemalige Schulhaus auf.

Neben vereinzelten Neubauten und zu Wohn- oder gewerblichen Zwecken umgewandelten Häusern bestimmen weiterhin landwirtschaftlich genutzte Winkelgehöfte oder Eindachhäuser das Dorfbild um den Kernbezirk. Dagegen wird mit zunehmender Entfernung vom Dorfzentrum eine typische Mischbebauung vorherrschend, da neuere Häuser vermehrt auftreten und in erster Linie Wohnzwecken dienen.

Unterschefflenz weist als größte und – neben Oberschefflenz – dichtest besiedelte Ortschaft der Gemeinde auch den stärksten Industriebesatz auf. Auf der Kuppe des Heiligenbergs, der spornartig im NW aufragt, hat sich ein großes Industrieunternehmen in Dorfrandlage angesiedelt. Auf dem weitläufigen Fabrikgelände dehnen sich langgestreckte moderne Betriebshallen mit Shetdach neben einem Flachdachtrakt aus. Ein weiterer Industriebetrieb hat sich im rechtsseitigen Nebental am westlichen Dorfausgang niedergelassen, der aus einer modernen Fertigungshalle sowie einem zweigeschossigen Baukörper mit Scheddach besteht. Im westlichen Schefflenztal erstreckt sich der Zweigbetrieb der Milchzentrale auf einem großen Areal, dabei rahmen große Betriebs- und Lagerkomplexe mit Kühlsilos aus Metall einen Innenhof ein. Eine moderne Tankstelle und ein Elektrogeschäft erweitern hier den Geschäftsbereich nach SW. Nach S anschließend wurden im wiesenerfüllten Talboden der Schefflenz ein Freibad und ein Sportplatz angelegt.

Die jüngeren randlichen Siedlungserweiterungen nehmen im Gegensatz zum Dorfkern im Talbereich eine Lage an den höheren und steileren Talhängen ein. Kleinere Neubaubereiche mit einigen Einfamilienhäusern haben sich am Wachweg und am Heiligenberg entwickelt.

Ein ganz junges *Neubaugebiet* in steiler Hanglage vergrößert im NO die überbaute Fläche im Gewann Herlich mit modernen Einfamilienhäusern, die erst in den 1980er Jahren entstanden sind.

Auch im SO von Unterschefflenz wurde seit der Nachkriegszeit ein ausgedehntes Neubaugebiet im Flurstück Tonacker und Linsenweg am östlichen Talhang erschlossen. Die ältere Stufe des Neubaugebiets wird durch Häuser charakterisiert, die oft noch ein kleines Nebengebäude aufweisen, das als Gartenhaus, Schopf oder der Kleinviehhaltung dient.

Aussiedlerhöfe in Dorfrandlage haben sich am östlichen Dorfausgang und auf der westlichen Hochfläche in Verlängerung des Wachwegs angesiedelt.

Bemerkenswerte Bauwerke. – Mittelschefflenz: Von der mittelalterlichen Kirche sind wesentliche Bauteile in der heutigen *ev. Kirche* erhalten: Im unteren Teil der kreuzgewölbte Chorturm, an der Westseite ein gotisches Portal und ein Eckstein mit der Bauinschrift von 1473 mit dem Steinmetzzeichen des Meisters Hans oder Konrad Eseler von Amorbach. In dem Namen am Schluß der Inschrift wird der Pfarrer Petrus Kurckel vermutet. Das flachgedeckte Langhaus wurde in seiner heutigen Gestalt 1835 an den spätgotischen Chor angebaut und der Triumphbogen damals vergrößert. Mit dem historisierenden Turmaufbau behielt die Kirche ihren ortsbildprägenden Charakter.

Oberschefflenz: Die *kath. Pfarrkirche* wurde 1794 im spätbarocken Stil neu erbaut. An den dreiseitig geschlossenen Chor schließt der flach gedeckte Saal an. Der neubarocke Glockenturm steht an der Chorseite und ist mit einer Zwiebelhaube gedeckt.

Die *ev. Kirche* wurde 1886 in neugotischem Stil erbaut. An das Langhaus mit Emporen und Holzdecken schließt ein dreiseitiger gewölbter Chor an. Der Glockenturm steht in der Hauptachse. Die mittlere Eingangsachse auf der Seite ist durch einen Giebelrisalit besonders betont.

Unterschefflenz: Die *ev. Kirche* besteht aus dem im unteren Teil mittelalterlichen Chorturm, der in der Barockzeit 1764 zusammen mit dem Neubau des flachgedeckten dreiachsigen Langhauses aufgestockt wurde.

Eine *kath. Kirche* wurde erst wieder 1865 im historisierenden Stil mit Strebepfeilern an den Längsseiten des flachgedeckten Saales errichtet. Der polygonal geschlossene Chor und die neubarocke Ausstattung verleihen dem Innenraum barocken Charakter.

B. Die Gemeinde im 19. und 20. Jahrhundert

Bevölkerung

Bevölkerungsbewegung. – Die *Bevölkerungsentwicklung* der ländlich strukturierten Schefflenzgemeinde war bis zu Beginn der Agrarkrise um 1845 durch ein sehr starkes Wachstum gekennzeichnet. In allen vier Orten vermehrte sich die Bevölkerung in den Jahren 1809–1845 um mehr als ⅓. Hervorgerufen durch Abgaben, Teuerung, Mißernten, Hungersnot und Seuchen setzte in den 1850er Jahren eine große *Auswanderungswelle* in allen Schefflenzorten ein. Bis 1854 emigrierten 138 Personen aus Mittel-, 70 aus Ober- und 220 aus Unterschefflenz vorwiegend nach Nordamerika. Die Gemeinden unterstützten die Auswanderung armer Einwohner finanziell. Auf diese Art wurden aus Mittelschefflenz 87, Oberschefflenz 8 und Unterschefflenz 63 teilweise »untaugliche« Gemeindemitglieder auch gegen ihren Willen in die Neue Welt abgeschoben. Einen starken, wenn auch vorübergehenden Bevölkerungszuwachs brachte der Eisenbahnbau in den 1860er Jahren und um die Jahrhundertwende in Oberschefflenz durch zeitweiligen Zuzug vieler Arbeiter. Durch die beginnende Industrialisierung in den Städten trat gegen Ende des 19. Jh. und nach dem 1. Weltkrieg an die Stelle der Auswanderung immer mehr die Abwanderung in die bad. Städte, in erster Linie nach Mannheim, Heidelberg und Karlsruhe. Die Bevölkerungsentwicklung von Kleineicholzheim und Mittelschefflenz war seit Mitte des 19. Jh. rückläufig. Der ständige

Rückgang der Bevölkerung durch Auswanderung und Wegzug – vor allem junger Mädchen und Juden – hatte zur Folge, daß Kleineicholzheim und Mittelschefflenz 1939 weniger Einwohner zählten als 1809. Dagegen erfuhren die größeren Gemeinden Ober- und Unterschefflenz im gleichen Zeitraum einen Bevölkerungszuwachs.

Während des 2. Weltkrieges wurden den Schefflenzgemeinden *Evakuierte* vor allem aus den Städten Karlsruhe, Rastatt und Mannheim zugewiesen. 1939 mußte Oberschefflenz zeitweise 1000 evakuierte Personen aus Karlsruhe aufnehmen. Während des Krieges kamen Ausgebombte aus Karlsruhe und Mannheim hinzu. Der 1. Weltkrieg hatte insgesamt 123 Opfer in diesen Gemeinden gefordert; im 2. Weltkrieg waren die Verluste an *Gefallenen* und *Vermißten* mit 210 erheblich höher. Große Probleme gab es nach dem 2. Weltkrieg durch den Zustrom von *Heimatvertriebenen* und *Flüchtlingen*, die zum größten Teil aus Ungarn, dem Sudetenland, Rumänien und Jugoslawien stammten. 1950 zählte man 1147 Vertriebene und Flüchtlinge; fast ⅓ der Gesamtbevölkerung. Davon waren 29 Personen in Kleineicholzheim, 237 in Mittel-, 462 in Ober- und 356 in Unterschefflenz untergebracht. 1961 wurden noch 880 Vertriebene und 66 SBZ-Flüchtlinge gezählt. Bis 1971 hatte die Gesamtgemeinde sowohl einen Geburtenüberschuß als auch Wanderungsgewinn zu verzeichnen, so daß die Bevölkerung von 1961 bis 1970 um 469 Personen wuchs. Nach einer dann einsetzenden leichten Bevölkerungsabnahme blieben die Einwohnerzahlen annähernd konstant, da der Geburtenrückgang durch eine im allgemeinen positive Wanderungsbilanz ausgeglichen werden konnte.

Die *Konfessionsgliederung* war in Mittel-, Ober- und Unterschefflenz bis zur Mitte des 20. Jh. recht einheitlich. Die Mehrzahl der Bewohner war reformiert – in Kleineicholzheim zu gleichen Teilen reformiert oder lutherisch – und wurde nach dem Zusammenschluß beider Bekenntnisse im Jahr 1821 evangelisch. Die Anzahl der Katholiken betrug in Oberschefflenz ⅓, in den anderen Dörfern ungefähr ¼ der Einwohnerschaft. Nach dem 2. Weltkrieg erhöhte sich ihre Zahl durch den Zustrom der Flüchtlinge und Heimatvertriebenen aus dem Osten. In Mittel- und Unterschefflenz waren 1970 etwa ⅓, in Oberschefflenz und Kleineicholzheim sogar über die Hälfte der Einwohner katholisch.

In Kleineicholzheim und Unterschefflenz lebten bis zum Beginn des 20. Jh. einige *Mennoniten*. Darüber hinaus wurden in Unterschefflenz 1854 8 Wiedertäufer erwähnt. Im 19. Jh. wohnten *Juden* in dem grundherrschaftlichen Ort Kleineicholzheim. 1825 waren 35 Israeliten (15%) hier ansässig. Ihr Anteil erhöhte sich bis 1900 auf 33,2%. Anfang des 20. Jh. zogen viele Juden in die größeren Städte, so daß ihr Anteil auf 16,5% im Jahr 1925 sank. 1933 lebten noch 28 Juden in Kleineicholzheim. 12 Auswanderer begaben sich bis 1939 nach Amerika. Die in Kleineicholzheim verbliebenen 15 Juden wurden 1940 nach Gurs deportiert. Nur vier von ihnen entkamen den Vernichtungslagern.

Die Bewohner von Ober-, Mittel- und Unterschefflenz ernährten sich von Ackerbau und Viehzucht und gehörten zumindest in der 2. H. 19. Jh. zu den Wohlhabendsten im Amtsbezirk Mosbach. Auch die Einwohner des grundherrschaftlichen Orts Kleineicholzheim waren – selbst abgesehen von den vielen vermögenden jüd. Handelsleuten – recht gut gestellt. In den Ortsbereisungsakten von 1854 wurden die Bewohner in der Regel als sparsam, fleißig, aufgeschlossen gegenüber Neuem und leistungsfähig bezeichnet. In den ländlich strukturierten Gemeinden blieb der *Ausländeranteil* gering. 1970 waren 63 Ausländer in Schefflenz ansässig, die 2% der Gesamtbevölkerung ausmachten. 1984 lebten 117 Ausländer in Schefflenz, darunter 64 Türken und 29 Italiener.

Die Gemeinde im 19. und 20. Jahrhundert 563

Politisches Leben

Noch während der Agrarunruhen von 1848, als aufständische Odenwälder das Schloß zu Bödigheim stürmen wollten, boten Bauern aus den Schefflenzdörfern dem Freiherrn Rüdt von Collenberg ihre Unterstützung an. Jedoch schon 1849 hatte sich die politische Stimmung gewandelt. In Oberschefflenz bestand ein demokratischer Volksverein, dem Republikaner aus Mittel- und Unterschefflenz sowie anderen Nachbarorten angehörten. Bürger aus Mittel-, Ober- und Unterschefflenz hielten bei Volksversammlungen öffentlich aufrührerische Reden. Bei den politischen Unruhen im Mai 1849 zogen die Schefflenzer sogar gemeinsam mit den republikanischen Truppen ins Feld.

Bei den *Reichstagswahlen* erzielte die Nationalliberale Partei in den mehrheitlich evangelisch und bäuerlich strukturierten Schefflenzgemeinden von 1871–1912 die absolute Mehrheit, die sie nur im Jahr 1881 knapp verfehlte. 100 % der Wählerstimmen erreichten die Nationalliberalen 1898 in Kleineicholzheim sowie 1881 und 1887 im Kartell mit Konservativen und der Reichspartei in Unterschefflenz. Als zweitstärkste Kraft trat von 1868 bis 1932 im allgemeinen das Zentrum hervor, das überdurchschnittlich hohe Resultate vor allem in Oberschefflenz – bedingt durch den hohen Anteil an Katholiken – erzielte. Im Jahr 1898 stimmten in den drei Schefflenzgemeinden mehr Wähler für die Antisemitische Partei als für das Zentrum. In Kleineicholzheim dagegen, wo zahlreiche Juden wohnten, erhielten die Antisemiten keine Stimme. Bei der Wahl zur Verfassunggebenden Nationalversammlung 1919 erhielt die Deutsche Demokratische Partei die relative Mehrheit mit 48,2 % vor Zentrum (21,5 %), SPD (18,9%) und Deutschnationaler Volkspartei (11,4 %). 1928 wurde die NSDAP mit 26,7 % – in Kleineicholzheim sogar mit 47,4 % – der Wählerstimmen stärkste Partei. Bei der folgenden Reichstagswahl 1932 hatte sie mit 62,7 % schon die absolute Mehrheit. Das höchste Ergebnis erzielte die NSDAP dabei in Mittelschefflenz (78,9 %), das niedrigste in Oberschefflenz (45,9 %), wo das Zentrum seine Stimmenanteile (36,3 %) erhalten konnte. Seit dem Bestehen der Bundesrepublik zeigte das Wählerverhalten in Schefflenz bei den *Wahlen zum Deutschen Bundestag* ein recht einheitliches Bild. Dabei trat die CDU immer als stärkste Partei hervor. Die absolute Mehrheit konnte sie 1949, 1965, 1976 und 1983 erreichen. Traditionell hatte die CDU dabei in Oberschefflenz ihre besten Resultate, 1965 sogar 60,2 %. Die SPD verzeichnete seit der ersten Bundestagswahl zunehmend Stimmengewinne bis 1980 (42 %). Seit 1964 war sie zweitstärkste Partei. 1983 betrug der SPD-Anteil 40,8 %. Auch die FDP/DVP konnte seit 1949 mit 9,1 % – in Kleineicholzheim 30,7 % – bis zu ihrem Höhepunkt mit 30,6% der gültigen Zweitstimmen im Jahr 1957 einen beachtlichen Stimmenzuwachs vorweisen. Von 1953 bis 1961 war sie zweitstärkste Partei. Dannach fiel sie als drittstärkste Partei hinter die SPD und mußte stetig Stimmenverluste hinnehmen. 1983 entfielen 8% der gültigen Zweitstimmen auf die FDP/DVP. Von den übrigen Parteien aus der Entstehungszeit der Bundesrepublik wurde 1949 die Notgemeinschaft zweitstärkste Partei; in Kleineicholzheim war sie sogar stärkste Partei mit 32,5 %. Bedingt durch den hohen Anteil an Heimatvertriebenen in Schefflenz konnten der Gesamtdeutsche Block/Block der Heimatvertriebenen und Entrechteten, die Gesamtdeutsche Volkspartei sowie die Sozialistische Reichspartei bei der Wahl von 1953 überdurchschnittlich hohe Ergebnisse erzielen. Die NPD konnte vorübergehend zur Zeit der großen Koalition ihre höchsten Stimmengewinne erringen (1969 8,9 %, in Mittelschefflenz 12,3 %). Die politischen Parteien sind in Schefflenz durch einen Ortsverein der SPD, CDU und der Grünen vertreten.

Wirtschaft und Verkehr

Landwirtschaft. – Die Landwirtschaft bildete den Haupterwerbszweig der Bewohner von Schefflenz. Schon im 18. Jh. war man zum Anbau der Brache, zur Kalkdüngung und zur Stallviehhaltung übergegangen. In der 2. H. 19. Jh. wurden mit Förderung durch die Bezirksverwaltung und den landwirtschaftlichen Verein wichtige Reformen in der Landwirtschaft durchgesetzt. Anfang der 1860er Jahre wurde zusammen mit der Regulierung der Schefflenz eine durchgreifende Wiesenentwässerung geschaffen. Das *Wiesenland* wurde teilweise auf Kosten der Ackerfläche von 187 ha im Jahr 1880 auf 248 ha 1930 (10,2 % der LF) ausgeweitet. Diese Tendenz verstärkte sich bis auf 444 ha 1979 (25 %). Aufgrund der recht guten Böden war der *Ackerbau* lohnend. Für den Verkauf wurden im 19. Jh. in erster Linie Spelz (= Dinkel), Hafer und Gerste angebaut und zum Teil auf den Mosbacher Markt gebracht. Wichtigstes Sommergetreide war neben der Gerste (1880:103 ha) der Hafer (282 ha), wichtigstes Wintergetreide der Spelz (502 ha). Nach dem 2. Weltkrieg wurde der Hafer mehr und mehr von der Gerste verdrängt. 1983 betrugen die Anbauflächen für Gerste und Weizen jeweils 377 ha (43,3 % der Getreideflächen), für Hafer 103 ha (11,8 %).

Zur Förderung des gemeinschaftlichen An- und Verkaufs wurde in Oberschefflenz schon 1888 ein Konsumverein gegründet, dem anfänglich 15 Landwirte angehörten. Der Verein übernahm den Einkauf von Kunstdünger, Kohlen, Sämereien und landwirtschaftlichen Maschinen sowie den Verkauf von Hafer an die Militärverwaltung. 1898 bildeten sich auch in den anderen Schefflenzer Gemeinden örtliche Konsumvereine. Der gute Absatz von Hafer führte im Jahr 1901 zur Bildung der Getreidehausgenossenschaft Schefflenz. Dem Raiffeisenlagerhaus, das neben dem Oberschefflenzer Bahnhof entstand, gehörten viele Landwirte aus den vier Schefflenzgemeinden und den umliegenden Dörfern an. Auch in Unterschefflenz wurde in den 1920er Jahren ein kleines Lagerhaus errichtet. Das Raiffeisenlagerhaus, das mit modernen Getreideerfassungsanlagen mit Getreidetrocknung und -kühlung ausgestattet wurde und den Verkauf von landwirtschaftlichen Bedarfsartikeln sowie den Vertrieb von Landmaschinen umfaßte, existiert noch heute (1985) mit Zweigstellen in Mittel- und Unterschefflenz.

Futterbau (einschließlich Hackfrüchte) und Getreideanbau nahmen etwa gleichgroße Flächen ein (40,2 bzw. 44 %). Der Feldfutterbau war infolge des Wiesenmangels und der Stallviehhaltung stark verbreitet. Man baute große Mengen an Klee, Pferdezahnmais, Runkelrüben, Hülsenfrüchten und Kartoffeln. Die Luzerne, die 1930 die Hälfte der angebauten Futterpflanzen ausmachte, wurde in den letzten Jahren immer mehr von Grün- und Silomais (1985:58,1 %) verdrängt.

Zu den Haupterzeugnissen gehörten im 19. Jh. auch Hanf und Flachs. Der Rapsbau verstärkte sich in der zweiten Jahrhunderthälfte immer mehr, vor allem in Unterschefflenz. Mit Zuckerrüben und Zichorie wurden Ende des 19. Jh. Anbauversuche unternommen. Der Zuckerrübenanbau konnte von 19 ha 1933 auf 38 ha 1950 gesteigert werden. Ein wichtiges Handelsprodukt war bis etwa zur Jahrhundertwende der Grünkern. Weinberge gab es im 19. Jh. nur noch in Unterschefflenz (1854: 29 M); sie wurden aber zugunsten des Obstbaus aufgegeben.

Die *Obstzucht* nahm aufgrund staatlicher Förderung in der zweiten Jahrhunderthälfte stark zu. Die Gemeinden errichteten Baumschulen. Wege und Ödungen wurden mit Obstbäumen bepflanzt. In den letzten Jahrzehnten ging der Anbau von Sonderkulturen stark zurück (1983: 4 ha).

Die *Viehhaltung* spielte in Schefflenz eine große Rolle. Bedingt durch die Wiesenknappheit waren die Bauern schon früh zur Stallviehhaltung übergegangen. Die Zahl der Pferde nahm von 1855 bis 1933 um mehr als das Doppelte zu, da Arbeitspferde zunehmend die Rinder als Zugtiere ersetzten. Bis zur Verdrängung der Pferde durch Ackerschlepper blieb ihr Bestand etwa gleich hoch (1950: 202 Tiere). Anfang des 19. Jh. besaßen die Mittel-, Ober- und Unterschefflenzer 1022 Rinder, auch für den Verkauf. 1854 wurden z. B. 162 Rinder in Mittel-, 190 in Ober- und 310 in Unterschefflenz an Handelsleute und Metzger verkauft. Mit dem Übergang zur Rinderzucht durch die Haltung von Zuchtstieren besserer Rasse kam es seit der Mitte des 19. Jh. zu einer bedeutenden Hebung des Viehstandes. Viehzucht und Milchwirtschaft entwickelten sich zum dominierenden Betriebszweig und lieferten den Bauern hohe Erträge. 1889 traten Ober- und Unterschefflenz mit 70 Landwirten und 1891 Kleineicholzheim der Zuchtgenossenschaft Schefflenztal bei. Israelitische Händler aus Eicholzheim kauften das Vieh und schickten es per Bahn nach Heidelberg und Mannheim. Aufgrund zunehmender Milchwirtschaft gründeten Landwirte in Mittel-, Ober- und Unterschefflenz um die Jahrhundertwende Molkereigenossenschaften zur Verbesserung des Milchabsatzes und der Milchverwertung. In Kleineicholzheim hatten die Bauern sich völlig auf die Milchwirtschaft spezialisiert, so daß keine Viehzucht mehr betrieben wurde. Die Schefflenzorte lieferten täglich größere Milchmengen mit der Bahn nach Heidelberg und Mannheim (Kleineicholzheim ca. 400 l 1907, Unterschefflenz 545 l). Ab 1921 wurde die Unterschefflenzer Molkerei zur Zentralgenossenschaft für ein großes Einzugsgebiet ausgebaut und erhielt von vier Zweigniederlassungen täglich bis zu 7000 l Milch zur Verarbeitung. Die fertigen Milchprodukte gingen nach Heidelberg, Schwetzingen und Mosbach. Nach dem 2. Weltkrieg wurde die Unterschefflenzer Molkerei an die Heidelberger Milchversorgung angeschlossen, die 1967 mit der Milchzentrale Mannheim fusionierte und am Kleineicholzheimer Bahnhof eine große Kühlstation errichtete. Die gesamte Milch des Odenwaldes wurde hier gekühlt und mit der Bahn versandt. In Unterschefflenz befindet sich noch heute (1985) der Zweigbetrieb der Milchzentrale Nordbaden Mannheim mit einer Milchsammelstelle in Mittelschefflenz.

Die Zahl der Rinder blieb von 1887 bis 1983 (2131 Tiere, davon ⅓ Milchkühe) annähernd konstant. Dabei kam es in den letzten Jahrzehnten zu einer Konzentration, die seit 1963 zu einer Verdreifachung der durchschnittlichen Tierbestände pro Betrieb führte.

Die *Schweinezucht*, die schon vor der Agrarkrise intensiv betrieben wurde, dann infolge schlechter Kartoffelernten zurückging, erlebte von 1855 (782 Tiere) bis 1930 (1732 Tiere) einen Aufschwung. In großem Umfang betrieb man Schweinezucht und -mast in Mittel-, Ober- und Unterschefflenz. Sie boten vor allem kleinen Landwirten hohe Einnahmen. Um 1900 gründeten Züchter aus den drei Schefflenzorten die Schweinezuchtgenossenschaft Schefflenztal in Unterschefflenz. In Kleineicholzheim stand dagegen die Schweinemast im Vordergrund. Seit 1965 (2208 Tiere) hat die Schweinehaltung an Bedeutung verloren. Bis 1983 ging der Schweinebestand auf 577 Tiere zurück.

Große *Schafherden* fand man Anfang des 19. Jh. in allen Schefflenzorten. Bis 1855 nahm der Schafbestand vor allem in Mittelschefflenz ab, dann bis zur Einstellung der Gemeindeschäfereien Ende des 19. Jh. wieder zu (744 Tiere). 1930 gab es nur in Kleineicholzheim und Oberschefflenz Schafherden mit 159 bzw. 154 Tieren. 1981 hielten 13 Betriebe 71 Schafe. Hühner und Gänse wurden im 19. Jh. nur für den Eigenbedarf gehalten. In Kleineicholzheim entstand 1911 eine Hühnerzuchtstation. Die Ende der 1950er Jahre gegründete Eiererzeugungsgemeinschaft Schefflenztal lieferte 1961 50000–80000 Frischeier vor allem in den Heidelberger und Mannheimer Raum.

Zur späteren Süddeutschen Eier- und Geflügel AG gehörten Brut- und Stallanlagen in Unterschefflenz. In den 1970er Jahren stand die Hühnerhaltung auf dem Höhepunkt. 1979 wurden 61376 Hühner, darunter 60960 Legehennen gehalten. Bis 1983 hatte die Hühnerhaltung stark an Gewicht eingebüßt; der Hühnerbestand ging drastisch auf 1334 Tiere zurück.

In Kleineicholzheim war mehr als die Hälfte der Gemarkung grundherrschaftliches Eigentum. Im Jahr 1807 besaß der Graf von Waldkirch 173 M Äcker, 44 M Wiesen und 121 M Wald. Außerdem hatte er in Oberschefflenz ein Gut, das 5 M Äcker und 3 M Wiesen umfaßte. 1843 verkauften die Grafen von Waldkirch den ganzen Besitz an einen Juden, der die Güter an die Bürger weiterverkaufte.

Zur vollständigen Ernährung einer Familie aus dem Ertrag der Landwirtschaft war in der Mitte des 19. Jh. ein durchschnittlicher Güterbesitz von 15 M erforderlich. Etwa die Hälfte der Bauern verfügte 1854 über eine ausreichend große Wirtschaftsfläche.

Die Landwirte gehörten fast durchweg zum wohlhabenden Mittelstand mit durchschnittlich 15–20 M. Große Bauern gab es nur wenige. Die kleineren Landwirte fanden als Taglöhner, Handwerker oder Waldarbeiter einen zusätzlichen Nebenverdienst.

In Schefflenz überwogen Klein- und Mittelbetriebe. 1895 verfügten 60,8 % aller Betriebe über 2–10 ha LF. Hoch war auch die Zahl der Kleinstbetriebe, besonders in Kleineicholzheim, wo sie mehr als die Hälfte aller Betriebe ausmachten. Durch die fortschreitende Industrialisierung bildete die Landwirtschaft für einen immer kleineren Teil der Bevölkerung die Ernährungsgrundlage. 1895 lebte noch die überwiegende Mehrheit der Einwohner von der Landwirtschaft (68,6 %). Eine Ausnahme bildete Kleineicholzheim; hier betrug dieser Anteil nur 38,6 %. 1950 ernährte dieser Wirtschaftszweig mit seinen Berufszugehörigen noch gut ⅓ und 1970 11,4 % der Einwohner.

Der *Strukturwandel* führte in der Landwirtschaft zu einem Rückgang der Gesamtbetriebszahl von 442 auf 106 zwischen 1895 und 1983, so daß es zu einer Verlagerung zugunsten größerer Betriebsflächen kam. Die durchschnittliche Betriebsgröße nahm dabei von 4 ha (1895) auf 16,4 ha (1983) um das Vierfache zu. In der Betriebsgrößenklasse 20 ha und mehr befanden sich 1960/61 nur 3, 1971 schon 24 und 1983 38 Betriebe, darunter 24 mit mehr als 30 ha, die 76 % der LF bewirtschafteten. Pachtland und Eigenland waren 1982 zu etwa gleichen Teilen vorhanden. Ausschließlich Eigenland besaßen 40 Betriebe; 3 verfügten nur über Pachtland. Im 19. Jh. hatte Pachtland dagegen keine Bedeutung. Die Besitzer bewirtschafteten in der Regel ihre Grundstücke selbst.

In Schefflenz blieben Ackerbau und Viehwirtschaft die dominierenden Wirtschaftszweige. Von insgesamt 124 Betrieben waren im Jahr 1979 42 Marktfrucht- und 64 Futterbaubetriebe. Davon wurden knapp die Hälfte (56) als Vollerwerbsbetriebe geführt. Heute (1985) gibt es 35 Vollerwerbsbetriebe – 16 in Mittel-, 5 in Ober-, 13 in Unterschefflenz und 2 in Kleineicholzheim – mit dem Produktionsschwerpunkt Ackerbau und Viehzucht, und einer durchschnittlichen Größe von 35,4 ha.

Durch die Veräußerung des Besitzes der Grafen von Waldkirch kam es nach 1843 in Kleineicholzheim zu einer zweckmäßigeren Einteilung der Besitzstücke und der Anlage von Feldwegen. Im Rahmen der Wiesenentwässerung wurden 1861 die bis dahin stark zerstückelten Wiesenparzellen neu eingeteilt und zusammengelegt. Im Gegensatz dazu waren die ausgedehnten Feldgemarkungen von Mittel-, Ober- und Unterschefflenz für eine intensive Bewirtschaftung unzweckmäßig eingeteilt und nur unzureichend mit Feldwegen versehen. *Feldbereinigungen* lehnten die Landwirte der drei Gemeinden 1881 ab, wenn auch Feldwege auf freiwilliger Basis in allen vier Gemarkungen angelegt wurden. Nur in Oberschefflenz fand von 1880 bis 1884 eine Feldbereinigung mit einer

Güterverlegung auf 1451 M statt. Durch das Erbrecht der Realteilung war das Land in zahlreiche Parzellen zersplittert (z. B. 8573 Besitzparzellen in den 1920er Jahren in Oberschefflenz). Eine Teilflurbereinigung wurde 1938–1940 hier auf 177 ha Fläche durchgeführt. Moderne *Flurbereinigungen* setzten dann in den 1950er Jahren ein. In Unterschefflenz konnte von 1950–1960 die Parzellenzahl von 7896 auf 2411 verringert werden. In Oberschefflenz wurden 1952–1960 532 ha in Mittelschefflenz 1953–1962 690 ha und in Kleineicholzheim 1968 242 ha Ackerflur bereinigt. Im Rahmen der Flurbereinigung erfolgte auch eine Auflockerung des Dorfes durch *Aussiedlung*. In Mittelschefflenz wurden 12 Aussiedlerhöfe geschaffen, darunter 4 im Weiler Heimental und 6 in der Ortsrandlage Adigberg; in Oberschefflenz entstand der Aussiedlerweiler Hainbuchen. Seit 1960 gibt es in Unterschefflenz neben 4 Einzelhöfen den Aussiedlerweiler Hühnerberg. Aus Kleineicholzheim siedelte 1970 ein Hof aus.

Der *Gemeindewald* nahm im Jahr 1808 958 M (73,8 % der Gemarkungsfläche) in Mittel-, 1103 M (64,4 %) in Ober- und 756 M (43,8 %) in Unterschefflenz ein. Die drei Schefflenzgemeinden hatten das Privileg der freien Jagd und der uneingeschränkten Waldnutzung. Auf Gkg Kleineicholzheim befanden sich 1808 121 M (20 %) Privatwald. Um die Jahrhundertwende setzte die Pflanzung von Fichten in dem früher fast reinen Laubwaldgebiet mit überwiegend Eichen- und Buchenbeständen ein. 1975 waren noch etwa 30 % der Gesamtgemarkung mit Wald bestockt. Die Gemeindewaldfläche von 1100 ha gehört seit dem 19. Jh. zum Forstbezirk Adelsheim.

Handwerk und Industrie. – Die Gewerbetreibenden arbeiteten im 19. Jh. überwiegend zur Deckung des örtlichen Bedarfs. Die *Handwerker* kamen in der Regel aus dem Bauernstand und waren nebenher noch kleine Landwirte, da sie ihren Lebensunterhalt vielfach nicht allein aus dem Handwerk bestreiten konnten. Bezeichnend war, daß die Gewerbetreibenden in Kleineicholzheim, die Anfang des 19. Jh. ihr Handwerk nicht ständig ausübten, zu den ärmsten Bevölkerungsgruppen gehörten. Viele Handwerker hatten einen engen Bezug zur Landwirtschaft wie Schmiede, Wagner, Seiler, Bäcker, Metzger, Küfer, Weber, Schneider und Schuhmacher. Im Baugewerbe waren Zimmerleute, Schreiner, Glaser, Maurer und Schlosser tätig. In jeder Gemeinde wurden Steinbrüche von Steinbrechern und Kalkbrennern zur Gewinnung von Straßenschotter und Düngekalken abgebaut. Ton- und Lettengruben auf Gkg Mittelschefflenz lieferten das Ausgangsmaterial für Ziegler in Mittel- und Oberschefflenz sowie Hafner in allen Schefflenzdörfern. Schon im 18. Jh. wurden Bohnerze auf Mittelschefflenzer Gemarkung in kleinen Gruben geschürft, jedoch wegen zu geringer Ausbeute wurde der Abbau bald aufgegeben. Das Wasser der Schefflenz betrieb mehrere Mahlmühlen und wurde von Gerbern, Färbern und Bierbrauern genutzt. Insgesamt wurden 1854 52 Gewerbetreibende in Ober-, 56 in Unter- und 24 in Mittelschefflenz gezählt. Bis 1861 kamen weitere Spezialberufe wie Nagelschmied, Seifensieder, Wundarzneidiener, Zuckerbäcker, Sattler, Buchbinder, Kürschner, Dreher, Hauderer, Putzmacherin, Mechaniker und Tüncher hinzu.

Weit verbreitet waren Spinnerei und Leinenweberei, die vorwiegend im Winter in Heimarbeit betrieben wurden und auf einem ausgedehnten Hanf- und Flachsanbau beruhten. Die Leinenweberei gehörte im 19. Jh. zu den bedeutendsten Einnahmequellen der Bewohner. Allein in Oberschefflenz produzierte man um die Mitte des 19. Jh. durchschnittlich 1600 Ellen Leinwand, die größtenteils auf dem Tuchmarkt von Bad Wimpfen und Mosbach verkauft wurden. Für die Spinnerei nahm man schon 1865 teilweise württ. Maschinen in Anspruch.

Nach der Betriebszählung von 1895 war die Bekleidungs- und Reinigungsbranche mit insgesamt 44 Hauptbetrieben und 77 Personen in Schefflenz am stärksten vertreten.

Allein in Oberschefflenz, wo sich das Gewerbe am meisten konzentrierte, arbeiteten 37 Personen in 22 Hauptbetrieben in dieser Branche. An zweiter Stelle trat das Baugewerbe mit 30 Betrieben und 57 Beschäftigten. Zur Nahrungs- und Genußmittelbranche, in der in 16 Betrieben 30 Personen beschäftigt waren, gehörte eine Brauerei in Unterschefflenz.

Der Anteil der Einwohner, der sich vom Wirtschaftszweig Industrie und Gewerbe ernährte, war trotzdem in Schefflenz gering. 1895 lebten insgesamt 17,7 % der Bevölkerung von diesem Sektor (21,6 % in Ober- und 14,3 % in Unterschefflenz). Bis 1930 wuchs der Industrie-Anteil auf 30,7 % an. Darunter befanden sich Auspendler u.a. zur Ziegelei Billigheim und zum Zementwerk Diedesheim. 1961 ernährte das Produzierende Gewerbe dann 50 % der Bevölkerung (1970: 45,5 %).

1950 waren insgesamt 197 Personen in 105 Handwerksbetrieben beschäftigt. Die meisten Beschäftigten (77 bzw. 78) arbeiteten in den größeren Gemeinden Ober- und Unterschefflenz in 38 bzw. 42 Arbeitsstätten.

Tabelle 1: **Handwerksbetriebe 1985**

Branchengliederung nach der Handwerksordnung	insgesamt	Betriebe Mittelschefflenz	Oberschefflenz	Unterschefflenz
Bau- und Ausbaugewerbe				
Maurer	1	–	1	–
Steinmetz	1	–	1	–
Dachdecker	1	–	1	–
Maler und Gipser	1	–	1	–
Maler und Lackierer	1	1	–	–
Metallgewerbe				
Kfz-Betrieb	2	1	1	–
Schlosser	2	–	1	1
Elektroinstallateur	2	–	2	–
Schweißer	1	–	1	–
Elektromechaniker	1	1	–	–
Kfz-Werkstatt	2	–	–	2
Blechner und Installateur	1	–	–	1
Holzgewerbe				
Schreiner	3	–	2	1
Bekleidungs-, Textil- und Ledergewerbe				
Nähstube	1	–	1	–
Nahrungsmittelgewerbe				
Bäcker	2	–	2	–
Metzger	2	1	1	–
Großschlachterei	1	1	–	–
Brauerei	1	–	–	1
Gewerbe für Gesundheits- und Körperpflege sowie chemische Reinigungsgewerbe				
Friseur	2	–	1	1

Quelle: Gemeindeverwaltung Schefflenz

Die Gemeinde im 19. und 20. Jahrhundert 569

Bis 1968 ging die Zahl der Gewerbebetriebe bei gleichzeitiger Zunahme der Beschäftigten stark zurück. So waren in 59 Betrieben 221 Personen tätig. Dabei waren das Metallgewerbe sowie das Bau- und Ausbaugewerbe mit jeweils 14 Betrieben und 72 bzw. 70 Beschäftigten am stärksten vertreten, gefolgt vom Nahrungsmittel- und dem Bekleidungsgewerbe. Das Metallgewerbe blieb 1977 wichtigster Handwerkszweig. Während die anderen Branchen – vor allem Bekleidung, Textil und Leder – zurückgingen, hatte sich hier die Zahl der Betriebe (16) und der Beschäftigten (85) erhöht. Die Zahl der Handwerksbetriebe ist bis 1985 weiter geschrumpft. Die meisten der insgesamt 26 Betriebe konzentrieren sich in Oberschefflenz (16), während in Kleineicholzheim kein Handwerksbetrieb mehr besteht. Die meisten Betriebe (11) gehören auch jetzt noch zur Metallbranche (vgl. Tab. 1).

Vielfach betreiben die Handwerker auch ein Ladengeschäft, wie z. B. Bäcker, Blechner und Kfz-Mechaniker mit Lebensmittel-, Haushaltswaren-, Autoläden und Tankstellen. Die *Brauerei Letzguß* gehört zu den ältesten Betrieben in Schefflenz. Der Familienbetrieb, in dem 1985 ca. 10 Beschäftigte arbeiten, besteht seit 1834 in Unterschefflenz.

Industriebetriebe entstanden in Schefflenz erst nach dem 2. Weltkrieg. In den 1950er Jahren kam es zu einer planmäßigen Industrieansiedlung, die meist kleinere Zweigbetriebe, vorwiegend der Metall- und Textilindustrie, umfaßte. In Oberschefflenz wurde 1955 die *FAWOS-Fabrik Wilhelm Wöltje GmbH* gegründet. Die Firma stellt mit ca. 30 Beschäftigten (1985) Kraftfahrzeug-Ersatzteile her und vertreibt sie weltweit. Auch die Gemeinde Unterschefflenz unterstützte die Ansiedlung von Industriebetrieben. 1961 wurde der Zweigbetrieb der Fa. *Friedrich Bilger GmbH & Co. KG* in Ulm hier gegründet. Bis 1974 entstanden auf 5,4 ha Fläche große Werkanlagen am Rittersbacher Weg. 1985 sind ca. 100 Arbeitnehmer bei FB beschäftigt, das somit größtes Industrieunternehmen in Schefflenz ist. Das Produktionsprogramm im Unterschefflenzer Werk umfaßt die Herstellung und den Vertrieb von Deckenschalungen. Allein im Unterschefflenzer Betrieb konnte der Umsatz 1983 auf 19,4 Mio gesteigert werden. Die Textilbranche ist in Unterschefflenz durch die *Stickerei Martin Wattendorf* vertreten. In der Stickerei sind 1985 etwa 10 Mitarbeiter, hauptsächlich Frauen tätig. In Mittelschefflenz gelang es der Gemeindeverwaltung nach zwei vergeblichen Versuchen 1959 eine Kleiderfabrik anzusiedeln. Die *Fa. Zerfowski Co. KG* fertigt 1985 mit ca. 30 Beschäftigten Konfektionswaren und hat eine Verkaufsabteilung für Damen- und Herrenbekleidung. Dem Hauptbetrieb in Mittelschefflenz wurden in den 1960er Jahren Zweigniederlassungen angegliedert. In Oberschefflenz entstand das Zweigwerk der 1845 in Stuttgart gegründeten *Fa. Prima Donna Wilhelm Meyer-Jilschen GmbH & Co. KG*. Die Firma stellt Miederwaren und Tagwäsche her. 1984 waren mehr als 20 Personen im Oberschefflenzer Werk beschäftigt. Der Gesamtumsatz konnte im Jahr 1983 auf 6,7 Mio gesteigert werden. Exportiert werden 20% der Produktion in die EG, die Schweiz, nach USA und Japan. In der Branche Chemiekunststoffe arbeitet die *Fa. Otto Kittel, Kunststoffverarbeitung*, die 1960 in Unterschefflenz mit der Produktion von Tuben und Flaschenverschlüssen begann. Für das Unternehmen, das 1985 ca. 30 Mitarbeiter hat, wird hauptsächlich in Heimarbeit produziert.

Handel und Dienstleistungen. – Außer in Kleineicholzheim konzentrierten sich in dem Marktort Oberschefflenz neben dem Gewerbe auch etwas Handel und Verkehr. Im Jahr 1802 waren 1 Handelsmann in Mittel-, 2 in Ober- und 3 in Unterschefflenz tätig. Ihre Anzahl stieg, so daß bereits 1861 jeweils 3 Handelsgeschäfte in Mittel- und Unterschefflenz sowie 4 in Oberschefflenz bestanden.

Im Jahr 1816 erhielt Oberschefflenz erstmals zwei *Jahrmärkte* für Vieh-, Tuch- und Krämerwaren. Die Viehmärkte wurden – bedingt durch die Nähe zu den größeren

Marktorten Mosbach und Adelsheim – jedoch 1827 eingestellt. Stark besucht waren schon damals die Krämermärkte, die für die nähere Umgebung von Bedeutung waren und noch heute abgehalten werden. Noch in den 1880er Jahren erzielten die Kaufleute einen beachtlichen Umsatz, aber schon zu Beginn dieses Jahrhunderts waren die Jahrmärkte bedeutungslos geworden. Zur Erleichterung des Schweineabsatzes fanden ab 1952 monatlich abwechselnd Schweinemärkte in Ober- und Unterschefflenz statt.

Bei der Betriebszählung 1895 waren in dem Wirtschaftszweig Handel, Versicherung und Verkehr insgesamt 57 Personen in 30 Unternehmen beschäftigt. Vergleichsweise stark war dabei diese Branche durch die jüd. Einwohner in Kleineicholzheim vertreten, wo in 10 Geschäften 29 Personen arbeiteten. Dagegen gab es selbst in Oberschefflenz nur 8 Betriebe mit 11 Personen. Bezeichnend dafür war, daß in Kleineicholzheim im gleichen Jahr schon 86 Personen (32,8 %) auf den Sektor Handel und Verkehr entfielen, fast so viele wie auf die Landwirtschaft (38,6 %), während dieser Anteil in Mittel-, Ober- und Unterschefflenz sehr viel geringer war (1,5 %, 5,6 % und 1,6 %).

Die Juden betätigten sich als Kaufleute, Händler und Vermittler. Mehrere israelitische Manufakturwarenhandlungen prägten den Ort in besonderer Weise.

Im Jahr 1933 existierten noch 3 Textilwarengeschäfte, 2 Gemischtwarenhandlungen und 2 Vieh- und Pferdehandlungen, die alle in jüd. Hand waren. Nach dem 2. Weltkrieg trat vor allem in Kleineicholzheim eine Stagnation im Wirtschaftsleben ein.

1950 war der Anteil der Berufszugehörigkeit im Bereich Handel, Geld und Verkehr hier auf 15,8 % gesunken, lag damit aber immer noch höher als in den drei anderen Orten, obgleich dort die Anteile leicht gestiegen waren. 1970 hatten sich in diesem Bereich Kleineicholzheim (14,8 % der Berufsbevölkerung) und Oberschefflenz (13,7 % fast einander angeglichen.

Nach den Unterlagen der Gemeindeverwaltung bestanden 1985 in Schefflenz 28 *Einzelhandelsunternehmen* (vgl. Tab. 2).

Einige Handelsgeschäfte sind dabei charakteristischerweise mit Betrieben des Produzierenden Gewerbes bzw. Dienstleistungsunternehmen gekoppelt, oder sie bieten mehrere Warengruppen an. So verkauft u.a. der Steinmetzbetrieb Steinplatten, ein Lebensmittelladen fungiert als Lotto-Annahmestelle und der Handel mit Mineralölstoffen und Kfz-Zubehör unterhält einen Reparaturservice. Die Großschlachterei in Mittelschefflenz betreibt neben dem Einzelhandel auch Groß- und Versandhandel.

In Oberschefflenz ist eine Handelsvertretung mit Repräsentanz verschiedener Großunternehmen vorhanden. Freiberuflich tätig sind 2 Architekten, 4 Ärzte sowie 1 Diplominformatikerin.

Um die Jahrhundertwende gründeten Landwirte in Unterschefflenz eine ländliche Kreditkasse, der 1905 schon 151 Mitglieder angehörten. Heute befinden sich in jedem der drei Schefflenzdörfer eine *Sparkasse* und eine *Raiffeisenbank*. Die Sparkasse in Oberschefflenz besteht seit 25 Jahren. 1970 wurde die Raiffeisenbank gegründet. Durch Fusion mit den Kreditinstituten in Mittel- und Unterschefflenz entstand die Raiffeisenbank Schefflenz-Seckach.

Der Fremdenverkehr hat für Schefflenz kaum Bedeutung. Übernachtungsmöglichkeiten gibt es in Ober- und Mittelschefflenz in drei *Gasthäusern*, wobei die Bettenzahl etwa 100 beträgt. Oberschefflenz verfügt über 5 Gastwirtschaften; zu den traditionsreichen Häusern gehören die Gasthäuser Zum Engel (früher Postwirtshaus), Zur Krone und Zum Hirschen. Von den drei Mittelschefflenzer Gastwirtschaften reichen die Gasthäuser Zur Linde und Zum Pflug ins 19. Jh. zurück. Neben der Schwimmbad-

Die Gemeinde im 19. und 20. Jahrhundert

Tabelle 2: **Einzelhandelsunternehmen 1985**

Branche	Anzahl der Geschäfte				
	ins- gesamt	Klein- eicholz- heim	Mittel- schefflenz	Ober- schefflenz	Unter- schefflenz
Lebensmittelgeschäfte	3	1	–	2	–
Bäckereien und Lebensmittelgeschäfte	5	–	1	2	2
Gemischtwarengeschäfte	2	–	–	2	–
Drogerie	1	–	–	1	–
Apotheke	1	–	–	1	–
Textilgeschäft	1	–	–	–	1
Haushaltswaren, Fahrräder, Kfz	1	–	1	–	–
Metzgerei	2	–	1	1	–
Blumenladen	2	–	–	1	1
Elektrogeschäft	2	–	–	–	2
Elektro- und Fahrradeinzelhandel	1	–	–	1	–
Zweiradeinzelhandel	1	–	–	–	1
Schrotthandel	2	–	–	–	2
Baustoffeinzelhandel	1	–	–	1	–
Steinmetzbetrieb und Handel	1	–	–	1	–
Handel mit Mineralstoffen und Kfz-Zubehör	1	–	–	1	–
Schreinereiwerkstätte	1	–	1	–	–

Quelle: Gemeindeverwaltung Schefflenz

gaststätte findet man in Unterschefflenz noch 3 Gasthäuser, von denen das Gasthaus Zur Rose ebenfalls aus dem 19. Jh. stammt. Kleineicholzheim besitzt zwei Gaststätten.

Verkehr. – In Oberschefflenz kreuzten sich die *alte Handelsstraße* Heidelberg–Würzburg mit der Straße Heilbronn–Miltenberg. Die schon Ende des 18. Jh. geplante Verbesserung der alten Handelsstraße Heidelberg–Würzburg mit Trassenführung über Dallau und Auerbach wurde erst Mitte des 19. Jh. hergestellt. Da diese Straße den Verkehr und das Wirtschaftleben an sich zog, forderte Unterschefflenz die Weiterführung der alten Poststraße von Oberschefflenz in Richtung Heilbronn über Unterschefflenz. Erst 1857/58 kam dann der Ausbau der Schefflenztalstraße zustande, die den Schefflenzorten eine bessere Anbindung an Heilbronn und Miltenberg brachte. Die Straßenverbesserungen kamen auch dem Postverkehr zugute. In Oberschefflenz war im 19 Jh. eine Posthalterei im Gasthaus Zur Post (heute Zum Engel) eingerichtet. Zweimal die Woche ging der Postverkehr auf der Strecke Heidelberg–Würzburg durch Oberschefflenz. Bis zur Eröffnung der Odenwaldeisenbahn fuhr außerdem noch eine Postkutsche von Oberschefflenz nach Mudau.

Die Fortführung der *Odenwaldeisenbahn* brachte den Schefflenzgemeinden in den 1860er Jahren eine entscheidende Verbesserung ihrer Verkehrslage. Durch die Errichtung von Bahnstationen in Oberschefflenz und Kleineicholzheim (gemeinsam mit Großeicholzheim) erhielten beide Gemeinden eine zentrale Bedeutung für die umliegenden Dörfer, besonders für den Milch-, Vieh- und Getreidehandel. Heute ist der Bahnhof Eicholzheim nur ein Haltepunkt. Durch eine kleine Nebenbahn, die 1906/07 von Oberschefflenz durch das Schefflenztal nach Billigheim führte, erhielten alle Schefflenzer Gemeinden direkten Bahnanschluß. Die von einer Privatgesellschaft gebaute Schefflenztalbahn wurde 1962 von der Deutschen Bundesbahn übernommen und 1965 stillgelegt.

Die heutige Verkehrslage wird weitgehend von der B 292 Mosbach–Oberschefflenz–Adelsheim–Würzburg bestimmt, die im wesentlichen der Trassenführung der alten Post- und Handelsstraße folgt.

Für den *öffentlichen Personennahverkehr* gibt es in allen vier Ortsteilen Buslinien in Richtung Heilbronn–Würzburg und Neckarsulm–Osterburken sowie den Werksverkehr von AUDI–Neckarsulm.

Verwaltungszugehörigkeit, Gemeinde und öffentliches Leben

Verwaltungszugehörigkeit. – Verwaltungsmäßig gehörten Mittel-, Ober- und Unterschefflenz zur Kellerei Lohrbach des pfälzischen Oberamts Mosbach. Die Grundherrschaft über Kleineicholzheim lag beim Grafen von Waldkirch. 1803 fiel das Oberamt Mosbach an das neu geschaffene Fürstentum Leiningen, das 1806 mit den drei Schefflenzorten und Kleineicholzheim unter die Souveränität des Großherzogs von Baden gestellt wurde. Die Amtszugehörigkeit blieb für Kleineicholzheim vorerst beim Amt Binau des Grafen von Waldkirch, für die Schefflenzorte beim fürstlich leiningischen Amt Lohrbach. Kleineicholzheim kam 1813 zum Amt Mosbach, 1840 zum Bezirksamt Adelsheim und nach dessen Aufhebung 1936 zum Bezirksamt und späteren Lkr. Buchen. Die drei Schefflenzorte wurden 1813 dem Bezirksamt und späteren Lkr. Mosbach unterstellt.

Die heutige Gemeinde Schefflenz entstand im Zuge der Gemeindereform am 1.1.1972 aus dem Zusammenschluß der bis dahin selbständigen Gemeinden Mittel-, Ober- und Unterschefflenz, denen sich Kleineicholzheim am 1.2.1972 anschloß. Mittel-, Ober- und Unterschefflenz hatten schon vor der Landesorganisation des Jahres 1809 eine Gemeinde mit einem gemeinsamen Schultheißen gebildet.

Gemeinde. – Das *Gemeindegebiet* setzt sich aus den vier Gemarkungen der Teilgemeinden zusammen. Im Jahr 1930 hatten Kleineicholzheim 249, Mittelschefflenz 1052, Oberschefflenz 1132 und Unterschefflenz 1266 ha große Gemarkungen, zusammen 3699 ha. 1981 umfaßte die Gesamtgemarkung 3698 ha. Davon waren 59,2 % Landwirtschaftsflächen, 34 % Wald und 8,5 % besiedelte Flächen. Im 19. Jh. besaß jedes der vier Dörfer ein Rathaus. In Mittelschefflenz diente das Rathaus bis zum Umbau 1876 auch als Schulhaus. 1871 entstand ein Neubau in Unterschefflenz. 1865 erhielten Oberschefflenz und Ende des 19. Jh. Kleineicholzheim ein neues Rathaus. Die derzeitige *Gemeindeverwaltung* gliedert sich folgendermaßen: im 1961/62 neu erbauten Mittelschefflenzer Rathaus sind die Hauptverwaltung, im Unterschefflenzer Rathaus die Gemeindekasse und im alten Schulhaus von Oberschefflenz das Grundbuchamt untergebracht.

In den 1880er Jahren bestand die Gemeindeverwaltung aus je 1 Bürgermeister, 6 Gemeinderäten, 1 Ratsschreiber und 1 Gemeinderechner. Zum derzeitigen *Gemeinderat* gehören neben dem Bürgermeister 19 Gemeinderäte (18 Mitglieder und 1 Überhangmandat), davon sind 11 unabhängige Bürger, 7 SPD-Mitglieder und 1 Grüner. Bei der 1. Gemeinderatswahl der heutigen Gemeinde hatte die Wählervereinigung noch alle Stimmen erhalten. Inzwischen sank ihr Anteil auf 57,6 % zugunsten der SPD und 1984 auch der Grünen. Eine Ortschaftsverfassung hat Schefflenz nicht. In der Gemeindeverwaltung sind heute 5 Beamte, 1 Beamtenanwärter, 7 Angestellte (1 halbtags) und 26 Arbeiter tätig. Die Gemeinde Schefflenz gehört dem Gemeindeverwaltungsverband Schefflenz-Billigheim mit Sitz in Billigheim an. In der 2. H. 19. Jh. hatten die Dörfer der heutigen Gde Schefflenz insgesamt 58 Gemeindebedienstete (vgl. Tab. 3).

Die Gemeinde im 19. und 20. Jahrhundert

Tabelle 3: **Gemeindebedienstete in der 2. Hälfte des 19. Jahrhunderts**

Gemeindebedienstete	insgesamt	Kleineicholzheim	Mittelschefflenz	Oberschefflenz	Unterschefflenz
Polizeidiener	4	1	1	1	1
Fleischbeschauer	4	1	1	1	1
Feldhüter	7	1	1	3	2
Abdecker	4	1	1	1	1
Leichenschauer	4	1	1	1	1
Totengräber	4	1	1	1	1
Hebamme	3	–	1	1	1
Baumwart	3	–	–	1	2
Waldhüter	3	–	1	1	1
Nachtwächter	18	–	5	1	12
Industrielehrerin	4	1	1	1	1

Im 19. Jh. besaßen alle vier Gemeinden jeweils 1 Rathaus, 1 Schafhaus und mindestens 1 Schulhaus; Unterschefflenz und Kleineicholzheim gehörte noch 1 Armenhaus. Neben geringem liegenschaftlichen Besitz, so 3 M Äcker, 1 M Wiesen 1854 in Oberschefflenz, verfügten Mittel-, Ober- und Unterschefflenz jeweils über einen großen Gemeindewald (1100 M, 975 M und 900 M im Jahr 1851). Die Gde Kleineicholzheim besaß 1876 keinen Wald oder sonstige Liegenschaften. Den Ertrag der Waldungen verwendeten die Gemeinden für eine Bürgergabe. Sie betrug 1854 1¾ Klafter Holz und 100 Stück Wellen pro Bürger für Ober-, 2 Klafter und 100 Stück Wellen für Mittel- sowie 1 Klafter und 100 Stück Wellen für Unterschefflenz.

Heute besitzt die Gemeinde 1100 ha Wald, 1 ha Bauland und 36,4 ha landwirtschaftliche Flächen. Im *Gemeindebesitz* befinden sich außerhalb noch das Polizeigebäude und die Bahnstation in Oberschefflenz, während die Post in Mittelschefflenz sowie ihre Zweigstelle in Unterschefflenz zur Miete untergebracht sind.

Versorgungseinrichtungen. – Ab 1851 besaßen Ober- und Unterschefflenz sowie 10 Jahre später auch Mittelschefflenz eine eigene Feuerspritze. In den 1880er Jahren bestanden Löschmannschaften, jedoch scheiterte der Versuch, für Ober-, Mittel- und Unterschefflenz eine gemeinsame Feuerwehr zu organisieren. Erst 1939 wurde die *freiwillige Feuerwehr* gegründet, in Kleineicholzheim sogar erst 1946. Heute gliedert sich die Feuerwehr, die vier Löschzüge besitzt, in vier Abteilungswehren: 32 Aktive in Ober-, 22 in Mittel- und 30 in Unterschefflenz sowie 18 in Kleineicholzheim. Die *Stromversorgung* gewährleistet die Badenwerk AG Karlsruhe; bei ihr ist jeder Haushalt Einzelabnehmer. Die *Wasserversorgung* durch Brunnen war lange Zeit unzureichend. Die moderne Wasserversorgung besteht seit 1928 in Ober-, seit 1929/30 in Mittel- und seit 1949 in Unterschefflenz. Kleineicholzheim erhielt erst 1970 eine einwandfreie Wasserversorgung; 1971/72 entstand hier ein eigener Hochbehälter. Die Fernwasserversorgung Bodensee beliefert Kleineicholzheim und Mittelschefflenz vollständig sowie Oberschefflenz, das sich wie Unterschefflenz selbst mit Trinkwasser versorgt, teilweise. Der Bau der *Ortskanalisation* fand 1950 in Unterschefflenz, 1952/53 in Kleineicholzheim und 1955/56 in Mittelschefflenz statt. Die Gründung eines Abwasserverbandes von Mittel-, Ober- und Unterschefflenz und anderen Gemeinden des Schefflenztals kam 1956 zustande. Erst 1973 begann der Bau eines Hauptsammelkanals und 1974 die Errichtung der Kläranlage Billigheim-Allfeld, die mechanisch-biologisch arbeitet. Alle Ortsteile, ausgenommen die Aussiedlerweiler Hainbuchen, Heimental und Hühnerberg sind an die Kanalisation angeschlossen. Ein Privatunternehmen besorgt alle 14 Tage die *Müllabfuhr* zur Mülldeponie in Buchen.

Über einen eigenen Friedhof mit einer modernen Friedhofskapelle verfügt jeder Ortsteil. Die Kirchhöfe wurden im 19. Jh. zu eng, so daß neue *Friedhöfe* außerhalb der Ortschaften angelegt wurden. Nur der Unterschefflenzer Friedhof an der ev. Kirche ist der 1859 nach N erweiterte ursprüngliche Gottesacker.

Die *gesundheitliche Versorgung* gewährleisten 2 praktische Ärzte, 2 Zahnärzte, 1 Apotheke, 1 Massageinstitut und 2 Krankenschwestern der mobilen Sozialstation Mosbach. Träger der Sozialstation ist die ev. Diakonie. In Oberschefflenz befindet sich seit 1965 das vom DRK-Landesverband erstellte Roedder-Altenheim mit einer Pflegeabteilung und ca. 50 Heimplätzen. Krankenhäuser werden in Mosbach, Möckmühl, Buchen und Neckarsulm (Plattenwald) aufgesucht. Im 19. Jh. rief man den Arzt aus Mosbach, Adelsheim oder Billigheim. 1875 lebte in Unterschefflenz ein Armenarzt, der von der Gemeinde ein Wartgeld erhielt. Nach dessen Wegzug bemühte sich die Gemeinde erfolglos um einen Arzt und eine Apotheke. Nach 1902 übernahm eine ausgebildete Landkrankenpflegerin auf Initiative des 1894 gegründeten Frauenvereins die Krankenversorgung.

Kindergärten gibt es seit 1887 in Unter-, 1894 in Mittel- und 1930 in Oberschefflenz. In Unterschefflenz fand 1964 eine Erweiterung und in Ober- und Mittelschefflenz in den 1970er Jahren ein Neubau der Kindergärten statt. Träger der Kindergärten sind die Gemeinde, in Unterschefflenz die Gemeinde und die ev. Kirche.

Schule. – 1837 wurde in Mittelschefflenz ein neues, geteiltes Schulhaus für ref. und kath. Kinder errichtet, das 1950/51 renoviert wurde. Das ev. Schulhaus in Oberschefflenz wurde 1826 vergrößert. 1847 wurde die vorher zur Miete untergebrachte kath. Schule ge- und 1878 umgebaut. Auch in Unterschefflenz fand der kath. Unterricht in Miträumen statt. Das ev. Schulgebäude stammte aus dem Jahr 1818. Die Gemeinde errichtete 1859–61 für beide Bekenntnisse neue Schulhäuser, von denen das evangelische dann zur Einrichtung der Simultanschule umgebaut wurde. Die jüd. Gemeinde erwarb 1843 einen Teil des Schlosses und richtete darin u. a. die Schule und Lehrerwohnung ein. 1848 wurden die ev. Schulen Oberschefflenz und Kleineicholzheim getrennt. Da für die kleine Gde Kleineicholzheim getrennte Schulen zu aufwendig waren, entstand hier schon bald die erste Simultanschule, die ebenfalls im ehemaligen Schloß eingerichtet wurde. Von 1903 bis 1939 war Oberschefflenz Sitz einer gewerblichen Fortbildungsschule. Neue Schulhäuser wurden in den Jahren 1909–1911 in Kleineicholzheim, Ober- und Unterschefflenz gebaut. Trotz des Widerstandes der Gde Oberschefflenz, die eine eigene Hauptschule beantragte, wurde 1970 die *Nachbarschaftsschule Schefflenz* in Mittelschefflenz errichtet. Sie übernahm den *Grund- und Hauptschulunterricht* für alle vier Teilorte. In Oberschefflenz blieb die Grundschule für Oberschefflenz und Kleineicholzheim erhalten. Im Jahr 1970 wurde das Schülerorchester der Schefflenzschule gegründet.

Die Außenstelle der *Volkshochschule* bietet im Rahmen der Erwachsenenbildung Kurse und Vorträge in der Mittelschefflenzer Schule an. Eine *Gemeindebibliothek* mit ca. 5000 Bänden ist im Oberschefflenzer Rathaus untergebracht. An kulturellen Veranstaltungen finden regelmäßig Konzerte der Musik- und Gesangvereine, Sportfeste sowie Sänger- und Musikfeste statt.

Kirche. – Alle vier Schefflenzorte gehören zur *ev. Pfarrei Mittelschefflenz* (Dekanat Mosbach) und bilden seit 1974 die Vereinigte Kirchengemeinde Schefflenz. Oberschefflenz ist Sitz eines Pfarrvikariats. Vor der Union 1821 hatte Mittelschefflenz eine ref. und eine luth. Pfarrei mit Filialen in allen Schefflenzgemeinden. Ev. Kirchen sind in Mittel-, Ober- und Unterschefflenz vorhanden.

Die Gemeinde im 19. und 20. Jahrhundert 575

Die kath. *Pfarrei Oberschefflenz* (Landkapitel Mosbach) wurde 1803 mit Filialen in allen Schefflenzorten eingerichtet. Ihre Kirche mußte wegen der Aufnahme der Heimatvertriebenen 1954–1956 erweitert werden. Die Katholiken in Unterschefflenz mußten sich bis zum Bau ihrer Kirche 1863 mit einem Betsaal begnügen. Die kath. Einwohner von Kleineicholzheim sind nach Oberschefflenz, die ev. nach Mittelschefflenz eingepfarrt. – In Mittelschefflenz befindet sich seit 1960 eine *Neuapostolische Kirche*.

Die *jüd. Gemeinde* in Kleineicholzheim, die seit 1827 dem Rabbinatsbezirk Mosbach angeschlossen war, verfügte seit den 1840er Jahren über eine Synagoge und ein Frauenbad im ehemaligen Schloß.

Sportstätten. – Jeder Ortsteil besitzt mindestens einen Sportplatz. Oberschefflenz verfügt zusätzlich über 2 Tennisplätze und 1 Mehrzweckhalle, Mittelschefflenz über 1 Bogenschießanlage, 1 Turn- und Festhalle, 1 Schießstand und 1 Schulsporthalle. Neben 1 Freibad besitzt Unterschefflenz noch 1 privaten Tennisplatz, 1 Moto-Cross-Gelände und 1 Reithalle.

Vereine. – Das Vereinsleben in Schefflenz wird weitgehend durch die in Tab. 4 genannten kulturellen und sportlichen Vereinigungen bestimmt.

Tabelle 4: **Kulturelle und sportliche Vereinigungen**

Verein	Gründungs-jahr	Mitglieder
Gesangverein Frohsinn Oberschefflenz	1867	140
Musikverein Frohsinn Oberschefflenz	1953	129
Gesangverein Eintracht Mittelschefflenz	1868	120
Evangelischer Posaunenchor Mittelschefflenz	1928	–
Männergesangverein Unterschefflenz	1862	140
Sportclub Fortuna Oberschefflenz	1924	220
Sportvereinigung Schefflenz (fusioniert aus dem TSV Mittelschefflenz und dem VFB Unterschefflenz)	1971	400
Bogenschützenverein Schefflenz e.V.	1973	35
MSC Motorsportclub Schefflenz	1976	200
Leichtathletikgemeinschaft Schefflenztal	1983	30
Sportfischerei- und Angelverein Schefflenz	1980	15
Tennisclub Oberschefflenz	1979	150
Reit- und Fahrverein Schefflenz	1969	120
Deutscher Bund für Vogelschutz	–	30
Verein Schefflenztalsammlungen	1977	90

Quelle: Gemeindeverwaltung Schefflenz, 1985

Strukturbild

Die vier Schefflenzgemeinden waren im 19. Jh. weitgehend ländlich strukturiert. Eine gewisse zentrale Bedeutung erlangte Oberschefflenz im 19. Jh. durch seine Marktfunktion und eine Posthalterei. Die Errichtung der Bahnstationen Oberschefflenz und Kleineicholzheim ermöglichte einen lebhaften Vieh-, Milch- und Getreidehandel.

Nach dem 2. Weltkrieg wandelten sich die kleinbäuerlich strukturierten Schefflenzer Gemeinden in Arbeiterwohngemeinden und Wohnsiedlungen. Der Anteil der in der

Landwirtschaft Beschäftigten sank unter 50 %, während der Anteil der Beschäftigten im Produzierenden Sektor sowie der Auspendleranteil stieg (über 30 %). Besonders hoch war der Auspendleranteil 1961 in Kleineicholzheim (55,3 %) und Oberschefflenz (42,6 %), begünstigt durch die Bahnlinie. Bis 1970 wuchs dieser Anteil auf 46,6 %. Diese Tendenz hat sich bis 1985 weiter verstärkt. Die Berufstätigen arbeiten hauptsächlich in den benachbarten Industriezentren, so in Elztal, Buchen, Seckach, Adelsheim, Osterburken, Heidelberg, Mannheim, Heilbronn und Neckarsulm. Bei der Firma Audi NSU in Neckarsulm sind ca. 50 Personen aus Schefflenz beschäftigt. Heute bildet Schefflenz zusammen mit Billigheim ein kooperierendes Kleinzentrum und ist mit Geschäften des täglichen Bedarfs ausgestattet. Er wird daher auch in den einzelnen Ortsteilen, der gehobene Bedarf in Mosbach, Buchen, Heidelberg, Mannheim und Heilbronn gedeckt.

Der Haushaltsplan der Gemeinde umfaßte für 1984 im Vermögenshaushalt 2 727 000 DM (1983: 1 776 509 DM), im Verwaltungshaushalt 6 622 500 DM (1983: 6 531 430 DM). Die Pro-Kopf-Verschuldung betrug 1984: 844 DM (1983: 860 DM).

Die Sanierung der Wasserversorgung durch den Bau eines Hochbehälters und einer Fernverbindungsleitung erfordert in den nächsten Jahren größere Investitionen. Weitere Aufwendungen betreffen Baulanderschließung und Straßenbauarbeiten. Das Entwicklungskonzept B 292 Oberschefflenz-Adelsheim gehört zu den laufenden Sanierungsmaßnahmen der Gemeinde.

Quellen

Ortsbereisungsakten

Kleineicholzheim GLA 338/2246
Mittelschefflenz GLA 364/3571; GLA 364/4283-84
Oberschefflenz GLA 364/3592; GLA 4791-92
Unterschefflenz GLA 364/5057-58; GLA 364/6777

Literatur

Erläuterungen zur Geologischen Karte, Blatt 6421 Oberschefflenz 1937; Blatt 6621 Dallau 1930.
Kühne, Ingo: Der südöstliche Odenwald und das angrenzende Bauland. Heidelberg 1964. Heidelberger Geogr. Arbeiten. H. 13.
Metz, Friedrich: Das badische Bauland. 1921.
Olbert, G.: Südrand des Odenwaldes. 1975.
Roedder, Edwin: 774 – 1974 Gemeinde Schefflenz. Schefflenz 1974. 1200 Jahre Schefflenz mit Heimattag. Schefflenz 1974.

C. Geschichte der Gemeindeteile

Kleineicholzheim

Siedlung und Gemarkung. – Ortsname und Zuschnitt der Gemarkung könnten darauf hindeuten, daß es sich bei dem erst 1306 erwähnten Kleineicholzheim (*in inferiore Eichelshen*) um eine hoch- bis spätmittelalterliche Ausbausiedlung des im N benachbarten Großeicholzheim handelt. Die einstige Zugehörigkeit des Dorfes zur

Pfarrei Mittelschefflenz läßt freilich eher eine Entstehung der Siedlung auf altem Schefflenzer Gebiet vermuten, vielleicht in der Weise, daß Eicholzheimer Aussiedler sich auf der Nachbargemarkung niedergelassen und den Namen ihres Herkunftsortes nach dort übertragen haben. Wenngleich die Namensform *clein Eicholtzheim* schon seit 1352 (Kop. 15.Jh.) bezeugt ist, war in älterer Zeit doch vor allem die Bezeichnung Untereicholzheim gebräuchlich, und seltener findet sich in den Quellen auch die Form Niedereicholzheim (1720); der heutige Ortsname hat sich erst im Laufe des 18.Jh. durchgesetzt. Die Siedlung, die stets von eher bescheidener Größe war, wird 1752 als Weiler bezeichnet.

Herrschaft und Staat. – Im 15.Jh. war Kleineicholzheim als Eigengut im Besitz einer niederadeligen Familie von Eicholzheim. Im hohen Mittelalter hat der Ort sicher ebenso wie sein Umland zum Wimpfener Reichsland gehört; ob er von dort unmittelbar oder über die Herren von Weinsberg an den Niederadel gekommen ist, läßt sich schwer entscheiden. 1476 haben die von Eicholzheim zusammen mit der hiesigen Burg vermutlich auch das Dorf an den Pfalzgrafen von Mosbach zu Lehen aufgetragen; jedoch ist das ganze Besitztum schon 1489 wieder allodifiziert worden. Nach dem Aussterben der Eicholzheimer (1559) sind Burg und Dorf samt ihren Zugehörungen zunächst durch weibliche Erbfolge an die von Helmstatt (½), von Weiler (⅙) und von Kottenheim (⅓) und später (zwischen 1561 und 1592) durch Kauf an die Landschaden von Steinach gelangt. Nachdem 1618 die Eicholzheimer Linie und 1653 das ganze Geschlecht der Landschaden erloschen waren, begegnen 1657 – vielleicht als ritterschaftliche Administratoren – die Rüdt von Bödigheim, die von Sternenfels, von Berg und von Janowitz als Herren des Dorfes, aber bereits 1665 war Kleineicholzheim im Besitz der Berlichingen. Von diesen haben es 1752 die Grafen von Riaucour käuflich erworben, und 1796 sind Schloß und Dorf schließlich durch Heirat an die Grafen von Waldkirch übergegangen.

Allerdings waren diese adeligen Ortsherren ursprünglich nur für die vogteiliche Obrigkeit und für die niedere Gerichtsbarkeit zuständig, d.h. sie hatten im Dorf zu gebieten und zu verbieten und mit Ausnahme der Kriminalfälle hat ihnen auch die Rechtsprechung oblegen; darüber hinaus hatten sie die hohe und die niedere Jagd, das Recht, Schutzjuden anzunehmen sowie Ungeld und sonstige Verbrauchssteuern zu erheben, und schließlich hatten sie auch Anspruch auf Hand- und Fuhrfronden ihrer Untertanen. Die aus der Zenthoheit (Zent Mosbach) resultierende hohe Obrigkeit bzw. Landeshoheit (Kriminaljurisdiktion und militärisches Aufgebot), hat seit dem 14.Jh. bei der Kurpfalz gelegen und ist erst 1752 durch Kurfürst Karl Theodor den Grafen von Riaucour als erbliches Mannlehen übertragen worden. 1806 ist das zuvor bei der Odenwälder Reichsritterschaft immatrikulierte Dorf im Zuge der Mediatisierung dem Großherzogtum Baden zugefallen.

Eine Burg zu Kleineicholzheim, ein Wasserschloß mit Vorhof und vielerlei Wirtschaftsgebäuden, das am südöstlichen Ortsrand (FN Schlößchen) gelegen war, findet erstmals im Jahre 1476 Erwähnung. Bereits 1561 als *burgstadel* bezeichnet, ist an der Anlage möglicherweise noch 1580 gebaut worden (Bauinschrift), und um 1665 hat hier offenbar auch noch eine Berlichinger Witwe gewohnt. Bald darauf hat man die alte Burg aufgegeben und zu Beginn des 18.Jh. jenseits der Dorfstraße, an höher gelegener Stelle ein neues, sehr einfaches Schloß mit einem Fachwerkobergeschoß errichtet. Um 1750 wird es beschrieben als *freiadeliger Sitz* mit sechs Stuben, acht Kammern, einer Küche, einer Speisekammer und gewölbten Kellern; am Platz, *wo das alte Schloß gestanden*, hat zu jener Zeit ein Gutshof gelegen. Im 19.Jh. war das Neue Schloß aufgeteilt und hat als Schule, als Synagoge und als Wohnhaus gedient.

Ob die niederadelige Familie von Eicholzheim ihren Namen von Groß- oder von Kleineicholzheim entlehnt hat, ob sie hier oder dort ihren Stammsitz hatte, ist nicht mit letzter Sicherheit zu entscheiden; allerdings deuten die Anfänge der Herrschaftsgeschichte wohl doch eher auf Klein- denn auf Großeicholzheim. Immerhin war Kleineicholzheim bereits um die Wende zum 15. Jh. als Eigengut in Eicholzheimer Besitz, während das von Weinsberg bzw. Kurpfalz lehnbare Nachbardorf erst rund hundert Jahre später durch Anselm von Eicholzheim erworben wurde. Freilich sind mit der Frage nach dem Stammsitz die Probleme um den hiesigen Adel noch nicht erschöpft; gibt es doch nach Ausweis der Wappen offensichtlich zwei verschiedene Familien von Eicholzheim, die sich aber nach den vorliegenden Quellen nicht eindeutig auseinanderhalten lassen. Das Wappen der älteren Eicholzheimer zeigt im gespaltenen Schild vorne einen Stern (1328, 1386). Die bevorzugten Namen dieses von der Mitte des 13. Jh. bis ins späte 14. Jh. bezeugten, vermutlich aus der Dürner Ministerialität hervorgegangenen Geschlechts waren Volknand, Albrecht, Hermann und Ulrich; unklar bleibt, ob und welche der in Odenwälder und Bauländer Urkunden des 13. und früheren 14. Jh. zahlreich erwähnten Volknande (von Bödigheim 1236, *dapifer* 1258, von Möckmühl 1258/82, von Wildenburg 1285/1309, u. a.) diesem Stamm auch noch zuzurechnen sind. Durchaus ungewöhnlich für den hiesigen Raum ist die Beobachtung, daß die älteren Eicholzheimer nicht allein Lehen der Bischöfe von Würzburg (Anf. 14. Jh.), sondern auch solche der Schenken von Erbach (13./14. Jh.) getragen haben. Die bereits seit den 1360er Jahren auftretende jüngere Familie von Eicholzheim zählt zur Gruppe jener Geschlechter, die ein Rad im Wappen führen (1367, 15./16. Jh.; Aschhausen, Berlichingen, Bieringen u. a.); neben dem Wappen könnten das wiederholte Vorkommen des Namens Bernger und verschiedentlich bezeugter Besitz in und um Jagsthausen auf eine Abspaltung dieser Familie vom Berlichinger Stamm hindeuten. Im 15. und 16. Jh. begegnen die jüngeren Eicholzheimer als Lehnsleute der Herren von Weinsberg und von Hohenlohe, der Grafen von Wertheim, der Pfalzgrafen von Mosbach und der Kurfürsten von der Pfalz; als Vögte und Amtleute haben sie denselben Herren gedient. Obgleich ihr Besitz eher als bescheiden gelten muß, hat der Adel der näheren und weiteren Umgebung sie doch als Heiratspartner akzeptiert; im einzelnen hören wir von Eheverbindungen mit den Adelsheim, Dürn, Gebsattel, Rosenberg, Rüdt, Seldeneck, Stettenberg und Wollmershausen. 1420 war Bernger von Eicholzheim Deutschordenskomtur zu Mergentheim. Ausgestorben ist das Geschlecht am 10. November 1559 mit Friedrich von Eicholzheim, der in der Kirche zu Großeicholzheim bestattet wurde. In das Eicholzheimer Allodialerbe teilten sich anschließend die von Helmstatt zu Rappenau, die von Weiler und die von Kottenheim.

Grundherrschaft und Grundbesitz. – Zu allen Zeiten waren die Kleineicholzheimer Ortsherren zugleich die alleinigen Grundherren des Dorfes. Um die Mitte des 16. Jh. hat ihre Grundherrschaft aus den sog. Hof- und Schloßgütern mit rund 300 M Äckern, 70 M Wiesen, 12 M Gärten und 110–120 M Wald bestanden sowie aus 3 Eigenhöfen mit 160 M Äckern und 35 M Wiesen; des weiteren haben – wiederum ein mögliches Indiz für den Ursprung des Dorfes – zum hiesigen Schloß 7 Fronhöfe (rund 290 M Äcker und 40 M Wiesen) auf Gkg Großeicholzheim gehört. Im 18. Jh. werden die herrschaftlichen Güter auf etwa 195 M Äcker, 55 M Wiesen und 140 M Wald beziffert. Alle anderen Berechtigungen im Dorf – Einkünfte des Stifts Mosbach (1306) und eines Junkers Schaffalitzky (1663) – fallen daneben kaum ins Gewicht. Angesichts dieser unangefochtenen Dominanz der Ortsherrschaft nimmt es nicht wunder, wenn die Untertanengemeinde in dem kleinen Dorf kein Eigenleben hat entwickeln können.

Kirche und Schule. – Kirchlich war Kleineicholzheim, das selbst nie über ein Gotteshaus verfügt hat, bis zur Reformation eine Filiale der Amorbacher Patronatspfarrei in Mittelschefflenz. Um die Mitte des 16. Jh. dürfte hier wie in anderen ritterschaftlichen Dörfern das luth. Bekenntnis eingeführt worden sein, jedoch hat es später infolge des pfälzischen Einflusses auch Reformierte und Katholiken im Dorf gegeben. Im 18. Jh. waren die Lutheraner nach Unterschefflenz, die Reformierten nach Mittelschefflenz und die Katholiken nach Oberschefflenz gepfarrt. Man darf annehmen, daß die Kleineicholzheimer Jugend in diesen Nachbardörfern auch den Schulunterricht besucht hat.

Die Hälfte des großen und kleinen Zehnten auf Gkg Kleineicholzheim hat von alters her der Herrschaft zugestanden; die andere Hälfte war einem pfälzischen Weistum von 1602 zufolge im Besitz des Pfarrers von Mittelschefflenz, ist aber später zwischen der ref. Pfarrei Großeicholzheim (½ Großzehnt) und der kath. Pfarrei Oberschefflenz (½ Kleinzehnt) geteilt worden.

Bevölkerung und Wirtschaft. – Im 16. Jh. und bis zum Vorabend des 30j. Krieges hat es in Kleineicholzheim nur etwa 4 bis 5 Untertanen, d. h. ungefähr 20 bis 25 Einwohner gegeben; daran hat sich – von einem möglichen Rückgang zwischen 1618 und 1648 einmal abgesehen – bis zum Ende des 17. Jh. nichts geändert. 1716 hatte der Ort immerhin schon 40 bis 50 Einwohner, und zu Beginn des 19. Jh. hat man hier 213 Seelen gezählt, darunter 39 Juden und 14 Mennoniten.

Ackerbau hat man in Kleineicholzheim in den drei Fluren Gegen Schefflenz (S), Gegen Obereicholzheim (NW) und Gegen den Hamberg (NO; um 1561) betrieben. Von einigen wenigen Weingärten, die um die Mitte des 16. Jh. Erwähnung finden, heißt es bereits 1599, sie seien *außgereut* und zu Äckern gemacht worden. Die Kleineicholzheimer Mühle – vielleicht identisch mit jener, die im früheren 14. Jh. in einem Würzburger Lehnbuch Erwähnung findet – hat zum Schloß gehört und war gegen Zins verliehen. Desgleichen war die zum Trieb auf die Nachbargemarkungen berechtigte Schäferei herrschaftlich. An Professionisten hat es um 1806 im Dorf 4 Schuster, 3 Zimmerleute und 2 Maurer sowie je 1 Bäcker, Schneider, Schmied und Wagner gegeben.

Mittelschefflenz

Siedlung und Gemarkung. – Alle drei Dörfer Schefflenz – sowohl Mittel- als auch Ober- und Unterschefflenz – reichen vermutlich in frühfränkische Zeit zurück, d. h. sie dürften im 6. bis 7. Jh. entstanden sein. Die erste Erwähnung der Siedlung *Scaflenze*, deren Name von einem nicht gedeuteten vordeutschen Bachnamen abgeleitet ist, geschieht im Lorscher Codex zum Jahr 774 (797 *Scaplanza*, 826 *Scaflentia*; Kop. 12. Jh.). Freilich werden die einzelnen Dörfer nicht vor dem 14. Jh. durch Namenszusätze voneinander unterschieden; Mittelschefflenz begegnet erstmals 1301 als *medius Schefflenze*. Wann die – wahrscheinlich ebenfalls spätmittelalterlichen – Grenzen zwischen den drei Ortsgemarkungen sich herausgebildet haben, ist nicht bekannt. 1774 umfaßte die Gkg Mittelschefflenz eine Fläche von rund 1610 M. Im Dorf hat es zur gleichen Zeit außer der Kirche, einer Schule und einer Mühle 58 Häuser gegeben; 1803 hat sich die Zahl der Häuser bereits auf 73 belaufen. Ganz im W der Gkg Mittelschefflenz, an der Grenze gegen Auerbach und an der Straße von Mosbach über Oberschefflenz nach Adelsheim liegt die Flur Euldorf, deren Name auf eine Dorfwüstung hindeuten könnte; freilich müßte dieser Ort, der in den schriftlichen Quellen keinerlei Erwähnung findet, schon lange vor dem 30j. Krieg untergegangen sein.

Herrschaft und Staat. – Hinsichtlich ihrer herrschaftlichen Verhältnisse haben die drei Schefflenz durch die Jahrhunderte stets eine Einheit gebildet. Als Ursprung der Herrschaftsentwicklung am Ort wird man wohl den im 8./9. Jh. sehr stattlichen Lorscher Besitzkomplex mit einem Gesamtumfang von weit über 100 M Land ansprechen dürfen, der vermutlich im 12. Jh. dem Reichsgut zugeschlagen worden ist. Im Reichssteuerverzeichnis von 1241 wird Schefflenz immerhin mit 15 Mark Silber veranschlagt (Mosbach 25, Eberbach 20); von diesem Betrag waren 5 Mark für den Vogt bestimmt. Wer zu jener Zeit die Vogtei in Schefflenz wahrgenommen hat – 1259 begegnet ein *Heinricus de Scheflenze* –, geht aus den Quellen nicht hervor; aber vielleicht waren es bereits damals die Reichsministerialen von Weinsberg, die rund 70 Jahre später hier begütert waren und denen der König 1315 einen Teil der dem Reich in den drei Dörfern zustehenden Rechte für 1800 lb h verpfändet hat. Den anderen Teil hatten – ebenfalls als Reichspfandschaft – möglicherweise schon zu jener Zeit die Herren von Hohenlohe in Besitz, die hier erstmals 1337 als Pfandherren in Erscheinung treten und 1344 ihren Anteil um 800 lb h an die von Weinsberg verkauft haben. Von 1353 bis 1361 war die Hälfte von Ober-, Mittel- und Unterschefflenz durch die Weinsberger an die von Hirschhorn weiterverpfändet. Bald darauf, 1362, hat Erzbischof Gerlach von Mainz ⅔ der Dörfer an sich gelöst und 1367 hat er von Kaiser Karl IV. ein Privileg erlangt, das ihm erlaubte, Oberschefflenz zu befestigen und zur Stadt auszubauen. Wenngleich die Stadtgründung schließlich doch unterblieben ist und das Erzstift auch mit seinem Versuch, Schefflenz als Vorposten seiner gegen die Pfalz gerichteten Territorialpolitik im Bauland einzusetzen, letztlich keinen Erfolg hatte, hat es der seit 1378 durch die Pfalzgrafen betriebenen Auslösung der Pfandschaft doch noch fast 300 Jahre lang widerstehen können. Zwar ist es Pfalz-Mosbach in den Jahren 1423/26 gelungen, das Weinsberger Drittel von Schefflenz an sich zu bringen, und 1499 ist dieses auf dem Weg der Erbfolge an die Kurpfalz übergegangen, jedoch hat Kurmainz seine beiden Drittel, die zwischenzeitlich wiederholt an Niederadel (1413 Sickingen, 1488 Lauingen, 1521 Dürn) verpfändet waren und ständig Anlaß gegeben haben zu Querelen über die beiderseitigen Kompetenzen, erst 1653 an seinen Konkurrenten verkauft. Die Zenthoheit mit Blutgerichtsbarkeit und militärischem Aufgebot (Zent Mosbach) hatte die Pfalz in den hiesigen Dörfern bereits seit 1330 zu beanspruchen, doch nun kam dem Pfälzer Kurfürsten bis zum Ende des Alten Reiches in Schefflenz die volle und alleinige Orts- und Landesherrschaft zu (Oberamt Mosbach, Kellerei Lohrbach). 1802/03 wurden die drei Dörfer dem Fürstentum Leiningen (Justizamt Lohrbach) angegliedert, und 1806 kamen sie unter die Landeshoheit des Großherzogs von Baden.

Zur Zeit der mainzisch-pfälzischen Kondominatsherrschaft, die in einer ungeteilten Gemeinschaft bestand, gab es in den drei Dörfern zwei Schultheißen; der mainzische, der den pfälzischen Zenteid schwören mußte, hatte seinen Sitz in Oberschefflenz, der pfälzische, der zur Huldigung gegenüber Mainz verpflichtet war, saß in Unterschefflenz. Kurmainz hat von Gerichtsbußen und Freveln, desgleichen von Beden und anderen vogteilichen Abgaben ⅔ erhalten, Kurpfalz entsprechend seinem Anteil an den Dörfern ⅓. In jedem der Dörfer hat es eine pfälzische Zollstätte gegeben, und der Inhaber des Ritterguts Kleineicholzheim durfte im 18. Jh. auf allen drei Gemarkungen die hohe und die niedere Jagd exerzieren.

Grundherrschaft und Grundbesitz. – Unter den Grundherren zu Schefflenz ist das Kloster des hl. Nazarius in Lorsch am frühesten zu fassen. Zwischen 774 und 835 hat es hier in elf Schenkungen von verschiedenen Wohltätern insgesamt 2 Hufen, 6 Mansen und etwa 100 M Ackerland erhalten, ein Besitz, der für die Entwicklung der späteren

Geschichte der Gemeindeteile 581

Herrschaftsverhältnisse am Ort von entscheidender Bedeutung gewesen sein dürfte. Bereits im Jahre 797 sind hier auch dem Kl. Fulda eine Hofstatt mit allen Baulichkeiten und eine Hufe samt Zubehör geschenkt worden. Bei dem um 823 erwähnten, allerdings nicht näher bezeichneten Schefflenzer Besitz der Dionysius-Kirche zu Worms bestehen Zweifel hinsichtlich der Echtheit der Überlieferung. Hiesige Güter des Mosbacher Julianen-Stifts begegnen erstmals 976 anläßlich der Inkorporation dieses Stifts in das Bistum Worms; 1331 ist dem Stift noch ein Hof in *media villa Scheuelencze* geschenkt worden, und im 18.Jh., als das Stift längst aufgehoben war, hat die kurpfälzische Geistliche Güteradministration von dessen 25 Hufen zu Mittelschefflenz jährlich 17 Mltr. und 3 Simmer Hafer, 22 Simmer rauhgemischte Frucht, 48 Eier und 1 fl Hellerzins bezogen. An geistlichen Institutionen waren darüber hinaus im hohen Mittelalter in Schefflenz begütert: das Zisterzienserkloster Schönau bei Heidelberg (1173), das Domstift Worms (1174) und – aus einer Schenkung Heinrichs von Eubigheim – das Zisterzienserinnenkloster Seligental (1259).

Im Vergleich zu den geistlichen haben weltliche Grundherren in (Mittel-) Schefflenz stets nur eine geringe Rolle gespielt. Die von Ernstein haben 1286/89 ihre hiesigen Einkünfte (jährlich 18 lb h), die von der Herrschaft Dürn zu Lehen rührten, dem Kl. Schöntal abgetreten, und 1363 erfährt man, daß auch die von Eicholzheim in Schefflenz begütert waren. Die von Adelsheim hatten 1420 in Mittelschefflenz ein bäuerliches Erblehen zu vergeben, und die Rüdt von Bödigheim haben hier 1454 von denen von Seckendorff eine Geldrente erworben. Ein Urbar von 1683 verzeichnet ¾ M Wiesen in kurpfälzischem Besitz, und die gräflich Waldkirch'sche Herrschaft Kleineicholzheim hat 1803 auf hiesiger Gemarkung über 5 M Äcker und 1 M Wiesen verfügt. Das Mittelschefflenzer Pfarrwittumgut umfaßte 1683 bzw. 1706 12 M Äcker, 3 M Wiesen und den Pfarrgarten.

Gemeinde. – Trotz des hohen Alters der drei Schefflenzdörfer und obwohl jedes von ihnen seine eigene Gemarkung hatte, gab es für alle drei stets nur ein gemeinsames Gericht. Der Vorsitz in diesem jährlich dreimal tagenden, mit 12 Schöffen besetzten Gericht war spätestens seit 1521 umstritten. Nach Auskunft eines pfälzischen Weistums aus der Mitte des 16. Jh. sollten ihn die Schultheißen beider Ortsherren abwechselnd in der Weise wahrnehmen, daß die Führung des Stabs zweimal dem mainzischen und einmal dem pfälzischen Schultheißen oblag; dagegen gesteht ein mainzisches Weistum von 1602 dem Pfälzer Schultheißen, den es als *schweigenden Schultheißen* bezeichnet, nur den Beisitz im Gericht zu. Nach 1653, als die Dörfer ganz zur Pfalz gehörten, hatten sich derartige Rivalitäten überlebt. 1803, in leiningischer Zeit, gab es für Ober-, Mittel- und Unterschefflenz 1 Oberschultheißen, 2 Anwälte und 8 Gerichtsschöffen. Oberhof des Schefflenzer Dorfgerichts war allzeit das Mosbacher Stadtgericht, an das die Pfälzer Untertanen auch ihre Appellationen zu richten hatten; zweite Appellationsinstanz war im 16.Jh. das Hofgericht in Heidelberg. Im 18.Jh. ist der Instanzenzug über die Amtskellerei Lohrbach und das Oberamt Mosbach zum Hofgericht nach Mannheim gegangen. Ein eigenes Siegel hat das Gericht der drei Dörfer seit der Mitte des 17.Jh., seit dem Übergang in alleinigen pfälzischen Besitz geführt; es zeigt einen Schild mit eingebogener aufsteigender Spitze, in dessen Feldern der pfälzische Löwe, die Wittelsbacher Rauten sowie eine liegende Schote zu erkennen sind, und trägt die Umschrift *SCHEFFELENTZ . DREUER . DORF . GERICHT . INSIGEL*, dazu die Jahreszahl 1655. Ein besonderes Gerichtssiegel von Mittelschefflenz (*GERICHTS SIEGEL MITTELSCHEFLENZ*) in dessen Bild der Löwe eine umrankte ovale Kartusche mit aufgemaltem Messer hält, dürfte erst im späteren 18.Jh. geschaffen worden sein. Ein Rathaus findet in Mittelschefflenz erstmals 1683 Erwähnung.

1803 verfügte die Gde Schefflenz insgesamt über 2817 M Wald; davon lagen 958 M auf Gkg Mittelschefflenz. Darüber hinaus hatte die Gemeinde mit den Nachbardörfern Roigheim, Sennfeld, Adelsheim, Waldmühlbach und Katzental Anteil an der Genossenschaft des Waidachwaldes, in dem es jedermann erlaubt war, *zu hagen und zu jagen, wan und woher er ist, welcher dem andern damit vorkombt*. Ansonsten gehörten der Gemeinde 1683 in Mittelschefflenz 12 M wüste Äcker, diverse Boden- und Landachtzinse sowie – gegen Übernahme der Faselhaltung – die Hälfte des kleinen Zehnten.

Kirche und Schule. – Eine *basilica* zu Schefflenz findet zwar bereits zum Jahre 826 im Lorscher Codex Erwähnung; danach wissen die Quellen freilich für nahezu ein halbes Jahrtausend von einer hiesigen Kirche nichts mehr zu berichten. Gelegentlich der Erhebung von Mittelschefflenz zur eigenen Pfarrei erfahren wir 1301, daß die Gemeinde zuvor mit Sennfeld, Leibenstadt, Ober- und Unterschefflenz sowie Auerbach zum Kirchspiel von Roigheim gehört hat; der jetzt neu geschaffenen Pfarrei wurden die Filialorte Oberschefflenz, Unterschefflenz und Auerbach zugewiesen. Das Patronatsrecht über die Kirche zu Mittelschefflenz oblag wie jenes der Mutterkirche zu Roigheim dem Kl. Amorbach. Kirchenheiliger soll der Frankenheilige Kilian gewesen sein (1313), eine andere, weniger glaubwürdige Quelle nennt dagegen den Erzengel Michael (1786).

Tabelle 1: **Verhältnis der Konfessionen**

	1706	1807
Reformierte	168	385
Katholiken	30	131
Lutheraner	10	20

In der Zeit der Reformation haben die Rivalitäten zwischen der mainzischen und der pfälzischen Ortsherrschaft neue Nahrung erhalten. Bereits 1535 ist ein Amorbacher Patronatspfarrer von Mittelschefflenz zur neuen Lehre übergetreten, und 20 Jahre später (1557) hat der Abt auf Verlangen des Pfälzer Kurfürsten statt eines altgläubigen Priesters einen luth. Prediger einsetzen müssen. Zu Beginn des 18. Jh. hat, wenn auch ohne Erfolg, die Pfalz dem Kloster sein hiesiges Patronatsrecht überhaupt streitig machen wollen. 1803 waren die Lutheraner von Mittelschefflenz nach Unterschefflenz gepfarrt, da die hiesige Kirche schon seit dem späten 16. Jh. von den Reformierten beansprucht wurde und den Mittelpunkt einer ref. Pfarrei bildete (Filialen: Ober- und Unterschefflenz sowie Kleineicholzheim). Die kath. Seelsorge in Mittelschefflenz wurde durch den Geistlichen aus Oberschefflenz versehen. Das Verhältnis der Konfessionen (nach Seelen) im 18. Jh. verdeutlicht Tab. 1.

Die Einkünfte des Pfarrers zu Mittelschefflenz bestanden 1605 aus: 6 ß d Lichtgeld von den Kirchengeschworenen, 15 albus 5 d 5 h Bodenzins, 10 ß vom kleinen Zehnt, 6 Mltr. Korn zu Martini, 26 Simmer flürlicher Frucht, 12 Mltr. gemischter Frucht, 8 Mltr. Dinkel, 8 Mltr. Hafer, 3½ M Wiesen und 5 Mltr. Zehntfrucht. Das örtliche Pfarrhaus war bereits 1558 in einem so schlechten Zustand, daß es nicht mehr bewohnt werden konnte.

In den großen Zehnt haben sich 1549 das Kl. Amorbach und das Stift Möckmühl (später das Herzogtum Württemberg) je zur Hälfte geteilt; vom Haferzehnt hat das Stift allerdings nur den vierten Teil erhalten, das andere Viertel ist an den Heiligen zu Mittelschefflenz gefallen. Den kleinen Zehnt haben der örtliche Pfarrer und der Heilige (nach der Reformation die Bürgergemeinde) je hälftig bezogen. Der Möckmühler

Zehntanteil war 1361 als Würzburger Lehen im Besitz der Niederadeligen von Ernstein und ist 1474 durch die Bödigheimer Rüden käuflich an das Stift gelangt.

Ein geregelter ref. Schulunterricht ist in Mittelschefflenz bereits im späteren 16. Jh. eingeführt worden. Aufzeichnungen aus dem Jahre 1605 zufolge wurde der Diakon und Schuldiener von der pfälzischen Orts- und Landesherrschaft eingesetzt. Seine jährlichen Bezüge haben aus 54 fl Geld, 6 Mltr. Korn, 10 Mltr. gemischter Frucht und 14 Eimern Wein bestanden; hinzu kam das von jedem einzelnen Schüler erhobene Schulgeld, das sich für Anfänger im ersten Quartal auf 4 Batzen, im übrigen pro Quartal auf 3 Batzen belief. Dem Lehrer, der auch den Glöcknerdienst zu versehen hatte, wurde von der Gemeinde eine Unterkunft zur Verfügung gestellt. Nach der pfälzischen Kirchenteilung gehörte das Schulhaus zu Mittelschefflenz den Reformierten; freilich war das obere Stockwerk noch 1708 im Besitz der Katholiken, die dem ref. Schulmeister verwehrten, dort Wohnung zu nehmen. Der kath. Lehrer wohnte im Rathaus, in dessen Erdgeschoß er auch unterrichtete.

Bevölkerung und Wirtschaft. – Die ältesten Anhaltspunkte für eine Berechnung der Einwohnerzahl von Mittelschefflenz liefert das Türkensteuerregister von 1542; damals gab es im Dorf 62 steuerpflichtige Untertanen, d. h. etwa 280 Einwohner. In den folgenden Jahrzehnten ist die Einwohnerzahl kontinuierlich angestiegen, bis sie am Vorabend des 30j. Krieges bei rund 400 lag (1615); am Ende des großen Krieges lebten in dem Dorf nur noch rund 80 Menschen (1649). In den unruhigen Jahren des späteren 17. Jh. ist ein recht bescheidenes Bevölkerungswachstum zu verzeichnen (1681/85: ca. 180, 1706: 198). Erst als die Zeiten wieder friedlicher geworden waren, hat das Dorf einen neuen Aufschwung genommen (1716: ca. 290, 1774: 348) und ist bis zum Jahre 1803 auf 486 Einwohner angewachsen. Für die Bewohner der drei Schefflenz hat schon im 16. Jh. de facto Lokalleibeigenschaft bestanden; zu ⅔ waren sie Kurmainz und zu ⅓ Kurpfalz zugehörig. Das hatte zur Folge, daß hier bereits um die Mitte des 16. Jh. keine leibrechtlichen Abgaben (Leibbede, Leibfall) mehr eingezogen worden sind.

Um die Wende zum 19. Jh. hat es auf der Gkg Mittelschefflenz 1185 M Äcker, 108 M Wiesen und 958 M Wald gegeben; der Viehbestand hat sich zur gleichen Zeit auf 286 Rinder und 28 Pferde belaufen. Eine Mühle ist hier erstmals 1561 bezeugt; sie war Eigentum des Deutschen Ordens (1683), aber dessen ungeachtet schuldete ihr Pächter auch beiden Ortsherren Zins (*weisung*). 1772/86 ist sie als Mahl- und Schneidmühle betrieben worden.

Im 17. und 18. Jh. hat man verschiedentlich den Versuch unternommen, auf Gkg Mittelschefflenz Bodenschätze zu gewinnen. So hat es hier 1681 einen Salpetersieder gegeben, und in den 1770er/80er Jahren ist für die Sennfelder Eisenhütte nach Erz gegraben worden. Freilich waren alle diese Unternehmungen nur wenig erfolgreich. Die Mehrzahl der hiesigen Bevölkerung hat sich der Leinenweberei gewidmet; 1775 gab es im Dorf nicht weniger als 46 Meister, die insgesamt 203 Weber beschäftigten. Eine Brennerei hatte zur gleichen Zeit 3 Mitarbeiter. 1803 hat es am Ort folgende Gewerbetreibende gegeben: 4 Straußwirte, 3 Schneider, je 2 Bäcker, Metzger, Hafner, Wagner und Schmiede sowie je 1 Kaufmann, Müller, Küfer, Maurer, Nagelschmied, Schuhmacher, Schreiner und Zimmermeister.

Oberschefflenz

Siedlung und Gemarkung. – Angesichts der Tatsache, daß Oberschefflenz an einer alten, schon in römischer Zeit, aber auch noch in späteren Jahrhunderten viel benutzten West-Ost-Straße liegt, scheint es nicht abwegig, diesen Ort als den ältesten unter den drei Schefflenzdörfern anzusprechen (vgl. Mittelschefflenz); gleichwohl, vielleicht aber auch gerade deshalb, wird *Schefflenze superius* erst 1301 ausdrücklich von diesen unterschieden. Die Bedeutung, die Oberschefflenz im 14. Jh. beigemessen worden ist, dokumentiert sich in der Absicht des Mainzer Erzbischofs, das Dorf zur Stadt zu erheben, auch wenn diese Pläne schließlich nicht verwirklicht werden konnten; immerhin hat Kaiser Karl IV. 1367 ein Privileg ausgefertigt, das es Kurmainz als einem der Ortsherren erlaubte, Oberschefflenz zu befestigen, zur Stadt auszubauen und am Ort einen Wochenmarkt abzuhalten. – Daß vor dem Beginn der mittelalterlichen Besiedelung bereits die Römer auf hiesiger Gemarkung gesiedelt haben, erweisen die Reste römischer Gebäude, die im 19. Jh. in dem im Waidachwald gelegenen Gewann Kellerreute entdeckt worden sind. Hierher gehört vermutlich auch der in die Außenwand der kath. Kirche eingemauerte Votivstein zu Ehren der Göttin Fortuna. – 1774 zählte man in Oberschefflenz neben verschiedenen öffentlichen Gebäuden 75 Häuser, ein Menschenalter später waren es bereits 103.

Herrschaft und Staat. – Die Entwicklung der Herrschaftsverhältnisse vom Reichsgut des hohen Mittelalters über die weinsbergische, mainzische und pfälzische Pfandherrschaft des späten Mittelalters und der frühen Neuzeit bis hin zur Mediatisierung durch das Großherzogtum Baden im Jahre 1806 ist in Oberschefflenz ebenso verlaufen wie in Mittelschefflenz (vgl. S. 580).

Grundherrschaft und Grundbesitz. – Eine der bedeutendsten Grundherrschaften zu Oberschefflenz war im späten Mittelalter die des Kl. Amorbach. Ungeachtet der Tatsache, daß die Erwähnung Amorbacher Güter zu Schefflenz in einer Urkunde Kaiser Ottos III. von 996 auf einer Fälschung (13. Jh.) beruht, darf man doch davon ausgehen, daß der Grundstock des hiesigen Klosterbesitzes in hochmittelalterliche Zeit zurückreicht. Im 14. Jh. noch durch verschiedene Schenkungen und Ankäufe vermehrt (1324 Mantil, 1334 und 1372 Rüdt, 1342 Schaler, 1372 Ernstein), umfaßte dieser Besitz im Jahre 1395 neben dem Kirchenpatronat und Anteilen am Zehnt 9 Hufen und 1 Hof. 1445 hatte Amorbach in Oberschefflenz ein eigenes Hufgericht mit einem Schultheißen, der gegenüber den Landsiedeln des Klosters (Inhaber der klostereigenen Güter) Weisungsbefugnis hatte. Dem Stift Mosbach waren hier 1306 ein Hof, ein Haus, verschiedene Grundstücke und die Mühle zinspflichtig. 1798, als das Stift längst aufgehoben war, wird sein Oberschefflenzer Besitz auf 24 Hufen beziffert. Auch die Seligentaler Zisterzienserinnen haben aufgrund mehrerer Schenkungen in Oberschefflenz Zinse und Gülten bezogen. Die weltlichen Berechtigungen am Ort waren im Vergleich zu den geistlichen eher bescheiden: Die von Ernstein haben hier um 1322/33 eine Hellergült (3 lb) vom Hochstift Würzburg zu Lehen getragen, und Ende des 16. Jh. ist auch geringfügiger Besitz der Eicholzheimer Erben bezeugt; vermutlich handelt es sich dabei um jene Güter, die später den Berlichingen bzw. den Grafen Waldkirch gehört haben und 1803 auf 5 M Äcker und 1 M Wiesen beziffert werden.

Gemeinde. – Oberschefflenz hat von alters her zusammen mit Unter- und Mittelschefflenz eine Gemeinde mit einem gemeinsamen Gericht gebildet (vgl. S. 581 f.). Der Gemeindebesitz zu Oberschefflenz hat 1683 aus einem Rathaus (schon damals mehr als 100 Jahre alt), 257 M Wald, 1 M Wiesen und einem kleinen Fischbach bestanden.

Kirche und Schule. – Kirchlich war Oberschefflenz ursprünglich eine Filiale von Roigheim; 1301, bei der Gründung der Pfarrei Mittelschefflenz, ist der Ort dem neugeschaffenen Sprengel zugeteilt worden. Vermutlich schon 1395, sicher aber um die Mitte des 15. Jh. hatte Oberschefflenz auch selbst Pfarrechte erlangt und unterstand wie die Mutterkirchen zu Roigheim und zu Mittelschefflenz dem Patronat des Abtes von Amorbach. Kirchenheiliger war wohl schon damals der hl. Kilian. Wie die anderen Schefflenzdörfer ist auch Oberschefflenz von den Pfälzer Kurfürsten im 16. Jh. zunächst dem luth. und dann dem ref. Bekenntnis zugeführt worden. In der pfälzischen Kirchenteilung 1705/07 ist die örtliche Pfarrkirche dann aber den Katholiken zugefallen und Mittelpunkt einer kath. Pfarrei geworden, zu der Mittel- und Unterschefflenz sowie Kleineicholzheim gehörten; ein kath. Pfarrhaus gab es im Dorf schon seit 1691. 1795/96 ist die Kirche mit Unterstützung der Dezimatoren neu gebaut worden. Die nach Mittelschefflenz gepfarrten Calvinisten haben sich bald darauf aus eigenen Mitteln ebenfalls eine neue Kirche errichtet. Die Lutheraner zu Oberschefflenz waren der Pfarrei Unterschefflenz zugehörig und hatten seit 1716 ein eigenes Gotteshaus am Ort, ein schlichtes Bethaus ohne Turm und Glocken. In Zahlen stellt sich das Verhältnis der drei Konfessionen (vgl. Tab. 2) wie folgt dar (angegeben ist die Seelenzahl).

Tabelle 2: **Verhältnis der Konfessionen**

	1706	1807
Reformierte	186	407
Katholiken	95	222
Lutheraner	18	35

Am großen Zehnt von Oberschefflenzer Gemarkung waren um 1800 das Kl. Amorbach (½), die Freiherren Rüdt von Collenberg-Bödigheim (¼) und die Freiherren von Adelsheim (¼) beteiligt; den Kleinzehnt bezogen der kath. Ortspfarrer (½), die Rüden (¼) und die Grafen Waldkirch (¼). Der Amorbacher Zehntanteil findet bereits im großen Klosterurbar von 1395 Erwähnung und geht zweifellos auf das hohe Mittelalter zurück. Der Rüdt'sche Anteil war Würzburger Lehen und erstreckte sich ursprünglich auf die Hälfte sowohl des kleinen als auch des großen Zehnten. 1361 war dieses Lehen noch im Besitz der von Ernstein; 1386 ist es über die von Neideck zunächst an die Bödigheimer, später an die Collenberger Rüden gelangt. Die Verpfändung der Rüdt'schen Rechte an die von Adelsheim (1456) und der Heimfall des Lehens (1635), in dessen Folge zeitweise auch die von Vorburg am Oberschefflenzer Zehnt beteiligt waren, machen die Geschichte dieses Zehntanteils sehr kompliziert und nahezu undurchsichtig.

Die Organisation des Schulbetriebs in den drei Schefflenz entsprach ganz der kirchlichen Organisation, d. h. in Oberschefflenz gab es kath. Schulunterricht, während die ref. und die luth. Schuljugend den Unterricht in Mittel- bzw. in Unterschefflenz besuchen mußte.

Bevölkerung und Wirtschaft. – Die Zahl der Einwohner von Oberschefflenz lag 1542 bei etwa 420; bis zum Ausbruch des 30j. Krieges ist sie allmählich und kontinuierlich angestiegen (1592: ca. 460, 1602: ca. 510, 1615: ca. 600), um dann infolge der Kriegsdrangsale wieder dramatisch zurückzugehen (1649: ca. 120). 1681 lebten in dem Dorf wieder ungefähr 250 Menschen, und in den folgenden Jahrzehnten ist die Zahl mit zunehmender Geschwindigkeit angewachsen (1685: ca. 270, 1716: ca. 340, 1744: ca.

500), aber erst um 1800 war die alte Größe endlich wieder erreicht; 1803 hatte Oberschefflenz 643 Einwohner. – Hinsichtlich der leibrechtlichen Verhältnisse der hiesigen Bevölkerung gilt dasselbe wie für Mittelschefflenz.

Die Gemarkung von Oberschefflenz wurde um 1800 zu mehr als 50 % (1544 M) für den Ackerbau genutzt; darüber hinaus gab es 1803 164 M Wiesen und 1103 M Wald. Der Viehbestand im Dorf hat sich zur gleichen Zeit auf 386 Rinder und 20 Pferde belaufen. Am Schefflenzbach wurde die sog. Weilermühle betrieben, deren Wasserrad und Mühlwerk der Grundherrschaft zu Kleineicholzheim gehörten. Der in den 1770er Jahren unternommene Versuch, auf Oberschefflenzer Gemarkung Bodenschätze zu gewinnen, hatte hier so wenig Erfolg wie in Mittelschefflenz. 1775 hat es am Ort 2 Branntweinbrennereien mit 5 Beschäftigten gegeben; 203 Personen betätigten sich – wohl zumeist nebenbei – als Leineweber. 1803 werden als Gewerbetreibende genannt: 5 Zimmermeister, je 3 Wagner, Schuster, Schneider und Schildwirte, je 2 Bäcker, Handelsleute, Glaser und Küfer sowie je 1 Metzger, Müller, Hafner, Schreiner und Maurer. Eine Schildwirtschaft ist in Oberschefflenz seit 1724 bezeugt; die Schildgerechtigkeit des *Goldenen Hirschen* datiert von 1786, jene der *Sonne* von 1797.

Unterschefflenz

Siedlung und Gemarkung. – Wenn in einer Urkunde des Jahres 1301 die Dörfer Ober- und Mittelschefflenz genannt werden (vgl. S. 579), so liegt es auf der Hand, daß zu jener Zeit auch Unterschefflenz – später das größte der drei Schefflenzdörfer – bereits bestanden hat, dies um so mehr, als der Ort *Schevelence inferior* wenig später ebenfalls Erwähnung findet (1306). Neben der zu allen Zeiten vorherrschenden Namensform Unterschefflenz (1395 *Underschofflentz*, 15. Jh. *Undern Schoffelentze*) begegnet vor allem im späten Mittelalter gelegentlich auch die Form *Nydernschevelencze* (1363, 1419 *Nyder Schefflencz*). 1774 zählte man am Ort 78 Häuser und 2 Mühlen, 1803 112 Häuser und wiederum 2 Mühlen.

Herrschaft und Staat. – Hinsichtlich der Orts- und Landesherrschaft hat Unterschefflenz dieselbe Entwicklung genommen wie Mittel- und Oberschefflenz (vgl. S. 580): Im hohen Mittelalter zum Reichsland um Mosbach und Wimpfen gehörig, ist es im 14. Jh. pfandweise in den Besitz der Herren von Weinsberg gelangt und von diesen später zu ⅔ an das Erzstift Mainz (1362) und zu ⅓ an die Pfalz (1423/26/99). Seit 1653 ganz pfälzisch, gehörte der Ort von 1802/03 bis 1806 zum Fürstentum Leiningen und seit 1806 zum Großherzogtum Baden.

Grundherrschaft und Grundbesitz. – War Oberschefflenz der Mittelpunkt einer Amorbacher Grundherrschaft, so hatte Unterschefflenz eine entsprechende Funktion im Rahmen der Stift Mosbacher Grundherrschaft. Der hiesige Besitz des Julianenstifts ist bereits im späteren 10. Jh. zu fassen (vgl. S. 581) und hat im späten, vermutlich aber auch schon im hohen Mittelalter wiederholt Vermehrungen erfahren (1302, 1306). Das Stift hatte in Unterschefflenz ein eigenes Hufgericht, das jährlich dreimal unter einem eigenen Schultheißen zusammentrat, und die Stiftsherren und ihre Beauftragten, die aus diesem Anlaß ins Dorf kamen, hatten Anspruch auf Atzung durch die Hüfner. Neben Einkünften von der Fronmühle, bei der die Hüfner zu mahlen schuldig waren, und neben einem Anteil am Zehnt hatte das Stift Mosbach in Unterschefflenz Abgaben von nicht weniger als 26 Hufen (1798). Darüber hinaus war hier aber auch das Kl. Amorbach gült- und zinsberechtigt und hat 1395 jährlich 3 lb h von der Bede bezogen. Den Zisterzienserinnen von Billigheim gehörte seit 1313 ein Weinberg am Munschel südwestlich des Dorfes. Das örtliche Pfarrwittumgut umfaßte 1683 10¾ M Äcker,

2¾ M Wiesen und ⅛ M Krautgarten. Adeligen Besitz hat es in der frühen Neuzeit in Unterschefflenz nicht gegeben.

Gemeinde. – Obgleich Unterschefflenz von alters her zusammen mit Ober- und Mittelschefflenz einem gemeinsamen Gericht unterstanden hat (vgl. S. 581f.), gibt es am Ort ein eigenes Rathaus, das allerdings wesentlich jünger sein dürfte, als die Bauinschrift von 1556 glauben läßt; vielleicht hat es einen Vorgängerbau aus jener Zeit gegeben. Ein Protokollbuch der Gde Unterschefflenz ist von 1650ff. überliefert. Zu Beginn des 19. Jh. hat es auf der Dorfgemarkung 756 M Gemeindewald gegeben.

Kirche und Schule. – Nach der Neuordnung der Pfarrverhältnisse im Schefflenztal im Jahre 1301 hat Unterschefflenz zunächst zur Pfarrei Mittelschefflenz gehört und ist schließlich vor 1405 zur eigenständigen Pfarrei erhoben worden. Im Julianen-Patrozinium der hiesigen Pfarrkirche werden die engen Beziehungen des Dorfes zum Stift Mosbach deutlich, und obgleich die Kollatur der Mutterkirchen zu Roigheim und zu Mittelschefflenz in Händen des Abtes von Amorbach lag, gebührte das Patronatsrecht zu Unterschefflenz doch dem Mosbacher Stift. Zur Zeit der Reformation erlebte Unterschefflenz unter pfälzischem Einfluß dieselben Konfessionswechsel wie Mittel- und Oberschefflenz (vgl. S. 582). In der pfälzischen Kirchenteilung ist das hiesige Gotteshaus den Reformierten zugefallen und hat damit seine Funktion als selbständige Pfarrkirche verloren, denn Sitz der zuständigen ref. Pfarrei war Mittelschefflenz. Den nach Oberschefflenz gepfarrten Katholiken wurde ein Oratorium im unteren Stockwerk des Rathauses zugewiesen, und die Lutheraner, deren Pfarrer in Unterschefflenz ansässig war, haben sich hier aus Kollekten eine eigene kleine Kirche erbaut; zu ihrer Pfarrei gehörten um 1800 Ober- und Mittelschefflenz, Sulzbach, Auerbach, Rittersbach, Groß- und Kleineicholzheim sowie der Muckentalerhof. Das Verhältnis der drei Konfessionen zu Unterschefflenz verdeutlicht in Zahlen (Seelen) Tab. 3.

Tabelle 3: **Verhältnis der Konfessionen**

	1706	1807
Reformierte	195	520
Katholiken	72	171
Lutheraner	34	55

Die Heiligen- und Kirchengefälle zu Unterschefflenz beliefen sich 1561 auf 14 fl und 13 böhmische Groschen Zins von 293 fl Kapital, 3 fl 5 ß 1½ d Hellerzinse, 1 fl 9½ ß d Wiesenzins, 6 Fastnachthühner, 1 Malter Korngült und 6 Malter Landachtfrüchte.

In den großen Zehnt haben sich um die Mitte des 16. Jh. und bis zum Ende des Alten Reiches das Stift Mosbach bzw. die kurpfälzische Geistliche Administration und die Hofleute zu Unterschefflenz je zur Hälfte geteilt; den kleinen Zehnt haben – ebenfalls hälftig – die zur Haltung des Faselviehs verpflichteten Hofleute und der Pfarrer bezogen.

Um 1800 gab es in Unterschefflenz zwar kein besonderes Schulhaus, jedoch wurde hier sowohl ref. wie auch luth. Unterricht gehalten; die kath. Schuljugend wurde in Mittelschefflenz unterwiesen.

Bevölkerung und Wirtschaft. – Um 1542/56 hatte Unterschefflenz etwa 320 bis 330 Einwohner, und bis zum Ende des 16. Jh. ist deren Zahl auf rund 370 angestiegen, um bis zum Ausbruch des 30j. Krieges wieder auf ca. 340 zu sinken. Am Ende des Krieges war die Bevölkerung des Dorfes auf etwa 80 Seelen geschrumpft. Danach ist eine vergleichsweise rasche Erholung eingetreten, denn bereits 1681 lag die Einwohnerzahl wieder bei rund 250, 1706 bei etwa 300, 1716 bei knapp 400 und 1774 bei 414. Beim Anfall an das Fürstentum Leiningen im Jahre 1803 hatte der Ort bereits 651 Einwohner. Neubürger wurden in Unterschefflenz schon im 16. Jh. nur dann angenommen, wenn sie sich zuvor von fremder Leibeigenschaft losgekauft hatten, denn wie in Mittel- und Oberschefflenz hat auch hier mainzische bzw. pfälzische Lokalleibeigenschaft bestanden.

Die Nutzung der Gkg Unterschefflenz erstreckte sich im Jahre 1774 auf 1521 M Äcker, 134 M Wiesen und Gärten sowie 756 M Wald; von den 5 M Weingärten, die damals noch bestanden haben, ist schon 1803 keine Rede mehr. Um 1800 gab es auf hiesiger Gemarkung 2 Mühlen: die bereits 1506 genannte Fronmühle des Stifts Mosbach, die zwei Mahlgänge und einen Schälgang hatte, sowie die etwa 1 km südlich des Dorfes gelegene Kelchenmühle. Wie in Mittel- und Oberschefflenz hat auch in Unterschefflenz im 18. Jh. die Leinenweberei eine bedeutende Rolle gespielt (1775 34 Meister, 132 Beschäftigte). In einer Brennerei waren zur gleichen Zeit 7 Personen beschäftigt. 1803 finden sich im Dorf folgende Gewerbe: Je 5 Maurer und Schildwirte, je 4 Zimmermeister und Wagner, je 3 Handelsleute, Bäcker, Schneider, Schuster und Schmiede, je 2 Metzger, Müller und Schmiede sowie je 1 Gürtler, Hafner, Schreiner und Schlosser.

Quellen und Literatur

Kleineicholzheim

Quellen, gedr.: *Aschbach* 2. – *Battenberg*. – DI 8. – *Gudenus* CD 3. – *Kollnig*. – Lehnb. Würzburg 1 und 2. – ORh Stadtrechte. – REM 2. – R Adelsheim. – R Hohenlohe. – R Katzenelnbogen. – UB Hohenlohe 1, 3. – UB MOS. – WUB 4, 8, 10. – ZGO 24, 1872; 32, 1880; 37, 1884; 39, 1885.

Ungedr.: FLA Amorbach, Repertorium Rand; U Amorbach; Pläne XI,8. – FrhBA Jagsthausen VI/18. – FrhRA Hainstadt, Auszüge aus dem Roten Buch. – GLA Karlsruhe J/H Groß- und Kleineicholzheim 1–1a; 43/27, 102; 44 von Riaucour und von Waldkirch; 66/4459–60, 5136–37, 11790–91; 67/289, 1906, 1663; 69 Rüdt von Collenberg 1576, 1972, 3704, U38–39, von Waldkirch 654, 660, 1066, 1617, 1917; 166/60–61, 119, 121–123, 126, 210; 229/8766, 8777, 8792, 8797, 35075, 35082, 35108, 35154, 35928–40, 71164, 71917, 88265, 92341. – HZA Neuenstein, Hohenlohische Aktivlehen XXV; Weinsberg L120; N8; O1, 90–91; P17. – StA Darmstadt O61 Möller 7/2. – StA Wertheim U; G Aktivlehen Adelsheim 1. – StA Würzburg, Mainzer Ingrb. 9–10; Mainzer Bü. versch. Inh. 10.

Allg. Literatur: *Alberti* 1 S. 156f. – *Bauer*, Geschlechter. – *Friedlein*. – *Gropp*. – *Hahn* S. 394f. – *Hausrath*. – *Hattstein*. – *Hundsnurscher/Taddey* S. 156f. – KDB IV,3 S. 172–173, 176–177. – *Krieger* TWB 1 Sp. 480–482. – LBW 5 S. 322f. – *Langendörfer*. – *Matzat*, Zenten. – *Müller*, Dorfkirchen S. 46f. – *Neumaier*, Reformation. – OAB Künzelsau. – OAB Neckarsulm. – *Rommel*, Billigheim. – *Rommel*, Seligental. – *Rommel*, Wohnstätten. – *Schaab*, Wingarteiba. – *Schuster* S. 375. – *Simon*. – *Widder*. – *Wolfert*. – *Wüst*.

Ortsliteratur: *Schmitt*, Karl Martin, Geschichte des Pfarrdorfes Großeicholzheim, Buchen 1957.
Erstnennungen: ON 1306 (UB MOS Nr. 42), Niederadel 1265 (WUB 6 Nr. 1842) 1348 bzw. 1367 (R Katzenelnbogen Nr. 1039 und ZGO 32, 1880 S. 216).

Schefflenz

Quellen, gedr.: *Bendel*. – CL. – *Gudenus* CD 3. – *Kollnig*. – *Krebs*, Amorbach. – *Krebs*, Weistümer S. 202–204, 228f. – Lehnb. Würzburg 1 und 2. – ORh Stadtrechte. – *Schröcker*. – R Adelsheim. – REM 1 und 2. – R Hohenlohe. – RI VIII. – RPR 1. – UB Fulda. – UB Hohenlohe 2. – UB MOS. – WR. – WUB 1, 9. – ZGO 12, 1861; 23, 1871; 26, 1874; 42, 1888 S. m24.

Geschichte der Gemeindeteile 589

Ungedr.: FLA Amorbach, Repertorium Rand; U Amorbach; Amorbacher Urbar 1395; Kurze Beschreibung der drei Dörfer Schefflenz 1602; Bücher zur Kenntnis und zur Hebung des Landes; Pläne XI,8. – GLA Karlsruhe D 368, 378, 380, 381, 394–397; J/H Mittelschefflenz 1–2, Oberschefflenz 1, 1a, Unterschefflenz 1, 1a; 43/Sp. 213; 44 Rüdt; 66/1549, 5136, 5137, 5527, 7604–6606, 10507, 10536, 11670a, 11790, 11791; 69 Rüdt von Collenberg 58, 92–94, 444a, 445, 905, 906, 927, 1730, 1972, 3704, U24, U60, U75, U179, U205, U279, U350, U352, U358, U401, von Waldkirch 660; 77/2542, 6707; 166/9, 60, 61, 70ff., 119–123, 126, 207–210, 224; 229/88414, 92251–92411, 103297; 313/2809; 364/373, 1289, 1290, 2114–16. – HZA Neuenstein, Weinsberg J5, J30, L42, L152. – StA Würzburg, Mainzer Ingrb. 87; Mainzer Bü. versch. Inh. 10; MRA ältere Kriegsakten 1/23; MRA Militär K 217/14, K 239/402; Lehensachen 6832/F242; Adel 1191/LXIII.

Allg. Literatur: *Filtzinger/Planck/Cämmerer,* Römer. – *Friedlein.* – *Gropp.* – *Hausrath.* – HHS S. 699f. – KDB IV,4 S. 49–50, 148–149, 157–159. – *Krieger* TWB 2 Sp. 823–826. – LBW 5 S. 323f. – *Matzat,* Studien. – *Müller,* Dorfkirchen S. 53, 59f., 72. – *Neumaier,* Amorbach. – *Neumaier,* Reformation. – *Oechsler/Sauer.* – *Rommel,* Billigheim. – *Rommel,* Seligental. – *Rommel,* Wohnstätten. – *Schaab,* Wingarteiba. – *Schäfer.* – *Wagner* S. 394f. – *Widder* 2 S. 116–121. – *Wüst.*

Ortsliteratur: *Roedder,* Erwin, Aus der Geschichte des alten Reichsdorfes Schefflenz. In: Ekkhart 8, 1927 S. 56–61. – *Roedder,* Erwin, Das südwestdeutsche Reichsdorf in Vergangenheit und Gegenwart dargestellt auf Grund der Geschichte von Oberschefflenz im badischen Bauland. Lahr 1928. – *Roedder,* Erwin, 774–1974 Gemeinde Schefflenz. 〈= 2. gekürzte und ergänzte Aufl. der Ausgabe von 1928〉 Schefflenz 1974. – *Rommel,* Gustav, Schefflenz. In: FBll 3, 1920 Nr. 9–10.

Erstnennungen: ON 774 (CL Nr. 3580), Unterscheidung der Ortsteile und Pfarrei 1301 (FLA Amorbach, U 1301 Jan. 2), Patrozinium Kilian 1313 (*Deinhardt,* Wilhelm, Beiträge zur Topographie des Bistums Würzburg. In: Zeitschr. für bayer. Kirchengeschichte 10, 1935 S. 139ff.).

Schwarzach

837 ha Gemeindegebiet, 2631 Einwohner

Wappen: In Silber (Weiß) an pfahlweis gestelltem, belaubtem grünem Zweig drei rote Äpfel (1:2). – Einen Zweig mit drei Äpfeln führten sowohl das Gericht der bis 1823 eine Gemeinde bildenden Orte Ober- und Unterschwarzach wie auch die beiden danach selbständigen Gemeinden in ihren Siegeln und in den 1913 angenommenen Wappen. Die Gde Schwarzach übernahm das Wappen von Oberschwarzach, welches ihr zusammen mit der Flagge vom Innenministerium am 10. 4. 1972 verliehen wurde. Es unterscheidet sich vom Wappen Unterschwarzachs durch die Blätter am Apfelzweig, dessen Bedeutung im übrigen nicht bekannt ist. – Flagge: Rot-Weiß (Rot-Silber)

Gemarkungen: Oberschwarzach (362 ha, 358 E.); Unterschwarzach (397 ha, 2235 E.) mit Forsthaus, Schwarzacherhof (Erziehungs- und Pflegeanstalt für Geistesschwache).

A. Natur- und Kulturlandschaft

Naturraum und Landschaftsbild. – Das Gebiet der Gde Schwarzach, das zwischen dem Hauptort Unterschwarzach, der im S gegen Aglasterhausen zu liegt, und Oberschwarzach im NO gegen Neunkirchen zu noch die Neusiedlung Schwarzacherhof umfaßt, liegt naturräumlich im Übergangsbereich zwischen der lößgeprägten Landschaft des nordöstlichen Kraichgaus und dem Waldland des Kleinen Odenwalds. Es ist Teil des südwestdeutschen Schichtstufenlands, dessen triassische Folgen, auf dem Gemeindegebiet die des Plattensandsteins und der Röttone, nach S hin in die bereits paläozoisch angelegte tektonische Kraichgaumulde einfallen. So erreicht die Landoberfläche im NW des Gemeindegebiets mit über 400 m NN die größte Höhe. Die Sandsteine tauchen auf einer etwa von WSW nach ONO vom Nordhang des Vogelsang (270 m NN) im W zu den Schafhecken (um 290 m NN) nördlich Oberschwarzach verlaufende Linie, die das Gemeindegebiet in zwei annähernd gleich große Teile schneidet, unter die geologisch jüngeren Röttone ab.

Die südliche Hälfte des Gemeindegebiets, in der auch die Siedlungen liegen, besitzt einen offenen Landschaftscharakter. Dieser ist einerseits Folge des wegen abnehmenden Gefälles nach S breiter werdenden Schwarzbachtals, dessen Abfluß aus gleichem Grund zur Talverschüttung neigt, andererseits aber auch Folge der besonders von NW auf den Schwarzbach orientierten tributären flachen Muldentälchen, die nicht alle perennierend Oberflächenwasser führen. Das einseitige Einzugsgebiet des Schwarzbachs nur nördlich bzw. nordwestlich des Vorfluters, dessen Genese sicherlich im Zusammenhang mit der Entstehung der Odenwaldflexur steht, führte zur Verdrängung des Baches an die südöstliche Talflanke, wo eine dauerhafte Sedimentation äolisch antransportierten pleistozänen Lösses verhindert bzw. seine zügige Abtragung infolge Versteilung des Talhangs gefördert wurde. So trifft man hier heute fast auf der gesamten Länge des Schwarzbachs, der das Gemeindegebiet von NO nach S durchfließt, das Anstehende, die Röttone des Oberen Buntsandsteins, an, während sich die Reste des kaltzeitlichen Feinmaterials auf den Rücken westlich und östlich des Vorfluters und an der nordwestlichen Talflanke gehalten haben. Dort, wo man sie heute noch antrifft, führen sie zu einem weichen Landschaftscharakter, der die Verwandschaft des Gebiets mit dem Kraichgau betont.

Kurze Hohlwege, die von Unter- und Oberschwarzach nach N führen, schließen in schöner Weise die Lößlehme und zum Teil auch die unterlagernden Röttone auf. Die wasserstauende Eigenschaft der Tone und Tonsteine sorgt für besonders schnelle Denudation des darüber sedimentierten Feinmaterials, indem die Lößlehme besonders zur Schneeschmelze mit Wasser tief durchtränkt, ihre durch die Verlehmung bereits herabgesetzte Standfestigkeit weiter reduziert und letztlich mit dem an der Basis des Sedimentkörpers austretenden Wasser in unterschiedlichen Mengen abtransportiert werden. Bei zurückgehender Reliefenergie werden diese Abtragungsprodukte dann vom Schwarzbach in seinem Tal sedimentiert. Das erklärt im S die mächtige Talverschüttung von ca. 8 m und die breite Aue vor allem an der südlichen Gemeindegebietsgrenze.

Nur mehr ganz vereinzelt, so westlich der Ziegelhütte im S des Gemeindegebiets, wo bereits auf der Gkg Aglasterhausen die zu einiger Berühmtheit gelangten, vermutlich pliozänen »Aglasterhausener Tone« abgebaut worden sind, finden sich noch unverwitterte Primärlösse, während sonst – wohl auch als Folge der gegen den Odenwald zunehmenden höheren Niederschläge – meist mehr oder weniger mächtige verlehmte Lösse die anstehenden obersten Buntsandsteinschichten überdecken. Diese Lößlehme besitzen nur noch sehr eingeschränkt die guten physikalischen und chemischen Eigenschaften, die so bedeutsam für die Bildung fruchtbarer Böden sind. Trotzdem ist ihr Vorhandensein wohl einer der Hauptgründe für die landwirtschaftliche Nutzung im südlichen Gemeindegebiet. Auf ihnen entwickelten sich überwiegend Parabraunerden, die allerdings durch Erosion und landwirtschaftliche Tätigkeit meist gekappt sind. Im Unterboden neigen sie durch die Nähe zu den anstehenden Röttonen zur Vergleyung – Stauwässer sind auf solchen Standorten nach Regenfällen oft zu beobachten. Wo die Lößlehmauflage bereits erodiert ist, finden sich schwerere, tonige Böden auf Röt, die durch ihre dunklere, zum Rötlichen neigende Farbe gekennzeichnet sind. Dies trifft besonders auf die ackerbaulich genutzten Hänge um Loh nördlich Unterschwarzach zu.

Eine Ausnahme bilden landwirtschaftliche Nutzflächen, die bereits auf dem sich nach N anschließenden Plattensandstein angelegt sind. Gegenüber dem Altsiedelland im S sind hier jüngere Flächen gerodet worden, worauf auch ihr Flurname »Neurott« hinweist. Sie finden sich nördlich Oberschwarzach und an der westlichen Gemeindegebietsgrenze.

Mit dem Ausstreichen der Röttone nach N und dem Vorherrschen des Plattensandsteins verändert sich auch die Landschaftsgestalt. Die wenigen Tälchen, die auf dem Gemeindegebiet anzutreffen sind, haben sich durch die Hebung des Odenwalds und die dadurch gewachsene Reliefenergie zum Schwarzbach tief in den Plattensandstein eingekerbt. Besonders schön sind diese Prozesse an der Roten Klinge nördlich des Schwarzacherhofs nachzuvollziehen, aber auch im nordwestlichen Teilgebiet östlich und westlich des Kleebergs (380 m NN) ist dies zu beobachten. Die Flächen, denen dieser Sandstein zugrunde liegt, zeichnen sich durch recht schlecht entwickelte Böden aus, die einer intensiven Landwirtschaft entgegenstehen. Deshalb sind diese Flächen nur selten ackerbaulich genutzt, sondern mit Wald bestanden.

Der Wechsel von dem dichtbesiedelten, wohl gegliederten und ackerbaulich genutzten Raum zu einer relativ homogenen Waldlandschaft charakterisiert den naturräumlichen Wandel, der sich auf dem Gemeindegebiet von Schwarzach vollzieht. Der Einfluß des wirtschaftenden Menschen ist auf dem südlichen Gemeindegebiet allgegenwärtig. Von den Siedlungen ausgehend, die untereinander durch das Straßennetz eng verbunden sind, führen meist befestigte Wirtschaftswege zu den Ackerflächen und zerteilen diese in blockartige Parzellen, wodurch die gute Erreichbarkeit der landwirtschaftlichen Nutzflächen sichergestellt wird.

Mit dem Einsetzen der bewaldeten Flächen im N des Gemeindegebiets wird das dichte Wirtschaftswegenetz zu den Ackerflächen von einem weitgespannten Forstwegenetz abgelöst, das sich insofern stärker an die Oberflächengestalt der Waldgebiete anpaßt, als es sich oft weitgeschwungen dem Verlauf der Hänge anlehnt und sich nach den hier tief eingeschnittenen Klingen richtet, die im Gegensatz zu den flachen Muldentälchen des südlichen Gemeindegebiets natürliche Hindernisse darstellen. Der stärker gegliederte, kleinräumig geschlossener erscheinende Charakter der vom Buntsandstein geprägten Waldgebiete weist auf die Zugehörigkeit zum Kleinen Odenwald hin.

Der S des Gemeindegebiets ist eher dem Kraichgau verbunden, auch wenn die hierfür typischen mesozoischen Schichten des Muschelkalks und Keupers, die im Zentrum der Kraichgaumulde mächtig mit pleistozänem Löß bedeckt sind, bereits abgetragen sind. Das Waldgebiet im N der Siedlungen ist dagegen schon dem Kleinen Odenwald zuzurechnen.

Siedlungsbild. – Das kleine Dorf Oberschwarzach im oberen Schwarzbachtal ist eine Landesausbausiedlung, deren heutiges Ortsbild im alten Siedlungsteil noch weitgehend von der Landwirtschaft geprägt wird. Hauptsiedlungsachse des mittelalterlichen Dorfes ist die das Tal durchziehende Hauptstraße, die auch mit Unterschwarzach und Neunkirchen verbindet. Am Südrand der alten Bebauung schwenkt sie beim Rathaus S-kurvig vom linken zum rechten Talrand und überquert im nördlichen alten Dorf wiederum den Bachlauf. Ganz am östlichen Talhang verläuft die ebenfalls zum alten Dorf gehörende Schulstraße, die im S beim Rathaus von der Hauptstraße als deren gerade Verlängerung abzweigt und am Nordrand des alten Dorfes wieder in sie einmündet.

Der Baubestand an der Hauptstraße zeigt heute eine recht verschiedenartiges Bild. Neben dem alten Haus von 1864 im Anwesen Nr. 105 steht ein ganz modernes Flachdachwohnhaus. An der südlichen Hauptstraße sind die alten Gebäude teilweise neu verputzt und heben sich so auch deutlich von älteren bäuerlichen Gebäuden an der mittleren und nördlichen Hauptstraße ab. Bei den alten Gehöften fallen mehrfach ehemalige, heute zu Wohnbauten umgestaltete Wohnstallhäuser in gestelzter Bauweise auf. Fachwerk ist dabei an den Wohnobergeschossen zu erkennen. An zu Gehöftanlagen gehörenden Scheunen und Ställen wurden häufig Bruchsteinmauern aus Buntsandstein hochgezogen. Im nördlichen Teil des alten Dorfes, wo die Häuser giebel- und traufseitig zur Hauptstraße gerichtet sind, herrscht heute eine modernisierte Wohnbebauung an der Stelle einstiger Hofanlagen vor. So offenbart sich das Anwesen Nr. 115 als ein zu Wohnzwecken umgestalteter Winkelbau, an der Hauptstr. 116 und 119 finden sich giebelständige Wohnhäuser an der Stelle einstiger Hofgebäude. Aufgegebene landwirtschaftliche Bauten fallen auf, so beim Anwesen 123, einem Dreiseitgehöft. In der Nachbarschaft, an der Hauptstr. 125, sind bei einem großen dreiseitigen Gehöft mit einem gepflegten Fachwerkwohnhaus mit verputztem Erdgeschoß, Außentreppe zum oberen Wohnstockwerk und einem Krüppelwalmdach die alten Wirtschaftsgebäude längst aufgegeben, und ein ganz modernes Stall- und Scheunengebäude hat deren Funktionen übernommen. Gegen den Nordrand des Dorfes hebt sich der Gasthof »Wiesengrund« in einem jüngeren zweigeschossigen Gebäude von benachbarten alten bäuerlichen Häusern deutlich ab. An der Schulstraße, wo vor allem Gebäude aus der Vor- und Zwischenkriegszeit auffallen, stehen ebenfalls mehrere einstige Wohnstallhäuser in gestelzter Bauart, die heute zu reinen Wohnhäusern umgebaut sind.

Natur- und Kulturlandschaft 593

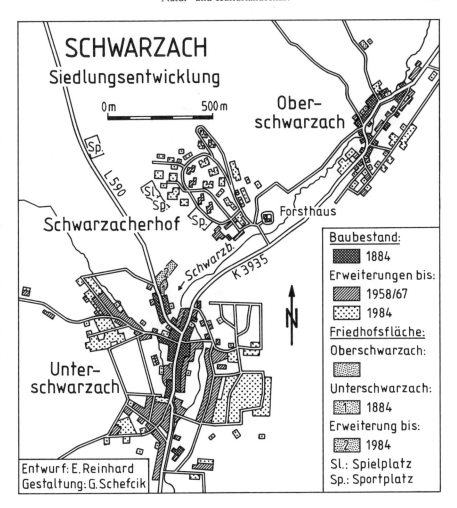

Ein kleines Ortszentrum hat sich beim Rathaus an der Abzweigung der Schulstraße und des Forlenwegs herausgebildet. Das kleine *Rathaus* von 1845 ist ein gepflegter, anmutiger Bau im Winkel von zum Schwarzbach umbiegender Haupt- und Schulstraße. Das klassizistisch anmutende Gebäude hat zwei Geschosse mit hellgelb verputzten Wänden, einer rötlichen Sockel- und Ecksteinbemalung, einen buntsandsteingefaßten Eingang und einen mit einem Spitzhelm abschließenden Dachreiter auf dem ziegelgedeckten Giebeldach.

Im alten Dorf sind Neubauten an die Stelle älterer Gebäude getreten. Zuweilen ergänzen sie auch den früheren Baubestand und bringen eine geringe Siedlungsverdichtung. Zusammenhängende *Neubaubereiche* brachten seit den 1960er Jahren eine Siedlungsausweitung nach O und S. Der westexponierte, linke Talhang wurde oberhalb des alten Dorfes entlang der hangparallel angelegten Höhenstraße mit überwiegend freistehenden Einfamilienhäusern bebaut und ist über den beim Rathaus von der Schulstraße abzweigenden Forlenweg und weiter im S über den Asbacher Weg mit dem alten Dorf verbunden. Im S reicht diese junge Bebauung am oberen Asbacher Weg und an der am Hang darunter parallel zu ihm angelegten Mannheimer Straße weit über den Südrand des alten Dorfes hinaus. Das gilt auch für die zwischen Schwarzbach und südlicher Hauptstraße errichteten Einfamilienhäuser, die im Neubaugebiet »Schleifmühle« den unteren Talabschnitt und den Talboden bis zum Bachlauf hin bedecken.

Unterschwarzach, der Hauptort der Gemeinde, nimmt mit seinem langgestreckten, alten Siedlungskern eine für Dörfer im hügeligen Altsiedelland ganz bezeichnende geschützte Muldenlage ein. Er lehnt sich an den rechtsseitigen Hangfuß des Schwarzbachtals an und erstreckt sich mit schon alten Wachstumsspitzen aus dem vorigen Jahrhundert entlang der Schwanheimer und Michelbacher Straße auf die ostexponierte Talflanke hinauf. Schon früh hat das alte Dorf einen gewissen funktionalen Wandel von der bäuerlichen zur gewerblichen Siedlung und damit auch zum Wohnort vollzogen, indem sich seit den letzten Jahrzehnten des 19. Jh. Fabriken für Peitschen, Zaumzeug und andere Lederwaren ansiedelten, deren Architektur in der Gestalt massiger und hoher Backsteingebäude bis heute das Aufrißbild des südlichen alten Dorfes mitprägen.

Architektonisch und funktional bildet etwa der mittlere Bereich der Hauptstraße, die das Dorf in Talrichtung durchzieht, vom Rathaus nördlich der Abzweigung der Schwanheimer Straße bis zu den Kaufläden südlich der Abbiegung der Michelbacher Straße den eigentlichen *Siedlungskern*. In erster Linie ortsbildprägend wirkt dort der barocke Bau der *kath. Pfarrkirche*. Dieser hell verputzte Saalbau mit Buntsandsteinsockel, -ecksteinen, -fenster- und -türgewänden besticht vor allem durch seinen runden Ostturm, über dem ein typisch barockes, doppeltes Zwiebeldach aufragt, das eine Schieferbedeckung trägt. Besonders reizvoll gestaltet ist das Buntsandsteinportal im unteren Turmgeschoß, zu dem ein hoher Treppenaufgang von der Hauptstraße hinaufführt. Über dem Portal öffnet sich eine Nische mit ebenfalls barocker Einfassung. Sie ist mit einer modernen Skulptur des hl. Martin geschmückt. Darüber sitzt eine Turmuhr, deren Buntsandsteineinfassung die Jahreszahl 1742 erkennen läßt. Der Schlußstein am Rundbogenfenster des mittleren Turmgeschosses zeigt dann die Jahreszahl 1752. Einen entscheidenden Einfluß auf die Gestalt des Gesamtbauwerks hat auch das steile Giebeldach über dem Kirchensaal mit seinen hellen, hohen und rundbogigen Fenstern, an den an der Nordseite rechtwinklig ein kleiner Erweiterungsbau angesetzt ist und an den im W ein schmalerer Chor anschließt.

Neben dem kath. Gotteshaus bestimmt dann vor allem das *Rathaus* von 1903 den Aufriß des Ortskerns. Dieser Jugendstilbau mit zwei Backsteingeschossen auf hohem Buntsandsteinsockel, einem Mittelrisalit mit dem Eingang und einem Dachtürmchen, einem Halbwalmdach, auf dem eine Sirene sitzt, überragt die umgebenden Häuser. Das Feuerwehrgerätehaus in der unmittelbaren Nachbarschaft der Gemeindeverwaltung, eine Volksbankfiliale mit einem angegliederten Lager der Raiffeisengenossenschaft und das Postamt an der gegenüberliegenden Seite der Hauptstraße vervollständigen das funktionale Zentrum von Unterschwarzach. Unmittelbar südlich der Kirche steht an einem freien Platz an der Abzweigung der Michelbacher Straße der Gasthof zur Krone, ein markanter gestelzter Bau mit hohem Krüppelwalmdach. Zu ihm gehört ein großes Fachwerkgehöft, das zusammen mit der Gaststätte eine wuchtige, an die Michelbacher Straße angelehnte Dreikantanlage formt.

An der südlicheren Hauptstraße zwischen den Abzweigungen der Michelbacher und der Reichartshäuser Straße fallen einige Kaufläden auf, darunter eine Bäckerei und eine Metzgerei. Häuser in Trauf- und Giebelseitenstellung bewirken ein insgesamt vielfältiges Aufrißbild, das dort seine besondere Note durch alte Fabrikbauten des 19. Jh.

erhält. Hinter den derzeitigen Produktionsgebäuden einer Peitschen- und Zaumzeugfabrik, einem zweigeschossigen Backsteinbau mit Krüppelwalmdach und Zwerchgiebel sowie einer angebauten modernen Flachdachhalle in Klinkerbauweise, ragt dann der alte, heute nicht mehr genutzte Fabrikkomplex mit hohem Giebeldach und einem Heizhaus mit hohem Schornstein aus rötlichen Backsteinen auf. Eine weiter südlich gelegene Reit- und Fahrpeitschenfabrik hat ein traufständiges und zweigeschossiges Hauptgebäude an der Hauptstraße mit einer Durchfahrt zu den am dahinterliegenden Hof stehenden Gebäuden. Durch ein Lebensmittelgeschäft, eine Buchhandlung, eine Autohandlung mit Tankstelle und eine Sparkassenfiliale erfüllt auch diese südlichere Hauptstraße noch zentrale Funktionen für den gesamten Ort. Bäuerliche Anwesen oder einstige Bauernhäuser treten hier ganz in den Hintergrund, ist dieser Hauptstraßenabschnitt doch entscheidend von einer frühen Industrialisierung geprägt. Im Winkel von Haupt- und Reichartshäuser Straße steht ein Kriegerdenkmal für die Opfer der beiden Weltkriege, eine von der Steinskulptur eines Eisernen Kreuzes überragte Steinpyramide mit Namenstafeln der Gefallenen und Vermißten. Südlich davon bildet die Hauptstraße bis zum äußeren Ortsrand eine jüngere und nur locker bebaute Siedlungserweiterung mit einem recht unterschiedlichen Baubestand. Häuser der Vor-, Zwischen- und Nachkriegszeit lassen sich erkennen, darunter die moderne Gaststätte und Pension Schwarzbachtal, eine Apotheke und ein Sägewerk mit einem Lagerplatz. Gegen den Südrand der Siedlung dehnt sich unmittelbar westlich der äußeren Hauptstraße ein kleines *Gewerbe- und Industriegebiet* im Bereich der Industrie- und Wiesenstraße aus. Geprägt wird es von einer modernen Autowerkstatt mit Tankstelle, einem Stahl- und Metallbauunternehmen sowie handwerklichen Betrieben des Rolladenbaus und der Sanitär- und Heizungsbranche. Niedrige, hallenartige und flachgiebelige Gebäude bestimmen diese abseits von den Wohnbereichen, in südlicher Ortsrandlage ausgewiesene gewerbliche Siedlungsfläche.

Oberhalb der Reichartshäuser Straße, an deren ortsinnerem Bereich dicht zusammengedrängte, traufständige Häuser aus der Zeit vor dem 1. Weltkrieg auffallen, setzte die Bebauung mit freistehenden Einfamilienhäusern schon in der frühen Nachkriegszeit ein (Kirchenweg, Finkenstraße), und wurde bis in die 1980er Jahre hinein verdichtet. Das herausragende Bauwerk ist in diesem südwestlichen Wohngebiet am sanft nach O zum Schwarzbach abfallenden Talhang die *ev. Kirche* aus dem frühen 20.Jh. Das in historisierenden Formen erbaute Gotteshaus hat einen Ostturm auf quadratischem Grundriß mit einem nur niederen Glockengeschoß und einer neubarocken Dachkonstruktion. Im W schließt an den seitlich mit hohen Rundbogenfenstern gegliederten Kirchensaal ein schmalerer polygonaler Chor an, der als Altarraum dient. Unmittelbar oberhalb der Kirche befindet sich ein moderner Kindergarten in dem in den 1960er Jahren errichteten ev. Gemeindehaus.

Die mindestens bis ins 19.Jh. zurückreichende Bebauung an der Schwanheimer Straße ist bis zu dem am westlichen Talhang über dem Dorf liegenden Friedhof alt. Unterschiedliche Gehöft- und Hausformen prägen ihr durch dicht zusammengerückte Anwesen bestimmtes Bild. Unter der bäuerlichen oder einst landwirtschaftlichen Bebauung stehen Winkel- und Dreiseitgehöfte sowie ein gestelztes Einhaus. Die alten Häuser sind fast alle giebelseitig zur Straße gewandt. Neue Wohnhäuser anstelle älterer Gebäude, darunter ein modernes wohnblockartiges Mehrfamilienhaus im Anwesen Nr. 18, brachten neue Züge ins Straßenbild und künden von einem Funktionswandel auch dieses Siedlungsteils.

Eine bemerkenswerte Erweiterung erfuhr die Ortschaft am westwärts abfallenden Talhang östlich des Schwarzbachs. Ganz im S entsteht dort im Bereich des ehemaligen

Tonwerks ein neuer Industriebetrieb der Textilbranche mit im Sommer 1989 im Bau befindlichen langgestreckten Produktionshallen. Nördlich der Unteren Mühle, dem einzigen gehöftartigen alten Gebäudekomplex östlich des Wasserlaufs, setzte die neu errichtete *Schwarzbachhalle*, eine großflächige Mehrzweckhalle mit einem angebauten Restaurant, an der Tonwerkstraße einen modernen architektonischen Akzent am Westrand eines *Erholungs- und Freizeitgeländes* mit dem Schwimmbad, einer Minigolfanlage und einem Wildpark mit einheimischen und exotischen Tieren sowie einem Reitplatz. Ein benachbartes Café sowie das Hotel und Restaurant »Haus Odenwald« ergänzen diesen Freizeitbereich, der Unterschwarzach eine ganz neue Funktion als Ausflugsziel mit Bedeutung vor allem für den Tagestourismus gebracht hat.

Ausgehend von der am linken Talhang in halber Höhe entlangziehenden Straße Auf der Höhe, deren Erschließung und erste Bebauung bereits in der frühen Nachkriegszeit einsetzte, erwuchs an der oberen Talflanke und auf der Hochfläche östlich von ihr ein ausgedehntes *Neubaugebiet* mit weitgehend rechtwinklig sich schneidenden Wohnstraßen. Freistehende Einfamilienhäuser, zuweilen auch Bungalows in Ziergärten bestimmen das Gesicht und die Funktion dieser großflächigen östlichen Siedlungserweiterung, die beiderseits der Panoramastraße, ihrer zentralen Hauptachse, heute eine größere überbaute Fläche überdeckt als die älteren, im Tal liegenden Ortsteile. Aus der Wohnbebauung heben sich an der westlichen Sonnenhalde die neue *Schule*, ein zweigeschossiger, länglicher Bau mit einem überdachten Eingangsvorhof, und ein moderner *Kindergarten* in der Nachbarschaft heraus (An der Höhe). Ein wesentlich kleineres Neubaugebiet brachte eine Siedlungserweiterung im W über dem nach O gewandten Talhang. Ausgehend von der Michelbacher Straße entstanden dort und an den von ihr abbiegenden Wohnstraßen Vogelsang und Neue Steige seit den 1950er bis in die 1980er Jahre hinein Einfamilienhäuser ganz unterschiedlichen Zuschnitts.

Auf dem Talgrund des Schwarzbachs steht zwischen Ober- und Unterschwarzach das *Forsthaus*, ein historischer Gebäudekomplex, der aus einer Wasserschloßanlage, dem Amtssitz der Zentgrafen der Stüber Zent hervorgegangen ist. Das heutige, am Ende des 18. Jh. auf den Fundamenten der mittelalterlichen Burg errichtete Schloß ist ein hohes zweigeschossiges Gebäude mit einem Sockel, Tür- und Fenstereinfassungen aus Odenwaldsandstein. Rechtwinklig zu diesem Hauptbau des heutigen Staatl. Forstamtes Schwarzach, dessen südlicher Zugang über eine dreibogige Sandsteinbrücke führt, die den noch teilweise erhaltenen Wassergraben überspannt, steht ein forsttechnisches Gebäude mit einem Walmdach. Seine wuchtigen Außenmauern bestehen aus Bruchsteinen des Buntsandsteins. An der Hofinnenseite ist mit Backsteinen ausgemauertes Fachwerk bestimmend. Reste des mittelalterlichen Schloßbaus sind in der Bogenbrücke, den Türmen und Umfassungsmauern erhalten.

Westlich des Staatl. Forstamtes erstreckt sich der *Schwarzacherhof*, eine Heil- und Pflegeanstalt für Geistigbehinderte, die vom Ev. Diakonischen Werk getragen wird, über den sanft nach SO abfallenden Talhang. Der Verwaltungstrakt aus den Jahren 1914/15 steht noch im unteren Talbereich. Der zweigeschossige Bau mit mittelrisalitartigen Vorbauten an den Längsfronten hat ein Buntsandstein-Erdgeschoß und ein hohes Walmdach. Ein modernes Wirtschaftsgebäude und der Speisesaal, Betonkonstruktionen mit Flachdächern, bilden in unmittelbarer Nachbarschaft einen gewaltigen architektonischen Kontrast. Die als langgezogene Schleife den Hang erschließende Ringstraße ist die eigentliche Hauptachse der durchaus dorfgroßen Anlage. Im Innern der Schleife steht – zentral für die Gesamtsiedlung – die Behindertenklinik. Die Wohnhäuser für die Behinderten haben unterschiedliche Grund- und Aufrisse. Wohnblockartige, drei- und viergeschossige Häuser mit Giebeldächern sowie Dreikanthäuser um Hof-

Die Gemeinde im 19. und 20. Jahrhundert 597

plätze bestimmen den inneren Ring. In den oberen nordwestlichen und westlichen Bereichen außerhalb der Ringstraße entstanden die modernsten Erweiterungen mit viergeschossigen Flachdachhäusern auf Winkelgrundrissen sowie mit zweigeschossigen Flach- und Giebeldachbauten. Ganz modern ist auch der westliche Bereich mit der Sonderschule, einer Turn- und Schwimmhalle sowie einem Therapiehaus; es sind zwei- und dreigeschossige Flachdachanlagen mit Waschbetonwänden.

Bemerkenswerte Bauwerke. – Unterschwarzach: Die ehemalige mittelalterliche *Wasserburg*, heute Forstamt, ist erstmals 1319 erwähnt und wurde im 30j. Krieg zerstört. Erhalten sind Reste der Umfassungsmauer und der Zwingermauer. An den Ecken der über etwa quadratischem Grundriß angelegten Burg ragen Rundtürme auf. Auch der Burggraben ist zum Teil noch vorhanden. Der Neubau Anfang 18. Jh. diente als Amtskellerei und dann bis heute als Forstamt. Die dem hl. Martin geweihte *kath. Kirche* wurde als flachgedeckter Saalbau mit halbkreisförmig geschlossenem Chor und über kreisförmigem Grundriß errichtetem, halb eingezogenem Turm in den Jahren von 1742 an erbaut. Von der Ausstattung ist eine geschnitzte Muttergottes aus dem späten 14. Jh., die mainfränkisch beeinflußte Rokokokanzel, um 1750 und das aus Neunkirchen stammende Gestühl aus der Zeit um 1735 zu erwähnen.

Die *ev. Kirche* wurde 1914 als Saalbau mit ⅝Chor und Frontturm erbaut. Sie ist noch weitgehend dem historisierenden Baustil mit nur geringen Jugendstileinflüssen verpflichtet.

B. Die Gemeinde im 19. und 20. Jahrhundert

Bevölkerung

Bevölkerungsentwicklung. – Die Einwohnerzahl nahm in Ober- und Unterschwarzach ab 1830 nicht mehr so stark zu wie zuvor, weil bereits zwischen 1830 und 1850 insgesamt 83 Personen auswanderten. Die »Hungerkrise« führte dazu, daß 1854 150 »landarme Leute«, ⅓ der gesamten Bevölkerung, auf Gemeindekosten nach Amerika ausgesiedelt wurden. Von diesem Rückschlag erholten sich beide Orte nur langsam – erst 1900 wurde der Bevölkerungsstand von 1852 überschritten. Mit der Gründung der Peitschenfabriken, später durch die Anstalt Schwarzacherhof, setzte ein Aufschwung ein, der bis heute anhält: im Zeitraum von 1871 bis 1975 vermehrte sich die Einwohnerzahl um 277,5 %, womit Schwarzach, prozentual gesehen, die 1. Stelle der Gemeinden des Neckar-Odenwald-Kreises einnimmt. Am Bevölkerungswachstum partizipierte nur Unterschwarzach, das schon 1890 als eine der wenigen Gemeinden im Bezirk genannt wurde, bei der eine Bevölkerungszunahme zu verzeichnen und die Abwanderung gering war. Dieser Trend setzte sich im 20. Jh. fort. Oberschwarzach hingegen – von der Bevölkerungszahl im 19. Jh. einer der unbedeutendsten selbständigen Orte – hatte an dieser positiven Entwicklung keinen Anteil: die Abwanderung führte bis in die 1930er Jahre zu einer rückläufigen bzw. stagnierenden Einwohnerzahl.

Der 2. Weltkrieg forderte in Unterschwarzach 28 gefallene und 22 vermißte Soldaten, in Oberschwarzach 12 gefallene, 8 vermißte und 5 an unmittelbaren Kriegsfolgen verstorbene Soldaten. In dieser Zeit waren hier insgesamt 342 *Evakuierte*, die meisten aus Mannheim oder Karlsruhe, untergebracht. Nach Kriegsende wurden Unterschwarzach 273, Oberschwarzach 81 *Heimatvertriebene* und *Flüchtlinge* zugewiesen, jeweils rund 1/4 der Gesamtbevölkerung. Überproportional vertreten waren Tschechoslowaken (221), mit einigem Abstand folgten Ungarn (57) und Jugoslawen (38). Der größte Teil lebte auch 1961 noch in den beiden Orten, dazu kamen 24 Flüchtlinge aus der SBZ.

Von 1970 bis 1987 nahm die Bevölkerungszahl durch Zuwanderung – wesentlich mit dem Ausbau der Johannes-Anstalten verknüpft – von 1873 auf 2593 Einwohner (2235 in Unterschwarzach, 358 in Oberschwarzach) zu. In den 80er Jahren hat sich die Entwicklung trotz der unverändert starken Zuwanderung infolge des hohen Geburtendefizits deutlich verlangsamt. Der Anteil der *Ausländer*, vorwiegend Türken und Italiener, ist mit 4,4 % nahezu konstant geblieben.

Konfessionelle Gliederung. – Katholiken und Protestanten waren fast gleichstark vertreten, wobei im 19. Jh. die Katholiken, im 20. Jh. die Protestanten ein leichtes Übergewicht hatten. In Unterschwarzach war die Zahl der Katholiken im 19. Jh. größer als die der Protestanten, die Differenz verringerte sich aber allmählich. Um 1900 kehrte sich das Verhältnis um, 1925 hatten die Protestanten (61 %) die Katholiken (38,8 %) weit überrundet. In der Folgezeit nahm die Zahl der Katholiken wieder zu, blieb aber noch 1987 (42,1 %) hinter der der Protestanten (50,1 %) zurück. In Oberschwarzach hingegen befanden sich die Katholiken immer in der Mehrheit; 1987 gab es hier erstmals mehr ev. als kath. Einwohner.

Soziale Gliederung. – Die Bevölkerung ernährte sich Mitte des 19. Jh. von der Landwirtschaft, teilweise auch durch Handwerk oder Taglohn. Mißernten und die Kartoffelkrankheit verursachten seit 1845 eine Verschärfung der ökonomischen Lage. Arme Kinder, die dem Bettel nachgingen, mußten von vermögenden Einwohnern unentgeltlich verpflegt werden. Auch nach der Auswanderung blieben die Verhältnisse bescheiden. Taglöhner hatten seitdem durch Holzarbeiten im Gemeindewald, Steineklopfen in den Steinbrüchen, z. T. auch auf den wenigen großen landwirtschaftlichen Gütern ausreichend Beschäftigung im Ort, während sie zuvor, wie die Handwerker, ihren Verdienst auswärts suchen mußten. In den 1870er Jahren wurde über einen Mangel an Taglöhnern und Dienstboten geklagt, weil viele in den Fabriken in Aglasterhausen oder Neunkirchen arbeiteten. Zu einem wirtschaftlichen Aufschwung führte die Gründung der Peitschenfabrik Lutz & Döbert in Unterschwarzach im Jahr 1880. Damit stabilisierte sich der bis dahin je nach Ausfall der Ernte und Höhe der Frucht- bzw. Viehpreise schwankende Wohlstand, so daß es immer weniger Ortsarme gab. Der größte Teil der Bevölkerung lebte jetzt von Landwirtschaft und Fabrikarbeit, wobei kleinere Bauern ihre Kinder und Frauen zusätzlich Heimarbeit (Nähen, Flechten, Griffe-Machen, Anfertigung der Verzierungen) verrichten ließen. In den Ortsbereisungsprotokollen ist von einer »glücklichen Vereinigung von Industrie und Landwirtschaft« die Rede, weil die Tatsache, daß alle Fabrikarbeiter zugleich Landwirte seien, zur Folge habe, daß die industrielle Tätigkeit nicht zu einer Änderung der Lebensweise führte. Andererseits wird konstatiert, daß die mit der Industrie am Ort einhergehende Steigerung der Löhne einen Mangel an landwirtschaftlichen Arbeitern bedinge: diejenigen, die länger in der Fabrik gearbeitet und sich an regelmäßige Arbeitszeiten gewöhnt hätten, könnten sich der landwirtschaftlichen Arbeit nicht mehr anpassen.

1861 wurden in Unterschwarzach 18 Landwirte, 21 Gewerbetreibende und 31 Taglöhner, in Oberschwarzach 8 Landwirte, 9 Gewerbetreibende und 12 Taglöhner gezählt. 1895 lebten bereits 44,8 % aller Erwerbstätigen hauptsächlich von der Industrie und nur noch 48,5 % von der Landwirtschaft. Während Oberschwarzach 1939 noch als kleinbäuerlich charakterisiert wurde, galt Unterschwarzach als Gewerbe- und Dienstleistungsgemeinde, weil der Anteil der Beschäftigten in der Landwirtschaft auf 25 % gesunken war. In den folgenden Jahren setzte sich diese Entwicklung fort, wobei die Landwirtschaft auch in Oberschwarzach zunehmend an Bedeutung verlor. 1961 waren 20,6 %, 1970 nur noch 5,4 % in diesem Sektor tätig: dagegen stieg die Zahl der Arbeitnehmer im Produzierenden Gewerbe von 45,3 % auf 48,3 % an. Rund ein Drittel

Die Gemeinde im 19. und 20. Jahrhundert

aller Beschäftigten pendelte 1970 aus, fast die Hälfte davon nach Mosbach. Die Erwerbsstruktur wird heute von den Johannes-Anstalten Schwarzacherhof geprägt, die 1987 zwei Drittel aller Arbeitsplätze in der Gemeinde stellten, vorwiegend in Heil-, Pflege- und Lehrberufen. Der Anteil der in den »übrigen Wirtschaftsbereichen« tätigen Ortseinwohner hat sich von 36 % im Jahr 1970 auf 56,2 % vergrößert. Im Produzierenden Gewerbe waren 1987 nur noch 28,6 % beschäftigt, im Bereich Handel und Verkehr 13,6 % und in Land- und Forstwirtschaft 1,6 %.

Politisches Leben

Von der Revolution 1848/49 sind keine besonderen Vorkommnisse überliefert. Bei der *Zollparlamentswahl* 1868 und der *Reichstagswahl* 1871 dominierten die Nationalliberalen mit 74 % bzw. 58,3 %, während sich das Zentrum mit 26 % und 41,7 % begnügen mußte. Nutznießer der Stimmenverluste der Nationalliberalen bei den folgenden Wahlen waren die Konservativen, die 1881 in beiden Orten über die absolute Mehrheit verfügten. Am deutlichsten spiegelte die Reichstagswahl von 1903 die konfessionellen Verhältnisse wider: in Oberschwarzach überwog, begünstigt durch die Agitation des kath. Pfarrers von Neunkirchen, die ultramontane Richtung, in Unterschwarzach wurde halb liberal, halb Zentrum gewählt. Die Konservative Partei war nur noch von Bedeutung, sofern sie, wie 1907, vom Zentrum unterstützt wurde. Auffallend stark war die SPD seit 1898 repräsentiert: in Oberschwarzach votierten 23,7 %, in Unterschwarzach 10,9 % für die Sozialdemokraten. 1907 wurde die SPD in Unterschwarzach stärker (21,3 %), während sie in Oberschwarzach einen Teil der Stimmen einbüßte (14,3 %).

In der Weimarer Republik zersplitterten sich die Stimmen auf eine Vielzahl von Parteien, wobei sich das Zentrum unangefochten an der Spitze behaupten konnte und fast immer, vor allem in Oberschwarzach, die absolute Mehrheit erreichte. Die Liberalen, die 1919 noch rund 20 % der Stimmen für sich verbuchen konnten, wurden bei den folgenden Wahlen zur Randgruppe. Bemerkenswert ist, daß die DNVP immer relativ stark vertreten war. Ihr bestes Ergebnis hatten die Deutschnationalen 1924 in Unterschwarzach mit 28,4 %; erst 1932 ließ ihre Bedeutung im Zusammenhang mit den Stimmengewinnen für die NSDAP nach, die in Unterschwarzach 38 % und in Oberschwarzach 19,6 % erhielt. Der Rückgang des Stimmenanteils der SPD im Jahr 1932 erklärt sich aus dem Anwachsen der Kommunistischen Partei.

Bei den Wahlen zum 1. Deutschen Bundestag gewann die CDU in Oberschwarzach die absolute, in Unterschwarzach die relative Mehrheit. 27,6 % entfielen auf die Notgemeinschaft; SPD und FDP waren mit 17,7 % bzw. 7,3 % verhältnismäßig schwach repräsentiert. Diese Stimmenverteilung war auch für die nächsten *Bundestagswahlen* charakteristisch, wobei die Verluste des Bundes der Heimatvertriebenen und Entrechteten CDU und FDP zugute kamen. Ab 1957 überschritt die CDU auch in Unterschwarzach die 50 %-Marke, in Oberschwarzach votierten zeitweise über 70 % für die Christdemokraten. Die FDP erreichte 1961 mit 16,4 % ihr bestes Resultat. Der SPD gelang es erst in den 70er Jahren, ihren Wähleranteil auf über 30 % zu vergrößern. Durch überdurchschnittliche Einbußen, vor allem in Oberschwarzach, verlor die CDU bei den Bundestagswahlen 1987 ihre absolute Mehrheit, blieb aber mit 45,6 % die mit Abstand stärkste Partei. Von ihren Stimmenverlusten profitierten FDP (10,4 %) und Grüne (9,9 %), die seit 1980 in der Gemeinde vertreten sind, während die SPD bei 32,4 % stagnierte. Seit 1971 gibt es einen CDU-Ortsverein mit 20 Mitgliedern; außerdem besteht ein SPD-Ortsverein, 1974 gegründet, mit 33 Mitgliedern.

Wirtschaft und Verkehr

Land- und Forstwirtschaft. – Im 19. Jh. war *Dreifelderwirtschaft* üblich. Der Boden, überwiegend Lehmboden, erwies sich bei guter Bearbeitung und Düngung als ergiebig, wobei fast ausschließlich Stall- und Pferchdünger Verwendung fanden. In Oberschwarzach waren die Verhältnisse im Vergleich zu Unterschwarzach günstiger, weil der Grundbesitz hier weniger parzelliert war. Landwirtschaftliche Maschinen kamen kaum zum Einsatz. Auf den meist am Hang liegenden Feldern wurde nicht viel mehr angebaut, als für den eigenen Bedarf erforderlich war. Zu den Hauptfrüchten gehörten Hafer, Korn und Spelz, in geringerem Umfang auch Gerste, an Handelsgewächsen wurden, mit abnehmender Tendenz, Flachs, Hanf und Raps gepflanzt. Der Absatz der landwirtschaftlichen Produkte erfolgte vor allem nach Eberbach und Heidelberg; Hafer wurde mit der Eisenbahn über die Station Aglasterhausen auch weiter weg abgesetzt. Der Handel lag überwiegend in den Händen jüd. Kaufleute. Wegen fehlender Käufer und weil man bei der geringen Ausdehnung der Gemarkung negative Auswirkungen auf die nötige Brotfrucht befürchtete, wurde der Anbau von Hopfen und Tabak, der in den 1860er Jahren versuchsweise eingeführt wurde, rasch wieder aufgegeben. Mehr als ⅘ der LF waren im 19. Jh. als Ackerland ausgewiesen, knapp ⅕ entfiel auf Grünland. Anlaß zu Klagen gaben wiederholt die mangelhaften Einrichtungen zur Wiesenwässerung in Oberschwarzach. In Unterschwarzach scheiterte ein Entwässerungsprojekt am Widerstand der Grundbesitzer; die Wiesen waren sumpfig und lieferten saures Futter. Erst nach 1870 trat eine Besserung ein, als Gräben gezogen und besser gedüngt wurde.

In der 1. H. 20. Jh. nahm die LF geringfügig ab, das *Grünland* dehnte sich zu Lasten des Ackerlandes aus. Angebaut wurden 1949 Getreide (41 %), Feldfutter (32 %) und Hackfrucht (22 %). In den letzten Jahrzehnten ist die LF weiter zurückgegangen; der Anteil des Ackerlandes hat zwischen 1965 und 1981 um 20 % abgenommen, während der Umfang des Grünlandes fast gleich geblieben ist. Nach der Agrarberichterstattung von 1987 entfallen auf 273 ha LF 178 ha Ackerland und 93 ha Dauergrünland. 70 % Ackerlandes werden mit Getreide bepflanzt, vor allem mit Weizen und Gerste, wogegen der Haferanbau stark zurückgegangen ist. Unter den Futterfrüchten überwiegt Mais. Hackfrüchte werden kaum noch angebaut.

Der *Obstbau* erfreute sich immer besonderer Förderung. Jedes Dorf hatte eine eigene Baumschule, auf Wege und Allmendstücke wurden Obstbäume gesetzt. 1871 ließen beide Gemeindeverwaltungen größere Obstbaumanlagen errichten und sorgfältig pflegen. Auch Privatleute erzielten nennenswerte Einnahmen aus dem Verkauf von Obst. Von der Bedeutung des Obstbaus zeugt noch heute das Gemeindewappen. 1929 wurden auf dem Gemeindegebiet 7582 Obstbäume gezählt, darunter 2970 Apfelbäume. Der Flurbereinigung fielen in den 1970er Jahren zahlreiche Obstbaumanlagen zum Opfer. Die Gemeindeverwaltung hat deshalb in den letzten Jahren eine Pflanzaktion gestartet, indem sie Obstbäume kaufte und den Einwohnern unentgeltlich überließ.

Die *Viehhaltung* war im 19. Jh. zwar zahlenmäßig zufriedenstellend, die Qualität der Tiere ließ jedoch zu wünschen übrig, und die Zucht wurde vernachlässigt. 1890 wurde berichtet, daß die »Zwergwirtschaften« der Landwirte oft so klein seien, daß sie ihr Vieh nicht selbst nachziehen könnten. Aber auch größere Bauern verlegten sich überwiegend auf Mast und Milchwirtschaft. Kaufgeschäfte wurden im Ort durch Händler und Metzger aus Heidelberg, Hirschhorn und Neckarsteinach getätigt. Die Farren waren Eigentum des Faselhalters, der von der Gemeinde eine finanzielle Entschädigung erhielt. Oberschwarzach verfügte erst seit 1865 über einen eigenen

Die Gemeinde im 19. und 20. Jahrhundert 601

Farren, zuvor mußten die Kühe nach Neunkirchen, Unterschwarzach oder auf den Stiftshof gebracht werden. In den letzten 100 Jahren bewegt sich der *Rindviehstand* auf annähernd konstantem Niveau. Bei der starken Verminderung der landwirtschaftlichen Betriebe hat sich die Stückzahl pro Betrieb seit 1965 mehr als verdoppelt. 1987 hielten 6 Betriebe insgesamt 296 Stück Rindvieh. Die *Pferdehaltung* war immer relativ unbedeutend. Zucht wurde nicht betrieben, die Pferde dienten als Arbeitstiere.

Schweinezucht und -handel waren im 19. Jh. gering. Nur selten wurden Milchschweine auf den Markt in Aglasterhausen gebracht. Ein Zuchteber war oft jahrelang nicht vorhanden. Erst seit 1880 war in Unterschwarzach ein Schweinsfasel dauernd eingestellt; seitdem wurde ein sich in Grenzen haltender Aufschwung der Schweinezucht registriert. 1950 hatte sich die Zahl der Schweine im Vergleich zu 1855 verdreifacht. Seit 1965 ist die Schweinehaltung rückläufig, wobei der Durchschnittsbestand je Betrieb im Steigen begriffen ist. 1987 wurden 6 Betriebe mit zusammen 167 Schweinen gezählt.

Die *Schäferei*, ausschließliches Recht der Gemeinde seit 1797, wurde zugunsten der Gemeindekasse verpachtet. In Oberschwarzach wurde die Schafweide 1888 auf den Sommer beschränkt und 1894 ganz eingestellt. Auch in Unterschwarzach, wo die Schäferei von 1839 bis 1844 aufgehoben war, verzichtete man im Jahr 1894 auf eine Neuverpachtung. Seitdem gibt es nur noch vereinzelt Schafe.

1850 hatten in Oberschwarzach 90 %, in Unterschwarzach 75 % der Landwirte weniger Grundbesitz, als zur Ernährung einer Familie erforderlich war. Auch nach der Auswanderung blieb der »kleine Bauer« vorherrschend. Abgesehen von 4 Betrieben (1 mit 25 ha, 3 mit 7–10 ha) bewirtschaftete keiner mehr als 7 ha, die meisten Landwirte sogar weniger als 3 ha. Sie arbeiteten für die vermögenden Bauern oder suchten Verdienst in den Fabriken. 1925 waren die Verhältnisse ähnlich: 135 der 152 landwirtschaftlichen Betriebe hatten weniger als 5 ha Land. Erst 1949 stieg die Zahl der Betriebe in der Größenordnung zwischen 5 und 20 ha auf 25 % an. Seitdem hat sich die Besitzkonzentration verstärkt, weil die kleineren Betriebe fast alle aufgeben mußten. Im Jahr 1970 verfügten 14 der noch vorhandenen 18 landwirtschaftlichen Betriebe über mehr als 5 ha, 6 davon waren größer als 20 ha. Nach der Agrarberichterstattung von 1987 befanden sich unter 11 Betrieben 4 mit 30 und mehr ha, aber nur noch 3 in der Kategorie 2–5 ha. 1989 existieren 2 Vollerwerbsbetriebe mit 108 bzw. 67 ha. Produktionsschwerpunkt ist Getreide- und Futterbau, der kleinere Betrieb widmet sich zusätzlich der Milchwirtschaft. Die gleichen Betriebsziele verfolgen die 6 Nebenerwerbsbetriebe.

Zwischen 1875 und 1880 fanden Teilbereinigungen des Distrikts Nikolausklinge und der Michelbacher Flur statt. In den 1880er Jahren wurde die *Feldbereinigung* in Unterschwarzach auf die ganze Gemarkung ausgedehnt, 10 Jahre später war Oberschwarzach an der Reihe. Moderne *Flurbereinigungen* in Form einer beschleunigten Zusammenlegung gab es 1968 in Oberschwarzach; in Unterschwarzach wurde das Verfahren 1976 abgeschlossen. Seit 1962 befinden sich in Unterschwarzach 2 *Aussiedlerhöfe*, die inzwischen keine Vollerwerbsbetriebe mehr sind.

Das *Waldareal* gehörte zu Beginn des 19. Jh. ebenso wie heute jeweils etwa zur Hälfte dem Staat und der Gemeinde. Privatwald war immer unbedeutend. Ober- und Unterschwarzach hatten seit 1825 Anteil am Stüber Zentwald, der 1855 an das Domänenärar verkauft wurde. Die Gemeinden behielten aber das Gemarkungsrecht. Weil in der 1. H. 19. Jh. nicht genügend Ackerland vorhanden war, spielte der Hackwald, d. h. die vorübergehende Nutzung von Wald als Ackerland nach einem Kahlhieb, eine große Rolle. Er befand sich an der Straße in Richtung Schwanheim. 1820 durften

10 ha des ehemaligen Hackwaldes zu Feld angelegt werden. Bis 1850 wurde der Wald als Hochwald bewirtschaftet, später ging man zum Mittelwaldbetrieb über. Der Holzbedarf der Einwohner war stets gedeckt; viele Landwirte waren im Winter mit der Holzhauerei beschäftigt. Auf dem heutigen Gemeindegebiet sind 193 ha Staats-, 168 ha Gemeinde- und 5 ha Privatwald. Es handelt sich um Mischwald (vorwiegend Fichten und Buchen, die zusammen 52 % des Gemeindewaldes ausmachen), wobei Bestrebungen im Gange sind, den Nadelwald einzuschränken.

Tabelle 1: **Das Handwerk 1989**

Branchengliederung nach der Handwerksordnung	insgesamt	Unterschwarzach	Oberschwarzach
Bau- und Ausbaugewerbe			
Bauunternehmen	1	1	–
Holz- und Bautenschutz	1	1	–
Zimmerer	1	1	–
Fliesenleger	1	1	–
Metallgewerbe			
Kfz-Werkstätten	2	2	–
Schlosserei mit Metallbau	1	1	–
Heizungsbau und Installation	2	2	–
Holzgewerbe			
Sägewerk	1	1	–
Schreiner	2	2	–
Rolladenbauer	1	1	–
Bekleidungs-, Textil- und Ledergewerbe			
Polsterer	1	1	–
Nahrungsmittelgewerbe			
Bäcker	1	1	–
Metzger	1	1	–
Gewerbe für Gesundheits- und Körperpflege, chemische und Reinigungsgewerbe			
Friseur	1	1	–

Quelle: Gemeindeverwaltung

Handwerk und Industrie. – Das Handwerk spielte immer eine untergeordnete Rolle. Im 19. Jh. arbeiteten die Gewerbetreibenden nur für die Bedürfnisse des Ortes und der allernächsten Umgebung und waren zugleich in der Landwirtschaft tätig. Vorhanden waren die für Orte dieser Größe üblichen *Handwerker* wie Schneider, Schmied, Wagner, Schuster, Leinenweber, Maurer, Schreiner, Zimmermann, Bäcker, Metzger und Müller. Unterschwarzach hatte zwei Mühlen: eine Mahl- und Ölmühle oberhalb des Dorfes sowie eine Mühle im Wiesental. Einen nennenswerten Geschäftsbetrieb verzeichnete nur ein Stein- und Bildhauer, der Grabsteine auch in entferntere Gebiete lieferte. Einige Oberschwarzacher fanden in den beiden Steinbrüchen nahe der Neunkirchener Gemarkungsgrenze Beschäftigung; die Unterschwarzacher Steinbrüche am Weg nach Schwanheim waren lange Zeit stillgelegt. Eine Dampfschreinerei, die 1890 6 Arbeitern aus Unterschwarzach Verdienst bot, mußte wenig später aus Mangel an Betriebsmitteln aufgeben. In der 2. H. 19. Jh. wurden in Oberschwarzach durchschnittlich 10–12, in Unterschwarzach zwischen 20 und 30 Gewerbetreibende gezählt, die dem

Die Gemeinde im 19. und 20. Jahrhundert   603

Zunftverband Neckargemünd angehörten. Die Betriebszählung von 1895 ergab 42 Betriebe mit 55 Beschäftigten, wobei das Bekleidungsgewerbe mit 123 Betrieben und 12 Beschäftigten am stärksten vertreten war, gefolgt vom Baugewerbe mit 8 Betrieben und 12 Beschäftigten. 1950 wurden in Oberschwarzach 4 handwerkliche Arbeitsstätten mit 7 Beschäftigten, in Unterschwarzach 28 Betriebe mit 66 Beschäftigten registriert. 1977 war die Zahl der Betriebe auf 12 zurückgegangen, dort arbeiteten insgesamt 59 Personen. Bau- und Metallgewerbe gehörten zu den stärksten Branchen. In jüngster Zeit hat sich die Konzentration des Handwerks auf Unterschwarzach fortgesetzt, wo sich heute alle Handwerksbetriebe, nach wie vor fast ausschließlich reine Familienbetriebe, befinden. Für 1989 nennt die Gemeindeverwaltung 17 Betriebe in 6 Branchen (vgl. Tab. 1).

Industrie hatte sich in Unterschwarzach relativ früh angesiedelt. 1880 wurde die *Peitschenfabrik Lutz & Döbert* gegründet, die sogleich 30–50 Arbeiter beschäftigte. Die Peitschenindustrie blühte rasch auf: 1882 wurde eine Gerberei eröffnet; 1893 brachte der Ankauf der Weidenhammer'schen Peitschenfabrik in Aglasterhausen eine beträchtliche Expansion, weil fast die gesamte Produktion nach Unterschwarzach verlagert wurde. 1895 trennten sich die Erben Döberts vom Teilhaber Lutz und gründeten eine eigene Firma, die *Gebr. Döbert*. Lutz fusionierte mit einem Fabrikanten aus Michelbach und führte das alte Unternehmen unter dem Namen *Fleck + Cie.* weiter. Jede der beiden Firmen hatte 1896 100 Arbeiter, wobei nur 20% aus der Gemeinde stammten. Die Mehrzahl pendelte aus Oberschwarzach, Michelbach, Reichartshausen, Aglasterhausen und Neunkirchen ein. Alle Arbeiter übten nebenbei noch Landwirtschaft aus. Eine Reihe von Familien war in Heimarbeit beschäftigt. Die Erzeugnisse wurden in ganz Deutschland, in der Schweiz, Rumänien und Südamerika abgesetzt. Unterschwarzach galt als eines der Zentren der deutschen Peitschenmacherei. Der Boom hielt bis nach dem 1. Weltkrieg an. Noch in den 1920er Jahren arbeiteten in den Peitschenfabriken etwa 150 Personen. Seit Autos die Pferdefuhrwerke verdrängten und Lederwaren überwiegend aus Billiglohnländern importiert werden, ist die Bedeutung der Peitschenfabriken kontinuierlich zurückgegangen. Die *Firma Fleck & Co.*, deren Sortiment von jeher auf Reit- und Fahrpeitschen beschränkt war, beschäftigte 1988 noch 9 Arbeiter. Die *Firma Döbert GmbH*, die bis zur Stillegung der Gerberei 1984 auch Oberleder für Schuhe und Lederwaren herstellte, produziert jetzt nur noch Reitsportartikel (Peitschen, Sattlerwaren); die Zahl der Arbeiter ist auf 16 gesunken.

Die erste *Ziegelei*, die sog. »Ziegelhütte«, wurde 1842 errichtet. In der 2. H. 19. Jh. wurden dort Ziegel und Backsteine für die nähere Umgebung gebrannt. Ton oder Lehm gewann man von einem benachbarten Grundstück. Tongewinnung betrieb auch der Steinzeugfabrikant Espenschied aus Friedrichsfeld, der zu diesem Zweck mehrere Grundstücke in Unterschwarzach aufkaufte. Weil die Fuhren durch Unternehmer aus Aglasterhausen geleistet und der Ton in Friedrichsfeld verarbeitet wurde, brachte das Unternehmen keine Vorteile für die Gemeinde. 1904 entstand die Ziegelei am Ortsausgang in Richtung Aglasterhausen, die 1927 von Karl Liebig übernommen wurde und in der 1930 35 Personen beschäftigt waren. Der Automatisierung fielen in den 1970er Jahren 40 der 50 Arbeitsplätze zum Opfer. 1986 mußte das *Karl Liebig Tonwerk* schließen, weil die beim Brennprozeß freiwerdenden Fluorabgase zu Umweltschäden führten, deren Beseitigung die finanziellen Verhältnisse des Unternehmens überstieg. Die Gemeinde hat das Firmengelände übernommen und den größten Teil 1988 an die *Firma Jäger* aus Norddeutschland, Veranstalterin von Werbefahrten, verkauft, die beabsichtigt, in Schwarzach Produkte für diese Fahrten, vor allem Lamadecken, herstellen zu lassen. Die Gemeinde erhofft sich von dem 8-Millionen-DM-Projekt 80 neue Arbeitsplätze.

Handel und Dienstleistungen. – Der Handel ist bis heute ausschließlich von lokaler Bedeutung. Oberschwarzach hatte Mitte des 19. Jh. einen, Unterschwarzach 2 Krämer mit den nötigsten Waren. Handelsgeschäfte wurden von auswärtigen jüd. Händlern vollzogen. Vieh-, Frucht- und Krämermärkte fanden nicht statt. 1896 waren in Oberschwarzach 3 Krämer mit Absatz im Ort ansässig; in Unterschwarzach gab es 4 Kaufleute, von denen allerdings nur 2 offene Geschäfte hatten, die beiden anderen waren Händler. 1925 wurden in Unterschwarzach 7 Kaufleute gezählt. Die Oberschwarzacher deckten fast den gesamten Bedarf in Neunkirchen, weil sich im Dorf nur 1 Kolonialwarengeschäft befand. 1970 verfügten die 13 Handelsbetriebe im heutigen Gemeindegebiet über 22 Beschäftigte. Inzwischen ist der *Einzelhandel* auf Unterschwarzach beschränkt, in Oberschwarzach gibt es keine Geschäfte mehr. Nach Angaben der Gemeindeverwaltung bestehen 1989 12 Einzelhandelsgeschäfte (vgl. Tab. 2).

Tabelle 2: **Der Einzelhandel 1989**

Branche	insgesamt	Unterschwarzach	Oberschwarzach
Lebensmittel	3	3	–
Textilien und Bekleidung	2	2	–
Versandhausagenturen	2	2	–
Naturprodukte und Bücher	1	1	–
Blumen	1	1	–
Küchenmöbel	1	1	–
Tankstellen/Autozubehör	2	2	–

Quelle: Gemeindeverwaltung

Durch diese Einzelhandelsgeschäfte ist für den täglichen Bedarf gesorgt. In Unterschwarzach befinden sich außerdem 1 *Großhandelsbetrieb* für Industriebedarf, in Oberschwarzach 1 Handelskontor.

Der *private Dienstleistungsbereich* und die freien Berufe sind durch 1 Fahrschule, 1 Taxiunternehmen, 1 Kosmetikinstitut, 1 Architekturbüro, 1 Versicherungsagentur, 1 Immobilienbüro und 1 Unternehmens- und Finanzberatung vertreten.

Der 1898 als erstes Kreditinstitut in Unterschwarzach gegründete Raiffeisenverein wurde 1901 in eine Spar- und Darlehenskasse umgewandelt. Daraus entwickelte sich später eine Zweigstelle der *Volksbank Mosbach*. Seit 1980 unterhält auch die *Sparkasse Eberbach* eine Filiale in Unterschwarzach. In Oberschwarzach veranstalten Volksbank bzw. Sparkasse Eberbach einmal wöchentlich eine Sprechstunde im ehemaligen Rathaus.

Oberschwarzach hatte im 19. Jh. 1–2, Unterschwarzach 2–3 *Gastwirtschaften.* Ältestes noch bestehendes Gasthaus ist die »Krone« in Unterschwarzach, die mindestens seit 1880, wahrscheinlich schon viel länger in Betrieb ist. Um 1900 waren außerdem die Gasthäuser »Zum Adler« und »Zur Reichspost« (Unterschwarzach) sowie »Zum Löwen« (Oberschwarzach) konzessioniert. Heute gibt es 5 Gastwirtschaften in Unterschwarzach, 1 in Oberschwarzach. Übernachtungsmöglichkeiten bestehen im Hotel-Restaurant »Haus Odenwald« (47 Betten) und in der Gaststätte und Pension »Schwarzbachtal« (18 Betten), beide in Unterschwarzach, sowie im Gasthof »Wiesengrund« in Oberschwarzach (8 Betten). Darüber hinaus stehen weitere Betten in Pensionen, Privatunterkünften, Ferienwohnungen und der Einrichtung »Ferien auf dem Bauernhof« zur Verfügung. Die Gemeinde ist seit 1974 staatlich anerkannter Erholungsort mit

Erholungszentrum am Südrand von Unterschwarzach, bestehend aus einem Wildpark mit über 300 Tieren, Märchengarten, Minigolfanlage und Freischwimmbad. Tagesausflügler dürften im Fremdenverkehr eine größere Rolle spielen als Urlauber.

Verkehr. – Schwarzach, an der Landesstraße 590 Eberbach–Aglasterhausen gelegen, hat über Aglasterhausen Verbindung zur Bundesstraße 292 Sinsheim–Mosbach–Würzburg. Anschluß zur Autobahn Mannheim–Heilbronn besteht über die Auffahrt Sinsheim. Seit dem Bau der Odenwälder Eisenbahn im Jahr 1862 ist Aglasterhausen die nächste Bahnstation. Im Gegensatz zu früher geht der Zugverkehr nur noch in Richtung Neckargemünd–Heidelberg, nicht mehr in Richtung Mosbach. Die Strecke dorthin wird heute von Omnibussen der Bundesbahn befahren. Die Linie Eberbach–Neunkirchen–Aglasterhausen–Mosbach und zurück, in der Nachfolge der Postkraftwagenlinie Aglasterhausen–Neunkirchen, führt nicht nur über Ober- und Unterschwarzach; eine Haltestelle ist auch beim Schwarzacherhof eingerichtet, was den zahlreichen Einpendlern zugute kommt. Die Gemeinde unterhält außerdem einen Schulbus, der Oberschwarzacher Schüler in die Grundschule nach Unterschwarzach bringt.

Verwaltungszugehörigkeit, Gemeinde und öffentliches Leben

Verwaltungszugehörigkeit. – Schwarzach, bis 1803 kurpfälzisch, wurde nach der Zuteilung zu Baden Sitz des Bezirksamts Neckarschwarzach, dem die Gemeinde auch unterstellt war, ehe sie 1813 an das Amt Neckargemünd fiel. Das Bezirksamt Neckarschwarzach wurde wieder aufgelöst. Von 1857 bis 1924 waren Ober- und Unterschwarzach dem Amt Eberbach zugeordnet. Seitdem gehörten sie zum Lkr. Mosbach. Schwarzach ist neben Aglasterhausen und Neunkirchen Mitglied im Gemeindeverwaltungsverband »Kleiner Odenwald«.

Bis 1823 bildeten Ober- und Unterschwarzach eine Gemeinde. Zwar waren Gemarkung, Gemeindevermögen und Bürgernutzen getrennt, doch bestand eine gemeinsame Verwaltung und Gerichtsbarkeit in Unterschwarzach. Die Initiative zur Loslösung ging von Oberschwarzach aus. Die Wiedervereinigung erfolgte erst im Rahmen der Kreisreform am 1.1.1972, nachdem Bestrebungen, Ober-, Unterschwarzach und Michelbach zusammenzuschließen, in den 1930er Jahren wegen des Widerstands der Gemeinden aufgegeben werden mußten.

Gemeinde. – Mitte des 19.Jh. umfaßten die Gemarkungen der beiden Dörfer ca. 598 ha. Katastervermessungen fanden von 1880 bis 1887 statt. 1930 wurde die *Gesamtfläche* mit 759 ha angegeben, davon entfielen 329 ha auf Wald und 296 ha auf Ackerland. Nach der Flächenerhebung von 1981 beträgt die Größe des Gemeindegebiets 837 ha, die sich auf 394 ha Wald, 333 ha landwirtschaftliche Fläche und 108 ha besiedelte Fläche verteilen.

Umfangreichen Besitz hatte früher das Ev. Stift Mosbach, darunter den Schwarzacherhof (mit 43 ha das einzige geschlossene Hofgut der Gemarkung), der 1898 an den Bad. Landesverein für Innere Mission verkauft wurde. Im Eigentum des Domänenärars stand ein großer Teil des Waldes. Noch heute nennt das Land Baden-Württemberg als Nachfolger etwa die Hälfte des Waldbestandes sein eigen. Grund- und Standesherren waren schon Mitte des 19.Jh. auf den beiden Gemarkungen nicht mehr begütert. Die Zehntablösungsschulden wurden 1856 in Unterschwarzach, 1857 in Oberschwarzach abgetragen. Der *Bürgernutzen* war an den Besitz eines Wohnhauses gebunden und bestand in Allmendnutzung und Holzgaben. Alle 20 Jahre erfolgte eine Neuverteilung.

Das *Gemeindevermögen* setzte sich aus Wald, landwirtschaftlichen Grundstücken, angelegten Kapitalien (hauptsächlich aus dem Verkauf des Stüber Zentwaldes), Steinbrüchen sowie aus Schäferei-, Jagd- und Fischereirechten zusammen. An Gebäuden besaß Oberschwarzach 1 Armenhaus und das 1845 gebaute Rathaus, Unterschwarzach 2 Schulhäuser, 1 Armenhaus und 1 von einem Auswanderer gekauftes Haus, in dem 1855 das Rathaus eingerichtet wurde. 1904 wurde in Unterschwarzach ein neues Rat- und Schulhaus gebaut, in dem sich die Gemeindeverwaltung noch heute befindet. Zur Finanzierung verkaufte man die alten Schulhäuser und das bisherige Rathaus. Heute gehören der Gemeinde – außer 168 ha Wald, 25 ha Acker- und Grünland sowie jeweils 1,4 ha Bauland und Sportfläche – zahlreiche Gebäude: 6 Wohnhäuser, das Postgebäude mit Wohnung, Rathaus und Grundschule in Unterschwarzach, das ehemalige Rathaus und die frühere Schule in Oberschwarzach, die Schwarzbach-Halle und das Freischwimmbad.

Im 19. Jh. war das Gemeindevermögen wenig rentabel, weil sich die Erträge aus Wald und landwirtschaftlichen Grundstücken wegen des beträchtlichen Bürgernutzens in Grenzen hielten. Weitere Einkünfte brachten die Verpachtung von Schäferei und Jagd, der Verkauf von Obst und Zinsen aus Kapitalien. Umlagen mußten fast immer erhoben werden. Außerordentliche Ausgaben wurden verursacht durch die Übernahme der Kosten für die Auswanderung Ortsarmer, den Aufwand für Straßen und Feldwege, Flurbereinigung, Katastervermessung, Einquartierung von Militär, Wasser- und Stromversorgung, Schul- und Rathausbau. Die Gemeindekasse in Unterschwarzach wurde bis zur Gründung der Peitschenfabriken durch hohe Unterstützungsbeiträge für Ortsarme belastet. Dennoch waren die Gemeindehaushalte immer geordnet, Darlehen wurden planmäßig zurückgezahlt. Die finanzielle Leistungsfähigkeit kam darin zum Ausdruck, daß 1893 das Unterschwarzacher Steuerkapital als das viertgrößte, in Relation zur Einwohnerzahl sogar als das zweitgrößte des Bezirks galt.

Zwischen 1970 und 1980 ist das Steueraufkommen von 187000 DM auf 1032000 DM und damit um mehr als das Fünffache gestiegen, wobei die Gewerbesteuer von 21,2 % auf 33 % zugenommen hat. Die *Steuerkraftsumme* je Einwohner lag 1970 bei 296 DM, 1980 bei 611 DM und bewegte sich in beiden Jahren 28 % unter dem Landesdurchschnitt. Der Schuldenstand je Einwohner vergrößerte sich in diesem Zeitraum von 217 DM auf 459 DM. 1987 betrug die Pro-Kopf-Verschuldung 694 DM bei einer Gesamtverschuldung von 1,8 Mio DM. 1988 ist der Schuldenstand auf 1,6 Mio DM zurückgegangen. Der Vermögenshaushalt hat sich 1988 mit 2,7 Mio DM im Vergleich zum Vorjahr (2,3 Mio DM) erhöht, während der Verwaltungshaushalt mit 4,4 Mio DM gleich geblieben ist. Für 1989 sind folgende größere Investitionen vorgesehen: Fertigstellung der Ortsdurchfahrt Unterschwarzach, Endausbau im Baugebiet Wachtbuckel II und Lindenstraße/Höhenstraße, Erschließung brachliegender Gewerbeflächen sowie der Tonwerkgebäude und leerstehender Gebäudeteile der Firmen Döbert und Fleck, Erneuerung der Kanalisation und Verbesserung des Wasserversorgungsnetzes. Sanierungsmaßnahmen laufen im Rahmen des Dorfentwicklungsprogramms, das in Oberschwarzach bereits abgeschlossen und in Unterschwarzach in der Durchführung begriffen ist.

Im 19. Jh. war die Gemeindeverwaltung bis zum Bau bzw. Kauf der Rathäuser (1845 in Oberschwarzach, 1855 in Unterschwarzach) in der Privatwohnung des jeweiligen Bürgermeisters untergebracht. Sitz der heutigen Gemeindeverwaltung ist das 1904 erbaute und 1980 letztmals renovierte Rathaus in Unterschwarzach. Im ehemaligen Oberschwarzacher Rathaus werden Sprechstunden abgehalten.

1859 bestanden die Gemeindeverwaltungen aus dem Bürgermeister, 3 Gemeinderäten, Gemeinderechner und Ratsschreiber. In den 1880er Jahren wurde die Zahl der Gemeinderäte auf 6 erhöht. Der Oberschwarzacher Ratsschreiber war lange Zeit auch für Unterschwarzach zuständig, weil sich dort kein geeigneter Bürger zur Übernahme dieses Amtes bereitfand. Noch 1931 waren die Gemeindebeamten nebenberuflich angestellt. Den Gemeindeverwaltungen wurde stets eine geordnete Dienstführung bescheinigt. An Gemeindebediensteten wurden beschäftigt: Polizeidiener, Waldhüter, Feldhüter, Straßenwart, Waisenrichter, Totengräber, Leichenschauer, Fleischbeschauer, Abdecker, Industrielehrerin, in Unterschwarzach außerdem Hebamme, Gemeinde- und Ratsdiener sowie Brunnenmeister.

Heute arbeiten in der *Gemeindeverwaltung* 2 Beamte des gehobenen Dienstes (Bürgermeister und Ratschreiber), 4 voll- und 6 teilzeitbeschäftigte Angestellte sowie 9 Arbeiter. Der *Gemeinderat* setzt sich aus 12 Mitgliedern zusammen, wobei 9 Sitze auf die Wählervereinigung Schwarzach entfallen, die bei den letzten Gemeinderatswahlen 1984 78,8 % der Stimmen erhielt. Die SPD verfügt über 2 Sitze, die Grüne Liste über 1 Sitz. Die Gemeindeverwaltung ist untergliedert in Gemeindekasse, Grundbuchamt und Hauptverwaltung, bestehend aus allgemeiner Verwaltung, Sozialwesen und Bauamt. Älteste nichtkommunale Behörde ist das *Staatliche Forstamt Schwarzach*, das seit 1834 in der ehemaligen Amtskellerei, Sitz des Zentgrafen der Stüber Zent, untergebracht ist. Das Gebäude wurde 1798 auf den Fundamenten der weitgehend zerstörten mittelalterlichen Wasserburg errichtet. Seit einiger Zeit befindet sich beim Forsthaus die Storchenaufzuchtstation des Landes Baden-Württemberg. Außerdem hat Unterschwarzach ein *Postamt*, das schon 1904 vorhanden war.

Ver- und Entsorgungseinrichtungen. – Ober- und Unterschwarzach besaßen im 19. Jh. zwar Löschgeräte und Löschmannschaften, aber keine eigenen Feuerspritzen. Beide Orte waren dem Spritzenverband Neunkirchen angeschlossen. 1886 wurde in Oberschwarzach eine Spritze angeschafft. Die Gründung *freiwilliger Feuerwehren* erfolgte 1930 in Oberschwarzach und 1940 in Unterschwarzach. Heute bestehen in Ober- und Unterschwarzach getrennte Löschzüge mit 17 bzw. 23 Aktiven. Die Jugendfeuerwehr zählt 12, die 1920 gegründete Feuerwehrkapelle 46 Mitglieder.

In jüngster Zeit wurde mit dem Bau des Leitungsnetzes für die *Gasversorgung* durch die Rhein-Neckar AG Mannheim begonnen. Angeschlossen sind bis jetzt die Johannes-Anstalten und wenige Privathäuser. Die *Stromversorgung* wurde 1921 durch die Badenwerk AG eingerichtet, die auch heute noch dafür zuständig ist. Abnehmer ist jeder einzelne Haushalt.

Laufende Brunnen lieferten im 19. Jh. ausreichend und gutes Trinkwasser. Seit 1890 häuften sich die Klagen über die *Wasserversorgung*. In Oberschwarzach schützte die Holzwasserleitung das Wasser nicht vor Verunreinigung, zumal die Quelle schlecht gefaßt war. Hinzu kam, daß einige Einwohner einen so weiten Weg zu den beiden öffentlichen Brunnen zurückzulegen hatten, daß sie gezwungen waren, private Pumpbrunnen zu unterhalten. In Unterschwarzach blieben die Ortsbrunnen bei trockener Witterung manchmal vollständig aus. Obwohl Maßnahmen zur Beseitigung der Mißstände ergriffen wurden, blieb die Wasserversorgung unbefriedigend, in Oberschwarzach wurde sie 1906 sogar als prekär bezeichnet. 1911 wurde in Unterschwarzach und 1926 in Oberschwarzach eine moderne Wasserleitung gebaut. Seit 1964 gehören beide dem Zweckverband Wasserversorgung Krebsbachgruppe an und erhalten ihr Wasser aus 2 Tiefbrunnen auf Gkg Neckarkatzenbach und Guttenbach. Die Wasserförderung beträgt 14 l/s. Die Wasserverteilung und die Unterhaltung der Ortsnetze obliegen der Gemeinde. Das Leitungsnetz wird z. Zt. verbessert.

Bis 1890 hatten nur die Hauptstraßen gepflasterte Abzugsrinnen für die Abwässer. Heute sind beide Ortsteile vollständig kanalisiert, nachdem 1978 der Anschluß an den *Abwasserverband Schwarzbachtal* und die Inbetriebnahme der Kläranlagen in Neckarbischofsheim erfolgte. *Haus- und Sperrmüll* werden einmal wöchentlich von einem privaten Unternehmen abgeholt und auf der Kreismülldeponie Sansenhecken bei Buchen gelagert. Ein Teil des ehemaligen Tonwerkgeländes wird als Wertstoffplatz genutzt. Für die *medizinische Versorgung* wurden im 19. Jh. Arzt und Apotheke in Aglasterhausen in Anspruch genommen. In seltenen Fällen rief man auch Ärzte aus Mosbach, Neunkirchen oder Eberbach. Unterschwarzach hatte eine eigene Hebamme, während für Oberschwarzach die Hebamme aus Neunkirchen zuständig war. Eine organisierte Krankenpflege bestand nicht. Bei Bedarf wurde das Krankenhaus in Eberbach aufgesucht.

1989 praktizieren 1 Arzt und 1 Zahnarzt in Unterschwarzach, dort ist auch eine Apotheke. Die Sozialstationen der ev. Diakoniestation Mosbach betreuen auch die Einwohner von Schwarzach. Klinische Einrichtungen im Bereich Kinder- und Jugendpsychiatrie sowie Neuropädiatrie bestehen bei den Johannes-Anstalten. Die nächstgelegenen Krankenhäuser sind in Mosbach, Eberbach und Sinsheim.

Der *Friedhof* in Unterschwarzach wurde 1830 angelegt und 1888 erweitert. Verstorbene aus Oberschwarzach mußten bis zur Anlage eines Friedhofs im Jahr 1874 in Neunkirchen beerdigt werden. Beide Ortsteile haben auch heute getrennte Friedhöfe mit Leichenhallen.

Außer einem *Sonderschulkindergarten* der Johannes-Anstalten gibt es in Unterschwarzach seit 1964 einen ev. und einen kath. *Kindergarten*. Die 3 privaten *Altenheime* wurden 1968/69 eröffnet. 2 davon mit 45 bzw. 28 Plätzen befinden sich in Unterschwarzach, eines mit 11 Plätzen ist in Oberschwarzach.

Anstalten. – Die *Johannes-Anstalten für Geistig- und Mehrfachbehinderte* prägen heute das Erscheinungsbild der Gemeinde. 1880 als Erziehungs- und Pflegeanstalt für Geisteskranke in Mosbach gegründet, ist seit 1936 ein Teil ihrer Einrichtungen auf dem Schwarzacherhof untergebracht. Der Schwarzacherhof war ursprünglich ein Gutshof im Besitz der Ev. Stiftschaffnei Mosbach, in dem nach 1898 der Bad. Landesverein für Innere Mission ein Heim für schwererziehbare schulentlassene Jungen eröffnete. Bis 1918, als die Höchstzahl von 131 Zöglingen erreicht wurde, erlebte die »Zwangserziehungsanstalt« einen stetigen Aufschwung, der mehrere Erweiterungsbauten, den bedeutendsten 1914/15, erforderte. Danach ging die Belegung zurück.

1936 mieteten die Johannes-Anstalten, nachdem die Kapazitäten in Mosbach erschöpft waren, einige Gebäude des Schwarzacherhofes an, drei Jahre später übernahmen sie den gesamten Hof. Zwischen 1940 und 1944 deportierten die Nationalsozialisten insgesamt 216 behinderte Menschen in Vernichtungslager. Nach der Beschlagnahmung durch die Militärregierung konnte der Heimbetrieb erst 1949 wiederaufgenommen werden.

Der systematische Ausbau der Johannes-Anstalten begann Mitte der 60er Jahre mit der Umfunktionierung von reinen Pflegeanstalten zu modernen Pflege-, Rehabilitations- und Ausbildungszentren. In Schwarzach wurden folgende Projekte realisiert: Ausbau des Anstaltsbereichs mit Wohn- und Pflegeheimen (1966), Spastikerzentrum mit klinischen Abteilungen für Kinder- und Jugendpsychiatrie sowie Neuropädiatrie (1971), Sonderschule mit 2 Schulinternaten und Sonderschulkindergarten (1973), Rehabilitationszentrum für Schwerst- und Mehrfachbehinderte (1980), Werkstätten für Behinderte (1981), Übergangswohnheim zur Vorbereitung auf das Leben draußen (1987). Abgesehen von der örtlichen Anstaltsleitung und Verwaltung gehören außerdem eine Fachschule für Sozialpädagogik, zahlreiche Sport-, Spiel- und Freizeitanlagen, Außenwohngruppen und das Kurzzeitheim in Michelbach, eine Ferienunterkunft für behinderte Kinder, zum Schwarzacherhof.

236 *Kleineicholzheim von Südosten. Im Hintergrund Großeicholzheim*

237 Mittelschefflenz von Südosten

238 Oberschefflenz von Süden

239 Unterschefflenz von Osten   240 Oberschwarzach von Südosten

241 Oberschwarzach,
Hauptstraße mit dem Rathaus

242 Unterschwarzach, ev. Kirche ▷

243 Unterschwarzach, kath. Kirche

244 Unterschwarzach, und der Schwarzacherhof von Südosten

245 Großeicholzheim von Südosten

246 Seckach und das Jugenddorf Klinge von Südosten

247 Seckach, Ortskern, östliche und nördliche Neubaugebiete von Süden

248 *Zimmern von Nordosten*

Die Gemeinde im 19. und 20. Jahrhundert 609

Etwa ⅓ aller Plätze der Johannes-Anstalten befinden sich heute in Schwarzach. Dort sind 846 Behinderte untergebracht, die Mehrzahl zwischen 17 und 30 Jahre alt, davon 40–45 % Schwerstbehinderte. Von 2400 Mitarbeitern der Johannes-Anstalten waren 1987 1047 auf dem Schwarzacherhof beschäftigt; dies entspricht 62,4 % aller Arbeitsplätze in der Gemeinde. Einpendler kommen aus allen Orten im Umkreis von 20 km. Knapp die Hälfte der Mitarbeiter ist im Heimbereich tätig, die anderen arbeiten in der Verwaltung, in den Werkstätten für Behinderte (Handwerker mit sonderpädagogischer Zusatzfunktion), im Lehrbereich (Sonderschullehrer, Sozialpädagogen), in den klinischen Abteilungen (Ärzte, Psychologen) sowie in der Haus- oder Landwirtschaft, die der Selbstversorgung dienen.

In den Werkstätten für Behinderte sind 400 geistig und mehrfachbehinderte Jugendliche und Erwachsene, auch von außerhalb, vor allem mit Zulieferarbeiten für Industrie-, Handwerks- und Handelsbetriebe der Umgebung in den Branchen Metall, Elektromontage und Haushaltsartikel beschäftigt. 60 % des Umsatzes werden im Bereich der Lohnfertigung erzielt, 40 % des Auftragsvolumens entfallen auf die Herstellung von Produkten (Kunststoffwäscheklammern, Tee- und Opferlichter, Garten- und Kleinmöbel, Holzpaletten), die selbständig vertrieben werden.

Kirche. – Die kath. Einwohner beider Ortsteile unterstanden bis 1976 dem Dekanat Waibstadt. Nach dessen Auflösung wurden sie dem Dekanat Mosbach zugeteilt. Unterschwarzach, bis 1875 nach Neunkirchen eingepfarrt, wird seither von der Pfarrei Aglasterhausen pastoriert; Oberschwarzach gehörte immer zur kath. Kirchengemeinde Neunkirchen. Während Unterschwarzach über die 1742 im Barockstil erbaute Filialkirche St. Martin verfügt, die 1893, 1925 und zuletzt 1973 restauriert wurde, besaß Oberschwarzach niemals eine eigene Kirche; die Katholiken nehmen an den Gottesdiensten von St. Bartholomäus in Neunkirchen teil.

Innerhalb der ev. Landeskirche ist die Gemeinde, wie auch im 19. Jh., dem Kirchenbezirk Neckargemünd zugeordnet. Oberschwarzach ist bis heute kirchlicher Nebenort der ev. Pfarrei Neunkirchen. Unterschwarzach, zunächst Filiale von Neunkirchen, kam gegen Ende des 19. Jh. zu Aglasterhausen. 1911 erfolgte die Bildung einer örtlichen ev. Kirchengemeinde, die aber im Verband des Kirchspiels Aglasterhausen verblieb. 1978 ging die Zuständigkeit für die pfarramtliche Versorgung an Michelbach über. Die ev. Kirche für Oberschwarzach ist in Neunkirchen; Unterschwarzach hat seit 1914 eine eigene Dorfkirche. Am 1.4.1979 wurde für den Anstaltsbereich Schwarzacherhof ein gesondertes ev. Pfarramt eingerichtet.

Schule. – Um 1800 besuchten Schwarzacher Kinder die Schulen in Neunkirchen. Oberschwarzach gehörte dem Schulverband Neunkirchen bis 1952 an. In Unterschwarzach hingegen gab es Mitte des 19. Jh. eine kath. und eine ev. Schule mit jeweils 1 Hauptlehrer. 1869 wurden die konfessionellen Schulen zu einer Gemeinschaftsschule vereinigt. Der Unterricht fand im bisherigen ev. Schulhaus statt, die Lehrerwohnung wurde im kath. Schulgebäude eingerichtet. Die steigende Schülerzahl machte einen Neubau unumgänglich. Das 1904 fertiggestellte Schul- und Rathaus beinhaltete 2 Schulzimmer und 1 Industrieschulraum. Industrieunterricht wurde schon Mitte des 19. Jh. abgehalten. In Oberschwarzach ließ man 1890, obwohl sich die Schule in Neunkirchen befand, eine eigene Industrielehrerin ausbilden, die im Ort auch ältere, nicht mehr schulpflichtige Mädchen unterrichtete. Die gewerbliche Fortbildungsschule war für Oberschwarzach in Neunkirchen, für Unterschwarzach in Aglasterhausen.

Unstimmigkeiten mit Neunkirchen und beengte Platzverhältnisse in der dortigen Schule führten 1952 zur Lösung des Schulverbandes und zum Bau einer Grundschule in Oberschwarzach. Bereits 10 Jahre später mußten die Schüler aber wieder nach Neunkirchen, weil die Dorfschule im Rahmen der Schulreform geschlossen wurde. Seit der Bildung der Gde Schwarzach im Jahr 1972 besuchen Oberschwarzacher Schüler die 1963 erbaute und aus 4 Klassen bestehende *Grundschule Unterschwarzach.* 1989 werden hier 85 Kinder von 3 Vollzeitlehrkräften und 1 Teilzeitlehrkraft unterrichtet. Die Hauptschule für beide Ortsteile ist in Aglasterhausen. Realschüler aus der Gemeinde gehen nach Obrigheim, Gymnasiasten und Gewerbeschüler nach Mosbach. In Unterschwarzach befindet sich jeweils eine *Außenstelle der Volkshochschule* und der *Musikschule Mosbach.*

Kulturelle Einrichtungen. – Die Schwarzbach-Halle, 1978 erbaut, wird für kulturelle und sportliche Zwecke genutzt. Sie verfügt über 750 Sitzplätze und eine Theaterbühne. Seit 1986 unterhält die Gemeinde im Obergeschoß des Rathauses eine Bibliothek mit 2000 Bänden. Jährlich werden ca. 1800 Entleihungen registriert. Geplant ist die Einrichtung eines Heimatmuseums.

Sportstätten. – Alle Sportstätten befinden sich im Ortsteil Unterschwarzach. Dazu gehören 2 Fußballplätze, 1955 bzw. 1981 errichtet, mit leichtathletischen Anlagen beim Sportheim des TSV Badenia Schwarzach. Dort wurde 1988 auch eine Tennisanlage eröffnet. Bestandteile des Erholungszentrums sind die 1968 fertiggestellte Minigolfanlage und das beheizte Freischwimmbad, das 1970 erbaut wurde. Ein Hallenschwimmbad ist im Hotel »Haus Odenwald« eingerichtet. Hallensportarten können in der Schwarzbach-Halle betrieben werden. Seit 1955 unterhält der Schützenverein KKS »Odin« eine Schießanlage.

Vereine. – Der mit Abstand mitgliedstärkste Verein ist der 1910 gegründete Sportverein TSV Badenia Schwarzach (560 Mitglieder), der sich mit Fußball, Tennis, Gymnastik, Judo und Volleyball befaßt. An Sportvereinen bestehen außerdem seit 1927 der Schützenverein KKS »Odin« (50 Mitglieder) und seit 1978 ein Angelsportverein (74 Mitglieder). Der Musik widmet sich, abgesehen von der 1920 gegründeten Feuerwehrkapelle, der heute 46 Mitglieder angehören, der MGV Sängerbund 1881 e. V., zugleich der älteste Verein der Gemeinde, der über 50 Mitglieder verfügt. Seit 1932 gibt es einen Kleintierzuchtverein mit inzwischen 62 Mitgliedern. Der Karnevalsclub Zigeunerio, 99 Mitglieder stark, existiert seit 1957. Jüngster Verein ist die BUND-Ortsgruppe, 1985 gegründet, in der sich 18 Mitglieder für den Umweltschutz engagieren.

Strukturbild

Unterschwarzach nimmt, gemessen an Orten von vergleichbarer Größe, Ende des 19. Jh. durch die Peitschenindustrie, seit Mitte des 20. Jh. durch die Johannes-Anstalten Schwarzacherhof eine Sonderstellung ein. Mit der Gründung der Peitschenfabrik erfolgte relativ früh der Übergang von der agrarischen zur industriell geprägten Gemeinde. 1895 waren bereits 44 % der erwerbstätigen Einwohner dem Wirtschaftssektor Industrie und Gewerbe zuzurechnen. Die Industrieansiedlung hatte nicht nur positive Auswirkungen auf die Bevölkerungsentwicklung in Unterschwarzach; auch die benachbarten Orte profitierten von der Arbeitsgelegenheit. 1896 kamen von insgesamt 200 Arbeitern der beiden Fabriken 160 aus der Umgegend, vor allem aus Oberschwarzach, Michelbach, Reichartshausen, Aglasterhausen und Neunkirchen. Dagegen hielt sich die Zahl der Auspendler aus Unterschwarzach in Grenzen. 1925 wurde nur 1 Industriearbeiter registriert, der auswärts beschäftigt war.

Seit den 1960er Jahren sind es die Johannes-Anstalten Schwarzacherhof, die als Arbeitgeber für das gesamte Umland von großer Bedeutung sind, so daß in Unterschwarzach, obwohl die industriellen Arbeitsplätze mittlerweile deutlich zurückgegan-

Die Gemeinde im 19. und 20. Jahrhundert

gen sind, die Zahl der Einpendler in Relation zur Zahl der Auspendler nach wie vor überwiegt, daß die Gesamtbilanz für das heutige Gemeindegebiet, die 1970, bedingt durch den starken Auspendlerüberschuß von Oberschwarzach, negativ war, 1987 mit 859 Berufsein- und 350 Berufsauspendlern wieder positiv ist. Den Johannes-Anstalten verdankt Unterschwarzach eine Vermehrung der Arbeitsplätze um 234,7% im Zeitraum von 1970 bis 1987 sowie eine überdurchschnittliche Bevölkerungszunahme, prozentual die höchste im Neckar-Odenwald-Kreis.

Das Schwergewicht der Erwerbstätigkeit hat sich 1987 im Vergleich zu 1970 vom Produzierenden Gewerbe, wo ein Rückgang von 49% auf 29,7% zu verzeichnen ist, zu den »sonstigen Wirtschaftsbereichen«, d.h. in der Hauptsache zu den Johannes-Anstalten verschoben, auf die heute fast ⅔ aller Arbeitsplätze in der Gemeinde entfallen. Handel und Handwerk standen immer im Schatten dieser Erwerbszweige und sind noch heute vergleichsweise wenig entwickelt. Es gibt nur kleinere Handwerksbetriebe und Einzelhandelsgeschäfte zur Deckung des täglichen Bedarfs. Größere Einkäufe werden in Aglasterhausen, Mosbach, Sinsheim und Eberbach getätigt, z.T. auch in Heidelberg und Heilbronn. Die medizinische Grundversorgung ist durch 2 Ärzte und 1 Apotheke im Ort gewährleistet.

Oberschwarzach blieb hinter dieser Entwicklung zurück und konnte seine Bevölkerungszahl im Vergleich zum 19.Jh. nur geringfügig steigern. Bereits 1873 gingen Einwohner, die in der Landwirtschaft keine ausreichende Beschäftigung fanden, in die Fabriken von Aglasterhausen und Neunkirchen, später nach Unterschwarzach. 1884 und 1897 wurden jeweils etwa 20 Auspendler aus Oberschwarzach registriert, 1925 hatte sich ihre Zahl auf 31 erhöht. Auch 1970 mußte meist auswärts Arbeit gesucht werden, bevorzugt in Mosbach, aber auch in Aglasterhausen, Heidelberg, Neunkirchen und Obrigheim, vereinzelt in Mannheim, Eberbach und Neckarbischofsheim. Oberschwarzach, 1939 noch überwiegend kleinbäuerlich, wenngleich bereits 37% in Handwerk und Industrie tätig waren, hat in den letzten Jahrzehnten ebenfalls die Abkehr von der Landwirtschaft vollzogen und sich zum Pendlerwohngebiet entwickelt. Die Erwerbsstruktur weicht nicht wesentlich von der in Unterschwarzach ab: 1987 waren 24,5% im Produzierenden Gewerbe und 63,9% in den »sonstigen Wirtschaftsbereichen« beschäftigt. 1970 betrugen die Zahlen 45,3% bzw. 32,5%.

Einzelhandelsgeschäfte und Handwerksbetriebe, die bis vor einiger Zeit in begrenztem Umfang vorhanden waren, sind inzwischen nicht mehr ansässig, ebensowenig Ärzte u.a. Einrichtungen. Während Oberschwarzach früher kirchlich, schulisch und weitgehend auch versorgungsmäßig auf Neunkirchen angewiesen war, erfolgt seit der Vereinigung im Jahr 1972 eine allmähliche Orientierung nach Unterschwarzach, wo sich Grundschule und Geschäfte der Gemeinde befinden.

Quellen

Ortsbereisungsakten

Oberschwarzach 1850–1867   GLA 349/1907/557; 1868–1897 GLA 364/4807
Unterschwarzach 1850–1867   GLA 349/1907/583; 1868–1911 GLA 364/5072

Sonstige Archivalien

Oberschwarzach GLA 349/1907/560; 364/5766
Unterschwarzach GLA 229/95970; 364/5078; 364/6310; GLA 364/1972/81/443; 364/1972/81/648; GLA 364/1972/81/1006; 364/1975/3/13

Literatur

Schwarzach. Bilder aus vergangenen Tagen. Hsg. von der Gde Schwarzach. Horb a. N. 1984.

C. Geschichte der Gemeindeteile

Ober- und Unterschwarzach

Siedlung und Gemarkung. – Der Bachname *Suarzaha* kommt schon in einer gefälschten Urkunde aus dem späten 10. Jh. vor. Das Dorf Schwarzach, mit seinen beiden Bestandteilen (*duas Suarzaha*) wird dagegen erst 1143 erwähnt; es liegt im Bereich des sog. Wimpfener Bannforstes, dessen unterer, nördlich des Schwarzbachs gelegener Teil vom Hochstift Worms kolonisiert worden ist. Die Namensform *Suarzaha*, seit Anfang des 14. Jh. *Swarzach*, bedeutet soviel wie »schwarzes Wasser« und ist vom Flüßchen auf die Siedlung übertragen worden. Das Dorf Schwarzach, dessen Teilorte seit dem frühen 14. Jh. nach *superiori* bzw. *inferiori Swarzach* und seit dem 15. Jh. als *ober(n)* bzw. *under* (auch: *nider*) *Swarzach* unterschieden werden, dürfte älter sein als seine erste urkundliche Erwähnung im Jahre 1143. Seine Zugehörigkeit zum Wimpfener Bannforst, der 988 als königliche Schenkung an das Bistum Worms gekommen ist, deutet auf eine Entstehung der Siedlung im frühen Hochmittelalter hin. Herrschaftlicher Mittelpunkt der Gemeinde war die zwischen beiden Ortsteilen gelegene Burg *Swartzach* (1325). Ober- und Unterschwarzach liegen recht weit auseinander; um die Mitte des 16. Jh. haben beide Siedlungen nur aus wenigen Hofstätten bestanden, wobei Unterschwarzach schon damals der größere Teil war. Nach dem 30j. Krieg hat die Zahl der Gebäude um zwei Drittel abgenommen, und erst seit dem späten 18. Jh. ist wieder etwa die Siedlungsgröße erreicht worden, die um die Wende vom 16. zum 17. Jh. bestanden hat. Seitdem hat sich eine kontinuierliche Aufwärtsentwicklung vollzogen (vgl. Tab. 1).

Tabelle 1: **Hofstätten, Haushaltungen und Häuser in Schwarzach**

Jahr	1534	1603	1629	1671	1777	1802
Hofstätten Oberschwarzach	13	18	6	.	.	.
Hausgesesse	.	40	47	73	.	.
Häuser Unterschwarzach	16	28	.	8	.	.

Die beiden Dörfer hatten bereits im 16. Jh. zwei voneinander getrennte Marken und zwei separate Gemeindewälder. Ob auch das Schloß Schwarzach einst eine eigene Gemarkung hatte, muß dahingestellt bleiben. Durch das Schloß ist schon Anfang des 17. Jh. die Gemarkungsgrenze zwischen Ober- und Unterschwarzach verlaufen; in seinem (inneren) Hof hat ein Schieds- und Markstein gestanden, der die Grenze zwischen beiden Gemeinden markiert hat. Die Gemarkungen beider Dörfer werden erstmals im letzten Viertel des 18. Jh. beschrieben; der herrschaftliche, dem Pfalzgrafen zustehende Wald Jungholz hat eine Sondergemarkung zwischen Ober- und Unterschwarzach gebildet. Zu Beginn des 18. Jh. hat sich der Umfang der Feldgüter der Gesamtgemeinde auf etwa 485 M belaufen, 1753 hat man ihn mit 537 M beziffert. Die gesamte Kulturlandschaft hat 1777 607 M Äcker, 145 M Wiesen, 4 M Gärten und 265 M Wald umfaßt; beim Übergang an Baden (1802/03) waren es 559 M Äcker und 134 M Wiesen.

Herrschaft und Staat. – Die Zuordnung des nur einmal erwähnten *Heintze von Swartzach*, der 1384 in einem Urfehdebrief für Pfalzgraf Ruprecht I. begegnet, zur Burg Schwarzach ist sehr fraglich, handelt es sich dabei doch um die einzige Erwähnung eines Ortsadels von Schwarzach. Die Burg Schwarzach selbst war ein wormsisches Lehen; die Lehnsbindung an das Hochstift, die sich gewiß auf die Siedlungstätigkeit des Bistums im Kleinen Odenwald zurückführen läßt, ist 1386 erstmals bezeugt. 1419 hat Pfalzgraf Ludwig III. das Lehen erworben, und seine Nachfolger haben es bis zum Ende der Kurpfalz (1802/03) besessen; allerdings ist Schwarzach ungeachtet der Lehnsbindung an Worms in amtlichen Dokumenten der Kurpfalz schon im 16. Jh. als Eigenbesitz geführt worden.

Der Herrschaftssitz war eine Wasserburg, die in der Stauferzeit entstanden sein dürfte, als König Heinrich (VII.) den Wormser Besitz am unteren Neckar als Kirchenlehen an sich gebracht hat. Daher rührt auch die Institution der sog. Königsleute, die als Eigenleute besonderen Rechts dieser Burg zugeordnet waren. Nach den Quellen des 16./17. Jh. war das Schwarzacher Schloß eine quadratische Anlage mit flankierenden Rundtürmen. Hauptburg und Vorburg waren von zwei Wassergräben umgeben; um den inneren Wassergraben hat sich noch eine Ringmauer gezogen. Kurz vor dem Ende des 18. Jh. sind das Haupt- und das Nebengebäude wegen Baufälligkeit abgebrochen worden; auf ihren Grundmauern hat man anschliessend einen neuen Bau, das heutige Forstamt errichtet. Die noch erhaltenen Reste der alten Burg stammen aus der Renaissancezeit.

Die Zugehörungen der Burg werden erstmals 1419 im einzelnen genannt. Sie haben aus den beiden Dörfern Schwarzach, aus Haag sowie aus Anteilen an den Orten Neunkirchen und Schwanheim bestanden. Auch der nördliche Teil des Wimpfener Bannforstes, der 1302 an die Herren von Weinsberg übergegangen war, hat zum Burgbezirk gehört. Dieser hat sich zwischen dem Neckar und der Elsenz, dem Lobbach und der Straße von Lobenfeld nach Obrigheim erstreckt. Außerdem hatte die Burg eine Mühle, die zwischen ihr und dem Dorf Unterschwarzach gelegen war.

Die ältesten nachweisbaren Besitzer der Burg Schwarzach waren die Herren von Weinsberg, die sie schon vor 1325 innehatten. Die Weinsberger sind Herren der Burg und der zugehörigen Dörfer geblieben bis zum Verkauf an die Pfalz im Jahre 1419, allerdings hatten sie Teile des Lehens im 14. Jh. wiederholt mit lehnsherrlichem Konsens an Niederadel versetzt (Wattenheim, Rosenberg, Helmstatt). Auch die Pfälzer Kurfürsten haben die Burg verschiedentlich (amtsweise) verpfändet (Ramung, Weinsberg, Landschad von Steinach), bis sie spätestens in den 1490er Jahren Sitz eines pfälzischen Kellers wurde; von 1467–1479 hat Schwarzach vorübergehend zur Herrschaft der morganatischen Söhne Kurfürst Friedrichs I. gehört. Seit 1497/98 war die Burg mit kleineren Unterbrechungen bis in den 30j. Krieg als Pfandschaft wieder in niederadeliger Hand (Sternenfels, Handschuhsheim, Seckendorff, Bödigheim, Rawe von Weidenau, Habern, Landschad von Steinach, Appenzell, Winnenburg-Beilstein, Helmstatt, Landschad von Steinach). 1626 ist sie mit ihren Zugehörungen an Heinrich von Metternich, den bairischen Statthalter zu Heidelberg, gelangt, der die Pfandrechte offenbar von den Landschaden erworben hatte. 1634 ist Schwarzach an die Kurpfalz zurückgefallen und im folgenden war die Kellerei bis 1662 pachtweise vergeben. 1663 ist der Sitz der bisherigen Kellerei Minneburg hierher verlegt worden.

Bei den Herrschaftsrechten über die beiden Dörfer Schwarzach und über den Burgbezirk ist zwischen der Zent- und Landeshoheit einerseits und der niederen Obrigkeit der Burg Schwarzach andererseits zu unterscheiden. Die Zenthoheit mit Blutgerichtsbarkeit und militärischem Aufgebot haben dem Pfalzgrafen bei Rhein als

Inhaber der Reichartshäuser oder Stüber Zent zugestanden; Ober- und Unterschwarzach und der gesamte Burgbezirk waren Teil dieser Zent, die einst dem königlichen Landvogt zu Wimpfen unterstanden hat und 1367 formell, um 1380 auch faktisch als Reichspfandschaft an die Pfalz gekommen ist. Neben der Zenthoheit haben die Pfalzgrafen sich bei allen Verpfändungen Schwarzachs auch die anderen landesherrlichen Rechte vorbehalten, vor allem die Schatzung und Steuern. Die adeligen Pfandnehmer haben stets nur die Ortsherrschaft über die Dörfer Ober- und Unterschwarzach sowie über die anderen Dörfer des Burgbezirkes ausgeübt. Sie hatten die vogteiliche Obrigkeit und konnten mithin das Schultheißenamt und Dorfgericht besetzen, Gebote und Verbote erlassen sowie Frevel und Bußen einnehmen; darüber hinaus haben ihnen die Nutzung der Waldungen und die niederen Jagdrechte zugestanden. Weiterhin hatten die Ortsherren das Recht, im Schwarzbach zu fischen und die der Burg zustehenden Abgaben, Beden und Zinsen sowie Haupt- und Herdrechte zu erheben. Desgleichen hatten die Pfandnehmer Anspruch auf die Hälfte des Ohmgelds. Die Untertanen hatten der Ortsherrschaft ungemessene Frondienste – Hand- und Spanndienste – zu leisten. Der Müller im Dorf Unterschwarzach war überdies verpflichtet, den jeweiligen Inhaber der Burg an Sonn- und Feiertagen nach Neunkirchen zur Kirche zu fahren.

Die vorgesetzte pfälzische Instanz für die beiden Dörfer Schwarzach war das Amt Heidelberg, das von der Kellerei, später vom Amt Dilsberg vertreten worden ist. Die adeligen Pfandinhaber des 16./17. Jh. haben die Burg durch einen Keller oder Burgvogt verwalten lassen. Die pfälzischen Keller hatten die Gefälle und Bußen einzuziehen und zwischen den Untertanen gütliche Vergleiche zu treffen, im übrigen aber den Anordnungen der Kellerei bzw. des Amtes Dilsberg Folge zu leisten. Dessen ungeachtet hatten sie in der Region eine starke Stellung, da sie seit dem 17. Jh. nicht allein den beiden Kellereien zu Schwarzach und zu Minneburg vorgestanden, sondern auch das Amt des Zentgrafen in der Reichartshäuser Zent versehen haben.

Grundherrschaft und Grundbesitz. – Als Rodungsort des früheren Hochmittelalters hatte Schwarzach größeren grundherrlichen Besitz aufzuweisen. So soll nach einer späteren Überlieferung die Benediktinerabtei Sinsheim schon bei ihrer Gründung (1100) ein Gut in Schwarzach erhalten haben. Dieses *predium* und seine Zugehörungen sollen aus dem Besitz des Bischofs Johann von Speyer (aus dem Geschlecht der mit den Saliern versippten Kraichgaugrafen) gestammt haben. Allerdings findet diese Nachricht in der erhaltenen Stiftungsurkunde keine Bestätigung. Zur Zeit der ersten Erwähnung von Schwarzach hat es zwischen beiden Ortsteilen ein von *Burchards de Lagestaldesvelt* herrührendes Gut des ebenfalls mit den Kraichgaugrafen verbundenen Kl. Odenheim gegeben. 1143 ist dieses Gut in den Besitz der Stifts St. Peter in Wimpfen übergegangen. Möglicherweise ist darauf später die Burg Schwarzach errichtet worden. Freilich war das Stift Wimpfen noch im 14. Jh. am Ort und in der Umgebung begütert. So hatte es in Oberschwarzach und in Neunkirchen 3½ Mansen, die zu einem Hof in Aglasterhausen gehört haben. Außerdem hat ihm noch ein Hof zugestanden, der in der Mitte des Dorfes Oberschwarzach gelegen war. Im 16. Jh. lassen sich die Besitzrechte Wimpfens nicht mehr nachweisen; damals hat hier nur noch die Burg Schwarzach über eine größere Grundherrschaft verfügt. Deren Bestandteile waren das sog. Hofgut, die Frongüter und der Schafhof. Das beim Schloß gelegene, an den herrschaftlichen Wald Jungholz angrenzende und in Eigenwirtschaft, jedoch ohne Anspruch auf Frondienste, betriebene Hofgut hat am Ende des 16. Jh. aus 38½ M Äckern und 4 M Wiesen bestanden. Die Frongüter der Burg haben ursprünglich aus 40 M Äckern (Anfang 17. Jh. 60 M) und vier Fronwiesen beim Schloß sowie auf Neunkircher Gemarkung bestanden. Seit der 2. H. 17. Jh. sind die Frongüter nicht mehr in Fron gebaut, sondern zusammen mit den Äckern und Wiesen des Hofguts in Zeitbestand verliehen worden; nur ausnahmsweise hat die Herrschaft sie noch selbst genutzt. 1711 ist es dem Schwarzacher Keller Johann Heinrich Graeff gelungen, alle Fron- und Hofgüter des Schlosses erbbestandsweise in seiner Hand zu vereinigen; seine Familie hatte die Güter noch 1802 inne. Neben der Burg haben in Schwarzach im 17. Jh. nur noch die Klöster Hirschhorn und Neuburg über nutzbare Rechte in kleinerem Umfang verfügt.

An herrschaftlichen Waldungen haben zur Burg Schwarzach der Überhau, der Ober- und der Unterstolzenecker Wald, das Heckenbuschel, und das sog. Rot gehört. Der pfälzische Domänenwald Jungholz ist zwar ebenfalls zu den Wäldern der Burg gezählt worden, jedoch hatten die jeweiligen Pfandnehmer darin nur die Nutzung. Bis auf das Jungholz waren diese Waldungen allerdings nicht auf Schwarzacher Gemarkung gelegen. Die Angaben der Quellen über ihre Größe schwanken; alles in allem dürften sie um 750 M umfaßt haben, das Jungholz allein hatte schon 236 M.

Gemeinde. – Obwohl Ober- und Unterschwarzach zwei getrennte Gemarkungen und abgesonderte Gemeindewälder hatten, haben sie doch bis 1823 eine Gemeinde gebildet. Seit 1439 ist ein Schultheiß nachweisbar, der ursprünglich wohl abwechselnd aus beiden Ortsteilen genommen worden ist. Dorfgericht und Bürgermeister sind seit dem frühen 17. Jh. bezeugt. Das Gericht hat sich im 18. Jh. aus vier Schöffen zusammengesetzt, unter denen einer die Funktionen des Anwalts wahrgenommen hat. Da der Schultheiß im 18. Jh. stets von Unterschwarzach gestellt worden ist, hat man den Anwalt aus dem Kreis der Einwohner von Oberschwarzach bestellt. Von den vier Schöffen sind aus jedem der beiden Orte zwei genommen worden. In der 2. H. 18. Jh. begegnen weitere Gemeindeorgane wie Polizeiaufseher, Feldrichter, Rentmeister, Weinschätzer und Brotwieger; von ihnen hat es offenbar wie bei den Bürgermeistern je einen in Ober- und Unterschwarzach gegeben. Ihre Ämter sind bisweilen von Gerichtsschöffen in Personalunion mitversehen worden. Da die Gemeinde eigene Schafe halten durfte, hatte sie wohl auch einen Hirten. Ein Gerichtssiegel läßt sich erst seit dem letzten Viertel des 18. Jh. belegen. Es zeigt einen von zwei Ästen umkränzten Zweig oder Baum mit drei Äpfeln; darüber steht eine von zwei Ranken umschlossene Sonne.

Abgesehen von ihren Waldungen (1802 zusammen 650 M) hatte die Gemeinde offenbar nur einen sehr bescheidenen Besitz. Gegen Ende des 18. Jh. haben ihr zwei kleine Häuser und eine Bannweide für das Zugvieh gehört; außerdem hatte sie das Recht, bis zu 100 Schafe zu halten. Um in Schwarzach das Gemeindebürgerrecht zu erlangen, hat es nur geringer Leistungen bedurft; es mußten ein neuer Feuereimer (ersatzweise 1 fl) sowie vier Maß Wein als Einstand gegeben werden. Vom Einzugsgeld hat der Gemeinde immer die Hälfte zugestanden, bei einem kurpfälzischen Untertan 2 fl, bei einem »Ausländer« 5 fl.

Kirche und Schule. – Ober- und Unterschwarzach waren seit alters Filialgemeinden der Pfarrei Neunkirchen. Ob in Unterschwarzach im 16. Jh. auch schon eine Filialkirche bestanden hat, ist nicht zweifelsfrei zu klären. Zwar ist im frühen 16. Jh. ein Heiligenpfleger zu Schwarzach bezeugt, auch haben die Inhaber der Burg Schwarzach den Zinsbüchern zufolge seit der 2. H. 16. Jh. die Gefälle einer Frühmesse eingezogen, jedoch ist nicht sicher festzustellen, ob diese Einkünfte nach Schwarzach selbst oder zur Pfarrkirche in Neunkirchen gehört haben. In der Reformation sind die Dörfer durch ihre pfälzische Landesherrschaft schließlich dem ref. Bekenntnis zugeführt worden. Im 30j. Krieg hat die bayerische Besatzung mit Zwang, aber ohne bleibenden Erfolg versucht, dem kath. Glauben im Dorf wieder Geltung zu verschaffen. Erst 1646 ist dann auch eine eigene (ref.) Kapellenkirche in Unterschwarzach bezeugt, jedoch hatte der zuständige Pfarrer auch weiterhin seinen Sitz in Neunkirchen; in Unterschwarzach ist nur alle zwei Wochen Gottesdienst gefeiert worden. In der pfälzischen Kirchenteilung ist die Kapelle den Katholiken zugefallen, die 1742 an derselben Stelle eine neue, die heutige kath. Kirche (St. Martin; Pfarrei Neunkirchen) erbaut haben. Die Zahl der Katholiken, die im 17. Jh. nicht einmal ⅓ der Schwarzacher Bevölkerung ausgemacht hatte, ist im 18. Jh. kräftig angestiegen. Gleichwohl sind die Reformierten weiterhin in der Mehrheit geblieben; die Lutheraner waren dagegen stets nur eine Minderheit.

In den Zehnt zu Schwarzach haben sich verschiedene Berechtigte geteilt. In Unterschwarzach hat die Hälfte des Großzehnten ursprünglich denen von Zwingenberg, seit dem 16. Jh. der Burg bzw. der Kellerei Schwarzach zugestanden; die andere Hälfte war zusammen mit dem halben Kleinzehnt als Speyrer Lehen im Besitz der von Helmstatt, von Hirschhorn und Landschad von Steinach und ist 1345 der Kapelle zu Hirschhorn übertragen worden. Die andere Hälfte des Kleinzehnten hat ursprünglich wie der halbe Großzehnt denen von Zwingenberg zugestanden, ist aber seit dem 16. Jh. zu ⅔ von den Kirchen zu Guttenbach bzw. Neunkirchen und zu ⅓ dem Haus Schwarzach zugefallen. – Der Großzehnt zu Oberschwarzach ist zwischen denen von Zwingenberg und dem Haus Schwarzach geteilt gewesen; im 18. Jh. hat die Kellerei Schwarzach ihn allein eingezogen. Der Kleinzehnt von Oberschwarzach hat ursprünglich denen von Zwingenberg und von Hirschhorn bzw. dem Kl. Hirschhorn gemeinsam gehört. Seit dem 17. Jh. war der Hirschhorner Anteil im Besitz der ref. Kirche zu Neunkirchen (⅓) und des Hauses Schwarzach (⅙). Die Zwingenberger Hälfte ist im 18. Jh. von der Kellerei Schwarzach eingezogen worden. Die Kleinzehntanteile des Hauses Schwarzach in beiden Dörfern waren dem Schwarzacher Schultheißen als Besoldung überlassen. Zur Entrichtung des Kleinzehnten waren auch die Güter der Burg Schwarzach verpflichtet.

Bis ins 19. Jh. hat es in Schwarzach kein Schulhaus gegeben. Jedoch sind spätestens seit dem ersten Drittel des 18. Jh. sowohl die ref. als auch die kath. Kinder von eigens bestellten Schulmeistern unterrichtet worden.

Bevölkerung und Wirtschaft. – Daten zur Bevölkerungsentwicklung in Schwarzach sind seit dem 15. Jh. überliefert. Sie lassen insbesondere für Unterschwarzach, den größeren Ortsteil, zunächst eine rückläufige Tendenz erkennen. Im 15. Jh. hatte der Ort ungefähr 190 Einwohner; im letzten Viertel des 16. Jh. waren es dagegen nur noch etwa 120. Erst zu Beginn des 17. Jh. ist die alte Zahl wieder erreicht und überschritten worden. Freilich haben der 30j. Krieg und die nachfolgenden kriegerischen Zeiten die Bevölkerung wieder stark dezimiert und auf ¼ des Vorkriegsbestandes schrumpfen lassen. Zu Beginn des 18. Jh. hatte Schwarzach etwa 140 Einwohner (vgl. Tab. 2).

Tabelle 2: **Einwohner von Schwarzach**

Jahr	1716	1727	1750	1762	1777	1802
Einwohner	·	169	·	·	212	406
Bürger	26	23	38	45	45	·

Ein großer Teil der Untertanen waren zinspflichtige Hintersassen des Hauses Schwarzach. 1368 hatten noch die von Zwingenberg Leibeigene (*arme lute*) am Ort; ansonsten werden Eigenleute in Schwarzach nur vereinzelt erwähnt. Ein Sonderstatus ist den Königsleuten der Burg Schwarzach zugekommen, die sich neben anderen Privilegien vor allem der Freizügigkeit erfreut haben. Sie sind seit dem Ende des 15. Jh. bezeugt, jedoch gehen ihre Vorrechte auf die Zeit der Staufer zurück. In ihrer Mehrzahl

haben die zur Burg Schwarzach gehörigen Königsleute nicht in Schwarzach gewohnt, sondern in den Dörfern und Städten der näheren und weiteren Umgebung. Im Notfall waren sie verpflichtet, das hiesige Schloß zu verteidigen.
Bis ins 19. Jh. ist die Landwirtschaft der Haupterwerb der Schwarzacher Bevölkerung gewesen. Die drei Fluren waren gegen Aglasterhausen und gegen das Jungholz sowie gegen Ober- und Unterschwarzach gelegen. Angebaut wurden vornehmlich Roggen, Spelz, Hafer, Gerste, Flachs und verschiedene andere Fruchtsorten wie Rüben, Kraut, Erbsen, Linsen und Obst. Die Untertanen hatten den Weidetrieb in die umliegenden, auch in die herrschaftlichen Wälder und in den Zentwald der Reichartshäuser Zent. Die Stallfütterung des Viehs hat erst gegen Ende des 18. Jh. angefangen sich durchzusetzen (Anbau von Klee). Eine große Rolle hat in Schwarzach die Schafhaltung gespielt; Pferde hatten nur wenige Untertanen. Im 18. Jh. hat sich der Viehbestand wie in Tab. 3 zusammengesetzt:

Tabelle 3: **Viehbestand in Schwarzach**

Jahr	1727	1767/68	1777	1802
Schafe	.	200–240	200	.
Pferde	26	.	2	12
Ochsen	24	.	46	36
Rinder	.	.	60	93
Kühe	.	.	75	123
Schweine	.	.	60	.

An gewerblichen Betrieben ist in Schwarzach zunächst nur eine herrschaftliche Mühle nachzuweisen, die zwischen der Burg und dem Dorf Unterschwarzach gelegen war. Sie findet 1419 erstmals Erwähnung; später ist sie eingegangen, doch hat gegen Ende des 16. Jh. der Pfandinhaber Sebastian Uriel von Appenzell eine neue (Mahl-) Mühle in unmittelbarer Nähe des Schlosses erbauen lassen. Im 30j. Krieg ist diese Mühle zerstört worden. Im Dorf Unterschwarzach hat es gegen Ende des 16. Jh. eine weitere Mühle gegeben, die allerdings im 30j. Krieg gleichfalls abgebrannt ist. In Oberschwarzach hat um die Mitte des 17. Jh. vorübergehend eine Ölmühle existiert. Die Mühle im Dorf Unterschwarzach ist 1679 wiederaufgebaut worden, und 1738 ist noch eine Mahl- und Ölmühle unterhalb des Dorfes hinzugekommen. Beide Mühlen waren Eigentum ihrer Betreiber, haben aber dessen ungeachtet der Kellerei Schwarzach Zins geschuldet; Bannrechte hatten sie nicht. Im letzten Viertel des 18. Jh. hat es in Unterschwarzach Töpfer (Hafner) gegeben; in Oberschwarzach wird ein Schmied erwähnt.

Ereignisse. – 1643 hat um die von den Bewohnern der benachbarten Dörfer verteidigte Burg Schwarzach ein Gefecht stattgefunden. Angreifer waren bairische Truppen, die vom Dilsberg kamen; nach einem kurzen Schußwechsel haben sie sich wieder zurückgezogen. Im Orléans'schen Krieg ist das Schloß dreimal ausgeraubt und verwüstet worden.

Quellen und Literatur

Schwarzach

Quellen, gedr.: *Brinkmann.* – *Dümgé.* – *Kremer,* Christoph Jakob, Urkunden zur Geschichte des Kurfürsten Friedrichs des Ersten von der Pfalz, Mannheim 1766. – MGH DLD. – *Würdtwein,* Stephan Alexander, Subsidia diplomatica 4, Heidelberg 1774. – ZGO 27, 1875.

Ungedr.: GLA Karlsruhe 43; 61/5457, 5479; 63/12; 66/3482, 5462, 7918–7919; 67/285, 807, 809, 810, 812, 821, 825, 865, 870, 890, 1084; 69 von Helmstatt U; 72 Landschad von Steinach; 77/4146–4147, 4548, 6142; 135/90, 99–100, 110, 141; 145/128, 292, 294, 305, 364, 692, 710; 183/5, 25, 54; 229/95865–96023; 349. – HZA Neuenstein, Weinsberg L 101; N 614. – LA Speyer, Akten bayerische Unterpfalz 35. – LB Darmstadt Hs. 2297.

Allg. Literatur: *Gehrig*, Franz, Der Besitz der Herren von Weinsberg im Jahr 1325. In: ZGO 125, 1977 S. 57–72. – KDB IV,4 S. 183–185. – *Krieg.* – *Krieger* TWB 2 Sp. 940f. – *Langendörfer.* – LBW 5 S. 261 f. – *Lenz.* – *Schaab*, Königsleute. – *Schuster* S. 351. – *Widder* 1 S. 415–418.

Ortsliteratur: *Reichwein*, Willibald, Neckarschwarzach. Wasserburg, Kellerei und staatliches Forstamt. In: Bad. Heimat 42, 1962 S. 70–84.

Seckach

2786 ha Gemeindegebiet, 3654 Einwohner

Wappen: In Silber (Weiß) eine eingebogene rote Spitze, belegt mit einem fünfspeichigen silbernen (weißen) Rad, begleitet vorn von einem schwarzen Steinbockshorn (Grind rechts), hinten von einem pfahlweis gestellten schwarzen Streitbeil. – Wappen und Flagge wurden am 27.1.1977 vom Landratsamt verliehen. Die Wappenmotive weisen auf den früheren Ortsadel und die Territorialherrschaft vor 1803 hin: Das Steinbockshorn ist dem Wappen der Herren von Seckach, das Streitbeil dem Wappen der Herren von Stetten entnommen, während das fünfspeichige Rad an das Wappen der jüngeren Linie der Herren von Eicholzheim und mit seiner Tingierung an das Erzstift Mainz erinnern soll. – Flagge: Schwarz-Weiß (Schwarz-Silber).

Gemarkungen: Großeicholzheim (992 ha, 1152 E.) mit Hagenmühle; Seckach (1115 ha, 1985 E.) mit Jugenddorf Klinge; Zimmern (670 ha, 529 E.) mit Adelsheim Nord, Bahnstation (Bundesbahn), Hammerhof und Waidachshof.

A. Natur- und Kulturlandschaft

Naturraum und Landschaftsbild. – Das Gemeindegebiet von Seckach gehört der naturräumlichen Einheit des Baulandes an. Allerdings nimmt es dabei eine deutliche Randlage ein, verläuft doch die Grenze zum Odenwald noch auf der Gkg Großeicholzheim. Die bei der Bevölkerung übliche Grenzziehung zwischen Odenwald und Bauland deckt sich dabei mit der geologischen Einteilung. Der Untergrund der Gkg Seckach ist im wesentlichen aus den Schichten des Muschelkalks aufgebaut, die zur Zeit ihrer Entstehung in einem Randmeer, das ganz Südwestdeutschland bedeckte, abgelagert wurden. Diese Gesteinspakete wurden später durch die erodierende Kraft der Bachläufe, wie der Seckach, zerschnitten, so daß ein Großteil der Schichtenfolge – zum Teil von Verwitterungsprodukten bedeckt – von der Talaue bis zur Hochfläche zugänglich ist. Westlich und nordwestlich von Großeicholzheim treten die obersten Schichten des Oberen Buntsandsteins, die Röttone zutage, die ja den gesamten Muschelkalk unterlagern und nach SO in den Untergrund abtauchen. Diesen roten Tonen, die als Wasserstauer wirken, verdankt der Bach, welcher der Gemeinde den Namen gab, sein Quellgebiet. Östlich von Waldhausen entspringen im Grenzbereich zwischen Oberem Buntsandstein und Unterem Muschelkalk über 8 Quellen, sammeln sich zu einer gemeinsamen Wasserader und bilden den Oberlauf der Seckach, die sich in Seckach mit dem Hiffelbach vereinigt und in südöstlicher Richtung an Zimmern vorbeizieht, wo sie das Gemeindegebiet verläßt. Zuflüsse erhält die Seckach bei Zimmern durch den Schlierbach und den Rinschbach südlich der Gemeindegrenze. An der Talform können dabei jeweils die anstehenden Schichten des Muschelkalks erkannt werden. Fließt die Seckach im Wellenkalk, worin sich harte Schaumkalkbänke befinden, so sind die Talhänge infolge der Standfestigkeit des Gesteins steil, während weiter bachabwärts, wo der Mittlere Muschelkalk den Anstieg zur Hochfläche bildet, die Talform flacher und weiter wird. Der Obere Muschelkalk mit seinen harten Trochitenkalkbänken leistete der ausräumenden Kraft der heute im Talauenbereich frei mäandrierenden Seckach großen Widerstand und ist verantwortlich für ein kastentalartiges Querprofil. Steile, bis zu 60 m hohe Prallhänge etwa am Haagwald beim Jugenddorf

Klinge oder in Zimmern wechseln mit gegenüberliegenden, wegen des Gesteins allerdings relativ steilen Gleithängen ab. Auf einem dieser Gleithänge wurde eine frühmittelalterliche Siedlung nachgewiesen, während Zimmern, auf dem anderen Gleithang, eine Kontrolle sowohl des Seckachtals wie des Schlierbachtals ermöglichte. Mehrere Trockentäler beiderseits der Seckach z. B. vom Waidachshof her, westlich des Hammerhofs und die Wolfsklinge, legen ein beredtes Zeugnis ab von der Wasserdurchlässigkeit besonders des Oberen Muschelkalks. Ihre Anlage ist kaltzeitlich bedingt, als der sogenannte Dauerfrostboden den Untergrund plombierte und die Schmelzwässer den Solifluktionsschutt von den Hängen zur Hauptentwässerungsader transportierten. Noch heute kann man in der Talaue der Seckach im Bereich von Zimmern Reste ehemaliger Bewässerungsanlagen ausmachen, die bei der hohen Wasserdurchlässigkeit des Kalkgesteins und bei sommerlicher Trockenheit immer eine Grünlandnutzung ermöglichten.

Die tektonische Anlage der sog. Baulandmulde zwischen dem Odenwald im NW und dem sog. Fränkischen Schild im SO ist dafür verantwortlich, daß die Seckach, obwohl sie sich immer tiefer einschneidet, auf ihrem ganzen Lauf die Röttone des Buntsandsteins nicht wieder erreicht. Sie bleiben im Untergrund verdeckt. Die Flexur der Schichten, die zum Teil von herzynischen Verwerfungen wie z. B. an der Schneidmühle nördlich von Seckach unterbrochen wird, läßt sich im Gemeindegebiet sehr schön verfolgen. Während die Röttone, das geologisch ältere Material, westlich von Großeicholzheim im Eichwald den Untergrund bilden, steht schon in knapp 4 km Entfernung westlich von Seckach aber in einer mittleren Höhe von 300 m NN Trochitenkalk, also geologisch weit jüngeres Gestein an. Geht man davon aus, daß die Gesteinsschichten des Muschelkalks bis zum Trochitenkalk eine Mächtigkeit von ca. 120 m besitzen, so läßt sich das Einfallen der Schichten mit ca. 5 % angeben. Auch das zweite größere Fließgewässer unseres Gebietes, die Schefflenz, entspringt im Bereich des Übergangs zwischen den Röttonen und dem Wellendolomit nördlich von Großeicholzheim. Im Volksmund trägt das Rinnsal den Namen »Weide« und wird erst nach der Vereinigung mit dem Ablauf des Götzenbrunnens Schefflenz genannt, der am Ortsrand aus einer mit Buntsandstein gefaßten Anlage sprudelt. Dieser Bach entwässert in einer auffallend flachen Talform, immer wieder verstärkt durch seitliche Zuflüsse, ziemlich genau in Richtung S, um bei Untergriesheim in die Jagst zu münden. Fließt die Schefflenz im Bereich des Mittleren Muschelkalks, der aus Tonen, Mergeln, Dolomiten und Gips besteht, und der Verwitterung kaum Widerstand leistet, so ist das Tal weit und flach mit sanft ansteigenden Hängen. In diesem Bereich ist auch die Quell- und Taldichte auffallend groß. Die Verwitterungsprodukte des Mittleren Muschelkalks bilden gute Böden, die durchweg als Ackerland genutzt werden wie z. B. die Fluren »Bannholz« östlich von Großeicholzheim, »Schelmengrube« westlich von Großeicholzheim und »Bräule« westlich von Seckach. Die Anfälligkeit des Mittleren Muschelkalks gegenüber der Lösungsverwitterung zeigt sich hier in einer ganzen Reihe von Erdfällen, die jedoch von den Landwirten immer wieder verfüllt werden. Die Hochflächen beidseits des Seckachtals sind wasserlos, verkarstet und außer einigen kleineren Waldgebieten als Ackerland genutzt. Die Ackerfläche ist außerordentlich eng parzelliert und bietet das Bild einer typischen Gewannflur, die ein reizvolles Landschaftsbild abgibt, aber einer rationellen Bearbeitung sehr im Wege steht. Das laufende Flurbereinigungsverfahren Seckach/Zimmern wird hier Abhilfe schaffen. In Großeicholzheim wurde schon in den 1950er Jahren die Feldflur neu geordnet. Die Böden auf den Hochflächen sind jedoch meist sehr flachgründig und steinreich und nur in flachen Dellen von guter Qualität. Gelegentlich auftretende Schleier aus Lößlehm wirken sich günstig auf die ackerbauliche Nutzung aus. Die Talsohle als die geologisch jüngste

Landschaftseinheit besteht im Untergrund aus einem zum Teil über 10 m mächtigen Paket von Sanden, Kies und Ton mit dazwischengeschalteten Torfen, ein Beweis dafür, daß die Täler viel tiefer waren und erst im Postglazial verfüllt wurden. In den Tälern verlaufen auch die Hauptverkehrsadern wie die Eisenbahnlinie Osterburken–Mosbach bzw. –Walldürn. Allzu enge Schleifen der Seckach bei Zimmern und nördlich von Zimmern am Schallberg wurden durch den Bau zweier Tunnels durchstochen. Die Straßenführung orientiert sich dagegen fast parallel zum Bachlauf. Die L 519 von Adelsheim nach Buchen tastet zum Beispiel den im Bereich von Zimmern mäandrierenden Bachlauf in geglätteter Form nach. Die L 583 von Seckach nach Großeicholzheim schlängelt sich ebenfalls im Tal der Seckach, verläßt aber den Talgrund oberhalb der Hagenmühle, um nach W über die Höhe nach Großeicholzheim zu führen.

Siedlungsbild. – Großeicholzheim unterscheidet sich in mehrfacher Hinsicht von den anderen Gemeindeteilen. Zum einem liegt das Dorf nicht in einer engen Talaue, sondern in einer flachen Delle am Ursprung des Schefflenztals. Ferner sind die alten Gebäude entsprechend dem geologischen Untergrund fast alle aus Buntsandstein erbaut. Außerdem besitzt Großeicholzheim ein *historisches Zentrum*, das *Wasserschloß*, heute Sitz der Ortsverwaltung. Bis in unsere Zeit kann man an den Resten einer wallartigen Anlage die Ausmaße der Wasserfläche, die das Schloß umgab, erkennen. Die Gebäudeteile umschließen in Form eines unregelmäßigen Vierecks den eigentlichen Schloßhof, der heute ein beliebter Treffpunkt für gemeindliche Festlichkeiten ist. Erwähnenswert sind die aus dem Verputz erhaben herausgearbeiteten Wappen ehemaliger Besitzer des Schlosses. In der Parkanlage vor dem Schloß plätschert der Dorfbrunnen; dort steht auch das Ehrenmal für die Gefallenen der Weltkriege. Vor dem Schloßplatz treffen vier Straßen zusammen: die Waldhausener Straße, die Friedhofstraße, die Wettgasse als Verlängerung der Seckacher Straße und die Hauptstraße, die nach Schefflenz führt. Am Anfang der Friedhofstraße steht die *kath. Kirche St. Laurentius*, ein schlichter, schmuckloser, aber sich harmonisch einfügender Bau von 1821. Die mit Biberschwänzen bedeckte neue Raiffeisenbank paßt sich in ihrem Stil gut der historischen baulichen Umgebung an. Die Gebäude an der Friedhofstraße sind meist traufständig, haben Buntsandsteinsockel und Fachwerk im ersten Stock, das nur hie und da freigelegt wurde. Die Wirtschaftsgebäude aus behauenen Sandsteinen stehen meist leer. Die jüngere, etwas nach hinten eingerückte Bebauung innerhalb des Ortskerns gleicht sich der älteren Bauweise an. Sehr schöne Gebäude mit weinbewachsener Fassade sowie einem hier häufig anzutreffenden Rundbogeneingang zum Keller wechseln sich mit kleineren, aber sehr gepflegten, leider auch mit leerstehenden und verfallenden Häusern ab. Ein Flachbau der Fa. Textil-Schadler kann den Übergang von der alten Bebauung zur intakten Streuobstwiese nicht so recht herstellen. Der Friedhof liegt im N außerhalb der Siedlung. Die Wettgasse verbindet die Friedhofstraße mit der Seckacher Straße und mündet in die Hauptstraße. Dieser ganze Bereich sowie auch die kleinen Seitengäßchen wurden im Zuge der Dorferneuerung mit roten Betonsteinen gepflastert. Das beeindruckendste Gebäude ist zweifellos die *ehemalige Synagoge* von 1886. Sie besteht aus einem der Straße zugekehrten Querbau, dessen Fenster im ersten Stock rechteckig, im zweiten jedoch halbrund sind. Der eigentliche Betraum mit Rundbogenfenstern befindet sich im Längsbau an der der Straße abgekehrten Seite. Eine Apsis wurde leider von innen zugemauert. Heute wird die Synagoge zu einem Wohnhaus umgebaut, zeugt aber immer noch durch die hebräische Inschrift über dem Eingang von der ehemals blühenden jüd. Gemeinde in Großeicholzheim. Das zweigeschossige Gebäude schräg gegenüber gefällt durch die harmonische Anordnung der beiden Rundbogen am Hauseingang mit alter verzierter Holztür sowie am Kellereingang. Neben der Gaststätte »Krone« wurde ein ehemaliges Judenhaus geschmackvoll renoviert und durch eine dreifarbige Fassadentönung verschönert. Hier biegt die Wettgasse in einer scharfen Rechtskurve zur Hauptstraße um, wobei die Häuser Wand an Wand aneinander gebaut wurden. Eine alte Schmiede mit breiter Doppeltür im Erdgeschoß sowie ein mit Buntsandsteinplatten belegter Vorplatz sind der erste Blickfang in der Hauptstraße. Hinter dem Schloß steht die 1950 errichtete Schule und daneben die Festhalle, ein Betonflachbau, der Schule und Kindergarten verbindet. Ganz in der Nähe fällt die alte ehemalige Brauerei »Zum Engel« auf. Entlang der Waldhausener Straße reihen sich im Anschluß an den alten Ortskern die jüngeren Gebäude, die jedoch auch noch landwirtschaftlichen Charakter haben, so der Eindachhof gegenüber der Einmündung des Rittersbacherwegs, der heute, leider eternitverkleidet, als Wollverkaufsladen genutzt wird. Der Rittersbacherweg und parallel dazu der Triebweg sind reine Wohnstraßen. Eine Fabrik für elektronische Bauteile sowie ein Autohaus stehen am Außenrand an der Waldhausener Straße.

Auf der anderen Seite des Dorfes grüßt weithin sichtbar der Zwiebelturm der *ev. Kirche*, das Wahrzeichen Großeicholzheims. Die Kirche steht vermutlich auf einer historischen Kultstätte, fand man doch während des Umbaus im Jahre 1718 einen Viergötterstein. Die Namensinitialen des damaligen Pfarrers, seiner Ehefrau und des Baumeisters der Kirche sind auf drei Ecksteinen an der Außenwand zu sehen. Auch ein behauener Stein mit der Inschrift »Anshelm von Eichelzen« sowie einem fünfspeichigen Rad, dem Wappen der Herren von Eicholzheim, wurde hier eingesetzt. Gegenüber der Kirche erhebt sich das wohl schönste Wohnhaus Großeicholzheims. Das giebelseitige zweistöckige Fachwerkhaus von 1868 beeindruckt durch das kunstvolle Schnitzwerk der Eckpfosten sowie durch die hervorstehenden Fensterrahmen und die rautenförmige Balkenführung unter der Fensterbrüstung. In der Butzengasse sind die Häuser klein, nur eingeschossig und eng aneinandergebaut. Die ehemals kleinbäuerlichen Betriebe wurden längst aufgegeben, die Ställe und Scheunen stehen leer oder werden als Unterstellplatz genutzt.

Die *Erweiterung Großeicholzheims nach 1945* zog sich in südöstlicher Richtung im Gebiet Winterbaum bis zum sog. Lenzengarten hin. Hier stehen in einiger Entfernung vom inneren Dorfbereich sehr kleine putzige Häuschen, aber etwas weiter südlich auch größere Zweifamilienhäuser mit Nebengebäuden. Die Anselm-v.Eicholzheim-Straße verbindet beide Baugebiete. An ihr reihen sich teils sehr geschmackvolle Ein- bis Zweifamilienhäuser, während die noch freien Bauplätze als Holzlager oder Gärten genutzt werden. Das jüngste Neubaugebiet liegt auf der westlichen Seite des Schefflenztals im Gewann Weisbäumlein und stellt einen starken Kontrast zur kleinbäuerlichen Bausubstanz im Dorfkern dar.

Die *Hagenmühle* liegt an der Grenze zur Gkg Seckach. Heute befindet sich dieses einst stattliche Bauwerk aus Bruchsteinen in einem desolaten Zustand. Lediglich die Rückseite aus schwerem Eichenfachwerk, das mit Strohlehm ausgeriegelt wurde, ist noch intakt. Ein Türbogen aus Sandstein mit zwei Wappen und eingemeißelter Jahreszahl 1570 verraten den Wohlstand der ehemaligen Besitzer. Die *Birksiedlung*, zwei Aussiedlerhöfe, von denen einer inzwischen leersteht, befindet sich ebenfalls auf geschichtsträchtigem Boden. Im Jahr 1898 wurde hier das unregelmäßige Mauerviereck – etwa 122 × 80 m groß – eines fränkischen Adelsgutes freigelegt. Eine noch frühere Besiedlung läßt sich durch insgesamt vier römische villae rusticae auf der Gkg Großeicholzheim nachweisen, z. B. am Oberlauf der Seckach im Gewann Dachsenloch. Vier Aussiedlerhöfe unweit der Hagenmühle, die sog. *Bannholzsiedlung*, wurden aus der drangvollen Enge des Dorfes mitten auf ihre flurbereinigten Ländereien gestellt.

Der Ortsteil Seckach, in einer breiten Talaue gelegen, die durch die ausräumende Kraft der beiden im Ortsbereich zusammenfließenden Wasserläufe des Hiffelbachs und der Seckach geschaffen wurde, nimmt im alten Ortskern eine deutliche Schutzlage ein. Vor dem Hochwassergebiet der in südöstlicher Richtung entwässernden Seckach abgesetzt, erstreckt sich der von der Hauptstraße, Großeicholzheimerstraße und der Hinteren Gasse eingerahmte haufendorfartige *Siedlungskern*. Die parallel zur Seckach verlaufende Seestadtstraße verbindet die Mittel- und Kronengasse mit der Hauptstraße. Die Gebäude sind meist giebelseitig zur Straße hin ausgerichtet und gelten als Beispiele für das typische Bauländer Fachwerkhaus. Hinter den Wohnhäusern schließen sich Nebengebäude, Scheunen und Stallungen an, die zum Teil heute noch landwirtschaftlich genutzt werden. Dieser älteste Ortsteil weist ein äußerst dichtes und verschachteltes Bild mit engen Gassen auf. Besonders zu erwähnen sind das 1763 erbaute und heute renovierungsbedürftige Fachwerkhaus an der Ecke Kronengasse/Eicholzheimerstraße, sowie schräg gegenüber ein 1882 erbauter Streckhof mit schmalen langgestreckten Schweineställen, die aber nicht mehr benutzt werden, und ein etwas nach hinten versetztes Haus in der Hinteren Gasse, dessen alter Fachwerkteil geschmackvoll und stilgerecht erweitert wurde. Im alten Siedlungskern befinden sich noch vier landwirtschaftliche Betriebe, die jedoch meist noch zusätzliche Einkünfte außerhalb der Landwirtschaft erzielen (z. B. Gaststätte Krone). Der Wandel in der Erwerbsstruktur läßt sich auch an einigen leerstehenden bäuerlichen Gebäuden erkennen, so z. B. das Haus des ehemaligen Farrenwärters an der Ecke Hintere Gasse/Eicholzheimerstraße. Einige wenige jüngere Gebäude drängen sich protzig zwischen die wohlproportionierten alten, teils glänzend renovierten Häuser. Der neu erbaute Dorfbrunnen mit einer Wasserschöpferin als Brunnenfigur und Grünanlage an der Hauptstraße bewirkt einen Dorfmittelpunkt. Das eigentliche *Dorfzentrum*, sowohl topographisch wie auch funktional, liegt jenseits der Seckach, wo sich Hauptstraße und Bödigheimer Straße in stumpfem Winkel treffen. Der dortige Dorfplatz wird durch die im gotischen Stil aus Muschelkalk mit wuchtigen Stützpfeilern erbaute *kath. Pfarrkirche* überragt. Ihre Außenseiten werden durch Buntsandstein-Blöcke abgeschlossen. Der Turm ist ebenfalls mit Buntsandstein-Platten bedeckt. Die jüngere Erweiterung des Gotteshauses in Form eines Querschiffes, dem ein Gemeindezentrum angeschlossen ist, bildet ein Beispiel für eine gelungene Synthese zwischen sakraler Baukunst und heutigem Raumbedürfnis einer Kirchengemeinde. Neben der Kirche steht das Pfarrhaus, ein stattlicher Bau mit Krüppelwalmdach und mit Biberschwänzen bedecktem Vordach. Zum Dorfmittelpunkt gehören ferner das Rathaus, bestehend aus zwei Walmdachgebäuden, verbunden durch einen jüngeren Gebäudeteil, sowie gegenüber die Geschäftshäuser einer neuerbauten Bäckerei, eines Elektrogeschäfts und zweier Sparkassenfilialen. Lediglich der Flachbau der Post will sich nicht so recht ins Ensemble einfügen.

Die Bahnhofstraße, als südliche Verlängerung der Bödigheimerstraße führt parallel zur Bahnlinie Osterburken–Walldürn zum Ortsausgang in Richtung Zimmern. Das Ende des 19. Jh. aus Buntsandstein erbaute Bahnhofsgebäude paßt vom Baumaterial her nicht so recht in das Ortsbild und besitzt einen hohen Treppengiebel. Auch das schräg gegenüberstehende Wohnhaus aus demselben Baustoff erscheint dem Betrachter zu hoch und disproportioniert. Zwei ansehnliche Walmdachgebäude mit einem Sockel aus Muschelkalk und Dachgauben bilden den Abschluß der Wohnsiedlung nach SO.

Das südöstlich anschließende *Gewerbegebiet* wird durch die Maschinenfabrik Seckach, den größten Arbeitgeber im Ort, entscheidend geprägt. In unmittelbarer Nachbarschaft nahm 1987 eine moderne holzverarbeitende Fabrik den Betrieb auf. Jenseits der Bahnlinie, im Bereich des heutigen Bauhofs der Gemeinde, wurde Gips aus 30 m

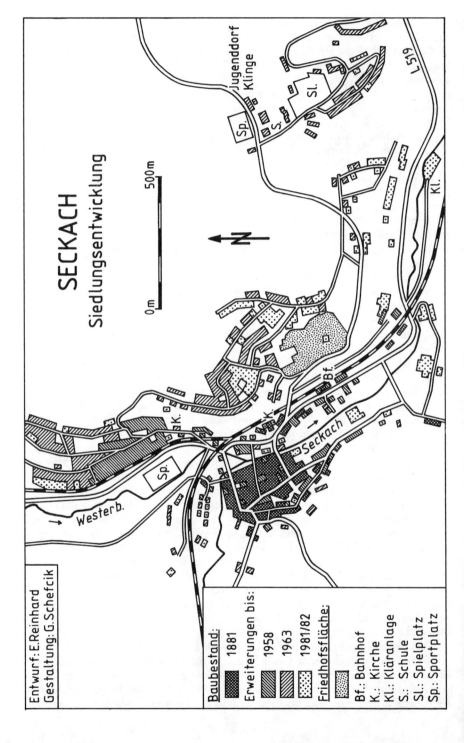

Tiefe gefördert und verarbeitet. Der Betrieb wurde jedoch Ende der 1960er Jahre eingestellt, und seine Werksgebäude wurden abgerissen. Die Fa. Mustang-Freizeitbekleidungswerk in der Talaue an der Seckach ist ein weiteres die örtliche Wirtschaft prägendes Industrieunternehmen.

Nördlich der Bahnlinie Seckach–Mosbach befinden sich westlich des Hiffelbachs auf einer Verflachung in halber Hanghöhe die Grund- und Hauptschule sowie die Turnhalle, die im Untergeschoß ein neu renoviertes Hallenbad beherbergt. Das Sportzentrum, ein erweitertes Sportheim mit Kegelbahnen und Tennisplatz bieten im benachbarten Bachauebereich geradezu ideale Freizeitmöglichkeiten für Seckachs Bevölkerung. Etwas weiter bachaufwärts wurde im Jahre 1983 im Rahmen der Flurbereinigung Seckach-Zimmern der Naturweiher »Hiffelbachsee« geschaffen. Die parkartige Anlage soll den ökologischen Zustand des Gemeindegebiets bereichern – u. a. die Anbindung von Laichbiotopen – und der Naherholung dienen.

Wendet man sich der anderen Talseite zu, so fallen zunächst die beiden unteren Häuserzeilen parallel zur Bahnlinie Seckach–Buchen–Walldürn durch ihre einheitliche und eng parzellierte, giebelseitige Bauweise ins Auge. Diese Gebäude wurden nach dem 2. Weltkrieg von Heimatvertriebenen erbaut. Alle Grundstücke besitzen ein Nebengebäude für Kleintierhaltung, der Vorgarten, anfangs als Nutzgarten bepflanzt, ist heute ein Ziergarten. Durch Garagenvorbauten und Pergolen bieten diese ehemals eintönigen Gebäude ein aufgelockertes Bild. Aus der frühen Nachkriegszeit stammt auch die kleine *ev. Kirche*, die sich eng an den Hang anschmiegt. Die nächstjüngere Bebauung erstreckt sich entlang der Kolpingstraße in Richtung Bödigheim und weiter oberhalb bis zum Waldrand sowie auf derselben Hangseite nach SO. Diese Wohngebäude dokumentieren die Zeit ihrer Errichtung durch den nüchternen, etwas unpersönlichen Baustil der 1960er Jahre. Wenige Baulücken wurden zum Teil erst in den 1980er Jahren geschlossen. Nicht nur an der Bauart, sondern auch an der Grundstücksgröße läßt sich der Wandel der Sozialstruktur des dörflichen Gemeinwesens erkennen. Während die Einfamilienhäuschen der Heimatvertriebenen mit einer Bauplatzgröße von 3–4 Ar Vorlieb nehmen mußten, stehen den jüngeren Bauten immer größere Bauplätze bis zu 10 Ar und darüber zur Verfügung. Auf halber Hanghöhe wurde hier oberhalb der Bahnhofsanlagen der erweiterte Friedhof mit einer Aussegnungskapelle angelegt. Das jüngste *Neubaugebiet* der Gde Seckach »Im Hessel III«, ein ehemaliger Wald in flacher Oberhanglage, wurde infolge reger Bautätigkeit meist zugezogener Einwohner in den letzten drei Jahren großflächig in Anspruch genommen. Die großzügig angelegten und aufwendig gebauten Wohnhäuser mit zum Teil für diese Gegend zu großen Balkonen stehen auf weiten Grundstücken, die als Zier-, Rasen- oder als Naturgärten genutzt werden. Auffallend sind die vielen Natursteinmauern hangabwärts an den Grundstücksgrenzen, die von den Bewohnern in mühevoller Arbeit selbst errichtet wurden. Mit dem Jugenddorf Klinge ist Seckach dadurch fast zusammengewachsen.

Das *Jugenddorf Klinge* ist der jüngste Wohnplatz von Seckach. Nach dem Ende des 2. Weltkrieges wurden hier die Baracken, die ursprünglich der Unterbringung von Fremdarbeitern eines Rüstungsbetriebs in den Stollen des Gipswerks dienten, notdürftig als Auffanglager für Heimatvertriebene hergerichtet. Die »Teufelsklinge«, südöstlich von Seckach, gegenüber dem Schallberg, hat dem späteren Jugenddorf den Namen gegeben. Nachdem das Lager 1947 offiziell aufgelöst war, entstand dieses sozialcaritative Werk. Während die renovierten Gebäude in der eigentlichen Klinge immer noch Barackencharakter besitzen – sie werden als Freizeitheime genutzt –, vermitteln die Häuserreihen am flachen Oberhang den Eindruck eines kleinen Dorfes. Die 1955 eingeweihte Kirche mit angegliedertem Verwaltungsgebäude und einem halbkreisförmigen Freiplatz, der Arena, bildet den baulichen und geistlichen Mittelpunkt der Anlage. Das Forum, ein kreisrunder Platz, der gegen den Hang hin von treppenartig angelegten Sandsteinmauern eingerahmt ist, bietet den Klingenbewohnern Gelegenheit zur Kommunikation und Geselligkeit. In der Mitte der Anlage wurde 1984 ein 4,50 m hoher Bronzebrunnen errichtet, aus dessen Brunnenschale sich das Wasser durch 6 Ausflüsse in ein sechseckiges Betonbecken ergießt. Zwischen Kirche und Forum dehnt sich ein großzügig angelegter Kinderspielplatz aus, der auch der Bevölkerung aus der Umgebung zugänglich ist. Schulgebäude, Sportplatz und Freibad liegen in direkter Nachbarschaft. Die eigentlichen Wohngebäude säumen die Kinderdorfstraße, die durch ihren Backsteinmosaikbelag zum Spielen und Verweilen einlädt. Sie zweigt beim Gasthaus gegenüber dem Forum von der Klingestraße ab, verläuft nahezu isohypsenparallel und mündet nach einem spitzen Winkel wieder in die Klingestraße ein. Die Häuser beherbergen entsprechend dem erzieherischen Konzept des Jugenddorfes jeweils eine »Familie« aus zwei Erziehern mit den dazugehörigen Pflegekindern. Diese Gebäude sind entsprechend groß, meist als Zweifamilienhäuser konzipiert, und erwecken durch architektonisch gelungene Anbauten besonders an der oberen Straßenseite ein reizvolles Bild. Jüngst erstellte Neubauten, z. B. auf dem Gebiet der ehemaligen Gärtnerei, sollen weiteren Kindern als Heimstätte dienen.

Vom Grundriß her ist Zimmern ein Haufendorf mit einer unregelmäßigen Straßenführung und Bebauung. Auf einem verhältnismäßig steilen Umlaufsporn der Seckach gelegen, der nach N und O von einer Schleife dieses Baulandflüßchens eingegrenzt wird, fällt besonders die dichte Bebauung im alten *Ortskern* auf. Er wird von der *Dorfkirche St. Andreas* überragt, einem schmucken Barockbau mit hellem Verputz, Fenstereinfassungen aus Buntsandstein, schieferbedecktem Dach und anmutig schiefem Zwiebelturm. Besonders beeindruckt die steile, fast fugenlos gearbeitete Mauer aus Trochitenkalk unterhalb der Kirche und des Kirchenvorplatzes. Durch diese bauliche Meisterleistung ist es überhaupt erst gelungen, am steilen Hang eine Ebene aufzuschütten. Die Gebäude rings um die Kirche lassen ihre ursprüngliche bauliche Funktion unschwer erkennen. Zweiseitgehöfte und Streckhöfe wechseln sich ab und dokumentieren mit ihren heute meist leerstehenden Stall- und Wirtschaftsgebäuden, daß die Bevölkerung von Zimmern ihren Broterwerb einst aus der Landwirtschaft bestreiten mußte. Im Ort selbst gibt es nur noch zwei hauptberufliche Landwirte, deren Existenz durch Raumnot und mangelnde Möglichkeit zur Erweiterung bedroht ist. Den Siedlungsmittelpunkt bildet der Dorfplatz mit dem Dorfbrunnen, Bänken und einem Gedenkstein, der an die 1985 abgehaltene 1200-Jahrfeier von Zimmern erinnert. Auf diesem Platz stand früher das Rathaus. Eines der schönsten Häuser ist zweifellos die ehemalige Gaststätte »Rose« aus dem 16. Jh. am Fluß gegenüber der alten Seckachbrücke in der Brückenstraße. Die alte Brücke aus Buntsandstein mit einer gut erhaltenen Statue des hl. Nepomuk ist vom modernen Verkehr abgehängt und lädt zum Verweilen und Betrachten der sich im klaren Seckachwasser tummelnden Forellen ein. Schräg gegenüber steht das heutige Gasthaus »Zum grünen Baum«, ein sehr gut erhaltenes traufständiges Gebäude. Sein Fachwerk wurde noch nicht freigelegt. Vor der Gaststätte, vor der Kirche und an mehreren Stellen in und auch außerhalb des Dorfes fallen Bildstöcke aus Buntsandstein auf, die teils recht gut erhalten, teils aber auch stark verwittert sind und ein beredtes Zeugnis über die Volksfrömmigkeit der Dorfbewohner ablegen. Überquert man die Nepomukbrücke, so sieht man jenseits der L 519, die Seckach und Adelsheim verbindet, eine Reihe von Gebäuden, die zwischen 1882 und 1958 errichtet wurden: der sog. *Zinken*, der im Lauf seiner Geschichte auch zu Schlierstadt (Stadt Osterburken) gehört hatte. An der Landesstraße erstreckt sich der

Gebäudekomplex der Wernermühle mit Verladerampe. Die übrigen Gebäude im Zinken bestehen aus einem Streckgebäude und einem Eindachhof, gebaut ganz aus Trochitenkalk. Bei der Ortserweiterung um den alten Dorfkern war man gezwungen, sich dem Gelände und der Führung der Bahnstrecke Osterburken-Mosbach anzupassen. Der Neue Weg zweigt am östlichen Ortseingang nahe der Seckachbrücke von der Alten Schulstraße nach S ab, bis sie nach bogenförmigem Verlauf bei der alten Schule, einem stattlichen, ganz aus Natursteinen gearbeiteten Bau von 1890 mit Walmdach wieder zusammentreffen. Die Häuser entlang des Neuen Wegs sind meist keine speziellen Bauernhäuser mehr. Ein an der jeweils der straßenabgewandten Seite gelegener Nebenbau verrät Kleintierhaltung oder Nebenerwerbslandwirtschaft. Südlich der Bahnlinie herrscht eine wesentlich lockerere Bebauung mit Wohnhäusern in flacherem Gelände vor. Hier befindet sich auch die neue Schule im Stil der 1960er Jahre und der renovierte Kindergarten.

Das eigentliche *Neubaugebiet* liegt westlich des Dorfkerns in Richtung Seckach. Die meisten Häuser wurden dort zwischen 1958 und 1979 erbaut. Erst in neuerer Zeit wurden noch vorhandene Baulücken durch ansehnliche Neubauten geschlossen. Auf der Anhöhe über dem Prallhang jenseits der Seckach wurde ein neuer Sportplatz angelegt. Die besondere Atmosphäre Zimmerns ist wesentlich darauf zurückzuführen, daß Dorfkern und Erweiterungsgebiete keine harten Gegensätze bilden und vor allem die Verkehrswege das gewachsene Dorfgefüge nicht zerstören konnten.

Der Ursprung des *Hammerhofs* unterhalb von Zimmern geht auf das Jahr 1635 zurück. Die Wasserkraft der Seckach trieb dort zeitweilig drei Hammerwerke und eine Ölmühle an. Das heutige Wohnhaus trägt am Schlußstein des Eingangs die Jahreszahl 1784. Bis zum Jahr 1983 war der Hammerhof als beliebte Speisegaststätte geschätzt. Seither dient er nach dem Bau von umfangreichen Stallungen der Pferdezucht (Vollblutaraber).

Seit 1924 gehört die ehemals *abgesonderte Gemarkung Waidachshof* zu Zimmern. Der auf einer Anhöhe liegende Weiler mit Weidegrund und Wasserquelle vermittelt mit den umgebenden dichten Streuobstwiesen den Eindruck von Geschlossenheit. Die Bausubstanz indes ist wenig beeindruckend: Keine markanten Gebäude, die kleine Kapelle, im sog. »Fabrikstil« Ende des letzten Jahrhunderts erbaut, hat auch schon bessere Tage gesehen und harrt dringend einer Renovierung. Die alten bäuerlichen Anwesen, meist Eindachhöfe – einige Gebäude sind schon halb zerfallen – sitzen so eng aufeinander, daß kaum Platz für eine Straße blieb. Vor kurzem wurde die Ausfahrt in Richtung Adelsheim geschlossen, und der Waidachshof kann nur noch über die von Zimmern herführende Straße erreicht werden. Um den alten bäuerlichen Kern herum wurden in jüngerer Zeit einige Neubauten errichtet, da die alten Häuser den heutigen Wohnbedürfnissen nicht mehr genügten. Auf dem Waidachshof bewirtschaften heute 4 Vollerwerbslandwirte ihre bäuerlichen Mischbetriebe und teilen sich auch die Nutzung des nahegelegenen Waidachshofer Wäldles.

Bemerkenswerte Bauwerke. – Großeicholzheim: Der älteste Teil der *ev. Kirche* ist der Chorturm der ehemaligen Laurentiuskirche, wahrscheinlich aus dem Anfang des 14. Jh. An einem Eckquader am Langhaus sieht man die Inschrift: »Anshelm von Eicholzheim« und als Wappen ein Rad mit 5 Speichen. Das heutige dreiachsige barocke Langhaus mit profilierten Rundbogenfensterumrahmungen entstand im 18. Jh. 1720 ist als Jahr der Erweiterung überliefert. An einem zweitobersten Quader einer Turmecke ist die Jahreszahl 1718 eingemeißelt, die das Erbauungsjahr der Aufstockung und der Turmbedachung mit Welscher Haube angeben könnte. Der gewölbte mittelalterliche Chor besitzt nach O ein zweibahniges Maßwerkfenster. An dieser Wand sind auch die mittelalterlichen Wandmalereien am besten erhalten, die aus einer Schicht der 2. H. 14. Jh. und einer des 15. Jh. bestehen. Auch an der Nordwand des Langhauses sind Fragmente spätgotischer Malereien aufgedeckt worden.

Die *Wasserburg* derer von Eicholzheim wurde im 16. Jh. errichtet. An einem Portal mit posthumgotischen Zierformen, dem alten Eingang zum Treppenturm, ist im Sturz die Jahreszahl 1556 eingemeißelt. Das zweigeschossige 1968 ruinöse Gebäude dient heute ausgebaut mit einem modernen Treppenhaus als Rathaus. Im Obergeschoß wurden Teile auch in Fachwerk konstruiert. An dem ehemals zugehörigen Lagergebäude findet sich die Jahreszahl 1829 und die Inschrift: Hans Philipp Christoph Graf von Degenfeld-Schomburg.

Die *kath. Kirche* wurde 1819/21 mit einem dreiachsigen Langhaus und dreiseitigem polygonalem Chorschluß erbaut. Die Eingangsfassade ist dreiteilig mit Pilastern gegliedert. In der Eingangsseite klassizistisches Rechteckportal mit flacher Giebelverdachung, darüber Rechteckfenster mit ebenfalls profilierter Rahmung. An den Längsseiten und am Chor dagegen Rundbogenfenster. Über dem schmucklosen Giebel der Eingangsfassade auf dem Satteldach ein achtseitiger verschieferter Dachreiter. Der Innenraum ist flachgedeckt. Von der historischen Ausstattung sind der Hochaltar, die Empore und die Orgel erhalten.

Gegenüber der ev. Kirche ist das giebelständige zweigeschossige *Fachwerkgebäude* Marktplatz 3 mit Zierformen aus dem 17./18. Jh. besonders zu erwähnen.

Seckach: In die 1859–66 nach Plänen von Moosbrugger erbaute neugotische, dreischiffige *kath. Kirche* wurde 1975–78 ein modernes Querschiff eingefügt. Der neugotische Chor wurde hinausgeschoben und von dem alten Langhaus 4 Achsen und der Frontturm an Ort und Stelle erhalten.

Eine barocke *Mariensäule* und *Bildstöcke* aus rotem Sandstein prägen das Ortsbild.

Zimmern: An die noch in spätbarocken Formen 1805 erbaute *kath. Kirche* wurde 1909/10 im neubarocken Stil ein Querschiff und Langhaus mit seitlichem Glockenturm angebaut. Auf dem alten Chor erhebt sich über polygonalem Grundriß ein schwerer Dachreiter mit Glockendach. Auch die Ausstattung, Hochaltar, Seitenaltar, Kanzel und eine Marienfigur, stammt aus dem frühen 19. Jh.

In einer Kanzel über dem mittleren Pfeiler der zweijochigen *Seckachbrücke* steht eine Nepomukstatue, deren wappengeschmückter Sockel 1736 datiert ist.

B. Die Gemeinde im 19. und 20. Jahrhundert

Bevölkerung

Bevölkerungsentwicklung. – Von den drei Ortschaften, die heute in der Gde Seckach zusammengeschlossen sind, zählte im Jahre 1808 Großeicholzheim 616 Einwohner, während in Seckach 530 und in Zimmern 274 Menschen wohnten. Die Kolonisten auf dem Waidachshof (1828:44) wurden bis 1845 bei Seckach mitgezählt, danach bei Zimmern. In allen drei Orten nahm die Einwohnerschaft bis zu den Not- und Hungerjahren um die Jahrhundertmitte kontinuierlich um insgesamt 43 % zu. Eine Auswanderungswelle während der 1850er Jahre unterbrach diese Entwicklung. Großeicholzheim, der bislang bevölkerungsreichste Ort, erreichte zwar im folgenden Jahrzehnt nochmals das frühere Niveau (1871:859), mußte aber dann bis zum 2. Weltkrieg dauernde Verluste hinnehmen (1939:653). Zimmerns Bevölkerung konnte bis nach der Jahrhundertwende die Abwanderung immer wieder durch Geburtenüberschüsse wettmachen. In der Zwischenkriegszeit gelang dieser Ausgleich nicht mehr. Die damalige Gde Seckach übertraf seit dem letzten Drittel des 19. Jh. das benachbarte Großeicholzheim an Einwohnern. Dank der günstigen Auswirkungen der dortigen Bahnstation erreichte die Bevölkerung Seckachs, ganz im Gegensatz zur rückläufigen Tendenz in den anderen Orten, noch in den 1920er Jahren ihren bis dahin höchsten Stand.

Während der 2. Weltkrieg in anderen Gegenden des Deutschen Reiches mit Evakuierung, Vertreibung und Flucht endete, war der Zustrom an Menschen zwischen 1939 und 1950 in Zimmern (52,12 %), Großeicholzheim (53,45 %) und Seckach (59,55 %) nur mühsam zu bewältigen. In den beiden folgenden Jahrzehnten nahm die Einwohnerzahl Zimmerns wieder deutlich ab, in Großeicholzheim blieb sie annähernd stabil. Seckach aber, wo der vor allem aus Wanderungsgewinnen sich ergebende Zuwachs bis in die Mitte der 1970er Jahre anhielt, übertraf bereits bei der Zählung von 1961 die beiden anderen Orte zusammen um 296 Personen. Seit sich die drei bislang selbständigen Gemeinden zu Anfang 1972 zur Einheitsgemeinde Seckach zusammenschlossen, schwankte die Gesamteinwohnerzahl nur wenig, nämlich zwischen 3798 (1978) und 3666 (1988).

Die damaligen Gden Seckach und Zimmern verloren durch den 1. Weltkrieg je 29 Angehörige, Großeicholzheim hatte 23 *Gefallene* und *Vermißte*, darunter auch vier jüd. Mitbürger, zu beklagen. Im 2. Weltkrieg fielen 56 Soldaten aus Seckach und je 34 aus Großeicholzheim und Zimmern; das Schicksal von 14 Großeicholzheimern und 7 Seckachern blieb ungeklärt. Während des letzten Krieges wurden in alle drei Orte zahlreiche Menschen insbesondere aus Dortmund und Mannheim evakuiert. 1946 traf man davon in Großeicholzheim noch 109 Personen an. In der »Teufelsklinge«, in ehemaligen Zwangsarbeiterbaracken der Organisation Todt, wurden 1946 innerhalb von acht Monaten 22 000 Menschen vorübergehend untergebracht, bevor sie den einzelnen Gemeinden des damaligen Kreises Buchen zugewiesen waren. 318 *Vertriebene* machten 1950 fast ⅓ (31,7 %) der Großeicholzheimer Bevölkerung aus, in Seckach betrug der entsprechende Anteil 26,2 % und in Zimmern 29,5 %. Nur Seckach übte eine dauerhafte Attraktivität auf die Zuwanderer aus: Hier stieg die absolute Zahl der Vertriebenen innerhalb der folgenden elf Jahre von 350 auf 490 an, aus den beiden anderen Ortschaften zogen gleichzeitig 161 Vertriebene wieder weg. Bis 1961 ließen sich in Großeicholzheim 61 *SBZ-Flüchtlinge*, in Seckach 59, in Zimmern aber nur vier nieder. Bedingt durch den Ausbau der Eisenbahn, hielten sich in Seckach bereits 1900 vorübergehend 30 *Ausländer* auf. Zwischen 1970 und 1988 erhöhte sich die Zahl der Einwohner mit fremder Staatsangehörigkeit in der Gesamtgemeinde von 44 auf 89; letzteres entspricht einem Anteil von 2,4 % an der Bevölkerung. Am stärksten sind Italiener, Jugoslawen, Türken, Vietnamesen und Österreicher vertreten. Die meisten leben im Kinder- und Jugenddorf Klinge, das praktisch einen vierten Teilort der Einheitsgemeinde Seckach bildet.

Konfessionelle Gliederung. – Als traditionell geistlicher Besitz waren Zimmern und Seckach zu Beginn des 19. Jh. rein katholisch. Nach der Liberalisierung des bad. Niederlassungsrechts (1862) finden wir im Zusammenhang mit dem Bau der Odenwaldbahn in beiden Ortschaften kurzfristig einen protestantischen Bevölkerungsanteil von bis zu 12 %. Zwischen 1875 und 1970 machten die Protestanten in Zimmern nie mehr als 4,4 % aus, in Seckach schwankten sie zwischen 2,6 % und 11,3 %. Angehörige anderer Bekenntnisse oder Konfessionslose traten während dieser Zeit an jedem dieser Orte nur vereinzelt auf. Im ehemals pfälzischen Großeicholzheim bestanden wesentlich vielfältigere Religionsverhältnisse: 1806, beim Übergang an Baden, wurden in dieser Gemeinde 371 Reformierte, 83 Lutheraner, 102 Katholiken, 5 Mennoniten und 70 Juden gezählt. Bis 1875 hatten sich vor allem Katholiken und Juden stark vermehrt; von den insgesamt 865 Einwohnern bekannten sich 65,1 % zur evangelisch-unierten Landeskirche, 20,6 % zur römisch-katholischen Kirche, 1,5 % zu sonstigen christlichen Gemeinschaften und 12,8 % zum Judentum. An der seit dem Ende des 1. Weltkriegs verstärkten Abwanderung waren die Juden überproportional beteiligt. 1933 lebten 56 Angehörige dieser Glaubensgemeinschaft in Großeicholzheim. Von ihnen starben in den folgenden sieben

Jahren acht, sechs nahmen ihren Wohnsitz in anderen deutschen Gemeinden, 28 flohen vor der nationalsozialistischen Verfolgung ins Ausland, die übrigen 14 wurden 1940 zusammen mit zwei inzwischen Zugezogenen in Konzentrationslager verbracht; Überlebende sind nicht bekannt. Die auf den Zusammenbruch des NS-Staates folgenden Flucht und Vertreibungswellen bewirkten in Großeicholzheim eine enorme Zunahme der Katholiken auf 46,4 % der Einwohnerschaft, die Protestanten machten somit nur noch 53,2 % aus. Von geringfügigen Schwankungen abgesehen, blieb dieses Zahlenverhältnis bis 1970 bestehen. 1987 gehörten in der Einheitsgemeinde Seckach 2553 Personen (69,6 %) der römisch-katholischen Kirche an, 961 (26,2 %) Ortsansässige waren Mitglieder der ev. Landeskirche, 16 (0,4 %) Einwohner bekannten sich zum Islam, 136 (3,8 %) Seckacher rechneten sich einer sonstigen oder keiner Glaubensgemeinschaft zu.

Soziale Gliederung. – Wie in den meisten ländlichen Gegenden war auch in Zimmern, Seckach und Großeicholzheim während des gesamten 19. Jh. Landwirtschaft die Existenzgrundlage des überwiegenden Teils der Bevölkerung. Dabei gab es vor allem in Seckach und Zimmern nur wenige einigermaßen wohlhabende Landwirte. Die Mehrzahl besaß infolge des Realteilungserbrechts so wenig Wirtschaftsfläche, daß sie selbst mit größter Mühe nur in günstigen Jahren einen ausreichenden Ertrag erzielen konnten und somit auf ein Zusatzeinkommen als Taglöhner angewiesen waren. Bis zum Beginn des Eisenbahnbaus kamen als Arbeitgeber für die Leute aus Zimmern hauptsächlich das leiningensche Gut Seligental, für die Seckacher das von Rüdtsche Gut in Bödigheim in Frage. Die fortdauernd prekäre Lage der Klein- und Kleinstlandwirte wurde später immer dann offenkundig, wenn ein Stocken des Eisenbahnbaus den Armenaufwand der Gemeinden ansteigen ließ. Die Eisenbahn eröffnete aber auch die Möglichkeit, an auswärtige Arbeitsplätze zu pendeln, und förderte den Absatz landwirtschaftlicher Produkte und den Viehhandel, auf den ein großer Teil der jüd. Minderheit von Großeicholzheim angewiesen war. Auch dieser Marktflecken war trotz einer gegenüber den Dörfern Seckach und Zimmern etwas höheren Zahl von Handwerkern, Krämern, Händlern und Gastwirten, rein landwirtschaftlich geprägt. Dabei gestaltete sich hier, dank einer großen Allmende, die Situation der Kleinlandwirte etwas günstiger. Bis 1893 die Naturalverpflegungsstation für walzende Handwerksburschen aufgehoben wurde, kam es immer wieder zu Klagen über Bettler und Betrunkene; ähnliche Probleme gab es in Zimmern, das beim Bezirksamt als »Hauptzufluchtstätte von Zigeunern« galt.

Gegen Ende des 19. Jh. (1895) lebten in Großeicholzheim nur noch 59,7 % der Einwohnerschaft überwiegend vom Ertrag bäuerlicher Tätigkeit, in Seckach traf dies damals auf 71,1 % und in Zimmern auf 73,8 % zu. Handwerk und Gewerbe ernährten in Großeicholzheim ein knappes Fünftel (19 %), in Seckach 12,1 % und in Zimmern 14 %. Handel und Dienstleistungen sicherten den Lebensunterhalt für 12,8 % der Großeicholzheimer, aber nur für 8,3 % bzw. 3,9 % der Seckacher und Zimmerner. Die von einer Beschäftigung im öffentlichen Dienst oder sonstigen Einkommensquellen Abhängigen machten an allen drei Orten etwa ¹/₁₂ der Bevölkerung aus. In den folgenden vier Jahrzehnten veränderten sich in Großeicholzheim und in Seckach die sozialen bzw. wirtschaftlichen Strukturen recht deutlich: Im oberen Schefflenztal gewann besonders die Landwirtschaft wieder relativ an Bedeutung, als vor allem infolge der starken Abwanderung des jüd. Bevölkerungsteils sich die Zahl der im Handels- und Dienstleistungsgewerbe Tätigen weit überproportional verminderte. Während auch die Handwerkerschaft stagnierte, wuchs die Gruppe der im öffentlichen Dienst Stehenden und der Bezieher arbeitsloser Einkommen (z. B. Arbeitslosengeld, Renten und Pensio-

Die Gemeinde im 19. und 20. Jahrhundert

nen). Im Gegensatz zu Großeicholzheim vermehrten sich in Seckach nur die Nutznießer nichtlandwirtschaftlicher Einkommensquellen; 1939 summierten sie sich auf nahezu 54 % der Gesamtbevölkerung. Besonders augenfällig war hier der Zuwachs im Bereich Handel, Verkehr und Dienstleistungen sowie bei Handwerk und Industrie. Die Einwohner Zimmerns waren damals noch immer zu fast 70 % von der Landwirtschaft abhängig. Das Produzierende Gewerbe zeigte sich rückläufig, während der tertiäre Sektor zunahm.

Aus der ersten umfassenden Zählung nach dem 2. Weltkrieg ergab sich 1950 ein wesentlich verändertes Bild der Berufszugehörigkeit: In jeder der drei Gemeinden bildete nun die nichtbäuerliche Bevölkerung die Mehrheit. Für Seckach waren Handwerk und Industrie mit einem abhängigen Bevölkerungsanteil von 30,9 % bereits zum wichtigsten Wirtschaftsbereich geworden; in Großeicholzheim und auch in Zimmern bezog immerhin jeweils ¼ der Einwohner den Lebensunterhalt überwiegend aus dem Produzierenden Gewerbe. Während in Großeicholzheim Handel und Verkehr mit 6 % nur noch eine untergeordnete Rolle spielten und auch in Zimmern mit 9 % lediglich den vierten Rang einnahmen, zählten in Seckach 21,5 % dazu. Die Angehörigen des öffentlichen Dienstes machten in Großeicholzheim nun fast $\frac{1}{10}$ aus, in Seckach 7 % und in Zimmern 2,6 %. Von freiberuflichen oder berufslosen Einkommen lebte jeweils etwa $\frac{1}{5}$ der Ortsansässigen.

Während der folgenden 20 Jahre verschoben sich die sozialen Verhältnisse nochmals erheblich. Zunächst wies Großeicholzheim die höchste Konzentration von Handwerkern und Industriebevölkerung auf; 1970 nahm Zimmern diesen Platz ein, nachdem auch hier die Landwirtschaft ihre traditionelle Rolle als wichtigste ländliche Einkommensquelle verloren hatte. Ein zunehmender Anteil der Einwohner beider Orte fand sein Auskommen im Bereich von Handel und Verkehr, während die Quote der Rentner und Pensionäre kaum über die bereits zu Beginn der 1960er Jahre erreichte Schwelle von einem Fünftel hinausging. Seckach unterschied sich in der Zusammensetzung seiner Bevölkerung deutlich von den Nachbarorten: Nicht nur lag der Rentneranteil mit 30 % wesentlich höher, auch Angehörige freier Berufe und des öffentlichen Dienstes waren mit 16 % erheblich stärker als in Großeicholzheim und Zimmern vertreten. Zwar bildeten auch in Seckach die dem Produzierenden Gewerbe Zugehörigen die größte Berufsgruppe, doch umfaßte diese mit 38 % einen vergleichsweise geringen Teil der Einwohnerschaft. Ebenso waren Handel und Verkehr mit 11 % auffallend gering besetzt. Ein Anteil von nur 4 % zeigt, daß die Landwirtschaft für den Unterhalt der Bevölkerung kaum noch eine Rolle spielte.

1987 bezogen in der Einheitsgemeinde Seckach 38,3 % der Bevölkerung ihr Einkommen überwiegend aus eigener Erwerbstätigkeit. Von diesen Personen waren 48,9 % im Produzierenden Gewerbe, 13,4 % im Bereich Handel, Verkehr und Nachrichtenübermittlung, 4,1 % in Land und Forstwirtschaft und 33,6 % in sonstigen Wirtschaftsbereichen beschäftigt. Auf Unterhalt durch Eltern, Ehegatten und sonstige Angehörige waren 36,3 % aller Einwohner angewiesen. Ein Viertel lebte von Arbeitslosengeld, Arbeitslosenhilfe, Renten, Pensionen oder vergleichbaren Bezügen. Auch in Seckach wurde mit der vielfachen Aufgabe der bäuerlichen Erwerbstätigkeit die berufliche Selbständigkeit zum Merkmal einer Minderheit. Im Bereich des Handwerks schrumpfte die Zahl der selbständigen Betriebe zwischen 1968 und 1977 von 46 auf 35; im folgenden Jahrzehnt stabilisierte sie sich auf diesem Niveau. Im Handel kann sich seit Jahren ein rundes Dutzend selbständiger Gewerbetreibender behaupten. Von den abhängig Beschäftigten hat noch immer eine beträchtliche Anzahl ihren Arbeitsplatz außerhalb der Gemeinde z. B. in Buchen, Osterburken, Mosbach und Neckarsulm.

Politisches Leben

Gegen Ende des 18. Jh. gab es in den kurmainzischen Dörfern Zimmern und Seckach offenbar Versuche, sich den drückenden Abgaben an den Fürstbischof zu entziehen. Den zweifachen Wechsel des Landesherrn zu Beginn des 19. Jh. scheinen aber sowohl die ehemaligen Mainzer Untertanen wie auch die einstigen Pfälzer in Großeicholzheim ohne besondere Reaktion hingenommen zu haben. Auch die großherzoglich-bad. Beamten hatten zunächst keinen Grund, über das Verhalten der Dorfleute Klage zu führen. Im Laufe der 1840er Jahre steigerte sich allerdings der Unmut über die Vorrechte der Standes- und Grundherren und die von ihnen geforderten feudalen Abgaben. Im Frühjahr 1848 beteiligten sich mehrere Männer aus Seckach und Zimmern an der Verbrennung der leiningenschen Rentamtsakten in Buchen und an den Plünderungen in den Schlössern von Adelsheim und Bödigheim. In Großeicholzheim stimmte der Pfarrer rechtzeitig der seit langem geforderten Beseitigung des herrschaftlichen Kirchenstuhls zu und verhinderte so größere Ausschreitungen. Immerhin schlossen sich einige Bürger des Orts zu einer Untergruppe des Schefflenzer Volksvereins zusammen und agitierten für dessen revolutionäre Ziele.

Nach dem Scheitern der bad. Republik hatten die Gemeinden an den ihnen auferlegten Kriegskosten schwer zu tragen. Während das überwiegend protestantische Großeicholzheim in den folgenden Jahrzehnten bei der staatlichen Verwaltung als friedlicher und leicht zu regierender Ort galt, beschrieben die Bezirksbeamten die Einwohner von Seckach und Zimmern als wenig fügsam, starrköpfig und fortschrittsfeindlich. Als Ursache dieser schlechten Eigenschaften wurde der von den kath. Pfarrern ausgehende ultramontane Einfluß beklagt. Tatsächlich konnte sich die Zentrumspartei in den beiden fast rein kath. Dörfern auf eine sichere Gefolgschaft von über 90 % der Wählerschaft stützen. In Zimmern erreichten die Nationalliberalen 1871 bei der ersten *Reichstagswahl* mit 7,6 % ihr bestes Ergebnis. Danach blieben sie dort, außer 1887 und 1890, stets unter 5 %. In Seckach stimmten nur bei der Kartellwahl von 1887 wenig mehr als 6 % für die langjährige bad. Regierungspartei. Außer den Sozialdemokraten, die seit 1898 in Seckach einige wenige Anhänger hatten, wurde in diesen Zentrumsbastionen bis zum Ende der Monarchie keine weitere Partei gewählt. Unzufriedenheit drückte sich hier, vor allem bei der Wahl 1898, nicht im Wechsel der Partei, sondern in der sonst seltenen Stimmenthaltung aus. Ein wesentlich anderes Bild bot das Wahlverhalten in Großeicholzheim: Hier schwankte die Wahlbeteiligung zwischen 48,4 % (1898) und 91,6 % (1907). Der Stimmenanteil der Nationalliberalen entsprach meist in etwa der protestantischen und der jüd. Bevölkerungsgruppe und lag damit um 80 %; den Rest bekam das Zentrum. Die Stimmabgabe für die Konservativen 1877 (22,4 %) und 1912 (15,3 %) ging jeweils zu Lasten der Nationalliberalen. Für die Sozialdemokraten entschieden sich 1912 erstmals 3,3 %.

Bei der Wahl zur Verfassunggebenden Deutschen Nationalversammlung konnte das Zentrum in allen drei Gemeinden seine angestammten Anhänger noch weitgehend an sich binden. Die früheren Wähler der Nationalliberalen verteilten sich in Großeicholzheim auf die Deutsche Demokratische Partei (40,1 %), die Deutschnationale Volkspartei (11,8 %) und die SPD mit nunmehr 15,4 %. Den Sozialdemokraten gelang es auch in Seckach immerhin 10,9 % auf sich zu vereinigen, während sie in Zimmern neben dem Zentrum ebenso unbedeutend blieben wie die anderen Parteien. Auch in den folgenden Wahlen der Weimarer Republik erwies sich das Zentrum als stabilste politische Kraft. Noch bei der Novemberwahl 1932 erhielt es in Zimmern 74,9 %, in Seckach 59,7 % und in Großeichholzheim immerhin 11,2 %. Im Gegensatz dazu waren die Liberalen

Die Gemeinde im 19. und 20. Jahrhundert 633

selbst im letzteren Ort zur Bedeutungslosigkeit abgesunken und die Sozialdemokraten hatten nirgends ihre anfänglichen bescheidenen Erfolge auszubauen vermocht, sondern eine erhebliche Wählerzahl an die Kommunistische Partei verloren. Diese belegte 1928 in Seckach mit 18,4 % den zweiten Platz hinter dem Zentrum und kam im November 1932 dort wie auch in Großeicholzheim mit 10,8 % bzw. 10,4 % an dritter Stelle; in Zimmern erreichte sie dieselbe Position mit nur 2,9 %. Anders als in den beiden Nachbarorten waren die Stimmen während der 1920er Jahre in Großeicholzheim sehr zersplittert: Keine Partei vermochte auch nur ⅓ für sich zu gewinnen. Im Dezember 1924 führte der Bad. Landbund (27,5 %) vor der Deutschnationalen Volkspartei (22 %). Vier Jahre später stand letztere mit 28,5 % an der Spitze, gefolgt von der NSDAP mit bereits 19,8 %. Bei der letzten freien Reichstagswahl entschied sich in Großeicholzheim die absolute Mehrheit (62 %) für die Nationalsozialisten; in Seckach kaum mehr als ⅓ und in Zimmern etwa ein Sechstel.

Nach dem Zusammenbruch der NS-Diktatur und dem demokratischen Wiederaufbau in der Bundesrepublik Deutschland erwies sich bei der ersten *Bundestagswahl* am 14.8.1949 die neugegründete CDU in Seckach (50,9 %) und Zimmern (54,6 %) als Erbin der absoluten Mehrheit der alten Zentrumspartei, während sie in Großeicholzheim mit 20,3 % zunächst nur den dritten Platz hinter der Notgemeinschaft der Kriegsgeschädigten, Heimatvertriebenen u.a. (34,6 %) und der FDP/DVP (26 %) erreichte. Ab 1953 fiel der CDU auch hier regelmäßig wenigstens die relative Mehrheit zu; in den beiden andern Orten konnte sie ihre Position noch ausbauen und sicherte sich damit für das Gebiet der heutigen Einheitsgemeinde Seckach ein dauerndes Übergewicht gegenüber ihrer gesamten Konkurrenz. Der Kampf um den zweiten Platz wurde 1965 entschieden, als es der SPD mit 21 % gelang, die FDP/DVP um fast 12 % zu überrunden. Die Sozialdemokraten schwankten seither zwischen 24,4 % (1969) und 33 % (1980), die Freien Demokraten zwischen 5 % (1969) und 7,2 % (1987). Andere Parteien konnten relevante Stimmanteile kaum über mehrere Wahlperioden halten: Der Bund der Heimatvertriebenen und Entrechteten erzielte 1953 13,3 %, 1957 10,3 % und 1961 als Gesamtdeutsche Partei, zusammen mit der ehemaligen Deutschen Partei, noch 8,5 %. Die NPD überwand 1969 gerade eben die Fünfprozentschwelle, verlor danach jedoch fast ihre gesamten Wähler. Zunehmende Tendenz zeigen bislang die Bundestagswahlergebnisse der Grünen, nämlich von 1,8 % (1980) auf 8,7 % (1987).

Die Beteiligung an den *Landtagswahlen* war mit Ausnahme von 1976 und 1987 deutlich schwächer als an den Wahlen zum Bundesparlament. Eine eindeutige Spitzenposition nahm bereits bei der Wahl zur Verfassunggebenden Landesversammlung von Baden-Württemberg im Jahre 1952 die CDU ein. Seit 1960 hält sie, wenn auch manchmal knapp, die absolute Mehrheit. Dauerhafte Konkurrenz macht den Christdemokraten nur die SPD, deren Stimmenanteile allerdings nach einer bis 1964 kontinuierlichen Aufwärtsentwicklung 1968, während der Koalition mit der CDU, einen starken Rückgang zeigten und sich seitdem zwischen 25,5 % (1980) und 46,5 % (1976) bewegen. Der BHE, der bei den drei ersten Landtagswahlen mit jeweils etwa einem Fünftel der Wähler die zweitstärkste politische Kraft war, zerfiel nach 1960. Die FDP/DVP erzielte 1956 in Großeicholzheim mit 38 % eine klare Mehrheit und lag damit, auf die heutige Gesamtgemeinde Seckach bezogen, noch vor der SPD an dritter Stelle. Das freidemokratische Wählerpotential erlitt jedoch 1960 und nochmals 1972 und 1976 erhebliche Einbrüche. Inzwischen konnte die Partei ihre Wahlergebnisse auf Landesebene bei über 4 % stabilisieren. Während die NDP 1968 mit rund 12 % in allen drei Orten nur einen einmaligen Höhepunkt erreichte, konnten die Grünen ihren Stimmanteil von 5,5 % (1980) auf 8,3 % (1984) steigern.

Bei den *Kommunalwahlen* im Herbst 1984 errang die CDU mit 65,3 % zehn Gemeinderatssitze, auf die sozialdemokratische Liste entfielen für 30,9 % 4 Mandate. Mit 3,8 % der abgegebenen Stimmen mußten sich die Grünen begnügen. Die Bürgermeisterwahl am 9. 3. 1986 brachte eine klare Entscheidung für den einzigen, von der CDU gestellten Bewerber. Bereits während der Weimarer Republik bestand in Seckach eine Ortsgruppe der SPD; sie wurde 1933 von den Nationalsozialisten verboten. Die Neugründung erfolgte erst 1970. Eine formlose Vereinigung von CDU-Mitgliedern bildete sich bereits im Dezember 1955. Die offizielle Gründung einer Ortsgruppe erfolgte 1973. Obwohl gewerkschaftliche Tätigkeit in Seckach spätestens seit einem Streik im Jahre 1919 bekannt war, erfolgte die Gründung eines Ortskartells des DGB erst 1974 als eines der ersten in der Gegend.

Wirtschaft und Verkehr

Land und Forstwirtschaft. – Während des gesamten 19. Jh. lebte der bei weitem überwiegende Teil der Menschen in Großeicholzheim, Seckach und Zimmern als Bauern. Als die drei Dörfer 1803 unter die Herrschaft des Fürsten Leiningen kamen, war *Getreideanbau* die Existenzgrundlage der Bevölkerung, daneben trugen in Seckach und Großeicholzheim auch Rinder- und Schafzucht wesentlich zum Lebensunterhalt bei. Überall war die *Dreifelderwirtschaft* bereits verbessert; auf der Brache wurden außer üblichen Brachfrüchten wie Klee, Rüben und Kartoffeln auch Erbsen sowie teilweise Hanf und Flachs angebaut. Großvieh hielt man im Stall, die Schafe weideten hauptsächlich auf Ödflächen. Um die Rinderhaltung zu verbessern und zu intensivieren, hatten die Freiherren von Rüdt auf ihrem Gut in Bödigheim eine sorgfältige Wiesenbewirtschaftung mit genau geregelter Bewässerung eingeführt. Vor allem Seckacher Bauern, die als Taglöhner oder Knechte die erfolgreiche Methode kennengelernt hatten, verbreiteten die Kenntnis davon. In der Folge wurde kurz nach der Wende zum 19. Jh. am Hiffelbach und an der Seckach auf den Gkgn Seckach, Schlierstadt und Zimmern eine *Wiesenwässerungsgemeinschaft* gegründet und ein ausgedehntes Schleusen- und Kanalsystem angelegt. Noch 60 Jahre später galt die Seckacher Wiesenkultur als vorbildlich und lieferte einen sicheren Beitrag zum Viehfutter. Der Eisenbahnbau erzwang wohl Änderungen an den Wässerungsanlagen, sie blieben aber auf Gkg Seckach in weiten Teilen wenigstens bis in die 1950er Jahre in Gebrauch. Die Wiesenbesitzer in Zimmern schieden 1904 aus der Wässerungsgemeinschaft aus, weil sie sich durch die Seckacher benachteiligt fühlten.

Da der Graswuchs dank der regelmäßigen Wässerung wesentlich besser war, genügten vergleichsweise geringe Flächen, um einen ausreichenden Ertrag an Gras, Heu und Öhmd zu erhalten. Dementsprechend nahmen um 1880 die *Wiesen* auf Gkg Seckach etwas weniger als ⅓ und auf Gkg Zimmern etwa ⅕ der Fläche (126 ha) in Anspruch, die in Großeicholzheim, wo Wässerungsmöglichkeiten fehlten, als Wiesen genutzt wurde. Trotz ihrer großen Ausdehnung konnten die dortigen Trockenwiesen in regenarmen Jahren den Futterbedarf nicht decken. In solchen Fällen gab die Forstverwaltung die Erlaubnis zum Schneiden von Waldgras. Als Weideland nutzte man in Großeicholzheim lediglich 5 ha und in Seckach 2 ha. In Zimmern wurden erst um die Jahrhundertwende die 1880 noch 20 ha umfassenden Weideflächen fast völlig anderen Nutzungen unterworfen. In Großeicholzheim nahmen vor dem 1. Weltkrieg Wiesen und Weiden um nahezu ⅔ ab, später weitete man sie wieder aus.

Die *Ackerfläche* wurde im Verlauf des 19. Jh. auf den annähernd gleichgroßen Gkgn Großeicholzheim und Seckach nur geringfügig, auf der kleinen Gkg Zimmern aber

Die Gemeinde im 19. und 20. Jahrhundert

durch Urbarmachen von Bruchäckern und Ödungen erheblich ausgedehnt. 1880 umfaßte sie in Seckach 653 ha, in Großeicholzheim 565 ha und in Zimmern 451 ha. Angebaut wurde vor allem Getreide: In Seckach nahm es 67,7 %, in Großeicholzheim und Zimmern jeweils etwa die Hälfte der bebauten Fläche ein. Während in Zimmern mit 26,6 % und in Seckach mit 12,4 % Futterpflanzen an zweiter Stelle kamen, waren dies in Großeicholzheim Kartoffeln mit 21,6 %. Futterhackfrüchte, z. B. Dickrüben, spielten damals noch eine untergeordnete Rolle. An Körnerfrüchten wuchs in Seckach Hafer auf 184 ha, in Zimmern auf 76 ha und in Großeicholzheim auf nur 54 ha. Auch für Dinkel stand in Seckach die größte Fläche (148 ha), in Großeicholzheim allerdings kaum weniger (144 ha) und in Zimmern 101 ha zur Verfügung. Auf 5 bis 36 ha wurden Sommergerste und Winterroggen ausgebracht, während man Winterweizen erst auf 1 bis 4 ha erprobte. Vor dem 1. Weltkrieg erreichte der Getreideanbau in Großeicholzheim mit 69,4 % der Anbaufläche seine größte Ausdehnung; Hafer und Dinkel waren hier noch immer die bevorzugten Sorten. Die Zimmerner Landwirte hatten zwar den Getreideanbau insgesamt nicht verstärkt, die Aussaat von Winterweizen aber auf Kosten von Dinkel gegenüber 1880 um fast 70 ha ausgeweitet. In Seckach ersetzte man Hafer teilweise durch Sommergerste und Winterroggen. Hier wurde während der beiden folgenden Jahrzehnte, nicht zuletzt aufgrund staatlicher Förderung, die von Futterpflanzen, insbesondere Luzerne, bestandene Fläche von 97 ha (1913) auf 192 ha (1930) vergrößert; auch der Anbau von Kartoffeln und Futterhackfrüchten nahm zu. Dinkel hingegen war 1930 nicht nur in Seckach bis auf kleine Restflächen von den Feldern verschwunden. Winterweizen, Winterroggen und Sommergerste traten an seine Stelle. Feldgemüsebau, der 1880 in Großeicholzheim auf 7 ha und in Seckach auf 3 ha betrieben wurde, hatte sich nur im letzteren Ort leicht ausgedehnt und beanspruchte in Großeicholzheim wie auch in Zimmern lediglich 1 ha. Infolge von jahrzehntelanger intensiver staatlicher Förderung standen 1933 auf den drei Gemarkungen insgesamt 17297 *Obstbäume*, davon waren knapp die Hälfte Apfelbäume.

Der Übergang von Dinkel zu Weizen erforderte eine reichlichere Düngung und eine gründlichere Bodenbearbeitung. Die Bezirksverwaltung und der bad. Bauernverein propagierten deshalb die Verwendung von Kunstdünger und den Einsatz von Maschinen. Seit der Jahrhundertwende wurden folglich zunehmende Mengen an Thomasmehl, Kainit und Chilesalpeter ausgebracht; auch Gips wurde zur Bodenverbesserung eingesetzt. In Seckach verwendete man aber auch noch den Dung aus dem Pferch der Gemeindeschäferei. In dieser Ortschaft verhielten sich die Landwirte gegenüber Maschinen wegen des schwierigen Geländes und wegen des Mangels an geeigneten Zugtieren zunächst ablehnend. 1913 genügten allerdings vier Vorträge eines Landwirtschaftsinspektors, um zehn Bauern zur Anschaffung je eines Federzahnkultivators zu veranlassen. In Zimmern und vor allem in Großeicholzheim stieß die Mechanisierung auf weniger Vorbehalte. Während man sich in Zimmern und Seckach noch 1908 befriedigt über das Getreidegeschäft mit einzelnen Händlern äußerte, waren die meisten Großeicholzheimer der 1902 gegründeten Schefflenzer Getreideabsatzgenossenschaft beigetreten. Diese Möglichkeit konnte von den Zimmerner und Seckacher Bauern wegen des schlechten Zustandes der Verbindungsstraßen kaum genutzt werden. Der Großeicholzheimer Obstbauverein schloß sich 1922 einer Adelsheimer Absatzgenossenschaft an. In allen drei Gemeinden wurde um 1908 über den Mangel an landwirtschaftlichen Hilfskräften geklagt, obwohl sich der Lidlohn innerhalb von 20 Jahren verdoppelt hatte.

Zwischen 1930 und 1949 verminderte sich die landwirtschaftlich genutzte Fläche auf der Gkg Seckach um 12,5 %, auf der Gkg Großeicholzheim blieb sie nahezu gleich und in Zimmern vermehrte sie sich um 12,7 %; für die Gesamtheit der drei Orte (LF 1949 = 1689 ha) war hierin also kaum eine Änderung eingetreten. Hinsichtlich der landwirtschaftlichen Nutzung zeigte sich aber überall eine Minderung der Ackerfläche zugunsten des Dauergrünlands. Die Anbaufläche wurde nun vor allem für Futterpflanzen genutzt, in Seckach (500 ha) fast zur Hälfte, in Zimmern (480 ha) zu 46,5 % und in Großeicholzheim (478 ha) zu 43,1 %. Ein entsprechender Rückgang war insbesondere bei Getreide, aber auch bei Hackfrüchten einschließlich Kartoffeln festzustellen. Diese Tendenzen setzten sich in den nun folgenden Jahrzehnten fort. Die *landwirtschaftlich genutzte Fläche* der heutigen Gesamtgemarkung umfaßte 1981 1509 ha gegenüber 1623 ha 1965. Während desselben Zeitraums ging die Acker- und Gartenfläche um 8,1 % von 1260 ha auf 1158 ha zurück. Das Dauergrünland wurde zwischen 1965 (363 ha) und 1971 um 97 ha vermindert; 1981 hatte es jedoch mit 344 ha seine frühere Ausdehnung fast wieder erreicht.

Geht man von den 1808 ermittelten Zahlen aus, so hatten sich Rindvieh und Ziegen bis 1855 mehr als verdoppelt. Die Schweine vermehrten sich nur geringfügig, und der Bestand an Schafen nahm um rund ⅓ ab. Während desselben Zeitraums setzte sich, außer bei Schafen, die Stallfütterung allgemein durch. Angesichts des steigenden Konsums an tierischem Eiweiß versprach insbesondere die *Rinderzucht* sichere Einkünfte und ergab somit eine gute Ergänzung zu dem starken Preisschwankungen ausgesetzten Getreideanbau. Dementsprechend steigerten die Landwirte bis zum Beginn der 1890er Jahre ihren Rinderbestand in Seckach um 12,5 %, in Großeicholzheim um 39,6 % und in Zimmern um 48,6 %. Der Absatz wurde oft über ortsansässige Makler abgewickelt. Um das Risiko von Seuchen und sonstigen Schadensfällen zu mildern, drängten die Bezirksamtmänner bei den Ortsbereisungen regelmäßig darauf, daß möglichst alle Viehzüchter einer örtlichen Zweigstelle des Bad. Viehversicherungsverbandes beitraten. Wenn, wie in Großeicholzheim, bereits seit langer Zeit ein örtlicher Versicherungsverein bestand, bedurfte es erheblicher Anstrengungen, um den Gemeinderat zum Beitritt zu der staatlichen Anstalt zu veranlassen.

1913 wurden in Großeicholzheim 523, in Seckach 507 und in Zimmern 387 Rinder gehalten; jeweils etwa die Hälfte davon waren Kühe. Aus Zimmern wurden 1908 täglich 130–150 Liter Milch nach Mannheim geliefert, nach Adelsheim weitere 15 Liter. Der Preis pro Liter betrug 14 Pfennig. Nach der Jahrhundertwende hatte eine Tendenz zur Jungviehmast eingesetzt. Mehrere Landwirte aus Großeicholzheim und aus Zimmern beteiligten sich an der »Jungviehweide Sennfeld eGmbH«. Der *Rinderbestand* nahm inzwischen in Seckach und Großeicholzheim ab, in Zimmern stagnierte er. Erst 1971 stiegen in Großeicholzheim und Zimmern die Stückzahlen wieder an, während in Seckach um nahezu ⅓ weniger als 1950 (411 Stück) gehalten wurde. Der Anteil der Kühe an den Gesamtbeständen lag durchschnittlich bei ungefähr 35 %. In der Gesamtgemeinde Seckach gab es zwischen 1975 und 1982 etwa 1335 Rinder. Die Zahl der rindviehhaltenden Betriebe sank im selben Zeitraum von 75 auf 48, nachdem sie bereits seit 1965 um 46 zurückgegangen war. Der Durchschnittsbestand je Betrieb stieg dadurch von 9 (1965) auf 28 (1982).

Die *Schweinehaltung* entwickelte sich ähnlich wie die Rinderhaltung, doch hielt hier das kontinuierliche Wachstum der Bestände in allen drei Gemeinden bis zum 2. Weltkrieg, in Zimmern sogar darüberhinaus an. 1930 zählte man in Großeicholzheim 717 Schweine, gegenüber 1855 bedeutete dies einen Zuwachs von 213,1 %. In Seckach stieg der Bestand von 130 auf 460 Tiere und in Zimmern von 95 auf 278, die Zuwachsraten beliefen sich also auf 253,8 % bzw. auf 192,6 %. Um die Jahrhundertwende wurde der Zuchterfolg in Seckach und Zimmern durch die Schweineseuche bedroht. In Groß-

Die Gemeinde im 19. und 20. Jahrhundert   637

eicholzheim dagegen gründete man 1909 die »Bauländer Schweinezuchtgenossenschaft«, bei der sich die Gemeinden der Umgebung mit guten Zuchtebern versorgen konnten. Die Genossenschaft bestand bis 1927. In Großeicholzheim hielt man damals zwischen 50 und 75 Mutterschweine. Nachdem die Großeicholzheimer Schweinezucht in den Kriegsjahren stark zurückgegangen war, erreichte sie 1971 mit 707 Stück wieder ihr früheres Niveau. In Zimmern war der Bestand inzwischen auf 394 Tiere angewachsen, im Ort Seckach ging die Schweinehaltung unterdessen weiter zurück (1971:191). Innerhalb der Einheitsgemeinde Seckach schwankte die Zahl der Schweine in den Jahren 1965 bis 1979 zwischen 2125 und 1869. Danach zeichnete sich ein deutlicher Rückgang ab. 1965 wurden die Borstentiere in 260 Betrieben gehalten, 1982 nur noch in 74 Betrieben. Neben der Rinder und Schweinezucht spielte die *Ziegenhaltung* eine zwar bescheidene, für den kleinbäuerlichen Haushalt und für Nebenerwerbslandwirte aber sicher oft wichtige Rolle. Außer in den 1880er Jahren wurden in Großeicholzheim zwischen 1855 und 1930 immer etwa 30 Ziegen gezählt. In Seckach und Zimmern gab es vor allem nach der Jahrhundertwende bis zu 80 Stück davon. Nach dem 2. Weltkrieg verzichtete man auf die Nutzung dieses Tieres. *Geflügel* und insbesondere Hühner werden bis in die jüngste Zeit lediglich zum Eigenbedarf oder höchstens für einen geringen Zuerwerb gehalten.

Bis zu Beginn des 20. Jh. bestand in allen drei Ortschaften eine *Gemeindeschäferei.* 1887 zählte die Herde des Großeicholzheimer Schäfers 383 Köpfe, die des Zimmerners 256 und die in Seckach 198. 1902 hob die Gde Zimmern ihre Schafweide auf; 1907 folgte ihr darin die Gde Großeicholzheim, weil man infolge der Intensivierung der Landwirtschaft keine Weideplätze mehr übrig hatte. In Seckach jedoch wies die Gemeindeversammlung 1910 einen Antrag auf Abschaffung der Gemeindeschäferei ab. Für die Seckacher überwogen die Vorteile der Schafhaltung für die Wiesenwirtschaft gelegentliche Beeinträchtigungen des Feldbaus. Allerdings erschwerte auch hier die zunehmende Kultivierung von Ödland den Fortbestand einer Schafherde, bis schließlich 1967 die seit »unvordenklichen Zeiten« bestehende Schäferei wegen mangelnder Rentabilität aufgehoben wurde. Über den größten *Pferdebestand* verfügte bis zum 1. Weltkrieg Großeicholzheim. Gerade zu dieser Zeit wurden sie als Zugtiere für die neuen landwirtschaftlichen Maschinen besonders wichtig. Während man in Zimmern und Seckach noch 1887 nur acht bzw. neun, in Großeicholzheim aber bereits 30 Pferde gezählt hatte, standen 1930 in Zimmern 52, in Großeicholzheim 47 und in Seckach 30. Die Bestände von Seckach und Zimmern stiegen bis 1950 nochmals deutlich an, wurden aber bis 1965 infolge der Motorisierung der Landwirtschaft völlig aufgelöst. Seit 1975 wird auf der Gesamtgemarkung Seckach für den Reitsport wieder eine zunächst stattliche Zahl (1977:62) dieser Tiere gehalten. Seit 1980 hat sich der Bestand bereits wieder merklich verringert.

Die *Zahl der landwirtschaftlichen Betriebe* stieg in Seckach und in Großeicholzheim noch zwischen 1895 und 1925 weiter an und verstärkte damit die Zersplitterung des Besitzes. Erst nach dem 2. Weltkrieg war eine deutliche Reduzierung der Betriebszahlen festzustellen. Insbesondere traf dies auf den Ort Seckach zu, wo bis 1949 von insgesamt 188 bäuerlichen Betrieben immerhin 50 Klein- und Kleinstbetriebe (2–5 ha bzw. unter 2 ha) aufgegeben wurden. Gleichzeitig kamen zur Gruppe der Betriebe mittlerer Größe (5–20 ha) 15 hinzu. Nur ein Hof bewirtschaftete zwischen 20 und 30 ha. Mit einer Verminderung um 20 von 145 sank nun auch in Großeicholzheim die Betriebszahl unter das Niveau von 1895; ⅔ waren Mittelbetriebe. In Zimmern dagegen hatte sich zwar seit der Jahrhundertwende an der Zahl der Bauernstellen zwischen 90 und 92 schwankend kaum etwas verändert, Verschiebungen bei den *Betriebsgrößen* waren aber nicht zu übersehen. Von 1925 bis 1949 nahm besonders die Zahl der Kleinbetriebe zugunsten von Betrieben mittlerer Größe (1925:37; 1949:50) ab. Die Kleinstbetriebe waren nur um vier weniger geworden; Betriebe mit mehr als 20 ha gab es nicht. In den folgenden 20 Jahren konzentrierte sich der bäuerliche Besitz weiter: In Seckach wurden 1970 sechs Höfe mit mehr als 30 ha und ein weiterer mit 20–30 ha gezählt. Neben 17 mittleren Betrieben bestanden noch 16 Klein- und 9 Kleinstbetriebe. In Großeicholzheim verfügte ein Landwirt über mehr als 30 ha, sieben Bauern bewirtschafteten zwischen 20 und 30 ha, sechs Höfe waren von mittlerer Größe und jeweils 11 hatten nur kleine oder kleinste Betriebsflächen. Auf Gkg Zimmern lagen allerdings erst zwei große Betriebe. Man zählte hier noch 32 Betriebe mit 5–20 ha, 11 mit 2–5 ha und 9 mit weniger als 2 ha. Die 81 Betriebe, die 1981 in der Einheitsgemeinde Seckach eine landwirtschaftliche Nutzfläche von weniger als 20 ha bearbeiteten, dienten überwiegend dem Nebenerwerb. Zu 18 von 21 Vollerwerbsbetrieben gehörten 20–50 ha, drei bewirtschafteten über 50 ha. 1988 gab es im Teilort Seckach fünf Ausiedlerhöfe mit Nutzflächen zwischen 65 und 95 ha, auf denen in der Hauptsache Rinder gezüchtet und gemästet wurden. Zwei weitere, innerorts gelegenen Höfe verfügten über 37 ha und 24 ha. In Großeicholzheim gab es 12 Betriebe mit Rinderhaltung und einen Schweinemastbetrieb. Dieser und zwei andere waren ausgesiedelt. Ihre Flächenausstattung reichte von 38 ha bis 69 ha, die der übrigen Höfe von 18 ha bis 39 ha. Zum Teilort Zimmern gehörten neben den fünf Landwirten von Waidachshof noch ein Aussiedlerhof und ein im Etter verbliebener Betrieb. Alle sieben hatten sich auf Viehzucht spezialisiert und wiesen Flächen zwischen 24 ha und 54 ha auf. Im Teilort Großeicholzheim konnte bereits im Jahre 1960 die *Flurbereinigung* abgeschlossen werden. In Seckach und Zimmern läuft ein entsprechendes Verfahren seit 1974. Alle drei Orte haben seit langer Zeit *Waldbesitz*. 1908 gehörten zu Seckach 550 M (198 ha), zu Zimmern 120 M (43,2 ha), davon 75 M Gemeindewald und zu Großeicholzheim 388 M (138 ha), davon 250 M Gemeindewald. Die Gde Großeicholzheim konnte ihren Waldbesitz 1839 durch den Ankauf des Schlosses und der zugehörigen Ländereien um 218 M (78,5 ha) erweitern. Auch in den anderen heutigen Teilorten konnte die Waldfläche durch Kauf, Tausch, Gemarkungserweiterung aber auch durch Aufforstung vermehrt werden. Der Gemeindewald wird seit 1843 vom Forstamt Adelsheim bewirtschaftet. 1986 gab es auf dem Gemeindegebiet 901,22 ha Wald, davon waren 715,34 ha in Gemeindebesitz.

Handwerk und Industrie. – Den um 1803 für den Fürsten Leiningen gefertigten Berichten läßt sich entnehmen, daß in den Dörfern Seckach und Zimmern zumindest ein Teil der zur Deckung des gewöhnlichen Bedarfs an Nahrung, Kleidung und Werkzeug befähigten Handwerker anzutreffen war. Im Marktflecken Großeicholzheim konnten auch manche weitergehenden Bedürfnisse befriedigt werden. Dort gab es nämlich u. a. fünf Bader und zwei Hutmacher sowie einen Drechsler und einen Töpfer. Außerdem bestand im Ort ein Brauhaus, und im Wald arbeitete ein Köhler und Schmierbrenner, der u. a. Wagenschmiere und Schusterpech herstellte. In allen drei Gemeinden wurde die Wasserkraft genutzt. Noch auf Großeicholzheimer Gemarkung, aber schon nahe Seckach, befand sich am gleichnamigen Flüßchen seit dem Mittelalter die Hagenmühle; sie wurde bis nach dem 2. Weltkrieg betrieben und steht heute unter Denkmalschutz. Auch die Seckacher Mühle, die das Wasser des Hiffelbachs nutzt, läßt sich bis ins 14. Jh. zurückverfolgen. Nach einem Brand 1925 wurde der Betrieb völlig neu eingerichtet und das Mühlrad durch eine Turbine ersetzt. 1972 mußte die Mühle einem Neubau für das Seckacher Postamt weichen. Auf Gkg Zimmern gab es die ebenfalls jahrhundertealte untere Mühle oder Heilmannsmühle, die nahe der Einmün-

Die Gemeinde im 19. und 20. Jahrhundert 639

dung des Schlierbachs in die Seckach am Zimmerner Mühlgraben stand. Sie wurde 1968 stillgelegt und 1976 abgebrochen, um Platz für eine Straße zu schaffen. Die erst 1883 mit dem Schlierstadter Zinken an Zimmern gefallene Obermühle ist als einzige noch heute in Betrieb. Um die Mitte des 19. Jh. umfaßte die Anlage drei Mahlgänge und einen Schälgang, eine Hanfreibe, eine Ölmühle und ein Sägegatter. Nach einem Besitzerwechsel erhielt die Mahlmühle 1939 Turbinenantrieb; die Sägemühle wurde, wie zuvor schon die übrigen Anlagen, stillgelegt.

Fast alle *Handwerker* unterhielten eine mehr oder weniger große Landwirtschaft, da mit dem Gewerbeertrag allein nur selten der Lebensunterhalt einer Familie gesichert war. In der Regel arbeiteten sie auf Bestellung für den lokalen Bedarf, in Einzelfällen aber auch als Zulieferer für auswärtige Großbetriebe. Die Ausbildung litt unter dem Mangel einer Gewerbeschule im Bezirk, was die Qualität und damit den Ruf des einheimischen Handwerks beeinträchtigte. Erst 1910 wurde in Großeicholzheim auf Initiative des örtlichen Gewerbevereins (1912: 34 Mitglieder) eine gewerbliche Fortbildungsschule gegründet; sie überdauerte den 1. Weltkrieg nicht. Oft fehlte auch die Kenntnis von neueren Verfahren und von verbessertem Werkzeug. Infolge des geringen Geschäftsumfangs setzten nur sehr wenige Betriebe wasser- oder dampfgetriebene Maschinen ein. Die seit den 1880er Jahren in Seckach bestehende Eisenbahnbetriebswerkstätte scheint kaum innovativ gewirkt zu haben. Nach der Zählung von 1895 wies Großeicholzheim mit 37 selbständigen Handwerkern noch immer die höchste Betriebsdichte auf; Seckach mit 23 und Zimmern mit nur 11 Betrieben fielen dagegen deutlich ab. Die Bekleidungsbranche war in Großeicholzheim und Zimmern mit 12 bzw. 4 Betrieben jeweils am stärksten besetzt, während in Seckach das Baugewerbe einen Betrieb mehr (9) umfaßte. In allen drei Orten waren die Bereiche Nahrungs- und Genußmittel sowie Holz und Schnitzstoffe mit mindestens zwei Betrieben vertreten. Metall wurde in Großeicholzheim von sechs selbständigen Handwerkern verarbeitet, in Zimmern lediglich von einem; in Seckach fehlte ein solcher Betrieb.

Die *Gesamtzahl der Handwerker* auf dem Gebiet der heutigen Gde Seckach änderte sich bis um die Mitte des 20. Jh. kaum, ging aber in den dann folgenden Jahrzehnten deutlich zurück (1950:72; 1977:45). Zwischen 1968 und 1977 wurden neun Betriebe aufgegeben, davon je drei in den Bereichen Holzverarbeitung und Bekleidung. Im gleichen Zeitraum entstand ein weiterer metallverarbeitender Betrieb (1977:12), während die Baubranche trotz interner Verschiebungen in ihrem Gesamtbestand (8) unverändert blieb. Für 1988 wurde nach den Angaben der Gemeindeverwaltung die Tab. 1 zusammengestellt.

In den meisten dieser Betriebe sind außer dem Firmeninhaber und Mitgliedern seiner Familie höchstens bis zu drei Angestellte oder Arbeiter tätig. Ausnahmen sind in Seckach das *Baugeschäft Günter Polk* (21 Beschäftigte) und der *Elektrobetrieb Josef Hübner* (15 Beschäftigte) sowie in Großeicholzheim der *Maler- und Gipserbetrieb Friedrich Zischeck* mit sieben Beschäftigten.

Im März 1906 begann die *Heidelberger Gipsindustrie GmbH* nahe Seckach mit dem Abbau eines umfangreichen *Gipsvorkommens*. Das Rohmaterial wurde zu Dünger und Putzgips aufbereitet. Mit etwa 30 Arbeitern lieferte das Werk bereits vor dem 1. Weltkrieg 4000 t pro Jahr allein an Düngegips. In den 1920er Jahren überstieg die jährliche Baugipsproduktion zeitweise 10000 t. Seit 1933 befanden sich auch die Verwaltung und der Firmensitz in Seckach. Während des 2. Weltkriegs beschäftigte die Schweinfurter Firma Fichtel & Sachs in dem beschlagnahmten Bergwerk im Auftrag der Organisation Todt Zwangsarbeiter aus Polen und Rußland mit der Produktion von Rüstungsgütern. 1945 wurde die gesamte Anlage durch Sprengungen zerstört. Zehn Jahre später umfaßte

Tabelle 1: **Das Handwerk in der Gemeinde Seckach**

Branchen der Handwerksverordnung	insgesamt	Großeicholzheim	Seckach	Zimmern
Bau- und Ausbaugewerbe				
Maurer	2	1	1	–
Zimmerer	2	1	1	–
Stukkateur und Maler	5	2	3	–
Schornsteinfeger	1	–	–	1
Metallgewerbe				
Mechaniker	1	1	–	–
Kfz-Mechaniker	3	1	2	–
Klempner	3	2	1	–
Heizungsbauer	1	–	1	–
Elektromechaniker/Elektroinstallateur	4	1	3	–
Holzgewerbe				
Schreiner	3	1	2	–
Bekleidungs-, Textil- und Ledergewerbe				
Weber	1	–	1	–
Schuhmacher	2	–	2	–
Nahrungsmittelgewerbe				
Bäcker	2	1	1	–
Fleischer	3	2	1	–
Gewerbe für Gesundheits- und Körperpflege sowie chemische Reinigungsgewerbe				
Friseure	3	2	1	–
Glas-, Papier-, keram. und sonstige Gewerbe				
Fotografen	1	–	1	–

Quelle: Gemeindeverwaltung 1988

die Belegschaft des Gipswerkes rund 100 Mitarbeiter und hielt mit einer Tagesproduktion von 120 t einen Spitzenplatz in seiner Branche. Die Firma lieferte nun auch Isolatorenkitte an Elektrounternehmen. Aus der firmeneigenen Werkstätte entwickelte sich eine Fabrik zur Herstellung und Instandsetzung von Spezialmaschinen für den Bergbau und verwandte Industriezweige. 1962 wurde die ehemalige Werkhalle des Sägewerkes Mehl als Lagerraum erworben und bis 1963 ein neuer Schacht niedergebracht. Ende 1971 ging das gesamte Unternehmen an die *Firma Knauf* in Iphofen über. Diese beendete 1975 die Produktion in Seckach unter Hinweis auf ungenügende Rentabilität. 1979 übernahm die Gemeinde das Betriebsgelände, brach einen Teil der Gebäude ab und nutzt heute den Rest als Bauhof.

Eine bereits seit der 1. H. 19. Jh. bestehende *Ziegelei* wurde nach dem 1. Weltkrieg von Philipp Eberhard auf Dampfbetrieb umgestellt. Der Unternehmer besaß in den 1920er Jahren auch einen *Kalkofen* und einen *Steinbruch*; er beschäftigte insgesamt bis zu 30 Arbeiter. 1936 vernichtete ein Brand die Ziegelei, der Kalkofen wurde zu Beginn der 1950er Jahre abgerissen. Kalksteine wurden auf Gkg Seckach immer wieder abgebaut. Eine gewisse Kontinuität hatte seit 1904 der Steinbruch im Gewann »Hessel«. 1946 erhielt Josef Eberhard die Genehmigung, an dieser Stelle ein *Schotterwerk* zu

Die Gemeinde im 19. und 20. Jahrhundert

betreiben. 1972 kam das Gelände in Gemeindebesitz und wurde rekultiviert. Das 1903 von Zimmermeister Alois Mehl gegründete *Dampfsäge- und Hobelwerk* bestand nahezu 60 Jahre und beschäftigte ständig rund ein Dutzend Arbeiter. Während des 2. Weltkriegs verlegte die Aschaffenburger Kleiderfabrik Glaab & Co. ihre Produktion teilweise nach Seckach, wo sie sich nach Kriegsende dauernd niederließ und ihren Betrieb stark ausweitete. Nachdem die Firma 1972 ein neues Gebäude bezogen hatte, geriet sie 1976 in Konkurs. Die Anlagen wurden von den Mustang-Bekleidungswerken in Künzelsau für eine neugegründete *Freizeitkleidung Seckach GmbH* übernommen. Dieser Betrieb hat derzeit ca. 100 Beschäftigte. Seit 1960 fertigte die Firma Tilker in Seckach Maschinen und Maschinenteile. Schon nach wenigen Jahren wurde sie von der Maschinenfabrik Diedesheim aufgekauft und als *Maschinenfabrik Seckach GmbH* in mehreren Schüben 1965, 1969 und 1981 erheblich erweitert. 1982 hatte das Werk eine Produktionsfläche von mehr als 4100 qm und 210 Mitarbeiter. 1983 kam das Unternehmen zusammen mit der Diedesheimer Mutterfirma in den Besitz der Thyssen AG; eine völlige Schließung konnte damals nur mit großer Mühe abgewendet werden. Inzwischen gehört die Fabrik als Werk V zu Mannesmann-Rexroth und hat eine Belegschaft von etwa 90 Personen.

Nordöstlich von Großeicholzheim unterhält die Firma Bott-Eder aus Rauenberg eine *Tongrube*; die Abbaukonzession wurde vor kurzem erweitert. In Großeicholzheim besteht seit 1980 die *Braukmann Kessel GmbH*, für die gegenwärtig 49 Mitarbeiter tätig sind. Im selben Teilort beschäftigt die *Digatel Elektronik GmbH* 27 Personen. Das ehemalige Textilhandelsunternehmen *Schadler GmbH* unterhält seit 1986 einen Produktionsbetrieb mit etwa 20 Mitarbeiterinnen. In Zimmern stellt die *Firma Kaiser* (16 Beschäftigte) seit 1973 Fotozubehör her.

Handel und Dienstleistungen. – Die weitab von bedeutenden Verkehrswegen liegenden Ortschaften boten keinen Anreiz zur Niederlassung größerer Handelsunternehmen. Drei traditionell in Großeicholzheim abgehaltene *Jahrmärkte* dienten lediglich der Versorgung der umwohnenden Landbevölkerung mit Artikeln, die über den Alltagsbedarf hinausgingen und deswegen von den ansässigen Krämern nicht ständig vorrätig gehalten wurden. Sechs *Schweinemärkte* und drei weitere *Viehmärkte*, die das Bezirksamt der Gemeinde in den 1870er Jahren zugestand, kamen über rein lokale Bedeutung ebensowenig hinaus, und scheinen im übrigen nach einigen Jahren wieder aufgegeben worden zu sein. Bis zum ersten Weltkrieg spielten einheimische Makler im Viehhandel eine wichtige Rolle. 1895 zählte man in Großeicholzheim 21 zu den Branchen Handel, Versicherung und Verkehr gehörige Betriebe, in Seckach lediglich fünf und in Zimmern vier. Die Zahl der *Ladengeschäfte* wurde nicht gesondert erfaßt; man kann aber davon ausgehen, daß viele Handwerker ihre eigenen Erzeugnisse, aber auch damit in Zusammenhang stehende Stoffe und Dinge, direkt verkauften.

1988 waren 14 von 23 Geschäften mit einem Handwerksbetrieb verbunden. Außer Baustoffen, Kraftfahrzeugen, Elektroartikeln und Schuhen standen fast ausschließlich Lebensmittel, teilweise in Verbindung mit Haushaltswaren oder Textilien, zum Verkauf. Große Ladenketten haben bisher noch in keinem Teilort eine Filiale eröffnet. Ausdrücklich zum *Großhandel* zählt sich nur eine Obst- und Gemüsehandlung in Großeicholzheim. Dem *Dienstleistungsbereich* zuzuordnen sind zwei Bestattungsunternehmen, wovon eines allerdings mit einer Großeicholzheimer Schreinerei verbunden ist. Freiberuflich tätig ist ein Steuerbevollmächtigter in Seckach.

Für *Geldgeschäfte* stehen in Seckach eine Zweigstelle der Sparkasse Bauland, Sitz Osterburken, und eine Zweigstelle der Raiffeisenbank Schefflenz-Seckach zur Verfügung. Als eine Vorläuferin der Sparkasse Bauland bestand die Sparkasse in Adelsheim seit 1853. Deren Gewährsverband gehörten seit 1937 neben anderen Gemeinden auch Großeicholzheim, Seckach und Zimmern an. 1897 wurde der »Ländliche Creditverein Seckach« gegründet, aus dem 1922 die »Spar- und Darlehenskasse Seckach« und später die »Raiffeisenbank Seckach« hervorging. Eine Raiffeisenbank bestand bis 1973 auch in Großeicholzheim. Damals schlossen sich beide örtlichen Raiffeisenbanken mit der Raiffeisenbank Schefflenztal zusammen.

Zehn *Gaststätten* stehen heute in der Gde Seckach zur Auswahl; sechs davon im Ort Seckach selbst, zwei in Großeicholzheim und je eine in Zimmern und im Jugenddorf Klinge. Übernachtungsmöglichkeit bietet der »Grüne Baum« in Zimmern, der »Löwen« und der »Engel« in Großeicholzheim, der »Grüne Baum« und das »Café Hornung« in Seckach. Die mit enormem Abstand meisten Übernachtungen verzeichnet allerdings das Kinder- und Jugenddorf Klinge (1987: 22560; 1988: 24822) wo nicht nur das Haus St. Benedikt, sondern noch weitere Unterkunftsmöglichkeiten zur Verfügung stehen. Das Jugenddorf ist als Schulungszentrum wie als Ausflugsziel gleichermaßen beliebt. Die Bundespost unterhält in jedem Teilort eine Dienststelle.

Verkehr. – Erst mit dem Bau der *Odenwaldbahn* (1863–1866) erhielt Seckach Anschluß an ein überregionales Verkehrsnetz. Gleichzeitig wurde der Ort zum Verkehrsknotenpunkt. Bis zur Fertigstellung der *Bahnstrecke Seckach–Walldürn* (1887) mußten Reisende nach Buchen oder nach Walldürn in Seckach auf die Postkutsche umsteigen. 1899 konnte auch der Streckenabschnitt zwischen Walldürn und Amorbach in Betrieb genommen und damit die Verbindung nach Miltenberg am Main hergestellt werden. Seckach war zeitweise sogar Haltepunkt für die Schnellzugverbindung Mannheim–Würzburg. Die Neuordnungen des Eisenbahnverkehrs in jüngerer Zeit haben die Bedeutung der Odenwaldbahn und somit Seckachs stark eingeschränkt. Nahverkehrszüge auf der Strecke Heidelberg–Würzburg halten auch bei Großeicholzheim und bei Zimmern. Von besonderer Bedeutung für den Schüler- und Berufsverkehr ist die Strecke Osterburken–Seckach–Buchen. Die Bahnverbindungen werden heute durch *Buslinien* wie z. B. zwischen Seckach und Mosbach und zwischen Großeicholzheim und Buchen ergänzt. Auch das Jugenddorf Klinge und Zimmern werden von Buslinien angefahren.

Der Verwaltungsraum Seckach verfügt heute über ein gutausgebautes *Straßennetz*. Die Landesstraße L 519 verbindet Seckach und Zimmern einerseits mit Adelsheim, von wo über die B 292 und die L 515 die Autobahn A 81 (Würzburg–Heilbronn) erreichbar ist, andererseits mit Bödigheim und mit Buchen, der ehemaligen Kreisstadt. Die L 583 führt von Seckach nach Großeicholzheim und weiter zur B 27 zwischen Buchen und Mosbach. Über die Kreisstraße K 393 gelangt man von Seckach nach Eberstadt. Über ordentlich ausgebaute Gemeindeverbindungsstraßen gelangt man von Seckach sowohl nach Schefflenz als auch nach Schlierstadt, von Großeicholzheim nach Rittersbach und von Zimmern über den Waidachshof zur B 292.

Verwaltungszugehörigkeit, Gemeinde und öffentliches Leben

Verwaltungszugehörigkeit. – Während der kurzen Zeit unter souveräner leiningischer Herrschaft wurden sowohl die ehemals zur kurmainzischen Hofmeisterei Seligental gehörigen Dörfer Seckach und Zimmern, als auch Großeicholzheim, ein pfälzisches Lehen der Grafen von Degenfeld, in der Amtsvogtei Osterburken zusammengefaßt. Infolge der dem Rheinbund zugrundeliegenden Vereinbarungen vom 12. und 16. Juli 1806 fielen die Gebiete des erst seit 1803 bestehenden Fürstentums Leiningen an das künftige Großherzogtum Baden. Nach einigen Jahren hektischer Verwaltungsre-

Die Gemeinde im 19. und 20. Jahrhundert

formen blieben die drei Gemeinden ab 1813 demselben Amtsbezirk zugeordnet. 1828 wurde Osterburken als Amtssitz von Adelsheim abgelöst. Als Teile dieses Bezirks kamen Großeicholzheim, Seckach und Zimmern 1936 zum Amtsbezirk, seit 1939 Lkr. Buchen. Die seit dem 1.1.1972 zur Einheitsgemeinde Seckach zusammengeschlossenen Ortschaften wurden ein Jahr später mit dem überwiegenden Teil des Lkr. Buchen dem Neckar-Odenwald-Kreis zugeschlagen.

Gemeindegebiet. – Bei einer Erhebung über die Verhältnisse der Gemeinden im Großherzogtum Baden wurde 1854 für Großeicholzheim eine Gemarkungsfläche von 2748 M (989,28 ha), für Seckach eine Fläche von 2935 M (1056,6 ha) und für Zimmern eine Fläche von 1177 M (423,72 ha) ermittelt. Die abgesonderte Gkg Waidachshof umfaßte einschließlich der sog. »Schallberger Genossenschaft« 1341 M (482,76 ha). 1872 wurde die »Schallberger Genossenschaft« aufgelöst und die Liegenschaften bis auf den zu Waidachshof gehörigen Teil (102 ha) den angrenzenden Gemarkungen zugewiesen. 1883 fiel der »Schlierstadter Zinken« an die Gkg Zimmern, 1924 die bisherige Gkg Waidachshof und 1925 ein Zipfel der ehemaligen Gkg Selgental. Bis 1930 war die Gkg Zimmern auf 659 ha und die Gkg Seckach auf 1115 ha angewachsen, während die Gkg Großeicholzheim nahezu unverändert blieb. Insbesondere der 1977 mit der Stadt Osterburken abgeschlossene Kauf von 9,5 ha der ehemaligen Gkg Schlierstadt für das Jugenddorf Klinge trug dazu bei, daß 1978 das Gemeindegebiet der Einheitsgemeinde Seckach 2786 ha erreichte. Seither sind keine wesentlichen Gebietsveränderungen mehr vorgekommen.

Gemeindeverwaltung. – Die vornehmste, aber auch schwierigste Aufgabe einer selbstverwalteten Gemeinde ist die selbständige *Haushaltsführung*. In der 1. H. 19. Jh. hatten die Gemeinden nicht nur die zu Beginn des Jahrhunderts entstandenen Kriegsschulden abzutragen, sondern mußten auch die aus der Ablösung der Feudallasten herrührenden Verbindlichkeiten regeln. Am besten gelang dies in Großeicholzheim, wo die Gemeinde 1840 sogar in der Lage war, das Schloß und die zugehörigen Besitzungen der bisherigen Ortsherrschaft für 97 500 fl zu erwerben. Bis Ende der 1860er Jahre konnten in allen drei Gemeinden die Zehntschuldenrechnungen abgeschlossen werden. Weit mehr als Seckach und Großeicholzheim mußte das kleinere Zimmern seine Bürger und Einwohner mit Umlagen auf die Steuerkapitalien belasten, weil weniger Einnahmen aus Waldbesitz und sonstigem Vermögen zur Verfügung standen. Vor allem Bau und Renovierung von Kirchen, Schulen und Rathäusern, der Straßen-, Wege- und Brückenbau, die Anlage von Wasserleitungen, aber auch die Vermessungsarbeiten zum Ortskataster verursachten außergewöhnliche Ausgaben, die nur durch Kreditaufnahmen bewältigt werden konnten. Schlechte Ernten führten immer wieder zu erheblichen Umlagerückständen. Großeicholzheim besaß 1907 neben dem Schulhaus und dem Rathaus drei weitere Gebäude im Wert von 9900 Mark. In Seckach wurden 1909 die gemeindeeigenen Gebäude auf 40 400 Mark veranschlagt. Für die Zimmerner Schule, das Rathaus mit der Spritzenremise und das Schafhaus legte man 1908 einen Feuerversicherungsanschlag von 21 200 Mark fest. Die *Bürgernutzungen* an Allmend und Holz machten 1910 in Großeicholzheim insgesamt 10 113 Mark aus. Die Seckacher Bürger erhielten jährliche Holzgaben im Wert von 4445 Mark. In Zimmern standen 1908 für 94 Haushalte nur 48 Holzgaben von je zwei Ster und 25 Wellen zur Verfügung.

Gemäß der bad. Gemeindeordnung oblag die Verwaltung einer Gemeinde ihrem *Gemeinderat*, welchem außer dem Bürgermeister in der Regel mindestens sechs gewählte Mitglieder angehörten. Ausdrücklich vorgeschrieben war auch die Bestellung eines Ratsschreibers und eines Gemeinderechners. Die Größe und die wirtschaftlichen Verhältnisse kamen meist in der Bezahlung der *Gemeindebeamten* und der Anzahl der übrigen Bediensteten zum Ausdruck. In den 1890er Jahren erhielt der Ratsschreiber von Großeicholzheim ein Jahresgehalt von 350 Mark, der Ratsschreiber von Seckach 259 Mark und der Ratsschreiber von Zimmern 125 Mark. Außer den Gemeindebeamten waren in Großeicholzheim noch etwa 30 Personen teilweise gegen bloßen Gebührenbezug für die Gemeinde tätig; in Seckach und Zimmern schwankte die Zahl zwischen 21 und 25. Die heutige Einheitsgemeinde Seckach beschäftigte 1988 drei Beamte, acht Angestellte und 15 Arbeiter; außerdem bestanden mit 9 Mitarbeitern Teilzeitarbeitsverträge. In den Teilorten Großeicholzheim, Seckach und Zimmern, für die sämtlich auf unbestimmte Zeit die Ortschaftsverfassung vereinbart wurde, ist je ein ehrenamtlicher Ortsvorsteher tätig. Die Gemeinde bildet zusammen mit der Stadt Adelsheim den *Gemeindeverwaltungsverband Seckachtal*.

Versorgungseinrichtungen. – Die in allen Teilorten bereits im 19. Jh. vorhandenen Löschmannschaften wurden während des »3. Reichs« zu *Freiwilligen Feuerwehren* umorganisiert. 1972 beschloß der Gemeinderat Seckach eine neue Feuerwehrsatzung: Die bisher selbständigen Feuerwehren der Teilorte wurden als Abteilungsfeuerwehren einem gemeinsamen Kommando unterstellt.

In der 2. H. 19. Jh. genügten die Brunnen in Großeicholzheim dem steigenden Trinkwasserbedarf immer weniger. Wegen der in dieser Hinsicht ungünstigen Ortslage scheiterten mehrere Wasserleitungsprojekte schon im Planungsstadium an den zu erwartenden enormen Betriebskosten. Erst 1925 kam eine bis heute befriedigende Lösung zustande. Nachdem der vollen Nutzung einer auf Gkg Bödigheim gelegenen und der Familie Rüdt von Collenberg gehörigen Quelle von den Eigentümern nicht zugestimmt wurde, griff die Gde Seckach 1913 zum Bau einer *Wasserleitung* im Einvernehmen mit der Eisenbahnverwaltung auf eine nahe der Bahnlinie entspringende Quelle zurück. 1914 wurde auch in Zimmern eine *zentrale Wasserversorgung* eingerichtet. Der Teilort Seckach, einschließlich des Waidachshofs, wird heute vom Zweckverband Bodenseewasserversorgung beliefert. Abgesehen von den im Außenbereich liegenden Aussiedlerhöfen sind sämtliche Teile der Gemeinde an eine *Abwasserkanalisation* angeschlossen. Für den Teilort Seckach steht eine eigene mechanisch-biologische *Kläranlage* zur Verfügung, während Großeicholzheim mit der Anlage Billigheim-Allfeld und Zimmern mit dem Klärwerk Roigheim verbunden ist. Die *Müllabfuhr* zur Kreismülldeponie bei Buchen besorgt eine Privatfirma im Auftrag der Gemeinde.

Seit dem Bau des Adelsheimer Elektrizitätswerkes im Jahre 1897 gab es in Seckach immer wieder Anläufe zum Anschluß an ein Stromversorgungsunternehmen. 1911 begann das Gipswerk, mit elektrischer Energie zu arbeiten. Die übrige Gemeinde mußte aber noch neun Jahre warten, bis nach Abschluß eines Stromlieferungsvertrages zwischen der Gemeinde und der Großherzoglichen Oberdirektion des Wasser- und Straßenbaues 1920 ein eigenes Ortsnetz fertiggestellt war. 1962 schloß die damalige Gemeinde Seckach mit der Badenwerk AG einen neuen Konzessionsvertrag. Die Stromlieferung erfolgt weiterhin direkt an die Einzelabnehmer. In derselben Weise entwickelte sich die *Stromversorgung* auch in den beiden andern Orten.

Zur ambulanten *medizinischen Versorgung* gibt es in Seckach einen Arzt für Allgemeinmedizin, einen Arzt für innere Medizin und einen Zahnarzt. Auch eine Massagepraxis und eine Apotheke stehen zur Verfügung. Zum Tätigkeitsbereich der von der ev. Kirchengemeinde Adelsheim getragenen Sozialstation gehört das gesamte Seckachtal. Die Gde Seckach ist heute dem Hebammenbezirk Limbach zugeordnet, während noch vor wenigen Jahrzehnten in jedem Dorf eine eigene Hebamme praktizierte. Bis zur Durchführung des Gesetzes über die landwirtschaftliche Krankenversicherung bestand zwischen der Gde Großeicholzheim und dem Bezirksarzt ein Vertrag, wonach dieser

Die Gemeinde im 19. und 20. Jahrhundert 645

sich gegen eine Pauschale von 300 Mark verpflichtet hatte, wöchentlich einmal nach Großeicholzheim zu kommen und dortige Kranke gegen eine mäßige Gebühr zu beraten und zu behandeln. Als die Honorarforderungen des Bezirksarztes stark anstiegen, erwog der Gemeinderat, wie ein junger Arzt zur Niederlassung in Großeicholzheim veranlaßt werden könne. 1920 wurde immerhin eine Gemeindekrankenschwester eingestellt. Zur stationären Behandlung müssen die Patienten die Krankenhäuser in Buchen und Mosbach, von Fall zu Fall auch in Möckmühl oder Bad Mergentheim aufsuchen. In jedem Teilort besteht ein *Friedhof* mit Leichenhalle; auch im Kinder- und Jugenddorf Klinge wurde 1956 eine Begräbnisstätte angelegt.

Kirche. – Die *ev. Pfarrei Großeicholzheim* gehörte herkömmlicherweise zur ref. Konfessionsgemeinschaft und unterstand somit dem ref. Kirchenrat in Heidelberg. Daneben gab es zu Beginn des 19. Jh. noch eine luth. Minderheit, die von Unterschefflenz aus betreut wurde. Seit der bad. Kirchenunion von 1821 zählten die Großeicholzheimer Protestanten zur Diözese – heute Kirchenbezirk – Mosbach der vereinigten *Ev. Landeskirche Badens.* Das Kirchspiel Großeicholzheim vereinigte damals die Orte Rittersbach, Heidersbach und Muckental sowie das Dorf Rineck, dessen Bewohner 1850 zur Auswanderung gezwungen wurden. Heute bilden die Protestanten Rittersbachs eine Filialkirchengemeinde, Heidersbach, Waldhausen und Einbach gehören als Diaspora zum Pfarrbezirk Großeicholzheim. Das Kirchenpatronat steht dem Fürsten Leiningen zu. Die ev. Pfarrkirche von Großeicholzheim erhielt ihr heutiges Aussehen durch einen Umbau von 1720. Die prot. Christen im Teilort Seckach bilden eine Filialgemeinde der ev. Pfarrei Bödigheim im Kirchenbezirk Adelsheim. 1959 erhielten die Seckacher Protestanten eine eigene Kirche. Zimmern wurde 1983 der ev. Kirchengemeinde Adelsheim eingegliedert.

Das kath. *Pfarrdorf Seckach* zählte während des 19. Jh. zum Landkapitel Walldürn, das heute mit dem *Dekanat Buchen* vereinigt ist. Die 1828 noch als selbständig genannte Filiale Waidachshof war bereits 1863 der Filiale Zimmern angeschlossen. Aus organisatorischen Gründen ordnete 1899 das erzbischöfliche Ordinariat Freiburg die Pastoration Zimmerns der Kuratie Adelsheim zu, während die Filialgemeinde Großeicholzheim, die bisher zum kath. Sprengel Rittersbach gehörte, künftig vom Seckacher Pfarrer betreut werden sollte. Als Diasporagemeinde wurde auch Bödigheim der Pfarrei Seckach zugeschlagen. 1983 wurde die Filiale Zimmern, die 1962 der Kuratie Sennfeld unterstellt worden war, zur Pfarrei St. Sebastian in Seckach rückgegliedert. 1955 entstand im Kinder- und Jugenddorf Klinge eine eigene Kuratie St. Bernhard, die bereits ein Jahr später auch über ein eigenes Gotteshaus verfügte. In Seckach mußte 1856 die aus dem Mittelalter stammende Dorfkirche wegen Baufälligkeit abgerissen werden. An ihrer Stelle entstand ein neugotischer Kirchenbau. In den Jahren 1974–1980 wurde er von Grund auf renoviert und gleichzeitig erweitert. Die Entstehungszeit der kath. Kirche St. Laurentius in Großeicholzheim liegt zwischen 1819 und 1821. Anstelle einer älteren St. Andreaskirche erbaute man in Zimmern 1768 die heutige Dorfkirche, die freilich 1909–1910 erhebliche Änderungen erfuhr.

Die *Juden* Großeicholzheims verfügten 1803 über eine eigene Synagoge, die allerdings an einem feuchten, wenig günstigen Platz stand. Seit 1827 gehörte die jüd. Gemeinde Großeicholzheim zum Rabbinat Mosbach. Es bestanden ein Frauenverein und eine 1847 gegründete Beerdigungsbruderschaft. 1876 beschloß der Synagogenrat auf Veranlassung des Bezirksamtes, die alte, inzwischen baufällige Synagoge durch einen Neubau zu ersetzen und dazu einen Baufonds anzusammeln. 1884 wurde die alte Synagoge auf amtliche Anordnung hin abgebrochen. Bis zur Fertigstellung eines neuen Bethauses wurde der jüd. Gemeinde ein Saal im Rathaus überlassen. Die politische

Gemeinde stellte auch einen Teil des Bauholzes zur Verfügung und bot ferner zwei Bauplätze zur Wahl an. Da jedoch beide am Ortsrand gelegen waren, zog es die jüd. Gemeinde vor, auf eigene Kosten einen Platz innerhalb des Orts in der Wettgasse zu erwerben. 1887 konnte das neue, einfach, aber gediegen aufgeführte Gotteshaus bereits benutzt werden. Im November 1938 wurden die Inneneinrichtung sowie die Fenster von Nationalsozialisten zerschlagen. Nach dem Kriege diente das Gebäude zunächst Wohnzwecken. 1953 kaufte es der Gesangverein Liederkranz.

Schule. – In *Großeicholzheim* bestanden bis 1876 eine ev. Schule mit damals 105 Schülern und eine kath. Schule mit 55 Kindern, von denen sich aber 34 zum jüd. Glauben bekannten. Für jede Schule war lediglich ein Lehrer angestellt. Beide Schulen waren im 18. Jh. bereits vorhanden und mußten zeitweise im selben Haus miteinander auskommen. 1827 erklärte der ev. Dekan bei der Visitation das Gebäude für einsturzgefährdet und nicht mehr reparaturfähig. Als neue ev. Schule wurde nach 1845 ein Anbau an das alte Schloß, das die Gemeinde fünf Jahre zuvor gekauft hatte, errichtet. Auch die kath. Schule bezog einen Raum im Schloß. Seitdem die Simultanschule eingeführt war, unterrichteten ein Hauptlehrer und ein Unterlehrer; letzterer hatte auch den Fortbildungsunterricht zu erteilen. Nach der Zusammenlegung der kath. und ev. Schulpfründen zog die Gemeinde mit Genehmigung des Oberschulrats die Grundstücke der ehemaligen kath. Schulpfründe an sich und wies dafür dem Lehrer eine entsprechende Geldentschädigung zu. Bis 1950 beherbergte das Schloß die Großeicholzheimer Schule. Im Herbst 1951 konnten Lehrer und Schüler ein mit staatlicher Hilfe im Schloßgarten neuerbautes Schulhaus beziehen.

Auch die *Seckacher Schule* hatte um die Wende zum 19. Jh. bereits eine ebenso lange wie ärmliche Tradition, und die Zukunft brachte zunächst wenig Besserung. 1837 hatte der eine Hauptlehrer durchschnittlich 108 Kinder zu unterrichten. Dafür erhielt er freie Wohnung und nominell 175 fl sowie pro Kind 30 kr Schulgeld. Tatsächlich setzte sich die Bezahlung aus einem Gemisch aus Naturalien und dem Nutzungsrecht an der Schulpfründe, bestehend aus 34 Ruten Wiesen und 20¼ Ruten Gartenland zusammen. Diese Art der Besoldung wurde erst 1875 durch eine sich am Marktpreis des Getreides orientierende Vergütung in bar abgelöst. Die Anstellung eines zusätzlichen Unterlehrers zögerte die Gemeinde bis zum Jahr 1869 hinaus, obwohl die Schule schon seit langem von mehr als 120 Kindern besucht wurde. Unter diesen Umständen kam es beinahe zwangsläufig zu ständigen Auseinandersetzungen der Lehrer mit dem Gemeinderat. In dem 1837 erbauten Schulhaus konnte ein zweiter Klassenraum und die für den Unterlehrer nötigen Wohnräume nur mit Mühe notdürftig untergebracht werden. Doch die Schülerzahl stieg weiter, und so mußte 1912 neben dem alten Gebäude ein zweites Schulhaus errichtet werden, das freilich ebenfalls von Anfang an zu knapp bemessen war. Erst nachdem sich ein nochmaliger Erweiterungsbau 1950 ebenfalls als unzulänglich erwies, entschloß sich die Gemeinde zum Bau eines großzügig auf Zuwachs berechneten Schulhauses. Die Finanzierung des Projektes gelang jedoch nur mit Hilfe von Zuschüssen des Landes und des Gemeindeausgleichsstocks.

Die Gde *Zimmern* baute 1838 ein besonderes Haus für ihre Schule, die bis dahin in einem Privathaus abgehalten wurde. Nach anfänglicher Zufriedenheit mit dem neuen Schulgebäude zeigten sich jedoch bald allerhand Mängel in Planung und Ausführung: Die einfachen Riegelwände zogen Feuchtigkeit an, und sowohl das Schulzimmer als auch die aus drei kleinen Zimmern und einer Dachkammer bestehenden Lehrerwohnräume wurden 1875 vom Bezirksamtmann als völlig unzureichend bezeichnet. Die Schülerzahl war innerhalb von 10 Jahren von 64 auf 92 gestiegen. Der einzige Lehrer unterrichtete in einer Klasse 52 jüngere Schüler und in der zweiten Klasse die 40 älteren.

1881 wurde ein neues Schulhaus bezugsfertig. Der Schulsaal war für 72 Kinder berechnet und die Lehrerwohnung einfacher als damals bei neuen Schulhäusern üblich. Der Gesamtaufwand von 13 900 Mark galt als sehr gering. Der Gemeinderat wollte die Kinder aus dem sog. Schlierstadter Zinken vom Schulbesuch in Zimmern ausschließen, weil die Schlierstadter einen geforderten Beitrag zu den Baukosten verweigert hatten. Erst auf Intervention des Oberschulrats lenkte man in Zimmern ein. Auch mit der Kolonie Waidachshof kam es darüber zu einer langwierigen Auseinandersetzung. 1886 konnte sie schließlich beigelegt werden: Entsprechend der jeweiligen Einwohnerzahl übernahm Waidachshof einen Anteil von 1746 Mark und 16 Pf an den tatsächlichen Kosten von 15 645 Mark und 16 Pf. Strittig blieb der Beitrag für die Kinder aus dem Schlierstadter Zinken, bis dieser 1883 der Gde Zimmern zugeschlagen wurde. Weil sich aber damit die Einwohnerzahl Zimmerns erhöhte, verlangte nun Waidachshof vorübergehend die Reduktion seines Anteils nicht nur an der Bausumme sondern auch am Beitrag zum Lehrergehalt und zum laufenden Schulaufwand. 1911 ließ sich die Anstellung eines Unterlehres nicht länger aufschieben, da sich die Schülerzahl seit längerem um 100 bewegte. Das Schulgebäude aber erfüllte seinen Zweck bis lange nach dem 2. Weltkrieg. Anfang der 1960er Jahre entsprachen die räumlichen Verhältnisse, auch bei nur noch 64 Schülern, in keiner Weise mehr den inzwischen üblichen Maßstäben. Der Gemeinderat entschloß sich zu einem Neubau. Dieser konnte nach zweijähriger Bauzeit im Oktober 1966 bezogen werden.

Im selben Jahr allerdings brachte die Schulreform die Aufgliederung der Volksschule in Grund- und Hauptschule. Seckach war zum Sitz einer Hauptschule bestimmt worden, zu deren Einzugsbereich Zimmern und Großeicholzheim gehörten. Folglich verblieben in diesen Orten jeweils nur die Grundschulen. 1973 mußte auch die Zimmerner Grundschule, wo vier Jahrgänge in einer Klasse unterrichtet wurden, aufgelöst werden, da der Schulentwicklungsplan III nur noch Jahrgangsklassen zuließ. 1988 besuchten 187 Schüler in neun Klassen die *Grund- und Hauptschule Seckach*. Dort unterrichten zehn vollbeschäftigte und 2 teilzeitbeschäftigte Lehrkräfte. An der *Grundschule Großeicholzheim* waren drei vollbeschäftigte Lehrer für 43 Schüler zuständig. Eine *private Grund- und Hauptschule*, der auch eine Abteilung für Lernbehinderte angegliedert ist, unterhält seit 1952 der *Verein Kinder- und Jugenddorf* Klinge. Auszubildende besuchen in der Regel die Zentralgewerbeschule in Buchen. Wer auf eine weiterführende Schule gehen will, hat die Wahl zwischen drei Standorten und verschiedenen Schularten: Am nächsten liegt das mathematisch-naturwissenschaftlich ausgerichtete Aufbaugymnasium in Adelsheim. In Osterburken kann eine Realschule oder ein Gymnasium mit Ganztagsunterricht besucht werden. Auch in Buchen gibt es sowohl eine Realschule als auch ein Gymnasium mit herkömmlichem Stundenplan.

Über eine *Kleinkinderschule in Großeicholzheim* berichtet ein Ortsbereisungsprotokoll von 1876; Träger war der örtliche Frauenverein. Die Existenz dieser Einrichtung war zunächst prekär, weil sie hauptsächlich von Kindern armer Leute besucht wurde, denen die Bezahlung des wöchentlichen Schulgeldes sehr schwer fiel. Nach anfänglichen Bedenken erklärte sich der Gemeinderat bereit, die Beiträge für bedürftige Kinder auf die Gemeindekasse zu übernehmen. Wegen eines Streits zwischen der Kinderschwester und einem großen Teil der Eltern mußte der Kindergarten 1885 geschlossen werden. Da die Kinder erwerbstätiger Mütter nun aber wieder unversorgt und unbeaufsichtigt blieben, bemühte sich der Frauenverein mit Unterstützung der Gemeinde erfolgreich um die Wiederbelebung der Anstalt. 1889 konnte sie im zweiten Stockwerk des Schlosses den Betrieb wieder aufnehmen. Die Gemeinde stellte Räumlichkeiten und Einrichtung. Dank einer Stiftung der Diakonisse Christine Kegelmann und mit zusätzlichen Leistungen der Gemeinde konnte 1913 das noch heute als *Kindergarten* genutzte Haus gebaut werden. Träger ist inzwischen die politische Gemeinde. 1919 erwarb die damalige Gde *Seckach* das Gasthaus zum Engel und richtete es als *Kinderschule und Schwesternstation* ein. Als ab 1949 die Kinderzahl drastisch anstieg, fanden sich 1957 verschiedene Geldgeber zusammen, um bis 1961 ein neues Kindergartengebäude mit Schwesternwohnungen zu erstellen. Es wurde 1976 renoviert und erweitert. Die Einrichtung wird heute von der Kath. Kirchengemeinde getragen. In *Zimmern* war spätestens seit Ende der 1930er Jahre ein *Kindergarten* vorhanden; er scheint während des Krieges eingegangen zu sein. Auf Initiative von Pfarrer Alfred Behr erbaute sich die Gde Zimmern mit viel Eigenleistung der Einwohner in den Jahren 1963/64 einen neuen Kindergarten. Auch hier liegt die Trägerschaft bei der Kath. Kirchengemeinde. Seit 1962 verfügt auch das *Kinder- und Jugenddorf Klinge* über einen eigenen *Kindergarten*.

Kulturelle Veranstaltungen. – Unter den zu Festen und Jubiläen organisierten Darbietungen der örtlichen Chöre und Gesangvereine nimmt das jährliche Weihnachtskonzert des Musikvereins Seckach einen hervorragenden Platz ein. Der Heimatverein stellt der Öffentlichkeit in seinen Vorträgen heimatkundliche und ortsgeschichtliche Themen vor und lädt auch zu Theaterfahrten ein. Die Ortsgruppe Großeicholzheim des Deutschen Vogelschutzbundes organisiert Veranstaltungen zu Naturkunde und Naturschutz. Viele kulturelle Veranstaltungen in der Klinge sind für die Bevölkerung offen. Allgemeinbildende Themen werden von den Außenstellen der VHS Buchen aufgegriffen.

Sport- und Erholungsstätten. – Dem Bedürfnis der Bürger, sich körperlich gesund zu halten und sich bei Spiel und Sport zu entspannen, wurde in vorbildlicher Weise Rechnung getragen. Im Zusammenhang mit der Korrektur des Hiffelbaches entstand 1983 als Zentrum eines Erholungsgebietes der Hiffelbachsee. In unmittelbarer Nähe befinden sich die Einrichtungen des Sportvereins 1927: Ein Sportplatz mit Leichtathletikanlagen, ein Trainingshartplatz sowie ein befestigter Festplatz wurden 1976 fertiggestellt. Ab 1979 konnten zwei Tennisplätze bespielt werden. Zwischen 1984 und 1987 erbaute der Verein mit viel Eigenleistung der Mitglieder eine Tischtennishalle und daran angeschlossen vier Kegelbahnen. Zur herrlichen öffentlich zugänglichen Spiellandschaft der Klinge gehört auch ein Freibad. In den Jahren 1964–1968 entstand in Seckach eine Schwimmhalle, in deren Obergeschoß auch eine Turnhalle untergebracht wurde. 1984/85 mußte das Gebäude mit einem Kostenaufwand von 1,6 Mio Mark gründlich renoviert werden; die Hälfte der Bausumme wurde vom Gemeindeausgleichsstock zugeschossen. Zwischen 1973 und 1975 erbaute sich der Sportschützenverein »Hubertus« unter persönlichem Einsatz seiner Mitglieder und mit öffentlichen wie auch privaten Zuschüssen und Spenden ein Schützenhaus mit Schießanlage für Kleinkaliber und Pistolen. Auch in Großeichholzheim und in Zimmern besteht jeweils ein Fußballplatz. Drei Mehrzweckhallen stehen der Bevölkerung zu den verschiedensten Aktivitäten zur Verfügung. 1982 errichtete die Gemeinde mit Unterstützung des Naturparks Neckartal-Odenwald im Zimmerner Gewann am Berg eine Freizeitanlage mit ganzjährig nutzbarer Grillhütte.

Vereine. – In jedem der Ortsteile herrscht noch ein eigenes reges Vereinsleben, wenn sich auch manche geselligen Zusammenschlüsse aus früherer Zeit, wie die Zimmerner Blasmusik oder der Seckacher Turnverein, wieder aufgelöst haben. Der Pflege der Musik und des Gesangs widmen sich in Seckach der Kath. Kirchenchor, der Männergesangverein und der bereits 1926 gegründete Musikverein, der heute 244 Mitglieder zählt. Im Sportverein (mit 520 Mitgliedern der größte Verein in der Gemeinde), im Sportclub »Klinge« (mit einer sehr erfolgreichen Damenfußballmannschaft), dem

Sportschützenverein und Sportanglerverein kann man sich um körperliche Ertüchtigung bemühen. Um Ortsverschönerung sowie um Heimatkunde und Ortsgeschichte kümmert sich der Heimatverein. Dem Leben und der Gesundheit der Mitmenschen haben sich die Mitglieder der Ortsgruppen von DRK und DLRG verschrieben. Rat und Hilfe in Haus- und Grundstücksangelegenheiten bietet die Siedlergemeinschaft ihren Mitgliedern. Den speziellen Interessen ihrer Mitglieder dienen der Brieftaubenverein und die Kath. Frauengemeinschaft. Seit seiner Gründung 1983 hat der Hallenbadförderverein bereits 60 000 DM für die Neugestaltung und des Hallenbades aufgebracht. Der 1872 gegründete Gesangverein von Großeicholzheim ist der älteste bestehende Verein, er hat 50 aktive Mitglieder. Außerdem gibt es in diesem Teilort einen Sportverein, den Angelsportverein »Petri Heil« und eine Ortsgruppe des Deutschen Bundes für Vogelschutz. In Zimmern werden sportliche Interessen von Fußballclub und Angelsportverein vertreten; der Kath. Kirchenchor trägt zur würdigen Gestaltung des Gottesdienstes bei.

Strukturbild

Die drei Teilorte der heutigen Gde Seckach wurden erst zu Beginn des 19. Jh. demselben Staatsgebiet zugeordnet und dabei auch derselben Bezirksverwaltung unterstellt. Damals hob sich der gemischtkonfessionelle Flecken Großeicholzheim gegenüber den kath. Dörfern Seckach und Zimmern weniger durch seine etwas höhere Bevölkerungszahl als durch den mit der Marktfunktion verbundenen stärkeren Besatz mit Handwerkern, Händlern und Gewerbetreibenden ab. Die Vermögensverhältnisse der Gemeinden galten insbesondere wegen des Waldbesitzes als zufriedenstellend bis gut, während die Lebensumstände eines großen Teils der Einwohnerschaft vor allem Zimmerns und Seckachs schwierig waren. Eine Ursache für die Not war das Realteilungserbrecht, das bei stark wachsender Bevölkerung zur stetigen Verkleinerung der Bauernstellen führte. Solange andere Erwerbsquellen kaum zur Verfügung standen, lebten viele am Rande des Existenzminimums oder waren zur Abwanderung gezwungen. Der Eisenbahnbau bot zunächst kurzfristige Verdienstmöglichkeiten. Auf lange Sicht verbesserte der Schienenweg nicht nur die Absatzchancen für landwirtschaftliche Produkte, sondern machte auch weiter entfernte Arbeitsplätze erreichbar.

Von entscheidender Bedeutung für die Entwicklung des Ortes Seckach war die Einrichtung einer Bahnmeisterei und der Ausbau seiner Station zum Knotenpunkt der Odenwaldbahn mit der Bahnlinie nach Walldürn und später nach Miltenberg am Main. Außer dem vorhandenen Arbeitskräftepotential war damit eine weitere Voraussetzung für die Ansiedlung von Industrie erfüllt. Nach der Entdeckung einer Gipslagerstätte und dem Beginn der industriellen Verarbeitung dieses Rohstoffs konnte sich Seckach endgültig aus der einseitigen Abhängigkeit von der Landwirtschaft lösen und bot auch Arbeitsuchenden aus den Nachbarorten Beschäftigung. Großeicholzheim verlor gegen Ende des 19. Jh. durch strukturelle Änderungen beim Vertrieb landwirtschaftlicher Erzeugnisse und im Viehhandel seinen Charakter als Marktort. Ein großer Teil der Händler und Gewerbetreibenden zog weg. Zimmern bewahrte seine Eigenart als Bauerndorf, kaum berührt von den Vorgängen in den Nachbarorten, bis zur Mitte unseres Jahrhunderts.

Die Heimatvertriebenen und Flüchtlinge, die nach dem 2. Weltkrieg den Gemeinden zugewiesen wurden, konnten von der ohnehin übersetzten Landwirtschaft nicht aufgenommen werden, sondern waren auf die Schaffung gewerblicher und industrieller Arbeitsplätze angewiesen. Aufgrund seiner bisherigen Entwicklung bot Seckach dafür gute Voraussetzungen, und unter den günstigen Bedingungen der 1960er Jahre gestaltete sich der Ort zu einem kleinen Industriezentrum mit guter Infrastruktur, wo außer der eigenen wachsenden Einwohnerschaft zumindest ein Teil der in den umliegenden Gemeinden von einer schrumpfenden Landwirtschaft freigesetzten Menschen Beschäftigung fand. Der durch den Zusammenschluß von Großeicholzheim, Seckach und Zimmern entstandenen neuen Gde Seckach stellten sich als wichtigste Aufgaben das Bemühen um die Sicherung und Vermehrung von Arbeitsplätzen, die Erschließung von Neubaugebieten und der Ausbau bzw. die Instandsetzung des Straßen- und Wegenetzes. Die Gemeinde konnte nicht verhindern, daß 1975 einer der wichtigsten Arbeitgeber seinen Betrieb unter Berufung auf mangelnde Rentabilität völlig aufgab und zwei andere 1976 bzw. 1983 die Produktion und damit die Belegschaft erheblich verminderten. Immerhin war die Pendlerbilanz des Ortes Seckach 1981 noch positiv, während in Großeicholzheim und vor allem in Zimmern die Auspendler deutlich überwogen. Zu Anfang 1989 waren aus der gesamten Gde Seckach 84 Personen, darunter 28 Frauen, als arbeitsuchend gemeldet. Um dem ständigen Mangel an gewerblichen Arbeitsplätzen zu begegnen, hat sich die Gemeinde als eines der beiden Mitglieder des Gemeindeverwaltungsverbandes Seckachtal entschlossen, das Projekt »Regionaler Industriepark Osterburken« (RIO) mitzutragen. Angesichts der Schwierigkeiten im produzierenden Bereich fällt das Kinder- und Jugenddorf Klinge, über seine pädagogische und kulturelle Bedeutung hinaus, als das Wirtschaftsunternehmen mit der derzeit höchsten Beschäftigtenzahl (170) und jährlich fast 25000 Übernachtungen besonders ins Gewicht. Anregungen, den Fremdenverkehr auch außerhalb des Feriendorfes durch attraktive Angebote des Hotel- und Gaststättengewerbes, durch die Einrichtung von Privatquartieren und die Ermöglichung von Ferien auf dem Bauernhof zu fördern, wurden bisher noch kaum befolgt. Die vorhandenen Sport- und Freizeiteinrichtungen würden dafür jedenfalls eine gute Grundlage bieten.

Um der steigenden Wohnungsnachfrage Rechnung zu tragen, wurden seit dem Gemeindezusammenschluß in allen Ortsteilen Baugebiete, die den Eigenbedarf auf absehbare Zeit decken, ausgewiesen und erschlossen. 1987 gab es in Seckach insgesamt 1283 Wohnungen; davon waren 159 erst seit 1979 gebaut worden. Die Belegungsdichte lag bei 2,99 und hatte sich damit seit 1978 um 0,17 erhöht. Die 1975 für Seckach und Zimmern begonnene Flurbereinigung wird im Herbst 1989 zur Neuzuweisung der Flurstücke kommen. Im Zusammenhang mit der Flurbereinigung und mit Mitteln aus dem Dorfentwicklungsprogramm des Landes wurde der alte Ortskern von Zimmern völlig erneuert. In gleicher Weise konnte der Ort Seckach innerörtliche Straßen umbauen, alte Gemeindegebäude instandsetzen und zur Renovierung von privaten Anwesen Unterstützung vermitteln. Auch Großeicholzheim ist für das Dorfentwicklungsprogramm gemeldet. Die finanzielle Leistungsfähigkeit der Gde Seckach ist unter Berücksichtigung der für die Gegend typischen strukturellen Schwierigkeiten befriedigend. 1980 erreichte das Gesamtsteueraufkommen bei steigender Tendenz 1,79 Mio DM, das entsprach gegenüber 1970 einer Steigerung von 334 %. Dabei lag die Gewerbesteuer nur 1974 und 1976–1978 über dem Einkommensteueranteil. Dieser wuchs während der folgenden acht Jahre kontinuierlich bis auf 1,37 Mio DM; der Gewerbesteuerertrag schwankte bis 1987 zwischen 0,42 Mio und 0,76 Mio und näherte sich erst 1988 mit 0,93 Mio wieder dem Einkommensteueranteil. Die Steuerkraftsumme je Einwohner erhöhte sich von 694 DM (1980) auf 951 DM (1988). Allerdings wuchs auch die Verschuldung auf 2043 DM je Einwohner an. Das Volumen des Verwaltungshaushalts belief sich 1988 auf 7658880 DM, der Vermögenshaushalt auf 4312730 DM.

Quellen

Ortsbereisungsakten

Großeicholzheim: GLA 338/1894–95
Seckach: GLA 338/3074, 3076–78
Zimmern: GLA 338/3454–56

Literatur

Siehe S. 660f.

C. Geschichte der Gemeindeteile

Großeicholzheim

Siedlung und Gemarkung. – Die erste Erwähnung Eicholzheims (*Heicholfesheim*, Kop. 12.Jh.) geschieht zum Jahr 775 und ist im Lorscher Codex überliefert. Wenige Jahre später begegnet in derselben Quelle die Namensform *Eicholfesheim*, und im späten Mittelalter findet man schließlich die Schreibungen *Grozzeneycheltzheim* (1363), *Eicholsheim* (1367), *maior Eycholzheym* (1463) und *obern Aicholtzheim* (1562); die heute gebräuchliche Form des Namens hat sich seit dem 18. Jh. durchgesetzt. Aufgrund des in ihm enthaltenen, ursprünglich gut erkennbaren, später verschliffenen Genetivs darf man annehmen, daß der Ortsname von einem Personennamen hergeleitet ist. Die Anfänge des Dorfes liegen in merowingischer Zeit, jedoch gibt es auf Großeicholzheimer Gemarkung auch Zeugnisse einer noch älteren Besiedelung. In den Gewannen An der Mauer, südlich des Dorfes, Ziegelbrunnen (NO) und Götzenbrunnen sind gegen Ende des 19.Jh. zwei, vielleicht sogar drei römische villae rusticae entdeckt worden, und in die Mauer des Kirchhofs war vor 1880 ein Viergötterstein (Juno, Victoria, Apollo, Neptun) eingefügt, der heute im Badischen Landesmuseum in Karlsruhe verwahrt wird. Schließlich sind bereits in den 1860er Jahren ganz im SO der Gemarkung, im Gewann Amelsbach römische Baureste und Tonscherben an den Tag gekommen. Und wenn schon zwischen der hier erkennbaren spätantiken Besiedelung des Gemeindegebiets und dem heutigen Ort keine Kontinuität zu vermuten ist, so wäre ein Zusammenhang zwischen der 1897/98 im Gewann Birk (vormals *Bürg*, nordöstlich der Hagenmühle) entdeckten, vermutlich karolingerzeitlichen Befestigung und dem Dorf Großeicholzheim doch immerhin denkbar. Es handelt sich dabei um eine unregelmäßige viereckige Anlage (122 × 80 m) mit abgerundeten Ecken und einem Turm im SW; in dem etwa 2 m dicken Mauerwerk sind römische Leistenziegel aus dem Abbruch der benachbarten Villen wiederverwendet worden.

Herrschaft und Staat. – Nachrichten über die Herrschaftsverhältnisse in Großeicholzheim liegen zwar erst seit dem späteren 14.Jh. vor, jedoch berechtigen die für jene Zeit dokumentierten weinsbergischen Gerechtsame im Dorf zu der Vermutung, daß Eicholzheim ebenso wie die im S und im W benachbarten Orte einst zum staufischen Reichsgut um Mosbach und Wimpfen gezählt hat. 1370 haben die Weinsberger Vogtei und Gericht sowie andere nutzbare Rechte zunächst pfandweise den Collenberger, später lehnsweise den Bödigheimer Rüden überlassen. Die Burg samt zugehörigen Gütern war ursprünglich Eigengut; sie ist erst 1437 von den Rüden erworben worden und mußte 1466 nach vorübergehender Beschlagnahme durch den Erzbischof von Mainz (1459) dem Pfalzgrafen von Mosbach zu Lehen aufgetragen werden. Die Lehnshoheit über die Ortsherrschaft ist 1450 mit der Herrschaft Weinsberg, jene über die Burg 1499 nach dem Tod des letzten Mosbacher Pfalzgrafen an die Kurpfalz gekommen. Zwischen 1489 und 1500 sind Burg und Dorf durch Kauf an die im benachbarten Kleineicholzheim ansässige Familie von Eicholzheim gelangt, und nach deren Aussterben war das Lehen von 1563 bis 1618 im Besitz der Landschaden von Steinach. Danach hat Kurpfalz in Großeicholzheim für mehr als ein halbes Jahrhundert eine landesherrliche Kellerei eingerichtet, die auch für Heidersbach zuständig war. Schließlich sind die alten Gerechtsame, allerdings unter Vorbehalt aller landesherrlichen Rechte, doch wieder zu Lehen ausgetan worden: 1684 an Johann Heinrich Rüdt von Collenberg zu Eberstadt († 1685), den Vater der pfälzischen Hofdame Sophie Rüdt, und 1691 an die Freiherren, später Grafen von Degenfeld (-Schomburg); in deren Besitz ist Großeicholzheim bis zum Anfall an Baden im Jahre 1806 geblieben.

Die Zenthoheit im Dorf – mit Ausnahme der zentfreien Burg und ihrem Wirtschaftshof – hat im späten Mittelalter dem Erzstift Mainz zugestanden (Zent Buchen) und ist erst 1715 aufgrund vertraglicher Vereinbarung an die Pfalz gelangt (Zent Mosbach). Ob das Steuerrecht, die hohe Jagd und die Forsthoheit schon im 16. Jh. von Kurpfalz beansprucht oder erst bei der Neuvergabe des Lehens im späten 17. Jh. einbehalten worden sind, bleibt unklar. Der niederadeligen Ortsherrschaft haben 1684 und danach die Vogtei und das Niedergericht, die niedere Jagd sowie die Fronleistungen der Untertanen zugestanden. Vogtei- und Gerichtsrechte, die das Kloster Billigheim an seiner Grundherrschaft in Großeicholzheim hergebracht hatte, haben bereits im 16. Jh. die Landschaden an sich gebracht.

Die einstige Wasserburg der Ortsherren war am südlichen Rand des Dorfes gelegen. Die Landschaden von Steinach haben in der 2. H. 16. Jh. noch verschiedentlich daran gebaut (1566, 1574); unter pfälzischer Herrschaft ist die Anlage dann aber offenbar dem Verfall preisgegeben worden. Um 1674/75 waren Mauer und Türme des Vorhofs eingefallen, der Wassergraben zwischen Vorhof und Schloß war voll Schlamm und Unrat und die lange Brücke über den Graben war reparaturbedürftig. Um den inneren Schloßhof gruppierten sich der ruinöse, als Scheune genutzte sog. Grafenbau (rechts vom Tor), dessen obere Stockwerke man über eine *schöne, kostbare, hohe steinerne schneckhen* erreichte, ein schlechter Viehstall, ein weiteres Gebäude mit Wendeltreppe und ein sog. neuer Hauptbau. Schon 1803 ist nurmehr von einem Haus die Rede, *das Schloß genannt* und von einem herrschaftlichen Beamten bewohnt wurde; am Ende des 19. Jh. waren darin Rathaus und Schule untergebracht.

Grundherrschaft und Grundbesitz. – Im 8. und 9. Jh. hat das Kl. Lorsch aus mehreren Schenkungen in Eicholzheim über einen verhältnismäßig reichen Besitz verfügt, der möglicherweise als Grundlage der späteren Herrschaftsbildung angesehen werden kann. Die in älterer Zeit nur summarisch erwähnte Grundherrschaft der Ortsherren wird erst im 16. Jh. näher spezifiziert; neben dem sog. Schloßgut mit rund 255 M Äckern, 32 M Wiesen, 2½ M Gärten und 4, nach ihrer Größe nicht näher bezeichneten Waldungen (1683 ca. 100 M) gehörten dazu 8 Güter mit zusammen etwa 178 M Äckern und 20 M Wiesen sowie weitere nutzbare Rechte. Von vergleichbarem Umfang wird wohl auch die Großeicholzheimer Grundherrschaft des Kl. Billigheim gewesen sein, zu der 1562 nicht weniger als 14 Zinsgüter gehört haben. Mit ihren Anfängen dürfte sie ins hohe Mittelalter zurückreichen und aus staufischen oder weinsbergischen Schenkungen herrühren; vor allem im 14. Jh. waren die Nonnen um Arrondierung ihres hiesigen Besitzes bemüht und haben durch Kauf und Tausch unter anderem Rechte der Münch von Rosenberg (1304) und der Rüdt von Bödigheim (1380) erworben. Zwei Jahrzehnte nach dem 30j. Krieg hat das Erzstift Mainz von den einstigen Billigheimer Gütern zu Großeicholzheim noch jährlich 14 fl, 28 Mltr. Korn, 16 Mltr. Dinkel, 22 Mltr. Hafer, ½ Mltr. Erbsen und 2 Mltr. Landachtfrüchte bezogen.

Die Berechtigungen des Stifts Mosbach (1306), des Stifts Möckmühl (1390/1413) und der Zisterzienserinnen von Seligental (14./ 16. Jh.) sind demgegenüber weniger bedeutend gewesen. Im Falle von Gütern und Gülten, die Ulrich von Eicholzheim und Johann Geckler in der 1. H. 14. Jh. vom Hochstift Würzburg in *Eicholtsheim* zu Lehen getragen haben, bleibt der Bezug auf Großeicholzheim ungewiß. Bereits im 16. Jh. und teilweise noch zu Beginn des 19. Jh. waren hier auch die Pfarreien und Frühmessen zu Adelsheim, Bödigheim, Buchen, Eberstadt, Limbach sowie Ober- und Mittelschefflenz gültberechtigt. Laut Eintrag in einem Lagerbuch von 1772 hat der Besitzer des nach Eberstadt zinspflichtigen sog. *Brügel- oder Eberstadter* Gutes von dort jährlich einen Kittel und ein Paar Handschuhe erhalten. Zum örtlichen Pfarrwittumgut haben 1683 18 M Äcker (1561 rund 30 M) sowie 2¼ M Wiesen auf hiesiger und auf Seckacher Gemarkung gehört.

Gemeinde. – Die Gemeinde der Untertanen zu Eicholzheim tritt erstmals im 16. Jh. bei Gelegenheit des üblichen Streits um Eigentums- und Nutzungsrechte am Wald in Erscheinung; 1579 sind diese Auseinandersetzungen mit einem durch den Kurfürsten von der Pfalz zwischen *bürgermeister und ganzer gemeinde* einerseits und der Herrschaft andererseits herbeigeführten Vergleich und mit einer Teilung der strittigen Waldungen fürs erste beigelegt worden. 1683 haben der Gemeinde 250 M Wald gehört; darüber hinaus hat sich der Gemeindebesitz damals auf ein Schulhaus und ein Hirtenhaus, auf eine halbe Schäferei (die andere Hälfte war herrschaftlich) sowie auf diverse Zinsen und die Hälfte des Einzugsgeldes erstreckt. Dem Dorfgericht haben 1671 neben dem Schultheißen 6 Gerichtspersonen angehört. 1803 begegnet ein *Amtsverweser* als erster, der Schultheiß als zweiter Ortsvorsteher; im Gericht haben zur selben Zeit 5 Schöffen gesessen. Kauf- und Gültbriefe hat das Gericht seit alters nur mit Wissen und Willen der Herrschaft ausgefertigt und besiegelt (1562).

Kirche und Schule. – Bereits 1306 findet ein Pfarrer zu (Groß-)Eicholzheim Erwähnung, jedoch ist nicht bekannt, wann die hiesige Pfarrei errichtet worden ist; der Chorturm der alten Dorfkirche datiert aus dem 13. Jh. Den Kirchensatz hatten bis in die Mitte des 15. Jh. die Weinsberger; danach ist er an Kurpfalz übergegangen und bis zum Ende des Alten Reiches in deren Besitz geblieben. Kirchenheiliger war wohl schon in älterer Zeit der Märtyrer Laurentius. Die adelige Herrschaft hat in Großeicholzheim gewiß schon um die Mitte des 16. Jh. die Reformation eingeführt, freilich dürfte das ursprünglich wohl luth. Bekenntnis spätestens 1618 durch das calvinistische abgelöst worden sein. Am Ende des 17. Jh. war die Bevölkerung des Dorfes gut zur Hälfte reformiert und etwa zu ⅓ katholisch, die Kirche wurde simultan benutzt. In der pfälzischen Kirchenteilung ist das Gotteshaus 1705/07 den Reformierten zugefallen, und den Katholiken ist ein Oratorium auf dem Rathaus zugeteilt worden. Sitz der zuständigen kath. Pfarrei war Rittersbach. Die Lutheraner haben sich 1738 gegen ihre seitens der Pfalz geplante Inkorporation in die luth. Pfarrei Oberschefflenz gewehrt und vorgebracht, die Kirche zu Eicholzheim sei *jederzeit eine Mutterkirche gewesen, zu welcher sich auch die evangelische lutherische Einwohner je und allewege dergestalten mitgehalten, daß sie sich von dem reformirten Prediger copuliren und ihre Kinder von demselben taufen lassen, wenn sie aber die heylige Communion empfangen wollen, sich eines andern Pfarrers bedienet, ohne daß ihnen ein Zwang wäre angeleget worden, ob sie zu diesem oder jenem gehen wolten, und haben dahero beederseits Religionsverwandte unter dem reformirten Pfarrer in guter Ruhe und Einigkeit miteinander gelebet.* Später haben die Großeicholzheimer Lutheraner der Pfarrei Unterschefflenz zugehört.

In den großen und in den kleinen Zehnt haben sich von alters her die Herrschaft und die örtliche Pfarrei je hälftig geteilt.

Einen geregelten Schulunterricht hat es in Großeicholzheim spätestens seit 1618 gegeben; bedingt durch den 30j. Krieg ist er freilich schon 1629 wieder eingestellt und erst um die Mitte des 17. Jh. wiederaufgenommen worden. Ein besonderes Schulhaus hat es am Ort zunächst nicht gegeben; stattdessen hat die Wohnstube, die der ref. Lehrer auf dem Rathaus hatte, zugleich als Schulstube gedient. Um 1680 hat die Gemeinde dann ein eigenes Haus für die Schule gekauft. Ein kath. Schuldienst findet erst 1803 Erwähnung.

Bevölkerung und Wirtschaft. – Angaben zur Größe der Bevölkerung liegen aus Großeicholzheim erst seit der Mitte des 17. Jh. vor. 1649, unmittelbar nach dem 30j. Krieg, hatte der Ort nur etwa 60 bis 70 Einwohner; aber bereits zwei Jahrzehnte später hatte sich diese Zahl infolge der pfälzischen Peuplierungspolitik beinahe verdreifacht, 1716 mehr als vervierfacht, und 1803 hat man im Dorf schließlich 118 Familien mit 630 Seelen gezählt. Um die Wende vom 17. zum 18. Jh. haben sich in Großeicholzheim Juden angesiedelt, deren Gemeinde am Ende des Alten Reiches 14 Familien umfaßt hat.

Die Nutzung der Dorfgemarkung hat sich um 1800 zu etwa 70 % auf Ackerland, zu knapp 20 % auf Wald und zu rund 10 % auf Wiesen verteilt. Als Fluren sind seit der Mitte des 16. Jh. bezeugt: die Flur gegen die Hagemühle (obere Flur, O), die Flur gegen das Bannholz (untere Flur, S) sowie die Hertwegsflur gegen Eberbach (W).

Die an der Seckach gelegene, zu Großeicholzheim gehörige Hagemühle (*nidern Hagmuln*) wird 1348 erstmals erwähnt. Wie spätere Quellen berichten, war sie eine Eigentumsmühle, die zu Beginn der 1560er Jahre von den Landschaden von Steinach aufgekauft und anschließend abgerissen worden ist. Danach hat man sie an anderer Stelle mit 3 Gängen neu errichtet. 1683 heißt es, die früher von den Kleineicholzheimer Berlichingen genutzte Mühle sei vor etwa 40 Jahren eingefallen.

Ein Verzeichnis der Gewerbetreibenden im Dorf liegt bereits aus dem späteren 17. Jh. vor; demnach waren 1671 in Großeicholzheim tätig: je 3 Wagner und Leineweber, je 2 Schneider und Schmiede sowie je 1 Schuhmacher, Wirt und Schafknecht. Bald darauf hat auch ein Salpetersieder versucht, hier seinen Unterhalt zu verdienen, hatte aber keinen Erfolg. Die große Zahl der 1803 in Großeicholzheim ansässigen Professionisten erweckt den Eindruck eines vergleichsweise wohlhabenden Gemeinwesens; da hat es 8 Schuhmacher gegeben, 6 Gastwirte, je 5 Bäcker und Schreiner, je 4 Schneider und Krämer, je 3 Maurer, Wagner und Schmiede, je 2 Küfer, Zimmermeister und Hutmacher sowie je 1 Metzger, Müller, Töpfer, Drechsler, Schlosser und Chirurg. Zu eben dieser Zeit hat es am Ort jährlich drei beträchtliche Krämermärkte sowie drei als unbedeutend eingestufte Viehmärkte gegeben. Bereits 1513 hatte Anselm von Eicholzheim für den Ort ein kaiserliches Marktprivileg erwirkt und seit 1514 alljährlich zwischen Sonntag Letare und Mittfasten sowie zwischen Margarethe und Simon und Juda in Großeicholzheim Jahrmärkte veranstaltet. Stand- und Weggeld sind im späten 17. Jh. der Ortsherrschaft zugefallen. 1562 haben auf den Großeicholzheimer Märkten Nürnberger Gewicht sowie Buchener Elle, Frucht- und Weinmaß gegolten.

Persönlichkeiten: Peter Anton Reusch (1810–1862), kath. Theologe.

Seckach

Siedlung und Gemarkung. – Die Anfänge des Dorfes Seckach hat man vermutlich im 7. oder im früheren 8. Jh. zu suchen. Bereits um 784/805 bzw. 788 sind Güter auf hiesiger Gemarkung an das Kl. Lorsch übertragen worden, jedoch findet der Ortsname erst zu den Jahren 802 (*Secheim*) und 805 (*Seccah*; beides Kop. 12. Jh.) Erwähnung;

dabei dürfte die ältere, auf -heim endende Namensform in dem Versehen eines Schreibers begründet sein. Der Name weist auf ein Gewässer und ist in seinem ersten Teil offenbar vorgermanischer Herkunft; die Endsilbe -ach (*aha*) ist germanisch und steht für Wasser. Auf dem Hohenberg, unweit der Bahnlinie, hat man 1904 bei Bauarbeiten ein gemauertes merowingerzeitliches Grab entdeckt, dem eine Spatha beigegeben war, jedoch ist der Bezug dieses vereinzelten Grabes zur heutigen Siedlung durchaus zweifelhaft. Die Reste einer römischen Villa sind bereits 1898 östlich des Dorfes in der Au rechts der Seckach gefunden worden, und in den Wäldern Lattenwald (S) und Frauenhölzle (SO) hat man zur gleichen Zeit Spuren einer römischen Straße festgestellt. Neuerdings ist im Gewann Buchhalde (SW) auch ein nicht näher datierter vorgeschichtlicher Grabhügel erkannt worden. Aus dem im S der Gemarkung gelegenen Gewann Höhenhaus sind archäologische Befunde nicht bekannt, und der Flurname Klosterhof nordwestlich des Dorfes deutet wohl eher auf einstigen klösterlichen Grundbesitz denn auf einen abgegangenen Gutshof an dieser Stelle. – Um 1800 hat es in Seckach neben der Kirche, dem Pfarrhaus, dem Schulhaus und einer Mühle 82 Wohnhäuser gegeben.

Herrschaft und Staat. – Wie im benachbarten Scheffenz hat man vielleicht auch in Seckach den umfangreichen Besitz des Kl. Lorsch als Grundlage der mittelalterlichen Herrschaftsbildung anzusehen; freilich hat – worauf nicht zuletzt die späteren Zentgrenzen hindeuten könnten – Seckach bereits außerhalb des staufischen Reichslandes von Mosbach und Wimpfen gelegen. Mangels Quellen läßt sich die Entwicklung der Verhältnisse von der Frühzeit bis hin zur alleinigen, seit dem 14.Jh. bestehenden Ortsherrschaft des Kl. Seligental nicht mehr rekonstruieren. Vermutlich haben dabei auch der im hohen Mittelalter hier bezeugte, zunächst nicht näher definierte Amorbacher Klosterbesitz sowie die Edelherren von Dürn als Amorbacher Klostervögte eine Rolle gespielt, ist doch die zentliche Obrigkeit am Ort (Zent Buchen) zunächst ebenfalls im Besitz der Dürner gewesen und von diesen zu Beginn des 14.Jh. an das Erzstift Mainz gelangt. Seit der Aufhebung des Kl. Seligental (1568) waren alle orts- und landesherrlichen Rechte zu Seckach in Mainzer Hand vereinigt (Hofmeisterei Seligental und Kellerei Buchen): die Vogtei und das Gericht, die Zent mit Blutgerichtsbarkeit und Militärhoheit sowie das Steuer- und das Schatzungsrecht (1667/99). Am Ende des Alten Reiches ist Seckach 1803 an das Fürstentum Leiningen (Amtsvogtei Osterburken) gefallen und 1806 zum Großherzogtum Baden gekommen.

Welche Bedeutung im Verlauf dieser herrschaftlichen Entwicklung der seit 1276 bezeugten niederadeligen Familie von Seckach zugekommen ist, läßt sich im einzelnen nicht mehr klären, jedoch scheint es sich dabei um hier ansässige ministeriale Untervögte der Dürner Edelherren gehandelt zu haben. Ihr Wappen zeigt ein Steinbockhorn und könnte folglich auf eine gemeinsame Abstammung mit den Ministerialen von Dürn und mit denen von Adelsheim hindeuten, jedoch wird eine solche Vermutung durch die bei den Seckachern gebräuchlichen Vornamen (Hartmut, Hugo, Dieter, Volknand) nicht gestützt. Der allem Anschein nach recht bescheidene Besitz der durch die Herren von Dürn (1. H. 14.Jh.) und von Weinsberg (Ende 14.Jh.) belehnten Familie lag im 14. und 15.Jh. in Seckach, Bachenau (Stadt Gundelsheim), Sindolsheim, Hettingen, Erfeld, Gochsen (Hardthausen a.K.) und Großheppach (Stadt Weinstadt). Um 1300 ist eine Verschwägerung mit denen von Schweinberg bezeugt. Im 15.Jh. sind die Seckacher in württembergischen Diensten ins Remstal abgewandert, wo ihr Stamm offenbar im frühen 16.Jh. ausgestorben ist.

Grundherrschaft und Grundbesitz. – Der zwischen 784/88 und 805/13 durch das Kl. Lorsch aus mehreren Schenkungen in Seckach angesammelte Besitz umfaßte schließlich insgesamt 12 Hofstätten, 10 Hufen, rund 100 M Ackerland, 1 Wiese und mehrere Eigenleute; das dürfte beinahe das ganze Dorf gewesen sein. Amorbacher Besitz zu Seckach findet erstmals in den Traditionsnotizen des Klosters Erwähnung (11./12. Jh.), und dann wieder in dem im 13. Jh. auf Kaiser Otto III. gefälschten Privileg von 996; im großen, 1395 angelegten Klosterurbar, als der einstige Bestand durch die adeligen Vögte schon mehr oder weniger dezimiert gewesen sein dürfte, wird der Umfang der Amorbacher Güter mit 3 Hufen angegeben. Erste Hinweise auf hiesigen Besitz der Zisterzienserinnen aus dem benachbarten Kl. Seligental finden sich bereits 1239 (Kirche samt Gerechtsamen), und in den folgenden Jahrzehnten und Jahrhunderten ist es den Nonnen gelungen, durch Kauf und durch fromme Stiftungen mehr und mehr zu expandieren; so haben sie Güter erworben von den Edelherren von Dürn (1273, 1276), von denen von Rosenberg und von den Münch von Rosenberg (1270, 1302), von denen von Berlichingen (1320), von Seckach (1338, 1417, 1421), von Bödigheim gen. Horlaff (1354, 1356), von den Rüdt von Bödigheim (1408, 1409) und von anderen. In der 2. H. 15. Jh. hat das Kloster in Seckach von 30 Gütern Zinse und Gülten bezogen; hinzu kamen weitere Abgaben von Häusern, Hofreiten, Äckern, Wiesen und Gärten. Neben diesem dominierenden Besitz fallen andere Berechtigungen kaum ins Gewicht; die Billigheimer Nonnen hatten hier nur geringe Einkünfte (16. Jh.), und das Stift Mosbach (16. Jh.) besaß ebenso wie die Frühmesse zu Buchen (1326) in Seckach nur einige Geldrenten. Im Besitz der Eicholzheimer Erben und Nachfolger zu Klein- und zu Großeicholzheim befanden sich in der frühen Neuzeit 2 Höfe zu Seckach, und im 18. Jh. waren auch wieder die Rüden hier begütert.

Gemeinde. – Bereits 1320 begegnen die *geburen zu Sacach* als Nutzungsberechtigte am Wald *Kampberg* daselbst, und 1344 lagen die Bewohner des Dorfes wegen der Wassernutzung aus dem Mühlgraben mit dem Kl. Seligental im Streit. Solche Differenzen wie auch die üblichen Viehtriebsangelegenheiten zogen sich offenbar durch das ganze 14. und 15. Jh. hin und waren letztlich wohl Ursache dafür, daß die Seckacher sich im Bauernkrieg 1525 zusammen mit den anderen Seligentaler Klosterdörfern gegen ihre Herrschaft aufgelehnt haben. Aber 1526 mußten die rebellischen Untertanen sich der Äbtissin *zue gnaden undt ungnaden* wieder unterwerfen und dabei auf manches hergebrachte Recht verzichten: Der Heimbürge büßte einen wesentlichen Teil seiner Funktionen ein, und die Schöffen des Gerichts wurden fortan nicht mehr von der Gemeinde gewählt, sondern von der Äbtissin bestimmt; desgleichen wurden die Gemeindeämter von der Herrschaft besetzt, der Tierbestand der Gemeindeschäferei wurde auf 400 Schafe beschränkt und die Bachnutzung sollte nur noch den Nonnen zustehen. Im Laufe der Zeit, vor allem nachdem das Kloster aufgehoben war, konnte die Gemeinde wieder ein stärkeres Eigenleben entfalten; zwar hat in rechtlichen Angelegenheiten auch weiterhin die Hofmeisterei Seligental für sie gesiegelt, jedoch war sie zur Hälfte an den Ungeldeinnahmen beteiligt (17. Jh.) und verfügte neben einem Rat- und Schulhaus, einem Schafhaus mit Scheune und einigen wenigen Äckern über 350 M Gemeindewald (1803; 1806 550 M). Das Dorfgericht bestand 1803 neben dem Schultheißen nur aus 2 Schöffen; in Polizeisachen und Sachen mit einem Streitwert bis 5 fl unterstand dem Seckacher Gerichtsstab auch der Waidachshof.

Kirche und Schule. – Obgleich in dem bisher zu Schlierstadt gehörigen Seckach erst 1448 eine eigene Pfarrei errichtet worden ist, findet ein Pfarrer daselbst doch bereits 1279 Erwähnung. Der Pfarrsatz oblag dem Kl. Seligental, später der kurmainzischen Hofmeisterei Seligental; Kirchenheiliger war offenbar seit alters der Märtyrer Sebastian. Filialen der Pfarrei Seckach waren am Ende des 18. Jh. das benachbarte Zimmern und der Waidachshof, der Hof Seligental wurde im Wechsel mit der Pfarrei Schlierstadt versehen. Unter Seligentaler bzw. Mainzer Herrschaft hat die Reformation in der Pfarrei Seckach keinen Eingang gefunden.

Zehntberechtigt waren in Seckach am Ende des Alten Reiches die Herrschaft (½ Großzehnt), die Rüden von Bödigheim (½ Groß- und Kleinzehnt) und der Ortspfarrer (½ Kleinzehnt). Der herrschaftliche Anteil, zu dem an sich auch der halbe, später dem Pfarrer überlassene Kleinzehnt gehörte, war vormals im Besitz des Kl. Seligental, das ihn 1276 von dem Dürner Ministerialen Otto Horlaff erworben hatte. Und Dürner bzw. Amorbacher Herkunft dürften im wesentlichen auch die Rüdt'schen Rechte an dem Zehnt gewesen sein. 1622 sind sie zur Hälfte (= ¼) pfandweise an die von Rosenberg und später über die Grafen von Hatzfeld und den Deutschen Orden an die von Eyb zu Dörzbach gelangt; erst im 18. Jh. ist dieser Anteil wieder abgelöst worden. Vielleicht handelt es sich dabei um dasselbe Viertel am Seckacher Zehnten, das im 15. und 16. Jh. als hohenlohisches Lehen in Eicholzheimer und dann in Rosenberger Besitz war.

Ein von der Gemeinde besoldeter Schulmeister und Mesner zu Seckach begegnet in den Quellen bereits zum Jahre 1633. Ein eigenes Schulhaus findet jedoch erst 1803/06 Erwähnung.

Bevölkerung und Wirtschaft. – Um die Mitte des 16. Jh. lag die Zahl der Einwohner von Seckach bei etwa 250, und bis zum Jahre 1633 ist sie – vielleicht auch durch kriegsbedingten Zuzug – auf rund 400 angestiegen. Nach dem 30j. Krieg wohnten in dem Dorf nur noch knapp hundert Menschen. In den folgenden Jahren hat sich die Bevölkerung auch hier wieder langsam vermehrt (1667 ca. 250, 1701 289, 1750 465, 1803 482). Leibrechtlich waren die Bewohner von Seckach vor allem dem Kl. Seligental verbunden; daneben hat es am Ort aber auch Eigenleute der Rüden sowie Königsleute gegeben.

Ihren Feldbau haben die Seckacher in den drei Fluren Obere Flur, Gertelflur und Schmalder Flur (S) getrieben (1599). Angebaut wurden im späteren 18. Jh. vornehmlich Dinkel, Hafer, Kartoffel, Klee, Flachs und Hanf. Zum Viehbestand am Ort liegen folgende Zahlen vor:

	Rinder	Kühe	Pferde	Schweine	Schafe
1633		72	19	92	33
1803	314		1		
1806	350		1		

Die Seckacher Mühle ist 1322 in den Besitz des Kl. Seligental gelangt. Ansonsten finden die hier betriebenen Gewerbe – Bäcker, Schneider, Schuster, Schreiner, Zimmermann, Wagner, Hufschmied, Nagelschmied – erst 1803 Erwähnung; besonders stark war die Leinenweberei in Seckach vertreten. Schildgerechtigkeiten hat es 1667 im Dorf noch nicht gegeben; 1700 gab es 1, 1750 waren es bereits 3.

Zimmern

Siedlung und Gemarkung. – Die Erforschung der Geschichte von Zimmern bei Seckach (*Zimmern prope Secka*, 1322/33) hat sich wegen einer großen Zahl gleichnamiger Orte – erinnert sei nur an Neckarzimmern und Grünsfeldzimmern in der näheren Umgebung – bis ins späte Mittelalter immer wieder mit Identifizierungsproblemen auseinanderzusetzen. Die Zweifel beginnen bereits bei der Ersterwähnung im Lorscher

Codex (782 *Zimbren in pago Wingartheiba*; Kop. 12. Jh.), die sich ebensowohl auf Zimmern am Neckar wie auf Zimmern an der Seckach beziehen kann. Die einigermaßen zweifelsfreie erste Erwähnung des hiesigen Dorfes geschieht zum Jahre 1103 im Hirsauer Codex, wo unter den Zeugen einer Schenkung an das Schwarzwaldkloster neben Rugger von Hirschlanden und Adelbero von Schlierstadt auch ein Eberwin von *Zimbren* begegnet (Kop. 16. Jh.). Der Ortsname ist von den Holzhäusern der Dorfbewohner hergeleitet. Im späten Mittelalter und noch in der frühen Neuzeit begegnen wiederholt die Bezeichnungen Ober- und Unterzimmern (*Zymmern superior* und *Zimmeren inferior* 1335/45 u. a.) sowie Dürrenzimmern (1470 u. a.). Oberzimmern ist zweifellos mit dem heutigen Dorf identisch; der Name Unterzimmern bezieht sich ebenso wie Dürrenzimmern auf eine einst seckachabwärts, in der Gegend des späteren Hammerwerks gelegene Siedlung (FN Dürrental), die offenbar bereits vor dem Ende des Mittelalters ausgegangen ist. Jedoch scheint es, als habe man zur besseren Unterscheidung von gleichnamigen Siedlungen den Namen Dürrenzimmern im 16. Jh. auch auf Oberzimmern bezogen. Mit der vermutlich am Zusammenfluß von Rinschbach und Seckach zu lokalisierenden Siedlung Grauenwinkel (*Krawenwinkel*, 1292–1331) hat Dürrenzimmern nichts zu tun. Im südöstlichen Winkel der Zimmerner Gemarkung, in der Nähe des Bahnhofs Adelsheim, sind bereits im 19. Jh. die Reste einer römischen villa rustica gefunden worden.

Zur Gkg Zimmern gehören seit 1924/25 der Bezirk des zuvor selbständigen Waidachshofes sowie der südliche Teil der einstigen Seligentaler Sondergemarkung. An der nordwestlichen Gemarkungsgrenze, im Gewann Schallberg, hat im Mittelalter eine eigene, bereits um 1100 in den Traditionen des Kl. Amorbach erwähnte Siedlung dieses Namens bestanden (*Schalkeberc*, Kop. 13. Jh.). Aufgrund mehrerer Schenkungen und Ankäufe (1271 ff.) von denen von Allfeld und von Dürner Ministerialen war das Kl. Seligental seit dem 14. Jh. der größte und schließlich auch der alleinige Orts-, Grund- und Zehntherr auf Schallberger Gemarkung, die nach dem Wüstfallen dieses Dorfes (vermutlich vor 1500) jener von Zimmern zugeschlagen wurde und im übrigen nur noch als besonderer Zehntdistrikt fortbestanden hat.

Herrschaft und Staat. – Den Ursprung der Herrschaftsentwicklung in Zimmern hat man vermutlich in der von den Edelherren von Dürn bzw. von deren Ministerialen bevogteten Grundherrschaft des Kl. Amorbach zu suchen. Einen eigenen Adel hat es hier allenfalls um die Wende vom 11. zum 12. Jh. gegeben; bei allen späteren Erwähnungen sind entweder der Bezug auf diesen Ort oder die Zugehörigkeit zum Adel fraglich. Der Ministeriale Helfrich von Bödigheim hat 1240 die Vogtei im Dorf mit Konsens seines Lehnsherrn Konrad von Dürn an das kurz zuvor gegründete Nonnenkloster Seligental verkauft, und dessen Äbtissin (seit 1568 die Hofmeisterei Seligental) hat fortan in Zimmern alle ortsherrlichen Rechte ausgeübt; der Ort teilte denn auch – insbesondere im Bauernkrieg – die Geschicke der benachbarten Klosterdörfer Hemsbach, Schlierstadt und Seckach. Mit Hochgerichtsbarkeit und militärischem Aufgebot zählte Zimmern zu der seit 1376 kurmainzischen Zent Osterburken, und auch das Schatzungsrecht wurde von alters her durch Mainz wahrgenommen (1542); Forst und Jagd oblagen ursprünglich dem Kloster und sind später an die mainzische Hofmeisterei übergegangen. Infolge der Säkularisation 1803 an das Fürstentum Leiningen gelangt, zählte Zimmern bis 1806 zu dessen Amtsvogtei Osterburken und wurde im zuletzt genannten Jahr durch das Großherzogtum Baden mediatisiert.

Grundherrschaft und Grundbesitz. – Neben dem, wie oben erwähnt nicht gesicherten Besitz des Kl. Lorsch kommt im hohen Mittelalter vor allem jenem des Kl. Amorbach in Zimmern eine größere Bedeutung zu. In den Amorbacher Traditionen für das späte 11. oder frühe 12.Jh. erstmals bezeugt, sind seine Reste 1287 durch Tausch an das Kl. Seligental gelangt, und Seligental hat im 14./15.Jh. nach und nach auch alle anderen grundherrlichen Gerechtsame sowohl in Ober- als in Unterzimmern aufgekauft; in der 2. H. 15.Jh. hat das Kloster hier von 15 Gütern Zinse und Gülten bezogen. Das Kl. Seligental – und in seiner Nachfolge seit 1568 die Hofmeisterei – war im späten Mittelalter und in der frühen Neuzeit praktisch der alleinige Grundherr am Ort; alle anderen Berechtigungen sind demgegenüber geringfügig und können vernachlässigt werden.

Gemeinde. – Nach dem 1519 durch die Äbtissin zu Seligental erlassenen Dorfrecht für die Orte Hemsbach und Zimmern hatten beide Flecken ein gemeinschaftliches Gericht, das der ebenfalls gemeinschaftliche Schultheiß viermal im Jahr zusammenrufen sollte. Wie in den Nachbardörfern wurden 1526 auch in Zimmern infolge des Bauernkriegs die ohnehin spärlichen Rechte der Gemeinde von der Herrschaft weiter eingeschränkt; später wurden die Zügel dann wieder mehr gelockert. 1803 – Zimmern und Hemsbach unterstanden nach wie vor einem gemeinsamen Gerichtsstab – bestand das Dorfgericht aus dem Schultheißen und nur 2 Schöffen. Der Besitz der Gemeinde erstreckte sich am Ende des Alten Reiches auf rund 90 M Wald, ein Schulhaus und ein Hirtenhaus; 1699 war die Gemeinde obendrein noch zu zwei Dritteln am Ertrag des Ungeldes beteiligt.

Kirche und Schule. – Kirchlich war Zimmern vermutlich schon im späten Mittelalter eine Filiale der Seligentaler Patronatspfarrei Hemsbach; die Aussage einer Urkunde von 1471, die Andreas-Kirche zu Dürrenzimmern sei ein Lehen der Äbtissin von Seligental, wird man – zumal weitere Belege fehlen – sicher nicht dahingehend interpretieren dürfen, daß es hier eine selbständige Pfarrei gegeben habe. Seit dem späteren 17.Jh. wurde das aufgrund der herrschaftlichen Verhältnisse rein kath. Zimmern durch den Pfarrer von Seckach versehen. Die alte Dorfkirche mußte 1801 wegen Baufälligkeit abgebrochen werden und ist 1805 unter Weiterverwendung von Resten des alten Chorturms durch einen Neubau ersetzt worden.

Der Zehnt von Gkg Zimmern wurde zu Beginn des 19.Jh. von der Herrschaft allein bezogen; dieser Zehnt war, nachdem die Nonnen bereits 1240 einen Anteil daran erworben hatten, seit 1475 im alleinigen Besitz des Kl. Seligental. Daneben bestand noch ein Sonderzehntdistrikt (vormals Unterzimmern), in dem die Herrschaft zu $\frac{1}{3}$ und die Pfarrei Hainstadt zu $\frac{2}{3}$ zehntberechtigt waren; das herrschaftliche Drittel geht ebenfalls auf Seligentaler Rechte zurück, während die $\frac{2}{3}$ der Pfarrei Hainstadt offenbar auf einer Stiftung beruhen und im 14.Jh. als Würzburger Lehen im Besitz der Münch von Rosenberg waren.

Noch 1803 hat es in Zimmern kein Schulhaus und keinen eigenen Schulunterricht gegeben; die hiesige Jugend mußte sich vom Lehrer im benachbarten Hemsbach unterweisen lassen.

Bevölkerung und Wirtschaft. – Zur Türkensteuer wurden 1542 in Zimmern 15 Haushalte veranlagt, woraus man schließen darf, daß der Ort damals rund 70 Einwohner zählte. Von Dürrenzimmern – gemeint ist aber ganz ohne Zweifel Oberzimmern – heißt es 1598, dort lebten etwa 50 Untertanen, d.h. etwa 220–230 Seelen, und diese Zahlen stimmen auch ungefähr mit jenen überein, die um 1650 rückblickend angegeben werden: 47 Untertanen (ca. 210 Seelen) vor 1618, dagegen nur noch 15 (ca. 70 Seelen) nach 1648. 1701 hatte Zimmern wieder 157 Einwohner; in der 1.H. 18.Jh. ist die Bevölkerungszahl dann weiter angestiegen (1750 244), hat sich danach allerdings nur noch geringfügig geändert (1803 240).

Um 1800 hat man in Zimmern auf rund 1250 M Äckern vorwiegend Spelz, Hafer, Kartoffeln, Flachs und Hanf angebaut; daneben gab es am Ort 54 M Wiesen. Der

Viehbestand belief sich 1803 auf 2 Pferde und 215 Rinder; 1806 gab es 55 Schweine. Bereits 1340 wurden hier 2 Mühlen betrieben, das Hammerwerk im SO des Dorfes wurde im 18. Jh. gegründet. Schildrechte gab es im Dorf erst seit der 1. H. 18. Jh.
Waidachshof. – Der Hof *zu dem Weydich* wird erstmals 1402 bzw. 1409 erwähnt. Zum Gerichtsstab von Seckach gehörig, hatte der nach dem südlich anschließenden Wald benannte Waidachshof stets eine eigene Gemarkung und ist erst 1924 nach Zimmern eingemeindet worden. Kl. Seligental war hier alleiniger Grund- und Zehntherr und hatte auch die vogteiliche Obrigkeit auf dem Hof, der im übrigen wie Seckach zur Zent Buchen gehörte. 1699 lebten auf dem im 30j. Krieg niedergebrannten Waidachshof 2 Familien und bewirtschafteten rund 207 M Äcker und 13 M Wiesen; die zum Trieb auf Seckacher, Zimmerner und Hemsbacher Gemarkung berechtigte Waidachshöfer Schäferei hatte um 1700 einen Bestand von 250 Tieren. 1803 lebten auf dem Hof 15 Menschen.

Quellen und Literatur

Großeicholzheim

Quellen, gedr.: *Bendel.* – CL. – DI 8. – R Hohenlohe. – *Krebs*, Amorbach. – Lehnb. Würzburg 1 und 2. – REM 2. – UB MOS. – UB Obrigheim. – WR. – ZGO 24, 1872; 32, 1880; 46, 1892 S. m68;
Ungedr.: FLA Amorbach, Repertorium Rand; U Amorbach; Billigheimer Lagerb. 1623 und 1654; Seligentaler Lagerb. 1699; Bücher zur Kenntnis und zur Hebung des Landes; Pläne XI 8. – GLA Karlsruhe J/H Groß- und Kleineicholzheim 1–1a; 43/5, 27; 44 von Degenfeld, Rüdt; 66/3139; 5137, 5527, 10513, 11670a, 11790, 11791; 67/1057, 1663, 1906; 69 Rüdt von Collenberg 336, 3704, 3878, U1, U102; 166/60, 61, 70ff., 119–127, 207; 229/16734, 35064–35155, 40873, 71699, 88409. – HZA Neuenstein, Weinsberg F25, L70, L71 1/2. – StA Würzburg, Mainzer Ingrb. 29; MRA Militär K 217/14; Würzburger Lehensachen 5686.
Allg. Literatur: FbBW 9, 1984 S. 601. – *Friedlein.* – *Hahn* S. 395f. – *Hausrath.* – HHS S. 267f. – *Hundsnurscher/Taddey* S. 115f. – KDB IV,3 S. 170–174. – *Krieger* TWB 1 Sp. 480–482. – LBW 5 S. 256. – *Langendörfer.* – *Matzat*, Studien. – *Matzat*, Zenten. – *Müller*, Dorfkirchen S. 37. – *Neumaier*, Reformation. – *Oechsler/Sauer* S. 225. – *Rommel*, Billigheim. – *Rommel*, Seligental. – *Rommel*, Wohnstätten. – *Schaab*, Wingartaiba. – *Schuster* S. 375. – *Wagner* S. 428–429. – *Widder* 2. – *Wüst.*
Ortsliteratur: *Schumacher*, Karl, Reste einer römischen Villa bei Großeicholzheim in Baden. Mannheimer Gbll. 4, 1903 S. 4–7. – *Schmitt*, Karl Martin, Geschichte des Pfarrdorfes Großeicholzheim, Buchen 1957.
Erstnennungen: ON 775 (CL Nr. 2881), Pfarrei 1306 (GLA Karlsruhe 69 Rüdt von Collenberg U1).

Seckach

Quellen, gedr.: *Becher.* – CL. – *Contzen.* – DI 8. – *Gudenus* CD 3. – Lehnb. Würzburg 1. – MGH DOIII. – RI II,3. – UB Hohenlohe 2. – UB MOS. – WUB 4. – ZGO 46, 1892 S. m70.
Ungedr.: FLA Amorbach, Repertorium Rand; Amorbacher Urbar 1395; Amorbacher Jurisdiktionalb. 1648; Amorbacher Seelgeräte; Lagerb. der Hofmeisterei Billigheim 1654; Seligentaler Zins-, Gült- und Lagerb. 1699; Seligentaler Kellereirechnungen 1700, 1701, 1750; Bücher zur Kenntnis und zur Hebung des Landes. – FrhRA Hainstadt U; Rüdt'sche Teilung 1620; Auszüge aus dem Roten Buch. – GLA Karlsruhe J/H Buchen 1, Seckach 1–1a; 66/5137, 8011, 11670a, 11791; 67/1663; 69 Rüdt von Collenberg 445, 1972, 3704, U14, U58, U76, U381, U401, U409; 229/13962, 96382–89. – HZA Neuenstein, Hohenlohische Aktivlehen XXV. – StA Wertheim U. –

StA Würzburg, Mainzer Ingrb. 43; Mainzer Bü. versch. Inh. 10; MRA Ältere Kriegsakten 1/23, 1/100; MRA Militär K 217/14, 239/402, 240/479.
Allg. Literatur: *Alberti* 2 S. 722. – *Eichhorn*, Kirchenorganisation. – *Gropp*. – KDB IV,3 S. 197–198. – *Krieg*. – *Krieger* TWB 2 Sp. 965–966. – LBW 5 S. 256f. – *Matzat*, Studien. – *Matzat*, Zenten. – *Müller*, Dorfkirchen S. 68. – *Neumaier*, Reformation. – OAB Neckarsulm. – *Oechsler/ Sauer*. – *Rommel*, Billigheim. – *Rommel*, Seligental. – *Rommel*, Wohnstätten. – *Schaab*, Wingarteiba. – *Schäfer*. – *Wagner* S. 443–444. – *Wolfert*.
Ortsliteratur: *Schön*, Theodor, Die Familie von Seckach. In: Deutscher Herold 29, 1898 S. 164. – *Schmitt*, Berthold / *Killian*, Manfred, 1200 Jahre Seckach 788–1988. Geschichte der Baulandgemeinde. ⟨Seckach 1988⟩.
Erstnennungen: ON 784/802 (CL Nr. 2850–56), Niederadel 1276 (*Gudenus* CD 3 S. 696), Pfarrei 1448 (StA Würzburg, Mainzer U Geistl. Schrank 8/179).

Zimmern

Quellen, gedr.: *Becker*. – CL. – CH. – *Gudenus* CD 3. – Lehnb. Würzburg 1 und 2. – R Adelsheim. – UB Hohenlohe 1. – WUB 3 und 4. – ZGO 46, 1892 S. m71. – Zwei Weistümer für die Dörfer Hemsbach und Zimmern (Amt Adelsheim) aus dem Jahr 1519 und 1526. In: FBll 3, 1920 Nr. 12.
Ungedr.: FLA Amorbach, Repertorium Rand; Seligentaler Zins-, Gült- und Lagerb. 1699; Seligentaler Kellereirechnungen 1700, 1701, 1750; Bücher zur Kenntnis und zur Hebung des Landes; Pläne XIV,4. – GLA Karlsruhe J/H Buchen 1, Seckach 1–1a, Zimmern 1; 43/Sp. 246, 66/8011, 10269–71, 11670a; 229/41882, 11791, 118409–15. – StA Würzburg, Mainzer Bü. versch. Inh. 10; MRA ältere Kriegsakten 1/23; MRA Militär K 217/14, 239/402.
Allg. Literatur: *Biedermann*. – *Heimberger*, Eisenhütten. – KDB IV,3 S. 216. – *Krieger* TWB 2 Sp. 806–807, 1307, 1546–1548. – LBW 5 S. 257. – *Matzat*, Studien. – *Matzat*, Zenten. – *Müller*, Dorfkirchen S. 79. – *Neumaier*, Reformation. – *Rommel*, Seligental. – *Rommel*, Wohnstätten. – *Wagner* S. 444.
Ortsliteratur: *Rommel*, Gustav, Ortsgeschichtliches von Hemsbach und Zimmern (Amt Adelsheim). In: FBll 4, 1921 Nr. 7. – *Becker*, Otto, Geschichte des Dorfes Zimmern bei Adelsheim. In: Der Wartturm 5, 1930 Nr. 9.
Erstnennungen: ON 782? (CL Nr. 2895) und Adel 1103 (CH S. 34) 1322/33 (Lehnb. Würzburg 1 Nr. 2536), Andreas-Kirche 1471 (StA Würzburg, Mainzer Bü. versch. Inh. 10 fol. 9).

Waldbrunn

4433 ha Gemeindegebiet, 4219 Einwohner

Wappen: In Silber (Weiß) eine in Form eines Tannenwipfels dreimal gezahnte grüne Spitze, belegt mit einer anstoßenden silbernen (weißen) Brunnenschale mit drei aufsteigenden silbernen (weißen) Fontänen übereinander. – Das Wappen bezieht sich mit der stilisierten Tanne und der Brunnenschale »redend« auf den Namen und die Lage des Erholungsortes. Die sechs Zähne der Spitze weisen außerdem auf die sechs Gemeindeteile hin. Wappen und Flagge wurden am 10. 11. 1976 vom Landratsamt verliehen. – Flagge: Grün-Weiß (Grün-Silber).

Gemarkungen: Mülben (877 ha, 406 E.) mit Max-Wilhelmshöhe = Forsthaus und Unterferdinandsdorf (Reisenbachergrund); Oberdielbach (743 ha, 970 E.) mit Maisental = Siedlung und Post (Obere und Untere); Schollbrunn (737 ha, 659 E.) mit Jagdhütte und Talmühle; Strümpfelbrunn (793 ha, 1129 E.) mit Höllgrund (Oberhöllgrund); Waldkatzenbach (599 ha, 724 E.) mit Unterhöllgrund; Weisbach (688 ha, 318 E.) mit Weisbacher Mühle.

A. Natur- und Kulturlandschaft

Naturraum und Landschaftsbild. – Das großflächige Gemeindegebiet am Westrand des Landkreises mit sechs Gemarkungen liegt ganz im *Hinteren Odenwald* und überzieht als geschlossener Naturraum die seit dem Hochmittelalter weitgehend gerodete *Winterhauchhochfläche*. Sie dehnt sich ganz im Oberen Buntsandstein aus, dessen Plattensandsteine und Rötschichten an der Oberfläche anstehen, und dacht sanft nach S gegen das tief in den Gebirgssockel eingeschnittene Neckartal ab. An Nordrand ihrer gerodeten Gemarkungsteile nimmt sie am Fuß der Vulkanruine des Katzenbuckels eine Höhenlage von 530 bis 540 m, zwischen Waldkatzenbach und Strümpfelbrunn 541 m sowie nördlich von Strümpfelbrunn und Mülben 518 bis 537 m ü.d.M. ein. Weiter im N ist der Winterhauch dann durch junge fluviatile Erosion, die im Höllgrund und Reisenbacher Grund tief in den Gebirgssockel eingekerbt ist, stark zerschnitten, erreicht im Markgrafenwald auf der Gkg Mülben aber noch einmal 584 m NN. Der Südrand der Rodungsflächen fällt auf der Gkg Oberdielbach beim Wlr Post auf 470–460 m, am Südrand der Gkg Schollbrunn auf 480 bis 465 m ab. Eine noch geringere Höhenlage wird im S der Gkg Weisbach erreicht, wo die Winterhauchhochfläche nach SO gegen das Seebachtal im Michelherd-Wald einfällt. Auf diese vom Katzelbuckel überragte, süd- und südostwärts sich neigende Hochfläche greifen tief in den Untergrund eingesägte Kerbtäler hinauf. Sie gehen entweder unmittelbar vom Neckar aus wie die teils schlucht- und klingenartigen Einschnitte der Wolfsschlucht und des Koppenbachs, die bei Zwingenberg einmünden. Zu ihnen gehört auch der Holderbach, der sich mit seinem Oberlauf nur gering in den Plattensandstein auf der Gkg Oberdielbach eingetieft hat. Erst unterhalb von Unterdielbach entwickelte er auf dem Eberbacher Stadtgebiet durch die tief in den Mittleren Buntsandstein eingesägte Talkerbe des Holdergrunds eine bemerkenswerte Tiefenerosion, bevor er dem Neckar zustrebt, in den er in Eberbach eintritt. Andere, auf die Winterhauchhochfläche hinaufgreifende Talsysteme münden in Nebenflüsse des Neckars wie der mit seinen Quellarmen die Gkg Weisbach und die südliche Gkg Waldkatzenbach entwässernde Weisbach. Durch ein tief eingesägtes Kerbtal mit völlig bewaldeten Talflanken mündet er in 216 m NN in den bei Neckargerach sich in den Neckar ergießenden Seebach. Im N des Gemeindegebiets greift der Höllbach, ein ebenfalls steil in den Mittleren Buntsandstein eingesägter Zufluß der Itter, weit nach O aus und entwässert mit seinem Oberlauf die nordöstliche Winterhauchhochfläche bei Mülben. Südwärts gerichtete Nebenstränge haben aus dem Höllgrund heraus die Hochfläche des Oberen Buntsandsteins bis unmittelbar in die Bebauungsgebiete von Waldkatzenbach und Strümpfelbrunn hinein angesägt und führen von dort in steilen Klingen in den Höllgrund hinab. Die Eisigklinge verbindet so durch eine tiefe Waldkerbe Waldkatzenbach mit dem Unterhöllgrund. Vom Nordrand Strümpfelbrunns steigt die Scheuerklinge zum Oberhöllgrund hinab, und nördlich des im Grenzbereich der Gkgn Strümpfelbrunn und Mülben aufragenden Waldrückens des Winterhauchs hat der Reisenbach als weiterer Itterzufluß im Reisenbacher Grund eine ähnliche, tief eingeschnittene steilwandige Talform im harten Hauptbuntsandstein geschaffen. Im Gegensatz zum Holder- und Höllgrund ist in diesem Grenztal zum westlichen Mudauer Gemeindegebiet aber eine Talsohle ausgebildet, die mit jungen Alluvionen bedeckt ist. Der Wasserlauf des Reisenbachs durchzieht sie mit Wiesenmäandern, die sich über die gesamte Talsohle schlängeln, wie bei der an den unteren Talflanken entstandenen Siedlung Reisenbacher Grund und Im Grund oberhalb dieser Kleinsiedlung.

Vor allem die östlichen Itterzuflüsse im nördlichen Gemeindegebiet mit einer über 200 m tiefen Taleinschneidung gegenüber den benachbarten Höhen auf dem hochflächigen Waldrücken des Winterhauchs oder auf den Rodungsflächen um Waldkatzenbach, Strümpfelbrunn und Mülben bewirkten eine starke Zergliederung des südwestlichen Hinteren Odenwalds. Tiefe Talkerben mit bis auf die Talgründe reichenden Waldhängen und hochflächige bis kuppige Waldrücken wechseln auf engem Raum und bestimmen dort den Gebirgscharakter. Die ausgedehnten Rodungsflächen südlich und südöstlich des Katzenbuckels erwecken mit ihrer geringen Reliefenergie, die sich in flachwelligen und hügeligen Oberflächenformen äußert, den Eindruck einer waldoffenen Landschaft außerhalb des Gebirges. Erst die von S in sie hineingreifenden Täler, die mit steilen Waldhängen bis in den Gebirgssockel aus Mittlerem Buntsandstein eingegraben sind, lassen wiederum den Charakter des Berglandes im südöstlichen Odenwald durch große Höhenunterschiede auf engem Raum hervortreten. So ist auch der Weisbach an seinem Unterlauf um etwa 200 m gegenüber den benachbarten Ackerflächen von Schollbrunn und Weisbach eingeschnitten. Deutlich wird der Gebirgscharakter der hochflächigen Landschaft auch am Südrand der Gkg Oberdielbach. Sie grenzt im Leopoldshain unmittelbar an die Oberkante des übersteilten Neckarprallhangs am Zwingenberger Schloßberg oberhalb der Wolfsschlucht an. Mit nur 340 m NN wird dort der niedrigste Punkt der Hochflächenlandschaft hoch über dem Neckartal erreicht.

Die das Landschaftsbild der Winterhauchhochfläche bestimmende und entscheidend prägende Berggestalt ist der *Katzenbuckel*, der nordwestlich des Dorfes Waldkatzenbach auf 626 m NN aufragt und damit die höchste Erhebung des Odenwaldes bildet. Es handelt sich bei ihm um einen Härtling aus vulkanischen Gesteinen, der gegenüber den leichter verwitterbaren Schichtgesteinen des Juras und der Trias, die zur Zeit der Entstehung des Katzenbuckelvulkans vor rd. 66 Mio Jahren den Hinteren Odenwald noch bedeckten, herauspräpariert wurde. Die heutige Vulkanruine hat einen annähernd runden Umriß und besteht aus einem Vulkanschlot, dessen Durchmesser etwa 1 km beträgt. Aus der Ferne bildet er eine flache, im Gipfelbereich bewaldete Bergkuppe, die im südöstlichen und östlichen Bereich durch heute aufgelassene Steinbrüche, in denen sich ein See gebildet hat, zernagt und anthropogen umgeformt ist. Sein Hauptgestein besteht aus schwarzem Nephelinbasalt, der verschiedenartig ausgebildet ist. Am Katzenbuckelgipfel, von dessen Aussichtsturm die zum Bauland einfallende, hochflächige Ostabdachung des Hinteren Odenwalds deutlich zu erkennen ist und der einen trefflichen Überblick über die Landoberfläche des Waldbrunner Gemeindegebiets mit seinen tief zwischen die Waldrücken eingeschnittenen Tälern im N und die nur sanft bewegten Rodungsflächen mit ihren dörflichen Siedlungen im S und SO bietet, steht ein porphyrischer Nephelinbasalt an, der Einsprenglinge aus Augit enthält. Im ehemaligen Steinbruchbereich des nach O vorspringenden Bergteils fällt ein grobkörniges porphyrisches Gestein auf, der Shonkinit. Er ist zweifellos jünger als der Basalt und ist ein hauptsächlich aus Sanidin, Nephelin und Aegirin bestehendes Tiefengestein, das in dünnen Gängen aufgestiegen, aber wohl nicht mehr zutage getreten ist. In dem schon erstarrten Basalt des Katzenbuckelvulkans vollzog sich die Erstarrung des Shonkinits nur langsam, worauf u. a. seine grobkörnige Tiefengesteinsstruktur hinweist.

Neben den magmatischen Erstarrungsgesteinen lassen sich im einstigen Vulkanschlot als Einschlüsse im Basalt auch große Fetzen von Tuff finden, in dem sich gefrittete, d. h. durch Hitzeeinwirkung gehärte Schiefertone des Braunjuras Alpha fanden. Das läßt darauf schließen, daß zur Zeit des Ausbruchs des Katzenbuckelvulkans im Alttertiär über dem heute an der Oberfläche anstehenden Oberen Buntsandstein der Ostabdachung des Hinteren Odenwalds noch jüngere Triasformationen und Juragesteine bis zum Dogger verbreitet waren. Das würde einer seitherigen Abtragung von etwa 650–750 m entsprechen, die bereits durch eine vorpliozäne Gebirgsaufwölbung und nachfolgende Hebungen des Gebirgskörpers zu erklären ist. Der als weithin sichtbare Landmarke übriggebliebene Vuklanschlot des Katzenbuckels vermittelt somit gesteinsbedingt belegbare Erkenntnisse über die Entstehung des heutigen, weithin durch Hochflächen gekennzeichneten Berglandes im Hinteren Odenwald sowie für seine tertiären und quartären Hebungen. Die Widerständigkeit der basaltischen Gesteine innerhalb des Schlotes bewirkte große Höhenunterschiede im Gemeindegebiet, die im N mit der Einschneidung des Höllgrundes und des Reisenbacher Grundes auf engem Raum auftreten. Höhendifferenzen von 410 m zwischen dem Katzenbuckelgipfel und der Einmündung des Weisbachs in den Seebach ließen das Waldbrunner Gemeindegebiet trotz seines weithin hochflächigen Charakters zu dem am stärksten reliefierten des Landkreises werden. Seine kulturlandschaftliche Ausprägung mit weiten Ackerflächen auf der Buntsandsteinhochfläche des Winterhauchs, mit ursprünglich hochmittelalterlichen Waldhufendörfern, die durch einen beachtlichen Funktionswandel vor allem in der Zeit seit dem 2. Weltkrieg zu geschlossenen und unregelmäßig gestalteten Dörfern herangewachsen sind, zeigt manche Anklänge an das nur unweit entfernte Altsiedelland im Muschelkalk des Baulandes. Die der Höhenlage entsprechenden Klimaverhältnisse, die der Landschaft um den Katzenbuckel die treffende Bezeichnung des Winterhauchs eintrugen und die einen entscheidenden Einfluß auf die Anbauverhältnisse der Hochflächenlandschaft genommen haben, erinnern allerdings deutlich an ihre Zugehörigkeit zum Bergland.

Siedlungsbild. – Mülben, das in 500–520 m NN als hochmittelalterliche Rodungssiedlung auf der östlichen Winterhauchhochfläche entstanden ist, war ursprünglich eine nur locker bebaute Streusiedlung an den sanften Hängen des oberen Höllbachs. Der Funktionswandel der Siedlung vom einstigen groß- und mittelbäuerlichen Dorf zur Wohn- und Fremdenverkehrsgemeinde seit den 1960er Jahren brachte einerseits randliche Siedlungsausweitungen mit geschlossenen Neubaubereichen im O und W, zum anderen aber auch eine wesentliche Siedlungsverdichtung durch Neubauten zwischen den nur locker zusammenstehenden alten Hofplätzen oder Hofgruppen. Der insgesamt unregelmäßige Ortsgrundriß wurde dabei erhalten. Die Funktion als Fremdenverkehrsort zeigt sich innerhalb des Dorfes durch mehrere, teilweise neu ausgebaute Gasthäuser und Pensionen, so an der den Ort als Hauptstraße durchziehenden Odenwaldstraße, wo im Siedlungskern an der Abzweigung der nordwärts am Hang hinaufführenden Markgrafenstraße in der Nachbarschaft des ehemaligen Rat- und Schulhauses das Gasthaus und die Pension Waldbrunner Hof und weiter östlich, noch in zentraler Siedlungslage, die Pension Weiß sowie das Gasthaus und Café Drei Lilien stehen. Eine ähnliche, ganz moderne Einrichtung für den Fremdenverkehr ist das neue, zu einem landwirtschaftlichen Anwesen gehörende Gasthaus zum Engel. Neue Elemente des Ortsbildes, die durch Fremdengäste und den Kurbetrieb bedingt sind, ist einmal der 1972 angelegte Kurpark in der Ortsmitte, wo südlich der Odenwaldstraße und am Höllbach eine gepflegte Rasenfläche mit Spazierwegen, Brunnen und einer Kneipp-Tretanlage entstanden ist. Am Nordostrand des Dorfes wurde an der Simmesstraße das »Kurgestüt Hoher Odenwald« mit aussiedlerhofartigen Gebäuden in der Gestalt eines großen Gehöftes mit flachgiebeligen Wirtschaftsbauten, hallenartigen Ställen und benachbarten Pferdekoppeln erbaut.

Das Ortszentrum an der Abzweigung der Markgrafen- von der Odenwaldstraße wird architektonisch vom alten *Schul- und Rathaus* bestimmt, in dem sich heute eine Filiale der Sparkasse Eberbach befindet. Über dem Erdgeschoß aus Buntsandsteinmauerwerk ragt ein verschindeltes Ober- und Dachgeschoß auf, das ein hohes Krüppelwalmdach mit in der Mitte aufsitzendem Rathaustürmchen auf quadratischem Grundriß und mit einem Haubendach sowie eine Sirene trägt. Die alten Bauernhöfe bestehen aus Streckgehöften und Gehöftanlagen mit freistehenden oder winklig zusammengesetzten Wohn-, Stall- und Scheunengebäuden. Häufig verwendetes Baumaterial ist Odenwald-Sandstein, vor allem bei Haussockeln und Erdgeschossen. An den Obergeschossen ist zuweilen auch Fachwerk-, bei den Scheunen häufig auch reine Holzbauweise zu erkennen. Die zu den landwirtschaftlichen Anwesen gehörenden Wohnhäuser sind häufig renoviert und erneuert, so daß das Ortsbild mit den gepflegten Gaststätten und zwischen die Gehöfte gesetzten jüngeren Wohnhäusern von einem überwiegend modernen Gebäudebestand geprägt wird.

Durch geschlossene Neubaubereiche im O und W nimmt die Siedlung heute eine bevorzugte O-W-Ausdehnung ein. Eine östliche Wachstumsspitze mit modernen, teils großflächigen Einfamilienhäusern in aufwendigem Landhausstil, die von schön angelegten Ziergärten umgeben werden, schob sich bis zur Abzweigung der die Siedlung im O und NO umschließenden Simmesstraße vor. An ihr lassen sich mit dem Kurgestüt und älteren bäuerlichen Gebäuden sowie mit mehreren neuen Wohnbauten in freistehender Einfamilienhausbauart unterschiedliche Funktionen ablesen. An ihr findet sich dann nördlich des Ortskerns mit der als Sackgasse angelegten Neubaustraße Im Schlegelfeld eine weitere geschlossene Ortserweiterung in zentraler Siedlungslage. Die größten Neubauflächen der späten 1970er und der 1980er Jahre liegen im W gegen Strümpfelbrunn, wo am linksseitigen Hang des Höllbachs oberhalb seiner klingenartigen, tiefen Einschneidung Neubaugebiete in der einstigen Flur »Krappenwald« und südlich der Odenwaldstraße an der Hohen Straße eine bauliche Ausdehnung bis zur Gemarkungsgrenze brachten. Individuell gestaltete ein- und zweigeschossige Einfamilienhäuser mit Walmdächern sowie größere Zweifamilienhäuser mit Walm- und Giebeldächern (Im Krappenwald), ferner teils villenartige Einfamilienhäuser (Hohe Straße) prägen den abwechslungsreichen Aufriß in der baulich noch nicht abgeschlossenen und fast an Strümpfelbrunn heranreichenden westlichen Ortserweiterung.

Oberdielbach liegt auf der Winterhauchhochfläche am nur sanft eingeschnittenen Oberlauf des Holderbachs in 460–490 m Höhe. Seine langgestreckte, straßendorfartige

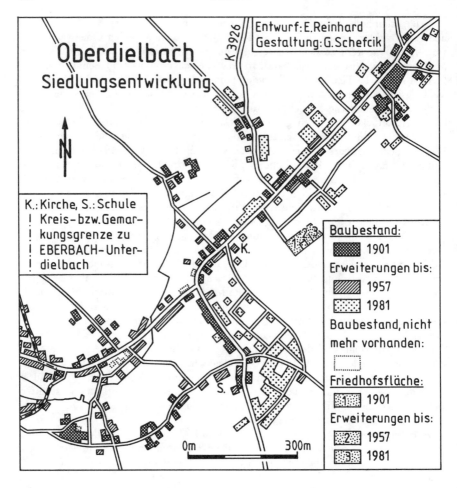

Gestalt mit der von SW nach NO verlaufenden Hauptstraße als Siedlungshauptachse und dem von ihr rechtwinklig wegstrebenden Wegenetz enthält noch zahlreiche Elemente eines mittelalterlichen Waldhufendorfes. In seinem mittleren Teil, zwischen der Abzweigung der nordwärts nach Waldkatzenbach ziehenden Waldkatzenbacher Straße und der in südlicher Richtung nach Schollbrunn führenden Schollbrunner Straße, entwickelte sich der – ebenfalls straßendorfartige – *Ortskern* als funktionales Zentrum der Gesamtsiedlung. Unter den herausragenden, das Ortsbild bestimmenden Bauwerken fällt am Hang oberhalb der Hauptstraße die *ev. Kirche* auf, ein neugotischer Buntsandsteinbau aus dem frühen 20. Jh., an dessen zweijochiges, kurzes Kirchenschiff mit steilem Giebeldach ein niedrigerer, polygonaler Ostchor und an der Nordwestecke ein Glockenturm angebaut sind. Über den beiden unteren viereckigen Turmstockwerken erhebt sich das Glockengeschoß mit abgeschrägten Ecken an der Schallstube. Auf ihr sitzt ein steiler Spitzhelm, der den hohen Dachfirst des Kirchengebäudes überragt. Neben zum Teil modernen Wohnhäusern sticht unterhalb und gegenüber der Kirche ein großes Dreiseitgehöft heraus, und in der Nachbarschaft des Gotteshauses bestimmt dann vor allem das *Gasthaus und die Pension Lindenhof* den Aufriß. Dieses zweistökkige und traufständige Gebäude mit einem runden Erkeranbau zur Hauptstraße hin, mit Mansardeinbauten im hohen Giebeldach und einem hohen Buntsandsteinsockel wirkt an der Hauptstraße ortsbildprägend. Auffallend ist ferner ein langes Gebäude mit Verladerampe der ehemaligen Landwirtschaftlichen Ein- und Verkaufsgenossenschaft, in dem heute ein Getränkemarkt eingerichtet ist.

Die *nordöstliche Hauptstraße* wird heute noch am stärksten von der Landwirtschaft geprägt. Trauf- und giebelseitig an die Straße gerückte Häuser mit Buntsandsteinmauerwerk und Fachwerk an den Wirtschaftsbauten und teils mit Schindelverkleidungen der Wohnhäuser prägen den älteren Gebäudebestand bei Dreiseit- und Streckgehöften. Ein Pferde- und Reiterhof mit eingezäunten Koppeln hinter den Gebäuden, und nicht zuletzt die hallenartigen Bauten der Saatzucht- und Saatbaugenossenschaft, darunter eines mit Verladerampe unter weit überkragendem Schutzdach an der Hauptstraße, verleihen dem oberen Siedlungsteil trotz moderner Wohnhäuser auch heute noch ein bäuerliches Gepräge. Das gilt auch für den Baubestand an den ostwärts am Hang hinaufziehenden Seitenstraßen, dem Hof- und Schulzenweg, so daß sich gegen den Nordrand der langgestreckten Ortschaft eine haufendorfartige Siedlungsverdichtung herausbildete. Neben der Saatzucht- und Saatbaugenossenschaft, zu deren Bauten auch beheizte Gewächshäuser in Glasbauweise gehören und in deren Umgebung an der Hauptstraße viele moderne Wohnhäuser in Giebel- und Traufseitenstellung auffallen, bestimmt dann vor allem das alte *Gasthaus zur Rose* mit landwirtschaftlichen Nebengebäuden den Aufriß. Diese teilweise aus Odenwaldsandstein errichtete Wirtschaft von 1842 hat an der Straßenfront einen hohen, in die Gaststube führenden Außenaufgang und Fachwerk an den Giebelfronten. Das steile Giebeldach ist mit Mansarden ausgebaut.

Der *untere Ortsteil* von Oberdielbach, der im SW mit dem heute zur Stadt Eberbach gehörenden Unterdielbach zusammengewachsen ist, das eine unregelmäßig gestaltete Ortschaft an beiden nun stärker eingekerbten Flanken des Holderbachs bildet, schafft mit seinem jüngeren Wohnhausbestand an der Hauptstraße, der zum Teil an der Stelle älterer abgetragener Häuser steht, einen Gegensatz im Siedlungsbild zum oberen und älteren Straßendorf. Kaufläden, Bankfilialen und das Postamt in einem renovierten und umgestalteten Haus von 1931 an der Abzweigung der Schollbrunner Straße mischen sich unter die reine Wohnbebauung. Bezeichnend für den älteren Baubestand ist die Dorfschmiede aus den 1920er Jahren in der Gestalt eines traufständigen Buntsandstein- und Fachwerkgebäudes.

Am Hang oberhalb und südlich der Dorfwiesen zieht an der Schulstraße, die von der Schollbrunner Straße abzweigt, eine alte Siedlungszeile mit winkligen Zwei-, Dreiseit- und Streckgehöften etwa parallel zur unteren Hauptstraße. Das Schul- und Feuerwehrgebäude aus den 1950er Jahren fällt durch seinen hohen Buntsandsteinsockel und sein weiß verputztes Obergeschoß auf, in dem jetzt ein Kindergarten eingerichtet ist. Die Schollbrunner Straße, die dem Straßendorf eine nach S gewandte Wachstumsrichtung gibt, zeigt eine zeitlich und funktional recht unterschiedliche Bebauung, unter der heute reine Wohnhäuser bei weitem überwiegen. Angelehnt an den älteren Baubestand der Schollbrunner Straße entwickelte sich östlich von ihr an der Weisbacher Straße, am Quellenweg und der Breitenfeldstraße ein flächenhaftes *Neubaugebiet* mit ein- und zweigeschossigen Ein- und Zweifamilienhäusern. Eine weitere Neubauzeile zieht am nordwestexponierten Hang unterhalb des Friedhofs mit seiner neuen turmlosen Kapelle und Leichenhalle am Baumgartenweg parallel zur Hauptstraße im oberen Siedlungsbereich.

Südlich des Dorfes liegt in der Quellmulde eines durch die Wolfsschlucht bei Zwingenberg in den Neckar einmündenden Baches der kleindorfartige Weiler *Post* (460–500 m NN). Wenige landwirtschaftliche Anwesen, Wohnhäuser und das Gasthaus zum Waldblick bestimmen die unregelmäßige Kleinsiedlung im Bereich der Unteren Post. Die nordöstlich höher gelegene Obere Post besteht aus einem Gehöft in der Nachbarschaft von Sportplätzen, bei denen auch das Sportheim des SV Dielheim in einem kleinen eingeschossigen Gebäude mit flachem Giebeldach untergebracht ist. Nordöstlich des Dorfes liegt in einem Wald zwischen Waldkatzenbach, Strümpfelbrunn und Oberdielbach das neue *Kurzentrum Waldbrunn* mit einem Hallenbad, medizinischen Bäderabteilungen, Sauna und Solarium sowie einem Restaurant. In dem in den Wald hineingerodeten Kurgarten mit Spazierwegen befindet sich eine Minigolfanlage, in der Nachbarschaft des aus Beton und Glaswänden erbauten Kurhauses steht eine Tennishalle.

S c h o l l b r u n n ist in 440–460 m NN die südlichste der auf der Winterhauchhochfläche entstandenen Waldhufensiedlungen. An die einstige Hufenstruktur der Flur erinnern heute noch Teile des Wegenetzes. Die Hauptachse der Siedlung ist die etwa von SO nach NW verlaufende und im N des Ortes westwärts abbiegende Neckargeracher Straße. Ihr Aufrißbild wird durch Drei-, Zweiseit- und Streckgehöfte bestimmt, bei denen häufig moderne zweigeschossige Wohnbauten stehen, die sich deutlich vom braunroten Sandsteinmauerwerk und vom Fachwerk der Wirtschaftsgebäude abheben. In der Mitte des Dorfes steht am Hang östlich oberhalb der Neckargeracher Straße die das gesamte Siedlungsbild mitprägende *ev. Pfarrkirche,* von deren mittelalterlichem Bau noch der wuchtige Chorturm erhalten ist. In seinem Erdgeschoß fällt ein recht unbeholfen gestaltetes Spitzbogenfenster auf. An den drei oberen Turmgeschossen sind schlitzartige Hochrechteckfenster angebracht, alle mit Buntsandsteineinfassungen wie auch an den Rundbogenfenstern des barocken Uhr- und Glockengeschosses, das mit einem verschieferten und geschwungenen Haubendach abschließt. Der einfache, von einem ziegelgedeckten Walmdach überragte barocke Kirchensaal hat seitlich je drei Rundbogenfenster und im W den Haupteingang und zwei elliptische Rundfenster, ebenfalls mit Buntsandsteingewänden. Das Gotteshaus steht in einem heute als Grünanlage genutzten, mit einer Buntsandsteinmauer umschlossenen Kirchhof. In der Nachbarschaft der Kirche hebt sich an der Neckargeracher Straße das ev. Pfarrhaus in der Gestalt eines massigen, weiß verputzten Walmdachgebäudes mit zwei nebeneinander angeordneten Eingängen heraus, zu denen eine Buntsandsteintreppe hinaufführt.

Südlich der ev. Kirche öffnet sich an der Neckargeracher Straße bei der Abzweigung der Talstraße ein dreieckförmiger Dorfplatz mit dem Kriegerdenkmal. Diese erst westwärts wegstrebende und dann nach S umbiegende Talstraße umschließt die Quellmulde eines dem Neckar zustrebenden Baches (Dorf- und Farrenwiesen). Bis zur Abzweigung der weiter nach W ziehenden Brühlstraße bildet die Talstraße das eigentliche Ortszentrum, in dem das Gasthaus zur Linde, das ehemalige Rathaus und die aus dem barocken kath. Schulhaus hervorgegangene kath. Kapelle den Aufriß gestalten. Der Gasthof »Linde« bildet mit dem zugehörigen bäuerlichen Anwesen, dessen Wirtschaftsbauten zum Teil umgestaltet sind und heute eine Sparkassenfiliale beherbergen, eine große Dreikantanlage. Das einstige *Rathaus* ist ein gepflegtes, zweigeschossiges und traufständiges Giebeldachhaus mit Mansardausbauten. Die *kath. Kapelle* wird durch ihre barock verzierte Türeinfassung, über der eine Nische mit einer Heiligenfigur hervorsticht, den Dachreiter auf quadratischem Grundriß mit einem geknickten Helmdach und durch die an der Westseite angesetzte apsisartige Erweiterung, die vom benachbarten und eng angrenzenden Bauernhaus fast verdeckt wird, geprägt. Ein weiterer markanter Bau steht am Südrand des alten Dorfes an der Neckargeracher Straße: die *Schule* von 1914. Der zum Teil klassizistische Züge tragende Bau hat ein hohes Walmdach mit einem zwerchgiebelartigen Aufsatz, einen Buntsandsteinsockel und -treppenaufgang, der zu einem Rundbogeneingang mit Buntsandsteineinfassung führt.

Eine alte, noch ins 19. Jh. zurückreichende Bebauung prägt bis heute Teile der von der Neckargeracher Straße ostwärts wegziehenden und nach Weisbach weiterführenden Waldstraße. Bäuerliche Anwesen mit trauf- und giebelständigen Gebäuden, die teilweise zu reinen Wohnhäusern umgebaut wurden und an deren Wirtschafts- oder einstigen Stall- und Scheunengebäuden auch Odenwaldsandstein als Baumaterial auffällt, bilden ein Aufrißelement. Das andere wird von jüngeren Bauten geprägt wie der flachgiebeligen Halle einer modernen Schreinerei oder von reinen Wohnhäusern. Gegen den Außenrand setzt eine Siedlungserweiterung bis auf die Hochfläche östlich des Dorfes ein. Individuell gehaltene, giebel- und traufseitig errichtete Einfamilienhäuser mit Walm-, Halbwalm- und Giebeldächern bringen viel Abwechslung in einer nur lockeren Bebauungszone.

Ein aus seiner Umgebung herausragendes Aufrißelement ist im östlichen Dorf dann noch das Gasthaus »Hirsch«, unmittelbar östlich der ev. Kirche. Sein Gebäudekomplex in der Gestalt eines langen dreigliedrigen Streckhofs entstammt mit dem Hauptgebäude unter einem Krüppelwalmdach noch dem ausgehenden 18. Jh. An seiner dem Kirchhof zugewandten Traufseite führt eine zweiseitige Außentreppe aus Buntsandstein in die hochgelegene Gaststube, über der das Obergeschoß verschindelt ist. An diesen Haupttrakt ist ein etwas niedrigeres zweistöckiges Haus von 1870 mit ursprünglich landwirtschaftlichen Nutzräumen im Erd- und Wohnräumen im Obergeschoß angesetzt. Daran schließt dann ein Wirtschaftsbau mit der Scheune an, die wiederum mit Holzschindeln verkleidet ist.

Gehöfte, die zum Teil nicht mehr bäuerlich genutzt werden, stehen an der Höhenstraße. Eine Dreiseitanlage mit Fachwerk am Obergeschoß der Wirtschaftsbauten sowie Buntsandsteinmauern in den Erdgeschossen sticht schon durch ihre Größe heraus. Daneben fallen Streckgehöfte mit teils gestelzten Wohn-Stallhäusern auf, die auch am Buchenweg, am Nordrand des Dorfes, zu finden sind.

Alt ist der heutige Baubestand auch an der inneren Brühl- und an der südwärts gewandten Talstraße bis zum südlichen Neubaugebiet. Streckgehöfte mit Holz- und Sandsteinwänden oder auch Gehöfte in zwei- und dreiseitiger Anordnung bilden dort die alten Siedlungsansätze der einstigen Hufenbauern. Zwischen ihnen stehen immer wieder neue Wohnhäuser, die den Funktionswandel des Dorfes zum Wohn- und Fremdenverkehrsort verdeutlichen. Das zeigt sich noch stärker an den geschlossenen *Neubaugebieten* im W, S und SO. Die größte Neubaufläche erstreckt sich von der nördlichen Neckargeracher Straße, der Kneipp- über die Klingenfeld- bis zur äußeren Brühlstraße und dem Wasenweg im W und NW des Dorfes. Moderne Betriebe der Holzverarbeitung an der Neckargeracher Straße (Zimmerei, Dach- und Treppenbau) und der Kneippstraße (Möbelwerkstätten und Verpackungstechnik) bewirken ein gemischtes Wohn- und Gewerbegebiet mit überwiegender Wohnfunktion. Ein reines Wohngebiet ist die südöstliche Ortserweiterung an der Bergfeldstraße mit gleichartigen zweigeschossigen Wohnhäusern. Eine abwechslungsreichere Baugestaltung weist das jüngste südliche Neubaugebiet an der Rohleder- und Panoramastraße oberhalb der südlichen Talstraße auf. Freistehende Einfamilienhäuser, darunter auch Bungalows und villenartige Landhäuser, umgeben von gepflegten Ziergärten, bestimmen sein Aussehen. Noch weiter südlich entstand oberhalb der Talstraße ein *Feriendorf* mit zeltartigen

Ferienhäusern in kleinen Gärten. Diese durch steile Dachschrägen gekennzeichneten Ferienwohnungen unterstreichen den heutigen Charakter Schollbrunns als Fremdenverkehrsort.

Das auf der nördlichen Winterhauchhochfläche in 480–530 m Höhe oberhalb der steil eingeschnittenen und zum Höllgrund hinunterführenden Scheuerklinge liegende Strümpfelbrunn ist heute der Hauptort der Gemeinde mit dem Sitz der Gemeindeverwaltung. Der Siedlungskern entlang der Alten Marktstraße, der früheren Hauptstraße des Dorfes, entwickelte sich aus einer straßendorfartigen Waldhufenanlage mit ursprünglich teils spitzwinklig von der Siedlungsachse wegziehenden Hufenstreifen. Die Post- und die Kirchenstraße im S, die Brunnen- und die Gartenstraße im N der Alten Marktstraße verlaufen auf den Grenzen solcher Hufenstreifen. Das Bild dieser Hauptstraße, die am Nordrand der Hochfläche reliefbedingt leicht kurvig von SW nach NO unter ca. 20 m Höhenverlust verläuft, wird entscheidend von den heutigen zentralörtlichen Funktionen der Siedlung bestimmt. Die beherrschende Gebäudegruppe an der südwestlichen oberen Alten Marktstraße ist so der 1988 vollendete neue *Rathausbezirk* mit zwei hintereinanderstehenden, steilgiebeligen Verwaltungsbauten mit großen Fensterflächen in zwei Stockwerken, einer gläsernen Verbindungsgalerie im Dachbereich und einem ebenfalls als Glaskonstruktion über dieser Galerie aufragenden modernen Rathausturm mit gläsernem Zeltdachabschluß. Im vorderen, auf dem Platz des alten Rathauses stehenden Verwaltungs- und Geschäftstrakt sind auch eine Sparkassenfiliale und der Polizeiposten untergebracht. Auffallend sind dann mehrere Gasthäuser und Pensionen sowie ein größerer Hotel- und Geschäftshauskomplex an der Straße »Zu den Kuranlagen«, an der südwestlichen Fortsetzung der Alten Marktstraße. Mit mehreren Kaufläden und Betrieben von Dienstleistungsgewerben, die mit ihren Schaufenstern oder mit modernen Ladenanbauten der Alten Marktstraße heute neue Züge verleihen, weisen sie zusammen mit renovierten oder neu gebauten Wohnhäusern mit Fremdenzimmern, die an der Stelle alter Hofplätze stehen, auf die heutige Fremdenverkehrsfunktion der Siedlung hin. Landwirtschaftliche Anwesen treten im alten Siedlungskern heute ganz in den Hintergrund. Sie lassen sich noch am Finkeneck mit winkligen Gehöften oder Hofanlagen mit parallelstehenden Wohnhäusern, Stall- und Scheunenbauten finden.

Nicht zuletzt prägt aber die neubarocke *kath. Pfarrkirche*, die mit ihrem hohen Turm, über dessen Glockengeschoß mit gekuppelten Schallfenstern ein Haubendach mit den Zifferblättern der Turmuhr und eine oktogonale Laterne aufsitzen, entscheidend das Ortsbild an der Alten Marktstraße. Ihr südlicher, elegant geschwungener Volutengiebel, der als hohe Blendfassade über den First des Kirchendaches hinausragt, ist mit dem buntsandsteingefaßten Hauptportal und einer Nische mit einer gekrönten, das Jesuskind tragenden Marienstatue im hohen Giebelfeld der Straße entgegengestellt. Im N schließt ein halbrunder, apsisartiger Altarraum den Kirchenbau ab, dessen seitlich aufragender Glockenturm in den unteren Geschossen noch auf den Chorturm des mittelalterlichen Vorgängerbaus zurückgeht.

Dem innerörtlichen Geschäftsbereich sind dann auch die innere Waldkatzenbacher Straße mit einem Geschäft für Bodenbeläge und einem Gasthof und vor allem die innere Theodor-Leutwein-Straße, beide im W des Dorfes, zuzuordnen. Letztere zeigt ein recht vielgestaltiges Aufrißbild. An ihrer Abzweigung von der Alten Marktstraße stehen noch landwirtschaftliche Anwesen mit teils wuchtigen Gebäuden aus Buntsandsteinmauern und Holz, die teilweise erst in der Nachkriegszeit anstelle einer älteren Bausubstanz entstanden sind. In ihrer unmittelbaren Nachbarschaft bewirkt dann eine ganz moderne Apotheke in einem eingeschossigen Flachdachbau mit großer Schaufen-

Natur- und Kulturlandschaft 671

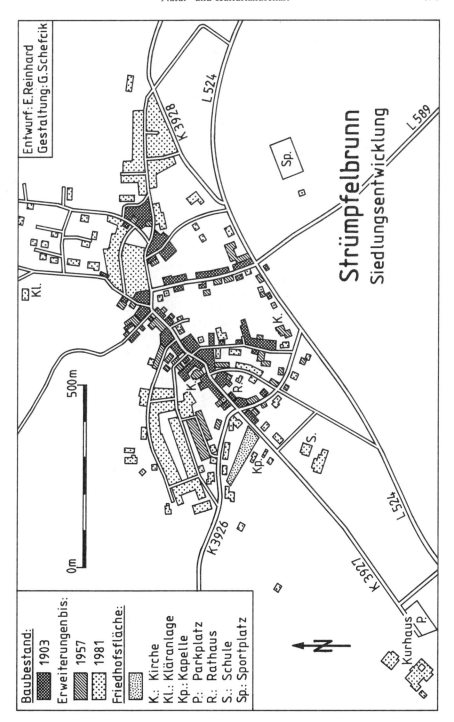

sterfront und einem zugehörigen zweistöckigen Wohnhaus mit wuchtigem Walmdach einen plötzlichen Wandel des Straßenbildes. Nicht zuletzt eine Zahnarztpraxis, ein weiteres Gasthaus mit Pension und am Außenrand der Bebauung, nahe der als südliche Ortsumgehung angelegten Buchener Straße, die *ev. Pfarrkirche* verleihen der Theodor-Leutwein-Straße eine größere Bedeutung für die Gesamtsiedlung. Das während des 1. Weltkriegs erbaute Gotteshaus, das mit dem zugehörigen Pfarrhaus einen rechtwinkligen Baukomplex mit einem die Bauteile verbindenden Glockenturm mit hohem Satteldach bildet, läßt vor allem an den geschwungenen Dachkonstruktionen belebend wirkende Jugendstilelemente hervortreten.

Eine in die Zeit vor der Jahrhundertwende zurückreichende Bebauung steht zum Teil noch an der Kirchenstraße, der Steingasse und am Koppelweg, die alle vom langgestreckten Ortskern südwärts streben, mit gestelzten ehemaligen Wohnstallhäusern, Streckhöfen und anderen Gehöften. Bäuerliche Ansätze lassen sich auch noch an der inneren Höllgrundstraße, Am Laitenhof im Bereich von Koppelweg und Hahnenfeldstraße feststellen, die allerdings durch den die Siedlungsfunktion heute bestimmenden Fremdenverkehr und dem damit zusammenhängenden Ausbau von Fremdenzimmern einen beachtlichen baulichen Wandel erfuhren.

Der Funktionswandel der Siedlung seit dem 2. Weltkrieg brachte neben einer Verdichtung und teilweisen Modernisierung der innerörtlichen Bebauung im alten Ortsteil umfangreiche Siedlungsausweitungen durch geschlossene *Neubaugebiete* im W, N und O. In der Flur »Kirchenäcker« im Winkel zwischen der Waldkatzenbacher Straße und der Alten Marktstraße setzte diese Neubautätigkeit mit der Errichtung zweigeschossiger und steilgiebliger Doppelhäuser an der Siedlerstraße bereits nach der Jahrhundertmitte ein. Mit der Bebauung der Garten- und der Brunnenstraße wurde dieses westliche Neubaugebiet bis in die Gegenwart erweitert und wird an der Außenseite der Brunnenstraße auch noch weiter ausgebaut. An seinem Westrand entsteht derzeit ein *Industrie- und Gewerbegebiet* mit dem modernen Werk II einer auch in Schollbrunn produzierenden Firma für Verpackungsanlagen und einem Handwerks- und Handelsunternehmen der Radio- und Fernsehbranche. Südlich des Friedhofs mit seiner modernen Kapelle und Leichenhalle und den vor dem Haupteingang mahnenden Kriegerdenkmälern setzt sich das westliche Neubaugebiet an der äußeren Straße »Zu den Kuranlagen« mit einem in den 1950er Jahren entstandenen Einfamilienhaus, einem blockartigen Mehrfamilienhaus und der *Winterhauch-Schule* fort. Diese am Ortsrand in Richtung Oberdielbach liegende Grund- und Hauptschule von 1973 hat einen hohen zweigeschossigen Klassenzimmertrakt unter einem flachen, mit Welleternit gedeckten Giebeldach. Sein eingeschossiger Vorbau wird von einem Schrägdach geschützt. Die zum Schulkomplex gehörende, benachbarte Turn- und Sporthalle ist in ihrer baulichen Gestaltung dem Klassenzimmerbau angepaßt.

Verhältnismäßig dicht bebaut ist das östliche Neubaugebiet »Am Laitenhof«, das gegen Mülben mit gewerblichen Betrieben, einer Autohandlung und Kfz-Reparaturwerkstatt sowie einer Gärtnerei mit Blumengeschäft, abschließt. Individueller, moderner und großzügiger ist im N in der ehemaligen Flur »Mühlfeld« das noch im Ausbau befindliche jüngste Neubaugebiet, das zwischen der Hahnenfeld- und Höllgrundstraße eine hochflächige bis sanft geneigte Hanglage gegen die Scheuerklinge einnimmt. Großflächige und bisher teils noch weit auseinanderstehende Einfamilienhäuser, von denen einige durch einen villenartigen Landhausstil geprägt sind, bestimmen die noch nicht abgeschlossene Bebauung, die sich deutlich von einem größeren Reihenhaustrakt am Ostrand sowie von den dicht stehenden Doppel- und Einfamilienhäusern an der dem alten Dorf benachbarten Mühlfeldstraße abhebt. Ganz im N steht bereits abseits des nördlichen Bebauungsrandes an der Landheimstraße das *Schullandheim des Lkr. Ludwigsburg* in einem langgestreckten zwei- und dreigeschossigen Gebäude mit breitem Treppenaufgang und teilweiser Buntsandsteinmauerung. Ihm benachbart wurde ein zweigeschossiges Einfamilienhaus errichtet.

An der Einmündung der Scheuerklinge in den Höllgrund liegt in 400–420 m NN auf einer vom Höllbach erosiv ausgeformten Terrasse der Ortsteil *Oberhöllgrund*, eine Gebäudegruppe mit einem aus einer Mühle mit hohem Wasserrad hervorgegangenen Gasthaus, einem zugehörigen, durch moderne Wirtschaftsbauten erweiterten landwirtschaftlichen Betrieb und einer Pension, einem modernen zweigeschossigen Giebeldachhaus mit älteren Nebenbauten, darunter ein gestelztes Einhaus.

Wie Strümpfelbrunn ist auch das am SO-Fuß des Katzenbuckels gelegene Dorf **Waldkatzenbach** heute entscheidend durch seine Fremdenverkehrsfunktion geprägt. Die Ursprünge des in der flachen Quellmulde der Eisigklinge in ca. 450–510 m Höhe liegenden Dorfes bestehen ebenfalls aus einer zeilenartigen Waldhufenanlage entlang der heutigen Freiherr-von-Drais-Straße. Die von ihr nach O und W wegziehenden Feldwege, die im Zuge der Siedlungserweiterung teilweise als innerörtliche Dorfstraßen bebaut wurden, wie die Katzenbuckel- und Rathausstraße im W oder die Strümpfelbrunner Straße im O, erinnern noch heute trotz beachtlicher Umgestaltungen der Flur in den letzten Jahrzehnten an die früheren Waldhufen.

Das bäuerliche Siedlungselement entlang der alten Hauptstraße (Freiherr-von-Drais-Straße) wurde durch den Fremdenverkehr stark zurückgedrängt. Gaststätten wie der wuchtige zweigeschossige Giebeldachbau des Landgasthofs zur Post im S des alten Dorfes, der Gasthof zum Adler, ein hoher dreikantiger Pensions- und Restauranttrakt von 1922 an der nördlichen Freiherr-von-Drais-Straße oder ein 1926 an der Abzweigung der Rathausstraße errichteter Hotelkomplex bestimmen neben modernen Einrichtungen des Gastgewerbes wie den Pensionen Schölch und Marina im östlichen, dem Café und der Pension Erli im westlichen Dorf und nicht zuletzt des Feriendorfes Waldbrunn heute entscheidend das Bild der Siedlung. Dieses Feriendorf entstand als junge südliche Ortserweiterung mit eingeschossigen flach- und zeltartigen steilgiebeligen Ferienhäuschen zwischen Kinderspielplätzen und Rasenflächen.

An das alte Bauerndorf erinnern noch – teils umgebaute – Streckgehöfte oder Winkelhofanlagen, zuweilen auch ein Eindachhaus wie an der inneren Strümpfelbrunner Straße. Buntsandsteinsockel und -erdgeschosse, Fachwerkobergeschosse an den Wirtschaftsbauten und verschindelte Außenwände an den Wohnhäusern lassen die traditionell vorherrschenden Baustoffe Odenwaldsandstein und Holz hervortreten. Selbst in modernen Siedlungserweiterungen wie in dem im Ausbau begriffenen Neubaugebiet Im Bräunlesrot am westexponierten Hang der oberen Eisigklinge im N des Ortes, wo zum Teil Wohnhäuser im rustikalen Landhausstil auffallen, ist Holz auch heute noch das bevorzugte Baumaterial.

Eine ganz andere, geschlossene *Neubauerweiterung* findet sich am Gegenhang westlich über der oberen Eisigklinge. Dort entstand erst in den 1980er Jahren eine Wohnanlage mit staffelartig gegeneinander versetzten Einfamilien-Reihenhäusern, zu denen an der oberhalb von ihnen entlangziehenden Straße Schöne Aussicht ebenfalls in Reihenbauweise errichtete Garagen gehören. Die 1980er Jahre brachten dann auch flächenhafte Ortserweiterungen im W und S mit zum Teil noch nicht abgeschlossenen *Neubaugebieten*. Sie ließen den Ort im W bis auf die Winterhauchhochfläche im Bereich des Sportplatzes wachsen. Die Hauptsiedlungsachsen sind dort die Rathaus- und die Katzenbuckelstraße, die sich am Westrand des Neubaugebietes kreuzen und die beide im Grenzbereich von alter und neuer Bebauung herausragende, das Ortsbild mitprägende Gebäude aufweisen. An der Katzenbuckelstraße steht östlich des Friedhofs mit seiner neuen Aussegnungs- und Leichenhalle die in die Barockzeit zurückreichende *ev. Kirche*, ein traufständiger Saalbau mit seitlich drei hohen, rundbogigen Fenstern in Buntsandsteingewänden, einem ziegelgedeckten Krüppelwalmdach und einem Eingangsvorbau im O sowie einem im SW angesetzten Glockenturm in historisierenden Formen. Sein neubarockes Spitzhelmdach trägt eine hohe Laterne mit einem Haubenaufsatz. Wie der Westgiebel und der Westchor besteht der Glockenturm aus Buntsandsteinmauerwerk. An der Rathausstraße verbindet der 1950 errichtete und aus zwei Gebäuden bestehende Komplex aus *Rathaus* und *Schule* die alte und junge Bebauung. Das Gebäude der einstigen Gemeindeverwaltung ist ein zweigeschossiger Giebeldachbau. Die von der Straße etwas zurückgesetzte eingeschossige Schule in einem Winkelbau trägt über den Klassenzimmern mit hochrechteckigen Fenstern ebenfalls ein steiles Giebeldach.

Die Einfamilienhäuser im westlichen Neubaugebiet an der Paul-Gerhardt-Straße sind uniforme und eingeschossige Häuschen mit ausgebauten, steilgiebeligen Dachgeschossen. An der westlichen Rathaus- und Katzenbuckelstraße zeigen die Häuser dann individuelle Züge mit unterschiedlichen Grundrissen, flachen Giebel- und Walmdächern. Im Hoffeld, dem bisher nur locker bebauten Neubaubereich zwischen der Rathaus- und Katzenbuckelstraße, fallen noch viele unbebaute Grundstücke mit Obstwiesen auf.

Zwischen dem alten Dorf und der Ferienhaussiedlung im S entstand an der äußeren Freiherr-von-Drais-Straße ein neuer *Gewerbebereich* mit dem Betriebshof eines Fuhrunternehmens, einem Bauhof und handwerklichen Produktionsstätten wie einer Schreinerei und einem Unternehmen der Autoelektrik. Östlich dieser durch flache Hallen- und moderne Bürobauten bestimmten Gewerbezone entstand die Wohnstraße Im Hirschhorn mit eingeschossigen Einfamilienhäusern. Sie führt zum Feriendorf Waldbrunn und verbindet es mit der dörflichen Siedlung.

An der Einmündung der Eisigklinge in das Tal des Höllbachs liegt der Wohnplatz *Unterhöllgrund*. Die heute dorfartige Siedlung, die noch von bäuerlichen und ehemals landwirtschaftlichen Anwesen geprägt wird, zwischen denen moderne Wohnhäuser hervorstechen, hat in einer Höhenlage von 230–300 m NN ihren Siedlungskern im Höllbachtal und erstreckt sich mit einer schon alten Wachstumsspitze in die untere Eisigklinge hinein.

Der von seinem heutigen Aufrißbild her noch am dörflichsten wirkende Gemeindeteil ist Weisbach auf der südöstlichen Winterhauchhochfläche in 460–500 m Höhe. Die Anfänge der Siedlung sind in nur locker aufgereihten Höfen mit Waldhufenflur zu suchen, die an den oberen Hängen der nur flach eingetieften Weisbachtalmulde während der hochmittelalterlichen Rodungsperiode angelegt wurden. Die lockeren Hofreihen haben der heute durch jüngere Siedlungsverdichtungen streudorfartig wirkenden Ortschaft eine bevorzugte O-W-Ausdehnung beiderseits des Weisbachoberlaufes verliehen. Feldwege, die rechtwinklig von den dem oberen Talhang folgenden Straßen (Wagenweg im N, Mühlenweg im S) wegziehen, sind noch im gegenwärtigen Flurbild erhaltene Anklänge an die einstige Waldhufenflur. Die Hauptsiedlungsachse des heutigen Dorfes ist aber die die Weisbachmulde querende, von S nach NW ziehende Mosbacher Straße, an der sich in der Talmulde beiderseits des Weisbachs auch ein haufendorfartig verdichteter Siedlungskern herausgebildet hat. Auffallend in diesem östlichen Ortskern sind neben Streckgehöften sowie zwei- und dreiseitig bebauten Höfen, die kleine ev. Kirche von 1954, das Kriegerdenkmal für die Gefallenen der Weltkriege, ein landwirtschaftliches Lagerhaus mit Verladerampen und eine Sparkassenfiliale in einem größeren zweigeschossigen Gebäude. Am Ostrand dieses verdichteten Siedlungskerns fallen einige Neubauten, darunter in einem größeren modernen Wohnhaus eine Pension, auf.

Die am Weisbach stehende *ev. Kirche* ist ein kleiner Buntsandsteinbau mit einem steilgiebeligen Gottesdienstraum, einem östlichen, der Mosbacher Straße zugewandten Eingangsvorbau mit Schrägdach sowie im SW einem schlanken und nur wenig über den Dachfirst hinausragenden Glockenturm, der mit einem Satteldach abschließt. Im übrigen wird das Bild der Mosbacher Straße noch von zwei größeren Gebäuden entscheidend beeinflußt: dem Gasthaus »Rose« und dem ehemaligen Rat- und Schulhaus. Die Gaststätte, oberhalb der Abzweigung des Wagenwegs, mit einem dreigeschossigen modernisierten Haupttrakt auf Buntsandsteinsockel, einem etwas niedrigeren Anbau mit Fremdenzimmern, einem zugehörigen Gehöft und einer Metzgerei bestimmt ganz wesentlich den Aufriß der nördlichen Mosbacher Straße. Am südlichen Gegenhang mit einer viel lockereren Bebauung fällt das ehemalige *Rat- und Schulhaus*, nicht zuletzt durch das Wappen der früher selbständigen Gemeinde zwischen den Eingängen, auf. Der heute wenig gepflegte, hohe Walmdachbau mit einem nur gering aus der Traufseite vorspringenden Mittelrisalit trägt einen oktogonalen Turm mit Haubendach und einer Sirene.

Die älteren bäuerlichen oder einst bäuerlichen Anwesen am Wagen- und Mühlenweg und dessen östlicher Fortsetzung, an der Wilhelmstraße, aber auch an dem dem Weisbach folgenden Herdweg, der im W des Dorfes südwärts umbiegt und zum Mühlenweg hinaufzieht, haben unterschiedliche Grundrisse. Streckgehöfte, teils mit gestelzten einstigen Wohnstallhäusern, Gehöfte in Winkelbauweise und – nur am beidseits bebauten Wagenweg – mit an beiden Straßenseiten angeordneten und parallelstehenden Wohn- und Wirtschaftsgebäuden sind zu erkennen. Einige haben ihre bäuerliche Funktion längst verloren und wurden durch Um- und Neubauten verändert. Am Mühlenweg und an der unterhalb von ihm angelegten Neubaustraße »Im Wiesengrund«, aber auch am Herdweg und dem wie die Mosbacher Straße weiter westlich das Weisbachtal querenden Weg »An den Dorfwiesen« entstanden zwischen den älteren Anwesen seit den 1960er Jahren auch reine Wohnhäuser, die innerörtliche Siedlungsverdichtungen und Ortsranderweiterungen wie am Wagenweg bewirkten.

Südwestlich des Dorfes liegt in dem bereits südwärts zum Neckar umgebogenen und stärker eingekerbten Weisbachtal zwischen Weisbach und Schollbrunn die *Weisbacher Mühle*.

Bemerkenswerte Bauwerke. – Oberdielbach: *Ev. Kirche*: Ein rein historisierendes neugotisches Bauwerk ist die 1902 erbaute werksteinverkleidete Saalkirche mit Glockenturm an einer Ecke.

Schollbrunn: *Ev. Kirche*: Von der mittelalterlichen Kirche blieb der Chorturm aus der 2. H. 13. Jh. erhalten. Die Wände und Gewölbefelder des kreuzrippengewölbten Chores sind mit Wandmalereien aus dem späten 13. Jh. und aus der Zeit um 1400 bedeckt. Das Langhaus, ein flachgedeckter Saal, wurde 1736/39 nach Plänen von Kaspar Valerius angefügt. Damals erhielt der Turm auch das Glockendach. *Kath. Kapelle*: In dem 1798 erbauten ehemaligen kath. Schulhaus wurde eine Hälfte als kath. Kapelle eingerichtet. Nach außen ist die Kapelle durch zwei kleine Glocken in offenem Dachreiter auf dem Krüppelwalmdach und dem Barockportal mit einer Heiligenfigur in einer Figurennische darüber zu erkennen. Im Innern ist der nüchterne Raum durch z. T. altes Gestühl und eine Pietà und einen Kreuzweg des 19. Jh. etwas bereichert. Nach seiner Restaurierung wurde der wertvolle gemalte Altar von 1592, der zuletzt im Schloß Hochhausen (Gde Haßmersheim) war, als besonderes Prachtstück hier aufgestellt.

Strümpfelbrunn: Von der mittelalterlichen Kirche, dem heutigen *kath. Gotteshaus*, ist nur der untere Teil des Glockenturmes erhalten. An diesen wurde 1793 ein barocker Saal angebaut.

Das heutige Bild der Kirche entstand 1909 durch Umbau und Vergrößerung. Die Kirche ist nun durch den neubarocken Baustil geprägt. Reich wurde der Turm ausgebaut und die Eingangsfassade gestaltet. Die ev. *Kirche* wurde 1914/16 in damals im Kirchenbau vielfach verwandten Jugendstilformen mit seitlich stehendem Glockenturm errichtet. Besonders bemerkenswert sind die wellenförmig gebrochenen Dächer.

Hindenburgdenkmal: An die Anwesenheit des Generalfeldmarschalls von Hindenburg bei Manövern erinnert das zu seinem Geburtstag 1927 errichtete Denkmal mit Natursteinverkleidung.

Waldkatzenbach: Die ev. *Kirche* wurde 1747/48 für die luth. Gemeinde erbaut. Ihr heutiges Aussehen verdankt sie im wesentlichen der Erweiterung und Renovierung von 1903. Historisierende Stilmerkmale sind vor allem für die Gestaltung des seitlich an den Chor angebauten Glockenturms maßgebend. Die Füllungen der alten Kanzel von 1747 mit den Wappen der Göler von Ravensburg, Horneck von Hornberg und von Gemmingen wurden für die 1903 angeschaffte Kanzel wiederverwendet.

B. Die Gemeinde im 19. und 20. Jahrhundert

Bevölkerung

Bevölkerungsentwicklung. – Die Bevölkerungsbewegung der zu Waldbrunn zusammengeschlossenen Gden Mülben, Oberdielbach, Schollbrunn, Strümpfelbrunn, Waldkatzenbach und Weisbach ist im 19. und 20. Jh. durch eine uneinheitliche, insgesamt steigende, etwas hinter dem Kreisdurchschnitt zurückbleibende Entwicklung geprägt. Die Einwohnerzahl nahm in allen Dörfern in der 1. H. 19. Jh. stark zu; zwischen 1809 und 1845 erfolgte nahezu eine Verdoppelung von 1639 auf 2899 Personen. Dieser Bevölkerungsstand wurde erst 1890 wieder überschritten. Um 1850 trat ein Rückgang ein, weil die Gde Ferdinandsdorf, die 1845 noch 237 Einwohner zählte, aufgelöst und der größte Teil der Bewohner zur *Auswanderung* genötigt wurde. Darüber hinaus wanderten ca. 110 weitere, durch die Agrarkrise verarmte Personen aus, wovon die meisten aus Weisbach (40) und Strümpfelbrunn (36) stammten. Die in der 2. H. 19. Jh. einsetzende Abwanderung in die Städte – bevorzugt wurden Mannheim und Eberbach – konnte durch Geburtenüberschüsse mehr als ausgeglichen werden, so daß die Einwohnerzahlen nach 1870 allmählich wieder anstiegen; nur in Strümpfelbrunn blieben sie noch 1890 hinter dem Ergebnis von 1845 zurück. Dafür verzeichnete Strümpfelbrunn zwischen 1890 und 1910 eine überdurchschnittliche Zunahme, als sich der Aufschwung in Mülben, Schollbrunn und Waldkatzenbach verlangsamt hatte und Weisbach und Oberdielbach Einbußen erlitten. Bis 1939 nahm die Bevölkerung in allen Dörfern außer Oberdielbach ab; in Schollbrunn wurde diese Entwicklung nur durch den Bestand eines Reichsarbeitsdienstlagers mit ca. 200 Personen verdeckt. Extremen Schwankungen war erneut Strümpfelbrunn unterworfen, wo 1939 25 % weniger Einwohner als 1910 registriert wurden. Während des Krieges erhielten die Gemeinden Evakuierte, mehrheitlich aus dem Raum Mannheim-Ludwigshafen, zugeteilt. Der 2. Weltkrieg forderte insgesamt 304 *Gefallene* und *Vermißte*, wobei Strümpfelbrunn 60, Oberdielbach 66, Waldkatzenbach 28, Schollbrunn 38, Weisbach 30 und Mülben 20 gefallene Soldaten zu beklagen hatten und 17 Soldaten aus Strümpfelbrunn, 16 aus Waldkatzenbach, 15 aus Schollbrunn, 10 aus Weisbach und 2 aus Mülben als vermißt gelten. Durch die Zuweisung von 1152 *Heimatvertriebenen* und *Flüchtlingen*, die überwiegend aus Ostpreußen, der Tschechoslowakei, Jugoslawien und Ungarn kamen und 27,8 % der Gesamtbevölkerung stellten, wurde 1950 mit 4139 Einwohnern ein neuer Höchststand erreicht. 1961 war etwa die Hälfte der

Die Gemeinde im 19. und 20. Jahrhundert 677

Neubürger abgewandert, so daß die Bevölkerungszahl trotz Aufnahme von 57 SBZ-Flüchtlingen sank. Geburtenüberschüsse und positive Wanderungssalden ließen sie 1970 wieder auf 4076 Personen anwachsen, wobei die Zunahme in Oberdielbach und Strümpfelbrunn besonders ausgeprägt war. Seitdem hat sich die steigende Tendenz, ungeachtet anhaltender Geburtendefizite, durch Zuwanderung weiter fortgesetzt. Die Volkszählung 1987 ergab 4206 Einwohner, wobei sich der Ausländeranteil mit 1,3 % auf niedrigem Niveau bewegte. Strümpfelbrunn, mit 1129 Einwohnern nach wie vor der größte Ortsteil, mußte leichte Verluste hinnehmen, während Oberdielbach eine starke Zunahme auf 970 Einwohner verzeichnete. In Waldkatzenbach (724 Einwohner) und Weisbach (318 Einwohner) ging die Bevölkerungszahl zurück, in Schollbrunn (659 Einwohner) und Mülben (406 Einwohner) stieg sie an.

Konfessionelle Gliederung. – Mit Ausnahme der 1850 aufgelösten, fast rein kath. Gde Ferdinandsdorf hatten die Protestanten im 19. und 20. Jh. ein deutliches Übergewicht. 1845 gehörten 62 % der Bevölkerung der ev. und 27 % der kath. Konfession an. 1900 und 1925 bekannten sich jeweils 75 % zum protestantischen und 24 % zum kath. Glauben. Am stärksten repräsentiert waren die Protestanten mit über 80 % in Waldkatzenbach und Schollbrunn, die Katholiken mit mehr als 30 % in Strümpfelbrunn und Mülben. In den letzten Jahrzehnten blieb die Dominanz der Protestanten gewahrt, doch ging ihr Anteil etwas zurück (1970: 64 %, 1987: 62 %), während sich die Zahl der Katholiken erhöhte (1970: 34 %, 1987: 33 %). Die größten Abweichungen vom Gemeindedurchschnitt wiesen 1987 Strümpfelbrunn (53 % evangelisch, 42 % katholisch) und Waldkatzenbach (72 % evangelisch, 24 % katholisch) auf. Früher waren in Strümpfelbrunn Juden ansässig. 1825 wurden 60 (11,5 % der Bevölkerung), 1860 73 israelitische Einwohner registriert, danach ging ihre Zahl kontinuierlich zurück (1900: 41, 1939: 16 Personen). Die letzten Israeliten wanderten 1939/40 aus oder wurden in Vernichtungslager deportiert.

Soziale Gliederung. – Im 19. Jh. waren alle Dörfer landwirtschaftliche Gemeinden, deren Einwohnerschaft sich aus Bauern, wenigen Gewerbetreibenden mit unbedeutendem Geschäftsgang und Taglöhnern zusammensetzte. Eine ausgesprochene Taglöhnergemeinde war das nördlich von Mülben gelegene Ferdinandsdorf, um 1720 durch Ansiedlung von besitzlosen Dorfarmen aus den Winterhauchorten gegründet, die sich davon eine Entlastung ihrer Gemeindekassen erhofften. Mangelhafte finanzielle Ausstattung der Siedler, ungünstige Bodenverhältnisse, fortschreitende Realteilung, starkes Bevölkerungswachstum und Wegzug der wenigen besser gestellten Bauern führten zur Verschlechterung der sozialen Situation, die mit der Agrarkrise in den 1840er Jahren in die wirtschaftliche Katastrophe mündete. Fast alle Ferdinandsdorfer mußten ihre Güter an die Standesherrschaft Zwingenberg verkaufen, die die Häuser abbrechen, die Gemarkung aufforsten und die Mehrzahl der Einwohner auf Staatskosten nach Amerika transportieren ließ. Von der Agrarkrise waren auch die anderen Winterhauchorte betroffen, wobei sich Schollbrunn, Oberdielbach, Waldkatzenbach und Weisbach schneller erholten als Strümpfelbrunn und Mülben. In Strümpfelbrunn, das in der 1. H. 19. Jh. noch zu den wohlhabenden Dörfern zählte, verursachten eine »gewissenlose Gemeindeverwaltung«, die Gründung von Familien ohne Vermögen sowie mangelnde Aktivität der Bürger Verarmung, Arbeitslosigkeit und Verschuldung; die Gemeinde entwickelte sich zu einer der ärmsten des Amtsbezirks. 1898 waren die meisten Einwohner »zurückgekommene kleine Leute«, die sich mit Taglohnarbeiten mühsam über Wasser hielten. Begütert waren nur die jüd. Familien, die einen ausgedehnten Viehhandel betrieben und als Geldverleiher große Macht im Ort ausübten. In Mülben wohnten einige wohlhabende Landwirte mit bedeutendem Grundbesitz, denen aber eine Vielzahl kleiner Bauern und Taglöhner gegenüberstand. Das Fehlen eines eigentlichen Mittelstandes ließ die Gegensätze zwischen arm und reich aufeinanderprallen, was den Anlaß für erbitterte Streitigkeiten lieferte und den schlechten Ruf der Gemeinde begründete. In Schollbrunn, Oberdielbach, Waldkatzenbach und Weisbach gab es eine Reihe größerer, gutsituierter Bauern; Landwirte mit wenig Grundbesitz mußten im Taglohn dazuverdienen. Es herrschte ein solider, insgesamt befriedigender Wohlstand, wenngleich schlechte Ernten die Vermögensverhältnisse zuweilen beeinträchtigten. Über den Mangel an außerlandwirtschaftlichen Erwerbsmöglichkeiten wurde überall geklagt. In der Regel mußte Nebenverdienst in der Umgebung gesucht werden, und zwar in den Wäldern der Standesherrschaft (Holzarbeiten, Rindenschälen), bei Eisenbahn- und Straßenbauten, während der Ernte in der Rheinebene, in Steinbrüchen, später auch in Eberbacher Fabriken. Versuche, durch Strohflechterei eine innerörtliche Verdienstquelle für die ärmere Bevölkerung zu schaffen – in Strümpfelbrunn bestand mit Unterbrechungen von 1853–1870 eine Strohflechtschule, in Weisbach zwischen 1883 und 1887 –, stießen auf wenig Resonanz und scheiterten auch am fehlenden Absatz der Produkte. Nur in Waldkatzenbach gelang es, durch Bearbeitung und Abfuhr der als Straßenschotter geschätzten Basaltsteine des Katzenbuckels einen dauerhaften, einträglichen Erwerbszweig zu etablieren, an dem fast alle Einwohner teilhatten. Nicht zuletzt aus diesem Grund war Waldkatzenbach 1895 neben Strümpfelbrunn die einzige Gemeinde, in der ein größerer Teil der Erwerbstätigen (21,3 %, in Strümpfelbrunn 26,8 %) dem Sektor Industrie und Gewerbe zugerechnet wurde. Während in den anderen Dörfern weit über 70 % Land- und Forstwirtschaft betrieben, waren es in Strümpfelbrunn nur 50 %, in Waldkatzenbach 56 %. 1939 galt Strümpfelbrunn als Gewerbegemeinde, weil 30,1 % der erwerbstätigen Einwohner in der Industrie oder im Handwerk beschäftigt waren, die Mehrzahl davon außerhalb. Bereits 1924 wurde von 40–50 Strümpfelbrunner Auspendlern berichtet. Im Durchschnitt aller Gemeinden lag der Anteil der Erwerbstätigen im Bereich Industrie und Handwerk 1939 bei 20,5 %, in Land- und Forstwirtschaft bei 55,7 %. 1950 hatte sich die Zahl der landwirtschaftlichen Erwerbstätigen auf 35,7 % verringert, fast ebenso viele Einwohner (30,7 %) gingen jetzt einer industriellen oder handwerklichen Beschäftigung nach. 1970 arbeiteten weit mehr Personen im Produzierenden Gewerbe (44,3 %; mangels örtlicher Industriebetriebe überwiegend Auspendler) als in der Landwirtschaft (24,3 %), die aber in Mülben (47,4 %), Weisbach (34,6 %) und Schollbrunn (30,8 %) noch relativ stark vertreten war. Die steigende Bedeutung des Fremdenverkehrs spiegelte die Zunahme der Erwerbstätigen im Sektor Handel und Verkehr (12,9 %; besonders ausgeprägt in Strümpfelbrunn mit 19,3 % und in Waldkatzenbach mit 17,7 %) und in den übrigen Wirtschaftsbereichen (18,5 %) wider. 1987 hatte sich diese Entwicklung in allen Sparten fortgesetzt, wobei innerhalb der Erwerbsstrukturen der Ortsteile keine gravierenden Unterschiede mehr bestanden. Die Zahl der landwirtschaftlichen Erwerbstätigen hatte sich auf ein Minimum (4,4 %) reduziert, fast die Hälfte der Arbeitnehmer (49,3 %) gehörte dem Produzierenden Gewerbe an, Handel und Verkehr (13,6 %) und die übrigen Wirtschaftsbereiche (32,6 %) verzeichneten einen weiteren Aufschwung.

Politisches Leben

An der Revolution 1848/49 waren die Dörfer nicht unmittelbar beteiligt. In Strümpfelbrunn bestand ein liberaler Volksverein. Bei der Zollparlamentswahl 1868 erhielt die Nationalliberale Partei alle abgegebenen Stimmen. Auch aus den *Reichstagswahlen* 1871 und 1877 gingen die Nationalliberalen mit deutlichem Vorsprung vor der Zentrumspartei als Sieger hervor. Die Ergebnisse der folgenden Wahlen bis 1912 lassen insgesamt, aber auch innerhalb der einzelnen Gemeinden, keine festen parteipolitischen Präferenzen erkennen und sind weitgehend durch instabiles Wählerverhalten gekennzeichnet. Die Stimmen verteilten sich, von Wahl zu Wahl mit unterschiedlicher Gewichtung, auf Nationalliberale, Konservative und Zentrumspartei, wobei entweder die Nationalliberalen oder Konservativen, seltener das Zentrum, zur stärksten Partei wurden. Seit 1898 war die SPD repräsentiert, die aber erst 1912 größere Stimmenanteile für sich verbuchen konnte. Zahlreiche Wähler votierten 1898 für die Antisemiten, die in Weisbach 48,7 %, in Schollbrunn 32,6 % und in Oberdielbach 22,7 % erhielten.

Inkonsistenz charakterisierte zunächst auch das Wahlverhalten in der Zeit der Weimarer Republik. Bei den Wahlen zur Verfassunggebenden Nationalversammlung im Jahr 1919 errang die Deutsche Demokratische Partei (DDP) in fast allen Gemeinden die absolute Mehrheit; auf SPD und Zentrum entfielen 15,6 % bzw. 30,1 %. 1924 zersplitterten sich die Stimmen auf eine Vielzahl von Parteien. Die Wählerfluktuation verdeutlichen zwei Beispiele: die SPD, die 1919 in Mülben noch 23,4 % erreichte, lag jetzt bei 1,3 %, der Stimmenanteil der DDP war in Schollbrunn von 54,3 % auf 0,9 % zurückgegangen. Relativ stabil blieb nur das Zentrum. Äußerst stark vertreten waren 1924 bereits Vorläufer der NSDAP, die Nationalsozialistische Freiheitsbewegung und die Deutschvölkische Reichspartei, die in Schollbrunn, Waldkatzenbach und Weisbach fast die Hälfte der Wählerstimmen auf sich vereinigen konnten. Bei den folgenden Wahlen wurde die NSDAP in allen Dörfern die mit Abstand stärkste Partei; in Mülben, Oberdielbach und Weisbach verfügte sie schon 1928 über die absolute Mehrheit, 1932 erhielten die Nationalsozialisten in Mülben 74,3 %, in Oberdielbach 69 %, in Waldkatzenbach 68,9 %, in Weisbach 66,7 %, in Strümpfelbrunn 47,5 % und in Schollbrunn 39,8 %. Mit Ausnahme des Zentrums wurden alle anderen Parteien zu Splittergruppen degradiert.

Die 1. Bundestagswahl im Jahr 1949 brachte CDU und Notgemeinschaft jeweils rd. ⅓ der Stimmen, das restliche Drittel verteilte sich auf SPD, DVP (FDP) und KPD. Bei den *Bundestagswahlen* im Zeitraum von 1953–1976 behauptete sich die CDU mit einem zwischen 39,4 % (1953) und 48,2 % (1976) variierenden Stimmenanteil vor der SPD, die Ergebnisse zwischen 23,9 % (1957) und 43 % (1972) verzeichnete. Die FDP konnte 1957 mit 24,5 % ihr bestes Resultat vorweisen, bewegt sich aber seit 1965 unterhalb der 10 %-Marke. 1969 erhielt die NPD in jedem Dorf mehr als 10 % der Stimmen. Der SPD gelang es 1980 erstmals, die CDU zu überrunden, doch kehrte sich das Verhältnis 1983 wieder um. Aus der Bundestagswahl 1987 ging die SPD mit 43 % als stärkste Partei vor der CDU (41,6 %) hervor. Die Grünen, die seit 1980 in Waldbrunn vertreten sind, erreichten 5,6 %. Auf die FDP entfielen 8,2 % der abgegebenen Stimmen.

Die seit 1963 bestehenden SPD-Ortsvereine Schollbrunn und Oberdielbach schlossen sich 1973 zum SPD-Gemeindeverband Waldbrunn zusammen, der 1990 über 99 Mitglieder verfügt. CDU-Ortsverbände wurden 1971 in Strümpfelbrunn und Waldkatzenbach, 1972 in Oberdielbach, Schollbrunn, Weisenbach und Mülben gegründet. Sie bilden seit 1975 den CDU-Gemeindeverband Waldbrunn, dem inzwischen 78 Mitglieder angehören. Die 1984 gegründete Freie Wählervereinigung Waldbrunn zählt 30 Mitglieder.

Wirtschaft und Verkehr

Land- und Forstwirtschaft. – Im 19. Jh. wurde die Landwirtschaft durch nährstoffarmen Boden, kühle Temperaturen und häufige Niederschläge beeinträchtigt, so daß die Bauern das Schwergewicht ihrer Bemühungen auf die *Viehzucht* verlagerten, die mit besonderer Intensität betrieben wurde. Während in Strümpfelbrunn, Mülben und Waldkatzenbach der Ertrag der Landwirtschaft meist kaum den eigenen Bedarf deckte, konnte in Schollbrunn, Oberdielbach und Weisbach in guten Erntejahren ein Teil der Produkte verkauft werden. Die Zersplitterung des Grundbesitzes hielt sich durch die Praktizierung der geschlossenen Vererbung in Grenzen. Brache und Flurzwang waren nicht üblich. Vorherrschend war reiner oder mit Lehm vermischter Sandboden, der ständige Düngung erforderte, so daß schon um 1850 große Mengen Äscherich zugekauft werden mußten; später wurden mit Kalk- und Phosphatdüngung Erfolge bei der Ertragssteigerung erzielt. Der Sandboden eignete sich für den Anbau von Kartoffeln. Hauptfrucht war Hafer, der in beträchtlichem Umfang über Händler aus Strümpfelbrunn und Eberbach abgesetzt wurde. Weit weniger in den Verkauf gelangten Roggen, Spelz und Heidekorn. Gerste, Weizen, Hanf, Flachs und Raps wurden nur für den Hausgebrauch gepflanzt. Angesichts der bedeutenden Viehhaltung war der Anbau von Futterkräutern ausgedehnt. Die fast durchweg wässerbaren Wiesen lieferten »schönes Futter«. Über einen Mangel an Wiesen wurde nicht geklagt, zumal Mülbener noch Wiesen in der abgesonderten, zwischen Eberbach, Friedrichsdorf und Reisenbach gelegenen Gkg Sondernachsgrund, Oberdielbacher in Waldkatzenbach und Eberbach sowie im Höllgrund und Schollbrunner auf Neckargeracher Gemarkung besaßen. Das Verhältnis Ackerland/Grünland betrug im 19. Jh. etwa 5:1. In den letzten Jahrzehnten hat sich der Anteil des Ackerlandes – bei einem Rückgang der Landwirtschaftsfläche um mehr als 20 % zwischen 1930 und 1987 – stark verringert, wohingegen sich das Dauergrünland weiter ausgebreitet hat. 1987 entfielen von 1554 ha Landwirtschaftsfläche 828 ha auf *Ackerland* und 713 ha auf *Grünland*. Verschiebungen gab es auch bei der Nutzung der Anbauflächen. Wurden 1949 47 % mit Getreide und jeweils 24 % mit Hackfrucht und Feldfutter bestellt, erbrachte die Agrarberichterstattung 1987, daß 76 % des Ackergeländes mit *Getreide* bebaut wurden, davon je 1/3 mit Weizen und Gerste, das restliche Drittel mit Hafer und Roggen, während der Anbau von Futterpflanzen und Hackfrüchten zurückgegangen war.

Gemeindebaumschulen bestanden zeitweise in jedem Dorf. Auf den *Obstbau* wurde trotz der ungünstigen Witterungsbedingungen in Schollbrunn, Oberdielbach, Waldkatzenbach und Weisbach viel Sorgfalt verwendet, indem sich die Landwirte erfolgreich auf die Zucht von Sorten verlagerten, die dem rauhen Klima standhielten. Aus diesem Grund wurden auch mehr Birnbäume als Apfelbäume gepflanzt. Die meisten Einwohner von Oberdielbach waren schon 1846 mit Pfropfen und Okulieren vertraut, viele hatten eigene Baumschulen, wo sie junge Bäume nachzogen. Der Bürgermeister von Weisbach unterhielt 1890/1900 eine Anlage von mehreren tausend Obstbäumen, die u. a. nach Mosbach und ins Neckartal verkauft wurden. In Waldkatzenbach wurde Obstwein hergestellt, der bis nach Heilbronn Abnehmer fand. Schollbrunn verfügte zahlenmäßig über die meisten Obstbäume, deren Wachstum als ausgezeichnet galt. Das Obst wurde vor allem nach Stuttgart verkauft. Strümpfelbrunn und Mülben blieben hinter dieser Entwicklung zurück; erst um die Jahrhundertwende regte sich auch hier das Interesse für den Obstbau. 1898 hatte in Strümpfelbrunn das Sammeln von Heidelbeeren, Brombeeren und Himbeeren größeren Umfang angenommen. Die Beeren wurden in Eberbach oder Gaimühle zur Bahn gebracht und über Zwischenhändler

Die Gemeinde im 19. und 20. Jahrhundert 681

nach Hamburg und sogar nach England verschickt. 1929 wurden auf dem heutigen Gemeindegebiet Waldbrunn 17 715 Obstbäume gezählt, darunter befanden sich nur 6738 Apfelbäume. An 1. Stelle stand Schollbrunn (4908 Obstbäume), gefolgt von Weisbach (4103) und Oberdielbach (4090). Weit weniger Obstbäume gab es in Strümpfelbrunn (2076), Waldkatzenbach (1305) und Mülben (1233).

Die *Rindviehzucht* war von großer Bedeutung. Eine Ausnahme bildete Strümpfelbrunn, wo der Viehstand bei der Vielzahl der Kleinbauern, die nicht mehr als 2–3 Rinder halten konnten, gering blieb und dadurch auch die Zucht nicht vorankam, obwohl seit 1872 wieder Viehmärkte (insgesamt 12 pro Jahr) abgehalten wurden und die jüd. Einwohner einen lebhaften Viehhandel betrieben. In Mülben, Waldkatzenbach, Schollbrunn, Oberdielbach und Weisbach war die Rindviehzucht eine Haupteinkommensquelle der Bevölkerung. Die Tiere wurden gut gehalten und genährt. Zahlenmäßig gehörte der Viehstand zu den besten im Bezirk, Schollbrunn lag 1880 hinter Eberbach und Neunkirchen an 3. Stelle. Das Rindvieh wurde entweder auf Märkte in Beerfelden, Mudau, Eberbach, Mosbach oder Strümpfelbrunn geliefert oder im Ort selbst, über Händler vermittelt, verkauft. 1903 fanden Schlachtvieh und Milchkühe aus Mülben regelmäßigen Absatz nach Mannheim und Würzburg; zur gleichen Zeit wurde das Weisbacher Schlachtvieh nach Eberbach verkauft, während die Milchkühe an einen Händler in Strümpfelbrunn und von dort in die badische und bayerische Pfalz und nach Würzburg gingen. Der Milchabsatz erfolgte nach Eberbach; in Mülben wurde 1904 eine Molkereigenossenschaft gegründet. Farren – in Mülben jeweils einer, in den anderen Dörfern zwei – waren immer eingestellt. Den Farrenhaltern überließ man neben einer finanziellen Entschädigung die Nutzung von Gemeindegrundstücken. Zwischen 1895 und 1903 führten Strümpfelbrunn, Waldkatzenbach, Oberdielbach und Schollbrunn die Farrenhaltung in Gemeinderegie ein; 1930 fanden sich auch die Farren von Weisbach und Mülben in Gemeindeobhut. Der Rindviehstand vermehrte sich von 1855–1971 fast ununterbrochen, weist aber seitdem eine deutlich sinkende Tendenz auf, wobei sich angesichts der starken Verminderung der landwirtschaftlichen Betriebe der Durchschnittsbestand je Betrieb seit 1965 mehr als verdoppelt hat. 1987 wurden 80 Betriebe mit 1633 Stück Rindvieh, darunter 567 Milchkühe, gezählt. *Pferde* fanden als Zugtiere in der Landwirtschaft, in Waldkatzenbach auch für den Transport der Katzenbuckelsteine, Verwendung. Der Pferdebestand nahm seit Mitte des 19. Jh. bis 1930 stetig zu und ist seitdem leicht rückläufig. Dennoch ist die Pferdehaltung (1982 wurden 25 Betriebe mit 141 Pferden registriert) noch relativ verbreitet, weil im Rahmen des Kurbetriebs Stutenmilchtrinkkuren durchgeführt werden. Im *Kurgestüt Hoher Odenwald* in Mülben waren zu diesem Zweck 1983 67 Pferde (30 Melkstuten, 15 Jungstuten, 20 Fohlen, 2 Zuchthengste) eingestellt. Der *Schweinezucht* wurde seit den 1860er Jahren große Aufmerksamkeit geschenkt. 20–40 Mutterschweine und 1–2 Eber waren in jeder Gemeinde vorhanden. Zahlreiche Schweine konnten auswärts verkauft werden. Nur Strümpfelbrunn hinkte auch in diesem Punkt vor 1900 der allgemeinen Entwicklung hinterher. Die größten Erfolge verzeichnete Mülben: die Gemeinde galt 1903 in der Schweinezucht als erster Ort im Bezirk, 1905 wurde von der Einfuhr veredelter Landschweine berichtet. Die 1900 geplante Gründung einer Schweinezuchtgenossenschaft kam nicht zustande, weil Mülben allein dafür zu klein und die anderen Winterhauchorte in der Zucht noch nicht so weit fortgeschritten waren. Der Schweinebestand vervierfachte sich im Zeitraum von 1855–1930 und ging danach zurück. In den letzten Jahren reduzierte sich die Zahl der Schweine weiter, wobei sich bei der Verringerung der landwirtschaftlichen Betriebe der Durchschnittsbestand je Betrieb erhöht hat. 1987 hielten 108 Betriebe 707 Mastschweine und 27 Betriebe

146 Zuchtsauen. Die Schafweideberechtigung stand in allen Gemeinden mit Ausnahme von Schollbrunn der markgräflichen Standesherrschaft Zwingenberg zu, bis diese 1848 zugunsten der Bürger Verzicht leistete. In der 2. H. 19. Jh. waren in Strümpfelbrunn, Waldkatzenbach, Oberdielbach, Schollbrunn und bis 1866 auch in Mülben *Gemeindeschäfereien* eingerichtet. Jeder Güterbesitzer durfte nach Maßgabe seines Steuerkapitals 1–4 Schafe zur Herde stellen und mußte dafür einen Beitrag an die Gemeindekasse abführen, an die auch der Pfercherlös fiel. Die Gemeinden bezahlten den Schäfer, der Gewinn aus dem Verkauf der Wolle kam den Güterbesitzern zugute. In Weisbach wurden nur vereinzelt Schafe gehalten, weil sich die Einwohner nicht zur Einführung einer gemeinen Schafweide entschließen konnten. Die Gemeindeschäfereien wurden vor 1890 in Strümpfelbrunn, 1893 in Schollbrunn und 1894 in Oberdielbach aufgehoben. In Waldkatzenbach bestand die Schäferei noch nach 1900.

10–12 M *Grundbesitz* waren 1850 zur Ernährung einer Familie erforderlich. Weil die Güter in der Regel geschlossen an einen Erben übergingen und die anderen Kinder abgefunden wurden, gab es eine Reihe größerer Bauern mit umfangreichem Grundbesitz. Weit mehr als die Hälfte aller Landwirte war jedoch ohne ausreichenden Grundbesitz und deshalb gezwungen, einen Teil des Lebensunterhaltes mit Nebenverdienst zu bestreiten. Außerdem wohnten in Strümpfelbrunn, Waldkatzenbach und Mülben viele besitzlose Taglöhner. 1895 zählten 45 % aller landwirtschaftlichen Betriebe zu den Kleinbetrieben unter 2 ha, 49 % hatten eine mittlere Größe von 2–10 ha, 6 % umfaßten 10–20 ha. Während in Oberdielbach, Schollbrunn, Waldkatzenbach und Weisbach mittlere und größere Betriebe in Relation zu Kleinbetrieben überwogen, war das Verhältnis in Mülben ausgeglichen. Eine extrem ungünstige *Besitzgrößenstruktur* wies Strümpfelbrunn auf, wo mehr als 60 % der landwirtschaftlichen Betriebe über weniger als 2 ha Grundbesitz verfügten. 1925 war bei einer Zunahme der Landwirtschaftsfläche und fast konstanter Anzahl der Betriebe eine Steigerung der Betriebsgrößen zu verzeichnen. Verringert hatte sich der Anteil der Kleinbetriebe (38 %), während die Zahl der Betriebe über 2 ha entsprechend gestiegen war. 1949 gab es in allen Dörfern deutlich weniger landwirtschaftliche Betriebe, in erster Linie hatten Kleinbetriebe aufgegeben. Besonders betroffen war Strümpfelbrunn (dort machte der Rückgang über 30 % aus), eine überdurchschnittliche Abnahme verzeichneten auch Schollbrunn und Waldkatzenbach. Nur noch jeder 5. Betrieb gehörte in die Kategorie unter 2 ha. 1970 hatte sich die Zahl der landwirtschaftlichen Betriebe im Vergleich zu 1949 um 30 % vermindert. In allen Gemeinden dominierten Betriebe in der Größenordnung zwischen 2 und 10 ha, die meist nur noch als Nebenerwerbsbetriebe geführt werden konnten. Nach der Agrarberichterstattung 1987 hat sich inzwischen die Zahl der landwirtschaftlichen Betriebe nochmals fast halbiert. Dadurch ist die durchschnittliche Betriebsgröße trotz anhaltenden Rückgangs der Landwirtschaftsfläche seit 1949 um mehr als das Doppelte gestiegen. Von 149 Betrieben standen 22 % 10–20 ha und 15 % über 20, z. T. sogar mehr als 30 ha, zur Verfügung; sie bewirtschafteten zusammen 75 % der Landwirtschaftsfläche. Allerdings bewegten sich noch immer nahezu ⅔ der Betriebe in einer Größenordnung unter 10 ha, d. h. die Nebenerwerbslandwirtschaft spielt nach wie vor eine große Rolle. 1990 nennt die Gemeindeverwaltung noch 21 Vollerwerbsbetriebe mit einer Landwirtschaftsfläche zwischen 15 und 72 ha. Davon befinden sich 5 Betriebe in Oberdielbach, je 4 Betriebe in Strümpfelbrunn und Schollbrunn, je 3 Betriebe in Mülben und Weisbach und 2 Betriebe in Waldkatzenbach. Betriebsziele sind Getreide- und Futterbau (hoher Grünlandanteil) sowie Viehhaltung (Mast- und Milchvieh, Schweinemast).

Die Gemeinde im 19. und 20. Jahrhundert 683

Die Güterzersplitterung war in der 2. H. 19. Jh. nicht ausgeprägt, Parzellen unter ¼ M kamen selten vor. Weil auch ausreichend Feldwege angelegt waren, bestand keine Notwendigkeit zur Durchführung von Feldbereinigungen. Moderne Flurbereinigungsverfahren erübrigten sich durch gütliche Vereinbarungen der Landwirte. In Strümpfelbrunn wurden 1963 und 1969 zwei *Aussiedlerhöfe* angelegt, in Schollbrunn gibt es seit 1973 einen Aussiedler-Einzelhof.

1808 umfaßte das heutige Gemeindegebiet 1965 M *Wald*, die zu ¾ Privatbesitz und zu ¼ Gemeindeeigentum waren. In den 1880er Jahren wurde die Gesamtwaldfläche mit 1298 ha angegeben, wobei das Waldareal in Mülben knapp ⅔, in Weisbach und Schollbrunn etwa die Hälfte der Gemarkung einnahm. Bei ca. 30 % lag der Waldanteil in Strümpfelbrunn, Waldkatzenbach und Oberdielbach. Der Holzbedarf der Einwohner war nicht immer gedeckt, zeitweise mußte Holz aus den standesherrschaftlichen Wäldern zugekauft werden. Der Ertrag der Gemeindewälder wurde fast ausschließlich für Bürgergaben verwendet, so daß sich die Einnahmen in Grenzen hielten. Wegen der geringen Rentabilität plante Strümpfelbrunn Mitte 19. Jh. den Verkauf des Gemeindewaldes, um mit dem Erlös Güter zu kaufen, zu verpachten und damit die finanziellen Verhältnisse zu verbessern. Das Projekt scheiterte an der ablehnenden Haltung des Bezirksamtes, es fand sich aber auch kein geeigneter Käufer. Forstsaatschulen bestanden vorübergehend in Oberdielbach, Schollbrunn und Weisbach. Weil Nadelhölzer überwogen, beklagten die Einwohner von Mülben, Schollbrunn, Weisbach und Strümpfelbrunn einen Mangel an Laubstreu. In Mülben wurde die Waldnutzung 1905 mit 30 % Fichten, 30 % Föhren, 15 % Lärchen und 20 % Laubwald angegeben. Die markgräfliche Standesherrschaft Zwingenberg dehnte ihr Waldareal kontinuierlich aus. Anfang 19. Jh. erwarb sie Teile des Strümpfelbrunner Gemeindewaldes und 1832 sowie 1845 Privatwaldbestände in Mülben. Ferdinandsdorfer Güter, die seit den 1840er Jahren in den Besitz der Standesherrschaft gelangten, wurden aufgeforstet. 1907/08 protestierten Strümpfelbrunn, Mülben und Weisbach gegen die Standesherrschaft, die zu jedem Preis Wald kaufe, wodurch den Bauern die Laubnutzung und den Gemeinden ein Teil ihres Jagdgebietes verlorengehe. Innerhalb weniger Jahre hatte die Standesherrschaft auf dem Winterhauch 125 ha Wald erworben, davon 56 ha in Mülben und 40 ha in Weisbach. 1926 wurde die eigenständige Waldgemarkung Zwingenberg aufgelöst und den umliegenden Gemeinden zugeschlagen, deren Gemarkungen sich dadurch beträchtlich vergrößerten. Nach Mitteilung des Forstamts Eberbach waren 1986 in Waldbrunn 2431 ha als Wald ausgewiesen, die sich auf 460 ha Gemeindewald, 1372 ha Großprivatwald im Besitz des Markgrafen von Baden und 599 ha Kleinprivatwald verteilten.

Handwerk und Industrie. – Im 19. Jh. waren nur die für den örtlichen Bedarf notwendigen *Handwerker* vertreten. Dazu zählten um 1850 Schneider, Schuhmacher, Leineweber, Maurer, Schmied, Wagner, Schreiner und Müller. Die Gewerbe waren zu einem Zunftverband mit Sitz in Strümpfelbrunn vereinigt. Schmiede und Müller aus Schollbrunn hatten ihren Zunftverband in Mosbach, die anderen Schollbrunner Handwerker gehörten zu Eberbach. Der Handwerksbetrieb war unbedeutend, brachte wenig ein und diente nur als Nebenerwerb. Alle Handwerker arbeiteten zusätzlich in der Landwirtschaft oder im Taglohn. Fehlende Betriebsmittel und mangelnde Absatzmöglichkeiten verhinderten eine Ausdehnung des Geschäfts. Nur wenige Handwerksbetriebe waren zur Gewerbesteuer veranlagt. 1895 wurden insgesamt 161 Betriebe mit 226 Beschäftigten registriert, davon befanden sich 50 Betriebe in Strümpfelbrunn (dort wurde 1909 ein Gewerbeverein gegründet), 33 in Waldkatzenbach, 26 in Schollbrunn, 24 in Oberdielbach, 19 in Weisbach und 9 in Mülben. Am stärksten vertreten war das Bekleidungs- und Reinigungsgewerbe mit 56 Betrieben und 76 Personen, an 2. Stelle rangierte das Baugewerbe mit 22 Betrieben und 37 Personen. Mit Abstand folgten das Holzgewerbe (13 Betriebe, 21 Personen) und das Nahrungs- und Genußmittelgewerbe (10 Betriebe, 13 Personen). 1950 war die Zahl der nichtlandwirtschaftlichen Arbeitsstätten mit Schwerpunkt im Handwerk auf 97 gesunken, während die Zahl der Beschäftigten mit 214 Personen fast konstant blieb, d. h. die Betriebe waren im Durchschnitt größer geworden und mehrheitlich auf Strümpfelbrunn (35 Betriebe) und Schollbrunn (25 Betriebe) konzentriert. 1968 wurden 59 Handwerksbetriebe mit 221 Personen gezählt, wobei das Metallgewerbe mit 13 Betrieben am stärksten repräsentiert war und die 12 Betriebe des Bau- und Ausbaugewerbes über die meisten Beschäftigten (93 Personen) verfügten. Jeweils 11 Betriebe gehörten dem Holz- und dem Nahrungsmittelgewerbe an. 1977 bestanden noch 40 Handwerksbetriebe, die 181 Personen beschäftigten. Der Rückgang hatte alle Branchen erfaßt. Seitdem hat sich die Zahl der Handwerksbetriebe nicht mehr vermindert. Über den Stand von 1990 informiert Tab. 1, die nach Angaben der Gemeindeverwaltung zusammengestellt wurde. Die Ansiedlung von *Industrie* war stets mit Schwierigkeiten verbunden und gelang bis heute nur in unzureichendem Umfang. Einen ersten Anlauf zur Schaffung eines industriellen Nebenerwerbszweigs unternahm das Mannheimer Komitee zur Unterstützung armer Gemeinden des Odenwalds 1853 mit der Eröffnung einer *Strohflechtschule* in Strümpfelbrunn, in der auch Mädchen aus Mülben und Waldkatzenbach unterrichtet wurden. Die Gemeinde stellte die Räumlichkeiten, das Komitee trug die Kosten und besoldete die Lehrerin. Produziert wurden Strohhüte, Serviettenringe, Zigarrenetuis und Tischdecken, die an das Handelshaus Jäger in Mannheim, nach Stuttgart und Frankfurt abgesetzt wurden. Weil Gemeindeverwaltung und Bevölkerung auf den Fortbestand keinen Wert legten, erfolgte 1855 die Auflösung der Strohflechtschule. Von 1861–1864 und von 1865–1870 wurden erneut Versuche zur Etablierung der Strohflechterei durchgeführt, die am Desinteresse der Einwohner (die Teilnahme geschah oft unter Zwang) und am mangelnden Absatz scheiterten. In Weisbach bestand zwischen 1883 und 1887 eine Strohflechtschule, die einging, weil die Geflechte nicht verkauft werden konnten.

In der 2. H. 19. Jh. brachte in Waldkatzenbach die Herstellung von *Straßenschotter* aus den Basaltsteinen des Katzenbuckels, der an Straßenverwaltungen in Baden, Hessen und Württemberg geliefert wurde, Verdienst für Einwohner und Gemeinde. Die Steine wurden auf den Feldern oder im Gemeindewald zusammengesucht oder aus 2 in den 1880er Jahren angelegten Brüchen gewonnen, wo Dynamit eingesetzt wurde. Seit 1890 organisierte der Bürgermeister den Geschäftsablauf, indem er bei größeren Lieferungen das gebrochene Material im Unterakkord von Steineklopfern bearbeiten ließ und kleinere Lieferungen Einwohnern übertrug, die die ganze Akkordsumme erhielten, dafür aber auch die Steine beschaffen und die Fuhren zum Abtransport stellen mußten. Ab 1900 wurde wiederholt eine rationellere Produktionsweise gefordert. Die Nachfrage nach Katzenbuckelsteinen hatte nachgelassen, als die Waldkatzenbacher bei den Kosten für Herstellung und Transport mit Steinbruchbetrieben, die von kapitalstarken Großunternehmern geführt wurden, nicht mehr konkurrieren konnten. 1923 verpachtete die Gemeinde einen Teil des »Michelsbuckels« und des »Gattsteins« an die Porphyrwerke Weinheim-Schriesheim; seitdem erfolgte die Produktion von Straßenschotter und Basaltsplitt auf maschinelle Weise. Am Abtransport waren mehrere Fuhrunternehmer aus Waldkatzenbach beteiligt. Nach Kriegsende ging das Geschäft immer mehr zurück, bis der Betrieb vor einigen Jahren ganz eingestellt wurde.

Vor dem 2. Weltkrieg war das Schotterwerk am Katzenbuckel das einzige Industrieunternehmen auf der heutigen Waldbrunner Gemarkung. Die Elfenbeinwarenfabrik Steinbrecher & Cie. aus Erbach, die 1924 im Unterhöllgrund eine Filiale eröffnete, in

Die Gemeinde im 19. und 20. Jahrhundert

Tabelle 1: **Das Handwerk in Waldbrunn 1990**

Branchengliederung nach der Handwerksordnung	insgesamt	Mülben	Oberdielbach	Schollbrunn	Strümpfelbrunn	Waldkatzenbach	Weisbach
Bau- und Ausbaugewerbe							
Bauunternehmen	2	–	–	–	1	1	–
Zimmerer	3	1	–	1	1	–	–
Maler, Lackierer, Gipser	3	–	1	2	–	–	–
Metallgewerbe							
Schmiede	2	–	–	–	–	1	1
Bau- und Kunstschlosser	1	–	–	–	–	1	–
Kraftfahrzeugwerkstätten	4	–	2	–	1	1	–
Sanitär- und Heizungsbau	2	–	–	–	1	1	–
Elektroinstallateure	2	–	–	–	2	–	–
Holzgewerbe							
Sägewerk	1	–	–	1	–	–	–
Schreiner	4	–	–	1	2	1	–
Möbelwerkstatt	1	–	–	1	–	–	–
Bekleidungs-, Textil- und Ledergewerbe							
Schneider	1	–	–	–	–	–	1
Nahrungsmittelgewerbe							
Bäcker	4	–	2	–	1	1	–
Metzger	5	–	1*	1*	2	1	–
Hausschlachter	1	–	–	–	–	–	1
Gewerbe für Gesundheits- und Körperpflege sowie chemische und Reinigungsgewerbe							
Friseure	5	–	1	1	2	1	–
Glas-, Papier, keramische und sonstige Gewerbe							
Buchbinder	1	–	1	–	–	–	–
Kunsthandwerk	1	–	–	–	–	–	1

Quelle: Gemeindeverwaltung
* bei den Metzgereien in Oberdielbach und Schollbrunn handelt es sich um Filialen eines Strümpfelbrunner Metzgereibetriebs

der sie 20 Personen mit der Herstellung von Kugeln für Elfenbeinperlenketten beschäftigte, gab den Betrieb nach kurzer Zeit wieder auf. Eine 1939/40 zunächst in Oberdielbach, dann in Strümpfelbrunn geplante Filiale der Zigarrenfabrik Brinkmann aus Heidelberg wurde nicht errichtet.

Auch in den letzten Jahrzehnten nahm die Industrie keinen merklichen Aufschwung. 1990 gibt es außer einem kleinen Maschinenbaubetrieb in Waldkatzenbach nur ein größeres Industrieunternehmen. Die *Maschinenfabrik Gerd Mosca GmbH*, 1966 in Strümpfelbrunn gegründet, unterhält inzwischen auch Filialen in Schollbrunn und Zwingenberg. Die Firma hat ihre Beschäftigtenzahl aus kleinsten Anfängen (bei der Gründung waren 8 Personen angestellt) auf 210 Personen im Jahr 1988 ausgedehnt, davon arbeiteten 100 Personen im Hauptbetrieb Strümpfelbrunn. Produziert werden Umreifungs- und Verschnürmaschinen sowie Umreifungsbänder und -schnüre, zu 80 % für den weltweiten Export. Der Umsatz lag 1986 bei 35 Mio DM und stieg 1987 auf 40 Mio. DM.

Tabelle 2: Einzelhandelsbetriebe in Waldbrunn 1990

Branche	insgesamt	Mülben	Oberdielbach	Schollbrunn	Strümpfelbrunn	Waldkatzenbach	Weisbach
Gemischtwaren	2	–	–	1	–	1	–
Lebensmittel	6	1	2	1	1	1	–
Getränkevertrieb	2	–	–	–	2	–	–
Wurstwaren	1	–	–	–	–	1	–
Naturkost	1	–	–	–	–	1	–
Stutenmilch	1	1	–	–	–	–	–
Schuhe, Textilien	1	–	–	–	1	–	–
Haushaltswaren, Elektrogeräte	2	–	–	1	1	–	–
Gardinen, Teppiche, Tapeten, Geschenkartikel	1	–	–	–	1	–	–
Elektro-, Sanitär- und Heizungsbedarf	2	–	2	–	–	–	–
Gaststätten- und Hotelbedarf	2	–	–	1	–	–	1
Fotoartikel	1	–	–	–	1	–	–
Kraftfahrzeuge	2	–	1	–	–	–	1
Schrotthandel, Baubedarf	1	1	–	–	–	–	–
Vieh- und Pferdehandel	1	–	–	–	–	1	–
Futtermittel	1	–	–	–	–	1	–
Versandhausagentur	1	–	–	–	1	–	–

Quelle: Gemeindeverwaltung

Handel und Dienstleistungen. – In Strümpfelbrunn fanden im 19.Jh. jedes Jahr 3 *Krämermärkte* und – außer im Zeitraum von 1830–1870 – 12 *Viehmärkte* statt. Die Krämermärkte wurden in den 1880er Jahren mangels Beteiligung aufgehoben. Heute werden in Waldbrunn keine Märkte mehr abgehalten. Dem Handel kam, abgesehen von den jüd. Einwohnern Strümpfelbrunns, die einen bedeutenden Viehhandel betrieben, keine überörtliche Funktion zu. Um 1860 verfügten Weisbach, Oberdielbach und Mülben über jeweils 1, Strümpfelbrunn, Waldkatzenbach und Schollbrunn über jeweils 2 Krämer mit den nötigsten Waren. Aus Oberdielbach wurde berichtet, daß sich Handel und Gewerbe auf den Verkauf der unentbehrlichsten Erzeugnisse beschränkten, weil die Nähe von Eberbach die jederzeitige Befriedigung aller Bedürfnisse sichere. Die Betriebszählung 1895 erbrachte im Bereich Handel, Versicherungen und Verkehr 31 Betriebe mit 43 Personen. 17 Betriebe befanden sich in Strümpfelbrunn, 6 in Waldkatzenbach, 3 in Weisbach, je 2 in Mülben und Schollbrunn und 1 in Oberdielbach. 1925 gab es insgesamt 20 selbständige Kaufleute, davon hatten 13 ihren Wohnsitz in Strümpfelbrunn. 1970 wurden 30 *Handelsbetriebe* registriert, die 91 Personen beschäftigten. Nach der Arbeitsstättenzählung von 1987 hat sich die Zahl der Handelsbetriebe auf 33 erhöht (18 Einzelhandel, 9 Großhandel, 6 Handelsvermittlung). In Tab. 2 sind die Einzelhandelsbetriebe nach Branchen aufgelistet. Durch die außer in Weisbach in jedem Ortsteil vorhandenen Lebensmittelgeschäfte ist für den täglichen Bedarf gesorgt; in Strümpfelbrunn gibt es sogar einen größeren Lebensmittelmarkt. Überhaupt kann Strümpfelbrunn als Einkaufszentrum von Waldbrunn gelten, weil dort auch der mittelfristige Bedarf (Textilien, Schuhe, Haushalt- und Elektrowaren) gedeckt werden kann. Größere Einkäufe werden in Eberbach oder Mosbach getätigt.

Im *privaten Dienstleistungsbereich* ist insbesondere das Fuhr- und Transportwesen mit 7 Unternehmen gut besetzt. Dazu kommen noch 1 Fahrschule, 1 Autovermietung und 1 Verleih von PKW-Anhängern und Zugfahrzeugen. Mit der Entwicklung und dem Vertrieb von elektronischen Komponenten, EDV-Programm und Geräten für die Daten- und Nachrichtentechnik befassen sich 6 Unternehmen. Freiberuflich tätig sind 3 Versicherungsvertreter, 1 Darlehensvermittler, 1 Unternehmensberater. Außerdem gibt es 1 Vertriebsgesellschaft, 1 Verkaufs- und Marketingberatung, 1 Büroorganisations- und 1 Märkteorganisationsbetrieb sowie 1 Ingenieurbüro. Zum privaten Dienstleistungsgewerbe gehören auch 1 Foto-Atelier, 1 Tankschutzbetrieb und 1 Spielautomatenaufsteller.

Vor dem 1. Weltkrieg verfügte keine Gemeinde über eine Spar- und Darlehenskasse. Kredite mußten bei auswärtigen Instituten (meist in Eberbach oder Mosbach) aufgenommen werden; als Geldverleiher fungierten auch die Strümpfelbrunner Israeliten. In Strümpfelbrunn fand die Spar- und Darlehenskasse erstmals in den Ortsbereisungsprotokollen von 1928 Erwähnung. Ihr Zusammenbruch im Jahr 1932, mitverursacht durch den Leichtsinn des Rechners, brachte einen Teil der Bevölkerung an den Bettelstab und fügte einer Reihe anderer Gemeinden schweren Schaden zu. Noch 1934 – die Sanierung war inzwischen erfolgt – wirkte sich der Zusammenbruch der Spar- und Darlehenskasse auf die wirtschaftliche Lage der Landwirte »schlimm« aus. Heute ist sie eine Zweigstelle der *Sparkasse Eberbach,* die seit 1959 auch Filialen in Oberdielbach, Schollbrunn, Waldkatzenbach, Weisbach und seit 1962 in Mülben unterhält. Die Strümpfelbrunner Zweigstelle der *Volksbank Mosbach* wurde 1986 aufgelöst. 4 Filialen hat die *Volksbank Eberbach* in Waldbrunn eingerichtet, die 1930 in Strümpfelbrunn, 1965 in Oberdielbach und 1966 in Waldkatzenbach und Schollbrunn eröffnet wurden.

Vorläufer der Ein- und Verkaufsgenossenschaften waren die landwirtschaftlichen Konsumvereine, die Ende des 19. Jh. in fast jedem Dorf gegründet wurden. 1990 besteht nur noch die *landwirtschaftliche Ein- und Verkaufsgenossenschaft Oberdielbach,* nachdem die Genossenschaften von Waldkatzenbach, Schollbrunn und Mülben vor ca. 10 Jahren und die Ein- und Verkaufsgenossenschaften Strümpfelbrunn und Weisbach zum 31. 12. 1989 aufgelöst wurden.

Von überregionaler Bedeutung ist die *Süddeutsche Saatzucht- und Saatbaugenossenschaft e. G. Waldbrunn* mit Sitz in Oberdielbach. Das Unternehmen wurde 1929 von der bad. Landwirtschaftskammer mit dem Ziel gegründet, durch Züchtung von Gräsern und Kleearten das Grünland des Odenwaldes zu verbessern. Später befaßte sich die Genossenschaft auch mit der Züchtung von Dinkel und Weizen. Heute stehen Züchtungen, Vermehrungen und Vertrieb von Futterpflanzensaatgut und Rasengräsern im Mittelpunkt. Infolge verstärkter Nachfrage wurde in den letzten Jahren die Dinkelzüchtung stark forciert, während die Weizenzüchtung aus Rationalisierungsgründen aufgegeben wurde. Die Süddeutsche Saatzucht- und Saatbaugenossenschaft zählt 1430 Mitglieder und beschäftigt 28 Personen. Ihr Tätigkeitsfeld erstreckt sich bis ins Ausland.

Mitte des 19. Jh., als der Fremdenverkehr noch keine Rolle spielte, war auch das *Gaststättengewerbe* nicht sonderlich ausgeprägt. In den Ortsbereisungsprotokollen ist von insgesamt 12 Gastwirtschaften (4 in Strümpfelbrunn, je 2 in Oberdielbach, Schollbrunn, Waldkatzenbach, je 1 in Mülben und Weisbach) mit mäßigem Geschäftsgang die Rede. Um die Jahrhundertwende entwickelten sich die ersten, schwachen Ansätze des *Fremdenverkehrs- und Kurbetriebs,* so daß die Gastronomie in Verbindung mit dem Ausbau der Kapazitäten für Fremdenzimmer einen allmählichen Aufschwung verzeichnete, der zunächst auf Waldkatzenbach als das dem Touristenziel

Katzenbuckel benachbarte Dorf beschränkt blieb. 1903 nahmen Ausflügler, Schulen und Vereine, die den Katzenbuckel besuchten, Erfrischungen in Waldkatzenbach. Die Gemeinde beherbergte auch schon »Ferienkolonisten«. Eine Mannheimer Krankenkasse schickte jeweils 30–40 Personen zur Erholung nach Waldkatzenbach. Um der Nachfrage entsprechen zu können, hatten 3 Gastwirtschaften ihre Räumlichkeiten durch Anbau vergrößert, so daß 50–60 Fremdenbetten bereitstanden. 1902 wurde ein Katzenbuckelverein gegründet, dessen 40 Mitglieder sich für die Hebung des Fremdenverkehrs engagierten. In den 1920er Jahren wies der Fremdenverkehr in Waldkatzenbach eine steigende Tendenz auf. Kassenpatienten füllten die ansehnlichen, für ländliche Gegenden unüblichen Gaststätten und Hotels. Hessische Krankenkassen hatten sich in den Gasthäusern von Waldkatzenbach Erholungsheime gesichert. Erste Versuche zur Heranziehung des Fremdenverkehrs, in dem die Wirte »ein gewisses Heilmittel« sahen, wurden zu dieser Zeit auch in Strümpfelbrunn unternommen. 1930 gab es 1 Pension mit 12 Fremdenbetten, 3 Gasthäuser mit jeweils 8 Betten und 1 Gasthaus mit 4 Betten. Die Einrichtungen waren aber überwiegend primitiv und für die Ansprüche von Kurgästen noch nicht geeignet.

Der planmäßige Ausbau der Gastronomie und Fremdenverkehrseinrichtungen erfolgte erst in den letzten Jahrzehnten, als sich alle Dörfer von Bauerngemeinden zu Fremdenverkehrsorten mit Kurbetrieb wandelten, so daß die meisten Hotels, Gaststätten und Pensionen neueren Datums sind. Die staatliche Anerkennung als Erholungsorte erhielten die 6 Gemeinden 1969; Waldbrunn wurde das Prädikat »staatlich anerkannter Luftkurort« 1977 verliehen. Heute ist Waldbrunn entscheidend durch die Fremdenverkehrsfunktion geprägt. Nach der Arbeitsstättenzählung 1987 gehören dem Gastgewerbe 37 Betriebe mit 124 Beschäftigten an. 1987 wurden 159825, 1988 143732 und 1989 145244 Übernachtungen registriert. Die meisten Fremdenbetten befinden sich in den Ortsteilen Waldkatzenbach, Strümpfelbrunn und Mülben. 1989 standen insgesamt 1700 Gästebetten, davon 64 in Hotels, 316 in Gasthöfen, 110 in Pensionen, 90 in Privathäusern und Bauernhöfen und 1120 in 194 Ferienhäusern des bei Waldkatzenbach gelegenen Feriendorfes Waldbrunn zur Verfügung. Die Ferienhäuser, meist im Besitz von Privatleuten, bieten Platz für je 4–6 Personen. Ihre Vermietung übernimmt die »Feriendorf Waldbrunn GmbH« in Waldkatzenbach.

Zentrale Fremdenverkehrseinrichtung ist das 1974/75 zwischen Strümpfelbrunn, Waldkatzenbach und Oberdielbach angelegte *Kurzentrum* mit Hallenbad, medizinischen Bäderabteilungen, Sauna, Solarium, Kurpark, Restaurant und Tennishalle. Im Rahmen des Kurbetriebs werden Rheuma- und Arthrose-Kuren, Asthma- und Bronchitis-Kuren, Migränekuren, Fastenkuren, Stutenmilchtrinkkuren und Revitalisierungskuren angeboten. Das Deutsche Akupunkturzentrum führt im Hotel Sockenbacher Hof in Strümpfelbrunn Akupunkturintensivkuren durch. In Waldbrunn bestehen vielfältige Möglichkeiten der *Freizeitgestaltung*: Reiten (Kurgestüt Hoher Odenwald in Mülben, Pferde- und Reiterhof Oberdielbach), Tennis (Tennishalle und -plätze beim Kurzentrum), Kegeln und Minigolf (Kurzentrum), Segelflugveranstaltungen (vom Segelflugplatz Mülben werden Rundflüge über Neckartal und Odenwald unternommen), während der Saison finden wöchentlich geführte Wanderungen und Ausflugsfahrten statt, im Winter eignet sich der Katzenbuckel als Skigebiet für Abfahrten (mit Skilift) und Langlauf (auf gespurten Loipen) sowie zum Rodeln.

Verkehr. – Anschluß an die *Eisenbahn* erhielten die Dörfer durch den Bau der Neckartalbahn Neckargemünd-Jagstfeld im Jahr 1879. Die nächstgelegene Bahnstation war in Eberbach. Über den Bahnhof Gaimühle bestand eine Verbindung zur hessischen Bahn. Jahrzehntelang engagierten sich die Gemeinden für den Bau einer Eisenbahnstrecke von Eberbach über den Winterhauch nach Mudau und Buchen, bis sie 1935 die Hoffnung auf die Realisierung des Projekts endgültig aufgeben mußten. Heute ist über Eberbach die Bahnlinie 560 Heidelberg–Neckarelz–Osterburken–Jagstfeld zu erreichen.

Die durch Oberdielbach, Strümpfelbrunn und Mülben führende Landesstraße 524 Eberbach–Mudau–Buchen stellte schon im 19. Jh. die *Straßenverbindung* mit wichtigen Verkehrszentren her. Sie wurde 1875 durch Verminderung des Gefälles bei Oberdielbach und Strümpfelbrunn korrigiert. Von mehr als lokaler Bedeutung waren damals auch schon die Straßen nach Mosbach, Neckargerach und Zwingenberg.

Eine Fahrpostverbindung Eberbach–Mudau–Buchen wurde seit den 1860er Jahren gefordert. 1903 verkehrten zweimal täglich Postwagen zwischen Eberbach und Strümpfelbrunn. Die Kraftpostlinie Eberbach–Strümpfelbrunn–Mudau–Buchen und zurück wurde 1925 eröffnet. 1990 ist Waldbrunn durch 2 *Buslinien* an das öffentliche Nahverkehrsnetz angeschlossen. An Werktagen endet die Linie 5622 über Mosbach und Mudau viermal täglich in Waldbrunn, fünfmal starten Busse von Waldbrunn aus nach Mudau und Mosbach. Wesentlich häufiger wird die Strecke Buchen–Mudau–Eberbach und zurück von Bussen der Linie 5600 befahren. Sie halten in beiden Richtungen jeweils 17mal in den Waldbrunner Ortsteilen, so daß tagsüber mindestens stündliche Busverbindungen bestehen.

Verwaltungszugehörigkeit, Gemeinde und öffentliches Leben

Verwaltungszugehörigkeit. – Strümpfelbrunn, Waldkatzenbach, Schollbrunn, Oberdielbach, Weisbach und Mülben gehörten zum kurpfälzischen Oberamt Mosbach, wurden 1803 dem Fürstentum Leiningen zugeteilt und gerieten 1806 unter bad. Oberhoheit im Zuständigkeitsbereich des Bezirksamts Eberbach. Von 1840–1848/49 unterstanden alle Gemeinden mit Ausnahme von Schollbrunn, das bei Eberbach verblieb, dem Amt Neudenau in Mosbach, wurden dann aber wieder Eberbach zugeschlagen. 1924 erfolgte der Übergang zum Bezirksamt Mosbach. Schon im 19. Jh. zählte der Oberhöllgrund zu Strümpfelbrunn und der Unterhöllgrund zu Waldkatzenbach. Unklarheiten bestanden zeitweise über die Zugehörigkeit des Weilers Post, dessen Gemarkung bei einer Grenzvermessung von Oberdielbach abgetrennt und der Waldgemarkung Zwingenberg zugeschlagen wurde. Die Einwohner galten aber weiter als Bürger von Oberdielbach, entrichteten Beiträge an die dortige Gemeindekasse und waren am Bürgernutzen beteiligt. 1892 wurde die Gemarkung der sog. Post wieder mit Oberdielbach vereinigt. Unterdielbach gehörte bereits im 19. Jh. zu Eberbach. Komplizierter waren die gemeinderechtlichen Verhältnisse im Anfang des 18. Jh. gegründeten Ferdinandsdorf, das sich aus einem markgräflich bad. Teil (Gde Oberferdinandsdorf) und einem fürstlich leiningischen Teil (Kolonie Unterferdinandsdorf; ursprünglich eine reine Waldgemarkung, bis Kurpfalz im letzten Drittel des 18. Jh. verschiedenen Leuten Grundstücke als Eigentum, später als Erbbestand verlieh) zusammensetzte. Die Unterferdinandsdorfer Bevölkerung zahlte Steuerkapitalien nach Schollbrunn und stand unter der Aufsicht von Mülben, die Oberferdinandsdorfer Einwohner entrichteten Abgaben an Zwingenberg und gehörten kirchenrechtlich nach Strümpfelbrunn. Um die Verwaltung effizienter zu gestalten, vereinigten sich das leiningische Unterferdinandsdorf und das markgräflich bad. Oberferdinandsdorf 1822 zu einer Gesamtgemeinde; aus dem Zusammenschluß ergaben sich bis zur Wiederauflösung im Jahr 1850 Rechtsstreitigkeiten. Der Aufhebung des Gemeindeverbandes ging in den 1840er Jahren der Ankauf der meisten Güter auf markgräflich bad. Gemarkung durch die

Standesherrschaft Zwingenberg voraus, die die Gebäude abbrechen und die Grundstücke aufforsten ließ. Die wenigen verbliebenen güterbesitzenden Bürger waren außerstande, die Kosten des Gemeindehaushalts zu bestreiten und drängten auf die Entflechtung des Gemeindeverbandes. 1851 erkärte das Bezirksamt Eberbach Oberferdinandsdorf zur Kolonie und bestellte einen Stabhalter aus Mülben. Nachdem die Standesherrschaft die Gemarkung wenig später vollständig aufgekauft und die letzten Einwohner nach Amerika zwangsausgesiedelt hatte, wurde Oberferdinandsdorf endgültig aufgelöst. Unterferdinandsdorf erhielt 1850 erneut den Koloniestatus, wurde Schollbrunn zugewiesen und von dort wenig später nach Mülben abgeschoben. Bis 1882 stand Unterferdinandsdorf als abgesonderte Gemarkung unter der Verwaltung Mülbens, wurde dann aufgelöst und zwischen Eberbach und Mülben aufgeteilt. Die in den 1930er Jahren im Rahmen der Haushaltsnotverordnung vorgesehene Eingemeindung von Mülben, Oberdielbach und Weisbach nach Strümpfelbrunn unterblieb, weil keine Aussicht auf das Zustandekommen einer freiwilligen Vereinbarung bestand. Durch die Vereinigung von Strümpfelbrunn, Oberdielbach, Waldkatzenbach, Schollbrunn und Weisbach wurde am 1.1.1973 die Gde Waldbrunn gebildet; Mülben schloß sich am 1.1.1975 an. Jeder Ortsteil verfügt über eine dauerhafte Ortschaftsverfassung. Waldbrunn ist in den Gemeindeverwaltungsverband Neckargerach-Waldbrunn eingebunden, dem außerdem noch Zwingenberg und Binau angehören.

Gemeinde. – Nach Durchführung der Katastervermessungen zwischen 1889 und 1896 wurde die Gesamtgemarkungsfläche der heutigen Waldbrunner Gemeindeteile mit 3167 ha angegeben. Durch die Aufhebung der bis 1926 eigenständigen Waldgemarkung Zwingenberg vergrößerte sich die Gkg Mülben von 631 auf 877 ha, die Gkg Oberdielbach von 544 auf 701 ha, die Gkg Strümpfelbrunn von 461 auf 793 ha und die Gkg Weisbach von 544 auf 687 ha. Auch Waldkatzenbach und Schollbrunn erhielten Anteile. 1961 umfaßten die Gemarkungen aller Gemeinden 4437 ha. Die Flächenerhebung 1981 ergab für Waldbrunn eine Gesamtfläche von 4433 ha. Davon entfielen 259 ha auf besiedelte Fläche und 4174 ha auf Naturfläche, die sich zu 1758 ha aus Landwirtschaftsfläche und zu 2405 ha aus Wald zusammensetzte. Über die ausgedehnteste Gemarkung verfügte Mülben (873 ha), gefolgt von Strümpfelbrunn (793 ha), Schollbrunn (737 ha) und Oberdielbach (731 ha). Die kleinsten Gemarkungen verzeichneten Weisbach (688 ha) und Waldkatzenbach (611 ha).

Umfangreichen Waldbesitz hatte die markgräfliche Standesherrschaft Zwingenberg im 19.Jh. in Strümpfelbrunn, Waldkatzenbach, Weisbach, Oberdielbach, Mülben und Ferdinandsdorf. Auch heute steht der größte Teil des Waldbrunner Waldareals (1372 von 2431 ha) im Eigentum des Markgrafen von Baden. In Schollbrunn waren 1850 keine Standes- oder Grundherren mehr begütert. Dafür besaß das Ev. Stift Mosbach zahlreiche Grundstücke. Schollbrunn war auch die einzige Gemeinde mit Allmendnutzung. 1898 waren 6 ha der gemeindeeigenen landwirtschaftlichen Grundstücke als *Allmendfeld* ausgewiesen. Als Gegenleistung mußten die Genußberechtigten einen Zins an die Gemeindekasse entrichten. *Bürgerholzgaben* wurden überall verabreicht; bei den geringen Gemeindewaldbeständen fand dafür oft der gesamte Waldertrag Verwendung. In Oberdielbach war die Bürgergabe 1865 auf ein kaum nennenswertes Quantum gesunken, so daß die Verteilung nur im Abstand von einigen Jahren stattfinden konnte. Später wurde der Bürgernutzen nicht mehr in natura vergeben, sondern in Geld ausbezahlt. In Weisbach orientierte sich der Umfang des Bürgergabholzes am jeweiligen Waldertrag. Als 1903 die Gaben unter ½ Klafter sanken, wurde die Verteilung vorerst amtlich verboten. Auch in Strümpfelbrunn war

Die Gemeinde im 19. und 20. Jahrhundert 691

der Bürgernutzen äußerst beschränkt. Die Bürger erhielten oft jahrelang keine Holzgabe. 1913 ließ man den Bürgernutzen eingehen, weil der Gemeindewald zu wenig Ertrag lieferte.

Die *Gemeindevermögen* bestanden im 19. Jh. aus landwirtschaftlichen Grundstükken, Wald, Jagd- und Fischereiberechtigungen, Kapitalien und Gebäuden. 1850 hatte jede Gemeinde 1 Schulhaus und 1 Armenhaus, in Strümpfelbrunn gab es 2 Schulhäuser sowie 1 Feuerspritzenremise. Heute setzt sich das Gemeindevermögen aus 463 ha Wald, 36 ha landwirtschaftlichen Grundstücken, 7 ha Sportflächen und 1,5 ha Baugelände zusammen. An Gebäuden besitzt Waldbrunn die ehemaligen Schul- und Rathäuser von Waldkatzenbach, Schollbrunn, Weisbach und Mülben, die als Vereins- und Wohnhäuser genutzt werden. Im früheren Oberdielbacher Schulhaus ist ein Kindergarten untergebracht. Der Gemeinde gehören ferner die 1974 errichtete Grund- und Hauptschule Strümpfelbrunn, die Kindergartengebäude in Strümpfelbrunn, Waldkatzenbach und Schollbrunn sowie der 1989 fertiggestellte Rathauskomplex in Strümpfelbrunn.

Angesichts der geringen Rentabilität der Gemeindevermögen wurden schon in den 1840er Jahren regelmäßig Umlagen erhoben. Darüber hinaus hatten die Gemeinden folgende Einnahmen: Ertrag aus der Verpachtung der landwirtschaftlichen Grundstücke, Walderlös (der meist durch Bürgergaben aufgezehrt wurde), Jagd- und Fischereipacht, Pfercherlös und Schafgeld (nicht in Weisbach, in Mülben nur bis 1866), Kapitalzinsen, Obsterlös (von nennenswertem Umfang in Schollbrunn, Waldkatzenbach, Weisbach und Oberdielbach). In Waldkatzenbach floß eine größere Summe aus dem Verkauf der Katzenbuckelsteine in die Gemeindekasse, später kam der Ertrag aus der Verpachtung eines Steinbruchs hinzu. Bedeutende Ausgaben, die meist Kapitalaufnahmen erforderten, resultierten aus dem Bau von Straßen, Schul-, Rat- und Armenhäusern, der Ausstattung der Schulstellen mit Liegenschaften und Ökonomiegebäuden, aus Farrenstallbau (Oberdielbach, Schollbrunn), Kinderschulbau (Strümpfelbrunn), Doktorhausbau in Strümpfelbrunn, zu dem alle Gemeinden Beiträge leisteten, ebenso wie zum Bezirksspitalneubau in Eberbach, Wasser- und Stromversorgung, Zehntablösungen (die 1850 in Schollbrunn, 1854 in Weisbach, 1856 in Mülben und Waldkatzenbach, 1858 in Oberdielbach und 1859 in Strümpfelbrunn abgetragen wurden), Katastervermessungen und Kriegskosten (nach 1815, 1848/49 und 1870/71). Der Armenaufwand hielt sich auf niedrigem Niveau, weil Ortsarme von vermögenden Bürgern verpflegt (»umgehalten«) wurden. In Mülben, Oberdielbach, Waldkatzenbach und Weisbach waren die Gemeindehaushalte in der 2. H. 19. Jh. geordnet und die ökonomischen Verhältnisse zufriedenstellend. Weniger erfreulich war die Finanzlage in Strümpfelbrunn, wo sich in den 1850er Jahren hohe Ausstände ansammelten und Schuldkapitalzinsen nicht planmäßig bezahlt wurden. 1852 konnten die laufenden Ausgaben nur mit Mühe bestritten werden, weil kaum Umlagen eingingen. Die meisten Schuldner waren bis zur Vollstreckung ausgeklagt, die aber bei der allgemeinen Armut nicht zum Vollzug gelangte. Obwohl später eine Besserung eintrat, blieb die wirtschaftliche Lage wegen des wenig rentablen Gemeindevermögens fortgesetzt ungünstig, so daß die Umlagen meist eine »drückende Höhe« erreichten und der Einzug auch weiter auf Schwierigkeiten stieß. Im Gegensatz dazu galt Schollbrunn als bestsituierte Winterhauchgemeinde mit dem höchsten Steuerkapital, das 1885 im Bezirk nur noch von Eberbach, Neunkirchen, Neckargerach und Schönbrunn übertroffen wurde, wobei die ersten 3 Orte wesentlich größer als Schollbrunn waren. Heute nimmt Waldbrunn im Kreisvergleich eine Position im hinteren Mittelfeld ein. Das *Steueraufkommen* hat sich zwischen 1970 und 1980 von 523 000 DM auf 1 862 000 DM mehr als verdreifacht und stieg 1984 nur noch geringfügig auf 1864 000 DM an. Der Gewerbesteueranteil schwankte in diesem Zeitraum zwischen 18 % und 34 % und wies in den 1980er Jahren eine rückläufige Tendenz auf. Die *Steuerkraftsumme* je Einwohner erhöhte sich von 255 DM 1970 auf 616 DM 1980 und 766 DM 1984, wobei Waldbrunn 1970 die 12., 1980 bzw. 1984 hingegen nur noch die 21. Stelle unter den 27 Gemeinden des Neckar-Odenwald-Kreises einnahm. Die Abweichung vom Landesdurchschnitt betrug 1970 −25 % und vergrößerte sich 1984 auf −28 %. 1970 wurde der Schuldenstand je Einwohner auf 365 DM, 1980 auf 1001 DM beziffert, 1984 war er leicht auf 925 DM zurückgegangen, womit Waldbrunn an 14. Stelle der Kreisgemeinden rangierte. Die Gesamtverschuldung lag 1987 bei 3 576 333 DM, 1988 bei 3 691 576 DM, unterschritt aber in beiden Jahren das Volumen des Vermögenshaushaltes, das 1987 mit 4 162 055 DM und 1988 mit 7 563 392 DM angegeben wurde. Der Verwaltungshaushalt bewegte sich 1987 bei 8 180 670 DM, 1988 bei 8 787 921 DM. Für die nächsten Jahre sind folgende Ausgabenschwerpunkte vorgesehen: Fertigstellung des Verwaltungsgebäudes (Rathaus, Sparkasse, Polizeiposten) in Strümpfelbrunn, Bau von Feuerwehrgerätehäusern und Kindergärten in Schollbrunn und Strümpfelbrunn, Instandsetzung und Umbau der ehemaligen Schul- und Rathäuser in Mülben und Weisbach, Sanierung des Kurzentrums, Bau von Kläranlagen (Schollbrunn, Weisbach) sowie Kläranlagenverbesserung (Mülben), Bau eines Entlastungskanals in Strümpfelbrunn, Restkanalisation in Weisbach und Oberdielbach-Post, Erschließung des Gewerbegebietes »Hohfeld«, Ausbau von Ortsstraßen, Sanierungsmaßnahmen sind im Gang. Ein Dorfentwicklungsprogramm ist vorhanden.

Rathäuser hatten Mitte des 19. Jh. nur Schollbrunn (seit 1845) und Strümpfelbrunn (seit 1846). In den anderen Dörfern war die Gemeindeverwaltung im Haus des jeweiligen Bürgermeisters untergebracht. 1868 wurde in Waldkatzenbach, 1869 in Weisbach und 1870 in Mülben ein Ratszimmer im Schulhaus eingerichtet. Oberdielbach baute 1876/78 ein Rat- und Armenhaus. Die *Gemeindeverwaltungen* wurden im allgemeinen als gut und geordnet bezeichnet. In Mülben bestanden zeitweise Differenzen zwischen den Gemeindebeamten, die dem Ansehen des Dorfes schadeten. Wenig Anlaß zur Zufriedenheit gab es in Strümpfelbrunn: 1851 wurde als Grund für die Armut der Ortseinwohner die »frühere, gewissenlose und nachlässige Gemeindeverwaltung« angeführt, 1903 lebten Bürgermeister und Ratsschreiber, beide wenig befähigt für ihr Amt, im Streit, in der Registratur herrschte eine »skandalöse Unordnung«. Jede Gemeinde verfügte in den 1840er Jahren über Bürgermeister, 3 Gemeinderäte, Gemeinderechner, Ratsschreiber, Bürgerausschuß (4 Mitglieder), Gemeinde- und Polizeidiener, Waldhüter, Feldhüter, Straßenwart, Industrielehrerin, Hebamme (außer Mülben) und Nachtwächter. Hinzu kamen Baum- bzw. Plantagenaufseher in Oberdielbach, Strümpfelbrunn, Weisbach und Waldkatzenbach. Um 1900 waren außerdem 3 weitere Gemeinderäte, Leichenschauer, Totengräber (nicht in Mülben), Fleischbeschauer, Abdecker, Wildschadenschätzer (nur in Waldkatzenbach), Waagmeister (in Schollbrunn), Farrenwärter (in Strümpfelbrunn) und Desinfektor (in Mülben) verpflichtet. Heute beschäftigt die Gde Waldbrunn 10 Beamte, 18 Angestellte und 16 Arbeiter, darunter sind insgesamt 21 Teilzeitkräfte. Strümpfelbrunn wurde 1973 zwar Verwaltungssitz von Waldbrunn, doch waren Grundbuch- und Bauamt im Rathaus von Waldkatzenbach, Personal- und Rechnungsamt im Rathaus von Schollbrunn untergebracht. Seit der Fertigstellung des neuen Rathauses im Frühjahr 1989 befindet sich die gesamte Gemeindeverwaltung in Strümpfelbrunn. Sie ist untergliedert in Hauptamt, Rechnungsamt, Grundbuchamt und Bauamt. In den ehemaligen Rathäusern der anderen Ortsteilen finden keine Sprechstunden mehr statt. Bei den *Gemeinderatswahlen*

Die Gemeinde im 19. und 20. Jahrhundert 693

1975 und 1980 erreichte die CDU jeweils etwas über 50 % der Stimmen, die SPD blieb beide Male geringfügig unter der 50 %-Marke. 1984 lagen CDU und SPD mit je 42 % gleichauf, die Freie Wählervereinigung erhielt 15,7 %. 1989 wählten 46 % die SPD, 42,8 % die CDU und 11,2 % die Freie Wählervereinigung. Von derzeit 21 Gemeinderäten gehören 10 der SPD, 9 der CDU und 2 der Freien Wählervereinigung an.

An *nichtkommunalen Behörden* gab es 1903 ein Postamt und eine Gendameriestation in Strümpfelbrunn. 1939 waren in Mülben, Waldkatzenbach, Weisbach, Oberdielbach und Schollbrunn Posthilfsstellen eingerichtet. Heute befindet sich in jedem Ortsteil eine Zweigstelle des Postamts Strümpfelbrunn. Im neuerrichteten Verwaltungsgebäude in Strümpfelbrunn ist auch ein Polizeiposten untergebracht.

Ver- und Entsorgungseinrichtungen. – Strümpfelbrunn, Oberdielbach, Weisbach, Schollbrunn, Waldkatzenbach und Mülben vereinigten sich in der 1. H. 19. Jh. zu einem Spritzenverband, die gemeinschaftliche Feuerspritze wurde in Strümpfelbrunn aufbewahrt. 1865 schafften sich jeweils 3 Gemeinden (Strümpfelbrunn, Mülben, Waldkatzenbach sowie Schollbrunn, Oberdielbach, Weisbach) zusammen eine Feuerspritze an, die in Strümpfelbrunn bzw. Schollbrunn aufgestellt war. Zum Kauf eigener Feuerspritzen entschlossen sich Waldkatzenbach, Weisbach und Oberdielbach im Jahr 1880; nur Mülben blieb an der Strümpfelbrunner Spritze beteiligt und verfügte erst 1910 über eine Feuerspritze im Ort. Löschmannschaften waren lange vor 1900 eingestellt. *Freiwillige Feuerwehren* konstituierten sich 1901 in Schollbrunn, 1925 in Mülben, 1928/29 in Waldkatzenbach, 1930 in Weisbach, 1931 in Strümpfelbrunn und 1947 in Oberdielbach. Sie sind inzwischen Abteilungswehren der seit 1976 bestehenden Gesamtwehr Waldbrunn, die Stützpunktwehr befindet sich in Strümpfelbrunn. Jede Abteilungswehr hat 1 Löschzug, die Gesamtstärke der Freiwilligen Feuerwehr Waldbrunn liegt bei 154 Aktiven. In Waldkatzenbach gibt es eine Jugendfeuerwehr und eine Feuerwehrkapelle.

Die *Elektrizitätsversorgung* wurde 1921 eingeführt. Heute liefert die Badenwerk AG Sinsheim den Strom; Abnehmer ist jeder Haushalt. Während in Oberdielbach, Schollbrunn, Waldkatzenbach, Weisbach und Mülben bis in die 1880er Jahre ausreichend und qualitativ gutes Trinkwasser zur Verfügung stand, war die *Wasserversorgung* in Strümpfelbrunn durch das gesamte 19. Jh. schlecht und unzureichend. Schon 1821 mußten Strümpfelbrunner Einwohner ihr Wasser zeitweise in Mülben holen. Um 1850 war das durch Pfuhl verunreinigte Wasser ungenießbar, hinzu kam Wassermangel bei trockener Witterung. In den 1890er Jahren wurden die gleichen Mängel beanstandet. Zu dieser Zeit war man auch in den anderen Winterhauchdörfern mit der Wasserversorgung nicht mehr zufrieden: in Mülben reichte zwar die Wassermenge aus, doch gelang die Verteilung nur unzureichend; in Oberdielbach und Weisbach herrschte Wassermangel im unteren bzw. südlichen Ortsteil; obwohl Schollbrunn 1893 eine Wasserleitung gebaut hatte, die 9 öffentliche Brunnen speiste, ging das Wasser im Sommer öfter aus; in Waldkatzenbach konnten die Mißstände durch bessere Fassung der Quellen und Herstellung von eisernen Brunnenleitungen beseitigt werden. Dennoch trat Waldkatzenbach dem 1906 gegründeten Wasserversorgungsverband Winterhauchgruppe bei, dem auch Strümpfelbrunn, Schollbrunn und Oberdielbach angehörten. Der Verband sicherte den Gemeinden eine vorzüglich funktionierende Wasserversorgung mit Hausleitungen. Mülben, im Besitz einer ergiebigen Quelle, errichtete 1926 eine eigene Wasserleitung. Obwohl in Weisbach 1922 eine Wasserleitung gebaut wurde, mußte in trockenen Jahreszeiten Wasser von der Schollbrunner Mühle oder aus Mülben herbeigefahren werden. Deshalb entschloß man sich 1952, gemeinsam mit Trienz, zum Bau eines Wasserpumpwerkes, zugleich wurde eine neue Leitung fertiggestellt. 1975 erfolgte die Auflösung des Wasserversorgungsverbandes Winterhauchgruppe. Heute wird Waldbrunn mit Bodenseewasser, ergänzt durch örtliche Quellen, versorgt.

Mit der Pflasterung der Straßenrinnen war 1850 in Schollbrunn und Strümpfelbrunn begonnen worden, damit die Abwässer einen geregelten Abfluß erhielten, doch gab es um 1870 noch viele ungepflasterte Meter in Strümpfelbrunn, und auch in Schollbrunn war die Rinnenpflasterung nur teilweise durchgeführt. In Mülben, Oberdielbach, Waldkatzenbach und Weisbach wurden die ersten Rinnen in der 2. H. 19. Jh. angelegt. Die Vervollständigung der Rinnenpflasterung erfolgte erst nach 1900. An die *Kanalisation* wurde Strümpfelbrunn 1950–55 angeschlossen, Waldkatzenbach, Schollbrunn, Oberdielbach und Mülben folgten in den 1960er Jahren. In Weisbach ist die Fertigstellung der Kanalisation für 1990/91 vorgesehen. Mülben verfügt seit 1964 über eine Tropfkörperkläranlage, Strümpfelbrunn seit 1977 über eine mechanisch-biologische Anlage, während Oberdielbach 1975 mittels Kanal an die Kläranlage Eberbach angeschlossen wurde. Die Inbetriebnahme der *Tropfkörperkläranlagen* von Waldkatzenbach und Schollbrunn ist für 1990 geplant, Weisbach wird dann durch eine Druckleitung mit der Kläranlage Schollbrunn verbunden. Die *Müllabfuhr* ist an ein Privatunternehmen vergeben, das den Müll einmal wöchentlich, Sperrmüll viermal jährlich, zur Kreismülldeponie Haßmersheim bzw. Sondermülldeponie Billigheim transportiert.

Für die *medizinische Versorgung* waren früher Ärzte und Krankenhaus in Eberbach zuständig. Die Winterhauchdörfer gehörten der Gemeindekrankenversicherung und dem Bezirksspitalverband Eberbach an. 1896 gründeten Strümpfelbrunn, Oberdielbach, Schollbrunn, Waldkatzenbach, Mülben, Weisbach, Wagenschwend und Balsbach einen Arzthausverband und bauten ein »Doktorhaus« in Strümpfelbrunn, das dem jeweiligen Arzt gegen einen geringen Mietzins überlassen wurde. Die Verbandsgemeinden bezahlten dem Arzt, der auch die Handapotheke führte, ein festes Gehalt, das nach der Einwohnerzahl umgelegt wurde. Dafür hatte er Ortsarme unentgeltlich und andere Kranke zu einem mäßigen Preis zu behandeln. 1960 wurde der Arzthausverband aufgelöst, als sich ein freier Arzt in Strümpfelbrunn niederließ. Die Handapotheke war bereits 1955 in eine Vollapotheke umgewandelt worden. Heute praktizieren 2 Ärzte für Allgemeinmedizin und 1 Zahnarzt in Strümpfelbrunn. Dort befindet sich auch die Apotheke, die alle Waldbrunner Ortsteile mit Medikamenten versorgt. In Oberdielbach gibt es 1 Heilpraktiker und 1 Massagepraxis. Im Kurzentrum ist eine medizinische Badeabteilung eingerichtet, die von 1 Masseur und medizinischen Bademeister betreut wird. Strümpfelbrunn ist Sitz des Deutschen Akupunkturzentrums, das die AKUNA (Gesellschaft für klassische chinesische Medizin und Alternativmedizin) unterhält. Dort führen asiatische Ärzte Akupunkturbehandlungen durch. Die nächsterreichbaren Krankenhäuser sind in Mosbach und Eberbach.

Über eine Hebamme verfügte Mitte des 19. Jh. jedes Dorf mit Ausnahme von Mülben, das die Strümpfelbrunner Hebamme in Anspruch nahm. 1903 errichteten die kath. und die ev. Kirche Krankenschwesternstationen in Strümpfelbrunn, die sich der Krankenpflege in den Winterhauchgemeinden widmeten. 1990 sind für die Krankenpflege in Waldbrunn die ev. und die kath. Sozialstation, beide befinden sich in Strümpfelbrunn, zuständig.

Einen *Friedhof* nebst Leichenhalle hat jeder Ortsteil. Am ältesten ist der 1812 angelegte Friedhof von Strümpfelbrunn, auf dem im 19. Jh. auch Verstorbene aus Oberdielbach, Waldkatzenbach (nur Katholiken), Weisbach, Mülben, Ferdinandsdorf und Friedrichsdorf ihre letzte Ruhe fanden. Nur Schollbrunn war im Besitz eines eigenen Friedhofs für beide Konfessionen, in Waldkatzenbach gab es einen Friedhof für ev. Ortseinwohner. 1891 legten Oberdielbach und Weisbach, nach 1900 auch Mülben, ev. Friedhöfe an. Katholiken dieser Gemeinden wurden auch weiter in Strümpfelbrunn beigesetzt. Sie können sich erst seit wenigen Jahrzehnten auf den Friedhöfen ihrer Heimatdörfer bestatten lassen. Die vor dem 2. Weltkrieg in Strümpfelbrunn wohnhaften Israeliten wurden nach ihrem Tod auf den jüd. Friedhof in Hirschhorn (Hessen) überführt.

Den Unterhalt der 1855 in Strümpfelbrunn eröffneten *Kleinkinderschule* bestritt die großherzogliche Familie, später leistete auch der örtliche Frauenverein Beiträge. Die Gemeinde stellte den Saal und die Wohnung der Kinderschwester im Rathaus unentgeltlich zur Verfügung. 1904 siedelte die Kleinkinderschule in einen Neubau über, zugleich wurde sie von der Gemeinde übernommen. In Schollbrunn wurde 1898 auf Initiative des Frauenvereins eine Kleinkinderschule im Rathaus eingerichtet. Heute gibt es in Schollbrunn einen *ev. Kindergarten* mit 25 Plätzen. *Gemeindekindergärten* bestehen in Strümpfelbrunn und Waldkatzenbach (jeweils 25 Plätze) und in Oberdielbach (58 Plätze). Ein *Alten- und Pflegeheim* mit 45 Plätzen befindet sich in Waldkatzenbach, das Alten- und Pflegeheim von Oberdielbach hat 15 Plätze. 1958 eröffnete das Helmholtz-Gymnasium Heidelberg ein Schullandheim mit 50 Plätzen im Unterhöllgrund. Der Landkreis Ludwigsburg unterhält seit 1970 ein weiteres mit 90 Plätzen in Strümpfelbrunn.

Kirche und Religionsgemeinschaften. – 1845 unterstand die ev. Kirchengemeinde Strümpfelbrunn der Diözese Mosbach. Die ref. Pfarrei Strümpfelbrunn hatte sich 1821 mit der luth. Pfarrei Waldkatzenbach vereinigt, wobei die Strümpfelbrunner Kirche zur Hauptkirche und die Waldkatzenbacher Kirche zur Filialkirche erkärt wurde, Sitz des Pfarramts war Strümpfelbrunn. Dem ev. Kirchspiel Strümpfelbrunn-Waldkatzenbach gehörten außerdem Oberdielbach, Weisbach, Mülben, Ferdinandsdorf und Friedrichsdorf an. Schollbrunn blieb bis 1872 Filiale von Neckargerach (Diözese Mosbach) und erhielt dann eine eigene ev. Pfarrei. 1925 schloß sich Schollbrunn mit dem 1899 zur Kirchengemeinde erhobenen Oberdielbach zu einer Pfarrei zusammen. Das exponierte Vikariat Waldkatzenbach wurde 1947 in eine Pfarrei umgewandelt. Heute sind alle *ev. Kirchengemeinden* von Waldbrunn-Schollbrunn mit Filialkirchengemeinde Oberdielbach (Patronat: Fürst von Leiningen in Amorbach), Strümpfelbrunn mit Nebenorten Mülben und Weisbach (Patronat: Markgraf von Baden in Salem) und Waldkatzenbach dem Dekanat Mosbach angeschlossen. Mit Ausnahme von Mülben verfügt jeder Ortsteil über eine ev. Kirche, die 1737 in Schollbrunn, 1903 in Oberdielbach, 1906 in Waldkatzenbach, 1916 in Strümpfelbrunn und 1954 in Weisbach fertiggestellt wurde.

Innerhalb der *kath. Kirchenorganisation* war die Pfarrei St. Maria von Strümpfelbrunn mit den Filialen Oberdielbach, Waldkatzenbach, Weisbach, Mülben, Ferdinandsdorf und Friedrichsdorf 1928 dem Landkapitel Mosbach zugeteilt. Das Präsentationsrecht oblag dem Großherzog von Baden. Schollbrunn war 1828 Filiale der kath. Pfarrei St. Afra in Neckargerach und verfügte über eine 1778 errichtete Kapelle im Ort. 1898 wurde Schollbrunn dem Kirchspiel Strümpfelbrunn zugewiesen, das bis heute dem Landkapitel Mosbach angehört. Der kath. Pfarrei Waldbrunn-Strümpfelbrunn unterstehen 1990 die Filialen Mülben, Oberdielbach, Schollbrunn, Waldkatzenbach und Weisbach. Die einzige kath. Kirche befindet sich in Strümpfelbrunn, sie wurde 1792–1808 erbaut, 1908 erweitert und 1978 renoviert. Die Schollbrunner Katholiken erhielten 1982/83 eine neue Filialkapelle.

Die *jüd. Gemeinde* Strümpfelbrunn, die 1860 mit 73 Mitgliedern ihren zahlenmäßigen Höchststand erreichte und danach einen kontinuierlichen Rückgang verzeichnete, bis im Dritten Reich die letzten Einwohner auswanderten oder in Vernichtungslagern umkamen, gehörte seit 1827 zum Rabbinatsbezirk Mosbach. Gottesdienste fanden zunächst in einem Privathaus statt, dessen Obergeschoß 1831 zu einem Synagogenraum umgestaltet wurde, im Erdgeschoß richtete man eine Wohnung für den Vorbeter ein. 1931 konnte das 100 jährige Synagogenjubiläum begangen werden. Fanatische Nationalsozialisten demolierten in der Reichskristallnacht 1938 die Synagoge und verbrannten die Thorarollen. Später wurde die Synagoge abgerissen.

Schule. – Im 19. Jh. bestanden ev. Schulen in Mülben, Oberdielbach, Schollbrunn, Strümpfelbrunn, Waldkatzenbach und Weisbach. Über kath. Schulen verfügten Ferdinandsdorf, Oberdielbach, Schollbrunn und Strümpfelbrunn. In die Strümpfelbrunner Schule gingen auch Kinder aus Waldkatzenbach, Mülben und Weisbach. Außerdem gab es in Strümpfelbrunn eine israelitische Schule, an der Hebräisch- und Religionsunterricht erteilt wurde. In den anderen Fächern besuchten jüd. Kinder die ev. Schule. An jeder Schule war ein Hauptlehrer angestellt. Das Ferdinandsdorfer Schulhaus war eine Schenkung des Markgrafen von Baden aus dem Jahr 1813. Weil die finanzschwache Gemeinde die Mittel nicht allein aufbringen konnte, übernahm das Kl. Lobenfeld einen Teil der Lehrerbesoldung. Die Ausstattung der Schulstellen mit Liegenschaften und Ökonomiegebäuden belastete alle Winterhauchdörfer. In Oberdielbach und Schollbrunn waren beide Konfessionen seit 1835 bzw. 1845 in einem Schulhaus untergebracht, in Strümpfelbrunn befanden sich die ev. und die kath. Schule in getrennten Gebäuden. 1874/76 wurden die Konfessionsschulen aufgehoben und Simultanschulen eingeführt. Gleichzeitig erfolgte die Auflösung des kath. Schulverbandes Strümpfelbrunn, an dem Mülben, Waldkatzenbach und Weisbach beteiligt waren (die Gemeinden leisteten Beiträge zum Lehrergehalt, nicht jedoch zum Unterhalt des Gebäudes); die Kinder wurden den Schulen ihrer Heimatdörfer zugewiesen. Bis 1894 nahmen Schüler aus dem zu Eberbach gehörenden Wlr Unterdielbach am Unterricht in Oberdielbach teil. In Weisbach war 1869 ein Schulhausneubau unumgänglich, in Strümpfelbrunn wurde das kath. Schulhaus in den 1870er Jahren zur gemeinschaftlichen Schule ausgebaut, in Waldkatzenbach mußte das Schulhaus 1883 durch Anbau vergrößert werden, in Schollbrunn wurde 1885 mit der Anstellung eines Unterlehrers ein 2. Schulhaus errichtet. Neue Schulhäuser wurden 1906 in Mülben, 1912 in Weisbach und 1918 in Schollbrunn gebaut, während in Strümpfelbrunn 1928 die Aufstockung des Schulgebäudes ausreichte. Oberdielbach benötigte 1950, Waldkatzenbach 1952 ein neues Schulhaus.

Industrielehrerinnen waren schon in den 1840er Jahren verpflichtet, Haushaltungsunterricht wurde 1912/14 eingeführt. Strümpfelbrunn und Schollbrunn hatten in den 1920er Jahren gewerbliche Fortbildungsschulen und Kochschulen, die auch von Einwohnern der anderen Winterhauchdörfer besucht wurden. Als 1974 in Strümpfelbrunn eine *Grund- und Hauptschule* (»Winterhauchschule«) für alle Waldbrunner Ortsteile eröffnet wurde, mußten die Dorfschulen schließen. 1990 unterrichten an der Grund- und Hauptschule 16 Lehrer 298 Schüler in 13 Klassen (die Grundschulklassen sind doppelt besetzt). Weiterführende Schulen befinden sich in Eberbach. Die *Volkshochschule Mosbach* unterhält eine Außenstelle in Waldbrunn. Im Strümpfelbrunner Verwaltungszentrum ist eine *Gemeindebibliothek* eingerichtet.

Sportstätten. – Waldbrunn verfügt über insgesamt 5 Fußballplätze, die zwischen 1921 und 1975 in Strümpfelbrunn, Oberdielbach, Schollbrunn, Waldkatzenbach und Weisbach angelegt wurden. Beim Kurzentrum wurde 1974 ein Hallenbad mit Sauna, Solarium und medizinischer Badeabteilung eröffnet und 1975 eine Tennishalle fertiggestellt. Außer den beiden im Jahr 1980 von der Gemeinde angelegten Tennisplätzen gibt es seit kurzem 2 weitere Tennisplätze in Oberdielbach, die dem TC Waldbrunn gehören. 1979 wurde bei der Strümpfelbrunner Schule eine Turnhalle gebaut. Die

Die Gemeinde im 19. und 20. Jahrhundert 697

Schützenvereine Weisbach, Oberdielbach und Mülben unterhalten Schießanlagen. Für den Wintersport wurde auf dem Katzenbuckel ein Skilift errichtet. Mülben hat einen Segelflugplatz.

Vereine. – Bei dem breitgefächerten Freizeitangebot in Waldbrunn sind die *Sportvereine* besonders zahlreich vertreten. Fußball steht bei 5 Vereinen im Vordergrund: am ältesten ist der TSV Strümpfelbrunn, der 1921 gegründet wurde und heute 289 Mitglieder hat; der SV Schollbrunn, inzwischen 246 Mitglieder stark, besteht seit 1929; den SV Dielbach, der über 263 Mitglieder verfügt, gibt es seit 1946; 1964 wurden sowohl der VfR Waldkatzenbach als auch der SC Weisbach gegründet, ihre Mitgliederzahl ist auf 202 bzw. 218 Personen angewachsen. 1978 schloß sich die Sportgemeinschaft Waldbrunn zusammen, der 1990 354 Mitglieder angehören. Außerdem gibt es den Motorsportclub und den Reitverein Waldbrunn sowie den Sportanglerverein und die Skizunft Katzenbuckel. Der Schwimmverein Neptun Waldbrunn besteht seit 1973 und hat heute 59 Mitglieder. 1988 wurde der Tennis-Club Waldbrunn gegründet, dem seitdem 28 Mitglieder beigetreten sind. Der 1964 gegründete Luftsportverein Hoher Odenwald verfügt inzwischen über 50 Mitglieder. Von den in den 1920er Jahren in allen Dörfern gegründeten Schützenvereinen bestehen 1990 noch der Sportschützenverein Dielbach (151 Mitglieder), der KKS Weisbach (110 Mitglieder) und der Schützenverein Germania Mülben (80 Mitglieder). Vor längerer Zeit aufgelöst wurde der 1909 in Strümpfelbrunn gegründete *Gewerbeverein*. Dagegen sind die Ende des 19. bzw. Anfang des 20. Jh. gegründeten *Männergesangvereine* noch heute aktiv; dazu zählen der MGV 1867 Schollbrunn (135 Mitglieder), der MGV Eintracht 1878 Waldkatzenbach (62 Mitglieder), der MGV Dielbach und der Gesangverein Weisbach (beide im letzten Drittel des 19. Jh. gegründet) sowie der MGV 1903 Strümpfelbrunn (115 Mitglieder) und der MGV 1907 Mülben (69 Mitglieder). An *Musikvereinen* gibt es noch die Feuerwehrkapelle Waldkatzenbach, den gemischten Chor Weisbach und das Jugendblasorchester Waldbrunn. Als *weitere Vereine* sind zu nennen: die Karnevalsgesellschaft Feurio Hoher Odenwald, 1960 gegründet, der heute 156 Mitglieder angehören, der Verkehrs- und Heimatverein Waldbrunn, der Brieftaubenverein Waldbrunn sowie die Ortsgruppe des Odenwaldklubs (1911 gegründet, 1990 152 Mitglieder), der DLRG, des DRK und des Deutschen Bundes für Vogelschutz.

Strukturbild

Im 19. und zu Beginn des 20. Jh. waren die heutigen Waldbrunner Ortsteile ausnahmslos landwirtschaftliche Gemeinden, in denen Handwerk und Gewerbe untergeordnete Bedeutung hatten und die Industrie keine Rolle spielte. Weil ungünstige klimatische Bedingungen und wenig ertragreiche Böden den Ackerbau beeinträchtigten, wurde die Viehzucht zur Haupteinkommensquelle der Bevölkerung. Die Einwohner von Oberdielbach, Schollbrunn, Waldkatzenbach und Weisbach lebten überwiegend in befriedigenden ökonomischen Verhältnissen, dagegen galt Strümpfelbrunn neben Mülben als schlechteste Gemeinde des Winterhauchs. 1885 sah man laut Ortsbereisungsprotokoll in Strümpfelbrunn nur Häuser armer Taglöhner, während die Höfe wohlhabender Bauern fast völlig verschwunden waren. Armut und Unreinlichkeit prägten den Ort. Das äußere Erscheinungsbild und die soziale Situation der Einwohner entsprachen nicht der Bedeutung Strümpfelbrunns als »Hauptort des Winterhauchs«, als »Zentralpunkt einer Anzahl naheliegender Orte«. Die Mittelpunktstellung resultierte aus der Funktion als Marktflecken und Pfarrort (Sitz des kath. und ev. Kirchspiels) sowie aus der verkehrsgünstigen Lage an der Landstraße Eberbach–Buchen, außerdem versorgten seit der Jahrhundertwende Arzt, Apotheke und Krankenschwesternstationen in Strümpfelbrunn auch die umliegenden Dörfer. Daß die Landwirtschaft für die meisten Strümpfelbrunner Einwohner nur eine unzureichende Existenzgrundlage bot und bei der ungünstigen Besitzgrößenstruktur (⅔ der Bauern verfügten über weniger als 2 ha Grundbesitz) nicht erfolgreich betrieben werden konnte, dürfte der Hauptgrund dafür gewesen sein, daß sich ein größerer Teil der Bevölkerung früher als in den anderen Winterhauchgemeinden dem Produzierenden Gewerbe zuwandte; 1895 waren 26,8 % der Erwerbstätigen aus Strümpfelbrunn in Industrie und Gewerbe beschäftigt, im Durchschnitt aller Gemeinden betrug der Anteil nur 17,1 %. 1939 wurde Strümpfelbrunn als Gewerbegemeinde eingestuft, während Mülben, Oberdielbach, Schollbrunn, Waldkatzenbach und Weisbach noch als bäuerliche Gemeinden galten. Angesichts des Mangels an örtlichen Industriebetrieben waren fast alle Arbeiter Auspendler; 1927 pendelten 70 von 106 Industriearbeitern aus. Rechnet man Waldkatzenbach ab, wo das Basaltwerk Verdienstgelegenheit bot, sieht die Bilanz noch extremer aus: unter 81 Arbeitern der anderen 5 Dörfer befanden sich 66 Auspendler.

Nach Kriegsende kehrten immer mehr Einwohner der Landwirtschaft den Rücken (1950 waren 35,7 % 1970 24,3 %, 1987 nur noch 4,4 % in Land- und Forstwirtschaft beschäftigt), wobei sich die Entwicklung in Mülben, Schollbrunn und Weisbach langsamer als in Waldkatzenbach, Strümpfelbrunn und Oberdielbach vollzog. Die Dörfer wandelten sich zu gewerblichen (mit hoher Auspendlerrate) und Fremdenverkehrsgemeinden. Der Anteil der Erwerbstätigen im Produzierenden Gewerbe ist beständig gestiegen und erreichte 1987 mit 49,3 % einen Höchststand, auch die Zahl der Beschäftigten in Handel und Verkehr (1987: 13,6 %) und in den übrigen Wirtschaftsbereichen (1987: 32,6 %) hat in den letzten Jahrzehnten kontinuierlich zugenommen. Vor dem 2. Weltkrieg spielten Fremdenverkehr und Kurbetrieb nur in Waldkatzenbach eine Rolle, inzwischen sind alle Ortsteile von Waldbrunn durch die Fremdenverkehrsfunktion geprägt. Zahlreiche Hotels, Gaststätten und Pensionen wurden neu eröffnet, insgesamt stehen 1700 Fremdenbetten (davon 1120 in den Häusern des Feriendorfes Waldbrunn) zur Verfügung. Das Freizeitangebot wurde durch den Bau des Kurzentrums und einer Reihe von Sportanlagen erweitert. Dagegen ist zur Schaffung industrieller Arbeitsplätze nicht viel geschehen, sieht man von einem größeren Industrieunternehmen in Strümpfelbrunn mit Filialen in Schollbrunn und Zwingenberg ab. Nach wie vor ist deshalb das Gros der Arbeiter gezwungen, seinen Lebensunterhalt in Firmen außerhalb des Gemeindegebietes zu verdienen. Die Pendlerbilanz ist somit durch einen starken Auspendlerüberschuß charakterisiert, der sich 1987 im Vergleich zu 1970 deutlich verstärkt hat. Standen 1970 126 Einpendlern 801 Auspendler gegenüber, die zu 75 % nach Eberbach gingen, wurden 1987 nur noch 117 Einpendler registriert, wohingegen sich die Zahl der Auspendler auf 1533 erhöht hatte. Davon bevorzugten rd. ⅔ Eberbach, mit weitem Abstand folgten die Zielorte Mosbach (194 Personen) und Heidelberg (103 Personen).

Größere Einkäufe werden in Eberbach und Mosbach getätigt, dort sind auch die nächstgelegenen Krankenhäuser. Einkaufsort von Waldbrunn ist Strümpfelbrunn, wo die meisten Handels- und Handwerksbetriebe ansässig sind und der kurz- und mittelfristige Bedarf gedeckt werden kann. Strümpfelbrunn kommt auch auf anderen Gebieten zentralörtliche Funktion zu: von hier aus erfolgt die medizinische und pflegerische Betreuung durch Ärzte, Apotheke und Sozialstationen, dort befindet sich die einzige kath. Kirche, ebenso die Grund- und Hauptschule für alle Ortsteile. Seit Fertigstellung des Verwaltungszentrums im Jahr 1989 ist Strümpfelbrunn auch ausschließlicher Verwaltungssitz.

Quellen

Ortsbereisungsakten

Ferdinandsdorf 1841	GLA 349/1903/83; 1844 GLA 349/1903/83a; 1847 GLA 349/1903/83b
Mülben 1845	GLA 349/1903/89; 1852–1867 GLA 349/1907/543; 1868–1910 GLA 364/4525
Oberdielbach 1843	GLA 349/1903/92; 1846 349/1903/92a; 1851–1860 GLA 349/1907/556; 1861–1867 GLA 364/3591; 1867–1898 GLA 364/4759
Schollbrunn 1845	GLA 349/1903/97; 1851–1867 GLA 349/1907/576; 1868–1898 GLA 364/4908
Strümpfelbrunn 1847	GLA 349/1903/99; 1851–1867 GLA 349/1907/582; 1868–1910 GLA 364/4961; 1912–1939 GLA 364/1975/3 III
Waldkatzenbach 1846	GLA 349/1903/102; 1851–1867 GLA 349/1907/587; 1868–1903 GLA 364/5085
Weisbach 1845	GLA 349/1903/103; 1851–1867 GLA 349/1907/590; 1868–1909 GLA 364/5107

Sonstige Archivalien

Oberdielbach GLA 364/6058; 364/6679
Schollbrunn GLA 364/1972/81/741
Strümpfelbrunn GLA 364/1975/3/9
Waldkatzenbach GLA 364/7232

Literatur

Bleienstein, Rudolf und *Sauerwein*, Friedrich: Die Wüstung Ferdinandsdorf. Ein Beitrag zur historischen Geographie des südöstlichen Odenwaldes. In: Der Odenwald, 25. Jg. 1978; Heft 1, S. 3–16; Heft 2, S. 43–56; Heft 3, S. 99–109.
Braun, Ludwig: Chronik des evangelischen Kirchenspiels Strümpfelbrunn, der Pfarr uff dem Winterraw. Karlsruhe 1897.
75 Jahre Kirche Oberdielbach. Hrsg. von der evangelischen Kirchengemeinde Oberdielbach. Waldbrunn-Oberdielbach 1978.
Geschichte der Kirche und Pfarrei Schollbrunn. 50 Jahre evangelischer Kirchenchor Schollbrunn. Festschrift. Hrsg. vom evangelischen Pfarramt Schollbrunn. Waldbrunn-Schollbrunn 1975.
Haas, Werner: Waldkatzenbach 1913: Eindrücke einer Sommerfrische. In: Der Odenwald, 30. Jg. 1983, Heft 3, S. 75–85.
Schölch, Eduard: Erwerbs- und Wirtschaftsleben auf dem Winterhauch um die Jahrhundertwende – Lebenserinnerungen (aus Waldkatzenbach). In: Eberbacher Geschichtsblatt 78 (1979), S. 138–147.
650 Jahre Weisbach. Hrsg.: Gemeindeverwaltung Waldbrunn, Schriftleitung: Otmar *Glaser*. Eberbach 1978.
Singer, Eugen: Schollbrunn in der Geschichte. In: Alt-Heidelberg. Wochenbeilage zum Heidelberger Tageblatt 1929, Nr. 28/29.

C. Geschichte der Gemeindeteile

Mülben

Siedlung und Gemarkung. – Mülben wird erstmals 1286 als *Mulw(en)*, zu 1381 als *Milwen* genannt, 1405 und 1412 heißt es *Mülwer*. Letztere Schreibart ist die richtige; sie bedeutet Mühlenwehr, hatte man doch östlich des späteren Dorfes den Bach gestaut (FN Mülbersee), um eine Mühle treiben zu können. Diese ist im 30j. Krieg abgegangen.

Die Mühle war also der Anfang oder das Charakteristikum der Siedlung. Sie war sicher zunächst die Mühle auch für Strümpfelbrunn und Waldkatzenbach, bis diese eigene Mühlen im Höllgrund erhielten. Wie die anderen Winterhauchorte ist Mülben im 13. Jh. als Waldhufendorf von den Zwingenbergern angelegt worden. Vor 1618 sollen es 10 Hufen und die Mühle gewesen sein, aber bereits 1475 bestand Mülben aus 16 Häusern, und um diese Zahl schwankt auch die Anzahl der Zentuntertanen im 16. Jh. Im 30j. Krieg wurde Mülben so schwer getroffen, daß die Siedlung ganz aufgegeben wurde. 17 Jahre lang sollen die Häuser dem Verfall preisgegeben gewesen sein, bis 1656 fünf Schweizer aus dem Kanton Bern 5¾ Hufen für 160 fl kauften und Mülben wieder aufbauten. 1746 standen wieder 14 Häuser (darunter 9 Hufen), 1778 20 Häuser und 12 Scheuern im Dorf.

Die Struktur als Waldhufensiedlung ist durch die Zerstörung des 17. Jh. nicht mehr so deutlich ausgeprägt. 1774 gab es auf der Gemarkung 354 M Ackerland, 57 M Wiesen und 9 M Gärten, 457 M Weidegebiet und 900 M Wald. Noch bestand auch der See (3,5 M); er war herrschaftlich und bis 1926 als Teil der Zwingenberger Waldgemarkung eine Exklave im Gemeindegebiet. Damals erhielt die Gemeinde auch den Nordteil des zwingenbergischen Waldes Max-Wilhelm-Höhe. Dagegen ist der später Markgrafenwald genannte Teil des herrschaftlichen Winterhauchwaldes schon früh zur Gemarkung gezogen worden.

Herrschaft und Staat. – Mülben ist von den Herren von Zwingenberg im zur Eberbacher Zent gehörigen Waldgebiet gegründet worden. Es blieb daher der Kurpfalz zentbar bis zum Ende des Alten Reiches. Der Weiler war Eigengut des Adels. Höchstwahrscheinlich ist in diesem Zusammenhang 1286 ein Siegfried von Mülben mit Besitz in Bödigheim genannt. 1381 verkaufte Ritter Wiprecht d. J. von Zwingenberg alle Rechte zu Mülben und Robern, die er von seinem Vater ererbt hatte, an Hans Bilger (Pilgrim) und seine Frau Anna Rüdt und seinen Bruder Eberhard sowie an seinen Vetter Hans von Zwingenberg. 1405 versetzte Anna Rüdt als Witwe Hans Bilgers »ganz« Mülben und halb Robern für 140 fl an Hans und Engelhard von Hirschhorn, und 1406 bestätigte sie, 40 fl erhalten zu haben. Die Hirschhorner hatten damit aber noch keineswegs »ganz« Mülben erworben. 1415 kauften sie von Hans und Heinrich von Habern deren Rechte an ganz Mülben (und halb Robern), die wohl auf den 1381 genannten Hans von Zwingenberg zurückgingen.

Als 1474 die hirschhornischen Brüder ihre Herrschaft Zwingenberg an Pfalzgraf Otto II. von Mosbach verkauften, gehörte dazu als frei eigenes Dorf auch Mülben. Von ihm bezog die Herrschaft an Gefällen jährlich 4 lb 2 ß und 3 h sowie von jedem Haus ein Fastnachthuhn. Die Leute von Mülben waren verpflichtet, jährlich 13½ Fuder Heu nach Schloß Zwingenberg zu führen sowie weitere Frondienste zu leisten. Mit Weisbach gehörte Mülben zum Dielbacher Gericht, so schon 1474, aber auch nach den von Hirschhorn erlassenen Gerichtsordnungen von 1507 und 1549. In der Verkaufsurkunde von 1474 fehlen bei Mülben die Getreideabgaben, wie sie z. B. für Weisbach aufgeführt sind. Dies erklärt sich daraus, daß die Grundherrschaft über die zehn Hufen noch in anderer Hand lag, nämlich bei den Rüdt von Bödigheim, die unter ihren ursprünglich zwingenbergischen Besitz 1484 auch Güter in Mülben an Pfalzgraf Otto II. verkauften.

Mit der Herrschaft Zwingenberg kam Mülben 1499 von Pfalz-Mosbach an Kurpfalz und 1504 wieder an Hirschhorn. Als Teil dieser Herrschaft war es auch Gegenstand des territorialen Streites im 17./18. Jh. und aller ihrer Veränderungen (s. u. Zwingenberg). – Im O grenzte Mülben an die kurmainzische Zent Mudau. Hier lag an der Straße nach Buchen ein Wehrhag mit Wachthäusle, den 1681 die Mudauer Zentuntertanen instandhalten mußten.

Gemeinde. – Im 18. Jh. bildeten Mülben, Weisbach und Ferdinandsdorf ein Gericht, in dem Mülben mit Schultheiß und drei Richtern vertreten war. Gemeinderecht besaßen 1746 13, 1778 17 Bürger. Die Anzahl der Beisassen stieg von 1 (1746) über 3 (1773) auf 6 (1802). Die Gemeinde besaß ein Hirtenhaus und ca. 150 M Wald (Bannwald).

Kirche und Schule. – Mülben gehörte, seit Strümpfelbrunn Pfarrei geworden war, zu dieser. Der große und der kleine Zehnt standen 1474 wie noch 1778 ganz der Herrschaft zu. Seitdem die Pfarrkirche 1707 den Katholiken zugesprochen worden war, nahm auch hier der kath. Anteil an der Bevölkerung zu. 1747 waren von 14 Untertanen 7 reformiert, 2 lutherisch, 5 katholisch, 1809 von 153 Einwohnern 95 reformiert, 6 lutherisch, 52 katholisch. – Strümpfelbrunn war auch Schulort für die Mülbener Kinder. Erst 1763 wurde ein Winterschulmeister im Ort selbst eingestellt.

Bevölkerung und Wirtschaft. – Nach der Anzahl der Häuser haben im Spätmittelalter etwa 80 Personen in Mülben gelebt; ihre Zahl ist bis 1600 kaum gestiegen. Von 1556 bis 1615 schwankt die Zahl der Haushaltsvorstände zwischen 15 und 18. Welche Ereignisse zur gänzlichen Entvölkerung des kleinen Dorfes im 30j. Krieg beigetragen haben, ist nicht bekannt. Nach der Wiederbesiedlung durch ein paar Schweizer (s. o.) wurden 1663 3 Bürger, 1 Beisasse, 3 Ehefrauen und 10 Kinder gezählt, also 17 Personen. 1696 waren es 7 Untertanen mit ihren Familien, also noch immer unter 40 Einwohner. Im 18. Jh. ging es schneller aufwärts: Waren es 1747 bei 23 Untertanen etwa 90 Personen, so wurden 1777 bereits 153 gezählt. Von diesen waren 18 Leibeigene der Herrschaft. Wirtschaftlich gut gestellt waren von 13 Bürgern 1746 9 mit mittlerem Vermögen (400–700 fl) und einer mit über 800 fl. 1778 zahlten die Einwohner insgesamt 1450 fl Schatzung, das sind pro Kopf 9,5 fl. Die Herrschaft besaß hier 1474 einen Schafhof und konnte etwa 100 Schafe halten. Nachdem der Schafhof abgegangen war, nahm die Gemeinde das Schäfereirecht in Erbbestand. – Zahlen über die Erwerbstätigkeit der Nichtbauern sind nicht erhalten. 1746 standen 9 Bauern 5, 1778 11 Männer gegenüber, die ihren Unterhalt als Knechte, Taglöhner, wohl durch Waldarbeit, und auch als Weber verdienen mußten.

Ferdinandsdorf. – Als Inhaber der Herrschaft Zwingenberg ließ Graf Ferdinand Andreas von Wiser um 1720 im nördlichsten Teil seiner Waldungen zwei Rodungsbezirke abstecken und an Neusiedler vergeben. Auf der »Ebung« (westlich der heutigen Max-Wilhelms-Höhe) entstand im Umfang von 230 M und zunächst 4 gleichmäßigen Erbbestandsgütern Oberferdinandsdorf. Über 3 Kilometer weiter östlich am Hang zum Sondernachsgrund wurden 60 M ausgestockt und an 4 Seldner ausgegeben. Das ist der Anfang von Unterferdinandsdorf. Zu diesen beiden zwingenbergischen Orten hinzu kam um 1780 das kurpfälzische Unterferdinandsdorf, in dem die Hofkammer östlich anschließend im Bereich der zur Stadt Eberbach gehörigen Wälder, der Braunklinge, und im ihr selbst zustehenden Talboden des Reisenbacher Grundes die Anlage einiger Häuser und einer Mühle gestattet. 1744 werden für das zwingenbergische Ferdinandsdorf 7 Häuser, 4 Sölden und ebenfalls 1 Mühle erwähnt. 1778 hatte sich sein Bestand auf 15 Häuser und 12 Scheuern außer der Mühle erweitert. Der kurpfälzische, dann leiningische Anteil umfaßte 1806 12 Häuser. Die Gemarkung der zwingenbergischen Ortsteile erreichte 1774 einen Umfang von 190 M Äcker, 120 M Weide, 16 M Wiesen und Gärten und 18 M Wald.

Infolge der Armut seiner Bevölkerung wurde Ferdinandsdorf in badischer Zeit als besonderer Problemfall angesehen und durch Gesetz vom 28. 12. 1850 die Gemeinde aufgelöst. Erst 1880 kamen die Standesherrschaft Zwingenberg und die Stadt Eberbach überein, die aufgelöste Gemarkung in der Form unter sich aufzuteilen, daß ein kleiner

Teil zur eberbachischen Exklave Braunklinge geschlagen wurde, der Rest in der Waldgemarkung Zwingenberg aufging. 1926 wurde diese abgesonderte Gemarkung zwischen den Gemeinden Mülben und Strümpfelbrunn so aufgeteilt, daß Mülben den nördlichen, zum Reisenbacher Grund hin abfallenden Teil, Strümpfelbrunn den südlichen, zum Höllgrund hinabziehenden Hang erhielt. Der alte Bereich von Oberferdinandsdorf war dadurch auf beide Gemarkungen verteilt. Das Gelände von Unterferdinandsdorf kam soweit es nicht zu Eberbach zählte, zu Mülben. Lediglich auf der später Eberbacher Gemarkung überlebten einige Häuser die Auflösung der Gemeinde von 1850. Ihre Bewohner wurden 1880 ins Eberbacher Bürgerrecht aufgenommen. Wegen der Nachbarschaft zum unmittelbar angrenzenden, einst mainzischen Teil des Reisenbacher Grundes wurde Unterferdinandsdorf im Zuge der Gemeindereform 1970 nach Reisenbach (Mudau) umgemeindet.

Als Neugründung bestand Ferdinandsdorf im 18. Jh. darauf, nicht zur Zent Eberbach zu gehören. In ortsherrschaftlicher Hinsicht und in der Gemeindeverfassung war es zweigeteilt. Oberferdinandsdorf und der zwingenbergische Teil von Unterferdinandsdorf zählten unter einem Anwalt zum Gerichtsstab von Strümpfelbrunn und zur Herrschaft Zwingenberg, machten also den Wechsel der Herrschaft vom Grafen Wiser zu den Gölern und zur Kurpfalz, 1778 zum Grafen, dann Fürsten von Bretzenheim und 1808 zu den Markgrafen von Baden mit (vgl. Zwingenberg). Der andere Teil von Unterferdinandsdorf war unmittelbar kurpfälzisch und gehörte unter den Gerichtsstab von Schollbrunn, 1802/3 fiel er an Leiningen. Nachdem die Landesherrschaft 1806 unter Baden vereinheitlicht war, gab es Ansätze zur Bildung einer einheitlichen Gemeinde. Zunächst wurden die gesamten Pfandbücher in Strümpfelbrunn geführt, 1827 sollte eine einzige Gemeinde gebildet werden. Über einen gemeinsamen Steuerdistrikt ist man aber nicht hinausgeraten. Noch 1847 stellte ein ministerieller Erlaß fest, daß nur der markgräfliche Teil selbständige Gemeinde sei, der leiningische lediglich Kolonie. Die Gemeinde war völlig besitzlos. Die leiningischen Behörden meinten, Unterferdinandsdorf sei als einziges im Amt so arm, daß es keine Nacht- und Tagwachen durchzuführen brauche. Es gäbe dort nichts zu stehlen. Die Einwohner gehörten zur Pfarrei Strümpfelbrunn, 1770 erhielten sie einen kath. Schulmeister, der vom kath. Teil der pfälzischen Geistlichen Administration besoldet wurde. Die Schule bestand in Oberferdinandsdorf bis zur Auflösung der Gemeinde.

Die Untertanen waren Erbbestände ohne eigenen Besitz, Oberferdinandsdorf kam aber infolge der Größe seiner 4 Höfe auf einen immerhin noch nicht ganz ungünstigen Durchschnitt an Steuerkapital, während Unterferdinandsdorf keine richtigen Bauern hatte und hier totale Armut festzustellen war. Lediglich der Müller war etwas besser gestellt. Im Ort herrschte Holzmangel, weil die Unterferdinandsdorfer weder Wald noch Holzrechte besaßen. Die Folge war eine entsprechende Schädigung des Herrschaftswaldes. Für den zwingenbergischen Teil von Ferdinandsdorf werden 1745 11 Familien (Untertanen) erwähnt. Oberferdinandsdorf und Unterferdinandsdorf (zwingenbergischerseits) hatten je 4 Bürger. Sie waren sämtlich katholisch mit Ausnahme eines Reformierten in Oberferdinandsdorf. Der zwingenbergische Anteil von Ferdinandsdorf zählte 1777 71 Einwohner, 1778 78, das gesamte Ferdinandsdorf damals 93. 1806 hatte das leiningische Unterferdinandsdorf 15 Einwohner. Für ganz Unterferdinandsdorf wurden 1807 82 kath. Seelen gezählt. Zum unmittelbaren pfälzischen Unterferdinandsdorf gehörte 1778 eine Erbbestandsmahlmühle im Reisenbacher Grund, zum zwingenbergischen Ortsteil eine Mahl- und Schneidemühle in Privatbesitz. 1813 baten die Einwohner um die Zulassung einer Gastwirtschaft, aber daraus ist

offensichtlich nichts geworden. Einwohnerschaft und Verarmung nahmen im 19. Jh. noch zu.
Schon die leiningische Obrigkeit hatte 1806 gemeint, die Bewohner seien nur durch Freiheitsstrafen und Schanzarbeit sittlich zu bessern. In der Notzeit nach der Revolution von 1848 entschloß sich die bad. Verwaltung, den Ort ganz auszusiedeln. Die Einwohnerschaft wurde anderen Gemeinden zur Aufnahme angeboten, wenn diese sich dafür im Austausch gegen noch problematischere Fälle, denen dann die Fahrt nach Amerika bezahlt wurde, interessierten. Der Rest der Ferdinandsdorfer wanderte auf Staatskosten aus.

Oberdielbach

Siedlung und Gemarkung. – Oberdielbach wird in einer Urkunde von 1419 erstmals als *Dylbach* genannt, heißt also nach dem das Dorf durchfließenden Bach. Erst im 16. Jh., nachdem dicht bei Dielbach, aber gerade jenseits der Gemarkungsgrenze zu Eberbach einige Häuser entstanden waren, wurde es zur Unterscheidung von diesen als Oberdielbach bezeichnet.

Auch Oberdielbach ist ein Waldhufendorf, das seine Entstehung den Zwingenbergern verdankt, die hier Bauern zur Rodung des Waldes ansetzten. Noch heute sind die Fluren der Hufen gut zu erkennen, sie tragen z.T. die Namen ehemaliger Besitzer: Backfischgut, Sigmundgut, Hochenbauernfeld. Ihre genaue Zahl ist erst aus dem 18. Jh. bekannt (1746 13, 1778 14 ganze und 2 Viertelshufen), sie dürfte etwa dem früheren Stand entsprechen. Allerdings sind zu 1474 25 Häuser bezeugt und dies weist darauf hin, daß viele Hufen geteilt worden waren. Nach dem 30j. Krieg wurden sie wieder zusammengefaßt. In diesem Krieg ging auch der große herrschaftliche Schafhof im NO der Siedlung unter, der noch durch das (hufenförmige) Schaffeld und die Schafheumatten bezeugt ist. Hervorgehoben ist auch der Siedlungskomplex Hof am nördlichen Ortsausgang, zu dem wohl das große Schulzenfeld gehörte. Ein hirschhornisches Gut lag nördlich der Ortsstraße in Richtung Waldkatzenbach. – Es dauerte bis um die Mitte des 18. Jh., bis Oberdielbach wieder die spätmittelalterliche Häuserzahl 25 erreichte, darunter drei Seldnerhäuslein südlich des Dorfes im Herrschaftswald, die den Übernamen Die Post trugen. Eine jüngere Siedlungszeile entstand nun am Beginn des Gemeindestrichs, der in den als Viehweide genutzten, später sog. Postwald führte. Der Bauernstrich ging in den südöstlich gelegenen Bauernwald Engelsee. Bis 1778 war die Zahl der Häuser auf 34 angestiegen, dazu kamen 27 Scheuern. Die Gkg Oberdielbachs war reich an Ackerland und Wiesen, hatte aber schon damals keine so großen Waldungen wie die anderen Dörfer. 1774 umfaßte sie 758 M Äcker, 124 M Wiesen, 33 M Gärten, aber nur 202 M Wald und 400 M Weideland.

Herrschaft und Staat. – Daß Oberdielbach alter zwingenbergischer Besitz war, wird schon im Burgfrieden von 1364 deutlich, denn es liegt, obwohl nicht genannt, innerhalb der angegebenen Grenzen des Friedensbezirkes. Nach dem Niedergang der Zwingenberger gelang es den Hirschhornern, Oberdielbach in ihre Hand zu bekommen, allerdings ist über diesen Vorgang nichts überliefert. Bei der Erstnennung 1419 hatte Arnold von Zwingenberg noch Besitzrechte in Oberdielbach, die er mit anderen Gütern Pfalzgraf Otto von Mosbach zu Lehen auftrug. Wahrscheinlich waren sie bereits verpfändet, doch hat der Pfalzgraf von dem gleichzeitig erhaltenen Lösungsrecht nicht Gebrauch gemacht. Als 1474 die Herren von Hirschhorn Zwingenberg an Pfalzgraf Otto II. verkauften, gehörte das Dorf *Dielbach,* (das) *ganz unser gewesen,* dazu. Die Herrschaft hatte das Recht, Schultheißen und Gericht zu setzen, zu gebieten und zu verbieten, hatte niedere und hohe Gerichtsbarkeit bis auf die zentbaren Fälle, für die die Zent Eberbach zuständig war. An jährlichen Gefällen standen ihr an Geld 1 fl 19 ß 4 h zu sowie 8 Mltr 8 Simri Hafer, Enten, Hähne und 25 Fastnachthühner zu. 5½ Fuhren Heu mußten in Fron nach Zwingenberg geschafft werden, auch mußten die Grasäcker der Herrschaft geheut werden. Von besonderer Bedeutung war der große herrschaftliche Schafhof. Weiterer Güterbesitz kam 1484 an Pfalz-Mosbach. Oberdielbach blieb auch weiterhin fester Bestandteil der Herrschaft Zwingenberg. Zu dem 1507 gegründeten Oberdorf entsandte es drei Richter. Es gehörte aber auch zur Zent Eberbach, war für diese reispflichtig und ist daher auch im Reißbuch von 1504 genannt. 1602 stammten zwei Zentrichter aus Oberdielbach, und die Huldigungsprotokolle der Zent zählten jeweils auch die aus Oberdielbach erschienen Zentuntertanen. – Auffallenderweise ist Dielbach nicht unter den Dörfern der Herrschaft Zwingenberg mitaufgeführt, als diese 1696 an Graf Franz Melchior von Wiser verliehen wurde. Der Lehnrevers seines Sohnes und Nachfolgers nennt 1719 auch Oberdielbach.

Gemeinde. – Mit Schultheiß und Gericht bestand die Gemeinde schon vor 1474. Damals gehörten Weisbach und Mülben in dieses Gericht, für das die Hirschhorner 1507 und 1549 Gerichtsordnungen erließen. Im 18. Jh. waren Oberdielbach und Zwingenberg zu einem Gericht zusammengeschlossen. 25 Untertanen besaßen Gemeinderecht, ohne solches waren 1746 fünf Beisassen, 1778 acht. Das Gemeindeeigentum bestand nur aus einem Hirtenhaus und 7 M Wald.

Kirche und Schule. – Oberdielbach lag wie Strümpfelbrunn zunächst im Sprengel der Pfarrei Eberbach. Nachdem letzteres selbst Pfarrei geworden war, wurde es Filialort von Strümpfelbrunn (1605). Wie dort war der große Zehnt hälftig zwischen Kurpfalz und Zwingenberg geteilt, der kleine zwischen dem jeweiligen Pfarrer und der Ortsherrschaft. In Oberdielbach waren 1746 von 25 Untertanen 14 reformiert, 4 lutherisch und 6 katholisch (jeweils mit Angehörigen). Auch von Oberdielbach aus besuchten die Kinder die Schule in Strümpfelbrunn, bis 1763 ein eigener Winterschulmeister eingestellt wurde.

Bevölkerung und Wirtschaft. – Bei 25 Haushaltungen betrug Ende des 15. Jh. die Einwohnerzahl etwa 110. Mit 15 bis 18 Haushaltsvorständen bei den Huldigungen von 1556 bis 1615 lassen sich etwa 80 bis 90 Einwohner errechnen. Der 30j. Krieg führte auch hier schon vor 1634/35 zu einem starken Rückgang. 1624 huldigten noch 14 Zentuntertanen, 1632 nur noch 6. Fünfzehn Jahre nach Kriegsende bestand die Bevölkerung 1663 aus 12 Untertanen (darunter 2 Erbacher und 1 Mainzer), 9 Ehefrauen und 36 Kindern, also 57 Personen. 35 Bürger und Beisassen im Jahr 1744 werden mit ihren Angehörigen etwa 160 ergeben haben. Die erste exakte Zählung von 1777 nennt 212 Einwohner; von diesen waren 67 zwingenbergische Leibeigene.

Die Landwirtschaft war die Lebensgrundlage fast aller Bürger, nicht nur der Bauern auf den Hufen oder Lehngütern. Auch die Nicht-Hufenbesitzer hatten ja an der allgemeinen Weide, und wohl auch an dem von der Herrschaft in Pacht verliehenen Ackerland (1778 32 M) Anteil. Leider fehlen Nachrichten über durch Rodung gewonnene private Ackerparzellen. Die Fläche des 1647 abgegangenen Schafhofs war als Weideland an die Gemeinde verpachtet. 1778 arbeiteten 15 Männer und 13 Frauen als Knechte und Mägde auf den Höfen. Bei der Steuerschätzung 1766 wurden 2 Bürger für gutes Vermögen (800–1000 fl), 13 für mittleres (über 400) und nur 3 mit schlechtem eingestuft. Die Schatzungssumme des ganzen Dorfes betrug 1778 2700 fl, die mit Abstand höchste unter den Dörfern der Herrschaft. Umgerechnet auf die Einwohnerzahl liegt die Steuer bei 12,7 fl je Kopf. Jeder steuerpflichtige Untertan zahlte 82 fl.

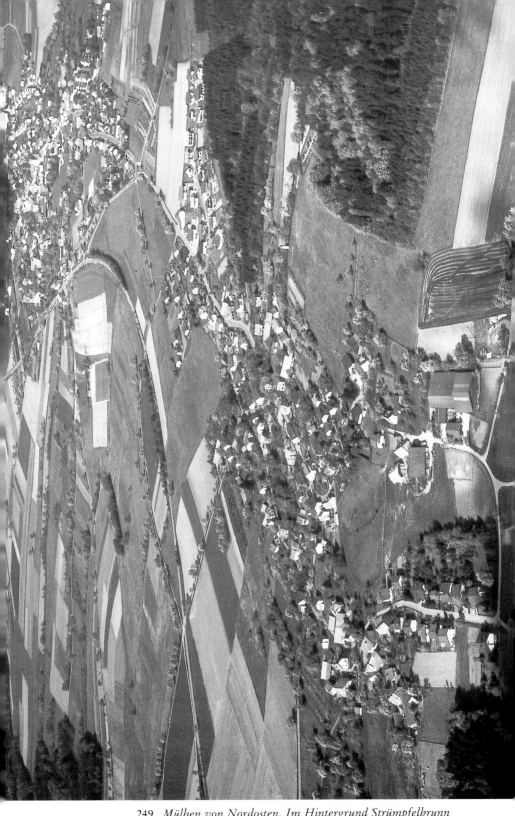

249 *Mülben von Nordosten. Im Hintergrund Strümpfelbrunn*

◁ 250 Oberdielbach von Süden.
Im Hintergrund Waldkatzenbach
und der Katzenbuckel

*251 Oberdielbach, Hauptstraße
im unteren Ortsteil
252 Schollbrunn, Ortsmitte mit der ev. Kirche

253 Schollbrunn von Osten

254 Strümpfelbrunn von Süden ▷

255 *Mühle in Oberhöllgrund*

256 *Kurhaus Waldbrunn*

257 *Waldkatzenbach mit dem Katzenbuckel von Südosten. Im Vordergrund das Feriendorf Waldbrunn*

258 Weisbach von Osten

Schollbrunn

Siedlung und Gemarkung. – Der Ortsname taucht 1364 gleichzeitig in den Formen *Schalbrun* und *Schalbronne* in einer Mainzer Urkunde auf. Er meint die schallende, d. h. mit Geräusch hervorkommende Quelle. Siedlungsgeschichtlich ist der Ort eine Waldhufenanlage der Zeit um 1200 auf der Hochfläche des Winterhauchs. Vermutlich stand er damals noch in Zusammenhang mit der Herrschaft Zwingenberg. Nur wenige Zeugnisse belegen, daß Schollbrunn aus 18 mit einheitlichen Zinsen belegten Hufen (erstmals 1369) bestand. Nach einem Rückgang der Häuserzahl im 30j. Krieg wurden 1681 16 Häuser, 1699 19 und 1774 37 gezählt. 1806 gab es 62 Wohnhäuser, die sämtlich noch mit Stroh gedeckt waren.

Die Gemarkung zeigt auf der Flurkarte am Ende des 19. Jh. zumindest teilweise noch die ursprüngliche Einteilung radial angeordneter Waldhufen in ihrem Nord- und Westteil. Im SO lagen nicht hausanschließende Grundstücke. 1774 wurden 272 M Äcker, über 95 M Wiesen und Gärten und 230 M Wald gemessen. Der Wald war teilweise im Besitz der Hufen. Der Gemeinde gehörte der schmale Streifen (Mühlberg) am Steilabfall zum Weisbachtal hin.

Herrschaft und Staat. – Wie Neckargerach so war auch Schollbrunn im 14. Jh. aus dem Komplex der zwingenbergischen Dörfer herausgelöst worden und ist seit 1369 im Besitz der rheinischen Pfalzgrafschaft nachweisbar, 1410 bis 1499 als Teil des Pfalz-Mosbacher Territoriums. Der Ort zählte zur Eberbacher Zent und Kellerei und zum Amt bzw. Oberamt Mosbach. Alle Herrschaftsrechte standen der Pfalz zu. Jedes Haus entrichtete Ernte- und Fastnachthühner und schuldete im Todesfall des Inhabers ein Herdrecht. Die Untertanen mußten in ungemessener Fron der Kellerei Eberbach zur Verfügung stehen. Alle Güter auf der Gemarkung waren von der Herrschaft verliehen.

Gemeinde. – Erst in der Neuzeit tritt die Gemeinde in der üblichen Verfassung entgegen. 1806 hatte sie einen Schultheißen und einen Gerichts- und vier Schatzungsdeputierte sowie zwei Feldrichter. Das Bürgermeisteramt wechselte jährlich. Der Gemeindebesitz bestand im bereits erwähnten Wald von etwa 160 M. Den Schollbrunnern stand das Eckerichsrecht in den benachbarten zwingenbergischen Wäldern zu. Jeder Bürger erhielt im Jahr einen Klafter Gabholz. Ins Bürgerrecht konnte man sich nur durch den Nachweis von Besitz im Wert von 300 fl eintragen lassen. Um 1800 zählte auch der Reisenbacher Grund, d. h. der unmittelbar pfälzische Teil von Unterferdinandsdorf (vgl. Mülben) zum Schollbrunner Gerichtsstab.

Kirche und Schule. – 1475 dotierte Pfalzgraf Otto von Mosbach eine Messe zu Schollbrunn. Die Stiftung wurde durch den Würzburger Bischof bestätigt. Trotz einer Erweiterung zur Pfarrei 1527 war Schollbrunn in der Frühzeit der Reformation nicht besetzt. Von 1585 an sind kontinuierlich Pfarrer nachzuweisen. 1650 wurde die Pfarrei mit Neckargerach zusammengelegt und blieb, abgesehen von den Jahren 1683 bis 1700 bis weit ins 19. Jh. Filiale von Neckargerach. Der reformierte Pfarrer in Schollbrunn bzw. in Gerach war auch für den reformierten Gottesdienst in Strümpfelbrunn zuständig.

1657 war der Kirchturm baufällig. Spätestens von 1684 an war die Kirche wieder einigermaßen in Schuß, doch wird sie 1727 bereits wieder als zu klein beschrieben. Deshalb erfolgte ein weitgehender Neubau 1737. Man behielt nur den mittelalterlichen Chorturm bei. Bitten um einen eigenen Pfarrer waren auch damals nicht von Erfolg gekrönt. Die Katholiken mit einer eigenen Kapelle im ehemaligen Schulhaus (1788) blieben stets bei der Pfarrei Neckargerach. Am großen und kleinen Zehnt hatte die Herrschaft (1474) ⅙ Anteil, sonst gehörte der große Zehnt dem Stift Mosbach, der kleine der Pfarrei.

Eine Schule hat hier sicher schon in der 2. H. 17. Jh. bestanden. Ende des 18. Jh. haben die Katholiken ein eigenes Schulhaus erworben.

Bevölkerung und Wirtschaft. – Vor dem 30j. Krieg huldigten dem Faut zu Mosbach jeweils 20 bis 30 erwachsene Schollbrunner. Man wird mit einer Einwohnerzahl von 200 bis 220 rechnen dürfen. 1688 wurden im Dorf 121 Personen, darunter bereits 21 Katholiken, gezählt. 1777 belief sich die Einwohnerschaft auf 210 Personen in 44 Familien. 1803 waren 391 Seelen in insgesamt 72 Familien und 2 Beisassenhaushalten im Reisenbacher Grund.

Die Landwirtschaft wurde auf den Hufgütern willkürlich, d. h. wohl in der Form der Feld-Gras-Wirtschaft, betrieben. Die wichtigsten Erzeugnisse des Ackerbaus waren Korn, Hafer, Heidekorn und Kartoffeln. Der Grundbesitz der Einwohner, z. T. auch Wiesen in den Nachbargemarkungen, reichte normalerweise zur Ernährung ihrer Familien aus. Der Viehbestand wurde 1806 als mittelmäßig beschrieben. Mit 54 Ochsen umfaßte er relativ viele Zugtiere, dazu 125 Stück Rindvieh und 136 Schweine. 1775 beschäftigten die 7 Leineweber im Ort 27 Personen. An weiteren Handwerkern werden 1806 Schneider, Schuhmacher, Schmied und Wagner genannt. Der Müller ist wohl der zu Neckargerach gehörige Inhaber der Läufertsmühle. 1369 wurde er auch schon bei Schollbrunn verzeichnet.

Strümpfelbrunn

Siedlung und Gemarkung. – Strümpfelbrunn wird zu 1341 als *Strüphilburnen* erstmals genannt; es hat, wie die anderen Winterhauchdörfer, von einem Gewässer den Namen übernommen. Die ursprüngliche Siedlung an der alten Straße Heidelberg–Eberbach–Mudau–Buchen hat zwar die Form eines eng beieinanderliegenden Weilers; sternförmig umschließen jedoch die Fluren der Hufen den Dorfkern. Auch Strümpfelbrunn ist durch die Herren von Zwingenberg als Waldhufendorf gegründet worden. Es scheint aber von Anfang an weniger Hufen besessen zu haben. 1746 waren es 7, 1778 8½ Hufengüter. Zum größten Dorf des Winterhauchs wurde es dadurch, daß es seiner Lage wegen früh eine Kapelle, später Pfarrkirche erhielt und auch durch zentrale Funktionen zum Mittelpunkt wurde.

Vor der Verwüstung des 30j. Krieges soll es in Strümpfelbrunn 20 Anwesen gegeben haben, 1663 waren es nur noch 10, 1696 11. Im 18. Jh. wuchs der Ort stark: 1746 28 Häuser, 1778 42 Häuser (und 20 Scheuern). In dieser Zeit wurden auch eine zweite Kirche, ein Pfarrhaus und zwei Schulen errichtet. Erste Siedlungserweiterungen mit kleinen Häusern lagen an der Straße nach Weisbach und am Weg in den Höllgrund. 1774 gab es auf der Gemarkung 638 M Ackerland (von denen 1744 noch 120 M »Wüstung« gewesen waren), 111 M Wiesen und 29 M Gärten sowie 54 M zu den Gütern gehörender Wald und 154 M Gemeindewald. Die vor dem Eichwald liegenden Pfriemenäcker und Paradiesäcker scheinen auf jüngere Rodung zurückzugehen. Zu Strümpfelbrunn gehörte auch der Obere Höllgrund mit Mühle, der durch den Herrschaftswald von der Gemarkung des Dorfes getrennt war. Erst die Aufteilung der Zwingenberger Waldgemarkung 1926 brachte dieses Gebiet (Katzenberg und Krappenwald) und den nördlich des Höllgrundes gelegenen Wald bis an den Reisenbach zur Gkg Strümpfelbrunn.

Herrschaft und Staat. – Strümpfelbrunn ist als Rodungsort in dem zur Zent Eberbach gehörigen Winterhauch gegründet worden, und seitdem diese Zent 1330 an die Kurpfalz gekommen war, stand es unter pfälzischer Oberhoheit. Aus dieser ist Strümpfelbrunn – wie die anderen Winterhauchorte – nicht herausgelöst worden, wenn es auch als Eigengut der Herren von Zwingenberg Teil ihrer Herrschaft war. Bereits im 14. und wiederum im 15. Jh. ist es zudem über längere Zeit verpfändet gewesen. Damit im Zusammenhang steht die Erstnennung 1341, bei der der Ritter Wolf Schenk Schadenersatz forderte für Schädigung seiner Güter durch Parteigänger des Mainzer Erzbischofs. Es handelt sich hier um Auswirkungen der Fehde zwischen Mainz und Kurpfalz wegen der vom Erzbischof erbauten Burg Fürstenstein bei Zwingenberg. Wolf Schenk hatte Strümpfelbrunn wohl im Pfandbesitz von den Zwingenbergern. Bei der nächsten Nennung 1364 wird Strümpfelbrunn als nördlicher Grenzort des Zwingenberger Burgfriedenbezirks angegeben. Vierzig Jahre später (1404) überließen Fele von Zwingenberg und ihr Sohn das Lösungsrecht für ihre verpfändeten Güter an die Herren von Hirschhorn, behielten sich aber jenes für Strümpfelbrunn und Katzenbach selbst vor; beide Orte waren zu dieser Zeit an Ritter Wiprecht Rüdt versetzt. Dagegen hat Feles Bruder Arnold von Zwingenberg 1406 ¼ an seinem Besitz, namentlich an Strümpfelbrunn und Waldkatzenbach, an Johann und Eberhard von Hirschhorn verkauft. Sein Sohn Hans bestritt jedoch 1473 die Ansprüche der Hirschhorner an ¼ seiner Güter, die er bisher unangefochten innegehabt hätte. Der Rechtsstreit war noch nicht entschieden, als die Hirschhorner 1474 Zwingenberg an Pfalzgraf Otto II. von Mosbach verkauften, und so fehlen denn auch beide Orte im Kaufvertrag von 1474. Erst 1484 kamen sie von den Rüdt von Bödigheim in den Besitz des Pfalzgrafen. Diese Familie hatte sie also z. T. schon seit 80 Jahren besessen, z. T. wohl erst spät von Hans von Zwingenberg erworben.

Mit der Herrschaft Zwingenberg fiel Strümpfelbrunn 1499 im Erbgang an Kurfürst Philipp von der Pfalz und kam 1504 durch Verkauf wieder an die Herren von Hirschhorn zurück. Diese machten es zum Vorort ihrer neuen Herrschaft, indem sie es zum Tagungsort des 1507 errichteten Oberhofes (als Gericht für schwerere Fälle) bestimmten. Auch erreichte Ritter Jörg von Hirschhorn 1521 von Kaiser Karl V. die Verleihung eines Jahrmarktprivilegs für Strümpfelbrunn. 1590 lagen die fünf Dörfer der Herrschaft im Streit mit ihrem Vogtsjunker. Sie baten Pfalzgraf Johann Kasimir um Vermittlung und schickten je zwei aus ihren Dörfern zu einem gütlichen Tag nach Heidelberg. Leider ist über Inhalt und Ausgang dieser Sache nichts bekannt. Weil Kurpfalz als Zentherr die hohe Obrigkeit innehatte, erscheint Strümpfelbrunn als wehrpflichtig in dem anläßlich des Landshuter Krieges angelegten Reißbuch. (1504 mußten die schweren Frevel vor das Zentgericht zu Eberbach gebracht werden, an dem auch zwei Strümpfelbrunner als Richter mitwirkten).

Nach dem Tod des letzten Hirschhorners 1632 teilte Strümpfelbrunn das unsichere und wechselhafte Schicksal Zwingenbergs, um das sich Kurpfalz und die hirschhornischen Erben, besonders die Familie Göler von Ravensburg, stritten. Nach direkter Herrschaft durch Kurpfalz, dann seit 1696 durch die Grafen von Wiser konnten die Göler'schen Erben 1728 endlich den Besitz Zwingenbergs für sich erreichen. Im Bestreben, ihre Herrschaft auch aus der kurpfälzischen Zenthoheit zu lösen, führten sie ein eigenes Hochgericht zu Strümpfelbrunn auf; ein Halseisen war noch 1778 angeschlagen. Noch heute zeugt der Flurname Galgenfeld südlich des Dorfes von der dort einst ausgeübten hohen Gerichtsbarkeit. Nicht Zwingenberg, sondern das zentraler gelegene Strümpfelbrunn war der eigentliche Hauptort der Herrschaft. 1749 errichtete die Herrschaft einen Wehrzoll zu Strümpfelbrunn. 1747 bis 1778 hatte Kurpfalz wieder direkt die Herrschaft inne, hernach bis zum Ende des Reiches die Grafen bzw. Fürsten von Bretzenheim unter pfälzischer Landeshoheit. 1803 bis 1806 war der Ort bei den

Grafen von Leiningen, 1806 ging die Souveränität an das Großherzogtum, 1808 der Besitz an die Markgrafen von Baden über. Einzige Grundherrschaft waren immer die Inhaber von Zwingenberg (außer bei den frühen Verpfändungen). Außer den herrschaftlichen Hufen und dem 1507 und 1605 erwähnten Widemhof gab es keine anderen Güter.

Gemeinde. – Wahrscheinlich bildeten Strümpfelbrunn und Waldkatzenbach schon im 15. Jh. ein gemeinsames Gericht, bevor sie an Pfalz-Mosbach kamen. Nach der Gerichtsordnung von 1507 bestand das Gericht aus neun Personen, die abwechselnd in einem der beiden Dörfer tagten. Der Schultheiß saß wohl immer – wie 1745 und 1778 – zu Strümpfelbrunn, ebenso 1778 der Gerichtsschreiber. Gemeinderecht hatten 1746 15 Bürger, denen 13 Beisassen gegenüberstanden. Ungewöhnlich hoch ist die Zahl der Untertanen, die bis 1778 noch in das Gemeinderecht aufgenommen wurden, zählte man doch in diesem Jahr 28 Bürger, 12 Beisassen und zwei Schutzjuden. Im 18. Jh. gehörte auch Friedrichsdorf zum Gericht. In eigenem Besitz hatte die Gemeinde 154 M Wald.

Kirche und Schule. – Strümpfelbrunn lag im Mittelalter im Sprengel der Pfarrei Eberbach. Wegen der großen Entfernung hat es wohl schon früh eine Kapelle mit eigener Kaplanei erhalten. 1537 präsentierte der Kurfürst als Kollator der Pfarrei Eberbach dem Bischof von Würzburg den Nikolaus Kolb auf diese Kaplanei. Die Herren von Hirschhorn wandten sich dem luth. Bekenntnis zu und reformierten vor 1546 ihre Herrschaft. Seither galt Strümpfelbrunn als Pfarrei für die fünf Winterhauchdörfer. Auf die Hirschhorner geht auch eine Kirchenerneuerung von 1617 zurück, wie ihr Wappen an der Kanzel und am hinteren Eingang der Kirche zeigt. Doch bereits vor 1587 hatte sich der mächtige Nachbar Kurpfalz durchgesetzt und Strümpfelbrunn dem ref. Pfarrer von Schollbrunn übertragen. Nachdem die Schweden 1632 den Lutheranern Religionsfreiheit gebracht hatten, verstärkte sich der pfälzische und damit ref. Einfluß nach 1649 nochmals. Trotzdem haben sich Lutheraner über die lange Zeit des konfessionsverschiedenen Regiments und ohne eigene Kirche auf dem Winterhauch gehalten. 1650 bis 1684 wurde Strümpfelbrunn (wie Schollbrunn) vom ref. Pfarrer in Neckargerach mitversehen, dann wieder von Schollbrunn aus. Als diese Pfarrei gerade vakant war, erhielt Graf von Wiser die Herrschaft. Er setzte sogleich 1698 einen kath. Pfarrer ein und teilte der nunmehr kath. Pfarrei auch die Kirchengefälle zu. Diesem Stand der Dinge entsprach die Pfälzische Kirchenteilung 1707 mit der Zuweisung der Kirche an die Katholiken. Als die Göler'schen Erben 1728 endlich ihr Recht erhalten hatten, strichen sie sofort die durch Graf Wiser verfügte Besoldung des Pfarrers, und es begann ein bis 1752 dauernder Streit, wer nun für diese zuständig sei. Im Vergleich zwischen Kurpfalz und den Erben der Göler mußte erstere die Errichtung einer Pfarrkirche für die Reformierten zusichern, hatten diese doch seit 1698 ihren Gottesdienst in privaten Räumen halten müssen. Bis 1748 war die neue Kirche erbaut. In ihren Sprengel gehörten wiederum alle Dörfer der Herrschaft (außer Zwingenberg) einschließlich Friedrichsdorf. 1747 waren von 27 Untertanen 15 reformiert, 5 lutherisch, 7 katholisch. 1809 ergab die erste exakte Zählung 176 Reformierte, 100 Katholiken und 33 Lutheraner. 1590 waren der große und der kleine Zehnt zwischen Kurpfalz und Zwingenberg geteilt. Später überließ die Pfalz ihren Kleinzehnt dem Pfarrer von Schollbrunn, dann dem kath. Pfarrer in Strümpfelbrunn. Aller Novalzehnt (von Rodungsflächen) stand Zwingenberg zu.

Nachrichten über das Schulwesen sind erst aus dem 17. Jh. erhalten, in dem der Schollbrunner Pfarrer noch selbst Unterricht hielt. Graf Wiser setzte 1698 einen kath. Schulmeister ein und besoldete ihn. Ebenso sorgte die Göler'sche Herrschaft nach 1728 für einen luth. Schulmeister. Eigene Schulhäuser erhielten die Katholiken vor 1752, die

Reformierten 1756 im Zusammenhang mit dem neuerbauten Pfarrhaus. Die Strümpfelbrunner Schulen wurden auch von den Kindern aus Waldkatzenbach, Weisbach und Mülben besucht. Dagegen gab es in den Filialschulorten Oberdielbach, Ferdinandsdorf und Friedrichsdorf nur Winterschule.

Bevölkerung und Wirtschaft. – In der 2. H. 16. Jh. huldigten jeweils 20 bis 22 Strümpfelbrunner als Eberbacher Zentuntertanen. Mit den Familien (und z. T. auch Gesinde) würde sich eine Einwohnerschaft von 85 bis 100 Personen ergeben. Schon 1632 wurden nur noch 6 Zentleute gezählt; die Ursache dieses starken Rückgangs noch vor dem Pestjahr 1635 ist unbekannt. 1649 waren es noch 3. Nur langsam mehrte sich die Bevölkerung nach 1648 wieder. 1663 gab es 10 Bürger (darunter 1 Fuldaer), 8 Ehefrauen und 20 Kinder, also 38 Personen, 1681 bis 1696 noch immer nur 15 Untertanen (ca. 60 Personen). Bis 1746 war die Einwohnerzahl auf ca. 125 gestiegen. Noch stärker war das Wachstum in den folgenden Jahrzehnten. Die erste präzise Zählung ergab 1777 307 Köpfe. 1809 waren es kaum mehr: 309. Ein Teil der Bevölkerung war der zwingenbergischen Herrschaft leibeigen, und zwar 1778 78 Personen. Nur ein Teil der Strümpfelbrunner fand in der Landwirtschaft ein ausreichendes Einkommen. 1746 gab es nur 7 Hufengüter, bis 1778 hat man noch wüst gelegenes Ackerland wieder unter den Pflug genommen und 1½ weitere Hufgüter damit geschaffen. Von den 1746 besteuerten 15 Bürgern hatten 2 gutes Vermögen (800–1200 fl), 8 mittleres (400–700 fl) und 5 unter 400 fl. Die 13 Beisassen besaßen nicht einmal dieses. Sicher gehörten die Hufenbesitzer, auch Wirt und Müller, zur mittleren und oberen Gruppe, während die der unteren Gruppe außer ihrem Haus wohl nur geringen Besitz aus Rodung oder Wiederanbau hatten. Das Recht der Schäferei in den umliegenden Wäldern der Herrschaft hatten die fünf Dörfer schon 1559 gemeinsam in Temporalbestand für 350 fl jährlich. In Strümpfelbrunn befand sich 1778 die Schäferwohnung und die Schafscheuer, die zugleich als Zehntscheuer diente. Zu der alten Mühle im Höllgrund war im 18. Jh. eine zweite gekommen.

Erstmals ist zu 1745 ein Schutzjude erwähnt; 1778 waren es zwei, ihre Familien umfaßten 15 Personen. 1809 waren es drei Familien, d. h. die des Vaters und seiner beiden Söhne, die sich alle drei vom Landhandel ernährten. Von einer jüd. Gemeinde ist noch nicht die Rede.

Strümpfelbrunn war für die Winterhauchdörfer der Hauptort. Dies zeigt auch der 1521 verliehene Jahrmarkt, der allerdings nie große Bedeutung gewann. 1696 heißt es, daß der Markt *für Vieh und anderes* keinen großen Zulauf habe; das war allerdings noch in der schlechten Zeit. Kurfürst Karl Theodor erneuerte 1755 das Jahrmarktsprivileg, vielleicht wurde er damals vom Magdalenentag (21. 7.) auf den Jakobitag (25. 7.) verlegt. Auch die Zunftangehörigen der Herrschaft hatten sich jährlich in Strümpfelbrunn zu versammeln, wo auch die Zunftlade aufbewahrt wurde. Leider sind bisher keine gewerblichen Zahlen greifbar. Sicher hat Waldarbeit, wohl auch die Hausweberei als Verdienstmöglichkeit der Unbegüterten Bedeutung gehabt. Obwohl Strümpfelbrunn 1779 nach Oberdielbach mit 2200 fl das dritthöchste Schatzungsaufkommen innerhalb der Herrschaft Zwingenberg hatte, entsprach dies in der Steuer, die pro Kopf gezahlt wurde, mit 7 fl genau den Verhältnissen in Ferdinandsdorf. Es muß also viel Arme gegeben haben, die kaum ihr Auskommen fanden.

Persönlichkeiten. – In Strümpfelbrunn geboren sind Theodor Leutwein (1849–1926), Generalmajor und Gouverneur von Deutsch-Südwestafrika, und Philipp Jakob Wilckens (1773–1852), ev. Pfarrer in Mosbach.

Waldkatzenbach

Siedlung und Gemarkung. – Waldkatzenbach wird zu 1404 erstmals als *Katzenbach* genannt, wenngleich nur in kopialer Überlieferung. Aus wieviel Hufen das im Zwingenberger Herrschaftswald gegründete Dorf im Mittelalter bestanden hat, läßt sich nicht mehr feststellen. Auch auf älteren Karten sind die Hufenfluren kaum mehr zu erkennen. die Flurnamen (Winterfeld, Graufeld, Frondberg und Ebnet) haben keinen Bezug zur Einzelhufe mit Ausnahme wohl des Hoffeldes. Nach den Verwüstungen des 30j. Krieges gab es bis 1746 wieder 13 Hufengüter, bis 1778 kamen ein ganzes und ein ¾-Gut hinzu; es hatte also noch seit dem großen Krieg brachliegendes Land gegeben. Sicher war aber schon der frühneuzeitliche Häuserbestand höher, er muß nach der Zahl der Untertanen über 20 gelegen haben. 1676 waren wieder 16 Häuser im Dorf bewohnt, 1746 27 Häuser. 1778 wurden 31 Häuser und 27 Scheuern gezählt. Um die gleiche Zeit waren auf der Gemarkung vorhanden: 658 M Acker, 123 M Wiesen und 17 M Gärten. Der Wald bestand aus 68 M Hufenwald, 70 M Gemeindewald und 304 M Herrschaftswald. 188 M waren Weidegebiet. Zur Gemarkung gehörte auch – und war durch die Eisigklinge mit ihr verbunden – der Untere Höllgrund mit 1778 zwei Mühlen und drei Selden.

Herrschaft und Staat. – Erst nach dem Niedergang der Zwingenberger tritt 1404 das von ihnen gegründete Dorf Waldkatzenbach für uns ans Licht. Damals erlaubten Fele von Zwingenberg und ihr Sohn Hermann von Reichenstein den Hirschhornern, alles, was sie an zwingenbergischem Besitz verpfändet hatten, auszulösen. Ausgenommen davon sollte Katzenbach sein, das wie Strümpfelbrunn an Wiprecht Rüdt versetzt war und das sie selbst auslösen wollten. An beiden Orten war auch Arnold von Zwingenberg, Feles Bruder, beteiligt, und dieser verkaufte 1406 unter anderem sein Viertel an beiden Orten für 300 fl an Johann und Eberhard von Hirschhorn. Der gleiche Arnold trug aber 1419 fast alle seine z.T. verpfändeten Besitzungen, u.a. auch in Katzenbach, Pfalzgraf Otto II. von Mosbach zu Lehen auf. Auch weiterhin bleiben die Besitzverhältnisse unklar. 1441 mußte Pfalzgraf Otto einen Rechtsstreit zwischen Hans von Hirschhorn und Hans von Remchingen über das Katzviertel schlichten, wozu inhaltlich nichts ausgesagt wird. Mit Hans von Zwingenberg, Arnolds Sohn, lagen die Hirschhorner 1473 im Streit, da dieser behauptete, das von ihnen beanspruchte Viertel bisher rechtmäßig selbst besessen und genossen zu haben. Schließlich kommt in dem Vertragstext, mit dem die Hirschhorner 1474 die von ihnen bis dahin zusammengekaufte Herrschaft Zwingenberg an Pfalzgraf Otto II. veräußerten, Waldkatzenbach nicht vor. Es war damals wohl bereits ganz im Besitz der Rüdt von Bödigheim und konnte erst 1484 mit Strümpfelbrunn von diesem für Pfalz-Mosbach erworben werden.

Von 1499 bis 1504 war Waldkatzenbach mit der Herrschaft Zwingenberg in kurpfälzischem Besitz, dann erwarben es die Hirschhorner erneut. Wie wohl schon im Spätmittelalter bildete es bis Ende des 18. Jh. mit Strümpfelbrunn ein Gericht, in das Waldkatzenbach 1778 fünf Gerichtsleute und den Schultheißen entsandte. Auch am Oberhof des 16. Jh. war es mit drei Richtern beteiligt. Außerdem bestand von altersher die der Kurpfalz zustehende Zenthoheit (Zent Eberbach). Seit 1484 teilte Waldkatzenbach die wechselhafte Geschichte der Herrschaft Zwingenberg. Allerdings ist es bei der Belehnung des Grafen von Wiser 1696 nicht unter den anderen Orten genannt. Da es aber bei der seines Sohnes 1719 mitaufgeführt ist, mag 1696 (oder im Lehnrevers?) ein Versehen unterlaufen sein.

Kirche und Schule. – Auch Waldkatzenbach lag ursprünglich im Sprengel der Pfarrei Eberbach, ist aber wohl bald nach Errichtung einer Kapelle in Strümpfelbrunn dieser zugeordnet worden. In der Reformationszeit wurde Strümpfelbrunn luth. Pfarrei und Waldkatzenbach deren Filialort. Im 17. Jh. durch die Kurfürsten der ref. Pfarrei Schollbrunn unterstellt, gerieten die Lutheraner mehr und mehr in die Minderheit. Als die Göler'schen Erben 1746 ihre endlich wiedererreichte Herrschaft Zwingenberg an Kurpfalz verkauften, vereinbarten sie die Errichtung einer luth. Pfarrei, und zwar in Waldkatzenbach. Die schon 1747 erbaute Kirche war Pfarrkirche für die ganze Herrschaft. Kurpfalz und die Göler-Erben hatten sich zu gemeinsamer Besoldung des Pfarrers und auch eines luth. Schulmeisters verpflichtet. 1809 erhielt der Pfarrer 280 fl im Jahr, der Schulmeister 63. Durch die eigene Kirche war hier ein höherer Anteil an Lutheranern, ein geringerer an Katholiken als an anderen Orten: 1809 178 Reformierte, 55 Lutheraner, 36 Katholiken. – Die Aufteilung des Zehnten entsprach der in Strümpfelbrunn.

Bevölkerung und Wirtschaft. – In der 2. H. 16. Jh. müssen etwa 90 bis 100 Personen hier gelebt haben. Es werden zwischen 24 und 28 Haushalte (Zentuntertanen) genannt. Nachdem noch 1617 und 1624 22 Zentuntertanen Kurpfalz gehuldigt hatten, sank diese Zahl 1632 auf 6, 1649 auf 5 und lag 1659 wieder bei 9. Von den 1663 gezählten 12 Bürgern und 1 Beisassen waren 9 Pfälzer, 2 Erbacher, 1 Mainzer und 1 Niederländer. Mit 12 Ehefrauen und 24 Kindern ergibt dies eine Einwohnerzahl von 49. Noch 1696 waren nur 15 Untertanen hier ansässig. Bis 1746 stieg die Anzahl der Bürger auf 22, der Beisassen auf 5; 1777 waren es 27 Bürger und 7 Beisassen bei einer Gesamtbevölkerung von 256, darunter waren 60 zwingenbergische Leibeigene.

Die Bevölkerung lebte ganz überwiegend von der Landwirtschaft. Mit fast 15 Hufen war Katzenbach neben Oberdielbach das größte Bauerndorf der Herrschaft Zwingenberg, hatte es aber bis Ende des 18. Jh. an Einwohnern überrundet. Mit 2400 fl Steueraufkommen 1778 lag es hinter Oberdielbach an zweiter Stelle, auf die Einwohner umgerechnet mit 12,7 fl hinter Weisbach am dritten Platz.

Unterhöllgrund. – Mit dem 1696 erwähnten Müller ist auch die Mühle im Höllgrund bezeugt. Sie ist am Fuße des Geiersbergs im Höllgrund, d. h. im herrschaftlichen Waldgebiet, von Zwingenberg aus gegründet worden, und zwar nach späterer Tradition zur Zeit der Hirschhorner. Sie hieß auch Geyersberger Mühle. Unter der kurpfälzischen Herrschaft wurde sie dem Müller in Erbbestand überlassen. Im 18. Jh. kamen eine zweite Mahlmühle und drei Selden (Kleinstellen) hinzu. Müller und Beisassen zählten immer zur Gde Waldkatzenbach.

Weisbach

Siedlung und Gemarkung. – Weisbach wird 1326 als *Wizzelsbach* erstmals in einer Urkunde genannt. Dies ist von einem Personennamen Wizzilo abgeleitet und bedeutet also Bach des Wizzilo (nicht »weißer Bach«). Auch Weisbach ist als Waldhufendorf wohl noch im 12./13. Jh. angelegt worden. 1474 bestand es aus 12 Hufen, doch betrug die Zahl der Häuser bereits 25. Die Hufen waren wahrscheinlich geteilt unter je zwei Besitzer. Noch auf dem Flurplan des 19. Jh. sind diese 12 Hufen erkennbar. Fünf lagen nördlich des Baches, fünf südlich am Schollbrunner Weg. Zu zwei abgegangenen Hufen (daher ohne Hofreite) gehörten die Gewanne Krenzäcker und Alten Äcker am alten Roberner Weg. Auch die auf der Allmende am Weisbach errichtete Mühle war 1474 schon vorhanden. Nach den Verlusten des 30j. Krieges gab es 1696 erst wieder 13 Häuser, 1745 erst 15 (darunter 10 Hufen). Erst danach ging es schneller aufwärts: 1778 zählte man 21 Häuser (12 Hufen), 1 Hirtenhaus und 22 Scheuern.

Weisbach besaß eine besonders waldreiche Gemarkung. 1774 standen 438 M Ackerland, 119 M Wiesen und 12 M Gärten über 1200 M Wald gegenüber, von denen 458 M zu den Hufengütern gehörten, 59 M im Besitz der Gemeinde waren, 390 M als Weide genutzt wurden und 360 M der Herrschaft eigen waren. Ungewöhnlich ist die reiche Ausstattung der Hufen mit Wald. Bei der Erstnennung 1326 ging es auch um die Grenze der Gemarkung in der Michelherd, die der Stadt Mosbach gehörte. Sie wurde unter Leitung des Ritters Konrad Rüdt abgegangen und mit Marksteinen und Lohstämmen festgelegt. Die Gemarkung war bis ins 19. Jh. im S stark zerrissen. Der zur Zwingenberger Waldgemarkung gehörende Brennenberg trennte das schmale Weisbachtal von der übrigen Gemarkung. Erst 1926 kam dieser sowie das Holz Hohenrott zu Weisbach. Der südlichste Teil des Weisbachtales trug die Bezeichnung Geracher Grund, wahrscheinlich weil die kleine Rodung bei der Einmündung in den Seebach von Gerachern genutzt wurde.

Herrschaft und Staat. – Auch Weisbach ist eine Gründung der Herren von Zwingenberg in dem zu ihrer Burg gehörigen Waldgebiet. Die Brüder Wiprecht, Wilhelm, Swicker, Dieter und Beringer von Zwingenberg lagen 1326 mit den Mosbachern in Streit wegen Gemarkung und Nutzungsrechten von Weisbach in der Michelherd. Auch beanspruchten die Ritter die Gerichtsbarkeit für dieses Waldgebiet, mußten aber schließlich darauf verzichten. Vor 1474 ist Weisbach von den Zwingenbergern an die Herren von Hirschhorn übergegangen. Zwar wird es 1419 noch unter den z.T. verpfändeten Gütern Arnolds von Zwingenberg genannt, die er Pfalzgraf Otto I. von Mosbach zu Lehen auftrug, war aber wohl schon damals an die Hirschhorner versetzt. Als diese 1474 ihre Herrschaft Zwingenberg an Pfalzgraf Otto II. verkauften, war ganz Weisbach als Eigengut darin eingeschlossen. Der Herrschaft standen an Gefällen 4 lb 4 ß 2 h (Bede) und 19 Malter 2 Simri Hafer, Gänse, Hühner und Käse (Gült) sowie 25 Fastnachthühner (je Haus 1) zu. Als Fron wird die Verpflichtung genannt, jährlich elf Fuhren Heu auf Schloß Zwingenberg zu führen. Für die herrschaftliche Schäferei mit bis zu 500 Schafen stand ein Schafhaus in Weisbach.

Die Geschichte Weisbachs war fortan identisch mit der von Zwingenberg. 1474 bildete es mit Oberdielbach ein Gericht, im 18. Jh. mit Mülben und Ferdinandsdorf. Aber es blieb zugleich auch Glied der kurpfälzischen Eberbacher Zent, die die hohe Gerichtsbarkeit und das Reisrecht ausübte.

Gemeinde. – Als 1326 die Gemarkungsgrenze im O festgelegt wurde, geschah dies zwar im Interesse der Bauernschaft, war diese aber noch nicht Gemeinde im rechtlichen Sinn. Erst mit dem, allerdings mit Oberdielbach gemeinsamen Gericht ist sie 1474 als solche präsent. Um die Mitte des 18. Jh. bestand sie aus Schultheiß, vier Gerichtsverwandten, zwölf weiteren Bürgern und drei Beisassen. Das Gemeindevermögen war bescheiden; es umfaßte das Hirtenhaus und das Bannholz (54 M), aus dem die Gemeinsleute ihr Holzlos erhielten.

Kirche und Schule. – Weisbach gehörte seit der Reformation zur Pfarrei Strümpfelbrunn, wurde also wie diese über lange Zeit von Schollbrunn bzw. von Neckargerach aus pastoriert. Der große Zehnt stand ganz der Herrschaft zu, der kleine war zwischen dieser und dem Pfarrer geteilt. 1745 waren von 17 Bürgern 12 reformiert, 1 lutherisch, 4 katholisch, 1809 von 195 Einwohnern 148 reformiert, 15 lutherisch, 32 katholisch. – Schulort war auch für Weisbach Strümpfelbrunn; erst 1763 erhielt es einen eigenen Winterschulmeister.

Bevölkerung und Wirtschaft. – Im 15. Jh. lag die Einwohnerzahl bei knapp hundert. Dem entsprechen auch die 18 bis 19 Haushaltsvorstände, die in der 2. H. 16. Jh. der Herrschaft huldigten. Weisbach scheint im 30j. Krieg nicht so schwer getroffen worden zu sein wie die an der Straße Heidelberg–Eberbach–Buchen–Würzburg gelegenen Dörfer des Winterhauchs. 1649 huldigten 6, 1663 bereits 15 Untertanen. Sie waren alle

Pfälzer, also keine Zugezogene; mit ihren 10 Frauen und 29 Kindern wurden 54 Personen gezählt. Noch 1745 lebten nur etwa 90 bis 100 Leute hier, 1777 waren es bereits 166, 1809 195. Der Herrschaft Zwingenberg gehörten 1778 32 Leibeigene. Lebensgrundlage war die Landwirtschaft. Neben den 12 Hufengütern, auf denen 1778 auch 18 Knechte und 11 Mägde arbeiteten, gab es sicher durch Rodung gewonnenen kleineren Ackerbesitz der anderen Bürger. Auch hatten diese an der Weide Anteil. An Getreide wurden im 16. Jh. nach dem durchschnittlichen Zehntertrag jährlich etwa 160 Malter Roggen, 180 Malter Hafer und 10 Malter Heidekorn (Buchweizen) geerntet. Für die Viehzucht waren auch die umliegenden Wälder wichtig. So trieben die Weisbacher Bauern schon 1326 ihr Vieh zur Eckernmast in die Michelherd, sollten aber dafür fortan die Erlaubnis der Mosbacher einholen. Die der Herrschaft zustehende Schäferei war in der Neuzeit an die Gemeinde verpachtet. – Die Vermögensschätzung von 1746 nennt einen Bürger mit gutem (über 800 fl), 7 mit mittlerem (über 400 fl) und 4 mit schlechtem (über 100 fl) Vermögen. Erst nach 1746 wurden noch zwei weitere Hufen mit bisher brachliegendem Land wieder neugegründet. 1778 war Weisbach nach Oberdielbach das zweitwohlhabendste Dorf der Herrschaft. Das Schatzungsaufkommen ist mit 1800 fl zwar deutlich geringer und auch, auf den Einwohner umgerechnet, mit 10,84 fl je Kopf zwar an zweiter Stelle, doch um 2 Gulden weniger; aber auf die Steuerpflichtigen bezogen, zahlte jeder von diesen 81,8 fl im Jahr (in Oberdielbach 82).

Quellen und Literatur

Mülben

Quellen, gedr.: *Gropp.* – *Kollnig* S. 72f. – *Krieg.*
Ungedr.: FLA Amorbach, U Amorbach; A 8/1/12; Bücher zur Kenntnis und zur Hebung des Landes. – GLA Karlsruhe 44/570; 194/64, 78–80, 85, 90f., 93, 97, 111, 121, 146; 229/37246, 69452–463, 88429. – StA Darmstadt, Kopb. der Herren von Hirschhorn.
Allg. Literatur: *Hausrath.* – *Krieger* TWB 2 S. 236. – LBW 5 S. 307. – *Liebig*, Fritz, 1000 Jahre Neckargerach, 1200 Jahre Guttenbach, Neckargerach 1976. – *Lohmann.* – *Widder* 2 S. 181.
Erstnennung: ON 1286 (FLA Amorbach, U Amorbach 1286 Mai 1).

Oberdielbach

Quellen, gedr.: *Kollnig* S. 85. – *Krieg.*
Ungedr.: GLA Karlsruhe 44/570; 194/64, 78–80, 85, 90f., 93, 111, 121, 146; 229/18360, 18363, 18366, 37246.
Allg. Literatur: *Krieger* TWB 1 Sp. 399. – LBW 5 S. 307f. – *Liebig*, Fritz, 1000 Jahre Neckargerach, 1200 Jahre Guttenbach, Neckargerach 1976. – *Lohmann.* – *Widder* 2 S. 178f.
Erstnennung: ON 1419 (*Krieg* S. 173).

Schollbrunn

Quellen, gedr.: DI 8. – *Kollnig* S. 90–95. – *Krieg.* – REM 2.
Ungedr.: FLA Amorbach, Eberbacher Waldbeschreibung 1597; Eberbacher Wiesen und Gärten 1746; Grenzbeschreibung Eberbach-Zwingenberg 1780; Bücher zur Kenntnis und zur Hebung des Landes. – GLA Karlsruhe 43 sp. 214; 194/80, 94, 119; 229/93601–93619.
Allg. Literatur: *Krieger* TWB 2 S. 882. – LBW 5 S. 308. – *Lohmann.* – *Müller*, Dorfkirchen S. 66.
Erstnennung: ON 1364 (REM 2 Nr. 1865).

Strümpfelbrunn

Quellen, gedr.: DI 8. – *Kollnig* S. 95–106. – *Krieg.* – REM 1 und 2.
Ungedr.: FLA Amorbach A 8/1/19. – GLA Karlsruhe 43/25; 44/570; 65/709; 77/6185; 194/64f., 78–81, 85, 90, 93, 111, 121f., 146; 229/37246, 102740–791.
Allg. Literatur: *Hausrath.* – KDB IV,4 S. 182f. – *Krieger* TWB 2 Sp. 1109. – LBW 5 S. 308. – *Liebig*, Fritz, 1000 Jahre Neckargerach, 1200 Jahre Guttenbach, Neckargerach 1976. – *Lohmann.* – *Müller*, Dorfkirchen S. 69f. – *Widder* 2 S. 179f.
Erstnennung: ON 1341 (REM 1 Nr. 4756, in moderner Schreibweise; HStA München, Mainz-St.Alban Fasz. 26).

Waldkatzenbach

Quellen, gedr.: *Kollnig* S. 110f. – *Krieg.*
Ungedr.: GLA Karlsruhe 44/570; 65/709; 134/111; 194/64, 67, 78, 80f., 85, 90f., 93, 111, 121, 146; 229/109152–171
Allg. Literatur: KDB IV,4 S. 185. – *Krieger* TWB 2 Sp. 1316f. – LBW 5 S. 308. – *Liebig*, Fritz, 1000 Jahre Neckargerach, 1200 Jahre Guttenbach, Neckargerach 1976. – *Lohmann.* – *Widder* 2 S. 179.
Erstnennung: ON 1404 (*Krieg* S. 155).

Weisbach

Quellen, gedr.: *Kollnig* S. 111–113. – *Krieg.* – UB MOS.
Ungedr.: GLA Karlsruhe 44/570; 194/64, 78–80, 85, 90–93, 111, 121, 146; 229/37246.
Allg. Literatur: *Friedlein.* – *Krieger* TWB 2 Sp. 1400f. – LBW 5 S. 309. – *Liebig*, Fritz, 1000 Jahre Neckargerach, 1200 Jahre Guttenbach, Neckargerach 1976. – *Lohmann.* – *Widder* 2 S. 180f.
Erstnennung: ON 1326 (UB MOS Nr. 67).

Walldürn

10 588 ha Stadtgebiet, 10 350 Einwohner

Wappen: In Silber (Weiß) auf grünem Boden zwischen zwei grünen Linden eine gezinnte rote Burg mit rechtsstehendem Turm und hochgezogenem schwarzen Fallgatter im offenen Tor des Turmes, darüber schwebend ein an den Turm gelehnter roter Schild, worin ein sechsspeichiges silbernes (weißes) Rad. – Das Wappen ist 1960 nach dem ersten, seit 1419 belegten, aber wohl älteren Siegel gestaltet worden, nachdem Zeichnung und Tingierung lange Zeit nicht festgelegt waren. Bäume und Burg könnten »redend« für den Ortsnamen stehen, sich aber auch auf die ehemalige Burg beziehen oder als Stadtsymbol gemeint sein. Der kurmainzische landesherrliche Wappenschild wurde im 19.Jh. zuweilen durch das bad. Wappen ersetzt. – Flagge: Rot-Weiß-Grün (Rot-Silber-Grün). Sie wird seit 1926 geführt.

Gemarkungen: Altheim (2409 ha, 1246 E.) mit Dörntal, Kudach und Untermühle; Gerolzahn (369 ha, 143 E.) mit Gerolzahn, Bahnstation, und Kummershof; Glashofen (980 ha, 254 E.) mit Neusaß; Gottersdorf (541 ha, 189 E.); Hornbach (1012 ha, 195 E.) = Großhornbach und Kleinhornbach; Kaltenbrunn (234 ha, 42 E.) mit Spritzenmühle; Reinhardsachsen (555 ha, 128 E.); Rippberg (394 ha, 830 E.) mit Linkenmühle und Siedlung Waldfrieden; Walldürn (3557 ha, 7215 E.) mit Im Rippberger Tal am Marsbach (Miltenbergerstraße); Wettersdorf (537 ha, 133 E.).

A. Natur- und Kulturlandschaft

Naturraum- und Landschaftsbild. – Das aus neun Gemarkungen zusammengesetzte Stadtgebiet Walldürns dehnt sich im N und am Nordrand des Landkreises – ähnlich wie das benachbarte Stadtgebiet von Buchen – über beide den Neckar-Odenwald-Kreis charakterisierenden Naturräume von Hinterem Odenwald und Bauland aus. Der weitaus größere, dem Hinteren Odenwald angehörende Teil des Stadtgebiets wird im W und NW vom Marsbach und seinen Nebenbächen und im N von dem der Erfa tributären Kaltenbach zum Main entwässert. Dem Einzugsgebiet des Maines gehört östlich und südöstlich der Kernstadt Walldürn durch die bereits im Muschelkalk entspringenden Quellbäche des Marsbachs auch der unmittelbar an den Hinteren Odenwald angrenzende hochflächige Baulandanteil an. Etwa am Nordrand der Gkg Altheim verläuft dann in ca. 440 bis 400 NN die *Wasserscheide zwischen Main und Neckar*, den nach N sich aufspreizenden Quellbachbereich des Altheim durchziehenden Kirnaubaches umschließend. Die Gkg Altheim mit dem oberen Einzugsgebiet der Kirnau gehört somit über das Flußsystem der Seckach und Jagst zum Einzugsgebiet des Neckars.

Der *Odenwaldanteil* des Stadtgebietes, dessen Grenze zum Bauland hin etwa mit der Bahnlinie Buchen–Walldürn–Hardheim und der auf Gkg Walldürn östlich parallel verlaufenden B 27 zusammenfällt, ist im Bereich des Eiderbachs und Marsbachs mit einer geschlossenen Mischwalddecke aus Laub- und Nadelbäumen bedeckt. Erst westlich des unteren Eiderbachtals öffnet sich auf der leicht gewellten Hochfläche in rd. 400 bis 440 m Höhe die Rodungsinsel von Groß- und Kleinhornbach. Nach O hin ist sie von zwei Klingen, die auf kurzer Strecke zu dem rd. 200 m in den Gebirgskörper eingeschnittenen Eiderbachtal hinunterführen, über den waldbedeckten Steilhängen des Eiderbachs stärker reliefiert. Im Bandholz nördlich von Kleinhornbach wird dort nahe der Landesgrenze in 471 m NN auch der höchste Punkt des Stadtgebietes erreicht. Die ebenfalls gerodeten Hochflächen nordöstlich des unterhalb der Eiderbacheinmündung rd. 250 m eingetieften Marsbachtals liegen wie um Hornbach in den oberen Schichten des Oberen Buntsandsteins in Höhenlagen um 400 m NN. Die höchstgelegenen Feld- und Wiesenflächen erreichen südlich von Glashofen 421 m und südwestlich von Neusaß 441 m NN. Im Wald westlich von Gottersdorf wird oberhalb des Marsbachtals noch eine größte Höhenlage von 466 m NN erzielt. Nach O hin fällt die vom Kaltenbach und Eichelbach zertalte Hochfläche des Hinteren Odenwalds sanft ab, erreicht um Reinhardsachsen noch Höhenlagen von 400 bis 360 m. Zwischen Reinhardsachsen und Wettersdorf wird die 400 m-Höhenlinie noch einmal überschritten. 417 m NN ist dort der am weitesten herausragende Punkt der Hochfäche. Ihre Gesteinsschichten im Plattensandstein stehen an der Oberfläche nicht immer an, weil sie zuweilen unter stark entkalkten Verwitterungslehmen und Lößlehmschichten verdeckt sind.

Der Untergrund der auf dem Stadtgebiet südostwärts zum Bauland und ostwärts gegen das Erftal einfallenden Buntsandsteinhochfläche ist nur durch die großen Täler des Marsbachs, Eiderbachs und Kaltenbachs freigelegt. Das von der Bahnlinie nach Amorbach und der B 47 durchzogene *Marsbachtal* schneidet sich bereits unterhalb der Kernstadt unter Ausbildung einer wiesenbedeckten und teilweise von Bachmäandern durchzogenen Talsohle in den Buntsandsteinkörper ein. Beim Wohnplatz Im Rippberger Tal verändert sich das Talprofil. Der Talboden keilt aus, und ein steilwandiger und völlig waldbedeckter Kerbtalabschnitt, an dessen rechter Talflanke die Bahn und Bundesstraße entlangziehen, folgt bis oberhalb Rippberg, wo sich das Tal durch die Einmündung des von Süden entwässernden Eiderbachtals wieder ausweitet und eine breite, vom Dorfkern, Gewerbe- und Industrieanlagen sowie einem Weiher ausgefüllte Talsohle sich öffnet. Die steilen Talflanken des Marsbachs werden an einigen Stellen durch tief eingekerbte Klingen zerschnitten, wie die oberhalb von Rippberg einmündende Kummersklinge, die von der Hochfläche um Gottersdorf heruntersteigt, oder die den Gegenhang zertalende Finsterklinge. Bezeichnend für das Marsbachtal, das in den Mittleren Buntsandstein eingesägt ist, sind an den unteren Talflanken mächtige Lagen von Gehängeschutt. So stehen am bis zu 150 m hohen, rechtsseitigen Steilhang noch auf Gkg Gerolzahn oberhalb der Einmündung der Kummersklinge quarzitische und grobkörnige Schichten des Mittleren Buntsandsteins an, während die unteren Hangpartien vom Gehängeschutt verhüllt werden. Eine ganz ähnliche Talhangausgestaltung läßt sich auch weiter oberhalb auf der Gkg Glashofen beobachten. Der im unteren Talabschnitt bei der Linkenmühle rd. 150 m in die Buntsandsteinhochfläche eingesägte *Eiderbach*, dessen oberes Kerbtal mit waldbedeckten Flanken die Grenze zum Stadtgebiet von Buchen bildet, durchschneidet ebenfalls das Obere Konglomerat bis in den Hauptbuntsandstein. Unterhalb der Linkenmühle hat auch der Eiderbach einen wiesenbedeckten Talgrund ausgebildet. Quarzitische Schichten des Hauptbuntsandsteins stehen dann auch am Nordostrand des Stadtgebietes in den durch die Gebirgshebung steil und bis zu 240 m unter den Taloberkanten eingetieften Talkerben des *Kaltenbachs* unterhalb von Reinhardsachsen und des unteren *Eichelbachs* an.

Sanftwellige, durch flache Talhänge im plattigen Oberen Buntsandstein oder durch Quellmulden gegliederte Hochflächen und tief in das mächtige Schichtpaket des Hauptbuntsandsteins eingesägte Kerb- und Sohlentäler, deren untere Talflanken mit Gehängeschutt bestreut sind, bilden die abwechslungsreichen Bestandteile der Landschaft im Odenwaldanteil des Stadtgebiets. Auf den zu großen Teilen lehm- und lößlehmüberlagerten Hochflächen entstanden Rodungsinseln, die mit ihren Feld- und

Wiesenlagen sowie mit ihren Siedlungen an Talhängen und in Quellmulden auch kulturlandschaftlich einen großen Gegensatz zu den meist waldbedeckten größeren Taleinschnitten bilden. Im *Baulandanteil* des Stadtgebietes, das im Grenzbereich zum Hinteren Odenwald auf der völlig waldfreien östlichen Stadtgemarkung von Walldürn hochflächig und auf der Gkg Altheim durch die sternartig sich ausbreitenden und die Landoberfläche zerschneidenden Quellbäche der Kirnau hügelig ausgeprägt ist, sind keine so großen Reliefunterschiede festzustellen. Die Baulandhöhen und -hügel, die nur im Grenzbereich der Gkgn Walldürn und Altheim mit dem Bodenwald – abgesehen von einigen kleinen randlichen Waldstücken im Altheimer Bann – eine geschlossene Walddecke tragen, erreichen nahe der B 27 bis zu 430 m NN, so an dem im harten Unteren Muschelkalk aufragenden Hummelberg, und liegen im allgemeinen im Verbreitungsbereich des Unteren und Mittleren Muschelkalks in rd. 400 m NN, die auch der Verkehrslandeplatz im NO der Stadtgemarkung einnimmt. Eine größte Höhenlage wird im Bodenwald an der nur flach ansteigenden Hauptmuschelkalkstufe mit 448 m NN erreicht. Am Nordrand der Gkg wird die 400 m-Marke mit 418 und 409 m NN noch leicht überschritten. Diese Höhenlage erreicht am Ostrand der Gemarkung auch die Altheimer Höhe, ein westlich des oberen Erfatals aufragender Zeugenberg der Keuperstufe im Unteren Keuper, die infolge einer Reliefumkehr im Ahornwald östlich außerhalb des Kreisgebietes deutlich ausgeprägt ist. Auch der Lerchenberg östlich von Dörntal und Kudach ist aus Lettenkeuperschichten aufgebaut und kündet als weiterer die Gemarkung berührender Zeugenberg vom Zurückwandern der Keuperstufe im Zuge der jungen Heraushebung des Odenwalds, von der auch das dem hochflächigen Buntsandsteinbergland benachbarte Bauland betroffen wurde. Die Quellbäche der Kirnau, die im Zentrum der Gkg Altheim aus westlichen, nördlichen und östlichen Richtungen sternförmig zusammenmünden, sind nur sanft in die aus Oberem Muschelkalk aufgebauten Hügel 30 bis 50 m eingeschnitten. Eine breitere und unterhalb des Dorfes Altheim wiesenerfüllte Talsohle hat sich lediglich an der Kirnau ausgebildet. Dort nimmt der Talboden gegen die südliche Gemarkungsgrenze eine Höhenlage von 310 bis 308 m NN ein.

Siedlungsbild. – Das im SO des Stadtgebietes geschützt zwischen Baulandhügeln eingebettete und bis ins frühe Mittelalter zurückreichende Dorf Altheim liegt mit seinem alten und langgestreckten *Siedlungskern* auf der linken und östlichen Seite des oberen Kirnautals an der Einmündung des etwa von O entwässernden Brügelgrabens. Sein Zentrum mit der kath. Pfarrkirche, der ehemaligen Schule und dem Gasthaus zur Krone liegt an der Abzweigung der ostwärts führenden Gerichtstetter Straße von der in leichten Kurven am westexponierten Kirnautalhang entlangziehenden Baulandstraße, der eigentlichen Hauptstraße der alten Siedlung.

Die kath. *Kirche*, ein großer in O-W-Richtung angelegter Saalbau mit einem schmaleren polygonalen Altarraum als Ostabschluß und einer an der SO-Seite angebauten flachdachigen Sakristei, hat an den Längsseiten hohe barocke Rundbogenfenster mit heller Verglasung, deren Buntsandsteineinfassungen sich wie die der Türen deutlich vom hellgelben Mauerverputz abheben. Aus dem Westgiebel tritt mittelrisalitartig der dreigeschossige, an der Westseite buntsandsteingemauerte Glockenturm gegen den Kirchplatz an der Baulandstraße vor. Über seinem Glocken- und Uhrgeschoß sitzt ein barocker Dachabschluß mit zwiebelartiger Haube, die in eine hohe geschlossene Laterne mit kleinem Zwiebeldach und dünnem, nadelartigem Spitztürmchen übergeht, auf dem eine goldene Kugel und Wetterfahne aufsitzen. An der NW-Ecke des Kirchplatzes fällt vor einer Baumgruppe eine barocke Madonnensäule mit einer Marienstatue vor einem goldenen Strahlenkranz und mit einem sternenbesetzten Heiligenschein auf.

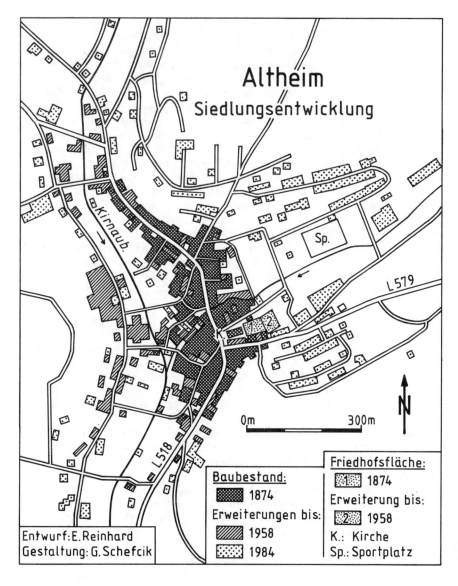

An der SW-Ecke ragt das Kriegerdenkmal in der Gestalt einer polygonalen Säule mit einer aufgesetzten Adlerskulptur empor. Südlich des den Ortsmittelpunkt architektonisch bestimmenden Gotteshauses steht die alte Schule, ein hoher Muschelkalkbau mit flachem Walmdach, Buntsandsteinsockel, -fenster- und -türgewänden, dessen Längsfront an der Gerichtstetter Straße entlangzieht. Östlich von ihr gehört noch das Gerätehaus der Freiwilligen Feuerwehr zu diesem Ortszentrum. Der Bereich des Kirchplatzes wird ferner ganz wesentlich vom Gasthaus zur Krone mitgeprägt, das an der Abzweigung der südwestwärts in den Kirnautalboden hineinziehenden Kronenstraße aufragt und das an einem Türbogen die Jahreszahl 1738 erkennen läßt. Das im Ober- und hohen Giebelgeschoß als Fachwerkbau gestaltete Gebäude ist gelb verputzt, hat Fenster- und Türeinfassungen sowie einen Sockel aus Buntsandstein. Sein Anbau an der Baulandstraße hat ein weit vorkragendes, mit Holzstelzen abgestütztes Obergeschoß.

Die das alte Dorf auf seiner ganzen Länge durchziehende Baulandstraße ist im mittleren Teil und südlich der »Krone« funktional das Geschäftszentrum des Ortes. Neben alte, noch in die Zeit vor 1875 zurückreichende bäuerliche oder früher landwirtschaftlich genutzte Gebäude sind traufständige, zweigeschossige Wohn- oder Wohn-Geschäftshäuser getreten. Bei den alten landwirtschaftlichen Anwesen lassen sich Streckgehöfte oder Hofanlagen mit hinter den Wohnhäusern stehenden Wirtschaftsbauten, zuweilen auch Zweiseit- und Winkelgehöfte, erkennen. Mehrere Gaststätten, unter ihnen die »Linde« in einem großen, zweigeschossigen Neubau, der »Ochsen« und im S des Dorfes das »Roß«, bestimmen neben Kaufläden, der Post, Bank- und Sparkassenfilialen die heutigen Aufgaben dieser Hauptstraße. Von ihr führen rechtwinklig oder schräg abzweigende Sträßchen und Gassen in den Talgrund und über Brücken auf die Westseite der Kirnau, wo am Lohwiesenweg, Heller- und Oberen Hellerweg noch im ausgehenden 19. Jh. eine erste Ortserweiterung am Hangfuß des Rahmbergs entstand.

Die Bebauung des Talbodens zwischen der alten straßendorfartigen Siedlung und der Kirnau, der in den Loh- und Rohrwiesen auch mit Gemüsegärten genutzt wird, ist an der Kronenstraße und am Lohwiesenweg noch recht bäuerlich. Streck-, Zwei- und Dreiseitgehöfte bestimmen den alten und hier haufendorfartigen Baubestand. Kaufläden wie an der Baulandstraße sind in diesem inneren Talbereich eine Ausnahme. Um so auffälliger wirkt am Lohwiesenweg ein Haushaltswarengeschäft. Auffallend sind auf dem inneren Kirnautalboden ferner neue Wohnbauten, zwei- und einstöckige, individuell gestaltete und freistehende Einfamilienhäuser, die auf einstigen Gartengrundstücken errichtet wurden wie Am Jakobsbrunnen oder die einen älteren Baubestand auf bäuerlichen Hausgrundstücken ergänzen und ersetzen.

Die westliche Ortserweiterung am Ostfuß und unteren Hang des Rahmbergs läßt unter der älteren Bebauung noch bäuerliche Anwesen hervortreten wie das kleine Zweiseitgehöft am Oberen Hellerweg 27. Im nördlichen Bereich dehnt sich dann ein geschlossenes Wohngebiet mit Neubauten aus, die überwiegend erst seit den 1960er Jahren errichtet wurden. Zweigeschossige, traufseitig am Oberen Hellerweg aufgereihte Wohnhäuser teils mit ausgebauten Dachgeschossen herrschen dort vor. Neben ihnen stehen aber auch individueller gestaltete eingeschossige Einfamilienhäuser.

Großflächige *Neubaugebiete* überziehen im O des Dorfes beide Talhänge des Brügelgrabens, im N bis auf die hochflächige Muschelkalkhöhe des Lindenbergs. Im S der Gerichtstetter Straße, die zum Ortsinneren hin eine noch alte Bebauung zeigt, erschließt die Wohnstraße An den Schafäckern mit zwei übereinander angeordneten und hangparallel verlaufenden Hauptsträngen den nordexponierten Hang. Bergwärts ein- und talwärts zweigeschossige Einfamilienhäuser in Ziergärten prägen das durchaus individuell gestaltete, vorstädtisch wirkende Straßenbild, das sich am Gegenhang, am Südabfall des Lindenbergs, in ähnlicher Weise wiederholt.

Östlich der Kirche, wo der nahe beim Ortskern gelegene Friedhof mit seiner neuen Aussegnungs- und Leichenhalle, umgeben von alter Bebauung auffällt, dehnen sich auf dem Talboden des Brügelgrabens ebenfalls Nutzgärten und in den ehemaligen Brügelwiesen Sportanlagen mit Tennisplätzen und dem Fußballfeld aus. Weiter östlich folgt dann ein modernes *Industriegebiet* mit Fabrikanlagen von zwei größeren Betrieben in der Gestalt kubischer Flachdachbauten in Backstein- und Betonbauweise sowie mit unterschiedlich hohen Produktionshallen. Gegen das benachbarte Wohngebiet am südexponierten Hang des Lindenbergs sind diese Industriebauten mit dicht stehenden Bäumen abgeschirmt.

Dieses zweite Neubaugebiet zieht an der Wohnstraße An den Hofäckern in kurvigem Verlauf hangaufwärts. Am unteren Hang steht die moderne *Schule* mit einer benachbarten Turnhalle. Alle Gebäude, die Turnhalle und der zweigeschossige Hauptbau mit den Klassenzimmern, tragen flach geneigte Schrägdächer und fügen sich gut in die parkartige Umgebung ein. Das benachbarte, junge Wohngebiet in günstiger Südhanglage besteht aus individuell gestalteten Einfamilienhäusern in Gärten, zwischen denen noch unbebaute Hausgrundstücke liegen oder jüngste Neubauten erst im Rohbau stehen. Alle Häuser sind traufständig und hangparallel errichtet. Im oberen, auf die Hochfläche des Lindenbergs hinaufreichenden Bebauungsbereich, der auch über den von der Baulandstraße abzweigenden Lindenberg-Weg, an dem der Hochbehälter von 1909 steht, erreichbar ist, fallen auch größere, aber stets individuell entworfene Häuser mit Villencharakter auf. An der Grünkernstraße, von der aus bebaute Stichstraßen (Nelken-, Tulpen-, Rosenstraße) auf die ca. 360 m aufragende Hochfläche führen, erstreckt sich diese jüngste, noch nicht abgeschlossene Siedlungserweiterung am Kirnautalhang nach NW; sie wird von der Kornblumenstraße erschlossen. Im N oberhalb des Dorfes reicht die Bebauung in aufgelockerter Form in das Kirnautal bis zur Lilienstraße hinein. Unmittelbar westlich der Straße nach Waldstetten (Gde Höpfingen) bildet weit außerhalb des Dorfes eine umfriedete *Bundeswehranlage* mit zweigeschossigen kubischen Kasernengebäuden in einem parkähnlichen Gelände eine von der Siedlung abgesetzte, ausgedehnte Neubaufläche im N.

Das kleine Dorf Gerolzahn nimmt östlich über der Kummersklinge, die sich als steile zum Marsbach entwässernde Talkerbe in den Buntsandstein-Gebirgskörper eingeschnitten hat, eine flach nach W abfallende Hanglage ein. Die Siedlung besteht aus dem *alten Dorf*, das sich entlang der hangabwärts zum Kummershof erstreckenden Lindenstraße ausdehnt und mit der Bebauung an der von ihr südwärts und hangparallel wegstrebenden Schloßgarten- und der Steinackerstraße einen langgestreckten, aber unregelmäßigen Grundriß aufweist, und einem südlichen Neubaugebiet. Der Mittelpunkt des Ortes ist ein kleiner Dorfplatz, auf dem ein moderner Dorfbrunnen aus Buntsandstein mit zwei Springbrunnenbecken auffällt. An der Nordseite der Lindenstraße steht das kleine kath. Gotteshaus, ein kapellenartiger, einschiffiger Buntsandsteinbau mit einem fünfseitigen niedrigeren Chor. Zwei hohe Rundbogenfenster an den Längsseiten und ein Okulusfenster im Giebel gliedern die Kirchenwände. Über dem Giebeldach sitzt auf quadratischem Grundriß ein verschindelter Dachreiter mit steilem Zeltdach. Neben dieser kleinen Kirche fällt das Kriegerdenkmal auf, geschmückt mit einem Kruzifix und den Reliefs zweier betender Soldaten, darunter die Namen der Gefallenen. An der Abzweigung der Schloßgarten- von der Lindenstraße steht am Dorfplatz ein alte Milchsammelstelle mit hohem Walmdach und Verladerampe. Das obere östliche Dorf wird auch entscheidend vom Gasthaus zur Linde geprägt. Sein zweigeschossiges Hauptgebäude hat Buntsandsteinwände. Odenwälder Sandstein bestimmt auch die Nebengebäude, während ein moderner Anbau in Backsteinmauerung hochgezogen wurde. Außerhalb des östlichen Ortsrandes, an dem ein Geflügelhof auffällt, der aus einem Streckgehöft hervorgegangen ist, liegt an der Straße nach Glashofen der kleine Friedhof.

Die bäuerlichen Anwesen an der Linden-, oberen und ortsinneren Schloßgarten sowie der Steinackerstraße zeigen die typischen Grundrisse von Streck-, Winkel-

und Dreiseitgehöften. Bodenständiger Buntsandstein und Backsteine sind das vorherrschende Baumaterial im alten Ortsbereich mit eng zusammenstehenden Höfen, über deren steile Giebeldächer lediglich der Dachreiter der kleinen Kirche aufragt.

Im südlichen Ortsbereich entstand südlich der aus der Kummersklinge zur Schloßgartenstraße hinaufführenden Schafgasse eine *Neubauerweiterung* an der äußeren Schloßgartenstraße und der unterhalb von ihr neu angelegten Wohnstraße im Talblick. Im Grenzbereich von alter und neuer Bebauung steht an der oberen Schafgasse das Rathaus von 1951, in dessen Erdgeschoß sich auch die Abstellhalle für die Feuerwehrfahrzeuge und eine Viehwaage befinden. Tore am Feuerwehrgeräteraum, eine große Fensterfront im Obergeschoß, Buntsandsteingewände an Türen und Fenstern sowie ein ziegelgedecktes Giebeldach mit Sirene prägen das Äußere des sonst weiß verputzten Gebäudes. In der Nachbarschaft an der Schloßgartenstraße sticht ein größeres zweigeschossiges Gebäude von 1912 mit einem Zwerchgiebel aus der umgebenden Bebauung heraus, wohl das alte Rat- und Schulhaus. Eine Art Bossenquaderung am Buntsandsteinsockel sowie Fenster- und Türeinfassungen aus Odenwaldsandstein verleihen diesem jetzt von einem Keramikunternehmen genutzten Gebäude noch heute eine repräsentative Note.

Die junge Wohnbebauung an Schloßgartenstraße und Talblick, an deren Südrand ein Fernsehumsetzer aufragt, besteht aus überwiegend zweigeschossigen, individuell gestalteten Häusern mit ausgebauten Dachgeschossen. Walmdachbungalows mit Rechteck- und Winkelgrundriß bringen Abwechslung in das Aufrißbild der Ortserweiterung, die in landschaftlich reizvoller und günstiger flacher Hanglage über der Kummersklinge reine Wohnfunktionen erfüllt.

An der Einmündung der Lindenstraße in die durch die Kummersklinge zum Marsbachtal führende Straße liegt der schon im Spätmittelalter bezeugte *Kummershof*, heute nahe einer modernen Kläranlage. Dieses große Gehöft hat ein zweigeschossiges Wohnhaus mit hohem Sockel und zwei große Wirtschaftsgebäude.

Der aus einem Haufendorf hervorgegangene Walldürner Stadtteil Glashofen liegt auf der Buntsandsteinhochfläche in der flachen oberen, nur sanft eingetieften Talmulde des Kaltenbachs. Die unregelmäßige Dorfsiedlung erfüllt neben den traditionellen landwirtschaftlichen Aufgaben heute auch Funktionen als Gewerbe- und Wohnstandort. Die Siedlung wird von der die Kaltenbachmulde etwa in westöstlicher Richtung querenden Neusaßer Straße als eigentlicher Hauptstraße durchzogen. Vom *Ortskern* in Tallage streben talabwärts die Reinhardsachsener, talaufwärts die Walldürner Straße weg. Geprägt wird er im O von der kath. Kirche mit dem benachbarten Pfarrhaus und dem ehemaligen Schul- und Rathaus. Im Westen, wo der Stückweg von der Neusaßer Straße nordwestlich in die Gemarkung wegzieht, bestimmt das Gasthaus zum Löwen den innerörtlichen Aufriß.

Die *Kirche* ist ein neubarocker Buntsandsteinbau, dessen Dachreiter über dem Eingangsgiebel in einer geschweiften Haube mit einer offenen Laterne und darüber aufragendem Spitzhelm ausläuft. Fünf hohe rundbogige Seitenfenster gliedern die Seitenfronten des Kirchensaals, zwei weitere die Längsseiten des schmaleren, dreiseitig abschließenden Choranbaus. Vor der westlichen Chorseite steht ein barocker Bildstock von 1730. Das Pfarrhaus östlich der Kirche trägt ebenfalls neubarocke Zierelemente und hat zwei Geschosse über einem hohen Sockel. Die dem Gotteshaus zugewandte Seite wird durch einen Mittelrisalit gegliedert. Das *Schul- und Rathaus* von 1902 ist ein zweigeschossiger neoklassizistischer Bau aus Buntsandstein und mit einem Walmdach. Neben ihm steht in einer kleinen Anlage das Kriegerdenkmal für die Opfer der beiden

Weltkriege. Das Gasthaus zum Löwen von 1886 hebt sich durch eine mächtige zweiseitige Buntsandsteintreppe aus der umgebenden Bebauung heraus. Die bäuerlichen Anwesen im Ortskern und in den Randbereichen der Siedlung sind Gehöfte, weitgehend mit Zweiseit- und Dreiseitgrundrissen. Auffallend sind zugehörige neue Wohnhäuser. Vor allem an den Wirtschaftsgebäuden sticht immer wieder Bruchsteinmauerwerk aus farbkräftigem Sandstein hervor, so am Hang gegen den Ostrand des Dorfes, wo beim Anwesen Neusaßer Str. 2 an der Giebelwand eines Wirtschaftsbaues ein weiterer barocker Bildstock von 1731 auffällt.

Eine geschlossene *Neubauerweiterung* findet sich nur im N an der Reinhardsachsener Straße, wo sich funktional eine neue Mischbebauung herausgebildet hat. Dort finden sich der Neubau des Forstreviers Walldürner Höhe des staatlichen Forstamtes Walldürn, moderne Wohnhäuser, unter die sich auch gewerbliche Betriebe wie eine Spezialschreinerei für Bilderrahmen oder Handelsunternehmungen wie ein Getränke-Abholmarkt mengen. Nach O wird diese insgesamt dichte Neubebauung aus überwiegend giebelständigen ein- und zweistöckigen Wohnhäusern von zwei großen und flachgiebeligen Lagerhallen mit Verladerampen abgelöst. Sie bewirken einen großen Gegensatz im Aufrißbild zu den mächtigen Gehöften im O des Dorfes. Randliche Neubauten stehen auch im westlichen Ortsbereich, so ein Lebensmittelgeschäft und eine Bäckerei am äußeren Stückweg oder jüngere Wohnhäuser oberhalb der einen Einschnitt durchziehenden westlichen Neusaßer Straße. Auch funktional umgestaltete Streckgehöfte wie das Anwesen Neusaßer Str. 37 von 1903 fallen auf. Im ehemals bäuerlichen Wirtschaftstrakt wurden im Untergeschoß Garagen, darüber eine Wohnung eingerichtet. Von der althergebrachten Bebauung hebt sich dann am Westrand, etwas außerhalb der geschlossenen Siedlung, ein moderner Betrieb der Metallverarbeitung ab. Geprägt wird er durch eine lange Produktionshalle mit Flachdach und einem etwas höheren Hauptbau in ebenfalls kubischer Gestalt.

Auf der Hochfläche der westlichen Gemarkung liegt in 420–430 m NN der bäuerliche Weiler *Neusaß*, eine ehemalige Waldhufensiedlung, deren breitstreifige Waldhufenflur durch die Anlage eines ausgedehnten Golfplatzes im SW der Siedlung weitgehend verschwunden ist. Die Wege zwischen den Gehöften und ihren umgebenden Hausgärten und Obstwiesen deuten aber die einstigen Hufenstreifen noch an. Der Weiler besteht heute aus drei großen Gehöften mit dreiseitigen oder unregelmäßigen Grundrissen. Sie bilden den erhaltenen Kern des Weilers mit Waldhufenstruktur. An der Gerolzahn und Glashofen verbindenden Landesstraße, die in leicht geschwungenem S-Kurvenverlauf im N und O um diese Höfe herumführt, stehen im Randbereich auch Streckgehöfte wie das Anwesen Nr. 5 mit einem Wirtschaftsbau von 1906 und einem modernen eingeschossigen Wohnhaus. An der ostwärts gerichteten Umbiegung der Landesstraße nach Glashofen fällt ein Kriegerdenkmal in jugendstilhaften Formen auf. Auf einem Relief ist Christus mit der Dornenkrone dargestellt, wie er einen betenden Soldaten tröstet. Darunter stehen die Namen der Gefallenen. An dem südwärts abzweigenden Weg zur ehemaligen Ziegelhütte fällt beim Anwesen Nr. 16 ein kleines gestelztes Wohnhaus auf, das an ein niedriges Wirtschaftsgebäude angesetzt ist. Die vorherrschenden Baumaterialien sind auch in dieser bäuerlichen Kleinsiedlung, die bis zum heutigen Tag ganz von der Landwirtschaft geprägt und bestimmt wird, der bodenständige Buntsandstein und das Holz. Das gilt auch für die abseits des Weilers stehenden Gebäude bei der ehemaligen Ziegelhütte, zu denen auch ein modernerer Einzelhof mit einem eingeschossigen Wohnhaus mit Giebeldach, einem größeren hölzernen Wirtschaftsgebäude und einem ebenfalls hölzernen Schuppen- und Garagenbau gehört.

Ein neues Kulturlandschaftselement ist der gepflegte Golfplatz des Golfclubs Walldürn-Neusaß, der durch seine ausgedehnte Rasenfläche auf der leicht welligen Hochfläche besticht. Am Rand des Golffeldes wurde ein großer Parkplatz angelegt, in dessen Nachbarschaft ein violett verputztes einstöckiges Gebäude mit einer Terrasse zum Golfplatz hin und einem ziegelgedeckten Walmdach zu erkennen ist, auf dem zwei pagodenartige Oberlichtaufsätze hervorstechen. Die vom Bauernweiler abseitige Lage, die noch durch dicht mit Bäumen bestandene Obstwiesen verstärkt wird, beeinträchtigt das Siedlungsbild der alten Ortschaft aber nicht.

Der Stadtteil Gottersdorf geht auf eine mittelalterliche Rodungssiedlung des Kl. Amorbach in der flachen Quellmulde der Kummersklinge zurück, auf deren Talboden sich ein – ursprünglich wohl klösterlicher – Fischweiher ausdehnt. Das alte Dorf am Hang westlich und südwestlich des Weihers war ein bis in unser Jahrhundert nur locker bebautes Streudorf mit wenigen Höfen. So steht an der westwärts den Hang erklimmenden Weiherstraße, die unmittelbar südlich des Weihers die Talmulde quert, ein großes Dreiseitgehöft mit einem modernisierten Wohnhaus. Seine teilweise Verkleidung mit Eternitplatten bringt ein neues, der Odenwälder Landschaft fremdes Element der Hausfassadengestaltung ins Dorf, von dem sich die sonst auffallende traditionelle Bauweise mit rotbraunen Mauern aus Buntsandstein, Fachwerk und reiner Holzbauweise an den Wirtschaftsbauten wohltuend abhebt. Ein großes altes Gehöft fällt auch an der Abzweigung des Fichtenwegs mit einem gepflegten Fachwerkwohnhaus auf, hinter dem ein wuchtiger Stall- und Scheunenbau aufragt. Die hell verputzten Gefache zwischen dunkelbraun gestrichenem Balkenwerk und der teilweisen Buntsandsteinmauerung im Untergeschoß des Wohnhauses beleben das Straßenbild. Zur alten Bebauung gehört an der Abzweigung der Straße Am Rathausplatz von der Weiherstraße auch das steilgiebelige Gasthaus zum Grünen Baum, das mit einem mächtigen Wirtschaftsgebäude ein typisches Zweiseitgehöft bildet. Am westlichen oberen Rand der landwirtschaftlichen Bebauung steht an der Weiherstraße an der Stelle eines alten Hofes ein Streckgehöft von 1963 mit einem weiß verputzten, zweigeschossigen Wohnhaus und Buntsandsteinmauern am Wirtschaftsgebäude. Ein Gehöft mit einem großen zweistöckigen Backsteinwohnhaus und einem Wirtschaftsbau aus Holz und Odenwaldsandstein hebt sich auch an der östlichen Weiherstraße aus der sonst jüngeren Wohnbebauung heraus. Am oberen östlichen Ortsrand steht an der Einmündung der Weiherstraße in die Landesstraße 518, die nach Walldürn führt, ein weiteres Gasthaus, das baulich durch einen mittelrisalitartigen Vorbau an der östlichen Längsfront hervorsticht. Vereinzelte landwirtschaftliche Anwesen, deren Bausubstanz zum Teil noch ins 19. Jh. und davor zurückgeht, lassen sich im südlichen Ortsbereich an der Hainberg- und der Buchbaumstraße entdecken. Gehöfte, so eine Dreiseitanlage oder Anwesen mit einander gegenüberstehenden Wohn- und Wirtschaftsbauten an der Hainbergstraße, überwiegen.

Diese ursprünglich rein bäuerliche Streudorfsiedlung mit weit auseinanderstehenden Gehöften wurde seit dem Beginn unseres Jahrhunderts zu einer mehr geschlossenen Siedlung verdichtet, die westlich des Stauweihers im Bereich der Weiher- und Buchbaumstraße einen haufendorfartigen Grundriß aufweist. An seinem Südrand fällt auf einem ehemaligen, mit einer Buntsandsteinmauer eingefaßten Kirchhof – einem baumbestandenen Rasenplatz in flacher Hanglage, auf dem noch einige Grabkreuze auf die einstige Funktion hinweisen – das kleine *kath. Gotteshaus* auf. Der schmale einschiffige, quer zum Hang stehende barocke Sandsteinbau mit der Jahreszahl 1757 am Türsturz schließt mit einem polygonalen Westchor ab. Über dem Ostgiebel trägt er einen Dachreiter mit Zwiebeldach. Vor dieser Kirche steht das Kriegerdenkmal, eine

Mariensäule mit einer gekrönten Madonna vor dem Strahlenkranz. Von der bäuerlich geprägten Bebauung unterhalb des Kirchbereichs hebt sich an der Straße Am Rathausplatz das 1982 errichtete, gelb verputzte *Bürgerhaus* mit seinem hohen Giebeldach ab.

Die Bebauung seit dem 2. Weltkrieg brachte *randliche Siedlungserweiterungen* im W, S und O, aber auch Verdichtungen mit Wohn- und Wirtschaftsgebäuden innerhalb des Dorfes, unter anderem auch ein großes Gehöft im Stil eines Aussiedlerhofs am oberen westlichen Ortsrand (Buchbaumstr. 15). Nur unweit entfernt stehen in höchster Ortsrandlage ein- und zweigeschossige, teils bungalowartige Wohnhäuser. Zweigeschossige Wohnhäuser mit ungleich geneigten Giebeldächern bestimmen auch an der südlichen Buchbaumstraße, wo ein neues Schulhaus mit einer Turn- und Mehrzweckhalle im Untergeschoß heraussticht, eine südliche Ortserweiterung. Die ältesten Bauten, kleine und steilgiebelige Häuschen, entstammen dort an der Abzweigung des Pfadwegs von der Buchbaumstraße der frühen Nachkriegszeit. Neubauten, im Herbst 1990 teilweise erst im Rohbau, stehen hangunterhalb auch an der äußeren Hainbergstraße. Junge Wohnbauten bestimmen dann vor allem den Hang östlich des Fischweihers an der Weiherstraße und Am Seeblick mit modernen Einfamilienhäusern.

Nördlich und unmittelbar östlich des ganz entscheidend das Ortsbild prägenden Weihers entstand das *Odenwälder Freilichtmuseum,* zu dem einige alte Anwesen im Dorf selbst, dann aber auch dort neu aufgestellte Odenwälder und Bauländer Bauern-, Handwerker- und Taglöhnerhäuser unterschiedlicher Grund- und Aufrißgestaltung zusammen mit Bauerngärten gehören. Sie dokumentieren eine längst vergangene dörfliche Baukultur und Lebensweise. Dieses großflächig in Quellmuldenlage angelegte und noch im Ausbau begriffene Bauernhausmuseum bildet eine beachtliche nördliche Siedlungserweiterung, die dem seit alters agrarisch geprägten Ort, dem als Stadtteil Walldürns verstärkt Wohnortfunktionen zugefallen sind, neue Dienstleistungsaufgaben vor allem für einen sich verstärkenden Tagestourismus gebracht hat.

Der noch bäuerlich geprägte Stadtteil H o r n b a c h besteht aus den in einer Rodungsinsel zwischen dem Morre- und dem Eiderbachtal liegenden Ortsteilen Groß- und Kleinhornbach. Das kleine und unregelmäßig gestaltete Dorf *Großhornbach* liegt in 380 bis 410 m NN auf der Buntsandsteinhochfläche in der flachen Quellmulde einer ostwärts zum Eiderbach hinuntersteigenden Klinge. Das etwa in der Mitte der Rodungsinsel liegende Dorf besteht aus zwei durch die Bachmulde getrennten Siedlungsteilen. Der größere, in sanfter Süd- und Südosthanglage angeordnete Teil bildet mit dem hochliegenden Kirchbereich, der in der Nachbarschaft des Gotteshauses stehenden ehemaligen Schule und großen Gehöften den Siedlungsschwerpunkt. Nach S erstreckt er sich entlang der Kirchstraße bis in die Quellmulde und an den sanft ansteigenden Gegenhang. Im tieferen Muldenbereich bildet das große Gasthaus zum Lamm mit seinem Buntsandstein-Erdgeschoß, dem verputzten Obergeschoß und einem Halbwalmdach das herausragende Gebäude.

Das das Siedlungsbild beherrschende Bauwerk ist die kath. Kirche von 1921, ein wuchtiger einschiffiger Buntsandsteinbau mit neubarocken und neoklassizistischen Stilelementen. An seiner Nordwestecke ragt ein gedrungener Glockenturm auf quadratischem Grundriß auf, dessen schiefergedeckter Spitzhelm das hohe Giebeldach des Kirchensaals nur wenig überragt. Zu dem etwa rechtwinklig zum Hang angeordneten Bauwerk führt von der einen dreieckförmigen Platz bildenden Straßengabelung von Kirchenstraße und Hambrunner Straße ein zweiseitiger Treppenaufgang, vor dem ein Brunnen auffällt, zum südwärts blickenden Haupteingang. Rundbogen- und hohe

Rechteckfenster gliedern die massiven Kirchenmauern, die gut zu den Buntsandsteinwänden der umgebenden Gebäude passen.

Das Aufrißbild in diesem nördlichen Siedlungsteil wird von großen bäuerlichen Anlagen geprägt, deren Wohn- und Wirtschaftsbauten in Bruchstein- und behauener Quadermauerung vom farbkräftigen Odenwaldsandstein bestimmt werden. Die Bauernhäuser mit Drei- und Zweiseit-, Winkel- und Streckgehöftgrundrissen verleihen dem Ort noch weitgehend den Charakter eines von einer kath. Einwohnerschaft geprägten Bauerndorfes mit bis in die Barockzeit zurückreichenden Bildstöcken und Madonnennischen. Auffallend ist, daß ein Teil der Stall- und Scheunenbauten heute nicht mehr bäuerlich genutzt wird. Landwirtschaftliche Anwesen mit verschiedenen Grundrissen bestimmen auch den kleineren Siedlungsteil im S, im Bereich der Flurstücke Hirtengarten, Kastenbrunnen und Hofäcker. Wuchtige Dreiseitgehöfte mit neu verputzten Wohnhäusern und zum Teil auch mit jungen Erweiterungsbauten fallen dort auf. An der oberen südöstlichen Kirchenstraße reihen sich auch Gehöfte mit traufständigen Wohn- und Wirtschaftsgebäuden.

Das von zahlreichen Obstbäumen umgebene Dorf hat am oberen Nordwestrand seinen von einer Buntsandsteinmauer eingefaßten Friedhof. Seine erst aus der 2. Hälfte unseres Jahrhunderts stammende Erweiterung wird durch eine moderne Friedhofskapelle auf fünfseitigem Grundriß mit einem nach allen Ecken abfallenden Dach geprägt. Nur wenige neue Einfamilienhäuser, meist zweigeschossig, flachgiebelig und hangparallel angeordnet, bilden im O des nördlichen Siedlungsteils zwischen den Straßen nach Kleinhornbach und Rippberg eine kleine Siedlungserweiterung.

Kleinhornbach, rd. 750 m nördlich von Großhornbach am oberen nordwärts abfallenden Hang der Essigklinge gelegen, die bei der Linkenmühle ins Eiderbachtal einmündet, ist eine weilerartige Gruppe von großen Dreiseitgehöften und einem Winkelgehöft. Neugebaute Hofgebäude, zum Teil auch junge Erweiterungsbauten, bestimmen diese alten Gehöfte, die weitgehend an der serpentinenartig am Hang hinunterziehenden Hambrunner Straße in der nördlichen Rodungsinsel in 420 bis 370 m NN angeordnet sind. Am oberen Südrand stehen gegen das 425 m hoch liegende Wasserreservoir zwei kleinere Wohnhäuschen als junge Siedlungserweiterung.

Unter den Stadtteilen Walldürns ist Kaltenbrunn bei weitem der kleinste. Diese Kleinsiedlung hat die typische Gestalt eines Weilers mit unregelmäßig angeordneten Gehöften und einem Gasthaus. Die Hofgrundrisse sind unterschiedlich; zusammen mit jüngeren Anbauten und Erweiterungen handelt es sich um Zweiseitanlagen sowie um einige wenige Streckgehöfte mit dazugehörigen Nebengebäuden. Die noch ganz landwirtschaftlich strukturierte kleine Ortschaft liegt am nordwestwärts steil zum Kaltenbach abfallenden Talhang in der Quellmulde eines kurzen Nebenbaches in 310 bis 330 m NN. 1,25 km nordöstlich des Weilers steht an der Einmündung des Eichelbachs in den Kaltenbach die *Spritzenmühle*, ein bereits im 18. Jh. bezeugter Wohnplatz.

Reinhardsachsen, ein weiterer Stadtteil am Nordrand des Stadtgebietes, ist aus einem nur locker bebauten mittelalterlichen Streudorf im oberen Kaltenbachtal hervorgegangen. Die durch jüngere Bauten verdichtete und randlich erweiterte Siedlung erstreckt sich heute unmittelbar unterhalb der Einmündung des von NW entwässernden Haidebachs in den Kaltenbach in 310 bis 280 m NN über beide Talhänge bis zur Storchsklinge, die von W her in den Kaltenbach entwässert und in der die Landesgrenze zu Bayern verläuft. Der am jenseitigen Klingenhang liegende Storchhof gehört bereits zur bayerischen Gkg Windischbuchen.

Durch den im Siedlungsbereich nordwärts entwässernden und bereits unmittelbar unterhalb des Dorfes steil eingeschnittenen Kaltenbach wird der Ort in zwei Teile getrennt. Der östliche, am westexponierten Kaltenbachhang sticht durch das barocke, aus braunrotem Buntsandstein errichtete *kath. Gotteshaus* heraus, das am Hang hoch über dem Bachlauf als architektonischer Blickfang den Ortsmittelpunkt vortäuscht, zumal die umgebende Bebauung an der hangparallelen Schwarzbauerstraße recht dicht ist. Die kleine Kirche mit der Jahreszahl 1726 über der zugemauerten Tür an der südlichen Längsfront ist ein einschiffiger, ziegelgedeckter Giebeldachbau mit einem dreiseitig abschließenden Ostchor. Auf der Nahtstelle zwischen Chor und Kirchensaal sitzt ein gedrungener, niedriger Dachreiter auf quadratischem Grundriß und mit einem Zwiebeldach, über dem eine oktogonale offene Laterne mit einem kleineren Zwiebeldach und Spitzhelmabschluß aufragt. Die Buntsandsteinwände werden durch hohe, rundbogige Fenster mit Butzenscheiben und durch ein elliptisches Okulusfenster über dem Westeingang gegliedert. Im NO ist eine niedrige Sakristei unter einem Walmdach angebaut. Der zugehörige, heute parkartige Kirchhof mit einem Bildstock ist von einer Buntsandsteinmauer umschlossen.

Die umgebende, eng zusammengerückte Bebauung war ursprünglich bäuerlich. Heute als Wohnhäuser genutzte Gebäude mit Buntsandsteinmauern und verputzten Wänden sowie ein zweigeschossiges Fachwerkhaus mit hohem Giebeldach bestimmen die östliche Siedlung in der Nachbarschaft der Kirche. Der Fachwerkbau, der nicht zuletzt durch einen vor ihm stehenden Bildstock auffällt, gehört zu einem großen Gehöft mit einem weiteren Wohnhaus an der Haselburgstraße, dessen Außenmauern im Erdgeschoß aus Odenwaldsandstein, im Obergeschoß aus Backsteinen bestehen. An der den Kaltenach überbrückenden und über beide Talhänge hinwegziehenden Haselburgstraße sticht nahe dem Bachlauf eine kleine Anlage mit einem Kinderspielplatz und dem dahinter stehenden modernen Feuerwehrgerätehaus aus der umgebenden älteren Bebauung heraus, zu der ein kleiner Bauernhof von 1925 gehört, vor dessen Stall- und Scheunenbau ein Miststock sitzt. Die Bebauung an der südwestlichen Haselburgstraße, die wieder am Talhang in Richtung Gerolzahn hinaufzieht, ist fast ganz bäuerlich geprägt. Gehöfte mit Holzwänden an den Wirtschaftsbauten und Backsteinmauern prägen das Straßenbild, aus dem sich ein modernes, weiß verputztes Wohnhaus mit großen Balkons und einem Flachgiebeldach heraushebt.

Die unmittelbar westlich der Kaltenbachbrücke von der Haselburgstraße nordwärts abzweigende Straße Am Kaltenbach führt zunächst als Talstraße an dem in Betonwände gefaßten Wasserlauf entlang und steigt dann, den nordwestlichen Ortsteil erschließend, am nach O abfallenden Hang an. Das herausragende Gebäude an ihr ist das große, giebelseitig zur Straße gerichtete Ferienhotel und Restaurant Frankenbrunnen, zu dem ein benachbarter Gästeparkplatz und an der gegenüberliegenden Straßenseite zum Kaltenbach hin eine Pferdeweide bei einem Feuerweiher gehören. Wie das Feriendorf »Madonnenländchen« in der Flur »Dillersberg« im SO außerhalb des Ortes, wo am Waldparkring zahlreiche kleine zweigeschossige Ferienhäuschen stehen, zeugt auch diese gepflegte Hotelanlage inmitten des Dorfes vom jungen Funktionswandel Reinhardsachsens zur Fremdenverkehrssiedlung. Ansätze zur Wohnsiedlung, die den einst bäuerlichen Charakter des Dorfes zurücktreten lassen, zeigen neue Einfamilienhäuser, die als kleine Neubauerweiterung in ein- und zweigeschossiger individueller Gestaltung am Hang oberhalb der Haselburgstraße und in südlicher Ortsrandlage entstanden sind. Die ganz überwiegende Zahl der Häuser im größeren westlichen Ortsteil bis hinauf zum Rainweg gehört aber zu bäuerlichen Anwesen mit großen Wirtschaftsgebäuden, vor denen noch Miststöcke sitzen. Den nördlichen Siedlungsabschluß bildet eine moderne Kläranlage, die in nur 275 m Höhe an dem schon stark eingetieften Kaltenbach liegt.

Der heute als gewerbliche und industrialisierte Wohnsiedlung geprägte Stadtteil Rippberg liegt mit seiner alten dörflichen Bebauung im Marsbachtal an der Einmündung des Eiderbachs. Der völlig unregelmäßig gestaltete Grundriß des alten Dorfes beiderseits des Marsbachs zeigt das typische Bild eines Haufendorfs mit mehreren Verdichtungskernen. Der nördlichste liegt an der Einmündung der aus dem Eiderbachtal herausführenden Hornbacher in die Amorbacher Straße, die als B 47 den überörtlichen Verkehr in Talrichtung trägt. Zwischen der Abzweigung der Bahnhofstraße im W, die zu dem heute als Wohnhaus genutzten ehemaligen Empfangsgebäude am Nahverkehrshaltepunkt hinaufführt, und dem hangaufwärts nach O hinaufziehenden Gerolzahner Weg ist die Bebauung an der Amorbacher und einmündenden Hornbacher Straße besonders dicht. Gebäude unterschiedlichen Alters fallen auf, aus denen sich unmittelbar westlich der Hornbacher Straße das *Gasthaus zu den drei Meerfräulein* mit seinem Ober- und Giebelgeschoß in Fachwerkbauweise und einem Krüppelwalmdach heraushebt. Schräg gegenüber steht ein zweigeschossiges Buntsandsteinhaus von 1799 mit einem zweiseitigen Treppenaufgang und einem nach barocker Manier gegliederten Walmdach. Moderne Wohn-Geschäftshäuser mit Kaufläden und Handwerksbetrieben stehen in diesem nördlichen Dorfkern zwischen der älteren Bebauung. An der Abzweigung des Von-Echter-Rings, der den Marsbach-Talboden von der Amorbacher Straße nördlich des Wasserlaufs in einem unregelmäßig kurvigen Dreiecksverlauf bis zur Einmündung in die Hornbacher Straße südlich des Baches durchzieht, steht ein alter Buntsandsteinbrunnen mit zwei seitlichen Brunnentrögen und einem Pumpengehäuse auf rechteckigem Grundriß in der Mitte. Am Gerolzahner Weg sind zwischen der B 47 und der Bahnlinie zum Teil noch ehemalige bäuerliche Anwesen zu erkennen, Streckgehöfte mit zweigeschossigen Wohnhäusern und niedrigeren, heute nicht mehr landwirtschaftlich genutzten Wirtschaftsgebäuden. Insgesamt ist die Bebauung am Gerolzahner Weg, der am Ostrand der Bebauung wieder in die Amorbacher Straße einmündet, jünger. Wohnhäuschen, darunter solche, die erst in der 2. Hälfte unseres Jahrhunderts errichtet wurden, formen das lockere Bebauungsbild zwischen Gärten.

Ein das gesamte Dorfbild entscheidend mitprägendes Bauwerk ist die *neugotische Buntsandsteinkirche* am Hang oberhalb der Amorbacher Straße. Ihre farbkräftige Architektur setzt sich aus einem hohen einschiffigen Kirchensaal, einem polygonalen und schmaleren Ostchor unter steilgiebeligem Schieferdach und einem hohen und schlanken, vierstöckigen Westturm zusammen, der in einem schiefergedeckten Spitzhelm ausläuft. Hohe und schmale, farbverglaste Spitzbogenfenster gliedern die Längsseiten. Gegen die Talseite hin stabilisieren Stützpfeiler zwischen den Fensterjochen den insgesamt massigen, aber wohlproportionierten Bau.

Wie die innere Amorbacher Straße, wo gegenüber der Abzweigung der Bahnhofstraße in einem modernen zweigeschossigen Wohn-Geschäftshaus die Poststelle eingerichtet ist, gehört auch die innere Hornbacher Straße beiderseits des Marsbachs zum eigentlichen Geschäftsbereich des Ortes. Eine Sparkassenfiliale, Kaufläden und das Rat- und Schulhaus an der Einmündung des südlichen Von-Echter-Rings bestimmen ihr abwechslungsreiches Bild und ihre Funktionen. Die Bebauung am Von-Echter-Ring stammt überwiegend aus dem vorigen Jahrhundert, wurde aber teilweise vor und nach dem 2. Weltkrieg erneuert und läßt Wohn- und Gewerbefunktionen hervortreten. Teilweise ist die Bebauung verschachtelt, so im Bereich der *einstigen Wasserburg* der Herren von Dürn aus der Mitte des 13. Jh. Von dem 1835 abgebrochenen Adelssitz sind die Kellergewölbe einiger Gebäude und ein Torturm erhalten, dessen auf der Westseite leicht spitzbogiger Tordurchgang eine Buntsandsteineinfassung hat. Über ihm ragt ein zweigeschossiger Wohnbau auf, an dem reliefierte Wappen, die von zwei einen

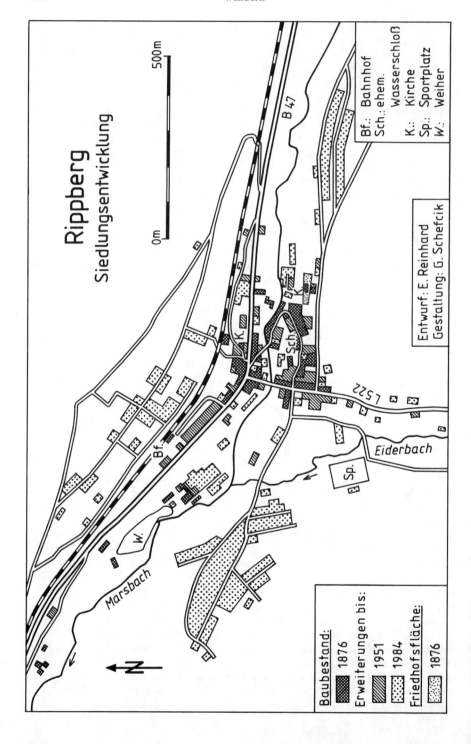

Gesimsbalken tragenden Säulen eingefaßt werden, besondere Schmuckelemente bilden. Ein besonders reizvolles Aufrißelement ist in diesem dicht bebauten Bereich des einstigen Herrschaftssitzes ferner ein *sechseckiger Barockbrunnen*, der ebenfalls aus dem bodenständigen Buntsandstein gestaltet ist. Sein zentraler Brunnenstock in der Gestalt einer reich verzierten Säule läßt Wappen, Vögel, Köpfe von Putten, barockes Blattwerk und Löwenhäupter erkennen.

Auf dem Talgrund östlich des Von-Echter-Rings fallen unterhalb des am nordexponierten Hang angelegten Friedhofs moderne gewerbliche Betriebe mit ein- und zweigeschossigen Bürohäusern und Produktionshallen unter flachen Giebeldächern auf. Auf dem Friedhof ist die im ausgehenden 16. Jh. von Fürstbischof Julius Echter von Mespelbrunn erbaute *Bergkapelle* eine weitere, das Ortsbild entscheidend mitprägende Kirche. Der noch gotische Formen aufweisende, gelb verputzte Sakralbau mit rotbraunen Tür- und Fenstergewänden ist einschiffig, hat einen östlichen Choranbau sowie einen schlanken und hohen polygonalen Dachreiter unter einem verschieferten Spitzhelm.

Der schon frühe Wandel des verkehrskünstig an Bahn und Talstraße zwischen Walldürn und Amorbach liegenden Ortes vom Bauerndorf zum gewerblich-industrialisierten Wohnort zeigt sich neben den genannten Gewerbebetrieben am Ostrand des alten Dorfes vor allem an den in jüngerer Zeit modernisierten und ausgebauten *Fabrikanlagen einer Eisengießerei*. Ihre langgezogene und breite Produktionshalle, ein hoher siloartiger Bau auf rechteckigem Grundriß und ebenfalls weit über die Fabrikhalle aufragende zylinderförmige Bauten, ferner ein hoher und schlanker Fabrikschornstein prägen das Werksgelände auf dem Talgrund bei der Einmündung des Eiderbachs in den Marsbach am unteren Siedlungsrand. Unterhalb des Fabrikgeländes überdeckt ein großer, wohl auf klösterlich-amorbachische Fischzucht zurückreichender Weiher den Talgrund, in dem talabwärts am Marsbach in nur rd. 200 m ü.d.M. noch die weit außerhalb des Dorfes liegende *Untere Mühle* folgt.

Eine weitere, das Siedlungsbild ganz wesentlich verändernde Auswirkung des Funktionswandels sind erst seit den 1950er Jahren entstandene geschlossene *Neubaugebiete*, die heute die Talhänge überziehen und zum Teil hoch über dem Ortskern in 215 bis 220 m NN liegen. Sie brachten im N, O und W eine beträchtliche Siedlungsausweitung.

Am nordexponierten Waldhang wurde östlich oberhalb des alten Dorfes an den Wohnstraßen Unterer und Oberer Waldfrieden in 240 bis 260 m NN seit 1950 die Siedlung *Waldfrieden* angelegt. Die dort hangparallel angeordneten, an der Talseite zweigeschossigen Häuser wirken recht uniform und haben steile, zum Teil auch asymmetrische Giebeldächer, die ihre starke Dachneigung dem Tal zuwenden. Das *westliche Neubaugebiet* in den ehemaligen Fluren Unter- und Oberschopfenfeld überdeckt den nach NO abfallenden Eiderbach- und Marsbachhang bis zu einer Höhe von 250 m NN. Eine noch höhere Lage erklimmt das *nördliche Neubaugebiet*. Seine individuell geformten Einfamilienhäuser mit teils großzügigen Grundrissen erreichen in vorteilhafter Südhanglage oberhalb der Bahnlinie am Sommerbergring Höhenlagen von 280 m NN.

Im Eiderbachtal, 2 km südlich des Ortskerns, liegt an der Einmündung der Essigklinge unterhalb von Fischweihern die *Linkenmühle* (245 m NN), ein aus einer urkundlich schon im endenden 16. Jh. genannten Talmühle hervorgegangener Baukomplex mit Gebäuden aus dem 19. Jh., der Zwischen- und Nachkriegszeit. Sie ist heute ein Gasthaus mit Ponyhof.

Die Stadt W a l l d ü r n liegt im Grenzbereich von Hinterem Odenwald und Bauland und dehnt sich heute beiderseits des oberen Marsbachtals aus, das sich erst unterhalb der städtischen Bebauung tiefer in das Buntsandsteingebirge eingeschnitten hat. Der Siedlungskern mit der Altstadt und der Vorstadt liegt am linken Marsbachhang in rd. 400 bis 420 m NN. Die in der Zwischen- und Nachkriegszeit angelegten großflächigen Stadterweiterungen im S und W dehnen sich weitläufig über die nur sanft nach O einfallende Hochfläche im Oberen Buntsandstein aus und erreichen beim Kultur- und Sportzentrum westlich des Theodor-Heuss-Ringes sowie auf dem Gelände der Nibelungenkaserne eine Höhenlage von knapp 435 m NN. Das Neubaugebiet nördlich des Marsbachs steigt am südwestexponierten Talhang auf eine ähnliche Höhenlage (430 m NN) an.

Der auf mittelalterliche Grundlagen zurückreichende *Stadtkern* wird westlich der Hauptstraße vom Schloß, der einstigen Burg der Herren von Dürn, sowie von der auf gotische Anfänge zurückreichenden und im Barock weitgehend umgestalteten Wallfahrtskirche beherrscht. Diese großen Bauwerke überragen die hangabwärts liegende, äußerst dicht bebaute und im Aufriß von zahlreichen Fachwerkhäusern geprägte Altstadt. Ihre Hauptachse ist die Hauptstraße, eine nach S sich leicht erweiternde einstige Marktstraße, von der rippenförmig Quergassen wegstreben. Zwischen Haupt- und Marsbachstraße zweigen enge Gäßchen von den Rippengassen ab und münden weiter nördlich, der Hangtopographie folgend, spitzwinklig in die Hauptstraße ein. Die dort vorherrschende, äußerst dichte Bebauung auf kleinen und verschachtelten Grundstücken zeigt noch Anklänge an die vorstädtische Vorgängersiedlung, die seit der Karolingerzeit urkundlich überliefert ist.

Von ihren Funktionen her bildet die Hauptstraße heute die Hauptgeschäftsachse des Wallfahrtsortes. Malerische Fachwerkhäuser mit Kaufläden in den Erdgeschossen und mit Gaststätten und Cafés, mit steineren Sockeln aus verputztem Mauerwerk oder Odenwaldsandstein und mit überkragenden Obergeschossen bewirken abwechslungsreiche und vielgestaltige Aufrißelemente. Zwei Gebäude heben sich ganz besonders heraus: das hohe und steilgiebelige städtische Museum östlich unterhalb der Wallfahrtskirche und das alte Rathaus, ein spätgotischer, ins 15. Jh. zurückreichender und im 17. Jh. umgestalteter Fachwerkkomplex mit einem Steinsockelgeschoß erst aus dem vorigen Jahrhundert. Sein hoher Dachfirst über steilem Giebeldach trägt ein dachreiterartiges Rathaustürmchen. Westlich oberhalb der Hauptstraße, von der am Hang teils steile Gassen und enge Straßen hinaufführen, ragt beherrschend über dem Marsbachtal und über der Altstadt die zweitürmige *Stadt- und Wallfahrtskirche zum hl. Blut* auf, zu der Wallfahrer nicht nur aus dem Odenwald und Bauland, sondern auch von weither aus dem Frankenland und Rheinland pilgern. Ihre Buntsandsteinarchitektur aus gotischer Zeit wurde im Barock umgestaltet. Ihre wuchtigen Buntsandsteintürme und ihr hoher Ostchor beherrschen geradezu die Altstadtbebauung und das Bild der Hauptstraße. Südlich des Kirchenbezirks wird der einst ummauerte Burgbezirk von dem dreiflügeligen, nach SW offenen *Schloßbau* bestimmt, in dem heute die Stadtverwaltung ihren Sitz hat. Wuchtige verputzte Mauern, Buntsandsteinmauerwerk am südlichen Seitenflügel, ein zweiteiliger Treppenaufgang, der am hohen Sockelbau der Ostfassade vom Schloßplatz aus hinaufführt, prägen den massigen Bau unter hohen Giebeldächern. Der Schloßplatz selbst, der durch ein in den Hang hineingebautes Parkhaus eine beachtliche Umgestaltung erfahren mußte, ist am Ostrand von einstigen Hofkomplexen mit rundbogigen Einfahrten gesäumt, die früher einmal größere Gehöfte bildeten.

Südlich unterhalb des Schloßplatzes öffnet sich gegen die Obere Vorstadtstraße hin ein Platz, der Plan, auf den seit der Anlage der beiden Vorstadtanlagen noch im Spätmittelalter der Markt verlagert wurde. Die *Obere Vorstadt* im S und SW der

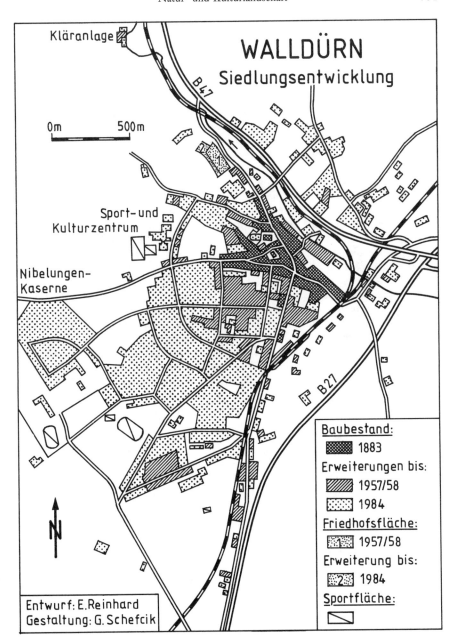

Altstadt sowie die *Untere Vorstadt* im SO verleihen der mittelalterlichen Stadt insgesamt die Gestalt eines unregelmäßigen Dreiecks. Seine Basis besteht aus den beiden etwa westöstlich verlaufenden Vorstadtstraßen. Seine nördliche Spitze liegt an der am linken Talhang ins Marsbachtal hineinziehenden Miltenberger Straße nordwestlich des Kirchbezirks, dessen westliches Vorfeld von einem arenaartigen Platz für gottesdienstliche Veranstaltungen im Freien eingenommen wird. Ein großer Altartisch im Zentrum und gemauerte halbrunde, am Hang hinaufziehende Sitzreihen fassen ihn ein. Im W werden sie von einem hohen Holzkreuz überragt und künden durch die Größe der Gesamtanlage von der Bedeutung der Wallfahrt auch in unserer Zeit. Die Obere und die Untere Vorstadtstraße, die durch die Einmündung der südlichen Hauptstraße getrennt werden, zeigen nahe der Hauptstraße und der südwärts zum Bahnhof weiterführenden Adolf-Kolping-Straße das typische Bild einer Geschäftsstraße mit Läden und Bankinstituten und mit einer zum Teil erneuerten Bausubstanz. Westlich des Marktplatzes am Plan, der mit seiner Umgebung an der inneren Oberen Vorstadtstraße und der Hauptstraße heute eine verkehrsberuhigte Geschäftszone mit zentralen Einkaufsfunktionen für die gesamte Stadt und ihr Umland ist, treten an der Oberen Vorstadtstraße bis zur westlichen Fortsetzung in der Hornbacher Straße noch alte Gebäude aus früheren Jahrhunderten hervor, die ihren bäuerlichen Ursprung nicht verleugnen. Gestelzte Häuser und Gebäude mit Hofeinfahrten fallen auf. Die östlich der Hauptstraße zu einer Bahnunterführung ziehende Östliche Vorstadtstraße läßt ein noch stärker bäuerlich geprägtes Aufrißbild erkennen. Zum Teil noch bäuerlich genutzte Dreiseitgehöfte und Hofanlagen mit parallel angeordneten Wohn- und Wirtschaftsgebäuden weisen dort auf die einstigen Funktionen der Unteren Vorstadt hin.

Mit der Anlage des Bahnhofs an der 1886 hier endenden und erst gegen Ende des vorigen Jahrhunderts nach Miltenberg und noch vor dem 1. Weltkrieg nach Hardheim weitergebauten Nebenbahnstrecke Seckach–Miltenberg/Hardheim wuchs die Stadt südlich der Vorstadtstraßen entlang der heutigen Adolf-Kolping-Straße gegen den damals noch außerhalb der Bebauung liegenden Bahnhof. Sie zweigt an der Einmündung der Haupt- in die beiden Vorstadtstraßen, ein Straßenkreuz bildend, südwärts ab und ist nach ihrer Bebauung heute dem multifunktionalen innerstädtischen Geschäftsbereich zuzurechnen. Behörden wie das Staatl. Forstamt, Kaufstätten wie ein Supermarkt, Textilläden, Gaststätten, eine Wachswarenfabrik lassen sich an ihr finden. Ihr Straßenbild wirkt daher auch recht abwechslungsreich. Buntsandsteinmauern an älteren, teils monumentalen Gebäuden lassen sich nicht nur auf dem Fabrikareal der Wachswarenfabrik Heinrich Kieser ausmachen. Buntsandsteinquader prägen auch die im Kern noch aus dem 19. Jh. stammenden Bauten des Kinderheims St. Kilian gegen den Südrand der Adolf-Kolping-Straße. Im N wurde es durch einen modernen dreigeschossigen Anbau erweitert, im S, gegen den östlich etwas abseits stehenden Bahnhof, fällt eine zugehörige Kapelle auf, deren Buntsandsteinmauern im Untergeschoß durch hochrechteckige Fenster, im Obergeschoß durch hohe Rundbogenfenster gegliedert werden. An der westlichen Straßenseite hebt sich dann ein moderner und ebenfalls dreigeschossiger Flachdachbau von den alten, gepflegten und repräsentativen Bauten ab. Im Vergleich zu ihnen wirkt der Bahnhof, auf den die südlich des Kinderheims spitzwinklig von der Adolf-Kolping-Straße abzweigende, kurze Eisenbahnstraße zuführt, geradezu klein. Sein zweigeschossiges Hauptgebäude mit Mittelrisalit besteht ebenfalls aus Odenwaldsandstein. Im S ist die Bahnhofsgaststätte, im N die langgestreckte Güterhalle mit Verladerampe angebaut.

Weiter nach S setzt sich die Adolf-Kolping-Straße in der Buchener Straße fort. Als südliche Ausfallstraße mündet sie nahe dem Südrand der Bebauung in die B 27, die als östliche Umgehungsstraße weit außerhalb der Bebauung die Stadt umfährt. Das Straßenbild der Buchener Straße wird von Gewerbetrieben geprägt. Handwerksunternehmen wie Autowerkstätten mit Tankstellen, Wohn-Geschäftshäuser, ein ehemaliges größeres Winkelgehöft bestimmen ihre funktional und von der zeitlichen Entstehung her recht unterschiedliche Bebauung. Gegen ihren Nordrand ragen unmittelbar südlich des Bahnübergangs beim Bahnhof die Gebäude der Raiffeisen-Zentralgenossenschaft auf. Auch dort besteht der Hauptbau aus Buntsandstein, hat eine Verladerampe und trägt über seinen drei Geschossen ein in neubarocker Manier gegliedertes Dach. Angesetzt an das alte Hauptgebäude ist ein hölzerner und eternitverkleideter Erweiterungsbau in der Gestalt einer Giebeldachhalle. Auf dem daran anschließenden Lagerhof stehen zylindrische Silos. Auf seiner Ostseite hat das Lagerhaus einen Gleisanschluß, der vom nahen Bahnhofsgelände abzweigt.

Weiter im S und entlang der die Bahnlinie überquerenden und in südwestlicher Richtung verlaufenden Waldstraße setzt sich der gewerblich-industrielle Bereich im Winkel zwischen Bahn und Waldstraße fort. Kleinere gewerbliche Unternehmungen, Betriebe der Metallverarbeitung und ein Natursteinwerk fallen auf. Der beherrschende Mittelpunkt dieses *südlichen Industriegebietes* ist aber das großflächige Areal des Werkes Walldürn der Braun AG, das mit modernen, zwei- und dreigeschossigen kubischen Betongebäuden sowie Flachdach-Werkshallen überbaut ist. Im O schließt an diese Werksgebäude gegen die Straße Im Barnholz, die parallel zur Bahnlinie verläuft, ein ausgedehnter Parkplatz für die Werksangehörigen an. Nördlich der Waldstraße wird dieser industrielle Komplex bis zur Gregor-Mendel-Straße hin, die westlich des Bahnübergangs von der Waldstraße westwärts abzweigt, von Bundeswehrgelände mit der Standortverwaltung und Werkstätten abgelöst. Wellblechhallen, Gebäude mit flachen Giebeldächern sowie moderne Flachdachbauten gestalten dieses umzäunte Militärgelände, an das im N und W junge Wohngebiete ganz im S der Stadt angrenzen.

Früher als diese Industrie-, Bundeswehr- und Wohnbereiche im S der Stadt wurde aber unmittelbar südlich der Oberen Vorstadt ein noch in die Vor- und Zwischenkriegszeit zurückreichendes Erweiterungsgebiet bebaut. Es grenzt im O an die Adolf-Kolping-Straße, im W an die Schachleiterstraße und im S an die Dr. Trautmann-Straße. Ihr Grundrißnetz ist rechtwinklig, und ihr Bebauungsbild ist durch unterschiedliche Funktionen, die diese *ältere Stadterweiterung* zu erfüllen hat, vielgestaltig und abwechslungsreich. Unmittelbar westlich der Adolf-Kolping-Straße setzt sich der Geschäfts- und Behördenbereich fort. An der östlichen Friedrich-Ebert-Straße sticht aus der älteren Bebauung der moderne und repräsentativ gestaltete, mit Buntsandsteinplatten verkleidete Baukomplex einer Bank heraus. Wohn- und Geschäftshäuser mit Kaufläden bestimmen ihr Bild. An der Keimstraße, die westlich parallel zur Adolf-Kolping-Straße verläuft, fallen die Grundschule und Volkshochschule auf. Ein Buntsandsteinbau mit Jugendstildekor, ein benachbarter Flachdachbau aus Beton und Glas, eine Turn- und Sporthalle, sowie Wohnhäuser unterschiedlichen Alters, in denen sich auch Arztpraxen befinden, bewirken in diesem Bereich einen recht abwechslungsreichen Aufriß, der nördlich der Friedrich-Ebert-Straße schon im vorigen Jahrhundert gestaltet wurde. Der Buntsandsteinbau des Notariats und Grundbuchamtes ist bezeichnend für jene Zeit. Kleine eingeschossige Doppelhäuschen in Traufseitenanordnung lassen dann an der westlichen Friedrich-Ebert-Straße noch die randstädtische Wohnbebauung des ausgehenden 19. und beginnenden 20. Jh. erkennen. Den südwestlichen Abschluß dieser im Anschluß an die Altstadt und westliche Vorstadt entstandenen ersten Stadterweiterung bildet die *ev. Kirche*, ein Saalbau mit steilem Giebeldach und einem gedrungenen Glockenturm, der mit einem geschwungenen Satteldach abschließt.

Rechtwinklig zum Kirchensaal steht das Pfarrhaus, das durch einen kleineren Zwischentrakt mit ihm baulich verbunden ist.

Seit den 1960er Jahren haben sich jüngere Wohngebiete im W und S dieser Stadterweiterung der Vor- und Zwischenkriegszeit bis zum südlichen Industriegebiet und bis zu dem ausgedehnten Gelände der Nibelungenkaserne ausgebreitet, die die Bebauung auf der Hochfläche in Waldrandlage im W abschließt, und deren moderne und überwiegend flache Gebäudekomplexe den Bundeswehrstandort Walldürn bestimmen. Im Gegensatz zum rechtwinkligen Straßennetz der älteren Stadterweiterung haben die jüngeren *Neubauerweiterungen im W und SW* einen aufgelockerteren Grundriß, der sich an das Ringstraßensystem von Theodor-Heuss-Ring und Ringstraße anlehnt, das die ältere Stadt vom Friedhof am linken Talhang des Marsbachs im NW bis zum Bahnhofsbereich im S umzieht. Dem geschwungenen Verlauf der Ringstraße folgen vor allem die südwestlichen Parallelstraßen, die wiederum durch Querstraßen miteinander verbunden sind. Wohnhäuser, ganz überwiegend in der Gestalt von Einfamilienhäusern und kleinen Doppelhäusern in Gärten, überdecken die ausgedehnten Neubauflächen. Die freistehenden Einfamilien- und Zweifamilienhäuser in Zier- und Nutzgärten lassen individuelle Züge hervortreten und sind trauf- und giebelseitig an die neuen Wohnstraßen gestellt. Wo gleichartige Doppelhäuser vorherrschen wie an Teilen der Schönbornstraße, an der Berliner Straße oder in dem bereits in den 1950er Jahren erschlossenen Bereich zwischen Adalbert-Stifter-Straße und westlicher Waldstraße herrschen teilweise recht monotone Aufrißgestaltungen und Straßenbilder vor.

Dieses südwestliche Neubaugebiet wird von den genannten Ringstraßen, der die Obere Vorstadtstraße fortsetzenden Hornbacher Straße im N sowie der Jahnstraße und der Dr. Heinrich-Köhler-Straße erschlossen. Unmittelbar westlich des Theodor-Heuss-Rings entstand in den 1970er Jahren ein *Kultur-, Schul- und Sportzentrum* mit Turnhalle, Hallenbad, einer auch für sportliche Veranstaltungen nutzbaren Mehrzweckhalle (Nibelungenhalle), Sport- und Tennisplätzen, der Stadtbibliothek und mit ihr durch eine Glasgalerie verbundenen Schulbauten. Kubische Baukörper mit Flachdächern in Glas- und Betonbauweise bestimmen die moderne Architektur. An der breiten Jahnstraße, die als westliche Verlängerung der Hildenbrandstraße zur Nibelungenkaserne führt, stehen an der Abzweigung der Schönbornstraße aus der umgebenden Bebauung herausragende höhere blockartige Wohnhäuser mit Flachdächern. Von Gärten umschlossene Einfamilienhäuser und Doppelhäuser bestimmen sonst die Wohnbebauung der Schönbornstraße. Größere Gebäude finden sich dann an der Einmündung in die Dr. Heinrich-Köhler-Straße, so ein Wohn-Geschäftshaus mit Lebensmittelladen und einer Bankfiliale. Diese zuletzt genannte, das Neubaugebiet in südwestlicher Richtung durchziehende Straße kann als Hauptachse der Stadterweiterung im S und SW gelten. Zum Stadtinneren zu gehört sie mit dem modernen Feuerwehrgerätehaus, einem Supermarkt und dem modernen Finanzamt, einem kubischen Bau in Klinkerbauweise, zur multifunktionalen Geschäfts- und Behördenzone der älteren Stadterweiterung in der Umgebung des Bahnhofs. Bis zur Schönbornstraße wird sie dann vor allem von größeren Gebäuden, Mehrfamilienhäusern und Wohnblöcken mit drei und vier Stockwerken geprägt. Weiter außen werden die Häuser kleiner und individueller. Zwischen der Wohnhausbebauung hat sich dort ein kleines randstädtisches Geschäftszentrum entwickelt, zu dem ein Lebensmittelladen, Cafés und ein Restaurant gehören. Das herausragende Bauwerk ist die 1964 errichtete *kath. Marienkirche* auf achteckigem Grundriß mit über vier Seiten weit heruntergezogenem und auf Betonstützen gesichertem Dach. Farbkräftige Buntsandsteinplatten verleihen dem Kirchenbau ein landschaftsgerechtes Aussehen. Die mit hohen Giebeldächern abschließenden Wände sind durch moderne Farbglasfenster in Betonfassungen gegliedert. Vor der Eingangsfront öffnet sich ein großer Kirch- und Parkplatz, an dessen Nordrand ein freistehender, ebenfalls mit Buntsandsteinplatten verkleideter Glockenturm aufragt. An seiner Rückseite steht das Gemeindehaus mit einem Kindergarten mit rückwärtigen Spielplätzen.

Eine beachtliche Erweiterung hat die Stadt seit den 1960er Jahren auch am rechtsseitigen Talhang des Marsbachs erfahren, wo sich in vorteilhafter Süd- und Südwesthanglage ein *nördliches Wohnviertel* bis zur Wettersdorfer Straße entwickelte. An hangparallelen und zum Teil noch nicht vollständig bebauten Neubaustraßen entstanden individuell gestaltete Einfamilienhäuser, häufig mit einem Geschoß an der oberen und zwei Stockwerken an der unteren Hangseite. Östlich dieses Wohngebietes erwuchs in ganz sanft zum Bauland abdachender, hochflächiger Lage das *nördliche Industriegebiet*, das durch die von der Wettersdorfer Straße nordostwärts wegziehende Boschstraße erschlossen wird. Etwa 15 gewerbliche und industrielle Unternehmungen unterschiedlicher Branchen haben sich dort angesiedelt. Unter ihnen befinden sich Autohäuser, ein Malergeschäft, Firmen des Werkzeugbaus, der Metallbe- und -verarbeitung sowie der Lebensmittelherstellung. Niedrige Flachdach- und Hallenbauten mit flachen Giebeldächern herrschen in dieser gewerblichen Bebauung vor.

Östlich der Bahnlinie liegen im Grenzbereich zum Bauland einige größere Aussiedlerhöfe; es sind bäuerliche Betriebe, die aus der Enge der historisch gewachsenen Stadt in die Nähe ihrer Nutzflächen hinausverlagert wurden. Sie zeigen unterschiedliche Grundrisse. Moderne Dreiseit-, Winkel- und Zweiseitgrundrisse sowie parallel angeordnete Wirtschafts- und Wohngebäude lassen sich unter ihnen beobachten.

Wettersdorf ist von den ländlich geprägten Stadtteilen Walldürns das auf der Odenwaldabdachung am weitesten nach O vorgeschobene Dorf. Die im östlichen Siedlungsteil nur locker bebaute Ortschaft nimmt in der sanften Talmulde des westlichen Eichelbach-Quellstrangs eine hochflächige Lage an sanften Hängen ein. 360 m ü. d. M. liegt der Kirchplatz mit einer neuen Filialkirche, nördlich davon das Schulhaus und eine moderne Reparaturwerkstatt für Kraftfahrzeuge und landwirtschaftliche Maschinen. Das dichter bebaute, haufendorfartige und am ostwärts einfallenden Hang sanft hinaufziehende westliche Dorf mit größeren Gehöften reicht mit dem Feriendorf am Geisberg bis auf die in rd. 400 m NN einsetzende Hochfläche hinauf.

Die *kath. Kirche* als baulicher Mittelpunkt der östlichen Siedlung ist ein moderner Saalbau mit flachem Ziegeldach. Ihre Längswände werden von hohen Rechteckfenstern gegliedert. Zwischen ihnen ragen pilasterartige, aus Buntsandsteinquadern gemauerte Dachstützen aus der Außenwand heraus. Buntsandsteinmauerwerk bestimmt auch weitgehend den westlichen Glockenturm; mit diesem landschaftsgemäßen, rotbraun leuchtenden Naturstein wurden ferner die Fenster- und Türeinfassungen und der niedere Sockel des Gotteshauses gestaltet. Der auf rechteckigem Grundriß quer zum Kirchensaal im W angeordnete Glockenturm schließt unmittelbar über der Schallstube mit einem flachen Satteldach ab, über dem ein schlichtes Kreuz aufragt.

Das nördlich der Kirche am Hang oberhalb der Straße nach Vollmersdorf stehende *Schulhaus* hat ebenfalls einen Buntsandsteinsockel und darüber zwei verputzte Stockwerke. Im ersten Geschoß befinden sich Klassenzimmer, im Obergeschoß die Lehrerwohnung. Seinen besonderen Stil empfängt dieses Schulgebäude nicht zuletzt durch ein Walmdach mit einer geschwungenen Dachgaube.

Die den Siedlungsaufriß entscheidend prägenden *bäuerlichen Anwesen* sind Gehöftanlagen, bei denen zum Teil moderne Wohnhäuser städtischer Prägung stehen. An den älteren Wohn- und Wirtschaftsgebäuden sticht häufig in Buckelquadern, glatten Quadern oder in Bruchsteinen verarbeiteter Odenwaldsandstein hervor. Die Gehöftgrundrisse sind zum Teil unregelmäßig wie am Hofweg unterhalb der Geisbergstraße im westlichen oberen Dorf oder auch am oberen östlichen Siedlungsrand in 380 bis 390 m NN. Drei- und Zweiseitgehöfte prägen ferner das bäuerliche Siedlungsbild, zwischen dem zuweilen auch jüngere Wohnbauten siedlungsverdichtend auffallen wie z. B. an der Eichelbachstr. 6, wo ein Bungalow mit einem asymmetrischen, flachen Giebeldach steht. Etwas oberhalb davon läßt sich im Anwesen Eichelbachstr. 10 ein Gehöft mit parallel angeordnetem Wohnhaus und Wirtschaftsgebäude erkennen.

Ein von der seit dem Mittelalter gewachsenen Siedlung ganz abweichendes Grund- und Aufrißbild läßt das im NO oberhalb der Geisbergstraße angelegte *Feriendorf Am Geisberg* hervortreten. 29 kleine steilgiebelige Holzhäuschen mit an den Traufseiten bis zum Boden herabreichenden Dachschrägen stehen in kleinen Rasengärten und versuchen, dem Ort eine neue Funktion als Fremdenverkehrssiedlung zu geben, ohne daß im Ort dazugehörende infrastrukturelle Einrichtungen wie Kaufläden oder Gaststätten vorhanden wären.

Bemerkenswerte Bauwerke. – Gerolzahn: Die *kath. Kapelle* wurde 1879 in neubarockem Stil als roter Sandsteinquaderbau errichtet. An das zweiachsige Langhaus mit Rundbogenfenstern schließt ein eingezogener polygonaler Chor.

Glashofen: Die *kath. Pfarrkirche* wurde 1878/79 in neubarocken Formen errichtet. An das Langhaus zu 5 Achsen mit Rundbogenfenstern, deren Schlußstein mit Voluten verziert ist, schließt ein eingezogener, ebenfalls mit roten Sandsteinquadern verkleideter Chor, aus 5 Seiten eines Achteckes gebildet, an. Inneres modern umgestaltet. Auch die *Herz-Jesu-Kapelle*, ein Quaderbau mit gewölbtem Tonnendach, ist ein historisierendes Bauwerk der Zeit um 1900. Wie die meisten Dörfer der Umgebung wird der Ort durch *Bildstöcke*, die zum Teil noch aus dem 17. Jh. stammen, geprägt.

Gottersdorf: Die *kath. Kapelle* ist ein roter Sandsteinquaderbau von 1752. Der eingezogene ⅝-geschlossene Chor schließt an ein dreiachsiges Langhaus mit Segmentbogenfenstern an, deren Schlußsteine betont sind. Die Eingangsseite ist durch eine Pilastergliederung hervorgehoben und durch einen Trapezgiebel abgeschlossen. Bei der Kirche wurden um 1975 zwei sogenannte *Pestkreuze* aus dem 15./17. Jh. aufgestellt.

Eine kleine *Kapelle* von 1819 steht an der Straße nach Miltenberg. Der Quaderbau aus roten und weißen Sandsteinen ist noch in spätbarocken Formen gestaltet. Im weiteren Verlauf der Straße wurde eine etwas größere Privatkapelle 1827 mit rotem Sandstein gegliedert als Putzbau errichtet.

Hornbach: Die *kath. St. Valentinskirche* wurde 1921 als historisierender neubarocker Saal mit tonnengewölbtem Chor errichtet. Der Hochaltar ist neubarock und die Seitenaltäre sind im Empire-Stil gestaltet. Auch das Gestühl zeichnet sich durch barokisierende Wangen aus. Der Glockenturm steht an der Längsseite. In der Kirche eine Statue des Titelheiligen. Für die Substruktionen wurde ein Kellerportal mit der Jahreszahl 1780 mitverwandt.

Reinhardsachsen: Die stattliche *kath. Pfarrkirche* wurde unter dem kurmainzischen Oberamtmann Franz Wolf Graf von Ostein 1725/26 (Jahreszahl 1726 am Triumphbogen) anstelle einer spätmittelalterlichen Kirche mit einem dreiachsigen unverputzten Langhaus aus rotem Sandstein und einem aus 5 Seiten eines Achteckes geschlossenem Chor mit Rechteckfenstern auf dem alten Friedhof erbaut. Das ebenfalls 1726 bezeichnete Portal in der Giebelmauer ist heute zugemauert. Der neubarocke Dachreiter wurde wahrscheinlich 1929 bei der Renovierung aufgesetzt. Der Hochaltar aus dem 17. Jh. wurde aus der Walldürner Wallfahrtskirche übernommen. An den barocken Seitenaltären findet sich das Wappen des Kurfürsten Johann Friedrich Karl von Ostein (1743/63). Auch die barocke Kanzel ist erhalten, ebenso der Prospekt der Orgel, die 1749 von Seyfert in Würzburg erbaut wurde. Eine dem hl. Erasmus geweihte *Privatkapelle* wurde 1727 im Wald erbaut. Im Ort stehen einige bemerkenswerte *Bildstöcke* von 1663.

Rippberg: Die 1591 unter dem Würzburger Bischof Julius Echter auf dem Friedhof erbaute *Alte Pfarrkirche* war dem hl. Sebastian geweiht und dient heute als kath. Kapelle. An das flachgedeckte Langhaus schließt ein polygonaler Chor an, der ebenfalls flachgedeckt ist. Die

Sakristei wurde 1621 an die in posthumer Gotik gestaltete Kirche angebaut. Aus der Erbauungszeit stammt die einfache Steinkanzel ebenso wie das Tabernakel in der Chorwand. Der Rokokohauptaltar ist um 1775 und die klassizistischen Seitenaltäre sind etwas später zu datieren. Aus dieser Zeit stammt auch das Barockportal auf der Südseite. Auf dem First ein Dachreiter.

Die neue *kath. Pfarrkirche*, ein neugotischer Bau, ist ebenfalls dem hl. Sebastian geweiht. Die fünfachsige mit Sandsteinquadern verkleidete Kirche wurde 1906 erbaut und hat einen aus 5 Seiten eines Achteckes geschlossenen Chor. Die Last der Kreuzrippengewölbe wird von Strebepfeilern übernommen, die im Innern der Kirche an den Seitenwänden mit Spitzbogenöffnungen durchbrochen sind. An der Eingangsseite erhebt sich ein Glockenturm. Die Sakristei wurde erst 1934 angebaut.

Die 1250 für Konrad von Dürn bezeugte *Wasserburg* wurde 1835 bis auf den 1594 unter Bischof Julius Echter von Mespelbrunn bei Verwendung älterer Bauteile errichteten Torturm abgebrochen. Ein gewölbter Keller soll 1580 von Dietrich Echter von Mespelbrunn erbaut sein. Ein Allianzwappen Dürn/Rüdt kündet von einer Bautätigkeit im 16. Jh.

Walldürn: *Kath. Pfarr- und Wallfahrtskirche*: Von der mittelalterlichen Kirche sind die unteren gewölbten Geschosse im Nordturm aus der Zeit um 1330 und darüber zwei weitere Geschosse des spätgotischen Baues von 1497 erhalten. 1626 wurde nach Plan von Hans Hess für den Blutaltar eine Kapelle an die spätgotische Kirche auf der Nordseite angebaut, deren Portal als nördliches Querschiffportal heute noch erhalten ist.

Durch das Aufblühen der Wallfahrt gegen Ende des 17. Jh. wurde eine Erweiterung oder ein Neubau notwendig. Im Auftrag des Mainzer Oberamtmannes Graf von Ostein plante Lorenz Gaßner aus Amorbach den Neubau, der außer den obengenannten Bauteilen auch die spätgotischen Chorfundamente mitbenutzte. Schon bald nach dem Baubeginn 1698 nahm auch der baufreudige Mainzer Kurfürst Erzbischof Lothar Franz von Schönborn Einfluß auf das Baugeschehen, indem er seine Hofbaumeister Veit Schneider und nach dessen Tod Johann Weydt mit der Planung beauftragte. Von letzterem stammt insbesondere der Entwurf zum Chor. Dieser ist dreiseitig geschlossen und an den Ecken mit kräftigen Strebepfeilern besetzt. Zwischen dem Turmpaar erstreckt sich der querrechteckige Vorchor. Die Flügel des Querhauses haben quadratischen Grundriß. Die Mittelschiffjoche der Basilika sind alle querrechteckig. Die Seitenschiffjoche (Kapellenjoche) dagegen längsrechteckig wie die Joche der Orgelempore.

Der Außenbau ist mit Pilastern gegliedert, die am Chor strebepfeilerähnlich ausgebildet sind. Die Wandflächen muß man sich verputzt denken. Der Verputz war allerdings nie ausgeführt. Abgewalmte Satteldächer decken Mittelschiff, Chor und Querschiff, Pultdächer die Seitenschiffe. Das nördliche Querhausportal aus der Zeit um 1626 könnte von einem Werk des Zacharias Junker d. Ä. sein. Das Westportal schufen 1723 Johann und Joseph Vill nach Entwurf von Weydt.

Im Innern wurden die Wände und Pfeiler (1724–29) durch Stukkaturen gegliedert. Der Meister war Georg Hennicke, einer der bedeutendsten Meister des Bandlwerkstiles in Franken. Seine Kreuzwegstationen und Putten gehören zu den vorzüglichsten Arbeiten. Über dem Hauptgesims behandelte der Italiener Giovanni Francesco Marchini die Gewölbezone mit einer illusionistischen Architekturmalerei.

Der Hauptaltar ist ein Werk des Schwaben Christian Mayer. Im wesentlichen ist er aus Marmor gearbeitet. Die Bildhauerarbeiten mit den Statuen der Heiligen Martin und Georg sind von Melchior und Hans Georg Paulus aus Ellwangen. Das Altarblatt malte wohl nach Entwurf von Marchini wahrscheinlich Joseph Scheubel aus Bamberg. Der Muttergottesaltar ist eine Schöpfung von Hennicke. Dargestellt ist die Himmelfahrt Mariens mit den Heiligen Barbara und Klara. Auch der um 100 Jahre ältere Blutaltar von Junker erhielt jetzt eine Neumrahmung von Hennicke als Gegenstück zum Muttergottesaltar. Weitere Altäre stehen in den Seitenkapellen.

Die große Orgel war ein Werk von Christian Dauphin mit Schnitzarbeiten von Georg Friedrich Schmieg. Das heutige Werk 1975 von Hans Theodor Vleugels.

Die Gebrüder Paulus schufen auch die Kanzel, die mit den Reliefs der Evangelisten und der Predigt des hl. Paulus geschmückt ist. Putten halten das Wappen des Bauherrn, des Erzbischofs Lothar Franz von Schönborn.

Eine *Mariensäule* von 1704 steht vor der Kirche und eine von 1753 vor dem Gasthaus zum Goldenen Engel von 1588, in dem jetzt das Heimat- und Wallfahrtsmuseum untergebracht ist.

Der ehemalige *Bettendorfsche Hof* (Hauptstraße 14) mit dem Portal von 1756 ist als repräsentatives Barockgebäude hervorzuheben.

Das *Rathaus*, ein zweigeschossiger Fachwerkbau geht wohl bis ins 17. Jh. zurück, wurde um die Mitte des 19. Jh. besonders im Erdgeschoß und an der Rückseite umgebaut.

Wie in der ganzen Landschaft, dem Madonnenländchen, prägen auch in und um Walldürn Bildstöcke und Nepomukstatuen, vornehmlich aus dem 18. Jh., das Bild.

Von den vier Flügeln der *Burg* der Herren von Dürn, später kurmainzische Kellerei, blieben nur drei erhalten. Ihre Bauzeit weist ins 15. und 16. Jh. 1865 Umbau.

B. Die Gemeinde im 19. und 20. Jahrhundert

Bevölkerung

Bevölkerungsentwicklung. – In der Stadt Walldürn, wie in allen heute mit ihr vereinigten Landorten, war die Bevölkerungsentwicklung während des gesamten 19. und weit ins 20. Jh. hinein durch einen deutlichen Geburtenüberschuß geprägt. Außer in Altheim, Kaltenbrunn und Wettersdorf vermochte der natürliche Zuwachs sogar die starken Abwanderungswellen immer wieder auszugleichen. 1809 zählte man in der ehemals mainzischen Amtsstadt Walldürn 2344 Einwohner und in den u. a. dazu gehörigen Gden Glashofen 162, Kaltenbrunn 78, Reinhardsachsen 100 und Wettersdorf 107 Personen. Im selben Jahr lebten in den bis 1803 würzburgischen Orten Gerolzahn 92, Gottersdorf 81, Hornbach 214 und Rippberg 379 Menschen. Das 844 Seelen zählende Altheim unterstand dem altmainzischen Amt Buchen. Nachdem diese Gemeinden als Teile des kurzlebigen Fürstentums Leiningen unter großherzoglich badische Souveränität gelangt waren, wuchs ihre Bevölkerung bis zur Jahrhundertmitte durchschnittlich um 44,88 %. Ausnahmen bildeten allerdings Kaltenbrunn, das letztlich nur einen geringfügigen Zuwachs (6,41 %) und Hornbach, das sogar 4,21 % Abnahme zu verzeichnen hatte.

Mißernten und die sozial ebenso wie politisch restriktive Gesetzgebung und Verwaltungspraxis nach der gescheiterten Revolution veranlaßten vor allem Menschen, die keinen oder nur wenig Grundbesitz hatten, nach Übersee auszuwandern, mit zunehmender Industrialisierung aber auch in den Städten ein besseres Auskommen zu suchen. Bis in die 1860er Jahre waren davon vor allem die gewerblich geprägten Gden Walldürn und Rippberg, insbesondere aber auch das sozial gespaltene Gerolzahn betroffen. Später, mit Beginn der Mechanisierung in der Landwirtschaft, verließen die Geschwister der Hoferben die Bauerndörfer, um anderswo eine Möglichkeit zu selbständiger Existenz, zu Heirat und Familiengründung zu finden. Nach dem Anschluß Walldürns an das bad. Eisenbahnnetz (1887) und vollends nach dem Bau der Bahnverbindung ins Maintal (1899) verzeichneten die Orte mit günstigen Wegeverbindungen zu den Stationen bis zum 1. Weltkrieg einen deutlichen Zuwachs, während abgelegenere Gemeinden wie Kaltenbrunn, Wettersdorf und auch Altheim stagnierten bzw. weitere Bevölkerungsverluste hinnehmen mußten. In der Zwischenkriegszeit stiegen die Einwohnerzahlen nur noch in Walldürn und in Gottersdorf, dessen Gemeindeverwaltung sich betont niederlassungsfreundlich verhielt.

Als Folgen des 2. Weltkriegs führten Evakuierungen und Flüchtlingsströme auch in Walldürn und den umliegenden Gemeinden bis zur Verdopplung der Vorkriegsbevölkerung. In den beiden Jahrzehnten vor 1970 wurde der übermäßige Zuwachs auf den

Dörfern wieder abgebaut. In Gerolzahn, Glashofen, Hornbach, Kaltenbrunn, Reinhardsachsen und Wettersdorf schrumpfte die Einwohnerschaft sogar unter das Niveau der 1920er Jahre. Die Stadt Walldürn und Rippberg hingegen wuchsen im selben Zeitraum nochmals erheblich um 31,20 % bzw. 24,33 %. Von 1970 (11 296) bis 1987 (10 375) verlor die Gesamtstadt allerdings 8,88 % ihrer Bewohner, obwohl in einzelnen Teilorten auch damals geringfügige Zunahmen beobachtet werden konnten. Zum Zeitpunkt der letzten Volkszählung (1987) lebten in Altheim 1246, in Gerolzahn 143, in Glashofen 254, in Gottersdorf 189, in Hornbach 195, in Kaltenbrunn 42, in Reinhardsachsen 128, in Rippberg 830, in der Kernstadt Walldürn 7215 und in Wettersdorf 133 Menschen.

Im 1. Weltkrieg fielen aus Walldürn und seinen Teilorten 223 Soldaten, mindestens 20 blieben vermißt. Der 2. Weltkrieg forderte insgesamt 520 Opfer; darunter 7 Kinder und 10 Erwachsene, die am 21. Juli 1944 bei einem Fliegerangriff auf die Stadt ums Leben kamen. Mindestens 7 Menschen erlagen den Terrormaßnahmen des NS-Regimes. Während der Kriegsjahre waren in Walldürn etwa 521 Gefangene überwiegend französischer Herkunft, 135 Zwangsarbeiter aus Osteuropa und 32 weitere ausländische Arbeitskräfte vor allem in den hierher verlagerten kriegswichtigen Betrieben eingesetzt. Gleichzeitig hatten sich annähernd 876 Deutsche aus dem Ruhrgebiet, aus Frankfurt und aus den großen nordbadischen Städten zum Schutz vor den Kriegsgefahren nach Walldürn und in die umliegenden Orte geflüchtet; einige von ihnen blieben für immer da. Nach Kriegsende nahmen die Stadt und die heutigen Teilorte eine große Zahl *Heimatvertriebener* aus Pommern, Schlesien, der Tschechoslowakei und Ungarn auf. 1950 betrug deren Zahl 2596 und machte damit durchschnittlich mehr als ein Viertel, in Gerolzahn sogar 41,3 % der Bevölkerung aus. 1961 stellten Vertriebene (2078) und SBZ-Flüchtlinge (236) zusammen noch ein gutes Fünftel der Einwohnerschaft. Im November 1989 hielten sich in Walldürn 411 Aus- und Übersiedler auf. Fremde Staatsbürger ließen sich auf Dauer nie in größerer Zahl nieder; die in den 1890er Jahren beim Bahnbau eingesetzten italienischen Arbeiter verließen nach Fertigstellung der Strecke nach Amorbach die Gegend wieder. 1987 lebten 314 *Ausländer* aus Südeuropa, aus Österreich und auch aus den USA in Walldürn. Das entsprach einem Anteil von 3,02 % an der Gesamtbevölkerung. 1989 war Walldürn 50 Asylbewerbern als Aufenthaltsort zugewiesen.

Konfessionelle Gliederung. – Walldürn und sämtliche Teilorte standen bis 1803 unter geistlicher Herrschaft. Nach dem Grundsatz, der das Bekenntnis des Landesherrn für die Untertanen verbindlich machte, gab es zu Beginn des 19. Jh. nur zahlenmäßig unbedeutende protestantische Minderheiten in der Stadt selbst, im Fabrikort Rippberg und auf der bis 1924 zu Altheim gehörigen, abgesonderten Gkg Helmsheim. Die kleine jüd. Gde Walldürns hatte auf dem Höhepunkt ihrer Entwicklung Ende der 1850er Jahre 37 Mitglieder und war damit sogar stärker als die Protestanten. Um die Jahrhundertwende gab es nur noch 14 Juden in Walldürn; in den 1920er Jahren stieg ihre Zahl nochmals an (1925: 21), bis sie von den Nationalsozialisten teils vertrieben, teils vernichtet wurden. Vor dem 2. Weltkrieg erreichten die Protestanten nur in Gottersdorf mit neun und in Rippberg mit 47 Konfessionsangehörigen einen Bevölkerungsanteil von mehr als 5 %; die 98 Protestanten in Walldürn machten 1925 2,5 % der Stadtbevölkerung aus. Obwohl auch die Vertriebenen, die nach 1945 nach Walldürn kamen, überwiegend katholisch waren, erfuhr die ev. Bevölkerungsgruppe durch den Zuzug sowohl absolut als auch relativ eine erhebliche Verstärkung. 1970 entsprachen 1045 Protestanten 13,1 % der städtischen Bürgerschaft. Bezogen auf die heutige Gesamtstadt stellten bei der Volkszählung 1987 die 1130 Protestanten 10,9 % und die

8893 Katholiken 85,7 %. Islamischen Religionsgemeinschaften gehörten 101 Personen oder 1 % der Einwohner an. Die 251 Angehörigen sonstiger Bekenntnisse bzw. Konfessionslosen verkörperten einen Bevölkerungsanteil von 2,4 %.
Soziale Gliederung. – Bis zur Mitte des 20. Jh. lebten in den kleinen Dörfern des Walldürner Odenwaldes und auch in der Baulandgemeinde Altheim mehr als ¾ der Menschen von Landwirtschaft und Viehhaltung. Die Odenwaldorte bestanden im Kern übereinstimmend aus 7 (Kaltenbrunn) bis 24 (Hornbach) Bauerngütern, die gewohnheitsmäßig nach Anerbenrecht jeweils ungeteilt auf den ältesten Sohn, gegebenenfalls auch die älteste Tochter übergingen. Bis gegen Ende des 19. Jh. blieben die ledigen Geschwister der Hoferben in der Regel als Arbeitskräfte gegen die Zusicherung lebenslänglicher Unterkunft und Verpflegung im Betrieb. Geheiratet wurde fast ausschließlich auf andere Höfe der Umgebung, wobei von Fall zu Fall unterschiedlich hohe Geldabfindungen an die weichenden Erben zu leisten waren. Bevor zu Beginn der 1870er Jahre das Heimatrecht durch die Neuregelung des Armenwesens beseitigt wurde, bemühten sich die Bauern, gute Dienstboten bei sich zu halten. Danach überwog bei vielen Hofbesitzern ihr Interesse als Gemeindeumlagepflichtige, und sie achteten darauf, die Hilfskräfte durch rechtzeitige Entlassung am Erwerb des Unterstützungswohnsitzes zu hindern. Aus Furcht vor Armenlasten versuchten die meisten Odenwaldgemeinden, auch anderen Ortsfremden die Niederlassung zu verleiden. Lediglich die Gde Gottersdorf verhielt sich Ansiedlungswilligen gegenüber zeitweise freundlicher, und dafür gab es hier weniger Klagen über Mangel an ländlichen Arbeitskräften. Als eine besondere Form der Armenunterstützung wurden vielfach die bei den Bauern unbeliebten und häufig schlecht besoldeten Aufgaben etwa eines Polizeidieners, Feldhüters oder Abdeckers an Bedürftige oder Alte vergeben. Meist war damit auch freie Wohnung im Armenhaus verbunden. Die wenigen in den Walldürner Höhenorten ansässigen Handwerker betrieben sämtlich eine Nebenlandwirtschaft, ebenso die meisten Taglöhner, die sommers bei der Feldarbeit, winters beim Holzmachen ihr Auskommen suchten. Zeitweise fanden sie beim Eisenbahn- oder Straßenbau zusätzlichen Verdienst. Der Zustrom von Flüchtlingen bewirkte in den späten 1940er Jahren ein zeitweiliges Absinken des von landwirtschaftlichem Einkommen lebenden Bevölkerungsteils auf 48,2 % im Durchschnitt der Odenwaldorte. Später differenzierte sich die Entwicklung zunehmend: Während Reinhardsachsen und Hornbach auch noch 1970 mit 59 % bzw. 55 % noch ein klares bäuerliches Übergewicht aufwiesen, belief sich der entsprechende Anteil in Gottersdorf nur noch auf 23 %; in den übrigen 4 Odenwaldgemeinden lag der Wert zwischen 39 % und 49 %.

Altheim, das allein ebensoviele Einwohner zählte wie die Dörfer der Walldürner Höhe insgesamt, zeigte im Gegensatz zu diesen eine sehr vielfältige soziale Schichtung. Das Realteilungserbrecht hatte hier zwar keineswegs die Existenz einiger ansehnlicher bäuerlicher Betriebe mit mehr als 20 ha Wirtschaftsfläche verhindert, jedenfalls aber eine enorme Zersplitterung der Feldflur und sehr häufige Besitzerwechsel zur Folge; dementsprechend hoch lagen die Grundstückspreise. Die Mehrzahl der landwirtschaftlichen Betriebe verfügte immerhin über einen zum Unterhalt einer Familie vollkommen ausreichenden Grundbesitz. Für Kleinbauern bot sich am ehesten auf den großen Höfen oder bei der Gemeinde Gelegenheit, den ungenügenden Ertrag ihrer Landwirtschaft leidlich zu ergänzen. Vor dem 1. Weltkrieg wurden in Altheim und auf den zugehörigen Hofgütern Helmsheim, Dörntal und Kudach 42 Knechte und 17 Mägde beschäftigt. Auf eine kleine Landwirtschaft zur Selbstversorgung waren auch die meisten der in Altheim reichlich vertretenen Handwerker und Gewerbetreibenden angewiesen. Als zu Beginn des 20. Jh. die Folgen einer Absatzkrise für landwirtschaftli-

Die Gemeinde im 19. und 20. Jahrhundert

che Produkte noch kaum überwunden waren, lähmte die Aussicht auf die Umsiedlung der gesamten Gemeinde zugunsten eines Truppenübungsplatzes zunächst alle Entwicklungsansätze. Die Abwanderung vor allem junger Leute nach Frankfurt, Heilbronn, Karlsruhe und Mannheim verstärkte sich. Während sich junge Frauen aber oft nur für je einen Winter als Dienstmädchen in der Stadt verdingten, war der Weggang der Männer meist endgültig: sie suchten sich dauernden Verdienst als Hausburschen, in Fabriken, bei der Bahn oder auch beim Militär. Zu Anfang 1914 stand fest, daß auf Gkg Altheim kein Truppenübungsplatz eingerichtet werden würde: Diese Entscheidung war für manche Bodenspekulanten enttäuschend, die Mehrzahl der Altheimer scheint über den Erhalt der alten Heimat froh gewesen zu sein, auch wenn es nur langsam gelang, zusätzliche Verdienstmöglichkeiten zu schaffen. In den 1930er Jahren galt Altheim immerhin als eine der rührigsten und wirtschaftlich kräftigsten Gemeinden des Buchener Baulandes. Dennoch bewirkte erst die Flüchtlingswelle nach Ende des 2. Weltkriegs, daß der in erster Linie von der Landwirtschaft abhängige Teil der Bevölkerung weniger als die Hälfte (46,7 %) ausmachte. Hatte die Zahl der von Handwerk und Industrie lebenden Einwohner zwischen 1895 und 1939 sogar noch abgenommen, so vervierfachte sie sich bis 1950 und entsprach mit 334 Personen 21,8 %; zwei Jahrzehnte später machten 381 31 % der Ortsbevölkerung aus. Die höchste Zunahme konnte man jedoch bei den Selbständigen und Berufslosen registrieren: Ihre Zahl versechsfachte sich nach Kriegsende und ihre Quote stieg von 4,8 % auf 19,6 %. Demgegenüber wirkten die Steigerungsraten im Bereich Verkehr (von 3,6 % auf 5,0 %) ähnlich bescheiden wie im Dienstleistungssektor (von 4,7 % auf 6,9 %). Die zwischen 1961 und 1970 von der Landwirtschaft Freigesetzten verteilten sich annähernd gleichmäßig auf die anderen Wirtschaftsbereiche.

Im Gegensatz zu Altheim und den Odenwaldorten lieferten Ackerbau und Viehhaltung im Fabrikort Rippberg bereits 1895 nur für 28,1 % der Einwohner den überwiegenden Teil des Lebensunterhaltes. Obwohl den wenigen Landwirten in der kleinen, durch die Waldungen der Standesherrschaft Leiningen beengten Feldgemarkung ohnehin kaum genügend Betriebsfläche zur Verfügung stand, bemühten sich doch auch alle übrigen Haushalte, wenigstens ein Feldstück oder einen Garten zu bebauen. Andererseits waren neben den Taglöhnern auch Handwerker und immer wieder selbst die größten Bauern des Ortes auf den Verdienst aus Wegebau, Rindenschälen und Holzmacherei in den leiningischen Wäldern oder aus Lohnarbeiten für die Gemeinde angewiesen. Angesichts des großen Angebots an Arbeitskräften hielt die herrschaftliche Verwaltung die Taglöhne sehr niedrig (1889: 80 Pf. bis zu 1 Mark). Nur zur Erntezeit, wenn die großen Hofbauern in Hornbach und auf der Walldürner Höhe dringend Hilfskräfte suchten, bestand Aussicht auf bessere Bezahlung. Aus den Nachbarorten erhielten auch die zahlreichen Rippberger Handwerker, vor allem die Angehörigen der Baugewerbe, ihre meisten Aufträge. Das Herz der Gemeinde war seit ihrer Gründung die Eisengießerei Kurtz. Aus mehr als 1/3 aller eingesessenen Familien arbeitete mindestens eine Person in dem Werk. Bei gutem Geschäftsgang wurden zusätzlich ortsfremde Arbeiter, vor allem aus Hessen, beschäftigt. Lediglich unter den besonderen Verhältnissen der Nachkriegszeit bestritt weniger als die Hälfte der Rippberger Bevölkerung (44,9 %) ihre Lebenshaltung mit Einkünften aus Industrie und Gewerbe. Der Anteil der Landwirtschaft lag schon damals nur noch bei 16,4 %, während Handel und Verkehr gegenüber der ersten Hälfte des Jahrhunderts sich von 5 % auf 7,4 % leicht gesteigert hatten. 1971 ernährte das Produzierende Gewerbe wieder 55 % der Rippberger; 37 % lebten von Einkünften aus Renten und Pensionen oder aus nicht näher bezeichneten Quellen.

Ein bäuerlicher Bevölkerungsanteil von 41,8 % noch 1895 charakterisiert das Walldürn des 19. Jh. als Ackerbürgerstadt. Aus Industrie und Handwerk gewannen damals nur wenig mehr als ein Drittel der Einwohner (34,9 %) den überwiegenden Teil ihres Lebensunterhaltes. Durch Verdienst aus Handel und Verkehr wurden 11,6 % versorgt, kaum weniger als durch sonstige Erwerbstätigkeit und durch arbeitslose Einkommen (11,7 %). Weder Gewerbe noch Handel hatten bis zu dieser Zeit in Walldürn eine mehr als regionale Bedeutung erlangt. Bis zur liberalen Gesetzgebung von 1862 war nahezu die gesamte gewerbliche Wirtschaftstätigkeit in der Stadt und ihrer näheren Umgebung von zehn Zünften kontrolliert worden. Alle Bemühungen, jedem ordentlichen Meister hinreichenden Verdienst zu sichern, hatten offenbar die Schwierigkeiten eher noch verschärft. Staatliche Ansätze zur Förderung von Industrieansiedlung blieben ohne Erfolg. Nicht die in wohlmeinender Fürsorge, aber ohne Bezug zu den örtlichen Verhältnissen eingerichtete Strohflechtschule wies schließlich einen Weg aus der wirtschaftlichen und sozialen Misere, sondern die zeitweise auch gegen staatliche Ordnungsvorstellungen durchgesetzte Ausweitung lokaler Nebenverdienstquellen, der sogenannten Wallfahrtsindustrie. Bereits in der 1. H. 19. Jh. hatte der Walldürner Stadtrat zum Ärger des jeweiligen Amtmanns die Erlaubnis zum Hausieren in sehr großzügiger Weise befürwortet, auch wenn die Grenze zwischen Bettel und ambulantem Verkauf von Wachswaren, Lebkuchen, Kunstblumen und Devotionalien von den »Walldürner Lebkuchenzigeunern« nicht immer genau eingehalten wurde. Nach Einführung der Gewerbefreiheit stieg die Zahl der ausgegebenen Wandergewerbescheine rasch auf 170 an. Neben dem Verkauf von Haus zu Haus wurden nun vermehrt Jahrmärkte auch in entfernteren Gegenden befahren. Die damit erheblich gesteigerten Absatzmöglichkeiten regten einige Walldürner dazu an, die bisher überwiegend als häuslicher Nebenerwerb betriebene Produktion zu professionalisieren, zu mechanisieren und schließlich fabrikmäßig auszuführen. Der Anschluß an das Eisenbahnnetz ließ diesen Strukturwandel zumindest für die Unternehmer vollends zum Erfolg werden. Beschäftigt wurden hauptsächlich Frauen, die Löhne waren gering. Höhere Einnahmen erzielten die in den Walldürner Steinbrüchen tätigen Männer. Bis in die 1890er Jahre verpachtete die Stadt einzelne Steinbrüche an handwerklich arbeitende Steinhauer. Um die Einnahmen der Stadt zu erhöhen, wurden dann jeweils mehrere Steinbrüche an kapitalkräftige Unternehmer verpachtet, die auch Maschinen zum Einsatz brachten. Die Arbeit blieb dennoch schwer. Der vor allem beim Sägen aufwirbelnde Steinstaub schadete der Gesundheit und führte oft zu früher Invalidität. Gesünder, aber weniger einträglich war das Holzmachen in den städtischen Wäldern. Bereits seit Ende der 1880er Jahre hatte die Stadt die Waldarbeiten nicht mehr direkt an einzelne Taglöhner vergeben, sondern pauschal mit einem einzigen Unternehmer abgeschlossen.

Der 1. Weltkrieg und die für Deutschland daraus folgenden Gebietsverluste beeinträchtigten den Absatz der Walldürner Industrie empfindlich und vernichteten zunächst zahlreiche Arbeitsplätze. Es gelang jedoch, nicht nur den Schaden wieder wettzumachen, sondern bis 1939 die Verdienstmöglichkeiten noch auszuweiten. Industrie und Handwerk setzten vor dem 2. Weltkrieg 47,9 % der Bevölkerung ins Brot, Handel und Verkehr 12,3 %. Öffentliche oder private Dienstleistungen erbrachten den Unterhalt für 8,9 % der Einwohner. Der Anteil der Landwirtschaft jedoch war innerhalb von anderthalb Generationen um 23,3 % gesunken. Er lag nun bei 18,5 % und sank in den folgenden Jahrzehnten weiter. Die Vorrangstellung des Produzierenden Sektors in Walldürn wurde nicht in Frage gestellt, auch wenn sie schon 1950 gegenüber den Vorkriegsjahren etwas abfiel. Handel und Verkehr mußten sich mit dem dritten Platz hinter der Summe der sonstigen Wirtschaftsbereiche zufriedengeben.

Die Gemeinde im 19. und 20. Jahrhundert

Auch auf dem Gebiet der gesamten heutigen Gemeinde sicherten Industrie und Handwerk seit der Mitte des 20. Jh. den Lebensunterhalt der größten Personengruppe; sie machte 1970 38% der Bevölkerung aus. Land- und Forstwirtschaft als Haupterwerbsquellen gewährten hingegen immer weniger Menschen ein sicheres Auskommen: 1970 waren es im Bereich der Gesamtstadt noch 9%; dies war auch der langjährige Wert für Handel und Verkehr. Von Erwerbstätigkeit in sonstigen Wirtschaftsbereichen war 1970 mehr als ¼ der Einwohner abhängig, doppelt soviele wie 9 Jahre zuvor. Renten und Pensionen versorgten 1961 17% der in Walldürn und den eingemeindeten Orten Wohnhaften; dieser Wert tendierte nur leicht nach oben (1970: 18%). 1987 lebten 43,6% der Bevölkerung des Stadtgebiets überwiegend von eigener Erwerbstätigkeit, 21,8% von Arbeitslosengeld oder -hilfe, Rente, Pension bzw. eigenem Vermögen, und 34,6% wurden von anderen, vor allem Eltern und Ehegatten unterhalten. Die erwerbstätigen Einwohner arbeiteten nur noch zu 3,2% in der Land- und Forstwirtschaft. Am höchsten war dieser Anteil mit 22,1% in Hornbach, am niedrigsten mit 1,2% und 1,3% in Walldürn und Rippberg. Genau die Hälfte der Erwerbstätigen, 50,6%, arbeitete in Berufen des Produzierenden Gewerbes, 11,8% in Handel/Verkehr/Nachrichtenübermittlung und 34,4% in den übrigen Wirtschaftsbereichen. Von den 4948 Erwerbstätigen hatten 1239 (¼) den Arbeitsplatz außerhalb des Stadtgebiets. Der größte Auspendlerstrom ging nach Buchen (415 Personen), 193 Walldürner Einwohner arbeiteten in Hardheim. Der Rest verteilt sich auf ein weites Gebiet, das bis Frankfurt, Stuttgart, Heilbronn und Mannheim reicht. Zu den Berufspendlern kamen noch 287 Ausbildungsauspendler, die zum größten Teil (181 Personen) nach Buchen fahren.

Politisches Leben

Die in der 1. H. 19. Jh. ungewohnte Belastung durch die Zehntablösung bei gleichzeitig zunehmender Überbesetzung der Handwerke und mehrere Mißernten schufen gegen Ende der 1840er Jahre eine derart gespannte Atmosphäre, daß im Frühjahr 1848 Nachrichten vom Sturz der Monarchie in Frankreich gewalttätige Unruhen auslösten. In der Stadt zwang am 9. März eine Schar von Handwerkern und Taglöhnern – Bauern traten nicht besonders in Erscheinung – unter Führung des Postexpeditors Karl Thaddäus Keim den Pfarrer zum Verzicht auf die unverhältnismäßig hohe Holzgabe. Sie verwüsteten außerdem das Haus des jüd. Kaufmanns Aaron Sender, plünderten dessen Warenlager und vernichteten seine Geschäftsbücher, weil sie ihn des Wuchers verdächtigten. Zwei Tage später verhinderte die Stationierung einer Kompanie Soldaten alle weiteren Aktionen. 33 Walldürner wurden wegen der Teilnahme an den Krawallen denunziert, Keim floh mit seinem Sohn in die USA. Ein gutes Jahr später wandelte sich der bislang eher konservative Bürgerverein unter dem Einfluß des Bezirksamtsangestellten Keppner in einen demokratischen Volksverein. Dieser zählte bei seiner Gründung 162 Mitglieder, darunter 12 bekannte Anhänger Keims. Den Vorsitz übernahm Joseph Matthäus Schachleiter, ein angesehenes Mitglied des Gemeinderats. Die Mitgliederzahl wuchs kurzfristig auf über 400 an. Ein Turnverein und ein Jungfrauenverein unterstützten ebenfalls die demokratischen Bestrebungen. Zur Verteidigung des revolutionären Regimes wurden im Mai 1849 junge Männer auf Kosten der Gemeinde mit Gewehren bewaffnet und ausgerüstet. Drei Sattlermeister lieferten Patronentaschen auch an umliegende Amtsorte, so z. B. nach Altheim, wo sich unter dem Einfluß von Pfarrverwalter Vogt ein eigener Volksverein gebildet hatte. Der Geistliche wurde nach der Niederschlagung der Revolution durch die preußische Invasionsarmee von einem

Kriegsgericht abgeurteilt. Den Mitgliedern des Walldürner Volksvereins blieb dies erspart, sie mußten aber demokratischen Ideen abschwören.

Bei den Zollvereinswahlen (1868) trat der spätestens seit Mitte der 1860er Jahre dominierende Einfluß des politischen Katholizismus klar zutage: In Walldürn erhielt die Katholische Volkspartei 83,5 %, in Altheim 86,6 % und in den Höhenorten, einschl. Rippberg, durchschnittlich 87,6 %. Bei der ersten *Reichstagswahl*, 1871, konnten die Nationalliberalen in der Stadt immerhin 20 % der abgegebenen Stimmen auf sich ziehen. Nach einem Einbruch 1877 (11,5) profitierte die bad. Regierungspartei 1881 von der Stimmenthaltung eines Teils der Zentrumswähler: Bei einer Wahlbeteiligung von nur 35,6 % machten die Nationalliberalen immerhin 28,9 % der Abstimmenden aus. Nach 1890 blieb ihr Anteil stets deutlich unter 10 %. Das Wahlverhalten der Rippberger wich merklich von den anderen Orten ab. Hier konnten die Nationalliberalen aufgrund des Einflusses von Fabrikant Ph. J. Kurtz ihren Anteil von 1871 (33,3 %) bis 1887 (59,3 %) deutlich steigern. Bereits 1890 entschied sich jedoch fast ¼ der Wähler (24,2 %) für die Sozialdemokraten. In den folgenden Jahren entstand nach Abwanderung von Arbeitern und Stimmenthaltungen zumindest beim Pfarrverweser der Eindruck, es gebe in Rippberg keine sozialdemokratische Strömung. Als dann aber 1903 die SPD 61,7 % für sich verbuchen konnte, wertete das Bezirksamt dieses Ergebnis, bei dem das Zentrum immerhin noch 33,3 %, die nationalliberale Partei hingegen nur 5 % behauptete, als Protest gegen den unbeliebten Geistlichen. Wie die folgenden Wahlen zeigten, war die Ursache vor allem mangelnde Beteiligung der Wähler beider bürgerlicher Lager gewesen. Die Opposition gegen die Regierung fand in Walldürn außer in dem um 85 % schwankenden Potential des Zentrums vor allem in der Stimmenthaltung von durchschnittlich weit über ⅓ der Wahlberechtigten beredten Ausdruck. Nur erhebliche Einflußnahme der Geistlichen verhinderte in Walldürn dauerhafte Erfolge der Sozialdemokraten, die 1893 immerhin 70 Stimmen (19 %) erhielten. Weder in den Odenwaldorten noch in Altheim spielten bis zum 1. Weltkrieg neben dem Zentrum andere Parteien eine wesentliche Rolle.

Die starke religiöse Bindung der Bevölkerung wirkte auch während der Weimarer Republik als stabilisierender Faktor und minderte die Neigung zu Extremen. Das Zentrum mußte seine Position als stärkste Partei nur 1924 in Altheim vorübergehend an die kurzlebige Christlich-Nationale Bauern- und Landvolkpartei abgeben. Die NSDAP vermochte selbst bei der Novemberwahl 1932 nirgends auch nur die einfache Mehrheit zu erringen. Ihr bestes Ergebnis erzielten die Nationalsozialisten damals in Altheim (38,2 %). Gleichzeitig verbuchte die KPD in Rippberg 28,9 %, in Walldürn 14,5 %; die SPD kam nur auf 9,3 % bzw. 9,8 %. Keine Partei des liberalen Spektrums vermochte irgendwo für mehr als eine Wahl über 5 % der Stimmen auf sich zu vereinigen.

Wie die, mit Ausnahme von Rippberg (61,5 %), teilweise weit über 80 %ige Beteiligung an der Wahl zum 1. *Bundestag* bewies, hatte die NS-Diktatur das Vertrauen der Walldürner in die parlamentarische Demokratie nicht nachhaltig erschüttert. Während sich in der Stadt die SPD einer deutlichen absoluten Mehrheit erfreuen konnte, erreichte sie selbst in Rippberg nur 18 % und lag damit unter dem durchschnittlichen Ergebnis der Notgemeinschaft der Kriegsgeschädigten, Heimatvertriebenen u.a. (21,3 %). Außerhalb der Stadt lag die CDU als stärkste Partei zwischen 44,2 % (Gerolzahn) und 77,9 % (Reinhardsachsen). Bemerkenswert war der in Altheim mit 13,6 % bedeutend über dem Durchnitt (4,8 %) liegende Anteil der Liberalen (DVP/FDP). Bei allen folgenden Bundestagswahlen konnte die CDU in allen Teilen der heutigen Stadtgemeinde Walldürn die zur absoluten Mehrheit nötige Stimmenzahl meist weit übertreffen (1987: 60,6 %). Die SPD erreichte im Mittel der Ergebnisse seit

1953 21,1 %. In den 1950er Jahren hielt der GB/BHE, 1961 als GDP, den dritten Platz. Der FDP gelang seit der Bundestagswahl 1980 ein kontinuierlicher Ausbau ihres früheren Durchschnittsergebnisses von 4,2 % auf 8,4 % (1987); im selben Zeitraum wuchsen die Grünen von 1,6 % auf 5,5 %. In keinem Ortsteil erreichte die NPD bei Bundestagswahlen je über 5,8 %.

Wirtschaft und Verkehr

Land- und Forstwirtschaft. – Bis um die Wende des 19. zum 20. Jh. kamen auch in Walldürn und den umliegenden Dörfern nur wenige Haushalte aus, ohne wenigstens einen Acker zu bewirtschaften und eine Kuh, vielleicht auch lediglich eine Ziege zu halten. Die Grenze zwischen ergänzender Eigenversorgung und Vollerwerbsbetrieb war fließend, besonders in der Stadt und im Gewerbeort Rippberg. Hier hatte die häufige Feierabendlandwirtschaft auch bis in die 1870er Jahre Änderungen der sonst üblichen Dreifelderwirtschaft und eine Lockerung des Flurzwangs veranlaßt. Im Rippberger Gewann Winterberg wurden damals auf genossenschaftlicher Basis erstmals planmäßig Feldwege angelegt, während in den Höhenorten des Walldürner Odenwaldes entsprechende Anregungen der Amtmänner auf hinhaltenden Widerstand trafen. Freilich kam man dort, wo die Zelgen kaum zersplittert waren, durchaus noch mit den herkömmlichen Überfahrtsrechten aus. Erst der Einsatz schwerer Maschinen erzwang schließlich ein Umdenken. In Altheim lehnte der Gemeinderat noch 1927 eine Flurbereinigung wegen zu großer Unterschiede der Bodenqualität ab, obwohl die starke Parzellierung und der Mangel an rechtlich gesicherten Wegen einen rationellen Feldbau behinderte und ständig zu Streit führte. 1933 beschloß die Gemeinde, im Kirnautal einen Anfang zu machen: 1939/40 wurde der Fluß verlegt, die Talaue drainiert und 367 ha Wiesen und Äcker (15,2 % der Gkg Altheim) neu aufgeteilt. Ab 1968 wurde schließlich die gesamte Feldgemarkung bereinigt; die Neuzuweisungen erfolgten 1976 und zum 1. 9. 1985 wurde das Verfahren rechtsverbindlich abgeschlossen. Fast gleichzeitig wurden auch in Gerolzahn und Gottersdorf Flurbereinigungen durchgeführt. In letzterem Ort gab die Maßnahme Anlaß zu einem Rechtsstreit, der bis vor das Bundesverwaltungsgericht geführt wurde.

Während die *landwirtschaftliche Nutzfläche* seit den 1890er Jahren in allen hier in Frage stehenden Gemeinden leicht abnahm, erhöhte sich trotz des gewohnheitsmäßigen Anerbenrechts auch in den meisten Odenwaldgemeinden zwischen 1895 und 1925 die Zahl der Klein- und Kleinstbetriebe (bis 2 ha) teilweise erheblich. Der Zuwachs kam überwiegend aus der Aufteilung von Höfen der unteren Mittelklasse, die bislang mit 8 bis 10 ha gerade den Unterhalt einer Familie gesichert hatten. Schon ab den 1930er Jahren wurden dann gerade diese nur noch zum Nebenerwerb tauglichen Betriebe immer häufiger eingestellt. Von 682 im Jahr 1925 blieben bis 1949 noch 267; allein auf Gkg Walldürn sank ihre Zahl in den 24 Jahren vor Gründung der Bundesrepublik von 505 auf 154, also um 69,5 %. In Altheim betrug der Vergleichswert nur 5,1 %; in der Baulandgemeinde hatten sich, wie in dieser Periode sonst nur in Glashofen, die bäuerlichen Betriebe insgesamt vermehrt. In der Folgezeit konnte sich freilich auch Altheim dem allgemeinen Konzentrationsprozeß nicht entziehen: Ab Mitte der 1960er Jahre gaben auch Betriebe mit 10 bis 20 ha auf (1966: 165; 1978: 102), während gleichzeitig Großbetriebe mit jeweils über 20 ha, außer in Hornbach, überall zunahmen (1966: 62; 1978: 81). Bereits 1952 entstand auf Gkg Altheim ein Aussiedlerhof. 1989 wurden in der gesamten Gemeinde 249 landwirtschaftliche Betriebe gezählt (1925: 1149, davon 653 auf der Stadtgemarkung). Als Vollerwerbsbetriebe wurden 47 Höfe bezeichnet, davon 17 in Walldürn, 7 in Altheim, 6 in Hornbach, je 4 in Gerolzahn und Wettersdorf, 3 in Reinhardsachsen, je 2 in Gottersdorf und Kaltenbrunn sowie je 1 in Glashofen und Neusaß. In Rippberg ist Landwirtschaft nur noch Nebenerwerb. Von 5668 ha Landwirtschaftsfläche 1925 wurden bis 1949 515 ha und in den beiden folgenden Jahrzehnten weitere 454 ha – fast ausschließlich auf den Gkgn Rippberg und Walldürn – einer anderen Nutzung unterworfen.

Sowohl in den meisten Odenwaldorten wie auch in Altheim beeinträchtigte der Mangel an guten Wiesen einerseits die Viehhaltung, andererseits auch den Getreidebau, weil jeweils ein erheblicher Teil des Ackerlandes mit Futterpflanzen belegt werden mußte. Um Regenwasser für die Wiesenwässerung zu speichern, legten die Bauern an den Straßen häufig Mulden an, was den Verkehr oft schwer behinderte. In Walldürn wurde das Abwasser aus der Oberstadt nach altem Recht zum Wässern der Brügelwiesen verwendet. Auch im »Rippberger Tal« gab es auf der städtischen Gemarkung Wässerungsanlagen. Wegen der geringen Wassermenge ergaben sich jedoch Schwierigkeiten mit den dortigen Mühlen. Der Bedarf an Streu konnte häufig nur durch Rückgriff auf sogenannte Waldstreu aus dem Gemeindewald gedeckt werden. Darüber kam es immer wieder zu Auseinandersetzungen mit der staatlichen Forstverwaltung. In Rippberg, wo der gesamte Wald an den Fürsten Leiningen gefallen war, führten mehrere Hofbesitzer mit der Standesherrschaft einen langwierigen und letztlich vergeblichen Rechtsstreit um das althergebrachte Nutzungsrecht. Diese prekäre Situation trug dazu bei, daß Rinder, soweit sie nicht nur für den Eigenbedarf und als Zugtiere bestimmt waren, nicht gezüchtet, sondern nur als Schlachtvieh aufgezogen bzw. gemästet wurden. Dementsprechend verwendeten die Gemeinden wenig Sorgfalt auf die Farren; in den kleinen Odenwaldgemeinden duldete das Bezirksamt bis in die 1880er Jahre das »Umhalten« des Faselviehs. Jungvieh erwarben die meisten Landwirte ohne Rücksicht auf die Rasse und Herkunft. Die Bauern aus den Odenwaldorten verkauften ihre Tiere außer an die Metzger und Händler der Umgebung hauptsächlich nach Aschaffenburg, Hanau und Frankfurt; die Altheimer vor allem an Händler aus Großeicholzheim oder auf dem Viehmarkt in Hardheim.

Die verhältnismäßig schnelle Transportmöglichkeit auf der Eisenbahn ermöglichte es, frische Milch nach Heidelberg und Mannheim zu liefern. Ein Wettersdorfer Landwirt richtete um 1897 eine kleine Molkerei ein und verkaufte Butter zeitweise bis nach Freiburg und nach Hannover. Diese neuen Verdienstaussichten veranlaßten die Bauern um die Wende zum 20. Jh., ihre *Rinderhaltung* zumindest teilweise auf Milchproduktion umzustellen. Es wurde nun auch mehr auf Rassevorteile geachtet und viele Landwirte strebten durch eigene Zucht ihren Viehbestand zu verbessern. Auf Drängen der Bezirksbeamten wurden nun von den Gemeinden vorwiegend Simmentaler Bullen angeschafft und vorschriftsmäßig besondere Farrenhalter mit deren Betreuung beauftragt. Während in Walldürn der Rinderbestand zwischen 1855 und 1930 von 1035 auf 782 sank, stieg er in Rippberg und den Odenwaldorten wenigstens bis zum 1. Weltkrieg um durchschnittlich 28 % an. In Altheim war die bis dahin positive Entwicklung zu Anfang der 1890er Jahre durch die Maul- und Klauenseuche gestoppt worden, die Rinderzahl schwankte danach für lange Zeit um etwa 890 Stück. 1930 waren darunter 562 (63,21 %) Milchkühe. In den Odenwaldorten lag dieser Anteil im Durchschnitt bei 37,2 %; in Walldürn und Rippberg aber etwas höher. In den 1940er Jahren wuchsen die Bestände nur in Glashofen und Wettersdorf, in Altheim trat eine geringe Verminderung ein, doch sank der Kuhanteil wegen des durch die Kriegsfolgen gestörten Milchabsatzes auf 31,1 %. Nach Kriegsende wurde die Belieferung der Molkereien in Heidelberg und Mannheim wieder aufgenommen. Für die Versorgung Heidelbergs bestanden zeitweise mit den zu Altheim gehörigen Gutshöfen Dörntal und Kudach besondere Verträge. Von 1950 bis 1971 widmeten sich vor allem die Odenwaldbauern in erhöhtem Maß der Milchproduktion. In allen Höhenorten zusammen hatte sich der Bestand an Kühen ungefähr um das viereinhalbfache vermehrt (1950: 166; 1971: 899), während die Rinderzahl insgesamt (1950: 1654) dort nur um 69,4 % zunahm. In Altheim belief sich die Zuwachsrate bei Rindern allgemein (1950: 814) auf 39,2 %, bei Kühen (1950: 253) auf 116,6 %. Die Walldürner Bestände erhöhten sich vergleichsweise geringfügig: Rinder insgesamt von 800 auf 935 Stück, darunter Kühe von 210 auf 311. In Rippberg wurden 1971 nur noch 32 Rinder (14 Kühe) gezählt. Die Betriebe mit Rinderhaltung gingen von 1971 bis 1982 auf der Gesamtgemarkung um 98 auf 159 zurück; gleichzeitig stieg der Durchschnittsbestand je Betrieb von 19 auf 31 Stück. 1980 hielten die Landwirte in der ganzen Gemeinde etwa 100 Rinder mehr als 1975; acht Jahre später waren es mit 4343 (1317 Kühe) jedoch 735 weniger. Der größte Anteil am Gesamtbestand, 1009 Stück (270), entfiel auf die alte Gkg Walldürn, 915 Stück (334) wurden in Altheim gehalten und 657 (215) in Hornbach.

Noch gegen Ende des 19. Jh. wurden sowohl in Altheim als auch in Walldürn und in den Höhenorten fast ausschließlich *Schweine* der Odenwälder Landrasse und überwiegend für den Eigenbedarf aufgezogen. Gezüchtet wurden Schweine nur selten; meist kaufte man die Ferkel auf den Schweinemärkten der näheren und weiteren Umgebung z. B. in Eubigheim, Mudau und Amorbach. Soweit irgend möglich verpflichteten die Gemeinden für geringen Lohn und freie Wohnung im Armenhaus eine bedürftige Person, die die Borstentiere täglich zur Weide in den Wald zu führen hatte. Aufgrund des Vorbilds einzelner wohlhabender Bauern setzte sich nach der Jahrhundertwende die Haltung und Zucht des Deutschen Edelschweins durch. Während teilweise der Austrieb weiterhin als unabdingbar für eine erfolgreiche Zucht galt, wurden auch bereits besondere große Stallungen errichtet. Bei dieser Art der Haltung erwiesen sich anfangs jedoch die Tiere als sehr anfällig für die Rotlaufkrankheit, weshalb auf eine bessere tierärztliche Versorgung gedrängt wurde. Bevor 1911 auch in Walldürn ein Schweinemarkt eingeführt war, wurden die fetten Schweine hauptsächlich an zum Teil ortsansässige Händler oder in die Miltenberger Schlächtereien verkauft. Vor dem 1. Weltkrieg erreichte die Schweinehaltung außer in Altheim (777) und Walldürn (1006) auch in Gerolzahn (306), Gottersdorf (190), Kaltenbrunn (117), Rippberg (223) und Wettersdorf (155) ihren Höhepunkt. Der Bestand von 1913 wurde dagegen in Hornbach (401) noch bis 1950 auf 501 Stück, in Glashofen (276) und Reinhardsachsen (204) bis 1971 auf 661 bzw. 410 Stück angehoben. Für die Gesamtgemeinde wurde 1978 als vorläufiger Höchststand die Zahl von 5475 Schweinen (darunter 457 Zuchtsauen) verteilt auf 243 Betriebe festgestellt. Die Tierzählung vom 3. 12. 1988 erfaßte nur noch 3131 Schweine (233 Zuchtsauen), davon 605 in Wettersdorf, 589 in Reinhardsachsen und 510 in Altheim.

Die *Schäferei*, ein altes Herrenrecht, war der Stadt Walldürn auf ihrer Gemarkung bereits von den Mainzer Erzbischöfen als Einkommensquelle übertragen worden. Bis in die 1820er Jahre schloß die Schäfereipacht das Befahren des Waldes ein. Weil die dabei verursachten Schäden den Nutzen für die Stadt erheblich schmälerten, wurde die Schäferei auf die Feldgemarkung beschränkt. Zeitweise wurde das Weiderecht auch an zwei Schäfer vergeben; daneben scheinen mitunter private Herden gehalten worden zu sein. 1855 zählte man in der Stadtgemarkung insgesamt 757 Schafe. Manche Bauern schickten gegen ein bestimmtes Entgelt an den Schäfer auch eigene Tiere zur Herde, die dadurch aber nicht über die auf 400 festgelegte Höchstzahl anwachsen durfte. Die Stadt überließ dem jeweiligen Schäfer auch ein Gebäude zur Unterbringung der Schafe.

Dafür mußte die jeweilige Brache bepfercht und somit gedüngt werden. Erst nach dem 2. Weltkrieg mußte die Walldürner Schäferei mangels ausreichenden Weidelandes und wegen sinkender Wollpreise aufgegeben werden. Über die Gemeindeschäferei in Altheim, wo 1887 noch über 1300 Schafe weideten, kam es zu Beginn des 20. Jh. zu Auseinandersetzungen sowohl zwischen den Besitzern der Güter Kudach und Dörntal als auch zwischen diesen und den Vertretern der Kleinbauern. Obwohl jedes Jahr über 100 ha brach lagen und deshalb bei genügender Aufsicht eine Herde durchaus ohne Flurschäden gehalten werden konnte, fand sich 1906 eine Mehrheit für die Abschaffung der Schafe. In den folgenden Jahren wurden nur auf den Dörntaler Hof noch etwa 150 Stück gehalten. Durch den Verzicht auf die Schäferei verlor die Gemeindekasse eine gute Einnahmequelle und die Bauern waren noch mehr auf den Einsatz teuren Kunstdüngers angewiesen. Schließlich wurde die Gemeindeschäferei 1920 wieder eingeführt. Für die Haltung einer höchstens 300köpfigen Herde flossen noch 1952 1000 DM in die Gemeindekasse.

Das Schäfereirecht im Walldürner Odenwald hatten die Fürsten von Leiningen als Rechtsnachfolger der ehemaligen geistlichen Herrschaften erhalten. Zunächst lösten die großen Hofbauern, denen ohnehin jeweils fast die gesamte Feldgemarkung gehörte, diese Belastung auf gemeinsame Rechnung ab. Weil von den sogenannten Bauernschäfereien in der Regel auch Leistungen der Gemeinden, wie z. B. freie Wohnung für den Schäfer, in Anspruch genommen wurden, lag darin eine ständige Streitquelle. Dennoch kaufte nur die Gde Hornbach bereits 1856 den Hofbesitzern das Weiderecht ab und stellte die Schäferei im Interesse des Ackerbaus ein. In den anderen Gemeinden bestand, teilweise mit Unterbrechungen, zumindest bis zu Beginn des 20. Jh. eine Bauernschäferei oder eine gemeine Schafweide im Sinne des Gesetzes vom 17.4.1884. Die 1808 vorgelegte Bestandsaufnahme hatte auf dem Gebiet der heutigen Gde Walldürn 2567 Schafe ermittelt, davon 1000 in Walldürn, 870 in Altheim und 280 in Gerolzahn. Eine erhebliche und dauerhafte Zunahme war im Laufe des 19. Jh. nur in Altheim zu verzeichnen, wo 1887 1326 von 2422 Schafen gezählt wurden. 1913 gab es außer auf der Stadtgemarkung (411 von 882 Stück) nur noch in Gerolzahn, Gottersdorf und Hornbach eine nennenswerte Menge. Seit den 1920er Jahren bewegt sich der Schafbestand insgesamt um etwa 1000 Tiere (1988: 1113); zu Anfang der 1980er Jahre gab es allerdings eine kurzfristige Ausweitung um bis zu ⅖.

Die *Ziegenhaltung* war bereits zu Beginn des 19. Jh. in der Stadt am stärksten vertreten; in Walldürn (85) gab es mehr als doppelt soviele wie in Altheim und den Odenwaldorten zusammen (41). Nach Gründung des Rippberger Eisenwerkes stieg dort mit der Zunahme der Arbeiterhaushalte auch der Bestand dieser genügsamen und nützlichen Tiere. Aber auch in den Bauerndörfern hatten sie sich bis zur Jahrhundertmitte merklich vermehrt: In den sieben Höhenorten wurden durchschnittlich 14, in Altheim 38, in Rippberg jedoch 92 und in Walldürn 124 Stück gehalten. 1913 zählte man in Walldürn, Rippberg und Altheim als den drei gewerbereichsten und bevölkerungsstärksten Gemeinden 455, 142 und 77 Ziegen, in den Bauerndörfern dagegen nur zwischen 2 und 17. In der Stadt bestand damals eine Ziegenzuchtgenossenschaft. Bis Ende der 1920er Jahre war die Ziegenhaltung, außer in Altheim, stark rückläufig und verschwand nach dem 2. Weltkrieg nahezu völlig.

Während in der Stadt auch in früheren Zeiten (1808: 101) eine größere Anzahl von Pferden als Reittiere und zum Ziehen der Kutschen und Frachtwagen unentbehrlich war, entschlossen sich die Dorfbewohner zu der relativ kostspieligen *Pferdehaltung* erst, als sich seit der 2. H. 19. Jh. ihre bisherigen Zugtiere, vornehmlich Ochsen, für die neuartigen landwirtschaftlichen Maschinen als ungeeignet erwiesen. 1930 wurden im

Die Gemeinde im 19. und 20. Jahrhundert 749

Bereich der heutigen Gesamtgemeinde immerhin 550 Pferde gezählt, davon 164 in Altheim und 155 in Walldürn. Nach dem 2. Weltkrieg ersetzten mehr und mehr Traktoren die tierische Arbeitskraft. 1975 war die Gesamtzahl der Pferde auf 95 reduziert. Bei ungefähr diesem Niveau verharrte der Bestand noch 1988 (100), wobei allein ⅓ auf Glashofen mit seinem Reit- und Fahrverein entfiel, während es in Walldürn mit Einschluß des Reitsportzentrums Auerberg lediglich 10 Pferde gab.

Sowohl in der Stadt, als auch in Altheim wurde im 19. Jh. reichlich Geflügel gehalten. In den 1880er Jahren war in der Baulandgemeinde für die Gänse noch ein Hirte bestellt, später wurde ein »Gänsegarten« angelegt, um Flurschaden zu vermeiden. Auch Enten- und Hühnerzucht brachten einigen Gewinn. Die meist recht ungeregelte *Geflügelhaltung* in den Odenwaldorten erreichte zeitweise ebenfalls einen beachtlichen Umfang; vielfach verkauften die Bäuerinnen Eier an auswärtige Händlerinnen. In den 50 Jahren vor 1930 stieg der Geflügelbestand des ganzen heutigen Walldürn um 68,6 % auf 13323 Stück. Während noch 1965 an Hühnern allein 12380 Stück gehalten wurden, verminderte man das gesamte Federvieh in den folgenden 20 Jahren erheblich; 1988 wurden nur noch 6860 Stück gezählt.

Von wenigstens ebenso großer Bedeutung wie die Viehhaltung war von jeher sowohl in Walldürn und seinem Hinterland als auch in Altheim der *Acker-* und insbesondere der *Getreidebau*. Im Laufe der letzten 100 Jahre verminderte sich zwar die Ackerfläche von 4682 ha (1880) um fast ⅕ auf 3768 ha (1980), die Getreideanbaufläche war jedoch 1987 mit 2353 ha nur um 8,1 % kleiner als 1880 (2548 ha), während für Hackfrüchte lediglich noch 54 ha, d. h. 8,2 % der früheren Fläche, verwendet wurden. Mit Futterpflanzen waren 1987 714 ha, also 11,6 % mehr als 1880 (640 ha) besetzt. In Altheim, das stets nicht nur die umfangreichste landwirtschaftlich genutzte Fläche (1930: 1745; 1987: 1655) sondern auch das meiste Ackerland (1930: 1581; 1987: 1551) aufwies, dehnte man die Getreidefläche zwischen 1880 und 1930 um 28,6 % auf 1043 ha aus. Zunächst wurde neben Hafer, der Hauptfrucht der Region, besonders Dinkel (Spelz) angebaut. In Altheim entwickelte sich vor dem 1. Weltkrieg eine der bedeutendsten Grünkernproduktionen; 1913 wurden davon bis zu 4000 Ztr aus halbreifem Dinkel gedörrt und vornehmlich als Mahl- oder Suppenkern über Händler an Suppen- und Konservenfabriken verkauft. Durch die Grünkernherstellung konnte nicht nur der Ertrag pro Hektar gesteigert werden, sondern den Landwirten floß auch im sonst einkommensarmen Frühjahr Bargeld zu. Obgleich bereits in den 1920er Jahren nicht zuletzt wegen eines zeitweisen Überangebots an Grünkern der Dinkelanbau von 370 ha (1913) auf 240 ha (1930) beschränkt wurde und anschließend sogar weiter zurückging, wird in Altheim noch immer Grünkern bereitet. Bei steigender Nachfrage haben sich in jüngster Zeit fünf Betriebe unter hohem Kapitaleinsatz mit modernen Anlagen zur Ernte und Verarbeitung ausgerüstet. Der Absatz erfolgt über den Verband fränkischer Grünkernerzeuger hauptsächlich an die Zentralgenossenschaft Karlsruhe.

In Walldürn und den Höhendörfern erreichte Grünkern nie eine ähnliche Bedeutung wie in der Baulandgemeinde. Außer in Gottersdorf hatte man den Dinkelanbau schon vor der Wende zum 20. Jh. stark eingeschränkt. 1930 wurden in Walldürn noch 160 ha mit Dinkel bestellt, in den Odenwalddörfern insgesamt 5 ha. Die freigewordenen Äcker nutzte man wie auch in Altheim zur Ausweitung der Hafererzeugung (1170 ha), für Winterroggen (451 ha) und vor allem für Winterweizen (321 ha), dessen Anbaufläche vor dem 1. Weltkrieg meist noch reduziert, seit 1913 insgesamt aber mehr als verdreifacht wurde. Seit dem Bau der Odenwaldbahn wurde das Altheimer Getreide hauptsächlich über Rosenberg und zum Teil beim dortigen Lagerhaus abgesetzt. Zeitweise vermarktete auch ein Altheimer Bürgermeister einen erheblichen Teil der örtlichen

Produktion. Walldürn und sein Odenwälder Hinterland lagen traditionell im Einzugsbereich des alten Stapel- und Handelsplatzes Miltenberg. Auch nachdem Walldürn an das Eisenbahnnetz angeschlossen war, wurden die Verbindungen dorthin nur langsam gelöst. Das Geschäftsgebaren der Firma Hopf (Tauberbischofsheim), die um 1905 in Walldürn ein landwirtschaftliches Lagerhaus eröffnete, schreckte die Odenwälder Bauern zumindest anfangs ab. So schlossen sich z. B. die Hornbacher dem Buchener Lagerhaus an, die Wettersdorfer tendierten nach Hardheim. Auch schlechte Straßenverhältnisse hielten viele Bauern von der Fahrt nach Walldürn ab und veranlaßte sie zum Verkauf ihrer Erzeugnisse an Händler, die selbst für den Abtransport sorgten.

Kalkdünger bereiteten sich die Landwirte bis in die 1890er Jahre in meist gemeindeeigenen Kalköfen. Der Bezug von Thomasmehl und sonstigem Kunstdünger wurde um diese Zeit noch vorwiegend vom kath. Bauernverein organisiert, in dem fast alle Bauern Mitglied waren. Der staatlich geförderte Landwirtschaftliche Bezirksverein fand am ehesten Interessenten, wenn er neuartige Maschinen zur Erprobung bereitstellte, oder erfolgreiche Verfahren etwa zur Unkrautbekämpfung propagierte. Auch um die Ausdehnung und Verbesserung des *Obstbaus* bemühte sich das Bezirksamt durch Vermittlung dieser Organisation. Die Gemeinden wurden angehalten, Baumschulen anzulegen und die Straßen- und Wegränder mit Obstbäumen zu bepflanzen. Schließlich konnten auch einzelne Bauern für den Anbau von Äpfeln, Birnen und Zwetschgen gewonnen werden. Das rauhe Klima behinderte allerdings die Produktion von Tafelobst. Dennoch erzielte man beispielsweise in Gottersdorf, Hornbach und Reinhardsachsen ansehnliche Einnahmen aus dem Verkauf von Früchten und Most. Auch in Walldürn blieben die Bemühungen der staatlichen und der städtischen Verwaltung nicht ohne Erfolg: Von den 27 112 Obstbäumen, die 1929 auf der heutigen Gesamtgemarkung gezählt wurden, standen 13 547 auf dem Gebiet der Stadt.

Der Mangel an Dienstboten bzw. die Steigerung der Löhne förderten seit der Jahrhundertwende die Mechanisierung auch in den Dörfern der Walldürner Höhe. In jedem Ort gab es zumindest Göpelwerke, Gras- und Getreidemäher sowie Heuwender.

Außer Rippberg verfügten alle Gemeinden schon 1808 über *Wald*: Altheim 600 M, Gerolzahn 210 M, Glashofen 3033 M, Gottersdorf 510 M, Hornbach 1000 M, Kaltenbrunn 30 M, Reinhardsachsen 70 M, Walldürn 4649 M und Wettersdorf 140 M. Zu diesen insgesamt 10342 M Gemeindewald kamen noch 570 M Privatwald in Altheim (128), Hornbach (397), Kaltenbrunn (2), Reinhardsachsen (37) und Wettersdorf (6). Insbesondere der Privatwald wurde von der Bezirksforstei immer wieder wegen mangelnder Pflege beanstandet. Die staatliche Forstverwaltung bemühte sich vor allem seit der 2. H. 19. Jh. um die Vermehrung der Nadelhölzer insbesondere auf Kosten der inzwischen unwirtschaftlichen Eichenschälwälder. Auch wegen der Nutzung des Waldertrags für außergewöhnliche Ausgaben der Gemeinden kam es nicht selten zu Auseinandersetzngen mit den Staatsbehörden. 1986 waren von dem Gebiet der Gde Walldürn 4571,3 ha als Waldfläche ausgewiesen. Davon waren 116,6 ha Staatswald (Bund), 3322,9 ha Gemeindewald, 420,6 ha Großprivatwald (von Leiningen) und 711,2 ha Kleinprivatwald. Vom Gemeindewald und vom Privatwald waren jeweils etwa ¾ Nadelbäume und ¼ Laubwald; beim Staatswald überwogen Laubbäume mit 65 %. An Nadelhölzern kamen insbesondere Fichten und Forlen vor, an Laubbäumen überwiegend Buchen.

Handwerk und Industrie. – Nach dem Übergang an den Fürsten von Leiningen im Jahre 1803 gab es in Walldürn etwa 250 Handwerksmeister in 43 Gewerben. Sie hatten sich überwiegend in den 10 Zünften der Stadt, manche auch in Buchen oder Amorbach organisiert. Am stärksten besetzt waren die Gewerbe der Schuhmacher und Schuhflicker, der Leineweber, der Schneider, der Maurer sowie der Bäcker und Lebküchner. Bis Ende der 1840er Jahre vermehrten sich gerade die Mitglieder dieser Berufsgruppen, obwohl selbst bei insgesamt gestiegener Bevölkerungszahl kaum eine entsprechend höhere Nachfrage erkennbar war. Neue Einkunftsquellen waren nämlich nicht hinzugekommen. Es wurde lediglich für den lokalen Markt, wozu höchstens noch die Dörfer auf der Walldürner Höhe rechneten, gearbeitet. Produkte für den Fernhandel bot in guten Jahren höchstens die Landwirtschaft, die auch Grundlage der städtischen Wirtschaft war. Dies galt umso mehr, als die einstige Pfründe Walldürns, die Wallfahrt zu der hier verehrten wundertätigen Blutreliquie, seit Ende des 18. Jh. an Anziehungskraft merklich verlor. 1809 wurde der von ihr bewirkte Geldzufluß immerhin noch auf jährlich 45000 fl veranschlagt. Außer dem Wirtsgewerbe profitierten davon die mehr als 150 Walldürner Wallfahrtskrämer. Während des vierwöchigen Jahrmarktes, jeweils acht Tage nach Pfingsten beginnend, boten die Walldürner *Handwerker* ihre Erzeugnisse an. Obwohl sicher auch durchgelaufene Schuhe und Strümpfe zu ersetzen oder zu flicken waren, ließ sich das beste Geschäft doch mit Andachtsartikeln, Kerzen und Lebkuchen machen. Manche sahen freilich in diesem leichten Verdienst das Hindernis für eine gesunde wirtschaftliche Entwicklung der Stadt. Die Walldürner aber begannen, als der Absatz auf dem Markt immer spärlicher ausfiel, die Produkte ihres Hausfleißes außerhalb der Marktzeit zunächst in den Odenwalddörfern, dann auch in der weiteren Umgebung anzubieten. Zunächst ließen sich damit keine großen Gewinne erzielen, zumal die staatliche Verwaltung diesen Handel und Wandel mißbilligte. Sie versuchte vielmehr durch Unterstützung einer von der Gemeinde 1852 errichteten »Chemischen Zündholz- und Schachtelfabrik« und durch eine »Strohflechtschule« dem Mangel an Verdienstmöglichkeiten entgegenzuwirken. Die Zündholzfabrik ging bereits nach sechs Jahren ein; die Strohflechtschule blieb ein Zuschußbetrieb.

In Altheim arbeiteten noch zu Beginn des 19. Jh. außer über zwei Dutzend Leinewebern sämtliche für den lokalen Bedarf notwendigen Handwerker. Bäcker und Metzger unterlagen einer Preiskontrolle; außer auf Tafeln in den Läden hatten sie ihre Preise alle 14 Tage auf dem Rathaus zu melden. In den 1890er Jahren gab es an der Straße nach Sindolsheim eine Ziegelei sowie eine Sägemühle und eine Mahlmühle. Heute wird die Wasserkraft nicht mehr genutzt. Das noch bestehende Sägewerk Ellwanger arbeitet mit elektrischer Energie und die Beichertsche Mühle wurde durch eine Kunstmühle (1952: 12 Beschäftigte) abgelöst, die ihrerseits Ende der 1960er Jahre in Konkurs ging. 1908 taten sich die meisten der annähernd 40 Handwerker zu einem Handwerkerverein zusammen. In Gerolzahn ließ sich während des 19. Jh. kaum ein Handwerker nieder, während in dem Wlr Neusaß zumindest seit 1874 eine Ziegelhütte vorhanden war. 1907 traf man in den beiden Orten zwei Schreiner, zwei Schuhmacher und einen Schmied an. Auch in Glashofen werden vor dem 1. Weltkrieg lediglich fünf Handwerker erwähnt: je ein Schmied, Zimmermann, Schreiner, Schneider und Schuhmacher. 1949 sind als weitere Gewerbe Bäcker und Wagner hinzugekommen. In insgesamt 10 Handwerksbetrieben arbeiteten damals 14 Gesellen und Gehilfen, 12 Lehrlinge standen in Ausbildung. Die Gottersdorfer Ziegelei bestand bereits 1869. Neben dem Tüncher, dem Wagner und dem Schuster verdankte vor allem der Küfer bayerischer Kundschaft einträgliche Bestellungen. In Hornbach wird 1851 lediglich ein Wagner erwähnt, später dann ein Schmied, ein Schreiner und ein Schneider. In Kaltenbrunn beschäftigte der Spritzenmüller meistens einen Gesellen. Der Schuhmacher bildete manchmal auch einen Lehrling aus. Zeitweise gab es auch einen Schreiner am Ort. In Reinhardsachsen scheint außer dem Schmied höchstens noch ein Schuhmacher sein Handwerk betrieben zu haben. Wettersdorf dagegen zählte zu Beginn des 20. Jh. fünf Handwerker. Eine kleine Molkerei bestand nur wenige Jahre. Am Weg nach Schlempertshof lagen zwei Steinbrüche. Die meisten Handwerker gab es im Walldürner Odenwald während des 19. Jh. in Rippberg. Ihre Aufträge erhielten sie haupsächlich aus den umliegenden Höhenorten. Konkurrenzneid ließ hier alle Versuche zu einer gemeinsamen Interessenvertretung scheitern.

Tabelle 1: **Das Handwerk in Walldürn**

Branchen der Handwerksordnung	insgesamt	Zahl der Betriebe: davon in		
		Walldürn	Altheim	Sonstige
Bau- und Ausbaugewerbe				
Maurer (Bauunternehmen)	3	2	1	–
Zimmerer	3	2	–	1 (Gl)
Fliesenleger	1	1	–	–
Steinbildhauer	1	1	–	–
Stukkateure und Maler	4	4	–	–
Metallgewerbe				
Schlosser	2	2	–	–
Karosseriebauer	1	1	–	–
Mechaniker	1	1	–	–
Kraftfahrzeugmechaniker	6	6	–	–
Kraftfahrzeugelektriker	1	1	–	–
Landmaschinenmechaniker	2	2	–	–
Klempner, Gas- und Wasserinstallateure	3	2	1	–
Elektroinstallateure/Elektromechaniker	5	4	1	–
Holzgewerbe				
Schreiner	9	6	2	1 (Gl)
Bekleidungs-, Textil- und Ledergewerbe				
(Orthopädie-) Schuhmacher	2	2	–	–
Nahrungsmittelgewerbe				
Bäcker	7	6	1	–
Konditoren	1	1	–	–
Fleischer	5	3	1	1 (Ri)
Müller	2	1	–	1 (Re)
Gewerbe für Gesundheits- und Körperpflege usw.				
Augenoptiker	1	1	–	–
Friseure	8	7	–	1 (Ri)
Reinigungen	1	1	–	–
Wäschereien	1	1	–	–
Glas-, Papier-, kermamische und sonstige Gewerbe				
Glaser	1	1	–	–
Fotografen	1	1	–	–
Drucker	1	1	–	–

Gl = Glashofen, Re = Reinhardsachsen, Ri = Rippberg

1950 wurden in der Stadt 154, in Altheim 45, in Rippberg 22, in Glashofen 10 und in den übrigen Odenwaldorten zusammen 13 handwerkliche Betriebe gezählt. Von diesen insgesamt 246 Unternehmen gab es 1968 noch 143, neun Jahre später aber nur noch 119.

Während dieser Zeit war lediglich die Metallbranche, die mit 23,1 % ohnehin die stärkste war, um einen Betrieb gewachsen, wogegen das zuvor an zweiter Stelle stehende Baugewerbe (26) durch den Verlust von sieben Betrieben hinter das Nahrungsmittelgewerbe auf den dritten Platz zurückfiel. 1989 konnten nur noch 73 handwerkliche Unternehmen erfaßt werden. Die Aufgliederung nach Branchen und Ortsteilen ergibt Tab. 1.

Als jedoch nach Einführung der Gewerbefreiheit (1862) in Baden auch die Verkehrswege nach und nach verbessert wurden, sahen einige Walldürner die Chance, aus dem Hökergewerbe eine *Industrie*, die Walldürner Wallfahrtsindustrie, zu machen. Eine Vorreiterrolle übernahm der Kunstblumenfabrikant Franz Leopold Link. Aus kleinen Verhältnissen stammend, überflügelte er in den 1880er Jahren seine Konkurrenten und errichtete 1896 in der Buchener Straße eine neue Fabrik, in der bereits Motorkraft eingesetzt wurde. Um 1900 erzielte die Firma Link einen Jahresumsatz von ca. 120000 RM. Sie beschäftigte 12 männliche und 40 weibliche Arbeitskräfte; 70–80 Heimarbeiterinnen lieferten Halbfabrikate. Fünf weitere Blumenfabrikanten eiferten Link nach. Auch die anderen Zweige des Wallfahrtsgewerbes wurden industrialisiert: 1886 gründete Georg Krämer eine Lebkuchenfabrik und Viktor Kieser zog 1896 mit einer Zuckerwarenfabrik nach. 1889 begann Heinrich Kieser mit der Wachswarenherstellung; bereits acht Jahre später bezog sein Betrieb ein neuerbautes Gebäude, in dem noch heute ein Teil der Firmenverwaltung untergebracht ist. Kruzifixe und Heiligenfiguren aus Gipsguß fabrizierten die Geschäftspartner Nimis & Schneider, von denen später jeder unter eigener Firma produzierte. Eine Fabrik für Kunstplastik und Devotionalien unterhielten Rütten & Cie. Von den ehemals 5 Bierbrauern wird 1891 nur noch das Zieglersche Brauhaus in »Kleinfrankreich« erwähnt. Die lebhafte Nachfrage nach Sandstein führte seit Mitte der 1870er Jahre zu einem Konzentrationsprozeß in der bislang handwerksmäßig betriebenen Steinhauerei. Auch die Stadt verpachtete ihre Steinbrüche auf Anraten des Bezirksamts nur noch größeren Unternehmern. Von der verstärkten Bautätigkeit erfuhren nicht zuletzt auch die Walldürner Kalkbrenner an der Altheimer Straße eine Belebung ihres Geschäftes; sie blieben aber dennoch Kleinunternehmer. Auch in der Ziegelmacherei kam es erst um die Jahrhundertwende zur Einrichtung eines größeren Betriebes durch die Höpfinger Firma Kaiser & Böhrer. Das älteste Walldürner Bauunternehmen, die heutige *Bau-Bonn GmbH*, reicht auf einen 1871 von Sebastian Bonn gegründeten Betrieb zurück. Im Industriegebiet Barnholz gehören derzeit zu dieser Firma eine Transportbetonanlage, ein Stahlbetonfertigteilwerk, eine Betonstahlbiegerei und Bauschlosserei. Die rd. 160 Mitarbeiter sind im Hoch-, Tief- und Straßenbau beschäftigt; der Umsatz belief sich 1986 auf 2,317 Mio DM.

Der 1. Weltkrieg brachte für die junge Walldürner Industrie erhebliche Verluste und Erschütterungen. Aber obgleich einige Betriebe schließen mußten, wurde die wirtschaftliche Entwicklung Walldürns nicht dauerhaft unterbrochen. Zwei Versuche mit Zigarrenfabrikation scheiterten allerdings. In der Buchener Straße, nahe dem Bahnhof, ließen sich damals gleich drei holzverarbeitende Betriebe nieder: zwei Sägewerke und die Vereinigte Fränkische Möbelfabrik, ein Gemeinschaftsunternehmen Walldürner Schreiner. Die fünf Mühlen am Marsbach waren schon seit 1894 durch das Pumpwerk der Walldürner Wasserversorgung beeinträchtigt. Als 1920 die Firma Hopf eine Kunstmühle errichtete, mußten sie nach und nach ihren Betrieb aufgeben. Die Kunstmühle wurde 1931 aus der Konkursmasse Hopf von Theodor und Leo Gehrig ersteigert und von ihrer Familie bis heute als »Schwanenmühle« fortgeführt. 1925 zählte die Stadt sieben Fabrikbetriebe mit über 20 Arbeitskräften. Die Folgen des 2. Weltkriegs brachten dann eine weitgehende Umstrukturierung. Die Blumenfabrikation mußte auf Plastik umgestellt werden und hatte sich so gut es ging dem gewandelten Geschmack anzupassen. 1974 beschäftigten noch drei Unternehmen dieser Branche 170 Personen direkt und außerdem ca. 200 Heimarbeiterinnen. 1989 arbeitete die *Firma W. Hess* mit 75 Personen, die *Leopold Frei GmbH & Co.* mit 25. Die traditionsreiche *Kerzenfabrik Heinrich Kieser GmbH & Co* ging 1989 nach einem Jahrhundert in Familienbesitz mehrheitlich an die Firma *Lumina GmbH* über. Die 180 Arbeitsplätze sollten davon nicht berührt werden. Auch die *Firma Günter*, die noch 15 Beschäftigte zählt, hat ihre Produktion längst auf Zierkerzen umgestellt. Bei *B.& J. Krämer KG*, Lebkuchen und Wallfahrtsgebäckfabrikation arbeiten 12 Personen.

Insgesamt waren 1987 in der gesamten Gde Walldürn 2493 Menschen im verarbeitenden Gewerbe beschäftigt. Die mit 1400 bei weitem höchste Zahl an Arbeitsplätzen richtete die seit 1954 in der Stadt mit einem Zweigwerk für Elektrorasierer (ursprünglich unter dem Namen Richard Rohlf, Feinelektrische Geräte) ansässige Firma *Braun AG* ein. Steigender Absatzerfolg, insbesondere im Ausland, erlaubte schon zu Ende der 1950er Jahre und 1964 die Ausweitung der Produktionskapazität. Bereits 1965 beschäftigte das Werk 1000 vornehmlich weibliche Arbeitskräfte. 1989 wurde mit einer erneuten Erweiterung des Betriebes begonnen. Zu einem anderen Bereich der Metallbranche gehört das zweitgrößte und zugleich mit Abstand älteste Unternehmen der Gesamtgemeinde. 1830 kaufte Philipp Jacob Kurtz die seit dem 17. Jh. bestehende Hammerschmiede in Rippberg. Es wurden hauptsächlich Pflugscharen und Wagenachsen hergestellt. 30 Jahre später erweiterte Ph. Julius Kurtz die Schmiede durch eine Gießerei; außer landwirtschaftlichem Gerät (z. B. Futterschneidemaschinen) fertigte der Betrieb nun auch Gußwaren für die Eisenbahn. In den 1890er Jahren schied der Bruder des Firmenchefs nach langjährigem Streit aus dem Unternehmen aus, das sich dennoch im zunehmend härteren Konkurrenzkampf zu behaupten vermochte. Um die Jahrhundertwende übernahm Ingenieur Otto Kurtz die Firmenleitung. Er modernisierte den Betrieb und stellte die Produktion überwiegend auf den Guß von Maschinenteilen um. Nach seinem Tod, 1939, führte seine Witwe und Erbin Emmy Kurtz das Unternehmen unter oft schwierigen Bedingungen während der folgenden 15 Jahre allein weiter. Danach veräußerte sie das Werk an die Gebrüder Doßmann in Iserlohn. Dank laufender Anpassung an den Stand der Technik und mehrfachen Erweiterungen erwarb sich der Betrieb, seit 1967 als Firma *Dossmann GmbH*, eine solide Position in den Sparten Eisengießerei, Maschinenfabrikation und Modellbau. Der Absatz erfolgt ins gesamte Bundesgebiet, vorwiegend aber nach Süddeutschland. Bei einer Jahresproduktion von ca. 9600 t Spezial-Gußeisen (BONVARITE und Kugelgraphit) wird ein Jahresumsatz von etwa 32,4 Mio DM erzielt. Die Belegschaft umfaßt rd. 240 Personen.

Erst in den 1960er Jahren begannen sich in sehr bescheidenem Rahmen Industriebetriebe in Altheim niederzulassen. Mit wenigen Mitarbeitern nahm die Firma Rohlf 1963 im alten Schulhaus die Produktion feinelektrischer Geräte auf. Nach Erstellung eines eigenen Fabrikgebäudes in dem von der Gemeinde neuerschlossenen Industriegebiet stieg die Beschäftigtenzahl auf über 200 an. 1984 ging Rohlf in Konkurs. Ein branchenverwandtes Unternehmen in Bad Mergentheim kaufte den Betrieb auf und übernahm etwa ¼ der Belegschaft. Anfang 1990 beschäftigt nun die *Bartec Compit Gesellschaft für Komponenten in Industrietechnik mbH & Co. KG* wieder rd. 240 Personen und plant, nachdem bereits ein Erweiterungsbau fertiggestellt ist, weitere Einstellungen. Ende der 1950er Jahre erwarb die Gde Altheim das Anwesen des zahlungsunfähig gewordenen Kunstmüllers Schmidt, um es ansiedlungswilligen Industriebetrieben anzubieten. Nach einigen Fehlschlägen entsprach schließlich 1970 die Firma *Perga-*

Die Gemeinde im 19. und 20. Jahrhundert

Plastic GmbH den Hoffnungen der Kommune auf weitere sichere Arbeitsplätze. Nach Ausweisung eines besonderen Industriegebietes errichtete die Firma dort neue, größere Produktionsanlagen. 1989 zählte der Betrieb rd. 120 Beschäftigte und bemühte sich um weitere Mitarbeiter. Zur Entlastung der Deponiekapazität für Bauschutt trägt neuerdings die Walldürner Firma *Main-Tauber-Asphaltmischwerke GmbH & Co* bei, indem sie Abbruchmaterial und den Abraum von Straßenaufbrüchen zu neuem Straßenbelag verarbeitet.

Handel und Dienstleistungen. – Verkehrstechnisch durchaus nicht ungünstig gelegen, fehlte Walldürn ein ausreichender Einzugsbereich, um sich zu einem zentralen Handelsplatz zu entwickeln. Als *Marktort* erlebte Walldürn erst im 18. Jh. in Zusammenhang mit der Wallfahrt eine kurze Blüte. Freilich wurden auch damals im Einzelnen keine großen Umsätze gemacht, der Heilig-Blut-Markt blieb immer ein Krämermarkt. Schon die Kurmainzer Verwaltung hatte einen gründlichen Aufschwung Walldürns eher durch Einrichtung von Vieh- und Fruchtmärkten erwartet. Auch die großherzoglich badische Regierung sah darin eine Möglichkeit zur Verbesserung der prekären wirtschaftlichen Verhältnisse der Einwohnerschaft. Als die beiden 1837 gewährten Viehmärkte (22. Februar und 8. März) nur wenig Erfolg hatten, ließ man ab 1846 pro Jahr sechs Viehmärkte, je zwei im Februar, März und Oktober abhalten. Eine dauerhafte Umsatzsteigerung blieb jedoch aus. Selbst die Bauern des Walldürner Odenwaldes zogen in den 1860er Jahren den Stallhandel vor oder befuhren andere, oft bayerische Märkte, wo sie sich mit ihren Tieren besser aufgenommen fühlten und einträglichere Geschäfte erwarteten. Nachdem sich die Viehhaltung unter dem Einfluß der landwirtschaftlichen Vereine gehoben hatte, wurden die 1865 aufgehobenen Walldürner Viehmärkte 1891 wieder belebt. Trotz der nun vorhandenen Bahnstation bedeuteten aber auch jetzt selbst die Hardheimer Märkte eine bedrohliche Konkurrenz; nur die Walldürner Schweinemärkte waren um die Jahrhundertwende stark besucht und konnten sich sogar bis Ende der 1970er Jahre behaupten. Getreidemärkte – 1846 waren von der Kreisdirektion zwölf bewilligt worden – und spezielle Grünkernmärkte – davon wurden 1880 nochmals drei genehmigt – verzeichneten wegen der ablehnenden Haltung der Händler nur schwache Umsätze; sie wurden offenbar schon vor Beginn des 1. Weltkriegs aufgegeben. Fest in der Walldürner Tradition verankert, findet auch heute noch alljährlich ab Dreifaltigkeitssonntag der vierwöchige Wallfahrtsmarkt statt, selbst wenn er längst seine entscheidende wirtschaftliche Bedeutung eingebüßt hat. Schon zehn Tage vor Pfingsten, am Mittwoch vor Christi Himmelfahrt, beginnt das Blumen- und Lichterfest. Es ist ebenfalls mit einem Jahrmarkt verbunden und dauert jeweils fünf Tage. In der ersten Dezemberwoche wird in Walldürn der Weihnachtsmarkt abgehalten. Außer im Winter kann man schließlich an jedem Samstag auf dem Wochenmarkt seinen Bedarf an Obst und Gemüse decken.

Noch zu Beginn des 20. Jh. kämpften einheimische und auswärtige Geschäftsleute um die Beherrschung des Zwischenhandels mit Getreide; einig waren sie sich jedoch im Widerstand gegen Lagerhausunternehmen, gleich ob privaten oder genossenschaftlichen Charakters. Gegen diese Konkurrenz errichtete 1910 das Handels- und Bankhaus Hopf aus Tauberbischofsheim eine Filiale in Walldürn. Neben dem Ankauf landwirtschaftlicher Produkte und dem Verkauf von Saatgut, Düngemitteln und landwirtschaftlichen Maschinen, wurden auch Geldgeschäfte getätigt und – wie schon erwähnt – eine Mühle betrieben. Nach dem Zusammenbruch der Firma Hopf übernahm 1928 zunächst der Bauernverein das Lagerhaus. Der Geschäftsbetrieb mußte jedoch schon bald von der Badischen Landwirtschaftlichen Zentralgenossenschaft, Karlsruhe, sichergestellt werden. In den 1950er Jahren wurde das ganze Lagerhaus renoviert und dem technischen Standard angepaßt; ein Selbstbedienungsmarkt für Haus- und Gartenbedarfsartikel konnte eröffnet werden und 1966 erwarb die Genossenschaft die Brennstoffhandlung Metzger samt Halle und Grundstück.

Tabelle 2: **Der Walldürner Groß- und Einzelhandel (1989)**

Branche	Zahl der Firmen			
	insgesamt	Walldürn	Altheim	Sonstige
Automobile, Motorfahrzeuge	5	5	–	–
Baustoffe	1	1	–	–
Betten	1	1	–	–
Brennstoffe	1	1	–	–
Buchhandel	1	1	–	–
Drogerien	1	1	–	–
Elektrofachhandel	3	3	–	–
Farben, Tapeten	1	1	–	–
Floristenbedarf (Großhandel)	3	2	–	1 (Gl)
Fotoartikel	1	1	–	–
Futtermittel	2	2	–	–
Gärtnerei	1	1	–	–
Getränke, Wein, Spirituosen	16	13	2	1 (Re)
Handarbeitsbedarf	2	2	–	–
Haushaltswaren	3	3	–	–
Honig	1	–	–	1 (We)
Hüte	1	1	–	–
Landmaschinen	1	–	–	1 (Ri)
Lebensmittel	12	8	3	1 (Ri)
Metallwaren	1	1	–	–
Möbel	1	1	–	–
Radio, TV, Video	2	2	–	–
Raumausstatter	2	2	–	–
Reifen	2	2	–	–
Sanitätshäuser	1	1	–	–
Schuhe	4	4	–	–
Schreibwaren, Bürobedarf	3	3	–	–
Spielwaren	2	2	–	–
Tabakwaren	1	1	–	–
Tankstellen	3	3	–	–
Textilien, Mode	16	15	–	1 (Ri)
Uhren, Schmuck	3	3	–	–
Videotheken	1	1	–	–
Wachswaren	1	1	–	–
Werkzeug, Industriebedarf	2	2	–	–
Zeltverleih	1	1	–	–

Gl = Glashofen, Re = Reinhardsachen, Ri = Rippberg, We = Wettersdorf

1925 wurden in der Stadt 62 selbständige Kaufleute gezählt. In Altheim gab es 1869 allein drei Grünkernhändler, wovon einer allerdings mit der Ware hausieren ging. Um die Jahrhundertwende war ein großer Teil des Altheimer Getreidegeschäftes in der Hand des Bürgermeisters Knörzer; auch der Schweinehandel wurde von einem Einheimischen dominiert. 1908 wird ein Milchhändler genannt, der über Rosenberg täglich nach Mannheim lieferte. Für den lokalen Bedarf bestanden 1952 sieben *Einzelhandels-*

Die Gemeinde im 19. und 20. Jahrhundert

geschäfte. In Rippberg wurden 1906 immerhin drei Kaufläden gezählt. Auch in Gerolzahn, Glashofen, Gottersdorf, Reinhardsachsen und Wettersdorf konnte die Bevölkerung ihren Alltagsbedarf bis zu Beginn der 1960er Jahre in zumindest einem Gemischtwarenladen decken. 1989 verteilten sich 103 Handelsfirmen und Geschäfte in der Stadt und den anderen Teilorten wie die Tab. 2 zeigt.

Von den Lebensmittelgeschäften gehörten in Walldürn vier und in Altheim eines einer Ladenkette an. Bei der Textilbranche sind die Verkaufsstellen zweier Großversandhäuser mitgezählt. In die Tab. 2 nicht aufgenommen sind das Salz-Kontor Franken in Walldürn und die Firma Franz Stahl GmbH & Co. Im- und Export KG in Altheim. Außerdem fehlen die annähernd 25 Ladengeschäfte, die von Handwerkern betrieben werden sowie mindestens eine Handelsvertretung. Das *Versicherungsgewerbe* ist in Walldürn durch insgesamt vier besondere Agenturen, davon eine in Rippberg vertreten. Weiterhin gehören zum Bereich der *freien Berufe* 12 Planungs-, Bau- und Architekturbüros. Ihre Hilfe in Rechtsfragen bieten zwei Anwaltskanzleien an. Ebenfalls zu diesem Wirtschaftssektor sind eine Konzert- und Künstleragentur, eine Galerie zeitgenössischer Kunst und ein freischaffender Bildhauer zu rechnen.

Für *Geldgeschäfte* bieten die Sparkasse Buchen-Walldürn und die Volksbank-Spar- und Kreditbank Walldürn ihre Dienste an. Bereits 1865 wurde nach einem Beschluß des Bürgerausschusses in Walldürn eine Pfennigsparkasse mit Gemeindegarantie gegründet. Die Einlagen wurden zeitweise vor allem zur Finanzierung des städtischen Kreditbedarfs verwendet, was allerdings das Vertrauen in die Einlagebürgschaft der Gemeinde zu erschüttern drohte. 1894 verpflichtete sich deshalb die Stadt gegenüber der Aufsichtsbehörde, dem Bezirksamt, ihren Kreditrahmen bei der Sparkasse auf 200 000 Mark zu beschränken. In den 1920er Jahren bezog die nunmehrige Spar- und Waisenkasse ein eigenes Gebäude in der Friedrich-Ebert-Straße. Als Bezirkssparkasse Walldürn eröffnete das Institut Zweigstellen in Altheim (1940) und Rippberg (1950). Nach dem Zusammenschluß mit der Sparkasse Buchen erhielt die Hauptzweigstelle Walldürn 1987 einen modern eingerichteten Neubau. Auf Anregung von Bürgermeister Wilhelm Hildenbrand gründeten 66 Walldürner Bürger im Frühjahr 1870 einen Vorschußverein nach dem Vorbild von Schulze-Delitzsch. Ab 1871 firmierte dieser als Walldürner Volksbank und bezog die Villa Link in der heutigen Adolf-Kolping-Straße. Eine genossenschaftlich organisierte Darlehenskasse hatte auch in Altheim angesichts des ständigen hohen Kreditbedarfs schon 1884 ihre Geschäfte aufgenommen. Obwohl vom Bezirksamt zur Vorsicht angehalten, steigerte die Kasse ihren Umsatz zwischen 1889 und 1892 von 100 000 auf 170 000 Mark. Um die Jahrhundertwende wurde sie nach dem Initiator des ländlichen Genossensachaftswesens als Raiffeisenkasse bezeichnet. Seit 1907 gab es solche Bestrebungen auch in den Gemeinden des Walldürner Odenwalds. In den beiden folgenden Jahren gelang die Gründung einer ländlichen Darlehenskasse gemeinsam für Gerolzahn, Neusaß, Gottersdorf, Reinhardsachsen und Kaltenbrunn. 1913 zählte die Trägergenossenschaft 40 Mitglieder und verbuchte bei deutlichem Überwiegen des Passivgeschäfts einen Umsatz von 30 000 Mark. Wesentlich stärker war der Kreditbedarf in Rippberg, wo 1911 insbesondere auf Initiative von Schuhmachern und Schneidern ein Kreditverein ins Leben gerufen wurde. Im folgenden Jahr hatte dieser 24 Mitglieder und erzielte einen Jahresumsatz von 54 000 Mark. Wenig später wurde in Hornbach eine Zweigstelle eingerichtet. Seit 1908 gab es auch in der Stadt eine Raiffeisengenossenschaft. Sie übernahm 1943 das Anwesen des ehemaligen Hotels Ochsen und betrieb dort außer einem landwirtschaftlichen Lagerhaus und einer Milchsammelstelle als Spar- und Kreditbank auch Geldgeschäfte. Entsprechend dem Zusammenschluß auf Verbandsebene vereinigten sich 1972 Volksbank und Spar-

und Kreditbank. Das Unternehmen unterhält heute, nach Übernahme der ehemals selbständigen Kassen, Zweigstellen in Altheim (seit 1975), Hornbach und Rippberg (seit 1969).

Im gesamten Gemeindegebiet konnte man 1989 zwischen 20 *Speisegaststätten* (drei mit ausländischer Küche) wählen; davon vier in Altheim, zwei in Rippberg und eine in Gerolzahn. Drei Cafés rundeten das Angebot ab. *Übernachtungsmöglichkeit* wurde in der Stadt von acht Häusern angeboten; außerdem standen in fünf Haushalten Privatunterkünfte zur Verfügung. Zehn Quartiergeber wurden in den Teilorten Altheim und Rippberg (je 3), Glashofen, Hornbach, Reinhardsachsen und Wettersdorf (je 1) gezählt. Für Ferienaufenthalte hält man in Reinhardsachsen und in Wettersdorf auf je einem Bauernhof Fremdenzimmer bereit. Als erste bad. Gemeinde erbaute Walldürn 1927/29 eine *Jugendherberge*, nachdem sich die Unterkunft im Volksschulspeicher als unzulänglich erwiesen hatte. Für Jugendgruppen gibt es während der warmen Jahreszeit heute außerdem ein Jugendzeltlager in Walldürn und ein weiteres Zeltlager in Glashofen. Schließlich können im Erholungspark Madonnenländchen in Reinhardsachsen 80 Ferienwohnungen unterschiedlicher Größe gemietet werden; weitere ca. 50 Wohnungen werden von ihren Eigentümern selbst genutzt. Ein kleineres Feriendorf wurde in Wettersdorf eingerichtet.

Zum Dienstleistungssektor sind schließlich auch je ein Fuhr- und ein Busunternehmen in Walldürn sowie ein Fuhrunternehmen in Hornbach zu rechnen. Zumindest teilweise gehören hierzu auch je ein Betrieb in Altheim und in Glashofen, die einerseits im Baugewerbe arbeiten, andererseits auch Transportaufträge erledigen bzw. Busfahrten übernehmen.

Verkehr. – Zu Beginn des 19. Jh. stellte die *Landstraße* vom Neckartal bei Eberbach über Buchen und Tauberbischofsheim nach Würzburg die für Walldürn wichtigste Verkehrsader dar. Nach dem Beitritt Badens zum Zollverein gewann allerdings auch die alte Verbindung über Amorbach nach Miltenberg wieder erheblich an Bedeutung. Sämtliche Transporte mußten jedoch mit Kutschen bzw. sonstigen Fuhrwerken durchgeführt werden, was beim damaligen Zustand der geschotterten Chausseen äußerst beschwerlich fiel. Schon zu Beginn des 19. Jh. befand sich in Walldürn ein Haltepunkt des Postkurses Heidelberg–Würzburg. Seit 1838 war damit auch eine Pferdestation verbunden. Die Postkutschenverbindung nach Amorbach war zeitweise wegen geringer Rentabilität eingestellt, wurde aber auf Bitten von Walldürner Gewerbetreibenden wieder eingerichtet. Zur großen Enttäuschung Walldürns und seiner Nachbargemeinden entschieden die Ständekammern 1865, die bad. Odenwaldbahn nicht über die Linie Buchen–Walldürn–Hardheim bauen zu lassen. Erst 1887 wurde der Wallfahrtsort durch eine Stichbahn von Seckach aus an das Eisenbahnnetz angeschlossen und 1899 wurde endlich die langersehnte *Schienenverbindung* nach Amorbach und damit zum Mainhafen Miltenberg geschaffen. Außer den Stationen Walldürn und Rippberg wurde für die Bewohner der Höhenorte auch im Marsbachtal unterhalb Gerolzahns ein Haltepunkt für den Personenverkehr und leichte Fracht eingerichtet. 1911 konnte auch eine Nebenstrecke nach Hardheim in Betrieb genommen werden. Versuche, die Schienenwege durch Ommnibuslinien zu verbinden und zu ergänzen, scheiterten noch zu Anfang der 1920er Jahre an den schmalen, schlecht ausgebauten Straßen. Nachdem jedoch in dieser Hinsicht Abhilfe geschaffen war, wetteiferten die Post und Privatunternehmen im Ausbau des Personen und Gütertransports. Unterbrochen durch den 2. Weltkrieg hielt diese Situation bis in die 1960er Jahre an; dann wurde der *öffentliche Personennahverkehr* durch die zunehmende Verwendung von Privatwagen unrentabel und deshalb fast völlig aufgegeben. Immerhin wurde auch im Winterhalbjahr 1989/90

Die Gemeinde im 19. und 20. Jahrhundert

die Bahnstrecke Seckach–Walldürn–Miltenberg an Schultagen noch zehnmal in jeder Richtung befahren; an Sonn- und Feiertagen fuhr in jeder Richtung dreimal ein Bus. Eine durchgängige Busverbindung von Mosbach über Buchen und Walldürn nach Hardheim wird nur zweimal, ebenfalls ausschließlich an Schultagen, angeboten. Zwei Privatbuslinien erledigen hauptsächlich den Schülerverkehr nach Altheim und auf die Walldürner Höhe im Sinne eines Stadtbusbetriebs. Der Bahnhof Walldürn ist für den *Güterverkehr* eingerichtet und dient auch der Bundeswehr als Verladestation.

Walldürn liegt an der B 27, die heute die kürzeste Verbindung von Würzburg zum Neckartal bildet. In Walldürn mündet die B 47 ein, die über Michelstadt ins Rheintal führt. Die Landesstraße 518 verläuft von Rosenberg über Altheim, durchquert Walldürn und erreicht nach der Walldürner Höhe die bayerische Grenze. Die Kernstadt und ihre Teilorte sind untereinander auf überwiegend gut ausgebauten Kreisstraßen und insgesamt mehr als 34 km Gemeindeverbindungsstraßen zu erreichen.

Seit 1962 ist der 1958 auf dem Truppenübungsplatz Walldürn eingerichtete Segelflugplatz auch als *Verkehrslandeplatz* zugelassen. 1985 richtete man eine Asphaltbahn ein. Der Platz wird für Geschäftsflüge und leichte Transporte genutzt. Um den Platz auch bei schlechten Wetterverhältnissen nutzen zu können, wurde 1989 eine zweite Rollbahn angelegt.

Verwaltungszugehörigkeit, Gemeinde und öffentliches Leben

Verwaltungszugehörigkeit. – Im Oktober 1802 machte der 1779 gefürstete Graf Karl Friedrich Wilhelm von Leiningen(-Hartenburg) seinen Anspruch auf das ihm im französisch-russischen Entwurf zur Neuordnung Deutschlands zugesprochene Gebiet geltend. Unter seiner Herrschaft wurden die zuvor würzburgischen Orte dem Amt Walldürn zugeschlagen. Bevor er noch weitere Veränderungen anordnen konnte, wurde das Fürstentum Leiningen dem 1806 zum Großherzogtum erweiterten Baden einverleibt. Das bad. Organisationsedikt von 1809 gliederte das Bezirksamt Walldürn dem Main- und Tauberkreis ein, der 1832 allerdings im Unterrheinkreis mit Verwaltungssitz in Mannheim aufging. Bei der Neuordnung der bad. Verwaltung von 1863 wurde der Bezirk Walldürn dem Kreisverband Mosbach zugeordnet und ab 1872 dem Amt Buchen unterstellt. Als Teil dieses Amtsbezirks bzw. ab 1939 Landkreises kamen Walldürn und seine heutigen Teilorte bei der Gebietsreform von 1973 zum Neckar-Odenwald-Kreis. In der ersten Phase der Gemeindereform entschlossen sich Reinhardsachsen (1971) sowie Altheim, Gottersdorf, Rippberg und Wettersdorf (1972), mit Walldürn Eingemeindungsverträge zu vereinbaren. Durch das abschließende Gemeindereformgesetz wurden mit Wirkung zum 1.1.1975 auch Gerolzahn, Glashofen, Hornbach und Kaltenbrunn der Stadtgemeinde einverleibt.

Gemeindegebiet. – 1854 wurde im Auftrag des Innenministeriums für die Landgemeinde Altheim einschließlich der abgesonderten Gkgn Helmsteim und Kudach mit Dörntal eine Gesamtfläche von 7321 M (2635,52 ha) ermittelt. Helmsteim, das sich fast ausschließlich im Besitz der löwenstein-wertheim-rosenbergischen Standesherrschaft befand, wurde 1924 zu Gerichtstetten geschlagen, Kudach-Dörntal aber mit Altheim vereinigt. Zur Gde Gerolzahn gehörten um die Mitte des 19.Jh. einschließlich des seit 1840 selbständigen leiningischen Hofgutes Kummershof sowie des Nebenortes Neusaß (621 M bzw. 227,16 ha) insgesamt 1456 M (52416 ha). Nach der Katastervermessung wurde 1911 die Fläche der Gesamtgemarkung auf 606,18 ha beziffert; davon entfielen auf Neusaß 237,34 ha und 53 ha auf Kummershof, das jedoch 1925 in der Gkg Gerolzahn aufging. Nachdem Neusaß 1933 den seit langem gewünschten Wechsel zu

Glashofen vollziehen durfte, erreichte dessen Gemarkung mit 969,94 ha annähernd ihren heutigen Stand (980 ha), während Gerolzahn noch 368,84 ha blieben. Abgesehen von der zeitweiligen Zwangsvereinigung (1935–1945) der Gden Gerolzahn, Glashofen, Gottersdorf, Kaltenbrunn und Reinhardsachsen zu einer Großgemeinde Glashofen und verschiedener Gemeinden mit Wettersdorf, sind die Gemarkungsflächen seit dem 19. Jh. nahezu unverändert und umfaßten am 1. Januar 1979 insgesamt 10588 ha, davon für die Kernstadt Walldürn 3557 ha, Altheim 2409 ha, Gerolzahn 369 ha, Glashofen 980 ha, Gottersdorf 541 ha, Hornbach 1012 ha, Kaltenbrunn 234 ha, Reinhardsachsen 555 ha, Rippberg 394 ha und Wettersdorf 537 ha.

Gemeindeverwaltung. – Beim Übergang an Baden stand herkömmlicherweise noch ein Schultheiß an der Spitze der Stadt. Dieser und vier Stadträte regelten nicht nur die Verwaltung der Stadt, sondern hatten auch die administrative, die streitige und die willkürliche Gerichtsbarkeit zu besorgen. Dem Rentmeister oblag die Führung des städtischen Haushalts und vor allem der Einzug der direkten und indirekten Steuern (Ohmgeld und Akzise). Angesichts der bedeutenden Bürgerholzberechtigungen kam auch dem Amt des Holzgebers bzw. Waldmeisters großes Gewicht zu. Die städtischen Ämter wurden bis zum Erlaß der bad. Gemeindeordnung (1831) unter Mitwirkung der Bürgerschaft und der Standesherrschaft von der Staatsverwaltung besetzt und unterlagen deren unbeschränktem Eingriffsrecht. Danach wurden Bürgermeister, Gemeinderäte und die Mitglieder der kleinen Ausschüsse in allen Gemeinden unmittelbar durch die Gemeindeversammlung d. h. sämtliche wahlberechtigten Bürger gewählt; der Bürgermeister bedurfte bis 1870 der Bestätigung durch die staatliche Aufsichtsbehörde; bis 1848 wurde sie nicht gegen den Willen der Standesherrschaft erteilt. Um den Einfluß der breiten Masse weitgehend auszuschließen, ersetzte der Gesetzgeber zwischen 1851 und 1870 die Gemeindeversammlung in allen Gemeinden mit 80 und mehr Bürgern auch als Wahlgremium durch einen großen Ausschuß. Außer Walldürn waren hiervon auch Altheim und Rippberg betroffen. Nach der Neufassung der Gemeindeordnung entfielen ab 1870 die kleinen Ausschüsse. Große Ausschüsse blieben nur in Walldürn und Altheim, die beide über 100 Bürger zählten, bestehen. Die Bürgermeister und Gemeinderäte wurden aber auch hier wieder direkt von den Bürgern und spätestens ab 1910 auch von den wahlberechtigten Einwohnern bestimmt. Für die Zusammensetzung der kleinen wie der großen Ausschüsse hatte bereits die Gemeindeordnung von 1831 ein allerdings häufig geändertes Klassenwahlrecht vorgeschrieben, um die Vorherrschaft eines soliden Mittelstandes zu sichern. Während man für Gottersdorf, Kaltenbrunn, Reinhardsachsen und Wettersdorf auch nach dem Wegfall des kleinen Ausschusses (1870) einen dreiköpfigen Gemeinderat für ausreichend erachtete, mußten Gerolzahn, Glashofen und Hornbach ebenso wie Altheim und Rippberg sechs Mitglieder in dieses Gremium wählen, weil sie mehr als 24 Bürger hatten; in Walldürn wurde der Gemeinderat von acht auf elf Mitglieder erweitert. Auch in den kleinen Orten des Walldürner Odenwaldes umfaßte die Liste der Gemeindedienste oft um 20 Positionen. Weil aber einerseits zu manchen Geschäften wie z. B. Hirte, Abdecker, Feldhüter, Totengräber und dergleichen sich nur wenige bereitfanden, und andererseits auch die für einen Dienst an einem einzigen Ort ausgeworfene Besoldung meist auch zum bescheidensten Lebensunterhalt nicht reichte, übernahm in der Regel eine Person entweder mehrere Aufgaben in einer Gemeinde oder den gleichen Posten an mehreren Orten. Auch die für eine geordnete Gemeindeverwaltung besonders wichtige Funktion des Ratsschreibers wurde noch um die Wende zum 20. Jh. häufig von einem bewährten Mann in mehreren Gemeinden wahrgenommen. Hinsichtlich des Gemeinderechnungswesens kamen solche Personalunionen allerdings weniger vor. Wie auch anderwärts

Die Gemeinde im 19. und 20. Jahrhundert

wurden die Amtsgeschäfte in allen Walldürner Odenwaldorten von der Wohnstube des Bürgermeisters aus erledigt. Vor 1890 gab es nur in Altheim, Rippberg und in der Stadt Walldürn ein Rathaus; dagegen hatte jedes Dorf und selbst der Wlr Neusaß ein Armen- oder Hirtenhaus und ein Arrestlokal.

Außer der Besoldung der Gemeindebeamten und Bediensteten verursachten den Gemeinden hauptsächlich Bau und Unterhaltung von Straßen und Wegen infolge des schwierigen Geländes ständig erhebliche Kosten. Außerordentliche Aufwendungen wurden überall für die Zehntablösung (bis 1870) und die Katastervermessung fällig. Sofern zum Schulhausbau nicht wie in Walldürn und Reinhardsachsen andere Baupflichtige wie beispielsweise der Kirchenfonds beigezogen werden konnten, entstanden den Gemeinden auch hieraus beträchtliche Lasten. Zum Bau der Eisenbahn hatten die Anliegerorte ebenfalls erhebliche Leistungen zu erbringen. Als kostspieliger Fortschritt erwiesen sich die aus praktischen und gesundheitlichen Gründen errichteten Wasserversorgungseinrichtungen. Außer Rippberg besaßen glücklicherweise alle beteiligten Gemeinden mehr oder minder reichliche Einkünfte aus ihren Waldungen. Ohne Umlage kam dennoch keines der Gemeinwesen aus, weil der Holzertrag durch umfangreichen Bürgernutzen (bis zu 10 Klafter Scheitholz und 500 Wellen in Gottersdorf) geschmälert wurde. Die Nutzungsrechte waren auf den Dörfern jeweils an bestimmte Hofstellen gebunden, in der Stadt Walldürn aber an die Person der Berechtigten. Nach 1945 wurden in Walldürn keine Bürgergenußlose mehr vergeben. In Rippberg entfiel auf den Besitz der Standesherrschaft Leiningen und auf Fabrikant Kurtz nahezu die Hälfte des Umlageaufkommens.

Mit Rücksicht auf gewachsene Strukturen und um die Kommunalverwaltung den Bewohnern der Teilorte nicht zu entfremden, entschieden sich die Vertreter der Gesamtstadt, die *Ortschaftsverfassung* anzuwenden. Es wurden sechs Ortschaftsräte gebildet: Altheim (10 Mitglieder), Glashofen-Gerolzahn (6 Mitglieder, davon 2 aus Gerolzahn), Gottersdorf (6 Mitglieder), Reinhardsachsen-Kaltenbrunn (6 Mitglieder, davon 1 aus Kaltenbrunn), Rippberg-Hornbach (11 Mitglieder, davon 3 aus Hornbach) und Wettersdorf (6 Mitglieder). Zur Besetzung des Gemeinderates wird nach den Regeln der unechten Teilortswahl verfahren. Dadurch entfallen, abgesehen von Überhangmandaten, auf die Kernstadt 16 Sitze, auf Altheim und Rippberg-Hornbach je 3 Sitze und auf alle übrigen Teilorte je 1 Sitz. Der Gemeinderat setzt sich seit der Wahl am 22.10.1989 aus 18 Mitgliedern der CDU (1984: 19), 9 der SPD (1984: 5), 2 der Walldürner Bürgervereinigung und einem der neu angetretenen Jungen Bürgerliste zusammen. Entsprechend der Einwohnerzahl der Stadt ist dem Bürgermeister ein Beigeordneter als ständiger Vertreter zur Seite gestellt. Die *städtische Verwaltung* gliedert sich in vier Bereiche: Bauverwaltung, Hauptverwaltung, Finanzverwaltung und Grundbuchamt. 1989 waren bei der Stadt Walldürn 32 Beamte, 51 Angestellte und 105 Arbeiter auf vollen Stellen beschäftigt; außerdem gab es noch 34 Teilzeitkräfte.

Seit Anfang 1975 ist Walldürn Sitz des 1974 vereinbarten und genehmigten *Gemeindeverwaltungsverbandes Hardheim-Walldürn*, dem Höpfingen als dritte Verbandsgemeinde angehört. Er ist für folgende Aufgaben direkt zuständig: Abfallbeseitigung, Kanal- und Straßenreinigung, Betrieb eines Bauhofs, Bau der Gemeindeverbindungsstraßen, vorbereitende Bauleitplanung, Funktion als Gutachterausschuß. Im Namen der Mitgliedsgemeinden erledigt der Gemeindeverwaltungsverband die technischen Angelegenheiten der verbindlichen Bauleitplanung, von Bodenordnungsmaßnahmen und Maßnahmen nach dem Städtebauförderungsgesetz. Ferner übernimmt er für die angeschlossenen Gemeinden Planung, Bauleitung und Bauaufsicht bei Hoch- und Tiefbauprojekten sowie Unterhaltung und Ausbau von Gewässern II. Ordnung.

Schließlich erledigt er auch die Abgaben-, Kassen- und Rechnungsgeschäfte. Mit Zustimmung des Regierungspräsidiums gab das Landratsamt des Neckar-Odenwald-Kreises 1984 die Erlaubnis, bis auf Widerruf die Kassen- und Rechnungsgeschäfte auf die Verbandsmitglieder rückzuübertragen.

Nichtkommunale Behörden. – Bereits in kurmainzischer Zeit war das Walldürner Schloß Sitz eines bischöflichen Kellers. Dieser Tradition folgte nicht nur die fürstlich leiningische Verwaltung, sondern bis 1872 auch ein bad. Bezirksamt. Damals wurde zunächst auch das Amtsgericht aufgehoben. Erst vielfache Proteste und Interventionen hatten zur Folge, daß Walldürn 1879 nochmals zum Gerichtsort für die umliegenden Gemeinden gemacht wurde. 1924 konnte dann die endgültige Aufhebung des Amtsgerichts nicht mehr verhindert werden; lediglich das *Notariat* besteht bis heute. Eine herrschaftliche Försterei bestand in Walldürn ebenfalls bereits unter Kurmainz. 1888 mußte die Stadt ein neues Amtsgebäude zur Verfügung stellen, wenn sie auf den Fortbestand einer großherzoglichen Bezirksförsterei Wert legte. Nach einer Erweiterung 1935 erfüllt das Haus in der Adolf-Kolping-Straße noch heute seinen Zweck für das *Staatl. Forstamt*. Nach 1945 gelang es dem damaligen Bürgermeister, das *Finanzamt* aus Buchen nach Walldürn ins Schloß verlegen zu lassen; heute befindet es sich in der Albert-Schneider-Straße. Im Barnholz arbeitet seit 1978 die ständige *Bauleitung Walldürn des Staatl. Hochbauamtes Heidelberg*. Zwischen 1957 und 1973 bestand ein besonderes Staatl. Hochbauamt Walldürn.

In den 1920er Jahren bestanden in Gerolzahn, Glashofen, Gottersdorf, Hornbach, Kaltenbrunn, Reinhardsachsen und Wettersdorf je eine Posthilfsstelle und Postagenturen in Altheim und Rippberg. Bis 1887 befand sich das Walldürner *Postamt* im Hause des Postverwalters Christian Keim, dessen Vater Karl Thaddäus Keim 1838 den Posten des Postexpeditors erhalten hatte. Da im Keimschen Anwesen nicht genügend Platz für eine den enorm gewachsenen Bedürfnissen entsprechende Erweiterung zur Verfügung stand, beschloß der Stadtrat, ein neues Postgebäude bereitzustellen. Zunächst wurde ein Erweiterungsbau des 1887 fertiggestellten Bahnhofsgebäudes an die Post vermietet. Drei Jahre später gelang es der Stadt, ein schon früher für diesen Zweck ausersehenes Grundstück nahe der alten Postexpedition zu erwerben. Gegen den ausdrücklichen Willen des Bezirksamtmanns ließ die Stadt 1891/92 an dieser Stelle ein imposantes Gebäude erstellen, das bis 1924 an die Post vermietet war und dann von der Reichspost gekauft wurde. Nach 1945 konnte darin allerdings auch ein Erweiterungsbau kein der Zunahme des Postverkehrs entsprechendes Raumangebot schaffen. 1955 wurde ein Neubau in der Nähe des Bahnhofs bezogen; 13 Jahre später mußte angebaut und ein zusätzliches Gebäude für den Fernmeldedienst erstellt werden. 1980 wurde das Walldürner Postamt dem Osterburkener Amt verwaltungsmäßig unterstellt. Die »Alte Post« mußte 1974 einem Neubau der Sparkasse weichen. Die Poststellen in Gerolzahn, Gottersdorf und Reinhardsachsen wurden bis April 1990 aus Rationalisierungsgründen geschlossen.

Von erheblicher wirtschaftlicher Bedeutung war die Einrichtung einer *Standortverwaltung der Bundeswehr* 1958; sie ist heute eine der größten in Baden-Württemberg. Ihr Zuständigkeitsbereich deckt sich im wesentlichen mit dem Neckar-Odenwald-Kreis. Die Standortverwaltung Walldürn zählte 1988 1340 zivile Beschäftigte der verschiedensten Berufsgruppen; 1987 vergab sie 6000 Aufträge im Gesamtwert von ca. 14 Mio DM. In den Betrieben der Standortverwaltung waren 1988 ca. 80 Ausbildungsplätze besetzt. Wie früher eine Gendarmerieabteilung befindet sich heute ein *Polizeiposten* in Walldürn.

Versorgungseinrichtungen. – In den 1870er Jahren verfügten außer der Stadt Walldürn die Dörfer Altheim, Hornbach, Kaltenbrunn und Rippberg jeweils über eine

Die Gemeinde im 19. und 20. Jahrhundert 763

eigene Handspritze. Die Gden Gerolzahn, Glashofen, Reinhardsachsen und Wettersdorf hielten gemeinsam eine fahrbare Spritze, die in Glashofen untergebracht war. Noch um die Jahrhundertwende rügte der Bezirksbeamte immer wieder die mangelhafte Organisation der polizeilich vorgeschriebenen Löschmannschaften, oft auch den schlechten Zustand der Geräte und deren unzweckmäßige Lagerung. Die Löschteiche fand der Inspekteur selten in befriedigendem Zustand. Feueralarm wurde noch nach dem 2. Weltkrieg mit den Kirchenglocken und Handsirenen ausgelöst. Seit den 1920er Jahren wirkte das Bezirksamt verstärkt auf die Bildung freiwilliger Feuerwehren und die Einführung von Feuerwehrabgaben hin.

In Walldürn wird 1866 erstmals eine freiwillige Feuerwehr erwähnt. Sie hatte eine äußerst wechselhafte Geschichte: Zweimal löste sie sich wegen innerer Zwistigkeiten auf. Versuche mit den sonst üblichen Löschmannschaften, aber auch mit einer sogenannten Berufsfeuerwehr verliefen aber noch unbefriedigender. Nach dem Bau einer Wasserleitung erforderte die Bedienung der Hydranten gut geschulte Leute. Bürgermeister Hildenbrand bemühte sich deshalb 1894 um die Neugründung einer freiwilligen Feuerwehr. Und dieses Mal war die Einrichtung von Dauer. 1922 baute die Stadt ein Spritzen- und Gerätehaus, es wurde 1983 durch einen Neubau abgelöst. Hier wurde auch die kreisweit einzige Atemschutzgerätewerkstatt eingerichtet. 1989 gehörten der *Freiwilligen Feuerwehr* insgesamt 400 Aktive an. In jedem Teilort besteht heute eine Abteilungswehr. Besondere Jugendabteilungen gibt es bisher nur in Walldürn und Rippberg.

Um die Mitte des 19. Jh. holten die Einwohner von Walldürn und die Dorfbewohner ihr Trink- und Brauchwasser aus teilweise noch offenen Brunnen. Meist befand sich neben der Trinkwasserstelle eine nur wenig tieferliegende Viehtränke. Diese Nachbarschaft führte immer wieder zur Verschmutzung der Brunnen. Besonders schwierig gestaltete sich die Versorgung in Neusaß, in Hornbach und in Walldürn. Hier mußte das Wasser vor allem bei anhaltender Trockenheit, mitunter aber auch nach starken Regenfällen oft über weite Strecken in Krügen und Fässern herbeigeschafft werden. Die erste größere *Wasserleitung* wurde in Hornbach 1889 erbaut. Entgegen anfänglichen Erwartungen reichte sie aber unter ungünstigen Bedingungen nicht einmal zur Versorgung des oberen Ortsteils von Großhornbach. Zehn Jahre danach kaufte die Gemeinde den Walldürner Mobrunnen und ließ mit einem Aufwand von ca. 70000 Mark eine Anlage mit Hausanschlüssen, Hochbehälter und Pumpwerk errichten. Bis zum Ausbruch des 1. Weltkriegs gab es in Altheim (1910), Gottersdorf (1910), Kaltenbrunn (1913 als private Anlage von 7 Hofbesitzern), Reinhardsachsen (1910) und Walldürn örtliche Wasserversorgungseinrichtungen; für Neusaß und Rippberg lagen fertige Planungen vor. In Gerolzahn, Glashofen und Wettersdorf hatten Rivalitäten, Sparsamkeit und technische Schwierigkeiten die Ausführung vorhandener Projekte behindert. 1922 wurde eine Gruppenwasserversorgung für Wettersdorf und die Dörfer Dornberg, Rütschdorf und Vollmersdorf in Betrieb genommen. Die Anlage wird heute vom Zweckverband Wasserversorgung Walldürner Odenwald zur Notversorgung weiterhin unterhalten.

Eine schon 1814 für die Stadt geplante Wasserleitung vom Kuchenbrunnen und vom Marsbrunnen kam vor allem wegen des Widerstandes der betroffenen Wiesenbesitzer nicht zustande. Die innerstädtischen Brunnen Walldürns waren in der 2. H. 19. Jh. bereits so durch Abwässer und Jauche verunreinigt, daß die meisten Leute es vorzogen, Wasser in Kübeln und Fässern vor der Stadt, insbesondere am Kuchenbrunnen zu holen oder eimerweise in den Lebensmittelgeschäften zu kaufen. Da die Einwohner diesen Mißstand klaglos hinnahmen, sah zunächst auch der Amtmann keinen Anlaß, der finanzschwachen Gemeinde Änderungen zuzumuten. Noch 1888 lehnte der Stadtrat ein von der großherzoglichen Kulturinspektion auf 70 000 Mark veranschlagtes Projekt mit Rücksicht auf den Schuldenstand der Gemeinde ab. Fünf Jahre später stimmten die Stadtväter aber einem sich auf fast die doppelte Summe belaufenden Plan zur Wasserversorgung und Kanalisierung zu. Angesichts gehäufter Typhusfälle drohte das Bezirksamt die Wallfahrt zu verbieten, wenn die sanitären Verhältnisse nicht grundlegend verbessert würden. Ein außerordentlicher Holzhieb mußte das Projekt finanzieren und bereits 1894 konnten die Walldürner 12 l/s. verbrauchen. Diese Leistung erwies sich aber schon bald als unzureichend, und man bemühte sich ständig, durch kleine Verbesserungen dem Mangel abzuhelfen. Nach 1945 erzwang der Zustrom an Flüchtlingen die Einbeziehung der Mobrunnenquellen, soweit sie nicht an die Gde Hornbach verkauft waren. 1958 erforderte der Anschluß der Bundeswehrkaserne den Bau eines neuen Hochbehälters mit 1500 cbm Fassungsvermögen. 1970 schlossen sich die Stadtwerke dem Zweckverband Fernwasserversorgung Rheintal und wenig später dem Zweckverband Bodensee-Wasserversorgung an. Für die Gesamtstadt bestanden 1989 Bezugsrechte für 32 l/s.

Um 1882 wurden die Straßen Walldürns nachts mit ca. 40 Petroleumlaternen beleuchtet. Sie gaben zu häufigen Klagen Anlaß, weil sie schlecht gewartet und unpünktlich angezündet wurden. 1908 entschied sich die Mehrheit des Bürgerausschusses für eine Gasbeleuchtung und den Bau einer *Kohlevergasungsanlage*; sie wurde auf 800 cbm/Tag ausgelegt und bis 1924 von der Gasanstalts-Betriebsgesellschaft mbH Berlin betrieben. 1964, das Rohrleitungsnetz hatte sich inzwischen mehr als vervierfacht, stellte das Werk seine Produktion auf Flüssiggas-Luftgemisch um und verdoppelte gleichzeitig die Tagesabgabe auf 12 000 cbm. 1982 wurde mit der Energie- und Wasserwerke Rhein-Neckar-AG in Mannheim ein Erdgaslieferungsvertrag abgeschlossen. Nach Umstellung der Verbrauchergeräte begann die *Erdgasversorgung* offiziell am 27. 10. 1983. 1986 schlossen die Stadtwerke Walldürn mit den Gden Hardheim und Höpfingen separate Konzessionsverträge. 1989 belief sich die Jahresabgabe auf 107,7 kWh. Es wurden 5390 Haushalte versorgt. Für Wartung, Instandsetzung und Störungsbeseitigung waren ein Gasmeister und 2 Gasinstallateure verantwortlich.

Während Altheim bereits 1909 einen Liefervertrag mit der Überlandzentrale Jagsthausen unterzeichnet hatte, beschloß man in Walldürn erst nach jahrelangen Vorberatungen 1925 einen Stromlieferungsvertrag mit der Badenwerk AG einzugehen. Danach erfolgte der Bau einer Transformatorenstation in der Neuen Altheimer Straße. Zwischen 1979 und 1983 wurde diese Übergabestation von den Stadtwerken modernisiert und dem gestiegenen Leistungsbedarf angepaßt.

Die Stadtwerke, ursprünglich als Regiebetriebe gegründet, wurden ab 1. 9. 1977 gemeinsam als Eigenbetrieb geführt und mit Wirkung vom 1. 7. 1985 in eine Eigengesellschaft umgewandelt. Das Stammkapital der *Stadtwerke Walldürn GmbH* beträgt 6 Mio DM und befindet sich im alleinigen Besitz der Stadt. Aufgabe der Gesellschaft ist die Strom-, Gas- und Wasserversorgung. Mitbetreut werden die Straßenbeleuchtung und der Wasserversorgungsverband »Walldürner Odenwald«. Seit 1984 ist die Gesellschaft an der Badenwerk AG und der Energieversorgung Schwaben (EVS) beteiligt. 1988 beschäftigte sie 12 Angestellte, 8 Arbeiter und 9 Teilzeitkräfte; eine Person wurde ausgebildet.

Für die *Abwasserentsorgung* ist das Tiefbauamt zuständig. An die Kanalisation waren 1989 vollständig angeschlossen: das Stadtgebiet Walldürn sowie die Teilorte Altheim, Rippberg, Gerolzahn und Reinhardsachsen. Gottersdorf und Hornbach waren teil-

Die Gemeinde im 19. und 20. Jahrhundert 765

weise kanalisiert, während in Wettersdorf, Glashofen und Kaltenbrunn noch Einzelkläranlagen betrieben wurden. 1958 richtete die Stadt Walldürn anläßlich des Kasernenbaus eine Kläranlage für 8000 Einheiten (Einwohner und Einwohnergleichwerte) ein. Zwischen 1975 und 1978 erfolgte eine Kapazitätserweiterung um 7000 Einheiten. In Rippberg baute man 1970/72 eine Kläranlage für 2000 Einheiten, in Reinhardsachsen 1972 für 720 Einheiten und in Altheim bis 1985 für 2200 Einheiten. Für Gerolzahn-Gottersdorf war 1989 eine Anlage mit einer geplanten Kapazität von 900 Einheiten im Bau. Außer einer kleinen biologischen Anlage in Hornbach arbeiten alle Klärwerke mechanisch-biologisch. Die Müllabfuhr erfolgt durch ein Privatunternehmen einmal wöchentlich auf die Kreismülldeponie Buchen-Sansenhecken. In Walldürn befindet sich nur eine Erd- und Bauschuttdeponie.

Ein Gebäude im Gewann Ziegelhütte wurde bereits im 18. Jh. als Spital und als Armen- und Pfründnerhaus genutzt. 1880 erwarb die Stadt ein Anwesen in der Miltenberger Straße und verlegte die Anstalt dorthin. Zur Leitung des Hauses und zur Pflege der Hilfsbedürftigen wurde jeweils eine ledige oder verwitwete Frau als Spitalmutter angestellt und aus dem kirchlichen Almosenfonds besoldet. Insgesamt gab es 20 Plätze; davon waren nur vier für eigentlich Kranke vorgesehen. 1888 wurde die Verwaltung des Spitals zwei Ordensfrauen der Kongregation der Barmherzigen Schwestern des hl. Vinzenz von Paul aus dem Mutterhaus Freiburg übertragen. 1891 konnte man dank einer letztwilligen Schenkung einen Erweiterungsbau errichten. 1905 ließ die Stadt aus Mitteln des 1856 gegründeten Friedrich-Luisen-Hospitalfonds und mit Zuschüssen der kath. Kirche ein *Krankenhaus* bauen. Verwaltung und Pflegedienst in dem neuen Haus wurden ebenfalls den Vinzentinerinnen übertragen. In den 1930er Jahren erhielt das Haus einen Operationssaal.

Zwischen 1941 und 1960 war das Krankenhaus im Besitz des Hospitalfonds, der einen besonderen Bettentrakt einrichten ließ. Als dann die Stiftung aufgelöst wurde, gingen Vermögen und Verbindlichkeiten auf die Stadt über. Nach verschiedenen Aus- und Umbaumaßnahmen wurde 1977 eine Abteilung »Innere Medizin« eröffnet und 1980 konnte im Untergeschoß des Krankenhauses eine Bäderabteilung den Betrieb aufnehmen. 1984/85 wurden im Krankenhausgebäude eine gynäkologische und eine orthopädische Facharztteilzeitpraxis geschaffen. Ab 1988 standen in der Krankenhausabteilung statt 40 Betten nur noch 35 zur Verfügung; in der Altenpflegeabteilung 29 und im Altenwohnheim 30. Im Krankenhaus sind im medizinischen Bereich 2 Internisten, 2 Badefachkräfte, 1 Praktikant und eine Hilfskraft tätig; insgesamt 60 Personen. Seit 1979 wird das Krankenhaus und das angeschlossene Altenwohn- und Pflegeheim Walldürn zusammen mit dem Bezirkskrankenhaus Hardheim vom *Krankenhausverband Hardheim-Walldürn*, mit Sitz in Hardheim, betrieben. Weitere Verbandsgemeinden sind Höpfingen, Königheim und Külsheim.

Für die medizinische Versorgung betreiben die im Krankenhaus angestellten Internisten zusätzlich eine Gemeinschaftspraxis in der Stadt. Außer einer weiteren Ärztin für innere Krankheiten praktizieren in Walldürn zwei Ärzte für Allgemeinmedizin und eine Kinderärztin. Auch in Altheim und in Rippberg gibt es je einen Arzt für Allgemeinmedizin. In der Kernstadt stehen drei Zahnärzte zur Auswahl, in Altheim kann ein weiterer aufgesucht werden. Die Versorgung mit den nötigen Medikamenten sichern drei Apotheken in Walldürn. Die Kirchengemeinden Walldürn und Hardheim sowie die Gemeindeverwaltung von Höpfingen sind Träger der Kath. Sozialstation Walldürn/Hardheim e.V. Schließlich unterhält die Arbeiterwohlfahrt ebenfalls eine Altenwohnanlage. Während um die Jahrhundertwende in Altheim zwei Hebammen, in Hornbach und Rippberg je eine sowie eine für Wettersdorf und Glashofen zusammen und schließlich eine gemeinsame für Gerolzahn, Gottersdorf, Kaltenbrunn und Reinhardsachsen Wartgeld bezogen, gab es 1989 nur in den Krankenhäusern von Hardheim und Walldürn Hebammen.

Außer Kaltenbrunn, das seine Toten in Reinhardsachsen beerdigt, verfügten 1989 alle Teilorte wie auch die Stadt selbst, über einen eigenen *Friedhof.* In Gerolzahn ist allerdings keine Leichenhalle vorhanden.

Kirche. – 1828 waren für das Gebiet der gesamten heutigen Stadt fünf *kath. Pfarreien* zuständig, von denen drei zum Landkapitel Walldürn und damit ehemals zum Bistum Regensburg gehörten. Für sie hatte die Standesherrschaft Leiningen das Präsentationsrecht inne. Die St. Georgspfarrei der Wallfahrtskirche in Walldürn hatte sechs Filialen. Gerolzahn, Kaltenbrunn und der Wlr Neusaß besaßen damals weder Kirchen noch Kapellen. In der Jakobskirche von Reinhardsachsen war jeden Sonntagvormittag Gottesdienst abwechselnd mit Predigt und Christenlehre zu halten, während eine solche Verpflichtung für die Wendelinskapelle in Glashofen nicht bestand. Aus der Walldürner Pfarrkompetenz mußte auch ein Hilfspriester unterhalten werden. Auf der Sebastianspfarrei zu Rippberg lastete die Aufgabe, in der Filialkapelle St. Valentin zu Hornbach jede Woche eine Messe zu lesen und den Kindern Religionsunterricht zu erteilen; außerdem war an fünf Festtagen ein feierlicher Gottesdienst zu gestalten und gestiftete Messen zu lesen. Zur Altheimer Valentinspfarrei gehörten die Filialen Dörntal/Kudach und Helmsthem. Guttatsweise pastorierte der Altheimer Pfarrer die Katholiken in Sindolsheim. Zu St. Alban in Hardheim gehörte die Wettersdorfer Ottilienkapelle; 1863 war sie der Walldürner Pfarrei angegliedert. Die politischen Gden Gerolzahn und Gottersdorf waren Teile der bayerischen Pfarrei Amorbach und als solche dem Kaplan von Reichartshausen zur Betreuung zugewiesen. In Walldürn bestand zur Betreuung der Wallfahrt ein Kapuziner-Konvent.

In den 1870er Jahren wurde der Wunsch der Gden Glashofen und Wettersdorf nach regelmäßigem Sonntagsgottesdienst so stark, daß man die Erlaubnis des Innenministeriums zu einem außerordentlichen Holzhieb im Glashofener Wald erwirkte, um in Glashofen eine Kirche bauen zu können. Sie wurde 1880 fertiggestellt und dem hl. Wendelin geweiht. An den Kosten beteiligte sich Wettersdorf mit ⅐. Da auch der Ertrag der Schafweide zur Verzinsung und Tilgung der Kirchenbauschuld eingesetzt werden durfte, war die Kirchspielgemeinde bereits 1887 wieder schuldenfrei. Die alte Kapelle blieb erhalten. Nach Abschluß des Kirchenbaus sammelte die Gemeinde weitere Überschüsse zum Bau eines Pfarrhauses, um das Streben nach einer eigenen Pfarrei zu verdeutlichen. 1903 wurde Glashofen zum Sitz einer neuen Kuratie für die Gemeinden des Walldürner Odenwaldes bestimmt, weil Reinhardsachsen, das sich ebenfalls beworben hatte, zu den übrigen Orten des neuen Kirchspiels ungünstiger liegt. Nun errichtete Glashofen mit Unterstützung von Wettersdorf und Neusaß ein stattliches Pfarrhaus aus rotem Sandstein.

Dem neuen Pfarrbezirk wurde 1908 auch Gottersdorf als Teil der Filialgemeinde Reinhardsachsen zugeschlagen, nachdem es durch Vermittlung der Kurie von seiner kirchlichen Bindung an Bayern gelöst war. Der bereits geplante Neubau der Gottersdorfer Kapelle mußte wegen des 1. Weltkriegs verschoben werden; er wurde 1921 abgeschlossen. Noch 1909 hatte Rippberg seine Kirche mit einem Kostenaufwand von annähernd 120000 Mark von Grund auf erneuert. Daraufhin sammelte die Filialgemeinde Hornbach einen Kirchenbaufonds an und ließ 1920 seine kleine Kirche ebenfalls von Grund auf neu gestalten; von dem Wunsch nach einer eigenen Kaplanei hörte man nichts mehr. In Wettersdorf wurde 1954 die Filialkirche St. Marien erbaut. In Walldürn entstanden 1952 eine Kapelle im erzbischöflichen Kinderheim und 1964 eine

Kapelle im Krankenhaus. 1964/65 erhielt das neue Stadtviertel im Südwesten mit der Filialkirche »Mariae Namen« ein eigenes Gotteshaus. Auf der Gesamtgemarkung gibt es mindestens 19 Feldkapellen, von denen die Hälfte unter Denkmalschutz stehen.
Für das Dekanat Adelsheim der *ev. Kirche* waren Walldürn und seine heutigen Teilorte bis zum 2. Weltkrieg Diaspora. Die wenigen Protestanten wurden von Sindolsheim aus betreut. Erst 1933 wurde eine von Buchen her versehene Kirchengemeinde gegründet, 1949 zur Pfarrei erhoben und erhielt 1951 eine Kirche. Nachdem 1983 mit Sitz in Walldürn eine zweite Pfarrstelle eingerichtet worden war, erbaute die ev. Kirchengemeinde Walldürn in Rippberg eine weitere Kirche. Die kleine *jüd. Gemeinde*, die bis 1937 in Walldürn bestand, gehörte zum Rabbinat Mosbach. Ihr Betsaal wurde nach der von den Nationalsozialisten erzwungenen Auflösung zu einer Wohnung umgebaut.

Schule. – 190 Knaben und 200 Mädchen besuchten 1828 die Schule. Gegen Ende des 19. Jh. wurde der Schulraum in Walldürn knapp, obwohl noch 1875 das Schulgebäude erweitert worden war. Dabei hatte sich gezeigt, daß sich die Stadtgemeinde nicht mehr auf die herkömmliche Baupflicht des Kirchenfonds verlassen konnte. Diese trat nämlich nur ein, wenn genügend Überschüsse vorhanden waren. 1909 entschloß sich der Stadtrat zu einem außerordentlichen Holzhieb, um einen Neubau für die Schule zu finanzieren. Am 16. 9. 1912 wurden die neuen Lehrsäle feierlich von 680 Schülern und 11 Lehrkräften der Volks- und Bürgerschule bezogen. In dem Gebäude mußten aber auch noch die Haushaltungsschule, die Fortbildungsschule und die 1864 gegründete Gewerbeschule untergebracht werden. Letztere war seit 1876 zunächst ins Rathaus, später ins Spital verlegt worden. 1926 nahm eine Bezirkshandelsschule im obersten Stock des Schulhauses den Lehrbetrieb auf. Nach wenigen Jahren konnte auch der Besuch einer Höheren Handelsschule ermöglicht werden. Die Bürgerschule erhielt 1930 die Qualität einer Realschule.

1944 zerstörte ein Bombenangriff einen Seitenflügel des Schulgebäudes. Bei Kriegsende organisierten drei Lehrerinnen einen notdürftigen Unterricht für 400 Schüler. Bis 1949 war der ausgebombte Trakt um einen Schulsaal verlängert wieder aufgebaut. Nun kamen 18 Lehrer auf 720 Schüler. 1950 begann der Wiederaufbau eines Mittelschulzuges an der Volksschule. Nach Einrichtung des Schulzentrums Auerberg gab es seit August 1967 wieder eine selbständige Mittelschule, die *Konrad-von-Dürn-Realschule* in Walldürn. 1972 zog auch die *Hauptschule* mit 402 Schülern aus der Keimstraße an den Auerberg, wo seit Mitte der 1970er Jahre alle Hauptschüler der gesamten Stadt unterrichtet werden. Die *Grundschule* blieb in der Keimstraße zurück.

In Altheim traf der Amtmann 1869 Schulhaus und Lehrerwohnhaus in stark renovierungsbedürftigem Zustand an. Da sich außerdem die Schülerzahl steigerte (1870: 217 Schüler; 2 Lehrer) lag der Gedanke an einen Neubau nahe. Zunächst begnügte man sich aber noch mit einer Erweiterung des oberen Schulsaals. Ab 1884 erfordern erneut steigende Schülerzahlen die Beschäftigung von zwei Hauptlehrern und einem Unterlehrer. Zwischen 1887 und 1889 wurde mit einem Kostenaufwand von 20 000 Mark ein neues Schulgebäude erstellt.

Die Unterhaltung der Schule oblag in Hornbach vor dem 1. Weltkrieg der politischen Gemeinde, während die Lehrerbesoldung vom Kirchenfonds aufzubringen war. 1851 unterrichtete hier ein Lehrer 43 Schüler. Nachdem 1876 bereits ein Schulzimmer auf Kosten der Lehrerwohnung vergrößert worden war, mußte im folgenden Jahr ein neuer Lehrsaal angebaut werden. Nach erneutem Absinken der Schülerzahl wurde nach 1913 ein Anstieg auf 60 schulpflichtige Kindern erwartet. Die periodischen Schwankungen führte man auf einen noch überwiegend gleichzeitigen Generationswechsel bzw. Hofübergabetermin zurück. 1872 wurde in Rippberg ein größeres Schulhaus erforderlich. Aus Geldmangel errichtete die Gemeinde ein kombiniertes Rat- und Schulhaus mit nur einem einzigen Schulzimmer und einer Lehrerwohnung. Als 10 Jahre später ein Unterlehrer eingestellt werden mußte, war man gezwungen, die beiden für die Gemeindeverwaltung vorgesehenen Räume als zweiten Unterrichtssaal herzurichten. Als Rathaus wurde ein weiteres Haus gekauft und umgebaut. 1906 eröffnete Rippberg mit einem Staatszuschuß eine gewerbliche Fortbildungsschule. Bis 1913 waren Gottersdorf, Gerolzahn und der Kummershof in einem Schulverband vereinigt. Als die Gde Gottersdorf 1908 die Erweiterung des Schulhauses ablehnte, obwohl die Schülerzahl vor allem Gerolzahns stark wuchs, erbaute Gerolzahn eine eigene Schule (2 Räume und eine Lehrerwohnung) und schied samt dem Kummershof aus dem Verband aus. Gottersdorf mußte dennoch seine Schule mit einem Kostenaufwand von ca. 10000 Mark renovieren und erweitern. 1983 wurde dieses Gebäude durch ein Bürgerhaus ersetzt.

Neusaß, der Nebenort von Gerolzahn, gehörte bis 1904 zum Schulverband Reinhardsachsen. Gegen einen Beitrag zum Schulhausneubau in Höhe von 1400 Mark wurden die Neusaßer Kinder in die näher gelegene Glashofener Schule aufgenommen, wie es Neusaß schon seit Jahrzehnten verlangt hatte. Bereits 1872 hatte Wettersdorf den Schulverband mit Reinhardsachsen aufgegeben und sich mit dem leichter zu erreichenden Glashofen zusammengetan. Diese Verbindung bestand bis Juli 1920. Damals setzte die Gde Wettersdorf für ihre 36 Schulkinder eine eigene Schulabteilung durch. 1922 ließ sich diese Gemeinde ein Schul- und Rathaus erbauen. Nach der Zusammenlegung der Walldürner Schulen nutzt man das Gebäude als Bürgerbegegnungsstätte. 1871 erweiterte Glashofen sein einstöckiges Schulgebäude vor allem im Hinblick auf die Aufnahme der Wettersdorfer Schüler. Obwohl sich gerade dieser Anbau schon bald als äußerst mangelhaft erwies, entschloß man sich erst 1903 zu einem Neubau. Nachdem auch die Neusaßer Kinder hinzugekommen waren, zählte die Schule 78 Kinder, die alle von einem Hauptlehrer unterrichtet wurden. Bei steigender Schülerzahl erwies sich die innere Gestaltung des äußerlich stattlichen Schulgebäudes als eng und unzweckmäßig: Das für einen zweiten Unterrichtsraum vorgesehene Zimmer faßte höchstens 15 Schüler. Nachdem Gerolzahn eine Schule gebaut hatte, dachte man in Glashofen zeitweise an eine Trennung von Neusaß. 1949 besuchten 84 Schüler die vierklassige Volksschule; darunter waren 33 Kinder von Neubürgern. Zum Schulverband Reinhardsachsen gehörten 1870 auch Kaltenbrunn, Neusaß und Gerolzahn, das sich aber schon im folgenden Jahr an Gottersdorf anschloß. 1872 wurde der baupflichtige Kirchenfonds zum Neubau eines Schulgebäudes verurteilt; 1880 konnte dieses endlich bezogen werden. Nachdem Neusaß 1904 ausgeschieden war, zählte der Schulverband noch 68 Schüler. Als Zeichen guter Nachbarschaft durften auch Kinder vom nahegelegenen bayerischen Storchenhof die Schule besuchen, ohne daß ein Beitrag der zuständigen Gemeinde gefordert wurde. 1948 wurden von einem Lehrer 60 Schüler aus Reinhardsachsen und Kaltenbrunn in zwei Klassen unterrichtet; 24 Kinder waren Heimatvertriebene. Die heutige Schulsituation in Walldürn ist in Tab. 3 zusammengefaßt.

Zur *weiterführenden Schulbildung* bietet sich in Walldürn außer der Konrad-von-Dürn-Realschule die vom Neckar-Odenwald-Kreis getragene Frankenlandschule mit ihren vier Zügen (Wirtschaftsgymnasium, Berufskolleg I, Wirtschaftsschule, Kaufmännische Berufsschule) an. Ein mathematisch-neusprachliches Gymnasium kann in Buchen besucht werden.

Für die Vorschulkinder stellen in Walldürn die *kath. Kindergärten* St. Georg (101) und St. Marien (92) sowie der *ev. Kindergarten* (46) insgesamt 239 Plätze zur

259 *Altheim von Süden*

260 *Altheim, Kronenstraße und kath. Pfarrkirche*

261 *Altheim, Gasthaus zur Krone*

262　*Gerolzahn von Nordosten. Im Hintergrund Rippberg*

263　*Glashofen, Ortszentrum mit Kirche*

264 Glashofen von Süden

265 Gottersdorf von Südwesten

266　*Großhornbach von Südwesten*

267　*Kaltenbrunn von Süden*

268 Reinhardsachsen von Süden

269 Wettersdorf von Nordosten

270 Rippberg von Südosten ▷

271 *Walldürn, Stadtkern von Südosten*

272 *Walldürn, Wallfahrtskirche*

273 Walldürn, Hauptstraße in der Altstadt mit dem alten Rathaus

274 Walldürn, Schloßplatz mit der Wallfahrtskirche

275 Walldürn, Schloß (Rathaus)

276 Walldürn, Schul- und Kulturzentrum am Theodor-Heuss-Ring

277 Zwingenberg mit Neckarschleife von Südosten

278 Schloß Zwingenberg von Südosten

Tabelle 3: **Städtische Schulen Walldürn (1989)**

Schule	Schüler	Klassen	Lehrer
GS Walldürn	271	11	8 Vollz./ 6 Teilz.
GS W.-Altheim	55	3	3 Vollz./ 2 Teilz.
GS W.-Rippberg	60	3	insgesamt
AS. Gottersdorf	20	1	4 Vollzeit
HS Walldürn	228	11	11 Vollz./12 Teilz.
K.v.D.-Realschule	219	11	13 Vollz./ 9 Teilz.

Verfügung. Außerdem bestehen Kindergärten in den Teilorten Altheim (75), Glashofen (55) und Rippberg (53); sie werden von der jeweiligen kath. Kirchengemeinde getragen.

Das *erzbischöfliche Kinderheim St. Kilian* wurde 1858 auf Anregung des Freiburger Moraltheologen und Domdekans J. B. von Hirscher als Armenkinderhaus durch Dekan Christophl, Neudenau, auf dem Anwesen der ehemaligen Zündholzfabrik gegründet. Unter Aufsicht eines besonderen Komitees hatte der jeweilige Pfarrer von Walldürn das Haus zu leiten. Zur Betreuung der Kinder wurden drei Schwestern der Genossenschaft der Armen Franziskanerinnen aus Pirmasens gewonnen. Obwohl für die Betreuung eines Kindes pro Jahr 55 fl zu bezahlen waren, stieg die Zahl der Zöglinge rasch. Der Unterhalt wurde teilweise aus den Produkten der eigenen Landwirtschaft bestritten. Seit 1873 gewährleistete ein eigener Lehrer den Unterricht für die Kinder. Ab 1926 unterstellte die Kultusverwaltung die Heimschule als Abteilung der Volksschule Walldürn der staatlichen Schulaufsicht. Knapp 50 Jahre später anerkannte das Kultusministerium die frühere Armenkinderschule als Private Sonderschule am Heim für verhaltensgestörte und zugleich lernbehinderte Kinder und Jugendliche. Zwischen 1970 und 1982 wurde das Heim auch baulich völlig neu gestaltet.

Die *Städtische Musikschule Walldürn* entstand 1969. Ihre Tätigkeit reicht von der musikalischen Früherziehung und dem Unterricht an einzelnen Instrumenten über die Einrichtung von Musizierkreisen bis zur Organisation von Konzert- und Vortragsveranstaltungen. Für 1990 war die Einstellung eines hauptamtlichen musikalischen Leiters vorgesehen. Schon bei der Gründung des Volksbildungswerks Buchen wurde in Walldürn eine Außenstelle eingerichtet. 1990 waren nahezu alle Fachbereiche der nunmehrigen *Volkshochschule Buchen* vertreten. In der Grundschule Walldürn wurden der VHS eigene Räume zur Verfügung gestellt. Darüber hinaus werden Vorträge und Kurse auch in anderen Räumen abgehalten, insbesondere in der Frankenlandschule und im Bürgersaal des Rathauses.

Kulturelle Einrichtungen und Veranstaltungen. – Seit 1976 gibt es im Auerbergzentrum eine *Stadtbibliothek*, die ihrem Publikum 1989 28 251 Medieneinheiten zugänglich machen konnte. Fehlende Titel können über Fernleihe beschafft werden. Die Stadtbibliothek veranstaltet auch Autorenlesungen, Puppentheater, Vorlesewettbewerbe und Buchausstellungen. Auf Initiative des Fördervereins Odenwälder Bauernhaus wurde im Herbst 1984 mit der Anlage des *Odenwälder Freilandmuseums* am Gottersdorfer See begonnen. In drei Baugruppen – Odenwald, Bauland und Unterer Neckar – soll die Einrichtung auf einer Fläche von ca. 25 ha durch exemplarische Gebäude und ihre funktionstüchtige Einrichtung wie auch durch Gärten und Demonstrationsfelder den ländlichen Alltag früherer Zeit erfahrbar machen. Das Freilandmuseum ist Teil der Museumsstraße Odenwälder Bauernhaus, in deren Rahmen auch in Altheim mehrere traditionelle Grünkerndarren restauriert wurden. Im kath. Pfarrhaus können neben einer kostbaren Sammlung von Elfenbeinschnitzereien auch wertvolle Möbel aus dem bayerischen Schloß Moos bewundert werden. Das *Walldürner Heimatmuseum* zeigt neben Gegenständen des häuslichen und gewerblichen Alltags vor allem Exponate zur Geschichte der Walldürner Wallfahrt und dem speziellen Wallfahrtsgewerbe. Eine weitere Abteilung befaßt sich mit den Ergebnissen von Ausgrabungen römischer Baudenkmäler. Zu den Spuren römischer Kultur und Herrschaft führt der Limeslehrpfad. In der 1976/77 als Mehrzweckanlage erbauten *Nibelungenhalle* arrangiert die ortsansässige Agentur häufig Konzerte und Unterhaltungsveranstaltungen. Mehrmals jährlich gastiert die Bad. Landesbühne in der Stadt. Im November jeden Jahres spielt das Heeresmusikkorps Veitshöchheim. Aus Kontakten der Heimkehrer- und Kriegsopferverbände entstand 1970 eine *Städtepartnerschaft* mit dem französischen Montereau, die alljährlich zu regem Jugendaustausch genutzt wird.

Sport- und Erholungsstätten. – Im Sportzentrum Auerberg, dessen sämtliche Einrichtungen in den 1970er Jahren gebaut wurde, befinden sich ein Sportplatz, ein Kleinspielfeld, eine Turnhalle und ein Hallenbad mit Sauna. Die ebenfalls in diesem Komplex liegende Nibelungenhalle kann in drei Übungsräume aufgeteilt werden. Je eine weitere Turnhalle und ein Kleinspielfeld gehören zur Grundschule und zur Frankenlandschule. Für die beiden Fußballvereine stehen ein Stadion und zwei Trainingsplätze zur Verfügung. Ein weiterer Sportplatz wird von der Kolpingfamilie genutzt. Das seit 1928 bestehende Freibad wurde 1989 einer Generalsanierung unterzogen. In der Waldstraße unterhält die Firma Braun seit 1967 ein kleines Hallenbad. In den Teilorten Altheim, Glashofen und Rippberg gibt es städtische Sportplätze, die jeweils von örtlichen Vereinen betreut werden. Auch das Kleinspielfeld des Freizeitsportclubs Hornbach gehört der Stadt, während jene in Rippberg und in Wettersdorf Privatbesitz sind. In Altheim hat die Gemeinde eine Kleinturnhalle und in Rippberg eine Normturnhalle zur Verfügung gestellt. Die Mehrzweckhalle in Glashofen wurde der Ortsbevölkerung im Juni 1983 übergeben. Tennis kann in Walldürn, in Altheim und in Reinhardsachsen gespielt werden. Auf Initiative des Turnvereins Walldürn wurden zwei Loipen von 10 bzw. 20 km Länge ausgeschildert. Für Wanderungen stehen 255 km markierter Wanderwege zur Wahl. Seit 1982 kann im Marsbachtal ein Naturlehrpfad begangen werden. Zwischen 1978 und 1981 wurde um die zur Ausflugsgaststätte umgestaltete Beuchertsmühle das Naherholungsgebiet Marsbachtal angelegt.

Vereine. – 1836 wurde in Walldürn zur Pflege der Geselligkeit unter den Honoratioren der Stadt eine Casino-Gesellschaft gegründet; sie bestand bis 1866. Besser in der Bevölkerung verankert waren schon zur Zeit ihrer Gründung die Schützengilde 1848 (1989: 261 Mitglieder) und der Turnverein 1848 (1989: 1312 Mitglieder); der letztere ist damit der mitgliederstärkste Verein. Auf eine nur wenig jüngere Tradition kann der Bund der Selbständigen Walldürn zurückblicken; sein Vorläufer, der Gewerbeverein Walldürn, wurde 1860 gegründet. In Altheim fand sich im selben Jahr der Sängerbund 1860 zusammen. Die Anfänge der Interessenvertretungen der Bauern und der Arbeiter liegen ebenfalls im 19. Jh., sie sind aber nicht genau datierbar. Das 1974 wiederbelebte Ortskartell des DGB betreute 1989 die 800 Mitglieder der in Walldürn vertretenen Einzelgewerkschaften. In der Gesamtstadt gibt es heute 76 Vereine, darunter 27 Sportvereine, 12 Musik- und Gesangvereine und ebensoviele auf soziale Belange ausgerichtete Vereine. 7 Vereine haben Heimat und Kultur zum Gegenstand ihrer Bemühungen gemacht und 6 vertreten wirtschaftliche oder berufsständische Interessen. 4 Vereine beschäftigen sich mit Tierzucht und 8 dienen sonstigen Zwecken.

Die Gemeinde im 19. und 20. Jahrhundert 771

Strukturbild

Auf dem Gebiet der heutigen Gde Walldürn lassen sich im 19. Jh. drei Bereiche ausmachen, die sich nach Wirtschaftsstruktur und Sozialgefüge unterscheiden: die Stadt und Rippberg verbunden durch das Marsbachtal, die Walldürner Odenwaldorte und die Baulandgemeinde Altheim. In der Stadt und in Rippberg gab es zwar einige große Bauernhöfe, aber insgesamt überwog der durch Realteilung geförderte landwirtschaftliche Kleinbetrieb. In den meisten Fällen diente er als Ergänzung eines Handwerks oder Gewerbes, das seinerseits zum Unterhalt einer Familie selten zureichte. Auch die reichlich vorhandenen Weber produzierten offenbar nicht in nennenswertem Umfang für den überregionalen Markt, sondern wie alle Handwerker auf Bestellung. Eine bemerkenswerte Ausnahme bildeten die üblicherweise auf dem Wallfahrtsmarkt angebotenen Artikel: Wachswaren, Devotionalien und Gebäck. Diese Produktion wurde in Walldürn zum Ansatzpunkt der Industrialisierung, während in Rippberg dieselbe Funktion der ehemaligen Hammerschmiede zufiel. Nach dem 2. Weltkrieg, noch bevor die Wallfahrtsindustrie angesichts veränderter Nachfrage starke Einschränkungen erfuhr, gelang die rechtzeitige Ansiedlung feinmechanischer und elektrotechnischer Betriebe sowie der Standortverwaltung der Bundeswehr. Problematisch bleibt in Walldürn und Rippberg, daß jeweils ein großer, wenn nicht der größte Teil der Arbeitsplätze von einem einzigen Unternehmen gestellt wird.

Die kleinen Gemeinden der Walldürner Höhe bestanden sämtlich aus wenig mehr als einem Dutzend mittlerer bis großer Höfe, auf denen Getreide angebaut und Vieh aufgezogen bzw. gemästet wurde. Die Feldflur war zwar aufgeteilt, doch infolge des Anerbenrechts blieben große Stücke erhalten. Bis auf wenige Ortsarme genoß die Dorfbevölkerung einen wenn auch meist bescheidenen Wohlstand und bildete eine solide Kundschaft für die Handwerker und Händler aus Rippberg und Walldürn. Die Gemeinden mußten nur selten hohe Umlagen erheben, weil die außerordentlichen Ausgaben durch den Ertrag des Waldbesitzes gedeckt werden konnten. Schwierigkeiten ergaben sich allerdings immer wieder aus der durch die Höhenlage bedingten Wasserarmut und aus den ungünstigen, von starken Steigungen und Gefällen geprägten Straßen- und Wegeverhältnissen. Die Bewohner zeichnete trotz Kooperationsbereitschaft im Einzelnen (Schule, Kirche, Wasser) von jeher ein starker Hang zu Unabhängigkeit und Selbständigkeit aus. Die vom NS-Regime erzwungenen Vereinigungen zerfielen nach 1945 sofort wieder. Der Zusammenschluß mit Walldürn in den 1970er Jahren wäre ohne den damals bereits fortgeschrittenen Strukturwandel in der Landwirtschaft und die damit verbundene Lockerung der Dorfgemeinschaften kaum so reibungslos erfolgt.

Während sich Walldürn, Rippberg und die Odenwaldorte vielfach aufeinander bezogen und ergänzten, orientierte sich Altheim hauptsächlich nach Buchen, Sindolsheim und Rosenberg und bildete schon seiner Größe wegen eine besondere Einheit. Die Gemeinde selbst verfügte in ihrem ausgedehnten Wald lange Zeit über eine solide Vermögensgrundlage, während die mit wenigen Ausnahmen kleinbäuerliche Bevölkerung unter den Auswirkungen des Realteilungsrechts litt. Als Ende der 1960er Jahre der Waldertrag wegen sinkender Nachfrage unsicher wurde, gelang es einer geschickt taktierenden Gemeindeverwaltung, mit einigem Glück nicht nur die Anlage eines Bundeswehrdepots auf der Gemarkung zu erreichen, sondern auch die Ansiedlung zweier Unternehmen verschiedener und zukunftsträchtiger Branchen. Aus dieser starken Position heraus entschloß sich Altheim, nachdem eine Zukunft als selbständige Gemeinde aufgrund der Vorgaben des Landes nicht mehr zu erhoffen war, zum

Anschluß an Walldürn. Dort konnte es als zweitgrößter Teilort nach der Kernstadt die günstigsten Bedingungen erwarten.

Seit dem Abschluß der Gemeindereform bemühte sich die Stadt hauptsächlich um die Erschließung neuen Wohn- und Industriegeländes in der Kernstadt und in Altheim; kleinere Wohngebiete wurden auch in Glashofen und Gottersdorf bereitgestellt und bebaut. In Reinhardsachsen und in Wettersdorf entstanden die Feriensiedlungen Dittersberg bzw. Geisberg. Erhebliche Mittel wurden bei der Sanierung der Walldürner Innenstadt eingesetzt. Als Voraussetzung für eine verkehrsberuhigte Zone im Bereich Schloßplatz stellte man bis Mai 1989 das Parkdeck Innenstadt fertig. Ziel der Maßnahmen ist, die Attraktivität als zentraler Einkaufsort zu erhalten und möglichst zu steigern. In die Bereiche soziale Fürsorge und Dienstleistung gehört der Plan für ein »Geriatrisch-ländliches Kleinzentrum Walldürn« der eine bedarfsgerechte Altenversorgung sichern soll. Angesichts des Zustroms von Aus- und Übersiedlern hat sich die verhältnismäßig günstige Arbeitsplatzsituation wieder verschärft. Die schwerste Belastung des städtischen Haushalts stellt mittelfristig die Sicherung der Grundwasserqualität durch Maßnahmen der Abwasserbeseitigung und Abwasserreinigung dar. Gegenüber dieser Aufgabe mit einem voraussichtlichen Finanzbedarf von ca. 60 Mio DM erscheint die Finanzkraft der Stadt unzulänglich, obwohl die Einnahmen aus Gewerbesteuer 1989 sehr gut ausfielen (6,2 Mio DM) und der Einkommensteueranteil seit 1984 beständig stieg (1989: 4,977 Mio DM). Die Steuerkraftsumme je Einwohner erhöhte sich von 1980 (697,81 DM) bis 1989 (1186,62 DM) um 170,04 %. Allerdings wurde die Pro-Kopf-Verschuldung für 1990 auf 1210 DM veranschlagt. Der Vermögenshaushalt belief sich 1988 auf 7565630 DM (1987: 9427253 DM); der Verwaltungshaushalt auf 22769377 DM (1987: 21707948 DM). Der Schuldenstand war 1988 12588039 DM (1987: 13586102 DM).

Quellen und Literatur

Ortsbereisungsakten

Altheim	GLA 345/S. 70, 70a, 70b
Gerolzahn	GLA 345/S. 1202
Glashofen	GLA 345/S. 1238–1240
Gottersdorf	GLA 345/S. 1373–1374
Hornbach	GLA 345/S. 2034–2036
Kaltenbrunn	GLA 345/S. 2101–2103
Neusaß	GLA 345/S. 2527
Reinhardsachsen	GLA 345/S. 2680–2682
Rippberg	GLA 345/S. 2815–2816
Walldürn	GLA 345/S. 3609–3610
Wettersdorf	GLA 345/S. 3871–3873

Literatur: (siehe Teil C., S. 800ff.), ferner:

Brückner, Wolfgang: Wallfahrt und Kirche Walldürn. 3. Aufl. Walldürn 1974.
Der Hof Schüssler in Gottersdorf. Zur Geschichte eines großbäuerlichen Hofes auf der Walldürner Höhe. Walldürn-Gottersdorf 1987 (= Schriften des Odenwälder Freilandmuseums Bd. 1).
30 Jahre Standort Walldürn. Bearbeitet und gestaltet von Oberleutnant Eugen Kurz. Walldürn 1988.
125 Jahre Erzbischöfliches Kinderheim St. Kilian. Walldürn. Odenwald. Vom »Armenkinderhaus« zum heilpädagogisch orientierten Heim. 1858–1983. Ein Querschnitt durch die Geschichte von St. Kilian (Walldürn 1983).
120 Jahre Bund der Selbständigen Walldürn (ehem. Gewerbeverein 1860 Walldürn). Walldürn o. J.
Walldürn im 19. Jahrhundert. Walldürn 1977 (= Walldürner Museumsschriften. H. 4.).
Walldürn zwischen Mittelalter und Neuzeit. Walldürn 1982 (= Walldürner Museumsschriften. H. 5.).

C. Geschichte der Stadtteile

Altheim

Siedlung und Gemarkung. – Wie bereits der Name erkennen läßt, gehört Altheim zu den ältesten Siedlungen der Umgebung; möglicherweise ist der Ort älter als die benachbarten Dörfer Rinschheim und Sindolsheim, von denen er offenbar schon früh durch das der gemeinsamen Wohnplatzbezeichnung »-heim« vorangestellte Bestimmungswort »Alt-« unterschieden wurde. 774 findet das unmittelbar vor dem Limes gelegene *Altheim* (Kop. 12. Jh.) erstmals in schriftlichen Quellen Erwähnung. Der Ortsname sowie Reihengräber, die 1947 am Ostrand des Dorfes entdeckt worden sind, deuten darauf hin, daß man die Anfänge Altheims in merowingischer Zeit zu suchen hat. Die von alters her sehr große Gkg Altheim ist 1924 durch die Eingliederung der bereits früher zum hiesigen Gerichtsstab gehörigen Sondergemarkung Kudach mit dem Hof Dörntal noch weiter vergrößert worden; der vormals gleichfalls nach Altheim orientierte Hof Helmstheim ist seit 1924 nach Gerichtstetten eingemeindet. Zu Beginn des 19. Jh. zählte man im Dorf selbst neben der Kirche, dem Pfarrhaus und dem Schulhaus insgesamt 143 Häuser, dazu kamen noch die beiden kirnauabwärts gelegenen Mühlen; die Höfe Dörntal, Kudach und Helmstheim umfaßten zur gleichen Zeit zusammen neun Häuser.

Herrschaft und Staat. – Die spätmittelalterlichen Herrschaftsverhältnisse zu Altheim haben sich aus den bereits in den Traditionsnotizen des 11./12. Jh. und in einer unechten Urkunde von 996 (Fälschung 13. Jh.) bezeugten Besitzrechten des Kl. Amorbach entwickelt. Wie andernorts sind die klösterlichen Gerichts- und Vogteirechte auch hier von Amorbacher bzw. Dürner Ministerialen wahrgenommen worden. Ob es sich bei dem 1206 erwähnten Heinrich von Altheim bereits um einen Angehörigen der später hier auftretenden Geschlechter handelt, muß freilich dahingestellt bleiben. Um 1303/13 hat Boppo von Amorbach (nachmals von Adelsheim) das Gericht und andere Güter in Altheim vom Hochstift Würzburg zu Lehen getragen, und nach ihm ist sein Sohn Beringer zwischen 1322 und 1333 mit dem Dorf und der Vogtei daselbst belehnt worden. Zwar sind die Adelsheimer bis zur Wende vom 15. zum 16. Jh. in Altheim Teilhaber geblieben, jedoch ist nach 1362 von der zuvor bestehenden Würzburger Lehnshoheit keine Rede mehr; dagegen tritt seit dem ausgehenden 14. Jh. der Abt von Amorbach für ¼ der Ortsherrschaft als Lehnsherr in Erscheinung. Alles in allem hatten die Adelsheimer im 14. und 15. Jh. offenbar das halbe Dorf in Besitz; ein weiteres Viertel gehörte nach Ausweis des großen Klosterurbars von 1395 dem Kl. Amorbach, und schließlich waren auch noch die Rüdt von Bödigheim mit ¼ an der Herrschaft über den Ort beteiligt. Dieser Rüdt'sche Anteil gelangte 1492 durch Kauf an das Erzstift Mainz, desgleichen 1496 das von der Abtei Amorbach lehnbare Viertel der Adelsheimer; das andere Adelsheimer Viertel ist 1526 durch Wolf von Adelsheim an Stefan Rüdt verkauft und von diesem bereits 1534 wieder gegen Amorbacher Rechte in Bödigheim eingetauscht worden. Demnach müßten das Kl. Amorbach und Kurmainz seit dem 16. Jh. je zur Hälfte an Gericht und Vogtei in Altheim beteiligt gewesen sein, tatsächlich ist aber in den Quellen der frühen Neuzeit stets nur von einem Amorbacher und von *drei* Mainzer Vierteln die Rede. Vielleicht ist dies so zu verstehen, daß der im Urbar von 1395 erwähnte amorbachische Anteil nur einen zu jener Zeit schon gar nicht mehr realisierbaren Anspruch dokumentieren sollte oder daß es sich um jenes Viertel handelt, das eben in diesen Jahren als Amorbacher Lehen an die von Adelsheim gekommen ist. Das Kloster war in Dorf und Mark ohnehin nur an der niederen Gerichtsbarkeit beteiligt und durfte auch nur die kleine Jagd exerzieren; darüber hinaus hatte es die Atzung auf seinen Höfen und das Recht zum Ausschank von Bannwein. Die hohe, zentliche Obrigkeit mit Blutgerichtsbarkeit und militärischem Aufgebot sowie das Schatzungsrecht, die große Jagd und alle anderen landesherrlichen Gerechtsame lagen bei Kurmainz (Zent und Kellerei Buchen), und im späteren 18. Jh. hat das Kloster schließlich auch noch die ihm verbliebenen Rechte zur Ausübung dem Erzstift übertragen. Mit der Säkularisation ist Altheim 1803 an das Fürstentum Leiningen (Oberamt Amorbach, Vogteiamt und Kellerei Buchen) gefallen und 1806 infolge der Mediatisierung an das Großherzogtum Baden.

Grundherrschaft und Grundbesitz. – Die ältesten Nachrichten über Grundbesitzverhältnisse zu Altheim beziehen sich auf Güter geringen Umfangs, die in den Jahren 774 und 776 dem Kl. Lorsch geschenkt worden sind. Daß die Erwähnung von fuldischem Besitz in Altheim im Main- bzw. Taubergau (um 1150) sich auf das Dorf an der Kirnau bezieht, ist eher unwahrscheinlich. Die Amorbacher Mönche waren hier, vielleicht auch in der Nachfolge von Lorsch, spätestens seit der Wende vom 11. zum 12. Jh. begütert. 1395 und bis zum Ende des Alten Reiches umfaßte der hiesige Klosterbesitz neben dem bereits erwähnten Viertel an der Vogtei 13 Hufen, fünf Höfe, eine Mühle und ein Viertel am Zehnt. Rüdt'scher Grundbesitz im Dorf ist erstmals um 1306 bezeugt und war bis zu seiner völligen Aufgabe im Jahre 1534 mancherlei Wechsel durch Kauf und Verkauf unterworfen. Dasselbe gilt für den Adelsheimer Besitz, der neben dem Anteil an Dorf und Gericht im 14. Jh. aus einem Hof, dem 1526/34 über Stefan Rüdt an das Kl. Amorbach gelangten sog. Freihof, sowie aus Wald bestanden hat. 1705 gehörten zu diesem Freihof neben zwei Häusern rd. 152 M Äcker, 6 M Wiesen sowie Kraut- und Baumgärten; die Darstellung der nahe der östlichen Gemarkungsgrenze im Gewann Waschig gelegenen Freihofgüter (20 M Äcker, 3 M Wiesen, 3 M Baumgärten) auf einem Flurplan von 1771 erinnert hinsichtlich der Anordnung von Äckern, Wiesen und Gärten an den Grundriß einer kleinen Burg mit Graben und vorgelagertem Wirtschaftshof. Zu Beginn des 18. Jh. waren die Güter des Freihofs unter 14 Inhaber aufgeteilt. Um 1800 waren als Grundbesitzer in Altheim gültberechtigt: das Erzstift Mainz (dabei auch Gülten, die seit 1326 dem Kl. Seligental gehört hatten), das Kl. Amorbach sowie die Pfarreien Altheim, Bofsheim, Buchen, Hardheim, Höpfingen, Osterburken und Walldürn; vom 16. bis ins 18. Jh. begegnen überdies als Inhaber unbedeutenderer Gerechtsame die von Rosenberg und als deren Erben die von Dienheim sowie die Rüdt von Bödigheim und die von Erffa.

Gemeinde. – Die Gde Altheim läßt sich in den Quellen nicht vor dem 17. Jh. fassen. 1654 gehörte ihr neben der Schäferei der Wald im Bereich der Dorfgemarkung mit Ausnahme des Bastholzes und 18 M, die dem Kl. Amorbach zustanden. Die Ratsstube war 1700 und noch 1750 im Wirtshaus *Zum Hirsch* untergebracht und hat offenbar erst gegen Ende des 18. Jh. ein eigenes Domizil erhalten. 1806 zählten zum Gemeindebesitz ein Rathaus, ein Schulhaus und ein Pfarrhaus sowie rd. 500 M Wald- und Grundbesitz; im Gericht saßen zur selben Zeit neben dem Schultheißen vier Schöffen.

Kirche und Schule. – Obgleich erst 1334 urkundlich erwähnt, ist Altheim eine alte, vermutlich schon im hohen Mittelalter von den Edelherren von Dürn gegründete Pfarrei. Ihr Patronatsrecht war im 14. Jh. im Besitz der Grafen von Rieneck und ist über die Landgrafen von Leuchtenberg (Erbfolge, 16. Jh.) und das Hochstift Würzburg (vor 1620) 1656 durch Tausch an das Erzstift Mainz gelangt. Bereits 1348 ist hier auch eine Frühmesse gestiftet worden, deren Altar der Muttergottes und den hll. Nikolaus und Katharina geweiht war, und deren Kollatur ebenfalls den Grafen von Rieneck oblag. In der Reformationszeit ist diese Frühmesse offenbar untergegangen, und erst 1738 ist sie wegen der Größe der Gemeinde, zu der neuerdings auch die Höfe Dörntal, Kudach und Helmstheim gehörten, wieder neu errichtet worden. Die alte Pfarrkirche, deren Turm eine Bauinschrift von 1489 getragen hat, mußte 1825 einem neuen Gotteshaus weichen; ob dessen Valentins-Patrozinium vom Vorgängerbau übernommen worden ist, bleibt ungewiß. Von einem Pfarrhaus, das zu jener Zeit als baufällig bezeichnet wird, ist erstmals 1578 die Rede; der um 1585 errichtete Neubau ist wohl im 30j. Krieg schwer beschädigt und 1676 auf kaiserlichen Befehl durch ein von den Dezimatoren finanziertes neues Pfarrhaus ersetzt worden.

Am großen und kleinen Zehnt waren zu Beginn des 17. Jh. das Kl. Amorbach zur Hälfte, die Pfarrei Altheim zu ⅓ sowie das Würzburger Juliusspital und die Familie von Sternenfels zu je ¹⁄₁₂ beteiligt. Die Amorbacher Hälfte setzte sich zusammen aus ¼, das bereits 1395 im Besitz des Klosters war und aus einem weiteren, von Würzburg lehnbaren Viertel, das über die von Adelsheim und die Rüden 1534 hinzugekommen ist. Das Drittel des Altheimer Pfarrers ist seit 1468 bezeugt. Der Anteil des Juliusspitals gehörte 1331 denen von Sachsenflur, ist um 1363 an die von Dürn-Rippberg gelangt und bei deren Aussterben im späten 16. Jh. dem Hochstift Würzburg heimgefallen; am Ende des Alten Reiches war es im Besitz der mainzischen Landesherrschaft. Das Sternenfelser Zwölftel stammt von denen von Zwingenberg bzw. von Hirschhorn und ist 1695 über die von Bettendorff an Johann Ernst Rüdt gelangt (später Rüdt-Eberstadt).

Der Schulmeister Johann Braun zu Altheim, der 1782 schon nahezu 40 Jahre im Amt war und dem untadelige Sitten bescheinigt wurden, hatte seinerzeit nicht weniger als 120 Kinder (65 Mädchen, 55 Knaben) zu unterweisen; daneben hatte er die Aufgaben des Organisten, des Glöckners und des Kirchendieners versehen. Seine Vergütung bestand in 200 fl jährlichem Gehalt sowie in einigen Feldgütern, die ihm von der Gemeinde zur Verfügung gestellt wurden. Schulunterricht fand 1803 im Rathaus statt.

Bevölkerung und Wirtschaft. – Bereits zu Beginn der Neuzeit war Altheim ein vergleichsweise großes und in starkem Wachstum begriffenes Dorf. Hatte sich die Einwohnerzahl am Ende des 15. Jh. auf rd. 200 belaufen, so lag sie um die Mitte des 16. Jh. schon bei etwa 300. Das kriegerische 17. Jh. verursachte freilich auch hier einen beträchtlichen Bevölkerungsverlust; von den im Jahre 1627 gezählten 578 Kommunikanten war bis 1641 nicht einmal mehr ¼ übriggeblieben (123). Allerdings hatte das Dorf um 1654 bereits wieder 326 Einwohner; 1700 lag die Zahl bei 569 und 50 Jahre später bei nicht weniger als 863. 1803 zählte man dagegen nur noch 724 Seelen, und damit dürfte sich die Einwohnerzahl wieder etwa auf dem Stand des früheren 17. Jh. eingependelt haben.

Die wirtschaftliche Nutzung der Gkg Altheim stellt sich um 1803/06 wie folgt dar: 3190 M Äcker, 6 M Weinberge, 300 M Wiesen und 1500 M Wald. Angebaut wurden die landesüblichen Getreidesorten, Dinkel, Roggen und Hafer, daneben auch Gerste sowie Erbsen, Wicken und Linsen; den Hafer verkaufte man vornehmlich nach Miltenberg, von wo aus er vermutlich auf dem Main verschifft wurde. Ausgiebig wurde der Kartoffelanbau gepflegt, einerseits zum Brotbacken, andererseits zur Fütterung des Viehs, welcher auch der Kleeanbau diente. Der in älterer Zeit betriebene Weinbau war in Altheim später in Abgang gekommen; erst in den 1790er Jahren hat man hier wieder einige wenige Weinberge angelegt. Die 1705 bezeugten Feldfluren trugen die Namen *Dieffenweg* gegen Rinschheim, *Humelterflur* und Hintere Flur gegen Dörntal. Der Viehbestand im Dorf hat sich 1806 auf 20 Pferde, insgesamt 300 Rinder, 500 Schafe und 248 Schweine belaufen.

Von den beiden Mühlen zu Altheim findet die dem Kl. Amorbach zustehende Untere Mühle bereits 1347 Erwähnung. Die im 14. Jh. offenbar ebenfalls schon existierende

Obere Mühle war im 15. Jh. als Würzburger Lehen im Besitz der von Adelsheim und ist mit deren anderen Altheimer Gütern über die Rüdt von Bödigheim 1534 gleichfalls an das Kloster gelangt. 1803 wurde eine der beiden Mühlen als Schneidmühle betrieben; Bannrechte hatte keine der hiesigen Mühlen. Als Handwerker sind im Dorf 1654 3 (!) Müller, 2 Schreiner sowie je 1 Zimmermann, Schmied, Schneider, Schuster und Schütz bezeugt. Anderthalb Jahrhunderte später gab es hier obendrein Küfer, Wagner, Gerber, Färber, Leinenweber (ca. 25), Hafner, Bäcker, Metzger, Bierbrauer und Krämer. Zu Beginn des 18. Jh. wurden in Altheim jährlich zwei Krämermärkte veranstaltet. Im Jahre 1700 haben hier zwei Wirtshäuser bestanden, *Zum Hirsch* und *Zum Löwen*; 1750 hatte der Löwen bereits wieder geschlossen, aber statt dessen waren der *Schwarze Adler*, der *Ochsen*, das *Weiße Roß* und die *Drei Kronen* neu hinzugekommen; 1806 gab es im Dorf schließlich sogar sechs Wirtshäuser.

Kudach und Dörntal. – Die wohl erst im hohen bis späten Mittelalter – von Gerichtstetten her? – entstandenen Höfe Kudach und Dörntal waren während des 15. Jh. ganz im Besitz der Rüden und sind 1492 mit dem Rüdt'schen Anteil an Altheim durch Kauf an das Erzstift Mainz gelangt; danach haben sie bezüglich der Herrschaftsverhältnisse die Geschichte der drei Mainzer Viertel an Altheim geteilt. Die zuvor in herrschaftlicher Eigenwirtschaft gebauten Hofgüter wurden von der Kellerei Buchen seit 1608 in Erbbestand verliehen. Ob Kudach mit dem in der unechten Urkunde von 996 erwähnten *Kuntiche*, nach dem später auch eine Ministerialenfamilie den Namen führte, zu identifizieren ist, läßt sich mit Gewißheit nicht sagen, ist aber angesichts der Tatsache, daß diese Urkunde erst im 13. Jh. gefälscht worden ist und die erste zweifelsfreie Erwähnung ohnehin von 1278 datiert (Dürner Lehen der Ketel), auch weniger bedeutsam. Dörntal ist 1453 in einer Rüdt'schen Wittumsverschreibung erstmals bezeugt. Kirchlich gehörten die Höfe von alters her zur Pfarrei Gerichtstetten, seit dem 17. Jh. dann zur Pfarrei Altheim; an diese frühere Zugehörigkeit hat bis zum Ende des Alten Reiches die hiesige Zehntberechtigung des Pfarrers von Gerichtstetten erinnert (⅓, Kloster bzw. Hofmeisterei Seligental ⅔). In Kudach lebten 1654 17 Personen, in Dörntal zur gleichen Zeit nur drei. Kudach wurde als Ackerhof geführt und umfaßte 1692/95 insgesamt 746 M Äcker, 41 M Wiesen, 4 M Gärten und 100 M Wald; Dörntal war ein erbbestandsweise verliehener Schafhof mit nur 18 M Äckern, 34 M Wiesen und 1 M Gärten (Ende 17. Jh.), auf dem 1804 600 Schafe gehalten wurden.

Gerolzahn

Siedlung und Gemarkung. – Bei dem um 1322/33 zum ersten Mal urkundlich erwähnten Gerolzahn (*wiler dictum Geroltshayn*) handelt es sich um eine Rodungssiedlung des hohen Mittelalters. Ob als Gründer der Siedlung das Kl. Amorbach oder dessen Vögte, die Edelherren von Dürn, anzusprechen sind, muß letztlich dahingestellt bleiben. Der von einem Personennamen abgeleitete Ortsname (Heim des Gerolt) hat im Laufe der Jahrhunderte mancherlei Wandlungen und Verballhornungen erfahren; im Amorbacher Urbar von 1395 findet man die Form *Geroltzhan*, in einem Zinsbuch von 1400 *Gerhartzhanen* und in einer Mainzer Urkunde von 1455 *zum Gerlißhan*; noch zu Beginn des 20. Jh. wurde der Name des Dorfes *Gerolzhan* geschrieben. 1687 bestand der Ort aus sieben bewirtschafteten und einer wüsten Hofstatt; 1803 zählte man in Gerolzahn samt den seinerzeit noch hierher gehörigen Höfen Neusaß und Kummershof 18 Häuser. Kummershof wurde 1925 nach Gerolzahn eingemeindet, dagegen kam Neusaß 1933 zu Glashofen.

Herrschaft und Staat. – Bei der ersten Erwähnung von Gerolzahn um 1322/33 lag die Ortsherrschaft als Würzburger Lehen in Händen der Amorbacher bzw. Dürner Ministerialen von Dürn; allerdings waren diese, wie man 1395 erfährt, nicht etwa die alleinigen Herren des Dorfes: Zwar führten sie im Gericht den Stab, jedoch stand ihnen von den verhängten Freveln und Bußen nur ⅓ zu; die übrigen ⅔ gehörten dem Kl. Amorbach. Das Kloster und die von Dürn zu Rippberg waren auch die einzigen Grundherren am Ort, letztere zum Teil als Erbbeständer der Mönche; Amorbach verfügte hier 1395 über 5 Hufen, und der vormals Dürn'sche Eigenhof hat 1687 rund 126 M Äcker und 40 M Wiesen umfaßt. Bereits im Laufe des 15. Jh. haben sich die Niederadeligen als Vogts- und Gerichtsherren in Gerolzahn durchgesetzt, wiewohl Amorbach seinen Anspruch auf Teilhabe an Gericht und Vogtei nie aufgegeben hat. So konnte es nicht ausbleiben, daß zwischen Herrschaft und Kloster bis ins 18. Jh. immer wieder neue Konflikte aufgeflammt sind. Nach dem Aussterben des Dürner Mannesstammes ist Gerolzahn um 1590 durch Erbschaft zunächst an die von Hirschhorn und von diesen über die von Sternenfels (um 1631) und von Kaltental (um 1656/57) an die von Gaisberg gelangt, die es 1677 mit allen Zugehörungen an das Hochstift Würzburg verkauft haben. Die landesherrliche Obrigkeit, die zuvor dem Erzstift Mainz zugestanden hatte (Zent Walldürn), ist 1684 im Tausch ebenfalls an Würzburg (Amt Rippberg) übergegangen; mithin hatte der Würzburger Bischof seit dem späten 17. Jh. in Gerolzahn alle landesfürstliche Obrigkeit zu beanspruchen: Zent (Rippberg), Folge, Reiß, Musterung, Schatzung und Steuer; Amorbach hatte außer seinen grundherrlichen und zehntherrlichen Gerechtsamen allein die Befugnis zur kleinen Jagd. Zwischen 1803 und 1806 gehörte das Dorf zum nunmehr fürstlich leiningischen Amt Rippberg und seit 1806 zum Großherzogtum Baden.

An das einstige Schloß der adeligen Ortsherren erinnern noch heute die Schloßgartenstraße und die Schloßäcker im S des Dorfes. Von dem wohl im späten Mittelalter erbauten und in der Zeit der Renaissance umgestalteten Anwesen (Bauinschrift von 1575), das 1677 als *adeliches hauß* bezeichnet wird, haben nur spärliche Reste die Jahrhunderte überdauert. Die im Kunstdenkmälerinventar von 1901 gemachte Angabe, das hiesige Schloß habe den Rüdt von Bödigheim gehört, beruht offenbar auf einem Irrtum.

Gemeinde. – Schultheiß und Gemeinde zu Gerolzahn treten erstmals 1580 beim Verkauf eines gemeindeeigenen Platzes an ihre Herrschaft in Erscheinung; bei dieser Gelegenheit werden auch vier *dorffslandtschieder* erwähnt. Im späten 17. Jh. und noch zu Beginn des 19. Jh. verfügte die Gemeinde angeblich über etwa 680 M Wald. Das Dorfgericht für Gerolzahn und Neusaß war 1806 mit vier Schöffen besetzt, die gemeinsam mit dem herrschaftlichen Revierförster auch über Waldfrevel zu befinden hatten.

Kirche und Schule. – Kirchlich war Gerolzahn von alters her eine Filiale der Pfarrei Walldürn. Eine eigene Kirche hat es im Dorf nie gegeben, jedoch ist hier bereits 1656 von Aschaffenburger Wallfahrern eine Kapelle mit Altar errichtet worden, und 1715 hat eine Mainzer Sodalität die noch heute vorhandene Kapelle am Weg nach Walldürn errichtet; möglicherweise handelt es sich bei letzterer aber auch nur um einen Neubau anstelle der ersteren. In den großen und kleinen Zehnt haben sich stets das Kl. Amorbach zu zwei Dritteln und der Walldürner Pfarrer zu einem Drittel geteilt. Einen eigenen Schulmeister hat es im Dorf erst 1806 gegeben; noch 1803 hat die Gerolzahner Jugend wie schon im 17. Jh. den Unterricht in Reinhardsachsen besucht.

Bevölkerung und Wirtschaft. – Die Zahl der Einwohner des Weilers Gerolzahn allein lag im späteren 17. Jh. zwischen 40 und 50; mit Neusaß und Kummershof zusammen konnte man im Jahre 1700 schon 92 und 1750 sogar 143 Seelen zählen, freilich ist die Einwohnerzahl bis 1803 wieder auf 128 zurückgegangen. Leibrechtlich war die hiesige Bevölkerung um 1687 ganz verschiedenen Herren zugeordnet; so hat es hier Königsleute gegeben und daneben Leute des Kl. Amorbach, der adeligen Herrschaften Bettendorff und Gamburg sowie der mainzischen Kellereien Amorbach, Walldürn und Külsheim; Leibeigene des Bischofs von Würzburg, des Orts- und Landesherrn von Gerolzahn, waren im Dorf bemerkenswerterweise nicht ansässig.

Im Ackerbau wurden in Gerolzahn um 1800 die landesüblichen Früchte produziert: Roggen, Hafer und Spelz sowie Klee zur Fütterung des Viehs; jedoch war der Ertrag auf dem kargen und vielfach nassen Boden der Gemarkung (1803: 878 M Äcker, 369 M Wiesen, 6 M Weiden, 684 M Wald) nur gering. Die Dreifelderwirtschaft ist 1687 in den Fluren Gegen die Kirche zur linken Hand, Gegen die Kirche zur rechten Hand und Hinterm Schloß bezeugt. Der örtliche Viehbestand hat sich 1806 auf etwa 150 Rinder, 165 Schafe und 67 Schweine belaufen. Noch zu Beginn des 19. Jh. hat es im Dorf keine gewerbetreibenden Handwerker gegeben.

Kummershof. – Der 1395 erstmals erwähnte, von alters her nach Gerolzahn gehörige Kummershof (*Kummershoff*) war ursprünglich ein Fronhof des Kl. Amorbach, der bereits im 14. Jh. bestandsweise verliehen war; sein Umfang wird 1687 mit rd. 64 M Äckern, 20 M Wiesen und 30 M Wald angegeben. Inhaber waren im 15. Jh. zunächst die von Dürn, die aber den Hof 1455 nach einem Streit mit Amorbach aufgrund eines Mainzer Schiedsspruchs wieder herausgeben mußten. Die nachfolgenden Beständer gehörten nicht mehr dem Adel an, allerdings dauerten die Auseinandersetzungen zwischen dem Kloster und denen von Dürn wegen angeblich oder tatsächlich entfremdeter Hofgüter noch bis ins späte 16. Jh. fort. 1684 von Amorbach im Tausch gegen Güter zu Gönz an Kurmainz abgetreten, ist der Hof noch im selben Jahr wiederum durch Tausch an das Hochstift Würzburg gelangt und mit Gerolzahn dem würzburgischen Amt Rippberg zugeschlagen worden. Alleiniger Zehntherr auf dem Gebiet des Kummershofes war das Kl. Amorbach.

Glashofen

Siedlung und Gemarkung. – Wenngleich auf der Gemarkung von Glashofen drei Wachtürme des Neckar-Odenwald-Limes gelegen sind, so reicht die Geschichte der heutigen Siedlung natürlich doch nicht über das hohe Mittelalter zurück. Im Zuge des klösterlichen Landesausbaus vielleicht im 11. Jh. namens des Kl. Amorbach gegründet, wird der Ort 1273 als *Glasoven* erstmals in einer Urkunde erwähnt. Ob sein Name sich von einer ursprünglich dort betriebenen Glashütte herleitet, erscheint eher fraglich. 1803 zählte die Siedlung 21 Häuser. Der in älterer Zeit zum Gemeindeverband von Gerolzahn gehörige Weiler Neusaß ist erst 1933 nach Glashofen eingemeindet worden.

Herrschaft und Staat. – Als erster in den Quellen erwähnter Herrschaftsträger in Glashofen ist der Ministeriale *Heinricus de Glashoven* (1275, 1293 f) zu nennen, ein Ritter, der hier wohl zum Untervogt über die Güter der Amorbacher Grundherrschaft bestellt war; seine Witwe Mechthild und sein Sohn Konrad begegnen noch im frühen 14. Jh. in Urkunden dieser Gegend. Seit dem Ende des 14. Jh. tritt als größter Grundeigentümer am Ort (8 Hufen und 1 Hof) sowie als Inhaber von Gericht und Vogtei der Abt von Amorbach in Erscheinung; zu den Rechten des Klosters gehörte unter anderem auch eine durch die Gemeinde jährlich im Frondienst nach Neckarsulm zu leistende Weinfuhre, die später mit einer Geldzahlung abgelöst wurde, sowie die kleine Jagd. Freilich hatten – möglicherweise als Erben der Glashofener Ministerialen – 1453 auch die von Hardheim und 1545 die von Dürn (17. Jh. von Kaltental) Anteil an der Vogtei in Dorf und Mark. Seit dem Erwerb dieser später bettendorffischen Gerechtsame seitens des Klosters im Jahre 1768 war der Ort schließlich bis zum Ende des Alten Reiches ganz und unangefochtenen in Amorbacher Besitz. Die landesherrliche Obrigkeit mit Schatzung, Zent und zugehörigen Rechten lag schon im ausgehenden Mittelalter bei Kurmainz (Amt und Zent Walldürn). Im Zuge der Säkularisation ist Glashofen 1803 an das Fürstentum Leiningen gekommen (Vogtei und Kellerei Walldürn) und mit dessen Mediatisierung 1806 an das Großherzogtum Baden.

Gemeinde. – Ein Schultheiß zu Glashofen findet erstmals 1405 Erwähnung, und aus einem Weistum von 1484 erfahren wir, daß von den sieben Schöffen des Dorfgerichts die beiden ersten durch den Abt von Amorbach bestimmt, die restlichen fünf dagegen vom Abt und den anderen Schöffen gemeinsam gewählt wurden. Zu Beginn des 19. Jh. verfügte die Gemeinde angeblich über mehr als 1000 M Wald, der von einem durch sie selbst bestellten Schützen beaufsichtigt und vom herrschaftlichen Förster zu Walldürn beförstert wurde, sowie über eine Schäferei samt zugehörigem Hirtenhaus. Dem Gericht, das auch das Feldschiederamt versah, gehörten zu dieser Zeit neben dem Schultheißen vier Schöffen an.

Kirche und Schule. – Ein eigenes Gotteshaus, eine Kapelle, hat Glashofen erst 1736 erhalten. Sie wurde zu Ehren des hl. Wendelin errichtet, nachdem die Gemeinde in der Not einer schweren Viehseuche ein entsprechendes Gelübde getan hatte; die Baulast wurde denn auch von den Dorfbewohnern allein getragen. Sitz der für den Ort zuständigen Pfarrei war Walldürn; den Gottesdienst besuchten die Glashofener aber gewöhnlich in der Walldürner Filialkirche zu Reinhardsachsen. In Reinhardsachsen haben ihre Kinder auch noch im frühen 19. Jh. die Schule besucht.

Am großen und am kleinen Zehnt waren um 1800 Kurmainz zu ⅔ und die Pfarrei Walldürn zu ⅓ beteiligt; die Hälfte des Mainzer Anteils war bis 1586 als Mannlehen im Besitz der adeligen Familie von Dürn zu Rippberg.

Bevölkerung und Wirtschaft. – Am Ende des Mittelalters hatte Glashofen wohl zwischen 60 und 70 Einwohner. Um die Mitte des 16. Jh. lag die Einwohnerzahl etwa bei 100 und am Vorabend des 30j. Krieges ungefähr bei 160 bis 170; im Jahre 1700 lebten hier nur noch 112 Männer, Frauen und Kinder, 1750 sogar nur noch 92, aber bis zum Jahre 1803 ist die Zahl wieder auf 140 angestiegen.

Der Feldbau hat in Glashofen wie in den Dörfern der Umgebung unter den ungünstigen Klima- und Bodenverhältnissen gelitten; die Erträge werden 1803 als gering und gleichwohl in normalen Jahren auskömmlich bezeichnet. Auf rd. 600 M Ackerland übte man die Dreifelderwirtschaft, pflanzte die landesüblichen Getreidesorten, dazu auf dem Brachfeld Flachs, Kartoffeln und Futterkräuter; der Anbau des roten Klees war 1806 noch nicht eingeführt. Die Wiesen des Dorfes hatten einen Umfang von etwa 150 M. Die durchschnittliche Größe der Bauerngüter lag zu Beginn des 19. Jh. bei ca. 35 M (Äcker, Wiesen und Matten); dabei hatten die größten Güter mehr als 60 M, das kleinste nur 11 M. Der Viehbestand belief sich 1806 auf insgesamt 164 Rinder, 82 Schweine, 60 Schafe und 6 Pferde. Je 1 Wagner, Schmied und Leinenweber sind zu dieser Zeit in Glashofen ihrem Gewerbe nachgegangen, jedoch konnten sie sich davon allein nicht ernähren und haben daher nebenbei noch Landbau getrieben.

Neusaß. – Wie schon sein Name zu erkennen gibt, ist der Wlr Neusaß vermutlich jünger als die umliegenden Siedlungen. 1405 als *Nuweseße* (mhd. saze = Wohnsitz; 1594 *Neuses*) erstmals erwähnt, dürfte er freilich doch bereits im hohen Mittelalter angelegt worden sein. 1687 bestand Neusaß aus drei Höfen mit 178 M, 155 M und 132 M Land (Äcker, Wiesen und Wüstung) und dürfte etwa 15 Einwohner gehabt haben. Hinsichtlich der Herrschaft hat der Ort spätestens seit 1520, seit die Rüdt von Collenberg ihren Anteil an die von Dürn verkauft hatten, die Geschicke des benachbarten Gerolzahn geteilt, mit dem er auch sonst eng verbunden war. Im ausgehenden 17. und im 18. Jh. hatte das Hochstift Würzburg über alle Güter zu Neusaß sowohl die zentliche als auch die vogteiliche Obrigkeit und Lehenshoheit. Den örtlichen Zehnt haben zur Zeit der Säkularisation das Hochstift Würzburg zu ⅔ und der Stadtpfarrer von Walldürn zu ⅓ bezogen. Bezüglich Kirche und Schule war Neusaß wie Gerolzahn und Glashofen nach Reinhardsachsen orientiert.

Gottersdorf

Siedlung und Gemarkung. – Als *Gotbrehsdorf* (Kop. 13. Jh.) in den Traditionsnotizen des Kl. Amorbach erstmals erwähnt, handelt es sich bei Gottersdorf um eine hochmittelalterliche Rodungssiedlung. Ob diese bereits vorhanden war, als Abt Richard den hiesigen Ort in der 1. H. 11. Jh. für seinen Konvent erworben hat, geht aus den Quellen nicht hervor. Der Ortsname (1395 *Gothartzdorffe*, 1449 *Gottersdorffe*) ist von dem Personennamen Gottbrecht oder Gotthard hergeleitet, jedoch besteht ein näherer Zusammenhang mit dem Amorbacher Gotthardsberg (12. Jh.) offenkundig nicht. Am Ende des 17. Jh. gab es im Dorf 10 bewirtschaftete und 4 öde Hofstätten, und noch zu Beginn des 19. Jh. zählte man dort nicht mehr als 12 Häuser.

Herrschaft und Staat. – Vogtei und Gericht zu Gottersdorf lagen von alters her in Händen Amorbacher bzw. Dürner Ministerialen. Als Inhaber des ganzen, vom Hochstift Würzburg lehnbaren Gerichts begegnen zwischen 1335 und 1346 zwei Brüder von Wittstadt; wie diese in den Besitz hiesiger Gerichtsrechte gelangt sind, läßt sich nicht mehr rekonstruieren, desgleichen ist die Würzburger Lehnshoheit später nicht mehr bezeugt. Zum Jahr 1395 nennt das große Urbar des Kl. Amorbach Wilhelm von Dürn als obersten Vogtsherrn des Dorfes, und auch im Gericht, das zur Hälfte dem Abt zustand, führte der Dürner den Stab. Seit dem 15. Jh. waren – was Anlaß zu wiederholten Konflikten gegeben hat – verschiedene Zweige der niederadeligen Familie von Dürn zu Rippberg an der Ortsherrschaft in Gottersdorf beteiligt. Nach dem Aussterben der Dürner ist die eine Hälfte an Gericht und Vogtei samt Schatzungsrecht und hoher Jagd im späten 16. Jh. zunächst an die Echter von Mespelbrunn und nach deren Erlöschen um 1664/65 an das Hochstift Würzburg gelangt. Die andere Hälfte der Ortsherrschaft war 1631/56 vorübergehend im Besitz des Stifts Aschaffenburg, ist aber 1684 über das Erzstift Mainz zusammen mit der Zent- und Landeshoheit durch Tausch ebenfalls an den Bischof von Würzburg (Amt Rippberg) gekommen. 1803 zugunsten des Fürstentums Leiningen säkularisiert, ist Gottersdorf 1806 mit diesem durch das Großherzogtum Baden mediatisiert worden.

Grundherrschaft und Grundbesitz. – Ursprünglich dürfte das Kl. Amorbach wohl alleiniger Grundherr zu Gottersdorf gewesen sein. Am Ende des 15. Jh., als er durch den mit der Vogtei betrauten Niederadel längst vermindert war, hat der hiesige Besitz des Klosters noch immer 5 Hufen sowie 1 Hof umfaßt, und 1466 kaufte der Abt weitere Gerechtsame auf dem sog. Falkensteingut von den Rüden von Collenberg hinzu. Jedoch sind alle diese klösterlichen Güter spätestens im 16. Jh. praktisch ganz in die Verfügungsgewalt der Vogtsherren geraten und so dem Kloster vollends entfremdet worden; wenn Amorbach seine verbliebenen Ansprüche zu Gottersdorf schließlich 1684 an das Hochstift Würzburg abgetreten hat, so ist damit vermutlich nur noch der Form Genüge geschehen. Im 18. Jh. war das würzburgische Amt Rippberg der alleinige Leiheherr aller Hofreiten und Güter zu Gottersdorf. An die einstigen adeligen Grundherren des Dorfes erinnerte noch 1806 ein zweigeteiltes Freigut, zu dem 92 M Äcker und 19 M Wiesen gehörten. Zum hiesigen Besitz der von Dürn-Rippberg hat im 16. Jh. neben Ackerland, Wiesen und Hofreiten aber auch der Große See beim Dorf gehört; in ihm hat die Herrschaft Fische gezüchtet, und die ortsansässigen Bauern waren verpflichtet, im Winter, wenn der Teich zugefroren war, täglich Löcher in das Eis zu schlagen, damit die Fische die nötige *lüfftung* hatten.

Gemeinde. – Zu Beginn des 16. Jh. tritt die Gemeinde von Gottersdorf wiederholt als Kontrahent der Herrschaft in Fragen des Viehtriebs (1509) und der Waldnutzung (1526) in Erscheinung; 1526 wird bei dieser Gelegenheit auch ein Heimbürge erwähnt. 1803 verfügte die Gemeinde über rd. 700 M eigenen Wald, in dem allerdings auch die Herrschaft Nutzungsrechte hatte. Dem Dorfgericht gehörten zu jener Zeit vier Schöffen an.

Kirche und Schule. – Kirchlich war Gottersdorf stets eine Filialgemeinde von Amorbach. Taufen und Trauungen wurden gewöhnlich in der Filialkirche zu Reichartshausen vorgenommen, der Gottesdienst aber in Rippberg oder gar in Amorbach besucht, weil in Reichartshausen nur selten Messen gelesen wurden. Gleichwohl ist der im 17. Jh. gemachte Vorschlag, Gottersdorf zur Pfarrei Rippberg zu ziehen, im Sande verlaufen. Ein eigenes Gotteshaus hat der Ort erst 1752 mit dem Bau der Josefs-Kapelle erhalten.

Inhaber des großen und des kleinen Zehnten auf hiesiger Gemarkung waren im 18. Jh. zu ⅔ das Hochstift Würzburg (vormals von Wittstadt und von Dürn) und zu ⅓ das Kl. Amorbach.

Den Schulunterricht besuchte die Gottersdorfer Jugend allzeit in Reichartshausen. Ein eigener Lehrer ist im Dorf erst zwischen 1803 und 1806 angestellt worden.

Bevölkerung und Wirtschaft. – Im Jahre 1687 lebten in Gottersdorf etwa 50 bis 60 Menschen. 1700 waren es bereits 71, jedoch ist die Zahl bis zur Mitte des 18. Jh. wieder auf 57 zurückgegangen, um hernach neuerdings beträchtlich anzusteigen (1803:86).

Landbau wurde 1687 in den Fluren gegen Reichartshausen, gegen Reinhardsachsen und gegen Gerolzahn betrieben. Um die Wende zum 19. Jh. verteilte sich die Nutzfläche der Gkg Gottersdorf wie folgt: 583 M Ackerland, 190 M Wiesen, 3 M Weiden und 700 M Wald. Angebaut wurden die landesüblichen Getreidearten, dazu etwas Klee für das Vieh. Die Erträge auf den als naß und kalt beschriebenen Böden waren freilich nur mäßig. Der Viehbestand belief sich 1806 auf 120 Rinder, 200 Schafe, 50 Schweine und 2 Pferde. Handwerker hat es im Dorf nicht gegeben. Zuständige Bannmühle war schon im 15. Jh. die Linkenmühle zu Rippberg.

Hornbach

Siedlung und Gemarkung. – Hornbach, das spätestens seit dem Ende des 14. Jh. nach den zusammengehörigen Ortsteilen Groß- und Kleinhornbach unterschieden wird, ist unter den ländlichen Gemeinden der Stadt Walldürn die am spätesten bezeugte. Obgleich die Siedlung wie die anderen Dörfer der Umgebung zweifellos schon im Zuge des hochmittelalterlichen Amorbacher Landesausbaus entstanden ist, findet *Hornbuoch* doch erst 1340 im Zusammenhang mit der Gründung einer Pfarrei im benachbarten Hainstadt Erwähnung. Der Name des Dorfes erinnert an einen sumpfigen Buchenwald, in dessen Bereich der Ort angelegt worden ist. Um die Wende vom 18. zum 19. Jh. gab es in Groß- und Kleinhornbach zusammen 27 Häuser.

Herrschaft und Staat. – Der Ursprung aller Herrschaftsentwicklung zu Hornbach liegt in der Rodungsgrundherrschaft des Kl. Amorbach. Die Vogtei am Ort wurde zwar nach Auskunft eines 1397 durch die Mönche erfragten Weistums von jedem Herrn auf seinen Gütern selbst wahrgenommen, jedoch konnten sich schließlich auch hier die aus der klösterlichen Ministerialität hervorgegangenen und seitens des Hochstifts Würzburg mit dem Dorf belehnten Rüdt von Collenberg (1395, 1423/24) bzw. nach ihnen die von Dürn (wohl 2. H. 15. Jh.) als alleinige Vogts- und Gerichtsherren durchsetzen; ein Weistum von 1530/34 nennt nur noch die von Dürn als Ortsherren zu Hornbach. Nach dem Aussterben des Dürner Mannesstammes wurden 1576 die Echter von Mespelbrunn durch den Würzburger Bischof mit Groß- und Kleinhornbach belehnt, und nachdem auch diese Familie erloschen war, sind die beiden Weiler 1664/65 mit dem übrigen Echter'schen Besitz in und um Rippberg als heimgefallenes Lehen zugunsten des Hochstifts eingezogen worden. Die zuvor dem Erzstift Mainz obliegende Zent- und Landeshoheit (Zent und Amt Walldürn) ist 1684 gleichfalls an Würzburg gelangt (Amt Rippberg) und bis zur Säkularisation im Besitz der Würzburger Bischöfe geblieben. 1803 dem Fürstentum Leiningen (Amt Rippberg) zugeteilt, ist Hornbach schließlich mit dem Ende des Alten Reiches 1806 an das Großherzogtum Baden gekommen.

Grundherrschaft und Grundbesitz. – Der Hornbacher Besitz des Kl. Amorbach umfaßte am Ende des 14. Jh. neben dem Zehnten 13 Hufen und einen Hof. Zum überwiegenden Teil waren diese Güter an bäuerliche Beständer verliehen, zum kleineren Teil aber auch an den mit der Vogtei betrauten Niederadel, der sie seinerseits weiterverliehen hat. Der zu Eigentum besessene Hof der von Dürn, bei dem es sich vermutlich um einstiges Ministerialengut handelte, hat bei seinem Übergang an die Echter im späten 16. Jh. 48 M Äcker, 1½ M Wiesen und 1 Krautgarten umfaßt.

Gemeinde. – Die beiden nicht weit voneinander entfernten Siedlungsteile von Hornbach haben stets eine Gemeinde und ein Gericht gebildet. Die Zahl der Gerichtsschöffen belief sich 1748 auf 4, hat sich später um 5 vermehrt und ist in den 1780/90er Jahren aufgrund einer Verfügung der würzburgischen Regierung wieder auf 6 reduziert worden. Das Eigentum der Gemeinde bestand zu Beginn des 19. Jh. aus rd. 100 M Wald und etwa ebensoviel Ödland, das in Individualbesitz ausgegeben war.

Kirche und Schule. – Ursprünglich hat Hornbach offenbar zur Urpfarrei von Buchen gehört; 1340 ist es dann der neuerrichteten Pfarrei Hainstadt zugeschlagen und 1594 nach Rippberg umgepfarrt worden. Da der Ort noch über keine Kirche verfügte, errichtete die Gemeinde nach dem 30j. Krieg aus eigenen Mitteln eine Kapelle, die sie dem hl. Valentin weihen ließ. In ihr fanden am Ende des 17. Jh. jährlich fünf Gottesdienste statt: jeweils am zweiten Oster-, Pfingst- und Weihnachtsfeiertag, an Valentin und an Simon und Juda; überdies wurden hier Kindtaufen und Trauungen vorgenommen.

Der große und der kleine Zehnt auf Gkg Hornbach standen von alters her dem Kl. Amorbach allein zu; eine Ausnahme hiervon bestand nur hinsichtlich des sog. Pfortenzehnten aus einem festgelegten Distrikt, der zu ⅔ an die Pfarrei Rippberg und zu ⅓ an das Kl. Seligental abgeführt wurde.

Ein Schulhaus und ein eigener Schulmeister sind für Hornbach erst seit 1803/06 bezeugt.

Bevölkerung und Wirtschaft. – Groß- und Kleinhornbach zusammengenommen hatten um die Wende vom 15. zum 16. Jh. rund 100 Einwohner, wovon etwa 75 % auf Großhornbach entfielen. Um 1700 wohnten hier 140 Personen, 1750 waren es bereits 173, und 1803 zählte man in Hornbach insgesamt 209 Seelen.

Dem Feldbau, der als auskömmlich bezeichnet wird, standen auf hiesiger Gemarkung um 1800 ca. 980 M Ackerland zur Verfügung; hinzu kamen 220 M Wiesen und

95 M Ödland. Angebaut wurden Roggen, Dinkel und Hafer sowie Erbsen, Wicken und Gerste; der auf dem Brachfeld betriebene Kartoffelanbau ist in Hornbach bereits 1742 bezeugt und wird 1806 als besonders bedeutend hervorgehoben. Überdies nutzte man die Brache zum Anbau von Flachs und Futter für das Vieh, wobei der Klee nur wenig geschätzt wurde, weil er den folgenden Fruchtertrag minderte. Die Viehstatistik weist 1806 folgende Zahlen aus: 88 Ochsen, 88 Stiere, 42 Kühe, 42 Stierkälber, 22 Kuhkälber und 115 Schweine; für das Jahr 1803 werden überdies 47 Schafe verzeichnet.

Kaltenbrunn

Herrschaft und Staat. – Wie fast alle Siedlungen der näheren Umgebung ist auch der zum Jahre 1330 erstmals bezeugte Wlr Kaltenbrunn (*Kaltenburn*) im Zuge der hochmittelalterlichen Rodungstätigkeit des Kl. Amorbach und seiner Vögte entstanden. 1370 war das halbe Gericht des Dorfes als Mainzer Lehen im Besitz der von Adelsheim, die hier vermutlich schon seit alters die Funktion von Untervögten des Klosters wahrgenommen haben; von der Mainzer Lehnshoheit über Kaltenbrunn wissen die späteren Quellen freilich nichts mehr zu berichten. Als Siegler eines Güterverkaufs auf hiesiger Gemarkung treten 1410 Angehörige der niederadeligen Familien von Riedern und von Hettingen in Erscheinung, was möglicherweise auf deren Beteiligung an der Ortsherrschaft hindeuten könnte. Aber 1445 werden gelegentlich einer Verpfändung an die von Berlichingen auch wieder Adelsheimer Güter und Rechte zu Kaltenbrunn erwähnt, und 1458 haben die von Adelsheim ihren Teil des Dorfes mit Gericht und Vogtei vom Abt von Amorbach zu Lehen empfangen. 1498 hat Wendel von Adelsheim dieses Lehen, das in diesem Zusammenhang als die Hälfte an Gericht und Vogtei samt vier dazugehörigen Gütern beschrieben wird, an den Lehnsherrn verkauft. Einen genaueren Einblick in die Verteilung der örtlichen Herrschaft gewährt schließlich ein Weistum von 1507, das den Abt von Amorbach und mit ihm Heinrich von Riedern als Gerichtsherren und Vögte nennt und obendrein denen von Dürn jene Gerichtsbußen zugesteht, die auf den ihnen gehörigen Gütern anfallen; in den 1570er Jahren wollten die Dürner daraus einen Anspruch auf ¼ an der Gerichtsbarkeit zu Kaltenbrunn ableiten, hatten aber letztlich mit diesem Bestreben keinen Erfolg. Die von Riedern sind als Vasallen der Abtei Amorbach bis zu ihrem Aussterben im Jahre 1588 mit einer Hälfte Kondominatsherren des Dorfes geblieben. Danach hat die Gemeinde dem Abt gehuldigt, aber dessen ungeachtet war im 17. und 18. Jh. auch wieder das Erzstift Mainz (Kellerei Miltenberg) zur Hälfte am Gericht und an der Vogtei beteiligt. Die einstigen Dürner Rechte sind später an die von Bettendorff gelangt und von diesen 1768 an Amorbach verkauft worden; war die Abtei schon zuvor die größte Grundherrschaft am Ort (1395 10 Hufen), so konnte sie nun offenbar über den gesamten hiesigen Grundbesitz verfügen. Die zentliche und die landesherrliche Obrigkeit in Kaltenbrunn haben schon zu Ende des Mittelalters beim Erzstift Mainz gelegen (Zent und Amt Walldürn). Seit 1803 gehörte der Weiler zum Fürstentum Leiningen und seit 1806 zum Großherzogtum Baden.

Gemeinde. – Das Ortsgericht zu Kaltenbrunn hat zu Beginn des 19. Jh. aus dem Schultheißen und aus drei Schöffen bestanden. Der Umfang des gemeindeeigenen Waldes wird 1803 mit 236 M, 1806 dagegen nur noch mit 90 M angegeben; darüber hinaus gehörte der Gemeinde zu jener Zeit ein Hirtenhaus.

Kirche und Schule. – Kirchlich war Kaltenbrunn stets eine Filiale der Pfarrei Walldürn, und der dortige Pfarrer war auf Gkg Kaltenbrunn auch zu ⅓ am großen und

kleinen Zehnt beteiligt; ⅔ des Zehnten waren im Besitz des Kl. Amorbach. Den Schulbesuch hat die Jugend des Dorfes im benachbarten Reinhardsachsen absolviert, wo die Gemeinde auch den sonntäglichen Gottesdienst besucht hat.
Bevölkerung und Wirtschaft. – Die Zahl der Einwohner von Kaltenbrunn war zu allen Zeiten gering. Um die Wende vom 15. zum 16. Jh. belief sie sich auf etwa 25; bis 1700 ist sie auf 50 angestiegen und im folgenden halben Jahrhundert wieder auf 37 zurückgefallen. 1803 lebten in Kaltenbrunn wieder 49 Männer, Frauen und Kinder.
Um die Wende zum 19. Jh. gab es in Kaltenbrunn nur Bauern und einen Müller; die Lebensverhältnisse der Dorfbewohner werden als mittelmäßig bezeichnet. Jeder der Bauern hatte 1 Paar Ochsen, 2 bis 3 Kühe sowie einige Schafe und Schweine, nur der Müller verfügte über 2 Pferde. Angebaut wurden die üblichen Getreidearten, dazu Kartoffeln für den eigenen Bedarf. Die Mühle am Zusammenfluß von Eichelbach und Kaltenbach, die später den Namen Spritzenmühle erhalten hat, wird 1460 zum ersten Mal erwähnt (*in der Kaltenbach*).

Reinhardsachsen

Siedlung und Gemarkung. – Über die Gemarkung des späteren Reinhardsachsen, wenige 100 Meter westlich der heutigen Siedlung, ist in römischer Zeit der Limes verlaufen, in dessen Zusammenhang hier um 150 n. Chr. ein Zwischenkastell (zuerst 41 x 37, dann 52,5 x 43,5 m) angelegt wurde, das in späterer Zeit vom Volksmund den Namen Haselburg erhalten hat. Die Reste dieser 1880/92 und neuerlich 1975 archäologisch untersuchten Befestigung sollen im 18. Jh. zwecks Wiederverwendung der Steine beim Bau der Reinhardsachsener Kirche abgetragen worden sein. Das in einer Urkunde von 1294 erstmals bezeugte Dorf *Reynhartisahsen* ist eine im hohen Mittelalter auf Amorbacher Grund angelegte Rodungssiedlung. Der Ortsname besteht in seinem ersten Teil aus einem Personennamen; in seinem zweiten Teil ist er vermutlich auf die im 9. Jh. zwischen dem Kl. Amorbach und dem Bistum Verden bestehenden engen Beziehungen zurückzuführen, vielleicht sogar auf eine von daher zu erklärende Ansiedelung von Sachsen. Zu Beginn des 19. Jh. gab es im Dorf neben der Kirche und dem Schulhaus nur 15 Häuser.
Herrschaft und Staat. – Vom Kl. Amorbach gegründet, unterstand Reinhardsachsen im hohen Mittelalter hinsichtlich der zentlichen Obrigkeit den Edelherren von Dürn. Diese verkauften ihre hiesigen Rechte 1294 zusammen mit Burg und Stadt Walldürn sowie mit Gütern und Gerechtsamen in anderen Dörfern an das Erzstift Mainz, das hinfort und bis zum Ende des Alten Reiches in Reinhardsachsen die Landesherrschaft und die Landeshoheit ausgeübt hat (Zent und Amt Walldürn). Gericht und Vogtei in Dorf und Mark lagen stets und weitgehend unangefochten beim Abt von Amorbach. 1803 wurde Reinhardsachsen fürstlich leiningisch und 1806 großherzoglich badisch.
Grundherrschaft und Grundbesitz. – Zweifellos war das Kl. Amorbach durch die Jahrhunderte nicht allein Ortsherr, sondern obendrein auch größter Grundherr des Dorfes; 1395 verfügte es hier neben der Vogtei über 12 Hufen und über einen Anteil am Zehnt (1395). Bereits 1343 hatten mehrere Ritter und Edelknechte, deren Familien einst der klösterlichen Ministerialität zugehörig waren, auf Befragen festgestellt, ein Lehen bestehe in Reinhardsachsen aus 32 M, eine Hufe aus 64 M, und sofern diese Gütergrößen nicht erreicht seien, solle in entsprechendem Umfang hinzugerodet werden. Über Grund-, Gültund Zinsbesitz zu Reinhardsachsen, bei dem es sich gewiß um einstiges ministerialisches Dienstgut gehandelt hat, verfügten im 15. und 16. Jh. auch die von Adelsheim und die von Dürn gen. von Rippberg; erstere haben ihre hiesigen Gerechtsame 1467 dem Zisterziense-

rinnenkloster Seligental verkauft, und die Güter der letzteren sind über die von Bettendorff schließlich 1768 durch Kauf wieder an das Kl. Amorbach gelangt.

Gemeinde. – Schultheiß, Schöffen und *lantsidel* zu Reinhardsachsen – der zuletzt genannte Begriff bezeichnet hier die Gemeinde – haben 1366 *an der gemein strassen bei dem bronnen under der linden* dem Abt von Amorbach seine Rechte gewiesen. 1514 hat das Dorfgericht von Reinhardsachsen aus dem Schultheißen und nicht weniger als sieben Schöffen bestanden; 1803 gab es dagegen neben dem Schultheißen nur noch zwei Gerichtspersonen. Das Gemeindeeigentum umfaßte zu Beginn des 19. Jh. 117 M Gemeindewald sowie ein Schul- und ein Hirtenhaus.

Kirche und Schule. – Eine Kirche zu Reinhardsachsen findet erstmals 1453 Erwähnung, als Hans von Hardheim an ihren Fonds seinen ganzen Besitz zu Glashofen verkauft hat. Freilich hatte das hiesige Gotteshaus, das auch viel von Gläubigen aus den Nachbardörfern besucht und bereits um 1673 von einem eigenen Kaplan versehen wurde, nie den Rang einer Pfarrkirche, sondern war stets eine Filiale der Pfarrei Walldürn. 1725/29 hat der Mainzer Oberamtmann zu Amorbach, Graf von Ostein, in Reinhardsachsen eine stattliche neue Kirche errichten lassen, zu der das Kl. Amorbach als Patronatsherrschaft, allerdings ohne Anerkennung einer Baupflicht, damals 360 fl beigesteuert hat. Etwa gleichzeitig mit dieser Kirche, im Jahre 1727, hat die ortsansässige Familie Mösig bei Reinhardsachsen, am Pilgerweg von Miltenberg nach Walldürn, auf eigene Kosten eine Valentins-Kapelle errichten lassen, deren ursprüngliches Patrozinium später durch das Erasmus-Patrozinium verdrängt worden ist. In den Zehnt zu Reinhardsachsen teilten sich seit alters das Kl. Amorbach zu ⅔ und die Pfarrei Walldürn zu ⅓.

Bereits zum Jahre 1664 berichten die Quellen von einem Schulgütlein in Reinhardsachsen und 1679 auch von einem Schulmeister, der – noch zu Beginn des 19. Jh. – neben den ortsansässigen Kindern auch die aus den Nachbarsiedlungen Gerolzahn, Neusaß, Glashofen und Gottersdorf zu unterrichten hatte.

Bevölkerung und Wirtschaft. – Um die Wende vom Mittelalter zur Neuzeit dürfte Reinhardsachsen etwa 45 bis 50 Einwohner gehabt haben, in den 1550er Jahren etwa 70. Im Jahre 1700 lebten im Dorf 67 Männer, Frauen, Söhne und Töchter, 1750 75. Beim Anfall an Leiningen zählte man am Ort zu Beginn des 19. Jh. 119 Seelen.

Ihren als mittelmäßig bezeichneten Broterwerb fanden die Einwohner von Reinhardsachsen um 1803/06 ausschließlich im Feldbau; Gewerbe hat es hier seinerzeit nicht gegeben. Die landwirtschaftliche Nutzfläche umfaßte 522 M Äcker, 307 M Wiesen und Matten sowie 5 M Hutweiden; der Wald hatte eine Größe von 233 M. Angebaut wurden vorwiegend Roggen, Dinkel und Hafer, dazu Kartoffeln für den eigenen Bedarf. Der Viehbestand lag 1803 bei 95 Rindern und 4 Pferden; für die Schafe und Schweine, die darüber hinaus noch gehalten wurden, liegen im einzelnen keine Zahlenangaben vor.

Rippberg

Siedlung und Gemarkung. – Keimzelle der 1197 erstmals erwähnten Siedlung (*villa*) *Rietberg* war eine von den Edelherren von Dürn gegründete Burg, die vermutlich zur Kontrolle der von Miltenberg und Amorbach über (Wall-) Dürn und Buchen ins Bauland führenden Straßen dienen sollte. Den Namen des Ortes (1322/33 *Ryperg*) wird man kaum auf die mhd. Bezeichnung für Schilf oder Sumpfgras (*riet*), sondern vielmehr auf die hier erfolgte Rodung zurückführen müssen. Im 30j. Krieg gänzlich ausgegangen, ist Rippberg 1677 auf Veranlassung des Bischofs von Würzburg planmäßig neu angelegt und besiedelt worden. Zu Beginn des 19. Jh. bestand der Ort aus 55 Häusern. Die außerordentlich kleine, nur wenig mehr als den engen Talgrund umfassende Gemarkung des Dorfes geht allem Anschein nach auf den unmittelbaren Bezirk der Burg zurück und ist schon im hohen Mittelalter wohl teils von (Wall-) Dürner, teils von Schneeberger Gemarkung abgetrennt worden.

Herrschaft und Staat. – Das Dorf Rippberg zählt zu jenen Gütern, die Rupert von Dürn 1197 bei seinem Aufbruch nach Apulien dem Kl. Amorbach geschenkt hat. Von der hiesigen Burg, auf der gewiß schon zu jener Zeit Ministerialen saßen, ist in der Schenkungsurkunde nicht die Rede, jedoch darf man annehmen, daß im genannten Jahr auch sie den Eigentümer gewechselt hat. Ein solcher Schluß liegt um so näher, als nicht allein das Dorf (seit 1322/33), sondern bald auch die Burg ebenso wie einstiges Amorbacher Ministerialengut an anderen Orten als Lehen des Hochstifts Würzburg bezeugt sind. Inhaber dieses Lehens und Vogtsherren des Dorfes waren wohl schon im 13. Jh. die Ministerialen von Dürn; das örtliche Gericht wurde freilich noch 1395 zur Hälfte von Amorbach beansprucht. Im 14. und 15. Jh. führten die hier ansässigen Angehörigen der ortsherrlichen Familie bisweilen den Beinamen von Rippberg; seltener nannten sie sich auch allein nach diesem Ort. Mit dem Tod des letzten Dürners sind Dorf und Burg dem Hochstift Würzburg heimgefallen und 1576 an die Echter von Mespelbrunn übertragen worden; wegen der schwierigen Trennung von Lehn- und Eigengut ist es dabei zwischen Würzburg und den Echtern einerseits sowie den Dürner Erben andererseits zu langwierigen Auseinandersetzungen gekommen, die sich bis in das 17. Jh. hingezogen haben. Als 1665 auch die Echter ausgestorben waren, wurde das Lehen neuerlich eingezogen, aber nicht wieder verliehen. Rippberg wurde Sitz eines kleinen würzburgischen Amtes, das im folgenden für Hainstadt, Hornbach, Gottersdorf, Gerolzahn, Neusaß und Hambrunn (Lkr. Miltenberg) zuständig war. Zum Schatzungs- und Steuerrecht konnte Würzburg 1684 durch einen Vertrag mit dem Erzstift Mainz auch noch die Zenthoheit hinzuerwerben (zuvor Zent Walldürn, dann Zent Rippberg) und damit im Dorf samt dem zugehörigen Amt die volle Landeshoheit erlangen. Im Zuge der Säkularisation ist Rippberg 1803 an das Fürstentum Leiningen gefallen; 1806 schließlich wurde der Ort durch die Mediatisierung badisch.

Das in den schriftlichen Quellen erst seit der Mitte des 14. Jh. erwähnte, 1592 als baufällig bezeichnete und unter den Echtern mit großem Aufwand um- und ausgebaute Schloß ist 1835 bis auf spärliche Reste abgetragen worden. 1555 war die Anlage von zwei Wassergräben umgeben. Die vielleicht nach Wildenberger Vorbild im inneren Torturm eingerichtete Burgkapelle war im späten 16. Jh. unter den Echtern reich ausgestattet worden.

Grundherrschaft und Grundbesitz. – Es ist anzunehmen, daß nach der Schenkung von 1197 das Kl. Amorbach in Rippberg der größte, wenn nicht der alleinige Grundherr war. Das Urbar von 1395 verzeichnet neben einer dem Kloster zinspflichtigen Mühle drei Hufen und sieben Lehen, dürfte damit allerdings einen bereits reduzierten Besitzstand widerspiegeln. Ähnlich wie in verschiedenen anderen Dörfern der Umgebung ist das Kloster auch in Rippberg vom ortsansässigen Adel durch Kauf und auf mancherlei Art nach und nach aus seinen Gerechtsamen verdrängt worden; die letzten Amorbacher Rechte an hiesigen Gütern hat der Abt 1531 an die adeligen Ortsherren abgetreten. Fortan waren die von Dürn, in ihrer Nachfolge die Echter und schließlich das Hochstift Würzburg die alleinigen Grundherren im Dorf. Im späten 16. Jh. gehörten zum herrschaftlichen Eigengut 3 Güter und 7 bäuerliche Lehen – vermutlich dieselben, die 200 Jahre zuvor noch dem Kl. Amorbach gehört hatten –, das Hufgericht, Wiesen und verschiedene andere Gerechtsame; hinzu kamen als Teil des Würzburger Lehens weitere Liegenschaften, darunter der sog. Obere Hof, mehr als 50 M Äcker und Wiesen sowie Häuser, Scheunen, Waldungen und mehrere Fischwasser.

Der Neubesiedelung in den Jahren um 1677 wurde, nachdem Würzburg 1668 von denen von Bettendorff als Dürner Erben schließlich auch die herrschaftlichen Eigengüter erworben hatte, eine Einteilung in 20 gleich große Hufen zugrundegelegt. Jede dieser Hufen, die nur geschlossen vererbt oder verkauft werden durften, sollte aus einer Hofstatt mit Haus und Scheune, 2½ M bereits gerodetem und 9½ M noch zu rodendem Feld, 2¼ M Wiesen und ¼ M Krautgärten bestehen. Freilich ist diese Einteilung weithin Theorie geblieben. Tatsächlich gab es in Rippberg zehn Jahre später nur 12 Güter, die zusammen zu 11⅓ Hufen berechnet wurden, und 14 Anwesen. – 1806 hatte der Fürst von Leiningen am Ort ein gefreites Gut.

Gemeinde. – Von einer Gemeinde zu Rippberg ist für die ältere Zeit kaum etwas überliefert. Die geringe Größe des Dorfes und die bescheidenen wirtschaftlichen Verhältnisse seiner Bewohner, dazu die unmittelbare Nähe einer alles dominierenden Herrschaft haben hier die Entstehung eines kommunalen Eigenlebens wohl schon im Keim erstickt. Dessen ungeachtet bestand das örtliche Gericht im Jahre 1748 aus nicht weniger als 8 Schöffen, und zu Beginn des 19. Jh. waren es immerhin noch 6. Das Gemeindeeigentum beschränkte sich 1803 auf ein Hirtenhaus; der Wald auf Gkg Rippberg gehörte ausschließlich der Herrschaft.

Kirche und Schule. – Eine Kapelle mit Rektor – vermutlich einem Kaplan – findet in Rippberg bereits 1425/28 Erwähnung, und eine Würzburger Diözesanmatrikel aus der Mitte des 15. Jh. bezeichnet den Ort, wohl irrtümlich, als Sitz einer eigenen Pfarrei; 1481/86 erscheint das hiesige Gotteshaus wieder als Filiale von Walldürn. Erst 1594, nachdem die Echter von Mespelbrunn hier um 1591 eine neue Kirche erbaut hatten, wurde der Ort seelsorglich von Amorbach (!) getrennt und mit den Filialen Hornbach, Hambrunn, Kummershof, Gerolzahn, Gottersdorf und Neusaß zur Pfarrei erhoben. Das Kollaturrecht lag bei der jeweiligen Orts- bzw. Landesherrschaft, das Konfirmationsrecht bis 1656 beim Bischof von Würzburg, danach beim Erzbischof von Mainz. Daß Rippberg im 15. Jh. als Pertinenz der Pfarrei Walldürn erscheint, im 16. Jh. aber von der Amorbacher Pfarrei getrennt wurde, ist möglicherweise darauf zurückzuführen, daß die Gemarkung des als Burgweiler entstandenen Dorfes von der alten Pfarreigrenze zwischen Amorbach und Walldürn durchschnitten wird.

Als Kirchenheiliger von Rippberg begegnet seit der 2. H. 17. Jh. der hl. Sebastian. Jedoch gehörte das Sebastians-Patrozinium ursprünglich in die Kapelle der hiesigen Burg, wo es bereits 1557/60 mit einer durch die von Dürn zu verleihenden Altarpfründe bezeugt ist. Nach der Zerstörung von Dorf und Burg im 30j. Krieg hat man das Patrozinium der Burgkapelle samt den zugehörigen Reliquien offenbar in die wiederhergestellte Pfarrkirche transferiert. 1685 wurden der Hochaltar der wiederhergestellten Kirche dem hl. Sebastian, die beiden Nebenaltäre der Muttergottes und den hll. Peter und Paul geweiht; der bereits 1556 erwähnte Barbara-Altar, dessen Verleihung ebenfalls denen von Dürn oblag, hat zu dieser Zeit wohl schon nicht mehr existiert.

Vor dem 30j. Krieg gehörte der Zehnt auf Gkg Rippberg zu ⅓ dem Kl. Amorbach und zu ⅔ der Pfarrei Walldürn. Nach der Neubesiedelung in der 2. H. 17. Jh. war das Hochstift Würzburg alleiniger Zehntherr, hat jedoch einen Teil des Zehntgenusses dem Ortspfarrer zugestanden.

Eine Schule hat es in Rippberg wie in vielen anderen ritterschaftlichen Dörfern anscheinend schon im 16. Jh. gegeben. In einer Pfarrbeschreibung von 1669 heißt es, das Schulhaus liege öde, solle aber aus Kirchenmitteln noch im selben Jahr wiederaufgebaut werden.

Bevölkerung und Wirtschaft. – Aus der Zeit vor dem 30j. Krieg liegen bezüglich der Zahl der Einwohner von Rippberg keine Angaben vor. Wenn es zum Jahr 1620 heißt, die Zahl der Pfarrkinder belaufe sich auf etwa 150, so ist mit dieser Information nicht viel anzufangen, weil dabei vermutlich auch die zur Pfarrgemeinde gehörigen Bewohner der Filialorte mitgezählt sind. Nach dem großen Krieg war das Dorf vollständig entvölkert. Im Zuge der durch den Bischof von Würzburg 1677 in allen Einzelheiten festgelegten Wiederbesiedelung kamen die Rippberger Neubürger aus Walldürn (5), aus der näheren oder weiteren Umgebung (6) sowie aus Tirol (1) und aus dem Salzburgischen (1). Um 1700 hatte der Ort trotz aller Schwierigkeiten, die sich den Siedlern in den Weg stellten, doch wieder knapp 140 Einwohner; 1720 waren es 222, 1755 255 und 1799 324. 1803 zählte man 58 Familien mit insgesamt 340 Seelen.

Die Erwerbsgrundlage der Bevölkerung von Rippberg war zu allen Zeiten schmal, nahm doch der Wald gut die Hälfte der ohnehin sehr kleinen und steinigen Dorfgemarkung ein. Um die Wende zum 19. Jh. war der Ertrag des Ackerfeldes so gering, daß er die Einwohner nicht zu ernähren vermochte; nur drei Bauern konnten von ihrer Landwirtschaft hinreichend leben. Aber auch der Verdienst aus Handwerk und Gewerbe war so gering, daß die Obrigkeit keinen Rat wußte, der Not ihrer Untertanen abzuhelfen. Neben 2 Schreinern sowie je 1 Maurer, Schmied, Hufschmied, Schuhmacher und Schneider waren hier um 1677 1 Köhler, 1 Ziegelhütte, 1 Hammerschmiede, 1 Schneidmühle und 1 Wirtshaus angesiedelt worden. Schankstatt, Schneidmühle und Hammerschmiede standen freilich schon zehn Jahre später wieder leer; auch die Ziegelhütte, die örtliche Lehmvorkommen ausbeuten sollte, wurde bald wieder aufgegeben. Mit zunehmender Bevölkerung gab es dann aber doch Bedarf für ein Wirtshaus; 1717 wurde ein zweites Schankrecht verliehen, und zu Beginn des 19. Jh. hatte der Ort sogar 3 Gasthäuser. Von ihnen heißt es 1806, ihre Einrichtung sei nicht zuletzt deshalb mittelmäßig, weil sie gewöhnlich nur von durchziehenden Bauern besucht würden, *die keinen Cafee trinken und ihr Essen selbst mitbringen.* 1803 waren darüber hinaus folgende, in 2 Zünften (Leineweber und Bauleute) organisierte Gewerbe in Rippberg vertreten: Leineweber (9), Schuhmacher (5), Bäcker (4), Maurer (3), Schneider, Zimmerleute und Schmiede (je 2), Hammerschmied, Wagner, Schlosser, Schreiner, Bierbrauer und Uhrmacher (je 1) sowie 3 Müller.

Eine Mühle zu Rippberg, vermutlich die ganz am südlichen Ende der Gemarkung gelegene und dem Kl. Amorbach eigene Linkenmühle (1459, Bannmühle für Gottersdorf, Gerolzahn und Hambrunn), findet bereits 1395 Erwähnung. Am Ende des 16. Jh. erfährt man erstmals von 2 Mühlen am Ort, die beide Eigentum der Herrschaft waren, von der sog. Kindelmühle und von einer nicht näher bezeichneten alten Mühlstatt (Linkenmühle?). 1664/65 wird neben der Linkenmühle die unterhalb des Dorfes gelegene Baumannsmühle (Bannmühle für Gottersdorf) erwähnt, und 1803 wird schließlich von 3 Mühlen berichtet, deren eine zugleich Schneid- und Ölmühle war.

Vermutlich um die Bedeutung Rippbergs als Sitz eines landesherrlichen Amtes zu unterstreichen, sicher aber auch um die Verkehrsgunst seiner Lage zu nutzen, hat der Bischof von Würzburg 1701 dem Ort das Recht verliehen, zwei Jahrmärkte zu veranstalten. Daß 100 Jahre später daraus sogar vier Märkte geworden waren, deutet daraufhin, daß die daran geknüpften Erwartungen nicht unerfüllt geblieben sind.

Walldürn

Siedlung und Gemarkung. – Abgesehen von einigen vorgeschichtlichen Grabhügeln im nördlich der Stadt gelegenen Lindigwald stellt das im 2. Jh. errichtete und rund ein Jahrhundert später wieder zerstörte römische Numeruskastell mit zugehörigem Bad im Gewann Alteburg östlich der Stadt die älteste Besiedelung auf Gkg Walldürn dar. Die archäologische Erforschung des Kastells, seines Bades und seines Lagerdorfes dauern an.

Die Geschichte Walldürns beginnt freilich erst in merowingischer Zeit. Mehr als ein halbes Jahrtausend nach dem Ende des römischen Kastells wird die Siedlung *Turninu* (794; Kop. 12.Jh.) im Lorscher Codex erstmals erwähnt. Die Deutung des Ortsnamens (1172 *Durne*, 1182 *Diurne*, 1192 *Dorren*), die Frage, ob man seine Herkunft im Keltischen, im Lateinischen oder im Germanischen zu suchen hat, ist umstritten; indes wird man den Namen mit Rücksicht auf die historische Topographie wohl eher von dem den Siedlungsplatz umgebenden Dornengestrüpp (mhd. *dornicht*) herleiten dürfen als von den in merowingischer Zeit abseits der Wohnungen vielleicht noch aufragenden Resten eines Limes-Turmes oder gar von dem germanischen Stamm der Turonen. Die Namensform Walldürn (*Waltdürn*) ist erstmals 1423 bezeugt und erklärt sich entgegen verbreiteter Auffassung nicht aus der erst später aufgekommenen Hl. Blut-Wallfahrt, sondern – im Unterschied zu Kochertürn oder Angeltürn – aus der Lage der Stadt in einem ausgedehnten Waldgebiet.

Als Stadt (*oppidum*) wird (Wall-)Dürn zum ersten Mal in einer Urkunde von 1291 bezeichnet, und man darf annehmen, daß die Siedlung zu jener Zeit auch schon ganz oder teilweise befestigt war. Die eigentliche, in ihren Dimensionen sehr bescheidene Stadt war der hochgelegenen Burg der Stadtherren im NO vorgelagert. Ihre Ummauerung setzte bei der zwischen Burg und Stadt gelegenen Vorburg an, folgte im S dem Zwingergäßchen, im O dem Verlauf der Marsbachstraße, führte sodann von der Manggasse, auf die den Kirchenbezirk umschließende Mauer und hinter den Häusern der Hauptstraße entlang über die Klosterstraße zurück zur Burg. Im S betrat man die Stadt durch das mit einem Turm überhöhte sog. Vordere oder Buchener Tor, das mit dem Hinteren oder Miltenberger Tor – ebenfalls einem Torturm – am anderen Ende der Hauptstraße korrespondierte. Der um 1629/30 erwähnte und 1685/86 neu gebaute Stadtturm erhob sich inmitten der Stadt und hat vermutlich mit den Befestigungen der Burg in Zusammenhang gestanden; ein weiterer Turm, das sog. Storchennest, war im O in die Stadtmauer einbezogen. Zwischen Burg und Kirche, nördlich der Klosterstraße, haben im 17.Jh. die Kapuziner ihre im 19.Jh. wieder abgetragene Niederlassung errichtet. Auf einem Andachtsbild aus der Zeit um 1660 ist die älteste, zwar stark typisierende, aber doch in allen wesentlichen Teilen zutreffende Ansicht der Stadt überliefert. Bereits 1335 hat es im SW der Burg eine Obere und eine Vordere Vorstadt gegeben (Obere und Untere Vorstadtstraße), die sich spätestens seit der frühen Neuzeit vom Schafhof im W (Oberes oder Amorbacher Tor) bis etwa 100 m vor die heutige Eisenbahnüberführung im S (Seetor?) erstreckte. Schon in den 1780er Jahren hat man in Walldürn damit begonnen, Stadtmauern und Türme abzubrechen, und um die Mitte des 19.Jh. war die Stadt bereits vollkommen entfestigt. Bis heute haben nur noch spärliche Reste der einstigen Stadtbefestigung überdauert. Die Zahl der Wohnhäuser hat sich zu Beginn des 19.Jh. in Walldürn auf rund 240 belaufen.

Herrschaft und Staat. – Die früheste Erwähnung Walldürns im hohen Mittelalter (1171) fällt nicht von ungefähr zusammen mit der ersten Erwähnung der Edelherren von Dürn, die hier bis zum Ende des 13.Jh. die Orts- bzw. die Stadtherrschaft innehatten.

Um die Herkunft der mit einem Schlage aus dem Dunkel der Geschichte hervortretenden Dynasten von Dürn ist seit bald einem Jahrhundert viel gerätselt und mitunter sogar polemisiert worden. Freilich besteht heute weithin Einigkeit darüber, daß dieses für die Geschichte von Bauland und Hinterem Odenwald so bedeutende Geschlecht entgegen älteren Vorstellungen weder von den in Bayern beheimateten Grafen von

Lechsgemünd (Schreiber) noch von den schwäbischen Ministerialen von Alfingen (Albert) abstammt; auch eine Identität mit den ihrer Herkunft nach schwer zu bestimmenden Herren von Vroburg (Wolfert/Martin) scheint eher fraglich. Vielmehr hat sich inzwischen – nicht ohne eine gewisse Resignation – die Überzeugung durchgesetzt, daß der Ursprung der Dürner eben doch in der Region zu suchen ist, deren Geschicke sie bis ins frühe 14. Jh. entscheidend mitbestimmt haben. Ungeklärt bleibt dabei allerdings die Frage, ob sie in Dürn selbst ihren Aufstieg genommen haben (Neumaier) oder ob sie aus der Familie der von Kaiser Friedrich Barbarossa um 1168 wegen Bedrückung des Kl. Amorbach von ihrem ursprünglichen Sitz vertriebenen Grafen des Frankenbergs (Gotthardsberg) entsprossen sind (Eichhorn), und folglich nur das Zentrum ihrer Herrschaft aus dem Waldgebirge heraus, an den Rand des Baulandes verlegt haben. Wenn letztere Vermutung zutrifft, wäre den Dürnern unbeschadet ihrer Vertreibung aus der unmittelbaren Nachbarschaft des Konvents die Vogtei über das Kloster und seinen Besitz schließlich doch erhalten geblieben.

Das ältere, 1197 erstmals bezeugte Wappen der Edelherren von Dürn zeigt drei Schildchen (2:1), jedes fünfmal geteilt. Ein anderes, jüngeres Wappen, einen mit Schräggitter damaszierten Balken, oben begleitet von einem Leoparden, führten seit der Mitte des 13. Jh. die Linien Dürn-Dilsberg und Dürn-Forchtenberg.

Während die beiden ersten Vertreter des Geschlechts, Ruprecht I. und sein Sohn Ulrich I. am Ende des 12. Jhs. vornehmlich im Dienst der staufischen Kaiser hervorgetreten und mit diesen wiederholt nach Italien gezogen sind, hat in der folgenden Generation Konrad I. (†1253) die Dürner Herrschaft auf den eigentlichen Höhepunkt ihrer Macht geführt. Den ohnehin stattlichen, auf Eigen- und Lehngütern sowie auf der Amorbacher Klostervogtei beruhenden, zwischen Main und Kocher, Neckar und Tauber gelegenen Besitz seiner Familie hat er durch die Heirat mit einer Erbtochter der Grafen von Lauffen noch wesentlich nach S und nach W erweitert. (Möckmühl, Forchtenberg und Dilsberg). Ob Konrad oder vielleicht schon sein Großvater Ruprecht I. von Dürn die fast legendäre Burg Wildenberg bei Amorbach gegründet hat, ist nicht geklärt. Dagegen wissen wir gut Bescheid über Konrads Klostergründung Seligental (1236), die als standesgemäße Erbgrablege seines Geschlechts gedacht war.

Nach Konrads Tod (1253) wurde die Herrschaft unter dessen Söhnen dreigeteilt in die Linien Dilsberg, Forchtenberg und Wildenberg. Wenngleich die Söhne fortan den Grafentitel führten und mit Töchtern aus angesehenen Häusern vermählt waren, bedeutete diese Teilung doch den Anfang vom Niedergang der Dürner. Mit der Veräußerung Wildenbergs sowie der Stadt, Zent und Klostervogtei Amorbach an Mainz setzte 1271/72 der Ausverkauf der Herrschaft ein, der sich in einem geradezu atemberaubenden Tempo vollzogen hat und durch die Aussteuerung von Töchtern zusätzlich beschleunigt wurde; noch bevor das Geschlecht im Mannesstamm erloschen ist (Wildenberg †1308, Dilsberg †1315, Forchtenberg †1323), war seine einstige Stellung dahin, sein Besitz infolge Verkauf und Verpfändung zerfallen. Profitiert haben von dieser fortschreitenden Auflösung vor allem das Erzstift Mainz, daneben aber auch die Herren von Hohenlohe und die Pfalzgrafen bei Rhein sowie nicht zuletzt die Ministerialen der Dürner, die den Niedergang ihrer Dienstherren zur Emanzipation und zum Aufbau eigener Herrschaft nutzten.

Zu diesen einstigen Dürner Ministerialen zählt auch die um 1585 in männlicher Linie ausgestorbene niederadelige Familie von Dürn, die 1197 unter dem Namen von Amorbach erstmals in Erscheinung tritt, mit den gleichnamigen Edelherren aber in keinem genealogischen Zusammenhang steht. Diese Niederadeligen von Dürn, deren Wappen in Silber ein schwarzes Steinbockshorn zeigt, waren gleichen Stammes mit denen von Adelsheim und von Dornberg, vielleicht auch mit denen von Fechenbach, von Aulenbach und anderen Familien des Odenwald-Spessart-Raumes. In Walldürn verfügten sie zwar über einen nicht unwesentlichen Grundbesitz; an der Ausübung der Stadtherrschaft waren sie jedoch immer nur als landesherrliche Amtleute beteiligt. Eigentlicher Sitz dieser ritterbürtigen Familie war vermutlich schon im 13.Jh. die Burg zu Rippberg, nach der ihre Angehörigen im 14. und 15.Jh. bisweilen auch den Namen geführt haben. Hier sowie im Raum um Amorbach, Buchen und Walldürn lag das Zentrum des Dürn'schen Besitzes, der sich im übrigen auf den ganzen Hinteren Odenwald und auf das Bauland verteilte. Über ortsherrliche Rechte verfügten die niederadeligen Dürner außer in Rippberg und in verschiedenen Dörfern und Weilern auf der Walldürner Höhe zeitweise auch in Eberstadt, Hainstadt, Kirchbrombach (Lkr. Erbach) und anderwärts. Lehnsherren des Geschlechts waren die Bischöfe von Würzburg (13.Jh.) und die Erzbischöfe von Mainz (1332), die Pfalzgrafen bei Rhein (1371), der Abt von Amorbach (15. Jh.), die Grafen von Rieneck (1409), Wertheim (1444) und Erbach (1421) sowie die niederadeligen Hirschhorner (1491), zu denen im 16.Jh. schließlich noch verwandtschaftliche Bande geknüpft wurden. Bei den genannten Fürsten und Herren haben die Dürner auch Dienste genommen, als Vögte und Amtleute vornehmlich zu Aschaffenburg, Buchen, Walldürn, Wildenberg, Wertheim und Germersheim am Rhein. Besonders hervorgetreten ist in der 1.H. 16.Jh. der juristisch gebildete und promovierte Wolf von Dürn, zunächst als Prokurator und Assessor am Reichskammergericht zu Speyer sowie als Mitglied des Reichsregiments, später als pfälzischer Rat und schließlich als Statthalter des Kurfürsten von der Pfalz. Verschwägert waren die von Dürn mit allen namhaften Geschlechtern der Odenwälder Ritterschaft, darüber hinaus mit denen von Heppenheim gen. vom Saal und von Hatzfeld aus der ober- bzw. mittelrheinischen Reichsritterschaft. Beim Erwerb geistlicher Pfründen hatten die von Dürn offensichtlich eine glücklichere Hand als andere Familien dieser Region. Sieht man einmal ab von dem Speyerer Domherrn Albert (1280/1315) und dem Bamberger Stiftsherrn Wolfram (1389), deren Zuweisung unsicher ist, so haben die Dürner neben mehreren Pfarrern, Klosterbrüdern zu Amorbach, Stiftsherren zu Würzburg, Mosbach und Möckmühl doch immerhin zwei Speyerer Domherren (um 1400 und 1502/23) hervorgebracht. Dürner Töchter waren geistlich in Seligental sowie auf dem Gotthardsberg über Amorbach. – Allodialerben der zu Ende des 16.Jh. ausgestorbenen Familie waren vor allem die von Hirschhorn und von Hatzfeld, denen später die von Gaisberg, von Kaltental und von Bettendorff gefolgt sind.

Schon in einer sehr frühen Phase des Ausverkaufs der Herrschaft Dürn hat Boppo von Dürn-Dilsberg – aus dem Geschlecht der Edelherren – 1275 Burg und Ort Dürn an den Bischof von Würzburg versetzt, dem er bereits 1262 diesen Besitz zu Lehen aufgetragen hatte. Von 1288–1292 war die Pfandschaft im Besitz der Grafen von Wertheim und im zuletzt genannten Jahr ist sie an das Erzstift Mainz übergegangen. Zwar hat der Erzbischof am 20. März 1294 den Anspruch der Edelherren von Dürn auf Rücklösung von Burg und Stadt noch einmal ausdrücklich bestätigt, aber schon fünf Wochen später, am 1.Mai desselben Jahres haben Ruprecht von Dürn-Forchtenberg und sein Sohn die Stadt mit allen ihren Zugehörungen, darunter die Hoheit in der gleichnamigen Zent, definitiv an das Erzstift Mainz verkauft. 1275 und 1277 wird Dürn noch als Dorf (*villa*) bezeichnet, 1291 dann erstmals als Stadt. Demnach fällt die Privilegierung, die vielleicht gar keinen urkundlichen Niederschlag gefunden hat, genau in eine Zeit des Umbruchs der herrschaftlichen Verhältnisse. Ob sie noch auf die Dynasten von Dürn oder ob sie schon auf den Bischof von Würzburg zurückzuführen ist, läßt sich heute nicht mehr entscheiden; die Wertheimer Grafen kommen als Urheber des hiesigen Stadtrechts wohl kaum in Frage.

Von 1294 bis zum Ende des Alten Reiches waren Walldürn und seine Burg Sitz einer mainzischen Amtsvogtei und Kellerei, die vor allem im 14. und 15. Jh. wie andere Mainzer Burgen und Städte der Umgebung wiederholt an Angehörige des Adels amtsweise verpfändet waren (vor 1355 von Lissberg, 1379 Dornberger von Dürn, 1394, 1402 und 1440 von Hardheim, 1437 Rüdt von Bödigheim, vor 1484 Graf von Wertheim, 1521 von Dürn). Die Niederadeligen von Dürn, die von Hardheim und die Münch von Rosenberg gehörten darüber hinaus zur hiesigen Burgmannschaft. Im 17. Jh. hatte der Kurfürst von Mainz in der Stadt und ihrer Gemarkung alle hohe und niedere Obrigkeit zu beanspruchen, die Kriminal- und die Ziviljurisdiktion, das Hagen und das Jagen, Bede, Steuer und Schatzung, Zoll und Guldenzoll sowie Frondienste und militärisches Aufgebot. Zum Amtsbezirk von Walldürn gehörten im 16. Jh. neben der Stadt die Dörfer und Weiler Rinschheim, Waldstetten, Erfeld, Glashofen, Kaltenbrunn, Reinhardsachsen, Rütschdorf, Wettersdorf, Vollmersdorf und Dornberg, zur Zent darüber hinaus Gottersdorf, Gerolzahn (mit Kummershof), Neusaß, Rippberg, Hornbach, Pülfringen, Bretzingen, Höpfingen (mit Schlempertshof) und Hardheim links der Erfa.

Mit der Säkularisation sind Stadt und Amt Walldürn 1803 an das Fürstentum Leiningen gefallen; zur nunmehrigen Vogtei Walldürn gehörten außer der Stadt die Dörfer Wettersdorf, Vollmersdorf, Dornberg, Glashofen, Erfeld, Rinschheim, Reinhardsachsen und Kaltenbrunn. Im Zuge der Mediatisierung sind die Stadt und alle Amtsorte 1806 an das Großherzogtum Baden gekommen.

Die über der Stadt gelegene herrschaftliche Burg zu Walldürn war einer Ansicht des 17. Jh. zufolge eine Vierflügel-Innenhof-Anlage, die in ihrer südwestlichen Ecke von einem mächtigen Bergfried überragt wurde. Im hohen Mittelalter von den Dynasten von Dürn gegründet, hat sie im Laufe der Jahrhunderte vielfältige Aus- und Umbauten erfahren (14. Jh., 1492, 1820/30, 1865, 1949 etc.). Schon im späten Mittelalter und in der frühen Neuzeit war sie Sitz der landesherrlichen Lokalverwaltung, von 1806–1923 Sitz eines bad. Bezirksamtes und von 1945–1975 eines Finanzamtes; seither beherbergt das Schloß, an dem inzwischen kaum noch alte Bausubstanz zu erkennen ist, städt. Behörden. Im einstigen Vorhof, entlang der Burgstraße und der Klosterstraße, lagen früher die Anwesen der Walldürner Burgmannen, von denen aber gleichfalls nur noch spärliche Reste erhalten sind.

Grundherrschaft und Grundbesitz. – Neben den herrschaftlichen Gütern, die großenteils zu Lehen oder zu Erbbestand vergeben waren, hat in Walldürn vor allem der Grundbesitz der Burgleute und des Adels eine große Rolle gespielt. Noch zu Beginn des 19. Jh. gab es in der Stadt bzw. auf ihrer Gemarkung unter 7 gefreiten Gütern – herrschaftlicher Hof, Pfarrgut, Frühmeßgut, Barbaragut – nicht weniger als 3, die seinerzeit oder vormals in adeligem Besitz waren. Vermutlich handelt es sich dabei zumindest teilweise um die seit dem 14. Jh. bezeugten Höfe der einstigen Walldürner Burgmannen.

Am Dürn-Rüdt'schen Allianzwappen über der Toreinfahrt ist noch heute das gegenüber dem Schloß gelegene, zum ehemaligen Vorhof gehörige und in der frühen Neuzeit freieigene Anwesen der niederadeligen Familie von Dürn zu erkennen. Um 1586/87 im Auftrag der Barbara von Dürn geb. Rüdt von Bödigheim neu erbaut, ist es schon kurz darauf durch Erbschaft an die von Hirschhorn und von diesen wiederum über die von Hatzfeld und von Sternenfels an die von Gaisberg und von Kaltental gelangt. 1677 an das Hochstift Würzburg verkauft, ist es später in Mainzer und schließlich in Leininger Besitz übergegangen. 1687 wird der Umfang seiner Güter auf rund 136 M Äcker, 28 M Wiesen, 8 M Heumatten und 1 M Krautgärten beziffert. Heute wird der Hof in Erinnerung an einen Erbbeständer des frühen 17. Jh. als Mollenhof bezeichnet. – Außer diesem Hof gab es in der Vorburg noch einen weiteren, vom Erzstift Mainz lehnbaren Hof. Er findet 1332 zum ersten Mal Erwähnung, war seinerzeit im Besitz Wiprechts von Dürn, und ist später an die Bödigheimer Rüden vererbt worden (um 1368/72); möglicherweise handelt es sich dabei um den sog. Hinteren Hof, der 1451 denen von Hardheim und 1454/83 wiederum denen von Dürn gehört hat. Trifft diese Gleichsetzung zu, so hat man diesen Hof, zu dem um die Mitte des 15. Jh. mehr als 220 M Äcker zählten, vielleicht im Bereich des späteren Kapuzinerklosters zu suchen. – Auch die von Hardheim waren in Walldürn begütert. Zum einen hatten sie hier einen Hof, dessen Lage heute nicht mehr bekannt ist, als Mainzer Burglehen (1420/85), und zum anderen gehörte ihnen seit 1399 die ebenfalls von Mainz zu Lehen rührende sog. Pilgrimswiese vor der Stadt. – Mainzer Lehen waren sodann ein Hof, der 1358 im Besitz der Familie von Rosenberg war und später über die von Adelsheim (1370) an die von Dürn (1420/63) gelangt ist, sowie der sog. Gockenbergshof oder Gockenbecherhof (= Göckerleshof im N der Stadt?) – ebenfalls ein Anwesen, das im 15. Jh. denen von Dürn gehört hat; vielleicht sind Rosenberger Hof und Gockenbecherhof sogar identisch.

In der oberen Vorstadt, unweit des Plans, lag der Stubekatzenhof, mit dem im 14. und früheren 15. Jh. die von Hardheim (Slemper und Düring) und seit um 1443/58 die von Dürn belehnt waren; nach dem Aussterben der Dürner ist dieses Lehen (142 M Äcker, 26 M Wiesen, 3 M Baumgärten) am Ende des 16. Jh. an die in mainzischen Diensten stehende Familie Wambold von Umstadt neu ausgetan worden und ist – zu Erbbestand weiterverliehen – bis ins 19. Jh. als sog. Wambold'scher Hof in deren Besitz geblieben. – Desgleichen lag in der oberen Vorstadt der vom Erzstift Mainz lehnbare sog. Soversbof, der 1332 denen von Glashofen, 1420/39 denen von Hettingen und seit um 1462 der bürgerlichen Familie Wollenschläger gehört hat. Die Wollenschläger und ihre Nachkommen waren anschließend mehr als 400 Jahre Inhaber dieses Hofes (1669 84 M Äcker, 12 M Wiesen). – Freies Eigentum war das unmittelbar vor dem Vorderen Tor (Ecke Hauptstraße/Seestraße) gelegene Anwesen der Freiherren von Bettendorff; es ist seit dem 17. Jh. im Besitz dieser Familie bezeugt und rührt vermutlich aus dem Allodialnachlaß der niederadeligen Dürner. 1701 ist die Behausung mit zugehörigen Gütern auf 7286 fl geschätzt worden. Das stattliche Hofhaus wurde 1756 neugebaut und zeigt über dem Eingang das auch an der Hofeinfahrt angebrachte Allianzwappen (Franz Philipp) von Bettendorff und (Maria Johanna) von Mauchenheim gen. von Bechtolsheim.

Über diese Höfe und Güter hinaus wird in den Quellen weiterer Walldürner Adelsbesitz erwähnt: um 1306 und 1357 Gerechtsame der Rüden, 1335 Besitzungen der von Adelsheim und 1369 ein vor der Burg gelegener, vom Erzstift Mainz lehnbarer sog. Siedelhof der von Neudeck. Auch für die von Dürn werden hier vom 14. bis ins 16. Jh. noch verschiedentlich Grundbesitz und Einkünfte erwähnt, die sich den oben aufgezählten Höfen nicht zuordnen lassen, unter anderem der in Erbbestand verliehene Hornbachshof (1547/76).

Vergleichsweise geringfügig war der kirchliche Grundbesitz in Walldürn. Dem Kl. Lorsch an der Bergstraße sind hier zwischen 794 und 812 drei Schenkungen zuteil geworden, deren Gesamtumfang freilich nicht bekannt ist; auch über die späteren Schicksale dieses Lorscher Besitzes läßt sich nur spekulieren. Hiesige Güter des Kl. Amorbach – vermehrt durch Abt Richard im früheren 11. Jh. – finden erstmals in den aus dem 13. Jh. überlieferten Amorbacher Traditionsnotizen Erwähnung. Im großen Klosterurbar von 1395 sucht man Dürn allerdings vergeblich, weil die Mönche bereits 1277 ihren ganzen dortigen Besitz an das Hochstift Würzburg verkauft hatten. Bleiben schließlich noch die Walldürner Pfründgüter zu erwähnen, das Pfarrgut (45 M Äcker), das Frühmeßgut (rd. 9 M Äcker) und das Barbaragut (rd. 54 M Äcker); alle drei Güter verfügten zu Beginn des 19. Jh. zusammen über etwa 14 M Wiesen.

Gemeinde. – Als kleine landesherrliche Stadt hat Walldürn seinen Bewohnern natürlich bei weitem nicht all das bieten können, woran man im Zusammenhang mit einer Stadt des späten Mittelalters oder der frühen Neuzeit gemeinhin denkt; dies gilt nicht allein für das Wirtschaftsleben, sondern ebenso für die städtische Verfassung, für die hier doch recht eng begrenzte kommunale Autonomie. Die Zeit seiner relativ größten Unabhängigkeit vom Stadtherrn hat Walldürn vom 14. Jh. bis zum Bauernkrieg erlebt, als es – wenngleich als kleinster Partner – dem Bund der Neun Städte im Mainzer Oberstift angehörte. 1346 ist es gemeinsam mit diesen Städten vom Mainzer Erzbischof privilegiert worden: Seine Bürger sollten das Recht des freien Abzugs genießen und zu besonderer Schatzung nur *mit rechtem urteil* des örtlichen Schöffenkollegiums verpflichtet sein; auch sollte der Stadtherr außerordentliche Beden und Steuern künftig nur in Fällen *ehafter und kuntlicher not* erheben dürfen.

Zu jener Zeit hat es in Walldürn zwar Schultheißen, Bürgermeister, Gerichtsschöffen und selbstverständlich eine Bürgergemeinde, aber noch keinen Rat gegeben. Eine Ratsverfassung hat sich hier – wohl parallel mit der entsprechenden Entwicklung in den anderen Städten des Mainzer Oberstifts – erst um die Mitte des 14. Jh. ausgebildet. Das Dürner Stadtrecht von 1447 (mit älteren Teilen von 1426/28) kennt als Organe der kommunalen Verwaltung die beiden Bürgermeister, den Rat (Sechser) sowie die Heimbürgen, denen die Aufsicht über die ausgedehnten Gemeindewaldungen oblag; die herrschaftlichen Interessen wurden durch den Zentgrafen vertreten. Bis 1492 wurden die Bürgermeister jährlich am *hohen gericht* nach Ostern gewählt; einer von der Gemeinde aus dem Kreis der Gerichtsschöffen, und einer von den Schöffen aus den Mitgliedern des Rates. Nach der 1492 namens des Erzbischofs erlassenen Stadtordnung fand die Wahl am Sontag nach Lukas statt, indem Schöffen und Rat aus dem jeweils anderen Gremium einen Bürgermeister bestimmten. Der herrschaftliche Keller war fortan gleichberechtigtes Ratsmitglied, hatte aber insofern höheres Recht, als Bürgermeister und Rat ohne seine Zustimmung keine materiell wirksamen Entscheidungen treffen durften. An Ämtern, die von der Gemeinde und ihren Gremien besetzt wurden, begegnen 1492 überdies der Fleisch- und Brotbeseher, der Heimbürge bzw. Förster, die Bedesetzer, Landschieder und Flurschützen sowie der Stadtschreiber und der Stadtknecht. Ein städtisches Siegel findet erstmals im Jahre 1415 Erwähnung; bereits damals zeigte es das noch heute von der Stadt geführte Wappen. Die Errichtung eines Rathauses war 1448 geplant; der heutige Bau stammt aus dem 17. Jh. und hatte im Erdgeschoß ursprünglich eine von Holzstützen getragene offene Halle, die jedoch bei einem Umbau im 19. Jh. durch einen massiven Unterbau ersetzt wurde.

Infolge Beteiligung der Walldürner Bürgerschaft am Bauernkrieg sind 1527 deren hergebrachte Rechte und Freiheiten zur Strafe in einer neu erlassenen Stadtordnung ganz wesentlich eingeschränkt worden. Der Neun-Städte-Bund, in dem das kleine Gemeinwesen Rückhalt gesucht und gefunden hatte, wurde aufgelöst, desgleichen das seit nahezu 200 Jahren bestehende Recht des freien Abzugs aufgehoben; die Walldürner waren fortan Leibeigene wie die Bewohner der umliegenden Dörfer. Die Besetzung aller hohen und niederen Ämter in der Stadt war künftig der Herrschaft allein vorbehalten. Rat und Gericht bildeten nur noch ein Gremium, dessen zwölf Mitglieder auf Lebenszeit bestellt waren, aber ggf. vom Stadtherrn abgelöst werden konnten; ergänzt wurde es, indem die beiden herrschaftlichen Schultheißen und der Rat dem Amtmann je drei Kandidaten vorschlugen, unter denen dieser seine Wahl treffen konnte. Anstelle der bisherigen Bürgermeister gab es seit 1527 zwei Rentmeister, denen die Verwaltung der städt. Einkünfte anvertraut war. Mit dieser Verfassung mußten die Bürger von Walldürn leben bis zum Ende des Alten Reiches; noch 1802 haben sie wegen Wiedererlangung von Gerechtsamen, die ihnen nach dem Bauernkrieg aberkannt worden waren, ein Gesuch an die kurfürstliche Regierung gerichtet.

Neben dem Rathaus, dem Armenhaus, einer Wachtstube sowie den Resten der Stadtbefestigung mit Türmen und Toren gehörten der Bürgergemeinde von Walldürn zu Beginn des 19. Jh. noch eine Schäferei, ein Anteil am Ungeld, etwas verpachteter Grundbesitz und knapp 4650 M Wald. Gegenüber der leiningischen Verwaltung haben die Ortsvorsteher 1803 angegeben, dieser Wald sei vormals städtisches Eigentum gewesen, nach dem Bauernkrieg vom mainzischen Fiskus eingezogen, später teilweise restituiert (1668 ½ Herrschaft, ½ Gemeinde) und dann doch wieder ganz der kurfürstlichen Hofkammer zugeschlagen worden. Die für Waldfrevel erhobenen Bußen sind im 15. Jh. zu je ⅓ an den Zentgrafen, an die Stadt und an den Förster (Heimbürgen) gefallen. Dagegen ist das Ungeld von alters her allein der Stadt zugute gekommen, die gehalten war, seinen Ertrag für die Instandhaltung ihrer Befestigungsanlagen zu verwenden.

1531 hat der vermutlich aus Walldürn gebürtige Doktor der Theologie und Chorherr des Würzburger Stifts St. Haug Peter Meyer der Stadt Walldürn eine jährliche Rente in Höhe von 70 fl rh gestiftet, wovon alle fünf Jahre einem Studenten das Studium an einer berühmten Hochschule ermöglicht und jährlich zwei heiratsfähige Jungfrauen eine Mitgift erhalten sollten.

Kirche und Schule. – Walldürn zählt zu den alten Pfarreien der Umgebung; 1248 findet hier erstmals ein Pfarrer Erwähnung. Das Recht des Kirchensatzes lag ursprünglich beim Abt von Amorbach und ist – was das Interesse des Bischofs an diesem Ort unterstreicht – 1277 durch Kauf an das Hochstift Würzburg gelangt. Weil 1294 auch Rupert von Dürn den ihm gar nicht zustehenden Pfarrsatz zusammen mit der Stadt und ihren Zugehörungen an das Erzstift Mainz verkauft hat, ist es wegen des Patronatsrechts in der Folgezeit wiederholt zu Auseinandersetzungen zwischen Würzburg und Mainz gekommen, bis schließlich – nach dem bereits 1656 erfolgten großen Pfarreientausch – die Rechtslage 1658 in einem Vergleich zugunsten von Kurmainz entschieden wurde. Zum Sprengel der hiesigen Kirche zählten 1668 die Dörfer und Weiler Gerolzahn, Glashofen, Kaltenbrunn, Reinhardsachsen, Neusaß und Wettersdorf.

Um die Mitte des 15. Jh. haben in Walldürn neben der Pfarrei noch zwei weitere Pfründen bestanden, eine Frühmesse und das Benefizium auf dem Barbara-Altar. Die Frühmesse ist 1335 durch Angehörige der Familien von Dürn, von Rosenberg, von Rinderfeld, von Adelsheim und von Dornberg – zum überwiegenden Teil Walldürner Burgmannen – gestiftet worden; ihre Besetzung geschah ursprünglich nach Vorschlag des Pfarrers durch die Stadt, im 17. Jh. dann durch das Erzstift Mainz. Die 1469/71 erneuerte Barbara-Pfründe wurde später mit der Frühmesse zusammengelegt; den Barbara-Altar haben im 17. und 18. Jh. die Kapuziner versehen.

Patron der Walldürner Kirche und ihres Hochaltars ist von alters her der hl. Georg. Die Frühmesse war mit dem Marien-Altar verbunden. Als Heilige der fünf Nebenaltäre werden nach dem 1497 erfolgten Um- und Neubau der Kirche erwähnt: BMV, Hl. Kreuz, hll. Apostel, Corpus Christi (Blutaltar) und St. Michael. Unter den Heiligen der acht Nebenaltäre in der barocken Wallfahrtskirche finden sich später überdies

Franziskus, Antonius, Josef, Johannes Nepomuk, Paulus, Stephanus, Klara, Vitus, Petrus, Wolfgang und Anna.

Die Wallfahrt zum Hl. Blut macht seit dem Zeitalter der Gegenreformation die eigentliche Bedeutung nicht nur der hiesigen Kirche, sondern der ganzen Stadt Walldürn aus. Der vermutlich um 1500 konzipierten Legende zufolge soll das Wunder, an das sie anknüpft, sich im Jahre 1330 ereignet und eine erste Untersuchung der Vorgänge bereits 1408 stattgefunden haben. Die älteste Ablaßbulle für die Walldürner Kirche datiert freilich erst von 1445, und die früheste schriftliche Überlieferung der Ursprungslegende ist gar erst 1571 aufgezeichnet worden (Druck von 1589). Noch um 1500 hat die Ausstrahlung des Walldürner Kults, bei dem es sich ursprünglich um einen Bauernkult handelte, nur die nächste Umgebung erfaßt und nicht über Miltenberg, Mosbach oder Boxberg hinausgereicht und bald darauf ist die Sakramentsverehrung fast ganz eingeschlafen. Erst als infolge der Reformation viele andere Wallfahrten in Abgang gekommen und von der kath. Reform neue Frömmigkeitsimpulse ausgegangen waren, konnte die Dürner Wallfahrt schließlich ihre bekannte überregionale Bedeutung erlangen. Die Wiederbelebung im letzten Drittel des 16. Jh. ist in erster Linie das Verdienst des Pfarrers Magister Jodocus Hoffius. Um 1600 kamen die Pilger bereits aus Würzburg, Aschaffenburg und Neckarsulm hierher, seit 1683 vom mainzischen Eichsfeld und seit dem 18. Jh. auch aus der Stadt Mainz. Im späten 17. und im 18. Jh. erlebte die Wallfahrt zum Hl. Blut von Walldürn ihre größte Blüte, die bald auch den seit 1697/98 erfolgten Neubau einer größeren Wallfahrtskirche erforderlich machte; im Jahr, als das neue Gotteshaus eingeweiht wurde (1728), zählte man in Walldürn nicht weniger als 116000 Kommunikanten. Im 18. Jh. reichte der Einzugsbereich der Wallfahrt von der Sieg über den Westerwald und den Rheingau bis an die Murg, vom Eichsfeld und von Fulda bis ins südliche Jagsttal sowie bis in den Steigerwald und bis ins Grabfeld. Erst die Mainzer Aufklärung der 1780er Jahre, die derartigen Frömmigkeitsriten abhold war, und die Umwälzungen nach der Französischen Revolution haben den Walldürner Kult um die Wende vom 18. zum 19. Jh. wieder verkümmern lassen.

In engem Zusammenhang mit der Wallfahrt haben sich im 17. Jh. auch Kapuziner in Walldürn niedergelassen. 1628 wurden erste Schritte zur Ansiedelung eines Konvents unternommen, und schon drei Jahre später sind die ersten Patres in das Hirschhorn'sche Anwesen im Vorhof der Burg eingezogen. Nachdem der Erzbischof von Mainz 1653 seine Zustimmung erteilt hatte, kam es 1655 zur Gründung eines eigenen Klosters, zu dem schließlich im April 1658 auf dem Gelände nördlich der Burg (Klosterstraße) der Grundstein gelegt wurde. Neben der Wallfahrt unterstützten die Kapuziner auch die örtliche Seelsorge. Dabei konnten Rivalitäten zwischen dem Pfarrer und dem Guardian des Klosters selbstverständlich nicht ausbleiben. 1803 zählte der Konvent 16 Mönche; 1830 wurde das Kloster aufgehoben, seine Gebäude hat man 1842 abgerissen.

Bereits 1476 haben die Walldürner Bürger eine Marienbruderschaft gegründet, die im Gegensatz zu der 1698 mit Baubeginn der neuen Wallfahrtskirche ins Leben gerufenen und schon um 1736 wieder erloschenen Jesus-Maria-Joseph-Bruderschaft noch zu Beginn der 1770er Jahre bestanden hat. Der Reformation ist es nie gelungen, in Walldürn Fuß zu fassen. Zwar ist – woraus man auf das Vorhandensein von Anhängern der neuen Lehre schließen darf – aus der 2. H. 16. Jh. die Klage mehrerer Bürger überliefert, der Pfarrer verweigere das Abendmahl in beiderlei Gestalt und beschimpfe und verfluche die Lutheraner mit großem Eifer, jedoch hatte eine solche Beschwerde in einem geistlichen Territorium, obendrein in einer Stadt, wo eben eine Wallfahrt neu belebt wurde, natürlich keine Aussicht auf Gehör.

Der Zehnt auf Gkg Walldürn zählte zu jenen Gütern, die das Kl. Amorbach 1277 an den Bischof von Würzburg verkauft hat. Um 1346 waren die Zehnten zu Dürn (*decimas in Durn*) als Würzburger Lehen im Besitz der Herren von Weinsberg. Am Ende des Alten Reiches teilten sich in den großen und kleinen Zehnt das Erzstift Mainz und die örtliche Pfarrei je zur Hälfte.

Ein Schulmeister findet in Walldürn erstmals im Jahre 1490 Erwähnung. 1553 war es Aufgabe des offenbar noch allein wirkenden Lehrers, sowohl Deutsch als auch Latein zu unterrichten; obendrein hatte er Musikunterricht zu erteilen und den Organistendienst in der Kirche zu versehen. Im 18. und noch zu Beginn des 19. Jh. gab es an der hiesigen Schule insgesamt drei Klassen. Die erste, lateinische Klasse stand unter der Leitung des Rektors, die zweite, deutsche unter der Leitung des Kantors; die dritte Klasse war eine reine Mädchenklasse und wurde von dem auch als Ludimoderator bezeichneten Präzeptor versehen. Die Ernennung der Lehrer geschah 1803 durch den Stadtpfarrer und durch den Rat unter Mitwirkung eines herrschaftlichen Beamten. Vermutlich mit Rücksicht auf die Bedürfnisse der Wallfahrt, wurde auf den Musikunterricht an der Walldürner Schule stets besonderer Wert gelegt.

Bevölkerung und Wirtschaft. – Am Ende des Mittelalters lag Walldürn hinsichtlich der Zahl seiner Einwohner mit deutlichem Abstand hinter Buchen zurück; im 17. Jh. hat es dann die benachbarte Stadt vorübergehend überflügelt, ist aber von dieser bis zum Ende des Alten Reiches wieder eingeholt und überholt worden. Entgegen den bisherigen Berechnungen hatte Walldürn vermutlich schon um 1500 mehr als 400 Einwohner, lag doch die Bevölkerungszahl ein halbes Jahrhundert später bereits bei etwa 650 bis 700 und ist am Vorabend des 30j. Krieges sogar auf über 1000 gestiegen. Infolge des Krieges ist sie auf ca. 750 gesunken (1656), um hernach wieder auf rd. 1000 anzusteigen (1700); 1750 lag sie bei etwa 1130, im Jahr 1803 bei knapp 2300. Ihrem Rechtsstatus nach waren die Einwohner von Walldürn von der Mitte des 14. Jh. bis zum Bauernkrieg leibsfrei; 1527 wurde ihnen diese Freiheit aberkannt und erst 1667 wieder restituiert.

Juden waren in Dürn bereits im 13. Jh. ansässig. Wie ihre Glaubensgenossen anderwärts hatten auch sie unter den Pogromen von 1298 und 1348/49 schwer zu leiden. Zusammen mit den anderen Judengemeinden des Neun-Städte-Bundes sind sie von den Mainzer Erzbischöfen im späteren 14. und frühen 15. Jh. aus fiskalischem Interesse wiederholt privilegiert worden, sind – jeweils vorübergehend – von außerordentlichen Steuern (1378, 1383/86) sowie vom Zoll auf Main und Rhein (1378) befreit worden und haben den Gerichtsstand vor ehrbaren Christen oder unbescholtenen Juden an ihrem Wohnort zugesichert bekommen (1404). Danach erfährt man bis ins 18. Jh. nichts mehr von Walldürner Juden. 1713 und 1720 berichten die Quellen von jeweils einem Schutzjuden, und erst in der 2. H. 18. Jh. hat es hier wieder eine eigene jüd. Gemeinde gegeben, die in den 1770er Jahren im oberen Stockwerk des Hauses Zunftgasse 3 ihren Betsaal hatte; das zugehörige Frauenbad befand sich in der Untergasse (Nr. 31).

Der eigentliche Wirtschaftsfaktor der Stadt war schon im 17. und 18. Jh. die Wallfahrt, die jährlich viele tausend Pilger hierher führte und wegen ihrer Einträglichkeit im Volksmund auch als »Walldürner Ernte« bezeichnet wurde. Sie begründete nicht allein den Reichtum der hiesigen Kirche, sondern ermöglichte auch ein florierendes Gewerbe und bildete für viele Bürger neben einer bescheidenen Landwirtschaft die Grundlage ihres Lebensunterhalts. Am deutlichsten ist dies wohl an der Entwicklung des Walldürner Gastgewerbes abzulesen (vgl. Tab. 1).

Bereits 1486 hatte Kaiser Friedrich III. dem Mainzer Erzbischof für Walldürn zwei Jahrmärkte von je acht Tagen Dauer bewilligt. Wie die anderen Märkte der Umgebung

Tabelle 1: **Wirte in Walldürn (17.–19. Jahrhundert)**

	Schildwirte	Weinwirte	Heckenwirte	Bierwirte
17. Jh.	–	7	2	2
um 1700	–	9	2	4
1747	17	–	–	–
1787	23	–	–	–
1806	23	–	–	3

waren jedoch auch die von Walldürn nur von regionaler Bedeutung. Dagegen hat der Wallfahrtsmarkt, der seit den 1660er Jahren um die Kirche herum abgehalten wurde, Besucher von weither gesehen. Der im 18. Jh. entstandene Hl. Blut-Markt hat sich über die ganze Stadt ausgedehnt und eine Blüte des Hökergewerbes (Lebkuchen, Kunstblumen etc.) hervorgerufen. Als seit dem späten 18. Jh. die Wallfahrt weniger frequentiert wurde und infolgedessen auch der Markt sich wieder verkleinerte, ist dies nicht ohne Auswirkungen auf die wirtschaftliche Lage der Bevölkerung geblieben, schließlich konnten etwa 50 Schuster, 20 Schneider, 35 Leinenweber und 12 Strumpfstricker, die es um 1800 hier gab, nicht von dem leben, womit allein die ortsansässige Bevölkerung sie beschäftigte. Folgerichtig heißt es 1806 in einem Bericht an die fürstliche Verwaltung in Amorbach, die Gewerbe seien in Walldürn übersetzt und reichten zur Ernährung kaum hin, vielmehr lebten die meisten Einwohner kümmerlich vom Ertrag ihrer Landwirtschaft.

Der Landwirtschaft stand um die Wende zum 19. Jh. mit rd. 4400 M Äckern, 500 M Wiesen sowie 150 M Trift- und Hutweiden etwa die Hälfte der Gkg Walldürn zur Verfügung; die andere Hälfte war mit Wald bedeckt (4650 M). Die drei Fluren Nach Buchen, Nach Altheim und Nach Höpfingen sind seit dem frühen 15. Jh. bezeugt. Angebaut wurden um 1800 in erster Linie Roggen, Dinkel und Hafer, daneben auch Erbsen, Linsen und Wicken; das Brachfeld wurde mit Klee und sonstigen Futterkräutern sowie mit Flachs bestellt. Von großer Bedeutung war der Kartoffelanbau, wurden doch, um den Bedarf an Nahrungsmitteln zu decken, die Kartoffeln oft zum Brotbakken verwendet.

Die in der Stadt ansässigen Professionisten, unter denen es 1803 auch 4 Buchbinder, 3 Musikanten, 3 Chirurgen, 1 Apotheker, 1 Uhrmacher und 1 Kürschner gegeben hat, waren mit denen des Umlandes in neun Zünften organisiert: Wagner und Schmiede; Schuhmacher; Metzger; Schlosser, Schreiner, Uhrmacher, Buchbinder, Dreher und Glaser; Bäcker und Müller; Leinenweber; Barbierer; Zimmerleute und Maurer sowie Häfner. Die Hutmacher, Rotgerber, Sattler, Säckler und Strumpfstricker gehörten teils den Zünften in Amorbach, teils jenen in Buchen an. Die Herstellung von Ziegeln ist in Walldürn seit 1498 bezeugt, die Häfnerei seit 1506.

Wie anderwärts sind auch in Walldürn die Mühlen die am frühesten erwähnten Gewerbebetriebe. Bereits 1264 läßt sich eine *apud villa Durne* gelegene Mühle des Kl. Amorbach nachweisen, und 1335 findet eine Mühle des Beringer von Adelsheim Erwähnung. Um 1559 war eine Mühle auf hiesiger Gemarkung im Besitz der Familie von Dürn. Freilich ist es mangels näherer Angaben nicht möglich, diese Mühlen mit einer der 1803 erwähnten 8 Dürner Mühlen (7 Mahl- und 1 Ölmühle) am Marsbach und am Hornbach zu identifizieren.

Persönlichkeiten. – Aus Walldürn gebürtig waren Abt Sanderad von Amorbach (1657, 1713–1725), die kath. Theologen Felix Anton Blau (1754–1798) und Franz

Joseph Seber (1777–1827) sowie der apostolische Vikar Wilhelm Philipp Ziegler (1765–1826) und der großherzoglich bad. Staatsrat und Präsident des Justizministeriums Karl Felix Brunner (1803–1857).

Wettersdorf

Siedlung und Gemarkung. – Wettersdorf zählt zu den im Zuge des hochmittelalterlichen Landesausbaus namens des Kl. Amorbach angelegten Rodungssiedlungen. Zum Jahre 1293 wird der Ort in einer Amorbacher Urkunde erstmals erwähnt. Freilich hieß er damals wie auch noch Jahrhunderte später nicht Wettersdorf, sondern *Wedylspach* (1367, 1395, 1482 und 1550 *Wedelspach*); die heutige Namensform ist wohl erst im 17. oder 18. Jh. gebräuchlich geworden. Gewachsen ist das Dorf im späten Mittelalter und in der frühen Neuzeit offenbar wenig oder gar nicht, war doch die Zahl der Häuser zu Beginn des 19. Jh. noch dieselbe (12) wie die Zahl der Hufen am Ende des 14. Jh.

Herrschaft und Staat. – Die Entwicklung der mittelalterlichen Herrschaftsverhältnisse zu Wettersdorf liegt weithin im dunkeln. Grundlage war der ursprünglich die ganze Gemarkung umfassende Besitz des Kl. Amorbach, der hier wie anderwärts vermutlich schon im hohen Mittelalter von klösterlichen Ministerialen (*C. de Wedylspach* 1293, Lesch 1391, von Dürn 1430ff.) teilweise entfremdet wurde. Mit ihrem Anspruch auf eine einheitliche Vogtei- und Gerichtsherrschaft im Dorf haben sich weder das Kloster noch der örtlich begüterte Niederadel durchsetzen können. 1367 wird jeder Grundherrschaft die Gerichtsbarkeit über die auf ihren eigenen Gütern sitzenden Landsiedel zugestanden, und dabei ist es allem Anschein nach bis ins 17. Jh. geblieben, obgleich es in einem Weistum von 1482 heißt, das Gericht *al gemeinlich in dem dorf* obliege dem Abt. Aus später bezeugten Zehnt- und Pfarreigrenzen darf man schließen, daß die Herrschaft im Ort aufgrund dieser nur auf den jeweils eigenen Grundbesitz bezogenen Gerichts- und Vogteirechte längs des Dorfbachs geteilt war. Nach dem Aussterben der von Dürn-Rippberg ist deren Anteil bzw. Hof im späten 16. bzw. im 17. Jh. vermutlich über die Echter von Mespelbrunn an das Hochstift Würzburg gelangt, und dieses hat 1684 seinen hiesigen Besitz im Tausch an das Erzstift Mainz abgetreten. Freilich hatte Mainz aufgrund seiner Zenthoheit (Zent Walldürn) schon im späten Mittelalter landesherrliche Rechte im Dorf entwickelt, am Ende des 15. und im 16. Jh. Schatzung erhoben und offenbar auch den Amorbacher Anteil an der vogteilichen Obrigkeit an sich gezogen (Amt Walldürn). Am Ende des Alten Reiches ist Wettersdorf zunächst 1803 dem Fürstentum Leiningen zugefallen (Vogteiamt und Kellerei Walldürn) und schließlich 1806 an das Großherzogtum Baden gekommen.

Gemeinde. – Das Ortsgericht zu Wettersdorf bestand zu Beginn des 19. Jh. aus dem Schultheißen und zwei bzw. drei Schöffen. Der Umfang des Gemeindewaldes wird 1803 auf mehr als 370 M, 1806 dagegen nur noch auf 80 M beziffert; darüber hinaus konnte die Gemeinde nur noch eine Kapelle und ein Hirtenhaus ihr eigen nennen.

Kirche und Schule. – Kirchlich gehörte Wettersdorf im 16. und noch zu Beginn des 19. Jh. zur Hälfte (die drei sog. Bergbauern östlich des Bachs) in die Würzburger Patronatspfarrei Hardheim, zur anderen Hälfte in die Amorbacher Patronatspfarrei Walldürn. Gottesdienst und Schule wurden dementsprechend in Dornberg bzw. in Reinhardsachsen besucht. Seit 1734 ist in Wetterdorf eine kleine, der hl. Odilie geweihte Kapelle bezeugt.

Den allgemeinen Zehnt von hiesiger Gemarkung haben von alters her zu ⅔ das Kl. Amorbach und zu ⅓ der Stadtpfarrer von Walldürn bezogen. Hinsichtlich zweier

Sonderzehntdistrikte hat allerdings im späten 16. Jh. wiederum der Bach eine Grenze gebildet; westlich war Mainz auf zwei Gütern zehntberechtigt, östlich Würzburg auf einem.

Bevölkerung und Wirtschaft. – Die Zahl der Einwohner von Wettersdorf lag um die Mitte des 16. Jh. bei etwa 60, im Jahre 1700 genau bei 60. 1750 lebten hier 67 Männer, Frauen und Kinder, und zu Beginn des 19. Jh. hat man am Ort 70 Seelen gezählt. Diese über so lange Zeit nahezu konstante Einwohnerzahl bestätigt die bereits oben geäußerte Vermutung, das Dorf sei durch Jahrhunderte gleich groß geblieben.

Ernährt haben sich die Bewohner von Wettersdorf durch Ackerbau und Viehhaltung. Bezüglich ihrer Lebensverhältnisse heißt es freilich zu Beginn des 19. Jh., *die meisten stehen nicht gut*. Die in Dreifelderwirtschaft mit Roggen, Dinkel und Hafer, in der Brache auch mit Kartoffeln bestellten Äcker (540 M) waren nur mäßig ertragreich. Der Viehhaltung (1806: 3 Pferde, 100 Rinder, 250 Schafe und 44 Schweine) standen 76 M Wiesen, 80 M Weiden sowie rd. 480 M Wald zur Verfügung.

Quellen und Literatur

Altheim

Quellen, gedr.: *Aschbach* 2. – *Becher.* – *Bendel.* – BEO 4. – CL. – DI 8. – *Dronke.* – *Gudenus* CD 3. – *Krebs*, Amorbach. – *Krebs*, Weistümer. – Lehnb. Würzburg 1 und 2. – MGH D OIII. – ORh Stadtrechte. – R Adelsheim. – R Wertheim. – UB Hohenlohe 2. – *Schröcker.* – Vat. Quellen. – ZGO 2, 1851; 15, 1863; 32, 1880; 39, 1885; 42, 1888; 69, 1915.

Ungedr.: FLA Amorbach, U Amorbach; Repertorium Rand; Amorbacher Urbar 1395; Amorbacher Jurisdiktionalb. 1656; Salb. des Amtes Rippberg 1687; Beschreibung der herrschaftlichen Güter zu Buchen 1692/95; Seligentaler Zins-, Gült- und Lagerb. 1699; Walldürner Kellereirechnungen 1700, 1750; Bücher zur Kenntnis und zur Hebung des Landes; Karten XIV,18; Pläne VI,36. – FrhRA Hainstadt, Auszüge aus dem Roten Buch. – GLA Karlsruhe J/H Altheim 1–3a, Buchen 1, Kudach und Helmsheim 1–1a; 43/Sp. 1; 44 von Adelsheim, Rüdt; 66/9042, 11670a; 69 Rüdt von Collenberg U165, U401, 447, 456, 457, 3302, 3704, von Waldkirch 441; 229/2010–2013, 8799, 13940. – StA Wertheim U. – StA Würzburg, Mainzer Ingrb. 41, 42; Mainzer Lehnb. 1–3, 6; Mainzer Bü. versch. Inh. 10; MRA Militär K217/14, K239/402; ältere Kriegsakten 1/23; Würzburger Lehnb. 37; Würzburger Lehnsachen 5686, 7677/289; Geistliche Sachen 2543/C.

Allg. Literatur: *Gropp.* – KDB IV,3 S. 412. – *Koch.* – *Krieger* TWB 1 Sp. 54f., 423, 1275. – LBW 5 S. 271. – *Matzat*, Studien. – *Matzat*, Zenten. – *Müller*, Dorfkirchen S. 20. – *Neumaier*, Reformation. – *Oechsler/Sauer.* – *Rommel*, Seligental. – *Rommel*, Wohnstätten. – *Schaab*, Wingarteiba. – *Schäfer.* – *Veit.* – *Wagner* S. 410.

Ortsliteratur: *Müller*, K. Josef, Altheim im Bauland. In: Wartturm 2, 1926/27 Nr. 8. – *Dietrich*, Fabian, Pfarrpfründe und Seelsorge in Altheim. In: Wartturm 2, 1926/27 Nr. 8. – Altheim im Bauland, ein fränkisches Dorf. Festschrift zur Jahrhundertfeier der Pfarrkirche Altheim. Buchen 1927. – 1200 Jahre Altheim/Bauland. Heimatbuch. Bearb. *Schönbein*, Alois. Altheim 1974.

Erstnennungen: ON 774 (CL Nr. 2866); Niederadel 1206 (ZGO 2, 1851 S. 299), Pfarrei 1334 (UB Hohenlohe 2 Nr. 454), Patrozinien ULF, Nikolaus, Katharina 1348 (GLA Karlsruhe 43/Sp. 1, 1348 Oktober 17), Dörntal 1453 (FrhRA Hainstadt, Auszüge aus dem Roten Buch), Kudach 996 (MGH DOIII Nr. 434) 1278 (*Gudenus* CD 3 S. 701).

Gerolzahn

Quellen, gedr.: *Becher.* – *Gropp.* – *Krebs*, Amorbach. – *Krebs*, Weistümer. – Lehnb. Würzburg 1. – *Schröcker.*

Ungedr.: FLA Amorbach, U Amorbach; Repertorium Rand; Amorbacher Urbar 1395; Amorbacher Jurisdiktionalb. 1656; Salb. des Amtes Rippberg 1687; Rippberger Amtsrechnungen 1700,

1750; Bücher zur Kenntnis und zur Hebung des Landes; Pläne XII,18. – FrhBA Jagsthausen VI/18. – GLA Karlsruhe 43/Sp. 39; 229/31817–819, 31937, 88265,109802. – StA Würzburg, Mainzer Ingrb. 27; Mainzer Lehnb. 1–3, 6; MRA Militär K217/14; Würzburger Lehnb. 36, 43, 48; Würzburger Lehnsachen 5686.
Allg. Literatur: KDB IV,3 S. 49. – *Krieger* TWB 1 Sp. 712, 1279. – LBW 5 S. 272. – *Matzat*, Studien. – *Matzat*, Zenten. – *Neumaier*, Dürn. – *Neumaier*, Reformation. – *Rommel*, Wohnstätten. – *Schäfer*. – *Schuster* S. 382f.
Ortsliteratur: *Götzelmann*, Ambrosius, Was bedeutet der Ortsname Gerolzahn. In: Wartturm 4, 1928/29 S. 51f.
Erstnennungen: ON um 1322/33 (Lehnb. Würzburg 1 Nr. 2285), Kummershof 1395 (FLA Amorbach, Amorbacher Urbar 1395 fol. 90r).

Glashofen

Quellen, gedr.: *Albert*, Weistümer. – *Gropp*. – *Krebs*, Amorbach. – *Krebs*, Weistümer. – REM 1. – *Schröcker*. – WUB 8.
Ungedr.: FLA Amorbach, U Amorbach; Repertorium Rand; Amorbacher Urbar 1395; Amorbacher Jurisdiktionalb. 1656; Salb. des Amtes Rippberg 1687; Seligentaler Zins-, Gült- und Lagerb. 1699; Walldürner Kellereirechnungen 1700, 1750; Bücher zur Kenntnis und zur Hebung des Landes. – FrhBA Jagsthausen VI/18. – GLA Karlsruhe 43/Sp. 99; 69 Rüdt von Collenberg 3704; 229/31937, 85541a, 109802. – StA Wertheim U. – StA Würzburg, Mainzer Lehnb. 1–2; MRA Militär K217/14, K240/436; MRA ältere Kriegsakten 1/57; Würzburger Lehnsachen 5686.
Allg. Literatur: *Eichhorn*, Dürn. – *Eichhorn*, Kirchenorganisation. – FbBW 5. – KDB IV,3 S. 49. – *Krieger* TWB 1 Sp. 720f., 2 Sp. 328. – LBW 5 S. 272. – *Matzat*, Studien. – *Matzat*, Zenten. – *Neumaier*, Dürn. – *Neumaier*, Reformation. – *Oechsler/Sauer*. – *Rommel*, Seligental. – *Schäfer*. – *Wagner* S. 407, 410.
Erstnennungen: ON und Niederadel 1273 (StA Wertheim G 1273 Feb. 5), Neusaß 1405 (FLA Amorbach, U Amorbach 1405 Jan. 21).

Gottersdorf

Quellen, gedr.: *Albert*, Weistümer. – *Becher*. – *Grimm* 6. – *Gropp*. – *Krebs*, Amorbach. – *Krebs*, Weistümer. – Lehnb. Würzburg 1 und 2. – *Schröcker*. – ZGO 2, 1851; 39, 1885.
Ungedr.: FLA Amorbach, U Amorbach; Repertorium Rand; Amorbacher Urbar 1395; Amorbacher Jurisdiktionalb. 1656; Salb. des Amtes Rippberg 1687; Rippberger Amts- und Kellereirechnungen 1700, 1750; Bücher zur Kenntnis und zur Hebung des Landes. – GLA Karlsruhe 69 Rüdt von Collenberg 3704; 229/33060–062, 88265. – StA Würzburg, MRA Militär K217/14; Würzburger Lehnsachen 5686, 7677/289.
Allg. Literatur: KDB IV,3 S. 50. – *Krieger* TWB 1 Sp. 737. – LBW 5 S. 272. – *Matzat*, Studien. – *Matzat*, Zenten. – *Neumaier*, Dürn. – *Neumaier*, Reformation. – *Schäfer*.
Erstnennung: ON 11. Jh. (*Becher* S. 53).

Hornbach

Quellen, gedr.: *Albert*, Weistümer. – *Grimm* 6. – *Gropp*. – *Krebs*, Amorbach. – *Krebs*, Weistümer. – *Schröcker*. – WR. – ZGO 12, 1861; 43, 1889.
Ungedr.: FLA Amorbach, U Amorbach; Repertorium Rand; Amorbacher Urbar 1395; Amorbacher Jurisdiktionalb. 1656; Salb. des Amtes Rippberg 1687; Seligentaler Zins-, Gült- und Lagerb. 1699; Rippberger Amts- und Kellereirechnungen 1700, 1750; Bücher zur Kenntnis und zur Hebung des Landes. – GLA Karlsruhe 44 Rüdt; 229/46250–251, 88258–259, 88265. – StA Würzburg, Mainzer Ingrb. 41; MRA Militär K217/14; Würzburger Lehnb. 37, 43, 48, 55, 56; Würzburger Lehnsachen 999/XXXII, 1000/XXXII, 1150, 5686; Admin. 684/15338.
Allg. Literatur: *Eichhorn*, Dürn. – *Krieger* TWB 1 Sp. 1047f. – LBW 5 S. 272f. – *Matzat*, Zenten. – *Neumaier*, Dürn. – *Neumaier*, Reformation. – *Schäfer*.
Erstnennung: ON 1340 (FDA 77, 1957 S. 342–347).

Kaltenbrunn

Quellen, gedr.: *Albert*, Weistümer. – *Gropp.* – *Krebs*, Amorbach. – *Krebs*, Weistümer. – R Adelsheim. – REM 2. – WR. – ZGO 60, 1906.
Ungedr.: FLA Amorbach, U Amorbach; Repertorium Rand; Amorbacher Urbar 1395; Amorbacher Jurisdiktionalb. 1656; Walldürner Kellereirechnungen 1700, 1750; Bücher zur Kenntnis und zur Hebung des Landes. – FrhBA Jagsthausen VI/18. – GLA Karlsruhe H/J Kaltenbrunn 1–2a; 229/109867. – StA Würzburg, MRA Militär K217/14, K240/436; ältere Kriegsakten 1/57; Würzburger Lehnsachen 5686.
Allg. Literatur: *Eichhorn*, Kirchenorganisation. – *Krieger* TWB 1 Sp. 1119. – LBW 5 S. 273. – *Matzat*, Zenten. – *Neumaier*, Dürn. – *Neumaier*, Reformation. – *Schäfer*.
Erstnennung: ON 1330 (FLA Amorbach, U Amorbach 1330 Juli 20).

Reinhardsachsen

Quellen, gedr.: *Albert*, Weistümer. – *Gropp.* – *Krebs*, Amorbach. – *Krebs*, Weistümer. – REM 1 und 2. – ZGO 15, 1863.
Ungedr.: FLA Amorbach, U Amorbach; Repertorium Rand; Amorbacher Urbar 1395; Amorbacher Jurisdiktionalb. 1656; Seligentaler Zins-, Gült- und Lagerb. 1699; Walldürner Kellereirechnungen 1700, 1750; Bücher zur Kenntnis und zur Hebung des Landes. – FrhBA Jagsthausen VI/18. – GLA Karlsruhe H/J Reinhardsachsen 1–3; 229/85541a, 109802. – StA Würzburg, Mainzer Bü. versch. Inh. 10; MRA Militär K217/14, K240/436; ältere Kriegsakten 1/57; Würzburger Lehnb. 36, 43, 48; Würzburger Lehnsachen 5686.
Allg. Literatur: *Eichhorn*, Kirchenorganisation. – *Filtzinger/Planck/Cämmerer* S. 606–608. – KDB IV,3 S. 73. – *Krieger* TWB 2 Sp. 573. – LBW 5 S. 273. – *Last*, Martin, Die Bedeutung des Klosters Amorbach für Mission und Kirchenorganisation im sächsischen Stammesgebiet. In: Oswald/Störmer S. 33–53. – *Matzat*, Studien. – *Matzat*, Zenten. – *Müller*, Dorfkirchen S. 63. – *Neumaier*, Dürn. – *Rommel*, Seligental. – *Schäfer*. – *Wagner* S. 410f.
Ortsliteratur: *Nuber*, Hans Ulrich/*Schallmayer*, Egon, Das Kleinkastell »Haselburg« bei Walldürn-Reinhardsachsen, Neckar-Odenwald-Kreis. Kulturdenkmale in BW, Kleine Führer, Bl. 47.
Erstnennungen: ON 1294 (REM 1 Nr. 352), Größe von Hube und Lehen (StA Würzburg, Würzburger Lehnsachen 5686 fol. 34), Kirche 1453 (GLA Karlsruhe 229/85541a).

Rippberg

Quellen, gedr.: *Bendel.* – BEO 4. – DI 8. – *Grimm* 3 und 6. – *Gropp.* – *Krebs*, Amorbach. – *Krebs*, Weistümer. – Lehnb. Würzburg 1 und 2. – REM 1 und 2. – R Katzenelnbogen. – R Würzburg. – *Schröcker.* – Vat. Quellen. – ZGO 39, 1885; 43, 1889.
Ungedr.: FLA Amorbach, U Amorbach; Repertorium Rand; Amorbacher Urbar 1395; Salb. des Amtes Rippberg 1687; Rippberger Amtsrechnungen 1700, 1750; Bücher zur Kenntnis und zur Hebung des Landes. – GLA Karlsruhe J/H Rippberg 1–1a; 43/Sp. 203; 229/46250–250a, 88255–268, 109805, 109876. – StA Wertheim U. – StA Würzburg, Mainzer Ingrb. 17; Mainzer Lehnb. 1; Würzburger Lehnb. 36, 37, 43, 48, 49, 55, 56; Würzburger Lehnsachen 1000/XXXII, 1034/XXXIV, 1150, 5686, 5826/206.
Allg. Literatur: *Eichhorn*, Dürn. – *Eichhorn*, Kirchenorganisation. – FbBW 5. – KDB IV,3 S. 74–68. – *Krieger* TWB 2 Sp. 82, 634f. – LBW 5 S. 273f. – *Matzat*, Studien. – *Matzat*, Zenten. – *Müller*, Dorfkirchen S. 63. – *Neumaier*, Dürn. – *Neumaier*, Reformation. – *Oechsler/Sauer.* – *Schäfer.* – *Schuster* S. 382. – *Veit.* – *Wolfert.*
Ortsliteratur: *Krebs*, Richard, Rippberg, eine Würzburgische Neusiedelung nach dem 30jährigen Kriege. In: ZGO 74, 1920 S. 313–345. – *Hirt*, Erwin, Burg und Herrschaft Rippberg. In: Wartturm 1, 1925/26 Nr. 6. – *Hirt*, Erwin, Rippberg, eine Würzburger Neusiedelung. In: Wartturm 2, 1926/27 Nr. 6. – *Götzelmann*, Ambrosius, Zur Geschichte des Dorfes Rippberg. In: Wartturm 3, 1927/28 Nr. 8. – *Walter*, Max, Die alte Kirche in Rippberg. In: Wartturm 3, 1927/28 Nr. 11.
Erstnennungen: ON 1197 (*Gropp* S. 194), Burg um 1361 (Lehnb. Würzburg 2 Nr. 1357), Niederadel 1343 (*Krebs*, Amorbach S. 257), Pfarrei 1594 (FLA Amorbach, U Amorbach 1594

Feb. 22), Patrozinien Barbara 1556 und Sebastian 1557 (GLA Karlsruhe 229/88258), BMV, Peter und Paul 1685 (FLA Amorbach, Salb. des Amtes Rippberg 1687 fol. 91), Linkenmühle 1459 (FLA Amorbach, Repertorium Rand 94/1).

Walldürn

Quellen, gedr.: *Aschbach.* – *Battenberg.* – *Becher.* – *Bendel.* – CL. – DI 1 und 8. – *Grimm* 6. – *Gropp.* – *Gudenus* CD 3. – *Krebs*, Amorbach. – *Kühles.* – Lehnb. Würzburg 1 und 2. – MGH D Fl. – ORh Stadtrechte. – R Adelsheim. – REM 1 und 2. – R Katzenelnbogen. – RPR 1. – R Wertheim. – R Würzburg. – *Scherg.* – *Schröcker.* – UB Hohenlohe 1–3. – UB MOS. – Vat. Quellen. – *Weech*, Reißbuch. – WR. – WUB 2–11. – ZGO 2, 1851; 4, 1853; 9, 1858; 11, 1860; 12, 1861; 15, 1863; 16, 1864; 21, 1871; 24, 1872–26, 1874; 32, 1880; 39, 1885; 74, 1920.

Ungedr.: FLA Amorbach, U Amorbach; Repertorium Rand; Gottersdorfer Zins- und Lagerb. 1584 und 1687; Salb. des Amtes Rippberg 1687; Seligentaler Zins-, Gült- und Lagerb. 1699; Walldürner Kellereirechnungen 1700, 1750; Amorbacher Seelgeräte; Aktivlehen Wollenschläger; U-Abschriften Gottersdorf, Gerolzahn und Neusaß 1455; Bücher zur Kenntnis und zur Hebung des Landes; Pläne VI,47. – FrhRA Hainstadt U. – GLA Karlsruhe J/H Walldürn; 43/Sp. 249; 44 von Dürn, von Hardheim; 67/287, 1057, 1906; 69 Rüdt von Collenberg U4, U6, U17, U18, U20, U24, U32, U60, U88, U155, U170, 3704; 72 von Dürn; 229/109798–876. – HZA Neuenstein, Weinsberg J5, L3, O89. – StA Wertheim U. – StA Würzburg, Mainzer Ingrb. 9, 10, 12–14, 17–19, 27, 40–42, 53, 54, 58; Mainzer Lehnb. 1–6, 8, 9; Mainzer Bü. versch. Inh. 10; Würzburger Lehnb. 36, 37, 43, 48, 49, 55, 56; Würzburger Lehnsachen 998/XXXII, 999/XXXII, 1000/XXXII, 1034/XXXIV, 1150/XXXVI, 5686, 5825/206, 5826/206, 7400/259, 7415/261, 7677/289; Adel 905/XXXVI; Admin. 684/15338; 858/18825; MRA ältere Kriegsakten 1/57; MRA Militär K217/14, K240/436.

Allg. Literatur: *Alberti* 1 S. 140. – *Biedermann.* – *Eichhorn*, Dürn. – *Eichhorn*, Kirchenorganisation. – FbBW 5. – *Filtzinger/Planck/Cämmerer* S. 604–606. – *Fouquet*, Gerhard, Das Speyerer Domkapitel im späten Mittelalter (ca. 1350–1540). Quellen und Abhandlungen zur mittelrheinischen Kirchengeschichte 57. Mainz 1987. – *Hahn* S. 396 f. – *Hartmann*, Wolfgang, Auf den Spuren des Bamberger Fernbesitzes am bayerischen Untermain und im Odenwald. In: BEO 4, 1986 S. 119–150. – HHS S. 852–854. – *Höbelheinrich*, Norbert, Die »9 Städte« des Mainzer Oberstifts, ihre verfassungsmäßige Entwicklung und ihre Beteiligung am Bauernkrieg 1346–1527. ZwNuM 18. Buchen 1939. – *Hundsnurscher/Taddey* S. 283 f. – KDB IV,3 S. 94–147. – *Keyser* S. 165–168. – *Krieger* TWB 2 Sp. 1342–1348. – LBW 5 S. 274 f. – *Martin*, Wolfgang, Zum Umkreis hochmittelalterlicher Adelsgeschlechter im und am Odenwald. In: BEO 4, 1986, S. 151–214. – *Matzat*, Studien. – *Matzat*, Zenten. – *Möller* NF1 S. 18–20 und Tfl. 12. – *Müller*, Dorfkirchen S. 77. – *Neumaier*, Dürn. – *Neumaier*, Reformation. – *Oechsler/Sauer.* – *Rommel*, Seligental. – *Schaab*, Meinrad, Bergstraße und Odenwald, 500 Jahre Zankapfel zwischen Kurmainz und Kurpfalz. In: Oberrheinische Studien 3. Karlsruhe 1975. S. 237–265. – *Schäfer.* – *Schuster* S. 383. – *Simon.* – *Störmer*, Wilhelm, Staufische Reichslandpolitik und hochadelige Herrschaftsbildung im Maineviereck. In: Festschrift Friedrich Hausmann. Hg. von Herwig Ebner. Graz 1977. S. 505–529. – *Störmer* S. 73–79, 99–101. – *Veit.* – *Wagner* S. 423–427. – *Wolfert.*

Ortsliteratur: *Mone*, Franz Joseph, Zur Geschichte fränkischer Dynasten vom 12. bis 15. Jahrhundert. In: ZGO 9, 1858 S. 44–64, 310–323, 431–440. – *Hoffmann*, Jakob, Kurze geschichtliche und topographische Beschreibung der Stadt Walldürn nebst der Wallfahrt zum heiligen Blute. Walldürn 1877. – *Bischoff*, Fridolin, Walldürner Stadtordnung vom Jahre 1492. In: Wartturm 4, 1929 Nr. 8. – *Schachner*, Alfons, Was bedeutet der Ortsname Walldürn? In: Wartturm 9, 1933/34 Nr. 6. – *Albert*, Peter Paul, Der Name Walldürn. In: Wartturm 9, 1933/34 Nr. 12. – *Schreiber*, Die Herkunft der Edelherren von Durne, der Gönner Wolframs von Eschenbach. In: ZGO 87, 1935 S. 299–347. – *Trotter*, Kamillo, Zur Abstammung der Herren von Walldürn. In: ZGO 88, 1936 S. 299–303. – *Schreiber*, Albert, Zur Abstammung der Herren von Walldürn. Antwort auf Camillo Trotters kritische Bemerkungen. In: ZGO 88, 1936 S. 493–499. – *Albert*, Peter Paul, Die Edelherren von Dürn. ZwNuM 15. Buchen 1936. – *Gottron*, Adam Bernhard, Das älteste Walldürner Wallfahrtslied. In: Archiv für mittelrheinische Kirchengeschichte 1, 1949 S. 326–330. – *Heidt*, Fritz, Walldürn in seiner städtebaulichen Entwicklung. In: Baden 5, 1953 H. 6 S. 9 f. –

Liebler, Hans, Die Edelherren von Dürn. In: Amorbach. Beiträge zu Kultur und Geschichte von Abtei, Stadt und Herrschaft. Würzburg 1953. S. 67–79. – *Schick*, Rudolf, Walldürn im Dreißigjährigen Krieg. In: Odenwald 4, 1957 S. 13–17, 125–129. – *Brückner*, Wolfgang, Die Verehrung des Heiligen Blutes in Walldürn. Volkskundlich-soziologische Untersuchungen zum Strukturwandel barocken Wallfahrtens. Veröffentlichungen des Geschichts- und Kunstvereins Aschaffenburg 3. Aschaffenburg 1958. – *Friese*, Alfred, Das Urbar von Walldürn ⟨von 1442⟩. In: Wertheimer Jahrbuch 1960 (1963) S. 24f. – *Schick*, Rudolf, Die Burgstraße in Walldürn. In: Bad. Heimat 49, 1969 S. 279–288. – *Assion*, Peter, und *Wojciechowski*, Stefan, Die Verehrung des Heiligen Blutes von Walldürn bei Polen und Tschechen. In: Archiv für mittelrheinische Kirchengeschichte 22, 1970 S. 141–167. – *Assion*, Peter, Die ältere Walldürner Wallfahrtskirche und neue Funde zu ihrer Ikonographie. In: Denkmalpflege in BW 2, 1973 H. 2 S. 28–33. – *Assion*, Peter, Die älteste Ansicht der Stadt Walldürn. In: Denkmalpflege in BW 2, 1973 H. 3 S. 47. – *Baatz*, Dietwulf, Die römischen Thermen am Limeskastell Walldürn, Odenwaldkreis. In: Demkmalpflege in BW 3, 1974 H. 2 S. 25–30. – Beiträge zur Walldürner Stadtgeschichte 1. Walldürner Museumsschriften 3. Walldürn 1974. – *Baatz*, Dietwulf, Das Römerbad am Limeskastell Walldürn (Odenwaldkreis). Kulturdenkmale in BW, Kleine Führer 22). Stuttgart 1976. – *Baatz*, Dietwulf, Walldürn, Neckar-Odenwald-Kreis. Römisches Kastellbad. In: Lebendige Archäologie. Stuttgart 1976. S. 141–147. – *Behrends*, Rolf-Heiner, Walldürn, Neckar-Odenwald-Kreis. Wachttürme des römischen Limes nördlich von Walldürn. In: Lebendige Archäologie. Stuttgart 1976. S. 148–151. – *Assion*, Peter, Zur Konsekration der Walldürner Wallfahrtskirche 1728. In: Odenwald 25, 1978 S. 39–43. – *Baatz*, Dietwulf, Das Badegebäude des Limeskastells Walldürn (Odenwaldkreis). In: Saalburg Jahrbuch 35, 1978 S. 61–107. – 650 Jahre Wallfahrt Walldürn. Hg. von Peter *Assion*. Karlsruhe 1980. – *Assion*, Peter, Burg und Kellerei Walldürn. In: Zur Geschichte der Burg Wildenberg. Breuberg-Neustadt 1979. S. 28–31. – *Bissinger*, Albert, 650 Jahre Wallfahrt zum Hl. Blut in Walldürn. In: Bad. Heimat 61, 1981 S. 105–109. – *Schallmayer*, Egon, Ausgrabungen im Lagerdorf des Numeruskastells Walldürn, Neckar-Odenwald-Kreis. In: AA 1982 S. 146–150. – *Schallmayer*, Egon, Römische Ausgrabungen in Neckarburken, Osterburken und Walldürn. In: Denkmalpflege in BW 12, 1983 S. 133–142. – *Eichhorn*, Werner, Der Lehenshof der Dynasten von Dürn. In: BEO 4, 1986 S. 215–252. – *Wick*, Theodor, Walldürner Heimatgeschichte 795–1950. Walldürn 1988.

Erstnennungen: ON 794 (CL Nr. 2843), Adel 1171 (MGH D FI Nr. 582), Niederadel 1197 (*Gropp* S. 194), Pfarrei 1248 (Bay. HauptStA München, U Erzstift Mainz, sub dato), Patrozinien Georg 1445 (*Brückner* a.a.O. S. 269) Barbara 1469 (PfarrA Walldürn, Chartarium 1 S. 69) BMV, Hl. Kreuz, Apostel, Fronleichnam, Michael 1497 (PfarrA Walldürn, a.a.O. S. 87), Ablaßbulle 1445 (*Brückner* a.a.O. S. 268f.), Hl. Blut-Legende 1571 (*Brückner* a.a.O. S. 267ff.).

Wettersdorf

Quellen, gedr.: *Gropp*. – *Krebs*, Amorbach. – *Krebs*, Weistümer. – ZGO 43, 1889; 74, 1920.
Ungedr.: FLA Amorbach, U Amorbach; Repertorium Rand; Amorbacher Urbar 1395; Walldürner Kellereirechnungen 1700, 1750; Bücher zur Kenntnis und zur Hebung des Landes. – GLA Karlsruhe J/H Wettersdorf 1–2; 229/45934, 113449–113451. – StA Würzburg MRA Militär K217/14, K240/436; ältere Kriegsakten 1/57; Würzburger Lehnsachen 5686.

Allg. Literatur: *Eichhorn*, Kirchenorganisation. – *Krieger* TWB 2 Sp. 1433. – LBW 5 S. 275. – *Matzat*, Studien. – *Matzat*, Zenten. – *Neumaier*, Dürn. – *Neumaier*, Reformation. – *Schäfer*.
Erstnennung: ON 1293 (FLA Amorbach, U Amorbach 1293 Sept. 1).

Zwingenberg

470 ha Gemeindegebiet, 710 Einwohner

Wappen: In Blau drei (2:1) silberne (weiße) Schwanenhälse mit goldenen (gelben) Schnäbeln. – Die drei Schwanenhälse, das Wappen der Edlen von Zwingenberg, wurden im 19. Jh. ins Gerichtssiegel der Gemeinde aufgenommen und 1913 vom Generallandesarchiv für das Gemeindewappen herangezogen, das die Gemeinde wenig später annahm. – Flagge: Weiß-Blau (Silber-Blau). Sie wird 1991 vom Landratsamt verliehen.

Gemarkung: Zwingenberg mit Burg Zwingenberg und Zwingenberger Hof.

A. Natur- und Kulturlandschaft

Naturraum und Landschaftsbild. – Die Gkg Zwingenberg bildet mit einer Fläche von nur 464 ha das kleinste Gemeindegebiet des Neckar-Odenwald-Kreises. Es liegt im südöstlichen Odenwald beiderseits des Neckars im Grenzbereich von *Hinterem Odenwald*, dem die nördliche Gemarkung angehört, und *Kleinem Odenwald*, in den der südliche Gemarkungsabschnitt übergreift. Beim Eintritt in das Buntsandstein-Bergland, das im ausgehenden Tertiär und Altquartär stark herausgehoben wurde, mußte sich der antezedente, gegen das Schichtenfallen fließende Neckarlauf gegen die Gebirgshebung behaupten. Große Flußschleifen in ausgeprägten Talmäandern, die bereits südöstlich außerhalb des Odenwalds im Muschelkalk-Hügelland einsetzen und die sich mit fortschreitendem Eindringen in den Gebirgskörper tiefer eingeschnitten haben, bestimmen daher das abwechslungsreiche Landschaftsbild des Neckartals im südöstlichen Odenwald. Zusammen mit alten und verlassenen Talschlingen wie um den Mittelberg auf den Gkgn Guttenbach und Neckarkatzenbach oder im Stadtgebiet von Eberbach sind diese Talschleifen mit deutlich ausgeprägten Prall- und Gleithängen in den Oberflächenformen festgeschriebene Zeugnisse einer sukzessiven Gebirgshebung und Flußeintiefung bei der Suche nach einem Gebirgsdurchbruch des Neckars.

Große Höhenunterschiede auf engem Raum bestimmen daher auch die Neckartallandschaft von Zwingenberg. Ihr abwechslungsreiches und romantisches Bild ist zum einen in den beiden Flußschleifen begründet, die mit sich gegenüberstehenden, steilen Prall- und sanften Gleithängen die weitgehend waldbedeckte Gemarkung durchschneiden. Zum anderen ist es die im bewegten Relief begründete Ausgestaltung der Kulturlandschaft mit der schmalen und straßendorfartigen Siedlung am unteren übersteilten Talhang rechts des Flusses, über der in steiler Spornlage durch die Einmündung eines schluchtartigen Seitentals die heute noch bewohnte Burg aufragt.

Im N und im S hat die kleine Gemarkung noch Anteil an den bewaldeten Hochflächen im Oberen Buntsandstein, die rechts des Flusses zu der hochmittelalterlich gerodeten Winterhauchhochfläche, südlich des Neckars zu den auf dem Kleinen Odenwald liegenden Feldfluren von Neunkirchen überleiten, die sich bis an die südliche Gemarkungsgrenze heranschieben. Höhen um 420 m NN im Wilhelms- und Maximilianshain am Nordrand der Gemarkung sowie bis auf 375 und 380 m aufragende Waldhöhen am südlichen Gemarkungsrand sind die herausragenden Gemarkungsschultern, zwischen denen das enge Flußtal eine Höhenlage von nur 140 und 130 m NN einnimmt. Gegenüber dem Nordrand der Gemarkung hat sich der windungsreiche Fluß um 280 bis 290 m und gegenüber ihrem Südrand um 240 bis 250 m in die mächtigen Schichtpakete des Mittleren Buntsandsteins eingeschnitten. Besonders deutlich wird dies an den Außenrändern der Neckarschleifen wie an dem 160 m steil ansteigenden Prallhang des Zwerenbergs über dem linksseitigen Flußufer im südlichen Gemarkungsabschnitt oder an dem rd. 200 m fast mauerartig aufragenden Prallhang rechts des Flusses im nördlichen Gemarkungsbereich, an dem die alte Siedlung und die Neckartalbahn entlangziehen. Eine mit jungen Alluvionen bedeckte Talsohle ist im Zwingenberger Bann kaum ausgebildet, stehen den Prallhängen doch flach zum Wasserlauf abfallende Gleithänge gegenüber, die gerodet sind und das flächenmäßig geringe Ackerland tragen wie beim Zwingenberger Hof, gegenüber von Siedlung und Schloß, oder die die erst in den letzten Jahrzehnten überbauten Neubauflächen im S des mittelalterlichen Burgweilers und Straßendorfes tragen.

Die Neckartalhänge werden sowohl am südlichen rechtsseitigen Gleithang wie an den fast mauerartig abfallenden Prallhängen von dem Fluß zustrebenden Seitenbächen zerschnitten. Am Südrand des Zwingenberger Neubaugebietes zerschneidet der Koppenbach, der weitgehend auf der Neckargeracher Nachbargemarkung von der südlichen Winterhauchhochfläche heruntersteigt, den auf Gkg Zwingenberg heute ganz überbauten Flachhang. Am gegenüberliegenden Flußufer wird der Steilhang des Zwerrenbergs am Südrand der Gemarkung von einem klammartig eingeschnittenen Bach zerschnitten, der das hochflächige Waldgebiet auf der nördlichen Gkg Neunkirchen entwässert. Die in den Prallhang eingetiefte steile Klinge heißt Wolfsschlucht wie das Engtal jenes Seitenbaches, der auf der Winterhauchhochfläche bei dem Wohnplatz Untere Post (Gkg Oberdielbach) entspringt und sich nach der Einmündung eines westlichen Quellbaches mit etwa 100 m hohen Steilflanken tief in den Hauptbuntsandstein eingekerbt hat. Im Mündungswinkel dieser größeren nördlichen Wolfsschlucht, die in Carl Maria von Webers romantische Oper »Der Freischütz« eingegangen sein soll, bildete sich jener hochaufragende Felsporn im dickbankigen Hauptbuntsandstein, der das heute markgräflich badische Schloß Zwingenberg trägt.

Siedlungsbild. – Die heute am rechten Neckarufer entlangziehende Ortschaft Zwingenberg hat zwei Siedlungskerne. Auf hohem und schmalem Bergsporn zwischen dem Neckartal und der tief eingeschnittenen Wolfsschlucht überragt die im Hochmittelalter erbaute *Burg Zwingenberg* Fluß und altes Dorf. Ihr zeltdachbekrönter, hoher Bergfried auf quadratischem Grundriß, der benachbarte, ebenfalls hohe Palasbau und die mächtigen Außenmauern mit einem halbrunden, nach innen offenen Wehrturm auf der Spornspitze im W prägen das Bild dieses herrschaftlichen Siedlungsplatzes (s. u.). Unter der Burg entwickelte sich am Neckarprallhang der ehemalige *Burgweiler* als Kern des langgestreckten Ortes. Zwischen dem Neckarufer, an dem heute die breit ausgebaute B 37 entlangzieht, und der am übersteilten Talhang angelegten Trasse der Neckartalbahn hat sich das Dorf zu einer schmalen straßendorfartigen Siedlung entwickelt. Ein neues Siedlungselement bildete sich am südlich anschließenden Gleithang seit den 1960er Jahren mit einem weitgehend vorstädtisch wirkenden, flächenhaften Neubaubereich in den einstigen Fluren »Im hohen Garten«, »Kohlstatterfeld«, »Meisenbrunnenäcker« und »Kirchmaueräcker« bis zum Koppenbach heraus.

Die Hauptachse der alten Siedlung ist die am Prallhang zwischen der B 37 und der Bahnlinie entlangziehende Alte Dorfstraße. Ihr dicht zusammengedrängter, fast ganz traufseitig ausgerichteter Baubestand erinnert mit einigen alten Wohnstallhäusern und bäuerlichen Wirtschaftsgebäuden, an denen Sandsteinsockel, Fachwerk- und Holzwände auffallen, an die einst landwirtschaftliche Betätigung der Einwohner. Die

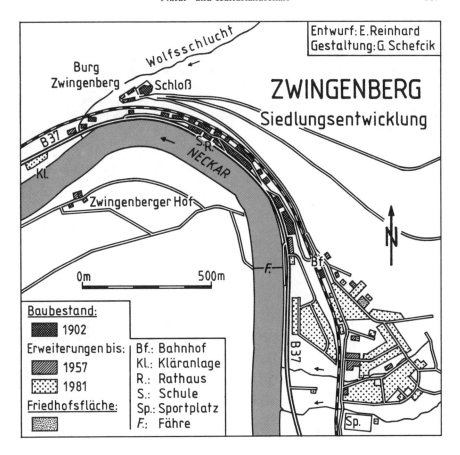

zwischen der Alten Dorfstraße und der höher verlaufenden Bahntrasse angeordneten Scheunen sind teilweise in Schöpfe und Trockenplätze für Wäsche und Brennholz umgestaltet und so einer neuen Funktion zugeführt. Die Wohnhäuser sind an der Alten Dorfstraße, die beim Schul- und Rathaus eine Verbindung zur B 37 hat, meist nur eingeschossig; an der dem Neckar zugewandten Talseite haben sie zwei, zuweilen auch drei Stockwerke. An einigen dieser an den Hang geschmiegten alten Bauten ist die ehemalige Funktion des bäuerlichen Wohnstallhauses auch von der B 37 aus noch deutlich zu erkennen. Im übrigen zeigen die an dieser Talstraße errichteten Gebäude zuweilen wiederum hohe Sockel und Untergeschosse aus Buntsandstein oder auch Außentreppen aus diesem an den steilen Flanken des Neckartals anstehenden Baumaterial.

Das herausragende Bauwerk zwischen der Alten Dorfstraße und der B 37 ist das *Schul- und Rathaus*. Das hellgelb verputzte, gepflegte Gebäude hat ein hohes Untergeschoß sowie Fenstergewände aus rötlichem Buntsandstein. Der höhere Schultrakt auf quadratischem Grundriß trägt ein ziegelgedecktes Walmdach, das in ein offenes Glockentürmchen mit Zwiebeldach übergeht. Der östliche, etwas niedrigere Verwaltungsanbau wird von einem Krüppelwalmdach geschützt.

Der Siedlungsaufriß zeigt zur B 37 hin manche städtisch wirkenden Züge. Sie sind in einer äußerst dichten und multifunktionalen Bebauung mit Bank- und Sparkassenfilialen, mit Kaufläden, älteren und modernen dreigeschossigen Wohnhäusern sowie mit dem Fremdenverkehr dienenden Gasthäusern und Hotels bedingt und bewirkten letztlich ein abwechslungsreiches Ortsbild. Als besonders malerisches Gebäude sticht die *Gaststätte Schiff-Post* mit einer zweiseitigen Buntsandsteintreppe, die zur hochgelegenen Gaststube führt, heraus. Über ihrem gelb verputzten Untergeschoß ist ein Fachwerkobergeschoß mit Gästezimmern zu erkennen. Bei der Abzweigung der Bahnhofstraße, die teilweise serpentinenartig und durch eine Unterführung des Gleiskörpers zum Bahnhof und südlichen Neubaugebiet hinaufführt, prägt eine weitere Gaststätte mit Hotelanbau das Ortsbild gegen den SO-Rand des alten Dorfes: die *Gastwirtschaft zum Anker*. Auch sie hat einen sehr hohen Sandsteinsockel mit zweiseitiger Außentreppe. An der Neckarfront des Hotelannexes bestimmen Balkons das Bild des Ober- und Dachgeschosses. Der anschließende dreigeschossige Erweiterungstrakt mit modernen Hotelzimmern bringt neue Architekturelemente zum Tragen, die recht unvermittelt an den Altbau angesetzt sind.

Vermittelndes Glied zwischen der alten Siedlung im Tal sowie am steilen Prallhang und dem südlichen Neubaugebiet in sanfter Hanglage ist der im Hauptbau dreistöckige *Bahnhof* mit einem Buntsandsteinuntergeschoß und zwei verputzten Obergeschossen unter einem Giebeldach. Im S ist ein niedrigerer Sandsteinanbau mit einem Terrassendach angefügt. Südlich der Bahnhofsanlagen folgen den Gleisen die flachgiebeligen und langgestreckten Produktionshallen der Maschinenfabrik Mosca, die in ihrer modernen Art durch eine niedrige Bauweise und große Milchglasflächen an den Längsfronten auffallen.

Das südliche *Neubaugebiet*, das abgesehen von ersten baulichen Ansätzen oberhalb der Bahnhofstraße in den 1980er Jahren entstand, wird durch die am Hang südwärts führende Bahntrasse geteilt. Das untere Neubaugebiet zwischen Bahn und B 37 an der Ringstraße Im Kohlstatterfeld liegt auf dem zum Fluß sanft ausstreichenden Gleithang. Es besteht aus ein- und zweigeschossigen Ein- und Zweifamilienhäusern mit schön angelegten Vorgärten. An seinem oberen Südrand hebt sich der moderne Industriebetrieb der Fa. Kübler Impulsgerätebau mit kubischen Flachdachgebäuden von der Wohnbebauung ab. Die Wände der zweigeschossigen Fabrikbauten sind teils verputzt, teils lassen sie auch Waschbeton erkennen. Das Neubaugebiet oberhalb der Bahnanlagen und der an ihnen entlangführenden Bahnhofstraße wird ganz überwiegend durch freistehende, von Ziergärten umgebene und individuell gestaltete Einfamilienhäuser geprägt. Seine Hauptsiedlungsachse ist die am Hang hinaufziehende Straße Im hohen Garten, an der auch der Friedhof der Gemeinde liegt. Er dehnt sich in einem flacheren Hangbereich oberhalb von ihr aus, ist gegen sie durch eine hohe Buntsandsteinmauer abgeschlossen und schließt am oberen Rand des Gräberfeldes mit einer modernen Kapelle aus Buntsandsteinmauerwerk und Beton ab. Ihr Flachdach und der neben ihr aufragende freistehende Glockenturm, eine reine Betonkonstruktion, bestimmen ihr Äußeres, das sich gut der benachbarten Wohnbebauung anpaßt. Unterhalb des Friedhofs besteht sie aus Einfamilienhäusern in moderner Reihenhausbauweise. Die Rotäckerstraße, an der wiederum Einfamilienhäuser mit individuellen Grund- und Aufrissen stehen, erschließt südöstlich des Friedhofs den oberen Hang. Wohnstraßen, die hangabwärts zur Bahnhofstraße führen (Im Neugereut, Am Mittelberg, Am Koppenbach), und die hangaufwärts ziehende Waldstraße erschließen heute die gesamte südöstliche Gemarkung. Der Sportplatz südlich des Koppenbachs liegt bereits auf der Nachbargemarkung von Neckargerach.

Die Gemeinde im 19. und 20. Jahrhundert

Südlich des Neckars liegt gegenüber der sich zum Fluß hin öffnenden Wolfsschlucht der *Zwingenberger Hof*, ein größeres Gehöft mit mehreren Nebengebäuden, dessen steilgiebelige Dächer sein Siedlungsbild prägen. Von dieser flußnah am unteren Gleithang gegenüber der Burg Zwingenberg liegenden landwirtschaftlichen Kleinsiedlung aus wird der gerodete und ackerbare Gleithang gegenüber der alten straßendorfförmigen Siedlung bewirtschaftet.

Bemerkenswerte Bauwerke. – Auf einer Bergnase über dem rechten Neckarufer beherrscht das *Schloß Zwingenberg* Fluß und Straße. Einst Sitz der Edlen von Zwingenberg, ist die Burg seit dem 13. Jh. nachweisbar. Aus dieser Zeit sind die Schildmauer der Oberburg und untere Teil über quadratischem Grundriß erbauten Bergfrieds erhalten, der mit seinem oberen Geschoß aus dem 15. Jh. stammt und die Burganlage weithin prägt. Buckelquader sind vor allem als Eckquader zu beobachten. Die übrigen Teile der Befestigungsmauern mit vier Rundtürmen an den Ecken stammen im wesentlichen aus der Zeit nach der Zerstörung von 1364. Sie wurden Anfang 15. Jh. von Hans und Eberhard von Hirschhorn erbaut. In der Nordwestecke entstand damals der Palas. Ältere Bauteile wurden einbezogen. Die alte Kapelle, ein tonnengewölbter Raum mit Rundbogeneingang, hat ihre fast vollständige Ausmalung aus den Jahren vor ihrer Weihe 1424 bewahrt. Ein uns namentlich unbekannter, wohl schwäbischer Meister, stellte auf dem Gewölbe die Maiestas Domini dar, begleitet von den vier Evangelistensymbolen und Kirchenvätern. Über der Tür die Verkündigung und Anbetung der Könige, gegenüber über dem Fenster eine große Kreuzigung und an den Längswänden 2 (ehemals 3) Reihen einzelner Heiliger. Der heute erhaltene weitere Ausbau mit dem Treppenturm und die Lauben im Schloßhof wurden im Renaissancestil in 4 Geschossen um 1574 erbaut. Das Treppenturmportal wurde unter Friedrich von Hirschhorn 1594/95 hinzugefügt und mit dem Hirschhornschen Wappen im Giebelfeld geschmückt. Aus dieser Zeit stammt auch die Kirche im Nordflügel mit Holzdecke und die Neue Kapelle im Westflügel. Ihre zeitgenössische Ausstattung, Holzbüsten vom Chorgestühl der Klosterkirche Salem von Melchior Binder, wurde von den Markgrafen von Baden hierher gebracht, nachdem sie die Burg zu Beginn des 19. Jh. erworben und dann restauriert hatten. Über der Neuen Kapelle befindet sich der Archivsaal, dessen Tür 1574 datiert ist. Der Zwischenbau am Bergfried wurde 1572 mit 3 gewölbten Geschossen errichtet. Gewölbt ist auch die Kemenate, eine offene Halle. Über der Torhalle aus dem frühen 15. Jh. wurde nach 1696 ein Anbau errichtet. Ein weiterer Umbau erfolgte um 1711 unter der Leitung Johann Jakob Rischers. Nach dem Aussterben der Hirschhorner 1632 war der Besitz über 100 Jahre strittig. Die Göler von Ravensburg verkauften 1746 die Burg mit Zubehör an Kurpfalz; sie diente fortan als Amtskellerei. Kurfürst Carl Theodor gab Zwingenberg 1778 seinem natürlichen Sohn Karl August von Bretzenheim bis sie 1808 in bad. Besitz kam. Zwingenberg ist eine der am besten erhaltenen Burgen Deutschlands.

B. Die Gemeinde im 19. und 20. Jahrhundert

Bevölkerung

Bevölkerungsentwicklung. – Im 19. Jh. nahm die Bevölkerung in Zwingenberg nur zwischen 1809 und 1830 von 214 auf 362 Personen zu. Die folgenden Jahrzehnte waren durch einen kontinuierlichen Bevölkerungsrückgang infolge von *Aus- und Abwanderung* gekennzeichnet, so daß Zwingenberg 1910 nur noch 228 Einwohner zählte und damit kaum über dem Stand von 1809 lag. Die negative Bevölkerungsentwicklung wurde in den Ortsbereisungsprotokollen angesichts der beschränkten Gemarkung und der herrschenden Armut als »Glück« für die Gemeinde gewertet. 1939 hatte sich die Einwohnerzahl mit 230 Personen nicht wesentlich geändert. Im 1. Weltkrieg fielen 5, im 2. Weltkrieg 27 Soldaten. 1950 wurden 415 Einwohner registriert, davon waren 118 *Heimatvertriebene* und *Flüchtlinge*, die zum größten Teil aus Ungarn und der Tschechoslowakei kamen. Obwohl 17 SBZ-Flüchtlinge Aufnahme in Zwingenberg fanden, hatte die Bevölkerung 1961 abgenommen, weil viele Neubürger schon nach kurzer Zeit wieder abgewandert waren. Zwischen 1961 und 1970 erfolgte ein überproportionaler Anstieg von 369 auf 606 Einwohner (+64,2 %), da zu dieser Zeit Neubaugebiete erschlossen wurden. Seitdem hat sich der Aufschwung – wenn auch in verlangsamtem Tempo – durch eine weiterhin positive Wanderungsbilanz und einen nach wie vor bestehenden leichten Geburtenüberschuß fortgesetzt. 1987 war Zwingenberg mit 718 Einwohnern kleinste selbständige Gemeinde im Neckar-Odenwald-Kreis, darunter befanden sich 17 *Ausländer* (2,4 %) aus Italien, Österreich und der Türkei.

Konfessionelle Gliederung. – Im 19. Jh. waren in Zwingenberg rd. 70 % der Einwohner Protestanten und 20 % Katholiken. 1925 gehörten 80,2 % der ev. und 16,9 % der kath. Konfession an. 1987 wurden nur noch 52,8 % Protestanten registriert, während der Anteil der Katholiken auf 40 % gestiegen war.

Juden siedelten sich im 18. Jh. an. 1809 hatte Zwingenberg 25, 1845 39 jüd. Einwohner, 1900 waren es nur noch 16. Von den 1933 ansässigen 4 Juden zog einer nach Frankfurt und einer nach Mannheim, zwei jüd. Frauen wurden am 22.10.1940 nach Gurs deportiert, wo eine der beiden verstarb, die andere gilt als verschollen.

Soziale Gliederung. – Weil sich der größte Teil der ohnehin beschränkten Gkg Zwingenberg im Besitz der Markgräflichen Standesherrschaft befand, reichte die Landwirtschaft nur für wenige Einwohner zur Existenzsicherung aus. Die Mehrzahl hatte geringen oder keinen Grundbesitz und mußte sich vom Taglohn ernähren. 1853 wurden 6 Landwirte, 8 Gewerbetreibende mit unbedeutendem Geschäftsbetrieb und 59 Taglöhner gezählt, die in einfachen und ärmlichen, teilweise verwahrlosten Verhältnissen lebten und gelegentlich in den umliegenden Dörfern »auf den Bettel gingen«. Auch in den folgenden Jahrzehnten galt Zwingenberg als ökonomisch schlechtestgestellte Gemeinde des Bezirks. Dabei wurden die Einwohner nicht uneingeschränkt positiv charakterisiert. In den Ortsbereisungsprotokollen ist davon die Rede, daß viele fleißig und sparsam seien, manche aber »Lust und Liebe zur Arbeit« vermissen ließen und einige Eltern ihre erwachsenen Kinder eher zum Betteln als zum Arbeiten anhalten würden. Die Hoffnung auf Zuwendungen der Markgräflichen Standesherrschaft, die die Kosten für Ortsarme weitgehend übernahm und ab und zu unentgeltlich Lebensmittel verteilen ließ, habe einen »bettelhaften Zug« zur Folge. Die wirtschaftliche Lage verschlechterte sich, als 1878 die Kettenschleppschiffahrt auf dem Neckar eingeführt und dadurch das Schiffsreitergewerbe hinfällig wurde. Die Treidelreiterei – Zwingenberg war Station zum Wechseln der Treidelpferde, die Frachtkähne auf dem Neckar stromaufwärts zogen – bildete jahrzehntelang einen bevorzugten Erwerbszweig, weil sie im Vergleich zu anderen Taglohnarbeiten (dazu gehörten die Anlage von Wegen und Kulturen sowie Holzfällen und Holzfuhren in den standesherrschaftlichen Wäldern, Straßen- und Eisenbahnbau, Steinebrechen auf benachbarten Gemarkungen, Fischerei und der Transport von Neckarkies) mehr und regelmäßigen Verdienst brachte.

1895 wurden 51,3 % der erwerbstätigen Bevölkerung der Land- und Forstwirtschaft, 18,2 % dem Produzierenden Gewerbe, 17,8 % Handel und Verkehr und 12,6 % den Sonstigen Wirtschaftsbereichen zugerechnet. 1939 war der Anteil der Landwirte auf rd. ⅓ der Erwerbstätigen zurückgegangen und die Beschäftigtenquote im Produzierenden Gewerbe fast unverändert, während die Zahl der Erwerbstätigen in Handel und Verkehr deutlich (der Fremdenverkehr spielte in Zwingenberg eine gewisse Rolle) und in den Sonstigen Wirtschaftsbereichen geringfügig zugenommen hatte. 1961 arbeiteten immer noch 33 % der Erwerbspersonen in Land- und Forstwirtschaft, doch waren jetzt mehr Einwohner (39,8 %) im Produzierenden Gewerbe beschäftigt, während die Zahl der Arbeitnehmer im Bereich Handel und Verkehr wieder abgenommen hatte und auch der Anteil der Personen in den Sonstigen Wirtschaftsbereichen geringer geworden war. Das durch starke Zuwanderung in den 1960er Jahren ausgelöste Bevölkerungswachstum beschleunigte den Wandel der Erwerbsstruktur, so daß sich Zwingenberg endgültig zur Pendlerwohngemeinde mit Auspendlerüberschuß und bedeutungsloser Landwirtschaft entwickelte. 1970 bestritten nur noch 8 % der Erwerbstätigen ihren Lebensunterhalt aus Land- und Forstwirtschaft, 62 % arbeiteten im Produzierenden Gewerbe. 1987 war die Landwirtschaft (1,8 %) fast ausgestorben und der Anteil der Erwerbspersonen im Produzierenden Gewerbe (58 %) leicht zurückgegangen. Die Quote der Beschäftigten in Handel und Verkehr (14,4 %) blieb im Vergleich zu 1970 konstant, die Sonstigen Wirtschaftsbereiche hatten um fast 10 % auf 25,8 % zugelegt.

Politisches Leben

Im März 1848 war auch die Markgräfliche Standesherrschaft Zwingenberg von den Agrarunruhen betroffen, wenngleich es nicht zu starken Ausschreitungen kam. Eine Kompanie des großherzoglichen Leibregiments, die in Zwingenberg stationiert wurde, stellte nach kurzer Zeit die Ruhe wieder her.

Bei der Zollparlamentswahl 1868 und den *Reichstagswahlen* bis 1907 war die Nationalliberale Partei die dominierende politische Kraft, die allein oder 1887 und 1890 im Kartell mit den Konservativen und der Reichspartei die absolute Mehrheit, in manchen Jahren sogar 100 % der Stimmen erhielt. Die Zentrumspartei ging bei den Wahlen im Kaiserreich einige Male leer aus, ihr bestes Resultat erreichte sie 1803 mit 10,4 %. Seit 1898 war die SPD in Zwingenberg vertreten, 1912 löste sie mit 45,7 % die Nationalliberalen (43,5 %) als stärkste Partei ab. Bei den Wahlen zur Verfassunggebenden Nationalversammlung im Jahr 1919 verfehlten die Sozialdemokraten mit 49,6 % nur knapp die absolute Mehrheit, bei den folgenden Wahlen spielte die SPD keine entscheidende Rolle mehr. 1924 hatte die DVP (33,6 %) die meisten Wähler, gefolgt von DDP und KPD, die jeweils 17,7 % erhielten. Das Zentrum war auch in der Weimarer Republik bedeutungslos. 1928 errangen die Nationalsozialisten die absolute Mehrheit (54,4 %), 1932 konnte die NSDAP ihren Stimmenanteil auf 62,9 % ausbauen.

Aus der Wahl zum 1. Deutschen Bundestag ging die Notgemeinschaft (30 %) 1949 als Sieger vor CDU (21,7 %), DVP/FDP (19,7 %), SPD (15,3 %) und KPD (13,4 %) hervor. 1953 und 1957 wurde die CDU mit einigen Prozentpunkten Vorsprung stärkste Partei vor der SPD, die FDP war unter die 10%-Marke zurückgefallen. Seit 1961 kann sich die SPD vor der CDU behaupten, wobei die Sozialdemokraten 1972–1983 über die absolute Mehrheit verfügten und die CDU nur 1969 über die 40%-Marke hinauskam. Der Stimmenanteil der FDP schwankte in diesen Jahren zwischen 5,6 % und 11,9 %. Zwar mußte die SPD bei der *Bundestagswahl* 1987 Verluste hinnehmen, sie blieb aber mit 45,5 % führende Partei vor der CDU (33,6 %). Die Grünen, die seit 1980 in Zwingenberg repräsentiert sind, erhielten 1987 9,9 % und lagen damit noch vor der FDP (9,5 %). Der SPD-Ortsverband wurde 1972 gegründet und zählt heute 21 Mitglieder. Der CDU-Ortsverband, dem 19 Mitglieder angehören, besteht seit 1971.

Wirtschaft und Verkehr

Land- und Forstwirtschaft. – Hauptmißstand im Betrieb der Landwirtschaft war in der 2. H. 19. Jh. der Mangel an *Ackerland*. Hinzu kam, daß der größte Teil des landwirtschaftlichen Geländes der Markgräflichen Standesherrschaft gehörte. 1865 besaß sie 70 von 90 M Ackerland der Gemarkung, das sie an die Einwohner verpachtete; die Landwirte bebauten somit mehr Pachtäcker als eigenen Grundbesitz. Ein weiterer Nachteil war die Lage der Felder, die sich größtenteils am anderen Ufer des Neckars befanden und nur mit der Fähre zu erreichen waren. Weil der Ertrag der Landwirtschaft zur Bedarfsdeckung nicht ausreichte, konnten keine landwirtschaftlichen Produkte verkauft werden. Angebaut wurden Roggen, Gerste, Spelz (Dinkel) und Hafer sowie Kartoffeln und Futterpflanzen. Die Wiesen (1865: 44 M) waren fast alle Eigentum der Standesherrschaft und, von wenigen Ausnahmen abgesehen, nicht wässerbar. Der Heu- und Öhmdertrag wurde versteigert. 1949 hatten die *Wiesen* (37 ha) auf der Gkg Zwingenberg eine größere Ausdehnung als das Ackerland (26 ha) angenommen. 10 ha des Ackergeländes wurden mit Getreide, 8 ha mit Hackfrucht und 7 ha mit Feldfutter bepflanzt. 1987 betrug die landwirtschaftlich genutzte Fläche noch 28 ha, davon waren 17 ha als Grünland und 11 ha als Ackerland ausgewiesen; von letzterem wurden 7 ha mit Getreide (Weizen, Gerste, Hafer), 3 ha mit Futterpflanzen und 1 ha mit Hackfrucht bebaut.

Der *Obstbau* wurde durch die windgeschützte Lage des Ortes begünstigt. Einen wichtigen Beitrag zur Förderung der Obstbaumzucht leistete die Markgräfliche Standesherrschaft, die schon 1811/15 eine Baumschule anlegen ließ und einen Gärtner verpflichtete, der Zwingenberg und die umliegenden Dörfer mit jungen, veredelten Obstbäumen versorgte. Im letzten Drittel des 19. Jh. gab es auch eine Gemeindebaumschule. 1847 wurde berichtet, daß viele Einwohner aus Zwingenberg jedes Jahr durch Pfropfen und Okulieren auswärts bedeutenden Verdienst hatten. Die Zwingenberger Obstbaumzucht, die ausgedehnt und mit Sorgfalt betrieben wurde, galt als vorzüglich; die Obsternten fielen in der Regel gut aus und bildeten eine Haupteinnahmequelle für die Bevölkerung. Das Obst konnte mit Leichtigkeit abgesetzt werden, wobei vor allem die Tafelobstsorten gefragt waren. Jedes Jahr wurden neue Obstbäume gepflanzt. 1929 hatte Zwingenberg 4571 Obstbäume, darunter befanden sich 2967 Apfelbäume.

Die *Rinderzucht* wurde fast ausschließlich für den eigenen Bedarf betrieben, weil bei der beschränkten Gemarkung und der Armut der Einwohner nur eine begrenzte Anzahl Tiere gehalten werden konnte. Das Rindvieh war von mittlerer Qualität und gut gepflegt. 1896 hatte ein Landwirt eine umfangreiche Milchwirtschaft: täglich lieferte er 80 l Milch nach Heidelberg. 1847 war ein Farre eingestellt, im letzten Drittel des 19. Jh. bestand eine gemeinschaftliche Farrenhaltung mit Lindach, das sich an den Kosten des Zwingenberger Farren beteiligte. Der Farrenhalter erhielt eine finanzielle Entschädigung und Feldgenuß, außerdem wurde Sprunggeld erhoben. Auch in den 1930er Jahren war die Regiefarrenhaltung nicht eingeführt. Der Rindviehbestand nahm bis 1887 (90 Stück) zu und ging danach, parallel zur Verminderung der Zahl landwirtschaftlicher Betriebe, kontinuierlich zurück. 1987 waren nur noch in 2 Betrieben einige Rinder, darunter auch Milchkühe, eingestellt.

Der *Pferdehaltung* kam nur in der Zeit des Schiffsreitergewerbes Bedeutung zu, als bis zu 26 (Treidel-)Pferde gehalten wurden, die Frachtkähne stromaufwärts zogen. Nach 1880 hatte in Zwingenberg fast niemand mehr ein Pferd, weil bei den Gemarkungsverhältnissen (der größte Teil der Felder lag am anderen Ufer des Neckars) in der Landwirtschaft keine Pferde eingesetzt werden konnten.

Schweinezucht wurde nicht ausgeübt, so daß auch kein Schweinsfasel vorhanden war. Die *Schweine* wurden als Ferkel gekauft, gemästet und anschließend wieder verkauft. Die Zahl der Schweine erreichte 1887 (56 Schweine) ihren Höchststand und ist seitdem stark gesunken. 1987 befaßte sich nur noch 1 Betrieb mit der Haltung von Mastschweinen.

Die Gemeinde im 19. und 20. Jahrhundert   813

Bis in die 1. H. 20. Jh. gab es eine ausgedehnte *Ziegenhaltung und -zucht*, weil Ziegen in Zwingenberg die Funktion der »Kuh des armen Mannes« hatten. Seit den 1880er Jahren waren immer über 50 Ziegen und 1 Ziegenbock eingestellt. Nachdem die Standesherrschaft der Einführung einer Winterschafweide ihre Zustimmung erteilte, bestand von 1872 bis nach 1900 eine *Gemeindeschäferei*. Pachtzins und Einnahmen aus der Versteigerung des Pferchs flossen in die Gemeindekasse.

Um 1850 waren 10 M Grundbesitz zur Bestreitung des Lebensunterhalts einer Familie erforderlich. Nur 6 Bauern besaßen so viel Land, 47 hatten weniger oder gar nichts und mußten sich vom Taglohn ernähren. Die Landwirtschaft konnte nicht erfolgreich betrieben werden, weil den Einwohnern kaum eigener Grundbesitz zur Verfügung stand und sie hauptsächlich teures Pachtland der Standesherrschaft bebauen mußten. Die Pachtpreise wurden durch auswärtige Interessenten (Landwirte aus Neckargerach und Lindach sowie jüd. Grundstückshändler) in die Höhe getrieben. 1895 wurden in Zwingenberg 62 landwirtschaftliche Betriebe mit einer Flächenausstattung von insgesamt 135 ha gezählt, davon waren 75 % Kleinstbetriebe unter 2 ha. Nur 1 Betrieb verfügte über mehr als 10 ha Grundbesitz. 1925 war die Zahl der Betriebe auf 48 und die landwirtschaftlich genutzte Fläche auf 83 ha zurückgegangen. Immer noch gehörten 75 % der Betriebe in die unterste Betriebskategorie (kleiner als 2 ha), 10 Betriebe umfaßten 2–5 ha, 1 Betrieb 5–10 ha. 1949 gab es bei 66 ha Landwirtschaftsfläche 26 landwirtschaftliche Betriebe, so daß sich die durchschnittliche *Betriebsgröße* etwas verbessert hatte, doch dominierten weiterhin Kleinbetriebe unter 2 ha (60 %). 1970 bestanden noch 8 landwirtschaftliche Betriebe mit einer Flächenausstattung von 33 ha, davon hatten 7 Betriebe weniger als 5 ha Grundbesitz, so daß sie nur als Nebenerwerbsbetriebe geführt werden konnten. Der einzige Haupterwerbsbetrieb bewegte sich in der Größenordnung 10–20 ha. Produktionsschwerpunkte waren der Anbau von Getreide und die Bewirtschaftung von Grünland, die Viehhaltung war unbedeutend. 1987 gab es unter 4 landwirtschaftlichen Betrieben noch 1 Haupterwerbsbetrieb, der 21 von 27 ha Landwirtschaftsfläche der Gemeinde nutzte. Derzeit besteht nach Angaben der Gemeindeverwaltung in Zwingenberg kein landwirtschaftlicher Vollerwerbsbetrieb mehr.

Um 1900 war eine Feldbereinigung weder durchgeführt noch erwünscht, die Feldwege wurden als passabel bezeichnet. Moderne *Flurbereinigungsverfahren* kamen mit Ausnahme des Gewanns »Im Hoffeld«, das 1979 bereinigt wurde, nicht zum Vollzug. Aussiedlerhöfe hat die Gemeinde nicht.

Im 19. Jh. war der *Wald* kein Bestandteil der Zwingenberger Ortsgemarkung, sondern eine gesonderte, 1200 M umfassende Gemarkung, die der Markgräflichen Standesherrschaft gehörte. Das Jagdrecht innerhalb der Ortsgemarkung stand der Gemeinde zu, das Jagdrecht der Waldgemarkung hatte die Standesherrschaft. Weil die Gemeinde keinen Wald besaß, mußten alle Feuerungsbedürfnisse erkauft werden. Ortsarme erhielten z.T. billiges Holz von der Standesherrschaft, die den Einwohnern in manchen Jahren auch das Recht zum Hackwaldbetrieb einräumte. Ende des 19. Jh. ließ die Gelegenheit zu Taglohnverdienst nach, weil die Eichenschälwälder eingingen, Wege und Kulturen angelegt waren und weniger Holz gefällt wurde. 1927 wurde die Waldgemarkung Zwingenberg zugunsten der umliegenden Gemeinden aufgelöst, wodurch sich die Zwingenberger Ortsgemarkung auf 465 ha, davon waren 340 ha Wald, vergrößerte. 1986 hatte das Waldareal eine Ausdehnung von 348 ha angenommen; nur 1 ha war Kleinprivatwald, 347 ha befanden sich im Besitz des Markgrafen von Baden. Gemeindewald gibt es auch heute nicht.

Handwerk und Industrie. – Mitte des 19. Jh. waren nur die nötigsten *Handwerker* vertreten. Genannt wurden Schneider, Schuster, Weber, Schmied, Maurer, Bäcker und

Müller, die in einer Zunft mit Sitz in Strümpfelbrunn vereinigt waren. Ihre Gewerbe wurden als »höchst unbedeutend« eingestuft und reichten zur Bestreitung des Lebensunterhalts nicht aus. Zwingenberg war ohne Mühle, seit die herrschaftliche Getreide- und Ölmühle 1870 abgebrochen wurde, weil sich kein Übernehmer fand. 1895 wurden 9 Betriebe des Produzierenden Gewerbes mit 10 Beschäftigten erfaßt, wobei das Textil- und das Holzgewerbe mit jeweils 3 Betrieben und 3 Personen die am stärksten besetzten Branchen waren. 1950 boten 8 Arbeitsstätten mit Schwerpunkt im Handwerk 12 Personen Beschäftigung. 1968 hatte Zwingenberg 4, 1977 nur noch 3 Handwerksbetriebe. Auch 1990 bestehen nach Angaben der Gemeindeverwaltung 3 Handwerksbetriebe: 1 Bauunternehmen mit 10 Beschäftigten, 1 Malergeschäft mit 8 Beschäftigten und 1 Kraftfahrzeugreparaturwerkstatt.

Vor dem 2. Weltkrieg gab es in Zwingenberg keine *Industriebetriebe*. 1925 wurden 9 Industriearbeiter, allesamt Auspendler, registriert. Erst in den 1960er Jahren siedelten sich 2 Industrieunternehmen an, die inzwischen über eine größere Beschäftigtenzahl verfügen. Zunächst gründete Heinrich Kübler 1962 die *KSR-Kübler Steuer- und Regeltechnik GmbH & Co. KG* als Ein-Mann-Betrieb, der durch die patentierte Erfindung eines Drehzahlwächters, der die Verriegelung von Zentrifugen so lange geschlossen hält, wie die Zentrifuge sich noch dreht, und die Entwicklung eines Schwimmer- Magnetschalters für industrielle Verfahrenstechnik rasch an Bedeutung gewann. Bereits 1965 begann der Firmengründer Heinrich Kübler zu exportieren und Partner im Ausland mit Alleinvertretungsrechten zu betrauen. 1974 wurde die 1. Tochtergesellschaft in Frankreich gegründet, 1976 eröffnete eine Niederlassung in der Schweiz, 1988 kamen Tochtergesellschaften in England, Schweden und Finnland hinzu. Heute hat die KSR-Kübler Steuer- und Regeltechnik GmbH & Co. KG 6 europäische Hauptniederlassungen und weltweit 30 Vertretungen. Die Firma befaßt sich mit Schüttgütern, Drehzahlüberwachungen, Magnetschaltern, elektronischen Steuer- und Regelgeräten für Chemie- und Pharmaanlagen, Erdölindustrie, Schiffbau, Nahrungs- und Lebensmittelindustrie, Anlagenbau und Wasseraufbereitungsanlagen. In Zwingenberg gab es mehrere Betriebserweiterungen; 1988 waren von insgesamt 200 Beschäftigten 80 in Zwingenberg tätig, wobei hier 50% der Produktion für den weltweiten Export bestimmt sind. Etwas mehr als die Hälfte des Gesamtumsatzes (12,5 Mio DM von 23 Mio DM) wurde 1986 in Zwingenberg erzielt; 1987 stieg der Gesamtumsatz auf 25 Mio DM an, war aber in Zwingenberg mit 12,3 Mio DM leicht rückläufig. Der größte Industriebetrieb ist die *Maschinenfabrik Gerd Mosca GmbH*, die kurz nach ihrer Gründung in Waldbrunn-Strümpfelbrunn 1967 ein Zweigwerk in Zwingenberg erhielt. Im Gründungsjahr waren hier 20 Personen beschäftigt, 1988 war die Zahl der Arbeitsplätze auf 150 gestiegen. Produziert werden Verpackungsmaschinen, die zu 70% in den Export gehen. Der Umsatz der Maschinenfabrik Gerd Mosca GmbH lag 1987 in Zwingenberg und Waldbrunn bei 40 Mio DM. 1987 eröffnete in Zwingenberg ein 3. Industrieunternehmen: die Firma *COM Foliensysteme GmbH*, die bis jetzt nur 4 Beschäftigte hat, jedoch eine Ausdehnung ihres Betriebes plant.

Handel und Dienstleistungen. – 1853 gab es 2, 1868 3 und um 1900 wieder 2 Krämer im Ort. Die jüd. Einwohner waren als Handelsleute tätig. 1895 wurden im Bereich Handel, Versicherungen und Verkehr 6 Betriebe mit 7 Personen gezählt. 1925 wohnten in Zwingenberg 6 selbständige Kaufleute. 1970 wurden 3 *Handelsbetriebe* (darunter 2 Einzelhandelsgeschäfte) mit 6 Beschäftigten geführt. Für 1990 nennt die Gemeindeverwaltung noch 1 Lebensmittelgeschäft mit Angelzubehör und 1 Kfz-Handel. Die Bevölkerung kann sich in Zwingenberg nur mit den nötigsten Lebensmitteln versorgen und ist deshalb gezwungen, in Eberbach und Mosbach einzukaufen. Auch der *private*

Dienstleistungsbereich ist mit 1 Ingenieur für Heizungs- und Lüftungstechnik, 1 Unternehmensberatung und EDV-Marketing- Organisation, 1 Transportunternehmen und nebenberuflichen Versicherungsvertretern nur schwach besetzt.

Zu Beginn des 20. Jh. hatte Zwingenberg noch keine Spar- und Darlehenskasse; Kredite nahmen die Einwohner bei der Vorschußkasse in Mosbach auf. Eine vom ev. Geistlichen geleitete Pfennigsparkasse erhielt monatlich bis zu 40 RM Einlagen. Heute gibt es 2 *Kreditinstitute*: die Sparkasse Eberbach unterhält seit 1980 eine Filiale in Zwingenberg, die Zweigstelle der Volksbank Eberbach wurde 1966 eröffnet.

Anfang des 19. Jh. hatte die Gemeinde 1 Schildwirtschaft. Um 1850 wurden 2 Wirtschaften mit Realgastwirtschaftsrecht bei mäßigem Geschäftsgang betrieben. Die Betriebszählung ergab 1895 im Bereich Beherbergung und Erquickung 2 Betriebe; beide Gastwirte hatten im Sommer nennenswerte Einnahmen durch Fremdenverkehr. Die Burg Zwingenberg erwies sich als Touristenattraktion, zumal die Gemeinde als Bahnstation und Schiffsanlegestelle eine verkehrsgünstige Lage hatte. 1896 wurde berichtet, daß die *Gasthäuser* während der Saison fast immer voll besetzt seien, weil Zwingenberg von zahlreichen Ausflüglern besucht werde und »beliebige billige Sommerfrische« sei. Eine der beiden damals bestehenden Gastwirtschaften, das Hotel »Zum Anker«, wurde bis vor kurzem mit zuletzt 20 Fremdenbetten geführt. Seit der Betrieb eingestellt wurde, gibt es in der Gemeinde keine Übernachtungsmöglichkeiten mehr, Besucher der Schloßfestspiele müssen auf die umliegenden Gemeinden verwiesen werden. Auch das Café Wolfsschlucht ist seit einiger Zeit geschlossen, so daß die Gastronomie momentan nur durch das Gasthaus »Schiff-Post« vertreten ist, was bei den zahlreichen Tagestouristen zur Deckung der Nachfrage nicht ausreicht. Geplant ist die Wiederaufnahme des Betriebs im Hotel »Zum Anker« und im Café Wolfsschlucht durch neue Besitzer, wovon sich die Gemeinde eine Verbesserung der derzeit unbefriedigenden gastronomischen Versorgung erhofft.

Verkehr. – Zwingenberg wurde mit der Eröffnung der Eisenbahnlinie Neckargemünd–Jagstfeld im Jahr 1879 *Bahnstation*. Laut Ortsbereisungsprotokoll hatte kaum eine Gemeinde mehr unter dem Eisenbahnbau zu leiden als Zwingenberg, weil die Häuser am Berg bei Sprengungen durch herabfallende Steine mehrfach gefährdet und beschädigt wurden. 1909/13 wurde das 2. Gleis gebaut. Heute halten in beiden Richtungen mindestens stündlich Züge in Zwingenberg; die Bahnlinie 560 führt nach Heidelberg–Mannheim oder nach Neckarelz und von dort weiter nach Mosbach–Osterburken–Würzburg bzw. über Bad Friedrichshall–Jagstfeld nach Heilbronn und Stuttgart. Als öffentliches Verkehrsmittel dient fast ausschließlich die Eisenbahn. Wegen der günstigen Zugverbindung war die Gemeinde früher an keine Postkraftwagenlinie angeschlossen, und auch heute halten Busse der Linie 5640 Mosbach–Eberbach und zurück nur selten in Zwingenberg. *Omnibusse* der privaten Buslinie EB 189E der Deutschen Touring GmbH Frankfurt machen im Rahmen der Route »Die Burgenstraße« von Mannheim nach Rothenburg o.d.T.–Nürnberg und zurück von Mai bis September täglich auch in Zwingenberg Station.

Schon in der 2. H. 19. Jh. war die durch Zwingenberg ziehende *Vicinalstraße Heidelberg–Eberbach–Neckargerach–Mosbach*, die heutige B 37, die wichtigste Verkehrsverbindung. Dadurch ist Zwingenberg die Anbindung an das überregionale Verkehrsnetz gesichert, zumal über Neckarelz Zugang zu den Bundesstraßen 27 und 292 besteht.

Zu Beginn des 19. Jh. zogen (»treidelten«) Menschen Frachtschiffe an einer dicken Leine vom Ufer aus neckaraufwärts. Später wurden dafür Pferde verwendet, die von Halfreitern den sog. Leinpfad entlang getrieben wurden. Zwingenberg war Station zum

Auswechseln der Treidelpferde; das »*Schiffsreitergewerbe*« hatte hier als Erwerbszweig für die mehrheitlich arme Bevölkerung große Bedeutung. 1865 wurde von 6–8 Schiffsreitern mit 18 Pferden berichtet. Für eine Fahrt von Mannheim nach Heilbronn wurden in 1 Woche 60 fl eingenommen; obwohl dann mehrere Tage nichts verdient werden konnte und Verluste durch Fallen der Pferde nicht selten waren, brachte die Schiffsreiterei im Vergleich zu anderen Taglohnarbeiten mehr Geld. Als 1878 die *Kettenschleppschiffahrt* auf dem Neckar eingeführt wurde, bedeutete dies das Ende der Schiffsreiterei, wodurch sich die ökonomischen Verhältnisse vieler Einwohner verschlechterten. In der 2. H. 19. Jh. hatte die Gemeinde das Überfahrtsrecht am Neckar. 1876 wurde eine *Drahtseilfähre* gebaut, 1896 eine neue Fähre angeschafft, wobei sich Staat und Standesherrschaft an den Kosten beteiligten. Die Neckarfähre war für die Gemeinde eine schwere Belastung, weil der Fährmann die gesamten Überfahrtsgebühren und ein jährliches Gehalt bezog. Hinzu kam, daß alle paar Jahre kostspielige Reparaturen an der Fähre erforderlich wurden. Heute stellt eine *Autofähre* die Verbindung zu den wenigen, am anderen Ufer des Neckars gelegenen Häusern, zum Naturfreundehaus, Campingplatz und Bootsplatz sowie zu den landwirtschaftlichen Grundstücken und der Straße nach Neunkirchen her. Sie fährt nach Bedarf von morgens bis abends, auch an Sonn- und Feiertagen. Die Benutzungsgebühr beträgt für 1 Person mit PKW DM 1.20, wobei Einwohner Jahresfährkarten erwerben können. Die Kosten der Fähre übernimmt zu ⅔ der Landkreis, ⅓ trägt die Gemeinde. Für den Frachtschiffverkehr ist Zwingenberg nur Durchgangsstation, während *Passagierschiffe* zweimal wöchentlich anlegen.

Verwaltungszugehörigkeit, Gemeinde und öffentliches Leben

Verwaltungszugehörigkeit. – Die *Amtsvogtei Zwingenberg* unterstand dem kurpfälzischen Oberamt Mosbach, das 1803 an Leiningen und 1806 an Baden überging. Zur Herrschaft Zwingenberg gehörten Güter und Rechte in den Gemeinden Zwingenberg, Oberdielbach, Waldkatzenbach, Strümpfelbrunn, Weisbach, Mülben, Ferdinandsdorf, Friedrichsdorf, Wagenschwend, Balsbach und Robern. Als der Verkauf kurpfälzischer Rechte an das Fürstentum Leiningen wegen Zahlungsschwierigkeiten ins Stocken geriet, erwarb Großherzog Karl Friedrich von Baden 1808 die Herrschaft aus eigenen Mitteln und erhob sie zur *Standesherrschaft*, um damit seine Söhne aus 2. Ehe, die Grafen von Hochberg und späteren Markgrafen von Baden, auszustatten. Die Burg Zwingenberg und der Wald der Gemarkung befinden sich noch heute im Privatbesitz der markgräflichen Familie.

Nach der Auflösung des Amts Zwingenberg im Jahr 1813 wurde die Gemeinde dem *Bezirksamt Eberbach* unterstellt, dem sie, außer in den 1840er Jahren, als sie vorübergehend dem Amt Neudenau in Mosbach zugewiesen war, bis 1924 angehörte. Seit 1924 war Zwingenberg dem *Bezirksamt Mosbach* zugeteilt. Zwingenberg, seit der Gemeindereform kleinste selbständige Gemeinde des Neckar-Odenwald-Kreises, ist Mitglied des Gemeindeverwaltungsverbandes Neckargerach-Waldbrunn.

Gemeinde. – Zur Ortsgemarkung Zwingenberg zählten im 19. Jh. nur landwirtschaftliche Grundstücke, weil der 1200 M große Wald der Markgräflichen Standesherrschaft eine gesonderte Gemarkung (Waldgemarkung Zwingenberg) bildete. Die Markgrafen besaßen aber auch den überwiegenden Teil der kleinen Zwingenberger Ortsgemarkung, deren Ausdehnung 1868 mit 95 M Ackerland, 44 M Wiesen, 15 M Gärten und 63 M Weide angegeben wurde. Von diesen 217 M gehörten nur 50 M der Zwingenberger Bevölkerung. Nach Durchführung der Katastervermessung wurde die

Größe der Gkg Zwingenberg 1986 auf 83 ha festgesetzt, die zu beiden Seiten des Neckars lagen. Als die Waldgemarkung Zwingenberg 1927 zugunsten der umliegenden Gemeinden aufgelöst wurde, vergrößerte sich die Zwingenberger Gemarkung auf insgesamt 465 ha, davon waren 340 ha Wald. Markgraf Berthold von Baden besaß 1930 337 ha Wald und 69 ha landwirtschaftliche Grundstücke in Zwingenberg. Die Flächenerhebung 1985 ergab eine *Gemarkungsfläche* von 470 ha, wobei 40 ha auf Siedlungsfläche und 430 ha auf Naturfläche entfielen. Von letzterer waren 347 ha Wald und nur 46 ha Landwirtschaftsfläche.

Zwingenberg wurde 1862 als »unbemitteltste Gemeinde des Amtsbezirks« bezeichnet, weil sie keinen Wald und nur wenige landwirtschaftliche Grundstücke besaß, so daß weder Allmendgenuß noch Holzgaben gewährt werden konnten, weshalb das Bürgerrecht oft gar nicht angetreten wurde. Der Gemeinde stand das Jagdrecht auf der Ortsgemarkung und das Überfahrtsrecht am Neckar zu, an *Gebäuden* hatte sie Mitte des 19. Jh. 1 ev. und 1 kath. Schulhaus, während das 1844 von den Markgrafen Wilhelm und Maximilian von Baden erbaute Rat- und Armenhaus der Gemeinde nur zur Nutzung überlassen war. Nach der Vereinigung beider Schulen wurde das Rathaus in das gemeindeeigene ehemalige kath. Schulhaus verlegt. Später wurde dieses Gebäude abgerissen und das ursprünglich ev. Schulhaus zum Schul- und Rathaus umgebaut. Heute gibt es an gemeindeeigenen Gebäuden Rathaus, alte und neue Turnhalle, Postgebäude sowie 1 Wohnhaus, das vermietet ist. Wald und landwirtschaftliche Grundstücke besitzt die Gemeinde nicht, dafür stehen ihr 7 ha Bauland zur Verfügung, von denen 2 ha demnächst an die Firma Kübler verkauft werden sollen.

Weil in der 2. H. 19. Jh. nur ein kleiner Teil des ohnehin geringen *Gemeindevermögens* rentabel war, mußten fast alle Bedürfnisse durch Umlagen gedeckt werden, die so eine »drückende Höhe« erreichten und 1860 als die höchsten im Amtsbezirk galten. ¾ der Umlagen hatten die mehrheitlich armen Ortseinwohner aufzubringen, ¼ trug die Standesherrschaft. Geringe Einnahmen hatte die Gemeinde aus der Verpachtung von 31 a Äcker und der Jagd, dagegen verursachte das Neckarfahrtsrecht nur Kosten. Die 6 ha Gemeindewiesen waren dem Faselhalter unentgeltlich zur Nutzung überlassen. Im letzten Drittel des 19. Jh. flossen Pachtzins und Pfercherlös aus der Winterschafweide in die Gemeindekasse. Später kamen Einnahmen aus der Erhebung von Wasserzins hinzu. Ausgaben entstanden durch die Unterhaltung von 2 Schulen, was für die kleine und arme Gemeinde mit einem beträchtlichen finanziellen Aufwand verbunden war, durch Straßenbau, Strom- und Wasserversorgung und den Ankauf aller Feuerungsbedürfnisse mangels eigenem Waldbesitz. Das Neckarfahrtsrecht belastete die Finanzen der Gemeinde, weil an der Fähre regelmäßig Reparaturen vorgenommen werden mußten und der Fährmann außer den Überfahrtsgebühren noch ein jährliches Gehalt bezog. Die Zehntablösung war schon 1850 abgetragen, wie überhaupt die Gemeinde meist schuldenfrei war, weil bei Ausgaben mit größter Sparsamkeit verfahren wurde und die Markgräfliche Standesherrschaft in der Regel einen Teil der Kosten übernahm. Der Gemeindehaushalt war deshalb auch in schwierigen Zeiten geordnet, Rückstände kamen selten vor. Kapitalaufnahmen wurden nur zur Tilgung der Kriegskosten von 1849, zum Bau einer Drahtseilfähre (1876) und beim Umbau des Schulhauses zum Schul- und Rathaus (1907) getätigt.

Gegenwärtig nimmt Zwingenberg im Kreisvergleich keine günstige ökonomische Position ein. Das *Steueraufkommen* stieg von 111 000 DM 1970 auf 538 000 DM 1980, ging aber 1984 wieder auf 403 000 DM zurück. Der Gewerbesteueranteil lag 1970 bei 34,4 %, 1980 bei 49,8 %, 1984 hingegen nur noch bei 19,4 %. Die *Steuerkraftsumme* je Einwohner, mit 297 DM 1970 noch die dritthöchste im Kreis, nahm 1980 unterdurchschnittlich auf 564 DM zu, womit Zwingenberg auf den vorletzten Platz zurückgefallen war; 1984 hatte die Gemeinde mit 683 DM sogar die niedrigste Steuerkraftsumme je Einwohner im Neckar-Odenwald-Kreis. Die Abweichung vom Landesdurchschnitt, die 1970 noch −12% betrug, erhöhte sich 1980 auf −33%. Auch der Schuldenstand weist eine steigende Tendenz auf. Rangierte Zwingenberg 1970 mit einer Pro-Kopf-Verschuldung von 410 DM noch an 16. Stelle unter 27 Kreisgemeinden, lag die Verschuldung 1980 schon bei 1074 DM. 1984 war der Schuldenstand je Einwohner auf 1414 DM − der achthöchste im Kreis − angewachsen. 1987 bewegte sich die Gesamtverschuldung bei 1,031 Mio DM, 1988 hatte sie auf 1,063 Mio DM zugenommen. Sie überstieg in beiden Jahren das Volumen des Vermögenshaushaltes, das 1987 auf 507000 DM, 1988 auf 798800 DM beziffert wurde. Der Verwaltungshaushalt erreichte 1987 eine Höhe von 1149500 DM, 1988 betrug er 1162700 DM. An größeren Investitionen steht die Erschließung des Kohlstatterfeldes II an. Sanierungsmaßnahmen sind derzeit nicht im Gang. Zwingenberg nimmt an einem Dorfentwicklungsprogramm teil.

Die *Gemeindeverwaltung* war seit 1844 in dem von den Markgrafen erbauten Rat- und Armenhaus untergebracht. 1870 wurde das Ratszimmer in das ehemalige kath. Schulhaus verlegt; als das Gebäude wegen Baufälligkeit abgerissen wurde, wurde das Schulhaus 1907 zum Schul- und Rathaus erweitert. Die Gemeindeverwaltung war in der 2. H. 19. Jh. geordnet. 1865 wurde von einem verständigen und energischen Bürgermeister berichtet. Der Ratsschreiber kam zeitweise aus Eberbach, weil sich in Zwingenberg kein für dieses Amt geeigneter Ortsbürger fand. 1847 hatte die Gemeinde Bürgermeister, 3 Gemeinderäte, Ratsschreiber, Gemeinderechner, Bürgerausschuß (4 Mitglieder), Straßenwart und Ratsdiener verpflichtet. 1868 wurden außerdem Hebamme, Feldhüter und Baumaufseher genannt. 1907 war die Zahl der Gemeindebeamten und -bediensteten gestiegen. Zwingenberg verfügte jetzt über Bürgermeister, 6 Gemeinderäte, Gemeinderechner, Ratsschreiber, Polizei- und Ratsdiener, Straßenwart, Feldhüter, Laternenanzünder, Fährmann, 3 Steinsetzer, Waisenrichter, Brunnenmeister, Leichenschauer, Totengräber, Wasenmeister, Desinfektor und Hebamme.

Heute beschäftigt die Gde Zwingenberg 1 Beamten des mittleren Dienstes, 2 Arbeiter und 4 Teilzeitkräfte. Das frühere, 1836 erbaute Schul- und Rathaus dient seit der Aufhebung der Schule ausschließlich als *Rathaus*; das Gebäude wurde 1986 umfassend renoviert. Die Gemeindeverwaltung ist nicht strikt in Ämter unterteilt, weil der Beamte des mittleren Dienstes die Aufgaben allein erledigt (Hauptamt, Sozialamt, Einwohnermeldeamt, Paßamt, Standesamt) oder die Anliegen an den Verwaltungsverband mit Sitz in Neckargerach weiterleitet, wo 4 Verbandsangestellte Grundbuchamt, Gemeindekasse und Rechnungsamt getrennt für Neckargerach und Zwingenberg besorgen. 60% der Personalkosten trägt Neckargerach, 40% entfallen auf Zwingenberg. Der Bürgermeister fungiert, wie in Gemeinden mit weniger als 1000 Einwohnern üblich, ehrenamtlich. Bei der letzten Bürgermeisterwahl in Zwingenberg, die 1986 stattfand, erhielt der Bürgermeister von Neckargerach die meisten Stimmen. Aus den Gemeinderatswahlen 1975, 1980 und 1984 gingen die Wählervereinigungen mit absoluter Mehrheit und deutlichem, wenngleich in den letzten Jahren schrumpfendem Vorsprung vor der SPD als Sieger hervor. Dem 1989 gewählten *Gemeinderat* gehören 5 Mitglieder der Bürgergemeinschaft und 3 Mitglieder der SPD an.

An *nichtkommunalen Behörden* hatte Zwingenberg im 19. Jh. das Markgräflich Bad. Forst- und Rentamt. In den 1930er Jahren fand auch eine Postagentur Erwähnung. 1990 gibt es in der Gemeinde das Markgräflich Bad. Forstamt, das im Schloß eingerichtet ist, sowie ein Postamt.

Die Gemeinde im 19. und 20. Jahrhundert

Ver- und Entsorgungseinrichtungen. – In der 2. H. 19. Jh. gehörte die Feuerspritze, die im Markgräflichen Schloß aufbewahrt wurde, zu 50 % der Standesherrschaft und zu jeweils 25 % den Gden Zwingenberg und Lindach. 1868 wurde eine neue, leistungsfähige Feuerspritze angeschafft; zu dieser Zeit bestand noch keine organisierte Löschmannschaft. 1901 konstituierte sich die *Freiwillige Feuerwehr* Zwingenberg, die Feuerspritze war jetzt im Schul- und Rathaus untergebracht. Heute verfügt die Freiwillige Feuerwehr Zwingenberg über 25 Aktive, 1 Löschfahrzeug und 1 Mannschaftstransportwagen. Die *Stromversorgung* erfolgt über die Badenwerk AG Sinsheim, Abnehmer ist jeder Haushalt.

Mit der *Wasserversorgung* war man schon 1847 nicht mehr zufrieden. Die Einwohner holten ihr Trinkwasser an 3 Quellen beim Neckar, die zwar ausreichend Wasser lieferten, bei Hochwasser aber überschwemmt und damit unzugänglich wurden. In diesem Fall mußte das Wasser auf beschwerlichem Weg vom Brunnen im Schloßhof beschafft werden. Von 1865–1880 wurden fast ständig Verhandlungen über die Anlage eines Ortsbrunnens geführt, die angesichts der beschränkten Mittel der Gemeinde jedoch unterblieb. Erst 1883 wurde die »Wasserfrage« durch die Herstellung von 5 laufenden Brunnen mit Hausanschlüssen und Hydranten »vortrefflich gelöst«. Die Gemeinde mußte dafür kaum finanzielle Opfer bringen, weil Staatskasse und Großherzog erhebliche Beiträge bewilligten. Die Trinkwassermenge überstieg fortan den Bedarf. Auch nach 1900 funktionierte die Wasserleitung gut, nur die Bewohner des am anderen Neckarufer gelegenen Zwingenbergerhofs kamen nicht in den Genuß der Wasserversorgung und forderten deshalb 1907 den Bau von Pumpbrunnen. 1928 wurde die Wasserleitung erweitert. Heute besitzt Zwingenberg eine eigene Wasserversorgung. 1966 wurde ein Hochbehälter erstellt, in dem das Wasser des Koppenbachs gesammelt wird; die Wasserförderung beträgt 2 l/s. Als die Wassermenge angesichts der zunehmenden Bevölkerungszahl vor allem im Sommer nicht mehr ausreichte, wurde 1983 ein Tiefbrunnen im Neckarvorland angelegt, der bei Bedarf zugeschaltet werden kann und dessen Förderungsleistung bis zu 5 l/s erreicht.

1853 hatten die Straßen noch keine gepflasterten Abzugsrinnen für die Ableitung der Abwässer. Die moderne Kanalisation wurde 1966 eingeführt. Nur 2 Häuser im Gewann Hoffeld und das Schloß Zwingenberg sind nicht an die örtliche *Kanalisation* angeschlossen. Die Gemeinde verfügt seit 1967 über eine mechanisch-biologische Kläranlage. Die Müllabfuhr wird einmal wöchentlich von einem privaten Unternehmen durchgeführt; die Mülldeponie befindet sich in Buchen.

In der 2. H. 19. Jh. suchte die Zwingenberger Bevölkerung *Ärzte* in dem 1½ Stunden entfernten Eberbach auf. Um 1900 trat die Gemeinde dem Bezirksspitalverband Eberbach bei. Zwingenberg und Lindach hatten eine gemeinschaftliche Hebamme, die in Zwingenberg wohnte. 1903 war die Kinderschwester auch in der Krankenpflege ausgebildet, so daß sie kleinere Hilfeleistungen vornehmen konnte. Heute ist Zwingenberg an die Sozialstation Mosbach angeschlossen, die bei Bedarf Pflegekräfte in die Gemeinde schickt. In Zwingenberg gibt es 1990 weder Ärzte noch Apotheke, die Einwohner sind deshalb auf Ärzte in Neckargerach und Eberbach bzw. auf die Neckargeracher Apotheke angewiesen. Die nächstgelegenen Krankenhäuser befinden sich in Eberbach und Mosbach. 1847 ist im Ortsbereisungsprotokoll von einem neu angelegten *Gemeindefriedhof* die Rede. Katholiken ließen sich dort erst seit 1860 begraben, zuvor wurden sie in Neckargerach beigesetzt. Die jüd. Einwohner wurden in Hirschhorn bestattet. 1985 wurde der Zwingenberger Friedhof erweitert, die Gemeinde hat heute auch eine Leichenhalle.

1851 eröffnete Markgraf Maximilian von Baden eine Kleinkinderschule, zu deren Gunsten er eine mit 2000 fl dotierte Stiftung ins Leben rief. Die Kleinkinderschule wurde in der 2. H. 19. Jh. von durchschnittlich 30–40 Kindern aller Konfessionen besucht. Sie war im Rathaus untergebracht, die Kosten für Heizung und für die Besoldung der Lehrerin bestritt die Standesherrschaft. 1957 wurde der Zwingenberger Kindergarten geschlossen, seitdem werden die Kinder in den ev. bzw. kath. *Kindergarten in Neckargerach* gebracht.

Kirche und Religionsgemeinschaften. – An den kirchlichen Verhältnissen hat sich seit dem 19. Jh. nichts geändert. Zwingenberg ist *Nebenort der ev. Kirchengemeinde Neckargerach* (Dekanat Mosbach) und *Filiale der kath. Pfarrei Neckargerach* (Landkapitel Mosbach). Die Einwohner besuchen die Kirchen in Neckargerach, weil es in der Gemeinde selbst keine Kirche gibt. Mehrere Male im Jahr finden in der Kapelle auf Schloß Zwingenberg, die Privatbesitz der markgräflichen Familie ist, Gottesdienste statt.

Früher hatte Zwingenberg eine kleine *jüd. Gemeinde*, die 1827 dem Rabbinatsbezirk Mosbach zugewiesen wurde. Der Betsaal war 1905 nicht mehr in Gebrauch, weil zu dieser Zeit nur noch 15 jüd. Einwohner ansässig waren. Nachdem sich nur noch wenige Juden in Zwingenberg aufhielten, wurde die jüd. Gemeinde auf Beschluß des Bad. Staatsministeriums vom 8. 11. 1937 aufgelöst und das Gebäude, in dem der Gebetsraum eingerichtet war, verkauft. Nach Kriegsende wurde das Haus wegen Baufälligkeit abgebrochen.

Schule. – Mitte des 19. Jh. gab es in Zwingenberg 1 ev. und 1 kath. Schule; letztere wurde auch von jüd. Kindern besucht. 2 Hauptlehrer unterrichteten insgesamt 66 Schüler, Industrieunterricht wurde erteilt. Zur Lehrerbesoldung trugen Gemeindekasse, Staatskasse, das Stift Mosbach und Kl. Lobenfeld bei. Die Baupflicht für die Gebäude oblag der politischen Gemeinde. Für das kleine und arme Dorf bedeutete die Unterhaltung zweier Schulen eine schwere Last, weshalb die Vereinigung zu einer Kommunalschule im ev. Schulhaus »mit Abwechslung der Konfession bei Besetzung der Lehrerstelle« gefordert wurde. Der Realisierung dieses Wunsches standen in den 1850/60er Jahren die kath. Schulbehörde und der Widerstand einiger kath. Familienväter entgegen. 1865 besuchten nur noch 10 Schüler, darunter 3 Israeliten, die kath. Schule, so daß es wenig später zu ihrer Aufhebung kam. Das kath. Schulgebäude diente fortan als Rathaus, die gemeinsame Schule wurde im ev. Schulhaus eingerichtet, das aber bald zu klein war, weshalb 1893 ein Umbau erfolgte. 1907 wurde das Schulgebäude zum Schul- und Rathaus mit Lehrerwohnung erweitert. 1931 unterrichtete hier 1 Lehrer 46 Schüler. Die Fortbildungsschule befand sich in Neckargerach, Gewerbeschulen wurden in Eberbach und Mosbach aufgesucht. 1975 wurde die Zwingenberger Grundschule geschlossen. Heute gehen Schüler aus Zwingenberg in die *Grund- und Hauptschule Neckargerach*, in die Realschule bzw. das Gymnasium von Eberbach sowie in Berufsschulen in Mosbach, Eberbach und Heidelberg. Gelegentlich werden Kurse der Volkshochschule Mosbach in Zwingenberg abgehalten.

Kulturelle Einrichtungen. – Über die Region hinaus bekannt geworden ist Zwingenberg durch die seit 1983 jährlich Ende August/Anfang September stattfindenden *Schloßfestspiele*, die stets mehrere tausend Besucher in die Gemeinde führen. Den Anstoß zur Abhaltung von Schloßfestspielen gab der Dirigent Guido Johannes Rumstadt, der auch heute als ihr künstlerischer Leiter fungiert. Der wachsende Umfang der Schloßfestspiele – 1983 war die Dauer auf 3 Tage begrenzt, 1990 sind bereits 2½ Wochen eingeplant – und der damit verbundene organisatorische Aufwand führte 1985 zur Gründung der Geschäftsstelle Schloßfestspiele Zwingenberg e.V. mit Sitz im Landratsamt des Neckar-Odenwald-Kreises in Mosbach, die seitdem als Veranstalter für die Schloßfestspiele verantwortlich ist. Den Vorsitz der Geschäftsstelle hat der

Die Gemeinde im 19. und 20. Jahrhundert 821

Landrat übernommen, Stellvertreter ist der Bürgermeister von Zwingenberg. Außer der Geschäftsstelle und dem Bürgermeisteramt Zwingenberg gibt es weitere Kartenvorverkaufsstellen in Eberbach, Mosbach, Buchen, Heilbronn, Bad Rappenau und Heidelberg. Im großen Schloßhof, der eine ideale Kulisse für Opern- und Operettenaufführungen bietet, finden bis zu 800 Besucher Platz. Veranstaltungen werden auch im oberen Innenhof des Schlosses abgehalten, der rd. 200 Zuschauer faßt. Während der Festspielzeit ist ein kostenloser Buspendelverkehr von den Parkplätzen am Bahnhof zum Schloß eingerichtet. 1990 stehen im Rahmen der Schloßfestspiele vom 24.8. bis 9.9. insgesamt 23 Veranstaltungen auf dem Programm. Dazu gehören, schon traditionell wegen der Wolfsschlucht-Szene, die Oper »Der Freischütz« von Carl Maria von Weber sowie als Wiederaufnahmen der vorigen Saison die Operette »Der Vogelhändler« und eine »Tannhäuser-Parodie«. Als Neuproduktion kommt die Oper »Die Pilger von Mekka« zur Aufführung. Außerdem sind 2 Gastspiele des Ensembles der Ettlinger Schloßfestspiele, 3 Matineen und 1 Konzert vorgesehen.

Sportstätten. – Zwingenberg verfügt über ein *Sportzentrum*, das Sportplatz, Leichtathletikanlage, Turn- und Vereinshalle, Tennisplätze und Bolzplatz beinhaltet. Die Einrichtungen, die sich am Ortsausgang in Richtung Mosbach befinden, wurden in den 1980er Jahren erstellt. Am anderen Ufer des Neckars liegen Bootsplatz, Campingplatz und Naturfreundehaus.

Vereine. – Ältester Verein ist der Männergesangverein 1882 Zwingenberg e.V., der heute 147 Mitglieder zählt und seit 1979 einen Jugendchor und seit 1984 einen Frauen-Singkreis unterhält. Alle anderen Vereine sind Sportvereine, wobei der SV 1957 Zwingenberg e.V. mit 310 Mitgliedern der mit Abstand bedeutendste Verein mit einer Reihe von Abteilungen (Fußball, Damen- und Seniorengymnastik, Turnen, Leichtathletik, Tischtennis) ist. Über 60 Mitglieder verfügt der 1925 gegründete Schützenverein Zwingenberg. Außerdem gibt es in der Gemeinde einen Angelsportverein, den Motor-Yacht-Club Neckar e.V. Zwingenberg, die »Kenterkäuze« mit der Abteilung Volleyball sowie den Naturfreunde Touristenverein Zwingenberg.

Strukturbild

Zwingenberg war in der 2. H. 19. Jh. eine arme Gemeinde, in der fast alle Einwohner vom Taglohn lebten, weil die Gemarkung begrenzt und größtenteils im Eigentum der markgräflichen Familie war, so daß die Landwirtschaft keine ausreichende Existenzgrundlage bot. 1895 und 1925 waren jeweils 75 % der landwirtschaftlichen Betriebe Kleinstbetriebe mit weniger als 2 ha Grundbesitz. Die schlechten ökonomischen Verhältnisse hatten nach 1830 einen stetigen Bevölkerungsrückgang zur Folge; 1910 lebten kaum mehr Einwohner in der Gemeinde als 100 Jahre zuvor. Erst in den letzten Jahrzehnten verzeichnete Zwingenberg durch Zuwanderung einen Aufschwung in der Bevölkerungsentwicklung, weil die Gemeinde aufgrund ihrer landschaftlich reizvollen und verkehrsgünstigen Lage an Bahnlinie und B 37 als Wohnort an Attraktivität gewann. Gleichzeitig erfolgte ein grundlegender Wandel der Erwerbsstruktur. 1895 wurde die Hälfte, 1939 und 1961 jeweils rd. ⅓ der erwerbstätigen Einwohner Land- und Forstwirtschaft zugerechnet. Inzwischen spielt die Landwirtschaft als Erwerbszweig keine Rolle mehr, 1990 bestehen nur noch wenige landwirtschaftliche Nebenerwerbsbetriebe. Industrie und Handwerk erlangten vor dem 2. Weltkrieg mit einem durchschnittlichen Beschäftigtenanteil von 18 % keine überragende Bedeutung. Es gab in Zwingenberg nur wenige Handwerks- und keine Industriebetriebe. Trotzdem arbeitete der überwiegende Teil der erwerbstätigen Einwohner 1970 (62 %) und 1987

(58 %) im Produzierenden Gewerbe. In den 1960er Jahren eröffneten 2 Industrieunternehmen, die 1988 230 Arbeitsplätze, eine für die kleine Gemeinde beachtliche Zahl, stellten. Dadurch ist Zwingenberg zur Zielgemeinde für Einpendler geworden; ihre Zahl hat sich von 64 im Jahr 1970 auf 178 1987 erhöht, wobei die meisten aus Eberbach, Waldbrunn und Neckargerach kamen. Nach wie vor herrscht jedoch ein Auspendlerüberschuß: 1970 wurden 143, 1987 205 Berufsauspendler registriert, von denen jeweils etwa die Hälfte nach Eberbach und dort insbesondere zu den Firmen ABB, Stoess und Scherer ging. Auf die Fremdenverkehrsfunktion der Gemeinde vor dem 2. Weltkrieg läßt der Beschäftigtenanteil im Bereich Handel und Verkehr, der 1939 mit 34,3 % angegeben wurde, schließen. 1970 und 1987 waren Handel und Verkehr mit 14 % bzw. 14,4 % nicht überdurchschnittlich repräsentiert, weil sich der Fremdenverkehr vornehmlich auf Tagesausflügler beschränkte und damit als Erwerbszweig keine Relevanz hatte, wenngleich die Gemeinde durch einen Ausbau der Gastronomie – z.Zt. wird nur 1 Gastwirtschaft betrieben, Übernachtungsmöglichkeiten bestehen nicht – eine gewisse Belebung erreichen könnte, zumal sie durch die Schloßfestspiele auch über die Region hinaus bekannt wurde. Zu den Schloßfestspielen kommen jährlich mehrere tausend Besucher nach Zwingenberg, die Resonanz führte in den letzten Jahren zu einer Ausweitung des Programms.

Obwohl Zwingenberg bei der Gemeindereform seine Autonomie behaupten konnte und seitdem kleinste selbständige Gemeinde im Neckar-Odenwald-Kreis ist, ist die Orientierung vor allem nach Neckargerach eher stärker geworden. Die Einwohner gehörten schon im 19. Jh. zur ev. bzw. kath. Pfarrei Neckargerach, wo sich auch die Kirchen befinden; seitdem Kindergarten und Schule in Zwingenberg geschlossen wurden, werden auch Kindergärten sowie die Grund- und Hauptschule von Neckargerach aufgesucht. Derzeit nimmt der amtierende Neckargeracher Bürgermeister die Amtsgeschäfte in Zwingenberg wahr, wobei die Wahl unabhängig erfolgte, außerdem werden Grundbuchamt, Gemeindekasse und Rechnungsamt vom Verwaltungsverband in Neckargerach besorgt, so daß nur noch ein Teil der Gemeindeverwaltung im Zwingenberger Rathaus untergebracht ist. Weil es in der Gemeinde weder Arzt noch Apotheke gibt, ist man auch in diesem Punkt auf Neckargerach und Eberbach angewiesen. 1990 werden noch 2 Einzelhandelsbetriebe, darunter 1 Lebensmittelgeschäft, geführt, in dem sich die Einwohner mit den nötigsten Lebensmitteln versorgen können. Alle anderen Einkäufe müssen in Eberbach oder Mosbach getätigt werden, was den Charakter Zwingenbergs als Pendlerwohngemeinde unterstreicht.

Quellen

Ortsbereisungsakten

Zwingenberg 1847/1848   GLA 349/1903/105 III; 1853–1866 GLA 349/1907/592; 1868–1907 GLA 364/5111

Sonstige Archivalien

Zwingenberg 1931–1936   GLA 364/1975/3/15 III

Literatur

Herbold, Berthel: Ferien am Neckar. Fremdenführer und Heimatbüchlein der Luftkurorte Neckargerach und Zwingenberg. 2. Aufl. Eberbach 1960. *Krieg von Hochfelden*, Georg Heinrich: Die Veste Zwingenberg am Neckar. Ihre Geschichte und ihr gegenwärtiger Zustand. Frankfurt a.M. 1843. *Naeher*, Julius: Die Burg Zwingenberg im Neckartal. Karlsruhe 1885.

C. Geschichte der Gemeinde

Siedlung und Gemarkung. – Die 1253 als *Tuingenberg* (von twingen = zwingen) erstmals genannte Burg ist auch nach dem Baubefund erst im 13. Jh. entstanden. Zu ihr gehörte ursprünglich ein Bauhof, dessen drei »Fluren« 1474 von den Untertanen in den zur Herrschaft gehörenden Dörfern in Fron gebaut werden mußten; ein herrschaftliches Hofgut war also nicht mehr vorhanden. Die drei Felder lagen damals zwischen dem Wald Kohlstatt und dem Koppenbach (22 M), oberhalb des Koppenbachs (46 M) sowie jenseits und diesseits des Neckars (33 M). Später hießen die Ackerfluren nördlich des Neckars Kohlstatterfeld, Mittelfeld und Angstbaumfeld. Die spät genannten Kirchenmaueräcker haben ihren Namen wohl von einer Kapelle. Erst gegen Ende des 15. Jh. bildete sich zu Füßen der Burg der Weiler Zwingenberg, der 1557 erstmals erwähnt ist, 1577 aber bereits 27 Feuerstellen (Haushalte) zählte. Auch die Einwohner des Weilers Krösselbach unterhalb der 1613 zerstörten Burg Stolzeneck sollen nach Zwingenberg umgesiedelt sein. Durch den 30j. Krieg wurde der Ort fast ganz entvölkert. Waren es 1602 um 30 Hausinhaber, wurden 1663 nurmehr 4 gezählt. Noch 1696 gab es nur 8 bewohnte Hofstätten. Erst unter den Grafen Wiser besserten sich die Verhältnisse. Das vom Verfall bedrohte Schloß wurde erneuert, die brachliegenden Schloßäcker wieder bebaut und für die jenseits des Neckars liegenden ein Hof errichtet. Bis 1746 war die Anzahl der Häuser auf 18 gestiegen, 1778 zählte man 2 Schulhäuser, 24 Bürgerhäuser und 13 Scheuern.

Die alte Gemarkung war sehr klein. Rechts wie links des Neckars gehörten nur die als Äcker oder Wiesen genutzten waldfreien Talflächen hinzu, die Öffnung der Koppenbachklinge und ein Teil des Bannholzes südlich davon. Alle umliegenden Wälder waren herrschaftlich. Sie reichten bis an den Eberbacher Forst im W, die Mosbacher Michelherd und den Neckargeracher Wald im O und bis an den Reisenbach im N. Jenseits des Neckars erstreckten sie sich zu Beginn der Neuzeit bis gegen Neunkirchen. 1778 wird der Umfang des Zwingenberger Forstes mit 5531 M angegeben. Die verschiedenen Wälder bildeten die später sog. Zwingenberger Waldgemarkung. Erst durch deren Aufteilung 1926 wuchs die Gemarkung um die Wälder Leopoldshain und Wilhelms- und Maximilianshain rechts des Neckars, um Friedrichshain und Zwerrenberg links des Neckars und erhielt so ihre heutige Größe.

Herrschaft und Staat. – 1253 wird mit Wilhelm de *Tuinginberc* auch erstmals der auf der Burg sitzende Adel erwähnt. Wilhelm von Zwingenberg war ein Neffe Wilhelms von Wimpfen, des damals mächtigsten Reichsministerialen in diesem Gebiet, der seinerseits der Familie von Kochendorf entstammte und in den Jahren 1225 bis 1238 und 1250 bis 1253 als Vogt des Reichslandes um Wimpfen bezeugt ist. Wilhelm von Zwingenberg – oder wahrscheinlicher sein Vater – muß die Burg, die dadurch aus der damals noch dem Reich gehörigen Zent Eberbach herausgelöst wurde, als Reichslehen erhalten haben. Später war sie Lehen der Grafen von Hohenlohe, die zu den Erben der Staufer gehörten. Reichsministerialen wie die Kochendorfer, führten die Zwingenberger wie jene einen Reiherhals im Wappen. Die Verbindung zu Kochendorf blieb bis in das 15. Jh. bestehen: 1317 standen Wilhelm und Swicker von Zwingenberg wie dem Ritter Kraft gen. Greck Ackerzinsen in Kochendorf zu, und Arnold von Zwingenberg hatte noch 1419 dort Besitz. Auch soll das sog. Greckenschloß zu Kochendorf ehemals gleichfalls Zwingenberg geheißen haben. Sicher bezeugt ist ein anderes Zwingenberg. 1295 verkauften die Kinder Warmunds von Neipperg mit dem Willen ihrer Mutter Adelheid von Zwingenberg ihren Besitz in Stockheim, der *geheizen ist der Twingen-*

berg an den Deutschen Orden. Vielleicht war dies der Grund der 1338 belegten Feindschaft der zwingenbergischen Brüder mit den Neippergern, ihren Vettern. Welches Zwingenberg das ältere war, von dem der Name übertragen wurde, läßt sich nicht mehr sagen. Die Topographie spricht jedoch dafür, daß die Burg im Neckartal namengebend war.

Die Zwingenberger konnten sich durch den Ausbau des unwirtlichen Gebiets des Winterhauchs nördlich der Burg eine kleine Herrschaft schaffen, indem sie eine Reihe von Waldhufendörfern gründeten: (Ober-)Dielbach, Strümpfelbrunn, (Wald-)Katzenbach, Mülben, Weisbach, Schollbrunn, das allerdings früh verloren ging, und wohl auch Robern. Seit dem Spätmittelalter zählten auch Balsbach, Wagenschwend und Robern je zur Hälfte dazu, während der andere Teil an die Pfalz geraten war. Mit der Grundherrschaft verbundene Herrschaftsrechte besaßen die Zwingenberger auch in Neckargerach und auf der anderen Neckarseite in Neunkirchen und Michelbach.

Nicht diese relativ bescheidene Herrschaft, sondern die den Neckarverkehr beherrschende Lage der Burg war es, die Zwingenberg zum Zankapfel zwischen dem Erzbischof von Mainz und Kurpfalz werden ließ. Beide Seiten bemühten sich um Einfluß und Rechte auf Zwingenberg. Als erster erreichte der Erzbischof 1315 die Öffnung der Burg für Mainz. 1338 mußten die Brüder Wilhelm und Dietrich von Zwingenberg und ihr Neffe Dietrich sowohl dem Erzbischof wie den beiden Pfalzgrafen Ruprecht versprechen, ihnen ihre Burg als offenes Haus zur Verfügung zu stellen. Auch der Graf von Württemberg ließ sich zusichern, daß von der Burg aus nichts gegen ihn unternommen werden dürfe. Offensichtlich war es aber den Pfalzgrafen gelungen, die Zwingenberger stärker auf ihre Seite zu ziehen, worauf der Erzbischof begann, eine neue Burg Fürstenstein oberhalb von Zwingenberg zu errichten. Es kam zu *ufluf und kryg* mit Übergriffen nicht nur zwischen Zwingenberg und Fürstenstein selbst, sondern auch zu Amorbach, im Gericht zu Fürth, zu Handschuhsheim. Der Streit wurde 1339 vor Kaiser Ludwig getragen, der ein Schiedsgericht aus Leuten beider Seiten einsetzte. Doch die dazu bestellten Räte sprachen sich getrennt jeweils zu Gunsten ihrer Herren aus. Der Erzbischof von Mainz stärkte seine Stellung durch die eingeholte Kundschaft, daß die sechs Brüder von Zwingenberg durch ihre Mutter Jutta Rüdt, die eine Dienstfrau des Erzbischofs war, Ministerialen des Erzbischofs seien. Der Obmann des Gerichts, Gottfried von Eppstein, entschied 1340: Wenn der Nachweis erbracht würde, daß die Mainzer zuvor erfolglos von den Zwingenbergern, ihren Dienstleuten, die Abstellung des Unrechts verlangt hätten, sollten sich die Pfalzgrafen zufrieden geben und beide Parteien versöhnt sein. Der Kaiser erkannte diesen Spruch an. In den folgenden Jahren ist der Bau von Fürstenstein abgebrochen oder aufgegeben worden. Ein neues Schiedsgericht verpflichtete 1343 Pfalzgrafen und Erzbischof, ihre Schadenersatzansprüche aufzugeben.

Der Erzbischof konnte 1357 ein ewiges Schutzbündnis mit den Zwingenbergern schließen, die auch zusagen mußten, ihr Bündnis mit der Pfalz nicht zu erneuern. Die Burg war inzwischen Ganerbschaft mehrerer Vettern. Einige von ihnen verkauften ihre Anteile an der Burg, so Hans von Zwingenberg gen. von Berlichingen mit seinen Brüdern und mit Berthold von Zwingenberg ein Viertel an Ritter Heinrich von Erligheim. Ein anderes Viertel erwarben 1362 die Brüder Konrad von Uissigheim und Eberhard von Rosenberg, und im gleichen Jahr verpfändete Wiprecht von Zwingenberg seinen Anteil für 2000 fl an Engelhard von Hirschhorn. Der sich darin zeigende Niedergang des Geschlechts führte alsbald zur Katastrophe. Denn Burg Zwingenberg war zu einem »Raubhaus« geworden, von dem aus die Schiffahrt auf dem Neckar behindert, die Kaufleute geschädigt wurden. Pfalzgraf Ruprecht schloß sich 1363 dem

Schwäbischen Städtebund zur Sicherung des Landfriedens an und ging gegen Zwingenberg vor. Die Burg wurde gebrochen. Kaiser Karl IV. gab 1364 dem Erzbischof Gerlach von Mainz und dem Pfalzgrafen die Erlaubnis, gemeinsam den Berg Zwingenberg zu kaufen und hier wiederum eine Burg zu bauen, die für alle Zeit dem Reich geöffnet sein sollte. Noch im gleichen Jahr trafen sich beide auf dem Felde vor Zwingenberg und einigten sich, daß sowohl der Burgstall wie die neu zu errichtende Burg und alle Zubehörungen, die noch erworben würden, jedem zur Hälfte gehören sollten. Der vereinbarte Burgfrieden umfaßte nicht nur den Burgberg selbst, sondern ein Gebiet, dessen Grenze von Lindach gegen Strümpfelbrunn, von dort gegen Schollbrunn, an der Koppenbach hinab über den Neckar und bis Neunkirchen und wieder gegen Lindach verlief. Am nächsten Tag erwarben beide Parteien gemeinsam für 360 fl einen kleineren Anteil an der Burg, den Konrad Rüdt von Wiprecht Nase von Zwingenberg erkauft hatte. Weiter geriet ihre Erwerbspolitik jedoch nicht, und auch zu einem gemeinsamen Wiederaufbau der Burg kam es nicht. Vielmehr wurden jetzt die Hirschhorner wieder aktiv, die schon 1362 einen Teil der Burg erworben hatten. Die Witwe Engelhards von Hirschhorn kaufte 1368 von den Brüdern von Zwingenberg-Berlichingen deren Grundherrschaft in Neunkirchen und alle Eigenleute jenseits des Neckars. Weitere Einzelerwerbungen sind anzunehmen, aber nicht überliefert. 1403 ließen sich Hans und Eberhard von Hirschhorn von König Ruprecht als Pfalzgraf und von Erzbischof Johann von Mainz mit dem Burgstall zu Zwingenberg belehnen, um darauf eine Feste zu bauen. Im Jahr darauf verzichteten die Grafen von Hohenlohe als die älteren Lehnherren auf ihr Eigentumsrecht. Aber noch waren die einst zur Burg gehörigen Dörfer und Weiler zum Teil in den Händen zwingenbergischer Erben oder von diesen verpfändet. 1404 konnten die Hirschhorner Lösungsrechte solcher Güter von Fele und von Arnold von Zwingenberg, 1406 von Anna Rüdt ganz Mülben und halb Robern erwerben. Schließlich übertrugen die Herren von Hirschhorn das ganze schwierige Geschäft dem Rothenburger Kaufmann Fritz Klemm, dem sie pro forma auch ihren schon sicheren Teil überließen. 1409 erschien dieser vor dem königlichen Hofgericht und erklagte sich den rechtmäßigen Besitz von Burg Zwingenberg mit dem Zubehör von Dörfern, Weilern, Wäldern, Leuten etc., was alles er für 3000 Mark Silber erworben habe und wofür sich Hans von Venningen verbürgte. Nachdem ihm König Ruprecht selbst die Verfügungsgewalt darüber bestätigt hatte, übereignete er es mit allen Rechten an die Brüder Hans und Eberhard von Hirschhorn, und der König beurkundete dieses. Auf solch umständlichem Wege wurde die neue Herrschaft Zwingenberg für die Herren von Hirschhorn zusammengebracht und gesichert. Der aus dem Anfang des 15. Jh. stammende Bau des Schlosses zeugt von der neuen Blüte des Herrensitzes.

Aus der Familie der Zwingenberger lebte um diese Zeit noch ein Zweig, die Kinder Bertholds. Von diesen trug Arnold 1419 alle seine *teile und herkommen* an Pfalzgraf Otto I. von Mosbach zu Lehen auf. Die Urkunde zählt alle Orte des Winterhauchs, dazu Robern, Balsbach, Fahrenbach sowie Kochendorf und die Fähre zu Wimpfen auf. Pfalzgraf Otto konnte die verpfändeten Güter auslösen. Noch aber sollte das Wiederlösungsrecht Arnolds Erben verbleiben. Die Hirschhorner waren also durchaus noch nicht im Besitz der ganzen ehemaligen Zwingenberger Herrschaft. 1473 lag Hans von Zwingenberg, Sohn Arnolds und – neben Margarete von Zwingenberg, 1474 verheiratet mit Heinz Rüdt von Collenberg – der letzte bekannte Zwingenberger, im Rechtsstreit mit den Hirschhornern wegen Besitz in Waldkatzenbach und Gütern andernorts, Wäldern und Zehnten. Doch die Brüder Otto, Melchior, Hans und Eucharius von Hirschhorn verkauften 1474 Zwingenberg mit allem Zubehör an Pfalzgraf Otto II. von

Mosbach. Dies waren außer Zwingenberg selbst und dem Herrenwald, die von Pfalz und Mainz zu Lehen rührten, ihre eigenen Dörfer und Vogteien Oberdielbach, Mülben, Weisbach ganz, Robern, Fahrenbach und Balsbach halb (die andere Hälfte war bereits in mosbachischem Besitz), in Neunkirchen und Michelbach Anteile an der Ortsherrschaft. Die zwingenbergischen Eigenleute (auch außerhalb der Herrschaft) wurden auf 70 Männer und 60 Frauen geschätzt. Vom großen bis an den Reisenbach reichenden Zwingenberger Forst gehörten drei Viertel noch Hans von Zwingenberg, nur ein Viertel Hirschhorn. Nicht eingeschlossen in den Kauf waren die Dörfer Strümpfelbrunn und Katzenbach. Sie müssen wie Güter in Mülben, Weisbach und Oberdielbach sowie wenigstens ein Teil der Wälder jene Objekte gewesen sein – die Quelle nennt sie nicht einzeln – die Otto II. 1484 für 2600 fl von Philipp Rüdt von Bödigheim kaufen konnte. Jedenfalls gehören sie vom Anfang des 16. Jh. an stets zu Zwingenberg.

Die so wieder in einer Hand vereinigte Herrschaft fiel mit dem Aussterben der Mosbacher Linie 1499 direkt an die Kurpfalz. Doch nach dem unglücklichen Ausgang des Pfälzischen Erbfolgekrieges war Kurfürst Philipp 1504 gezwungen, Schloß und Herrschaft Zwingenberg für 12 100 fl zu verkaufen, und der Käufer war wieder ein Hirschhorner, Hans. Diesmal erhielten die Hirschhorner Zwingenberg nicht als Mannlehen, sondern als Erblehen, wobei ausdrücklich das Erbrecht auch der Tochter, falls kein Sohn vorhanden, zugesichert wurde.

Kurfürst Philipp und Hans von Hirschhorn einigten sich 1505 in einem Vertrag über die Grenzen des zwingenbergischen Wildbanns und die Fischereirechte. 1507 gab Hans von Hirschhorn den Orten der wiedergewonnenen Herrschaft eine Gerichtsordnung und schuf dabei als zweite Instanz einen Oberhof in Strümpfelbrunn, der von 15 Richtern, d. h. je drei aus diesem, Waldkatzenbach, Oberdielbach, Weisbach und Mülben gebildet wurde. Doch blieben die hohe Gerichtsbarkeit sowie die Reispflicht gegenüber der pfälzischen Zent Eberbach, zu der die Dörfer auf dem Winterhauch stets gehört hatten, bestehen. Vorübergehend wurde die Herrschaft 1512 an den Ritter Hans Bock verpfändet. Für Strümpfelbrunn als zentralen Ort des Gebiets konnte Jörg von Hirschhorn 1521 von Kaiser Karl V. ein Marktprivileg erhalten. Aus dem Jahre 1747 ist ein Verzeichnis der Einkünfte aus der Herrschaft erhalten. Sie erbrachte an barem Geld (Bede, Steuer und Schatzung) 140 fl 28 xr, aus Abgaben in Naturalien (darunter auch 2 Fuder Wein!), in Geld umgerechnet 532 fl 28 xr, insgesamt also 673 fl 6 xr. Die Herren von Hirschhorn waren der Ritterschaft Kanton Odenwald inkorporiert; sie steuerten für ihre Herrschaft Zwingenberg, nachweislich seit 1600, dahin. Um 1600 gab es Spannungen mit der Zent Eberbach, die ihre Gerichtsbarkeit über die vier Hauptrügen hinaus ausdehnen wollte. Der letzte Hirschhorner, Friedrich, gründete anfangs des 17. Jh. im Ittertal die Weiler Ober- und Unterfriedrichsdorf.

1632 fiel Friedrich von Hirschhorn im Zweikampf zu Heidelberg. Nun war Zwingenberg den Hirschhornern als Erblehen auch in weiblicher Descendenz verliehen, und dieses war 1547 im Ehevertrag des Bernhard Göler von Ravensburg mit Maria von Hirschhorn ausdrücklich für ihre Nachkommen zugesichert worden. Engelhard Göler ließ sich also im April 1633, unterstützt durch einen schwedischen Commissär, huldigen, konnte aber von Kurpfalz, die widerrechtlich vom Heimfall des Lehens sprach, eine Belehnung nicht erreichen. Es begann ein über hundertjähriger Rechtsstreit, der durch Ansprüche anderer, weniger berechtigter Erben der Hirschhorner noch komplizierter wurde. In Zwingenberg selbst lag nach der Schlacht von Nördlingen eine bayerische Besatzung. 1650 bemächtigte sich Kurpfalz wieder der Herrschaft und unterstellte sie als Kellerei Zwingenberg dem Oberamt Mosbach.

Engelhard Göler von Ravensburg versuchte hartnäckig sein Recht zu erreichen, doch konnte Kurpfalz sich durch taktisches Ausweichen, Verzögern oder Fernbleiben bei Verhandlungen im Besitz behaupten. Als 1652 Kaiser Ferdinand dem Deutschmeister und dem Herzog Eberhard von Württemberg befahl, Göler dem Restitutionsurteil gemäß in seine Herrschaft einzusetzen, erklärten diese, keine Mittel zu haben und Krieg nicht riskieren zu wollen. Da die drei Söhne Engelhards bald nach dessen Tod 1659 kurz nacheinander starben, war Pfalz in der Herrschaft unbehelligt, bis der einzige Erbe Friedrich Jakob Göler 1687 volljährig wurde und seine Ansprüche erhob. Nun aber kam der Orléans'sche Krieg dazwischen, und hernach wollte Kurfürst Johann Wilhelm seinem verdienten Kanzler Franz Melchior von Wiser die Herrschaft Zwingenberg verleihen. Dieser hatte sich ein angebliches Recht darauf verschafft, indem er den Allodial-Erben des letzten Hirschhorners ihre Ansprüche abkaufte. Allerdings war Zwingenberg nicht Eigengut, sondern Lehen gewesen. Also belehnte Johann Wilhelm 1696 Graf Wiser mit Schloß Zwingenberg und den zugehörigen Dörfern als Mannlehen. Dessen Sohn Ferdinand Andreas erhielt 1719 die Herrschaft sogar als Erblehen. Er ist der Gründer von Ober- und Unterferdinandsdorf. Die Göler'schen Erben – nunmehr die drei Schwiegersöhne Friedrich Jakob von Gemmingen, Eberhard Göler und Friedrich Wilhelm von Horneck – betrieben ihre Sache weiter und hatten nun endlich Erfolg: Der kaiserliche Hofrat entschied 1725 zu ihren Gunsten, und nach weiterer Verzögerung durch Kurpfalz erfolgte endlich im November 1728 die Restitution der Göler-Erben in die Herrschaft und die Huldigung der Untertanen an diese.

Damit fand aber der Streit noch kein Ende, waren doch die Göler'schen Erben berechtigt, von der Pfalz die Erstattung der seit 1635 widerrechtlich vorenthaltenen Einkünfte und der Prozeßkosten zu verlangen, was sie auf über 500000 fl berechneten. In dieser Auseinandersetzung wurde die Familie Göler von der Fränkischen Ritterschaft finanziell unterstützt, auch gewann sie die Fürsprache nicht nur Kaiser Karls VII., sondern auch König Friedrichs II. von Preußen, in dessen Diensten Eberhard Friedrich Göler als Kriegsrat stand. Ihm übertrugen sie die Regelung der ganzen Angelegenheit, und Friedrichs energisches Drängen – auch im Reichstag – führte endlich 1746 zu einem Vergleich zwischen Kurfürst Karl Theodor und dem Grafen Wiser einerseits und den Göler'schen Erben andererseits. Jetzt erst gab auch Kurpfalz die Herrschaft Zwingenberg offiziell an die Erbberechtigten zurück und belehnte sie darüber hinaus auch mit der Zentgerichtsbarkeit. Aber bereits am Tag nach dem Vertragsabschluß verkauften die Göler'schen Erben nun ihre Herrschaft Zwingenberg für 400000 fl an Kurpfalz, nicht ohne sich dabei freie Religionsausübung für Katholiken, Reformierte und Lutheraner zusichern zu lassen. Auf ihr Besteuerungsrecht verzichtete die Fränkische Ritterschaft erst 1751, nachdem die Verkäufer es durch eine Geldzahlung abgelöst hatten.

1747 wurde Zwingenberg als Unteramt dem Oberamt Mosbach einverleibt. Der vorher Göler'sche Keller Jakob Klemm wurde von Kurpfalz übernommen. Die kurfürstliche Hofkammer ließ 1749 Wehrzölle zu Zwingenberg und Strümpfelbrunn errichten. Schon nach 1728 hatte die Göler'sche Vogtei die Zentbarkeit der Herrschaft bestritten, ja sogar ein eigenes Hochgericht bei Strümpfelbrunn errichtet. Die 1746 mit der Herrschaft verliehene Zenthoheit führte nun dazu, daß diese zwischen dem Oberamt Mosbach und der Zent Eberbach strittig war. Erfolglos beanspruchte letztere weiterhin die Zentabgaben, obwohl auch die Zwingenberger Delinquenten im Zentturm zu Eberbach einsaßen. Unbestritten war dagegen, daß Burg und Weiler Zwingenberg nicht zur Zent gehörten.

Nur etwa 30 Jahre war Zwingenberg ein pfälzisches Unteramt, dann verlieh Kurfürst Karl Theodor 1778 die Herrschaft seinem unehelichen Sohn, dem Reichsgrafen Carl August von Bretzenheim. Dazu gehörten Zwingenberg, die fünf alten Winterhauchdörfer, Ferdinandsdorf und Friedrichsdorf und zuvor auch Robern, Balsbach und Wagenschwend als Kondominat mit Kurpfalz. Wie beim Herrschaftswechsel 1746 wurden auch 1778 alle Orte der Herrschaft mit Gütern, Rechten und Einkünften erfaßt, 1778 schon mit größerer Genauigkeit. Im gesamten Herrschaftsgebiet (also einschließlich der außerhalb des Kreises gelegenen Orte) wurden 1778 1560 Einwohner gezählt. Sie zahlten jährlich 15050 fl Schatzung. Der Herrschaft gehörten 72 Hufengüter in den zugehörigen Dörfern. 1796 betrugen die Einnahmen aus der Grundherrschaft insgesamt 1045 fl (davon 350 als Erbbestandsabgabe, 695 in Einrechnung der Gültfrüchte). An zwingenbergischen Leibeigenen in- und außerhalb der Herrschaft gab es 1778 590 Personen. – Die peinliche Gerichtsbarkeit wurde 1778 wieder der Zent Eberbach zugesprochen, blieb aber weiterhin ein Streitpunkt. 1803 verkaufte der Fürst von Bretzenheim die Herrschaft Zwingenberg für 500000 fl an den Fürsten von Leiningen. Da dieser die Kaufsumme nicht zusammenbrachte, trat 1808 Großherzog Karl Friedrich von Baden für nur 300000 fl in den Kauf ein und übertrug den Besitz als Standesherrschaft seinen Söhnen aus zweiter Ehe, den Grafen von Hochberg und späteren Markgrafen von Baden.

Gemeinde. – Zwingenberg war im 18. Jh. – wie wohl schon zuvor – mit Oberdielbach zu einem Gericht zusammengeschlossen. 1774 stellte es dazu außer dem Anwalt zwei Gerichtsleute dafür. Praktisch alle Untertanen waren Gemeinsleute oder Bürger. 1663 wie 1778 gab es nur einen Beisassen. Allerdings gab es auch keinen Gemeindenutzen, der ja allein den Bürgern zustand. Einziger Gemeindebesitz war ein Hirtenhaus.

Kirche und Schule. – Zwingenberg lag im Sprengel der Pfarrei Neckargerach. Die von den Herren von Hirschhorn mit dem Schloß neuerbaute, noch heute guterhaltene Burgkapelle wurde 1424 durch den Bischof von Worms geweiht. Der große Zehnt gehörte wie in Gerach wohl ursprünglich ganz dem Julianenstift in Mosbach; später bezogen ihn je zur Hälfte Kurpfalz und die Pfarrei Gerach. Der Zehnt auf dem jenseits des Neckars gelegenen Teil der Feldflur war Zubehör der Burg Stolzeneck. 1615 erwarb ihn Friedrich von Hirschhorn von Kurpfalz. Er stand immer der Herrschaft Zwingenberg zu.

Die Hirschhorner führten in der Herrschaft Zwingenberg vor 1546 die Reformation luth. Bekenntnisses ein, und dieses mußte auch, nachdem sich Kurpfalz der Herrschaft bemächtigt hatte, noch weiterhin geduldet werden, doch nahmen allmählich die Reformierten zu. Erst die Grafen von Wiser unterstützten ihre Konfession und ließen kath. Gottesdienst in der Schloßkapelle feiern. Die Bevölkerung blieb jedoch großenteils beim ref. Bekenntnis und besuchte die Kirche in Schollbrunn. 1728 führte die Göler'sche Herrschaft wieder luth. Gottesdienst in der Kapelle ein. Als 1746 Kurpfalz Schloß und Herrschaft übernahm, gestand der kath. Kurfürst das luth. Religionsexerzitium zu. Für dieses hatten die Göler eine eigene Kasse eingerichtet. Den kath. Gottesdienst hielten zunächst Franziskaner aus Mosbach, später ein Kaplan. Kurfürst Karl Theodor ließ im Schloß eine zweite Kapelle errichten und dort das Grabmal seiner Geliebten, der Gräfin von Heideck († 1771) und Mutter des Reichsgrafen von Bretzenheim, aufstellen. So konnten in Zwingenberg beide Konfessionen mit zwei Kapellen und zwei Schulhäusern nebeneinander bestehen. – Zwingenberg scheint relativ früh eine Schule besessen zu haben. Sie wurde auch von den Kindern aus Lindach besucht. – 1774 wurden in Zwingenberg 81 Reformierte, 23 Lutheraner und 73 Katholiken gezählt.

Bevölkerung und Wirtschaft. – Um 1600 haben in Zwingenberg etwa 120 bis 130 Personen gelebt. Nach der Verwüstung im 30j. Krieg waren es 1663 nur noch vier Untertanen (Haushaltsvorstände); von ihnen stammten drei aus der Schweiz, nur einer aus der Pfalz. Zunächst wuchs die Bevölkerung sehr langsam. 1696 gab es nur acht Untertanen. Mit der Wiederbelehnung des Schlosses nahm aber auch die Einwohnerschaft wieder stärker zu. Mit 18 Bürgern werden es 1746 über 80 Personen gewesen sein. Bis 1777 hatte sich die Zahl auf 162 etwa verdoppelt; darunter waren 33 Leibeigene der Herrschaft.

Seit 1757 sind Juden in Zwingenberg bezeugt, doch waren es im ganzen 18. Jh. meist nur zwei Familien mit 8 bis 10 Personen, in der Herrschaft insgesamt 4 bis 5 Familien mit etwa 20 Personen. Erst im 19. Jh. entstand eine jüdische Gemeinde.

Die kleine Gemarkung bot nur wenig Raum für Landwirtschaft. 1774 waren ca. 100 M Privatäcker der Bürger vorhanden, die außerdem noch 12 M Gärten, 21 M Wiesen und 7 M Wald besaßen. Einzelne hatten noch ein paar Äckerlein auf Neckargeracher Gemarkung. Die Herrschaftsgüter rechts des Neckars umfaßten 77 M Äcker, 35¾ M Wiesen und 6¾ M Gärten. Der Hof auf der anderen Neckarseite mit 35 M Äckern, 4½ M Wiesen und 8 M Wald war in Erbbestand vergeben. Hier stand der Herrschaft auch der Weidgang auf dem anstoßenden Viehberg (ca. 800 M), dem späteren Friedrichshain zu, für den sie ein Viehhaus unterhielt. Zur Burg gehörten auch der Zwingenberger Rain bei Pleutersbach (Stadt Eberbach), 1778 mit 124 M Wald und Brachland sowie 56 M Herrschaftsäckern auf Waldkatzenbacher und 31 M auf Oberdielbacher Gemarkung. – Die Zwingenberger waren also auf anderen Lebensunterhalt angewiesen. Ein Teil lebte sicher vom Dienst auf dem Schloß, zu dessen Hut und Verteidigung übrigens alle Einwohner verpflichtet waren. Holzfällerei und Flößerei boten Möglichkeiten, ebenso die Fischerei, deren Recht die Gemeinde von der Herrschaft gepachtet hatte. Zum jährlichen Fischergericht in Zwingenberg erschienen auch die Neckargeracher und Eberbacher Fischer. Eine eigene Weide besaß die Gemeinde nicht, doch hatte sie gegen jährliches Weide- und Herdgeld ein Zutriebsrecht in den herrschaftlichen Wäldern wie auch das Holzrecht. Weberei ist nicht bezeugt, war aber wohl verbreitet. Auch ältere Nachrichten über Wirtschaften, Kramladen usw. fehlen. An Gewerben war die Schloßmühle (von ca. 1643 bis Ende des Jahrhunderts abgegangen) und später eine Ölmühle in der Schloßklinge vorhanden sowie die von Graf Wiser jenseits des Neckars errichtete Ziegelhütte. – Auf alten Zusammenhang mit Neckargerach weist das auch hier gebräuchliche Neckarelzer Maß und Gewicht hin.

Bei so schlechten Voraussetzungen wundert es nicht, daß Zwingenberg von allen Orten der Herrschaft der ärmste war. 1746 besaß nur ein Bürger mittelmäßiges Vermögen (400–800 fl), alle anderen geringeres. Entsprechend lag der Schatzungsertrag 1778 nur bei 550 fl. Einzig Ferdinandsdorf war mit 500 fl noch etwas darunter. Da aber Zwingenberg weit mehr Einwohner hatte, kamen hier auf den Kopf der Bevölkerung nur 3 fl Steuer, in Ferdinandsdorf immerhin 7.

Quellen und Literatur

Quellen, gedr.: DI 8. – *Kollnig* S. 113–120. – *Krieg.* – REM 1 und 2. – R Wertheim. – UB MOS. – WUB 3–5, 9 und 10. – ZGO 11, 1860.
Ungedr.: GLA Karlsruhe 43 Sp/269f.; 44/69; 65/709; 77/6185; 194; 229/21564, 37246.
Allg. Literatur: *Hausrath.* – KDB IV,4 S. 186–222. – *Krieger* TWB 2 Sp. 1558f. – LBW 5 S. 309f. – *Lohmann.* – *Schuster* S. 369f. – *Wagner* S. 379. – *Widder* 2 S. 170–182. – *Wüst.*
Ortsliteratur: *Krieg.*
Erstnennung: ON und Adel 1253 (WUB 5 Nr. 1248).

Orts- und Personenregister

Absberg, Lkr. Weißenburg-Gunzenhausen
- von
- - Hans Thomas I 162; II 541

Abtei Neuburg: Ziegelhausen, Stkr. Heidelberg
- Kloster II 615, 362

Adelsheim, Stadt I 57, 64, 72, 74, 77, 80, 89, 90, 91, 92, 95, 99, 100, 101, 103, 105, 106, 107, 109, 110, 111, 112, 118, 135, 137, 138, 139, 140, 142, 144, 145, 146, 147, 148, 149, 152, 157, 159, 160, 162, 165, 169, 170, 171, 173, 175, 177, 178, 181, 183, 188, 190, 191, 192, 193, 194, 195, 203, 207, 211, 212, 217, 227, 228, 231, 233, 242, 244, 245, 246, 250, 251, 267, 269, 272, 274, 280, 281, 286, 287, 293, 296, 297, 302, 315, 332, 339, 355, 361, 362, 363, 365, 366, 386, 387, 398, 414, 416, 418, 419, 420, 421, 424, 425, 426, **433–488**, *470–479*, 556; II 105, 417, 428, 435, 480, 490, 532, 574, 576, 582, 636, 647
- Burg I 71, 174, 175, 225, 450, 471, 473; II 632
- Herrschaft I 89
- Pfarrei I 122, 126, 128, 132, 133, 134, 174, 197, 403, 409, 410, 411, 466; II 183, 433, 487, 645, 653
- Vögte von I 471
- von I 72, 87, 90, 101, 111, 128, 132, 140, 145, 160, 162, 167, 416, 450, 461, 462, 466, 472, 473, 474, 475, 478, 479, 480, 481, 482, 483, 484, 485, 599, 692, 696, 700, 774, 836, 837; II 60, 63, 64, 429, 439, 492, 498, 578, 581, 585, 773, 775, 776, 783, 784, 791, 793, 795
- - Adam I 473; II 175
- - Albrecht Reinhard I 472
- - Beringer I 474; II 798
- - Beringer d.Ä. I 477
- - Beringer d.J. I 477
- - Bernhard Ludwig I 473
- - Boppo I 474, 692; II 773
- - Friedrich I 474
- - Friedrich Leopold I 473
- - Götz I 472, 480; II 443, 444
- - Götz d.Ä. I 477
- - Hans I 477
- - Hans Christoph I 472
- - Johann Christoph II 175
- - Johann Friedrich I 598
- - Johann Philipp II 175
- - Martin II 63, 67, 444
- - Richard I 450
- - Sebastian I 473
- - Stefan I 477
- - Valentin I 483
- - Wendel II 783
- - Wolf II 773
- - Zeisolf I 472, 477; II 175
- - Zeisolf der Lange I 480

Agelesterwilare = Weilerhof, abgeg. bei Aglasterhausen
- von I 515

Aglasterhausen I 57, 65, 89, 109, 111, 114, 117, 137, 138, 139, 144, 157, 160, 164, 188, 227, 242, 243, 244, 299, 301, 302, 303, 304, 314, 341, 356, 361, 387, 416, **489–531**, *514–519*, 527; II 345, 346, 355, 361, 609, 610, 611, 614
- Pfarrei I 122, 132, 134, 175, 406, 409, 410, 413, 523, 524, 525, 529; II 146, 354, 390
- von I 80, 515
- - Diether, gen. daz Überbain I 515, 516

Aglasternweiler = Weilerhof, abgeg. bei Aglasterhausen I 65

Ahorn, TBB I 250; II 535

Aicholtzheim = Großeicholzheim, Seckach II 651

Alantia = Neckarelz, Stadt Mosbach I 64; II 194

Albertus de Walthusen I 708

Alfingen, abgeg. Burg bei Hofen, Stadt Aalen, AA
- von II 790

Aliza = Neckarelz, Stadt Mosbach II 194

Allemühl
- Pfarrei II 354

Allendorf, von
- Johann I 842

Alletze s. Adelsheim, Stadt

Alletzheim s. Adelsheim, Stadt

Allfeld, Billigheim I 66, 69, 71, 72, 83, 84, 91, 96, 99, 135, 137, 138, 144, 146, 149, 235, 342, **534–537**, *566–570*
- Burg I 70, 71, 84, 164, 567, 568
- Pfarrei I 121, 122, 124, 125, 130, 405, 406, 572; II 147
- von I 80, 88, 567; II 395, 452, 492
- - Konrad I 567
- - Werner I 567; II 311
- - Wolffhert I 567

Althausen, Stadt Bad Mergentheim I 744; II 493

Altheim, Stadt Walldürn I 64, 65, 72, 73, 78, 83, 87, 97, 137, 138, 139, 143, 144, 145, 146, 152, 159, 209, 212, 227, 234, 272, 339, 472, 669, 671, 673; II 546, **717–720**, *773–776*
- Pfarrei I 122, 129, 405, 408, 837, 838; II 533, 549, 776
- von
- – Heinrich II 773
Amorbach, Stadt, Lkr. Miltenberg I 107, 108, 119, 147, 149, 153, 162, 163, 166, 169, 202, 250, 363, 678, 780, 805; II 45, 236, 241, 252, 750, 824
- Äbte I 68, 71, 110, 111, 114, 162, 472, 484, 673, 687, 690, 694, 695, 696, 697, 698, 701, 703, 706, 707, 708, 832; II 65, 163, 278, 280, 494, 582, 585, 587, 773, 778, 779,'783, 791, 795
- – Cölestin I 707
- – Ezzelin I 67; II 279
- – Konrad I 849
- – Richard II 64, 780, 793
- – Sanderad II 798
- – Theobald Gramlich I 128, 837; II 67, 68
- Kloster I 67, 71, 76, 77, 78, 79, 80, 81, 82, 83, 87, 89, 92, 93, 94, 95, 96, 97, 103, 106, 108, 120, 125, 126, 165, 166, 222, 236, 237, 238, 475, 481, 485, 568, 574, 575, 628, 668, 669, 671, 673, 676, 678, 681, 682, 685, 686, 687, 688, 689, 690, 691, 693, 694, 695, 696, 697, 698, 699, 700, 701,' 702, 703, 704, 705, 706, 707, 708, 709, 742, 743, 775, 777, 779, 781, 830, 831, 832, 834, 835, 836, 837, 838, 839, 843, 847, 848, 854, 855, 915, 916, 917, 918; II 59, 60, 62, 63, 64, 66, 67, 68, 70, 177, 266, 267, 268, 269, 270, 271, 273, 274, 275, 276, 277, 278, 281, 396, 436, 437, 450, 451, 501, 502, 538, 546, 547, 548, 582, 584, 585, 656, 658, 773, 774, 775, 776, 777, 778, 779, 780, 781, 782, 783, 784, 785, 786, 790, 793, 797, 798, 799
- Pfarrei I 129; II 766, 781, 787
- von I 696; (s.a. Adelsheim, Stadt, von)
- – Beringer II 773
- – Boppo I 696; II 773
- – Wiprecht I 706
Amorbach-Adelsheim, von I 696
Amorbach-Dürn
- von I 140; II 790
Angelloch, von I 891; II 396
- Berthold II 335
Angeltürn, Stadt Boxberg, TBB
- Pfarrei I 837
Anhalt, Fürsten von
- Christian II 164

Anholt, Graf von, Obrist II 194
Anselm (von Glattbach?) I 483
Ansiringa = Scheringen (?), Limbach I 64, 66; II 66
Appenzell, von II 613
- Sebastian Uriel II 617
Arnoldsfelden, abgeg. bei Buch am Ahorn, Ahorn, TBB I 831
Asbach = Hasbach, abgeg. bei Mosbach, Stadt II 169
Asbach, Obrigheim I 57, 66, 85, 95, 109, 111, 114, 127, 135, 136, 138, 139; II 196, 199, 359, 370, *389–391*
- Burg I 71
- Pfarrei I 122, 127, 128, 133, 134, 410, 412, 511, 521, 523, 524, 525; II 359, 363
Aschach = Hasbach, abgeg. bei Mosbach, Stadt II 169
Aschaffenburg I 107, 805; II 45, 241, 791
- Stift I 121, 669; II 780
Aschhausen, Schöntal, KÜN II 476
- von I 90; II 491, 492, 494, 498, 499
- – Anna Catharina II 469
- – Götz II 436
- – Hans I 696
- – Hans Erasmus II 498
- – Johann Erasmus II 469
- – Kuno I 475
Assulzer(Äußer)hof: Allfeld, Billigheim I 69, 235, 567, 568
Assumstadt: Züttlingen, Stadt Möckmühl, HN II 192
Aub, Stadt, Lkr. Würzburg I 744
Auerbach = Waldauerbach: Schloßau, Mudau II 222
Auerbach, Elztal I 41, 64, 65, 66, 79, 85, 87, 97, 98, 108, 112, 116, 136, 137, 138, 139, 144, 145, 160, 234, 310, 354, **719–721**, *741–743*, 749; II 121, 164, 172, 192
- Pfarrei I 121, 122, 132, 572; II 312, 582, 587
Auerbach, von I 527; II 359, 392, 398
- Georg Christoph I 515
Augsburg I 45
Aulenbach, von II 791
Außerhof = Assulzer(Äußer)hof: Allfeld, Billigheim I 567

Babstadt, Stadt Bad Rappenau, HN II 191
Bach, Hans Michael II 115
Bachenau, Stadt Gundelsheim, HN II 501
Bad Rappenau, Stadt, HN I 296, 884; II 12, 15, 17, 18
- Burg I 698

Bad Wimpfen, Stadt, HN I 47, 58, 76, 81, 119, 153, 157, 159, 163, 734; II 189, 444, 825
- Adel s. Wimpfen
- Pfarrei I 524, 882
Baden = Altes Schloß Hohenbaden: Baden-Baden, Stkr.
- Markgrafen und Großherzöge I 91, 92, 166, 563, 670, 889; II 58, 69, 354, 501, 690, 695, 702, 708
- - Bernhard II 172
- - Berthold II 817
- - Karl Friedrich I 91, 167; II 816, 828
- - Maximilian II 817, 819
- - Mechthild II 172
- - Wilhelm II 817
Baden-Durlach, Markgrafen von
- Georg Friedrich I 163
Badisch-Schöllenbach: Friedrichsdorf, Stadt Eberbach, HD II 253, 271
- Pfarrei II 261, 272
Baier, Fritz, Politiker I 371
Baier, Schreiner- und Malerfamilie I 207
Balbach = Ober- und Unterbalbach, Stadt Lauda-Königshofen, TBB II 501
Baldersheim, Stadt Aub, Lkr. Würzburg
- von I 831
Balderthausen, abgeg. bei Heckfeld I 840
Ballas, Elisabeth, gen. Silbereisen II 193
Ballenberg, Stadt Ravenstein I 71, 74, 80, 83, 91, 99, 100, 107, 109, 110, 111, 119, 134, 137, 138, 139, 140, 142, 145, 146, 147, 148, 149, 157, 159, 160, 162, 168, 169, 170, 172, 184, 198, 228, 242, 244, 248, 250, 363, 364; II 444, **459–461**, *491–493*, 496, 501
- Burg I 71
- Pfarrei I 125, 129, 403, 405, 408; II 495, 504
Ballinburc = Ballenberg, Stadt Ravenstein II 491
Balsbach, Limbach I 51, 67, 85, 93, 97, 98, 108, 109, 118, 135, 137, 141, 143, 144, 164, 178, 183, 237, 280, 772; II **26f.**, *57–59*, 69, 164, 192, 271, 816, 824, 825, 826, 828
- Kloster II 55
- Pfarrei I 128; II 262
Balzfeld: Horrenberg, Dielheim, HD I 698
Balzhofen = Balzhof, abgeg. bei Cleebronn, HN
- von II 334
- - Martha I 866
Bamberg
- Bistum I 669
Bangert, Karl, Bauunternehmer II 46
Bargen, Helmstadt-Bargen, HD I 515; II 15
- Pfarrei I 408, 511, 518, 525; II 16, 390
Bartenstein, von II 495

Bartunek, Karl, Politiker I 370
Baum, Johann, Baumeister II 470
Baumgartner, Hieronymus, Ratsherr zu Nürnberg II 541
Baunacker = Bronnacker, Rosenberg II 536
Bayern, Herzöge, Kurfürsten und Könige von I 91; II 543
Bayern, von
- Friedrich II 389
- Ludwig I 527; II 389
Bebenburg, abgeg. Burg bei Bemberg : Rot am See, SHA
- von II 539
- - Wilhelm I 515
Beck, Reichstagsabgeordneter I 365
Beckert, Alois, Revolutionär II 366
Beerfelden, Odenwaldkreis I 765, 774; II 681
Behr, Alfred, Pfarrer II 648
Beilstein, von II 182
Bensenweiler, abgeg. bei Merchingen, Stadt Ravenstein I 65, 73; II 493, *497*
Bensheim, Stadt, Lkr. Bergstraße
- Rücklin von s. Rücklin von Bensheim
Bentheim, Stadt, Lkr. Grafschaft Bentheim
- von
- - Anna II 164
Bentz, Familie II 399
Beonanheim = Binau I 598
Berberich, August, Politiker I 370, 371
Berg, Hofbildhauer II 38
Berg, von II 577
Bergen = Bergen-Enkheim, Stadt Frankfurt am Main
- Schelm von s. Schelm von Bergen
Beringer, Propst des Julianenstifts zu Mosbach II 182
Berlichingen, Schöntal, KÜN I 474
- von I 88, 90, 101, 127, 128, 162, 166, 167, 474, 479, 480, 481, 482, 483, 484, 485, 517, 527, 568, 692, 693, 696, 697, 834, 886; II 398, 482, 483, 487, 492, 493, 495, 496, 498, 499, 504, 577, 584, 654, 656, 783
- - Beringer II 499
- - Engelhard I 106, 162; II 548
- - Friedrich II 469
- - Götz I 162, 419, 483, 677, 680, 849; II 319, 332, 334, 335
- - Hans Christoph I 481
- - Hermann II 480
- - Johann Philipp I 527
- - Juliane II 469
- - Maria Susanna I 483
- - Philipp Adam I 483
Bernardini, Maler II 291

Orts- und Personenregister

Bernauer, Johann, Baumeister II 291
Bernbrunn: Allfeld, Billigheim I 559, 567; II 179
Berolzheim, Ahorn, TBB II 493, 532
- Pfarrei I 121
Berthevin, Pierre, Fabrikant II 190
Bertie, von II 498, 499
- Franz Karl Rudolf II 498
Bertoldus de Walhusen I 708
Berwangen, Kirchardt, HN
- von I 893
Bessel, Gottfried, Abt des Klosters Göttweig, Niederösterreich I 685
Bettendorff = Pettendorf: Stadt Neunburg vorm Wald, Lkr. Schwandorf
- von I 90, 689, 700; II 275, 775, 778, 779, 783, 785, 787, 791, 793
- - Franz Philipp II 793
- - Philipp II 175
Betzwiesen, abgeg. bei Schweinberg, Hardheim I 68, 70, 831, 840
Beutelshof = Ober - und Unter Bichelbacherhof: Allfeld, Billigheim I 567
Beyer, Johann Georg, Werkmeister II 469
Bienenheim = Binau I 64, 598
Bieringen, Schöntal, KÜN I 567
- von I 567
Bilger s. Pilgrim
Billigheim I 64, 69, 72, 77, 82, 84, 87, 91, 114, 137, 138, 142, 146, 149, 165, 169, 170, 177, 186, 188, 195, 198, 225, 235, 242, 243, 244, 250, 297, 298, 301, 303, 310, 317, 339, 348, 356, 416, 464, **532–581**, 537ff., *570–574*, 690; II 148, 395, 574
- Äbtissinnen I 574; II 454
- - Adelheid (von Allfeld?) I 567
- - Amalia Schelm von Bergen II 454
- Burg I 571
- Kloster I 83, 87, 103, 106, 126, 129, 134, 174, 568, 569, 571, 572, 575, 577, 579, 669, 672, 690, 742, 743; II 177, 180, 197, 332, 335, 396, 454, 548, 586, 652, 656
- Pfarrei I 124, 131, 197, 405, 406, 569, 577; II 146, 147, 199
Biltrud, Schenkerin von Gütern an das Kloster Lorsch II 165
Binau I 64, 76, 78, 82, 89, 90, 91, 92, 96, 97, 98, 108, 118, 119, 138, 142, 165, 183, 191, 192, 193, 198, 224, 234, 240, 244, 258, 316, 387, 402, 472, **582–601**, *598–601*, 670; II 115, 148, 191, 197, 304, 310, 394
- Burg I 71
- Pfarrei I 121, 122, 128, 133, 409, 410, 412, 521; II 146, 303, 386

- von I 88, 598
Birnesser I 141
- Elisabeth I 846
- Hans I 846
Blatz, Dekan I 428
Blau, Felix Anton, Theologe II 798
Blum, Leopold, Fabrikant II 122
Blum, Reichstagsabgeordneter I 365
Bochum I 588
Bock, Hans, Ritter II 826
Bock, Hieronymus, gen. Tragus, Botaniker II 61
Bödigheim, Stadt Buchen (Odenwald) I 64, 65, 67, 77, 79, 81, 89, 90, 91, 92, 93, 95, 96, 97, 98, 99, 101, 103, 106, 113, 117, 135, 137, 138, 139, 142, 143, 144, 145, 146, 147, 148, 149, 153, 163, 164, 165, 198, 225, 234, 287, 297, **604–607**, *668–674*, 831; II 67, 417, 448, 533
- Burg I 71, 83, 89, 163, 175, 225, 629, 670; II 563, 632
- Pfarrei I 120, 122, 125, 128, 129, 197, 409, 410, 411, 687, 690, 699, 708; II 437, 545, 645, 653
- Rüdt von s. Rüdt von Bödigheim
- von I 88, 128, 140, 598, 600, 668, 670, 751; II 613
- - Burkhard I 670
- - Dieter II 177
- - Georg I 599, 600
- - Gerhard I 515, 520
- - Gerung II 177
- - Helfrich II 658
- - Irmgard I 670; II 454
- - Philipp II 177
- von Bödigheim gen. Horlaff II 656
- - Otto II 657
- Zehe von s. Zehe von Bödigheim
Bodman, von und zu, Reichstagsabgeordneter I 365
Bofsheim, Stadt Osterburken I 86, 89, 90, 96, 97, 142, 146, 229, 243, 283, 342, 398, 673; II **402–404**, *436–438*, 541, 543
- Pfarrei I 197, 410, 411, 660, 690; II 544, 545
Böhrer, Emil, Fabrikant I 909
Böhrer, Karl, Fabrikant I 909
Böninghausen, von, General II 194
Bopp, Linus, Fabrikant II 48
Bopp, Richard, Fabrikant II 47
Bork, von
- Catharina Elisabetha I 527
Borocheim = Neckarburken, Elztal I 750
Botenbach = Guttenbach, Neckargerach II 305

Boxberg, Stadt, TBB I 163, 170, 171, 173, 286, 472; II 417
- Burg I 162
- Herrschaft I 85
- Johanniterkommende II 332
- Pfarrei I 134, 411; II 487
- von I 80, 692, 840, 849, 850; II 442, 496, 502, 539
- - Heinrich I 482; II 442
- - Konrad I 839, 849, 850
- - Kraft II. I 849
- - Kunigunde I 850
Boxberg-Krautheim, von I 86, 88, 89, 102, 482, 483; II 501
Branden, van den, Johann Matthäus, Bildhauer II 291
Brandenburg, Markgrafen und Kurfürsten von I 162
- Albrecht I 679
- Albrecht Alkibiades I 162
Brandenburg-Ansbach, Markgrafen von I 472
Brauer, Johann Nikolaus Friedrich, badischer Geheimer Rat I 167, 168, 169
Braun, Johann, Schulmeister zu Altheim II 775
Braun, Otto, Oberamtmann und Vorstand des des Bezirksamtes Buchen I 296
Bräunlin I 140
Brehmen, Königheim, TBB I 86; II 541, 543
- Pfarrei I 837
Breitenau: Hardheim I 68, 795, *847*
Breitenbronn, Aglasterhausen I 85, 111, 135, 146, 162, 242, 272, *494f.*, *519–522*, 527; II 191
- Pfarrei I 122, 124, 127, 133, 134, 410, 413, 523, 524; II 303, 354, 357, 363, 390
- von
- - Heinricus dictus Spieg I 520
- - Nencelinus I 520
Breitenbuch, Lkr. Miltenberg I 86
Brenner, Franz, leiningischer Hofbaumeister II 224
Brenner, Karl, Baumeister II 224
Bretzenheim, Lkr. Bad Kreuznach
- Grafen und Fürsten von I 85, 167; II 58, 702, 707, 828
- - August II 69
- - Carl August II 828
Bretzingen, Hardheim I 64, 65, 73, 79, 86, 89, 96, 108, 110, 118, 135, 139, 153, 229, 234, 669, **785f.**, *830–832*, 839, 843, 904; II 792
- Ketel von s. Ketel von Bretzingen
- Knebel von s. Knebel von Bretzingen

- Pfarrei I 125, 129, 206, 403, 404, 408, 834, 838
- Urleuge von s. Urleuge von Bretzingen
Breuberg, Stadt, Odenwaldkreis
- von I 668
- - Arrosius II 171
- - Eberhard II 171
- - Gerlach II 171
Brezincheim = Bretzingen, Hardheim I 830
Bronnacker, Rosenberg I 70, 74, 86, 90, 229; II 509, *536f.*
Bronnbach: Reicholzheim, Stadt Wertheim, TBB I 169
- Äbte II 452
- - Johann Knoll II 544
- Kloster I 567, 692, 699, 843, 847, 848, 853, 916, 918; II 444, 492, 548
Bruchsal, Stadt, KA I 419; II 235
- Stift I 472
Brummel, Rechtsanwalt I 364
Brunnaker = Bronnacker, Rosenberg II 536
Brunner, Batholomäus, Orgelbauer II 517
Brunner, Karl Felix, Präsident des Justizministeriums II 799
Bucer, Martin, Reformator II 193
Buch am Ahorn, Ahorn, TBB I 86, 159, 831, 836; II 541
- Pfarrei I 411, 837; II 544
Buchelbach = Ober – und Unter Bichelbacherhof: Allfeld, Billigheim I 567
Buchen (Odenwald), Stadt I 48, 49, 65, 67, 72, 74, 76, 81, 82, 83, 89, 99, 100, 105, 106, 107, 109, 110, 111, 112, 113, 117, 119, 134, 137, 138, 139, 140, 142, 145, 146, 147, 148, 152, 153, 158, 159, 160, 162, 163, 165, 166, 168, 169, 170, 171, 172, 173, 175, 178, 181, 183, 188, 190, 191, 193, 196, 197, 198, 199, 202, 203, 205, 208, 210, 225, 226, 227, 228, 230, 236, 240, 242, 243, 244, 245, 246, 249, 250, 255, 256, 260, 261, 262, 264, 266, 267, 268, 269, 270, 281, 284, 286, 293, 295, 296, 297, 300, 302, 304, 305, 309, 310, 314, 315, 316, 317, 318, 320, 322, 323, 325, 327, 332, 336, 338, 339, 341, 345, 348, 352, 354, 355, 358, 361, 362, 363, 364, 366, 368, 369, 386, 387, 389, 397, 398, 400, 401, 402, 413, 414, 415, 416, 417, 418, 419, 420, 426, 467, 469, **602–716**, 607–615, *675–685*, 692, 738, 740, 772, 774, 829, 914; II 54, 56, 105, 230, 236, 265, 426, 435, 487, 488, 533, 534, 535, 574, 576, 631, 632, 647, 750, 768, 791
- Burg I 71
- Falshart von s. Falshart von Buchen
- Gabel von s. Gabel von Buchen

- Geckler von s. Geckler von Buchen
- Herold von s. Herold von Buchen
- Kloster I 682
- Pfarrei I 67, 68, 78, 114, 120, 121, 122, 124, 125, 126, 129, 130, 174, 197, 402, 403, 404, 411, 690, 694, 696, 706, 707; II 447, 487, 653, 782
- Pilgrim von s. Pilgrim von Buchen
- Schaler von s. Schaler von Buchen
- Schimer von s. Schimer von Buchen
- von I 88, 686
- – Herold I 686, 689
- – Konrad I 701
- von (Hainstadt-)
- – Cuntz I 693
Buchenberger, Adolf, Nationalökonom II 193
Buchheim = Buchen (Odenwald), Stadt I 65, 675
Büchner, Friedrich, Verleger I 425
Bucklingen, abgeg. bei Götzingen, Stadt Buchen (Odenwald) I 64
Bühl, Stadt, RA I 300
Buol, von, Reichstagsabgeordneter I 365
Burcken = Neckarburken, Elztal I 750
Burckheim = Neckarburken, Elztal I 750
Burg Zwingenberg: Zwingenberg s. Zwingenberg, Burg
Burghardt, Franz, Chefarzt in Pest/Ungarn I 658
Burgheim = Osterburken, Stadt II 440
- von
- – Godeboldus II 440, 442
- – Kraft II 548
Bürgstadt, Lkr. Miltenberg I 82
Burkhardt, Franz, Chefarzt in Budapest I 685
Burkheim = Neckarburken, Elztal I 65
Burkheim = Osterburken, Stadt I 65
Buß, von, Reichstagsabgeordneter I 365
Butersbach = Butersheim, abgeg. bei Mosbach, Stadt II 170
Butersheim, abgeg. bei Mosbach, Stadt I 64; II 170
Butsbach = Butersheim, abgeg. bei Mosbach, Stadt II 170
Buttersheim, abgeg. bei Mosbach, Stadt I 73

Caius Popilius Carus Pedo, Statthalter der Provinz Obergermanien I 47
Cantzler, Martin, Prediger zu Rosenberg II 544
Cappler von Oedheim I 478, 485
Cazenbach = Neckarkatzenbach, Neunkirchen II 356

Celle s. Daudenzell, Aglasterhausen
Cetto, von I 552
Clengel, Johann Kaspar von, braunschweigischer Generalmajor I 598
Cloß von Neuenburg II 399
Cölestin Hamelius, Pater und Pfarrer in Hettingen I 699
Collenberg, Lkr. Miltenberg
- Burg I 668
- Rüdt von s. Rüdt von Collenberg
Comburg: Stadt Schwäbisch Hall, SHA
- Kloster I 77, 78, 79, 124, 472, 571, 578, 579; II 192, 494, 502
Cornerus, Christoph, Generalsuperintendent I 684
Cratz von Scharfenstein, Grafen I 515, 517
Crispenhofen, Weißbach, KÜN II 493
Crumpach = Krumbach, Limbach II 61

Daisbach, Stadt Waibstadt, HD
- von I 97; II 203
Dalaheim = Dallau, Elztal I 743
Dalberg, Lkr. Bad Kreuznach
- von I 577
Dallaheim = Dallau, Elztal I 65
Dallau, Elztal I 59, 65, 70, 72, 75, 76, 79, 85, 87, 97, 98, 104, 107, 108, 111, 112, 113, 119, 137, 138, 139, 143, 144, 145, 146, 147, 148, 159, 183, 212, 224, 226, 227, 234, 296, 297, 302, 314, 345, 387, 572, **721–724**, *743–748*, 749; II 121, 164, 172, 191, 192, 193, 204
- Burg I 71, 87, 162, 744
- Pfarrei I 120, 121, 128, 130, 132, 405, 406, 409, 412, 577, 742; II 146, 147, 183
- von I 744
Dambergerhof: Stadt Adelsheim I 69
Damm, Reichstagsabeordneter I 428
Dauchstein, abgeg. Burg bei Binau I 70, 71, 174, 224, 586, 587, 599
- von I 79
- – Konrad I 599
- – Kuno II 356, 392
Daudenzell, Aglasterhausen I 66, 89, 90, 111, 135, 137, 139, 144, 212, 242, 398, **495f.**, 520, *523–526*, 527; II 191, 391
- Pfarrei I 122, 125, 127, 133, 134, 197, 410, 412, 521, 522; II 22, 146, 354, 363, 390
- Trigel von s. Trigel von Daudenzell
Dauphin, Christian, Orgelbauer II 737
Degenfeld, Stadt Schwäbisch Gmünd, AA
- von und Grafen von I 167; II 642, 652
- – Maximilian II 60
Dell, Peter d. J., Steinmetz II 517

Deutscher Orden I 76, 85, 87, 97, 109, 128, 130, 472, 520, 567, 568, 577, 670, 728, 741, 744, 745, 746, 747, 750, 752, 753, 839, 885, 887, 916; II 164, 436, 502, 503, 543, 583, 657, 824
- Deutschmeister II 827
- - Franz Ludwig I 728
Deutschland, Könige und Kaiser
- Adolf von Nassau I 80; II 171, 198
- Albrecht I. I 80, 107; II 491
- Ferdinand I. I 89; II 827
- Friedrich I., Barbarossa I 81; II 790
- Friedrich II. I 162, 567; II 492
- Friedrich III. II 797
- Friedrich der Schöne II 177
- Heinrich II. I 78, 676, 885, 886
- Heinrich IV. I 113
- Heinrich VI. I 157; II 171
- Heinrich (VII.) I 157, 162, 567; II 492, 613
- Karl der Große II 440, 441
- Karl IV. I 72, 107, 471, 474, 476, 570, 574, 744, 885; II 170, 171, 442, 580, 584, 825
- Karl V. I 116, 128, 474, 479, 671, 674; II 544, 707, 826
- Karl VI. I 847
- Karl VII. II 827
- Konrad II. I 81, 885
- Konrad IV. I 573
- Ludwig der Fromme II 440, 441
- Ludwig II., der Deutsche I 81, 891
- Ludwig IV., der Bayer I 107, 474, 671, 674, 846; II 171, 176, 177, 335, 395, 448, 824
- Maximilian I. I 160, 479; II 493
- Otto II. I 520, 523, 599, 745; II 170, 396
- Otto III. I 80, 81, 92, 686, 698, 833, 893, 915, 917; II 450, 584, 656
- Rudolf II. II 550
- Ruprecht I 107, 109, 111, 157, 160, 474; II 177, 502, 825
- Wenzel I 72, 841, 850, 852
Dhaun-Falkenstein
- von
- - Wirich I 480
Dhunnbach = Donebach, Mudau II 266
Dieburg, Stadt I 107
Diedesheim, Stadt Mosbach I 43, 48, 57, 60, 61, 63, 69, 75, 84, 85, 104, 107, 110, 137, 138, 143, 160, 177, 181, 183, 186, 187, 188, 191, 224, 230, 242, 245, 248, 274, 300, 303, 304, 314, 316, 317, 339, 360, 513, 572; II 17, 76 f., 160–162, 172, 186, 192, 193, 195, 196, 197, 198, 200
- Pfarrei I 197; II 183, 199

Dielbach = Oberdielbach, Waldbrunn I 158
- Pfarrei II 303
Dienheim, Lkr. Mainz-Bingen
- von II 494, 496, 502, 503, 774
Dilsberg, Stadt Neckargemünd, HD I 133; II 790
- Pfarrei I 134
- von
- - Boppo II 540
Dinstbach, abgeg. bei Oberwittstadt, Stadt Ravenstein I 74; II 493, 500
Dittwar, Stadt Tauberbischofsheim, TBB
- Münch von s. Münch von Dittwar
Donebach, Mudau I 67, 83, 108, 144, 165, 362; II 210 f., 266 f., 269, 271
- Pfarrei II 272
Dornberg, Hardheim I 68, 89, 94, 95, 786 f., 832 f.; II 792
- Pfarrei I 122, 844, 848, 855, 916; II 799
- von I 88, 833; II 791, 795; (s. a. Dornberger von Dürn; Dürn, von (Ministerialen))
Dornberger von Dürn I 833; II 792; (s. a. Dornberg, Hardheim, von; Dürn, von (Ministerialen))
Dornheim, Stadt Iphofen, Lkr. Kitzingen
- Fuchs von s. Fuchs von Dornheim
Dörnishof: Merchingen, Stadt Ravenstein I 70
Dörntal: Altheim, Stadt Walldürn I 70; II 776
Dörr, Jakob, Politiker I 370
Dorré, Anton, Obrist-Leutnant II 194
Dorren = Walldürn, Stadt II 789
Dörrhof s. Siedlung Dörrhof: Rosenberg
Dörschhausen, abgeg. bei Wüsthausen: Hüfenhardt I 73; II 20
Dortmund I 448
Dörzbach, KÜN
- von II 501
Dresselbach: Schluchsee, FR II 145
Düchert, J. M. II 291
Dumbach = Donebach, Mudau II 266
Düring von Hardheim I 705, 706; II 793
- Kunz I 706
Dürn I 65; (s. a. Walldürn, Stadt)
- Dornberger von s. Dornberger von Dürn
- Herrschaft I 81, 82
- von (Ministerialen) I 140, 471, 678, 685, 686, 689, 831, 833, 835; II 275, 777, 791, 792, 799; (s. a. Dornberg, Hardheim, von; Dornberger von Dürn)
- - Barbara II 792
- - Beringer I 471
- - Berthold I 749
- - Boppo I 471

– – Friedrich I 702
– – Fritz I 692
– – Lienhard I 479
– – Volmar I 916
– – Wilhelm II 780
– – Wiprecht I 678, 686, 692, 697, 701, 749, 752; II 437, 443, 793
– – Wolf II 791
– von (Ministerialen), gen. von Rippberg I 87, 699, 700; II 275, 775, 777, 779, 780, 781, 784, 786, 799
– von und Grafen von I 71, 72, 80, 81, 82, 86, 87, 88, 89, 90, 96, 101, 102, 103, 126, 162, 471, 474, 475, 477, 478, 480, 481, 482, 483, 567, 668, 676, 678, 680, 685, 687, 689, 691, 692, 693, 697, 698, 701, 703, 704, 705, 706, 830, 831, 835, 838, 839, 840, 841, 918; II 67, 69, 266, 268, 269, 270, 275, 276, 278, 280, 333, 396, 436, 438, 439, 442, 443, 447, 448, 450, 451, 452, 492, 497, 498, 537, 538, 540, 547, 548, 578, 580, 655, 656, 658, 774, 776, 779, 780, 782, 783, 784, 785, 786, 789, 790, 793, 795, 798
– – Albrecht I 676, 689, 697; II 198, 332
– – Boppo I 471, 480, 689, 697; II 192, 198
– – Eufemia I 475, 689
– – Konrad I 676, 832, 847, 918; II 67, 182, 333, 442, 452, 540, 658, 737, 790
– – Ludwig I 689, 697; II 192, 198, 547
– – Mechthild I 847; II 333, 452
– – Rupert I 686, 839, 850; II 786, 790, 795
– – Ulrich I 686; II 790
Dürn-Dilsberg
– von
– – Boppo II. I 676
– von und Grafen von I 698; II 790
– – Boppo I 750; II 791
Dürn-Forchtenberg
– von
– – Rupert II. II 442, 447
– – Rupert III. II 442
– von und Grafen von II 790
Durne = Walldürn, Stadt II 789
Dürrenzimmern = Zimmern, Seckach II 659
Dürrenzimmern, abgeg. bei Zimmern, Seckach I 73; II 658
Dürrmenz, Stadt Mühlacker, PF
– von II 396
Düsseldorf I 315
Duthensheim = Diedesheim, Stadt Mosbach II 160
Duttenberg, Stadt Bad Friedrichshall I 744; II 501
Dylbach = Oberdielbach, Waldbrunn II 703

Eberbach, Stadt, HD I 81, 84, 109, 117, 119, 157, 158, 159, 163, 167, 169, 170, 171, 173, 202, 249, 286, 293, 299, 342, 355, 356, 358, 424, 507, 594, 597, 774, 781, 869; II 51, 54, 56, 148, 230, 236, 241, 253, 293, 304, 305, 355, 611, 676, 681, 694, 698, 701, 814, 819, 820, 822
– Pfarrei I 121, 124, 131, 134, 405, 409, 410; II 146, 147, 312, 704, 708, 710
Eberhard, Josef, Unternehmer II 640
Eberhard, Philipp, Unternehmer II 640
Eberhard, Pleban und Keller zu Buchen I 676
Ebersberg, von I 677
Eberstadt, Stadt Buchen (Odenwald) I 44, 57, 65, 74, 90, 91, 92, 95, 96, 98, 99, 105, 137, 141, 142, 149, 162, 168, 198, 234, 328, 615 f., 685–687, 692; II 791
– Burg und Schloß I 71, 83, 162, 175, 225, 630, 686
– Pfarrei I 95, 122, 128, 129, 197, 410, 411, 694; II 433, 653
– Rüdt von s. Rüdt von Eberstadt
Eberstein = Ruine Eberstein (Alteberstein): Ebersteinburg, Stkr. Baden-Baden
– Grafen von I 80, 83, 567, 568; II 396, 492, 495, 501, 502, 503, 504
– – Philipp I 851
Eberwin, Grundherr in Buchen I 678
Eberwin, Pfarrer zu Osterburken II 447
Ebrach, Lkr. Bamberg
– Äbte I 126, 573
Echter von Erbach II 273
Echter von Mespelbrunn I 86, 90, 577, 690, 692, 693, 694, 705; II 780, 782, 786, 787, 799
– Dietrich II 737
– Julius s. Würzburg, Bischöfe
Eckardt, Sebastian, Hofmaler II 224
Eckstein, Bürger zu Mosbach I 140
Edelfingen, Stadt Bad Mergentheim I 472
– Pfarrei II 544
Effern, von
– C.A. II 175
Ehenheim, von I 831
Ehrenberg: Heinsheim, Stadt Bad Rappenau, HN
– von I 515, 847, 886; II 334, 504
– – Gerhard II 333
Eichhof: Allfeld, Billigheim I 567
Eicholfesheim = Großeicholzheim, Seckach II 651
Eicholzheim I 477; II 448; (s. a. Großeicholzheim, Seckach; Kleineicholzheim, Scheflenz)

Eicholzheim, von I 88, 690; II 60, 577, 578, 581, 652, 657
- Anselm II 175, 197, 578, 654
- Bernger II 578
- Friedrich II 578
- Hans II 175
- Ulrich I 671; II 61, 653
- Volknand I 671
Eiermann, Egon, Architekt I 685
Eiermann, Hermann, Verleger I 426, 429
Einbach, Stadt Buchen (Odenwald) I 67, 87, 96, 108, 229, 289, **616f.**, *687f.*; II 63, 271
- Pfarrei I 122; II 55, 65, 146, 645
- von
- - Muthart I 688
Eirich, Adolf, Fabrikant I 301, 822
Eirich, Albrecht, Fabrikant I 301
Eirich, Gustav, Fabrikant I 301, 812, 822
Elinza = Neckarelz, Stadt Mosbach II 194
Ellentz = Langenelz, Mudau II 268
Ellenze = Neckarelz, Stadt Mosbach II 194
Ellenze, Wilhelm von II 196
Elztal I 188, 191, 243, 244, 249, 290, 305, 309, 314, 316, 339, 369, 416, 565, **717–755**; II 56, 114, 115, 576
- Pfarrei II 146, 147
Emehilt, Schenkerin von Gütern an das Kloster Lorsch I 889
Emelé, Wilhelm, Maler I 662, 685
Emershofen, von
- Anthoni II 175
- Stephan II 175
Enheim, Martinsheim, Lkr. Kitzingen
- Adel s. Ehenheim, von
Eppstein, Stadt, Main-Taunus-Kreis
- von II 398
- - Gottfried II 824
Erbach, Stadt, Odenwaldkreis
- Echter von s. Echter von Erbach
- von, Schenken und Grafen von I 82, 83, 101, 669, 703, 706; II 64, 270, 276, 358, 501, 578, 791
- - Dieter II 441
- - Eberhard II 67, 175
- - Johann I 706
- - Jutta II 454
- - Otto I 842
Erfeld, Hardheim I 66, 97, 135, 138, 139, 229, 272, 698, **787–789**, 831, *833–835*; II 792
- Pfarrei I 124, 206, 404, 408
Erffa, von II 547, 549, 774
Erlenbach bei Marktheidenfeld, Lkr. Marktheidenfeld I 692

Erlenbach, Stadt Ravenstein I 44, 78, 83, 91, 135, 138, 184; II **461f.**, *494f.*
- Pfarrei I 130; II 493, 496
Erligheim, LB
- von II 362
- - Heinrich I 527; II 824
Ernest, von I 472
Ernstein: Züttlingen, Stadt Möckmühl, HN
- von I 701, 703; II 451, 581, 583, 584, 585
- - Hertwig I 687
Ernsthof, abgeg. bei Bödigheim, Stadt Buchen (Odenwald) I 75
Ernsttal: Mörschenhardt, Mudau I 302, 361; II 269, *270*
Eschelbronn, HD
- Burg I 698
Eschenau, abgeg. bei Schöntal, KÜN I 567
Eseler, Hans II 223, 280, 561
Eseler, Konrad II 561
Eshulcz = Assulzer(Äußer)hof: Allfeld, Billigheim I 567
Essingen, Lkr. Südliche Weinstraße II 541
Eubigheim, Ahorn, TBB I 669, 805, 816; II 533
- Pfarrei I 410, 825
- Schloß II 541
- von
- - Heinrich II 581
Euldorf, abgeg. bei Schefflenz I 65, 73; II 579
Eyb-Dörzbach, von II 657

Fahrenbach I 67, 84, 85, 93, 108, 112, 114, 119, 137, 138, 141, 144, 145, 183, 191, 192, 195, 234, 236, 244, 249, 255, 258, 299, 342, **756–782**, 757, *774–676*, 781; II 54, 115, 164, 165, 192, 204, 825, 826
- Pfarrei I 122, 132, 410, 412, 739, 779, 781; II 55, 65, 146, 147, 166, 183
Falkenstein, Donnersbergkreis
- Grafschaft I 480
Falshart von Buchen I 676
- Heinrich I 686
Faustenhof: Bödigheim, Stadt Buchen (Odenwald) I 75
Fechenbach: Collenberg, Lkr. Miltenberg
- von I 101, 692, 916; II 396, 791
- - Eberhard I 678, 685
- - Oswald I 478
Felleisen, Amtmann zu Buchen II 245
Ferdinandsdorf II 689, *701–703*, 709, 712, 816, 828
Ferdinandsdorf = Unterferdinandsdorf: Mülben, Waldbrunn I 117, 141, 183, 290, 762; II 677, 829

Fertig, Franz I 642
Finkenhof: Hochhausen, Haßmersheim I 69, *891*; II 394
Fischer, Johann Michael, Baumeister II 470
Flach von Schwarzenburg
– Eberhard II 175
Fleck, Peter, Schulmeister zu Götzingen I 690
Flehingen, Oberderdingen, KA
– von II 334
Fleischmann, Bildhauer aus Nürnberg II 224
Flinsbach, Helmstadt-Bargen, HD
– Pfarrei II 390
Flizgang s. Götzingen, Stadt Buchen (Odenwald), von
Forchheim, Rheinstetten, KA I 282
Forchtenberg, Stadt, KÜN I 678; II 790
Forst, Peter, Schultheiß zu Rütschdorf I 848
Franckenstein, von I 568
Frankenberg (Gotthardsberg), Grafen des II 790
Frankenstein, abgeg. Burg bei Nieder-Beerbach, Mühltal, Lkr. Darmstadt-Dieburg
– Adel s. Franckenstein, von
Frankfurt am Main I 202, 249, 299, 504, 632, 801, 904, 906
Frankfurt an der Oder I 682
Frauenberg, von
– Albrecht I 516
Frei von Weiler I 698
Freiberg zu Justingen, von II 398
Freiburg im Breisgau, Stkr. I 300
– Erzbischöfe
– – Thomas Nörber I 913
– Erzbistum I 134
Freudenberg, Stadt, TBB I 691, 829
Frey, Andreas, Rektor des Gymnasiums zu Speyer I 684
Friedelsheim, Lkr. Bad Dürkheim II 361
Friedolsheim, Unterelsaß I 472
Friedrich, Thomas, Schultheiß zu Hirschlanden II 538
Friedrichsdorf, Stadt Eberbach, HD II 709, 816, 826, 828
Friedrichsfeld, Stkr. Mannheim I 504
Fuchs von Dornheim
– Hans II 175
Fulda
– Kloster I 77, 78, 470, 471, 475, 675, 678, 693, 697, 698; II 494, 546, 581
Furderer von Waldeck I 893
Fürst, Hans, Schultheiß zu Rütschdorf I 848
Fürstenstein, abgeg. Burg bei Zwingenberg II 707, 824

Fürth, Stadt II 824
Furtwangen, Stadt, VS I 298

Gabel von Buchen I 140, 676; II 437, 443
– Heinrich I 678, 690, 692; II 548
Gabel von Obrigheim I 676; II 395, 396
– Eberhard II 164
– Else I 673, 840, 852
– Gerhard I 520
– Heinrich I 692, 742
Gaisberg, von I 704; II 275, 777, 791, 792
Galmbach, Odenwaldkreis II 271, 273
– Pfarrei II 272
Gamburg, Werbach, TBB I 840
– von II 778
Gänshof = Gänslacherhof: Allfeld, Billigheim I 567
Gänslacherhof: Allfeld, Billigheim I 567
Gänsloch = Gänslacherhof: Allfeld, Billigheim I 567
Ganz, Joseph, Schöpfer der Seitenaltäre zu Ballenberg II 469
Gaßner, Lorenz, Baumeister II 737
Gatterburg, Grafen von I 686
Gaukel, Hermann, Politiker I 369
Gayling, Arnold I 842
Gebsattel, Lkr. Ansbach
– von II 578
– – Jörg I 842
Geckler von Buchen I 140, 676
– Johann gen. I 688, 701; II 653
Geiger, Johann Heinrich, Zentgraf II 443
Geisert, Hugo, Politiker I 370
Gelsenkirchen I 588
Gemmingen, HN
– von I 89, 90, 103, 108, 118, 127, 166, 167, 461, 481, 525, 552, 670, 698, 831, 886, 892, 893; II 19, 20, 21, 22, 319, 331, 333, 335, 359, 398, 496
– – Benedikte Auguste I 893
– – Elisabeth I 574
– – Friedrich Jakob II 827
– – Hans der Reiche I 417, 894
– – Juliane II 469
– – Margarethe I 574
– – Maria Elisabeth I 893
– – Philipp I 894
– – Reinhard II 334
– – Swicker II 398
Gemmingen-Bürg
– von I 480
Gemmingen-Fürfeld
– von I 473

Gemmingen-Guttenberg
- von I 89, 416, 417, 871, 886; II 14, 21
- - Hans I 885
- - Philipp I 417
Gemmingen-Guttenberg-Bonfeld
- von I 882; II 14, 16
Gemmingen-Hornberg
- von I 416, 417, 419, 466, 511; II 21, 322, 323, 327, 329, 334
- - Johann Christoph I 163
- - Reinhard I 163
Gemmingen-Hornberg-Michelfeld
- von I 480
Gengenbach, Stadt, OG
- Äbte
- - Melchior Horneck von Hornberg I 889
Gerach = Neckargerach I 66
Geraha = Neckargerach II 310
Gerhard, Priester zu Hardheim I 847
Gerhartzhanen = Gerolzahn, Stadt Walldürn II 776
Gerhoh de Moyngewe, Besitzer von Gütern zu Hainstadt I 693
Gerichtstetten, Hardheim I 44, 45, 58, 65, 86, 96, 97, 108, 117, 137, 138, 159, 168, 170, 185, 229, 234, **789–791**, 831, *835–838*, 840
- Pfarrei I 121, 125, 128, 129, 130, 403, 404, 408; II 776
- von
- - Godeboldus I 835
- - Kraft I 835
- - Kuno I 835
Gerlachsheim, Stadt Lauda-Königshofen, TBB
- Kloster I 670; II 491
Gerlißhan = Gerolzahn, Stadt Walldürn II 776
Germersheim, Stadt I 472; II 791
Geroldshain = Gerolzahn, Stadt Walldürn I 68
Geroltshayn = Gerolzahn, Stadt Walldürn II 776
Gerolzahn, Stadt Walldürn I 68, 86, 96, 108, 118, 135, 144, 149, 229; II **720f.**, *776–778*, 785, 786, 788, 792
- Pfarrei I 130; II 787, 795
- Schloß II 777
Geuwerbach = Auerbach, Elztal I 741
Gezenkeim = Götzingen, Stadt Buchen (Odenwald) I 689
Gieß, abgeg. bei Osterburken, Stadt I 74, 86; II 441, 444, 540, 543, *546*
Gimillius Januarius, Stifter einer Fortuna-Inschrift I 60
Giselbert, Schenker von Grundbesitz an das Kloster Lorsch II 204
Gissigheim, Königheim, TBB I 840, 850, 851

Glashof: Waldhausen, Stadt Buchen (Odenwald) I 74, 146, *709*
Glashofen, Stadt Walldürn I 68, 87, 96, 110, 137, 142, 146, 212, 236; II **721f.**, *778f.*, 785, 792
- Pfarrei I 130, 206, 405, 408; II 795
- von I 88; II 793
- - Heinrich II 778
- - Konrad II 778
- - Mechthild II 778
Glasoven = Glashofen, Stadt Walldürn II 778
Glattbach, Lkr. Aschaffenburg
- von
- - Anselm II 538
- - Wicnand II 538
- - Wolfram II 537, 538
Gleichen, abgeg. Burg bei Obergleichen: Pfedelbach, KÜN II 543
Gnadental, Michelfeld, SHA
- Kloster I 471, 478; II 540
Gnaeius Vindonus Messor, Stifter eines Altars für das römische Kaiserhaus I 60
Gochsen, Hardthausen am Kocher, HN I 698
Göler von Ravensburg I 118, 523, 698; II 702, 707, 827, 828
- Bernhard II 826
- Eberhard II 827
- Eberhard Friedrich II 827
- Engelhard II 826, 827
- Friedrich Jakob II 827
- Maria II 826
Gommersdorf, Stadt Krautheim, KÜN II 493
Gotbrehsdorf = Gottersdorf, Stadt Walldürn II 780
Gottersdorf, Stadt Walldürn I 68, 83, 86, 89, 94, 106, 110, 118, 135, 142, 149, 236, 242, 348, 413, 417, 418; II **723f.**, *780f.*, 785, 786, 788, 792
- Pfarrei II 787
Gottfried, Georg, Pfarrer zu Neckarzimmern II 334
Gotthardsberg, abgeg. Kloster bei Amorbach, Stadt, Lkr. Miltenberg I 126, 699; II 63, 452, 791
Götzingen, Stadt Buchen (Odenwald) I 44, 64, 65, 72, 73, 83, 93, 134, 137, 138, 139, 144, 175, 209, 234, 329, *617f.*, *689–691*, 692, 698
- Pfarrei I 122, 125, 129, 130, 403, 404, 698, 704; II 433
- von (z. T. Beiname Flizgang) I 88, 689
Götzinger, Willi, Fabrikant II 48
Graeff, Kellerfamilie zu Schwarzach II 307
- Johann Heinrich II 615

Gramlich, Stefan, Pfarrer in Osterburken
II 447
Gramlich, Theobald, Abt des Klosters Amorbach II 68
Gräter, Christoph II 541
Grauenwinkel, abgeg. bei Adelsheim, Stadt
I 69, 73, 74; II 658
Greck, Kraft gen., Ritter II 823
Greiffenklau, von
- Johann Philipp s. Würzburg, Bischöfe
Grimm, Arthur, Maler I 631
Großeicholzheim, Seckach I 57, 70, 72, 82, 85, 94, 99, 117, 139, 142, 146, 147, 148, 149, 152, 159, 198, 208, 234, 283, 568, 669, 673; II 148, 236, 252, 621f., *651–654*; (s. a. Eicholzheim)
- Adel s. Eicholzheim, von
- Burg I 71, 162; II **621**, *652*
- Pfarrei I 121, 127, 409, 410, 412, 739, 749, 753, 754; II 55, 60, 61, 146, 147, 587
Großgartach, Leingarten, HN II 501
Großheubach, Lkr. Miltenberg I 250
Großhornbach: Hornbach, Stadt Walldürn I 68
- Pfarrei I 130
Großhornbuch = Großhornbach: Hornbach, Stadt Walldürn I 68
Grumbach, von
- Wolfgang II 447
Grünsfeld, Stadt, TBB
- Pfal von s. Pfal von Grünsfeld
Gudembach = Guttenbach, Neckargerach
- von
- - Johann II 306
Gundelsheim, Stadt, HN I 114, 158, 482, 734, 884
- Deutschmeister II 332
- Deutschordenskommende I 886; II 334
Günderode, von
- Katharina I 574
Gunthermann, Wilhelm, Maler I 631
Guttenbach, Neckargerach I 44, 66, 84, 107, 111, 112, 114, 135, 137, 138, 160, 224, 243, 354, 360; II 203, **287**, *305–310*, 359, 360, 607
- Herrschaft I 101
- Pfarrei I 125, 131, 132; II 312, 354, 357, 363, 616
Guttenberg: Neckarmühlbach, Haßmersheim I 71
- Burg I 70, 71, 82, 89, 90, 174, 224, 225, 327, 415, 419, **865**, *867*, *893f.*; II 19
- Herrschaft I 81, 82, 89
- Pfarrei I 124

- von
- - Heinrich I 886
Guttenberg, von, Zobelo I 893

Haag, Emil, Fabrikant II 46
Haag, Schönbrunn, HD II 613
- Pfarrei II 354
Habern, von I 128; II 69, 203, 306, 359, 390, 392, 613
- Hans I 778; II 359, 363, 700
- Heinrich I 778; II 700
- Wilhelm II 175, 344, 359, 360, 389
Habsburg, Grafen von, Herzöge und Erzherzöge von Österreich
- Karl I 165
Hagenbach: Korb, Stadt Möckmühl, HN I 485
Hagenbach: Stadt Bad Friedrichshall, HN II 501
Hagenmühle: Großeicholzheim, Seckach II 622
Hainstadt, Stadt Buchen (Odenwald) I 65, 76, 78, 83, 84, 86, 87, 90, 91, 95, 97, 99, 105, 114, 118, 134, 137, 139, 142, 145, 146, 147, 153, 162, 165, 175, 177, 178, 192, 198, 212, 228, 234, 304, 315, 317, 339, 345, 472, **618–620**, 669, *691–695*, 698, 829; II 236, 452, 786, 791
- Burg I 71, 225
- Herold von s. Herold von Hainstadt
- Münch von s. Münch von Hainstadt
- Pfarrei I 105, 114, 122, 125, 128, 129, 130, 206, 403, 404, 408, 681, 690, 698, 699; II 659, 781, 782
- von I 88, 128, 140, 676; (s. a. Herold von Buchen)
- - Burchard I 691
- - Eberhard I 691
- - Guda I 692
- - Guta II 454
- - Herold I 690, 691
- - Johann I 690
- - Otto I 686, 918
- Zörnlin von I 693 s. Zörnlin von Hainstadt
Hallwil zu (Neckar-)Beihingen
- von I 523
Hambrunn, Lkr. Miltenberg I 86, 118; II 786, 788
- Pfarrei II 787
Hamburg I 765
Hammerhof: Zimmern, Seckach II **627**
Hanau, Stadt, Main-Kinzig-Kreis I 805; II 236
- von I 83; II 443, 450
- - Ulrich II. II 442

– – Ulrich III. II 442, 444, 449
– – Ulrich IV. II 442
Handschuhsheim, Stkr. Heidelberg II 824
– von II 613
Hardenberg = Nörten-Hardenberg bei Göttingen
– von
– – Maria Elisabeth I 893
Hardheim I 65, 68, 72, 82, 86, 89, 96, 97, 98, 114, 137, 139, 142, 147, 148, 153, 159, 163, 165, 166, 168, 169, 177, 178, 181, 182, 185, 188, 190, 191, 194, 197, 198, 202, 203, 209, 211, 212, 227, 228, 231, 242, 243, 245, 249, 250, 256, 260, 262, 293, 295, 296, 297, 301, 302, 303, 304, 305, 314, 315, 316, 318, 332, 339, 341, 342, 345, 349, 350, 354, 361, 363, 386, 387, 388, 389, 397, 402, 418, 419, 420, **783–857**, 791, *839–847*, 850, 851, 853, 905, 906, 914; II 236, 750, 766, 792
– Burg I 68, 71, 86, 174, 175, 225, 474, 791, 793, 840
– Düring von s. Düring von Hardheim
– Pfarrei I 120, 122, 128, 129, 176, 197, 206, 403, 404, 408, 848, 853, 855, 916; II 765, 799
– Slemper, Schlemper von s. Slemper von Hardheim
– von I 86, 88, 90, 97, 108, 128, 140, 162, 474, 692, 830, 831, 832, 834, 835, 837, 839, 840, 841, 842, 843, 844, 854, 915, 916, 917, 918; II 396, 502, 779, 792, 793
– – Agnes I 842
– – Bernhard I 840
– – Eberhard I 839, 840, 841, 852
– – Georg I 840, 853
– – Georg Wolf I 839, 843, 845
– – Hans I 840, 852; II 785
– – Heinrich I 839, 840
– – Jörg I 852
– – Konrad I 840, 842, 843; II 442
– – Margarethe II 454
– – Petronella I 842
– – Reinhard I 840, 844, 846, 852
– – Sittich I 842
– – Walpurga II 454
– – Walther II 444
– – Werner I 842, 844, 846
– – Wolf I 833, 837, 840, 841, 843, 845
Hardhof: Stadt Mosbach I 69; II 87, 174, 179, 187, *190f.*
Hartenburg bei Bad Dürkheim II 493
Hartheim, abgeg. bei Lohrbach, Stadt Mosbach I 65, 66, 74; II 162, 163, 164, 165, 166, 169
– Pfarrei I 74, 126

Harthof s. Hardhof: Stadt Mosbach
Hasbach, abgeg. bei Mosbach, Stadt I 66, 73; II 166, 169, 177
Haselburg, Römerkastell bei Gerolzahn, Stadt Walldürn I 48, 49, 53, 55, 56
Haßmersheim I 43, 44, 63, 85, 91, 112, 115, 119, 137, 138, 139, 143, 145, 146, 147, 149, 160, 161, 177, 178, 181, 183, 186, 187, 188, 191, 195, 198, 199, 224, 227, 242, 249, 285, 296, 300, 303, 304, 305, 315, 317, 339, 345, 354, 359, 360, 369, **858–894**, 860, *885–887*; II 17, 18, 191, 196, 200, 321, 330, 376, 388
– Pfarrei I 122, 124, 130, 131, 132, 133, 408, 412, 890; II 22, 146, 147, 329, 393, 397
Hatgebur = Hettigenbeuern, Stadt Buchen (Odenwald) I 695
Hatzfeld = Hatzfeld (Eder), Stadt, Lkr. Waldeck-Frankenberg
– Grafen und Fürsten von I 86, 87, 90, 477, 689; II 436, 437, 439, 447, 496, 537, 543, 549, 657, 791, 792
– – Franz II 543
– – Heinrich II 544
– – Melchior II 543, 544
Haunloch, abgeg. bei Hochhausen, Haßmersheim I 73
Hausener Hof = Glashof: Waldhausen, Stadt Buchen (Odenwald) I 74, 709
Heicholfesheim = Großeicholzheim, Seckach II 651
Heideck, von II 492, 828
Heidelberg, Stkr. I 157, 169, 200, 202, 203, 212, 249, 250, 283, 321, 351, 355, 358, 361, 365, 397, 472, 501, 503, 513, 597, 632, 638, 729, 731, 737, 740, 801, 805, 906; II 9, 56, 236, 265, 293, 294, 305, 355, 561, 565, 576, 581, 611, 698, 746, 820
– Kloster I 129
– Pfarrei I 133, 134
– Universität II 313
Heidersbach, Limbach I 66, 68, 85, 118, 138, 144, 181, 656, 669; II 27–29, *59–61*, 271, 652
– Pfarrei II 645
– von
– – Johannes II 59
Heidershofen, abgeg. bei Osterburken, Stadt I 74
Heidler, Hans, Politiker I 370
Heigenstat, von s. Hainstadt, Stadt Buchen (Odenwald), von
Heilbronn, Stkr. I 90, 202, 228, 249, 250, 297, 351, 358, 469, 475, 513, 558, 559, 565, 574, 729, 740, 773, 804, 884; II 18, 157, 235, 305, 321, 330, 355, 435, 480, 488, 576, 611

Heimberg, von II 498
Heinricus de Amerbach, Vikar zu Osterburken II 447
Heinriet, abgeg. Burg bei Unterheinriet, Untergruppenbach, HN
- von I 741, 744, 746, 749, 752; II 492
- - Rudolf d. Ä. I 576
Heinsheim, Stadt Bad Rappenau, HN II 148
- Pfarrei I 121, 124, 892
Heinstetten = Hainstadt, Stadt Buchen (Odenwald) I 691
Heinwinesbach = Hemsbach (?), Stadt Osterburken II 438
Heitingen = Hettingen, Stadt Buchen (Odenwald) I 697
Held, Julius S., Kunsthistoriker II 193
Helfenberg: Auenstein, Ilsfeld, HN II 501
Hellmuth, Ferdinand, Politiker I 370
Helmot II 439
Helmstadt, Helmstadt-Bargen, HD I 501, 507; II 9
- Adel s. Helmstatt, von und Grafen von
- Pfarrei I 529; II 390
Helmstatt, von und Grafen von I 90, 103, 167, 515, 516, 527, 528, 529, 530, 551, 568, 598, 599, 670, 871, 882, 886, 889, 893; II 14, 16, 21, 22, 334, 389, 392, 398, 502, 541, 577, 578, 613, 616
- Adelheid I 527
- Gerung II 389
- Gerung d. Ä. I 527
- Hans I 524, 842
- Hieronymus II 175
- Johann II 436
- Johann Nikolaus I 527
- Johann Philipp II 395
- Raban I 698, 842
- Swicker I 568, 692
- Veit II 19
- Wiprecht I 523, 524; II 398
Helmstheim: Gerichtstetten, Hardheim I 818, *838*; II 773
Hemsbach, Stadt Osterburken I 66, 77, 78, 84, 87, 99, 106, 108, 137, 139, 143, 231, 243; II 404f., *438–440*, 451, 452, 658
- Pfarrei I 122, 124, 174, 175; II 451, 544, 659
- von
- - Johannes II 192
Henneberg, Grafen von I 692
- Berthold s. Mainz, Erzbischöfe
Hennicke, Georg, Stukkateur II 737
Hephinkein = Höpfingen I 915
Heppenheim gen. vom Saal
- von II 791

Herbolzheim (Jagst), Stadt Neudenau, HN I 474
- Pfarrei I 405, 408; II 147
- von II 492
Herbrandt, Contz I 671
Hergenstadt: Stadt Adelsheim I 65, 70, 90, 145, 235, 472, *479 f.*; II 452
- Pfarrei II 433
Hergenstal s. Hergenstadt: Stadt Adelsheim
Hergenstal = Hergenstadt: Stadt Adelsheim I 70
Heristatt, abgeg. bei Schlierstadt, Stadt Osterburken I 65, 73
Herkommer, Hans, Architekt I 176; II 98
Hermenner, Schenker von Eigentum an das Kloster Lorsch II 306
Herold von Buchen I 140, 676, 678, 692; (s. a. Hainstadt, Stadt Buchen [Odenwald], von)
Herold von Hainstadt I 678, 692, 701
Herold von Obrigheim II 333
Herrmann, Walter, Bauunternehmer II 298
Hesselbach, Hesseneck, Odenwaldkreis I 46; II 271
- Kastell I 56
- Pfarrei II 272
Heßlingshof: Wingenhofen, Schöntal, KÜN II 476
Hetegebur = Hettigenbeuern, Stadt Buchen (Odenwald) I 695
Hetstetten s. Hettstetten, abgeg. bei Sennfeld, Stadt Adelsheim
Hettersdorf, von I 692
Hettigenbeuern, Stadt Buchen (Odenwald) I 68, 71, 81, 89, 90, 91, 93, 94, 95, 96, 128, 143, 144, 146, 162, 192, 209, 223, 236, 287, 387, 472, 474, *621f., 695–697*; II 145
- Burg I 71, 89, 174, 225, 696
- Pfarrei I 122, 128, 130, 403, 404, 408
Hettincheim = Hettingen, Stadt Buchen (Odenwald) I 697
Hettingen, Stadt Buchen (Odenwald) I 44, 49, 57, 64, 68, 83, 135, 137, 138, 144, 149, 165, 177, 209, 212, 218, 227, 228, 242, 272, 296, 302, **622–624**, 669, 694, *697–700*
- Pfarrei I 122, 125, 129, 130, 206, 403, 404, 408, 698, 704
- von I 88, 689, 698, 699, 831; II 547, 783, 793
- - Dieter I 698
- - Friedrich I 698; II 443
- - Gerhard I 698
- - Götz I 697
Hettstetten, abgeg. bei Sennfeld, Stadt Adelsheim I 65, 73

Heuchlingen, von
- Konrad II 180
Heuss, Friedrich I 363, 869
Heuss, Ludwig I 869
Heussenstamm, von
- Heinrich II 334
- Hans Heinrich II 448
Heuß, Fr., Fabrikant II 116
Heuß, Friedrich, Revolutionär II 322
Heydinsbuch = Heidersbach, Limbach II 59
Heydt, von der
- Anna Maria I 670
Hillengaß, Schulleiter I 512
Hilsbach, Stadt Sinsheim, HD
- Pfarrei II 16
Hiltegart, Schenkerin von Gütern an das Kloster Amorbach I 79
Hirsau, Stadt Calw, CW
- Kloster I 77, 78, 124, 482, 483, 567, 599, 889, 891; II 18, 19, 20, 21, 22, 356, 392, 394, 537, 538, 658
Hirscher, von, J.B. II 769
Hirschhorn (Neckar), Stadt, Lkr. Bergstraße II 189
- Kloster I 516, 517; II 615, 616
- von I 84, 90, 107, 117, 127, 515, 516, 517, 518, 527, 528, 529, 530, 568, 700, 778; II 58, 69, 99, 361, 390, 580, 616, 703, 704, 707, 708, 710, 712, 775, 777, 791, 792, 825, 826, 828
- - Eberhard II 707, 710, 825
- - Engelhard I 570, 750; II 196, 700, 778, 824, 825
- - Engelhard I. I 515
- - Engelhard II. I 515
- - Eucharius II 825
- - Friedrich II 826
- - Hans I 119, 774, 778; II 700, 710, 825, 826
- - Hans V. I 515, 516, 517, 519
- - Hans VIII. I 515
- - Johann I 750; II 164, 333, 707, 710
- - Jörg II 707, 826
- - Maria II 826
- - Melchior II 825
- - Otto II 825
- - Ylant I 517
Hirschlanden, Rosenberg I 86, 90, 141, 234, 836; II **509–511**, *537–539*
- Pfarrei I 134, 197, 411; II 544
- von
- - Rugger II 537, 658
Hlatky, Hans, Fabrikant II 126
Hochberg = Hochburg: Stadt Emmendingen, EM

- Grafen von I 167; II 69, 828
Hochhausen, Haßmersheim I 60, 61, 65, 72, 77, 78, 89, 90, 91, 92, 95, 96, 99, 100, 103, 106, 108, 110, 111, 141, 142, 143, 147, 149, 160, 181, 183, 198, 207, 224, 242, 272, 299, 300, 302, **863 f.**, *888–891*; II 148, 394
- Burg I 71, 176, 224
- Horneck von s. Horneck von Hochhausen
- Pfarrei I 122, 124, 125, 127, 132, 134, 174, 410, 412, 886; II 198, 386
- von
- - Volknand I 888
Höchstberg, Stadt Gundelsheim, HN I 567
Hockenheim, Stadt, HD I 321, 323
Hofen = Hoffenheim, Stadt Sinsheim, HD
- von
- - Johannes gen. I 886
Hoffius, Jodocus, Pfarrer II 796
Hofmann, Wilhelm, Fabrikant II 123
Hofwart von Kirchheim II 498
Hofwart von Sickingen II 359
Höhefeld I 840
Hohenhardt = Hohenhardterhof: Baiertal, Stadt Wiesloch, HD
- von II 334, 503
Hohenlohe, abgeg. Burg bei Hohlach: Simmershofen, Lkr. Neustadt an der Aisch-Bad Windsheim
- von, Grafen und Fürsten von I 82, 162, 472, 481, 483, 686, 692, 889; II 442, 450, 452, 501, 578, 580, 790, 823, 825
- - Albrecht I 568
- - Elisabeth I 853
- - Kraft I 162; II 548
Hohensax, von
- Johann Philipp II 175
Hohenschwärz s. Hohenschwarz, abgeg. bei Hünghiem, Stadt Ravenstein
Hohenschwarz, abgeg. bei Hünghiem, Stadt Ravenstein I 74; II 495, 496
Hohenstadt, Ahorn, TBB I 86; II 493, 534, 543
- Pfarrei II 533
- von
- - Katharina I 682
Hohinrot s. Neuburg: Obrigheim, Burg
Hohle, von I 598
Hohmann, Walter I 418, 827
Hollerbach, Stadt Buchen (Odenwald) I 43, 83, 114, 118, 135, 137, 138, 139, 176, 209, 368, 418, **624 f.**, 669, 692, *701 f.*
- Pfarrei I 67, 68, 122, 124, 126, 129, 130, 175, 206, 403, 404, 408, 703, 779, 781; II 60, 62, 63, 65, 70, 261, 272, 275, 278, 280, 281

Hollmaier, Max, Verleger I 425
Homburg am Main, Triefenstein, Lkr. Main-Spessart II 501
Hoog, Otto, Politiker I 370
Hopfengarten: Oberkessach, Schöntal, KÜN
- Pfarrei I 466
Höpfingen I 64, 65, 86, 106, 117, 118, 134, 139, 143, 144, 146, 153, 177, 188, 191, 193, 197, 207, 209, 211, 212, 225, 227, 228, 231, 234, 242, 243, 249, 250, 260, 301, 303, 305, 310, 314, 315, 317, 339, 341, 416, 418, 421, 803, 823, 829, 839, 843, **897–920**, 898, *915–917*; II 765, 792
- Pfarrei I 122, 125, 128, 129, 197, 206, 403, 404, 408, 411, 825, 845, 916
- von
- - Heinrich I 915
- - Volknand I 915
- - Wolfram I 915
Horingen, abgeg. bei Oberwittstadt, Stadt Ravenstein I 73; II 493
Horkheim, Stkr. Heilbronn II 191
Horlaff, von Bödigheim gen. s. Bödigheim, Stadt Buchen (Odenwald), von Bödigheim gen. Horlaff
Hornbach, Stadt Walldürn I 86, 89, 97, 114, 118, 143, 144, 149, 165, 182, 229, 652; II **724f.**, *781–783*, 786, 792
- Pfarrei I 114; II 787
Hornberg: Neckarzimmern I 89, 117; II 176
- Burg I 70, 90, 164, 174, 224, 415, 417, 419; II 319, 331, *333–335*
- Herrschaft I 89, 568, 887
- Horneck von s. Horneck von Hornberg
- Pfarrei I 124
- Pfau von s. Pfau von Hornberg
- von I 80
Hornbuoch = Hornbach, Stadt Walldürn II 781
Horneck = Schloß Horneck: Stadt Gundelsheim, HN I 119
- Deutschordenskommende I 886, 916
- von
- - Conrad I 517
- - Werner I 888
Horneck von Hochhausen I 88, 89, 568, 888; (s. a. Horneck von Hornberg)
Horneck von Hornberg I 88, 90, 103, 127, 162, 515, 670, 831, 834, 840, 842, 886, 888, 890; II 21, 177, 333, 334; (s. a. Horneck von Hochhausen)
- Arnold I 842
- Bartholomäus I 866
- Friedrich Wilhelm II 827

- Hans Neidhard I 866
- Hans, gen. Stemeler von Winheim I 515
- Ludwig I 866
- Magdalena I 866
- Martha I 866
- Melchior I 889
- Werner I 889
Hornheim, von II 399
Hornung, Siegfried, Politiker I 372
Hüffenhardt I 81, 89, 90, 92, 103, 104, 106, 108, 135, 137, 139, 142, 160, 165, 186, 191, 192, 193, 194, 195, 198, 244, 258, 289, 315, 387, 415, 416, 878, 894; II **1–23**, 2, *18–20*
- Pfarrei I 122, 125, 126, 127, 134, 197, 410, 412; II 146
Hügelsdorf, abgeg. bei Stadt Osterburken II 444
Hund von Schweinberg I 849
- Heinrich I 852
Hund von Wenkheim I 843, 849
Hundheim, Stadt Külsheim, TBB II 501
Hungen = Hüngheim, Stadt Ravenstein II 495
Hüngheim, Stadt Ravenstein I 90, 91, 92, 98, 103, 142, 147, 148, 149, 229, 234; II **462f.**, *495–497*
- Pfarrei I 122, 124, 128, 403, 405, 408, 466, 481
- von I 90
Hunolstein: Morbach, Lkr. Bernkastel-Wittlich
- Vögte von I 598
- von II 392
Husen = Aglasterhausen I 514
Husen = Kälbertshausen, Hüffenhardt II 21
Husen = Waldhausen, Stadt Buchen (Odenwald) I 707
Hutten, von II 491
- Georg Ludwig II 175
- Ludwig I 842, 853
Hutzelmeier, Georg, Baumeister II 224

Igembach = Einbach, Stadt Buchen (Odenwald) I 687
Illemühl II 359
Ingelfingen, Stadt, KÜN
- Pfarrei I 130
Isenburg, Lkr. Neuwied
- von
- - Agnes I 850
- - Dieter II 442
Isselbach, von II 399
Ittenheim, Unterelsaß I 472
Ittlingen, HN II 191

Jagstfeld: Stadt Bad Friedrichshall, HN I 355; II 191, 501
Jagsthausen, HN I 157, 474, 831
– Kastell I 53
Janowitz, von II 577
Janson, Johann Wilhelm I 522
Johann gen. Geckler I 671
Johannes von Gerach, Mönch zu Schönau II 311
Johannesanstalten der Inneren Mission: Stadt Mosbach II 86f., 144
Johanniterorden I 850; II 97, 163, 196, 197
Jugenddorf Klinge: Seckach II 625f.
Juncker, Hans II 517
Junker, Zacharias d. Ä. II 737
Junker, Zacharias I 629

Kahlden, von II 498
Kailbach, Hesseneck, Odenwaldkreis II 234, 241, 252, 271, 273
– Pfarrei II 272
Kälbertshausen, Hüffenhardt I 60, 62, 65, 81, 89, 90, 91, 92, 96, 97, 103, 108, 111, 160, 186, 242, 243, 289, 889, 894; II 5 f., 20–22, 135, 394, 395
– Pfarrei I 122, 124, 134, 197, 410, 412, 887; II 199
Kaltenbrunn, Stadt Walldürn I 68, 87, 135, 142, 181, 229, 237; II 725, 783f., 792
– Pfarrei II 795
Kaltenburn = Kaltenbrunn, Stadt Walldürn II 783
Kaltental: Stuttgart-Süd, Stkr. Stuttgart
– von I 90, 523; II 777, 779, 791, 792
Kaltschmied, Urban, Baumeister I 799
Kantz, Eberhard, Schultheiß zu Osterburken II 444
Karlsruhe, Stkr. I 173, 186, 203, 271, 286, 295, 297, 350, 632, 731, 737, 801, 906; II 225, 561
– Pfarrei I 134
Katzenbach = Neckarkatzenbach, Neunkirchen II 356
Katzenbach = Waldkatzenbach, Waldbrunn II 710
Katzental, Billigheim I 77, 79, 83, 84, 91, 105, 114, 135, 138, 143, 146, 149, 234, 236, 241, 540f., 568, 574–576; II 192, 193, 582
– Pfarrei I 105, 121, 122, 125, 572, 579
Kaufmann, Franz Wendel, Verleger I 425
Kegelmann, Christine, Diakonisse II 647
Keim, Karl Thaddäus, Postexpeditor und Revolutionär II 743
Kemnater, Lienhard II 389

Keppner, Bezirksangestellter II 743
Kerle, Johann, Unternehmer II 124
Kerle, Stefan, Unternehmer II 124
Kern, Peter, Steinmetz aus Würzburg I 484
Kessach I 482; II 191
Ketel II 776
Ketel von Bretzingen I 88, 140, 830, 831, 834, 849
– Gottfried I 831
– Heinrich I 831
Ketel von Schweinberg I 849
Ketteler, von, Reichstagsabgeordneter I 365
Kiene, Anton, Orgelbauer II 97
Kieser, Heinrich, Fabrikant I 300; II 753
Kieser, Viktor, Fabrikant II 753
Kind von Obrigheim II 395, 396
– Dieter I 576; II 392, 394
Kirchberg, von II 495
Kirchbrombach = Brombachtal, Odenwaldkreis I 840; II 791
Kirchheim, Stkr. Heidelberg
– von I 515
Kirchsteten = Kirstetterhof: Obrigheim II 398
Kirchzell, Lkr. Miltenberg I 250
– Pfarrei I 129
Kirschmer, Hermann, Verleger I 426
Kirsteten s. Kirstetterhof: Obrigheim
Kirstetterhof: Obrigheim I 65, 84; II 384, 394, 395, 398f.
– Pfarrei I 132; II 199, 397
Kistner, Nicolaus, Jurist II 193
Kistner, Paul, Jurist II 193
Kleineicholzheim, Schefflenz I 70, 90, 91, 118, 137, 138, 142, 144, 165, 198, 597, 669; II 148, 554f., 576–579; (s. a. Eicholzheim)
– Adel s. Eicholzheim, von
– Burg I 71; II 577
– Pfarrei II 587
Kleinheubach, Lkr. Miltenberg I 169
Kleinhornbach: Hornbach, Stadt Walldürn I 68
Kleinhornbuch = Kleinhornbach: Hornbach, Stadt Walldürn I 68
Klemm, Fritz, Kaufmann aus Rothenburg II 825
Klemm, Jakob, Keller der Göler von Ravensburg II 827
Klinge s. Jugenddorf Klinge: Seckach
Kloster Schöntal: Schöntal, KÜN
– Kloster I 70, 126, 479, 480, 481, 573, 840; II 70, 446, 447, 494, 497, 498, 502, 503, 537, 538, 539, 581
Klosterreichenbach, Baiersbronn, FDS
– Kloster I 69, 78, 82, 92, 103, 160, 599, 889,

891; II 18, 19, 21, 22, 195, 356, 392, 394, 396, 398, 538
Klug, von
- Thomas II 175
Knebel von Bretzingen I 830, 831
Knoll, Johann, Abt des Klosters Bronnbach II 544
Knopfhof: Stadt Mosbach I 57, 69, 737, 751, 776; II 87, 164, 177, 187, *191*
- Pfarrei II 183
Knorr, Hermann, Verleger I 429
Knörzer, Bürgermeister und Getreidehändler zu Walldürn II 756
Koch, Conrad, gen. Wimpina I 682, 684
Kochendorf: Stadt Bad Friedrichshall, HN I 90, 501, 567; II 825
- von I 70, 88, 567; II 823
Kochersteinsfeld, Hardthausen am Kocher, HN I 698
Köhler, Heinrich, Reichsminister I 368
Kolb, Nikolaus, Kaplan zu Strümpfelbrunn II 708
Köln, von
- Konrad, Gründer der Johanniterkommende zu Neckarelz II 196
Komburg, Kloster s. Comburg: Stadt Schwäbisch Hall, SHA, Kloster
König, von s. Kuntich (König), von
Königheim, TBB I 669, 839, 850, 852, 853; II 501
- Burg I 831
- Pfarrei I 121, 853
Königshofen, Stadt Lauda-Königshofen, TBB I 157, 159
Konrad, Propst des Julianenstifts zu Mosbach II 182
Korb, Stadt Möckmühl, HN I 342, 465, 467, 485; II 192, 452
- Pfarrei I 409, 466; II 503
Korell, Heinrich II 116
Kottenheim, von II 577, 578
- Oswald I 690
Kottwitz I 831
- Walter I 916
Krämer, Georg, Fabrikant II 753
Krämer, Josef, Dekan in Mosbach II 129
Krämer, Josef, Politiker I 370
Kraus, Joseph Martin, Komponist I 418, 419, 421, 662, 664, 685
Krauth, Markus, Geistlicher Rat II 200
Krautheim, abgeg. Burg bei Krautheim, Stadt, KÜN
- von I 80, 83, 475, 477, 567; II 442, 492, 496, 498, 502, 547; (s. a. Boxberg-Krautheim, von)

- - Konrad I 471, 478; II 539
- - Kraft I 849
- - Wolfrad I 849
Krautheim, Stadt, KÜN I 149, 169, 170, 171, 251, 286, 358, 472; II 488, 493
- Pfarrei I 130, 403, 408; II 487
- Pfol von s. Pfol von Krautheim
- Sleume von s. Sleume von Krautheim
Kreis von Lindenfels I 568
Kretz, Wendelin, Stiftsprediger zu Mosbach II 181
Kriechingen, von
- Wilhelm I 843, 851
Kröselingen, abgeg. bei Katzental, Billigheim I 64, 73, 574
Krösselbach, Rockenau, Stadt Eberbach, HD II 312, 823
- Pfarrei II 363
Krumbach, Limbach I 67, 74, 76, 85, 93, 108, 110, 118, 119, 137, 183, 230, 237, 316, 779; II 29f., *61f.*, 69, 164, 192, 271
- Pfarrei I 128, 130, 772
Kübler, Heinrich, Unternehmer II 814
Küchenmeister, von I 568
Kudach: Altheim, Stadt Walldürn I 66, 831; II 776
- Pfarrei I 838
Kuhn, Franz, Fabrikant I 908
Külsheim, Stadt, TBB I 107, 169, 358, 824, 831; II 501
- Pfarrei I 916
- von
- - Heinrich I 847
Külsheimer, J., Bildhauer I 631
Kummershof: Gerolzahn, Stadt Walldürn I 69, 83; II 721, 776, *778*, 792
- Pfarrei II 787
Kunibert, Graf I 475
Kuntich (König), von I 834
- Fritz I 848
Kunzelmann, Baumeister II 166
Künzelsau, Stadt, KÜN I 160
Kupprichhausen, Stadt Boxberg, TBB
- Pfarrei II 544
Kurtz, Emmy, Fabrikantin II 754
Kurtz, Otto, Fabrikant II 754
Kurtz, Philipp Jacob, Fabrikant II 754
Kurtz, Philipp Julius, Fabrikant II 754
Kwasny, Max, Fabrikant I 875
Kwasny, Peter, Fabrikant I 875

Ladenburg, Stadt, HD I 45, 46
Lagestaldesvelt, von, Burchard II 614
Lahr/Schwarzwald, Stadt, OG II 145

Lamparter
- Gregorius II 182
Lamparter von Greifenstein
- Hieronymus II 180, 182
Landschad von Steinach I 85, 90, 127, 515, 520, 598, 670; II 60, 359, 361, 392, 398, 577, 613, 616, 652, 654
- Blicker II 442
- Hans I 520, 521; II 175
- Hans Pleikard II 60, 175
- Konrad I 520
- Pleikard II 175
Landsegg, von II 498
Landsehr, abgeg. Burg bei Obrigheim I 71, 84
Lang, Karl, Fabrikant II 121
Lang, Otto, Baumeister II 122
Langenelz, Mudau I 67, 83, 95, 113, 138, 158, 159, 222, 239; II 211f., *268*, 271
- Pfarrei II 272
Larbach = Lohrbach, Stadt Mosbach II 162
Latterner, Anwalt zu Mosbach II 106
Lauber, Hans, Bauunternehmer II 298
Lauda, Stadt Lauda-Königshofen, TBB I 669, 853
- Pfarrei I 402, 405, 408
- von I 572
Laudenberg, Limbach I 68, 75, 90, 230, 236, 472; II 31f., *63*, 271
- Pfarrei II 262
Lauffen am Neckar, Stadt, HN
- Grafen von I 79, 81, 88, 893; II 171, 319, 333, 790
- - Mechthild II 333, 452
Lauingen, von II 580
Lechsgemünd, abgeg. Burg bei Graisbach, Marxheim, Lkr. Donau-Ries
- Grafen von II 790
Leibenstadt, Stadt Adelsheim I 65, 74, 82, 90, 146, 152, 153, 229, 234, 241, 243, 279, **441f.**, 446, 472, *480f.*, 486, 669; II 322
- Pfarrei I 127, 197, 409, 411, 466; II 582
- von I 88, 568
- - Hermann I 480
Leibfried, Eugen, Minister I 371; II 310
Leidenharterhof: Neunkirchen II 343, 359, 360, *365f.*
- Pfarrei II 363
Leiningen, Burg in Altleiningen, Lkr. Bad Dürkheim
- Grafen und Fürsten von I 77, 91, 92, 104, 165, 167, 168, 170, 475, 521, 549, 563, 590, 693, 746, 748, 803, 818, 825, 873, 882, 913; II 45, 55, 67, 112, 115, 146, 196, 240, 241, 254, 262, 384, 386, 399, 442, 447, 454, 549, 645, 695, 708, 787, 828
- - Carl Emich II 224
- - Karl Friedrich Wilhelm II 175, 759
- Herrschaft I 76
Leiningen-Billigheim, Grafen von I 92, 549, 563, 571; II 97, 327, 374, 399
Leiningen-Guntersblum, Grafen von I 91, 568, 571
Lemlin von Wimpfen I 893
- Volmar I 751; II 198
Lesche II 799
- Alheid II 538
- Gottfried II 538
- Hermann II 537, 538, 539
- Mechthild II 538
Leuchtenberg, Landgrafen von I 889, 893; II 774
Leutwein, Theodor, Gouverneur von Deutsch-Südwestafrika II 709
Liebenstein, von II 498
Liebig, Jakob, Fabrikant II 121
Limbach I 68, 75, 83, 100, 108, 111, 135, 138, 143, 159, 160, 183, 188, 191, 192, 203, 212, 230, 236, 242, 243, 249, 250, 259, 272, 285, 296, 300, 304, 305, 311, 315, 316, 339, 345, 369, 416, 770, 772, 773, 779; II **24–61**, 32, *63–66*, 192, 244, 271
- Burg I 68, 71, 81, 82; II 64
- Pfarrei I 67, 124, 125, 128, 129, 130, 197, 403, 406, 407, 408, 688, 700, 702, 708, 742, 778, 779, 781; II 61, 63, 67, 68, 70, 146, 262, 653
- Pilgrim von s. Pilgrim von Limbach
- von I 677, 746
- - Konrad, Vogt II 64
- - Wolflin II 59, 64
Limpurg, abgeg. Burg bei Schwäbisch Hall
- Schenken von I 669, 689, 778; II 69, 164, 197
- - Barbara I 851
- - Friedrich I 676, 677, 689, 697, 774, 776, 781; II 61, 164, 198, 332
- - Wilhelm II 182
Lind, Karl, Verleger I 425
Lindach, Stadt Eberbach, HD I 107; II 310, 312, 819
- Pfarrei II 303, 311
Lindau, Jakob, Verleger I 364, 426
Lindenfels, Stadt, Lkr. Bergstraße
- Kreis von s. Kreis von Lindenfels
Lingenberg, Fritz, Politiker I 369
Link, Franz Leopold I 300; II 753
Link, Johann Michael II 244, 245, 247

Linkenheim-Hochstetten, KA I 282
Lippe, von der
– Friedrich, gen. Hoen II 175
Lissberg, von II 792
List, Friedrich, Fabrikant II 190
Lißberg, von
– Hermann I 677
Lobenfeld, Lobbach, HD I 57
– Kloster und Stift I 508, 516, 590, 595, 882, 889; II 180, 696, 820
Lobenhausen: Gaggstatt, Stadt Kirchberg an der Jagst, SHA
– von I 480, 481
– – Hermann I 481
Löhr, Peter, Pfarrer in Gerichtstetten I 837
Lohrbach, Stadt Mosbach I 43, 66, 70, 76, 85, 92, 93, 100, 112, 113, 117, 120, 135, 137, 138, 139, 141, 144, 145, 146, 160, 168, 169, 170, 181, 183, 192, 207, 218, 222, 229, 299, 304, 327, 360, 774, 777, 779, 780, 781; II 64, 78–80, *162–168*, 170, 177, 191, 201, 204
– Burg I 67, 68, 70, 71, 76, 84, 174, 741, 775; II 57, 58, 163, 164, 172
– Pfarrei I 121, 128, 131, 132, 197, 207, 405, 407, 409, 410, 412, 772, 775, 776, 781; II 166, 183, 204
– von
– – Ilrich II 163
Lorsch, Stadt, Lkr. Bergstraße
– Kloster I 63, 77, 78, 81, 92, 126, 576, 577, 599, 675, 678, 691, 693, 697, 698, 704, 741, 745, 750, 886, 888, 889; II 67, 163, 164, 165, 166, 168, 169, 177, 194, 196, 203, 204, 306, 307, 332, 396, 500, 502, 580, 652, 655, 658, 774, 789, 793
Lothringen, Herzöge von I 164
Löwenstein, Grafen von
– Albert II 168, 182
Löwenstein-Wertheim, Grafen und Fürsten von I 86, 90, 91, 92, 118, 167, 528, 774, 836, 843, 847, 848, 851; II 327, 390, 436, 538, 543, 545
– Dominik Marquard II 537, 543
– Karl Thomas II 545
– Ludwig I 527, 851; II 389
– Ludwig III. I 842
Löwenstein-Wertheim-Freudenberg, Grafen und Fürsten von I 818; II 529
Löwenstein-Wertheim-Rosenberg, Grafen und Fürsten von I 103, 130, 133, 818; II 428, 519, 524, 529, 533, 543, 549
Lubelstadt s. Leibenstadt, Stadt Adelsheim
Lubesbach, abgeg. bei Dallau (?), Elztal I 66, 73, 744

Lucius Bellonius Marcus, Stifter eines Tempels I 60
Ludenberg = Laudenberg, Limbach II 63
Ludwig, Karl, Politiker I 370
Ludwigshafen am Rhein, Stadt I 322
Lurz von Prozelten I 705
Lützenbrunn, von
– Susanna II 454
Lydenhart = Leidenharterhof: Neunkirchen II 365

Mainz I 45, 56, 60, 62, 202
– Erzbischöfe I 72, 83, 85, 100, 103, 117, 128, 129, 472, 476, 568, 574, 669, 676, 677, 679, 698, 706, 707, 708, 744, 840; II 63, 64, 65, 67, 269, 278, 396, 428, 454, 492, 501, 541, 584, 651, 707, 787, 791, 792, 794, 796, 824
– – Adolf I. I 677
– – Adolf II. von Nassau II 442, 443
– – Albrecht von Brandenburg I 119, 679
– – Berthold von Henneberg I 111, 117, 671, 679, 684; II 64, 280, 441, 445
– – Dieter von Erbach II 441
– – Dieter von Isenburg II 442
– – Gerlach von Nassau I 83; II 580, 825
– – Heinrich von Virneburg I 107, 677
– – Johann II. von Nassau II 441, 444, 825
– – Johann Philipp von Schönborn I 129; II 447
– – Konrad von Weinsberg I 125, 892
– – Lothar Franz von Schönborn II 737
– – Matthias von Bucheck I 842
– Erzbistum I 81, 82, 83, 84, 86, 87, 89, 94, 98, 99, 101, 103, 107, 114, 120, 125, 128, 129, 130, 134, 162, 480, 568, 570, 574, 578, 671, 673, 677, 678, 688, 689, 690, 692, 696, 697, 700, 704, 708, 749, 778, 830, 831, 833, 834, 839, 843, 850, 853, 854, 889, 916; II 64, 266, 268, 270, 273, 275, 276, 278, 280, 438, 439, 442, 443, 448, 450, 492, 494, 499, 501, 503, 504, 547, 580, 586, 652, 773, 774, 776, 777, 778, 779, 780, 782, 783, 784, 786, 790, 793, 795, 797, 799
– Jesuitenkolleg I 129
Malsch, HD II 191
Manderscheid-Blankenheim, Grafen von
– Dietrich I 851
– Franz II 175
Mannheim, Stkr. I 49, 168, 169, 170, 171, 186, 187, 200, 201, 202, 203, 249, 250, 253, 265, 271, 296, 299, 321, 358, 361, 447, 513, 588, 592, 632, 638, 729, 731, 737, 763, 801, 805, 869, 906; II 40, 121, 225, 235, 265, 291, 415,

518, 523, 561, 565, 576, 581, 611, 636, 676, 746
Mansfeld, Graf von, Ernst II. I 163; II 450
Marchini, Giovanni Francesco, Maler II 737
Marienhöhe: Osterburken, Stadt I 77, 165; II 417, 442
Mariental: Dallau, Elztal I 75, 146, 296, 297, 744, 747, 748
Marioth, von
– Johann Franz II 175, 184
– Joseph Anton II 175
Marktbreit, Lkr. Kitzingen I 45, 48
Marlach, Schöntal, KÜN II 493
Martialis, Stifter eines Merkur-Altars I 60
Maschke, W., Maler I 631
Massenbach, Stadt Schwaigern, HN
– von I 515, 516, 519, 527, 893; II 399
– – Diether I 516
– – Hans I 516
Mattenbach, abgeg. bei Muckental, Elztal I 74
Mauchenheim gen. von Bechtolsheim
– von II 793
– – Maria Johanna II 793
Mayer, Christian, Schöpfer des Hauptaltars zu Walldürn II 737
Meckesheim, HD I 507
Megingoz, Graf I 113
Mehl, Alois, Zimmermeister II 641
Mellert, Emil, Fabrikant II 123
Mensingenheim, abgeg. bei Rosenberg I 71, 74; II 539, 540, *546*
Mentzingen, von I 893
Menzer, Reichstagsabgeordneter I 365
Mercatorius Castrensis, Stifter eines Mithras-Reliefs I 60
Merchingen, Stadt Ravenstein I 64, 65, 74, 89, 90, 91, 92, 99, 106, 108, 112, 139, 142, 145, 146, 147, 148, 149, 165, 178, 198, 205, 212, 234, 243, 280, 284, 287, 296, 361, 804; II 463–466, *497–500*, 532
– Burg I 71; II 463, 469, *498*
– Pfarrei I 122, 128, 197, 409, 410, 411, 466
– von
– – Hermann II 498
– – Konrad II 497, 498
Mergentheim = Bad Mergentheim, Stadt, TBB I 157, 159; II 487, 533
– Deutschordenskommende I 699
– – Komture
– – – Bernger von Eicholzheim II 578
– – – Heinrich von Pappenheim II 538
– Sützel von s. Sützel von Mergentheim
Mersel = Schopfenhof (?): Allfeld, Billigheim I 567

Mersenhart = Mörschenhardt, Mudau II 269
Mespelbrunn, Lkr. Aschaffenburg
– Echter von s. Echter von Mespelbrunn
Mettelheim, abgeg. bei Sindolsheim, Rosenberg I 65, 73; II 546
Metternich, von
– Heinrich II 613
Mettinheim = Mettelheim, abgeg. bei Sindolsheim, Rosenberg II 546
Metzger, Geistlicher Rat II 386
Metzger, von II 399
Metzler, Jörg, Bauernführer II 492
Meyer, Peter, Chorherr des Stifts St. Haug zu Würzburg II 795
Michelbach, Aglasterhausen I 64, 65, 66, 90, 103, 121, 136, 137, 143, 209, 299, 302, 342, 421, **496f.**, *526–530*; II 610, 824, 826
– Pfarrei I 124, 133, 134, 410, 413, 521; II 363
Michelfeld, Angelbachtal, HD I 698; II 322
Miltenberg I 49, 56, 107, 119, 156, 157, 160, 166, 168, 169, 202, 249, 250, 358, 472, 805, 854; II 241, 747, 750
– Burg I 82
– Pfarrei I 130, 690
Miltner, Karl, Politiker I 371
Minneburg, Burgruine bei Neckarkatzenbach, Neunkirchen I 70, 76, 84, 108, 127, 128, 163, 174, 418; II 203, 299, 306, 307, 310, 356, 358, 361, 362
– Herrschaft II 357
– Pfarrei II 363
– von II 358
– – Agnes II 358
– – Kynt II 358
Minnenberg, von s. Minneburg, Burgruine bei Neckarkatzenbach, Neunkirchen, von
Minnigerode, von II 392, 399
Mittelhof = Se(e)lbacherhof: Allfeld, Billigheim I 567
Mittelschefflenz, Schefflenz I 64, 77, 83, 84, 85, 108, 111, 112, 114, 119, 135, 136, 137, 139, 144, 145, 146, 186, 198, 203, 284, 486; II **555f.**, *579–583*; (s. a. Schefflenz)
– Pfarrei I 121, 130, 197, 409, 410, 481, 563, 572, 742; II 146, 579, 587, 653
Mock, Johann Schweikard, kurmainzischer Geheimer Rat I 705
Möckmühl, Stadt, HN I 82, 159, 250, 564, 565, 570, 678; II 191, 192, 574, 790
– Stift II 582, 653
Montfort, von
– Margarete I 851
Moosbrunn, Schönbrunn, HD
– Pfarrei II 354

Mörschenhardt, Mudau I 67, 76, 79, 83, 95, 108, 137, 144, 222, 231; II **212f.**, *269*, 271
- Pfarrei I 702; II 272
Mortaigne, Levin, Oberst II 194, 359, 450
Mortelstatt = Mörtelstein, Obrigheim II 392
Mörtelstein, Obrigheim I 66, 74, 78, 84, 85, 91, 96, 108, 111, 143, 157, 365, 387, 520, 599; II 196, **370**, *392f.*
- Pfarrei I 132, 596, 887; II 147, 199, 397
Mörteltal = Mörtelstein, Obrigheim I 66
Mortenstal = Mörtelstein, Obrigheim II 392
Mosbach, Große Kreisstadt I 46, 57, 66, 67, 71, 72, 73, 75, 76, 77, 82, 84, 99, 100, 105, 106, 107, 109, 110, 111, 112, 113, 116, 117, 119, 130, 133, 135, 136, 137, 138, 139, 140, 141, 142, 145, 146, 147, 148, 152, 153, 157, 159, 160, 162, 163, 164, 165, 166, 168, 169, 170, 171, 172, 173, 174, 175, 176, 177, 178, 181, 183, 186, 188, 190, 191, 193, 194, 196, 197, 198, 199, 202, 203, 204, 205, 208, 210, 211, 212, 224, 225, 226, 227, 228, 230, 240, 242, 243, 244, 245, 247f., 249, 250, 255, 256, 259, 260, 261, 262, 264, 266, 267, 268, 269, 270, 280, 281, 282, 286, 287, 293, 295, 296, 297, 299, 301, 302, 303, 304, 305, 309, 310, 314, 315, 316, 317, 318, 320, 321, 322, 323, 324, 325, 327, 332, 338, 339, 341, 343, 350, 354, 355, 356, 357, 358, 361, 362, 364, 365, 366, 367, 369, 374, 386, 387, 389, 395, 397, 398, 399, 400, 401, 402, 413, 414, 415, 416, 418, 419, 420, 421, 424, 425, 472, 507, 513, 548, 553, 556, 558, 559, 563, 564, 565, 592, 594, 597, 666, 669, 670, 729, 731, 738, 740, 751, 765, 767, 770, 772, 774, 781, 884, 886, 914; II 9, 14, 17, 18, 54, 56, **72–207**, 80, *168–195*, 197, 201, 230, 265, 293, 294, 304, 305, 321, 324, 327, 330, 355, 376, 387, 388, 397, 435, 488, 534, 565, 574, 581, 610, 611, 631, 681, 694, 698, 712, 814, 819, 820, 822
- Äbte
- - Crimoldus II 191
- - Hiltibretus II 191
- Burg I 71, 72; II 171, 172, 174
- Kloster und Stift I 75, 77, 78, 79, 81, 87, 92, 97, 99, 103, 109, 110, 125, 126, 127, 129, 132, 134, 136, 222, 298, 472, 508, 512, 520, 523, 524, 568, 571, 575, 576, 578, 579, 590, 599, 640, 653, 669, 686, 688, 698, 741, 745, 747, 751, 763, 766, 767, 772, 831, 885, 886, 889; II 44, 45, 52, 57, 58, 112, 114, 115, 136, 146, 147, 149, 161, 165, 166, 168, 170, 172, 176, 177, 180, 181, 183, 184, *191–193*, 195, 197, 198, 199, 201, 240, 241, 254, 310, 311, 312, 327, 332, 335, 396, 450, 492, 493, 502, 542, 548, 578, 581, 584, 586, 587, 605, 653, 656, 690, 706, 820, 828
- Pfarrei I 72, 121, 126, 128, 131, 133, 134, 174, 176, 197, 207, 402, 403, 405, 406, 407, 409, 410, 412, 521, 577, 739; II 167, 199, 201, 203
- Pröpste II 182, 332
Moser von Vilseck
- Friedrich II 175
Mösig, Familie in Reinhardsachsen II 785
Most, Johannes, Pfarrer in Osterburken II 447
Mückenloch, Stadt Neckargemünd, HD I 836
Muckental, Elztal I 67, 74, 75, 85, 136, 137, 138, 183, 316, **724 f.**, *748–750*, 779; II 62, 64, 164
- Pfarrei I 121, 772; II 587, 645
Mudahe = Mudau II 270
Mudau I 67, 68, 72, 83, 92, 94, 96, 111, 117, 128, 134, 137, 138, 139, 144, 146, 148, 158, 159, 160, 162, 166, 168, 169, 170, 174, 175, 177, 178, 181, 188, 191, 193, 202, 203, 204, 205, 212, 218, 222, 227, 229, 238f., 239, 243, 249, 250, 263, 285, 296, 297, 299, 316, 327, 328, 329, 363, 415, 416, 419, 638, 666, 765, 774; II 54, 105, **208–284**, 213–217, *270–273*, 278, 681
- Pfarrei I 111, 124, 129, 175, 197, 403, 404, 408, 410, 412, 702; II 55, 146, 267, 268, 269, 274, 277, 278
Muggenthal, von II 495, 503
Mühlhausen, HD II 191
Mühlheim (Ruhr) I 588
Mülben, Waldbrunn I 74, 107, 137, 138, 191, 230, 288, 289, 778, 779; II 253, **664f.**, *699–701*, 709, 712, 816, 824, 825, 826
- von
- - Siegfried II 700
Mulenbach = Waldmühlbach, Billigheim I 578
Müller, Heinrich, Verleger I 425
Müller, Kaspar, Verleger I 425
Müller, Thomas, Steinmetz I 847
Mülwer = Mülben, Waldbrunn II 699
Münch von Dittwar II 540
Münch von Hainstadt II 540
Münch von Pülfringen II 540
Münch von Rosenberg I 88, 90, 477, 478, 568, 677, 692, 693, 694, 698, 700, 741, 744, 745, 746, 749, 752, 843, 917; II 359, 361, 537, 538, 540, 652, 656, 659, 792
- Anna II 177
- Elisabeth II 540
- Hans II 177, 548
- Hans Jakob II 540
- Irmel II 540

– Jos II 540
– Konrad II 540
– Kunz II 177
– Ludwig I 694; II 444, 446
– Lutz II 537
– Margarete II 540
Müntz, Valentin, Pfarrer in Osterburken II 447
Murrenbrunnen = Mutzenbrunn, abgeg. bei Ballenberg, Stadt Ravenstein II 491
Musbach = Mosbach, Stadt II 168
Mutach = Mudau II 270
Mutzenbrunn, abgeg. bei Ballenberg, Stadt Ravenstein I 70, 74; II 482, *491*

Nase von Zwingenberg
– Wiprecht II 825
Nassau, Grafen von
– Adolf II. II 442, 443
Nebenhausen, abgeg. bei Oberwittstadt, Stadt Ravenstein I 65, 73
Nebenius, Karl Friedrich, badischer Staatsrat I 295
Neckarbischofsheim, Stadt, HD I 169, 171, 510; II 15, 17, 386, 611
– Pfarrei I 134, 409, 410
Neckarburken, Elztal I 44, 46, 47, 56, 57, 58, 61, 65, 82, 84, 85, 94, 100, 106, 135, 138, 157, 183, 209, 224, 234, 670, **725f.**, *750–752*; II 164, 172, 177, 192
– Kastell I 51, 52, 60, 62
– Pfarrei I 121, 126, 132, 197, 410, 412, 563, 577; II 146, 183, 204
Neckarelz, Stadt Mosbach I 42, 43, 44, 57, 62, 63, 64, 67, 70, 75, 84, 85, 92, 93, 95, 99, 100, 107, 110, 111, 112, 113, 119, 135, 137, 139, 141, 142, 143, 144, 145, 146, 157, 160, 162, 177, 181, 183, 186, 187, 188, 190, 191, 198, 211, 212, 224, 227, 230, 242, 245, 248, 286, 297, 301, 302, 303, 304, 317, 339, 341, 355, 357, 358, 359, 360, 361, 387, 397, 398, 414, 588, 599, 886; II 17, 64, **91–93**, 161, 163, 172, 177, 186, 191, 192, *194–200*, 291, 310, 387
– Burg I 70, 82, 174; II 92, 172, 195, 196, 199
– Johanniterkommende II 196
– Pfarrei I 75, 120, 121, 126, 128, 131, 132, 405, 407, 409, 412, 572; II 161, 166, 176, 183, 201, 332, 386, 393, 397
Neckargemünd, Stadt, HD I 169, 171, 503
– Pfarrei I 409, 410, 413, 132, 134
Neckargerach I 66, 75, 79, 85, 94, 100, 107, 109, 111, 112, 138, 139, 141, 143, 145, 146, 158, 160, 161, 165, 188, 193, 196, 199, 212, 224, 227, 235, 240, 242, 243, 244, 299, 303, 310, 354, 359, 416, 418, 419, 588, 596; II 140, 187, 189, 191, 192, **285–314**, 288, *310–313*, 818, 819, 820, 822, 824, 829
– Pfarrei I 66, 114, 121, 124, 126, 131, 132, 197, 405, 407, 409, 412, 572, 596, 742; II 146, 147, 203, 695, 705, 708, 712, 820, 828
Neckarkatzenbach, Neunkirchen I 66, 84, 107, 135, 143, 144, 191, 209, 225, 230, 231, 243; II 203, 307, **339**, *356–358*, 394, 607
– Pfarrei I 124, 132, 197; II 303, 312, 354, 363
Neckarmühlbach, Haßmersheim I 42, 43, 47, 59, 66, 71, 72, 74, 77, 81, 89, 90, 91, 92, 95, 96, 97, 98, 103, 113, 135, 137, 143, 149, 186, 225, 418, **864f.**, *891–893*; II 15
– Pfarrei I 121, 124, 125, 127, 134, 197, 412
Neckarschwarzach = Schwarzach I 169
Neckarsteinach, Stadt, Lkr. Bergstraße
– Burg I 523
Neckarsulm, Stadt, HN I 228, 249, 250, 469, 548, 559, 565, 773, 884; II 18, 56, 321, 330, 376, 388, 435, 501, 574, 576, 631, 778
– Pfarrei I 130, 134
Neckarzimmern I 44, 59, 61, 66, 75, 77, 89, 90, 91, 92, 95, 96, 99, 106, 111, 112, 118, 119, 135, 137, 138, 142, 143, 165, 183, 189, 192, 195, 196, 198, 199, 207, 212, 224, 234, 240, 242, 243, 244, 249, 255, 260, 262, 285, 300, 303, 309, 317, 339, 360; II 115, 148, 176, 191, 192, 197, 198, **315–336**, 316, *331–333*
– Pfarrei I 122, 127, 133, 197, 410, 412, 882; II 146, 183, 198, 199
Neef, Schultheiß zu Haßmersheim I 887
Neidelsbach: Eubigheim, Ahorn, TBB I 86, 818; II 543
Neipperg: Neippberg, Stadt Brackenheim, HN
– von und Grafen von I 523; II 824
– – Anna I 854
– – Dieter I 854
– – Warmund II 823
Neistenbach = Nüstenbach: Stadt Mosbach II 200
Nerbel, Friedrich, Fabrikant I 301; II 120
Nest von Obrigheim I 568, 578, 579, 701; II 69, 395, 396
– Herold I 571, 688; II 58, 62
Neubrunn = Ernsttal: Mörsschenhardt, Mudau I 69, 75, 76, 87, 108, 238; II 269, 270, 271
– Pfarrei II 272
Neuburg: Obrigheim
– Burg I 174, 224; II 373, 394, 395, *399*
Neuburg, Kloster s. Abtei Neuburg: Ziegelhausen, Stkr. Heidelberg, Kloster

Orts- und Personenregister 853

Neudeck: Langenbeutingen, Langenbrettach, HN
- von I 690, 698; II 451, 585, 793
- - Peter I 886
- - Wilhelm II 177
Neudenau, Stadt, HN I 114, 159, 170, 171, 219, 558, 566, 568, 678; II 148
- Pfarrei I 125, 130, 212, 405, 408; II 147
- von I 475
Neuenheim, Stkr. Heidelberg I 46, 57
Neuhaus: Ehrstätt, Stadt Sinsheim, HD I 669
Neuhausen, aufgeg. in Worms
- Stift I 79, 113, 120, 741, 742, 745, 746
Neuhausen, von I 568
- Wilhelm I 569
Neuhof, abgeg. bei Rosenberg II *546*
Neuhof, aufgeg. in Mudau I 69, 70, 74, 115, 238; II 240, 266, 270
Neumann, Balthasar, Baumeister I 903, 916
Neumann, Erich, Fabrikant II 126
Neunkirchen I 72, 84, 85, 108, 111, 112, 114, 135, 136, 137, 139, 144, 145, 146, 147, 148, 160, 164, 230, 242, 244, 258, 259, 287, 296, 299, 315, 316, 387, 418, 501, 507, 508, 521; **II 337–367**, 340, 359, 360, *360–365*, 607, 609, 610, 611, 613, 614, 824, 825, 826
- Pfarrei I 66, 122, 124, 132, 134, 197, 407, 408, 409, 410, 413, 511, 521, 522, 525, 528, 529; II 303, 308, 357, 390, 615, 616
Neusaß: Glashofen, Stadt Walldürn I 69, 86, 108, 118, 149, 237; II **722f.**, 776, *779f.*, 785, 786, 792
- Pfarrei II 787, 795
Neustadt an der Haardt, Rheinland-Pfalz
- Stift I 393, 396, 397
Niedereicholzheim = Kleineicholzheim, Schefflenz II 577
Niedererfeld, abgeg. bei Erfeld, Hardheim I 70
Niederweiler, aufgeg. in Uiffingen, Stadt Boxberg, TBB I 744
Nies, Erich, Politiker I 370
Nippenburg, von I 893
Nonnenmacher, Veit, Bürger zu Osterburken II 448
Nörber, Thomas, Erzbischof von Freiburg I 913
Nordheim, von II 396
Notburga, Tochter König Dagoberts (?) I 125
Nothaft von Hohenberg II 390, 501, 502
Nürnberg I 157; II 189
- Burggrafen von I 515
Nüstenbach: Stadt Mosbach I 67, 68, 75, 84, 85, 93, 136, 139, 143, 144; II **93f.**, 164, 165, 166, 177, 192, 193, 195, 198, *200–202*
- Pfarrei I 132, 197; II 183, 199
Nuweseße = Neusaß: Glashofen, Stadt Walldürn II 779
Nydern Witigstat = Unterwittstadt, Stadt Ravenstein II 503
Nydernschevelencze = Unterschefflenz, Schefflenz II 586

Obentraut, von
- Konrad II 175
Ober Bichelbacherhof: Allfeld, Billigheim I 567
Oberallfeld = Allfeld, Billigheim I 566
Oberbalbach, Stadt Lauda-Königshofen, TBB
- Pfarrei II 544
Oberdielbach, Waldbrunn I 75, 107, 181, 222, 230, 236, 237, 278, 387; II **665–668**, *703f.*, 709, 712, 816, 824, 826, 828; (s. a. Dielbach = Oberdielbach, Waldbrunn)
Obereisesheim, Stadt Neckarsulm, HN I 163
Obererlenbach, abgeg. bei Erlenbach, Stadt Ravenstein II 494
Oberferdinandsdorf, abgeg. bei Mülben, Waldbrunn I 75, 107, 136; II 689, 701, 827
Obergimpern, Stad Bad Rappenau, HN I 108
- Pfarrei I 132
Oberkessach, Schöntal, KÜN
- Pfarrei I 479, 481
Oberlahnstein, Stadt Lahnstein, Rhein-Lahn-Kreis I 472
Oberlauda, Stadt Lauda-Königshofen, TBB I 831
Obern Scheidner = Oberscheidental: Scheidental, Mudau II 276
Oberndorf, Stadt Krautheim, KÜN I 74; II 493
Oberneudorf, Stadt Buchen (Odenwald) I 67, 79, 87, 95, 108, 137, 192, 237, **625f.**, *703*; II 271
- Pfarrei I 124, 702
Oberschefflenz, Schefflenz I 48, 60, 62, 64, 70, 72, 77, 83, 84, 85, 92, 94, 107, 108, 111, 114, 119, 137, 139, 144, 145, 157, 160, 203, 208, 218, 219, 235, 361, 387, 556, 564, 729, 731; II **556–559**, *584–586*; (s. a. Schefflenz)
- Pfarrei I 121, 124, 125, 130, 131, 132, 133, 405, 408, 572; II 147, 579, 587, 653
Oberscheidental: Scheidental, Mudau I 56, 60, 61, 63, 67, 69, 83, 118, 222, 669; II 58, 271, 276; (s. a. Scheidental, Mudau)
- Kastell I 51, 52, 63; II 279
- Pfarrei I 403; II 272

Oberschwarzach, Schwarzach I 70, 85, 107, 178, 299, 300; II 361, **592–594**, *612–617*; (s. a. Schwarzach)
– Pfarrei I 197; II 354, 363
Oberstenfeld, LB
– Äbtissinnen
– – Irmel Münch von Rosenberg II 540
– – Margarete Münch von Rosenberg II 540
Oberwittstadt, Stadt Ravenstein I 65, 70, 74, 83, 91, 97, 98, 109, 112, 119, 134, 139, 164, 184, 234; II 467f., *500–503*
– Adel s. Wittstadt = Oberwittstadt, Stadt Ravenstein, von
– Pfarrei I 120, 122, 125, 206, 403, 405, 408; II 493
Oberzimmern = Zimmern, Seckach II 658, 659
Obrigheim I 57, 60, 62, 63, 70, 78, 82, 84, 85, 91, 92, 96, 104, 108, 111, 112, 115, 119, 135, 136, 137, 138, 139, 143, 145, 146, 157, 160, 164, 183, 190, 192, 193, 224, 227, 230, 242, 243, 244, 249, 250, 253, 302, 303, 304, 305, 311, 315, 317, 339, 342, 352, 354, 356, 387, 397, 415, 416, 507, 597; II 17, 135, 172, 186, 191, 192, 196, 199, 291, **368–400**, 372, 390, *393–398*, 501, 610, 611
– Burg I 70, 71, 76; II 172
– Gabel von s. Gabel von Obrigheim
– Herold von s. Herold von Obrigheim
– Kind von s. Kind von Obrigheim
– Nest von s. Nest von Obrigheim
– Pfarrei I 124, 125, 132, 175, 406, 407, 410, 412, 882, 887; II 22, 146, 147, 199
– Vetzer von s. Vetzer von Obrigheim
– von I 79, 88, 124, 567, 752; II 195, 196, 358, 396
– – Cuntz II 394
– – Dieter I 690
– – Diether I 568
– – Eberhard I 749
– – Gerhard I 749
– – Hermann II 395
– – Johann II 311
– – Meginlach II 395
– – Wolprand II 395
Odenheim, Kloster s. Stift Odenheim (Stifterhof): Eichelberg, Östringen, KA, Kloster
Odenheim, Ritterstift s. Stift Odenheim (Stifterhof): Eichelberg, Östringen, KA
Oedheim, HN
– Cappler von I 485 s. Cappler von Oedheim
Offenau, HN I 278, 567
Öhringen, Stadt, KÜN I 49
Olnhausen, Jagsthausen, HN I 698; II 192

Oppenweiler, WN
– Sturmfeder von s. Sturmfeder von Oppenweiler
Ostein, Grafen von II 737, 785
– Franz Wolf II 736
Osterbecher, Bürger zu Mosbach I 140
Osterburken, Stadt I 42, 43, 47, 48, 49, 57, 58, 60, 61, 63, 64, 65, 72, 74, 77, 79, 83, 84, 105, 106, 107, 109, 110, 111, 117, 119, 134, 137, 138, 139, 140, 142, 144, 146, 147, 148, 153, 157, 162, 164, 165, 167, 168, 169, 170, 175, 176, 177, 181, 183, 186, 188, 190, 191, 194, 203, 211, 212, 227, 228, 231, 242, 243, 244, 245, 246, 249, 250, 251, 256, 261, 262, 267, 268, 269, 284, 287, 296, 309, 314, 315, 320, 339, 343, 355, 358, 361, 364, 381, 386, 387, 397, 398, 415, 416, 418, 419, 421, 461, 464, 469, 477, 480, 559, 666, 698; II **401–456**, 405, *440–450*, 480, 486, 488, 490, 532, 534, 535, 541, 543, 576, 631, 647
– Adel s. Burgheim, von
– Kastell I 55, 56
– Pfarrei I 120, 121, 122, 129, 403, 405, 411, 466, 478, 479, 480, 481; II 533
Österreich, Herzöge und Erzherzöge von s. Habsburg, Grafen von, Herzöge und Erzherzöge von Österreich
Ostheimer, Kaufmannsfamilie II 472, 474
– David II 480
Overmann
– Anton, Orgelbauer I 631
– Wilhelm, Orgelbauer I 631
Öwisheim = Oberöwisheim, Stadt Kraichtal, KA
– Trigel von s. Trigel von Öwisheim

Pappenheim, Stadt, Lkr. Weißenburg-Gunzenhausen
– von und Grafen von
– – Heinrich II 538
Pattberg, Auguste, Dichterin II 366
Paulus, Hans Georg, Bildhauer II 737
Paulus, Melchior, Bildhauer II 737
Pestii
– Festinus, Stifter einer Jupitersäule I 60
– Florianus, Stifter einer Jupitersäule I 60
Pettenkofer, Johann Heinrich I 749
Pfal von Grünsfeld
– Eberhard II 549
Pfalz, rheinische, Pfalzgrafen und Kurfürsten von I 82, 84, 85, 100, 101, 103, 128, 166, 472, 485, 515, 520, 523, 578, 598, 600, 669, 670, 741, 744, 750, 752, 836, 837, 885, 889; II 58, 171, 311, 331, 356, 363, 389, 393, 394, 396,

397, 398, 399, 498, 541, 578, 580, 582, 585, 612, 613, 614, 708, 790, 791, 825
- Amalia II 97, 164
- Friedrich I. I 472, 524, 527; II 389, 613
- Friedrich II. I 127; II 398
- Friedrich III. I 127; II 164, 166, 181, 189
- Friedrich IV. I 128
- Friedrich V. I 838
- Heinrich I 847
- Johann II 172
- Johann Casimir I 128; II 164, 395, 707
- Johann Wilhelm I 118, 836; II 331, 827
- Johanna II 181
- Karl I 132
- Karl Ludwig I 132, 748
- Karl Theodor I 118, 296, 776; II 69, 184, 190, 577, 709, 827, 828
- Louisa Juliana II 164
- Ludwig II 172, 173, 174
- Ludwig III. I 515; II 613
- Ludwig V. II 164
- Ludwig VI. I 127
- Mechthild II 395
- Ottheinrich I 127; II 179, 181
- Philipp I 853, 886; II 173, 177, 334, 707, 826
- Philipp Wilhelm I 836
- Rudolf II 170, 178
- Rudolf II. II 171
- Ruprecht I. I 162, 520, 677; II 170, 171, 359, 397, 613
- Ruprecht II. II 441
- Ruprecht III. II 172, 198, 824, 825
- Stephan II 172
Pfalz-Mosbach
- Herrschaft I 85
- Pfalzgrafen von I 85, 162, 669, 741, 744, 745, 746, 752, 753, 778, 781, 831; II 22, 58, 63, 161, 204, 331, 332, 333, 361, 363, 392, 395, 396, 399, 577, 578, 651
  - - Otto I. I 84, 107, 124, 211, 520, 741, 744, 750, 852, 885; II 60, 69, 97, 98, 153, 164, 172, 173, 176, 177, 191, 198, 392, 703, 705, 712, 825
  - - Otto II. I 84, 842; II 173, 176, 189, 192, 700, 707, 710, 825, 826
Pfalz-Neuburg
- Pfalzgrafen von I 118; II 183, 199
  - - Christoph II 173
  - - Johann Wilhelm I 131
  - - Philipp Wilhelm I 131, 207
Pfalz-Simmern-Zweibrücken
- Pfalzgrafen von
  - - Stephan II 173

Pfau von Hornberg I 888; II 333
Pfaus, Manfred, Politiker I 370
Pfedelbach, Stadt Öhringen, Hohenlohekreis II 425
Pfol von Krautheim II 499
Pforzheim, Stkr. I 300, 304; II 245
- Kloster I 670
Pilgrim I 834
- Anna II 700
- Arnold I 671
- Eberhard II 700
- Hans I 778; II 700
Pilgrim von Buchen I 88, 677, 698, 746
- Contz I 750
- Hans I 750
- Heinrich I 750; II 67
- Hermann II 67
Pilgrim von Limbach I 752, 753, 916
Pleutersbach, Stadt Eberbach, HD II 359
Plieningen, von
- Hans II 182
Pohlen, von, Baumeister II 100
Poppo, Graf I 885, 886
Pretzigkheim = Bretzingen, Hardheim I 830
Prozelten = Stadtprozelten, Stadt, Lkr. Miltenberg
- Lurz von s. Lurz von Prozelten
- - Kunz I 706
Pülfringen, Königheim, TBB I 86, 118, 163, 823, 831, 843, 850, 851; II 792
- Münch von s. Münch von Pülfringen
- Pfarrei I 121, 408, 838
- von
- - Heinrich II 538

Quaglio, Lorenzo II 291

Rabaliatti, Franz Wilhelm, Baumeister I 629; II 97, 174
Racknitz, von I 886
Raibach, Hessen I 840
Ramung, Familie II 613
Rappenau s. Bad Rappenau, Stadt, HN
Rauch von Seckach I 834
Ravensburg: Sulzfeld, KA
- Göler von s. Göler von Ravensburg
Ravenstein, Stadt I 181, 182, 188, 191, 231, 233, 240, 243, 250, 251, 255, 258, 263, 269, 302, 464; II 428, 457–506, 535
- Pfarrei I 402
Rawe von Weidenau II 613
Rechberg = Schloßberg: Rechberg, Stadt Schwäbisch Gmünd, AA

– von II 492
– – Ursula I 473
– – Wilhelm II 494
Regelint, Schenkerin von Gütern an das Kloster Amorbach I 79, 575, 831, 832
Regelsdorf, von
– Hans I 833
Regensburg I 56, 60
– Bistum I 134
Reichartshausen, HD I 115, 172, 508; II 610
– Pfarrei I 511; II 354
Reichartshausen, Lkr. Miltenberg I 840
– Pfarrei II 781
Reichartzbuch = Reichenbuch, Stadt Mosbach II 202
Reichenau, KN
– Kloster II 168, 191
Reichenbuch, Stadt Mosbach I 66, 97, 107, 114, 138, 158, 160, 183, 191, 229; II 94f., 192, 201, 202f., 307, 313, 359
– Pfarrei I 66, 114; II 183, 303, 311, 312
Reichenstein, abgeg. Burg bei Neckargemünd, Stadt, HD
– von
– – Hermann II 710
Reinhard, G. W., Fabrikant II 123
Reinhardsachsen, Stadt Walldürn I 68, 79, 87, 94, 135, 149, 209, 229, 236; II 725f., 780, 784, 784f., 792
– Pfarrei I 130; II 779, 795, 799
Reinhardsassen = Reinhardsachsen, Stadt Walldürn I 68
Reinstetten, abgeg. bei Eberstadt, Stadt Buchen (Odenwald) I 65
Reisenbach, Mudau I 67, 76, 83, 95, 137, 138, 159, 222, 239, 362; II 217f., 271, 273f.
– Pfarrei II 272
Reisenbachergrund s. Unterferdinandsdorf (Reisenbachergrund): Mülben, Waldbrunn
Reitzenstein, von, Sigismund, badischer Diplomat und Minister I 166, 169
Remchingen, abgeg. bei Wilferdingen, Remchingen, PF
– von
– – Hans II 710
Reusch, Peter Anton, Theologe II 654
Reuter, Quirin, Theologe II 193
Rheinberg, von
– Anna Catharina II 469
Rheinzabern GER I 48, 49
Rhonheimer, Kaufmannsfamilie II 472
Riaucour, Grafen von I 90, 118, 599, 600; II 547, 549, 577
– Andreas I 598

Richartebuch = Reichenbuch, Stadt Mosbach II 202
Richbertus, Schenker von Gütern an das Bistum Würzburg II 441
Richersbuch = Reichenbuch, Stadt Mosbach II 202
Riedern, von I 854; II 503, 783
– Anna II 177
– Eberhard I 847
– Elchana II 544
– Heinrich II 783
Riemenschneider, Tilman, Bildschnitzer und Bildhauer II 549
Rieneck, Stadt, Lkr. Main-Spessart
– Grafen von I 472, 668; II 774, 791
– – Philipp d. Ä. I 842
Rietberg = Rippberg, Stadt Walldürn II 785
Rinderfeld, von II 795
Rindfleisch, Ritter II 186, 199
Rineck: Muckental, Elztal I 69, 75, 141, 183, 737, 750
– Pfarrei II 645
Rinschheim, Stadt Buchen (Odenwald) I 43, 83, 93, 144, 186, 209, 229, 231, 626, 669, 703–705; II 792
– Kastell I 55
– Pfarrei I 206
Rinzesheim = Rinschheim, Stadt Buchen (Odenwald) I 704
Rippberg, Stadt Walldürn I 68, 71, 74, 76, 86, 89, 93, 118, 137, 138, 139, 141, 146, 147, 148, 149, 177, 181, 223, 242, 297, 302, 304, 366; II 158, 727–729, 781, 785–788, 792
– Burg I 71, 80
– Pfarrei I 68, 128, 175, 405, 408, 698; II 781, 782
– von s. Dürn, von (Ministerialen), gen. von Rippberg
Rischer, Johann Jakob, Baumeister I 473, 629, 670
Rittersbach, Elztal I 66, 85, 87, 97, 98, 108, 136, 137, 139, 225, 234, 421, 669, 727f., 749, 752–754; II 121, 164
– Pfarrei I 121, 122, 130, 131, 132, 176, 405, 406, 749; II 62, 147, 312, 587, 645, 653
Ro(h)rbach, abgeg. bei Sattelbach, Stadt Mosbach I 66, 74; II 204
Robern, Fahrenbach I 63, 67, 69, 76, 85, 97, 98, 108, 109, 118, 120, 138, 144, 181, 183, 298, 760f., 777–780; II 53, 54, 58, 62, 69, 164, 166, 271, 313, 816, 824, 825, 826, 828
– Kastell I 51, 52, 56, 61
– Pfarrei I 128; II 55, 65

Rodental = Rüdental: Hardheim I 68, 847
Rodinsburon = Rittersbach, Elztal I 752
Roeder, Georg II 115
Rohrensee bei Gerchsheim I 840
Roigheim, HN I 342, 465, 482; II 448, 582
- Pfarrei I 120, 121, 122, 124, 125, 126, 481, 484, 485, 742; II 585, 587
Rolli, Hans, Baudirektor II 38
Rom
- Kaiser
- - Antoninus Pius I 47
- - Caracalla I 48, 61
- - Commodus I 47
- - Domitian I 46
- - Gallienus I 49
- - Hadrian I 47, 60
- - Marc Aurel I 48
- - Septimius Severus I 48, 61
- - Trajan I 46
- - Trebonianus Gallus I 49
- - Vespasian I 46
- Päpste
- - Bonifaz VIII. II 192
Rönningen, abgeg. bei Götzingen, Stadt Buchen (Odenwald) I 64
Rorbrunnen = Robern, Fahrenbach I 777
Rosenbach, von
- Cuntz II 399
Rosenberg I 64, 71, 72, 74, 81, 86, 89, 90, 117, 118, 142, 145, 147, 159, 160, 168, 169, 170, 181, 182, 188, 191, 194, 198, 231, 233, 235, 240, 241, 243, 244, 250, 259, 263, 269, 305, 416, 464, 822; II 426, 428, 431, 507–551, 511, 539–546, 749
- Burg II 542
- Herrschaft I 133; II 332
- Münch von s. Münch von Rosenberg
- Pfarrei I 128, 130, 133, 403, 405, 409, 411; II 433, 537
- von I 86, 88, 90, 128, 140, 162, 477, 480, 670, 678, 689, 690, 830, 834, 835, 836, 854; II 198, 333, 359, 436, 437, 439, 446, 492, 494, 495, 496, 498, 502, 537, 538, 539, 540, 542, 544, 547, 548, 549, 578, 613, 656, 657, 774, 793, 795
- - Albrecht I 687, 708, 830; II 437, 503, 541, 544
- - Albrecht Christoph I 689; II 542, 543
- - Amalia II 436
- - Anna I 852
- - Anna Susanna II 436
- - Arnold I 690; II 436, 437, 447, 537
- - Asmus II 538
- - Christoph II 538
- - Eberhard II 182, 436, 437, 447, 448, 540, 542, 824
- - Elchana II 544
- - Felicitas II 436
- - Friedrich II 444
- - Hans II 436, 537, 538, 542
- - Hans Eucharius II 437, 543, 544
- - Johann II 541
- - Jörg II 541
- - Konrad II 436, 447, 537, 538, 540, 542
- - Lorenz II 543
- - Philipp Jakob II 437, 447, 544
- - Ulrich II 541
Rosenberg-Bartenstein, von
- Kunz II 538, 542
Rosenberg-Essingen, von
- Thomas II 541
Rosenberg-Gnötzheim, von
- Philpp II 541
Rosenberg-Haltenbergstetten, von
- Zeisolf II 544
Rosenberg-Reigelberg, von
- Kunz d. Ä. II 538, 542
Roser, Pfarrer in Mosbach I 428
Rossau, von II 397, 399
- Eberhard I 891
Rossriet, von
- Konrad II 436
Roßhof: Bödigheim, Stadt Buchen (Odenwald) I 75
Rot, von I 577
Röth, Georg, Hammerschmiedemeister II 122
Rothenburg ob der Tauber, Stadt, Lkr. Ansbach I 107, 162, 686
- Deutschordenskommende I 699
Röttingen, Stadt, Lkr. Würzburg
- von
- - Diemar II 537
- - Erkenbert II 18, 21, 22
Röttingen-Trifels, von I 79; II 450
- Diemar II 394, 395, 396
Ruchsen, Stadt Möckmühl, HN I 670; II 192, 452
- Pfarrei I 466
Rucker, Schultheiß zu Buchen I 676
Rückingen (Wetterau) I 56
Rücklin von Bensheim
- Peter II 203
Ruczelsdorf = Rütschdorf, Hardheim I 847
Rudeger I 475
Rudelspach = Rittersbach, Elztal I 752
Rüdental: Hardheim I 68, 86, 692, 795, 818, 840, 847
Rudersporn = Rittersbach, Elztal I 752

Rüdinger, Burkhard, Pfarrer in Hirschlanden II 539
Rüdinger, Fabrikant I 301
Rudinspure = Rittersbach, Elztal I 752
Rudolf, Graf I 475
Rüdt I 71, 83, 89, 97, 101, 118, 128, 140, 461, 484, 668, 708, 831, 832; II 240, 396, 548, 549, 578, 634, 775, 776
- Anna I 778; II 700, 825
- Cäcilie II 454
- Conz II 60
- Cuntz d. J. I 854
- Diether II 437
- Eberhard I 676
- Felicitas II 436
- Johann Ernst I 669; II 775
- Jutta II 454, 824
- Konrad II 437, 712, 825
- Metze I 574
- Sophie II 652
- Stefan II 547, 550, 773, 774
- Wilhelm I 677
- Wiprecht I 916; II 437, 707, 710
- Wiprecht d. A. I 669, 673
Rüdt von Bödigheim I 88, 99, 103, 117, 128, 140, 480, 482, 668, 669, 671, 685, 686, 688, 689, 690, 693, 694, 697, 700, 701, 704, 705, 708, 709, 752, 753, 830, 831, 834, 835, 916, 918; II 60, 276, 280, 447, 451, 494, 502, 547, 577, 581, 583, 585, 651, 652, 656, 657, 707, 710, 773, 774, 776, 792, 793
- Anna Maria I 670
- Barbara II 792
- Cuntz I 162
- Diether II 175
- Eberhard I 669, 678, 685, 686, 692; II 198, 333, 437
- Friedrich I 669; II 175
- Hans I 670
- Johann Ernst I 164, 668, 672, 709
- Karl Ernst I 668
- Konrad II 175
- Philipp II 826
- Wilhelm I 673, 701, 833; II 64, 67, 280
- Wiprecht I 480, 483; II 437, 442, 449
- Wolfgang Ernst I 670
Rüdt von Collenberg I 88, 90, 101, 140, 167, 416, 417, 450, 466, 482, 483, 485, 568, 598, 653, 660, 669, 690, 693, 701, 702, 705, 749, 917; II 115, 278, 451, 547, 585, 651, 780, 782
- Agnes I 359
- Anna I 854
- Dieter I 749
- Eberhard I 673, 749; II 359
- Heinz II 825
- Johann I 163
- Johann Heinrich II 60
- Konrad II 333
- Ludwig I 669
- Margarete II 825
- Martha I 833
- Meinhard Friedrich Franz I 486, 669
- Sebastian I 701, 705, 749; II 175
- Valentin Heinrich I 669
- Wiprecht I 628
Rüdt von Eberstadt I 685, 687, 690, 692, 698, 917, 918; II 429, 451, 529
- Damian Gottfried I 686
- Eberhard I 687
- Franz I 669
- Heinrich II 652
- Klara I 686
- Ludwig Gottfried I 687
Rüdt von Rüdenau
- Wiprecht I 668
Rumpfen, Mudau I 67, 83, 87, 96, 98, 116, 138, 144, 158, 178, 187, 229, 289, 652; II 271, 274 f.
- Pfarrei I 124, 702
- von I 88
- - Richard, gen. Sluderich II 274
Rumpfenheim = Rumpfen, Mudau I 67
Rumpffenaw = Rumpfen, Mudau II 274
Rumpffenheym = Rumpfen, Mudau II 274
Rumphenheim = Rumpfen, Mudau II 274
Rumstadt, Guido Johannes I 419
Rutoch I 475
Rütschdorf, Hardheim I 44, 68, 91, 97, 101, 114, 698, **795f.**, *847f.*; II 792
- Pfarrei I 130, 833, 844
Rysembuch = Reisenbach, Mudau II 273

Sachsen-Weimar, Herzöge von I 163
Sachsenflur, Stadt Lauda-Königshofen, TBB
- von II 775
Sachsenheim, von II 198, 333
- Konrad II 333
Safio, Familie I 730
Salm-Reifferscheid-Krautheim, Grafen und Fürsten von I 91, 92, 167; II 482, 487, 494
Sattelbach, Stadt Mosbach I 67, 75, 84, 93, 181, 183, 191, 236; II **95–97**, 164, 166, 167, *203–205*
- Pfarrei II 146, 183
Sattelbuch = Sattelbach, Stadt Mosbach II 203
Sauer, Hermann, Fabrikant II 46
Scaflentia = Mittelschefflenz, Schefflenz II 579
Scaflenze = Mittelschefflenz, Schefflenz II 579

Scaplanza = Mittelschefflenz, Schefflenz II 579
Schachleiter, Joseph Matthäus, Mitglied des Gemeinderates zu Walldürn II 743
Schade, von
– Johann Ludwig II 175
Schäfer, Georg, Schöpfer des Hochaltars zu Ballenberg II 469
Schaffalitzky II 578
Schafhof, abgeg. bei Oberdielbach, Waldbrunn I 74
Schalbronne = Schollbrunn, Waldbrunn II 705
Schaler von Buchen I 140, 571, 578, 579, 676, 678
Schallberg, abgeg. bei Zimmern, Seckach I 69, 73, 567; II 452
Schebeck, Franz, Politiker I 370
Schedennere = Scheidental, Mudau II 276
Schefflenz I 57, 64, 70, 79, 97, 98, 104, 149, 188, 193, 194, 207, 243, 244, 249, 250, 314, 315, 316, 416, 418, 464, 477; II 164, 191, 192, **552–589**, 632; (s. a. Mittelschefflenz, Schefflenz; Oberschefflenz, Schefflenz; Unterschefflenz, Schefflenz)
– Pfarrei I 126, 131, 408, 412, 478; II 146, 147
– von
– – Heinrich II 580
Schefflenze superius = Oberschefflenz, Schefflenz II 584
Scheidental, Mudau I 67, 95, 158, 289, 387; II 219, *276f.*; (s. a. Oberscheidental: Scheidental, Mudau; Unterscheidental: Scheidental, Mudau)
– Pfarrei I 404
Scheidner = Scheidental, Mudau II 276
Schelm von Bergen I 568
– Amalia II 454
– Magdalena II 454
Schenk
– Wolf, Ritter II 707
Schenk von und zu Symau I 830
Schenken von Erbach s. Erbach, Stadt, Odenwaldkreis, von, Schenken und Grafen von
Schenken von Limpurg s. Limpurg, abgeg. Burg bei Schwäbisch Hall, Schenken von
Schenken von Schüpf-Klingenberg s. Schüpf-Klingenberg, Schenken von
Scheringen, Limbach I 64, 66, 83, 108, 138, 143, 652, 656; II **35–37**, *66–68*, 271, 276
– Pfarrei I 67, 122; II 262
– von
– – Marquart II 67
Schertel von Stammen I 527, 528, 530, 775; II 361
Scheubel, Joseph, Maler II 737
Scheuerberg, abgeg. Burg bei Neckarsulm, Stadt, HN II 501
Schevelence inferior = Unterschefflenz, Schefflenz II 586
Scheydenauwe = Scheidental, Mudau II 276
Schifferdecker, Emil I 642
Schillingstadt, Ahorn, TBB II 486, 488, 493
– Pfarrei I 837
Schimer
– Herold I 690
Schimer von Buchen I 140, 677, 678, 701, 705, 706
Schlempertshof: Höpfingen I 70, 839, 915; II 792
Schlierstadt, Stadt Osterburken I 48, 59, 65, 84, 87, 99, 139, 148, 159, 234, 285, 327, 345; II **410–413**, *450–452*, 658
– Pfarrei I 122, 125, 129, 212, 405, 408, 660; II 439, 656
– von I 79; II 450
– – Adelbero II 450, 658
– – Albert II 450
– – Ulrich II 450
Schloßau, Mudau I 47, 49, 50, 56, 61, 67, 69, 76, 137, 144, 159, 160, 209, 222, 229, 239; II **219–222**, 271, *278f.*
– Kastell I 51, 52, 60
– Pfarrei I 404; II 272
Schmelzenhof: Billigheim I 570
Schmerbeck, Landrat I 368
Schmieg, Georg Christian, Holzschnitzer II 737
Schmieg, Jörg Friedrich, Bildhauer I 631
Schmitz-Auerbach, von I 527
Schnarrenberger, Wilhelm, Maler I 685
Schneeberg, Lkr. Miltenberg I 250
Schneider, Georg, Fabrikant II 48
Schneider, Melchior, Bürger von Osterburken II 444
Schneider, Veit, Baumeister II 737
Schnepf, Erhard, Reformator I 892
Schollbrunn, Waldbrunn I 85, 93, 107, 110, 135, 143, 145, 230; II 193, 310, 313, **668–670**, *705f.*, 824
– Pfarrei I 124, 132, 410, 412; II 303, 311, 312, 708, 711, 712
Schöllenbach s. Badisch-Schöllenbach: Friedrichsdorf, Stadt Eberbach, HD
Schollenrain, abgeg. bei Mörtelstein, Obrigheim I 74, 85; II 172, 392, 395
Schollenrainhof = Schollenrain, abgeg. bei Mörtelstein, Obrigheim I 85
Schollhof: Oberwittstadt, Stadt Ravenstein I 74, 235; II 468, 500

Schöllig, Otto, Regens des Priesterseminars zu St. Peter auf dem Schwarzwald II 68
Schomburg, Burg bei Wesel am Rhein
- Grafen von II 359
Schönau, Stadt, HD
- Kloster I 520, 521; II 197, 581
Schönborn, Rhein-Lahn-Kreis
- von
- - Johann Philipp I 129; II 447
- - Lothar Franz II 737
Schönbrot, Sebastian, Pfarrer I 837, 841, 845
Schönbrunn, HD II 359
- Pfarrei I 132; II 354, 363
Schönburg, Grafen von s. Schomburg, Burg bei Wesel am Rhein, Grafen von
Schönrain, abgeg. bei Lohr am Main, Stadt, Lkr. Main-Spessart
- Kloster II 538
Schöntal, Kloster s. Kloster Schöntal: Schöntal, KÜN
Schöntal, KÜN I 250, 251; II 490
Schopfenhof: Allfeld, Billigheim I 567
Schott, Konrad II 334, 335
Schott, Lutz II 334, 335
Schreckhof: Diedesheim, Stadt Mosbach I 69, 84; II 77f., *162*, 195, 201, 313
- Pfarrei II 183, 199
Schüpf, abgeg. Burg bei Oberschüpf, Stadt Boxberg, TBB II 501
- Pfarrei II 544
- von I 831
Schüpf-Klingenberg
- Schenken von I 668
Schüssler, Johann, Pfarrer zu Hardheim I 845
Schwabhausen, Stadt Boxberg, TBB
- Pfarrei I 837
Schwäbisch Hall, Stadt, SHA II 171
Schwaigern, Stadt, HN II 191
- Pfarrei I 121, 134
Schwan, Anton, Politiker I 370
Schwanenhof, abgeg. bei Hergenstadt: Stadt Adelsheim I 69
Schwanheim, Schönbrunn, HD I 510; II 359, 360, 613
- Pfarrei II 354, 363
Schwanhof s. Schwanenhof, abgeg. bei Hergenstadt: Stadt Adelsheim
Schwarz, Bürgermeister in Mosbach I 368
Schwarz, Landtagsabgeordneter I 428
Schwarz, Wilhelm, Politiker I 370
Schwarzach I 66, 70, 82, 100, 137, 143, 152, 177, 191, 192, 193, 195, 231, 233, 243, 256, 258, 259, 262, 263, 285, 293, 341, 387, 399, 508, 520, 522, 527; II 64, 163, 355, 361, **590–618**; (s. a. Oberschwarzach, Schwarzach; Unterschwarzach, Schwarzach)
- Burg I 70, 76, 82, 85, 523, 525, 529; II 357, 358, 359, 360, 362, 612, *613*
- Herrschaft I 108
- von
- - Berthold II 19
Schwarzach, von
- Heintze II 613
Schwarzacherhof (Erziehungs- und Pflegeanstalt für Geistesschwache): Unterschwarzach, Schwarzach I 177, 188; II **596f.**, *608f.*
Schwarzenbrunn: Buch am Ahorn, Ahorn, TBB I 86, 840
- Pfarrei I 825
Schwärzerhof: Stadt Möckmühl, HN II 452
Schweigern, Stadt Boxberg, TBB I 160
- Pfarrei II 492
Schweinberg, Hardheim I 72, 73, 80, 82, 86, 114, 117, 137, 139, 142, 144, 147, 148, 152, 159, 163, 209, 212, 225, 244, 272, 421, **796f.**, 843, *848–854*
- Burg I 71, 83, 162, 164, 849
- Hund von s. Hund von Schweinberg
- Ketel von s. Ketel von Schweinberg
- Pfarrei I 120, 121, 128, 129, 206, 403, 404, 408
- Stumpf von s. Stumpf von Schweinberg
- von I 80, 831, 834, 850; II 655
- - Agnes I 843
- - Heinrich, gen. Langerhunt I 843
- - Konrad I 831
- - Richwin I 849
Schwerin, Ludwig, Maler I 685
Schwetzingen, Stadt, HD I 321; II 565
Se(e)lbacherhof: Allfeld, Billigheim I 567
Seber, Franz Joseph, Theologe II 799
Secheim = Seckach II 654
Seckach I 57, 64, 66, 70, 78, 84, 87, 92, 99, 105, 110, 111, 137, 139, 143, 145, 165, 188, 191, 195, 203, 234, 243, 244, 249, 250, 258, 269, 300, 303, 314, 315, 339, 361, 399, 415, 416, 464, 469, 670, 673; II 452, 576, **619–661**, 623, *654–657*, 658
- Pfarrei I 122, 124, 125, 126, 129, 197, 405, 408, 660; II 451, 659
- Rauch von s. Rauch von Seckach
- von I 88, 90, 699; II 655, 656
Seckendorf: Horbach, Stadt Langenzenn, Lkr. Fürth
- Adel s. Seckendorff, von
Seckendorff, von II 502, 581, 613
- Heinrich, gen. Aberdar I 672
- Heinz I 162, 686

Orts- und Personenregister

– Joachim II 175
Seckendorff-Aberdar, von II 547
Seehof: Stadt Adelsheim I 69
Seidel, württembergischer Hofrat I 598
Seinsheim, Lkr. Kitzingen
– von II 396
Selbach = Se(e)lbacherhof: Allfeld, Billigheim I 567
Seldeneck: Blumweiler, Stadt Creglingen, TBB
– von II 578
– – Leupold I 106, 162; II 548
Seligenstadt, Stadt, Lkr. Offenbach I 107
Seligental: Schlierstadt, Stadt Osterburken I 101, 690
– Äbtissinnen I 110; II 659
– – Irmgard von Bödigheim I 670
– Kloster I 70, 73, 83, 87, 99, 103, 105, 106, 126, 129, 134, 174, 475, 479, 480, 481, 483, 484, 568, 575, 576, 669, 672, 678, 682, 686, 690, 692, 693, 698, 699, 701, 703, 831, 834, 838, 918; II 274, 438, 439, 443, 444, 449, 450, 451, *452–454*, 502, 540, 548, 549, 581, 584, 653, 655, 656, 657, 658, 659, 774, 782, 785, 790, 791
Sennfeld, Stadt Adelsheim I 66, 77, 82, 90, 91, 92, 95, 97, 98, 101, 108, 135, 137, 138, 139, 142, 143, 144, 145, 146, 152, 162, 164, 165, 198, 235, 296, 418, *442–445*, 446, 472, 477, 480, *482–486*, 669; II 582
– Burg I 71, 175
– Pfarrei I 121, 124, 128, 175, 197, 411, 466; II 433, 645
– von I 79
– – Friedhelm I 482
– – Heinrich I 482
– – Reginher I 482
Seyffer, Hans, Bildhauer I 866; II 319
Seyfriedt, Peter, Ratsherr zu Mosbach II 184
Sickingen, aufgeg. in Flehingen, Oberderdingen, KA
– Hofwart von s. Hofwart von Sickingen
– von I 568, 893; II 334, 396, 580
– – Amalia II 436
– – Franz II 175
Siedlung Dörrhof: Rosenberg II 514, *546*
Siegelbach: Stadt Möckmühl, HN II 452
Siegelsbach, HN I 108, 894; II 13, 15, 18
– Pfarrei I 122, 132, 409; II 19
Sigehard, Graf II 546
Siglingen, Stadt Neudenau, HN II 193
Simmersfeld, CW II 145
Sindolfishein = Sindolsheim, Rosenberg II 546
Sindolsheim, Rosenberg I 65, 81, 90, 91, 92, 97, 105, 106, 138, 142, 146, 147, 148, 149, 152, 159, 162, 234, 236, 242, 243, 420, 669, 692, 698, 831; II **514–516**, *546–550*
– Burg I 71, 97, 597; II 547
– Pfarrei I 122, 124, 128, 175, 197, 411, 466, 690
– von II 548
– – Heinrich II 547
– – Ludwig II 547
Sindolt II 399
– Peter I 891
Sindringen, von II 439
Sinsheim, Stadt, HD I 46, 157, 250, 293, 332, 351, 503, 513; II 18, 171, 611
– Äbte II 390
– Kloster und Stift II 389, 390, 614
– von
– – Arnold I 886
– – Bernger I 886
– – Heinrich I 886
Slemper von Hardheim I 839, 915; II 793
Slemperswiler = Schlempertshof: Höpfingen I 70
Sleume von Krautheim I 705
Slierstat = Schlierstadt, Stadt Osterburken II 450
Slozzahe = Schloßau, Mudau II 278
Sommer, Hans, Fabrikant II 48
Sommer, Johann Andreas, Schöpfer des Hochaltars zu Oberwittstadt II 470
Speyer
– Bischöfe I 72, 108, 567, 698, 888; II 21, 331, 332, 334, 335, 389, 396
– – Gerhard von Ehrenberg II 333
– – Heinrich von Leiningen II 333
– – Johann II 389, 614
– – Lambert von Born I 885
– – Matthias Ramung II 334, 389
– – Philipp von Rosenberg II 541
– – Raban von Helmstatt I 698; II 176
– Bistum I 89, 598, 669, 886, 888, 889; II 21, 319, 389, 541
– Stift Sankt German I 669
– Stift St. Guido II 396
Spitzer, Mosbacher Unternehmerfamilie II 121
Stadler, Heinrich II 115
Stainmüller, Hans, Baumeister II 344
Starkenberg, von
– Erkenbert II 182
Staufer, Hochadelsgeschlecht I 71, 80, 81
Steiger, David, Handelsmann aus Basel II 189
Stein am Kocher, Stadt Neuenstadt am Kocher, HN II 148
– Pfarrei I 406, 408; II 147

Stein, von
- Christoph II 182
- Marquard II 182
Stein zum Reichenstein, von
- Klara I 686
Steinach = Neckarsteinach, Stadt, Lkr. Bergstraße
- Landschad von Steinach s. Landschad von Steinach
Steinbach: Neckarzimmern I 72, 107; II 319, 331, *335*
Steinbach, Mudau I 67, 83, 89, 90, 138, 143, 145, 148, 225, 652, 669, 850; II 176, **222f.**, 271, *279–281*
- Pfarrei I 124, 174, 404, 702
Steinfurt, Stadt Külsheim, TBB I 692, 818, 840
- Pfarrei I 825
Stelwag, Georg, Pfarrer in Osterburken II 447
Stemeler von Winheim s. Horneck, von
Stern, Wilhelm, Professor II 193
Sternenfels, PF
- von I 699, 700, 893; II 577, 613, 775, 777, 792
Stetin = Waldstetten, Höpfingen I 917
Stettberg, Geslau, Lkr. Ansbach
- Adel s. Stettenberg, von
Stetten = Schloß Stetten: Kocherstetten, Stadt Künzelsau, KÜN
- von I 90, 478, 481, 484, 485; II 492, 498
Stettenberg, von I 830, 918; II 578
- Peter I 833
- Peter d. J. II 175
Stift Odenheim (Stifterhof): Eichelberg, Östringen, KA I 168
- Kloster I 516, 777; II 614
Stockbronn: Neckarzimmern I 59, 69, 90; II 114, 319, 331, *335*
Stockbronnerhof s. Stockbronn: Neckarzimmern
Stockbrunnerhof s. Stockbronn: Neckarzimmern
Stockhausen, von I 686
Stockheim, abgeg. Bretzingen, Hardheim I 65
Stockheim, Stadt Brackenheim, HN II 823
Stockheim, von I 568
Stolberg, Grafen von
- Ludwig I 842, 843, 851
- Michael III. I 842
Stolberg, von
- Friedrich II 182
- Heinrich II 182
Stoll, Adam, Seifensieder und Revolutionär II 105, 231

Stolzeneck, Burgruine bei Neunkirchen I 162, 174, 418; II 344, 823, 828
Störzer, Bruno, Fabrikant I 908
Stralenberg, von
- Margarethe II 454
Straßburg I 56, 60
- Bischöfe I 472
Stromberg, Lkr. Bad Kreuznach I 472
Strümpfelbrunn, Waldbrunn I 72, 106, 107, 118, 119, 137, 138, 142, 147, 158, 160, 165, 183, 198, 202, 222, 230, 238, 242, 244, 315, 767; II 54, 148, **670–673**, *706–709*, 816, 824, 826
- Pfarrei I 124, 127, 131, 132, 405, 410, 412; II 146, 147, 701, 704, 705, 712
Strüphilburnen = Strümpfelbrunn, Waldbrunn II 706
Struzelin II 450
Stumpf von Schweinberg I 88, 568, 698, 831, 849
- Fritz I 852
Stumpf, Marx I 849
Sturm, von I 577
Sturmfeder von Oppenweiler I 574
- Burkhard II 170, 171
- Franz Georg II 175
Stürzenhardt, Stadt Buchen (Odenwald) I 87, 95, 108, 114, 137, 138, 139, 143, 146, 229, 237, **626f.**, 669, *705f.*; II 254, 271, 279
- Pfarrei I 67, 130; II 262
Stuttgart, Stkr. I 249, 397
Suarzaha = Schwarzach II 612
Sulzbach, Billigheim I 66, 70, 78, 82, 84, 85, 87, 105, 108, 111, 119, 135, 136, 137, 139, 144, 146, 235, 356, **541–544**, 568, *576–578*; II 114, 164, 189, 191, 192, 193, 335
- Pfarrei I 122, 126, 131, 132, 133, 406, 410, 412, 572, 739; II 587
Sulzdorf, Stadt Schwäbisch Hall, SHA I 350
Süß, Landbaumeister aus Aschaffenburg I 630, 690
Sützel von Mergentheim I 830

Tahenstein = Dauchstein, abgeg. Burg bei Binau I 599
Talheim = Dallau, Elztal I 744
Talheim, HN
- von II 334, 396
- - Agatha I 574
- - Elisabeth I 574
- - Gerhard II 198
- - Gerhard, gen. von Zabelstein II 332
- - Peter II 60

Talheim, von
- Albert II 182
Tännich, Johann Samuel Friedrich, Fabrikant II 190
Tauberbischofsheim, Stadt, TBB I 107, 157, 170, 171, 173, 332, 358, 472; II 486, 501, 534
Teck: Stadt Owen, ES
- Herzöge von
- - Uta I 850
Teitingen, abgeg. bei Neudenau, Stadt, HN I 566, 670
Teitingen-Neudenau, von I 700
Teßmer, Gerd, Politiker I 370
Thally = Dallau, Elztal I 744
Thüngen, von
- Theobald Julius II 175
Tiefental(erhof): Hundheim, Stadt Külsheim, TBB I 831
Tilly, Graf von, Johann Tserclaes, Feldmarschall II 194
Titensheim = Diedesheim, Stadt Mosbach II 160
Titus Manius Magnus, Centurio I 60
Tolnay de Goellye, Franz I 481
Tolnayshof, abgeg. bei Leibenstadt, Stadt Adelsheim I 74, 75, 141, 183, 480, *481*; II 417
Tomasetti, Christel, Bauunternehmerin II 298
Tomasetti, Paula, Bauunternehmerin II 298
Tragus s. Bock, Hieronymus, gen. Tragus, Botaniker
Traitteur, von II 115
Trappeneihof = Eichhof: Allfeld, Billigheim I 567
Treschklingen, Stadt Bad Rappenau, HN
- Frei von
- - Anna I 574
Trienz, Fahrenbach I 47, 61, 63, 67, 84, 85, 93, 108, 110, 112, 114, 136, 137, 143, 144, 145, 183, 298, **761f.**, *780f.*; II 62, 164, 165, 192, 204
- Kastell I 51, 52, 56
- Pfarrei I 128, 702; II 55, 65, 146, 183
Trifels: Stadt Annweiler am Trifels, Lkr. Südliche Weinstraße
- von
- - Diemar I 891; II 356, 398
Trigel von Daudenzell I 88, 523
Trigel von Öwisheim I 88, 523
Truchseß von Pommersfelden
- Melchior II 182
Trunzer, Karl, Hauptlehrer I 662
Tuchstein = Dauchstein, abgeg. Burg bei Binau I 599

Tuingenberg = Zwingenberg II 823
Tumming, Wiprecht II 61
Tunnaha = Donebach, Mudau II 266
Turenne, Graf von, Henri, Marschall I 164; II 450
Turninu = Walldürn, Stadt II 789
Tuthensheim = Diedesheim, Stadt Mosbach II 160

Uebelhör, Christian II 116
Uiffingen, Stadt Boxberg, TBB
- Pfarrei II 544
Uissigheim, Stadt Külsheim, TBB
- von I 88; II 495, 498, 540
- - Konrad II 824
Ulrich von Mosbach, Schneidermeister I 750
Umstadt = Groß-Umstadt, Stadt, Lkr. Darmstadt-Dieburg
- Wambold von s. Wambold von Umstadt
Underscheidener = Unterscheidental: Scheidental, Mudau II 276
Underschenaw = Unterscheidental: Scheidental, Mudau II 276
Ungeler = Ünglert: Donebach, Mudau II 267
Ünglert: Donebach, Mudau I 69; II 266, *267f.*
Ünglert: Steinbach, Mudau I 69
Unter Bichelbacherhof: Allfeld, Billigheim I 567
Unterallfeld = Allfeld, Billigheim I 570
Unterallfeld, abgeg. bei Allfeld, Billigheim I 566
Unterdielbach: Stadt Eberbach, HD II 696
Untereicholzheim = Kleineicholzheim, Schefflenz II 577
Unterferdinandsdorf (Reisenbachergrund): Mülben, Waldbrunn I 75, 108; II 689, 701, 705, 827
Untergimpern, Stadt Neckarbischofsheim, HD I 108
- Pfarrei I 132
Untergruppenbach, HN II 192
Unterkessach, Stadt Widdern, HN I 467, 482; II 193
- Pfarrei I 466
Untermudau: Mudau I 75
Unterneudorf, Stadt Buchen (Odenwald) I 67, 79, 87, 95, 99, 106, 146, 162, 192, 209, 236, **627**, *706f.*
- Pfarrei I 67, 130
Unterschefflenz, Schefflenz I 64, 77, 78, 83, 84, 85, 92, 94, 97, 100, 108, 111, 114, 119, 137, 138, 139, 145, 203, 234, 284, 421, 564, 673; II 121, 192, **559–561**, *586–588*; (s. a. Schefflenz)

- Pfarrei I 121, 122, 126, 130, 132, 133, 572, 575, 577, 743, 749, 754; II 579, 645, 653
Unterscheidental: Scheidental, Mudau I 67, 222, 239; II 58, 271, 276; (s. a. Scheidental, Mudau)
- Pfarrei II 272
Unterschüpf, Stadt Boxberg, TBB
- Pfarrei I 837
Unterschwarzach, Schwarzach I 70, 85, 107, 177, 178, 188, 191, 242, 299, 300, 302, 304, 387, 504, 512; II 145, 345, **594–596**, *612–617*; (s. a. Schwarzach)
- Pfarrei I 124, 131, 132, 197, 511; II 354, 363
Unterwittstadt, Stadt Ravenstein I 65, 70, 83, 91, 109, 184, 229; II **468f.**, *503f.*
- Pfarrei I 124, 175; II 493
Urbach = Auerbach, Elztal I 741
Urleuge
- Friedrich I 671
Urleuge von Bretzingen I 831
Utz, Karl, Fabrikant II 123
Ützlingen, von II 334
- Volk I 749
Ützlinger, Werner, gen. Knebel I 527, 530

Vaihingen, Grafen von II 450
Valerius, Kaspar, Baumeister II 675
Varenbach = Fahrenbach I 774
Vbracheim = Obrigheim II 394
Venia I 475
Venningen, Lkr. Südliche Weinstraße
- von I 893; II 334, 359, 498, 499
- - Dietrich I 527
- - Hans II 825
- - Siegfried I 671; II 333
Vetzer von Obrigheim II 21, 177, 392, 394, 395, 396, 399
- Eberhard I 576
Vielbrunn, Hessen I 840
Vill, Johann II 737
Vill, Joseph II 737
Vinkenberc = Finkenhof: Hochhausen, Haßmersheim I 891
Violath, Johann Heinrich von I 598
Virneburg, von
- Heinrich I 677
Vleugels, Hans Theodor, Orgelbauer II 737
Vogelsang, Kurt R., Fabrikant I 875
Voit von Rieneck
- Ulrich II 182
Volk, A., Fabrikant II 48
Volk, H. Fabrikant II 48
Volkshausen, Unterkessach, Stadt Widdern, HN I 482

- Pfarrei I 466
Vollmersdorf, Hardheim I 68, 79, 95, 109, 185, **797f.**, *854f.*; II 224, 792
- Pfarrei I 833, 844
Vorburg, von I 670, 702
- Johann Philipp I 672, 673
- Philipp I 701
Vustenheimesbach II 438

Wachbach, Stadt Bad Mergentheim, TBB I 417, 472, 669
Wachter, Emil II 413
Wacker, Oskar, Politiker I 368, 370, 371
Wagenbach: Obergimpern, Stadt Bad Rappenau, HN
- Pfarrei I 122; II 19
Wagenhofen, von II 450
Wagenschwend, Limbach I 67, 74, 85, 93, 97, 98, 108, 118, 135, 137, 143, 144, 158, 178, 181, 183, 237, 280, 772, 779, 780; II **37f.**, *68–70*, 271, 816, 824, 828
- Pfarrei I 128, 130, 403, 407, 772
Waghäusel, KA I 363
Wagner, Karl, Verleger I 425
Wagner, Kurt, Politiker I 370
Waibstadt, Stadt, HD I 168, 169, 342, 523
- Pfarrei I 121, 132, 134, 403, 408
Waidachshof: Zimmern, Seckach I 69; II **627**, *660*
Waldauerbach: Schloßau, Mudau I 67, 111, 116, 159, 222; II **222**, 271, *278*
- Pfarrei II 272
Waldbrunn I 193, 194, 230, 244, 258, 328, 329, 419; II **662–714**
- Pfarrei I 408; II 146, 147
Waldeck
- Furderer von s. Furderer von Waldeck
Walderdorff, von und Grafen von I 832
- Wilderich I 831
Waldhausen, Stadt Buchen (Odenwald) I 65, 90, 91, 92, 142, 198, 387, **627f.**, 669, 672, 704, *707–709*; II 53, 54, 60, 67, 271
- Pfarrei I 67, 122, 124, 128, 129, 404, 688, 699; II 55, 65, 67, 68, 146, 645
Waldhofen, von II 498
Waldkatzenbach, Waldbrunn I 107, 138, 183, 222, 230, 238, 244, 287, 301, 303, 328, 387; II **673f.**, 709, *710f.*, 816, 824, 826
- Pfarrei I 133, 410, 413
Waldkirch, Grafen von I 90, 167, 590, 598; II 547, 549, 566, 572, 577, 584, 585
Waldleiningen: Mörschenhardt, Mudau I 176, 387, 389; II 224

Waldmühlbach, Billigheim I 49, 60, 61, 66, 77, 78, 79, 82, 83, 84, 91, 92, 114, 143, 149, 182, 234, **544–546**, 568, *578f.*; II 192, 582
- Pfarrei I 122, 124, 126, 131, 405, 406, 572, 575; II 147
Waldsteg: Neusatz, Stadt Bühl, RA II 501
Waldstetten, Höpfingen I 65, 83, 86, 90, 97, 118, 137, 139, 145, 163, 229, 236, 669, 692, 823, 843, 850, 851, **901–903**, *917–919*; II 792
- Pfarrei I 128, 129, 403, 404, 408
Waldurbach = Waldauerbach: Schloßau, Mudau II *278*
Waldwimmersbach, Lobbach, HD I 160
- Pfarrei I 132
Walitza, Richard, Politiker I 370
Walkershofen, Lkr. Uffenheim
- von I 917
Walldürn, Stadt I 43, 49, 57, 58, 61, 65, 72, 74, 76, 78, 81, 82, 84, 89, 99, 100, 105, 106, 107, 109, 110, 111, 112, 117, 119, 134, 135, 137, 138, 139, 140, 142, 143, 145, 146, 147, 148, 149, 159, 160, 162, 165, 167, 168, 169, 170, 171, 173, 175, 177, 178, 181, 183, 188, 190, 191, 193, 194, 197, 202, 203, 205, 208, 212, 225, 226, 227, 228, 242, 243, 244, 245, 246, 247, 249, 250, 253, 256, 260, 262, 271, 272, 279, 293, 295, 297, 298, 300, 301, 302, 303, 304, 309, 314, 315, 320, 321, 322, 327, 329, 332, 336, 338, 339, 341, 352, 354, 360, 361, 363, 364, 366, 368, 386, 387, 388, 389, 397, 398, 399, 401, 402, 413, 415, 416, 417, 418, 419, 420, 477, 638, 666, 678, 698, 814, 821, 824, 829, 904, 906, 914; II 56, 488, **715–804**, 729, *788–799*, 791
- Adel s. Dürn, von und Grafen von; Dürn, von (Ministerialen)
- Burg II 792
- Herrschaft s. Dürn
- Kastell I 48, 53, 54, 56, 62
- Kloster I 129; II 796
- Pfarrei I 68, 114, 120, 122, 125, 126, 127, 129, 130, 175, 197, 206, 211, 403, 405, 408, 410, 411, 698, 913, 916; II 487, 777, 779, 783, 785, 787, 799
Wallendorf, Greifenstein, Lahn-Dill-Kreis
- Adel s. Walderdorff, von und Grafen von
Wambold von Umstadt II 793
Wasselnheim, Unterelsaß I 472
Wattenheim, von II 613
Weber, Joseph, Mühlenbesitzer I 552
Weber, Reichstagsabgeordneter I 365
Wedylspach = Wetterdorf, Stadt Walldürn II 799
- von II 799

Weidenhammer, Georg Michael, Fabrikant I 299, 504
Weigental, Martin, Zentgraf II 448
Weikerstetten: Königheim, TBB I 850
Weiler, Erich I 369
Weiler, von II 577, 578
Weilerhof, abgeg. bei Aglasterhausen I 65, 514
- Burg I 71, 515
Weilersberg, abgeg. bei Billigheim I 65, 73
Weimersbach s. Wemmershof: Stadt Adelsheim
Weinsberg, Stadt, HN
- Pfarrei I 121, 130
- von I 82, 103, 472, 599, 669, 670, 676, 689, 697, 750, 751, 893; II 21, 64, 161, 196, 398, 501, 577, 578, 580, 586, 613, 651, 653, 797
- – Dietrich II 538
- – Engelhard II 497
- – Konrad I 162, 892; II 19, 171, 196, 198, 547
- – Konrad d. J. I 892
Weisbach, Waldbrunn I 107, 138, 143, 181, 230, 698, 775; II **674 f.**, 709, *711–713*, 816, 824, 826
- Pfarrei I 197; II 303, 312
Weisshaar, Karl, Unternehmer II 124
Weißenburg, Unterelsaß
- Kloster I 78, 89, 92, 124, 888, 889, 890
Wellendorf, abgeg. bei Ballenberg, Stadt Ravenstein I 65, 71, 74; II 491
Wemmersbach = Wemmershof: Stadt Adelsheim I 70
Wemmershof: Stadt Adelsheim I 70, 90, 235, 274, 472, *480*
- Pfarrei II 433
Wenkheim, Werbach, TBB
- Hund von s. Hund von Wenkheim
Werbach, TBB I 118, 843
Wernau: Erbach, UL
- von
- – Conrad Wilhelm I 799
Werner, Graf I 475
Wersau, abgeg. Burg bei Reilingen, HD II 163
Wertheim, Stadt, TBB I 170, 171, 173, 358, 805; II 501, 791
- Grafen von I 72, 80, 86, 97, 101, 162, 669, 831, 835, 836, 839, 840, 841, 844, 849, 853, 889, 917; II **496**, 498, 501, 504, 538, 541, 578, 791, 792
- – Agnes I 850, 851
- – Asmus I 851; II 541
- – Barbara I 851
- – Elisabeth I 853
- – Friedrich II 182

– – Georg I. I 843
– – Georg II. I 844
– – Johann I 677; II 443
– – Johann I. I 840
– – Johanns I. I 850
– – Kunigunde I 850
– – Margarete I 851; II 454
– – Michael I 162
– – Michael I. I 846, 850
– – Michael II. I 851
– – Rudolf I 850
– – Uta I 850, 852
– – Wilhelm I 852, 853
– Grafschaft I 127, 133
Westernhausen, Schöntal, KÜN I 840
Westheimer, Isaak Bär, Hammerwerkbesitzer I 552
Westrich, Karl, Fabrikant II 123
Wettersdorf, Stadt Walldürn I 68, 83, 118, 139, 142, 159, 236, 818, 822; II 735 f., 792, 799 f.
– Adel s. Wedylspach = Wettersdorf, Stadt Walldürn, von
– Pfarrei I 833, 844; II 795
– von I 88
Weydilsbach = Wettersdorf, Stadt Walldürn I 68
Weydt, Johann, Baumeister II 737
Wichsenstein, Gößweinstein, Lkr. Forchheim
– von I 692, 693, 694
– – Bernhard I 694
Widdern, Stadt, HN I 159, 450; II 192
Wiesenbach, HD I 57
– Pfarrei I 134
Wiesloch, Stadt, HD I 119, 321, 355, 698; II 163
Wilckens, Philipp Jakob, Pfarrer in Mosbach II 709
Wild, Karl, Historiker II 313
Wildenberg s. Wildenburg, Burgruine bei Preunschen, Kirchzell, Lkr. Miltenberg
Wildenburg, Burgruine bei Preunschen, Kirchzell, Lkr. Miltenberg I 71, 80, 82, 83, 472; II 251, 266, 269, 270, 278, 280, 790, 791
– von
– – Irmgard II 275
– – Volknand I 686, 707; II 275
Wimpfen
– Lemlin von s. Lemlin von Wimpfen
– von
– – Wilhelm II 823
Wimpfen am Berg: Stadt Bad Wimpfen, HN
– Kloster I 568; II 389
– Pfarrei I 524
– Stift I 69

Wimpfen im Tal: Stadt Bad Wimpfen, HN
– Pröpste
– – Diether Ramung I 523
– – Werner von Allfeld I 567
– – Werner von Horneck I 517
– Stift I 121, 126, 472, 516, 517, 518, 520, 526, 528, 529, 569, 571, 670, 747, 886, 890, 893; II 19, 20, 197, 614
Wimpfen, Stadt s. Bad Wimpfen, Stadt, HN
Winchenbach, Pfarrer in Gerichtstetten I 838
Winden, abgeg. bei Muckental, Elztal I 74
Windischbuch, Stadt Boxberg, TBB I 159
Winnebald, Schenker von Gütern an das Kloster Lorsch II 165
Winnenburg-Beilstein, von II 613
Winter, Maler II 224
Wipertus de Husen I 708
Wiser, Grafen von I 75, 90, 131, 514, 517, 519, 775; II 361, 702, 707, 708, 710, 823, 828
– Ferdinand Andreas II 701, 827
– Franz Melchior I 527; II 175, 704, 827
Witegenstat = Oberwittstadt, Stadt Ravenstein II 500
Wittemann, Joseph, badischer Ministerpräsident I 685
Wittstadt = Oberwittstadt, Stadt Ravenstein
– von I 88; II 501, 503, 780
– – Konrad II 501
– – Rüdiger II 501
– von Wittstadt gen. von Hagenbuch I 90, 568; II 399, 501
– – Dorothea I 574
– – Katharina I 574
Wizzelsbach = Weisbach, Waldbrunn II 711
Wohlfahrtsmühle: Hardheim I 847
Wölchingen, Stadt Boxberg, TBB
– Pfarrei I 837
Wolf, Paulus, Pfarrer in Hirschlanden II 539
Wolf, Salomon, Rabbiner I 629
Wolferstetten: Stadt Külsheim, TBB I 831, 852
Wolfhart, Bonifatius, gen. Lycosthenes, Theologe I 684
Wolfshausen, abgeg. bei Merchingen, Stadt Ravenstein I 65, 73
Wolfsloch, abgeg. bei Waldmühlbach, Billigheim I 73
Wollenberg, Stadt Bad Rappenau, HN II 15
– Pfarrei I 122; II 16, 19
Wollenschläger II 793
Wollmershausen: Tiefenbach, Stadt Crailsheim, SHA
– von II 578
– – Anna Susanna II 436

Worms
- Andreasstift II 306, 307, 361, 363, 396
- - Pröpste II 308
- - - Heinrich II 308
- Bischöfe I 81, 125, 472, 516, 517, 523, 567, 676, 745, 885; II 396, 399, 501, 828
- - Adalbert II 306
- - Anno II 170
- - Burchard II. II 306
- Bistum I 76, 77, 78, 79, 81, 103, 114, 120, 121, 122, 125, 130, 132, 515, 520, 521, 523, 525, 526, 599, 886, 893; II 19, 170, 195, 197, 306, 360, 394, 396, 581, 612, 613
- Dionysius-Kirche II 581
Wrede, von I 598; II 194
Wunnenstein, abgeg. Burg bei Winzerhausen, Stadt Großbottwar, LB
- von I 893; II 396
- - Adelheid I 527
Württemberg, Grafen, Herzöge und Könige von I 162, 472, 670, 698, 839, 893; II 396, 824
- Eberhard I 162; II 827
- Eberhard I. I 522
- Eberhard II. II 163
Würzberg, Odenwaldkreis I 222
Würzburg I 45, 157, 202, 355, 358, 827, 914; II 435
- Bischöfe I 113, 125, 128, 130, 133, 162, 163, 472, 481, 482, 567, 569, 669, 672, 680, 681, 690, 692, 698, 742, 831, 836, 839, 840, 842; II 61, 67, 69, 166, 191, 198, 199, 270, 396, 436, 437, 447, 491, 499, 501, 537, 539, 541, 543, 547, 578, 705, 708, 778, 782, 785, 787, 788, 791, 797
- - Adelbero II 501
- - Albrecht von Hohenlohe I 484
- - Andreas von Gundelfingen I 850
- - Berowelf II 441
- - Conrad Wilhelm von Wernau I 799
- - Emehard II 451
- - Franz Ludwig von Erthal II 543
- - Gottfried III. von Hohenlohe I 850; II 61
- - Heinrich III. von Berg II 442
- - Heinrich IV. Caseus II 442
- - Hermann von Lichtenberg II 452
- - Iring von Rheinstein II 539
- - Johann II 65
- - Johann Gottfried von Guttenberg I 131
- - Johann Philipp von Greiffenklau I 918
- - Johann Philipp von Schönborn I 129
- - Julius Echter von Mespelbrunn I 86, 128, 845, 846, 851, 853, 918; II 736, 737
- - Melchior Zobel von Giebelstadt I 851
- - Otto von Wolfskehl II 442
- - Rudolf von Scherenberg I 845
- - Wolfgang von Grumbach II 447
- - Wolfgar II 440
- - Wolfram von Grumbach I 844
- Bistum I 74, 77, 79, 81, 82, 83, 85, 86, 101, 103, 114, 118, 120, 121, 129, 130, 132, 133, 162, 405, 471, 474, 475, 478, 479, 480, 481, 482, 484, 485, 571, 575, 578, 670, 671, 673, 678, 688, 689, 690, 692, 693, 694, 700, 701, 702, 704, 708, 831, 832, 839, 843, 844, 850, 851, 852, 853, 855, 915, 916, 917, 918; II 183, 273, 275, 276, 311, 332, 438, 439, 440, 442, 443, 491, 492, 493, 498, 503, 504, 584, 653, 773, 774, 775, 777, 778, 780, 782, 786, 792, 794, 795, 799
- Juliusspital II 504, 775
- Neumünsterstift I 79, 92, 578, 579, 669
Wüstengerach, abgeg. bei Robern (?), Fahrenbach I 777, 779
Wüstenhemsbach, abgeg. bei Hemsbach, Osterburken I 73
Wüsthausen: Hüffenhardt I 65; II 18
Wüsthausen, abgeg. bei Sattelbach, Stadt Mosbach I 73; II 203
Wüstklingen, abgeg. bei Hüffenhardt I 73; II 20
Wüstungsgerach, abgeg. bei Robern, Fahrenbach I 74

Yenbach = Einbach, Stadt Buchen (Odenwald) I 687

Zabelstein, gen. von s. Talheim, HN, von
Zahradnik, W., Unternehmer II 124
Zanowitz, von I 523
Zehe von Bödigheim I 668
- Helfrich I 670
- Otto I 670
- Volknand I 670
Zehnter, Reichstagsabgeordneter I 365
Zelle s. Daudenzell, Aglasterhausen
Zessingen, von
- Magdalena I 866
Ziegenhain, Grafen von
- Ludwig I 482; II 333
Ziegler, Wilhelm Philipp, Apostolischer Vikar II 799
Zimmermann, Ludwig, Bauunternehmer II 45
Zimmermann, Otto, Fabrikant II 48

Zimmermann, Valentin, Bürgermeister von Limbach II 53
Zimmern = Neckarzimmern II 331
Zimmern, Seckach I 66, 78, 84, 87, 99, 108, 138, 143, 148, 175, 272, 274, 477, 670; II 439, 452, **626f.**, *657–660*
– Pfarrei I 122, 466; II 451
– von
– – Eberwin II 658
Zittenfelden, Beuchen, MIL I 669
Zobel von Giebelstadt I 847
Zobel von Rinderfeld
– Fritz II 444
Zörnlin von Hainstadt I 692
– Konrad II 549
Züttlingen, Stadt Möckmühl, HN I 548; II 192
– Pfarrei I 751
Zuzenhausen, HD I 698
Zwingenberg I 67, 68, 70, 71, 75, 96, 107, 109, 117, 135, 137, 138, 141, 142, 145, 165, 168, 169, 172, 177, 191, 198, 225, 230, 234, 242, 244, 305, 354, 381, 413, 416, 419, 774, 777; II 148, 164, 304, 704, 712, **805–829**, 806, *823–829*

– Burg I 82, 83, 84, 89, 96, 163, 174, 224, 327, 419; II 57, 58, 806, 809
– Herrschaft I 85, 89, 90, 103, 107, 108, 118, 119, 127, 131, 132, 133, 142, 167, 599; II 69, 310, 356, 357, 360
– Nase von s. Nase von Zwingenberg
– Pfarrei I 124, 132; II 146, 147, 303, 312
– von I 88, 101, 527, 529; II 176, 313, 361, 363, 616, 700, 703, 706, 707, 710, 712, 775
– – Adelheid II 823
– – Arnold II 361, 703, 707, 710, 712, 823, 825
– – Beringer II 712
– – Berthold II 824
– – Dieter II 712
– – Dietrich II 824
– – Fele II 707, 710, 825
– – Hans II 700, 707, 710, 825, 826
– – Margarete II 825
– – Swicker II 712, 823
– – Wilhelm II 712, 823, 824
– – Wiprecht II 712, 824
– – Wiprecht d. J. II 700
Zwingenberg gen. von Berlichingen
– von II 825
– – Hans II 824